THE

DRUM DICTIONARY

English – Sgaw Karen

ကျိၣ်လ

အဲကလံး–ကညီ

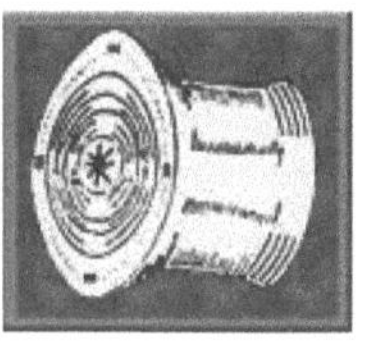

First Edition (တၢ်စဲးကျံးခီၣ်ထံးတဘျီ)

Drum Publication Group

Promoting Education, Preserving Culture

The Drum Dictionary: English – Sgaw Karen
Drum Publication Group
PO Box 66, Kanchanaburi Thailand 71000
www.drumpublications.org
drum@drumpublications.org
May, 2014

Drum Education and Cultural Heritage Outreach
www.drumecho.org
ISBN: 978-0-9904811-0-2

<u>The Drum Dictionary: English - Sgaw Karen</u>

This long awaited new dictionary includes over 29,000 English headwords, verb phrases and idioms and is a result of over 15 years of hard work and dedication of the Drum Publication Group.

Drum would like to thank all past and present members of the group and all those "friends of Drum" for their contributions as well as all our donors who over the years provided their financial support. Without their help, this work would never have been possible.

All proceeds from the sale of this and all Drum Publications go to support the Group's continued work of promoting education and preserving the culture of the Karen people through publishing.

<u>ကျိၣ်လံာ်ခီယ့ၢ– အဲကလံး – ကညီစှီၤ</u>

လံာ်ခီယ့ၢ်လၢတၢ်အိၣ်ခိးကွၢ်လၢ်တ့ၢ်အီၤလၢကတီၢ်ယံာ်အတီၢ်ပူၤတဘ့ၣ်အံၤ ပၣ်ဃုာ်ဝဲဒီးအဲကလံးကျိာ် ၂၉,၀၀၀, ဝီၢ်ကူာ်တဖၣ် ဒီးတၢ်ကတိၤခွ့ၣ်တဖၣ်လၢ အမ့ၢ်ဝဲ ကျိၣ်တၢ်ရၤလီၤလံာ်လဲၢ်တၢ်မၤကရူၢ်အတၢ်ဟ့ၣ်လီၤသးမၤတၢ်လၢ၁၅နံၣ် အတီၢ်ပူၤအသူအသၣ်န့ၣ်လီၤ.

ကျိၣ်တၢ်ရၤလီၤလံာ်လဲၢ်တၢ်မၤကရူၢ်အဲၣ်ဒိးစံးဘျုးဘၣ်အပှၤမၤတၢ်ဖိလၢ အပူၤကွံာ်ဒီးခါခဲအံၤတဖၣ်ယုာ်ဒီးပှၤမၤတံၤမၤသကိးတၢ်လၢအမၤစၢၤဆိၣ်ထွဲကျိၣ် တၢ်ရၤလီၤလံာ်လဲၢ်တၢ်မၤကရူၢ်လၢကျိၣ်စ့ဂ့ၢ်ဝီမ့ၢ်ဂ့ၤ, ခီဖျိလၢတၢ်ဟ့ၣ်ကူၣ်ဟ့ၣ်ဖးမ့ၢ် ဂ့ၤကိးဂၤဒဲးန့ၣ်လီၤ. မ့တမ့ၢ်လၢပှၤသ့ၣ်တဖၣ်အံၤအတၢ်မၤစၢၤအဃိတမ့ၢ်လၢတၢ်မၤ အံၤကဲထီၣ်ကဲထီကသ့ဘၣ်န့ၣ်လီၤ.

စ့လၢပဒိးန့ၢ်ဘၣ်အီၤလၢတၢ်ဆါလံာ်တဘ့ၣ်အံၤဒီးလံာ်လၢကျိၣ်တၢ်ရၤလီၤ လံာ်လဲၢ်တၢ်မၤကရူၢ်ထုးထီၣ်ဝဲတဖၣ်န့ၣ်, ပကစူးကါအီၤလၢတၢ်မၤလဲၤထီၣ် လဲၤထီဒီးစိာ်ကဖီထီၣ်ကညီဖိတဖၣ်အတၢ်ကူၣ်ဘၣ်ကူၣ်သ့ဒီးကတီၤဃာ်တၢ် ဆဲးတၢ်လၤတဖၣ်အဂီၢ်ခီဖျိတၢ်စဲကျံးရၤလီၤလံာ်လဲၢ်တဖၣ်န့ၣ်လီၤ.

Abbreviations: တၢ်ကွဲးဖုၣ်တဖၣ်–

a	adjective	(နိၢ်ကယၢ)
abbre	abbreviation	(တၢ်ကွဲးဖုၣ်)
adv	adverb	(ဝိၢ်ကယၢ)
idm	idiom	(တၢ်ကတိၤခွ့ၣ်)
n	noun	(နိၢ်)
prep	preposition	(တၢ်ကတိၤလၢအဒုးစဲဘူးတၢ်ဂ့ၢ်ခံမံၤ)
pron	pronoun	(နိၢ်ခၢၣ်စး)
v	verb	(ဝိၢ်)
vp	verb phrase	(ဝိၢ်ကူၥ်)

A

a.m. *abbre* ဂီၤခီအကတီၢ်, ဖးဖီမုၢ် ၁၂ နၣ်ရံၣ်ဒီးမုၢ်ထူၣ် ၁၂ နၣ်ရံၣ်အဘၢၣ်စၢၤအကတီၢ်

aback *adv* သးလီၤကတုၤ, ဖုးဘၣ်အသး, ဂုၤကု့ၤအသးလၢအဖုးအဃိ

abacus *n* တရူးတၢ်ဒွးအပီးအလီ

abandon *n* တၢ်မၤဖဲဒၣ်အသး, တၢ်တကနၣ်ယုာ်ပှၤဂၤအတၢ်ဆိကမိၣ်

abandon *v* ဟ်လီၤတဲာ်, ဟ်တ့ၢ်ကွံာ်

abandonment *n* ၁. တၢ်စူးကွံာ်ညီကွံာ်တၢ်, တၢ်ဟးသဒၣ်ကွံာ်တၢ်, တၢ်ဟ်လီၤတဲာ်ကွံာ်တၢ် ၂. တၢ်တအိၣ်ဒီးတၢ်ကီၤသူၣ်ကီၤသးလၢၤ

abase *v* မၤဆံးလီၤစုၤလီၤအလၤကပီၤ, ဆီၣ်လီၤအသး, မၤဘၣ်ဒိဆါလီၤကု့ၤအသး

abash *v* ဘၣ်တၢ်မဲာ်ဆှး, ဒုးမဲာ်ဆှး, မၤမဲာ်ဆှး

abate *v* ဆံးလီၤစုၤလီၤ, လီၤကယး, လီၤစၢ်, မၤစၢ်လီၤ

abatement *n* တၢ်ဆံးလီၤစုၤလီၤ, တၢ်မၤစၢ်လီၤ, တၢ်မၤလီၤကယး

abbess *n* ဖံဝါဖးဒိၣ်

abbey *n* ခရံာ်ဖိအသီခါဖှၣ်, ရိမ့ၤခဲးသလ့းအသရိာ်

abbot *n* စီၤသီဒိၣ်, သီခါဒိၣ်

abbreviate *v* မၤဖုၣ်လီၤ, ကွဲးဖုၣ်လီၤ (တၢ်ကတိၤအဖျာၣ်, လံာ်မဲာ်ဖျာၣ်)

abbreviated *a* လၢအမၤအံၣ်လီၤ, လၢအမၤဖုၣ်လီၤ

abbreviation *n* တၢ်ကတိၤတဖျာၣ်လၢပကွဲးအီၤလၢအဖုၣ် အဒိ, (မ့) = မ့တမ့ၢ်

abdicate *v* ၁. (ပှၤပၢတၢ်) ညီကွံာ်အလီၢ်အလၤ, ဟ့ၣ်လီၤကွံာ်လီၢ်လၤ ၂. တမၤ (အမူအဒါ) လၢၤ

abdication *n* တၢ်ညီကွံာ်လီၢ်လၤ, တၢ်ဟ့ၣ်လီၤကွံာ်လီၢ်လၤ, တၢ်တမၤ (အမူအဒါ) လၢၤ

abdomen *n* ဟၢဖၢ

abdominal *a* လၢအဘၣ်ဃးဒီးဟၢဖၢ

abdominal wall abscess *n* ဟၢဖၢအနူၣ်ဒၢဖံထိၣ်

abduct *v* ဃ့ၢ်စိာ်ဆူၣ် (ပှၤ), ကိးဆူၣ် (ပှၤ), မိၤဆူၣ် (ပှၤ), ဖိၣ်ကမဲ (ပှၤ)

abduction *n* တၢ်ဖိၣ်ဆူၣ်နှၢ်ပှၤ, တၢ်ဃ့ၢ်စိာ်ဆူၣ်ပှၤ

abed *adv* လၢလီၢ်မံပူၤ

abet *v* သဆၣ်ထီၣ်တၢ်အၢအခံ, မၤထွဲတၢ်အၢအခံ

abhor *v* သးဘၣ်အၢ, သးဟ့တၢ်, သးဆါ, တဘၣ်သူၣ်ဘၣ်သး

abhorrence *n* တၢ်သးဘၣ်အၢ, တၢ်သူၣ်ဟ့သးဟ့တၢ်, တၢ်တဘၣ်သူၣ်ဘၣ်သးတၢ်

abhorrent *a* လၢအလီၤသးဘၣ်အၢ, လၢအလီၤသူၣ်ဟ့သးဟ့, လၢအတလီၤဘၣ်သူၣ်ဘၣ်သး, လၢအထီဒါလိာ်အသး

abide *v* ၁. တီဒီးတၢ်အၢၣ်လီၤ ၂. ကီၤသူၣ်ကီၤသး ၃. [abide by (law)] မၤထွဲတၢ်သိၣ်တၢ်သီ

abiding *a* အိၣ်စံာ်အိၣ်ကျၢၤထီဘိတဘိယူၢ်ဃီ, တၢ်လဲလိာ်တအိၣ်ဘၣ်

ability *n* တၢ်သ့တၢ်ဘၣ် အဒိ, နအိၣ်ဒီးတၢ်သ့တၢ်ဘၣ်လၢတၢ်သိၣ်လိလံာ်

abject *a* လၢအသူးအသ့ၣ်တအိၣ်, လၢအမၤဆံးလီၤစုၤလီၤအလၤကပီၤ

abjure *v* ညီကွံာ်, ဟ်တီၢ်ကွံာ်, ဟ့ၣ်ဃၣ်ကွံာ်, ဃၣ်ကဒါကွံာ်အသး

ablaze *a* ၁. လၢအကဲၤကပျိၤ ၂. (ablaze with anger) သးဒိၣ်ထိၣ် (ablaze with excitement) သူၣ်ပိၢ်သးဝး

able *a* ကဲ, သ့, လၢအအိၣ်ဒီးဂံၢ်ဘါ, တၤလၣ်လၢကမၤတၢ်အဂီၢ်

able bodied *a* အိၣ်ဆူၣ်အိၣ်ချ့, ပ့ၤဂံၢ်ပ့ၤဘါ

ablepsia *n* မဲာ်ချံတထံၣ်တၢ်

abloom *a* လၢအဘိၣ်ထိၣ်ဖးထိၣ်, လၢအသံၣ်အဖီအိၣ်

abloom *adv* အိၣ်ဒီးအသံၣ်အဖီတဖၣ်

ably *adv* ကဲမး, သ့မး

abnormal *a* လၢအလီၤဆီ, လၢအတလီၤက်ဒီးပှၤမူာ်ပှၤနီၢ်, လၢအလဲၤသးတညီနှၢ်

abnormality *n* တၢ်(လၢအ)တညီနှၢ်မၤအသး, တၢ်လီၤဆီ, တၢ်လၢအတလီၤက်လိာ်အသးဒီးပှၤအဂၤဘၣ်

abnormally *adv* မၤအသးလီၤဆီ

aboard *adv* လၢ (ကဘီ) အပူၤ
abode *n* လီၢ်အိၣ်လီၢ်ဆိး, ဟံၣ်, ဒၢး
abolish *v* မၤဟးဂီၤကွံာ်, မၤကတၢၢ်ကွံာ်
abolition *n* တၢ်မၤကတၢၢ်ကွံာ်တၢ်, တၢ်မၤဟးဂီၤကွံာ်တၢ်
abolitionist *n* ပှၤလၢအအိၣ်ဒီးတၢ်နာ်လၢတၢ်ကြၢးမၤဟးဂီၤကွံာ် (မၤကတၢၢ်ကွံာ်) တၢ်
abominable *a* လၢအလီၤသးဟ့, လၢအလီၤသးဘၣ်အၢ, လၢအလီၤပျံၤလီၤဖုး
abominate *v* သးဟ့
abomination *n* တၢ်လီၤသးဟ့, တၢ်လီၤသးဘၣ်အၢ
aboriginal *a* ထူလံၤ, လၢအအိၣ်ထူအိၣ်လံၤ
aboriginal *n* ပှၤထူလံၤအဘိုရံၣ်ကၠနၢၣ်ဖိလၢအအိၣ်လၢကီၢ်အီးစတြေလံယါ
aborigine *n* ပှၤထူလံၤအဘိုရံၣ်ကၠနၢၣ်ဖိလၢအအိၣ်လၢကီၢ်အီးစတြေလံယါ
aborigines *n* ပှၤထူလံၤအဘိုရံၣ်ကၠနၢၣ်ဖိလၢအအိၣ်လၢကီၢ်အီးစတြေလံယါ
abort *v* ၁. မၤလီၤလူးဟုး, ဖိလီၤတဲာ်(ဟုးဟးဂီၤ) ၂. နုးဆိကတိၢ် မ့တမ့ၢ် မၤကတၢၢ်တၢ်မၤလၢအတကဲထိၣ်လိၣ်ထိၣ်
abortion *n* ဟုးလီၤဖှံၣ်, ဟုးဟးဂီၤ, တၢ်ဖိလီၤလူး
abortive *a* လၢအတကဲထိၣ်ကဲထီ, လၢအတကဲထိၣ်လိၣ်ထိၣ်
abound *v* အါအါဂိၢ်ဂိၢ်, အိၣ်အါ
about *adv* ဃၣ်ဃၣ်
about *prep* ၁. ဘၣ်ဃးဒီး ၂. အကပိာ်ကပၤ ၃. about to ဘူးက . . . ဃၣ်ဃၣ်
above *prep* ၁. အဒိခိၣ်, အဖီခိၣ်, (ကစီၤ)ထိၣ်ထိန့ၢ်ဒံး ၂. လၢအအါန့ၢ်တက့ၢ် ၃. လၢထး, ဆူထး
above board *a* တီတီလိၤလိၤ, ဘၣ်ဝဲတီဝဲ, လၢအတမၤရူသူၣ်ရူလံာ်တၢ်, လၢအမၤတၢ်ပျီပျီဖျါဖျါ
abrade *v* တြူာ်တၢ်တခါခါအမဲာ်ဖံးခိၣ်, တြူာ်လှၤကွံာ်, အိၣ်လှၤကွံာ်, မၤလှၤကွံာ်ဟိၣ်ခိၣ်တစဲးတစဲး
abrasion *n* လီၤသဘျူး
abrasive *a* ၁. သွဲး, တဘျ့ဘၣ် ၂. လၢအရၢ်အစၢ်ဒီးတၢ်ဝံသးစူၤတအိၣ်
abrasive *n* တၢ်အသံးအကာ်လၢအထူးဘျ့တၢ်, တၢ်လၢအထူးဘျ့ကဆိုထိၣ်တၢ်အမဲာ်သၣ်
abreast *adv* ၁. သဃဲၤသဃဲၤလိာ်အသး, သတြဲၤ ၂. ချူးဆၢချူးကတိၢ်
abridge *v* မၤဖုၣ်လီၤတၢ်, မၤအံၣ်လီၤတၢ် (လၢအခီပညီတလီၤမၢ်)
abridgement *n* တၢ်မၤဖုၣ်လီၤ, တၢ်ကွဲးဖုၣ်လီၤလံာ်လၢတမၤဘၣ်ဒိတၢ်ဂ့ၢ်မိၢ်ပှၢ်, တၢ်ကွဲးဖုၣ်လီၤ (လံာ်လဲၢ်, တၢ်ဒုးနဲၣ်, တၢ်ဂီၤမူ) လၢအတမၤဟးဂီၤတၢ်အကံၢ်အစီ
abroad *adv* ထံဂုၤကီၢ်ဂၤ, ကီၢ်ချၢ
abroad *n* ထံဂုၤကီၢ်ဂၤ
abrupt *a* ၁. သတူၢ်ကလာ်, လၢတၢ်တမုၢ်လၢ်အပူၤ ၂. လၢအတဲတၢ်ဆူၣ်မီၤဃီၤတနာ်ပနၢ်ဘၣ်, တဲတၢ်ဖုၣ်ဖုၣ်
abruptly *adv* ၁. လၢတၢ်သတူၢ်ကလာ်, လၢတၢ်တမုၢ်လၢ်အပူၤ ၂. လၢအတဲတၢ်ဆူၣ်မီၤဃီၤတနာ်ပနၢ်, လၢအတဲတၢ်ဖုၣ်ဖုၣ်
abruptness *n* ၁. တၢ်သတူၢ်ကလာ်, တၢ်တကီၢ်ခါ ၂. တၢ်ကတိၤတၢ်လီၤကတိၤမဲအှၣ်ပျ့ၤသွဲး
abscess *n* တၢ်ဝ့, တၢ်ဒၢဖံထိၣ်
abscessed *a* လၢအဝ့ထိၣ်, လၢအဒၢဖံထိၣ်
abscond *v* ၁. ဃ့ၢ်ပူၤဖျဲးအသးလၢတၢ်ကမၣ်, စံၣ်ဖိုး, ဃ့ၢ်အိၣ်သဒၢအသး ၂. ဃ့ၢ်စိာ်ရူသူၣ်
absconder *n* ပှၤလၢအဃ့ၢ်ပူၤဖျဲးအသးလၢတၢ်ကမၣ်, ပှၤစံၣ်ဖိုး
absence *n* တၢ်တအိၣ်ဘၣ်, အတဟဲဘၣ်, အတပၢၢ်ထိၣ်ဘၣ်
absent *a* တအိၣ်လၢ–ဘၣ် အဒိ, စီၤလါပှဲၤ တအိၣ်လၢဟံၣ်ဘၣ်
absent *v* တဟဲထိၣ်ဘၣ်, တအိၣ်ဘၣ်, တဟဲဘၣ်
absentee *n* ပှၤလၢအတဟဲဘၣ်, ပှၤလၢအတအိၣ်ဘၣ်
absentee ballot *n* တၢ်ဟ့ၣ်ဆိတၢ်ဖးအမူး (တၢ်မၤဆိအီၤခီဖျိပှၤတနီၤလဲၤဟ့ၣ်တချူးဖဲတၢ်ဟ့ၣ်တၢ်ဖးမူးဖးဒိၣ်အခါ)
absentee vote *n* တၢ်ဟ့ၣ်ဆိတၢ်ဖး

absenteeism *n* တၢ်တထိၣ်ကို မ့တမ့ၢ် တၢ်တထိၣ်တၢ်မၤလၢတအိၣ်ဒီးတၢ်ဂ့ၢ်တၢ်ကျိၤလၢအဂ့ၤ, တၢ်ဃ့ၢ်ကို, တၢ်ဃ့ၢ်တၢ်မၤ

absently *adv* လၢတၢ်သူၣ်တပၣ်သးတပၣ်အပူၤ, လၢတၢ်သးတအိၣ်အပူၤ

absent-minded *a* လၢအညီနုၢ်သးပ့ၤနီၣ်တၢ်, သးပ့ၤနီၣ်တၢ်ဆူၣ်

absent-mindedly *adv* လၢအသးပ့ၤနီၣ်တၢ်ဆူၣ်

absent-mindedness *n* တၢ်သးပ့ၤနီၣ်တၢ်ဆူၣ်

absolute *a* အလၢအပှဲၤ, လၢၥ်လၢၥ်ဆ့ဆ့

absolutely *adv* လၢၥ်လၢၥ်ဆ့ဆ့, နီၢ်နီၢ်, လၢလၢပှဲၤပှဲၤ

absolution *n* တၢ်ပျၢ်ကွံၥ်တၢ်ကမၣ်, တၢ်ပျၢ်ကွံၥ်တၢ်ဒဲးဘး

absolve *v* ပျၢ် (အတၢ်ကမၣ်), ပျၢ်ကွံၥ်တၢ်ကမၣ်

absorb *v* စူၢ်သံး

absorbed *a* လၢအသးစဲဘူး (ဒီးတၢ်တမံၤမံၤ)

absorbent *a* လၢအစူၢ်သံးတၢ်သ့, လၢအဆူးသဝံးထီၣ်တၢ်သ့တၢ်ဖိတၢ်လံၤလၢအစူၢ်သံးတၢ်သ့

absorbing *a* လၢအသးစဲဒိၣ်ဒိၣ်ကလဲၥ်, လၢအထုးနုၢ်သးဒိၣ်ဒိၣ်ကလဲၥ်

absorption *n* ၁. တၢ်ဆူးသဝံးထီၣ်တၢ် ၂. တၢ်ဆူးသွံၣ်အီၣ်ညၣ် ၃. တၢ်လီၤဘျၢလၢတၢ်တမံၤမံၤအပူၤ, တၢ်လီၤထွံလီၤယွၤကွံၥ်လၢတၢ်တမံၤမံၤအပူၤ

abstain *v* တဟ့ၣ်တၢ်ဖး, ဟးဆှံးလၢကဟ့ၣ်တၢ်ဖး, ဟးဆှံးတၢ်, ၃ၣ်တၢ်

abstemious *a* လၢအ၃ၣ်တၢ်အီၣ်တၢ်အီ

abstention *n* ၁. တၢ်တဟ့ၣ်တၢ်ဖး, တၢ်ဃုထၢလၢတၢ်တဟ့ၣ်တၢ်ဖး, တၢ်တထိၣ်တၢ်အိၣ်ဖှိၣ် ၂. တၢ်ဟးဆှံးတၢ်ကလုၥ်ကလိၤ, တၢ်ဟးဆှံးတၢ်အီသံးအီကၥ်ဒီးတၢ်အီတၢ်မူၤတၢ်ဘှီးတဖၣ်

abstinence *n* တၢ်၃ၣ်တၢ်, တၢ်ဟးဆှံး, တၢ်ကီၤသူၣ်ကီၤသး

abstract *a* ၁. လၢအတၢ်နၥ်ဒီးတၢ်ဆိကမိၣ်မံနၢ်တၢ်လၢအမိၢ်လံၤမိၢ်ပှၢ်တအိၣ် ၂. (ဒ့လၤ) လၢအဟ်ဖျါထီၣ်အတၢ်တူၢ်ဘၣ်အကံၢ်အစီ (ခီဖျိတၢ်ဂီၤတၢ်ဖိၣ်, တၢ်ကွဲး)

abstract *n* ၁. တၢ်ဂ့ၢ်ကျၢၢ်တံၢ်, တၢ်ကတိၤကျၢၢ်တံၢ်, တၢ်အဂ့ၢ်လၢတၢ်ကွဲးဖှိၣ်ဒီးမၤဖုၣ်လီၤက့ၤအီၤ ၂. တၢ်နၥ်ဒီးတၢ်ဆိကမိၣ်မံနၢ်တၢ်လၢအမိၢ်လံၤမိၢ်ပှၢ်တအိၣ်

abstract *v* ထုးထီၣ်ကွဲးဖုၣ်လီၤထဲတၢ်ဂ့ၢ်မိၢ်ပှၢ်, ထုးထီၣ်ထဲတၢ်ဂ့ၢ်အရှ့ဒိၣ်ဒီးကွဲးဖုၣ်လီၤက့ၤအီၤ

abstract idea *n* တၢ်ဆိကမိၣ်မံနၢ်တၢ်

abstraction *n* ၁. တၢ်ထုးကွံၥ်, တၢ်ထုးထီၣ် ၂. တၢ်ထုးထီၣ်တၢ်ထံၣ်တၢ်ဆိကမိၣ်, တၢ်ထံၣ်တၢ်ဆိကမိၣ် ၃. တၢ်လီၤထွံလၢတၢ်ဆိကမိၣ်အပူၤ

abstruse *a* လၢတၢ်နၢ်ပၢၢ်အီၤကီ, လၢအခီပညီဒိၣ်ဝဲယိၥ်ဝဲ

absurd *a* ၁. လၢအလီၤနံၤဘၣ်ဖၣ်လဲ ၂. လၢအလီၤနၥ်တသ့

absurdity *n* ၁. တၢ်လီၤနံၤဘၣ်ဖၣ်လဲ ၂. တၢ်လၢအလီၤနၥ်တသ့

abundance *n* ၁. တၢ်အါတၢ်ဂိၢ်, တၢ်ဂိၢ်မုၢ်ဂိၢ်ပၤ ၂. တၢ်အနိၣ်ဂံၢ်လၢအအါတလၢ

abundant *a* လၢအအါအဂိၢ်

abundantly *adv* အါအါဂိၢ်ဂိၢ်

abuse *n* တၢ်မၤတရီတပါ, တၢ်မၤအၢမၤသီ, တၢ်မၤကမၣ်

abuse *v* မၤတရီတပါ, မၤပယွဲတၢ်, မၤအၢမၤသီတၢ်, မၤကမၣ်တၢ်

abusive *a* ၁. လၢအမၤတရီတပါတၢ်သ့, ၂. လၢအမၤပယွဲတၢ်သ့လၢတဖိးသဲစး မ့တမ့ၢ် မၤဆါပယွဲနီၢ်ခိနီၢ်ကစၢ်

abut *v* ၁. ဘူးဒီး, အိၣ်ဘူးဘူးတံၢ်တံၢ် ၂. သန့ၤအသး

abuzz *a* လၢအပှဲၤဒီးတၢ်သူၣ်ပိၢ်သးဝး, လၢအအိၣ်လၢတၢ်သူၣ်ပိၢ်သးဝးအကတိၢ်

abysmal *a* လၢအလီၤက်တၢ်ယိၥ်ပူၤလၢအခံဒးတအိၣ်ဘၣ်, လၢအယိၥ်ဝဲ

abyss *n* တၢ်တြိတၢ်တြိၤ, တၢ်ယိၥ်ပူၤလၢအခံဒးတအိၣ်ဘၣ်

academia *n* ပှၤကူၣ်ဘၣ်ကူၣ်သ့အတၢ်အိၣ်မူ, ပှၤကူၣ်ဘၣ်ကူၣ်သ့အတဝၢ, ဖ့ၣ်စိမိၤအတၢ်ရှလိၥ်မုၥ်လိၥ်တၢ်ဟူးတၢ်ဂဲၤတဖၣ်

academic *a* လၢအဘၣ်ဃးဒီးတၢ်မၤလိလံၥ်ဒိၣ်လဲၢ်ထီ, လၢအ၃းနဲၣ်ဖျါတၢ်သ့ၣ်ညါနၢ်ပၢၢ်လၢအ(ဟဲ)လၢလံၥ်ခိၤလဲၢ်ခိၤ

academy *n* ၁. တၢ်မၤလိလံာ်ဒိၣ်လဲၢ်ထီအလီၢ်, ကိုလၢတၢ်မၤလိလံာ်ဒိၣ်လဲၢ်ထီ ၂. ပှၤကူၣ်ဘၣ်ကူၣ်သ့တကရၢ

accede *v* အၢၣ်လီၤတူၢ်လိာ်, ဟံးန့ၢ်လီၢ်လၤ

accelerate *v* မၤချ့ထီၣ်တၢ်

acceleration *n* တၢ်မၤချ့ထီၣ်တၢ်

accelerator *n* ၁. သိလ့ၣ်အခီၣ်ယီၢ်လၢအမၤချ့ထီၣ်သိလ့ၣ်အတၢ်လဲၤ ၂. လၢ (Physics) အပူၤတၢ်လၢအမၤချ့ထီၣ်တၢ်ကမ့ံဒံဖိအသဟီၣ် ၃. တၢ်လၢအမၤချ့ထီၣ်ကၢ်အကျိၤအကျဲ

accent *n* ကလုၢ်ကတိၤအသီၣ်

accent *v* ၁. အကလုၢ်ထီၣ်ခိ ၂. မၤဖျါအါထီၣ်တၢ်တမံၤမံၤ ၃. မၤဆူၣ်ထီၣ်တၢ်ကလုၢ်တဘီဘီလၢတၢ်ကတိၤအပူၤ

accented *a* ၁. လၢအကလုၢ်ထီၣ်ခိ ၂. လၢအတၢ်ကတိၤအသီၣ်လီၤဆီ

accentuate *v* မၤဆူၣ်ထီၣ်, မၤဖျါထီၣ်, ဒုးအိၣ်ဖျါထီၣ်တၢ်, မၤဒိၣ်ထီၣ်ကလုၢ်တဲဖျါထီၣ်တၢ်ဂ့ၢ်တမံၤမံၤ

accept *v* တူၢ်လိာ်

acceptable *a* ၁. လၢတၢ်တူၢ်လိာ်အီၤသ့, လၢအဂ့ၤတူၢ်လိာ် ၂. လၢအလၢဝဲလီၢ်ဝဲလၢတၢ်တမံၤမံၤအဂီၢ်, လၢအလၢပှဲၤဒီးကံၢ်စီလၢတၢ်တမံၤမံၤအဂီၢ်

acceptance *n* တၢ်တူၢ်လိာ်, တၢ်အၢၣ်လီၤအီလီၤ, တၢ်အၢၣ်လီၤတူၢ်လိာ်

access *n* ၁. တၢ်လဲၤနုာ်ဘၣ်, တၢ်လဲၤဆူအအိၣ်အခွဲးအိၣ် ၂. တၢ်မၤန့ၢ်အါထီၣ်တၢ် ၃. တၢ်အိၣ်လၢနကစူးကါအီၤအဂီၢ်

access *v* လဲၤနုာ်, လဲၤနုာ်အခွဲးအိၣ်, အိၣ်, မၤန့ၢ်

accessible *a* ၁. လၢပတုၤယီၤညီ, ကျဲပၢၢ်ညီ ၂. လၢတၢ်ရ့လိာ်ဒီးကတိၤတၢ်ဒီးအီၤညီ ၃. လၢတၢ်နၢ်ပၢၢ်ဘၣ်အီၤညီ

accession *n* ၁. တၢ်ထီၣ်နီ, တၢ်တူၢ်လိာ်တၢ်လီၢ်တၢ်လၤ ၂. တၢ်အၢၣ်လီၤတူၢ်လိာ်

accessorize, accessorise *v* ကယၢကယဲထီၣ်, ဒဲးကံၣ်ဒဲးဝ့ၤထီၣ်

accessory *a* လၢအကဲထီၣ်တၢ်အယၢၤအယီၢ်, လၢအကဲထီၣ်တၢ်မၤစၢၤ

accessory *n* ၁. ပှၤလၢအအိၣ်ပိၤမၤစၢၤတၢ်အၢတၢ်သီ ၂. တၢ်အပီးအလီလၢအမၤစၢၤတၢ်အမိၢ်ပှၢ်, ပီးလီအဘျုၣ် ၃. တၢ်ကယၢကယဲ

accident *n* တၢ်ဘၣ်ဖုး, တၢ်မၤအသးဘၣ်ဖုးဘၣ်ပျိၢ်

accidental *a* လၢအဘၣ်ဆၢၣ်ဘၣ်တီၤ, လၢအကဲထီၣ်သးလၢတၢ်တဟ်သူၣ်ဟ်သးအပူၤ

accidentally *adv* ဘၣ်ဆၢၣ်ဘၣ်တီၤ, ဘၣ်အတီၤ

acclaim *n* တၢ်စံးထီၣ်ပတြၢၤပှၤတဂၤလၢအတၢ်မၤအယိ

acclaim *v* ပတြၢၤ, စံးထီၣ်ပတြၢၤ

acclamation *n* တၢ်(ကတိၤ)စံးထီၣ်ပတြၢၤတၢ်

acclimate *v* မၤညီနုၢ်ထီၣ်သး, မၤဘၣ်လိာ်ဘၣ်စး, မၤဘၣ်လိာ်ဖိးမံ

acclimatize, acclimatise *v* မၤညီနုၢ်ထီၣ်သး, မၤဘၣ်လိာ်ဘၣ်စး, မၤဘၣ်လိာ်ဖိးမံ

accolade *n* တၢ်ဟ့ၣ်လၤဟ့ၣ်ကပီၤ, တၢ်ဟ်လၤဟ်ကပီၤ

accommodate *v* ၁. ကတီၤန့ၢ်တၢ်အိၣ်တၢ်ဆိးအလီၢ်, ဟ့ၣ်ဒုးအိၣ် ၂. မၤဘၣ်လိာ်တၢ်, မၤယူလိာ်ဖိးလိာ်အသးဒီးတၢ်ဂၤ

accommodating *a* လၢအသးအိၣ်မၤဘျုးမၤစၢၤပှၤအါဂၤ

accommodation *n* ၁. တၢ်အိၣ်တၢ်ဆိးလီၢ် ၂. တၢ်မၤယူမၤဖိးလိာ်တၢ်

accompaniment *n* တၢ်ဒ့ဆိၣ်ထွဲ, တၢ်လၢအပိာ်လိာ်အခံ, တၢ်လၢအဘၣ်လိာ်အသး

accompanist *n* ပှၤလၢအဒ့ဆိၣ်ထွဲတၢ်ဒ့တၢ်အူ, ပှၤသးဝံၣ်ပိာ်ထွဲပှၤအခံ

accompany *v* ၁. လဲၤယှာ်ဒီး ၂. ပိာ်အခံ ၃. မၤတဘျီယီ

accomplice *n* ပှၤလၢအသဆၣ်ထီၣ်ပှၤဂၤအခံလၢကမၤတၢ်အၢအဂီၢ်, ပှၤလၢအမၤယှာ်တၢ်ဒီးပှၤအၢ

accomplish *v* မၤဝံၤမၤကဲ, မၤလၢမၤပှဲၤ

accomplished *a* လၢအအိၣ်ဒီးတၢ်သ့တၢ်ဘၣ်

accomplishment *n* ၁. တၢ်မၤကဲထိၣ်လိၣ်ထိၣ်တၢ်, တၢ်မၤန့ၢ်, တၢ်မၤဝံၤတၢ် ၂. တၢ်မၤလၢပှၤမၤန့ၢ်ဂ့ၤဂ့ၤ

accord *n* တၢ်ယူလိာ်အသး, တၢ်လီၤပလိာ်လိာ်အသး, တၢ်မၤယူမၤဖိး

of one's own accord *idm:* ဖဲအသးဒဲၣ်ဝဲ

accord *v* ယူလိာ်အသး, လီၤပလိာ်လိာ်အသး, မၤယူမၤဖိး

accordance *n* (in accordance with) ဒ်(တၢ်)အသိး, တၢ်ဒိးသန့ၤထိၣ်အသး

according *adv* (according to) ဒ်ဘၣ်တၢ်ဟ်ဖျါထိၣ်တၢ်အသိး, ဒ်အဖျါဖဲ -- အသိး

accordingly *adv* ဒ်န့ၣ်အသိး, သတးဒီး, အဃိသတးဒီး, ဒ်အကြၢးဝဲဘၣ်ဝဲအသိး

accordion *n* တနၢ်ထုးစု

accost *v* ကတိၤဆိတၢ်ဒီးပှၤဂၤလၢတၢ်ရၢါတၢ်စၢါအပူၤ

account *n* ၁. အဂ့ၢ်အကျိၤ ၂. စ့စရီ

account *v* ၁. ဟ် ၂. ဟ်ဖျါထိၣ်တၢ်ဟံးမူဒါ (အဒိ, လီၤလၢဆံးအါအဖီခိၣ်) ၃. ဟ့ၣ်ထိၣ်တၢ်အဂ့ၢ်အကျိၤ

account for *vp:* ဟ့ၣ်ထိၣ်တၢ်ဂ့ၢ်တၢ်ကျိၤ, ဒုးနဲၣ်တၢ်ဂ့ၢ်တၢ်ကျိၤ

accountability *n* တၢ်သ့ဟံးမူဒါ

accountable *a* ၁. မူဒါအိၣ်လၢဘၣ်ဟ်ဖျါထိၣ်က့ၤတၢ်ဂ့ၢ်တၢ်ကျိၤ ၂. တၢ်တဲဖျါအဂ့ၢ်အကျိၤလီၤတံၢ်လီၤဆဲး

accountancy *n* စ့စရီပတိၢ်ဂ့ၢ်ဝီပီညါ

accountant *n* ပှၤဖီၣ်စ့စရီ

accounting *n* တၢ်ဖိၣ်စ့စရီ

accoutrement, **accouterment** *n* ၁. တၢ်အဃၢၤအဃိၢ် ၂. အရှၢ်အသး, အကံၢ်အစီ

accredit *v* ၁. ဟ်ပနိၣ်ဟ်ကဲလၢတၢ်တမံၤမံၤအဂီၢ် ၂. တၢ်ဆှၢလီၤပျဲလီၤ (မီၢ်သိမီၢ်လါမ့တမ့ၢ်ပှၤဟံးတၢ်ကစိၣ်) လၢဟံးမူဒါလၢတၢ်မၤလီၢ်

accreditation *n* တၢ်ဟ်ပနိၣ်ဟ်ကဲဒီးတၢ်ဟ့ၣ်လီၤတၢ်တမံၤမံၤလၢပှၤအါဂၤနာ်န့ၢ်

accredited *a* တၢ်ဟ်ပနိၣ်သ့ၣ်ညါဟ်ကဲတူၢ်လိာ်အီၤ

accretion *n* တၢ်ပိပူထိၣ်တစဲးဖိ, တၢ်ဟဲအါထိၣ်တစဲးတစဲး

accrue *v* ဟဲအါထိၣ်ဂိၢ်ထိၣ်

accumulate *v* ဂၢ်ဖိုၣ်, ဟ်ဖိုၣ်ဟ်တံၢ, မၤအါထိၣ်ကွၢ်ကွၢ်

accumulation *n* တၢ်ဟ်ဖိုၣ်ဟ်တံၢ, တၢ်မၤအါထိၣ်တၢ်

accumulative *a* လၢအအါထိၣ်ကွၢ်ကွၢ်လၢတၢ်ဂၢ်ဖိုၣ်အီၤအဃိ

accuracy *n* တၢ်လီၤတံၢ်လီၤဆဲး

accurate *a* လၢအလီၤတံၢ်လီၤဆဲး

accurately *adv* လီၤတံၢ်လီၤဆဲး, ထံထံဆးဆး

accursed *a* ၁. လၢအဘၣ်တၢ်လိၢ်, လၢအဘၣ်တၢ်ဟိၣ်တၢ်ယီ, လၢအဘၣ်တၢ်ဆိၣ်အၢ ၂. လၢအလီၤသးဟ့, လၢအလီၤသးအ့နူဒိၣ်ဒိၣ်ကလာ်, လၢအမၤသးအ့နူတၢ်ဒိၣ်ဒိၣ်ကလာ်

accusation *n* တၢ်ပဲၤတခီတၢၤတၢ်, တၢ်ဟ်ထိၣ်တၢ်ကမၣ်, တၢ်လိာ်ဘၢလိာ်ကွိၢ်

accuse *v* ဆိုး, ဟ်တၢ်ကမၣ်လၢပှၤလိၤ

accusing *a* လၢအဟ်ဒ့ၣ်ဟ်ကမၣ်တၢ်, လၢအဆိုးထိၣ်တၢ်

accustom *v* ဒုးမၤညီနှၢ် (အသး), ဒုးကဲထိၣ်အလုၢ်အလၢ်

accustomed *a* လၢအညီနှၢ်အသး, လၢအကဲထိၣ်ဒ်အလုၢ်အလၢ်အသိး

ace *a* ဂ့ၤဒိၣ်မး, လၢအဂ့ၤကတၢၢ်

ace *n* ၁. ဖဲခးက့တဖိးလၢအအိၣ်ဒီး "A" တၢ်ပနိၣ် ၂. ပှၤစဲၣ်နီၤ, တၢ်လၢအဂ့ၤကတၢၢ်

ache *n* (တၢ်)တကံပဝံ, (တၢ်)ဆါ

ache *v* တကံပဝံ, ဆါ

achievable *a* လၢတၢ်ဂ့ာ်ကျဲးစၢးမၤဝံၤအီၤသ့

achieve *v* မၤဝံၤမၤကဲ, ဂ့ာ်ကျဲးစၢးမၤလၢမၤပုဲၤ

achievement *n* တၢ်မၤန့ၢ်, တၢ်မၤဝံၤတၢ်

aching *a* လၢအဆါ, လၢအတကံပဝံ

acid *n* ၁. ကၢ်ဆံၣ် ၂. တၤဆံၣ်

acid rain *n* ကၢ်ဆံၣ်တၢ်စူၤထံ

acid test *n* တၢ်သမံသမိးကွၢ်ကၢ်ဆံၣ် မ့တမ့ၢ်တၤဆံၣ်, တၢ်သမံသမိးကွၢ်အဲးစ့း

acidic *a* လၢအဆံၣ် (ဒ်ကၢ်ဆံၣ်အသိး)

acidity *n* ၁. တၢ်အိၣ်ဒီးကၢ်ဆံၣ်သဟိၣ်, ကၢ်ဆံၣ်သဟိၣ် ၂. တၢ်ကတိၤလၢအဆဲးအဲး

acidosis *n* တၢ်စုၣ်ထိၣ်မ့ၢ်လၢအဲးစ့းအါထိၣ်အဃိ

acknowledge *v* အၢၣ်လီၤအီလီၤ လၢအသ့ၣ်ညါ, အၢၣ်လီၤလၢအဒိးန့ၢ်လံ, ၃း သ့ၣ်ညါ

acknowledgement *n* ၁. တၢ်ဘိးဘၣ် သ့ၣ်ညါ ၂. တၢ်ကတိၤလၢညါလၢပှၤကွဲးလံာ်ဖိကွဲး စံးဘျုးစံးဖိၣ်ပှၤဂၤလၢလံာ်အခီၣ်ထံးတကဘျံး

acme *n* တၢ်အဒီစိ, တၢ်အဒီခိၣ်, တၢ်ထိကတၢၢ် အလိၢ်

acne *n* တၢ်ဖျၢၣ်သ့ံ, တၢ်ဖိသ့ံ

acorn *n* သ့ၣ်ထိးဖးအသၣ်

acoustic *a* ၁. ဘၣ်ဃးဒီးတၢ်သိၣ်ဒီးနါဟူအ ဂ့ၢ် ၂. (ဘၣ်ဃးဒီးတၢ်ဒ့တၢ်အူ) လၢအတမ့ၢ်တၢ်မၤ ဒိၣ်ထိၣ်အီၤဘၣ်ဒီးသိၣ်ဒ်န့ဆၢၣ်အသိး, အဒိ acoustic guitar န့ၣ်မ့ၢ်ကထါယိယိလၢတမ့ၢ်လီက ထါဘၣ်န့ၣ်လီၤ.

acoustic *n* ဒၢး မ့တမ့ၢ် တၢ်လိၢ်တတိၤအတၢ် ကလုၢ်သိၣ်

acquaint *v* ၁. မၤညီနှၢ်လိာ်သး, မၤ သ့ၣ်ညါလိာ်သး ၂. သ့ၣ်ညါလိာ်သး

acquaintance *n* တၢ်သ့ၣ်ညါလိာ်သး, ပှၤ လၢပသ့ၣ်ညါအီၤ, တၢ်သ့ၣ်ညါ

acquainted *a* သ့ၣ်ညါလိာ်သး, လၢအညီနှၢ် (ထံၣ်), လၢအသ့ၣ်ညါလိာ်သး, မဲာ်လိၢ်မဲာ်ကျဲ

acquiesce *v* အၢၣ်လီၤထွဲတၢ်

acquiescence *n* တၢ်အၢၣ်လီၤထွဲတၢ်, တၢ် အၢၣ်လီၤထွဲပှၤဃိကလာ်

acquire *v* န့ၢ်, မၤန့ၢ်, ပှ့ၤန့ၢ်, ဃုမၤန့ၢ်

acquisition *n* ၁. တၢ်မၤန့ၢ်တၢ်, တၢ်ဒိးန့ၢ်တၢ် ၂. တၢ်ဂုာ်မၤန့ၢ်ပၢတၢ်

acquisitive *a* လၢအသးလီတၢ်အါတလၢ, လၢအသးအိၣ်မၤန့ၢ်တၢ်

acquit *v* ၁. မၤပူၤဖျဲးပှၤလၢက္ဂီၢ်အပူၤဒီးစံးလၢ အတၢ်ကမၣ်တအိၣ် ၂. တၢ်မၤလီၤတံၢ်တၢ်

acquittal *n* တၢ်မၤပူၤဖျဲးပှၤလၢက္ဂီၢ်အပူၤဒီးစံး လၢအတၢ်ကမၣ်တအိၣ်, တၢ်ဟ်သူၣ်ဟ်သး လၢအကျဲၤဒ်ဝဲ

acquittance *n* တၢ်ပျ်ကွံာ်လၢတၢ်ကမၣ်, တၢ် ပူၤဖျဲးလၢတၢ်ကမၣ်

acre *n* အ့ကၢၢ် (ဟီၣ်ခိၣ်အအ့ကၢၢ်)

acreage *n* ဟီၣ်ခိၣ်ကဝီၤအလဲၢ်လၢအဘၣ်တၢ် ထိၣ်အီၤလၢအ့ကၢၢ် ၀.၄၀၅

acrid *a* နၢကိၢ်ဟ့, နၢကိၢ်ဃိဉ်, နၢအသဟိၣ် ဆူၣ်, (တၢ်ကတိၤ) လၢအတမုာ်တလၢ

acrimonious *a* လၢအဆူၣ်အကိၤ, လၢအတမုာ်တလၢ, လၢအဆါသူၣ်ဆါသး

acrimony *n* တၢ်တူၢ်ဘၣ်လၢအတမုာ်တလၢ, တၢ်တူၢ်ဘၣ်လၢအဆါသူၣ်ဆါသး

acrobat *n* ပှၤတခွ့ခံတခွ့ဃိၢ်

acrobatic *a* လၢအဘၣ်ထွဲဒီးတၢ်ဂဲၤတခွ့ခံတခွ့ ဃိၢ်အတၢ်ဂဲၤလိာ်ကွဲတဖၣ်, လၢအပၣ်ဃုာ်ဒီးတၢ် စံၣ်ဖှ, တၢ်ကၢၤနီၢ်ခိမိၢ်ပှၢ်, တၢ်တခွ့ခံတခွ့ဃိၢ်ဒီးတၢ် တံာ်တရံးနီၢ်ခိမိၢ်ပှၢ်အတၢ်သ့တၢ်ဘၣ်တဖၣ်

acrobatics *n* ၁. တၢ်တခွ့ခံတခွ့ဃိၢ်အတၢ်သ့ တၢ်ဘၣ်, တၢ်ဂဲၤတၢ်တခွ့ခံတခွ့ဃိၢ်ပီညါ ၂. တၢ်၃း နဲၣ်တၢ်ဂဲၤတခွ့ခံတခွ့ဃိၢ်တၢ်ဂဲၤလိာ်ကွဲတဖၣ်

acronym *n* လံာ်မဲာ်ဖျၢၣ်လၢအကွဲးဖှၣ်အသး (အဒိ, လ. ခ. သ= လိၢ်ခၢၣ်သး)

acrophobia *n* တၢ်ပျံၤတၢ်ထိၣ်ထိ, တၢ်ပျံၤတၢ် ကစီၤထိ

across *adv* ခီက်, (က္ဂၢ်, လဲၤ, ကီး)ဃီၤ

across *prep* (လဲၤ) ခီက်, (မၤ) ဒီၣ်တူာ်

act *n* ၁. တၢ်ဂဲၤဒိတခါ (ပွဲဒိၤလီဒိၤ) ၂. တၢ်ဟ် အသး (တၢ်ဟ်မၤသး) ၃. တၢ်သိၣ်တၢ်သီလၢဘျိၣ် ဒိၣ်ထုးထိၣ် (Act of Congress) ၄. တၢ်မၤ

act *v* ၁. နဲၣ်ဒိ ၂. မၤ(တၢ်)

acting *a* လၢအမၤန့ၢ်တၢ်လၢပှၤဂၤအလိၢ်တစိၢ် တလိၢ်, လၢအဟံးမူဒါမၤတၢ်လၢပှၤဂၤအလိၢ်တစိၢ် တလိၢ်

acting *n* တၢ်ဂဲၤဒိတၢ်, တၢ်၃းနဲၣ်တၢ်

action *n* ၁. တၢ်ဟူးတၢ်ဂဲၤ ၂. တၢ်မၤ(တၢ်) ၃. တၢ်ဟံးဂ့ၢ်ဝီ

activate *v* မၤဟူးဂဲၤထိၣ် (စဲးဖီကဟဉ်, က် တၢ်မၤ)

activation *n* တၢ်ဟူးထိၣ်ဂဲၤထိၣ်

active *a* လၢအဟူးဂဲၤ

actively *adv* ဖျံၣ်ဖျံၣ်ချ့ချ့, ဖျံၣ်ဖျံၣ်ဆှါဆှါ, လၢတၢ်သူၣ်ဆူၣ်သးဂဲၤအပူၤ

activism *n* ထံရှ့ၢ်ကီၢ်သဲးတၢ်ဟူးတၢ်ဂဲၤတၢ်ဖံး တၢ်မၤအကျဲသနူ, ထံရှ့ၢ်ကီၢ်သဲးတၢ်ဟူးတၢ်ဂဲၤတၢ်ဖံး တၢ်မၤအကျိၤအကျဲ

activist *n* ပှၤဟူးဂဲၤလၢတၢ်ဆီတလဲတမံၤမံၤအ ဂီၢ်, ပှၤဟူးဂဲၤလၢထံရှ့ၢ်ကီၢ်သဲးဂ့ၢ်ဝီ

activity *n* တၢ်ဟူးတၢ်ဂဲၤ, တၢ်ဖံးတၢ်မၤ

actor *n* ခွါဂဲၤဒိ
actress *n* မုၣ်ဂဲၤဒိ
actual *a* နီၢ်နီၢ်, လၢအမ့ၢ်ဝဲနီၢ်နီၢ်
actually *adv* နီၢ်နီၢ်, နီၢ်ကီၢ်
actuate *v* စးထီၣ်မၤတၢ်, ဒုးစးထီၣ်, ထိၣ်ဂဲၤထီၣ်တၢ်, နီၣ်ထီၣ် (စဲးဖီကဟၣ်)
acumen *n* တၢ်သ့ၣ်ပှၢ်သးဆှါ, တၢ်နၢ်ပၢၢ်တၢ်လီၤတံၢ်လီၤဆဲး, တၢ်ကူၣ်သ့
acupuncture *n* တၢ်ဆဲးထးယါဘျါတၢ်ဆါ, ပှၤတရူးဖိအတၢ်ဆဲးထးကူစါယါဘျါတၢ်ဆါ
acute *a* ၁. တၢ်ဆါလၢနးဒီးပၢၢ်ထီၣ်သတူၢ်ကလာ် ၂. တၢ်တူၢ်ဘၣ်လၢအဆါနးနးကလာ်
acute appendicitis *n* ပှံာ်ဖးဒ့ညီးသတူၢ်လာ်
acute cystitis *n* ဆံၣ်ဒၢညီးထီၣ်သတူၢ်ကလာ်
acute pyelonephritis *n* ပှံာ်ဖးဒ့ညီးသတူၢ်ကလာ်
acutely *adv* ၁. ဖးနး, ဖးဆါ အဒိ, မဲာ်ဆုးဖးဆါ ၂. ထံထံဆးဆး, လီၤတံၢ်လီၤဆဲး၃. ဒိၣ်ဒိၣ်ကလဲာ်, နးနးကလဲာ် ၄. ဖျိဖျိဖျါဖျါ
AD *abbre* ခ. န– တၢ်ဂံၢ်နံၣ်လါဖဲကစၢ်ခရံာ်အိၣ်ဖျဲၣ်ထီၣ်ဝံၤအလိၢ်ခံနံၣ်တဖၣ်– ခရံာ်နံၣ် Anno Domini
adage *n* တၢ်ကတိၤဒိ
adamant *a* ၁. လၢအခိၣ်ကိၤ, လၢအသးစွံကတုၤ ၂. လၢအကျၤ, လၢအကိၤ
adamant *n* တၢ်အကျၤ, တၢ်အကိၤ
adamantine *a* ၁. လၢအခိၣ်ကိၤ, လၢအသးစွံကတုၤ ၂. လၢအကျၤ, လၢအကိၤ
adamantly *adv* အခိၣ်ကိၤမး, အသးကိၤမး
Adam's apple *n* ကိာ်တန့သၣ်, ကိာ်ယူၢ်တန့သၣ်
adapt *v* မၤဘၣ်လိာ်, မၤတၢ်ဒ်သိးကဘၣ်ဘျိးဘၣ်ဒါကူၤ
adaptable *a* လၢအဘၣ်လိာ်ကူၤအသးသ့, လၢတၢ်မၤဘၣ်လိာ်ကူၤအီၤသ့, လၢတၢ်မၤဘၣ်ဘျိးဘၣ်ဒါကူၤအီၤသ့
adaptation *n* တၢ်မၤဘၣ်လိာ်တၢ်, တၢ်မၤဘၣ်ဘျိးဘၣ်ဒါကူၤတၢ်, တၢ်ကျဲၤလီၤကျဲၤဘၣ်ကူၤ, တၢ်ဘိုဘၣ်ကူၤ
adapter *n* ၁. (လီမ့ၣ်အူပီးလီ) ပီးလီဘၢၣ်စၢၤ, ပီးလီလၢအဆဲးကျိးတၢ်ခံမံၤဒီးမၤဘၣ်လိာ်ကူၤတၢ် ၂. ပီးလီလၢတၢ်ကစူးကါမၤန့ၢ်တၢ်တမံၤမံၤအဂီၢ်
adaption *n* တၢ်မၤဘၣ်လိာ်တၢ်, တၢ်မၤဘၣ်ဘျိးဘၣ်ဒါကူၤတၢ်, တၢ်ကျဲၤလီၤကျဲၤဘၣ်ကူၤ, တၢ်ဘိုဘၣ်ကူၤ
adaptor *n* ၁. (လီမ့ၣ်အူပီးလီ) ပီးလီဘၢၣ်စၢၤ, ပီးလီလၢအဆဲးကျိးတၢ်ခံမံၤဒီးမၤဘၣ်လိာ်ကူၤတၢ် ၂. ပီးလီလၢတၢ်ကစူးကါမၤန့ၢ်တၢ်တမံၤမံၤအဂီၢ်
add *v* ဟ်ဖိုၣ်(တၢ်), ဟ်ဖိုၣ်ဒီး, မၤအါထီၣ်, တဲအါထီၣ်
adder *n* ဂုၢ်ပျ့အကလုာ်, ဂုၢ်ပျ့
addict *n* ပှၤလၢအစဲသံး, စဲမိာ်ဒီးစဲကသံၣ်မူၤဘိုး
addict *v* စဲတၢ်, မၤတုၤအကဲထီၣ်အလုၢ်အလၢ် အဒိ, စဲကသံၣ်မူၤဘိုး
addicted *a* စဲ, ကဲထီၣ်အလုၢ်အလၢ်
addiction *n* တၢ်ကဲထီၣ်လၢအလုၢ်အလၢ်, တၢ်(စဲ)တၢ်
addictive *a* လၢအကဲထီၣ်လၢအလုၢ်အလၢ်သ့, လၢအစဲသ့
addition *n* တၢ်ဟ်ဖိုၣ်, ကၢ်မၤအါထီၣ်
additional *a* လၢတၢ်ဂၤအမဲာ်ညါ, မၤအါထီၣ်တၢ်အသိ(တမံၤ)
additive *n* တၢ်တမံၤလၢတၢ်ထၢနုာ်အါထီၣ်လၢ(တၢ်အီၣ်တၢ်အီ) အပူၤဒ်သိးကဝံၣ်ကဘဲဒီးတူၢ်ကယံာ်အဂီၢ်
addled *a* ၁. လၢအခိၣ်နူာ်ကျဲ, လၢအထၢမံထၢမၣ် ၂. (တၢ်အဒံၣ်, ဆီဒံၣ်) လၢအဒံၣ်ချံ, လၢအဟးဂီၤ
address *n* ၁. အိၣ်ဆိးလိၢ်ကျဲ, လိၢ်ဆိးထံး, လိၢ်အိၣ်လိၢ်ဆိး ၂. တၢ်ကတိၤလီၤတၢ် ၃. တဲသကိး (တၢ်ဂ့ၢ်တမံၤ)
address *v* ၁. ကွဲးလီၤလိၢ်ဆိးထံး ၂. တဲလီၤတၢ်, ကတိၤလီၤတၢ် ၃. ဟ်ဖျါထီၣ်တၢ်ဂ့ၢ် ၄. ဟံးထီၣ်ဖိၣ်ထီၣ်, ကွၢ်ဆၢၣ်မဲာ် ၅. ကိးထီၣ်ယၢၤထီၣ် (ပှၤအမံၤ)
addressee *n* ပှၤတူၢ်လိာ်တၢ်ပရၢ, လိၢ်အိၣ်ဆိးထံးကစၢ်
adduce *v* ဟ်ဖျါထီၣ်တၢ်အုၣ်သး, ဒုးနဲၣ်ဖျါထီၣ်တၢ်အုၣ်သး

adept *a* လၢအအိၣ်ဒီးတၢ်သ့တၢ်ဘၣ်, လၢအသ့အဘၣ်ပှ့ၤဆၢၣ်ကလၢ်

adept *n* ပှၤသ့ပှၤဘၣ်

adequacy *n* တၢ်လၢတၢ်လီၢ်, တၢ်လၢတၢ်ပှဲၤ

adequate *a* လၢအလၢဝဲလီၣ်ဝဲလၢတၢ်တမံၤမံၤအဂီၢ်

adequately *adv* လၢဝဲလီၣ်ဝဲလၢတၢ်တမံၤမံၤအဂီၢ်

adhere *v* (adhere to) ၁. စဲဘူးစဲထီ ၂. ဟံးယာ်ဂၢ်ကျၢၤ

adherence *n* တၢ်တီဒီးတၢ်အၢၣ်လီၤ, တၢ်ဟံးယာ်ဂၢ်ကျၢၤတၢ်

adherent *n* ပှၤလၢအဆီၣ်ထွဲမၤစၢၤတၢ်, ပှၤလၢအဟံးယာ်ဂၢ်ကျၢၤတၢ်နှာ်

adhesion *n* ၁. တၢ်စဲဘူးစဲထီလိာ်သး ၂. တၢ်သးစဲဘူးဒီးတၢ်တမံၤမံၤ

adhesive *a* လၢအစဲဘူး, လၢအပံာ်

adjacent *a* လၢအဘူးဒီး

adjective *n* မံၤကယၢ, နီၢ်ကယၢ

adjoin *v* အိၣ်ဘူးဒီး, အိၣ်စဲဘူး, ဘၣ်ဘျးယာ်လိာ်အသး

adjoining *a* လၢအအိၣ်စဲဘူး, လၢအဘျးယာ်လိာ်အသး

adjourn *v* ဆိကတီၢ် (တၢ်အိၣ်ဖှိၣ်) ဝံၤသုးကွၤလၢခံတဘျီ

adjudge *v* ၁. စံၣ်ညီၣ်တၢ်, စံၣ်ညီၣ်နီၤဖး, စံၣ်ညီၣ်ဆၢတဲာ် ၂. ဘီးဘၣ်ရၤလီၤ, တဲဖျါထီၣ်တၢ်, ထုးထီၣ်ရၤလီၤ, ဘီးဘၣ်သ့ၣ်ညါတၢ်

adjure *v* ဃ့သမံၤသပှၢ်, မၢသမံၤသပှၢ်

adjust *v* ကျဲၤလီၤ, ကျဲၤဘၣ်

adjustable *a* လၢတၢ်ကျဲၤဘၣ်အီၤသ့

adjustment *n* တၢ်ကျဲၤဘၣ်တၢ်, တၢ်ကျဲၤလီၤတၢ်

ad-lib *v* သတူၢ်ကလာ်ကတိၤတၢ်လၢကမျၢ်မဲာ်ညါလၢတအိၣ်ဒီးတၢ်ကတိၤဆိသး, ကတိၤတၢ်ကတိၤသတူၢ်ကလာ်, မၤတၢ်သတူၢ်ကလာ်လၢတအိၣ်ဒီးတၢ်ကတိၤဆိသး

admin *n* တၢ်ပၢတၢ်ဆှၢ

administer *v* ၁. ပၢတၢ်ဆှၢတၢ်, အံးကွၤကွၢ်ကွၤတၢ် ၂. နီၤလီၤ (ကသံၣ်ကသီ), ဟ့ၣ်နုးအီ (ကသံၣ်ကသီ) ၃. စံၣ်ညီၣ်လီၤတၢ်

administrate *v* ပၢဆှၢတၢ်, အံးကွၢ်တၢ်

administration *n* တၢ်ပၢတၢ်ဆှၢ

administrative *a* လၢအဘၣ်ဃးဒီးတၢ်ပၢတၢ်ပြး, လၢအဘၣ်ဃးဒီးတၢ်ပၢဆှၢရဲၣ်ကျဲၤတၢ်

administrator *n* ပှၤပၢဆှၢတၢ်

admirable *a* လၢအလီၤစံးပတြၢၤပှၤ, ဘၣ်သူၣ်ဘၣ်သးပှၤ

admiral *n* ထံသုးမုၢ်ခိၣ်ကျၢ်

admiration *n* တၢ်ဟ်ဒိၣ်ဟ်ကဲ, တၢ်လၢအလီၤစံးပတြၢၤ, တၢ်ဘၣ်သူၣ်ဘၣ်သး

admire *v* ဘၣ်သူၣ်ဘၣ်သး, ဟ်ဒိၣ်ဟ်ကဲ

admissible *a* ၁. လၢတၢ်တူၢ်လိာ်အီၤသ့, လၢတၢ်တူၢ်လိာ်ဟ့ၣ်အခွဲးသ့ ၂. လၢအအိၣ်ဒီးတၢ်ခွဲးတၢ်ယာ်လၢတၢ်ကတူၢ်လိာ်အီၤ

admission *n* ၁. တၢ်အၢၣ်လီၤအီလီၤတၢ် ၂. တၢ်ပျဲနုာ်, တၢ်တူၢ်လိာ်

admit *v* ၁. တူၢ်လိာ်, ပျဲနုာ် ၂. အၢၣ်လီၤတၢ်ကမၣ်

admittance *n* ၁. တၢ်တူၢ်လိာ်, တၢ်ပျဲနုာ် ၂. တၢ်အၢၣ်လီၤအီလီၤတၢ်ကမၣ်

admonish *v* ကတိၤသိၣ်သီတၢ်ဆူၣ်ဆူၣ်ကိၤကိၤ

admonition *n* ၁. တၢ်ဟ့ၣ်ပလီၢ် ၂. တၢ်သိၣ်ကူၤသီကူၤ

ado *n* ကီၢ်တၢ်ဂီၤတၢ်

adobe *n* ဟီၣ်ကဘူး, ကပံာ်တကလှာ်လၢတၢ်တ့ဒၢးခီ (မ့) ဟီၣ်ကုၢ်လိၣ်

adolescence *n* တၢ်လိၣ်ဘိဘိထီၣ်, တၢ်မုၣ်ကနီၤဖိၣ်သၣ်ခွါထီၣ်သီ

adolescent *a* လၢအလိၣ်ဘိထီၣ်

adolescent *n* ပှၤလိၣ်ဘိ

adopt *v* လုၢ်ဖိ

adopted *a* လၢဘၣ်တၢ်လုၢ်ဖိအီၤ, လၢဘၣ်တၢ်ဟံးန့ၢ်ဒုးကဲထီၣ်ဒ်ပတၢ်အသိး

adoption *n* တၢ်လုၢ်ဖိ

adoptive *a* လၢအလုၢ်ဖိတၢ်

adorable *a* လီၤအဲၣ်လီၤကွံ

adoration *n* ၁. တၢ်အဲၣ်တၢ်လၢၥ်သး, ၂. တၢ်ယူးယီၣ်ဟ်ကဲတၢ်ဒိၣ်မး

adore *v* ၁. အဲၣ်လၢသးဒီဖျၢၣ် ၂. ယူးယီၣ်ဟ်ကဲတၢ်ဒိၣ်မး

adoring *a* ၁. လၢအယူးယီၣ်ဟ်ကဲဝဲဒိၣ်မး ၂. လၢအအဲၣ်တၢ်လၢၢ်သး, လၢအအဲၣ်ဝဲဒိၣ်ဒိၣ်ကလဲာ်

adorn *v* ကယၢကယဲ, မၤယံမၤလၤ

adornment *n* တၢ်မၤယံမၤလၤ, တၢ်ကယၢကယဲ

adrift *a* ၁. လီၤထွံၣ်အတၢ် (ချံ) ၂. လီၤထွံလီၤယွၤ (လၢတၢ်ဆိကမိၣ်အပူၤ)

adroit *a* လၢအအိၣ်ဒီးတၢ်သ့တၢ်ဘၣ်, လၢအသ့ၣ်ပ့ၢ်သးဆှါ

adulation *n* တၢ်စံးပတြၢၤတၢ်တလၢအခၢး

adult *a* ဘၣ်ယးဒီးတၢ်ဒိၣ်တုာ်ခိၣ်ပှဲၤ, လၢအဒိၣ်တုာ်ခိၣ်ပှဲၤ

adult *n* ပှၤဒိၣ်တုာ်ခိၣ်ပှဲၤ

adulterant *a* လၢအမၤဘၣ်အၢဘၣ်သီထီၣ်တၢ်

adulterate *v* မၤဘၣ်အၢဘၣ်သီ

adulterer *n* ပှၤအဲၣ်ဘၢမါအဲၣ်ဘၢဝၤ

adulteress *n* ပိာ်မုၣ်လၢအအဲၣ်ဘၢတၢ်

adultery *n* တၢ်အဲၣ်ဘၢမါအဲၣ်ဘၢဝၤ

advance *n* ၁. တၢ်လဲၤဆူညါ ၂. တၢ်ဒိၣ်ထီၣ်လဲၤထီၣ် ၃. တၢ်ဆိဟ်စၢၤ

advance *v* လဲၤဆူညါ, ဒိၣ်ထီၣ်ထီထီၣ်

advanced *a* လၢအပတီၢ်ထီ, လၢအအိၣ်လၢညါ

advancement *n* ၁. တၢ်မၤလဲၤထီၣ်လဲၤထီတၢ် ၂. တၢ်သုးထီထီၣ်ပှၤအလီၢ်အလၤ ၃. တၢ်လဲၤထီၣ်လဲၤထီ

advancing *a* ၁. လၢအလဲၤဆူညါ, လၢအဒိၣ်ထီၣ်ထီထီၣ်, လၢအဂ့ၤထီၣ်ပသီထီၣ်, လၢအပတီၢ်ထီထီၣ်, လၢအလဲၤထီၣ်လဲၤထီ ၂. လၢအမၤဒိၣ်ထီၣ်ထီထီၣ်တၢ်, လၢအဒုးနဲၣ်တၢ်လၢကဆဲးမၤအသးဆူညါ ၃. လၢအနံၣ်အလါပှၢ်ထီၣ်, လၢအသးပှၢ်ထီၣ်

advantage *n* ၁. တၢ်နှၤ်ဘျုး

take advantage of *idm:* တၢ်ဟံးတၢ်နှၤ်ဘျုးလၢပှၤဂၤ မ့တမ့ၢ် တၢ်တမံၤမံၤအဖီခိၣ်

advantage *v* ဘၣ်ဘျုးဘၣ်ဖှိၣ် မ့တမ့ၢ် နှၤ်ခွဲးနှၤ်ယာ်လၢလီၢ်လၤဂ့ၤနှၤ်ပှၤဂၤ, ခွဲးယာ်လၢအဂ့ၤ

advantageous *a* လၢအကဲဘျုး, လၢအဘၣ်ဘျုးတၢ်သ့

advent *n* ၁. တၢ်ဟဲတုၤအိၣ်ပှၤ ၂. တၢ်ဆၢကတီၢ်လွံၢ်နွံလၢတချုးခရံာ်အိၣ်ဖျဲၣ်မုၢ်နံၤတုၤယီၤ ၃. ကစၢ်ခရံာ်အတၢ်ဟဲခံဘျီတဘျီ

adventure *n* တၢ်မၤတၢ်လၢသးနှ, တၢ်လဲၤခီဖျိလၢအလီၤသူၣ်ပိၢ်သးဝးဒီးလီၤပျံၤလီၤဖုး

adventurous *a* ၁. လၢအအဲၣ်ဒီးတၢ်လဲၤခီဖျိလၢအအိၣ်ဒီးတၢ်သူၣ်ပိၢ်သးဝး ၂. လၢအသးဆူၣ်သးနူလၢကအိၣ်ဒီးတၢ်လဲၤခီဖျိလၢအလီၤသူၣ်ပိၢ်သးဝး

adverb *n* ဝိၢ်ကယၢ

adversary *n* ဒုၣ်ဒါ, ပှၤထီဒါတၢ်, တၢ်လၢအဒုးအိၣ်ထီၣ်တၢ်ကီတၢ်ခဲ

adverse *a* လၢအမၤထီဒုၣ်ဒါတၢ်, လၢအတြိတၢ်, လၢအမၤတာ်တာ်တၢ်, လၢအဒုးအိၣ်ထီၣ်တၢ်ကီတၢ်ခဲ

adversity *n* တၢ်တတၢာ်တနါ, တၢ်ကီတၢ်ခဲ, တၢ်ဟဲဝံအၢ

advert *n* တၢ်ဘိးဘၣ်သ့ၣ်ညါ, တၢ်ဘိးဘၣ်ရၤလီၤ

advertise *v* ဒုးဟူထီၣ်သါလီၤ, ဘိးဘၣ်သ့ၣ်ညါ, ဘိးဘၣ်ရၤလီၤ

advertisement *n* တၢ်ဘိးဘၣ်သ့ၣ်ညါ, တၢ်ဘိးဘၣ်ရၤလီၤ

advice *n* တၢ်ဟ့ၣ်ကူၣ်

advisable *a* လၢတၢ်ကြၢးမၤအီၤ, ကြၢးတၢ်ကူၣ်ထီၣ်ဖးလီၤ, လီၤဖံးလီၤမၤ, လီၤဟ့ၣ်ကူၣ်ဟ့ၣ်ဖး

advise *v* ဟ့ၣ်ကူၣ်တၢ်

advised *a* ၁. လၢအဟ့ၣ်ကူၣ်ဟ့ၣ်ဖးတၢ်, ၂. လၢအဒုးသ့ၣ်ညါတၢ်

adviser *n* ပှၤဟ့ၣ်ကူၣ်တၢ်

advisory *a* လၢအဟ့ၣ်ကူၣ်ဟ့ၣ်ဖးတၢ်

advisory *n* တၢ်ဟ့ၣ်ကူၣ်ဟ့ၣ်ဖး

advocacy *n* တၢ်တဲနှၤ်ခဲးတၢ်, တၢ်တဲစၢၤတၢ်, တၢ်ကတိၤစၢၤတၢ်, တၢ်ကတိၤနှၤ်ခဲးတၢ်

advocate *n* ပှၤလၢအတိစၢၤတၢ်, ပီၢ်ရီ

advocate *v* ကတိၤစၢၤတၢ်, မၤစၢၤတၢ်ဒ်အတၢ်နာ်အိၣ်ဝဲအသိး, ကတိၤစၢၤတၢ်ဒ်အတၢ်နာ်အသိး

adze *n* ကွါတဲ, ကွါ

aeon, eon *n* တၢ်နီၤဖးတၢ်ဆၢကတီၢ်လၢဟိၣ်ခိၣ်ပီညါအပူၤ, တၢ်ဆၢကတီၢ်လၢအယံာ်အနံၣ်လၢအကထိ, တၢ်ဆၢကတီၢ်ဖးယံာ်ဖးစၢၤ

aerate *v* ပျုလီၤကလံၤ(အဒိ, ပျုလီၤ Carbon dioxide ဆူထံကျါ)

aerial *a* လၢအဘၣ်ဃးဒီးကလံၤ, လၢအအိၣ်လၢကလံၤကျါ

aerial *n* ကွဲၤလ့လီၤအဒံး, ကွဲၤဟူဖျါအဒံး

aerobatics *n* တၢ်ဒီးကဘီယူၤဒီး တခွ့ခံတခွ့ယီၢ်ကဘီယူၤ

aerobic *a* လၢအအိၣ်ဒီးနီၢ်ခိအတၢ်ဟူးဂဲၤတၢ်ဂဲၤလိ

aerobics *n* တၢ်မၤနီၢ်ခိအတၢ်ဟူးဂဲၤတၢ်ဂဲၤလိ, ကၢ့်ဂီၤကျၢၤတၢ်ဂဲၤ

aerodrome *n* ကဘီယူၤပျီ မ့တမ့ၢ် ကဘီယူၤသန့ဆံးဆံးဖိ

aeronautics *n* တၢ်ဖံးတၢ်မၤဘၣ်ဃးတၢ်ဘိုထိၣ်ဒီးစူးကါကဟၣ်ယူၤ

aeroplane *n* ကဘီယူၤ

aerosol *n* အဲးရိၣ်စိ(လ), တၢ်အသံးအကဲာ် မ့တမ့ၢ် တၢ်အကိၢ်လိၣ် မ့တမ့ၢ် တၢ်အမိၢ်ပှၢ် မ့တမ့ၢ် က်သဝံ မ့တမ့ၢ် တၢ်အထံလၢတၢ်ထၢနဲာ်လီၤအီၤဆူတၢ်ဒၢလၢအဆိၣ်တံၢ်ဃာ်ကလံၤဒီးဒုးပြိထိၣ်ကဲ့ၤအီၤဒ်တၢ်သဝံအသိး (အဒိ, တၢ်လၢအအိၣ်လၢကသံၣ်ပြီ, ထံနၢမူအဒၢတဖၣ်အပူၤ)

aerospace *n* စဲးဖီကဟၣ်တၢ်မၤလိၢ် လၢအဘိုထိၣ်ကဘီယူၤဒီးအပီးအလီတဖၣ်

aesthetic, esthetic *a* ၁. ဘၣ်ဃးဒီးန့ဆၢၣ်အတၢ်ဃံတၢ်လၤ ၂. ဖျါလၢအမၤမှာ်ပသး လၢအဃံဝဲလၤဝဲအဃိ

aesthetics, esthetics *n* ၁. ဒွဲလၤတၢ်သ့တၢ်ဘၣ်အတၢ်ဃံတၢ်လၤ, တၢ်ဃံတၢ်လၤ ၂. တၢ်ကယၢကယဲတၢ်ဃံတၢ်လၤအပီညါ

aestivation *n* ဆၣ်ဖိကိၢ်ဖိအိၣ်ဒုးဗဲတၢ်ကိၢ်အကတိၢ်

aetiology, etiology *n* ၁. တၢ်ဂ့ၢ်လၢအဒုးကဲထိၣ်တၢ်ဆူးတၢ်ဆါ ၂. တၢ်ယုသ့ၣ်ညါသမံထံတၢ်ဂ့ၢ်တၢ်ကျိၤ

afar *adv* ယံၤ, အိၣ်စီၤစုၤ

affable *a* လၢအသူၣ်ဂ့ၤသးဝါ, လၢအမဲာ်မှာ်နါဆၢ, လၢအရှတံၤရှသကိးသ့

affair *n* ၁. တၢ်အမူးအရၢ်, တၢ်လၢအမၤအသး ၂. တၢ်လၢအဘၣ်ဃးဒီးပှၤ(တဂၤ) ၃. တၢ်မံယှာ်လၢတဖျိအသး, တၢ်မံယှာ်ရှသူၣ်လိာ်သး

affect *v* မၤဘၣ်ဒိ, ဒိဘၣ်မၤဟူး

affectation *n* တၢ်ပာ်မၤသး

affection *n* တၢ်အဲၣ်

affectionate *a* လၢအဟ်ဖျါထိၣ်တၢ်အဲၣ်တၢ်ကဟုကယာ်

affidavit *n* လံာ်ဆိၣ်လီၤသး

affiliate *v* ရှလိာ်မၤသကိးတၢ်, မၤဘၣ်ထွဲလိာ်တၢ်

affiliated *a* လၢအရှလိာ်မၤသကိးတၢ်, လၢအဘၣ်ထွဲလိာ်သးမၤသကိးတၢ်

affiliation *n* တၢ်ရှလိာ်မၤသကိးတၢ်, တၢ်မၤဘၣ်ထွဲလိာ်တၢ်

affinity *n* ၁. တၢ်ဘၣ်လိာ်ဖိးလိာ်အသး, တၢ်လီၤပလိာ်လိာ်အသးခီဖျိအိၣ်ဒီးတၢ်ထံၣ်တမံၤယီ ၂. ခီဖျိဆီဟံၣ်ဆီယီအဃိပှၤခံကပၤလၢာ်ကဲထိၣ်အဘူးအတံၢ်

affirm *v* ဟ်ပနီၣ်အၢၣ်လီၤအီလီၤ, စံးတၢ်သပှၢ်ပှၢ်

affirmation *n* တၢ်အၢၣ်လီၤအီလီၤ, တၢ်စံးသပှၢ်ပှၢ်တၢ်

affirmative *a* ၁. လၢအဘၣ်သး မ့တမ့ၢ် အၢၣ်လီၤတူၢ်လိာ်ဝဲတၢ်ဂ့ၢ်တမံၤ မ့တမ့ၢ် တၢ်ဃုထိၣ်တမံၤ ၂. (affirmative action) တၢ်ပဲာ်ဖးနီၤဖးလၢတၢ်ဂ့ၤအဂီၢ်, မ့ၢ်တၢ်ခီဆၢကဒါကဲ့ၤတၢ်ပဲာ်ဖးနီၤဖး

affirmative *exclam* မ့ၢ်

affix *n* (ကျိာ်သန့) လံာ်မဲာ်ဖျာၣ်တကရူၢ်လၢတၢ်ထီထိၣ်အီၤလၢဝီၢ်ဩတဖျာၣ်အမဲာ်ညါမ့တမ့ၢ်အလီၢ်ခံဒီးအခီပညီလဲလိာ်ကွံာ်အသး. အဒိ, unavailable

affix *v* မၤဃံးထိၣ်, ကံၢ်ဃံးထိၣ်, စၢဃံးထိၣ်, ဒုးစဲဘူး

afflict *v* မၤအၢမၤနး, မၤကိၢ်မၤဂီၤ, မၤကီမၤခဲ

affliction *n* တၢ်လၢအမၤအၢမၤနးတၢ်, တၢ်လၢအမၤကိၢ်မၤဂီၤတၢ်

affluence *n* တၢ်ကဲဒိၣ်ကဲထိ, တၢ်ကဲဒိၣ်ကဲပှၢ်, တၢ်ထူးအါတၢ်တီၤအါ

affluent *a* လၢအထူးအတီၤ, လၢအကဲဒိၣ်

afford *v* တူၢ်တၢ်အပ္ၤ, တူၢ်တၢ်လၢအဂီၢ်

affordable *a* လၢဟ့ၣ်အပ္ၤကဲ, လၢအကြၢးဒီးအပ္ၤ

afforest *v* သူၣ်လီၤကဒါကဲ့ၤသ့ၣ်ပှၢ်

afforestation *n* တၢ်ကတီၤသ့ၣ်ပှၢ်, တၢ်သူၣ်လီၤကဒါကဲ့ၤသ့ၣ်ပှၢ်

affront *n* ၁. မၤဆါ, မၤတမုာ်ပှၤသး
affront *v* တၢ်ဟူးတၢ်ဂဲၤလၢအမၤတမုာ်ပှၤသး
afield *adv* ယံၤ, အိၣ်စီၤစုၤ
afire *a* လၢအကဲၤအဖၢမုၢ်, လၢအဆူအီၣ်အဖၢမုၢ်, ကဲၤထီၣ်
aflame *a* (မ့ၣ်အူ) အီၣ်တၢ်, ဒွံၣ်ဆို (လၢမ့ၣ်အူ), ကီၢ်သွၣ်
afloat *a* ၁. လၢအထီၣ်ဖီ ၂. လၢအစ့တလီၤတူာ်ဘၣ်, စ့အိၣ်ဒံး ၃. (တၢ်ကစီၣ်) လၢအဒံဝ့ၤဒံဝီၤ
afoot *a* ၁. လၢအအိၣ်ကတဲာ်ကတီၤသး, လၢအမၤအသး ၂. လၢအခီၣ်, လၢအတူၢ်
afoot *adv* ၁. လၢအအိၣ်ကတဲာ်ကတီၤသး, လၢအမၤအသး ၂. လၢအခီၣ်, လၢအတူၢ်
afore *adv* လၢညါ, လၢအမဲာ်ညါ, ဆိန့ၢ်, ဟ်စၢၤလၢညါ.
afoul *adv* လဲၤကဟ်ကွံာ်တၢ်သိၣ်တၢ်သီ
afraid *a* ပျံၤတၢ်
afresh *adv* အသီတဘျီ, ကဒီးတဘျီ
African *n* ပှၤအၢဖြံၤကၤဖိ
African American *n* ပှၤအၢဖြံၤကၤအမဲရကၤဖိ
Afro- *a* လၢအဘၣ်ထွဲဒီးအၢဖြံၤကၤ
aft *a* လၢ (ကဘီယူၤ, ကဘီထံ) ကၢၤချံအလိၢ်, ဘူးဒီး (ကဘီယူၤ, ကဘီထံ) ကၢၤချံအလိၢ်
after *conj* ဝံၤအလိၢ်ခံ, လၢအလိၢ်ခံ, လၢခံ
after all *idm:* လၢခံကတၢၢ်န့ၣ်, အကတၢၢ်န့ၣ်
after *prep* ၁. ဝံၤအလိၢ်ခံ ၂. အလိၢ်ခံ
afterbirth *n* ဟံၣ်လိၢ်, ဟံၣ်လိၢ်လၢအဟဲလီၤဖဲတၢ်အိၣ်ဖျဲၣ်ဖိ မ့တမ့ၢ် ဆၣ်ဖိကိၢ်ဖိဖှံလီၤဝံၤအလိၢ်ခံ
after-effect *n* တၢ်ကဲထီၣ်ပိာ်ထွဲတၢ်ဂၤအခံ, တၢ်မၤအသးလၢတၢ်ဂၤတမံၤအဃိ
afterglow *n* ၁. မုၢ်လီၤယဲၤဘီအဆၢကတီၢ်, မုၢ်လီၤနုာ်သီသီအဆၢကတီၢ် ၂. တၢ်သးခုထွဲ, တၢ်သးမံထွဲ
afterlife *n* တၢ်အိၣ်မူလၢသံဝံၤအလိၢ်ခံ, ခဲကိာ်တဃၣ်
aftermath *n* တၢ်ကဲထီၣ်ပိာ်ထွဲထီၣ်ဖဲတၢ်မၤအသးတခါအလိၢ်ခံ, တၢ်မၤအသးလၢတၢ်ဂၤအဃိ
afternoon *n* မုၢ်ဃ့ၢ်လီၤ, ဟါခီ, ဟါလီၤခီ (အကတီၢ်)
aftershave *n* တၢ်အထံတကလုာ်လၢပသူအီၤဖဲပဖွ့ၤလီၤပဖံးဘ့ၣ်ဖဲပကွးပဆူၣ်ဝံၤအခါ
aftershock *n* ဟီၣ်ခိၣ်ဟူးတစဲးဖိလၢအကဲထီၣ်အသးဖဲဟီၣ်ခိၣ်ဟူးဖးဒိၣ်ဝံၤအခါ
aftertaste *n* တၢ်အရီၢ်လၢအဆူၣ်ဒီးတဝံၣ်တဘဲလၢအအိၣ်တ့ၢ်လၢပကိာ်ပူၤဖဲပအီၣ်တၢ် မ့တမ့ၢ် ပအီတၢ်ဝံၤအလိၢ်ခံ
afterthought *n* တၢ်ဆိကမိၣ်လၢတၢ်ဟ်ဖျါထီၣ်အီၤ မ့တမ့ၢ် အိၣ်ထီၣ်လၢခံတဖၣ်
afterward *adv* လၢခံ, လၢခံလၢလာ်, တၢ်န့ၣ်ဝံၤအလိၢ်ခံ
afterwards *adv* လၢခံ, လၢခံလၢလာ်, တၢ်န့ၣ်ဝံၤအလိၢ်ခံ
again *adv* ကဒီး (တဘျီ)
against *prep* ထီဒါ
agape *adv* အိၣ်အီကဘိ, ထးခိၣ်အီကဘိ, အိၣ်ယူၤအီခၣ်
age *n* သးအနံၣ်အလါ
age *v* ၁. ပှၢ်ထီၣ်, အသးန့ၢ်ထီၣ်, ဒိၣ်တုာ်ခိၣ်ပုံၤထီၣ် ၂. အဖံးသွံးထီၣ် ၃. (တၢသူတၢသၣ်) မံ, မံပှၢ်ထီၣ်
aged *a* သးပှၢ်ထီၣ်, ညါပှၢ်ထီၣ်, လၢအညါအိၣ်
ageless *a* လၢအတဖျါပှၢ်, လၢအတဖျါလိၢ်လံၤ
agency *n* ၁. ခၢၣ်စးတၢ်မၤ ၂. ခၢၣ်စးကရၢ
agenda *n* ၁. တၢ်အိၣ်ဖှိၣ်တၢ်ရဲၣ်လီၤ, တၢ်အိၣ်ဖှိၣ်တၢ်ဂ့ၢ်တၢ်ကျိၤ ၂. တၢ်မၤရဲၣ်ကျဲၤတက္ပိၣ်
agent *n* ပှၤခၢၣ်စး
aggrandize, aggrandise *v* ၁. မၤဒိၣ်ထီၣ်လဲၢ်ထီၣ်အစိကမီၤ ၂. တဲဒိၣ်အကိာ်, လိာ်ဒိၣ်အကိာ်
aggrandizement, aggrandisement *n* ၁. တၢ်မၤဒိၣ်ထီၣ်လဲၢ်ထီၣ်အစိကမီၤ ၂. တၢ်တဲဒိၣ်ကိာ်, တၢ်လိာ်ဒိၣ်ကိာ်
aggravate *v* ၁. မၤနးထီၣ်, မၤကီမၤခဲထီၣ် ၂. မၤအ့နပှၤအသး
aggravation *n* တၢ်မၤနးထီၣ်တၢ်, တၢ်မၤကီမၤခဲထီၣ်တၢ်
aggregate *a* ၁. လၢအဟ်ဖှိၣ်အသးလၢတၢ်အါမံၤ ၂. (Botany) တၢ်အါကလုာ်ဟ်ဖှိၣ်အသးဒီးကဲထီၣ်တကလုာ်ဃီ

aggregate *n* ၁. တၢ်အါမံၤဟ်ဖှိၣ်အသး, တၢ်ဟ်ဖှိၣ်တၢ်အါမံၤတပူၤယီ ၂. တၢ်ဟ်ဖှိၣ်ခဲလၢာ်

aggregate *v* ၁. ဟ်ဖှိၣ်ယှာ်တၢ်တမံၤယီ ၂. ပၣ်ယှာ်တၢ်အါမံၤ

aggression *n* ၁. တၢ်ယုဆိတၢ်အ့ၣ်လိာ်ဆိးက့ ၂. တၢ်ဒုးအိၣ်ထီၣ်ဆိတၢ်ဒုးတၢ်ယၤ

aggressive *a* လၢအယုဆိတၢ်အ့ၣ်လိာ်ဆိးက့လိာ်, လၢအဒုးအိၣ်ထီၣ်ဆိတၢ်ဒုးတၢ်ယၤ, လၢအမၤဆူၣ်တၢ်

aggressor *n* ပှၤလၢအယုတၢ်အ့ၣ်လိာ်ဆိးက့လိာ်, ပှၤလၢအနှာ်လီၤဒုးဆိပှၤကိၢ်

aggrieved *a* သူၣ်ဒိၣ်သးဖျိး, သူၣ်တမှာ်သးတမှာ်ခီဖျိတ့ၢ်ဘၣ်တၢ်မၤအီၤလၢတၢ်တထဲသိးတုၤသိးအယိ, တူၢ်တန့ၢ်ခိၣ်တကဲခီဖျိတၢ်ရှဒိးအီၤတထဲသိးတုၤသိးအယိ

aghast *a* ခိၣ်ကဖီနၢ်ကဖီဘၣ်သး, လၢအပှဲၤဒီးတၢ်ကမၢကမၣ်လီၤပျံၤလီၤဖုး

agile *a* လၢအစုချ့ခီၣ်ချ့, လၢအပ့ၢ်အချ့

agility *n* တၢ်စုချ့ခီၣ်ချ့, တၢ်ပ့ၢ်တၢ်ချ့

agitate *v* ၁. ထိၣ်ဟူးထိၣ်ဂဲၤထိၣ်ပှၤဂီၢ်မုၢ်အသးလၢတၢ်ဂ့ၢ်တခါအဖီခိၣ် ၂. မၤဟူးမၤဝး

agitated *a* လၢအဒုးနဲၣ်ဖျါထီၣ်တၢ်ဘၣ်ယိၣ်ဘၣ်ဘီ, လၢအဒုးအိၣ်ထီၣ်တၢ်သူၣ်ဟူးဂဲၤသးဟူးဂဲၤ

agitation *n* ၁. တၢ်သူၣ်ကိၢ်သးဂီၤ, တၢ်အိၣ်တသ့ဆိးတဘၣ် ၂. တၢ်ထိၣ်ဟူးထိၣ်ဂဲၤထိၣ်တၢ်, တၢ်ဆဲ့းဆိုးထိၣ်တၢ်, တၢ်ကျဲၣ်ကျီတၢ်

aglow *a* ကဲၤကပီၤ

agnostic *a* လၢအဘၣ်ဃးဒီးတၢ်စံးလၢယွၤအိၣ်တအိၣ်ပသ့ၣ်ညါတသ့ဘၣ်

agnostic *n* ပှၤလၢအစံးလၢယွၤအိၣ်တအိၣ်ပသ့ၣ်ညါတသ့ဘၣ်, ပှၤလၢတနာ်ကစၢ်ယွၤ

agnosticism *n* တၢ်တနာ်ယွၤသနူ

ago *adv* ပူၤကွံာ်

agonising *a* (လၢအပှဲၤဒီး) တၢ်သူၣ်အူသးကဲၤ, တၢ်တူၢ်ဘၣ်နးနးကလဲာ်

agonize, agonise *v* (လၢအပှဲၤဒီး) တၢ်သူၣ်အူသးကဲၤ (လၢတၢ်တမံၤမံၤအယိ), တၢ်တူၢ်ဘၣ်နးနးကလဲာ်

agonizing, agonising *a* (လၢအပှဲၤဒီး) တၢ်သူၣ်အူသးကဲၤ, တၢ်တူၢ်ဘၣ်နးနးကလဲာ်

agony *n* တၢ်သူၣ်အူသးကဲၤ, တၢ်တူၢ်ဘၣ်နးနးကလဲာ်

agrarian *a* လၢအဘၣ်ထွဲဒီးတၢ်ထူစံာ်မၤပှဲၤဒီးတၢ်စူးကါဟီၣ်ခိၣ်လၢတၢ်ထူစံာ်ဖဲးခုးဖဲးသံၣ်အဂီၢ်

agree *v* သးလီၤပလိာ်, အၢၣ်လီၤတူၢ်လိာ်

agreeable *a* ၁. မှာ်သူၣ်မှာ်သး ၂. ဘၣ်သူၣ်ဘၣ်သး

agreement *n* ၁. တၢ်သးလီၤပလိာ် ၂. တၢ်အၢၣ်လီၤအီလီၤ

agricultural *a* ဘၣ်ဃးဒီးတၢ်သူၣ်တၢ်ဖျး

agriculture *n* တၢ်သူၣ်တၢ်ဖျး, စံာ်ပှဲၤသူၣ်ဖျး

agriculturist *n* ပှၤသူၣ်တၢ်ဖျးတၢ်, ပှၤမၤစံာ်မၤပှဲၤ

agroforestry *n* တၢ်သူၣ်ဃါယှာ်ဘုဟုဒီးတၢ်မုၢ်တၢ်ဘိ

aground *adv* အိၣ်တီၣ်ထိၣ်အသးလၢခိ

ah *exclam* အၣ်လၣ်လၣ်, အၣ်, တၢ်အံၤဓါ, ဓု, အၣ်လဲၣ်လဲၣ်

aha *exclam* အၣ်လါ, ဟၣ်ဟၣ်, ဟဲးဟဲး, ဟု

ahead *adv* လၢညါ, လၢအမဲာ်ညါ, ဟ်စၢၤ

ahead *prep* လၢညါ, မဲာ်ညါ, ဟ်စၢၤ

aid *n* တၢ်ဟ့ၣ်မၤစၢၤ

aid *v* မၤစၢၤ

aide *n* ပှၤမၤစၢၤတၢ်

AIDS *n* နီၢ်ခိဂံၢ်တြီဆၢလီၤစှၤတၢ်ဆါ, တၢ်ဆါအ့ဒး(စ) (Acquired Immune Deficiency Syndrome)

ail *v* မၤကိမၤခဲပှၤ, မၤဆူးမၤဆါပှၤ

ailing *a* ဆိးက့, လၢအဆိးက့, လၢအတဆူၣ်တချ့

ailment *n* တၢ်အိၣ်ဆူၣ်အိၣ်ချ့တအိၣ်, တၢ်ဆူးတၢ်ဆါအိၣ်, တၢ်ဆူးတၢ်ဆါအိၣ်ဆံးကိာ်

aim *n* တၢ်ကွၢ်စိ, တၢ်ပညိၣ်

aim *v* ၁. စူၣ်ဘျၢ (ကျိ) ၂. ပညိၣ်

aimless *a* လၢအတၢ်ပညိၣ်တၢ်တိာ်ဟ်တအိၣ်

aimlessly *adv* တအိၣ်ဒီးတၢ်ပညိၣ်တၢ်တိာ်ဟ်

air *n* ကလံၤ

put on airs *idm:* ဟ်မၤအသး, လိာ်ဒိၣ်အသး

air *v* ၁. ဒုးဟူထိၣ်သါလီၤတၢ်ဂ့ၢ် ၂. ဒုးအူဘၣ်ကလံၤ, ဒုးဘၣ်ဒီးကလံၤ, ကလံၤနှာ်

air conditioner *n* ကလံၤခုၣ်ဒၢ

air cover *n* တၢ်ဒီသဒၢလၢကလံၤကျိၤတကပၤ

air force *n* ကလံၤသုးမုၢ်

air forceman *n* ကလံၤသုးဖိ

air letter *n* လံာ်ပရၢလၢဘၣ်တၢ်ဆှၢအီၤလၢကဘီယူၤ

air pocket *n* ၁. ကလံၤအတၢ်ဆိၣ်သန်းဖုၣ်အလီၢ်, တၢ်လီၢ်တတီၤလၢအပှဲၤဒီးကလံၤ, ကလံၤကအိအလီၢ်, တၢ်လီၢ်ကအိလၢအိၣ်ထဲကလံၤ ၂. တၢ်လီၢ်လၢကလံၤတၢ်ဆိၣ်သန်းစှၤလီၤသတူၢ်ကလာ်ဒီးထုးလီၤကဘီယူၤ

air raid *n* တၢ်တ့ၢ်လီၤမ့ၣ်ပိၢ်လၢကဘီယူၤအတၢ်ဒုး, တၢ်ဒုးတၢ်လၢကဘီယူၤ

air steward *n* ကဘီယူၤခွါတူၢ်တမုံၤ

air terminal *n* ကဘီယူၤသန့တၢ်သူၣ်ထိၣ်လၢပှၤလဲၤတၢ်က့ၤတၢ်အဂီၢ်, သန့ဖဲပှၤလဲၤတၢ်ဖိဒီးထိၣ်သိလ့ၣ်လၢကလဲၤဆူကဘီယူၤပျီအဂီၢ်

airbag *n* ကလံၤဒၢ, နဲးထြိၣ်ကၠၣ်အဒၢ, ကလံၤဒၢလၢအဒီသဒၢပှၤနီၣ်သိလ့ၣ်, ပှၤဒိးသိလ့ၣ်တဖၣ်ဖဲသိလ့ၣ်ဘၣ်ထံးအခါ

airbase *n* သုးကဘီယူၤပျီ

airborne *a* ၁. ဘၣ်တၢ်စိာ်အီၤလၢကလံၤ ၂. ဖဲကဘီယူၤအိၣ်လၢကလံၤကျါအခါ

aircraft *n* ကဘီယူၤ, ဟဲးလံၣ်ခီပထၢၣ်(ကဘီယူၤထီလဲၤကွဲၤ)

aircraft carrier *n* ကဘီတီကဘီယူၤ

aircrew *n* ပှၤနီၣ်ကဘီယူၤ, ပှၤကဘီယူၤဖိ, ပှၤမၤတၢ်ဖိလၢကဘီယူၤအပူၤတဖၣ်

airdrome *n* ကဘီယူၤပျီ မ့တမ့ၢ် ကဘီယူၤသန့ဆံးဆံးဖိ

airdrop *n* ပှၤသုးဖိစံၣ်လီၤလၢကဘီယူၤပူၤလၢသဒၢမုၢ် မ့တမ့ၢ် ကွံာ်လီၤတၢ်စုကဝဲၤဒီးတၢ်ပီးတၢ်လီလၢသဒၢမုၢ်

airfare *n* ကဘီယူၤအလဲ, ကဘီယူၤအပ္ၤ

airfield *n* ကဘီယူၤပျီ

airfreight *n* တၢ်စိာ်တၢ်ဖိတၢ်လံၤလၢကဘီယူၤ

airlift *n* တၢ်ဆှၢတၢ်ဖိတၢ်လံၤဒီးပှၤကညီလၢကဘီယူၤလီၤဆီဒၣ်တၢ်ဖဲဂ့ၢ်ဂီၢ်အှၢအဆၢကတိၢ်

airline *n* ကဘီယူၤဝံစိာ်တီဆှၢတၢ်မၤ

airliner *n* ကဘီယူၤဖးဒိၣ်

airmail *n* လံာ်ဆှၢယူၤ, တၢ်ဆှၢလံာ်လၢကဘီယူၤ

airman *n* ကလံၤသုးဖိ

airplane *n* ကဘီယူၤ

airport *n* ကဘီယူၤသန့

airship *n* ကလံၤဖျၢၣ်ယူၤ

airspace *n* ထံကီၢ်တဘ့ၣ်အမူပျီဟိၣ်ကဝီၤအဆၢ

airstrip *n* ကဘီယူၤယ့ၢ်ကျဲလၢကဘီယူၤပျီဆံး

airtight *a* ၁. လၢကလံၤန့ၢ်ဝဲ ၂. လၢကလံၤနုာ်အပူၤတပၢၢ်ဘၣ်

airwaves *n* (ကွဲၤလ့လိၤ, ကွဲၤဟူဖျါ) အလပိတဖၣ်

airway *n* ကလံၤကျဲၤ

airy *a* လၢအသံးအကာ်တအိၣ်

aisle *n* ဘၢၣ်စၢၤကျဲ, ကျဲဘၢၣ်စၢၤ, ကျဲဖိလၢအအိၣ်လၢတၢ်ခံမံၤအဘၢၣ်စၢၤ အဒိ, ကျဲလၢအအိၣ်လၢလီၢ်ဆ့ၣ်နီၤခံကျိၤအကဆူးလၢသရိာ်ပူၤ

ajar *a* အိၣ်ဟိတစဲး, အိးထိၣ်အသးတစဲး

aka *abbre* ပသ့ၣ်ညါဘၣ်စ့ၢ်ကီးလၢ (also known as)

akimbo *adv* ဆိၣ်လီၤယီၢ်ဒ့

akin *a* ၁. လီၤက်လိာ်အသး ၂. ဒီဘူးဒီတံၢ်

alacrity *n* ၁. တၢ်ပ့ၢ်ပ့ၢ်ဆှါဆှါ, တၢ်စုဖျဲၣ်ခီၣ်ဖျဲၣ်, တၢ်ခိၣ်ဖုံခံဖုံ ၂. တၢ်သူၣ်ဆူၣ်သးဂဲၤ, တၢ်သူၣ်အိၣ်သးအိၣ်မၤတၢ်နီၢ်နီၢ်

alarm *n* ၁. တၢ်သိၣ်ဟ့ၣ်ပလီၢ် ၂. တၢ်ပျံၤတၢ်ဖုး, တၢ်သူၣ်ပိၢ်သးဝး

alarm *v* ဟ့ၣ်ပလီၢ်တၢ်

alarm clock *n* နၣ်ရံၣ်ဆ့လ့

alarmed *a* လၢအဘၣ်လဲၤခီဖျိတၢ်ပျံၤတၢ်ဖုး, တၢ်သူၣ်ပိၢ်သးဝး

alarming *a* လၢအပျံၤတၢ်ဖုးတၢ်, လၢအသူၣ်ကိၢ်သးဂီၤတၢ်

alarmist *a* လၢအမၤဖုးမၤပျိၢ်တၢ်

alarmist *n* ပှၤလၢအမၤဖုးမၤပျိၢ်တၢ်, ပှၤလၢအမၤသူၣ်ကနိးသးကနိးပှၤ

alas *exclam* အၣ်လါ, မ့ၢ်တၢ်ကအုကစွါဖဲတၢ်သူၣ်ဘၣ်ဖိၣ်သးဘၣ်ဖိၣ်, တၢ်သးကညီၤ မ့တမ့ၢ် တၢ်ဘၣ်ယိၣ်အခါ

albeit *conj* သနာ်က့

albinism *n* တၢ်ဘၣ်တၢ်ဝါလီ

albino *n* ပှၤကညီ မ့တမ့ၢ် ဆၣ်ဖိကီၢ်ဖိလၢအဘၣ်တၢ်ဝါလီ

album *n* ၁. လံာ်ပာ်ဖိုဉ်တၢ်ဂီၤ ၂. တၢ်သးဝံဉ်အဲလဘာဉ်(မ)

albumen *n* ဆီဒံဉ်တကီၤဝါ

alchemy *n* တၢ်မၤလိဘဉ်ဃးတၢ်ဆီတလဲ သးတူး မ့တမ့ၢ် စၢၢ်ထးဆူထူ

alcohol *n* သံး, သံးစီထံ

alcoholic *a* ၁. လၢအပဉ်ဃှာ်ဒီးသံးစီထံ ၂. မူၤသံး, လၢအမူၤသံး

alcoholic *n* ပှၤမူၤသံး

alcoholism *n* တၢ်စဲသံး, တၢ်အီသံးဆူဉ်အလုၢ်အလၢ်

alcove *n* တၢ်လီၢ်အိဉ်လီၤသနၢဉ်လၢဒၢးဖးဒိဉ်အပူၤ, ဒၢးဆံးဆံးဖိလၢအအိဉ်လီၤသနၢဉ်အသး

ale *n* ဘံယၢဉ်လၢအစၢ်တကလုာ်

alert *a* လၢအအိဉ်သပှၢမဲာ်, လၢအစီဉ်မဲာ်စီဉ်နါ

alert *n* ၁. တၢ်အိဉ်စီဉ်မဲာ်စီဉ်နါ, တၢ်အိဉ်သပှၢမဲာ်, တၢ်ပလိၢ်ပဒီသး ၂. တၢ်ဟ့ဉ်ပလီၢ်

alert *v* ဟ့ဉ်ပလီၢ်, အိဉ်ဒီးတၢ်ပလီၢ်သူဉ်ပလီၢ်သး

alfalfa *n* အဉ်(လ)ဖဉ်ဖဉ်နီဉ်, နီဉ်တကလုာ်လၢအအိဉ်လၢမုၢ်နာ်ကလံၤထံးအ့ရှၢဉ်ဒီးတၢ်သူအီၤလၢဆဉ်ဖိကိၢ်ဖိအဆဉ်အဂိၢ်

algae *n* အံၣ်ငံာ်, ဟီဉ်ဆုး, နီဉ်ဒီးဆုး

algebra *n* တၢ်ဂံၢ်တၢ်ဒွးတကလုာ်, အဲ(လ)ကွံၢ်ဘြဉ် – တၢ်ဂံၢ်တၢ်ဒွးတကလုာ်လၢအပဉ်ဃှာ်ဒီးလံာ်မဲာ်ဖျာဉ်

alias *adv* သူမံၤလၢအတမ့ၢ်တတီ, စူးကါမံၤလၢအတမ့ၢ်တတီ

alias *n* မံၤလၢအတမ့ၢ်တတီ

alibi *n* တၢ်ကတိၤပူၤဖျဲးအသးလၢအစံးလၢသါအိဉ်တပူၤဒၣ်ဖဲတၢ်ကဲထိဉ်သးအခါ

alien *a* လၢအဘဉ်ဃးဒီးတခီထံတခီကိၢ်, လၢအလီၤဆီ

alien *n* ပှၤတခီဘီမုၢ်ဖိ, ပှၤလၢအအိဉ်လၢထံကိၢ်အဂၤတဘ့ဉ်, တၢ်လၢအအိဉ်လၢမူဖျာဉ်အဂၤတဖျာဉ်

alienate *v* ၁. ဘိးကဒါကွံာ်တၢ်, မၤတယူလိာ်ဖိးဒ့တၢ်, မၤလီၤမုၢ်လီၤဖး ၂. ဟ့ဉ်လီၤတၢ်စုလိၢ်ခိဉ်ခိဉ်ဆူပှၤအဂၤတဂၤ

alight *a* ၁. လၢမ့ဉ်အူအူအီဉ် ၂. လၢအကပီၤကပြုၢ်ကပြီၤ, လၢအကပြုၢ်ကပြီၤ

alight *v* ၁. စီၢ်လီၤ ၂. စံဉ်လီၤ, ယုၢ်လီၤ ၃. **(alight on)** ထံဉ်န့ၢ်တၢ်တမံၤမံၤလၢတၢ်တတိာ်သူဉ်ဟ်သးအပူၤ

align *v* ဟ်ဘျၢတၢ်, ဟ်လီၤတၢ်

alignment *n* တၢ်ဟ်ဘျၢတၢ်, တၢ်ဟ်လီၤတၢ်

alike *a* လၢအဒ်သိးလိာ်အသး, လီၤက်လိာ်အသး, လၢအလီၤပလိာ်

alike *adv* ဒ်သိးလိာ်အသး, လီၤက်လိာ်အသး, လီၤပလိာ်

alive *a* လၢအမူဝဲ

alkaline *a* လၢအပဉ်ဃှာ်ဒီးက်အဲ(လ)ခလံ

all *a* ခဲလၢာ်

all *adv* ခဲလၢာ်ခဲဆ့, ခဲလၢာ်, လၢာ်လၢာ်ဆ့ဆ့, ကိးမံၤဒဲး

all along *idm:* လၢအခီဉ်ထံးလံၤလံၤ, ဒီတကတီၢ်ညါ

all at once *idm:* တကတိၢ်ဃီ, တကတိၢ်ဃီခဲလၢာ်

all but *idm:* ဘူးတ့ၢ်မးလၢ, ခဲလၢာ်ဃဉ်ဃဉ်

all of a sudden *idm:* တကီၢ်ခါ

all over *idm:* ၁. သကုၤဆးဒး, လီၢ်ကိးပူၤဒဲး, ခဲလၢာ်ခဲဆ့ ၂. ဝံၤလံ, ကတၢၢ်လံ

all told *idm:* ပဉ်ဃှာ်ခဲလၢာ်

all *pro* တၢ်ကိးမံၤ

all right *a* ဂ့ၤလံ, ဘဉ်ကစီဒီ, ဂ့ၤကစီဒီ

Allah *n* ကစၢ်ယွၤ (မူးစလ့ဉ်ဒီးအဉ်ရး(ဘ)ခရံာ်ဖိတဖဉ်ကိးကစၢ်ယွၤလၢအဉ်လဉ်)

allay *v* မၤစုာ်လီၤကှၤသး, မၤဟါမၢ်ကွံာ်တၢ်ပျံၤတၢ်ဖုး, မၤစုၤလီၤပှၤဂၤအတၢ်ကိၢ်တၢ်ဂီၤဒီးတၢ်ပျံၤတၢ်ဖုး

allegation *n* တၢ်ပဲၤအၢတခီတၢၤ, တၢ်ဟ်ထီဉ်တၢ်ကမဉ်

allege *v* ဟ်ထီဉ်တၢ်ကမဉ်လၢပှၤလီၤ, ဟ်တၢ်ကမဉ်လၢပှၤလီၤလၢတအိဉ်ဒီးတၢ်အုဉ်သး

alleged *a* လၢအဘဉ်တၢ်ပဲၤအၢတခီတၢၤအီၤ, လၢအဟ်တၢ်ကမဉ်လၢပှၤလီၤလၢတအိဉ်ဒီးတၢ်အုဉ်သး

allegiance *n* တၢ်သးတီဒီးတၢ် (အဒိ, တၢ်သးတီဒီးပှၤကလုာ်, တၢ်သးတီဒီးပှၤတဂၤဂၤ)

allegorical *a* လၢအအိဉ်ဒီးတၢ်အဒိအတဲာ်

allegorize, allegorise *v* မၤတၢ်အဒိအတဲာ်, ကတိၤဒိကတိၤတဲာ်, ဒုးနဲဉ်ဒိဒုးနဲဉ်တဲာ်

allegory *n* တၢ်ကတိၤဒိကတိၤတဲာ်, တၢ်ကွဲးဒိကွဲးတဲာ်

alleluia *exclam* ဟါလ့လူယၤ, တၢ်မၤသိဉ်ကလုၢ်စံးထိဉ်ပတြၢၤယွၤ

allergic *a* လၢအတဖီးလိာ်, လၢအတဘဉ်လိာ်ဒီးသွံဉ်ထံ

allergy *n* တၢ်လၢအတဖီးလိာ်, တဘဉ်လိာ် (ဒီးသွံဉ်ထံ) အဒိ, တၢ်အိဉ်တၢ်အိ

alleviate *v* မၤစၢ်လီၤ, မၤစုၤလီၤ (တၢ်ကီတၢ်ခဲ)

alleviation *n* တၢ်မၤစၢ်လီၤ, တၢ်မၤစုၤလီၤ (တၢ်ကီတၢ်ခဲ)

alley *n* ကျဲဖိကျဲဆဉ်

alliance *n* သိဉ်မုံၤ

allied *a* ၁. လၢအဘဉ်ဃးဒီးသိဉ်မုံၤ ၂. လၢအမၤယှာ်မၤသကိးတၢ်

alligator *n* တမဉ် မ့တမ့ၢ် သမဉ်လၢအခိဉ်ဖုဉ်တကလုာ်, တရ့

allocate *v* ၁. နီၤလီၤ, ဟ့ဉ်လီၤ ၂. ဟ်ပနီဉ်, ဟ်ပနီဉ်တယာ်တၢ်

allocation *n* ၁. တၢ်နီၤလီၤအိဉ်ဒီးအဂ့ၢ်အကျိၤ ၂. တၢ်ဟ်ပနီဉ်, တၢ်ဟ်ပနီဉ်တယာ်တၢ်

allot *v* နီၤလီၤ, ဟ့ဉ်လီၤတၢ်

allotment *n* တၢ်နီၤလီၤ, တၢ်ဟ့ဉ်လီၤတၢ်

allow *v* ဟ့ဉ်အခွဲး, ပျဲ, ပျဲလီၤ

allowance *n* စ့လၢတၢ်ဟ်ပနီဉ်ဟ့ဉ်လီၤအီၤ, စ့လၢတၢ်ဒီးန့ၢ်အီၤဒီးတဘဉ်ဟ့ဉ်တၢ်ခီတၢ်သွဲ

make allowances *idm:* ဆိကမိဉ်ဒီးနၢ်ပၢၢ်အီၤဒ်အတၢ်လီၤတူာ်လီၤကာ်အိဉ်အသိး

alloy *n* ၁. တၢ်လၢအဘဉ်ကျဲဉ်ကျီအသးဒီးစ့ဒီးထူဒီးတၢ်ဒ်န့ဉ်အသိးတဖဉ် ၂. တၢ်မၤစုၤလီၤတၢ်တမံၤအလုၢ်အပှ့ၤခီဖျိတၢ်ကျဲဉ်ကျီယှာ်ဒီးတၢ်လၢအပှ့ၤတအိဉ်

alloy *v* ၁. ကျဲဉ်ကျီစ့ဒီးထူဒီးတၢ်ဒ်န့ဉ်အသိးတဖဉ် ၂. မၤဟးဂီၤတၢ်တမံၤမံၤခီဖျိကျဲဉ်ကျီယှာ်ဒီးတၢ်လၢအလုၢ်အပှ့ၤစုၤ

all-purpose *a* လၢတၢ်စူးကါအီၤသ့လၢကျဲအါမံၤ, လၢတၢ်စူးကါအီၤသ့လၢတၢ်ကီးမံၤ

all-time *a* လၢတၢ်ဂ့ၤန့ၢ်အီၤတအိဉ်, လၢတၢ်ခီက်အီၤတန့ၢ်

allude *v* ကတိၤဘဉ်ထွဲတၢ်, တဲတြူဉ်တၢ်

allure *n* တၢ်ထုးန့ၢ်လွဲန့ၢ်ပမဲာ်, တၢ်ရဲၢ်န့ၢ်တၢ်

allure *v* ရဲၢ်န့ၢ်တၢ်, ထုးန့ၢ်လွဲန့ၢ်တၢ်

alluring *a* လၢအထုးန့ၢ်လွဲန့ၢ်ပမဲာ်, လၢအရဲၢ်န့ၢ်တၢ်သ့

allusion *n* တၢ်ကွဲးဘဉ်ထွဲတၢ်, တၢ်ကတိၤဘဉ်ထွဲတၢ်, တၢ်ကတိၤတြူဉ်တၢ်

ally *n* တၢ်ဟ်ဖှိဉ်ထိဉ်သး, သိဉ်မုံၤ

alma mater *n* ၁. တၢ်မၤလိ, ကိ့, ဖှဉ်စိမိၤလၢပမၤလိတ့ၢ်လံတၢ်တဘျီ ၂. ဖှဉ်စိမိၤအမိထိဉ်

almanac *n* ၁. လံာ်နံဉ်လံာ်လါလၢအပဉ်ယှာ်ဒီးမုၢ်နံၤလီၤဆီဒီးတၢ်ဂ့ၢ်လၢအလီၤဆီတဖဉ် ၂. လံာ်လၢတၢ်ထုးထိဉ်အီၤတနံဉ်တဘျီဘဉ်ဃးတၢ်ဂ့ၢ်လၢနံဉ်တနံဉ်အတိၢ်ပူၤ

almighty *a* လၢပှဲၤဒီးအစိကမီၤလၢတၢ်ခဲလၢာ်အဖီခိဉ်, ဒိဉ်ဝဲထိဝဲ

almighty *n* ကစၢ်လၢအလၢပှဲၤဒီးတၢ်စိတၢ်ကမီၤ

almond *n* သ့ဉ်အဲ(လ)မိဉ်

almost *adv* ဘူးတ့ၢ်မးလၢ, ဃဉ်ဃဉ်

alms *n* တၢ်ဟ့ဉ်သးကညီၤတၢ်

aloe vera *n* ဖီတမဉ်ပျ့ၤတကလုာ်

aloft *a* လၢတၢ်ဖးဖီ

aloft *adv* လၢတၢ်ဖီခိဉ်ဖးယံၤ

alone *a* ထဲတဂၤဇိၤ

alone *adv* ထဲတဂၤဇိၤ

along *adv* ၁. (လၢကျဲ) ဒီဘိ, ဒီ (ဘိ) ညါ ၂. ပိာ်ထွဲ ၃. ဃုာ်, ဃုာ်ဒီး (အဒိ, Bring your friend along)

along *prep* ၁. (လၢကျဲ) ဒီဘိ ၂. ပိာ်ထွဲ ၃. ဃုာ်ဒီး

alongside *prep* လၢအဘူးဒီး

aloof *a* ၁. အိဉ်ကစီၤကွံာ်အသး, အိဉ်နီၤဖးအသးဒီးပှၤဂၤ ၂. ဟ်တမိာ်ဒိဉ်သး, ဟ်ဒိဉ်အသးခီဖျိအဆိကမိဉ်လၢအဂ့ၤန့ၢ်ပှၤဂၤ

aloud *adv* သိဉ်ဒိဉ်, (ကိး) ဒိဉ်ဒိဉ်

alpha *n* ဟ့းလ့ဉ် မ့တမ့ၢ် ကြဲးအလံာ်မဲာ်ဖျာဉ်အဆိကတၢၢ်တဖျာဉ်

alphabet *n* လံာ်မိၢ်ပှၢ်

alphabetical *a* ဒ်လံာ်မိၢ်ပှၢ်အဖျာဉ်အိဉ်ရဲဉ်လီၤအသးအသိး

alphabetize, alphabetise *v* ရဲဉ်လီၤဒ်လံာ်မိၢ်ပှၢ်အဖျာဉ်အိဉ်ရဲဉ်လီၤအသးအသိး

alpine *a* လၢအအိဉ်လၢကစၢၢ်ဖးထီအဖီခိဉ်, လၢအမဲထိဉ်လၢကစၢၢ်ဖးထီအဖီခိဉ်

already *adv* (မၤ) တ့ၢ်လံ
also *adv* စ့ၢ်ကီး
altar *n* တၢ်လုၢ်လီၢ်
alter *v* လဲလိာ်တၢ်, ဘိုဘၣ်က့ၤတၢ်
alteration *n* တၢ်ဆီတလဲဘိုဘၣ်က့ၤတၢ်, တၢ်လဲလိာ်
altercation *n* တၢ်ဂ့ၢ်လိာ်ဘိုလိာ်, တၢ်အါကလုၢ်အါကတိၤ, တၢ်အ့ၣ်လိာ်သး
alternate *a* တဂၤတဘျီ, တခါတဘျီ, လၢအမၤယၢ်ခီယၢ်ခီ
alternate *n* ၁. ခၢၣ်စး, ပှၤလၢအမၤပှဲၤန့ၢ်ပှၤအလီၢ် ၂. တၢ်ဟ်တၢ်လၢတၢ်ဂၤအလီၢ်, တၢ်လဲလိာ်ပှၤအလီၢ်, တၢ်ဟ်ခၢၣ်စးတၢ်လၢတၢ်ဂၤအလီၢ် ၃. တၢ်ယုထၢ
alternate *v* (မၤ) တဂၤတဘျီ, (မၤ) တခါတဘျီ, ကဲထီၣ်အသးတခါတဘျီ, ကဲထီၣ်အသးတမံၤ
alternative *a* ၁. လၢတၢ်ယုထၢအီၤလၢတၢ်ဂၤအကျါတမံၤမံၤသ့
alternative *n* တၢ်လၢတၢ်ယုထၢအီၤလၢတၢ်ဂၤအကျါတမံၤမံၤသ့, တၢ်ယုထၢ
although *conj* ဘၣ်ဆၣ်, နာ်သက့, နာ်က့, သနာ်က့
altimeter *n* အဲ(လ)ထံမံထၢၣ်, နီၣ်ထိၣ်တၢ်ကစီၤထီ
altitude *n* တၢ်ကစီၤထီၣ်ထီ
alto *n* အဲလ်ထိၣ်–မ့ၢ်ပှၤပိာ်မုၣ်သးဝံၣ်တၢ်လၢအကလုၢ်ဖုၣ်ဖုၣ်
altogether *adv* ဟ်ဃုာ်ခဲလၢာ်, စီဖ့ကလ့
altruism *n* တၢ်ကွၢ်ဆိကမိၣ်န့ၢ်တၢ်လၢပှၤအါဂၤအတၢ်ဘၣ်ဘျုးဘၣ်ဖှိၣ်အဂီၢ်, တၢ်ဟ့ၣ်လီၤသးလၢပှၤအါဂၤအတၢ်ဘၣ်ဘျုးဘၣ်ဖှိၣ်အဂီၢ်
altruistic *a* လၢအကွၢ်ဆိကမိၣ်န့ၢ်တၢ်လၢပှၤအါဂၤအတၢ်ဘၣ်ဘျုးဘၣ်ဖှိၣ်အဂီၢ်, လၢအဟ့ၣ်လီၤသးလၢပှၤအါဂၤအတၢ်ဘၣ်ဘျုးဘၣ်ဖှိၣ်အဂီၢ်
alum *n* လၢၢ်ဆံၣ်
aluminium, aluminum *n* အဲၣ်လူၣ်မံနံယၢၣ် (စၢၢ်ထးတကလုာ်)
alumni *n* ကိုဖိလီၢ်လံၤ
alumnus *n* ပှၤကိုဖိလီၢ်လံၤ, ပှၤကိုဖိပိာ်ခွါလီၢ်လံၤ
always *adv* ထီဘိ
am *v* မ့ၢ် (I am . . = ယမ့ၢ်. .)
amalgamate *v* ဟ်ဖိုၣ်အသး, ဟ်ဖိုၣ်ဃုာ်, ဃါဃုာ်, ဒုးကဲထီၣ်လၢတၢ်တမံၤဃီ
amass *v* ထၢဖိုၣ်ဟ်ဖိုၣ်တၢ်အါအါကလဲာ်, ဟ်ဖိုၣ်ဟ်တံၤတၢ်အါအါဂိၢ်ဂိၢ်
amateur *n* ပှၤလၢအမၤတၢ်လၢအတၢ်သးစဲဒၣ်ဝဲအဖီခိၣ်
amateurish *a* လၢအတၢ်သ့တၢ်ဘၣ်စုၤဇံး, မၤဝဲတဘၣ်လၢလၢပှဲၤပှဲၤဇံး အဒိ, အစုလီၢ်တဂ့ၤ
amaze *v* မၤကမၢကမၣ်, မၤလီၤကတုၤသး, မၤဒံဝ့ၤဒံဝီၤသး
amazement *n* တၢ်ကမၢကမၣ်, တၢ်သးလီၤကတုၤ, တၢ်မၤဒံဝ့ၤဒံဝီၤသး
amazing *a* လီၤကမၢကမၣ်
ambassador *n* မီၢ်သီ
amber *a* အဘီပှၢ်, အဘီဃး, လၢၢ်ဆုံဘီ
ambidextrous *a* လၢအမၤတၢ်လၢအစုစ့ၣ်ဒီးအစုထွဲသ့ခံခီလၢာ်
ambience *n* မူခိၣ်ကလံၤသီၣ်ဂီၤအတၢ်အိၣ်သး
ambiguity *n* တၢ်အိၣ်ဒီးအခီပညီတလီၤတံၢ်တလီၤဆဲး, တၢ်လၢအခီပညီတဖျါဂ့ၤဂ့ၤဘၣ်, တၢ်တလီၤတံၤလီၤဆဲးဘၣ်
ambiguous *a* ၁. တလီၤတံၢ်လီၤဆဲးဘၣ် ၂. လၢအအိၣ်ဒီးအခီပညီအါမံၤ
ambition *n* တၢ်သးဆူၣ်, တၢ်သူၣ်ဆူၣ်သးဂဲၤ, တၢ်ကွၢ်စိ, တၢ်ဆၢမၤန့ၢ်တၢ်
ambitious *a* လၢအအိၣ်ဒီးတၢ်ကွၢ်စိလၢအထီ, လၢအသးဆူၣ်, လၢအသူၣ်ဆူၣ်သးဂဲၤဒီးအိၣ်ဒီးတၢ်ပညိၣ်ကွၢ်စိ
ambivalance *n* တၢ်တူၢ်ဘၣ်လၢအဂ့ၤဒီးအတဂ့ၤလၢတၢ်တမံၤမံၤအဖီခိၣ်
ambivalent *a* လၢအတၢ်တူၢ်ဘၣ်လၢအဂ့ၤဒီးအတဂ့ၤလၢတၢ်တမံၤမံၤအဖီခိၣ်
amble *v* ဟးကယီကယီ, ဟးလၢတၢ်မှာ်တၢ်ခုၣ်အပူၤ
ambrosia *n* တၢ်မုၢ်ယၢ်အတၢ်အီၣ်လၢကြၢး(စ)ဒီးရိမ့ၤအတၢ်တဲတဖၣ်အပူၤ, တၢ်အီၣ်တၢ်အီလၢအနၢမူဒီးဝံၣ်ဘဲ
ambubag *n* ကလံၤဒေ (တၢ်ပီးတၢ်လီလၢဒုးသါထီၣ်သါလီၤတၢ်)
ambulance *n* သိလ့ၣ်တီပှၤဆါ

ambuscade *n* တၢ်ခိးခးရူသူၣ်တၢ်အလီၢ်, တၢ်ခိးရူသူၣ်မၤဒၢၣ်တၢ်အလီၢ်
ambush *n* တၢ်ခိးရူသူၣ်ဒီးနးတၢ်
ambush *v* ခိးရူသူၣ်နးတၢ်
ameliorate *v* မၤဂ့ၤထီၣ်တၢ်, မၤကိညၢ်ထီၣ်တၢ်
amen *exclam* အၤမ့ၣ်, မ်အလၢထီၣ်ပှဲၤထီၣ်တက့ၢ်
amenable *a* ၁. လၢအဒိကနၣ်တၢ်, လၢအဟံးန့ၢ်တၢ်ဟ့ၣ်ကူၣ်အီၤသ့ ၂. လၢအဒိးတၢ်မၤကွၢ်အီၤသ့
amend *v* မၤဂ့ၤထီၣ်က့ၤတၢ်, ဘိုဘၣ်က့ၤတၢ်
amendment *n* တၢ်ဘိုဘၣ်မၤဂ့ၤထီၣ်တၢ်
amends *n* တၢ်ဟ့ၣ်လီးက့ၤတၢ်ခီဖျိမၤကမၣ်တၢ်တမံၤမံၤ
amenity *n* တၢ်လီၢ်လၢအဖျါဃံဖျါလၤ, တၢ်လီၢ်လၢအမှာ်သယုၢ်
amenorrhoea *n* သွံၣ်လီၤမၢ်
America *n* ကီၢ်အမဲရကၤ
American *a* လၢအဘၣ်ဃးဒီးကီၢ်အမဲရကၤ
American *n* ပှၤအမဲရကၤဖိ
amethyst *n* လၢၢ်တၢ်မျၢ်ဂီၤလုး, လၢၢ်တၢ်မျၢ်လုၢ်ဒိၣ်ပှ့ၤဒိၣ်တကလှာ်
amiability *n* တၢ်လီၤအဲၣ်လီၤကွံ, တၢ်သူၣ်ဂ့ၤသးဝါ
amiable *a* ၁. လၢအလီၤဘၣ်သူၣ်ဘၣ်သး ၂. လၢအပှဲၤဒီးတၢ်ကဟုကဟဲး ၃. လၢအလီၤအဲၣ်လီၤကွံ
amicable *a* ၁. လၢအအဲၣ်တၢ်ယူတၢ်ဖိး ၂. လၢအရှ့ပှၤဒ်တံၤသကိး
amid *prep* လၢအသးကံၢ်ပူၤ, လၢအခၢၣ်သး
amidst *prep* လၢအသးကံၢ်ပူၤ, လၢအခၢၣ်သး
amiss *a* တကြၢးဘၣ်, ကမၣ်ဝဲ
amity *n* တၢ်ရှလိာ်လၢအအိၣ်ဒီးတၢ်မှာ်တၢ်ဖိး, တၢ်အိၣ်ဘၣ်လိာ်ဖိးဒ့လိာ်သး, တၢ်ရှလိာ်မှာ်လိာ်
ammo *n* ကျိချံပှာ်သၣ်
ammonia *n* အမိနံယၣ်(ကၢ်သဝံတကလှာ်လၢအလွဲၢ်တအိၣ်ဒီးနၢဆူၣ်)
ammunition *n* ကျိချံပှာ်သၣ်
amnesia *n* ကလံၤဖှးတၢ်ဆါ, တၢ်သူၣ်ပ့ၤနီၣ်သးပ့ၤနီၣ်အတၢ်ဆါ, တၢ်တီၢ်နီၣ်ဟးဂီၤ
amnesty *n* တၢ်ပျၢ်ဖျဲး(လၢတၢ်ကမၣ်)
amoebic brain abscess *n* အမံဘါခိၣ်နူာ်ဒၢဖံ
amoebic dysentery *n* အမံဘါဟၢဖၢဝံာ်တကံ
amoebic hepatitis *n* အမံဘါသူၣ်ညီး
amoebic kidney abscess *n* အမံဘါကလ့ၢ်ဒၢဖံ
amoebic liver abscess *n* အမံဘါသူၣ်ဝ့တၢ်ဆါ
amoebic lung abscess *n* အမံဘါပသိၣ်ဒၢဖံ
amoebic pericardial abscess *n* အမံဘါအဃိသးဖျၢၣ်အသလီဒၢဖံ
amoebic spleen abscess *n* အမံဘါကမီဒၢဖံ
amok *adv* ပျုၢ်ထီၣ်ဝဲဒီးဟးမၤဘၣ်ဒိပှၤဆူအံၤဆူဘး, မၤသံမၤဝီပှၤ
among *prep* လၢအကျါ, ကဒဲကဒဲ
amongst *prep* လၢအကျါ, ကဒဲကဒဲ
amoral *a* လၢအအိၣ်ဒီးတၢ်ဟ်ကဲတၢ်သိၣ်တၢ်သီဘၣ်ဃးတၢ်သကဲာ်ပဝး, လၢအတအိၣ်ဒီးတၢ်သ့ၣ်ညါတၢ်ဂ့ၤတၢ်အၢအစၢ
amorous *a* လၢအခုပိာ်မုၣ်ခုပိာ်ခွါ, လၢအသးလီဝၤသးလီမါ, လၢအသးလီအဲၣ်မၤမုၣ်ခွါတၢ်ရှလိာ်မှာ်လိာ်
amount *n* ၁. တၢ်ဟ်ဖှိၣ်တၢ် (အနူၢ်) ပှဲၤအံၤပှဲၤနူၤ, တၢ်ထဲအံၤထဲနူၤ, ၂. ခဲလၢာ်ဟ်ဖှိၣ်, ပှဲၤထီၣ်, ထီၣ်ဘး
amount *v* ဟ်ဖှိၣ်တၢ် (အနူၢ်) ပှဲၤအံၤပှဲၤနူၤ, ပှဲၤထီၣ်, ထီၣ်ဘး
amour *n* ၁. တၢ်အဲၣ် ၂. တၢ်လီၤကမၣ်ရူသူၣ်, တၢ်မံဃုာ်ရူသူၣ်
amp *n* လီယွၤကျိၤအတၢ်ထီၣ်ယူၣ်နံး (ကွဲးစ့ၢ်ကီး Amplifier)
amperage *n* လီယွၤကျိၤအသဟီၣ်
ampere *n* လီယွၤကျိၤအတၢ်ထိၣ်
amphetamine *n* ကသံၣ်ပျုၢ်, ကသံၣ်ကသ့ၣ် (ကသံၣ်မူၤဘိုးတကလှာ်)
amphibian *n* ခိထံဆၣ်ဖိကီၢ်ဖိ, ဆၣ်ဖိကီၢ်ဖိလၢအအိၣ်လၢထံဒီးခိ အဒိ, ဒ့ၣ်
amphibious *a* လၢအအိၣ်လၢထံလၢခိသ့

amphitheater *n* တၢ်သူၣ်ထီၣ်လၢအအိၣ်ဒီး လီၢ်ဆ့ၣ်နီၤကဝီၤဖးလဲၢ်တဆီဘၣ်တဆီလၢတၢ်ကွၢ် ကီအဂီၢ် အဒိ, တၢ်ကွၢ်ကီဖျၢၣ်ထူလီၢ်
amphitheatre *n* တၢ်သူၣ်ထီၣ်လၢအအိၣ်ဒီး လီၢ်ဆ့ၣ်နီၤကဝီၤဖးလဲၢ်တဆီဘၣ်တဆီလၢတၢ်ကွၢ် ကီအဂီၢ် အဒိ, တၢ်ကွၢ်ကီဖျၢၣ်ထူလီၢ်
ample *a* လၢအလၢအလီၣ်, အလၢအပှဲၤ, လၢလီၣ်လၢကမၤတၢ်တမံၤအဂီၢ်, လၢပှဲၤ
amplification *n* ၁. တၢ်မၤဒိၣ်ထီၣ်တၢ် အကလုၢ်, တၢ်မၤဒိၣ်ထီၣ်တၢ်ကတိၤ ၂. တၢ်မၤအါ ထီၣ်တၢ်ဂ့ၢ်တၢ်ကျိၤ ၃. တၢ်မၤဆူၣ်ထီၣ်တၢ် အတဟီၣ်, တၢ်မၤယၢထီၣ်တၢ်တမံၤမံၤအတယၢၢ်
amplifier *n* တၢ်မၤဒိၣ်ထီၣ်တၢ်ကလုၢ်, စဲးမၤ ဒိၣ်တၢ်ကလုၢ်
amplify *v* မၤဒိၣ်ထီၣ်တၢ်အကလုၢ်
ampoule *n* ကသံၣ်ဆဲးပလီဖိလၢဘၣ်ဘူး အကိၥ်
amputate *v* ကူးတဲာ်ကွံာ်, ဒိၣ်တဲာ်ကွံာ်–ခီၣ် မ့တမ့ၢ် စုဒုၣ်တီၤမ့ၢ်ဟးဂီၤပဘၣ်ကူးတဲာ်ကွံာ်အီၤ
amputee *n* ပှၤစုတူာ်ခီၣ်တူာ်
amuck *adv* ပျုၢ်ထီၣ်ဝဲဒီးဟးမၤဘၣ်ဒိပှၤ ဆူအံၤဆူဘး, မၤသံမၤဝီပှၤ
amulet *n* တၢ်ပစီၢ်
amuse *v* မၤမှာ် (ပှၤသး), မၤဖုံပှၤသး
amused *a* လၢအလီၤနံၤ, လၢအမၤလီၤနံၤလီၤ အ့တၢ်, လၢအလီၤနံၤဘၣ်ပှၤ, လၢအမၤမှာ်သူၣ်မှာ် သးပှၤ
amusement *n* တၢ်မၤမှာ်မၤခုၣ်ပှၤသး, တၢ်မၤ ဖုံပှၤသး
amusing *a* လၢအလီၤနံၤ
an *det* တ (ခါ, မံၤ)
anaemia, anemia *n* သွံၣ်ဂံၢ်စၢ်တၢ်ဆါ
anaemic, anemic *a* ၁. လၢအဘၣ်သွံၣ်ဂံၢ် စၢ်တၢ်ဆါ ၂. လၢတအိၣ်ဒီးအလွဲၢ်
anaesthesia, anesthesia *n* တၢ်သးသပ့ၤ ဖဲတၢ်ဆဲးန့ၢ်ကသံၣ်သးသပ့ၤဝံၤအခါ
anaesthetic, anesthetic *n* ကသံၣ်သး သပ့ၤ
anaesthetics, anesthetics *n* တၢ် မၤလိဘၣ်ဃးတၢ်သးသပ့ၤဖဲတၢ်ဆဲးန့ၢ်ကသံၣ်သး သပ့ၤဝံၤအကတိၢ်, တၢ်မၤသးသပ့ၤခီဖျိဆဲးန့ၢ် ကသံၣ်သးသပ့ၤ
anesthetize, anaesthetise *v* မၤသး သပ့ၤ, ဟ့ၣ်ကသံၣ်သးသပ့ၤ
anaesthetist, anesthetist *n* ကသံၣ်သး သပ့ၤသရၣ်, ကသံၣ်သရၣ်စဲၣ်နီၤလၢကသံၣ်သး သပ့ၤ
anagram *n* လံာ်ကျိၤကူာ် (မ့) တၢ်ကတိၤဖျၢၣ် လၢအဟဲအိၣ်ထီၣ်အသးခီဖျိတၢ်ရဲၣ်လီၤကူၤလံာ် ဖျၢၣ်အဂၤတဖၣ် အဒိ, spar နူၣ်နကရဲၣ်ကူၤအီၤဒ် rasp အသိး
anal *a* လၢအဘၣ်ဃးဒီးခံပူၤခိၣ်ထိး, လၢခံပူၤ ခိၣ်ထိးအဃၢၤ
analogous *a* လၢအလီၤက်လိာ်သး, လၢအလီၤပလိာ်လိာ်သး, လၢအဒ်သိးလိာ်သး
analogue, analog *a* လၢအကဲ့ၢ်အဂီၤလီၤ ပျိာ်လိာ်သး
analogy *n* တၢ်လီၤပျိာ်လိာ်သး
analyse *v* ဃဲာ်ထံနီၤဖး (တၢ်)
analysis *n* တၢ်ဃဲာ်ထံနီၤဖး
analyst *n* ပှၤဃဲာ်ထံနီၤဖးတၢ်
analytical *a* လၢအဃဲာ်ထံနီၤဖးတၢ်, လၢအဃဲာ် ထံနီၤဖးတၢ်အါမံၤဒ်သိးကနၢ်ပၢၢ်တၢ်တမံၤ လၢအအဲၣ်ဒိးနၢ်ပၢၢ်ဝဲ
analyze *v* ဃဲာ်ထံနီၤဖး (တၢ်)
anaphylactic reaction *n* တၢ်ဒိဘၣ် လၢကသံၣ်တဘၣ်အဃိ
anarchy *n* လိၣ်ပၤတအိၣ်သန္
anathema *n* တၢ်ဘၣ်ဆိၣ်အၢ, တၢ်လၢပှၤသး ဟ့အီၤ, တၢ်လၢတၢ်သးဟ့အီၤ
anatomy *n* ၁. နီၢ်ခိက့ၢ်ဂီၤပီညါ, တၢ် ယုသ့ၣ်ညါမၤလိတၢ်လၢအအိၣ်လၢနီၢ်ခိက့ၢ်ဂီၤအပူၤ တဖၣ်အဂ့ၢ် ၂. နီၢ်ခိက့ၢ်ဂီၤ
ancestor *n* ထူထံး, ပထူပထံး
ancestors *n* မိၢ်ပၢ်ဖံဖုလၢပျၢ, ပမုံၤပပှၢ်, ပထူပထံး
ancestral *a* လၢအဘၣ်ဃးဒီးပထူပထံး, လၢအဘၣ်ထွဲဒီးပမုံၤပပှၢ်လၢပျၢ
ancestry *n* တၢ်လီၤစၢၤလီၤသွဲၣ်
anchor *n* နီၣ်သက့ၤ
anchor *v* တ့ၢ်လီၤနီၣ်သက့ၤ, စၢဃာ်အီၤကျၢၤ ကျၢၤဒ်သိးအသုတသုးအသး, ဒီးသန့ၤအသး
anchorage *n* တၢ်လီၢ်ဖဲကဘီ, ချံတ့ၢ်လီၤနီၣ် သက့ၤသ့, တၢ်လီၢ်ဖဲပှၤစၢဂၢၢ်ကျၢၤတၢ်တမံၤမံၤသ့

anchorman *n* ပှၤရၤလီၤတၢ်ကစီၣ်လၢကွဲၤဟူဖျါ မ့တမ့ၢ် ကွဲၤလ့လိၤအပူၤ

anchorperson *n* ပှၤရၤလီၤတၢ်ကစီၣ်လၢကွဲၤဟူဖျါ မ့တမ့ၢ် ကွဲၤလ့လိၤအပူၤ

anchorwoman *n* ပှၤရၤလီၤတၢ်ကစီၣ်လၢကွဲၤဟူဖျါ မ့တမ့ၢ် ကွဲၤလ့လိၤအပူၤ

ancient *a* လၢအအိၣ်ပာ်လၢပျၢၤ

and *conj* ဒီး

andante *n* တၢ်သံကျံလၢဘၣ်တၢ်သူၣ်ဝံၣ်သးဆၢအီၤ, ဒ့အီၤယၢယၢမှာ်မှာ်, တၢ်သံကျံလၢထါအသိၣ်ယၢယၢမှာ်မှာ်

android *n* စဲးပှၤကညီဂီၤ

anecdotal *a* လၢအဘၣ်ဃးဒီးတၢ်စံၣ်ဃဲၤဘၣ်ဃးပှၤတဂၤ မ့တမ့ၢ် တၢ်တမံၤမံၤလၢအကဲထီၣ်နီၢ်ကီၢ်အဂ့ၢ်

anecdote *n* တၢ်စံၣ်ဃဲၤဘၣ်ဃးပှၤတဂၤဂၤ မ့တမ့ၢ် တၢ်တမံၤမံၤလၢအကဲထီၣ်နီၢ်ကီၢ်

anemia *n* သွံၣ်ဂံၢ်စၢ်ဘါစၢ်တၢ်ဆါ (သွံၣ်ဂီၤစှၤ)

anesthesia *n* တၢ်သးသပ့ၤဖဲတၢ်ဆဲးနၢ့ၢ်ကသံၣ်သးသပ့ၤဝံၤအခါ

anesthesiologist *n* ကသံၣ်သးသပ့ၤအကသံၣ်သရၣ်

anew *adv* အသီတဘျီ, ကဒီးတဘျီ

angel *n* မူခိၣ်ကလူး

angelic *a* ၁. လၢအဘၣ်ဃးဒီးမူခိၣ်ကလူး ၂. ဃံလၤလီၤအဲၣ်, လၢအတၢ်ကမၣ်တအိၣ် မ့တမ့ၢ် သူၣ်ကညီၤသးကညီၤတၢ်သ့

anger *n* တၢ်သးထီၣ်, တၢ်သူၣ်ဒိၣ်သးဖျိး

anger *v* မၤသးဒိၣ်သးဖျိးပှၤ

angle *n* (အ) နၢၣ်, အသနၢၣ်

angle *v* ၁. တခွဲညၣ် ၂. တရံးမၤန့ၢ်တၢ်, စူးကါတၢ်ကူၣ်တရံးမၤန့ၢ်တၢ်

Anglican *n* အဲကလံးဖှံထံတၢ်အိၣ်ဖိုၣ်ဖိ, ဖှံထံတၢ်အိၣ်ဖိုၣ်ဖိ

Anglo- *combining* လၢအဘၣ်ဃးဒီးအဲကလံး

Anglo- *n* (ဘၣ်တၢ်သူအီၤ ဒ်တၢ်ကတိၤစၢဖိုၣ်လၢမံၤဒီးမံၤကဃၢအပူၤ) အဲကလံး မ့တမ့ၢ် ဘြံးထံး(ရှ)

Anglo-Saxon *n* ပှၤတဂၤလၢအထူအထံးမ့ၢ်ပှၤအဲကလံးဖိ, ပှၤအဲကလံးဖိတဂၤလၢအအိၣ်မူတချုးလၢပှၤနီမဲဖိမၤနၢၤတၢ်အစိၤ , အဲကလံးကျိာ်လၢပျၢၤ

angry *a* သးထီၣ်, သးဖျိး, သးအ့န့

angst *n* တၢ်သူၣ်ကိၢ်သးဂီၤတၢ်လၢခါဆူညါအဂီၢ်

anguish *n* တၢ်ဘၣ်ဒိဆါ, တၢ်တူၢ်ဘၣ်နးနးလၢနီၢ်ခိ မ့တမ့ၢ် နီၢ်သး

angular *a* ၁. လၢအဒိၣ်ဃံဒိၣ်ကွဲ, လၢအဃဲၤသံကျိသံ ၂. လၢအတလိၤတဃီၤဘၣ် ၃. လၢအနၢၣ်အကမိာ်အိၣ်အါ, လၢအအိၣ်ဒီးအနၢၣ်

animal *a* လၢအဘၣ်ဃးဒီးဆၣ်ဖိကီၢ်ဖိ, လၢအသးလီၤဆၣ်ဖိကီၢ်ဖိ

animal *n* ဆၣ်ဖိကီၢ်ဖိ

animate *a* လၢအိၣ်ဒီးအသးသမူ, လၢအမူဝဲ, လၢအဟူးအဂဲၤ, လၢအပ့ၤဂံၢ်ပ့ၤဘါ

animate *v* ၁. ဒုးအိၣ်ထီၣ်ဒီးအသးသမူ မ့တမ့ၢ် အတၢ်ဟူးတၢ်ဂဲၤ ၂. တဲတၢ်လၢတၢ်သူၣ်ပိၢ်သးဝးသူၣ်ဆူၣ်သးဂဲၤအပူၤ ၃. ဒုးအိၣ်ထီၣ် (တၢ်ဂီၤမုံ မ့တမ့ၢ် တၢ်ဂီၤမူ) အတၢ်ဟူးတၢ်ဂဲၤ

animated *a* ၁. လၢအအိၣ်ဒီးအသးသမူ ၂. လၢအတဲသကိးတၢ်လၢတၢ်သူၣ်ပိၢ်သးဝးအပူၤ ၃. လၢအဒုးအိၣ်ထီၣ် (တၢ်ဂီၤမုံ မ့တမ့ၢ် တၢ်ဂီၤမူ) အတၢ်ဟူးတၢ်ဂဲၤ

animation *n* ၁. တၢ်ဒုးအိၣ်ထီၣ်တၢ်ဂီၤမုံပူ, တၢ်ဒုးအိၣ်ထီၣ်တၢ်ဂီၤဟူးဂဲၤအကျိၤအကွဲ ၂. တၢ်ဂီၤမုံပူ, ကၣ်တိပူ

animator *n* ပှၤဒုးအိၣ်ထီၣ် (တၢ်ဂီၤမုံမ့တမ့ၢ် တၢ်ဂီၤမူ) အတၢ်ဟူးတၢ်ဂဲၤ

animism *n* တၢ်ဘါသံးခိၣ်မုၢ်ဃါ, မိၢ်လုၢ်ပၢ်လၢ်တၢ်စူၢ်တၢ်နာ်

animist *n* ပှၤမိၢ်လုၢ်ပၢ်လၢ်ဖိ, ပှၤဘါသံးခိၣ်မုၢ်ဃါ

animosity *n* တၢ်သူၣ်ဟ့သးဟ့လၢအမၤအိၣ်ထီၣ်တၢ်မၤတၢ်ထီဒါပှၤဂၤ

ankle *n* ခီၣ်ဒ့, ခီၣ်ဒ့ကိာ်, ခီၣ်ကမဲာ်

anklet *n* ခီၣ်ကျိၤ, ထးကျိၤခီၣ်

annals *n* တၢ်ကွဲးနီၣ်တၢ်လၢအမၤအသးတနံၣ်ဒီးတနံၣ်, တၢ်စံၣ်စိၤတဲစိၤတၢ်ကွဲးနီၣ်

annex *n* ၁. ဒၢးဖိလၢတၢ်ဘိုအါထီၣ်လၢဟံၣ်ဖးဒိၣ်အကပၤ ၂. လံာ်ဘျးစဲ

annex *v* ၁. ဒုးစဲဘူးအါထီၣ်တၢ်ဒီးတၢ်အမိၢ်ပှၢ် ၂. ဟံးန့ၢ်ပၢအါထီၣ်တၢ်လီၢ်တၢ်ကျဲ

annexe *n* ၁. ဒၢးဖိလၢတၢ်ဘိုအါထီၣ်လၢဟံၣ်ဖးဒိၣ်အကပၤ ၂. လံာ်ဘျးစဲ

annihilate *v* မၤလီၤတူာ်ကွံာ်
annihilation *n* တၢ်မၤလီၤတူာ်ကွံာ်
anniversary *n* နံၣ်ဆဲးဆၢ, (တၢ်)ဆၢက့ၤအလီၢ်
Anno Domini *n* ခ. န– တၢ်ဂံၢ်နံၣ်လါဖဲကစၢ်ခရံာ်အိၣ်ဖျဲၣ်ထီၣ်ဝံၤအလီၢ်ခံနံၣ်တဖၣ်– ခရံာ်နံၣ် AD
annotate *v* ကွဲးနီၣ်လီၤတၢ်, ကွဲးနီၣ်ကွဲးဃါတၢ်
announce *v* ဘိးဘၣ်ရၤလီၤ, ဘိးဘၣ်သ့ၣ်ညါ
announcement *n* တၢ်ဘိးဘၣ်ရၤလီၤ, တၢ်ဘိးဘၣ်သ့ၣ်ညါ
announcer *n* ပှၤဘိးဘၣ်သ့ၣ်ညါတၢ်
annoy *v* မၤအ့န့, မၤသးထီၣ်, မၤတံာ်တာ် (ပှၤသး)
annoyance *n* တၢ်မၤသးအ့န့တၢ်
annoyed *a* လၢအမၤအ့န့, လၢအမၤသးထီၣ်, လၢအမၤတံာ်တာ် (ပှၤသး)
annoying *a* လၢအလီၤသးအ့န့
annual *a* တနံၣ်တဘျီ
annually *adv* လၢတနံၣ်တဘျီ
annuity *n* စ့လၢတၢ်မၤန့ၢ်က့ၤအီၤတနံၣ်တဘျီ, တနံၣ်တဘျီတၢ်ဒိးန့ၢ်စ့, တၢ်ဒိးန့ၢ်ဘၣ်စ့လၢတနံၣ်အဂီၢ်တနံၣ်အဂီၢ်
annul *v* ထုးကွံာ်သဲစး မ့တမ့ၢ် တၢ်အၢၣ်လီၤအီလီၤတဖၣ်
anoint *v* ဖှူလၢသိ, ဖှံခိၣ်လၢထံ, ဖှူလၢထံ
anomalous *a* လၢအတမ့ၢ်ဒ်အညီနုၢ်အသိး, လၢအလီၤတိၢ်လီၤဆီ
anomaly *n* တၢ်လၢအတမ့ၢ်ဒ်တၢ်အညီနုၢ်အသိး, တၢ်လၢအလီၤတိၢ်လီၤဆီ
anon *adv* ခဲကၢ်, မီကိာ်, တယံာ်လၢၤဘၣ်န့ၣ်
anonymity *n* တၢ်တဟ်ဖျါထီၣ်မံၤ
anonymous *a* လၢအမံၤတဖျါ, လၢတဟ်ဖျါအမံၤ
anorexia *n* တၢ်အိၣ်တၢ်တဝံၣ်တဘဲ, တၢ်တအဲၣ်ဒိးအီၣ်တၢ်မ့ၢ်လၢအဲၣ်ဒိးဃံၤအဃိ, တၢ်ဒုၣ်ဃံၤလီၤသး (လီၤဆီဒၣ်တၢ်ပိာ်မုၣ်ဖိတဖၣ်)
anoscope *n* တၢ်ပီးတၢ်လီကွၢ်ခံပူၤ
another *a* အဂၤတ–, အသီတ–, ကဒီးတ–
anoxia *n* အီးစံၣ်ကၠၣ်စှၤ, တလၢပှဲၤ

answer *n* တၢ်စံးဆၢတၢ်
answer *v* စံးဆၢတၢ်
answer for *vp:* ဟံးမူဒါလၢမၤကမၣ်တၢ်အဃိ, သ့ဟံးမူဒါလၢတၢ်တမံၤမံၤအဖီခိၣ်, အုၣ်ခိၣ်အသးလၢတၢ်တမံၤအဂီၢ်
answer to *vp:* တဲနၢ်ပၢၢ်ကဒါက့ၤတၢ်, စံးဆၢက့ၤတၢ်
answerable *a* လၢတၢ်စံးဆၢအီၤန့ၢ်, လၢတၢ်စံးဆၢအီၤသ့, လၢအအိၣ်ဒီးမူဒါလၢကဘၣ်စံးဆၢတၢ်
answering machine *n* တၢ်စံးဆၢစဲးပီးလီ, ပီးလီအံၤတူၢ်လိာ်စံးဆၢက့ၤတၢ်ကိးဒိးဖီၣ်တံၢ်ဃးတၢ်ကစီၣ်ဖဲပှၤတအိၣ်အခါ
ant *n* တၢၢ်, တၢၢ်ဃံၣ်
antagonism *n* တၢ်သူၣ်ဟ့သးဟ့လိာ်သး, တၢ်ထီဒုၣ်ထီဒါ, တၢ်သဘံၣ်သဘုၣ်
antagonist *n* ၁. ပှၤထီဒါတၢ်, ဒုၣ်ဒါ ၂. ပှၤအၢလၢတၢ်ဂီၤမူအပူၤ
antagonistic *a* လၢအထီဒါတၢ်, လၢအကဲဒုၣ်ဒါ
antagonize, **antagonise** *v* မၤထီဒါတၢ်, ကဲဒုၣ်ကဲဒါ
Antarctic *a* လၢအဘၣ်ထွဲဒီးအၣ်တၣ်တ့း, လၢအဘၣ်ထွဲဒီးကလံၤထံးဟီၣ်စိး, လၢကလံၤထံးဟီၣ်စိးအကပိာ်ကပၤ
Antarctic *n* အၣ်တၣ်တ့း
antecedent *a* လၢပျၢၤ, လၢအပူၤကွံာ်, လၢအဟဲဟ်စၢၤအသးလၢညါ
antedate *v* ကဲထီၣ်ဆိလၢညါ
antelope *n* တၤဖး, မဲာ်တဲးလဲးမံၤ
antemortem *n* တချူးသံ, တချူးအသးထွးထီၣ် (သးဟးထီၣ်)
antenatal *n* တချူးအိၣ်ဖျဲၣ်ထီၣ်
antenna *n* ၁. တၢ်ဖိလံၤဖိဃၢ်အနၢၤဖိခံဘိ ၂. ကွဲၤဟူဖျါ, ကွဲၤလ့လီၤအအ့ရယၢၣ်ဘိ
anterior *a* လၢပျၢၤလၢကစၢၤ, လၢအအိၣ်ဆိလၢညါ
anterior fontanelle *n* ခိၣ်ထံလၢအမဲာ်ညါ
anthem *n* ဒီကလုာ်တၢ်သးဝံၣ်
anthill *n* ဘျၢၣ်
anthology *n* တၢ်ဟ်ဖိုၣ်ထါဒီးတၢ်သးဝံၣ်ဒီးတၢ်ကွဲးအဂၤ

anthropology *n* တၢ်ယုသ့ၣ်ညါမၤလိဘၣ်ဃးပှၤကညီအဂ့ၢ်, ပှၤကညီအဂ့ၢ်ပီညါ

anthropomorphic *a* လၢအဟ်သံးခိၣ်မုၣ်ဃါ–တၢ်ဖိတၢ်လံၤဒီးဆၣ်ဖိကိၢ်ဖိဒ်ပှၤကညီအသိး

anti *prep* သမၢ, ထီဒါ, ခီဆၢ, တြီဃာ်, ဆၢၣ်မာ်လိာ်သး

anti-aircraft *a* မှာ်ခးကဘီယူၤ, ကျိခးကဘီယူၤ

antibiotic *n* ကသံၣ်မၤသံတၢ်ဆါဃၢ်

antibody *n* နိၢ်ခိက့ၢ်တြီဆၢ

antic *a* လၢအဟ်အသးလံကျိလံကွာ်, လၢအမၤအသးကလံးကလး, လၢအအ့လံး

Antichrist *n* ပှၤဂ့ၢ်လိာ်သမၢခရံာ်, ပှၤထီဒါခရံာ်

anticipate *v* ၁. ဆိကမိၣ်ဆိ, ထံၣ်စိ ၂. မၤဆိဟ်စၢၤ

anticipation *n* တၢ်ဆိကမိၣ်ဆိ, တၢ်မၤဆိဟ်စၢၤ

anticipatory *a* ၁. လၢအထံၣ်စိဟ်စၢၤတၢ်, လၢအဆိကမိၣ်ဆိဟ်စၢၤတၢ် ၂. လၢအမၤဆိဟ်စၢၤတၢ်

anticlimax *n* တၢ်လၢအတကဲထိၣ်ဒ်တၢ်ဆိကမိၣ်ဆၢနဲ့ၢ်ဟ်စၢၤအသိး, တၢ်အိၣ်သးလၢအတလီၤသးစဲလၢၤ, တၢ်လၢအတလီၤသူၣ်ပိၢ်သးဝးလၢၤ, တၢ်လၢအရှ့ဒိၣ်ကဲထိၣ်တၢ်လၢအရှ့တဒိၣ်လၢၤအကတိၢ်

anticlockwise *a* (နၣ်ရံၣ်ဘိ) လၢအလဲၤတရံးကဒါခိၣ်ခံကု့ၤအသး

antics *n* တၢ်မၤအသးကလံးကစီး, တၢ်မၤအသးအ့စိၢ်အ့လံး

antidotal *a* လၢအမၤဘျါတၢ်စုၣ်တၢ်ပျ့ၢ်

antidote *n* ၁. ကသံၣ်လၢအမၤဘျါတၢ်စုၣ်တၢ်ပျ့ၢ် ၂. တၢ်လၢအမၤဘျါတၢ်တူၢ်ဘၣ်

antifreeze *n* ၁. ဂ်ာ်ဖှိၣ်ထံလၢအမၤစုၤလီၤထံခုၣ်ကိၢ်လိၣ်ထိၣ်အပတီၢ် (သိလ့ၣ်အရှၣ်ဒၢ်ယှးထၢၣ်အပူၤ) ၂. (တၢ်ကတိၤတဆဲးတလၢ) သံး

antigen *n* ဂ်ာ်လၢအထိၣ်ဟူးထိၣ်ဂဲၤနိၢ်ခိက့ၢ်တြီဆၢ

antimony *n* အဲၣ်တံၣ်မိၣ်နံၣ် (ဂ်ာ်တကလှာ်)

antipathy *n* တၢ်တဘၣ်သူၣ်ဘၣ်သးတၢ်

antiphonal *a* (တၢ်ဘါယွၤသရိာ်အတၢ်သးဝံၣ်) လၢအဘၣ်ဃးဒီးတၢ်သးဝံၣ်ခီဆၢလိာ်သး

antiquated *a* လၢအစိၤလၢာ်, လၢအစိၤပူၤကွံာ်

antique *a* ဘၣ်ထွဲဒီးစိၤပူၤကွံာ်, လၢအစိၤလၢာ်ကွံာ်

antique *n* စိၤပူၤကွံာ်အတၢ်ဖိတၢ်လံၤလၢအလုၢ်ဒိၣ်ပ္ၤဒိၣ်

antiquity *n* တၢ်လၢပျၢၤလၢကစၢၤ, တၢ်ဆၢကတိၢ်လၢပျၢၤလၢကစၢၤ

anti-Semitism *n* တၢ်ထီဒါ မ့တမ့ၢ် တၢ်ထံၣ်ဆံးပှၤယူဒၤဖိအသန့

antiseptic *a* လၢအဒီသဒၢစၢၤတၢ်ဆါဘၣ်က်

antiseptic *n* ကသံၣ်ဒီသဒၢတၢ်ဆါဘၣ်က်

antisocial *a* ၁. လၢအရှပှၤတမှာ်, လၢအကဲတၢ်တံာ်တာ်လၢပှၤဂၤအဂီၢ်ဒီးတအဲၣ်တၢ်ရှလိာ် ၂. လၢတအိၣ်ဒီးတၢ်ရှတံၤရှသကိးဒီးတဆိကမိၣ်တၢ်လၢပှၤဂၤအဂီၢ်

antithesis *n* တၢ်လၢအထီဒါတၢ်, တၢ်အိၣ်ထီဒါတၢ်, တၢ်ကတိၤထိၣ်သတြီၤတၢ်ခံမံၤအတၢ်ထီနှၣ်ထီဒါလိာ်သး

antler *n* တၤယီၤအနၢၤ

antonym *n* ဝီၢ်နူၣ်ချ့ (ဝီၢ်ဩလၢအခီပညီကွၢ်ဆၢၣ်မာ်လိာ်အသး)

anus *n* ခံပူၤ

anvil *n* ၁. ထးလာ် ၂. ယံဖိတဘိလၢအအိၣ်ဘူးဒီးနၢ်ကလု့ၢ် (ကွၢ်ဆူ incus)

anxiety *n* တၢ်သူၣ်ကိၢ်သးဂီၤ, တၢ်သူၣ်တတုၤလီၤသးတတုၤလီၤ

anxious *a* လၢအသူၣ်ကိၢ်သးဂီၤ, လၢအသးသူဂဲၤ

anxiously *adv* လၢတၢ်သူၣ်ကိၢ်သးဂီၤအပူၤ, လၢတၢ်သူၣ်ပိၢ်သးဝးအပူၤ, လၢတၢ်ဘၣ်ယိၣ်ဘၣ်ဘီအပူၤ

any *a* တ(မံၤ)ဂ့ၤတ(မံၤ)ဂ့ၤ, တမံၤမံၤဂ့ၤ, တခါခါဂ့ၤ

any longer *pro* လၢၤဘၣ်

anybody *pro* ပှၤတဂၤလၢ်လၢ်

anyhow *adv* ၁. ဒ်လဲၣ်ဂ့ၤဒ်လဲၣ်ဂ့ၤ ၂. တလီၤတံၢ်တလီၤဆဲး

anymore *pro* လၢၤဘၣ်

anyone *pro* ပှၤတဂၤဂ့ၤတဂၤဂ့ၤ

anyplace *adv* တပူၤလၢ်လၢ်, တပူၤဂ့ၤတပူၤဂ့ၤ

anything *pro* တၢ်တမံၤလၢ်လၢ်, တမံၤဂ့ၤ တမံၤဂ့ၤ

anytime *adv* တဘျီဂ့ၤတဘျီဂ့ၤ, တဘျီဂ့ၤဂ့ၤ

anyway *adv* ဒ်လဲာ်ဂ့ၤဒ်လဲာ်ဂ့ၤ

anywhere *adv* တပူၤလၢ်လၢ်, တပူၤဂ့ၤတပူၤ ဂ့ၤ

aorta *n* အ့အီၢ်တၣ်, သွံၣ်ကျိၤအဒိၣ်ကတၢၢ် လၢဘူးဒီးသးလၢစုစ့ၣ်တခီ

apart *adv* စီၤစုၤ, တၢ်အိၣ်လီၤဖးအသး

apart from *prep* တလၢကွံာ်အဝဲန့ၣ်န့ၣ်, ပူၤကွံာ်အဝဲန့ၣ်န့ၣ်, မ့တမ့ၢ်အဝဲန့ၣ်ဘၣ်ဒီး

apartheid *n* တၢ်နီၤဖးဖဲၤဖးပှၤသူဖံးဒီးပှၤဝါဖံး အသန့, တၢ်ကွၢ်တလီၤပှၤသူဖံးဖိအသန့လၢကီၢ်အၤဖြံၤကၤအပူၤလၢ ၁၉၄၈ – ၉၁နံၣ်အတိၢ်ပူၤ

apartment *n* ဟံၣ်ဒၢးဖိၣ်

apathetic *a* လၢအသးတအိၣ်ဘၣ်, လၢအတကနၣ်ယှာ်

apathy *n* တၢ်သူၣ်တအိၣ်သးတအိၣ်, တၢ်တကနၣ်ယှာ်

ape *n* တၤအုးဖးဒိၣ်တကလှာ် အဒိ, ကီၤရံး လၣ်, ခွံၢ်ပဲၣ်စံၣ်

ape *v* မၤဒိးတၢ်

aperture *n* တၢ်အိၣ်ဟိ, တၢ်ထူၣ်ဖျိ, တၢ်အပူၤဖိ, တၢ်လီၤဖျဲၣ်လီၤဟိ

apex *n* ၁. တၢ်အခိၣ်စိး, တၢ်အခိၣ်ထိး ၂. တၢ်အပတိၢ်, လိၢ်လၤအထီကတၢၢ်တုၤဆူတၢ်အခိၣ်စိး,

Apex *n* တၢ်ဆါဆိကဘီယူၤလဲးမး မ့တမ့ၢ် လ့ၣ်မ့ၣ်အူလဲးမးလၢတၢ်ဟ်ပနီၣ်တၢ်လဲၤတၢ်က့ၤအမုၢ်နံၤမုၢ်သီဝံၤတဖၣ်လၢအပှ့ၤဘၣ်ဘၣ်

apex *v* အပတိၢ်အထီကတၢၢ်

aphelion *n* တၢ်လိၢ်လၢအယံၤကတၢၢ်ဒီးမုၢ်

apiece *adv* စှာ်စှာ်

aplenty *a* လၢအအါအါဂိၢ်ဂိၢ်, အါ

apocalypse *n* ၁. တၢ်ဟးဂူာ်ဟးဂီၤဖးဒိၣ် လၢအမၤအသးလၢဟီၣ်ခိၣ်ချ၊ ၂. ဟီၣ်ခိၣ်အစိၤကတၢၢ်, မုၢ်နံၤခံကတၢၢ်

apocalyptic *a* ၁. လၢအဘၣ်ဃးဒီးတၢ်ဟးဂူာ်ဟးဂီၤဖးဒိၣ် ၂. လီၤက်ဒီးဟီၣ်ခိၣ်အစိၤကတၢၢ်, မုၢ်နံၤခံကတၢၢ်

apolitical *a* လၢအတအဲၣ်ဒိးမၤဃုာ်ထံရှၢ်ကီၢ်သဲးဘၣ်, လၢအတသးစဲလၢၤလၢထံရှၢ်ကီၢ်သဲးတၢ်မၤ

apologetic *a* လၢအယ့ကညးတၢ်, လၢအသကွၢ်ကညးတၢ်

apologize, apologise *v* အၢၣ်လီၤ (တၢ်ကမၣ်), ယ့ကညး

apology *n* တၢ်ယ့သကွၢ်ကညးက့ၤတၢ်

apostasy *n* တၢ်စူးကွံာ်တၢ်ဘူၣ်တၢ်ဘါ, တၢ်ညိကွံာ်တၢ်စူၢ်တၢ်နာ်

apostle *n* ၁. ပှၤတၢ်မၢဖိ (ကစၢ်ခရံာ်အပှၤတၢ်မၢဖိတဆံခံဂၤလၢလံာ်စီဆှံအပူၤ) ၂. ပှၤဂဲၤလိာ်ဆီၣ်ထွဲတၢ်လၢတၢ်နာ်အသိတမံၤအဂီၢ်

apostolic *a* လၢအဘၣ်ထွဲဒီးကစၢ်ခရံာ်အပှၤတၢ်မၢဖိ, ဘၣ်ထွဲဒီးပၤပၤ

apostrophe *n* အဖီးစထြီးဖံၢ်, တၢ်ကွဲးအတၢ်ပနီၣ်လၢအမ့ၢ် (') လၢပသူအီၤလၢအဲကလံးအတၢ်ကွဲးအပူၤ (အဒိ– John's bag)

appal *v* မၤသူၣ်ပျံၤသးဖုးပှၤဒိၣ်ဒိၣ်ကလဲာ်

appall *v* မၤသူၣ်ပျံၤသးဖုးပှၤဒိၣ်ဒိၣ်ကလဲာ်

appalled *a* လၢအမၤသူၣ်ပျံၤသးဖုးပှၤဒိၣ်ဒိၣ် ကလဲာ်

appalling *a* လၢအလီၤပျံၤလီၤဖုး

apparatus *n* စုကဝဲၤအပီးအလီ

apparel *n* တၢ်ကူတၢ်သီး, တၢ်ကူတၢ်သီးလီၤ ဆီ

apparent *a* ၁. လၢအအိၣ်ဖျါဝဲ ၂. လၢအဖျါရှ့ရှ့ပျီပျီ

apparently *adv* ၁. အိၣ်ဖျါဝဲ ၂. ဖျါရှ့ရှ့ပျီပျီ

apparition *n* တၢ်တဃၣ်, တၢ်ကလၤ, တဲပြၢ်

appeal *n* တၢ်ပတံယ့ကညး, တၢ်ပတံသကွံာ်ကညး

appeal *v* ပတံသကွံာ်ကညး, ပတံယ့ကညး

appealing *a* လၢအဟ်ဖျါတၢ်သကွၢ်ကညး, လၢအလီၤထုးန့ၢ်ပှၤသး

appear *v* အိၣ်ဖျါထိၣ်, ဟဲဖျါထိၣ်, အိၣ်ဖျါ

appearance *n* တၢ်အိၣ်ဖျါ

appease *v* မၤကပုာ်လီၤက့ၤပှၤအသး

appeasement *n* တၢ်မၤကပုာ်လီၤက့ၤပှၤ အသး

append *v* ဘျးစဲတၢ်, ဘျးစဲယှာ်တၢ်, ကွဲးထၢနုာ်အါထီၣ်တၢ်ဂ့ၢ်

appendage *n* တၢ်လၢတၢ်ဘျးစဲဟ်အီၤ

appendicitis *n* ပှံာ်ဖးဒ့ညီး

appendicular mass *n* ပှံာ်ဖးဒ့အဃိကဲထီၣ်တၢ်ကိၢ်လိၣ်

appendix *n* ၁. ပှံာ်ဖးဒ့ ၂. တၢ်ပိာ်ထွဲ

appendix abscess *n* ပှံာ်ဖးဒ့ဝ့ထီၣ်

appetite *n* တၢ်သးအိၣ် (အီၣ်တၢ်), တၢ်မိၣ်အီၣ်မိၣ်အီသး, တၢ်သးဃ့အီၣ်တၢ်, တၢ်ကိာ်ပှၤဝံၣ်

appetizer, appetiser *n* တၢ်အီၣ်ကစဲးကစီးလၢပအီၣ်ဘဲထးခိၣ်တချူးအီၣ်မ့ၤ, တၢ်အီၣ်ကစဲးကစီး

appetizing, appetising *a* လၢအနၢမူနၢဆိုဒီးဖျါလီၤအီၣ်လီၤအီ, လၢအဘဲ

applaud *v* ကိးပသူစံးပတြၢၤ

applause *n* တၢ်ကိးပသူစံးပတြၢၤ

apple *n* အဲပၢၣ်သၣ်, ဖီသၣ်

appliance *n* တၢ်အပီးအလီ, တၢ်ပီးတၢ်လီ

applicable *a* လၢအကြၢးဝဲဘၣ်ဝဲ, လၢအမ့ၢ်ဝဲတီဝဲ

applicant *n* ပှၤပတံထီၣ်တၢ်

application *n* ၁. တၢ်ပတံထီၣ်တၢ်, လံာ်ပတံထီၣ်တၢ် ၂. တၢ်စူးကါနီၢ်ကီၢ်တၢ်, တၢ်လၢတၢ်စူးကါအီၤသ့

applied *a* လၢတၢ်စူးကါက့ၤအီၤသ့

apply *v* ၁. ပတံထီၣ်တၢ်မၤ ၂. စူးကါ ၃. မၤဘၣ်ဃး ၄. ဖှူ (ကသံၣ်)

appoint *v* ဟ့ၣ်လီၤမူဒါ, ဃုထၢထီၣ်လၢမူဒါ

appointed *a* ၁. လၢတၢ်ဟ့ၣ်လီၤမူဒါ, လၢတၢ်ဃုထၢဟ်လီၤမူဒါ ၂. (တၢ်သူၣ်ထီၣ်) လၢတၢ်ကတဲာ်ကတီၤ, ကဃၢကဃဲထီၣ်အီၤဂ့ၤဂ့ၤဘၣ်ဘၣ်, လၢအိၣ်ဒီးတၢ်ခဲလၢာ်လၢနလိၣ်ဘၣ်အီၤ

appointee *n* ပှၤလၢအဘၣ်တၢ်ဟ့ၣ်လီၤမူဒါ, ပှၤလၢတၢ်ဃုထၢထီၣ်လၢမူဒါ

appointment *n* ၁. တၢ်ဃုထၢထီၣ်လၢမူဒါ ၂. တၢ်သ့ၣ်ဆၢဖးကတိၢ်လၢကထံၣ်လိာ်သးအဂီၢ်

apportion *v* နီၤလီၤ

apportionment *n* တၢ်ဟ့ၣ်နီၤလီၤတၢ်, တၢ်နီၤလီၤတၢ်

appraisal *n* တၢ်ဃုသ့ၣ်ညါဒီးဆၢတဲာ် (တၢ် မ့တမ့ၢ် ပှၤ) အလုၢ်အပှ့ၤ

appraise *v* ဃုသ့ၣ်ညါဒီးဆၢတဲာ် (တၢ် မ့တမ့ၢ် ပှၤ) အလုၢ်အပှ့ၤ

appraiser *n* ပှၤဃုသ့ၣ်ညါဆၢတဲာ်တၢ်, ပှၤဆၢတဲာ်တၢ်

appreciable *a* လၢအသံးအကာ်အိၣ်, လၢအအိၣ်ဖျါထီၣ်နီၢ်နီၢ်, လၢအဒိၣ်အမုၢ်, နီၢ်နီၢ်, လၢအလိၣ်အိၣ် မ့တမ့ၢ် အလီၢ်အိၣ်ဝဲသပှၢ်ကတၢၢ်

appreciate *v* သ့ၣ်ညါတၢ်ဘျုးတၢ်ဖှိၣ်, ဟ်လုၢ်ဟ်ပှ့ၤ, ဘၣ်သူၣ်ဘၣ်သး

appreciation *n* ၁. တၢ်ဟ်လုၢ်ဟ်ပှ့ၤ, တၢ်ဘၣ်သူၣ်ဘၣ်သး, တၢ်သ့ၣ်ညါတၢ်ဘျုးတၢ်ဖှိၣ် ၂. စ့အပှ့ၤထီၣ်, စ့အလုၢ်အပှ့ၤဒိၣ်ထီၣ်

appreciative *a* လၢအသ့ၣ်ညါဆၢက့ၤတၢ်ဘျုးတၢ်ဖှိၣ်, လၢအသ့စံးဘျုးတၢ်, လၢအဟ်လုၢ်ဟ်ပှ့ၤတၢ်ဘျုးတၢ်ဖှိၣ်

apprehend *v* ၁. ဖီၣ် (ဘၣ်ဃးဒီးပၢၤကီၢ်ဖီၣ်တၢ်) ၂. နၢ်ပၢၢ်, မၤနီၣ်

apprehension *n* ၁. တၢ်ကိၢ်သူၣ်ဂီၤသးဒီးတၢ်ပျံၤတၢ်ဖုး ၂. တၢ်နၢ်ပၢၢ် ၃. တၢ်ဖီၣ်ပှၤ (ဘၣ်ဃးပၢၤကီၢ်ဖီၣ်ပှၤ)

apprehensive *a* ၁. လၢအသူၣ်ကိၢ်သးဂီၤဒီးပျံၤတၢ်သ့ ၂. တၢ်မၤနီၣ်, တၢ်နၢ်ပၢၢ်

apprentice *n* ပှၤမၤလိသီတၢ်မၤ, ပှၤလၢအမၤလိသ့အသးလၢပှၤတဂၤအစုပူၤ

apprenticeship *n* တၢ်မၤလိသ့ထီၣ်တၢ်ဖံးတၢ်မၤအဆၢကတိၢ်

apprise *v* ဘိးဘၣ်သ့ၣ်ညါ, ဒုးသ့ၣ်ညါ

approach *n* ၁. ကျဲ, တၢ်အကျိၤအကျဲ ၂. တၢ်သုးဘူးဃီၤသးကဃီကဃီ, တၢ်ဟဲတုၤအိၣ်ပှၤကဃီကဃီ ၃. လူၤ, မၤဘူးမၤတံၢ်

approach *v* ၁. သုးဘူးဃီၤသး, ဟဲဘူး, ဘူးထီၣ် ၂. ဟ်ဖျါထီၣ်, ဃ့ထီၣ်

approachable *a* ၁. လၢပှၤရ့အီၤမုာ်ဒီးညီ ၂. လၢတၢ်သုးဘူးအသးဆူအအိၣ်ညီ

approbation *n* တၢ်အၢၣ်လီၤတူၢ်လိာ်

appropriate *a* ကြၢးဝဲ, ဘၣ်ဝဲ

appropriate *v* ကြၢးဝဲဘၣ်ဝဲ, အကြၢးအဘၣ်

appropriation *n* တၢ်ကြၢးဝဲဘၣ်ဝဲ, တၢ်အကြၢးအဘၣ်

approval *n* တၢ်အၢၣ်လီၤအီလီၤလၢအဘၣ်ဝဲ, တၢ်အၢၣ်လီၤတူၢ်လိာ်

approve *v* ဘၣ်အသး, အၢၣ်လီၤအီလီၤလၢအဘၣ်, အၢၣ်လီၤတူၢ်လိာ်

approximate *a* ဃၣ်ဃၣ်, ဘူးကလီၤတံၢ်

approximate *v* ဃၣ်ဃၣ်

approximately *adv* ဃၣ်ဃၣ်, လၢတၢ်တယာ်အပူၤ

approximation *n* ၁. တၢ်တယာ်တၢ် ၂. တၢ်ဘူးကဘၣ်ဃၣ်ဃၣ်, တၢ်ဘူးကလီၤတံၢ်

appurtenance *n* တၢ်အဃၢၤအဃိၢ်ပိးလီ

apricot *n* တရူးမိၤတီၤသၣ်, တရူးထံမိၤတီၤသၣ်

April *n* လါအ့ဖြ့ၣ်, လါလွံၢ်လါတလါ

apron *n* ဃၣ်တဒိ အဒိ, ပှၤဖီမ့ၤဖိကကၤဝဲအဂီၢ်

apt *a* ၁. ကြၢးဝဲဘၣ်ဝဲ ၂. သူၣ်ပ့ၢ်သးချ့ ၃. မၤလိန့ၢ်တၢ်ညီ, ညီ

aptitude *n* တၢ်သ့တၢ်ဘၣ်လၢအအိၣ်ဟ်စၢၤ, တၢ်သးစဲလၢအအိၣ်ဟ်စၢၤ

aptly *adv* ဒ်အကြၢးဝဲဘၣ်ဝဲအသိး, ဘၣ်လိာ်ဖိးမံဝဲ

aqua *n* တၢ်အလွဲၢ်လါဟ့, ပိၣ်လဲၣ်ထံအလွဲၢ်

aquaculture *n* တၢ်ဘုၣ်ထံဆၣ်ဖိကီၢ်ဖိ, တၢ်ဘုၣ်ဆၣ်ဖိကီၢ်ဖိလၢအအိၣ်လၢထံကျါ

aquamarine *n* ၁. တၢ်အလွဲၢ်လါဟ့, ပိၣ်လဲၣ်ထံအလွဲၢ် ၂. လၢၢ်အလွဲၢ်လါဟ့

aquarium *n* တလါဘုၣ်ကွၢ်ကီညၣ်

aquatic *a* လၢအဘၣ်ဃးဒီးထံ, လၢအအိၣ်လၢထံကျါ, လၢအမဲထိၣ်လၢထံကျါ

aqueduct *n* ကၢ်ကျိၤလၢထံယွၤထိၣ်ယွၤဃီၤလၢအပူၤ

aquifer *n* လၢၢ်စံၢ်ထံ

Arab *n* ၁. ပှၤအၣ်ရး(ဘ)ဖိ ၂. ကသ့ၣ်တကလုာ်လၢအအိၣ်လၢကီၢ်အရ့ဘံယါအပူၤ

Arabian *a* လၢဘၣ်ဃးဒီး အရ့ဘံယါပဲၢ်ဒိၣ်ခိၣ်ကမျိၤ

Arabic *a* လၢအဘၣ်ဃးဒီးပှၤအၣ်ရး(ဘ)ဖိအလံာ်အလဲၢ်ဒီးအကျိာ်

Arabic *n* ပှၤအၣ်ရး(ဘ)ဖိအကျိာ်

arable *a* လၢအဂ့ၤလၢတၢ်သူၣ်တၢ်ဖျးအဂီၢ်, လၢတၢ်သူၣ်လီၤဖျးလီၤအီၤဂ့ၤဝဲ

Arakanese *n* ပှၤရၢၣ်ခၢၣ်ဖိ

arbiter *n* ပှၤလၢအစံၣ်ညီၣ်နီၣ်တၢ်, ပှၤစံၣ်ညီၣ်တၢ်လၢပှၤခံဖုအဘၢၣ်စၢၤ

arbitrary *a* ၁. လၢအမၤတၢ်ဖဲဒ်အသး ၂. တၢ်ဖွးဖျၢၣ်လၢတၢ်တဟ်ဖျါအလုၢ်အပှ့ၤ. အဒိ, **X**

arbitrate *v* နှာ်လီၤ, စံၣ်ညီၣ်ကျဲၤဃူကျဲၤဖိးတၢ်

arbitration *n* တၢ်စံၣ်ညီၣ်ကျဲၤဃူကျဲၤဖိးတၢ်

arbitrator *n* ပှၤစံၣ်ညီၣ်မၤဃူမၤဖိးတၢ်လၢပှၤဂ့ၢ်လိာ်ဘိုလိာ်တၢ်ခံဖုအဘၢၣ်စၢၤ, ပှၤကျဲၤဃူကျဲၤဖိးတၢ်

arbour, arbor *n* ၁. ဖီအတပိာ်, ဖီတကိၣ်ခိၣ်, စိၢ်လၢဖီကကးထိၣ်အဂီၢ် ၂. ဖီတပိာ်အကနလာ်

arc *n* ကွီၤတူာ်, တၢ်က့ၣ်ကျီၤ

arc *v* မၤကွီၤထိၣ်အသး

arcade *n* တၢ်ဆါတၢ်ပှၤအလီၢ်လၢအိၣ်ဒီးအခိၣ်နး

arcane *a* လၢအဘၣ်ဃးဒီးတၢ်ရူသူၣ်, လၢပနၢ်ပၢၢ်လၢအဂ့ၢ်တသ့ဘၣ်

arch *n* ပဲတြီခိၣ်ဒီ, တၢ်က့ၣ်ကျီၤလၢပဲတြီ (တြဲၤ) အဖီခိၣ်

archaeologist, archeologist *n* ပှၤမၤလိဘၣ်ဃးတၢ်ဃုသ့ၣ်ညါခူၣ်ထုးထိၣ်က့ၤတၢ်ဖိတၢ်လံၤလၢပျၢၤ

archaeology, archeology *n* တၢ်မၤလိဘၣ်ဃးတၢ်ဃုသ့ၣ်ညါခူၣ်ထုးထိၣ်က့ၤတၢ်ဖိတၢ်လံၤလၢပျၢၤ

archaic *a* လၢအလီၢ်လံၤဖီဃး, လၢဖးယံာ်ဖးစၢၤ

archangel *n* ကလူးလၢအလီၢ်လၤဒိၣ်, မုၢ်ဃါလၢအအိၣ်ဒီးလီၢ်လၤလၢအထီ

archbishop *n* ဘံရိးအခိၣ်လၢအမူအဒါအိၣ်လၢလီၢ်ကဝီၤတကဝီၤအပူၤ

arch-enemy *n* ဒုၣ်ဒါခိၣ်သ့ၣ်

archer *n* ပှၤလၢအခးချံၣ်ခးပျဲၢ်သ့

archery *n* တၢ်ခးချံၣ်

archetype *n* ၁. တၢ်အဒိလၢတၢ်ဟ့ၣ်ညီနှၢ်အီၤ ၂. တၢ်အဒိလၢဂၢ်ခိၣ်ထံး, တၢ်အဒိလၢအခိၣ်ထံးခိၣ်ဘိ ၃. တၢ်အက့ၢ်အဂီၤအဒိလၢအအိၣ်ဟ်စၢၤလၢပျၢၤလၢကစၢၤ

archipelago *n* ကီးကရူၢ်

architect *n* ပှၤသ့တ့ထိၣ်ဘိုထိၣ်တၢ်

architectural *a* ဘၣ်ဃးတၢ်တ့ဖျါထီၣ်တၢ်သူၣ်ထီၣ်က့ၢ်ဂီၤအတၢ်သ့တၢ်ဘၣ်, တၢ်တ့ဖျါထီၣ်တၢ်သူၣ်ထီၣ်က့ၢ်ဂီၤ

architecture *n* တၢ်တ့ဖျါထီၣ်တၢ်သူၣ်ထီၣ်က့ၢ်ဂီၤအတၢ်သ့တၢ်ဘၣ်, တၢ်တ့ဖျါထီၣ်တၢ်သူၣ်ထီၣ်က့ၢ်ဂီၤ

archive *n* တၢ်ပာ်ဖိုၣ်တၢ်စံၣ်စိၤတဲစိၤအလံာ်ဒီး အတၢ်ကွဲးနီၣ်ကွဲးဃါတဖၣ်

archway *n* ကျဲလဲၤနုာ်ဟးထီၣ်လၢအအိၣ်ဒီး ပဲတြီခိၣ်နူက့ၣ်ကွီၤ

arctic *a* လၢအဘၣ်ဃးဒီးအၣ်တ့းဟီၣ်ကဝီၤ, လၢအဘၣ်ဃးဒီးကလံၤစိးဟီၣ်စိး, လၢကလံၤစိးဟီၣ်စိးအကပိာ်ကပၤ

Arctic *n* အၣ်တ့း

ardent *a* သူၣ်ဆူၣ်သးဂဲၤ

ardently *adv* လၢတၢ်သူၣ်ဆူၣ်သးဂဲၤအပူၤ, လၢတၢ်သးဆူၣ်အပူၤ

ardour, ardor *n* တၢ်သူၣ်ဆူၣ်သးဆူၣ်, တၢ်သးဆူၣ်

arduous *a* လၢအလၢာ်ဂံၢ်လၢာ်ဘါ, လၢအကီကီခဲခဲ

are *v* မ့ၢ်, အိၣ်

area *n* တၢ်အဒိၣ်အလဲၢ်, အ့ရယၢ်, လိၢ်ကဝီၤ

arena *n* တၢ်လိၢ်တကဝီၤလၢလိၢ်ဆ့ၣ်နီၤတဖၣ်အိၣ်ဝးတရံးအီၤလၢတၢ်မၤပွဲဖိၤလိဖိၤအဂီၢ်, တၢ်လိၢ်လၢတၢ်မၤပွဲဖိၤလိဖိၤ, တၢ်သူၣ်ဖုံသးညီအလိၢ်

arguable *a* လၢပဂ့ၢ်လိာ်ဘှီလိာ်သ့

argue *v* ဂ့ၢ်လိာ်ဘှီလိာ်, အ့ၣ်လိာ်ဆီးက့

argument *n* တၢ်ဂ့ၢ်လိာ်ဘှီလိာ်, တၢ်ကတိၤဂ့ၢ်လိာ်တၢ်, တၢ်အ့ၣ်လိာ်ဆီးက့

argumentative *a* လၢအအဲၣ်တၢ်ဂ့ၢ်လိာ်ဘှီလိာ်, လၢအဂ့ၢ်လိာ်ဘှီလိာ်တၢ်မှာ်

ariccanut *n* သဲးသၣ်

arid *a* လၢအဃ့စိၢ်ဃ့ထီဒိၣ်မး (အဒိ, တၢ်လိၢ်လၢအဃ့စိၢ်ဃ့ထီဒိၣ်မး)

aridity *n* တၢ်ဃ့စိၢ်ဃ့ထီ, တၢ်သူတၢ်ဃ့

arise *v* ၁. ဟဲပၢၢ်ထီၣ်, ဖျါထီၣ် ၂. ဂဲၤဆၢထၢၣ်

aristocracy *n* ၁. ပှၤတူၢ်ဒိၣ်ကီၤဒိၣ်အစၢၤအသွဲၣ် ၂. ထံကိၢ်လၢအဘၣ်တၢ်ပၢအီၤလၢပှၤတူၢ်ဒိၣ်ကီၤဒိၣ်

aristocrat *n* ပှၤလၢအဟဲလီၤစၢၤလၢပှၤတူၢ်ဒိၣ်ကီၤဒိၣ်

arithmetic *n* တၢ်ဂံၢ်တၢ်ဒွး

ark *n* စီၤနိအၤအကဘီ (လၢခရံာ်ဖိလံာ်စီဆှံအပူၤ)

Ark of the Covenant *n* တလါစီဆှံ

arm *n* စုနၣ်တိၤ

with open arms *idm:* တူၢ်လိာ်မှာ်လၢတၢ်မဲာ်မှာ်နါဆၢ, တူၢ်လိာ်ခိၣ်ဆၢပှဲၤဒီးတၢ်သူၣ်ဖုံသးညီ

arm *v* ဒုးဖီၣ်အီၤတၢ်စုကဝဲၤ, နီၤဟ့ၣ်လီၤတၢ်စုကဝဲၤ

armada *n* သုးကဘီတကရူၢ်

armadillo *n* ယိၤဟီၣ်

Armageddon *n* ၁. တၢ်ဂ့ၤဒီးတၢ်အၢအတၢ်ဒုးလိာ်သးလၢခံကတၢၢ်ဖဲတၢ်စံၣ်ညီၣ်မုၢ်နံၤတချုးတုၤဒံးဘၣ်အခါ (လၢခရံာ်ဖိအလံာ်စီဆှံအသီတကတြူၢ်အပူၤ) ၂. ပှၤကလုာ်နူၣ်တဖၣ်အိၣ်ထီၣ်ဒီးတၢ်သဘံၣ်ဘုၣ်လၢကဒုးလိာ်သးတုၤအစၢၤလီၤတူာ်

armament *n* ၁. သုးအတၢ်စုကဝဲၤ ၂. တၢ်ကတိၤထီၣ်သုးတၢ်စုကဝဲၤလၢတၢ်ဒုးအဂီၢ်

armband *n* ၁. တၢ်ဘိၣ်စုနၣ်, တၢ်ပးစုနၣ် ၂. တၢ်ဘိၣ်ကလိၤထီၣ်စုနၣ်လၢပလးစတံး

armchair *n* ခးတီၣ်စု, လိၢ်ဆ့ၣ်နီၤတီၣ်စု

armed *a* လၢတၢ်ဒုးဖီၣ်အီၤလၢတၢ်စုကဝဲၤ, တၢ်ဟ့ၣ်အီၤစုကဝဲၤ

armed forces *n* ပှၤဖီၣ်တၢ်စုကဝဲၤ, သုးမုၢ်

armed services *n* ပှၤဖီၣ်တၢ်စုကဝဲၤ, သုးမုၢ်

armistice *n* တၢ်အၢၣ်လီၤလၢတၢ်အိၣ်ကတိၢ်လၢတၢ်ဒုးတစိၢ်ဖိ

armlock *n* တၢ်ဖီၣ်တံၢ်ဃာ်ပှၤစုလၢအလိၢ်ခံဒ်သိးဟူးဝဲတန့ၢ်

armoire *n* စီၤဆီထူၣ်, ဘံၢ်ဒိၢ်ဖးဒိၣ်

armour, **armor** *n* သဃိးကတိၤ

armoury, **armory** *n* ၁. တၢ်ပာ်ဖိုၣ်တၢ်စုကဝဲၤအဒၢး, တၢ်ထုးထီၣ်တၢ်စုကဝဲၤအလိၢ် ၂. သုးထီၣ်တၢ်မၤလိအလိၢ်

armpit *n* တံာ်လာ်

armrest *n* လိၢ်ဆ့ၣ်နီၤအတၢ်ပာ်စုလိၢ်

arms *n* တၢ်စုကဝဲၤ

bear arms *vp:* စိာ်စုကဝဲၤ, ဖီၣ်ထီၣ်စုကဝဲၤ

up in arms *idm:* သူၣ်ဒိၣ်သးဖျိးထီၣ်တၢ်ဒိၣ်ဒိၣ်ကလဲာ်, တသူၣ်မံသးမံတၢ်ဒိၣ်ဒိၣ်ကလဲာ်, သူၣ်ပိၢ်သးဝးဒိၣ်ဒိၣ်ကလဲာ်

arm-wrestling *n* တၢ်ဘိးစုအတၢ်လိာ်ကွဲ

army *n* ခိသုးမုၢ်, ခိသုး, သုးမုၢ်

aroma *n* တၢ်နၢမူနၢဆို

aromatic *a* လၢအနၢမူနၢဆို

around *adv* ၁. ဝးတရံး, အဃၢၤဝးဝး, ဖဲအံၤဖဲနၤ ၂. ဃဉ်ကဒါအသး

around *prep* ၁. ဝးဝး, ဝးတရံး, လၢအဃၢၤဝးဝး ၂. ဖဲအံၤဖဲန့ၣ်

arouse *v* ၁. ထီဉ်ဂဲၤထီဉ်, ဒုးဂဲၤထီဉ်တၢ် ၂. ဖုးသံနီၣ်ထီဉ်သး, မံပၢၢ်ထီဉ်ဘဉ်သး

arraign *v* လိာ်ဘၢလိာ်ကွီၢ်ပှၤ

arrange *v* ကတဲာ်ကတီၤ, ရဲဉ်ကျဲၤ

arrangement *n* တၢ်ကတဲာ်ကတီၤ, တၢ်ရဲဉ်လီၤကျဲၤလီၤ

array *n* တၢ်လၢအဘဉ်တၢ်ရဲဉ်လီၤကျဲၤလီၤအီၤဂ့ၤဂ့ၤဘဉ်ဘဉ်, ရဲဉ်လီၤသးလၢအဘဉ်လီၢ်ဘဉ်စး

array *v* ၁. ဆီလီၤရဲဉ်လီၤအီၤကဆဲ့ကဆို ၂. ကူထီဉ်သိးထီဉ်ဃံဃံလၤလၤ ၃. ကတဲာ်ကတီၤထီဉ်သးလၢတၢ်ဒုးအဂီၢ်

arrears *n* ဒ့ဉ်ကမၢ်လၢအိဉ်တီၢ်, ကဒွဲလၢအအိဉ်တ့ၢ်

arrest *n* ၁. တၢ်ဖီဉ်ဃာ် ၂. တၢ်အိဉ်ကတီၢ် မ့တမ့ၢ် ဘဉ်တၢ်မၤတံာ်တာ်

arrest *v* ၁. ဖီဉ် (လၢအဘဉ်ထွဲပၢၤကီၢ်ဖီဉ်တၢ်), ဖီဉ်ဃာ် ၂. အိဉ်ကတီၢ် မ့တမ့ၢ် ဘဉ်တၢ်မၤတံာ်တာ်

arresting *a* လၢအထုးနှၢ်တၢ်သးစဲ, လၢအထုးနှၢ်ပှၤသး

arrival *n* တၢ်တုၤဃီၤ, တၢ်ဟဲတုၤ, တၢ်တုၤ

arrive *v* တုၤ, လဲၤတုၤ, ဟဲတုၤ

arrogance *n* တၢ်ဟ်အသးကဖၢလၢ, တၢ်ဟ်ဒိဉ်ဟ်ထီသး

arrogant *a* လၢအဟ်ဒိဉ်ဟ်ထီအသး, လၢအဟ်အသးကဖၢလၢ

arrow *n* ပျၢ်

arse *n* ခံကိၢ်

arsehole *n* ၁. ခံပူၤ ၂. (တၢ်ကတိၤတဆဲးတလၤ) ပှၤတဂိာ်တသိဉ်, ပှၤသးတဆး, ပှၤအီရံၢ်အီရိာ်, ပှၤငီး

arsenal *n* တၢ်ထုးထီဉ်တၢ်စုကဝဲၤဒီးကျိချံမျိာ်သဉ်အလီၢ်

arson *n* တၢ်ဒွဲဉ်အူပှၤတၢ်စုလီၢ်ခိဉ်ခိဉ်လၢမ့ဉ်အူ

art *n* တၢ်သ့တၢ်ဘဉ်လၢပှၤမၤဝဲဒ်သိးကမၤမုာ်ဘဉ်ပှၤသး, ဒွဲလၤကူဉ်သ့

art form *n* ဒွဲလၤတၢ်ဟူးတၢ်ဂဲၤတကလုာ်, တၢ်ဟ်ဖျါဒွဲလၤအတၢ်မၤ

artefact, artifact *n* တၢ်လၢအဘဉ်တၢ်မၤကဲထီဉ်အီၤလၢပှၤကညီ

arteriosclerosis *n* သွံဉ်ကျိၤပူၤတၢ်အသိတဖဉ်တံာ်တၢၤသး

artery *n* သွံဉ်လဲၤကျိၤ

artful *a* လၢအအိဉ်ဒီးအတၢ်ကူဉ်တရံးလၢကမၤဘဉ်ဒိပှၤဂၤ, လၢအလဲး

arthritis *n* တၢ်စုကမဲာ်ဆါခီဉ်ကမဲာ်ဆါ

article *n* ၁. တၢ်ကွဲးဖှဉ် (လၢမဲးကစံ, တၢ်ပရၢတဖဉ်အပူၤ) ၂. လံာ်အဆၢဖိလၢသဲစးတၢ်ဘျၢအပူၤ ၃. တၢ်ဖိတၢ်လံၤတမံၤ

articulate *a* လၢအပျ့ၤသွဲး, လၢအကတိၤတၢ်ဘျ့, ပံာ်ပံာ်ကျါကျါ

articulate *v* ကတိၤတၢ်ကတိၤပံာ်ပံာ်ကျါကျါ

artifice *n* တၢ်ကူဉ်အကျဲ, တၢ်လွဲကဒံလွဲကဒါတၢ်, တၢ်လီတၢ်ဝ့ၤ

artificial *a* အဃီၤ, လၢအဘဉ်တၢ်တ့အီၤလၢပှၤကညီ

artificially *adv* ဃီၤ, လၢအဘဉ်တၢ်တ့အီၤလၢပှၤကညီ

artillery *n* မျိာ်, မျိာ်သုး

artist *n* ပှၤတ့တၢ်ဂီၤ, ပှၤလၢအမၤဒွဲလၤတၢ်ကူဉ်သ့

artiste *n* ပှၤမၤမုာ်သးဖုံပှၤသး (အဒိ, ပှၤသးဝံဉ်တၢ်စဲဉ်နီၤ, ပှၤဂဲၤကလံဉ်တၢ်ဖိ, မုဉ်ဂဲၤဒိခွါဂဲၤဒိ)

artistic *a* လၢအဟ်ဖျါထီဉ်ဒွဲလၤတၢ်ကူဉ်သ့, လၢတၢ်မၤအီၤလၢဒွဲလၤတၢ်ကူဉ်သ့အပူၤ, လၢအအဲဉ်ဒွဲလၤတၢ်ကူဉ်သ့

artless *a* လၢအတၢ်ဟ်မၤအသးတအိဉ်, လၢအတအိဉ်ဒီးတၢ်လီတၢ်ဝ့ၤ, လၢအအိဉ်ပတီၢ်မုၢ်ဖိ

arts *n* ဒွဲလၤကူဉ်သ့တဖဉ်

arts and crafts *n* ဒွဲလၤတၢ်စုသ့ခီဉ်ဘဉ်အတၢ်ဖံးတၢ်မၤ

as *conj* ဒ်သိး, အဖၢမုၢ်, သတးဒီး, တုၤ

as *prep* ဒ်သိး, အဖၢမုၢ်, သတးဒီး, တုၤ

asap *abbre* တသ့ဖဲအသ့အချ့ကတၢၢ် (As Soon As Possible)

asbestos *n* လၢၢ်ပသိဉ်

ascaris pneumonia *n* ပသိၣ်ညီးလၢထိး ကလဲာ်အဃိ

ascend *v* လဲၤထိၣ်, ထိၣ် (ဆူထးခိ, ဆူတၢ်ဖး ဖိ)

ascendant *a* ၁. လၢအဒိၣ်စိဒိၣ်ကမီၤ, လၢ အလုၢ်ဘၢစိကမီၤလၢပှၤဂၤအဖီခိၣ် ၂. လၢအလဲၤ ထိၣ်ဆူညါ ၃. လၢဘၣ်တၢ်သ့ၣ်ညါအီၤအါ, လၢတၢ် ဘၣ်သးအီၤအါ

ascension *n* ၁. တၢ်ထိၣ်ဆူတၢ်ဖီခိၣ် ၂. ခရံာ်က့ၤထိၣ်ဆူမူခိၣ် (ဘၣ်ဃးဒီးခရံာ်ဖိတၢ် ဘါ)

ascent *n* ၁. တၢ်ထိၣ်ဆူတၢ်ဖီခိၣ်, တၢ်လဲၤထိၣ် ၂. တၢ်လဲၤထိၣ်လဲၤထီ ၃. ကျဲလဲၤထိၣ်ဆူတၢ်ဒီခိၣ်

ascertain *v* ယုသ့ၣ်ညါလီၤတံၢ်

ascetic *n* ပှၤလၢအညီကွံာ်ဟီၣ်ခိၣ်အတၢ်သူၣ် လီသးကွံ, အံသ့း

asceticism *n* တၢ်ညီကွံာ်ဟီၣ်ခိၣ်တၢ်သူၣ် လီသးကွံသနူ

ascites *n* ကဖိထံ

ascribe *v* ဟ် (ဒ်တၢ်ဂ့ၢ်တမံၤမံၤလၢ), ဟ် (ဒ်တၢ်လၢအဘၣ်ဃး)

ASEAN *n* အ့ၡ့ၢၣ်မုၢ်ထိၣ်ကလံၤထံးထံကိၢ် ကရၢ (အၣ်စံၣ်ယၣ်)

asexual *a* ၁. လၢအမိၢ်အဖါအက့ၢ်အဂီၤတ အိၣ်ဘၣ်, လၢအမိၢ်အဖါတအိၣ် ၂. လၢတအဲၣ်ဒိးမံ ယှာ်အိၣ်ယှာ်, လၢတအဲၣ်ဒိးမုၣ်ခွါသွံၣ်ထံးတၢ်ရ လိာ်မှာ်လိာ်

ash *n* ၁. ဖၣ်ဆါ, ချါ ၂. သ့ၣ်အး(ရှ)

ashamed *a* လၢအလီၤမဲာ်ဆုး

ashen *a* ၁. မဲာ်လီၤဝါ ၂. လၢအဘၣ်ဃးဒီးဖၣ် ဆါ, ချါ

ashore *adv* အိၣ်လၢထံကၢၢ်ခိၣ်, အိၣ်လၢထံ ကၢၢ်နံၤ, ဆူကၢၢ်နံၤ

ashtray *n* မိာ်အ့ၣ်ဒၢ

Asia *n* အ့ၡ့ၢၣ်

Asian *a* လၢအဘၣ်ဃးဒီးကီၢ်အ့ၡ့ၢၣ်မ့တမ့ၢ် ပှၤအ့ၡ့ၢၣ်ဖိ

Asian *n* ပှၤအ့ၡ့ၢၣ်ဖိ

Asiatic *a* လၢအဘၣ်ထွဲဘၣ်ဃးဒီးအ့ၡ့ၢၣ်

aside *adv* ၁. ဆူအကပၤ, လၢအကပၤ ၂. [leave something aside] ဟ် (ကွံာ်), ဟ် (ဟ်စπ)

ask *v* သံကွၢ်, မၢ, ယ့တၢ်, မၤလိာ်

askance *adv* လၢအကွၢ်တၢ်လၢတၢ်တနာ်နၢ် အပူၤ

askew *a* တလီၤဘၣ်, ဖဲၤစ့ၢ်ဖဲၤစ့ၤ, တစ့လီၤ

askew *adv* ဖဲာ်စ့ဖဲာ်စ့ၤ, တစ့, တစ့ၤ

aslant *adv* လၢအတတ္ၤ, လၢအလီၤတစ့

asleep *a* အိၣ်မံသပ္ၤ, လၢအမံဘၣ်အသး

asparagus *n* ဟီၣ်ဆူၣ်ပျိၢ်, တၢ်ပျိၢ်နၣ်

aspect *n* ၁. တၢ်အိၣ်ဖျါ, အတၢ်အိၣ်ဖျါ, ၂. တၢ်ထံၣ်လၢ (တၢ်ကီတၢ်ခဲတၢ်အိၣ်သးတဖၣ်အက့ၢ် အဂီၤ)

asperity *n* တၢ်ကတိၤဆါ, တၢ်ကတိၤအဆူၣ် အကိၢ်

aspersion *n* တၢ်ကတိၤခဲၣ်သူခဲၣ်ဂီၤတၢ်, ဖဲာ် အါဖဲာ်သီတၢ်, တၢ်ကတိၤဆူၣ်ဆူၣ်ကိၢ်ကိၢ်

asphalt *n* ကျဲတံးအ့ၣ်

asphyxia *n* တသါထိၣ် (ဖိသၣ်အိၣ်ဖျဲၣ်ခါ လီၤအုး)

aspiration *n* ၁. တၢ်မုၢ်လၢ်ကွၢ်စိ ၂. တၢ်မၤ သီၣ်တၢ်ကလုၢ်ဒ်အမ့ၢ် "H" အကလုၢ်သီၣ်

aspire *v* မုၢ်လၢ်ကွၢ်စိတၢ်လၢတၢ်မၤတမံၤမံၤ အဖီခိၣ်

aspirin *n* အဲၤစဖြံ, ကသံၣ်တကလုာ်လၢပှၤအီ အီၤဒ်သိးကမၤလီၤကဆှၣ်တၢ်ကိၢ်ထိၣ်ဒီးတၢ် တကံပဝံအတၢ်ဆါ

aspiring *a* လၢအိၣ်ဒီးတၢ်ကွၢ်စိလၢအထိ, လၢ အိၣ်ဒီးတၢ်သူၣ်ဆူၣ်သးဂဲၤလၢကမၤနၢၤတၢ်လၢအ တၢ်အိၣ်မူအပူၤ, လၢအဆၢမၤန့ၢ်တၢ်လၢအတၢ်အိၣ် မူအပူၤ

ass *n* ၁. ကသ့ၣ်ယီၢ ၂. ပှၤအမၢး

assail *v* ထိၣ် (ဒုးတၢ်), ဒုးထီဒါ, ထီဒါတၢ် ဆူၣ်ဆူၣ်

assailant *n* ပှၤလၢအထီဒါတၢ်, ပှၤလၢအဒုး ထီဒါပှၤဂၤ

assassin *n* ပှၤလၢအကူၣ်အၢမၤသံတၢ်, ပှၤ လၢအကူၣ်သံပှၤဂၤ

assassinate *v* ကူၣ်သံ, ကူၣ်အၢမၤသံ

assassination *n* တၢ်ကူၣ်မၤသံတၢ်, တၢ်ကူၣ် အၢမၤသံတၢ်

assault *n* တၢ်မၤအၢတပျုၢ်တပျီၢ်တၢ်, တၢ်ဒုး တပျုၢ်တပျီၢ်တၢ်

assault *v* မၤအၢတပျုၢ်တပျိၤတၢ်, ဒုးတပျုၢ်တပျိၤတၢ်, တိၢ်ဖုးပှၤဂၤ

assemble *v* အိဉ်ဖိုဉ်, ဟ်ဖိုဉ်, ထၢဖိုဉ်တ်ဖိုဉ်

assembly *n* ၁. တၢ်အိဉ်ဖိုဉ်ရိဖိုဉ်ဖးဒိဉ် ၂. ဘျိဉ်ဒိဉ်

assembly line *n* စဲးဖိကဟဉ်အပိးအလိဒီး ပှၤကညီရဲဉ်လီၤအသးမၤတၢ်ဒီတကျိၤ

assent *n* အၢဉ်လီၤတူၢ်လိာ်, သးလီၤပလိာ်

assert *v* စံးတၢ်သပှၢ်ပှၢ်လၢတၢ်နာ်နှၢ်လီၤသး အပူၤ, ဟ်ဖျါနီၢ်နီၢ်အတၢ်ဆိကမိဉ်ဒီးအတၢ်သး ဆူဉ်, တဲမှာ်တဲနီၢ်တၢ်

assertion *n* တၢ်စံးတၢ်ကတိၤတၢ်နီၢ်နီၢ်, တၢ် ဟ်ဖျါတၢ်နီၢ်နီၢ်, တၢ်တဲတၢ်အိဉ်ဒီးတၢ်နာ်တၢ်နီၢ်နီၢ်

assertive *a* လၢအစံးတၢ်သပှၢ်ပှၢ်လၢတၢ်နာ်နှၢ် လီၤသးအပူၤ, လၢအတဲမှာ်တဲနီၢ်တၢ်, လၢအဟ် ဖျါနီၢ်နီၢ်အတၢ်ဆိကမိဉ်ဒီးတၢ်ဘဉ်သး

assess *v* ၁. သမံသမိးတၢ် ၂. ဟ်လီၤတၢ် အလုၢ်အပှ့ၤ, ဆၢတဲာ်တၢ်အလုၢ်အပှ့ၤ

assessment *n* တၢ်သမံသမိးတၢ်, တၢ် ဆၢတဲာ်တၢ်အလုၢ်အပှ့ၤ

assessor *n* ၁. ပှၤသမံသမိးတၢ် ၂. စံဉ်ညီဉ်ကွီၢ် မ့တမ့ၢ် ကမံးတံာ်ယုသ့ဉ်ညါတၢ်ဂ့ၢ် အပှၤဟ့ဉ်ကူဉ်တၢ်

asset *n* ၁. တၢ်စုလီၢ်ခီဉ်ခိဉ် ၂. တၢ်လၢအလုၢ် အပှ့ၤအိဉ်တဖဉ် ၃. တၢ်သ့တၢ်ဘဉ်

assets *n* တၢ်စုလီၢ်ခီဉ်ခိဉ်

asshole *n* ၁. ခံပူၤ ၂. (တၢ်ကတိၤတဆဲးတ လၢ) ပှၤတဂိာ်တသိဉ်, ပှၤသးတဆး, ပှၤအီရံၢ်အီ ရိာ်, ပှၤငီး

assiduous *a* လၢအမၤတၢ်လၢာ်ဂံၢ်လၢာ်ဘါ, လၢတၢ်ထဲးဂံၢ်ထဲးဘါအပူၤ

assign *v* နီၤလီၤ, ဟ့ဉ်လီၤ, သ့ဉ်ဆၢဖး ကတိၢ်, ဟ့ဉ်လီၤအိဉ်ဒီးအဂ့ၢ်အကျိၤ, ဟ့ဉ်နီၤလီၤ ယှာ်ဒီးတၢ်ဟ်ပနီဉ်

assignation *n* တၢ်သ့ဉ်ခူသူဉ်လိာ်သး, တၢ် ထံဉ်ခူသူဉ်လိာ်သး အဒိ, ပှၤဒီတၢ်အဲဉ်တီသ့ဉ် ခူသူဉ်လိာ်သးလၢမုၢ်နၤခီ

assignment *n* ၁. တၢ်မၤမူဒါလၢတၢ်နီၤလီၤ အီၤ, ဟံဉ်တၢ်မၤ (လၢကို်တၢ်မၤလိအဂီၢ်) ၂. တၢ် ဟ့ဉ်နီၤလီၤတၢ်မၤမူဒါ, တၢ်ဟ့ဉ်နီၤလီၤယှာ်ဒီးတၢ် ဟ်ပနီဉ်

assimilate *v* ၁. စူၢ်စိၢ် ၂. မၤလီၤပှိာ်အသးဒီး ပှၤအဂၤ, တၢ်ဒုးကဲအီၤတကလှာ်ဃီဒီးပှၤဂၤ

assimilation *n* ၁. တၢ်စူၢ်သံးတၢ်, တၢ်စံၢ်နှာ် လီၤ ၂. တၢ်မၤလီၤပလိာ်သးဒီးပှၤအဂၤ, တၢ်ဒုး ကဲထိဉ်တကလှာ်ဃီဒီးပှၤအဂၤ

assist *v* မၤစၢၤ

assistance *n* တၢ်မၤစၢၤ, တၢ်တိစၢၤမၤစၢၤ

assistant *n* ပှၤမၤစၢၤတၢ်

associate *a* လၢအရှလိာ်သးသ့

associate *n* ပှၤမၤဃှာ်မၤသကိးတၢ်

associate *v* ၁. မၤဃှာ်မၤသကိးတၢ်, မၤဘဉ် ထွဲလိာ်သး, ရှလိာ်သး

associated *a* ၁. လၢအမၤဃှာ်မၤသကိးတၢ်, လၢအမၤဘဉ်ထွဲလိာ်သး, လၢအရှလိာ်သး

association *n* အဖှ, အကရၢ

assort *v* ဟ်လီၤဆီတကလှာ်ဒီးတကလှာ်, နီၤ ဖးလီၤဆီတကလှာ်ဒီးတကလှာ်

assorted *a* လၢအအိဉ်အကလှာ်ကလှာ်, လၢအဘဉ်ဂီၢ်လိာ်သး

assortment *n* တၢ်ပိးတၢ်လီအကလှာ်ကလှာ်

assuage *v* မၤစၢ်လီၤ, မၤကိညၢ်

assume *v* နာ်တၢ်လၢအသး, ဆိကမိဉ်ဟ်တၢ် လၢအသး, ဆိကမိဉ်တယာ်

assumed *a* လၢအနာ်တၢ်လၢအသး, လၢအ ဆိကမိဉ်ဟ်တၢ်လၢအသး, လၢအဆိကမိဉ်တယာ်

assumption *n* ၁. တၢ်တမံၤလၢတၢ်နာ် လၢအမ့ၢ်အတီ ၂. တၢ်ဆိကမိဉ်တယာ် ၃. (ဖံ့ထံခရံာ်ဖိ) တၢ်နာ်လၢမိၢ်နီၢ်မၤရံကူၤထိဉ် သမူဆူမူခိဉ် ၄. တၢ်ဟံးဖိဉ်ထိဉ်မူဒါ

assurance *n* တၢ်နာ်နီၢ်ကီၢ်တၢ်, တၢ်အုဉ်ကီၤ

assure *v* ၁. အုဉ်ကီၤ ၂. မၤလီၤတံၢ် (တၢ် တမံၤမံၤ) လၢကအိဉ်ထိဉ်

assured *a* လၢအအုဉ်ကီၤအသး, လၢအနာ်နှၢ် လီၤအသး

asterisk *n* ဆဉ်အတၢ်ပနီဉ်, တၢ်ပနီဉ်ဒ်အမ့ၢ် (*) လၢပှၤသူအီၤလၢတၢ်ကွဲးအပူၤ

asterisk *v* မၤပနီဉ်ဃးဒ်ဆဉ်အတၢ်ပနီၢ်အသိး

astern *adv* လၢ (ကဘီ, ကဘီယူၤ) အခံ

asteroid *n* မူဖျာဉ်ပြံ

asthma *n* တၢ်သးဘံး, တၢ်သါအံး

asthmatic *n* ပှၤဘဉ်တၢ်သးဘံး, ပှၤဘဉ်တၢ် သါအံး

astir *a* ၁. လၢအဟူးဂဲၤလၢတၢ်သူၣ်ပိၢ်သးဝး အပူၤ ၂. ပၢၢ်ထီၣ်လၢလိၢ်မံပူၤ

astonish *v* ကမၢကမၣ်, နးလီၤကမၢကမၣ် (ပှၤအသး), မၤကတုၤ (ပှၤအသး)

astonished *a* လၢအလီၤကမၢကမၣ်ဒိၣ်ဒိၣ် ကလဲာ်

astonishing *a* လၢအလီၤကမၢကမၣ်, လၢအလီၤသးကတုၤ

astonishment *n* တၢ်နးလီၤကမၢကမၣ်, တၢ် လီၤကမၢကမၣ်, တၢ်သးလီၤကတုၤ

astound *v* ကမၢကမၣ်ဒိၣ်ဒိၣ်ကလဲာ်, နးလီၤ ကမၢကမၣ် (ပှၤအသး), မၤကတုၤ (ပှၤအသး) ဒိၣ်ဒိၣ်ကလဲာ်

astounded *a* လၢအမၤဖုးသံပျိုၢ်ဂီၤတၢ်ဒိၣ်ဒိၣ် ကလဲာ်, လၢအလီၤကမၢကမၣ်ဒိၣ်ဒိၣ်ကလဲာ်

astounding *a* လၢအလီၤကမၢကမၣ်ဒိၣ်ဒိၣ် ကလဲာ်, လၢအမၤလီၤသးကတုၤတၢ်ဒိၣ်ဒိၣ်ကလဲာ်

astraddle *adv* အိၣ်ဆဲးဖးတြါကံၣ်, ကါကါ ကံၣ်ခိၣ်

astray *adv* ဟးကမၣ်ကျဲ, ဟးဖျိး

astride *adv* အိၣ်ဆဲးဖးတြါခိၣ်, ကါထိၣ်အခိၣ်

astride *prep* အိၣ်ဆဲးဖးတြါခိၣ်, ကါထိၣ် အခိၣ်

astrologer *n* ပှၤသ့မူကဟ်လိာ်ပီညါ, ပှၤသ့ ဆၣ်ဖိၤဖီဖိၤပီညါ

astrology *n* တၢ်ဒွးဆၣ်ဖိၤဖီဖိၤပီညါ, တၢ်ဖး ဆၣ်ပီညါ, တၢ်ကွၢ်ဆၣ်ဖိၤဖီဖိၤအတၢ်အိၣ်သးဒီးဒွး အတၢ်ဒိဘၣ်လၢပှၤကညီအဖီခိၣ်ဇ်လဲၣ်အဂ့ၢ်

astronaut *n* ပှၤမူပျီဖိ

astronomer *n* ပှၤသ့မူကဟ်ပီညါ

astronomical *a* ၁. လၢအဘၣ်ဃးဒီးမူကဟ် ပီညါ ၂. ဒိၣ်ဝဲအါဝဲ

astronomy *n* မူကဟ်ပီညါ

astute *a* လၢအကူၣ်တၢ်သ့, လၢအအိၣ်ပှဲၤဒီး တၢ်ကူၣ်တၢ်ဆး

asunder *adv* အိၣ်စီၤစုၤ, လီၤမုၢ်လီၤဖး

asylum *n* တၢ်အိၣ်ကနၤ, တၢ်အိၣ်ကနၤအလိၢ်, ထံရူၢ်ကိၢ်သဲးတၢ်အိၣ်ကနၤ

at *prep* လၢ, ဖဲ

atheism *n* တၢ်နာ်လၢယွၤတအိၣ်ဘၣ်

atheist *n* ပှၤလၢအနာ်လၢယွၤတအိၣ်ဘၣ်, ပှၤ လၢအတၢ်ဘူၣ်တၢ်ဘါတအိၣ်

atheistic *a* လၢတၢ်တနာ်ထူတနာ်ယွၤ

athlete *n* ပှၤလိာ်ကွဲဖိ, ပှၤလၢအလိာ်ကွဲတၢ် ဃှၢ်တၢ်စံၣ်

athletic *a* ၁. လၢအဘၣ်ဃးတၢ်လိာ်ကွဲ ၂. လၢအပှၢ်အချ့, လၢအပှၢ်အဆါ

athletics *n* တၢ်လိာ်ကွဲတၢ်ဃှၢ်တၢ်စံၣ်

athwart *prep* မၤဒီၣ်တူာ်, ခီက်

Atlantic *a* လၢအဘၣ်ဃးဒီးအဲးတလဲတ္းမးသ မံး

atlas *n* လံာ်ဟီၣ်ခိၣ်ဂီၤ (လံာ်လၢအိၣ်ဒီးထံကိၢ် အဂီၤတဖၣ်)

ATM *n* စဲးထုးထိၣ်စ့, အ့ၣ်ထံၢ်အဲၣ်(မ)

Automatic Teller Machine

atmosphere *n* ကလံၤကထၢ, ကလံၤ လၢအအိၣ်ဝးတရံးဟီၣ်ခိၣ်ဖျၢၣ်, ကလံၤကဟု

atmospheric *a* ၁. လၢအဘၣ်ထွဲဒီးဟီၣ်ခိၣ် ကလံၤကထၢ, လၢအဘၣ်ဃးဒီးကလံၤလၢအဂၢၤ ဃာ်ဟီၣ်ခိၣ်ဝးဝး ၂. လၢအနးအိၣ်ထိၣ်တၢ်သူၣ်ဟူး သးဂဲၤ

atoll *n* ကီးလၢၢ်ဖိ (ကီးလၢအအိၣ်ထိၣ်ခီဖျိလၢၢ် ဖိ)

atom *n* တၢ်မိၢ်ပှၢ်အဆံးကတၢၢ်

atomic *a* ၁. လၢအဘၣ်ဃးဒီးတၢ်မိၢ်ပှၢ်အဆံး ကတၢၢ် ၂. လၢအဘၣ်ဃးဒီးနယူချံယါ မ့တမ့ၢ် နူ ကျံာ်အသဟီၣ်

atone *v* မၤမံကဲ့ၤပှၤအသးလၢပခိၣ်လၢာ်ကဲ့ၤ တၢ်လၢပမၤကမၣ်အီၤ, ဟ့ၣ်ကဒါကဲ့ၤတၢ်, လိး ကဒါကဲ့ၤ

atonement *n* တၢ်ခိၣ်လၢာ်ကဲ့ၤတၢ်လၢပမၤ ကမၣ်အီၤ, တၢ်ဟ့ၣ်ကဒါကဲ့ၤတၢ်, တၢ်လိးကဒါကဲ့ၤ

atop *prep* လၢတၢ်အခိၣ်စိး, လၢတၢ်အထိက တၢ်အဖီခိၣ်

atrium *n* ၁. လၢပျၢၤပှၤရိမ့ၤဖိတဖၣ်အိၣ်ဆိးအ ဒၢး ၂. တၢ်လိၢ်ပျီဖးလဲၢ်လၢတၢ်သူၣ်ထိၣ်တဖျၢၣ်အ ပူၤ ၃. သးဖျၢၣ်ဒၢးကအိလာ်လၢအဖီခိၣ်တကပၤ

atrocious *a* လၢအအၢအၢသီသီ, လၢအတမှာ် တလၤ

atrocity *n* တၢ်အၢအၢသီသီ, တၢ်မၤတၢ်အၢအၢ သီသီ, တၢ်တတၢာ်တနါ

attach *v* နးစဲဘူး, ဘျးစဲ

attaché *n* ၁. မီၢ်သီမီၢ်လါ ၂. (Military attaché) သုးမီၢ်သီ

attached *a* လၢအစဲဘူး, လၢအဘျးစဲ

attachment *n* ၁. တၢ်ဘျးစဲ, တၢ်ဒုးဘျးစဲတၢ် ၂. လံာ်ဘျးစဲ ၃. တၢ်အဲၣ်တၢ်သးစဲဘူးလိာ်သး

attack *n* ၁. တၢ်ထီၣ်ဒုးတၢ်, တၢ်ဒုးထီဒါတၢ်, တၢ်ထီၣ်ဒုးတပျိၤတၢ် ၂. တၢ်ကတိၤနၣ်ဒွဲၣ်ထီဒါတၢ်, တၢ်ကတိၤပဲၤအါပဲၤသီတၢ်ဆူၣ်ဆူၣ်ကလဲာ် ၃. တၢ်ဆူးတၢ်ဆါပဟဲဘၣ်သတူၢ်ကလာ် (အဒိ, (heart attack) သးစံၣ်အိၣ်ပတုာ်သတူၢ်ကလာ် ၄. (တၢ်ဂဲၤလိာ်ကွဲ) တၢ်ဂုာ်ကျဲးစၢးဂဲၤလိာ်ကွဲဒ်သိးကမၤနၢၤတၢ်

attack *v* ထီၣ် (ဒုးတၢ်), ဒုးထီဒါ, ဒုးတၢ်

attain *v* ၁. မၤကဲထီၣ်လိၣ်ထီၣ်, မၤန့ၢ် ၂. တုၤယီၤ, ထီၣ်ဘး

attainable *a* ၁. လၢပမၤန့ၢ်သ့ ၂. လၢပဂုာ်ကျဲးစၢးမၤလိန့ၢ်သ့

attainment *n* တၢ်မၤန့ၢ်တၢ်, တၢ်ထီၣ်ဘး, တၢ်တုၤထီၣ်ထီၣ်ဘး

attempt *v* မၤကွၢ်, ထဲးဂံၢ်ထဲးဘါကွၢ်, ဂုာ်ကျဲးစၢးမၤတၢ်

attempted *a* ၁. လၢအဂုာ်ကျဲးစၢးမၤတၢ် (လီၤဆီဒၣ်တၢ်တၢ်မၤလၢအကီခဲ, ညီနုၢ်တအိၣ်ဒီး တၢ်မၤနၢၤ) ၂. လၢအဂုာ်ကျဲးစၢးမၤသံတၢ် ၃. တၢ်ကျဲးစၢးမၤအါထီၣ်ဂ့ၤထီၣ်

attend *v* ၁. ထီၣ် ၂. ဒိကနၣ်တၢ်, ကနၣ်ယှာ်

attendance *n* ၁. တၢ်ဟဲထီၣ် အဒိ, ဟဲထီၣ်တၢ်အိၣ်ဖှိၣ် ၂. ပှၤဟဲအနီၣ်ဂံၢ် အဒိ, ပှၤဟဲထီၣ်တၢ်အိၣ်ဖှိၣ်အနီၣ်ဂံၢ် ၃. ပှၤဟဲထီၣ်အဘျီ အဒိ, ကို့ဖိထီၣ်ကို့အဘျီ

attendant *n* ၁. ပှၤမၤတၢ်လၢတၢ်မၤစၢၤကမျၢ်အဂီၢ် ၂. ပှၤဟဲထီၣ်(တၢ်) အဒိ, ပှၤဟဲထီၣ်တၢ်အိၣ်ဖှိၣ် ၃. ပှၤခိးစိၤပၤအသးသမူတဖၣ်

attention *n* ၁. တၢ်သးစၢ်ဆၢ ၂. တၢ်ဆိကမိၣ်န့ၢ်တၢ်လၢအဂီၢ်, တၢ်ကနၣ်ယှာ်တၢ်, တၢ်ကဟုကယာ် ၃. ပှၤသုးဖိဆၢထၢၣ်–"ဟ်သး"

attentive *a* လၢတၢ်သးစၢ်ဆၢအပူၤ, လၢအဒိကနၣ်တၢ်လီၤတံၢ်လီၤဆဲး

attentively *adv* လၢတၢ်သးစၢ်ဆၢအပူၤ

attenuate *v* မၤစှၤလီၤဂံၢ်ဘါ, ဒုးလီၤသူးသ့ၣ်လၤကပီၤ, မၤစှၤလီၤတၢ်, ဒုးစှၤလီၤတၢ်

attest *v* ၁. အုၣ်အသး ၂. လၢအဟ်ဖျါထီၣ်အသး

attic *n* ဒၢးတဒိလာ်, ဒၢးလၢအဖီခိၣ်ကတၢၢ်တကထၢ

attire *n* တၢ်ကူတၢ်ကၤလၢအပတိၢ်ထီ

attire *v* ကူထီၣ်ကၤထီၣ်

attitude *n* တၢ်ဟ်သူၣ်ဟ်သး

attitudinal *a* လၢအဘၣ်ထွဲဒီးတၢ်ဟ်သူၣ်ဟ်သး

attorney *n* ပီၢ်ရီလၢအအိၣ်ပှဲၤဒီးတၢ်သ့တၢ်ဘၣ်

Attorney General *n* ပီၢ်ရီခိၣ်ကျၢ်

attract *v* ထုးန့ၢ် (ပှၤသး), ရဲၢ်န့ၢ်တၢ်

attraction *n* ၁. တၢ်ရဲၢ်, တၢ်ထုးန့ၢ်ပှၤသး ၂. (Physics) ထုးလိာ်အသး အဒိ, ထးနါထုးလိာ်အသး

attractive *a* ကွၢ်ဂ့ၤ, လၢအထုးန့ၢ် (ပှၤသး), လၢအရဲၢ်န့ၢ်တၢ်

attribute *n* တၢ်အကံၢ်အစီ, တၢ်သကဲာ်ပဝး အပနီၣ်

attribute *v* ၁. ဘၣ်ထွဲဘၣ်ဃး ၂. လၢတၢ်ဂ့ၢ်တမံၤမံၤအဃိ

attune *v* မၤဘၣ်လိာ်, ကျဲၤဘၣ်လိာ်, မၤဘၣ်ဂီၢ်

atypical *a* လၢအတလီၤက်, လၢအတလီၤပလိာ်, လၢအတဘၣ်ဒီး, လၢအတၢ်အိၣ်ဖျါတလီၤက်ဒီး

au pair *n* (သးစၢ်မှၣ်) လၢအမၤလိတၢ်တခီခီမၤတၢ်တခီခီ, ပှၤသးစၢ်ဟဲလၢကိၢ်အဂၤဒ်သိးကမၤလိတၢ်အကျိာ်ဒီးမၤစၢၤတၢ်လၢဟံၣ်ဃီကွၢ်ဖိသၣ်ဒီးဒိးန့ၢ်လါလဲတဆံးတက့ၢ်

aubergine *n* တကီၤကွဲၤသၣ်, တကီၤသၣ်

auburn *n* တၢ်အလွဲၢ်ဂီၤဃး

auction *n* တၢ်ဆါပှ့ၤတၢ်

auction *v* ဆါပှ့ၤတၢ်

auctioneer *n* ပှၤဆါပှ့ၤတၢ်

audacious *a* ၁. လၢအမဲာ်ကဲၤ, လၢအမၤတၢ်တအိၣ်ဒီးတၢ်မဲာ်ဘှံၢ်မဲာ်ဆုးဘၣ် ၂. လၢအတၢ်ယူးယီၣ်ဟ်ကဲတအိၣ်

audacity *n* နူကဲၤမဲာ်

audial *a* လၢအဘၣ်ဃးဒီးတၢ်နၢ်ဟူတၢ်ကလုၢ်

audible *a* လၢပနၢ်ဟူသ့

audience *n* ၁. ကမျာ်လၢအဒိကနၣ်တၢ်, မှူးကမျာ် ၂. တၢ်အခွဲးလၢကထံၣ်လိာ်အိၣ်သကိးဒီးပှၤခိၣ်ဒိၣ်နၢ်လဲာ်

audiology *n* စဲအ့ၣ်ဒီးကသံၣ်ကသီအတၢ်ယုထံၣ်သ့ၣ်ညါဘၣ်ဃးဒီးနၢ်ဟူ, တၢ်နၢ်ဟူအဂ့ၢ်

audio-visual *a* ၁. လၢအစူးကါတၢ်အသိၣ်ဒီးတၢ်ဂီၤ ၂. လၢအစူးကါတၢ်ထံၣ်ဒီးတၢ်နၢ်ဟူ

audit *n* တၢ်စံးစ့စရီပတိၢ်, တၢ်သမံသမိးစ့စရီ

audit *v* သမံသမိးစ့စရီ

audition *n* တၢ်သမံသမိးဒီးဃုထၢပှၤသးဝံၣ်တၢ်ဖိဒီးပှၤဂဲၤဒိလၢအကြၢးတဖၣ်

auditor *n* ပှၤသမံသမိးစ့စရီပတိၢ်

auditorium *n* ကမျာ်ဆ့ၣ်နီၤအလီၢ်, ကမျာ်အဘျိၣ်

auditory *a* လၢအဘၣ်ဃးဒီးတၢ်နၢ်ဟူတၢ် (နၢ်ဟူ)

auger *n* ထးပျံာ်, ထးတပူ

aught *pro* တမံၤမံၤ

augment *v* မၤဒိၣ်ထီၣ်, မၤအါထီၣ်

augmentation *n* တၢ်အါထီၣ်ဂိၢ်ထီၣ်

august *a* လၢအလီၤယူးယီၣ်ပာ်ကဲဒိၣ်ဒိၣ်မုၢ်မုၢ်

August *n* လါအီကူး, လါယီးလါတလါ

aunt *n* မုၢ်ဂၢ်

aura *n* ၁. တၢ်အသူးအသ့ၣ်တၢ်စိကမီၤလီၤဆီလၢအအိၣ်ဝးတရံးပှၤတဂၤ မ့တမ့ၢ် တၢ်တမံၤ ၂. တၢ်ကပီၤလၢအဟဲဖျါထီၣ်ဒီးနဲၣ်ဖျါထီၣ်ပှၤတဂၤအသူးအသ့ၣ်အစိကမီၤ, ပှၤအကဟုကညီၢ်

aural *a* လၢအဘၣ်ဃးဒီးနၢ် မ့တမ့ၢ် တၢ်နၢ်ဟူတၢ်

aurora *n* ဂီၤထၢၣ်သၢအတၢ်ကပီၤ, တၢ်ကပီၤသံလှၤသံလါ

auspicious *a* လၢအဒုးနဲၣ်ဖျါပာ်စၢၤတၢ်ကဲထီၣ်လိၣ်ထီၣ်, တၢ်ပနီၣ်လၢအဂ့ၤ

Aussie *a* (ပသူအီၤထဲလၢတၢ်ကတိၤ) လၢအဘၣ်ဃးဒီးကိၢ်အီးစထြ့လံယါ

Aussie *n* (ပသူအီၤထဲလၢတၢ်ကတိၤ) ကိၢ်အီးစထြ့လံယါ မ့တမ့ၢ် ပှၤအီးစထြ့လံယါဖိ

austere *a* ၁. လၢအတၢ်သိၣ်တၢ်သီဃံး ၂. လၢအကတီၤတၢ် ၃. ယိယိဖိ, လၢပတိၢ်မုၢ်ဖိ

austerity *n* ၁. တၢ်မၤအသးယိယိဖိ, တၢ်မၤအသးပတိၢ်မုၢ်ဖိ ၂. တၢ်သိၣ်တၢ်သီလၢအဃံး ၃. တၢ်ဃံးတၢ်စ့ၤထီၣ်, တၢ်မၤဃံးထီၣ်တၢ်

Australasian *a* အီးစထြ့လံရှၣ်, လၢအဘၣ်ဃးဒီးအီးစထြ့လံရှၣ်, လၢအဘၣ်ဃးဒီးအီးစထြ့လံယါ, နယူစံလဲၣ်(န)ဒီးပစံးဖံးအမုၢ်နုာ်ကလံၤထံးကီးတဖၣ်

Australasian *n* ပှၤအီးစထြ့လံရှၣ်ဖိ, ပှၤလၢအဟဲလၢအီးစထြ့လံရှၣ်

Australian *a* လၢအဘၣ်ဃးဒီးကိၢ်အီးစထြ့လံယါ

Australian *n* ပှၤအီးစထြ့လံယါဖိ

authentic *a* လၢအမ့ၢ်အတီ

authenticate *v* ဒုးနဲၣ်မ့တမ့ၢ် အုၣ်သးလၢအမ့ၢ်အတီ

authenticity *n* တၢ်အမ့ၢ်အတီ, တၢ်လၢအခီၣ်ထံးခီၣ်ဘိ

author *n* ၁. ပှၤကွဲးလံာ် ၂. ပှၤဒုးအိၣ်ထီၣ်တၢ်

author *v* ကွဲးကဲထီၣ်လံာ်, ဒုးအိၣ်ထီၣ်တၢ်, မၤကဲထီၣ်, မၤအိၣ်ထီၣ်, ဟ်ဖှိၣ်ထုးထီၣ်

authoritarian *a* လၢအမၢဆူၣ်ပှၤလၢကဘၣ်လူၤပိာ်ထွဲတၢ်သိၣ်တၢ်သီအခံ

authoritarian *n* ပှၤဒိၣ်စိဒိၣ်ကမီၤလၢအမၢဆူၣ်ပှၤလၢကဘၣ်လူၤပိာ်မၤထွဲတၢ်သိၣ်တၢ်သီ

authoritarianism *n* တၢ်ဒိၣ်စိဒိၣ်ကမီၤသနူ, သနူလၢအမၢဆူၣ်ပှၤလၢပှၤကဘၣ်လူၤပိာ်မၤထွဲတၢ်သိၣ်တၢ်သီ

authoritative *a* လၢတၢ်နာ်နှၢ်အီၤသ့, လၢအဟ်ဖျါထီၣ်အစိကမီၤ

authority *n* တၢ်န့ၢ်စိန့ၢ်ကမီၤ, ပှၤန့ၢ်စိန့ၢ်ကမီၤ

authorize, authorise *v* ဟ့ၣ်စိဟ့ၣ်ကမီၤ

auto *n* သိလ့ၣ်

autobiography *n* တၢ်ကွဲးလီၤက့ၤနီၢ်ကစၢ်သးသမူအဂ့ၢ်

autocracy *n* ၁. အီၣ်တိၣ်ခြွၣ်စံၣ်, တၢ်ဒိၣ်စိပၢထံကိၢ်ထဲတဂၤလၢအသးဒ့ၣ်ဝဲ ၂. ထံကိၢ်လၢအစူးကါအီၣ်တိၣ်ခြွၣ်စံၣ်သနူ

autocrat *n* ပှၤပၢတၢ်လၢအဟံးစိဟံးကမီၤခဲလၢာ်ထဲတဂၤဧိၤ

autocratic *a* လၢအအိၣ်ဒီးတၢ်စိကမီၤပှဲၤတုာ်

autograph *a* လၢအဆဲးစုပနီၣ်လီၤ

autograph *n* ၁. တၢ်ကွဲးလၢပှၤလၢပှၤသ့ၣ်ညါအီၤအါတဂၤကွဲးလၢအစုဒၣ်ဝဲ ၂. တၢ်လၢပှၤကွဲးလၢအစုဒၣ်ဝဲ

autograph *v* ဆဲးလီၤစုတၢ်ပနီၣ်လၢအကွဲးဝဲလၢအကစၢ်ဒၣ်ဝဲအစုလီၢ်

autoimmune *a* (နီၢ်ခိက့ၢ်တြီဆၢ) လၢအဒုးကဲထီၣ်က့ၤတၢ်ကီတၢ်ခဲလၢပနီၢ်ခိက့ၢ်ဂီၤအဂီၢ်

autointoxication *n* နီၢ်ခိအတၢ်ဒုးအိၣ်ထီၣ်တၢ်စုၣ်တၢ်ပျၢ်, တၢ်ဒုးအိၣ်ထီၣ်တၢ်စုၣ်တၢ်ပျၢ်ဒၣ်တၢ်လၢနီၢ်ခိပူၤ

automatic *a* ဒၣ်တၢ်, တၢ်တမံၤမံၤလၢအဟူးဝးဒၣ်တၢ်

automatic teller machine *n* စဲးထုးထိၣ်စ့, အ့ၣ်ထံၢ်အဲၣ်(မ) ATM

automation *n* တၢ်စူးကါစဲးဖီကဟၣ်တၢ်ဖံးတၢ်မၤအကျိၤအကျဲလၢကမၤတၢ်လၢပှၤကညီအလီၢ်, တၢ်မၤဒိၣ်ထီၣ်ထီထီၣ်စဲးဖီကဟၣ်

automobile *n* သိလ့ၣ်

automotive *a* လၢအဘၣ်ဃးဒီးသိလ့ၣ်အစဲးဖီကဟၣ်တဖၣ်

autonomy *n* နီၢ်ကစၢ်တၢ်ပၢလီၤသး, တၢ်ပၢလီၤသး, တၢ်စံၣ်ညီၣ်ပၢလီၤသးဒၣ်ဝဲ

autopsy *n* တၢ်သမံသမိးပှၤအစိၣ်ဒ်သိးကသ့ၣ်ညါဘၣ်ဝဲလၢပှၤအံၤသံဒ်လဲၣ်အဂ့ၢ်

autosuggestion *n* တၢ်ဃုထံၣ်နှၢ်တၢ်အစၢလၢအနီၢ်ကစၢ်ဒၣ်ဝဲ

autotherapy *n* တၢ်ဃါဘျါလီၤက့ၤသး, တၢ်ဘျါက့ၤဒၣ်တၢ်ဒၣ်ဝဲ

autumn *n* တၢ်ဂိၢ်ထီၣ်သီကတီၢ် (တၢ်ကိၢ်ခါဒီးတၢ်ဂိၢ်ခါအဘၢၣ်စၢၤတၢ်ကတီၢ်)

auxiliary *a* လၢအကဲထီၣ်တၢ်မၤစၢၤ

auxiliary *n* ပှၤလၢအကဲထီၣ်တၢ်မၤစၢၤ, တၢ်လၢအကဲထီၣ်တၢ်မၤစၢၤ

avail *n* ၁. ဒိးသူလီၤ(သး), သူအီၤသ့ ၂. တၢ်စူးကါအီၤသ့, ကဲတၢ်ဘျုးတၢ်ဖှိၣ်

avail *v* ကဲတၢ်ဘျုးတၢ်ဖှိၣ်

available *a* ၁. လၢတၢ်မၤန့ၢ်အီၤသ့ ၂. လၢပသူအီၤသ့ ၃. လၢအချူး

avalanche *n* ၁. တၢ်လီၤလၢ် အဒိ, ဟီၣ်ခိၣ်လီၤလၢ်, မူခိၣ်ဖီလီၤလၢ် ၂. တၢ်ဟဲတုၤလီၤဂိၢ်မုၢ်ဂိၢ်ပၤ

avalanche *v* လီၤလၢ်

avant-garde *a* (ဒွဲလၤတၢ်ကူၣ်သ့တကပၤ) လၢအဒုးအိၣ်ထီၣ်တၢ်အသိ, လၢအတၢ်ဆိကမိၣ်သိဒီးချူးခ့ခါ

avarice *n* တၢ်သူၣ်လီသးကွံဒိၣ်ဒိၣ်ကလဲာ်, တၢ်သူၣ်လီသးကွံအါတလၢ

avaricious *a* လၢအသူၣ်လီသးကွံတၢ်အါတလၢ

avatar *n* ၁. (ဟံၣ်ဒူၢ်တၢ်စူၢ်တၢ်နာ်) တၢ်ဟဲလိၣ်ထီၣ်သးဒ်ပှၤကညီ မ့တမ့ၢ် ဆၣ်ဖိကိၢ်ဖိအသိး, သံးခိၣ်မုၢ်ဃါလၢအပျိာ်လဲအသးဆူပှၤကညီ, ဆၣ်ဖိကိၢ်ဖိ, မုၢ်ဃါအတၢ်လိၣ်ထီၣ်သးလၢပှၤကညီ ၂. တၢ်လိၣ်ထီၣ်အသးလၢပှၤကညီအက့ၢ်အဂီၤဒီးဟ်ဖျါထီၣ်တၢ်အကံၢ်အစီလီၤဆီ ၃. တၢ်တမံၤမံၤလၢအမၤဖျါထီၣ်တၢ်ဆိကမိၣ်, တၢ်ထံၣ်အက့ၢ်အဂီၤ ၄. (ခိၣ်ဖွူထၢၣ်အကျိၤအကျဲ) တၢ်အက့ၢ်အဂီၤ, တၢ်ဂီၤလၢအကဲဒိကဲတဲာ်လၢပှၤကညီအလီၢ်

Ave *abbre* ၁. ကျဲလၢအအိၣ်ဒီးသ့ၣ်ထူၣ်ဖိခံကပၤလၢာ် (Avenue) ၂. ကျဲဖးလဲၢ်လၢဝ့ၢ်ပူၤ ၃. ကျဲ (လၢကမၤန့ၢ်တၢ်တမံၤမံၤအဂီၢ်)

avenge *v* မၤကၣ်က့ၤတၢ်အၢ, မၤဆၢက့ၤတၢ်အၢ

avenger *n* ပှၤမၤကၣ်က့ၤတၢ်အၢ

avenue *n* ၁. ကျဲလၢအအိၣ်ဒီးသ့ၣ်ထူၣ်ဖိခံကပၤလၢာ် ၂. ကျဲဖးလဲၢ်လၢဝ့ၢ်ပူၤ ၃. ကျဲ (လၢကမၤန့ၢ်တၢ်တမံၤမံၤအဂီၢ်)

average *a* လၢအအိၣ်ညီနှၢ်သး, လၢအမၤညီနှၢ်သး

average *n* တၢ်ထိၣ်ဃူ

averse *a* လၢအသးတအိၣ်တၢ်ဘၣ်, လၢအတအဲၣ်ဒိးဝဲဘၣ်သပှၢ်ကတၢၢ်

aversion *n* တၢ်သးတအိၣ်တၢ်ဘၣ်သပှၢ်ကတၢၢ်

avert *v* ၁. ဃၣ်ကပၤကွံာ်တၢ် ၂. တဒီဃာ်တၢ် ၃. ပဒ့ၣ်ဟးဆှံးကွံာ်

avian *a* လၢအဘၣ်ဃးဒီးထိၣ်ဖိလံၣ်ဖိ

aviary *n* ထိၣ်ကြိၢ်ဖးဒိၣ်, ထိၣ်ကြၢ်ဖးဒိၣ်

aviation *n* ၁. တၢ်နီၣ်ကဘီယူၤအတၢ်သ့တၢ်ဘၣ် ၂. တၢ်တ့တၢ်ဘိကဘီယူၤအတၢ်မၤလီၢ်

aviator *n* ပှၤနီၣ်ကဘီယူၤ

avid *a* ၁. လၢအသူၣ်ဆူၣ်သးဂဲၤ ၂. လၢအသးလီတၢ်ဒိၣ်ဒိၣ်မုၢ်မုၢ်, လၢအသးအိၣ်တၢ်ဒိၣ်ဒိၣ်

avidity *n* တၢ်သူၣ်လီသးကွံတၢ်ဒိၣ်ဒိၣ်မုၢ်မုၢ်

avocado *n* ထီဘးသၣ်

avocation *n* တၢ်လုၢ်အီၣ်သးသမူတၢ်မၤ

avoid *v* ပဒ့ၣ်, ဟးဆှံး

avoidable *a* လၢတၢ်ပဒ့ၣ်ဟးဆှံးအီၤသ့
avoidance *n* တၢ်ပဒ့ၣ်ဟးဆှံး (တၢ်တမံၤမံၤ)
avow *v* အၢၣ်လီၤ, တဲလီၤကျဲၤလီၤ
await *v* အိၣ်ခိးလီၤအခိၣ်, အိၣ်ခိးကွၢ်လၢ်
awake *a* ဖုးသံနီၣ်ထီၣ်, ပၢၢ်ထီၣ်
wide awake *idm:* ၁. တမံခ့ဘၣ်, အိၣ်သပှၤမဲာ်, ဆိးသိ ၂. အိၣ်ဒီးတၢ်သးသဒ့ၣ်, အိၣ်ဒီးတၢ်ပလိၢ်ပဒီသး
awake *v* ဖုးသံနီၣ်, သးပၢၢ်ထီၣ်, မၤပၢၢ်ထီၣ်, ပၢၢ်ထီၣ်
awaken *v* ၁. မၤပၢၢ်ထီၣ်, မၤဖုးသံနီၣ် ၂. မၤသူၣ်ပိၢ်သးဝး
awakening *n* ၁. တၢ်ပၢၢ်ထီၣ်, တၢ်ဖုးသံနီၣ်ထီၣ်, တၢ်သ့ၣ်ညါနၢ်ပၢၢ်ထီၣ်တၢ် ၂. တၢ်ထိၣ်ဟူးထိၣ်ဂဲၤထီၣ်တၢ်, တၢ်မၤသူၣ်ပိၢ်သးဝးထီၣ်တၢ်
award *n* ၁. တၢ်ဟ့ၣ်လၤကပီၤ ၂. တၢ်စံၣ်ညီၣ်တဲာ်နၢ်
award *v* ၁. ဟ့ၣ်လၤဟ့ၣ်ကပီၤ, ဟ့ၣ်ခိၣ်ဖး ၂. စံၣ်ညီၣ်နီၤဖး
aware *a* လၢအသ့ၣ်ညါဘၣ်, လၢအသ့ၣ်ညါနၢ်ပၢၢ်တၢ်
awareness *n* ၁. တၢ်သ့ၣ်ညါနၢ်ပၢၢ်, တၢ်ထံၣ်သ့ၣ်ညါနၢ်ပၢၢ်တၢ် ၂. တၢ်ပလိၢ်သူၣ်ပလိၢ်သး
awash *a* ၁. လၢထံလုာ်ဘၢအီၤ ၂. လၢအအိၣ်အါတလၢ
away *adv* ဆူဘး, ဆူယၣ်ယၢၢ, ဆူအယံၤ
do away with *vp:* မၤဟါမၢ်ကွံာ်, မၤဟးဂီၤကွံာ်
awe *n* တၢ်ပျံၤဒီးယူးယီၣ်ဟ်ကဲတၢ်
awe *v* လၢတၢ်ကမၢကမၣ်ကိၢ်တၢ်ဂီၤတၢ်, ကမၢကမၣ်
awe-inspiring *a* ၁. လၢအဒုးလီၤကဟုကညီၢ်, လၢအလီၤကဟုကညီၢ်, လၢအလီၤပျံၤလီၤဟ်ကဲ
awesome *a* ၁. လၢအအိၣ်ဖျါကဟုကညီၢ်, လၢအလီၤဘၣ်သူၣ်ဘၣ်သး, လၢအလီၤကမၢကမၣ်, လၢအလီၤသူၣ်ပျံၤသးဖုး ၂. ဂ့ၤဒိၣ်မး
awestruck *a* လၢအပှဲၤဒီးတၢ်ပျံၤတၢ်ယူးယီၣ်ဟ်ကဲတၢ်, လၢအပှဲၤဒီးတၢ်ကမၢကမၣ်ဒီးတၢ်သူၣ်ပျံၤသးဖုး
awful *a* ၁. လၢအနးနးကျံၤကျံၤ ၂. အါအါဂိၢ်ဂိၢ်, ဒိၣ်ဒိၣ်မုၢ်မုၢ် ၃. လၢအလီၤကမၢကမၣ်ဒီးလီၤပျံၤလီၤဖုး ၄. အိၣ်တမုာ်တလၤ
awfully *adv* ၁. ဒိၣ်မး (အဒိ, သးအုးဒိၣ်မး) ၂. လၢအနးမး, လၢအတမုာ်တလၤဘၣ်
awhile *adv* ထဲဆၢကတီၢ်ဖုၣ်ကိာ်ဖိအတီၢ်ပူၤ
awkward *a* လၢအတဘၣ်လိၢ်ဘၣ်စး
awkwardly *adv* လၢတၢ်တချိၣ်တချဲအပူၤ, တချိၣ်တချဲလၢအလီၤမဲာ်ဆုး, လၢအတညီနှၢ်ညီဘှါ, လၢအတမုာ်တလၤ
awl *n* ထးလူဘိ
awning *n* တၢ်ခိၣ်ဒုး, တၢ်ဒုးခိၣ်
awry *a* ပဲာ်စွ့ပဲာ်စွၤ, တလီၤတယီၤ, ဒ့ခံဒီၣ်ယီၤ
awry *adv* ပဲာ်စွ့ပဲာ်စွၤ, တလီၤတယီၤ, ဒ့ခံဒီၣ်ယီၤ
axe, ax *n* ကွၢ်
axe, ax *v* ၁. ဆိကတီၢ်ကွံာ် (တၢ်မၤ, တၢ်တိာ်ကျဲၤ) ၂. တိသ့ၣ်ဖးလၢကွၢ်, ဖျးလၢကွၢ် ၃. မၤစုၤလီၤတၢ်ဘူးတၢ်လဲ, ထုးထိၣ်ကွံာ်ပှၤလၢတၢ်မၤ
axiom *n* တၢ်လၢတၢ်ဟ်အီၤလၢတၢ်အမ့ၢ်အတီ
axiomatic *a* လၢတၢ်ဟ်အီၤလၢတၢ်အမ့ၢ်အတီ
axis *n* ဟီၣ်ခိၣ်ကျဲၣ်, ဟီၣ်ခိၣ်ဝၣ်ရိ

B

B

BA *abbre* ၁. တၢ်ကွဲးဖုဉ် “Bachelor of Arts”, မံၤလၤဒိဉ်လၢဒွဲလၤပီညါတကပၤ ၂. တၢ်ကွဲးဖုဉ်, “British Airlines”, ဘြံးထံး(ရ)ကဘီယူၤအကျိၤ ၃. တၢ်ကွဲးဖုဉ်, “Business Administration”, တၢ်ပၢဆှၢမၤ်ကျိၤဝဲၤကွၢ်ပီညါ

babble *n* ၁. တၢ်ကတိၤတၢ်အါအါဂိၢ်ဂိၢ်အသီဉ်, တၢ်ကတိၤတၢ်အဆၢစဲဘူးစဲထီ, တၢ်ကတိၤတၢ်တပံာ်တကျါ, တၢ်ကတိၤတၢ်ကလီကလီ, တၢ်ကတိၤဟၢလံဉ်ဟၢလီတၢ် ၂. ထံယွၤလီၤအသီဉ်, ထံယွၤလီၤကဃီကဃီအသီဉ်လၢထံကျိအပူၤ

babble *v* ၁. ကတိၤတၢ်အါအါဂိၢ်ဂိၢ်, ကတိၤတၢ်အဆၢတစဲဘူးစဲထီ, ကတိၤတၢ်ကလီကလီ, ကတိၤဟၢလံဉ်လၢလီတၢ်
၂. (ထံ) ယွၤလီၤအသီဉ်

babbler *n* ပှၤကတိၤကြိတၢ်, ပှၤကတိၤနါစိၤတၢ်, ပှၤကတိၤတၢ်လၢပနၢ်ပၢၢ်ကီ, ပှၤကတိၤတၢ်တပံာ်တကျါ

babe *n* ၁. ဖိသဉ် ၂. ပှၤမုဉ်ကနီၤဖိလၢအလီၤထုးနံၤ်သူဉ်ထုးနံၤ်သး

baby *n* ဖိသဉ်အီဉ်နှၢ်

baby *v* အံးထွဲကွၢ်ထွဲဒ်ဖိသဉ်ဆံးဖိအသိး

baby bottle *n* ဖိသဉ်တၢ်နှၢ်ထံကိ, ဖိသဉ်တၢ်နှၢ်ထံပလီ

baby buggy *n* ဖိသဉ်အလှဉ်ဆီဉ်စု

baby carriage *n* ဖိသဉ်အလှဉ်ဆီဉ်စု

babysit, baby-sit *v* ကွၢ်ထွဲဖိသဉ်

baccalaureate *n* ၁. ကိၢ်ဖြဉ်စ့ဉ်ဒီးထံဂုၤကိၢ်ဂၤကွိတိၤခၢဉ်သးပတိၢ်တၢ်ဒိးစဲးဖးဒိဉ် ၂. မံၤလၤဒိဉ်လၢဒွဲလၤပီညါတကပၤ ၃. တၢ်ကတိၤလီၤတၢ်ဖဲဖျိကွိအမူး, တၢ်ကတိၤလီၤတၢ်ဖဲတၢ်ဟံးလံာ်အုဉ်သးအမူး

bachelor *n* ဖိဉ်သဉ်ခွါ, ပှၤဖိဉ်သဉ်ခွါ

bachelorette *n* မုဉ်ကနီၤ

bacillary dysentery *n* ဘဲးစၢဉ်လဉ်ရံဉ်ဟၢဖၢဝံာ်တကံ

back *a* လၢအချၢ, လၢတၢ်လိၢ်ခံ, လၢအလဲၤပူၤကွံာ်, လၢအဘးခီ

back *adv* ၁. လၢတၢ်လိၢ်ခံ, လၢတၢ်အယံၤ ၂. ဆူလိၢ်ခံ, က့ၤကဒါက့ၤဆူလိၢ်ခံ

back *n* ပျိၢ်, ချၢဃံ

back *prep* လၢလိၢ်ခံ, လၢအလိၢ်ခံ

back *v* ၁. တိစၢၤမၤစၢၤ, အံးထွဲကွၢ်ထွဲ ၂. သုး

back out *vp:* ထုးကွံာ်သး (လၢတၢ်တမံၤမံၤအပူၤ), ပဒ့ဉ်ဟးဆုံး

back and forth *adv* လဲၤလဲၤက့ၤက့ၤ

back room *n* ၁. (ထံရှၢ်ကိၢ်သဲး) တၢ်မၤအရှဒိဉ်လၢတၢ်မၤရူသူဉ်အီၤလၢတၢ်ဘံဉ်တၢ်ဘၢအပူၤ ၂. တၢ်မၤရူသူဉ်တၢ်အလိၢ် ၃. တၢ်လိၢ်ခံဒၢး ၄. ပှၤလၢအထုးပျံၤတၢ်လၢတၢ်လိၢ်ခံ, ပှၤလၢအဖိဉ်ပျံၤတၢ်လၢတၢ်လိၢ်ခံ, ပှၤလုၢ်ဘၢစိကမီၤလၢတၢ်လိၢ်ခံ

backache *n* ပျိၢ်ဆါ, ချၢဃံဆါ

back-bite *n* သိဉ်ဝံသဲကလၢ (လၢပှၤလိၢ်ခံ)

backbone *n* ပျိၢ်ဃံ

back-breaking *a* (တၢ်မၤ) လၢအလၢာ်ဂံၢ်လၢာ်ဘါ, တၢ်မၤလၢအဃၢအစုာ်

backdate *v* ၁. ကွဲးလီၤက့ၤမုၢ်နံၤမုၢ်သီလၢအပူၤကွံာ် ၂. ဟ့ဉ်က့ၤတၢ်ဘူးတၢ်လဲလၢဆၢကတိၢ်ပူၤကွံာ်အဂီၢ်

back-door *a* လၢအရူသူဉ်ရူလံာ်, လၢအမၤရူသူဉ်ရူလံာ်တၢ်, လၢအမၤတၢ်တဖိးသဲစး

backdrop *n* ၁. တၢ်ဂီၤအယဉ်ဘျးသဒၢလၢတၢ်စၢၢ်လီၤအီၤလၢပျဲၢ်စီၤခိဉ်အလိၢ်ခံလၢတၢ်ဒုးနဲဉ်ပူမ့တမ့ၢ် တၢ်ဒိတၢ်တဲာ်အဂီၢ် ၂. မၤထိဉ်ပျဲၢ်စီၢ်ခိဉ်အလိၢ်ခံလၢတၢ်ကဒုးနဲဉ်တၢ်ဒိတၢ်တဲာ်အဂီၢ်

backfire *v* ၁. (သိလှဉ် မ့တမ့ၢ် အစဲးဖီကဟဉ်) ပိၢ်ဖးထိဉ် ၂. (ဘဉ်ဃးတၢ်တိာ်တၢ်ပညိဉ်) ဒိးန့ၢ်က့ၤတၢ်အစၢလၢအတဂ့ၤ, လၢတၢ်တမုၢ်လၢ်နှၢ်အီၤ

background *n* ၁. (တၢ်တမံၤမံၤ ပှၤတဂၤဂၤ) အတၢ်စံဉ်စိၤဂံၢ်ထံး ၂. တၢ်လၢအအိဉ်ဖျါလၢအလိၢ်ခံတခီ ၃. တၢ်ကလုၢ် မ့တမ့ၢ် တၢ်ဒ့လၢနနၢ်ဟူတၢ်အလိၢ်ခံ

backhand *n* (လၢထဲနံး(စ)တၢ်လိာ်ကွဲအပူၤ) တၢ်တဝံၢ်ဒီးတိၢ်ကဒါက့ၤလၢအလိၢ်ခံတကပၤ, တၢ်တိၢ်လၢဃဉ်နူဉ်ချၢ

backhand *v* တဝံၢ်ဒီးတိၢ်ကဒါက့ၤလၢအလိၢ်ခံတကပၤ, တိၢ်လၢဃဉ်နူဉ်ချၢ

back-hoe *n* ၁. ဘိဖျး, နိဉ်ဖျး ၂. စဲးခူဉ်တၢ်ပူၤလၢတၢ်တ့ဘိကျဲအဂီၢ်

backing *n* ၁. ဆီၣ်ထွဲမၤစၢၤ (လီၤဆီဒၣ်တၢ် လၢကျိၣ်စ့တကပၤ) ၂. တၢ်သံကျံတခါလၢအလူၤ န့ၢ်တၢ်လၢအလီၢ်ခံလၢကမၤမှာ်ထီၣ်တၢ်ကလု၊် ၃. တၢ်ကံးညာ်ဆးကျး

backlash *n* တၢ်မၤဆၢကဒါက့ၤတၢ်ဆူၣ်ဆူၣ်, တၢ်ဟဲက့ၤဘၣ်ကဒါက့ၤတၢ်

backlog *n* တၢ်မၤလၢအအိၣ်တ့ၢ်အကၠဲ, တၢ်မၤလၢမၤတဝံၤ

backpack *n* ထၢၣ်ဝံချၢ

backpack *v* ဝံထၢၣ်ဝံချၢဒီးလဲၤတၢ်

backpacker *n* ပှၤထၢၣ်ဝံချၢဖိ

backpacking *n* တၢ်ဝံထၢၣ်ဝံချၢဒီးလဲၤတၢ်

back-pedal *v* ၁. ယီၢ်ကဒါက့ၤလ့ၣ်ယီၢ် လၢအလီၢ်ခံတကပၤဒ်သိးဒီးကမၤစၢ်လီၤက့ၤအတၢ် လဲၤအဂီၢ် ၂. ကွၢ်ကဒါက့ၤဒီးထုးက့ၤအ(တၢ်ဟူးတၢ် ဂဲၤ) လၢအဟ်လီၤတ့ၢ်ဝဲတဖၣ်

backside *n* ခံကိၢ်, ခံကိၢ်

backslapping *n* တၢ်စံးပတြၢၤလၢာ်သူၣ်လၢာ် သးလၢကလုၢ်ဖးဒိၣ်

backslide *v* ဂ့ၤထီၣ်ဝံၤအၢကဒါက့ၤဒ်အလီၢ် လီၢ်

backsliding *n* တၢ်ဂ့ၤထီၣ်ဝံၤအၢကဒါက့ၤ ဒ်အလီၢ်လီၢ်, တၢ်ဘိးကဒါခံ

back-stabber *n* ပှၤလၢအဟ်ရှလိာ်အသး လၢပှၤဂၤဝံၤကူၣ်အၢကူၣ်သီဝဲ, ပှၤယီးကဒါဘိ

back-stabbing *n* တၢ်ဟ်ရှပှၤဂၤဝံၤကူၣ် အၢကူၣ်သီဝဲ, တၢ်ယီးကဒါဘိ

backstreet *a* လၢအမၤခုသူၣ်ခုလံာ်တၢ်, လၢ အမၤတၢ်တဖိးသဲစး

backstreet *n* ကျဲဖိကျဲဆၣ်

backtrack *v* ၁. က့ၤကဒါက့ၤဆူကျဲလၢ ဟဲဝဲတဘိ ၂. ဆိတလဲ (တၢ်နာ်, တၢ်ဟ်သး) ဒီးမၤ စၢ်လီၤက့ၤအသဟီၣ်

back-up *n* ၁. တၢ်ဆီၣ်ထွဲမၤစၢၤ ၂. တၢ် ကူဆဲတၢ်ဂ့ၢ်တၢ်ကျိၤအရှဒိၣ်လၢခီၣ်ဖျူထၢၣ်အပူၤ

backward *a* ဆူအလီၢ်ခံ, လၢအဂုၤက့ၤအလီၢ် ခံ

backward *adv* ၁. ဆူအလီၢ်ခံ, ဂုၤက့ၤ ဆူအလီၢ်ခံ, ကဒါချၢအသး ၂. သးယၢ

backwards *adv* ဆူလီၢ်ခံ, ကဒါက့ၤဆူခံ

backwater *n* ၁. တၢ်လီၢ်ဒ့လီ, တၢ်လီၢ်လၢအ ယံၤဒီးခူဒီးဝ့ၢ်, တၢ်အိၣ်လီၤဖျိၣ်, တၢ်အိၣ်သယုၢ်သ ညိ, တၢ်အိၣ်သးလၢအလီၤကၢၣ်လီၤကျူ ၂. ထံသံ အလီၢ်, ထံထီၣ်ထံလီၢ်တအိၣ်အလီၢ်, ထံအိၣ်ဂၢၢ်တ ပၢၢ်အလီၢ် ၃. (တၢ်ကရၢကရိ) တၢ်လဲၤထီၣ်လဲၤထီ တအိၣ်, တၢ်ဒိၣ်ထီၣ်ထီထီၣ်တအိၣ်

backwoods *n* ပှၢ်လၢ်ကျါ, တၢ်ခဲကျါ, တၢ်လီၢ် လၢပှၤတအိၣ်နီတဘျီ, ထံဆၢကီၢ်ဆၢ, တၢ်လီၢ်လၢ ပှၤလဲၤတတုၤက့ၤတတုၤအလီၢ်, ခိခိၣ်ပှၢ်လၢ်ကျါ

backyard *n* ဟံၣ်လီၢ်ခံကရၢ်, ကရၢ်လၢဟံၣ် လီၢ်ခံ

bacon *n* ထိးညၣ်ယ့ကဘျံး

bacteria *n* တၢ်ဆါအဃၢ်, ဘဲးထံရံယါ အဒိ, တၢ်လူဘိုးတၢ်ဆါအဃၢ်

bacteriologist *n* ပှၤကူၣ်သ့ကူၣ်ဘၣ်လၢဘဲး ထံရံယါအဃၢ်တကပၤ

bad *a* ၁. အၢ ၂. နး ၃. တဂ့ၤဘၣ်

bad blood *n* တၢ်တူၢ်ဘၣ်လၢအတဂ့ၤ, တၢ်တူၢ် ဘၣ်လၢအတမှာ်

badass *a* လၢအဃုတၢ်အ့ၣ်လိာ်ဆိးက့, လၢ အတမၤယူမၤဖိးတၢ်

badass *n* ၁. ပှၤလၢအဃုတၢ်အ့ၣ်လိာ်ဆိးက့, ပှၤလၢအတမၤယူမၤဖိးတၢ် ၂. (တၢ်ကတိၤတဃံတ လၤ) ပှၤလၢအဖွဲး, ပှၤလၢအစဲၣ်နီၤ

badge *n* တၢ်ပနီၣ်

badger *n* ဖျံ

badger *v* ဃ့ကိၢ်ဃ့ဂီၤ

badly *adv* နးနး, တဂ့ၤတဘၣ်, အၢမး

badminton *n* တၢ်ဒိဆီဆူၣ်

bad-mouth *v* ဝဲၤအၢဝဲၤသီပှၤဂၤအဂ့ၢ်, တဲအၢတဲသီပှၤဂၤအဂ့ၢ်

badness *n* ၁. တၢ်အၢတၢ်သီ ၂. သကဲးပတ် လၢအနး, တၢ်လၢအတဂ့ၤ

bad-tempered *a* လၢအတအိၣ်ဒီးတၢ်သးစူၤ ဘၣ်

baffle *v* မၤသဘံၣ်ဘုၣ်တံာ်မုၢ်တံာ်တာ်တၢ်

baffling *a* လၢအမၤသဘံၣ်ဘုၣ်တံာ်မုၢ်တံာ်တာ် တၢ်

bag *n* ထၢၣ်

bag *v* ၁. ဒၢနှာ်လၢထၢၣ်ပူၤ ၂. ခးန့ၢ်, ဖီၣ်န့ၢ် ဆၣ်ဖိကီၢ်ဖိ ၃. (ဆ့ကၤ) ကဖၢကဖိ, လၢအကျိဝဲ

bag lady *n* ပှၤပိာ်မုၣ်လၢအဟံၣ်အဃိတအိၣ်, ပှၤပိာ်မုၣ်လၢအဟံၣ်အဃိတအိၣ်အဃိ ထၢနုာ်တၢ်ကီးမံၤဒဲးလၢအထၢၣ်ပူၤဒီးဟးဝ့ၤဝီၤ

baggage *n* တၢ်ဘိၣ်တၢ်စုၢ်

baggy *a* လၢအကျိ, လၢအတဃံးဘၣ်

bagpipes *n* ပှၤစကီးတလဲ(န)ဖိအတၢ်ဒ့တၢ်အူပီးလီတကလုာ်, ပံတကလုာ်လၢအပၣ်ဃုာ်ဒီးကလံၤအဒၢ, ပံပီၤဘိ, ပံပီၤဒၢ

baht *n* ဘး (ကိၣ်တဲၣ်စ့)

bail, bale *n* တၢ်ဟ့ၣ်တၢ်အုၣ်ကီၤ, တၢ်အုၣ်ကီၤ

bail *v* ၁. (bail out) ဃ့ၢ်စံၣ်လီၤသဒၢမ့ၢ်လၢကဘီယူၤအလိၤ (မ့ၢ်လၢကဘီယူၤအစဲးဟးဂီၤအဃိ) ၂. ပးထိၣ်ကွံာ်ထံ, ဘျၣ်ထိၣ်ကွံာ်ထံ, ဝဲးထိၣ်ကွံာ်ထံ ၃. (bail someone out) ဟ့ၣ်လီၤစ့ဒီးအုၣ်ခိၣ်ပှၤလၢအဘၣ်တၢ်ဖိၣ်ဃာ်အီၤ, အုၣ်ခိၣ်ရှထုးထိၣ်ပှၤလၢဘၣ်တၢ်ဖိၣ်ဃာ်အီၤဒီးစ့, မၤပူၤဖျဲးပှၤလၢတၢ်ကီတၢ်ခဲအပူၤ

bailiff *n* ၁. (ဘြံးတ့ၣ်) ပၢၤကိၢ်ခိၣ်လၢအထုးထိၣ်တၢ်ကလုၢ်ဘၣ်ဃးတၢ်ဖိၣ်ပှၤ, တၢ်ဟံးတၢ်စုလိၢ်ခိၣ်ခိၣ် ၂. ဟိၣ်ခိၣ်ကစၢ်အပှၤခၢၣ်စး ၃. (ကလံၤစီးအမဲရကၤ) ပှၤဘၣ်မူဘၣ်ဒါလၢကွိၢ်ဘျိၢ်အပူၤလၢအဟံးမူဒါဒီးကွၢ်ထွဲပှၤဃိာ်ဖိ

bait *n* တခွဲဆၣ်, တၢ်အဆၣ်လၢပဒီးတၢ်ဖိတၢ်လံၤလၢကဟဲအိၣ်ဝဲအဂီၢ်

bait *v* ၁. မၤတံာ်တာ်ဒီးမၤဆါသူၣ်ဆါသးပှၤ ၂. ထီထိၣ်တခွဲဆၣ်, ဒီးလီၤထု

bake *v* ကုၢ်တၢ်, ဘၢတၢ်, ကုၢ်အီၣ်တၢ်, ဘၢအီၣ်တၢ်

baker *n* ပှၤကုၢ်ကိၣ်, ပှၤကုၢ်တၢ်

bakery *n* ပှၤတ့ဆါကိၣ်လိၢ်, တၢ်ကုၢ်ဆါကိၣ်အလိၢ်

baking *n* တၢ်ကုၢ်တၢ်, တၢ်ဘၢတၢ်, တၢ်ကုၢ်အီၣ်တၢ်, တၢ်ဘၢအီၣ်တၢ်

baking powder *n* ဆီၣ်ဒၣ်, ကသံၣ်မၤကဖီကိၣ်

baking soda *n* ဆီၣ်ဒၣ်ကမူၣ်လၢတၢ်တ့ကိၣ်အဂီၢ်

balance *n* ၁. စီၤပီၢ်, စီၤယွဲၤ ၂. စ့စရီအပူၤစ့အိၣ်တ့ၢ်

balance *v* ကၢၤ (တၢ်)

balcony *n* ဒၢးကသုၣ်, လိၢ်ကသုၣ်, တၢ်အလိၢ်လၢပအိၣ်ကသုၣ်အဂီၢ်ဖဲဟံၣ်အချၢတစဲးဖိ

bald *a* လူၤ, ကျိ, ခိၣ်လူၤ

bale *n* တၢ်ဘိၣ်ဖးဒိၣ်, တၢ်အပူၣ်ဖးဒိၣ်

bale *v* စၢကဒိၣ်ဃာ်တကဒိၣ်တကဒိၣ်, ဘိၣ်ထိၣ်တဘိၣ်တဘိၣ်

baleful *a* ၁. လၢအမၤကီမၤခဲတၢ်သ့ ၂. လၢအဒုးအိၣ်ထိၣ်တၢ်ဘၣ်ယိၣ်

balk *v* (see baulk)

ball *n* ၁. တၢ်အဖျၢၣ်, တၢ်ဖျၢၣ်သလၢၣ် ၂. တၢ်မၤမူးမၤပွဲဖးဒိၣ်လၢအအိၣ်ဒီးတၢ်ဂဲၤကလံၣ်

keep the ball rolling *idm:* (မၤ) ကွံ့ၢ်ကွံ့ၢ်, ဆိကတိၢ်ကွံာ် (တၢ်) တဂ့ၤ, တ့ၢ်စၢ်လီၤ (နဂံၢ်နဘါ) တဂ့ၤ

ball *v* ၁. မၤဖျၢၣ်သလၢၣ်ထိၣ်, ဒုးကဲထိၣ်ဖျၢၣ်သလၢၣ် ၂. မံဃုာ်အိၣ်ဃုာ် ၃. (ဖိ) ဘိၣ်ထိၣ်ဝံၤဃ့ထိကွံာ်, ဘိၣ်ထိၣ်ဒီးဟးဂီၤကွံာ်

ballad *n* ထါအဖုၣ် မ့တမ့ၢ် တၢ်သးဝံၣ်ဖုၣ်လၢအတဲဖျါထိၣ်တၢ်ဃဲၤ

ballast *n* ၁. တၢ်ဃၢဒ်အမ့ၢ်လၢၢ်, ထးကိၢ်လိၣ်လၢပဟ်ထိၣ်လၢကဘီအဟၢဖၢပူၤဒ်သိးကဘီကဂၢၢ် ၂. လၢၢ်ဖိပြံ မ့တမ့ၢ် လၢၢ်ဖးဒိၣ်လၢအအိၣ်လၢလှၣ်မှၣ်အူကျဲ ၃. တၢ်လၢအမၤဘၣ်ဂိၢ်လီမှၣ်အူအကျိၤ

ballerina *n* ပိာ်မုၣ်ဂဲၤကလံၣ် (ဘဲလ့)

ballet *n* တၢ်ဂဲၤကလံၣ် (ဘဲလ့)

ballistic *a* ၁. လၢအဘၣ်ဃးဒီးကျိချံမျိာ်သၣ်ဒီးရီးကဲးအတၢ်လဲၤလၢကလံၤကျါ ၂. တၢ်ဟူးတၢ်ဂဲၤထဲဒ်လၢဟိၣ်ခိၣ်တၢ်ထုးဃၢအပူၤ

balloon *n* တၢ်အူကဖိ

balloon *v* ၁. ကဖိထိၣ်, ဒိၣ်ထိၣ် ၂. ဒီးကလံၤဖျၢၣ်ယူၤ ၃. အါထိၣ်ဂိၢ်မုၢ်ဂိၢ်ပၤ

ballot *n* ၁. စးခိက့လၢပှၤထၢနုာ်လၢတၢ်ဖိၣ်တၢ်ဖးအဂီၢ်, တၢ်ဖးက့ ၂. တၢ်ဖိၣ်တၢ်ဖးအကျဲလၢတၢ်သူစးခိက့

ballpark *a* ၁. လၢတၢ်ဒွးတဃာ်ဟ်ဃၣ်ဃၣ်, လၢတၢ်ဒွးတဃာ်ဟ်အဘူးကတၢၢ် ၂. ဃၣ်ဃၣ်

ballpark *n* ၁. တၢ်လိာ်ကွဲဖျၢၣ်တိၢ်အပျိ, တၢ်လိာ်ကွဲဘှး(စ)ဘီ(လ)အပျိ ၂. တၢ်လိၢ်တတီၤလၢတၢ်ဟ်ပနီၣ်အီၤ, တၢ်လဲၤဖံးလဲၤမၤတၢ်သ့အဟိၣ်ကဝီၤ ၃. တၢ်ဒွးတဃာ်တၢ်အဘူးကတၢၢ်, တၢ်ဒွးတဃာ်ဟ်ဃၣ်ဃၣ်

ballroom *n* တၢ်ဂဲၤကလံၣ်အဒၢးဖးဒိၣ်

balls *n* ၁. ဒံၣ်ချံ ၂. တၢ်ကတိၤလၢအဘျုးအဖိုၣ်တအိၣ် ၃. တၢ်ဟ်ဒူဟ်စဃဲၤအသး

balm *n* ကသံၣ်ဖှူ

balmy *a* လၢအကလၢၤဖဲအဘၣ်, (မူခိၣ်ကလံၤသိၣ်ဂီၤ) လၢအကလၢၤဒီးကိၢ်ဖဲအကြၢး

bamboo *n* ဝၣ်

bamboo shoot *n* ဝၣ်ဘီၣ်

ban *n* တၢ်တြီ

ban *v* တြီတၢ်, တြီဃာ်

banal *a* လၢအတလီၤသးစဲ, လၢအတလီၤသူၣ်ပိၢ်သးဝး

banana *n* တကွံသၣ်

band *n* ၁. ပှၤအကရူၢ် အဒိ, တၢ်ဘျၣ်ကရူၢ် ၂. တၢ်သံကျံကရူၢ် ၃. တၢ်အကွီၤ, တၢ်အဘိ အဒိ– ရိဘၢၣ်တကွီၤ

band *v* ၁. ကရၢကရိထိၣ်အသး ၂. ဘံတံၢ်, စၢတံၢ် ၃. နီၤဖးလီၤလၢအကရူၢ်ဒၣ်ဝဲ

bandage *n* ယၣ်ပျ့ဘံ

bandana, bandanna *n* တၢ်ဝါဖိ, တၢ်စ့ၢၤဖိ

bandit *n* တမျၣ်

bandstand *n* တၢ်ဒ့တၢ်အူအပျိၢ်စီၢ်, တၢ်သူၣ်ဝံၣ်သးဆၢအပျိၢ်စီၢ်လၢပျီပူၤ

bandwidth *n* ၁. ကွဲၤလ့လီၤအလပီအထိၣ်အလီၤအတၢ်ဒ့ၣ်စၢၤ ၂. ခိၣ်ဖှူထၢၣ်အပှာ်ဘျးစဲအတၢ်ဆှၢတၢ်ကစီၣ်နှၤ်အကံၢ်အစီ

bandy *a* ခိၣ်ခွီ

bandy *v* ၁. ကတိၤတၢၣ်ပိၣ်လိာ်သးယၢ်ခီယၢ်ခီ ၂. တိၢ်တၢ်ယၢ်ခီယၢ်ခီ

bane *n* ၁. တၢ်လၢအမၤဟးဂီၤတၢ်, တၢ်လၢအမၤတတၢာ်တနါတၢ် ၂. တၢ်စုၣ်တၢ်ပျ်

baneful *a* လၢအမၤဟးဂူာ်ဟးဂီၤတၢ်သ့, လၢအမၤဆါတၢ်သ့

bang *adv* လီၤတံၢ်လီၤဆဲး, လၢလၢပှဲၤပှဲၤ

bang *n* ၁. တၢ်အသိၣ်ဆူၣ်ဆူၣ် ၂. (bangs) ခိၣ်သူခိၣ်လာ်အကှ့ၢ်အဂီၤ, တၢ်တံာ်ရုံးဟ်လီၤခိၣ်သူအနှဲယူယူလၢခိၣ်တိသၣ်အလိၤ ၃. (ခိၣ်ဖှူထၢၣ်) တၢ်ပနီၣ် '!'

bang *v* ၁. ဒိတၢ်, တိၢ်တၢ်, မၤသိၣ်တၢ်လၢစုဆူၣ်ဆူၣ် ၂. (တၢ်ကတိၤတဆဲးတလၤ) မံဃုာ်လိာ်သး

bangle *n* ထံဖှံၣ်

banish *v* ၁. ဟီထိၣ်ကွံာ်, စံၣ်ညီၣ်ဟီထိၣ်ကွံာ်လၢထံကိၢ် ၂. ထုးထိၣ်ကွံာ်လၢတၢ်ဆိကမိၣ် မ့တမ့ၢ်လၢသးအပူၤ

banishment *n* တၢ်စံၣ်ညီၣ်ဟီထိၣ်ကွံာ်လၢထံကိၢ်

banister, bannister *n* ယီအစုဖီၣ်

banjo *n* ဘ့ၢ်ကှိၣ်ကထါထိစု, တၢ်ဒ့တၢ်အူပီးလီတကလှာ်

bank *n* ၁. စ့တၢး, စ့ရိၣ်ဖိ ၂. ကၢါနံၤ

bank *v* ၁. ထၢနှာ်လီၤစ့လၢစ့တၢးပူၤ ၂. အိၣ်ဒီးတၢ်နာ်ဒီးဒီးသန့ၤထိၣ်သးလၢတၢ်တမံၤအဖီခိၣ်

bank draft *n* စ့တၢးတၢ်ထုးထိၣ်စ့အလံာ်နဲၣ်လီၤ

bank rate *n* စ့တၢးစ့အ့ၣ်အယှာ်

banker *n* ၁. စ့တၢးကစၢ်, စ့တၢးမဲနှ့ကျၢ်, ပှၤပၢဆှၢစ့တၢး ၂. ပှၤဒီးတၤတၢ်

banking *n* စ့တၢးအတၢ်ဖံးတၢ်မၤ

banknote *n* စ့စးခိ, စ့စးခိအဘ့ၣ်

bankroll *v* မၤစၢၤလီၤကျိၣ်စ့, မၤစၢၤလၢကျိၣ်စ့တကပၤ

bankrupt *a* ၁. လၢအဘိးဘၣ်သ့ၣ်ညါလၢသဲစးအကျဲလၢအလီးကူၤအကမၢ်တနှ့ၢ်လၢၤဘၣ် ၂. လၢအလုၢ်အပှ့ၤလီၤစုၤဝဲ

bankrupt *n* ၁. တၢ်လီးကူၤဒ့ၣ်ကမၢ်တနှ့ၢ် ၂. တၢ်ဖှိၣ်လီၤယာ်လီၤ

bankrupt *v* ၁. လီးကူၤဒ့ၣ်ကမၢ်တနှ့ၢ် ၂. ဖှိၣ်လီၤယာ်လီၤ

bankruptcy *n* ၁. တၢ်လီးကူၤဒ့ၣ်ကမၢ်တနှ့ၢ်လၢၤ, တၢ်လီးကူၤဒ့ၣ်ကမၢ်တတူာ်လၢၤ ၂. တၢ်တအိၣ်လၢၤနီတမံၤ, တၢ်ကံၢ်တၢ်စီလၢာ်ကွံာ်စိဖ့ကလ့ၤ, တၢ်ဖှိၣ်တှၢ်သံယာ်ဂီၤ

banner *n* လၣ်တယၢ်, နီၣ်တယၢ်

banquet *n* တၢ်အီၣ်အမူးဖးဒိၣ်

bantam *n* ၁. ဆီဆံးဆံးဖိတကလှာ်, ဆီလၢအဆံး, ဆီကအဲ ၂. ပှၤတမဲးစုတမဲးခိၣ်လၢအနိၢ်ခိတယၢၢ်ဖှံ (၁၁၂–၁၁၈ပီၣ်)

banter *n* ၁. တၢ်မၤလီၤနံၤလီၤအ့တၢ်, တၢ်မၤအ့နှ့လိာ်ကွဲတၢ် ၂. မၤလီၤနံၤတၢ်, ကတိၤလီၤနံၤ

banter *v* လီၤအ့တၢ်, မၤအ့နှ့လိာ်ကွဲတၢ်

B

banyan *n* ချၢၣ်, သ့ၣ်တကလုာ်လၢအအိၣ်လၢကိၤလၢသူကိၢ်လၢအချံလီၤမဲထိၣ်လၢအဒ့လိၤအဂံၢ်လီၤဆူဟီၣ်ခိၣ်ဒီးကဲထိၣ်အဂံၢ်မဲထိၣ်ကဒီး

banyan tree *n* ချၢၣ်, သ့ၣ်တကလုာ်လၢအအိၣ်လၢကိၤလၢသူကိၢ်လၢအချံလီၤမဲထိၣ်လၢအဒ့လိၤအဂံၢ်လီၤဆူဟီၣ်ခိၣ်ဒီးကဲထိၣ်အဂံၢ်မဲထိၣ်ကဒီး

baptism *n* တၢ်ဒိးဘျၢထံ, တၢ်ဖံ့ထံ

baptist *n* ပှၤဘျၢထံခရံာ်ဖိ

baptize, baptise *v* ဒိးဘျၢထံ

bar *n* ၁. တၢ်ဆါသံးအလီၢ်, တၢ်အီသံးအလီၢ် ၂. အဘိ, အကျိၣ်, အကူာ် အဒိ, ထးတကျိၣ်

bar *v* တြီဃာ်တၢ်, မၤသဒိဃာ်, မၤနိးဃာ်တၢ်

bar none *idm:* လၢအဂ့ၤကတၢၢ်လၢတၢ်ခဲလၢာ်အကျါ

bar code *n* ပနံာ်အနီၣ်ဂံၢ်တိၤ, တၢ်အတိၤဖိလၢအဟ်ဖျါထိၣ်ပနံာ်အပှ့ၤ

bar room *n* တၢ်ဆါသံးအလီၢ်လၢတၢ်အိၣ်ကျးအပူၤ

barb *n* တၢ်အသကွ့ၤ, တၢ်အဆူၣ်

barb *v* မၤအိၣ်ထိၣ်တၢ်အသကွ့ၤ, ဟ်လီၤထးခိၣ်စူ

barbarian *n* ပှၤရၢၢ်ပှၤစၢၢ်, ပှၤမံၤစကုာ်ဖိ

barbaric *a* လီၤက်ပှၤရၢၢ်ပှၤစၢၢ်, ဘၣ်ဃးဒီးပှၤမံၤစကုာ်ဖိ

barbarism *n* ၁. တၢ်ရၢၢ်တၢ်စၢၢ် ၂. တၢ်သူၣ်အၢသးသီဒီးတၢ်မၤဆူၣ်မၤစိးတၢ်

barbarity *n* တၢ်မၤဆူၣ်မၤစိးတၢ်, တၢ်ကူၣ်ထိၣ်တၢ်လၢတၢ်မၤဆူၣ်မၤစိးတၢ်

barbarous *a* လၢအရၢၢ်အစၢၢ်, လၢအအၢသံတူၢ်ကိၢ်

barbecue *n* ၁. ထးကၣ်တၢ်ညၣ် ၂. တၢ်ကၣ်အိၣ်သကိးတၢ်ညၣ်လၢထးကၣ်တၢ်ညၣ်

barbecue *v* ကၣ်တၢ်ညၣ်

barbed *a* လၢအအိၣ်ဒီးအသကွ့ၤ

barbed wire *n* ပျံၤထးဆူၣ်

barber *n* ပှၤတံာ်ခိၣ်ဆူၣ်, ပှၤတံာ်ခိၣ်

barbershop *n* ကျးတံာ်ခိၣ်

bard *n* ပှၤကွဲးထါဖိ

bare *a* ၁. ဘ့ၣ်ဆ့ ၂. လ့ၤကဒိ

bare *v* ၁. ဘ့ၣ်လီၤ (ကူသိး), တလဲထိၣ် (ကူကၤ) ၂. အ့ထိၣ်ပှ့း (အမဲ) ၃. ဟ်ဖျါထိၣ်, မၤဖျါထိၣ်, အိးထိၣ် (တၢ်ရူသူၣ်)

bareback *a* လၢတအိၣ်ဒီး (ကသ့ၣ်) အဂီၤကၢ်, လၢအဂီၤကၢ်တပၣ်ဃုာ်

barefaced *a* လၢအမဲာ်ကဲၤ, လၢအမဲာ်တဆုး, လၢတအိၣ်ဒီးတၢ်မဲာ်ဆုး

barefaced lie *a* လၢအလီဘံၣ်မဲာ်တၢ်

barefoot *a* လၢတဒိးခီၣ်ဖံး

barehanded *a* စုယၢ်ခီ, လၢအစုပူၤတၢ်တအိၣ်နီတမံၤ, လၢတဖိၣ်စုဖိၣ်ဘၣ်, လၢအစုကဝဲၤတအိၣ်ဘၣ်

barely *adv* အိၣ်ဘ့ၣ်ဆ့, အိၣ်လ့ၤကဒိ

bargain *n* တၢ်လၢအပှ့ၤဆံး, တၢ်လၢအပှ့ၤဘၣ်

into the bargain *idm:* တကးဒ်ဘၣ်အမဲာ်ညါ

bargain *v* ၁. လိာ်တၢ်အပှ့ၤ ၂. မၤသကိးတၢ်ဆါတၢ်ပှ့ၤ

barge *n* ချံကအိဖးဒိၣ်

barge *v* ဘၣ်ထံးဆူၣ်ဆူၣ်ကိၤကိၤ

bark *n* သ့ၣ်ဘ့ၣ်, သ့ၣ်ဖံး

bark *v* မိၤ (ထွံၣ်မိၤတၢ်)

barking mad *a* လၢအပျုၢ်နိၢ်ကိၢ်, လၢအပျုၢ်သံ

barley *n* ဘုမုယီၤ

barmaid *n* ပှၤလာ်လီၤသံး, ပှၤဘိလီၤသံး, ပှၤဗိာ်မုၣ်လၢအလာ်လီၤသံးဖဲတၢ်ဆါသံးအကျး, ဗိာ်မုၣ်လၢအလူလီၤန့ၢ်ပှၤသံးဖဲတၢ်ဆါသံးအကျး

barman *n* ပှၤဆါသံးဖိ

barn *n* ကြိၢ်, ဘုဖီ

barnacle *n* ချိၣ်ကျးချံ, ချိၣ်တကလုာ်

barnyard *n* ကြိၢ်အကရၢၢ်, ဘုဖီအကရၢၢ်

barometer *n* ဘၣ်ရိၣ်မံၣ်ထၢၣ် (နီၣ်ထိၣ်ကလံၤအတၢ်ဆိၣ်သနံး)

baron *n* ပှၤလၢအိၣ်ဒီးအလၤကပီၤဒိၣ်, ကစၢ်, ဟီၣ်ခိၣ်ကစၢ်

barracks *n* ဒၢးဖးထီ, ပှၤသုးဖိအဒၢးဖးထီ

barrage *n* ၁. တၢ်ခးဖိုၣ်ဒီးစုကဝဲၤ, တၢ်ခးဖိုၣ်ဒီးမျိာ်လၢအဆၢတလီၤတဲာ်တူာ် ၂. တၢ်သံကွၢ်ဖိုၣ်တၢ်အါအါဂိၢ်ဂိၢ် ၃. ထံတမၢၣ်

barrage *v* သံကွၢ်ဖိုၣ်တၢ်အါအါဂိၢ်ဂိၢ်

barrel *n* ၁. ကျိပီၤ ၂. ထံဒၢဖးဒိၣ်

barrel *v* ၁. နီၣ်သိလ့ၣ် မ့တမ့ၢ် လဲၤတၢ်ချ့မး ၂. ထၢနှာ်ဆူထံဒၢဖးဒိၣ်အပူၤ

B

barren *a* ၁. လၢအတအိၣ်ဒီးအထုးအစီ, (ဟီၣ်ခိၣ်) လၢတၢ်သူၣ်တၢ်မဲတၢ်မါတဟဲထိၣ်အလီၢ် ၂. လၢအလ့ၤပျိ, လၢအလူၤခိၣ် ၃. လၢအချံအသၣ်တကဲထိၣ်

barricade *n* တၢ်နူၣ်လၢတၢ်ဘိုပတြီာ်ထိၣ်အီၤ လၢကမၤတံာ်တာ်ပှၤဟဲထိၣ်ဖးတၢ်, တိာ်

barricade *v* ဟ်လီၤတိာ်ဒီသဒၢ, သူၣ်ထိၣ် တိာ်ဒီသနၢၣ်

barrier *n* ၁. တၢ်လၢအတြီဃာ်တၢ်, တၢ်အနူၣ် လၢအတြီတံာ်တာ်တၢ်, တၢ်ဒီတံၢ်ဃာ်တၢ် ၂. တၢ်နိး တၢ်ဘျုး, တၢ်တြီမၤတံာ်တာ်

barring *prep* ထဲဒၣ်, ထဲလၢ, မ့တမ့ၢ်ဘၣ်လၢ

barrister *n* ၁. ပီၢ်ရီ ၂. ပှၤလၢအန့ၢ်ပၢကတိၤ တၢ်လၢကွီၢ်ဘျိၣ်အပူၤ

barrow *n* လ့ၣ်ဆိၣ်ဖိ

bartender *n* ပှၤလၢကတဲာ်ကတီၤသံးမ့တမ့ၢ် တၢ်အီလၢတၢ်အိၣ်ကျး မ့တမ့ၢ် သံးကျးတဖၣ်

barter *n* တၢ်လဲလိာ်တၢ်လၢတၢ်အဂၤတမံၤ

barter *v* လဲလိာ်တၢ်ဖိတၢ်လံၤလၢတၢ်ဖိတၢ်လံၤ အဂၤတခါ, လဲလိာ် (တၢ်ဖိတၢ်လံၤ, တၢ်မၤ)

basalt *n* လၢၢ်သူဃးလၢဟဲကဲထိၣ်ခီဖျိကစၢၢ် မ့ၣ်အူအထံခုၣ်လီၤကူၤ, ကစၢၢ်မ့ၣ်အ့ၣ်သူ

base *a* ၁. လၢအလီၤရၢၢ်လီၤစၢၢ် ၂. လၢအပတီၢ်ဖုၣ် ၃. လၢအလုၢ်အပ္ၤတအိၣ်

base *n* ၁. တၢ်အခံဒး, တၢ်အခီၣ်ထံး ၂. တၢ်လီၢ်တၢ်ကျဲလၢတၢ်သူၣ်ထိၣ်အီၤဒ်သုးအလီၢ် အကျဲ

base *v* ၁. သူၣ်ထိၣ်တၢ်အဂၢ်ထံးခီၣ်ဘိ ၂. ဟ်လီၤတၢ်လီၢ်တၢ်ကျဲခိၣ်သ့ၣ်

baseball *n* ဖျာၣ်တီၢ် (ဘ့း(စ)ဘီ(လ))

baseless *a* လၢအခီၣ်ထံးခီၣ်ဘိတအိၣ်ဘၣ်, လၢအဂ့ၢ်တအိၣ်အကျိၤတအိၣ်ဘၣ်

baseline *n* ၁. ဂၢ်ခီၣ်ထံးပနိ ၂. တၢ်လိာ်ကွဲပျိ အပနိ, ဖျာၣ်ပၤပျိအပနိ, ဖျာၣ်ပိၢ်ပျိအပနိ

basement *n* ဒၢးဟီၣ်လာ်

bash *n* ၁. တၢ်ဒိတၢ်တီၢ်တၢ်ဆူၣ်ဆူၣ်ကလဲာ်, တၢ်ထိတၢ်ဆူၣ်ဆူၣ် ၂. မူးဓိၤပွဲဓိၤ ၃. တၢ်ဂုာ်ကျဲး စၢးထဲးဂံၢ်ထဲးဘါမၤတၢ်

bash *v* ဒဲ, ပိၢ်ဆူၣ်ဆူၣ်ကိၤကိၤ

bashful *a* လၢအမဲာ်ဆုးသ့, လၢအဟ်မဲာ်ဟ်နါ တသ့ဘၣ်

basic *a* လၢအဘၣ်ဃးဒီးတၢ်အခီၣ်ထံး, ဂၢ်ခီၣ် ထံး, ဘၣ်ထွဲဘၣ်ဃးဒီးတၢ်အခီၣ်သ့ၣ်ထံး, တၢ်ဂ့ၢ် ခီၣ်ထံး

basically *adv* နီၢ်နီၢ်တခီ

basics *n* တၢ်သိၣ်တၢ်သီမိၢ်ပှၢ်, တၢ်ဂ့ၢ်တၢ်ကျိၤ အခီၣ်ထံးခီၣ်ဘိ

basil *n* တၢ်နၢမူဒိးအကလုာ်ကလုာ်, ပီၣ်စ့ဒိး အကလုာ်

basin *n* သလၢ, တၢ်ပူၤတၢ်လီၢ်လၢပဘျၢၣ်ထံ, တၢ်လၢပသ့တၢ်လၢအပူၤ

basis *n* တၢ်အခီၣ်ထံးခီၣ်ဘိ

bask *v* လီလီၤသးလၢမုၢ်တၢ်ကိၢ်အကျါ, ဆူး (မုၢ်)

basket *n* နာ်, ကု, စဲာ် (ပှၤဒၢနာ်ဘုအါအါ လၢအပူၤ), ဆီသုး, သကွိၣ်တြၢ, ဃၤ, တၢ

basket case *n* ၁. ပှၤလၢအစုအခီၣ်ခံခီလၢာ် တူာ်ကွံာ်ဝဲ ၂. ပှၤလၢအတူၢ်ဘၣ်နၢာ်ထုးဖ့ၣ်ဆၢအ သး, ပှၤလၢအမၤတၢ်တသ့ဒ်အညီနၢ်အသိး

basketball *n* ဖျာၣ်သ့

bass *n* ၁. ဘ့း(စ), တၢ်သးဝံၣ်တၢ်လၢအ ကလုၢ်လီၤကတၢၢ် ၂. တၢ်ဒ့တၢ်အူပီးလီတကလုာ် လၢအကလုၢ်လီၤကတၢၢ်လၢပှၤကိးလၢ ဘ့း(စ) ၃. ညၣ်တကလုာ်လၢအအိၣ်လၢထံ ဘျါအလီၢ်

bassinet, bassinette *n* ဖိသၣ်လီၢ်မံခးမံစုာ်

bastard *n* ပှၤဒၢဘၢဖိ

bastardize, bastardise *v* မၤစၢ်လီၤဒီးမၤ ဟးဂီၤတၢ်ခီဖျိပနာ်အါထိၣ်တၢ်တမံၤမံၤလၢအပူၤ

baste *v* ၁. ဆးပတြိၢ်တၢ် ၂. တၢ်ထၢနာ်လီၤတၢ် အသိ မ့တမ့ၢ် ထံလၢတၢ်ညၣ်အလိၤ ၃. တီၢ်

bat *n* ၁. ဘျါ ၂. နီၣ်ပၤ, တၢ်အဘိလၢပဒိလိာ် ကွဲဖျာၣ်ပၤ

bat *v* တီၢ်တၢ်, ဒိတၢ်ဒီးနီၣ်တီၢ်

batch *n* တၢ်လၢပဟ်အီၤတပူၤဃီ, တဖု, တကရူၢ်, တနူၣ်

batch *v* ဟ်အီၤတပူၤဃီ, ဟ်အီၤတဖုဃီ, ဟ် အီၤတကရူၢ်ဃီ, ဟ်အီၤတနူၣ်ဃီ

bated *a* လၢတၢ်ကနိးသူၣ်ကနိးသး, လၢတၢ် သူၣ်ပိၢ်သးဝး

bath *n* တၢ်လုၣ်ထံကျိး

bath *v* လုၣ်ထံ

bathe *v* လုၣ်ထံ

B

bathed *a* ၁. လၢအကျၢၢ်ဘၢဒီးတၢ်ကပီၤ ၂. လၢဘဉ်စိဉ်ဒီးကပၢၢ မ့တမ့ၢ် မဲာ်ထံ

bathing *n* ၁. တၢ်စုဉ်လီၤသးလၢထံကျါ ၂. တၢ်လုဉ်ထံ

bathrobe *n* ဆ့ကၤကျၢၢ်ဘၢဖဲတၢ်တချုးလုၢ်ထံဒီးလုၢ်ထံဝံၤအခါ, ဆ့ကၤကျၢၢ်ဘၢ

bathroom *n* တၢ်လုဉ်ထံဒၢး

bathtub *n* တၢ်လုဉ်ထံကျီး

bathwater *n* ထံလၢတၢ်ကလုၢ်အီၤအဂီၢ်

batik *n* တၢ်ကူးကါကနဲယီးဒီးဒဲးကံဉ်ဒဲးဝ့ၤထိဉ်တၢ်ကံးညာ်လၢတၢ်လွဲၢ်အကလုာ်ကလုာ်, ပဉ်တံးတၢ်ကံးညာ်

baton *n* ၁. နိဉ်ဝံၢ်ထါ ၂. (ပၢၤကိၢ်) အနိဉ်တိၢ်

battalion *n* သုးရှဉ်

batter *n* ကလဲး, ကိဉ်ကမူဉ်အထံပံာ်ပံာ်လၢပတ့ကိဉ်အဂီၢ်

batter *v* တိၢ်ဝံၤတိၢ်က့ၤတၢ်

battered *a* ၁. လၢအဘဉ်တၢ်တိၢ်ဝံၤတိၢ်က့ၤအီၤ, လၢအဘဉ်တၢ်တိၢ်ပက္ခဉ်လီၤကထၢအီၤ ၂. လၢအဘဉ်တၢ်မၤတရီတပါ, လၢအဘဉ်တၢ်မၤအၢမၤသီ

battery *n* လီဆဉ်ဒၢ, လီအ့ဉ်

battle *n* တၢ်နုးတၢ်ယၤ

battle *v* နုးတၢ်ယၤတၢ်

battleaxe, battleax *n* ၁. ပှၤဟိာ်မုဉ်လၢအက့ာ်ဒိဉ်စိဒိဉ်ကမီၤလၢပှၤဂၤအဖီခိဉ်, ပှၤဟိာ်မုဉ်လၢအအဲဉ်တၢ်ထိဒုဉ်ထိဒါ ၂. ကွါဖးဒိဉ်လၢအိဉ်ဒီးအကနဉ်ဖးလဲၢ်လၢတၢ်ကူးကါအီၤဇ်တၢ်စုကဝဲၤအသိး

battlefield *n* တၢ်နုးပျီ

battleground *n* တၢ်နုးပျီ

battlement *n* တိာ်အခိဉ်နူအသရှၤလၢတၢ်ဘိုအီၤထိဉ်ကူလီၤယၢာ်, တိာ်အခိဉ်နူထိဉ်စိ

battleship *n* ကဘီနုးသုး

bauble *n* တၢ်ကယၢကယဲလၢအပ္ၤတအိဉ်

baulk, balk *v* ၁. တအိဉ်ဒီးတၢ်သးဆူဉ်လၢကမၤတၢ် ၂. တြီတံာ်တာ်တၢ်, တြီတၢ်အကျဲ, မၤတံာ်တာ်တၢ်, မၤနိးမၤဘျးတၢ်

bawl *v* ကိးကလူ, ကိးပသူ, ကဲးပသူ, ကဲးပသီ, ဟီဉ်ကိးပသူ

bay *a* လၢအဂီၤဃဲး, ဂီၤဃဲး

bay *n* ပီဉ်တြီၤ, ထံက့ဉ်ကျိၤဖးလဲၢ်လၢပီဉ်လဉ်အပူၤ

bay *v* ၁. အိဉ်ယူၤ, ထွံဉ်မီၤအိဉ်ယူၤတၢ် ၂. ဃ့ကိၢ်ဃ့ဂီၤတၢ်

bayonet *n* ဘီဒီ, ကျိအနး, ဘဲနဲး

bayonet *v* ဆဲးသံလၢဘီဒီ, ဆဲးသံလၢကျိအနး, ဆဲးသံလၢဘဲနဲး

bazaar *n* ဖ္ါ, တၢ်ဆါတၢ်ပ္ၤအလီၢ်

be *v* ၁. အိဉ် ၂. မ့ၢ်

beach *n* ပီဉ်လဲဉ်နံၤမဲးပျီ, ပီဉ်လဲဉ်နံၤ

beach *v* ဟဲက့ၤစိာ်တၢ်လၢထံကျါဆူပီဉ်လဲဉ်ကၢၢ်နံၤ, တၢ်လၢအိဉ်လၢပီဉ်လဲဉ်ပူၤဒီးဟဲထိဉ်ဆူကၢၢ်နံၤ

beacon *n* တၢ်ပနိဉ်မ့ဉ်အူ, မ့ဉ်အူကပီၤအတၢ်ပနိဉ်လၢတၢ်လူၢ်ခိဉ်စိးလၢကဘီဒီးကဘီယူၤကလဲၤတၢ်အဂီၢ်

bead *n* ဖဲဖျာဉ်, ဖဲသဉ်ဖျာဉ်, (ကပၢၢ, ထံ)အလီၤစီၤတတိဉ်တတိဉ်

beadwork *n* တၢ်ဒဲးကံဉ်ဒဲးဝ့ၤလၢတၢ်မၤအီၤလၢဖဲသဉ်, ဖဲသဉ်ဒဲးကံဉ်ဒဲးဝ့ၤ

beak *n* ထိဉ်အနိာ်

beaker *n* ၁. ကိ မ့တမ့ၢ် လီခီစိုးထီကိာ်လၢအိဉ်ဒီးအနိး, ကိထီကိာ်လၢတၢ်ကူးကါအီၤလၢစဲအ့ဉ်တၢ်မၤကွၢ်ဒၢး ၂. လီခီစိုးဖးဒိဉ်လၢအခိဉ်လဲၢ် ၃. တၢ်တြိၢ်လီခီစိုးဖးဒိဉ်တဖျာဉ်, တၢ်တြိၢ်လီခီစိုးထီကိာ်တဖျာဉ်

beam *n* ၁. တၢ်တီ, ဟံဉ်အတၢ်တီဘိဖးဒိဉ်, ကျိၤဖးဒိဉ် ၂. တၢ်ဆဲးကပြုၢ်ထိဉ်

beam *v* ၁. ဆှၢတၢ်ကစိဉ်တၢ်ပနိဉ်လၢကွဲၤလ့လီၤဒီးကွဲၤဟူဖျါ, ရၤလီၤတၢ်ကစိဉ် ၂. ဆဲးကပီၤလီၤ ၃. နံၤကမံ

beamed *a* ၁. လၢအဆဲးကပြုၢ်, လၢအိဉ်ဒီးအယဲၤ ၂. လၢအိဉ်ဒီးအကျိၤ

bean *n* သဘ့, သဘ့ချံ, ပထိးအကလုာ်ကလုာ်

bean counter *n* ပှၤလၢအမၤတၢ်ဘဉ်ဃးနိဉ်ဂံၢ်ဒီးစရီပတိၢ်, ပှၤလၢအမၤတၢ်ဘဉ်ဃးတၢ်ဖိဉ်ဃံးတၢ်သူတၢ်စွဲစရီပတိၢ်, ပှၤဖိဉ်စ့စရီ

bean sprout *n* သဘ့မဲ, သဘ့ဖး, သဘ့စိးပှၢ်

beanpole *n* ၁. ပထိးအဝ့ၤ, ဝဉ် မ့တမ့ၢ် သ့ဉ်ဘိလၢပထိးစွါထိဉ် ၂. ပှၤလၢအဃဲၤဃဲၤထိထိ

bear *n* တၤသူ

bear *v* ၁. ဝံ, စိာ်, ပု, ယိး ၂. တူၢ်တၢ်

၃. bear flowers ဖိထီဉ်, bear fruit သဉ်ထီဉ် ၄. အိဉ်ဖျဲဉ်, ဖှံလီၤ, ဆံးစၢ်

bear down on *vp:* ဆီဉ်တံၢ်လီၤဆူဉ်ဆူဉ်, ဆီဉ်တံၢ်လီၤ

bear in mind *idm:* သ့ဉ်နီဉ်ထီဉ်

bear on *vp:* လၢအဘဉ်ဃး, လၢအဘဉ်ထွဲ

bear out *vp* နးနဲဉ်ဖျါလၢအဘဉ်, ဟ်ဂၢၢ်ဟ်ကျၢၤ

bear up *vp* သးတဟးဂီၤဘဉ်, သးကျၢၤ, ကီၤသူဉ်ကီၤသ;

bear with *vp* ဝံသးစူၤ

bear witness *vp* အုဉ်အသး

bring to bear *idm:* စူးကါတၢ်စိကမီၤ လၢကထဲးဂံၢ်ထဲးဘါမၤတၢ်

bear market *n* မ့ၢ်ကျိၤစ့ၤကွာ်အတၢ်အိဉ်သး ဖဲစတီးဖွါအပ္ၤလီၤတပယူာ်ဃီဒီးတၢ်ဆါတၢ်ပ္ၤတၢ်စ့ၤလီၤ, တၤသူဖွါ – မ့ၢ်ကျိၤစ့ၤကွာ်တၢ်အိဉ်သးဖဲ တၢ်ဆါတၢ်ပ္ၤတၢ်ဃၢလီၤစ့ၤလီၤတပယူာ်ဃီ

bearable *a* လၢအတူၢ်နှၢ်ခီဉ်နှၢ်

beard *n* ခဉ်ဆူဉ်

bearer *n* ၁. ပှၤတဂၤ မ့တမ့ၢ် တၢ်ဖိတၢ်လံၤလၢအတီတၢ်စိာ်တၢ် ၂. ပှၤလၢအဟဲဟ်ဖျါခွဲး မ့တမ့ၢ် တၢ်အဂၤလၢကဟ့ဉ်စ့အဂီၢ်

bearing *n* ၁. တၢ်လၢအဘဉ်ဃး, တၢ်ဘဉ်ထွဲလိာ်သး ၂. တၢ်လီၢ် (လၢနတုၤဖဲနကျဲကမဉ်အခါ), တၢ်လီၢ် (မူထံး) ၃. တၢ်အိဉ်တၢ်ဆိး, တၢ်ဟ်သူဉ်ဟ်သး

bearish *a* ၁. လၢအလီၤက်ဒ်တၤသူအသိး, လၢအတပျုၢ်တပျီၢ်ဒီးအၢသီ ၂. လၢအသးတဂ့ၤဒီးတမှာ်တလၢ, လၢအဟ်အသးအုဉ်တကျူာ် ၃. လၢတၢ်မ့ၢ်လၢ်အီၤလၢအပ္ၤကလီၤ

beast *n* ၁. ဆဉ်ဖိကီၢ်ဖိအအၢ, တၢ်မံၤလာ်အၢသီ ၂. ပှၤလၢအလီၤပျံၤ, ပှၤမၤအၢတၢ်ဖိ

beastly *a* လၢအတမှာ်သူဉ်မှာ်သး, လၢအဘဉ်အၢဘဉ်သီ, လၢအတကြၢးတဘဉ်, လၢအလီၤက်ဆဉ်ဖိကီၢ်ဖိ

beastly *adv* (ဘဉ်အၢဘဉ်သီ, တကြၢးတဘဉ်, လီၤက်ဆဉ်ဖိကီၢ်ဖိ) ဒိဉ်မး, (ဘဉ်အၢဘဉ်သီ, တကြၢးတဘဉ်, လီၤက်ဆဉ်ဖိကီၢ်ဖိ) ကတၢၢ်

beat *n* ၁. တၢ်ဒိ, တၢ်တိၢ်, တၢ်ဝံၢ် ၂. တၢ်လီၢ်လၢပၢၤကီၢ်ခိဉ်မူဒါလီၤအလီၢ် ၃. သွံဉ်စံဉ်, သးစံဉ် ၄. တၢ်သိဉ်ထုးထုး

beat *v* ၁. မၤနၢၤမၤဃဉ် ၂. တိၢ်, ဒိ, လၢ, ပိၢ်, ဖိာ် ၃. မၤကလဲ, မၤကျဲကျီ အဒိ, မၤကလဲဆီဒံဉ်

beatitude *n* တၢ်ဆိဉ်ဂ့ၤဟဲလၢကစၢ်ယ့ဉ်ရှူးခရံာ်စံဉ်တဲၤတဲလီၤတၢ်လၢလံာ်စီဆှံအပူၤ

beat-up *a* လၢအလီၢ်လံၤဖီဃး

beautician *n* ပှၤလၢအကယၢကယဲပှၤ, ပှၤလၢအမၤဃံမၤလၤပှၤ

beautiful *a* ၁. ဃံလၤ, ဒိဉ်တၢ်ဂ့ၤ ၂. လၢအမှာ်

beautify *v* မၤဃံမၤလၤ

beauty *n* တၢ်ဃံတၢ်လၤ

beaver *n* ဆိုတကလုာ်

becalm *v* (ကဘီယၢ်) ဘဉ်အိဉ်ပတှာ်ခီဖျိလၢကလံၤဂၢၢ်အဃိ, အိဉ်ဃိကဒိ

because *conj* အဃိ, အဂ့ၢ်ဒ်အံၤ, မ့ၢ်လၢ–– အဃိ

beckon *v* ဝၢ်ဃီၤအစု, ကိးပှၤခီဖျိဝံၢ်ဝၢ်အစု

become *v* ကဲထီဉ်, ကဲထီဉ်အသး, လိဉ်ထီဉ်

becoming *a* ၁. ဖိးမံလိာ်သး (အဒိ, ဆ့ကၤတဘ့ဉ်လၢနသီးအီၤခဲအံၤဖိးမံလိာ်သးဒီးနၤဂ့ၤမး) ၂. ဂ့ၤ, ကြၢး

bed *n* လီၢ်မံ, လီၢ်မံခး

bed *v* ၁. သူဉ်လီၤ (တၢ်ဖိ) ၂. ဂဲာ်လီၤတၢ်, ဘျၢလီၤတၢ်, ဘျၢလီၤကျၢၤကျၢၤဒီးယိာ်ယိာ် ၃. (တၢ်ကတိၤတဃံတလၤ) မံဃှာ်လိာ်အသး, အိဉ်ဒီးမှဉ်ခွါသွံဉ်ထံးတၢ်ရှလိာ်မှာ်လိာ် ၄. ကူၤနှာ်ဆူလီၢ်မံပူၤ ၅. ဒါလီၤတကထၢဘဉ်တကထၢ

bed and breakfast *n* ဟံဉ်ဒွဲလၢအိဉ်ဒီးလီၢ်မံလီၢ်ဂဲၤဒီးအိဉ်ဃှာ်ဒီးဂီၤတၢ်အီဉ်

bedazzle *v* မၤဒံဝ့ၤဒံဝီၤပှၤအသး, လွဲနှၢ်တၢ်, ထုးနှၢ်ပှၤအသး, မၤကတုၤပှၤအသး (ခီဖျိတၢ်ဃံတၢ်လၤ, တၢ်သ့တၢ်ဘဉ်, တၢ်သ့ဉ်ညါနၢ်ပၢၢ်)

bedbug *n* ဃီၤ (တၢ်ဖိဃၢ်တကလုာ်)

bedclothes *n* ၁. လီၢ်မံလီၢ်ဒါ, လီၢ်ဖှု, ခိဉ်သခၢဉ်, ယဉ်လုးတဖဉ်, လီၢ်မံလီၢ်ဒါအပီးအလီတဖဉ်

bedcover *n* လီၢ်မံဒါ, တၢ်ကံးညာ်ဒါဘၢလီၢ်မံဒါ

bedding *n* ၁. လီၢ်မံလီၢ်ဒါ, လီၢ်ဖှ, ခိဉ်သခၢဉ်, ယဉ်လုးတဖဉ်, လီၢ်မံလီၢ်ဒါအပီးအလီတဖဉ် ၂. ဆဉ်ဖိကီၢ်ဖိအလီၢ်မံလီၢ်ဒါ, လီၢ်ဘိ, လီၢ်ပှၤ်တဖဉ်

bedeck *v* ကယၢကယဲ

bedevil *v* ဒုးအိဉ်ထီဉ်တၢ်ကီတၢ်ခဲတပယူာ်ယီ

bedfellow *n* ပှၤလၢအရှလိာ်သးဘူးဘူးတၢ်တၢ်, ပှၤလၢအဘျးစဲလိာ်သးဘူးဘူးတၢ်တၢ်

bedim *v* မၤလီၤကဒု, မၤကဒုကယီၤ

bedpan *n* တၢ်ဆံဉ်သပၢၤ, တၢ်ဟးသပၢၤ

bedridden *a* လၢအဆူးအဆါဒီးဘဉ်အိဉ်လၢလီၢ်မံအပူၤထီဘိ

bedrock *n* ၁. လၢၢ်ခံဒါ ၂. တၢ်အဂံၢ်ထံးခိဉ်ဘိ

bedroom *n* မံဒၢး

bedsheet *n* လီၢ်မံဒါ, လီၢ်ဖှဒါ

bedside *n* လီၢ်မံကပၤ, လီၢ်မံခႉကပၤ

bedsore *n* တၢ်ပူၤလီၢ်ထီဉ်ခီဖျိကျံၤမံလီၤလၢလီၢ်မံခိဉ်ထီဘိ, တၢ်ပူၤလီၢ်ထီဉ်ခီဖျိမံနီၤလီၤထီဘိလၢလီၢ်မံခိဉ်အပူၤ

bedspread *n* လီၢ်မံဒါ, တၢ်ကံးညာ်ဒါဘၢလီၢ်မံဒါ

bedstead *n* လီၢ်မံအတကွီဉ်, လီၢ်မံခႉအတကွီဉ်

bedtime *n* မံအဆၢကတီၢ်

bee *n* ကွဲ, ကနဲ

beef *n* ဂီၤဖံးညဉ်, ကျီၢ်ညဉ်

beef *v* ၁. မၤဆူဉ်ထီဉ်, မၤဆါထီဉ်တၢ် ၂. ကနူးကဒ့ဉ်တၢ်, ဟ်ဒ့ဉ်ဟ်ကမဉ်တၢ်, ကလာ်တၢ်

beehive *n* ကနဲဒၢ, ကွဲဒၢ

bee-keeper *n* ပှၤဘှဉ်ကနဲ

bee-keeping *n* တၢ်ဘှဉ်ကနဲ

beep *n* သိလ့ဉ်အကလုၢ်သိဉ်ပံပံ, စဲးအကလုၢ်သိဉ်ပံပံ

beep *v* မၤသိဉ်တၢ်ကလုၢ်ပံပံ, မၤသိဉ်စဲးကလုၢ်ပံပံ

beer *n* ဘံယၢဉ်, သံးလၢအစၢ်တကလုာ်

beeswax *n* ကနဲယိး, ကွဲယိး

beet *n* သဘဉ်ဆၢတၢ်

beetle *n* စွံၤ, ကျူး, ဃဲဃၢ်

befall *v* မၤအသး (လီၤဆီဒ်တၢ် တၢ်တဂ့ၤတဝါတမံၤမံၤမၤအသး)

befit *v* ကြၢးဒီး

before *adv* လၢညါ, လၢအမဲာ်ညါ, ဆိ, ဟ်စၢၤ, တချုး

beforehand *adv* ဟ်စၢၤ

befoul *v* မၤနုထံ, မၤဘဉ်အၢ, မၤဘဉ်အၢဘဉ်သီ

befriend *v* မၤတံၤမၤသကိး, ကဲထီဉ်တံၤသကိး

befuddle *v* မၤသဘံဉ်သဘုဉ်ပှၤအသး

beg *v* ၁. ယ့ကညး, သကွံာ်ကညး ၂. ယ့အီဉ်တၢ်

beget *v* ထီဉ်ဖိ, ဒုးကဲထီဉ်, ဒုးအိဉ်ထီဉ်

beggar *n* ပှၤယ့အီဉ်တၢ်ဖိ

beggar *v* မၤဖှိဉ်လီၤယာ်လီၤ

begin *v* စးထီဉ်

beginner *n* ပှၤလၢအစးထီဉ်မၤတၢ်တမံၤမံၤ, ပှၤလၢအစးထီဉ်မၤလိသီတၢ်

beginning *n* တၢ်စးထီဉ်တၢ်, တၢ်မၤသီတၢ်

beginnings *n* ၁. တၢ်စးထီဉ်, တၢ်အခိဉ်ထံးခိဉ်ဘိ ၂. တၢ်စးထီဉ် (တၢ်လဲၤတၢ်က့ၤ), တၢ်စးထီဉ်မၤတၢ်တမံၤမံၤ ၃. တၢ်အဂံၢ်ခိဉ်ထံး, တၢ်လၢအကဲထီဉ်သီ, တၢ်လၢအအိဉ်ထီဉ်

begrudge *v* သူဉ်က့ဉ်သးကါတၢ်, သးကါ

beguile *v* ၁. လွဲကဒံလွဲကဒါ, လီန့ၢ်ဝ့ၤန့ၢ်တၢ် ၂. ဒုးလဲၤပူၤကွံာ်တၢ်ဆၢကတီၢ်လၢတၢ်သူဉ်ဖှံသးညီ

behalf *n* အဂီၢ်, အခၢဉ်စး, န့ၢ်ခဲး

behave *v* ဟ်သး, ဒီသူဉ်ဟ်သး, မၤအသး

behaved *a* လၢအဟ်ဖျါထီဉ်အသး

behaviour, **behavior** *n* တၢ်ဟ်သူဉ်ဟ်သး, တၢ်ဒီသူဉ်ဟ်သး

behavioural, **behavioral** *a* လၢဟ်အသး, လၢတၢ်ဖံးတၢ်မၤ, လၢသကဲးပဝဲ

behind *adv* ၁. လၢအလီၢ်ခံ, ဆူအလီၢ်ခံ ၂. အိဉ်တ့ၢ်လၢလီၢ်ခံ, စဲၤခံတ့ၢ် ၃. လၢအဆိဉ်ထွဲမၤစၢၤတၢ်လၢလီၢ်ခံ

behind *n* ခံကီၢ်, ခံကိၢ်

behind *prep* ၁. လၢလီၢ်ခံ, လၢအချၢ ၂. (အိဉ်တ့ၢ်) လၢခံ

behold *v* ထံဉ်, ကွၢ်, ဟ်သူဉ်ဟ်သး

beholden *a* လၢအသ့ဉ်ညါဆၢက့ၤတၢ်အဘျုး

behove, behoove *v* လၢအလီၢ်အိဉ်ဝဲလၢကဘဉ်မၤ

B

beige *n* အလွဲၢ်ဘီဃး
being *n* တၢ်လၢအအိၣ်မူအိၣ်ဂဲၤ
belabor *v* တိၢ်နးနးကလဲာ်, တိၢ်တံၢ်တၢ်ထီဘိ, တဲအါထိၣ်တၢ်
belated *a* လၢအစဲၤခံကဲာ်ဆီး
belch *n* တၢ်ဘိုးကိၢ်
belch *v* ဘိုးကိၢ်
belfry *n* ဒၢလွဲအပျိၣ်, ဒၢလွဲစီၢ်
belie *v* ၁. ဟ်ရူသူၣ်တၢ်မ့ၢ်တၢ်တီ, တဟ့ၣ်ဒုးသ့ၣ်ညါတၢ်မ့ၢ်တၢ်တီ ၂. တၢ်ထံၣ်ဒီးတၢ်ဆိကမိၣ်လီၤဆီလိာ်သး
belief *n* တၢ်နာ်, တၢ်စူၢ်တၢ်နာ်
believable *a* လၢတၢ်နာ်အီၤသ့
believe *v* နာ်, စူၢ်တၢ်နာ်တၢ်
believer *n* ပှၤလၢအစူၢ်တၢ်နာ်တၢ်, ပှၤလၢအနာ်ယွၤ
belittle *v* မၤဆံးလီၤစုၤလီၤအလၤကပီၤ
bell *n* ဒၢလွဲ, ဆ့လ့ (also see 'cow bell')
bellboy *n* ၁. ဟံၣ်ဒွဲအပှၤစိာ်ထီၣ်စိာ်လီၤတၢ်ဖိတၢ်လံၤ, ပှၤစိာ်ထီၣ်စိာ်လီၤတၢ်ဖိတၢ်လံၤဖဲဟံၣ်ဒွဲ, ချး(ဘ)တဖၣ် ၂. ဟံၣ်ဒွဲအပှၤမၤစၢၤတၢ်စုထံးခိၣ်ထံး
belle *n* ပှၤပိာ်မုၣ်လၢအဃံလၤဒိၣ်ကတၢၢ်, ပှၤပိာ်မုၣ်လၢအဒိၣ်တၢ်ဂ့ၤကတၢၢ်
bellhop *n* ၁. ဟံၣ်ဒွဲအပှၤစိာ်ထီၣ်စိာ်လီၤတၢ်ဖိတၢ်လံၤ, ပှၤစိာ်ထီၣ်စိာ်လီၤတၢ်ဖိတၢ်လံၤဖဲဟံၣ်ဒွဲ, ချး(ဘ)တဖၣ် ၂. ဟံၣ်ဒွဲအပှၤမၤစၢၤတၢ်စုထံးခိၣ်ထံး
belligerence *n* ၁. တၢ်လၢအဃုတၢ်အ့ၣ်လိာ်ဆိးက့ ၂. တၢ်လၢအဒုးအိၣ်ထိၣ်တၢ်ဒုးတၢ်ယၤ, တၢ်အဲၣ်တၢ်ဒုးတၢ်ယၤ, တၢ်သးလီတၢ်ဒုးတၢ်ယၤ ၃. တၢ်ထီဒုၣ်ထီဒါလိာ်သး, တၢ်ဒုးလိာ်ယၤလိာ်သး
belligerent *a* လၢအဒုးတၢ်ယၤတၢ်, လၢအပၣ်ဃုာ်လၢတၢ်ဒုးတၢ်ယၤ
belligerent *n* ၁. ပှၤလၢအဒုးတၢ်ယၤတၢ်, ထံကိၢ်လၢအဒုးတၢ်ယၤတၢ် ၂. ပှၤလၢအပၣ်ဃုာ်လၢတၢ်ဒုးတၢ်ယၤ, ထံကိၢ်လၢအပၣ်ဃုာ်လၢတၢ်ဒုးတၢ်ယၤ
bellow *n* တၢ်ကိးပသူထိၣ်ဖးဒိၣ်, တၢ်အူကြျာ်သီၣ်ဖးဒိၣ်
bellow *v* ကိးပသူ, ဂီၤဖံးအူကြျာ်
bellows *n* ဃိ, ကလံၤဒၢလၢတၢ်အူကသုၣ်ထိၣ်မ့ၣ်အူ
belly *n* ဟၢဖၢ
belong *v* ၁. ဘၣ်ဃးဒီး, မ့ၢ်အတၢ်, ဘၣ်ဃးဒီးတၢ်အကရၢ အဒိ, အဝဲဘၣ်ဃးဒီးသးစၢ်ကရၢ ၂. အိၣ်လၢအလိၢ်အကျဲ
belongings *n* တၢ်ဖိတၢ်လံၤ (ဘၣ်ဃးဒီးပှၤတဂၤ)
beloved *a* လၢဘၣ်တၢ်အဲၣ်အီၤဒိၣ်မး
beloved *n* ပှၤတဂၤလၢဘၣ်တၢ်အဲၣ်အီၤဒိၣ်မး
below *prep* ၁. လၢအဖီလာ် ၂. လၢအဖုၣ်နှၢ်
belt *n* ယီၢ်တကိး, ယီၢ်ဒ့ကံၢ်
belt *v* ၁. သိးထိၣ်, စၢထိၣ်, ဘံထိၣ်, ကျီၤထိၣ်ယီၢ်တကိး ၂. ဖျ့တၢ်တိၢ်တၢ်ဒီးယီၢ်တကိး, ဖျ့တၢ်တိၢ်တၢ်ဆါဆါကလဲာ်
bemoan *v* ကအုကစ္ဓါ, ကအုကစ္ဓါလၢတၢ်သူၣ်အုးသးအုးအပူၤ
bemuse *v* မၤသဘံၣ်သဘုၣ်သူၣ်သး
bench *n* ခးထီ, လီၢ်ဆ့ၣ်နီၤထီ
benchmark *n* ၁. တၢ်ဟ်ပနီၣ်အနိၣ်ထိၣ် ၂. နိၣ်ထိၣ်လၢအဟ်ဖျါထိၣ်တၢ်အိၣ်လၢပိၣ်လဲၣ်အမဲာ်ဖံးခိၣ်ထဲလဲၣ် ၃. ထံရှၢ်ကိၢ်သဲးသနူနိၣ်ထိၣ်
bend *n* က့ၣ်, က့ၣ်ကျီၤ
bend *v* ၁. က့ၣ်လီၤ, သက္ဂံၤ ၂. မၤက့ၣ်, မၤသက္ဂံၤလီၤ ၃. ဆုးလီၤ, ပိာ်လီၤ
beneath *prep* လၢအဖီလာ်
benediction *n* တၢ်ဆိၣ်ဂ့ၤဆိၣ်ဝါ
benefaction *n* တၢ်မၤဘျုးမၤဖှိၣ်တၢ်, တၢ်မၤဂ့ၤတၢ်
benefactor *n* ပှၤဟ့ၣ်မၤစၢၤတၢ်ဖိ
beneficence *n* တၢ်ဟ့ၣ်မၤစၢၤတၢ်
beneficent *a* လၢအအိၣ်ဒီးတၢ်ဒိသူၣ်ဒိသးလၢပှၤဂၤအဖီခိၣ်, လၢအဟ့ၣ်မၤဘျုၣ်တၢ်
beneficial *a* လၢအကဲဘျုးကဲဖှိၣ်, လၢအကဲထိၣ်တၢ်ဘျုးတၢ်ဖှိၣ်သ့
beneficiary *n* ၁. ပှၤလၢအန့ၢ်သါဘၣ်(အမိၢ်အပၢ်, ပှၤဂၤအတၢ်စုလီၢ်ခီၣ်ခိၣ်) ၂. ပှၤလၢအန့ၢ်သါဘၣ်တၢ်
benefit *n* တၢ်အဘျုး
benefit *v* မၤန့ၢ်အဘျုး
benevolence *n* တၢ်သးအိၣ်မၤဂ့ၤတၢ်, တၢ်မၤစၢၤတၢ်, တၢ်ဟ့ၣ်တၢ်ညီ

benevolent *a* လၢအသးအိၣ်မၤဂ့ၤဒီးမၤစၢၤတၢ်

benign *a* ၁. လၢအသူၣ်ဘၣ်သးသ့, လၢအသးဂ့ၤ ၂. (ဘၣ်ဃးဒီးကသံၣ်ကသီ) လၢအတမၤဆါဒီးမၤသံမၤပှၢ်တၢ်ဘၣ်

benignant *a* လၢအသးအိၣ်မၤဂ့ၤတၢ်, လၢအမၤစၢၤတၢ်, လၢအဟ့ၣ်တၢ်ညီ, လၢအသးဂ့ၤ

bent *a* ၁. လၢအဒ့ခံပိာ်ပှၤအခံ ၂. လၢအတဘျၢ, လၢအက့ၣ်အကူ ၃. လၢအသးတဘျၢ ၄. (bent on) ဟ်လီၤအသးသပှၢ်တၢၢ်, ဟ်လီၤအသးကျၢၤမုဆှူ

bent *n* သးအတၢ်အဲၣ်ဒိး, တၢ်သ့တၢ်ဘၣ်လၢအအိၣ်ဟ်စၢၤဒီးအီၤ

benumb *v* ၁. မၤစၢ်လီၤအဂံၢ်အဘါ, မၤစုၤလီၤအတၢ်တူၢ်ဘၣ်ခီၣ်ဘၣ် ၂. သံၣ်, ခီၣ်ဟး, ခီၣ်ပဝံပဝါ, မၤမၢတံမၢမၢ်

bequeath *v* ဟ့ၣ်လီၤတၢ်နု့ၢ်သါခီဖျိတၢ်ကွဲးလၢပှၤသံကွဲးတ့ၢ်, ဟ့ၣ်သါတ့ၢ်တၢ်

berate *v* အ့ၣ်လိာ်ဆူၣ်ဆူၣ်, ကနူးတၢ်ဆူၣ်ဆူၣ်

bereave *v* (be bereaved) တူၢ်ဘၣ်တၢ်သယုၢ်သညိ, နးအိၣ်သယုၢ်သညိတၢ်

bereavement *n* တၢ်တူၢ်ဘၣ်တၢ်လၢတၢ်သံသဒၣ်ပှၤအဃိ, တၢ်အိၣ်လီၤတဲာ်သယုၢ်သညိ

beriberi *n* တၢ်ဆါကဘု, တၢ်ဆါကဘၢ

berm *n* တၢ်ပိုာ်ခိၣ်ဖိ, တၢ်တီခိၣ်ဖိ, တမၢၣ်အကျိၤ, တၢ်လီၢ်ပတီၢ်ဖိဖဲလ့ကပၤ

berry *n* ဘဲၣ်ရံၣ်သၣ်, တၢ်အသၣ်လၢအချံဒိးအထံအိၣ်အါ

berserk *a* သူၣ်ဒိၣ်သးဖှိုးနးနးကလဲာ်, လၢအသူၣ်ဂဲၤဖါရူ

berth *n* ၁. ကဘီအလီၢ်တကဝီၤဖဲကဘီသန့ ၂. လီၢ်မံလၢကဘီ မ့တမ့ၢ် လှ့ၣ်မှ့ၣ်အူအပူၤ

berth *v* ၁. ဟ်ပတုာ်ကဘီ, ဟ်လီၤကဘီအနီၣ်သက့ၤ ၂. ဟ့ၣ်တၢ်လီၢ်တၢ်ကျဲလၢကမံအဂီၢ်

beseech *v* သက္ဂၢ်ကညးတၢ်, ဃ့သပှၢ်ပှၢ်တၢ်

beseem *v* ကြၢး, ကၢကီၣ်

beset *v* ကဝီၤဃာ်ဝံၤဆီၣ်သန်း, တၢ်မၤကီမၤခဲလၢအကပၤကပၤ

beside *prep* လၢအကပၤ, လၢအဃၢၤ

beside one's self *idm:* လၢအသးတအိၣ်လၢအလီၤလၢၤ, လၢအတၢ်ဆိကမိၣ်ဒံဝ့ၤဒံဝီၤ, လၢအသူၣ်ကိၢ်သးဂီၤဒီးသးဘၣ်တဲာ်တာ်ဒိၣ်ဒိၣ်ကလဲာ်

besides *prep* လၢန့ၣ်အမဲာ်ညါ, အခိၣ်တလိာ်

besiege *v* ကဝီၤဃာ် (နှၣ်ဒါအိၣ်တၢ်အလီၢ်)

bespatter *v* ၁. မၤဘၣ်အၢဘၣ်သီဒီးကပံာ် ၂. တဲအၢတဲသီတၢ်

bespeak *v* မၤလိာ်ဟ်စၢၤ, နးနဲၣ်ဖျါလၢအမ့ၢ်တၢ်တမံၤ, တဲဟ်အဂ့ၢ်လၢညါ

best *a* အဂ့ၤကတၢၢ်

best part of *idm:* အါန့ၢ်တတ်, အါတက့ၢ်

best *n* ၁. တၢ်အဂ့ၤကတၢၢ်, တၢ်လၢအဂ့ၤကတၢၢ် ၂. တၢ်အပတီၢ်တုၤထီၣ်ထီၣ်ဘးကတၢၢ်

at best *idm:* တသ့ဖဲအသ့အဂ့ၤကတၢၢ်

best *v* ၁. မၤနၢၤကွဲာ် ၂. ကူၣ်မၤန့ၢ်တၢ်န့ၢ်ဘျုး

best man *n* ခွါလၤ, တလးမူးပိာ်ခွါအသကိး, ပှၤဆှၢထီၣ်တလးမူးပိာ်ခွါ

bestial *a* လၢအတမှာ်သူၣ်မှာ်သး, လၢအဘၣ်အၢဘၣ်သီ, လၢအတကြၢးတဘၣ်, လၢအလီၤက်ဆၣ်ဖိကီၢ်ဖိ

bestir *v* မၤဟူးမၤဂဲၤထီၣ်အသး

bestow *v* ဟ့ၣ်လီၤ

bestride *v* ၁. အိၣ်ဆဲးဖးတြၢ်ခီၣ် ၂. စိကမီၤလုၢ်ဘၢ

best-seller *n* လံာ်လၢပှၤဆါဘၣ်အီၤအအါကတၢၢ်

bet *n* တၢ်တၤတၢ်, တၢ်တၤကျိၣ်တၤစ့

bet *v* တၤတၢ်, တၤကျိၣ်တၤစ့

betel *n* သဘျူၣ်လၣ်

betel leaf *n* သဘျူၣ်လၣ်

betel nut *n* သဲးသၣ် (also areca nut)

betide *v* မၤအသး, နးအိၣ်ထီၣ်, ကဲထီၣ်

betoken *v* နးနဲၣ်ဖျါဆိဟ်စၢၤတၢ်

betray **v** တတီဒီး. ဟ့ၣ်လီၤကွဲာ်တၢ်လၢကျဲအဘျၣ်, ဆါလီၤအိၣ်ကွံာ် (ပှၤ), ယီးကဒါဘီ

betrayal *n* တၢ်ဆါလီၤအိၣ်ကွံာ် (ပှၤ), တၢ်ယီးကဒါဘီ

betroth *v* အိၣ်ဃံးအိၣ်ဃိၣ်လိာ်အသး, အၢၣ်လီၤလိာ်အသးလၢအကကဲထီၣ်ဒီမါဝၤ

betrothed *a* ဟ်ပနီၣ်အဲၣ်တီလိာ်အသး

better *a* ၁. ဂ့ၤထီၣ်, ဂ့ၤဒိၣ်န့ၢ် ၂. ကိညၢ်ထီၣ်က့ၤ

better *adv* ဂ့ၤဒိၣ်နှၢ်ဒံး

better *n* ၁. တၢ်လၢအကံၢ်အစီဂ့ၤနှၢ်တၢ်အဂၤ ၂. တၢ်လၢအဂ့ၤဒိၣ်ကတၢၢ်

better *v* မၤဂ့ၤထီၣ်, ဒုးဂ့ၤအါထီၣ်, ဒုးအါထီၣ်, ဒုးဒိၣ်ထီၣ်

betterment *n* တၢ်လဲၤထီၣ်လဲၤထီ, တၢ်ဒိၣ်ထီၣ်ထီထီၣ်, တၢ်မၤဂ့ၤထီၣ်အါထီၣ်

betting *n* တၢ်တၤတၢ်, တၢ်တၤကျိၣ်တၤစ့, တၢ်လိာ်ကွဲတၢ်တၤကျိၣ်တၤစ့

between *prep* လၢအဘၢၣ်စၢၤ, လၢအကဆူး, လၢအကျါ

bevel *a* မၤလီၤဘံ, မၤတစ္ၤလီၤ, မၤတပျာ်လီၤ

bevel *n* တၢ်လီၤဘံ, တၢ်တစ္ၤ (ဘၣ်ဃးတၢ်စုသ့အတၢ်မၤ)

beveled, **bevelled** *a* လၢအလီၤဘံ, လၢအလီၤတစ္ၤ

beverage *n* တၢ်အီအကလုာ်ကလုာ်

bevy *n* ပှၤဒီဖှူၣ်ဒီထၢ မ့တမ့ၢ် တၢ်ဂီၢ်မုၢ်ဂီၢ်ပၤ

bewail *v* ဘၣ်မိၣ်ဘၣ်မး, ကအုကစ္ါ

beware *v* ပလိၢ်သူၣ်ပလိၢ်သး အဒိ, ပလိၢ်နသးလၢပှၤလီတၢ်ဖိတက့ၢ်

bewilder *v* မၤသဘံၣ်သဘုၣ်တၢ်

bewildered *a* လၢအမၤသဘံၣ်သဘုၣ်တၢ်သ့

bewitch *v* ၁. ရဲၢ်နှၢ်တၢ် ၂. မၤမှာ်ပှၤသးတုၤပှၤသးပၣ်ထွဲဃုာ်

beyond *adv* လၢဘးခီ, လၢအယံၤ

beyond *prep* ၁. လၢဘးခီ, မဲာ်ညါ ၂. အါနှၢ် (ပတၢ်သ့တၢ်ဘၣ်)

biannual *a* လၢအမ့ၢ်တနံၣ်ခံဘျီ

biannually *adv* တနံၣ်ခံဘျီ

bias *n* တၢ်ကွၢ်မဲာ်တၢ်, တၢ်ထံၣ်တခီတၢၤ

bias *v* တံာ်တစ္ၤတၢ်, ထံၣ်တခီတၢၤ

biased, biassed *a* တခီတၢၤ

bib *n* ခၣ်ထံဒီ

bible *n* လံာ်စီဆုံ

biblical *a* လၢအဘၣ်ဃးဒီးလံာ်စီဆုံ

bibliographer *n* ပှၤလၢအကွဲးဟ်ဖျါလံာ်ဧိၤလဲၢ်ဧိၤတဖၣ်လၢအမၤစၢၤတၢ်ယုထံၣ်သ့ၣ်ညါတၢ်ဂ့ၢ်တၢ်ကျိၤတမံၤမံၤအလံာ်စရီ

bibliography *n* စရီလၢအဟ်ဖျါထီၣ်လံာ်ဧိၤလဲၢ်ဧိၤတဖၣ်လၢအမၤစၢၤတၢ်ယုသ့ၣ်ညါတၢ်ဂ့ၢ်တၢ်ကျိၤတမံၤမံၤ

bicentenary *n* တၢ်မၤနံၣ်ခံကယၤအနံၣ်ဆဲးဆၢ

bicentennial *a* နံၣ်ခံကယၤအနံၣ်ဆဲးဆၢ

biceps *n* စုဒုၣ်ယုၢ်ညၣ်

bicker *v* အ့ၣ်လိာ်တဲအါလိာ်သးတလိၢ်လိၢ်

bickering *n* ၁. တၢ်အ့ၣ်လိာ်ဆိးက့လိာ်သး, တၢ်ဂ့ၢ်လိာ်ဘိုလိာ်လိာ်အသးလၢတၢ်အဘျုးအဖှိၣ်တအိၣ် ၂. ထံလီၤယွၤလီၤသီၣ်ကယီကယီ, ထံယွၤသီၣ်ရဲၢ်ရဲၢ်ကဖိကဖိ

bicycle *n* လှၣ်ယီၢ်

bicycle *v* ယီၢ်လှၣ်ယီၢ်

bid *n* ၁. တၢ်တီၣ်ထီၣ်တၢ်အပ္ၤကလံၤစ့လီၤလဲလၢကမၤတၢ်တမံၤမံၤအဂီၢ် ၂. တၢ်ဟ့ၣ်တၢ်အပ္ၤ (လၢကပ္ၤတၢ်တမံၤမံၤဖဲပှၤဆါတၤတၢ်အခါ)

bid *v* ၁. တီၣ်ထီၣ်တၢ်အပ္ၤကလံၤစ့လီၤလဲလၢကမၤတၢ်တမံၤမံၤအဂီၢ် ၂. ဟ့ၣ်တၢ်အပ္ၤ (လၢကပ္ၤတၢ်တမံၤမံၤဖဲပှၤဆါတၢ်တၤတၢ်အခါ)

bidder *n* ပှၤလၢအဟ့ၣ်တၢ်အပ္ၤ

bidding *n* ၁. တၢ်ဟ့ၣ်တၢ်ကလုၢ် ၂. ဟ့ၣ်တၢ်အပ္ၤ, တၢ်ဟ့ၣ်ပြၢတၢ်အပ္ၤလၢကမၤတၢ်တမံၤမံၤအဂီၢ် ၃. တၢ်ဟ့ၣ်လီၤတၢ်ကလုၢ်လၢတၢ်ကဘၣ်ထီၣ်ကွဲၢ်ဘျိၣ် (တၢ်မူးတၢ်ရၢ်), ကွဲၢ်ဘျိၣ်အတၢ်ကိး

bide *v* အိၣ်ဒံးလၢ, အိၣ်ခိး (တၢ်ဘူၣ်ဂ့ၤတီၢ်ဘၣ်)

biennial *a* လၢအမ့ၢ်တနံၣ်ခံဘျီ

biennial *n* ၁. တၢ်မုၢ်တၢ်ဘိလၢအအိၣ်မူထဲခံနံၣ် ၂. တၢ်ကဲထီၣ်သးတနံၣ်ခံဘျီ, မူးလၢတၢ်မၤအီၤခံနံၣ်တဘျီ

bier *n* စီၤလၢတၢ်ဟ်ထီၣ်ပှၤသံ, စီၢ်လၢပှၤဟ်ထီၣ်ပှၤသံ

bifocals *n* မဲာ်ထံကလၤလၢအိၣ်ဒီးလါနါခံခါလၢတၢ်ကွၢ်တၢ်ဒ့ၣ်စၢၤအယံၤဒီးအဘူးအဂီၢ်

big *a* ဒိၣ်

big dipper *n* ဆၣ်ကဆီ

big game *n* ဆၣ်ဖိကီၢ်ဖိဖးဒိၣ်လၢတၢ်ကလူၤခးလိာ်ကွဲအီၤအဂီၢ်

big wheel *n* ကဟၣ်တရံးလၢတၢ်ဒိးလိာ်ကွဲအီၤ

bigamy *n* တၢ်အိၣ်ဒီးမါခံဂၤ မ့တမ့ၢ် ဝၤခံဂၤတဘျီယီ, တၢ်ဟံးမါဟံးဝၤအသီတဂၤ

bigot *n* ပှၤလၢအခိၣ်ကိၤတခီတၢၤ

bigoted *a* လၢအခိၣ်ကိၤတခီတၢၤ

bigotry *n* တၢ်ခိၣ်ကိၤတခီတၢၤ

bigwig *n* ပှၤလၢအရှ့ဒိၣ်

bike *n* လှ့ၣ်ယိၢ်

bike *v* ဒိးသိလှ့ၣ်ယိၢ်, ဒိးလှ့ၣ်ယိၢ်

biking *n* တၢ်ဒိးလှ့ၣ်ယိၢ်, တၢ်ယိၢ်လှ့ၣ်ယိၢ်

bikini *n* ပိာ်မုၣ်ဆ့ကၤပိၢ်ထံ

bilateral *a* ၁. လၢအဘၣ်ထွဲခံကပၤလၢာ် ၂. လၢအဟ်ဃုာ်ကရၢခံဖု

bilaterally *adv* ဘၣ်ထွဲခံကပၤလၢာ်

bile *n* သဒံ

bilge *n* ချံဖီၤကဘီဖီၤအဟၢဖၢ, ချံဖီၤကဘီဖီၤအဟၢဖၢအခံဒံးအဒါ

bilingual *a* တၢ်သ့ကျိာ်ခံကျိာ်, ဘၣ်တၢ်ကွဲးအီၤလၢကျိာ်ခံကျိာ်

bill *n* ၁. ကဒွဲစရီ ၂. ထိၣ်အနိာ် ၃. စ့စးခိအဘ့ၣ်

bill *v* ဆှၢကဒွဲစရီ, ဃ့ကၤတၢ်အပှ့ၤကလံၤ

bill of fare *n* တၢ်အိၣ်စရီလၢတၢ်မၤလိာ်အီၣ်သ့, တၢ်အီၣ်မံၤရဲၣ်

bill of health *n* ဒုးနဲၣ်ဖျါဆိဟ်စၢၤတၢ်

billboard *n* ဘ့(လ)ဘိး, တၢ်ဘ့ၣ်ဘၣ်ဖးလဲၢ်, တၢ်ဘ့ၣ်ဘၣ်ဖးလဲၢ်လၢတၢ်ဘိးဘၣ်ရၤလီၤတၢ်အဂီၢ်

billet *n* ပှၤသုးဖိအဟံၣ်, တၢ်လိၢ်လၢပှၤသုးဖိအိၣ်တစိၢ်တလိၢ်

billfold *n* တိၢ်ထၢၣ်

billing *n* ၁. တၢ်ဘိးဘၣ်ရၤလီၤပှၤနးနဲၣ်တၢ်အမံၤစရီ ၂. တၢ်ဘိးဘၣ်ရၤလီၤတၢ်ဂ့ၢ်တၢ်ကျိၤတဖၣ်

billion *n* အကကွဲၢ်တကထိ (၁, ၀၀၀, ၀၀၀, ၀၀၀)

billionaire *n* ပှၤလၢအတၢ်စုလိၢ်ခိၣ်ခိၣ်လီၤလၢဒီလၣ် မ့တမ့ၢ် ပိၣ်အကကွဲၢ်တကထိ

billow *n* လပီဖးဒိၣ်, လၢဖးဒိၣ်

bimbo *n* ပှၤပိာ်မုၣ်လၢအဒိၣ်တၢ်ဂ့ၤဘၣ်ဆၣ်အခိၣ်နူာ်တအိၣ်

bin *n* တၢ်ဒၢ

binary *a* ၁. လၢအပၣ်ဃုာ်ဒီးတၢ်ခံကူာ်ခံပူခံမံၤ ၂. လၢတၢ်စူးကါနီၣ်ဂံၢ်ခံဖျၢၣ်

bind *v* စၢဃာ်, ဃ့ဃာ်, ဘိၣ်ဘံ

binder *n* ၁. နီၣ်ကွီၤဖိၣ်လံာ်ကဘျံး, လံာ်တြာ် ၂. ပှၤဆးလံာ်ဖိ

binding *a* တၢ်အၢၣ်လီၤအီလီၤ

binding *n* တၢ်ကွီၤဖိၣ်လံာ်ကဘျံးတပူၤယီ

binge *n* ၁. တၢ်အီသံးအီက်ဒီးမှာ်လၢသးဖုံ ၂. တၢ်အိၣ်ပသံးပသီတၢ်လၢဆၢကတိၢ်ဖုၣ်ကိာ်ခီဖျိအိၣ်တၢ်တဘၣ်လိာ်ဘၣ်စး

binoculars *n* မဲာ်ကလၤနါပီၤ

biochemistry *n* တၢ်မူတၢ်မဲအကံာ်ပီညါ, တၢ်သးသမူအကံာ်ပီညါ

biodegradable *a* (တၢ်ဘၣ်တ့) လၢလီၤကလဲဒီးကဲထိၣ်က့ၤဟီၣ်ခိၣ်အကမူၣ်သ့

biodiversity *n* တၢ်မူအကလုာ်ကလုာ်

biofuel *n* မ့ၣ်အူဆၣ်, သိလၢအဟဲလၢတၢ်မူတၢ်မဲအကံာ်တဖၣ်

biographer *n* ပှၤကွဲးပှၤတဂၤအသးသမူအဂ့ၢ်အကျိၤ

biography *n* တၢ်ကွဲးပှၤတဂၤအသးသမူအဂ့ၢ်အကျိၤ

biological *a* လၢအဘၣ်ထွဲဒီးတၢ်မူတၢ်မဲပီညါ, လၢအဘၣ်ထွဲဒီးတၢ်ဃုသ့ၣ်ညါမၤလိဘၣ်ဃးတၢ်သးသမူ

biological warfare *n* တၢ်ဒုးတၢ်ယၤလၢအစူးကါတၢ်ဆူးတၢ်ဆါအဃူးအဃၢ်လၢအမၤဟးဂီၤတၢ်ဒ်တၢ်စုကဝဲၤအသိး

biology *n* တၢ်မူပီညါ, တၢ်ဃုသ့ၣ်ညါမၤလိတၢ်သးသမူ

biomass *n* တၢ်မူတၢ်မဲတၢ်အ့ၣ်တၢ်ဆံၣ်တၢ်အှၣ်တၢ်ကျၣ်ဟ်ဖိုၣ်, တၢ်မူတၢ်မဲအသံးအကာ်ဟ်ဖိုၣ်လၢတၢ်လိၢ်တတီၤ

biopsy *n* တၢ်မၤကွၢ်တၢ်အိၣ်ဆူၣ်အိၣ်ချ့ခီဖျိတၢ်ထုးထိၣ်စဲ(လ)လၢနိၢ်ခိမိၢ်ပှၢ်အပူၤဒီးဃုကွၢ်တၢ်ဆူးတၢ်ဆါ, တၢ်ထုးထိၣ်နိၢ်ခိမိၢ်ပှၢ်အစဲ(လ)လၢကမၤကွၢ်တၢ်ဆူးတၢ်ဆါအဂီၢ်

biosphere *n* တၢ်မူအတဝၢ

bipartite talks *n* ပှၤခံဖုၣ်တၢ်ထံၣ်လိာ်ကျဲၤတဲ(တၢ်)

biped *n* ဆၣ်ဖိကိၢ်ဖိလၢအခီၣ်အိၣ်ခံခီ

biplane *n* ကဘီယူၤလၢအဒံးအိၣ်ခံကထၢ, ကဘီယူၤခံကထၢဒံး

bipolar *a* ၁. လၢအိၣ်ဒီးဟီၣ်စိးခံခီ, လၢအဘၣ်ထွဲဒီးတၢ်အစိးနါခံခါ, လၢအစိးနါအိၣ်ခံခီ, လၢအအိၣ်ခံခီခံကပၤ, လၢအအိၣ်ကွၢ်ဆၢၣ်မဲာ်ထီဒါလိာ်သးခံခါ ၂. လၢအိၣ်ဒီးအထူၣ်ဘိဖိခံခါ ၃. လၢအဘၣ်ဃးဒီးဟီၣ်စိးအခိၣ်ကလံၤစိးကလံၤထံး ၄. လၢအဘၣ်ထွဲဒီးထးနါအစိးခံခါ, လၢအအိၣ်ဒီးထးနါအစိးခံခါ

bird *n* ထိၣ်

birth *n* တၢ်အိၣ်ဖျဲၣ်, တၢ်ဆံးစၢ်ဖိ

birth *v* အိၣ်ဖျဲၣ်ထီၣ်, ဆံးစၢ် (အဖိ), ဖုံလီၤ (ဆၣ်ဖိကိၢ်ဖိ) (also give birth or give birth to)

birth certificate *n* တၢ်အိၣ်ဖျဲၣ်အလံာ်အှၣ်သး

birth control *n* တၢ်ဒီသဒၢဟုးသး

birth rate *n* တၢ်အိၣ်ဖျဲၣ်အယူာ်

birthdate *n* အိၣ်ဖျဲၣ်မုၢ်နံၤ

birthday *n* နံၤအိၣ်ဖျဲၣ်

birthmark *n* ခိမဲၣ်လိၢ်လၢအဟဲန့ၢ်လၢမိၢ်ဟၢဖၢ, တၢ်ပနီၣ်လၢအအိၣ်ဖျဲၣ်ပၣ်ဃုာ်န့ၢ်ဝဲ

birthplace *n* ဒ့ပီၤလိၢ်, အိၣ်ဖျဲၣ်အလိၢ်

birthright *n* တၢ်န့ၢ်သါခွဲးယာ်လၢအအိၣ်ဟ်စၢၤလၢပျၤလံၤလံၤ

biscuit *n* ကိၣ်ဘှ့းစက့း, ကိၣ်စိုးယ့

bisect *v* တိ, တိလီၤ, ကျိ, က့, ဒိၣ်လီၤ, ကိ, ကိဖး, ကျိၤသ့ၣ်ဖးထဲသိးသိးခံခီ

bisexual *a* လၢအအဲၣ်ဒိးပိာ်မုၣ်အဲၣ်ဒိးပိာ်ခွါခံကလုာ်လၢာ်

bisexual *n* ပှၤလၢအသးအိၣ်ပိာ်မုၣ်ဒီးပိာ်ခွါခံကလုာ်လၢာ်

bishop *n* ဖုံထံခရံာ်ဖိတၢ်အိၣ်ဖှိၣ်တဖၣ်အသရၣ်, ဘံရှိး

bison *n* ပနၢ်မံၤ, တၤဘိနၢၤ

bistro *n* တၢ်အီၣ်အကျးဆံးဆံးလၢအပှ့ၤတဒိၣ်ဘၣ်

bit *n* ၁. တၢ်အက့အခီဆံးဆံးဖိ ၂. ကသ့ၣ်ထးအှၣ်အဘိလၢပှၤဒုးအှၣ်ထီဃာ်အီၤ ၃. တပူကနၣ်

bitch *n* ၁. ထွံၣ်မိၢ် ၂. ပိာ်မုၣ်လၢအတဂ့ၤ လၢအတဲအၢတဲသီတၢ် ၃. တၢ်အိၣ်သးတမုာ်တလၤ

bitch *v* တဲအၢတဲသီ

bitchy *a* လၢအလီၤသးဘၣ်အၢ, လၢအသးတဂ့ၤ, လၢအသူၣ်အၢသးသီ

bite *n* တၢ်အ့ၣ်တၢ် အဒိ, ပစိၤအ့ၣ်တၢ်

bite *v* အ့ၣ်, (ဂုၢ်) ဖျး

biting *a* ၁. လၢအကတိၤဒၢက့ၣ်တၢ်, လၢအကတိၤဆဲးအဲးတၢ်, လၢအတဲဆဲးအဲးတၢ်, လၢအတဲဆါတၢ် ၂. (မူခိၣ်ကလံၤသိၣ်ဂီၤ) လၢကလံၤအှူတၢ်ဆူၣ်မး, လၢအခုၣ်တကံဒီးတမုာ်တလၤ

bitter *a* ခၣ်, နးနး

bitter *n* ၁. ဘံယၢၣ်အခၣ်လၢအဆူၣ်တကလုာ် ၂. တၢ်လၢအခၣ်

bitter-gourd *n* ခီခါသၣ်, သီခါသၣ်

bivvy *n* ဒဲဖိဆံး, ဒဲဖိစိၢ်

biweekly *a* ခံနွံတဘျီ မ့တမ့ၢ် တနွံခံဘျီ

biyearly *a* ခံနံၣ်တဘျီ မ့တမ့ၢ် တနံၣ်ခံဘျီ

bizarre *a* လၢအလီၤဆီ, လၢအတညီနုၢ်မၤအသး

blab *v* ကတိၤကြီတၢ်, ဟ်ဖျါထီၣ်တၢ်ခူသူၣ်

blabber *v* ကတိၤကြီတၢ်

black *a* သူ

black *n* အလွဲၢ်သူ

black *v* ၁. ဖှူသူကသံၣ်, ဖှူသူမဲာ်, တြူၣ်သူဃာ်တၢ် ၂. မၤပံာ်ကွံာ်မ့ၣ်အှူ, မၤခံးသူလီၤတၢ်

black out *vp:* ၁. မဲာ်ခံးသူ ၂. မၤသူဃာ်တၢ်, တြူၣ်သူဃာ်တၢ် ၃. မၤပံာ်ကွံာ်မ့ၣ်အှူခဲလၢာ်, မၤခံးသူလီၤတၢ်

black and white *a* ၁. လၢအသူအဝါ, လၢအလွဲၢ်အသူအဝါ ၂. လၢအဟ်ဖျါထီၣ် (အတၢ်ထံၣ်) လၢအထီဒါလိာ်အသးဖိုဖိုဖျါဖျါ, လၢအဟ်ဖျါထီၣ်တၢ်ဖိုဖိုဖျါဖျါ ၃. လၢဘၣ်တၢ်ကွဲးအီၤဖိုဖိုဖျါဖျါ

black box *n* ၁. ကဘီယူၤအတၢ်ကွဲးနီၣ်တလါသူ, ပီးလီလၢအမၤနီၣ်မၤဃါကဘီယူၤအတၢ်လဲၤတၢ်က့ၤ ၂. အံၣ်လဲးထြိနံးအတၢ်ပီးတၢ်လီလၢအမၤတၢ်လၢပှၤတသ့ၣ်ညါအဂ့ၢ်လီၤတံၢ်လီၤဆဲး

black eye *n* မဲာ်ပှၤသူ

black hole *n* ၁. မူကပိာ်လိာ်အတၢ်ယိာ်ပူၤ ၂. တၢ်ယိာ်ပူၤလၢအခံးဒးတအိၣ်ဘၣ်

black magic *n* တၢ်သမူပယၢ်တၢ်, တၢ်အှူတၢ်သမူ, တၢ်ဟိၣ်တၢ်ယီတၢ်

Black Maria *n* ပၢၤကိၢ်သိလ့ၣ်လၢပျၢၤ, သိလ့ၣ်တီပှၤဃိာ်ဖိ, သိလ့ၣ်တီပှၤထီဖိ

black mark *n* တၢ်မၤကမဉ်တၢ်အတၢ်ကွဲးနီဉ်, တၢ်ကွဲးနီဉ်သူ

black market *n* ဖွါသူ, ဖွါသူမုၢ်ဝဲၤတၢ်မၤ

black marketeer *n* ပှၤဖွါသူဖိ, ပှၤမၤဖွါသူမုၢ်ဝဲၤတၢ်မၤ

black sheep *n* သိသူ, ပှၤတပိာ်ကျဲလၢအဟံဉ်ဖိဃီဖိအပူၤ

black spot *n* ၁. တၢ်လိၢ်ကဝီၤလၢတၢ်ဟ်ပနီဉ်အီၤလၢအိဉ်ဒီးတၢ်ကီတၢ်ခဲဒီးတၢ်သဘံဉ်သဘုဉ် ၂. တၢ်အဖီးသူသူဖိလၢတၢ်မုၢ်တၢ်ဘိအလိၤ

black water fever *n* ဆံဉ်ဆါလီၤလၢအသူ (ဆံဉ်ဆါလီၤလၢအသွံဉ်), တၢ်ဆါလီၤကိၢ်ဆံဉ်သူ

blackart *n* တၢ်သမူပယ်ၢ်

blackball *v* သမၢပှၤ, တဟ့ဉ်တၢ်ဖး, တဒုးပဉ်ယှာ်, ဟ်မၢ်ကွံာ်

blackbean *n* ပထိးသူ

blackboard *n* သ့ဉ်ဘဉ်သူ

blacken *v* ၁. မၤသူထိဉ်, သူထိဉ် ၂. ကတိၤဟးဂီၤပှၤအမံၤ, မၤလီၤပှၤဂၤအလၤကပီၤ

blackguard *n* ပှၤအၢပှၤသီ, ပှၤအၢသံတူာ်ကိာ်

blacklist *n* ပှၤအၢပှၤသီအမံၤစရီ, စရီသူ

blacklist *v* ဖးနှာ်လၢပှၤအၢပှၤသီအမံၤစရီပူၤ, ဖးနှာ်လၢစရီသူအပူၤ

blackmail *n* တၢ်ဃ့ဆူဉ်စ့လၢတၢ်ကဟ်ဘၢတၢ်

blackmail *v* ကမဉ်အဂီၢ်

blackmailer *n* ပှၤဃ့ဆူဉ်စ့လၢတၢ်ကဟ်ဘၢတၢ်ကမဉ်အဂီၢ်

blackout *n* ၁. (လၢတၢ်ဒုးပူၤ) တၢ်မၤလီၤပံာ်တၢ်ကပီၤဒ်သိးနဉ်ဒါကဘီယှၤသုတထံဉ်အဂီၢ် ၂. တၢ်သးသပ့ၤတစိၢ်တလိၢ် ၃. ပဒိဉ်မၤဘံဉ်မၤဘၢတၢ်သူလီၤဘၢကွံာ်တၢ်ကစီဉ်

blacksmith *n* တမ်ာသူ, ပှၤပိာ်ထးပိာ်ယဲာ်, ပှၤပိာ်တၢ်ဖိ

bladder *n* ဆံဉ်ဒၢ

blade *n* ၁. ဒီကနဉ်, တၢ်အကနဉ် ၂. တပံၢ်အလဉ်

blame *n* တၢ်ဟ်ဒ့ဉ်ဟ်ကမဉ်, တၢ်ဟ်တၢ်ကမဉ်

blame *v* ဟ်တၢ်ကမဉ်

blameless *a* လၢတၢ်ဟ်တၢ်ကမဉ်လၢအလိၤအလိၢ်တအိဉ်ဘဉ်, လၢအပူၤဖျဲးလၢတၢ်ကမဉ်

blamelessly *adv* လၢအပူၤဖျဲးလၢတၢ်ကမဉ်အပူၤ

blameworthy *a* လၢအကြၢးတၢ်ဟ်တၢ်ကမဉ်လၢအလိၤ, လၢအကြၢးဒီးတၢ်ဟ်ဒ့ဉ်ဟ်ကမဉ်

blanch *v* ၁. မၤဝါထိဉ်, ဝါထိဉ် ၂. မၤဝါလီၤ, မဲာ်လီၤဝါ

bland *a* ဘျါ, အရိၢ်တအိဉ်ဘဉ်

blandishment *n* တၢ်ကတိၤလွဲကညးပှၤတဂၤဒ်သိးကမၤတၢ်

blank *a* ခီလီ, ခီလီလီ, လၢအအိဉ်ကလီ, အိဉ်လီၤဟိလီၤဖျဲဉ်

blank *n* ၁. တၢ်လိၢ်လီၤဟိ, ကလီ ၂. တၢ်တနီဉ်သူဉ်နီဉ်သး ၃. ကျိလၢကျိချံတအိဉ်

blank *v* ၁. အိဉ်ဟိကလီၤ, တဆိကမိဉ်တၢ်နီတမံၤ ၂. တကနဉ်ယှာ်တၢ်, တဟ်သ့ဉ်ညါအသးဘဉ် ၃. မၤနၢၤကွံာ်တၢ်လၢာ်လၢာ်ဆ့ဆ့

blank cheque *n* ၁. ခွဲးလဲးမးလၢတအိဉ်ဒီးစ့အနီဉ်ဂံၢ်နီဉ်ဒွး, ခွဲးလဲးမးလၢတၢ်တထၢနှာ်စ့အနီဉ်ဂံၢ်နီဉ်ဒွး ၂. တၢ်ဟ့ဉ်တၢ်မၤအတၢ်သဘျ့ခွဲးယာ်လၢတအိဉ်ဒီးတၢ်ဟ်ပနီဉ်နီတမံၤ, တၢ်သဘျ့လၢတအိဉ်ဒီးတၢ်ဟ်ပနီဉ်

blanket *a* ခဲလၢာ်ခဲဆ့, လၢအကျၢ်ဘၢတၢ်ကိးမံၤ

blanket *n* ယဉ်လုး

blanket *v* ကျၢ်ဘၢ, အိဉ်ပှဲၤဒီး (မူခိဉ်ဖီ, တၢ်ကမုံၤကမှါ)

blankly *adv* ၁. အီရိာ်, အီတရိာ် ၂. အှဉ်တကျူဉ်

blare *n* တၢ်သီဉ်ကညီ, တၢ်သီဉ်ဒ်ကွဲၤသီဉ်အသိး

blare *v* သီဉ်ကညီ, သီဉ်ဒ်ကွဲၤသီဉ်အသိး

blasé *a* သးတအိဉ်, သးတပဉ်ယှာ်, တဟ်ဖျါထိဉ်အတၢ်သးအိဉ်

blaspheme *v* ကတိၤထီဒါတၢ်စီတၢ်ဆှံ

blasphemer *n* ပှၤလၢအကတိၤထီဒါတၢ်စီတၢ်ဆှံ

blasphemy *n* တၢ်ကတိၤကမဉ်ယွၤ, တၢ်တဲကမဉ်တၢ်စီတၢ်ဆှံ

blast *n* ၁. တၢ်ပိၢ်ဖးထိဉ် ၂. (ကလံၤ) အူတပျုာ်တပျီၤတၢ်

blast *v* မၤဖျိုးတၢ်သတူၢ်ကလာ်, ပိၢ်ဖး

blatant *a* လၢအမၤအသးလၢအတအိၣ်ဒီးတၢ်ခိၣ်ဖိမဲာ်ဆှးဘၣ်, လၢတအိၣ်ဒီးတၢ်မဲာ်ဆှး

blatantly *adv* မၤအသးလၢအတအိၣ်ဒီးတၢ်ခိၣ်ဖိမဲာ်ဆှး

blaze *n* ၁. မ့ၣ်အူလၣ် ၂. (မ့ၣ်အူ) ကပီၤထီၣ်, ဒွဲၣ်အူ

blaze *v* ခးကျိလၢအဆၢတတဲာ်

blazer *n* ဆ့ကၤခိး, ဆ့ကၤကွဲးကဲး, ဆ့ကၤဘျူးစၢၣ်, ဆ့ကၤဖိခိၣ်ထီစု

blazon *v* ၁. မၤဖျါထီၣ်အပနီၣ် ၂. ဘိးဘၣ်ရၤလီၤ

bleach *n* ကၢ်ဟီၣ်ဝါ

bleach *v* မၤဝါထီၣ်, ဆူၣ်ဝါထီၣ်

bleak *a* လၢအဂိၢ်အခုၣ်, လ့ၤပျိၢ်, တၢ်မုၢ်လၢ်တအိၣ်, တမုာ်တခုၣ်

bleary *a* မဲာ်ချံယုာ်, မဲာ်ချံတဆုံ

bleat *n* သိဒီးမဲးတဲးလဲးအတၢ်ကိးအကလုၢ်

bleat *v* ကိးကလုၢ်သိၣ်ဒ်သိးမဲးတဲးလဲး, ကနူးကနှၣ်ကအုကစွါ

bleed *v* သွံၣ်လီၤ, သွံၣ်ပုာ်ထီၣ်

bleeder *n* ပှၤလၢအလီၤသးဘၣ်အၢ, လၢအလီၤသးဟ့, လၢအလီၤကွၢ်တလီၤ

bleeding heart *n* ၁. ပှၤလၢအဟ်ဒိသူၣ်ဒိသးတၢ်အါတလၢ, ပှၤလၢအဟ်သးကညီၤပှၤ ၂. ပှၤလၢအတၢ်ဟ်သးလဲၢ်တလၢ, ပှၤလၢအဟးသးကညီၤတၢ်အါတလၢ

blemish *n* ၁. တၢ်သံၣ်သူမိၤကျးလၢအအိၣ်လၢတၢ်အကၢ့ၢ်ဂီၤဃံလၤအပူၤ ၂. တၢ်အမဲၣ်သူမဲၣ်ဂီၤ

blemish *v* ဒုးအိၣ်ထီၣ်တၢ်အမဲၣ်သူမဲၣ်ဂီၤတၢ်သံၣ်သူမိၤကျး

blemished *a* လၢအဒုးအိၣ်ထီၣ်တၢ်မဲၣ်သူမဲၣ်ဂီၤတၢ်သံၣ်သူမိၤကျး

blend *n* တၢ်ကျဲၣ်ကျီ, တၢ်ဃါယှာ်, တၢ်ကျဲၣ်ကျီဃါယှာ်တၢ်

blend *v* မၤကျဲၣ်ကျီတၢ်, ဃါယှာ်တၢ်

blender *n* စဲးဂံာ်ယှာ်တၢ်အီၣ်တၢ်အီ, စဲးဂံာ်ကျဲၣ်ကျီယှာ်တၢ်အီၣ်တၢ်အီ

bless *v* ဆိၣ်ဂ့ၤဆိၣ်ဝါ, ဒုးဘၣ်ဘျုးဘၣ်ဖှိၣ်တၢ်

blessed *a* ၁. လၢအဘၣ်တၢ်မၤစီမၤဆှံအီၤ ၂. လၢအဘၣ်တၢ်ဆိၣ်ဂ့ၤ

blessing *n* တၢ်ဆိၣ်ဂ့ၤဆိၣ်ဝါ

blight *v* မၤဟးဂီၤတၢ်, မၤဘၣ်ဒိဆါတၢ်, မၤပံမၤသံၣ်တၢ်, ဃ့ထီသံ

blimp *n* ၁. ပှၤလၢအဟ်ဒိၣ်ဒီးထံၣ်ဒိၣ်လီၤအသး ၂. ကလံၤဖျၢၣ်ယူၤ ၃. ပှၤလၢအဘီၣ်ဒီးဒိၣ်

blind *a* မဲာ်ဘျိၣ်, တထံၣ်လၢၤတၢ်

blind *n* တၢ်နဲ

blind *v* မၤဘျိၣ်ကွံာ်မဲာ်, မၤခံးလီၤမဲာ်, မၤခံးသူၣ်မၤခံးသး, မၤဘံၣ်မၤဘၢတၢ်

blind date *n* မုၣ်ကနီၤဒီးဖိၣ်သၣ်ခွါလၢတထံၣ်လိာ်ဆိသးနီတဘျီသ့ၣ်နံၤဖးသိလိာ်အသး

blind spot *n* ၁. မဲာ်ချံအနၢ်ထူၣ်လၢတၢ်ထံၣ်တၢ်တသ့အလိၢ်, မဲာ်ချံအပူၤတၢ်လိၢ်တတိၤလၢတၢ်ထံၣ်တၢ်တသ့ ၂. တၢ်လိၢ်ဖဲပှၤနီၣ်သိလ့ၣ်တထံၣ်တၢ် ၃. တၢ်လိၢ်လၢတၢ်မၤတံာ်တာ်မဲာ်ချံအတၢ်ထံၣ် ၄. တၢ်ရၤလီၤတၢ်ကစီၣ်အပူၤတၢ်လိၢ်တတိၤလၢဖိၣ်တၢ်ကလုၢ်တဆှံဘၣ်အလိၢ် ၅. တၢ်လၢနတသ့ၣ်ညါနၢ်ပၢၢ်အီၤ

blindfold *n* တၢ်စၢတံၢ်ပှၤအမဲာ်ဒီးတၢ်ကံးညာ်ကှ့ဒ်သိးသုတထံၣ်တၢ်

blindfold *v* ကးဘၢပှၤမဲာ်ဒီးတၢ်ကံးညာ်ဒ်သိးအသုတထံၣ်တၢ်တဂ့ၤအဂိၢ်

blinding *a* ၁. လၢအကပီၤဆူၣ်မဲာ်ကဲၤမဲာ်, လၢအကပြုၢ်ကပြီၤ ၂. (ခိၣ်ဆါ) လၢအဆါနးနးကလဲာ် ၃. လၢအဂ့ၤဒိၣ်မး, လၢအသူၣ်ဖှံသးညီဒိၣ်ဒိၣ်ကလဲာ်

blindly *adv* ဒ်ပှၤမဲာ်တထံၣ်တၢ်အသိး, လၢတၢ်ဆိကမိၣ်တအိၣ်အပူၤ

blinds *n* တၢ်နဲ, တၢ်မၤသဒၢမုၢ်အတၢ်ကိၢ်

blindside *v* ၁. မၤဒၢၣ်ရူသူၣ်ပှၤလၢတၢ်လိၢ်ခံ, တိၢ်ရူသူၣ်ပှၤ, မၤဒၢၣ်ပှၤလၢပှၤတထံၣ်တၢ်အလိၢ် ၂. တဟ်သူၣ်ဟ်သးဘၣ်, တထံၣ်တၢ်ဂ့ၤဂ့ၤဘၣ် ၃. (သိလ့ၣ်) ဘၣ်ထံးလၢအလိၢ်ခံ

blink *n* တၢ်ဖျးဆံးမဲာ်

blink *v* ၁. ဖျးဆံးမဲာ် ၂. ကပီၤပံာ်လ့ပံာ်လ့

blinker *n* ၁. နီၣ်ဒိသဒၢကသ့ၣ်အမဲာ်ချံ, နီၣ်ဒိသဒၢကသ့ၣ်မဲာ်ချံအကပၤခံခီခံကပၤဒ်သိးသုတထံၣ်တၢ်လၢအကပိာ်ကပၤဒီးကကွၢ်တၢ်လီၤလီၤဆူအမဲာ်ညါ ၂. တၢ်လၢအမၤသဒၢမဲာ်, တၢ်လၢအတြီနတၢ်ထံၣ် ၃. သိလ့ၣ်အနီၣ်နဲၣ်ဖျါမ့ၣ်ပနီၣ်, သိလ့ၣ်အပနီၣ်နဲၣ်, သိလ့ၣ်ပနီၣ်နဲၣ်လၢအဒုးနဲၣ်တၢ်လဲၤတၢ်အကျိၤ (ဆူအစ့ၣ်, ဆူအထွဲ)

bliss *n* တၢ်သးခုနီၢ်နီၢ်
blissful *a* လၢအသူၣ်ခုသးခုဇိၣ်ဇိၣ်ကလဲာ်
blissfully *adv* ပုၤဒီးတၢ်သးခုနီၢ်နီၢ်, ပုၤဒီးတၢ်သးခုဇိၣ်ဇိၣ်ကလဲာ်
blister *n* ကဖိထံ
blister *v* ကဖိထီၣ်အိၣ်ဒီးအထံ, ကဖိထံ
blithe *a* ၁. လၢအသူၣ်ဖှံသးညီ, လၢအသူၣ်ခုသးခု ၂. လၢတအိၣ်ဒီးတၢ်ပလိၢ်သူၣ်ပလိၢ်သး
blitz *n* တၢ်နှာ်လီၤဒုးတပျီၤတၢ်, တၢ်နှာ်လီၤဒုးတၢ်သတူၢ်ကလာ်, တၢ်နှာ်လီၤဒုးတပျီၤတၢ်လၢကဘိယူၤ
blitz *v* နှာ်လီၤဒုးတၢ်သတူၢ်ကလာ်, နှာ်လီၤဒုးတပျီၤတၢ်
blizzard *n* မူခိၣ်ဖီကလံၤမုၢ်, ကလံၤမုၢ်လၢအအူတၢ်ယှာ်ဒီးမူခိၣ်ဖီ
bloat *v* ညီးထီၣ်, ကဖိထီၣ်, ကတၢထီၣ်
bloated *a* ၁. လၢအညီးထီၣ်, လၢအကဖိထီၣ် ၂. လၢအဇိၣ်ဝဲ မ့တမ့ၢ် ဟ်ကဖိထီၣ်အသး
blob *n* ၁. တၢ်ထံပံာ်တလီၤစီၤ, ထံတလီၤစီၤ ၂. တၢ်အကိၢ်လိၣ်
bloc *n* ထံကိၢ် မ့တမ့ၢ် ကရူၢ်လၢအဟ်ဖိုၣ်ဒီသိၣ်မုံၤလိာ်သး
bloc *v* ထံရူၢ်ကိၢ်သဲးကရူၢ်
block *n* ၁. တၢ်အကိၢ်လိၣ်, သ့ၣ်ကျိၣ်ဖးဒိၣ် ၂. ပၣ်ရုံးသၣ်, တၢ်အပၣ်လၢပထုးတရုံးလၢပျုံၤဒီးစိာ်ထီၣ်တၢ်ဃၢ ၃. တၢ်သူၣ်ထီၣ်ဖးဒိၣ်အဒၢးတဒၢး ၄. တၢ်တြီမၤတံာ်တၢ် ၅. တၢ်လိၢ်ကဝီၤတကဝီၤ ၆. စဲးဖီကဟၣ်အဘျီး(ခ) မ့တမ့ၢ် စဲးအကူာ်ဖးဒိၣ်
block *v* တြီတံာ်တၢ်, မၤတံာ်တၢၤဃာ်တၢ်, ဘျီတၢ်
blockade *n* တၢ်တြီတံာ်ဃာ်တၢ်
blockade *v* မၤနိးတံာ်ဃာ်တၢ်
blockage *n* တၢ်မၤနိးမၤဘျးတၢ်, တၢ်မၤတံာ်ဃာ်ကျဲ
blockbuster *n* ၁. မ့ၣ်ပိၢ်လၢတၢ်ကွၢ်လီၤလၢကဘိယူၤ, မ့ၣ်ပိၢ်လၢအသဟိၣ်ဆူၣ် ၂. (ပနံာ်, တၢ်ဂီၤမူ, လံာ်ကွဲး) တၢ်ဆါအိၤန့ၢ်ဂိၢ်မုၢ်ဂိၢ်ပၤ ၃. တၢ်လၢအကဲထီၣ်လိၣ်ထီၣ်ဇိၣ်ဇိၣ်မုၢ်မုၢ်, တၢ်ဇိၣ်ဇိၣ်မုၢ်မုၢ် ၄. ပုၤခၢၣ်စးလၢအမၤန့ၢ်တၢ်အထိးနါအါအါဂိၢ်ဂိၢ်ခီဖျိတၢ်မၤပျုံၤပုၤဒီးပှၤဟံၣ်ပှၤဃီ, ဆါဟံၣ်ဆါဃီ
blockhead *n* ပုၤတယူၤတပျၤ, ပုၤသူၣ်ဃၢသးဃၢ, ပုၤလၢအတၢ်ကူၣ်တၢ်ဆးတအိၣ်
blog *n* တၢ်ကွဲးထီၣ်လံာ်ဇိၤလဲၢ်ဇိၤလၢပှာ်ဃဲၤသန့အပူၤ, ဘျီး(ခ)
bloke *n* ပုၤပိာ်ခွါတဂၤ
blond *a* ခိၣ်ဆူၣ်ဘီဂီၤစၢ်
blond *n* ပိာ်မုၣ်လၢအခိၣ်ဆူၣ်အလွဲၢ်ဘီဂီၤစၢ်
blood *n* ၁. သွံၣ်, ၂. တၢ်ဂၢ်သွံၣ်ဂၢ်စီၤ ၃. တၢ်ဟဲလီၤစၢၤလီၤသွဲၣ်, တၢ်ဖးဘူးညၣ်တံၢ်
  get / have one's blood up *idm:* အသးကိၢ်ထီၣ်, အသွံၣ်ကိၢ်သးဒိၣ်ထီၣ်တၢ်
blood bank *n* သွံၣ်တၢး, တၢ်ဟ်ဖိုၣ်ဟ်တံၤဃာ်တၢ်သွံၣ်အလိၢ်လၢတၢ်ကစူးကါအီၤလၢတၢ်ဆါဟံၣ်
blood brother *n* သိၣ်နူသိၣ်မုံၤ, ပုၤဒီသိၣ်ဒီမုံၤလၢအဆဲးသွံၣ်အိၣ်ညၣ်
blood clot *n* သွံၣ်ကိၢ်လိၣ်, သွံၣ်ဒုး
blood donor *n* ပုၤဟ့ၣ်သွံၣ်, ပုၤဟ့ၣ်မၤဘူၣ်လီၤသွံၣ်
blood group *n* သွံၣ်ကရူၢ်
blood poisoning *n* သွံၣ်စုၣ်ထီၣ်
blood pressure *n* သွံၣ်တၢ်ဆီၣ်သန်း
blood pressure gauge *n* တၢ်ထိၣ်သွံၣ်ဂံၢ်ဆီၣ်, နီၣ်ထိၣ်သွံၣ်ဂံၢ်ဆီၣ်
blood relation *n* ပုၤဒီဘူးဒီတံၢ်လိာ်သး, ဒီဘူးဒီတံၢ်
blood stream spread *n* တၢ်ဆါဃၢ်ရၤလီၤအသးခီဖျိသွံၣ်ကျိၤ
blood test *n* တၢ်မၤကွၢ်သွံၣ်, တၢ်မၤကွၢ်သွံၣ်လၢကယုသ့ၣ်ညါကွၢ်တၢ်ဆူးတၢ်ဆါအဂီၢ်
blood transfusion *n* တၢ်သွီတၢ်သွံၣ်, တၢ်ယါသွီသွံၣ်
blood vessel *n* သွံၣ်ကျိၤလၢအဆှၢသွံၣ်ဆူယှၢ်ညၣ်, ဆူကၠၢ်ဂီၤဖွဲ, ဆူသွံၣ်လဲၤနှာ်ကျိၤဒီးသွံၣ်ဟးထီၣ်အကျိၤ, သွံၣ်ကျိၤ
bloodbath *n* တၢ်မၤသံမၤဝီပုၤအါအါဂိၢ်ဂိၢ်, တၢ်ဂၢ်သွံၣ်ဂၢ်စီၤ
bloodshed *n* တၢ်မၤသံပုၤကညီ, တၢ်မၤဘၣ်ဒိဘၣ်ထံးပုၤကညီ, တၢ်ဂၢ်သွံၣ်ဂၢ်စီၤ
bloodshot *a* မဲာ်ချံဂီၤ
bloodstain *n* တၢ်သွံၣ်အဖီး, သွံၣ်ဘၣ်အၢအဖီး

bloodthirsty *a* လၢအအဲၣ်ဒိးမၤသံတၢ်, လၢအအဲၣ်ဒိးမၤသံမၤဝီတၢ်

bloody *a* ၁. လၢအဘၣ်အၢထဲတၢ်သွံၣ် ၂. လၢအအိၣ်ဒီးတၢ်မၤတၢထိၣ်တၢလီၤတၢ်ဒီးတၢ်မၤတၢ်အၢတၢ်သိ ၃. (ဘြံးတ့ၣ်အတၢ်ကတိၤ) လၢအသူဝဲဖဲအသးဒိၣ်အခါဒီးအဖုးဘၣ်အသးအခါ

bloom *n* တၢ်လိၣ်ဘိထိၣ်သီ, အသံၣ်အဖီ

bloom *v* ၁. ဘိၣ်ထိၣ်ဖးထိၣ် ၂. လိၣ်ဘိဘိထိၣ်

bloomers *n* ပိာ်မုၣ်အဖျိၣ်ခံဒါ

blooper *n* တၢ်ကမၣ်လၢအမၤမဲာ်ဆူးတၢ်

blossom *n* တၢ်အဖီ, သံၣ်ဖီၤဖီဖီၤ

blossom *v* ဖီထိၣ်, သံၣ်ထိၣ်ဖီထိၣ်

blot *n* ၁. တၢ်ဘၣ်အၢတကဝီၤ, မဲၣ်ထံတကဝီၤ ၂. တၢ်ဟးဂူာ်ဟးဂီၤတကဝီၤ, တၢ်သံၣ်သူမိၤကျာ်တကဝီၤ

blot *v* မၤဘၣ်အၢဒီးမဲၣ်ထံ, မၤဘၣ်အၢ, မၤသံၣ်သူမိၤကျာ်တၢ်, မၤဘၢတၢ်

blotch *n* ၁. တၢ်ဘၣ်အၢတကဝီၤ ၂. တၢ်ကဖိထိၣ်လၢဖံးဘ့ၣ်ခိၣ်

blotter *n* ၁. စးခိမဲၣ်ထံး, ပၢၤကီၢ်အလံာ်ကွဲးနီၣ်ကွဲးဃါ

blouse *n* ဆ့ကၤဘျိး, ဆ့ကၤကဝီၤကိာ်, ဆ့ကၤဘျိးလၢပိာ်မုၣ်အကီ်

blow *n* ၁. တၢ်ဒိတၢ်တိၢ် ၂. တၢ်နးတၢ်ဖှိၣ် ၃. တၢ်အူသဖိုတၢ် ၄. ကလံၤမုၢ်

blow *v* ၁. (ကလံၤ) အူတၢ်, အူသဖိုတၢ် ၂. ဒံဝ့ၤဝီၤ

blow over *vp:* လဲၤပူၤကွံာ်, ဟါမ်ၢ်ကွံာ်

blow up *vp:* ၁. မၤပိါဖး, မၤဟးဂီၤ, ပိါဖးထိၣ်, ဟးဂီၤ ၂. ဖိုးနှာ်ကလံၤ, မၤပှဲၤကလံၤ ၃. ဟဲဒိၣ်ထိၣ်, ဟဲအါထိၣ်, ဟဲနးထိၣ် (တၢ်ကီတၢ်ခဲ, တၢ်တတၢာ်တနါ) ၄. (တၢ်ဂ့ၢ်တၢ်ကျိၤ) ဟဲဖျါထိၣ် ၅. သူၣ်ဒိၣ်သးဖျိးထိၣ်, သးဟဲထိၣ် ၆. မၤလဲၢ်ထိၣ် (တၢ်ဂီၤ)

blow fish *n* တၢၢ်တိာ်

blowout *n* ၁. တၢ်ပိါဖး, သိလှ့ၣ်အပၣ်ပိါဖး ၂. တၢ်သးဒိၣ်ထိၣ်ဖုး

blow-up *n* ၁. တၢ်မၤဒိၣ်ထိၣ်တၢ်ဂီၤ ၂. တၢ်သးဒိၣ်ထိၣ်တၢ်ဖးဒိၣ်သတူၢ်ကလာ်

blubber *n* ပိၣ်လဲၣ်အဆၣ်ဖိကီၢ်ဖိလၢအဒုးအီနှၢ်အဖိတဖၣ်အသိ (လီၤဆီဒ်တၢ်ညၣ်ကမိဒီးဆီ)

blubber *v* ဟီၣ်ကဒူးကဒ့ၣ်တၢ်, ဟီၣ်ကအုကစွါ

bludgeon *n* နိၣ်တိၢ်လၢပၢၤကီၢ်တဖၣ်ဖိၣ်ဝဲ

bludgeon *v* ၁. တိၢ်ဒီးနိၣ်တိၢ် ၂. ကတိၤပျံၤကတိၤဖုးတၢ်လၢကမၤတၢ်တခါခါ

blue *a* လါအဲး

blue *n* အလွဲၢ်လါအဲး

blue blood *n* ပှၤခိၣ်ပှၤနၢ်ပှၤကဲဒိၣ်ကဲထီအစၢၤအသွဲၣ်, ပှၤထူးပှၤတီၤပှၤပတိၢ်ထီအစၢၤအသွဲၣ်, စီၤလီၤစီၤပၤပှၤပတိၢ်ထီအစၢၤအသွဲၣ်

blue jay *n* ထိၣ်ဘလူကၠ, အမဲရကၤထိၣ်လါအဲးတကလှာ်

blue-collar *a* လၢအဘၣ်ဃးဒီးစဲးဖီကဟၣ်အတၢ်မၤ မ့တမ့ၢ် စဲးဖီကဟၣ်အပှၤမၤတၢ်ဖိ, စဲးဖီကဟၣ်အပှၤမၤတၢ်ဖိ

blueprint *n* ၁. တၢ်ရဲၣ်တၢ်ကျဲၤလၢတၢ်ရဲၣ်လီၤအီၤ ၂. တၢ်သူၣ်ထိၣ်အဂီၤအဒိ

bluff *a* လၢအကတိၤတၢ်လီၤကတိၤ

bluff *n* တၢ်ဟ်မၤအသးဒီးလီနှၢ်တၢ်, ကၢ်ဘံလီၤ

bluff *v* ဟ်မၤအသးဒီးလီနှၢ်တၢ်

bluish *a* ထိၣ်လုးထိၣ်လါ

blunder *n* တၢ်ကမၣ်လၢအအိၣ်ထိၣ်လၢတၢ်တပလိၢ်ပဒီသးအဃိ

blunder *v* ၁. မၤကမၣ်တၢ်လၢတၢ်တပလိၢ်သးအပူၤ ၂. ဟးပလၢၢ်ဟးဖီၣ်တၢ်မ့ၢ်လၢတထံၣ်တၢ်အဃိ

blunt *a* ၁. လၢအကနၣ်လူၤ ၂. လၢအကတိၤတၢ်လီၤလီၤ

blunt *v* မၤလူၤတၢ်ကနၣ်, မၤလူၤ, မၤပၢၤ

blur *n* တၢ်ကမိၢ်ကမှာ်, တၢ်ကမံကမှါ, တၢ်ဖျါကနကယီၢ်

blur *v* မၤလီၤကနကွံာ်တၢ်, မၤဖျါကမံကမှါ

blurb *n* တၢ်ဘီးဘၣ်သ့ၣ်ညါဖုၣ်ကိာ်, တၢ်ဘီးဘၣ်ရၤလီၤဖုၣ်ကိာ်

blurt *v* ကတိၤတၢ်ချ့လၢအတအိၣ်ဒီးတၢ်ဆိကမိၣ်ထံတၢ်အပူၤ, ကတိၤထိၣ်ဖျဲးနါစိၤတၢ်

blush *v* မဲာ်ထိၣ်ဂီၤ

bluster *n* တၢ်ကတိၤဆူၣ်ဆူၣ်ကိၢ်ကိၢ်

bluster *v* ၁. ကတိၤတၢ်ဆူၣ်ဆူၣ်ကိၢ်ကိၢ်, ကတိၤသရုသရိးတၢ် ၂. ကလံၤအူတၢ်ဆူၣ်ဆူၣ်

boa *n* ကလီၤ

boa constrictor *n* ကလီၤ

boar *n* ၁. ထိးတံၢ် ၂. ထိးဖါတံၢ် ၃. ထိးဖါနူ့

board *n* ၁. သ့ၣ်ဘၣ်ဖးလဲၢ်ထီၣ်ဆူ (ကဘီ မ့တမ့ၢ် ကဘီယူၤ) အပူၤ ၂. ကမံးတံာ်မိၢ်ပှၢ်လၢတၢ်ကရၢကရိအပူၤ

board *v* ၁. ထီၣ်ဆူ (ကဘီ မ့တမ့ၢ် ကဘီယူၤ) အပူၤ ၂. အိၣ်ဆိးလၢပှၤဟံၣ်တဖျၢၣ်အပူၤဒီးဟ့ၣ်က့ၤအပ္ၤ

boarder *n* ကိုဖိလၢအမၤလိတၢ်ဒီးအိၣ်လၢဟံၣ်ဒွဲ, ပှၤဟံၣ်ဒွဲဖိ, ပှၤဘီဒၢၢ်ဖိ

boarding house *n* ဟံၣ်ဒွဲ, ဘီဒၢၢ်, ဟံၣ်လၢပှၤတမံၤလဲၤမံဒီးပ္ၤအီၣ်မ့ၤသ့

boarding school *n* ကိုလၢအအိၣ်ဒီးကိုဖိဟံၣ်ဒွဲ

boardroom *n* ပှၤရဲၣ်ကျဲၤတၢ်တဖၣ်အတၢ်အိၣ်ဖိုၣ်ဒၢး

boast *n* တၢ်ကတိၤဒိၣ်ကိာ်, တၢ်ကတိၤဂ့ၤကတိၤလၤအသး

boast *v* ကတိၤဒိၣ်အကိာ်, ကတိၤတၢ်ကဖၢလၢ, ကတိၤဂ့ၤကတိၤလၤအသး

boastful *a* လၢအကတိၤဒိၣ်အကိာ်, လၢအကတိၤတၢ်ကဖၢလၢ, လၢအကတိၤဂ့ၤကတိၤလၤအသး

boat *n* ချံ

boat people *n* ပှၤဘၣ်ကီဘၣ်ခဲဖိလၢအယ့ၢ်ထီၣ်လၢအကိၢ်ခိဖျိပိၣ်လဲၣ်ကျဲ, ပှၤဘၣ်ကီဘၣ်ခဲလၢအဒိးချံဒီးယ့ၢ်ထီၣ်လၢအကိၢ်

boathouse *n* တၢ်ဟ်ချံအဒၢး, တၢ်ဟ်ကဘီအဒၢး

boatman *n* ပှၤကၢၢ်ချံ, ပှၤဝါချံ, ပှၤတၢၢ်ချံ

boatyard *n* တၢ်လီၢ်လၢပှၤဘိုချံဒီးပှၤဟ်ချံအလီၢ်

bob *n* တၢ်ဝးထီၣ်လီၤထီၣ်လီၤ, တၢ်ဃဲပီ

bob *v* ဝးထီၣ်လီၤထီၣ်လီၤ, ဃဲပီ

bode *v* မၤဖျါထီၣ်ဟ်စၢၤတၢ်, နဲၣ်ဖျါထီၣ်ဟ်စၢၤတၢ်

bodice *n* ပိာ်မုၣ်ဆ့ကၤဒၢ, ပိာ်မုၣ်ဆ့ဖျိၣ်ဒၢ

bodily *a* လၢအဘၣ်ယးဒီးတၢ်အမိၢ်ပှၢ်, ဘၣ်ယးဒီးနီၢ်ခိနီၢ်ခိ

bodily *adv* ၁. လၢအမၤဟူးမၤဝးပှၤတဂၤဂၤအနီၢ်ခိဆူၣ်ဆူၣ် ၂. ဒီတခါညါ

body *n* ၁. တၢ်အမိၢ်ပှၢ်, မိၢ်ပှၢ် ၂. နီၢ်ခိနီၢ်ကစၢ် ၃. တၢ်သံစိၣ်

body bag *n* တၢ်သံအထၢၣ်, ထၢၣ်လၢပှၤစိာ်တၢ်သံ

body blow *n* ၁. တၢ်ထိပှၤဖဲပှၤကညီအမိၢ်ပှၢ် ၂. တၢ်နိးတၢ်ဘျး, တၢ်တြီမၤတံာ်တာ်ဒိၣ်ဒိၣ်မုၢ်မုၢ်

body language *n* တၢ်ကတိၤတၢ်ခီဖျိနီၢ်ခိအတၢ်ဟူးတၢ်ဂဲၤ, နီၢ်ခိအတၢ်ကတိၤ, တၢ်နဲၣ်စုနဲၣ်ခီၣ်

body odour, body odor *n* နီၢ်ခိအစိ, ပှၤတဂၤအနီၢ်ခိတၢ်နၢတၢ်နွါ

body search *n* တၢ်ဃုကွၢ်နီၢ်ကစၢ်, တၢ်ကွၢ်ဃုတၢ်လၢနီၢ်ခိအလိၤ

bodybuilder *n* ပှၤလၢအဂဲၤလိာ်ကွဲဒ်သိးအယုၢ်ညၣ်ကဆူၣ်ထီၣ်ဒီးဒိၣ်ထီၣ်အဂီၢ်

bodybuilding *n* တၢ်ဂဲၤလိာ်ကွဲမၤဆူၣ်ထီၣ်ဒီးမၤဒိၣ်ထီၣ်ယုၢ်ညၣ်

bodyguard *n* ပှၤပၢၤသးသမူ

bog *n* ၁. ကပျၢၤ ၂. တၢ်ဟးလီၢ်

bog *v* မၤအိၣ်ထီၣ်တၢ်တံာ်တာ်, မၤတံာ်တာ်တၢ်လဲၤထီၣ်လဲၤထီအကျဲ

boggle *v* သူၣ်ဒံဝ့ၤသးဒံဝီၤ, သးဒ့ဒီ, သူၣ်တအိၣ်သးတအိၣ်, ပျံၤတၢ်လၢကမၤတၢ်တခါခါအဂီၢ်

bogus *a* လၢအတမ့ၢ်တတီ

boil *n* တၢ်ဝ့, တၢ်ဝ့တၢ်ကျိၤ, တၢ်ဝ့တၢ်ကျူၤ

boil *v* ချီတၢ်, ချီကလာ်တၢ်

boiler *n* ၁. စဲးထံချီသပၢၤဖးဒိၣ် ၂. စဲးလၢအလဲၤတၢ်လၢထံချီသဝံ ၃. ဆီလၢတၢ်ကချီအီၣ်အီၤ ၄. ပိာ်မုၣ်လၢအလာ်အၢ

boiling *a* ကလာ်ထီၣ်, ကိၢ်သွး

boiling point *n* ၁. ထံချီကလာ်ထီၣ်အပတိၢ် ၂. တၢ်သးထီၣ်ပိၢ်ဖးထီၣ်

boisterous *a* လၢအသီၣ်လုာ်လုာ်တၢတၢ, တၢ်သီၣ်ဖးဒိၣ်ဖးသွါတြၢကလူပိၢ်ကလာ်, လၢအတြးပိၢ်ကလူလၢတၢ်သူၣ်ဖှံသးညီအပူၤ, လၢအအူတပျုာ်တပျိုၤတၢ်

bold *a* ကဲၤမဲာ်, နူကဝဲၤ, စိၣ်ဝဲၤကဲၤ

bole *n* ၁. သ့ၣ်အထူၣ်မိၢ်ပှၢ်, သ့ၣ်ထံးမိၢ်ပှၢ် ၂. ကပံာ်ဂီၤဃဲးလၢအပၣ်ဃုာ်ဒီးအီးစံဒဲး

bollard *n* တၢၣ်စၢကဘီ

bollocks *n* ၁. တၢ်လၢအခီပညီတအိၣ်, တၢ်တဂိာ်တသိၣ်, တၢ်ကလီကလီ, တၢ်နါစိၤ

bolster *n* ခိၣ်သခၢၣ်ဖးထီ

bolster *v* ဆီၣ်ထီၣ်အခံ, ဟ့ၣ်သဆၣ်ထီၣ်အခံ, ဆီၣ်ထွဲပှၤဂၤလၢကဒိၣ်ထီၣ်ထီထီၣ်အဂီၢ်, ဆီၣ်ထွဲမၤစၢၤ, မၤဒိၣ်ထီၣ်ထီထီၣ်တၢ်, မၤဂ့ၤထီၣ်အါထီၣ်တၢ်, မၤကဲထီၣ်လိၣ်ထီၣ်တၢ်

bolt *n* ၁. နီၣ်စဲဘိ (တၢ်ဂိာ်တံၢ်ပဲတြီအဂီၢ်) ၂. ထးတံာ်ဘိ, ထးအဘိလၢအအိၣ်ဒီးအခိၣ်တံာ် ၃. ပျ့ၢ်

bolt *v* ၁. ယ့ၢ်တကျူၤ, အီၣ်တၢ်အီၣ်ချ့ချ့ ၂. ဃ့ၢ်ဖုးသတူၢ်ကလာ်

bomb *n* မ့ၣ်ပိၢ်

bomb *v* ကွံာ်လီၤမ့ၣ်ပိၢ်, တ့ၢ်လီၤမ့ၣ်ပိၢ်

bomb site *n* တၢ်ကွံာ်လီၤမ့ၣ်ပိၢ်အလိၢ်, မ့ၣ်ပိၢ်ပိၢ်ဖးအလိၢ်တဖၣ်

bombard *v* ၁. ခးလီၤမျိာ်, ခးလီၤမ့ၣ်ပိၢ်ဒီးကျိဖးဒိၣ်တဖၣ်တပယူာ်ဃီ ၂. မၤတံာ်တာ်ပှၤသးခီဖျိသံကွၢ်အီၤတၢ်သံကွၢ်အါအါတပယူာ်ဃီ

bombardier *n* ၁. ကလံၤသုးစကီၤဖိ ၂. ပှၤတ့ၢ်လီၤမ့ၣ်ပိၢ်

bombast *n* တၢ်ကတိၤဒိၣ်အကဲာ်

bomber *n* မ့ၣ်ပိၢ်ကဘီယူၤ

bombing *n* တၢ်ကွံာ်လီၤမ့ၣ်ပိၢ်, တၢ်တ့ၢ်လီၤမ့ၣ်ပိၢ်

bombshell *n* ၁. မ့ၣ်ပိၢ်အဆၣ်, မ့ၣ်ပိၢ်အကု ၂. တၢ်ကစီၣ်, တၢ်မၤအသးလၢအလီၤသူၣ်ဟးဂီၤသးဟးဂီၤ, တၢ်မၤအသးလၢအမၤဖုးမၤပျိၢ်တၢ်, တၢ်လၢအမၤသးဟးဂီၤတၢ်, တၢ်လၢအမၤကမၢကမၣ်တၢ်ဒိၣ်ဒိၣ်ကလဲာ်, တၢ်လၢအမၤလီၤသးကတုၤတၢ် ၃. ပှၤပိာ်မုၣ်လၢအလီၤထုးန့ၢ်သူၣ်ထုးန့ၢ်သး, ပှၤပိာ်မုၣ်လၢအဃံလၤ

bona fide *a* လၢအမ့ၢ်အတီ, နီၢ်နီၢ်

bonanza *n* ၁. တၢ်ထူးထီၣ်တီၤထီၣ်အဂံၢ်ခိၣ်ထံး ၂. (စၢ်ပူၤထးပူၤ) တၢ်ဟးထီၣ်အါအါဂိၢ်ဂိၢ်, ဟီၣ်လာ်တၢ်ထူးတၢ်တီၤအကျိၤ

bond *n* လံာ်တၢ်အၢၣ်လီၤ, တၢ်လၢအစၢဃာ်တၢ်

bond *v* စၢဃာ်လိာ်အသး

bondage *n* ၁. တၢ်ကဲကု့ၢ်ကဲပှၤ, တၢ်အိၣ်ဒ်တၢ်အကု့ၢ်အပှၤအသိး ၂. တၢ်စၢတံၢ်ပှၤဝံၤမံဃုာ်ပှၤ

bonded *a* ၁. လၢအဘၣ်တၢ်ဒုးစဲဘူးအီၤဂ့ၤဂ့ၤခီဖျိတၢ်စဲ, တၢ်ကိၢ်အသဟီၣ် မ့တမ့ၢ် တၢ်ဆီၣ်သန်းအီၤ ၂. လၢအဘၣ်တၢ်အၢၣ်လီၤတူၢ်လိာ်အီၤအိၣ်ဒီးလံာ်ဃံးဃာ်

bone *n* တၢ်ဃံ, တၢ်ဃံတၢ်ကွဲ

bone *v* ထုးကွံာ်တၢ်အဃံအကွဲတချူးဖီအီၣ်တၢ်

bonehead *n* ပှၤငီငး, ပှၤအီရိာ်အီပိ

bonfire *n* မ့ၣ်အူပူၣ်

bong *n* တၢ်သီၣ်ဩဖးထီ, တၢ်ကလုၢ်သီၣ်ကအၢဒီးထုးပယွဲၤအသးဖးထီ (အဒိ, ဒၢလွဲအသီၣ်)

bong *v* မၤသီၣ်ဩဖးထီ, မၤသီၣ်ကအၢဖးထီ

bongo *n* တပုၢ်တကလုာ်လၢတၢ်ပိၢ်အီၤလၢစုနၢ, ဒၢဖိခံဖျၢၣ်လၢတၢ်ဟ်အီၤလၢခီၣ်လ့ၢ်ခိၣ်ကဆူးဒီးပိၢ်အီၤ

bonnet *n* ၁. ပိာ်မုၣ်ဒီးဖိသၣ်အခိၣ်ဖျိၣ်စၢတကလုာ် ၂. သိလ့ၣ်အစဲးခိၣ်ကၢၢ်

bonny *a* လၢအဃံဝဲလၤဝဲ, လၢအဘၣ်သူၣ်ဘၣ်သး

bonus *n* ၁. တၢ်ဟ့ၣ်အါထီၣ်(လါလဲ) လၢအမၤတၢ်ဂ့ၤအဃိ ၂. တၢ် (အမှး) လၢတၢ်ဒိးန့ၢ်အါထီၣ်လၢတၢ်တတိာ်သူၣ်ဟ်သးဘၣ်အပူၤ

bony *a* ၁. ဒိၣ်ဃံ, ဃဲၤ ၂. အဃံအါ

boob *n* ၁. တၢ်ကမၣ်လၢအလီၤမဲာ်ဆုး ၂. ပှၤလၢအသးတဆး, ပှၤအီရံာ်အီရိာ်, ပှၤငီငး

booby *n* ပှၤအီပိ, ပှၤအီရိာ်

booby prize *n* ခိၣ်ဖးလၢ (တၢ်လိာ်ကွဲ, မၤတၢ်) အနးကတၢၢ်အဂီၢ်

booby trap *n* တၢ်ဒိးမ့ၣ်ပိၢ်

booby-trap *v* ဒိးလီၤမ့ၣ်ပိၢ်

book *n* လံာ်

book *v* ပှ့ၤဆိန့ၢ် (လံာ်ပျဲက့), မၤလိာ်ဆိ (လံာ်ပျဲက့)

bookcase *n* လံာ်စီၢ်ခိၣ်

bookend *n* နီၣ်ကၢၤလံာ်

bookie *n* ပှၤတၤတၢ်အခိၣ်, ပှၤတူၢ်လိာ်ကဲန့ၢ်တၢ်တၤတၢ်အခိၣ်

booking *n* ၁. တၢ်ပှ့ၤဆိ, တၢ်မၤလိာ်ဆိ(လဲးမး), တၢ်ရဲၣ်တၢ်ကျဲၤမၤလိာ်ဆိ (တၢ်လိၢ်တၢ်ကျဲ) ၂. တၢ်မၤနီၣ်ဃာ်ပှၤဂဲၤလိာ်ကွဲဖိလၢအမၤကမၣ်တၢ်သိၣ်တၢ်သိအမံၤအသၣ်

bookkeeper *n* ပှၤဖိၣ်စ့စရီပတီၢ်

bookkeeping *n* တၢ်ဖိၣ်စ့စရီပတီၢ်

booklet *n* လံာ်လၢအအိၣ်ဒိးအကဘျံးစှၤကိာ်ဖိ, လံာ်ဆံးဆံးဖိ, လံာ်ဖိလံာ်ဆၣ်

bookmaker *n* ပှၤတၤတၢ်အခိၣ်, ပှၤတူၢ်လိာ်ကဲန့ၢ်တၢ်တၤတၢ်အခိၣ်

bookmaking *n* တၢ်တၤတၢ်လၢတၢ်လိာ်ကွဲအပူၤ

bookmark *n* ၁. ခးက့ဖးထီလၢတၢ်မၤနီၣ်ဃာ်လံာ်အဆၢ, တၢ်လၢပထၢနှာ်ဃာ်လၢလံာ်ပူၤဒ်သိးပကမၤနီၣ်ဃာ်လံာ်အဆၢ ၂. (ခီၣ်ဖျူထၢၣ်အကျိၤအကျဲ) တၢ်မၤနီၣ်ဃာ်ပှာ်ယဲၤကဘျံးအိၣ်တၢ်အလီၢ်, တၢ်မၤနီၣ်ဃာ်ပှာ်ယဲၤကဘျံးအိၣ်တၢ်အလီၢ်ဒ်သိးတၢ်ယုကွၢ်ကဒါက့ၤအီၤကဘၣ်ညီညီအဂီၢ်

bookrack *n* စီၢ်လၢတၢ်ဟ်လံာ်အဂီၢ်, တၢ်တီခိၣ်

bookseller *n* ပှၤဆါလံာ်ဖိ

bookshelf *n* လံာ်စီၢ်

bookshelves *n* လံာ်စီၢ်တဖၣ်

bookshop *n* လံာ်ကျး

bookstall *n* တၢ်ဆါလံာ်အကျး

bookstore *n* လံာ်ကျး

bookworm *n* ပှၤလၢအအဲၣ်ဖးလံာ်ဖးလဲၢ်

boom *n* ၁. မုၢ်ကျိၤဝဲၤကွာ်အတၢ်ကဲထီၣ်လိၣ်ထီၣ် ၂. တၢ်မံၤဟူသၣ်ဖျါထီၣ် ၃. တၢ်သီၣ်သထြူး ၄. တၢၣ်ဖးထီလၢဘၣ်တၢ်စၢဃာ်အီၤလၢကဘီယၢ်လၣ်အဖီလာ် ၅. ပျံၤတြီဃာ်လၢထံကျိပူၤ

boom *v* သီၣ်သထြူး

boomerang *n* ဘူမရဲနီၣ်ကွံာ်, နီၣ်ကွံာ်တကလုာ်လၢပှၤထူလံၤဖိလၢအီးစထြွလံယါသူဝဲလၢတၢ်ယုအိၣ်ဆၣ်ဖိကီၢ်ဖိအဂီၢ်, နီၣ်ကွံာ်က့ၣ်တကလုာ်လၢပကွံာ်အီၤဝံၤဟဲက့ၤကဒါက့ၤဆူပအိၣ်

boon *n* တၢ်လၢကဲထီၣ်တၢ်ဘျုးတၢ်ဖှိၣ်, တၢ်ဘျုးတၢ်ဖှိၣ်

boor *n* ပှၤရၢၢ်ပှၤစၢၢ်, ပှၤလၢအရၢၢ်အစၢၢ်, ပှၤငိငးအီရီၢ်

boost *n* ၁. တၢ်ဆီၣ်ထွဲမၤစၢၤတၢ်, တၢ်ဟ့ၣ်သဆၣ်ထီၣ်ပှၤအခံ ၂. တၢ်မၤဒိၣ်ထီၣ်ထီထီၣ်တၢ်, တၢ်မၤဂ့ၤထီၣ်တၢ်, တၢ်မၤကဲထီၣ်လိၣ်ထီၣ်တၢ်

boost *v* ဆီၣ်ထီၣ်အခံ, ဟ့ၣ်သဆၣ်ထီၣ်အခံ, ဆီၣ်ထွဲပှၤဂၤလၢကဒိၣ်ထီၣ်ထီထီၣ်အဂီၢ်, ဆီၣ်ထွဲ

booster *n* ၁. တၢ်လၢအမၤဆူၣ်ထီၣ်တၢ်ဂံၢ်တၢ်ဘါ, တၢ်လၢအမၤဂ့ၤထီၣ်တၢ်အိၣ်ဆူၣ်အိၣ်ချ့ ၂. ကသံၣ်ဟ့ၣ်ဆူၣ်ထီၣ်တၢ်အဂံၢ် ၃. မျိာ်သၣ်လၢတၢ်ခးထီၣ်အီၤဒ်သိးကဟ့ၣ်ဆူၣ်ထီၣ်မျိာ်သၣ်အဂံၢ် ၄. တၢ်တမံၤမံၤလၢအဟ့ၣ်အါထီၣ်တၢ်အဂံၢ်အဘါ, တၢ်အသဟီၣ်အပီးအလီ

boot *n* ခီၣ်ဖံးဘူး

boot *v* ၁. ထူတကျာ် ၂. ဆီၣ်ဖျိးကွံာ်လၢအသဟီၣ်ဆူၣ်ဆူၣ် ၃. အိးထီၣ်ခီၣ်ဖျူထၢၣ်, စးထီၣ်ခီၣ်ဖျူထၢၣ်

booth *n* 1. တၢ်သူၣ်ထီၣ်ဆံးဆံးဖိ ၂. ဟံၣ်ဖိစီၣ် (အဒိ, telephone booth– တၢ်ဆဲးလီတဲစိအလီၢ်)

bootlace *n* ခီၣ်ဖံးအပျံၤ

booty *n* တၢ်ထီၣ်ဒုးမၤန့ၢ်တၢ်ဖိတၢ်လံၤလၢတၢ်ဒုးပျိပူၤ, တၢ်ဖိတၢ်လံၤလၢတၢ်ဂုာ်ဆူၣ်ပျိဆူၣ်န့ၢ်အီၤ

booze *n* သံး

booze *v* အီသံးဆူၣ်

boozer *n* ၁. ပှၤလၢအအီသံးဆူၣ် ၂. ကျး

booze-up *n* တၢ်အီသကိးသံးအါအါဂိၢ်ဂိၢ်

border *n* ၁. ကီၢ်ဆၢ ၂. တၢ်သရှၤ, တၢ်အဆၢ

border *v* ၁. မၤအိၣ်ထီၣ်အဆၢ, မၤအဆၢ, မၤအိၣ်ထီၣ်အသရှၤ ၂. အိၣ်ဘူးအိၣ်တံၢ်လိာ်သး, ဘူးလိာ်သး, အိၣ်စဲဘူး ၃. ဟဲဘူးထီၣ် ၄. အိၣ်လၢအသရှၤ, အိၣ်လၢထံဆၢကီၢ်ဆၢ, ကဲထံဆၢကီၢ်ဆၢ, အိၣ်လၢအဆၢ

border on *vp:* ၁. ဘူးကမ့ၢ်ဃၣ်ဃၣ် ၂. ဘူးလိာ်သး

borderland *n* ကီၢ်ဆၢတၢ်လီၢ်, ကီၢ်ဆၢလီၢ်ကဝီၤ

borderline *a* (တၢ်အိၣ်သးဖဲ) အိၣ်လၢတၢ်ခံမံၤအဘၢၣ်စၢၤ

borderline *n* ကီၢ်ဆၢ, တၢ်လီၢ်အဆၢ

bore *n* တၢ်လၢအလီၤကၢၣ်, ပှၤလၢအကၢၣ်

bore *v* ၁. မၤဘှံးမၤလီၤကၢၣ် (ပှၤသး) ၂. ပျံာ်ဖျိ

bored *a* လီၤကၢၣ်, တၢ်ကၢၣ်သးလၢတၢ်တမံၤမံၤအယိ

boredom *n* တၢ်လၢအမၤအသးဒ်အလီၢ်လီၢ်တဘျီဘၣ်တဘျီတုၤအမၤဘှံးမၤကၢၣ်ပသး

borehole *n* ထံပူၤဖးယိာ်

boring *a* လၢအလီၤကၢၣ်

born *a* ၁. လၢအဟဲအိၣ်ဖျဲၣ်ထီၣ် ၂. လၢအအိၣ်ဒီးန့ဆၢၣ်အတၢ်သ့တၢ်ဘၣ် ၃. လၢအဟဲန့ၢ်လၢ

မိၢ်ဟၢပှၤလံၤလံၤ, လၢအပၣ်ဃုာ်လၢအိၣ်ဖျဲၣ်ထိၣ်လံၤလံၤ, ထူလံၤ, လၢအိၣ်ထူအိၣ်လံၤ

borough *n* ၁. ဝ့ၢ်လၢအကဲဘျီၣ်ဒိၣ်လာ်အခၢၣ်စး ၂. ဝ့ၢ်လၢအိၣ်ဒီးတၢ်ပၢလီၤသးခွဲးယာ်, ဝ့ၢ်လၢအိၣ်ဒီးမူၣ်နံၣ်စပဲၣ်အဝဲၤကျိၤဝဲၤကွာ်တဖၣ်ဒီးအိၣ်ဒီးတၢ်ပၢလီၤသးဒၣ်ဝဲ, ဟီၣ်ကဝီၤပၢလီၤဆီ

borrow *v* ဟံးလိၢ်, လိၢ်န့ၢ်တၢ်, ဟံးန့ၢ်ကဒွဲ

borrower *n* ပှၤဃ့လိၢ်တၢ်ဖိ, ပှၤလၢအဃ့လိၢ်စ့, ပှၤလၢအဃ့လိၢ်စ့လၢစ့တား

borrowing *n* ၁. တၢ်ဃ့လိၢ်တၢ်, တၢ်ဃ့လိၢ်စ့ ၂. တၢ်လၢတၢ်ဃ့လိၢ်အီၤ ၃. တၢ်ဟံးန့ၢ်စူးကါပှၤဂၤအကျိာ်, တၢ်လုၢ်ဖိပှၤအကျိာ်

bosom *n* ၁. ပိာ်မုၣ်အနှၢ် မ့တမ့ၢ် အသးနါပှၢ် ၂. တၢ်အဲၣ်တၢ်ကဟုကယာ်

boss *n* တၢ်မၤမူဒါခိၣ်, ပှၤအခိၣ်

boss *v* ၁. ဟ့ၣ်လီၤတၢ်ကလုၢ်, နဲၣ်လီၤတၢ် ၂. မၢဝ့ၤမၢဝီၤတၢ်တကတၢၢ်နီတဘျီ, မၢအိၣ်တၢ်ဆူၣ်

bossy *a* လၢအလိာ်သရၣ်အသး

botanical *a* လၢအဘၣ်ဃးဒီးတၢ်မဲတၢ်မါပီညါ

botanist *n* ပှၤလၢအယုသ့ၣ်ညါမၤလိဘၣ်ဃးတၢ်မဲတၢ်မါပီညါ

botany *n* တၢ်ကူၣ်ဘၣ်ကူၣ်သ့ဘၣ်ဃးတၢ်မဲတၢ်မါ, တၢ်မဲတၢ်မါပီညါ

botch *n* တၢ်မၤတၢ်လၢအတတုၤလီၤတီၤလီၤ

botch *v* မၤတၢ်တတုၤလီၤတီၤလီၤ

both *det* ခံခါလာာ်, ခံမံၤလာာ်

bother *n* တၢ်တံာ်တာ်, တၢ်ကီတၢ်ခဲ

bother *v* ၁. ကနၣ်ဃုာ်တၢ် ၂. မၤတံာ်တာ် (ပှၤ)

bothersome *a* လၢအမၤတံာ်တာ်တၢ်, လၢအကဲထိၣ်တၢ်တံာ်တာ်ဒီးတၢ်ကီတၢ်ခဲ

bottle *n* ပလီ

bottle *v* ထၢနှာ်လီၤလၢပလီပူၤ, ဖၢနှာ်လၢပလီပူၤ

bottle opener *n* နီၣ်ခွဲးမီ (ပလီ)

bottle-feed *v* ဒုးအီဖိသဉ်တၢ်နှၢ်ထံပလီ

bottle-gourd *n* ထံလူၤသၣ်

bottleneck *n* ၁. ကိအကိာ်, ပလီအကိာ်ဘိ ၂. ကျဲမုၢ်လၢအအံၣ်တတီၤ

bottom *a* ၁. လၢအပတိၢ်အဖုၣ်ကတၢၢ် ၂. လၢအခံဒိး, လၢအိၣ်လၢအလိၢ်ခံကတၢၢ်

bottom *n* ၁. တၢ်အခံဒိး ၂. ခံကိၢ်

bottom line *n* ၁. စ့အိၣ်တ့ၢ်လၢစ့စရီပူၤခဲလာာ်ဟ်ဖိုၣ် ၂. တၢ်ဂ့ၢ်တၢ်ကျိၤအရှဒိၣ်အခိၣ်ထံးခိၣ်ဘိ, တၢ်ဂ့ၢ်အခိၣ်သ့ၣ်လၢအရှဒိၣ်ကတၢၢ်လၢတၢ်ဂ့ၢ်ကီတမံၤအပူၤ

bottomless *a* လၢအခံဒးတအိၣ်ဘၣ်, လၢတၢ်ပနီၣ်အဆၢတအိၣ်ဘၣ်

bottom-up *a* လာ်ဆူထး, လာ်ခီဆူထးခီ

bougainvillea, bougainvillaea *n* ဖီစးခိ

bough *n* သ့ၣ်ဒ့ဖးဒိၣ်, သ့ၣ်ဒ့အမုၢ်ကျၢၢ်

bouillon *n* ကသူထံဆံ့, ကသူဆၢထံအခိၣ်, တၢ်ဃံတၢ်ကွဲအဆၢထံ

boulder *n* လၢၢ်ဖးဒိၣ်, လၢၢ်ခိၣ်လ့, လၢၢ်ကိၢ်လိၣ်

boulevard *n* ကျဲမုၢ်လၢအအိၣ်ဒီးသ့ၣ်ထူၣ်ဖိခံကပၤလာာ်

bounce *n* ၁. တၢ်ဟဲဘၣ်က့ၤတၢ်, တၢ်စံၣ်ဖျိုးကဒါက့ၤ ၂. တၢ်စံၣ်ပီပုတီးတီးတဘိတဘိ, တၢ်စံၣ်တဘိတဘိ ၃. တၢ်ဒိးန့ၢ်ကဒါက့ၤတၢ်နာ်န့ၢ်လီၤသး ၄. တၢ်ဂုာ်ထိၣ်ပသိထိၣ်က့ၤ, တၢ်မူထိၣ်ဂဲၤထိၣ်က့ၤ

bounce *v* စံၣ်ပီပု, စံၣ်ပထါ

bouncer *n* ၁. ပှၤခိးတြဲၤ, ပှၤခိးတၢ်ဖိ, ပှၤပၢၤတၢ်ဖိဖဲသံးကျး, ပှၤခိးတၢ်ဖိဖဲသံးကျးဖဲမုၢ်နၤခီတၢ်သူၣ်ဖှံသးညီအကျးတဖၣ်အလိၢ်လၢအဘၣ်ထုးထိၣ်နီၣ်ထိၣ်ပှၤလၢအမၤတံာ်တာ်မၤကီမၤခဲတၢ်တဖၣ် ၂. (ခြွးခဲး, ဖျာ်တီၢ်) တၢ်ကွံာ်စူးတၢ်ဖျာ်သလၢၣ်ဆူၣ်ဆူၣ်ကလဲာ်

bouncing *a* လၢအပှဲၤဒီးတၢ်အိၣ်ဆူၣ်အိၣ်ချ့တၢ်ဂံၢ်တၢ်ဘါ

bouncy *a* ၁. လၢအစံၣ်ထိၣ်စံၣ်လီၤပီးပီး, လၢအမၤဖုထိၣ်ဖုလီၤပီးပီးတၢ် ၂. လၢအစီၣ်မဲာ်စီၣ်နါအိၣ်ဒီးတၢ်နာ်န့ၢ်လီၤသး

bound *a* ၁. လၢအစးထိၣ်လဲၤဆူတၢ်လိၢ်တတီၤတီၤ ၂. လၢတၢ်ဟ်ပနီၣ်တၢ်အဆၢ ၃. လၢအဟ်လီၤအသးကျၢၤမုဆူ ၄. လၢတၢ်ဆးစဲဘူးလံာ် ၅. (လံာ်မဲာ်ဖျာ်) လၢတၢ်ဟ်ဖိုၣ်ဃုာ်အီၤဒီးလံာ်မဲာ်ဖျာ်အဂၤ

bound *n* ၁. တၢ်စံၣ်ဖုဘူးဒီးတၢ်တမံၤမံၤ ၂. တၢ်ဟ်တၢ်အဆၢ, တၢ်အဆၢ

bound *v* ဟးတခီခီဖုတခီခီ, စံၣ်တခီခီဖုတခီခီ

bound for *vp:* ကလဲၤဆူ, တီၤလီၤဆူ

bound to *vp:* ကမၤသပှၢ်ပှၢ်, ဟ်အသးဘုစဃုလၢအကမၤဝဲ

boundary *n* ၁. ကိၢ်ဆၢ, ကိၢ်သရုၤ ၂. တၢ်လီၢ်အဆၢ, တၢ်သရုၤ

boundless *a* လၢအကတၢၢ်တသ့ဘၣ်, လၢအဆၢတအိၣ်ဘၣ်

bounteous *a* လၢအဟ့ၣ်တၢ်ညီ, လၢအါအါဂိၢ်ဂိၢ်

bounteously *adv* လၢလၢပှဲၤပှဲၤ, အါအါဂိၢ်ဂိၢ်, လၢအသူၣ်လဲၢ်သးလဲၢ်

bountiful *a* လၢအအါအဂိၢ်, လၢအအိၣ်အါအါဂိၢ်ဂိၢ်

bounty *n* တၢ်ဟ့ၣ်စ့လၢတၢ်ကမၤသံ မ့တမ့ၢ် ဖီၣ်ပှၤတဂၤဂၤအဂီၢ်

bounty hunter *n* ပှၤလၢအလူၤဃုပှၤဖိၣ်ပှၤမၤကမၣ်တၢ်ဖိလၢကဒိးန့ၢ်စ့အဂီၢ်

bouquet *n* ဖီကဒိၣ်

bourgeois *a* ၁. လၢအဘၣ်ဃးဒီးတၢ်ဒိၣ်ကျိၣ်ဒိၣ်စ့ ၂. ပှၤလၢအအဲၣ်တၢ်လီၢ်တၢ်လၤတၢ်ထူးတၢ်တီၤဒီးတၢ်စုလီၢ်ခီၣ်ခိၣ်

bourgeois *n* ဒိၣ်ကျိၣ်ဒိၣ်စ့

bourgeoisie *n* ပှၤခၢၣ်သးအပတီၢ်, ပှၤဂီၤမ်ာ်အပတီၢ်

bout *n* ၁. တၢ်ဆၢကတီၢ်ဖုၣ်ကိာ်ဖဲတၢ်ကဲထီၣ်သးတမံၤမံၤ ၂. တၢ်ဆူးတၢ်ဆါအကတီၢ်၃. တၢ်တမဲးစုတမဲးခီၣ်

boutique *n* ကျးဆါစိၤတ့ၤတၢ်ကယၢပိးလီ (တၢ်ကူတၢ်ကၤ, ခိၣ်ဖှိၣ်ဒီးအိၣ်ဒ်အါကၢ)

bovine *a* ၁. လၢအဘၣ်ဃးဒီးကျိၢ်ဓိၤပနၢ်ဓိၤ ၂. လၢအအီရံာ်အီရီာ်, လၢအငီငးဒီးဃၢရုၤဃၢတုၤ

bow *n* ၁. တၢ်ဆုးလီၤခိၣ်ဟ့ၣ်တၢ်ယူးယီၣ် ၂. ချံ, ကဘီအခိၣ်တကပၤ ၃. ချံၣ် ၄. သီတူၢ်အနီၣ်ဂူာ် ၅. ပျံၤစၢကမိာ်လၢတၢ်ကယၢအဂီၢ်

bow *v* ဆုးလီၤခိၣ်ဟ့ၣ်တၢ်ယူးယီၣ်, သကူးလီၤသး

bow tie *n* ကိာ်စၢကမိာ်

bowel *n* ၁. ပှံာ် ၂. တၢ်လၢအအိၣ်လၢအကအိပူၤ ၃. တၢ်သူၣ်ကညီၤသးကညီၤတၢ်, တၢ်အိၣ်ဒီးတၢ်ဒိသူၣ်ဒိသး

bowel movement *n* တၢ်အ့ၣ်ဆါ, တၢ်အ့ၣ်

bowels *n* ပှံာ်ဖးဒိၣ်တဖၣ်

bower *n* ၁. တၢ်သူၣ်ထိၣ်ဃံလၤလၢတၢ်အိၣ်ဘှံးအလီၢ် ၂. ပှၤပိာ်မုၣ်မံဒၢး

bowl *n* လီခီဖျၢၣ်

bowl *v* ၁. တလ့ၣ်, တလ့ၣ်တၢ်ဖျၢၣ်သလၢၣ် ၂. (ခြွးခဲး, ဖျၢၣ်တိၢ်) ကွံာ်စူးဃီၤခြွးခဲးဖျၢၣ်ဆူတၢၣ်ဖှိအိၣ်တၢ်အလီၢ်လၢပှၤကတိၢ်အီၤအဂီၢ်

bowshot *n* တၢ်ခးချံၣ်အတၢ်ဒ့ၣ်စၢၤ

box *n* တလါ

box *v* မဲၤတၢ်, ထိတၢ်

box office *n* တၢ်ဆါ (တၢ်ဂီၤမူ) လဲးမးအလီၢ်

boxer *n* ပှၤမဲၤတၢ်ဖိ, ပှၤထိတၢ်ဖိ, ပှၤတမဲးစုတမဲးခီၣ်

boxing *n* တၢ်တမဲးစုတမဲးခီၣ်

boy *n* ပိာ်ခွါဖိသၣ်

Boy Scout *n* ၁. စကီးပိာ်ခွါဖိကရၢ, စကီးအကရၢဖိ, ပှၤပိာ်ခွါသးစၢ်လၢတၢ်သိၣ်လိအီၤလၢတၢ်သ့စုခီၣ်ဘၣ်, တၢ်သ့တ့ထိၣ်ဘှီထိၣ်တၢ်အတၢ်မၤလိတဖၣ် ၂. ပှၤသးဖိလၢအလဲၤလၢတၢ်မဲာ်ညါဒီးဃုသ့ၣ်ညါတၢ်

boycott *n* နူၣ်ချၢထီဒါ, တၢ်ခီၣ်ရီၢ်

boycott *v* တြီဃာ်တၢ်ရှလိာ်မၤဃှာ်တၢ်, တြီတၢ်ပှ့ၤတၢ်ဆါတၢ်

boyfriend *n* တၢ်အဲၣ်တီခွါ

boyhood *n* ပိာ်ခွါဖိသၣ်အကတီၢ်

boyish *a* လၢအလီၤက်ာ်ဒီးပိာ်ခွါ, လၢအမၤအသးလီၤက်ာ်ဒ်သိးပိာ်ခွါ

bra *n* ဆ့ကၤဖိ, ဆ့ဖှိၣ်ဖိ (ဆ့ကၤဖိလၢ်လၢပှၤပိာ်မုၣ်တဖၣ်ကၤဝဲ)

brace *n* တၢ်ဂၢၤဃာ်ပၢၢ်ဃာ်, နီၣ်ပၢၢ်

brace *v* ဟံးဃာ်တၢ်, ပၢၢ်တၢ်

bracelet *n* ထံဖှံၣ်

bracket *n* ၁. တိၤကွီၤ ၂. နီၣ်ကွီၤဃာ်တၢ်, နီၣ်ကွီၤဘိ

bracket *v* ၁. ထၢနှာ်လီၤဆူတိၤကွီၤအပူၤ ၂. နီၤဖးလီၤအီၤလၢအကလှာ်, ဟ်လီၤအီၤလၢအကလှာ်ဒၣ်ဝဲ

brackish *a* လၢအဟီ

brag *v* ကတိၤဒိၣ်အကိာ်, လိာ်သ့အသး

braggart *n* ပှၤလၢအကတိၤဒိၣ်အကိာ်, ပှၤလၢအလိာ်သ့အသး

bragging *n* တၢ်ကတိၤဒိၣ်ကိာ်, တၢ်ကတိၤကဖၢလၢ, တၢ်ကတိၤစံးဂ့ၤစံးဝါလီၤသး, တၢ်ကတိၤပတြၢၤလီၤသး

braid *n* ၁. ပျံၤပီၤ, ပျံၤသံၣ် ၂. ခိၣ်သံၣ်

braid *v* သံၣ် (ခိၣ်သူ, သိဆူၣ်ဒီးတၢ်အကလုာ်ကလုာ်), ပိၤ (ခိၣ်သူဒီးတၢ်အကလုာ်ကလုာ်)
braided *a* လၢအဘၣ်တၢ်သံၣ်အီၤပိၤအီၤ
Braille *n* ပှၤမဲာ်တထံၣ်တၢ်အလံာ်, လံာ်မဲာ်ဖျၢၣ်လၢတၢ်မၤကဖိထီၣ်အီၤလၢပှၤမဲာ်တထံၣ်တၢ်တဖၣ်အဂီၢ်
brain *n* ခိၣ်နူာ်
brain damage *n* ခိၣ်နူာ်ဟးဂီၤ, ခိၣ်နူာ်ဘၣ်ဒိ
brain drain *n* ပှၤကူၣ်ဘၣ်ကူၣ်သ့ကၤထိၣ်ကွံာ်ခီဖျိဟးထိၣ်ကွံာ်ဒီးလဲၤဆူတၢ်လီၢ်အဂုၤအဂၤ
brainchild *n* ပှၤလၢကူၣ်ဒုးအိၣ်ထီၣ်တၢ်အသိ
brain-dead *a* ၁. လၢအခိၣ်နူာ်ဟးဂီၤကွံာ်, လၢအခိၣ်နူာ်တမၤတၢ်လၢၤ, လၢအခိၣ်နူာ်ဘၣ်ဒိ ၂. လၢအီပီငီး, လၢအီရံာ်အီရီာ်, လၢအတၢ်ကူၣ်တၢ်ဆးတအိၣ်, လၢအခိၣ်နူာ်ဃ့ထီ
brainless *a* လၢအခိၣ်နူာ်တအိၣ်
brainpower *n* ခိၣ်နူာ်သဟီၣ်, တၢ်ကူၣ်သ့ဖးဘၣ်, တၢ်အိၣ်ဒီးတၢ်ကူၣ်တၢ်ဆး
brainstorm *n* တၢ်ဆိကမိၣ်ဒီးဃုသကိးတၢ်အစၢ
brainstorm *v* ဆိကမိၣ်ဒီးဃုသကိးတၢ်အစၢ
brainwash *v* သ့ခိၣ်နူာ် – ဒုးစူၢ်ဒုးနာ်အီၤဒ်သိးကဆီတလဲအတၢ်ဟ်သးဒီးတၢ်စူၢ်တၢ်နာ်
brainwashed *a* လၢအဘၣ်တၢ်သ့ကွံာ်အခိၣ်နူာ် – လၢတၢ်ဘၣ်တၢ်ဒုးစူၢ်ဒုးနာ်အီၤဒ်သိးကဆီတလဲအတၢ်ဟ်သးဒီးတၢ်စူၢ်တၢ်နာ်
brainwashing *n* တၢ်သ့ခိၣ်နူာ် – တၢ်ဒုးစူၢ်နာ်အီၤဒ်သိးကဆီတလဲအတၢ်ဟ်သးဒီးတၢ်စူၢ်တၢ်နာ်
brainwave *n* ၁. တၢ်ထံၣ်တၢ်ဆိကမိၣ် ၂. အံၣ်လဲးထြီန်းအတၢ်ထိၣ်ဟူးထိၣ်ဂဲၤလၢခိၣ်နူာ်ပူၤ ၃. လပီအတၢ်ဟူးတၢ်ဂဲၤလၢပိၣ်လဲၣ်ပူၤ
brainy *a* လၢအခိၣ်နူာ်ဂ့ၤ, လၢအတၢ်ကူၣ်တၢ်ဆးဂ့ၤ, လၢအသူၣ်ပ့ၢ်သးဆှါ, လၢအသ့သ့ၣ်ညါတၢ်
braise *v* ဟၢတၢ်, ဆဲးသိဟၢအီၣ်တၢ်
brake *n* နီၣ်ဖ့ၣ်, နီၣ်ပတှာ်
brake *v* ဖ့ၣ်ဃာ်, ပတှာ်ဃာ်
brake light *n* နီၣ်ဖ့ၣ်အတၢ်ကပီၤ, မ့ၣ်အူကပီၤလၢသိလ့ၣ်လီၢ်ခံ, မ့ၣ်အူကပီၤထိၣ်ဖဲတၢ်စူးကါနီၣ်ဖ့ၣ်အခါ
bran *n* ဖ့ဘ့ၣ်, ဖ့ဘ့ၣ်ပှၢ်, ဖ့
branch *n* အဒ့အတြၢ်, အဒ့
branch *v* ဖးဒ့ထီၣ်, ဖးဒ့ဖးတြၢ်ထီၣ်, နီၤဖးလီၤအဒ့
brand *n* ၁. ပနံာ်တၢ်ကၤအတၢ်ပနီၣ် ၂. တၢ်ပနီၣ်, တၢ်ကျူးပနီၣ် ၃. မ့ၣ်အူခံ
brand *v* ကျူးပနီၣ်ဃာ်တၢ်
brand name *n* ပနံာ်တၢ်ကၤအမံၤပနီၣ်
brand new *a* လၢအသီသံၣ်ဘဲ
brandish *v* ဝံၢ်ဝံၢ်, ဝံၢ်ထီၣ်ဝံၢ်လီၤ
brandy *n* ဘရဲဒံၢ် – သံးတကလုာ်အမံၤ
brash *a* လၢအလိာ်သ့အသး
brass *n* တိၢ်ဘီ
brass band *n* ပှၤဒ့တၢ်အူတၢ်တကရူၢ်လၢအဒ့အူတိၢ်ဘီတၢ်ဒ့တၢ်အူ မ့တမ့ၢ် တၢ်သံကျံတဖၣ်
brassiere *n* ဆ့ကၤဖိ, ဆ့ဖျိၣ်ဖိ (ဆ့ကၤဖိလၢာ်လၢပှၤပိာ်မုၣ်တဖၣ်ကၤဝဲ)
brat *n* ဖိသၣ်လၢအနးသံ, ဖိသၣ်လၢအရၢါအစၢါ, ဖိသၣ်လၢအနူၢ်ကၣ့်နၢ်ယွၤ
bravado *n* တၢ်ဟ်ဒူဟ်ဃိၤသး, တၢ်ဟ်ဒူအသး
brave *a* ဒူဃိၤ, သးဒူ
brave *n* ပှၤဒူပှၤဃိၤ
brave *v* မၤတၢ်ဘူၣ်, ကွၢ်ဆၢၣ်မဲာ်တၢ်ဒူဒူ
bravely *adv* ဒူဒူ, လၢတၢ်သးဒူအပူၤ
bravery *n* တၢ်သးဒူ
bravo *exclam* ပှၤကမျၢ်အတၢ်ကိးသတြီၣ်ဖဲတၢ်သူၣ်ဖံသးညီမှံးအကတၢၢ်
brawl *n* တၢ်အ့ၣ်လိာ်ဆီးက့လိာ်သးကတၢကလူ
brawl *v* အ့ၣ်လိာ်ဆီးက့လိာ်အသးကတၢကလူ, တၢ်အ့ၣ်လိာ်ဆီးက့လိာ်သးလၢသီၣ်သထြူး, တၢ်အ့ၣ်လိာ်ဆီးက့
brawn *n* ၁. ယှၢ်ညၣ်ကျၤ, ညၣ်ထူၣ် ၂. တၢ်အညၣ်လၢအကိၤ
brawny *a* ၁. လၢအယှၢ်ညၣ်ကျၤ ၂. လၢအညၣ်ကိၤ
bray *v* မၤသီၣ်ဒ်ကသ့ၣ်ကိးအသီး, ကတိၤတၢ်ဒီးနံၤဖးဒိၣ်
brazen *a* ၁. လၢအသူၣ်ဒူသးဒူဒီးတၢ်မဲာ်ဆှးတအိၣ်ဘၣ် ၂. ဘၣ်တၢ်မၤအီၤလၢတိၢ်ဘီ

B

brazier *n* တိၢ်ထးသပၢၤမၤကိၢ်ဟံၣ်, သပၢၤ တိၢ်ထးဖးဒိၣ်လၢပှၤဖၢနှၣ်သွဲၣ်လးဒီးဃိအီၤလၢက မၤလၢၤထီၣ်ထံ

breach *n* ၁. တၢ်လုၢ်သ့ၣ်ခါပတာ်တၢ်သိၣ်တၢ်သိ ၂. တၢ်တဲၤဖး, တၢ်သ့ၣ်ဖး

breach *v* ၁. လုၢ်သ့ၣ်ခါပတာ် ၂. တဲၤဖး, သ့ၣ်ဖး

breach of faith *n* တၢ်မၤဟးဂီၤတၢ်ကလုၢ်တီ

breach of the peace *n* တၢ်မၤဟးဂီၤတၢ်မှာ်တၢ်ခုၣ်, တၢ်မၤကအူးကအိတၢ်

bread *n* ကိၣ် (ကိၣ်တကလှာ်လၢပှၤမၤအီၤလၢဘုကၠူၣ်)

breaded *a* လၢအဖုံဘၢဝဲဒီးကိၣ်ပိၣ်မူးအဃ့

breadth *n* အလဲၢ်, အခၢၣ်

breadwinner *n* ပှၤလၢအဃုစ့လၢအဟံၣ်ဖိဃီဖိအဂီၢ်, ပှၤလၢအလုၢ်အီၣ်အဟံၣ်ဖိဃီဖိ

break *n* ၁. တၢ်လုၢ်သ့ၣ်ခါပတာ် (တၢ်သိၣ်တၢ်သိ) ၂. တၢ်အိၣ်ဘှံးကသုၣ်

break of day *idm:* မုၢ်ဆ့ၣ်ဝါထီၣ်

break *v* ၁. မၤကၢ်, သ့ၣ်ဖး, မၤသ့ၣ်ဖး ၂. လုၢ်သ့ၣ်ခါပတာ် (တၢ်သိၣ်တၢ်သိ)

break bread *idm:* အီၣ်တၢ်

break camp *idm:* ဘိုၣ်လီၤဒဲ, ဘိၣ်ထီၣ်စုၢၤထီၣ်ဝံၤဟးထီၣ်ကွံာ်, ရူာ်လီၤကွံာ်ဒဲ

break into *vp:* ၁. နုာ်လီၤဟုၣ်တၢ်, နုာ်လီၤတမျာ်တၢ်, နုာ်လီၤဂုာ်ဆူၣ်ပျိဆူၣ်တၢ် ၂. စးထီၣ်မၤတၢ်တမံၤမံၤ ၃. နုာ်လီၤမၤတာ်တာ်တၢ် ၄. မၤန့ၢ်လံ, မၤနၢၤလံ

break the back of *idm:* မၤနၢၤတၢ်အကီကတၢၢ်, မၤဝံၤတၢ်အကီကတၢၢ်

break the ice *idm:* မၤညီနုၢ်ထီၣ်အသး

break up *vp:* ၁. နီၤဖးလီၤဆူအကုအခီ ၂. မၤလီၤကလဲ ၃. လီၤဖး, မၤလီၤဖး, လီၤမုၢ်လီၤဖး ၄. မၤဝံၤမၤကတၢၢ်, မၤဝံၤမၤတဲာ် ၅. မၤဘှ့ၣ်ကွံာ်, မၤလီၤပြံပြါ ၆. ဟးဂီၤ (လီတဲစိအကလုၢ်)

breakage *n* ၁. တၢ်အကၢ်, တၢ်သ့ၣ်ဖး, မၤ ၂. တၢ်မၤကၢ်ဘျုးဘျိး

breakaway *n* တၢ်မၤလီၤဖးကွံာ်သး, တၢ်ထုးဖးကွံာ်သး

breakbone fever *n* တၢ်ညၣ်ဂံၢ်သွံၣ်ဟးထီၣ်, တၢ်လီၤကိၢ်သွံၣ်ကျိၤဖိတဲာ်

breakdown *n* ၁. စဲးဟးဂီၤ ၂. (တၢ်)ဟးဂီၤ

breakdown *v* ၁. မၤဟးဂီၤ ၂. ဘ့ၣ်လီၤ (ဆူအကုအခီ) ၃. နီၤဖးလီၤ

breaker *n* ၁. လပီဖးဒိၣ်လၢအဟဲထီၣ်ဆူထံကၢၢ်နံၤဒီးပြါကွံာ်အသး, လပီထီၣ်ဖးဒိၣ်ဒီးပြါကွံာ်အသး ၂. တၢ်လၢအသ့ၣ်ဖးကွံာ်အသး ၃. ပှၤလၢအထုးဖးကွံာ်အသး

break-even *n* တၢ်အိၣ်သးလၢတၢ်အထိးနါတအိၣ်တၢ်လီၤမၢ်တအိၣ်, တၢ်အိၣ်သးလၢတၢ်အရှူတအိၣ်အထိးနါတအိၣ်

breakfast *n* ဂီၤတၢ်အီၣ်

breakfast *v* အီၣ်ဂီၤတၢ်အီၣ်

break-in *n* တၢ်နုာ်လီၤဟုၣ်တၢ်, တၢ်နုာ်လီၤတမျာ်တၢ်

breaking point *n* ၁. တၢ်တူၢ်တၢ်န့ၢ်လၢာ်ကွံာ်အကတိၢ်, တၢ်အိၣ်သးလၢတၢ်ကီၤသူၣ်ကီၤသးလၢာ်ကွံာ်အကတိၢ်, ဂံၢ်ဘါလၢာ်ကွံာ်အကတိၢ် ၂. တၢ်အိၣ်သးနးထီၣ်အကတိၢ်, တၢ်ကလီၤပိၢ်ကွံာ်အကတိၢ်

breakneck *a* လၢအချ့ဒီးလီၤဘၣ်ယိၣ်ဒိၣ်မး

breakout *n* ၁. ဟဲပၢၢ်ထီၣ်, ဟဲအိၣ်ထီၣ်သတူၢ်ကလာ် ၂. တၢ်ယ့ၢ်ထီၣ်ကွံာ်လၢဃိာ်ပူၤ

breakthrough *n* တၢ်ဂုၤထီၣ်ပသီထီၣ်လၢတၢ်သတူၢ်ကလာ်အပူၤ, တၢ်မၤတၢ်ကဲထီၣ်လိၣ်ထီၣ်လၢတၢ်တပာ်သူၣ်ပာ်သးအပူၤ

break-up *n* ၁. တၢ်မၤကတၢၢ်ကွံာ်တၢ်ရှလိာ်မှာ်လိာ် ၂. တၢ်လီၤမုၢ်လီၤဖး, တၢ်လီၤပိၢ်

breast *n* နုၢ်

make a clean breast of *idm:* အၢၣ်လီၤအတၢ်ကမၣ်

breast *v* ၁. ထိၣ်ဆူထး ၂. ကွၢ်ဆၢၣ်မဲာ်နူနူ, ကွၢ်ဆၢၣ်မဲာ်ဒီးလဲၤဆူညါ ၃. ဆိၣ်ဖျိးထိၣ်ဆူတၢ်မဲာ်ညါ

breastbone *n* သးနါပှၢ်အဃံ

breastfeed *v* ဒုးအီနုၢ်

breath *n* တၢ်သါထီၣ်သါလီၤ

breathalyzer, **breathalyser** *n* ပီးလီသမံသမိးတၢ်အီသံး, ပီးလီလၢပၢၤကိၢ်အူသဖှိမၤကွၢ်ပှၤနီၣ်သိလ့ၣ်အီသံးထဲလဲၣ်

breathe *v* ကသါ, သါထီၣ်သါလီၤ

breather *n* တၢ်အိၣ်ဘှံးတစိၢ်ဖိ, တၢ်အိၣ်ဘှံးအိၣ်သါတစိၢ်တလိၢ်

breathing *n* တၢ်သါထီၣ်သါလီၤ, တၢ်ကသါထီၣ်ကသါလီၤ

breathing space *n* ၁. တၢ်ဟံးန့ၢ်တၢ်အိၣ်ဘှံးအိၣ်သါတစိၢ်ဖိ, တၢ်ဟံးန့ၢ်တၢ်အိၣ်ဘှံးအိၣ်သါတစိၢ်ဖိလၢကမၤဘၣ်လိာ်တၢ်သါထီၣ်သါလီၤအဂီၢ် ၂. တၢ်ကသါထီၣ်ကသါလီၤန့ၢ်အလိၢ်, တၢ်ကသုၣ်ကသါန့ၢ်အလိၢ်, တၢ်သါထီၣ်သါလီၤညီအလိၢ်

breathless *a* လၢကသါတလၢသါ, လၢအကသါချ့, လၢအသါဟဲသါဟီ

breathtaking *a* လီၤသူၣ်ဟူးသးဂဲၤ, လီၤကမၢကမဉ်, သးလီၤကတုၤ

breech birth *n* တၢ်အိၣ်ဖျဲၣ်ထီၣ်ဖိအခိၣ်တလီၤ, တၢ်အိၣ်ဖျဲၣ်တကွံ, ဖိသၣ်ဟဲလၢအခံ, ဖိသၣ်ဟဲလၢအခီၣ်

breed *n* အကလုာ် (ဆၣ်ဖိကီၢ်ဖိ)

breed *v* ၁. ဘုၣ် ၂. ဖုံလီၤ, ဖးထီၣ် (ဆၣ်ဖိကီၢ်ဖိ)

breeder *n* ပှၤဘုၣ်ဆၣ်ဖိကီၢ်ဖိ, ဆၣ်ဖိကီၢ်ဖိလၢအလုၢ်အဖိ

breeding *n* ၁. တၢ်ဒုးအါထီၣ်ဂီၢ်ထီၣ်တၢ်, တၢ်ဒုးဆံထီၣ်ပွါထီၣ်တၢ်, တၢ်ဒုးလီၤစၢၤလီၤသွဲၣ်အါထီၣ်တၢ် ၂. တၢ်လီၤစၢၤလီၤသွဲၣ်အထူအထံး ၃. လုၢ်လါသကဲာ်ပဝး

breeze *n* ကလံၤဖိနဲ

breeze *v* သုးအသးပှ့ၢ်ပှ့ၢ်ချ့ချ့ဖုံဖုံညီညီ

breezy *a* (ကလံၤ) လၢအအူတၢ်ကသုၣ်ကသုၣ်

brevity *n* ၁. တၢ်ကွဲးဖုၣ်ကိာ်, တၢ်ကတိၤဖုၣ်ကိာ် ၂. တၢ်တစိၢ်တလိၢ်

brew *n* ၁. လၣ်ဖးထံတခွး ၂. ဘံယၢၣ်, ဘံယၢၣ်တကလုာ် ၃. တၢ်ဟ်ဖိုၣ်ဃါဃုာ်တၢ်တဂ့ၤတဘၣ်တမံၤဃိ

brew *v* ၁. ချီခီဖံၣ်, လၣ်ဖးထံဝံၤစုၣ်လီၤအီၤတစိၢ်ဖိ ၂. ဖီဘံယၢၣ် ၃. ကူၣ်အၢကူၣ်သီ ၄. အၢၣ်ထီၣ်ခံးယုၢ်ကလာ်

brewer *n* ပှၤဖီဘံယၢၣ်

brewery *n* တၢ်ဖီဆါသံးစၢ်တကလုာ်(ဘံယၢၣ်)အလိၢ်

bribe *n* ခိၣ်ဖးလာ်ဆိုး

bribe *v* ဟ့ၣ်ခိၣ်ဖးလာ်ဆိုး

bribery *n* တၢ်ဟ့ၣ်ခိၣ်ဖးလာ်ဆိုး

brick *n* ဒၢးခီ, ဟီၣ်ကုၢ်လိၣ်

brick *v* ဒါလီၤဟီၣ်ကုၢ်လိၣ်, မၤပှဲၤအီၤဒီးဒၢးခီ

bricklayer *n* ပှၤကျဲၤဒၢးခီ

brickwork *n* ၁. ဟီၣ်ကုၢ်လိၣ် ၂. တၢ်လၢတၢ်ဘိုအီၤလၢဟီၣ်ကုၢ်လိၣ်တဖၣ်

brickworks *n* တၢ်ဘိုဟီၣ်ကုၢ်လိၣ်အတၢ်ဖံးတၢ်မၤ

bridal *a* လၢအဘၣ်ဃးဒီးတလးမူးပိာ်မုၣ်

bride *n* တလးမူးပိာ်မုၣ်

bridegroom *n* တလးမူးပိာ်ခွါ

bridesmaid *n* မုၣ်လၤ, တလးမူးပိာ်မုၣ်အသကိး

bridge *n* ၁. တိၤ ၂. ကဘီတိၤ ၃. နါဒ့အပျိၢ်ခိၣ် ၄. မဲပျိာ်လၢတၢ်ကဆူး

bridge *v* ပိာ်ထီၣ်တိၤ, ဘိုထီၣ်တိၤ

bridle *n* ကသ့ၣ်အထးအ့ၣ်အပျံၤ

bridle *v* ၁. ထီထီၣ်ကသ့ၣ်ထးအ့ၣ် ၂. ဟ်ဖျါထီၣ်တၢ်သူၣ်ဒိၣ်သးဖျိး

brief *a* ၁. လၢအဖုၣ်, စုၤဘီ ၂. တစိၢ်ဖိ

brief *n* တၢ်ဂ့ၢ်ဖုၣ်ကိာ်

brief *v* မၤဖုၣ်လီၤလၢတၢ်ကတိၤစုၤဘီ

briefcase *n* တလါဘံၣ်

briefing *n* တၢ်အိၣ်ဖိုၣ်လၢကဟ့ၣ်လီၤတၢ်ကလုၢ်ဒီးတၢ်ဂ့ၢ်တၢ်ကျိၤအဂီၢ်

briefly *adv* ဖုၣ်ဖုၣ်, လၢတၢ်ဆၢကတီၢ်ဖုၣ်ကိာ်, လၢတၢ်ကတိၤတၢ်စုၤဘီ

briefs *n* ဖြိုၣ်ခံဖိ

brigade *n* သုးက့

brigadier *n* သုးက့ခိၣ်

brigand *n* တမျာ်, ပှၤဂုာ်ဆူၣ်ဂုာ်ပျိၤတၢ်

brigandage *n* တၢ်တမျာ်တၢ်, တၢ်ဂုာ်ဆူၣ်ဂုာ်ပျိၤတၢ်

bright *a* ၁. ကပီၤဆုံ, ကပြု ၂. ဖွဲး

brighten *v* မၤကပီၤဒိၣ်ထီၣ်, ဒုးဂ့ၤထီၣ်အလွဲၢ်, ဒုးဖျါဆုံထီၣ်, မၤဖုံထီၣ်အသး

brightly *adv* ၁. ကပီၤကျဲၣ်ကျူၣ်, ကပြုကပြီၤ, ဖျါဆုံ, လၢတၢ်သူၣ်ဖုံသးညီအပူၤ

brilliance *n* ၁. တၢ်ကပီၤဆုံ, တၢ်ကဲၤကပီၤ ၂. ခိၣ်နူာ်ချ့

brilliant *a* ၁. ကပီၤဆုံ ၂. အခိၣ်နူာ်ချ့

B

brim *n* ၁. တၢ်ကနူၤ ၂. အခိၣ်နူ အဒိ, ထံခွး အခိၣ်နူ

brimful *a* လၢအပှဲၤလုာ်ကွံာ်, ပှဲၤတုၤလၢအခိၣ်နူ

brine *n* ထံဟီ, အံသၣ်ထံဟီ, ထံဘျါဒီး ထံဟီအထံပာ်ဖိုၣ်ထီၣ်သး

bring *v* ၁. ဟဲစိာ် ၂. ဆှၢတၢ်

bring about *vp:* ဒုးကဲထီၣ်တၢ်, မၤကဲထီၣ်တၢ်

bring forth *vp:* သၣ်ထီၣ်, ဒုးကဲထီၣ်လိၣ်ထီၣ်, ဒုးအိၣ်ထီၣ်

bring forward *vp:* ၁. ဆှၢထီၣ်တၢ်ဂ့ၢ် ၂. သုးဆိထီၣ်တၢ်ဆၢကတီၢ်

bring home *idm:* ဒုးနၢ်ပၢၢ်အီၤတၢ်ဂ့ၢ် လၢအနၢ်တပၢၢ်ဝဲ

bring off *vp:* မၤဝံၤမၤကဲထီၣ်တၢ်

bring on *vp:* ဒုးကဲထီၣ်

bring someone out *vp:* ဟ့ၣ်ဂံၢ်ဟ့ၣ်ဘါ ပှၤဂၤလၢကအိၣ်ဒီးတၢ်နာ်နှၢ်လီၤသး, သရူထီၣ်ခံ

bring someone to *vp:* ဒုးသမူထီၣ်က့ၤ, ဒုးဟဲက့ၤအသး

bring someone up *vp:* လုၢ်ဒိၣ်ထီၣ်, ဒုးဒိၣ်ထီၣ်, သိၣ်လိမၤယုၤ

bring something out *vp:* မၤဖျါထီၣ်တၢ်, ဒုးအိၣ်ထီၣ်ပန်ာ်အသီ, ဒုးပူထီၣ်လီထီၣ်တၢ်

bring something up *vp:* ၁. ဘိုးထီၣ်တၢ်တမံၤမံၤ ၂. ဆှၢနုာ်လီၤတၢ်ဂ့ၢ်, ဟ်ဖျါထီၣ်တၢ်ဂ့ၢ်လၢကတဲသကိး

bring to terms *idm:* ဒုးအၢၣ်လီၤဆူၣ်ပှၤဂၤ

brink *n* ၁. လ့ခိၣ်နူ ၂. တၢ်အခိၣ်နူ, တၢ်ခိၣ်နူ ၃. တၢ်အကတၢၢ်, တၢ်ဘူးကကဲထီၣ်အသး

brisk *a* ဖှံ, ပ့ၢ်ချ့

bristle *n* တၢ်အဆူၣ်ဆိုၣ်ကမှံၣ်

bristle *v* ၁. ရုထီၣ်အဆူၣ်, မၤတရိးထီၣ်အဆူၣ် ၂. သးဒိၣ်ထီၣ်

bristly *a* ၁. လၢအရုထီၣ်အဆူၣ်, လၢအမၤတရိးထီၣ်အဆူၣ် ၂. လၢအသးဒိၣ်ထီၣ်

Briton *n* ပှၤဘြံးထံး(ရှ)ဖိ, ပှၤလၢအဟဲလၢကီၢ်ဘြံးတ့ၣ်

brittle *a* စိုး

broach *v* ၁. စးထီၣ်ကတိၤတၢ်လၢအဂ့ၢ်အခိၣ်ထံးတဘျီ ၂. အိးထီၣ်စူးကါအခိၣ်ထံးတဘျီ

broad *a* ၁. လဲၢ် ၂. လၢအလဲၢ်လဲၢ်ဃဲာ်ဃဲာ် ၃. ညီနှၢ် ၄. လၢအခီပညီလီၤတံၢ်လီၤဆဲး ၅. လၢအဖျါဂ့ၤဂ့ၤ

broadband *a* လၢအိၣ်ဒီးကွဲၤလ့လီၤအပနိၣ်အထိၣ်အလီၤအကျါ, လၢအိၣ်ဒီးကွဲၤလ့လီၤအပနိၣ်အံၣ်လဲးထြိၣ်မဲးနဲးထံးကျိၤသွါ, လၢအဆှၢထီၣ်တၢ်ဆဲးကျိးဆဲးကျၢအပနိၣ်အကလုာ်ကလုာ်သ့တဘျီယီ

broadcast *n* ကလံၤဒၢ မ့တမ့ၢ် ကွဲၤဟူဖျါ အတၢ်ရဲၣ်တၢ်ကျဲၤ

broadcast *v* ၁. ဘိးဘၣ်ရၤလီၤလၢကလံၤဒၢအပူၤ မ့တမ့ၢ် ကွဲၤဟူဖျါအပူၤ ၂. ဒီသါလီၤ, တဲလီၤတၢ်ဆူပှၤအါဂၤအအိၣ် ၃. ဖုံလီၤ (တၢ်ချံ) သကုၤဆးဒးလၢတမ့ၢ်လၢအကျိၤဘၣ်

broadcaster *n* ပှၤရၤလီၤတၢ်ကစီၣ်, ပှၤဒီသါလီၤတၢ်

broadcasting *n* ၁. ဘိးဘၣ်ရၤလီၤလၢကလံၤဒၢအပူၤ မ့တမ့ၢ် ကွဲၤဟူဖျါအပူၤ ၂. ဒီသါလီၤ, တဲလီၤတၢ်ဆူပှၤအါဂၤအအိၣ် ၃. ဖုံလီၤ (တၢ်ချံ) သကုၤဆးဒးလၢတမ့ၢ်လၢအကျိၤဘၣ်

broaden *v* ၁. လဲၢ်ထီၣ်, မၤလဲၢ်ထီၣ်အါထီၣ်တၢ် ၂. မၤလဲၢ်ထီၣ်တၢ်အတကွံၣ်

broad-minded *a* လၢအသူၣ်လဲၢ်သးလဲၢ်, လၢအတၢ်ထံၣ်တၢ်သ့ၣ်ညါဆိကမိၣ်ထီ, လၢအတၢ်ဟ်သူၣ်ဟ်သးထီ, လၢအဝံသးစူၤတၢ်

broadside *n* ၁. တၢ်ပဲာ်အၢပဲာ်သီတၢ်ဆူၣ်ဆူၣ်ကိၢ်ကိၢ်, တၢ်ပဲာ်အၢပဲာ်သီတၢ်နးနးကလဲာ်, တၢ်တဲပှၤဆူၣ်ဆူၣ်ကိၢ်ကိၢ် ၂. ချံကဘီအနူၣ်ပၤလၢအဖျါထီၣ်လၢထံဖံးခိၣ် ၃. တၢ်ခးဖိုၣ်ကျိလၢအဆၢတတူာ် ၄. လံာ်တၢ်ကစီၣ်ဖးလဲၢ်လၢညီနှၢ်တၢ်စဲကျံးထုးထီၣ်အီၤထဲတကပၤဓိၤ

broadside *v* ဘၣ်ထံးလၢအကပၤ, ဘၣ်တူၢ်လၢအကပၤ

broad-spectrum *a* လၢတၢ်စူးကါအီၤသ့လၢတၢ်ဆါမံၤအါကလုာ်အဂီၢ်, လၢအမၤသံတၢ်ဖိဃၢ်အါမံၤအါကလုာ်, လၢတၢ်စူးကါအီၤသ့လၢတၢ်မၤသံတၢ်ဆါဃၢ်, တၢ်ဖိလံၤဖိဃၢ်အါမံၤအါကလုာ်

broccoli *n* သဘၣ်ဖီလါဟ့

brochure *n* လံာ်ဆံးဆံးဖိလၢအဟ့ၣ်တၢ်ကစီၣ်

B

brogue *n* ၁. တၢ်ကတိၤထီၣ်ခိ, တၢ်ကတိၤသီၣ်လီၤဆီလၢတၢ်လီၢ်တကဝီၤအဖီခိၣ် ၂. ခိၣ်ဖံးတၢ်ဖံးဃီၤဃၢၤ

broil *n* ၁. တၢ်အှ့ၣ်လိာ်ဆီးက့, တၢ်မၤတၢၤထီၣ်တၢၤလီၤ ၂. တၢ်ကၣ်မံဆီညၣ်

broil *v* သၣ်, ကၣ် (တၢ်ဖံးတၢ်ညၣ်)

broke *a* လၢအကျိၣ်အစ့တအိၣ်လၢၤ, လၢအစ့လီၤတူာ်

broken *a* ၁. လၢအတဲၤထီၣ်, လၢအသ့ၣ်ဖး, လၢအကၢ်ကွံာ်, လၢအဟးဂူာ်ဟးဂီၤကွံာ်, လၢအဘၣ်ဒိဘၣ်ထံး ၂. လၢအလီၤမုၢ်လီၤဖး, လၢအလီၤပြံလီၤပြါ ၃. လၢအမၤဟးဂီၤအတၢ်အၢၣ်လီၤ ၄. လၢအတလၢတပှဲၤ, လၢအတပှဲၤထီၣ်ပှဲၤထီ ၅. လၢအကတိၤတၢ်ထီၣ်ခိ ၆. လၢအတမၤအသးတပယူာ်ဃီ, လၢအလဲၤသးတဆိုတူာ်တဆိုတူာ် ၇. လၢအသူၣ်ဘၣ်ဒိသးဘၣ်ဒိနးနးကလဲာ်, လၢအသးသ့ၣ်ဖး ၈. လၢအထီၣ်ကူလီၤယၢၣ်, လၢအတဘျ့ ၉. လၢအလီးက့ၤအဒ့ၣ်ကမၢ်တန့ၢ်လၢၤ, လၢအဖှိၣ်လီၤယာ်လီၤ

broken home *n* ဟံၣ်ဖိဃီဖိလၢအလီၤမုၢ်လီၤဖး, ဟံၣ်ဖိဃီဖိလၢအလီၤမုၢ်ပြံပြါ

broken-down *a* ၁. လၢအတမၤတၢ်လၢၤ, လၢအလီၤမုၢ်လီၤပိၢ်, လၢအဟးဂူာ်ဟးဂီၤကွံာ် ၂. လၢအဆိးက့ဆါဘီ, လၢအဆူးအဆါ

broken-hearted *a* သးအုး, သးဘၣ်ဖှိၣ်, သးသ့ၣ်ဖး

brokenly *adv* ထူးထူးထးထး, အုးထုးအးထး

broker *n* ပှၤလၢအဆါန့ၢ်တၢ်ဖိတၢ်လံၤလၢပှၤဂၤအဂီၢ်, ပှၤခၢၣ်စးဖိလၢပှၤဆါတၢ်ပှ့ၤတၢ်အဘၢၣ်စၢၤ

broker *v* ရဲၣ်ကျဲၤ မ့တမ့ၢ် တၢၣ်ပီၣ်

brokerage *n* ပှၤလၢအဆါန့ၢ်တၢ်ဖိတၢ်လံၤလၢပှၤဂၤအဂီၢ်အဘူးအလဲ, ပှၤခၢၣ်စးဖိလၢပှၤဆါတၢ်ပှ့ၤတၢ်အဘၢၣ်စၢၤအဘူးအလဲ, ခၢၣ်စးအပှ့ၤ, ခိၣ်မံးရှၢၣ်အပှ့ၤ

bronchiolitis *n* ပသိၣ်ကျိၤအံၣ်ဖိတဖၣ်ညီး, ပသိၣ်ကျိၤဆံးညီး

bronchitis *n* ကလံၤကျိၤညီး

bronco *n* ကသ့ၣ်မံၤ, ကသ့ၣ်မံၤလၢအအိၣ်လၢကလံၤထံးအမဲရကၤ, ကသ့ၣ်လၢအဘှါဆှါဒံး

bronze *n* တိၢ်သူ, တိၢ်ဂီၤဒီးပှာ်ဝါကျဲၣ်ကျိ

brooch *n* နိၣ်ဆဲးကယၢသးနါပှၢ်

brood *n* ထိၣ်ဖိဆီဖိလၢအဖးထီၣ်ဒီနူၣ်တဘျီဃီ, တၢ်ဖးထီၣ်ဒီဖုဒီဂိၢ်တဘျီဃီ

brood *v* ၁. ဆိကမိၣ်အ့န့ကိၢ်ဂီၤတၢ် ၂. ဟုအဒံၣ်

broody *a* ၁. (ပှၤပိာ်မုၣ်) လၢအသးလီအဖိ ၂. (ထိၣ်ဓိၤဆီဓိၤ) လၢအဲၣ်ဒိးဒံၣ်လီၤဒီးဟုအဒံၣ် ၃. လၢအဆိကမိၣ်တၢ်အါတလၢ

brook *n* ထံကျိဖိ

brook *v* တူၢ်တၢ်, ဝံသးစူၤတၢ်, ကီၤသူၣ်ကီၤသး

broom *n* နိၣ်ခွဲသိၣ်

broth *n* ကသူထံဆၢ, တၢ်ညၣ်ချိထံ

brothel *n* ဃဲသဲဟံၣ်, ဆီမိၢ်အဟံၣ်

brother *n* ဒီပုၢ်ဝဲၢ်ခွါ

brotherhood *n* ၁. ဒီပုၢ်ဝဲၢ်အတၢ်ရှလိာ် ၂. တၢ်ကရၢကရိ မ့တမ့ၢ် ပှၤတဝၢလၢအအိၣ်ဒီးတၢ်သးစဲဒီးတၢ်ဘူၣ်တၢ်ဘါ မ့တမ့ၢ် တၢ်မၤမုၢ်ကျိၤဝဲၤကွာ်လီၤပလိာ်လိာ်သး

brother-in-law *n* ၁. မါအဒီပုၢ်ဝဲၢ်ခွါ မ့တမ့ၢ် ဝၤအဒီပုၢ်ဝဲၢ်ခွါ ၂. ခံနဲ, ဝဲၢ်ပှၢ်

brotherly *a* လၢအအဲၣ်ဝဲဒ်ဒီပုၢ်ဒီဝဲၢ်အသိး

brow *n* ၁. ခိၣ်တိသၣ် ၂. မဲာ်တူၢ်ခိၣ်

browbeat *v* ကတိၤပျံၤကတိၤဖုး, ကတိၤနၢၤတၢ်

brown *a* အလွဲၢ်ဂီၤဃဲး

brown *n* အလွဲၢ်ဂီၤဃဲး

brown *v* ၁. မၤဂီၤဃဲး, ဒုးကဲထီၣ်အလွဲၢ်ဂီၤဃဲး ၂. မၤကိၢ်ဘီထီၣ်တၢ်

browse *v* ၁. အိးထီၣ်ဖးလံာ်တပျံာ်တပျာ်, ကွၢ်တပျံာ်တပျာ် ၂. ဟးအီၣ်တူာ်နီၣ်ဓိၤမံၤဓိၤ

browser *n* ၁. ပှၤလၢအဟးကွၢ်ကီတၢ်လၢလံာ်ကျးအပူၤ ၂. အ့ထၢၣ်နဲးအသန့ထံး (သန့လၢတၢ်ဃုကွၢ်တၢ်လၢအ့ထၢၣ်နဲးအပူၤအဂီၢ်)

bruise *n* တၢ်ပနူၤထီၣ်

bruise *v* မၤပနူၤထီၣ်, မၤလုးထီၣ်လါထီၣ်

bruit *v* ဒုးဟူထီၣ်သါလီၤတၢ်

brunch *n* တၢ်ဒုးအီၣ်ဖှိၣ်ဂီၤတၢ်အီၣ်ဒီးမုၢ်ထူၣ်တၢ်အီၣ်တဘျီဃီ

brunette *a* (ခိၣ်ဆူၣ်) သူဃး

brunt *n* တၢ်ဒိဘၣ်အတဃၢၢ်အဆူၣ်ကတၢၢ်, တၢ်ဘၣ်ဒိဘၣ်ထံးအဒိၣ်ကတၢၢ်

brush *n* လုၣ်ခွံ, နိၣ်ခွံ, နိၣ်ထူးတၢ်အလွဲၢ်

B

brush *v* ခွံတၢ်, တြူၣ်ကွံာ်တၢ်, ခွဲတၢ်

brush againt *vp:* ဘၣ်တြူၣ်

brush aside *vp:* သမၢကွံာ်တၢ်, ပာ်ကွံာ်ဒ်အမ့ၢ်တၢ်ကလီကလီ

brush up *idm:* မၤလိသ့ၣ်နီၣ်ထီၣ်က့ၤသး, ကျ့ထီၣ်ကဒါက့ၤခိၣ်နူာ်

brush-off *n* တၢ်တတူၢ်လိာ်တၢ်, တၢ်စူးကွံာ်တၢ်, တၢ်ထုးကွံာ်တၢ်, တၢ်တကနၣ်ယှာ်တၢ်, တၢ်ဂ့ၢ်လိာ်သမၢတၢ်

brusque *a* လၢအကတိၤတၢ်လီၤကတိၤ, လၢအကတိၤတၢ်ဖုၣ်ဖုၣ်တဆဲးတလၤ

brutal *a* လၢအရၢ်အစၢ်, လၢအအၢအသီ, လၢအမၤသအုးသပိုၤတၢ်

brutality *n* တၢ်မၤအၢသအုးသပိုၤ, တၢ်အရၢ်အစၢ်

brutalize, brutalise *v* မၤအၢမၤသီ, မၤအၢသအုးသပိုၤတၢ်

brute *a* လၢအတလီၤပှၤကူပှၤကညီ

brute *n* ပှၤအၢပှၤသီ, ပှၤလၢအလီၤက်ဆၣ်ဖိကီၢ်ဖိ, ဆၣ်ဖိကီၢ်ဖိအၢသီ

brutish *a* လၢအတလီၤပှၤကူပှၤကညီ, လၢတၢ်သးကညီၤတအိၣ်ဘၣ်ဒီးမၤတၢ်တပျုၢ်တပျိၤ

bubble *n* (ထံ) အစံၣ်ပိလိ

bubble *v* စံၣ်ပိလိထီၣ်

bubble bath *n* တၢ်လုၣ်ထံအိၣ်ဒီးချံသိစံၣ်ပိလိသဘုလၢထံကျါ

bubbly *a* ၁. လၢအအိၣ်ဒီးထံအစံၣ်ပိလိ ၂. သူၣ်ခုသးခုဒီးသူၣ်ပိၢ်သးဝး

buccaneer *n* ပီၣ်လဲၣ်တမျာ်

buck *n* ၁. (ဆၣ်ဖိကီၢ်ဖိ) အဖါ, တၤယီၤဖါ, မဲာ်တဲးလဲးမံၤအဖါ ၂. တၢ်ဖုတၢ်ဒ်သိးကသ့ၣ်အသိး ၃. စ့ဒီလၣ်

buck *v* ၁. (ကသ့ၣ်) ဖု ၂. ထီဒါ

bucket *n* ထံစဲၤ

bucket *v* ၁. စူၤဒိၣ်ဒိၣ်မုၢ်မုၢ် ၂. လဲၤချ့ချ့

buckle *n* ယီၢ်ဘျး, နီၣ်ဘျးဖိ (လၢယီၢ်တကီး မ့တမ့ၢ် ခီၣ်ဖံးအလီၤ)

buckle *v* ၁. ဘျးယာ်, ဒုးစဲဘျး ၂. လီၤဆၢၣ်လီၤဒ့

buckshot *n* ကျိဖုၣ်အကျိချံဖးဒိၣ်

buck-toothed *a* လၢအမဲဒိချိ

bud *n* ဖီအဘိၣ်, (ပှၤ) ဒိၣ်ထီၣ်သိ

nip in the bud *idm:* မၤဟးဂီၤကွံာ်တၢ်တချူးအစးထီၣ်သီ, မၤတူာ်ကွံာ်အစိး

bud *v* ဘိၣ်ထီၣ်ဖးထီၣ်, ဆိုးထီၣ်

Buddha *n* ဘူးဒး

Buddhism *n* ဘူးဒးတၢ်ဘါ

Buddhist *n* ပှၤဘူးဒးဖိ

budding *a* လၢအစးထီၣ်လိၣ်ထီၣ်ဖးထီၣ်သိ, အိၣ်ထီၣ်သိ

buddy *n* တံၤသကိးတံၢ်နီၢ်

budge *v* ၁. သုးအလီၢ်တစဲးဖိ ၂. ဆီတလဲတၢ်ဆိကမိၣ်

budgerigar *n* အီးစထြွလံယါထိၣ်ကံၣ်ဖိ

budget *a* လၢအပ့ၤဘၣ်, လၢအပ့ၤတဒိၣ်ဘၣ်

budget *n* စ့တိာ်ပာ်

budget *v* တိာ်ပာ်စ့, တိာ်ပာ်ယာ်စ့လၢကသူစ့အဂီၢ်

buff *a* ၁. လၢအလွဲၢ်ဘီယး ၂. လၢအဘၣ်တၢ်မၤအီၤလၢတၢ်ဖံးလၢအလွဲၢ်ဘီယး ၃. လၢအဘၣ်နၣ်ဘၣ်ဒ့

buff *v* ထူးကပီၤထီၣ်တၢ်

buffalo *n* [water buffalo] ပနၢ် [bison]ပနၢ်မံၤ, တၤဘီနၢၤ

buffer *n* ၁. တၢ်ဒီသဒၢလှၣ်မ့ၣ်အူအခိၣ် ၂. ပှၤတဂၤဂၤ မ့တမ့ၢ် တၢ်တမံၤမံၤလၢအအိၣ်လၢတၢ်ဘၢၣ်စπၤဒီးမၤလီၤကဆုၣ်တၢ် (တၢ်အ့ၣ်လိာ်ဒီးအဂၤတဖၣ်)

buffer *v* မၤလီၤကဆုၣ်တၢ်, မၤလီၤစ့ၤတၢ်

buffet *n* ၁. တၢ်အိၣ်အမူးလၢပှၤအနီၢ်ကစၢ်ဒၣ်ဝဲဒၢၣ်လီၤအိၣ်သကိးတၢ်အိၣ် ၂. တၢ်ဒိဘၣ်တၢ် (ကလံၤ, ထံ)

buffet *v* ဒိဘၣ်တၢ် (ကလံၤ, ထံ)

buffoon *n* ပှၤတကျၢတခီလၢအလီၤနံၤဘၣ်ဖၣ်လဲ, ပှၤအ့လံးဘီသွါ, ပှၤနါစီၤနါပျာ်

buffoonery *n* တၢ်အ့လံးဘီသွါ, တၢ်မၤနံၤမၤအ့တၢ်

bug *n* ယီၤ (တၢ်ဖိလံၤဖိယၢ်အကလုာ်ကလုာ်)

bug *v* မၤတံာ်တာ်မၤအ့နူတၢ်

buggy *n* ၁. လှၣ်ကသ့ၣ်လၢကသ့ၣ်တွဲၢ်အီၤထဲတနဖိၤ ၂. (ဖိသၣ်) အလှၣ်ဆီၣ်ဖိ

bugle *n* ကွဲၤလၢတၢ်စူးကါအီၤလၢတၢ်ဒုးပျိပှၤ

build *n* ပှၤကညီအက့ၢ်အဂီၤအဒိၣ်အထီ

build *v* တ့ထီဉ်, ဘိုထီဉ်, မၤအိဉ်ထီဉ်, သူဉ်ထီဉ်

builder *n* ပှၤသူဉ်ထီဉ်ဘိုထီဉ်တၢ်ဖိ

building *n* တၢ်သူဉ်ထီဉ်ဘိုထီဉ်

build-up *n* ၁. တၢ်အါထီဉ်ဂိၢ်ထီဉ်ဒိဉ်ဒိဉ်မုၢ်မုၢ် အကတိၢ်တကတိၢ် ၂. တၢ်ကတဲာ်ကတီၤဆိတၢ်လၢမူးတခါခါအဂီၢ် ၃. ခီဉ်ဖျိထၢဉ်အဒွဲပှၤတၢ်ရဲဉ်တၢ်ကျဲၤလၢတၢ်မၤဂ့ၤထီဉ်အါထီဉ်တၢ်အကၢ်အစီ

built *a* ၁. လၢအနုဉ်ဂ့ၤနၢ့ဂ့ၤ, လၢအဘိဘဉ် ၂. လၢတၢ်တ့ထီဉ်ဘိုထီဉ်အီၤ, လၢတၢ်ထုးထီဉ်မၤကဲထီဉ်အီၤတဆီဘဉ်တဆီ

bulb *n* ၁. တၢ်တံၢ်, တၢ်ဇံဉ် (တၢ်မဲတၢ်မါ) ၂. လီမ့ဉ်အူသဉ်

bulge *n* တၢ်ကဖိထီဉ်

bulge *v* ကဖီထီဉ်, ကဖၢထီဉ်, ကမိာ်ထီဉ်, မိာ်ကူၤထီဉ်

bulk *n* တၢ်အဒိဉ်, တၢ်အါတၢ်ဂိၢ်

bulk *v* ၁. ဒိဉ်ဒိဉ်မုၢ်မုၢ် ၂. မၤဒိဉ်ထီဉ်တၢ် ၃. ဟ်ဖှိဉ်အါထီဉ်တၢ်

bulkhead *n* တၢ်နူဉ်, တၢ်နူဉ်ပၤလၢချံဒီးကဘီယူၤအဖီခိဉ်

bulky *a* ၁. လၢအဒိဉ်, ဃၢဒီးအကဲ့ၢ်အဂီၤတဘဉ် ၂. လၢတၢ်ဘိုကူၤအီၤကီ, လၢတၢ်သုးထီဉ်သုးလီၤ, စိာ်ထီဉ်စိာ်လီၤအီၤတညီ

bull *n* ကျိၢ်ဖါထီဇံဉ်, ဂီၤဖံးဖါထီဇံဉ်

bulldoze *v* ဘျၢဉ်ထီဉ်ဟီဉ်ခိဉ်ဒီးစဲး

bulldozer *n* ဘူဉ်ဒိဉ်စဉ်, သိလ့ဉ်တြိာ်တၢ်

bullet *n* ကျိချံ, ကျိသဉ်

bulletin *n* တၢ်ဘီးဘဉ်သ့ဉ်ညါတၢ်ကစိဉ်, တၢ်ဘီးဘဉ်သ့ဉ်ညါတၢ်ဂ့ၢ်

bulletin board *n* ၁. တၢ်ဘီးဘဉ်သ့ဉ်ညါဘ့ဉ်ဘဉ်ဖးလဲၢ် ၂. တၢ်ဘီးဘဉ်သ့ဉ်ညါတၢ်အလီၢ်လၢခီဉ်ဖျိထၢဉ်အပူၤ

bulletproof *a* လၢအဒီသဒၢကျိချံကျိသဉ်, လၢကျိချံကျိသဉ်နာ်တဖျိ

bullheaded *a* လၢအခိဉ်ကိၤ

bullion *n* ထူကိၢ်လိဉ်, စ့ကိၢ်လိဉ်

bullseye *n* ပှၤခးတၢ်အတၢ်ပနီဉ်အခၢဉ်သး, တၢ်ခးပနီဉ်အခၢဉ်သး

bullshit *n* တၢ်ကတိၤလၢအခီပညီတအိဉ်

bullshit *v* တဲတၢ် (ကတိၤတၢ်) လၢအခီပညီတအိဉ်

bullshitter *n* ပှၤလၢအကတိၤတၢ်လၢအခီပညီတအိဉ်, ပှၤလံဉ်တၢ်လီတၢ်ဖိ

bully *a* လၢအဂ့ၤဒိဉ်မး

bully *n* ပှၤမၤနၢၤမၤဃဉ်တၢ်

bully *v* မၤနၢၤမၤဃဉ်, မၤနၢၤအီဉ်ဃိဉ်တၢ်

bum *a* သူတသ့ဘဉ်

bum *n* ၁. ပှၤဃ့အီဉ်တၢ်ဖိ ၂. ပှၤကၢဉ်ဒီးလၢကပီၤတအိဉ်, ပှၤလံၤလူၤကျူၤဆှါ ၃. ခံကိၢ်, ခံကိၢ်

bum *v* ၁. ဃ့အီဉ်တၢ်, ဃ့သကွံၢ်ကညးတၢ် ၂. မၤလၢာ်တၢ်ဆၢကတိၢ်

bumble *v* ၁. တဲတၢ်အုးထုးအးထး, ကတိၤတၢ်အုးထုးအးထး ၂. မၤတၢ်လၢတအိဉ်ဒီးတၢ်ပလိၢ်ပဒီသး, မၤတၢ်စီၤကျုံၤစီၤကျိၤ, မၤတၢ်ကနတလီၤတံၢ်လီၤဆဲး, မၤတၢ်တတုၤလီၤဖိဃီၤ ၃. မၤသီဉ်အကလုၢ်ဒ်သိးကနဲ ၄. မၤကမဉ်တၢ်လၢတၢ်တပလိၢ်ပဒီသးအပူၤ

bumblebee *n* ကနၣ

bumbling *a* ၁. လၢအမၤတၢ်တဘဉ်ဘဉ်, လၢအမၤကမဉ်တၢ် ၂. လၢအတၢ်စုသ့ခီဉ်ဘဉ်တအိဉ်ဘဉ်

bummer *n* တၢ်လၢအမၤအ့နူဒီးမၤတမုာ်တလၢပသး

bump *n* ၁. တၢ်ညီးထီဉ် ၂. တၢ်ဘဉ်တိၢ်, တၢ်ဘဉ်ထံး ၃. တၢ်ထီဉ်စိလီၤဆၢဉ်

bump *v* ဘဉ်တိၢ် (အဒိ, သိလ့ဉ်ဘဉ်တိၢ်ဒီးသ့ဉ်ထူဉ်)

bumper *a* ၁. လၢအဒိဉ်ကဲဉ်ဆီး, လၢအါအါဂိၢ်ဂိၢ် ၂. လၢအကဲထီဉ်လိဉ်ထီဉ်

bumper *n* သိလ့ဉ်သဒီ (ထးဘိလၢအအိဉ်လၢသိလ့ဉ်အမဲာ်ညါဒီးလိၢ်ခံဒ်သိးကဒီသဒၢသိလ့ဉ်အဂီၢ်)

bumpy *a* ၁. (တၢ်မဲာ်ဖံးခိဉ်) တဘျ့, သွဲး, လၢအပှဲၤဒီးတၢ်ကမဲဉ်ကမိာ်, လၢအတဃူဘဉ်, လၢအတပၢၤဘဉ် ၂. လၢတလဲၤသးဘျ့ဘျ့ဆိုဆို, လၢအိဉ်ဒီးတၢ်တံာ်တာ်အါ, လၢအတမုာ်တလၢ, လၢအတညီတဘှါ

bun *n* ၁. ကိဉ် (တကလုာ်) ၂. ခိဉ်ဘိဉ်, ခိဉ်ကွာ်

bunch *n* တၢ်အကဒိဉ်, တၢ်အကတြူၢ်

bunch *v* ၁. စ့ၢကဒိၣ်, စ့ၢဖှိၣ် ၂. ဟ်ဖှိၣ်ရိၣ်ဖှိၣ်ထီၣ်သး
bundle *n* တၢ်ဘိၣ်တၢ်စ့ၢ, တၢ်အကဒိၣ်
bundle *v* ၁. ဘိၣ်ထီၣ်တၢ်, ယှၢ်ကဒိၣ်ထီၣ်တၢ် ၂. ဆှၢကွံာ်လၢတၢ်ချ့ဒ်းချ့ဒူး, လဲၤတၢ်ချ့ဒ်းချ့ဒူး
bungalow *n* ဟံၣ်တကထြၢဆံးဆံးဖိ
bungee *n* ပျံၤလၢအယှာ်
bungle *n* တၢ်ကမၣ်
bungle *v* မၤတၢ်လၢအတအိၣ်ဒီးတၢ်ပလိၢ်ပဒိသးဘၣ်, မၤတၢ်စီၤကျံၤစီၤကျိၤ, မၤတၢ်တလီၤတံၢ်လီၤဆဲး
bungling *a* မၤကမၣ်ဘၣ်တၢ်ညီ, တအိၣ်ဒီးတၢ်အကံၢ်အစီလၢကမၤတၢ်
bunk *n* လီၢ်မံစိၢ်, လီၢ်မံခံကထၢ
bunk *v* မံလၢလီၢ်မံစိၢ်အပူၤ
bunk bed *n* လီၢ်မံခံကထြၢ, လီၢ်မံခံကထၢ
bunker *n* ၁. ထးဒၢဖးဒိၣ်လၢပှၤဟ်ကီၤရှ့ၣ်နိၣ် ၂. တၢ်အိၣ်ကဒုအလီၢ်လၢဟီၣ်ခိၣ်ပူၤလၢပှၤသူအီၤလၢတၢ်ဒုးတၢ်ယၤကတီၢ် ၃. တၢ်ပူၤလၢတၢ်မၤပှဲၤအီၤလၢမဲးလၢပှၤဒိဖျာၣ်ဒိအလီၢ်
bunker *v* ၁. ဒိနှာ်လီၤဖျာၣ်တိၢ်ဆူတၢ်ပူၤ ၂. မၤပှဲၤကဘိစဲးအသိ
bunkhouse *n* ဟံၣ်လၢတၢ်ဘိုပတြိာ်အီၤလၢပှၤမၤတၢ်ဖိကမံအဂီၢ်
bunny *n* ပဒဲ
bunt *v* ဘျာၣ်တၢ်ဒီးအနၢ, ဘျာၣ်တၢ်ဒီးအခိၣ်
buoy *n* ဖျာၣ်ထီၣ်ဖီ
buoy *v* ၁. မၤဒိၣ်ထီၣ်တၢ်အပှ့ၤ ၂. မၤနီၣ်ယာ်ဒီးဖျာၣ်ထီၣ်ဖီ ၃. မၤထီၣ်ဖီ ၄. ဟ့ၣ်ဂံၢ်ဟ့ၣ်ဘါပှၤ, ဟ့ၣ်ဆူၣ်ထီၣ်ပှၤအသး
buoyancy *n* တၢ်လၢအဒုးအိၣ်ထီၣ်ဖီတၢ်, တၢ်အိၣ်ဒီးတၢ်သူၣ်ဖှံသးညီ
buoyant *a* ၁. လၢအကအိၣ်ထီၣ်ဖီ ၂. လၢအသးခုနီၢ်နီၢ် ၃. လၢအအိၣ်ဒီးတၢ်မၤအါ (မ့ၢ်ကျိၤဝဲၤကွာ်တကပၤ)
bur *n* ၁. ပထြၢသၣ်, ဘီကထၢသၣ်, နီၣ်ဖီၤမံၤဖိၤသၣ်လၢအစဲဘူးတၢ် ၂. ပှၤလၢအကျးထိအိၣ်ကလီတၢ်
burden *n* တၢ်ဝံယၢ
burden *v* ယၢထီၣ်, ယၢဘၣ်အီၤ
burdensome *a* လၢအဒုးအိၣ်ထီၣ်တၢ်ကီတၢ်ခဲတၢ်ကိၢ်တၢ်ဂီၤ, လၢအမၤကီမၤခဲတၢ်
bureau *n* ၁. စီၢ်နီၤခိၣ်အိၣ်ဒီးစီၤကျိးဒီးတၢ်ကွဲးလံာ်အလီၢ် ၂. ပဒိၣ်အဝဲၤကျိၤ ၃. တၢ်ကရၢကရိဖးဒိၣ်လၢပဒိၣ်အဝဲၤကျိၤလၢအမၤတၢ်လၢတၢ်မၤလီၤလီၤဆီဆီတမံၤအဂီၢ် ၄. (the bureau) ဖဲၣ်ဒရၢၣ်တၢ်ယိထံသ့ၣ်ညါဝဲၤကျိၤ
bureaucracy *n* ဘ္ဍူၣ်ရိၣ်ခြွၣ်စံၣ်
bureaucrat *n* ဘ္ဍူၣ်ရိၣ်ခြိးသန့ဖိ, ကစၢ်သန့ဖိ
bureaucratic *a* လၢအဘၣ်ယးဒီးဘ္ဍူၣ်ရိၣ်ခြွၣ်စံၣ်, လၢအဘၣ်ယးဒီးပဒိၣ်တၢ်မၤအကျိၤအကျဲဒီးပှၤလၢအမၤတၢ်လၢတၢ်ဖိၣ်ဂၢၢ်ယာ်တၢ်သိၣ်တၢ်သီလၢပှၤကီးဂၤဒဲးကလူၤပိာ်မၤထွဲတၢ်တဖၣ်နၢ့ၣ်အတၢ်ဖံးတၢ်မၤတဖၣ်
burglar *n* တမျာ်, ပှၤဘၢၣ်ဖျိတၢ်
burglarize, burglarise *v* တမျာ်တၢ်, ဘၢၣ်ဖျိတၢ်
burglary *n* တၢ်တမျာ်တၢ်
burgle *v* လဲၤနုာ်ဟုၣ်တၢ်ဆူတၢ်သူၣ်ထိၣ်အပူၤ
burgundy *n* ၁. ဖြၣ်စ့ၣ်အသံးဂီၤတကလုာ် ၂. အလွဲၢ်ဂီၤပှၢ်
burial *n* တၢ်ဟ်လီၤပှၤသံ, တၢ်ခူၣ်လီၤပှၤသံ
burl *n* သ့ၣ်ကမိာ်
burlap *n* တၢ်ကံးညာ်အတိၣ်ဒီးယီၤယၢ
burlesque *n* တၢ်မၤလီၤနံၤဘၣ်ဖဉ်လဲတၢ်, တၢ်မၤဒိးပှၤဒီးမၤလီၤနံၤဘၣ်ဖဉ်လဲတၢ်
burly *a* (ပှၤ) လၢအဒိၣ်ဒီးဂံၢ်ဆူၣ်
Burma *n* ကီၢ်ပယီၤ
Burman *n* ပှၤပယီၤဖိ
Burmese *a* လၢအဘၣ်ယးဒီးပယီၤကျိာ်, လၢအဘၣ်ယးဒီးပှၤကီၢ်ပယီၤဖိ
burn *n* တၢ်ကိၢ်လီၤဘျူး
burn *v* (မ့ၣ်အူ) အီၣ်တၢ်, ဒွဲၣ်ဆိ (လၢမ့ၣ်အူ), ကိၢ်သွၣ်
burner *n* တၢ်လၢမ့ၣ်အူလၣ်ထီၣ်အလီၢ်, တၢ်လၢမ့ၣ်အူအူအိၣ်တၢ်အလီၢ် (အဒိ, ပီးလီလၢအအိၣ်လၢဖၣ်ကွာ်ခိၣ်အလိၤ)
burning *a* ၁. လၢမ့ၣ်အူအူအိၣ်ကွံာ် ၂. လၢကိၢ်လုးကိၢ်လီ, လၢကိၢ်အူကိၢ်ကဖး, လၢကိၢ်အူကိၢ်ကဲၤ ၃. လၢအသးဆူၣ်သးဂဲၤဒိၣ်ဒိၣ်ကလဲာ်, လၢအသးယံၤယူ, လၢအသူၣ်ပိၢ်သးဝးဒိၣ်ဒိၣ်ကလဲာ် ၄. လၢအကါဒိၣ်ဒီးတၢ်ကြၢးမၤအီၤလၢအချ့, လၢအရှ့ဒိၣ်ဒိၣ်မး

burnish *v* မၤကပီၤထီၣ်တၢ်, ထူးဘျ့ထီၣ်တၢ်

burnout *n* ၁. တၢ်လီၤဘုံးလီၤတီၤဒိၣ်ဒိၣ်ကလဲာ်, တၢ်လီၤဘုံးလီၤဘှါဒိၣ်ဒိၣ်ကလဲာ်, တၢ်သူၣ်လီၤဘုံးသးလီၤဘှါဒိၣ်ဒိၣ်ကလဲာ် ၂. မ့ၣ်အူဆၣ်လၢာ်ကွံာ်, မ့ၣ်အူအ့ၣ်လၢာ်ကွံာ်, သိလၢာ်ကွံာ်ဒီးတၢ်အတဟီၣ်တအိၣ်လၢၤအကတိၢ် ၃. တၢ်ကိၢ်ဒိၣ်တလၢ, တၢ်ကိၢ်အါတလၢ
၄. မ့ၣ်အူအိၣ်တၢ် ၅. တၢ်ကိၢ်ဘၣ်အူအိၣ် (အဒိ, မ့ၢ်အိၣ်)

burnt *a* လၢအတၢ်ကိၢ်လီၤဘျုး, လၢအဟးဂီၤ မ့တမ့ၢ် လၢအဘၣ်ဒိဆါလၢမ့ၣ်အူအိၣ်အဃိ

burp *n* တၢ်ဘိုးကိၢ်

burp *v* ဘိုးကိၢ်

burro *n* ကသ့ၣ်ယီၤဖိ

burrow *n* ဆၣ်ဖိကီၢ်ဖိအပူၤ (လၢဟီၣ်ခိၣ်လာ်)

burrow *v* ခူၣ်တၢ်လၢဟီၣ်ခိၣ်ပူၤ, တ်နဲ့တၢ်ပူၤလၢဟီၣ်ခိၣ်လာ်

burst *n* ၁. တၢ်သးဒိၣ်ထီၣ်ဖုး, တၢ်သူၣ်ဆူၣ်သးဂဲၤထီၣ်သတူၢ်ကလာ်တစိၢ်ဖိ, တၢ်သူၣ်ပိၢ်သးဝးတစိၢ်ဖိ ၂. တၢ်ခးတပျိၤတၢ် ၃. တၢ်ပိၢ်ဖးထီၣ်

burst *v* ပိၢ်ဖးထီၣ်

burst appendix *n* ပှံာ်ဖးဒ့သ့ၣ်ဖး

bury *v* ခူၣ်လီၤကွံာ်, ခူၣ်လီၤဘျၢလီၤ, ကးဘၢဃာ်

bus *n* သိလ့ၣ်ပဒၢးပှၤကညီ, သိလ့ၣ်ဘၢး(စ)

bus *v* ၁. ဆှၢထီၣ်ဆှၢလီၤဒီးသိလ့ၣ်ဘၢး(စ), လှ့ၢ်ထီၣ်လှ့ၢ်လီၤဒီးသိလ့ၣ်ဘၢး(စ) ၂. ထၢလီခီဘၣ်အၢဒီးမၤကဆိုစီၢ်နီၤခိၣ်ဖဲတၢ်အိၣ်ကျး

bus boy *n* ပှၤထၢလီခီဘၣ်အၢဒီးမၤကဆိုစီၢ်နီၤခိၣ်ဖဲတၢ်အိၣ်ကျး

bus driver *n* ပှၤနီၣ်သိလ့ၣ်ဘၢး(စ)

bus station *n* ဘၢး(စ)သန့, သိလ့ၣ်သန့

bus stop *n* ဘၢး(စ)ပတုာ်လီၢ်

bush *n* တပိၢ်

bushed *a* လီၤဘုံးလီၤတီၤ

bushel *n* နီၣ်ဃီၣ်လၢအတြီၢ်ဃီးကၣ်လၣ်, နီၣ်ဃီၣ်လၢအတြီၢ်ဘုခံနာ်

bushy *a* ၁. ဖုရု ၂. တီၣ်ဒ်တပိၢ်အသိး

busily *adv* လၢတၢ်ဘုံးတၢ်တီၤသးအပူၤ, ဆူၣ်ဆူၣ်

business *n* ၁. တၢ်ဖံးတၢ်မၤ ၂. ပှၤတဂၤအတၢ်ဂ့ၢ်, တၢ်လၢအဘၣ်ထွဲဒီးပှၤတဂၤ ၃. မုၢ်ဝဲၤတၢ်မၤ, ပနံာ်ကၤတၢ်မၤ

business card *n* မုၢ်ဝဲၤအမံၤခးက့, ခးက့လၢအအိၣ်ဒီးပှၤအမံၤ, လီၢ်လၢဒီးတၢ်မၤလီၢ်အလီၢ်အိၣ်ဆိးထံး, လီတဲစိနီၣ်ဂံၢ်ဒီးလီပရၢနီၣ်ဂံၢ်တဖၣ်အတၢ်ဆဲးကျိးဆဲးကျၢအဂ့ၢ်အကျိၤလီၤတံၢ်လီၤဆဲး

business hours *n* တၢ်ဖံးတၢ်မၤတၢ်အနၣ်ရံၣ်

businesslike *a* လၢအမၤတၢ်တုၤလီၤတီၤလီၤ, လၢအမၤတၢ်အိၣ်ဒီးအကျိၤအကျဲလီၤတံၢ်လီၤဆဲး

businessman *n* ပှၤမၤပနံာ်တၢ်ကၤ

businesswoman *n* ပှၤမၤပနံာ်တၢ်ကၤမုၣ်

busk *v* ဟးဝ့ၤဝီၤဒ့တၢ်အူတၢ်လၢကျဲ, ဟးဝ့ၤဝီၤဒ့တၢ်အူတၢ်လၢကျဲလၢကမၤန့ၢ်တၢ်မၤဘူၣ်အဂိၢ်

bust *n* ၁. ပိာ်မုၣ်အနုၢ် ၂. ပှၤခိၣ်ဂီၤစိးပျၤ, ပှၤဖံဘၣ်ခိၣ်ဒီးသးနါပှၢ်စိးပျၤ ၃. မုၢ်ကျိၤဝဲၤကွာ်ဟးဂီၤကီခဲအကတိၢ် မ့တမ့ၢ် တၢ်သူၣ်လီၤဘုံးသးလီၤတီၤ ၄. (ပၢၤကီၢ်) ဃိထံသမံသမိးတၢ် ၅. တၢ်လၢအဘျုးတအိၣ်

bust *v* ၁. သ့ၣ်ဖး, အိၣ်ပြါ ၂. နုာ်လီၤဃုကမူၣ်ခွဲးခွး (တၢ်လီၢ်) ၃. သုးလီၤ (သုးဖိ)အလီၢ်အလၤ ၄. ကျိၣ်စ့တအိၣ်

bustle *n* တၢ်ဟူးတၢ်ဂဲၤလၢအလီၤသူၣ်ပိၢ်သးဝး

bustle *v* သုးအသးသိၣ်ဒိၣ်ဒိၣ်ကလဲာ်လၢတၢ်သူၣ်ပိၢ်သးဝးအပူၤ, သုးဝ့ၤသုးဝီၤအသး

bustling *a* (တၢ်လီၢ်) လၢအအိၣ်ပှဲၤဒီးတၢ်ဟူးတၢ်ဂဲၤ, တၢ်အိၣ်ဒံဝ့ၤဒံဝီၤအသး

busy *a* လၢအတၢ်မၤအါ

busy *v* မၤတၢ်တအိၣ်ဘုံးအိၣ်သါ

busy body *n* ပှၤလၢအသိၣ်ဝံသဲကလၤ, ပှၤလၢအသးစဲလၢပှၤဂၤအဂ့ၢ်အါကဲၣ်ဆိး

but *adv* ၁. ထဲဒၣ်, ထဲ --- ဓိၤ ၂. ဒ်လဲၣ်ဂ့ၤ

but *conj* ဘၣ်ဆၣ်ဒီး, သနာ်က့, မ့တမ့ၢ်ဘၣ်ဒီး

but *n* သနာ်က့, ဘၣ်ဆၣ်ဒီး

but *prep* ဘၣ်ဆၣ်ဒီး, သနာ်က့

butch *a* ၁. လၢအလီၤပိာ်ခွါ, လၢအလီၤက်ဒ်ပိာ်ခွါအသိး ၂. လၢအဖျါလီၤပျံၤလီၤဖုးဒီးအိၣ်ဒီးဒုၣ်ဒီးဒ့

butcher *n* ပှၤလၢအဆါတၢ်ဖံးတၢ်ညၣ်

B

butcher *v* မၤသံဆၣ်ဖိကီၢ်ဖိဒီးကူးကါအီၤ, မၤသံဆူၣ်မဲာ်ကဲၤမဲာ်

butler *n* ပှၤပိာ်ခွါကွၢ်ထွဲဟံၣ်

butt *n* ၁. တၢ်ဘျၣ်တၢ်ဒီးခိၣ်သၣ်ဃံ ၂. ခံကီၢ်, ခံကိၢ်

butt *v* ၁. ဘျၣ်တၢ် (အဒိ, ကျိၢ်ဘျၣ်လိာ်သး) ၂. နုာ်လီၤမၤတံာ်တာ် ၃. ကျိအခံပၣ်, တၢ်ခးပနီၣ်အလီၢ်

butter *n* ထိပး

butter *v* ၁. ထွါဒီးထိပး, ဒွါဒီးထိပး ၂. ပတြၢၤလူတၢ်, ပတြၢၤလွဲန့ၢ်ပှၤအသး, ပတြၢၤလီတၢ်လၢကမၤန့ၢ်တၢ်လၢပှၤအအိၣ်တမံၤမံၤအဂီၢ်

butterfly *n* စီးကပ့ၤ

buttock *n* ခံကီၢ်, ခံကိၢ်

button *n* ဆ့နုၢ်သၣ်, ဆ့ကၤသၣ်

button *v* ထီထီၣ်ဆ့ကၤသၣ်, ထီထီၣ်ဆ့နုၢ်သၣ်

buttonhole *n* ဆ့နုၢ်သၣ်ပူၤ, ဆ့ကၤသၣ်ပူၤ

buttress *n* နီၣ်ပၢၢ်ဃာ်တၢ်, နီၣ်ပကၢၢ်တၢ်, နီၣ်ကီၤဃာ်

buttress *v* ပၢၢ်ဃာ်, ကီၤဃာ်, ပကၢၢ်ဃာ်

buxom *a* ဒိၣ်တၢ်ထၢၣ်ဘၣ်ဂီၤဘၣ်, ဒိၣ်တၢ်ဒုၣ်ဂ့ၤဒ့ဂ့ၤ, ဒိၣ်တၢ်ဂ့ၤ

buy *v* ပှ့ၤတၢ်

buyer *n* ပှၤပှ့ၤတၢ်ဖိ

buzz *n* ၁. ကနဲယူၤအသိၣ် ၂. ပှၤအါအါဂီၢ်ဂီၢ်တဲတၢ်အသိၣ် ၃. လီတဲစိအသိၣ် ၄. တၢ်သူၣ်ပိၢ်သးဝးဒိၣ်ဒိၣ်ကလဲာ်, တၢ်သူၣ်ကနိးသးကနိး, တၢ်ဖံးသကုၣ်ခီသကုၣ် ၅. တၢ်သိၣ်ဝံသဲကလၤ

buzz *v* သိၣ်ဒ်ကနဲယူၤသိၣ်အသိး

buzzard *n* လံာ်မိၢ်ဃးတကလုာ်

buzzer *n* ပီးလီလၢအမၤသိၣ်တၢ်ကလုၢ်, ပီးလီလၢအမၤသိၣ်တၢ်ကလုၢ်ဒီးဟ့ၣ်ထီၣ်တၢ်ပနီၣ် (အဒိ, တၢ်ဟ့ၣ်ပလီၢ်မ့ၣ်အူအပီးအလီ)

by *adv* တလၢကွံာ်, တချူး

by *prep* ဘူးဒီး, လၢအသိး, လၢအလိၤ, လၢအဃၢၤ, လၢ

by and by *idm:* တယံာ်တမီၢ်

by laws *n* ပှၤတဖုတကရၢအတၢ်သိၣ်တၢ်သီလၢအပၢလီၤက့ၤအတၢ်ဖံးတၢ်မၤဒၣ်ဝဲအဂီၢ်

by rote *n* တၢ်တိၢ်ရူးသံတၢ်, တၢ်တိၢ်ရူးသံတၢ်လၢတအိၣ်ဒီးတၢ်နၢ်ပၢၢ်အခီပညီ

by word *n* တၢ်လၢတၢ်ဟံးန့ၢ်ဒိအီၤ, ပှၤလၢတၢ်ဟံးန့ၢ်ဒိအီၤ, တၢ်ကတိၤဟ့ၣ်တၢ်အဒိ

bye *exclam* (လဲၤ) မုာ်မုာ်

bye *n* တၢ်အိၣ်သးဖဲပှၤဂဲၤလိာ်ကွဲဖိတဖု မ့တမ့ၢ်တဂၤလၢဒိးန့ၢ်တၢ်ခွဲးတၢ်ယာ်လၢကဂဲၤဆူညါတပတိၢ်လၢမ့ၢ်လၢပှၤလၢအဂဲၤဒီးအီၤတဖုတဟဲဂဲၤဘၣ်အဃိ, တၢ်ဆှၢထီၣ်ပှၤဂဲၤလိာ်ကွဲဖိဆူညါတပတိၢ်မ့ၢ်လၢပှၤလၢအဂဲၤဒီးအီၤတဟဲဘၣ်

bygone *a* လၢအပူၤကွံာ်

bygone *n* တၢ်လၢအပူၤကွံာ်

bypass *n* ၁. ကျဲလၢတၢ်ဘိုအီၤလၢဝ့ၢ်ချၢလၢကအိၣ်ဝးတရံးဝ့ၢ်, ကျဲတရံးဝ့ၢ် ၂. တၢ်ကျိၤဖိလၢတၢ်ဘိုထီၣ်အီၤဖဲတၢ်အကျိၤဖးဒိၣ်ဟးဂီၤအခါ ၃. တၢ်ကွဲးတၢ်ကါဒီးဒုးအိၣ်ထီၣ်တၢ်ကျိၤအသီလၢသွံၣ်ကလဲၤတၢ်ဂ့ၤဂ့ၤအဂီၢ်

bypass *v* လဲၤဘျီ, လဲၤတရံးကျဲဘျီ

bystander *n* ပှၤလၢအကွၢ်ကီတၢ်လၢတၢ်ကပၤ

byte *n* နီၣ်ဂံၢ်တဖျၢၣ်လၢတၢ်စူးကါအီၤလၢခီၣ်ဖျူထၢၣ်အကျိၤအကျဲအယူၣ်နံးတခါအပူၤ

byway *n* ၁. ကျဲဖိ, ကျဲမုၢ်ဆံးဆံး ၂. တၢ်သ့ၣ်ညါနၢ်ပၢၢ်လၢအတကွိၣ်အံၣ်

byword *n* ၁. တၢ်ကတိၤလၢပှၤသူအီၤအါ ၂. တၢ်ကတိၤဒိလီၤတၢ်

C

cab *n* ၁. သိလ့ၣ်ဒိးလဲ, သိလ့ၣ်ဒိးငါ ၂. ပှၤနီၣ် (သိလ့ၣ်, လ့ၣ်မ့ၣ်အူ) အလီၢ်

cabaret *n* ၁. တၢ်ဒုးနဲၣ်တၢ်သူၣ်ဝံၣ်သးဆၢဂဲၤကလံၣ်လၢတၢ်အီၣ်အလီၢ် မ့တမ့ၢ် မုၢ်နၤတၢ်ဂဲၤကလံၣ်အလီၢ် ၂. မုၢ်နၤတၢ်ဂဲၤကလံၣ်အလီၢ် မ့တမ့ၢ် တၢ်အီၣ်အလီၢ်ဖဲတၢ်ဒုးနဲၣ်တၢ်သူၣ်ဝံၣ်သးဆၢဒီးတၢ်မှာ်လၤသးခုဂဲၤကလံၣ်ပၣ်ကဝ့ၤအီၣ်ဝဲ

cabbage *n* သဘၣ်ဘိၣ်ခိၣ်, တဘၣ်ဘိၣ်ခိၣ်

cabbal *n* ကရူၢ်တဖုလၢကူၣ်ထီၣ်ရူသူၣ်တၢ်လၢကမၤန့ၢ်ထံရူၢ်ကီၢ်သဲးတၢ်စိကမီၤ

cabby *n* ပှၤနီၣ်သိလ့ၣ်ဒိးလဲ

cabin *n* ၁. ဒဲ, ဟံၣ်သ့ၣ်ဆံးဆံးဖိလၢတၢ်ဘှီအီၤလၢပှၢ်လၢ်ကျါ ၂. လီၢ်မံဒၢးလၢကဘီပူၤ

cabin crew *n* ပှၤမၤတၢ်ဖိလၢကဘီယူၤပူၤ

cabinet *n* ၁. ပဒိၣ်အပှၤကူၣ်လိာ်တၢ်တကရၢ ၂. ဘံၣ်ဒၢ်လၢအအိၣ်ဒီးအကထၢတဖၣ်

cabinetmaker *n* ပှၤတ့ဟံၣ်ဃီတၢ်ပီးတၢ်လီလၢအပှ့ၤဒိၣ်တဖၣ်

cabinetmaking *n* တၢ်တ့တၢ်ဘှီသ့ၣ်တၢ်မၤ, တၢ်တ့တၢ်ဘှီတၢ်စုသ့တၢ်မၤ

cable *n* ထးသွဲပျံၤပီၤ

cable *v* ဆှၢတၢ်ကစီၣ်ခီဖျိလီပျံၤ

cable car *n* ၁. လီလ့ၣ် – လ့ၣ်လၢအလဲၤတၢ်လၢထးသွဲပျံၤပီၤအဖီခိၣ်ဖဲတၢ်ခီကၢ်ကစၢၢ်တဖၣ်အဘၢၣ်စၢၤ မ့တမ့ၢ် ထီၣ်ကစၢၢ်အခါ ၂. လီလ့ၣ်မ့ၣ်ဒၢးအတွဲ

cable television *n* ကွၢ်ဟူဖျါလၢအဒိးဖိၣ်န့ၢ်တၢ်ရဲၣ်တၢ်ကျဲၤတဖၣ်ခီဖျိလီထးသွဲပီၤပျံၤ

cablegram *n* လီပျံၤတၢ်ကစီၣ်

cache *n* တၢ်ဟ်ကီၤရူသူၣ်တၢ်

cackle *v* ၁. (ထိၣ်ဒ့ၣ် မ့တမ့ၢ် ဆီ) ကိးသီၣ် ၂. နံၤသီၣ်ကၤကၤ ၃. တဲတၢ်ဖးဒိၣ်

cactus *n* ထိၣ်ဒိၣ်နဲးအကလုာ်

cad *n* ပှၤပိာ်ခွါလၢအသကဲာ်ပဝးတဂ့ၤလီၤဆီဒၣ်တၢ်လၢပိာ်မုၣ်တဖၣ်အဖီခိၣ်

caddie *n* ပှၤလၢအစိာ်န့ၢ်ပှၤဒိဖျာ်တီၢ်တဖၣ်အနီၣ်တီၢ်ဘိတဖၣ်ဒီးမၤစၢၤတၢ်ဖဲတၢ်ပြၢအခါ

caddie *v* စိာ်န့ၢ်ပှၤဒိဖျာ်တီၢ်တဖၣ်အနီၣ်တီၢ်ဘိဒီးမၤစၢၤတၢ်ဖဲတၢ်ပြၢအခါ

caddy *n* ၁. ပှၤလၢအစိာ်န့ၢ်ပှၤဒိဖျာ်တီၢ်တဖၣ်အနီၣ်တီၢ်ဘိတဖၣ်ဒီးမၤစၢၤတၢ်ဖဲတၢ်ပြၢအခါ, ၂. တလါဆံးဆံးဖိ

cadet *n* ပှၤသးစၢ်လၢအထိၣ်သုးခိၣ်ဖိ မ့တမ့ၢ် ပၢၤကီၢ်တၢ်မၤလိတဖၣ်

cadre *n* ၁. ကရူၢ်ကရၢဖိပတြီာ်, ပှၤလၢဘၣ်တၢ်ဃုထၢထီၣ်အီၤလီၤလီၤဆီဆီဒီးဟ့ၣ်အီၤတၢ်မၤလိ ၂. သုးပတြီာ်, ခ့ဒၢ် ၃. တၢ်အတကွီၣ်, တၢ်မၤအတကွီၣ်

Caesarean, Cesarean *a* ၁. လၢအကွဲးအိၣ်ဖျဲၣ်ဖိ ၂. လၢအဘၣ်ထွဲဒီးကၠူလံယၢးစံစၢ်

Caesarean section *n* တၢ်ကွဲးအိၣ်ဖျဲၣ်ဖိ

cafe, café *n* တၢ်အီၣ်ကျးဆံးဆံးဖိ

cafeteria *n* တၢ်အီၣ်လီၢ်လၢနဘၣ်ဟံးတၢ်အီၣ်လၢနကစၢ်ဒၣ်နဲ

caffeine *n* ကဖ့အ့(န)ဂာ်လၢအအိၣ်လၢခီဖံၣ်ဒီးလၣ်ဖးအပူၤ

cage *n* (ထိၣ်) တြၤ, (ထိၣ်) ကြိ, ကပိၤ

cage *v* ဒုးဃာ်

cahoots *n* တၢ်ကူၣ်ရူသူၣ်သကိးတၢ်

caiman *n* အမဲရကၤသမၣ်ဖုၣ်ခိၣ်

cajole *v* လွဲကဒံလွဲကဒါတၢ်, ကလံာ်န့ၢ်တၢ်

cake *n* ကိၣ်ဆီဒံၣ်, ကိၣ်ခ့း – ကိၣ်ကလုာ်လၢပှၤမၤအီၤဒီးဘုကၠ့ၣ်, ဆီဒံၣ်ဒီးအံသၣ်ဆၢ

cake *v* ၁. ကျၢၢ်ဘၢ, မၤဘၢ ၂. မၤကီၢ်လိၣ်ထိၣ်, ကီၢ်လိၣ်ထိၣ်, ကီၢ်လိၣ်ကီၢ်ဘှီထိၣ်

calamari *n* က့မိၣ်

calamitous *a* လၢအဒုးအိၣ်ထိၣ်တၢ်တတၢာ်တနါ, လၢအဒုးအိၣ်ထိၣ်တၢ်နးတၢ်ဖှိၣ်, လၢအဒုးအိၣ်ထိၣ်တၢ်ဟးဂူာ်ဟးဂီၤဖးဒိၣ်

calamity *n* တၢ်တတၢာ်တနါ, တၢ်နးတၢ်ဖှိၣ်, တၢ်ဟးဂူာ်ဟးဂီၤဖးဒိၣ်

calcium *n* ခဲ(လ)စံၣ်ယၢၣ်, ထူၣ်အစီ

calculate *v* ဂံၢ်ဒွးတၢ်, ဒွးတယာ်တၢ်

calculated *a* လၢအဒွးဟ်ဝဲ, လၢအပညိၣ်ဟ်ဝဲ

calculating *a* လၢအကူၣ်တၢ်လၢအကစၢ်တၢ်န့ၢ်ဘျုးအဂီၢ်

calculation *n* ၁. တၢ်ဂံၢ်တၢ်ဒွးတၢ် ၂. တၢ်တယာ်ဆိဒွးဆိတၢ်အစၢ(လၢအကကဲထိၣ်အသး)

calculator *n* စဲးဒွးတၢ်, စဲးဒွးနီၣ်ဂံၢ်

caldron *n* ကသူသပၢၤဖးဒိၣ်, ထံချီကိဖးဒိၣ်

calendar *n* လံာ်နံၣ်လံာ်လါ

calf *n* ၁. ဂီၤဖံးဖိ, ကဆီဖိ, ညၣ်လူၤခိၣ်ဖိ ၂. ခီၣ်ဒုၣ်သၣ်

calibrate *v* ၁. ဟ်ပနီၣ်နီၣ်ထိၣ် ၂. ကွၢ်သတြီၤတၢ်ဖးနီၣ်ထိၣ်

calibre, caliber *n* ၁. တၢ်အကံၢ်အစီ ၂. ကျိပျိအပူၤ

caliper, calliper *n* ၁. နီၣ်ထိၣ်တၢ်အတိၣ်ဒီးတၢ်ဒ့ၣ်စၢၤ, နီၣ်ထိၣ်တၢ်ဒိၣ်ဃီၤ, နီၣ်ထိၣ်ခလှဖၢၣ် ၂. သိလ့ၣ် မ့တမ့ၢ် သိလ့ၣ်ဃိၢ်အနီၣ်ဖှၣ်လၢအိၣ်ဒီးသံၣ်ကျိၤခံခါ ၃. ခီၣ်အဃိၢ်

calk *n / v* (see caulk)

call *n* ၁. တၢ်ကိးပသူ ၂. ထိၣ်ကိးအသီၣ် ၃. တၢ်ဃ့ထိၣ်တၢ်, တၢ်ဃ့ကိၢ်ဃ့ဂီၤတၢ်, တၢ်ဃ့ထိၣ်လၢကမၤတၢ်တမံၤမံၤ ၄. တၢ်လဲၤဟးအိၣ်သကိးတစိၢ်ဖိ ၅. တၢ်ကိးလီတဲစိ ၆. တၢ်ကိးဆူမူဒါ ၇. တၢ်ဘိးဘၣ်ရၤလီၤတၢ်, တၢ်ကိးတၢ် ၈. (တၢ်ဂဲၤလိာ်ကွဲ) တၢ်ကိးဟ့ၣ်တၢ်ပနီၣ် ၉. တၢ်ဃ့ကူၤတၢ်ကဒ့ ၁၀. တၢ်သူၣ်ဆူၣ်သးဂဲၤလၢကမၤတၢ်တမံၤမံၤ

call *v* ၁. ကိးထိၣ်, ကိးပသူ. ၂. ကိး (ပှၤ)

call for *vp:* ဃ့ထိၣ်တၢ်တမံၤမံၤ, အလိၢ်အိၣ်လၢ, မၤလိာ်အီၤ

call on *vp:* ၁. လဲၤအိၣ်သကိးတၢ်တဘျီဖိ ၂. ဃ့ထိၣ်လၢတၢ်ကမၤစၢၤအီၤ

callback *n* ၁. တၢ်ကိးကဒါက့ၤတၢ် ၂. တၢ်ကိးကဒါက့ၤလီတဲစိ ၃. တၢ်ကိးဃ့ကဒါက့ၤပနံာ်လၢတၢ်ဆါလီၤအီၤတဖၣ်လၢတၢ်ကဘိးဘၣ်မၤဂ့ၤထိၣ်က့ၤတၢ်ကမ့ၢ်ကမၣ်တဖၣ်အဂီၢ်

caller *n* ၁. ပှၤလၢအကိးလီတဲစိ ၂. ပှၤလဲၤဟးအိၣ်သကိးပှၤတစိၢ်တလိၢ်

calligraphy *n* တၢ်ကွဲးဃံကွဲးလၤစုလိၢ်, တၢ်ကွဲးကံၣ်ကွဲးဝ့ၤလံာ်ဖျာၣ်လၢစု

calling *n* တၢ်ဖံးတၢ်မၤ

callisthenics, calisthenics *n* တၢ်မၤနီၢ်ခိတၢ်ဟူးဂဲၤအဖှံဖှံလၢကဒုးအိၣ်ဆူၣ်ဒီးမၤဂ့ၤထိၣ်ယှၢ်ညၣ်, နီၢ်ခိမိၢ်ပှၢ်တၢ်ဟူးဂဲၤ

callous *a* ၁. (ဖံးဘ့ၣ်) လီၤကထိ, ကိၤ, ကျၤ ၂. လၢအတအိၣ်ဒီးတၢ်ဒိသူၣ်ဒိသး, လၢအအၢအသိ

calloused *a* လၢဖံးဘ့ၣ်ကျၤထိၣ်အလိၢ်

callow *a* ၁. လၢအတၢ်လဲၤခီဖျိတအိၣ်ဒံးဘၣ်, လၢအသးစၢ် ၂. (ထိၣ်ဖိ) လၢအဆူၣ်အဒံးထိၣ်တပဲ့ၤ, လၢအယူၤတသ့ဒံးဘၣ်

call-up *n* ၁. တၢ်ကိးသုး ၂. တၢ်ကိးထိၣ်ပှၤလၢကဟဲဟ်ဖိုၣ်ထိၣ်အသး, တၢ်ကိးထိၣ်ပှၤလၢကမၤတၢ်တမံၤမံၤ

callus *n* ၁. ဖံးဘ့ၣ်ကျၤထိၣ်, ကိၤထိၣ် မ့တမ့ၢ် လီၤကထိအလိၢ် ၂. နူာ်ကံၢ်အစၢ်, ဃံအနူာ်ကံၢ်အစၢ်လၢအဟဲထိၣ်ကဒါက့ၤဖဲဃံကၢ်ဝံၤအလိၢ်ခံ

callused *a* လၢဖံးဘ့ၣ်ကျၤထိၣ်အလိၢ်

calm *a* ၁. လၢအအိၣ်ဘှ့ၣ်အိၣ်ဘှိၣ်, အိၣ်ဘှ့ၣ်, အိၣ်ဃိကလာ်, လၢအအိၣ်ဂၢ်တပၢ် ၂. (တၢ်လိၢ်) လၢအမှာ်အပၢၤ

calm *n* ၁. တၢ်အိၣ်ဘှ့ၣ်အိၣ်ဘှိၣ်, တၢ်အိၣ်ဃိကလာ်, တၢ်အိၣ်ဂၢ်တပၢ် ၂. တၢ်အိၣ်မှာ်အိၣ်ပၢၤ, တၢ်မှာ်တၢ်ပၢၤ, တၢ်လိၢ်လၢအမှာ်အပၢၤ

calm *v* (calm down) မၤလီၤကတြူာ်, မၤလီၤကယး (တၢ်အိၣ်သး)

calorie *n* ခဲလိၣ်ရံၣ်တၢ်အိၣ်နၢ်ဂံၢ်နၢ်ဘါအလုၢ်အပှ့ၤ

calumniate *v* တဲသီၣ်ဝံသဲကလၤတၢ်, ခဲၣ်သူခဲၣ်ဂီၤတၢ်

calumny *n* တၢ်သီၣ်ဝံသဲကလၤတၢ်, တၢ်ခဲၣ်သူခဲၣ်ဂီၤတၢ်

calve *v* ဖံလီၤ, ကျိၢ်ဖံလီၤ, ဂီၤဖံးဖံလီၤ

calves *n* ၁. ဂီၤဖံးဖိ မ့တမ့ၢ် ကျိၢ်ဖိတဖၣ်, ကဆီဖိတဖၣ်, ညၣ်လူၤခိၣ်ဖိတဖၣ် ၂. ခီၣ်ဒုၣ်သၣ်တဖၣ်

cam *n* (စဲးဖီကဟၣ်) တၢ်အဘ့ၣ်ဖိ မ့တမ့ၢ် တၢ်အက့ဖိ, တၢ်အဘိဖိ (လၢအဒုးအိၣ်ထိၣ်ပၣ်အတၢ်ဟူးတၢ်ဂဲၤ) ၂. ခဲမရၢ်

camel *n* ကီၤလၤအူး

cameo *n* ၁. လၢၢ်လ့လၢတၢ်သိကယၢနၢ်အီၤဒ်ပှၤပိာ်မုၣ်အခိၣ်အဂီၤ, လၢၢ်သိကယၢ ၂. တၢ်သိလၢၢ်ဓိၤလ့ဓိၤအတၢ်ဖံးတၢ်မၤ ၃. တၢ်ကွဲးဖုၣ်လံာ်လၢတၢ်ကဟ်ဖျါထိၣ်တၢ်ဂ့ၢ်တမံၤမံၤအဂီၢ် ၄. ပှၤဂဲၤဒိမံၤဟူသၣ်ဖျါလၢအဂဲၤဒိတၢ်ဂဲၤဒိအသနၢၣ်ဖုၣ်ဖုၣ်တခါ

camera *n* တၢ်ဒိတၢ်ဂီၤဒၢ, ခဲမရၢ်

cameraman *n* ပှၤဒိတၢ်ဂီၤ

camouflage *n* တၢ်မၤလီၤက်လီၤဘၢတၢ် – အဒိ, သုးဖိတဖၣ်မၤလီၤက်လီၤဘၢအသးဒီးသ့ၣ်လၣ်ဖဲအလဲၤတၢ်လၢပှၢ်ကျါအခါ

camouflage *v* မၤလီၤက်လီၤဘၢတၢ်

camp *a* (တၢ်တဲဆါပှၤပိၥ်ခွါ) လီၤက်ဒီးပိၥ်မုၣ်, လီၤက်ဒ်ပိၥ်မုၣ်အသိး

camp *n* ဒဲကဝီၤ

camp *v* ၁. သူၣ်ဒဲ, ဆီလီၤဟ်လီၤဒဲ ၂. အိၣ်ဆိး မ့တမ့ၢ် အိၣ်ကဒုတစိၢ်တလီၢ်

campaign *n* ၁. (သုး) အတၢ်ဟူးတၢ်ဂဲၤ ၂. တၢ်ဟူးတၢ်ဂဲၤလၢကမၤလၢပှဲၤတၢ်တိၥ်ဟ်

campaign *v* ၁. ဟူးဂဲၤလၢတၢ်တိၥ်ဟ်တမံၤအဂီၢ်, မၤတၢ်ဟူးတၢ်ဂဲၤ ၂. လီၤခဲၣ်ဖှ

campaigner *n* ပှၤလီၤဟူးဂဲၤတၢ် (လၢတၢ်မၤလၢပှဲၤတၢ်တိၥ်ဟ်အဂီၢ်)

camper *n* ၁. ပှၤလၢအဟးလိၥ်ကွဲဒီးသူၣ်ဒဲတစိၢ်တလီၢ်လၢကမံအိၣ်ဘှံးအဂီၢ် ၂. သိလ့ၣ်ဟံၣ်

campfire *n* မ့ၣ်အူပူၣ်ဖးဒိၣ်လၢတၢ်ဒွဲၣ်အီၤဖဲပှၤဟးလိၥ်ကွဲသူၣ်လီၤဒဲအခါ

campground *n* တၢ်လီၢ်ဖဲပှၤသူၣ်လီၤတၢ်ဟးလိၥ်ကွဲဒဲကဝီၤအလီၢ်

camphor *n* ပရူး, တၢ်နၢကိၢ်လိၣ်လၢတၢ်ကူတၢ်သိးအကျါလၢကဟ်ကွံၥ်တၢ်ဖိလံၤဖိဃၢ်

camping *n* တၢ်ဆီလီၤဒဲ, တၢ်သူၣ်ဒဲ, တၢ်ဟးကသုၣ်ကသီဒီးဆီလီၤဒဲတစိၢ်တလီၢ်

campsite *n* တၢ်လီၢ်ဖဲပှၤသူၣ်လီၤတၢ်ဟးလိၥ်ကွဲဒဲကဝီၤအလီၢ်

campus *n* (ခီလ့ၣ်, ဖှၣ်စိမိၤ) ကရၢ်

camshaft *n* (စဲးဖီကဟၣ်) တၢ်အဘ့ၣ်ဖိ မ့တမ့ၢ် တၢ်အက့ဖိ, တၢ်အဘိဖိ (လၢအဒုးအိၣ်ထီၣ်ပၣ်အတၢ်ဟူးတၢ်ဂဲၤ)

can *n* ထးဝါဒၢ

can *v* ကဲ, သ့

canal *n* ၁. ထံဘီ ၂. ထံကျိၤ (လၢပှၤခူၣ်နှၢ်အီၤ)

canalize, canalise *v* ၁. (ထံကျိ) ဆီတလဲဆူထံကျိၤ မ့တမ့ၢ် ထံဘီ, ခူၣ်ထံဘီ မ့တမ့ၢ် ထံကျိၤဘိ ၂. ဆှၢတၢ် မ့တမ့ၢ် စိၥ်ဆှၢတၢ်ဆူတၢ်လီၢ်အဂၤခီဖျိ ထံကျိၤ မ့တမ့ၢ် ထံဘီ

canary *n* ထိၣ်ကံၣ်ဆဲ့, ထိၣ်ကံၣ်ဆံးဆံးဖိတကလုာ်လၢအလွဲၢ်ဘီဒီးသးဝံၣ်တၢ်သ့

cancel *v* ထူးသံကွံၥ်တၢ်, တြူၥ်ဟါမ်ၢ်ကွံၥ်တၢ်, မၤဟးဂီၤကွံၥ်တၢ်, ဆိကတီၢ်ကွံၥ်တၢ်ဖံးတၢ်မၤလၢကမၤဝဲ

cancellation, cancelation *n* တၢ်တြူၥ်ဟါမ်ၢ်ကွံၥ်တၢ်, တၢ်မၤဟးဂီၤကွံၥ်တၢ်, တၢ်ဆိကတီၢ်ကွံၥ်တၢ်မၤလၢကမၤဝဲ

cancer *n* ခဲစၢၣ် (တၢ်ဆါ)

Cancer *n* တၢ်ဖးဆၣ်အကရူၢ်လၢအိၣ်ဒီးဆွဲၣ်အဂီၤ, ဆွဲၣ်ကရူၢ်, ဆွဲၣ်အဂီၤအကရူၢ်လၢတၢ်ဒွးဆၣ်ပီညါအပူၤ, ပှၤလၢအအိၣ်ဖျဲၣ်ထီၣ်ဖဲလါယူၤ ၂၂ သီ ဒီး လါယူၤလံ ၂၂ သီအဘၢၣ်စၢၤ, တၢ်ဆၢကတီၢ်ဖဲမုၢ်လီၤနုာ်ဖဲလါယူၤ ၂၂ သီ ဒီး လါယူၤလံ ၂၂ သီအဘၢၣ်စၢၤ

cancrum oris *n* ပူၤလီၢ်ထိၣ်လၢကိၥ်ပူၤ

candid *a* ၁. လၢအဟ်အသးတီတီလိၤလိၤ, ပျီပျီဖျါဖျါ ၂. (တၢ်ဂီၤ, တၢ်ဂီၤမူ) လၢတၢ်ဒိအီၤဖဲပှၤလၢအခီၣ်ဒိဘၣ်အသးတၢ်ဂီၤတဂၤတဟ်အသးအခါ

candidate *n* ၁. ခၢၣ်စးလၢကဒိးဃုထၢအသး ၂. ပှၤနုာ်လီၤတၢ်ဒိးစံး ၃. ပှၤလၢဖျါလၢအကြၢးဒီးတၢ်မၤ

candle *n* ပနဲဝါ, ပနဲ, ပနဲဘိ, ပနဲတၢၣ်

candlelight *n* ပနဲတၢၣ်အတၢ်ကပီၤ

candlelit *a* လၢအကပီၤဒီးပနဲအတၢ်ကပီၤ

candlestick *n* ပနဲထူၣ်

candour, candor *n* တၢ်ဟ်အသးတီတီလိၤလိၤဒီးပျီပျီဖျါဖျါ

candy *n* ၁. တၢ်ဆၢကိၢ်လိၣ် ၂. အံသၣ်ဆၢလီၤသကၤ

cane *n* ဂ့ၢ်

cane *v* တိၢ်တၢ် (ဒီးဂ့ၢ်)

canine *a* ဘၣ်ထွဲဒီးထွံၣ်, ဘၣ်ဃးဒီးထွံၣ်, ဒ်ထွံၣ်အသိး

canine *n* ၁. ထွံၣ်တကလုာ် ၂. မဲစွဲၣ်

canister *n* တၢ်ဒၢ, ထးဒၢကဝီၤကျိၤထီထီဖိ

canker *n* ၁. သ့ၣ်အတၢ်ဆါ, တၢ်မုၢ်တၢ်ဘိတၢ်ဆါ ၂. ပျုၤသၣ်ထိၣ် ၃. ထွံၣ်ထိးနၢ်ပူၤတၢ်ဆါ ၄. တၢ်လုၢ်ဘၢစိကမီၤတဂ့ၤလၢအမၤဟးဂီၤသကဲာ်ပဝး

cannabis *n* ၁. ညါဖီ ၂. ညါဖီအထူၣ်

canned *a* ၁. လၢတၢ်ပာ်အီၤလၢထးဒၢပူၤ ၂. (ပသူထဲလၢတၢ်ကတိၤ) ဟဲထိဉ်ကွံာ် (ပှၤ) လၢတၢ်မၤပူၤ

cannery *n* စဲးဖီကဟဉ်တၢ်မၤလီၢ်လၢအမၤတၢ်အီဉ်ဒၢ

cannibal *n* ဆဉ်ဖိကီၢ်ဖိဒီးပှၤအရၢ်အစၢ် လၢအအီဉ်သံကစ်ာ်လိာ်သးအညဉ်ကဒဲကဒဲ

cannibalize, **cannibalise** *v* ၁. ဘိုကဟဉ်ခီဖျိတၢ်ဟံးကဟဉ်ပီးလီလၢအလီၤက်လိာ်သး ၂. ခီပနံဉ်ဒုးစုၤလီၤ (အတၢ်ဖိတၢ်လံၤ, တၢ်ဆါတၢ်ပှ့ၤ) ခီဖျိဒုးအိဉ်ထိဉ်တၢ်ဖိတၢ်လံၤအသိ ၃. ဆဉ်ဖိကီၢ်ဖိလၢအအီဉ်လိာ်သးအညဉ်ဒ်ဉ်ဝဲ

cannon *n* မျိဉ်

cannon *v* ၁. ဘဉ်တိၢ်ဆူဉ်ဆူဉ်ကလာ် ၂. (ဖျာဉ်တိၢ်) ဆဲးတိဆူဉ်ဆူဉ်ကလာ် ၃. ခးမျိဉ်

cannon fodder *n* ပှၤသုးဖိလၢတၢ်ပာ်အီၤလၢကတူၢ်သံအသးလၢတၢ်ဒုးအပူၤ

cannonade *v* ခးမျိဉ်သဉ်

cannonball *n* မျိဉ်သဉ်

canny *a* လၢအသ့မၤတၢ်လၢကျိဉ်စ့ဂ့ၢ်ဝီဒီးမ့ၢ်ကျိၤဝဲၤကွာ်ဂ့ၢ်ဝီ

canoe *n* ချံအဖိကတၢၢ်ဒီးထိတကလုာ်

canoe *v* လဲၤတၢ်ဒီးချံလၢအဖိဖိဒီးထိထိတကလုာ်

canoeist *n* ပှၤလၢအလဲၤတၢ်လၢချံအဖိကတၢၢ်ဒီးထိတကလုာ်အပူၤ

canon *n* ၁. တၢ်သိဉ်တၢ်သီ, တၢ်ဘျၢ ၂. ဖံထံခရံာ်ဖိတၢ်ဘူဉ်တၢ်ဘါအခိဉ်အနၢ် ၃. ခရံာ်ဖိတၢ်ဘူဉ်တၢ်ဘါတၢ်စူၢ်တၢ်နာ်အကျဲသန္ ၄. လံာ်တဖဉ်လၢတၢ်နာ်အီၤလၢပှၤကွဲးလံာ်ဂံၢ်ထံး အဒိ– Shakespere တၢ်ကွဲးတဖဉ်

canonical *a* ၁. လၢအလီၤပလိာ်ဒီးတၢ်သိဉ်တၢ်သီ, တၢ်ဘျၢလၢအဘဉ်ထွဲဒီးတၢ်သိဉ်တၢ်သီလၢလံာ်စီဆှံအပူၤ ၂. ဘဉ်ထွဲဒီးဖံထံခရံာ်ဖိတၢ်ဘါယွၤသရိာ်

canonize, canonise *v* ဘိးဘဉ်ရၤလီၤပှၤစီဆှံ, ဟ်ဂၢၢ်ဟ်ကျၢၤပှၤစီဆှံ, ဟ်ဂၢၢ်ဟ်ကျၢၤဒ်ပှၤစီဆှံ

canopy *n* ၁. တၢ်ကးဘၢ မ့တမ့ၢ် ကျၢၢ်ဘၢတၢ်အခိဉ်ဒုး ၂. သ့ဉ်ဖးထိလၢအကဒုလီၤဘဉ်တၢ်

cant *n* ၁. တၢ်ကတိၤဟ်မၤအသးဒ်ပှၤအဲဉ်ထူအဲဉ်ယွၤ. ၂. တၢ်လီၤဒ့ခံ, တၢ်လီၤတစ္ၤ

cant *v* ပိာ်သန္ၤထိဉ်သး, ဒုးအိဉ်တစ္ၤ, တစ္ၤလီၤ, တစ့လီၤ, တကူးလီၤ, သကူးလီၤ

cantaloupe *n* ဒံမုဉ်သဉ်

canteen *n* ၁. တၢ်အီဉ်အလီၢ် ၂. နီဉ်တၢၤ, နီဉ်ဆဲးအတလါဖိ ၃. ထံအီဒၢဆံးဆံးဖိလၢပှၤသုးဖိ မ့တမ့ၢ် ပှၤဟးလိာ်ကွဲဖိတဖဉ်စိာ်

canter *n* (ကသ့ဉ်) အတၢ်ယ့ၢ်တချ့တဃၢဒ်အညီနှၢ်အသိး

canter *v* (ကသ့ဉ်) ယ့ၢ်တချ့တဃၢ, ယ့ၢ်တချ့တဃၢဒ်အညီနှၢ်အသိး

canticle *n* တၢ်သးဝံဉ်လၢပှၤဟံးန့ၢ်အတၢ်ကတိၤလၢလံာ်စီဆှံပူၤ

canvas *n* ၁. တၢ်ကံးညဉ်တိဉ် – အဒိ, လၢတၢ်မၤယဉ်ဒဲ, ယၢ်လဉ်, တၢ်ကံးညာ်လၢကတ့တၢ်ဂီၤလၢတၢ်ခဲဉ်သိအလွဲၢ် ၂. တၢ်ဒါလၢတၢ်တမဲးစုတမဲးခီဉ်အဂီၢ်

canvas *v* ဒါဘၢလီၤတၢ်ကံးညာ်တိဉ်

canvass *n* တၢ်ဟးယ့ပှၤအတၢ်အၢဉ်လီၤအီလီၤ

canvass *v* ဟးယ့ပှၤအတၢ်အၢဉ်လီၤအီလီၤ, ယုသ့ဉ်ညါပှၤအတၢ်ဘဉ်သး, ယုသ့ဉ်ညါတၢ်လ့ၤတုၤလ့ၤတီၤ

canyon *n* တၢ်တြီယိာ်

cap *n* ခိဉ်ဖျိဉ်စူခိဉ်, ခိဉ်ဖျိဉ်

cap *v* ၁. ပံးတံာ်ဒီးတၢ်ခိဉ်ပံး, ကျၢၢ်ဘၢတၢ်တမံၤမံၤအခိဉ်ဒီးတၢ်တခါခါ ၂. ကျၢၢ်ဘၢမဲတဘ့ဉ်ဒီးဟ်အယိၤ ၃. မၤဂ့ၤန့ၢ်ဒံး, မၤအါန့ၢ်ဒံး ၄. ကျၢၢ်တံၢ်က့ၤတၢ်ခဲလၢာ် ၅. ဆှၢနုာ်မၤနီဉ်မၤဃါတၢ်သူကျိဉ်သူစ့ပှဲၤအံၤပှဲၤနုၤအဆၢ

capability *n* တၢ်သ့, တၢ်သ့န့ၢ်အိဉ်န့ၢ်

capable *a* လၢအသ့, လၢအသ့န့ၢ်အိဉ်န့ၢ်, လၢအသ့အဘဉ်, လၢအိဉ်ဒီးအကံၢ်အစီ

capacious *a* လၢအတြီၢ်တၢ်အါအါကလဲာ်

capacitate *v* ဒုးမၤသ့မၤဘဉ်တၢ်

capacity *n* ၁. တၢ်တြီၢ်န့ၢ်တၢ်ပှဲၤအံၤပှဲၤနုၤ– အဒိ, ထးဝါဒၢအတၢ်တြီၢ်မ့ၢ်ဝဲထံစဲၤခံဖျာဉ် ၂. တၢ်လၢပမၤအီၤသ့မၤအီၤန့ၢ်, တၢ်သ့တၢ်ဘဉ် ၃. မူဒါ, လီၢ်လၤ ၄. လီမ့ဉ်အူအတၢ်တြီၢ်

cape *n* ၁. ဟီၣ်နါစုၤ, ဟီၣ်နါဒ့ ၂. တၢ်ကၤ မ့တမ့ၢ် တၢ်ကံၤညၣ်ဖိလၢပှၤကၤအီၤလၢပှၤဖံဘၣ် ခိၣ်လိၤ

caper *n* ၁. တၢ်စံၣ်ခ္စံၣ်ခွိ ၂. ခ့ဖၢၣ်အဘိၣ်, သ့ၣ်တပိာ်တကလုာ် ၃. တၢ်မၤလၢအိၣ်ဒီးတၢ်လီၤ ပျံၤလီၤဖုးဒီးတၢ်ဘၣ်ယိၣ်ဘၣ်ဘီ

caper *v* စံၣ်ခ္စံၣ်ခွိလၢတၢ်သူၣ်ဖံသးညီအပူၤ, ဂဲၤ ကလံၣ်လၢတၢ်သူၣ်ဖံသးညီအပူၤ, စံၣ်ခ္ခွိ

capital *a* ၁. လၢအအိၣ်ဃုာ်ဒီးတၢ်စံၣ်ညီၣ်သံ ၂. အဲကလံးအလဲာ်မဲာ်ဖျၢၣ်ဖးဒိၣ်

capital *n* ၁. ဝ့ၢ်ခိၣ် ၂. အဲကလံးလဲာ်မဲာ်ဖျၢၣ် ဖးဒိၣ် ၃. စ့မိၢ်ပှၢ်

capital punishment *n* တၢ်စံၣ်ညီၣ်သံမ့ၢ် လၢမၤကမၣ်ကွိၢ်မ့ၣ်အဃိ

capitalism *n* ကျိၣ်စ့ကစၢ်သနူ

capitalist *a* လၢအဘၣ်ထွဲဘၣ်ဃးဒီးကျိၣ်စ့ ကစၢ်သနူ

capitalist *n* ကျိၣ်စ့ကစၢ်, ပှၤလၢအဲၣ်ဒိး ကဲကျိၣ်စ့ကစၢ်

capitalize, **capitalise** *v* ၁. ဟံးန့ၢ်တၢ်ခွဲး တၢ်ယာ်လၢကမၤန့ၢ်တၢ်န့ၢ်ဘျုး ၂. ဟ့ၣ်လီၤစ့မိၢ် ပှၢ် ၃. ဒုးကဲထိၣ်ကဒါက့ၤဆူစ့မိၢ်ပှၢ် (တၢ်ဒွးန့ၢ် တၢ်ဖိတၢ်လံၤတဖၣ်အပူၤ) ၄. ကွဲး မ့တမ့ၢ် ဒိလဲာ် လၢအဲကလံးလဲာ်မဲာ်ဖျၢၣ်ဒိၣ်

capitol *n* တၢ်အိၣ်ဖှိၣ်ဘျိၣ်ဒိၣ်

capitulate *v* တူၢ်ဃဉ်အသး

capone *n* ဆီဖါဒ့ဇံၣ်လၢတၢ်ဘုၣ်ဘိၣ်ထိၣ် အီၤလၢတၢ်ကအိၣ်အီၤအဂီၢ်

cappuccino *n* ခၣ်ဖှၣ်ရှံနိၣ် – ခီဖံၣ်လၢတၢ် ကျဲတၢ်နၢ်ထံဟၢ

caprice *n* တၢ်ဟ်သူၣ်ဟ်သးဆီတလဲအသး သတူၢ်ကလာ်, တၢ်ဟ်သူၣ်ဟ်သးဆီတလဲညီ

capricious *a* လၢအတၢ်ဟ်သူၣ်ဟ်သး ဆီတလဲအသးသတူၢ်ကလာ်, လၢအတၢ်ဟ်သူၣ် ဟ်သးဆီတလဲညီ

Capricorn *n* မဲာ်တဲးလဲးကရူၢ်, မဲာ်တဲးလဲးက ရူၢ်လၢအိၣ်လၢတၢ်ဒွးဆၣ်ပီညါအပူၤ, တၢ်ဆၢက တိၢ်ဖဲမုၢ်ဟဲလီၤနုာ်ဖဲလါဒံၣ်စဲဘၢၣ် ၂၂ သီဒီး လါ ယနူၤအါရံၣ် ၁၉ သီအဘၢၣ်စၢၤ, ပှၤလၢအိၣ်ဖျဲၣ် ထိၣ်ဖဲ လါဒံၣ်စဲဘၢၣ် ၂၂ သီဒီး လါယနူၤအါရံၣ် ၁၉ သီအဘၢၣ်စၢၤတဖၣ်

capsize *v* (ချံ) လီၤတကျၢ်

capsule *n* ၁. ကသံၣ်ဖျၢၣ်အိၣ်ဒီးအဖျိၣ်, ကသံၣ်ဖျၢၣ်ဖးထီ ၂. တၢ်လိၢ်လၢပှၤမူပျိဖိတဖၣ် ဆ့ၣ်နီၤဖဲဖဲအဒိးဖဲမူဖျၢၣ်ဒိအခါ

capsulize, capsulise *v* ၁. ထၢနုာ်ကျၢၢ် တံၢ်တၢ်ဂ့ၢ်တၢ်ကျိၤဃံးဃီၣ်ဒိၣ် ၂. ထၢနုာ်လီၤအီၤ လၢကသံၣ်ဖျၢၣ်ဖျိၣ်အပူၤ, ထၢနုာ်လီၤအီၤလၢတၢ် ဖျိၣ်ဒၢအပူၤ

captain *n* ၁. သုးခိၣ်စိ ၂. ပှၤအခိၣ် အဒိ, ဖျၢၣ်ထူကရၢအခိၣ် ၃. ကဘီခိၣ်

captain *v* ကဲ (ကဘီခိၣ်, ပှၤအခိၣ်)

caption *n* တၢ်ဂီၤခိၣ်တီ မ့တမ့ၢ် တၢ်ဂ့ၢ် လၢတၢ်တဲဖျါထိၣ်အီၤဖှၣ်ကိာ်, လံာ်ဖျၢၣ်လၢတၢ် ကွဲးလီၤအီၤလၢတၢ်ဂီၤအဖီလာ်

captious *a* လၢညီနုၢ်ဃုတၢ်ကမၣ်လၢပှၤ အလိၤ, လၢညီနုၢ်ဟ်ဒ့ၣ်ဟ်ကမၣ်တၢ်

captivate *v* ထုးန့ၢ်ရဲၢ်န့ၢ်ပှၤအသး

captive *a* ၁. (ပှၤကညီ) လၢတၢ်ဖိၣ်ထၢနုာ် လီၤအီၤလၢဃိာ်ပူၤ မ့တမ့ၢ် တၢ်ဒုးဃာ်အလိၢ် မ့တ မ့ၢ် တၢ်ဟ်ပနိၣ်န့ၢ်တၢ်လိၢ်အပူၤ ၂. လၢအဃ့ၢ်ပူၤဖျဲးတသ့, လၢတအိၣ်ဒီးတၢ်သဘျ့ လၢကဟးထိၣ်ဟးလိၤ

captive *n* ၁. ပှၤဘၣ်တၢ်စၢဃာ်, ပှၤလၢတၢ် ဖိၣ်န့ၢ်အီၤ ၂. တၢ်မံၤလာ်လၢတၢ်ဖိၣ်န့ၢ်အီၤ

captivity *n* တၢ်ဖိၣ်ဒုးဃာ်

captor *n* ပှၤလၢအဒုးစၢဃာ်တၢ်, ပှၤလၢ အဖိၣ်န့ၢ်တၢ်

capture *n* ၁. တၢ်ဖိၣ်တၢ် ၂. ပှၤလၢဘၣ်တၢ် ဖိၣ်န့ၢ်အီၤ

capture *v* ဖိၣ်န့ၢ်ပှၤ, ဖိၣ်န့ၢ်တၢ်, ဒုးန့ၢ်တၢ်

car *n* သိလ့ၣ်

car park *n* တၢ်ဟ်သိလ့ၣ်လိၢ်

car wash *n* တၢ်သ့သိလ့ၣ်လိၢ်

carat *n* ၁. လၢၢ်လုၢ်ဒိၣ်ပှ္ၤဒိၣ်ဒီးတၢ်မျၢ် ပလဲအတယၢၢ်အနီၣ်ထိၣ် ၂. ထူအတယၢၢ်အနီၣ် ထိၣ်, ကရး

caravan *n* ၁. ဟံၣ်သိလ့ၣ် ၂. ပှၤလဲၤသကိး တၢ်ဒီဖုလၢမဲးမုၢ်ခိၣ်အ့ရှၢၣ် မ့တမ့ၢ် ကလံၤစီးအၤ ဖြိၤကၤ

carbine *n* ကျိခါဘဲ, ကျိရဲးဖၢၣ်အဖုံတက လုာ်

carbohydrate *n* ခၣ်ဘိၣ်ဟဲးဒြ့း, အံသၣ် ဆၢ, ကိၣ်ပိၣ်မူး, အၣ်လူ, တၢ်အဃဲၤလၢအိၣ်ဒီး

C

ခၣ်ဘိၣ်, ဟဲၣ်ဖြိၣ်ကျ့ၣ်ဒီးအီးစံၣ်ကျ့ၣ်လၢအအိၣ်လၢတၢ်အိၣ်ဒီးထံးရှူးလၢအမူတဖၣ်အပူၤဒီးတၢ်အံၤဟ့ၣ်ထိၣ်နီၢ်ခိတၢ်ဂံၢ်တၢ်ဘါ

carbon *n* ဂၢ်ခၣ်ဘိၣ်

carbon copy *n* ၁. လံာ်ကွဲးဒိလၢခၣ်ဘိၣ်စးခိ, လံာ်ကွဲးဒိ ၂. ပှၤကညီ မ့တမ့ၢ် တၢ်ဖိတၢ်လံၤလၢအလီၤက်လိာ်အသး

carbon dioxide *n* ခၣ်ဘိၣ်ဒဲၣ်အီးစဲး

carbon paper *n* ခၣ်ဘိၣ်စးခိ

carbuncle *n* ၁. တၢ်ဝ့အၢ ၂. လၢၢ်လုၢ်ဒိၣ်ပှ့ၤဒိၣ်လၢအလွဲၢ်ဂီၤပှၢ်

carcass, carcase *n* ၁. ဆၣ်ဖိကိၢ်ဖိအသံ, ဆၣ်ဖိကိၢ်ဖိအသံစိၣ် ၂. တၢ်ကူာ်လံာ်ကူာ်လာ်

carcinogen *n* (ဂၢ်, တၢ်) လၢအနုးအိၣ်ထိၣ်ခဲစၢၣ်

carcinogenic *a* လၢအနုးအိၣ်ထိၣ်ခဲစၢၣ်သ့

Carcinoma Liver *n* သူၣ်ခဲစၢၣ်

card *n* ခးက့, စးခိတိၣ်

card *v* ၁. ကွဲးခး, ကွဲးခးက့ ၂. သမံသမိးကွၢ်လံာ်အုၣ်သး ၃. ခွံဒီးမၤဘျ့သိဆူၣ်, လုၣ်လၢကထါတၢ်အဂီၢ် ၄. (တၢ်မၤကမၣ်တၢ်ဂဲၤလိာ်ကွဲအတၢ်သိၣ်တၢ်သီ) ထုးထိၣ်ဟ့ၣ်ပှၤဂဲၤလိာ်ကွဲဖိဒီးခးက့ဂီၤ

cardamom, cardamum *n* မာ်အံးသၣ်

cardboard *a* ၁. လၢဘၣ်တၢ်မၤအီၤလၢစးခိတိၣ် ၂. လၢအတအိၣ်ဖျါလီၤတံၢ်ဒ်အမ့ၢ်အတီနီၢ်နီၢ်

cardboard *n* စးခိတိၣ်

cardiac *n* လၢအဘၣ်ဃးဒီးသး

cardigan *a* ဆ့ကၤလၢၤ

cardinal *a* လၢအရှ့ဒိၣ်ကတၢၢ်

cardinal *n* ၁. ခဲးသလ့းတၢ်ဘါခိၣ်နၢ်လၢအိၣ်ဒီးအစိကမီၤလၢကဃုထၢပၤပၤ
၂. အလွဲၢ်ဂီၤပှၢ် ၃. ထိၣ်တကလုာ်လၢအလွဲၢ်ဂီၤဒီးအိၣ်ဒီးအခိၣ်သွံၣ်

Cardio Pulmonary Resuscitation *n* တၢ်မၤကဒါက့ၤဒ်သိးသးဖျၣ်ဒီးပသိၣ်ကမၤက့ၤတၢ်အဂီၢ် (CPR)

cardiology *n* တၢ်ယုသ့ၣ်ညါမၤလိသးဖျၣ်အတၢ်ဆါအဂ့ၢ်

cardiovascular disease *n* တၢ်ဆါလၢအဘၣ်ဃးဒီးသးဖျၣ်သွံၣ်ကျိၤ

caries *n* မဲ မ့တမ့ၢ် ဃံအုၣ်

care *n* ၁. တၢ်အံးထွဲကွၢ်ထွဲ ၂. တၢ်သူၣ်အိၣ်သးအိၣ်, တၢ်ကဟုကယာ်, တၢ်ကနၣ်ယုာ်တၢ်

care *v* ၁. အံးထွဲကွၢ်ထွဲ, အံးကွၢ်, ကွၢ်ထွဲ ၂. သူၣ်အိၣ်သးအိၣ်, ကနၣ်ယုာ်

take care *idm:* ကွၢ်ထွဲလီၤနသးဂ့ၤဂ့ၤ, ပလိၢ်သူၣ်ပလိၢ်သး

take care of *idm:* အံးက့ၤကွၢ်က့ၤ, ကွၢ်ထွဲ

career *n* သးသမူအတၢ်မၤဒီစိၤ

career *v* သုးအသးချ့သဒံး, လဲၤတၢ်ချ့သဒံး

carefree *a* သဘျ့လၢမူဒါ, လၢအသူၣ်သဘျ့သးသဘျ့

careful *a* လၢအိၣ်ဒီးတၢ်ပလိၢ်သး, လၢအပလိၢ်သး, လၢအအံးထွဲကွၢ်ထွဲတၢ်ဂ့ၤဂ့ၤ

caregiver *n* ပှၤကွၢ်ထွဲတၢ် – လီၤဆီဒၣ်တၢ်ဟံၣ်ဖိဃီဖိ မ့တမ့ၢ် ပှၤလၢတၢ်ဒိးလဲအီၤလၢကကွၢ်ထွဲပှၤဆူးပှၤဆါ, ပှၤသးပှၢ်ဒီးပှၤလၢအအိၣ်တဆူၣ်

careless *a* လၢအတပလိၢ်အသးဘၣ်, လၢအတမၤတၢ်လီၤတံၢ်လီၤဆဲး

carer *n* ပှၤကွၢ်ထွဲတၢ် – လီၤဆီဒၣ်တၢ်ဟံၣ်ဖိဃီဖိ မ့တမ့ၢ် ပှၤလၢတၢ်ဒိးလဲအီၤလၢကကွၢ်ထွဲပှၤဆူးပှၤဆါ, ပှၤသးပှၢ်ဒီးပှၤလၢအအိၣ်တဆူၣ်

caress *n* တၢ်ဖူးလဲးဖူးသွံ မ့တမ့ၢ် တၢ်အဲၣ်ဂၢ်တၢ်

caress *v* ဖူးလဲးဖူးသွံ မ့တမ့ၢ် အဲၣ်ဂၢ်တၢ်

caretaker *n* ပှၤအံးထွဲကွၢ်ထွဲတၢ်, ပှၤကွၢ်ထွဲတၢ်

careworn *a* လၢအသးလီၤဘုံးလီၤဘှါ, လၢအသူၣ်လီၤဘုံးသးလီၤတိၤ

cargo *n* ၁. တၢ်ပဒၢး ၂. ပနံာ် (လၢတၢ်ပဒၢးအီၤ)

cargo ship *n* ကဘီပဒၢးတၢ်

caricature *n* တၢ်တ့လီၤနံၤဘၣ်ဖၣ်လဲပှၤအက့ၢ်အဂီၤ

caricature *v* တ့လီၤနံၤဘၣ်ဖၣ်လဲပှၤအက့ၢ်အဂီၤ

carious *a* (ဃံ မ့တမ့ၢ် မဲ) သံးအိၣ်, ဟးဂီၤ

carminative *a* (ကသံၣ်) လၢအမၤဘှါကလံၤကလီလၢဟၢဖၢပူၤ, လၢအနၢၤကလံၤကလီလၢဟၢဖၢပူၤ

carminative *n* ကသံဉ်ကလံၤ, ကသံဉ်နၢၤကလံၤ

carmine *n* တၢ်ကမူဉ်စုဉ်ဂီၤလုးတၢ်, တၢ်အလွဲၢ်ဂီၤလုး, ဂီၤဆီသွံဉ်

carnage *n* တၢ်မၤသံပှၤဒီဖုဒီဂီၢ်, တၢ်ဂၢ်သွံဉ်ဂၢ်စီၤ

carnal *a* ၁. လၢအဘဉ်ဃးဒီးပဖံးပညဉ်ပနီၢ်ကစၢ် ၂. လၢအဘဉ်ဃးဒီးတၢ်မ့ာ်ဖံးမ့ာ်ညဉ်

carnally *adv* လၢတၢ်သးကတၢအပူၤ

carnival *n* ဘူဉ်သးဖှံ

carnivore *n* ဆဉ်ဖိကီၢ်ဖိလၢအအီဉ်တၢ်ညဉ်

carnivorous *a* လၢအအီဉ်တၢ်ဖံးတၢ်ညဉ်

carol *n* ခရံာ်အိဉ်ဖျဲဉ်တၢ်သးဝံဉ်

carol *v* ၁. ဟးသးဝံဉ်ဆၢဂူၤဆၢဝါတၢ်, သူဉ်ဝံဉ်သးဆၢတၢ်လၢကျဲမုၢ်ခိဉ် ၂. သူဉ်ဝံဉ်သးဆၢတၢ်လၢတၢ်သူဉ်ဖှံသးညီအပူၤ

carotid *n* သွံဉ်ကျိၤဖးဒိဉ်လၢကိာ်ဘိအလိၤ

carousal *n* တၢ်အီသံးဇိၤမ့ၤဇိၤအိဉ်ဒီးတၢ်ဂဲၤကလံဉ်နံၤကစဲၤပျိၢ်ကဒိ

carouse *v* အီသံးဇိၤမ့ၤဇိၤအိဉ်ဒီးတၢ်ဂဲၤကလံဉ်နံၤကစဲၤပျိၢ်ကဒိ

carousel *n* ၁. တၢ်ဒိးဝံာ်တရံး ၂. ကဟဉ်ဝံာ်တရံးလၢအဆှၢထီဉ်ထၢဉ်လၢကဘီယ့ၤပျိ

carp *n* ညဉ်ထိဉ်, ညဉ်တကလုာ်

carp *v* ဃုတၢ်ကမဉ်, ကနူးကနဲဉ်တၢ်

carpenter *n* ပှၤတ့ဘိတၢ်

carpentry *n* တၢ်တ့ဘိတၢ်အတၢ်ဖံးတၢ်မၤ

carpet *n* ၁. ခိဉ်ယီၢ်ဒါ ၂. တၢ်အဒါ မ့တမ့ၢ် တၢ်အကထၢ (အဒိ, a carpet of leaves)

carpet *v* ၁. ဒါဘၢဒီးခိဉ်ယီၢ်ဒါ ၂. သိဉ်သီတၢ်ဆူဉ်ဆူဉ်ကိၢ်ကိၢ်

carpeting *n* ၁. ခိဉ်ယီၢ်ဒါ, တၢ်ဖိတၢ်လံၤလၢတၢ်ကဒါတၢ်အဂီၢ် ၂. တၢ်သိဉ်တၢ်သီတၢ်ဆူဉ်ဆူဉ်ကိၢ်ကိၢ်

carpool *n* တၢ်ရဲဉ်ကျဲၤလၢတၢ်ကလဲၤဒီးသကိးသိလ့ဉ်တခိဉ်ဃီ

carpool *v* ဒီးသကိးသိလ့ဉ်တခိဉ်ဃီ

carport *n* တၢ်ဒုးခိဉ်လၢတၢ်ဘိုထီဉ်အီၤလၢဟံဉ်ကပၤလၢကဟ်သိလ့ဉ်အဂီၢ်

carriage *n* ၁. ကသ့ဉ်လှဉ်ကဟဉ် ၂. လှဉ်မှဉ်အူ (အတွဲ)

carrier *n* ၁. ပှၤစိာ်ဆှၢတၢ်ဖိ ၂. (ပှၤ မ့တမ့ၢ် ခီပနံာ်) လၢအစိာ်ဆှၢတၢ်ဖိတၢ်လံၤ မ့တမ့ၢ် ပှၤကညီ ၃. ပှၤလၢအစိာ်ခီက်တၢ်ဆူးတၢ်ဆါ – အကစၢ်ဒဉ်ဝဲမ့ၢ်အိဉ်ဒီးတၢ်ဆါဘဉ်ဆဉ်တဖျါလၢအအိဉ်ဒီးတၢ်ဆါ

carrot *n* သဘဉ်ဘီတံၢ်

carry *v* ဝံ, စိာ်, တီ, ပု, ယိး

be / get carried away *vp:* ပၢၤအသးတန့ၢ်လၢၤ

carry through *vp:* မၤဝံၤတုၤလၢအကတၢၢ်, မၤဝံၤတုၤလၢအကဲထီဉ်လိဉ်ထိဉ်

carry-on *n* ၁. တၢ်ဟ်ဖျါထီဉ်တၢ်သူဉ်ပိၢ်သးဝးလၢအမၤအ့န့ပှၤဂၤအသး ၂. ထၢဉ်လၢတၢ်စိာ်ယှာ်အီၤလၢစုဖဲတၢ်ဒီးကဘီယ့ၤအခါ

carry-over *n* (တၢ်, စ့) စိာ်ခီ

carsick *a* မူၤသိလ့ဉ်

carsickness *n* မူၤသိလ့ဉ်

cart *n* လှဉ်ဆီဉ်, လှဉ်

cart *v* ၁. တွံၢ်, ထုးဒီးသိလ့ဉ် ၂. စိာ်ထီဉ်စိာ်လီၤ

carte blanche *n* တၢ်အိဉ်ဒီးတၢ်သဘျ့လၢတၢ်ကဆၢတဲာ်တၢ်အကတီၢ်

cartel *n* ၁. ပှၤမၤမုၢ်ကျိၤဝဲၤကွာ်ဖိတဖဉ်ဟ်ဖှိဉ်ထီဉ်အသးတပူၤဃီလၢကဖီဉ်ကျၢၤတၢ်အပ့ၤဒီးကမၤဃံးဃီဉ်ဒိဉ်ထီဉ်အတၢ်ပြၢလိာ်သးအဂီၢ် ၂. ထံရှ့ၢ်ကီၢ်သဲးတၢ်ဟ်ဖှိဉ်ထီဉ်အသးလၢအအိဉ်ဒီးတၢ်ပညိဉ်လၢခံခီယၢ်ဘးတၢ်ဘဉ်ဘျုးအဂီၢ်

cartilage *n* ဃံစၢ်

cartographer *n* ပှၤတ့ဟီဉ်ခိဉ်ဂီၤဖိ

cartography *n* တၢ်တ့ဟီဉ်ခိဉ်ဂီၤပီညါ

carton *n* တလါစးခိ မ့တမ့ၢ် ဖျးစတံး, တလါလၢတၢ်ဘိုအီၤလၢစးခိ မ့တမ့ၢ် ဖျးစတံး

cartoon *n* တၢ်ဂီၤမံ

cartoonist *n* ပှၤတ့တၢ်ဂီၤမံ

cartridge *n* ၁. ကျိသဉ်, ညီပီၤအဒၢ ၂. မဲဉ်ထံဒၢ, မဲဉ်ထံကျိဘိ ၃. တၢ်ဂီၤယဲၤဒၢ, လီလုဉ်ကွီၤဒၢ

carve *v* ၁. ကူးကါတၢ်ညဉ် ၂. ဒီဉ်, စီးပျၤ (သ့ဉ်)

Casanova *n* ပှၤပိာ်ခွါလၢပိာ်မုဉ်မဲာ်ဘဉ်သးစိဉ်အီၤအါ, ပှၤပိာ်ခွါလၢပိာ်မုဉ်အဲဉ်အီၤအါ

C

cascade *n* ၁. ထံလီၤဆူဆံးဆံးဖိလၢအလီၤဆူတဆီဘၣ်တဆီ ၂. တၢ်လီၤစူၢ်လီၤစဲၤဂီၢ်မုၢ်ဂီၢ်ပၤတဆီဘၣ်တဆီ ၃. တၢ်ရၤလီၤတၢ်ကစိၣ်တဆီဘၣ်တဆီ ၄. တၢ်မၤတၢ်တဆီဘၣ်တဆီ

cascade *v* ၁. ဂၢ်လီၤဆူတၢ်ဖီလာ်ဒ်ထံလီၤဆူအသိး ၂. ဆှၢတၢ်ကစိၣ် မ့တမ့ၢ် တၢ်သ့ၣ်ညါနၢ်ပၢၢ်တဆီဘၣ်တဆီ ၃. ဆီလီၤတၢ်တဆီဘၣ်တဆီဒ်တၢ်ရဲၣ်လီၤအိၣ်အသိး

case *n* ၁. တၢ်ပူၤတၢ်လီၢ် ၂. တလါစိာ်စု ၃. သဲစးအတၢ်ဂ့ၢ်

in any case *idm:* ဒ်လဲၣ်ဂ့ၤဒ်လဲၣ်ဂ့ၤ, တမံၤဂ့ၤတမ့ဂ့ၤ

in case of *idm:* လၢတၢ်တမံၤမံၤအဃိ, လၢတၢ်ဂ့ၢ်တမံၤမံၤအဃိ

in that case *idm:* မ့မ့ၢ်ဒ်န့ၣ်ဒီး, မၤသးဒ်န့ၣ်ဒီး

case *v* ၁. ထၢနုာ်အီၤလၢတၢ်ဒၢပူၤ ၂. လဲၤဆှၣ်တရံးဆိပာ်စၢၤတၢ်လၢကလဲၤဟုၣ်တၢ် မ့တမ့ၢ် တမျာ်တၢ်အဂီၢ်

casebook *n* လံာ်တၢ်ကွဲးနိၣ်ကွဲးဃါဘၣ်ဃးတၢ်ဂ့ၢ်တၢ်ကျိၤ မ့တမ့ၢ် တၢ်မူးတၢ်ရၢ်, ကသံၣ်သရၣ်အလံာ်ကွဲးနိၣ်, ပီၢ်ရီတဖၣ်လၢမၤတ့ၢ်တၢ်အဂ့ၢ်အခၢးတဖၣ်

case history *n* တၢ်ဂ့ၢ်အတၢ်စံၣ်စိၤ, ပှၤတဂၤအတၢ်အိၣ်ဆူၣ်အိၣ်ချ့ဒီးအဂ့ၢ်အကျိၤစံၣ်စိၤ

case law *n* သဲစးလၢအဒိးသန့ၤထီၣ်အသးလၢတၢ်စံၣ်ညီၣ်လၢအပူၤကွံာ်တဖၣ်

case study *n* တၢ်မၤလိတၢ်ဂ့ၢ်

caseload *n* တၢ်ဂ့ၢ် (တၢ်မူးတၢ်ရၢ်, တၢ်ဆါ) အနီၣ်ဂံၢ် အဒိ, ကသံၣ်သရၣ်အတၢ်ဆါတၢ်အိၣ်သးအနီၣ်ဂံၢ်

case-sensitive *a* လၢအဘၣ်ထွဲဒီးအဲကလံးအလံာ်မဲာ်ဖျၢၣ်အဒိၣ်အဆံးအတၢ်လီၤဆီလိာ်သးလၢအရှ့ဒိၣ် (အဒိ, he = အဝဲပိာ်ခွါ He = ကစၢ်ယွၤ)

cash *n* ကျိၣ်ဇိၤစ့ဇိၤ, စ့နီၢ်

cash *v* ၁. ဟ့ၣ်လီၤ မ့တမ့ၢ် တူၢ်လိာ် (စ့) ၂. ဆီတလဲက့ၤဆူစ့

cash flow *n* စ့တရံး – စ့လၢပကတရံးမုၢ်ကျိၤဝဲၤကွာ်အဂီၢ်

cash register *n* စဲးဂံၢ်စ့

cashew *n* တခိးဘံၣ်ဘ့ချံ, တခိးလီၣ်ချံ, စဲးကလဲးချံ

cashew nut *n* တခိးဘံၣ်ဘ့ချံ, တခိးလီၣ်ချံ, စဲးကလဲးချံ

cashier *n* ပှၤဖိၣ်စ့, ပှၤတူၢ်လိာ်စ့

cashier *v* ထုးထိၣ်ကွံာ်လၢသုး, ဟီထိၣ်ကွံာ်လၢသုးပူၤ

casing *n* ၁. တၢ်အဒၢ, တၢ်အကု ၂. ပဲတြီအတကွီၣ်, ပဲတြီအတၢ်ကျိၤ

casino *n* တၢ်ဂဲၤလိာ်ကွဲတၤကျိၣ်တၤစ့အလီၢ်

cask *n* ကတံၤသ့ၣ်လၢညီနုၢ်တၢ်ထၢနုာ်သံးဖိၤကာ်ဖိၤ

casket *n* တလါဖိ

casserole *n* ၁. သပၢၤဃ့ၣ်ဟၢတၢ်ညၣ်, သပၢၤဃ့ၣ်ဟၢတၢ်ညၣ်လၢအိၣ်ဒီးအခိၣ်ကျး ၂. တၢ်အီၣ်တၢ်အီလၢတၢ်ဃ့ၣ်ဟၢမံအီၤကယီကယီလၢသပၢၤဃ့ၣ်ဟၢတၢ်ညၣ်လၢအိၣ်ဒီးအခိၣ်ကျး

cassette *n* ကဲးစဲးကွီၤ, လီလုၤကွီၤ

cassette player *n* ကဲးစဲးဒၢ, လီလုၤဒၢ

cassette tape *n* လီလုၤကွီၤ

cast *n* တၢ်ကွံာ်တၢ်, ပှၤဂဲၤဒိတၢ်ဖိ, တၢ်သိလီၤတၢ်

cast *v* ကွံာ်တၢ်, တ့ၢ်လီၤ, ဘျုးလီၤ, သိတၢ် (ဘိုတၢ်), စူးကွံာ်, တၢၤကွံာ်

cast iron *n* ထးလၢတၢ်သိအီၤ, ထးစိုး

castaway *n* ပှၤလၢအကဘီဟးဂီၤဒီးဘၣ်တၢ်ဆှၢဖျိးကွံာ်အီၤဆူတၢ်လီၢ်လၢအအိၣ်လီၤဖျိၣ်

caste *n* ၁. ပှၤဟံၣ်နူၢ်အတၢ်နီၤဖးပှၤအနူၣ်အထၢအတီၤပတီၢ်အဆၢ ၂. တၢ်ဖိလံၤဖိဃၢ်လၢအနီၤဖးလီၤအနူၣ်အထၢ (အဒိ, တၢၢ်, ကနဲ)

castigate *v* ၁. သိၣ်ယီၣ်တၢ်, ကတိၤသိၣ်ယီၣ်တၢ်ဆူၣ်ဆူၣ် ၂. ပဲာ်ဖးနီၤဖးတၢ်ဆူၣ်ဆူၣ် ၃. ဟ့ၣ်တၢ်ကမၣ်

castigation *n* တၢ်သိၣ်ယီၣ်တၢ်, တၢ်ကတိၤသိၣ်ယီၣ်တၢ်ဆူၣ်ဆူၣ်

casting *n* ၁. တၢ်သိတၢ်ဘိုတၢ်လၢထး, တၢ်သိတၢ်ဘိုတၢ် ၂. တၢ်ဃုထၢပှၤဂဲၤဒိ

cast-iron *a* ၁. လၢတၢ်သိအီၤလၢထး ၂. လၢအကိၤအမး ၃. လၢတတူၢ်ဃၣ်သး

castle *n* တိာ်ခၢၣ်သနၢၣ်, တိာ်

castor oil *n* ခးစထၢၣ်သိ, ခံၣ်တံာ်သိ

castor oil plant *n* ခံၣ်တံာ်, မာ်တိ

castrate *n* တၢ်ဒုက္ခံၣ် (တၢ်) ဒံၣ်, တၢ်ဒုတၢ်ဒံၣ်

castrate *v* ဒုက္ခံၣ်တၢ်အဒံၣ်

castration *n* တၢ်ဒုက္ခံၣ်တၢ်အဒံၣ်

casual *a* ၁. လၢအမၤဒၣ်အသး ၂. ဘၣ်နၢ်အတီၤ ၃. ဖျါလၢတၢ်တဟ်သူၣ်ဟ်သးအပူၤ ၄. လၢတမၤအသးဒ်အလှၢ်အလၢ်အိၣ်အသိး, လၢတမ့ၢ်ဒ်အညီနၢ်အသိး

casually *adv* ၁. လၢတၢ်ဘၣ်နၢ်အတီၤ ၂. လၢတၢ်တဟ်သူၣ်ဟ်သးအပူၤ ၃. လၢတၢ်တရဲၣ်ကျဲၤအီၤ

casualty *n* ၁. ပှၤသံ မ့တမ့ၢ် ဘၣ်ဒိလၢတၢ်ဒုးတၢ်ယၤ မ့တမ့ၢ် တၢ်ဘၣ်ဒိဘၣ်ထံးအပူၤ ၂. တၢ်ဘၣ်ဒိဘၣ်ထံးဖုး

cat *n* ၁. သၣ်မံယီၤ, သၣ်မံယီၤအဒူၣ်ဖိထၢဖိလၢအပၣ်ဃုာ်ဒီး ခ့ယၢ်, ဘီၣ်သိၣ်ဒ်န့ၣ်သိးတဖၣ် ၂. (တၢ်ကတိၤတဆဲးတလၢ) ပှၤပိာ်မုၣ်လၢအသူၣ်တဂ့ၤသးတဝါ, ပှၤပိာ်မုၣ်လၢအသးအၢ

catacombs *n* ဟီၣ်လာ်တၢ်သွၣ်ခိၣ်, တၢ်သွၣ်ခိၣ်လၢဟီၣ်ခိၣ်ဖီလာ်

catalogue, catalog *n* ၁. လံာ်နဲၣ်ရိ, တၢ်ကွဲးနီၣ်ကွဲးဃါတၢ်အစရီ ၂. တၢ်ကဲထီၣ်အသး မ့တမ့ၢ် တၢ်မၤအသးလၢအတဂ့ၤ မ့တမ့ၢ် လၢအအၢအသီပိာ်ထွဲထီၣ်အခံတမံၤဝံၤတမံၤ (အဒိ, a catalogue of dismal failures)

catalogue, catalog *v* ၁. ကွဲးနုာ်လီၤမံၤလၢလံာ်နဲၣ်ရိအပူၤ ၂. ဟ်နုာ်လၢတၢ်ကွဲးနီၣ်ကွဲးဃါစရီအပူၤ

catalyst *n* တၢ်တမံၤလၢအမၤချ့ထီၣ်က်အတၢ်ဆီတလဲသး

catapult *n* ၁. နီၣ်ဘျုး, နီၣ်ဘျုးဖးဒြၢ် ၂. နီၣ်ခးထီၣ်ကဘီယူၤလၢကဘီဖီခိၣ်

catapult *v* ခးနီၣ်ဘျုး

cataract *n* ၁. ထံလီၤဆူဖးဒိၣ် ၂. မဲာ်ပှၤဖိထီၣ်ဝါ

catastrophe *n* တၢ်တတၢာ်တနါ, တၢ်ဂ့ၢ်ကီဖးဒိၣ်လၢအပၢၢ်ထီၣ်သတူၢ်ကလာ် အဒိ, ထံဒိၣ်ဘၢတၢ်, ဟီၣ်ခိၣ်ဟူး

catch *n* ၁. တၢ်ဖီၣ်တၢ် ၂. ထးဘျးကွီၤ, ထးဘျးတံၢ်

catch *v* ၁. ဖီၣ် ၂. မၤန့ၢ်တၢ် ၃. မၤန့ၢ် (တၢ်ဆါ) အဒိ, မၤန့ၢ်တၢ်ခုၣ်ဘၣ် ၄. ချုး (လှၣ်မ့ၣ်အူ)

catch up *vp:* လူၤချုး

catching *a* လၢအဘၣ်ကူဘၣ်က်

catchy *a* ၁. လၢတၢ်တိၢ်နီၣ်ဘၣ်အီၤညီ ၂. လၢအဂ့ၤ ၃. (တၢ်သံကွၢ်) လၢအဆှၢကမၣ်ပှၤညီ, လၢတၢ်နၢ်ပၢၢ်ကမၣ်ဘၣ်အီၤညီ

catechize, catechise *v* သိၣ်လိခရံာ်ဖိအတၢ်ဘူၣ်တၢ်ဘါခီဖျိတၢ်သံကွၢ်စံးဆၢ, သိၣ်လိတၢ်ခီဖျိတၢ်သံကွၢ်စံးဆၢ

catechism *n* လံာ်တၢ်သံကွၢ်စံးဆၢဘၣ်ဃးခရံာ်ဖိအတၢ်ဘူၣ်တၢ်ဘါအတၢ်စူၢ်တၢ်နာ်, တၢ်သိၣ်လိခရံာ်ဖိအတၢ်ဘူၣ်တၢ်ဘါခီဖျိတၢ်သံကွၢ်စံးဆၢ

categorical *a* လၢအမ့ၢ်အတီဒီးလီၤတံၢ်လီၤဆဲး, လၢအဟ်ဖျါထီၣ်တၢ်လၢလၢပှဲၤပှဲၤဒီးလီၤတံၢ်လီၤဆဲး

categorize, categorise *v* နီၤဖးလီၤဆူအကလှာ်, အကရူၢ် မ့တမ့ၢ် အပတိၢ်

category *n* အကလှာ်, အကရူၢ်, အတီၤပတိၢ်

cater *v* ၁. ဟ့ၣ်လီၤတၢ်အီၣ်တၢ်အီဖဲမူးဒိၤပွဲဒိၤအခါ ၂. ဟ့ၣ်တၢ်လၢအလိၢ်အိၣ် မ့တမ့ၢ် လၢတၢ်လိၣ်ဘၣ်ဝဲ

caterer *n* ပှၤလၢအမၤတၢ်မၤလၢကတဲာ်ကတီၤန့ၢ်တၢ်အီၣ်တၢ်အီလၢတၢ်အိၣ်ဖှိၣ် မ့တမ့ၢ် မူးတဖၣ်, ခီပန်ာ်ကရၢလၢအမၤတၢ်မၤလၢကတဲာ်ကတီၤန့ၢ်တၢ်အီၣ်တၢ်အီလၢတၢ်အိၣ်ဖှိၣ် မ့တမ့ၢ် မူးအတၢ်ဖံးတၢ်မၤ

catering *n* တၢ်ကတဲာ်ကတီၤန့ၢ်တၢ်အီၣ်တၢ်အီအတၢ်ဖံးတၢ်မၤ

caterpillar *n* သံမိၢ်ပိၤ, သံမိၢ်ထ့ၣ်

catfish *n* ညၣ်ကိၣ်

cathartic *n* ၁. ကသံၣ်လှ ၂. တၢ်တဲဖျါတၢ်လၢအအိၣ်လၢပသးပှိၣ်ပှိၣ်ဖျါဖျါလၢကဒုးကိညၢ်ထီၣ်သးအတၢ်တူၢ်ဘၣ်

cathedral *n* ရိမ့ခဲးသလူးတၢ်လှၢ်ဟံၣ်, တၢ်ဘါလိၢ်

catheterisation *n* တၢ်သွီပီၤဘိလၢဆံၣ်ကျိၤဘိ

Catholic *a* ခဲးသလူးတၢ်ဘါ

Catholic *n* ပှၤခဲးသလူးဖိ

cathouse *n* ဃဲသဲဟံၣ်, ဆီမိၢ်အဟံၣ်

catnap *n* တၢ်မံအိၣ်ဘှံးတစိၢ်ဖိဖဲမုၢ် ဆါခီအဆၢကတီၢ်

catnap *v* မံအိၣ်ဘှံးတစိၢ်ဖိ

cat's paw *n* ၁. ပှၤလၢတၢ်စူးကါအီၤ လၢကမၤတၢ်အၢ, ပှၤလၢတၢ်စူးကါအီၤလၢကမၤ တၢ်မၤလၢအလီၤဘၣ်ယိၣ်

cattle *n* ဂီၤဖံးအဖု, ကျိၢ်အဂီၢ်

catty *a* ၁. လၢအသူၣ်က့ၣ်သးကါ, လၢအ သူၣ်တဂ့ၤသးတဝါ, လၢအသးအိၣ်မၤကၣ်ကဲ့ၤ တၢ် ၂. လၢအလီၤက်ဒ်သၣ်မံယီၤအသိး

catwalk *n* ၁. ပျဲၢ်စိၢ်ခိၣ်လၢပှၤဟးနၤနဲၣ်တၢ် ကူတၢ်ကၤ, တၢ်ကယၢကယဲပီးလီတဖၣ် ၂. ကျဲ အံၣ်အံၣ်ဖိ

Caucasian *a* ဝါဖံးလၢအဟဲလီၤစၢၤလၢ ယူရပၤ

Caucasian *n* ပှၤခီးခ့ရှၢ်ဖိ, ပှၤဝါဖံးဖိ

caucus *n* ၁. ဘျိၣ်ဒိၣ်ထံးတၢ်အိၣ်ဖှိၣ်, တၢ် အိၣ်ဖှိၣ်လၢတၢ်ကဃုထၢပှၤလၢအဘၣ်ဒီးဃုထၢ အသး မ့တမ့ၢ် ကဆၢတဲာ်ဖီလစံၣ်အဂီၢ် ၂. ကရူၢ် ကရၢဖိတဖုလၢထံရှုၢ်ကီၢ်သဲးပၣ်တံၣ်တဖုအပူၤ

cauldron *n* သပၢၤဖးဒိၣ်, သပၢၤမိၢ်ဟု

cauliflower *n* တဘၣ်ဖီ, သဘၣ်ဖီ

caulk, calk *n* ကွဲစဲ, ထူဝါကွဲစဲ, ကျဲတံး အ့ၣ်, တၢ်စဲ, တၢ်စဲတကလုာ်လၢတၢ်စူးကါအီၤလၢ တၢ်သူၣ်ထိၣ်ဘိုထိၣ်ဒီးတၢ်ဘိုဂ့ၤထိၣ်ကဲ့ၤတၢ် ဖံးတၢ်မၤတဖၣ်အပူၤ

caulk, calk *v* ၁. ပံးတံာ်, လံာ်တံာ် ၂. ထီထိၣ်ထးလၢကသ့ၣ်အခိၣ်

causal *a* လၢအဒုးအိၣ်ထိၣ်တၢ်ဘၣ်ထွဲလိာ် သးလၢအဒုးကဲထိၣ်တၢ်တမံၤ, လၢအဒုးအိၣ်ထိၣ် တၢ်

causality *n* ၁. တၢ်ကဲထိၣ်သးဒီးတၢ်ဒိဘၣ် အတၢ်ဘၣ်ထွဲဘၣ်ဃးလိာ်သး ၂. တၢ်ကဲထိၣ်သး လၢအိၣ်ဒီးအဂ့ၢ်အကျိၤ ၃. တၢ်ကီးမံၤဒဲးလၢအိၣ် ဒီးတၢ်အဂံၢ်ထံးခိၣ်ဘိ

causation *n* တၢ်လၢအဒုးအိၣ်ထိၣ်တၢ်မၤအ သး

causative *a* လၢအဒုးအိၣ်ထိၣ်တၢ်မၤအသး တမံၤမံၤ

cause *n* တၢ်အဂ့ၢ်အကျိၤ

cause *v* ဒုး (ကဲထိၣ်), ဒုး (အိၣ်ထိၣ်)

causeway *n* ကျဲလၢတၢ်မၤကစီၤထီထိၣ် အီၤ, ကျဲကစီၤဖိ

caustic *a* ၁. လၢအရှ့အိၣ်တၢ်သ့, လၢ အအိၣ်လီၤတလိၤတၢ်သ့ ၂. လၢအပဲာ်အၢပဲာ် သီတၢ်, လၢအပှဲၤဒီးတၢ်ကတိၤပဲာ်အၢပဲာ်သီ

caustic *n* ၁. က်အတၢ်ဖိတၢ်လံၤလၢအမၤ ဟးဂီၤတၢ်, က်အတၢ်ဖိတၢ်လံၤလၢအဒုးပုံၢ်လီၤတၢ် အသံးအကာ် ၂. တၢ်ကတိၤဆဲးအဲးလၢတမုာ် တလၢဘၣ်ပှၤအနၢ်

cauterize, cauterise *v* ကျုံးလၢထးကိၢ်, ကျူးလၢတၢ်ကိၢ်လၢကပတုာ်သွံၣ်

caution *n* ၁. တၢ်ပလိၢ်ပဒီသး, တၢ်ဒုးပလိၢ် ပဒီပှၤအသး ၂. တၢ်ဟ့ၣ်ပလိၢ်တၢ် မ့တမ့ၢ် တၢ်တဲပလိၢ်တၢ်

caution *v* ၁. ပလိၢ်ပဒီသး, ဒုးပလိၢ်ပဒီပှၤ အသး ၂. ဟ့ၣ်ပလိၢ်တၢ် မ့တမ့ၢ် တဲပလိၢ်တၢ်

cautionary *a* လၢအအိၣ်ဒီးတၢ်ဟ့ၣ်ပလိၢ်

cautious *a* လၢအပလိၢ်သး

cavalier *a* လၢအတကနၣ်ယုာ်ပှၤဂၤ, လၢအ တဟ်လုၢ်ဟ်ကါတၢ်, လၢအဟ်မၢ်ကွံာ်တၢ်

cavalry *n* ၁. ကသ့ၣ်သုးမုၢ် ၂. သိလ့ၣ်ထး သုးမုၢ်

cave *n* လ့ကအိပူၤ, လၢ်ကအိပူၤ

cave *v* ၁. လီၤပိၢ်, လီၤလာ်,ဟးဂူာ်ဟးဂီၤ, လီၤကအိလီၤကအၢၣ် ၂. လီၤယံၤ, လီၤဘှံးလီၤ တီၤ, ဂံၢ်တၢ်ဘါတအိၣ်လၢၤ ၃. တတုၤထိၣ်ဘး, တကဲထိၣ်လိၣ်ထိၣ် ၄. ဆံးလီၤစုၤလီၤ

caveman *n* ပှၤအိၣ်ဆိးလၢလ့ပူၤ

caver *n* ပှၤဃုသ့ၣ်ညါမၤလိဘၣ်ဃးလ့ကအိ လၢ်ကအိပူၤ

cavern *n* လၢ်ပူၤဒိၣ်, လ့ပူၤဒိၣ်

cavernous *a* လၢအလီၤက်လၢတၢ် ကအၢပူၤ, လၢအခံးသူဒီးအလီၤကအိ, လၢအ အိၣ်ပှဲၤဒီးလၢ်ကအိအါအါဂိၢ်ဂိၢ်

caviar, caviare *n* တၢ်မၤဆံၣ်အိၣ်ညၣ်ဆံၣ်

cavil *v* ဟ်ဒုၣ်ဟ်ကမၣ်ကလီကလီတၢ်, တဲအါနါစိၤတၢ်, ဂ့ၢ်လိာ်နါစိၤတၢ်

cavity *n* ၁. တၢ်အိပူၤ ၂. မဲကအိ

caw *n* စီးဝၣ်ဃးကီးအၣ်–အၣ်

caw *v* ကီးသီၣ်အၣ်–အၣ်ဒ်စီးဝၣ်ဃးအသိး

cayman *n* အမဲရကၤသမၣ်ဖှၣ်ခိၣ်

CD *abbre* ၁. ထံကီၢ်ဘံၣ်ဘၢသုး (civil defence) ၂. လီဃဲၤက္ဂီၤ (compact disc) ၃. ထံကီၢ်ခၢၣ်စး (corps diplomatique)

cease *v* ပတှၢ်, ဆိတှၢ်

ceasefire *n* တၢ်ပတှၢ်တၢ်ခး, တၢ်ပတှၢ်တၢ်နး

ceaseless *a* တဆိကတိၢ်နီတဘျီ

cedar *n* သ့ၣ်ဆိုအ့ရး

cede *v* ဟ့ၣ်ဃၣ်ကွံာ်, တ့ၢ်ဃၣ်ကွံာ်

ceiling *n* တဒိလာ်ဒါ, ဃီးလာ်ဒါ

celebrate *v* ၁. မၤလၤကပီၤတၢ် ၂. မၤမူးသးဖှံ

celebrated *a* လၢအမံၤဟူသၣ်ဖျါ, လၢအမံၤဟူသၣ်ဖျါလၢအလီၤစံးပတြၢၤ

celebration *n* ၁. မူးသးဖှံ ၂. တၢ်မၤလၤကပီၤ

celebratory *a* ၁. လၢအမၤလၤကပီၤတၢ် ၂. လၢအမၤမူးသးဖှံမၤလၤကပီၤတၢ်

celebrity *n* ပှၤမံၤဟူသၣ်ဖျါ, တၢ်မံၤဟူသၣ်ဖျါ

celerity *n* တၢ်ပ့ၢ်တၢ်ချ့, တၢ်ချ့သဒံး, တၢ်ဖျဲၣ်သလဲၣ်

celery *n* ဖီဃဲဒီး, ဟုပိာ်

celestial *a* ဘၣ်ဃးဒီးမူကပိာ်လီၤ, ဘၣ်ဃးဒီးမူခိၣ်ဘီမုၢ်

celibacy *n* ၁. တၢ်အိၣ်မုၣ်ကနီၤဖိၣ်သၣ်ခွါပှၢ် ၂. ပှၤလၢအအၢၣ်လီၤအသးလၢတထိၣ်ပှၢ်ဒီး တအိၣ်ဒီးမုၣ်ခွါသွံၣ်ထံးတၢ်ရှလိာ်သး, တၢ်အိၣ်ကနၢ

celibate *a* ၁. (တၢ်ဘူၣ်တၢ်ဘါ) လၢအတန့ၢ်မါနီ့ၢ်ဝၤဒီးဟးဆှဲးမုၣ်ခွါသွံၣ်ထံးတၢ်ရှလိာ်မှာ်လိာ် (အဒိ, သီခါ, ပၢ်ဒိၣ်) ၂. လၢတအိၣ်ဒီးမုၣ်ခွါသွံၣ်ထံးတၢ်ရှလိာ်မှာ်လိာ်

celibate *n* ပှၤလၢအအိၣ်ကနၢ, ပှၤလၢအတအိၣ်ဒီးမုၣ်ခွါသွံၣ်ထံးတၢ်ရှလိာ်သး, ပှၤလၢအအိၣ်မုၣ်ကနီၤဖိၣ်သၣ်ခွါပှၢ်

cell *n* ဃိာ်ဒၢး, စဲ(လ)မ့ၢ်တၢ်အဃဲၤဆံးကတၢၢ်လၢအဟ်ဖှိၣ်ထိၣ်အသးဒီးကဲထိၣ်ဝဲညၣ်ထူၣ်, ဖံး, ဃံ, သူၣ်ဒီးသွံၣ်ဖျာၣ်

cellar *n* ဒၢးလာ်ဖီ, ဒၢးဖီလၢအိၣ်လၢဟီၣ်ခိၣ်လာ်

cellphone *n* လီတဲစိဖိၣ်စု, လီတဲစိစိာ်စု

cellular *a* ၁. လၢအဘၣ်ဃးဒီးစဲ(လ)လၢအမူတဖၣ်, လၢအပၣ်ဃုာ်ဒီးစဲ(လ)အမူတဖၣ် ၂. လၢအဘၣ်ထွဲဒီးလီတဲစိစိာ်စု, လၢအစူးကါကွဲၤလ့လီၤသနၢ့အဒ့ၣ်စၢၤဖုၣ်တဖၣ် ၃. (တၢ်ကံးညာ်) လၢအိၣ်ဒီးအပူၤဟိရှလၢကလံၤကလီကနၥ်ဖျိအဂီၢ် ၄. လၢအိၣ်ဒီးတၢ်အပီးအလီအါမံၤအါကလုာ်ဒီးဒၢးအါဖျာၣ်

Celsius *n* စဲ(လ)စံယၢၣ်(စ), တၢ်ထိၣ်တၢ်ကိၢ်တၢ်ခုၣ်အနီၣ်ဂံၢ်ထံး

Celtic *a* လၢအဘၣ်ဃးဒီးစဲ(လ)ထ့း, လၢအဘၣ်ဃးဒီးအဲ့ၢ်ဒိၣ် – ယူရပၤအကျိာ်အကရူၢ်

Celtic *n* စဲ(လ)ထ့းအကျိာ်ကရူၢ်

cement *n* ကၢ်လၢ်ကမူၣ်

cement *v* ၁. မၤစဲဘူးတၢ်, မၤဂၢၢ်မၤကျၢၤတၢ်, ၂. မၤလၢအီကတဲ, မၤစဲဘူးဒီးကၢ်လၢ်ကမူၣ်

cemetery *n* တၢ်သွၣ်ခိၣ်

cenotaph *n* တၢ်သ့ၣ်နီၣ်ထိၣ်အလၢၢ်ထူၣ်

censer *n* လီခီဆိၣ်ကဲၤတၢ်နၢမူ, သပၢၤဆိၣ်ကဲၤတၢ်နၢမူ

censor *n* ပှၤယဲာ်ထံတြူၣ်သံတၢ်

censor *v* ယဲာ်ထံတြူၣ်သံ (တၢ်ဂီၤမူ, လံာ်လဲၢ်ဒီးအဂၤတဖၣ်)

censorious *a* လၢအအဲၣ်ဒိးဃုပှၤတၢ်ကမၣ်, လၢအဒုၣ်ဒွဲၣ်စံးအၢတၢ်

censorship *n* တၢ်ယဲာ်ထံတြူၣ်သံ

censure *n* တၢ်ဟ်ဒ့ၣ်ဟ်ကမၣ်, တၢ်တတ့ၢ်လိာ်

censure *v* ဟ်ဒ့ၣ်ဟ်ကမၣ်, တတ့ၢ်လိာ်

census *n* တၢ်ထၢထံဖိကိၢ်ဖိနီၣ်ဂံၢ်

cent *n* စဲ(ထ), အမဲရကၤစ့တဒီလၣ်န့ၣ်အိၣ်ဝဲတကယၤစဲ(ထ)

cent. *abbre* (century) နံၣ်ယၤဖိၣ်, စီၤကယၤ, ယၤဖိၣ်နံၣ်

centenary *n* တၢ်မၤတၢ်သ့ၣ်နီၣ်ထိၣ်အနံၣ်တကယၤ, နံၣ်တကယၤ

centennial *a* လၢအပှဲၤထိၣ်အနံၣ်တကယၤ

centennial *n* တၢ်မၤအနံၣ်တကယၤပှဲၤထိၣ်တၢ်သ့ၣ်နီၣ်, တၢ်မၤတၢ်သ့ၣ်နီၣ်ထိၣ်အနံၣ်ပှဲၤထိၣ်တကယၤ

center *etc* (see centre)

centigrade *n* စဲးထံၣ်ကရး, တၢ်ထိၣ်တၢ်ကိၢ်တၢ်ခုၣ်အနီၣ်ဂံၢ်ထံး

centimetre, **centimeter** *n* စဲးထံၣ်မံထၢၣ်, တၢ်ထိၣ်တၢ်အလဲၢ်အထီအနီၣ်ဂံၢ်ထံး

centipede *n* ဒးဘီ

central *a* ၁. လၢအအိၣ်လၢတၢ်သးကံၢ်, လၢအအိၣ်လၢတၢ်ခၢၣ်သး ၂. လၢအမ့ၢ်တၢ်အရှဒိၣ် မ့တမ့ၢ် အကါဒိၣ်, လၢအမ့ၢ်တၢ်ဂ့ၢ်မိၢ်ပှၢ် မ့တမ့ၢ် တၢ်အမိၢ်ပှၢ်, လၢအမ့ၢ်တၢ်အခိၣ်သ့ၣ်

central bank *n* လီၢ်ခၢၣ်သးစ့တား

central government *n* လီၢ်ခၢၣ်သးပဒိၣ်

central heating *n* စဲးခိၣ်သ့ၣ်လၢအမၤကိၢ်ဟံၣ်, စဲးလၢအမၤကိၢ်သွးထိၣ်ထံ မ့တမ့ၢ်ကလံၤဒီးဆှၢဆူတၢ်သူၣ်ထိၣ်ဒိတဖျၢၣ်ခီဖျိပီၤတဖၣ်လၢအအိၣ်ဝးတရံးတၢ်သူၣ်ထိၣ်

centralization, centralisation *n* လီၢ်ခၢၣ်သးတၢ်ဖိၣ်ပျံၤ, တၢ်ဟ်ဖှိၣ်တၢ်စိတၢ်ကမီၤလၢတၢ်လီၢ်တတီၤဃီ

centralize, centralise *v* ဖိၣ်ပျံၤလၢလီၢ်ခၢၣ်သး

centre, center *n* ၁. တၢ်အခၢၣ်သး, တၢ်အကံၢ်သး ၂. ဝဲၤလီၢ် ၃. ဝ့ၢ်ခၢၣ်သး

centre, center *v* ၁. အိၣ်လၢအခၢၣ်သး, ဟ်လီၤလၢအခၢၣ်သး ၂. ပညိၣ်လီၤလိၤ, သးစၢ်ဆၢ ၃. ဆှၢထိၣ်ဖျၢၣ်ထူဆူတၢ်ခၢၣ်သး, ဂဲၤလိာ်ကွဲဟီးကံၣ်ဒ်ပှၤတၢ်ခၢၣ်သးအသိး ၄. (အမဲရကၤဖျၢၣ်ထူ) ကွံာ်ဖျၢၣ်ထူလၢအကံၢ်တြာ်အကဆူး

centred, centered *a* ၁. လၢအအိၣ်လၢတၢ်ခၢၣ်သး, လၢတၢ်ဟ်အီၤလၢတၢ်ခၢၣ်သး ၂. လၢအပညိၣ်တၢ်လိၤလိၤ

centrepiece, centerpiece *n* တၢ်လၢအဂ့ၤကတၢၢ် မ့တမ့ၢ် တၢ်လၢအရှဒိၣ်ကတၢၢ်, တၢ်လၢအအိၣ်လၢတၢ်ခၢၣ်သးလၢပှၤထံၣ်အီၤအါကတၢၢ်အလီၢ်

centrifugal *a* သုးယံၤထိၣ်အသးဒီးလီၢ်ခၢၣ်သး

centrifuge *n* စဲးလၢအတရံးဆူၣ်ဒီးနုးအိၣ်ထိၣ်တၢ်အဂံၢ်လၢတၢ်အခၢၣ်သးလၢကနီၤဖးတၢ်အသံးဒီးတၢ်အထံအနိ, စဲးလၢအနီၤဖးတၢ်အထံဒီးတၢ်အသံးခီဖျိအတရံးဆူၣ်ဆူၣ်ဒီးဟံးန့ၢ်လီၢ်ခၢၣ်သးအဂံၢ်တရံး

centripetal *a* လၢအသုးဘူးထိၣ်အသးဒီးလီၢ်ခၢၣ်သး

centurion *n* (ရိမ့ၤသုးဖိ) သုးဖိတကယၤအခိၣ်

century *n* နံၣ်ယၤဖှိၣ်, စီၤကယၤ, ယၤဖှိၣ်နံၣ်

CEO *abbre* (Chief Executive Officer) ခိၣ်နၢ်ဒိၣ်, ပှၤပၢဆှၢရဲၣ်ကျဲၤတၢ်အဒိၣ်တဖၣ်, မူဒါခိၣ်အဒိၣ်ကတၢၢ်

ceramic *a* လၢဘၣ်တၢ်မၤအီၤလၢဟီၣ်ကဘုးလၢတၢ်မၤကျၢၤထိၣ်အီၤလၢတၢ်ကိၢ်, လၢအဘၣ်ဃးဒီးဟီၣ်ကဘုးလၢဘၣ်တၢ်မၤကျၢၤထိၣ်အီၤလၢတၢ်ကိၢ်

ceramics *n* တၢ်လၢအဘၣ်တၢ်မၤအီၤလၢဟီၣ်ကဘုးဝံၤမၤကျၢၤထိၣ်အီၤလၢတၢ်ကိၢ်

cereal *n* တၢ်ချံအိၣ်, တၢ်မဲတၢ်မါအချံလၢတၢ်အီၣ်အီၤသ့ အဒိ, ဘု, ဘုကၠၣ်

cerebellum *n* ခိၣ်နူာ်လၢအိၣ်လၢခိၣ်ကုအလီၢ်ခံတကပၤလၢအပၢၤဃာ်ညၣ်ထူၣ်အတၢ်ဟူးတၢ်ဂဲၤ

cerebral *a* ၁. လၢအဘၣ်ထွဲဒီးခိၣ်နူာ်လၢပခိၣ်အမဲာ်ညါတခီ ၂. လၢတအိၣ်ဒီးတၢ်သးဂဲၤ, တၢ်တူၢ်ဘၣ်ဒိၣ်ဒိၣ်ကလဲာ်, လၢအဘၣ်ဃးဒီးတၢ်ကူၣ်သ့ဖးဘၣ်

cerebral haemorrhage, cerebral hemorrhage *n* ခိၣ်နူာ်သွံၣ်ကျိၤထူၣ်ဖိုကွံာ် (ခိၣ်နူာ်သွံၣ်ကျိၤတဲာ်)

cerebral malaria *n* တၢ်ညၣ်ဂိၢ်ဃၢ်နုာ်လီၤခိၣ်နူာ်ပူၤ

cerebral thrombosis *n* ခိၣ်နူာ်သွံၣ်ကျိၤတံာ်တၢၤကွံာ်

cerebro vascular accident *n* ခိၣ်နူာ်သွံၣ်ကျိၤဘၣ်ဒိသတူၢ်ကလာ်

cerebrum *n* ခိၣ်နူာ်လၢအအိၣ်လၢခိၣ်အမဲာ်ညါတကပၤလၢအမူအဒါအိၣ်လၢကဆိကမိၣ်တၢ်, အိၣ်ဒီးအဂ့ၢ်အကျိၤ, တၢ်ကူၣ်သ့ဖးဘၣ်, တၢ်သးဂဲၤဒီးတၢ်ဟ်သူၣ်ဟ်သး

ceremonial *a* လၢအဘၣ်ဃးတၢ်အလုၢ်အလၢ်အဒိအတဲာ်

ceremonial *n* တၢ်အလုၢ်အလၢ်အဒိအတဲာ်

ceremonious *a* လၢအအိၣ်ဒီးတၢ်အလုၢ်အလၢ်အဒိအတဲာ်

ceremony *n* မူး, ဘူၣ်
certain *a* ၁. လီၤတံၢ် ၂. (တၢ်) တခါခါ, (တၢ်) တမံၤမံၤ, (ပှၤ) တဂၤဂၤ
certainly *adv* နီၢ်နီၢ်, နီၢ်ကီၢ်, သပှၢ်ကတၢၢ်
certainty *n* တၢ်အမ့ၢ်အတီ, တၢ်နီၢ်နီၢ်, တၢ်ဃါမနၤ, တၢ်သပှၢ်ကတၢၢ်
certifiable *a* လၢအပျုၢ်နီၢ်ကီၢ်, လၢပစံးအီၤသ့လၢအမ့ၢ်ပှၤအပျုၢ်
certificate *n* လံာ်အုၣ်သး
certificate *v* ဟ့ၣ်လီၤပှၤတဂၤလၢလံာ်အုၣ်သး
certify *v* ဟ့ၣ်တၢ်အုၣ်ကီၤ, ဘိးဘၣ်ရၤလီၤလၢ (ပှၤ) သးတထံ (ခိၣ်နူာ်တပှဲၤ)
certitude *n* တၢ်နာ်တၢ်နီၢ်နီၢ်, တၢ်နာ်ကျၢၤမုဆူ, တၢ်လီၤတံၢ်လီၤမံဒီးတအိၣ်ဒီးတၢ်သးဒ့ဒီ
cervical *a* ၁. လၢအဘၣ်ထွဲဒီးဒၢလီၢ်ခိၣ်ထိး ၂. လၢအဘၣ်ထွဲဒီးကိာ်ယူၢ်ဘိ
cervical lymph adenitis *n* ကိာ်အချံတဖၣ်ညိးထီၣ်
cervix *n* ဒၢလီၢ်ခိၣ်ထိး
Cesarean *a* (see Caesarean)
cessation *n* တၢ်အိၣ်ကတီၢ်, တၢ်ဆိကတီၢ်
cession *n* ၁. တၢ်ဟ့ၣ်လီၤကွံာ်တၢ်ပၢတၢ်ပြးဟီၣ်ကဝီၤ မ့တမ့ၢ် တၢ်အခွဲးအယာ်လီၤဆီၣ်တၢ်ဆူထံကီၢ်အဂၤခီဖျိတၢ်အၢၣ် ၂. ဟီၣ်ကဝီၤ မ့တမ့ၢ် စိကမီၤလၢဘၣ်တၢ်ဟ့ၣ်လီၤအီၤ
cesspool *n* ထံဘၣ်အၢဘၣ်သီအပူၤ, ဟီၣ်လာ်တၢ်ဒၢပူၤလၢထံဘၣ်အၢဘၣ်သီယွၤနုာ်
chafe *v* ၁. ဒံးဒူးတုၤအကိၢ်ထီၣ် ၂. ဒုးသးထီၣ်ပှၤ, မၤသးထီၣ်ပှၤ
chaff *n* ၁. ဖ့, ဘုအစိၢ်, ဘုဟုအကမူၣ်အဖ့ ၂. တၢ်တဲကလိာ်ကလာ်တၢ်
chaff *v* တဲကလိာ်ကလာ်တၢ်
chagrin *n* တၢ်တူၢ်ဘၣ်လၢအတမှာ်တလၤ, တၢ်တူၢ်ဘၣ်တၢ်မဲာ်ဆုး
chain *n* ၁. ဖဲသွဲ ၂. ထးသွဲ, ပျံၤထး
chain *v* စၢဃာ်လၢထးသွဲ, သိးဃာ်ထးသွဲ, ကျီၤဃာ်ထးသွဲ
chain gang *n* ပှၤဃိာ်ဖိလၢတၢ်စၢအခိၣ်ဒီးထးသွဲဒီးမၢဆူၣ်အမၤတၢ်လၢဃိာ်အချၢ
chain reaction *n* ၁. တၢ်ကဲထီၣ်စၢ်ပထါထီၣ်အသးတခါဝံၤတခါ ၂. ကဲအတၢ်ဆီတလဲလၢအအိၣ်ဖိာ်ထွဲထီၣ်တၢ်အခံ
chain saw *n* စဲးလွး
chain-smoke *v* အီမိာ်ထးသွဲ, အီမိာ်ထူဝါကွ့ၢ်ကွ့ၢ် မ့တမ့ၢ် အီမိာ်ထူဝါအဆၢတတဲာ်တုာ်, ဒွဲၣ်ခီနူၢ်မ့ၣ်အူလၢအအိဟ်ဝဲဆူမိာ်အသီတဖျၢၣ်
chair *n* လီၢ်ဆ့ၣ်နီၤ, ခး, ခးဆ့ၣ်နီၤ
chair *v* ၁. ကဲပှၤပၢၤလီၢ်ဆ့ၣ်နီၤ ၂. ယိးပှၤလၢလီၢ်ဆ့ၣ်နီၤအဖီခိၣ်
chairlift *n* လီၢ်ဆ့ၣ်နီၤလှး(ဖ)
chairman *n* ပှၤပၢၤလီၢ်ဆ့ၣ်နီၤ
chairperson *n* ပှၤပၢၤလီၢ်ဆ့ၣ်နီၤ
chairwoman *n* ပှၤပၢၤလီၢ်ဆ့ၣ်နီၤ
chaise *n* လှၣ်ကဟၣ်
chalet *n* ဟံၣ်သ့ၣ်ဘၣ်ဖိ, သ့ၣ်ဒဲ
chalice *n* တၢ်အီၣ်ဘူၣ်စပံးထံခွး (ဖးဒိၣ်), စပံးထံခွးတစုၤဃီၢ်ဒ့အိၣ်ဒီးအခီၣ်လၣ်လၢတၢ်မၤအီၤလၢတိၢ်ဘိ မ့တမ့ၢ် မဲာ်ထံကလၤကဘုး
chalk *n* ဟီၣ်ခိၣ်ဝါ
chalk *v* ၁. ကွဲးလံာ်ဒီးဟီၣ်ခိၣ်ဝါ, တ့တၢ်ဒီးဟီၣ်ခိၣ် ၂. ကွဲးနီၣ်ဒ့ၣ်ကမၣ်
chalkboard *n* သ့ၣ်ဘၣ်သူ
challenge *n* ၁. တၢ်တၤတၢ် ၂. တၢ်ခိၣ်ရီၢ်တၢ် ၃. တၢ်မၢအဟ်ဖျါထီၣ်တၢ်ဂ့ၢ်
challenge *v* ၁. တၤတၢ် ၂. မၢအဟ်ဖျါထီၣ်တၢ်ဂ့ၢ်
challenged *a* လၢအအိၣ်ဒီးတၢ်ဂံၢ်ဆံးဘါစၢ်
challenger *n* ၁. ပှၤလၢအတၤတၢ် ၂. ပှၤလၢအခိၣ်ရီၢ်တၢ်
challenging *a* ၁. လၢအသးစဲဒိၣ်ဒိၣ်ကလဲာ်, လၢအထုးနှၢ်သူၣ်ထုးနှၢ်သးဒိၣ်ဒိၣ်ကလဲာ် ၂. လၢအလိၣ်ဘၣ်ဝဲတၢ်ကံၢ်တၢ်စီလၢကဖံးတၢ်မၤတၢ်တမံၤမံၤအဂီၢ်, လၢအဃံၣ်အယူးအါ, လၢအအ့ၣ်အါဆံၣ်အါ
chamber *n* ၁. ဘျိၣ် ၂. ဘျိၣ်ဒိၣ် ၃. စံၣ်ညီၣ်ကွီၢ်အိၣ်ဖိုၣ်ဒၢး ၄. နီၢ်ကစၢ်ဒၢး ၅. ကျိချံပီၤ
chambermaid *n* ပှၤပိာ်မုၣ်လၢမၤကဆိုလီၢ်မံဒၢးဒီးတၢ်လုၢ်ထံဒၢးလၢဟံၣ်ဖွဲပူၤ, ပိာ်မုၣ်လၢအမၤကဆိုတၢ်

C

chameleon, chamaeleon *n* ခွံၣ်

champ *n* ပှၤစဲၣ်နီၤ, ပှၤအဖွဲးကတၢၢ် (လၢတၢ်ပြၢ)

champ *v* ၁. အ့ၣ်တယံး ၂. ဂံာ်ဘျုးတၢ်, အ့ၣ်ဘျုးတၢ်သိၣ်ကြူၣ်ကြူၣ်

champagne *n* သံးတကလုာ်လၢအဟဲလၢဝ့ၢ်ရှၣ်ဖ့, ကီၢ်ဖြၣ်စ့ၣ် – သံးစပံးထံရှၣ်ဖ့

champion *n* (ပှၤ) စဲၣ်နီၤ, ပှၤအဖွဲးကတၢၢ် (လၢတၢ်ပြၢ)

champion *v* ဆီၣ်ထွဲမၤစၢၤ, ဒုးနှ့ၢ်တၢ်, ကဟုကယာ်, ဒီသဒၢ, ဂၢၤယာ်

championship *n* ၁. တၢ်ပြၢလၢကမၤန့ၢ်ခွၣ်ပံၣ်ယၣ် – ပှၤအဖွဲးကတၢၢ်ခိၣ်ဖး ၂. တၢ်ပြၢ

chance *a* လၢအဘၣ်အတီၤ, လၢအမၤဒၣ်အသး

chance *n* တၢ်ဘၣ်အတီၤ, တၢ်အခၢးဂ့ၤ, တၢ်အခွဲးအယာ်

chance *v* မၤတၢ်လၢတၢ်တဘၣ်သူၣ်ဘၣ်သးအပူၤ, ကဲထီၣ်ဘၣ်ဆၢၣ်ဘၣ်တီၤ

chancellor *n* ထံကီၢ်ခိၣ်နၢ်, ဖွၣ်စိမိၤအခိၣ်အနၢ်, ပှၤခိၣ်ပှၤနၢ်, ပဒိၣ်ပပှၢ်

chancy *a* လၢအလီၤဘၣ်ယိၣ်ဘၣ်ဘီ

change *n* ၁. တၢ်လဲလိာ် ၂. စ့လီၤဖုံၣ်

change *v* ၁. လဲလိာ်, ဆီတလဲ, ခီလဲ ၂. မၤလီၤဆီ, ဘိုက့ၤ ၃. ကလံၤကလဲ

changeable *a* ၁. အလဲလိာ်သ့, လၢအဆီတလဲသ့, လၢအခီလဲသ့ ၂. မၤလီၤဆီ, ဘိုက့ၤ ၃. ကလံၤကလဲ

changeless *a* ၁. လၢအတၢ်လဲလိာ်တအိၣ်, လၢအတၢ်ဆီတလဲတအိၣ် ၂. လၢအတၢ်မၤတလီၤဆီ, လၢအတဘိုက့ၤအသး ၃. လၢအတကလံၤကလဲ

channel *n* ၁. ထံဘိကျိၤ (ဖးဒိၣ်) ၂. တၢ်မၤအကျိၤအကွာ် ၃. (ပိၣ်လဲၣ်) ထံကျိၤ ၄. ကွဲၤဟူဖျါလီကျိၤ, ကွဲၤဟူဖျါသန့

channel *v* ၁. နဲၣ်ကျဲ, နဲၣ်လီၤအခိၣ်, ဒုးအိၣ်ထီၣ်တၢ်အကျိၤအကျဲ ၂. (တၢ်နါ) ဒုးလီၤဒိး, ဒိးသူအသးလၢတၢ်ဝံတၢ်နါကဟဲနုာ်လၢအပူၤ ၃. (ထံ) ဒုးယွၤလီၤ, ဆှၢလီၤထံ, ဆှၢတၢ်လၢတၢ်အကျိၤ, စိာ်ခီတၢ်ဒီးတၢ်ကျိၤ

chant *n* တၢ်မၤလုၢ်အုၣ်ထါ

chant *v* ၁. အုၣ်ထါမၤထါ ၂. သးဝံၣ်ထီၣ် ၃. ကိးသတြီထီၣ်

chaos *n* တၢ်သဘံၣ်ဘုၣ်

chaotic *a* လၢအအိၣ်လၢတၢ်သဘံၣ်ဘုၣ်, တၢ်ကဒံကဒါ, တၢ်ဟးဂူာ်ဟးဂီၤအကတိၢ်

chap *n* ပှၤပိာ်ခွါ

chap *v* (ဖံးဘ့ၣ်) ဃဲဖး, တဲၤဖး

chapel *n* ၁. သရိာ်ဆံးဆံးဖိ, တၢ်ဘါလီၢ်ဆံးဆံးဖိ ၂. ပှၤမၤတၢ်ဖိလၢအမၤတၢ်လၢလံာ်တၢ်ကစိၣ်တၢးအကရၢ

chaperone, chaperon *n* ပှၤကွၢ်ထွဲပိာ်မုၣ်, ပှၤလၢအလဲၤစၢၤက့ၤစၢၤတၢ်ဒီးပှၤမုၣ်ကနီၤဖိ

chaperone, chaperon *v* လဲၤပိာ်အခံဒီးကွၢ်ထွဲအီၤ

chaplain *n* တၢ်အိၣ်ဖှိၣ်သရၣ်လၢအမၤတၢ်လၢသုးပူၤဒီးလၢတၢ်ဆါဟံၣ် မ့တမ့ၢ် ဃိာ်ပူၤ

chapped *a* လၢအဃဲဖး, လၢအတဲၤဖး

chapter *n* ၁. အဆၢဒိၣ် ၂. စီၤ ၃. တၢ်အိၣ်ဖှိၣ်သရၣ်ကရၢ မ့တမ့ၢ် တၢ်ဘူၣ်တၢ်ဘါခိၣ်နၢ်ကရၢ

char *v* ကုၢ်ဃိ, ကုၢ်ကိၢ်သွး

character *n* ၁. တၢ်သကဲာ်ပဝး ၂. တၢ်အနူ့ဆၢၣ် ၃. ပှၤထီရီၤတဂၤဂၤလၢအအိၣ်လၢတၢ်ဂီၤမူအပူၤ, ပှၤလၢတၢ်ဃဲၤအဂ့ၢ်လၢတၢ်ကွဲး (ပူ) အပူၤ ၄. (တၢ်ကတိၤမုၢ်ဆ့ၣ်မုၢ်ဂီၤ) ပှၤလၢအအိၣ်ဒီးတၢ်ဟ်သးလၢအလီၤသးစဲ ၅. လံာ်မဲာ်ဖျၢၣ်

characteristic *a* လၢအမၤအသးလီၤဆီ, လၢအပၢအသးလီၤလီၤဆီဆီ

characteristic *n* တၢ်အရှူၢ်အသဲး, တၢ်တမံၤမံၤလၢအလီၤဆီန့ၢ်ပှၤဂၤ

characterization, characterisation *n* တၢ်တဲဖျါထီၣ်တၢ်အသကဲာ်ပဝး, တၢ်ဟ်ဖျါထီၣ်တၢ်အသကဲာ်ပဝး

characterize, characterise *v* ဟ်ဖျါထီၣ်တၢ်လီၤဆီ

characterless *a* လၢတအိၣ်ဒီးတၢ်ဟ်သးလၢအလီၤသးစဲ

charade *n* တၢ်ဂဲၤလၢပှၤတဂၤဂဲၤဒိဂဲၤတဲာ်တၢ်ကတိၤဖျၢၣ်အခီပညီဝံၤအဂၤတဂၤဘၣ်တယာ်နှ့ၢ်ဝဲတၢ်ကတိၤဖျၢၣ်

charcoal *n* သွဲၣ်လး, သွၣ်

charge *n* ၁. မူဒါတၢ်ဖံးတၢ်မၤ, တၢ်လၢအလီၤဘၣ်ပှၤ ၂. တၢ်ဟ်တၢ်အဘူးအလဲ မ့တမ့ၢ် တၢ်အပ့ၤ ၃. တၢ်လိာ်ဘၢလိာ်ကွီၢ်, တၢ်ဟ်တၢ်ကမၣ်, တၢ်စံၣ်ညီၣ်ဟ်ဖျါ ၄. တၢ်ထိၣ်ဆူညါ မ့တမ့ၢ် တၢ်တဖိုထိၣ်တၢ် ၅. လီအဂံၢ်, လီအဒ့ၣ် မ့တမ့ၢ် လီအဆၣ် ၆. ကျိချံမျိာ်သၣ်အဆၣ်

charge *v* ၁. ဟံးန့ၢ်တၢ်အပ့ၤ, ဟ်တၢ်အပ့ၤ ၂. ထိၣ်ဆူညါ မ့တမ့ၢ် တဖိုထိၣ်တၢ် (သုးဂ့ၢ်ဝီ) ၃. လိာ်ကွီၢ်, ဟ်ဖျါတၢ်စံၣ်ညီၣ်, စံၣ်ညီၣ်ဟ်ဖျါ ၄. ထၢနှာ်လီၤ (ကျိချံ), မၤပှဲၤ (တၢ်ဒၢ, ထံခွး) ၅. သွီလီဂံၢ် ၆. ဟ့ၣ်လီၤအးလီၤမူဒါ မ့တမ့ၢ် တၢ်ဖံးတၢ်မၤလၢတၢ်နာ်အပူၤ

chargeable *a* ၁. တၢ်ဟံးန့ၢ်တၢ်အပ့ၤသ့, တၢ်ဟ်တၢ်အပ့ၤသ့ ၂. ထိၣ်ဆူညါ မ့တမ့ၢ် တဖိုထိၣ်တၢ်သ့ (သုးဂ့ၢ်ဝီ)

charger *n* ၁. တၢ်သွီလီဂံၢ်ဒၢ, တၢ်ပီးတၢ်လီလၢအသွီလီဂံၢ် ၂. ကသ့ၣ်ဒုးသုး, ကသ့ၣ်လၢတၢ်စူးကါအီၤလၢသုးပူၤ

chariot *n* လ့ၣ်ကသ့ၣ်ဒုးသုး, ကသ့ၣ်လ့ၣ်ကဟၣ်ဒုးသုး, လ့ၣ်ကဟၣ်လၢအပၣ်အိၣ်ခံခီဒီးဘၣ်တၢ်တွံၢ်အီၤလၢကသ့ၣ်တဖၣ်

charioteer *n* ပှၤနီၣ်လ့ၣ်ကသ့ၣ်ဒုးသုး, ပှၤနီၣ်လ့ၣ်ကဟၣ်ဒုးသုး, ပှၤနီၣ်လ့ၣ်ကဟၣ်

charisma *n* တၢ်လၢအထုးန့ၢ်ပှၤသူၣ်ပှၤသး, ကံၢ်စီတၤလၣ်လၢအထုးန့ၢ်ပှၤအသး, တၢ်ကံၢ်တၢ်စီလၢအထုးန့ၢ်ပှၤသူၣ်ပှၤသး

charismatic *a* လၢအသ့ထုးန့ၢ်ပှၤအသး, လၢအလီၤသးစဲ, လၢအအိၣ်ဒီးတၤလၣ်လၢအထုးန့ၢ်ပှၤသး, လၢအသူၣ်ဆူၣ်သးဆူၣ်လၢတၢ်

charismatic *n* ပှၤလၢအဘူၣ်ထိၣ်ဘါထိၣ်ယွၤလၢတၢ်သူၣ်ဆူၣ်သးဂဲၤအပူၤ

charitable *a* ၁. လၢအညီနၢ်ဟ့ၣ်သးကညီၤတၢ်, လၢအသးကညီၤတၢ်သ့, လၢအဟ့ၣ်မၤစၢၤတၢ်သ့, လၢအသးအိၣ်မၤစၢၤမၤဘျုးတၢ် ၂. လၢအစံၣ်ညီၣ်တၢ်တဆူၣ်, လၢအစံၣ်ညီၣ်တၢ်ဖဲအကြၢးအဘၣ် မ့တမ့ၢ် ဘၣ်ဒးဘၣ်ဒး

charity *n* တၢ်ဟ့ၣ်သးကညီၤတၢ်ကရၢ

charm *n* ၁. တၢ်ရဲၣ်, တၢ်သမူပယၢ်, တၢ်အူတၢ်သမူ ၂. တၢ်တမံၤလၢပှၤဟ်ဒိၣ်အီၤ

charm *v* သမူပယၢ်တၢ်, ရဲၣ်န့ၢ်တၢ်, အူတၢ်သမူတၢ်

charmed *a* လၢအဘူၣ်ဂ့ၤတိၢ်ဘၣ်, ဘူၣ်ဂ့ၤ

charmer *n* ၁. ပှၤလၢအလီၤထုးန့ၢ်သူၣ်ထုးန့ၢ်သး, ပှၤလၢအလီၤအဲၣ်လီၤကွံ ၂. ပှၤလၢအသမူပယၢ်တၢ်, ပှၤရဲၣ်န့ၢ်တၢ်

charming *a* ၁. လၢအထုးန့ၢ်ပှၤသး, လၢအလီၤမဲာ်ဘၣ်သးစီၣ် ၂. လၢအလီၤအဲၣ်လီၤကွံ, လၢအသူၣ်ဂ့ၤသးဝါပှဲၤဒီးတၢ်မဲာ်မှာ်နါဆၢ, လၢတၢ်ရူအီၤမှာ်

charmless *a* လၢအတၢ်ထုးန့ၢ်သးတအိၣ်လၢၤ, လၢသမူပယၢ်တၢ်တအိၣ်, လၢရဲၣ်န့ၢ်တၢ်တသ့, လၢအူတၢ်သမူတၢ်တသ့

chart *n* ၁. လံာ်တိၤဖျါ ၂. ဟီၣ်ခိၣ်ဂီၤလၢပှၤကဘီဖိအဂီၢ်, ဟီၣ်ခိၣ်ဂီၤလၢဒုးနဲၣ်ပီၣ်လဲၣ်ထံကျိၤ

chart *v* ဒုးအိၣ်ထိၣ်ဟီၣ်ခိၣ်ဂီၤ

charter *n* ၁. သဲစးတၢ်သိၣ်တၢ်သီလၢအဟ်ဖျါထိၣ်ပှၤတဖုအခွဲးအယာ် ၂. လံာ်တၢ်ဘျၢခိၣ်သ့ၣ်, လံာ်လၢအဟ်ဖျါထိၣ်တၢ်ကရၢကရိတဖုအဂ့ၢ်အကျိၤ, အတၢ်ပညိၣ်, ကျဲသန့ဒီးအတၢ်မၤကျဲတဖၣ် ၃. တၢ်ဒိးလဲ (ကဘီယူၤ, ကဘီထံ မ့တမ့ၢ် သိလ့ၣ်)

charter *v* ၁. ဟ့ၣ်တၢ်မၤတၢ်ပၢအခွဲး ၂. ဒိးလဲ (ကဘီယူၤ, ကဘီထံ မ့တမ့ၢ် သိလ့ၣ်)

chartered *a* လၢအအိၣ်ဒီးတၢ်အုၣ်သးအကံၢ်အစီဖိးသဲစး

chase *n* တၢ်လူၤတၢ်, တၢ်လူၤဖိၣ်တၢ်, တၢ်လူၤဟီကွံာ်တၢ်

chase *v* လူၤ, လူၤထွဲ(အခံ), လူၤဖိၣ်(တၢ်ဘျၣ်)

chaser *n* ၁. ပှၤလၢအလူၤယိၢ်တၢ်, တၢ်လၢအလူၤဖိၣ်တၢ် ၂. ကသ့ၣ်လၢအစံၣ်ခီကဟ်တၢ် ၃. တၢ်အီထွဲလီၤသံးအဆူၣ်ဖဲအီသံးအစၢ်ဝံၤအလိၢ်ခံ

chasm *n* ၁. ဟီၣ်ခိၣ်သ့ၣ်ဖး, ဟီၣ်ခိၣ်တဲၤဖး ၂. တၢ်လီၤဆီဒိၣ်ဒိၣ်မုၢ်မုၢ် (တၢ်ဟ်သး)

chassis *n* ၁. (သိလ့ၣ်, တၢ်လၢအအိၣ်ဒီးအပၣ်တဖၣ်) အတကွီၣ်ဒါ, အတကွီၣ်ဃံ, သိလ့ၣ်အမိၢ်ပှၢ်ဒါ ၂. (ခိၣ်ဖျူထၢၣ်, ကွဲၤလ့လီၤ) အကု

chaste *a* ၁. လၢအအိၣ်စီအိၣ်ဆုံအသး, စီဆုံ ၂. လၢအပတီၢ်မုၢ်, လၢအတၢ်ကယၢကယဲတအိၣ်

chasten *v* ၁. သိၣ်ယီၣ်သီယီၣ်ဒ်သိးကဂ့ၤထီၣ်, ၂. မၤစှၤလီၤအတၢ်နာ်နှၢ်လီၤသးခီဖျိမၤမဲာ်ဆူးဝဲ

chastise *v* စံၣ်ညီၣ်, သိၣ်ယီၣ်

chastity *n* တၢ်အိၣ်စီအိၣ်ဆှံသး, တၢ်အိၣ်ဂ့ၤအိၣ်ဝါသး

chat *n* တၢ်ကတိၤတၢ်, တၢ်ပိၣ်တၢ်တဲတၢ်

chat *v* ကတိၤတၢ်, ပိၣ်တၢ်တဲတၢ်

chat room *n* တၢ်ကတိၤသကိးတၢ်, တၢ်ပိၣ်တၢ်တဲသကိးတၢ်အလီၢ်ဖဲအ့ထၢၣ်နဲးအဖီခိၣ်

chatter *n* ၁. တၢ်ကတိၤမရဲမသဲ, တၢ်ကတိၤလိာ်ကွဲတၢ် ၂. (ဆၣ်ဖိကီၢ်ဖိ) တၢ်အကလုၢ်သီၣ်စွံ

chatter *v* ၁. ကတိၤမရဲမသဲတၢ်, ကတိၤတၢ်ပူးပးပူးပး, တဲတၢ်ဆူၣ်တဲတၢ်ကဲတုၤအဆၢတတဲာ် ၂. တကျာ်ခဲၣ်, မဲအ့ၣ်တကျာ်, ခဲၣ်တကျာ်ခီဖျိတၢ်ဂိၢ် မ့တမ့ၢ် ပျံၤတၢ်

chatterbox *n* ပှၤလၢအတဲတၢ်အါ, ပှၤလၢအကလုၢ်ကထါအါ, ပှၤလၢအတဲတၢ်ကဲ

chatty *a* ၁. လၢအတဲတၢ်အါ, လၢအတဲတၢ်မုာ်, လၢအကလုၢ်ကထါအါ ၂. လၢအတဲလိာ်ခိၣ်လိာ်ကွဲတၢ် ၃. လၢအကွဲးလံာ်ဒ်ကတိၤတၢ်အသိး, လၢအကတိၤတၢ်ပတီၢ်မုၢ်

chauffeur *n* ပှၤနီၣ်နှၢ်ပှၤကဲဒိၣ်အသိလ့ၣ်, ပှၤဒိးလဲနီၣ်သိလ့ၣ်

chauvinism *n* ၁. တၢ်အဲၣ်ကလုာ်ဒွဲသနူလၢအဆူၣ် ၂. တၢ်ဒိၣ်စိတၢ်အသနူ

chauvinist *n* ၁. ပှၤအဲၣ်ကလုာ်ဒွဲသနူလၢအဆူၣ် ၂. ကရူၢ်ဒိၣ်စိ, ပှၤလၢအဒိၣ်စိလၢပှၤဂၤအဖီခိၣ်

cheap *a* အပ့ၤဘၣ်, အပ့ၤဆံး

cheapen *v* ၁. မၤစှၤလီၤတၢ်အပ့ၤကလံၤ ၂. မၤစှၤလီၤအသူးအသ့ၣ်အလၤကပီၤ

cheaply *adv* ၁. လၢအပ့ၤတအိၣ် ၂. ပံာ်ပံာ်ကီကီ

cheat *n* ၁. ပှၤလီတၢ်ဖိ, ပှၤမၤရူသူၣ်တၢ်ဖိ ၂. တၢ်လံၣ်တၢ်လီ, တၢ်မၤရူသူၣ်တၢ်

cheat *v* လီအိၣ်ပှၤ, လီတၢ်, မၤရူသူၣ်တၢ်

check, **cheque** *n* ခှဲး, စးခိလၢပှၤကွဲးမၤလိာ်စ့လၢစ့တၢး

check *v* ၁. ကွၢ်ထံသမံသမိး, သမံသမိး ၂. တိၤနီၣ်, မၤနီၣ်လီၤ, ကွဲးနီၣ်လီၤတၢ်ပနီၣ်

checkbook, chequebook *n* ခှဲးကတြူၢ်

checked *a* လၢအအိၣ်ဒီးတၢ်နၢၣ်လွံၢ်နၢၣ်အက့ၢ်အဂီၤ

checkered *a* လၢအိၣ်ဒီးအတၢ်လဲၤခီဖျိလၢအထီၣ်တဘျီဘျီ, လီၤတဘျီတဘျီ, လၢအိၣ်ဒီးတၢ်တိၤပျ့အကွဲး

check-in *n* ၁. တၢ်သမံသမိးနှာ်လီၤလၢကဘိယူၤတၢ်လဲၤတၢ်က့ၤအဂီၢ်, တၢ်သမံသမိးဆဲးလီၤမံၤလၢတၢ်ကနုာ်လီၤအိၣ်ဆိး (ဖဲဟံၣ်ဒွဲ) ၂. တၢ်လီၢ်ဖဲတၢ်ကနုာ်လီၤဆူကဘိယူၤပျိ မ့တမ့ၢ် ဟံၣ်ဒွဲ

checkout *n* တၢ်ဟ့ၣ်တၢ်ပ့ၤကလံၤအလီၢ်

checkpoint *n* ပှၤသမံသမိးတၢ်အလီၢ်

check-up *n* တၢ်သမံသမိးကွၢ်တၢ်အိၣ်ဆူၣ်အိၣ်ချ့

cheek *n* ဘိးပၤ

cheek *v* ကတိၤတၢ်ဒီးပှၤတဂၤ, တအိၣ်ဒီးတၢ်ပးကဲဒီးရၢၢ်စၢၢ်ဝဲ

cheekbone *n* ဘိးပၤယံ

cheeky *a* လၢအသကဲာ်ပဝးတယံတလၤ

cheep *v* ထိၣ်ဖိပ့ၤ

cheer *n* ၁. တၢ်ပတြၢ, တၢ်ကိးပသူဟ့ၣ်ဂံၢ်ဟ့ၣ်ဘါ, ၂. တၢ်သူၣ်ဖှံသးညီ

cheer *v* ဟ့ၣ်ဂံၢ်ဟ့ၣ်ဘါမၤဖှံထီၣ်

cheerful *a* လၢအပှဲၤဒီးတၢ်သူၣ်ဖှံသးညီ

cheerio *exclam* လဲၤမုာ်မုာ်

cheerless *a* လၢသူၣ်ဃၢသးဃၢ, လၢအတမုာ်တလၤ, လၢအတအိၣ်ဒီးတၢ်သူၣ်ဖှံသးညီ

cheers *exclam* “ခှံယၢ”, တၢ်ကိးသတြီထီၣ်အီၤဖဲတၢ်သူၣ်ဖှံသးညီ မ့တမ့ၢ် တၢ်ဆၢဂ့ၤဆၢဝါလိာ်သးအကတိၢ်, တၢ်စံးအီၤဖဲတၢ်အီသံးဒီးမၤဘၣ်ထံးထံခွးတဖၣ်အကတိၢ်

cheese *n* တၢ်နှၢ်ထံလီၤသကၤ

cheesy *a* ၁. လၢအလီၤက်ဒီးတၢ်နှၢ်ထံလီၤသကၤ, လၢအပၣ်ယှာ်ဒီးတၢ်နှၢ်ထံလီၤသကၤ ၂. လၢအပ့ၤဘၣ်, လၢအကံၢ်အစီတဂ့ၤ, လၢအကံၢ်အစီတတုၤထီၣ်ထီၣ်ဘး

chef *n* ပှၤဖီတၢ်အခိၣ်, ပှၤဖီတၢ်စဲၣ်နီၤ

chemical *a* လၢအဘၣ်ယးဒီးက်ကသံၣ်အကျိၤအကျဲ, လၢအဘၣ်ထွဲလိာ်သးဒီးတၢ်မၤလိဘၣ်ယးကသံၣ်ကသီဒီးကလံၤအသံးအကာ်

chemical *n* က်တၢ်ဖိတၢ်လံၤ

chemical engineering *n* စံးဖီကဟ်တၢ်သ့တၢ်ဘဉ်တၢ်မၤလိဘဉ်ဃးတၢ်တ့တၢ်အက့ၢ်အဂီၤဒီးတၢ်ဖိတၢ်လံၤကျိၤကျဲတဖဉ်, ကဲာ်တၢ်ဖိတၢ်လံၤစံးဖီကဟ်ပီညါ, စံးဖီကဟ်တၢ်သ့တၢ်ဘဉ်တၢ်မၤလိ

chemical poisoning *n* ကဲာ်အစုဉ်အပျၢ်တဖဉ်

chemical warfare *n* စုကဝဲၤတၢ်ဘဉ်ဂံာ်ဂ့ာ်လၢအစူးကါကဲာ်, ကဲာ်စုကဝဲၤတၢ်ဘဉ်ဂံာ်ဂ့ာ်

chemical weapon *n* ကဲာ်စုကဝဲၤ

chemist *n* ပှၤဖီဉ်ကသံဉ်

chemistry *n* တၢ်မၤလိဃုသ့ဉ်ညါဘဉ်ဃးကဲာ်သဝံ, တၢ်အထံအနိဒီးတၢ်ကိၢ်လိဉ်တဖဉ်

cheque, **check** *n* ခွဲး, စးခိလၢပှၤကွဲးမၤလိာ်စ့လၢစ့တၢး

chequebook, **checkbook** *n* ခွဲးကတြူၢ်

cherish *v* ၁. အဲဉ်ကွံကဟုကယာ်တၢ် ၂. သးစဲဘူး

cheroot *n* မိာ်ထူသူဖးဒိဉ်

cherry *a* သလ့ၤသဉ်အလွဲၢ်, လၢအလွဲၢ်ဂီၤဆှဉ်, ဂီၤဆှဉ်

cherry *n* သလ့ၤသဉ်

cherub *n* ၁. ကလူးဖိ ၂. ပှၤလၢအမဲာ်ဆၢနါဆၢ, ပှၤလၢအလီၤအဲဉ်လီၤကွံဒီးအတၢ်ကမဉ်တအိဉ်

chess *n* တၢ်လိာ်ကွဲခွဲး

chessboard *n* တၢ်လိာ်ကွဲခွဲးဘ့ဉ်ဘဉ်

chest *n* ၁. သးနါပှၢ် ၂. တလါဖးဒိဉ်

chest pain *n* သးနါပှၢ်ဆါ

chew *v* အ့ဉ်ဘျုးတၢ်အီဉ် (ပှၤကညီ), ကံာ်ဘျုးတၢ်အီဉ် (ဆဉ်ဖိကီၢ်ဖိ)

chewing gum *n* တၢ်ပံာ်ဆၢ

chewy *a* လၢဘဉ်ကံာ်ဘျုးအီဉ်အီၤ

chic *a* လၢအဒိဉ်တၢ်ဂ့ၤ, လၢအကယၢကယဲအသးသ့

chick *n* ၁. ထိဉ်ဖိ, ဆီဖိ, ထိဉ်ဖိဆီဖိဖးထိဉ်သီ ၂. (တၢ်ကတိၤပတိၢ်မုၢ်) ပိာ်မုဉ်သးစၢ်

chicken *a* လၢအသးသုဉ်, လၢအပျံၤနါစိၤတၢ်

chicken *n* ဆီ, ဆီဖိ, ဆီညဉ်

chicken *v* ပျံၤတၢ်အါတလၢ, အသးသုဉ်

chicken feed *n* ၁. ကျိဉ်စ့စုၤကိာ်ဖိ, စ့တဆံးတကၠၢ် ၂. ထိဉ်ဗီၤဆီဗီၤအဆဉ်

chickenpox *n* တၢ်ထိဉ်ထါတၢ်ဆါ, တၢ်ဆါလၢၢ်ထံ

chickenshit *a* လၢအလုၢ်အပှ့ၤတအိဉ်, လၢအတလီၤဟ်လုၢ်ဟ်ကဲ

chickpeas *v* တဘ့စူနိာ်, သဘ့စူနိာ်

chide *v* ဟ်ဒ့ဉ်ဟ်ကမဉ်, ဟ်တၢ်ကမဉ်လၢပှၤလိၤ

chief *a* ၁. လၢအပတိၢ်ထီ, လၢအလီၢ်ဒိဉ်လၤထီ ၂. လၢအရှ့ဒိဉ်ကတၢၢ်

chief *n* ပှၤအဒိဉ်ကတၢၢ်

Chief Executive Officer *n* ခိဉ်နၢ်ဒိဉ်, ပှၤပၢဆှၢရဲဉ်ကျဲၤတၢ်အဒိဉ်တဖဉ်, မူဒါခိဉ်အဒိဉ်ကတၢၢ် (CEO)

chiefly *adv* လၢအလီၤဆီဒ်နဉ်တၢ်, အါဒ်နဉ်တကၠၢ်

chieftain *n* စကီၤစဘါ, ပှၤအခိဉ်, ကလုာ်နူဉ်အခိဉ်

child *n* ဖိသဉ်, ဖိ

childbirth *n* တၢ်အိဉ်ဖျဲဉ်ဖိ

childcare *n* တၢ်ကွၢ်ထွဲဖိသဉ်

child-centred, child-centered *a* လၢဖိသဉ်အတၢ်သးစဲဒီးအတၢ်လိဉ်ဘဉ်အဖီခိဉ်

childhood *n* ဖိသဉ်ကတိၢ်

childish *a* လၢအသးအ့နူ, သးတပဲၤဒ်ဖိသဉ်အသိး

childless *a* လၢအဖိအလံၤတအိဉ်

childlike *a* လၢအလီၤက်ဒ်ဖိသဉ်

childproof *a* လၢအပူၤဖျဲးဒီးဖိသဉ်တၢ်ဘဉ်ဒိဘဉ်ထံး, လၢဖိသဉ်စူးကါအီၤတသ့, လၢဖိသဉ်မၤဟးဂီၤအီၤတသ့

children *n* ဖိဒ်ဖိသဉ်, ဖိသဉ်တဖဉ်

chili, chilli *n* မိၢ်ဟဲသဉ်, မိၢ်ဂံာ်သဉ်

chill *n* တၢ်ဂိၢ်ဂိၢ်ဂံာ်ဂံာ်, တၢ်ဂိၢ်တၢ်ဂံာ်

chill *v* ၁. မၤခုဉ်တၢ် အဒိ, မၤခုဉ်တၢ်ညဉ်လၢတၢ်ခုဉ်ဒၢအပူၤ ၂. မၤပျံၤမၤဖုး

chills *n* တၢ်ဂိၢ်ထိဉ်

chilly *a* ၁. လၢအဂိၢ်ဂိၢ်ဂံာ်ဂံာ်, တၢ်ဂိၢ်တၢ်ဂံာ် ၂. လၢအတသ့ရှတံၤရှသကိး, လၢအသူဉ်တပဉ်သးတပဉ်

C

C

chime *n* ဒၢလွဲတကလုာ်လၢအအိၣ်ဒီးအသီၣ်ဒ်တၢ်သးဝံၣ်နိၤအသိး

chime *v* ဒၢလွဲသီၣ်, ဒိဒၢလွဲ, မၤသီၣ်တၢ်ကလု

chimney *n* မ့ၣ်လုၢ်ပိၣ်, မ့ၣ်အူပှီ

chimp *n* (တၢ်ကတိၤမုၢ်ဆ့ၣ်မုၢ်ဂီၤ) ခွံၣ်ပဲးစံၣ်, တၤယုၢ်တကလုာ်လၢအမဲၢ်တအိၣ်

chimpanzee *n* ခွံၣ်ပဲးစံၣ်, တၤယုၢ်တကလုာ်လၢအမဲၢ်တအိၣ်

chin *n* ခၣ်, ခၣ်စိးနါ

Chin *n* ပှၤခ္ဍိဖိ

China *n* ကီၢ်စံၣ်, တရူးကီၢ်

china *n* လ့ၢ် အဒိ, လီခီ မ့တမ့ၢ် ခွး

chinese *n* ၁. ပှၤတရူးဖိ ၂. တရူးကျိာ်

chinese spinach *n* တမ့ၤလီ, မ့ၤတလီဒီး

chink *n* တၢ်ပူၤဖိအံၣ်အံၣ်ဖိ, တၢ်တဲၤဖးဆံးကိာ်ဖိ

chip *n* ၁. အၣ်လူဆဲးသိ ၂. တၢ်အက့ဖိလၢအပိာ်ကွံာ်

chip *v* မၤပိာ်ကွံာ်

chipper *a* လၢအပှဲၤဒီးတၢ်သူၣ်ဖှံသးညီ

chipper *n* ပီးလီလၢအမၤကဘျံးဒံးတၢ်, ပီးလီလၢအဆီတလဲကွံာ်တၢ်တမံၤမံၤဆူတၢ်အကဘျံး မ့တမ့ၢ် တၢ်အက့အခီဖိ (အဒိ, woodchipper)

chirography *n* လံာ်လၢတၢ်ကွဲးအီၤလၢစုလီၢ်, စုလီၢ်

chirrup *v* ကမဲၤစံၣ်စိ

chisel *n* ထးပျၢ, တၢ်စိးပျၢ

chisel *v* ၁. ပျၢလၢထးပျၢ ၂. (တၢ်ကတိၤမုၢ်ဆ့ၣ်မုၢ်ဂီၤ) မၤန့ၢ်ကဘျံးကဘျၣ်တၢ်, လီအိၣ်အဆၣ်

chit *n* ၁. လံာ်ပရၢ, လံာ်ကဒွဲစရီ ၂. ပိာ်မုၣ်ဖိလၢပှၤထံၣ်အီၤလၢတဟ်ကဲတၢ်, ပိာ်မုၣ်မျဲစဲဖိ

chit-chat *n* တၢ်တဲလိာ်ခိၣ်လိာ်ကွဲတၢ်

chit-chat *v* တဲလိာ်ခိၣ်လိာ်ကွဲတၢ်

chivalrous *a* ၁. လၢအသးဂ့ၤ, လၢအသံၣ်စူးဆဲးလၢ, လၢအသူၣ်ဂ့ၤသးဝါ ၂. လၢအလၢပှဲၤဒီးပှၤနူပှၤဃိၤအကံၢ်အစီ

chivalry *n* ၁. စီၤခၢၣ်သးပှၤနူပှၤဃိၤအလုၢ်လၢ်ထူသနူအကျဲဒီးအတၢ်ဟ်သး ၂. ပှၤနူပှၤဃိၤအသး, ကံၢ်စီလၢအအိၣ်ဒီးပှၤနူပှၤဃိၤလၢအအိၣ်ဒီးတၢ်သူၣ်နူသးနူဒီးတၢ်တိတၢ်လိၤဒီးအဲၣ်ဒိးမၤစၢၤပှၤဂၢ်စိၢ်

chives *n* ပကျ့ၢ, ပကျ့ၢဘိ

chivvy, chivy *v* မၤကရီပှၤ, မၢကရီပှၤ, မၢန့ၢ်ဆိၣ်ခံကရီကဒးတၢ်

chlorine *n* ခလိၣ်ရံ(န)က်

chlorophyll *n* ချိၣ်ရိၣ်ဖ့(လ) (တၢ်လၢမၤလါဟ့ထိၣ်သ့ၣ်လၣ်)

chock *n* နီၣ်ကၢၤ, သ့ၣ်ကူာ်ကျိၣ်ပၢၢ်ဃာ်ကၢၤဃာ်တၢ်, နီၣ်ပၢၢ်

chocka *a* လၢအဆွံနၢ်ပှဲၤကတံာ်ကတူာ်

chock-a-block *a* လၢအဆွံနၢ်ပှဲၤကတံာ်ကတူာ်

chocolate *n* ခ္ဍီးကလဲး

choice *a* (တၢ်အိၣ်) လၢအဝံၣ်လီၤဆီ, လၢအဂ့ၤလီၤဆီ, လၢအကၢၤ, လၢအပတိၢ်ထီ

choice *n* ၁. တၢ်ဃုထၢ ၂. တၢ်လၢတၢ်ဃုထၢထိၣ်အီၤ

choir *n* တၢ်သးဝံၣ်ရိ, ပှၤသးဝံၣ်တၢ်တဖု

choke *n* ၁. သိလ့ၣ်အခွီး, ပီးလီလၢအကၢၤဃာ် မ့တမ့ၢ် အဒိသဒၢဃာ်ကလံၤကျိၤလၢအလဲၤနုာ်ဆူသိလ့ၣ်စဲး ၂. တၢ်ဆူၣ်, ကိာ်ယူၢ်လီၤသကံး, တၢ်ကသါတပၢၢ်

choke *v* ၁. လီၤကတံာ်, ကတာ်. အဒိ – ကိာ်ယူၢ်လီၤကတံာ်, တၢ်ဟးလီၢ်အပူၤလီၤကတံာ်ဒီးစးခိ ၂. တြီတံာ်တၢ်, မၤတံာ်တၢၤဃာ်တၢ်, ဘျီတၢ်, တနိးတံာ်ဃာ်

choker *n* ဖဲဖးဒိၣ်, ဖဲကျးကိာ်ဘိ

cholecystitis *n* သဒံထၢၣ်ညီး

cholera *n* တၢ်လူဘိုး

choleric *a* လၢအသးဒိၣ်ထိၣ်ညီ, လၢအသးချ့, လၢအသးအၢ

cholesterol *n* ခိၣ်လဲးစထြိ, က်ဖိၣ် မ့တမ့ၢ် တၢ်အသံးအကာ်လၢအအိၣ်လၢသွံၣ်အပူၤ

chomp *v* အ့ၣ်ဘျံးအိၣ်တၢ်သီၣ်ပြူးပြူး, ကမၢၤဂံာ်အိၣ်တၢ်သီၣ်ပြူးပြူး

chook *n* (တၢ်ကတိၤမုၢ်ဆ့ၣ်မုၢ်ဂီၤ) ထိၣ်ဖိဆီဖိ, ထိၣ်ဒိၤဆီဒိၤ

choose *v* ဃုထၢထိၣ်, ရှထၢထိၣ်

choosy *a* (တၢ်ကတိၤမုၢ်ဆ့ၣ်မုၢ်ဂီၤ) လၢအဃုထၢတၢ်ဆူၣ်, လၢအအ့ၣ်အါဆံၣ်အါ

chop *n* ၁. ဒိဉ်လီၤ (တၢ်ညဉ်), ယဲာ်လီၤ (တၢ်ညဉ်) ၂. ဆိုလီၤ, သွဲဉ်လီၤ ၃. ဖျး

chop *v* ၁. ဒိဉ်လီၤ, ယဲာ်ဘျဲးလီၤ, ကျီ, ပဲာ်, ဆိုလီၤ, သွဲဉ်လီၤ ၂. မၤစုၤလီၤတၢ် ၃. သွီတၢ် ၄. ဖျး

chopper *n* ၁. ယဲာ်မဲာ်ကူ ၂. ခွီးပၢဉ် – တၢ်ကီးစ့ၢ်ကီးအီၤလၢဟဲးလံဉ်ခီပထၢဉ် မ့တမ့ၢ် ကဘီယွၤထီလဲၤကွဲၤ ၃. သီလ့ဉ်ယီၢ်ဖးဒိဉ်လၢအစုဖိဉ်ဖးထီ, မီၤတီၤတ့ၢ်

chopping board *n* ခူ

choppy *a* လၢအစံဉ်ပီပု, လပီစံဉ်ပီပု

chops *n* (တၢ်ကတိၤမုၢ်ဆ့ဉ်မုၢ်ဂီၤ) ၁. ခဉ်, ခဉ်ဃံ, ခဉ်လဲာ်ဃံ ၂. တၢ်ကတိၤ, တၢ်ကလုၢ်, တၢ်အသီဉ်

chopstick *n* နီဉ်တံာ်ဘိ

chord *n* တၢ်ဒ့အခိး

chore *n* တၢ်မၤကစဲးကစီး, မုၢ်ဆ့ဉ်မုၢ်ဂီၤတၢ်မၤ

choreograph *v* ဟ်လီၤ, ဒုးအိဉ်ထိဉ်တၢ်ဂဲၤကလံဉ်တၢ်ဟူးတၢ်ဂဲၤအထံဉ်အဘိ

choreography *n* တၢ်ဟ်လီၤ, ဒုးအိဉ်ထိဉ်တၢ်ဂဲၤကလံဉ်တၢ်ဟူးတၢ်ဂဲၤအထံဉ်အဘိ

chorus *n* ၁. ခိရၢာ်, တၢ်သးဝံဉ်အဆၢလၢပသးဝံဉ်ကဒါအီၤတဆၢဝံၤအလီၢ်ခံ ၂. ပှၤသးဝံဉ်သကိး မ့တမ့ၢ် ပှၤဂဲၤကလံဉ်သကိးတၢ်တဖု, ပှၤသးဝံဉ်ခိရၢာ်

chorus *v* (ပှၤဒီတဖု) သးဝံဉ်တၢ် မ့တမ့ၢ် တဲသကိးတၢ်တမံၤတဘျီယီ

chow *n* ၁. (တၢ်ကတိၤမုၢ်ဆ့ဉ်မုၢ်ဂီၤ) တၢ်အိဉ်တၢ်အီ ၂. (chow chow) တရူးအထွံဉ်လၢအမဲၢ်ကဲ့ဉ်, အပျ့ၤလုးဒီးအဆူဉ်တီဉ်တကလုာ်

chowder *n* ကသူထံပံာ်ပံာ်လၢအပဉ်ဃုာ်ဒီးညဉ်, ချံဉ် မ့တမ့ၢ် ဘုခ့သဉ်ဒီးအဉ်လူဒီးပသၢသဉ်တဖဉ်

Christ *exclam* "အိယွၤဧၢ, အိကစၢ်ယွၤဧၢ" တၢ်ကီးထိဉ်ကစၢ်ယွၤအမံၤဖဲပှၤဖုးပျိၢ်အခါ မ့တမ့ၢ် ဖဲတၢ်သူဉ်အ့နူၤသးအ့နူၤဒီးတၢ်သူဉ်ဒိဉ်သးဖျိုးအခါ

Christ *n* ခရံာ်, ကစၢ်ခရံာ်

christen *v* ၁. ဘျၢန့ၢ်ဖိသဉ်အထံ, ယှၢ်န့ၢ်ဖိသဉ်အပှၤခရံာ်ဖိအမံၤဖဲဘျၢထံအခါ ၂. ဟ့ဉ်ပှၤတဂၤဂၤ မ့တမ့ၢ် တၢ်တမံၤမံၤအမံၤအသဉ် ၃. စူးကါတၢ်တမံၤမံၤအဆိကတၢၢ်တဘျီ

Christendom *n* ၁. ပှၤခရံာ်ဖိလၢဟီဉ်ခိဉ်ဒီဘ့ဉ်, ပှၤခရံာ်ဖိအဖုအကရၢ ၂. ပှၤခရံာ်ဖိ

Christian *a* ၁. လၢအဘဉ်ထွဲဒီးပှၤခရံာ်ဖိ ၂. လၢအစူၢ်နာ်ခရံာ်ဒီးအတၢ်သိဉ်တၢ်သီတဖဉ် ၃. လၢအအိဉ်ပုံၤဒီးခရံာ်ဖိအကူ့ၢ်အဂီၤ ၄. လၢအဟ်ဖျါထိဉ်တၢ်အဲဉ်တၢ်ကွဲလၢပှၤဂၤအဖီခိဉ်

Christian *n* ပှၤခရံာ်ဖိ

Christianity *n* ခရံာ်ဖိအတၢ်ဘူဉ်တၢ်ဘါ

Christmas *n* ခရံာ်အိဉ်ဖျဲဉ်အမူး

Christmas tree *n* ခရံာ်အိဉ်ဖျဲဉ်သ့ဉ်ထူဉ်, ခရံာ်အိဉ်ဖျဲဉ်အသ့ဉ်လၢတၢ်ကယၢကယဲအီၤဖဲခရံာ်အိဉ်ဖျဲဉ်အခါ

chrome *n* ကသံဉ်လွဲၢ်အဘီလၢတၢ်မၤန့ၢ်အီၤလၢခြိဉ်မံယၢဉ်

chromosome *n* ခြိဉ်မိဉ်စိ, စၢၤသွဲဉ်ဂံၢ်ထံး ခြိဉ်မိဉ်စိ, စၢၤသွဲဉ်ဂံၢ်ထံးခြိဉ်မိဉ်စိလၢပိာ်မုဉ်တဖဉ်အပူၤ, ခြိဉ်မိဉ်စိအံၤအိဉ်ခံခါဒီးပိာ်ခွါအပူၤတခီခြိဉ်မိဉ်စိအံၤအိဉ်တခါ (X chromosome ဒီး Y chromosome)

chronic *a* ၁. တၢ်ဆါထၢ, တၢ်ဆါယံာ်ထၢ ၂. လုၢ်လၢ်အၢလၢအကဲထိဉ်သးထီဘိ

chronic gout *n* အဆၢတဖဉ်ညီးထိဉ်ခဲအံၤခဲအံၤ

chronicle *n* တၢ်ကွဲးနီဉ်ကွဲးဃါတၢ်စံဉ်စိၤတဲစိၤလၢအကဲထိဉ်အသးတဆီဘဉ်တဆီ

chronicle *v* ကွဲးနီဉ်ကွဲးဃါတၢ်လၢအကဲထိဉ်အသးတဆီဘဉ်တဆီ

chronological *a* ၁. လၢအဘဉ်ထွဲဒီးတၢ်ဆၢကတီၢ်ဖဲတၢ်လၢအမၤတ့ၢ်အသးပိာ်ထွဲထိဉ်အခံတမံၤဘဉ်တမံၤ ၂. လၢအအိဉ်ဟဲလီၤဒ်တၢ်ရဲဉ်တၢ်ကျဲၤဟ်အီၤအသိး, လၢအပိာ်လိာ်အခံတဆီဘဉ်တဆီဒ်တၢ်ရဲဉ်တၢ်ကျဲၤဟ်အီၤအသိး

chronology *n* ၁. တၢ်ဆၢကတီၢ်ဖဲတၢ်လၢအမၤအသးပိာ်ထွဲထိဉ်အခံတမံၤဘဉ်တမံၤ ၂. တၢ်ဟ်ပနီဉ်ရဲဉ်လီၤတၢ်မၤအသးအမုၢ်နံၤမုၢ်သီအပီညါ

chrysalis *n* သံမိၢ်ပိၤအဒေၢ

chrysanthemum *n* ဖီကပြူ

chubby *a* လၢအဘီဉ်လုးကုး

chuck *n* ၁. တၢ်ဖိဉ်လိာ်ကွဲခဉ် ၂. တၢ်ကွံာ်တၢ် ၃. တၢ်သမၢတၢ် ၄. တၢ်ဟ့ဉ်ကွံာ်, တၢ်ဟးထိဉ်ကွံာ် ၅. ပီးလီလၢအကၢၤဃာ် မ့တမ့ၢ် ဖိဉ်ဂၢၢ်

ဃာ်တပူ, ထးပျံာ်အမဲ, ပီးလီလၢအဖိဉ်တၢ်ဃာ်တၢ်လၢစဲးသိတၢ်အပူၤ မ့တမ့ၢ် စဲးပတ်တၢ်အပူၤ ၆. ဂီၤဖံးညဉ် မ့တမ့ၢ် ကျိၢ်ညဉ်ဖဲအကိာ်ဘိဒီးအပျိၢ်ဃံအဘၢဉ်စၢၤ

chuck *v* ၁. တၢၤကွံာ်, တ့ၢ်လီၤကွံာ် ၂. (တၢ်အဲဉ်တီ, တၢ်ဘဉ်ထွဲဘဉ်ဃးလိာ်သး) ဟ်တ့ၢ်, လီၤဖး, မၤကတၢၢ်, ဆိကတိၢ်, ဟ်လီၤတဲာ်, ဟးထိဉ်ကွံာ် ၃. ခွဲးတၢ်ခွဲးဒီးလိာ်ကွဲ, ဖိဉ်လိာ်ကွဲခဉ်, ဖူးလဲးလိာ်ကွဲခဉ်

chuckle *n* တၢ်နံၤဃိနံၤဃဲး, တၢ်နံၤမိၢ်လံးမိၢ်လံး

chuckle *v* နံၤဃိနံၤဃဲး, နံၤမိၢ်လံးမိၢ်လံး

chuffed *a* (တၢ်ကတိၤမုၢ်ဆ့ဉ်မုၢ်ဂီၤ) သူဉ်မံာ်သးမံာ်ဒိဉ်ဒိဉ်ကလဲာ်

chug *v* စဲးအကလုၢ်သိဉ် "ခွးခွးခွး"

chum *n* ၁. တံၤသကိး, သကိးလၢပရ့အီၤဘူးဘူးတံၢ်တံၢ် ၂. တခွဲဆဉ်, တၢ်အဆဉ်လၢပဒီးတၢ်ဖိတၢ်လံၤလၢကဟဲအိဉ်ဖဲအဂီၢ်

chummy *a* လၢအရှလိာ်မှာ်လိာ်သးဘူးဘူးတံၢ်တံၢ်

chump *n* ၁. ပှၤအီရိာ်အီပီ ၂. တၢ်ညဉ်ကိၢ်လိဉ်

chunk *n* တၢ်ကိၢ်လိဉ်ဖးဒိဉ်

chunky *a* ၁. (ပှၤ) လၢအနီၢ်ဖုဉ်ဒီးဘိဉ် ၂. လၢအအိဉ်ဒီးတၢ်ကိၢ်လိဉ်ဖးဒိဉ်

church *n* တၢ်ဘါအလိၢ်, သရိာ်

churchgoer *n* ပှၤလၢအညီနုၢ်လဲၤသရိာ်စိမိၤ, ပှၤလၢအလဲၤဘါယွၤလၢသရိာ်ထိဘိ

churl *n* ပှၤလၢအသးအၢ, ပှၤလၢအသူဉ်တဂ့ၤသးတဝါ

churlish *a* လၢအတဆဲးတလၢ, လၢအအၢအသိ

churn *n* တၢ်ဒၢလၢတၢ်ဆဲးဆုဒီးဝ့ၤတၢ်နှၢ်ထံ မ့တမ့ၢ် တၢ်နှၢ်ထံခိဉ်ကျးလၢတၢ်ကမၤထီပးအဂီၢ်, စဲးဝ့ၤထီပး, ကဟဉ်ဝ့ၤထီပး

churn *v* ၁. ဝ့ၤ (တၢ်နှၢ်ထံ မ့တမ့ၢ် တၢ်နှၢ်ထံခိဉ်ကျး) ၂. ဆဲးဆုဒီးတရၤ (တၢ်ထံ)

chute *n* ၁. တၢ်ကျိၤလီၤဆိုခိဉ်လၢတၢ်စိာ်လီၤတၢ်ဆူတၢ်ဖီလာ် ၂. (တၢ်ကတိၤမုၢ်ဆ့ဉ်မုၢ်ဂီၤ) သဒၢမုၢ် အဒိ – သဒၢမုၢ်လၢပှၤဖုလီၤလၢကဘီယူၤအပူၤ

CIA *abbre* စံဉ်အဲဉ်အ့ဉ်လၢအမ့ၢ်အမဲရကၤပှၢ်ဆှါကရၢ, လိၢ်ခၢဉ်သးပှၢ်ဆှါကရၢ (Central Intelligence Agency)

cicada *n* ဃဲဃၢ်, ဃဲမိၢ်ပှၢ်

cider *n* ဖီသဉ်ခိဉ်ထံ, ဖီသဉ်စီထံ, ဖီသဉ်သံးခိဉ်ထံ

cigar *n* မိာ်ထူသူ, မိာ်လၢတၢ်ထူသူအီၤဒ့ဉ်ထဲညါသူးအလဉ်

cigarette *n* မိာ်ထူဝါ, စံကရဲး

cinch *n* တၢ်လၢအညီဒီးလီၤတံၢ်, တၢ်ညီကဉ်ကံး, တၢ်ညီကဒ့ဉ်, ကဲထိဉ်နီၢ်နီၢ်

cinch *v* ထုးဃံးတၢ်လၢယီၢ်တကိး

cinder *n* မ့ဉ်အူအ့ဉ်, မ့ဉ်ကဘိဉ်

cinema *n* ၁. တၢ်ဂီၤမူဒၢး ၂. တၢ်ဂီၤမူ, တၢ်ထုးထိဉ်တၢ်ဂီၤမူဒွဲလၢတၢ်သ့တၢ်ဘဉ် မ့တမ့ၢ် အတၢ်ဖံးတၢ်မၤ

cinematic *a* လၢအဘဉ်ဃးဒီးတၢ်ဂီၤမူဒၢး

cinematography *n* တၢ်မၤလိဘဉ်ဃးတၢ်ဒိတၢ်ဂီၤဒီးတၢ်ဒိတၢ်ဂီၤမူ, တၢ်ဒိတၢ်ဂီၤမူပီညါ

cinnamon *n* သ့ဉ်ကဒၢရၤအဖံး

cipher, cypher *n* ၁. တၢ်ရူသူဉ်, နီဉ်ဂံၢ်ရူသူဉ် ၂. (တၢ်, ပှၤ) လၢအရှတဒိဉ် ၃. မံၤဖုဉ်, တၢ်ဆဲးလီၤမံၤဖုဉ်

circle *n* ၁. [O] ဝးကွီၤ, တၢ်အက့ၢ်အဂီၤကဝီၤကျိၤ, တၢ်လၢအလီၤက်ဒ်ဝးကွီၤအက့ၢ်အဂီၤအသိး ၂. လိၢ်ဆ့ဉ်နီၤက့ဉ်ကွီၤအဂ့ၢ်ဖဲတၢ်ဂီၤမူဒၢးအပူၤ ၃. ပှၤလၢအတၢ်သးစဲလီၤက်လိာ်အသး မ့တမ့ၢ် ညီနုၢ်ရှလိာ်အသးတဖု

circle *v* တီၤကဝီၤတၢ်, အိဉ်ကဝီၤ (တၢ်), လဲၤကဝီၤ (တၢ်)

circuit *n* ၁. တၢ်အကျိၤ, ပနီတရံးကဝီၤ ၂. တၢ်ပြၢသိလ့ဉ်အကျိၤ ၃. လီယွၤကျိၤ ၄. တၢ်ရဲဉ်တၢ်ကျဲၤလၢတၢ်ဂဲၤလိာ်ကွဲတၢ်သူဉ်ဖံသးညီအမူး ၅. တၢ်ဂဲၤအတၢ်ရဲဉ်တၢ်ကျဲၤ ၆. စံဉ်ညီဉ်ကွီၢ်အတၢ်ဟးဝ့ၤဝီၤဒီးစံဉ်ညီဉ်နှ့ၢ်တၢ်မူးတၢ်ရၢ်တဖဉ်

circuit-breaker *n* တၢ်ဖှဉ်ပတှာ်လီမ့ဉ်အူအဂၢ်အဒၢ, နီဉ်ဖှဉ်ပတှာ်မ့ဉ်အူအဂၢ်

circuitous *a* လၢအက့ဉ်အကူ, လၢအတလီၤလီၤ, လၢအလဲၤကဝီၤအသး

circular *a* လၢအကဝီၤကျိၤ

circular *n* လံာ် မ့တမ့ၢ် တၢ်ဘီးဘဉ်ရၤလီၤအသးလၢတၢ်နီၤလီၤအီၤ

circulate *v* ၁. လဲၤတရံးဝ့ၤတရံးဝီၤ ၂. ဆှၢခီဖျိ မ့တမ့ၢ် ခီဖျိပှၤတဂၤဝံၤတဂၤ

circulation *n* ၁. တၢ်လဲၤတရံးအသး ၂. တၢ်မၤလဲၤတရံးအသး

circulatory *a* ၁. လၢအလဲၤတရံးဝ့ၤတရံးဝီၤအသး ၂. လၢအဘၣ်ဃးဒီးနီၢ်ခိသွံၣ်ထံအတၢ်လဲၤတရံးဝ့ၤဝီၤအသး

circulatory failure *n* သွံၣ်လဲၤတရံးသးဟးဂီၤ

circumcise *v* ကူးတရံးထ့ၣ်ဖံးခိၣ်ထိး

circumcision *n* တၢ်မၤတၢ်ကူးတရံးပိာ်ခွါကု့ၢ်ဂီၤခိၣ်ထိး, တၢ်မၤတၢ်ကူးတရံးထ့ၣ်ဖံးခိၣ်ထိး

circumference *n* ၁. တၢ်ကဝီၤ (ကွီၤ) အနီၣ်ထိၣ်ဝးတရံး ၂. တၢ်ဒ့ၣ်စၢၤဝးတရံး

circumnavigate *v* တရံးဟီၣ်ခိၣ်လၢထံအကျဲ

circumscribe *v* ဟ်ပနီၣ်တၢ်အဆၢဝးတရံး, မၤနီၣ်တၢ်အဆၢဝးတရံး

circumspect *a* လၢအအိၣ်ဒီးတၢ်ပလီၢ်ပဒီသး, လၢအကွၢ်တၢ်ဆူခံဆူညါ

circumstance *n* တၢ်မၤအသး, တၢ်ဂ့ၢ်တၢ်ကျိၤ, တၢ်ဘၣ်ဃး

circumstantial *a* ၁. (တၢ်အှၣ်ကီၤသး မ့တမ့ၢ် တၢ်ဂ့ၢ်တၢ်ကျိၤ) လၢအဘၣ်ထွဲဘၣ်ဃးဘၣ်ဆၣ်တမ့ၢ်လီၤလီၤဘၣ် ၂. လၢအအိၣ်ဒီးတၢ်ဂ့ၢ်တၢ်ကျိၤလီၤတံၢ်လီၤဆဲး

circumvent *v* ဃုတရံးတရး, ကူၣ်တရံးတရး, လဲၤတရံး

circus *n* ၁. စၢးခၢး, တၢ်ဒုးနဲၣ်တၢ်ဂဲၤတကလှာ် ၂. ဝ့ၢ်ပူၤတၢ်လီၢ်ဖးလဲၢ်တကဝီၤဖဲကျဲအါဘိဟဲသဂၢ်လိာ်သး

cirrhosis of liver *n* သူၣ်ဃ့ထိ

cistern *n* ထံဒၢဖးဒိၣ်, ထံတရံၢ်ဖးဒိၣ်လၢပဟ်ကီၤဃာ်ထံ, ကတံၤဖးဒိၣ်

citadel *n* တိာ်ဒီသဒၢ, တိာ်ဓိၤတၢဓိၤ

citation *n* ၁. တၢ်ယၢၤထီၣ် (ပှၤကွဲးလံာ်, လံာ်) အမံၤ ၂. တၢ်ကတိၤလၤကပီၤလၢအမၤတၢ်ဂ့ၤအဃိ

cite *v* ၁. ယၢၤထီၣ် (ပှၤကွဲးလံာ်, လံာ်) အမံၤ ၂. ကတိၤလၤကပီၤပှၤဂၤခီဖျိတၢ်မၤလၢအဒူအဃိတဖၣ်

citizen *n* ကီၢ်ဖိ, ပှၤကီၢ်ဖိ

citizenship *n* တၢ်ကဲထံဖိကီၢ်ဖိ, တၢ်ကဲထံဖိကီၢ်ဖိလၢအိၣ်ဒီးမူဒါ, ခွဲးယာ်တဖၣ်

citrus *n* တၢ်ဆံၣ်အမုၢ်အနူၣ်အထၢတဖၣ်

city *n* ဝ့ၢ်ဒိၣ်, ရူဝ့ၢ်

city hall *n* ဝ့ၢ်အဘျိၣ်ဖးဒိၣ်, ဘျိၣ်ဒိၣ်

city slicker *n* (တၢ်ကီးဆါပှၤ) ပှၤဝ့ၢ်ဖိ

civic *a* လၢအဘၣ်ဃးဒီးရူပူၤဝ့ၢ်ပူၤ

civics *n* ကို်အတၢ်မၤလိလံာ်လၢအသိၣ်လိပှၤထံဖိကီၢ်ဖိအတၢ်ခွဲးတၢ်ယာ်မူဒါဒီးပဒိၣ်တၢ်မၤ

civil *a* ၁. လၢအကဲကမျၢ်, လၢအဘၣ်ဃးဒီးကမျၢ် ၂. ကွီၢ်ထံ, လၢအတမ့ၢ်ကွီၢ်မ့ၣ် ၃. လၢအဆဲးအလၤ, ဆဲးဆဲးလၤလၤ, ဟ်အသးသ့သ့ဘၣ်ဘၣ်

civil defence *n* ဂၢၤကီၢ် – ထံကီၢ်တၢ်ဘံၣ်တၢ်ဘၢသုး

civil engineering *n* တၢ်သူၣ်ထိၣ်ဘိုထိၣ်ရူဝ့ၢ်အတၢ်ဖံးတၢ်မၤ

civil liberty *n* ထံဖိကီၢ်ဖိအတၢ်သဘျ့ခွဲးယာ်, ကမျၢ်တၢ်သဘျ့ခွဲးယာ်, ပှၤနီၢ်တဂၤအတၢ်သဘျ့ခွဲးယာ်, တၢ်သဘျ့ခွဲးယာ်လၢအအိၣ်လၢသဲစးတၢ်ဘျၢခိၣ်သ့ၣ်အတကွီၣ်အပူၤ

civil rights *n* ပှၤကမျၢ်အတၢ်ခွဲးတၢ်ယာ်

civil servant *n* ပဒိၣ်အပှၤမၤတၢ်ဖိ

civil service *n* ကမျၢ်တၢ်ဖံးတၢ်မၤအကျိၤအကွာ်, ပဒိၣ်တၢ်ဖံးတၢ်မၤ

civil war *n* ထံလီၢ်ကီၢ်ပူၤတၢ်ဒုးတၢ်ယၤ

civilian *a* လၢအဘၣ်ဃးဒီးကမျၢ်

civilian *n* ကမျၢ်

civility *n* တၢ်ဟ်သးဆဲးဆဲးလၤလၤ

civilize, civilise *v* မၤဆဲးမၤလၤထီၣ်

civilization, civilisation *n* ၁. ပှၤတဝၢအတၢ်လဲၤထီၣ်လဲၤထီဂ့ၤထီၣ်ပသီထီၣ် ၂. ထံကီၢ် မ့တမ့ၢ် လီၢ်ကဝီၤလၢအလဲၤထီၣ်လဲၤထီဂ့ၤထီၣ်ပသီထီၣ်

civilized, civilised *a* ၁. လၢအမၤလဲၤထီၣ်လဲၤထီဂ့ၤထီၣ်ပသီထီၣ်အပတီၢ် ၂. လၢအဆဲးလၤဒီးဟ်အသးသ့သ့ဘၣ်ဘၣ်

clack *v* သီၣ်တဲးတဲးတီးတီး, သီၣ်ချဲးချဲးချီးချီး

clad *a* ၁. လၢအကူအသိး ၂. လၢအဘၣ်တၢ်မၤဘၢ မ့တမ့ၢ် ကျၢၢ်ဘၢလၢတၢ်တမံၤမံၤ

claim *n* တၢ်ဃ့ထီၣ်တၢ်လၢတၢ်ကြၢးမၤန့ၢ်, တၢ်ဟံးန့ၢ်အကွိၢ်ဒၣ်ဝဲ

claim *v* ၁. ဃ့ကၠၤ ၂. ဃ့တၢ်

claimant *n* ပှၤဆိးထီၣ်တၢ်ဖိ, ပှၤဃ့ထီၣ်တၢ်ဖိ

clairvoyance *n* တၢ်ထံၣ်လၢညါခီ, တၢ်ထံၣ်ဆိတၢ်လၢညါခီ

clairvoyant *a* လၢအဘၣ်ဃးဒီးတၢ်ထံၣ်လၢညါခီ

clairvoyant *n* ပှၤလၢအထံၣ်တၢ်လၢညါခီ, ပှၤလၢအထံၣ်ဆိတၢ်လၢညါခီ

clam *n* ၁. ချိၣ်တံာ် ၂. ၁ ဒီလၣ်

clamber *v* ပဃာ်ထီၣ်တၢ်လၢတၢ်ကီတၢ်ခဲအပူၤ

clammy *a* ၁. လၢအစဲဘူးစဲဃၤ, စဲဘူးစဲဘး, ကပၢၤဘိးပံာ်ဘိးဘး, စဲဘူးစဲထိ ၂. စုၣ်စီၣ်, တုာ်စီၣ်

clamour, clamor *n* တၢ်ကိးသီၣ်ကလူကလီ, တၢ်သီၣ်ပသူသီၣ်ပသီထီၣ်, တၢ်ကိးပသူဃ့တၢ်အါဂၤတဘျီယီ

clamour, clamor *v* ကိးကလူကလီ, ကိးပသူပသီ, ကိးပသူဃ့တၢ်အါဂၤတဘျီယီ

clamp *n* ၁. ထးကျိၤတဖၣ်လၢကစၢတၢ်အဂီၢ်, ထးကျိၤစၢတံၢ်တၢ် ၂. အၣ်လူ့, နွဲၣ်တရူတံၢ်, နွဲၣ်တံၢ်ရူၣ်တံၢ်လၢတၢ်ဟ်ကတီၤဃာ်အီၤ မ့တမ့ၢ် တၢ်ဟ်ကီၤဃာ်အီၤလၢ ဘုလီၢ် မ့တမ့ၢ် ဟီၣ်ခိၣ်အဖီလာ် ၃. တၢ်ဟ်ကီၤဃာ်တပံၢ်တမါ, တၢ်မုၢ်တၢ်ဘိလါဟ့တဖၣ်အဒၢး မ့တမ့ၢ် တၢ်သူၣ်ထီၣ်

clamp *v* တံာ်ဃာ်တၢ်, စၢတံၢ်ဃာ်တၢ်ဃံးဃံး

clampdown *n* တၢ်ဖိၣ်ဃံးပှၤဒီးတၢ်သိၣ်တၢ်သီလၢကဆိကတိၢ်မၤတၢ်တမံၤမံၤ

clan *n* ၁. ကလုာ်ဒူၣ်အစၢၤအသွဲၣ် ၂. ပှၤတကရူၢ်လၢအအိၣ်ဒီးတၢ်နာ်တမံၤယီ

clandestine *a* လၢအဟ်ရူသူၣ်ရူလံာ်တၢ်

clang *n* တၢ်ကလုၢ်သီၣ်ကြွ့ကြွ့ကြိၣ်ကြိၣ်

clang *v* မၤသီၣ်တၢ်ကလုၢ်ကြွ့ကြွ့ကြိကြိ

clank *v* သီၣ်ခြဲးခြဲးခြီးခြီး

clannish *a* (ကရူၢ်တဖု) လၢအဂုာ်ကျဲးစၢးပာ်ပှၤလၢကရူၢ်အချၢ

clap *n* ၁. တၢ်ဒဲစုပှိၢ်ခိၣ် ၂. တၢ်ဒဲစုအသီၣ် ၃. တၢ်သီၣ်တၢ်သဲဖးဒိၣ်သတူၢ်ကလာ် (အဒိ, လီသီၣ်) ၄. ကနိၣ်တၢ်ဆါ, ဃဲသဲတၢ်ဆါ, တၢ်ဆါလၢအဘၣ်ကဲာ်လိာ်သးခီဖျိပိာ်မုၣ်ပိာ်ခွါမံဃှာ်လိာ်သး

clap *v* ဒဲစု

clapper *n* နိၣ်တိကြိၢ်, ဒဲးဘိး

clarify *v* ဟ်ဖျါဂ့ၤထီၣ်, မၤဖျါဆှံထီၣ်

clarinet *n* ပံပီၤ

clarity *n* ၁. တၢ်ဆှံဆှံဖျါဖျါ, တၢ်ရှဲရှဲပျီပျီ, တၢ်ဖျါတြၢ်ကလာ် အဒိ, တၢ်အိၣ်သးအိၣ်ဖျါတြၢ်ကလာ် ၂. တၢ်ဖျါဆှံဆှံ, တၢ်ဖျါဆှံ အဒိ, ထံအိၣ်ဖျါဆှံဆှံ

clash *n* ၁. တၢ်ဘၣ်ဒိဘၣ်ထံးလိာ်အသး, တၢ်ထီဒါလိာ်အသး ၂. တၢ်ဒ့တၢ်အူတဖိးမံလိာ်သးအသီၣ်

clash *v* ၁. ဘၣ်ဒိဘၣ်ထံးလိာ်အသး, ထီဒါလိာ်အသးလၢတၢ်ဆၢကတီၢ်ဖုၣ်ကိာ် ၂. (တၢ်အလွဲၢ်) တဖိးလိာ်အသး, တဘၣ်ဂိာ်လိာ်အသး

clasp *n* ကွီၤစဲ, ကွီၤလၢအဒုးစဲဘူးတၢ်ဖိတၢ်လံၤခံခါ

clasp *v* စိုၤတံၢ်, စိုၤဃာ်, တံာ်ဃာ်

class *a* လၢအဂ့ၤဒိၣ်မး, လၢအကံၢ်အစီအပတိၢ်ထိၣ်ဘး

class *n* အတီၤ, ပှၤအတီၤပတိၢ်

class *v* နီၤဖးလီၤတၢ်အကလုာ်အဆၢ

classic *a* ၁. လၢစိၤကိးစိၤဒဲးဘၣ်သးအီၤ, လၢအဂ့ၤလီၤဆီ, လၢအဂ့ၤကတၢၢ်အပတိၢ်, လၢအဂ့ၤတက့ၢ်, လၢအလီၢ်ထိတက့ၢ် ၂. လၢအမၤအသးဒ်အညီနုၢ်အသိး

classic *n* တၢ်ကဲထီၣ်သးအဂ့ၤကတၢၢ်လၢစိၤတစိၤဝံၤတစိၤ

classical *a* လၢအဘၣ်ဃးဒီးတၢ်လၢပျၢၤ, လၢအတလီၢ်လံၤနိတဘျီ

classification *n* ၁. တၢ်နီၤဖးတၢ်အကလုာ်အဆၢ ၂. တၢ်အကလုာ်လၢတၢ်နီၤဖးလီၤအီၤ

classified *a* ၁. လၢအနီၤဖးတၢ်အကလုာ်အဆၢ ၂. လၢတၢ်ဟ်အီၤဒ်ပဒိၣ်အတၢ်ရူသူၣ်

classifieds *n* တၢ်ဘိးဘၣ်ရၤလီၤလံာ်လၢတၢ်ထၢနုာ်လီၤအီၤလၢလံာ်တၢ်ကစိၣ်အပူၤ

classify *v* ၁. နီၤဖးလီၤတၢ်အကလုာ်အဆၢ ၂. ဟ်အီၤဒ်ပဒိၣ်အတၢ်ရူသူၣ်အသိး

classless *n* ၁. လၢအတအိၣ်ဒီးတၢ်နီၤဖးလီၤဆူပှၤတဝၢအတီၤပတီၢ် ၂. လၢအတဟ်ဖျါထီၣ်တၢ်အတီၤပတီၢ်တဖၣ်
classmate *n* တံၤသကိးလၢအမၤလိသကိးတၢ်တတီၤဃီ, ပှၤမၤလိသကိးတၢ်တတီၤဃီ
classroom *n* တီၤဒၢး
class struggle *n* တၢ်ထီဒါလိာ်သးလၢကျိၣ်စ့ကစၢ်ဒီးပှၤမၤတၢ်ဖိအဘၢၣ်စၢၤ, တၢ်သဘံၣ်ဘုၣ်လၢပှၤတဝၢဒီးမုၢ်ကျိၤဝဲၤကွာ်အကရၢတဖၣ်အဘၢၣ်စၢၤ
classy *a* လၢအတူၢ်ဒိၣ်ကီၤဒိၣ်, လၢအတီၤပတီၢ်အိၣ်
clatter *v* ဒုးသီၣ်ထိၣ်တီးတီး, သီၣ်ထိၣ်ခြိးခြိးခြီးခြီး
clause *n* ၁. လံာ်ကျိၤကူာ် ၂. လံာ်အဆၢဖိတဆၢလၢအအိၣ်လၢလံာ်တၢ်အၢၣ်လီၤတဖၣ်အပူၤ
claustrophobia *n* တၢ်ပျံၤတၢ်လီၢ်လၢအလီၤကအိ မ့တမ့ၢ် ဒၢးလၢအကးဘၢတံၢ်အသးတၢ်ဆါ
claustrophobic *a* လၢအတူၢ်ဘၣ်တၢ်ပျံၤတၢ်လီၢ်လၢအလီၤကအိ မ့တမ့ၢ် ဒၢးလၢအကးဘၢတံၢ်အသးတၢ်ဆါ
clavicle *n* ဟီးဃံ, ဟီးက့ၣ်ဃံ, ဟီးအဃံ
claw *n* စုမ့ၣ် (ဆၣ်ဖိကီၢ်ဖိအစုမ့ၣ်)
claw *v* ကွးဒီးစုမ့ၣ်ခီၣ်မ့ၣ်, တ်ထုးဒီးစုမ့ၣ်ခီၣ်မ့ၣ်, စိၤတံၢ်ဖိၣ်တံၢ်ဒီးစုမ့ၣ်ခီၣ်မ့ၣ်
clay *n* ဟီၣ်ကဘုး, ကပံာ်
clean *a* ၁. လၢအကဆို, လၢအဖျါကဆုဲကဆို ၂. (တၢ်ဖံးတၢ်မၤ) လၢအဝံၤဘျ့ဘျ့ဆိုဆို
clean *adv* နီတစဲး, လၢာ်လၢာ်ဆ့ဆ့, နီၢ်နီၢ်, လၢာ်စီ, လၢလၢပှဲၤပှဲၤ
clean *n* တၢ်မၤကဆုဲကဆိုတၢ်
clean *v* မၤကဆို (တၢ်)
clean-cut *a* ၁. လၢအလီၤတံၢ်လီၤဆဲး, လၢဘၣ်တၢ်ဟ်ဖျါထိၣ်အီၤဖျိဖျိဖျါဖျါ ၂. လၢအဒိၣ်တၢ်ဂ့ၤဒီးကဆုဲကဆို, လၢအဖျါကဆုဲကဆို
cleaner *n* ပှၤမၤကဆိုတၢ်ဖိ, တၢ်မၤကဆိုတၢ်
cleaning *n* တၢ်မၤကဆုဲကဆိုတၢ်
cleanliness *n* တၢ်အိၣ်အသးကဆုဲကဆို, တၢ်အိၣ်ကဆုဲကဆို
cleanly *adv* ၁. ညီညီဘျ့ဘျ့ ၂. ကဆုဲကဆို
cleanse *v* မၤကဆိုတၢ်, မၤပျီကွံာ်တၢ်
clear *a* ၁. လၢအဖျါပျီ, ဖျါဆှံ, လၢအကဆုဲကဆို ၂. လၢတၢ်သံၣ်သူမီၤကျုးတအိၣ်, လၢအမဲၣ်သူမဲၣ်ဂီၤတအိၣ်, လၢအတၢ်လီၤတူာ်လီၤကာ်တအိၣ်, လၢအတၢ်ကမၣ်တအိၣ် ၃. လၢအလီၤတံၢ်လီၤဆဲး, လၢအဖျိဖျိဖျါဖျါ, လၢအဖျါတြၢ်ကလာ်, လၢတၢ်ထံၣ် မ့တမ့ၢ် တၢ်နၢ်ပၢၢ်ဘၣ်အီၤညီ ၄. လၢအတၢ်ဆူးတၢ်ဆါတအိၣ်, လၢအအိၣ်ဆူၣ်အိၣ်ချ့
clear *adv* ပျီပျီ, ဆှံဆှံ, တြၢ်ကလာ်
clear *v* ၁. မၤဖျါဆှံ, မၤပျီကွံာ်, ပျီကွံာ် ၂. တအိၣ်ဒီးတၢ်နိးတၢ်ဘျး ၃. ဒုးနဲၣ်ဟ်ဖျါလၢအတၢ်သရူးကမၣ်တအိၣ် ၄. ဟ့ၣ်တၢ်ပျဲလၢကမၤတၢ်တမံၤမံၤ ၅. (ကျိၣ်စ့) မၤန့ၢ်တၢ်နှ့ၢ်ဘျုး မ့တမ့ၢ် အမ့းလၢတၢ်မၤန့ၢ်အီၤဖဲတၢ်ထုးကွံာ်တၢ်အပှ့ၤကလံၤခဲလၢာ်ဝံၤအလီၢ်ခံ
clearance *n* ၁. တၢ်မၤဆှံမၤပျီကွံာ်တၢ်, တၢ်မၤရှဲမၤလဲထိၣ်တၢ် ၂. သဲစးတၢ်ဟ့ၣ်အခွဲးလၢတၢ်တမံၤမံၤကမၤအသး ၃. တၢ်မၤပျီန့ၢ်တၢ်လီၢ်
clear-cut *a* ၁. လၢတၢ်နၢ်ပၢၢ်ဘၣ်အီၤညီ ၂. လၢတၢ်ပဲာ်ဃိကျိပျီကွံာ်အီၤ, လၢတၢ်ပဲာ်ဟိကဆိုကွံာ်အီၤ
clear-headed *a* လၢအအိၣ်ဒီးတၢ်ပလီၢ်သူၣ်ပလီၢ်သးဒီးသ့ဆိကမိၣ်တၢ်ဆှံဆှံ
clear-out *n* တၢ်မၤပျီကွံာ်တၢ်ဖိတၢ်လံၤ မ့တမ့ၢ် ပှၤကညီလၢပတအဲၣ်ဒီးအီၤလၢၤ
clearing *n* တၢ်လီၢ်လီၤဟိလၢသ့ၣ်ပုၢ်ပူၤ
clearly *adv* ၁. ဖျိဖျိဖျါဖျါ, ရှဲရှဲပျီပျီ, ဖျါဆှံဆှံ ၂. လၢအအိၣ်ဖျါစိၣ်ဝဲၤကဲၤ, လၢအဖျါတြၢ်ကလာ်, လၢတၢ်နိးတၢ်ဘျးတအိၣ်
clearness *n* ၁. တၢ်လၢအဖျါပျီ, တၢ်လၢအဖျါဆှံ, တၢ်ကဆုဲကဆို ၂. တၢ်သံၣ်သူမီၤကျုးတအိၣ်, တၢ်မဲၣ်သူမဲၣ်ဂီၤတအိၣ်, တၢ်လီၤတူာ်လီၤကာ်တအိၣ်, တၢ်ကမၣ်တအိၣ် ၃. တၢ်လီၤတံၢ်လီၤဆဲး, တၢ်လၢအဖျိဖျိဖျါဖျါ, တၢ်ဖျါတြၢ်ကလာ်, တၢ်ထံၣ် မ့တမ့ၢ် တၢ်နၢ်ပၢၢ်ဘၣ်အီၤညီ ၄. တၢ်ဆူးတၢ်ဆါတအိၣ်, အိၣ်ဆူၣ်အိၣ်ချ့
cleat *n* ၁. နီၣ်ဘျးသက့ၤလၢပကစၢထုးဖှၣ်ဆၢတၢ်အဂီၢ် ၂. ခီၣ်ဖံးအညါသးအကမိာ်
cleavage *n* ၁. တၢ်တဲၤဖးသး ၂. နှၢ်ခံခီအကဆူးတၢ်အကျိၤ
cleave *v* ၁. မၤသ့ၣ်ဖး, မၤတဲၤဖးတၢ်

၂. စဲယာ်, စဲဘူးယာ် ၃. အိၣ်ဒီးတၢ်နာ်တၢ်သး တီတပယူာ်ဃီ

cleaver *n* ယဲာ်မာ်ကူ, ဒီဖးဒိၣ်ကူးတၢ်ညၣ်

cleft *n* ၁. တၢ်တဲၤ, တၢ်တဲၤဖး ၂. တၢ်အဲးထိၣ်လၢလၢၢ် မ့တမ့ၢ် ဟီၣ်ခိၣ်အကဆူး ၃. ခၣ်တဲၤ

clemency *n* ၁. တၢ်သူၣ်ကညီၤသးကညီၤတၢ်, တၢ်ပျၢ်တၢ်ကမၣ်ညီ ၂. တၢ်ဆၢကတီၢ်လၢအဂ့ၤဒီးမှာ်ခုၣ်

clement *a* ၁. လၢအသူၣ်ကညီၤသးကညီၤတၢ်, လၢအပျၢ်တၢ်ကမၣ်ညီ ၂. လၢအမှာ်အခုၣ်

clench *v* ၁. အ့ၣ်တၢ်အမဲ ၂. တၢၤနၣ်စု ၃. ဖိးဟုတၢ်လိာ်သး, ဖိးယာ်လိာ်သးယံးယံး

clergy *n* ခရံာ်ဖိတၢ်အိၣ်ဖှိၣ်သရၣ်ကွၢ်တၢ်ကရၢ

clergyman *n* တၢ်အိၣ်ဖှိၣ်သရၣ်

cleric *n* တၢ်အိၣ်ဖှိၣ်သရၣ်အကရၢဖိ မ့တမ့ၢ် တၢ်ဘူၣ်တၢ်ဘါခိၣ်နၢ်

clerical *a* ၁. လၢအမၤစရီအတၢ်မၤ, လၢအဘၣ်ထွဲဒီးစရီအတၢ်မၤ ၂. လၢအဘၣ်ဃးဒီးတၢ်အိၣ်ဖှိၣ်သရၣ်ကရၢ

clerk *n* ပှၤကွဲးလံာ်ဖိ, ပှၤကွဲးလံာ်, စရီ

clever *a* နၢ်လီၤ, ခိၣ်နူာ်ဂ့ၤ, ဖှဲး

cliché, cliche *n* လံာ်ကျိၤကူာ် မ့တမ့ၢ် တၢ်ဆိကမိၣ်လၢတၢ်စူးကါအီၤအါတလၢအဃိတလီၤသူၣ်ပိၢ်သးဝးဒီးဘျဲသူၣ်ဘျဲသးဘၣ်ပှၤ

click *v* ၁. သီၣ်ချံး, သီၣ်တဲး ၂. စံၢ် (သီၣ်ချံး)

client *n* ပှၤပှ့ၤသူတၢ်, ပှၤစူးကါ (တၢ်မၤတမံၤမံၤ)

clientele *n* ပှၤပှ့ၤစူးကါတၢ်ဖိတဖၣ်

cliff *n* လ့, လၢၢ်မုၢ်, လ့ကဘျၣ်

climate *n* ၁. တၢ်ကသုၣ်ကသံး, တၢ်ကတီၢ် ၂. တၢ်အိၣ်သး

climatic *a* လၢအဘၣ်ထွဲဒီးတၢ်ကသုၣ်ကသံး မ့တမ့ၢ် တၢ်ကတီၢ်, လၢအဘၣ်ထွဲဒီးမူခိၣ်ကလံၤသီၣ်ဂီၤဘၣ်ဃးတၢ်လီၢ်လီၤလီၤဆီဆီတတီၤ

climax *n* ၁. တၢ်လၢအလီၤသးစဲကတၢၢ်, တၢ်လၢအလီၤသူၣ်ပိၢ်သးဝးကတၢၢ်, တၢ်အထီတုာ် ၂. မုၣ်ခွါသွံၣ်ထံးတၢ်အိၣ်ယုာ်တုၤအထီကတၢၢ်ဒီးသူၣ်ပိၢ်သးဝးကတၢၢ်

climax *v* ၁. (တၢ်သးဂဲၤ, တၢ်တူၢ်ဘၣ်ခိၣ်ဘၣ်) ထိၣ်တုၤအထီကတၢၢ် ၂. သးကတၢထိၣ်အဆူၣ်ကတၢၢ်ဖဲတၢ်မံယှာ်လိာ်သးအခါ, သးကတၢထိၣ်အဆူၣ်ကတၢၢ်ဖဲတၢ်အိၣ်ဒီးမုၣ်ခွါသွံၣ်ထံးတၢ်ရှလိာ်မှာ်လိာ်အခါ

climb *n* ၁. တၢ်ထိၣ်, တၢ်လဲၤထိၣ် (ကစၢၢ်, လ့) ၂. တၢ်အါထိၣ်ဂိၢ်ထိၣ်, တၢ်ဒိၣ်ထိၣ်ထီထိၣ်

climb *v* ၁. ထိၣ် (ဃီသွါ), (စွါ) ထိၣ်, လဲၤထိၣ် (ဆူကစၢၢ်ခိၣ်, မူဒီ), (မုၢ်) ထိၣ် ၂. (အလီၢ်) ထီထိၣ် ၃. တကၢထိၣ်သးလဲၤ ၄. မၤအါထိၣ်ဂိၢ်ထိၣ်, အါထိၣ်ဂိၢ်ထိၣ်, မၤဒိၣ်ထိၣ်ထီထိၣ်, စးထိၣ်ဒိၣ်ထိၣ်လဲၤထိၣ်

climbdown *n* တၢ်ဂုၤကူၤအခံလၢတၢ်တမံၤမံၤ

climber *n* ၁. ပှၤထိၣ်တၢ်, ပှၤထိၣ်ကစၢၢ်, ပှၤထိၣ်လ့ ၂. တၢ်အါထိၣ်ဂိၢ်ထိၣ်, တၢ်ဒိၣ်ထိၣ်ထီထိၣ်

climbing *n* တၢ်ထိၣ်ဆူလၢၢ်လ့ မ့တမ့ၢ် ကစၢၢ်ဒီခိၣ်

clinch *n* ၁. တၢ်စိၤတံၢ်ယာ်တၢ်, တၢ်ဖိၣ်တံၢ်ယာ်တၢ် ၂. တၢ်ဖိးဟုတံၢ်လိာ်သး, တၢ်ဖိးကနိတံၢ်လိာ်သး ၃. တၢ်စၢကမိာ်ထုးယံးတၢ်, တၢ်စၢကဘိၣ်တၢ်

clinch *v* ၁. တၢ်အၢၣ်လီၤတူၢ်လိာ်ဖဲတၢ်တဲသကိးတၢ်ဝံၤအလီၢ်ခံ ၂. ဒိကၢ်ချံး (ထးအခိၣ်) ၃. မၤယံးယာ်တၢ်, မၤကျၢၤမၤလီၤတံၢ်တၢ် ၄. ဖိးယာ်လိာ်သးယံးယံး (ဒ်အမ့ၢ် တၢ်ကနိ, တၢ်ထိ)

clincher *n* တၢ်မၤကျၢၤမၤလီၤတံၢ်ကူၤတၢ်အၢၣ်လီၤတူၢ်လိာ်တၢ်

cling *v* ဖိးတံၢ်, ဖိးယာ်

clinic *n* တၢ်ဟ့ၣ်ကသံၣ်ဒၢး

clinical *a* ၁. လၢအဘၣ်ဃးဒီးတၢ်ကူစါယါဘျါ ၂. လၢအကဆဲ့ကဆိုဒီးတအိၣ်ဒီးတၢ်ဆါအယၢ်

clinician *n* ကသံၣ်သရၣ်လၢအကွၢ်ထွဲယါဘျါပှၤဆါလီၤလီၤ

clink *n* ၁. တၢ်သီၣ်ကြှကြှကြိၣ်ကြိၣ် ၂. (တၢ်ကတိၤပတိၢ်မုၢ်) ယိာ်

clink *v* သီၣ်ကြှကြှကြိၣ်ကြိၣ်

clint *n* လၢၢ်ထူၣ်လၢအကစီၤထိၣ်, လၢၢ်ထီးထံ

clip *n* ၁. တၢ်တံာ်, နီၣ်တံာ်ဖှိၣ်တၢ်– အဒိ, တၢ်တံာ်လံာ် ၂. ခိၣ်တံာ်, တၢ်တံာ်ခိၣ်ဆူၣ် ၃. ကျိဆၣ်ဒၢ ၄. တၢ်ဂီၤမူကူာ်ဖိ

clip *v* ၁. တံာ်ကွံာ် ၂. တံာ်ဖိုၣ်ဃာ်ဒီးတၢ်တံာ် မ့တမ့ၢ် နီၣ်တံာ်ဖိုၣ်တၢ် ၃. ဒိတဖျိး, တိၢ်တဖျိး

clip art *n* ခီၣ်ဖွူထၢၣ်အတၢ်ဂီၤ, တၢ်ဂီၤလၢတၢ်ရဲၣ်ကျဲၤထၢနၣ်ဟ်အီၤလၢခီၣ်ဖွူထၢၣ်အဒွဲပူၤ

clique *n* ပှၤတဖုလၢအရှလိာ်သးလီၤဆီဒၣ်တၢ်

clitoris *n* လံၢ်ဘ့

cloak *n* ၁. တၢ်ကံးညာ်ပျ့လၢတၢ်လုးအီၤလၢပျိၢ်ခိၣ် ၂. တၢ်လၢအဟ်တဒၢအသး

cloak *v* ဟ်ဘၢ, ဟ်တဒၢ (အသး)

clobber *v* ၁. တိၢ်ဆါဆါကလဲာ်, ဒိတိၢ်တၢ်ဆါဆါကလဲာ် ၂. မၤနၢၤတၢ်, နၢၤအတဲာ်, နၢၤတဲာ်တဲာ်ဖျူဖျူ ၃. ဃဲၤအၢဃဲၤသီနးနးကလဲာ်, ဃဲာ်ဖးနီၤဖးဆူၣ်ဆူၣ်ကိၢ်ကိၢ်

clock *n* နၣ်ရံၣ်, နၣ်ရံၣ်လၢတၢ်ဒူၣ်ကပၤ

clock *v* ၁. ဟ်ပနီၣ်တၢ်ဆၢကတိၢ်, မၤနီၣ်တၢ်ဆၢကတိၢ် ၂. တိၢ်ပှၤ ၃. ကွဲးနီၣ်, တိၢ်နီၣ်

clockwise *adv* လဲၤဒ်နၣ်ရံၣ်

clockwork *n* စဲးဖီကဟၣ်လၢအအိၣ်ဒီးပၣ်ဒီးချံၣ်ကွီၤဒ်အအိၣ်လၢနၣ်ရံၣ်တဖျၢၣ်အပူၤ

clod *n* ၁. ကပံာ်ကိၢ်လိၣ် ၂. ပှၤတမ့ၢ်တနီၢ်, ပှၤလၢအသးတဆး, ပှၤတထံတဆး, ပှၤအီရံၢ်အီရိာ်, ပှၤငီငး

clog *n* ခီၣ်ဖံးသ့ၣ်

clog *v* တြီမၤတံာ်တာ်, နီးတံာ်ဃာ်တၢ်, ကတာ်

clone *n* ၁. တၢ်မူ မ့တမ့ၢ် စဲ(လ)တဖၣ်လၢတၢ်ဒုးအါထီၣ်အီၤလၢတအိၣ်ဒီးတၢ်ဒုးလူၤမိၢ်ဖါ ၂. (ပှၤ မ့တမ့ၢ် တၢ်) လၢအလီၤက်လိာ်အသးဒ်သိးတၢ်ကွဲးဒိ

clone *v* ၁. ဒုးကဲထီၣ်တၢ်မူ မ့တမ့ၢ် စဲ(လ)လၢတအိၣ်ဒီးတၢ်ဒုးလူၤမိၢ်ဖါ ၂. ဒုးအိၣ်ထီၣ်တၢ်အဒိ

close *a* ၁. ဘူး, ဘူးဘူးတံၢ်တံၢ်, လၢအဘူးလိာ်အသး, လၢအအိၣ်ဘူးဒီး, လၢအလီၤက်လိာ်အသး ၂. လှၤတုာ်လှၤတီၤ, လီၤတံၢ်လီၤဆဲး ၃. လၢကလံၤတနု့ၢ်ဘၣ်, လၢကလံၤတနုာ်ဘၣ်, လၢကတံာ်ကတူာ် ၄. (တၢ်ဂ့ၢ်တၢ်ကျိၤ) လၢအသူဘၢတၢ်, လၢအဟ်ခူသူၣ်တၢ်

close *n* ၁. တၢ်ကးတံာ်, တၢ်ကျးတံာ် ၂. တၢ်မၤဝံၤ, တၢ်မၤကတၢၢ်, တၢ်ကတၢၢ်, တၢ်ကျၢၢ်တံၢ်တၢ်

close *v* ၁. ကးတံာ်, ကျးတံာ် ၂. မၤဝံၤ, မၤကတၢၢ်, ကတၢၢ်

closed *a* ၁. လၢအကးတံာ်သး, တပျဲလဲၤနုာ် ၂. လၢတဆဲးကျိးဆဲးကျၢမၤဘၣ်ထွဲလိာ်အသးဒီးပှၤဂၤ

closed-curcuit television *n* တၢ်ဒိတၢ်ဂီၤဒီးရၤလီၤခီဖျိကွဲၤဟူဖျါအကျိၤအကျဲလၢအမၤတၢ်ဖဲတၢ်ဟ်ပနီၣ်အလီၢ်ကစီၤ မ့တမ့ၢ် တၢ်သူၣ်ထီၣ်တဖျၢၣ်အပူၤလၢတၢ်ဘံၣ်တၢ်ဘၢအဂီၢ် (CCTV)

close-knit *a* ၁. လၢအရှလိာ်သးဘူးဘူးတံၢ်တံၢ်, လၢအဘူးအတံၢ်လိာ်သး ၂. လၢအထါဝဲတံၢ်တံၢ်

close-mouthed *a* လၢအပံးဃာ်အထးခိၣ်, လၢအသးတအိၣ်ကတိၤတၢ် မ့တမ့ၢ် တဲဖျါထီၣ်တၢ်ဂ့ၢ်တၢ်ကျိၤ

closely *adv* ဘူးဘူး

closet *a* ၁. လၢအမ့ၢ်တၢ်ခူသူၣ် ၂. လၢဘၣ်တၢ်ဟ်ခူသူၣ်အီၤ, လၢတၢ်ဟ်ဘံၣ်ဟ်ဘၢဃာ်အီၤ ၃. လၢအအိၣ်ခူသူၣ်

closet *n* ဘံၣ်ဒိၢ်, စီၤဆီထူၣ်လၢအကျးတံၢ်လၢတၢ်ဒူၣ်ကပၤ

closing *a* ၁. လၢကးတံာ်, ကျးတံာ်တၢ် ၂. လၢအကျၢၢ်တံၢ်တၢ်, လၢအမၤကတၢၢ်

closure *n* ၁. တၢ်ကးတံာ်, တၢ်ကျးတံာ် ၂. တၢ်ကျၢၢ်တံၢ်

clot *n* ၁. တၢ်သွံၣ်ကိၢ်လိၣ်, တၢ်အကိၢ်လိၣ် ၂. ပှၤလၢအသးတဆး, ပှၤတထံတဆး, ပှၤအီရံၢ်အီရိာ်, ပှၤငီငး

clot *v* ကိၢ်လိၣ်ထီၣ်, မၤကိၢ်လိၣ်ထီၣ်, ကဲထီၣ်အကိၢ်လိၣ်

cloth *n* တၢ်ကံးညာ်

clothe *v* ကူထီၣ်သိးထီၣ်, ကၤထီၣ်, ဒုးကၤထီၣ်တၢ်

clothed *a* လၢကူထီၣ်သိးထီၣ်, လၢအကၤထီၣ်, လၢအဒုးကၤထီၣ်တၢ်

clothes *n* တၢ်ကူတၢ်သိး, တၢ်ကူတၢ်ကၤ

clothes line *n* ပျံၤလိလီၤတၢ်ကံးညာ်, ပျံၤဘျးလီၤတၢ်ကံးညာ်

clothes peg *n* နီၣ်တံာ် (တၢ်ကံးညာ်)

clothing *n* တၢ်ကူတၢ်ကၤ, တၢ်ကူတၢ်သိး

cloud *n* ၁. တၢ်အာၣ် ၂. တၢ်လၢအမၤသူၣ်အုးသးအုးပှၤ, တၢ်လၢအမၤသးတမှာ်ပှၤ ၃. တၢ်လၢအိၣ်လီၤကဒု, တၢ်လၢအိၣ်လီၤဘၢ

cloud *v* ၁. အုးသကျၢၣ်ထိၣ်, အာၣ်ထိၣ်ခံးလီၤ, မၤလီၤကဒု ၂. မၤတၢ်တဖျါတြၢ်ကလာ်, ဖျါတဆုံ

cloudburst *n* မူခိၣ်စူၤကလံၤမုၢ်လီၤသတူၢ်ကလာ်

cloudless *a* လၢတၢ်အာၣ်တအိၣ်

cloudy *a* ၁. လၢတၢ်အာၣ်အုး, အာၣ်အုး ၂. လၢအဖျါကဒု, လၢအတဖျါဆုံဘၣ် ၃. လၢအတလီၤတံၢ်ဘၣ်

clout *n* ၁. တၢ်ထိတၢ်တိၢ်တၢ် ၂. တၢ်စိကမီၤလုၢ်ဘၢ

clout *v* ၁. ထိပှၤဆူၣ်ဆူၣ် ၂. ဆးကျးတၢ်ဒီးတၢ်ကံးညာ်ကု

clove *n* ၁. ဖီခိၣ်မိၣ်, လ့ညှဖိ ၂. (ပသၢဝါသၣ်) တတိၣ်

clown *n* ၁. ပှၤကလံ, ပှၤဂဲၤလီၤနံၤတၢ် ၂. ပှၤမၢး, ပှၤတဂိာ်တသိၣ်, ပှၤတထံတဆး, ပှၤဟးဂီၤဖိ

clown *v* မၤကလံတၢ်, မၤလီၤနံၤလီၤအ့တၢ်, မၤအ့လံးဘီသွါတၢ်

cloy *v* သူၣ်ကလဲၤသးကလဲၤ, ဘျဲကွံာ်

club *n* ၁. ချုး(ဘ), ပှၤတၢ်ကရၢကရိ, ကရၢ(တဖု) ၂. နိၣ်လဲာ် ၃. နိၣ်ဒိ

club *v* ၁. တိၢ်တၢ်ဒီးနိၣ်တိၢ်, တိၢ်ဖျၢၣ်ဒိဒီးနိၣ်ဒိ ၂. ဟ်ဖှိၣ်စ့ဟ့ၣ်တၢ် ၃. (တၢ်ကတိၤပတိၢ်မုၢ်) လဲၤဟးလိာ်ကွဲဆူမုၢ်နၤခီတၢ်သူၣ်ဖုံသးညီကျဲး

clubhouse *n* ၁. ချုး(ဘ)ဟံၣ်, ချုး(ဘ), ပှၤဂဲၤလိာ်ကွဲဖိတဖၣ်အိၣ်သကိးတပူၤဃီအလိၢ် ၂. ပှၤဂဲၤလိာ်ကွဲဖိကလာ်ကလဲအသးဒီးဟ်အတၢ်ဖိတၢ်လံၤအဒၢး

cluck *n* ၁. ဆီကတီ, ဆီကြိာ်တၢ် ၂. တၢ်ခးပတ့ၤထးခိၣ်

cluck *v* ၁. ဆီကတီ, ဆီကြိာ်တၢ်, ၂. ခးပတ့ၤထးခိၣ်

clue *n* တၢ်ဂ့ၢ်အနွဲ, အနွဲအထိး

clueless *a* လၢတအိၣ်ဒီးတၢ်ဂ့ၢ်အနွဲ, လၢအတၢ်သ့ၣ်ညါဂံၢ်ထံးတအိၣ်

clump *n* သ့ၣ်တကရူၢ်, တပှိာ်တကရူၢ်

clumsy *a* စီၤကျိၤ, လၢအကဒုတလီၤတံၢ်

clung *v* ဖိးတံၢ်, ဖိးဃာ်, အိၣ်စဲဘူးတံၢ်

cluster *n* အကူၤ, အချူၣ် အဒိ, စပံးသၣ်တကူၤ

cluster *v* ရိဖှိၣ်အသး အဒိ, ပှၤရိဖှိၣ်ပှၤသးလၢကွိမ်ာ်ညါအါမး

clutch *n* ၁. သိလ့ၣ်အခိၣ်ယီၢ်လၣ်, (သိလ့ၣ်, သိလ့ၣ်ယီၢ်) အဒွဲပူၤခိၣ်ယီၢ်လၣ်လၢကဆီတလဲဒိၣ်ကွံၤအဂီၢ်, ချုး(ခ္), သိလ့ၣ်အချုး(ခ္) ၂. တၢ်စိၤတံၢ်ဃာ်တၢ်, တၢ်ဖိၣ်တံၢ်ဃာ်တၢ် ၃. ထိၣ်ဒိၤဆီဒိၤအဒံၣ်လၢကဘၣ်တၢ်ဟုဖးထိၣ်အီၤအဂီၢ်, ဆီဒံၣ်ဆီဖိတဟု ၄. ကရူၢ်ကရၢဖိတဖု, ကရူၢ်ကရၢတဖု ၅. တၢ်ပၢဆ့ၢဖိၣ်ဃံးတၢ်, တၢ်လုၢ်ဘၢစိကမီၤတၢ်

clutch *v* စိၤတၢ်, စိၤဃံး

clutter *n* တၢ်အိၣ်မရံၢ်မရီၢ်, တၢ်ပြံၢ်ပြါစါ, တၢ်ဘံဘူဆးဃၤ, တၢ်တကဆဲ့ကဆို, တၢ်လီၤတပှိာ်

clutter *v* မၤမရံၢ်မရီၢ်, မၤပြံၢ်ပြါစါ, ဘံဘူဃါဃုာ်, မၤလီၤတပှိာ်

coach *n* ၁. ဘၢး(စ)ပဒၢးပှၤလဲၤတၢ်အယံၤ ၂. ဒၢးဘျုး, တၢ်အဒၢးဖးဒိၣ်လၢပှၤလဲၤတၢ်ဖိဆ့ၣ်နီၤဝဲတြိၢ်အါဂၤ အဒိ, လှၣ်မ့ၣ်အ္ဒအဒၢးဘျုးအိၣ်ဝဲအါမး ၃. ပှၤနဲၣ်လိတၢ်

coach *v* ၁. နဲၣ်လိတၢ်, ဟ့ၣ်တၢ်မၤလိ ၂. လဲၤတၢ်ဒီးဒၢးဘျုး မ့တမ့ၢ် လှၣ်မ့ၣ်အ္ဒအဒၢးဘျုး

coagulate *v* ကိၢ်လိၣ်ထိၣ်, မၤကိၢ်လိၣ်ထိၣ်, လီၤသကၤ, မၤလီၤသကၤ

coal *n* လၢၢ်သွဲၣ်လး

haul over the coals *idm:* မၤပှၤတဂၤဂၤလၢတၢ်ကဟ်ဖျါထိၣ်အသးလၢကွိၢ်ဘိၣ်ပူၤလၢတၢ်ကစံၣ်ညီၣ်အီၤအဂီၢ်

coal mine *n* တၢ်ခူၣ်လၢၢ်သွဲၣ်လးအပူၤ

coal miner *n* ပှၤခူၣ်သွဲၣ်လး

coalition *n* ကရၢဖှိၣ်, ပာ်တံၣ်ဖှိၣ်

coarse *a* ၁. ဃိဃဲး, တဘျ့ဘၣ်, လၢအသွဲး ၂. လၢအရၢၢ်အစၢၢ်, လၢအတဃံတလၤ, လၢအတကြၢးတဘၣ်

coast *n* ပိၣ်လဲၣ်ကၢၢ်နံၤ, ပိၣ်လဲၣ်နံၤ, ပိၣ်လဲၣ်ကၢၢ်ဂ့ၢ်

coast *v* ၁. လီၤကစၢၢ်, လီၤကစၢၢ်လၢတလိၣ်နိၣ်ထိၣ်စဲး ၂. မၤနၢၤတၢ်ညီကဒေၣ်, မၤနၢၤတၢ်လၢတလၢာ်ဂံၢ်လၢာ်ဘါ ၃. လဲၤတရံၤလီၤပိၣ်လဲၣ်နံၤ

coastal *a* လၢပီၣ်လဲၣ်နံၤအကပၤ, လၢအဘူးဒီးပီၣ်လဲၣ်နံၤ, လၢပီၣ်လဲၣ်နံၤအသရုၤ

coaster *n* ထံခွးဒါ

coastguard *n* ပီၣ်လဲၣ်ပၢၤကိၢ်, ပှၤပၢၤပီၣ်လဲၣ်နံၤလၢအအိၣ်ခိးတၢ်လၢကမၤစၢၤပှၤကညီဒီးချံကဘီလၢအအိၣ်လၢတၢ်ဘၣ်ယိၣ်အလိၢ်ဒီး ဒီသဒၢတၢ်စိာ်ဆါခူသူၣ်တၢ်, ကရၢပၢၤပီၣ်လဲၣ်

coastline *n* ပီၣ်လဲၣ်နံၤ

coat *n* ဆ့ကၤခိး

coat *v* ၁. ကၤဘၢ, မၤဘၢ, ကးဘၢ, ကျၢၢ်ဘၢ ၂. ကၤထိၣ်ဆ့ကၤခိး ၃. ဖှူဘျ့ကဆှၣ်ထိၣ်မဲာ်, မၤဘျ့ထိၣ်မဲာ်

coating *n* တၢ်ကးဘၢတၢ်, ကသံၣ်ခဲၣ်ဘၢတၢ်, တၢ်အခိၣ်ကျၢၢ်

coax *v* ကတိၤကညးတၢ်ကပှာ်လုး, လွဲကဒံလွဲကဒါ

coaxing *n* တၢ်ကတိၤကညးတၢ်ကပှာ်လုး, တၢ်လွဲကဒံလွဲကဒါတၢ်

cob *n* ၁. ကသ့ၣ်ဖုၣ်ခိၣ်တကလှာ် ၂. ထိၣ်တၤထံအဖါ ၃. (ပီၣ်မူး) ကိၣ်ဖျၢၣ်သလၢၣ် ၄. သ့အိၣ်သၣ်ဖးဒိၣ်တကလှာ်

cobble *v* ၁. ဘို မ့တမ့ၢ် ဆးကူၤခိၣ်ဖံးလိၢ်လံၤ ၂. ဒါလီၤဘၢဒီးလၢၢ်ဃီးဃဲး

cobbler *n* ၁. ပှၤဘိုခိၣ်ဖံး ၂. ကိၣ်ခိးဘလၢၣ် မ့တမ့ၢ် တၢ်ခုၣ်ထံလၢတၢ်မၤအီၤဒီးစပံးထံ, ရှဲၣ်ရံၣ်သံး, အံသၣ်ဆၢဒီးသၣ်သွံဆံၣ်သၣ်

cobra *n* ဂုၢ်သီ

cobweb *n* ကပီၤလုၤ, ကပီၤဒၢ

cocaine *n* ခိၣ်ခ့ကသံၣ်မူၤဘိုး

cock *n* ၁. ဆီဖါ, ဆီဖါကိၢ် ၂. ကျိအမ့ၣ်ဖျး ၃. (တၢ်ကတိၤတဆဲးတလၤ) ထ့ၣ်, ထ့ၣ်ဘိ ၄. (တၢ်ကတိၤပတိၢ်မုၢ်) တၢ်နါစီၤ, တၢ်ကလီကလီ, တၢ်အခီပညီတအိၣ်, တၢ်တဂ်ာ်တသိၣ် ၅. ထံပီၤအနိၣ်တံာ်ထိၣ်တံာ်လီၤထံ

cock *v* ၁. (ဘိး) ဒုခံ, ပာ်တစ့, ပာ်တစွၤ ၂. ဆဲထိၣ် (ကျိအမ့ၣ်ဖျး)

cockerel *n* ဆီဖါကိၢ်

cock-eyed *a* လၢအတဘျၢ, အကူ့ၣ်အကူ, လၢတၢ်မၤအိၣ်ထိၣ်အီၤတသ့

cockfighting *n* တၢ်ဒုးဖျးဆီဒီးတၤတၢ်, တၢ်တဖုံဆီ

cockpit *n* ၁. ပှၤနီၣ်ကဘီယူၤအလိၢ်, ပှၤနီၣ်သိလှ့ၣ်ပြၢအလိၢ်ဆ့ၣ်နီၤ ၂. တၢ်ဒုးဖျးဆီအလိၢ်

cockroach *n* စီလီ

cocktail *n* တၢ်အီလၢအပဉ်ယှာ်ဒီးသံးအကလုာ်ကလုာ်ဒီးတၤသူတၤသၣ်အထံ

cock-up *n* တၢ်မၤတၢ်တလီၤတဃီၤ

cocky *a* လၢအဆိကမိၣ်ဒိၣ်လီၤအသး

coconut *n* ဃီၤသၣ်

cocoon *n* ၁. သတိၢ်ဒၢဖိ – သတိၢ်ဟံၣ်ဖိ ၂. တၢ်လၢအဘိၣ်ဘံဃာ်အသး

cocoon *v* ၁. ဘိၣ်ဘံဃာ်အသးလၢသတိၢ်ဒၢဖိအပူၤ ၂. ဂုၤကူၤအခံဖဲကူၤအိၣ်ကူၤဆူအကစၢ်ဒၣ်ဝဲအတဝၢအပူၤ

coddle *v* ၁. ဟ့ၣ်ပှၤတဂၤတၢ်ကဟုကယာ်အါကဲၣ်ဆိး ၂. ချီ (တၢ်အဒံၣ်) လၢထံချီကိၢ်လၢအတကလာ်ဒံးဘၣ်အပူၤ

code *n* ၁. တၢ်ကတိၤခူသူၣ် ၂. တၢ်သိၣ်တၢ်သီ (လၢတၢ်ဟ်လီၤဝဲ) ၃. ခိၣ်ဖွ့ထၢၣ်အတၢ်ရဲၣ်တၢ်ကျဲၤအနိၣ်ဂံၢ်ခူသူၣ်တၢ်ပနီၣ်

code *v* ၁. ဆီတလဲကူၤဆူတၢ်ပနီၣ်, ဆီတလဲဆူနိၣ်ဂံၢ်ခူသူၣ် ၂. ထၢနှာ်လီၤနိၣ်ဂံၢ်ခူသူၣ်တၢ်ပနီၣ်ဆူခိၣ်ဖွ့ထၢၣ်တၢ်ရဲၣ်တၢ်ကျဲၤအပူၤ ၃. ဟ်လီၤတၢ်သိၣ်တၢ်သီ, ဒုးအိၣ်ထိၣ်တၢ်သိၣ်တၢ်သီ ၄. တဲဖျါထိၣ်အမံၣ်နိၣ်အဲးစ့း, ဖရိၣ်ထံ(န)စၢၤသွဲၣ်ပနီၣ်

codependency *n* တၢ်ဒီးသန့ၤသးလၢပှၤဂၤအဖီခိၣ်အါတလၢ, တၢ်ဒီးသန့ၤသးလၢပှၤဂၤအဖီခိၣ်

codger *n* ပိာ်ခွါသးပှၢ်

codify *v* သုးကျဲၤရဲၣ်ကျဲၤသဲစး မ့တမ့ၢ် တၢ်မၤကျဲတဖဉ်လၢကကဲထိၣ်တၢ်သိၣ်တၢ်သီ

coerce *v* မၤဆူၣ်တၢ်, မၤဆူၣ်ပှၤလၢကမၤတၢ်, မၤနၢၤအိၣ်ဃိၣ်

coercion *n* တၢ်မၤဆူၣ်မၤစိး, တၢ်မၤဆူၣ်မၤနၢၤတၢ်

coexist *v* အိၣ်ဖျါထိၣ်လၢတၢ်လိၢ်တတီၤဃီတဆၢကတိၢ်ဃီ, အိၣ်တပူၤဃီထွဲဘၣ်ထွဲဘၣ်

coexistence *n* တၢ်အိၣ်ဖျါထိၣ်လၢတၢ်လိၢ်တတီၤဃီတဆၢကတိၢ်ဃီ, တၢ်အိၣ်တပူၤဃီထွဲဘၣ်ထွဲဘၣ်

coffee *n* ခီဖံၣ်

coffee break *n* တၢ်အိၣ်ဘှံးကသုၣ်တစိၢ်တလီၢ်, တၢ်ဆိကတိၢ်တၢ်မၤဒီးအီခီဖံၣ်အိၣ်ကသုၣ်ကသီထီၣ်သး

coffee pot *n* ခီဖံၣ်သပၢၤ

coffee table *n* ခီဖံၣ်စီၢ်နီၤခိၣ်, ခးလၢအဖုၣ်ဒီးဆံး, ခးဆံးကိာ်လၢတၢ်ဟ်အီၤလၢလီၢ်ဆ့ၣ်နီၤကပၤ

coffer *n* ၁. တၢ်လုၢ်ဒိၣ်ပ့ၤဒိၣ်အတလါ ၂. (တၢ်ဘိုကယၢကယဲတၢ်သူၣ်ထီၣ်) တဒိလာ်ဒါကအိ, ဃီးလာ်ဒါကအိ

coffin *n* ကျၢ်, ပှၤသံတလါ

cog *n* စဲးပၣ်အမဲ, လ့ၣ်ပၣ်အမဲ

cogent *a* ၁. လၢအအိၣ်ဒီးအစိကမီၤလၢကွဲန့ၢ်လွဲန့ၢ်တၢ် ၂. လၢအအိၣ်ဒီးအတၢ်ဂ့ၢ်တၢ်ကျိၤလီၤတံၢ်လီၤဆဲးလၢတၢ်ကနာ်အီၤအဂီၢ်

cogitate *v* ဆိကမိၣ်တၢ်လီၤတံၢ်လီၤဆဲး, ကူၣ်တၢ်ဆးတၢ်

cognition *n* သးအတၢ်ပလၢၢ်သ့ၣ်ညါဘၣ်

cognitive *a* လၢအအိၣ်ဒီးသးအတၢ်ပလၢၢ်သ့ၣ်ညါဘၣ်

cohabit *v* ၁. အိၣ်သကိးဃှာ်တပူၤဃီလၢတအိၣ်ဒီးတၢ်ဆီဟံၣ်ဆီဃီ, အိၣ်ဃှာ်မံဃှာ်တပူၤဃီလၢတဖျိအသးဒံးဘၣ် ၂. အိၣ်ဖျါထီၣ်လၢတၢ်လီၢ်တတီၤဃီတဆၢကတိၢ်ဃီ, အိၣ်တပူၤဃီထွဲဘၣ်ထွဲဘၣ်

cohere *v* ၁. စဲဘူးလိာ်အသး ၂. လီၤပလိာ်လိာ်အသး

coherence *n* ၁. တၢ်ကတီၤပျိပျိဖျါဖျါလၢတၢ်နၢ်ပၢၢ်ဘၣ်ညီ ၂. တၢ်လၢအအိၣ်ဒီးအဂ့ၢ်အကျိၤလီၤတံၢ်လီၤဆဲး ၃. တၢ်အိၣ်ဒီးဂ့ၢ်ဒီးဝီ, တၢ်လၢအဘၣ်လိာ်ဖိးမံ

coherent *a* ၁. လၢအကတီၤပျိပျိဖျါဖျါလၢတၢ်နၢ်ပၢၢ်ဘၣ်ညီ ၂. လၢအအိၣ်ဒီးအဂ့ၢ်အကျိၤလီၤတံၢ်လီၤဆဲး ၃. လၢအအိၣ်ဒီးဂ့ၢ်ဒီးဝီ, လၢအဘၣ်လိာ်ဖိးမံ

cohesion *n* တၢ်စဲဘူးလိာ်သး, တၢ်လီၤပလိာ်လိာ်သး, တၢ်ဃူလိာ်ဖိးလိာ်သး

cohesive *a* လၢအစဲဘူးတၢ်သ့, လၢအဃူလိာ်ဖိးလိာ်အသး, လၢအလီၤပလိာ်လိာ်သး

cohort *n* ၁. ပှၤအဖုအဂိၢ် ၂. ပှၤဆီၣ်ထွဲပိာ်ထွဲတၢ်, ပှၤအိၣ်ပိၤဆီၣ်ထွဲတၢ်

coil *n* တၢ်အကွီၤ

coil *v* ကွီၤထီၣ် (ပျံၤ), ဝံကျိၤထီၣ်

coin *n* တိၢ် (တဘ့ၣ်)

coin *v* ၁. မၤကဲထီၣ်တိၢ်အဘ့ၣ် ၂. ထုးထီၣ်မ့တမ့ၢ် ဒုးအိၣ်ထီၣ် (တၢ်ကတိၤအဖျာၣ် မ့တမ့ၢ် တၢ်ကတိၤအကူာ်တဖၣ်)

coincide *v* ၁. ကဲထီၣ်အသးတဘျီဃီ ၂. ဘၣ်လိာ်ဖိးဒ့လိာ်သး, ဃူလိာ်ဖိးလိာ်အသး

coincidence *n* ၁. တၢ်ကဲထီၣ်သးတဘျီဃီ, တၢ်ဘၣ်ဆၢၣ်ဘၣ်တီၤ ၂. တၢ်ဘၣ်လိာ်ဖိးဒ့လိာ်အသးဒီးတၢ်ဂၤ

coincident *a* ၁. လၢအကဲထီၣ်အသးတတီၤဃီတဘျီဃီ ၂. လၢအဘၣ်လိာ်ဖိးဒ့လိာ်အသး, လၢအဃူလိာ်ဖိးလိာ်အသး

coke *n* ၁. ခိၣ်ခ့ကသံၣ်မူၤဘိုး ၂. လၢၢ်သွဲၣ်လး, လၢၢ်သွဲၣ်လးအိၣ်လီၤတဲာ်တ့ၢ်, လၢၢ်သွဲၣ်လးလၢအအိၣ်လီၤတဲာ်တ့ၢ်ဖဲတၢ်ထုးထီၣ်က်သဝံတဖၣ်ဝံၤအလီၢ်ခံ ၃. (Coca-Cola) ခီး, ခိၣ်ခၣ်ခိၣ်လၣ်

cold *a* ၁. ခုၣ်, ဂိၢ်, ချံၣ် ၂. လၢအတၢ်ကိၢ်တၢ်ခုၣ်စုၤ, (နီၢ်ခိတၢ်ကိၢ်တၢ်ခုၣ်) စုၤန့ၢ်ဒံးအညီနုၢ်အသိး ၃. လၢအတၢ်အဲၣ်တၢ်ကွံတအိၣ်, လၢအတၢ်သူၣ်ကညီၤသးကညီၤတအိၣ်
၄. လၢတလီၤသးစဲဘၣ်, လၢအတလီၤထုးန့ၢ်သူၣ်ထုးန့ၢ်သး, လၢအတလီၤသူၣ်ပိၢ်သးဝး
၅. (အလွဲၢ်) ဃး

turn a cold shoulder *idm:* တအဲၣ်ဒီးရ့ဲဘၣ်, တအဲၣ်ဒီးမၤဃှာ်ဝဲဘၣ်, တအဲၣ်ဒီးကနၣ်ဃှာ်ဝဲဘၣ်, တဟ်သ့ၣ်ညါအသး

cold *n* ၁. တၢ်ခုၣ်ဘၣ်, တၢ်ဘၣ်တမှာ် ၂. တၢ်ခုၣ်, တၢ်ဂိၢ်, တၢ်ချံၣ်, တၢ်ကိၢ်တၢ်ခုၣ် (အနီၣ်ဂံၢ်) စုၤလီၤ

cold turkey *n* တၢ်တူၢ်ဘၣ်တမှာ်တလၤခီဖျိဟ်ပတုာ်ကသံၣ်မူၤဘိုးအဃိ – တၢ်ခိၣ်မူၤကပၢၤထီၣ်

cold war *n* တၢ်ဒုးခုၣ်, တၢ်ဒုးလၢပှၤတသူတၢ်စုကဝဲၤဘၣ်ဒီးထံကိၢ်ကဒဲကဒဲဒုးလိာ်သးခီဖျိထံရှူကိၢ်သဲးသနူဒီးမုၢ်ကျိၤဝဲၤကွာ် အဒိ, တၢ်ဒုးခုၣ်လၢကိၢ်အမဲရကၤဒီးကိၢ်ရၤရှၣ်အဘၢၣ်စၢၤ

cold-blooded *a* ၁. (ဆၣ်ဖိကိၢ်ဖိ) လၢအသွံၣ်ခုၣ် ၂. လၢအတၢ်တူၢ်ဘၣ်တအိၣ်

cold-hearted *a* အာသးတူာ်ကိာ်, လၢအတၢ်အဲၣ်တၢ်ကွၢ်ဒီးအတၢ်သးကညီၤတအိၣ်လၢပှၤဂၤအဖီခိၣ်

coldly *adv* ၁. ခုၣ်တံၢ်ကလာ် ၂. အာသးတူာ်ကိာ် ၃. လၢတၢ်ကတဲာ်ကတီၤသးတအိၣ်ဘၣ်အပူၤ

coldness *n* ၁. တၢ်ဂိၢ်, တၢ်ခုၣ်, တၢ်ချံၣ် ၂. တၢ်ခုၣ်အကတိၢ်, တၢ်ဂိၢ်အကတိၢ် ၃. တၢ်တအိၣ်ဒီးတၢ်အဲၣ်တၢ်ကွၢ်, တၢ်တအိၣ်ဒီးတၢ်သူၣ်ကညီၤသးကညီၤ ၄. တၢ်ခုၣ်ဘၣ်

coleslaw *n* တၢ်ဒီးတၢ်လၣ်စံၢ်ဃါ, သဘၣ်ဒီးစံၢ်ဃါဃုာ်ဒီးသဘၣ်ဘီတံၢ်, တၢ်ဒီးတၢ်လၣ်အဂုၤအဂၤဒီးမၣ်ယိၣ်နံး(စ)

colic *n* ကလံၤဆဲး

coliseum *n* တၢ်သူၣ်ထီၣ်ဖးဒိၣ်လၢအိၣ်ဒီးလီၢ်ဆ့ၣ်နီၤကဝီၤကျီၤဖးလဲၢ်တဆီဘၣ်တဆီလၢတၢ်ကကွၢ်ကီတၢ်အဂီၢ်, တၢ်ကွၢ်ကီတၢ်လိာ်ကွဲပျီဖးလဲၢ်, တၢ်ဂီၤမူလီၢ်ဖးလဲၢ်, တၢ်ဒုးနဲၣ်လီၢ်ဖးလဲၢ်

colitis *n* ပှာ်ညီး, ပှာ်ဖးဒိၣ်ညီး

collaborate *v* ၁. ဟ်ဃုာ်မၤသကိးတၢ်, မၤဃုာ်မၤသကိးတၢ် ၂. သးတတီဒီးအပှၤကလုာ်ခီဖျိလဲၤမၤသကိးတၢ်ဒီးနှၣ်ဒါ

collaboration *n* ၁. တၢ်မၤဃုာ်မၤသကိးတၢ် ၂. တၢ်ယိးကဒါဘီ

collaborative *a* လၢအမၤဃုာ်မၤသကိးတၢ်တပူၤဃီ

collaborator *n* ၁. ပှၤလၢအမၤဃုာ်မၤသကိးတၢ်, ပှၤလၢအမၤဃုာ်မၤသကိးတၢ်ဒီးနှၣ်ဒါ ၂. ပှၤလၢအဆါလီၤအီၣ်အထံအကိၢ်, ပှၤလၢတတီဒီးအထံအကိၢ်, ပှၤယိးကဒါဘီ

collapse *n* ၁. တၢ်လီၤပိၢ်, တၢ်ဟးဂူာ်ဟးဂီၤ ၂. တၢ်လီၤဘုံးလီၤတီၤ, တၢ်ဂံၢ်တၢ်ဘါတအိၣ်လၢၤ ၃. တၢ်တတုၤထီၣ်ထီၣ်ဘး, တၢ်တကဲထီၣ်လိၣ်ထီၣ် ၄. တၢ်ဆံးလီၤစုၤလီၤ

collapse *v* ၁. လီၤပိၢ်, ဟးဂူာ်ဟးဂီၤ ၂. လီၤပိၤ ၃. တကဲထီၣ်လိၣ်ထီၣ်လၢၤ

collapsible *a* လၢအလီၤပိၢ်သ့

collar *n* ၁. ကိာ်လၣ်, ဆ့ကၤအကိာ်လၣ်လၢကိာ်ဘိ ၂. (ထွံၣ်) ကိာ်ကျီၤ ၃. တၢ်အကွီၤ, တၢ်အဘိ အဒိ, ရးဘၣ်အကွီၤ

collar *v* ဖိၣ်စိၤထုးပှၤ

collarbone *n* ဟီးဃံ, ဟီးကှၣ်ဃံ

collateral *n* ၁. တၢ်စုလီၢ်ခီၣ်ခိၣ်လၢတၢ်အုၣ်ကီၤသးအဂီၢ် ၂. ပှၤလၢအဟဲလီၤစၢၤလီၤသွဲၣ်လၢမိၢ်ပၢ်ဖံဖုတနွၣ်ဃီ

collateral damage *n* တၢ်သံတၢ်ပှၢ်ဒီးတၢ်ဟးဂူာ်ဟးဂီၤခီဖျိသုးအတၢ်ဟူးတၢ်ဂဲၤအဃိ

collation *n* ၁. တၢ်ဟ်ဖှိၣ်ထိၣ်သတြီၤတၢ်ဂ့ၢ်တၢ်ကျိၤ ၂. တၢ်ရဲၣ်လီၤလံာ်ကဘျုံးဒ်အကဘျုံးပၤနီၣ်ဂံၢ်အိၣ်ဝဲအသိး ၃. တၢ်အီၣ်ဖှံဖှံဖိ

colleague *n* ပှၤမၤသကိးတၢ်ဖိ

collect *a* (လီတဲစိအပူၤ) လၢပှၤလၢတၢ်ကိးအီၤတဂၤဘၣ်ဟ့ၣ်တၢ်ကိးလီတဲစိအဘူးအလဲ

collect *v* ၁. ထၢဖှိၣ်, ဟ်ဖှိၣ်, အိၣ်ဖှိၣ်ရိဖှိၣ်, ဃုဖှိၣ်ဃာ် ၂. ထၢထိၣ်ဟံးထိၣ် ၃. သးစၢ်ဆၢ, ပၢၤကွ့ၤတၢ်ဆိကမိၣ်

collection *n* ၁. တၢ်ထၢဖှိၣ်, တၢ်ဟ်ဖှိၣ် ၂. တၢ်လၢပှၤဟ်ဖှိၣ်ဃာ်အီၤ

collective *a* လၢအဘၣ်တၢ်ဟ်ဖှိၣ်အီၤတပူၤဃီ, လၢအစူးဖှိၣ်ရိဖှိၣ်လိာ်သး

collective *n* ၁. စုလီၢ်ဃုာ်ကရၢအကရူၢ်ကရၢဖိ ၂. တၢ်မၤလၢတၢ်မၤဃုာ်မၤသကိးအီၤ, စုလီၢ်ဃုာ်ကရၢအတၢ်မၤ ၃. (collective noun) (ကျိာ်ဂံၢ်ထံး) နီၢ်ဟ်ဖှိၣ်, နီၢ်လၢတၢ်စူးကါအီၤလၢပှၤဒီဖုဒီကရၢအဂီၢ် (အဒိ, team, family)

collectively *adv* တထၢဃီ, တပူၤဃီန့ၣ်, တဖုဃီ

collector *n* ၁. ပှၤထၢဖှိၣ်ဟ်ဖှိၣ်တၢ်ဖိ ၂. ပှၤလၢအဘၣ်ဟံးမူဒါလၢကထၢဖှိၣ်ကျိၣ်စ့

college *n* ကိုဒိၣ်ကိုထီ, ခီလ့ၣ်ကို

collegiate *a* ၁. လၢအဘၣ်ဃးဒီးခီလ့ၣ်ကို, လၢအဘၣ်ဃးဒီးခီလ့ၣ်ကိုဖိ ၂. လၢအဘၣ်ဃးဒီးခီလ့ၣ်ကိုဟ်ဖှိၣ်ထိၣ်အသး ၃. လၢအမၤသကိးတၢ်နီၤလီၤမူဒါသကိးသကိး

collide *v* ဘၣ်တိၢ်လိာ်သး, ဘၣ်ထံးလိာ်သး

collie *n* ထွံၣ်လၢအကွၢ်သိ

collision *n* တၢ်ဘၣ်ထံးလိာ်သး, တၢ်ဘၣ်တိၢ်လိာ်သး

collocate *v* (ကျိာ်) ရဲၣ်လီၤဒီးဟ်ဃုာ်အီၤတပူၤဃီ, အိၣ်ဟ်ဖှိၣ်သးတပူၤဃီ

collocation *n* ၁. တၢ်ကတိၤဖျၢၣ်လၢတၢ်ကတိၤဃုာ်အီၤတပူၤဃီ (အဒိ, bitter tears) ၂. တၢ်ရဲၣ်လီၤဟ်ဖှိၣ်ဃုာ်တၢ်လၢအလီၢ်အကျဲတပူၤဃီ

colloquial *a* (တၢ်ကတိၤ) မုၢ်ဆ့ၣ်မုၢ်ဂီၤ

colloquialism *n* တၢ်ကတိၤမုၢ်ဆ့ၣ်မုၢ်ဂီၤ, တၢ်ကတိၤပတိၢ်မုၢ်

colloquy *n* တၢ်ပိၣ်သကိးတဲသကိးတၢ်

collude *v* ကူၣ်ထီၣ်သကိးတၢ်လၢတၢ်ရူသူၣ်အပူၤ, ကူၣ်ထီၣ်ရူသူၣ်သကိးတၢ်

collusion *n* တၢ်ကူၣ်ထီၣ်သကိးတၢ်လၢတၢ်ရူသူၣ်အပူၤ, တၢ်ကူၣ်ထီၣ်ရူသူၣ်သကိးတၢ်

colon *n* ၁. ပှာ်ပှၢ် ၂. အဲကလံးကျိာ်တၢ်ပနီၣ် (:) လၢအဟ်ဖျါထီၣ်တၢ်ဖိတၢ်လံၤအစရီ မ့တမ့ၢ် တၢ်တဲဖျါထီၣ်တၢ်ဂ့ၢ်

colonel *n* သုးခိၣ်ဒိၣ်စိ

colonial *a* လၢအဘၣ်ဃးဒီးတၢ်မၤလဲၢ်အီၣ်ကီၢ်သနူ, လၢအဘၣ်ဃးဒီးခီလနံၣ်တၢ်ပၢ, လၢအဘၣ်ဃးဒီးထံကီၢ်လၢအမၤလဲၢ်အီၣ်ကီၢ်တၢ်အထံဖိကီၢ်ဖိ

colonial *n* ပှၤလၢအအိၣ်လၢခီလနံၣ်အတၢ်ပၢဖီလာ်, ပှၤလၢအအိၣ်လၢထံကီၢ်လၢအဘၣ်တၢ်ပၢအီၤလၢထံကီၢ်အဂၤအပူၤ

colonialism *n* တၢ်မၤလဲၢ်အီၣ်ကီၢ်သနူ

colonist *n* ပှၤမၤလဲၢ်အီၣ်ကီၢ်

colonize, colonise *v* မၤလဲၢ်အီၣ်ကီၢ်

colony *n* ခီလိၣ်နံၣ်တၢ်ပၢ, ထံကီၢ်လၢတၢ်ပၢအီၤလၢကီၢ်ဂၤ, ခီလနံၣ်တၢ်ပၢ

color *etc* (see colour)

colossal *a* လၢအဖးဒိၣ်, လၢအဒိၣ်ဒီးလီၤဘီလီၤမုၢ်, ဒိၣ်ဒိၣ်မုၢ်မုၢ်

colostrum *n* နၢ်ထံတကွံထုး, နၢ်ထံထီၣ်သီ

colour, color *n* အလွဲၢ်

colour, color *v* တီၣ်ထီၣ်တၢ်အလွဲၢ်, မၤထီၣ်အလွဲၢ်

colour-blind, color-blind *a* လၢအနီၤဖးတၢ်အလွဲၢ်တသ့, လၢအထံၣ်တၢ်အလွဲၢ်လီၤဆီတသ့, လၢအနီၤဖးတၢ်အလွဲၢ်ဂီၤဒီးလါဟ့တသ့

coloured, colored *a* ၁. လၢအအိၣ်ဒီးအလွဲၢ် ၂. လၢအညၣ်တဝါ ၃. လၢအဘၣ်ဃးဒီးပှၤသူဖံးဖိ ပှၤနံၤကြိၣ်ဖိ

coloured , colored *n* ပှၤလၢအတဟဲလီၤစၢၤလီၤသွဲၣ်လၢပှၤဝါဖံးဖိဘၣ်

colourful, colorful *a* အလွဲၢ်ပှဲၤ, အလွဲၢ်ဂ့ၤ, ပှဲၤဝဲဒီးအလွဲၢ်အကလုာ်ကလုာ်

colourless, colorless *a* ၁. လၢအလွဲၢ်တအိၣ် ၂. လၢအတၢ်ဟ်သူၣ်ဟ်သးဒီးတၢ်သးစဲလီၤဆီတအိၣ်

colporteur *n* ပှၤဟးဆါလံာ်ဖိ, ပှၤရၤလီၤလံာ်ဖိ

colt *n* ၁. ကသ့ၣ်ဖါဖိ, ကသ့ၣ်ဖါလၢအသးအိၣ်လွံၢ်နံၣ်ဆူအဖီလာ် ၂. ပှၤထူသီဖျာ်ထူ, ပှၤထူသီဖျာ်ထူဖိလၢအတၢ်လဲၤခီဖျိစုၤ

column *n* ၁. ကျိၤထီၣ်ထူၣ်, ကဘျံးပၤကျိၤ, တၢ်အကျိၤတကျိၤလၢလံာ်ကဘျံးပၤအပူၤ (ကျိၤဆၢထၢၣ်) ၂. သုးကျိၤ ၃. တၢၣ်, ထူၣ် (လၢတၢ်ဘိအီၤလၢထး, လၢၢ်, ကၢ်လၢၢ်)

columnist *n* ပှၤကွဲးတၢ်ကစီၣ်သနၢၣ်တခါလၢလံာ်တၢ်ကစီၣ် မ့တမ့ၢ် မဲးကစံအပူၤ

coma *n* တၢ်သးသပ့ၤ

comb *n* ၁. သံၣ် ၂. ဆီဖါအခိၣ်သွံၣ် ၃. ကနဲခိၣ်ထံ

comb *v* ၁. ခွံ (အခိၣ်) ၂. ဃုခွဲးခွးကမူၣ်တၢ်, ဃုကွၢ်တၢ်လီၤတံၢ်လီၤဆဲး

combat *n* တၢ်နုးတၢ်ဃၤ

combat *v* ၁. တြီဆၢထီဒါ ၂. နုးလိာ်သး, ခးလိာ်သး

combatant *a* လၢအပၣ်ဃုာ်လၢတၢ်နုးလိာ်သး

combatant *n* ပှၤ မ့တမ့ၢ် ထံကီၢ်လၢအနုးလိာ်သး

combative *a* လၢအအဲၣ်တၢ်နုးတၢ်ဃၤ, လၢအအဲၣ်တၢ်အ့ၣ်လိာ်ဆိးက့လိာ်သး, လၢအဃုတၢ်အ့ၣ်လိာ်

combination *n* ၁. တၢ်ဟ်ဖှိၣ်တၢ်ခံခါ မ့တမ့ၢ် အါန့ၢ်အန့ၣ် ၂. တၢ်အိၣ်ကျဲၣ်ကျိစုးဖှိၣ်လိာ်သး ၃. နီၣ်ဝံာ်ခံအနီၣ်ဂံၢ်ရဲၣ်ရူသူၣ်, နီၣ်ဝံာ်ခံအနီၣ်ဂံၢ်ရဲၣ်ရူသူၣ်လၢတၢ်ဘၣ်ဝံာ်တရံးအီးထီၣ်နီၣ်ဝံာ်ဒၢ

combine *n* ၁. မုၢ်ကျိၤဝဲၤကွာ်ကရၢတဖၣ်အတၢ်မၤဃုာ်မၤသကိးတၢ်, ကရူၢ်ကရၢတဖၣ်အတၢ်မၤသကိးတၢ် ၂. စဲးကူးဘု

combine *v* ၁. ကျဲၣ်ကျိဃုာ်, ဟ်ဃုာ်, ဃါဃုာ်တၢ်, ဟ်ဖှိၣ်ဃုာ် ၂. ကူး (ဘု) ဒီးစဲးကူးဘု

combo *n* ၁. ကွဲး(စ)တၢ်နၤတၢ်အူအကရူၢ်ကရၢဆံးဆံးဖိ ၂. တၢ်ဟ်ဖှိၣ်ထီၣ်သးတပူၤဃီ

combust *v* (မ့ၣ်အူ) အူအီၣ်တၢ်

combustible *a* လၢမ့ၣ်အူအီၣ်ညီ, လၢအအူအီၣ်ညီ, လၢအကဲၤညီ

combustion *n* မ့ၣ်အူအီၣ်တၢ်

come *n* ၁. ပိာ်ခွါအချံအသၣ်အထံ ၂. တၢ်အဆိုးထံ

come *v* ၁. ဟဲ, ဟဲထီၣ် ၂. တုၤဃီၤ, တုၤအိၣ် ၃. ကဲထီၣ် ၄. အိၣ်ထီၣ်, မၤအသး, အိၣ်ဖျါ (ထီၣ်) ၅. မၤန့ၢ်

come across *vp:* ၁. ဘၣ်န့ၢ်အတီၤ, ဘၣ်သဂၢ်လၢတၢ်တဟ်သးအပူၤ, ဘၣ်ဆၢၣ်ဘၣ်တီၤ ၂. နၢ်ပၢ်လံ

come by *vp:* ၁. မၤန့ၢ်, ကျဲးစၢးမၤန့ၢ်, န့ၢ်ဘၣ် ၂. ဘၣ်ဆၢၣ်ဘၣ်တီၤအဃိဟဲဟး

come into *vp:* ၁. န့ၢ်သါဘၣ်တၢ် ၂. နုာ်လီၤပၣ်ဃုာ်လၢတၢ်တမံၤမံၤအပူၤ

come of age *idm:* ဒိၣ်တုာ်ခိၣ်ပှဲၤ

come off *vp:* ၁. လီၤတကျိးကွံာ်, အလွဲၢ်လီၤ ၂. ကဲထီၣ်အသး, မၤအသး ၃. ကဲထီၣ်လိၣ်ထီၣ် ၄. ဟးထီၣ်ကွံာ်လၢတၢ်တမံၤမံၤအပူၤ

come on *vp:* ၁. စးထီၣ်, ဟဲတုၤ, တုၤဃီၤ, ဟဲထီၣ်, အိၣ်ထီၣ် ၂. (spoken) မၤချ့ချ့, မၤမ့ၢ်ချ့ ၃. တၢ်ကတီၤဟ့ၣ်ဂံၢ်ဟ့ၣ်ဘါပှၤဂၤလၢကသူၣ်ဖှံသးညီထီၣ်က့ၤ ၄. ဃါဃၣ်လီၤ, တၢ်ကြီကြီလီၤ ၅. ဟဲထီၣ်, ထီၣ်, မ့ၢ်ဘူၣ်ဟဲ

come out with *vp:* ဟ်ဖျါထီၣ်သတူၢ်ကလာ်, တဲဖျါထီၣ်ဖိုး

come over *vp:* ၁. ဘၣ်န့ၢ်အတီၤ, ဘၣ်သဂၢ်ဖုး, ဘၣ်ဆၢၣ်ဘၣ်တီၤ, ၂. နၢ်ပၢ်လံ

come to *vp:* ၁. တုၤထီၣ်, ထီၣ်ဘး, ပှဲၤထီၣ် ၂. တုၤထီၣ်လၢအနးထီၣ်အပတီၢ် ၃. သးပၢ်ထီၣ်က့ၤ, သ့ၣ်နီၣ်ထီၣ်က့ၤအသး ၄. ကဲထီၣ် (ပှၤ) အတၢ်န့ၢ်သါ

come to pass *idm:* ကဲထီၣ်, ကဲထီၣ်အသး, မၤအသး

come to terms *idm:* နၢ်ပၢ်တူၢ်လိာ်ဒီးအိၣ်ထွဲဘၣ်ထွဲဘၣ်

come under *vp:* ၁. ဘၣ်ဃးဒီး, အိၣ်လၢ (တၢ်) အဖီလာ် ၂. လီၤဘၣ်လၢ ၃. အိၣ်လၢ (တၢ်ဂ့ါခိၣ်တီတခါ) အဖီလာ်

come up to *vp:* အိၣ်ဖျါဂ့ၤဒ်သိးဒီး (တၢ်), ဘူးထီၣ်လၢ (အပတီၢ်လၢတၢ်ဟ်ပနီၣ်), ဘူးလၢကဂ့ၤထီၣ်

come up with *vp:* ၁. တၢ်ဆိကမိၣ်ဟဲပၢ်ထီၣ်, ဟ့ၣ်ထီၣ်တၢ်ဆိကမိၣ် ၂. အိၣ်ထိၣ်ဒီး, ဟ့ၣ်ထီၣ်, ဟ့ၣ်လီၤ

come upon *vp:* ထံၣ်န့ၢ်ဖုး, ဘၣ်သဃာ်, ဘၣ်တံၢ်ဖုး, ဘၣ်သဂၢ်ဖုး

comeback *n* ၁. တၢ်အိၣ်ကဒါက့ၤ, တၢ်န့ၢ်ကဒါက့ၤ (တၢ်စိတၢ်ကမီၤတၢ်လီၢ်တၢ်လၤ) ၂. တၢ်တဲခီဆၢက့ၤတၢ်လၢတၢ်ကူၣ်သ့အပူၤ

comedian *n* ပှၤမၤကလိာ်တၢ်, ပှၤမၤလီၤနံၤတၢ်

comedy *n* ၁. တၢ်မၤကလိာ်တၢ်, တၢ်မၤလီၤနံၤတၢ် ၂. ပူကလိာ်, ပူလီၤနံၤ

comely *a* ကွၢ်ဂ့ၤ, လၢအထုးန့ၢ် (ပှၤသး), လၢအရဲၢ်န့ၢ်တၢ်

come-on *n* ၁. တၢ်ကွဲန့ၢ်လွဲန့ၢ်, တၢ်ပွးဒိပွးတဲာ်ဟ်ဖျါထီၣ်လၢအလိၣ်ဘၣ်တၢ်မှာ်ဖံးမှာ်ညၣ် ၂. တၢ်မၤဘၣ်လီၤတၢ်အပှ့ၤ, တၢ်ဟ့ၣ်လီၤကလီတၢ်လၢမ့ၢ်ကျိၤဝဲၤကွာ်အဂီၢ်

comet *n* ဆၣ်မဲၢ်ထီၣ်

comfort *n* ၁. တၢ်မှာ်သူၣ်မှာ်သး, တၢ်အမှာ်အပၢၤ, တၢ်မၤမှာ်ပှၤအသး, တၢ်မၤဖှံထီၣ်က့ၤပှၤအသး ၂. ပှၤ မ့တမ့ၢ် တၢ်လၢအမၤမှာ်ထီၣ်ပှၤအသး

comfort *v* မၤမှာ်ပှၤအသး, မၤဖှံထီၣ်က့ၤပှၤအသး, မၤမှာ်သူၣ်မှာ်သး

comfortable *a* ၁. လၢအမှာ်, လၢအမှာ်သူၣ်မှာ်သး, လၢအမှာ်အပၢၤ ၂. လၢတအိၣ်ဒီးကျိၣ်စ့တၢ်ဘၣ်ယိၣ်ဘၣ်ဘီ, လၢအတဘၣ်ယိၣ်ဘၣ်ဘီတၢ်

comfortably *adv* မှာ်မှာ်ခုၣ်ခုၣ်, မှာ်မှာ်လၢလၢ

comforter *n* ၁. ပှၤ မ့တမ့ၢ် တၢ်လၢအဟ့ၣ်ဂံၢ်ဟ့ၣ်ဘါပှၤ, ပှၤ မ့တမ့ၢ် လၢအမၤမှာ်သူၣ်မှာ်သးပှၤ, ပှၤ မ့တမ့ၢ် တၢ်လၢအမၤမှာ်ထီၣ်က့ၤပှၤအသး, ၂. ကိာ်စၢသိဆူၣ်, သိဆူၣ်ကိာ်စၢ ၃. ယၣ်လုးဘဲ

comforting *a* လၢအဟ့ၣ်ဂံၢ်ဟ့ၣ်ဘါပှၤ, လၢအမၤမှာ်သူၣ်မှာ်သးပှၤ, လၢအမၤမှာ်ထီၣ်က့ၤပှၤအသး

C

comfortless *a* လၢတၢ်မှာ်သူၣ်မှာ်သးတအိၣ်, လၢတၢ်အမှာ်အပၢၤတအိၣ်, လၢတၢ်မၤမှာ်အသးတအိၣ်

comic *a* လၢအလီၤနံၤလီၤအ့

comic *n* ပူမံ, ပူလၢအအိၣ်ဒီးတၢ်ဂီၤဒီးလီၤနံၤလၢဖိသၣ်ကဖးဝဲအဂီၢ်

comical *a* လၢအမၤ်ဒီးလီၤနံၤလီၤအ့

comity *n* တၢ်ယူးယီၣ်ဟ်ကဲ

comma *n* (,) = နီၣ်တဝံး

command *n* ၁. တၢ်မၢ, တၢ်မၤလိာ်, တၢ်ဟ့ၣ်တၢ်ကလုၢ် ၂. တၢ်ပၢဘၣ်

command *v* ၁. မၢ, မၤလိာ်, ဟ့ၣ်တၢ်ကလုၢ် ၂. လုၢ်ဘၢစိကမီၤ, ဒိၣ်စိ

commander *n* သုးခိၣ်ယီၤ, သုးအပှၤနဲၣ်တၢ်

commanding *a* ၁. လၢအိၣ်ဒီးအစိကမီၤ, လၢအအိၣ်ဖျါကဟုကညီၢ်, လၢအအိၣ်ဖျါလီၤယူးလီၤယီၣ် ၂. လၢအအိၣ်လၢလိၢ်ထိၣ်ထိတြၢၢ်ကလာ်

commandment *n* တၢ်မၤလိာ်

commando *n* သုးနူစိ

commemorate *v* မၤတၢ်သ့ၣ်နီၣ်ထီၣ်

commemoration *n* ၁. တၢ်မၤတၢ်သ့ၣ်နီၣ်ထီၣ် ၂. တၢ်သ့ၣ်နီၣ်ထီၣ်အမူး

commence *v* စးထီၣ်, ၒးအိၣ်ထီၣ်သီ, မၤအိၣ်ထီၣ်သီ

commencement *n* ၁. တၢ်စးထီၣ်(တၢ်), တၢ်လၢထံးလၢသိ, တၢ်အိၣ်ထီၣ်သီ ၂. တၢ်ဖှိုက္ခိအမူး, တၢ်ဟံးမံၤလၤဒိၣ်လံာ်အှၣ်သးအမူး

commend *v* ၁. စံးထီၣ်ပတြၢၤ, ကတီၤဂ့ၤပှၤ ၂. အှၣ်အသးလၢတၢ်အဂီၢ် ၃. ဟ့ၣ်ကူၣ်ဟ့ၣ်ဖး

commendable *a* လၢအလီၤစံးပတြၢၤ, လၢတၢ်စံးဂ့ၤအီၤသ့

commendation *n* တၢ်စံးထီၣ်ပတြၢၤ, တၢ်ကတီၤဂ့ၤတၢ်

commensurate *a* ၁. လၢအဘၣ်အတီၤပူး ၂. လၢဘၣ်လိာ်အသး, ကြၢးဒီး

comment *n* ၁. တၢ်ဟ်ဖျါတၢ်ထံၣ်, တၢ်ဟ့ၣ်ထီၣ်တၢ်ထံၣ် ၂. တၢ်ဟ့ၣ်ကူၣ်ဟ့ၣ်ဖး

comment *v* ဟ်ဖျါတၢ်ထံၣ်, ဟ့ၣ်ထီၣ်တၢ်ထံၣ်

commentary *n* တၢ်ဟ်ဖျါတၢ်ထံၣ်, တၢ်ထံၣ်တၢ်ဟ့ၣ်ကူၣ်ဟ့ၣ်ဖးသနၢၣ်

commentate *v* ၁. ဟ်ဖျါထီၣ်တၢ်ထံၣ် ၂. ဟ့ၣ်ကူၣ်ဟ့ၣ်ဖးတၢ်

commentator *n* ပှၤဟ့ၣ်ကူၣ်ဟ့ၣ်ဖးတၢ်, ပှၤပဲာ်ထံနီၤဖးတၢ်

commerce *n* တၢ်မၤပန်ာ်တၢ်ကၤ

commercial *a* ၁. လၢအဘၣ်ဃးဒီးတၢ်မၤပန်ာ်တၢ်ကၤ ၂. လၢအဒုးအိၣ်ထီၣ်တၢ်ဆါတၢ်ပှ့ၤလၢကမၤန့ၢ်အထိးနါ

commercial *n* တၢ်ဘိးဘၣ်ရၤလီၤလၢကွဲၤဟူဖျါ မ့တမ့ၢ် ကွဲၤလ့လီၤအပူၤ

commercialize, commercialise *v* ဆီတလဲက့ၤဆူတၢ်ကူၣ်လဲၤမၤကၤတၢ်ကရၢလၢကမၤန့ၢ်အထိးနါအဂီၢ်

commingle *v* ကျဲၣ်ကျိတၢ်, ဃါဃုာ်, ကျဲဃုာ်

commiserate *v* သူၣ်ကညီၤသးကညီၤ, ဒိသူၣ်ဒိသး, သးအုးဃုာ်ဒီး

commission *n* ၁. တၢ်နဲၣ်လီၤ ၂. တၢ်မၤလိၤဟ့ၣ်စိကမီၤပှၤလၢကကဲပှၤအခၢၣ်စး ၃. တၢ်ဟ့ၣ်စ့ခိၣ်မံးရှၢၣ်, တၢ်ဟ့ၣ်စ့ဆူပှၤမၤန့ၢ်တၢ်လၢတၢ်ခၢၣ်သး ၄. တၢ်ဟ့ၣ်လီၤသုးလိၢ်လၤအလံာ်တၢ်နဲၣ်လီၤ

commission *v* ၁. ဟ့ၣ်လီၤတၢ်နှ့ၢ်ပၢမၤတၢ်ခွဲးယာ် ၂. ဟ့ၣ်လီၤတၢ်လိၢ်တၢ်လၤလၢသုးပှၤ, ဟ့ၣ်လီၤသုးလိၢ်လၤ

commit *v* ၁. မၤကမၣ်တၢ်, လုၢ်သ့ၣ်ခါပတာ်တၢ် ၂. ဟ့ၣ်လီၤအးလီၤသးလၢာ်လၢာ်ဆ့ဆ့ ၃. နဲၣ်လီၤပှၤဂၤလၢကလဲၤတၢ်ဆါဟံၣ် မ့တမ့ၢ် လီၤဆူဃိာ်ပူၤ

commitment *n* ၁. တၢ်အၢၣ်လီၤသး, တၢ်ဟ့ၣ်လီၤသးလၢာ်လၢာ်ဆ့ဆ့ ၂. တၢ်လၢတၢ်ကဘၣ်မၤအီၤဒီးဟးဆှဲးအီၤတသ့

committed *a* လၢအဟ့ၣ်လီၤသးမၤတၢ်

committee *n* ကမံးတံာ်

commodious *a* လၢအဖးလဲၢ်, ဖးလဲၢ်ဖးကွာ်

commodity *n* ၁. ပန်ာ်ဃီၤဃၤ မ့တမ့ၢ် စံာ်ပှဲၤပန်ာ်တဖၣ်လၢတၢ်ပှ့ၤဒီးဆါအီၤသ့ ၂. တၢ်လၢတၢ်တစူးကါအီၤတသ့, တၢ်လၢအရှ့ဒိၣ် မ့တမ့ၢ် လုၢ်ပှ့ၤဒိၣ်

common *a* ၁. လၢအဘၣ်ဃး (ပှၤ, တၢ်) ခဲလၢာ် ၂. လၢအမၤညီနုၢ်အသး, လၢအမၤအသးခဲအံၤခဲအံၤ ၃. လၢအပတီၢ်တအိၣ်, လၢအပတီၢ်ဖုၣ်, ပတီၢ်မုၢ်, မုၢ်ဆ့ၣ်မုၢ်ဂီၤ

common *n* ၁. တၢ်လီၢ်ပျီဖးလ္ၢ်လၢပှၤအါဂၤစူးကါအီၤသ့ ၂. တၢ်လီၢ်ပျီဖးလ္ၢ်လၢအဘၣ်ဃးဒီးပှၤအါဂၤ, ကမျၢ်အတၢ်လီၢ်တၢ်ကျဲ

common cold *n* တၢ်ခုၣ်ဘၣ်

common law *n* (ဘြံးထံး(ရှ)) လုၢ်လၢ်ထူသနူဘၣ်ထွဲအတၢ်သိၣ်တၢ်သီ

common sense *n* သးအတၢ်သ့ၣ်ညါ

commoner *n* ပှၤပတီၢ်မုၢ်, ပှၤမုၢ်ဆ့ၣ်မုၢ်ဂီၤ

commonly *adv* ခဲအံၤခဲအံၤ

commonplace *a* လၢအမၤညီနုၢ်အသး, လၢအကဲထီၣ်ညီနုၢ်အသး, လၢအတလီၤဆီတၢ်နီတမံၤ

commonplace *n* တၢ်လၢအမၤညီနုၢ်အသး, တၢ်လၢအကဲထီၣ်ညီနုၢ်, တၢ်လၢအတလီၤဆီတၢ်နီတမံၤ

commonwealth *n* ၁. ထံကီၢ်တဘ့ၣ်အထံဖိကီၢ်ဖိ, ကမျၢ် ၂. ထံဖိကစၢ်ကီၢ် ၃. ကီၢ်စဲၣ်လၢအပၢလီၤအကစၢ်အသးဒၣ်ဝဲ

commotion *n* တၢ်တၢထီၣ်တၢလီၤ, တၢ်ဟူးတၢ်ဂဲၤ

communal *a* ၁. လၢအဘၣ်ဃးဒီးပှၤအါဂၤ ၂. လၢအပၣ်ဃုာ်ဒီးပှၤအကလှာ်ကလှာ်, တၢ်ဘူၣ်တၢ်ဘါဒီးတၢ်ကတိၤအကရူၢ်ကလှာ်ကလှာ်

commune *n* ပှၤအါဂၤအိၣ်သကိးတပူၤဃီ, ပှၤတကရူၢ်လၢအအိၣ်သကိးဒီးနီၤလီၤအတၢ်စုလီၢ်ခီၣ်ခိၣ်ဒီးဟံးသကိးမူဒါဒီးအိၣ်သကိးအိၣ်သကိးတပူၤဃီ

commune *v* သးအိၣ်ဘူးအိၣ်တံၢ်လိာ်သး, လၢတၢ်သးတဖျၢၣ်ဃီ, တဲသကိးတၢ်ဘူးဘူးတံၢ်တံၢ်

communicable *a* ၁. လၢအဘၣ်ကူဘၣ်က်ပှၤသ့ ၂. လၢတၢ်တဲအီၤဒီးနၢ်ပၢၢ်ဝဲညီ, လၢပတဲဒုးနၢ်ပၢၢ်ပှၤသ့

communicate *v* ၁. ဆဲးကျၢ, ဆဲးကျိး ၂. (တၢ်ဆူးတၢ်ဆါ) ဘၣ်ကူဘၣ်က်ညီ, ရၤလီၤအသး, စိာ်ဆှၢ, ဆှၢခီ

communication *n* တၢ်ဆဲးကျၢဆဲးကျိး

communicative *a* လၢအတဲတၢ်ဒီးပှၤဂၤသ့, လၢအဆဲးကျိးဆဲးကျၢတၢ်သ့

communion *n* ၁. တၢ်ရှလိာ်သကိးသးဘူးဘူးတံၢ်တံၢ် ၂. တၢ်အိၣ်ဘူၣ် – ခရံာ်ဖိအိၣ်ကိၣ်အီစပံးထံအမူး ၃. ပှၤအဖုအကရူၢ်လၢအတၢ်ဘူၣ်တၢ်ဘါတၢ်စူၢ်တၢ်နာ်လီၤပလိာ်အသး, အဒိ – အဲကလံးကၣ်ခရံာ်ဖိကရူၢ်

communique *n* လံာ်ဘိးဘၣ်ရၤလီၤဖိးသဲစး, တၢ်ဒုးသ့ၣ်ညါလီၤတၢ်ဖိးသဲစး

communism *n* ခိၣ်မှၢ်နံးသနူ

communist *n* ပှၤခိၣ်မှၢ်နံးဖိ, ပှၤလၢအနာ်ခိၣ်မှၢ်နံးသနူ, ပှၤလၢအဟ့ၣ်ဂံၢ်ဟ့ၣ်ဘါခိၣ်မှၢ်နံးသနူ

community *n* ပှၤအတဝၢ

community service *n* ပှၤတဝၢအတၢ်ဖံးတၢ်မၤ

commute *n* တၢ်လဲၤထီၣ်ကွ့ၤလီၤတဘိယှၢ်ဃီ, တၢ်ထီၣ်ထီၣ်လီၤလီၤလၢတၢ်လီၢ်တတီၤဆူတၢ်လီၢ်အဂၤတတီၤထိဘိ

commute *v* ၁. လှၢ်လီၤမၤတၢ်လၢတၢ်ဒ့ၣ်စၢၤအယံၤ ၂. လဲလိာ်မၤညီထီၣ် (တၢ်စံၣ်ညီၣ်)

commuter *n* ပှၤလၢအလဲၤထီၣ်ကွ့ၤလီၤတဘိယှၢ်ဃီ, ပှၤထီၣ်ထီၣ်လီၤလီၤလၢတၢ်လီၢ်တတီၤဆူတၢ်လီၢ်အဂၤတတီၤထိဘိ

compact *a* လၢအအိၣ်လၢအလီၢ်အကျဲဘၣ်ဘၣ်, လၢအအိၣ်တကံၣ်ဖိသံးတံၢ်အသးအလီၢ်အကျဲဘၣ်, ဆံးဘၣ်ဆၣ်ဃံးဃီၣ်ဒီၣ်, လၢအအိၣ်သံးတံၢ်ဃာ်လိာ်အသး

compact *n* ၁. တၢ်ဖျုမဲာ်ဒၢလၢအအိၣ်ဒီးမဲာ်ထံကလၤ ၂. တၢ်အၢၣ်လီၤအီလီၤ

compact *v* ၁. ဆီၣ်သံးတံၢ်တၢ်ဃံးဃံး ၂. ဒုးအိၣ်ထီၣ်တၢ်အၢၣ်လီၤတူၢ်လိာ်သကိးတၢ်

compact disc *n* လီဃဲၤကွိၤ (ဘၣ်တၢ်သ့ၣ်ညါစ့ၢ်ကီးအီၤလၢ CD)

companion *n* တံၤသကိး, ဂ့ၤမိၣ်, ပှၤလၢအလဲၤသကိး, ပှၤမၤသကိးတၢ်

companionable *a* လၢတၢ်ရှအီၤမှာ်, လၢအဂ့ၤဒီတံၤဒီသကိး

companionship *n* တၢ်ဒီတံၤဒီသကိး, တၢ်ရှလိာ်မှာ်လိာ်

C

company *n* ၁. ခီပနံာ်, ပနံာ်တၢ်ကၤ အကရၢ ၂. တၢ်ဒီတံၤဒီသကိး ၃. အကရၢ အဒိ, ပှၤဂဲၤကလံာ်ဖိအကရၢ ၄. သုးဒ့

comparable *a* လၢတၢ်ကွၢ်သတြီၤအီၤသ့

comparative *a* ၁. လၢအဘဉ်ထွဲဘဉ်ဃး လံာ်သးဒိး (တၢ်) တမံၤ, လၢအထိဉ်သတြီၤက့ၤ တၢ် ၂. (လံာ်ဂံၢ်ထံး) လၢအဘဉ်ဃးဒီးတၢ်အိဉ်ဒီး အကံၢ်အစီဂ့ၤဒိဉ်န့ၢ်အန့ဉ်

comparative *n* (လံာ်ဂံၢ်ထံး) တၢ်လၢအ ဘဉ်ဃးဒီးမံၤကယါ, ဝီၢ်ကယါ, နီၢ်လၢအဟ်ဖျါ ထိဉ်တၢ်အိဉ်ဒီးအကံၢ်အစီဂ့ၤဒိဉ်န့ၢ်အန့ဉ်

comparatively *adv* မ့ၢ်ဘဉ်ထိဉ်သတြီၤအီၤ န့ဉ်

compare *v* ထိဉ်သတြီၤ, ဟ်သတြီၤ, ကွၢ် သတြီၤ

comparison *n* တၢ်ထိဉ်သတြီၤ

compartment *n* တၢ်လၢတၢ်နီၤဖးလီၤအီၤ တကဆူးတကဆူး, တၢ်လီၢ်တကဆူး, တၢ် ဒၢအကဆူး

compartmentalize, compartmentalise *v* နီၤဖးလီၤအီၤဆူအဖုအကရၢအသနၢ်ဒ်ဒဲ, ဟ်လီၤဆီတၢ်အိဉ်လၢအသနၢ်ဒ်ဒဲ

compass *n* ဒီလ့ၢ်ဂီၤ

compass *v* ၁. လဲၤတရံး, ဝီၤတရံးဃာ်, ကရၢဃာ် ၂. မၤကဲထိဉ်လိဉ်ထိဉ်တၢ်

compasses, compass *n* နိဉ်ဝံာ်တရံး, နိဉ်ဝံာ်တရံးအပီးအလီလၢတၢ်တ့တၢ်တိၤကွီၤ, ကွီၤတ့ာ်, တၢ်ကူဉ်ကျိၤတဖဉ်

compassion *n* တၢ်သးကညီၤတၢ်, တၢ်သး အိဉ်မၤစၢၤတၢ်

compassionate *a* လၢအသးကညီၤတၢ်, လၢအသးအိဉ်မၤစၢၤတၢ်

compatibility *n* တၢ်အိဉ်ဃူအိဉ်ဖိးလိာ်သး, တၢ်အိဉ်ဘဉ်လိာ်ဖိးဒ့လိာ်သး

compatible *a* ၁. လၢအအိဉ်ဃူအိဉ်ဖိးလိာ် သး, လၢအဘဉ်လိာ်ဖိးဒ့လိာ်သး ၂. လၢတၢ်သူအီၤသ့တပူၤဃီ

compatriot *n* ၁. ပှၤလၢအအိဉ်ထံကိၢ် တဘ့ဉ်ဃီ ၂. သကိးလၢမၤသကိးတၢ်တပူၤဃီ

compel *v* မၤဆူဉ်, မၢဆူဉ်, မၤနၢၤမၤဃဉ်

compelling *a* ၁. လၢအမၤဆူဉ်တၢ်, လၢအ မၤနၢၤမၤဃဉ်တၢ် ၂. လၢအထိဉ်ဟူးထိဉ်ဂဲၤထိဉ် ပှၤအတၢ်သးစဲဒိဉ်ဒိဉ်ကလဲာ်, လၢအလိဉ်ဘဉ်ပှၤ အတၢ်သးစဲလၢအချ့

compendious *a* လၢအဘဉ်တၢ်ကွဲးဖုဉ် လီၤ, လၢအဖုဉ်ဖုဉ်

compendium *n* လံာ်ဘဉ်တၢ်ကွဲးဖုဉ်လီၤ, တၢ်ကွဲးဖုဉ်

compensate *v* ၁. လိာ်တၢ်အပူၤ, ဟ့ဉ် စ့အိဉ်လီး ၂. မၤပှဲၤန့ၢ်တၢ်လၢအလီၢ်

compensation *n* ၁. တၢ်လိာ်န့ၢ်တၢ်အပူၤ, တၢ်ဟ့ဉ်စ့အိဉ်လီး ၂. တၢ်မၤပှဲၤန့ၢ်တၢ်လၢအလီၢ်

compete *v* ပြၢလိာ်သး, ပြၢ

competence, competency *n* တၢ်သ့န့ၢ် အိဉ်န့ၢ်, တၢ်သ့တၢ်ဘဉ်လၢကမၤတၢ်မၤအဂီၢ်, တၢ် လၢတၢ်လီၢ်, တၢ်လၢဝဲလီၢ်ဝဲ

competent *a* လၢအသ့န့ၢ်အိဉ်န့ၢ်, လၢအ သ့အဘဉ်, လၢအိဉ်ဒီးအကံၢ်အစီ

competition *n* တၢ်ပြၢ

competitive *a* ၁. လၢအမ့ၢ်တၢ်ပြၢလိာ်သး ၂. လၢအသးဆူဉ်လၢအဲဉ်ဒိးမၤနၢၤတၢ်

competitor *n* ပှၤပြၢတၢ်

compilation *n* ၁. တၢ်ကွဲးဟ်ဖိုဉ်, တၢ်သး ဝံဉ်ဟ်ဖိုဉ်, တၢ်ဟ်ဖိုဉ်ဟံးန့ၢ်တၢ်တပူၤဃီ ၂. တၢ် ကွဲးဟ်ဖိုဉ်လံာ်, တၢ်ဂ့ၢ်တၢ်ကျိၤတပူၤဃီအကျိၤအ ကျဲ ၃. တၢ်ကွဲးကျိာ်ထံဆီတလဲက့ၤခီဉ်ဖျူထၢဉ်အ တၢ်ရဲဉ်တၢ်ကျဲၤတဖဉ်ဆူစဲးဖီကဟဉ်အတၢ်ပနီဉ်တ ဖဉ်

compile *v* ဟ်ဖိုဉ်တပူၤဃီဒီးဒုးကဲထိဉ်လံာ် ဟ်ဖိုဉ်တၢ်ဂ့ၢ်တၢ်ကျိၤ

compiler *n* ပှၤဟ်ဖိုဉ်ထိဉ်တၢ်ဂ့ၢ်တၢ်ကျိၤ, ပှၤ လၢအဃုထၢဟ်ဖိုဉ်တၢ်ဂ့ၢ်တၢ်ကျိၤတဖဉ်

complacence *n* တၢ်သူဉ်မံသးမံ, တၢ်သူဉ် မံသးမှာ်, တၢ်သးမံလီၤက့ၤသး

complacency *n* တၢ်သူဉ်မံသးမံ, တၢ်သူဉ် မံသးမှာ်, တၢ်သးမံလီၤက့ၤသး

complacent *a* လၢအသးမံဒ်အတၢ်

complain *v* ၁. ဟ်တၢ်ကမဉ်, ဆိုး, ကအုကစ္ၢါ ၂. လိာ်ကွီၢ်တၢ်ဆူးတၢ်ဆါ

complaint *n* ၁. တၢ်ဆိုးထိဉ်တၢ်, တၢ် ကအုကစ္ၢါ, တၢ်ကနူးကဒ့ဉ်, တၢ်ဟ်တၢ်ကမဉ် ၂. တၢ်လိာ်ကွီၢ်တၢ်ဆူးတၢ်ဆါ

complement *n* ၁. တၢ်လၢအမၤလၢထိဉ်ပှဲၤ ထိဉ်တၢ်, တၢ်လၢအမၤပှဲၤထိဉ်ပှဲၤထီတၢ် ၂. တၢ်ဂံၢ်

နီၣ်ဂံၢ်နီၣ်ဒွး လၢအမၤလၢပှဲၤထီၣ်တၢ်တမံၤမံၤ ၃. (လံာ်ဂံၢ်ထံး) လံာ်ဖျၢၣ်လံာ်ကျိၤဖုၣ်တဖၣ်လၢအမၤလၢပှဲၤက့ၤဝီၢ်အခီပညီ ၄. နၢၣ်လၢတၢ်ဟ့ၣ်ဟ်စၢၤအီၤလၢအစုၤန့ၢ်ဒံး ၉၀ ဒံၢ်ကရံၣ်

complement *v* မၤလၢထီၣ်ပှဲၤထီၣ်တၢ်, မၤပှဲၤထီၣ်ပှဲၤထီတၢ်

complementary *a* လၢအမၤလၢထီၣ်ပှဲၤထီၣ်န့ၢ်သကိးသကိးတၢ်

complete *a* ၁. လၢပှဲၤ ၂. ဝံၤ, ဝံၤလံ

complete *v* ၁. (လံာ်တကွီၣ်ဒိ) မၤပှဲၤ, မၤလၢပှဲၤ ၂. မၤဝံၤ, မၤဝံၤမၤကတၢၢ်

complete rest *n* ဘၣ်အိၣ်ဘှံးလၢလၢပှဲၤပှဲၤ

completely *adv* လၢလၢပှဲၤပှဲၤ, လၢာ်လၢာ်ဆ့ဆ့, စီဖုကလုၤ

completion *n* တၢ်လၢထီၣ်ပှဲၤထီၣ်, တၢ်မၤလၢမၤပှဲၤတၢ်, တၢ်မၤဝံၤက့ၤတၢ်, တၢ်မၤကတၢၢ်က့ၤတၢ်

complex *a* ၁. လၢအဘံၣ်ဘူဃါယှာ် ၂. လၢတၢ်နၢ်ပၢၢ်ဘၣ်အီၤကီ, လၢအသဘံၣ်သဘုၣ်

complex *n* ၁. တၢ်သူၣ်ထီၣ်ရိၣ်ဖိုၣ်, တၢ်သူၣ်ထီၣ်တမံၤဃီအိၣ်ရိဖိုၣ်ထီၣ်သးအလီၢ် ၂. ခိၣ်နူာ်ဒီးနီၢ်သးအတၢ်ဆိကမိၣ်သဘံၣ်ဘုၣ်အပနီၣ် ၃. က်ဟ်ဖိုၣ်ထီၣ်အသးဒီးတၢ်အါမံၤ, က်လၢအဘံၣ်ဘူစှၢ်သၢလိာ်သးအါမး

complexion *n* ၁. (ပှၤ) အမဲာ်သၣ်အလွှၢ် ၂. (တၢ်တမံၤ) အတၢ်သကဲာ်ပဝး, (တၢ်တမံၤ) အတၢ်အိၣ်သး

complexity *n* တၢ်အိၣ်ဘံဘူစီၤဃၤ, တၢ်အိၣ်သဘံၣ်သဘုၣ်

compliance *n* တၢ်လူၤဘၣ်ပှၤအသး, တၢ်လူၤပိာ်မၤထွဲ (တၢ်သိၣ်တၢ်သီ), တၢ်လူၤဘၣ် (တၢ်ဟ်သူၣ်ဟ်သး), တၢ်စူၢ်ပှၤဂၤ (အကလုၢ်)

compliant *a* ၁. လၢအလူၤဘၣ်ပှၤအသး, လၢအစူၢ်ပှၤဂၤ (အကလုၢ်) ၂. လၢအလူၤပိာ်မၤထွဲ (တၢ်သိၣ်တၢ်သီ), လၢအဒိကနၣ် (တၢ်သိၣ်တၢ်သီ)

complicate *v* မၤသဘံၣ်သဘုၣ်, မၤစဘံစဘါ

complicated *a* လၢအအိၣ်သဘံၣ်ဘုၣ်လိာ်သး, လၢအကီအခဲ

complication *n* ၁. တၢ်လၢအမၤသဘံၣ်သဘုၣ်တၢ်, တၢ်ကီတၢ်ခဲ ၂. တၢ်ဆါပိာ်ထွဲထီၣ်တၢ်အခံ, တၢ်ဆါလၢအပိာ်ထွဲထီၣ်တၢ်အခံ

complications *n* တၢ်ဆါပိာ်ထွဲတဖၣ်

complicit *a* လၢအကူၣ်သကိးတၢ်, လၢအမၤသကိးတၢ်အၢ

complicity *n* တၢ်ကူၣ်သကိးတၢ်, တၢ်မၤသကိးတၢ်အၢတၢ်သီ

compliment *n* တၢ်စံးပတြၢၤ, တၢ်စံးထီၣ်ပတြၢၤ, တၢ်စံးဂ့ၤစံးဝါတၢ်

compliment *v* စံးပတြၢၤတၢ်, စံးဂ့ၤစံးဝါတၢ်, ကတိၤမှာ်လၢဆၢသး

complimentary *a* ၁. လၢအစံးပတြၢၤတၢ်, လၢအစံးဂ့ၤစံးဝါတၢ် ၂. လၢအဟ့ၣ်တၢ်, လၢအဟ့ၣ်ကလီတၢ်

comply *n* ၁. လူၤဘၣ်ပှၤအသး, စူၢ် (ပှၤဂၤအကလုၢ်) ၂. လူၤပိာ်ထွဲ (တၢ်သိၣ်တၢ်သီ) လၢတၢ်ဟ်လီၤန့ၢ်အီၤ

component *a* လၢအကျိၣ်ကျဲအသး (လၢတၢ်တမံၤအပူၤ), လၢအဘၣ်ဃးဒီးတၢ်တမံၤ

component *n* တၢ်အက့ၢ်အဂီၤတမံၤ, တၢ်အခီတခီ, တၢ်အဒ့အတြၢ်, တၢ်ကျဲၣ်ကျိလိာ်သးတမံၤ

compose *v* ၁. ကျဲၤအိၣ်ထီၣ်, ကျဲၤက့ၤတၢ် ၂. ကွဲးတၢ်သးဝံၣ် ၃. ဒုးကဲထီၣ်, မၤကဲထီၣ်, ဟ်ဖိုၣ်တၢ် ၄. ဟ်သးဂၢၢ်ဂၢၢ်, ပၢၤအသး

composed *a* လၢအသးဂၢၢ်, လၢအကီၤသူၣ်ကီၤသး

composer *n* ပှၤကွဲးထါ, ပှၤကွဲးတၢ်သးဝံၣ်

composite *a* လၢအဟ်ဖိုၣ်ဟ်တံၤအသးဒီးတၢ်အါမံၤ, လၢအဟ်ဖိုၣ်အသးဒီးတၢ်အါန့ၢ်ခံမံၤ

composition *n* ၁. တၢ်ကွဲးဟ်ဖိုၣ် ၂. က့ၢ်ဂီၤဟ်ဖိုၣ် ၃. တၢ်ကွဲးထၢဖိုၣ်ဟ်ဖိုၣ်အတၢ်ဖံးတၢ်မၤအကျိၤအကျဲ

compost *n* တၢ်အုၣ်တၢ်ကျၣ်လၢအမၤဂ့ၤထီၣ်ဟီၣ်ခိၣ်, ဟီၣ်စီလၢတၢ်မၤအီၤလၢသ့ၣ်လၣ်ဃ့ထီဒီးအအုၣ်အကျၣ်

compost *v* မၤဟီၣ်စီလၢသ့ၣ်လၣ်အအုၣ်အကျၣ်

composure *n* တၢ်သးဂၢၢ်တပၢၢ်

compound *a* ၁. လၢအဘၣ်တၢ်ဟ်ဖိုၣ်အီၤ, လၢအဘၣ်တၢ်ဃါယှာ်အီၤ, လၢအဘၣ်တၢ်ဒုးကဲ

ထိၣ်အီၤလၢတၢ်အကူအခိခံမံၤ မ့တမ့ၢ် အါန့ၢ်အနူၣ် ၂. ကရၢ်, အဒိ – ကွဲးဟံၣ်ဒွဲကရၢ်, ယိာ်ကရၢ်

compound *n* ၁. တၢ်ဃါဃုာ်တၢ်, တၢ်ကျဲၣ်ကျီဃုာ်တၢ်, က်ဖိုၣ် – က်ခံမံၤ မ့တမ့ၢ် အါန့ၢ်ခံမံၤဟ်ဖိုၣ်ထိၣ်အသး အဒိ – ထံန့ၣ်မ့ၢ်ဝဲအီးစံၣ်ကွၢ်ဒီးဟဲးဒြိၣ်ကွၣ်ဟ်ဖိုၣ်ထိၣ်အသး ၂. လံာ်ဖျာၣ်လၢလံာ်မဲာ်ဖျာၣ်အါဖျာၣ်ဟ်ဖိုၣ်ထိၣ်အသး

compound *v* ၁. မၤအၢထိၣ်တၢ်အိၣ်သးလၢအအၢတ့ၢ်လံ, မၤကီမၤခဲအါထိၣ်တၢ်ဂ့ၢ်ကီလၢအအိၣ်တ့ၢ်လံ ၂. ဟ်ဖိုၣ်တၢ်, ဃါဃုာ်တၢ် ၃. ဟ်ဖိုၣ်စ့အ့ၣ်ဒီးစ့မိၢ်ပှၢ်ဝံၤဒုးကဲထိၣ်က့ၤစ့မိၢ်ပှၢ်အသီတခါ

comprehend *v* ၁. သ့ၣ်ညါနၢ်ပၢၢ်တၢ်တမံၤမံၤလၢလၢပှဲၤပှဲၤ, သ့ၣ်ညါနၢ်ပၢၢ် ၂. ပၣ်ဃုာ်, ပၣ်ဃုာ်ဒီး

comprehensible *a* လၢတၢ်သ့ၣ်ညါနၢ်ပၢၢ်အီၤသ့

comprehension *n* တၢ်အကံၢ်အစီလၢကသ့ၣ်ညါနၢ်ပၢၢ်တၢ်အဂီၢ်, တၢ်နၢ်ပၢၢ်ကျိာ်အတၢ်သိၣ်လိ, တၢ်ဒီးစဲးလၢအမၤကွၢ်ကွိဖိအတၢ်သ့ၣ်ညါနၢ်ပၢၢ်

comprehensive *a* လၢအကျၢၢ်ဘၢတၢ်လၢလၢပှဲၤပှဲၤ, လၢအပၣ်ဃုာ်ဒီးတၢ်ကိးမံၤ

compress *n* တၢ်ကံးညာ်က့လၢအဆူးတၢ်အထံအနိဒီးတၢ်ဆိၣ်လီၤအီၤလၢနီၢ်ခိမိၢ်ပှၢ်အဖီခိၣ်လၢကမၤစှၤလီၤတၢ်ဆါဒီးပတှာ်သွံၣ်ယွၤလီၤ

compress *v* ၁. ဆိၣ်သံးတၢ်, မၤဆံးလီၤတၢ် ၂. မၤဆံးလီၤခီၣ်ဖွူထၢၣ်လံာ်တြံာ် ၃. ကွဲးဖုၣ်အီၤလၢလၢပှဲၤပှဲၤ

compression *n* တၢ်ဆိၣ်သံးတၢ်, တၢ်ဆိၣ်တံၢ်မၤစှၤလီၤတၢ်

compressor *n* စဲးပီးလီ မ့တမ့ၢ် တၢ်ပီးတၢ်လီလၢအကးတံာ်တြီတံၢ်ကလံၤ မ့တမ့ၢ် က်သဝံတဖၣ်

comprise *v* ပၣ်ဃုာ်, အိၣ်ဒီး, ပၣ်ဃုာ်လၢတၢ်တမံၤမံၤအပူၤ

compromise *n* ၁. တၢ်အၢၣ်လီၤလၢတၢ်မၤန့ၢ်အီၤခီဖျိပှၤခံကရူၢ်မၤဘၣ်လိာ်ဖိးဒ့လိာ်သးယၢ်ခီယၢ်ခီ, တၢ်မၤဖိးမံ, တၢ်အၢၣ်လီၤခီဖျိတၢ်မၤဘၣ်လိာ်ဖိးဒ့လိာ်သးယၢ်ခီယၢ်ခီ ၂. တၢ်မၤစှၤလီၤတၢ်လိၣ်ဘၣ်လၢကဖိးမံလိာ်သးအဂီၢ်

compromise *v* ၁. မၤဘၣ်လိာ်ဖိးမံလိာ်သးခံခီယၢ်ခီ ၂. မၤစှၤလီၤတၢ်လိၣ်ဘၣ်အပတီၢ်လၢကဖိးမံလိာ်သးအဂီၢ် ၃. ဒုးအိၣ်ထိၣ်တၢ်သးဒ့ဒီဒီးတၢ်ပျံၤတၢ်ဖုးခီဖျိတအိၣ်ဒီးတၢ်ဆိကမိၣ်ထံဆး

compulsion *n* ၁. တၢ်မၢဆူၣ်, တၢ်မၤနၢၤမၤဃဉ်တၢ်, တၢ်ဆိၣ်သနံးပှၤလၢကမၤတၢ်လၢအတအဲၣ်ဒီးမၤဝဲ ၂. တၢ်သးဆူၣ်ဒိၣ်မးလၢကမၤတၢ်လၢအလီၤဘၣ်ယိၣ်

compulsive *a* ၁. လၢအမၢဆူၣ်တၢ်, လၢအဆိၣ်သနံးပှၤလၢကမၤတၢ်လၢပှၤတအဲၣ်ဒီးမၤ ၂. လၢအလီၤသးစဲ မ့တမ့ၢ် လီၤသူၣ်ပိၢ်သးဝးအါတလၢ

compulsory *a* လၢပှၤဘၣ်မၤစဲဃဲၤ, လၢအကဲထိၣ်လၢတၢ်မၢဆူၣ်အယိ

compunction *n* တၢ်သးခိၣ်ရှ့ၣ်သိၣ်က့ၤတၢ်, တၢ်ပိၢ်ယၢ်လီၤသးက့ၤသး, တၢ်သးဘၣ်ဒိလၢတၢ်လၢအမၤဘၣ်ဝဲအယိ

computation *n* ၁. တၢ်ဂံၢ်တၢ်ဒွးတၢ် ၂. တၢ်စူးကါခီၣ်ဖွူထၢၣ်လၢတၢ်ယုထံၣ်သ့ၣ်ညါတၢ်အဂီၢ်

compute *v* ဂံၢ်တၢ်, ဒွးတၢ်

computer *n* ခီၣ်ဖွူထၢၣ်

computer science *n* တၢ်ယုထံၣ်သ့ၣ်ညါမၤလိဘၣ်ဃးခီၣ်ဖွူထၢၣ်အဂ့ၢ်, ခီၣ်ဖွူထၢၣ်စဲအ့ၣ်ပီညါ

computer-literate *a* လၢအစူးကါခီၣ်ဖွူထၢၣ်သ့ဂ့ၤဂ့ၤဘၣ်ဘၣ်, လၢအသ့ၣ်ညါခီၣ်ဖွူထၢၣ်အဂ့ၢ်အကျိၤဂ့ၤဂ့ၤ

computing *n* တၢ်စူးကါခီၣ်ဖွူထၢၣ်အတၢ်ဖံးတၢ်မၤအကျိၤအကျဲ

comrade *n* တံၤသကိးတံၢ်နီၢ်, သိၣ်ဒူသိၣ်မှံၤ

con *n* ၁. တၢ်လံၣ်အီၣ်လီအီၣ်တၢ် ၂. တၢ်တဂ့ၤ, တၢ်တကြၢး ၃. ပှၤဃိာ်ဖိ

con *v* ၁. လံၣ်အီၣ်လီအီၣ်တၢ် ၂. နဲၣ်ကဘီ, ကၢၤကဘီ

con man *n* ပှၤလံၣ်အီၣ်လီအီၣ်တၢ်, ပှၤလီတၢ်ဝ့ၤတၢ်ဖိ

concave *a* လၢအလီၤယၢၣ်, လၢအလီၤဆၢၣ်, လၢအလီၤယၢၣ်လီၤဆၢၣ်

concavity *n* တၢ်လီၤယၢၣ်, တၢ်လီၤဆၢၣ်, တၢ်လီၤယၢၣ်လီၤဆၢၣ်

conceal *v* ဟ်တဒၢ, ဟ်ရူသူၣ်

concealment *n* တၢ်ဟ်ရူသူၣ်တၢ်, တၢ်အိၣ်ရူသူၣ်အလိၢ်, တၢ်အိၣ်သဒံၣ်သဒၢအလိၢ်

concede *v* ၁. အၢၣ်လီၤတူၢ်လိာ်လၢအဘၣ်, အၢၣ်လီၤလၢအမ့ၢ်ဝဲတီဝဲ ၂. တူၢ်ဃၣ်အသး

conceit *n* ၁. တၢ်ဟ်ထီၣ်ထီသးအါတလၢ, တၢ်ထံၣ်ဒိၣ်လီၤသးအါတလၢ ၂. တၢ်ထိၣ်သတြီၤသးအါတလၢ ၃. တၢ်ကွဲးထိၣ်သတြီၤတၢ် (လီၤဆီဒၣ်တၢ်ဖဲတၢ်ကွဲးထါအခါ), တၢ်ဆိကမိၣ်မံန့ၢ်တၢ်

conceited *a* လၢအဟ်ဒိၣ်အသး, လၢအဟ်ကဖၢအသး, လၢအသးထီၣ်ထီ, လၢအဟ်ထီၣ်ထီအသး

conceivable *a* လၢပဆိကမိၣ်အီၤသ့, လၢပနၢ်ပၢၢ်အီၤသ့

conceive *v* ၁. ဒၢထီၣ်, အိၣ်ထီၣ်ဒီးအဟုးအသး ၂. တယာ်ကွၢ်တၢ်, ဆိကမိၣ်တၢ်

concentrate *n* တၢ်မၤပံာ်ထီၣ်တၢ်, တၢ်ဝ့ၤသံးထီၣ်တၢ်

concentrate *v* ၁. သးစၢၢ်ဆၢ ၂. မၤပံာ်ထီၣ် ၃. ဟ်ဖှိၣ်ထီၣ်သးတပူၤဃီ

concentrated *a* ၁. လၢအပံာ်ထီၣ်, လၢအဖဲကိၢ်လိၣ်ထီၣ် ၂. လၢအလီၤသးစဲ ၃. လၢအဖဲဟ်ဖှိၣ်ထီၣ်သးတပူၤဃီဒီးမၤအါထီၣ်တၢ်ဂံၢ်တၢ်ဘါ

concentration *n* ၁. တၢ်သးစၢၢ်ဆၢ ၂. တၢ်ဟ်ဖှိၣ်ထီၣ်သးတပူၤဃီ ၃. တၢ်မၤပံာ်ထီၣ်တၢ်ကျဲထံ

concentration camp *n* တၢ်ဒုးဃာ်အလိၢ်, တၢ်ဖိၣ်ဒုးဃာ်ပှၤအလိၢ်ဖဲတၢ်ဒုးတၢ်ယၤအကတိၢ်

concentric *a* လၢအအိၣ်ဒီးတၢ်အခၢၣ်သးလၢအဒ်သိးလိာ်သး, လၢအအိၣ်ဒီးတၢ်ခၢၣ်သးတပူၤဃီ

concept *n* တၢ်တယာ်ကွၢ်တၢ်ဆိကမိၣ်, တၢ်ထံၣ်တၢ်ဆိကမိၣ်

conception *n* ၁. တၢ်ဆိကမိၣ်မုံတၢ်, တၢ်ဆိကမိၣ်တယာ်တၢ်, ၂. တၢ်အိၣ်ဒီးဟုးသး

conceptual *a* လၢအဘၣ်ထွဲဘၣ်ဃးလိာ်သးဒီးခိၣ်နူာ်အတၢ်ထံၣ်တၢ်ဆိကမိၣ်

conceptualize, **conceptualise** *v* ဒုးအိၣ်ထီၣ်တၢ်ထံၣ်တၢ်ဆိကမိၣ်, ဆိကမိၣ်တယာ်ကွၢ်တၢ်

concern *n* ၁. တၢ်သးကိၢ်တၢ်, တၢ်ဘၣ်ယိၣ်တၢ် (လၢအဂီၢ်) ၂. တၢ်ဘၣ်ဃး, တၢ်ဘၣ်ထွဲ

concern *v* ၁. သးကိၢ်တၢ်, ဘၣ်ယိၣ်တၢ် (လၢအဂီၢ်) ၂. ဘၣ်ဃးဒီး

concerned *a* ၁. လၢအိၣ်ဒီးတၢ်ဘၣ်ယိၣ်ဘၣ်ဘီ, လၢအိၣ်ဒီးတၢ်သူၣ်ပိၢ်သးဝး ၂. လၢအကြၢးအဘၣ်လိာ်အသး, လၢအဘၣ်ထွဲဘၣ်ဃးလိာ်သး

concerning *prep* ဃၣ်ဃၣ်, ဘၣ်ဃးဒီး

concert *n* မူးသးဖှံ

concert *v* အၢၣ်လီၤတူၢ်လိာ်သကိးတၢ်, ကူၣ်ထီၣ်ဖးလီၤ (သကိး)

concerted *a* မၤသကိးတၢ်လၢတၢ်ဟ့ၣ်လီၤသးဒီးတၢ်သးတဖျၢၣ်ဃီယူယူ, ဂဲၤပျုၢ်မၤသကိးတၢ်ယူယူ

concession *n* ၁. တၢ်ပျဲမၤတၢ်, တၢ်မၤတၢ်ပၢခွဲးယာ် ၂. တၢ်ဟ့ၣ်တၢ်အခွဲး ၃. တၢ်အၢၣ်လီၤတူၢ်လိာ်တၢ် ၄. တၢ်မၤစှၤလီၤန့ၢ်တၢ်အပ့ၤလီၤလီၤဆီဆီလၢပှၤတဖုတကရၢအဂီၢ်

concessionaire, concessionnaire *n* ပှၤန့ၢ်ခွဲးထုးထီၣ်ဟီၣ်ခိၣ်ပနံာ်

conciliate *v* မၤမုာ်ထီၣ်က့ၤပှၤအသး, မၤကဆှၣ်လီၤက့ၤအသး

conciliatory *a* လၢအမၤမုာ်ထီၣ်က့ၤပှၤအသး, လၢအမၤကဆှၣ်လီၤက့ၤသး

concise *a* ဖုၣ်ဖုၣ်ဒီးအခီပညီဖျါဆှံ, လၢအဖုၣ်ဒီးအခီပညီဖျါဂ့ၤဂ့ၤ

conclude *v* ၁. မၤကတၢၢ်ကွံာ်တၢ်, လၢခံကတၢၢ်, ကျၢၢ်တံၢ်က့ၤတၢ် ၂. စံၣ်ညီၣ်တဲာ်တၢ် မ့တမ့ၢ် ဆၢတဲာ်တၢ်လၢခံကတၢၢ်

conclusion *n* ၁. တၢ်ကျၢၢ်တံၢ်က့ၤတၢ်, တၢ်ကတိၤကျၢၢ်တံၢ်, တၢ်မၤဝံၤက့ၤတၢ် ၂. တၢ်စံၣ်ညီၣ်တဲာ်လၢခံကတၢၢ်

conclusive *a* လၢတၢ်သမၢအီၤတန့ၢ်, လၢအလၢဝဲပှဲၤဝဲ, လၢအဆၢတဲာ်တၢ်သ့

concoct *v* ၁. ကျဲၣ်ကျိၤဃုာ်ဒီးတၢ်အဂၤ ၂. ကူၣ်လီတၢ်, ကူၣ်လီန့ၢ်တၢ်

concomitant *a* လၢတပြၢၤဃီ, လၢတကတိၢ်ဃီ, လၢတၢ်ဆၢကတိၢ်တကတိၢ်ဃီ

concord *n* ၁. တၢ်ယူလိာ်ဖိးလိာ်သး, တၢ်ဘၣ်လိာ်ဖိးဒ့လိာ်သး ၂. လံာ်တၢ်အၢၣ်လီၤအီလီၤ, လံာ်ဃံးဃာ်

concordance *n* ၁. တၢ်ဆီလီၤအီၤဒ်လံာ်မိၢ်ပှၢ်ရဲၣ်လီၤအသးတဆီဘၣ်တဆီအသိး

၂. တၢ်အါၣ်လီၤအီလီၤ, တၢ်ဃူလိာ်ဖိးလိာ်, တၢ်ဘၣ်လိာ်ဖိးဒ့လိာ်

concourse *n* ၁. တၢ်လီၢ်ပျီဖးလ်ၢ်လၢအအိၣ်လၢတၢ်သူၣ်ထိၣ်အမဲာ်ညါ, တၢ်လီၢ်ပျီဖးလ်ၢ်လၢအအိၣ်လၢတၢ်သူၣ်ထိၣ်အပူၤ ၂. တၢ်ဟဲဟ်ဖှိၣ်ထိၣ်သးဂီၢ်မုၢ်ဂီၢ်ပၤ

concrete *a* လၢအအိၣ်ဒီးအမိၢ်လံၤမိၢ်ပှၢ်, လၢအအိၣ်ဒီးအသံးအကာ်, လီၤတံၢ်လီၤဆဲး

concrete *n* ကာ်လၢၢ်ဒါ, တၢ်သူၣ်ထိၣ်ပီးလီလၢတၢ်ဃါဃုာ်ကာ်လၢၢ်ကမူၣ်, မဲး, လၢၢ်ဖိပြံဒီးထံ

concrete *v* တ့ဒီးကာ်လၢၢ်ဒါ, ဘှိဒီးကာ်လၢၢ်ဒါ, ကးဘၢဒီးကာ်လၢၢ်ဒါ

concubine *n* သံၣ်မါ, မါဖိသၣ်, ပိာ်မုၣ်လၢအအိၣ်ဒီးပိာ်ခွါဘၣ်ဆၣ်တဖျီအသးဒီးအပတိၢ်ဖုၣ်န့ၢ်ဒံးမါ

concupiscence *n* တၢ်သူၣ်ကတၢသးကတၢ, တၢ်ကလုာ်ကလီၤ

concur *v* ၁. သးလီၤပလိာ်ဃုာ် ၂. မၤဃုာ်အသးတဘျီယီ

concurrence *n* ၁. တၢ်လၢအမၤဃုာ်အသးလၢတၢ်ဆၢကတိၢ်တကတိၢ်ယီအပူၤ ၂. တၢ်သးလီၤပလိာ်ဃုာ်

concurrent *a* ၁. လၢအမၤဃုာ်အသးလၢတၢ်ဆၢကတိၢ်တကတိၢ်ယီအပူၤ ၂. လၢအသးလီၤပလိာ်ဃုာ်

concussion *n* ၁. တၢ်သးသပ့ၤခီဖျိတၢ်ဘၣ်ဒိဘၣ်ထံးလၢခိၣ်ဆူၣ်ဆူၣ်ကိၤကိၤ ၂. တၢ်ဟူးဝးဆဲးဆိုးဆူၣ်ဆူၣ်ကလဲာ်

condemn *v* ၁. စံၣ်ညီၣ်ဃၣ်, ဆုၣ်အသးထီဒါတၢ် ၂. ဟ်ဖျါပှၤအတၢ်ကမၣ်, ဟ့ၣ်တၢ်စံၣ်ညီၣ် ၃. (ပဒိၣ်) ဘိးဘၣ်သ့ၣ်ညါဘၣ်ဃးတၢ်တမံၤမံၤလီၤဘၣ်ယိၣ်ဘၣ်ဘီဒီးတကြၢးလၢပှၤကစူးကါ

condemnation *n* ၁. တၢ်ဟ်ဖျါထိၣ်လၢတၢ်တတူၢ်လိာ်တၢ်ဆူၣ်ဆူၣ်ကလဲာ်, တၢ်ပဲာ်ဖးနီၤဖး, တၢ်ဟ်ဒ့ၣ်ဟ်ကမၣ် ၂. တၢ်စံၣ်ညီၣ်, တၢ်ဟ့ၣ်တၢ်စံၣ်ညီၣ်

condensation *n* တၢ်သဝံပိုာ်လဲဆူထံ

condense *v* ၁. မၤဖှိၣ်, မၤတံၤ, မၤဖုၣ်လီၤ ၂. ပိုာ်လဲတၢ်သဝံဆူထံ ၃. မၤလီၤသကၤ

condescend *v* ဒိသူၣ်ဟ်သးလၢပှၤအဂၤအဖီခိၣ်ဇ်သိးအတၢ်သ့ၣ်ညါနၢ်ပၢ်အါန့ၢ်ဒံးပှၤအဂၤ, လိာ်ဒိၣ်လိာ်သ့အသး

condescending *a* လၢအဒိသူၣ်ဟ်သးလၢပှၤအဂၤအဖီခိၣ်ဇ်သိးအတၢ်သ့ၣ်ညါနၢ်ပၢ်အါန့ၢ်ဒံးပှၤအဂၤ, လၢအလိာ်ဒိၣ်လိာ်သ့အသး

condescension *n* တၢ်ဟ်ထိၣ်ထီသး, တၢ်ဟ်ဆိၣ်လီၤသး

condiment *n* တၢ်နၢမူနၢဆိုဒီးတၢ်မၤအိၣ်ထိၣ်တၢ်အရီၢ်တဖၣ်

condition *n* ၁. တၢ်အိၣ်အသး ၂. တၢ်ဂ့ၢ်တၢ်ကျိၤ (လၢအဘၣ်ဃးဒီးတၢ်အါၣ်လီၤ), တၢ်အါၣ်လီၤအဂံၢ်ခိၣ်ထံး

condition *v* ၁. မၤညီနှၢ်ထိၣ်တၢ် ၂. ဒုးကဲထိၣ်တၢ်သန့ၤအလီၢ်, ဟ်ပနီၣ်တၢ်တုၤလၢတၢ်စူးကါအီၤသ့အပတိၢ် ၃. (ခိၣ်ဆူၣ်, ဖံးဘ့ၣ်) ဖှူဘျ့ထိၣ်, မၤဘျ့ထိၣ်

conditional *a* ၁. လၢအဒိးသန့ၤထိၣ်အသးလၢတၢ်တမံၤမံၤအပူၤ, အလီၢ်မ့ၢ်အိၣ် ၂. (အဲကလံးအလံာ်ဂံၢ်ထံး) လၢအဟ်ဖျါထိၣ်တၢ်အိၣ်သး

conditionally *adv* လၢအဒိးသန့ၤထိၣ်သးလၢတၢ်အိၣ်သးအဖီခိၣ်, ဇ်တၢ်အိၣ်သးအသိး, လၢအမ့ၢ်မၤအသးမးတၢ်အဂၤကဲထိၣ်သ့

conditioner *n* ၁. တၢ်ထံမၤကပုာ်လီၤခိၣ်သူ, တၢ်ထံလၢပှၤပှံၤခိၣ်ဝံၤပှၤပှံၤလီၤကပုာ်ခိၣ်သူ ၂. တၢ်ဆူၣ်အတၢ်နၢမူထံ, တၢ်ထံလၢပှၤဆူၣ်လီၤကပုာ်တၢ်ကံးညာ်

conditioning *n* ၁. တၢ်မၤညီနှၢ်ထိၣ်တၢ် ၂. တၢ်ဒုးကဲထိၣ်တၢ်ဒိးသန့ၤအလီၢ်

condo *n* ဟံၣ်ဒၢးဖွဲဖိၣ်လၢအဘၣ်တၢ်ပၢသကိးအီၤလၢပှၤအါဂၤ (ဘၣ်တၢ်သ့ၣ်ညါစ့ၢ်ကီးအီၤလၢ condominium)

condole *v* ဟ်ဖျါထိၣ်တၢ်သးအုးဃုာ်, ဘၣ်မိၣ်ဘၣ်မးဃုာ်, ဒိသူၣ်ဒိသး

condolence *n* တၢ်ဟ်ဖျါထိၣ်တၢ်သူၣ်အုးသးအုး, တၢ်ဘၣ်မိၣ်ဘၣ်မးဃုာ်, တၢ်သးအုးဃုာ်

condom *n* ခွါတၢ်ဖျိၣ်, ပိာ်ခွါအထ့ၣ်ဖျိၣ်, ခီၢ်ဒီၢ်, ရးဘၢၣ်ဘူဘူတခါလၢပိာ်ခွါဖျိၣ်နှာ်အီၤဖဲတချူးမံဃုာ်ဒီးပိာ်မုၣ်အခါ

condominium *n* ဟံၣ်ဒၢးဖၠိၣ်လၢအဘၣ်တၢ်ပၢသကိးအီၤလၢပှၤအါဂၤ (ဘၣ်တၢ်သ့ၣ်ညါစ့ၢ်ကီးအီၤလၢ condo)

condone *v* ၁. တဟ်ထံၣ်အသးလၢပှၤဂၤအတၢ်ကမၣ်ဘၣ် ၂. မၤတၢ်လၢအသးတပၣ်ဃုာ်ဘၣ်

conduce *v* ဒုးကဲထီၣ်လိၣ်ထီၣ်, မၤညီထီၣ်, ဒုးအိၣ်ထီၣ်စၢၤတၢ်

conducive *a* လၢအမၤညီထီၣ်တၢ်, လၢအဒုးကဲထီၣ်တၢ်မၤစၢၤ

conduct *n* ၁. တၢ်အိၣ်ထီၣ်အိၣ်လီၤ, တၢ်မၤသ့ၣ်မၤသး, တၢ်အိၣ်တၢ်ဆိး ၂. တၢ်ပၢတၢ်ဆှၢတၢ်, တၢ်သိၣ်လိမၤယုၢ

conduct *v* ၁. ပၢတၢ်ဆှၢတၢ်, မၤတၢ် ၂. နဲၣ်လီၤတၢ် ၃. (လီကျိၤ) မ့ၣ်အူဂံၢ်သဟီၣ်နုာ်လီၤ ၄. နဲၣ်တၢ်သးဝံၣ်, နဲၣ်ထါ ၅. အိၣ်ထီၣ်အိၣ်လီၤ, မၤသ့ၣ်မၤသး

conduction *n* ၁. တၢ်ဆှၢဃီၤတၢ်အထံတၢ်အနိခိဖျိကျိၤဘိပီၤဘိတဖၣ် ၂. တၢ်ဆှၢခီဖျိလီမ့ၣ်အူ မ့တမ့ၢ် တၢ်ကလုၢ်ခီဖျိ မံၤယၢၣ်(မ) ၃. တၢ်ဆှၢထီၣ်ဆှၢလီၤလီမ့ၣ်အူဂံၢ်သဟီၣ်လၢလီကျိၤ

conductive *a* ၁. လၢအဆှၢထီၣ်ဆှၢလီၤလီမ့ၣ်အူဂံၢ်သဟီၣ်လၢလီကျိၤ ၂. လၢအဆှၢလီမ့ၣ်အူ မ့တမ့ၢ် တၢ်ကလုၢ်ခီဖျိမံၤယၢၣ်(မ)

conductor *n* ၁. ပှၤနဲၣ်ထါ ၂. ပှၤသမံသမိးလံာ်အုၣ်သး အဒိ, လၢဘၢး(စ)ဒီးလှၣ်မ့ၣ်အူ

conduit *n* ၁. ထံကျိၤဘိ ၂. ကျိၤဘိလၢအဖိးဘၢလီသွဲပျံၤ

cone *n* ၁. ဖျၢၣ်စူ, တၢ်အဖျၢၣ်လၢအခိၣ်စူ ၂. ဆိုအချံ, ဆိုအသၣ်

confection *n* ၁. တၢ်အိၣ်အဝံၣ်အဆၢ, ကိၣ်ဆၢ ၂. တၢ်ကွဲးဘၣ်ဃးဒီးပိာ်မုၣ်အဆ့ကူဆ့ကၤအဂ့ၢ် ၃. တၢ်ကျဲၣ်ကျီဃုာ် မ့တမ့ၢ် တၢ်ဟ်ဖှိၣ်ဃုာ်တၢ်တမံၤမံၤ

confectioner *n* ပှၤလၢအမၤဆါတၢ်အိၣ်အဝံၣ်အဆၢ, ကိၣ်ဆၢ

confederacy *n* ၁. သိၣ်မှံၤကရၢ, တၢ်ဒီသိၣ်မှံၤလိာ်အသး, ၂. တၢ်မၤဃုာ်မၤသကိးရူသူၣ်တၢ်လၢအတဖိးသဲစး

confederate *a* ၁. လၢအဒီသိၣ်မှံၤလိာ်အသး, လၢအဘၣ်ဃးဒီးသိၣ်မှံၤကရၢ ၂. လၢတၢ်မၤဃုာ်မၤသကိးရူသူၣ်တၢ်လၢအတဖိးသဲစး

confederate *n* ၁. ပှၤမၤသကိးတၢ် ၂. သိၣ်မှံၤ ၃. ပှၤလၢအဆီၣ်ထွဲမၤစၢၤထံကီၢ်လၢကထုးလီၤဖးအသးဒီးကီၢ်အမဲရကၤ

confederation *n* သိၣ်မှံၤကရၢ

confer *v* ၁. ဟ့ၣ်လီၤ (ခိၣ်ဖး, ဖှၣ်စိမိၤတီၤ ဒိၣ်တုာ်လံာ်အုၣ်သး, တၢ်ခွဲးတၢ်ယာ်) ၂. ကတိၤတၢၣ်ပီၣ်တၢၣ်ပီတၢ်

conference *n* တၢ်အိၣ်ဖှိၣ်ကူၣ်လိာ်, တၢ်ထံၣ်လိာ်တၢၣ်ပီၣ်, တၢ်ကူၣ်လိာ်အိၣ်သကိး

confess *v* ၁. အၢၣ်လီၤ, အၢၣ်လီၤအီလီၤတၢ်ကမၣ် ၂. တဲလီၤကျဲၤလီၤတၢ်ဒဲးဘး

confession *n* ၁. တၢ်အၢၣ်လီၤတၢ်မၤကမၣ်သဲစး ၂. တၢ်တဲလီၤကျဲၤလီၤတၢ်ဒဲးဘး

confessor *n* ရိမ့ၤခဲးသလ့းသီခါလၢအဒိကနၣ်ပှၤဟဲတဲလီၤကျဲၤလီၤတၢ်ဒဲးဘး

confetti *n* ပ့ၢ်လၢတၢ်ဖံ့အီၤလၢပှၤဖျိသးအဆၢကတီၢ်, ပ့ၢ်လၢတၢ်ဖံ့တလးမူး

confidant *n* ပှၤလၢတၢ်နာ်နှၢ်အီၤဒီးတဲဘၣ်တၢ်ရူသူၣ်

confide *v* နာ်နှၢ်အီၤဒီးတဲတၢ်ရူသူၣ်လၢအီၤ

confidence *n* တၢ်နာ်နှၢ်တၢ်, တၢ်နာ်တၢ်နီၢ်နီၢ်, တၢ်နာ်နှၢ်လိာ်သး

confident *a* ၁. လၢအနာ်နှၢ်လီၤသး ၂. လၢအိၣ်ဒီးတၢ်သးရူတလ့ၢ်

confidential *a* လၢတၢ်ဟ်အီၤဇ်တၢ်ရူသူၣ်, လၢအတဒုးသ့ၣ်ညါဘၣ်ဃးတၢ်ရူသူၣ်

confiding *a* လၢအနာ်နှၢ်အီၤဒီးတဲအီၤတၢ်ရူသူၣ်

configuration *n* တၢ်အက့ၢ်အဂီၤ

configure *v* ရဲၣ်ကျဲၤဒုးအိၣ်ထီၣ်တၢ်အက့ၢ်အဂီၤ

confine *n* တၢ်ဟ်ပနီၣ်အလီၢ်, တၢ်ဟ်ပနီၣ်အဆၢ

confine *v* ဒုးယာ်, ကရၢယာ်, ကဝီၤယာ်, ဟ်ယာ်တၢ်တမံၤလၢတၢ်လီၢ်တကဝီၤလၢတၢ်ဟ်ပနီၣ်အဆၢ

confinement *n* ၁. တၢ်ဒုးယာ်တၢ်, တၢ်ဖိၣ်ယာ်တၢ် ၂. တၢ်ဆံးစၢ်ဖိအဆၢကတီၢ်, တၢ်အိၣ်ဖျဲၣ်ဖိအဆၢကတီၢ်

confines *n* တၢ်အဆၢ, တၢ်သရှၤခိၣ်သရှၤ ထံးဝးဝး

confirm *v* ၁. မၤဂၢၢ်မၤကျၢၤ, ဟ်ဂၢၢ်ဟ်ကျၢၤ, မၤလီၤတံၢ် ၂. ဆဲးလီၤမံၤဟ်ဂၢၢ်ဟ်ကျၢၤ ၃. မၤလီၤတံၢ်လၢပှၤကကဲထီၣ်ခရံာ်ဖိတၢ်အိၣ်ဖှိၣ်ဖိတံၢ်နီၢ်တဂၤ

confirmation *n* ၁. တၢ်မၤဂၢၢ်မၤကျၢၤ, တၢ်ဟ်ဂၢၢ်ဟ်ကျၢၤ, တၢ်မၤလီၤတံၢ် ၂. တၢ်မၤလီၤတံၢ်လၢပှၤကကဲထီၣ်ခရံာ်ဖိတၢ်အိၣ်ဖှိၣ်ဖိတံၢ်နီၢ်တဂၤ

confirmatory *a* လၢအဟ်ဂၢၢ်ဟ်ကျၢၤ, လၢအမၤကျၢၤထီၣ်တၢ်, လၢအဒုးအိၣ်စံၣ်အိၣ်ကျၢၤတၢ်

confiscate *v* ဟံးနှၢ်ကွံာ် (ဟီၣ်ခိၣ်ကပံာ်, တၢ်စုလီၢ်ခီၣ်ခိၣ်) လၢပှၤတဂၤအအိၣ်ခီဖျိပဒိၣ် မ့တမ့ၢ် သဲစးအကလုၢ်, ဟံးဆူၣ်

confiscation *n* ပဒိၣ်ဟံးနှၢ်ကွံာ်တၢ်

conflagration *n* မ့ၣ်အူအိၣ်တၢ်ဒိၣ်ဒိၣ်မုၢ်မုၢ်, မ့ၣ်အူအိၣ်တၢ်ဖးဒိၣ်ဖးလဲၢ်

conflict *n* တၢ်ဘၣ်ဂံာ်ဂူာ်

conflict *v* ဘၣ်ဂံာ်ဂူာ်လိာ်သး

confluence *n* ၁. တၢ်ဘၣ်သဂၢၢ်လိာ်သး (အလီၢ်), တၢ်အစှၢ် ၂. ထံကျိလီၤဆဲး, ထံဆဲးစှၢ်

conform *v* ၁. စူၢ်, ဒိကနၣ်သဲစးတၢ်သိၣ်တၢ်သီ ၂. လီၤပလိာ်သးဒီးတၢ်တမံၤမံၤ, မၤလီၤက်ဒီး

conformable *a* ၁. လၢအလီၤပလိာ်ဒီး, လၢအဒ်သိးလိာ်သး ၂. လၢအလူၤဒ်တၢ်ဘၣ်ပှၤအသး

conformist *n* ပှၤလၢအလူၤပိာ်မၤထွဲတၢ်, ပှၤလၢအလူၤပိာ်မၤထွဲတၢ်အလုၢ်အလၢ်ထူသနူဒ် အိၣ်ဟ်စၢၤအသိး, ပှၤလၢအအိၣ်ထွဲဘၣ်ထွဲဘၣ်

conformity *n* ၁. တၢ်လီၤပလိာ်, တၢ်ဒ်သိးလိာ်သး ၂. တၢ်လူၤပိာ်မၤထွဲဒ်တၢ်သိၣ်တၢ်သီဟဲဝဲအသိး, တၢ်မၤဖိးမံလိာ်သးဒီးတၢ်သိၣ်တၢ်သီ

confound *v* ၁. မၤသဘံၣ်သဘုၣ်တၢ်, မၤဒံဝှၤဒံဝီၤပှၤအသး, မၤလီၤကတုၤပှၤအသး, မၤကမၢကမၣ်ပှၤအသး ၂. ဘံဘူဃါဃုာ်တၢ်

confounded *a* လၢအဟ်ဖျါထီၣ်တၢ်သးဘၣ်တံာ်တာ်

confront *v* ကွၢ်ဆၢၣ်မဲာ်တၢ်, ဒုးကွၢ်ဆၢၣ်မဲာ်

confrontation *n* တၢ်ကွၢ်ဆၢၣ်မဲာ်တၢ်, တၢ်ဒုးကွၢ်ဆၢၣ်မဲာ်တၢ်

confuse *v* မၤသဘံၣ်သဘုၣ်တၢ်, သဘံၣ်သဘုၣ်, မၤကဒံကဒါပှၤအသး

confused *a* လၢအသးဒ့ဒီ, လၢအသးဒံဝှၤဒံဝီၤ

confusing *a* လၢအသဘံၣ်ဘုၣ်, လၢတၢ်နၢ်ပၢၢ်ဘၣ်အီၤကီ

confusion *n* ၁. တၢ်အိၣ်သးလၢအကဒံကဒါ, တၢ်အကတိၢ်လၢတလီၤတံၢ်လီၤဆဲးလၢအအိၣ်ဒီးတၢ်သးဒ့ဒီ ၂. တၢ်သဘံၣ်သဘုၣ်, တၢ်ဖုၣ်ထံၣ်ဖုၣ်ထီအကတိၢ်

congeal *v* ဒုးလီၤသကၤ, မၤလီၤသကၤ

congenial *a* ၁. လၢအတၢ်သးစဲလီၤက်လိာ်အသး ၂. လၢအဘၣ်လိာ်ဖိးဒ့လိာ်အသး, လၢအဘၣ်လိာ်မုာ်လိာ်အသး, လၢအမုာ်

congenital *a* လၢအဟဲပၣ်လၢမိၢ်ဟၢဖၢပူၤ, လၢအဟဲပၣ်လၢမိၢ်ဒၢလီၢ်ပူၤလံၤလံၤ, လၢအဟဲဝံဟဲစိာ်ဃုာ်ဝဲ

congested *a* ၁. လၢအကတံာ်ကတူာ်, လၢအဆွံကတံာ်ဆွံကတူာ်သး ၂. သွံၣ်ကျိၤဆွံကတံာ်

congestion *n* ၁. တၢ်ကတံာ်ကတူာ် ၂. တၢ်သံးတံၢ်လိာ်အသး, တၢ်အိၣ်ဆွံကတံာ်အသး

conglomerate *n* ၁. ခီၣ်ပရှရှၢၣ် (Cooperation) ဖးဒိၣ်, မုၢ်ကျိၤဝဲၤကွာ်တၢ်မၤအါဖုဟ်ဖှိၣ်ထီၣ်သး ၂. လၢၢ်ထိးထံ, တၢ်လီၤဒးတဖၣ်ဟ်ဖှိၣ်ထီၣ်အသးဒီးကဲထီၣ်လၢၢ်

conglomerate *v* ကၢဖှိၣ်, ကၢကိၢ်လိၣ်ထီၣ်အသး, ကၢၤဖှိၣ်အသး, ကဲထီၣ်အကိၢ်လိၣ်

conglomeration *n* တၢ်ကၢဖှိၣ်, တၢ်ကၢကိၢ်လိၣ်ထီၣ်အသး, တၢ်ကၢၤဖှိၣ်အသး

congratulate *v* ကတိၤဒိၣ်ပတြၢၤ

congratulation *n* ၁. (congratulations) တၢ်ဒုးနဲၣ်ပတၢ်သးခုဃုာ်ဒီးပှၤဂၤ ၂. တၢ်ကတိၤဒိၣ်ပတြၢၤပှၤဂၤ

congratulatory *a* လၢအဟ်ဖျါထီၣ်အတၢ်သူၣ်ခုသးခုဃုာ်ဒီးပှၤဂၤအတၢ်မၤနၢၤ

congregate *v* စူးရိအိၣ်ဖှိၣ်, ဒုးအိၣ်ဖှိၣ်

congregation *n* တၢ်စူးရိအိၣ်ဖှိၣ်ဘါယွၤ, တၢ်အိၣ်ဖှိၣ်ဒီးဘူၣ်သကိးဘါသကိးယွၤ

congress *n* ၁. ခီကရဲးတၢ်အိၣ်ဖှိၣ်ဖးဒိၣ် ၂. ခီကရဲး – ပဒိၣ်အဖုအကရၢ
congressman *n* အမဲရကၤခီကရဲးအကရၢဖိ
congresswoman *n* အမဲရကၤခီကရဲးအကရၢဖိ
conifer *n* သ့ၣ်ဆို
conjecture *n* တၢ်ဆိကမိၣ်တယာ်တၢ်, တၢ်တဲကြီတၢ်, တၢ်တသ့ၣ်ညါတၢ်ဂ့ၢ်လီၤတံၢ်လီၤဆဲးဒီးတဲတၢ်
conjecture *v* ဆိကမိၣ်တယာ်တၢ်, တဲကြီတၢ်, တသ့ၣ်ညါတၢ်ဂ့ၢ်လီၤတံၢ်လီၤဆဲးဒီးတဲတၢ်
conjoin *v* ဟ်ဖှိၣ်ယှာ်တပူၤယီ
conjugal *a* လၢအဘၣ်ယးဒီးတၢ်ဒိးတ့ဒိးဖျီ, လၢအဘၣ်ယးဒီးနီၢ်ဒီမါဝၤအတၢ်ရှလိာ်မှာ်လိာ်သး
conjugate *v* ၁. ဟ်ဖျါထိၣ်ဝိၢ်အက့ၢ်အဂီၤလီၤဆီ ၂. ကျဲၣ်ကျိုးကဲထိၣ်တၢ်တမံၤယီ
conjugation *n* ၁. ဝိၢ်အက့ၢ်အဂီၤလီၤဆီတဖၣ် ၂. တၢ်ဟ်ဖှိၣ်တၢ်တပူၤယီ
conjunction *n* တၢ်ဒုးစဲဘူးတၢ်, တၢ်အိၣ်အသးတပူၤယီ, တၢ်ကတိၤဖျၢၣ်လၢအဒုးစဲဘူးလံာ်ကျိၤ
conjure *v* ၁. မၤကဒါမဲာ် ၂. ဒုးဆိကမိၣ်မံတၢ် ၃. ယ့သကွံၢ်ကညးတၢ် ၄. အူတၢ်သမူတၢ်, သမူပယာ်တၢ်
conjuror *n* ပှၤမၤကဒါမဲာ်
connect *v* ၁. မၤဘၣ်ထွဲ, ဒုးစဲဘူး ၂. ဒုးဆဲးကျၢဟ်ဖှိၣ်ယှာ် ၃. (သိလ့ၣ်, လ့ၣ်မ့ၣ်အူ) ဟဲတုၤလီၤဘၣ်ဆၢဘၣ်ကတီၢ်တချူးဖဲ အဂၤတခီၣ်ကဟးထိၣ်
connection, **connexion** *n* ၁. တၢ်ဘျးစဲလၢပှၤတဂၤဒီးတဂၤ မ့တမ့ၢ် တၢ်ဖိတၢ်လံၤတဖၣ်အဘၢၣ်စၢၤ ၂. တၢ်လူၤချူးလ့ၣ်မ့ၣ်အူ မ့တမ့ၢ် သိလ့ၣ် ၃. ပှၤလၢတၢ်ဆဲးကျၢအီၤ
connective *a* ၁. လၢအမၤဘၣ်ထွဲ, လၢအဒုးစဲဘူး ၂. လၢအဒုးဆဲးကျၢဟ်ဖှိၣ်ယှာ်
connective *n* ၁. တၢ်ကတိၤတဖျၢၣ် မ့တမ့ၢ် လံာ်ကျိၤကူာ်လၢအမၤစဲဘူးလံာ်ကျိၤ ၂. နၢ်အယဲၤတဖၣ်လၢအဒုးစဲဘူးနၢ်အမိၢ်ပှၢ်
connivance *n* တၢ်တဟ်ထံၣ်အသး, တၢ်တကနၣ်ယှာ်တၢ်, တၢ်ပျဲကၢဖဲတၢ်ကမၤအသး တမံၤဂ့ၤတမံၤဂ့ၤ, တၢ်မၤယှာ်မၤသကိးတၢ်လၢတၢ်ရူသူၣ်ပူၤ, တၢ်တဟ်သ့ၣ်ညါသး
connive *v* တဟ်ထံၣ်အသး, တကနၣ်ယှာ်တၢ်, မၤယှာ်မၤသကိးတၢ်လၢတၢ်ရူသူၣ်အပူၤ, တဟ်သ့ၣ်ညါအသး
connoisseur *n* ၁. ပှၤစဲၣ်နီၤလၢဒ့ဲလၤတၢ်ကူၣ်သ့တကပၤ ၂. ပှၤလၢအိၣ်ကွၢ်တၢ်အိၣ်တၢ်အီအရီၢ်
connotation *n* ၁. တၢ်ဟ်ဖျါထိၣ်တၢ်အခီပညီလၢတအိၣ်ဖျါလီၤလီၤဘၣ် ၂. တၢ်ဖျါဘၣ်ပှၤလီၤက်
connote *v* ဟ်ဖျါထိၣ်အခီပညီလၢတအိၣ်ဖျါလီၤလီၤဘၣ်
conquer *v* ထိၣ်ဒုးနၠၢ်တၢ်, ပၢနၠၢ်, မၤနၢၤကွံာ်တၢ်
conqueror *n* ပှၤလၢအမၤနၢၤတၢ်, ပှၤမၤနၢၤတၢ်
conquest *n* ၁. တၢ်ဒုးမၤနၢၤတၢ်, တၢ်ဂုာ်နၠၢ်ဆူၣ်တၢ်, တၢ်မၤနၠၢ်တၢ်လီၢ်တၢ်ကျဲခီဖျိတၢ်စုဆူၣ်ခီၣ်တကးအကျဲ ၂. ပှၤလၢတၢ်မၤနၠၢ်အသး မ့တမ့ၢ် အတၢ်အဲၣ်, တၢ်လၢဘၣ်တၢ်မၤနၢၤကွံာ်အီၤ
consanguinity *n* တၢ်ဘူးသွံၣ်ဘူးထံ, တၢ်ဒီဘူးဒီတံၢ်
conscience *n* သးလၢအနီၤဖးတၢ်ဂ့ၤဒီးတၢ်အၢအဆၢ, သးအတၢ်သ့ၣ်ညါ
conscientious *a* ၁. လၢအသ့ၣ်ညါအမူအဒါ, လၢအမၤလၢမၤပွဲၤအမူအဒါ ၂. လၢအဘၣ်ထွဲဒီးသးအတၢ်သ့ၣ်ညါ
conscientious objector *n* ပှၤလၢအသမၢထီဒါတၢ်ဒုးတၢ်ယၤဒီးတၢ်စုဆူၣ်ခီၣ်တကး, ပှၤလၢတအဲၣ်တၢ်ဒုးတၢ်ယၤဒီးတၢ်စုဆူၣ်ခီၣ်တကး
conscious *a* ၁. လၢပသ့ၣ်ညါလၢအဂ့ၢ်, လၢအသးပၢၢ်ထီၣ်, လၢအဟ်သူၣ်ဟ်သးလၢအဂ့ၢ် ၂. လၢအအိၣ်ဒီးတၢ်ပလီၢ်ပဒီသး, လၢအိၣ်ဒီးတၢ်သးဆးဆ့ၣ်ဒ့ၣ်
consciousness *n* တၢ်ဟ်သူၣ်ဟ်သး, တၢ်ပလီၢ်ပဒီသး, တၢ်သ့ၣ်ညါတၢ်လၢအဂ့ၢ်, တၢ်သးဆးဆ့ၣ်ဒ့ၣ်
conscript *n* ၁. ပှၤလၢအဘၣ်တၢ်ထၢနုာ်အီၤလၢသုးပူၤ ၂. ပှၤလၢအမံၤအိၣ်လၢစရီပူၤအယိတုၤတၢ်ဖးအမုၢ်နံၤဘၣ်ဒီးဘၣ်ကဲသုးဖိ
conscript *v* ထၢနုာ်ဆူၣ်အီၤလၢသုးပူၤ

conscription *n* တၢ်ထၢဆူၣ်သုး

consecrate *v* ဟ်စီဆုံ, ဟ်စ့ (ခရံာ်တၢ်အိၣ်ဖှိၣ်တၢ်ဘါ, ဟ်စ့သရၣ်ဒိၣ်)

consecration *n* တၢ်ဟ်စီဆုံ, တၢ်ဟ်လီၤဆီ

consecutive *a* ပိာ်ထွဲထိၣ်လိာ်အခံ, လၢအပိာ်လိာ်အခံကွၢ်ကွၢ်တအိၣ်ဒီးတၢ်မၤတံာ်တာ်လၢတၢ်ဘၢၣ်စၢၤ, လၢအမၤအသးတပယူာ်ဃီ

consensual *a* ၁. လၢအဘၣ်ဃးဒီးတၢ်အၢၣ်လီၤအီလီၤ ၂. လၢအဘၣ်ဃးဒီးပှၤအါဂၤအတၢ်ဘၣ်သး

consensus *n* ပှၤကိးဂၤဘၣ်သး

consent *n* ၁. တၢ်အၢၣ်လီၤဟ့ၣ်ခွဲး ၂. တၢ်သးလီၤပလိာ်

consent *v* အၢၣ်လီၤဟ့ၣ်အခွဲး

consequence *n* တၢ်ကဲထိၣ်ပိာ်ထွဲတၢ်ဂၤအခံ, တၢ်မၤအသးလၢတၢ်ဂၤအဃိ

consequent *a* လၢအပိာ်ထွဲထိၣ်အခံ, လၢအပိာ်ထွဲထိၣ်တၢ်မၤအသးလၢခံ, လၢအမ့ၢ်တၢ်အစၢပိာ်ထွဲထိၣ်အခံ

consequential *a* ၁. လၢအပိာ်ထွဲထိၣ်အခံ ၂. လၢအရှၤဒိၣ်, လၢအကါဒိၣ်

consequently *adv* လၢတၢ်န့ၣ်အဃိ, သတးဒီး

conservation *n* တၢ်ရဲၣ်သဲကတီၤ, တၢ်ကတာ်ကတီၤမၤဂ့ၤကွၢ်ထွဲက့ၤ

conservationist *n* ၁. ပှၤကတာ်ကတီၤမၤဂ့ၤကွၢ်ထွဲက့ၤနဲ့ဆၢၣ်ခိၣ်ဃၢ ၂. ပှၤရဲၣ်သဲကတီၤတၢ်

conservatism *n* ၁. တၢ်တအဲၣ်ဒီးတၢ်ဆီတလဲအဟ့ၢ်ဟ်သးသန့ ၂. ထံရှၢ်ကီၢ်သဲးအတၢ်နာ်ဘၣ်ဃးတၢ်ဆီတလဲနၣ်ကြၢးမၤအသးတစဲးဘၣ်တစဲး, တဆိုတှာ်တဆိုတှာ် ၃. ခိၣ်စဲဘၢၣ်ထုးသန့

conservative *a* ၁. လၢအထိဒါတၢ်လဲလိာ်သး, လၢအတသးလီတၢ်ဆီတလဲ ၂. (ထံရှၢ်ကီၢ်သဲးကရၢ) လၢအထိဒါတၢ်လဲလိာ်သးဖးဒိၣ်, ပၢတၢ်ဒ်အလှၢ်အလၢ်အသိး ၃. (တၢ်တဃာ်တၢ်) စှၤန့ၢ်ဒံးအနီၣ်ဂံၢ်နီၣ်ဒွးနိၢ်ကိၢ် ၄. (တၢ်ကူစါယါဘျါ) ဒ်အလှၢ်အလၢ်အိၣ်အသိး

conservative *n* ပှၤလၢတအဲၣ်ဒီးတၢ်ဆီတလဲ, ပှၤလၢအအဲၣ်ဒီးတၢ်လှၢ်တၢ်လၢ်ဒ်အအိၣ်ဟ်စၢၤအသိး

conserve *n* တၢသၣ်ဃ့ၣ်

conserve *v* ဟ်ဃာ်ပူၤပူၤဖျဲးဖျဲး, ကဟုကယာ်ဒီသဒၢ, (သူ, စူးကါ) ကတီၤ

consider *v* ကွၢ်ဆိကမိၣ်ထံဆး

considerable *a* ၁. ဒိၣ်ဝဲအါဝဲ (လၢအက့ၢ်အဂီၤ, တၢ်အရှၤဒိၣ်ဒီးအဂၤ) ၂. လၢအကါဒိၣ်ဒီးအိၣ်ဖျါတြၢ်ကလာ်

considerably *adv* ဒိၣ်မး, ဖးဒိၣ်ညါ

considerate *a* လၢအသ့ဆိကမိၣ်တၢ်

consideration *n* ၁. တၢ်ဆိကမိၣ်ထံဆိကမိၣ်ဆးတၢ်, တၢ်ဆိကမိၣ်တၢ်ထံထံဆးဆး, တၢ်ဆိကမိၣ်ဃုာ် ၂. တၢ်ကွၢ်ဆိကမိၣ်နဲ့တၢ် ၃. (သဲစး) တၢ်အဘူးအလဲ, စ့အိၣ်လီး, တၢ်ဟ့ၣ်လၢကပီၤ, တၢ်ဟ့ၣ်မၤဘျုးဆၢက့ၤတၢ်, တၢ်ဟ့ၣ်အိၣ်လီးက့ၤတၢ်

consign *v* ၁. ဆှၢဆူပှၤအတၢ်ကွၢ်ထွဲအဖီလာ် ၂. စူးကွံာ်လၢတၢ်ကပၤ, စူးကွံာ်ညိကွံာ် ၃. ဟ့ၣ်လီၤ, ဆှၢလီၤ

consignee *n* ပှၤဒိးန့ၢ်တၢ်, ပှၤလၢအဒိးန့ၢ်တၢ်လၢပှၤဆှၢန့ၢ်အီၤ

consignment *n* ၁. တၢ်ဆှၢတၢ်ဖိတၢ်လံၤ မ့တမ့ၢ် ပန့ာ် ၂. တၢ်ဖိတၢ်လံၤ မ့တမ့ၢ် ပန့ာ်လၢတၢ်ဆှၢလီၤ

consist *v* ၁. (consist in) ဟဲလၢ (တၢ်နဲ့ၣ်) အဃိ ၂. (consist of) ပဉ်ဃုာ်

consistency *n* ၁. တၢ်အကံၢ်အစီလၢထိဘိမၤအသးတမံၤဃီ, တၢ်တမၤအသးဖှၣ်ထံၣ်ဖှၣ်ထိ ၂. (တၢ်အမိၢ်လံၤမိၢ်ပှၢ်တခါ) အတၢ်ပံာ်, တၢ်အပံာ် – အဒိ, တၢ်တခါအပံာ်အိၣ်ထဲလဲၣ်

consistent *a* ၁. လၢအမၤအသးဒ်သိးထိဘိ, လၢအကဲထိၣ်အသးဒ်သိး, လၢအတမၤအသးဖှၣ်ထံၣ်ဖှၣ်ထိ ၂. လၢအအၢၣ်လီၤတူၢ်လိာ်ဝဲသ့ခီဖျိအဃူလိာ်ဖိးလိာ်အသးဒီးတၢ်ဂ့ၢ် ၃. လၢအသးလီၤပလိာ်ဒီးတၢ်တမံၤ, တအိၣ်ထိဒါလိာ်အသး

consolation *n* တၢ်တမံၤလၢအမၤမှာ်မၤခုၣ်ပှၤအသး, တၢ်တမံၤလၢအဒုးမှာ်ဒုးခုၣ်ထိၣ်က့ၤပှၤအသး

consolation prize *n* ခိၣ်ဖးမှာ်သး

console *n* ၁. တၢ်ပီးတၢ်လီလၢအအိၣ်ဒီးတၢ်ပၢဃာ်စဲးဖီကဟၣ်အနီၣ်ဂံၢ်တဖၣ်

၂. (သိလ့ၣ်, စဲးဖီကဟၣ်) အစဲးနီၣ်ထိၣ်ဒီးနီၣ်ဝံာ် တကွီၣ်အလီၢ်, တၢ်လီၢ် မ့တမ့ၢ် တၢ်ဒၢတၢ်ဖိတဖၣ် လၢအဟ်ဖိုၣ်တၢ်ပီးတၢ်လီတပူၤဃီ

console *v* ဒုးမှာ်ဒုးခုၣ်ထိၣ်က့ၤပှၤအသး

consolidate *v* ၁. ဒုးဂၢါကျၢၤထိၣ်, မၤဆူၣ်ထိၣ်ကျၢၤထိၣ် ၂. ဒုးစဲဘူးဃုာ်တၢ်, ကၢၤဖှိၣ်ဃုာ်တၢ်

consonance *n* ၁. တၢ်အိၣ်ဘၣ်လိာ်ဖိးဒ့လိာ်သး, တၢ်အိၣ်ဃူအိၣ်ဖိးလိာ်သး, တၢ်အိၣ်ထွဲဘၣ်ထွဲဘၣ် ၂. တၢ်မၤသီၣ်က့ၤလံာ်မိၢ်ပှၢ်အဖျၢၣ်အလီၢ်ခံကတၢၢ်တဖျၢၣ်အကလုၢ် ၃. တၢ်ဒ့အသီၣ်လၢအဖိးမံလိာ်သး

consonant *n* လံာ်မိၢ်ပှၢ်လၢတၢ်သီၣ်အဒ့တအိၣ်

consonant *a* ၁. လၢအဘၣ်ထွဲဒီးလံာ်မိၢ်ပှၢ်လၢတၢ်သီၣ်အဒ့တအိၣ်, ၂. လၢအအိၣ်ပဲ့ၤဒီးတၢ်အဲၣ်တၢ်ကွံလၢတၢ်မှာ်တၢ်ခုၣ်အပူၤ
၃. လၢအတၢ်ဒ့အသီၣ်လၢအဃူလိာ်ဖိးလိာ်အသး

consort *n* ၁. မၢၤ, ဝၤ, ပှၤဒိၣ်ပှၤပှၢ်အမါအဝၤ ၂. ပှၤဒ့တၢ်အူတၢ်အကရူၢ်ဖိလၢပျၢၤ, ပှၤသံကျံဖိလၢပျၢၤအကရူၢ် ၃. ကဘီလၢအလဲၤသကိးတၢ်

consort *v* ရှလိာ်မှာ်လိာ်ဒီး, အိၣ်ဃုာ်ဆိးဃုာ်ဒီး

consortium *n* တၢ်ကရၢကရိအါဖုလၢအမၤသကိးတၢ်, တၢ်ကရၢကရိတဖုလၢကရၢအါဖုဟ်ဖိုၣ်မၤသကိးတၢ်

conspicuous *a* လၢအဖျါစီၣ်ဝဲၤကဲၤ, လၢအဖျါတြၢၢ်ကလာ်, လၢအမၤအသးသ့လၢကထုးန့ၢ်ရဲၢ်န့ၢ်တၢ်

conspiracy *n* တၢ်ကူၣ်ထိၣ်ဖးလီၤသကိးတၢ်လၢတၢ်အၢအဂီၢ်, တၢ်မၤသကိးဃုာ်တၢ်လၢတၢ်တမံၤဃီအဂီၢ်

conspirator *n* ပှၤကူၣ်ထိၣ်ဖးလီၤရူသူၣ်တၢ်လၢကမၤသကိးတၢ်လၢအတဖိးသဲစး

conspire *v* ကူၣ်အၢသကိးတၢ်တပူၤဃီ, ကူၣ်ထိၣ်ဖးလီၤတၢ်လၢတၢ်ရူသူၣ်လၢကမၤတၢ်အၢအဂီၢ်ဒီးတဖိးသဲစး, ထံၣ်လိာ်ကဲထိၣ်သးတကတီၢ်ဃီ

constable *n* ၁. ပၢၤကိၢ် ၂. ပှၤလၢအပၢၤ မ့တမ့ၢ် အံးထွဲကွၢ်ထွဲတိာ်ဓိၤနီဓိၤ

constancy *n* ၁. တၢ်အိၣ်စံၣ်အိၣ်ကျၢၤ, တၢ်အိၣ်ဂၢါတပယူာ်ဃီ, တၢ်အိၣ်ခၢၣ်သနၢၣ် ၂. တၢ်သူၣ်တီသးရၤ

constant *a* ၁. လၢအကဲထိၣ်အသးတပယူာ်ဃီ, လၢအအိၣ်စံာ်အိၣ်ကျၢၤ, လၢအအိၣ်ခၢၣ်သနၢၣ်, လၢတၢ်အိၣ်သးတဆီတလဲ
၂. လၢအသူၣ်တီသးရၤ

constant *n* နီၣ်ဂံၢ်လၢအလုၢ်အပှ့ၤအိၣ်အသံ

constantly *adv* ထီဘိ, တလီၢ်လီၢ်တလီၢ်လီၢ်, ခဲအံၤခဲအံၤ, ထီဘိတဘိယူာ်ဃီ

constellation *n* ဆၣ်ကရူၢ်

consternation *n* တၢ်ဖုးသံပျိၢ်ဂီၤ, တၢ်သးလီၤကတုၤ, တၢ်သူၣ်ကတုၤသးကတုၤ

constipated *a* လၢအဟၢဖၢကျၢၤ, လၢအဟၢဖၢတဟးဘၣ်

constipation *n* တၢ်ဟၢဖၢကျၢၤ

constipation diarrhoea *n* တၢ်ဟၢဖၢကျၢၤဒီးလူ

constituency *n* ၁. လီၢ်ကဝီၤလၢတၢ်ဟ်ပနီၣ်လၢတၢ်ဟ့ၣ်တၢ်ဖး ၂. ပှၤဟ့ၣ်တၢ်ဖးလၢလီၢ်ကဝီၤတကဝီၤအပူၤ

constituent *a* ၁. လၢအအိၣ်ဒီးတၢ်စိတၢ်ကမီၤလၢသူၣ်ထိၣ်တၢ်ဘျၢသဲစးခိၣ်သ့ၣ်
၂. လၢအကဲတၢ်အက့အခီ, အရှၣ်အဒ့

constitute *v* ၁. ကရၢကရိဒုးအိၣ်ထိၣ်တၢ်, ဟ်ဖိုၣ်ထိၣ်အသး, ဟ်ဖိုၣ်ဒုးအိၣ်ထိၣ် ၂. ဟ့ၣ်လီၤမူဒါတၢ်မၤ ၃. ဘၣ်ထွဲဃုာ်, ဒုးဘၣ်ထွဲဃုာ်

constitution *n* ၁. တၢ်သူၣ်ထိၣ်တၢ်ဘျၢသဲစးခိၣ်သ့ၣ် ၂. တၢ်ဒုးအိၣ်ထိၣ် မ့တမ့ၢ် တၢ်သူၣ်ထိၣ်တၢ်တမံၤမံၤအတၢ်ဖံးတၢ်မၤအကျိၤအကျဲ ၃. တၢ်အိၣ်ဆူၣ်အိၣ်ချ့အတၢ်အိၣ်သး

constitutional *a* ၁. လၢအဘၣ်ထွဲဒီးတၢ်သူၣ်ထိၣ်တၢ်ဘျၢသဲစးခိၣ်သ့ၣ် ၂. လၢအဘၣ်ထွဲဒီးနီၢ်ခိအတၢ်အိၣ်ဆူၣ်အိၣ်ချ့

constitutional *n* တၢ်ဟးလၢတၢ်အိၣ်ဆူၣ်အိၣ်ချ့အဂီၢ်

constrain *v* ၁. မၢဆူၣ် မ့တမ့ၢ် မၤဃံးထိၣ်, ဘၣ်မၤတၢ်တမံၤခီဖျိတၢ်တမံၤအဃိ
၂. ဒၢန့ာ်လီၤဆူဃိာ်ပူၤ

constraint *n* ၁. တၢ်မၢဆူၣ် မ့တမ့ၢ် မၤဃံးထိၣ်တၢ်, တၢ်ဘၣ်မၤတၢ်တမံၤခီဖျိတၢ်တမံၤအဃိ,

တၢ်ဃံးတၢ်စ့ၤ, တၢ်ဟ်ပနီၣ်တၢ်အဆၢ ၂. တၢ်ပၢၤသူၣ်ပၢၤသး, တၢ်ကီၤအသး

constrict *v* မၤအံၣ်လီၤတၢ်အတကွီၣ်, သံးတံၢ်, ဝံာ်သံးတံၢ်, မၤဃံးဃာ်တၢ်, ဒၢသကး, မၤသကး, ဘံထုးဃံးတၢ်

constrictor *n* ၁. ဂုၢ်လၢအဘံထုးဃံးတၢ် ၂. ယုၢ်ညၣ်လၢအသံးတံၢ်, ယုၢ်ညၣ်လၢအထုးဃံးအသး

construct *n* ၁. တၢ်ဆိကမိၣ် မ့တမ့ၢ် တၢ်ရူၢ်တၢ်နာ် ၂. တၢ်ကတိၤတကရူၢ်လၢအဒုးအိၣ်ထိၣ်လံာ်ကျိၤကူာ် ၃. တၢ်တမံၤမံၤလၢအဘၣ်တၢ်သူၣ်ထိၣ်ဘှီထိၣ်အီၤ

construct *v* တ့ထိၣ်ဘှီထိၣ်, သူၣ်ထိၣ်

construction *n* ၁. တၢ်သူၣ်ထိၣ်ဘှီထိၣ်တၢ်, တၢ်သူၣ်ထိၣ်ဘှီထိၣ်တၢ်အကျိၤအကျဲ ၂. တၢ်တဲနၢ်ပၢၢ်တၢ်, တၢ်ထုးထိၣ်တၢ်အခီပညီ

constructive *a* လၢအကမၤဂ့ၤထိၣ်တၢ်, လၢအကမၤကဲထိၣ်ကဲထီတၢ်, လၢတၢ်အဂ့ၤတကပၤ

constructor *n* ပှၤတ့ထိၣ်ဘှီထိၣ်တၢ်, ပှၤသူၣ်ထိၣ်ဘှီထိၣ်တၢ်

construe *v* ဟ်အခီပညီဒ်အံၤဒ်နၤ, ထုးထိၣ်က့ၤအခီပညီ

consul *n* ထံကီၢ်ခၢၣ်စး, မီၢ်လါ, မီၢ်စ့ၣ်

consular *a* ဘၣ်ဃးဒီးထံကီၢ်အခၢၣ်စး, လၢအဘၣ်ဃးဒီးမီၢ်စ့ၣ်မီၢ်လါ

consulate *n* မီၢ်လါဝဲၤဒၢး

consult *v* ကူၣ်သကိးယုာ်တၢ်, ဃ့တၢ်ဟ့ၣ်ကူၣ်, ဃုတၢ်ဟ့ၣ်ကူၣ်ဟ့ၣ်ဖး

consultant *n* ပှၤဟ့ၣ်ကူၣ်တၢ် (ဘၣ်ဃးတၢ်ဂ့ၢ်လီၤဆီတမံၤမံၤ), ကသံၣ်သရၣ်ဖးဒိၣ်လၢအသ့လီၤဆီတၢ်ဆါတမံၤမံၤ

consultation *n* ၁. တၢ်တၢၣ်ပီၣ်ဟ့ၣ်ကူၣ်သကိးတၢ် ၂. တၢ်အိၣ်ဖှိၣ်လီၤဆီ ၃. (ကသံၣ်) တၢ်တၢၣ်ပီၣ်ထံၣ်လိာ်အိၣ်သကိးဘၣ်ဃးတၢ်ဃုထံၣ်န့ၢ်တၢ်ဆါအပနီၣ်
မ့တမ့ၢ် တၢ်ကူစါယါဘျါအဂ့ၢ်အကျိၤ

consume *v* ၁. မၤလၢာ် (တၢ်ဆၢကတီၢ်, တၢ်ဂံၢ်တၢ်ဘါ) ၂. အီၣ်ကွံာ် ၃. မ့ၣ်အူအီၣ်ဟးဂီၤကွံာ်တၢ် ၄. ပှ့ၤစူးကါတၢ်

consumer *n* ၁. (ပှၤ, တၢ်) လၢအအီၣ်တၢ်ဒီးစူးကါတၢ် ၂. ပှၤပှ့ၤသူတၢ်, ပှၤပှ့ၤစူးကါတၢ်

consummate *a* လၢအဒုးနဲၣ်တၢ်သ့တၢ်ဘၣ်လၢလၢပှဲၤပှဲၤ

consummate *v* ၁. မၤတုၤအလၢထိၣ်ပှဲၤထိၣ် (တုၤလၢမုၣ်ခွါသွံၣ်ထံးတၢ်သးမံန့ၢ်တစု), မၤ (မုၣ်ခွါသွံၣ်ထံးတၢ်အိၣ်ဃှာ်) တုၤသးမံမှာ်မှာ်နီၢ်နီၢ်တစု ၂. မၤဝံၤမၤကတၢၢ်ကွံာ်တၢ်

consumption *n* ၁. တၢ်စူးကါတၢ်, တၢ်သူတၢ်စွဲတၢ် ၂. တၢ်ပှ့ၤစူးကါတၢ်, တၢ်ပှ့ၤစူးကါပနံာ်အတၢ်မၤ ၃. ပသိၣ်တၢ်ဆါ

consumptive *a* လၢအဘၣ်တၢ်ပသိၣ်ဆါ

contact *n* ၁. တၢ်ဆဲးကျၢဆဲးကျိး, တၢ်ဘျးစဲ ၂. တၢ်ဘၣ်ဖွံးဘၣ်ဖွါလိာ်သး, တၢ်ထိးဘူးထိးတံၢ်လိာ်သး ၃. ပှၤဆဲးကျိးတၢ်

contact *v* ၁. ဆဲးကျိး, ဆဲးကျၢ, ၂. ထိးဘၣ်, ဘၣ်ဖွံးဘၣ်ဖွါ

contact lens *n* မဲာ်ချံလါနါ, တၢ်ကျးမဲာ်ချံ

contagion *n* ၁. တၢ်ဘၣ်ကူဘၣ်က်ာ ၂. တၢ်ဘၣ်ကူဘၣ်က်ာ်ခီဖျိတၢ်အိၣ်ဘူးအိၣ်တံၢ်လိာ်သး

contagious *a* ၁. (တၢ်ဆူးတၢ်ဆါ) လၢအဘၣ်ကူဘၣ်က်ာ်တၢ်သ့ ၂. (တၢ်သူၣ်ပိၢ်သးဝး, တၢ်ဟ်သူၣ်ဟ်သးဒီးအဂၤ) လၢအဘၣ်ကူဒီးရၤလီၤအသးဆူပှၤဂၤအအိၣ်

contain *v* ၁. ဟ်ဃှာ်, [illegible] ၂. ပၢၤဃာ်, [illegible] ဃာ်, ပၢၤအသး, ကီၤအသး

container *n* တၢ်ပူၤတၢ်လီၢ်, တၢ်ဒၢ

contaminate *v* မၤဘၣ်အၢဘၣ်သီ, မၤသံၣ်သူမီၤကျာ်တၢ်

contaminated *a* လၢအမၤသံတၢ်ဃူးတၢ်ဃၢ်

contamination *n* တၢ်မၤဘၣ်အၢဘၣ်သီ, တၢ်မၤသံၣ်သူမီၤကျာ်

contemplate *v* ကွၢ်ထံဆိကမိၣ်တၢ်

contemplation *n* ၁. တၢ်ဆိကမိၣ်ထံဆိကမိၣ်ဆးတၢ်, တၢ်ဆိကမိၣ်တၢ်လီၤတံၢ်လီၤဆဲးယိာ်ယိာ်, တၢ်ကွၢ်ထံဒီးဆိကမိၣ်ထံတၢ် ၂. တၢ်ဟ်စီဆုံသးဘါထုကဖၣ်တၢ်

contemplative *a* ၁. လၢအညီနုၢ်ဆိကမိၣ်ထံဆိကမိၣ်ဆးတၢ်, လၢအညီနုၢ်ဆိကမိၣ်တၢ်ထံထံဆးဆး ၂. လၢအဃ့ဘါထုကဖၣ်တၢ်လၢအသးကံၢ်ပူၤ, လၢအကွီးတရါ, လၢအဟ်စီဆုံသးဘါထုကဖၣ်

contemplative *n* ပှၤလၢအကွိးတရံ, ပှၤလၢအဟ့ၣ်လီၤသးလၢတၢ်ဟ်စိဆှံသးဘၢထုကဖၣ်တၢ်

contemporaneous *a* လၢအအိၣ်တကျဲကျဲလိၥ်အသး, လၢအကဲထိၣ်တကျဲကျဲဒီး, တစိၤဃီ, ဆၢကတီၢ်တကတီၢ်ဃီ

contemporary *a* ၁. လၢအတကျဲကျဲဒီး, လၢအအိၣ်တကျဲကျဲဒီးပှၤ, လၢအခ့အခါဒ်သိးလိၥ်အသး ၂. လၢအဘၣ်ဃးဒီးစိၤခဲအံၤ

contemporary *n* ပှၤလၢအအိၣ်တကျဲကျဲဒီးပှၤ, ပှၤ မ့တမ့ၢ် တၢ်တမံၤမံၤလၢအအိၣ်တကျဲကျဲဒီးပှၤ

contempt *n* တၢ်ထံၣ်ဆံးတၢ်, တၢ်တဟ်ကဲတၢ်, တၢ်ဒုးနဲၣ်ဖျါတၢ်သးဘၣ်အၢတၢ်

contemptible *a* လၢအတလီၤဟ်ကဲ, လၢတလီၤဟ်လုၢ်ဟ်ကါ

contemptuous *a* လၢအတဟ်ကဲတၢ်, လၢအထံၣ်ဆံးတၢ်, လၢအဒုးနဲၣ်ဖျါတၢ်သးဘၣ်အၢတၢ်

contemptuously *adv* လၢတၢ်တဟ်လုၢ်ဟ်ကါအပူၤ, လၢတၢ်တဟ်ကဲတၢ်အပူၤ

contend *v* ထီဒါ, ဒုးလိၥ်, ပြၢလိၥ်, ဂ့ၢ်လိၥ်ဘှိလိၥ်

content *a* လၢအသးမံသ့, လၢအအိၣ်မံသူၣ်မံသး

content *n* ၁. တၢ်ဂ့ၢ်ခိၣ်တီ, တၢ်အခိၣ်တီ, တၢ်ဂ့ၢ်တၢ်ကျိၤလၢအဘၣ်ထွဲလၢလံာ်တဘ့ၣ်အပူၤ ၂. တၢ်ဂ့ၢ်တၢ်ကျိၤလၢတၢ်ဃုထံၣ်န့ၢ်အီၤလၢပှာ်ဃဲၤသန့အပူၤ ၃. တၢ်လၢအပၣ်ဃုာ်လၢတၢ်တမံၤမံၤအပူၤ ၄. တၢ်ဖိတၢ်လံၤ မ့တမ့ၢ် တၢ်အိၣ်ပှဲၤအံၤပှဲၤနုၤလၢတၢ်တမံၤမံၤအပူၤ ၅. တၢ်သူၣ်မံသးမှာ်အပတီၢ်

content *v* အိၣ်မံသူၣ်မံသး, တၢ်အိၣ်လၢတၢ်တခါခါအပူၤ

contented *a* လၢအသးမံသ့, လၢအအိၣ်မံသူၣ်မံသး

contention *n* ၁. တၢ်ဂ့ၢ်လိၥ်တၢ်, တၢ်ကတိၤဂ့ၢ်လိၥ်ဘှိလိၥ်သး ၂. တၢ်ပိၣ်အါတဲအါတၢ်, တၢ်တဲအါတဲစုၤတၢ်

contentious *a* ၁. လၢအကဲထိၣ်တၢ်ဂ့ၢ်လိၥ်ဘှိလိၥ်သ့, လၢအကဲထိၣ်တၢ်ဂ့ၢ်လိၥ်သ့ ၂. လၢအပိၣ်အါတဲအါတၢ်သ့, လၢအဃုတၢ်အ့ၣ်လိၥ်

contentment *n* တၢ်သူၣ်မံသးမှာ်

contest *n* ၁. တၢ်ပြၢ ၂. တၢ်ဂ့ၢ်လိၥ်ဘှိလိၥ်

contest *v* ၁. ပြၢလိၥ်သး, နာ်လီၤတၢ်ပြၢ, ပြၢ ၂. ဂ့ၢ်လိၥ်ဘှိလိၥ်ထီဒါလိၥ်အသးဆူၣ်ဆူၣ်, အ့ၣ်လိၥ်စံးအါကတိၤ

contestant *n* ပှၤနာ်လီၤပြၢတၢ်, ပှၤပြၢတၢ်ဖိ

context *n* တၢ်ကဲထိၣ်သးတမံၤအတၢ်အိၣ်သးအဂ့ၢ်လၢအမၤစၢၤပှၤဒ်သိးပကနၢ်ပၢၢ်တၢ်အဂ့ၢ်, တၢ်ကတိၤလၢခံလၢညါ

contextual *a* လၢအဘၣ်ဃးဒီးတၢ်ကတိၤလၢခံလၢညါ, လၢအဘၣ်ဃးဒီးတၢ်ကဲထိၣ်သးတမံၤအတၢ်အိၣ်သးအဂ့ၢ်လၢအမၤစၢၤပှၤဒ်သိးပကနၢ်ပၢၢ်တၢ်အဂ့ၢ်အကျိၤ

contextualize, contextualise *v* ဆိကမိၣ်ဃုာ်တၢ်ကဲထိၣ်သးတမံၤအတၢ်အိၣ်သးအဂ့ၢ်

contiguity *n* တၢ်ထိးတံၢ်လိၥ်သး, တၢ်အိၣ်ဘူးလိၥ်သး

contiguous *a* လၢအထိးတံၢ်လိၥ်အသး, လၢအအိၣ်ဘူးလိၥ်သး

continence *n* ၁. တၢ်သ့ကီၤသူၣ်ကီၤသး, တၢ်သ့ပၢၤသး ၂. တၢ်ကီၤအ့ၣ်ကီၤဆံၣ်

continent *n* ကိၢ်မိၢ်ပှၢ်

continental *a* ၁. လၢအဘၣ်ဃးဒီးကိၢ်မိၢ်ပှၢ် ၂. လၢအဘၣ်ဃးဒီးယူရပၤကိၢ်မိၢ်ပှၢ်

continental *n* ပှၤယူရပၤဖိ

continental breakfast *n* ကိၢ်မှၢ်နှာ်အဂီၤတၢ်အိၣ်လၢအပၣ်ဃုာ်ဒီးခိဖံၣ်, ပိၣ်မူးထီပးဒီးတၤသၣ်ဃ့ၣ်

contingency *n* တၢ်လၢတၢ်တယာ်အီၤတသ့လၢမ့ၢ်အကကဲထိၣ်ဓါ မ့တမ့ၢ် တကဲထိၣ်ဓါ, တၢ်ဂ့ၢ်လၢတၢ်တယာ်န့ၢ်အီၤတသ့

contingent *a* ၁. လၢအကကဲထိၣ်သးသ့ၣ်သ့ၣ်, လၢအကဲထိၣ်သး ၂. လၢအဒိးသန့ၤထိၣ်အသးလၢတၢ်ဂ့ၢ်တမံၤအဖီခိၣ်

contingent *n* ၁. ပှၤတဖုလၢကရူၢ်ကရၢဖးဒိၣ်အပူၤ ၂. သုးတဖုလၢသုးမုၢ်ဒိၣ်အပူၤ

continual *a* လၢအမၤအသးတပယူာ်ဃီ, လၢအဆၢတလီၤတဲာ်တူာ်ဘၣ်, လၢအမၤအသးတလီၢ်လီၢ်

continually *adv* တလီၢ်လီၢ်တလီၢ်လီၢ်, တပယူာ်ဃီ, အဆၢတလီၤတဲာ်တူာ်ဘၣ်, တနံးနံး

continuance *n* ၁. တၢ်ကဲထီၣ်အသးကွ့ၢ်ကွ့ၢ်, တၢ်အိၣ်သးလၢအမၤအသးကွ့ၢ်ကွ့ၢ် ၂. တၢ်သုးတၢ်ဆၢကတီၢ်, တၢ်ဆိကတီၢ်ဝံၤသုးက့ၤလၢခံတဘျီ

continuation *n* ၁. တၢ်မၤအသးဒံးဆူညါကွ့ၢ်ကွ့ၢ်, တၢ်မၤတၢ်ဆူညါကွ့ၢ်ကွ့ၢ် ၂. တၢ်ပိာ်ထွဲ, တၢ်လၢအပိာ်ထွဲထီၣ်တၢ်အဂၤတမံၤအခံ ၃. တၢ်စးထီၣ်မၤကဒီးတၢ်ဆူညါ

continue *v* မၤကဒီးတၢ်ဆူညါ, အိၣ်ဒံးဆူညါ, တဆိတ့ၢ်ဘၣ်, မၤဒံးဆူညါ

continuity *n* တၢ်အဆၢတလီၤတူာ်, တၢ်လၢအတဆိကတီၢ်ဆီတလဲအသး, တၢ်တဆိတ့ၢ်ဘၣ်

continuous *a* ၁. လၢအဆၢတလီၤတူာ်, လၢအတဆိတ့ၢ်, အဆၢတတဲာ် ၂. လၢအသလၣ်လီၤအသးလၢအကျိၤ, လၢတအိၣ်ဒီးတၢ်လီၢ်လီၤဟိ

continuously *adv* ကွ့ၢ်ကွ့ၢ်, တပယူာ်ယီ, အဆၢတတဲာ်

contort *v* မၤပဝံာ်ပဝ်, မၤကံၤကူၤကံၤကၤ (အသး), မၤမဲလံမဲကီၢ် (အသး), ကွံာ်ချိခိၣ်ချိခံ (အသး)

contortion *n* ၁. တၢ်ဝံာ်ပကံၤသး, တၢ်ကံၤကူၤကံၤကၤ, တၢ်ပဝံာ်ပဝ် ၂. တၢ်ကံၤမဲာ်ကံၤနါ, တၢ်မဲာ်ကံၤနါကံၤ, တၢ်မဲာ်ဝံာ်နါဝံာ်, တၢ်ထိၣ်ဝံာ်သး

contour *n* တၢ်အသရုၤထံးဝးဝး, တၢ်အကျိၤလၢဟီၣ်ခိၣ်ဂီၤအလိၤ, ခီထိၣ်ပနိ – ပနိလၢအဒုးနဲၣ်ဟီၣ်ခိၣ်ဖျၢၣ်အမဲာ်ဖံးခိၣ်လၢဟီၣ်ခိၣ်ဂီၤအပူၤ

contraband *a* လၢအကူၣ်လဲၤမၤကၤထုးထီၣ်ဆှၢနုာ်ပနံာ်လၢတဖိးသဲစး, လၢအကူၣ်လဲမၤကၤပနံာ်လၢတဖိးသဲစး

contraband *n* ပနံာ်သူ, ပနံာ်လၢတၢ်ဆှၢဟးထီၣ်ဒီးဆှၢနုာ်လီၤအီၤလၢအတဖိးသဲစး

contraception *n* ၁. တၢ်ဒီသဒၢဟုးသး, တၢ်ဒီသဒၢတၢ်အိၣ်ဖိအိၣ်လံၤ ၂. ကသံၣ်ဖိၣ်ဒီသဒၢဟုး

contraceptive *n* တၢ်ဒီသဒၢဟုး

contract *n* ၁. တၢ်အၢၣ်လီၤအီလီၤလိာ်အသးဂၢၢ်ဂၢၢ်ကျၢၤကျၢၤ ၂. တၢ်အၢၣ်လီၤ, လံာ်ယံးယာ်

contract *v* ၁. မၤစုၤလီၤ, ဆံးလီၤ, (ညၣ်ထူၣ်) သံးနုာ်လီၤ, မၤဖုၣ်လီၤ (တၢ်ကတိၤဖျၢၣ်) ၂. မၤလံာ်ယံးယာ် ၃. (တၢ်ဆါ, လုၢ်လၢ်) ဘၣ်, မၤန့ၢ်, ဘၣ်ကူ

contraction *n* ၁. တၢ်သွံးလီၤ, တၢ်ဆံးလီၤစုၤလီၤ, တၢ်အံၣ်လီၤဆံးလီၤ ၂. တၢ်သးဆူထိၣ်, ဒၢလီၢ်သွံးလီၤဒီးသးဆူထိၣ် ၃. တၢ်ကွဲးဖုၣ်လီၤလံာ်ဖျၢၣ်

contractions *n* တၢ်သးဆူ

contractor *n* ပှၤတဂၤ မ့တမ့ၢ် ခီပနံာ်တဖုလၢအအၢၣ်လီၤသးလၢကမၤတၢ်လၢ (ခီပနံာ်, ပှၤ) အဂၤတဖုအဂီၢ်, ပှၤလၢအဟံးန့ၢ်တၢ်အၢၣ်လီၤလၢကမၤတၢ်, ပှၤဟံးလံာ်ယံးယာ်လၢကမၤတၢ်အဂီၢ်

contradict *v* တလီၤပလိာ်, ထီဒါလိာ်သး

contradiction *n* တၢ်တလီၤပလိာ်လိာ်သး, တၢ်ထီဒါလိာ်သး

contradictory *a* လၢအတလီၤပလိာ်, လၢအထီဒါလိာ်အသး

contraindication *n* ကသံၣ်အတၢ်တြီ

contraption *n* စဲးဖီကဟၣ်, တၢ်ပီးတၢ်လီလၢအဖျါလီၤဆီ

contrariwise *adv* လၢကျဲအဂၤတမံၤ, မ့မ့ၢ်ဒ်အံၤတခီ

contrary *a* လၢအထီဒါလိာ်အသး, လၢအတလီၤတယီၤယုာ်ဘၣ်

contrary *n* တၢ်ထီဒါလိာ်သး, တၢ်လၢအကွၢ်ဆၢၣ်မဲာ်လိာ်သး, တၢ်လၢအတလီၤတယီၤလိာ်သး

contrast *n* ၁. တၢ်ထိၣ်သတြီၤအတၢ်လီၤဆီလိာ်အသး ၂. တၢ်နဲၣ်ဖျါထီၣ်အတၢ်လီၤဆီ, တၢ်လီၤဆီလိာ်သး

contrast *v* ၁. ထိၣ်သတြီၤတၢ်လီၤဆီလိာ်သး ၂. နဲၣ်ဖျါထီၣ်အတၢ်လီၤဆီဒီး

contravene *v* မၤထီဒါ (တၢ်သိၣ်တၢ်သီ, ပှၤခွဲးယာ်), လုၢ်သ့ၣ်ခါပတာ်တၢ်ဘျၢ

contribute *v* ၁. ဟ့ၣ်မၤစၢၤ, တိစၢၤမၤစၢၤ, ဟ့ၣ်မၤဘူၣ်, မၤစၢၤသကိးယုာ်, ဟ့ၣ်လီၤသးမၤစၢၤတၢ် ၂. ဆှၢထီၣ်တၢ်ကွဲး, ဟ့ၣ်ထီၣ်တၢ်ကွဲး (လၢတၢ်ပရၢပစၢၢ်အဂီၢ်)

contribution *n* တၢ်ဟ့ၣ်မၤစၢၤ, တၢ်တိစၢၤမၤစၢၤတၢ်, တၢ်ဟ့ၣ်မၤဘူၣ်တၢ်, တၢ်မၤစၢၤတၢ်, တၢ်မၤစၢၤသကိးတၢ်, တၢ်ဟ့ၣ်လီၤသးမၤစၢၤတၢ်

contributor *n* ၁. ပှၤဟ့ၣ်မၤစၢၤတၢ်, ပှၤတိစၢၤမၤစၢၤတၢ်, ပှၤဟ့ၣ်မၤဘူၣ်တၢ်, ပှၤမၤစၢၤသကိးယှာ်တၢ်, ပှၤဟ့ၣ်လီၤသးမၤစၢၤတၢ် ၂. ပှၤဆုၢထီၣ်တၢ်ကွဲး, ပှၤဟ့ၣ်ထီၣ်တၢ်ကွဲး (လၢတၢ်ပရၢပစၢ်အဂီၢ်)

contributory *n* ၁. လၢအမၤအိၣ်ထီၣ်တၢ်တမံၤ ၂. (တၢ်အုၣ်ကီၤ) လၢအဟ့ၣ်လီၤစ့လၢအကဒိးန့ၢ်ဘၣ်က့ၤတၢ်ဘျုးတၢ်ဖှိၣ်အဂီၢ်

contrite *a* လၢအပီၢ်ယၢ်လီၤက့ၤအသး

contrition *n* တၢ်ပီၢ်ယၢ်လီၤက့ၤအသးနီၢ်နီၢ်, တၢ်သးဘၣ်ဒိက့ၤဖးဒိၣ်, တၢ်သးဘၣ်ဖှိၣ်က့ၤလၢပမၤတၢ်အယိ

contrivance *n* ၁. တၢ်ကူၣ်မၤကဲထီၣ်တၢ် ၂. တၢ်ပီးတၢ်လီလၢတၢ်ကူၣ်ဒုးအိၣ်ထီၣ်အီၤ

contrive *v* ၁. ကူၣ်တၢ်, ကူၣ်မၤတၢ်, သုးကျဲၤမၤတၢ်သ့ဖဲတၢ်ကီတၢ်ခဲအိၣ်ဘၣ်ဆၣ် ၂. ကူၣ်တၢ်, ကူၣ်မၤတၢ် (လၢအတဂ့ၤတမံၤမံၤ)

contrived *a* ၁. အယီၤ, လၢအတမ့ၢ်န့ဆၢၣ်, လၢတၢ်ကူၣ်ဒုးအိၣ်ထီၣ်အီၤ, လၢတၢ်ကူၣ်မၤကဲထီၣ်အီၤ ၂. ကမၣ်, လၢအတဘၣ်

control *n* ၁. တၢ်ဖီၣ်ပျံၤ, တၢ်ပၢဆှၢဖီၣ်ပျံၤတၢ် ၂. နီၣ်ကၢၤ, ပီးလီအနီၣ်ကၢၤ, ပီးလီအနီၣ်ပၢၤ, စဲးပီးလီလၢအကၢၤယာ်တၢ် ၃. နီၣ်ထီၣ်ဟ်ပနီၣ်လၢတၢ်ကွၢ်သတြဲၤတၢ်အဂီၢ်, တၢ်ဟ်ပနီၣ်တၢ်သိၣ်တၢ်သီအကျိၤအကျဲတဖၣ် ၄. တၢ်ပၢၤသူၣ်ပၢၤသး, တၢ်ကီၤသူၣ်ကီၤသး ၅. ပှၤလၢအဖီၣ်ဂၢၢ် မ့တမ့ၢ် မၤဂၢၢ်တၢ်, ပှၤလၢအပၢဆှၢရဲၣ်ကျဲၤတၢ် ၆. ခီၣ်ဖျူထၢၣ်အနီၣ်ဆီၣ်ခံ

control *v* ၁. ပၢဆှၢရဲၣ်ကျဲၤ ၂. အိၣ်ဒိးအစိအကမီၤလၢကဆၢတဲာ်တၢ် ၃. (တၢ်အိၣ်သး) ဖီၣ်ဂၢၢ်, မၤဂၢၢ်, မၤလီၤမၤဘၣ်က့ၤ, မၤဘၣ်လိာ်ဘၣ်စးက့ၤ, ကျဲၤလီၤကျဲၤဘၣ်က့ၤ ၄. (တၢ်ဆူးတၢ်ဆါအတၢ်ရၤလီၤအသး) ဒီသဒၢ, ဒုးအိၣ်ပတှာ် ၅. အိၣ်လၢတၢ်သိၣ်တၢ်သီအဖီလာ်, ဖီၣ်ယံးဒီးတၢ်သိၣ်တၢ်သီ, မၤတၢ်ဒ်တၢ်ဘျၢအိၣ်ဝဲအသိး ၆. ပၢၤသူၣ်ပၢၤသး,ကီၤသူၣ်ကီၤသး ၇. (စဲးအပီးအလီ) ပၢၤယာ်, ကၢၤယာ်

controller *n* ၁. ပှၤလၢအဖီၣ်ဂၢၢ် မ့တမ့ၢ် မၤဂၢၢ်တၢ်, ပှၤလၢအပၢဆှၢရဲၣ်ကျဲၤတၢ် ၂. စဲးအနီၣ်ကၢၤ, စဲးအနီၣ်ပၢၤ, နီၣ်ကၢၤ, နီၣ်ပၢၤ ၃. ပှၤကွၢ်ထွဲကျိၣ်စ့ဂ့ၢ်ဝီ, ပှၤသမံသမိးကွၢ်ထွဲစ့စရီ

controversial *a* လၢအအိၣ်ဒီးတၢ်ဂ့ၢ်လိာ်ဘှီလိာ်

controversy *n* တၢ်ဂ့ၢ်လိာ်ဘှီလိာ်, တၢ်ဂ့ၢ်လိာ်ဘှီလိာ်လၢအဟဲဆူၣ်ထီၣ်

contumacy *n* တၢ်နူၤက့ၣ်နၣ်ယွၤ, တၢ်မၤအသးကပၤဒါ, တၢ်မၤအသးတခံတိၤပၤ, တၢ်မၤတၢ်ထီဒါတၢ်သိၣ်တၢ်သီ

contusion *n* တၢ်ထီၣ်လုးထီၣ်လါ, တၢ်လုးထီၣ်လါထီၣ်

convalesce *v* ကိညၢ်ထီၣ်က့ၤ, ဂံၢ်ဘါအိၣ်ထီၣ်ကဒါက့ၤ, တၢ်အိၣ်ဆူၣ်အိၣ်ချ့ဂ့ၤထီၣ်ကဒါက့ၤ

convalescence *n* တၢ်ကိညၢ်ထီၣ်က့ၤသီသီ, တၢ်ဆါဘျါထီၣ်က့ၤသီသီ

convalescent *a* လၢအကိညၢ်ထီၣ်က့ၤ, လၢအဂံၢ်ဘါအိၣ်ထီၣ်ကဒါက့ၤ, လၢအအိၣ်ဆူၣ်အိၣ်ချ့ထီၣ်ကဒါက့ၤ

convalescent *n* ပှၤလၢအတၢ်ဆါကိညၢ်ထီၣ်က့ၤ

convene *v* ကိးတၢ်အိၣ်ဖှိၣ်

convener *n* ၁. ပှၤတဂၤလၢအကိးတၢ်အိၣ်ဖှိၣ် ၂. ပှၤမၤတၢ်ဖိကရၢအပှၤဘၣ်မူဘၣ်ဒါလၢတၢ်မၤလီၢ်

convenience *n* ၁. တၢ် (လၢအ) ဒုးညီထီၣ်တၢ် (လၢပှၤအဂီၢ်), တၢ်လၢအကြၢးအဘၣ်လၢပတၢ်အိၣ်မှာ်အဂီၢ် ၂. ကမျၢ်အတၢ်ဟးလီၢ်

convenient *a* ဘၣ်ဘျိးဘၣ်ဒါ, အိၣ်ညီ, လၢအညီထီၣ် (လၢပှၤဂီၢ်)

convent *n* ဖံထံခရံာ်ဖိ (ရိမ့ၣ်ခဲးသလ့း) အဖံသူဖံဝါ (မိၢ်ဒိၣ်) အတဝၢ, အကို

convention *n* ၁. ခဝ့ရှၢၣ်, တၢ်အိၣ်ဖှိၣ်ဖးဒိၣ်တကလှာ် ၂. လုၢ်လၢ်လၢပှၤအါဂၤတူၢ်လိာ်ဝဲသ့

conventional *a* ၁. လၢအမၤအသးဒ်ပှၤအါဂၤအလုၢ်အလၢ်အိၣ်ဝဲအသိး, လၢအလူၤပိာ်ထွဲတၢ်လၢအမၤညီနုၢ်အသးအခံ, ဒ်အလုၢ်အလၢ်အိၣ်ဝဲအသိး ၂. (တၢ်စုကဝဲၤ မ့တမ့ၢ် တၢ်သဟီၣ်) လၢအတအိၣ်ဒီးနူကျံၣ်က်

conventionality *n* ၁. တၢ်လၢအမၤအသးဒ်ပှၤအါဂၤအလုၢ်အလၢ်အိၣ်ဝဲအသိး ၂. တၢ်လူၤပိာ်မၤထွဲမိၢ်လုၢ်ပၢ်လၢ်အကျဲ

converge *v* ၁. ဟဲလၢတၢ်လီၢ်အါပူၤဒီးထံၣ်လိာ်သးတတီၤဃီ ၂. ကဲထိၣ်တမံၤဃီ, တစူၢ်လီၤ

convergence *n* ၁. တၢ်ဟဲလၢတၢ်လီၢ်အါပူၤဒီးထံၣ်လိာ်သးတတီၤဃီ ၂. တၢ်ကဲထိၣ်တမံၤဃီ, တစူၢ်လီၤ

convergent *a* ၁. လၢဟဲလၢတၢ်လီၢ်အါပူၤဒီးထံၣ်လိာ်သးတတီၤဃီ ၂. လၢကဲထိၣ်တမံၤဃီ, တစူၢ်လီၤ

conversant *a* လၢအသ့ၣ်ညါနၢ်ပၢၢ်တၢ်တမံၤမံၤ, လၢအညီနၢ်ဒီးတၢ်တမံၤမံၤ

conversation *n* တၢ်ပိၣ်တၢ်တဲ, တၢ်တဲဃၢသကိး, တၢ်စံၣ်တဲၤသကိးတၢ်

conversationalist *n* ပှၤလၢအတဲတၢ်သ့, ပှၤစဲၣ်နီၤလၢတၢ်စံးတၢ်ကတိၤတၢ်, ပှၤမဲအ့ၣ်ပျ့ၤသွဲး

converse *a* လၢခိၣ်ခံကဒါလိာ်အသး, လၢအဆၢၣ်မဲာ်လိာ်အသး

converse *v* တဲသကိးတၢ်, ကတိၤသကိးတၢ်

conversion *n* တၢ်လဲလိာ်တၢ်, တၢ်အကျိၤအကျဲလၢဆီတလဲတၢ်အက့ၢ်အဂီၤ

convert *n* ပှၤလၢအလဲလိာ်တၢ်ဘူၣ်တၢ်ဘါတၢ်စူၢ်တၢ်နာ်

convert *v* ၁. လဲလိာ်တၢ်, ဆီတလဲတၢ်အက့ၢ်အဂီၤ ၂. ဆီတလဲတၢ်ဘူၣ်တၢ်ဘါအတၢ်စူၢ်တၢ်နာ်

converter *n* ၁. ပှၤလၢအလဲလိာ်တၢ်တမံၤဆူတၢ်အဂၤတမံၤ, ပှၤလၢအလဲလိာ်ဆီတလဲတၢ် ၂. တၢ်လၢအလဲလိာ်ဆီတလဲတၢ် ၃. (စဲး) ပီးလီဆီတလဲတၢ်မၤအကျိၤအကျဲ ၄. တၢ်ဒၢလၢအဆီတလဲတိၢ်ထးအထံဆူထးလဲ

convertible *a* ၁. လၢတၢ်ဆီတလဲအီၤသ့, လၢတၢ်လဲလိာ်အီၤသ့ ၂. (သိလ့ၣ်) အခိၣ်ဒုးလၢတၢ်ကၢ်ချံးအီးထိၣ်အီၤသ့

convertible *n* သိလ့ၣ်လၢတၢ်ကၢ်ချံးအီးထိၣ်အခိၣ်ဒုးသ့

convex *a* လၢအထိၣ်ကူ, လၢအကဖၤ

convey *v* ၁. ဟ်ဖျါထိၣ် (တၢ်ဆိကမိၣ်) ၂. ဆှၢတၢ် မ့တမ့ၢ် စိာ်ဆှၢတၢ်ဆူတၢ်လီၢ်အဂၤ

conveyance *n* ၁. (သိလ့ၣ်, လ့ၣ်) တၢ်စိာ်ထိၣ်စိာ်လီၤတၢ်, တၢ်လၢအစိာ်ဆှၢတၢ် ၂. တၢ်ဟ်ဖျါထိၣ်တၢ်ဆိကမိၣ် ၃. သဲစးအကျိၤအကျဲလၢအဆီတလဲတၢ်စုလီၢ်ခီၣ်ခိၣ်အကစၢ်

conveyor *n* ၁. တၢ်လၢအစိာ်ဆှၢခီတၢ်, စဲးစိာ်ဆှၢတၢ် ၂. ပှၤလၢအစိာ်ဆှၢခီတၢ်

convict *n* ပှၤဃိာ်ဖိ

convict *v* စံၣ်ညီၣ်လီၤဝဲ, စံၣ်ညီၣ်လီၤတၢ်, လိာ်ကွီၢ်တၢ်

conviction *n* ၁. တၢ်စံၣ်ညီၣ်ဝဲလၢအတၢ်ကမၣ်အိၣ် ၂. တၢ်နာ်တၢ်နီၢ်နီၢ်, တၢ်နာ်တၢ်ဂၢၢ်ဂၢၢ်ကျၢၤကျၢၤ

convince *v* မၤနာ်ပှၤအသး, ဒုးနာ်ပှၤလၢတၢ်, ကွဲနာ်လွဲနာ်ပှၤ

convincing *a* လၢအမၤနာ်ပှၤအသး, လၢအဒုးနာ်ပှၤလၢကမၤတၢ်, လၢအကွဲနာ်လွဲနာ်ပှၤ

convivial *a* လၢအလူၤတၢ်မှာ်တၢ်လၤ, လၢအပုံၤဒီးတၢ်မှာ်လၤသးခုတၢ်

convocation *n* ၁. တၢ်ကိုးတၢ်အိၣ်ဖှိၣ်ဖးဒိၣ်, (သရၣ်ဒိၣ်သမါထိအ) တၢ်ထံၣ်လိာ်အိၣ်သကိးဖးဒိၣ် ၂. တၢ်ဟ့ၣ်တၢ်ဖျိဖှၣ်စိမိၤလံာ်အှၣ်သးအမူး

convoluted *a* ၁. လၢအဝံာ်ပကံးအသး ၂. လၢအက့ၣ်အကူ, လၢအအိၣ်သဘံၣ်ဘုၣ်လိာ်အသး

convoy *n* သိလ့ၣ် မ့တမ့ၢ် ကဘီတဖၣ်လဲၤသကိးတၢ်တဖုဃီအိၣ်ဒီးတၢ်ဒီသဒၢနှ့ၢ်အီၤတၢ်, (ပှၤ, တၢ်) လၢအဆှၢကဟုကယာ်တၢ်

convoy *v* ဆှၢကဟုကယာ်ဒီသဒၢတၢ်

convulse *v* ၁. မၤဟူးမၤဝးဆုံးဆိုးတၢ်နးမး, ကနိးကစုာ်, ဟူးဝးဆုံးဆိုး ၂. ဒိဘၣ်မၤဟူးတၢ်ဒိၣ်ဒိၣ်ကလဲာ်

convulsion *n* တၢ်ထိၣ်, တၢ်ကနိးနးနးကလဲာ်, တၢ်နံၤလီၤကၢ်လီၤကုၤတုၤသါတဖျိ

cook *n* ပှၤဖီတၢ်ဖိ

cook *v* ဖီတၢ်, ဖီအီၣ်ဖီအီတၢ်, ဖီအီၣ်တ့ၤအီၣ်

cookbook *n* လံာ်ဖီအီၣ်တၢ်, တၢ်ဖီအီၣ်ဖီအီအလံာ်

cooker *n* ဖၣ်ကွာ်ဒၢ

cookery *n* တၢ်ဖီအီၣ်တ့ၤအီၣ်ပီညါ, တၢ်မၤလိဘၣ်ဃးတၢ်သ့တၢ်ဘၣ်လၢတၢ်ဖီအီၣ်တ့ၤအီၣ်တၢ်

cookie *a* ၁. ကိၣ်စိုးဃ့ ၂. တၢ်လၢအ့ထၢၣ်နဲးအသန့ထံးတခါဆှၢဆူပှၤလၢအီးထိၣ်ကွၢ်ပှာ်ဃၢသန့လၢကဃုသ့ၣ်ညါကျဲလၢအနာ်လီၤကွၢ်ခိၣ်ဖှူထၢၣ်သန့ထံး

cooking *n* တၢ်ဖီအီဉ်တ့ၢ်အီဉ်တၢ်

cool *a* ၁. လၢအဟ်အသးခုဉ်ခုဉ်မှာ်မှာ်, အိဉ်ဃိကလာ်, အိဉ်ဂၢၢ်ဂၢၢ် ၂. လၢတအိဉ်ဒီးတၢ်သူဉ်ပိၢ်သးဝး, လၢအတၢ်သးဂဲၤတအိဉ်, လၢအတၢ်သးစဲတအိဉ် ၃. လၢတအိဉ်ဒီးတၢ်ရှတံၤရှသကိး ၄. (တၢ်ဆၢကတီၢ်) လၢအမှာ်အခုဉ်, ခုဉ် ၅. (တၢ်ကတိၤ) "ဂ့ၤ, ဂ့ၤဒိဉ်မး" ၆. (တၢ်ပာ်သူဉ်ဟ်သး) လၢအတသ့ဉ်ညါပာ်ကဲတၢ်, လၢအတသ့ဉ်ညါတၢ်, လၢအတကနဉ်ဃုာ်တၢ် ၇. အစ့ၤကတၢၢ် (အဒိ, *cost a cool thousand* လၢာ်အစ့ၤကတၢၢ် ၁၀၀၀ ဘးလီၤ)

cool *n* တၢ်ခုဉ် (တၢ်ခုဉ်ဖဲအမှာ်)

cool *v* ၁. မၤမှာ်မၤခုဉ်ထိဉ်, မၤခုဉ်လီၤ ၂. မၤဂၢၢ်ထိဉ်, ဒုးအိဉ်ဂၢၢ်တပၢၢ်

cooler *n* ၁. ကလံၤခုဉ်ဒၢတကလှာ်, စဲးလၢအမၤခုဉ်ထိဉ်တၢ် ၂. တၢ်ခုဉ်ဒၢ, ထံခုဉ်ဒၢ

cool-headed *a* (ဖဲတၢ်ကီၢ်တၢ်ဂီၤအကတီၢ်ဒဉ်လဲာ်) လၢအဟ်အသးမှာ်မှာ်ခုဉ်ခုဉ်, လၢအဟ်အသးဂၢၢ်တပၢၢ်, လၢအအိဉ်ဂၢၢ်တပၢၢ်

coolie *n* ကူဉ်လံဉ်, ပှၤဒိးလဲဖိ, ပှၤဒိးလဲဝံတၢ်လၢအတၢ်သ့တၢ်ဘဉ်လီၤဆီတအိဉ်

coolly *adv* ခုဉ်ခုဉ်ဖိ, ဂၢၢ်ဂၢၢ်ဖိ, ဂၢၢ်တပၢၢ်

coolness *n* တၢ်ခုဉ်

coop *n* ထိဉ်သုးဆီသုး, ဆီအကပိၤ, ထိဉ်ဖီၤဆီဖီၤအတြီၢ်, ထိဉ်ဆီးဆီဆီး

coop *v* ဖျိဉ်ဘၢဃာ်, ဒုးဃာ်, ဆီးဃာ်တၢ်

co-op *n* တၢ်ကရၢကရိ ခီပနံာ်လၢအမၤသကိးတၢ်

cooper *n* ပှၤဘီိထံဒၢသ့ဉ်ဖးဒိဉ်

cooper *v* ဘီိထံဒၢသ့ဉ်

cooperate *v* မၤသကိးတၢ်

cooperation *n* တၢ်ဖံးသကိးမၤသကိးတၢ်, စုလီၢ်ဃှာ်တၢ်မၤ

cooperative *a* လၢအမၤဃှာ်မၤသကိးတၢ်, လၢအစုလီၤဃှာ်မၤသကိးတၢ်, လၢအပဉ်ဃှာ်မၤသကိးတၢ်

cooperative *n* (co-op) တၢ်ကရၢကရိခီပနံာ်လၢအမၤသကိးတၢ်, တၢ်မၤဃှာ်မၤသကိးတၢ်ကရၢ, စုလီၢ်ဃှာ်တၢ်မၤကရၢ

coordinate *a* ၁. လၢအမၤဘဉ်လိာ်ဖိးဒ့တၢ်, လၢအဘဉ်လိာ်ဖိးဒ့ ၂. လၢအခိဉ်ထဲသိးလိာ်အသး

coordinate *n* နီဉ်ဂံၢ်တဆိလၢအထံဉ်လိာ်အသးဖဲ (ဟီဉ်ခိဉ်ဂီၤ မ့တမ့ၢ် ကရး(ဖ) အပတီၢ်ခီက်နီဉ်ထိဉ်အပနီဉ်)

coordinate *v* ဒုးဘဉ်လိာ်ဖိးဒ့တၢ်, မၤထဲသိးလိာ်အသး

coordination *n* တၢ်ဒုးဘဉ်လိာ်ဖိးဒ့တၢ်, တၢ်သ့ပၢဆှၢဒုးဘဉ်လိာ်ဖိးဒ့ကၠဲာ်ဂီၤတဖဉ်လၢကမၤတၢ်ဘျ့ဘျ့ဆိုဆိုဒီးတကတီၢ်ဃီ

coordinator *n* ဖိးမံမူဒါခိဉ်, ပၢဆှၢတၢ်မူဒါခိဉ်

cop *n* ပၢၤကီၢ်

cope *n* (သရဉ်ဒိဉ်, ပၢ်ဒိဉ်) ဆ့ကၤ

cope *v* ကွၢ်ဆၢဉ်မဲာ်တၢ်ကီတၢ်ခဲတမံၤဒီးမၤနၢၤဝဲ

copier *n* စဲးကွဲးဒိ, စဲးကွဲးဆဲ

copious *a* အါအါဂိၢ်ဂိၢ်, ဂိၢ်မုၢ်ဂိၢ်ပၤ, လၢလၢလီၢ်လီၢ်

cop-out *n* တၢ်တဟံးမူဒါ, တၢ်တဟ့ဉ်လီၤသးမၤတၢ်

copper *n* ၁. တိၢ်ဂီၤ, တိၢ်ဂီၤအလွဲၢ် ၂. (တၢ်ကတိၤပတိၢ်မုၢ်) ပၢၤကီၢ်ခိဉ်

copra *n* ဃီၤသဉ်ဃ့, ဃီၤသဉ်လဲ

copter *n* ဟဲဉ်လံဉ်ခီးပတၢဉ်, ကဘီယူၤထိလဲၤကွဲၤ, ကဘီယူၤကွဲၢ်လဲၢ်ဘိ

copulate *v* ၁. ဘဉ်စိ, ဘဉ်လူၤ, ဆဉ်ဖိကိၢ်ဖိမိၢ်ဖါသဉ်ဟုသဉ်ဟဲဉ်လိာ်သးတချုးဘဉ်စိ ၂. မံဃှာ်, မိၢ်ဒီးဖါမံဃှာ်လိာ်အသး

copy *n* ၁. တၢ်ကွဲးဒိ, တၢ်ကွဲးဆဲ ၂. တၢ်မၤဒိးတၢ်

copy *v* ၁. ကွဲးဒိ (လံာ်), ကွဲးဆဲ ၂. မၤထွဲ (ပှၤဂၤအခံ), မၤဒိးပှၤ, ကဲဒိးတၢ်

copyist *n* ပှၤကွဲးဆဲတၢ်, ပှၤကွဲးဒိတၢ်

copyright *n* ကွဲးဒိခွဲး, ကွဲးဆဲခွဲး, တၢ်မၤန့ၢ်အခွဲးလၢကကွဲးဒိကွဲးဆဲတၢ်အဂီၢ်

copyright *v* မၤလီၤတံၢ်တၢ်ကွဲးဒိကွဲးဆဲခွဲးဃာ်

copywriter *n* ပှၤလၢအကွဲးဘီးဘဉ်ရၤလီၤဘဉ်ဃးပနံာ်တၢ်ဖိတၢ်လံၤ (အဒိ, လံာ်မဲးကစံတဖဉ်အပူၤ)

coquette *n* ပိာ်မုဉ်လၢအဆဲဉ်လီၤအဲဉ်သးလၢကကလံဉ်န့ၢ်ပိာ်ခွါ

coral *n* လၢၢ်ဖီ

cord *n* ၁. ပျံၤဖိ ၂. သ့ၣ်မုၣ်တပူအထီအိၣ် ၈ ခီၣ်ယီၢ်, အဒိၣ်ယီၤအိၣ် ၄ ခီၣ်ယီၢ်ဒီးအကစီၤ ထီၣ် ၄ ခီၣ်ယီၢ် ၃. အထူၣ်အပျၢ်

cord clamping *n* တၢ်တံာ်ယာ်ဒ့ပျံၤ

cord prolapse *n* ဒ့ပျံၤဟဲလီၤလၢအမဲာ်ညါ

cordial *a* လၢအအိၣ်ဒီးတၢ်ရှလိာ်သးလၢ အမှာ်, လၢအအိၣ်ဒီးတၢ်အဲၣ်တၢ်ကွံတၢ်တူၢ်လိာ်မှာ်

cordial *n* တၢ်ထံတၢ်နီ, တၢ်ဆၢထံ, အမဲ ရကၤသံးစၢ်လၢအဆၢတကလုာ်

cordiality *n* တၢ်အိၣ်ဒီးတၢ်အဲၣ်တၢ်ကွံတၢ် တူၢ်လိာ်မှာ်, တၢ်အိၣ်ဒီးတၢ်ရှလိာ်သးလၢအမှာ်, တၢ်မဲာ်မှာ်နါဆၢ

cordially *adv* အိၣ်ပှ်ၤဒီးတၢ်တူၢ်လိာ်မှာ်ခီၣ် ဆၢ

cordless *a* (လီတဲစိ မ့တမ့ၢ် လီမ့ၣ်အူအပိး အလီ) လၢအတအိၣ်စဲဘူးဒီးလီပျံၤအခိၣ်သ့ၣ်အ လီၢ်

core *n* တၢ်အကံၢ်, အကံၢ်ပူၤ, တၢ်သးကံၢ်

core *v* ထုးထီၣ်ကွံာ် (တၤသူတၤသၣ်) အကံၢ် လဲ မ့တမ့ၢ် အခၢၣ်သး

coriander *v* ဖီဃဲ, ဟုပိုာ်

cork *n* ၁. ခိၣ်ကး, နိၣ်ဆွံတံာ်ယာ်တၢ်, ပလီခိၣ်ဖျိၣ် ၂. ဖိး

cork *v* ၁. ဆွံတံာ်ယာ်ပလီခိၣ်ဖျိၣ်ဒီးဖိး, ကး တံာ်ယာ် ၂. ပၢၤအသး, ကီၤအသး

corkscrew *n* နိၣ်ဝံာ်ပကံးပလီခိၣ်ဖျိၣ်, နိၣ် ဝံာ်အိးထီၣ်ပလီခိၣ်ဖျိၣ်, ထးဝံာ်ပကံးအိးထီၣ် ပလီခိၣ်ဖျိၣ်

cormorant *n* ထိၣ်စီၢ်မီ, ထိၣ်လဲၤသူ

corn *n* ၁. ဘုခ့, ဘုခ့သၣ် ၂. ဖံးဘ့ၣ်ကျူၤ ထီၣ်လၢခီၣ်လၣ်ခီၣ်ကမိာ်ဒီးခီၣ်နၢတဖၣ်အလိၤ, ခီၣ်အညၣ်မဲာ်ချံထီၣ်, ခီၣ်အညၣ်လီၤကထိ

corncob *n* ဘုခ့သၣ်အဒိ, ဘုခ့သၣ်အကူၤ

corner *n* တၢ်သနၢၣ်, အသနၢၣ်

corner *v* ၁. မၤနုာ်ဆူၣ် မ့တမ့ၢ် ဘျီယာ်ဖဲ တၢ်သနၢၣ်ဒ်သိးယ့ၢ်ပူၤဖျဲးအသးတသ့အဂီၢ် ၂. လဲၤသကွံၤကျဲ ၃. ပၢၤယာ် (ဖွါ) ခီဖျိထုးထီၣ်ပနံာ် လီၤဆီတကလုာ်

cornerstone *n* ၁. လၢၢ်သနၢၣ်ထံးလၢပှၤဟ် လီၤလၢဟံၣ်သနၢၣ်ခီၣ်ထံး ၂. တၢ်အကါဒိၣ် ကတၢၢ်တမံၤ, တၢ်ဂ့ၢ်ခီၣ်သ့ၣ်, တၢ်ဂ့ၢ်အခီၣ်ထံးခီၣ် ဘိ

cornet *n* ၁. ပံကွဲၤဖုၣ်တကလုာ် ၂. ကိၣ်စိး ဃ့ဖျၢၣ်ရူလၢပှၤထၢနုာ်အိၣ်ကိၣ်ထံခုၣ်ဖီလၢအပူၤ

cornucopia *n* ၁. တၢ်ပနိၣ်လၢအိၣ်ဒီးမဲာ်တဲး လဲးနၢၤအဂီၤလၢဖိ, တၤသူတၤသၣ်ဒီးဘုခ့ဟဲပှာ် ထီၣ်ယွၤလီၤ ၂. တၢ်အိၣ်အါအါဂိၢ်ဂိၢ်, တၢ်အိၣ်ဂိၢ် မုၢ်ဂိၢ်ပၤ

coronary *a* ၁. လၢအဘၣ်ထွဲဒီးသးဖျၢၣ် အသွံၣ်လဲၤကျိၤ ၂. လၢအဘၣ်ဃးဒီးသွံၣ်ကျိၤ အဒိၣ်ကတၢၢ်လၢနီၢ်ခိအပူၤ

coronary thrombosis *n* သးဖျၢၣ်သွံၣ် လဲၤကျိၤအပူၤသွံၣ်ကိၢ်လိၣ်ကတာ်တၢ်ဆါ, သွံၣ် ကိၢ်လိၣ်အိၣ်ကတာ်ထီလၢသးဖျၢၣ်သွံၣ်လဲၤကျိၤ အပူၤ

coronation *n* တၢ်ဒုးထိၣ်စီၤပၤအမူး, တၢ်ဒုး ကုာ်ထိၣ်စီၤပၤလၢခိၣ်သလုး

coroner *n* ပှၤဘၣ်မူဘၣ်ဒါလၢအသမံသမိး ကွၢ်တၢ်သံလၢအတလီၤနုာ်တဖၣ် (တၢ်သံသတူၢ် ကလာ်, တၢ်သံဆူၣ်မဲာ်ကဲၤမဲာ်)

coronet *n* ၁. တၢ်လၤကပီၤအခိၣ်သလုး, တၢ်လၤကပီၤအခိၣ်ကျိၤ ၂. ခိၣ်ကျိၤဖိ, ခိၣ်ကံၢ်ဖိ

corporal *n* သုးစကီၤဖိ

corporate *a* ၁. လၢအဘၣ်ဃးဒီးခီပနံာ် အကရၢကျၢၢ်မုၢ် ၂. လၢအကဲကရၢကျၢၢ်မုၢ်, လၢအကဲခီပနံာ်ဖးဒိၣ် ၃. လၢအပၣ်ဃုာ်ဒီးဘၣ် ထွဲဒီးကရၢဖိခဲလၢာ်

corporation *n* ခိၣ်ပရ့ရှၢၣ်, ခီပနံာ်ဖးဒိၣ်

corporeal *a* လၢအဘၣ်ဃးဒီးနီၢ်ခိ, လၢ အဘၣ်ဃးဒီးတၢ်ဖံးတၢ်ညၣ်

corps diplomatique *n* ထံကိၢ်အမိၢ်သီမိၢ် လါခၢၣ်စး

corpse *n* ပျူၤ, တၢ်သံစိၣ် (ပှၤကညီအစိၣ်)

corpulence *n* တၢ်ဘီၣ်လုၤကုၤ, တၢ်ဘီၣ်ဖး ဒိၣ်, တၢ်ဘီၣ်အုၣ်

corpulent *a* လၢအဘီၣ်လုၤကုၤ, ဘီၣ်အုၣ်

corpuscle *n* သွံၣ်အဖျၢၣ်ဖိ (သွံၣ်ဝါဖျၢၣ်, သွံၣ်ဂီၤဖျၢၣ်)

corral *n* ဆၣ်ဖိကိၢ်ဖိအကရၢၢ်, ဆၣ်ဖိကိၢ် ဖိလၢတၢ်ဘုၣ်အီၤအကရၢၢ်

corral *v* နီၣ်ဖိုၣ်ဆူကရၢၢ်အပူၤ, ဃိၢ်ဖိုၣ်ကျိၢ် ပနၢ်ဆူကရၢအပူၤ

correct *a* လၢအဘၣ်

correct *v* မၤဘၣ်ကဲ့ၤ, ဘိုဘၣ်

correction *n* တၢ်ဘိုဘၣ်တၢ်ကမၣ်

corrective *a* လၢအမၤလိၤမၤဘၣ်က့ၤတၢ်, လၢအဘိုဘၣ်က့ၤတၢ်

corrective *n* တၢ်မၤလိၤမၤဘၣ်က့ၤတၢ်အနီၣ်ထိၣ်, တၢ်ဘိုဘၣ်က့ၤတၢ်အနီၣ်ထိၣ်

correlate *v* ဟ်ဖျါထီၣ်တၢ်ခံမံၤ မ့တမ့ၢ် အါမံၤအတၢ်ဘၣ်ထွဲဘၣ်ဃးလိာ်အသးဃါခီဃါဘး

correlation *n* (တၢ်ခံမံၤအ) တၢ်ဘၣ်ထွဲလိာ်သး, တၢ်ဘၣ်ထွဲလိာ်သးဃါခီဃါဘး, တၢ်ဘျးစဲလိာ်သးအိၣ်

correspond *v* ၁. ဘၣ်ဃးလိာ်အသး, လီၤပလိာ်ဃုာ်, ဘၣ်ထွဲလိာ်အသး ၂. ကွဲးတဲဘၣ်လိာ်အဂ့ၢ်အကျိၤ

correspondence *n* ၁. တၢ်ဘျးစဲလိာ်သး, တၢ်ဘၣ်ထွဲလီၤပလိာ် (လၢတၢ်တမံၤဒီးတမံၤအဘၢၣ်စၢၤ) ၂. တၢ်ပရၢပစၢ ၃. တၢ်မၤလိစိတၢ်, တၢ်မၤလိစိတၢ်ခီဖျိတၢ်ဒိးန့ၢ်လံာ်တၢ်မၤလိလၢအတုၤဆူဟံၣ်

correspondent *n* ၁. ပှၤကွဲးလံာ်ပရၢဒီးဆဲးကျိးဆဲးကျၢတၢ် ၂. ပှၤထၢတၢ်ကစီၣ်

corresponding *a* လၢအဘၣ်ထွဲလီၤပလိာ်, လၢအဘၣ်ထွဲလိာ်သး

corridor *n* ဘၢၣ်စၢၤကျဲ, ကျဲဘၢၣ်စၢၤ

corrigible *a* လၢတၢ်ဘိုဘၣ်အီၤသ့

corroborate *v* ဟ်ဂၢၢ်ဟ်ကျၢၤ, မၤလီၤတံၢ်, မၤဂၢၢ်မၤကျၢၤ

corroboration *n* တၢ်ဟ်ဂၢၢ်ဟ်ကျၢၤ, တၢ်မၤလီၤတံၢ်, တၢ်မၤဂၢၢ်မၤကျၢၤတၢ်

corroborative *a* လၢအဟ်ဂၢၢ်ဟ်ကျၢၤ, လၢအမၤလီၤတံၢ်, လၢအမၤဂၢၢ်မၤကျၢၤ

corrode *v* ထးအ့ၣ်ထီၣ်, ထီၣ်အ့ၣ်ထီၣ်ဃး, ဟးဂီၤကယီကယီခီဖျိဂာ်အတၢ်မၤ

corrosion *n* တၢ်အအ့ၣ်ထီၣ်, တၢ်ထီၣ်အ့ၣ်ထီၣ်ဃး, တၢ်အီၣ်ဟးဂီၤကွံာ်တၢ်

corrosive *a* လၢအထီၣ်အ့ၣ်ထီၣ်ဃးသ့, လၢအထီၣ်အ့ၣ်သ့, လၢတၢ်အီၣ်ဟးဂီၤအီၤသ့

corrugate *v* သံးကတူၢ်သံးကတာ်, ထီၣ်ကူလီၤဆၢၣ်သဃၢ

corrugated *a* လၢအသံးကတူၢ်သံးကတာ်, လၢအထီၣ်ကူလီၤဆၢၣ်သဃၢ

corrugated iron *n* ထးဝါ, ထးထံလ့ၣ်

corrupt *a* ၁. လၢအတတီတတြၢ်, ၂. လၢအအီၣ်ခိၣ်ဖးလာ်ဆိုး ၃. လၢအဟးဂီၤ

corrupt *v* ၁. မၤတၢ်တတြီတတြၢ် ၂. အီၣ်ခိၣ်ဖးလာ်ဆိုး ၃. ဟးဂီၤကွံာ်

corruptible *a* ၁. လၢတၢ်မၤတတီတတြၢ်သ့, ၂. လၢအအီၣ်ခိၣ်ဖးလာ်ဆိုး ၃. လၢတၢ်မၤဟးဂီၤအီၤသ့

corruption *n* ၁. တၢ်မၤတၢ်တတြီတတြၢ် ၂. တၢ်အီၣ်ခိၣ်ဖးလာ်ဆိုး, တၢ်အီၣ်ကဘျံးအီၣ်ကဘျၣ် ၃. တၢ်ဟးဂီၤကွံာ်

corsage *n* ၁. နီၣ်ဆဲးသးနါပှၢ်, ဖီလၢတၢ်ဆဲးဃာ်အီၤလၢသးနါပှၢ် ၂. ဆ့အဖီခိၣ်တကူာ်

corsair *n* ပီၣ်လဲၣ်တမျာ်

corset *n* ကီးစဲး, ဆ့ကၤမၤဘံၣ်ဟၢဖၢ, ပိာ်မုၣ်ဆ့ကၤဒါဃံး

cortège *n* ၁. ပှၤလဲၤတၢ်တဂ့ၢ်ဖးထိဖဲပှၤမၤမူးအခါ ၂. ပှၤလၢအအိၣ်ဝးတရံးပှၤအရှ့ဒိၣ် မ့တမ့ၢ် အမံၤဟူသၣ်ဖျါ

cortex *n* ၁. နီၢ်ခိက့ၢ်ဂီၤအဖံးဘ့ၣ် ၂. သ့ၣ်အထံး မ့တမ့ၢ် အဂံၢ်အသလီ

cosmetic *a* ၁. လၢအကယၢကယဲဂ့ၤထီၣ်တၢ်, လၢအကယၢကယဲဃံလၤထီၣ်တၢ် ၂. လၢအမၤဂ့ၤထီၣ်နီၢ်ခိမိၢ်ပှၢ်အက့ၢ်အဂီၤ ၃. လၢအဂ့ၤထဲလၢအဖံးဘ့ၣ်ခိၣ်, လၢထဲလၢအဖံးဘ့ၣ်ခိၣ်

cosmetics *n* တၢ်ကယၢပီးလီ

cosmic *a* ၁. ဘၣ်ဃးဒီးတၢ်ဘၣ်တ့ခဲလၢာ်, ဘၣ်ဃးမူဟီၣ်ကယၢတၢ်ဘၣ်တ့ခဲလၢာ် ၂. လၢအဒိၣ်နိၢ်မးဒီးအကါဒိၣ်ဝဲ

cosmology *n* မူခိၣ်ဖျာၣ်ဒီးဟီၣ်ခိၣ်ဖျာၣ်ဂ့ၢ်ဝီပီညါ, မူဟီၣ်ကယၢပီညါ, စဲအ့ၣ်အတၢ်မၤလိဘၣ်ဃးမူဟီၣ်ကယၢအခိၣ်ထံးခိၣ်ဘိဒီးအတၢ်ဒိၣ်ထီၣ်ထီထီၣ်

cosmonaut *n* ပှၤရၢရှၢၣ်အပှၤမူပျိဖိ

cosmopolitan *a* လၢအဘၣ်ဃးဒီးဟီၣ်ခိၣ်ဒီဖျာၣ်, လၢအဘၣ်ဃးဒီးထံကိၢ်အါဘ့ၣ်ဒီးတၢ်ဆဲးတၢ်လၢအါမံၤ

cosmopolitan *n* (ပှၤကညီ, တၢ်မုၢ်တၢ်ဘိ, ဆၣ်ဖိကိၢ်ဖိ) လၢအဘၣ်ထွဲဒီးဟီၣ်ခိၣ်ဘီမုၢ်

cosmos *n* တၢ်ဘၣ်တ့ခဲလၢာ်

cosset *v* ကဟုကယာ်တၢ်အါတလၢ

cost *n* တၢ်အပ့ၢ

cost *v* လၢာ်အပ့ၢ, ဘၣ်ဟ့ၣ်တၢ်အပ့ၢ

C

co-star *n* ပှၤဂဲၤဒိမံၤဟူသၣ်ဖျါခံဂၤ မ့တမ့ၢ် အါန့ၢ်ခံဂၤလၢအဂဲၤဒိသကိးတၢ်ဂီၤမူတယုၢ်ယီ

co-star *v* ဂဲၤဒိသကိးတၢ်

cost-cutting *a* တၢ်မၤစုၤလီၤကွံာ်တၢ်လၢာ်ဘူၣ်လၢာ်စ့

cost-effective *a* လၢကၢကီၣ်ဒီးအပှ့ၤ

costly *a* ၁. လၢအပှ့ၤဒိၣ် ၂. လၢအဒုးအိၣ်ထီၣ်တၢ်တူၢ်ဘၣ်ခီၣ်ဘၣ်, တၢ်လီၤမၢ် မ့တမ့ၢ် တၢ်တနံ့ၢ်ဘျုးနံ့ၢ်ဖှိၣ်

cost price *n* တၢ်အပှ့ၤဒ်တၢ်ပှ့ၤဘၣ်အီၤအသိး

costume *n* တၢ်ကူတၢ်ကၤ (လၢတၢ်ဟ်ဒိၣ်ဟ်ပနီၣ်အီၤ) အဒိ, ကညီအတၢ်ကူတၢ်ကၤ

costume *v* ကူသိးထီၣ်, ကယၢကယဲကူသိးထီၣ်, ကူထီၣ်သိးထီၣ်

costumed *a* လၢအကူသိးထီၣ်, လၢအကယၢကယဲကူသိးထီၣ်, လၢအကူထီၣ်သိးထီၣ်

cosy, **cozy** *a* ၁. မုာ်, လၢအမုာ်, လၢအမုာ်အလၤ, လၢအမုာ်အပၢၤ ၂. လၢအမၤညီမၤဘှါတၢ် ၃. လၢအရှလိာ်သးမုာ်, လၢအညီနှၢ်ရှလိာ်အသး

cot *n* ၁. ဖိသၣ်လီၢ်မံခး, ဖိသၣ်လီၢ်မံစုာ် ၂. (ဆၣ်ဖိကိၢ်ဖိ) အဟံၣ်ဖိ မ့တမ့ၢ် အဒၢ

cottage *n* ဟံၣ်ဆံးဆံးဖိ

cottage industry *n* ဟံၣ်ပူၤဃီပူၤမုၢ်ကျိၤဝဲၤကွာ်တၢ်မၤ

cotton *n* ဘဲ, ဘဲအထူၣ်

cotton candy *n* ကိၣ်ထိၣ်သွံ

cotton wool *n* ဘဲလိၣ်, ဘဲကိၢ်လိၣ်

couch *n* ခးကပုာ်, လီၢ်ဆ့ၣ်နီၤကပုာ်

couch *v* ၁. အိၣ်ကိာ်လီၤ, ထွံၤလီၤ, သကူးလီၤ, ကိာ်ဃး ၂. ကွဲးကံၣ်ကွဲးဝ့ၤ, တဲဒဲးကံၣ်ဒဲးဝ့ၤထီၣ်

cougar *n* အမဲရကၤခ့တကလုာ် – ကီးစ့ၢ်ကီးဝဲလၢ ((also puma) "ဖူမါ")

cough *n* တၢ်ကူး

cough *v* ကူး

could *v* သ့, ချူး, တုၤ, ကဲ, နှၢ်, ပၢ, အခွဲးအိၣ်, မၤဘၣ်

council *n* ၁. ကီၣ်ကးကရၢ ၂. ပှၤကူၣ်လိာ်တၢ်ကရၢ ၃. တၢ်ကူၣ်လိာ်အိၣ်ဖှိၣ်တၢ်

councillor, councillor *n* ကီၣ်ကးကရၢဖိ

counsel *n* ၁. တၢ်ဟ့ၣ်ကူၣ်, လီၤဆီဒၣ်တၢ်ဘၣ်တၢ်ဟ့ၣ်ကူၣ်အီၤလၢသူၣ်က့သးပှၢ် ၂. သဲစးပှၤဟ့ၣ်ကူၣ်တၢ်တဖၣ်, ပှၤဟ့ၣ်ကူၣ်တၢ်

counsel *v* ၁. ဟ့ၣ်ကူၣ်ဟ့ၣ်ဖး ၂. (ပှၤသ့ပှၤဘၣ်, ပှၤစဲၣ်နီၤ) ဟ့ၣ်ကူၣ်ဟ့ၣ်ဖးတၢ်

counselling, counseling *n* တၢ်ဟ့ၣ်ကူၣ်တဲသကိးတၢ်

counsellor, counsellor *n* ၁. ပှၤဟ့ၣ်ကူၣ်တၢ်, ပှၤလၢအဒိးနှၢ်တၢ်သိၣ်လိလီၤဆီဘၣ်ဃးတၢ်ဟ့ၣ်ကူၣ်ပှၤနီၢ်ကစၢ်, ပှၤတဝၢ မ့တမ့ၢ် သးဂ့ၢ်ဝီတၢ်ကီတၢ်ခဲတဖၣ်, ပှၤလၢအဒိးနှၢ်တၢ်သိၣ်လိလီၤဆီလၢကဟ့ၣ်ကူၣ်ဟ့ၣ်ဖးတၢ် ၂. မီၢ်သီမီၢ်လါ

count *n* ၁. တၢ်ဂံၢ်တၢ်ဒွးတၢ်, တၢ်ထိၣ်တၢ်ဒွးတၢ် ၂. တၢ်ဂံၢ်ထိၣ်တၢ် ၃. ပဒိၣ်, စကီၤ, ပှၤကူၣ်လိာ်တၢ်အမံၤလၤသၣ်ကပီၤ

count *v* ဂံၢ်ဒွးတၢ်, ဂံၢ်ယုာ် (အီၤ), ဒွးနီၣ်တၢ်

countable *a* (နီၢ်) လၢတၢ်ဂံၢ်အီၤသ့, လၢတၢ်စူးကါအီၤတပူၤဃီဒီး 'a' ဒီး 'an' သ့

countdown *n* ၁. တၢ်ဂံၢ်ခိၣ်ခံကဒါက့ၤတၢ်တုၤဆူနီၣ်ဂံၢ် "၀" ၂. မူးဒိၤပွဲဒိၤကတုၤအိၣ်အကတိၢ်တၢ်မၤအသးလၢအရှဒိၣ်

countenance *n* ၁. တၢ်ဟ်မဲာ်ဟ်နါ, မဲာ်နါ ၂. တၢ်ဆီၣ်ထွဲ, တၢ်ဟ်ဂၢၢ်ဟ်ကျၢၤ

countenance *v* မၤစၢၤဆီၣ်ထွဲတၢ်, တိစၢၤမၤစၢၤတၢ်

counter *adv* ကဒါခိၣ်ခံ, ထီဒါ

counter *n* ၁. ခီထၢၣ်, စီၢ်နီၤခိၣ်ခီထၢၣ်ဖးထီ (ဖဲစ့တား, ရူဒိၤတ့ဒိၤ, ကျးတဖၣ်အလီၢ်) ၂. တၢ်ပီးတၢ်လီလၢတၢ်စူးကါအီၤလၢတၢ်ဂံၢ်ဒွးတၢ်အဂီၢ် ၃. တၢ်ဘ့ၣ်ကွီၤဖိလၢတၢ်ဘ့ၣ်ဘၣ်တၢ်ဂဲၤလိာ်ကွဲတဖၣ်အဂီၢ် မ့တမ့ၢ် တၢ်ဂံၢ်အမးတဖၣ်အဂီၢ် ၄. ပှၤဂံၢ်တၢ်ဖိ ၅. တၢ်မၤခီဆၢကဒါက့ၤတၢ်, တၢ်ထီဒါက့ၤတၢ်အၢ

over the counter *idm:* (တၢ်ပှ့ၤကသံၣ်ကသီ) လၢတလိၣ်ကသံၣ်သရၣ်အတၢ်နဲၣ်လီၤ (ကသံၣ်အထံလဲ)

under the counter *idm:* (တၢ်ပှ့ၤကသံၣ်ကသီ) လၢတဖိးသဲစး

counter *v* ၁. ခိဉ်ဆၢ, ခီဆၢက့ၤတၢ် ၂. ထီဒါက့ၤတၢ်

counter- *prefix* ၁. လၢအထီဒါတၢ်, လၢအဟ့ဉ်ကဉ်က့ၤတၢ်, လၢအခီဆၢညါလိာ်အသး (အဒိ, counter-attack) ၂. လၢအဘဉ်ထွဲလီၤပလိာ်, လၢအဘဉ်ထွဲလိာ်သး (အဒိ, counterpart)

counteract *v* ခိဉ်ဆၢထီဒါ, မၤထီဒါ, မၤတၢ်တမံၤမံၤဒ်သိးကတြီဆၢအတၢ်အါတၢ်သီလၢကအိဉ်ထိဉ်

counter-attack *n* တၢ်ခိဉ်ဆၢက့ၤတၢ်, တၢ်ဒုးဆၢက့ၤတၢ်

counter-attack *v* ဒုးဆၢက့ၤတၢ်, ခိဉ်ဆၢ

counterbalance *n* ၁. တၢ်ထိဉ်ယှၤတၢ်အတယၢၢ်, တၢ်မၤဘဉ်လိာ်တၢ်ခံခီယၢ်ပၤ, တၢ်ကၢၤဘဉ်တၢ်ခံခီယၢ်ပၤ ၂. တၢ်အတယၢၢ်ယၢလၢအဒ်သိးလိာ်သးယၢ်ခီယၢ်ပၤ

counterbalance *v* ထိဉ်ယှၤတၢ်အတယၢၢ်, မၤဘဉ်လိာ်ခံခီယၢ်ပၤ, ကၢၤဘဉ်တၢ်ခံခီယၢ်ပၤ

counterculture *n* တၢ်လၢအထီဒါတၢ်ဆဲးတၢ်လၤ

countercurrent *n* ထံယွၤကျိၤလၢအယွၤလီၤထီဒါခိဉ်ခံတၢ်

counterfeit *a* လၢအဟ့ဉ်မၤဒိးတၢ်, လၢအဟ့ဉ်ကွဲးဆဲတၢ်, လၢအယီၤဘျဉ်တၢ်, လၢအကွဲးဒိတၢ်

counterfeit *n* တၢ်အယီၤအဘျဉ်, တၢ်ဟ့ဉ်မၤဒိးတၢ်

counterfeit *v* ဟ့ဉ်မၤဒိး, ဟ့ဉ်ကွဲးဆဲ, ယီၤဘျဉ်တၢ်, ဟ့ဉ်ကွဲးဒိတၢ်

counterfeiter *n* ပှၤလၢအဟ့ဉ်ကွဲးဒိတၢ်, ပှၤလၢအဟ့ဉ်မၤဒိးတၢ်, ပှၤလၢအဟ့ဉ်ကွၢ်တၢ်, ပှၤလၢအမၤတၢ်အယီၤအဘျဉ်

counterirritant *n* ကသံဉ်ဖှ့ၤ, ကသံဉ်ဖှ့ၤလၢအမၤကိၢ်ထိဉ်တၢ်အဖံးဘ့ဉ်ခိဉ်ဒ်သိးတၢ်ဆါလၢအကိပူၤကလီၤစၢ်အဂီၢ်

countermand *v* ထုးကွံာ် (တၢ်ကလုၢ်, တၢ်သိဉ်တၢ်သီ)

countermeasure *n* တၢ်ခီဆၢထီဒါကဒါက့ၤတၢ်

counteroffensive *n* တၢ်ပၢၢ်ဆၢထီဒါကဒါက့ၤတၢ်, တၢ်ဒုးခိဉ်ဆၢကဒါက့ၤတၢ်, တၢ်ဒုးခီဆၢကဒါက့ၤတၢ်

counterpart *n* ပှၤမၤသကိးတၢ်

counterpoise *v* ခံကွၢ်စီၤကွၢ်တၢ်ခံမံၤယၢ်ခီယၢ်ခီ

countersign *v* ဆဲးလီၤမံၤဟ်ဂၢၢ်ဟ်ကျၢၤကဒီးဝဲအသိတဘျီ

countless *a* လၢအအါတုၤတၢ်ဂံၢ်ဒွးအီၤတသ့

country *n* ၁. ထံကိၢ် ၂. ခိခိဉ်, နူသဝီ, ကဝီၤ (အိဉ်ယံၤဒီးခူဝ့ၢ်တဖဉ်)

countryman *n* ၁. ပှၤလၢအဟဲလၢထံကိၢ်တကိၢ်ယီ ၂. ပှၤခိခိဉ်ပှၢ်လၢ်ဖိ, ပှၤခိဖိ

countryside *n* ခိခိဉ်, နူသဝီ, ကဝီၤ (အိဉ်ယံၤဒီးခူဝ့ၢ်တဖဉ်)

county *n* ကိၢ်ရှဉ် – ဟီဉ်ကဝီၤဒိဉ်လၢတၢ်နီၤလီၤအီၤလၢတၢ်ပၢတၢ်ပြးအဂီၢ် (ကိၢ်အမဲရကၤ)

coup *n* တၢ်ဟံးဆူဉ်ထံကိၢ်တၢ်စိကမီၤ

coup de grâce *n* တၢ်ဆဲးသံပှၤကညီ မ့တမ့ၢ် ဆဉ်ဖိကိၢ်ဖိလၢတၢ်သးကညီၤအဖီခိဉ်, တၢ်မၤကတၢၢ်ကွံာ်တၢ်သးသမူ (မ့ၢ်လၢတၢ်တအဲဉ်ဒီးထံဉ်လၢၤအတၢ်တူၢ်ဘဉ်ခိဉ်ဘဉ်အယိ)

coup d'etat *v* တၢ်ဟံးန့ၢ်ဆူဉ်ထံကိၢ်တၢ်စိတၢ်ကမီၤ

couple *n* ၁. ခံခါ, ခံမံၤ, ခံဂၤ ၂. ဒီမါဝၤ, ဒီမိၢ်ဖါ

couple *v* ဟ်ဖိုဉ်တၢ်ခံမံၤခံခါ

coupler *n* တၢ်ခံမံၤ, တၢ်ခံခါ, တၢ်တစူဉ်

couplet *n* တၢ်ကတိၤဒီမိၢ်ဖါ အဒိ, တၢ်မဲတၢ်မါ, တၢ်ထံတၢ်နိ, စရီပတိၢ်

coupling *n* ၁. တၢ်ဆဲးထီမၤစဲဘူးတၢ်, တၢ်ဆဲးကျိးဆဲးကျၢတၢ်, တၢ်ဘဉ်ထွဲဘဉ်ဃးလိာ်သး ၂. ပီးလီလၢအဆဲးထီစဲဘူးစဲးအပီးအလီအက့အခီတဖဉ်, နိဉ်ဘျးလၢအဆဲးထီစဲဘူးလှဉ်မှဉ်အူခံခိဉ် မ့တမ့ၢ် ခံတွဲ ၃. တၢ်အိဉ်ဒီးမုဉ်ခွါသွံဉ်ထံးတၢ်ရှလိာ်မှာ်လိာ်, တၢ်မံဃှာ်လိာ်သး

coupon *n* စးခိက့လၢတၢ်ထုးထိဉ်ဟ့ဉ်အီၤလၢတၢ်ဆီတလဲတၢ်အဂီၢ်, စးခိက့လၢတၢ်ထုးထိဉ်ဟ့ဉ်လီၤလၢတၢ်ကဒိးန့ၢ်ကလီတၢ် မ့တမ့ၢ် မၤစုၤလီၤတၢ်အပ့ၤအဂီၢ်

courage *n* တၢ်သူဉ်နူသးနူ

courageous *a* လၢအသးနူ, လၢအအိဉ်ဒီးတၢ်သူဉ်နူသးနူ

C

C

courier *n* ပှၤဆှၢတၢ်ပရၢပစၢ် မ့တမ့ၢ် တၢ်ဘိၣ်တၢ်စုၤ

course *n* ၁. ကျဲအကျိၤ, တၢ်အကျိၤ (အဒိ, ထံယွၤလီၤအကျိၤ) ၂. တၢ်အကတီၢ် (တၢ်မၤလိအကတီၢ်တကတီၢ်, တၢ်အီကသံၣ်တဘျီအကတီၢ်, တၢ်ကူစါယါဘျါအကတီၢ်တကတီၢ်) ၃. တၢ်မၤအသးပိာ်ထွဲထိၣ်တကတီၢ်ဘၣ်တကတီၢ် ၄. တၢ်ဒိၣ်ထိၣ်ထီထိၣ်အကျဲ ၅. တၢ်အီၣ်တဘျီအကတီၢ်, တၢ်အီၣ်တခွး ၆. တၢ်ဂဲၤလိာ်ကွဲပျိ ၇. တၢ်ရဲၣ်လီၤဒါလီၤလၢ်ကူၢ်, ဒၢးခီတဂ့ၢ်ဘၣ်တဂ့ၢ်

course *v* ၁. (တၢ်အထံအနိ) ယွၤလီၤ ၂. လူၤနၢ်တၢ် (တၢ်မံၤလဲာ်)

coursebook *n* တၢ်မၤလိအလံာ်ဖး, လံာ်ဖးလၢတၢ်မၤလိတကတီၢ်အဂီၢ်

coursework *n* တၢ်မၤလၢသရၣ်ဟ့ၣ်လီၤဖဲတၢ်ထိၣ်တၢ်မၤလိအကတီၢ်တကတီၢ်

court *n* ၁. ကွီၢ်ဘျီၣ် ၂. လိၢ်ပစိာ်လဲာ်, တၢ်အလိၢ်ဖဲစီၤပၤ မ့တမ့ၢ် နီၢ်ပၤမုၣ်အိၣ်ဒီးမၤတၢ်အလိၢ် ၃. ပျိ, တၢ်လိာ်ကွဲအပျိတခါလၢ်လၢ်

court *v* ၁. ဃ့ကညးမၤန့ၢ်ပှၤဂၤတၢ်ဘၣ်သး, ဂ့ာ်ကျဲးစၢးမၤဘၣ်ပှၤသးဒ်သိးကဒိးန့ၢ်ဘၣ်တၢ်တမံၤ ၂. ဂ့ာ်ကျဲးစၢးလၢကမၤန့ၢ်တၢ်အဲၣ်, ဃ့အဲၣ်တၢ် ၃. ဃုထိၣ်အကျဲလၢကဒုးအိၣ်ထိၣ်တၢ်တမှာ်တလၤ

court martial *n* သုးကွီၢ်ဘျီၣ်

court martial *v* လိာ်ဘၢလိာ်ကွီၢ်လၢသုးကွီၢ်ဘျီၣ်

court order *n* ကွီၢ်ဘျီၣ်အတၢ်ကလုၢ်, စံၣ်ညီၣ်ကွီၢ်အတၢ်ကလုၢ်

courteous *a* လၢအအိၣ်ဒီးတၢ်ယုၢ်ဆၢကျိၤဆၢ, လၢအအိၣ်ဒီးတၢ်ဟ်ကဲ, လၢအသံၣ်စူးဆဲးလၤ, လၢအအိၣ်ဒီးတၢ်ဆိကမိၣ်န့ၢ်တၢ်လၢပှၤဂၤအဂီၢ်သ့

courtesan *n* (ခ့ခါပူၤကွံာ်) ဃဲသဲမုၣ် မ့တမ့ၢ် ပှၤပိာ်မုၣ်လၢအဆါလီၤအီၣ်အသးထဲပှၤကဲဒိၣ်ကဲပှၢ်အအိၣ်ဖိၤ

courtesy *n* တၢ်အိၣ်ဒီးတၢ်ယုၢ်ဆၢကျိၤဆၢ, တၢ်သ့ၣ်ညါဟ်ကဲတၢ်, တၢ်သံၣ်စူးဆဲးလၤ, တၢ်ဆိကမိၣ်န့ၢ်တၢ်လၢပှၤဂၤအဂီၢ်

courthouse *n* ကွီၢ်ဘျီၣ်, ကွီၢ်ဘျီၣ်အတၢ်သူၣ်ထိၣ်

courtier *n* ၁. ပှၤလၢအအိၣ်လၢနူၢ်ပူၤစီၤပူၤ, ပှၤမၤတၢ်လၢနူၢ်ပူၤစီၤပူၤ, ပှၤအိၣ်လၢနီပူၤ ၂. ပှၤလၢပတြၢၤလုတၢ်ဒီးမၤအိၣ်အမဲာ်သၣ်

courtly *a* လၢအသံၣ်စူးတလၢကွံာ်, လၢအယူးယီၣ်ဟ်ကဲတၢ်အါတလၢ

courtroom *n* ကွီၢ်ဘျီၣ်အဒၢး

courtship *n* ၁. တၢ်လဲၤဆ့ၣ်မုၣ်ကနီၤ ၂. ဆၣ်ဖိကီၢ်ဖိဆ့ၣ်အမိၢ်

courtyard *n* တၢ်လီၤပျိလၢအဘၣ်တၢ်ဂၢၤဃာ်အီၤဒီးတိာ်ဒီးဟံၣ်ဖးဒိၣ်တဖၣ်, တၢ်လိၢ်လၢတၢ်ကရၢၢ်ဃာ်အီၤလွံၢ်ကပၤလၢာ်

cousin *n* တခွါ

cove *n* ပိၣ်လဲၣ်ကၣ်ကျိၤဖိ

coven *n* တၢ်နါမုၣ်ပှၢ်တဖၣ်အတၢ်အိၣ်ဖှိၣ်, တၢ်နါမုၣ်ပှၢ်တဖၣ်အတၢ်ထံၣ်လိာ်အိၣ်သကိး

covenant *n* တၢ်အၢၣ်လီၤအီလီၤလၢအဖိးသဲစး, တၢ်အၢၣ်လီၤအီလီၤ

cover *n* ၁. ခိၣ်ကၢၢ်, ခိၣ်ကး, ခိၣ်ခွး ၂. (လံာ်) အကု ၃. တၢ်ဒီသဒၢသုး ၄. တၢ်အိၣ်သဒၢအလိၢ်, တၢ်အိၣ်ကဒုအလိၢ် ၅. တၢ်ဟ်ဘံၣ်ဟ်ဘၢဃာ်တၢ်, တၢ်ကျၢၢ်ဘၢတၢ်, တၢ်လၢအကျၢၢ်ဘၢတၢ်, တၢ်လၢအဒီသဒၢန့ၢ်တၢ် ၅. တၢ်အုၣ်ကီၤ, စ့အုၣ်ကီၤ ၆. တၢ်ဒါ, လီၢ်မံဒါ, ယၣ်လုးတဖၣ်

cover *v* ၁. မၤဘၢ, ဟ်ဘၢ, ကးဘၢ, ဟ်ခူသူၣ်, ကျၢၢ်ဘၢ, ကျးဘၢ, ဝဲဘၢ, ဖှူဘၢ, ဒါဘၢကျၢၢ်တံၢ် ၂. တုၤလီၤဆူ, တုၤဃီၤဆူ, ကျၢၢ်ဘၢတုၤလၢ ၃. (ကျိၣ်စ့) အိၣ်လၢလၢလီၣ်လီၣ်လၢကကျၢၢ်ဘၢတၢ်ခဲလၢာ်အပှ့ၤ ၄. ခးဒီသဒၢ, ခးတဒီ ၅. ဟ်ဖျါထိၣ်, ဒုးနဲၣ်ဖျါထိၣ် ၆. လဲၤတၢ်က့ၤတၢ်တုၤလၢ ၇. ပၣ်ဃုာ်ဒီး ၈. သးဝံၣ်ပှၤဂၤအတၢ်သးဝံၣ် ၉. (သ့ၣ်ထူၣ်) ကဟုလီၤ, လီၤကဟု ၁၀. (ဟံၣ်) ဒုးထိၣ်ဟံၣ်ခိၣ် မ့တမ့ၢ် တၢ်အခိၣ်

cover girl *n* ပှၤပိာ်မုၣ်ဃံလၤအဂီၤလၢဘၣ်တၢ်ဟ်ဖျါအီၤလၢလံာ်ကုခိၣ်

cover letter *n* လံာ်လၢအကျၢၢ်ဘၢတၢ်ဂ့ၢ်တၢ်ကျိၤလၢတၢ်ဆှၢအီၤ (also covering letter)

coverage *n* ၁. တၢ်ကျၢၢ်ဘၢတၢ် ၂. တၢ်ဟံးန့ၢ်ဟ်ဖျါတၢ်ကစိၣ်, တၢ်ဟ်ဖျါထိၣ်တၢ်ကစိၣ် ၃. (တၢ်အုၣ်ကီၤ) စ့တၢ်မၤစၢၤလၢနကမၤန့ၢ်အီၤလၢတၢ်အုၣ်ကီၤသးအဂီၢ်

cover-charge *n* ၁. စ့လၢတၢ်ဃ့အါထိၣ် အီၤလၢအတလၢကွံာ်တၢ်အီၣ်ဒီးတၢ်ကတဲာ်ကတီၤ ကွၢ်ထွဲတၢ်အလဲ ၂. (တၢ်အီၣ်ကျး, တၢ်ဆါသံးအကျး) တၢ်လဲၤနာ်ဆ့ၣ်နီၤတၢ်လီၢ်အလဲ

covering *n* တၢ်ဟ်ဘံၣ်ဟ်ဘၢဃာ်တၢ်, တၢ်ကျၢၢ်ဘၢတၢ်, တၢ်လၢအကျၢၢ်ဘၢတၢ်, တၢ်လၢအဒီသဒၢနော်တၢ်

covering letter *n* လံာ်လၢအကျၢၢ်ဘၢတၢ် ဂ့ၢ်တၢ်ကျိၤလၢတၢ်ဆှၢအီၤ (also cover letter)

coverlet *n* လီၢ်မံဒါ, တၢ်ကံးညာ်ဒါဘၢလီၢ်မံဒါ

covert *a* လၢအမၤရူသူၣ်ရူလံာ်တၢ်, လၢအမၤဟုၣ်တၢ်, လၢအဟ်ရူသူၣ်တၢ်

covert *n* ဆၣ်ဖိကီၢ်ဖိအတၢ်အိၣ်ရူသူၣ်အလီၢ်, ဆၣ်ဖိကီၢ်ဖိအလီၢ်သဒၢ, တပိာ်လာ်

covertly *adv* ရူသူၣ်ရူလံာ်

cover-up *n* တၢ်ဟ်ရူသူၣ်တၢ်ကမၣ် မ့တမ့ၢ် တၢ်မၤလၢအတဖိးသဲစး, တၢ်ဟ်ဘၢတၢ်မ့ၢ်တၢ်တီ

covet *v* သးကွံပှၤအတၢ်ဒိၣ်ဒိၣ်ကလာ်, သူၣ်လီသးကွံပှၤအတၢ်

covetous *a* လၢအသူၣ်လီသးကွံပှၤအတၢ်, လၢအမိၣ်နှၢ်သးလီပှၤအတၢ်

cow *n* ၁. ဂီၤဖံး, ကျီၢ် ၂. ဂီၤဖံးမိၢ်, ကျီၢ်မိၢ်

cow *v* မၤပျံၤမၤဖုးတၢ်, ဆီၣ်ဘံၣ်ဆီၣ်ဘၢတၢ်

coward *n* ပှၤလၢအသုၣ်, ပှၤလၢအသ့ပျံၤတၢ်

cowardice *n* တၢ်သးသုၣ်တၢ်, တၢ်ပျံၤတၢ်အါတလၢ, တၢ်ပျံၤနါစိၤတၢ်

cowardly *a* လၢအသးသုၣ်, လၢအပျံၤတၢ်အါတလၢ, လၢအပျံၤနါစိၤတၢ်

cowbell *n* ကနူး, နီၣ်တိၣ်ကျိၣ်

cowboy *n* ပှၤကွၢ်ကျီၢ်, ပှၤကွၢ်ဂီၤဖံး

cowboy hat *n* အမဲရကၤပှၤကွၢ်ကျီၢ်ဖိအခိၣ်သလုးတဖၣ်

cower *v* ပျံၤတၢ်ခိၣ်ကနိး, အိၣ်တကူးတြူး, အိၣ်ကိာ်လီၤ

cowgirl *n* ပှၤကွၢ်ကျီၢ်ကွၢ်ဂီၤဖံး, ပှၤပိာ်မုၣ်လၢအကွၢ်ကျီၢ်ကွၢ်ဂီၤဖံး

cowhand *n* ပှၤကွၢ်ကျီၢ်ကွၢ်ဂီၤဖံး

co-worker *n* ပှၤမၤသကိးတၢ်, ပှၤမၤဃှာ်မၤသကိးတၢ်

cowshed *n* ကျီၢ်တဲကူ, ဂီၤဖံးတဲကူ

coy *a* လၢအဟ်မဲာ်ဆုးအသး

coyness *n* ၁. တၢ်ဟ်မဲာ်ဆုးအသး, တၢ်ဟ်မၤအသး, တၢ်ဟ်မဲာ်ဆုးအသးဒ်သိးပှၤကသးစဲအီၤ ၂. တၢ်တအဲၣ်ဒိးဟ့ၣ်တၢ်ဂ့ၢ်တၢ်ကျိၤအဃိဟ်အသးတမဲာ်ကဒဲး

cozen *v* လီနှၢ်ဝ့ၤနှၢ်တၢ်, မၤကဘျံးကဘျၣ်တၢ်

cozy *a* (see cosy)

CPR *n* တၢ်မၤကဒါက့ၤဒ်သိးသးဖျၢၣ်ဒီး ပသိၣ်ကမၤက့ၤတၢ်အဂီၢ် Cardio Pulmonary Resuscitation

CPU *abbre* စံၣ်ဖံၣ်ယူၣ် (CPU=central processing unit) ခီၣ်ဖျူထၢၣ်အယူၣ်နံးလၢအပၢဆှၢယူၣ်နံးအဂၤတဖၣ်အတၢ်ဟူးတၢ်ဂဲၤ

crab *n* ဆွဲၣ်

crabbed *a* ၁. (စုလီၢ်) လၢတၢ်ဖးဘၣ်အီၤကီ, လၢအတဂ့ၤ, လၢအဆံးဒီးစဲဘူးစဲကထိလိာ်သးဒီးတၢ်ဖးဘၣ်အီၤကီ ၂. လၢအသးဖုၣ်, လၢအသးအ့န့ညီ, လၢအသးဒိၣ်ထိၣ်ညီ

crabby *a* လၢအသးဖုၣ်, လၢအသးအ့န့ညီ, လၢအသးဒိၣ်ထိၣ်

crack *a* လၢအစဲၣ်နီၤ, လၢအဖျိးစိ, လၢအဂ့ၤကတၢၢ်, လၢအသ့ဂ့ၤဂ့ၤဘၣ်ဘၣ်

crack *n* ၁. တၢ်တဲၤဖး ၂. (ဝဲတြီ) တၢ်အဲးဟိထိၣ်သးတစဲးဖိ, တၢ်ပူၤအံၣ်အံၣ်ဖိ ၃. တၢ်လီၤမုၢ်လီၤဟိအိၣ်ထိၣ်အပနိၣ် (အဒိ, ဟံၣ်ပူၤဃိပူၤ, တၢ်ကရၢကရိအပူၤ) ၄. တၢ်ပိၢ်ဖးဖးဒိၣ်အကလုၢ်တထံၣ် ၅. တၢ်ထဲးဂံၢ်ထဲးဘါ, တၢ်ဂုာ်ကျဲးစၢးမၤတၢ် ၆. ခိၣ်ခ့ကသံၣ်မူၤဘိုးတကလုာ် ၇. တၢ်တဲကလိာ်တၢ်, တၢ်မၤအ့နူလိာ်ကွဲတၢ် ၈. တၢ်ထိတၢ်တီၢ်တၢ်, တၢ်ဒိတၢ်တီၢ်တၢ်ဆူၣ်ဆူၣ်ကလာ်, တၢ်ဖျ့တၢ်တီၢ်တၢ်

crack *v* ၁. မၤတဲၤ, တဲၤဖး, တဲၤဖးထိၣ်, အဲးထိၣ် ၂. မၤဟိထိၣ်တၢ်အပူၤတစဲးဖိ ၃. မၤသိၣ်တၢ်ကလုၢ်ဖးဒိၣ်, မၤပိၢ်ဖးသိၣ်သတူၢ်ကလာ် ၄. ဖျ့တၢ်တီၢ်တၢ်ဆူၣ်ဆူၣ်ကလာ်, ဒိတၢ်တီၢ်တၢ်ဆူၣ်ဆူၣ်ကလာ်, ထိတၢ်တီၢ်တၢ်ဆူၣ်ဆူၣ်ကလာ် ၅. မၤသိၣ်ချံးချံး, မၤသိၣ်ကြဲးကြဲးကြီးကြီး ၆. (ပှၤပိာ်ခွါလိၣ်ဘိ) ကလုၢ်ဆီတလဲ ၇. (တၢ်ပူထိၣ်လီထိၣ်) မၤကတၢၢ်, နာ်လီၤဆူၣ်ဟံးဂ့ၢ်ဝီ ၈. ယှၣ်လီၤဘှါဘၣ်တၢ်ဂ့ၢ်ကီ

crackdown *n* တၢ်နာ်လီၤဆူၣ်ဟံးဂ့ၢ်ဝီ

cracked *a* ၁. (ပှၤပိာ်ခွါလီၣ်ဘိ) လၢအကလုၢ်ဆီတလဲကွံာ် ၂. (ခွး) လၢအတဲၤထီၣ်, လၢအအဲးထီၣ်အသး ၃. လၢအသးတဘၣ်လိာ်ဘၣ်စး, ပျူၢ်, လၢအခိၣ်နူာ်တဘၣ်လိာ်ဘၣ်စး

cracker *n* ၁. ကိၣ်ဘံးစကံးလၢအစိုး, ကိၣ်စိုးဃှ ၂. မ့ၣ်အူဖီ, မ့ၣ်လိာ်ကွဲ, မ့ၣ်ပျိ ၃. ခရံာ်အိၣ်ဖျဲၣ်ခြိးခၢၣ်လၢတၢ်ထုးပိၢ်ဖးထီၣ်အီၤဒီးအိၣ်ဒီးတၢ်ဟ့ၣ် ၄. တၢ်လၢအလီၤနံၤဒိၣ်မး မ့တမ့ၢ် တၢ်လၢအဂ့ၤဒိၣ်မး ၅. ပှၤပိာ်မုၣ်ဃံလၤလၢအလီၤထုးန့ၢ်သူၣ်ထုးန့ၢ်သး ၆. ပှၤနုာ်လီၤဟုၣ်ဟံးန့ၢ်ရူသူၣ်တၢ်, ပှၤနုာ်လီၤဟုၣ်ဟံးန့ၢ်တၢ်ဂ့ၢ်တၢ်ကျိၤလၢပှၤဂၤအခိၣ်ဖျူထၢၣ် မ့တမ့ၢ် ပှၤနုာ်လီၤမၤဟးဂီၤပှၤဂၤအခိၣ်ဖျူထၢၣ်

crackle *n* တၢ်သီၣ်ပြီးပြီးပြးပြး, တၢ်သီၣ်ဖြီးဖြီးဖြးဖြး (အဒိ, တၢ်ဃီသ့ၣ်, တၢ်ဃီသ့ၣ်လၣ်အူအသီၣ်)

crackle *v* မၤသီၣ်တၢ်ပြီးပြီးပြးပြး, သီၣ်ပြီးပြီးပြးပြး

crackling *n* ၁. တၢ်သီၣ်ပြီးပြီးပြးပြး, တၢ်သီၣ်ဖြီးဖြီးဖြးဖြး ၂. ထိးဖံးအကၣ်

crackpot *a* လၢအတပိာ်ထွဲဘၣ်တၢ်အလုၢ်အလၢ်အကျိၤအကျဲ, လၢအလုၢ်အလၢ်လီၤဆီဒီးပှၤဂၤ

crackpot *n* ၁. ပှၤမၤခွ့မၤခွီတၢ်, ပှၤအီရံၢ်အီရီာ်, ပှၤတကျၢတခီ ၂. ပှၤပျူၢ်ဆှါ, ပှၤခိၣ်နူာ်တပံတဆး, ပှၤလၢအသး မ့တမ့ၢ် အခိၣ်နူာ်တဘၣ်လိာ်ဘၣ်စး

cradle *n* ဖိသၣ်စ့ာ်လၢတၢ်ဘိုအီၤဒီးသ့ၣ်လၢတၢ်ထိၣ်ဝးအီၤသ့

cradle *v* ၁. စိာ်ဃာ် (ဖိသၣ်) လၢစုဒုၣ်တီၤလီၤ, စိာ်ဃာ်တၢ်တမံၤမံၤလၢတၢ်ပလိၢ်ပဒိသးအပူၤ ၂. ထိၣ်ဝးမံဖိသၣ်ကဖီကဖီလၢစ့ာ်ပူၤ, မၤမံဖိသၣ်လၢစ့ာ်ပူၤ

craft *n* ၁. တၢ်စုသ့ခိၣ်ဘၣ်, တၢ်ကူၣ်ဘၣ်ကူၣ်သ့ ၂. တၢ်သ့လံၣ်သ့လီတၢ် ၃. တၢ်စုသ့ခိၣ်ဘၣ်တၢ်မၤ ၄. ချံကဘီ, ကဘီယူၤ, မူပျိဖျၢၣ်ယူၤတဖၣ်

craft *v* မၤအီၤသ့ဂ့ၤဂ့ၤဘၣ်ဘၣ်, မၤအီၤသ့ဘျဲးဘျဲးဘျီးဘျီး, မၤတၢ်စုသ့ခိၣ်ဘၣ်အတၢ်မၤ

craftiness *n* တၢ်သးဆှါ, တၢ်အဆှါ, တၢ်လၢအဘူ, တၢ်လၢအလဲၢ်

craftsman *n* ပှၤစုသ့

craftsmanship *n* တၢ်စုသ့ခိၣ်သ့အပီညါ, တၢ်စုသ့ခိၣ်ဘၣ်အပီညါ, တၢ်စုသ့ခိၣ်ဘၣ်အတၢ်သ့တၢ်ဘၣ်

crafty *a* လၢအသးဆှါ, လၢအဆှါ, လၢအဘူ, လၢအလဲၣ်

crag *n* လ့ဖးထီသွဲးဃီဃဲး, လၢၢ်ထီၣ်ထူၣ်လ့ထီၣ်ထူၣ်သွဲးဃီးဃဲး, ကစၢၢ်နါစ့ၤ

craggy *a* ၁. လၢအပှဲၤဒီးလၢၢ်ထူၣ်လ့ထီသွဲးဃီဃဲး ၂. ပိာ်ခွါမဲာ်သၣ်လၢအတဘျ့

cram *v* ၁. ဆွံနုာ်ဆူၣ်, ဆီၣ်နုာ်ကတံာ်ကတူာ်, ဆွံနုာ်ဆွံကတံာ်တၢ် ၂. မၤလိသံမၤလိမူအသးဖဲတၢ်ဒိးစဲးဘူးထီၣ်

crammed *a* ၁. လၢအပှဲၤလုၣ်ကွံာ်ဒီးပှၤကညီ, လၢအပှဲၤလုၣ်ကွံာ်ဒီးတၢ်တမံၤမံၤ ၂. လၢအကတံာ်ကတူာ်, လၢအဆွံနုာ်ဆွံကတံာ်တၢ်, လၢအဆီၣ်သံးနုာ်လီၤတၢ်

cramp *n* တၢ်ယုၢ်ထီၣ်

cramp *v* ၁. မၤကတံာ်ကတူာ်, တြီဃာ်တၢ်ဒိၣ်ထီၣ်လဲၤထီၣ် ၂. ယုၢ်ထီၣ်

cramped *a* ၁. လၢအကတံာ်ကတူာ်, လၢအိၣ်သံးကတူာ် ၂. လၢအကွဲးကတံာ်ကတူာ်လံာ်ဒီးတၢ်ဖးဘၣ်အီၤကီ ၃. လၢအမၤလိသံမၤလိမူအသးတချူးတၢ်ဒိးစဲး

crampon *n* ထးမဲလၢတၢ်ထီထီၣ်အီၤလၢခီၣ်ဖံးဖျိၣ်လီၤလၢကဟးလၢထံခုၣ်ကိၢ်လိၣ်ဖီခိၣ် မ့တမ့ၢ် လ့အဖီခိၣ်, ခီၣ်ဖံးဖျိၣ်အထးမဲ

cranberry *n* ခြွဘၢၣ်ရံၣ်

crane *n* ၁. ထိၣ်ဒိၣ် ၂. စဲးလၢအထုးတၢ်ဃၢဆူအံၤဆူဘး, စဲးစိာ်တၢ်ဃၢ

crane *v* ၁. ယှူာ်ထီၣ်ကိာ်ဘိ ၂. စိာ်ဒီးစဲးစိာ်တၢ်ဃၢ

cranial *a* လၢအဘၣ်ဃးဒီးခိၣ်ကုခိၣ်လဲ

cranial nerve *n* ခိၣ်နူာ်နၢာ်ထူၣ် (ခိၣ်ဃံအထူၣ်)

cranium *n* ခိၣ်ကုခိၣ်လဲ

crank *n* ၁. ထးကု့ၣ်ကိာ်လၢအဒုးစးထီၣ်စဲး, ထးကု့ၣ်ကိာ်လၢအခွဲးလဲၤစဲး, တၢ်နီၣ်ထီၣ်စဲးအထးကု့ၣ်ကိာ် ၂. ပှၤလၢအသးအ့နူညီ, ပှၤလၢအသးထီၣ်တၢ်ညီ

crank *v* ဝံာ်နီၣ်ဝံာ်စုလၢကစးထီၣ်ကဟၣ်အဂီၢ်, ဝံာ်တရံးနီၣ်ဝံာ်လၢကနီၣ်ထီၣ်ကဟၣ်အဂီၢ်

cranky *a* ၁. လၢအသးအ့န့သးဒိဉ်ထိဉ်, လၢတါမၤမံအသးကီ, ၂. လၢအဟဲအသးလီၤဆီ

cranny *n* တါတဲၤဖးအပူၤဟိ, တါပူၤဟိ, တါထူဉ်ဖိုလၢတါနူဉ်ကပၤ

crap *a* ၁. လၢအဘျုးတအိဉ်, လၢအခီပညီတအိဉ် ၂. လၢအတဂ့ၤတဃိ, လၢအတဂ့ၤဘဉ်

crap *n* ၁. တါအခီပညီတအိဉ်, တါကတိၤလၢအခီပညီတအိဉ်, တါတဂ်ာတသိဉ် ၂. တါအ့ဉ်တါဆံဉ်

crap *v* အ့ဉ်ဆါ

craps *n* တါဂဲၤလိာ်ကွဲတၤကျိဉ်တၤစ့လၢတါစူးကါလိာ်ကွဲလွှါဘီကျိခံဖျာဉ်

crash *a* လၢအဂုာ်ကျဲးစၢးမၤတါနးနးကျံာ်ကျံာ်, လၢအဘဉ်မၤတါလၢာ်ဂံါလၢာ်ဘါ, လၢအမၤတါချ့ချ့, လၢအမၤတါပြူ့ါပြူ့ါပြါပြါ

crash *n* ၁. တါလီၤတဲာ်အသိဉ်, တါလီၤတဲာ်ပြူ့ါကလာ်, တါလီၤတဲာ်သိဉ်ပြူ့ါပြူ့ါပြါပြါ ၂. တါဘဉ်တိါဘဉ်ထံး ၃. တါလီၤသတူါကလာ်, တါဆံးလီၤစုၤလီၤသတူါကလာ် (အဒိ, တါအပှ့ၤလီၤသတူါကလာ်) ၄. စဲးအိဉ်ပတုာ် မ့တမ့ါ သံသတူါကလာ်, ခီဉ်ဖွူထၢဉ်လီၤပံာ် မ့တမ့ါ သံသတူါကလာ် ၅. တါဖံးတါမၤဆိကတိါသတူါကလာ်

crash *v* ၁. မၤသဘံး, လီၤပိုါပြူၤကလာ် (ခီဖျိဘဉ်တိါဘဉ်ထံးလိာ်သး) ၂. (သိလ့ဉ်) ဘဉ်တိါဘဉ်ထံးလိာ်သး ၃. (ခီဉ်ဖွူထၢဉ်) လီၤပံာ်သတူါကလာ်, သံကွံာ်သတူါကလာ် ၄. (တါအလုါအပှ့ၤ, စတီး, ဖွါ) လီၤသတူါကလာ် ၅. မံအနါလီၤယံာ်

crash barrier *n* ကျဲအတါနူဉ်ပၤ, တါနူဉ်လၢအဒီသဒၢသိလ့ဉ်အတါဘဉ်ထံး, တါနူဉ်ပၤလၢတါဘိုအီၤလၢကျဲခၢဉ်သး, ကျဲကပၤခီပၤပၤလၢကဒီသဒၢသိလ့ဉ်အတါဘဉ်တိါဘဉ်ထံး

crash helmet *n* ခိဉ်ကုာ်ကျၤ, ခိဉ်ကုာ်ထး

crash-land *v* (ကဘီယူၤ) စီါလီၤသတူါကလာ်, ဒုးစီါလီၤသတူါကလာ်မ့ါလၢတါကီတါခဲအဝဲဉ်အယိ

crass *a* ၁. လၢအရၢါအစၢါ, လၢအအၢသံတုာ်ကိာ် ၂. ဃိဃဲး, လၢအတဘျ့ဘဉ်, လၢအသွဲးကဖဲး

crate *n* မိဒၢ, ဃၢ (လၢတါဘိုအီၤလၢဝဉ်, သ့ဉ်, ဖျးစတံးဟိဟိ)

crate *v* ထၢနှာ်စိာ်လၢ (ဃၢ, မိဒၢ, သကွိဉ်တြဉ်) အပူၤ

crater *n* ကစၢါမ့ဉ်အူအပျိထိး

cravat *n* ပိာ်ခွါကိာ်ဘံလၢတါစၢအီၤလၢအဆ့ကၤရၢးအကိာ်လဉ်ပူၤ

crave *v* သူဉ်ပိါသးဝးဒိဉ်ဒိဉ်ကလဲာ်, မိဉ်နှ့ါသးလီတါဒိဉ်ဒိဉ်ကလဲာ်

craven *a* လၢအသးသုဉ်, လၢအပျံၤတါ, လၢအသဒံတပှဲၤ

craving *n* ၁. တါမိဉ်နှ့ါသးလီတါဒိဉ်ဒိဉ်ကလဲာ် ၂. တါသးသူသးဃ့အိဉ်တါ

crawl *n* ၁. တါစွါ, တါစွါလဲၤတါ ၂. တါသုးအသးကွ့ါကွ့ါကယီကယီ ၃. တါပီါထံဝါစုဃါခီဃါခီဒီးတကျာ်အခီဉ်ချ့ချ့

crawl *v* စွါ

crayon *n* ကနဲဃီးတါခဲဉ်လွှါ, ဟီဉ်ဝါအလွှါအကလုာ်ကလုာ်, တါခဲဉ်လွှါအကလုာ်ကလုာ်

crayon *v* တ့ဒီးကနဲဃီးတါခဲဉ်လွှါ

craze *n* ၁. တါသးသူဂဲၤမၤတါတစိါတလီါဒီးဟါမါကွံာ်ဝဲ, တါသးဃံယူမၤတါတစိါတလီါဒီးဟါမါကွံာ်ဝဲ ၂. တါလၢအမံၤဟူသဉ်ဖျါတစိါတလီါဒီးဟါမါကွံာ်ဝဲ

crazed *a* ၁. လၢအပျူါထိဉ်တစိါတလီါ ၂. လၢအပၢၢအသးတနှ့ါလၢၤ, လၢအကီၤအသးတနှ့ါလၢၤ, လၢအသးသူဂဲၤမၤတါတစိါတလီါ, လၢအသးဃံယူမၤတါတစိါတလီါ

crazy *a* တပံတဆး, ပျူါ, အခိဉ်နူာ်တဘဉ်လိာ်ဘဉ်စး

crazy *n* ပှၤပျူါ, ပှၤတဘဉ်လိာ်ဘဉ်စး

creak *n* တါသိဉ်ကြံးကြံး

creak *v* သိဉ်ကြံးကြံး

creaky *a* ၁. လၢအကလုါသိဉ်ကြံာ်ကြံာ် ၂. လၢအလီါလံၤဒီးအတါအိဉ်သးတဂ့ၤ

cream *n* ၁. တါနှ့ါထံခိဉ်ကျး ၂. ကသံဉ်ဖှူ, တါတမံၤမံၤလၢပဖှူအီၤ ၃. တါအလွှါဘီစါ, တါနှ့ါထံအလွှါ ၅. ပှၤအခိဉ်ထံ, ပှၤလၢအဂ့ၤကတၢါလၢတါဃုထၢထိဉ်အီၤလၢကရူါကရၢအပူၤ

cream *v* ၁. ဝ့ၤသံးဒီးထုးထိဉ်တါနှ့ါထံခိဉ်ကျး ၂. ထၢနှာ်လီၤတါနှ့ါထံခိဉ်ကျး ၃. ဃုထၢထိဉ်တါအဂ့ၤကတၢါ မ့တမ့ါ ပှၤအဂ့ၤကတၢါလၢကရူါကရၢအပူၤ

creamy *a* ၁. လၢအလီၤက်ဒ်တၢ်နၢ်ထံခိဉ်ကျးအသိး, အိဉ်ဒီးတၢ်နၢ်ထံခိဉ်ကျးအါအါ ၂. ဖံးဘ့ဉ်လၢအဝါယံလၤ

crease *n* ကနူၤတိၤ, စးခိ မ့တမ့ၢ် တၢ်ကံးညာ်ချံးအသး, အတိၤ, တၢ်ချံးအကျိၤ

crease *v* ၁. သွံး, ဆံးနူး ၂. ချံးတၢ်ဒ်သိးအတိၤကဖျါထိဉ်, ချံးန့ၢ်အတိၤ

create *v* မၤကဲထိဉ်, မၤလိဉ်ထိဉ်ဖးထိဉ်, မၤအိဉ်ထိဉ်, ဒုးအိဉ်ထိဉ်

creation *n* ၁. တၢ်ဘဉ်တ့ ၂. တၢ်ဒုးအိဉ်ထိဉ်, တၢ်ဒုးကဲထိဉ်တၢ်, တၢ်မၤကဲထိဉ်တၢ်

creative *a* လၢအဆိကမိဉ်မံတၢ်ဒီးဒုးကဲထိဉ်တၢ်အသိသ့, လၢအဒုးကဲထိဉ်တၢ်အသိသ့

creator *n* ပှၤမၤကဲထိဉ်တၢ်, တၢ်ဘဉ်တ့ကစၢ်, ပှၤလၢအဒုးကဲထိဉ်တၢ်

creature *n* တၢ်ဘဉ်တ့, ဆဉ်ဖိကီၢ်ဖိ

credence *n* တၢ်နာ်, တၢ်စူၢ်တၢ်နာ်

credential *n* တၢ်အုဉ်ကီၤသးလၢပှၤအတီၤပတီၢ်အဂ့ၢ်, တၢ်အုဉ်ကီၤသးလၢပှၤအပတီၢ်ဒီးအကံၢ်အစီအဂ့ၢ်

credentials *n* ၁. လံာ်အုဉ်ကီၤသးလၢပှၤတဂၤအကံၢ်အစီ ၂. ပဒိဉ်အလံာ်အုဉ်ကီၤသးလၢအဟ်လီၤမီၢ်သီမီၢ်လါ

credibility *n* ၁. တၢ်လၢတၢ်နာ်န့ၢ်အီၤသ့ ၂. တၢ်လီၤဆီလၢတၢ်ကတိၤဒီးတၢ်မၤအသးနီၢ်နီၢ်အဘၢဉ်စၢၤ

credible *a* လၢတၢ်နာ်အီၤသ့

credit *n* ၁. စ့ကဒွဲ, ကမၢ် ၂. တၢ်ပှ့ၤကဒွဲတၢ် ၃. စ့လၢအအိဉ်လၢစ့တၢးအစရီပူၤ, စ့လၢအအိဉ်လၢစ့တၢးပူၤ ၄. တၢ်ဟ့ဉ်လၤဟ့ဉ်ကပီၤ, တၢ်စံးထိဉ်ပတြၢၤ ၅. တၢ်ဟံးမံၤဟံးသဉ် (လၢတၢ်မၤတမံၤမံၤအယိ) ၆. တၢ်မၤလိအလံာ်လၢဖွဉ်စိမိၤကို

credit *v* ၁. ထၢနာ်န့ၢ်စ့ဆူပှၤအစ့တၢးအပူၤ ၂. နာ်တၢ် (တၢ်တမံၤမံၤလၢအလီၤဆီ မ့တမ့ၢ် တၢ်တမ့ၢ်လၢ်အီၤ)

credit card *n* ကဒွဲခးက့

creditable *a* လၢအလီၤနာ်, လၢအလီၤစံးပတြၢၤ

creditor *n* ပှၤဟ့ဉ်ကဒွဲ, ကဒွဲကစၢ်, ပှၤဟ့ဉ်လီၢ်တၢ်

credulity *n* တၢ်နာ်တၢ်ညီ, တၢ်လံဉ်န့ၢ်လီန့ၢ်အီၤညီ

credulous *a* လၢအနာ်တၢ်ညီ, လၢအဘဉ်တၢ်လံဉ်န့ၢ်လီန့ၢ်အီၤညီ

creed *n* တၢ်သိဉ်တၢ်သီအမိၢ်ပှၢ်

creek *n* ထံကျိဖိ

creel *n* နာ်, ကု, စဲာ်, သကွီဉ်တြၤ, ဃၤ, ဘၢ

creep *n* ၁. တၢ်စွါလဲၤတၢ်, တၢ်လဲၤတၢ်ကယီကယီ ၂. ပှၤလၢအလီၤသးဘဉ်အၢ, ပှၤလၢအမၤအိဉ်အမဲာ်ဒီးပှၤပတီၢ်ထီ, ပှၤလၢအမၤလီၤသးဟ့အသး ၃. တၢ်အကူ့ၢ်အဂီၤဆီတလဲကွံာ်သးခီဖျိတၢ်ဆီဉ်သနံးအီၤ (အဒိ, ဖျးစတံး)

creep *v* ၁. စွါကယီကယီ ၂. (အကူ့ၢ်အဂီၤ) ဆီတလဲကွံာ်သးခီဖျိတၢ်ဆီဉ်သနံးအီၤ (အဒိ, ဖျးစတံး)

creeper *n* တၢ်မုၢ်တၢ်ဘိလၢအစွါတဖဉ် (အဒိ, သ့ဉ်ဃံဉ်မုၢ်)

creepy *a* လၢအဖံးသကုဉ်ခီသကုဉ်, လၢအမၤလီၤပျံၤတၢ်

cremate *v* ကုၢ်ပှၤသံစိဉ်, ကုၢ်ဃိစီမ့ဉ်ပှၤသံ

cremation *n* တၢ်ကုၢ်ဃိပှၤသံ

crematorium *n* တၢ်ကုၢ်ဃိစီမ့ဉ်တၢ်သံစိဉ်အလီၢ်

crescendo *n* ၁. (တၢ်သူဉ်ဝံဉ်သးဆၢ) တၢ်လၢအသိဉ်ဒိဉ်ထိဉ်ကယီကယီကွ့ၢ်ကွ့ၢ် ၂. တၢ်လၢအဒိဉ်ထိဉ်ထီထိဉ်ကွ့ၢ်ကွ့ၢ်တုၤလၢအဒိစိ, တၢ်လၢအထိဉ်ထီထိဉ်ကွ့ၢ်ကွ့ၢ်တုၤလၢအဒိစိ

crescent *n* ၁. လါထိဉ်သီအကူ့ၢ်အဂီၤ, လါအက့ (လွံၢ်ပူတပူ) ၂. မူးစလ့ဉ်ဖိအတၢ်ဘူဉ်တၢ်ဘါအပနီဉ်

crest *n* (ဆီ မ့တမ့ၢ် ထိဉ်) အခိဉ်သွံဉ်

crestfallen *a* လၢအသးဟးဂီၤ, လၢသးအဂံၢ်စၢ်လီၤ

crevasse *n* ထံလီၤသကၤအတဲၤဖး

crevice *n* တၢ်အတဲၤဖး, တၢ်ကဆူး

crew *n* ပှၤကဘီဖိ, ပှၤကဘီယူၤဖိ, ပှၤမၤတၢ်ဖိလၢကဘီ မ့တမ့ၢ် ကဘီယူၤတဖဉ်အပူၤ

crew *v* ကဲပှၤကဘီဖိအကရၢဖိ, ကဲပှၤမၤတၢ်ဖိလၢ ကဘီ မ့တမ့ၢ် ကဘီယူၤ

crib *n* ဖိသဉ်လီၢ်မံခး, ဖိသဉ်လီၢ်မံစုာ်

cricket *n* ၁. ခြိးခဲး, တၢ်ဂဲၤလိာ်ကွဲတၢ်ဖျာဉ်သလၢဉ်လၢပှၤဒိအီၤဒီးကွဲာ်အီၤ, တၢ်လိာ်ကွဲတကလုာ် ၂. သကံၤ, တကံၤ

crime *n* ကွီၢ်မ့ဉ်, ကွီၢ်, တၢ်မၤကမဉ်သဲစး

criminal *a* လၢအဘဉ်ဃးဒီးတၢ်မၤကမဉ်ကွီၢ်မ့ဉ်သဲစး

criminal *n* ပှၤတ့ၢ်ကွီၢ်, ပှၤမၤကမဉ်သဲစး

criminality *n* တၢ်မၤကမဉ်ကွီၢ်မ့ဉ်သဲစး, တၢ်မၤသရူးမၤကမဉ်တၢ်

criminalize, criminalise *v* မၤတဖိးသဲစး, ဒုးကဲထိဉ် (တၢ်, ပှၤ) လၢတဖိးသဲစး

criminally *adv* လၢအအိဉ်ဃုာ်ဒီးတၢ်မၤကမဉ်ကွီၢ်မ့ဉ်သဲစး

criminology *n* စဲအ့ဉ်အတၢ်ယုသ့ဉ်ညါမၤလိတၢ်ဘဉ်ဃးဒီးကွီၢ်မ့ဉ်, တၢ်မၤကမဉ်သဲစးဒီးပှၤလၢအမၤကမဉ်သဲစး မ့တမ့ၢ် ပှၤတ့ၢ်ကွီၢ်အဂ့ၢ်, ပှၤတ့ၢ်ကွီၢ်ဂ့ၢ်ဝီပီညါ

crimp *v* မၤသံးကတ့ၢ်, မၤတကံ, ချံးသံး

crimson *a* လၢအဂီၤဆီသွံဉ်, လၢအဂီၤစီဉ်ကလာ်, လၢအဂီၤလုး

crimson *n* အလွှၢ်ဂီၤဆီသွံဉ်, အလွှၢ်ဂီၤစီဉ်ကလာ်, အလွှၢ်ဂီၤလုး

cringe *v* ၁. အိဉ်တကူးတြူးလၢပျံၤတၢ်အဃိ, ထုးဖုးအသး ၂. ပျံၤတၢ်, မဲာ်ဆုး

crinkle *v* မၤသံးကတ့ၢ်, မၤတကံထိဉ်

crinkly *a* လၢအသွံး, လၢအသံးကတ့ၢ်, လၢအတကံ

cripple *n* ပှၤလၢအခီဉ်ဟးဂီၤ, ပှၤလၢအဟးတသ့ခီဖျိအနီၢ်ခိက့ၢ်ဂီၤဟးဂီၤ

cripple *v* ၁. မၤဟးဂီၤပှၤစုပှၤခီဉ်, မၤက့မၤကွဲဉ်ပှၤစုပှၤခီဉ် ၂. မၤဟးဂီၤတၢ်တမံၤဒိဉ်ဒိဉ်ကလဲာ်

crisis *n* ၁. တၢ်ဆါနးကတၢၢ်အကတီၢ် ၂. တၢ်ဆၢကတီၢ်ဖဲတၢ်လဲလိာ်ဖးဒိဉ်ကတုၤလီၤ, တၢ်နးတၢ်ဖိုဉ်အကတီၢ်

crisp *a* ၁. စိုး, လၢအစိုးဒီးသံကစဲာ်, လၢအမၤဆူဉ်ထိဉ်တၢ်ဂံၢ်တၢ်ဘါ ၂. (တၢ်ကတိၤ, တၢ်ကွဲး) လၢအဟ်ဖျါဝဲဆုံဆုံဖျါဖျါဒီးလီၤတံၢ်လီၤဆဲး ၃. (မူခိဉ်ကလံၤသီဉ်ဂီၤ, တၢ်ကူတၢ်ကၤ) ဆုံ, လၢအမှာ်အခုဉ်, လၢအဂ့ၤ, လၢကဆဲ့ကဆို, လၢအဘျ့ကဆှဉ် ၅. လၢအပှ့ၢ်အချ့ဒီးလီၤတံၢ်

crisp *n* အဉ်လူကဘျံးဆဲးသိ

crisp *v* ကဲထိဉ် မ့တမ့ၢ် မၤတၢ်တမံၤမံၤဒ်သိးကစိုးထိဉ်

crispy *a* လၢအစိုးဂ့ၤမး

criss-cross *a* လၢအအိဉ်ဃုာ်ဒီးပနိ မ့တမ့ၢ် ကျဲက်တဲာ်တဖဉ်

criss-cross *n* ကျဲ မ့တမ့ၢ် ပနိက်တဲာ်

criss-cross *v* ၁. တိၤပနိက်တဲာ်, မၤက်တဲာ်တၢ် ၂. လဲၤလဲၤက့ၤက့ၤ, သုးထိဉ်သုးလီၤအသးတပယူာ်ဃီ

criterion *n* တၢ်နိဉ်ထိဉ်, နိဉ်ထိဉ်လၢတၢ်ဟ်လီၤအီၤ

critic *n* ပှၤလၢအညီနှၢ်ကွၢ်နီၤဖးတၢ်အကြၢးဒီးတကြၢးတၢ်ဂ့ၤဒီးတၢ်တဂ့ၤအဆၢ

critical *a* ၁. လၢအစံဉ်ညီဉ်တၢ်, လၢအပဲာ်ဖးနီၤဖးတၢ် ၂. လၢအအိဉ်လၢတၢ်ဘဉ်ယိဉ်ဘဉ်ဘီအပူၤ, အိဉ်လၢတၢ်သံဒီးတၢ်မူအဘၢဉ်စၢၤ

critical condition *n* အိဉ်လၢတၢ်ဘဉ်ယိဉ်ဘဉ်ဘီအတိၢ်ပူၤ, အိဉ်လၢတၢ်သံတၢ်မူအဘၢဉ်စၢၤ

critically *adv* ၁. လၢအရှဒိဉ်, လၢအနးနးကျံၤကျံၤ ၂. လၢအပဲာ်ထံနီၤဖးဆိကမိဉ်တၢ်ဂ့ၤဒီးတၢ်တဂ့ၤ

criticism *n* တၢ်ပဲာ်ထံနီၤဖး, တၢ်နဲဉ်ဖျါထိဉ်တၢ်ကြၢးတကြၢးဂ့ၤတဂ့ၤအဆၢ, တၢ်ပဲာ်အၢပဲာ်သီ

criticize, criticise *v* ၁. ကတိၤနဉ်ဖွဲဉ် ၂. ပဲာ်ထံနီၤဖး, နဲဉ်ဖျါထိဉ်တၢ်ကြၢးတကြၢးဂ့ၤတဂ့ၤအဆၢ

critique *n* တၢ်ပဲာ်ထံနီၤဖးတၢ်, တၢ်နဲဉ်ဖျါထိဉ်တၢ်ကြၢးတၢ်တကြၢးတၢ်ဂ့ၤတဂ့ၤအဆၢ

critique *v* ပဲာ်ဖးနီၤဖးတၢ်

critter *n* ၁. တၢ်လၢအသးသမူအိဉ်, တၢ်ဘဉ်တ့ ၂. ဆဉ်ဖိကိၢ်ဖိလၢတၢ်ဘုဉ်အီၤလၢဟံဉ် ၃. ပှၤကူပှၤကညီ

croak *n* ၁. ဒ့ဉ်ပှၤသီဉ်, ဒ့ဉ်ကိးသီဉ် ၂. တၢ်ကလုၢ်ဘံး, တၢ်ကလုၢ်ဃး

croak *v* ၁. (ဒ့ဉ်) ပှၤ, (ဒ့ဉ်) ကိး ၂. (တၢ်ကတိၤမုၢ်ဆ့ဉ်မုၢ်ဂီၤ) သံ

croaked *a* လၢအသံ

crochet *n* ထးတဘိတၢ်ခွဲး, ထးခွဲးလုဉ်, ငြိဉ်ရှ

crochet *v* တုၢ်တၢ်ခွဲးတၢ်

crochet-hook *n* ထးတက့ၤ, ထးအသက့ၤ

crockery *n* သဘံဉ်လီခီကဘုး

C

crocodile *n* တမၣ်, သမၣ်

crone *n* ဖံသးပှၢ်လၢအမဲာ်သွံးနါသွံး, ပှၤပိာ်မုၣ်သးပှၢ်လၢအလၢ်အၢ

crony *n* တံၤသကိးလၢပရှအီၤတံၢ်တံၢ်, သိၣ်

cronyism *n* တၢ်ကွၢ်မဲာ်ဟ့ၣ်ပှၤတၢ်, တၢ်ကွၢ်မဲာ်သိၣ်ဒိၤမုံၤဒိၤသန့, တၢ်ကွၢ်မဲာ်ဒီးတၢ်ဟ့ၣ်မၤတံၤမၤသကိးတၢ် (လီၤဆီၣ်တၢ်လၢထံရှၢ်ကီၢ်သဲးအကရှၢ်ကရၢအပူၤ)

crook *n* ၁. ပှၤတတီတတြၢ်, ပှၤလီတၢ်ဝ့ၤတၢ်ဖိ ၂. နိၣ်ကူၣ်လၢအခိၣ်ထိးကူၣ်, ပှၤကွၢ်သိအနိၣ်ထိးဘိ

crook *v* ၁. ကူၣ်ကူကူၣ်ကိာ်, ကူၣ်ကူ ၂. တဘျၢ

crooked *a* လၢအကူၣ်အကူ

croon *v* အံၣ်အုသးဝံၣ်တၢ်, ပံးတံာ်ယာ်အကိာ်ပှၤဝံၤသးဝံၣ်တၢ်, သးဝံၣ်ကအံၣ်ကအုတၢ်

crop *n* ၁. သူၣ်ဖျးတၢသၣ်, ၂. ကယါတၢ်လၢပသူၣ်လီၤဖျးလီၤအီၤ ၃. ပှၤဒီဖုဒီကိၢ်ဟဲအိၣ်ဖျါထိၣ်တဘျီယီ ၄. ထိၣ်ကနံဆီကနံ ၅. ခိၣ်သူဖုၣ်ဖုၣ်ဖိ ၆. တၢ်မၤနိၣ်ပာ်စၢၤဆၣ်ဖိကီၢ်ဖိ

crop *v* ၁. တံာ်ဖုၣ်ကွံာ် ၂. ကူးကွံာ်တံာ်ကွံာ် ၃. (ဂီၤဖံး) အိၣ်တဲာ်တပံၢ်အစိးနါ

crore *n* စ့တကဘီ (အ့ယေါ, ပၣ်ကံၣ်စတၣ်အစ့), စ့တကလီၢ်အဘျီတကယၤ

cross *a* ၁. လၢအသးဘၣ်တံာ်တာ်, လၢအသးအ့န့, လၢအသးဒိၣ်, လၢအထီဒါလိာ်သး ၂. လၢအအိၣ်ဒီၣ်တူာ်လိာ်သး

cross *n* ၁. (+, X, †) (တၢ်အပနိၣ်) က်တဲာ်, တၢ်ဂံၢ်အါ ၂. ထူၣ်စုညါ ၃. တၢ်လၢနယ့ၢ်ပှၤအီၤတနၢ် ၄. ယူၣ်စုညါတၢ်လၤကပီၤအပနိၣ်လၢတၢ်ဟ့ၣ်လီၤအီၤဆူပှၤသူးဖိတဖၣ်အအိၣ် ၅. တၢ်ယါယှာ်တၢ်အချံအသၣ်, တၢ်ယါယှာ်တၢ်အစၢၤအသွဲၣ် ၆. တၢ်ထူထိၣ်ဖျၢၣ်ထူဆူတၢ်ခၢၣ်သးလၢအဘူးဒီးပှၤဂၤအတၢၣ်ဖျိ

cross *v* ၁. ခိက်, ခိက်တၢ် ၂. တိၤတဲာ်တၢ် ၃. ဘၣ်သဂၢါ, လဲၤခီဖျိဘၣ် ၄. လဲၤတလၢကွံာ်ဆူအဂၤတကပၤ

cross hairs *n* ပနိခိက်လိာ်အသးလၢမဲာ်ကလၢအမဲာ်ကဝီၤအပူၤ (အဒိ, တၢ်ဒိခဲမရၢ်အမဲာ်ပီၤပူၤ)

cross section *n* တၢ်ဒိၣ်တဲာ်တၢ်လၢအဒိၣ်ယီၤဒ်သိးကထံၣ်တၢ်လၢအကံၢ်အလဲပူၤ

crossbow *n* ချံၣ်

cross-check *v* ကွၢ်ထံသမံသမိးဒီးမၤလီၤတံၢ်တၢ်ခီဖျိစူးကါကျဲအဂၤတဘိ

cross-dress *v* ကၤခီလဲပိာ်မုၣ်ပိာ်ခွါဆ့ကၤ

cross-examine *v* သံကွၢ်သမံသမိးတၢ်လီၤတံၢ်လီၤဆဲး, သံကွၢ်ကူၤကဒီးပှၤတၢ်ကွိၢ်အပှၤအုၣ်အသးလၢကွိၢ်ဘျိၣ်အပူၤ

cross-eyed *a* မဲာ်တကျူ့, လၢအမဲာ်ချံတကျူ့

crossfire *n* ၁. တၢ်ခးဖိုၣ်လီၤတၢ်လီၢ်တတီၤယီခံခီယၢ်ဘး ၂. တၢ်သံကွၢ်ဖိုၣ်ပှၤတဂၤယီ

cross-grained *a* ၁. သ့ၣ်အညၣ်ဆိုး ၂. လၢတၢ်ရှဒီးအီၤကီ

crossing *n* ၁. တၢ်ခိက်, တၢ်လဲၤခိက်ဘၣ်တၢ်အလီၢ် ၂. တၢ်ခိက်ကျဲ ၃. ကျဲခိက် ၄. ထံကျိခိက်အလီၢ် ၅. တၢ်လီၢ်လၢတၢ်လဲၤခိက်အီၤ

cross-legged *a* (ဆ့ၣ်နီၤ) ကဝီၤကံၣ်

crossover *n* ၁. တၢ်ခိက်တၢ်အလီၢ် ၂. တၢ်လဲၤခီယီၤဆူတၢ်လီၢ် မ့တမ့ၢ် တၢ်မၤအသိတတီၤ

crossroads *n* ကျဲက်တဲာ်

crosswalk *n* ခိၣ်ကျဲခီ

crosswise *adv* အိၣ်ဒီၣ်တူာ်, အိၣ်ဒီၣ်တူာ်လိာ်သး

crossword *n* ဝီၢ်က်တဲာ်, ဝီၢ်ဩက်တဲာ်

crotch *n* ၁. ကံၣ်တြၢ်ဆူး, ကံၣ်ကၢ်ထံး ၂. အတြၢ်, အဖးဒ့

crouch *v* ဆ့ၣ်နီၤတစီၤခိၣ်

croup *n* ၁. ကလုၢ်အပီၤညီး ၂. ကသ့ၣ်အခံမဲၢ်ပျိၢ်

crow *n* စီးဝၣ်ဃး

crow *v* ၁. အိၣ်အိ ၂. (ဖိသၣ်ဆံး) နံၤသိၣ်, ကတိၤတၢ်ကဖါလၢလၢပှၤဂၤအဖိခိၣ်

crowbar *n* နိၣ်ကၢထး

crowd *n* ပှၤဂီၢ်မုၢ်

crowd *v* အိၣ်ကတံာ်ကတူး, ဆွံကတံာ်လိာ်အသး, သံးတၢ်လိာ်သး

crowded *a* ကတံာ်, ကတံာ်ကတူာ်

crown *n* ၁. စီၤပၤခိၣ်သလုး ၂. တၢ်မၤနၢၤတၢ်လၤကပီၤအခိၣ်သလုး ၃. (the crown) စီၤပၤ, နီၢ်ပၤမုၣ်, ပှၤပၤတၢ်ပြးတၢ် ၄. စီၤပၤနီၢ်ပၤမုၣ်အတၢ်နှၢ်ပၤစိကမီၤခွဲးယာ် ၅. တၢ်အကူၢ်အဂီၤလၢအလီၤက်ဒ်စီၤပၤခိၣ်သလုးအသိး ၆. ခိၣ်ထံ, ခိၣ်

ဖိခိဉ်တကပၤ, ခိဉ်သလုးအခိဉ်ထိး ၇. တၢ်လူၢ်ဒိ ခိဉ်, တၢ်လူၢ်ဒိစိ ၈. ဘြံးထံး(ရှ)အတီကါ (လၢအ လုၢ်အပှၤထဲသိး ၂၅ ဖဲနံဉ်) ၉. မဲအဖျိဉ်, တၢ်မၤ ဘၢမဲ

crown *v* ၁. ဟ်ထီဉ်စီၤပၤ, ဟ်ထီဉ်စီၤပၤ အလီၢ် ၂. ဒုးကၠံထီဉ်ခိဉ်သလုး ၃. ဒုးကျိၤထီဉ် (တၢ်လၤကပီၤခိဉ်သလုး) ၄. မၤဘၢမဲ ၅. တီၢ်ပှၤ အခိဉ်ထံ ၆. ထီဉ်စိလၢတၢ်ဖိခိဉ်, အိဉ်လၢတၢ်ဖိ ခိဉ် ၇. (ဖိသဉ်အခိဉ်) ဟဲဖျိးထီဉ်လၢဒၢလီၢ်ခိဉ် ထိး, အိဉ်ဖျဲဉ်အခိဉ်ဟဲဖျိးထီဉ်လၢဒၢလီၢ်ခိဉ်ထိး

crucial *a* လၢအကါဒိဉ် (မ့ၢ်လၢအကမၤဘဉ် ဒိဘဉ်ထံးတၢ်အဂၤတဖဉ်အဃိ)

crucifix *n* ထူဉ်စုညါလၢအအိဉ်ဒီးယ့ဉ်ရှူး အဂီၤ

crucifixion *n* တၢ်ပျၢထီလၢထူဉ်စုညါလိၤ

crucify *v* ပျၢထီပှၤလၢထူဉ်စုညါလိၤ

crude *a* ၁. ဃီၤဃၢ, သံသိ, သံကစၢ်, လၢအစၢ် – အဒိ, နံဉ်သိထံစၢ် ၂. လၢအမၤခိဉ် မၤကြီတၢ်, လၢအမၤတကြီတမီၢ်တၢ် ၃. လၢအမၤအသးရၢါရၢါစၢါစၢါ

crude oil *n* ကျဲတံးသံသိ, ကျဲတံးသိသံ ကစၢ်

crudeness *n* တၢ်အဃီၤဃၢ, ဃီၤဃၢ, တၢ် လၢတၢ်မၤဘျ့အီၤတဝံၤဖံးဘဉ်, တၢ်တဘျ့တဆိုဖံး ဘဉ်

crudity *n* ၁. တၢ်အိဉ်သးတဘျ့တဆိုဘဉ် ၂. တၢ်ကတိၤတၢ်ဟ်သူဉ်ဟ်သးလၢတဆဲးတလၢ

cruel *a* သူဉ်အၢသးသီ, လၢအအၢအသိ

cruelly *a* အၢအၢသီသီ

cruelty *n* တၢ်မၤဆါတၢ်လၢတအိဉ်ဒီးတၢ်သး ကညီၤ, တၢ်သူဉ်အၢသးသီ, တၢ်အဲဉ်တၢ်ဂၢ်သွံဉ်ဂၢ် စီၤ, တၢ်သးကညီၤတအိဉ်

cruise *n* တၢ်လဲၤတၢ်လၢကဘီ, တၢ်ဟးဒိး လိာ်ကွဲကဘီ

cruise *v* လဲၤကွၤတၢ်လၢကဘီ, ချံ, ဟးဒိး လိာ်ကွဲကဘီ

cruiser *n* ၁. သုးကဘီလၢအချ့ ၂. ချံလၢ တၢ်ဟးလိာ်ကွဲအဂီၢ် ၃. ပၢၤကိၢ်အသိလ့ဉ်

crumb *n* တၢ်အီဉ်လီၤဖုံဉ်လီၤပျ့ၤ, တၢ်တစဲး, တၢ်လီၤဖုံဉ်လီၤစီၤ, (တၢ်ဂ့ၢ်) ကစဲးကရဲး

crumble *v* လီၤဖုံဉ်, လီၤကလဲ, လီၤပျ့ၤ, လီၤကမူဉ်, လီၤဘျဲး

crumbly *a* လၢအလီၤကမုံၤညီ, လၢအလီၤ သဘုံးညီ,

crummy *a* လၢအဘဉ်အၢဘဉ်သီ, လၢအ ကၢ်အစီတဂ့ၤ, လၢအလုၢ်အပှ့ၤတအိဉ်, လၢအတ ဂ့ၤဒ်သိးတၢ်အဂၤ

crumple *v* မၤဆံးနူး, မၤကၢ်ချံး, မၤစံၤဖွဲၤ

crunch *v* အ့ဉ်တၢ်သီဉ်ခြဲးခြဲးခြီးခြီး, မၤသီဉ် ခြဲးခြဲးခြီးခြီး, ဟးယီၢ်တၢ်သီဉ်ခြဲးခြဲး

crusade *n* ၁. ခရံာ်ဖိဒီးမူးစလ့ဉ်အတၢ်ဒုး လၢအကမၤန့ၢ်ကူၤကီၢ်စီဆုံ, တၢ်ဘူဉ်တၢ်ဘါ အတၢ်ဒုးဖးဒိဉ် ၂. တၢ်ဂုာ်ကျဲးစၢးဘှီဘဉ်တၢ်တဂ့ၤ တဘဉ်

crusade *v* ပဉ်ယှာ်လၢတၢ်ဘူဉ်တၢ်ဘါတၢ်ဒုး ဖးဒိဉ်အပှၤ

crusader *n* ပှၤလၢအဒုးတၢ်လၢတၢ်ဘူဉ်တၢ် ဘါအတၢ်ဒုးအပှၤ, ပှၤလၢအဂုာ်မၤသကိးတၢ် လၢအဂ့ၤ

crush *n* ၁. ပှၤဂိၢ်မုၢ်အိဉ်ကတံာ်ကတူာ်, ပှၤ ဂိၢ်မုၢ်ဆီဉ်သနံးကတံာ်ကတူာ်လိာ်သး ၂. တၢ်အဲဉ်ဘံဉ်မဲာ်တၢ် ၃. သ့ဉ်သဉ်အထံ, တၤ သဉ်အထံ

crush *v* ၁. မၤသဘုံး, ယီၢ်သဘုံး ၂. ဂံာ် ဘျဲး, ဆံးထုးထီဉ် (တၢ်အထံ), စံၢ်သဘုံး ၃. ဆီဉ်သံးတံၢ်, ဆီဉ်တံၢ် ၄. မၤဟးဂီၤပှၤအသး ဒိဉ်ဒိဉ်ကလာ်

crusher *n* စဲး မ့တမ့ၢ် တၢ်အပီးအလီလၢမၤ သဘုံး မ့တမ့ၢ် ဂံာ်သဘုံးတၢ်

crushing *a* ၁. လၢအမၤနၢၤတၢ်ညီ, လၢအ မၤနၢၤတၢ်လၢာ်လၢာ်ဆ့ဆ့ ၂. လၢအနးဒိဉ်ဒိဉ်က လာ် ၃. လၢအဖဲာ်အၢဖဲာ်သီပှၤနးနးကလာ်

crust *n* ၁. ကိဉ်ဘ့ဉ်ခိဉ်, ကိဉ်ဖံးကိၢ်ဘိ ၂. ဟီဉ်ခိဉ်မဲာ်ဖံးခိဉ်ကျၤ, ဟီဉ်ခိဉ်အဖီခိဉ်တကထၢ

crusted *a* လၢအအိဉ်ဒီးတၢ်ဖံးဘ့ဉ်ခိဉ် မ့တမ့ၢ် တၢ်ကျၢၢ်ဘၢလၢအကိၤ

crusty *a* ၁. လၢအကိၢ်ဘီအါ, လၢအဘ့ဉ် တိဉ် ၂. လၢအသးဒိဉ်ထီဉ်ညီ

crutch *n* ၁. စုတဃာ်, နီဉ်ထိးတြံာ်, နီဉ်ထိး ဘိလၢပှၤခိဉ်ကၢ်ထိးဝဲတဘိ မ့တမ့ၢ် ခံဘိ ၂. တၢ် တီ, (ဒံ, ပထိး, လူၢ်ခ့) အဝၤ ၃. (နီၢ်ခိမိၢ်ပှၢ်, တၢ် ကူတၢ်သိး) ကံဉ်တြၢ်ဆူး, ကံဉ် ကၢ်ထိး

C

crux *n* တၢ်ဂ့ၢ်အခိၣ်သ့ၣ်လၢအရှၤဒိၣ်ကတၢၢ် လၢတၢ်ဂ့ၢ်ကီတမံၤအပူၤ

cry *n* ၁. တၢ်ကိးပသူကဲးပသူဖးဒိၣ်, တၢ်ကိး ပသူကဲးပသူ ၂. တၢ်ဟီၣ်တၢ်ယၢၤ ၃. ဆၣ်ဖိကိၢ်ဖိကဲးပသူအကလုၢ်

cry *v* ၁. ဟီၣ် ၂. ကိးပသူကဲးပသူ, ကိးကလူ

crybaby *n* ဖိသၣ်လၢအဟီၣ်ဆူၣ်, ဖိသၣ်လၢ အဟီၣ်ခဲအံၤခဲအံၤ

crying *a* ၁. ဖးဒိၣ်, ဒိၣ်ဒိၣ်မုၢ်မုၢ် ၂. လၢတၢ် လိၣ်ဘၣ်ဝဲဖးဒိၣ်, လၢအလိၣ်ဘၣ်ဝဲဒိၣ်ဒိၣ်မုၢ်မုၢ် ၃. လၢအလီၤသးဘၣ်အါ, လၢအလီၤသးဟ့, လၢအလီၤပျံၤလီၤဖုး

crypt *n* တၢ်ဘါယွၤသရိာ်အဟီၣ်လာ်ဒေး

cryptic *a* လၢအအိၣ်ခူသူၣ်, လၢတၢ်နၢ်ပၢၢ် ဘၣ်အီၤကီ, လၢအအိၣ်တဒၢ

crystal *n* ၁. လၢ်ဖျါကလၤ, လၢ်ဝါဆုံ ၂. (crystal glass) မဲာ်ကလၤဆုံ မ့တမ့ၢ် နၣ်ရံၣ်အ မဲာ်ကလၤဆုံ

crystal ball *n* လၢ်ဖျါကလၤတဖျာၣ်, လၢ် ဝါဆုံတဖျာၣ်

crystalline *a* လၢအဖျါဆုံဒ်လၢ်ဝါဆုံဖျါ ကလၤ, လီၤက်ဒီးလၢ်ဖျါကလၤ

crystallize, crystallise *v* ၁. ဒုးအိၣ်ထိၣ် လၢ်ဖျါကလၤ, လၢ်ဝါဆုံ ၂. ဆုံဒ်လၢ်ဝါဆုံအ သိး ၃. ဟ်ဖျါထိၣ်ဆုံဆုံပျီပျီဒီးလီၤတံၢ်လီၤဆဲး ၄. မၤဘၢအီၤဒီးအံသၣ်ဆၢထံပံာ်ပံာ်

cub *n* (တၢ်လီၤက်ဒ်ခဲယုၢ်) အဖိ အဒိ, ခဲယုၢ် ဖိ, ဘီၣ်သိၣ်ဖိ. ထွံၣ်မံၤဖိ

cubbyhole *n* ၁. ဒေးဆံးဆံး မ့တမ့ၢ် အံၣ် အံၣ်ဖိ ၂. တၢ်လီၢ်အံၣ်အံၣ်ဖိ

cube *n* ၁. နၣ်ဘၣ်ယုမဲာ်သၣ်ပူၤ ၂. (တၢ်ဂံၢ် တၢ်ဒွး) တၢ်အစၢလၢတၢ်ဂံၢ်အါနီၣ်ဂံၢ်တဖျာၣ်ဒီးအ နီၣ်ဂံၢ်ခံကထၢ

cube *v* ၁. ဂံၢ်အါသၢကထၢ, မၤအါထိၣ်နီၣ် ဂံၢ်အလုၢ်အပှ့ၤသၢကထၢ ၂. ကူး မ့တမ့ၢ် ဆိတၢ် အိၣ်ဒ်လွံၢ်ဘီကျိအက့ၢ်အဂီၤအသိး

cubic *a* ၁. လၢအက့ၢ်အဂီၤအိၣ်ဒ်နၣ်ဘၣ်ယု မဲာ်သၣ်ပူၤအသိး, လၢအလီၤက်ဒ်နၣ်ဘၣ်ယုမဲာ် သၣ် ၂. လၢအက့ၢ်အဂီၤအိၣ်သၢခီသၢကပၤ, လၢ အမ့ၢ်နီၣ်ဂံၢ်သၢကထၢ

cubit *n* တပျ့ၢ် (၁ ပျ့ၢ်)

cuckoo *a* လၢအပျုၢ်ဆ့ါပျုၢ်ဆ့ါ, လၢအတပံ တဆး, လၢအခိၣ်နူာ်တဘၣ်လိာ်ဘၣ်စး

cuckoo *n* ထိၣ်မိၢ်ဓူ

cucumber *n* ဒံသၣ်

cud *n* တၢ်က်ာ်ဘျုးအိၣ်ကဒါက့ၤအဆၣ်, တၢ် ဆၣ်လၢတၢ်ကလိာ်ထိၣ်ဝဲ

cuddle *n* တၢ်ဖိးဟု, တၢ်ဖိးဟုဖိးယာ်

cuddle *v* ဖိးဟု, ဖိးဟုဖိးယာ်

cuddly *a* လၢအဘီၣ်ထ့ၣ်ကဟ့ာ်လုး, လၢအ ကဟ့ာ်လုး

cudgel *n* နီၣ်တီၢ်, နီၣ်လဲာ်, နီၣ်ဒိ, နီၣ်တူ

cudgel *v* တီၢ်တၢ်, ဒိတၢ်

cue *n* ၁. တၢ်ဟ့ၣ်တၢ်ပနီၣ်လၢကမၤတၢ် ၂. ကွဲၤဟူဖျါ, ကွဲၤလ့လိၤအတၢ်ပီးတၢ်လီလၢအအိး ထိၣ်ဝံၤဝံာ်တရံးချ့ချ့တုၤလၢတၢ်လီၢ်လၢအဲၣ်ဒိး ဝဲတစု ၃. နီၣ်တီၢ်ဘိလၢအတီၢ်ဖျာၣ်တီၢ်

cue *v* ၁. ဟ့ၣ်တၢ်ဟ်ပနီၣ် ၂. တရံးဟ် (ကွဲၤ လ့လိၤ) အလီလုၣ်ကွီၤတုၤလၢတၢ်လီၢ်လၢတၢ်အဲၣ် ဒိးစးထိၣ်အီၤအလီၢ် ၃. (စနူးခၢၣ်တၢ်လိာ်ကွဲ) တီၢ်တၢ်ဖျာၣ်သလၢၣ်ဒီးနီၣ်တီၢ်ဘိ ၄. ရဲၣ်လီၤအ သး

cuff *n* ၁. တၢ်ဆးချံး (ဆ့ကၤအစုကိာ်, ဖျိၣ်ခံ အခိၣ်ထံး) ၂. ထးကျီၤစု ၃. တၢ်ဘံစုလၢတၢ်ထိၣ် သွံၣ်တၢ်ဆိၣ်သန်းအဂီၢ် ၄. တၢ်ဒဲတၢ်, တၢ်လၤတၢ်

cuff *v* ၁. ဒဲတၢ်, လၤတၢ် ၂. ဒုးသိးထိၣ်ထး ကျီၤစု

cuirass *n* ဆ့ကၤသဃိး, သဃိး, ဆ့ကၤထး

cuisine *n* တၢ်ဖီအိၣ်တၢ်တမံၤအကျိၤအကျဲ, တၢ်အိၣ်လၢအပှ့ၤဒိၣ်လၢတၢ်အိၣ်ကျး

cul-de-sac *n* ကျဲလၢအပံးတံၢ်သးတခီ, ကျဲကတၢၢ်, တၢ်လဲၤဆူညါတသ့

culinary *a* ဘၣ်ဃးဒီးတၢ်ဖီအိၣ်တ့ၤအိၣ်

cull *v* ယုထၢ

culminate *v* တုၤထိၣ်ဆူအပတီၢ်ထီကတၢၢ်, တုၤဃီၤဆူအထီကတၢၢ်အပတီၢ်, တၢ် အစၢလၢအကတၢၢ်

culmination *n* တၢ်တုၤထိၣ်ဘး, တၢ်ထိၣ် ဘးလၢအထီကတၢၢ်

culpable *a* လၢအကြၢးဒီးဘၣ်တၢ်ကမၣ် လၢအလီၤ, လၢအလီၢ်အိၣ်

culprit *n* ပှၤဘၣ်တၢ်ကမၣ်, ပှၤမၤကမၣ်တၢ်

cult *a* လၢတၢ်သ့ၣ်ညါအီၤအါ, လၢတၢ်ဘၣ်သးအီၤအါလၢပှၤလီၤလီၤဆီဆီတဖုတကရူၢ်အကျါ

cult *n* ၁. တၢ်ဘူၣ်တၢ်ဘါတၢ်ဒ်အလုၢ်အလၢ်ဟဲဝဲအသိး, တၢ်စူၢ်တၢ်နာ်တၢ်ဒ်အလုၢ်လၢ်ထူသနူအိၣ်ဝဲအသိး ၂. တၢ်လၢတၢ်သ့ၣ်ညါအီၤအါ, တၢ်လၢတၢ်ဘၣ်သးအီၤအါလၢပှၤလီၤလီၤဆီဆီတဖုတကရူၢ်အကျါ (a cult film)

cultivate *v* ထူစံၣ်ထူပှဲၤ, ဖဲးခုးဖဲးသံၣ်, သူၣ်တၢ်ဖျးတၢ်, မၤဒိၣ်ထီၣ်အါထီၣ်တၢ်

cultivated *a* ၁. လၢအိၣ်ဒီးတၢ်ကူၣ်ဘၣ်ကူၣ်သ့အတီၤထီဒီးဟ်ဖျါထီၣ်သကဲာ်ပဝးလၢအဂ့ၤ ၂. (ဘၣ်ဃးဟီၣ်ခိၣ်) လၢအဘၣ်တၢ်သူအီၤဒ်သိးကသူၣ်တၢ်မုၢ်တၢ်ဘိ, ဘုဓိၤဟုဓိၤ

cultivation *n* ၁. တၢ်ထူစံၣ်ထူပှဲၤ, တၢ်ဖဲးခုးဖဲးသံၣ်, တၢ်သူၣ်တၢ်ဖျးတၢ် ၂. တၢ်မၤဒိၣ်ထီၣ်အါထီၣ်တၢ်

cultivator *n* ပှၤသူၣ်တၢ်ဖျးတၢ်

cultural *a* လၢအဘၣ်ထွဲဒီးကရူၢ်ကရၢတဖုဖုအတၢ်ဆဲးတၢ်လၤ, ဘၣ်ထွဲဆဲးလၤ, ဆဲးလၤဘၣ်ထွဲ, လၢအဘၣ်ထွဲဒီးတၢ်ဆဲးတၢ်လၤ

culture *n* ၁. တၢ်ဆဲးတၢ်လၤ ၂. ပှၤတကရူၢ်တဖုအတၢ်ဆဲးတၢ်လၤ ၃. တၢ်သူၣ်လီၤတၢ်မုၢ်တၢ်ဘိ, တၢ်ဘုၣ်အီၣ်ဆၣ်ဖိကီၢ်ဖိ, သူၣ်ဖျးဘုၣ်ဖီၣ်တၢ်ဖံးတၢ်မၤ ၄. တၢ်ရဲၣ်သဲကတီၤဟ်ဘဲးထံရံယါ, ထံးရှူအစဲ(လ)တဖၣ်

culture *v* ဘုၣ်တၢ်ဃၢ် (တၢ်ဆါဃၢ်, စဲ(လ)) လၢစဲအ့ၣ်တၢ်မၤကွၢ် မ့တမ့ၢ် ကသံၣ်ကသီတၢ်မၤကွၢ်အဂီၢ်

culture shock *n* တၢ်တူၢ်ဘၣ်လၢတၢ်တညီနှၢ်ဒီးတၢ်ဆဲးတၢ်လၤအသိတမံၤ

cultured *a* ၁. လၢအကူၣ်ဘၣ်ကူၣ်သ့, လၢအကူၣ်ဘၣ်ဖးသ့ ၂. (စဲ(လ) မ့တမ့ၢ် တၢ်ဆါဃၢ်) လၢအဘၣ်တၢ်ဘုၣ်အီၤလၢစဲအ့ၣ်တၢ်မၤကွၢ် မ့တမ့ၢ် ကသံၣ်ကသီအတၢ်မၤကွၢ်အဂီၢ် ၃. (ချိၣ်လ့ၤ, တၢ်မျၢ်ပလဲ) လၢတၢ်မၤအိၣ်ထီၣ်အီၤလၢတမ့ၢ်န့ဆၢၣ်အကျဲ

cumber *v* မၤနိးမၤတံာ်တာ်, တြီတံာ်တာ်တၢ်

cumbersome *a* ၁. လၢအဃၢအစှာ် ၂. လၢအမၤနိးမၤတံာ်တာ်တၢ်, လၢအကဘျၢဒီးကီ

cumbrous *a* လၢအမၤနိးမၤတံာ်တာ်တၢ်, လၢအဃၢဒီးမၤတံာ်တာ်တၢ်, လၢအဒိၣ်တလၢအဃိဖျါကုၤရုၤကၤရၤ

cumulative *a* လၢအဟ်ဖိုၣ်အါထီၣ်အသးကွ့ၢ်ကွ့ၢ်

cunning *a* လၢအမၤဘူမၤဆှါအသး, လၢအဆှါ, လၢအသးကဲ့ၣ်, လၢအလဲၣ်

cunning *n* ၁. တၢ်လံၣ်တၢ်လီ ၂. တၢ်သ့ကူၣ်ထီၣ်နှၢ်တၢ်

cup *n* ၁. ခွး ၂. တခွးပှဲၤပှဲၤ ၃. တၢ်အက့ၢ်အဂီၤလၢအလီၤက်ဒီးခွး ၄. ပိာ်မုၣ်ဆ့ကၤဖိအနၢ်အလီၢ် ၅. (ခိၣ်ဖး) အခွး ၆. စပံးခိၣ်ထံကျဲၣ်ကျိအသးဒီးတၤသူတၤသၣ် ၇. ဖျာၣ်ဒိ မ့တမ့ၢ် ဖျာၣ်တီၢ်အပူၤ

cup *v* မၤဖှိၣ်ထီၣ်စုခံခီလၢကဖီၣ်တၢ်တမံၤမံၤအဂီၢ်, ဖှိၣ်ထီၣ်စုလၢကတ်ဖှိၣ် မ့တမ့ၢ် ကတၢၤတၢ်တမံၤမံၤအဂီၢ်

cupboard *n* စီၤဆီထူၣ်, ဘံၣ်ဒီၢ်

cupcake *n* ကိၣ်ခုးတကလုာ်, ကိၣ်ခး(ပ)ခုး

cupful *n* တၢ်ပှဲၤထံခွး, ထံခွးတဖျာၣ်အပှဲၤ

cupidity *n* တၢ်သးကွံအါ, တၢ်သူၣ်လီသးကွံ

cupola *n* တၢ်ဒုးခိၣ်လူၤတကု, တၢ်ဒုးခိၣ်ကပျုၤတၢၤ

cur *n* ၁. ထွံၣ်လၢအသးအၢ ၂. ပှၤလၢအလီၤသးဟ့, ပှၤလၢအလီၤသးဘၣ်အၢ

curable *a* လၢတၢ်ကူစါယါဘျါအီၤသ့

curate *n* ဖုံထံသရၣ်စၢၤ

curative *a* လၢတၢ်ယါဘျါအီၤသ့

curator *n* ပှၤပၢဆှၢတၢ်ကွၢ်ကီအလီၢ်

curb *n* ၁. တၢ်လၢအထုးဃာ်ပှၤ, တၢ်လၢအတြီဃာ်တၢ်, တၢ်ဟ်ပနီၣ်တၢ် ၂. တၢ်ကစီၤထီၣ်ဖိလၢအအိၣ်လၢကျဲမုၢ်ခိၣ်ဒီးခိၣ်ကျဲအဘၢၣ်စၢၤ

curb *v* ပၢၤဃာ်, တြီဃာ်, ထုးဃာ် အဒိ, အဝဲကဘၣ်ပၢၤဃာ်အတၢ်သးထီၣ်

curd *n* တၢ်နှၢ်ထံဆံၣ်လီၤသကၤ

curdle *v* ဆံၣ်လီၤသကၤထီၣ်, မၤဆံၣ်လီၤသကၤတၢ်နှၢ်ထံ

cure *n* ၁. တၢ်ယါဘျါ (တၢ်ဆါ) ၂. တၢ်ကူစါယါဘျါအကျိၤအကျဲအတၢ်ဖံးတၢ်မၤ ၃. တၢ်စံၢ်ဆၢကတီၤဟ်တၢ်ညၣ်, တၢ်လိဃ့ထီတၢ်ညၣ် ၄. တၢ်မၤကျၤထီၣ်ရၢးဘၢၣ် ၅. ခရံာ်ဖိတၢ်

C

အိၣ်ဖှိၣ်တဖုအဟီၣ်ကဝီၤ ၆. ကသံၣ်ကသီ, ကသံၣ်ဖီၣ်ကသီဖီၣ်

cure *v* ၁. ယါဘျါ (တၢ်ဆါ) ၂. (ညၣ်, တၢ်ညၣ်) ကတီၤပာ်အီၤ, စံၢ်ဆၢပာ်အီၤ, ကတဲာ်ကတီၤစံၢ်ဃါပာ်စၢၤ ၃. လိဃ့ထိကတီၤပာ် (သ့ၣ်, ဝၣ် မ့တမ့ၢ် ဆၣ်ဖိကိၢ်ဖိအဖံးဘ့ၣ်) ၄. မၤကျၢၤထိၣ်ရၢးဘၢၣ် မ့တမ့ၢ် ဖျးစတံး

cure-all *n* ကသံၣ်လၢအမၤဘျါတၢ်ဆါကိးမံၤဒဲး

curfew *n* တၢ်ကလုၢ်တြီတၢ်ဟး

curiosity *n* တၢ်သးဃံၣ်ဃူ, တၢ်သးအဲၣ်ဒိးသ့ၣ်ညါတၢ်

curious *a* ၁. လၢအသးဃံၣ်ဃူ ၂. လၢအလီၤဆီ, လၢအမၤအသးလီၤဆီ

curl *n* တကံ

curl *v* မၤတကံ, မၤပဝံာ်, ကွီၤအသး, မၤကု့ၣ်ကွီၤ

curler *n* ၁. ပီးလီမၤတကံခိၣ်သူ ၂. ပှၤဂဲၤစကီးတလဲၣ်အတၢ်လိာ်ကွဲအတၢ်တလ့ၣ်လၢၢ်လၢထံခုၣ်ပျိအဖီခိၣ်

curly *a* လၢအတကံဒံ

currant *n* ၁. စပံးသၣ်ဃ့ ၂. သ့ၣ်သၣ် မ့တမ့ၢ် ဘဲၣ်ရံၣ်သၣ်

currency *n* စ့, စ့အမံၤ, စ့အကလုာ်

current *a* လၢအမၤအသးခဲ့ခါခဲအံၤ, လၢအဘၣ်ဃးဒီးခဲ့ခါခဲအံၤ

current *n* ၁. ထံယွၤကျိၤ ၂. ကလံၤယွၤကျိၤ ၃. လီယွၤကျိၤ

currently *adv* ခဲအံၤ, ကတီၢ်အံၤ

curricular *a* လၢအဘၣ်ထွဲဘၣ်ဃးဒီးကိုတဖျၢၣ်အလံာ်ညိၣ်သိၣ်ဒိၣ်မိၢ်ပှၢ်, တၢ်မၤလိမိၢ်ပှၢ်

curriculum *n* တၢ်မၤလိမိၢ်ပှၢ်, လံာ်ညိၣ်သိၣ်ဒိၣ်

curriculum vitae *n* ပှၤနီၢ်ကစၢ်အဂ့ၢ် (လၢအပၣ်ဃုာ်ဒီးနီၢ်ကစၢ်တၢ်ဂ့ၢ်, တၢ်ကူၣ်ဘၣ်ကူၣ်သ့, တၢ်ဖံးတၢ်မၤအဂ့ၢ်) (CV)

curried *a* လၢအဘၣ်တၢ်ဖီအီၤဒီးကသူဟိၣ်ဘိၣ်အတၢ်နၢမူနၢဆိုတဖၣ်

curry *n* ကသူ, ကသူဟိၣ်ဘိၣ်

curry *v* ၁. ဖီကသူ ၂. ခွံကသ့ၣ်ဆူၣ်

curry favour *n* တၢ်မၤအိၣ်မဲာ်သၣ်

curry powder *n* မဆၣ်လၣ်ကမူၣ်, တၢ်နၢမူကမူၣ်လၢပှၤထၢနှာ်လၢကသူပူၤ

curse *n* တၢ်ဆိၣ်အၢဆိၣ်သီ

curse *v* ဆိၣ်အၢတၢ်, ဆိၣ်ဃီၣ်တၢ်, ဆိၣ်အၢဆိၣ်သီတၢ်

cursed *a* လၢအဆိၣ်အၢတၢ်, လၢအဆိၣ်ဃီၣ်တၢ်, လၢအဆိၣ်အၢဆိၣ်သီတၢ်

cursor *n* (ခီၣ်ဖျူထၢၣ်) ပျၢ်ခိၣ်

cursory *a* လၢအမၤတပျံာ်တပျာ်တၢ်, လၢအမၤတၢ်တလီၤတံၢ်လီၤဆဲး

curt *a* လၢအဖျါရၢၢ်စၢၢ်, လၢအစံးဆၢတၢ်ဖုၣ်အဃိဖျါရၢၢ်စၢၢ်

curtail *v* မၤစုၤလီၤ, မၤဖုၣ်လီၤ, ပတုာ်ကွံာ်

curtain *n* ယၣ်ဘျးသဒၢ

curtain *v* ဘျးသဒၢ

curtsy, curtsey *n* ပိာ်မုၣ်ထိၣ်ကု့ၣ်လီၤသးဒီးယူးယီၣ်ပာ်ကဲတၢ်အပနီၣ်

curve *n* တၢ်ကု့ၣ်ကျီၤ, တၢ်ကု့ၣ်ပဝံာ်

curve *v* ကု့ၣ်သကူး, ကု့ၣ်ကျီၤ

curved *a* လၢအကု့ၣ်အကူ, လၢအကု့ၣ်ကျီၤအသး

curvy *a* ၁. လၢအိၣ်ဒီးအကု့ၣ်အကူ, လၢအကု့ၣ်အကူအိၣ်အါ ၂. လၢအတီၤအဘိဘၣ်, လၢအဘိဂ့ၤ

cushion *n* တၢ်ကပုာ်, ခံကပုာ်

cushion *v* ၁. မၤကပုာ်လီၤ, မၤစၢ်လီၤ ၂. ဟ်လီၤလၢတၢ်ကပုာ်အဖီခိၣ် ၃. မၤဘၢဒီးတၢ်ကပုာ်, ဒီသဒၢဒီးတၢ်ကပုာ်

cushy *a* ၁. လၢအညီအဘှါ, လၢအတလီၤဘုံးလီၤတီၤ ၂. လၢအကပုာ်, လၢအမုာ်

custard apple *n* သ့ၣ်ယီၤဟိၣ်သၣ် (အီစၣ်သၣ်)

custodial *a* ၁. လၢအဘၣ်တၢ်ပၢၤဃာ်အီၤ ၂. လၢအဘၣ်တၢ်ဒုးဃာ်အီၤလၢဃိာ်ပူၤ

custodian *n* ပှၤတဂၤလၢအဟံးမူဒါလၢကအံးကွၢ်ထွဲဒီသဒၢတၢ်တမံၤ, ပှၤပၢၤတၢ်, ပှၤကွၢ်ထွဲဒီသဒၢတၢ်

custody *n* တၢ်ဒုးဃာ်, တၢ်ပၢၤဃာ်တၢ်, တၢ်ကွၢ်ထွဲတၢ်

custom *a* အလုၢ်အလၢ်

custom *n* အလုၢ်အလၢ်

customary *a* လၢအမၤညီနုၢ်ဝဲဒ်အလုၢ်အလၢ်အသိး

customer *n* ပှၤပှ့ၤတၢ်ဖိ

customize, **customise** *v* မၤဆီတလဲမၤထီထီဉ်တၢ်ဒ်သိးကြၢးဝဲဘဉ်ဝဲဒ်အကစၢ်ဒဉ်ဝဲအတၢ်လိဉ်, ဆီတလဲမၤဂ့ၤထီဉ်

customs *n* တၢ်လီၢ်လၢတၢ်သမံသမိးတၢ်ဘိဉ်တၢ်စုၢၤဒီးတၢ်ခိတၢ်သွဲ

customs tax *n* တၢ်သွဲ, တၢ်ခိတၢ်သွဲ

cut *v* ၁. ဒိဉ်တူာ်, ကူးတဲာ်, ကျီတဲာ်, သွဲဉ်, ဖဲး, ပဲာ်တၢ်, တံာ်တဲာ်, ဆိုတဲာ် ၂. ထုးကွံာ်, ဟံးကဒါက့ၤ, မၤစုၤလီၤ ၃. ဘဉ်ကူးဘဉ်ကါ ၄. ကူးကါ, ကူးကွဲး ၅. ခိက် ၆. နီၤဖးလီၤ ၇. မၤတဲာ် (တၢ်ရှလိာ်မှာ်လိာ်), ထုးဖးကွံာ်အသး

cut down *vp:* ၁. မၤစုၤလီၤက့ၤ ၂. ကျီလီၤ ၃. မၤဖုဉ်လီၤ

cutback *n* မၤစုၤလီၤ, ထုးစုၤလီၤ

cute *a* ၁. လၢအလီၤအဲဉ်လီၤကွံ, လီၤကပုာ်လုး ၂. လၢအသးဆး, လၢအခိဉ်နူာ်ဂ့ၤ

cuticle *n* ဖံး, ဖံးဘ့ဉ်ကိၤ

cutlass *n* နးက့ဉ်ခိဉ်, နးလၢပှၤကဘီဖိဒီးပိဉ်လဲဉ်တမျာ်တဖဉ်စူးကါ

cutler *n* ပှၤဘိုဆါနီဉ်တၢၤ, နီဉ်ဆဲးဒီးဒီလၢကကူးအီဉ်ကွၢ်တၢ်အဂီၢ်

cutlery *n* နီဉ်တၢၤနီဉ်ဆဲးဒီတဖဉ်, တၢ်အပိးအလီလၢပှၤသူအီၤဖဲပှၤအီဉ်တၢ်အခါ

cut-off *n* ၁. တၢ်ဟ်ပတုာ်တၢ်အဆၢ ၂. တံာ်တဲာ်ကွံာ်ဖျိဉ်ခံအခိဉ် ၃. ကျဲဘျိ

cut-out *n* ၁. တၢ်အက့ၢ်အဂီၤလၢတၢ်တံာ်အီၤ ၂. တၢ်တံာ်လီၤကအိတၢ်အပူၤလၢတၢ်ကယၢကယဲအဂီၢ် ၃. မ့ဉ်ပၨ့လၢအအိဉ်ပတုာ်ဒဉ်အတၢ်, မ့ဉ်ပၨ့လၢအမၤထိဉ်တဲာ်လီမ့ဉ်အူ

cut-price *a* လၢအဆါစုၤလီၤတၢ်အပှ့ၤ

cutter *n* ၁. ပှၤလၢအကူးတဲာ်, ဒိဉ်တဲာ်တၢ် ၂. တၢ်ပီးတၢ်လီလၢအကူးတဲာ်, ဒိဉ်တဲာ်တၢ် ၃. ချံ, ကဘီယၢ်လၢအဖှံဒီးလဲၤတၢ်ချ့

cut-throat *a* ၁. လၢအအၢသံတူာ်ကိာ် ၂. လၢအတၢ်သးကညီၤတအိဉ် ၃. လၢအဂဲၤဖဲခး က့သၢဂၤလၢကဘဉ်ဂဲၤဝဲလွံၢ်ဂၤအလီၢ်

cutting *a* ၁. လၢတအိဉ်ဒီးတၢ်သးကညီၤ, လၢအတၢ်ဒိသူဉ်ဒိသးတအိဉ် ၂. လၢအမၤဆါပှၤသး, လၢအလီၤသးဆါ ၃. လၢအခုဉ်တကံ, လၢအဂိၢ်တကံ ၄. လၢတၢ်ကူးတဲာ် မ့တမ့ၢ် ဒိဉ်တဲာ်အီၤသ့

cutting *n* ၁. တၢ်လၢပှၤတံာ်အီၤ ၂. (မဲးကစံ) တၢ်အက့အခီလၢပှၤတံာ်နှၤ်အီၤ ၃. ကျဲလၢကစၢ်ကဆူး, ထံဘီကျိၤ, ထံကျိၤ, ဟီဉ်လာ်ကျဲ

cutting board *n* ခု

cutting edge *n* တၢ်အိဉ်ထိဉ်လၢခံကတၢၢ်, တၢ်အရှဒိဉ်လၢခံကတၢၢ်, တၢ်ဂုၤထိဉ်ပသီထိဉ်လၢခံကတၢၢ်

CV *abbre* ပှၤနီၢ်ကစၢ်အဂ့ၢ် (လၢအပဉ်ယှာ်ဒီးနီၢ်ကစၢ်တၢ်ဂ့ၢ်, တၢ်ကူဉ်ဘဉ်ကူဉ်သ့, တၢ်ဖံးတၢ်မၤအဂ့ၢ်) (Curriculum Vitae)

cyan *n* တၢ်အလွဲၢ်လါအဲး

cyberspace *n* ခီဉ်ဖွူထၢဉ်တၢ်ဆဲးကျိးဆဲးကျၢအပှာ်ယဲၤအလီၢ်

cyberterrorism *n* တၢ်မၤဟးဂီၤခီဉ်ဖွူထၢဉ်အတၢ်ဆဲးကျိးဆဲးကျၢ, တၢ်စူးကါတၢ်စုဆူဉ်ခီဉ်တကးလၢခီဉ်ဖွူထၢဉ်အကျိၤအကျဲ

cycle *n* ၁. တၢ်မၤအသးတုၤလၢအကတၢၢ်တဝီ ၂. တၢ်မၤအသးတဝီဝံၤတဝီ ၃. တၢ်အကွီၤ, ကွီၤ ၄. လှ့ဉ်ယီၢ်

cycle *v* ၁. ယီၢ်လှ့ဉ်ယီၢ် ၂. လဲၤတရံးသးတဝီတဝီ

cycling *n* တၢ်ဒိးလှ့ဉ်ယီၢ်, တၢ်ယီၢ်လှ့ဉ်ယီၢ်

cyclist *n* ပှၤဒိးလှ့ဉ်ယီၢ်, ပှၤယီၢ်လှ့ဉ်ယီၢ်

cyclone *n* ၁. ကလံၤမုၢ်သဝံး ၂. တၢ်ကိၢ်လီၢ်ကဝီၤကလံၤမုၢ်

cylinder *n* ၁. ဖျၢဉ်ပီၤ ၂. တၢ်လၢအလီၤက်ဒ်ဖျၢဉ်ပီၤ ၃. ကျိအပီၤ ၄. နီဉ်တလှ့ဉ်လံာ်ဘိ (လၢစဲးစဲကျံးလံာ်အပူၤ)

cylindrical *a* ၁. လၢအက့ၢ်အဂီၤလီၤက်ဒ်ဖျၢဉ်ပီၤအသိး, လၢအလီၤက်ဒီးဖျၢဉ်ပီၤ

cymbal *n* စှၢဉ်စုံး

cynic *n* ပှၤလၢအနာ်ဒီးအထံဉ်တၢ်လၢအအၢတကပၤ, ပှၤလၢတနာ်လၢပှၤကမၤဂ့ၤတၢ်သ့

cynical *a* ၁. လၢအနာ်ဝဲလၢပှၤမၤတၢ်ကီးမံၤလၢအတၢ်အဲဉ်ဒိးဒဉ်ဝဲအဖီခိဉ်, လၢအနာ်ဝဲလၢပှၤမၤတၢ်ကီးမံၤထဲလၢနီၢ်ကစၢ်ဒဉ်ဝဲအဂီၢ် ၂. လၢအတ်လီၤထဲအထၢပူၤ, လၢအကွၢ်လီၤတၢ်ထဲအထၢပူၤ

cynosure *n* ပှၤ မ့တမ့ၢ် တၢ်တမံၤလၢအလီၤသးစဲ

cystitis *n* ဆံၣ်ဒၢတၢ်ဘၣ်ကိၣ် (အါတက့ၢ်ဘၣ်ပိၣ်မုၣ်)

cystoscope *n* တၢ်ပီးတၢ်လီလၢပှၤမၤကွၢ်ဆံၣ်ကျိၤ

czar *n* ၁. စံစ်ၢ်, ရၢရှါအစီၤပၤ ၂. ပှၤပၢတၢ်

D

D *abbre* ၁. ရိမ့ၤအနိၣ်ဂံၢ် ၅၀၀ ၂. "သံ" (Died) ၃. အဲကလံးအစ့ဖဲနံၣ် ၄. (Day) မုၢ်နံၤ, တသီ, မုၢ်ဆါ (Day), နံၤသီ (Date) ၅. (Degree) ဒံၢ်ကရံၣ် ၆. (Democrat) ဒံၣ်မိၣ်ခြး, ပှၤဆီၣ်ထွဲဒံၣ်မိၣ်ခြ့ၣ်စံၣ်
၇. (Diameter) ကွီၤတူာ်ပနီ
၈. (Departure) တၢ်ဟးထီၣ်

D *n* ၁. အဲကလံးအလံာ်မဲာ်ဖျၢၣ်လွံၢ်ဖျၢၣ်တဖျၢၣ် ၂. 'C Major' အနိးခံဖျၢၣ်တဖျၢၣ်, နိးခံဖျၢၣ်တဖျၢၣ်လၢ 'C Major' အပူၤ ၃. တၢ်အက့ၢ်အဂီၤလၢအလီၤက်ဒ် 'D' အသိး ၄. တၢ်ဟ်ပနီၣ်ကို ဖိအတၢ်မၤလိမးပတီၢ်အဖုၣ်ကတၢၢ်, 'D'

D *symbol* ဒံၢ်ထိရံယၢၣ်အပနီၣ် (Deuterim)

dab *n* တၢ်တလီၤစီၤ, တၢ် (လၢအပှဲာ် မ့တမ့ၢ်အစၢ်) တလိၣ်

dab *v* ပှာ်ကဖီကဖီ, ထိးတၢ်လၢတၢ်ကပှာ်လုး, ဖှူတပျာ်တၢ်တဘိတဘိ

dabble *v* ၁. လိာ်ကွဲတပျုာ်တပျာ်စုခိၣ်လၢထံကျါ ၂. မၤတၢ်တပျံာ်တပျာ်

dacoit *v* တမျာ်တၢ်, တမိုာ်တမျာ်တၢ်

dacoity *n* တၢ်တမျာ်တၢ်, တၢ်တမိုာ်တမျာ်တၢ်

dad *n* ပါ, ပၢ်

daddy *n* ပါပါ

daddy-long-legs *n* ၁. ပစီၤလၢအခီၣ်ဖးထီတကလှာ် ၂. ဒိးတကးလံၢ်ဆူၣ် (မ့ၢ်ဝဲတၢ်ဖိယၢ်လၢအမိၢ်ပှၢ်ဖျၢၣ်သလၢၣ်ဒီးအခီၣ်အိၣ်ဖးထီတကလှာ်)

daffodil *n* ၁. ဖီဒ့ၣ်ညါဘီတကလှာ် ၂. အလွှဲၢ်ဘီဆှၣ်တကလှာ်

daffy *a* လၢအအီရိာ်အီပီ, လၢအတပံတဆး

daft *a* လၢအသးတဆး, လၢအတပံ

dag *abbre* ဒဲးကၢ်ကြၣ်(မ) (dekagram or decagram)

dag *n* ၁. တၢ်အဆူၣ်ကိၢ်လိၣ်ကိၣ်ထီ, သိဆူၣ်လၢအသံးကတြျာ်ဘံဘုလိာ်သး ၂. ပှၤမၤသူၣ်ဖံသးညီကလိာ်ကလာ်တၢ် ၃. ပှၤဘၣ်အၢဘၣ်သီ

dagger *n* ဒီ, ဒီကိး, ဒီဖုၣ်ဖိလၢအခိၣ်စူတကလှာ်

daily *a* လၢအကဲထိၣ်အသးကိးမုၢ်နံၤဒဲး

daily *adv* ကိးမုၢ်နံၤ, တနံၤဘၣ်တနံၤ

daily *n* ၁. ကိးနံၤဒဲး ၂. တနံၤဘၣ်တနံၤ

daintiness *n* ၁. ဆဲးလၢယံလၤ, ၂. လၢအဘၣ်တၢ်မၤအီၤလီၤတံၢ်လီၤဆဲး

dainty *a* ယံလၤပယူာ်ဒုး, ဘျ့ဘျ့ဆိုဆို, လၢအဝံၣ်သိဝံၣ်ဘဲး

daiquiri *n* ခီးထ့(လ)သံးလၢအပၣ်ယှာ်ကထံသံးအထံဒီးပနီကျဲထံ

dairy *a* ၁. လၢအပၣ်ယှာ်ဒီးတၢ်နၢ်ထံ ၂. လၢအဘၣ်ယးဒီးတၢ်အိၣ်တၢ်အီလၢအိၣ်ယှာ်ဒီးတၢ်နၢ်ထံ

dairy *n* ၁. တၢ်လိၢ်ဖဲပှၤထုးထိၣ်တၢ်နၢ်ထံ ၂. တၢ်နၢ်ထံဒီးတၢ်အိၣ်လၢတၢ်ထုးထိၣ်အီၤလၢတၢ်နၢ်ထံတဖၣ်

daisy *n* ဖီဒ့ၤစံၣ်

dale *n* တၢ်ဒ့တၢ်ကြိၤ

dally *v* မၤလၢာ်အဆၢကတိၢ်ကလီကလီ

Dalmatian *n* ထွံၣ်ဝါဝါဖးဒိၣ်လၢအအိၣ်ဒီးအဖိးသူဖိတဖၣ်

dam *n* ၁. တမၢၣ် ၂. ဆၣ်ဖိကိၢ်ဖိအမိၢ်လၢအဒုးအိၣ်အဖိနၢ်

dam *v* တ့ထီၣ်ထံတမၢၣ်

damage *n* တၢ်ဟးဂီၤ, တၢ်ဟးဂူာ်ဟးဂီၤ

damage *v* မၤဟးဂီၤ

damaging *a* လၢအမၤဟးဂူာ်ဟးဂီၤတၢ်, လၢအဒုးကဲထိၣ်တၢ်ဟးဂီၤ

damn *a* ၁. လၢတၢ်စူးကါအီၤလၢတၢ်ဟ်ဖျါထိၣ်ပှၤအတၢ်သူၣ်ဒိၣ်သးဖျိး ၂. လၢအဟ်ဖျါထိၣ်တၢ်သူၣ်အ့နူသးအ့နူ, လၢအဆိၣ်တၢ်ထုတၢ်

damn *exclam* "ပှၤခံပူၤဓါ", တၢ်ဆိၣ်တၢ်, တၢ်ဆိၣ်တၢ်ထုတၢ်, တၢ်ဟ်ဖျါထိၣ်တၢ်တဘၣ်သူၣ်ဘၣ်သး

damn *v* ၁. စံၣ်ညီၣ်လီၤဆူလရာ်ပူၤ, ဆိၣ်အၢ ၂. ဟ့ၣ်တၢ်စံၣ်ညီၣ်, ဟ့ၣ်တၢ်ကလှၢ် ၃. ဆိၣ်တၢ်, ဆိၣ်တၢ်ဖဲအသးထိၣ်အခါ

damnable *a* လၢအအၢအသီဒီးမၤတံာ်တာ်တၢ်, လၢအကြၢးဒီးတၢ်ဟးဂီၤ

damp *a* စုၣ်စီၣ်, တုာ်စီၣ်

damp *v* ၁. မၤဘၣ်စီၣ်တၢ်, မၤစုၣ်စီၣ်တၢ် ၂. မၤစၢ်လီၤအဂံၢ်အဘါ

dampen *v* ၁. မၤဘၣ်စီၣ်, မၤတုာ်စီၣ် ၂. မၤစၢ်လီၤအဂံၢ်အဘါ

damper *n* ၁. ပှၤလၢအမၤဟးဂီၤပှၤအသး ၂. တနၢ်ပိၢ်စုအနီၣ်ဒိဘ့ၣ်တနၢ်ပိၢ်စုအကလုၢ်, ပီးလီလၢအဒိဘ့ၣ်ဃာ်တနၢ်ပိၢ်စုအကလုၢ်ဒ်သိးအကလုၢ်သုတသီၣ် ၃. ပီးလီလၢအမၤစှၤလီၤတၢ်အဂံၢ်အဘါ မ့တမ့ၢ် တၢ်အသဟီၣ်

dampness *n* တၢ်စုၣ်စီၣ်, တၢ်စီၣ်ကပၢၤ

damsel *n* မုၣ်ကနီၤလိၣ်ဘိ

dance *n* ၁. တၢ်ဂဲၤကလံၣ် ၂. တၢ်ဒ့တၢ်အူလၢတၢ်ဂဲၤကလံၣ်အဂီၢ် ၃. တၢ်ဂဲၤကလံၣ်အမူးသးဖှံ

dance *v* ဂဲၤကလံၣ်

dancer *n* ပှၤဂဲၤကလံၣ်ဖိ, ပှၤလၢအလုၢ်အီၣ်အသးသမူလၢတၢ်ဂဲၤကလံၣ်

dancing *n* တၢ်ဂဲၤကလံၣ်

dandelion *n* ဖီဒဲဒ့လယၢၣ်, ဖီကပြူမံၤလၢအဖီဘီတကလုာ်

dandle *v* လိာ်ကွဲဒီးဖိသၣ်ဆံး, ဂဲၤလိာ်ကွဲပီပီကုၣ်ပီပီလၢ်

dandruff *n* ခိၣ်လီၤသဒံ, ခိၣ်ဃာ်, ခိၣ်သဘံ

dandy *a* ဂ့ၤဂ့ၤကလဲာ်, ဂ့ၤဒိၣ်မး

dandy *n* ပိာ်ခွါလၢအတ့ယံတ့လၤအသး

Dane *n* ပှၤဒဲမးဖိ

danger *n* ၁. တၢ်ဘၣ်ယိၣ်အလီၢ်, တၢ်လီၤပျံၤလီၤဖုးအလီၢ် ၂. တၢ်လၢအဒုးအိၣ်ထီၣ်တၢ်နးတၢ်ဖှိၣ်

dangerous *a* လီၤဘၣ်ယိၣ်

dangle *v* လီၤစဲၤ

Danish *a* လၢအဘၣ်ထွဲဒီးကီၢ်ဒဲမး, ဒဲမးအကျိာ် မ့တမ့ၢ် ပှၤဒဲမးဖိ

Danish *n* ပှၤဒဲမးဖိ, ဒဲမးအကျိာ်

dapper *a* ၁. လၢအဖျါကဆဲကဆိုဒီးကူသိးတၢ်ဂ့ၤဂ့ၤဘၣ်ဘၣ် ၂. လၢအဖျါသူၣ်ဖှံသးညီဒီးပှ့ၢ်ပှ့ၢ်ချ့ချ့

dare *n* တၢ်ဘူၣ်တၢ်

dare *v* မၤတၢ်ဘူၣ်, ဘူၣ်

daredevil *n* ပှၤလၢအအဲၣ်မၤတၢ်လၢအလီၤဘၣ်ယိၣ်ဘၣ်ဘီ

daring *a* လၢအမၤတၢ်ဘူၣ်, လၢအဘူၣ်တၢ်

daring *n* တၢ်ဘူၣ်တၢ်, တၢ်သူၣ်နူသးနူ

dark *a* ၁. ခံး, လီၤကဟု, လီၤကနု ၂. (တၢ်အလွဲၢ်) ကနု, သူဃး, လၢအတကပြုၢ်ကပြီၤ ၃. လၢပနၢ်ပၢၢ်အဂ့ၢ်တသ့, လၢအိၣ်ဒီးတၢ်ရူသူၣ်, လၢအဖျါဖျါတဖျါဖျါ ၄. လၢအလီၤပျံၤလီၤဖုး, လၢအအၢအသိ, လၢအသူၣ်ခံးသးခံး ၅. လၢအတၢ်မုၢ်လၢ်လၢာ်, လၢအလီၤသးဟးဂီၤ

dark *n* ၁. တၢ်ခံးသူယုၢ်ကလာ်, တၢ်ကပီၤတအိၣ် ၂. တၢ်အလွဲၢ်သူဃး

in the dark *vp:* ၁. ဟးထီၣ်ကွံာ်ချ့သဒံး ၂. မၤပစုၢ်ပတ့ၤ

Dark Ages *n* တၢ်ဆၢကတီၢ်လၢကီၢ်ယူရပၤဖဲရိမ့ၤဘီမုၢ်လီၤပိၢ်ဝံၤဒီးစီၤခၢၣ်သးအဘၢၣ်စၢၤ, တၢ်ဆၢကတီၢ်လၢ ခ.န ၅၀၀ ဒီး ၁၁၀၀ အဘၢၣ်စၢၤ, စီၤခံး

dark meat *n* ထိၣ်ဖံၤဆီဖံၤအညၣ်ဖဲအခီၣ်တကပၤ, ထိၣ်ဖံၤဆီဖံၤအခီၣ်ညၣ်

darken *v* ခံးလီၤ

darkly *adv* ၁. လၢတၢ်မၤပျံၤမၤဖုး မ့တမ့ၢ် လၢတၢ်တမုာ်တလၤအပူၤ ၂. လၢတၢ်ဟ်ဖျါထီၣ်တၢ်အလွဲၢ်ခံးသူ

darkness *n* ၁. တၢ်ခံးတၢ်နၤ, တၢ်ခံးသူ ၂. တၢ်အလွဲၢ်သူဃး ၃. တၢ်အၢတၢ်သိ

darkroom *n* ဒၢးခံး, တၢ်သ့တၢ်ဂီၤဒၢး

darling *a* လၢအဘၣ်တၢ်အဲၣ်အီၤကွံအီၤ, လၢပအဲၣ်ပကွံအီၤဒိၣ်မး

darling *n* သးဘိ, သးခိၣ်မိၣ်

darn *v* ဆးတုၢ်ခီ, ဆးထ့, ဆးတဝံး

dart *n* ၁. ဘီဖိ, တၢ်လိာ်ကွဲကွံာ်ပျၢ် ၂. တၢ်ချ့သဒံး

dart *v* ဃ့ၢ်သဘျိၣ်, သုးအသးချ့သဒံး

dartboard *n* တၢ်ခးပနီၣ်ဘ့ၣ်ဘၣ်, တၢ်ကွံာ်ပနီၣ်ဘ့ၣ်ဘၣ်

dash *n* ၁. တၢ်ဃ့ၢ်သဖိုဃီၤ, တၢ်ဘျိၣ်ဃီၤ, တၢ်ဃ့ၢ်ချ့သဒံး, တၢ်ဃ့ၢ်သဖှဲး ၂. တၢ်အသံးအကာ်တဆံးတက့ၢ်, တၢ်တစဲးတမဲ့းဖိလၢတၢ်ကျဲၣ်ကျိဃုာ်အီၤဒီးတၢ်အဂၤတမံၤမံၤ ၃. တၢ်ပနီၣ် (–) ပနိကျိၤဖုၣ်အပနီၣ်လၢတၢ်စူးကါအီၤလၢလံာ်ပှဲၤကျိၤအပူၤလၢကနီၤဖးလံာ်ကျိၤအဆၢ ၄. မိး(စ), တၢ်ဆှၢလီပျံၤပနီၣ် ၅. သိလှ့ၣ်ပီးလီဒီးနီၣ်ကၢၤလၢအအိၣ်လၢပှၤနီၣ်သိလှ့ၣ်အမဲာ်ညါ ၆. တၢ်လဲၤတၢ်ချ့ချ့, တၢ်မၤတၢ်ချ့ချ့ ၇. တၢ်ဂံၢ်ဆူၣ်ဘါဆူၣ်, တၢ်သူၣ်ဆူၣ်သးဂဲၤ, တၢ်ထဲးဂံၢ်ထဲးဘါ

dash *v* ၁. သဖိုဃီၤ, ဘျိၣ်ဃီၤ, ဃ့ၢ်ချ့သဒံး, ဃ့ၢ်သဖှဲး ၂. စုးလီၤပြုၢ်ကလာ်

၃. (dash somebody's hope) မၤဟးဂီၤပှၤအတၢ်မုၢ်လၢ်, မၤဟးဂီၤပှၤအသးသဟီၣ်

dash off *vp:* ၁. ဟးထီၣ်ကွံာ်ချ့သ့ဒ်း ၂. မၤပစုၢ်ပတ့ၤ

dashboard *n* သိလ့ၣ်ပီးလီဒီးနီၣ်ကၢၤလၢအအိၣ်လၢပှၤနီၣ်သိလ့ၣ်အမဲာ်ညါ

dashing *a* ဒိၣ်တၢ်ဘၣ်ဒုၣ်ဘၣ်ဒ့, လၢအဟ်အသးပှ်ပှ်ဆှါဆှါ, လၢအပှဲၤဒီးတၢ်နာ်နှၢ်လီၤသး

dastard *n* ၁. ပှၤလၢအမၤအၢခူသူၣ်တၢ်, ပှၤလၢအမၤအၢတၢ်ဘၣ်ဆၣ်သုၣ်တၢ်

dastardly *a* လၢအအၢသံဃိၢ်သံ, လၢအကူၣ်အၢတၢ်ဘၣ်ဆၣ်ပျံၤတၢ်, လၢအတဘူၣ်တၢ်, လၢအသဒံတပှဲၤ

data *n* တၢ်ဂ့ၢ်ထၢဖိုၣ်, တၢ်ဂ့ၢ်

data processing *n* တၢ်ရဲၣ်ကျဲၤဘၣ်, ဟ်ဖိုၣ်ထုးထီၣ်တၢ်ဂ့ၢ်တၢ်ကျိၤလၢခီၣ်ဖျူထၢၣ်

database *n* တၢ်ဂ့ၢ်ထၢဖိုၣ်လၢတၢ်ရဲၣ်ကျဲၤဘၣ်အီၤလၢအအိၣ်လၢခီၣ်ဖျူထၢၣ်အပူၤ, တၢ်ဂ့ၢ်အထံးလၢခီၣ်ဖျူထၢၣ်အပူၤ

date *n* ၁. မုၣ်ကနီၤဖိၣ်သၣ်ခွါအတၢ်သ့ၣ်ဆၢဖးကတီၢ်လၢကထံၣ်လိာ်သး ၂. နံၤသီ ၃. မီၤသိသၣ် ၄. မီၤသိထူၣ်

date *v* ၁. မၤနီၣ်အမုၢ်နံၤမုၢ်သီ, ဟ့ၣ်တၢ်အမုၢ်နံၤမုၢ်သီ ၂. (မုၣ်ကနီၤဖိၣ်သၣ်ခွါ) သ့ၣ်နံၤဖးသီလိာ်သး

daub *n* ၁. ကပံာ်လၢတၢ်မၤဟ်စၢၤအီၤလၢတၢ်ကဖှူတၢ်ကပၤ ၂. ကသံၣ်ခဲၣ်လၢအိၣ်ပြံပြါလၢတၢ်ဖိခိၣ်တစဲး, ကသံၣ်လၢဘၣ်အၢတစဲး ၃. တၢ်ဂီၤလၢတၢ်တခဲၣ်အီၤမူာ်မူာ်နီၢ်နီၢ်

daub *v* လံာ်ဘၢ, ပဲဘၢ, ဖှူဘၣ်အၢဘၣ်သီတၢ်, ဖှူတၢ်တဘျ့တဆို

daughter *n* ဖိမုၣ်

daughter-in-law *n* ဒဲၣ်မုၣ်

daunt *v* မၤပျံၤမၤဖုး

daunting *a* လၢအလီၤပျံၤလီၤဖုး

daunting *v* လဲၤကၢၣ်ခုကၢၣ်ခု, လဲၤတၢ်လၢတၢ်သူၣ်တအိၣ်သးတအိၣ်

dauntless *a* လၢအတပျံၤတၢ်ဘၣ်, လၢအနှ

dawdle *v* လဲၤကၢၣ်ခုကၢၣ်ခု, လဲၤတၢ်လၢတၢ်သူၣ်တအိၣ်သးတအိၣ်

dawn *n* မုၢ်ဆ့ၣ်ဝါထီၣ်

dawn *v* (မုၢ်) ဂီၤထီၣ်, (မုၢ်) ဆ့ၣ်ထီၣ်, (တၢ်နၢ်ပၢၢ်) အိၣ်ထီၣ်

day *n* မုၢ်နံၤ, တသီ, မုၢ်ဆါ

day after day *idm:* တနံၤဘၣ်တနံၤ

day care *n* မုၢ်ဆါခီတၢ်ကွၢ်ထွဲ, တၢ်ကွၢ်ထွဲလၢမုၢ်ဆါခီ

day off *n* မုၢ်နံၤလၢတလိၣ်နလဲၤထီၣ်ကွဲ မ့တမ့ၢ် မၤတၢ်

day out *n* တၢ်ဟးလိာ်ကွဲတသီ, တၢ်ဟးကသုၣ်ကသီတသီ

daybreak *n* မုၢ်ဆ့ၣ်ဝါထီၣ်

daydream *n* တၢ်ဆိကမိၣ်မံတၢ်

daydream *v* လီၤယွၤလၢတၢ်ဆိကမိၣ်မံအပူၤ

daylight *n* ၁. မုၢ်ဆါအတၢ်ကပီၤ ၂. တၢ်ထံၣ်ဖျါတၢ်ဆုံဆုံတၢ်အိၣ်ဖျါထီၣ်ဆုံဆုံတၢ်ထံၣ်သ့ၣ်ညါဂ့ၤထီၣ်တၢ်

daytime *n* မုၢ်ဆါခီ, မုၢ်ဆ့ၣ်မုၢ်ဆါ

day-to-day *n* တနံၤဘၣ်တနံၤ

daze *n* ဘှၣ်မုၢ်ပစီၤ

daze *v* မၤကတုၤသး, မၤမာမၣ်ပှၤအသး, မၤတယူၤပှၤအခိၣ်

dazed *a* လၢအခိၣ်မူၤနၢ်မူၤ, လၢအခိၣ်တယူၤနၢ်တပျၢ်, လၢအခိၣ်တဆုံ, လၢအသဘံၣ်သဘုၣ်

dazzle *v* ဆဲးကပြၢ်

dazzling *a* ၁. ဆှၣ်မဲာ်ဆှၣ်နါ ၂. လၢအဒုးအိၣ်ထီၣ်တၢ်သးဂဲၤ, လၢအဖျါကဟုကညီၢ်

D-Day *n* ၁. လါယူၤ ၆ သီ, ၁၉၄၄ နံၣ်ဖဲဟီၣ်ခိၣ်တၢ်ဒုးခံဘျီတဘျီဒီးသိၣ်မံၤအသုးတဖၣ်နှာ်လီၤဒုးဖြၣ်စ့ၣ်ကလံၤစိး ၂. မုၢ်နံၤအရှ့ဒိၣ်တနံၤ

de facto *a* နီၢ်နီၢ်, လၢအမ့ၢ်တၢ်နီၢ်နီၢ်

deacon *n* (ရိမဲၣ်ခဲသလုး) တၢ်အိၣ်ဖိၣ်သရၣ်ဟ်စု, (ဘျၢထံ) တၢ်အိၣ်ဖိၣ်သးပှၢ်, တၢ်အိၣ်ဖိၣ်သဲၣ်ထိး

deactivate *v* ဆိကတီၢ်တၢ်ဟူးတၢ်ဂဲၤ, ဟ်ပတှာ်တၢ်ဟူးတၢ်ဂဲၤ, မၤဟးဂီၤတၢ်ဟူးတၢ်ဂဲၤ

dead *a* ၁. သံ, သံလံ, လၢအတအိၣ်မူလၢၤ, လၢအလဲၤပူၤကွံာ်အဒဲဟီၣ်ခိၣ် ၂. လၢအတဟူးတဝး, လၢအိၣ်ဂၢါတပၢ၊ ၃. လၢတၢ်စူးကါအီၤတသ့လၢၤ, လၢအတမၤတၢ်လၢၤ ၄. လၢအတလီၤသးစဲ ၅. လၢအလီၤဘုံးလီၤတီၤနးနးကလဲာ် ၆. လၢတၢ်တူၢ်ဘၣ်တအိၣ်လၢၤ ၇. (ကျိၣ်) လၢတၢ်တ

တဲအီၤလၢၤဘၣ်, လီၤမၢ် ၈. (တၢ်လီၢ်တၢ်ကျဲ) န့ၤ လီ

dead *adv* ၁. လၢၢ်လၢၢ်ဆ့ဆ့, လၢလၢပှဲၤပှဲၤ, နီၢ်နီၢ် ၂. သတူၢ်ကလာ်အပူၤ, တကီၢ်ခါ, သတူၢ်ကလာ်

dead end *n* ကျဲကတၢၢ်, တၢ်မုၢ်လၢ်လၢၢ်

dead heat *n* ဖှၣ်ထၢၣ်, တၢ်ဖှၣ်ထၢၣ်လၢတၢ်ဂဲၤလိာ်ကွဲအပူၤ

dead ringer *n* ပှၤလၢအလီၤက်ဒီးပှၤအဂၤတဂၤဒိၣ်မး

deadbeat *n* ၁. ပှၤကၢၣ်ပှၤကျူ ၂. ပှၤလၢအဃ့ၢ်အဒ့ၣ်ကမၢ်, ပှၤလၢအဟးဆှံးအဒ့ၣ်ကမၢ်

deaden *v* ၁. မၤစၢ်လီၤ, မၤစှၤလီၤ ၂. မၤတဃူၤတပျုၤတၢ်

deadline *n* ဆၢကတီၢ်လၢတၢ်ဟ်ပနီၣ်လၢၢ်, တၢ်သ့ၣ်ဆၢဖးကတီၢ်

deadlock *n* တၢ်အိၣ်ဆၢဆူၣ်ဆၢမနၤခံခီလၢၢ်, တၢ်အိၣ်ဖှၣ်ဆၢခံကပၤလၢၢ်

deadly *a* လၢအသံန့ၢ်ပှၤန့ၢ်, လၢအမၤသံတၢ်သ့

deadpan *a* ဟ်အမဲာ်မဲ့ကတီၢ်, တဟ်ဖျါထိၣ်အတၢ်သူၣ်ဟူးသးဂဲၤ

deaf *a* နၢ်တအၢ

turn a deaf ear *idm:* တအဲၣ်ဒိးကနၣ်တၢ်

deaf mute *n* ပှၤလၢအနၢ်တဟူဒီးတဲတၢ်တသ့, ပှၤအူးအးနၢ်တဟူ

deafen *v* မၤတအၢပှၤနၢ်, မၤကံာ်နၢ်ပှၤတုၤတနၢ်ဟူတၢ်သိၣ်လၢအဂုၤအဂၤ

deafening *a* သိၣ်ဒိၣ်ဒိၣ်ကလဲာ်, သိၣ်ကံာ်နၢ်

deafness *n* တၢ်နၢ်တအၢ

deal *n* ၁. တၢ်မၤကၤတၢ်, တၢ်ပှ့ၤတၢ်ဆါတၢ်

deal *v* ၁. မၤကၤတၢ်, ပှ့ၤတၢ်ဆါတၢ် ၂. နီၤဟ့ၣ်တၢ်, (deal with) ကွၢ်ဆၢၣ်မဲာ်

dealer *n* ၁. ပှၤကူၣ်လဲမၤကၤတၢ်ဖိ ၂. ပှၤနီၤလီၤဖဲဘ့ၣ် ၃. ပှၤဆါကသံၣ်မူၤဘိုးလၢတဖိးသဲစး

dealing *n* ၁. တၢ်ကူၣ်လဲၢ်မၤကၤ, တၢ်ဆါတၢ်ပှ့ၤ ၂. တၢ်မၤတၢ်ဆါတၢ်ပှ့ၤကျိၤကျဲဒီးပှၤတဂၤဂၤ ၃. တၢ်ဆါတၢ်ပှ့ၤ (ကသံၣ်မူၤဘိုး)

dealings *n* တၢ်မၤပန်ာ်တၢ်ကၤ, တၢ်ဆါတၢ်ပှ့ၤအတၢ်ရှလိာ်

dean *n* ပိညါခိၣ် (လၢဖွၣ်စိမိၤ)

dear *a* လၢတၢ်အဲၣ်ဒိၣ်အီၤ, သးဘိ

dear *adv* အပှ့ၤဖးဒိၣ် (အဒိ, *will pay dear* – ကဟ့ၣ်အပှ့ၤဖးဒိၣ်)

dear *exclam* "အိအိၣ်", တၢ်ကတိၤအီၤဖဲတၢ်ကမၢကမဉ်, တၢ်သးဟးဂီၤ မ့တမ့ၢ် တၢ်ဖုးသံပျိၢ်ဂီၢ်အခါ

dear *n* ၁. ပှၤလၢအသူၣ်ဂ့ၤသးဝါ ၂. ပှၤလၢဘၣ်တၢ်အဲၣ်အီၤ ၃. တၢ်ကီးပှၤလၢပအဲၣ်အီၤ

dearest *n* တၢ်ကီးပှၤလၢနအဲၣ်အီၤဒိၣ်ကတၢၢ်

dearly *adv* ဒိၣ်မး, တဒိးကွဲဘၣ်, နးမး

dearth *n* တၢ်ဃံးတၢ်ကၤ, တၢ်ဃံးတၢ်စုၤ, တၢ်အိၣ်တၢ်အီစှၤ

death *n* တၢ်သံ, တၢ်သံတၢ်ပှၢ်

death certificate *n* တၢ်သံအလံာ်အှၣ်သး, ပှၤသံအလံာ်အှၣ်သး

death penalty *n* တၢ်စံၣ်ညီၣ်သံ

death rate *n* တၢ်သံတၢ်ပှၢ်အယူာ်

death sentence *n* တၢ်စံၣ်ညီၣ်သံ

death toll *n* တၢ်သံတၢ်ပှၢ်အနီၣ်ဂံၢ်နီၣ်ဒွး, တၢ်ဘၣ်ဒိဘၣ်ထံးအနီၣ်ဂံၢ်နီၣ်ဒွး

death wish *n* တၢ်ဆၢသံလီၤသး, တၢ်အဲၣ်ဒိးသံ

deathbed *n* တၢ်သံအလီၢ်မံ, တၢ်သံအလီၢ်

debase *v* မၤဆံးလီၤစှၤလီၤတၢ်အလၤကပီၤ, မၤစှၤလီၤတၢ်အလုၢ်အပှ့ၤ, မၤဖှၣ်လီၤတၢ်အလီၢ်

debatable *a* လၢတၢ်ဂ့ၢ်လိာ်ဘိုလိာ်အီၤသ့, လၢအတလီၤတံၢ်လီၤမံ

debate *n* တၢ်ကတိၤဂ့ၢ်လိာ်တၢ်

debate *v* ကတိၤဂ့ၢ်လိာ်တၢ်

debauch *v* မၤဟးဂီၤပှၤဂၤအသကဲာ်ပဝး, မၤဟးဂီၤလီၤအသးခိဖျိတၢ်သူကသံၣ်မူၤဘိုး, အိၣ်လုၣ်ကိလုၣ်ကဟ်ဒီးအိၣ်ဒီးမုၣ်ခွါသွံၣ်ထံးတၢ်ရှလိာ်သး

debauched *a* လၢအသကဲာ်ပဝးတဂ့ၤ, လၢအလံာ်လုၣ်ကျူဆှါ, လၢအလူၤတၢ်မုာ်တၢ်ပိၢ်ဒီးမံယှာ်ဒီးပှၤအါဂၤ

debauchery *n* သကဲာ်ပဝးဟးဂီၤလုၣ်ကိလုၣ်ကဟ်, တၢ်လူၤတၢ်မုာ်တၢ်ပိၢ်အါတလၢ (အီသံးဆူၣ်, အီကသံၣ်မူၤဘိုးဆူၣ်, လူၤမုၣ်ခွါသွံၣ်ထံးတၢ်ရှလိာ်ဆူၣ်)

debilitate *v* မၤလီၤဘှံးလီၤတီၤတၢ်, နုးစှၤလီၤတၢ်င်ၢ်တၢ်ဘါ

debility *n* တၢ်လီၤဘှံးလီၤဘှါ, တၢ်င်ၢ်စၢ်ဘါစၢ်

debit *n* ဒ့ၣ်ကမၢ်, ဒ့ၣ်ကမၢ်လၢစရီပူၤ

debit *v* ၁. ထုးထီၣ်စ့ ၂. ထၢနၥ်အီၤဆူစ့လၢတၢ်ကဘၣ်ဟ့ၣ်အီၤအစရီပူၤ

debit card *n* ဒဲးဘ့းခးက့

debonair *a* လၢအပှဲၤဒီးတၢ်သူၣ်ဖှံသးညီ, လၢအသူၣ်ပှ့ၢ်သးဆှါ, လၢအချူးစိၤ, လၢအလူၤပိာ်ထွဲခ့ခါအလှၢ်အလၢ်, လၢအဖျါဆဲးလၤ, လၢအဂ့ၤ, လၢအိၣ်ဒီးတၢ်နၥ်န့ၢ်လီၤသး

debonaire *a* လၢအပှဲၤဒီးတၢ်သူၣ်ဖှံသးညီ, လၢအသူၣ်ပှ့ၢ်သးဆှါ, လၢအချူးစိၤ, လၢအလူၤပိာ်ထွဲခ့ခါအလှၢ်အလၢ်, လၢအဖျါဆဲးလၤ, လၢအဂ့ၤ, လၢအိၣ်ဒီးတၢ်နၥ်န့ၢ်လီၤသး

debouch *v* ပၢါထီၣ်ဖျိးထီၣ်, ဟဲပၢါထီၣ်ဖျိးထီၣ်လၢတၢ်အါမံၤအကျါ

debrief *v* သံကွၢ်သံဒိးတၢ်ဂ့ၢ်တၢ်ကျိၤလီၤတံၢ်လီၤဆဲး, သမံသမိးတၢ်ဂ့ၢ်လီၤတံၢ်လီၤဆဲး

debris *n* ၁. တၢ်ကမှံၤကမိၤ ၂. တၢ်ကူာ်လံာ်ကူာ်လာ်

debt *n* ဒ့ၣ်ကမၢ်, ကၼွဲ

debtor *n* ပှၤကၼွဲတၢ်, ပှၤယ့လိၢ်တၢ်ဖိ

debut *n* တၢ်လၢအအိၣ်ဖျါထီၣ်သီလၢကမျၢၢ်မဲာ်ညါ, တၢ်ဟ်ဖျါထီၣ် မ့တမ့ၢ် အိၣ်ဖျါထီၣ်လၢကမျၢၢ်မဲာ်ညါအဆိကတၢၢ်တဘျီ

debut *v* အိၣ်ဖျါ, ဟ်ဖျါထီၣ်

decade *n* ဆံဖှိၣ်နံၣ်, အနံၣ်တဆံ

decadence *n* ၁. တၢ်လီၤရၢၢ်, တၢ်လီၤရၢၢ်လီၤစၢၢ် ၂. တၢ်ယုတၢ်မှာ်တၢ်ပၢၤ

decadent *a* လၢအဖှံဖှံညီညီဒီးအလီၤရၢၢ်လီၤစၢၢ်

Decalogue *n* တၢ်မၤလိာ်အဘီတဆံ

decamp *v* ၁. ဘှိၣ်လီၤဒဲ, ရၢ်လီၤဒဲ, ယ့ၣ်လီၤဒဲ ၂. ဟးထီၣ်ရှသူၣ်ကွံာ်သတူၢ်ကလာ် ၃. လီၤမ့ၢ်လီၤဖးကွံာ်

decanter *n* စပံးထံ (သံး) အပလီ

decapitate *v* ကျီတဲာ်တၢ်အကိာ်, ဒိၣ်တဲာ်ပှၤအခိၣ်

decay *n* ၁. တၢ်ဟးဂီၤနးထီၣ်, တၢ်ဟးဂီၤကွံာ်ကယီကယီ, တၢ်ဆံးလီၤစှၤလီၤ ၂. တၢ်လီၤမ့ၢ်လီၤပိၢ်, တၢ်လီၢ်လံၤဖိယး, တၢ်ထိၣ်ယး ၃. တၢ်အုၣ်တၢ်ကျၣ်

decay *v* ဟးဂီၤကယီကယီ, ကျၣ်, အုၣ်

decayed *a* လီၢ်လံၤဖိယး

decease *n* တၢ်သံ, တၢ်စူးကွံာ်အသး

deceased *a* သံဖဲတယံာ်ဒံးဘၣ်, သံတ့ၢ်, စူးကွံာ်သး

deceased *n* ပှၤစူးကွံာ်သး, ပှၤသံ

deceit *n* တၢ်လီန့ၢ်, တၢ်ကဘျံးကဘျၣ်

deceitful *a* လၢအလံၣ်တၢ်လီတၢ်, လၢအလီန့ၢ်ဝ့ၤန့ၢ်တၢ်

deceive *v* လီန့ၢ်တၢ်, လွဲန့ၢ်တၢ်

decelerate *v* ကယီလီၤ, မၤကယီလီၤ (တၢ်အသိၣ်)

December *n* လါဒံၣ်စဲဘၢၣ်, လါအကတၢၢ်တလါလၢတနံၣ်အတီၢ်ပူၤ

decency *n* ၁. တၢ်တီလီၤဆဲးလၤ ၂. တၢ်သကဲာ်ပဝးလၢအကြၢးအဃံအလၤ

decent *a* ၁. လၢအကြၢးဝဲဘၣ်ဝဲ ၂. လၢအလီၤပာ်ကဲဒီးဘၣ်သူၣ်ဘၣ်သး

decentralize, decentralize *v* နီၤလီၤလီၢ်ခၢၣ်သးမူဒါတၢ်စိတၢ်ကမီၤ, နီၤလီၤမူဒါတၢ်စိတၢ်ကမီၤဆူဟိၣ်ကဝီၤတဖၣ်

deception *n* တၢ်ကဘျံးကဘျၣ်, တၢ်လီတၢ်ဝ့ၤ, တၢ်လီန့ၢ်ဝ့ၤန့ၢ်, တၢ်လွဲန့ၢ်ပျံာ်ဝ့ၤ

deceptive *a* လၢအဆှၢကမၣ်ပတၢ်ဆိကမိၣ်ညီ, လၢအဒုးဆိကမိၣ်ကမၣ်ပှၤတၢ်

decide *v* စံၣ်ညီၣ်ဟ်လီၤ, ဟ်လီၤအသး

decided *a* လၢအလီၤတံၢ်လီၤဆဲး, လၢသးဒ့ဒီအလီၢ်တအိၣ်

decidedly *adv* တလီၤသးဒ့ဒီ, နီၢ်နီၢ်, သပှၢ်ကတၢၢ်

decider *n* တၢ်စံၣ်ညီၣ်ဒုးဂဲၤလိာ်ကွဲကဒါက့ၤတၢ်လၢကမၤန့ၢ်ပှၤမၤနၢၤတၢ်အဂီၢ်

decimal *a* ဘျဲၣ်ဆံ, လၢအဒီးသန့ၤထီၣ်အသးလၢနီၣ်ဂံၢ်တဆံ

decimal *n* တၢ်ဘျဲၣ်ဆံ

decimal point *n* တၢ်ဘျဲၣ်ဆံဖိးပနီၣ်

decimate *v* မၤသံမၤဝီပှၤအါအါဂီၢ်ဂီၢ်

decipher *v* ထုးထီၣ်ဟ်ဖျါတၢ်အခီပညီလၢအအိၣ်လီၤတဒၢ

D

decision *n* တၢ်စံၣ်ညီၣ်တဲာ်တၢ်, တၢ်ပာ်လီၤသး, တၢ်ဆၢတဲာ်

decisive *a* ၁. လၢအမၤဝံၤမၤကတၢၢ်တၢ်, ၂. လၢအစံၣ်ညီၣ်ဆၢတဲာ်တၢ်သ့, စံၣ်ညီၣ်တဲာ်တၢ်ဖျှဖျှလၢတၢ်သးဒ့ဒီအလီၢ်တအိၣ်

decisiveness *n* ၁. တၢ်လၢအမၤဝံၤမၤကတၢၢ်တၢ်သ့, တၢ်မၤဝံၤမၤကတၢၢ်တၢ်ကီတၢ်ခဲ ၂. တၢ်လၢအစံၣ်ညီၣ်ဆၢတဲာ်တၢ်သ့

deck *n* ၁. ကဘီအကထြၢ ၂. (ဖဲ) တကရှၢ်

deck *v* ၁. ကယၢကယဲထီၣ်တၢ်, ဒုးကူဒုးသိးထီၣ်တၢ် ၂. တိၢ်လီၤဃံၤတၢ်

deckchair *n* လီၢ်ဆ့ၣ်နီၤမံချံး, လီၢ်ဆ့ၣ်နီၤလၢတၢ်မံလီၤဒီးချံးအီၤသ့

deckhand *n* ပှၤကဘီဖိလၢအမၤကဆှိတၢ်ဒီးမၤကစဲးကစီးတၢ်လၢကဘီဖီခိၣ်

declaim *v* ကတိၤလီၤတၢ်လၢအကလုၢ်သီၣ်ဖးဒိၣ်ဒီးနဲၣ်စုနဲၣ်ခီၣ်, စံၣ်ဃၤတဲလီၤတၢ်ဘျံးဘျံးဘျိးဘျိး

declamatory *a* လၢအကတိၤဖျါထီၣ်မ့တမ့ၢ်ကွဲးဖျါထီၣ်အတၢ်တူၢ်ဘၣ်ခီၣ်ဘၣ်ပျီပျီဖျါဖျါ, လၢအကတိၤဖျါထီၣ်တၢ်ပျီပျီ

declaration *n* ၁. တၢ်ဘိးဘၣ်သ့ၣ်ညါ, တၢ်ထုးထီၣ်ရၤလီၤ ၂. တၢ်ဘိးဘၣ်ရၤလီၤ

declare *v* ၁. ဘိးဘၣ်ရၤလီၤ, တဲဖျါထီၣ်တၢ်, ထုးထီၣ်ရၤလီၤ, ဘိးဘၣ်သ့ၣ်ညါတၢ် ၂. ဟ်ဖျါတၢ်လီၤတံၢ်လီၤဆဲး, တဲဖျါထီၣ်ဂၢၢ်ဂၢၢ်ကျၢၤကျၢၤ ၃. ဒုးနဲၣ်ဖျါထီၣ်တၢ်, ဟ်ဖျါထီၣ်တၢ်ဖိတၢ်လံၤလၢအဟဲကွ့ၤစိာ်လၢတၢ်ချၢ ၄. နဲၣ်လီၤဟ့ၣ်မူဒါ

declared *a* လၢတၢ်ဘိးဘၣ်ရၤလီၤအီၤဖျိဖျိဖျါဖျါ, လၢတၢ်ဘိးဘၣ်ရၤလီၤအီၤလၢကမျၢၢ်အမဲာ်ညါ

declassify *v* ထုးကွံာ်တၢ်ခူသူၣ်, တဲဖျါကွ့ၤတၢ်ခူသူၣ်ဆူကမျၢၢ်

decline *n* ဆံးလီၤစှၤလီၤ (လၢတၢ်အလုၢ်အပှ့ၤ, အပှ့ၤကလံၤ, နီၣ်ဂံၢ်နီၣ်ဖှး, ကံၢ်စီ)

decline *v* ၁. ဂ့ၢ်လိာ်သမၢတၢ် ၂. ဆံးလီၤစှၤလီၤ, စၢ်လီၤ ၃. (ကျိာ်ဂံၢ်ထံး) ဟ်ဖျါထီၣ် (နီၢ်, နီၢ်ခၢၣ်စး, နီၢ်ကယၢတဖၣ်) အက့ၢ်အဂီၤ ၄. ဒ့ခံလီၤ

declivity *n* တၢ်လီၤဒ့ခံ, တၢ်လီၤဘံ

decode *v* ဆီတလဲတၢ်ခူသူၣ်, ကွဲးဖျါထီၣ်တၢ်ခူသူၣ်

decommission *v* ၁. ဟ်ကတိၢ် (ကဘီ) လၢတၢ်မၤအပူၤ ၂. တၢ်ဘိၣ်လီၤကွံာ်နယူချံယါတၢ်ပီးတၢ်လီတဖၣ်

decompose *v* မၤအုၣ်သံကျၣ်သံ

decompression *n* ၁. မၤစှၤလီၤကလံၤအတၢ်ဆီၣ်သနံး, တၢ်မၤဘၣ်လိာ်ကွ့ၤ (ပှၤ, တၢ်) လၢကတုၤကွ့ၤဆူတၢ်ပတိၢ်မုၢ်အဆၢကတိၢ် ၂. တၢ်မၤဆံးလီၤခိၣ်ဖှူထၢၣ်အတၢ်ဂ့ၢ်ဟ်ဖိၣ် (အဒိ, မၤဆံးလီၤတၢ်ဂီၤမူတယုၢ်ဒီးဟ်အီၤလၢခိၣ်ဖှူထၢၣ်အပူၤဒ်သိးကတြိၢ်အါ)

decongestant *a* လၢအမၤဘျါတၢ်ဘၣ်သမှၣ် (နါဒ့ဘံး)

decongestant *n* ကသံၣ်မၤဘျါတၢ်နါဒ့ဘံး

deconstruct *v* ၁. ဃ့ၣ်လီၤဒီးပဲာ်ထံနီၤဖးတၢ်ဂ့ၢ်ကီ, တၢ်ကွဲးထုးထီၣ်တၢ်အခီပညီ ၂. ဃ့ၣ်လီၤကွံာ်, ဘိၣ်လီၤကွံာ် (တၢ်ပီးတၢ်လီ)

decontaminate *v* ထုးထီၣ်ကွံာ်တၢ်စုၣ်တၢ်ပျၢ်, မၤသံတၢ်ဃှူးတၢ်ဃၢ်

decor *n* တၢ်ကယၢမၤဃံမၤလၤတၢ်အက့ၢ်အဂီၤ

decorate *v* ကယၢထီၣ်တၢ်, ကယၢကယဲတၢ်

decoration *n* ၁. တၢ်ကယၢထီၣ်တၢ် ၂. တၢ်ကယၢကယဲ, တၢ်ဒဲးကံၣ်ဒဲးဝ့ၤ ၃. တၢ်လၤကပီၤအပနီၣ်

decorative *a* လၢတၢ်ကယၢကယဲအီၤ, လၢတၢ်ဒဲးကံၣ်ဒဲးဝ့ၤထီၣ်အီၤ, လၢတၢ်မၤဃံမၤလၤထီၣ်အီၤ

decorator *n* ပှၤကယၢကယဲတၢ်, ပှၤမၤဃံမၤလၤတၢ်, ပှၤဒဲးကံၣ်ဒဲးဝ့ၤတၢ်

decorum *n* တၢ်သကဲာ်ပဝးလၢအကြၢးအဃံလၤ

decoy *n* တညီၣ်. အဒိ, ဆီတညီၣ် (တၢ်တမံၤလၢတၢ်သူအီၤလၢကလွဲန့ၢ်တၢ်အဂၤတမံၤအဂီၢ်)

decoy *v* ကလံာ်န့ၢ်တၢ်, ကလံာ်ဖိၣ်န့ၢ်တၢ်, တညီၣ်တၢ်

decrease *n* တၢ်ဆံးလီၤစှၤလီၤ, တၢ်စှၤလီၤ, တၢ်စၢ်လီၤ, တၢ်လီၤတသုး

decrease *v* လီၤဆံးလီၤစှၤ, မၤစၢ်လီၤ, မၤစှၤလီၤ

decree *n* တၢ်စံၣ်ညီၣ်ဟ့ၣ်လီၤတၢ်ကလုၢ်

decree *v* ခါလီၤအကလုၢ်, ထုးထီၣ်တၢ်, စံၣ်ညီၣ်တဲာ်လီၤတၢ်

decrepit *a* ၁. ပှၢ်စဃဲး, မဲာ်ပှၢ်စၢ်လီၤ, အသးပှၢ်အဂံၢ်အဘါစၢ်လီၤ ၂. လီၢ်လံၤဖီဃး

decriminalize, decriminalise *v* မၤဖိးသဲစးတၢ်လၢကပူၤဒီးတၢ်ကမၣ်, မၤဖိးသဲစးတၢ်လၢအတဖိးသဲစး

decry *v* ကတိၤလီၤတၢ်အသူးအသ့ၣ်, ကတိၤဟးဂီၤတၢ်အလၤကပီၤ

decrypt *v* ဆီတလဲနီၣ်ဂံၢ်ရူသူၣ်ဆူလံာ်ဖျၢၣ်

dedicate *v* ၁. ဟ့ၣ်လီၤအသး, ဘျၢလီၤအသး ၂. တိာ်ဟ်နီၢ်တၢ် ၃. ဟ်ဖျါထီၣ်တၢ်ဂ့ၢ်လၢလံာ်တဘ့ၣ်အမဲာ်ညါလၢပှၤတဂၤဂၤအဂီၢ်ဒ်အမ့ၢ်တၢ်စံးဘျုးဒီးဟ်ကဲအဝဲသ့ၣ် အဒိ, လံာ်အံၤမ့ၢ်တၢ်ဟ့ၣ်လၤကပီၤဆူယမိၢ်ဒီးယပၢ်

dedicated *a* လၢအဟ့ၣ်လီၤအသး, လၢအဘျၢလီၤအသး

dedication *n* ၁. တၢ်ကျဲးစၢးမၤတၢ်ဆူၣ်ဆူၣ် ၂. တၢ်ဟ်စီဆုံတၢ် ၃. တၢ်ကွဲးစံးဘျုးဒီးဟ်ဖျါထီၣ်လၢလံာ်အမဲာ်ညါ

dedicatory *a* လၢတၢ်ဟ်စီဆုံတၢ်အဂီၢ်

deduce *v* ၃းအိၣ်ထီၣ်တၢ်ဆိကမိၣ်တမံၤမံၤလၢအဒိးသန့ၤအသးလၢတၢ်ကစီၣ်အဖီခိၣ်, စံၣ်ညီၣ်တဲာ်တၢ်, မၤကတၢၢ်ကွံာ်တၢ်

deduct *v* ထုးထီၣ်ကွံာ်တၢ်, မၤစှၤလီၤတၢ်

deductible *a* လၢတၢ်ထုးကွံာ်အီၤသ့, လၢတၢ်မၤစှၤလီၤအီၤသ့

deduction *n* တၢ်၃းအိၣ်ထီၣ်တၢ်ဆိကမိၣ်တမံၤမံၤလၢအဒိးသန့ၤအသးလၢတၢ်ကစီၣ်အဖီခိၣ်, တၢ်စံၣ်ညီၣ်တဲာ်တၢ်, တၢ်မၤကတၢၢ်ကွံာ်တၢ်

deductive *a* လၢအသ့ဆိကမိၣ်တယာ်ကွၢ်တၢ်ထံထံဆးဆးယါခီယါဘး

deed *n* ၁. တၢ်ဖံးတၢ်မၤ ၂. လံာ်မၤတီမၤမီတၢ်

deed *v* ဟ့ၣ်လီၤလံာ်တီလံာ်မီ, ဟ့ၣ်ခီဆှၢလံာ်တီလံာ်မီ

deejay *n* ပှၤအိးထီၣ်တၢ်သးဝံၣ်, ပှၤရဲၣ်ကျဲၤအိးထီၣ်တၢ်သးဝံၣ် (ဖဲတၢ်အိၣ်ကျၢး, ကွဲၤလ့လီၤအတၢ်ရဲၣ်တၢ်ကျဲၤတဖၣ်အပူၤ)

deem *v* ဆိကမိၣ်, ဟ်ကဲ, တယာ်, ထံၣ်ဆိကမိၣ်တၢ်

deep *a* ၁. လၢအယိာ်, ၂. လၢအလဲ့ၢ်ပှၢ် ၃. လၢအကလုၢ်လီၤ ၄. လၢတၢ်နၢ်ပၢၢ်ဘၣ်အီၤကီ, လၢအခီပညီယိာ် ၅. လၢအနးထိၣ်

deep *adv* ယိာ်ယိာ်, ဒိၣ်ဒိၣ်ယိာ်ယိာ်

deep *n* ၁. ပီၣ်လဲၣ်ပီၣ်ထြီၤ, ပီၣ်လဲၣ်တၢ်ဒိၣ်အယိာ် ၂. (ခြးခဲးတၢ်ဂဲၤလိာ်ကွဲ) တၢ်လီၢ်လၢအယံၤဒီးပှၤတီၢ်တၢ်အလီၢ်

deepen *v* မၤယိာ်ထီၣ်, မၤကီမၤကဲထီၣ်

deep-fry *v* ဆဲးသိတၢ်ဒီးသိအါအါ, ထၢနှာ်လီၤသိအါအါဒီးဆဲးသိတၢ်

deeply *adv* ယိာ်ယိာ်, ဒိၣ်ဒိၣ်အါအါ, လၢလၢပှဲၤပှဲၤ

deep-rooted *a* လၢအသူၣ်လီၤအသးဂၢၢ်ဂၢၢ်ကျၢၤကျၢၤ, လၢအဂံၢ်စဲၤလီၤအသးယိာ်ယိာ်

deep-seated *a* လၢအသူၣ်လီၤအသးဂၢၢ်ဂၢၢ်ကျၢၤကျၢၤ

deer *n* တၤဟီ, တၤယု၊်, တၤယီၤ, သမီၣ်, တခံ (တကျၣ်ခိၣ်)

deface *v* မၤဟးဂီၤအက့ၢ်အဂီၤ, မၤဟးဂီၤအမဲာ်သၣ်, မၤဘၣ်အၢဘၣ်သီတၢ်အမဲာ်သၣ်

defame *v* ကတိၤဟးဂီၤပှၤဂၤအမံၤလၤသၣ်ကပီၤ, စံးအၢစံးသီတၢ်, သီၣ်ဝံသဲကလၤ

default *n* ၁. တၢ်တမၤဘၣ်တၢ်မၤဒ်တၢ်လီၤဘၣ်အီၤအသိးဘၣ်, တမၤတၢ်ဒ်အတၢ်အၢၣ်လီၤအသိး ၂. (ခီၣ်ဖွူထၢၣ်အတၢ်ကီး) တၢ်အိၣ်ဟ်စၢၤလၢခီၣ်ဖွူထၢၣ်အပူၤဒ်တၢ်တ့ဟ်စၢၤအသိးလၢတၢ်တဆီတလဲအီၤဒံးဘၣ် ၃. တၢ်တလၢတပှဲၤ, မၤနၢၤတၢ်လၢတၢ်ပြၢ မ့တမ့ၢ် တၢ်လိာ်ကွဲ ခီဖျိပှၤအဂၤတကပၤတနှာ်လီၤပြၢတၢ်အယိ

default *v* တမၤလၢမၤပှဲၤတၢ်, တမၤတၢ်ဒ်တၢ်လီၤဘၣ်အီၤအသိး

defeat *n* တၢ်ဃၣ်ကွံာ်, တၢ်မၤနၢၤမၤဃၣ်ကွံာ်

defeat *v* မၤနၢၤမၤဃၣ်

defeatist *a* လၢအတူၢ်ဃာ်အသးညီ

defeatist *n* ပှၤလၢအတူၢ်ဃၣ်အသးညီ

defecate *v* အ့ၣ်ဆါ

defect *n* တၢ်လီၤတူာ်လီၤကာ်

defect *v* ဟးထီၣ်ကွံာ်, ဟ်တ့ၢ်ကွံာ်

defective *a* အိၣ်ဒီးတၢ်လီၤတူာ်လီၤကာ်, အိၣ်ဒီးတၢ်ကမၣ်

D

defence, **defense** *n* ၁. တၢ်တြီဆၢဒီသဒၢတၢ်, တၢ်ကဟုကယာ်ဂၢၤယာ်က့ၤတၢ် ၂. တၢ်ဒီသဒၢ ၃. (သဲစး) တၢ်ခီၣ်ဆၢနဲၣ်ဖျါလၢအဘၣ်, တၢ်အုၣ်သးနဲၣ်ဖျါလၢအဘၣ် ၄. (တၢ်ဂဲၤလိာ်ကွဲ) တၢ်ဒီသဒၢခ့ၣ်ပံၣ်ယၣ်အခိၣ်ဖး ၅. တၢ်ဒီသဒၢလီၤက့ၤနီၢ်ကစၢ်အသး

defenceless, **defenseless** *a* လၢအဂံၢ်စၢ်ဘါစၢ်, လၢအဒီသဒၢလီၤအသးတသ့, လၢတအိၣ်ဒီးတၢ်ဒီသဒၢ

defend *v* ၁. တြီဆၢ, ကဟုကယာ်, ဂၢၤယာ် ၂. ဒီသဒၢယာ်, ဒီသဒၢပှၤ, ဒီသဒၢတၢ် ၃. (သဲစး, ပီၢ်ရီ) ခီၣ်ဆၢနဲၣ်ဖျါလၢအဘၣ်, အုၣ်သးနဲၣ်ဖျါလၢအဘၣ်

defendant *n* ပှၤတူၢ်ကွီၢ်, ပှၤလၢတၢ်လိာ်ကွီၢ်အီၤ

defender *n* ၁. (လၢဖျၢၣ်ထူတၢ်ဂဲၤလိာ်ကွဲအပူၤ) ပှၤလၢအဒီသဒၢကိ(လ်), ပှၤဂဲၤဖျၢၣ်ထူတြီဆၢတၢ်ဖိ ၂. ပှၤတြီဆၢတၢ်, ပှၤကဟုကယာ်တၢ်

defensible *a* လၢတၢ်ကဟုကယာ်အီၤသ့, လၢပကတီၤပူၤဖျဲးအီၤသ့, လၢအတြီဆၢတၢ်သ့

defensive *a* ၁. လၢအဒီသဒၢလီၤအသး, လၢအခီၣ်ဆၢတၢ် ၂. လၢအဒီသဒၢတၢ်၃. တၢ်တြီဆၢတၢ်

defer *v* သုးယံာ်ထီၣ်တၢ်ဆၢကတီၢ်

deference *n* တၢ်ပိာ်ထွဲပှၤဂၤအတၢ်ဘၣ်သး, တၢ်လူၤပှၤဂၤအသး

defiance *n* တၢ်တၤတၢ်, တၢ်ခီဆၢတၢ်

defiant *a* လၢအဒုးနဲၣ်ဖျါထီၣ်တၢ်တဘၣ်အသးပျီပျီဖျါဖျါ, လၢအထီဒါတၢ်, လၢအတၤတၢ်, လၢအခီဆၢတၢ်

defibrillation *n* တၢ်မၤဘၣ်လိာ်က့ၤသးစံၣ်ခီဖျိတၢ်မၤလဲးဒီးလီမ့ၣ်အူလၢတၢ်ပၢၤယာ်အီၤ, တၢ်ဂ့ာ်က့ၤပှၤအသးသမူခီဖျိမၤလဲးဒီးလီမ့ၣ်အူ

deficiency *n* တၢ်တလၢတပှဲၤ, တၢ်တကူတလၢ

deficient *a* လၢအတလၢပှဲၤဘၣ်, လၢအတကူတလၢဘၣ်

deficit *n* တၢ်လၢအလီၤတူာ်

defile *n* ကျဲလၢတၢ်တြံၤကဆူး, ကျဲဖိကျဲဆၣ်လၢကစၢၢ်ကဆူး

defile *v* မၤတကဆို, မၤဘၣ်အၢဘၣ်သီ

definable *a* လၢတၢ်ဒုးနဲၣ်ဖျါထီၣ်အခီပညီသ့

define *v* ဒုးနဲၣ်ဖျါထီၣ်တၢ်အခီပညီ, ဒုးနဲၣ်ဖျါထီၣ်တၢ်အစၢ

definite *a* လီၤတံၢ်လီၤဆဲး

definitely *adv* လီၤတံၢ်လီၤဆဲး, တုၤလီၤတီၤလီၤ, လ့ၤတုၤလ့ၤတီၤ

definition *n* တၢ် (ပာ်ဖျါထီၣ်တၢ်) အခီပညီ, တၢ်နီၤဖးပဲာ်ဖးတၢ်အဂ့ၢ်အကျိၤအဆၢ

definitive *a* ၁. လၢအဂ့ၤကတၢၢ်, လၢအဂ့ၤလၢာ်ခၢး ၂. လၢအဂၢၢ်အကျၢၤ, လၢအတလဲလိာ်အသး, လၢအတဆီတလဲ

deflate *v* ၁. မၤစှၤလီၤကွံာ်ကလံၤလၢအပူၤ, ထုးစှၤလီၤကလံၤ ၂. မၤစှၤလီၤပှၤအတၢ်နာ်လီၤအသး ၃. မၤစှၤလီၤစ့သိၣ်သွံ, မၤစှၤလီၤတၢ်အပ့ၤ

deflation *n* ၁. မၤစှၤလီၤကလံၤလၢ (မီထိၣ်အပၣ်) ၂. စ့ပ့ၤထီၣ်, စ့လီၤလဲ, တၢ်မၤစှၤလီၤတၢ်အပ့ၤကလံၤ

deflect *v* (ဒုး) လဲၤတစ္ၢၤကွံာ်, ဘိးကပၤကွံာ်တၢ် (အကျဲ)

deflection *n* တၢ် (ဒုး) လဲၤတစ္ၢၤကွံာ်, တၢ်ဘိးကပၤကွံာ်တၢ် (အကျိၤ, အကျဲ)

deforest *v* မၤဟးဂီၤသ့ၣ်ပှၢ်

deforestation *n* တၢ်မၤဟးဂီၤပှၢ်, တၢ်မၤဟးဂီၤသ့ၣ်ပှၢ်

deform *v* မၤဟးဂီၤအက့ၢ်အဂီၤ

deformation *n* ၁. တၢ်ဆီတလဲတၢ်အက့ၢ်အဂီၤ, တၢ်မၤဟးဂီၤတၢ်အက့ၢ်အဂီၤ ၂. တၢ်အက့ၢ်အဂီၤလၢအဆီတလဲအသး

deformed *a* လၢအက့ၢ်အဂီၤဟးဂီၤ

deformity *n* တၢ်အက့ၢ်အဂီၤတဂ့ၤ, တၢ်အက့ၢ်အဂီၤဟးဂီၤ

defragment *v* (ခီၣ်ဖွူထၢၣ်) ရဲၣ်ကျဲၤပာ်ဖိုၣ်မၤလီၤမၤဘၣ်က့ၤတၢ်ဂ့ၢ်တၢ်ကျိၤလၢအလီၢ်အကျဲဘၣ်ဘၣ်

defraud *v* လီအီၣ်နၢ်ပှၤဂၤအစ့, လံာ်အီၣ်လီအီၣ်ပှၤအစ့, လီနၢ်ပှၤအတၢ်

defray *v* တူၢ်တၢ်အပ့ၤကလံၤ, ခီၣ်လၢာ်တၢ်အပ့ၤ

defrost *v* ၁. မၤပံၢ်လီၤထံခုၣ်ကိၢ်လိၣ် ၂. မၤပံၢ်လီၤတၢ်အထံ

deft *a* ၁. လၢအသ့ဂ့ၤဂ့ၤဘၣ်ဘၣ်, လၢအချ့ဒီးတုၤလီၤတီၤလီၤ ၂. လၢအပှ်အချ့, လၢအိၣ်ဒီးတၢ်စူသ့ခိၣ်ဘၣ်

defunct *a* လၢအတအိၣ်လၢၤ, လၢတၢ်သူအီၤတသ့လၢၤ

defuse *v* ၁. ထုးကွံာ်မ့ၣ်ပိၢ်အသွဲ, ထုးကွံာ်လီသွဲ ၂. မၤစၢ်လီၤတၢ်ဖှ့ၣ်ဆၢ

defy *v* တၤတၢ်, ခိၣ်ဆၢတၢ်, ခိၣ်ရိာ်တၢ်

degeneracy *n* တၢ်လီၤရၢၢ်လီၤစၢၢ်, တၢ်ဆံးလီၤစှၤလီၤ, တၢ်အိၣ်သးနးထိၣ်

degenerate *a* လၢအလီၤရၢၢ်လီၤစၢၢ်, လၢအဆံးလီၤစှၤလီၤ, လၢအနးထိၣ်

degenerate *n* ပှၤလၢအသကဲာ်ပဝးဟးဂီၤလီၤရၢၢ်လီၤစၢၢ်

degenerate *v* နးထိၣ်

degeneration *n* ၁. တၢ်လီၤရၢၢ်လီၤစၢၢ် ၂. တၢ်ဆံးလီၤစှၤလီၤ, တၢ်နးထိၣ်, တၢ်အၢထိၣ်သီထိၣ်

degenerative *a* ၁. လၢအလီၤရၢၢ်လီၤစၢၢ်ထိၣ် ၂. လၢအဆံးလီၤစှၤလီၤ, လၢအနးထိၣ်, လၢအအၢထိၣ်သီထိၣ်

degradable *a* ၁. (ကဲ, တၢ်အသံးအကဲ) လၢအကံၢ်အစီစှၤလီၤ ၂. လၢအမၤလီၤအသူးအသ့ၣ်အလၤကပီၤသ့, လၢအမၤလီၤအကံၢ်အစီသ့

degradation *n* ၁. တၢ်မၤလီၤသူးသ့ၣ်လၤကပီၤ, တၢ်လၤကပီၤဆံးလီၤစှၤလီၤ ၂. တၢ်ဟ်လီၤလီၢ်လၤ ၃. တၢ်ဟးဂီၤနးထိၣ်, တၢ်အိၣ်သးနးထိၣ်

degrade *v* ၁. မၤစှၤလီၤအသူးအသ့ၣ်အလၤကပီၤ, မၤမဲာ်ဆုး ၂. ဟ်လီၤအလီၢ်အလၤ

degrading *a* လၢအသူးအသ့ၣ်လီၤ, လၢအမၤဆံးလီၤစှၤလီၤအလၤကပီၤ

degree *n* ၁. တီၤဒိၣ်တုာ်လဲာ်အှၣ်သး ၂. ဒံၢ်ကရံၣ် အဒိ, ဒီလ့ၢ်ဂီၤအဒံၢ်ကရံၣ်

dehumanize, dehumanise *v* မၤဟးဂီၤပှၤအသူးအသ့ၣ်အလၤကပီၤ, မၤလီၤပှၤအကံၢ်အစီ

dehumidify *v* ထုးကွံာ်တၢ်စုၣ်စီၣ်

dehydrate *v* ၁. မၤလီၤသံးတၢ်အထံအနိ ၂. (နီၢ်ခိ) အထံအနိသံးကွံာ်

dehydration *n* တၢ်ထံသံးနိသံး, နီၢ်ခိအထံသံးနိသံး

deify *v* ဟ်တၢ်လၢအမ့ၢ်ယွၤ, တၢ်ဘါထိၣ်ဒ်အမ့ၢ်ယွၤ

deign *v* ဆိၣ်လီၤသး, တဟ်ဒိၣ်ဟ်ထီအသးဘၣ်, ရှ့ဒီးပှၤလၢတၢ်တဟ်ဒိၣ်ဟ်ထီသးအပူၤ

deity *n* ယွၤ, ကစၢ်ထူကစၢ်ယွၤ, ကစၢၢ်ကစၢ်ကလိကစၢ်, သ့ၣ်ကစၢ်ဝ့ၣ်ကစၢ်ထံကျိကစၢ်ဒီးအဂၤအိၣ်ဖံးအါမး

deject *v* မၤသူၣ်အုးသးအုး, မၤသးဘၣ်ဖိုၣ်, မၤသးဘၣ်ဒိပှၤအသး, မၤဟးဂီၤပှၤအသး

dejected *a* ၁. လၢအသူၣ်အုးသးအုး, လၢအသးဟးဂီၤ ၂. လၢအိၣ်သယုၢ်သညီ

dejection *n* ၁. တၢ်သူၣ်အုးသးအုး, တၢ်သးဘၣ်ဖိုၣ်, တၢ်သးဘၣ်ဒိ, တၢ်သူၣ်ဟးဂီၤသးဟးဂီၤ ၂. တၢ်အ့ၣ်ဆါဆံၣ်ဆါ

delay *n* တၢ်စဲၤခံ, တၢ်မၤယံာ်မၤနီၢ်သး

delay *v* မၤစဲၤခံတၢ်, မၤယံာ်မၤနီၢ်

delectable *a* ၁. လၢအဖျါလီၤအိၣ်လီၤအီ ၂. လၢအမုာ်သူၣ်မုာ်သး, လၢအမၤဖုံပသူၣ်ပသးသ့

delegate *n* ခၢၣ်စး

delegate *v* ၁. ဟ့ၣ်စိဟ့ၣ်ကမီၤပှၤလၢကမၤတၢ်တမံၤမံၤ ၂. ယုထၢထိၣ်ခၢၣ်စး, ပျဲလီၤခၢၣ်စး

delegation *n* ခၢၣ်စးအဖု, ခၢၣ်စးအကရၢ

delete *v* တြူာ်သံကွံာ်, ထူးသံကွံာ်

deletion *n* တၢ်ထူးသံကွံာ်, တၢ်တြူာ်သံကွံာ်

deliberate *a* လၢအပညိၣ်ဝဲလီၤတံၢ်လီၤဆဲးဒီးမၤဝဲ, လၢအဟ်လီၤသးသပှၢ်ပှၢ်ဒီးမၤဝဲ

deliberate *v* ကူၣ်ထိၣ်ဖးလီၤတံၢ်, ကၢၣ်ကိၣ်ကွၢ်ထံဆိကမိၣ်တၢ်ယၢ်ခီယၢ်ခီ

deliberately *adv* ၁. ကယီကယီဒီးလီၤတံၢ်လီၤဆဲး ၂. မၤဝဲအိၣ်ဒီးတၢ်ပညိၣ်လီၤတံၢ်လီၤဆဲး, လၢတၢ်ဟ်လီၤသးသပှၢ်ပှၢ်အပူၤ

deliberation *n* ၁. တၢ်ကူၣ်ထိၣ်ဖးလီၤ, ဆိမိၣ်ကွၢ်ထံတၢ်ယၢ်ခီယၢ်ခီ ၂. တၢ်ကယီကယီဒီးလီၤတံၢ်လီၤဆဲး

delicacy *n* ၁. တၢ်လၢအကဖီလီ, ကဘုးလုး ၂. တၢ်လၢတၢ်မၤဘၣ်ဒိအီၤညီ ၃. တၢ်မၤတၢ်တမံၤလၢတၢ်ပလိၢ်သူၣ်ပလိၢ်သးအပူၤ ၄. တၢ်အိၣ်လၢအဝံၣ်အဘဲလီၤဆီ

delicate *a* ၁. လၢတၢ်ဘ၃်မၤအီၤကပု>်ကပု>်, လၢအကဖီလီ ၂. လၢအဟးဂီၤညီ, လၢအသ့ၣ်ဖးညီ ၃. လၢတၢ်ကြၢးပလိၢ်သး လၢအဂ့ၢ်, လၢတၢ်ကြၢးဖီၣ်အီၤကဖီလီဖိ, လၢတၢ်ကြၢးဖီၣ်အီၤလၢတၢ်ပလိၢ်ပဒီအပူၤ

delicatessen *n* ကျးလၢအဆါတၢ်အီၣ်တၢ်အီလၢတၢ်ဖီမံကတဲာ်ကတီၤဟ်စၢၤအီၤဒီးတၢ်အီၣ်အီၤသ့တဘျီယီ, ကီၢ်မုၢ်နူာ်အတၢ်အီၣ်ကျး လၢအဆါကိၢ်ချၢတၢ်အီၣ်

delicious *a* လၢအဝံၣ်အဘဲ

delight *n* တၢ်မှာ်လၤသးခု, တၢ်သူၣ်ဖှံသးညီ, တၢ်မှာ်သူၣ်မှာ်သး, တၢ်သူၣ်မံသးမှာ်

delight *v* ဘၣ်သူၣ်ဘၣ်သး, မှာ်လၤသးခု, သူၣ်မှာ်သးမှာ်

delighted *a* လၢအမၤမှာ်သူၣ်မှာ်သးပှၤ, လၢအဘၣ်သူၣ်ဘၣ်သးပှၤ, လၢအမှာ်အလၤ

delightful *a* လၢအဒုးမှာ်လၤသးခုပှၤ, လၢအဒုးသူၣ်ခုသးခုပှၤ

delimit *v* မၤပနီၣ်အဆၢ, ဟ်ပနီၣ်အဆၢ

delineate *v* တဲဖျါထီၣ်တၢ်လီၤတံၢ်လီၤဆဲး, ကွဲးဖျါထီၣ်တၢ်

delinquency *n* တၢ်မၤကမၣ်တၢ်, တၢ်မၤတၢ်တလၢတပှဲၤ

delinquent *a* ၁. (သးစၢ်) လၢအအဲၣ်ဒိးမၤကမၣ်သဲစး ၂. လၢအမၤတၢ်တလၢတပှဲၤဘၣ်, လၢအတမၤလၢပှဲၤအမူအဒါ ၃. လၢအတဟ့ၣ်က့ၤအကမၢ်ချုးဆၢချုးကတီၢ်ဘၣ်, လၢအတဟ့ၣ်က့ၤအကမၢ်ဘၣ်

delinquent *n* ပှၤဖိသၣ်, ပှၤလၢအသးနံၣ်တပှဲၤ

delirious *a* ၁. လၢအဘၣ်တၢ်ဆါဒိၣ်ပျ့ၢ်, တၢ်ကိၢ်ထီၣ်ဒိၣ်ဒိၣ်ကလဲာ်ဒီးထံၣ်မှံတၢ် ၂. သူၣ်ဟူးသးဂဲၤဒီးသူၣ်ပိၢ်သးဝးဒိၣ်ဒိၣ်ကလဲာ်

delirium *n* တၢ်ဆါဒိၣ်ပျ့ၢ်, တၢ်ကိၢ်ထီၣ်ဒိၣ်ဒိၣ်ကလဲာ်ဒီးထံၣ်မှံတၢ်

deliver *v* ၁. စိာ်ဆှၢ ၂. ကတီၤလီၤတၢ်

deliverance *n* တၢ်မၤပူၤဖျဲးထီၣ်ကွံာ်အီၤ, တၢ်မၤပူၤဖျဲးအီၤ

delivery *n* ၁. တၢ်စိာ်ဆှၢ, တၢ်ဆှၢထီၣ်ဆှၢလီၤ ၂. တၢ်အိၣ်ဖျဲၣ်လီၤ, တၢ်ဒုးအိၣ်ဖျဲၣ်လီၤ

dell *n* တၢ်တြီၤဖိ

delta *n* ထံထၣ်စွ့

delude *v* လီတၢ်ဝ့ၤတၢ်, တဲတၢ်လၢအတမ့ၢ်တတီ

deluge *n* ၁. ထံလုာ်ဘၢတၢ်, မူခိၣ်စူၤဒီးထံလုာ်ဘၢတၢ်ဒိၣ်ဒိၣ်ကလဲာ် ၂. တၢ်ဂိၢ်မုၢ်ဂိၢ်ပၤ

deluge *v* ၁. ထံလုာ်ဘၢတၢ် ၂. လုာ်ဘၢတၢ်

delusion *n* ၁. တၢ်နာ်ကမူၤကမၣ်တၢ် ၂. တၢ်နာ်ကမၣ်တၢ်လီတၢ်ဝ့ၤ

delusive *a* လၢအမၤကဒံကဒါပသးသ့, လၢအလီန့ၢ်ဝ့ၤန့ၢ်တၢ်သ့

delve *v* ခူၣ်တၢ်, ဃုကမုၢ်တၢ်, ဃုခွဲးထုးထီၣ်တၢ်, ဃုခွဲးခွးတၢ်

demagogue *n* ပှၤဂဲၤထံရူၢ်ကီၢ်သဲးလၢအဟံးန့ၢ်ကမျၢၢ်အတၢ်ဆီၣ်ထွဲခီဖျိအလူၤထီၣ်ဟူးထီၣ်ဂဲၤထီၣ်ပှၤသးဒီးတစူးကါဝဲတၢ်ဂ့ၢ်အကြၢးအဘၣ်

demand *n* ၁. တၢ်ဃ့ကိၢ်ဃ့ဂီၤတၢ်, တၢ်ဃ့ထီၣ်တၢ် ၂. တၢ်မၢဆူၣ်န့ၢ်တၢ်လၢအကိၢ်ကိၢ်ဂီၤဂီၤ

demand *v* ၁. ဃ့န့ၢ်တၢ်, ဃ့ကိၢ်ဃ့ဂီၤတၢ် ၂. လိၣ်ဘၣ်ဝဲ အဒိ, ကၠိသရၣ်အတၢ်မၤလိၣ်ဘၣ်ဝဲတၢ်ဟ့ၣ်လီၤသးနီၢ်နီၢ်

demanding *a* ၁. (တၢ်ဖံးတၢ်မၤ) လၢအလိၣ်ဘၣ်ဝဲတၢ်ကံၢ်တၢ်စီတဖၣ် အဒိ, တၢ်မၤလိမၤဒိးန့ၣ်လိၣ်ဘၣ်ဝဲတၢ်ဂုာ်ကျဲးစၢးဒီးတၢ်သးစွံကတုၤ ၂. လၢအတၢ်သးမံတအိၣ်, လၢအဃ့ပှၤတၢ်အါ, လၢအဃံၣ်အါဃူးအါ, လၢအအ့ၣ်အါဆံၣ်အါ

demarcate *v* မၤနီၣ်တၢ်အဆၢ, ဟ်ပနီၣ်တၢ်အဆၢ

demarcation *n* တၢ် (မၤနီၣ်မၤဃါတၢ်) အဆၢ, တၢ်ဒိနီၣ်တဲာ်နီၣ်တၢ်, အတၢ်လီၤဆီ

demean *v* မၤစှၤလီၤတၢ်အသူးအသ့ၣ်အလၤကပီၤ

demeanour, demeanor *n* ပှၤအတၢ်ပာ်သူၣ်ပာ်သးအတၢ်အိၣ်ဖျါ, ပှၤအတၢ်ပာ်သူၣ်ပာ်သး

demented *a* လၢအမၤအသးဒ်ပှၤတထံတဆး, လၢအသူၣ်တထံသးတဆး, လၢအပျူ၊ ထီၣ်တြီးထီၣ်

demerit *n* ၁. တၢ်မၤအတကြၢးတဘၣ်, တဂ့ၤတဝါ ၂. တၢ်မၤကမၣ်တၢ်အမး, အမးတခါလၢတၢ်ဟ့ၣ်လီၤဆူပှၤကၠိဖိအတၢ်မၤနီၣ်အပူၤ

demigod *n* (ပူလၢပျၢၤအပူၤ) ပှၤလၢအမ့ၢ်မုၢ် ဃါတကူၣ်ပှၤကညီတကူၣ်, ပှၤလၢပှၤဟ်ဒိၣ်ဟ် ကဲအီၤအါန့ၢ်ဒ်ပှၤပတိၢ်မုၢ်

demilitarize, demilitarise *v* မၤစုၤလီၤ သုးဂံၢ်ဘါ (ဖဲတၢ်နးဝံၤ)

demise *n* ၁. တၢ်အကတၢၢ် ၂. တၢ်သံ

demo *n* ၁. (demonstration) တၢ်နးနဲၣ်ဖျါ ထီၣ်တၢ် ၂. တၢ်ဟ်ဖျါထီၣ်တၢ်ဘၣ်သး

demobilize, demobilise *v* ပျ်ကွံၣ်လၢ သုး

democracy *n* ဒံၣ်မိၣ်ခြွၣ်စံၣ်

democrat *n* ဒံၣ်မိၣ်ခြံး, ပှၤဆီၣ်ထွဲဒံၣ်မိၣ် ခြွၣ်စံၣ်

democratic *a* ဘၣ်ဃးဒီး မ့တမ့ၢ် ဆီၣ် ထွဲဒံၣ်မိၣ်ခြွၣ်စံၣ်

demography *n* ပှၤကလုာ်တကလုာ်အတၢ် အိၣ်ဖျံၣ်, တၢ်သံ, တၢ်ထူးတၢ်တီၤဒီးတၢ်ဆူးတၢ် ဆါအနီၣ်ဂံၢ်နီၣ်ဒွး

demolish *v* မၤလီၤပိုၢ်ကွံာ်တၢ်

demolition *n* တၢ်မၤလီၤပိုၢ်ကွံာ်တၢ်, တၢ်မၤ ဟးဂီၤကွံာ်တၢ်

demon *n* တၢ်ဝံတၢ်နါ, တရဲတခး, တၢ် တဃၣ်

demoniac *n* ပှၤလၢတၢ်ဝံတၢ်နါအိၣ်လၢ အလိၤ, ပှၤလၢတၢ်နါဒီး

demonic *a* ၁. လၢအဘၣ်ဃးဒီးတၢ်ဝံတၢ်နါ, တၢ်တဃၣ် ၂. လၢအလီၤက်ဒီးတၢ်ဝံတၢ်နါ, တၢ် တဃၣ်

demonize, demonise *v* ဖိုာ်ကဲထီၣ်အီၤ ဆူတၢ်အၢတၢ်သီတၢ်တရဲတခး

demonstrable *a* လၢတၢ်နးနဲၣ်ဖျါထီၣ်အီၤ လၢအဂ့ၢ်သ့

demonstrate *v* ၁. နးနဲၣ်တၢ် ၂. ဟ်ဖျါတၢ် ဘၣ်သး

demonstration *n* ၁. တၢ်နးနဲၣ်တၢ် ၂. တၢ်ဟ်ဖျါတၢ်ဘၣ်သး

demonstrative *a* ၁. လၢအနးနဲၣ်ဟ်ဖျါ ထီၣ်တၢ်ဖှိဖှိဖျါဖျါ ၂. လၢအနးနဲၣ်ဟ်ဖျါထီၣ်အ တၢ်အဲၣ်တၢ်သးအိၣ်ဘၣ်ပှၤဂၤ ၃. (ကျိာ်ဂံၢ်ထံး) လၢအဟ်ဖျါပှၤတဂၤ မ့တမ့ၢ် တၢ်တမံၤလၢဘၣ် တၢ်ယၢၤထီၣ်တ့ၢ်အီၤ (အဒိ, these, those)

demonstrative *n* တၢ်ကတိၤလၢအဟဲလၢ နိၢ် (တၢ်အမံၤ) အခၢၣ်စး မ့တမ့ၢ် နိၢ်ခၢၣ်စးအမဲာ် ညါ (အဒိ, a. the)

demonstrator *n* ၁. ပှၤနးနဲၣ်တၢ် ၂. ပှၤဟ်ဖျါတၢ်ဘၣ်သး

demoralize, demoralise *v* မၤဟးဂီၤ အသး, မၤဟးဂီၤတၢ်အလုၢ်ဂ့ၤအလၢ်ဝဲ

demote *v* ဟ်လီၤပှၤအလိၢ်အလၤ

demur *n* တၢ်ကတိၤထီဒါ, တၢ်ဂ့ၢ်လိာ်တၢ် တမံၤမံၤ

demur *v* ကတိၤတြီ, ကတိၤထီဒါ, ဂ့ၢ်လိာ် တၢ်တမံၤမံၤ

demure *a* လၢအဟ်အသးသညူးသပှၢ်

den *n* ၁. (ဆၣ်ဖိကိၢ်ဖိ) တၢ်အိၣ်သဒံအလိၢ်, ပှၤအၢပှၤသီအိၣ်ခူသူၣ်အလိၢ် ၂. ဒၢးဆံးဆံး

denationalize, denationalise *v* ၁. နး ကဲထီၣ်ပဒိၣ်အတၢ်ဆူပှၤနိၢ်တဂၤစုာ်စုာ်အတၢ် ၂. တၢ်ဟံးကွံာ် တၢ်ထုးကွံာ် တၢ်ဆိကတိၢ်ကွံာ်ပှၤ အတၢ်ကဲထံဖိကိၢ်ဖိ

dengue *n* တၢ်ညၣ်ဂိၢ်သွံၣ်ဟးထီၣ်, တၢ်လိၤ ကိၢ်သွံၣ်ကျိၤဖိတဲာ်

dengue fever *n* တၢ်ညၣ်ဂိၢ်သွံၣ်ဟးထီၣ်, တၢ်လိၤကိၢ်သွံၣ်ကျိၤဖိတဲာ်

denial *n* တၢ်ဂ့ၢ်လိာ်တၢ်, တၢ်သမၢတၢ်

denim *n* တၢ်ကံးညာ်လါအဲးလၢတၢ်မၤကူ(န)

denizen *n* ၁. (ပှၤ, ဆၣ်ဖိကိၢ်ဖိ, တၢ်မုၢ်တၢ် ဘိ) လၢတၢ်ထံၣ်န့ၢ်အီၤလၢတၢ်လိၢ်တတီၤ, တၢ် လၢတၢ်ထံၣ်န့ၢ်အီၤလၢတၢ်လိၢ်တတီၤ

denominate *v* ယှၢ်န့ၢ်အမံၤ, ကိးန့ၢ်အမံၤ

denomination *n* ၁. ခရံာ်ဖိတၢ်အိၣ်ဖှိၣ် အဒ့တဒ့ ၂. ကရူၢ်တကရူၢ်အမံၤ

denominator *n* (တၢ်ဂံၢ်တၢ်ဒွး) နီၣ်ဂံၢ်ကူာ် လၢအဖီလာ်

denote *v* နးနဲၣ်, နဲၣ်ဖျါ

denounce *v* စံးလၢပှၤတၢ်ကမၣ်အိၣ်, ဟ် ဖျါလၢအိၣ်ဒီးတၢ်ကမၣ်

dense *a* ၁. ပံာ်, တံၤ, တိၣ် ၂. လၢအနၢ်ကီ, လၢအနၢ်ပၢၢ်တၢ်ကီ

density *n* ၁. တၢ်အိၣ်တံၢ်အိၣ်ထီလိာ်သး, တၢ်အိၣ်တံၢ် ၂. တၢ်အတြိၢ်, တၢ်ဖိတၢ်လံၤတမံၤအ တၢ်တြိၢ် ၃. ပှၤနီၣ်ဂံၢ်လၢအိၣ်လၢတၢ်လိၢ်တတီၤအ ပူၤ

D

dent *n* ၁. တၢ်လီၤဆၢဉ် ၂. တၢ်ၡုးအိဉ်ထိဉ် တၢ်ဒိဘဉ်လၢအတဂ့ၤ

dent *v* ၁. မၤလီၤဆၢဉ်လီၤယၢဉ် ၂. ၡုးအိဉ် ထိဉ်တၢ်ဒိဘဉ်လၢအတဂ့ၤ

D

dental *a* ဘဉ်ယးဒီးမဲ

dentist *n* မဲကသံဉ်သရဉ်, ကသံဉ်သရဉ် ယါမဲ

dentistry *n* ၁. မဲဂ့ၢ်ဝီပီညါ, တၢ်ကူဉ်ဘဉ် ကူဉ်သ့ဘဉ်ယးမဲဂ့ၢ်ဝီ ၂. တၢ်ဘှီမဲ

dentures *n* မဲပျိဉ်

denude *v* ၡုးအိဉ်ဘ့ဉ်ဆ့, ၡုးလီၤပျီလီၤဟိ

denunciation *n* တၢ်ကတိၤၡဉ်ဒွဲဉ်ဟ်တၢ် ကမဉ်လၢပှၤဂၤအမဲာ်ညါ, တၢ်စံးကတိၤလၢပှၤ အတၢ်ကမဉ်အိဉ်

denunciatory *a* လၢအဟ်တၢ်ကမဉ်လၢပှၤ ဂၤအလိၤ, လၢတၢ်ကတိၤဟ်တၢ်ကမဉ်လၢပှၤဂၤ အလိၤ

deny *v* သမၢ, ဂ့ၢ်လိာ်

deodorant *n* ကသံဉ်မၤဟါမၢ်ကွံာ်နီၢ်ကစၢ် အစိနၢ, ကသံဉ်မၤလီၤမၢ်နီၢ်ခိအစိနၢ

deodorize, deodorise *v* မၤဟါမၢ်ကွံာ် တၢ်အနၢအန္ဒါ မ့တမ့ၢ် တၢ်အစိနၢ, မၤလီၤမၢ်ကွံာ် တၢ်အနၢအန္ဒါ မ့တမ့ၢ် တၢ်အစိနၢ

depart *v* ဟးထိဉ်

departed *a* ၁. လၢအစူးကွံာ်အသး ၂. လၢအပူၤကွံာ်

departed *n* ပှၤတဂၤလၢအစူးကွံာ်တ့ၢ်အသး သမူ

department *n* ဝဲၤကျိၤ

department store *n* ကျးရိဒၢး

departmental *a* လၢအဘဉ်ယးဒီး (တၢ်က ရၢကရိ) ဝဲၤကျိၤတကျိၤ

departure *n* တၢ်ဟးထိဉ်, တၢ်သံ

depend *v* ၁. သန့ၤထိဉ်အသး, ဒိးသ န့ၤထိဉ်သး ၂. နာ်န့ၢ်

dependable *a* လၢတၢ်နာ်န့ၢ်အီၤသ့, လၢတၢ် ဒိးသန့ၤသးလၢအီၤသ့

dependant *n* ပှၤလၢအဒိးသန့ၤထိဉ်အသး လၢပှၤဂၤ, ပှၤလၢအဒိးသန့ၤအသးလၢအဟံဉ် ဖိဃီဖိ

dependence *n* ၁. တၢ်ဒိးသန့ၤထိဉ်အသး ၂. တၢ်စဲတၢ်တမံၤမံၤ

dependent *a* လၢအဒိးသန့ၤအသး

dependent *n* စဲ (ကသံဉ်), တၢ်ဒိးသန့ၤ

depersonalize, depersonalise *v* ထုး ကွံာ် မ့တမ့ၢ် မၤဟါမၢ်ကွံာ်တၢ်အကံၢ်အစီလၢအ မၤလီၤဆီပှၤတဂၤဒီးတဂၤ

depict *v* တ့အကု့ၢ်အဂီၤ, တဲဖျါအကု့ၢ်အဂီၤ

deplete *v* မၤစုၤလီၤ (ခဲလၢာ်ဃဉ်ဃဉ်), မၤလၢာ်ကွံာ် (ခဲလၢာ်ဃဉ်ဃဉ်)

deplorable *a* လၢလီၤသူဉ်အုးသးအုး, လၢအလီၤဆါသူဉ်ဆါသး

deplore *v* သူဉ်အုးသးအုး, သးဘဉ်ဒိ, သး ဘဉ်ဒိဒိဉ်ဒိဉ်ကလဲာ်

deploy *v* ရၤလီၤသုး, ဆှၢလီၤသုး

depopulate *v* မၤစုၤလီၤပှၤထံဖိကိၢ်ဖိအနီဉ် ဂံၢ်, ထံဖိကိၢ်ဖိအနီဉ်ဂံၢ်စုၤလီၤ

deport *v* ဟီဟးထိဉ်လၢကိၢ်, နီဉ်ဟးထိဉ် ကွံာ်လၢကိၢ်

deportation *n* တၢ်ဆှၢဖျိးကွံာ်, တၢ်နီဉ်ဟး ထိဉ်ကွံာ် (ပှၤ) လၢကိၢ်

deportment *n* တၢ်ဟ်သူဉ်ဟ်သး, တၢ်ဟူး တၢ်ဂဲၤတၢ်ဟ်သူဉ်ဟ်သး

depose *v* ဟီထိဉ်ကွံာ်လၢအလိၢ်လၤ, ဟ် လီၤကွံာ်အလိၢ်အလၤ

deposit *n* တၢ်လၢအဘဉ်တၢ်ဟ်လီၤ (လၢ အစုပူၤ), (ထူ, စ့) ဟ်ဖိုဉ်ထိဉ်သးအလိၢ်, ဟ်လီၤ ဆိစ့ (စဘိၢ်)

deposit *v* ဟ်လီၤဟ့ဉ်လီၤလၢ (အစုပူၤ) ဒၢနာ်စ့လၢစ့တားပူၤ, ဟ်လီၤဟ့ဉ်လီၤလၢ (အစုပူၤ) ဒၢနာ်စ့လၢစ့တားပူၤ

depositor *n* ပှၤဒၢနာ်စ့လၢစ့တားပူၤ

depot *n* ၁. တၢ်ဟ်ကီၤတၢ်ဖိတၢ်လံၤအလိၢ် ၂. တၢ်လိၢ်ဖဲတၢ်ဟ်သိလ့ဉ်ဒီးဘှီကုၤသိလ့ဉ်အလိၢ်

deprave *v* မၤဟးဂီၤပှၤအသကဲာ်ပဝး, မၤစုၤ လီၤအသူးအသ့ဉ်အလၤကပီၤ

depraved *a* လၢအဟးဂူာ်ဟးဂီၤ

depravity *n* တၢ်သကဲာ်ပဝးလၢအအၢအသိ, တၢ်သကဲာ်ပဝးလၢအဟးဂူာ်ဟးဂီၤ

deprecate *v* တဲဖျါလၢအတၢ်ဘဉ်သး

depreciate *v* ၡုးလီၤတၢ်အပ္ှၤ (လၢအကတိၢ် ယံာ်အဃိ)

depreciation *n* ၁. တၢ်အလုၢ်အပ္ှၤစုၤလီၤ ၂. တၢ်မၤစုၤလီၤတၢ်အပ္ှၤ

depreciatory *a* လၢတၢ်မၤစၢၤအလုၢ်အပှၤ, လၢအထံၣ်ဆံး, လၢအဟ်ဆံး

depress *v* ၁. ဆီၣ်လီၤ ၂. ဆီၣ်တံၢ်မၤနၢၤ ၃. မၤသးအုးပှၤ

depressed *a* လၢတၢ်သးဟးဂီၤ, သူၣ်ဟးဂီၤသးဟးဂီၤ, သူၣ်လီၤဘှါသးလီၤဘှါ

depressing *a* ၁. လၢအလီၤသးဟးဂီၤ, လၢအမၤသးဟးဂီၤလၢ်လၢ်ဆ့ဆ့ ၂. လၢအလီၤသူၣ်အုးသးအုး, လၢအလီၤသးဘၣ်ဒိ ၃. လၢအမၤစုၤလီၤတၢ်ဟူးတၢ်ဂဲၤ ၄. လၢအဆီၣ်တံၢ်လီၤတၢ်

depression *n* ၁. တၢ်သးဟးဂီၤ ၂. မုၢ်ကျိၤဝဲၤကွာ်တၢ်အိၣ်သးတဂ့ၤအကတိၢ် ၃. ကလံၤအတၢ်ဆီၣ်သန်းစုၤအကတိၢ်

depressive *a* ၁. လၢအဒုးအိၣ်ထီၣ်တၢ်သူၣ်ဟးဂီၤသးဟးဂီၤ ၂. လၢအဆီၣ်သန်းတၢ်

depressive *n* ပှၤလၢအတူၢ်ဘၣ်တၢ်သူၣ်ဟးဂီၤသးဟးဂီၤ

deprivation *n* ၁. တၢ်တလၢတပုဲၤ, တၢ်တအိၣ်, တၢ်လီၤတူာ်လီၤကာ် ၂. တၢ်ဟံးန့ၢ်ကွံာ်တၢ်, တၢ်ထုးကွံာ်တၢ်

deprive *v* ထုးကွံာ်, ဟံးန့ၢ်ကွံာ်

deprived *a* လၢအတလၢတပုဲၤ, လၢအလီၤတူာ်လီၤကာ်

depth *n* ၁. တၢ်အယိာ် ၂. တၢ်အဒိၣ်အယိာ်, အဒိၣ်အယိာ် ၃. ယိာ်

deputation *n* ခၢၣ်စးတဖု, ပှၤလၢအကဲန့ၢ်ခၢၣ်စးတဖု

depute *v* ၁. ဟ့ၣ်စိဟ့ၣ်ကမီၤလီၤပှၤလၢကမၤန့ၢ်တၢ်လၢအလိၢ် ၂. ကဲန့ၢ်ခၢၣ်စး

deputy *n* ၁. ပှၤအခၢၣ်စး, တၢ်အခၢၣ်စး, ၂. (ပှၤအခိၣ်) ခံဂၤတဂၤ

derail *v* ၁. ဒုးလီၤတဲာ် (လှ့ၣ်မ့ၣ်အူ) လၢအကျဲလီၤ, ဒုးလီၤတလှ့ၣ် (လှ့ၣ်မ့ၣ်အူ) ကျဲ ၂. ကျဲတလှ့ၣ်ကွံာ်

derange *v* မၤကဒံကဒါ, မၤသဘံၣ်သဘုၣ်တၢ်, မၤဟးဂီၤ

deranged *a* လၢအမၤဟးဂီၤ, လၢအမၤသဘံၣ်သဘုၣ်တၢ်

derangement *n* ၁. တၢ်မၤကဒံကဒါ, တၢ်မၤသဘံၣ်သဘုၣ်တၢ်, တၢ်မၤဟးဂီၤ (နီၢ်ခိအတၢ်ဟူးတၢ်ဂဲၤ) ၂. ခိၣ်နူာ်တဘၣ်လိာ်ဘၣ်စး, သးတထံတဆး

derelict *a* လၢတၢ်ဟ်ဒ့လီ, လၢတၢ်ကွံာ်တ့ၢ်အီၤ, လၢတၢ်ဟးသဒၣ်ကွံာ်

derelict *n* ၁. တၢ်လၢတၢ်ကွံာ်တ့ၢ်အီၤ ၂. ပှၤလၢအဟံၣ်တအိၣ်ဃီတအိၣ်, ပှၤလၢအတၢ်ဖံးတၢ်မၤဒီးအတၢ်စုလိၢ်ခီၣ်ခိၣ်တအိၣ် ၃. ပှၤလၢဘၣ်တၢ်ကွံာ်တ့ၢ်အီၤ, ပှၤလၢတၢ်တကနၣ်ယှာ်အီၤ

dereliction *n* ၁. တၢ်လၢတၢ်တကနၣ်ယှာ်အီၤ, တၢ်လၢတၢ်ကွံာ်တ့ၢ်အီၤ, တၢ်လၢတၢ်တအံးထွဲကွၢ်ထွဲအီၤလၢၤ ၂. တၢ်တမၤလၢပုဲၤမူဒါလၢအလီၤဘၣ်ပှၤ

deride *v* ကတိၤနံၤဘၣ်ဖးလဲတၢ်, လၢအကတိၤနၣ်ဖွဲၣ်ပယွဲတၢ်

derision *n* တၢ်နံၤဘၣ်ဖၣ်လဲ, တၢ်နၣ်ဖွဲၣ်ပယွဲ

derisive *a* လၢအကတိၤနံၤဘၣ်ဖၣ်လဲ, လၢအနၣ်ဖွဲၣ်ပယွဲ

derivation *n* ၁. တၢ်ဟဲလီၤစၢၤလီၤသွဲၣ် ၂. လံာ်ဖျာၣ်ဟဲလီၤစၢၤလီၤသွဲၣ်အဂံၢ်ထံး

derivative *a* လၢအကွဲးဒိန့ၢ်တၢ်လၢအအိၣ်ဟ်စၢၤ

derivative *n* တၢ်လၢအဟဲလီၤစၢၤလၢတၢ်အဂၤတမံၤ

derive *v* ဟဲလီၤစၢၤ, ဒိးန့ၢ်ဘၣ်

dermatology *n* တၢ်ကူစါယါဘျါဖံးဘ့ၣ်တၢ်ဆါပီညါ

derogatory *a* လၢအမၤစုၤလီၤတၢ်အလၤကပီၤ

derrick *n* ၁. စဲးစိာ်တၢ်ဃၢဖးဒိၣ်လၢကဘိဖိခိၣ် ၂. တၢ်သူၣ်ထီၣ်ဖးဒိၣ်ဖးထီလၢအိၣ်ဒီးစဲးဆူးထီၣ်ရှၣ်နီၣ်သိ

descend *v* ၁. လဲၤလီၤ ၂. လီၤစၢၤ

descendant *n* အစၢၤအသွဲၣ်

descent *n* ၁. တၢ်ဟဲလီၤစၢၤ ၂. စံၣ်လီၤ, စီၢ်လီၤ

describe *v* မၤဖျါ, တဲဖျါထီၣ်, ကွဲးဖျါထီၣ်

description *n* တၢ်တဲဖျါထီၣ်, တၢ်ဟ်ဖျါထီၣ်, တၢ်ကွဲးဖျါထီၣ်တၢ်

descriptive *a* ၁. လၢအဒုးနဲၣ်တဲဖျါထီၣ်တၢ်ဖျိဖျိဖျါဖျါ ၂. လၢအပှၤဒီးတၢ်ကွဲးလၢအမၤဖျါထီၣ်တၢ်ဂ့ၢ်

descry *v* ထံၣ်စိလၢအယံၤ

desecrate *v* တၢ်ဟ်ကဲတၢ်စီတၢ်ဆှံအလီၢ်

desensitize, desensitise *v* မၤစှၤလီၤ မ့တမ့ၢ် မၤကိညၢ်လီၤအတၢ်တူၢ်ဘၣ်ခီဘၣ်

desert *n* မဲးမုၢ်ခိၣ်, မဲးမုၢ်ပျိ

desert *v* ဟ်လီၤတဲာ်, ဟ်တ့ၢ်ကွံာ်, (သုး) စံၣ်ဖိုး, ယ့ၢ်ဖိုး, စံၣ်သုး

deserted *a* လၢအဟ်လီၤတဲာ်, လၢအဟ်တ့ၢ်ကွံာ်

deserter *n* ပှၤယ့ၢ်သုး

desertion *n* တၢ်ယ့ၢ်သုး

deserts *n* တၢ်လၢပကြၢးဒီးန့ၢ်, တၢ်လၢအကြၢးဒီးပှၤ

deserve *v* ကြၢးဝဲဒီး, ကြၢးဝဲလၢ, ကြၢး (မၤန့ၢ်တၢ်)

deservedly *adv* ဒ်အကြၢးဒီးအီၤအသိး

deserving *a* လၢအကြၢးဒီးအီၤ, လၢအကြၢးဒိးန့ၢ်

design *n* ၁. တၢ်အက့ၢ်အဂီၤလၢတၢ်တ့အီၤ ၂. တၢ်ကံးညာ်အဖီ

design *v* တ့တၢ်အက့ၢ်အဂီၤ အဒိ, အဝဲတ့ယဟံၣ်အဂီၤဂ့ၤမးလီၤ

designate *a* လၢအနဲၣ်ဖျါတၢ်, လၢအဟ့ၣ်လီၤဟ်မူဒါ, လၢအမၤနီၣ်

designate *v* မၤနီၣ်ယာ်, ဟ့ၣ်လီၤမူဒါ

designation *n* ၁. တၢ်ဟ်ထီၣ်အလီၢ်အလၤ, တၢ်ဟ့ၣ်အလီၢ်အလၤ ၂. လီၢ်လၤ, မံၤလၤသၣ်ကပီၤ

designedly *adv* လၢတၢ်ဟ်လီၤသးစဲယဲၤအပူၤ

designer *a* လၢဘၣ်တၢ်ဒုးအိၣ်ထီၣ်အီၤလၢပှၤဒုးအိၣ်ထီၣ်တၢ်လၢအမံၤဟူသၣ်ဖျါတဖၣ်, လၢပှၤမံၤဟူသၣ်ဖျါတ့, ဘှီ, ဆးဒုးအိၣ်ထီၣ်အီၤ

designer *n* ပှၤလၢအတ့ဘှီဒုးအိၣ်ထီၣ်တၢ်, ပှၤတ့ထုးထီၣ်တၢ်အဒိ

designing *a* လၢအကမၤကဘျံးကဘျၣ်တၢ်

desirable *a* ၁. လၢတၢ်လိၣ်ဘၣ်အီၤ ၂. လၢပှၤမိၣ်န့ၢ်သးလီအီၤ

desire *n* တၢ်မိၣ်န့ၢ်သးလီ, တၢ်ဆၢဒိးန့ၢ်

desire *v* သးလီတၢ်, ဆၢန့ၢ်တၢ်

desirous *a* လၢအဆၢမၤတၢ်

desist *v* ဆိတ့ၢ်, အိၣ်ကတီၢ်

desk *n* စီၢ်နီၤခိၣ်, ခးကွဲးလံာ်

desktop *n* ၁. စီၢ်နီၤခိၣ်လၢကမၤတၢ်အလီၢ်, စီၢ်နီၤခိၣ်ဖီခိၣ်, ခးကွဲးလံာ်ဖီခိၣ် ၂. ခီၣ်ဖွ့ူထၢၣ်စၢ်စု, ခီၣ်ဖွ့ူထၢၣ်လၢတၢ်ဟ်ထီၣ်အီၤသ့လၢစီၢ်နီၤခိၣ် ၃. ခီၣ်ဖွ့ူထၢၣ်အမဲာ်ဘ့ၣ်ဘၣ်ဖီခိၣ်, ခီၣ်ဖွ့ူထၢၣ်အမဲာ်သၣ်လီၤ

desktop computer *n* ခီၣ်ဖွ့ူထၢၣ်လၢတၢ်ဟ်ထီၣ်အီၤသ့လၢစီၢ်နီၤခိၣ်

desktop publishing *n* တၢ်စဲကျံးထုးထီၣ်လံာ်လၢခီၣ်ဖွ့ူထၢၣ်

desolate *a* ၁. လီၤဟိလီၤဃိ ၂. သယုၢ်သညိ

desolation *n* ၁. တၢ်အိၣ်ဒ့လီအလီၢ်, တၢ်သယုၢ်သညိအလီၢ်, တၢ်သူၣ်ဟးဂီၤသးဟးဂီၤအလီၢ်, တၢ်သးဆံးသးပျံၤတၢ်အလီၢ်

despair *n* တၢ်သးဟးဂီၤ

despair *v* သးဟးဂီၤ

despairing *a* လၢအတၢ်မုၢ်လၢ်လၢာ်, လၢအတၢ်မုၢ်လၢ်တအိၣ်

desperado *n* ပှၤလၢအသူၣ်ဟးဂီၤသးဟးဂီၤ, ပှၤလၢအမၤတၢ်အၢအစုတကသ့ၣ်ဘၣ်

desperate *a* ၁. လၢအမၤနါစီၤတၢ် ၂. လၢအပှၤဒီးတၢ်လီၤဘၣ်ယိၣ် ၃. လၢတၢ်မုၢ်လၢ်တအိၣ်

desperation *n* တၢ်သူၣ်ဟးဂီၤသးဟးဂီၤ, တၢ်လီၤပျံၤလီၤဖုး

despicable *a* လၢအလီၤသးဘၣ်အၢ, လၢအလီၤသးဟ့, လၢအလီၤကွၢ်တလီၤ

despise *v* သးဘၣ်အၢ, တသးလီဝဲ, သးဟ့

despite *prep* သနာ်က့

despoil *v* ဂုာ်ဆူၣ်ပျိဆူၣ်တၢ်ဖိတၢ်လံၤတၢ်လုၢ်ဒိၣ်ပှၤဒိၣ်လၢတၢ်လီၢ်တတီၤ

despondent *a* လၢအသးဟးဂီၤ, လၢအတၢ်မုၢ်လၢ်လၢာ်

despot *n* ပဒိၣ်လၢအပၢတၢ်ဖဲဒၣ်အသး, ထံကီၢ်ခိၣ်နၢ်လၢအဟံးစိကမီၤပှဲၤတုာ်

despotic *a* လၢအပၢဆူၣ်ပၢစိးတၢ်, လၢအပၢတၢ်ဖဲအသး

despotism *n* ၁. တၢ်ပၢဆူၣ်ပၢစိးတၢ်, တၢ်ပၢတၢ်ဖဲအသး ၂. သန့လၢအပၢဒၣ်ဖဲအသး

dessert *n* တၢ်အီၣ်တံၢ်သး
destabilize, destabilise *v* မၤတၢထီၣ်တၢလီၤတၢ်, မၤဘံဘူတၢ်
destination *n* တၢ်လီၢ်လၢတၢ်ကလဲၤဝဲ, တၢ်လီၢ်လၢပှၤအဲၣ်ဒိးတုၤ, တၢ်လဲၤအကတၢၢ်
destine *v* တိာ်ဟ်ဃါမနၤလၢကတုၤအိၣ်ဝဲ
destined *a* တိာ်ဟ်အလီၢ်ဃါမနၤလၢကတုၤလၢအအိၣ်, တိာ်ဟ် မ့တမ့ၢ် ဃုထၢလၢကမၤတၢ်တမံၤမံၤ, ဟ်လီၤအသးဃါမနၤ, လၢအဟဲဝံဟဲစိာ်န့ၢ်ဝဲ, လၢအဘူၣ်အတီၢ်ဟဲန့ၢ်ဝဲ
destiny *n* အလီၢ်လၢတၢ်ဘၣ်တုၤဃီၤစဲဃဲၤ, တၢ်ဟဲဝံဟဲစိာ်, တၢ်ဘူၣ်တၢ်တီၢ်
destitute *a* လၢအဖှိၣ်အယာ်, လၢအတၢ်တအိၣ်တၢ်တယၢၤ, လၢအဖှိၣ်သံယာ်ဂီၤ
destroy *v* မၤဟးဂီၤ
destroyer *n* ၁. ပှၤလၢအမၤဟးဂီၤတၢ်, တၢ်လၢအမၤဟးဂီၤတၢ် ၂. ကဘီဒုးသုးအချံ
destruction *n* တၢ်မၤဟးဂီၤ, တၢ်လီၤပိၢ်, တၢ်ဟးဂူာ်ဟးဂီၤ
destructive *a* လၢအမၤဟးဂီၤတၢ်သ့, လၢအဒုးကဲထီၣ်တၢ်လီၤမၢ်လီၤပိၢ်
desultory *a* လၢတၢ်တဟ်သူၣ်ဟ်သးအပူၤ, လၢတအိၣ်ဒီးတၢ်တိာ်သူၣ်ဟ်သး, လၢအတအိၣ်ဒီးတၢ်အဂ့ၢ်အကျိၤ, လၢအမၤအသးဒ်အခိၣ်တိၤလီၤအသိး
detach *v* မၤလီၤဖျဲၣ်ကွံာ်, ထုးလီၤဖှၣ်ကွံာ်, မၤလီၤဖးကွံာ်
detached *a* ၁. လၢအတအိၣ်တပူၤဃီ ၂. လၢအတအိၣ်ဘျးစဲလိာ်အသး
detachment *n* တၢ်မၤလီၤဖျဲၣ်ကွံာ်, တၢ်ထုးလီၤဖှၣ်ကွံာ်, တၢ်မၤလီၤဖးကွံာ်
detail *n* တၢ်အဂ့ၢ်တဖၣ်အကျါအဆံးတမံၤ, တၢ်ဂ့ၢ်ခဲလၢာ်ခဲဆ့
detail *v* ၁. တဲဖျါဟ်ဖျါထီၣ်တၢ်ဂ့ၢ်လီၤတံၢ်လီၤဆဲး ၂. ဟ့ၣ်လီၤမူဒါလီၤဆီ
detailed *a* လၢအဟ်ဖျါထီၣ်တၢ်ဂ့ၢ်လီၤတံၢ်လီၤဆဲး, လၢအဟ့ၣ်ထီၣ်တၢ်ဂ့ၢ်လၢလၢပှဲၤပှဲၤ
detain *v* ၁. ဒုးဃာ် ၂. ဖိၣ်ကယာ်တၢ်
detainee *n* ပှၤလၢဘၣ်တၢ်ဖိၣ်ဒုးဃာ်အီၤ
detect *v* ၁. ဃုထံၣ်န့ၢ်တၢ်ဂ့ၢ်အိၣ်လီၤဘံၣ်လီၤဘၢ ၂. ဃုသ့ၣ်ညါ, ဃိထံသ့ၣ်ညါ (တၢ်ဂ့ၢ်တၢ်ကျိၤ, ပှၤမၤကမဉ်တၢ်ဖိ) ၃. ထံၣ်သ့ၣ်ညါ
detection *n* ၁. တၢ်ဃုထံၣ်န့ၢ်တၢ်ဂ့ၢ်အိၣ်လီၤဘံၣ်လီၤဘၢ, တၢ်ဃိသမံထံတၢ် ၂. တၢ်ဃိသမံထံအတၢ်ဖံးတၢ်မၤ
detective *n* ပှၤဃိထံတၢ်, ပှၤဃိထံသ့ၣ်ညါတၢ်
detector *n* ၁. ပီးလီဃုထံၣ်တၢ်, ပီးလီဃုထံၣ် (စၢ်ပူၤထးပူၤ) ၂. ပှၤဃုထံၣ်န့ၢ်တၢ်ဂ့ၢ်အိၣ်လီၤဘံၣ်လီၤဘၢ, ပှၤဃိသမံထံတၢ်
detention *n* ၁. တၢ်ဖိၣ်ဃာ်ကယာ် ၂. တၢ်ဒုးအိၣ်ယံာ်ထီၣ်တၢ်
deter *v* (မၤ, တဲ) ပျံၤတၢ်ဒီးတြီဃာ်ဝဲ, မၤပျံၤမၤတံာ်တာ်ပှၤ, တဲပျံၤတဲတံာ်တာ်တၢ်
detergent *n* ဆးပှ့ၣ်ကမူၣ်, ဆးပှ့ၣ်ထံ, တၢ်သ့လီခီထံ, တၢ်အထံ, တၢ်ကမူၣ်လၢတၢ်စူးကါအီၤလၢကမၤကဆိုတၢ်
deteriorate *v* ဟးဂီၤနးဒိၣ်ထီၣ်, နးထီၣ်
deterioration *n* တၢ်ဟးဂီၤနးထီၣ်, တၢ်လီၢ်လံၤဖီဃးထီၣ်, တၢ်ထီၣ်ဃး
determination *n* ၁. တၢ်ဟ်လီၤသးကျၢၤမုဆ့ ၂. တၢ်ဆၢတဲာ်လၢအဖိးသဲစး ၃. တၢ်ဃုသ့ၣ်ညါ
determine *v* ၁. ဟ်လီၤအသးကျၢၤမုဆ့ ၂. ဆၢတဲာ်တၢ် (လၢအဖိးသဲစး) ၃. ဃုသ့ၣ်ညါတၢ်
determined *a* ဟ်လီၤသး, ဟ်လီၤသးကျၢၤမုဆ့
determinism *n* သနူလၢတၢ်ဂ့ၢ်တၢ်ကျိၤအိၣ်ထိၣ်လၢတၢ်လိၣ်ဘၣ်အချၢ
deterrent *n* တၢ်မၤပျံၤတၢ်ဒီးတြီဃာ်တၢ်, တၢ်မၤပျံၤမၤတံာ်တာ်ပှၤ, တၢ်တဲပျံၤတဲတံာ်တာ်တၢ်
detest *v* သးဟ့
detestable *a* လၢအလီၤသးဘၣ်အၢ, လၢအလီၤသူၣ်ဟ့သးဟ့, လီၤသးဟ့
dethrone *v* ထုးကွံာ်လၢစီၤပၤအလီၢ်
dethronement *n* တၢ်ထုးကွံာ်လၢစီၤပၤအလီၢ်
detonate *v* ပိါဖးထီၣ်, မၤပိါဖးထီၣ်တၢ်
detonation *n* တၢ်ပိါဖးထီၣ်, တၢ်မၤပိါဖးထီၣ်တၢ်
detonator *n* တၢ်လၢအမၤပိါဖးထီၣ်တၢ်, မ့ၣ်ပိါအပီးအလီလၢအမၤပိါဖးထီၣ်တၢ်

detour *n* ကျဲလၢအလဲၤသကွ့ၤ, တၢ်လဲၤသကွ့ၤတၢ်, ကျဲဆုံး

detour *v* ဆုံးကျဲ, လဲၤသကွ့ၤကျဲ

detox *n* ၁. တၢ်ကူစါယါဘျါမၤပတှ်တၢ်အီသံးအီက်ဒီးတၢ်စူးကါကသံဉ်မူၤဘိုး ၂. တၢ်သ့ကဆိုကွံာ်တၢ်အစုဉ်အပျ့ၢ်လၢနီၢ်ခိက့ၢ်ဂီၤပူၤ

detox *v* ၁. ကူစါယါဘျါမၤပတှ်တၢ်အီသံးအီက်ဒီးတၢ်စူးကါကသံဉ်မူၤဘိုး ၂. သ့ကဆိုကွံာ်တၢ်အစုဉ်အပျ့ၢ်လၢနီၢ်ခိက့ၢ်ဂီၤပူၤ

detract *v* ဒုးဟးဂီၤ, မၤဆံးလီၤစုၤလီၤတၢ်

detraction *n* တၢ်မၤဟးဂီၤ, တၢ်မၤဆံးလီၤစုၤလီၤတၢ်

detractor *n* ပှၤလၢအမၤဆံးလီၤစုၤလီၤတၢ်, ပှၤလၢအမၤဟးဂီၤပှၤဂၤအလၤကပီၤ (ခီဖျိမဲာ်အါမဲာ်သီဝဲနးနးကလဲာ်)

detriment *n* တၢ်လၢအမၤဟးဂီၤတၢ်, တၢ်မၤဟးဂူာ်ဟးဂီၤတၢ်

detrimental *a* လၢအကဲထိဉ်တၢ်ဟးဂူာ်ဟးဂီၤ, လၢအကဲထိဉ်တၢ်ဘဉ်ယိဉ်ဘဉ်ဘီ, လၢအကဒုးဘဉ်ဒိဆါတၢ်

devaluation *n* တၢ်သုးလီၤ (စ့ပ္ၤ), တၢ်သုးလီၤတၢ်အလုၢ်အပှ့ၤ

devalue *v* ၁. မၤစုၤလီၤတၢ်အလုၢ်အပှ့ၤ ၂. ဟ်ဆံးတၢ်

devastate *v* မၤဟးဂူာ်ဟးဂီၤတၢ်, မၤအိဉ်သယုၢ်တၢ်, မၤအိဉ်လီၤယီတၢ်

devastated *a* လၢအပျံၤတၢ်ဖုးတၢ်ဒိဉ်ဒိဉ်ကလဲာ်, လၢအသူဉ်အုးသးအုးဒိဉ်ဒိဉ်ကလဲာ်

devastating *a* ၁. လၢအမၤဟးဂူာ်ဟးဂီၤတၢ်ဒိဉ်ဒိဉ်မုၢ်မုၢ်, လၢအမၤဟးဂီၤတၢ်စီဖှကလ့ၤ ၂. လၢအမၤပျံၤမၤဖုးတၢ်ဒိဉ်ဒဉ်ကလဲာ်, လၢအမၤသူဉ်အုးသးအုးတၢ်ဒိဉ်ဒိဉ်ကလဲာ် ၃. လၢအထုးနှ့ၢ်သူဉ်ထုးနှ့ၢ်သးဒိဉ်ဒိဉ်ကလဲာ် ၄. လၢအဂ့ၤသမိး, လၢအဂ့ၤသပှၢ်

devastation *n* တၢ်မၤဟးဂူာ်ဟးဂီၤတၢ်, တၢ်မၤသူဉ်ဟးဂီၤသးဟးဂီၤတၢ်

develop *v* လဲၤထိဉ်လဲၤထီ, ဂုၤထိဉ်ပသီထိဉ်

developed *a* လၢအဂုၤထိဉ်ပသီထိဉ်, လၢအဒိဉ်ထိဉ်ထီထိဉ် ၂. လၢအမၤဂ့ၤထိဉ်တၢ်, လၢဘဉ်တၢ်မၤဂ့ၤထိဉ်အီၤ

developer *n* ၁. ပှၤလၢအမၤဒိဉ်ထိဉ်ထီထိဉ်တၢ်, ပှၤလၢအမၤဂုၤထိဉ်ပသီထိဉ်တၢ် ၂. ပှၤလၢအမၤဂ့ၤထိဉ်ဟိဉ်ခိဉ်ကပၢ်တၢ်အိဉ်တၢ်ဆိးအလိၢ် ၃. တၢ်သ့တၢ်ဂီၤအကသံဉ် ၄. တၢ်လၢအဒုးအိဉ်ထိဉ်တၢ်အသိ, တၢ်လၢအဒုးကဲထိဉ်တၢ်အသိ

development *n* တၢ်ဂုၤထိဉ်ပသီထိဉ်, တၢ်လဲၤထိဉ်လဲၤထီ

developmental *a* လၢအဘဉ်ထွဲဒီးတၢ်ဂုၤထိဉ်ပသီထိဉ်, လၢအဘဉ်ဃးဒီးတၢ်လဲၤထိဉ်လဲၤထီ

deviant *a* လၢအလဲၤကမဉ်က့ၤကမဉ်ကျဲ, လၢအမၤထီဒါတၢ်လၢပှၤအါဂၤတူၢ်လိာ်ဝဲ, လၢအတပိာ်ကျဲပိာ်ကပူၤ

deviant *n* ပှၤလၢအလဲၤကမဉ်ကျဲ, ပှၤလၢအမၤထီဒါတၢ်လၢပှၤအါဂၤတူၢ်လိာ်ဝဲ, ပှၤလၢအတပိာ်ကျဲပိာ်ကပူၤ

deviate *v* လဲၤကမဉ်ကျဲ, လဲၤတၢ်တလီၤအကျိၤအကျဲကပူၤ

deviation *n* တၢ်လဲၤကမဉ်ကျဲ, တၢ်လဲၤတၢ်တလီၤအကျိၤအကျဲ

device *n* ၁. တၢ်ဖိတၢ်လံၤ, ပီးလီ (လၢကမၤ, ဘိုတၢ်တမံၤမံၤအဂီၢ်) ၂. တၢ်ကူဉ် (အကျဲ), တၢ်တမံၤမံၤလၢပကူဉ်ဒုးကဲထိဉ်အီၤ

devil *n* တၢ်သရဲသဓး, မုဉ်ကီၤလံၢ်

devilish *a* လၢအမၤသးအၢအၢသီသီရၢၢ်ရၢၢ်စၢၢ်စၢၢ်, လၢအရၢၢ်အစၢၢ်, လၢအသူဉ်က့ဉ်သးကါ

devilishly *adv* အၢအၢသီသီရၢၢ်ရၢၢ်စၢၢ်စၢၢ်, ရၢၢ်ရၢၢ်စၢၢ်စၢၢ်, ဒိဉ်ဒိဉ်အါအါ

devious *a* ၁. လၢအတမၤတၢ်လၢကျဲလီၤကျဲတီ ၂. လၢအလဲၤတၢ်လၢကျဲဘျီ

devise *v* ၁. ကူဉ်ဒုးအိဉ်ထိဉ်တၢ်, ရဲဉ်ကျဲၤဟ်လီၤတၢ် ၂. ဟ့ဉ်တၢ်နှ့ၢ်သါခီဖျိကွဲးတ့ၢ်လံာ်ဖဲတချုးသံအခါ, ကွဲးဟ့ဉ်သါတၢ်ဖဲတချုးသံ

devoid *a* တအိဉ်ဒီး, လၢအလီၤဟိ

devolution *n* ၁. လီၢ်ခၢဉ်သးပဒိဉ်အတၢ်နီၤလီၤမူဒါဆူဟီဉ်ကဝီၤအပှၤဘဉ်မူဒါတဖဉ်အအိဉ်

devolve *v* ဟ့ဉ်နီၤလီၤမူဒါဆူပှၤလၢလာ်တဖဉ်အအိဉ်

devote *v* ဟ့ဉ်လီၤမူာ်ဟ့ဉ်လီၤနီၢ်အသး

devoted *a* လၢအဟ့ဉ်လီၤမူာ်ဟ့ဉ်လီၤနီၢ်အသး

devotee *n* ၁. ပှၤလၢအဟ့ၣ်လီၤသးလၢတၢ်ဘူၣ်တၢ်ဘါ, ပှၤအဲၣ်ထူအဲၣ်ယွၤ ၂. ပှၤလၢအသူၣ်ပိၢ်သးဝး, ပှၤလၢအသးစဲတၢ်တမံၤမံၤဒိၣ်ဒိၣ်ကလဲာ်

devotion *n* ၁. တၢ်အဲၣ်လၢတၢ်သူၣ်တီသးရၤအပူၤ ၂. တၢ်စူးကါဂံၢ်ဘါဆၢကတီၢ်လၢတၢ်တမံၤအဂီၢ် ၃. တၢ်ဟ်ဒိၣ်ဟ်ကဲတၢ်ဘူၣ်တၢ်ဘါ

devotional *a* လၢအဘၣ်ဃးဒီးတၢ်ဘူၣ်သကိးဘါသကိး, လၢတၢ်ဂ့ၤစူးကါအီၤလၢတၢ်ဘူၣ်တၢ်ဘါအဂီၢ်

devour *v* ၁. အီၣ်ကွံာ်တၢ်ပြုၤပြုၤပြၤပြၤ, အီၣ်ကျိၣ်မဲာ်ကျိၣ်နါ ၂. တူၢ်ဘၣ်တၢ်လုၢ်ဘၢအီၤ ၃. ဖးချ့ဒံးချ့နူး

devout *a* လၢအညီနှၢ်သနၢ့အသးလၢယွၤ, ဟ့ၣ်လီၤအသးလၢတၢ်ဘူၣ်တၢ်ဘါအပူၤလၢာ်လၢာ်ဆ့ဆ့

devoutly *adv* လၢအဒုးနဲၣ်ဖျါထိၣ်လၢအိၣ်ဒီးတၢ်အဲၣ်ထူအဲၣ်ယွၤအပူၤ, လၢတၢ်သူၣ်ဒီဖျာၣ်သးဒီဖျာၣ်အပူၤ

dew *n* ပစီၤထံ

dewdrop *n* ပစီၤထံတလီၤစီၤ

dewy *a* ၁. လၢအဘၣ်စိၣ်ဒီးပစီၤထံ ၂. လၢအဖံးဘ့ၣ်စၢ်ကပုာ်လုး

dexterity *n* တၢ်သ့စုဖျဲၣ်ခီၣ်ဖျဲၣ်, တၢ်အိၣ်ဒီးတၢ်စုသ့ခီၣ်ဘၣ်အတၢ်သ့တၢ်ဘၣ်

dexterous *a* ၁. လၢအအိၣ်ဒီးတၢ်စုသ့ခီၣ်ဘၣ် ၂. လၢအပ့ၢ်အချ့

diabetes *n* တၢ်ဆံၣ်ဆၢတၢ်ဆါ

diabetic *a* လၢအအိၣ်ဒီးဆံၣ်ဆၢတၢ်ဆါ

diabetic *n* ပှၤလၢအအိၣ်ဒီးဆံၣ်ဆၢတၢ်ဆါ

diabolic *a* လၢအအၢသံတူာ်ကိာ်, လၢအလီၤကဲာ်မုာ်ကီၤလံၢ်အသိး, လၢအသးက့ၣ်တခွဲးဒဲး

diabolical *a* လၢအဘၣ်ဃးဒီးတၢ်အၢတၢ်သီ, လၢအကၢ့ၣ်အကူ, အၢသံဃိၢ်သံ

diadem *n* ၁. စီၤလိၣ်စီၤပၤအခိၣ်သလုး, တၢ်လၤကပီၤအခိၣ်သလုး, တၢ်လၤကပီၤအခိၣ်ကျိၤ

diagnose *v* သ့ၣ်ညါလၢတၢ်ဆါမနုၤအိၣ်လၢအပူၤ, ဃုသ့ၣ်ညါတၢ်ဆါမနုၤ, ဃုသ့ၣ်ညါတၢ်ဆါအမံၤ

diagnosis *n* တၢ်သ့ၣ်ညါတၢ်ဆါ, တၢ်ဆါအမံၤ

diagnostic *a* လၢအဘၣ်ဃးဒီးတၢ်ဃုသ့ၣ်ညါတၢ်ဆါအကလုာ်

diagnostic *n* ၁. တၢ်ဃုသ့ၣ်ညါတၢ်ဆါအကလုာ် ၂. တၢ်ဆါအပနီၣ် ၃. တၢ်ရဲၣ်တၢ်ကျဲၤလၢအဃုသ့ၣ်ညါခီၣ်ဖှူၤထၢၣ်အတၢ်ကမၣ်

diagonal *a* လၢအလဲၤတစ္ၤ

diagonal *n* ပနိက်နၢၣ်, ပနိက်သနၢၣ်

diagram *n* တၢ်က့ၢ်တၢ်ဂီၤ, တကွီၢ်ဒိ

dial *n* မဲာ်ကွီၤနဲၣ်, တၢ်မဲာ်သၣ်ကဝီၤလၢအဟ်ဖျါထိၣ်နီၣ်ဂံၢ်ဒီးတၢ်ထိၣ်တၢ်

dial *v* ၁. ဒုးဒ်နၣ်ရံၣ်မဲာ်သၣ်အသိး ၂. စံၢ်လီၤလီတဲစိနီၣ်ဂံၢ်

dialect *n* တၢ်ကတိၤအသိၣ်

dialectic *n* ၁. (တၢ်ဆိကမိၣ်ပီညါ) တၢ်ဃုသ့ၣ်ညါတၢ်ဆိကမိၣ်အမှၢ်အတီအကျိၤအကျဲ (ခီဖျိတၢ်ကတိၤသကိး, တၢ်ဂ့ၢ်လိာ်ဘိုလိာ်သကိးဒီးတၢ်ဆိကမိၣ်သကိးတၢ်ဂ့ၢ်ထီဒါလိာ်သး) ၂. တၢ်ထံၣ်ခံကပၤဘၣ်ဃးဒီးတၢ်မၤအသးတမံၤအတၢ်ဘၣ်ဒိဘၣ်ထံးလိာ်အသး

dialogue, dialog *n* တၢ်တဲကျဲၤ, ပှၤခံဖုခံကပၤတဲသကိးတၢ်, တၢ်တၢၣ်ပိၣ်တဲကျဲၤ

diameter *n* ကွီၤတူာ်ပနိ

diametrically *adv* လီၤဆီလၢာ်လၢာ်ဆ့ဆ့

diamond *n* တၢ်မျၢ်

diaper *n* ဖိသၣ်အခံပး

diaphanous *a* လၢအဘူတလါဒီးကပုာ်လုး, လၢအဘူတလါဒီးတၢ်ထံၣ်ဖျိအီၤသ့

diaphragm *n* ၁. သးနါပှၢ်ဒီးဟၢဖၢညၣ်ထုၣ် ၂. တၢ်ဘ့ၣ်ဘၣ်ဘူသလါလၢကနီၤဖးတၢ်အဒူၣ်အဆၢ ၃. ပိာ်မုၣ်အတၢ်ဒီသဒၢဟုးအတၢ်ဖိၣ် ၄. ခဲမရၢ်ပူၤတၢ်ပူၤအလီၢ်ဖဲအပျဲလဲၤနာ်တၢ်ကပီၤ

diaphragm muscle *n* သးနါပှၢ်ဒီးဟၢဖၢညၣ်ထုၣ်

diarrhoea, diarrhea *n* တၢ်ဟၢဖၢလူ

diary *n* ကိးနံၤလံာ်ကွဲးနီၣ်

diaspora *n* ၁. (ပှၤယူဒၤဖိ) တၢ်သုးလီၢ်သုးကျဲဆူထံဂၤကီၢ်ဂၤဒီးဖံးတၢ်မၤတၢ် ၂. တၢ်ဟးထိၣ်ကွံာ်လၢထံကီၢ်ဒီးလဲၤဆူထံဂၤကီၢ်ဂၤ

dice *n* လွံၢ်ဘီကျိ, တၢ်လွံၢ်နၢၣ်အလိၣ်လၢအအိၣ်ဒီးအမဲာ်သၣ်ဃုကပၤဒ်သိးလိာ်အသးဒီးနီၣ်ဂံၢ်တကပၤတမံၤစးထိၣ် ၁ တုၤ ၆

dice *v* ၁. ကူးလီၤတၢ်ညၣ်အလိၣ်ဆံးဆံးဖိ, ကူးလီၤတၢ်အီၣ်တၢ်အီတဖၣ်ဒ်လွံၢ်ဘီကျိအက့ၢ်အဂီၤအသိး ၂. ဂဲၤလိာ်ကွဲလွံၢ်ဘီကျိ

dicey *a* တၢ်ဘၣ်မၤတၢ်လၢတၢ်သးနူအပူၤ လၢအအိၣ်လီၤဘၣ်ယိၣ်ဘၣ်ဘီ, တၢ်ဘၣ်ယိၣ်ဘၣ်ဘီ

dick *n* ၁. ထ့ၣ်ဘိ, ထ့ၣ် ၂. ပှၤလၢအသးတဆး, ပှၤတထံတဆး, ပှၤအီရံၢ်အီရိာ်, ပှၤငီငး ၃. ပှၤဃိထံသ့ၣ်ညါ

dictate *v* ၁. ကိးထီၣ်တၢ်လၢပှၤကကွဲးလီၤအဂီၢ် ၂. တဲတၢ်ဒ်ပှၤအိၣ်ဒီးအစိကမီၤအသိး

dictation *n* တၢ်ကိးထီၣ်ကွဲးလံာ်, တၢ်ကိးထီၣ်လံာ်လၢပှၤကကွဲးပိာ်ထွဲအဂီၢ်

dictator *n* ၁. မီၤစိရီၤ ၂. ပှၤဟံးနၢ်တၢ်စိကမီၤပှဲၤတုာ် (ရိမ့ၤစိၤ)

dictatorial *a* ၁. လၢအဘၣ်ဃးဒီးမီၤစိရီၤ, လၢအလီၤက်ဒီးမီၤစိရီၤ ၂. လၢအအိၣ်ဒီးတၢ်စိကမီၤပှဲၤတုာ် ၃. လၢအစူးကါတၢ်စိတၢ်ကမီၤဒီးမၢဆူၣ်ပှၤဖဲအသး

dictatorship *n* ၁. မီၤစိရီၤသနူ ၂. ထံကိၢ်လၢဘၣ်တၢ်ပၢအီၤလၢမီၤစိရီၤ

diction *n* ၁. တၢ်ဃုထၢစူးကါတၢ်ကတိၤဖဲကတိၤတၢ်ဒီးကွဲးလံာ်အခါ, တၢ်ဃုထၢစူးကါဝီၢ်ဩ ၂. တၢ်ဖးသီၣ်လံာ်ဖျၢၣ်

dictionary *n* လံာ်ခီယ့ၤ

dictum *n* ၁. တၢ်ဟ်ဖျါထီၣ်တၢ်ထံၣ်တၢ်ဆိကမိၣ် ၂. တၢ်ကတိၤဒိ

didactic *a* ၁. လၢအဲၣ်ဒိးသိၣ်လီၤသီလီၤတၢ်, လၢအလိာ်သ့အသး, လၢအလိာ်သရၣ်အသး ၂. လၢအဘၣ်ဃးဒီးတၢ်သိၣ်လီၤသီလီၤပှၤလၢတၢ်သကဲာ်ပဝး, တၢ်ဟ်သူၣ်ဟ်သးတကပၤ

die *n* ၁. လွံၢ်ဘီကျိတခါ ၂. စဲးဒိၣ်တဲာ်ထး, နိၣ်တိၢ်တၢ်အက့ၢ်အဂီၤ

die *v* သံ, လဲၤပူၤကွံာ်ဟီၣ်ခိၣ်

diehard *n* ခိၣ်ကိၤဒီးတတူၢ်ဃၣ်အသး

diesel *n* ဒံၢ်စဲၢ်, သိဒ္ဒၣ်အကလုာ်

diet *n* တၢ်အီၣ်လၢအန့ၢ်ဂံၢ်န့ၢ်ဘါ

diet *v* အီၣ်စှၤတၢ်အီၣ်လၢကမၤဃဲၤလီၤသးအဂီၢ်

dieter *n* ပှၤအီၣ်စှၤတၢ်အီၣ်လၢကမၤဃဲၤလီၤသးအဂီၢ်

dietetic *a* လၢအဘၣ်ထွဲဒီးတၢ်အီၣ်တၢ်အီဒီးတၢ်အီၣ်န့ၢ်ဂံၢ်န့ၢ်ဘါ

dietetics *n* တၢ်အီၣ်န့ၢ်ဂံၢ်န့ၢ်ဘါစဲအ့ၣ်ပီညါ, တၢ်ဃုသ့ၣ်ညါမၤလိမၤဒီးဘၣ်ဃးတၢ်အီၣ်န့ၢ်ဂံၢ်န့ၢ်ဘါအဂ့ၢ်အကျိၤ

dietician *n* ပှၤစဲၣ်နီၤလၢတၢ်အီၣ်န့ၢ်ဂံၢ်န့ၢ်ဘါ, ပှၤဟ့ၣ်ကူၣ်ဟ့ၣ်ဖးတၢ်လၢတၢ်အီၣ်န့ၢ်ဂံၢ်န့ၢ်ဘါ, ပှၤဟ့ၣ်ကူၣ်ဟ့ၣ်ဖးတၢ်လၢအဘၣ်ဃးဒီးတၢ်အီၣ်တၢ်အီလၢတၢ်ကြၢးအီၣ်တဖၣ်လၢတၢ်အိၣ်ဆူၣ်အိၣ်ချ့အဂီၢ်

differ *v* ၁. လီၤဆီလိာ်အသး ၂. တလီၤပလိာ်, ဟ်အသးလီၤဆီ

difference *n* တၢ်လီၤဆီလိာ်သး, တၢ်လီၤဆီ

different *a* ၁. လၢတဒ်သိးလိာ်သး ၂. လၢအလီၤဆီလိာ်သး

differential *a* ၁. လၢအဟ်ဖျါထီၣ်တၢ်လီၤဆီလိာ်သး ၂. လၢအဒိးသန့ၤထီၣ်အသးလၢတၢ်လီၤဆီလိာ်သးအဖီခိၣ်

differential *n* ၁. တၢ်န့ၢ်ဘူးန့ၢ်လဲ မ့တမ့ၢ် တၢ်အပ့ၤ အတၢ်လီၤဆီလိာ်သးလၢပှၤမၤတၢ်ဖိတဖၣ်အဘၢၣ်စၢၤ ၂. သိလ့ၣ်ဒိၣ်ကွံၤလၢအတၢ်တရံးတၢ်လီၤဆီလိာ်သးဖဲသိလ့ၣ်တရံးကဒါက့ၤအခိၣ်လၢတၢ်နၢၣ်ထံးအခါ ၃. တၢ်လီၤဆီလိာ်သးလၢတၢ်ခံမံၤခံခါအဘၢၣ်စၢၤ, တၢ်လီၤဆီလိာ်အသးလၢတၢ်အလုၢ်အပ့ၤအဘၢၣ်စၢၤ, တၢ်လီၤဆီလိာ်သးလၢတၢ်အယူာ်အဘၢၣ်စၢၤ

differentiate *v* ၁. ဒုးနဲၣ်ဟ်ဖျါထီၣ်တၢ်လီၤဆီလိာ်သးလၢတၢ်အဘၢၣ်စၢၤ ၂. နီၤဖးလီၤ, မၤလီၤဆီတၢ်အဆၢ, မၤပနိၣ်လီၤဆီတၢ်အဆၢ

difficult *a* ကီ, ကီခဲ

difficulty *n* တၢ်ကီတၢ်ခဲ

diffidence *n* တၢ်နာ်လီၤသးတအိၣ်, တၢ်ဒုးနဲၣ်ဖျါထီၣ်အတၢ်မဲာ်ဆုး

diffident *a* လၢအတၢ်နာ်လီၤသးတအိၣ်, လၢအဒုးနဲၣ်ဖျါထီၣ်အတၢ်မဲာ်ဆုး

diffuse *a* ၁. လၢအရၤလီၤသလၣ်လီၤအသး, လၢအပုာ်ထီၣ်ယွၤလီၤသကုၤ ၂. လၢအတဖျါရှဲရှဲပျီပျီ, လၢအတဖျါတြၢ်ကလာ်

diffuse *v* ၁. ရၤလီၤသလၣ်လီၤအသး, ပုာ်ထီၣ်ယွၤလီၤသကုၤ ၂. စူးကါတၢ်ကတိၤဖျၢၣ်အါဘၣ်ဆၣ်အခီပညီတဖျါဝဲ

dig *n* ၁. တၢ်ဆဲးတိပှၤလၢစုမ့ၢ်, တၢ်တနၢ်ပှၤလၢစုနၢ်ခံ ၂. တၢ်ဃဲာ်အၢဃဲာ်သီပှၤ, တၢ်မၤအ့နူသူဉ်အ့နူသးပှၤ ၃. တၢ်ဟးဃုခူဉ်တၢ်ဖိတၢ်လံၤလၢပျၤ, တၢ်ခူဉ်ဟိဉ်လာ်တၢ်ထူးတၢ်တီၤ

dig *v* ခူဉ်, ဖျး

digest *n* တၢ်ကွဲးဖုဉ်တၢ်အဂ့ၢ်မိၢ်ပှၢ်

digest *v* ၁. (ကဖု) ဂံာ်ဘျုး (တၢ်အီဉ်) ၂. ဆိကမိဉ်လီၤတံၢ်တၢ်ထံထံဆးဆး

digestible *a* လၢတၢ်ဂံာ်ဘျုးအီဉ်ညီ

digestion *n* တၢ်မၤဘျုးတၢ်အီဉ်, တၢ်ဂံာ်ဘျုးတၢ်အီဉ်

digestive *a* လၢအဘဉ်ထွဲဒီးတၢ်ဂံာ်ဘျုးတၢ်အီဉ်

digit *n* ၁. နီဉ်ဂံၢ် ၀ တုၤလၢ ၉ အဘၢဉ်စၢၤတဖျၢဉ် ၂. စုမုၢ်ခီဉ်မုၢ်

digital *a* ၁. လၢအစူးကါတၢ်အကျိၤအကျဲသနူလၢအကတိၤဟ်တၢ်ကလုၢ် မ့တမ့ၢ် တၢ်ဂီၤတၢ်ဖိဉ်လၢနီဉ်ဂံၢ်ဒီးအံဉ်လဲးထြိန်းအကျိၤအကျဲ ၂. လၢအနၤနဲဉ်တၢ်ဆၢကတီၢ်လၢနီဉ်ဂံၢ်ရဲဉ်တဖဉ် (ဒ္းကွံးတၢဉ်(လ)နဉ်ရံဉ်) ၃. လၢအဘဉ်ထွဲဒီးစုမုၢ်စုနၢတဖဉ်

digitalize, digitalise *v* ဆီတလဲ, လဲလိာ် (တၢ်ဂီၤတၢ်ဖိဉ်, တၢ်ကလုၢ်, တၢ်ဂ့ၢ်တၢ်ကျိၤ) ဆူနီဉ်ဂံၢ်ဒီးအံဉ်လဲးထြိန်းအကျိၤအကျဲ

digitize, digitise *v* ဆီတလဲ, လဲလိာ် (တၢ်ဂီၤတၢ်ဖိဉ်, တၢ်ကလုၢ်, တၢ်ဂ့ၢ်တၢ်ကျိၤ) ဆူနီဉ်ဂံၢ်ဒီးအံဉ်လဲးထြိန်းအကျိၤအကျဲ

dignified *a* ဖျါကဟုကညီၢ်, ပုၤဒီးအသူးအသ့ဉ်, လၢအလီၤယူးယီဉ်ဟ်ကဲ

dignify *v* ဟ့ဉ်တၢ်လၢတၢ်ကပီၤ, မၤအိဉ်ဖျါအကဟုကညီၢ်

dignitary *n* ပုၤလၢအအိဉ်ဒီးအသူးအသ့ဉ်, ပုၤလီၤယူးယီဉ်ဟ်ကဲအိဉ်ဒီးလီၢ်ဒိဉ်လၢထီ

dignity *n* တၢ်အသူးအသ့ဉ်တၢ်လၢကပီၤ, တၢ်ကဟုကညီၢ်

digress *v* ကတိၤတၢ်တလီၤပလိာ်ဒီးတၢ်ဂ့ၢ်ဘဉ်, လဲၤတၢ်တလီၤပလိာ်ဒီးတၢ်ဂ့ၢ်ဘဉ်

digression *n* တၢ်ကတိၤတၢ်တလီၤပလိာ်ဒီးတၢ်ဂ့ၢ်ဘဉ်, တၢ်လဲၤတၢ်တလီၤပလိာ်ဒီးတၢ်ဂ့ၢ်ဘဉ်

digs *n* ဒၢးလၢတၢ်ဒိးလဲအိဉ်အီၤ

dike *n* ၁. တမၢဉ်, ထံတိ ၂. ထံဘိကျိၤ ၃. မ့ဉ်အဲဉ်ပကၢၤ

dilapidated *a* လီၤမုၢ်လီၤပိၢ်, (တၢ်သူဉ်ထီဉ် မ့တမ့ၢ် တၢ်ပီးတၢ်လီ) လၢအလီၢ်လံၤဟးဂီၤ

dilate *v* မၤဒိဉ်ထီဉ်, မၤလဲၢ်ထီဉ်, မၤဟိထီဉ်

dilatory *a* လၢအဃၢအစံာ်, ကုၤစရူၢ်, ဃၢဃၢစံာ်စံာ်

dilemma *n* တၢ်ဃံးတၢ်စုၤ, တၢ်အိဉ်သးကီခဲ, တၢ်အိဉ်သးဖဲတၢ်ဘဉ်ဃုထၢတၢ်ခံမံၤကီကီခဲခဲ

diligence *n* တၢ်သးစွံကတုၤ, တၢ်ကျဲးစၢးထုးဂံၢ်ထုးဘါ

diligent *a* ခုဖံးခုမၤ, လၢအအိဉ်ဒီးတၢ်ဂုာ်ကျဲးစၢး

diligently *adv* ဆူဉ်ဆူဉ်, လၢာ်ဂံၢ်လၢာ်ဘါ, စွံကတုၤ

dill *n* တၢ်နၢမူနၢဆို, ဖီဃဲဒီး

dilute *a* ၁. လၢတၢ်ဃါဃုာ်ကျဲအါထိဉ်ဒီးထံဒ်သိးကမၤစုၤလီၤတၢ်တမံၤမံၤအကံၢ်အစီအဂီၢ်, လၢအမၤဆုံထိဉ်တၢ် ၂. လၢတၢ်မၤစုၤလီၤအတၢ်တုၤလီၤတီၤလီၤ

dilute *v* ကျဲမၤစၢ်လီၤဃုာ်ဒီးထံ, ကျဲဉ်ကျီမၤစၢ်လီၤတၢ်အထံသဟိဉ်

dim *a* ၁. ကနၤ, ခံးလီၤ, ဖျါကနၤ, လၢကွၢ်တၢ်တဖျါဂ့ၤ ၂. လၢအသ့ဉ်နီဉ်ဝဲတထံတဆး, လၢအသ့ဉ်နီဉ်ဝဲကနၤကယီၢ် ၃. လၢအတတူၢ်လိာ် ၄. လၢအတဖျါလီၤတံၢ်လီၤဆဲး

dim *v* ၁. မၤလီၤကနၤ, လီၤကနၤ, ကနၤလီၤ, စုၤလီၤ ၂. မၤစုၤလီၤအသူးအသ့ဉ်, မၤစၢ်လီၤတၢ်အကံၢ်အစီတဖဉ်

dime *n* အမဲရကၤစ့အဘ့ဉ်လၢအိဉ်အစဲ(ထ)တဆံ

dimension *n* တၢ်ထိဉ် (အကစီၤ, အဒိဉ်ဃိၤ) အထီ, တၢ်အကၢ့်အဂီၤအဒိဉ်အဆံး

diminish *v* ဆံးလီၤစုၤလီၤ, လီၤကဃး, လီၤသံး, လီၤတူာ်

diminutive *a* ၁. ဆံးကိာ်ဖိ, ပြံကဒံ ၂. လၢဘဉ်တၢ်ကီးဖုဉ်လီၤအမံၤ

dimly *adv* ကနၤကနၤ, ကနၤကယီၢ်, တဖျါဆုံ

dimple *n* (ဘိးပၤ) လီၤဆၢဉ်

dimple *v* မၤဖျါထိဉ်အခဉ်သဝံး, နံၤလီၤဆၢဉ်ဘိးပၤ, မၤဖျါထိဉ်အဘိးပၤလီၤဆၢဉ်

din *n* တၢ်သီဉ်သထူာ်ဘးလီကံၢ်နူၤကံၢ်နၢ်

dine *v* အီဉ်ဟါအတၢ်အီဉ်

D

D

diner *n* ၁. ပှၤအီဉ်ဟါတၢ်အီဉ်, ပှၤလၢအီဉ်တၢ်အီတၢ်လၢတၢ်အီဉ်ကျးအပူၤ ၂. တၢ်အီဉ်ကျးဖိ, တၢ်အီဉ်ကျးဖိလၢအပှ့ၤဘဉ်

dinghy *n* ၁. ချံယၢ်ဖိ ၂. ချံမူဖိ

dingy *a* ထိဉ်ဃး, ဘဉ်အၢ

dining room *n* အီဉ်မုၤဒၢး

dinner *n* ဟါတၢ်အီဉ်

dinosaur *n* ဒဲဉ်နိၤစီ, ဆဉ်ဖိကီၢ်ဖိအဒိဉ်ကတၢၢ်လၢပူၤကွံာ်နံၣ်အကကွဲၢ်တဖဉ်

dint *n* တၢ်မဲာ်ဖံးခိဉ်လီၤဆၢဉ်

diocese *n* ခရံာ်ဖိတၢ်ဘူဉ်တၢ်ဘါအဟိဉ်ကဝီၤ

diode *n* လီမ့ဉ်အပီးအလီ, ဒဲၢ်အိဉ်

dip *n* ၁. တၢ်ပိၢ်ထံချုချ့, တၢ်စုဉ်လီၤသးတစိၢ်ဖိ ၂. တၢ်ဆံးလီၤစုၤလီၤတစဲးဖိ ၃. တၢ်ဃ့ဉ်ထံ, တၢ်သဉ်အသံးထံဃါဃှာ်ပံာ်ပံာ် ၄. (ဆဉ်ဖိကီၢ်ဖိ) ကသံဉ်မၤသံတၢ်ဃၢ် ၅. တၢ်ထိဉ်ကူလီၤဃၢဉ် ၆. တၢ်ကွၢ်တၢ်တဘျးဖိ ၇. ပှၤလၢအသးတဆး, ပှၤအီရံၢ်အီရီာ်, ပှၤငီငး

dip *v* ၁. စုဉ်လီၤ, ဘျၢလီၤ (လၢထံကျါ) ၂. ဘံထိဉ်ဘံလီၤ ၃. ဘျၢဉ်ထိဉ်, ဒၢဉ်ထိဉ်

diphtheria *n* ကိာ်ယူၢ်ဘိညီးတၢ်ဆါ, ဒုးဖသရံယါကိာ်ယူၢ်ဘိညီးတၢ်ဆါ

diphthong *n* တၢ်သိဉ်မိၢ်ပှၢ်ခံခါဟ်ဖှိဉ်ထိဉ်အသး

diploma *n* တီၤဒိဉ်လာ်လံာ်အုဉ်သး, တၢ်ဖျိက္ခိအလံာ်အုဉ်သး

diplomacy *n* ၁. ထံကီၢ်မိၢ်သီမိၢ်လါအတၢ်ရှလိာ်မုာ်လိာ် ၂. တၢ်သ့ရှလိာ်မုာ်လိာ်သးဒီးပှၤဂၤ

diplomat *n* ထံကီၢ်အခၢဉ်စး, ထံကီၢ်မိၢ်သီမိၢ်လါ, ပှၤလၢအရှလိာ်ဒီးပှၤသ့

diplomatic *a* ၁. လၢအဘဉ်ဃးဒီးတၢ်ရှလိာ်မုာ်လိာ်လၢထံကီၢ်ခံဘ့ဉ်အဘၢဉ်စၢၤ ၂. လၢအသ့စံးသ့ကတိၤတၢ်, လၢအအိဉ်ဒီးတၢ်ကူဉ်သ့လၢတၢ်စံးတၢ်ကတိၤတၢ်ဖံးတၢ်မၤအပူၤ ၃. လၢအသ့ဒီအသးလၢတၢ်ရှလိာ်မုာ်လိာ်အပူၤ

dipper *n* နိဉ်ဘျၢဉ်ထံ, ထံနိဉ်ဘျၢဉ်

dipshit *n* ပှၤလၢအသးတဆး, ပှၤတထံတဆး, ပှၤအီရံၢ်အီရီာ်, ပှၤငီငး

dipsomaniac *n* ပှၤအီသံးဖိလၢတအီဘဉ်သံးအိဉ်တကဲ

dipstick *n* ၁. နိဉ်ထိဉ်လၢအထိဉ်ကွၢ်တၢ်အထံအနိ, လီၤဆီဒ့ၣ်တၢ်ထိဉ်သိ ၂. ပှၤအီပီအီရီာ်

dire *a* လၢအလီၤပျံၤဘဉ်ပှၤ, လိဉ်ဘဉ်ဝဲဒိဉ်ဒိဉ်ကလဲာ်

direct *a* ၁. လီၤလိၤ, ပျိပျိ, လၢအတဲတၢ်ပျိပျိ, လၢအတိတိလိၤလိၤ ၂. လၢတအိဉ်ဒီးအဘၢဉ်စၢၤ, လၢပှၤဘၢဉ်စၢၤတအိဉ်, လၢအခၢဉ်စးတအိဉ်, လၢတၢ်အဘၢဉ်စၢၤတအိဉ်

direct *adv* လိၤလိၤ, လိၤလိၤဘျၢဘျၢ

direct *v* ၁. ပညိဉ်ဃီၤဆူ ၂. နဲဉ်လီၤ, နဲဉ် (ကျဲ) ၂. ဟ့ဉ်လီၤ, နဲဉ်လီၤ (တၢ်ကလုၢ်)

direction *n* တၢ်အကျိၤလိၤ, တၢ်နဲဉ်ကျဲ

directive *n* တၢ်နဲဉ်ကျဲ

directly *adv* ၁. လိၤလိၤဘျၢဘျၢ ၂. တဘျိဃီ, တကီၢ်ခါ

director *n* ၁. ပှၤပၢဆှၢတၢ် ၂. ပှၤနဲဉ်တၢ် ၃. ပှၤနဲဉ်တၢ်ဒိတၢ်တဲာ်

directorate *n* ၁. ခီပနံာ်အပှၤပၢဆှၢတၢ်, ခီပနံာ်အပှၤနဲဉ်တၢ် ၂. ပဒိဉ်တၢ်ပၢဆှၢဝဲၤကျိၤတဖု, တၢ်ပၢတၢ်ဆှၢကမံးတံာ်တဖု

directorial *a* ၁. လၢအဘဉ်ထွဲဒီးပှၤပၢဆှၢတၢ် ၂. လၢအဘဉ်ထွဲဘဉ်ဃးတၢ်ပၢဆှၢနဲဉ်ကျဲ

directorship *n* တၢ်ပၢတၢ်ဆှၢတၢ်

directory *n* လံာ်နဲဉ်အဒိ, လီတဲစိအလံာ်နဲဉ်

dirge *n* ထါဟီဉ်ထါယၢၤ, တၢ်သံအထါသးဝံဉ်, ထါပျုၤထါစှၢၤ

dirt *n* ၁. တၢ်ကမုံၤကမှိာ် ၂. တၢ်တဂ့ၤတဘဉ်, တၢ်ဃံဉ်တၢ်မူး, တၢ်ဘၢဉ်အၢဘဉ်သီ ၃. ဖဉ်ကမူဉ်ဖဉ်ဆါ, ဟီဉ်ခိဉ်ကမူဉ်

dirt cheap *a* လၢအပှ့ၤဘဉ်ဒိဉ်မး

dirt poor *a* လၢအဖိဉ်သံယာ်ဂီၤဒိဉ်မး

dirt road *n* ကျဲဃီၤဃၤ, ကျဲတဘျ့ဘဉ်

dirty *a* ၁. ဘဉ်အၢ, လၢအဘဉ်အၢဘဉ်သီ, တကဆဲ့ကဆို ၂. လၢအတတီတလိၤ, လၢအတမှာ်တလၤ, လၢအတလီၤသးမံ ၃. လၢအစူးကါကသံဉ်မူၤဘိုး

dirty *v* မၤဘဉ်အၢမၤသီတၢ်

dirty bomb *n* မ့ဉ်ပိၢ်လၢအိဉ်ဒီးရှဉ်ဒံၢ်ယိဉ်တၢ်ကိၢ်အသဟီဉ်

dirty look *n* တၢ်ကွၢ်တံၢ်တၢ်

dirty work *n* တၢ်ဖံးတၢ်မၤတတီတလိၤ, တၢ်ဖံးတၢ်မၤဘၣ်အါဘၣ်သိ, တၢ်ဖံးတၢ်မၤလၢအတဖိးသဲစး
disability *n* ဟူးဂဲၤဖံးမၤတၢ်တသ့ဂ့ၤဂ့ၤ, က့ၢ်ဂီၤတကျၢၤတမး, က့ၢ်ဂီၤတဂ့ၤတဘၣ်
disable *v* ၁. က့ၢ်ဂီၤတဂ့ၤ, က့ကွဲၣ် ၂. မၤစၢ်လီၤတၢ်အဂံၢ်အဘါတုၤမၤတၢ်တသ့ ၃. မၤကတၢၢ်ကွံာ်တၢ်
disabled *a* လၢအနီၢ်ခိက့ၢ်ဂီၤဟးဂီၤ, လၢအနီၢ်ခိက့ၢ်ဂီၤတဂ့ၤ
disabuse *v* မၤပူၤဖျဲးထီၣ်ကွံာ်လၢတၢ်ဆိကမိၣ်ဒီးတၢ်နာ်ကမၣ်တၢ်
disadvantage *n* တၢ်တန့ၢ်ဘျုးန့ၢ်ဖိုၣ်ဘၣ်, တၢ်လဲၤထီၣ်လဲၤထီတအိၣ်, တၢ်တကဲဘျုးကဲဖိုၣ်, တၢ်ဘၣ်ဒိဘၣ်ထံး
disadvantage *v* မၤစုၤလီၤတၢ်အဘျုး, မၤဘၣ်ဒိဆါတၢ်, တန့ၢ်ဘျုးန့ၢ်ဖိုၣ်, တကဲဘျုးကဲဖိုၣ်
disadvantaged *a* ၁. လၢအတန့ၢ်ဘျုးန့ၢ်ဖိုၣ် ၂. လၢတၢ်လဲၤထီၣ်လဲၤထီတအိၣ်
disadvantageous *a* လၢအတကဲဘျုးကဲဖိုၣ်, လၢတၢ်ဘၣ်ဘျုးတအိၣ်, လၢအဒုးကဲထီၣ်တၢ်ဂံၢ်စၢ်ဘါစၢ်
disaffected *a* လၢတအိၣ်ဒီးတၢ်သူၣ်မံသးမံ, လၢအသူၣ်တအိၣ်သးတအိၣ်လၢၤတၢ်
disagree *v* တဘၣ်အသး, သးတလီၤပလိာ်
disagreeable *a* လၢအတလီၤဘၣ်သူၣ်ဘၣ်သး, သးတလီၤပလိာ်, လၢအတဝံၣ်တဆၢ
disagreement *n* တၢ်သးတလီၤပလိာ်, တၢ်ထံၣ်တလီၤပလိာ်
disallow *v* တတူၢ်လိာ်ဟ့ၣ်ခွဲး, တအၢၣ်လီၤအီလီၤ
disappear *v* လီၤမၢ်
disappearance *n* ၁. တၢ်လီၤမၢ်, တၢ်ဟါမၢ် ၂. တၢ်တအိၣ်လၢၤ
disappoint *v* မၤသးဟးဂီၤ (ပှၤ) သး
disappointed *a* လၢအသးဟးဂီၤ
disappointing *a* လၢအလီၤသးဟးဂီၤ, လၢအမၤဟးဂီၤအသူၣ်အသး
disappointment *n* ၁. တၢ်သူၣ်ဟးဂီၤသးဟးဂီၤ ၂. တၢ်သူၣ်လၢာ်သးလၢာ်ကွံာ်
disapprobation *n* တၢ်တဘၣ်သူၣ်ဘၣ်သး, တၢ်သးတလီၤပလိာ်, တၢ်တအၢၣ်လီၤတူၢ်လိာ်
disapproval *n* တၢ်တဘၣ်သူၣ်ဘၣ်သး, တၢ်သးတလီၤပလိာ်, တၢ်တအၢၣ်လီၤတူၢ်လိာ်
disapprove *v* တဟ်လၢအဘၣ်ဘၣ်, ဟ်တၢ်ကမၣ်လၢအလိၤ, တဘၣ်အသးဘၣ်
disapproving *a* လၢအတဘၣ်သူၣ်ဘၣ်သး
disarm *v* ၁. ဟံးန့ၢ်ကွံာ် မ့တမ့ၢ် ထုးကွံာ်တၢ်စုကဝဲၤ ၂. မၤစုၤလီၤသုးမုၢ်သံၣ်ဘိဒီးတၢ်စုကဝဲၤ ၃. မၤစုၤလီၤပှၤဂၤအတၢ်နာ်နှၤ်ပှၤ
disarmament *n* တၢ်မၤစုၤလီၤစုကဝဲၤ
disarming *a* လၢအမၤစၢ်လီၤအတၢ်သူၣ်ဒိၣ်သးဖှိး, လၢအမၤလီၤကယးတၢ်သူၣ်ဒိၣ်သးဖှိး
disarrange *v* ဟ်ပြၢတၢ်, တဟ်တၢ်လၢအလိၢ်အကျဲ
disarray *n* တၢ်မၤသဘံၣ်သဘုၣ်တၢ်, တၢ်ကဆံကဆွဲ, တၢ်တဘၣ်လိာ်ဘၣ်စး
disarray *v* မၤသဘံၣ်သဘုၣ်, မၤကဆံကဆွဲ, ဒုးအိၣ်ထီၣ်တၢ်တဘၣ်လိာ်ဘၣ်စး
disaster *n* တၢ်တတၢာ်တနါ
disastrous *a* လၢအဒုးတုၤအိၣ်တၢ်ကီတၢ်ခဲ, လၢအမၤဟးဂီၤတၢ်အါအါသိသိ, လၢအဒုးဘၣ်ကီဘၣ်ခဲတၢ်
disavow *v* ဂ့ၢ်လိာ်, သမၢ
disband *v* လီၤပြံလီၤပြါ, ဆိကတီၢ်ပှၤတဖုအတၢ်မၤသကိး
disbelief *n* တၢ်တနာ်နှၤ်တၢ်ဘၣ်, တၢ်နာ်နှၤ်တၢ်တအိၣ်
disbelieve *v* တနာ်နှၤ်တၢ်ဘၣ်
disburse *v* ထုးထီၣ်ဟ့ၣ်လီၤကျိၣ်စ့, ထုးထီၣ်ဟ့ၣ်လီၤ
disbursement *n* တၢ်ထုးထီၣ်ဟ့ၣ်လီၤကျိၣ်စ့, တၢ်ထုးထီၣ်ဟ့ၣ်လီၤတၢ်
disc, disk *n* ၁. တၢ်ဘ့ၣ်ဘၣ် ၂. ဃံဘ့ၣ်ဘၣ်စၢ်လၢချၢဃံအကဆူး ၃. ခီၣ်ဖျူထၢၣ်လီဃဲၤဘ့ၣ်လၢအဟ်ဖိုၣ်တၢ်ဂ့ၢ်တၢ်ကျိၤ
disc jockey *n* ပှၤအိးထီၣ်တၢ်သးဝံၣ်, ပှၤရဲၣ်ကျဲၤအိးထီၣ်တၢ်သးဝံၣ် (ဖဲတၢ်အီၣ်ကျး, ကွဲၤလ့လီၤအတၢ်ရဲၣ်တၢ်ကျဲၤတဖၣ်အပူၤ)
discard *v* တၢၤကွံာ်, စူးကွံာ်, တသူလၢၤဘၣ်
discern *v* ထံၣ်သ့ၣ်ညါ
discernable *a* လၢတၢ်ထံၣ်သ့ၣ်ညါအီၤသ့

D

discerning *a* လၢအကူၣ်ဘၣ်ဖးသ့, လၢအသ့ပဲာ်ထံနီၤဖးတၢ်ဂ့ၢ်, လၢအသ့ၣ်ညါနၢ်ပၢၢ်တၢ်သ့ဂ့ၤဂ့ၤ

discernment *n* တၢ်ထံၣ်သ့ၣ်ညါတၢ်, တၢ်သ့ပဲာ်ဖးနီၤဖးတၢ်

discharge *n* ၁. တၢ်ပျဲကွံာ်, တၢ်ပျၢ်ကွံာ် ၂. တၢ်အထံအနိစုၢ်ထိၣ်ယွၤလီၤ ၃. တၢ်ထုးကွံာ်, တၢ်ထုးထိၣ်ကွံာ် ၄. တၢ်ခးပိၢ်ကျိချံမျိၣ်သၣ် ၅. တၢ်ဟ့ၣ်က့ၤဒ့ၣ်ကမၢ် ၆. လီယွၤ, လီအတၢ်ယွၤ

discharge *v* ၁. ပျဲကွံာ်, ပျၢ်ကွံာ်လၢမူဒါ, ထုးထိၣ်ကွံာ်လၢမူဒါ ၂. ပျဲဟးထိၣ်တၢ်သဝံ, တၢ်အထံအနိတဖၣ် ၃. မၤလၢပှဲၤမူဒါ ၄. ခးထိၣ်ကျိ, ခးပိၢ်ကျိ ၅. ပျဲစံၣ်လီၤတၢ်ဆါဟံၣ် ၆. ဟ့ၣ်က့ၤဒ့ၣ်ကမၢ်, လီးက့ၤဒ့ၣ်ကမၢ် ၇. ဒုးယွၤလီၤ (လီမ့ၣ်အူ)

disciple *n* ပှၤတၢ်မၢဖိ, ပှၤလၢအပိာ်တၢ်ဘူၣ်တၢ်ဘါခိၣ်နၢ်အခံ

disciplinarian *n* ပှၤလၢအတၢ်သိၣ်တၢ်သိယံး

disciplinary *a* လၢအဖိၣ်ယံးတၢ်သိၣ်တၢ်သိ

discipline *n* တၢ်သိၣ်တၢ်သိ, တၢ်တူၢ်လိာ်တၢ်သိၣ်ယီၣ်သိယီၣ်, တၢ်မၤထွဲဒ်တၢ်သိၣ်တၢ်သိ

discipline *v* သိၣ်တၢ်သိတၢ်, သိၣ်ယီၣ်သိယီၣ်တၢ်

disclaim *v* သမၢ, ဂ့ၢ်လိာ်

disclaimer *n* တၢ်စူးကွံာ်ညိကွံာ်, တၢ်တဟံးန့ၢ်မူဒါလၢၤဘၣ်, တၢ်ဟ့ၣ်လီၤကွံာ်တၢ်

disclose *v* ဟ်အိၣ်ဖျါထိၣ်တၢ်, မၤဖျါထိၣ်တၢ်, ဒုးအိၣ်ဖျါထိၣ်တၢ်, လီၣ်ဖျါတၢ်

disclosure *n* တၢ်လီၣ်ဖျါထိၣ်တၢ်, တၢ်ဘိးဘၣ်ဟ်ဖျါထိၣ်တၢ်

disco *n* ဒုးစကိၣ်ချ့း(ဘ) မ့တမ့ၢ် ပၣ်တံၣ်ဖဲတၢ်ဂဲၤကလံၣ်ဒုးစကိၣ်

discography *n* တၢ်သးဝံၣ်မံၤရဲၣ်

discolouration, discoloration *n* တၢ်အလွဲၢ်လဲလိာ်ကွံာ်, တၢ်အလွဲၢ်လီၤကွံာ်, တၢ်အလွဲၢ်ဒံကွံာ်

discolour, discolor *v* မၤလဲလိာ်ကွံာ်အလွဲၢ်, မၤလီၤတၢ်အလွဲၢ်

discomfort *n* ၁. တၢ်တူၢ်ဘၣ်တမှာ်တလၤ ၂. တၢ်တူၢ်ဘၣ်မဲာ်ကိၢ်နါကိၢ်, တၢ်အိၣ်တမှာ်တလၤ

discommode *v* မၤကီမၤခဲ, မၤတာ်တာ်, မၤတမှာ်တလၤတၢ်

discompose *v* မၤတာ်တာ်တၢ်, မၤဘၣ်ယိၣ်ဘၣ်ဘီပှၤအသး

discomposure *n* တၢ်တာ်တာ်, တၢ်မၤတာ်တာ်, တၢ်ဘၣ်ယိၣ်ဘၣ်ဘီ

disconcert *v* မၤသူၣ်ကိၢ်သးဂီၤ, မၤဘၣ်ယိၣ်ဘၣ်ဘီ, မၤကဒံကဒါပှၤအသး

disconnect *v* ဘျံးကွံာ်ဘျးကွံာ်, မၤလီၤဖှၣ်ကွံာ်တၢ်, တဒုးဘၣ်ထွဲလိာ်, ထုးဖးကွံာ်

disconnected *a* လၢအတဘၣ်ထွဲလိာ်အသး, လၢအထုးဖးကွံာ်အသး

disconsolate *a* သးတမှာ်တလၤ, သူၣ်ဟးဂီၤသးဟးဂီၤ, သူၣ်ကၢ်သးလီၤ

discontent *n* တၢ်သူၣ်တမံသးတမံ

discontented *a* လၢအသူၣ်တမံသးတမံ, လၢအသးတဂၢၢ်တကျၢၤဘၣ်

discontinuation *n* တၢ်အိၣ်ကတိၢ်, တၢ်ဆိကတိၢ်

discontinue *v* အိၣ်ကတိၢ်, ဆိကတိၢ်

discontinuity *n* ၁. တၢ်ဆိကတိၢ် ၂. တၢ်အဆၢလီၤတဲာ်တူာ်

discontinuous *a* လၢအဆၢလီၤတဲာ်တူာ်, လၢအဆၢတဲာ်ကွံာ်

discord *n* ၁. တၢ်တယူတဖိး, တၢ်တဘၣ်လိာ်ဖိးဒ့ ၂. တၢ်ကလုၢ်တဘၣ်လိာ်ဖိးဒ့

discordant *a* ၁. လၢအတဘၣ်လိာ်ဖိးဒ့, လၢအသးတလီၤပလိာ်, လၢအကဲထိၣ်တၢ်သဘံၣ်သဘုၣ် ၂. လၢအကလုၢ်တဖိးမံလိာ်သး(တၢ်ဒ့တၢ်အူ)

discotheque *n* တၢ်ဂဲၤကလံၣ်ဒုးစကီး အလီၢ်

discount *n* တၢ်ဆါစုၤလီၤတၢ်အပ့ၤ, တၢ်မၤစုၤလီၤတၢ်အပ့ၤ

discount *v* ယ့လီၤတၢ်အပ့ၤ, လိာ်တၢ်အပ့ၤ, ဆါလီၤတၢ်အပ့ၤ

discourage *v* တဲဟးဂီၤ (အ) သး, မၤဟးဂီၤ (အ) သး

discouraged *a* လၢတၢ်သးဟးဂီၤအပူၤ

discouragement *n* ၁. တၢ်သးသဟီၣ်လီၤစၢ်, တၢ်မၤစၢ်လီၤသးအဂံၢ်အဘါ, တၢ်သူၣ်ဟးဂီၤသးဟးဂီၤ ၂. တၢ်နာ်နှၢ်လီၤသးစှၤလီၤ

discourse *n* တၢ်ကတိၤ မ့တမ့ၢ် တၢ်ကွဲးလီၤတံၢ်လီၤဆဲး, တၢ်ဟီတရါ, တၢ်တဲလီၤတၢ်

discourse *v* တဲ မ့တမ့ၢ် ကွဲးတၢ်လီၤတံၢ်လီၤဆဲး, ဟီတရါ, စံၣ်တဲၤတဲလီၤတၢ်, ကတိၤတၢၣ်ပီၣ်ဘၣ်ဃးတၢ်ဂ့ၢ်တမံၤမံၤလီၤတံၢ်လီၤဆဲးလၢတၢ်ဆၢကတီၢ်ဖးယံာ်ဖးထၢအပူၤ

discourteous *a* လၢအတဆဲးတလၢ, လၢအရၢၢ်အစၢၢ်, လၢအတၢ်ဟ်ကဲတအိၣ်, လၢတၢ်ကီသူၣ်ကီသးတအိၣ်

discourtesy *n* တၢ်မၤသးတဆဲးတလၢ, တၢ်တအိၣ်ဒီးတၢ်ယူးယီၣ်ဟ်ကဲ, တၢ်ကီသူၣ်ကီသးတအိၣ်

discover *v* ထံၣ်နှၢ်, ဃုထံၣ်နှၢ်, သ့ၣ်ညါဘၣ်, ထံၣ်သ့ၣ်ညါ

discovery *n* တၢ်ထံၣ်နှၢ်, တၢ်ဃုထံၣ်နှၢ်, တၢ်ဃုထံၣ်နှၢ်ဆိတၢ်

discredit *v* မၤစှၤလီၤအလၤကပီၤ, တနာ်နှၢ်ဘၣ်, မၤလီၤပှၤအသူးအသ့ၣ်အလၤကပီၤ

discreet *a* လၢအအိၣ်ဒီးအကူၣ်အဆး, လၢအတဒုးထီၣ်ဖျဲးနါစိၤတၢ်အိၣ်လၢအသးပူၤဘၣ်

discrepancy *n* တၢ်လီၤဆီလၢတၢ်ခံမံၤအဘၢၣ်စၢၤ

discrete *a* လၢအလီၤဆီလိာ်အသး, လၢအတဘၣ်ထွဲဒီးတၢ်အဂၤ

discretion *n* ၁. တၢ်ပလိၢ်သူၣ်ပလိၢ်သးဒီးတၢ်ကူၣ်တၢ်ဆး ၂. တၢ်သဘျ့လၢကဆၢတဲာ်တၢ်လၢကဟံးဂ့ၢ်ဝီမၤဝဲ

discretionary *a* လၢအအိၣ်ဒီးတၢ်သဘျ့လၢကဆၢတဲာ်တၢ်လၢကဟံးဂ့ၢ်ဝီမၤဝဲ

discriminate *v* ၁. ဖဲာ်ဖးနီၤဖး ၂. ကွၢ်တလီၤ

discriminating *a* တၢ်ဖဲၤဖးနီၤဖးတၢ်အဆၢ, တၢ်ဖဲၤဖးနီၤဖး

discrimination *n* တၢ်ဖဲၤဖးတၢ်, တၢ်ကွၢ်မဲာ်တၢ်, တၢ်ကွၢ်တလီၤတၢ်

discursive *a* တၢ်ကွဲးတၢ်ကတိၤလၢအဟးဝ့ၤဝီၤဆူအံၤဆူနုၤလၢအတအိၣ်ဒီးအဂ့ၢ်အဝီ, တၢ်ကွဲး တၢ်ကတိၤလၢအဂ့ၢ်တအိၣ်အဝီတအိၣ်

discus *n* တၢ်ကွံာ်ပြၢတၢ်ဃၢဘ့ၣ်ကဝီၤ

discuss *v* ကတိၤတၢၣ်ပီၣ်, တၢၣ်ပီၣ်တၢၣ်ပီ

discussion *n* တၢ်တၢၣ်ပီၣ်တၢၣ်ပီတၢ်

disdain *n* ဟ်လၢအလီၤသးဘၣ်အါ, တၢ်ဆိကမိၣ်ဆံး, တၢ်ကွၢ်တလီၤ

disdain *v* ထံၣ်ဆံးတၢ်, ဆိကမိၣ်ဆံးတၢ်, ကွၢ်တလီၤပှၤဂၤ

disdainful *a* လၢအတဟ်ကဲပှၤဂၤ, လၢအထံၣ်ဆံးပှၤဂၤ

disease *n* တၢ်ဆူးတၢ်ဆါ

diseased *a* လၢအတူၢ်ဘၣ်တၢ်ဆူးတၢ်ဆါ

disembark *v* စံၣ်လီၤ (လၢကဘီ) ဆူခိ, စံၣ်လီၤလၢကဘီအပူၤ, ယှၢ်လီၤလၢ (ကဘီ) ပူၤ

disembodied *a* ၁. လၢအနီၢ်ခိနီၢ်ခိတအိၣ်, လၢအမ့ၢ်ကလၤလၢဟးထီၣ်လၢနီၢ်ခိ ၂. လၢအသိၣ်လၢတနၢ်ဟူအမိၢ်လံၤမိၢ်ပှၢ်

disenchant *v* နၢ်ပၢၢ်ကမၣ်, ထံၣ်တၢ်ဟ်ဖျါလၢအကမၣ်, တမဲာ်ဘၣ်သးစီၣ်လၢၤ

disenchanted *a* လၢအတမဲာ်ဘၣ်သးစီၣ်လၢၤ, လၢအတရဲၢ်နှၢ်အသးလၢၤ, လၢအတဘၣ်သးလၢၤ

disencumbered *a* လၢအပူၤဖျဲးကွံာ်ဒီးတၢ်ဝံတၢ်ယိး, လၢအပူၤဖျဲးထီၣ်ကွံာ်လၢတၢ်တံာ်တာ်

disengage *v* ၁. ထုးဖးကွံာ်အသး, မၤလီၤဖှၣ်ကွံာ်အသး, တမၤဘၣ်ဃးက့ၤအသး ၂. ထုးဖးကွံာ်အသးလၢတၢ်ဒုး

disentangle *v* ၁. မၤလီၤကဆှၣ်ကွံာ်, ဃ့ၣ်လီၤဘှါလီၤ ၂. ဃ့ၣ်လီၤပျံၤစၢကမိာ်, ထိၣ်လီၤကဆှၣ်တၢ်အိၣ်ဘံဘူလိာ်အသး

disfavour, disfavor *n* တၢ်တအဲၣ်ဒီး, တၢ်တဘၣ်သူၣ်ဘၣ်သး

disfigure *v* မၤသံၣ်သူမီၤကျာ်တၢ်အက့ၢ်အဂီၤ

disgorge *v* ၁. ဟဲဖျိးထီၣ်ဂိၢ်မုၢ်ဂီၤပၤ သဃ ၂. ဟ့ၣ်ကဒါက့ၤတၢ် ၃. ဘှီးထီၣ်တၢ်လၢအလီၤကတာ်ကိာ်ပူၤ

disgrace *n* တၢ်မဲာ်ဆုးအလီၢ်, တၢ်လီၤမဲာ်ဆုးအလီၢ်, တၢ်တလီၤယူးယီၣ်, တဘၣ်တၢ်ဟ်ကဲလၢၤဘၣ်

disgrace *v* မၤမဲာ်ဆုးတၢ်, ထုးကွံာ်သူးသ့ၣ်လၤကပီၤ, မၤလီၤကွံာ်အသူးအသ့ၣ်အလၤကပီၤ

disgraceful *a* လၢအလီၤမဲာ်ဆုး, လၢအသူးတအိၣ်သ့ၣ်တအိၣ်

D

disgruntled *a* လၢအတၢ်သးမံတအိၣ်, လၢအသးတမံတၢ်

disguise *n* ၁. တၢ်ပျိာ်လဲလီၤဆီအသး, တၢ်ပျိာ်လဲဆီတလဲရူၢ် ၂. တၢ်ကူတၢ်ကၤ, ပီးလီလၢတၢ်ကူသိးအီၤလၢကပျိာ်လဲသးအဂီၢ်

disguise *v* ပျိာ်လဲ, မၤလီၤဆီအသး

disgust *n* တၢ်မၤအသးလီၤသးဘၣ်အၢ

disgust *v* မၤလီၤသးဘၣ်အၢအသး

disgusted *a* ဖံးတကုၣ်, ဘ့ၣ်တကုၣ်ကုတကုၣ်

disgusting *a* လၢအလီၤသးဘၣ်အၢ

disgustingly *adv* လၢအတဘၣ်သးဒိၣ်ဒိၣ်ကလဲာ်အပူၤ

dish *n* ၁. လီခီ, သဘံၣ်လီခီ ၂. တၢ်အီၣ်တလီခီ, တၢ်အီၣ်တလဲာ် ၃. တၢ်အက့ၢ်အဂီၤလၢအလီၤက်ဒ်သဘံၣ်လီခီအသိး ၄. တၢ်ကတဲာ်ကတီၤတၢ်အီၣ်တၢ်အီ

disharmony *n* တၢ်သးတလီၤပလိာ်, တၢ်တဃူဃိၣ်လီၤပလိာ်လိာ်သး

dishcloth *n* တၢ်ကံးညာ်သ့လီခီ

dishearten *v* မၤဟးဂီၤသူၣ်မၤဟးဂီၤသး, မၤစုၤလီၤတၢ်မုၢ်လၢ် မ့တမ့ၢ် တၢ်နာ်နှၢ်လီၤသး

dishevelled, disheveled *a* လၢအလီၤသးဘၣ်အၢ, လၢအဖုသရု, တရုတရိး, လၢအဘၣ်အၢသံ

dishonest *a* တတီတလိၤ, တတီတတြၢ်, လၢအသးတတီ

dishonesty *n* တၢ်တတီတလိၤ, တၢ်သူၣ်တတီသးတရၤ

dishonour, dishonor *n* တၢ်တအိၣ်ဒီးအလၤကပီၤ, တၢ်လၤကပီၤဟးဂီၤ

dishonour, dishonor *v* ၁. မၤဟးဂီၤအလၤကပီၤ ၂. တတီတလိၤဘၣ်, တမၤတီအကလုၢ်

dishonourable, dishonorable *a* လၢအတလီၤယူးယီၣ်ပာ်ကဲ, လၢအတကြၢးဒီးတၢ်ယူးယီၣ်

dishwasher *n* ၁. စ့းသ့သဘံၣ်လီခီ ၂. ပုၤသ့လီခီ

disillusion *n* တၢ်မၤဟးဂီၤပုၤဂၤအတၢ်နာ်

disillusion *v* မၤဟးဂီၤပုၤဂၤအတၢ်နာ်

disillusionment *n* တၢ်သးဟးဂီၤ, တၢ်သးလၢာ်

disinfect *v* ဒုးအိၣ်ကွံာ်တၢ်ဆူးတၢ်ဆါအဃၢ်, တၢ်သ့စီသံကွံာ်တၢ်ဆါအဃၢ်

disinfectant *n* တၢ်အထံအနိလၢအအိၣ်ကွံာ်တၢ်ဆါအဃၢ်သ့, ကသံၣ်မၤသံတၢ်ဆါဃၢ်

disinformation *n* တၢ်ဒုးနၢ်ပၢၢ်ကမၣ်တၢ်ကစီၣ်, တၢ်ကစီၣ်ကမၣ်

disingenuous *a* တတီတလိၤ, ဟ်မၤအသးဒ်သိးအသ့ၣ်ညါတၢ်ထဲတစဲးဖိၤ, ဟ်အီပီအီရိာ်အသး

disinherit *v* တပျဲနှၢ်သါဘၣ်, ဟံးကွံာ်တၢ်ခွဲးတၢ်ယာ်လၢကနှၢ်သါတၢ်အဂီၢ်

disintegrate *v* ၁. လီၤဖုံၣ်လီၤကမူၣ်ကွံာ် ၂. ဂံၢ်စၢ်လီၤကယီကယီ, ဟးဂီၤကယီကယီ,လီၤဖးကယီကယီ

disintegration *n* ၁. တၢ်လီၤဖုံၣ်လီၤကမူၣ်ကွံာ်, တၢ်ဟးဂီၤပြံပြါကွံာ် ၂. တၢ်လီၤမုၢ်ပြံပြါကွံာ်

disinter *v* ခူၣ်ထုးထီၣ်ပှၤသံ

disinterest *n* တၢ်သူၣ်တအိၣ်သးတအိၣ်, တၢ်သးစၢၢ်ဆၢတၢ်တအိၣ်

disinterested *a* လၢအတသးစဲ, လၢအမၤတၢ်လၢအတဃုအနီၢ်ကစၢ်အတၢ်မှာ်, လၢတဃုနီၢ်ကစၢ်အတၢ်မှာ်

disjointed *a* အဆၢတစဲဘူးလိာ်အသးဘၣ်, လၢအဘၣ်ထွဲဘၣ်ဃးလိာ်သးတအိၣ်

disk, disc *n* ၁. တၢ်ဘ့ၣ်ဘၣ် ၂. ဃံဘ့ၣ်ဘၣ်စၢ်လၢချၢဃံအကဆူး ၃. ခီၣ်ဖ္ဒူထၢၣ်လီယဲၤဘ့ၣ်လၢအပာ်ဖိုၣ်တၢ်ဂ့ၢ်ပၢၢ်ကျိၤ

dislike *n* ၁. တၢ်တဘၣ်သူၣ်ဘၣ်သးတၢ် ၂. တၢ်လၢတၢ်တဘၣ်သူၣ်ဘၣ်သးအီၤ

dislike *v* တဘၣ် (အ) သး, တအဲၣ်ဒိး

dislocate *v* ၁. အဆၢတလံာ်, ဖံးဘၣ်ခိၣ်စုဆၢခီၣ်ဆၢတလံာ် ၂. မၤတံာ်တာ်, မၤကဆံကဆွဲတၢ်

dislodge *v* ဟီထီၣ်ကွံာ်လၢအလီၢ်, တကၢထီၣ်ကွံာ်, မၤဖျိးထီၣ်ကွံာ်

disloyal *a* သးတတီဘၣ်

disloyalty *n* တၢ်သးတတီ

dismal *a* ၁. လၢအမၤအသးအုးသကျူာ်, လၢအဖျါတသူၣ်ဖုံသးညီ ၂. လၢအခံးလီၤကညီၢ်, မၤတၢ်တကဲထီၣ်လိၣ်ထိၣ်

dismantle *v* ဘ့ၣ်လီၤဖျဲၣ်ကွံာ်တၢ်ဆူအကူအခီ

dismay *n* တၢ်သးဟးဂီၤ

dismay *v* မၤသးဟးဂီၤ, မၤအိၣ်ထီၣ်တၢ်ပျံၤတၢ်ဖုး

dismember *v* ၁. ကူးတဲာ်ကါတဲာ် ၂. နီၤဖးလီၤ (ထံကိၢ်ဟီၣ်ကဝီၤ မ့တမ့ၢ် တၢ်ကရၢကရိ)

dismiss *v* ပျဲကွံာ်, ပျ့ၢ်ကွံာ်, ထုးထီၣ်ကွံာ်လၢမူဒါ

dismissal *n* ၁. တၢ်ပျဲကွံာ်, ပျ့ၢ်ဖျဲးကွံာ် ၂. ထုးကွံာ်လၢမူဒါ ၃. တၢ်ထုးကွံာ်လၢမူဒါတၢ်မၤ

dismissive *a* ၁. လၢအပျဲကွံာ်တၢ်, လၢအပျ့ၢ်ဖျဲးကွံာ်တၢ်, လၢအထုးထီၣ်ကွံာ်လၢမူဒါ ၂. လၢတၢ်ဆိကမိၢ်ကွံာ်အီၤ, လၢတၢ်မၤဝံၤမၤကတၢၢ်ကွံာ်အီၤ

dismount *v* ယုၢ်လီၤ

disobedience *n* တၢ်တဒိကနၣ်တၢ်, တၢ်နၢ်က့ၣ်, တၢ်လူၤသ့ၣ်ခါပတၢ်

disobedient *a* လၢအတဒိကနၣ်တၢ်, လၢအလုၢ်သ့ၣ်ခါပတၢ်တၢ်သိၣ်တၢ်သီ

disobey *v* တဒိကနၣ်တၢ်, တစူၢ်တၢ်အကလုၢ်, လုၢ်သ့ၣ်ခါပတၢ်တၢ်

disoblige *v* တမၤဘၣ်ပှၤဂၤအသး, တလူၤပိာ်ထွဲပှၤဂၤအတၢ်ဘၣ်သး, တလူၤဘၣ်ပှၤအသး

disobliging *a* လၢအတမၤဘၣ်ပှၤဂၤအသး, လၢတလူၤဘၣ်ပှၤအသး

disorder *n* ၁. တၢ်လီၤမုၢ်ပြံပြါ, တၢ်တကဆဲကဆို, တၢ်တအိၣ်လၢအလီၢ်အကျဲ, တၢ်ကဆံကဆွဲ ၂. တၢ်သဘံၣ်ဘုၣ်

disorderly *a* ၁. လၢအတအိၣ်ဒီးတၢ်ပၢတၢ်ဆှၢ, လၢအတၢထိၣ်တၢလီၤ ၂. လၢတအိၣ်လၢအလီၢ်အကျဲ, လၢအကဆံကဆွဲ

disorganize, disorganise *v* မၤကဆံကဆွဲ, မၤဟးဂီၤတၢ်ရဲၣ်ဖှိၣ်စၢဃာ်လိာ်အသး, မၤပြံမၤပြါ

disorganized, disorganised *a* လၢအလီၤပြံလီၤပြါ, ကဒံကဒါ, လၢအတအိၣ်လၢအလီၢ်အကျဲ

disorientate *v* ကျဲကမၣ်, သးဒံဝ့ၤဒံဝီၤ

disown *v* ဂ့ၢ်လိာ်, သမၢ, တမၤဘၣ်ဃးလိာ်အသး

disparage *v* ကတိၤဆံးလီၤစှၤလီၤပှၤဂၤအလၤကပီၤ, ကတိၤဟးဂီၤပှၤဂၤအလၤကပီၤ

disparagement *n* တၢ်ကတိၤဆံးလီၤစှၤလီၤတၢ်, တၢ်ကတိၤဟးဂီၤပှၤဂၤအလၤကပီၤ

D

disparity *n* တဘၣ်လိာ်ဒ်သိးလိာ်သး, တၢ်တဃူဃီၤလိာ်သး

dispassionate *a* လၢအတအိၣ်ဒီးတၢ်ကွၢ်မဲာ်, လၢတဆၢတဲာ်တၢ်လၢနီၢ်ကစၢ်တၢ်တူၢ်ဘၣ်အဖီခိၣ်

dispatch *n* ၁. သုးအတၢ်ဟ်ဖျါတၢ်ကစီၣ်, ပဒိၣ်အတၢ်ဟ်ဖျါတၢ်ကစီၣ် ၂. တၢ်ကစီၣ်လၢတၢ်ဆှၢဃီၤအီၤ ၃. တၢ်မၤသံတၢ် ၄. တၢ်မၤလီၤဆှၢလီၤတၢ်

dispatch *v* မၤလီၤတၢ်, ဆှၢလီၤတၢ်

dispel *v* ဒုးလီၤမုၢ်ပြံပြါတၢ်, ဒုးလီၤမၢ်ကွံာ် (တၢ်တူၢ်ဘၣ်ခီၣ်ဘၣ်)

dispensable *a* လၢတၢ်ကွၢ်ကဟ်ကွံာ်အီၤသ့, လၢအတအိၣ်ဘၣ်သ့ဝဲ

dispensary *n* ၁. တၢ်ဟ့ၣ်ကသံၣ်ဖိၣ်အဒၢး ၂. တၢ်ကွၢ်ပှၤဆါအဒၢး

dispensation *n* ၁. တၢ်နီၤဟ့ၣ်တၢ်, တၢ်ထုးထီၣ်ဟ့ၣ်လီၤတၢ် ၂. တၢ်ပျဲပူၤလၢတၢ်သိၣ်တၢ်သီ ၃. တၢ်မၤအသးဒ်ကစၢ်ယွၤအတၢ်ဘၣ်သးအသိး

dispense *v* ၁. နီၤဟ့ၣ်တၢ်, ဟ့ၣ်နီၤလီၤ ၂. တသူလၢၤ, ပျ့ၢ်ကွံာ်

disperse *v* ၁. မၤလီၤပြံလီၤပြါ ၂. လီၤပြံလီၤပြါ

displace *v* မၤပှဲၤတၢ်ဂၤအလီၢ်, တအိၣ်လၢအလီၢ်အကျဲ, သုးလီၢ်သုးကျဲ, ဃ့ၢ်မံဟးဖိုး

displacement *n* ၁. တၢ်သုးဆူၣ်လီၢ်ကျဲ, တၢ်သုးကမံလီၢ်, တၢ်ဟ်တ့ၢ်လီၢ်အိၣ်လီၢ်ဆိး ၂. တၢ်ထုးထီၣ်မၤပှဲၤက့ၤတၢ်လၢအလီၢ် ၃. ထံအတယၢၢ်လၢအပှဲၤသိးကဘီ

display *n* တၢ်ဒုးနဲၣ်, တၢ်ဒုးဖျါထီၣ်

display *v* ဒုးနဲၣ်တၢ်, ဒုးဖျါထီၣ်

displease *v* တမၤဘၣ်ပှၤဂၤအသး, မၤသးတမှာ်ပှၤသး, မၤသးတမံပှၤသး

displeasure *n* တၢ်တဘၣ်သူၣ်ဘၣ်သး

disposable *a* ၁. လၢတၢ်စူးကါတဘျီဝံၤစူးကွံာ်အီၤ ၂. လၢတၢ်ကစူးကါလၢာ်အီၤသ့

disposal *n* ၁. တၢ်စူးကွံာ်တၢ်, တၢ်ပဲကွံာ်တၢ် ၂. တၢ်ဆါလီၤအီၣ်ကွံာ်တၢ် ၃. တၢ်မၤပှိၢ်ကွံာ်တၢ်

dispose *v* ရဲၣ်ကျဲၤဘၣ်လိာ်ဘၣ်ကျဲ, မၤဂီၤကွံာ်, မၤလၢာ်ကွံာ်, တၢၤကွံာ်

disposed *a* လၢအသးအိၣ်တၢ်

disposition *n* ၁. တၢ်ဟ်လီၤတၢ်လၢအလိၢ် ၂. သးအလုၢ်အလၢ်သကဲာ်ပဝး, တၢ်ဟ်သး ၃. ဟ့ၣ်လီၤခွဲးလၢကစူးကါနီၤလီၤတၢ်စုလိၢ်ခိၣ်ခိၣ်ဖိးသဲစး

dispossess *v* ထုးကွံာ်အတၢ်စုလိၢ်ခိၣ်ခိၣ်

dispossessed *n* ပှၤလၢပှၤဟံးန့ၢ်ကွံာ်အစုလိၢ်ခိၣ်ခိၣ်, ပှၤလၢအစုလိၢ်ခိၣ်ခိၣ်ဘၣ်တၢ်ဟံးန့ၢ်ကွံာ်အီၤ

disproportion *n* တၢ်လၢတယူတဃီၤ

disproportionate *a* လၢအတယူတဃီၤ, လၢအဒိၣ်အဆံးတယူတဃီၤ

disprove *v* ဒုးနဲၣ်ဖျါလၢအတမ့ၢ်ဘၣ်, ဟ်ဖျါလၢ (တၢ်တမံၤမံၤ) ကမၣ် မ့တမ့ၢ် တမ့ၢ်တတီ

disputable *a* လၢတၢ်ဂ့ၢ်လိာ်ဘှီလိာ်အိၣ်ထိၣ်သ့, လၢတၢ်ထီဒုၣ်ထီဒါအိၣ်ထိၣ်သ့

disputant *n* ပှၤလၢအဂ့ၢ်လိာ်ဘှီလိာ်တၢ်, ပှၤထိၣ်ဘၢဂ့ၢ်လိာ်တၢ်

disputation *n* တၢ်ဂ့ၢ်လိာ်ဘှီလိာ်

dispute *n* တၢ်ဂ့ၢ်လိာ်ဘှီလိာ်, တၢ်ကတိၤထီဒုၣ်ဒါတၢ်

dispute *v* ဂ့ၢ်လိာ်ဘှီလိာ်တၢ်, ကတိၤထီဒုၣ်ထီဒါတၢ်

disqualification *n* တၢ်တထိၣ်ဘး, တၢ်ကံၢ်တၢ်စီတအိၣ်

disqualify *v* တၢ်တဟ့ၣ်အခွဲးလၢကမၤတၢ်လၢအအိၣ်ဒီးတၢ်လီၤတံၢ်တမံၤမံၤအဃိ, ထုးထိၣ်ကွံာ်မ့ၢ်လၢအကံၢ်ကစီတလၢပှဲၤ မ့တမ့ၢ် မၤကမၣ်တၢ်အဃိ

disquiet *n* တၢ်တအိၣ်ဃိကလာ်ဘၣ်, တၢ်သးတဂၢၢ်တကျၢၤ, တၢ်သးစံၣ်ပိပု

disquieted *a* လၢအတအိၣ်ဃိကလာ်, လၢအတဂၢၢ်, လၢအသးတမုာ်ဆိးပၢၤ

disquieting *a* လၢအဒုးအိၣ်ထိၣ်တၢ်ဘၣ်ယိၣ်ဘၣ်ဘီ, လၢအဒုးဘၣ်ယိၣ်ဘၣ်ဘီတၢ်, လၢအဒုးသူၣ်ပိၢ်သးဝးတၢ်

disregard *n* တၢ်တဟ်ကဲ, တၢ်တဆိကမိၣ်ထံ, တၢ်တဟ်လၢမ့ၢ်တၢ်အကါဒိၣ်

disregard *v* တဟ်ကဲတၢ်, တဟ်ကဲ, တဆိကမိၣ်ထံ, တဟ်လၢမ့ၢ်တၢ်အကါဒိၣ်

disrepair *n* တၢ်လီၤမုၢ်လီၤပိၢ်ဟးဂူာ်ဟးဂီၤအကတိၢ်, တၢ်ကြၢးဘိုဂ့ၤထိၣ်က့ၤ (တၢ်)အကတိၢ်

disreputable *a* လၢအတလီၤယူးယီၣ်ဟ်ကဲ, လၢအလၤကပီၤတအိၣ်, လၢအတတီတလီၤ

disrepute *n* တၢ်တအိၣ်ဒီးအလၤကပီၤ, တၢ်တလီၤယူးယီၣ်ဟ်ကဲ, တၢ်ဂ့ၢ်လၢအဒုးလီၤမၢ်မၤဟးဂီၤပှၤဂၤအတၢ်ဟ်ကဲ

disrespect *n* တၢ်တယူးယီၣ်တၢ်ဘၣ်, တၢ်ယူးယီၣ်ဟ်ကဲတအိၣ်

disrespect *v* ဟ်ဖျါထိၣ်တၢ်တဟ်လု့ၢ်ဟ်ကါ

disrespectful *a* လၢအတယူးတယီၣ်တၢ်ဘၣ်

disrobe *v* ဒုးအိၣ်ဘ့ၣ်ဆ့, ဘ့ၣ်လီၤတၢ်ကူတၢ်ကၤ, ရိၢ်ကွံာ်

disrupt *v* မၤပတှာ်တၢ်, မၤတံာ်တာ်, မၤကီမၤခဲ,ပတှာ်ကွံာ်

disruption *n* တၢ်လီၤမုၢ်လီၤဖး, တၢ်ဟဲပတှာ်တၢ်, တၢ်ဒုးလီၤမုၢ်လီၤဖးတၢ်

disruptive *a* လၢအမၤပတှာ်တၢ်, လၢအမၤတံာ်တာ်တၢ်, မၤကီမၤခဲ, ပတှာ်ကွံာ်

dissatisfaction *n* တၢ်သူၣ်တမံသးတမံ

dissatisfied *a* သးတမံ

dissect *v* ၁. ကူးကွဲးလၢကမၤလိကွၢ်တၢ်အဂီၢ် ၂. ပဲာ်ထံနီၤဖးသမံထံတၢ်

dissemble *v* ဟ်မၤအသး

disseminate *v* ဒုးဟူထိၣ်သါလီၤတၢ်

dissemination *n* တၢ်ရၤလီၤဒုးသ့ၣ်ညါ, တၢ်ဒုးဟူထိၣ်သါလီၤတၢ်

dissension *n* တၢ်သးတလီၤပလိာ်, တၢ်တယူလိာ်ဖိးလိာ်, တၢ်အ့ၣ်လိာ်ဆီးက့

dissent *n* တၢ်ဟ်သးတလီၤပလိာ်, စံၣ်ညီၣ်ကွိၢ်ကွဲးတၢ်ဟ်ဖျါလၢအဟ်ဖျါထိၣ်တၢ်သးတလီၤပလိာ်ဒီးစံၣ်ညီၣ်ကွိၢ်အဂၤ

dissent *v* သးတဒ်သိး, သးတလီၤပလိာ်, တၢ်ထံၣ်တလီၤပလိာ်, နာ်တၢ်တလီၤပလိာ်

dissertation *n* ဖှၣ်စိမိၤမံၤလၢဃိထံတၢ်ကွဲး (လၢကဖျိထိၣ်မံၤလၤသၣ်ကပီၤအဂီၢ်)

disservice *n* တၢ်မၤဟးဂီၤတၢ်, တၢ်မၤဟးဂူာ်ဟးဂီၤတၢ်

dissever *v* မၤလီၤဖှၣ်, မၤလီၤဖး, ဒိၣ်တဲာ်ကွံာ်

dissident *a* လၢအသးတလီၤပလိာ်လိာ်အသး, လၢအတၢ်ထံၣ်တဒ်သိးလိာ်သး
dissident *n* ပှၤတဂၤလၢအသးတလီၤပလိာ်ဒီးဖီလစံၣ်, ပှၤထီဒါဖီလစံၣ်, ပှၤလၢအထီဒါကျဲသနူ
dissimilar *a* လၢအတဒ်သိးလိာ်သး, လီၤဆီလိာ်အသး
dissimilarity *n* တၢ်တဒ်သိး, တၢ်လီၤဆီလိာ်သး
dissimulation *n* တၢ်ဟ်မၤအသး, တၢ်ဟ်ခူသူၣ်ဒီးလီန့ၢ်တၢ်
dissipate *v* မၤလၢာ်ကွံာ်တၢ်ကလီကလီ, မၤဟါမၢ်ကွံာ်တၢ်
dissipated *a* လၢအလူၤအနီၢ်ကစၢ်အတၢ်မုာ်တၢ်လၤ, လၢအမၤလၢာ်ကွံာ်အဆၢကတီၢ်လၢတၢ်သူၣ်ဖုံသးညီအပူၤ
dissipation *n* တၢ်မၤလၢာ်ကွံာ်တၢ်ကလီကလီ, တၢ်မၤဟါမၢ်ကွံာ်တၢ်
dissociate *v* တမၤဘၣ်ထွဲ, နီၤဖးအသး, မၤလီၤဖး, အိၣ်လီၤဖး
dissolute *a* လၢအသကဲာ်ပဝးဟးဂီၤ, လၢအလူၤတၢ်မုာ်တၢ်ပျိၣ်ဒ်အမ့ၢ်တၢ်အီသံးအီက်ဒီးတၢ်မုာ်ဖံးမုာ်ညၣ်
dissolve *v* ၁. မၤပုံၢ်လီၤလၢထံကျါ ၂. မၤလီၤမုၢ်လီၤဖးကွံာ် ၃. လီၤမၢ်ကွံာ်အဒိ, တၢ်သးထီၣ်လီၤမၢ်ကွံာ်
dissonant *a* လၢအကလုၢ်သီၣ်တယူတယီၣ်, လၢအကလုၢ်တဖိးမံလိာ်သး
dissuade *v* တြီတၢ်သ့သ့ဘၣ်ဘၣ်ဒ်သိးပှၤသုတမၤတၢ်အဂီၢ်, တြီတၢ်သ့သ့ဘၣ်ဘၣ်
distance *n* တၢ်ဒ့ၣ်စၢၤ
keep one's distance *idm:* အိၣ်ယံၤဒီး, ဟ်စီၤစုၤအသး, ဟးဆုံး (ရှတံၤရှသကိးဒီးပှၤ)
distance *v* မၤယံၤထီၣ်အသး, တမၤဃုာ်လိာ်သး, တမၤဘၣ်ထွဲလိာ်အသး
distant *a* ၁. (ဘူးတံၢ်) လၢအယံၤ, ယံၤ, အိၣ်စီၤစုၤ ၂. လၢအတရှ့ဒီးပှၤဘူးဘူးတံၢ်တံၢ်, လၢအတသ့ၣ်ညါလိာ်အသး ၃. လၢအသးလဲၤဖးယံၤ, လၢအတၢ်ဆိကမိၣ်လဲၤဖးယံၤ
distaste *n* တဘၣ်သူၣ်ဘၣ်သး
distasteful *a* လၢအတမုာ်တလၤ, လၢအလီၤသးဘၣ်အၢ, လၢအလီၤသးဟ့, လၢအတလီၤဘၣ်သူၣ်ဘၣ်သး
distemper *n* ထွံၣ် မ့တမ့ၢ် သၣ်မံယီၤအတၢ်ကူးတၢ်ကိၢ်ထိၣ်အတၢ်ဆါ
distend *v* မၤကဖိထီၣ်, မၤကဖၢကဖးထီၣ်
distill, distil *v* ၁. ဖီန့ၢ်တၢ်အစီထံ ၂. ဖီသံး
distiller *n* ပှၤဖီသံးစီထံ, ခီပနံာ်ဖီသံးစီထံ
distillery *n* တၢ်ဖီသံးအလီၢ်
distinct *a* ၁. လီၤဆီ, လၢအလီၤဆီ ၂. လၢအဟူဂ့ၤ, လၢအဖျါဆုံ, ဖျါတြၢၢ်ကလာ်
distinction *n* ၁. တၢ်လီၤဆီ, တၢ်နီၤဖးလီၤဆီ ၂. တၢ်လၢအဂ့ၤလီၤဆီ ၃. တၢ်လၤတၢ်ကပီၤ
distinctive *a* လၢအက့ၢ်အဂီၤလီၤဆီလိာ်သး
distinctly *adv* လၢအဖျိဖျိဖျါဖျါ, ဖျါဖျါ
distinguish *v* ဃုသ့ၣ်ညါနီၤဖး (အတၢ်လီၤဆီ), မၤနီၣ်တၢ်လီၤဆီအဆၢ, ထံၣ်သ့ၣ်ညါမၤနီၣ် (တၢ်လီၤဆီ) အဆၢ, မၤနီၣ်လီၤဆီတၢ်
distinguished *a* ၁. လၢအလီၤယူးယီၣ်ဟ်ကဲ ၂. လၢအိၣ်ဒီးတၢ်မၤနၢၤတၢ်ဒီးပှၤဘၣ်သူၣ်ဘၣ်သးအီၤအါ
distort *v* ၁. မၤဟးဂီၤတၢ်အက့ၢ်အဂီၤ, မၤဒါက့ၣ်ဒါကူတၢ် ၂. တဲနၢ်ပၢၢ်ကမၣ်တၢ်, ဘီးကမၣ်တၢ်
distortion *n* တၢ်မၤလီၤဆီက့ၤဒီးအက့ၢ်အဂီၤ, တၢ်ကတိၤဒါက့ၣ်, တၢ်ဝံာ်ပကံဝံာ်ပကး
distract *v* သးစၢၢ်ဆၢတၢ်ဒံဝ့ၤဒံဝီၤ, ထုးန့ၢ်ကွံာ်အတၢ်သးစၢၢ်ဆၢဆူတၢ်ဂၤ, ဒုးဒံဝ့ၤဝီၤအသးဆူအံၤဆူဘး
distracted *a* လၢအမၤတံာ်တာ်တၢ်, လၢအမၤဒံဝ့ၤဒံဝီၤပှၤအသး
distraction *n* ၁. တၢ်လၢအထုးကွံာ်ပှၤအတၢ်သးစၢၢ်ဆၢ, တၢ်လၢအမၤဒံဝ့ၤဒံဝီၤတၢ်ဆိကမိၣ် ၂. တၢ်မၤဖုံမၤမုာ်အသး
distraught *a* လၢအသးတအိၣ်လၢအလီၤလၢၤ, လၢအတၢ်ဆိကမိၣ်ဒံဝ့ၤဒံဝီၤ, လၢအသူၣ်ကိၢ်သးဂီၤဒီးသးဘၣ်တံာ်တာ်ဒိၣ်ဒိၣ်ကလဲာ်
distress *n* တၢ်သးဟးဂီၤ, တၢ်သူၣ်ကိၢ်သးဂီၤ
distress *v* မၤကိၢ်မၤဂီၤ, မၤသူၣ်အုးသးအုး, မၤကီမၤခဲ

distressed *a* လၢအသူၣ်ကိၢ်သးဂီၤတၢ်, လၢအကိၢ်တၢ်ဂီၤတၢ်, လၢအသူၣ်အုးသးအုးဒိၣ်ဒိၣ်ကလဲာ်

distressing *a* လၢအမၤသးတမုာ်ပှၤ, လၢအသးတမုာ်, လၢအသူၣ်ကိၢ်သးဂီၤတၢ်, လၢအမၤသူၣ်ကိၢ်သးဂီၤတၢ်

distributary *n* ထံကျိၤဖးဒ့, ထံကျိဖးဒ့လိာ်သး

distribute *v* ဟ့ၣ်နီၤ, နီၤလီၤ, ရၤလီၤ

distribution *n* တၢ်ဟ့ၣ်နီၤလီၤတၢ်, တၢ်ရၤလီၤ

distributor *n* ၁. ပှၤလၢအဟးရၤလီၤဆှၢတၢ်, ခီပနံာ်လၢအရၤလီၤတၢ်ဖိတၢ်လံၤလၢတၢ်ကဆါအီၤအဂီၢ် ၂. သိလ့ၣ်စဲးအပီးအလီလၢအဆှၢလီသဟီၣ်

district *n* ၁. ကီၢ်ရှၣ် ၂. တၢ်အလီၢ်အကျဲ, တၢ်လီၢ်ကဝီၤ, ဟီၣ်ကဝီၤ

distrust *n* တၢ်တနာ်နှၢ်တၢ်

distrust *v* တနာ်နှၢ်တၢ်, နာ်နှၢ်ဝဲတသ့

distrustful *a* လၢအတနာ်နှၢ်တၢ်

disturb *v* မၤတံာ်တာ်

disturbance *n* တၢ်မၤတံာ်တာ်, တၢ်နိးတၢ်ဘျး

disturbed *a* ၁. လၢအအိၣ်ဒီးခိၣ်နူာ်ဒီးသးအတၢ်တူၢ်ဘၣ်တၢ်ဆါ ၂. လၢအသးဘၣ်တံာ်တာ်, လၢအသူၣ်ကိၢ်သးဂီၤတၢ်

disturbing *a* လၢအမၤတံာ်တာ်

disunite *v* မၤလီၤမုၢ်လီၤဖး, တဃူတဖိးလိာ်သး, လီၤဖး

disuse *n* တၢ်တစူးကါလၢၤ, တၢ်တကနၣ်ယှာ်လၢၤ, တၢ်တၢၤကွံာ်ဒီးတၢ်တကနၣ်ယှာ်

disused *a* လၢတစူးကါလၢၤ, လၢတကနၣ်ယှာ်လၢၤ, လၢတၢၤကွံာ်ဒီးတၢ်တကနၣ်ယှာ်

ditch *n* ထံကျိၤ, တၢ်ကျိၤ, တၢ်အကျိၤလၢအဒုးလဲၤကွံာ်ထံဆူတၢ်ပျီပူၤ

ditch *v* ၁. ခူၣ်ထံကျိၤ ၂. ကွံာ်တ့ၢ်ကွံာ်, စူးကွံာ်ညိကွံာ် ၃. ဒုးစိၢ်လီၤကဘီယူၤဆူပိၣ်လဲၣ်ပူၤ

dither *v* မၤသးဒံဝ့ၤဒံဝီၤတၢ်, ပျံၤတၢ်ဖုးတၢ်, မၤတၢ်ဘူၣ်ဘူၣ်တဘူၣ်ဘူၣ်

ditto *n* ဒ်လၢထးအသိး (တၢ်စူးကါတၢ်ကွဲးအတၢ်ပနီၣ်လၢကဟ်ဖျါထီၣ်ဝဲလၢတၢ်ကွဲးအံၤအိၣ်ဖျါတ့ၢ်လံလၢလၢ်ဖိခိၣ်)

ditty *n* တၢ်သးဝံၣ်ဖုၣ်ဖုၣ်ဖိ

diva *n* ပှၤသးဝံၣ်တၢ်မုၣ်ဖိလၢအမံၤဟူသၣ်ဖျါ

dive *n* တၢ်ယူၤလီၤထံ, ညီလီၤ

dive *v* ယူၤလီၤထံ, ညီလီၤ

diver *n* ပှၤယူၤထံဖိ, ပှၤလိာ်ကွဲယူၤထံ

diverge *v* ၁. ဆဲးဖးဒ့ထီၣ် ၂. ထံၣ် မ့တမ့ၢ် ဆိကမိၣ် ၃. အိၣ်ကဲထီၣ်လီၤဆီဒီးတၢ်လၢအအိၣ်ဟ်စၢၤသး

divergent *a* လၢ (အတၢ်ဆိကမိၣ်) လီၤဆီလိာ်သးဒိၣ်ဒိၣ်ကလဲာ်, လၢအလီၤဆီလိာ်သးအါမံၤ

divers *a* လၢအအါမံၤ, လၢအအါမံၤအါကလုာ်

diverse *a* လၢအလီၤဆီလိာ်သးဒီးအိၣ်အါမံၤအါကလုာ်, လၢအကလုာ်အါဝဲ

diversely *adv* ကျဲအဘိဘိ, ကျဲအါဘိအပူၤ

diversification *n* တၢ်လီၤဆီ, တၢ်အိၣ်အါကလုာ်

diversify *v* ၁. (ပနံၣ်ကၢၤ ခီပနံၣ်) မၤဒိၣ်ထီၣ်လဲၢ်ထီၣ်တၢ်ဖံးတၢ်မၤ, တၢ်သ့တၢ်ဘၣ် ၂. လဲလိာ် မ့တမ့ၢ် မၤလီၤဆီဒ်သိးကကဲထီၣ်တၢ်အါမံၤအါကလုာ်

diversion *n* ၁. တၢ်လဲလိာ် မ့တမ့ၢ် မၤလီၤဆီဒ်သိးကကဲထီၣ်အါမံၤအါကလုာ် ၂. တၢ်မၢလဲၤဆူကျဲဖးဒ့အဂၤတဘိခီဖျိကျဲမုၢ်ဖးဒိၣ်ကးတံာ်အသးအဃိ, ကျဲဆဲး ၃. တၢ်လဲလိာ်ပှၤဂၤအတၢ်ဆိကမိၣ် မ့တမ့ၢ် တၢ်လဲလိာ်ပှၤသးခီဖျိတၢ်မၤမုာ်မၤဖုံသး

diversity *n* ၁. တၢ်လီၤဆီ, တၢ်လီၤဆီလိာ်သး, တၢ်တဒ်သိးလိာ်သး ၂. တၢ်အကလုာ်ကလုာ်

divert *v* ၁. ဃၣ်ကပၤကွံာ်, ဘိးကပၤကွံာ် ၂. ဆီတလဲပှၤအတၢ်ဆိကမိၣ်ဒီးမၤမုာ်ထီၣ်အသး

diverting *a* ၁. လၢအဃၣ်ကပၤကွံာ်, လၢအဘိးကပၤကွံာ် ၂. လၢအဆီတလဲပှၤအတၢ်ဆိကမိၣ်ဒီးမၤမုာ်ထီၣ်အသး

divest *v* ၁. ဘ့ၣ်လီၤကူသိး ၂. ထုးကွံာ်၃. ထုးကွံာ်, ဟ်ကွံာ်

divide *n* ၁. တၢ်နီၤဖးတၢ်အဆၢ ၂. တၢ်လီၤဖး, တၢ်လီၤမုၢ်လီၤဖး

divide *v* ၁. (÷) နီၤဖး ၂. နီၤဖး, လီၤဖး

dividend *n* စ့အမှး, စ့နီၤဖး

divider *n* ၁. ယၣ်ဘျုးသဲ၊, တၢ်နူၣ်, တၢ်လၢအနီၤဖးတၢ် ၂. နီၣ်ကံၢ်ခီဖး, နီၣ်ထိၣ်ခီဖး

divine *a* ဘၣ်ဃးဒီးယွၤ, တီဝံလိၤဝဲစီဝဲဆုံဝဲ

divine *v* ၁. တယာ်ဆိဟ်စၢၤတၢ်, ထံၣ်ဆိဟ်စၢၤတၢ် ၂. ဃုတၢ်လၢထံခံဒးဒီးနီၣ်ဖးတြၢ်

diving *n* တၢ်ယူၤလီၤထံ, တၢ်ညီလီၤဆူထံလာ်

diving board *n* စီၢ်ညီ, သ့ၣ်ဘၣ်လၢပှၤညီလီၤသးဆူထံကျါတဖၣ်ဆၢထၢၣ်လၢအလိၤ

divinity *n* ၁. တၢ်လၢအဘၣ်ဃးဒီးယွၤ, တၢ်လၢအတီအလိၤဒီးအစီအဆုံ, တၢ်ဂ့ၤတၢ်ဝါတၢ်စီတၢ်ဆုံ ၂. ယွၤ, တၢ်ထံတၢ်တီကစၢ်, သံးခိၣ်မုၢ်ဃါ ၃. ယွၤဂ့ၢ်ပီညါ, တၢ်မၤလိဘၣ်ဃးတၢ်ဘူၣ်တၢ်ဘါ

divisible *a* လၢပနီၤဖးသ့, လၢတၢ်နီၤဖးအီၤသ့

division *n* ၁. တၢ်နီၤဖး ၂. ကီၢ်ခီ ၃. ဝဲၤဒ့

divisive *a* လၢအမၤလီၤဖးတၢ်, လၢအဒုးအိၣ်ထိၣ်တၢ်သးတလီၤပလိာ်

divorce *n* ၁. တၢ်လီၤဖှၣ်, တၢ်မၤကတၢၢ်ကွံာ်တၢ်တ့တၢ်ဖျိဖိးသဲစး ၂. တၢ်ထုးဖးလိာ်သး, တၢ်မၤလီၤဖးတၢ် ၃. ခွါလီၤဖှၣ်, ပှၤလၢအမၤလီၤဖှၣ်အသးဒီးအမါ

divorce *v* လီၤဖး, မၤလီၤဖှၣ်, ထုးဖးကွံာ်

divorced *a* လီၤဖး, လီၤဖှၣ်ကွံာ်, လၢအတဘၣ်ထွဲလိာ်သးလၢၤ

divorcee *n* ၁. ပှၤပိာ်မုၣ်လၢအမၤလီၤဖှၣ်အသးဒီးအဝၤ, ပှၤထုးလီၤဖှၣ်လိာ်အသး ၂. တၢ်လီၤမုၢ်လီၤဖး, တၢ်လီၤဖး

divulge *v* ၁. တဲဖျါထိၣ်တၢ်ခူသူၣ်, ဟ့ၣ်(တၢ်ကစီၣ်ခူသူၣ်) ၂. ဘီးဘၣ်ရၤလီၤလၢကမျၢ်အကျါ

Dixie *n* အမဲရကၤကီၢ်စၢဖိၣ်ကလံၤထံးကီၢ်စဲၣ်တဖၣ်

Dixieland *n* ဒ့စဲၣ်လဲ(န)ကူး(စ)တၢ်ဒ့တကလုာ်

dizzy *a* ခိၣ်မူၤ, ခိၣ်တယူၤ

dizzying *a* လၢအခိၣ်မူၤ, လၢအခိၣ်တယူၤ

DNA *n* ကဲာ်လၢအစိာ်ခီတၢ်လီၤစၢၤလီၤသွဲၣ်အတၢ်ဂ့ၢ်တၢ်ကျိၤလၢတၢ်မူတၢ်မဲတဖၣ်အပူၤ deoxyribonucleic acid

do *n* ၁. မူးဒိၣ်ပွဲဒိၣ်, တၢ်ရှလိာ်မှာ်လိာ်အမူး ၂. ခိၣ်သူအကု့အဂီၤ

do *v* မၤ

docile *a* လၢတၢ်သိၣ်လိအီၤညီ, လၢအဘှါ, လၢအနၢ်လိၤ

dock *n* ကဘီကွံ, ကဘီတုာ်ထိၣ်အလီၢ်

dock *v* ၁. ပတုာ်ကဘီဖဲကဘီသန့, (ကဘီ)ဟဲကု့ၤနုာ်လီၤဆူကဘီသန့ ၂. ထိးဖိၣ်ထိၣ်အသး ၃. ဒိၣ်တူာ်ဖုာ်ဆၣ်ဖိကီၢ်ဖိအမဲၢ် ၄. (ဘူးလဲ) မၤစုၤလီၤ, ထုးစုၤလီၤ

docker *n* ပှၤမၤတၢ်လၢကဘီကွံပူၤ

docket *n* ၁. တၢ်ဂ့ၢ်တၢ်ကျိၤလီၤတံၢ်လီၤဆဲးစရီလၢအအိၣ်လၢလံာ်တီလံာ်မီအပူၤ, တၢ်မူးတၢ်ရၢ်အစရီ ၂. တၢ်ပီးတၢ်လီလၢတၢ်ဆှာနှာ်အီၤအစရီ

dockland *n* ကဘီကွံ, ကဘီတုာ်ထိၣ်အလီၢ်, ပှၤဘိုကဘီအလီၢ်

dockyard *n* ကဘီကွံ

doctor *n* ၁. ကသံၣ်သရၣ်, ကသံၣ်သရၣ်မုၣ် ၂. ပှၤလၢအဒိးနှုံဖွၣ်စိမိၤမံၤလၤသၣ်ဒိၣ်စိတုာ်

doctor *v* ၁. ကူစါယါဘျါတၢ် ၂. ဒ့ဒံၣ်, ဒိၣ်တဲာ်ချံသၣ်ကျိၤ ၃. မၤကျဲၣ်ကျီဃါယှာ်တၢ်တဂ့ၤတဘၣ်လၢတၢ်အိၣ်တၢ်အီအကျါ, မၤဘၣ်အါဘၣ်သိတၢ်အိၣ်တၢ်အီ ၄. မၤကမၣ်တၢ်

doctoral *a* လၢအဘၣ်ထွဲဒီးဖွၣ်စိမိၤမံၤလၤသၣ်ဒိၣ်စိတုာ်

doctorate *n* ဖွၣ်စိမိၤမံၤလၤသၣ်ဒိၣ်စိတုာ်

doctrinal *a* လၢအဘၣ်ဃးဒီးတၢ်နာ်ဒီးတၢ်သိၣ်လိ

doctrine *n* တၢ်နာ်ဒီးတၢ်သိၣ်လိ

document *n* တၢ်ကွဲးနီၣ်ကွဲးဃါ, လံာ်တီလံာ်မီ

document *v* ကွဲးနီၣ်ကွဲးဃါ, မၤနီၣ်မၤဃါ

documentary *a* ၁. လၢအဒိးသန့ၤထိၣ်အသးလၢတၢ်ကွဲးနီၣ်ကွဲးဃါဖိးသဲစးတဖၣ်, လၢအိၣ်ဒီးတၢ်ကွဲးနီၣ်ကွဲးဃါ ၂. လၢအဒိယာ်တၢ်ဂီၤမူ, လၢအစူးကါလီယဲၤဒီးဒိယာ်တၢ်ဂီၤမူဒီးဖိၣ်ယာ်တၢ်ကလု၊

documentary *n* တၢ်ဂီၤမူ မ့တမ့ၢ် ကွဲၤဟူဖျါ မ့တမ့ၢ် ကွဲၤလု့ၤလိအတၢ်ရဲၣ်တၢ်ကျဲၤလၢတၢ်ကွဲးနီၣ်ကွဲးဃါအီၤ

documentation *n* ၁. တၢ်ဟ်ဖျါထိၣ်တၢ်ကွဲးနီၣ်ကွဲးဃါဒ်တၢ်အုၣ်သးအသိး ၂. တၢ်ကွဲးနီၣ်ကွဲးဃါ

D

dodge *n* ၁. တၢ်ပဒ့ၣ်ဟးဆှံးတၢ် ၂. တၢ်လီနၢ်ပျံၣ်ဝ့ၤတၢ်, တၢ်လံၣ်နၢ်လီနၢ်တၢ်

dodge *v* တဒိပူၤအသး, ဘျံးပူၤအသး, မၤပူၤအသး, ပဒ့ၣ်အသး ,ပဒ့ၣ်တၢ်ကမၣ်

dodgy *a* ၁. တၢ်တတီတလိၤ ၂. တၢ်ဘၣ်ယိၣ်, မၤတၢ်လၢတၢ်ဘၣ်ယိၣ်အပူၤ ၃. လၢအတဂ့ၤဘၣ်, လၢတၢ်ဒိးသန့ၤသးတသ့

doe *n* ပဒဲမိၢ်, တၤယုၢ်မိၢ်, သမီၣ်မိၢ်

dog *n* ၁. ထွံၣ်, ထွံၣ်ဖါ ၂. (တၢ်ကိးဆါပှၤ) ပှၤတဂ်ာ်တသိၣ်, ပှၤလံာ်လူာ်ကျူဆှါ, ပှၤပိာ်မုၣ်လၢအဒိၣ်တၢ်တဂ့ၤ, နီၢ်လာ်အၢ ၃. တၢ်တဂ့ၤတဃိ, တၢ်လၢအတကဲထိၣ်လိၣ်ထိၣ်

dog *v* ၁. လူၤပိာ်အခံ ၂. လူၤပိာ်ထွဲထိၣ်ခံ (တၢ်ဂ့ၢ်ကီလူၤပိာ်ထွဲအခံ)

dog tag *n* ၁. ထးဘ့ၣ်ဘျးစဲလၢထွံၣ်အကိာ်စၢလိၤ ၂. ပှၤသုးဖိအတၢ်အှၣ်သးထးဘ့ၣ်ဘျးစဲ, ထးဘ့ၣ်ဘျးစဲလၢပှၤသုးဖိအကိာ်ဘိလိၤ

dogfruit *n* တန့သၣ်

dogged *a* လၢအအိၣ်ဒီးတၢ်သးစွံကတုၤ, လၢအကျၢၤမုဆူ, လၢအတူၢ်ဃၣ်အသးညီညီ

doggy bag *n* ထၢၣ်ဒၢလၢတၢ်ဟဲကဲ့ၤစိာ်ထၢနုာ်တၢ်အီၣ်တၢ်အီအဘျဲၣ်အစဲၤဖဲတၢ်အီၣ်ကျး, ထၢၣ်ဒၢလၢတၢ်ထၢနုာ်လီၤတၢ်အီၣ်တၢ်အီအဘျဲၣ်အစဲၤတဖၣ်

dog-leg *n* တၢ်ဒၢက့ၣ်, တၢ်က့ၣ်ကျိၤ

dogma *n* တၢ်သိၣ်တၢ်သီအသံအမံ, တၢ်ဘျၢအသံအမံလၢတၢ်ကဘၣ်လူၤပိာ်မၤထွဲအီၤ

dogmatic *a* လၢအနာ်သံတၢ်, လၢအခိၣ်ကိၤ, လၢအဆိကမိၣ်လီၤအသးထဲအတၢ်ဘၣ်

dogmatism *n* တၢ်နာ်သံတၢ်, တၢ်လၢအခိၣ်ကိၤ, တၢ်ဆိကမိၣ်လီၤအသးထဲအတၢ်ဘၣ်

dogtrot *n* တၢ်ယ့ၢ်ကယီကယီလၢအစုအခိၣ်ထွဲဘၣ်ထွဲဘၣ်, တၢ်ယ့ၢ်ထွဲဘၣ်ထွဲဘၣ်

doily *n* စးခိဒါတၢ်အခံ, တၢ်ကံးညာ်ဒါတၢ်အခံ, သဘံၣ်လီခီအခံဒါ

dole *n* တၢ်ဟ့ၣ်မၤစπၤတၢ်, ပဒိၣ်အစ့တၢ်မၤစπၤ, တၢ်နီၤဟ့ၣ်မၤစπၤတၢ်

dole *v* ဟ့ၣ်နီၤလီၤတၢ်

doleful *a* လၢအပှဲၤဒီးတၢ်မိၣ်တၢ်မး, လၢအပှဲၤဒီးတၢ်သူၣ်တမုာ်သးတမုာ်

doll *n* တၢ်ဂီၤဖိ

doll *v* ကူသိးကယၢထိၣ်သး, မၤဃံမၤလၤထိၣ်အသး

dollar *n* စ့ဒီလၣ်, စ့တကလုာ်

dollhouse *n* တၢ်ဂီၤဖိအဟံၣ်, ဟံၣ်တၢ်ဂီၤဖိ

dolly *n* ၁. တၢ်ဂီၤဒီလ့ၣ်ဖိ ၂. လ့ၣ်ဆိၣ်ဖိလၢတၢ်ဆိၣ်တၢ်ဃၢအဂီၢ် အဒိ, တၢ်ဒိတၢ်ဂီၤမူအလ့ၣ်ဆိၣ်ဖိ

dolorous *a* လၢအတူၢ်ဘၣ်တၢ်သူၣ်တမုာ်သးတမုာ်, လၢအလီၤမိၣ်လီၤမဲၤ

dolphin *n* ညၣ်တီသ္ဍ

dolt *n* ပှၤအီရိာ်ငီငး, ပှၤနါဃး, ပှၤတနၢ်တူာ်တၢ်, ပှၤအမၢး

domain *n* ၁. စုလီၢ်ခီၣ်ခိၣ်, တၢ်ပၢတၢ်ပြးလီၢ်ကဝီၤ ၂. လီၢ်ကဝီၤ

dome *n* ချံးကုတၢ်ဒုးခိၣ်, တၢ်ဒုးခိၣ်ဖးဒိၣ်လၢအလီၤက်ဒီးချံးကုဒီဖျၢၣ်ညါ

domestic *a* ၁. ဘၣ်ဃးဒီးဟံၣ်ဖိၤဃီဖိၤ ၂. ထံလီၢ်ကီၢ်ပူၤ

domestic *n* ၁. ပှၤမၤတၢ်ဖိလၢဟံၣ်ပူၤဃီပူၤ ၂. တၢ်အှၣ်လိာ်ဆီးက့လၢဟံၣ်ပူၤဃီပူၤ

domesticate *v* မၤဘှါအီၤ, ဘုၣ်ဘှါ

domicile *n* တၢ်အိၣ်တၢ်ဆိးအလီၢ်, လီၢ်အိၣ်ဆိးထံးလီၤတံၢ်

domicile *v* အိၣ်ဆိးလီၤတံၢ်

dominance *n* စိကမီၤလုာ်ဘၢလၢပှၤဂၤအဖီခိၣ်, တၢ်ဒိၣ်စိဒိၣ်ကမီၤ

dominant *a* လၢအဒိၣ်စိ, လၢအကါဒိၣ်နှ့ၢ်ဒံး, လၢအစိကမီၤဒိၣ်နှ့ၢ်ဒံး, လုၢ်ဘၢစိကမီၤလၢပှၤဂၤအဖီခိၣ်

dominate *v* လုၢ်ဘၢစိကမီၤ, ဒိၣ်စိ

domination *n* တၢ်ပၢ, တၢ်ပၢဘၣ်တၢ်

domineer *v* လၢအမၢတၢ်ဆူၣ်, လၢအလုၢ်ဘၢစိကမီၤတၢ်, ဟ်သးဒိၣ်စိ

domineering *a* လၢအဒိၣ်စိလၢပှၤဂၤအဖီခိၣ်, လၢအဂုာ်ဆူၣ်ပၢဆှၢပှၤ

dominion *n* တၢ်ပၢ, တၢ်ပၢတၢ်ပြးအလီၢ်

don *v* ကူထိၣ်သိးထိၣ်, ကၠၢ်ထိၣ်, ဒိးထိၣ်, ကျိၤထိၣ်, ဖျိၣ်ထိၣ်

donate *v* ဟ့ၣ်မၤဘူၣ်, မၤဘူၣ်လီၤတၢ်

donation *n* တၢ်ဟ့ၣ်မၤဘူၣ်, တၢ်ဟ့ၣ်မၤစπၤ

donkey *n* ကသ့ၣ်ယီၤ

donor *n* ပှၤလၢအဟ့ၣ်မၤစၢၤတၢ်, ပှၤဟ့ၣ်မၤဘျုးတၢ်, ကရၢလၢအဟ့ၣ်မၤဘူၣ်တၢ်

donor card *n* တၢ်ဟ့ၣ်မၤဘူၣ်လီၤနီၢ်ခိက့ၢ်ဂီၤဖဲသံဝံၤအလီၢ်ခံအလံာ်ခးက့

donut *n* ကိၣ်ထံဖှံၣ်

doodle *v* တ့နါစီၤတၢ်, တီၤကွံးကွးတၢ်, ကွဲးကွံးကွးတၢ်

doom *n* ၁. တၢ်ဟဲဝံအၢ, တၢ်သံတၢ်ပှၢ်, တၢ်အၢလၢအဟဲဘၣ်ပှၤဃါမနၤ ၂. တၢ်စံၣ်ညီၣ်မုၢ်နံၤလၢခံကတၢၢ်, မုၢ်စံၣ်ညီၣ်အနံၤ

doom *v* ဟ့ၣ်တၢ်စံၣ်ညီၣ်, ဒုးကဲထိၣ်တၢ်ဟဲဝံအၢသိး, ဟဲဝံအၢ

doomsday *n* မုၢ်နံၤခံကတၢၢ်, မုၢ်စံၣ်ညီၣ်အနံၤ, ဟိၣ်ခိၣ်အစိၤကတၢၢ်အနံၤ

door *n* ပဲတြီ

doorbell *n* ပဲတြီအဒၢလွဲဖိ

doorkeeper *n* ပှၤအိးထိၣ်ပဲတြီ မ့တမ့ၢ် တြဲၤလၢတၢ်သူၣ်ထိၣ်ဖးဒိၣ်အပူၤ

doorman *n* ပှၤအိးထိၣ်ပဲတြီ မ့တမ့ၢ် တြဲၤလၢတၢ်သူၣ်ထိၣ်ဖးဒိၣ်အပူၤ

doormat *n* ၁. နီၣ်ထွါခီၣ်, တၢ်ထွါခီၣ် ၂. ပှၤလၢအတူၢ်မူသူတၢ်

doorstep *n* ၁. ဃီလၢဟံၣ်ချၢ ၂. ကိၣ်ပီၣ်မူးအကဘျုံး

doorstop *n* နီၣ်ပၢၤပဲတြီ

doorway *n* ကျဲစၢၤ

dope *n* ၁. ကသံၣ်မူၤဘိး – ကသံၣ်လၢအမၤချ့ထိၣ်ပှၤဂဲၤလိာ်ကွဲတၢ်, ကသံၣ်လၢအမၤချ့ထိၣ်ဆူၣ်ထိၣ်ပှၤအင်္ဂါ ၂. ပှၤအီရိာ်အီပီ ၃. တၢ်ကစီၣ်

dope *v* ၁. ဟ့ၣ်ဒုးအီၣ်ကသံၣ်မူၤဘိး ၂. (ပှၤဂဲၤလိာ်ကွဲ, ကသ့ၣ်) ဟ့ၣ်ဒုးအီဆူၣ်ထိၣ်အင်္ဂါအဘါဒ်သိးကဃ့ၢ်ချ့

dork *n* ပှၤထုတရုၤ, ပှၤပ့ၣ်လံး

dorm *n* ဘီဒၢၣ်, ကို်ဖိဟံၣ်ဒွဲ, ပှၤအိၣ်ဖိၣ်အိၣ်သကိးအလီၢ်

dormant *a* ၁. လၢအအိၣ်ဂၢါတပၢၢ်, ဘှၣ်ယှၢ်ကလာ် ၂. (တၢ်မုၢ်တၢ်ဘိ) လၢအမူဘၣ်ဆၣ်တဒိၣ်ထိၣ်ဒံးဘၣ် ၃. လၢအတဟူးတဂဲၤဘၣ်, လၢအဂၢၢ် ၄. (တၢ်ဆူးတၢ်ဆါ) လၢအပနီၣ်တဖျါဘၣ်ဆၣ်အိၣ်ထၢၣ်ဂၢၢ်အသး

dormitory *n* ဘီဒၢၣ်, ကို်ဖိဟံၣ်ဒွဲ, ပှၤအိၣ်ဖိၣ်အိၣ်သကိးအလီၢ်

dorsal *a* လၢအဘၣ်ဃးဒီးညၣ် မ့တမ့ၢ် ဆၣ်ဖိကိၢ်ဖိအပျိၢ်ခိၣ်

dosage *n* ကသံၣ်အီတဘျီအင်္ဂါ

dose *n* ကသံၣ်တအီအင်္ဂါ

dose *v* ဒုးအီကသံၣ်

dosh *n* တိၢ်, စ့

dossier *n* တၢ်ဟ်ဖိုၣ်ပှၤတဂၤအဂ့ၢ်အကျိၤမ့တမ့ၢ် တၢ်ဂ့ၢ်တမံၤ, နီၢ်ကစၢ်လံာ်တြံာ်, တၢ်ဂ့ၢ်တၢ်ကျိၤ

dot *n* တၢ်ဖျာၣ်ဆံးဖိတဖျာၣ်, ဖီး

dot *v* ၁. မၤနီၣ်ဃာ်ဒီးတၢ်အဖျာၣ်ဆံးဖိ ၂. မၤလီၤပြံၤစံပြါစါတၢ် ၃. ကွဲးလီပုံၤ ၄. ထိးလီၤတၢ်အဖီးဖိ

dotage *n* သးလီၤဖိသၣ်က့ၤ, လီၤဖိသၣ်

dote *v* (dote on/upon) အဲၣ်ဘျီၣ်မဲာ်တၢ်, ဒုးနဲၣ်ဖျါထိၣ်တၢ်အဲၣ်, လူၤဘၣ်အသး, အဲၣ်လၢာ်သး

double *a* ၁. ခံစး, ခံခါ ၂. လၢအဒီကထၢ ၃. လၢအအိၣ်ခံမံၤခံခါ, လၢအပၣ်ခံခါ

double *adv* ဒီကထၢ, (ခံ)ကထၢ, ခံမံၤ, ခံခါ, ခံစး

double *det* ခံစး, ခံဘျီ

double *n* ၁. ပှၤလၢအလီၤက်ဒီးပှၤအဂၤတဂၤလၢာ်လၢာ်ဆ့ဆ့ ၂. တၢ်လၢအအိၣ်ခံစး, ခံဘျီ ၃. တၢ်လၢအဒီကထၢလီၤက်လိာ်အသးခံခါ ၄. တၢ်လၢအအိၣ်ခံခါ ၅. တၢ်မၤနၢၤဒီကထၢတၢ် ၆. တၢ်ဂဲၤလၢပှၤဂဲၤတခီခံဂၤ

double *v* မၤအါထိၣ်ခံစး, မၤကၢ်ချံး

double up *vp:* ကၢ်ချံး, မၤအါထိၣ်ခံစး

double chin *n* ခၣ်ပီၤလီၤစဲၤ, ခၣ်ပီၤလီၤစဲၤအါထိၣ်တခါခီဖျိအဘီၣ်အဃိ

double standard *n* တၢ်အတီၤပတီၢ်ဖှၣ်ထံၣ်ဖှၣ်ထိ

double time *n* တၢ်အဘူးအလဲခံစး

double-cross *v* လံၣ်အိၣ်လီအိၣ်လိာ်အသးကဒံကဒံ

double-edged *a* ၁. လၢအကနၣ်အိၣ်ခံခီခံကပၤ ၂. လၢအဟ်ဖျါထိၣ်တၢ်အခီပညီလၢအဆၢၣ်မဲာ်လိာ်အသး, လၢအဟ်ဖျါထိၣ်တၢ်အဂ့ၤတဂ့ၤခံခီခံကပၤ, လၢအဟ့ၣ်ထိၣ်တၢ်ကဲဘျုးတကဲဘျုး

D

double-park *v* ပတုာ်သတြဲၤသိလ့ၣ်ခံခိၣ် လၢကျဲမုၢ်ခိၣ်

doubly *adv* မၤအါထီၣ်ခံစး, မၤကၢ်ချုံး

doubt *n* တၢ်သးဒ္ဒီ, တၢ်တနာ်န့ၢ်တၢ်

doubt *v* သးဒ္ဒီ, တနာ်တၢ်

doubtful *a* လီၤသးဒ္ဒီ, တလီၤတံၢ်ဘၣ်

doubtless *a* လၢဘူးကလီၤတံၢ်, လၢသးဒ္ဒီအလီၢ်တအိၣ်

douche *n* တၢ်ထံသ့ကဆှိပိာ်မုၣ်ကုၢ်ဂီၤဒ္ဒဲပူၤ, တၢ်သ့ကဆှိပိာ်မုၣ်အလံၢ်အဒ္ဒဲပူၤ

dough *n* ၁. ကိၣ်ကမူၣ်ကျဲအသးဒီးထံ ၂. ကျိၣ်စ့

doughnut *n* ကိၣ်ထံဖှံၣ်

doughty *a* လၢအဒူ, လၢအတပျုၢ်တၢ်

douse *v* ၁. လူလီၤထံ ၂. လူသံမ့ၣ်အူလၢထံ

dove *n* ထိၣ်လွံၢ်

dowdy *a* ၁. လၢအတလီၤထုးန့ၢ်သူၣ်ထုးန့ၢ်သး ၂. လၢအတချူးစိၤ

dowel *n* နီၣ်ဂိာ်စဲ

dowel *v* ထီထီၣ်နီၣ်ဂိာ်စဲ

down *a* ၁. လၢအလီၤဆူအဖီလာ်, လၢအလီၤဆူအဖီလာ်တပတီၢ် ၂. လၢအသးအုး, လၢအသူၣ်လီၤဘုံးသးလီၤတီၤ ၃. လၢအတမၤတၢ်လၢၤ (ခီၣ်ဖျူထၢၣ်အကျိၤအကျဲ)

down *adv* ၁. ဆူတၢ်ဖီလာ်, ဆူတၢ်ဖီလာ်တပတီၢ် ၂. (မံ, ကွဲး, ဆ့ၣ်နီၤ) လီၤ ၃. ဆူကလံၤထံး, လၢကလံၤထံး, လဲၤလီၤဆူလာ် ၄. ဆူတၢ်လီၢ်လၢအစၢ်လီၤ, လၢအနးထီၣ်အလီၢ် ၅. ပ္ၤတၢ်ဟ်လီၤစ့အဆိကတၢၢ်အလီၢ်တဘျီ

down *n* ၁. ထိၣ်ဆူၣ်ကမုံဒံကမိဒီ ၂. တၢ်အဆူၣ်ကမုံဒံ

down *prep* ဆူအဖီလာ်, ဆူလာ်ခီ

down *v* ၁. အီလၢာ်, အီၣ်လၢာ်ကွံာ်ချ့ချ့ ၂. မၤလီၤတဲာ်, လီၤတဲာ်ဆူဟီၣ်ခိၣ်လီၤ ၃. ခးလီၤတဲာ် (ကဘီယူၤ) ၄. မၤနၢၤကွံာ်

down payment *n* တၢ်ဟ့ၣ်လီၤဆိစ့ဖဲတၢ်ကပ္ၤကဒ္ဒဲတၢ်အခါ

down to earth *a* တုၤလီၤတီၤလီၤ, တအိၣ်ဒီးတၢ်ဟ်ကဖၢလၢအသး

down under *n* ကီၢ်အီးစထြ့လံယါ, ကီၢ်နူစလဲၣ်

downcast *a* ၁. လၢအမဲာ်လီၤသပှၢ်, လၢအသူၣ်အုးသးအုး ၂. လၢအထံၣ်ဆံး, လၢအကွၢ်တလီၤ

downer *n* ၁. တၢ်လၢအမၤလီၤပသး ၂. ကသံၣ်သးဂၢၢ်

downfall *n* တၢ်လီၤပိုၢ်, တၢ်ဆံးလီၤစှၤလီၤ

downgrade *v* မၤစှၤလီၤအလီၢ်အလၤ, သုးဖှၣ်လီၤအလီၢ်အလၤ

downhearted *a* လၢအသူၣ်လီၤဘုံးသးလီၤဘုါ, လၢအသးလီၤ

download *v* ဟံးန့ၢ် မ့တမ့ၢ် ထုးန့ၢ်တၢ်ဂ့ၢ်တၢ်ကျိၤလၢခီၣ်ဖျူထၢၣ်အပူၤ

downplay *v* တဲနးတၢ်, ဟ်ဆံးတၢ်

downpour *n* တၢ်စူၤဖးဒိၣ်

downright *a* လၢအမၤလၢလၢပှဲၤပှဲၤ, လၢအမၤအသးလၢာ်လၢာ်ဆ့ဆ့, လၢလၢပှဲၤပှဲၤ, လၢာ်လၢာ်ဆ့ဆ့, ဖျိဖျိဖျါဖျါ, တဲာ်တဲာ်ဖျုဖျု, လီၤကတိၤ, လီၤလီၤဘျာဘျာ

downshift *v* ၁. ဆီတလဲတၢ်မၤ, ဆီတလဲတၢ်အိၣ်မူအကျိၤအကျဲ ၂. ဆီတလဲဒိၣ်ကွဲၤလၢအဖှၣ်တပတီၢ်

downside *n* တၢ်လၢအတဂ္ၤတကပၤ

downsize *v* ၁. မၤဆံးမၤစှၤ ၂. (ခီပနံာ်) မၤစှၤလီၤအပှၤမၤတၢ်ဖိ

downstairs *a* လၢအဖီလာ်တကထၢ

downstairs *n* တၢ်ဖီလာ်တကထၢ

downstream *adv* ဆူထံထၣ်တကပၤ, လၢထံထၣ်တကပၤ, ဆူထံကျိအဆဲလာ်တကပၤ, လၢထံကျိအဆဲလာ်တကပၤ

downtime *n* တၢ်ဆၢကတီၢ်တကတီၢ်လၢတၢ်ဟ်ပတုာ်ခီၣ်ဖျူထၢၣ် မ့တမ့ၢ် စဲးဖီကဟၣ်အတၢ်မၤ

downtown *a* လၢအမှၢ်ဝ့ၢ်ခၢၣ်သး

downtown *adv* လၢအမှၢ်ဝ့ၢ်ခၢၣ်သး

downtown *n* ဝ့ၢ်ပူၤ

downtrodden *a* လၢအဘၣ်တၢ်ဆီၣ်တံၢ်မၤနၢၤ, လၢအဘၣ်တၢ်ဆီၣ်သနံး

downturn *n* မုၢ်ကျိၤဝဲၤကွာ်တၢ်မၤလီၤသြုး

downward *a* ဆူလာ်ခီ, ဆူလာ်တတီၤ

downward *adv* ဆူလာ်ခီ, ဆူလာ်တတီၤ

downwind *a* လၢအလီၤဒီးကလံၤကျိၤ

downwind *adv* လၢအလီၤဒီးကလံၤကျိၤ

downy *a* လၢအအိၣ်ဘၢဒီးတၢ်အဆူၣ်ကပုာ်လုး

dowry *n* စ့တလီၢ်

doze *n* တၢ်မံတစိၢ်ဖိ, တၢ်မံသပ့ၤဘၣ်သးတစိၢ်ဖိ

doze *v* မံခ့, မံသပ့ၤ

dozen *n* ဒၢစ့ၣ်, တဆံခံ (ခါ–မံၤ)

drab *a* လၢအတထုးန့ၢ်ပှၤသး, လၢတဖျါဆဲး, လၢအဖျါတဆဲးဘၣ်

draconian *a* (တၢ်သိၣ်တၢ်သီ) လၢအဃံးတလၢ, လၢအဃံးဒိၣ်မး

draft *etc* (see draught)

drag *n* ၁. တၢ် မ့တမ့ၢ် ပှၤလၢအမၤလီၤကၢၣ်လီၤကျူတၢ်, တၢ် မ့တမ့ၢ် ပှၤလၢအမၤတံာ်တာ်တၢ် ၂. တၢ်လၢအမၤတံာ်တာ်တၢ်လဲၤထီၣ်လဲၤထီအကျဲ, တၢ်လၢအမၤဃၢထီၣ်တၢ်လဲၤထီၣ်လဲၤထီအကျဲ ၃. ပိာ်ခွါကူသိးပိာ်မုၣ်အကူအသိး ၄. တၢ်သြူးနာ်မိာ်တသြူး

drag *v* တွံၢ်, ထုးတြူာ်, မိၤတြူာ်

dragnet *n* ၁. တၢ်ဟးဃုကွၢ်ပှၤမၤကမဉ်တၢ်ဖိဒီးတၢ်အကျိၤအကျဲလီၤတံၢ်လီၤဆဲး ၂. ပှာ်, ပှာ်ဖးဒိၣ်

dragon *n* ပယိၤ

dragonfly *n* ကွဲၢ်မိၢ်ဘီ, ကွဲၢ်လဲၢ်ဘီ

drain *n* ထံကျိၤ

drain *v* ထုးထီၣ်ကွံာ်ထံ, ဘီထုးထီၣ်ကွံာ်ထံဆူတၢ်လီၢ်အဂၤ, ဘီသံးကွံာ်ထံ

drainage *n* ၁. တၢ်ပျ်လီၤထံ ၂. တၢ်ပျ်လီၤထံတၢ်ဖံးတၢ်မၤအကျိၤအကျဲ

drained *a* လၢအဂံၢ်အဘါလၢာ်ကွံာ်, လၢအလီၤဘုံးလီၤဘှါဒိၣ်မး

draining board *n* စီၢ်လၢတၢ်ဘိသံးကွံာ်လီခီလၢတၢ်သ့စီကွံာ်အီၤဝံၤအလီၢ်

drainpipe *n* ၁. ထံပီၤဘိ, ထံတိၤဘိ, ထံယွၤကျိဘိ ၂. ဖျိၣ်ခံခိၣ်ပီၤ, ဖျိၣ်ခံလၢအခိၣ်ဆံးဆံးဖိ

drake *n* ထိၣ်ဒ့ၣ်ဖါ

drama *n* တၢ်ဂဲၤပူ, ပူလၢတၢ်ကွဲးအီၤလၢတၢ်ဂဲၤဒိဒုးနဲၣ်အဂီၢ်

dramatic *a* ၁. လၢအဘၣ်ဃးဒီးတၢ်ဂဲၤပူဂဲၤဒိ ၂. လၢအလီၤသူၣ်ပိၢ်သးဝး

dramatist *n* ပှၤကွဲးတၢ်ဂဲၤဒိပူ

dramatize, dramatise *v* ၁. ကွဲးတၢ်ဂဲၤဒိ, ကွဲးတၢ်ဂီၤမူ ၂. မၤဒိၣ်မၤသွါထီၣ်တၢ်ဂ့ၢ်တၢ်ကျိၤ

drape *n* ယဉ်ဘျုးသဒၢဖးထီ

drape *v* စၢလီၤ (ကယၢကယဲ) တၢ်ကံးညာ်

drapery *n* ယဉ်ဘျုးသဒၢဖးထီ

drapes *n* ယဉ်ဘျုးသဒၢဖးထီ

drastic *a* လၢအဆူၣ်အကိၤ, လၢအလၢာ်ဂံၢ်လၢာ်ဘါ, လၢအဒိဘၣ်မၤဟူးတၢ်ဒိၣ်ဒိၣ်မုၢ်မုၢ်

draught, draft *a* ၁. (ဘံယၢၣ်) လၢတၢ်ထၢနာ်အီၤလၢကတံၤသ့ၣ်ကိပူၤ ၂. (ဆၣ်ဖိကိၢ်ဖိ) လၢအတွံၢ်တၢ်ဃၢ, လၢတၢ်စူးကါအီၤလၢအတွံၢ်တၢ်ဃၢ

draught, draft *n* ၁. ကလံၤခုၣ်အကျိၤ, ကလံၤအူတၢ်ခုၣ်အကျိၤ ၂. ဘံယၢၣ်ကတံၤကိဖးဒိၣ် ၃. ကသံၣ်အီ ၄. တၢ်အီနာ်တၢ်တကွံး, တၢ်ကသါနာ်တၢ်တသြူး ၅. ထံအယိာ်လၢကဘီတဘ့ၣ်ကထိၣ်ဖီအဂီၢ်

draught, draft *v* ၁. ကွဲးပတြိာ် ၂. ဆုၢပတြိာ်, ဟ်ပတြိာ်

draughtsman, draftsman *n* ၁. ပှၤလၢအကွဲးပတြိာ်တၢ်, ပှၤလၢအတ့ပတြိာ်တၢ် ၂. ပှၤတ့တၢ်ဂီၤ

draughty, drafty *a* လၢအခုၣ်ဒီးတမှာ်တလၤခီဖျိကလံၤခုၣ်အူနာ်လီၤ

draw *n* ၁. ဖှၣ်ထၢၣ်, ပှၤလိာ်ကွဲခံဖုတနၢၤလိာ်သးနီတခီ ၂. တၢ်ဖိၣ်တၢ်ဖး ၃. တၢ်မၤန့ၢ်ဖှၣ်ထၢၣ် (လၢတၢ်ဂဲၤလိာ်ကွဲအပူၤ) ၄. တၢ်လၢအထုးန့ၢ်သူၣ်ထုးန့ၢ်သး ၅. တၢ်သြူးနာ်မိာ်အလှၢ်

draw *v* ၁. တ့ (တၢ်ဂီၤ) ၂. draw water ဒၢၣ်ထံ ၃. ထုးတၢ်, တွံၢ်တၢ်, ထုးထီၣ် (စ့) ၄. ဃုထၢထီၣ်တၢ် ၅. မၤန့ၢ်တၢ်ကစိၣ်, မၤန့ၢ်တၢ်ဟ့ၣ်ကူၣ် ၆. လီၤဖှၣ်ထၢၣ်, မၤဖှၣ်ထၢၣ်ကူၤ ၇. သြူးနာ် (မိာ်လုၣ်, ကလံၤ) ၈. ထိၣ်သတြိၢ်တၢ်ခံမံၤ, ကွၢ်ထံဆိကမိၣ်တဃာ်တၢ်ခံခီခံကပၤ ၉. မၤလီၤထုးန့ၢ်သူၣ်ထုးန့ၢ်သး, မၤလီၤသးစဲ ၁၀. ထုးကွံာ်တၢ် ၁၁. (ကဘီယၢ်) အိၣ်ပုံၤဒီးကလံၤ

drawback *n* တၢ်လၢအမၤတံာ်တာ်တၢ်, တၢ်ကီတၢ်ခဲ, တၢ်နိးတၢ်ဘျး

drawbridge *n* တိၤလၢတၢ်ချံးသုးထီၣ်အီၤသ့ဒ်သိးကဘီထိၣ်န့ၢ်ကဘီကျဲတဖၣ်

drawer *n* စီၤကျိး

D

drawing *n* ၁. တၢ်တ့တၢ်ဂီၤအတၢ်သ့တၢ်ဘၣ်, တၢ်တ့တၢ်ဂီၤဒွဲလၢပီညါ ၂. တၢ်ဂီၤလၢတၢ်တ့အီၤ

drawing board *n* တၢ်တ့တၢ်ဂီၤတၢ်ဘ့ၣ်ဘၣ်ဖးလဲၢ်

drawl *n* တၢ်ကတိၤတၢ်ယၢရူၤယၢတ့ၤ, တၢ်ကတိၤတၢ်ယၢယၢ

drawl *v* ကတိၤတၢ်ယၢရူၤတ့ၤ

drawn *a* လၢအဖျါလီၤဝါ, လၢအလီၤဘဲ

drawn-out *a* ယံာ်တလၢထၢတလၢ

drawstring *n* ပျံၤသဝံးခိၣ်, ပျံၤထုးသဝံး

dray *n* လှၣ်ကစီၤဖုၣ်လၢအစိာ်တၢ်ယၢ, လှၣ်အပၣ်လွံၢ်ပၣ်လၢအစိာ်တၢ်ယၢ

dread *a* လၢအလီၤပျံၤလီၤဖုးဒိၣ်ဒိၣ်ကလဲာ်, လၢအလီၤကညီၢ်

dread *n* တၢ်ပျံၤတၢ်ဖုးဒိၣ်ဒိၣ်ကလဲာ်, တၢ်လီၤကညီၢ်

dread *v* ပျံၤတၢ်ဖုးတၢ်

dreaded *a* လၢအလီၤပျံၤလီၤဖုးဒိၣ်ဒိၣ်ကလဲာ်, လၢအလီၤကညီၢ်

dreadful *a* ၁. လီၤပျံၤ, လီၤပျံၤလီၤဖုး ၂. လၢအမၤတံာ်တာ်တၢ် ၃. လၢအတဂ့ၤ, လၢအတမှာ်တလၤ, လၢအအၢအသီ

dreadfully *adv* ဒိၣ်ဒိၣ်ကလဲာ်, နးနးကလဲာ်, ဒိၣ်မး, ဒိၣ်ဒိၣ်အါအါ, တလၢကွံာ်အခၢး

dreadlocks *n* တၢ်သံၣ်ခိၣ်ပြံကဒံ, တၢ်မၤခိၣ်ဖြိး(ဒ)လီး(ခ)

dream *n* ၁. တၢ်မံမိၢ် ၂. တၢ်ဆိကမိၣ်မံ့တၢ်

dream *v* ၁. မံမိၢ် ၂. ဆိကမိၣ်မှာ်လၢတၢ်, ဆိကမိၣ်မံ့တၢ်

dreamer *n* ၁. ပှၤဆိမိၣ်မံ့တၢ် ၂. ပှၤလၢအမံမိၢ်တၢ် ၃. ပှၤလၢအသးဒံဝ့ၤဒံဝီၤ

dreamless *a* ၁. လၢအတအိၣ်ဒီးတၢ်မံမိၢ် ၂. လၢအတအိၣ်ဒီးတၢ်ဆိကမိၣ်မှာ်လၢတၢ်, လၢအတအိၣ်ဒီးတၢ်ဆိကမိၣ်မံ့တၢ်

dreamy *a* ၁. လၢအဆိကမိၣ်မံ့တၢ် ၂. လၢအလီၤက်ဒ်သိးတၢ်မံမိၢ်, ဒ်တၢ်မံမိၢ်အသိး ၃. လၢအသးဒံဝ့ၤဒံဝီၤ

dreary *a* အုးသကျူာ်, လၢအသယုၢ်တၢ်

dredge *v* ၁. ကွးထိၣ်တၢ်လၢအိၣ်လၢထံဖီလာ်, ခူၣ်ထံကျိ ၂. မၤဖျါထိၣ်က့ၤတၢ်လၢအပူၤကွံာ်

dredger *n* ကဘီ မ့တမ့ၢ် ကဟၣ်လၢခူၣ်ထိၣ်ဟီၣ်ခိၣ်ကပံာ်လၢထံကျိဖီလာ်

dregs *n* ၁. တၢ်အခံဒး, တၢ်အခံဒးလၢအိၣ်လၢတၢ်ဖီလာ် ၂. တၢ်လၢအတကိာ်တသိၣ်

drench *v* ဘၣ်စီၣ်ကလဲဒဲ, ဘၣ်စီၣ်ဂ့ၤဂ့ၤ

dress *n* ၁. ဆ့, ဆ့ကၤ ၂. တၢ်ကူတၢ်သိးအကၢ့အဂီၤ

dress *v* ၁. ကူထိၣ်ကၤထိၣ်, ကူထိၣ်သိးထိၣ် ၂. မၤကဆိုတၢ်ပူၤလိၢ်ဒီးဘိၣ်ဘၢအီၤ မ့တမ့ၢ် ဘိၣ်ဃာ်အီၤ ၃. ကတဲာ်ကတီၤတၢ်အိၣ်တၢ်အိ ၄. ကယၢကယဲထိၣ်ဂ့ၤဂ့ၤ, ဒဲးကံၣ်ဒဲးဝ့ၤထိၣ်

dress rehearsal *n* တၢ်ဂဲၤလိတၢ်ဒိတၢ်တဲာ်အလီၢ်ခံကတၢၢ်တဘျီလၢအအိၣ်ဒီးတၢ်ကၤတၢ်ကူတၢ်သိးလၢပှဲၤ

dresser *n* ၁. စီၢ်ဒီးစီၤကျိုးလၢတၢ်ဟ်ကီၤသဘံၣ်လီခီအဂိၢ် ၂. စီၤကျိုး ၃. ပှၤလၢအကယၢအသး ၄. ပှၤကွၢ်ထွဲပှၤဂဲၤဒိတဖၣ်အတၢ်ကူတၢ်သိး

dressing *n* ၁. တၢ်စံၢ်ဃါအထံ ၂. တၢ်ဘိၣ်ဘၢတၢ်ပူၤလိၢ်ဒီးတၢ်ကံးညာ်, တၢ်ကံးညာ်ကျးဘၢတၢ်ပူၤလိၢ် ၃. တၢ်ကူထိၣ်သိးထိၣ်တၢ် ၄. ကိၣ်အဆၣ်, တၢ်အဆၣ် (အဒိ, ကိၣ်ကၢ့လိၣ်အဆၣ်) ၅. တၢ်လၢတၢ်ဆွံနှာ် မ့တမ့ၢ် သွီနှာ်လီၤအီၤဆူ (ခိၣ်သခၢၣ်) အပူၤ (အဒိ, ဘဲ, ဘဲဃီ, ဖီး, တၢ်ကံးညာ်ဒ်နှၣ်သိးသ့ၣ်တဖၣ်) ၆. တၢ်ပြံလီၤဟီၣ်ခိၣ်ညၣ်ထ့ၣ်, ဟီၣ်စီ

dressing gown *n* ဆ့ကၤကျၢၢ်ဘၢလၢတၢ်ကၤဘၢအီၤဖဲပၢၢ်ထိၣ်လိၢ်မံဒီးလှၣ်ထံဝံၤ

dressing table *n* တၢ်ကယၢကယဲစီၢ်နီၢ်ခိၣ်

dressmaker *n* ပှၤဆးဆ့ကၤ

dressy *a* လၢတၢ်ကူတၢ်ကၤအီၤလၢမူးအဂိၢ်, လၢအဆူၣ်ဆူၣ်ဘှဲၣ်ဘှဲၣ်

dribble *n* ၁. တၢ်ထံယွၤလီၤတဖီးတဖီး, တၢ်ထံယွၤလီၤတလီၤစီၤတလီၤစီၤ ၂. ခၣ်ထံ ၃. တၢ်ဃ့ၢ်စိာ် (ဖျာ်ထူ)

dribble *v* ၁. ခၣ်ထံယွၤ, ၂. စိာ်ထိၣ် (ဖျာ်ထူ) အဒိ, စီၤဝါမ့ၢ်စိာ်ထိၣ်ဖျာ်ထူပှၤကဲာ်နှၢ်လၢအခိၣ်ပူၤတညီဘၣ်

drift *n* ၁. တၢ်သုးသးကယီကယီ, တၢ်လီၤထွံ ၂. တၢ်ဖျါလၢ, တၢ်အခီပညီဖျါလၢ ၃. တၢ်ဟဲလီၤ

ထွံကတၢ်ထီယာ်အသးအပူဖိၣ်, (မူခိၣ်ဖီ) အပူဖးဒိၣ်, တၢ်အကရူၢ်ဖးဒိၣ်

drift *v* ၁. လီၤထွံ ၂. ထိၣ်ထွံလီၤ

drift net *n* စၤဖးဒိၣ်, စၤဖးဒိၣ်လၢတၢ်ထိၣ်ထွံလီၤအီၤလၢတၢ်ဖီၣ်ညၣ်အဂီၢ်

drifter *n* ၁. ပှၤလၢအတၢ်မၤအိၣ်တဂၢၢ်တကျၢၤ, ပှၤလၢအဆီတလဲအတၢ်မၤဆူၣ် ၂. ညၣ်ချံတဖၣ်, ညၣ်ချံအိၣ်ဒီးစၤဖးထီလၢအထုးညၣ်

driftwood *n* သ့ၣ်ကူာ်ကျိၣ်လၢအလီၤထွံလၢထံကျါ

drill *n* ၁. တပူ, ထးပျံာ် ၂. သုးတၢ်သိၣ်လိ, တၢ်သိၣ်လိထံသး ၃. ချိၣ်အကလုာ်ကလုာ် ၄. စဲးသူၣ်လီၤတၢ်ချံတကျိၤဘၣ်တကျိၤ

drill *v* ၁. တပူတၢ်, ပျံာ်ဖျိတၢ် ၂. ဟ့ၣ်သုးတၢ်သိၣ်လိ ၃. ကျာ်ဖျၢၣ်ထူဆူၣ်ဆူၣ် ၄. သူၣ်လီၤတၢ်ဖိတကျိၤဘၣ်တကျိၤ ၅. ဟံးန့ၢ်တၢ်ဂ့ၢ်တၢ်ကျိၤ

drill bit *n* တပူကနၣ်

drink *n* ၁. တၢ်ထံတၢ်နိ ၂. တၢ်အီသံးအါတလၢ, တၢ်အီသံးလုၣ်ကိလုာ်ကဟ်

drink *v* ၁. အီ ၂. စုၣ်သံး ၃. ကွၢ်တၢ်လၢတၢ်သူၣ်စဲသးစဲအပူၤ

drinkable *a* လၢတၢ်အီအီၤသ့

drinker *n* ၁. ပှၤအီတၢ်ဖိ ၂. စီၤကပ့ၤမုၢ်နၤဘီယး ၃. ဆၣ်ဖိကီၢ်ဖိအထံဒၢ

drip *n* ၁. တၢ်လီၤစီၤ, ထံလီၤစီၤ ၂. ဖြဲး(ပ), ဖျးစတံး, ပီၤဘိပီးလီလၢအဆှၢတၢ်သွံၣ် မ့တမ့ၢ် တၢ်အီၣ်တၢ်အီ, တၢ်ထံတၢ်နိဆူနီၢ်ခိက့ၢ်ဂီၤအပူၤ ၃. ပှၤလၢအတကဲဘျုး, ပှၤကၢၣ်ပှၤကျူ, ပှၤငီငး

drip *v* လီၤစီၤ

drive *n* ၁. တၢ်နီၣ်သိလ့ၣ်, တၢ်ဟးဒီးသိလ့ၣ် ၂. သိလ့ၣ်ကျဲလၢဟံၣ်ကရၢၢ်ပူၤ ၃. တၢ်တီၢ်တၢ်ဖျၢၣ်သလၢၣ်ဆူၣ်ဆူၣ် ၄. ပှၤတဖုအတၢ်ဂုာ်ကျဲးစၢးဆၢမၤတၢ်ဆူၣ်ဆူၣ် ၅. နီၢ်ကစၢ်အတၢ်မၢန့ၢ်ဆီၣ်ခံ, တၢ်သခူထီၣ်အီၤ ၆. စဲးဖီကဟၣ်အဂံၢ်သဟီၣ်လၢအမၤဟူးလ့ၣ်ပၣ်

drive *v* ၁. နီၣ် (သိလ့ၣ်) ၂. ဒုးလဲၤတၢ်ဆူညါဒီးတၢ်အဂံၢ်သဟီၣ် (အဒိ, တၢ်ထူဖျိးဖျၢၣ်ထူ, စဲးဖီကဟၣ်တဖၣ်) ၃. မၤသူၣ်ဒိၣ်သးဖျိး ၄. နီၣ်ဟးထီၣ်ကွံာ်, ဟီဟးထီၣ်ကွံာ် ၅. မၢန့ၢ်ဆူၣ်ခံ, မၢဆူၣ် ၆. ခူၣ်ဖျိ (ကျဲ), ပျံာ်ဖျိတၢ်

drive at *vp:* အခီပညီလၢအဲၣ်ဒိးတဲဝဲ

drive away *vp:* နီၣ်ဟးထီၣ်ကွံာ်, ဟီထီၣ်ကွံာ်

drivel *n* တၢ်တဂ့ာ်တသီၣ်ဘၣ်, တၢ်အခီပညီတအိၣ်ဘၣ်, တၢ်နါစီၤနါပျၤ

driven *a* လၢအထဲးဂံၢ်ထဲးဘါ, လၢအဂုာ်ကျဲးစၢးဆူၣ်ဆူၣ်

driver *n* ပှၤနီၣ်သိလ့ၣ်

driveway *n* သိလ့ၣ်အကျိၤ

driving *a* လၢအဂံၢ်ဆူၣ်ဘါဆူၣ်, လၢအိၣ်ဒီးအစိကမီၤလၢအလုၢ်ဘၢတၢ်

driving *n* တၢ်ဒုးလဲၤတၢ်ဆူညါဒီးတၢ်အဂံၢ်သဟီၣ်

driving licence *n* တၢ်နီၣ်သိလ့ၣ်လံာ်ပျဲက့

drizzle *n* မူခိၣ်စူၤလီၤသဖှံၣ်, တၢ်စူၣ်လီၤသဖှံၣ်, တၢ်ဟဲလီၤသဖှံၣ်

drizzle *v* (မူခိၣ်) သဖှံၣ်လီၤ

droid *n* ၁. ရိဘီးစဲး, စဲးတဖျၢၣ်လၢအဟံးတၢ်ဖိၣ်တၢ်ဒ်ပှၤကညီမၤတၢ်သ့အသိး ၂. ခီၣ်ဖျူထၢၣ်အတၢ်ရဲၣ်တၢ်ကျဲၤလၢအဟံးန့ၢ်စိယီၤတၢ်ရဲၣ်တၢ်ကျဲၤလၢတၢ်လီၢ်အယံၤ

droll *a* လၢအမ့ၢ်တၢ်လီၤနံၤအလီၢ်

drollery *n* တၢ်လီၤနံၤအလီၢ်

drone *n* ၁. ကနဲဖါ ၂. တၢ်ကလုၢ်သီၣ်ဝံဝံ ၃. ပှၤလၢအတဖံးတၢ်မၤတၢ်

drone *v* သီၣ်အံၣ်သီၣ်အူၣ်, တဲတၢ်လီၤကၢၣ်လီၤကျူ

drool *v* ခၣ်ထံလီၤစီၤ

droop *v* လီၤစဲၤ, ခိၣ်လီၤဘျး, အခိၣ်လီၤပိာ်

drop *n* ၁. တၢ်လီၤစီၤ အဒိ, သွံၣ်သၢလီၤစီၤအိၣ်လၢစးခိအလိၤ ၂. တၢ်လီၤတဲာ် ၃. တၢ်အထံတစဲးဖိ ၄. သံးအခွး ၅. တၢ်စုၤလီၤသတူၢ်ကလာ် ၆. တၢ်အပှ့ၤလီၤ ၇. တၢ်လၢအလီၤက်ဒ်သိးထံလီၤစီၤ (အဒိ, တၢ်ဆၢကီၢ်လိၣ်) ၈. တၢ်ဟ်ဖိုၣ်ဟ်တံၤယာ်တၢ်ဖိတၢ်လံၤလၢတၢ်ဟ့ၣ်အီၤတဖၣ်အလီၢ် ၉. ကသံၣ်စီၤလီၤမဲာ်ချံ

drop *v* ၁. လီၤတဲာ်, မၤလီၤတဲာ် ၂. တ့ၢ်လီၤ, စံၣ်လီၤ ၃. (အဂံၢ်) စၢ်လီၤ, စုၤလီၤ, (အမး, မဲာ်ထံ) လီၤ, (ကလုၢ်) လီၤ, မၤလီၤကလုၢ်, (ဆၣ်ဖိကီၢ်ဖိ) ဖှံလီၤ ၄. ကွံာ်တ့ၢ်, ဟ်တ့ၢ်, ဟ်တီၢ် ၅. ဟဲဂီၢ်, ဟဲဟး ၆. လီၤဘံ, လီၤတစွၤ ၇. မၤကတၢၢ်, ဟ်ပတုာ်, ကတၢၢ်

D

drop zone *n* ၁. တၢ်စံၣ်လီၤသဒၢမုၢ်အလီၢ် ၂. တၢ်ဟ်လီၤတၢ်အီၣ်တၢ်အီလၢသုးအဂီၢ်
drop-dead *a* လၢအလီၤထုးန့ၢ်သူၣ်ထုးန့ၢ်သးဒိၣ်မး
droplet *n* တၢ်အထံလီၤစီၤဆံးကိာ်ဖိ
dropout *n* တၢ်ဟးထီၣ်ကွံာ် (လၢကို,လၢတၢ်ကရၢကရိ)
droppings *n* ဆဉ်ဖိကီၢ်ဖိအဒ့ၣ်ကီၢ်လိၣ်
dross *n* တၢ်တဃၣ်, တၢ်ကမုံၤကမိၤ, တၢ်ကူးလံာ်ကူးလာ်
drought *n* တၢ်ယီၤဃ့
drove *n* တၢ်ဒီဖုတဖု, ဆဉ်ဖိကီၢ်ဖိဒီဖု, ဒီဖုဒီဂိၢ်
drown *v* ၁. လီၤအုးသံ, ဆိၣ်လီၤအုးသံ ၂. မၤသီၣ်လုၢ်ဘၢကွံာ်တၢ်ကလုၢ်အဂၤ ၃. ထံလုာ်ဘၢ, ထံဒိၣ်
drowsiness *n* တၢ်မိၣ်မံသး
drowsy *a* လၢအမံခ့, လၢအမဲာ်ဖံးဃၢ
drudge *n* ပှၤလၢအမၤတၢ်မၤလၢအလီၤကၢၣ်လီၤကျူ
drudge *v* မၤတၢ်လၢတၢ်တမှာ်ဘၣ်အီၤ, လၢာ်ဂံၢ်လၢာ်ဘါခီဖျိမၤတၢ်မၤလၢအတမှာ်ဘၣ်အီၤ
drudgery *n* တၢ်မၤလၢအလီၤကၢၣ်လီၤကျူ, တၢ်မၤလၢအတလီၤထုးန့ၢ်သူၣ်ထုးန့ၢ်သး
drug *n* ကသံၣ်ဖိၣ်ကသီဖိၣ်
drug *v* မၤတယူၤအခိၣ်လၢတၢ်အီကသံၣ်ဖိၣ်ကသီဖိၣ်
drug dealer *n* ပှၤဆါကသံၣ်မူၤဘိုး
druggist *n* ပှၤလၢအကတဲာ်ကတီၤကသံၣ်ဒီးဆါကသံၣ်
drugstore *n* ကသံၣ်ကျး
drum *n* ၁. ဒၢ, ကျိၣ် ၂. တၢ်လၢအလီၤက်ဒ်ဒၢပူၤလၢအထိကဝီၤကျီၤ ၃. နၢ်လ့ၢ်ဒၢ ၄. (သုးမုၢ်) သုးဖိပိၢ်ဒၢ ၅. ညၣ်ပိၣ်လဲၣ်တကလုာ်, ညၣ်ပိၣ်လဲၣ်တကလုာ်လၢအမၤသီၣ်အကလုၢ်ဒ်ဒၢသိၣ်အသိး
drum *v* ၁. ပိၢ်ဒၢဖိၤကျိၣ်ဖိၤ ၂. တဲဝံၤတဲကဲ့ၤတၢ် ၃. နိၣ်ထုးထိၣ်ပှၤ, ဟီထိၣ်ပှၤ ၄. ဂ့ာ်ကျဲးစၢးမၤန့ၢ်တၢ်ဆီၣ်ထွဲမၤစၢၤ
drum major *n* ပှၤလၢအနဲၣ်တၢ်ဟးယူခိၣ်
drumbeat *n* တၢ်ပိၢ်ဒၢဖိၤကျိၣ်ဖိၤအသိၣ်
drummer *n* ပှၤဒိဒၢ, ပှၤတိၢ်ဒၢ, ပှၤပိၢ်ဒၢ
drumming *n* တၢ်ပိၢ်ဒၢဖိၤကျိၣ်ဖိၤ
drumstick *n* ၁. ဒၢဘိ ၂. ပထိးသ့ၣ်သၣ်
drunk *a* လၢအမူၤသံး, မဲာ်ဟံး
drunk *n* ပှၤအီသံးဖိ, ပှၤအီညီနုၢ်သံး
drunkard *n* ပှၤအီသံးဖိ
drunken *a* လၢအမူၤသံး, လၢအီညီနုၢ်သံး
dry *a* ၁. လၢအဃ့ထီ ၂. လၢအမၤလီၤနံၤတၢ်သမုံၤသပှၢ်, လၢအမၤလီၤနံၤတၢ်ဘၣ်ဆၣ်တလီၤနံၤ ၃. လၢအတလီၤထုးန့ၢ်သူၣ်ထုးန့ၢ်သး, လၢအတလီၤသးစဲ, လၢအလီၤကၢၣ်လီၤကျူ, လၢတအိၣ်ဒီးအရီၢ် ၄. လၢအသးသူထံ, လၢအကိာ်ယူၢ်ဃ့ထီ ၅. (ထံကီၢ်) လၢအဖျိုးဒီးသံး, လၢတၢ်တဟ့ၣ်အခွဲးလၢကဆါသံး ၆. (သံး) လၢအတဆၢဘၣ် ၇. လၢအနုၢ်ထံတထိၣ် ၈. လၢအကူးဃ့ထီ ၉. လၢ (အမဲာ်ထံ, ဖံးဘ့ၣ်, အထးခိၣ်) ဃ့ထီ ၁၀. လၢအခိၣ်နူာ်ဃ့ထီ, လၢအတၢ်ဆိကမိၣ်လၢာ် ၁၁. (ပနံာ်) လၢအကိၢ်လိၣ်, လၢတမ့ၢ်အထံအနိ ၁၂. (ပိၣ်မူး) လၢတပၣ်ဃုာ်ဒီးထိပး
dry *v* ၁. မၤဃ့, မၤဃ့ထီ, လိဃ့ထီ, လိသူ ၂. မၤသံးတၢ်အထံ ၃. (dry out) နၣ်(သံး, မိာ်)
dry dock *n* ကဘီကွံဃ့ထီ, ကဘီကွံလၢတၢ်မၤသူထိၣ်ကွံာ်ထံလၢကဘိုကဘီအဂီၢ်
dry goods *n* ပနံာ်ဃ့, ပနံာ်ဃ့ထီအကလုာ်ကလုာ်
dry ice *n* ထံခုၣ်ကိၢ်လိၣ်ဃ့ထီ (ခၣ်ဘိၣ်ဒဲၢ်အီးစဲးကိၢ်လိၣ် – တၢ်မၤခုၣ်တၢ်ဘၣ်ဆၣ်အိၣ်အီၤတသ့)
dry rot *n* ၁. သ့ၣ်အုၣ်သ့ၣ်ကျၣ်ဒီးလီၤကဘိၣ် ၂. ကုၤထိၣ်သ့ၣ်
dry-clean *v* တၢ်ဆ့ၣ်ဃ့ထီတၢ်, တၢ်စ့းကါန့ဆၢၣ်က်ဒီးဆ့ၣ်ဃ့ထီတၢ်
dry-cleaner's *n* တၢ်မၤကဆိုတၢ်လၢအဃ့ထိၣ်, တၢ်ဆုၣ်တၢ်လၢထံတစဲး မ့တမ့ၢ် ဆုၣ်ဃ့ထီတၢ်
dryer *n* စဲးမၤဃ့ထီတၢ်
drywall *n* ဖျးစထၢၣ်ဘ့ၣ်တိၣ်လၢတၢ်ဟ်အီၤလၢဟံၣ်နၢ့ၣ်ကဆူး
dual *a* ခံမံၤ, ခံကလုာ်, ခံခါ, လၢအအိၣ်တကလုာ်ခံခါတဘိုယီ
dualism *n* တၢ်ထံၣ်ခံခီခံကပၤသနူ (အဒိ, တၢ်ဂ့ၤတၢ်အၢ, တၢ်ဂ့ၢ်တၢ်ကျိၤဒီးသးအတၢ်ဆိကမိၣ်)

dub *v* ၁. ဟ့ၣ်န့ၢ်အမံၤအသၣ် ၂. ဆီတလဲတဲဘၢကူၤကျိာ်လၢတၢ်ဂီၤမူအပူၤ ၃. ဟ့ၣ်လၤကပီၤသိၣ်ဒူ

dubious *a* လၢအလီၤသးဒ့ဒီ, လၢအတလီၤနာ်

duchess *n* ပှၤကူၣ်လိာ်တၢ်အမါ, ပဒိၣ်ပပှၢ်အမါ

duck *n* ၁. ထိၣ်ဒ့ၣ်, ထိၣ်ဒ့ၣ်ညၣ်, ထိၣ်ဒ့ၣ်မိၢ် ၂. တၢ်ကီးပှၤလၢနအဲၣ်အီၤ, ပှၤလၢနဘၣ်သးအီၤ ၃. (တၢ်ဂဲၤလိာ်ကွဲခြွးခဲး) တၢ်မၤန့ၢ် "၀" မး

duck *v* ၁. ဆုးလီၤပှၤအခိၣ် ၂. ယူၤပၢၢ်ထိၣ်လၢထံကျါ

duckling *n* ထိၣ်ဒ့ၣ်ဖိ

duct *n* ထံကျိၤ, တၢ်အကျိၤ, ပီၤဘိ, ကျိၤဘိတဖၣ်

duct tape *n* တၢ်ကျုးစဲပီၤဘိကျိၤဘိတဖၣ်, ပီၤဘိစဲ, ကျိၤဘိစဲ

dud *n* တၢ်လၢအတမၤတၢ်ဂ့ၤဂ့ၤ, တၢ်လၢအမၤတၢ်တဘၣ်ဘျိးဘၣ်ဒါ

dude *n* ပိာ်ခွါလၢအအိၣ်ဒီးတၢ်နာ်န့ၢ်လီၤသးဒီးကယၢကယဲအသး

due *a* အဆၢကတီၢ်ဘၣ်, အဆၢကတီၢ်တုၤ

due *adv* လီၤလီၤဆူ

due *n* ၁. တၢ်လၢတၢ်ကဘၣ်ဟ့ၣ်လီၤအီၤ, တၢ်လၢတၢ်ကဘၣ်မၤန့ၢ်အီၤ, တၢ်လၢတၢ်ကြားမၤန့ၢ်အီၤ ၂. တၢ်အလဲ, ကရၢဖိအလဲ

due *prep* လၢအဃိ

duel *n* တၢ်ဒုးလိာ်သးခီဂၤဂၤ, တၢ်ဒုးလိာ်သးခံဖုခံကပၤ

duet *n* တယံာ်ခံ, တၢ်သးဝံၣ်, ဒ့တၢ် မ့တမ့ၢ်ဂဲၤကလံၣ်တယံာ်ခံ

duffel bag *n* ဖျၢၣ်ပီၤကု့ၢ်ဂီၤထၢၣ်သွံးခိၣ်

dugout *n* တၢ်အိၣ်သဒၢပူၤ, တၢ်ပူၤအိၣ်သဒၢမ့ၣ်ပိၢ်

duke *n* ပဒိၣ်လၢအလၤဒိၣ်ကပီၤဒိၣ်, ပှၤကူၣ်လိာ်တၢ်

dull *a* ၁. တလီၤထုးန့ၢ် (အ) သးဘၣ် ၂. တကပီၤဆုံ, တဖျါဆုံ, တဖျါကပြုၢ်ဘၣ် ၃. အသိၣ်တဆး, တၢ်သိၣ်တထံတဆး

dull *v* ၁. တမၤထုးန့ၢ်သူၣ်ထုးန့ၢ်သး ၂. မၤလူၤထိၣ်အကနၣ် ၃. မၤကဒုကဃီၤ

duly *adv* လၢအကြားအဘၣ်

dumb *a* ၁. အူးအး ၂. လၢအသးတဆး, လၢအတထံတဆး, အီရံၢ်အီရိာ်, ငီငး ၃. လၢအတတဲတၢ်ဘၣ်, လၢအကတိၤတၢ်တထိၣ်

dumb *v* မၤဘှၣ်မၤဘိၣ်

dumb-bell *n* ၁. တၢ်ယိးတၢ်ဃၢအပီးအလီလၢတၢ်မၤဒိၣ်ထိၣ်ယုၢ်ညၣ်အဂီၢ် ၂. ပှၤသးတဆး, ပှၤတထံတဆး, ပှၤအီရံၢ်အီရိာ်, ပှၤငီငး

dumbfound *v* မၤသးလီၤကတုၤ, သးလီၤကတုၤ

dumbfounded *a* လၢအသးလီၤကတုၤ

dummy *n* ၁. နၢ်ဒိ (တၢ်နၢ်ခိၣ်မိၣ်) ၂. ကု့ၢ်ဂီၤအဒိ

dump *n* ၁. တၢ်ကမုံၤတၢ်တဃာ်အလီၢ် ၂. တၢ်ဟ်ဖိၣ်တၢ်အလီၢ် (ညီနုၢ်ယံၤဒီးပှၤအိၣ်ဆိးတၢ်လီၢ်) အဒိ, သိအ့ၣ်အလီၢ်, ကျိချံမျိာ်သၣ်

dump *v* ၁. ဟ်လီၤတဲာ်ကွံာ်, ဟ်တ့ၢ်ကွံာ်, တၢၤကွံာ်, စူးကွံာ်ညီကွံာ် ၂. စုးလီၤ, ပဲလီၤ ၃. မၤကတၢၢ်ကွံာ်တၢ်ရှလိာ်မှာ်လိာ် ၄. ဆါလီၤကွံာ်တၢ်ဖိတၢ်လံၤလၢအပ္ၤဘၣ်ဘၣ် ၅. (ခီၣ်ဖျူထၢၣ်) ကွဲးဒိဟံးန့ၢ်ဟ်ဖိၣ်တၢ်ဂ့ၢ်တၢ်ကျိၤ

dump truck *n* သိလှ့ၣ်ထၢတၢ်တဃာ်

dumpling *n* ၁. ကိၣ်အလိၣ်ဖိလၢတၢ်ချီမံအီၤလၢထံ ၂. ကိၣ်ကု့ၢ်ဃိမံကိၣ်လိၣ်ဖိလၢတၢ်ထၢနာ်ဃုာ်အီၤဒီးဖီသၣ် မ့တမ့ၢ် တၤသူတၤသၣ်အဂၤ

dumps *n* တၢ်သးဟးဂီၤ, တၢ်သူၣ်အုးသးအုး

dumpster *n* တဃာ်ဒၢဖးဒိၣ်, တၢ်တပိာ်ဒၢဖးဒိၣ်

dumpy *a* ဘိၣ်ဘိၣ်ဖုၣ်တလံးကွံး

dunce *n* ပှၤအကူၣ်အဆးတအိၣ်, ပှၤလၢအခိၣ်နူာ်ဃၢ

dune *n* မဲးတၢ်လှၢ်, မဲးလှၢ်ခိၣ်

dung *n* (ဆၣ်ဖိကိၢ်ဖိအ) အ့ၣ်

dungeon *n* တၢ်ပူၤလၢပှၤရူၣ်န့ၢ်လၢဟီၣ်ခိၣ်လာ်လၢကဟ်ပှၤဃိာ်ဖိအဂီၢ်

dunk *v* ၁. စုၣ်လီၤ (ကိၣ် မ့တမ့ၢ် တၢ်အိၣ်အဂၤတဖၣ်) ဆူတၢ်ထံတၢ်နိ မ့တမ့ၢ် ကသူထံအကျါတချူးအီၣ်အီၤ ၂. တီၢ်နာ်လီၤဖျၢၣ်သ္ဒလၢအကွီၤပူၤ

dunny *n* တၢ်ဟးလီၢ်, ဟံၣ်ဖိ

Duodenal Ulcer *n* ပှံာ်ခိၣ်ထိးတၢ်ဆါ

dupe *n* ပှၤလၢအဘၣ်တၢ်လံာ်န့ၢ်လီန့ၢ်အီၤ

D

D

dupe *v* လံာ်နှၤ်လီနှၤ်တၢ်, လွဲနှၤ်တၢ်
duplex *n* ဟံၣ်တၢးတဃံာ်ခံကထၢ
duplicate *a* လၢအလီၤက်လိာ်အသးဒ်တၢ်ကွဲးဒိအီၤအသိး
duplicate *n* တၢ်ကွဲးဒိတၢ်
duplicate *v* မၤကဲထီၣ်ခံမံၤဒ်သိးသိး, ကွဲးဒိ
duplication *n* တၢ်ကွဲးဒိနှၤ်တၢ်, တၢ်မၤနှၤ်တၢ်အဒိဒ်သိးသိးဒီးလၢညါတမံၤ
duplicity *n* တၢ်လီနှၤ်တၢ်, တၢ်ကလံာ်နှၤ်တၢ်
durability *n* တၢ်ကျၢၤ, တၢ်ကၢတၢ်ခိး
durable *a* ၁. ကျၢၤ, လၢအကျၢၤ, လၢအခၢၣ်သနၢၣ် ၂. လၢတၢ်ဟ်အီၤတူၢ်, တၢ်ဟ်အီၤခၢၣ်
duration *n* တၢ်ဆၢကတီၢ်ဖဲတၢ်တမံၤအိၣ်ဝဲ, တၢ်ဆၢကတီၢ်တကတီၢ်ဖဲတၢ်တမံၤကဲထီၣ်အသးအခါ, တၢ်အယံာ်အထၢ
duress *n* မၤပျံၤမၤဖုး, မၤဆူၣ်ပှၤလၢကမၤတၢ်တမံၤမံၤ, ဖိၣ်ဃံးမၤဆူၣ်
durian *n* တိၢ်ရှၣ်သၣ်, တူၢ်ရှၣ်သၣ်
during *prep* အဖၢမှၢ်, အခါ
dusk *n* သံယီၢ်ယာ်, မုၢ်လီၤနုာ်အဆၢကတီၢ်
dusky *a* လၢအခံးသူ
dust *n* ဖၣ်ကမူၣ်
dust *v* ၁. ထွါစီကွံာ်တၢ်ကမူၣ် ၂. ဖှံလီၤတၢ်ကမူၣ်လၢအလီၤ ၃. တပျၢာ်ကွံာ်တၢ်
dustbin *n* တၢ်တဃာ်ဒၢ, တၢ်ကမုံၤဒၢ
duster *n* တၢ်ကံးညာ်ထွါစီဖၣ်ကမူၣ်, နီၣ်ထွါစီဖၣ်ကမူၣ်
dustman *n* ပှၤထၢတဃၣ်ဖိ
dustpan *n* နီၣ်ထါ (တဃာ်, တၢ်ကမုံၤ)
dusty *a* လၢတၢ်ကမူၣ်ဖိးအီၤ, လၢအတကပီၤ, လၢအဃး, လၢတၢ်ကမူၣ်အါ
Dutch *a* လၢအဘၣ်ဃးဒီးနဲၣ်သလဲၣ်ကီၢ်,အထံဖိကီၢ်ဖိဒီးအကျိာ်အကျာ်
Dutch *n* ပှၤဒးး(ခ့)ဖိ, ပှၤနဲၣ်သလဲၣ်ဖိ
dutiful *a* လၢအမၤတၢ်ဒ်တၢ်လီၤဘၣ်အီၤအသိး, လၢအမၤအမူဒါလၢပုံၤ
duty *n* ၁. မူဒါ ၂. ပန်ာ်ဟဲနုာ်အခိအသွဲ
duty-free *a* (ပန်ာ်) လၢတလိၣ်ဟ့ၣ်ခိသွဲ, လၢအဖျဲးဒီးခိသွဲ
duty-free shop *n* ကျးဆါပန်ာ်လၢတလိၣ်ဟ့ၣ်ခိသွဲ, ကျးဆါပန်ာ်ဖျဲးခိသွဲ
dwarf *n* ပှၤအဖုၣ်, ပှၤနိၢ်ဖုၣ်
dwarf *v* ဒုးဖျါဆံး, မၤဖျါဝဲလၢအကါတဒိၣ်
dwell *v* အိၣ်ဆိး, ကတိၤတၢ်လီၤစူၣ်လီၤစဲၤ
dwell on/upon *vp:* ဆိကမိၣ်ဒီးတဲဝံၤတဲကဒၢတၢ်တမံၤအဂ့ၢ်, ကတိၤတၢ်လီၤစူၣ်လီၤစဲၤ
dwelling *n* ဟံၣ်
dwindle *v* လီၤဆံးလီၤစှၤ, လီၤကယး
dye *n* တၢ်မၤအိၣ်ထီၣ်တၢ်အလွှၢ်, တၢ်ဖှူထီၣ်တၢ်အလွှၢ်
dye *v* စုၣ်တၢ်အလွှၢ်
dying *a* ၁. လၢအဘူးကသံ ၂. (လုၢ်လၢ်ထူသနူ) လၢအဘူးကလီၤမၢ်ကွံာ်
dyke *n* ၁. ထံတီဘိဖးဒိၣ် မ့တမ့ၢ် တမၢၣ်ဖိလၢအတြီပိၣ်လဲၣ်ထံ ၂. မုၣ်အဲၣ်ပကၢၤ
dynamic *a* လၢအအိၣ်ဒီးအစိအကမီၤ, လၢအပှဲၤဒီးဂံၢ်ဘါ, ဘၣ်ဃးဒီးတၢ်ဟူးတၢ်ဂဲၤအဂံၢ်သဟီၣ်, လၢအလဲလိာ်သးထီဘိ
dynamic *n* ၁. တၢ်သူၣ်ဆူၣ်သးဂဲၤ, တၢ်သူၣ်ပိါသးဝး ၂. တၢ်ဟူးတၢ်ဂဲၤအဂံၢ်သဟီၣ်
dynamics *n* တၢ်ဂံၢ်သဟီၣ်ပီညါ, တၢ်ယုသ့ၣ်ညါမၤလိဘၣ်ဃးတၢ်အဂံၢ်သဟီၣ်လၢအဒုးအိၣ်ထီၣ်တၢ်လဲလိာ်, ဒဲနမဲးပီညါ
dynamism *n* တၢ်ဂံၢ်တၢ်ဘါ, တၢ်ဂံၢ်သဟီၣ်, တၢ်သူၣ်ဆူၣ်သးဆူၣ်, တၢ်သးသဟီၣ်
dynamite *n* ၁. ဘျါအ့ၣ်လၢအသဟီၣ်ဆူၣ် ၂. ပှၤ မ့တမ့ၢ် တၢ်တမံၤလၢအလီၤဘၣ်ယိၣ်
dynamite *v* မၤပိါဖးဒီးမ့ၣ်ပိါ, မၤပိါဖးဒီးဒဲနမဲး, မၤပိါဖးဒီးဘျါအ့ၣ်လၢအသဟီၣ်ဆူၣ်
dynamo *n* ၁. ဒဲါနမိၣ်, စဲးလၢအဆီဟ့ၣ်လဲထံအသဟီၣ် မ့တမ့ၢ် ထံချံအသဟီၣ်ဆူလီအသဟီၣ် ၂. ပှၤလၢအဂံၢ်ဆူၣ်ဘါဆူၣ်, ပှၤလၢအပှဲၤဒီးတၢ်သူၣ်ဆူၣ်သးဂဲၤ
dynasty *n* စီၤပၤအစၢၤအသွဲၣ်
dysentery *n* တၢ်ဟၢဖၢတံာ်တကံ
dysmenorrhoea *n* လုၢ်လၢ်ဟဲဆါ
dyspepsia *n* ကဖုတၢ်ဆါ
dyspeptic *a* ၁. လၢအိၣ်ဒီးကဖုတၢ်ဆါ, လၢအကဖုဂံာ်တၢ်တဘျုး ၂. လၢအသူၣ်အၢသးသီ, လၢအသူၣ်ဒိၣ်သးဖျိုး
dysphemia *n* တၢ်တဲတၢ်ထုးထး, ဘုးတာ်
dyspnea *n* ကသါကီခဲ
dysuria *n* ဆံၣ်ဆါဆါ

E

E *abbre* မ့ၢ်ထီဉ် မ့တမ့ၢ် မ့ၢ်ထီဉ်တကပၤ

E, e *n* ၁. အဲကလံးအလံာ်မဲာ်ဖျာဉ်ယဲၢ်ဖျာဉ်တဖျာဉ် ၂. (E) (တၢ်သံကျံ) နိးသၢဖျာဉ်တဖျာဉ်လၢ AC Major အတီၤ ၃. တၢ်အတီၤယဲၢ်တီၤတတီၤလၢပှၤမၤလိတၢ်ဖိတဖဉ်ဒိးန့ၢ်ဝဲအတၢ်မၤလၢအတဂ့ၤကတၢၢ်

e- *prefix* တၢ်ဟ်ဖျါထီဉ်တၢ်စူးကါတၢ်ဆှၢအံဉ်လဲးထြိနူးတၢ်ဂ့ၢ်တၢ်ကျိၤခီဖျိအ့ထၢဉ်နဲးအကျိၤအကျဲ, ခီဖျိအ့ထၢဉ်နဲး(အဒိ e-book)

each *det* စှာ်စှာ်, တခါစှာ်စှာ်

each other *pro* ကဒဲကဒဲ, သကိးသကိး

eager *a* သူဉ်ဆူဉ်သးဂဲၤ, သးဆူဉ်, သးအ့ဉ်တဲာ်

eagerly *adv* လၢတၢ်သူဉ်ဆူဉ်သးဂဲၤအပူၤ, လၢတၢ်သးအ့ဉ်တဲာ်အပူၤ

eagerness *n* တၢ်သူဉ်ဆူဉ်သးဂဲၤ, တၢ်သးအ့ဉ်တဲာ်

eagle *n* လံာ်ကြီကြဉ်

eagle-eyed *a* လၢအမဲာ်ချံဆးဒ်လံာ်ကြီကြဉ်အသိး

eaglet *n* ထိဉ်ကြီကြဉ်ဖိ

ear *n* နၢ်, (ဘုခ့သဉ်) တဖျာဉ်

 all ears *idm:* ဒိကနဉ်တၢ်လၢသူဉ်ကံၢ်သးလဲအပူၤ, အိဉ်ခိးဒိကနဉ်တၢ်

ear lobe *n* နၢ်ပျူၤ, နၢ်စဲၤ

earache *n* နၢ်ပူၤဆါ

earbashing *n* တၢ်ကတိၤတၢ်ဖးထီဒီးဟဲာ်အၢဟဲာ်သီတၢ်

earcanal *n* နၢ်ပူၤ

eardrum *n* နၢ်ကလ့ၢ်

eared *a* လၢအိဉ်ဒီးနၢ်အက့ၢ်အဂီၤ

earful *n* တၢ်တဲသိဉ်တဲသီပှၤဆူဉ်ဆူဉ်ကလဲာ်

earl *n* အဲကလံးအပဒိဉ်ဖးဒိဉ်အလိၢ်အလၤ

early *a* ဆိ, ဂီၤဂီၤ (မ့ၢ်ဂီၤခီ), ဂီၤထၢဉ်သၢ

early *adv* ဆိဆိ, လၢအဂံၢ်ခိဉ်

earmark *v* ဟ်ပနီဉ်အီၤလၢတၢ်တမံၤမံၤအဂီၢ်

earmuffs *n* တၢ်မၤဘၢနၢ်ကု

earn *v* မၤန့ၢ်, န့ၢ်ဘဉ်, ဒိးန့ၢ် (ဘူးလဲ)

earner *n* တၢ်မၤန့ၢ်တၢ်ဘူးတၢ်လဲ, ပှၤလၢအန့ၢ်ဘူးန့ၢ်လဲ

earnest *a* လၢသူဉ်ဆူဉ်သးဆူဉ်, လၢအဟ်ကဲတၢ်လၢအသး, လၢအတကလိာ်ကလာ်ဘဉ်, သညူးသပှၢ်, လၢအတမ့ၢ်တၢ်နါစိၤဘဉ်

earnings *n* တၢ်ဟဲနှာ်, တၢ်ဒိးန့ၢ်ဘဉ်ကျိဉ်စ့

earphones *n* ကနဉ်ဒၢ

ear-piercing *a* လၢအသီဉ်ဒိဉ်ဒိဉ်ကလဲာ်, လၢအသီဉ်စွံ

ear-piercing *n* တၢ်တိၢ်နၢ်အပူၤ (လၢပှၤကဖံးနၢ်ဖံးအဂီၢ်)

earplug *n* တၢ်ဆွံတံာ်နၢ်ပူၤ, နီဉ်ဆွံနၢ်

earring *n* နၢ်ဒံး

earshot *n* တၢ်ဒုဉ်စၢၤလၢပှၤနၢ်ဟူလိာ်သးသ့

ear-splitting *a* လၢအသီဉ်ဒိဉ်တလၢ, လၢအသီဉ်ဒိဉ်ကဲဉ်ဆိး

earth *n* ၁. ဟီဉ်ခိဉ် ၂. ဟီဉ်ခိဉ်ညဉ်

earth *v* ၁. မၤဘၢဒီးဟီဉ်ခိဉ် ၂. (လီဂံၢ်သဟီဉ်, လီသွဲပျံၤ) ဘျၢလီၤလၢဟီဉ်ခိဉ်လာ်

earth science *n* ဟီဉ်ခိဉ်ဖျာဉ်အဂ့ၢ်ပီညါ, စဲအ့ဉ်တၢ်ယုသ့ဉ်ညါမၤလိဘဉ်ဃးဟီဉ်ခိဉ်ဖျာဉ်, ဟီဉ်ဒွဲ, ဟီဉ်ခိဉ်ဂီၤအဂ့ၢ်အကျိၤ

earthbound *a* ၁. လၢအသးတလၢာ်ဟီဉ်ခိဉ်, လၢအဘဉ်ဃးဒီးဟီဉ်ခိဉ်, လၢအဘဉ်ဃးဒီးတၢ်အအံၤတဃဉ်, လၢအဲဉ်ဟီဉ်ခိဉ်အတၢ်ထူးတၢ်တီၤ ၂. လၢအလဲၤဆူဟီဉ်ခိဉ်လီၤလီၤ ၃. လၢအတၢ်ဆိကမိဉ်ဆိကမးတအိဉ်

earthen *a* လၢဟီဉ်ခိဉ်, လၢအဘဉ်တၢ်တ့အီၤလၢဟီဉ်ခိဉ်

earthenware *n* တၢ်ပီးတၢ်လီလၢအဘဉ်တၢ်တ့အီၤလၢဟီဉ်ကဘုး, သပၢၤဟီဉ်ခိဉ်

earthliness *n* တၢ်လၢအဘဉ်ဃးဒီးဟီဉ်ခိဉ်

earthly *a* ဘဉ်ဃးဒီးဟီဉ်ခိဉ်, ဘဉ်ဃးဒီးအအံၤတဃဉ်

earthly minded *a* သးအိဉ်ဒီးဟီဉ်ခိဉ်, သးစဲဘူးဒီးဟီဉ်ခိဉ်

earthquake *n* ဟီဉ်ခိဉ်ဟူး

earth-shattering *a* တၢ်လီၤကမၢကမဉ်အရှ့ဒိဉ်လၢအဒိဘဉ်မၤဟူးဟီဉ်ခိဉ်

earthward *adv* ဆူဟီဉ်ခိဉ်အိဉ်တၢ်အလိၢ်, အခိဉ်လီၤဆူဟီဉ်ခိဉ်

earthworm *n* ထိးကလဲာ်

earthy *a* လၢအလီၤက် မ့တမ့ၢ် ဟ်ဖျါဘဉ်ဃးဟီဉ်ခိဉ်

earwax *n* နၢ်အ့ဉ်သူ

ease *n* ၁. တၢ်အိဉ်ဘိဉ်အိဉ်ညီ, တၢ်ဘိဉ်တၢ်ညီ ၂. တၢ်သူဉ်မှာ်သးမှာ် ၃. တၢ်ကီတၢ်ခဲတအိဉ်ဘဉ် ၄. တၢ်အိဉ်ဘုံးအိဉ်သါ

ease *v* မၤမှာ်, မၤဘိဉ်မၤညီ, သုးကယီကယီ

easel *n* တၢ်အတကွိဉ်လၢတၢ်ဘိုအီၤလၢသ့ဉ်လၢတၢ်ကျုးလီၤတၢ်ဂီၤဒီးတ့အီၤလၢအဖီခိဉ်, တၢ်တ့တၢ်ဂီၤအတကွိဉ်

easily *adv* ညီညီ, ညီကဒေဉ်, ဘျ့ဘျ့ဆှိဆှိ, ကဖီလီ, မှာ်မှာ်ခုဉ်ခုဉ်, ညီကဉ်ညီကံး

east *a* ဆူမုၢ်ထိဉ်တကပၤ, လၢမုၢ်ထိဉ်တကပၤ

east *adv* ဆူမုၢ်ထိဉ်တခီ

east *n* ၁. မုၢ်ထိဉ် ၂. ကိၢ်မုၢ်ထိဉ်တကပၤ

Easter *n* ခရံာ်ဂဲၤဆၢထၢဉ်သမူထိဉ်က့ၤအမူး, ခရံာ်ဂဲၤဆၢထၢဉ်သမူထိဉ်က့ၤအနံၤ

easterly *a* ၁. လၢမုၢ်ထိဉ်တကပၤ ၂. (ကလံၤ) လၢအဟဲအူလၢမုၢ်ထိဉ်တကပၤ

easterly *adv* ဆူမုၢ်ထိဉ်တခီ, (ဟဲ) လၢမုၢ်ထိဉ်တခီ

easterly *n* ကလံၤလၢအဟဲလၢမုၢ်ထိဉ်တကပၤ, ကလံၤလၢမုၢ်ထိဉ်

eastern *a* ဘဉ်ထွဲဒီးမုၢ်ထိဉ်တကပၤ

easterner *n* ပှၤမုၢ်ထိဉ်ဖိ, ပှၤလၢအဟဲလၢမုၢ်ထိဉ်တကပၤ

easternmost *a* လၢမုၢ်ထိဉ်အယံၤကတၢၢ်တကပၤ

Eastertide *n* ခရံာ်ဂဲၤဆၢထၢဉ်သမူထိဉ်က့ၤအကတိၢ်

eastward *a* လၢမုၢ်ထိဉ်တခီ

eastward *adv* ဆူမုၢ်ထိဉ်တခီ, (ဟဲ) လၢမုၢ်ထိဉ်တခီ

eastward *n* မုၢ်ထိဉ်တကပၤ

easy *a* ညီ, လၢအမှာ်အခုဉ်, လၢအဘိဉ်အညီ

easy chair *n* လီၢ်ဆ့ဉ်နီၤကဟ့ာ်, လီၢ်ဆ့ဉ်နီၤတိဉ်စုလၢအကဟ့ာ်

easy-going *a* လၢအညီနုၢ်အိဉ်မံသူဉ်မှာ်သး, လၢအအိဉ်ဒီးတၢ်ကီၤသူဉ်ကီၤသး

eat *v* ၁. အီဉ် ၂. အီဉ်လ့ၤကွံာ်ဒီးမၤဟးဂီၤကယီကယီ ၃. လုၢ်ဘၢကွံာ်ပှၤဂၤအတၢ်ဆိကမိဉ်

eatable *a* လၢပအီဉ်ဂ့ၤ, လၢတၢ်အီဉ်အီၤသ့

eatables *n* တၢ်အီဉ်တၢ်အီတဖဉ်

eater *n* ပှၤအီဉ်တၢ်ဖိ

eatery *n* တၢ်အီဉ်တၢ်အီအလီၢ်

eaves *n* ယီးမဲၢ်ခံ, သဒိမဲၢ်ခံ

eavesdrop *v* ကနဉ်ဟုဉ်တၢ်, ကနဉ်ရူသူဉ်ပှၤကတိၤတၢ်

eavesdropper *n* ပှၤလၢအဟုဉ်ဒိကနဉ်တၢ်, ပှၤလၢအကစီၤဒိကနဉ်တၢ်

ebb *n* ထံလီၤ, (ထံ) အတၢ်သုးက့ၤအသးဆူပိဉ်လဲဉ်

ebb *v* ၁. (ထံ) လီၤ ၂. (တၢ်တူၢ်ဘဉ် မ့တမ့ၢ်ကံၢ်စိ) လီၤစၢ်, ဆံးလီၤစှၤလီၤ.

ebbtide *n* ထံလီၤ, ထံလီၤကဒါက့ၤ

ebony *a* လၢအလွဲၢ်သူယုၢ်ကလာ်

ebony *n* ၁. သ့ဉ်အလဲသူဒီးကျၢၤ ၂. သ့ဉ်ဂ့ၤလဲ ၃. တၢ်အလွဲၢ်သူဃး, တၢ်အလွဲၢ်သူယုၢ်ကလာ်

e-book *n* လီလံာ်, လံာ်တဘ့ဉ်လၢတၢ်ထၢနုာ်တၢ်ဂ့ၢ်တၢ်ကျိၤဒီးဖးအီၤလၢခီဉ်ဖျူထၢဉ်မဲာ်သဉ်အပူၤ

eccentric *a* ၁. လၢအမၤလီၤဆီအသး, လၢအတပိာ်ထွဲဘဉ်အလုၢ်အလၢ်အကျိၤအကျဲ, (ပှၤ) လၢအလုၢ်အလၢ်လီၤဆီဒီးပှၤဂၤ ၂. (ကွီၤ) အခၢဉ်သးလၢတဒ်သီးလိာ်သး, (တၢ်ကွီၤ) သဝံးက့ဉ်တဒ်သီးလိာ်သး

eccentric *n* ပှၤမၤခ့ဉ်မုၢ်ခ့ဉ်ခ္ိဉ်တၢ်

eccentricity *n* ၁. ပှၤလၢအလုၢ်အလၢ်လီၤဆီဒီးပှၤဂၤ ၂. တၢ်အလီၢ်ခၢဉ်သးတပူၤဃီ

ecchymosis *n* တၢ်ထိဉ်လုးထိဉ်လါ, ဘ့ဉ်ထိဉ်လုးထိဉ်လါ

Ecclesiastes *n* လံာ်ပှၤစံဉ်တဲၤတဲလီၤတၢ်

ecclesiastical, ecclesiastic *a* လၢအဘဉ်ထွဲဒီးပှၤခရံာ်ဖိအတၢ်အိဉ်ဖှိဉ်ဒီးအတၢ်အိဉ်ဖှိဉ်ခိဉ်နၢ်တဖဉ်

echo *n* ၁. တၢ်သီဉ်သြိ, တၢ်ကလုၢ်သီဉ်ကဒါက့ၤ, တၢ်ကလုၢ်သီဉ်ဆၢက့ၤ ၂. တၢ်မၤပိာ်ထွဲတၢ်အခံ

echo *v* ၁. (တၢ်ကလုၢ်) သီဉ်သြိ, သီဉ်ကဒါက့ၤ, သီဉ်ဆၢက့ၤ ၂. (မၤ) ဒီးပှၤ, (ကတိၤ) ဒီးပှၤ

eclair *n* ကိꤢ်ဆီဖံꤢ်ကပုာ်လုးဖိတကလုာ်, ကိꤢ်ဆီဖံꤢ်လၢတၢ်ထၢနုာ်တၢ်နၢ်ထံလီၤသကၤဒီးခ့ၢ်ကလဲးလၢအဖီခိꤢ်

eclampsia *n* ဒၢလီၢ်သွံꤢ်စုꤢ်ထီꤢ်

eclectic *a* လၢအဃုသ့ꤢ်ညါတၢ်လၢအတကွိꤢ်လဲၢ်

eclectic *n* ပှၤသ့ဃုသ့ꤢ်ညါဃုထၢတၢ်လၢအတကွိꤢ်လဲၢ်အပှၤ

eclipse *n* ၁. တၢ်ယူၢ်မုၢ်ယူၢ်လါ ၂. တၢ်လုာ်ဘၢကွံာ် (တၢ်), တၢ်မၤလီၤဘၢကွံာ်, တၢ်လုာ်ဘၢကွံာ် (တၢ်တမံၤ) ခီဖျိတၢ်ဟဲအိꤢ်ထီꤢ်အသိတမံၤလၢအရှ့ꤢ်

eclipse *v* ၁. (တၢ်ယူၢ်မုၢ်ယူၢ်လါ) ကဲထီꤢ်အသး ၂. မၤလုာ်ဘၢကွံာ် (တၢ်တမံၤ) ခီဖျိတၢ်ဟဲအိꤢ်ထီꤢ်အသိတမံၤလၢအရှ့ꤢ်

eco-friendly *a* လၢအတမၤဘꤢ်ဒိန့ၢ်ဆၢꤢ်ခိꤢ်ဃၢၤ

ecological *a* လၢအဘꤢ်ထွဲဘꤢ်ဃးဒီးတၢ်မူဘꤢ်ထွဲပီညါ

ecologist *n* ပှၤဃုသ့ꤢ်ညါဘꤢ်ဃးတၢ်မူဘꤢ်ထွဲပီညါ

ecology *n* တၢ်မူဘꤢ်ထွဲပီညါ, တၢ်မၤလိဘꤢ်ဃးတၢ်မူတၢ်မဲဒီးန့ၢ်ဆၢꤢ်ခိꤢ်ဃၢၤအတၢ်ဘꤢ်ထွဲလိာ်သးအဂ့ၢ်

e-commerce *n* တၢ်ကူꤢ်လဲမၤကၤလၢအ့ထၢꤢ်နဲးအပူၤ, တၢ်ပှ့ၤတၢ်ဆါတၢ်လၢအ့ထၢꤢ်နဲးအပူၤ

economical *a* ၁. လၢအတလၢာ်ဂီၤတၢ်ဘꤢ် ၂. လၢအစူးကါကတီၤကျိꤢ်စ့, လၢအသူကတီၤတၢ်, လၢအဆဲဖ့ဆဲကရဲတၢ်

economics *n* မုၢ်ကျိၤဝဲၤကွာ်တၢ်ကူꤢ်သ့, တၢ်မၤလိဘꤢ်ဃးမုၢ်ကျိၤဝဲၤကွာ်

economist *n* ၁. ပှၤသ့မုၢ်ကျိၤဝဲၤကွာ်ပီညါ ၂. ပှၤလၢအသ့စူးကါကတီၤတၢ်

economize, economise *v* လၢာ်စ့ၤ, သူလၢာ်တၢ်စ့ၤ, မၤလၢာ်တၢ်စ့ၤဇ်အဘꤢ်အခၢးအသိး, ကတီၤစူးကါတၢ်

economy *n* မုၢ်ကျိၤဝဲၤကွာ်

ecosystem *n* တၢ်မူတဝၢ

ecotourism *n* တၢ်ဟးဆှꤢ်ကီၢ်လၢအတမၤဟးဂီၤန့ၢ်ဆၢꤢ်ခိꤢ်ဃၢၤ, တၢ်ဟးဆှꤢ်ကွၢ်ကီဆꤢ်ဖိကီၢ်ဖိဒီးတၢ်မုၢ်တၢ်ဘိ

ecstasy *n* ၁. တၢ်သူꤢ်ခုသးခုတကျူာ်, တၢ်သူꤢ်ပိၢ်သးဝး, တၢ်သူꤢ်ဖှံသးညီဒိꤢ်ဒိꤢ်ကလဲာ် ၂. သးစဲလၢတၢ်ဘူꤢ်တၢ်ဘါအပူၤဒီးတတူၢ်ဘꤢ်ဟီꤢ်ခိꤢ်အတၢ်ဆိꤢ်သနံး ၃. ကသံꤢ်မူၤဘိုးတကလုာ်

ecstatic *a* လၢအသးခုဒိꤢ်မး, လၢအအိꤢ်ဒီးတၢ်သူꤢ်ပိၢ်သးဝး

ecumenical *a* လၢအဘꤢ်ထွဲဒီးခရံာ်ဖိတၢ်အိꤢ်ဖိုꤢ်တဖꤢ်လၢအလီၤဆီလိာ်သးတဖꤢ်, လၢအဘꤢ်ထွဲဒီးခရံာ်ဖိတၢ်အိꤢ်ဖိုꤢ်တဖꤢ်အတၢ်မၤသကိးတၢ်တပူၤဃီ

ecumenism *n* ခရံာ်ဖိတၢ်အိꤢ်ဖိုꤢ်တၢ်အိꤢ်ဖိုꤢ်အါဖုအတၢ်ဘꤢ်ထွဲဟ်ဖိုꤢ်လိာ်သး

eczema *n* ခူꤢ်တၢ်ဆါ

eddy *n* ကလံၤသဝံး, ထံသဝံး

edema, oedema *n* ကဘၢထီꤢ်, ကဘုထီꤢ်

Eden *n* ၁. ဧ့ၤဒ့ꤢ်, ဧ့ၤဒ့ꤢ်တၤသꤢ်လီၢ် (တၢ်လီၢ်တတီၤလၢတၢ်ကွဲးဖျါအီၤလၢလံာ်စီဆှံအပူၤ) ၂. လီၢ်လၢအမုာ်အခုꤢ်, လီၢ်မုာ်ပၢၤ, တၢ်ဘꤢ်တၢ်မုာ်တၢ်ခုꤢ်

edge *n* တၢ်ထိးနါ, တၢ်ကနူၤထံး, တၢ်အသရူၤထံး, တၢ်အဃၢၤ, တၢ်ကနꤢ်

edge *v* ၁. ကျ့အ့ꤢ်ထီꤢ်တၢ် ၂. သုးအသးကယီကယီဆူ, သုးဘူးအသးကယီကယီဆူ ၃. ဟ်လီၤလၢအကနူၤ, အိꤢ်ဒီးအဆၢအကနူၤ, ဟ်လီၤလၢအဃၢၤ, ဟ်လီၤလၢအထိးနါ, အသရူၤထံး

edgewise *adv* လၢအကနူၤတခီ, ဒီးကနူၤ, လၢအတစ့

edgy *a* သူꤢ်ကိၢ်သးဂီၤ, ဘꤢ်ယိꤢ်ဘꤢ်ဘီ, လၢအသူꤢ်ဖုꤢ်သးဖုꤢ်

edible *a* ဂ့ၤအီꤢ်, လၢပှၤအီꤢ်သ့

edict *n* ပဒိꤢ်အတၢ်ဘိးဘꤢ်သ့ꤢ်ညါ, ပဒိꤢ်အတၢ်ကလုၢ်, ပဒိꤢ်အလံာ်ရၤလီၤ

edification *n* တၢ်မၤဂ့ၤထီꤢ်ပသးအတၢ်ဆိကမိꤢ်, တၢ်မၤဂ့ၤထီꤢ်ပသကဲာ်ပဝး

edifice *n* တၢ်သူꤢ်ထီꤢ်ဖးဒိꤢ်လၢအဂ့ၤဝဲဘꤢ်ဝဲ

edify *v* သိꤢ်လိဂ့ၤထီꤢ်တၢ်, သိꤢ်လိမၤဂ့ၤထီꤢ်ပှၤသကဲာ်ပဝး

edifying *a* လၢအသိꤢ်လိမၤဂ့ၤထီꤢ်ပှၤအသကဲာ်ပဝး, လၢအသိꤢ်လိမၤဂ့ၤထီꤢ်တၢ်

edit *v* ဃဲာ်ထံ (လံာ်)

edition *n* ၁. (လံာ်) အဘ့ၣ် အဒိ, အဘ့ၣ်တၢ ၂. ကွဲၤဟူဖျါ, ကွဲၤလ့လိၤအတၢ်ရဲၣ်တၢ်ကျဲၤအကတိၢ်

editor *n* ပှၤပဲာ်ထံလံာ်, အဲးဒံးထၢၣ်

editorial *a* ဘၣ်ဃးဒီးတၢ်ပဲာ်ထံလံာ်

editorial *n* (လံာ်တၢ်ကစီၣ်တဘ့ၣ်အပူၤ) အဲးဒံးထၢၣ်တၢ်ကွဲး

educate *v* သိၣ်လိနဲၣ်လိတၢ်, သိၣ်လိမၤယုၤတၢ်, ဒုးသ့ထီၣ်ဘၣ်ထီၣ်

educated *a* ၁. လၢအိၣ်ဒီးတၢ်ကူၣ်ဘၣ်ကူၣ်သ့ ၂. လၢအိၣ်ဒီးတၢ်ကူၣ်သ့ဖးဘၣ်, လၢအိၣ်ဒီးတၢ်သ့ၣ်ညါနၢ်ပၢၢ်

education *n* တၢ်ကူၣ်ဘၣ်ကူၣ်သ့

educational *a* ၁. လၢအဘၣ်ဃးဒီးတၢ်ကူၣ်ဘၣ်ကူၣ်သ့ ၂. လၢအဟ့ၣ်ပှၤတၢ်သ့ၣ်ညါနၢ်ပၢၢ်

educationalist *n* ပှၤစဲၣ်နီၤလၢတၢ်ကူၣ်ဘၣ်ကူၣ်သ့အကျိၤအကျဲ

educative *a* လၢအအိၣ်ဒီးတၢ်ကူၣ်ဘၣ်ကူၣ်သ့

educator *n* ပှၤလၢအသိၣ်လိနဲၣ်လိမၤသ့ထီၣ်ဘၣ်ထီၣ်တၢ်, ပှၤကူၣ်ဘၣ်ကူၣ်သ့

educe *v* အိၣ်ထီၣ်, ဒုးအိၣ်ထီၣ်တၢ်ဆိကမိၣ်

edutainment *n* လံာ်လဲၢ်, တၢ်ဂီၤမူဒီးခိၣ်ဖှူထၢၣ်တၢ်လိာ်ကွဲပီးလီလၢအဒုးကူၣ်သ့ကူၣ်ဘၣ်ထီၣ်တၢ်ဒီးမၤမုာ်လၤသးဖံတၢ်တဘျီယီ

eel *n* တံၤတှၤ

eerie *a* လၢအလီၤဆီဒီးလီၤပျံၤ, လၢအဘ့ၣ်သကုၣ်ခီသကုၣ်

efface *v* ၁. တြူာ်ကွံာ်, ထူးသံကွံာ် ၂. လၢအတဟ်ဖျါအကံၢ်အစီ, လၢတဟ်ဖျါအစုမ့ၣ်

effacement *n* တၢ်တြူာ်သံကွံာ်, တၢ်မၤဟးဂီၤမၤလ့ၤကွံာ်တၢ်အကၢ့အဂီၤ

effect *n* တၢ်ဘၣ်ဒိ, တၢ်ဒိဘၣ်

effect *v* ဘၣ်ဒိ

take effect *idm:* ၁. (တၢ်သိၣ်တၢ်သိ) ဖိးသဲစးထီၣ်, ကဲထီၣ် ၂. မၤတၢ်, ဒုးအိၣ်ထီၣ်အတၢ်ခီဆၢ အဒိ, ကသံၣ်မၤသံတၢ်ဆါအဃၢ်စးထီၣ်မၤတၢ်လံ

effective *a* တုၤလီၤတီၤလီၤ

effectively *adv* တုၤလီၤတီၤလီၤအပူၤ

effectiveness *n* တၢ်တုၤလီၤတီၤလီၤ

effects *n* နီၢ်ကစၢ်တၢ်ဖိတၢ်လံၤ, တၢ်ဖိတၢ်လံၤ

effectual *a* လၢအမၤဘၣ်ဒိတၢ်သ့, လၢအဒိဘၣ်မၤဟူးတၢ်သ့, လၢအဒုးကဲထီၣ်တၢ်ဘျုးသ့

effeminacy *n* လီၤက်ဒ်ပိာ်မုၣ်အသိး

effeminate *a* (ပိာ်ခွါ) လၢအလုၢ်အလၢ်လီၤက်ပိာ်မုၣ်

effervesce *v* မၤကလာ်ထီၣ်, မၤဟူးထီၣ်ဂဲၤထီၣ်

effervescence *n* တၢ်မၤကလာ်ထီၣ်တၢ်, တၢ်မၤဟူးထီၣ်တၢ်

effervescent *a* ၁. လၢအကလာ်ထီၣ် ၂. လၢအသူၣ်ပိၢ်သးဝးသူၣ်ဟူးသးဂဲၤ

effete *a* လၢအတဂ်ာ်တသိၣ်လၢၤဘၣ်, လၢအဂံၢ်တအိၣ်လၢၤဘၣ်

efficacious *a* လၢအအိၣ်ဒီးအကံၢ်အစီ, လၢအဒုးအိၣ်ထီၣ်တၢ်ဘျုးသ့, လၢအဒိဘၣ်မၤဟူးတၢ်သ့

efficacy *n* တၢ်တုၤလီၤတီၤလီၤ အဒိ, တၢ်ကူစါယါဘျါအတၢ်တုၤလီၤတီၤလီၤ

efficiency *n* ၁. တၢ်သ့တၢ်လ့ၤတုၤလ့ၤတီၤ ၂. စဲးဖီကဟၣ်အတၢ်မၤတၢ်သ့ထဲလဲၣ်အနီၣ်ထီၣ်

efficient *a* လၢအသ့တၢ်လ့ၤတုာ်လ့ၤတီၤ, လၢတမၤလၢာ်ကျိၣ်စ့ဒီးတၢ်ဆၢကတီၢ်ဒီးဂံၢ်ဘါ

effigy *n* (ပှၤ) အဂီၤစိးပျၤ, ပှၤအဂီၤဒိ

efflux *n* တၢ်ယွၤထီၣ်ကွံာ်

effort *n* တၢ်ထဲးဂံၢ်ထဲးဘါ, တၢ်ဂဲၤပျုၢ်ဂဲၤဆူး

effortless *a* လၢတၢ်တဘၣ်ထုးဂံၢ်ထုးဘါဘၣ်, လၢတၢ်မၤအီၤသ့ညီညီဖိ

effrontery *n* တၢ်ဟ်သးရၢၢ်ရၢၢ်စၢၢ်စၢၢ်လၢတအိၣ်ဒီးတၢ်မဲာ်ဆုး, တၢ်မဲာ်ကဲၤစီၢ်ကလာ်

effulgence *n* တၢ်ကပီၤကတြှၣ်ကတြိၣ်, တၢ်ဆှူၣ်ဆှူၣ်ဘှဲၣ်ဘှဲၣ်, တၢ်ကတြှၣ်ကတြိၣ်

effulgent *a* လၢအကတြှၣ်ကတြိၣ်, လၢအကပီၤဆှူၣ်ဆှူၣ်ဘှဲၣ်ဘှဲၣ်, လၢအကပီၤကျံၣ်ကျူာ်

effusion *n* ၁. တၢ်ဟဲစှံၢ်ဖျိးထီၣ်, တၢ်ပြိထွးထီၣ် ၂. တၢ်ကတိၤ, တၢ်ဆိကမိၣ်လၢအဟဲပှာ်ထီၣ်ယွၤလီၤ ၃. နီၢ်ခိက့ၢ်ဂီၤအထံဟဲစှံၢ်ဖျိးထီၣ်

effusive *a* လၢအတၢ်သးအိၣ်ဟဲပုာ်ထီၣ်ယွၤလီၤအါတလၢ, လၢအလူလီၤဂၢ်လီၤသးအါအါကလဲာ်

egg *n* ဆီဒံၣ်, တၢ်ဒံၣ်

egg *v* ဆိၣ်သရူထီၣ်, ဟ့ၣ်ဂံၢ်ဟ့ၣ်ဘါပှၤတဂၤဂၤလၢကမၤတၢ်လၢအတကြၢးတဘၣ်

egg roll *n* ကိၣ်ဆီဒံၣ်ထူတလံးဆဲးသိ

egg tooth *n* (ထိၣ်, ဆီ) အနီာ်တ့ၤ

egg white *n* ဆီဒံၣ်အသကီၤဝါ

egghead *n* ပှၤလၢအအိၣ်ဒီးတၢ်ကူၣ်သ့, ပှၤလၢအသးစဲလၢလံာ်ဖီၤလဲၢ်ဖီၤ

eggnog *n* သံးလၢတၢ်တိၢ်ထၢန့ာ်လီၤအီၤဒီးဆီဒံၣ်, တၢ်ကျဲထံလၢအပၣ်ယှာ်ဒီးကျိၢ်နုၢ်ထံ, ဆီဒံၣ်ဒီးအံသၣ်ဆၢတဖၣ်

eggplant *n* တကီၤကွဲၤသၣ်

eggshell *n* ဆီဒံၣ်ဘ့ၣ်အိ, ဆီဒံၣ်ကု

ego *n* ၁. တၢ်ထံၣ်လီၤ (အကစၢ်) အသး, တၢ်ဆိကမိၣ်ဒိၣ်လီၤသး, တၢ်ထံၣ်ဒိၣ်လီၤသး ၂. သးအတၢ်သ့ၣ်ညါ, တၢ်သ့ၣ်ညါတၢ်ဂ့ၤဒီးတၢ်အၢ

egocentric a ဟ်လီၤအသးထဲအရှဒိၣ်, တၢ်ထံၣ်ဆိကမိၣ်လီၤထဲအဂီၢ်

egotism, **egoism** *n* တၢ်ဟ်ဒိၣ်ဟ်ဂ့ၤလီၤထဲအ (သး, တၢ်) ဒၣ်ဝဲ, တၢ်ဆိကမိၣ်ဒိၣ်ဆိကမိၣ်ဂ့ၤလီၤက့ၤသး

egotist *n* ပှၤလၢအဟ်ဒိၣ်ဟ်ဂ့ၤလီၤထဲအသး, ပှၤလၢအထံၣ်ထဲအကစၢ်ဒၣ်ဝဲအဘျုး

egotistic *a* လၢအဟ်ဒိၣ်ဟ်ဂ့ၤလီၤထဲအသး, လၢအထံၣ်ထဲအနီၢ်ကစၢ်ဒၣ်ဝဲအဘျုး

egotistical *a* လၢအဟ်ဒိၣ်ဟ်ဂ့ၤလီၤထဲအသး, လၢအထံၣ်ထဲအနီၢ်ကစၢ်ဒၣ်ဝဲအဘျုး

egregious *a* အၢသံတူာ်ကိာ်

egress *n* တၢ်ဟးထီၣ်ဆူတၢ်ချၢအကျိၤ, ကျဲဟးထီၣ်

Egypt *n* ကီၢ်အံကွံး(ပ), တၢ်ကီးအီၤစ့ၢ်ကီးလၢကီၢ်အဲၤကူပတူးလၢလံာ်စီဆှံအပူၤ

Egyptian *a* ၁. ပှၤအံကွံး(ပ)ဖိ, တၢ်ကီးအီၤစ့ၢ်ကီးလၢပှၤအဲၤကူပတူးဖိလၢလံာ်စီဆှံအပူၤ ၂. လၢအဘၣ်ဃးဒီးကီၢ်အံကွံး(ပ)

eiderdown *n* ယၣ်လုးထိၣ်ဆူၣ်, ယၣ်လုးလၢတၢ်မၤအီၤဒီးတၢ်လၢအကပုာ်လုးကဖီလီ

eight *n* ဃိး, ၈

eighteen *a* တဆံဃိး, ၁၈

eighteen *n* နီၣ်ဂံၢ်တဆံဃိး

eighteenth *a* တဆံဃိးပူတပူ, တဆံဃိးခါတခါ

eighteenth *n* တဆံဃိးခါတခါ

eightfold *a* လၢအအိၣ်ဒီးအပူဃိးပူ, လၢအအါထီၣ်ဃိးစး

eighth *a* ဃိးပူတပူ, ဃိးခါတခါ

eighth note *n* (တၢ်ဒ့တၢ်အူတၢ်သူၣ်ဝံၣ်သးဆၢ) နိးတဆိုလၢတၢ်ကွဲးအီၤလွံၢ်ဖျာၣ်ကရူၢ်, နိးတဆိုလၢတၢ်အံၣ်အုအသီၣ်ဖုၣ်ထီဖုၣ်ထီ

eightieth *a* ဃိးပူတပူ, ဃိးခါတခါ

eighty *n* ဃိးဆံ, ၈၀

either *adv* ခံမံၤအကျါတမံၤမံၤ, တခါဂ့ၤတခါဂ့ၤ

ejaculate *v* ၁. (ပှၤပိာ်ခွါ, ဆၣ်ဖိကိၢ်ဖိအဖါ) ထုးထီၣ်ကွံာ်ဆိုးထံ ၂. တဲထီၣ်တၢ်သတူၢ်ကလာ်, ကတိၤထီၣ်တၢ်သတူၢ်ကလာ်

ejaculation *n* ၁. တၢ်ကတိၤဖုးကတိၤပျိၢ်တၢ် ၂. တၢ်ထုးထီၣ်ပိာ်ခွါဆိုးထံ

eject *v* ဒုးဟးထီၣ်ကွံာ်တၢ်, ဖိုး (ထံ)

ejection *n* ၁. တၢ်နီၣ်ဟးထီၣ်ကွံာ်တၢ် ၂. တၢ်ဒုးဟးထီၣ်ကွံာ်တၢ်, တၢ်ဖိုးထီၣ်တၢ် ၃. တၢ်စံၣ်ဖျိုးထီၣ်လၢကဘီယူၤတချူးကဘီယူၤလီၤတဲာ် ၄. တၢ်စံၢ်ဖျိုးထီၣ်တၢ်

eke *v* စူးကါကတိၤတၢ်, စူးကါပံၢ်ဒံးတၢ်

El Nino *n* ကလံၤအဲ(လ)နံနိ, အဲ(လ)နံနိ (မူခိၣ်ကလံၤသိၣ်ဂီၤတဘၣ်လိာ်ဘၣ်စးကဲထီၣ်သးဖဲပစံးဖံးဟီၣ်ကဝီၤ)

elaborate *a* လၢအဂဲၤလိာ်မၤတၢ်လီၤတံၢ်လီၤဆဲးတုၤလၢအဆံးကတၢၢ်ဒၣ်လဲာ်

elaborate *v* ဟ့ၣ်တၢ်ဂ့ၢ်တၢ်ကျိၤလီၤတံၢ်လီၤဆဲး

elaboration *n* တၢ်ဂဲၤလိာ်မၤတၢ်လီၤတံၢ်လီၤဆဲး, တၢ်ဟ့ၣ်တၢ်ဂ့ၢ်တၢ်ကျိၤလီၤတံၢ်လီၤဆဲး

elan *n* တၢ်သူၣ်ပိၢ်သးဝး, တၢ်သူၣ်ဆူၣ်သးဂဲၤ

elapse *v* လဲၤပူၤကွံာ်, ကတၢၢ်ကွံာ်

elastic *a* လၢအယူာ်ထီၣ်သ့, လၢအဃဲာ်သ့

elasticity *n* တၢ်သဟီၣ်လၢအယူာ်ထီၣ်သ့, လၢအဃဲာ်ထီၣ်သ့

elate *v* သးပ့ၤကတံာ်ဒီးတၢ်သးခု, သးခုသးမှာ်ဒိၣ်ဒိၣ်ကလဲာ်

elated *a* လၢအသးလုၢ်ဘၢကွံာ်ဒီးတၢ်သးခု

E

elation *n* တၢ်သးပှဲၤကတၢၢ်ဒီးတၢ်သးခု, တၢ်သးခုသးမှာ်ဒိၣ်ဒိၣ်ကလဲာ်

elbow *n* စုနၢၣ်ခံ

elbow *v* တနၢၣ်ပှၤလၢအစုခံ, ဆိၣ်လၢအစုနၢၣ်ခံ

elbow room *n* ဒၢးလီၤဟိဖးလဲၢ်ဖးကွာ်, တၢ်လီၢ်ပျီဖးလဲၢ်

elder *a* သးပှၢ်နှၢ်

elder *n* ၁. ခိၣ်နၢ်, သူၣ်ကၠသးပှၢ် ၂. သ့ၣ်ဘဲၣ်ရံၣ်တကလှာ်လၢအဖီဝါဒီးအသဉ်သူ မ့တမ့ၢ် အဂီၤ

elderberry *n* အဲလဒၢၣ်ဘဲၣ်ရံၣ်သ့ၣ်လၢတၢ်စူးကါအီၤလၢကမၤကိၣ်ကလူကလဲ မ့တမ့ၢ် စပံးထံ

eldercare *n* တၢ်အံးထွဲကွၢ်ထွဲသူၣ်ကၠသးပှၢ်

elderly *a* သးပှၢ်ထိၣ်

eldest *a* လၢအသးနံၣ်ပှၢ်ကတၢၢ်

e-learning *n* တၢ်မၤလိတၢ်ခီဖျိအ့ထၢၣ်နဲးလၢတလိၣ်လဲၤထိၣ်ကိုဘၣ်

elect *a* ပှၤလၢအဘၣ်တၢ်ဃုထၢထိၣ်အီၤ

elect *v* ဃုထၢ

election *n* တၢ်ဃုထၢအမူး

electioneering *n* တၢ်ပၣ်ဃုာ်မၤသကိးတၢ်လၢတၢ်ဃုထၢဟ့ၣ်တၢ်ဖးအမူး, တၢ်လီၤကရၢကရိတၢ်လၢကမၢပှၤဃုထၢဟ့ၣ်တၢ်ဖး

elective *a* ၁. လၢအဘၣ်ဃးဒီးတၢ်ဃုထၢဟ့ၣ်တၢ်ဖး ၂. (တၢ်မၤလိ) လၢတၢ်ဃုထၢအီၤသ့

elective *n* တၢ်မၤလိလၢတၢ်ဃုထၢမၤလိအီၤသ့, လံာ်လၢတၢ်ဃုထၢမၤလိအီၤသ့

electorate *n* ပှၤလၢအဟ့ၣ်တၢ်ဖးပၢလၢထံကီၢ် မ့တမ့ၢ် လီၢ်ကဝီၤအပူၤ

electric *a* လီမ့ၣ်

electric shock *n* လီမ့ၣ်အူပျ့ၢ်တၢ်, လီမ့ၣ်အူလဲးတၢ်, လီသဟီၣ်ပျ့ၢ်တၢ်

electrical *a* လၢအဘၣ်ဃးဒီးလီမ့ၣ်အူ

electrical appliance *n* လီမ့ၣ်အူတၢ်ပီးတၢ်လီ

electrical storm *n* ကလံၤမုၢ်လီၤလီဖျးတၢ်

electrician *n* ပှၤကျဲၤလီဖိ

electricity *n* လီဂံၢ်, လီမ့ၣ်အူ

electrification *n* ၁. တၢ်ဒုးလီၤနုာ်လီၤဂံၢ်ဘါဆူအပူၤ ၂. တၢ်မၤဖုးသံပျိၢ်သံတၢ်, တၢ်ဖံးကဆှၣ်ညၣ်ကဆှၣ်

electrify *v* ၁. သွီလီသဟီၣ်, သွီနုာ်လီၤလီမ့ၣ်အူအဂံၢ် ၂. မၤကမၢကမၣ်သူၣ်ပိၢ်သးဝးပှၤ, မၤသူၣ်ဟူးသးဂဲၤပှၤ

electrifying *a* လၢအသူၣ်ပိၢ်သးဝးဒိၣ်ဒိၣ်ကလဲာ်

electromagnet *n* လီမ့ၣ်ထးနါ – လီမ့ၣ်ထးကိၣ်လိၣ်လၢတၢ်ဘံဃာ်အီၤဒီးလီသွဲပျံၤဒီးကဲထိၣ်ထးနါခီဖျိလီသဟီၣ်လဲၤတရံးအီၤအဃိ

electron *n* အံၣ်လဲးထြိ – တၢ်ဖိတၢ်လံၤဆံးဆံးဖိတခါလၢအအိၣ်လၢအဲးထီ (atom) အပူၤလၢအမ့ၢ်တၢ်လၢအစိာ်လီသဟီၣ်

electronic *a* ၁. အံၣ်လဲးထြိနံး, အိၣ်ဒီးတၢ်ပီးတၢ်လီဆံးကိာ်ဖိလၢအပၢဆှၢဒီးစိာ်ခီလီသဟီၣ်အတၢ်လဲၤလၢစဲးဓိၤဖီဓိၤအပူၤ ၂. လၢအဘၣ်ဃးဒီးလီမ့ၣ် ၃. လၢအဘၣ်ဃးဒီးလီမ့ၣ်အတၢ်ပီးတၢ်လီ

electronic mail *n* လီပရၢ email

electronics *n* လီသဟီၣ်ပီညါ, အံၣ်လဲးထြိနံးပီညါ, တၢ်ဃုသ့ၣ်ညါမၤလိဘၣ်ဃးလီသဟီၣ်အဂ့ၢ်

eleemosynary *a* လၢအဘၣ်ဃးဒီးတၢ်ဟ့ၣ်သးကညီၤတၢ်

elegance *n* ၁. တၢ်ဃံတၢ်လၤ ၂. တၢ်ဆိကမိၣ်လၢအဂ့ၤ

elegant *a* လၢအဖျါဆဲးလၤ, လၢအဂ့ၤ

elegy *n* ပှၤသံအထါ, ထါတၢ်သံတၢ်ပှၢ်, ထါပျုၤထါစ့ၢၤ

element *n* ဂာ်စီ, တၢ်အမိၢ်ပှၢ်

elemental *a* ၁. လၢအသဟီၣ်ဆူၣ် အဒိ, ကလံၤမုၢ်လၢအသဟီၣ်ဆူၣ်, လၢအဘၣ်ဃးဒီးန့ဆၢၣ်အဂံၢ်သဟီၣ်ဟ်ဖှိၣ် (ဒ်အမ့ၢ်– ဟီၣ်ခိၣ်, ထံ, မ့ၣ်အူ, ကလံၤ) ၂. ဘၣ်ဃးဒီးတၢ်အဂံၢ်ခိၣ်ထံး, လၢအဘၣ်ထွဲဒီးတၢ်အဂံၢ်ထံးခိၣ်ဘိ, အခိၣ်ထံးခိၣ်ဘိ အဒိ, တၢ်မ့ၢ်တၢ်တီအဂံၢ်ခိၣ်ထံး

elementary *a* လၢအမ့ၢ်တၢ်မၤလိအခိၣ်ထံး, ဘၣ်ဃးဒီးတီၤဖုၣ်

elementary school *n* တီၤဖုၣ်ကို, ကိုလၢအသိၣ်လိတီၤဖိသၣ်တုၤလၢလွံၢ်တီၤ

elements *n* ၁. ဟီၣ်ခိၣ်, ထံ, ကလံၤ, မ့ၣ်အူ ၂. တၢ်အမိၢ်ပှၢ်

elephant *n* ကဆီ

elephantiasis *n* တၢ်ဆါကဆီခီၣ်

elephantine *a* ဒိၣ်ဝဲထီဝဲဒီးထုရုၤ, ဒိၣ်ဒိၣ်သွါသွါ, ကုၤရုၤ, လၢအလီၤက်ဒီးကဆီ

elevate *v* ၁. စိာ်ကစီၤထီၣ်တၢ် ၂. သုးထီထီၣ်မၤထီထီၣ်အလီၢ်, မၤဂ့ၤထီၣ်ဒိၣ်ထီၣ်တၢ်

elevated *a* ၁. လၢသုးထီထီၣ်အပတီၢ်, လၢအထီထီၣ် ၂. လၢအစိာ်ကဖီထီၣ်တၢ်, လၢအပတီၢ်ထီ

elevation *n* တၢ်ကစီၤထီၣ်ထီ, တၢ်အလီၢ်ထီၣ်ထီ

elevator *n* ၁. စဲးစိာ်ထီၣ်တၢ်, စဲးစိာ်ကဖီထီၣ်တၢ် ၂. ကဘီယူၤအမဲၢ်တခီပၤအလၣ်ပၢၤကလံၤ

eleven *n* တဆံတ, ၁၁

eleventh *n* တဆံတၢခါတခါ, တဆံတၢဝီတဝီ

elf *n* ၁. (လၢတၢ်တဲမုာ်နၢ်အပူၤ) တၢ်မုၢ်ဃၢ်ဖိ, တၢ်တဃၣ်ဖိ, တၢ်နါဖိ, တၢ်ဘၣ်တ့တကလုာ်လၢအနီၢ်ဆံးဒီးလီၤက်ပှၤကညီဒီးအနၢ်အိၣ်ဖးထီလၢအအိၣ်ဒီးအစိကမီၤ ၂. ဖိသၣ်လၢအမၤကမၣ်တၢ်ဆူၣ်ဆူၣ်ကဲကဲ

elicit *v* ၁. နးအိၣ်ထီၣ်တၢ်ဆိကမိၣ်, ထုးထီၣ် ၂. ထုးဖျါထီၣ်တၢ်, နးအိၣ်ဖျါထီၣ်

elide *v* ဟ်လီၤတဲာ်ကွံာ်တၢ်ကတိၤ (အသီၣ်)

eligibility *n* တၢ်ကြၢးဝဲဘၣ်ဝဲဒီးတၢ်ဃုထၢ, တၢ်လၢပှဲၤဒီးတၢ်အကံၢ်အစီလၢတၢ်ဟ်ပနီၣ်အီၤ

eligible *a* လၢအကြၢးဝဲဘၣ်ဝဲဒီးတၢ်ဃုထၢ, လၢအလၢအပှဲၤဒီးတၢ်အကံၢ်အစီလၢတၢ်ဟ်ပနီၣ်အီၤ

eliminate *v* နးဟးထီၣ်ကွံာ်တၢ်, တမၤဃုာ်တၢ်လၢၤဘၣ်, ဟ်တ့ၢ်ကွံာ်တၢ်

elimination *v* နးဟးထီၣ်ကွံာ်တၢ်, တမၤဃုာ်တၢ်လၢၤ, ဟ်တ့ၢ်ကွံာ်တၢ်

elision *n* ၁. တၢ်ဟ်လီၤတဲာ်ကွံာ်တၢ်ကတိၤ (အသီၣ်) ၂. တၢ်မၤလီၤဘျၢတၢ်, တၢ်နးလီၤဘျၢတၢ်

elite *n* ပှၤတူၢ်ဒိၣ်ကီၤဒိၣ်, ပှၤပတီၢ်ထီ, ပှၤဒိၣ်စိဒိၣ်ကမီၤ

elitism *n* ၁. တၢ်နာ်လၢပှၤတူၢ်ဒိၣ်ကီၤဒိၣ်ကဘၣ်ပၢတၢ်, ပှၤတူၢ်ဒိၣ်ကီၤဒိၣ်တၢ်ပၢသနူ ၂. ပှၤတူၢ်ဒိၣ်ကီၤဒိၣ်အသး, ပှၤဒိၣ်စိဒိၣ်ကမီၤအသး ၃. တၢ်နာ်နှၤ်တၢ်သူၣ်ထီၣ်ပှၤစဲၣ်နီၤကူၣ်သ့ကူၣ်ဘၣ်အသနူ

elixir *n* ၁. ထံအူ, ကသံၣ်ယူာ်ထီ, ကသံၣ်သးသမူထီ ၂. တၢ်အူသမူအထံလၢအနးကဲထီၣ်ထးလၢထူသ့

elk *n* တၤဃီၤဖးဒိၣ်လၢအအိၣ်လၢအမဲရကၤတကလုာ်, တၤဃီၤဖးဒိၣ်, ထီခိၣ်ဖးဒိၣ်တကလုာ်

ellipse *n* တၢ်တစူၢ်ဒ်ထိၣ်ဒ့ၣ်ဖံၣ်အသိး, တၢ်အဖျာၣ်ပယွဲၤဒဲ

elliptical *a* ၁. လၢအဟ်ဘၢတၢ်ကတိၤဖျာၣ်, လၢအဟ်ရူသူၣ်တၢ်ကတိၤဖျာၣ်အခီပညီ, လၢအကွဲးလီၤဘၢတၢ်ကတိၤအခီပညီ ၂. (ကြီမထြံၣ်တၢ်ဂံၢ်တၢ်ဒွး) လၢအလီၤက်တၢ်အဖျာၣ်ပယွဲၤဒဲ

elm *n* သ့ၣ်ဖးဒိၣ်အလၣ်သွဲးကဖဲးတကလုာ်လၢအမဲထီၣ်လၢကလံၤစိးဟီၣ်ကွီၤတူာ်

elocution *n* တၢ်သ့ကတိၤတၢ်ပံာ်ပံာ်ကျါကျါဒီးဆုံဆုံဖျါဖျါ, ကံၢ်စိဘၣ်ဃးတၢ်သ့ကတိၤတၢ်လၢပှၤကမျၢၢ်အမဲာ်ညါ

elocutionist *n* ပှၤလၢအသ့စံးသ့ကတိၤတၢ်, ပှၤလၢအကတိၤတၢ်အိၣ်ဒီးနီၢ်ခိအတၢ်ဟူးတၢ်ဂဲၤဒီးကလုၢ်အထီၣ်အလီၤ

Elohim *n* ယွၤ, ကစၢ်ယွၤလၢပှၤယူဒၤဖိအကျိာ်

elongate *v* ထီထီၣ်, မၤထီထီၣ်တၢ်

elongated *a* လၢအမၤထီထီၣ်, လၢအထီထီၣ်, လၢအထီလံက္ခ

elongation *n* တၢ်မၤထီထီၣ်တၢ်

elope *v* ဃ့ၢ်စိာ်လိာ်သး

elopement *n* တၢ်ဃ့ၢ်စိာ်ကွံာ်ရူသူၣ်အလီၤ, ဃ့ၢ်ပိာ်အတၢ်အဲၣ်တီအခံ

eloquence *n* တၢ်သ့စံးသ့ကတိၤတၢ်လၢအထုးနှၤ်ပှၤသး, တၢ်သ့ကွဲးတၢ်လၢအထုးနှၤ်ပှၤသး

eloquent *a* လၢအသ့စံးသ့ကတိၤ, လၢအသ့ကွဲးတၢ်လၢအထုးနှၤ်ပှၤသး

eloquently *adv* ဖျိဖျိဖျါဖျါ, ကလုၢ်သ့ကတိၤဘၣ်လၢအထုးနှၤ်ပှၤအသး

else *a* မ့တမ့ၢ်ဒ်နှၣ်ဘၣ်ဒီး

E

else *adv* အဂၤ, အခိၣ်တလိာ်, အါန့ၢ်အန့ၣ်
elsewhere *adv* လၢလိၢ်အဂၤတပူၤ
elsewhere *pro* တၢ်လိၢ်အဂၤတပူၤ
elucidate *v* တဲဖျါထီၣ်, မၤဆုံထီၣ်ကွၤ, မၤဖျါထီၣ်လီၤတံၢ်လီၤဆဲး, ဒုးနၢ်ပၢၢ်တၢ်ဂ့ၢ်လီၤတံၢ်လီၤဆဲး
elude *v* မၤပူၤဖျဲးအသး, လၢအပဒ့ၣ်ဟးဆှဲးအသး, မၤပူၤအသး
elusive *a* မၤဘၣ်အီၤကီ
elver *n* တံၤတုၤအဖိဆံး
Elysian *a* လၢအမုာ်သူၣ်မုာ်သးဒိၣ်ဒိၣ်ကလဲာ်
emaciate *v* မၤဖှံၣ်လီၤဃဲၤလီၤ
emaciated *a* ဃဲၤသံဃိသံ, ဃဲၤကျိ, ဖှံၣ်လီၤဃဲၤလီၤ
emaciation *n* တၢ်မၤဖှံၣ်လီၤဃဲၤလီၤတၢ်
email *n* လီပရၢ
email *v* ဆှၢလီပရၢ
emanate *v* ဟဲထီၣ်, ဟဲထီၣ်အခိၣ်ထံး, စဲၤလီၤသးအခိၣ်ထံး
emanation *n* တၢ်ဟဲထီၣ်, တၢ်ဟဲထီၣ်အခိၣ်ထံးခိၣ်ဘိ, တၢ်အိၣ်စဲၤလီၤသး
emancipate *v* ပျဲကွံာ်, ပျၢ်ကွံာ်, ဒုးအိၣ်သဘျ့, မၤသဘျ့ကွံာ်, ပျၢ်ဖျဲးကွံာ်
emancipation *n* တၢ်ဒုးပူၤဖျဲးထီၣ်ကွံာ်တၢ်, တၢ်မၤထူၣ်ဖျဲးထီၣ်ကွံာ်တၢ်
emancipator *n* ပှၤလၢအဒုးပူၤဖျဲးထီၣ်ကွံာ်တၢ်, တၢ်မၤထူၣ်ဖျဲးထီၣ်ကွံာ်တၢ်
emasculate *v* ၁. မၤစၢ်လီၤပိာ်ခွါအသးသဟီၣ် ၂. မၤလီၤစၢ် ၃. (စဲအ့ၣ်ပီညါ) ထုးကွံာ်တၢ်အဖါအချံ, ဒ့ကွံာ်တၢ်ဇံၣ်, ဒိၣ်တဲာ်ကွံာ် (ပိာ်ခွါ) အကုၢ်အဂီၤခဲလၢာ်
emasculation *n* ၁. တၢ်မၤစၢ်လီၤတၢ် ၂. တၢ်ဒ့ကွံာ်တၢ်ဇံၣ်
embalm *v* ၁. ဖှူလီၤတၢ်သံစိၣ်လၢကသံၣ်လီၤဆီတမံၤဒ်သိးအသုတအုၣ်တကျၣ်တဂ့ၤအဂီၢ် ၂. ဟ်ကီၤ, ကတီၤဃာ်
embank *v* တီဃာ် (ထံ), ဒီတမၢၣ်
embankment *n* ထံတီဘိ, တၢ်တီဃာ်ထံကျိကပၤ, တၢ်ကၢၤဃာ်ကၢၢ်, ထံတမၢၣ်
embargo *n* ပဒိၣ်အတၢ်တြီပနံာ်တၢ်ကၤ
embargo *v* (ပဒိၣ်) တြီတၢ်မၤပနံာ်တၢ်ကၤ တၢ်ဒီးထံဂၤကိၢ်ဂၤ
embark *v* ၁. ထီၣ်ကဘီ ၂. စးထီၣ်မၤတၢ်တမံၤမံၤ
embarkation *n* ၁. တၢ်ထီၣ်ကဘီ ၂. တၢ်စးထီၣ်မၤတၢ်, တၢ်နုာ်လီၤပၣ်ဃုာ်မၤသကိးတၢ်
embarrass *v* ၁. မၤမဲာ်ဆှး ၂. မၤတံာ်တာ်တၢ်, မၤတံာ်မုၢ်တံာ်တာ်သး
embarrassed *a* မဲာ်ကိၢ်နါကိၢ်, ခိၣ်ဖီမဲာ်ဆှး
embarrassing *a* ၁. လၢအမၤမဲာ်ဆှးတၢ် ၂. လၢအဒုးအိၣ်ထီၣ်တၢ်ကီတၢ်ခဲ, လၢအမၤကီမၤခဲတၢ်
embarrassment *n* ၁. တၢ်ခိၣ်ဖီမဲာ်ဆှး, တၢ်မဲာ်ကိၢ်နါကိၢ် ၂. ကျိၣ်စ့တၢ်ဃံးတၢ်စုၤ
embassador *n* မီၢ်သီမီၢ်လါ
embassy *n* မီၢ်သီဝဲၤဒၢး
embattle *v* ၁. ကတီၤသးလၢတၢ်ဒုးအဂီၢ် ၂. မၤကျၢၤထီၣ်တၢ်လိၢ်လၢတၢ်ဒုးအဂီၢ်
embattled *a* ၁. လၢတၢ်ကီတၢ်ခဲအိၣ်ဝးတရံးအီၤ ၂. လၢအကတီၤအသးလၢကဒုးတၢ်အဂီၢ် ၃. လၢအအိၣ်လၢတၢ်ဒုးအပူၤ, လၢအဘၣ်တၢ်ကဝီၤဃာ်အီၤလၢဒုၣ်ဒါ
embed *v* ဘျၢလီၤကျၢၤကျၢၤဒီးယိာ်ယိာ်, သွီနုာ်လီၤတၢ်ဆိကမိၣ်တၢ်ထံၣ်လၢပှၤပူၤကျၢၤမုဆူ
embellish *v* ၁. မၤဃံမၤလၤ, ကယၢကယဲ ၂. ဃဲၤအါထီၣ်တၢ်ဂ့ၢ်တၢ်ကျိၤ, ဒဲးကံၣ်ဒဲးဝ့ၤအါထီၣ်တၢ်ဂ့ၢ် (လၢတၢ်ကွဲးအပူၤ)
embellishment *n* ၁. တၢ်ကယၢထီၣ်တၢ်, တၢ်မၤဃံမၤလၤတၢ် ၂. တၢ်တဲဒဲးကံၣ်ဒဲးဝ့ၤတၢ်
ember *n* မ့ၣ်အူအ့ၣ်, မ့ၣ်အူကဖး
embezzle *v* ဟုၣ်သူစ့, ဟုၣ်သူကဘျံးကဘျၣ်စ့
embezzlement *n* တၢ်ရူးကါကမၣ်စ့
embezzler *n* ပှၤလၢအရူးကါကမၣ်စ့
embitter *v* ဒုးအိၣ်ထီၣ်တၢ်သးဆါ, ဒုးတူၢ်အီၤတၢ်တူၢ်ဘၣ်လၢအခၣ်, သးတမုာ်လၢတၢ်ဆၢကတီၢ်လၢအယံာ်
emblazon *v* တၢ်ဒဲးကံၣ်ဒဲးဝ့ၤဒီးတီၢ်တၢ်စဲပနီၣ်
emblem *n* တၢ်အပနီၣ်, တၢ်ဒုးအိၣ်ထီၣ်တၢ်အကုၢ်အဂီၤ
emblematic *a* လၢအကဲတၢ်ပနီၣ်, လၢအကဲတၢ်အဒိ
emblematical *n* တၢ်ပနီၣ်

embodiment *n* တၢ်တမံၤမံၤလၢအမၤဖျါထီၣ်တၢ်အက့ၢ်အဂီၤ

embody *v* ၁. မၤဖျါထီၣ်တၢ်အက့ၢ်အဂီၤ ၂. ဒုးအိၣ်ဖျါထီၣ်

embolden *v* ၁. မၤနူထီၣ်, မၤအိၣ်ထီၣ်တၢ်သးနူ ၂. မၤတီၣ်ထီၣ်လံာ်ဖျာၣ်အလွဲၢ်

embolisation *n* သွံၣ်ကိၣ်လိၣ်လၢအဒုးကတာ်တၢ်တဖၣ်အိၣ်ထီၣ်

embolism *n* သွံၣ်ကျိုၤကတာ်

embolization, embolisation *n* သွံၣ်ကိၣ်လိၣ်လၢအဒုးကတာ်တၢ်တဖၣ်အိၣ်ထီၣ်

embolus *n* သွံၣ်ကိၣ်လိၣ်, တၢ်လၢအဒုးကတာ်သွံၣ်ကျိုၤ

emboss *v* မၤတၢ်အက့ၢ်အဂီၤအိၣ်ဒီးအကမဲာ်ကမိာ်လၢအမဲာ်ဖံးခိၣ်, မၤကဖိထီၣ်တၢ်အက့ၢ်အဂီၤလၢတၢ်မဲာ်သၣ်ဖီခိၣ်

embrace *n* တၢ်ဖိးဟု, တၢ်ဖိးဟုဖိးဃာ်တၢ်

embrace *v* ၁. ဖိးဟု, ဖိးဃာ် ၂. ဒုးပၣ်ဃုာ်, ဒုးကျၢၢ်ဘၢဃုာ် ၃. ဟံးန့ၢ်စူးကါ, တူၢ်လိာ်စူးကါ

embroider *v* ၁. ဆးကံၣ်ဆးဝ့ၤ, ဆးထီၣ်အသံၣ်အဖီ, ဆးကံၣ်ဆးဘှဲ ၂. တၢ်ဒဲးကံၣ်ဒဲးဝ့ၤထီၣ်တၢ် (ကတိၤ) ခီဖျိထၢနှာ်အါထီၣ်တၢ်ဂ့ၢ်တၢ်ကျိၤ

embroidery *n* ၁. တၢ်ဆးကံၣ်ဆးဝ့ၤ, တၢ်ဆးကံၣ်ဆးဘှဲ ၂. တၢ်တဲဂ့ၤတဲလၤထီၣ်တၢ်

embroil *v* ဒုးအိၣ်ထီၣ်တၢ်သဘံၣ်သဘုၣ်, ဒုးပၣ်ဃုာ်လၢတၢ်အိၣ်သးကီခဲအပူၤ

embryo *n* ၁. ဖိသၣ်ကိၣ်လိၣ်ထီၣ်သီသီ – စးထီၣ်လၢအမိၢ်ဒၢထီၣ်သီဒီးတုၤလၢဃိးနွံအတိၢ်ပူၤ ၂. တၢ်ကဲထီၣ်လိၣ်ထီၣ်အသးသီသီ

embryogenesis *n* (ပှၤကညီ, ဆၣ်ဖိကိၢ်ဖိ) အတၢ်လိၣ်ထီၣ်ဖးထီၣ်

embryology *n* တၢ်မၤလိတၢ်ကဲထီၣ်လိၣ်ထီၣ်သးအဂ့ၢ်, တၢ်ကဲထီၣ်လိၣ်ထီၣ်သးဂ့ၢ်ထံးပီညါ

embryonic *a* ၁. (စဲးဖိကဟၣ်) လၢအကဲထီၣ်လိၣ်ထီၣ်အသးသီသီ ၂. (ဖိသၣ်) လၢအကၢကိၢ်လိၣ်ထီၣ်သီသီ

emcee *n* ပှၤကယၢကယဲမူး

emend *v* ကွၢ်ဘှီဘၣ်က့ၤ, ဘှီဘၣ်မၤဂ့ၤ

emendation *n* တၢ်ဘှီဘၣ်က့ၤတၢ်

emerald *n* တၢ်မျၢ်လါဟ့, လၢၢ်လါဟ့

emerge *v* ၁. ဟဲဖျါထီၣ်, ဟဲဖျိးထီၣ်, အိၣ်ဖျါထီၣ် ၂. ဘၣ်တၢ်သ့ၣ်ညါအီၤအါထီၣ် ၃. ကီညၢ်ထီၣ်ကဒါက့ၤ

emergence *n* ၁. တၢ်ဟဲဖျါထီၣ်, တၢ်ဟဲအိၣ်ဖျါထီၣ် ၂. တၢ်ဟဲဖျိးထီၣ်, (တၢ်ဖံၣ်) ဟဲဖးထီၣ်

emergency *n* ဂ့ၢ်ကိၢ်အူ

emergent *a* အိၣ်ဖျါထီၣ်သီဒီးဒိၣ်ထီၣ်ထီထီၣ်အဖၢမုၢ်

emery *n* ဟီၣ်လာ်ပနံာ်သူလၢတၢ်မၤကမူၣ်အီၤဝံၤထူးကပီၤအီၤ

emery board *n* ထးဂူာ်စုမှၣ်

emesis basin *n* တၢ်ထူးပျဲာ်အဒၢ

emetic *a* ဒုးဘိုး, မၤဘိုး

emetic *n* ကသံၣ်ဘိုး, တၢ်လၢအမၤဘိုးတၢ်

emigrant *n* ပှၤဟးထီၣ်ကိၢ်

emigrate *v* နုာ်လီၤဆူကိၢ်

emigration *n* တၢ်ဟးထီၣ်ကွံာ်လၢအကိၢ်ဒီးလဲၤအိၣ်ဆိးလၢကိၢ်ဂၤ

émigré *n* ပှၤဟးထီၣ်လၢကိၢ်ခီဖျိထံရှၢ်ကိၢ်သဲးတၢ်ဂ့ၢ်

eminence *n* ၁. တၢ်မံၤဒိၣ်သၣ်ထီ, တၢ်မံၤဟူသၣ်ဖျါ ၂. ပှၤလၢတၢ်သ့ၣ်ညါပၢ်ကဲအီၤ ၃. တၢ်လိၢ်ထီၣ်ထီ

eminent *a* ၁. လၢအမံၤဒိၣ်သၣ်ထီ, လၢအမံၤဟူသၣ်ဖျါ, လၢအလိၢ်အလၤထီ, လၢအလိၢ်ဒိၣ်လၤထီ ၂. လၢအဖျိးစိ

eminently *adv* ဂ့ၤဂ့ၤကလဲာ်, ဒိၣ်မး, နိၢ်နိၢ်

emissary *n* မိၢ်သီမိၢ်လါလီၤဆီ, မိၢ်စ့ၣ်မိၢ်လါလီၤဆီ, ကလူးလၢတၢ်ဆှၢလီၤအီၤလၢတၢ်မၤလီၤဆီအဂိၢ်

emission *n* တၢ်ထုးထီၣ် (တၢ်ကိၢ်, တၢ်ကပီၤ, က်သဝံ, တၢ်ကပီၤအယဲၤ) တဖၣ်, တၢ်ဟ့ၣ်ထီၣ် (တၢ်ကိၢ်, တၢ်ကပီၤ, က်သဝံ, တၢ်ကပီၤအယဲၤ) တဖၣ်

emit *v* ဟ့ၣ်ထီၣ်, ဟ့ၣ်လီၤ, ဒုးဟးထီၣ်, ထုးထီၣ်

emotion *n* တၢ်သးဂဲၤ, သးအတၢ်တူၢ်ဘၣ်

emotional *a* လၢအဘၣ်ဃးဒီးတၢ်သးဂဲၤ, လၢအဘၣ်ဃးဒီးသးအတၢ်တူၢ်ဘၣ်

emotionless *a* လၢအတအိၣ်ဒီးတၢ်သးဂဲၤ, လၢတအိၣ်ဒီးသးအတၢ်တူၢ်ဘၣ်

E

emotive *a* လၢအမၤဘၣ်ဒိမၤဟူးဂဲၤသး, လၢအဒုးအိၣ်ထီၣ်တၢ်သးဂဲၤ, လၢအဒုးအိၣ်ထီၣ်တၢ်သးကလၢၢ်ဘၣ်တၢ်

empathize, empathise *v* လၢအသ့ဒိသူၣ်ဒိသး

empathy *n* တၢ်ဒိသူၣ်ဒိသး

emperor *n* ဘီမုၢ်စီၤပၤ

emphasis *n* တၢ်ဟ်ဒိၣ်တၢ်, တၢ်မၤဆူၣ်ထီၣ်တၢ်ကတိၤတဘီဘီလၢပအဲၣ်ဒိးဟ်ဒိၣ်အီၤ, တၢ်လၢအတယၢၢ်ယၢ

emphasize, emphasise *v* ၁. မၤဆူၣ်ထီၣ်တၢ်ကတိၤတဘီဘီလၢပအဲၣ်ဒိးဟ်ဒိၣ်အီၤ, ဟ်ဒိၣ်တၢ်, မၤဆူၣ်ထီၣ် (တၢ်ကတိၤ) အတယၢၢ်ဒ်သိးကဒုးနဲၣ်ဖျါထီၣ်တၢ်အကါဒိၣ် ၂. မၤဖျါထီၣ်ဂ့ၤဂ့ၤ, မၤဒ်သိးတၢ်ကဟ်သူၣ်ဟ်သးလၢအီၤ

emphatic *a* လၢအဖျါလီၤတံၢ်ဒိးဖျါဆှံဆှံကလဲာ်, လၢအတုၤလီၤတီၤလီၤ

emphatical *a* လၢအကတိၤတၢ်ရှ့ရှ့ဒီးဒိၣ်ဒိၣ်ယိာ်ယိာ်

emphatically *adv* ရှ့ရှ့ပျီပျီ, ဒိၣ်ဒိၣ်ယိာ်ယိာ်, ဆူၣ်ဆူၣ်

emphysema *n* တၢ်ကသါစံာ်တၢ်ဆါ, တၢ်ကသါယံး, ပသိၣ်အကလံၤထၢၣ်ဖိတဖၣ်အပူၤအဖံဟဲအိၣ်ထီၣ်, ဟးဂီၤဒီးဒိၣ်ထီၣ်

empire *n* ဘီမုၢ်, ထံကီၢ်အါဘ့ၣ်ဟ်ဖိုၣ်ဒ်ကီၢ်ဖးဒိၣ်တဘ့ၣ်

empiric *a* လၢဘၣ်တၢ်မၤကွၢ်လၢအနီၢ်ကစၢ်ဒၣ်ဝဲအတၢ်လဲၤခီဖျိ, လၢဘၣ်တၢ်မၤကွၢ်ဒီးဘၣ်တၢ်လဲၤခီဖျိ

empirical *a* လၢအဒိးသန့ၤထီၣ်အသးလၢတၢ်လဲၤခီဖျိတၢ်မၤကွၢ်အါန့ၢ်ဒံးတၢ်သိၣ်တၢ်သီမိၢ်ပှၢ်

empirically *adv* လၢဘၣ်တၢ်မၤကွၢ်အီၤအယိ

employ *v* ဟ့ၣ်လီၤတၢ်မၤ, ဒိးလဲ

employee *n* ပှၤမၤတၢ်ဖိ, ပှၤဒိးလဲဖိ

employer *n* တၢ်မၤခိၣ်, တၢ်မၤကစၢ်, တၢ်ကရၢကရိလၢအဒိးလဲပှၤ

employment *n* တၢ်ဟ့ၣ်ဖံးဟ့ၣ်မၤ, တၢ်န့ၢ်ဖံးန့ၢ်မၤ

emporium *n* ပန်ာ်ရိကျးဖးဒိၣ်, ကျးရိဒိၣ်

empower *v* ဟ့ၣ်စိဟ့ၣ်ကမီၤ, ဒုးသ့ထီၣ်ဘၣ်ထီၣ်, မၤဆူၣ်ထီၣ်, ဟ့ၣ်နီၢ်ကစၢ်တၢ်ပၢဆှၢလီၤသးအစိကမီၤ, မၤဆူၣ်ထီၣ်နီၢ်ကစၢ်ကံၢ်စီတၢ်စိကမီၤ

empress *n* နီၢ်ပၤမုၣ်

emptiness *n* ၁. တၢ်သးလီၤဟိ, တၢ်သယုၢ်သညိ ၂. တၢ်လီၤဟိ, တၢ်အိၣ်ကလီ, တၢ်အိၣ်ခီလီ, တၢ်အိၣ်ကအိ

empty *a* ခီလီ, ကလီလီ, အိၣ်ကလီ, အိၣ်ကအိ

empty *v* ၁. မၤလီၤကအိ, မၤလီၤဟိ ၂. (ထံ) ယွၤလီၤကွံာ်ဆူပီၣ်လဲၣ်ပူၤ

empty-handed *a* လၢအစုယၢ်ခီ အဒိ, စီၤဂ့ၤလဲၤတခွဲညၣ်ဟဲက့ၤလၢအစုယၢ်ခီလီၤ.

empty-headed *a* လၢအခိၣ်နူာ်တအိၣ်, လၢအတၢ်သ့ၣ်ညါတထီၣ်ဘး

emu *n* ထိၣ်အံမ့ူ, အီးစထြဲလံယါထိၣ်ဖးဒိၣ်တကလုာ်လၢအလီၤက်ဒီးထိၣ်ကီၤလၤအှူး

emulate *v* မၤဒီးတၢ်

emulation *n* တၢ်ကျဲးစားမၤတၢ်တမံၤမံၤဒ်ပှၤဂၤအသိး, တၢ်ပြၢလိာ်သး

emulsion *n* ၁. တၢ်ကျဲထံအပံာ်လၢညီနှၢ်ဟ်ဖိုၣ်လိာ်အသးဒီးထံဒီးသိ ၂. ကသံၣ်ဖှူဟံၣ်, ကသံၣ်ထံခဲၣ်ဟံၣ်

enable *v* မၤဝဲသ့, ဒုးသ့ထီၣ်, ဒုးညီထီၣ်

enact *v* ၁. ဒုးအိၣ်ထီၣ်တၢ်သိၣ်တၢ်သီ ၂. စးထီၣ်စူးကါတၢ်သိၣ်တၢ်သီ

enactment *n* ၁. တၢ်ဒုးအိၣ်ထီၣ်တၢ်သိၣ်တၢ်သီ ၂. တၢ်စးထီၣ်ရၤလီၤတၢ်သိၣ်တၢ်သီ

enamel *n* ၁. ကသံၣ်ဖှူဘျ့ကဆှၣ်တၢ် ၂. မဲအဘ့ၣ်ကျၤ

enamel *v* ဖှူဘျ့ကဆှၣ်တၢ်

enamour, enamor *v* အဲၣ်တၢ်, ဘၣ်တၢ်ရဲၣ်န့ၢ်အီၤလၢကအဲၣ်တၢ်

enamoured, enamored *a* လၢအဘၣ်တၢ်ရဲၢ်န့ၢ်အီၤ

encamp *v* သူၣ်ဒဲ, ဆီလီၤဟ်လီၤတၢ်လီၢ်တၢ်ကျဲဒီးသူၣ်ထီၣ်ဒဲလၢကအိၣ်ဆိးတစိၢ်တလီၢ်အဂီၢ်

encampment *n* ၁. တၢ်သူၣ်ဒဲအလီၢ်, တၢ်လီၢ်တၢ်ကျဲလၢအအိၣ်ဒီးဒဲလၢတၢ်ကအိၣ်ဆိးတစိၢ်တလီၢ်အဂီၢ် ၂. သုးအတၢ်ဆီလီၤဒဲလၢပျၢၤ ၃. တၢ်သူၣ်ဒဲအကျိၤအကျဲ

encapsulate *v* ဆွံနု>်တၢ်လၢတၢ်ပီၤဖိအပူၤ, ဟ်ဖျါထီဉ်တၢ်ဖုဉ်ဖုဉ်ဒီးဆုံဆုံဖျါဖျါ

encase *v* ဒၢဃာ်

encash *v* လဲလိာ်ခွဲးဆူစ့

encephalitis *n* ခိဉ်နူာ်ညီးအပနီဉ်တဖဉ်

enchain *v* စၢဃာ်ကျဲၤ, စၢဃာ်တၢ်ဒီးထးသွဲ

enchant *v* ၁. မၤမဲာ်ဘဉ်သးစီဉ်တၢ်, ရဲၢ်န့ၢ်တၢ်, မၤမုာ်ပှၤသးဒိဉ်ဒိဉ်ကလဲာ် ၂. အူတၢ်လီၢ်တၢ်, အူတၢ်သမူတၢ်, ဟိဉ်တၢ်ယီတၢ်

enchanted *a* အိဉ်လၢတၢ်သမူပယၢ်အဖီလာ်

enchanting *a* လၢအရဲၢ်နှၤ်ပှၤ, လၢအထုးနှၤ်ပှၤသး

enchantment *n* ၁. တၢ်မှာ်သူဉ်မှာ်သးဖးဒိဉ် ၂. တၢ်ရဲၢ်နှၤ်တၢ်, တၢ်သမူပယၢ်အဖီလာ်

encipher *v* ဆီတလဲဆူတၢ်ကတိၤခူသူဉ်

encircle *v* ဝီၤဃာ်တၢ်, ဂၢၤဃာ်တၢ်, အိဉ်ဝးတရံး, လဲၤတရံးအီဉ်ဝီၤ

enclave *n* တၢ်လီၢ်လၢကီၢ်အဂၤကဝီၤဃာ်အီၤ, တၢ်လီၢ်လီၤဆီတကဝီၤလၢပှၤတဖုဖုအိဉ်ဖိုဉ်သကိးတပူၤဃီ

enclose *v* ကရၢဃာ်တၢ်, ဒၢနုာ်ဃုာ်, ထၢနုာ်လီၤ

enclosed *a* လၢအဟ်သဒၢအသး, လၢဟ်တဒၢအသး, လၢအအိဉ်ယံၤဒီးဟ်လီၤဆီအသးဒီးတၢ်အဂၤ

enclosure *n* ကရၢ, တၢ်လၢတၢ်ဒၢနုာ်ဃုာ်ဒီးလံာ်ပရၢ, (ဆဉ်ဖိကီၢ်ဖိ) ကပီၤ

encode *v* ဆီတလဲဆူတၢ်ကတိၤခူသူဉ်

encomium *n* တၢ်စံးထီဉ်ပတြၢၤ, လံာ်စံးထီဉ်ပတြၢၤတၢ်

encompass *v* ကဝီၤဃာ်တၢ်, ဒုးပဉ်ဃုာ်တၢ်

encore *exclam* မၤကဒီးတဘျီ, တဘျီကဒီး

encore *n* တၢ်မၤမၤကဒီးတၢ်, တၢ်ဒုးနဲဉ်ကဒီးတၢ်

encounter *n* တၢ်ဘဉ်သဂၢၢ်လိာ်သးလၢတၢ်တဆိကမိဉ်အပူၤ, တၢ်ဘဉ်သဂၢၢ်မဲာ်သကိးမဲာ်

encounter *v* ဘဉ်သဂၢၢ်ဖုးလိာ်သး, တိနီဉ်လိာ်သးသတူၢ်ကလာ်, ဘဉ်သဂၢၢ်မဲာ်သကိးမဲာ်, ထံဉ်လိာ်သးသတူၢ်ကလာ်

encourage *v* ဟ့ဉ်ဂံၢ်ဟ့ဉ်ဘါ

encouragement *n* တၢ်လၢအဟ့ဉ်ဆူဉ်ထီဉ်ဂံၢ်ဘါ, တၢ်ဟ့ဉ်ဂံၢ်ဟ့ဉ်ဘါ

encouraging *a* လၢအဟ့ဉ်ဂံၢ်ဟ့ဉ်ဘါ, လၢတၢ်ဒုးဆူဉ်ထီဉ်သးအပူၤလၢအဟ့ဉ်ထီဉ်တၢ်မုၢ်လါအပူၤ

encouragingly *adv* လၢအဟ့ဉ်တၢ်မုၢ်လါအပူၤ, လၢတၢ်ဒုးဆူဉ်ထီဉ်သူဉ်သးအပူၤ

encroach *v* ဂုာ်မၤနှၤ်ခူသူဉ်တၢ်, ဂုာ်နုာ်ဆူဉ်ပှၤဂၤ (အလီၢ်ကဝီၤ), တၢ်ဟံးနှၤ်ဆူဉ်ပှၤဂၤအတၢ်ခွဲးတၢ်ယာ်

encroachment *n* တၢ်ဂုာ်ဆူဉ်နှၤ်ပှၤဂၤအတၢ်လီၢ်, တၢ်စးထီဉ်လုၢ်ဘၢကွဲာ်ဟိဉ်ကဝီၤတတီၤ, တၢ်ဂုာ်မၤနှၤ်ခူသူဉ်ပှၤဂၤအတၢ်ဘဉ်ဘျုး, တၢ်အိဉ်ကလီၤကွဲာ်တၢ်

encrypt *v* ဆီတလဲဆူတၢ်ကတိၤခူသူဉ်

encumber *v* မၤတံာ်တာ် (တၢ်ဟူးတၢ်ဂဲၤ, တၢ်လဲၤတၢ်က့ၤ), မၤဃၢမၤစံာ်ဝဲ

encumbrance *n* တၢ်နိးတၢ်ဘျး, တၢ်မၤတံာ်တာ်တၢ်

encyclopedia, **encyclopaedia** *n* လံာ်ထံးလံာ်ယွၤ, လံာ်ပီညါဂံၢ်ထံး

encyclopedic, encyclopaedic *a* ၁. လၢအဘဉ်ဃးဒီးလံာ်ထံးလံာ်ယွၤ, လၢအဘဉ်ဃးဒီးလံာ်ပီညါဂံၢ်ထံး ၂. လၢအလၢပုံၤဒီးတၢ်ဂ့ၢ်တၢ်ကျိၤ, လၢအိဉ်ဒီးတၢ်ဂ့ၢ်တၢ်ကျိၤလၢလၢပုံၤပုံၤ ၃. လၢအပဉ်ဃုာ်ဒီးတၢ်ဂ့ၢ်တၢ်ကျိၤလၢလၢပုံၤပုံၤ

end *n* ၁. အကတၢၢ်, တၢ်အကတၢၢ်, တၢ်လၢခံကတၢၢ် ၂. တၢ်လီၢ်လၢအအိဉ်ယံၤကတၢၢ် ၃. တၢ်ပညိဉ်ဖီတၢဉ်, ဖီတၢဉ် ၄. တၢ်ဟူးတၢ်ဂဲၤအသနၢဉ်တသနၢဉ်, တၢ်အသနၢဉ်တသနၢဉ်လၢအဘဉ်ဃးဒီးပှၤတဂၤ ၅. တၢ်အခံထူး, (မိာ်) အခံထူး, တၢ်လၢအိဉ်တ့ၢ် ၆. ပှၤတဂၤအတၢ်သံ, တၢ်မၤဝံၤလံ, တၢ်အိဉ်မူကတၢၢ်လံ

end *v* မၤကတၢၢ်

endanger *v* ဒုးလီၤဘဉ်ယိဉ်, ဒုးဘဉ်ယိဉ်ဘဉ်ဘီ, ဒုးအိဉ်ထီဉ်တၢ်ဘဉ်ယိဉ်

endangered species *n* တၢ်အစၢၤဘူးကလီၤတူာ်

endear *v* မၤလီၤအဲဉ်လီၤကွံအသး

endearing *a* လၢအလီၤအဲဉ်လီၤကွံ

endearment *n* တၢ်လီၤအဲဉ်လီၤကွံ

endeavour, endeavor *n* တၢ်ဂုာ်ကျဲးစၢး

endeavour, endeavor *v* ကျဲးစၢးဆူဉ်ဆူဉ်, ဂဲၤလိာ်ဆူဉ်ဆူဉ်

E

endemic *a* ၁. (တၢ်ဆါ) လၢအညီနုၢ်အိၣ်ထိၣ်ဝဲလၢတၢ်လီၢ်တပူၤပူၤ ၂. လၢအဘၣ်ဃးဒီးတၢ်လီၢ်တတီၤတီၤလၢအအိၣ်လီၤဆီ, လၢတၢ်လီၢ်တတီၤတီၤ

ending *n* တၢ်အကတၢၢ်

endless *a* လၢအကတၢၢ်တသ့

endmost *adv* အယံၤကတၢၢ်, အစိးနါကတၢၢ်, အကတၢၢ်

endogamy *n* ၁. တၢ်ထိၣ်ဖိနူၢ်မါနူၢ်ဝၤဒ်လၢအနူၣ်အထၢအကလုာ်ဒ်ဝဲအကျါအလုၢ်အလၢ် ၂. တၢ်မၤအါထိၣ်အစၢၤအသွဲၣ်ခီဖျိလၢအစၢၤအသွဲၣ်တခါယီ

endorse *v* ၁. အၢၣ်လီၤမၤဂၢၢ်မၤကျၢၤ ၂. ဆဲးလီၤမံၤလၢ (ခွဲး မ့တမ့ၢ် လံာ်တီလံာ်မီ) အပူၤ

endorsement *n* တၢ်အၢၣ်လီၤမၤဂၢၢ်မၤကျၢၤ

endow *v* ၁. ဟ့ၣ်မၤစၢၤလီၤစ့ဟဲနၣ်မ့တမ့ၢ် တၢ်အိၣ်ယၢၤတဖၣ်, ဟ့ၣ်သါလီၤတၢ် ၂. အိၣ်ဒီးတၢ်ဟ့ၣ်သါပါရမံ

endowment *n* ၁. တၢ်ဟ့ၣ်သါလီၤတၢ် ၂. တၢ်အိၣ်ဒီးတၢ်ဟ့ၣ်သါ, ပါရမံ ၃. တၢ်ရဲၣ်ကျဲၤဟ့ၣ်ကျိၣ်စ့တၢ်နူၢ်သါ, တၢ်ဟ့ၣ်သါတ့ၢ်ပှၤတဂၤအတၢ်ဖံမုၢ်နံၤလၢတၢ်ဟ်ပနီၣ်တ့ၢ်အီၤ မ့တမ့ၢ် ဖဲအဝဲသ့ၣ်မ့ၢ်စူးကွံာ်အသးတခီတၢ်ကဟ့ၣ်လီၤဆူပှၤဂၤအအိၣ်

endue *v* ဟ့ၣ်စိဟ့ၣ်ကမီၤ, ဟ့ၣ်စိဟ့ၣ်ကမီၤလီၤတၢ်

endurable *a* လၢတၢ်တူၢ်နူၢ်ခီၣ်ကဲ

endurance *n* တၢ် (မၤ, တူၢ်) တၢ်ကဲတနဲးနဲး, တၢ်သ့တူၢ်တၢ်, တၢ်တူၢ်ဆါသးကဲ, တၢ်ကီၤသူၣ်ကီၤသးလၢတအိၣ်ဒီးတၢ်ကနူးကန့ၣ်

endure *v* တူၢ်, ခီၣ်, ဒီးဘၣ်တၢ်, အိၣ်ဂၢၢ်အိၣ်ကျၢၤ, အိၣ်စံာ်အိၣ်ကျၢၤ

enduring *a* လၢအိၣ်ဂၢၢ်အိၣ်ကျၢၤ, လၢအအိၣ်စံာ်အိၣ်ကျၢၤ

enduro *n* တၢ်နိၣ်ပြၢသိလ့ၣ်လၢကျဲလၢအတဂ့ၤအဖီခိၣ်

endways *adv* အစိးနါခံခါဘၣ်ထံးလိာ်သး, အိၣ်ပိာ်ဆၢထၢၣ်သးလၢအစိးနါ

enema *n* ကသံၣ်သ့ဟၢဖၢ

enemy *n* ဒုၣ်ဒါ

energetic *a* လၢအအိၣ်ဒီးဂံၢ်ဘါ, ပ့ၤဂံၢ်ပ့ၤဘါ

energetically *adv* လၢတၢ်လၢာ်ဂံၢ်လၢာ်ဘါအပူၤ, လၢတၢ်ထဲးဂံၢ်ထဲးဘါအပူၤ

energize, energise *v* ၁. ဒုးသူၣ်ဆူၣ်သးဂဲၤထိၣ်ပှၤအသး, ဟ့ၣ်ဂံၢ်ဟ့ၣ်ဘါပှၤ ၂. ထၢနၣ်ဂံၢ်သဟိၣ်, ဟ့ၣ်ထိၣ်တၢ်အဂံၢ်သဟိၣ်

energy *n* ဂံၢ်ဘါ, တၢ်ဂံၢ်တၢ်ဘါ, ဂံၢ်သဟိၣ်

enervate *v* မၤစၢ်လီၤကွံာ်အဂံၢ်အဘါ, မၤလီၤဘုံးလီၤတီၤပှၤ, မၤလီၤဘုံးသူၣ်ဘုံးသး

enervated *a* လၢအသးလီၤဘုံး, လၢအဂံၢ်ဘါစၢ်လီၤကွံာ်

enervation *n* တၢ်ဂံၢ်စၢ်ဘါစၢ်, တၢ်မၤစၢ်လီၤအဂံၢ်အဘါ

enfeeble *v* မၤစၢ်လီၤတၢ်ဂံၢ်တၢ်ဘါ

enfold *v* ၁. ဖီးဟုဃာ် ၂. ဘိၣ်ဘံဃာ်တၢ်

enforce *v* ၁. မၤလီၤတံၢ်ဒ်သိးပှၤကလူၤပိာ်မၤထွဲတၢ်သိၣ်တၢ်သီ ၂. မၤအိၣ်ထိၣ်တၢ်ခီဖျိစူးကါတၢ်မၤဆူၣ်

enforceable *a* လၢတၢ်ဘၣ်မၤလၢထိၣ်ပှဲၤထိၣ်အီၤသ့, လၢတၢ်ဒုးလူၤပိာ်တၢ်သိၣ်တၢ်သီ, လၢအဂၢၢ်အကျၢၤ

enforcement *n* တၢ်မၤလၢထိၣ်ပှဲၤထိၣ်တၢ်, တၢ်ဒုးလူၤပိာ်မၤထွဲတၢ်ဘျၢသဲစး

enfranchise *v* ၁. ဟ့ၣ်အခွဲးလၢကဟ့ၣ်တၢ်ဖး ၂. ပျၢ်ကွံာ်, မၤထူၣ်ဖျဲးကွံာ် (လၢကုၢ်အလီၢ်)

enfranchisement *n* ၁. တၢ်ဟ့ၣ်ခွဲးလၢကဟ့ၣ်တၢ်ဖး ၂. တၢ်မၤထူၣ်ဖျဲးကွံာ်လၢကုၢ်အလီၢ်

engage *v* ၁. ထုးနူၢ်ပှၤဂၤအသး, မၤနူၢ်ပှၤဂၤအတၢ်သးစၢၢ်ဆၢ ၂. ဟ့ၣ်တၢ်မၤ ၃. နၢ်လီၤမၤဃှာ်မၤသကိးတၢ် ၄. မၤဘျးစဲစဲးဖီကဟၣ်အတၢ်ပီးတၢ်လီတဖၣ် ၅. ဒုးလိာ်ယၤလိာ်အသး

engaged *a* ၁. ဒုးဘၣ်စၢၤဃာ်အသးလၢတၢ်အၢၣ်လီၤအီလီၤ, ဟ်ပနီၣ်အဲၣ်တီလိာ်အသး ၂. တၢ်မၤအါ, တၢ်မၤအဂၤအိၣ်, တချူး

engagement *n* ၁. တၢ်ဟ်ပနီၣ်အဲၣ်တီလိာ်သး ၂. တၢ်သ့ၣ်နံၤဖးသီ ၃. တၢ်စၢဃာ်သးလၢတၢ်အၢၣ်လီၤအီလီၤ ၄. တၢ်ဒုးလိာ်ယၤလိာ်သး

engaging *a* လၢအလီၤထုးနူၢ်သး, လၢအလီၤသးစဲ

engender *v* ဒုးအိၣ်ထီၣ်တၢ်, ဒုးလီၣ်ထီၣ်တၢ်

engine *n* စဲးခိၣ်ဃံ, စဲး, စဲးဖီၤဖိဖီၤ

engineer *n* အံၣ်ကျွနယၢၢ်, ပှၤလၢအသ့ဘၣ်ဃးစဲးဖီကဟၣ်, ပှၤလၢအသ့ဒီးနၢ်ပၢၢ်ဘၣ်ဃးတၢ်သူၣ်ထီၣ်ဘှီထီၣ်တၢ်

engineer *v* ၁. တ့ဘှီထီၣ်တၢ် ၂. သုးကျဲၤရဲၣ်ကျဲၤတၢ် ၃. ဘှီဘၣ်မၤဂ့ၤထီၣ်တၢ်

engineering *n* စဲးဖီကဟၣ်ပီညါ, စဲးဖီကဟၣ်တၢ်သ့တၢ်ဘၣ်တၢ်မၤလိ

English *a* လၢအဘၣ်ဃးဒီးအဲကလံး

English *n* အဲကလံး, ပှၤအဲကလံးဖိ, အဲကလံးကျိာ်

engraft *v* ဘုၣ်စးသ့ၣ်ဒ့လၢသ့ၣ်ဂၤအလိၤ

engrain *V* (see ingrain)

engrave *v* စီးပျၢတၢ်

engraver *n* ပှၤစီးပျၢတၢ်ဖိ

engraving *n* တၢ်လၢအဘၣ်တၢ်စီးပျၢန့ၢ်အီၤ, တၢ်စီးပျၢတၢ်

engross *v* ထုးန့ၢ်သးခဲလၢာ်

engrossed *a* လၢအထုးန့ၢ်အသးဒိၣ်ဒိၣ်ကလဲာ်, လၢအသးစဲဝဲဒိၣ်ဒိၣ်ကလဲာ်

engrossing *a* လၢအသးစဲတၢ်ဒိၣ်ဒိၣ်ကလဲာ်, လၢအသးစဲတၢ်လၢသူၣ်ဒီဖျၢၣ်သးဒီဖျၢၣ်

engrossment *n* လံာ်တီလံာ်မီဖိးသဲစးအကတၢၢ်တဘ့ၣ်

engulf *v* ၁. လုာ်ဘၢ ၂. ယူၢ်လီၤကွံာ်

enhance *v* မၤဒိၣ်ထီၣ်အါထီၣ် (တၢ်အလုၢ်အပှ့ၤ)

enigma *n* တၢ်ပိၤပံ့ပိၤပိၢ်, တၢ်ကတိၤလၢပနၢ်ပၢၢ်ဘၣ်ကီ

enigmatic *a* လၢတၢ်နၢ်ပၢၢ်ဘၣ်အီၤကီ, လၢအယိာ်ယိာ်ကီကီ

enigmatically *adv* နၢ်ပၢၢ်အီၤတသ့ဘၣ်အပူၤ, လၢတၢ်နၢ်ပၢၢ်အီၤကီ

enjoin *v* ဟ့ၣ်လီၤအကလုၢ်, မၤလိာ်ပိာ်လီၤ

enjoy *v* မှာ်လၤ, မှာ်, သးခု

enjoyable *a* လၢအမှာ်သူၣ်မှာ်သးပှၤ

enjoyment *n* တၢ်မှာ်လၤသးခု

enkindle *v* ၁. ဒုးထီၣ်ဟူးထီၣ်ဂဲၤထီၣ်တၢ်, ဒုးအိၣ်ထီၣ်တၢ်မုၢ်လၢ် ၂. မၤကဲၤထီၣ်မ့ၣ်အူ

enlarge *v* မၤဒိၣ်ထီၣ်, မၤလဲၢ်ထီၣ်

enlargement *n* တၢ်မၤဒိၣ်ထီၣ်လဲၤထီၣ်တၢ်, တၢ်ဒိၣ်ထီၣ်လဲၤထီၣ်

enlighten *v* ၁. ဒုးနၢ်ပၢၢ်ဂ့ၤထီၣ်တၢ်, ဒုးနၢ်ပၢၢ်အါထီၣ်တၢ် ၂. မၤပှူၤဖျဲးထီၣ်လၢတၢ်နၢ်ပၢၢ်ကမၣ်တၢ်, မၤကပီၤထီၣ်အသးအမဲာ်

enlightened *a* ၁. လၢအနၢ်ပၢၢ်တၢ်, လၢအသ့ၣ်ညါနၢ်ပၢၢ်တၢ် ၂. လၢအမၤကပီၤထီၣ်သးအမဲာ်

enlightenment *n* ၁. တၢ်ဒုးနၢ်ပၢၢ်ဂ့ၤထီၣ်တၢ်, တၢ်ဒုးနၢ်ပၢၢ်အါထီၣ်တၢ် ၂. တၢ်ဒုးပှူၤဖျဲးထီၣ်တၢ်လၢတၢ်နၢ်ပၢၢ်ကမၣ်အပူၤ, တၢ်မၤကပီၤထီၣ်သးအမဲာ်

enlist *v* ၁. ဆဲးလီၤမံၤနုာ်လီၤဆူသုးပူၤ ၂. မၤန့ၢ်ပှၤတဂၤအတၢ်မၤစၢၤ

enlistment *n* ၁. တၢ်န့ၢ်ဘၣ်ပှၤအတၢ်မၤစၢၤ ၂. တၢ်ထၢသုး, တၢ်ဆဲးလီၤမံၤလၢတၢ်အုၣ်သးအပူၤ ၃. တၢ်ထၢကရၢဖိ

enliven *v* မၤလီၤသးစဲထီၣ်, မၤမှာ်ထီၣ်, မၤသူၣ်ပိၢ်သးဝးထီၣ်

enmesh *v* အိၣ်လၢတၢ်ဘံဘူဆးဃာ်အပူၤ

enmity *n* တၢ်သူၣ်ဟ့သးဟ့, တၢ်ထီဒုၣ်ထီဒါ, တၢ်သူၣ်က့ၣ်သးကါ

ennoble *v* ၁. မၤဒိၣ်ထီၣ်ထီထီၣ်ပှၤ, ဒုးတူၢ်ဒိၣ်ကီၤဒိၣ်ထီၣ်ပှၤ ၂. ဒုးဂ့ၤထီၣ်ပှၤဂၤအသကဲာ်ပဝး, ဒုးလီၤယူးယီၣ်ဟ်ကဲအါထီၣ်

ennoblement *n* တၢ်မၤဒိၣ်ထီၣ်ထီၣ်ပှၤ, တၢ်ဒုးတူၢ်ဒိၣ်ကီၤဒိၣ်ထီၣ်ပှၤ, တၢ်ဒုးဂ့ၤထီၣ်ပှၤအသကဲာ်ပဝး, တၢ်ဒုးလီၤယူးယီၣ်ဟ်ကဲပှၤ

ennui *n* တၢ်ကၢၣ်ထီၣ်ကျူၤထီၣ်, တၢ်တမှာ်တလၤ

enormity *n* တၢ်တလၢကွံာ်အခၢး, တၢ်ဒိၣ်တလၢကွံာ်အခၢး, တၢ်ကမၣ်တလၢကွံာ်အခၢး

enormous *a* ဒိၣ်ဒိၣ်မုၢ်မုၢ်

enough *adv* ဘၣ်လံ, လၢပှဲၤ

enough *pro* တၢ်အိၣ်လၢလၢလီၢ်လီၢ်, တၢ်အိၣ်လၢအိၣ်ပှဲၤ

enquire *v* သံကွၢ်သံဒိးလၢတၢ်အဂ့ၢ်

enquirer *n* ပှၤသံကွၢ်တၢ်ကစီၣ်, ပှၤသံကွၢ်သံဒိးတၢ်

enquiring *a* လၢအသံကွၢ်သံဒိးတၢ်ကစီၣ်, လၢအသံကွၢ်သံဒိးတၢ်ဂ့ၢ်တၢ်ကျိၤ

enquiry *n* ၁. တၢ်သံကွၢ်သံဒိး ၂. တၢ်ဃုထံၣ်သ့ၣ်ညါမၤန့ၢ်တၢ်ဂ့ၢ်တၢ်ကျိၤ

enrage *v* မၤသးဒိၣ်ထီၣ်တၢ်ဒိၣ်ဒိၣ်မုၢ်မုၢ်, မၤသူၣ်ဒိၣ်သးဖျိး

enrapture *v* ဒုးမ့ၢ်သူၣ်မ့ၢ်သးပုၤဒိၣ်ဒိၣ်ကလဲာ်, ဒုးသးခုပုၤဒိၣ်ဒိၣ်ကလဲာ်

enrich *v* ၁. မၤဂ့ၤထီၣ်တၢ်အကၢ်အစီ, မၤဂ့ၤထီၣ်အလုၢ်အပှ့ၤ ၂. မၤထူးထီၣ်တီၤထီၣ်တၢ်

enrichment *n* ၁. တၢ်မၤဂ့ၤထီၣ်တၢ်အကၢ်အစီ, တၢ်မၤဂ့ၤထီၣ်တၢ်အလုၢ်အပှ့ၤ ၂. တၢ်မၤထူးထီၣ်တီၤထီၣ်တၢ်

enroll, enrol *v* ဆဲးလီၤအမံၤ

enrollment, enrolment *n* ၁. တၢ်ဆဲးလီၤမံၤ ၂. ပှၤလၢအဆဲးလီၤမံၤအနီၣ်ဂံၢ်

ensconce *v* အိၣ်လၢတၢ်လီၢ်လၢအလၢၤသူၣ်လၢၤသးဘၣ်အီၤ, အိၣ်တဒၢ

ensemble *n* ၁. ပှၤဂဲၤကလံၣ်, ပှၤဒ့တၢ်အူတၢ် မ့တမ့ၢ် ပှၤနဲၣ်ဒိတၢ်အဖုအကရူၢ် ၂. ဒီတကရူၢ်, ဟ်ဖိုၣ်ထီၣ်အသး

enshrine *v* ၁. ဟ်စီဟ်ဆှံတၢ် ၂. ဟ်စီဟ်ဆှံဟ်တီဟ်လိၤဝဲ

enshrinement *n* ၁. တၢ်ကွဲးနီၣ်ဖိးသဲစးထီၣ်တၢ်, တၢ်ထၢနှာ်ကွဲးလီၤတၢ်, တၢ်ကွဲးနီၣ်တၢ်သိၣ်တၢ်သီ, တၢ်ခွဲးတၢ်ယာ်, လုၢ်လၢ်ထူသနူတဖၣ်လၢလံာ်လဲၢ်တဖၣ်အပူၤ ၂. တၢ်ဟ်စီဆှံတၢ်

enshroud *v* ကျၢၢ်ဘၢတၢ်, လုၣ်ဘၢတၢ်

ensign *n* ၁. နီၣ်တယၢ်, ကဘီအလၣ် ၂. အမဲရကၤထံသုးလၢအခိးပိၣ်လဲၣ်နံၤ ၃. တၢ်ပနီၣ်, တၢ်အလီၢ်အလၤအပနီၣ်

enslave *v* ဒုးကဲကုၢ်တၢ်

enslavement *n* တၢ်ဒုးကဲကုၢ်တၢ်

ensnare *v* ဖိၣ်နှၢ်ဆဲနှၢ်လၢထု

ensue *v* ကဲထီၣ်ပိာ်ထွဲတၢ်တမံၤအခံ

ensuing *a* လၢအမၤအသးလၢခံ, လၢအပိာ်ထွဲထီၣ်အခံ

ensure *v* မၤလီၤတံၢ်သပှၢ်ပှၢ်, ဒုးနာ်သပှၢ်ပှၢ်

entail *v* ဒုးအိၣ်ထီၣ်တၢ်လၢအကပိာ်ထွဲထီၣ်တၢ်အခံ

entangle *v* မၤသဘံၣ်သဘုၣ်တၢ်, မၤဘံမၤဘူတၢ်

entanglement *n* ၁. တၢ်ကီခဲဃဲးစ့ၤ, တၢ်ဘံဘူစှၢ်သၢ ၂. တၢ်သဘံၣ်သဘုၣ်, တၢ်လၢအမၤဘံဘူဃါယှာ်တၢ် ၃. ပျံၤထးလၢအဒီသဒၢမၤနိးမၤဘျးတၢ်

entente *n* ထံကီၢ်ခံဘ့ၣ်အတၢ်နၢ်ပၢၢ်ရှလိာ်သး

enter *v* ၁. လဲၤနှာ်, ဟဲနှာ်, နှာ်လီၤ ၂. စးထီၣ်မၤတၢ်, နှာ်လီၤပၣ်ဃုာ် ၃. ဆဲးလီၤမံၤ, ထၢနှာ်လီၤမံၤ, ကွဲးနှာ်လီၤ, ဒိနှာ်လီၤ ၄. ဘိးဘၣ်ဟ်ဖျါထီၣ်, တဲဖျါထီၣ်

enteric *a* လၢအဘၣ်ဃးဒီးဖ့ၣ်ကိၢ်

enteric fever *n* တၢ်လီၤကိၢ်ပှံာ်ညီးတၢ်ဆါ

enterprise *n* ၁. မုၢ်ကျိၤဝဲၤကွာ်တၢ်ဖံးတၢ်မၤ ၂. တၢ်မၤတၢ်လၢအနူအဃိၤ, တၢ်မၤတၢ်လၢတၢ်သူၣ်ဆူၣ်သးဂဲၤအပူၤ

enterprising *a* လၢအဒုးနဲၣ်ဖျါထီၣ်တၢ်သူၣ်ဆူၣ်သးဂဲၤ, လၢအအိၣ်ဒီးတၢ်သ့တၢ်ဘၣ်ဒီးသးလၢအဘူၣ်တၢ်ဒ်သိးကဒုးအိၣ်ထီၣ်တၢ်အသီ

entertain *v* ၁. တူၢ်လိာ်မှာ်, တူၢ်လိာ်ခိၣ်ဆၢ ၂. မၤသူၣ်ဖှံသးညီတၢ်

entertainer *n* ပှၤလၢအမၤသူၣ်ဖှံသးညီတၢ်ဖိ, ပှၤလၢအတူၢ်လိာ်ခိၣ်ဆၢတၢ်

entertaining *a* လၢအတူၢ်တံၤတူၢ်တမံၤ, လၢအလီၤသးစဲ, လၢအဒုးအိၣ်ထီၣ်တၢ်သူၣ်မှာ်သးဖှံ, လၢအဒုးသူၣ်ဖှံသးညီတၢ်

entertainment *n* ၁. တၢ်မၤသူၣ်ဖှံသးညီ, တၢ်မၤမှာ်လၤတၢ် ၂. တၢ်သူၣ်ဖှံသးညီအမူး ၃. တၢ်တူၢ်လိာ်မှာ်, တၢ်တူၢ်လိာ်ခိၣ်ဆၢ

enthrall, enthral *v* ထုးနှ့ၢ်ပှၤသး, မၤမဲာ်ဘၣ်သးစီၣ်ပှၤ

enthrallment, enthralment *n* တၢ်မၤမဲာ်ဘၣ်သးစီၣ်တၢ်လၢာ်သူၣ်လၢာ်သး, တၢ်သးစဲတၢ်ဒိၣ်ဒိၣ်မုၢ်မုၢ်

enthrone *v* ဒုးထိၣ်နှၢ်, ဒုးထိၣ်နီ

enthronement *n* ၁. တၢ်ဒုးထိၣ်နီ, တၢ်ဟ်ထိၣ်စီၤပၤအလိၢ် ၂. တၢ်ဟ်ထိၣ်တၢ်ဘူၣ်တၢ်ဘါအလိၢ်လၤ

enthuse *v* ကတိၤတၢ်လၢတၢ်သူၣ်ဟူးသးဂဲၤအပူၤ, ဒုးသူၣ်ဟူးသးဂဲၤပှၤ, ဒုးသူၣ်ဆူၣ်သးဆူၣ်ပှၤ

enthusiasm *n* တၢ်သးဂဲၤ, တၢ်သူၣ်ဆူၣ်သးဆူၣ်

enthusiast *n* ပှၤလၢအသူၣ်ဆူၣ်သးဂဲၤဒိၣ်ဒိၣ်ကလဲာ်

E

enthusiastic *a* လၢအသးဂဲၤ, လၢအသးဆူၣ်

enthusiastically *adv* လၢတၢ်သူၣ်ဆူၣ်သးဂဲၤအပူၤ, လၢတၢ်သးဆူၣ်အပူၤ

entice *v* ကလံၣ်န့ၢ်လွဲန့ၢ်, မၤကလုာ်ထီၣ်ပှၤအသး, လွဲန့ၢ်ကွဲန့ၢ်တၢ်

enticement *n* တၢ်လွဲန့ၢ်တၢ်, တၢ်ကလံာ်န့ၢ်လွဲန့ၢ်တၢ်, တၢ်ကွဲန့ၢ်လွဲန့ၢ်တၢ်

enticingly *adv* လၢတၢ်ကလံာ်ကလွဲန့ၢ်တၢ်အပူၤ

entire *a* ဒီခါ, ဒီဖျၢၣ်

entirely *adv* လၢလၢပုံၤပုံၤ, လၢာ်လၢာ်ဆ့ဆ့, စီဖုကလ့ၤ

entirety *n* တၢ်ခဲလၢာ်ခဲဆ့, တၢ်ဒီဖျၢၣ်, တၢ်ဒီခါ

entitle *v* ၁. ဟ့ၣ်ပၢ, ဟ့ၣ်စိဟ့ၣ်ကမီၤ, ဒုးကြၢးအီၤ ၂. ယုၢ်အမံၤ, ဟ့ၣ်အမံၤအသၣ်

entitlement *n* ၁. တၢ်န့ၢ်စိန့ၢ်ကမီၤ ၂. တၢ်လၢနကြၢးဒိးန့ၢ်အီၤ ၃. တၢ်ထိန့ၢ်တၢ်အမံၤအသၣ်

entity *n* တၢ်အိၣ်လီၤဆီ, တၢ်အိၣ်လီၤဆီတမံၤ, ဒ်အမ့ၢ်တၢ်အသိး

entomb *v* ၁. ဟ်လီၤလၢသွၣ်ခိၣ်ပူၤ ၂. ခူၣ်လီၤ

entomological *a* လၢအဘၣ်ဃးဒီးတၢ်ယုသ့ၣ်ညါမၤလိတၢ်ဖိဃၢ်အဂ့ၢ်

entomologist *n* ပှၤလၢအယုသ့ၣ်ညါမၤလိတၢ်ဖိလံၤဖိဃၢ်အဂ့ၢ်

entomology *n* စဲအ့ၣ်တၢ်ယုသ့ၣ်ညါမၤလိတၢ်ဖိဃၢ်အဂ့ၢ်

entourage *n* ပှၤလၢအအိၣ်ဝးတရံးပှၤအရှ့ဒိၣ်, အမံၤဟူသၣ်ဖျါ

entrails *n* တၢ်အပှံာ်အကဖု

entrain *v* ဒိးထီၣ်လ့ၣ်မ့ၣ်အူ, ထၢနုာ်လီၤဆူလ့ၣ်မ့ၣ်အူအပူၤ

entrance *n* ကျဲစၢၤ, ကျဲလဲၤနုာ်, ကျဲနါဟိ, တၢ်လဲၤနုာ်ဘၣ်

entrance *v* ဒုးမှာ်သူၣ်မှာ်သးတၢ်နးနးကလဲာ်

entrant *n* ပှၤလၢအနုာ်လီၤပြၢတၢ်

entrap *v* ၁. ဒိးတၢ်လၢထု, ဒိးလီၤထု ၂. ကလံာ်န့ၢ်လွဲန့ၢ်

entrapment *n* ၁. တၢ်ဒိးတၢ်လၢထု, တၢ်ဒိးလီၤထု ၂. တၢ်ကလံာ်န့ၢ်လွဲန့ၢ်တၢ်

entreat *v* ဃ့သကွံၢ်ကညးတၢ်

entreaty *n* တၢ်ဃ့သကွံၢ်ကညးတၢ်, တၢ်ဃ့ကညးတၢ်

entrée *n* တၢ်အီၣ်လၢတၢ်ဟ်လီၤအီၤလၢတၢ်အီၣ်လိာ်ကွဲဒီးတၢ်အီၣ်မိၢ်ပှၢ်အဘၢၣ်စၢၤ

entrench *v* ဒုးအိၣ်ဂၢၢ်ခၢၣ်သနၢၣ်, ဒုးကဝီၤယာ်တၢ်လၢတၢ်အကျိၤအပူၤ

entrepreneur *n* မုၢ်ကျိၤဝဲၤကွာ်တၢ်မၤကစၢ်

entrust *v* ဟ့ၣ်မူဟ့ၣ်ဒါ, အးလီၤလၢတၢ်နှာ်အပူၤ

entry *n* ၁. တၢ်လဲၤနုာ် ၂. ကျဲစၢၤ, တြဲၤ, ကျဲနါဟိ ၃. တၢ်ကွဲးနီၣ်ကွဲးဃါ, စ့စရီတနံၤဘၣ်တနံၤအတၢ်ကွဲးနီၣ်ကွဲးဃါ ၄. တၢ်နုာ်လီၤအခွဲးအယာ်ဆူတၢ်လီၢ်တတီၤတီၤ

entry-level *a* တၢ်နုာ်လီၤသီတၢ်အပတီၢ်. အဒိ, တၢ်နုာ်လီၤမၤလိသီခိၣ်ဖှူထၢၣ်အပတီၢ်

entwine *v* မၤသဘံၣ်သဘုၣ်တၢ်, သဘံၣ်သဘုၣ်လိာ်အသး

enumerable *a* လၢတၢ်ဂံၢ်အီၤသ့တခါဘၣ်တခါ

enumerate *v* ၁. တဲဖျါထီၣ်တခါဘၣ်တခါ ၂. ဒုးအိၣ်ထီၣ်(တၢ်)အနီၣ်ဂံၢ်

enumeration *n* တၢ်ဂံၢ်ထီၣ်ဒွးထီၣ်တၢ်တမံၤဘၣ်တမံၤ

enumerator *n* တၢ်ထၢထံဖိကီၢ်ဖိနီၣ်ဂံၢ်အပှၤမၤတၢ်ဖိ, ပှၤမၤတၢ်ဖိလၢအထၢထံဖိကီၢ်ဖိနီၣ်ဂံၢ်

enunciate *v* ကတိၤတၢ်ပံာ်ပံာ်ကျါကျါ, ကိးသိၣ်တၢ်ပံာ်ပံာ်ကျါကျါ, တဲဖျါထီၣ်တၢ်လီၤတံၢ်လီၤဆဲး

enunciation *n* တၢ်ကတိၤတၢ်ပံာ်ပံာ်ကျါကျါ, တၢ်ဖးထီၣ်တၢ်ရှဲရှဲပျီပျီ, တၢ်ဟ်ဖျါထီၣ်တၢ်ဆိကမိၣ်လီၤတံၢ်လီၤဆဲး

enuresis *n* တၢ်ဆံၣ်ပြံၤဘၣ်သး, တၢ်ဆံၣ်ဆါဘၣ်သးလၢမုၢ်နၤခီ, ဖိသၣ်ဆံၣ်ဆါဘၢသးလၢမုၢ်နၤခီ

enurn *v* ဒၢနုာ် (ပှၤသံအချါ) ဆူချါသလၢပူၤ, ခူၣ်လီၤ (ပှၤသံအချါ) လၢတလ့တလါအပူၤ

envelop *v* ဘိၣ်ယာ်, ဒၢယာ်

envelope *n* လံာ်ဒၢ

enviable *a* လၢအဒုးအိၣ်ထီၣ်တၢ်သးကွံသးကါသ့

envious *a* လၢအသးကွံတၢ်, လၢအပာ်ဖျါထီၣ်တၢ်သးကွံ

enviously *adv* လၢအအိၣ်ဒီးတၢ်သူၣ်က့ၣ်သးကါအပူၤ

environment *n* ၁. ခိၣ်ယၢၤဝးတရံး ၂. ခိၣ်ယၢၤတၢ်အိၣ်သး ၃. နူ့ဆၢၣ်ခိၣ်ယၢၤ

environmental *a* ၁. လၢအဘၣ်ထွဲဒီးခိၣ်ယၢၤဝးတရံး ၂. လၢအဘၣ်ထွဲဒီးခိၣ်ယၢၤတၢ်အိၣ်သး

environmentalist *n* ပှၤလၢအမၤတၢ်ဘၣ်ဃးတၢ်ကတီၤနူ့ဆၢၣ်ခိၣ်ယၢၤ

environmentally friendly *a* လၢအတမၤဘၣ်ဒိနူ့ဆၢၣ်ခိၣ်ယၢၤ

environs *n* တၢ်ခိၣ်တၢ်ယၢၤဝးတရံး

envisage *v* ထံၣ်စိတၢ်, ထံၣ်မုံတၢ်

envision *v* ထံၣ်စိတၢ်, ထံၣ်မုံတၢ်, ဆိကမိၣ်မုံနၢ့်တၢ်

envoy *n* ကလူး, ခၢၣ်စး, ပှၤလၢအစိာ်ပှၤပၢတၢ်အကလုၢ်ဆူထံဂၤကီၢ်ဂၤ

envy *n* တၢ်သးကါ

envy *v* သူၣ်က့ၣ်သးကါ

enzootic *a* လၢအဘၣ်က့ မ့တမ့ၢ် မၤဆူး မၤဆါဆၣ်ဖိကီၢ်ဖိလၢတၢ်အကတီၢ်လီၤလီၤဆီဆီ မ့တမ့ၢ် ဟိၣ်ကဝီၤလီၤလီၤဆီဆီအပူၤ

enzyme *n* အဲစဲ(မ), နူ့ဆၢၣ်ဂံာ်တကလှာ်လၢအဘၣ်တၢ်ဒုးအိၣ်ထီၣ်အီၤလၢဆၣ်ဖိကီၢ်ဖိဒီးတၢ်မုၢ်တၢ်ဘိအစဲ(လ)

eon *n* (see aeon)

epaulette, **epaulet** *n* တၢ်ကယၢလၢဆ့ကၤဖံထံခိၣ်, တၢ်ကယၢလၢဆ့ကၤဖံဘၣ်ခိၣ်, ဆ့ကၤအဖံဘၣ်ခိၣ်တၢ်ကယၢအပျ့

ephemeral *a* ၁. ခၢၣ်တယံာ်ဘၣ်, ကျၢၤတယံာ်ဘၣ် ၂. (တၢ်မုၢ်တၢ်ဘိ) လၢအသးသမူဖုၣ်, လၢအယူာ်ဖုၣ်, တစိၢ်ဖိ, လၢတသးသမူတထီဘၣ်

epic *a* လၢအဘၣ်ထွဲဒီးစံၣ်စိၤနာ်အပှၤနူပှၤဃီၤအဂ့ၢ်

epic *n* ၁. ထါစံၣ်စိၤဖးထီ, ထါအယ့ၢ်ဖးထီလၢအတဲဖျါထီၣ်ပှၤနူပှၤဃီၤအဂ့ၢ် မ့တမ့ၢ် ထံကီၢ်အတၢ်စံၣ်စိၤလၢအကတီၢ်တကတီၢ်အဂ့ၢ် ၂. တၢ်ဖံးတၢ်မၤလၢအယံာ်အထၢဒီးကီခဲ

epicentre, epicenter *n* ဟီၣ်ခိၣ်ဟူးအဂံၢ်ထံး

epicure *n* ပှၤလၢအပာ်ဒိၣ်တၢ်အီတၢ်အီၣ်လၢအဝံၣ်အဆၢ, ပှၤလၢအသးစဲအီၣ်တၢ်အီၣ်တၢ်အီလၢအပတီၢ်ထီဒီးသ့ၣ်ညါဝဲအဂ့ၢ်လီၤတံၢ်လီၤဆဲး

epicurean *n* ပှၤလၢအပာ်ဒိၣ်ဒီးသ့ၣ်ညါနၢ်ပၢၢ်ဘၣ်ဃးတၢ်အီၣ်တၢ်အီအဂ့ၢ်

epidemic *n* တၢ်ဆါသတြိာ်, တၢ်ဆါသံသတြိာ်

epidermis *n* တၢ်အဖံးဘ့ၣ်လၢခိတကထၢ, ဖံးဘ့ၣ်

epiglottis *n* ကလုၢ်ဒၢခိၣ်ပံး

epigram *n* ထါလီၤနံၤ, ထါဖုၣ်ကိာ်ဖိလၢတၢ်ကွဲးအီၤသ့သ့ဘၣ်ဘၣ်လၢအဒုးလီၤနံၤပှၤ

epilepsy *n* တၢ်ဆါပျုၢ်ထိး, တၢ်ဆါထိးပျုၢ်

epileptic *a* လၢအဘၣ်ထိးပျုၢ်တၢ်ဆါ, လၢအဘၣ်တၢ်ဆါတၢ်ထီၣ်ပှၤ, ဘၣ်ဃးဒီးထိးပျုၢ်တၢ်ဆါ

epileptic *n* ပှၤလၢအဘၣ်ထိးပျုၢ်တၢ်ဆါ

epilogue, epilog *n* တၢ်ကတိၤကဒါက့ၤတၢ်အဂ့ၢ်စှၤဘီ, တၢ်ဂ့ၢ်ကျၢၢ်တံၢ်, တၢ်ကွဲးကျၢၢ်တံၢ်တၢ်ဂ့ၢ်

Epiphany *n* တၢ်မၤတၢ်သ့ၣ်နီၣ်ထီၣ်က့ၤပှၤမၢ်ကူးသၢဂၤအတၢ်ဟဲလၢကဟဲဘူၣ်ထီၣ်ဘါထီၣ်ဖိသၣ်ယ့ၣ်ရှူးအမူး (ဖဲလါယနူၤအါရံၣ် ၆ သီ)

epiphany *n* တၢ်လၢအဟဲလိၣ်ဖျါထီၣ်အသး, တၢ်လၢအဒုးနဲၣ်ဖျါထီၣ်သးသတူၢ်ကလာ်အကတိၢ်

epiphora *n* တၢ်မဲာ်ထံယွၤ, မဲာ်ထံယွၤတၢ်ဆါ

episcopacy *n* ဖုံထံခရံာ်ဖိတၢ်ဘါအသရၣ်ဖးဒိၣ်တဖၣ်အတၢ်ပၢတၢ်ဆှၢ, ဖုံထံတၢ်အိၣ်ဖှိၣ် မ့တမ့ၢ် အဟိၣ်ကဝီၤဘံရှိးတဖၣ်, ဘံရှိးအတၢ်ပၢဆှၢတၢ်အိၣ်ဖှိၣ်တဖၣ်, ဘံရှိးအကရူၢ်တဖၣ်

episcopal *a* လၢအဘၣ်ဃးဒီးဖုံထံခရံာ်ဖိအပၢ်ဒိၣ်

episcopalian *a* လၢအဘၣ်ဃးဒီးအဲကလံးဖုံထံခၢၣ်စးအတၢ်အိၣ်ဖှိၣ်ဖိ, လၢအဘၣ်ဃးဒီးဖုံထံတၢ်အိၣ်ဖှိၣ်ဖိ

episcopalian *n* အဲကလံးဖုံထံအတၢ်အိၣ်ဖှိၣ်ဖိ, ဖုံထံတၢ်အိၣ်ဖှိၣ်ဖိ

episiotomy *n* တၢ်တံာ်လဲၢ်ထိဉ်အိဉ်ဖျဉ်ဖိခိဉ်ထိး

episode *n* ၁. တၢ်မၤအသးအကတိၢ် ၂. (တၢ်ဂီၤမူ, ကွဲၤလ့လိၤ မ့တမ့ၢ် တၢ်တဲပူ) အကူာ်တကူာ်ဘဉ်တကူာ်

epistaxis *n* တၢ်နါဒ့သွံဉ်, တၢ်နါစ့ၤသွံဉ်

epistle *n* ၁. တၢ်ပရၢတဖဉ်လၢခရံာ်အပှၤတၢ်မၢဖိတဖဉ်ကွဲးဝဲ (ဖျါလၢခရံာ်ဖိအလံာ်စီဆှံအသိတကတြူၢ်အပူၤ) ၂. လံာ်ပရၢ

epitaph *n* တၢ်ကတိၤစိးပျၤအသးလၢတၢ်သွဉ်ခိဉ်အလၢၢ်ထူဉ်လိၤ

epithalamium *n* တၢ်ဖျိတၢ်သးဝံဉ်, တၢ်ဖျိအထါ

epithet *n* တၢ်ကတိၤတဘီ မ့တမ့ၢ် မံၤကယၢလၢအဟ်ဖျါထိဉ်ပှၤအသကဲာ်ပဝးအကံၢ်အစီ

epitome *n* ၁. တၢ်ကွဲးအဖုဉ် ၂. တၢ်ကဲဒိကဲတဲာ်, တၢ်ဟ်ဖျါထိဉ်တၢ်အဒိအတဲာ်

epitomize, epitomise *v* ၁. ကဲဒိကဲတဲာ်အဂ့ၤကတၢၢ်, ကဲဒိဂ့ၤတဲာ်ဘဉ် ၂. ကွဲးဖုဉ်လိၤ, တဲဖုဉ်လိၤ

epoch *n* ၁. တၢ်ဆၢကတိၢ်လီၤလီၤဆီဆီတကတိၢ်လၢတၢ်စံဉ်စိၤအပူၤ ၂. တၢ်ကဲထိဉ်ဆိသးလၢစိၤတစိၤအကတိၢ်

eponym *n* မံၤဟ့ဉ်ယှၢ်, တၢ်ဟံးပှၤတဂၤဂၤအမံၤဒီးယှၢ်နၢ်တၢ်တမံၤမံၤအမံၤ အဒိ, ကသံဉ်ကသီ, တၢ်လိၢ်တၢ်ကျဲ

epoxy *n* တၢ်စဲတကလုာ်, က်အဖီးစံဉ်တၢ်စဲထံတကလုာ်

Epsom salts *n* အံသဉ်ခဉ်, ကသံဉ်အံသဉ်ခဉ်လၢတၢ်ယါဘျါတၢ်ဟၢဖၢကျူၤ

equability *n* ၁. တၢ်ဟ်သးဂၢၢ်တပၢၢ်, တၢ်ဟ်သးတကဒံကဒါ, တၢ်ဟ်သးခုဉ်ခုဉ် ၂. မူခိဉ်ကလံၤသိဉ်ဂီၤဂၢၢ်, တၢ်တကိၢ်တခုဉ်, တၢ်ကိၢ်ဖဲအကြၢးခုဉ်ဖဲအကြၢး

equable *a* ၁. လၢအဂၢၢ်တပၢၢ် ၂. လၢအတဆီတလဲဘဉ်

equal *a* ထဲသိး, ပှဲၤသိး

equal *n* ၁. ပှၤလၢအခွဲးအယာ်ထဲသိးတုၤသိးဒီးပှၤဂၤ, ပှၤလၢအထဲသိးတုၤသိးလိာ်သး, ပှၤလၢအကံၢ်အစီထဲသိးတုၤသိးလိာ်သးဒီးပှၤဂၤ ၂. တၢ်လၢအထဲသိးတုၤသိးလိာ်သး

equal *v* ၁. နီၤလီၤထဲသိးတုၤသိး, နီၤလီၤပှဲၤသိးသိး ၂. မၤတုၤထိဉ်ထိဉ်ဘး

equality *n* တၢ်ထဲသိးတုၤသိး

equalization, equalisation *n* တၢ်မၤဒ်သိးကုၤတၢ်, တၢ်မၤထဲသိးကုၤတၢ်, တၢ်မၤပှဲၤသိးကုၤတၢ်, တၢ်မၤတုၤသိးကုၤတၢ်

equalize, equalise *v* မၤထဲသိးတၢ်, မၤပှဲၤသိးတၢ်

equally *adv* ထဲသိးသိး, ပှဲၤသိးသိး, ဒ်သိးသိး

equals *n* (=) ပှဲၤသိး

equanimity *n* တၢ်သးဂၢၢ်တပၢၢ်, တၢ်ဟ်သးဂၢၢ်တပၢၢ်, တၢ်ဟ်သးခုဉ်ခုဉ်

equate *v* ၁. ဟ်အီၤလၢအတုၤသိး, ဟ်အီၤလၢအလီၤက်လိာ်အသး ၂. မၤထဲသိးတုၤသိး, မၤပှဲၤသိးကုၤတၢ်

equation *n* တၢ်ပှဲၤသိးထဲသိး အဒိ, (၁၂–၅) + ၇၀= ၇၇

equator *n* ဟီဉ်ကွီၤမုၢ်, အံဉ်ခွ့ထၢဉ်

equatorial *a* လၢအဘဉ်ဃးဒီးဟီဉ်ကွီၤမုၢ်, ဘူးဒီးဟီဉ်ကွီၤမုၢ်

equestrian *a* ဘဉ်ထွဲဒီးတၢ်ဒိးကသ့ဉ်

equestrian *n* ပှၤဒိးကသ့ဉ်

equi-- *combining* ဒ်သိးသိး, ပှဲၤသိးသိး

equilateral *a* လၢအကပၤတဖဉ် (နီသိး, ပှဲၤသိး, တုၤသိး) လိာ်အသး

equilibrium *n* တၢ်အဂံၢ်ပှဲၤသိး

equine *a* လၢအဘဉ်ဃးဒီးကသ့ဉ်, လၢအလီၤက်ဒီးကသ့ဉ်

equinoctial *a* ဘဉ်ဃးဒီးနံၤနၤယူကတိၢ်, လၢ မ့တမ့ၢ် ဘူးဒီးဟီဉ်ကွီၤမုၢ်, လၢအဘဉ်ဃးဒီးတၢ်ဆၢကတိၢ်ဖဲမုၢ်အိဉ်လီၤလီၤလၢဟီဉ်ကွီၤမုၢ်အဖီခိဉ်

equinox *n* နံၤနၤယူကတိၢ်

equip *v* ဂီၤကၢ်ထိဉ်သး, နီၤဟ့ဉ်တၢ်ပီးတၢ်လီ, ဟ့ဉ်နီၤတၢ်ပီးတၢ်လီလၢအလိဉ်လၢတၢ်မၤအဂီ

equipment *n* တၢ်ဂီၤကၢ်, တၢ်အပီးအလီ

equitable *a* လၢအတီတီလိၤလိၤ, လၢအတကွၢ်ဒိဉ်ဆံးအါစုၤတၢ်

equity *n* ၁. တၢ်တီတၢ်လိၤ, တၢ်ဘဉ်အခါး, တၢ်တကွၢ်ဒိဉ်ဆံးအါစုၤတၢ် ၂. တၢ်လၢအမၤလိၤ

မၤဘျုးနဲၢ်တၢ်လၢတၢ်ကစံၣ်ညီၣ်တီတၢ်အဂီၢ်, တၢ်လၢအလဲၤသဃဲၤဒီးသဲစးတၢ်ဘျုးမိၢ်ပှၢ်

equivalence *n* တၢ်လၢအထဲသိးတုၤသိး, တၢ်လၢအပှဲၤသိး

equivalent *a* လၢအထဲသိးတုၤသိး, လၢအပှဲၤသိး

equivalent *n* တၢ်လၢအဒ်သိးလိၵ်သး, တၢ်လၢအထဲသိးတုၤသိးလိၵ်သး

equivocal *a* လၢအလီၤသးဒ့ဒီပှၤ, လၢအတလီၤတံၢ်, လၢအခီပညီအိၣ်အါန့ၢ်ခံမံၤ

equivocate *v* သူတၢ်ကတိၤလၢအခီပညီတဖျါ, သူတၢ်ကတိၤလၢအဆှၢကမၣ်တၢ်

equivocation *n* တၢ်စူးကါတၢ်ကတိၤလၢအခီပညီတဖျါ, တၢ်စူးကါတၢ်ကတိၤလၢအဆှၢကမၣ်တၢ်

era *n* စိၤ, တၢ်အကတိၢ်, တၢ်အစိၤ

eradicable *a* လၢအဘၣ်တၢ်မၤသံကွံာ်အဃၢ်ခဲလၢာ်, လၢအထုးကွံာ်တၢ်လၢအဂၢ်ခဲလၢာ်ခဲဆ့, လၢအမၤဟးဂီၤစီကဖိလ့ၤ

eradicate *v* မၤသံကွံာ်အဃၢ်ခဲလၢာ်ခဲဆ့, ထုးထိၣ်ကွံာ်တၢ်လၢအဂၢ်ခဲလၢာ်ခဲဆ့, မၤဟးဂီၤကွံာ်ဖ့ကလ့

eradication *n* တၢ်လၢအမၤသံကွံာ်တၢ်ခဲလၢာ်စီကဖိလ့ၤ, တၢ်လၢဘၣ်တၢ်ထုးကွံာ်ခဲလၢာ်စီကဖိလ့ၤ

erase *v* တြူာ်ကွံာ်, ထူးသံကွံာ်

eraser *n* တၢ်တြူာ်သံ, တၢ်ထူးသံ

ere *adv* တချူးလၢ

erect *a* ၁. လၢအအိၣ်ထူၣ်ကလာ် ၂. လၢအဆိၣ်ထိၣ်, လၢအချိးထိၣ်

erect *v* ပိာ်ဆၢထၢၣ်, ဆီထူၣ်ထိၣ်, သူၣ်ထိၣ်

erection *n* ၁. တၢ်အိၣ်ထူၣ်ကလာ်, တၢ်ဆၢထၢၣ်ထူၣ်ကလာ် ၂. တၢ်သူၣ်ထိၣ်လၢအအိၣ်ထိၣ်ထူၣ် ၃. ပိာ်ခွါကုၢ်ဂီၤဆိၣ်ထိၣ်, (ထ့ၣ်) ချိးထိၣ်အကတိၢ်

erenow *adv* တချူးလၢခဲအံၤဒံးဘၣ်

ergo *adv* လၢတၢ်န့ၣ်အဃိ, အဃိန့ၣ်

ermine *n* ဆၣ်ဖိကီၢ်ဖိလၢအလီၤက်ဒီးဝံၤဖိခီဖိဖးဒိၣ်တကလုာ်, ဆၣ်ဖိကီၢ်ဖိဒ်ယှၢ်ခ့ပျိၢ်အသိးလၢအဆူၣ်ဝါ

erode *v* (ထံ, ကလံၤ) အီၣ်ကွံာ်, မၤလ့ၤကွံာ်, အီၣ်လ့ၤကွံာ်တၢ်

erogenous *a* (ဘၣ်ထွဲဒီးနီၢ်ခိကုၢ်ဂီၤ) လၢအဒုးအိၣ်ထိၣ်မုၣ်ခွါသွံၣ်ထံးတၢ်သးကတၢ, လၢအမၤသးကတၢတၢ်

erosion *n* တၢ်အီၣ်ကလိၤ, တၢ်မၤလ့ၤကွံာ်တၢ်

erosive *a* လၢအအီၣ်လီၤကလီၤကွံာ်တၢ်, လၢအအီၣ်လ့ၤကွံာ်တၢ်

erotic *a* လၢအဒုးအိၣ်ထိၣ်မုၣ်ခွါသွံၣ်ထံးတၢ်သးကတၢ, လၢအမၤသးကတၢတၢ် အဒိ, တၢ်ဂီၤလၢအမၤသးကတၢပှၤ

err *v* မၤကမၣ်

errand *n* တၢ်မၢစုထံးခိၣ်ထံး

errant *a* ၁. လၢအမၤတၢ်တမံၤမံၤလၢအကမၣ်, ဟ်သးလၢကျဲလၢတၢ်တူၢ်လိာ်အီၤတသ့ ၂. (မဲ, ဝၤ) လၢအသးတတီလိာ်သး

erratic *a* ၁. လၢအတဟ်သးလီၤတံၢ်လီၤဆဲး, ကလံကလူ, လၢအမၤအသးဒ်ပှၤသးတထံတဆး ၂. လၢတၢ်တယာ်အီၤတသ့

erroneous *a* လၢအကမၣ်ဝဲ, လၢအအိၣ်ဒီးတၢ်ကမၣ်, လၢအတဘၣ်ဘၣ်

error *n* တၢ်ကမၣ်

erst *adv* ဖးယံာ်ဖးစၢၤ

erstwhile *a* လၢအပူၤကွံာ်လံ, လၢမဟါမဟိ

erudite *a* လၢအမၤလိမၤဒိးဘၣ်တၢ်အါ, လၢအသ့လံာ်သ့လဲၢ်

erudition *n* တၢ်မၤလိမၤဒိးဘၣ်တၢ်အါ, တၢ်သ့လံာ်သ့လဲၢ်

erupt *v* ဖိုးထိၣ်, ပိၢ်ဖးထိၣ်, ပြုထိၣ်, ပြီထိၣ်

eruption *n* တၢ်ပိၢ်ဖးထိၣ်, တၢ်ဖိုးထိၣ်, တၢ်ပြုထိၣ်, တၢ်သဖိုထိၣ်

escalate *v* ၁. (တၢ်အပှ့ၤကလံၤ, တၢ်သဘံၣ်သဘုၣ်) ဒိၣ်ထိၣ်နးထိၣ် ၂. ဟဲဒိၣ်ထိၣ်နးထိၣ်တစးတစး, ဟဲလဲၢ်ထိၣ်အါထိၣ်

escalator *n* စဲးယီသွါ

escapade *n* တၢ်ဘူၣ်တၢ်, တၢ်မၤတၢ်လၢအအိၣ်ဒီးတၢ်ဘၣ်ယိၣ်အါ

escape *n* ၁. တၢ်ပူၤဖျဲး, တၢ်ယ့ၢ်ပူၤဖျဲး ၂. တၢ်ယုန့ၢ်ကျဲလၢကသးပ့ၤနီၣ်တၢ်တမံၤမံၤလၢတမှာ်တလၢ မ့တမ့ၢ် တၢ်ကီတၢ်ခဲဖဲတစိၢ်တလိၢ်အပူၤ ၃. ခိၣ်ဖှူထၢၣ်အနီၣ်စံၢ်လၢကဟးထိၣ်လၢတၢ်မၤလၢအမၤဝဲတမံၤမံၤအပူၤ

escape *v* ပူၤဖျဲး, ယ့ၢ်ပူၤဖျဲး

escapee *n* ပှၤလၢအဃ့ၢ်ပူၤဖျိးအသး မ့တမ့ၢ် ဆၣ်ဖိကီၢ်ဖိလၢအဃ့ၢ်ပူၤဖျိးလၢတၢ်လီၢ်တပူၤ
escapism *n* တၢ်ဆိကမိၣ်မုံ, တၢ်ဂုာ်ကျဲးစၢး ဃ့ၢ်ပူၤဖျိးအသးလၢတၢ်မၤအသးနီၢ်နီၢ်
escargot *n* ချိၣ်လၢတၢ်အီၣ်အီၤသ့တကလုာ်
eschatology *n* ပှၤခရံာ်ဖိအတၢ်စူၢ်တၢ်နာ် လၢအမ့ၢ်တၢ်သံဒီးဟီၣ်ခိၣ်အစိၤကတၢၢ်အဂ့ၢ်တဖၣ်
eschew *v* ဟးဆှံး, ပဒ့ၣ်
escort *n* ၁. ပှၤလၢအလဲၤယုၤဒီးကဟုကယာ်တၢ် ၂. ပှၤလၢဘၣ်တၢ်ဒီးလဲ မ့တမ့ၢ် ဃ့လၢကလဲၤစၢၤဒီးပှၤ, ပှၤလၢအလဲၤစၢၤတၢ်, ပှၤလၢအလဲၤပိာ်ပှၤခံ ၃. ပှၤဆါလီၤအီၣ်သး
escort *v* လဲၤယုၤဒီးကဟုကယာ်တၢ်
escritoire *n* တၢ်ကွဲးလံာ်အစီၢ်နီၤခိၣ်လၢ အအိၣ်ဒီးစီၤကျိုးအါအါ, စီၢ်နီၤခိၣ်ကွဲးလံာ်ဆံးဆံး ဖိ
escrow *n* လံာ်တၢ်အၢၣ်လီၤအီလီၤလၢအဘၣ် တၢ်ဟ်အီၤလၢပှၤတဂၤဂၤအအိၣ်တုၤလၢတၢ် ကဲထီၣ်လိၣ်ထီၣ်ဝံၤအခါ
esculent *a* ဂ့ၤအီၣ်, ကြၢးအီၣ်
esculent *n* တၢ်လၢတၢ်အီၣ်အီၤသ့
Eskimo *n* အဲးစကံမိၣ်, ပှၤအဲးစကံမိၣ် – ပှၤ တကလုာ်လၢအအိၣ်ဆိးလၢကလံၤစီးဟီၣ်ကဝီၤ, ပှၤအိၣ်လၢထံလီၤသကၤကဝီၤ
esophagus *n* (see oesophagus)
esoteric *a* လၢတၢ်သ့ၣ်ညါအီၤထဲပှၤစှၤဂၤ, လၢအသ့ၣ်ညါအီၤဒ်ထဲပှၤလၢတၢ်ကိပူၤ
espadrille *n* ခီၣ်ဖံးဖျိၣ်တၢ်ကံးညာ်လၢတၢ် စၢအပျံၤလၢခီၣ်ဒ့
espalier *n* ၁. သ့ၣ်လၢအဒိၣ်ထီၣ်လၢတၢ် ကျိၤအလိၤ ၂. တၢ်ကျိၤတၢ်, တၢ်အကျိၤ, တၢ် အကွီၤ
especial *a* လၢအလီၤဆီဒၣ်တၢ်, လၢအ အါန့ၢ်ဒံးအညီနုၢ်အသိး
especially *adv* လီၤဆီဒၣ်တၢ်
Esperanto *n* ဟီၣ်ခိၣ်ဒီဘ့ၣ်ကျိာ်, ကျိာ် တကလုာ်လၢအဂံၢ်ထံးဟဲအိၣ်ထီၣ်အသးလၢ ယူရပၤအကျိာ်တဖၣ်လၢတၢ်ကစူးကါဒုးအိၣ်ထီၣ် အီၤဒ်ဟီၣ်ခိၣ်ဒီဘ့ၣ်အကျိာ်အသိး
espionage *n* တၢ်ကွၢ်ဟုၣ်ကွၢ်စူၣ်တၢ်, တၢ် မဲာ်ချံအတၢ်ဖံးတၢ်မၤ
esplanade *n* ၁. တၢ်ဟးလိာ်ကွဲအပျီဖးလဲၢ် လၢပိၣ်လဲၣ်နံၤ ၂. တၢ်ဟးလိာ်ကွဲလီၢ်တၢ်ပၢၤခိၣ် ဖဲပိၣ်လဲၣ်ကၢၢ်နံၤ
espousal *n* ၁. တၢ်စူၢ်တၢ်နာ်တၢ်, တၢ်ဆီၣ် ထွဲ ၂. တၢ်အဲၣ်တီလိာ်သး, တၢ်ဖျီ
espouse *v* ၁. ဟံးထီၣ်တၢ်ဖံးတၢ်မၤ, အိၣ် ပိၤမၤစၢၤ, တူၢ်လိာ်မၤထွဲမၤညီနုၢ်ထီၣ်သး ၂. ဟ့ၣ် လီၤလၢကဖျီသးအဂီၢ်, ဟံးန့ၢ်လၢကကဲထီၣ် မါအဂီၢ်, အဲၣ်တီ
espressivo *a* (တၢ်သံကျံသးဝံၣ်) လၢအဟ် ဖျါထီၣ်တၢ်တူၢ်ဘၣ်, လၢအဟ်ဖျါထီၣ်တၢ်ကလၢၢ် ပိာ်ထွဲဘၣ်
espresso *n* အဲးစပြဲးစိ – ခီဖံၣ်လၢတၢ် ကျံအီၤဒးဒးဒီးခၣ်ခၣ်
esprit *n* တၢ်ပ့ၢ်ပ့ၢ်ဆှါဆှါသူၣ်ဖှံသးညီ, တၢ် သူၣ်ဆူၣ်သးဂဲၤ
esprit de crops *n* တၢ်အိၣ်ဒီးတၢ်ဟ်သး တဖျၢၣ်ဃီ
espy *v* ထံၣ်ဘၣ်တၢ်, ထံၣ်စိဃီၤ
esquire *n* ၁. တၢ်ယူးယီၣ်ဟ်ကဲအတၢ်က တိၤ, မံၤလီၢ်လၤ, (အမဲရကၤ) မံၤလီၢ်လၤလၢတၢ် ထၢနုာ်လီၤလၢပီၢ်ရီမံၤအလီၢ်ခံ ၂. ပှၤပိာ်ခွါသးစၢ် လၢအမၤလိတၢ်အှ့ဘီအှ့နး
essay *n* ၁. လံာ်ဆီရဲၣ် ၂. တၢ်မၤကွၢ်တၢ်, တၢ်ဂဲၤပျု့ၢ်ကျဲးစၢး
essay *v* ကျဲးစၢးမၤကွၢ်တၢ်
essayist *n* ပှၤကွဲးလံာ်ဆီရဲၣ်
essence *n* တၢ်အသံးအကာ်, တၢ်အဂ့ၢ်မိၢ် ပှၢ်, အစီအဖီ
essential *a* လၢအလီၢ်အိၣ်သပှၢ်တၢၢ်, အ ရှ့ဒိၣ်
essentialism *n* ၁. တၢ်နာ်တမံၤလၢတၢ် တမံၤမံၤအိၣ်ဟ်စၢၤတချူးလၢတၢ်ဟ်ပနီၣ်အီၤ လၢအမ့ၢ်တၢ်တမံၤမံၤ, တၢ်နာ်လၢတၢ်ကိးမံၤအိၣ် ဟ်စၢၤဒ်န့ဆၢၣ်အသိး ၂. တၢ်နာ်လၢတၢ်ကူၣ်ဘၣ် ကူၣ်သ့ကြၢးအိၣ်ထီၣ်အသးလၢဂံၢ်ခီၣ်ထံးကံၢ် စီတၢ်သ့တၢ်ဘၣ်ဒီးပှၤနီၢ်ကစၢ်အတၢ်သိၣ်လိလီၤ က့ၤအသး
essentially *adv* လၢအဘၣ်ဃးဒီးတၢ်ဂ့ၢ်ခီၣ် ထံးခီၣ်ဘိလၢအကါဒိၣ်
establish *v* မၤကဲထီၣ်တၢ်, ဒုးအိၣ်ထီၣ်တၢ်, ဟ်ဂၢၢ်ဟ်ကျၢၤတၢ်

established *a* လၢအမၤကဲထီၣ်တၢ်, လၢအဒုးအိၣ်ထီၣ်တၢ်, လၢအဟ်ဂၢၢ်ဟ်ကျၢၤတၢ်

establishment *n* ၁. တၢ်ဒုးအိၣ်ထီၣ်တၢ်, တၢ်မၤကဲထီၣ်တၢ် ၂. တၢ်ကရၢကရိ ၃.တၢ်ဒုးဂၢၢ်ကျၢၤထီၣ်တၢ်

estate *n* ၁. ဟီၣ်ခိၣ်လီၢ်ဖးလဲၢ်တကဝီၤ ၂. တၢ်န့ၢ်သါကျိၣ်စ့ဒီးတၢ်စုလီၢ်ခီၣ်ခိၣ်လၢအအိၣ်တီၢ်ဖဲပှၤတဂၤသံဝံၤအလီၢ်ခံ

esteem *n* တၢ်ဟ်ကဲ, တၢ်ဟ်လုၢ်ဟ်ပှ့ၤ

esteem *v* ဟ်ကဲ, ဟ်လုၢ်ဟ်ပှ့ၤ

esthetic *a* (see aesthetic)

esthetics *n* (see aesthetics)

estimable *a* ကြၢးဘၣ်တၢ်ဟ်ကဲ, လၢအကြၢးဒီးတၢ်ယူးယီၣ်ဟ်ကဲ, လၢတၢ်ဒွးတယာ်အီၤသ့

estimate *n* တၢ်ဒွးတယာ်

estimate *v* ဒွးတယး, ဒွးတယာ်

estimation *n* တၢ်ဒွးတယာ်တၢ်, တၢ်ဆိကမိၣ်ဒွးတယာ်တၢ်

estrange *v* ဒုးအိၣ်ထီၣ်တၢ်လီၤမုၢ်လီၤဖး, မၤဟးဂီၤတၢ်ရှလိာ်မှာ်လိာ်, မၤဟးဂီၤတၢ်အဲၣ်တၢ်ကွံ

estuary *n* ထံထၣ်လဲၢ်

et cetera *adv* ဒီးတၢ်အဂၤ etc.

ETA *abbre* (estimated time of arrival) တၢ်ဒွးတယာ် (ကဘီယူၤ) ကဟဲတုၤအိၣ်အကတီၢ်

etc *abbre* ဒီးတၢ်အဂၤ (et cetera)

etch *v* ၁. ဆဲးကွဲးတၢ်လၢထးဝံၤဒုးအိၣ်ကွံာ်အီၤလၢက်ကသံၣ်အထံဒ်သိးတၢ်အက့ၢ်အဂီၤကအိၣ်ဖျါထီၣ် ၂. က်ကသံၣ်အထံအီၣ်ကွံာ်တၢ်အမဲာ်ဖံးခိၣ်

etching *n* တၢ်ဘၢၣ်ဖျိဆဲးကွဲးတၢ်, တၢ်ဘၢၣ်ကဲထီၣ်တၢ်အဂ့ၢ်အကျိၤ

eternal *a* အစိၤစိၤအဃၣ်ဃၣ်, လီၤထူလီၤယိာ်

eternity *n* တၢ်လီၤထူလီၤယိာ်, တၢ်အစိၤစိၤအဃၣ်ဃၣ်

ether *n* ၁. အံသၢၣ်ကသံၣ်သးသပ့ၤ ၂. မူကပိာ်လိၤ ၃. ကလံၤအကျိၤလၢအအိၣ်လၢမူဖးဖိ

ethereal *a* ၁. လၢအဃံလၤကပၢ်လုး, ကဖီလီ ၂. လၢအလီၤက်ဒီးက်သဝံလၢမူဒီ, လၢအကဖီလီတုၤဒၣ်လဲာ်တၢ်ဖိၣ်အီၤလၢစုတသ့

etherial *a* ၁. လၢအဃံလၤကပၢ်လုး, ကဖီလီ ၂. လၢအလီၤက်ဒီးက်သဝံလၢမူဒီ, လၢအကဖီလီတုၤဒၣ်လဲာ်တၢ်ဖိၣ်အီၤလၢစုတသ့

Ethernet *n* ခီၣ်ဖွူထၢၣ်တၢ်မၤလီၢ်ကဝီၤဘျးစဲအကျိၤအကျဲ, တၢ်ဒုးဘျးစဲခီၣ်ဖွူထၢၣ်စ့ၤကိာ်ဖျၢၣ်လၢကဒုးအိၣ်ထီၣ်လီၢ်ကဝီၤဘျးစဲတၢ်မၤအဂီၢ်, အံသၢၣ်နဲး

ethic *n* တၢ်သကဲာ်ပဝးအသနိ, တၢ်သိၣ်တၢ်သီဘၣ်ဃးတၢ်သကဲာ်ပဝး, တၢ်ယုသ့ၣ်ညါမၤလိပှၤကညီအသကဲာ်ပဝးဘၣ်မ့ၢ်တၢ်ဒ်လဲၣ်အဂ့ၢ်

ethical *a* လၢပှၤဂ့ၤမၤကြၢးမၤ, လၢအသ့ၣ်ညါတၢ်ဂ့ၤတၢ်တဂ့ၤအဆၢ

ethics *n* ပှၤကညီအတကဲာ်ပဝးလၢအဂ့ၤ, တၢ်သိၣ်တၢ်သီလၢအဒုးနဲၣ်ပှၤကိးဂၤဒဲးလၢကဘၣ်အိၣ်ဒီးသကဲာ်ပဝးလၢအကြၢးဒ်လဲၣ်

ethnic *a* ၁. လၢအဘၣ်ဃးဒီးကလုာ်နူၣ် ၂. လၢအဘၣ်ဃးဒီးပှၤတဖုတကရူၢ်

ethnic cleansing *n* တၢ်မၤလီၤတူာ်ကွံာ်ကလုာ်နူၣ်

ethnic minority *n* ကလုာ်နူၣ်ဖိ

ethnicity *n* ကလုာ်နူၣ်

ethnocentric *a* လၢအထံၣ်ဝဲလၢအပှၤကလုာ်ဂ့ၤန့ၢ်ပှၤအဂၤ, လၢအဟ်ဒိၣ်ထဲအပှၤကလုာ်

ethnocultural *a* ဘၣ်ထွဲဒီးကလုာ်နူၣ်တကလုာ်

ethnography *n* စဲအ့ၣ်တၢ်ယုသ့ၣ်ညါမၤနီၣ်မၤဃါဘၣ်ဃးပှၤဟီၣ်ခိၣ်ဖိဒီးတၢ်ဆဲးတၢ်လၤအဂ့ၢ်

ethnology *n* တၢ်ယုသ့ၣ်ညါဒီးကွၢ်သတြီၤကလုာ်နူၣ်အပီညါ, တၢ်ယုသ့ၣ်ညါမၤလိပှၤကလုာ်တဖၣ်အဂ့ၢ်, တၢ်ယုသ့ၣ်ညါမၤလိကလုာ်နူၣ်ဒီးအတၢ်လီၤဆီသ့ၣ်တဖၣ်အဂ့ၢ်

ethnomusicology *n* တၢ်ယုသ့ၣ်ညါမၤလိပှၤကလုာ်တၢ်ဆဲးတၢ်လၤတဖၣ်အတၢ်သံကျံဒီးတၢ်သူၣ်ဝံၣ်သးဆၢအဂ့ၢ်

ethology *n* စဲအ့ၣ်ပီညါဘၣ်ဃးဆၣ်ဖိကိၢ်ဖိအတၢ်ဟူးဂဲၤဟ်သူၣ်ဟ်သးအဂ့ၢ်

etiolated *a* (တၢ်မုၢ်တၢ်ဘိ) လၢအလီၤဝါ, လၢအလီၤသံလီၤဝါခီဖျိတမၤန့ၢ်မုၢ်အတၢ်ကပီၤ

etiology *n* (see aetiology)

etiquette *n* တၢ်သိၣ်တၢ်သီဘၣ်ဃးတၢ်ဟ်သးလၢအဘၣ်ဒီးဆဲးဝဲလၤဝဲလၢတၢ်ရှလိာ်သးလၢပှၤတဝၢပူၤအဂီၢ်

etymological *a* လၢအဘၣ်ဃးတၢ်ဃုသ့ၣ်ညါမၤလိဝီၢ်ဩြဲကဲထီၣ်သးအခီၣ်ထံးခီၣ်ဘိ, လၢအဘၣ်ဃးတၢ်ဃုသ့ၣ်ညါမၤလိဝီၢ်ဩြဲတၢ်ကတိၤအဖျၢၣ်ကဲထီၣ်သးအခီၣ်ထံးခီၣ်ဘိ

etymology *n* တၢ်ဃုသ့ၣ်ညါမၤလိတၢ်ကတိၤတဘီအခီၣ်ထံးခီၣ်ဘိကဲထီၣ်အသးအဂ့ၢ်, တၢ်ဃုသ့ၣ်ညါမၤလိဝီၢ်ဩြဲတဖျၢၣ်ကဲထီၣ်အသးဒီးအခီၣ်ထံးခီၣ်ဘိ

eucalyptus *n* သ့ၣ်ယူၢ်ကလ့း, ယူၢ်ကလ့းထၢး, သ့ၣ်တကလုာ်လၢအိၣ်ဒီးအချံဒီးပှၤသူအီၤဒ်ကသံၣ်အသိး

eucharist *n* တၢ်အီၣ်ဘူၣ်စီဆုံ – ခရံာ်ဖိအီၣ်ကိၣ်အီစပံးထံအမူးလၢတၢ်သ့ၣ်နီၣ်ထီၣ်က့ၤကစၢ်ခရံာ်ဒီးအပှျၢ်အဘီၣ် ၁၂ ဂၤအီၣ်ဟါတၢ်အီၣ်လၢခံကတၢၢ်

eugenics *n* စဲအ့ၣ်အတၢ်သ့တၢ်ဘၣ်လၢအမၤဂ့ၤထီၣ်ပှၤဟီၣ်ခိၣ်ဖိအစၢၤအသွဲၣ်အချံအသၣ်

eulogize, eulogise *v* စံးပတြၢၤဟ်ဒိၣ်ဟ်ထီ, အူးထီၣ်

eulogy *n* တၢ်စံးပတြၢၤဟ်ဒိၣ်ဟ်ထီ, တၢ်အူးထီၣ်တၢ်

eunuch *n* ၁. ပှၤလၢတၢ်ဒ့ကွံာ်အဒံၣ်, ပှၤဒ့ဒံၣ်ဖိ, လၢပျၢၤပှၤပိာ်ခွါလၢတၢ်ဒ့ကွံာ်အဒံၣ်ဒီးပှၤဒီးလဲအီၤလၢကပၢၤဝဲစီၤလိၤစီၤပၤအသံၣ်အမါ ၂. ပှၤလၢတအိၣ်ဒီးတၢ်လု၊်ဘၢစိကမီၤ

euphemism *n* တၢ်ကတိၤဆဲးလၤထီၣ်က့ၤတၢ်, တၢ်ကတိၤဃံကတိၤလၤထီၣ်က့ၤတၢ်ကတိၤလၢအတဃံတလၤ အဒိ, သံအလီၢ်တၢ်စူးကါလၢစူးကွံာ်သး

euphonious *a* လၢအသီၣ်မုာ်ဘၣ်ပနၢ်

euphony *n* ၁. တၢ်သီၣ်လၢအမုာ်ဘၣ်ပနၢ် ၂. တၢ်သီၣ်အမုာ်

Eurasian *n* ယူၣ်ရှရှၢၣ် – ဘၣ်ဃးဒီးယူရပၤဒီးအ့ရှၢၣ်ကးပြၢဖိ

eureka *exclam* (ကြံးအကျိာ်) "ထံၣ်လံ, ထံၣ်လံ", တၢ်ကီးပသူကီးသတြီထီၣ်ဖဲတၢ်ဃုထံၣ်နှၢ်တၢ်အသိ

Euro *a* လၢအဘၣ်ထွဲဘၣ်ဃးဒီးကိၢ်ယူရပၤ

euro *n* စ့ယူရိၣ်, ယူရပၤအစ့

European *a* လၢအဘၣ်ထွဲဒီးယူရပၤမ့တမ့ၢ်ယူရပၤစၢဖိၣ်ကရၢ

European *n* ပှၤယူရပၤဖိ

euthanasia *n* တၢ်ဆဲးသံပှၤလၢအတူၢ်ဘၣ်တၢ်ဆါလၢပှၤဃါဘျါအီၤတသ့

euthanize, euthanise *v* ဆဲးသံကွံာ်ပှၤလၢအတူၢ်ဘၣ်တၢ်ဆါလၢပှၤဃါဘျါအီၤတသ့လၢၤ (လၢကသံဘၣ်မုာ်မုာ်ခုၣ်ခုၣ်အဂီၢ်)

eutopia *n* (see Utopia)

evacuate *v* မၤအိၣ်ကလီ, ဟးထီၣ်ကွံာ်, ဟ်လီၤတဲာ်ကွံာ် (တၢ်လီၢ်)

evacuation *n* ၁. တၢ်မၤလီၤဟိ, တၢ်မၤအိၣ်ကလီ ၂. တၢ်ဟးထီၣ်ကွံာ်, တၢ်ဟ်လီၤတဲာ်ကွံာ်တၢ်လီၢ်တၢ်ကျဲ

evade *v* ပဒ့ၣ်ပူၤဖျဲး

evaluate *v* ၁. သမံထံ, သမံထံတၢ်အလုၢ်အပှ့ၤ ၂. ဆၢတဲာ်တၢ်အလုၢ်အပှ့ၤ

evaluation *n* တၢ်သမံသမိးဆၢတဲာ်တၢ်တမံၤအလုၢ်အပှ့ၤ, တၢ်သမံထံ

evangel *n* တၢ်သးခုကစီၣ်, တၢ်စံၣ်တဲၤတဲလီၤတၢ်ဒ်သိးကကွဲက့ၤပှၤခရံာ်ဖိ

evangelic *a* လၢအဘၣ်ဃးဒီးတၢ်သးခုကစီၣ်, လၢအဘၣ်ဃးဒီးတၢ်စံၣ်တဲၤတဲလီၤဒ်သိးကကွဲက့ၤပှၤခရံာ်ဖိ

evangelical *a* လၢအဘၣ်ဃးဒီးတၢ်အုၣ်က့ၤခီၣ်က့ၤအတၢ်သိၣ်လိ, လၢအဘၣ်ဃးဒီးတၢ်သးခုကစီၣ်ဘၣ်ထွဲခရံာ်ဖိအတၢ်ဘူၣ်တၢ်ဘါ

evangelism *n* တၢ်စိာ်တၢ်သးခုကစီၣ်

evangelist *n* ပှၤစိာ်တၢ်သးခုကစီၣ်, ပှၤဟးစံၣ်တဲၤတဲလီၤတၢ်ဒီးကွဲက့ၤပှၤဂၤလၢကကဲထီၣ်ပှၤခရံာ်ဖိ

evangelize, evangelise *v* ဂုာ်ကျဲးစၢးကွဲနၢ်ပှၤလၢကကဲထီၣ်ပှၤခရံာ်ဖိ, စံၣ်တဲၤတဲလီၤတၢ်သးခုကစီၣ်

evaporate *v* ၁. သဝံထီၣ် ၂. ဟါမၢ်, လီၤမၢ်ကယီကယီ

evaporation *n* တၢ်သဝံထီၣ်ကွံာ်

evaporite *n* န့ဆၢၣ်အံသၣ်, အံသၣ် မ့တမ့ၢ်ဟီၣ်လာ်အသံးအကာ်တမံၤမံၤလၢအအိၣ်တီၢ်လီၤဒးဖဲထံသဝံထီၣ်ခဲလၢာ်ဝံၤအလီၢ်ခံ, တၢ်အိၣ်တီၢ်ဖဲထံသဝံထီၣ်ဝံၤအလီၢ်ခံ

evapotranspiration *n* သ့ၣ်ပှၢ်ကသွံ, သ့ၣ်ပှၢ်သဝံထီၣ်

evasion *n* တၢ်ပဒ့ၣ်ဟးဆှဲး

evasive *a* လၢအပဒ့ၣ်ဟးဆှဲးတၢ်လၢကတဲတၢ်မ့ၢ်တၢ်တီအဂီၢ်, လၢအတဲပဒ့ၣ်ဟးဆှဲးအသး, လၢအမၤပှူၤအခိၣ်

eve *n* နံၤဆဲးဆၢ, နံၤကျိး, မုၢ်နံၤဆိတနံၤ, မုၢ်တနံၤလၢတချူးတၢ်မၤဃံလၤတၢ်အမူးတုၤဃီၤ မ့တမ့ၢ် နံၤလီၤဆီ

even *a* ၁. ပၢၤ, လၢအပၢၤ ၂. လၢအထဲသိးလိာ်အသး ၃. (နီၣ်ဂံၢ်) လၢတၢ်နီၤဖးအီၤဒီးခံတဲာ်ဝဲ

even *adv* ဒၣ်လဲာ်

even *v* မၤအီၤယူယူ, မၤယူယီၣ်အီၤ

even money *n* ကျိၣ်စ့လၢတၢ်မၤန့ၢ်က့ၤအီၤပှဲၤသိးသိးတၢ်ဟ်လီၤအီၤ

even number *n* နီၣ်ဂံၢ်ဆိကူ

even-handed *a* လၢအဘၣ်ဝဲတီဝဲလၢာ်လၢာ်ဆ့ဆ့, လၢအမၤတၢ်တုၤသိးထဲသိးလၢလၢပှဲၤပှဲၤ

evening *n* ဟါလီၤခီ

evening star *n* ဆၣ်တူၢ်ဟါ

evenly *adv* ၁. ဘျ့ကဆှၣ်, ပၢၤသလ့ၢ်တ့ၢ်, လၢအတထီၣ်စိလီၤဆၢၣ်ဘၣ် ၂. လၢအပှဲၤသိး ၃. အိၣ်ဂၢၢ်တပၢၢ်

evensong *n* အဲးကလံဖှံထံခရံာ်ဖိဟါလီၤခီတၢ်ဘါ

event *n* ၁. တၢ်မၤအသး ၂. မူး

eventful *a* လၢအအိၣ်ဒီးတၢ်မၤသးလီၤဆီအါမံၤ

eventide *n* မုၢ်ဟါလီၤ, မုၢ်ဘၣ်လီၤ

eventing *n* တၢ်ပြၢကသ့ၣ်အမူး

eventual *a* ၁. လၢအကဲထီၣ်တၢ်တမှာ်တလၤသ့ ၂. လၢအမၤအသးလၢခံကတၢၢ်

eventuality *n* တၢ်တမံၤမံၤလၢအကဲထီၣ်အသးသ့, တၢ်တမှာ်တလၤလၢအကဲထီၣ်အသးသ့

eventually *adv* လၢခံလၢလာ်, လၢခံ

eventuate *v* ကဲထီၣ်သးလၢခံကတၢၢ်

ever *adv* ၁. ထီဘိ ၂. တဘျီဘျီ

evergreen *a* လါဟ့ထီဘိ, လါဟ့ဒီတနံၣ်

everlasting *a* လၢအအိၣ်လီၤထူလီၤယိာ်, တုၤအံၤဆူညါထီဘိ, လၢအကတၢၢ်တသ့

evermore *adv* ထီဘိတဘိယူၢ်ယီ

every *a* တခါစုာ်စုာ်, ကိးမံၤဒဲး, ကယဲၢ်တမံၤလၢ်လၢ်, (ပှဲၤနၣ်ရံၣ်) တဘျီ

every *det* ကိး (မံၤ), ကိး (ခါ)

everybody *pro* ပှၤကိးဂၤ

everyday *a* ကိးနံၤဒဲး

everyone *pro* ပှၤကိးဂၤ, ပှၤကိးဒံကိးဂၤ, ပှၤခဲလၢာ်

everyplace *adv* ကိးတီၤဒဲး, ကိးပူၤဒဲး

everything *pro* တၢ်ကိးမံၤ

everywhere *adv* တၢ်လီၢ်ကိးပူၤဒဲး

evict *v* နီၣ်ဟးထီၣ်, ဟီထီၣ်ကွံာ်, နီၣ်ဟးထီၣ်လၢကျဲလၢအဖိးသဲစး

eviction *n* တၢ်နီၣ်ဟးထီၣ်ကွံာ်

evidence *n* တၢ်အှၣ်သး

evidence *v* ဟ်ဒ်တၢ်အှၣ်သးအသိး, ဒုးနဲၣ်အီၤဒ်တၢ်အှၣ်သးအသိး

evident *a* လၢအအိၣ်ဖျါတြၢ်ကလာ်, အိၣ်ဖျါစီၣ်ဝဲၤကဲၤ

evidential *a* လၢအအိၣ်ဒီးတၢ်အှၣ်သး

evidently *adv* ၁. တြၢ်ကလာ်, အိၣ်ဖျါတြၢ်ကလာ် ၂. ဒ်ပှၤတဲအသိး

evil *a* လၢအတဂ့ၤတဘၣ်, လၢအအၢအသီ

evil *n* တၢ်အၢတၢ်သီ

evilly *adv* လၢတၢ်အၢတၢ်သီ, လၢအတဂ့ၤတဘၣ်

evince *v* ဒုးနဲၣ်ဖျါ, ဒုးအိၣ်ဖျါထီၣ်

eviscerate *v* ထုးထီၣ်ကွံာ်က့ၢ်ဂီၤဒွဲ

evocative *a* လၢအဒုးအိၣ်ထီၣ်, လၢအဒုးအိၣ်ဖျါထီၣ်

evoke *v* ၁. ဒုးအိၣ်ဖျါထီၣ်, ဒုးအိၣ်ထီၣ် ၂. ထုးထီၣ်, ထုးဖျါ ၃. ယၢၤထီၣ်, ကိးထီၣ်, ယ့ပတံထီၣ်

evolution *n* ၁. တၢ်မူတၢ်မဲအတၢ်လဲလိာ်ဂ့ၤထီၣ်ပသီထီၣ်တဆီဘၣ်တဆီ ၂. တၢ်လဲလိာ်ဂ့ၤထီၣ်ပသီထီၣ်ကွ့ၢ်ကွ့ၢ်တဆီဘၣ်တဆီ

evolutionary *a* ၁. လၢအဘၣ်ထွဲဒီးတၢ်မူတၢ်မဲအတၢ်လဲလိာ်ဂ့ၤထီၣ်ပသီထီၣ်တဆီဘၣ်တဆီ ၂. လၢအဘၣ်ထွဲဒီးတၢ်လဲလိာ်ဂ့ၤထီၣ်ပသီထီၣ်ကွ့ၢ်ကွ့ၢ်တဆီဘၣ်တဆီ

evolutionist *n* ပှၤလၢအနာ်တၢ်မူတၢ်မဲအတၢ်လဲလိာ်ဂ့ၤထီၣ်ပသီထီၣ်တဆီဘၣ်တဆီ

evolve *v* ၁. လဲလိာ်အသးတဆီဘၣ်တဆီ, ဒုးဂ့ၤထီၣ်ပသီထီၣ်, ဂ့ၤထီၣ်ပသီထီၣ် ၂. ဒုးလဲလိာ်တၢ်တဆီဘၣ်တဆီ ၃. အိးသလၣ်ထီၣ်

ewe *n* သိမိၢ်

ewe neck *n* ကသ့ၣ်အကိာ်ဘိလီၤဆၢၣ်

ewer *n* ထံအီဒၢဖးဒိၣ်လၢအကိာ်ပူၤလဲၢ်

exacerbate *v* မၤနးထီၣ်, မၤအၢထီၣ်သီထီၣ် (တၢ်ဆူးတၢ်ဆါ, တၢ်ကီတၢ်ခဲ, တၢ်သူၣ်ဒိၣ်သးဖျိး)

exact *a* ဘၣ်တီတီ, ထံထံတီတီ, ထံထံဆးဆး

exact *v* ၁. ယ့ဆူၣ်ယ့စိးတၢ် ၂. ယ့ဆူၣ်ယ့ကီၢ်တၢ်

exacting *a* လၢအဘၣ်ထဲးဂံၢ်ထဲးဘါ, လၢအလိၣ်ဘၣ်တၢ်လီၤတံၢ်လီၤဆဲး

exaction *n* တၢ်ယ့ဆူၣ်ယ့စိးတၢ်, တၢ်ယ့ဆူၣ်ယ့ကီၢ်တၢ်

exactly *adv* ၁. လီၤတံၢ်လီၤဆဲး ၂. လီၤတံၢ်အဒိ, ယကလဲၤလီၤတံၢ်လီၤ

exactness *n* တၢ်လီၤတံၢ်လီၤဆဲး, တၢ်ဂ့ၢ်လၢ်ခၢး

exaggerate *a* လၢအတဲဒိၣ်တဲထီ, လၢအတဲလု, လၢအတဲကါ

exaggerate *v* တဲဒိၣ်တဲထီ, တဲလု, တဲကါ

exaggerated *a* လၢအတဲဒိၣ်တဲထီထီၣ်တၢ်, လၢအတဲလုတၢ်, လၢအတဲကါတၢ်

exaggeration *n* တၢ်တဲဒိၣ်တဲထီတၢ်, တၢ်တဲလုတဲကါတၢ်

exalt *v* ၁. ဟ်ဒိၣ်ဟ်ထီ, စိာ်ထီၣ်ထီ ၂. စံးထီၣ်ပတြၢ ၃. မၤထီၣ်ပှၤအလီၢ်အလၤ

exaltation *n* ၁. တၢ်သူၣ်ခုသးခုဒိၣ်တလၢ, တၢ်သူၣ်ဟူးသးဂဲၤအါတလၢ ၂. တၢ်စံးလၤစံးကပီၤ ၃. တၢ်ဟ်ထီၣ် (ပှၤ, တၢ်) အလီၢ်အလၤ

exalted *a* ၁. လၢအဘၣ်တၢ်ဟ်ထီၣ်ထီအီၤ, လၢအပ့ၤဒိးအလၤကပီၤ ၂. လၢအသးခုဒိၣ်တလၢ, လၢအပ့ၤလၢ်ကွံာ်ဒီးတၢ်သူၣ်ဖှံသးညီ

exam *n* တၢ်ဒိးစဲး

examination *n* ၁. တၢ်ဒိးစဲး, တၢ်သမံသမိး ၂. တၢ်မၤကွၢ် (တၢ်ဆူးတၢ်ဆါ)

examine *v* ဒိးစဲး, သမံသမိး, မၤကွၢ်, ကွၢ်ယုသ့ၣ်ညါ

examiner *n* ပှၤကွၢ်ယုသ့ၣ်ညါ, ပှၤသမံသမိးတၢ်, ပှၤဟ့ၣ်တၢ်ဒိးစဲး

example *n* တၢ်အဒိ, တၢ်အဒိအတဲာ်

exanthema *n* တၢ်ဖံးဘ့ၣ်ကပြုထီၣ်, တၢ်ဖံးဘ့ၣ်ကပြုထီၣ်ခီဖျိဘၣ်တၢ်ဆါ မ့တမ့ၢ် တၢ်လီၤကိၢ်အယိ

exasperate *v* မၤအ့နုသူၣ်အ့နုသး, မၤသးထီၣ်

exasperated *a* လၢအသူၣ်အ့နုသးအ့နု, လၢအသးထီၣ်တၢ်

exasperating *a* လၢအသူၣ်အ့နုသးအ့နု

exasperation *n* တၢ်မၤသးဒိၣ်ထီၣ်, တၢ်မၤအ့နုသူၣ်အ့နုသး

excavate *v* ၁. ခူၣ်နှၢ်က့ၤ (တၢ်လီၢ်လံၤလၢပျၢ) ၂. ခူၣ်နှၢ်အပူၤ, မၤလီၤကလိာ်, မၤလီၤကအိတၢ်

excavation *n* တၢ်ယုခူၣ်က့ၤ (တၢ်လီၢ်လံၤလၢပျၢ)

excavator *n* ၁. စဲးခူၣ်ဟီၣ်ခိၣ် ၂. ပှၤခူၣ်တၢ်ဖိ

exceed *v* (အါ) နှၢ်တက့ၢ်, တလၢကွံာ်, လုၢ်ကီလုၢ်ကဟ်

exceedingly *adv* ဒိၣ်ဒိၣ်ကလဲာ်, တလၢကွံာ်အခၢး

excel *v* မၤတၢ်ဂ့ၤဒိၣ်မး, မၤဂ့ၤဒိၣ်နှၢ်အနှၣ်တက့ၢ်

excellence *n* တၢ်အကံၢ်အစီဂ့ၤဒိၣ်မး, တၢ်ဖျိးစိ

excellency *n* တၢ်ကီး, မံၤလၢသၣ်ကပီၤလၢအဘၣ်တၢ်စူးကါအီၤဖဲတၢ်ကတိၤတၢ်ဒီးပဒိၣ်ပပှၢ်စီၤလိၣ်စီၤပၤအခါ မ့တမ့ၢ် ကတိၤတၢ်ဘၣ်ဃးဒီးပဒိၣ်ပပှၢ်စီၤလိၣ်စီၤပၤအခါ (အဒိ, တၢ်ဒိၣ်ကစၢ်စီၤပၤဓၢ...)

excellent *a* ဂ့ၤဂ့ၤကလဲာ်, ဂ့ၤဒိၣ်မး

except *prep* မ့တမ့ၢ်ဘၣ်, ထဲဒၣ်, ထဲလၢ

excepting *prep* တလၢကွံာ်, ပူၤကွံာ် အဒိ, တလၢကွံာ်တၢ်ရှၣ်သၣ်နှၣ်ယအိၣ်တၢ်သၣ်အဂၤဘဲခဲလၢာ်လီၤ.

exception *n* တၢ်ကွၢ်ကဟ်ကွံာ်

exceptionable *a* ၁. လၢအတတူၢ်လိာ်ဘၣ်သးဝဲ ၂. လၢအလီၤတြီ, လၢတၢ်ကြၢးတြီအီၤ

E

E

exceptional *a* လၢအလီၤဆီဒၣ်တၢ်, လၢတၢ်ဟ်ဒိၣ်လီၤဆီဝဲ

exceptionally *adv* လီၤဆီဒၣ်တၢ်, လၢတၢ်ဟ်လီၤဆီအပူၤ

excerpt *n* တၢ်ဂ့ၢ်ဖုၣ်လၢတၢ်ထုးထီၣ်ဟံးန့ၢ်အီၤလၢလံာ်ဒီးထါတဖၣ်အပူၤ, လံာ်တဆၢလၢအဘၣ်တၢ်ယုထၢထီၣ်ဒီးရူးအီၤ မ့တမ့ၢ် ကွဲးအီၤ, တၢ်ဂ့ၢ်လၢတၢ်ဟံးန့ၢ်စူးကါအီၤ

excerpt *v* ထုးထီၣ်ဟံးန့ၢ် (လၢလံာ်တဆၢအပူၤ), ဟံးန့ၢ်စူးကါ (တၢ်ဂ့ၢ်)

excess *a* လၢအတလၢကွံာ်တၢ်လိၣ်ဘၣ်, လၢအတလၢကွံာ်တၢ်ဟ်ပနီၣ်

excess *n* ၁. တၢ်အါကဲၣ်ဆိး, တၢ်အိၣ်လီၤဘျဲၣ်လီၤစဲၢ် ၂. တၢ်အါတလၢကွံာ်

excess baggage *n* တၢ်ဘိၣ်တၢ်စှၢ လၢအစီၤအါန့ၢ်ဒံးတၢ်ဟ်ပနီၣ်, တၢ်ဘိၣ်ဃၢန့ၢ်ဒံးတၢ်ဟ်ပနီၣ်

excessive *a* လၢအလုာ်ကွံာ်, လၢအအါကဲၣ်ဆိး, အါတလၢကွံာ်, လၢအလုၣ်ကီလုၣ်ကဟ်

excessively *adv* ဘျဲၣ်တလၢကွံာ်, လုာ်ကွံာ်, အါကဲၣ်ဆိး

exchange *v* ဆီတလဲ, လဲလိာ်, ခီလဲလိာ်

exchange rate *n* တၢ်လဲစ့အယူာ်, စ့လဲအယူာ်

exchangeable *a* လၢအဆီတလဲ, လၢအလဲလိာ်သ့, လၢအခီလဲလိာ်သ့

exchequer *n* ၁. ကီၢ်ဒီကီၢ်အစ့ဟ်ကီၤအဝဲၤလီၢ် ၂. ထံကီၢ်တၢ်ပၢဆှၢကျိၣ်စ့ဂ့ၢ်ဝီဝဲၤကျိၤ

excise *n* ခိသွဲလီၤဆီ, ထံလီၢ်ကီၢ်ပူၤအပနံာ်ခိသွဲ, ပနံာ်အခိသွဲလၢထံကီၢ်တဘ့ၣ်အပူၤ

excise *v* ၁. ကူးကွဲးဒီၣ်တဲာ်ကွံာ်နီၢ်ခိက့ၢ်ဂီၤ ၂. ထုးကွံာ်

excision *n* တၢ်လၢအဘၣ်တၢ်ထုးထီၣ်ကွံာ်အီၤ, တၢ်ကူးတဲာ်ကွံာ်, တၢ်ဒိၣ်တဲာ်ကွံာ်, တၢ်သွဲၣ်ကွံာ်, တၢ်မၤဟးဂီၤကွံာ်စီဖှကလ့ၤ

excitability *n* ၁. တၢ်သးဂဲၤညီ, တၢ်သူၣ်ကနိးသးကနိးညီ ၂. တၢ်ဖံးသကူၣ်ခီသကူၣ်

excitable *a* ၁. လၢအသးဂဲၤညီ, လၢအသူၣ်ကနိးသးကနိးညီ ၂. လၢအဖံးသကုၣ်ခီသကုၣ်

excite *v* မၤဂဲၤထီၣ်, မၤကနိးသူၣ်ကနိးသး

excited *a* ၁. လၢအသူၣ်ပိၢ်သးဝး, လၢအသူၣ်ကနိးသးကနိး ၂. လၢအဆဲတရုထီၣ်အသး ၃. လၢအသးကတၢ, လၢအဲၣ်ဒိးမုၣ်ခွါသွံၣ်ထံးတၢ်ရ့လိာ်မှာ်လိာ်

excitement *n* တၢ်သူၣ်ပိၢ်သးဝး

exciting *a* လၢအမၤကနိးသူၣ်ကနိးသး, လၢအထိၣ်ဟူးထိၣ်ဂဲၤထီၣ်ပှၤသး

exclaim *v* ကိးသတြီထီၣ်

exclamation *n* တၢ်ကိးသတြီထီၣ်

exclamation mark *n* ပျိၢ်ပနီၣ် (!)

exclamatory *a* အိၣ်ဒီးတၢ်ကိးသတြီထီၣ်, တၢ်ပျိၢ်ထီၣ်

exclave *n* ကိးပသူထိၣ်, ကိးပသူထိၣ်သတူၢ်ကလာ်

exclosure *n* သ့ၣ်ပှၢ်ဟိၣ်ကဝီၤလၢတၢ်ဟ်ပနီၣ်အီၤလီၤဆီ

exclude *v* ဟ်ကွံာ်တၢ်, တြီကွံာ်တၢ်, တဒုးပဉ်ဃုာ်ဘၣ်

excluding *prep* တပဉ်ဃုာ်ဒီး

exclusion *n* ၁. တၢ်ဟ်ကပၤကွံာ်တၢ်, တၢ်တဒုးနုာ်တၢ် ၂. တၢ်လၢအတကျၢါဘၢဃုာ်အသး

exclusion zone *n* ဟိၣ်ကဝီၤလၢတၢ်တြီပနီၣ်ဟ်အီၤ, ဟိၣ်ကဝီၤလၢတၢ်ပျဲပှၤလဲၤ

exclusionist *a* လၢအတအဲၣ်ဒိးဒုးပဉ်ဃုာ်ပှၤလၢအသိးအကျါ

exclusionist *n* ပှၤလၢအတအဲၣ်ဒိးဒုးပဉ်ဃုာ်ပှၤလၢအသိးအကျါ

exclusive *a* လၢအဂ့ၤကဲၣ်ဆိး, လၢအပတိၢ်ထီကဲၣ်ဆိး, လၢအတြိပှၤဂၤ, အပ့ၤဒိၣ်ကဲၣ်ဆိး လၢပှၤဃိဃိဖိတဖၣ်အဂီၢ်

exclusive *n* တၢ်ကွဲးလီၤဆီ, တၢ်ကစိၣ်လီၤဆီ, တၢ်ဂ့ၢ်လီၤဆီ

excommunicate *n* ပှၤလၢအဘၣ်တၢ်ဟီထိၣ်ကွံာ်အီၤ (လၢတၢ်ဘူၣ်တၢ်ဘါကရၢအပူၤ)

excommunicate *v* မၤတဲာ်ကွံာ်တၢ်ရှလိာ်, ဟီထိၣ်ကွံာ် (လၢတၢ်အိၣ်ဖှိၣ်အပူၤ, လၢတၢ်ဘူၣ်တၢ်ဘါအကရၢ)

excommunication *n* တၢ်ဟီထိၣ်ကွံာ်ပှၤ (လၢတၢ်ဘူၣ်တၢ်ဘါကရၢအပူၤ)

ex-con *n* ပှၤလၢအလီၤတ့ၢ်ယိာ်, ပှၤလၢအလီၤဘၣ်တ့ၢ်လၢတၢ်ဒုးယာ်အပူၤ

excoriate *v* ၁. အုၣ်ကွံာ်တၢ်အဖံးဘ့ၣ်

၂. ပဲာ်အါပဲာ်သီတၢ်

excoriation *n* တၢ်အုၣ်ကွံာ်တၢ်အဖံးဘ့ၣ်, တၢ်ပဲာ်အါပဲာ်သီ

excrement *n* တၢ်အ့ၣ်တၢ်ဆံၣ်

excrescence *n* တၢ်ကထူးထီၣ်, တၢ်အကမိာ်ကမဲာ်ထီၣ်, တၢ်ကထူးကထီ

excreta *n* တၢ်အ့ၣ်တၢ်ဆံၣ်

excrete *v* အ့ၣ်ဆါဆံၣ်ဆါ

excretion *n* ၁. တၢ်အ့ၣ်တၢ်ဆံၣ် ၂. နီၢ်ခိတၢ်ဘၣ်အါဘၣ်သီ

excruciate *v* မၤဘၣ်ဒိ

excruciating *a* လၢအနးတုၤပဘၣ်ကီၤအုး, လၢအမၤဆါတၢ်နးနးကလဲာ်

exculpate *v* ဒုးပူၤဖျဲးလၢတၢ်ကမၣ်

excursion *n* တၢ်ဟးကွၢ်ကီတၢ်, တၢ်ဟးဆှၣ်လိာ်ကွဲ

excursive *a* လၢအတပိာ်ကျဲလၢအဘၣ်ဘၣ်, လၢအတဘၣ်အကျဲ, လၢအတလီၤပလိာ်ဒီးတၢ်ဂ့ၢ်

excusable *a* လၢတၢ်ဝံသးစူၤအီၤသ့, လၢတၢ်ပျၢ်အတၢ်ကမၣ်သ့, လၢတၢ်ဟ့ၣ်ပူၤဖျဲးအီၤသ့

excuse *n* ကတီၤဘျါ, တၢ်ကတီၤပူၤဖျဲးတၢ်

excuse *v* ဃ့ကညး, ဃ့ပူၤဖျဲး, ဃ့ပျၢ်, ဃ့ဝံသးစူၤ, ဝံသးစူၤ, ကတီၤပူၤဖျဲးသး

ex-directory *a* လၢအတအိၣ်လၢစရီအပူၤ, လၢတၢ်တထၢနာ်အီၤလၢ (လီတဲစိ) လံာ်နဲၣ်အပူၤ

execrable *a* လၢအလာ်အါလာ်ဃး, လၢအတမှာ်တလၤ, လၢအဖးနးညါ

execrate *v* ၁. သးဟ့သးဘၣ်အါ ၂. ဆိၣ်အါတၢ်

execute *v* ၁. မၤအိၣ်ထီၣ်တၢ်, မၤသံတၢ် ၂. ဟ့ၣ်တၢ်စံၣ်ညီၣ်သံ

execution *n* ၁. တၢ်မၤအိၣ်ထီၣ်တၢ် ၂. တၢ်စံၣ်ညီၣ်သံ ၃. တၢ်မၤတၢ်အကၠါအဂီၤ

executioner *n* ၁. ပှၤမၤသံတၢ်, ပှၤမၤသံပှၤဃိာ်ဖိလၢအဘၣ်တၢ်စံၣ်ညီၣ်သံ ၂. ပှၤလၢအမၤဝံၤမၤကတၢၢ်ကွံာ်တၢ်

executive *a* ၁. လၢအအိၣ်ဒီးတၢ်စိကမီၤ လၢကရဲၣ်ကျဲၤဒီးဟံးဂ့ၢ်ဝီမၤတၢ် ၂. လၢအဘၣ်ဃးဒီးတၢ်ပၢဆှၢရဲၣ်ကျဲၤတၢ် ၃. လၢအဘၣ်ထွဲဒီးတၢ်ပၢတၢ်ဆှၢရဲၣ်ကျဲၤထံကီၢ် ၄. လၢဘၣ်တၢ်ဟ်လီၤဆီအီၤ, လၢဘၣ်တၢ်မၤလီၤဆီအီၤ

executive *n* ပှၤအခိၣ်, ပှၤလၢအအိၣ်ဒီးအစိကမီၤ

executor *n* ပှၤလၢအမၤတၢ်ဘၣ်ဃးတၢ်ဟ့ၣ်ကူၤတၢ်နှၢ်သါဒ်လံာ်တၢ်နှၢ်သါလၢပှၤသံတဂၤကွဲးတ့ၢ်ဝဲအသိး

exegesis *n* တၢ်ဒုးနဲၣ်ဖျါထီၣ်လံာ်လါအဂ့ၢ်, တၢ်ကွဲးဖျါထီၣ်လံာ်အခီပညီ

exemplar *n* ပှၤလၢအကဲဒိဂ့ၤတဲာ်ဘၣ်, တၢ်တမံၤမံၤလၢအကဲဒိကဲတဲာ်

exemplary *a* ၁. လၢအကဲဒိကဲတဲာ်, လၢအကဲတၢ်ဒိဂ့ၤတဲာ်ဘၣ် ၂. လၢအဟ့ၣ်ပလီၢ်တၢ်ဆူၣ်ဒ်သိးပှၤအဂၤကဟံးနှၢ်ဒိတဲာ်အဂီၢ်

exemplification *n* ၁. တၢ်ဒုးကဲထီၣ်တၢ်အဒိအတဲာ်လီၤဆီ ၂. တၢ်ဟ့ၣ်ထီၣ်တၢ်အဒိအတဲာ်

exemplify *v* ၁. ဒုးကဲထီၣ်တၢ်အဒိအတဲာ်လီၤလီၤဆီဆီ ၂. ဟ့ၣ်ထီၣ်တၢ်အဒိအတဲာ်

exemplum *n* တၢ်အဒိအတဲာ်

exempt *a* ပျဲပူၤ

exempt *v* ပျဲပူၤဖျဲး, မၤပူၤဖျဲး

exemption *a* လၢအပျဲပူၤဖျဲး, လၢအမၤပူၤဖျဲး

exemption *n* တၢ်ပျဲပူၤဖျဲး, တၢ်မၤပူၤဖျဲး

exercise *n* ၁. တၢ်ဂဲၤလိ ၂. တၢ်မၤနီၢ်ခိတၢ်ဟူးတၢ်ဂဲၤ, တၢ်ဂဲၤလိာ်ကွဲနီၢ်ခိတၢ်ဟူးတၢ်ဂဲၤ

exercise *v* ၁. ဂဲၤလိ ၂. မၤလိသ့ထီၣ်သး, မၤလိတၢ် ၃. ဂဲၤလိသုးတၢ်မၤလိ, လီၤသုးတၢ်မၤလိ ၄. စူးကါ (တၢ်စိတၢ်ကမီၤ, တၢ်ခွဲးတၢ်ယာ်, တၢ်သ့တၢ်ဘၣ်) ၅. မၤတၢ်ဒ်အမူအဒါအိၣ်ဝဲအသိး

exercise book *n* လံာ်ကွဲးနီၣ်တၢ်

exerciser *n* ၁. ပှၤဂဲၤလိ, ပှၤမၤလိသ့ထီၣ်တၢ် ၂. တၢ်ပီးတၢ်လီလၢတၢ်ဂဲၤလိအဂီၢ်

exert *v* ကျဲးစားမၤလၢာ်သးတၢ်, ထုးထီၣ်ဂံၢ်ထုးထီၣ်ဘါ

exertion *n* တၢ်ကျဲးစားမၤလၢာ်သးတၢ်, တၢ်ထုးထီၣ်ဂံၢ်ထုးထီၣ်ဘါ

exeunt *v* စံၣ်လီၤကွံာ်လၢပျဲၢ်စီၤခိၣ်, ဟးထီၣ်ကွံာ်လၢတၢ်ဂဲၤဒိအပျဲၢ်စီၤခိၣ်

exhalation *n* တၢ်ကသါထီၣ်, တၢ်ကသါထီၣ်ကလံၤ

exhale *v* ကသါထီၣ်ကလံၤ

exhaust *n* (သိလ့ၣ်အ) မ့ၣ်လုၢ်
exhaust *v* မၤလီၤဘှံးလီၤတီၤ
exhaust pipe *n* (သိလ့ၣ်အ) မ့ၣ်လုၢ်ပီၤ
exhausted *a* လီၤဘှံးလီၤတီၤ
exhausting *a* လၢအလီၤဘှံးလီၤတီၤဒိၣ်မး
exhaustion *n* ၁. တၢ်လီၤဘှံးလီၤတီၤဒိၣ်ဒိၣ်ကလဲာ်, တၢ်ဂံၢ်တၢ်ဘါလၢာ် ၂. တၢ်စူးကါလၢာ်ကွံာ်တၢ်စိဖှကလ့ၤ
exhaustive *a* လ့ၤတုၤလ့ၤတီၤ, လၢအလီၤတံၢ်လီၤဆဲး
exhibit *n* ၁. တၢ်တမံၤမံၤလၢတၢ်ဒုးနဲၣ်အီၤ ၂. တၢ်လၢအဘၣ်တၢ်ဒုးနဲၣ်ဖျါထီၣ်အီၤလၢစံၣ်ညီၣ်ကွီၢ်ဘျိၣ်အပူၤဒ်တၢ်အုၣ်သးအသိး, တၢ်အုၣ်သးအပီးအလီ
exhibit *v* ၁. ဒုးနဲၣ် ၂. နဲၣ်ဖျါထီၣ်
exhibition *n* တၢ်နဲၣ်ဖျါ, တၢ်ဒုးနဲၣ်တၢ်, တၢ်ဟ်ဖျါ, တၢ်ရဲၣ်ဖျါ
exhibitionism *n* ၁. တၢ်သးအဲၣ်ဒိးဟ်ဖျါထီၣ်သးလၢပှၤဂၤကတိာ်သူၣ်ဟ်သးဒီးစံးထီၣ်ပတြၢၤအီၤ, တၢ်သးအဲၣ်ဒိးပှၤဂၤအတၢ်သးစဲအီၤ ၂. တၢ်အိးသလၣ်ဒုးနဲၣ်ကၢ့်ဂီၤဒ်အမ့ၢ်နုၢ်ဒီးပိာ်ခွါကၢ့်ဂီၤခီဖျိခိၣ်နူာ်တပုံၤ
exhibitionist *n* ၁. ပှၤလၢအဲၣ်ဒိးပှၤကနၣ်ယုာ်အီၤ, ပှၤလၢအဲၣ်ဒိးပှၤသးစဲအီၤ ၂. ပှၤလၢအဲၣ်ဒိးထုးထီၣ်ဟ်ဖျါအမုၣ်ခွါကၢ့်ဂီၤလၢကမျၢၢ်အမဲာ်ညါ
exhibitor *n* ပှၤဒုးနဲၣ်ဖျါတၢ် မ့တမ့ၢ် ခီပနံာ်လၢအဒုးနဲၣ်ဖျါထီၣ်အပနံာ် မ့တမ့ၢ် အတၢ်ဖံးတၢ်မၤတဖၣ်
exhilarate *v* မၤဖုံထီၣ်သူၣ်မၤဖုံထီၣ်သး, ဒုးသးဖုံထီၣ်တၢ်, ဒုးသူၣ်ဟူးသးဂဲၤထီၣ်တၢ်
exhilarating *a* လၢအမၤဖုံထီၣ်ပသူၣ်ပသး, လၢအဒုးသးဖုံထီၣ်တၢ်, လၢအမၤဟူးမၤဂဲၤထီၣ်တၢ်, လၢအမၤသူၣ်ဖုံသးညီတၢ်
exhilaration *n* တၢ်မၤသူၣ်ဖုံသးညီတၢ်, တၢ်ဒုးသူၣ်ဖုံသးညီတၢ်
exhort *v* သဆၣ်ထီၣ်ပှၤအခံဆူတၢ်ဂ့ၤတခီ, မၢန့ၢ်ဆီၣ်ခံ
exhortation *n* တၢ်သဆၣ်ထီၣ်ပှၤခံဆူတၢ်ဂ့ၤအဂီၢ်, တၢ်မၢန့ၢ်ဆီၣ်ခံတၢ်
exhume *v* ခူၣ်ထီၣ်ကု့ၤ (တၢ်သံစိၣ်လၢတၢ်ပူၤ)
exigence *n* တၢ်လိၣ်ဘၣ်သတူၢ်ကလာ်, ဂ့ၢ်ဂီၢ်အူတၢ်လိၣ်
exigency *n* တၢ်လိၣ်ဘၣ်သတူၢ်ကလာ်, ဂ့ၢ်ဂီၢ်အူတၢ်လိၣ်
exile *n* ၁. ပှၤဘၣ်အိၣ်ယံၤဒီးကီၢ် ၂. တၢ်ဘၣ်အိၣ်ယံၤဒီးကီၢ်
exile *v* ၁. ပှၤဘၣ်အိၣ်ယံၤဒီးကီၢ် ၂. တၢ်ဘၣ်အိၣ်ယံၤဒီးကီၢ်
exist *v* ၁. အိၣ်ဝဲနီၢ်နီၢ် ၂. အိၣ်မူနီၢ်နီၢ်
existence *n* ၁. တၢ်အိၣ်နီၢ်နီၢ် ၂. တၢ်အိၣ်မူအိၣ်ဂဲၤနီၢ်နီၢ်
existent *n* လၢအအိၣ်နီၢ်နီၢ်, လၢအအိၣ်မူအိၣ်ဂဲၤနီၢ်နီၢ်
existential *a* လၢအဘၣ်ထွဲဒီးတၢ်အိၣ်နီၢ်နီၢ် ၂. လၢအဘၣ်ထွဲဒီးတၢ်အိၣ်မူအိၣ်ဂဲၤနီၢ်နီၢ်
existentialism *n* တၢ်နာ်လၢပှၤကိးဂၤအိၣ်ဒီးတၢ်အိၣ်မူသဘျ့ဒီးဟံးမူဒါလၢအကစၢ်အတၢ်မၤဒၣ်ဝဲအဖီခိၣ်
existing *a* လၢအအိၣ်ဟ်, လၢအအိၣ်ဝဲ
exit *n* ကျဲစၢၤ, ကျဲဟးထီၣ်ဆူချၢ
exit *v* ၁. ဟးထီၣ်, ဟးထီၣ်ကွံာ် ၂. မၤကတၢၢ်ကွံာ်ခီၣ်ဖွူထၢၣ်အတၢ်ဖံးတၢ်မၤ
exit poll *n* တၢ်ယ့ပှၤလၢအဟ့ၣ်တၢ်ဖးဝံၤတဖၣ်အတၢ်ထံၣ်
Exodus *n* (လၢခရံာ်ဖိအလံာ်စီဆုံအပူၤ) လံာ်မိၤရှခံဘ့ၣ်တဘ့ၣ် မ့တမ့ၢ် လံာ်တၢ်ဟးထီၣ်
exodus *n* တၢ်ဟးထီၣ်ကွံာ်ဒီဖုဒီကီၢ်
exonerate *v* မၤပူၤဖျဲးတၢ်လၢတၢ်မၤကမၣ်တၢ်, ဒုးနဲၣ်ဖျါလၢအတၢ်ကမၣ်တအိၣ်, ဒုးပူၤဖျဲးလၢတၢ်ကမၣ်
exoneration *n* တၢ်ဒုးနဲၣ်ဖျါလၢအတၢ်ကမၣ်တအိၣ်, တၢ်ဒုးပူၤဖျဲးလၢတၢ်ကမၣ်
exorbitant *a* လၢအအါတလၢကွံာ်အခၢး
exorcism *n* ၁. တၢ်ဟီဟးထီၣ်ကွံာ်, တၢ်ဒုးဟးထီၣ်ကွံာ်တၢ်ဝံတၢ်နါလၢတၢ်သမူပယၢ် ၂. တၢ်ဒုးဟးထီၣ်ကွံာ်လၢတၢ်ဆိကမိၣ်အပူၤ
exorcist *n* ပှၤလၢအဟီထီၣ်ကွံာ်တၢ်နါ
exorcize, exorcise *v* ၁. ဟီထီၣ်ကွံာ်, ဒုးဟးထီၣ်ကွံာ်တၢ်ဝံတၢ်နါခီဖျိတၢ်သမူပယၢ် ၂. ထုးကွံာ်လၢတၢ်ဆိကမိၣ်အပူၤ

E

exotic *a* ၁. လၢတၢ်ဆုၢယီၤလၢထံဂုၤကိၢ်ဂၤ, လၢအဟဲလၢထံဂုၤကိၢ်ဂၤ ၂. လၢအလွဲၢ်အိၣ်အါကလုာ်

expand *v* မၤကါထီၣ်, မၤလဲၢ်ထီၣ်, ယှာ်ထီၣ်, အိးသလၣ်ထီၣ်

expandable *a* လၢမၤကါထီၣ်, လၢအမၤလဲၢ်ထီၣ်, လၢအယှာ်ထီၣ်, လၢအအိးသလၣ်ထီၣ်

expanse *n* ၁. တၢ်လီၢ်ကဝီၤဖးလဲၢ် ၂. တၢ်ဒ့ၣ်စၢၤအလဲၢ်ကတၢၢ်

expansion *n* တၢ်မၤအါထီၣ်, တၢ်မၤဒိၣ်ထီၣ်, တၢ်မၤလဲၢ်ထီၣ်တၢ်, တၢ်လၢအဘၣ်တၢ်မၤလဲၢ်ထီၣ်အီၤ

expansionism *n* တၢ်မၤဒိၣ်ထီၣ်လဲၢ်ထီၣ်တၢ်အသနူ (တၢ်ကူၣ်လဲၤမၤကၢ)

expansive *a* ၁. လၢအသလၣ်ထီၣ်အသးသကၢ, လၢအသလၣ်ထီၣ်အသး ၂. လၢအကလုၢ်ကထါအါ ၃. လၢအဒိၣ်ထီၣ်လဲၢ်ထီၣ်

expatiate *v* တဲဖျါထီၣ် (တၢ်ဂ့ၢ်တမံၤမံၤ) လီၤတံၢ်လီၤဆဲး, ကွဲးဖျါထီၣ် (တၢ်ဂ့ၢ်တမံၤမံၤ) လီၤတံၢ်လီၤဆဲး

expatriate *a* လၢအအိၣ်ဆိးလၢထံဂုၤကိၢ်ဂၤအပူၤ

expatriate *n* ပှၤလၢအအိၣ်ဆိးလၢထံဂုၤကိၢ်ဂၤအပူၤ

expatriate *v* အိၣ်ဆိးလၢအထံအကိၢ်အချၢ, ဟ်တ့ၢ်ကွံာ်ထံကိၢ်ဒီးလဲၤအိၣ်ဆိးလၢကိၢ်ချၢ

expect *v* ဆိမိၣ်ဝဲ (လၢကမၤအသး), ကွၢ်လၢ်တၢ်အကျဲ, ဆူလၢ်ဟူ, ဆူလၢ်ဟ်ဒီးဟူ, ခိးကွၢ်လၢ်တၢ်အခိၣ်

expectancy *n* ၁. တၢ်ခိးကွၢ်လၢ်တၢ်အခိၣ်, တၢ်ကွၢ်လၢ်တၢ်အကျဲ, တၢ်မုၢ်လၢ်တၢ်လၢအဂ့ၤတမံၤမံၤကကဲထီၣ်အသး

expectant *a* ၁. လၢအိၣ်ဒီးတၢ်မုၢ်လၢ် ၂. လၢအမုၢ်လၢ်တၢ်လၢကန့ၢ်ဘၣ်တၢ်တမံၤမံၤ ၃. လၢအဒၢထီၣ်, လၢအိၣ်ဒီးဟုးသး, လၢအဖိကအိၣ်

expectation *n* တၢ်မုၢ်လၢ်, တၢ်ကွၢ်လၢ်တၢ်အကျဲ, တၢ်ခိးကွၢ်လၢ်တၢ်အခိၣ်

expectorant *n* ကသံၣ်ကူး, ကသံၣ်မၤဟးထီၣ်ကွံာ်ကဟးလၢကလံၤကျိၤအပူၤ

expectorate *v* ကူးထီၣ်ကွံာ်ကဟး, ယာ်ထီၣ်ကွံာ်ကဟး, ဒုးဟးထီၣ်ကဟး, ထူးပှာ်ကွံာ်ကဟး

expectoration *n* တၢ်ဒုးဟးထီၣ်ကွံာ်ကဟး, တၢ်ယာ်ဟးထီၣ်ကွံာ်ကဟး, တၢ်ကူးဟးထီၣ်ကွံာ်ကဟး, တၢ်ထူးပှာ်ကွံာ်ကဟး

expedience *n* ၁. တၢ်လၢအကြၢးဝဲဘၣ်ဝဲ, တၢ်လၢအဘျုးအိၣ်ဝဲ

expedient *a* ၁. လၢပမ့ၢ်မၤအဘျုးအိၣ်, လၢအဘျုးအိၣ် ၂. လၢအကြၢးဝဲဘၣ်ဝဲ, လၢအကြၢးဒီးတၢ်အိၣ်သး

expedite *v* မၤဝံၤချ့ထီၣ်

expedition *n* တၢ်လဲၤတၢ်ကၤလၢအအိၣ်ဒီးတၢ်ကွၢ်စိ, တၢ်လဲၤဟးယုသ့ၣ်ညါတၢ်

expeditious *a* လၢအချ့ဝဲ

expel *v* ဆုၢဖိုး, ဟီထီၣ်ကွံာ်, နီၣ်ထီၣ်ကွံာ်

expend *v* မၤလာ်ကွံာ်, စူးကါလာ်ကွံာ်

expendable *a* လၢအတလိၣ်ဘၣ်ဒီးတၢ်ကွံာ်တ့ၢ်အီၤသ့, လၢတၢ်ညိကွံာ်အီၤသ့, လၢအဘၣ်တၢ်မၤလာ်အီၤသ့, လၢအဘၣ်တၢ်စူးကါလာ်အီၤသ့

expenditure *n* ၁. တၢ်လာ်ဘူၣ်လာ်စ့ၤ, တၢ်သူတၢ်စွဲ ၂. တၢ်တမံၤလၢတၢ်စူးကါအီၤ

expense *n* တၢ်အလာ်, တၢ်လာ်ဘူၣ်လာ်စ့ၤ

spare no expense *idm:* စူးကါကတီၤတၢ်, သူကတီၤတၢ်

expense account *n* တၢ်လာ်ဘူၣ်လာ်စ့ၤအစရီ

expenses *n* တၢ်အလာ်, တၢ်လာ်ဘူၣ်လာ်စ့ၤ, တၢ်လာ်ကျိၣ်လာ်စ့

expensive *a* လၢအပ္ၤဒိၣ်

experience *n* ၁. တၢ်လဲၤခီဖျိ ၂. တၢ်တုၢ်ဘၣ်ခီၣ်ဘၣ်တၢ်

experience *v* လဲၤခီဖျိဘၣ်ဝဲ

experienced *a* လၢအတၢ်လဲၤခီဖျိအိၣ်, လၢအတၢ်သ့ၣ်ညါနၢ်ပၢၢ်တၢ်လဲၤခီဖျိအိၣ်

experiential *a* လၢအဘၣ်ယးဒီးတၢ်လဲၤခီဖျိ, လၢအအိၣ်ဒီးတၢ်လဲၤခီဖျိ

experiment *n* တၢ်မၤကွၢ်

experiment *v* မၤကွၢ်

experimental *a* ၁. လၢအဘၣ်ထွဲဒီးစဲအ့ၣ်တၢ်မၤကွၢ် ၂. လၢအဘၣ်တၢ်မၤကွၢ်ယုထံၣ်အီၤ

E

အဖၢမ့ၢ် ၃. လၢအသန့ၤထီၣ်အသးလၢတၢ်မၤကျဲအသိ

experimentation *n* တၢ်မၤကွၢ်တၢ်

expert *a* ၁. လၢအစဲၣ်နီၤ ၂. လၢအသ့ဝဲဘၣ်ဝဲ, လၢအသ့အဘၣ်

expert *n* ပှၤစဲၣ်နီၤ

E

expertise *n* တၢ်သ့ၣ်ညါနီၢ်ကီၢ်တၢ်ဂ့ၢ်တမံၤ, တၢ်စဲၣ်နီၤဖှိးစိလၢတၢ်ဂ့ၢ်တမံၤ

expertly *adv* လၢအသ့ဝဲဘၣ်ဝဲအပူၤ, လၢအိၣ်ဒီးတၢ်သ့တၢ်ဘၣ်အပူၤ

expiate *v* တၢ်ပိၢ်ယၢ်လီၤသးအါၣ်လီၤတူၢ်လိာ်တၢ်ကမၣ်, ဃ့ဝံသးစူၤဒီးတူၢ်က့ၤတၢ်စံၣ်ညီၣ်

expiation *n* တၢ်တူၢ်တၢ်ကမၣ်, တၢ်မၤမံက့ၤပှၤသးဒီးဘိုဘၣ်က့ၤတၢ်ကမၣ်

expiatory *a* လၢအတူၢ်တၢ်ကမၣ်, လၢအမၤမံက့ၤပှၤသးဒီးဘိုဘၣ်က့ၤတၢ်ကမၣ်

expiration *n* တၢ်လၢာ်ကွံာ်, တၢ်ကတၢၢ်ကွံာ်, တၢ်ဆၢကတီၢ်လၢာ်ကွံာ်, တၢ်သံ

expire *v* ၁. (အဆၢကတီၢ်) လၢာ်ကွံာ်, ကတၢၢ်ကွံာ် ၂. သံ, လဲၤပူၤကွံာ်အဒဲဟိၣ်ခိၣ်, စူးကွံာ်သး

expiry *n* ၁. ကတၢၢ်ကွံာ် ၂. သံကွံာ်

explain *v* ၁. တဲနၢ်ပၢၢ် ၂. ဃဲၤဖျါထီၣ်တၢ်, တဲဖျါထီၣ်တၢ်, ဟ့ၣ်ထီၣ်တၢ်အဂ့ၢ်အပိၢ်

explanation *n* တၢ်တဲနၢ်ပၢၢ်

explanatory *a* လၢအတဲနၢ်ပၢၢ်တၢ်, လၢအတဲဖျါထီၣ်တၢ်

expletive *n* ၁. တၢ်ဆိၣ်, တၢ်ကတိၤဆူဖှိး ၂. တၢ်ကတိၤဖျၢၣ်လၢတၢ်ထၢနှာ်အါထီၣ်အီၤလၢဟ့အိၣ်ဒီးအခီပညီ

explicable *a* ၁. လၢအဘၣ်တၢ်တဲဖျါလၢအဂ့ၢ်သ့ ၂. လၢတၢ်တဲနၢ်ပၢၢ်အီၤသ့

explicate *v* ဃဲာ်ဖးနီၤဖးဒီးတဲနၢ်ပၢၢ်အဂ့ၢ်လၢာ်လၢာ်ဆ့ဆ့

explication *n* တၢ်တဲဖျါထီၣ်အဂ့ၢ်သ့, တၢ်တဲနၢ်ပၢၢ်အီၤသ့, တၢ်ဃဲာ်ဖးနီၤဖးဒီးတဲနၢ်ပၢၢ်အဂ့ၢ်သ့လၢာ်လၢာ်ဆ့ဆ့

explicatory *a* လၢတၢ်တဲဖျါထီၣ်အဂ့ၢ်သ့, လၢတၢ်တဲနၢ်ပၢၢ်အီၤသ့, လၢတၢ်ဃဲာ်ဖးနီၤဖးဒီးတဲနၢ်ပၢၢ်အဂ့ၢ်သ့လၢာ်လၢာ်ဆ့ဆ့

explicit *a* ဖျါဖျါ, လီၤတံၢ်လီၤဆဲး

explode *v* ၁. ပိၢ်ဖးထီၣ်, မၤပိၢ်ဖးထီၣ် ၂. မၤသးဒိၣ်ထီၣ်ဖုး ၃. (ပှၤအနီၣ်ဂံၢ်နီၣ်ဒွး) ဟဲအါထီၣ်ဖုး, ဒိၣ်ထီၣ်ဖုး ၄. သုးအသးချ့သင်း

exploit *n* တၢ်မၤလၢအမံၤဟူသၣ်ဖျါ, တၢ်မၤလၢအဒူအယိၤ, တၢ်သူၣ်ဒူသးဒူအတၢ်ဖံးတၢ်မၤ

exploit *v* သူတၢ်လၢအဂီၢ်ဒၣ်ဝဲ, မၤန့ၢ်တၢ်ဘျုးလၢအအိၣ်, အိၣ်တ့ာ်အိၣ်ကလိၤ

exploitation *n* ၁. တၢ်အိၣ်တ့ာ်အိၣ်ကလိၤ, တၢ်ဃုတၢ်ဘျုးလၢပှၤဂၤအဖိခိၣ် ၂. တၢ်စူးကါဒီးအိၣ်တ့ာ်အိၣ်ကလိၤန့ဆၢၣ်တၢ်ထူးတၢ်တီၤ ၃. တၢ်ဃုတၢ်ဘျုးတၢ်ဖှိၣ်လၢအဂီၢ်ဒၣ်ဝဲ, တၢ်ဃုနီၢ်ကစၢ်တၢ်ဘၣ်ဘျုး

exploration *n* တၢ်ဟးဃုသ့ၣ်ညါတၢ်

exploratory *a* လၢအဃုထံၣ်သ့ၣ်ညါတၢ်, လၢအဃုထံၣ်သ့ၣ်ညါတၢ်လီၤတံၢ်လီၤဆဲးဘၣ်ဃး (တၢ်ဆါ) အဂ့ၢ်

explore *v* ဟးဃုသ့ၣ်ညါတၢ်

explorer *n* ပှၤဟးဃုသ့ၣ်ညါတၢ်လီၢ်သိ

explosion *n* တၢ်ပိၢ်ဖးထီၣ်

explosive *a* ၁. လၢအပိၢ်ဖးထီၣ်သ့, လၢအပိၢ်ဖးထီၣ်ညီ ၂. လၢအသးဒိၣ်ထီၣ်ချ့ ၃. အါထီၣ်ဂိၢ်ထီၣ်ချ့သင်း ၄. လၢအသိၣ်ဆူၣ်ဒီးဖွံဝဲ

explosive *n* တၢ်လၢအကဲထီၣ်တၢ်ပိၢ်ဖးသ့, တၢ်လၢအပိၢ်ဖးသ့

exponent *n* ၁. တၢ်တဲဖျါထီၣ်တၢ်ဆိကမိၣ်မ့တမ့ၢ် ကျဲသန့တမံၤဂ့ၤဝဲထဲလဲၣ်အဂ့ၢ် ၂. ပှၤလၢအအိၣ်ဒီးတၢ်သ့တၢ်ဘၣ်စဲၣ်နီၤတမံၤ ၃. နီၣ်ဂံၢ်ကထၢ

exponential *a* ၁. လၢအအါထီၣ်ဒီးချ့ထီၣ် ၂. လၢအဘၣ်တၢ်ဟ်ဖျါအီၤလၢနီၣ်ဂံၢ်ကထၢ

export *n* တၢ်လၢအဘၣ်တၢ်ဆှၢဟးထီၣ်အီၤဆူကီၢ်ဂၤ

export *v* ဆှၢဟးထီၣ်ပနံာ်ဆူကီၢ်ဂၤ

exportation *n* တၢ်ထုးထီၣ်ဆှၢပနံာ်ဆူကီၢ်ဂၤ

exporter *n* ပှၤ, ခီပနံာ် မ့တမ့ၢ် ထံကီၢ်လၢအဆှၢဟးထီၣ်ပနံာ်ဆူကီၢ်အဂၤ, ပှၤ, ခီပနံာ် မ့တမ့ၢ် ထံကီၢ်လၢအဆါလီၤပနံာ်ဆူကီၢ်အဂၤ

expose *v* ၁. ဟ်အိၣ်ဖျါထီၣ် (တၢ်လၢတၢ်ဟ်ခူသူၣ်အီၤ) ၂. လဲၤခီဖျိဘၣ်တၢ်ဘၣ်ယိၣ်အလီၢ်လၢတအိၣ်ဒီးတၢ်ဒီသဒၢ, အိၣ်ဖဲတၢ်လီၤဘၣ်ယိၣ်

အလီၢ် ၃. ပျဲထံဉ်သ့ဉ်ညါပှၤတဂၤလၢတၢ်အသိ, တၢ်လဲၤခီဖျိ ၄. ဟ်ဖျါထီဉ်တၢ်အိဉ်သးလၢအမ့ၢ်အတီ

exposition *n* ၁. တဲဖျါထီဉ်တၢ်အဂ့ၢ်လီၤတံၢ်လီၤဆဲး ၂. တၢ်ၤနဲဉ်ဆါပနံာ်အတၢ်ပီးတၢ်လီတဖဉ်

expositor *n* ပှၤလၢအတဲဖျါထီဉ်တၢ်အခီပညီ, ပှၤလၢအဟ်ဖျါထီဉ်တၢ်အခီပညီ

expostulate *v* ဟ်ဖျါတၢ်သးတလီၤပလိာ်နူနူ

expostulation *n* တၢ်ဟ်ဖျါထီဉ်တၢ်သးတလီၤပလိာ်နူနူဖျါဖျါ

exposure *n* ၁. တၢ်လဲၤခီဖျိဘဉ်တၢ်ဘဉ်ယိဉ်အလီၢ်, တၢ်အိဉ်ဖဲတၢ်ဘဉ်ဒိဘဉ်ထံးသ့အလီၢ် ၂. တၢ်ဟ်ဖျါထီဉ်တၢ်ရူသူဉ် ၃. တၢ်ကပီၤလီၤဘဉ်လၢတၢ်ဂီၤအယဲၤဖီခိဉ်

expound *v* မၤဖျါထီဉ်တၢ်အခီပညီ

express *a* လၢအဖျဲဉ်, လၢအချ့ အဒိ, လှဉ်မ့ဉ်အူလၢအချ့

express *n* ၁. လှဉ်မ့ဉ်အူလၢအဖျဲဉ်, လှဉ်မ့ဉ်အူအချ့ ၂. တၢ်ဆှၢထီဉ်ဆှၢလီၤတၢ်ဖိတၢ်လံၤလၢအချ့အတၢ်ဖံးတၢ်မၤအကျိၤအကျဲ ၃. တၢ်ဖျိဖျိဖျါဖျါ, တၢ်လီၤတံၢ်လီၤဆဲး

express *v* တဲဖျါထီဉ်

expression *n* ၁. တၢ်ဟူးဂဲၤမၤဖျါထီဉ်တၢ် ၂. တၢ်ဟ်မဲာ်ဟ်နါ ၃. တၢ်ကတိၤ မ့တမ့ၢ် လံာ်ကျိၤလၢအဟ်ဖျါထီဉ်တၢ် ၄. တၢ်ဒွးအပနီဉ်လၢအဟ်ဖျါထီဉ်တၢ်အလုၢ်အပှ့ၤ

expressionism *n* တၢ်ပညိဉ်ဟ်ဖျါထီဉ်သးအတၢ်တူၢ်ဘဉ်ခီဖျိဒ္ဒလၤအသနူ

expressionless *a* လၢအတဖျါထီဉ်တၢ်သးဟူးဂဲၤ, လၢအတၢ်ဟ်မဲာ်ဟ်နါတဖျါ

expressive *a* လၢအတဲဖျါထီဉ်, လၢအဟ်ဖျါထီဉ်

expressly *adv* ၁. (တဲဘဉ်)လီၤလီၤ, ဆုံဆုံပျီပျီ, တဲာ်တဲာ်ဖျူဖျူ ၂. လီၤဆီဒဉ်တၢ်, လီၤလီၤဆီဆီလၢ(တၢ်တမံၤအဂီၢ်)

expresso *n* အဲးစပြဲးစိ – ခီဖံဉ်လၢတၢ်ကျဲအီၤဒးဒးဒီးခဉ်ခဉ်

expressway *n* ကျဲမှၢ်ဖးဒိဉ်, သိလှဉ်ယ့ၢ်ချ့အကျဲမှၢ်ဖးဒိဉ်

expropriate *v* ဟံးကွံာ် (ပှၤအတၢ်စုလိၢ်ခီဉ်ခိဉ်) လၢပှၤကစၢ်အအိဉ် အဒိ, ပဒိဉ်ဟံးကွံာ်တၢ်စုလိၢ်ခီဉ်ခိဉ်လၢကမျၢ်တၢ်ဘဉ်ဘျုးအဂီၢ်

expulsion *n* တၢ်ဟီထီဉ်ကွံာ်, တၢ်နီဉ်ထီဉ်ကွံာ်, တၢ်ဒုးဟးထီဉ်ကွံာ်

expulsive *a* လၢအဒုးဟးထီဉ်ကွံာ်, လၢအနီဉ်ဟးထီဉ်ကွံာ်, လၢအဟီဟးထီဉ်ကွံာ်

expunge *v* တြီၤသံကွံာ်, ထူးသံကွံာ်

expurgate *v* မၤစီကွံာ်တၢ်, မၤကဆိုကွံာ်တၢ်

expurgation *n* တၢ်မၤစီကွံာ်တၢ်, တၢ်မၤကဆိုကွံာ်တၢ်

exquisite *a* ဂ့ၤလီၤကိဉ်လီၤစိး, ဂ့ၤလၢာ်သး, မှာ်လၢာ်သး

ex-service *a* ဘဉ်ထွဲဒီး (အဲကလံး) သုးဖိလီၢ်လံၤ

ex-serviceman *n* (အဲကလံး) အသုးဖိလီၢ်လံၤ

extant *a* လၢအအိဉ်ဖံးအဖၢမုၢ်, လၢအအိဉ်ဖံး

extemporaneous *a* လၢအမၤတၢ်လၢတအိဉ်ဒီးတၢ်ကတဲာ်ကတီၤဆိသး

extemporary *a* လၢအကတိၤတၢ်လၢတအိဉ်ဒီးတၢ်ကတဲာ်ကတီၤသး, လၢအမၤတၢ်လၢတၢ်ကတဲာ်ကတီၤဆိသးတအိဉ်

extempore *a* လၢတၢ်ကတိၤ မ့တမ့ၢ် တၢ်မၤအီၤလၢအတအိဉ်ဒီးတၢ်ဆိကမိဉ်ကတဲာ်ကတီၤဆိဟ်အီၤ

extemporize, extemporise *v* ကတိၤတၢ်လၢတအိဉ်ဒီးတၢ်ကတဲာ်ကတီၤသး, မၤတၢ်လၢတၢ်ကတဲာ်ကတီၤဆိသးတအိဉ်

extend *v* မၤထီထီဉ်ယံာ်ထီဉ်တၢ်, မၤလဲၢ်ထီဉ်, အါထီဉ်, မၤထီထီဉ်, ယှာ်ထီဉ် (စု)

extendable *a* လၢတၢ်မၤထီထီဉ်အီၤသ့, လၢတၢ်မၤယံာ်ထီဉ်တၢ်ဆၢကတီၢ်သ့

extended family *n* ဟံဉ်ဖိယီဖိလၢအဒိဉ်ထီဉ်, ဟံဉ်နူဉ်ဃီထၢဖးဒိဉ်တကရၢ်, ဟံဉ်ဖိဃီဖိလၢအပဉ်ယှာ်ဒီး မိၢ်, ပၢ်, ဖံ, ဖု, မုၢ်ဂၢ်ဖါတံၢ်ဒီးနူဉ်ဖိထၢဖိတဖဉ်

extension *n* ၁. တၢ်မၤလဲၢ်ထီဉ်တၢ် ၂. တၢ်မၤထီထီဉ်တၢ်, တၢ်ဟ့ဉ်အါထီဉ်တၢ်ဆၢကတီၢ်, တၢ်မၤအါထီဉ်နှၤ်တၢ် ၃. (ဖ္ဉ်စိမိၤ) တၢ်မၤလီအါထီဉ်တၢ်, တၢ်ဟ့ဉ်တၢ်သိဉ်လိလီၤဆီ ၄. လီတဲစိပ

E

၄ (အဒိ, လီတဲစိနီၣ်ဂံၢ်၄– ၃၃၄) ၅. တၢ်လၢအမၤဒိၣ်ထီၣ်ထီထီၣ်တၢ် ၆. တၢ်ယၢၣ်စုယၢၣ်ခီၣ် ၇. ဒၢးဖိလၢတၢ်ဘိုအါထီၣ်အီၤလၢဟံၣ်ဖးဒိၣ်အကပၤ ၈. လီမ့ၣ်အူပီးလီလၢတၢ်ဆဲးထီထီၣ်လီမ့ၣ်အူအပျံၤတဖၣ် ၉. ခီၣ်ဖှူထၢၣ်အလံာ်တြံာ်အကလုာ်အမံၤပိာ်ထွဲ

extensive *a* လၢအကျၢၢ်ဘၢမၤပှဲၤလှာ်ကွံာ်တၢ်လီၢ်ကဝီၤဖးလဲၢ်ဖးကွာ်

extent *n* အဟၢ (တၢ်အလဲၢ်အဟၢ), တၢ်အလဲၢ်အထီ

extenuating *a* လၢအမၤဖုံထီၣ်တၢ်ကမၣ်

extenuation *n* တၢ်မၤဖုံထီၣ်တၢ်ကမၣ်, တၢ်မၤစၢ်လီၤတၢ်ကမၣ်

exterior *a* လၢအချၢ, လၢခီတခီ

exterior *n* တၢ်အချၢ, တၢ်ချၢ

exterminate *v* လၢအမၤဟးဂီၤတၢ်တုၤအလၢာ်

extermination *n* တၢ်မၤဟးဂီၤတၢ်တုၤအလၢာ်, တၢ်မၤဟးဂီၤကွံာ်တၢ်စီဖှကလ့ၤ

exterminator *n* တၢ်မၤဟးဂီၤကွံာ်တၢ်တုၤအလၢာ်, တၢ်မၤဟးဂီၤကွံာ်တၢ်စီဖှကလ့ၤ

external *a* လၢအချၢ, လၢခီတခီ

externalism *n* ၁. (တၢ်ဘူၣ်တၢ်ဘါ) တၢ်အိၣ်ဖျါထဲလၢခီတခီ ၂. ဒ့ချၢတၢ်အိၣ်သး

externalize, **externalise** *v* အိၣ်ဖျါထီၣ်, ဖျါထီၣ်

externally *adv* အချၢ, ခီတခီ

extinct *a* စၢၤလီၤတူာ်

extinction *n* ၁. တၢ်စၢၤလီၤတူာ် ၂. တၢ်လၢာ်ကွံာ်

extinguish *v* ၁. မၤပံာ် (မ့ၣ်အူ, တၢ်ကပီၤ) ၂. မၤဟးဂီၤမၤကတၢၢ်ကွံာ်တၢ်တမံၤမံၤ

extinguisher *n* တၢ်မၤပံာ်မ့ၣ်အူအဒၢ

extirpate *v* မၤဟးဂီၤလၢာ်လၢာ်ဆ့ဆ့, မၤဟးဂီၤစီဖှကလ့ၤ

extirpation *n* ၁. တၢ်မၤဟးဂီၤကွံာ်စီဖှကလ့ၤ, တၢ်မၤဟါမ်ၢ်ကွံာ်တုၤအလၢာ် ၂. တၢ်ထုးထီၣ်ကွံာ်တၢ်

extol *v* ပတြၢၤတၢ်လၢာ်သူၣ်လၢာ်သး, စံးထီၣ်ပတြၢၤတၢ်လၢာ်ဂံၢ်လၢာ်ဘါ

extort *v* ဒိးန့ၢ်တၢ်လၢစုဆူၣ်ခီၣ်တကးအကျဲ, ယ့ဆူၣ်ယ့စိးတၢ်

extortion *n* တၢ်ယ့ဆူၣ်ယ့စိးတၢ်, တၢ်ဒိးန့ၢ်တၢ်လၢတၢ်စုဆူၣ်ခီၣ်တကးအကျဲ

extortionate *a* လၢအပှ့ၤဒိၣ်တလၢ

extortioner *n* ပှၤယ့ဆူၣ်ယ့စိးတၢ်, ပှၤဒိးန့ၢ်တၢ်လၢတၢ်စုဆူၣ်ခီၣ်တကးအကျဲ

extra *a* လၢအအိၣ်ဘျဲၣ်, လၢအဘျဲၣ်

extra *n* ၁. တၢ်အဘျဲၣ် ၂. တၢ်လၢဘၣ်တၢ်မၤအါထီၣ်အီၤ ၃. တၢ်အပှ့ၤလၢဘၣ်တၢ်မၤအါထီၣ်အီၤ ၄. တၢ်ကစီၣ်လီၤဆီ ၅. (တၢ်ဂဲၤဒိ, တၢ်ဂီၤမူ) ပှၤဂဲၤဒိပတြီာ်တၢ်

extract *n* တၢ်ထုးကွံာ်တၢ်, တၢ်ချိန့ၢ်ဟၢန့ၢ်အသဝံ, တၢ်ထုးထီၣ်န့ၢ်တၢ်

extract *v* ထုးထီၣ်ကွံာ်, ချိန့ၢ်အထံ, ချိ, ဟၢန့ၢ်အသဝံ, ထုးထီၣ်န့ၢ်တၢ်,

extraction *n* ၁. တၢ်ထုးထီၣ်ကွံာ်တၢ်, တၢ်ထဲးထီၣ်ကွံာ်တၢ် ၂. အစၢၤအသွဲၣ်

extractor *n* တၢ်ပီးတၢ်လီလၢအထုးကွံာ်ကလံၤကိၢ်ဒီးတၢ်နၢတမုာ်တဖၣ်

extra-curricular *a* လၢအအါန့ၢ်လံာ်တၢ်သိၣ်လိမိၢ်ပှၢ်, လၢတီၤဒၢးအချၢ

extradite *v* ဆှၢက့ၤပှၤဘၣ်ကွိၢ်ဆူကိၢ်လၢအမၤကမၣ်ဝဲတၢ်တဘ့ၣ်

extradition *n* တၢ်ဆှၢက့ၤပှၤဘၣ်ကွိၢ်မ့ၣ်ဆူထံကိၢ်လၢအမၤကမၣ်တ့ၢ်တၢ်

extragalactic *a* လၢအအိၣ်လၢဆၣ်ဘုမုၢ်အကရူၢ်အချၢ

extrajudicial *a* လၢအတဖိးသဲစး, လၢအတမ့ၢ်ဒ်ကွိၢ်ဘျိၣ်အကျိၤအကျဲအသိး

extramarital *a* အိၣ်ဒီးမုၣ်ခွါသွံၣ်ထံးတၢ်ရှလိာ်ယုာ်ဒီးပှၤလၢတဖျိဘၣ်ဖံးအသး, လၢအမံယုာ်ဒီးပှၤလၢတမ့ၢ်အမါအဝၤ

extramural *a* ၁. လၢတၢ်ရဲၣ်ကျဲၤန့ၢ်လၢပှၤမၤလိတၢ်ဖိလၢကိုချၢအဂီၢ် ၂. လၢကရၢချၢ, လၢတၢ်ဒူၣ်အချၢ, လၢဝ့ၢ်အချၢ

extraneous *a* လၢတဘၣ်ထွဲလိာ်သး, လၢတဘၣ်ဃးလိာ်သး, လၢအချၢ

extraordinarily *adv* လီၤတိၢ်လီၤဆီ, လီၤဆီန့ၢ်တၢ်အဂၤ

extraordinary *a* လၢအလီၤဆီ

extrapolate *v* ဆိကမိၣ်တယာ်ကွၢ်တၢ်

extrasystole *n* သးစံၣ်တဘၣ်လိာ်

extraterrestial *a* လၢအအိၣ်လၢဟီၣ်ခိၣ်အချၢ, လၢအအိၣ်လၢကလံၤကထၢအချၢ, လၢအဘၣ်ထွဲဒီးတၢ်လၢအအိၣ်လၢကလံၤကထၢအချၢ မ့တမ့ၢ် ဟီၣ်ခိၣ်အချၢ

extraterrestial *n* တၢ်လၢအအိၣ်လၢမူပျီအချၢ

extravagance *n* တၢ်အါန့ၢ်အခၢး, တၢ်တလၢကွံာ်အခၢး, တၢ်လၢာ်အါတလၢကွံာ်, တၢ်သူလၢာ်ဂီၤကွံာ်တၢ်

extravagant *a* လၢအအါန့ၢ်အခၢး, လၢအတလၢကွံာ်အခၢး, လၢအလၢာ်အါတလၢကွံာ်, သူလၢာ်ဂီၤကွံာ်

extravaganza *n* တၢ်ဒုးနဲၣ်လီၤဘီလီၤမုၢ်

extreme *a* ၁. တလၢကွံာ်, တလၢစိ ၂. လၢအယံၤကတၢၢ်, လၢအအိၣ်ယံၤကတၢၢ်

extreme *n* ၁. တၢ်တလၢစိ, တၢ်တလၢကွံာ်အခၢး ၂. တၢ်လၢလီၤဆီန့ၢ်တၢ်အဂၤ, ပှၤလၢအလီၤဆီန့ၢ်ပှၤအဂၤ ၃. တၢ်အကတၢၢ်, တၢ်လီၢ်လၢအယံၤကတၢၢ်, တၢ်အထိးနါကတၢၢ်, တၢ်အယံၤကတၢၢ်ဒီးတၢ်အမိၢ်ပှၢ်

extremely *adv* ဂ့ၤဂ့ၤကလဲာ်, ဒိၣ်မး, နိၢ်နိၢ်

extremism *n* တၢ်ထံၣ်တၢ်တခီတၢၤတလၢကွံာ်အခၢးအသန့

extremist *n* ပှၤလၢအတၢ်ထံၣ်တလၢကွံာ်အခၢး, ပှၤလၢအထံၣ်တၢ်တခီတၢၤတလၢကွံာ်အခၢး

extremity *n* ၁. တၢ်လီၢ်လၢအယံၤကတၢၢ်, တၢ်အထိးနါကတၢၢ်, တၢ်အယံၤကတၢၢ်ဒီးတၢ်အမိၢ်ပှၢ် ၂. လၢအနးကတၢၢ်

extricate *v* မၤသဘျ့ထီၣ်ကွံာ်လၢတၢ်ဃံးတၢ်စ့ၤအပူၤ, မၤပူၤဖျဲးထီၣ်ကွံာ်လၢတၢ်ကီတၢ်ခဲအပူၤ

extrinsic *a* ၁. လၢအရ့တဒိၣ် ၂. လၢအတမ့ၢ်အဂ့ၢ်ဂံၢ်ထံးစၢၤသွဲၣ်

extrovert *a* လၢအပ့ၢ်အဆှါ, လၢအပျိပျိဖျါဖျါရ့လိာ်သးဒီးပှၤကိးဂၤ

extrovert *n* ပှၤလၢအပ့ၢ်အဆှါ, ပှၤလၢအရ့လိာ်အသးဒီးပှၤကိးဂၤပျိပျိဖျါဖျါ

extrude *v* ဒုးဖျိးကွံာ်, ဆိၣ်ဖျိးကွံာ်တၢ်

exuberance *n* ၁. တၢ်မဲထီၣ်ကပျိၢ်ထီၣ်အါအါဂီၢ်ဂီၢ်, ၂. တၢ်အိၣ်ဒီးတၢ်ဂံၢ်တၢ်ဘါလၢလၢပုဲၤပုဲၤ, တၢ်အိၣ်လၢပုဲၤဒီးတၢ်ဂံၢ်တၢ်ဘါ

exuberant *a* လၢအပ့ၢ်အဆှါပုဲၤဒီးဂံၢ်ဘါ

exudation *n* တၢ်ဟဲစံၢ်ထီၣ်, တၢ်ဟဲပြံးထီၣ်

exude *v* ၁. (ထံ) စံၢ်ထီၣ်, ပြံးထီၣ် ၂. ဟ်ဖျါထီၣ်အတၢ်သးဂဲၤပျိပျိဖျါဖျါ

exult *v* သးခုဒိၣ်ဒိၣ်ကလဲာ်

exultant *a* လၢအသူၣ်ခုသးခုဒိၣ်ဒိၣ်ကလဲာ်, လၢအသူၣ်ဖှံသးညီဒိၣ်ဒိၣ်ကလဲာ်

exultantly *adv* ပုဲၤဒီးတၢ်သးခုဒိၣ်ဒိၣ်ကလဲာ်

exultation *n* တၢ်သူၣ်ခုသးခုဒိၣ်ဒိၣ်ကလဲာ်, တၢ်သူၣ်ဖှံသးညီဒိၣ်ဒိၣ်ကလဲာ်

eyas *n* လံာ်ကြိကြးဖိ, လံာ်ထိၣ်ဖိ

eye *n* ၁. မဲာ်ချံ ၂. ထးမဲၢ်ခံ

eye level *n* တၢ်ကွၢ်တၢ်ဒီးတၢ်ထံၣ်အီၤသ့အပတီၢ်

eye socket *n* မဲာ်ချံဖျၢၣ်အိၣ်အလီၢ် (မဲာ်ချံယံကအိ)

eye tooth *n* မဲထွံၣ်

eyeball *n* မဲာ်ချံဖျၢၣ်

eyeball *v* ကွၢ်ထံပှၤဘူးဘူး

eyebrow *n* မဲာ်တူၢ်

eye-catching *a* လၢအဘၣ်မဲာ်ဘၣ်နါ, လၢအဘၣ်မဲာ်ချံ, လၢအထုးန့ၢ်သူၣ်ထုးန့ၢ်သး

eyeful *n* ၁. ပုဲၤမဲာ်ချံ အဒိ, တၢ်ကမူၣ်ပုဲၤမဲာ်ချံ ၂. ပှၤလၢအလီၤအဲၣ်လီၤကွံ

eyeglass *n* မဲာ်ဒီး

eyelash *n* မဲာ်ဆူၣ်

eyelet *n* တၢ်ပူၤဆံးဆံးဖိ (လၢတၢ်ကံးညာ်အလိၤ)

eyelet *v* ဒုးအိၣ်ထီၣ်တၢ်ပူၤဆံးဆံးဖိ (လၢတၢ်ကံးညာ်အလိၤ)

eyelid *n* မဲာ်ဖံး

eyeliner *n* နိၣ်တိၤကယၢမဲာ်ချံ

eye-opener *n* တၢ်မၤအသးတမံၤလၢအဒုးအိးထီၣ်ပမဲာ်ချံ, တၢ်ကဲထီၣ်အသးတမံၤမံၤလၢအမၤကပီၤထီၣ်ပမဲာ်ချံ

eyepatch *n* တၢ်ကးဘၢမဲာ်ချံ

eyepiece *n* လါနါ, လါနါတဖၣ်လၢတၢ်စူးကါအီၤလၢကကွၢ်မဲးခြိၣ်စကီး, မဲာ်ထံကလၤက့လၢတၢ်စူးကါအီၤလၢတၢ်ကွၢ်မဲးခြိၣ်စကီး

eyeshadow *n* နိၣ်တိၤကယၢမဲာ်ချံအဖံးဘ့ၣ်လၢအလွဲၢ်အကလုာ်ကလုာ်, နိၣ်တိၤကယၢမဲာ်ဖံး

eyeshot *a* တကွၢ်မဲာ်, တကတၢၢ်မဲာ်, တလၢာ်မဲာ်

E

eyesight *n* တၢ်ထံၣ်, မဲာ်အတၢ်ထံၣ်

eyesore *n* ဆါမဲာ်ဆါနါ

eyewash *n* ၁. တၢ်ပျၢ်ကဆှီမဲာ်ချံအထံ ၂. တၢ်နါစီၤနါပြာ်

eyewear *n* တၢ်ဒိးမဲာ် ဒ်အမ့ၢ် – မဲာ်ဒိး, လါနါ

eyewitness *n* ပှၤလၢအထံၣ်တၢ်ကဲထီၣ်အသးလၢအမဲာ်ဒီးအှၣ်အသး, ပှၤအှၣ်သး

eyrie *n* လံာ်ကြီကြးအသွံဖးဒိၣ်

F

F *n* ၁. အဲကလံးအလံာ်မဲာ်ဖျၢၣ်ဃုဖျၢၣ်တဖျၢၣ် ၂. 'C Major' အပူၤ (F) နူၣ်မ့ၢ်နိးလွံၢ်ဖျၢၣ်တဖျၢၣ်

fab *a* ၁. လၢအဖျါဒ်ပူဇိၤကနါဇိၤအသိး, လၢအဖျါဒ်တၢ်ဆိကမိၣ်နှၢ်အီၤအသိး ၂. (ဒိၣ်) လီၤကမၢကမၣ်, လၢအလီၤကမၢကမၣ် ၃. လၢ (အဂ့ၤ) ဒိၣ်မး

fable *n* ပူဇိၤလီဇိၤ, တၢ်တဲဒိ, တၢ်ဃဲၤပူ

fabled *a* ၁. လၢအမံၤဟူသၣ်ဖျါ ၂. လၢအမ့ၢ်တၢ်ဆိကမိၣ်မုံ, လၢအဘၣ်ထွဲဒီးပူဇိၤကနါဇိၤ

fabric *n* ၁. တၢ်ကံးညာ် (အညၣ်) ၂. ဟံၣ်အတကွီၣ်

fabricate *v* ၁. ဃဲၤလီတၢ်, ကူၣ်လီနှၢ်တၢ် ၂. မၤကဲထီၣ်တၢ်

fabrication *n* ၁. တၢ်ဃဲၤလီတၢ်, တၢ်ကူၣ်လီနှၢ်တၢ် ၂. တၢ်မၤကဲထီၣ်တၢ်

fabulist *n* ၁. ပှၤကွဲးပူဇိၤကနါဇိၤ ၂. ပှၤလီတၢ်ဖိ

fabulous *a* လၢအဖျါဒ်ပူဇိၤကနါဇိၤအသိး, (ဒိၣ်) လီၤကမၢကမၣ်, လၢအလီၤကမၢကမၣ်, လၢအဖျါဒ်တၢ်ဆိကမိၣ်နှၢ်အီၤ

facade *n* တၢ်သူၣ်ထီၣ်အမဲာ်ညါ, ဟံၣ်မဲာ်ညါ

face *n* ၁. မဲာ်သၣ် ၂. တၢ်အမဲာ်သၣ် ၃. တၢ်ဟ်မဲာ်ဟ်နါ, တၢ်အိၣ်ဖျါ ၄. (တၢ်သူၣ်ထီၣ်) အမဲာ်ညါ ၅. (စ့) အခိၣ်

face *v* ကွၢ်ဆၢၣ်မဲာ်, ဆၢညါလိာ်သး

face mask *n* နိၣ်ကျၢၢ်ဘၢမဲာ်

face value *n* ၁. (တိၢ်) စ့အလုၢ်အပှ့ၤလၢစ့အခိၣ်အလိၤ, တၢ်အလုၢ်အပှ့ၤလၢတၢ်အမဲာ်သၣ်လိၤ ၂. တၢ်ထံၣ်လၢခိ, တၢ်အိၣ်ဖျါလၢမဲာ်ဖံးခိၣ်, တၢ်အိၣ်ဖျါလၢခိ

facecloth *n* တၢ်ကံးညာ်ထွါသူမဲာ်

faceless *a* ၁. လၢအမဲာ်တအိၣ် ၂. လၢအမံၤတဖျါ ၃. လၢပှၤတသ့ၣ်ညါအီၤ, လၢပှၤသ့ၣ်ညါအီၤစ့ၤ

facelift *n* တၢ်ကဃၢကူးကွဲးမၤဟါမ်ၢ်တၢ်မဲာ်ဖံးသွံး

face-off *n* တၢ်ဘၣ်ကွၢ်ဆၢၣ်မဲာ်, တၢ်ကွၢ်ဆၢၣ်မဲာ်

face-saving *a* လၢတမၤမဲာ်ဆုးအီၤ, လၢတမၤလီၤအသူးအသ့ၣ်အလၤကပီၤ, လၢတမၤဟးဂီၤအမဲာ်သၣ်

facet *n* ၁. လၢၢ်လုၢ်ဒိၣ်ပှ့ၤဒိၣ်အမဲာ်သၣ်တကပၤ ၂. တၢ်ထံၣ်

facetious *a* လၢအလီၤနံၤ, လၢအကတိၤနံၤတၢ်

facetiously *adv* လၢတၢ်ကတိၤနံၤကတိၤအ့ၣ်အပူၤ, လၢတၢ်ဒုးသးမှာ်ဒီးဒုးလီၤနံၤလီၤအ့ၣ်ပှၤအပူၤ

facial *a* လၢအဘၣ်ဃးဒီးမဲာ်သၣ်

facial *n* တၢ်ကဃၢဖှူမဲာ်လၢကမၤဂ့ၤထီၣ်မဲာ်သၣ်အဂီၢ်, တၢ်ဖှူမဲာ် မ့တမ့ၢ် တၢ်ပျၢ်မဲာ်တဖၣ်လၢကမၤဃံမၤလၤထီၣ်မဲာ်သၣ်အဂီၢ်

facile *a* လၢအညီကဒၣ်, လၢအမၤန့ၢ်ညီကဒၣ်, လၢအမၤတၢ်သ့ညီကဒၣ်, လၢဂံၢ်ဘါတလၢာ်, လၢတၢ်တဆိကမိၣ်အဂ့ၢ်လီၤတံၢ်, လၢအမၤနၢၤတၢ်ညီကဒၣ်

facilitate *v* မၤညီထီၣ်တၢ်, မၤဘၣ်လိာ်, မၤဘၣ်ဂီၢ်, ဘှါဘၣ်ဂီၢ်ထီၣ်တၢ်

facilitator *n* ပှၤလၢအမၤစၢၤမၤညီထီၣ်တၢ်, ပှၤလၢအမၤစၢၤမၤဘၣ်လိာ်တၢ်, ပှၤလၢအမၤစၢၤမၤဘၣ်ဂိာ်တၢ်, ပှၤလၢအမၤစၢၤဘှါဘၣ်မၤဂိာ်ထီၣ်တၢ်

facility *n* တၢ်မၤသ့မၤညီထီၣ်တၢ်, တၢ်မၤတၢ်သ့ဂ့ၤဂ့ၤဘၣ်ဘၣ်, တၢ်ပီးတၢ်လီ, စဲးဖီကဟၣ်တၢ်ပီးတၢ်လီတခါလၢတၢ်ဟ့ၣ်ဃုာ်အီၤဒီးတၢ်အဂၤ

facing *n* တၢ်ကွၢ်ဆၢၣ်မဲာ်လိာ်သး, တၢ်ဆၢညါလိာ်သး

facsimile *n* ၁. တၢ်ကွဲးဒိကွဲးဆဲတၢ်လီၤတံၢ်လီၤဆဲး ၂. စဲးကွဲးဒိဆှၢလံာ်

fact *n* တၢ်ဂ့ၢ်လၢအမ့ၢ်အတီ, တၢ်ဂ့ၢ်လၢအမၤအသးနီၢ်နီၢ်

faction *n* ၁. ကရူၢ်ဒ့, ကရူၢ်ဒ့လၢအနီၤဖးလီၤသးလၢကရူၢ်မိၢ်ပှၢ်အပူၤ, ကရူၢ်ဖိလၢအလီၤဖးတဖၣ် ၂. တၢ်တဲပူလၢအပၣ်ဃုာ်ဒီးတၢ်ဂ့ၢ်နီၢ်ကိၢ်

factious *a* ၁. လၢအနီၤဖးလီၤအသးဒီးကရူၢ်မိၢ်ပှၢ်, လၢအဟ်လီၤဆီအသး ၂. လၢအပၣ်ဃုာ်ဒီးတၢ်ဂ့ၢ်နီၢ်ကိၢ်

factitious *a* လၢအတမ့ၢ်တတီ, လၢအဃီၤ

factor *n* ၁. တၢ်ဂ့ၢ်လၢအဒုးအိၣ်ထီၣ်တၢ်ဂ့ၢ်တမံၤမံၤ ၂. နီၣ်ဂံၢ်ကူာ်လၢအနီၤဖးတၢ်

F

factory *n* စဲးဖီကဟဉ်တၢ်မၤလီၢ်, တၢ်ထုး ထီဉ်ပနံာ်အလီၢ်

factotum *n* ပှၤမၤတၢ်ဖိလၢအမၤစၢၤန့ၢ်ပှၤ တဂၤအတၢ်မၤကိးမံၤဒံး

factual *a* လၢအဘဉ်ဃးဒီးတၢ်ဂ့ၢ်နီၢ်ကီၢ်

faculty *n* ၁. တၢ်သ့တၢ်ဘဉ်အကံၢ်အစီ ၂. ဝဲၤကျိၤတခါလၢဖှဉ်စိမိၤအပူၤ ၃. သရဉ် လၢအသိဉ်လိတၢ်လၢဝဲၤကျိၤတခါလၢဖှဉ်စိမိၤ အပူၤ

fad *n* တၢ်သးသူဂဲၤမၤတၢ်တစိၢ်တလီၢ်ဒီးဟါမၢ် ကွံာ်ဝဲ, တၢ်အမံၤဟူသဉ်ဖျါတစိၢ်တလီၢ်ဒီးဟါမၢ် ကွံာ်

fade *v* (အလွဲၢ်) စၢ်လီၤ, လီၤကၡ

faded *a* ဖျါဃး, လီၤဃး

faeces, feces *n* တၢ်အ့ဉ်

fag *n* ၁. တၢ်မၤလၢအလီၤကၢဉ်လီၤကျူလီၤ ဘှံးလီၤတီၤ ၂. ပှၤအဲဉ်ပကၢၤတၢ်, တၢ်ကိးပှၤ လၢအအဲဉ်ပကၢၤတၢ် ၃. မိာ်စံကရဲး

fag *v* လီၤဘှံးလီၤတီၤ, ဒုးလီၤဘှံးလီၤတီၤ

fag end *n* ၁. မိာ်စံကရဲးအခံထူး, မိာ်ကူာ် လာ် ၂. တၢ်အိဉ်တီၢ်အဘျဲဉ်အစဲၢ်တမံၤလၢတၢ်စူး ကါအီၤတသ့ ၃. တၢ်ကတီၤအကတၢၢ်တစဲး

faggot *n* ၁. ကိဉ်တၢ်ညဉ်ယဲာ်ဆဲးသိ, တၢ်ဖံး တၢ်ညဉ်လၢတၢ်ယဲာ်အီၤဒီးဃါယှာ်အီၤလၢကိဉ် ကမူဉ်, ပိဉ်မူးဃ့ဒီးကုၢ်ဘၢအီၤ မ့တမ့ၢ် ဆဲး သိအီၤလၢကိဉ်ကမူဉ်ဒီးပိဉ်မူးဃ့ဒီးကုၢ်ဘၢအီၤ မ့တမ့ၢ် ဆဲးသိအီၤ ၂. (တၢ်ကတိၤထီဒါ) ခွါအဲဉ် ပကၢၤ ၃. သ့ဉ်မုဉ်ကဒိဉ်

Fahrenheit *n* ဖဲရံဉ်ဟဲး, တၢ်ထိဉ်တၢ်ကိၢ် အနီဉ်ဂံၢ်ထံး

fail *n* ၁. တၢ်လီၤတဲာ် (တၢ်ဒိးစဲး) ၂. တၢ်တ တုၤထီဉ်ထီဉ်ဘး, တၢ်တမၤတၢ်လၢၤ

fail *v* ၁. တထီဉ်ဘးဘဉ်, တလၢထီဉ်ပှဲၤထီဉ် ဘဉ် ၂. လီၤတဲာ် (တၢ်ဒိးစဲး) ၃. ဆံးလီၤစှၤလီၤ, (အဂံၢ်) စၢ်လီၤ

failed *a* လၢအတကဲထီဉ်လိဉ်ထီဉ်

failing *n* တၢ်သးသဟီဉ်လီၤ, တၢ်ကမူၤ ကမဉ်, တၢ်ဂံၢ်စၢ်ဘါစၢ်လီၤ

fail-safe *a* လၢအဒီသဒၢစဲးဖီကဟဉ်အတၢ် ဟးဂူာ်ဟးဂီၤ, လၢအဟးဂူာ်ဟးဂီၤတသ့

failure *n* တၢ်တထီဉ်ဘး, တၢ်လီၤတဲာ် (တၢ် ဒိးစဲး), တမၤတၢ်လၢၤ

fain *a* လၢအဘဉ်အသး, လၢအသးခုသးမှာ်

faint *a* ၁. စၢ်လီၤ, လီၤစၢ်, လီၤဘဲ, ပှာ်လီၤ ၂. လၢအဖျါကၡကၡ, နၢ်ဟူကဒၢကဒၢ, နၢဘဉ် ကဘှၢကဘှၢ

faint *n* တၢ်မဲာ်ခံးသူ, တၢ်သံတယူာ်ဘဉ်အသး

faint *v* မဲာ်ခံးသူ, သံတယူာ်

faint-hearted *a* လၢအသးသုဉ်, လၢအပျံၤ တၢ်ဆူဉ်

faintly *adv* တဖျါဂ့ၤဂ့ၤ, သီဉ်ကဒၢကဒၢ

faintness *n* တၢ်သံတယူာ်ဘဉ်သးသတူၢ် ကလာ်

fair *a* ၁. လၢအတကွၢ်မဲာ်တၢ်, လၢအတီ ၂. ကြၢးဝဲဘဉ်ဝဲ ၃. ဂ့ၤ, လၢအဂ့ၤ ၄. (တၢ်အလွဲၢ်) စၢ်, (ဖံးဘ့ဉ်) ဝါ ၅. (တၢ်ဆၢကတီၢ်) လၢအမှာ် အခုဉ် ၆. ဖဲအကြၢး (အဒိ, ဂ့ၤဖဲအကြၢး)

fair *adv* တကွၢ်မဲာ်တၢ်အပူၤ, လၢကျဲလၢတၢ် တူၢ်လိာ်အီၤသ့ဒီးဘဉ်ဘျိုးဘဉ်ဒါ, ဒ်တၢ်ဘျၢအိဉ် အသိး

fair *n* ၁. ဖွါ, ဖွါလီၤဆီ, မူးဓိၤပွဲဓိၤ ၂. တၢ်ဆၢကတီၢ်ဂ့ၤ, တၢ်ယီၤ, မူခိဉ်ကလံၤသိဉ် ဂီၤဂ့ၤ

fair copy *n* လံာ်ကွဲးဒိလၢတၢ်ဘိုဘဉ်အီၤဝံၤ ခဲလၢာ်

fair play *n* တၢ်တကွၢ်မဲာ်တၢ်ဘဉ်, တၢ်ထဲသိး တုၤသိး

fair trade *n* ပနံာ်တၢ်ကၤတၢ်လၢအကြၢးအ ဘဉ်, တၢ်ကူဉ်လဲၤမၤကၤတၢ်လၢအကြၢးအဘဉ်, တၢ်ကူဉ်လဲၤမၤကၤတၢ်လၢအဖိးသဲစး, တၢ်ဆါ တၢ်ပှ့ၤလၢအကြၢးအဘဉ်, တၢ်ဆါတၢ်ပှ့ၤပနံာ်လၢ တစုၤန့ၢ်ဒံးပှၤထုးထီဉ်ပနံာ်ဟ်ပနီဉ်ယာ်ဝဲအသိး

fairground *n* တၢ်မၤမူးဓိၤပွဲဓိၤအလီၢ် မ့တမ့ၢ် အပျီ, တၢ်မၤဖွါအပျီ

fairing *n* တၢ်ဘိုဂ့ၤထီဉ်သိလ့ဉ်, ချံဒီး ကဘီယူၤတဖဉ်အကု့ၢ်အဂီၤလၢကပၢၢ်ဖျိကလံၤဒီး ထံကန့ၢ်ညီအဂီၢ်

fairly *adv* ၁. တီတီလိၤလိၤ ၂. ကစီဒီ ၃. ဖဲအကြၢးအဘဉ်

fair-minded *a* လၢအအိဉ်ဒီးတၢ်ထံဉ် လၢတကွၢ်မဲာ်တၢ်, လၢအတကွၢ်မဲာ်တၢ်, လၢအတစံဉ်ညီဉ်ဒိဉ်ဆံးအါစှၤတၢ်

fair-mindedness *n* တၢ်ထံၣ်လၢအတကွၢ်မဲာ်တၢ်, တၢ်တစံၣ်ညီၣ်ဒိၣ်ဆံးအါစှၤတၢ်, တၢ်အိၣ်ဒီးတၢ်ထံၣ်လၢတကွၢ်မဲာ်တၢ်

fairness *n* ၁. တၢ်တကွၢ်မဲာ်တၢ်, တၢ်တစံၣ်ညီၣ်ဒိၣ်ဆံးအါစှၤတၢ်, တၢ်မၤတၢ်တီတီလိၤလိၤ ၂. တၢ်လၢအဂ္ၤ အဒိ, ခိၣ်သူဂ္ၤ

fairway *n* ၁. တၢ်ဟ်ဖျၢၣ်ဒိအလိၢ်ဒီးဖျၢၣ်ဒိအပူၤအဘၢၣ်စၢၤနီၣ်ပျိအလိၢ်တတီၤ, တၢ်ဒိဖျၢၣ်ဒိအကျိၤအလိၢ်ကဝီၤ ၂. ထံအကျိၤ မ့တမ့ၢ် ထံတီၤလၢချံဒိၣ်ကဘီဒိၣ်လဲၤခီက်သ့

fair-weather friend *n* တံၤသကိးလၢအိၣ်ဒီးပှၤထဲဖဲၣ်ဖဲပဘၣ်မှာ်ဘၣ်ခုၣ်အဆၢကတိၢ်, တံၤသကိးလၢအအိၣ်ပှၤ

fairy *n* ၁. မုၢ်ဃါ ၂. (တၢ်ကိးဆါပှၤ) ပှၤအဲၣ်ပကၢၤတၢ်, ခွါသကိးခွါ ၃. ထိၣ်ဟါမ့, ထိၣ်လၢအအိၣ်လၢအမဲရကၤတၢ်ခၢၣ်သးလိၢ်ဒီးကလံၤထံးလိၢ်ကဝီၤ, ထိၣ်ဟါမ့လၢအလွဲၢ်လါသူဒီးအမဲၢ်ခံဖးထီ

fairy tale *a* လၢအဘၣ်ဃးဒီးမုၢ်ဃါပူ, လၢအဘၣ်ဃးဒီးပူမုာ်နၢ်, လၢအဘၣ်ဃးဒီးတၢ်တဲမုာ်နၢ်, လၢအဘၣ်ဃးဒီးတၢ်ဃဲၤပူ

fairy tale *n* မုၢ်ဃါပူ, ပူမုာ်နၢ်, တၢ်တဲမုာ်နၢ်, တၢ်ဃဲၤပူ

fairyland *n* ၁. မုၢ်ဃါအထံအကိၢ် ၂. တၢ်လိၢ်လၢအဃံလၤဒီးမုာ်ခုၣ်, တၢ်လိၢ်လၢအဃံလၤမုာ်ပၢၤ

faith *n* ၁. တၢ်နာ်, တၢ်စူၢ်တၢ်နာ် ၂. တၢ်နာ်နၢ်ပှၤ

faith healing *n* တၢ်ကူစါယါဘျါတၢ်အကျိၤအကျဲခီဖျိတၢ်စူၢ်တၢ်နာ်ဒီးတၢ်ထုကဖၣ်အသဟိၣ်

faithful *a* တီဒီး, ကလုၢ်တီ, သးတီ, လၢအအိၣ်ဒီးတၢ်သူၣ်တီသးရၢ, လၢတၢ်နာ်နၢ်အီၤသ့, လၢအသူၣ်တီသးရၢ, လၢတၢ်သးတီ

faithful *n* ပှၤလၢအအိၣ်ဒီးတၢ်သူၣ်တီသးရၢ

faithfully *adv* လၢတၢ်သူၣ်တီသးတီအပူၤ, လၢတၢ်လီၤတံၢ်လီၤဆဲးတီတီလိၤလိၤအပူၤ

faithfulness *n* တၢ်နာ်နၢ်အီၤသ့, တၢ်သးတီ, တၢ်ကလုၢ်တီ

faithless *a* လၢတၢ်နာ်နၢ်အီၤတသ့, လၢအကလုၢ်တတီဘၣ်

fake *a* အလီအပျိၢ်

fake *n* တၢ်လီတၢ်ပျိၢ်, တၢ်မၤလီမၤပျိၢ်, တၢ်အယီၤအဘျၣ်

fake *v* ၁. ယီၤဒီယီၤဘျၣ်တၢ်, မၤလီမၤပျိၢ်တၢ် ၂. လီတၢ်

fakir *n* မူးစလ့ၣ် မ့တမ့ၢ် ဟံၣ်ဒူၢ်တၢ်ဘါအပှၤစီဆုံလၢအဟးဝ့ၤဝီၤ

falcon *n* လံာ်လ့

falconer *n* ပှၤဘှၣ်ဒီးသိၣ်လိလံာ်လ့ (လၢကဟးပှၢ်အဂီၢ်)

falconry *n* တၢ်သ့တၢ်ဘၣ်လၢတၢ်ကဘှၣ်ဒီးသိၣ်လိလံာ်လ့ (လၢကဟးပှၢ်အဂီၢ်)

fall *n* ၁. တၢ်ဂိၢ်ထိၣ်သီသ့ၣ်လၣ်လီၤဆူကတိၢ် ၂. တၢ်လီၤတဲာ်, တၢ်လီၤတဲာ်လၢမူခိၣ် ၃. တၢ်ဆံးလီၤစှၤလီၤ, တၢ်ဟးဂီၤ ၄. တၢ်လီၤဃံၤ ၅. တၢ်လီၤဘံ ၆. ထံလီၤဆူ

fall *v* ၁. လီၤတဲာ်, လီၤပိၢ်, လီၤဃံၤ ၂. လီၤ အဒိ, လီၤလၢတၢ်ဒုးပူၤ ၃. မၤအသးလၢ, လီၤဘၣ်လၢ အဒိ, လီၤဘၣ်လၢမုၢ်သၢနံၤ

fall away *vp:* ဖုံၣ်လီၤဃဲၤလီၤ, အဂံၢ်စၢ်လီၤ, ဆံးလီၤစှၤလီၤ, လီၤတအိး

fall back on *idm:* ဟံးန့ၢ်ကူၤတၢ်သန့ၤ, ဟံးန့ၢ်ကူၤတၢ်မၤစၢၤ

fall behind *vp:* အိၣ်လီၤတဲာ်လၢတၢ်လိၢ်ခံ

fall flat *idm:* တကဲထိၣ်တၢ်ဘျုးတၢ်ဖှိၣ်နီတစဲး

fall in with *idm:* ၁. ဘၣ်သဂၢါသတူၢ်ကလာ်ဒီးမၤသကိးတၢ် ၂. အၢၣ်လီၤတူၢ်လိာ်

fall off *vp:* လီၤဆူ, လီၤကမူၣ်

fall out *vp:* ရှၣ်ဒံၢ်ယိၣ်အဲးထုးအကမှၣ်လၢအအိၣ်လီၤတဲာ်ဖဲနူချံယါလီၤတဲာ်ဝံၤအလိၢ်ခံ

fall short *idm:* တလၢထိၣ်ပှဲၤထိၣ်ဘၣ်, စှၤလီၤ

fall through *vp:* မၤတၢ်တကဲထိၣ်လိၣ်ထိၣ်ဘၣ်

fall to *vp:* စးထိၣ်မၤ, နာ်လီၤမၤဒၢၣ်ပှၤသတူၢ်ကလာ်

fall upon *vp:* စးထိၣ်အိၣ်တၢ်လၢတၢ်သးသူအပူၤ, စးထိၣ်စူးကါတၢ်တမံၤလၢတၢ်သးဆူၣ်အပူၤ ၃. မူဒါလီၤဘၣ်

fall guy *n* ပှၤလၢအတူၢ်နၢ်တၢ်လၢပှၤဂၤအလိၢ်

F

fallacious *n* လၢအကမဉ်, လၢအဒုးနာ်ကမဉ်တၢ်, လၢအနဲဉ်ကမဉ်တၢ်

fallacy *n* တၢ်ထံဉ်လၢအကမဉ်

fallible *a* လၢအဒုးကမဉ်တၢ်သ့

falling star *n* ဆဉ်ယူၤ

fallopian tube *n* ချံသဉ်ကျိၤ, ပိာ်မုဉ်ချံသဉ်ကျိၤ

fallout *n* တၢ်မၤအသးလၢအဒုးအိဉ်ထိဉ်တၢ်အစၢလၢအအၢတဖဉ်, တၢ်တမံၤအတၢ်ဒိဘဉ်မၤဟးလၢအတဂ့ၤ

fallow *a* ၁. လၢတၢ်ထဲဉ်ကဖိထိဉ်အီၤဝံၤဟ်ကလီအီၤလၢဟီဉ်ခိဉ်ညဉ်ထ့ဉ်ကဂ့ၤထိဉ်အဂီၢ် ၂. လၢတၢ်ကဲထိဉ်လိဉ်ထိဉ်တအိဉ်နီတမံၤအကတိၢ်

false alarm *n* တၢ်ဟ့ဉ်ပလီၢ်ကမဉ်တၢ်, တၢ်ဟ့ဉ်ပလီၢ်လၢတၢ်တကဲထိဉ်အသးနီတမံၤဘဉ်

false leg *n* ခီဉ်အဒိ, ခီဉ်အပျိာ်

false teeth *n* မဲပျိာ်, မဲအယိၤ

falsehood *n* တၢ်လီတၢ်ဝ့ၤ, တၢ်ကတိၤကဘျံးကဘျဉ်

falsify *v* မၤကဘျံးကဘျဉ်တၢ်, တဲကဘျံးကဘျဉ်, မၤတၢ်လီတၢ်ဝ့ၤ, လၢအတမ့ၢ်တတီ, ဒုးအိဉ်ဖျါထိဉ်တၢ်ကမဉ်

falsity *n* တၢ်တမ့ၢ်တတီ, တၢ်ကဘျံးကဘျဉ်

falter *v* ၁. လၢအကတၢ်ကတာ်, လၢတလဲၤအသးဘျ့ဘျ့ဆိုဆိုဘဉ် ၂. မၤတၢ်လၢတအိဉ်ဒီးတၢ်နာ်လီၤသးအပူၤ, သံးခိဉ်သံးခံ ၃. အုးထုးအးထး

fame *n* တၢ်မံၤဟူသဉ်ဖျါ

famed *a* လၢအမံၤဟူသဉ်ဖျါ, လၢအမံၤဟူ

familiar *a* လၢအညီနှၢ် (ထံဉ်), လၢအသ့ဉ်ညါ, မဲာ်လီၢ်မဲာ်ကျဲ

familiarity *n* တၢ်ညီနှၢ်လိာ်သး, တၢ်သ့ဉ်ညါလိာ်သးဘူးဘူးတံၢ်တံၢ်, တၢ်ညီနှၢ်ရှလိာ်သး

familiarize, familiarise *v* မၤညီနှၢ်ထိဉ်အသး, မၤသ့ဉ်ညါလိာ်သး

familiarly *adv* ဒ်အသ့ဉ်ညါသ့ဉ်ခိးလိာ်သးအသိး, လၢတၢ်သ့ဉ်ညါလိာ်သးဘူးဘူးတံၢ်တံၢ်

family *a* ၁. လၢအဘဉ်ထွဲဘဉ်ဃးဒီးဒူဉ်ဖိထၢဖိ, လၢအဘဉ်ထွဲဒီးဟံဉ်ဖိဃီဖိ ၂. လၢအကြၢးဝဲဘဉ်ဝဲဒီးဟံဉ်ဃီတဒူဉ်အဂီၢ်

family *n* ဒူဉ်ဖိထၢဖိ, ဟံဉ်ဖိဃီဖိ

family name *n* ဒူဉ်ဖိထၢဖိအမံၤ

family planning *n* ဟံဉ်ဖိဃီဖိတၢ်တိာ်ကျဲၤ

family tree *n* ဒူဉ်ဖိထၢဖိအတၢ်ဟဲလီၤစၢၤ

family values *n* ဟံဉ်ဖိဃီဖိအလုၢ်အပှၤ

famine *n* တၢ်သဉ်ဝံၤလီၤဒိ, တၢ်ဝံၤတၢ်ကာ်

famish *v* ဒုးဝံၤသံလီၤဒိ, ဟ်ဝံၤသံလီၤဒိ, ဟ်လီၤဒိသံ

famished *a* လၢအသဉ်ဝံၤအသးဒိဉ်မး, လၢအသဉ်ဝံၤသဉ်စုၤဒိဉ်မး, လၢအလီၤဒိဒိဉ်မး

famous *a* လၢအမံၤဟူသဉ်ဖျါ

famously *adv* ဘဉ်တၢ်သ့ဉ်ညါအီၤအါ

fan *n* ၁. နီဉ်ဝံၢ်, နီဉ်ဝံၢ်ကသုဉ် ၂. ပှၤလၢအဘဉ်သူဉ်သးပှၤတဂၤဒီးဆီဉ်ထွဲမၤစၢၤဝဲ (အဒိ, မုဉ်ဂဲၤဒိ, ခွါဂဲၤဒိ မ့တမ့ၢ် ပှၤသးဝံဉ်တၢ်ဖိ)

fan *v* ဝံၢ်ကသုဉ်, မၤဆူဉ်ထိဉ်

fanatic *n* ပှၤလၢအဂဲၤပျုၢ်ဂဲၤဆှးလၢအတၢ်နာ်အပူၤ

fanatical *a* လၢအအိဉ်ဒီးတၢ်ဂဲၤပျုၢ်ဂဲၤဆှးဒီးအခိဉ်ကိၤ

fanaticism *n* တၢ်စူၢ်တၢ်နာ်, တၢ်ဟ်သူဉ်ဟ်သးလၢအတလၢစိကွဲာ်အခၢး, တၢ်ဂဲၤပျုၢ်ဂဲၤဆှးလၢတၢ်ခိဉ်ကိၤအပူၤ

fancier *n* ပှၤလၢအသးစဲလီၤဆီလၢတၢ်တမံၤမံၤအဖီခိဉ်

fanciful *a* လၢအဆိကမိဉ်မုံနှၢ်ဝဲ, လၢအတမ့ၢ်တၢ်နီၢ်နီၢ်

fancy *a* ၁. လၢအအိဉ်သဘံဉ်သဘုဉ်လိာ်အသး ၂. လၢတၢ်ကယၢကယဲအါ, လၢအဘဉ်တၢ်ကယၢအီၤ, လၢအဘဉ်တၢ်မၤဃံမၤလၤအီၤ ၃. လၢအတမ့ၢ်တၢ်ပတီၢ်မုၢ်ဒီးလၢအပှၤဒိဉ်တလၢ

fancy *n* ၁. တၢ်ဆိကမိဉ်မုံတၢ် ၂. တၢ်ဘဉ်သး, တၢ်အဲဉ်ဒီး

fancy *v* ၁. မိဉ်နှၢ်သးလီ, အဲဉ်ဒီး, သးလီ ၂. ဆိကမိဉ်ထိဉ်နှၢ် ၃. ထံဉ်ဒိဉ်လီၤအသး ၄. ဘဉ်သူဉ်ဘဉ်သး

fancy dress *n* ဆ့ကၤလၢတၢ်ကယၢဃံလၤအီၤ

fancy-free *a* လၢတၢ်စၢဃာ်တအိဉ်, လၢအမၤဒ်ဖဲအသးသ့

fanfare *n* ၁. ကွဲၤသိဉ်ထိဉ်သထြူးဖးဒိဉ်လၢကမၤန့ၢ်ပှၤဂၢအတၢ်သးစၢၢ်ဆၢ ၂. တၢ်ဒုးသ့ဉ်ညါတၢ်ဂ့ၢ်တမံၤလၢကမၤန့ၢ်ပှၤဂၢအတၢ်သးစဲ

fang *n* မဲထီ, ဂ့ၢ်အမဲ, ဆၣ်ဖိကိၢ်ဖိအမဲ လၢအထီ

fanny *n* ၁. ပိာ်မုၣ်အက့ၢ်အဂီၤ ၂. ခံကိၢ်, ခံကိၢ်

fantailed *a* လၢအမဲၢ်ကတြဲၣ်ဒၣ်, လၢအမဲၢ်ကရၣ်

fantasize, fantasise *v* ဆိကမိၣ်မုံန့ၢ်တၢ် လၢအသးစဲမၤဝဲ

fantastic *a* လီၤတိၢ်လီၤဆီ, လီၤကမၢကမၣ်

fantasy *n* တၢ်လၢပှၤထံၣ်အီၤထဲလၢအသး အတၢ်ဆိကမိၣ်ဒၣ်ဝဲ, တၢ်ဆိကမိၣ်နါစီၤတၢ်

far *a* ၁. လၢအယံၤ ၂. လၢအယံၤကတၢၢ် ဒီးလိၢ်ခၢၣ်သး

far *adv* ၁. ဖးယံၤ ၂. တုၤဖဲ --- အသိး ၃. လၢပျၢၤလၢကစၢၤ

Far East *n* အ့ၡၣ်မုၢ်ထိၣ်ထံကိၢ်တဖၣ်

far out *a* ၁. လၢအစီၤစုၤ, လၢအယံၤ, လၢတၢ်ဒုၣ်စၢၤဖးယံၤ ၂. လၢအတမၤထွဲဒ်အလုၢ်အလၢ်အိၣ်အသိး ၃. ဂ့ၤဂ့ၤကလဲာ်, ဂ့ၤဒိၣ်မး

faraway *a* ၁. လၢအစီၤစုၤ, လၢအယံၤန့ၣ်, လၢတၢ်ဒုၣ်စၢၤဖးယံၤ ၂. လၢအသးတစဲဘူးဒီးအနီၢ်ကစၢ်, လၢအသးတအိၣ်လၢအလိၤ ၃. လၢပျၢၤလၢကစၢၤန့ၣ်

farce *n* တၢ်လီၤနံၤ, တၢ်ဂဲၤဒိလၢအလီၤနံၤဘၣ်ဖၣ်လဲ

farcical *a* လၢအဘၣ်ယးဒီးတၢ်လီၤနံၤဘၣ်ဖၣ်လဲ

fare *n* ၁. တၢ်အလဲ အဒိ, သိလ့ၣ်လဲ, ချံလဲ, ကဘီယူၤလဲ ၂. ပှၤလဲၤတၢ်ဖိလၢအဒိးသိလ့ၣ်ဒိးလဲ

fare *v* လဲၤတၢ်က့ၤတၢ်

farewell *exclam* မ်နဘၣ်အမှာ်တက့ၢ်.

farewell *n* တၢ်ဆၢဂ့ၤဆၢဝါဖဲတၢ်လီၤဖးအခါ အဒိ, မ်နဘၣ်အမှာ်တက့ၢ်

far-fetched *a* ၁. လၢအဘၣ်တၢ်ဟဲစိာ်အီၤလၢတၢ်လိၢ်ယံၤ ၂. ကီဒိၣ်မးလၢတၢ်ကနာ်အီၤ

farm *n* ၁. တၢ်မၤဝဲၤအလိၢ်, စံာ်ဓိၤပှဲၤဓိၤ, ခုးဓိၤသံၣ်ဓိၤ ၂. တၢ်ဘှၣ်ဆၣ်ဖိကိၢ်ဖိအလိၢ်

farm *v* မၤစံာ်မၤဝဲၤ, မၤတၢ်သူၣ်တၢ်ဖျးဒီးဘှၣ်ဆၣ်ဖိကိၢ်ဖိ

farmer *n* ပှၤမၤစံာ်ဖိ, ပှၤထူစံာ်ဖိ, ပှၤမၤဝဲၤဖိ, ပှၤဖဲးခုးမၤသံၣ်

farmhand *n* ပှၤဒိးလဲမၤတၢ်လၢစံာ်ပူၤ

farmhouse *n* စံာ်ဒဲ, ခုးဒဲ, ပှၤမၤခုးမၤသံၣ် မ့တမ့ၢ် ပှၤမၤစံာ်မၤဝဲၤဖိအဒဲ

farming *n* စံာ်ပှဲၤသူၣ်ဖျးအတၢ်ဖံးတၢ်မၤ, တၢ်ဘှၣ်တၢ်ဖိၣ်အတၢ်ဖံးတၢ်မၤ

farmland *n* စံာ်ဓိၤပှဲၤဓိၤ, ခုး, ကျိး

farmstead *n* တၢ်ဘှၣ်တၢ်ဖိၣ်အကရၢၢ် လၢအပၣ်ဃုာ်ဒီးတၢ်သူၣ်ထိၣ်တဖၣ်

farmyard *n* စံာ်အကရၢၢ်, စံာ်ပှဲၤသူၣ်ဖျးအကရၢၢ်, တၢ်ဘှၣ်တၢ်ဖိၣ်အကရၢၢ်

far-off *a* ၁. လၢအစီၤစုၤ, လၢအယံၤန့ၣ်, လၢတၢ်ဒုၣ်စၢၤဖးယံၤ ၂. လၢအသးတစဲဘူးဒီးအနီၢ်ကစၢ်, လၢအသးတအိၣ်လၢအလိၤ ၃. လၢပျၢၤလၢကစၢၤန့ၣ်

far-reaching *a* လၢအဒိဘၣ်တၢ်ယံၤယံၤ, လၢအဒိဘၣ်တၢ်လၢအတကွိၣ်လဲၢ်, လၢအတၢ်လုၢ်ဘၢစိကမီၤအတကွိၣ်လဲၢ်

farrier *n* ပှၤဘိုကသ့ၣ်ခီၣ်မ့ၣ်ထးကွီၤ

Farsi *n* ဖၣ်စံၣ်အကျိာ်, ကျိာ်တကျိာ်လၢပှၤတဲအီၤအါကတၢၢ်လၢကိၢ်အံၣ်ရၣ်အပူၤ

far-sighted *a* ၁. လၢအတၢ်ထံၣ်လဲၢ်, လၢအထံၣ်စိတၢ်လၢအယံၤ ၂. မဲာ်ဃုာ်ယံၤ, လၢအထံၣ်တၢ်လၢအယံၤထံထံဆးဆးဘၣ်ဆၣ်တထံၣ်တၢ်လၢအဘူးဘၣ်

fart *n* ၁. တၢ်အ့ၣ်နီ, တၢ်အ့ၣ်နၢ, တၢ်အံၣ်နီ ၂. ပှၤလၢအလီၤကၢၣ်လီၤကျူ

fart *v* အ့ၣ်နီ, အ့ၣ်နၢ, အံၣ်နီ

farther *etc* (see further)

fascinate *v* ထုးန့ၢ်ပှၤအသးဒိၣ်မး, ရဲၢ်န့ၢ်တၢ်

fascinated *a* လၢအထုးန့ၢ်ပှၤအသးဒိၣ်မး, လၢအရဲၢ်န့ၢ်တၢ်

fascinating *a* လၢအဘၣ်သူၣ်ဘၣ်သး, လၢအထုးန့ၢ်သူၣ်ထုးန့ၢ်သး, လၢအလီၤသးစဲဒိၣ်ဒိၣ်ကလဲာ်

fascination *n* တၢ်လၢအထုးန့ၢ်သူၣ်ထုးန့ၢ်သး

fascism *n* တၢ်ပၢဆှၣ်ပၢစိးသန့, ဖဲးဆ့းသန့

fascist *n* ၁. ပှၤလၢအဆီၣ်ထွဲတၢ်ပၢဆှၣ်ပၢစိးသန့, ပှၤလၢအဆီၣ်ထွဲဖဲးဆ့းသန့, ပှၤလၢအဆီၣ်ထွဲစုထွဲသန့ ၂. ပှၤစုထွဲဖိ

F

fashion *n* တၢ်ကယၢက့ၢ်ဂီၤကျဲ အဒိ, စိၤခဲအံၤအတၢ်ကယၢက့ၢ်ဂီၤကျဲလီၤဆီဒီးလၢပျၢၤဒိၣ်မး

fashion *v* ဒုးကဲထီၣ်မၤကဲထီၣ်တၢ်အက့ၢ်အဂီၤ, သိတၢ်

fashionable *a* လၢအပိာ်ထွဲတၢ်အလုၢ်အလၢ်, လၢအလူၤပိာ်ထွဲခ့ခါတၢ်အလုၢ်အလၢ်, လၢအချူးစိၤ

fashion-conscious *a* လၢအပိာ်ထွဲတၢ်အလုၢ်အလၢ်, လၢအလူၤပိာ်ထွဲခ့ခါတၢ်အလုၢ်အလၢ်, လၢအချူးစိၤ

fast *a* ၁. ဖျဲၣ်, ချ့ လၢအမၤအသးချ့ချ့, လၢအကဲထီၣ်အသးလၢတၢ်ဆၢကတီၢ်ဖုၣ်ကိာ်အပူၤ ၂. ယံး, လၢအကျၢၤ, လၢအတံၢ်တံၢ်, ကျၢၤကျၢၤ ၃. လၢအလွဲၢ်တလီၤဘၣ်, လၢအလွဲၢ်တဒံကွံာ်ဘၣ် ၄. (ပိာ်မုၣ်) ဖုံ

fast *adv* ဖျဲၣ်ဖျဲၣ်, ချ့ချ့

fast *n* တၢ်ဒုၣ်တၢ်အီၣ်

fast *v* ဒုၣ်တၢ်အီၣ်

fast food *n* တၢ်အီၣ်ညီ, တၢ်အီၣ်လၢတၢ်အီၣ်ညီအီၤ

fast lane *n* ၁. ကျဲမုၢ်လၢပှၤနီၣ်သိလ့ၣ်ချ့ချ့ ၂. တၢ်ဖံးတၢ်မၤ မ့တမ့ၢ် တၢ်ဟူးတၢ်ဂဲၤလၢအပစုၢ်ပတ့ၤဒီးလီၤဘၣ်ယိၣ်, ကျဲအချ့ကတၢၢ်ဒီးလီၤဘၣ်ယိၣ်

fasten *v* မၤယံးထီၣ်, ကံၢ်ယံးထီၣ်, စၢယံးထီၣ်, ဒုးစဲဘူး

fastener *n* နီၣ်ဝံာ်ယံးတၢ်

fastening *n* တၢ်လီၢ်ဖဲတၢ်စဲထီယာ်တၢ်, နီၣ်ဘျးစဲယာ်တၢ်

fast-forward *v* ဝံာ်ချ့ထီၣ်ဆူအမဲာ်ညါ, သုးချ့ထီၣ်ဆူညါ

fastidious *a* လၢအလီၤတံၢ်လီၤဆဲး, လၢအအ့ၣ်အါဆံၣ်အါ, လၢတၢ်လူၤဘၣ်အသးကီ

fastness *n* ၁. တၢ်လီၢ်လၢအဂၢၢ်ကျၢၤခၢၣ်သနၢၣ်, တၢ်ခၢၣ်သနၢၣ် ၂. တၢ်အလွဲၢ်ကျၢၤ မ့တမ့ၢ် ခၢၣ် ၃. တၢ်အချ့

fat *a* ဘီၣ်, ထ့ၣ် အဒိ, ဖိသၣ်တဂၤထ့ၣ်ကပှာ်လုး

fat *n* တၢ်အသိ, တၢ်လၢအသိအါ

fatal *a* လၢအမၤသံတၢ်သ့ အဒိ, တၢ်ဆါအ့း(စ)မ့ၢ်တၢ်ဆါလၢအမၤသံတၢ်သ့

fatalism *n* တၢ်နာ်သနူတမံၤလၢတၢ်ကိးမံၤဒဲးကဲထီၣ်အသးခီဖျိတၢ်ဟဲဝံဟဲစိာ်အဖီခိၣ်

fatalistic *a* လၢအဘၣ်ထွဲဒီးတၢ်နာ်သနူတမံၤလၢတၢ်ကိးမံၤဒဲးကဲထီၣ်အသးခီဖျိတၢ်ဟဲဝံဟဲစိာ်အဖီခိၣ်

fatality *n* ၁. တၢ်သံဆူၣ်သံစိး ၂. တၢ်သံတၢ်ပှၢ်လၢအအိၣ်ထီၣ်ခီဖျိတၢ်ဆူးတၢ်ဆါ

fate *n* ၁. တၢ်ဟဲဝံဟဲစိာ် ၂. တၢ်ဘူၣ်တၢ်တီၢ်

fated *a* လၢအဘၣ်ထွဲဒီးတၢ်ဟဲဝံဟဲစိာ်, လၢဘၣ်ထွဲဒီးအတၢ်ဘူၣ်တၢ်တီၢ်

fateful *a* လၢအဘူၣ်အတီၢ်အိၣ်ဝဲအသိး, လၢအဟဲစိာ်န့ၢ်တၢ်ဟဲဝံဟဲစိာ်

father *n* ၁. ပၢ် ၂. (ဖံထံတၢ်ဘါ) ပၢ်ဒိၣ်

father *v* ၁. ကဲဖိသၣ်အပၢ်, မၤဒၢထီၣ် ၂. မၤအိၣ်ထီၣ်တၢ်မၤအသီ

Father Christmas *n* စဲထၢၣ်ချိး(စ)

father figure *n* ပှၤလၢနယူးယိၣ်ဟ်ကဲအီၤဒ်နပၢ်တဂၤအသိး, ပှၤလၢအလီၤက်ဒ်ပၢ်အက့ၢ်အဂီၤအသိး

fatherhood *n* တၢ်ကဲပၢ်, ပၢ်အလီၢ်

father-in-law *n* မံၤပှၢ်ပိာ်ခွါ

fatherland *n* ထံကီၢ်လၢအိၣ်ဖျဲၣ်ထီၣ်

fatherless *a* လၢအပၢ်တအိၣ်လၢၤ

fatherly *a* လၢအလီၤက်ဒ်ပၢ်နီၢ်နီၢ်, လၢအလီၤက်ဒ်ပၢ်အသိး

Father's Day *n* ပၢ်အမုၢ်နံၤ

fathom *n* တချံ

fathom *v* ယုသ့ၣ်ညါတၢ်ဂ့ၢ်ကၢ်ကျိၤလီၤဟံၢ်လီၤဆဲး

fatigue *n* ၁. တၢ်ဘှံးသူၣ်တီၤသး, တၢ်သူၣ်လီၤဘှံးသးလီၤတီၤ ၂. (တီၢ်, ထး) တၢ်လၢတၢ်ဘိးက့ၣ်ကွံာ်အီၤန့ၢ်, တၢ်ပီးတၢ်လီလၢအလီၤပှ့ာ်ကွံာ် (မ့ၢ်လၢတၢ်ဆီၣ်သန်းအါအယိ) ၃. သုးဖိအတၢ်ကူတၢ်ကၤကျိသလီး
၄. တၢ်မၤလၢအယၢ ၅. တၢ်ဖီအီၣ်တ့ၤအီၣ်တၢ်ဒီးတၢ်မၤကဆဲ့ကဆိုတၢ်အတၢ်မၤလၢပှၤသုးဖိတဖၣ်ကဘၣ်မၤဝဲဒ်တၢ်စံၣ်ညီၣ်တမံၤအသိး

fatigued *a* လၢအဘှံးသူၣ်တီၤသး, လၢအသူၣ်လီၤဘှံးသးလီၤတီၤ

fatten *v* ဒုးဘီၣ်ထီၣ်သိထီၣ်တၢ်, ဘီၣ်ထီၣ်

fattening *a* လၢအမၤဘီၣ်ပှၤ

fatty *a* လၢအိၣ်ပှဲၤဒီးအသိ, လၢပၣ်ဒီးအသိ

fatty *n* ပှၤဘီၣ်အုၣ်, ပှၤဘီၣ်လုၤကုၤ, ပှၤဘီၣ်ဖးဒိၣ်

fatuous *a* လၢအဟးဂီၤ, လၢအအိၣ်မူဖှံသလီး, လၢအသးတထံတဆး, လၢအမး

faucet *n* (ထံပီၤ) အနီၣ်တံာ်, ထံပီၤလၢတၢ်ထုးထီၣ်ထံဒၢဖးဒိၣ်အထံ

fault *n* ၁. တၢ်ကမၣ် ၂. တၢ်မဲၣ်သူမဲၣ်ဂီၤ, တၢ်တလၢတပှဲၤ ၃. ဟီၣ်ခိၣ်တဲၤဖးအကျိၤ, တၢ်တဲၤဖးအကျိၤ, လၢ်ကျိၤလ့ကျိၤတဲၤဖး

fault *v* ၁. ယုတၢ်ကမၣ်, ဟ်ဒ့ၣ်ဟ်ကမၣ်တၢ် ၂. (လၢ်, ဟီၣ်ခိၣ်) တဲၤဖး

fault-finding *n* တၢ်ယုတၢ်ကမၣ်, တၢ်ယုဟ်ဒ့ၣ်ဟ်ကမၣ်

faultless *a* လၢအတၢ်ကမၣ်တအိၣ်, လၢဝဲပှဲၤဝဲ

faulty *a* လၢအတလၢပှဲၤ, လၢအကမၣ်

fauna *n* စီၤဟီၣ်ကွီၤဆၣ်ဖိကီၢ်ဖိ, ဆၣ်ဖိကီၢ်ဖိလၢအအိၣ်ညီနုၢ်လၢတၢ်လီၢ်တကဝီၤအပူၤ

faux pas *n* တၢ်မၤတၢ်လၢတအိၣ်ဒီးတၢ်ဆိကမိၣ်ထံဆိကမိၣ်ဆးတၢ်, တၢ်မၤတၢ်လၢတကြၢးမၤ

favour, favor *n* တၢ်ကွၢ်မဲာ်, တၢ်သးအိၣ်

favour, favor *v* ကွၢ်မဲာ်တၢ်, သူၣ်အိၣ်သးအိၣ်တၢ်, ဟ့ၣ်ဘျုးဟ့ၣ်ဖှိၣ်

favourable, favorable *a* လၢပမၤန့ၢ်တၢ်ဘျုးတၢ်ဖှိၣ်လၢအဃိ, လၢအကဲထီၣ်တၢ်ဘျုးတၢ်ဖှိၣ်

favoured, favored *a* လၢအကွၢ်မဲာ်တၢ်, လၢအသူၣ်အိၣ်သးအိၣ်တၢ်, လၢအဟ့ၣ်ဘျုးဟ့ၣ်ဖှိၣ်

favourite, favorite *a* လၢပအဲၣ်လီၤဆီ, လၢပကွၢ်မဲာ်အီၤ

favourite, favorite *n* တၢ်လၢပအဲၣ်လီၤဆီ, တၢ်လၢပကွၢ်မဲာ်အီၤ, ပှၤလၢပကွၢ်မဲာ်အီၤ

favouritism, favoritism *n* တၢ်ကွၢ်မဲာ်တၢ်, တၢ်အဲၣ်ဒိၣ်ဆံးတၢ်

fawn *a* လၢအလွဲၢ်ဘီဃးစၢ်စၢ်

fawn *n* တၤယုၢ်ဖိ, တၤဃီၤဖိ

fax *n* ၁. စဲးကွဲးဒိဆှၢလံာ် ၂. လံာ်လၢတၢ်ကွဲးဒိအီၤလၢစဲးကွဲးဒိဆှၢလံာ်

fax *v* ဆှၢဒီးစဲးကွဲးဒိဆှၢလံာ်

faze *v* မၤတံာ်တာ်, မၤသဘံၣ်ဘုၣ်, မၤကိၢ်မၤဂီၤပှၤဂၤအသး

FBI *abbre* ဖဲၣ်ဒရၢၣ်တၢ်ဃိထံသ့ၣ်ညါဝဲၤကျိၤ (Federal Bureau of Investigation)

fealty *n* တၢ်သူၣ်တီသးရၤ, တၢ်သးတီ

fear *n* တၢ်ပျံၤတၢ်ဖုး

fear *v* ပျံၤတၢ်

fearful *a* အိၣ်ဒီးတၢ်ပျံၤတၢ်ဖုး, လၢအပှဲၤဒီးတၢ်ပျံၤတၢ်ဖုး, လၢအဒုးအိၣ်ထီၣ်တၢ်ပျံၤတၢ်ဖုး

fearless *a* လၢအတၢ်ပျံၤတၢ်ဖုးတအိၣ်

fearsome *a* လၢအလီၤပျံၤလီၤဖုးဒိၣ်ဒိၣ်

feasible *a* လၢပှၤမၤသ့, လၢအဘျုးအိၣ်, လၢအကြၢးဝဲဘၣ်ဝဲ, လၢပမၤညီ

feast *n* တၢ်အိၣ်အမူး

feast *v* ဘုၣ်အိၣ်ဘုၣ်အီတၢ်, ဟ့ၣ်အိၣ်ဟ့ၣ်အီတၢ်

feat *n* တၢ်ဖံးတၢ်မၤလၢအလိၣ်ဘၣ်ကံၢ်စီတၢ်သ့တၢ်ဘၣ်လီၤဆီ

feather *n* ထိၣ်ဆူၣ်

feathered *a* အိၣ်ဒီးအဆူၣ်အဒံး

feathery *a* လၢအလီၤက်ဒီးတၢ်အဆူၣ်အဒံး

feature *n* ၁. တၢ်အက့ၢ်အဂီၤ ၂. တၢ်အဂ့ၢ်မိၢ်ပှၢ် ၃. တၢ်အလီၤတိၢ်လီၤဆီ

feature *v* ဒုးအိၣ်ဖျါတၢ်အက့ၢ်အဂီၤလၢအလီၤဆီ, ဒုးအိၣ်ဖျါလီၤဆီဒၣ်တၢ်

featureless *a* လၢတအိၣ်ဒီးတၢ်အက့ၢ်အဂီၤလီၤဆီနီတမံၤ

February *n* လါဖ့ၤဘြူၤအါရံၤ, လါခံလါတလါ

fecund *a* ၁. လၢအချံအသၣ်ဂ့ၤ, လၢအဂ့ၤဖိဂ့ၤလံၤ ၂. လၢဟီၣ်ခိၣ်ကပံာ်ဂ့ၤ, မဲထီၣ်သၣ်ထီၣ်ဂ့ၤ

fecundity *n* ၁. တၢ်အချံအသၣ်ဂ့ၤ, တၢ်ဂ့ၤဖိဂ့ၤလံၤ ၂. ဟီၣ်ခိၣ်လၢတၢ်သူၣ်တၢ်အချံမ့သၣ်မူ

fed up *a* လၢအသးလၢာ်အသးဟးဂီၤ, လၢအသးလၢာ်

federal *a* လၢအမ့ၢ်ဖဲၣ်ဒရၢၣ်, လၢအမ့ၢ်ကီၢ်စၢဖှိၣ်

federalism *n* ဖဲၣ်ဒရၢၣ်သနူ, ကီၢ်စၢဖှိၣ်သနူ

federalist *n* ပှၤလၢအဆီၣ်ထွဲမၤစၢၤကီၢ်စၢဖှိၣ်သနူ

federate *v* ဟ်ဖှိၣ်ထီၣ်ကီၢ်ဖိကီၢ်ဆၣ်တဖၣ်

F

federation *n* ၁. ကီၢ်စၢဖှိၣ်, ကီၢ်စဲၣ်အါဘ့ၣ်ဟ်ဖှိၣ်, ကီၢ်စဲၣ်စၢဖှိၣ် ၂. ကရၢစီ, ပန့ၢ်ကၤကရၢစီ

fee *n* အလဲ, အဘူးအလဲ

feeble *a* ၁. စါ, ဂံၢ်ဘါစါ ၂. လၢအတတုၤလီၤတီၤလီၤ

feeble-minded *a* ၁. လၢအတၢ်ကူၣ်တၢ်ဆးတထီၣ်ဘး, လၢအခိၣ်နူၣ်ယၢ ၂. လၢအသူၣ်တဆးသးတဆး, အီရံၢ်အီရီၢ်, ငီငး

feed *n* ၁. တၢ်ဟ့ၣ်အီၣ်ဟ့ၣ်အီ ၂. တၢ်ဘုၣ်အီၣ်ဘုၣ်အီ ၃. တၢ်အဆၣ်, (ဆၣ်ဖိကီၢ်ဖိ) အဆၣ်, ဖိသၣ်အတၢ်အီၣ်တၢ်အီ ၄. တၢ်ဒီ နၠလီၤတၢ်ဂ့ၢ်တၢ်ကျိၤဆူခီၣ်ဖျူထၢၣ်အပူၤ ၅. တၢ်အီၣ်တဘျီ, တၢ်အီၣ်တၢ်အီတၢ်

feed *v* ၁. ဒုးအီၣ်အဆၣ် ၂. ဘုၣ်လီၤအဆၣ် ၃. လုၢ်အီၣ်လုၢ်အီ ၄. ဟ့ၣ်ထီၣ်အင်္ဂါအဘါ ၅. ဆှၢထီၣ်ဖျၢၣ်ထူ

feedback *n* ၁. တၢ်ခီဆၢ, တၢ်ဟ့ၣ်ခီဆၢတၢ် ၂. တၢ်ဟ့ၣ်ကူၣ်ဟ့ၣ်ဖး

feel *n* ၁. တၢ်တူၢ်ဘၣ်ခီၣ်ဘၣ် ၂. သးအတၢ်ပလၢၢ်ဘၣ်, သးအတၢ်ကလၢၢ်ဘၣ် ၃. တၢ်လၢပတူၢ်ဘၣ်ခီၣ်ဘၣ်အီၤ, တၢ်လၢပကလၢၢ်ဘၣ်အီၤ, တၢ်လၢပပလၢၢ်ဘၣ်အီၤ

feel *v* ၁. ဒိဘၣ်, တူၢ်ဘၣ်, ခီၣ်ဘၣ် ၂. ကလၢၢ်ဘၣ်, ပလၢၢ်ဘၣ်, ကလၢၢ်ကွၢ်တၢ်, ပလၢၢ်ကွၢ်တၢ် ၃. ဖိၣ်ကွၢ်

feeler *n* ၁. တၢ်ဖိလံၤဖိဃၢ်အနၢၤဖိခံဘိ ၂. တၢ်ပတံထီၣ်ဆိကွၢ်တၢ်, တၢ်ဟ်ဖျါထီၣ်တၢ်လၢတၢ်ကဆိကမိၣ်ကွၢ်တၢ်အဂီၢ်

feeling *n* ၁. တၢ်တူၢ်ဘၣ် ၂. တၢ်သူၣ်ဟူးသးဂဲၤ, တၢ်သူၣ်ပိါသးဝး ၃. တၢ်သးကလၢၢ်ဘၣ်တၢ်, တၢ်ပလၢၢ်ဘၣ်တၢ် ၄. တၢ်ထံၣ်တၢ်ဆိကမိၣ် ၅. တၢ်ဒိသူၣ်ဒိသး, တၢ်သူၣ်အိၣ်သးအိၣ်ဘၣ်ပှၤ ၆. နီၢ်ခိနီၢ်သးအတၢ်ကလၢၢ်သ့ၣ်ညါဘၣ်တၢ်အစှၣ်

feelingly *adv* လၢတၢ်သူၣ်ဟူးသးဂဲၤဖးဒိၣ်အပူၤ, လၢတၢ်သးဂဲၤဖးဒိၣ်အပူၤ

feign *v* ဟ်မၤအသးဒ်အတူၢ်ဘၣ်တၢ်တမံၤမံၤ, ဟ်ကစွဲၢ်အသး, ကစွဲၢ်ကစွၢ်

feint *v* ဟ်မၤအသး (လီၤဆီဒၣ်တၢ်လၢတၢ်လိာ်ခိၣ်လိာ်ကွဲ) အဒိ, ဟ်မၤအသးလၢအကနဲၣ်ဆူစုၣ်ဒီးထူယီၤဝဲဆူအထွဲနူၣ်လီၤ

feisty *a* လၢအတပျံၤတၢ်ဘၣ်, လၢအနၢ်လီၤအသး, လၢအပဲၤဒီးတၢ်သူၣ်ဒူသးဒူ

felicitate *v* သးခုဃုာ်ဒီးပှၤဂၤ, မၤမုာ်မၤခုပှၤဂၤအသး

felicitation *n* တၢ်သးခုဃုာ်ဒီးပှၤဂၤ, တၢ်လၢအမၤမုာ်မၤခုပှၤဂၤအသး

felicity *n* ၁. တၢ်သူၣ်မုာ်သးခု, တၢ်သူၣ်ဖှံသးညီ ၂. တၢ်လၢအသ့အဘၣ်

feline *a* လၢအဘၣ်ဃးဒီးသၣ်မံယီၤအနူၣ်, ဒ်သၣ်မံယီၤအသိး

feline *n* သၣ်မံယီၤအနူၣ်, သၣ်မံညီၤအနူၣ်, ဆၣ်ဖိကီၢ်ဖိလၢအလီၤဂၢ်သၣ်မံယီၤအနူၣ်ဖိထၢဖိ (အဒိ, ဘိၣ်သိၣ်, ခ့ယှၢ်)

fell *a* လၢအလီၤပျံၤလီၤဖုး, လၢအအၢအသီ

fell *v* ကူာ်ကၢ်ကွံာ်, ကျီကၢ်ကွံာ်, မၤလီၤယံၤ

fellow *a* ၁. လၢအမၤဃှာ်မၤသကိးတၢ် ၂. လၢအတၢ်အိၣ်သးဒ်သိးဒီးပှၤ ၃. တနူၣ်ယီတထၢယီ, တကရူၢ်ယီတကရၢယီ

fellow *n* ၁. ပှၤမၤသကိးတၢ်တဂၤ, ပှၤကရၢဖိတဂၤ ၂. ပှၤပိာ်ခွါဖိ, တၢ်ပိာ်ခွါဖိ ၃. ပှၤလၢအတီၤပတီၢ်ထဲသိးတုၤသိးလိာ်သး, ပှၤလၢအသးနံၣ်ထဲသိးလိာ်သး, ပှၤလၢအလီၢ်အလၤထဲသိးလိာ်သး

fellow feeling *n* တၢ်ဒိသိၣ်ဒိမံၤအတၢ်ဟ်သး, ဒိသိၣ်ဒိမံၤအသး, တၢ်ဟ်သူၣ်ဟ်သးဒ်ပှၤဒိသိၣ်ဒိမံၤအသိး, တၢ်ဒိသူၣ်ဒိသး

fellow-creature *n* တၢ်ဘၣ်တ့တမံၤယီတကလှာ်ယီ, ပှၤလၢအသကိးဟ်အီၤဒ်အမ့ၢ်တၢ်တကလှာ်ယီဒီးအီၤ

fellowship *n* ၁. တၢ်ရှလိာ်မုာ်လိာ်သး, ပှၤတဖုလၢအတၢ်သးစဲတၢ်နၢ်ဒ်သိးလိာ်သး ၂. တၢ်ရှလိာ်မုာ်လိာ်ကရၢ

felon *n* ပှၤအၢပှၤသီ, ပှၤတဂၤလၢအမၤကမၣ်သဲစးဒိၣ်ဒိၣ်မုၢ်မုၢ်

felony *n* တၢ်မၤကမၣ်တၢ်အၢအၢသီသီ

felt *n* တၢ်ကံးညာ်သိဆူၣ်လၢတၢ်ကျံးတံၢ်မၤကဲထီၣ်အီၤ, သးကလးအကပှာ်တကလှာ်

female *a* လၢအဘၣ်ဃးဒီးပိာ်မုၣ်, လၢအဘၣ်ဃးဒီးအမိၢ်

female *n* တၢ်အမိၢ်, ပှၤပိာ်မုၣ်

feminine *a* ဘၣ်ဃးဒီးပိာ်မုၣ်, ဘၣ်ဃးတၢ်အမိၢ်

femininity *n* တၢ်မ့ၢ်ပိာ်မုဉ်ပိာ်မၢ, ကၢ်စီလှၢ် ပှၤလၢအလီၤပလိာ်ဒီးပိာ်မုဉ်တဖဉ်

feminism *n* တၢ်ဂဲၤပျုၢ်ကျဲးစၢးလၢပိာ်မုဉ် တဖဉ်ကမၤန့ၢ်တၢ်ခွဲးတၢ်ယာ်ထဲသိးတုၤသိးဒီးပိာ် ခွါတဖဉ်

feminist *n* ပှၤလၢအဆီဉ်ထွဲဂဲၤလိာ်ပိာ်မုဉ်ဂ့ၢ် ဝီခွဲးယာ်

femoral *n* လၢအဘဉ်ထွဲဒီးကံဉ်ဃုဉ်ယံ

femur *n* ကံဉ်ဃုဉ်ယံ

fence *n* ၁. တိာ်, ကရၢ, တၢ်ဃှဉ်, ဂၢၤ ၂. ပှၤတူၢ်လိာ်ဆါတၢ်ဖိတၢ်လံၤလၢတၢ်ဟုဉ်န့ၢ် အီၤတဖဉ်

fence *v* ၁. ဒီယာ်, ကရၢယာ်, ဃှဉ်ယာ်, ဂၢၤ ယာ် ၂. တူၢ်လိာ်ဆါတၢ်ဖိတၢ်လံၤတၢ်ဟုဉ်န့ၢ်အီၤ

fencing *n* ၁. တၢ်အ့ဘီအ့နးအတၢ်လိာ်ကွဲ ၂. ကရၢ်အဃှဉ်တဖဉ် ၃. တၢ်တူၢ်လိာ်ဆါတၢ်ဖိတၢ် လံၤတၢ်ဟုဉ်န့ၢ်အီၤ

fend *v* တြီဆၢတၢ်, ဒီသဒၢလီၤအသး, ကွၢ် ထွဲဒီသဒၢ

fender *n* တၢ်တဒီယာ်တၢ်, တၢ်တဒီ, သိလ့ဉ် အပဉ်သဒီ, ဖဉ်ကွာ်အသဒီဒီးအဂၤတဖဉ်

ferment *n* ထံရှၢ်ကီၢ်သဲးအတၢ်ဟူးတၢ်ဂဲၤ တဂၢါတကျၢၤ

ferment *v* ကဲထီဉ်သံးအစီ, က်အတၢ် ဆီတလဲ, မၤဖးထီဉ်တၢ်ဒ်ကိဉ်မံဉ်အသိး

fermentation *n* ၁. တၢ်မၤကဲထီဉ်သံးအစီ, တၢ်မၤဖးထီဉ်တၢ်ဒ်ကိဉ်မံဉ်အသိး ၂. ထံရှၢ်ကီၢ်သဲးအတၢ်ဟူးတၢ်ဂဲၤတဂၢါတကျၢၤ, တၢ်လုာ်လုာ်တာတာ

fern *n* ကံကုဒ်းအဃှဉ်အထၢ, ကံခိဉ်ဒိး, ထိဉ် ပှာ်မဲၢ်ဒိး

ferocious *a* လၢအအၢသီမၤဆါတၢ်တအိဉ် ဒီးတၢ်သးကညီၤ, လၢအဃုစဃဲး, လၢအသူဉ် အၢသးသီ

ferocity *n* တၢ်သူဉ်အၢသးသီ, တၢ်အၢအၢ သီသီ, တၢ်လၢအဃုစဃဲး

ferret *n* ယုၢ်ခ့, ယုၢ်ခ့ပျိၢ်နဲ့ဉ်မ့ၢ်ယုၢ်တကလှာ် လၢအဆူဉ်ဂီၤဒီးအယီၢ်ဒ့ထီဒီးအမိၢ်ပှၢ်ထဲခီဉ်ဃုဉ် အသိး

Ferris wheel *n* ကဟာဉ်တရံးလၢတၢ်ဒိးလိာ် ကွဲအီၤ

ferrule *n* ထးကွီၤဖိ, ထးတလံ

ferry *n* ချံကျိးတၢ်, ကဘီကျိးတၢ်

ferry *v* စိာ်ဆှၢခီဒီးချံကျိးတၢ် မ့တမ့ၢ် ကဘီ ကျိးတၢ်

fertile *a* ၁. လၢအထုးအစီဂ့ၤ, လၢအသိ အချါဂ့ၤ ၂. ချံသဉ်ဂ့ၤ (ဆဉ်ဖိကီၢ်ဖိ မ့တမ့ၢ် ပှၤ ကညီ)

fertility *n* ၁. တၢ်အထုးအစီဂ့ၤ, တၢ်အ သိအချါဂ့ၤ ၂. တၢ်ချံဂ့ၤသဉ်ဂ့ၤ

fertilization, fertilisation *n* ၁. တၢ်မၤဂ့ၤ ထိဉ်ဟီဉ်ခိဉ်အထုးအစီ, တၢ်မၤဂ့ၤထိဉ်ဟီဉ်ခိဉ် အသိအချါ ၂. တၢ်ဒၢနုာ်လီၤဖီဖါအကမှဉ်ဒ်သိး အချံကကဲထိဉ်အဂီၢ်, တၢ်ဒုးစဲဘူးတၢ် အဖါအချံအသဉ်ဒီးတၢ်အမိၢ်အဒံဉ်ဒ်သိးတၢ် အဖိဆံးကကဲထိဉ်အဂီၢ်

fertilize, fertilise *v* ၁. မၤဂ့ၤထိဉ်ဟီဉ်ခိဉ် အထုးအစီ, မၤဂ့ၤထိဉ်ဟီဉ်ခိဉ်အသိအချါ ၂. ဒၢနုာ်လီၤဖီဖါအကမှဉ်ဒ်သိးအချံကကဲထိဉ်အဂီၢ်

fertilizer, fertiliser *n* ဟီဉ်စီ, တၢ်လၢအမၤ ဂ့ၤထိဉ်ဟီဉ်ခိဉ်ညဉ်

fervent *a* လၢအအိဉ်ဒီးတၢ်သူဉ်ဆူဉ်သးဆူဉ်

fervently *adv* လၢတၢ်သူဉ်ဆူဉ်သးဂဲၤအပူၤ

fervid *a* လၢအအိဉ်ဒီးတၢ်သူဉ်ဆူဉ်သးဆူဉ်, လၢတၢ်သူဉ်ဆူဉ်သးဆူဉ်

fervour, fervor *n* လၢတၢ်သူဉ်ဟူးသးဂဲၤ အပူၤ, လၢတၢ်သူဉ်ဆူဉ်သးဂဲၤ

festal *a* လၢအဘဉ်ဃးဒီးမူးဒိၤပွဲဒိၤ, ဘဉ် ဃးဒီးနံၤသဘျ့

fester *v* ၁. ဒၢဖံထိဉ်, ညိးထိဉ် ၂. အၢဒိဉ် ထိဉ်, နးထိဉ်

festival *n* ဘျဉ်, မူးဒိၤပွဲဒိၤ

festive *a* လၢအဘဉ်ဃးဒီးမူးလီၤဆီ, လၢအပှဲၤဒီးတၢ်သူဉ်ဖုံသးညီ

festivity *n* မူးဒိၤပွဲဒိၤ, တၢ်သူဉ်ဖုံသးညီအမူး

festoon *n* ဖီကွီၤလၢတၢ်ကယၢကဲ့ဉ်ကိာ်ဘျး လီၤစဲၤအီၤ, ဖီလၢတၢ်ကယၢဘျးလီၤစဲၤအီၤ

fetal, foetal *a* လၢအဘဉ်ဃးဒီးဖိသဉ် လၢအအိဉ်လၢဒၢလီၢ်ပူၤ

fetch *v* မၤန့ၢ်တၢ်, (လဲၤ)ဟံးန့ၢ်တၢ်, ဒၢဉ် (ထံ)

fetching *a* လၢအထုးန့ၢ်သူဉ်ထုးန့ၢ်သး, လၢအလီၤသးစဲ, ရဲၢ်န့ၢ်တၢ်

fete *n* ဘျဉ်, မူးဒိၤပွဲဒိၤ

F

fete *v* မၤဘူၣ်တၢ်, မၤမူးမၤပွဲ

fetid *a* လၢအနၢတမှာ်, လၢအနၢအုၣ်နၢပူး

fetish *n* ၁. တၢ်သးစၢၢ်ဆၢလၢတၢ်တမံၤအပူၤ အါတလၢ ၂. တၢ်သမူပယၢ်, လာ်ဖွဲ ၃. တၢ်လၢတၢ်ဟ်အီၤလၢအအိၣ်ဒီးအစိကမီၤဒီး ဘူၣ်အီၤဘါအီၤ

fetlock *n* ကသ့ၣ်စုနၢၣ်ခံခီၣ်နၢၣ်ခံအဆူၣ်

fetoscope *n* မဲာ်ကလၤပီၤလၢအကွၢ်ဖိသၣ်

fetter *n* ၁. စုကျိၤခီၣ်ကျိၤ, ထးကျိၤ, ထး သွဲလၢတၢ်ကျိၤဃာ်စုခီၣ်အဂီၢ် ၂. တၢ်နိးတၢ်ဘျး, တၢ်လၢအတြီမၤတံာ်တာ်တၢ်လဲၤထီၣ်လဲၤထီ

fetter *v* ၁. သိးဃာ်, ကျိၤဃာ် ၂. ဖိၣ် ဃံးတၢ်, မၤဃံးတၢ်

fetus, foetus *n* ဖိသၣ်အိၣ်လၢဒၢလီၢ်အပူၤ, ဖိသၣ်လၢတအိၣ်ဖျဲၣ်ဒံးဘၣ်

feud *n* တၢ်မၤကၣ်ဆၢလိာ်သးလၢနူၣ်ဆၢခံနူၣ် အပူၤလၢတၢ်သူၣ်ဆါသးဆါလိာ်သးအဃိ,

feud *v* မၤကၣ်ဆၢလိာ်သးလၢနူၣ်ဆၢခံနူၣ် အပူၤလၢတၢ်သူၣ်ဆါသးဆါလိာ်သးအဃိ

feudal *a* လၢအဘၣ်ဃးဒီးဟီၣ်ခိၣ်ကစၢ်သနူ

feudalism *n* ဟီၣ်ခိၣ်ကစၢ်သနူ

fever *n* တၢ်လီၤကိၢ်

feverish *a* ၁. လၢအလီၤကိၢ်, လၢအကဲထီၣ် လၢတၢ်လီၤကိၢ်အဃိ ၂. သူၣ်ပိၢ်သးဝး, လၢအအိၣ်ဂၢၢ်တပၢၢ်တသ့

few *a* စှၤ, တအါဘၣ်

fiancé *n* ပှၤဟ်ပနီၣ်အဲၣ်တီလိာ်သး (ပိာ်ခွါ), ပိာ်ခွါလၢအဘၣ်တၢ်အဲၣ်တီဟ်

fiancée *n* ပှၤဟ်ပနီၣ်အဲၣ်တီလိာ်သး (ပိာ်မုၣ်), ပိာ်မုၣ်လၢအဘၣ်တၢ်အဲၣ်တီဟ်

fiasco *n* တၢ်ကဲထီၣ်လိၣ်ထီၣ်လၢအနုးအိၣ် ထီၣ်တၢ်မဲာ်ဆုး

fib *n* တၢ်ကတိၤကဘျံးကဘျၣ်တဆံးတက့ၢ်, တၢ်လံၣ်တၢ်လီတဆံးတက့ၢ်

fib *v* ကတိၤကဘျံးကဘျၣ်တၢ်လၢအကါတဒိၣ်

fibber *n* ပှၤလီတၢ်ဖိ

fibre, fiber *n* ၁. လုၣ်အယဲၤ, တၢ်အယဲၤ လၢတၢ်မၢ်တၢ်ဘိအပူၤ ၂. တၢ်အိၣ်အလုၣ်, တၢ် အလုၣ်အယဲၤလၢတၢ်အိၣ်တၢ်အီအပူၤ

fibre optics, fiber optics *n* တၢ်စူး ကါယွၤခဲၣ်စိးအလုၤအယဲၤပြံကဒံဖိတဖၣ် လၢကဆှၢတၢ်ကစီၣ် မ့တမ့ၢ် သမံသမိးကွၢ်ပှၤ ကညီအမိၢ်ပှၢ်

fibreglass, fiberglass *n* ယွၤခဲၣ်စိးမဲာ် ကလၤ

fibril *n* တၢ်အယဲၤအလုၤဖိတဘိ

fibroids *n* ယုၢ်ညၣ်ယဲၤ, တၢ်ညၣ်လၢအိၣ်ဒီး အယဲၤ, အလုၤ

fibrous *a* ၁. လၢအအိၣ်ဒီးအယဲၤအါ, အလုၤအါ ၂. လၢအလီၤက်ဒီးတၢ်အလုၤအယဲၤ

fibula *n* ခီၣ်လ့ၤမိဃံအဆံးတဘိ, ခီၣ်လိၤ ဃံအဆံးတဘိ

fickle *a* လၢအမၤကဒံကဒါ, လၢအသးတဂၢၢ်

fiction *n* ၁. တၢ်ကွဲးတဃးတၢ်လၢသးအမဲာ်, တၢ်ဃဲၤမုာ်နၢ် ၂. တမ့ၢ်တတီ

fictional *a* လၢအဘၣ်ထွဲဒီးတၢ်ကွဲးတဃး, လၢအဘၣ်ဃးဒီးတၢ်ဃဲၤမုာ်နၢ်, လၢအဘၣ်တၢ် ဆိကမိၣ်မုံနူၢ်အီၤ, လၢအတမ့ၢ်တၢ်မ့ၢ်တၢ်တီ

fictionalize, fictionalise *v* ကွဲးတဃး, ကွဲးတၢ်ဃဲၤမုာ်နၢ်, ဆိကမိၣ်မုံနူၢ်အီၤ

fictitious *a* လၢအဘၣ်တၢ်ဆိကမိၣ်မုံနူၢ်အီၤ, လၢအတမ့ၢ်တၢ်မ့ၢ်တၢ်တီ

fiddle *n* သီတူၢ်

fiddle *v* ၁. ဒ့သီတူၢ်, ဂုာ်သီတူၢ် ၂. မၤဟူးမၤ ဂဲၤအစုမ့ၢ်လၢတၢ်ကၢၣ်သး မ့တမ့ၢ် သူၣ်ပိၢ်သးဝး အဃိ ၃. တၢ်ဆီတလဲစရီနီၣ်ဂံၢ်တဖၣ်လၢကမၤန့ၢ် တၢ်န့ၢ်ဘျုးန့ၢ်ဖှိၣ်အဂီၢ်

fiddler *n* ပှၤဒ့သီတူၢ်, ပှၤဂုာ်သီတူၢ်

fiddlestick *n* သီတူၢ်နီၣ်ဂုာ်ဘိ

fidelity *n* ၁. တၢ်သးတီ, တၢ်သူၣ်တီသးရၤ ၂. တၢ်မၤတၢ်လီၤတံၢ်လီၤဆဲး

fidget *v* သးဃံယူ, တအိၣ်ဂၢၢ်, အိၣ်ဃိအိၣ် ဃဲးတမုာ်တကဲ

fidgety *a* လၢအသးဃံယူ, လၢအအိၣ်ဂၢၢ် တမုာ်, လၢအအိၣ်ဃိအိၣ်ဃဲးတမုာ်

field *n* ၁. ပျီ, တၢ်ပျီ, တၢ်လီၢ်ပျီ, (စံာ်, တၢ် လိာ်ကွဲ, တၢ်နုး) ပျီ ၂. တၢ်မၤအတဝၢ, တၢ်မၤအ ပျီ, ဝဲၤကျိၤဝဲၤဒ့, တၢ်မၤလိအပျီ ၃. တၢ်အဒ့ အတြၢ်, တၢ်အဒ့

field *v* ၁. ဖိၣ်တၢ်ဖျာၣ်သလၢၣ် မ့တမ့ၢ် ထၢ တၢ်ဖျာၣ်သလၢၣ်လၢတၢ်ကွံာ်စိအီၤ ၂. ဘၣ်တၢ်ဃုထၢထီၣ်အီၤလၢကနုာ်လီၤဂဲၤလိာ်ကွဲ လၢပျီပူၤ ၃. ကွၢ်ဆၢၣ်မဲာ်, ဘၣ်သဂၢၢ် (တၢ်သံကွၢ်

လၢအကီအခဲ), ခီဆၢက့ၤ, စံးဆၢက့ၤ (အဒိ, *He fielded tough question from the press*)

field test *n* တၢ်လီၤသမံသမိးမၤကွၢ်တၢ်မၤတမံၤလၢတၢ်မၤလိၢ်ပျိပူၤ, တၢ်လဲၤလီၤသမံသမိးမၤကွၢ်ပနံာ်ဒီးတၢ်ပီးတၢ်လီတဖၣ်လၢတၢ်ကစူးကါအီၤလၢတၢ်မၤပျိပူၤ

field trip *n* တၢ်လဲၤဃုထံၣ်သ့ၣ်ညါတၢ်လၢတၢ်မၤပျိပူၤ, တၢ်လီၤတၢ်မၤပျိပူၤ

fieldwork *n* တၢ်လီၤမၤတၢ်လၢတၢ်မၤပျိပူၤ

fiend *n* ၁. ပှၤတဂၤလၢအသူၣ်အၢသးသီဒိၣ်မးဒီးမၤဆါတၢ်လၢတအိၣ်ဒီးတၢ်သးကညီၤ ၂. တၢ်ဝံတၢ်နါ, တၢ်နါ, သးလၢအအၢအသီဒိၣ်မး

fiendish *a* ၁. လၢအအၢအသီဒီးမၤဆါတၢ်, တအိၣ်ဒီးတၢ်သးကညီၤဒီးမၤဆါတၢ် ၂. လၢအလီၤဂာ်တၢ်ဝံတၢ်နါ

fiendishly *adv* ဒိၣ်မး, ကဲၣ်ဆိး, နးမး

fierce *a* နူစဃဲး, လီၤပျံၤ, အၢသီ

fiercely *adv* နူစဃဲး, နူနူ

fiery *a* ၁. လၢအလီၤဂာ်မ့ၣ်အူ ၂. လၢအသးချ့, လၢအသးဒိၣ်ညီ ၃. လၢအအိၣ်ဒီးတၢ်သးဒိၣ်, လၢအဟ်ဖျါထီၣ်တၢ်သးထီၣ် ၄. လၢအကိၢ်အူကိၢ်ဟဲ

fiesta *n* ၁. စပ့ၣ်အတၢ်ဘူၣ်တၢ်ဘါအမူး, စပ့ၣ်အတၢ်မူးတၢ်ပွဲ ၂. တၢ်သူၣ်ဖှံသးညီအမူး

fife *n* ပံ

fifteen *n* တဆံဃၢ်, ၁၅

fifteenth *a* တဆံဃၢ်ပူတပူ, တဆံဃၢ်ခါတခါ

fifth *a* ဃၢ်ပူတပူ, ဃၢ်ခါတခါ

fiftieth *a* ဃၢ်ဆံပူတပူ, ဃၢ်ဆံခါတခါ

fifty *n* ဃၢ်ဆံ, ၅၀

fig *n* ချၢၣ်ဒၢသၣ်

fight *n* ၁. တၢ်အ့ၣ်လိာ်ဆိးက့ ၂. တၢ်ဒုးတၢ်, တၢ်ဒုးတၢ်ယၤတၢ် ၃. တၢ်ဂ့ၢ်လိာ်ဘိလိာ် ၄. တၢ်ဂ့ာ်ကျဲးစၢးမၤန့ၢ်တၢ် ၅. တၢ်ပြၢလိာ်သး ၆. တၢ်ထိလိာ်သး, တၢ်ကနိလိာ်သး

fight *v* ၁. ဒုးတၢ်, ဒုးတၢ်ယၤတၢ် ၂. အ့ၣ်လိာ်ဆိးက့လိာ်အသး ၃. ပြၢလိာ်အသး ၄. ဂ့ၢ်လိာ်ဘိလိာ်အသး ၅. ဂ့ာ်ကျဲးစၢးမၤန့ၢ်တၢ် ၆. ထိလိာ်အသး, ကနိလိာ်အသး

fighter *n* ၁. သုးကဘီယူၤ, ကဘီယူၤဒုးသုး ၂. ပှၤတမဲၢ်စုတမဲၢ်ခီၣ်, ပှၤထိတၢ်ဖိ, ပှၤကနိတၢ်ဖိ ၃. ပှၤဒုးတၢ်ဖိ အဒိ, (freedom fighter) ၄. ပှၤသုးဖိ

figment *n* တၢ်လၢတၢ်ဆိကမိၣ်တယးဒုးအိၣ်ထီၣ်အီၤ

figurative *a* လၢအဘၣ်တၢ်ဟ်ဖျါထီၣ်ဒ်တၢ်အဒိအတဲာ်အသိး

figuratively *adv* လၢတၢ်ဟ့ၣ်တၢ်ဟ်ဖျါအဒိအတဲာ်အပူၤ, လၢတၢ်ဟ့ၣ်တၢ်ဒိတၢ်တဲာ်အပူၤ

figure *n* ၁. နီၣ်ဂံၢ်ဖျၢၣ် ၂. တၢ်အက့ၢ်အဂီၤ, ပှၤအဂီၤ (အဒိ, ပှၤကညီဒိၣ်တၢ်အက့ၢ်အဂီၤ) ၃. ပှၤအရှုဒိၣ်, ပှၤလၢအမံၤဘၣ်တၢ်ယၢၤထီၣ်အီၤ, ပှၤလၢအမံၤဟူသၣ်ဖျါ ၄. တၢ်ဂီၤ, တၢ်ဂီၤလၢအအိၣ်လၢလံာ်ပူၤလဲၢ်ပူၤ, တၢ်ဒဲးကံၣ်ဒဲးဝ့ၤ

figure *v* ၁. ဒုးနဲၣ်ဟ်ဖျါထီၣ်တၢ် ၂. ဟ်ဖျါထီၣ်ဃုာ်ဒီးတၢ်ဂီၤ ၃. ဒဲးကံၣ်ဒဲးဝ့ၤထီၣ်ဒီးတၢ်အက့ၢ်အဂီၤ ၄. ဆိကမိၣ်, ဆိကမိၣ်တယးတၢ်, ဆိကမိၣ်မုံတၢ် ၅. ဂံၢ်ဒွးတၢ်, ဒွးတယးတၢ်

figure of speech *n* တၢ်ကတိၤဖျၢၣ် မ့တမ့ၢ်လံာ်ကျိၤကူာ်လၢတၢ်စူးကါအီၤလၢအဒိအတဲာ်ဒီးဒဲးကံၣ်ဒဲးဝ့ၤအီၤ

figurehead *n* ၁. (ထံရှုၢ်ကိၢ်သဲး) ခိၣ်နၢ်လၢအိၣ်ဒၣ်ထဲအမံၤ, ခိၣ်နၢ်လၢအိၣ်ဒီးလီၢ်ဒိၣ်လၤထီဘၣ်ဆၣ်အစိကမီၤတအိၣ်နီတမံၤ ၂. က့ၢ်ဂီၤအဒိ, ပှၤအက့ၢ်အဂီၤအဒိလၢတၢ်ဘိုအီၤဒီးသ့ၣ်

figurine *n* တၢ်ဂီၤစိးပျၤဖိလၢတၢ်စူးကါအီၤဒ်တၢ်ကယၢကယဲအသိး

filament *n* ၁. လီမ့ၣ်အူပျံၤသွဲလၢအအိၣ်လၢလီမ့ၣ်အူပျံၤအပူၤ ၂. ပျံၤသွဲဖိတဖၣ်

filariasis *n* ကဆီခီၣ်တၢ်ဆါ (elephantiasis)

filch *v* ဟုၣ်တၢ်ဘျၣ်တၢ်

file *n* ၁. ထးကြဲ ၂. လံာ်တြံာ် ၃. တၢ်အဂ့ၢ်တဂ့ၢ်, တၢ်အကျိၤတကျိၤ ၄. ခီၣ်ဖျူထၢၣ်အလံာ်တြံာ်

file *v* ၁. ကြဲတၢ်လၢထးကြဲ ၂. တ့ၢ်, တြံာ်, ထၢနုာ်ဆူလံာ်တြံာ်အပူၤ ၃. လဲၤတၢ်ပိာ်လိာ်အခံတဂ့ၢ်တဂ့ၢ်, လဲၤတၢ်လၢအဂ့ၢ်ပိာ်လိာ်အခံအါအါဂီၢ်ဂီၢ် ၄. (ကွိၢ်ဘျိၣ်) ဆိုးထီၣ်တၢ်ဂ့ၢ်, ပတံဟ်ဖျါထီၣ်တၢ်, ပတံသကွၢ်ကညးထီၣ်တၢ် ၅. (တၢ်ကစီၣ်) ဆှၢထီၣ်တၢ်ဟ်ဖျါ, ဆှၢထီၣ်တၢ်, ဟ့ၣ်ထီၣ်တၢ် (အဒိ, send a report or news story to news agency)

file cabinet *n* လံာ်တြံာ်စီၢ်

filial *a* ၁. လၢအဘၣ်ဃးဒီးဖိအမူအဒါ ၂. လၢအဘၣ်ဃးဒီးဖိလံၤအမူအဒါ

filing *n* ၁. ထးကြဲအကမူၣ်, တၢ်ကမူၣ်, ထးအကမူၣ်, ထးကြဲအ့ၣ် ၂. တၢ်ဟ်ဃာ်လံာ်တြံာ်, တၢ်ဟ်ကီၤလံာ်တြံာ်

fill *n* ၁. တၢ်လၢအမၤပှဲၤထီၣ်တၢ်, တၢ်ပီးတၢ်လီ, တၢ်ဖိတၢ်လံၤလၢအမၤပှဲၤထီၣ်တၢ် (အဒိ, ဟီၣ်ခိၣ်, လၢၢ်) ၂. တၢ်မၤပှဲၤထီၣ်တၢ် (အနၢ့်) ပှဲၤအံၤပှဲၤနုၤ, တၢ်မၤပှဲၤထီၣ် (တၢ်နၢ့်) အနီၣ်ဂံၢ်နီၣ်ဒွး

fill *v* ၁. မၤပှဲၤထီၣ်တၢ်, ထၢနှာ်မၤပှဲၤ ၂. အီၣ်ပှဲၤဒီး, အီၣ်ပှဲၤလှာ်ကွံာ်ဒီး ၃. မၤလၢထီၣ်ပှဲၤထီၣ်တၢ် ၄. မၤပှဲၤမူဒါ, မၤပှဲၤအတၢ်လိၣ်ဘၣ် ၅. တြံာ်ပှဲၤမဲ ၆. ဟ့ၣ်လီၤမူဒါ, ဃုထၢထီၣ်လၢမူဒါ, မၤတၢ်ဒ်မူဒါလီၤဘၣ်အီၤအသိး

filler *n* ၁. ပှၤလၢအမၤပှဲၤတၢ်လီၢ်လီၤဟိ, တၢ်လၢအမၤပှဲၤတၢ်, တၢ်လၢအမၤပှဲၤတၢ် ၂. တၢ်အသံးအကာ်လၢတၢ်မၤပှဲၤတၢ်အပူၤဟိ မ့တမ့ၢ် တၢ်တဲၤဖးတဖၣ်, တၢ်အမိၢ်ပှၢ်လၢတၢ်မၤပှဲၤတၢ်အပူၤဟိ မ့တမ့ၢ် တၢ်တဲၤဖးတဖၣ် ၃. (ပှၤကွဲးတၢ်ကစီၣ်အတၢ်ပီးတၢ်လီ) တၢ်ကွဲးဖုၣ်, တၢ်ကစီၣ်ဖုၣ်, တၢ်ဂီၤလၢအမၤပှဲၤတၢ်လီၢ်လီၤဟိလၢလံာ်တၢ်ကစီၣ် မ့တမ့ၢ် လံာ်မဲးကစံ

fillet *n* တၢ်ညၣ်လၢတၢ်ထုးကွံာ်အဃံ

filling *a* (တၢ်အီၣ်) လၢအမၤပှဲၤဟၢဖၢချ့

filling *n* တၢ်မၤပှဲၤမဲ, တၢ်လၢတၢ်ဒၢနှာ်, မၤပှဲၤ, တၢ်လီၢ်လီၤဟိ

filling station *n* petrol station တၢ်ဆါသိလ့ၣ်အသိကျး, ကျးဆါသိလ့ၣ်အသိ, တၢ်ဆါသိလ့ၣ်အသိသန့, တၢ်ဆါက်အသိသန့

filly *n* ကသ့ၣ်မိၢ်ဖိ

film *n* ၁. တၢ်ဂီၤယဲၤ ၂. တၢ်ဂီၤမူ

film *v* ၁. ဒိတၢ်ဂီၤမူ ၂. ကျးဘၢ, ကျးဘၢဒီးတၢ်ဘူသလါဖိ

film projector *n* စဲးဒုးနဲၣ်တၢ်ဂီၤ

filmy *a* လၢအဘူသလါ, လၢအကဘျံးဒံး

filter *n* ၁. တၢ်ပံၢ်, နီၣ်ပံၢ်, တၢ်ပံၢ်ထံ, နီၣ်ပံၢ်ထံ, တၢ်ပံၢ်တၢ်သဝံ ၂. သိလ့ၣ်အတၢ်လဲၤတၢ်က့ၤတၢ်ရဲၣ်တၢ်ကျဲၤလၢအပျဲလဲၤထဲဒၣ်သိလ့ၣ်လၢအကလဲၤဆူအထွဲ မ့တမ့ၢ် အစ့ၣ်ဒီၤဖဲသိလ့ၣ်အဂၤတဖၣ်အီၣ်ပတှာ်ဖဲမ့ၣ်ဖီးပတှာ်အခါ, မ့ၣ်ဖီးပနီၣ်လၢမ့ၣ်ဖီးအပူၤလၢအဒုးနဲၣ်သိလ့ၣ်ကလဲၤဆူအစ့ၣ် မ့တမ့ၢ် အထွဲ ၃. ခိၣ်ဖျူထၢၣ်အတၢ်ဖံးတၢ်မၤအဒွဲပူၤတၢ်ရဲၣ်တၢ်ကျဲၤလၢအဘျီတံာ်ဃာ်တၢ်ဂ့ၢ်တၢ်ကျိၤလၢတလိၣ်တဖၣ် (ဖဲတၢ်ဃုတၢ်လၢအ့ထၢၣ်နဲးအဖီခိၣ်အခါ) ၄. မိာ်အခံထုး ၅. လါနါ

filter *v* ပံၢ် (တၢ်ထံတၢ်နိ)

filth *n* တၢ်ဘၣ်အၢဘၣ်သီ

filthily *adv* ဘၣ်အၢဘၣ်သီ

filthy *a* ဘၣ်အၢဘၣ်သီ

filtrate *n* တၢ်အထံလၢတၢ်ပံၢ်အီၤဝံၤ

filtration *n* တၢ်ပံၢ်ထံအကျိၤအကျဲ

fin *n* ၁. ညၣ်အရှ, ညၣ်အဒံး ၂. (လီၤဆီဒၣ်တၢ်သိလ့ၣ်ဃ့ၢ်ပြၢ) သိလ့ၣ်အတငၢ, သိလ့ၣ်အနီၣ်ကၢၢ်ကလံၤ ၃. ကဘီယူၤအတငၢ, ကဘီယူၤအနီၣ်ကၢၤကလံၤ

final *a* လၢခံကတၢၢ်

final *n* ၁. တၢ်ဂဲၤလိာ်ကွဲပြၢလၢခံကတၢၢ်, တၢ်ဂဲၤလိာ်ကွဲပြၢလၢခံကတၢၢ်လၢတၢ်ကစံၣ်ညီၣ်တဲာ်ပှၤမၤနၢၤတၢ် ၂. တၢ်ဒိးစဲးဖးဒိၣ်

finale *n* တၢ်ဒ့တၢ်အူကတၢၢ်အကတိၢ်, မူးပွဲအကတၢၢ်တကတိၢ်

finalist *n* ပှၤလၢအနှာ်လီၤပြၢဘၣ်တၢ်တုၤလၢတၢ်ပြၢလၢခံကတၢၢ်

finality *n* တၢ်ကျၢၢ်တံၢ်တၢ်လၢခံကတၢၢ်

finalize, finalise *v* မၤဝံၤမၤကတၢၢ်ကွံာ်, မၤဝံၤကွံာ်

finally *adv* လၢခံကတၢၢ်, အကတၢၢ်

finance *n* တၢ်ဖိၣ်တိၢ်ဖိၣ်စ့, ကျိၣ်ဓိၤစ့ဓိၤ

finance *v* ဆီၣ်ထွဲမၤစၢၤလၢကျိၣ်စ့တကပၤ

financial *a* လၢအဘၣ်ဃးဒီးကျိၣ်ဓိၤစ့ဓိၤ, လၢအဘၣ်ဃးဒီးကျိၣ်စ့ဂ့ၢ်ဝီ

financial aid *n* ကျိၣ်စ့တၢ်ဆီၣ်ထွဲမၤစၢၤ

financial year *n* ကျိၣ်စ့အနံၣ်

financier *n* ၁. ပှၤလၢအမၤတၢ်လၢကျိၣ်စ့ဂ့ၢ်ဝီ, တၢ်ကရၢကရိလၢအမၤတၢ်လၢကျိၣ်စ့ဂ့ၢ်ဝီ ၂. ပှၤဘျၢလီၤစ့, ပှၤဟ်လီၤစ့

finch *n* ထိၣ်ဖံ့းဖိတကလှာ်

find *n* ၁. တၢ်ဃုထံၣ်နှၢ်တၢ်လုၢ်ဒိၣ်ပှ့ၤဒိၣ်အတၢ်ဖံးတၢ်မၤ ၂. တၢ်လုၢ်ဒိၣ်ပှ့ၤဒိၣ် မ့တမ့ၢ် တၢ်ကဲဘျုးလၢတၢ်ဃုထံၣ်နှၢ်အီၤ, ပှၤလုၢ်ဒိၣ်ပှ့ၤဒိၣ်လၢပှၤဃုထံၣ်နှၢ်အီၤ

find *v* ၁. ကွၢ်ဃု, ဃုထံၣ် ၂. ထံၣ်နှၢ်က့ၤ

finder *n* ပှၤလၢအဃုထံၣ်နှၢ်တၢ်

finding *n* ၁. တၢ်အစၢလၢတၢ်ဃုထံၣ်သ့ၣ်ညါအီၤ ၂. တၢ်စံၣ်ညီၣ်တဲာ်
fine *a* ၁. လၢအဘ့ၣ်ကဆှၣ် ၂. လၢအကဆှဲကဆှီ (မူခိၣ်ကလံၤသိၣ်ဂီၤ) ၃. လၢအဂ့ၤ, လၢအကြၢးဝဲ
fine *adv* ၁. ဂ့ၤဂ့ၤ, ဂ့ၤကစီဒီ ၂. ဖိၣ်မး, မှာ်မှာ်နီၢ်နီၢ်, ဂ့ၤဂ့ၤဘၣ်ဘၣ်
fine *n* တၢ်စံၣ်ညီၣ်အိၣ်လိး
fine *v* စံၣ်ညီၣ်အိၣ်လိးတၢ်
fine art *n* မှာ်သးဖှံလၢ, ဖှံလၢတၢ်ကူၣ်သ့အက့ၢ်အဂီၤတဖၣ်လီၤဆီၣ်ဒ်တၢ်တၢ်ခဲၣ်တၢ်ဂီၤဒီးတၢ်စိးပျၢတၢ်ဂီၤလၢအဘၣ်တၢ်ဒုးအိၣ်ထီၣ်အီၤဃံဃံလၤလၤအါန့ၢ်ကကဲဘျုးကဲဖှိၣ်အဂီၢ်
fine print *n* လံာ်ဃံးဃာ်အတၢ်သိၣ်တၢ်သိတၢ်ဘျၢသဲစးအဂ့ၢ်အကျိၤအရှတဒိၣ်တဖၣ်လၢတၢ်ကွဲးအီၤဒီးလံာ်မဲာ်ဖျၢၣ်အဆံး
finely *adv* ဂ့ၤဂ့ၤဘၣ်ဘၣ်, ပြံကဒံ, ဃံဃံလၤလၤ
fineness *n* ၁. တၢ်ဘ့ၣ်ကဆှၣ် ၂. တၢ်ကဆှဲကဆှီ (မူခိၣ်ကလံၤသိၣ်ဂီၤ) ၃. ဂ့ၤ, ကြၢးဝဲ
finery *n* တၢ်ကယၢကယဲ, တၢ်ကူတၢ်ကၤလ့ၢ်ဒိၣ်ပှ့ၤဒိၣ်
finesse *n* တၢ်ဖံးတၢ်မၤလၢတၢ်မၤအီၤသ့သ့ဘၣ်ဘၣ်အိၣ်ဒီးတၢ်မှာ်သူၣ်မှာ်သး
finesse *v* မၤတၢ်သ့သ့ဘၣ်ဘၣ်ပှဲၤဒီးတၢ်ကူၣ်သ့, ကွၢ်ဆၢၣ်မဲာ်တၢ်သ့သ့ဘၣ်ဘၣ်ပှဲၤဒီးတၢ်ကူၣ်သ့
finger *n* စုနၢ, စုမု့ၢ်
 lay a finger on *idm:* အုၣ်သးဟ်ဒ့ၣ်ဟ်ကမၣ်ပှၤ
finger *v* ၁. ထိးတၢ်, ကလၢၢ်တၢ်တမံၤမံၤဒီးစုမု့ၢ်စုနၢ ၂. ဆိုးထိၣ်ပှၤတဂၤလၢအမၤကမၣ်တၢ်, တၢၣ်ဘၣ်ပၢၤကီၢ် ၃. ခွဲးတၢ်ဒ့
fingering *n* ၁. တၢ်ဟ်စုမု့ၢ်စုနၢ, တၢ်ဟ်စုမု့ၢ်စုနၢဖဲတၢ်ဒ့တၢ်အူတၢ်သံကျံအပိးအလိမ့တမ့ၢ် အပီးအလီတဖၣ် ၂. သိဆှၣ်လၢပှၤခွဲးတၢ်တ့ၢ်တၢ်အဂီၢ်
fingernail *n* စုမ့ၣ်
fingerprint *n* စုတဝံးပနိၣ်
fingertip *n* စုမု့ၢ်ခိၣ်ထိး

finical *a* ၁. လၢအအဲၣ်တၢ်လီၤတံၢ်လီၤဆဲးကဲၣ်ဆိး ၂. လၢအဃံၣ်အါအဃူးအါ, လၢအအ့ၣ်အါဆံၣ်အါ
finicky *a* ၁. လၢအအဲၣ်တၢ်လီၤတံၢ်လီၤဆဲးကဲၣ်ဆိး ၂. လၢအဃံၣ်အါအဃူးအါ, လၢအအ့ၣ်အါဆံၣ်အါ
finish *n* ၁. တၢ်ဝံၤ, တၢ်ကတၢၢ် ၂. မဲာ်ဘ့ၣ် ၃. ကသံၣ်ဖှူဘ့ၣ်ကတြှၣ်တၢ်
finish *v* ၁. မၤဝံၤ, မၤကတၢၢ်တၢ် ၂. အီလၢာ်ကွံာ်, သူလၢာ်ကွံာ်, စူးကါလၢာ်ကွံာ် ၃. ဝံၤလံ, ကတၢၢ်လံ ၄. ထူးကပီၤတၢ်, ဖှူဘ့ၣ်တၢ်
finished *a* ဝံၤ
finite *a* ၁. လၢအအိၣ်ဒီးတၢ်ဟ်ပနိၣ်အနူၣ်အဆၢလီၤတံၢ်လီၤဆဲး ၂. ဝီၢ်အက့ၢ်အဂီၤလီၤတံၢ်လီၤဆဲးလၢအဟ်ဖျါထိၣ်တၢ်ကဲထိၣ်သးအဆၢကတီၢ်
Finn *n* ဖ့လဲ(န)အထံဖိကိၢ်ဖိ, တၢ်လၢအဘၣ်ထွဲဒီးဖ့လဲ(န)
Finnish *n* ပှၤဖ့လဲ(န)ဖိ, ဖ့လဲ(န)အကျိာ်
fir *n* သ့ၣ်ဆိုတကလုာ်
fir cone *n* သ့ၣ်ဆိုသၣ်ဃ့ထီ
fire *n* ၁. မ့ၣ်အူ, မ့ၣ်အူအီၣ်တၢ် ၂. တၢ်ခးကျိ ၃. တၢ်အိၣ်ဒီးတၢ်သူၣ်ဟူးသးဂဲၤ, တၢ်အိၣ်ဒီးတၢ်သူၣ်ပိၢ်သးဝး ၄. မ့ၣ်အူဆၣ်လၢပှၤကဖီအီၣ်တၢ်အဂီၢ်, မ့ၣ်အူဆၣ် ၅. သံးအစီထံအတယၢၢ်လၢသံးဖိၢက်ဖိၤအပူၤ ၆. တၢ်လၢအဒုးကပီၤတၢ် (အဒိ – ဆၣ်)
fire *v* ၁. ခးကျိ ၂. ဖှဲၣ်မ့ၣ်အူ ၃. ထုးထိၣ်လၢတၢ်မၤအပူၤ ၄. မၤကိၢ်ထိၣ်ပှၤသး
fire alarm *n* မ့ၣ်ပလီၢ်, တၢ်ဟ့ၣ်ပလီၢ်လၢမ့ၣ်အူအီၣ်တၢ်
fire brigade *n* ပှၤမၤပံာ်မ့ၣ်ကရၢ
fire department *n* တၢ်မၤပံာ်မ့ၣ်အူဝဲၤကျိၤ
fire drill *n* တၢ်ဃုၢ်ပှၤဖျဲးသးလၢမ့ၣ်အူတၢ်မၤလိ, တၢ်ဃုၢ်ပှၤလိမ့ၣ်အူ
fire engine *n* သိလ့ၣ်မၤပံာ်မ့ၣ်အူ
fire escape *n* ယီဖျဲးမ့ၣ်အူ
fire extinguisher *n* တၢ်ပြီပံာ်မ့ၣ်အူ
fire hose *n* ထံဖိုးဘိဖးထီမၤပံာ်မ့ၣ်အူ, တၢ်မၤပံာ်မ့ၣ်အူအထံဖိုးဘိ
fire hydrant *n* ထံပီၤတြံၤ

fire station *n* တၢ်မၤပံာ်မ့ဉ်အူသန့

firearm *n* ကျိ

firebreak *n* ၁. တၢ်ဒီသဒၢမ့ဉ်အူအကျိၤအကျဲ ၂. မ့ဉ်အူအကျဲ

firecracker *n* မ့ဉ်လိာ်ကွဲ, မ့ဉ်ပျိ

firefighter *n* ပှၤမၤပံာ်မ့ဉ်အူ

firefly *n* နါကိဉ်လံ, နါပံဉ်လ့

firehouse *n* တၢ်မၤပံာ်မ့ဉ်အူသန့

firelight *n* မ့ဉ်အူအတၢ်ကပီၤ

fireman *n* ပှၤမၤပံာ်မ့ဉ်, ပှၤမၤပံာ်မ့ဉ်အူဖိ

fireplace *n* ဖဉ်ကပူၤ, ဖဉ်ကွာ်

firepower *n* ၁. ကျိချံမိုာ်သဉ်အတၢ်မၤဟးဂီၤတၢ်အသဟိဉ် ၂. တၢ်ခးကျိချံမိုာ်သဉ်စုကဝဲၤသ့အနီဉ်ဂံၢ်နီဉ်ဒွး, ကျိချံမိုာ်သဉ်အနီဉ်ဂံၢ်နီဉ်ဒွး

fireproof *a* လၢမ့ဉ်အူအီဉ်တန့ၢ်

fireside *n* တၢ်လီၢ်လၢဖဉ်ကွာ်ကပၤ, တၢ်လီၢ်လၢမ့ဉ်အူပူဉ်ကပၤ

firewall *n* ၁. တၢ်နူဉ်တြီမ့ဉ် ၂. ခီဉ်ဖွူထၢဉ်တၢ်မၤကျိၤကျဲလၢကတြီဆၢခီဉ်ဖွူထၢဉ်အဃၢ်

firewood *n* သ့ဉ်မှဉ်

firework *n* တၢ်ခးမ့ဉ်အူဖိ, တၢ်ခးမ့ဉ်လိာ်ကွဲ

firing line *n* ၁. တၢ်ခးကျိအကျိၤ ၂. တၢ်လီၢ်လၢပှၤကတိၤနဉ်ဒွဲဉ် မ့တမ့ၢ် ဟ်တၢ်ကမဉ်လၢအလိၤသ့အလီၢ် ၃. သးမ့ၢ်လၢအထိဉ်တၢ်မဲာ်ညါ, တၢ်မဲာ်ညါသုး

firing squad *n* သုးလၢအစံဉ်ညီဉ်ခးသံပှၤ, သုးလၢအစံဉ်ညီဉ်မၤသံပှၤ

firm *a* ၁. လၢအတဟူးတဝး, လၢအဆီတလဲတသ့ညီညီ ၂. လၢအလီၤတံၢ် ၃. လၢအကျၢၤ, ဃံး ၄. လၢအဂၢၢ်အကျၢၤ

firm *adv* ဂၢၢ်ဂၢၢ်ကျၢၤကျၢၤ, လီၤတံၢ်လီၤမံ, လီၤတံၢ်လီၤဆဲး

firm *n* မှၢ်ကျိၤဝဲၤကွာ်တၢ်မၤကရၢ, မှၢ်ဝဲၤ

firm *v* ၁. မၤဂၢၢ်မၤကျၢၤ, မၤဃံးထိဉ်, မၤကျၢၤထိဉ် ၂. ဂၢၢ်ကျၢၤထိဉ်

firmament *n* မူကပိာ်လိၤ, မူဒိ

firmly *adv* ကျၢၤကျၢၤ, ဃံးဃံး, ဆိုဉ်ဆိုဉ်, ကျၢၤမုဆူ

firmness *n* တၢ်ဂၢၢ်တၢ်ကျၢၤ, တၢ်အိဉ်ဂၢၢ်ခၢဉ်သနၢဉ်

first *a* အခီဉ်ထံး, အဆိကတၢၢ်

first *n* ၁. တၢ်အဆိကတၢၢ်, တၢ်အခီဉ်ထံးကတၢၢ် ၂. တၢ်လၢအဂ့ၤကတၢၢ်, လီၢ်လၤလၢအထိကတၢၢ် မ့တမ့ၢ် အရှ့ဒိဉ်ကတၢၢ် ၃. တၢ်အဆိကတၢၢ်တဘျီ ၄. တၢ်ဒုတၢ်အူအကလုၢ်အထိကတၢၢ် ၅. ဒိဉ်ကွံၤနီဉ်ဂံၢ်တၢတပတိၢ် ၆. နီဉ်ဂံၢ်တၢ, ပှၤမၤန့ၢ်နီဉ်ဂံၢ်တၢ, တီၤပတိၢ်အမးနီဉ်ဂံၢ်တၢ

first aid *n* တၢ်မၤစၢၤဆိ, ဂ့ၢ်ဂီၢ်အူတၢ်ကူစါယါဘျါဆိ

first class *a* လၢအဂ့ၤကတၢၢ်အပတိၢ်, လၢအပတိၢ်ထိကတၢၢ်

first class *n* တၢ်အဂ့ၤကတၢၢ်, တၢ်အဂ့ၤကတၢၢ်အပတိၢ်

first cousin *n* တၢတခွါ, ဒီတခွါတၢတဆိ, တခွါတံၢ်နီဉ်

first degree *a* ၁. (ဖံးဘ့ဉ်) လၢအအူအီဉ်ဖံးဘ့ဉ်အခီဉ်ထံးတပတိၢ် ၂. (တၢ်မၤကမဉ်သဲစး) လၢအနးကတၢၢ်

first degree *n* တၢ်လၢအအိဉ်လၢအထိကတၢၢ်တပတိၢ်

first edition *n* (လံာ်) တၢ်စဲကျံးထုးထိဉ်အဆိကတၢၢ်တဘျီ

first lady *n* အမဲရကၤကီၢ်ခိဉ်အမၢၤ, ကီၢ်ခိဉ်ကီၢ်နၢ်အမၢၤ

first language *n* နီၢ်ကစၢ်အကျိာ်, ကျိာ်အဆိကတၢၢ်တကျိာ်လၢတၢ်စးထိဉ်တဲအီၤ

first light *n* ဂီၤထၢဉ်သၢအတၢ်ကပီၤ, မုၢ်ဆ့ဉ်ထိဉ်အတၢ်ကပီၤ

first mate *n* (ပနံာ်တၢ်ကၤကဘီပူၤ) ကဘီခိဉ်စၢၤ, ကဘီခိဉ်ခံဂၤတဂၤ

first name *n* မံၤခီဉ်ထံး (also given name)

First World *n* ထံကီၢ်လၢအလဲၤထိဉ်လဲၤထီ, ထံကီၢ်လၢအကဲဒိဉ်

firstborn *n* ဖိဝံၢ်ကိ, ဖိအဆိကတၢၢ်တဂၤ

first-hand *a* လၢအသီသံဉ်ဘဲ

first-rate *a* လၢအဂ့ၤကတၢၢ်, လၢအကံၢ်အစီထိကတၢၢ်

fiscal *a* လၢအဘဉ်ဃးဒီးကမျၢၢ်အကျိဉ်အစ့, လၢအဘဉ်ဃးဒီးထံကီၢ်ပဒိဉ်အကျိဉ်အစ့

fiscal year *n* ကျိဉ်စ့အနံဉ်

fish *n* ညၣ်

other fish to fry *idm:* သးအိၣ်တၢ်အဂၤတမံၤ

fish *v* ၁. ဖိၣ်ညၣ်, မၤညၣ်, တခွဲညၣ် ၂. ထုးထိၣ်လၢထံကျါ ၃. ဃုကလၢၢ်တၢ်, ဃုပလၢၢ်တၢ်

fish farm *n* တၢ်ဘုၣ်ညၣ်အလိၢ်

fish paste *n* ညၣ်အှၣ်

fish trap *n* လၤ, ဘၢ (လၢပှၤဒိးအိၣ်ညၣ်)

fisherman *n* ပှၤမၤညၣ်ဖိ

fishery *n* တၢ်မၤအိၣ်ညၣ်

fishhook *n* တခွဲကနၣ်

fishing *n* တၢ်ဖိၣ်ညၣ်, တၢ်မၤညၣ်, တၢ်တခွဲညၣ်

fishing line *n* တခွဲပျံၤ

fishing pole *n* တခွဲဘိ

fishing rod *n* တခွဲဘိ

fishing tackle *n* တၢ်ဖိၣ်ညၣ်အပိးအလီ မ့တမ့ၢ် အပိးအလီ, တၢ်မၤညၣ်အပိးအလီ မ့တမ့ၢ် အပိးအလီ

fishmonger *n* ပှၤဆါညၣ်ဖိ

fishnet *n* ပှာ်ဖိၤစၤဖိၤ

fishwife *n* ၁. ပှၤပိာ်မုၣ်လၢအထးခိၣ်အၢ, ပှၤပိာ်မုၣ်လၢအတသံၣ်စူးကလာ်တၢ်ဒီးဃါတၢ်ဆူၣ် ၂. ပှၤပိာ်မုၣ်လၢအဆါအိၣ်ညၣ်

fishy *a* ၁. လၢအဖျါတလီၤနာ်, လၢပနာ်တသ့ ၂. လၢအနၢဆှံ

fission *n* ၁. တၢ်နိၤဖးလီၤအဲးထိ(မ)နူချံယၢး (စ)လၢကဟ့ၣ်ထိၣ်တၢ်ငံၢ်သဟီၣ် မ့တမ့ၢ် တၢ်ပိၢ်ဖးထိၣ် ၂. စဲ(လ)အတၢ်နိၤဖးမၤအါထိၣ်အသး

fissure *n* တၢ်တဲၤ, တၢ်အဲးထိၣ် (ဟီၣ်ခိၣ်–လၢ်)

fist *n* စုခိၣ်သၣ်

fistful *n* တစိၤ, တၢ်တစိၤ

fistula *n* တၢ်ဆါကျိၤ, တၢ်ပူၤလိၢ်အကျိၤ

fit *a* ၁. အိၣ်ဆူၣ်အိၣ်ချ့ ၂. လၢအကြၢးဝဲ

fit *n* ၁. တၢ်ထိၣ် (တၢ်ဆါ) ၂. တၢ်လီၤပလိာ်လိာ်သး, တၢ်ဘၣ်လိာ်ဖိးဒ့လိာ်သး, တၢ်ကြၢးတၢ်ဘၣ်လိာ်သး ၃. တၢ်ကဲထိၣ်ဖုး, တၢ်သးဂဲၤဖုး, တၢ်သးထိၣ်ဖုး (အဒိ, တၢ်နံၤထိၣ်)

fit *v* ၁. ဘၣ်လိာ်အသး. (အဒိ, *These trousers do not fit with me*) ၂. မၤဘၣ်လိာ်ဖိးဒ့, မၤလီၤပလိာ်, မၤဘၣ်ဂိာ်, မၤဘၣ်လိာ်ဘၣ်စး

fitful *a* လၢအတမၤအသးတပယူာ်ဃီ, လၢအမၤတၢ်တစဲးစဲးအိၣ်တစဲးစဲး, တဂၢၢ်တကျၢၤ

fitness *n* တၢ်အိၣ်ဆူၣ်အိၣ်ချ့, တၢ်အိၣ်ဒီးဂံၢ်ဘါလၢပှဲၤ, တၢ်လၢအကြၢးဝဲဘၣ်ဝဲ

fitting *a* ၁. လၢအကြၢးဝဲဘၣ်ဝဲ, လၢအဘၣ်လိာ်ဖိးဒ့လိာ်သး ၂. ဘၣ်ဖဲအကြၢး

fitting *n* ၁. ဟံၣ်ဃီအပိးအလီ, ဟံၣ်ဃီအပိးအလီ, ဟံၣ်အဃၢၤအဃိၢ် ၂. တၢ်ကူထိၣ်ကၤထိၣ်ကွၢ်တၢ်ကူတၢ်သိး, တၢ်ကူသိးထိၣ်ကွၢ်တၢ်ကူတၢ်သိး ၃. တၢ်စုကဝဲၤအပိးအလီ, တၢ်စုကဝဲၤအပိးအလီ, တၢ်အကၠအခီလီၤဖျဲၣ်တဖၣ်

fittingly *adv* ကြၢးဝဲဘၣ်ဝဲ

five *n* ယဲၢ်, ၅

fivefold *a* လၢအအိၣ်ယဲၢ်ပူ, လၢအအါထိၣ်ယဲၢ်စး

fix *n* ၁. တၢ်ကီတၢ်ခဲ, တၢ်အိၣ်လၢတၢ်ကီတၢ်ခဲအပူၤ ၂. တၢ်ဘိုဘၣ်မၤဂ့ၤထိၣ်တၢ် ၃. တၢ်ဃ့ၣ်လီၤတၢ်ကီတၢ်ခဲအစၢ ၄. တၢ်ဆဲးကသံၣ်မူၤဘိုး ၅. တၢ်ဃုထံၣ်န့ၢ်တၢ်မၤအလိၢ်အကျဲ, တၢ်ဃုထံၣ်န့ၢ်တၢ်တမံၤအလိၢ်အိၣ်လိၢ်ဆိး

fix *v* ၁. ဘိုဂ့ၤထိၣ်, မၤဘၣ်က့ၤ, ဘိုက့ၤ ၂. ထီထိၣ်တၢ်, မၤစဲထိၣ်က့ၤ. (အဒိ, ထီထိၣ်မ့ၣ်အူသၣ်လၢတၢ်ဒူၣ်ကပၤ) ၃. မၤလီၤတံၢ်, ဟ်ဂၢၢ်ဟ်ကျၢၤ ၄. ကွၢ်ထံထံဆးဆး ၅. ရဲၣ်ကျဲၤ, မၤတၢ်ရဲၣ်ကျဲၤ ၆. ကတဲာ်ကတီၤ (တၢ်အိၣ်တၢ်အီ) ၇. ဆဲးကသံၣ်မူၤဘိုး, စူးကါကသံၣ်မူၤဘိုး ၈. ဒ့ဒံၣ်, ဒီၣ်တဲာ်ချံသၣ်အကျိၤ ၉. (တၢ်ဂီၤ) မၤကျၢၤထိၣ်တၢ်အလွှၢ်, ကျံးတၢ်ဂီၤ

fixate *v* သးစဲတၢ်ဆူၣ်ဆူၣ်ကလာ်

fixation *n* ၁. တၢ်သးစဲတၢ်ဆူၣ်ဆူၣ်ကလာ် ၂. က်သဝံကဲထိၣ်တၢ်ကိၣ်လိၣ်အကျိၤအကျဲ

fixed assets *n* တၢ်စုလိၢ်ခိၣ်ခိၣ်လၢတၢ်ဆါလီၤဒီးသုးကွံာ်အလိၢ်တန့ၢ်ညီညီ

fixedly *adv* လၢအကွၢ်စူၣ်ဒီးတကွၢ်ဆူတၢ်လိၢ်အဂၤ, ကွၢ်ထံတၢ်

fixture *n* ၁. တၢ်အိၣ်ထီဃာ်, တၢ်လၢတၢ်ဘိုထိၣ်အီၤလၢဟံၣ်ပူၤဒီးစဲထီဃာ်အီၤ ၂. တၢ်လၢတၢ်စဲထီဃာ်အီၤ ၃. တၢ်အိၣ်ထၢၣ်လၢလိၢ်လၤ

F

အပှၤ, တၢ်အိၣ်ထီတ့ၢ်လၢတၢ်လီၢ်တတီၤ, ပှၤလၢအိၣ်ထီတ့ၢ်လၢတၢ်လီၢ်တပူၤဂၢ်ဂၢ်ကျၢၤကျၢၤ

fizz *v* သီၣ်ရှံရှံ, တၢ်ကလုၢ်သီၣ်ရှံရှံဒ်ဖဲတၢ်အိးထိၣ်စီၣ်ဒၣ်ပလီအသိး, တၢ်ခုၣ်ထံဘံယၢၣ်အကလုၢ်သီၣ်

fizzle *v* ၁. သီၣ်ရှူရှူ, သီၣ်ဒ်တၢ်ဆဲးသိအိၣ်တၢ်အကလုၢ် ၂. ဆံးလီၤစှၤလီၤကွံၣ်, ယၣ်ကွံၣ်

fizzy *a* လၢအကလုၢ်သီၣ်ဒီးအိၣ်ဒီးစံၣ်ပိလိတဖၣ်, လၢအသီၣ်ရှံရှံ

fjord *n* ပိၣ်လဲၣ်ဒ့စ့ၤ

flabbergasted *a* လၢအကမၢကမၣ်ဒိၣ်ဒိၣ်ကလဲာ်ဒီးဖုးသံပျိၢ်သံ

flabby *a* လၢအစၢ်, လၢအလီၤဘှုးလီၤစဲၤ, လၢအဖံးအညဉ်ပှဲာ်ဒီးအကျိၤသလီး, အသးဂံၢ်စၢ်

flaccid *a* လၢအဖံးစၢ်ညၣ်စၢ်, လၢအဖံးကဘုးညၣ်ကဘုး, လၢအစၢ်လီၤဘှုး

flag *n* နီၣ်တယၢ်

flag *v* ၁. မၤနီၣ်ယာ်တၢ်ပနီၣ် ၂. ဝံၢ်ဝံၢ်နီၣ်တယၢ်ဒီးနဲၣ်ပှၤကျဲ ၃. ဆဲးလီၤနီၣ်တယၢ်, ကယၢကယဲထိၣ်ဒီးနီၣ်တယၢ် ၄. လီၤဘုံးလီၤဘှါ, လီၤညွှံးလီၤဘဲ, လီၤဘှုးလီၤဘဲ, ဂံၢ်ဘါစှၤလီၤ, ဂံၢ်ဘါစၢ်လီၤ

flagging *a* လၢအလီၤဘုံးလီၤတီၤ, လၢအတၢ်သးဆူၣ်စၢ်လီၤ

flagon *n* တၢ်ဒၢထီကိာ်, ပလီထီကိာ်

flagpole *n* နီၣ်တယၢ်အထူၣ်

flagrant *a* လၢအအိၣ်ဖျါတြၢ်ကလာ်, လၢအမၤကမၣ်တၢ်, လၢအမဲာ်ကဲၤကဝဲၤ, လၢတၢ်ကဲၤမဲာ်ကဲၤနါအပူၤ

flagship *n* ၁. ကဘီလၢအစိာ်နီၣ်တယၢ်ဒီးခိၣ်နၢ်လၢအဒိၣ်အထီတဖၣ်ဒီးဝဲ ၂. တၢ်အဂ့ၤကတၢၢ်လၢတၢ်ကရၢကရိတဖၣ်ပၢဘၣ်ဒီးစူးကါဝဲ

flair *n* န့ဆၢၣ်အတၢ်သ့တၢ်ဘၣ်, တၢလၣ်, တၢ်သ့တၢ်ဘၣ်လၢအဟဲပၣ်ယှာ်လၢမိၢ်အဟၢဖၢပှၤ

flak *n* ၁. တၢ်ပဲာ်အၢပဲာ်သီတၢ်နးနးကလဲာ် ၂. ကျိၤကဘီယူၤ

flake *n* တၢ်ကဘျံးဖံးဖိ, အကဘျံး

flake *v* ကဲထိၣ်တၢ်ကဘျံးဖံး, အကဘျံးလီၤ, ဆိကဘျံးလီၤတၢ်

flaky *a* ၁. လၢအကဲထိၣ်တၢ်ကဘျံးဖံးသ့, လၢအလီၤကဘျံးသ့ ၂. လၢအလီၤဆီ, လၢအသးပှၤနီၣ်တၢ်ဆူၣ်

flamboyant *a* လၢအကပြုၢ်ကပြီၤ, လၢအကယၢအသးကပြုၢ်ကပြီၤလီၤတိၢ်လီၤဆီ

flame *n* ၁. ကဲၤကပျိုၤထိၣ် ၂. သးကလၢၢ်ဘၣ်တၢ်ဆူၣ်ဆူၣ်ကလာ်, သးကပျိုၤထိၣ်

flame *v* ၁. မ့ၣ်အူကပျိုၤထိၣ်, ကဲၤကပျိုၤထိၣ် ၂. သးကလၢၢ်ဘၣ်တၢ်ဆူၣ်ဆူၣ်ကလာ်

flameproof *a* လၢမ့ၣ်အူအီၣ်တန့ၢ်

flame-thrower *n* ကျိၤမ့ၣ်အူ, ကျိမ့ၣ်အူ

flaming *a* ၁. လၢအပှဲၤဒီးတၢ်သူၣ်ဒိၣ်သးဖျိုး ၂. လၢအပှဲၤဒီးမ့ၣ်အူသၣ် ၃. လၢအဂီၤဆူၣ်ဂီၤရဲ, လၢအလွှၢ်ဘီဂီၤဆူၣ်

flamingo *n* ထိၣ်ကီးထံလၢအလွှၢ်ဂီၤစၢ်

flammable *a* လၢမ့ၣ်အူအီၣ်အီၤညီ

flank *n* ၁. တၢ်အကပၤ (အဒိ, ကစၢ်အကပၤ) ၂. တၢ်သူၣ်ထိၣ်အကပၤ, ပှၤကညီအကပၤ, ဆၣ်ဖိကိၢ်ဖိအကပၤ

flank *v* အိၣ်လၢအကပၤ, လၢအကပၤ

flannel *n* ၁. တၢ်ကံးညာ်ဘဲ, သိဆူၣ်လၢအကပုာ်ဒီးစၢ်, သးကလးအစၢ်တကလုာ် ၂. တၢ်ကတိၤဖျၢၣ်လၢအခီပညီတအိၣ်

flap *n* ၁. တၢ်က့လီၤစဲၤကဘျၣ်ဒၣ် ၂. တၢ်ဘ့ၣ်ဘၣ်ဝးယဲၤယီၤဖးဖး ၃. ကဘီယူၤလၣ်ပၢၤကလံၤ

flap *v* ဝံ (အဒံးဆ့), ပှာ် (အဒံး), တပျုာ် (အဒံး)

flare *n* ၁. မ့ၣ်အူလၣ်ကပျိၤ ၂. တၢ်သူၣ်ပိၢ်သးဝးထိၣ်သတူၢ်ကလာ် ၃. တၢ်ကပီၤဆူၣ်ဆူၣ်ဘှံၣ်ဘှံၣ်, တၢ်မၤကပီၤမ့ၣ်အူလၢကဟ့ၣ်တၢ်ပနီၣ်အဂီၢ်, တၢ်ခးတပျိုၤထိၣ်တၢ် ၄. တၢ်ကပီၤဆဲးကလၤလၢအမၤကဒုတၢ်ဂီၤသတူၢ်ကလာ် ၅. ဖျိၣ်ခံဒၢလွံ, ဖျိၣ်ခံကဟၣ်ခိၣ်, ဖျိၣ်ခံကတြၣ်ခိၣ်

flare *v* ၁. (မ့ၣ်အူ) ကပျိုၤထိၣ် ၂. သူၣ်ဒိၣ်သးဖျိုးထိၣ်သတူၢ်ကလာ် ၃. လဲၢ်ထိၣ်, ဒိၣ်ထိၣ်လဲၢ်ထိၣ်, (တၢ်ကူတၢ်ကၤ) ကဟၣ်လီၤဆူအဖီလာ်တခီ ၄. (နါဒ့) ကတြၣ်ထိၣ်

flare-up *n* တၢ်ကဲထိၣ်အသးနးနးသတူၢ်ကလာ်, တၢ်ဆါနးနးသတူၢ်ကလာ်

flash *a* ၁. လၢအပှၤဒိၣ်ဒီးဆူၣ်ဆူၣ်ဘှံၣ်ဘှံၣ်, လၢအဂ့ၤဒီးသီသံၣ်ဘဲ ၂. လၢအိၣ်ဒီးတၢ်ကယၢကယဲကပြုၢ်ကပြီၤ, လၢအဒိၣ်အသွါဒီးထုးန့ၢ်သူၣ်ထုးန့ၢ်သး ၃. လၢအဘၣ်ဃးဒီးပှၤအၢပှၤသိ, လၢအဘၣ်ဃးဒီးပှၤမၤကမၣ်ကွဲၢ်မ့ၣ်

flash *n* ၁. တၢ်ကပီၤကပြၢ်ကပြီၤ, တၢ်ကပီၤထီဉ်ဖြဉ်ကလာ်, တၢ်ကပြၢ်ကပြီၤထီဉ်ဖြး (အဒိ, လီဝ်ဖံးအတၢ်ကပြၢ်, တၢ်အလွဲၢ်ဆူဉ်ဆူဉ်ဘှဲဉ်ဘှဲဉ်) ၂. တၢ်ပီးတၢ်လီတမံၤမံၤအတၢ်ကပြၢ် (အဒိ, ဒီအတၢ်ကပြၢ်) ၃. တၢ်သးဂဲၤဖုးသတူၢ်ကလာ်, တၢ်သးဒိဉ်ထီဉ်ဖုး ၄. တၢ်ဆိကမိဉ်ဟဲထီဉ်ဖုး ၅. တၢ်ဒိတၢ်ဂီၤလၢအစူးကါတၢ်ကပီၤ ၆. တၢ်ထုးနုာ်ပှၤအသးခီဖျိတၢ်ဟ်ဖျါတၢ်အိဉ်ယၢၤ

flash *v* ၁. (မ့ဉ်အူ) ကပြၢ်, (လီဝ်ဖံး) ကပြၢ် ၂. (တၢ်ဆိကမိဉ်) ဟဲထီဉ်ဖုး ၃. ဟ်ဖျါထီဉ်အတၢ်အိဉ်တၢ်ယၢၤခီဖျိကူကၤဒီးကယၢအသးဆူဉ်ဆူဉ်ဘှဲဉ်ဘှဲဉ်ဒီးတၢ်လုၢ်ဒိဉ်ပှ့ၤဒိဉ်တဖဉ်

flash flood *n* ထံဒိဉ်ထီဉ်သတူၢ်ကလာ်ခီဖျိတၢ်စူၤဒိဉ်အယိ

flashback *n* တၢ်သ့ၣ်နီဉ်ထီဉ်ကဒါက့ၤတၢ်ကဲထီဉ်သးလၢအပူၤကွံာ်

flashcard *n* စးခိတီဉ်ခးက့, ခးက့လၢတၢ်စူးကါအီၤလၢတၢ်သိဉ်လိအဂီၢ်

flashing *n* တၢ်ဘ့ဉ်ဘဉ်လၢအကျၢၢ်ဘၢဟံဉ်ခိဉ်ဒုး, နီဉ်ကျၢၢ်ဘၢဟံဉ်ခိဉ်ဒုးအဆၢ

flashlight *n* လီဆို

flashpoint *n* တၢ်စုဆူဉ်ခီဉ်တကးအိဉ်ထီဉ်အလီၢ်, တၢ်သဘံဉ်သဘုဉ်ကဲထီဉ်အလီၢ်

flashy *a* ၁. လၢအကပြၢ်ကပြီၤဆူဉ်မဲာ်ကဲၤမဲာ် ၂. လၢအထုးနုာ်ပှၤသးခီဖျိအကပြၢ်ကပြီၤဒိဉ်မး ၃. လၢအဟ်မၤအသးဒ်အသ့အသိး

flask *n* ထံကီၢ်ဒၢ, ပလီအံဉ်ခိဉ်

flat *a* ၁. ဘံဉ်, ပၢၤ ၂. လၢအဘျ့ဒီးပၢၤ ၃. လီၤကၢဉ်လီၤကျူ, တလီၤသးစဲ, လၢအသးသမူတအိဉ်, လၢအတသူဉ်ပိၢ်သးဝး, လၢအတၢ်သူဉ်ဟူးသးဂဲၤတအိဉ် ၄. (သံး) လၢအရီၢ်တအိဉ် ၅. လၢအသမၢကွံာ်လၢာ်လၢာ်ဆ့ဆ့ ၆. (သိလ့ဉ်အပဉ်) လၢအကလံၤတအိဉ်, ကလံၤလၢာ်ကွံာ် ၇. (ဘဲးထြံဉ်) လၢအဆဉ်တအိဉ်လၢၤ, လၢအသဟီဉ်တနုၢ်လၢၤ ၈. လၢအပှ့ၤထဲသိးသိးလိာ်သးခဲလၢာ် ၉. လၢအဒိဉ်

flat *n* ဟံဉ်ဒၢးဖှိဉ်, ဟံဉ်အကထၢ

flatbed *n* သိလ့ဉ်ပဒၢးဖးဒိဉ်, သိလ့ဉ်ပဒၢးဖးဒိဉ်လၢအကပၤဒီးအခိဉ်တအိဉ်ဒီးစိာ်တၢ်ဖိတၢ်လံၤအဃၢတဖဉ်

flatline *v* ၁. သံလံ, ဘုးကသံ ၂. လီၤကွံာ်ဆူအကတၢၢ် (သးစံဉ်)

flatly *adv* (သမၢ) လၢာ်လၢာ်ဆ့ဆ့, တဲာ်တဲာ်ဖျါဖျါ

flatmate *n* ပှၤနီၤအိဉ်သကိးလီၢ်အိဉ်ဆိးဒီးပှၤဂၤ, တံၤသကိးလၢအအိဉ်လၢဟံဉ်အကထၢတဖျၢဉ်ဃီအပူၤ

flatten *v* ၁. မၤလီၤပၢၤတၢ်, မၤဘံဉ်သလဉ် ၂. မၤဟးဂီၤကွံာ်လၢာ်လၢာ်ဆ့ဆ့ ၃. ထိတဘျီယီတ့ၤလၢအလီၤယံၤ ၄. မၤနၢၤမၤဃဉ်ကွံာ်လၢာ်လၢာ်ဆ့ဆ့

flatter *v* ပတြၢၤလု, ပတြၢၤခိဉ်ခံ, ပတြၢၤတၢ်လၢသူဉ်တလီၤသးတဘျၢအပူၤ အဒိ, စီၤဝါပတြၢၤလုအသကိးအဃိအတၢ်သးထိဉ်အီၤလီၤ, စံးပတြၢၤလွဲနုၢ်ပှၤအသး

flattering *a* လၢအစံးပတြၢၤလွဲနုၢ်ပှၤအသး, လၢအပတြၢၤလုတၢ်, လၢအပတြၢၤခိဉ်ခံတၢ်, လၢအပတြၢၤတၢ်လၢတၢ်သူဉ်တလီၤသးတဘျၢအပူၤ

flattery *n* တၢ်စံးပတြၢၤလွဲနုၢ်တၢ်, တၢ်စံးပတြၢၤထးခိဉ်ဖံးလာ်တၢ်, တၢ်စံးပတြၢၤလုတၢ်

flatulence *n* ဟၢဖၢထီဉ်, တၢ်ဟၢဖၢဒၢကၢလၢကလံၤ, တၢ်ဟုးထီဉ်သးကး

flatulent *a* ၁. လၢအဟၢဖၢဒၢကၢလၢကလံၤ, လၢအဟၢဖၢထီဉ် ၂. လၢအကတိၤဒိဉ်ကတိၤသွါတၢ်

flaunt *v* ကတိၤဒိဉ်အကဲာ်, မၤလၤအသး, လိာ်ဒိဉ်အသး

flautist, flutist *n* ပှၤအူပံဖိ

flavour, flavor *n* တၢ်အရီၢ်, တၢ်အဘိဉ်အဘဲ, တၢ်အဝံဉ်အဘဲ

flavour, flavor *v* ထၢနုာ်လီၤတၢ်အရီၢ်

flavoured, flavored *a* ၁. လၢအဟ့ဉ်ထီဉ်တၢ်အရီၢ် ၂. လၢအထၢနုာ်လီၤတၢ်အရီၢ်

flavouring, flavoring *n* တၢ်မၤဘဲထီဉ်တၢ်အီဉ်အရီၢ်

flaw *n* တၢ်လီၤတိၢ်, တၢ်တလၢတပှဲၤ

flawed *a* ၁. လၢအတလၢတပှဲၤ, လၢအလီၤတိၢ်, လၢအိဉ်ဒီးတၢ်ကမဉ်, လၢအိဉ်ဒီးတၢ်လီၤတူာ်လီၤကာ် ၂. လၢအဆုဉ်, လၢအဟးဂီၤ

flawless *a* လၢအလၢအပှဲၤ, လၢအတလီၤတိၢ်, လၢအတၢ်ကမဉ်တအိဉ်, လၢတၢ်လီၤတူာ်လီၤကာ်တအိဉ်

flax *n* ဆိုဉ်, ပအီ

F

flay *v* ၁. ဖျ့သဘျူးကွံာ်, သဘျုံးကွံာ်အှဉ်ကွံာ်တၢ်ဖံး, ဖျ့တုၤလၢအဘ့ဉ်လီၤသဘျူး ၂. ဃဉ်အၢဃဉ်သီပှၤ

flea *n* ကျံ, ဆဉ်ဖိကိၢ်ဖိအကျံ

flea market *n* ဖွါလၢအဆါတၢ်လီၢ်လံၤ, ဖွါလၢအဆါတၢ်လၢပှၤစူးကါအီၤဝံၤဆါက့ၤအီၤ

fleabag *n* ဟံဉ်ဒွဲလီၢ်လံၤဖိဃး, ဟံဉ်ဒွဲဘဉ်အၢကးပြံး

fleck *n* တၢ်ဘဉ်အၢဘဉ်သီပူၤဖီးပူၤဖီးပူၤစဲးပူၤစဲး, တၢ်ဘဉ်အၢအိဉ်ဆူနူဉ်တဖီးဆူအံၤတဖီး

fleck *v* မၤနီဉ် မ့တမ့ၢ် မၤဘဉ်အၢဒီးတၢ်အဖီးပူၤဖီးပူၤဖီး

fledgling *n* ၁. ထိဉ်ဖိလၢအဒံးပဲ့ၤထိဉ်သီသီ, ထိဉ်ဖိလၢအယူၤလိအသးသီသီ ၂. တၢ်ကရၢကရိလၢအစးထိဉ်မၤလိတၢ်လၢတအိဉ်ဒီးအတၢ်လဲၤခီဖျိ

flee *v* ယ့ၢ်ဖျိးကွံာ်, ယ့ၢ်မံ့

fleece *n* ၁. သိဆူဉ် ၂. တၢ်ကံးညာ်လၢအကပုာ်ဒီးလၢၤဒ်သိဆူဉ်အသိး ၃. လၢအကပုာ်လုးကဖီလီဒ်သိဆူဉ်အသိး

fleece *v* ၁. လူၤသိဆူဉ်, တံာ်သိဆူဉ် ၂. လံဉ်အီဉ်လီအီဉ်ပှၤစ့

fleecy *a* ၁. ဘဉ်တၢ်မၤအီၤလၢသိဆူဉ် ၂. ဘဉ်တၢ်မၤအီၤလၢတၢ်လၢအလီၤက်ဒီးသိဆူဉ်

fleet *a* လၢအချ့သဒံး, လၢအသုးအသးချ့သဒံး

fleet *n* ၁. ကဘီတကရူၢ်, ကဘီဒီဖုတဖု ၂. သိလ့ဉ် မ့တမ့ၢ် ကဘီယူၤတဖဉ်လၢအဘဉ်ဃးဒီးပှၤတကရူၢ်

fleeting *a* လၢအအိဉ်ဒဉ်ထဲတစိၢ်ဖိ, မီကိာ်ဖိ, လၢအလၢာ်ကွံာ်ချ့သဒံး

Flemish *n* ၁. ပှၤဖျဲမံးဖိ, ကလုာ်နူဉ်လၢအအိဉ်ဆိးလၢဘလဲကံ့ယၢဉ်တကလုာ် ၂. ဖျဲမံးအကျိာ်, ကျိာ်လၢအလီၤက်ဒ့ၢမနံဉ်အကျိာ်လၢတၢ်ကတိၤအီၤလၢဘဲလကံ့ယၢဉ်ကိၢ်

flesh *n* ၁. တၢ်အညဉ်, တၢ်ဖံးတၢ်ညဉ် ၂. တၢ်သူတၢ်သဉ်

flesh wound *n* တၢ်ဘဉ်ဒိဘဉ်ထံးလၢဖံးလၢညဉ်, ဖံးဘ့ဉ်တၢ်ဘဉ်ဒိဘဉ်ထံး, တၢ်ပူၤလီၢ်ဖးလဲၢ်လၢတတုၤလီၤလၢအဃံ

fleshly *a* လၢအဘဉ်ဃးဒီးပသွံဉ်ပထံ, ဘဉ်ဃးဒီးပဖံးပညဉ်ပနီၢ်ခိနီၢ်ကစၢ်

fleshy *a* ၁. လၢအဘီဉ်အသိ, လၢအဖံးအါညဉ်အါ, ဘီဉ်ဘီဉ်သိသိ ၂. လၢအညဉ်တီဉ်ဒီးကပုာ်

flex *n* ၁. တၢ်ကဲ့ဉ်ကူ ၂. လီသွဲအပျံၤ

flex *v* ၁. ထုးဆၢစုထုးဆၢခီဉ်, မၤဖုဉ်ဆၢထူဉ်ပျ်ၢ ၂. ချံးလီၤ, ကဲ့ဉ်လီၤ

flexibility *n* တၢ်လၢအဆီတလဲအသးသ့ဒ်သိးကမၤဘဉ်လိာ်သးဒီးတၢ်အိဉ်သးအဂီၢ်, တၢ်စၢ်ယဲာ်စၢ်ယိာ်, တၢ်စၢ်ယံာ်စၢ်ယဲာ်

flexible *a* ၁. လၢအစၢ်ယဲၢ်စၢ်ယိာ် ၂. လၢအလဲလိာ်အတၢ်ဟ်သူဉ်ဟ်သးသ့ညီညီ, လၢတၢ်ဘိးအီၤန့ၢ်ယၢ်ခီယၢ်ခီ

flexitime *n* တၢ်ရဲဉ်တၢ်ကျဲၤတၢ်ဖံးတၢ်မၤအဆၢကတီၢ်ယၢ်ခီယၢ်ဘးအကျိုအကျဲ

flick *n* ၁. တၢ်ချးပတ့ၤတၢ်, တၢ်တပျူာ်တၢ်လၢစု, တၢ်တဆ့တၢ်, တၢ်ဖျ့တၢ်ချ့သဒံး ၂. တၢ်မၤတၢ်တမံၤမံၤချ့သဒံး (အဒိ, *I had a quick flick through your report*)

flick *v* ၁. ချးပတ့ၤတၢ်, တပျူာ်တၢ်လၢစု, တဆ့တၢ် ၂. ဖျ့တၢ်ချ့သဒံး ၃. ဝံၢ်ဝၢ်အမဲၢ် ၄. စံၢ်မ့ဉ်ပဒ့

flicker *v* ကပီၤကနိးကစုာ်, ကပီၤပံာ်လ့ပံာ်လ့, ကပီၤကဒုကယိၢ်

flight *n* ၁. တၢ်လဲၤတၢ်က့ၤလၢကဘီယူၤ ၂. ယီတခီဉ်, ယီတစိၤ ၃. တၢ်ယ့ၢ်ဖျိးကွံာ်

flight attendant *n* ကဘီယူၤအပှၤတူၢ်တမုံၤ, ပှၤတူၢ်တမုံၤလၢကဘီယူၤအဖီခိဉ်

flight crew *n* ပှၤကဘီယူၤဖိ, ပှၤမၤတၢ်ဖိလၢကဘီယူၤအပူၤတဖဉ်

flight deck *n* ၁. ပှၤနီဉ်ကဘီယူၤအလီၢ် ၂. ကဘီတီကဘီယူၤအဖီခိဉ်တၢ်လီၢ်ပၢၤဖးလဲၢ်လၢကဘီယူၤ, ဟဲးလံဉ်ခီးပထၢဉ်စိၢ်ထိဉ်စိၢ်လီၤသ့, တၢ်လီၢ်ပၢၤဖးလဲၢ်လၢကဘီတီကဘီယူၤအဖီခိဉ်

flight path *n* ကဘီယူၤလဲၤတၢ်အကျိၤ

flight recorder *n* ကဘီယူၤအတၢ်ကွဲးနီဉ်တလါသူ, ဟီးလီလၢအမၤနီဉ်မၤဃါကဘီယူၤအတၢ်လဲၤတၢ်က့ၤ

flightily *adv* လၢတၢ်သးတဂၢၢ်တကျၢၤအပူၤ, လၢတၢ်သးကဒံကဒါအပူၤ, လၢတၢ်ဆိကမိဉ်ဒံဝ့ၤဒံဝီၤအပူၤ

flightiness *n* တၢ်သးတဂၢၢ်တကျၢၤ, တၢ်သးကဒံကဒါ, တၢ်ဆိကမိဉ်ဒံဝ့ၤဒံဝီၤ

flighty *a* လၢအသးတဂၢၢ်တကျၢၤ, လၢအသးအါ, လၢအသးကဒံကဒါ, လၢအတၢ်ဆိကမိၣ်ဒံဝ့ၤဒံဝီၤ

flimsy *a* လၢအတကျၢၤတနူၤ, လၢအဟးဂီၤညီ, လၢအတကိုၢ်တၢ်ဘၣ်, ဘူ, စါ

flinch *v* (ဘ့ၣ်) ကသုၣ်, ဖုး, ဂုၤအခံခီဖျိတၢ်ဆါဘၣ်အီၤ မ့တမ့ၢ် ပျံၤတၢ်အယိ

fling *n* ၁. တၢ်ကွံာ်တၢ်လၢဂံၢ်အလၢာ်, တၢ်ဘျုးတၢ်လၢဂံၢ်အလၢာ် (နီၣ်ဘျုး) ၂. တၢ်မၤသူၣ်ဖုံသးညီတစိၢ်တလီၢ်ဖိ ၃. တၢ်မံဃှာ်လိာ်သးတစိၢ်ဖိ, တၢ်အိၣ်ဒီးမုၣ်ခွါသွံၣ်ထံးတၢ်ရှလိာ်မှာ်လိာ်တစိၢ်ဖိ

fling *v* ကွံာ်တၢ်, ဘျုးတၢ် (လၢနီၣ်ဘျုး)

flint *n* လၢၢ်မ့ၣ်

flinty *a* လၢအသူၣ်ကိၤသးကိၤ, လၢအသးလီၤကိ, လၢအခိၣ်ကိၤ

flip *n* ၁. တၢ်ဃၣ်ကဒါ ၂. တၢ်အိးထိၣ်ချ့ချ့ ၃. တၢ်ပထါကွံာ်, တၢ်ချး (ကွံာ်ထိၣ်) တၢ်

flip *v* ၁. ဃၣ်ကဒါ ၂. အိးထိၣ်ချ့ချ့ ၃. ပထါကွံာ်, ချး (ကွံာ်ထိၣ်), ကွံာ်ထိၣ်ဆူတၢ်ဖးဖီ ၄. သးဒိၣ်ထိၣ်ဖုး ၅. ထုးစဲး, စံၢ် (မ့ၣ်ပဒ့), စးထိၣ် မ့တမ့ၢ် ပတှာ်စဲး

flip-flop *n* ၁. ခီၣ်ဖံးတံာ်, ခီၣ်ဖံးတြံာ်ခီၣ် ၂. ဆီတလဲတၢ်ဆိကမိၣ်တၢ်ဟ်သး

flip-flop *v* ၁. ဟးသိၣ်ဖျဲးဖျဲး ၂. ဆီတလဲ မ့တမ့ၢ် ဃၣ်ကဒါက့ၤတၢ်ဆိကမိၣ်ချ့သဒံး

flippant *a* လၢအတဟ်လုၢ်ဟ်ကါတၢ်, လၢအတအိၣ်ဒီးတၢ်ယူးယီၣ်ဟ်ကဲတၢ်

flirt *n* ပှၤဆုၣ်လိာ်ကွဲ (ပိာ်မုၣ်, ပိာ်ခွါ), ပှၤမၤကလိၢ်ကလံးအသး

flirt *v* ၁. မၤလီၤအဲၣ်အသးဒ်သိးကလီနဲ့ၢ်တၢ်, မၤလီၤအဲၣ်အသးဒ်သိးကကွဲနဲ့ၢ်လွဲနဲ့ၢ်တၢ် ၂. ဆုၣ်လိာ်ကွဲ (ပိာ်ခွါ, ပိာ်မုၣ်), မၤကလိၢ်ကလံးအသး (ဒီးပိာ်မုၣ်, ပိာ်ခွါ)

flirtation *n* ၁. တၢ်မၤလီၤအဲၣ်အသးဒ်သိးကလီနဲ့ၢ်တၢ်, တၢ်မၤလီၤအဲၣ်အသးဒ်သိးကကွဲနဲ့ၢ်လွဲနဲ့ၢ်တၢ် ၂. တၢ်ဆုၣ်လိာ်ကွဲ (ပိာ်ခွါ, ပိာ်မုၣ်), တၢ်မၤကလိၢ်ကလံးအသး (ဒီးပိာ်မုၣ်, ပိာ်ခွါ)

flirtatious *a* လၢအမဲာ်သၣ်အါ, လၢအသးအါ, လၢအမၤကလိၢ်ကလံးအသး, လၢအမၤကတၢလိာ်ကွဲပှၤအသး

flit *v* စံၣ်တခွ့စံၣ်တခွီဆူအံၤဆူဘး, ယူၤဝ့ၤယူၤဝီၤဆူအံၤဆူဘး

float *n* ၁. တၢ်လၢအထိၣ်ဖီလၢထံအမဲာ်ဖံးခိၣ် အဒိ, ထိ, တခွဲဖီးသၣ်, တၢ်ထီၣ်ဖီ ၂. ဖျၢၣ်ထိၣ်ဖီ ၃. သိလ့ၣ်လၢတၢ်ကယၢကယဲထိၣ်အီၤဒီးတၢ်ဟးဝ့ၤဝီၤဒုးနဲၣ်တၢ်ဖိတၢ်လံၤ ၄. စ့လီၤဖုံၣ်တဖဉ် ၅. တၢ်ခုၣ်ထံလၢအိၣ်ဒီးကိၣ်ထံခုၣ်ဖိ

float *v* ၁. ထိၣ်ဖီ (လၢထံ မ့တမ့ၢ် အထံဖီခိၣ်) ၂. ဒံဝ့ၤဒံဝီၤ (လၢကလံၤကျါ) ၃. ပျံၢ်ထိၣ်ဖီစ့, (ခီပနံာ်) စးထိၣ်ဆါလီၤခီပနံာ်အ "ရှဲယဉ်" တဖဉ်ဆူကမျၢၢ်အဆိကတၢၢ်တဘျီ ၄. ဟ့ၣ်ထိၣ်တၢ်ဟ့ၣ်ကူၣ်လၢတၢ်ကယုသ့ၣ်ညါပှၤအါဂၤအတၢ်ထံၣ် ၅. ကွဲးဟ့ၣ် "ခွဲး" အါနူၢ်ဒံးစ့အိၣ်လၢစ့တားစရီအပူၤ

floating *a* လၢအထိၣ်ဖီ, လၢအဒံဝ့ၤဒံဝီၤ (လၢကလံၤကျါ)

flock *n* ၁. သိအနူၣ် ၂. ထိၣ်အနူၣ်

flock *v* ဟ်ဖှိၣ်ထိၣ်သးဒီနူၣ်ဒီထၢ

floe *n* ထံလီၤသကၤအဘ့ၣ်ဖးလဲၢ်လၢအလီၤထွံလၢပီၣ်လဲၣ်ပူၤ

flog *v* ၁. တိၢ်တၢ်, ဖျ့တၢ် ၂. ဆါလီၤကွံာ်

flogging *n* ၁. တၢ်တိၢ်တၢ်, တၢ်ဖျ့တၢ်, တၢ်စံၣ်ညီၣ်ပှၤတဂၤဂၤခီဖျိတၢ်ဖျ့အီၤအါဘီလၢနီၣ်ဖျ့ ၂. တၢ်ဆါလီၤကွံာ်

flood *n* ၁. ထံဒိၣ်ခိၣ်ယွၤ, ထံလုာ်ဘၢတၢ်, ထံဒိၣ်နိယွၤ ၂. တၢ်ဟဲနှာ်လီၤဂိၢ်မုၢ်ဂိၢ်ပၤ, တၢ်ဟဲနှာ်လီၤဒီဖုဒီဂိၢ် (အဒိ, *flood of refugees crossing the border*)

flood *v* ၁. ထံဒိၣ်ဘၢ, ထံလုၢ်ဘၢတၢ် ၂. ဟဲနှာ်လီၤဂိၢ်မုၢ်ဂိၢ်ပၤ, ဟဲနှာ်လီၤဒီဖုဒီဂိၢ်

floodgate *n* တၢ်ကၢၤထံတြၢ, တြၢလၢတၢ်ကၢၤဃာ်ထံဒီးပျ်လီၤထံအဂီၢ်

open the floodgates *idm:* ၁. အိးထိၣ်က့ၤ (တၢ်လၢတၢ်တြီအီၤ), အိးထိၣ်ကျဲ အဒိ, ထံရှၢ်ကီၢ်သဲးအတၢ်ဆီတလဲအံၤအိးထိၣ်ကျဲလၢတၢ်ကမၤမုၢ်ကျိၤဝဲၤကွာ်အဂီၢ် ၂. ဒုးဟ်ဖျါထိၣ် (ပှၤဂၤအတၢ်ထံၣ်, တၢ်ဆိကမိၣ်တၢ်တူၢ်ဘၣ်)

floodlight *n* တၢ်ကပီၤအဒၢဖးဒိၣ်

floor *n* ၁. ဖုဒါခိၣ်, ဟံၣ်ဒါ ၂. ပီၣ်လဲၣ်အခံဒး ၃. လှအိပူၤအကတၢၢ်, သ့ၣ်ပှၢ်ယိာ်အကတၢၢ် ၄. တားအကထၢ ၅. တၢ်အစုၤကတၢၢ်, တၢ်ဖိလာ်ကတၢၢ် ၆. တၢ်အဂံၢ်ခိၣ်ထံးကတၢၢ်

floor *v* ၁. ဒါလီၤတၢ်, ဒါလီၤဟံၣ်ဒါ

F

၂. မၤလီၤဃံၤပှၤ ၃. မၤကဲၣ်ကဒါပှၤအသး, မၤဒံ ဝ့ၤဒံဝီၤပှၤအသး

floor plan *n* တၢ်တ့တၢ်သူၣ်ထိၣ်တကထၢဒီး တကထၢအတၢ်သူၣ်ထိၣ်ဆီလီၤသးအကျဲၢ်အဂီၤ

floorboard *n* သ့ၣ်ဘ့ၣ်ဘၣ်ဖးထိတကၠိ လၢတၢ်ကဒါဟံၣ်အဂီၢ်

flooring *n* ဟံၣ်ဒါအပီးအလီတဖၣ်, ဟံၣ်ဒါ အပီးအလီတဖၣ်

floozy *n* (တၢ်ကတိၤ) ပိာ်မုၣ်ဟးဂီၤ, ပိာ်မုၣ် လၢအဟးမ့ၢ်ဃုာ်ဒီးပှၤပိာ်ခွါအါဂၤ

flop *n* တၢ်စုးလီၤသး, တၢ်စုးလီၤသးပြုၢ်က လာ်

flop *v* စုးလီၤသး, စုးလီၤသးပြုၢ်ကလာ် အဒိ, ဖါတၢ်တၢ်ဘုံးအသးအဃိစုးလီၤအသးလၢ လီၢ်ဆ့ၣ်နီၤဖီခိၣ်ပြုၤကလာ်

flora *n* စိၤဟီၣ်ကွီၤတၢ်မဲတၢ်မါ

floral *a* လၢအဘၣ်ဃးဒီးဖီတဖၣ်

florid *a* ၁. အလွဲၢ်ဂီၤ, လၢအထိၣ်ဂီၤ ၂. လၢအဘၣ်တၢ်ကယၢကယဲအီၤအါတလၢ, လၢ ဘၣ်တၢ်ကယၢကယဲအီၤအါအါဂိၢ်ဂိၢ်

florist *n* ၁. ပှၤလၢအဆါဖီ ၂. ကျးလၢပှၤ ဆါဖီဒီးတၢ်မုၢ်တၢ်ဘိတဖၣ်

floss *n* ၁. လုၣ်အယဲၤ, သတိၢ်အယဲၤ ၂. လုၣ်မၤကဆှိမဲ

floss *v* မၤကဆဲ့ကဆှိမဲတဖၣ်အကဆူးဒီး သတိၢ်ယဲၤပြံတဖၣ်

flotilla *n* ၁. ချံကဘီဖိအကရူၢ်, သုးကဘီက ရူၢ် ၂. ကဘီသုးရှ့ၣ်

flounce *n* စးကၤးခိၣ်ထံး, နံၣ်ခိၣ်ထံး, တၢ် ကံးညာ်အကူ့လၢတၢ်ဆးထိၣ်အီၤလၢနံၣ်ခိၣ်ထံး စကၤးခိၣ်ထံး

flounce *v* ဆူ့ၣ်စုဆူ့ၣ်ခိၣ်, ဆဲးထူစုဆဲးထူခိၣ် လၢတၢ်သးတမှာ်အပူၤ

flounder *v* ၁. ဘၣ်အိၣ်မူကီကီခဲခဲ, ဖှိၣ်ဖှိၣ် ယာ်ယာ် ၂. ဟူးဝးဆဲ့းဆိုး

flour *n* ကိၣ်ကမူၣ်, တၢ်အကမူၣ်တမံၤလၢ် လၢ်လၢပဂံာ်ကမူၣ်နှ့ၢ်အီၤလၢတၢ်အချံ

flour *v* မၤဘၢဒီးကိၣ်ကမူၣ်, ကးဘၢဒီးကိၣ် ကမူၣ်, ဖုံဘၢဒီးကိၣ်ကမူၣ်

flourish *v* ဂုၤထိၣ်, ဂုၤထိၣ်ပသီထိၣ်, ကဲထိၣ်ဒိၣ်ထိၣ်

flout *v* တဒိကနၣ်ဟ်ကဲ (တၢ်သိၣ်တၢ်သီ), နှၣ်ဒွဲၣ်ပယွဲတၢ်, တဟ်လုၢ်ဟ်ကါတၢ်

flow *n* ၁. တၢ်လဲၤအသးဂၢၢ်ဂၢၢ်ဒီးကွ့ၢ်ကွ့ၢ်, တၢ်လဲၤအသးရၢ်ရၢ်ဒီးကွ့ၢ်ကွ့ၢ် ၂. တၢ်ယွၤလီၤ ၃. (ထံထိၣ်ထံလီၤ) ပိၣ်လဲၣ်ထံထိၣ် ၄. (ပိာ် မုၣ်) လုၢ်လၢ်ဟဲ, လီၤဟဲ

flow *v* ၁. (ထံ) ယွၤလီၤ ၂. လဲၤအသးကွ့ၢ် ကွ့ၢ်ဒီးဘၣ်ဘျိုးဘၣ်ဒါ, လဲၤအသးဂၢၢ်ဂၢၢ်ဒီးကွ့ၢ် ကွ့ၢ် ၃. လဲၤအသးဂၢၢ်ဂၢၢ်ဒီးဘျ့ဘျ့ဆိုဆို ၄. (တၢ် ဆိကမိၣ်) ဟဲထိၣ်, (ပိၣ်လဲၣ်ထံ) ဟဲထိၣ်

flow chart *n* လံာ်တိၤပြံစရီ

flower *n* ဖီ

flower *v* ဖီထိၣ်, ဘိၣ်ထိၣ်ဖီထိၣ်

flower bed *n* ဖီပျိဖးလဲၢ်, ဖီကရၢ်ဖးလဲၢ်

flowerpot *n* ဖီသပၢၤ

flowery *a* ၁. လၢအဖီအါ, လၢအအိၣ်ဒီး အဖီအါ ၂. လၢအဒဲးကံၣ်ဒဲးဝ့ၤထိၣ်တၢ်ကတိၤ အါ, လၢအတဲဂ့ၤထိၣ်တၢ်ကတိၤတၢ်ကွဲးအါ

flu *n* တိးကွ့တၢ်ဆါ, တၢ်လိၤကိၢ်ဘၣ်သမှၣ် တကံပဝံအတၢ်ဆါဘၣ်က်

fluctuate *v* ထိၣ်ထိၣ်လီၤလီၤ, အါထိၣ်စှၤ လီၤ, ဆီတလဲအသးခဲအံၤခဲအံၤ

fluctuation *n* တၢ်ထိၣ်ထိၣ်လီၤလီၤ, တၢ် အါထိၣ်စှၤလီၤ, တၢ်ဆီတလဲအိၣ်ခဲအံၤခဲအံၤ

flue *n* မ့ၣ်လုၢ်ပျိ, ထးပျိတဘိလၢအအိၣ် လၢမ့ၣ်လုၢ်ပှိာ်အပူၤ, ပီၤဘိလၢအအိၣ်လၢမ့ၣ်လုၢ် ပှိာ်အပူၤ

fluency *n* တၢ်သ့ကွဲးသ့ကတိၤကျိာ်တကျိာ် သ့ဂ့ၤဂ့ၤ, တၢ်သ့ (တၢ်အကျိာ်) ဂ့ၤဂ့ၤဘျ့ဘျ့

fluent *a* လၢအကတိၤ (ကျိာ်) သ့ဘျ့ဘျ့

fluff *n* ၁. တၢ်လၢအကပုာ်ဒီးကဖီ (အဒိ, သိ ဆူၣ်, ဘဲ) ၂. (ဆၣ်ဖိကိၢ်ဖိ) တၢ်အဆူၣ်အဒံးလၢ အကဖီ ၃. တၢ်မၤကမၣ်တၢ်တဆံးတကာ့ၢ်

fluff *v* ၁. မၤကပုာ်ထိၣ်, တရုၤ ၂. မၤကမၣ် တၢ်

fluffy *a* လၢအကပုာ်လုးကဖီလီ, လၢအဆူၣ် ကဖူၣ်လူၣ်, လၢအကျၢၢ်ဘၢအသးဒီးတၢ်အဆူၣ် ကပုာ်လုးကဖီလီ

fluid *a* ၁. လၢအဘၣ်ဃးဒီးတၢ်အထံအနိ ၂. လၢအဆီတလဲအသးညီ, လၢအပုံၢ်လီၤညီ, လၢအ တဂၢၢ်တကျၢၤ ၃. လၢအလဲၤအသးရၢ်ရၢ်ဒီးဂၢၢ်ဂၢၢ်

fluid *n* တၢ်အထံအနိ

fluidity *n* ၁. တၢ်အထံအနိ ၂. တၢ်လၢအဆီတလဲအသးညီ မ့တမ့ၢ် လၢအပှ်ၢလီၤညီ, တၢ်တဂၢ်တကျၢၤ ၃. တၢ်လဲၤအသးရၢ်ရၢ်ဒီးဂၢ်ဂၢ်

fluke *n* တၢ်ဝံဂ့ၤဖုးကလၤဂ့ၤဖုး

flume *n* ထံဘီကျိၤ, ထံကျိၤ, ထံဘိ

flunk *v* လီၤတဲာ် (တၢ်ဒိးစံး), တဖျိ

fluorescent *a* ၁. လၢတၢ်ထံဉ်အီၤလၢတၢ်ခံးကျါသ့ ၂. လၢအဆဲးကပီၤဒ်လီမ့ဉ်အူအသိး, လၢအကပီၤထိဉ်ဖဲတၢ်ကပီၤဆဲးဘဉ်အီၤအခါ

flurry *n* ၁. တၢ်ပစုၢ်ပတ့ၤ, တၢ်ဘံဘူစုၢၤ သါသတူၢ်ကလာ် ၂. တၢ်ဆဲးတဖှံဉ်လီၤတပနာ်ဖိ, မူခိဉ်ဖီဆဲးတဖှံဉ်လီၤတစိၢ်ဖိဒီးလီၤမၢ်ကွံာ်

flush *a* ၁. လၢအိဉ်ဒီးအကျိဉ်အစ့အါမး ၂. လၢအယူယီဉ်လိာ်အသး, လၢအယူလိာ်အသး

flush *n* ၁. တၢ်မဲာ်ထိဉ်ဂီၤနါထိဉ်ဂီၤ ၂. တၢ်သးကလၢၢ်သတူၢ်ကလာ်လၢအဆူဉ်ဝဲ ၃. တၢ်ဒုးယွၤလီၤထံသတူၢ်ကလာ်ဒီးသ့ကွံာ်တၢ်

flush *v* ၁. မဲာ်ထိဉ်ဂီၤနါထိဉ်ဂီၤ ၂. ထုးလီၤထံသတူၢ်ကလာ်ဒီးသ့ကွံာ်တၢ်

fluster *n* တၢ်သဘံဉ်သဘုဉ်ပစုၢ်ပတ့ၤအကတိၢ်

fluster *v* မၤသဘံဉ်သဘုဉ်ပှၤသး, မၤဘံဘူပှၤသး, မၤပစုၢ်ပတ့ၤပှၤ

flute *n* ပံဘိ, ပံ

flutist *n* (see flautist)

flutter *n* ၁. တၢ်ဟူးတၢ်ဂဲၤလၢအဖှံဒီးချ့ ၂. တၢ်တၤကျိဉ်တၤစ့တဆံးတက့ၢ်

flutter *v* ဝးဒဲးဒဲး, တပျုာ်အဒံးဆ့

fluvial *a* ၁. လၢအဘဉ်ဃးဒီးထံကျိ ၂. လၢအကဲထိဉ်လၢထံကျိအဃိ

flux *n* ၁. တၢ်ဆီတလဲလၢအအိဉ်ထိဉ်အသးတပယူာ်ဃီ, တၢ်ဆီတလဲထီဘိတဘိယူၢ်ဃီ ၂. တၢ်ပှ်ၢလီၤယွၤလီၤ

fly *n* ၁. သဉ်ဘုလါ ၂. တခွဲဆဉ်လၢအလီၤက်သဉ်ဘုလါ ၃. ဖျိဉ်ခံမဲာ်ညါအပူၤဖိုလၢတၢ်ထီထိဉ်စံး(ပ)အလိၢ်

fly *v* ၁. ယူၤ ၂. လဲၤတၢ်က့ၤတၢ်လၢကဘီယူၤ ၃. ဃ့ၢ်ချ့သဒံး ၄. ကွံာ်ထိဉ်ဆူကလံၤကျါ, ဖျိးလၢကလံၤကျါ, ထိဉ်ထိဉ်ဖီအသးလၢကလံၤကျါ ၅. ဃ့ၢ်ပူၤဖျဲး ၆. (နီဉ်တယၢ်) ဒံဝ့ၤဒံဝီၤ, ဒံလၢကလံၤကျါ ၇. လဲၤပူၤကွံာ်ချ့သဒံး ၈. မၤန့ၢ်တၢ်အၢဉ်လီၤတူၢ်လိာ် (တၢ်ဆီကမိဉ်)

fly at someone *vp:* မၤဒၢဉ်ပှၤဂၤသတူၢ်ကလာ်, ဃါဖုးပှၤသတူၢ်ကလာ်

fly in the face of *idm:* ထီဒါတၢ်ပျိပျိဖျါဖျါ

fly ball *n* ဖျာဉ်တိၢ်လၢတၢ်တိၢ်ဖျိးလၢကလံၤကျါ

fly boy *n* (တၢ်ကတိၤ) ပှၤနီဉ်ကဘီယူၤဖိ

fly catcher *n* ထိဉ်လၢအဖီဉ်အီဉ်သဉ်ဘုလါလၢကလံၤကျါ

flyer *n* ၁. ပှၤနီဉ်ကဘီယူၤ, ပှၤလဲၤတၢ်က့ၤတၢ်လၢကဘီယူၤ ၂. ကဘီယူၤ ၃. ထိဉ်ဖိလံဉ်ဖိ, တၢ်ဖိလံၤဖိဃၢ်လၢအယူၤသ့တဖဉ် ၄. လံာ်ဘိးဘဉ်ရၤလီၤ ၅. တၢ်လၢအဃ့ၢ်ချ့သဒံး, ပှၤလၢအဃ့ၢ်ချ့သဒံး, ပှၤလၢအလဲၤတၢ်ချ့ ၆. တၢ်တိာ်ကျဲၤလၢအလီၤဘဉ်ယိဉ်

flying fish *n* ညဉ်ယူၤ

flying fox *n* ဘျါဖးဒိဉ်, ဘျါအဒိဉ်တကလုာ်

flying saucer *n* ဝါစဲယူၤ, ကဟဉ်ယူၤတကလုာ်လၢတၢ်နာ်လၢအအိဉ်လၢမူဖျာဉ်ဒီအဂၤတဖျာဉ်အပူၤ

flying squirrel *n* ပျံာ် (ဆဉ်ဖိကိၢ်ဖိတကလုာ်), ပျံာ်ပျူၤ

flying visit *n* တၢ်ဟဲဟးဘဉ်နဲ့ၢ်အတီၤ, တၢ်ဟဲဟးထဲတစိၢ်တပနာ်ဖိ, တၢ်ဟဲဟးဒီးအခံတတုၤလီၤဒီးက့ၤကွံာ်

foal *n* ကသ့ဉ်ဖိ

foal *v* (ကသ့ဉ်မိၢ်) ဖုံလီၤ

foam *n* ၁. တၢ်အသဘုံ ၂. တၢ်ကပုာ်ကဖီလီ

foam *v* ၁. အသဘုံထိဉ် ၂. ဖီး, ဖီးကပုာ်လၢတၢ်ဘိုထိဉ်လီၢ်မံ မ့တမ့ၢ် လီၢ်ဆ့ဉ်နီၤဒီးအဂၤတဖဉ်

foamy *a* လၢအသဘုံအါ, လၢအလီၤက်ဒီးတၢ်အသဘုံ, လၢအသဘုံထိဉ်

focal *a* လၢအခၢဉ်သး, လၢအကါဒိဉ်နိၢ်မး

focal point *n* ၁. တၢ်ကပီၤအယဲၤဘဉ်သကၢၢ်ဒီးက်တဲာ်လိာ်အသးအလိၢ် ၂. တၢ်သးစၢၢ်ဆၢအလိၢ်ခၢဉ်သး ၃. တၢ်ထံဉ်လိာ်သကၢၢ်လိာ်သးအလိၢ် အဒိ, ကိ့နဲ့ဉ်မ့ၢ်ဝဲပှၤတဝၢဒီတဖုအတၢ်ထံဉ်လိာ်သကၢၢ်လိာ်သးအလိၢ်

focus *n* ၁. တၢ်ကပီၤအယဲၤဘဉ်သကၢၢ်ဒီးက်တဲာ်လိာ်သးအလိၢ် ၂. တၢ်သးစၢၢ်ဆၢအလိၢ်ခၢဉ်သး ၃. တၢ်ထံဉ်လိာ်သကၢၢ်လိာ်သးအလိၢ် ၄. တၢ်ဟ်ဖျါထိဉ်တၢ်ဖျိဖျိဖျါဖျါ

focus *v* ၁. သးစၢၢ်ဆၢ ၂. ပညိၣ်

fodder *n* ၁. ကျိၢ်အဆၣ်, ကသ့ၣ်အဆၣ်, ဆၣ်ဖိကီၢ်ဖိလၢအအီၣ်တပံၢ်တဖၣ်အဆၣ်, လီၢ်ဘိယ့တပံၢ်ယ့ ၂. တၢ်မၤတၢ်သ့ထဲတမံၤဧိၤ, ပှၤလၢတၢ်ရူးကါအီၤသ့ထဲတၢ်မၤတမံၤဧိၤအဂီၢ်

foe *n* ဒုၣ်ဒါ

foetal *a* (see fetal)

foetus *n* (see fetus)

fog *n* ၁. ဘ့ၣ်မုၢ်, ဘ့ၣ်မုၢ်ပစီၤ ၂. တၢ်မၤကတုၤသး, တၢ်မၤမၢမၣ်ပှၤသး, တၢ်မၤတယူၤပှၤခိၣ်

fog *v* ၁. ကျၢၢ်ဘၢဒီးဘ့ၣ်မုၢ်ပစီၤ ၂. မၤသးဒ့ဒီပှၤအသး, မၤသဘံၣ်ဘုၣ်ပှၤအသး

fogey, fogy *n* ပှၤလၢအတချုးစီၤ, ပှၤလၢအခိၣ်ကိၤဒီးဟံးကျၢၤယာ်ထဲတၢ်ထံၣ်တၢ်သ့ၣ်ညါလၢပျၢၤ

foggy *a* ၁. လၢဘ့ၣ်မုၢ်ပစီၤလီၤအါ ၂. လၢအဖျါကနကယီၢ်လၢဘ့ၣ်မုၢ်ပစီၤကျၢၢ်ဘၢအီၤအယိ

foghorn *n* ကဘီအတၢ်ဟ့ၣ်ပလီၢ်, ကဘီအပီၤအူရူၤလၢအဟ့ၣ်ပလီၢ်တၢ်ဖဲဘ့ၣ်မုၢ်ပစီၤလီၤအခါ

foil *n* ၁. ထးဘ့ၣ်ဘူသလါဖိ ၂. တၢ်ကးဘၢ မ့တမ့ၢ် တၢ်ဘိၣ်တၢ်အိၣ်အပှာ်ဝါစးခိ ၃. ဒီအကနၣ်လူၤ, နး

foil *v* မၤဟးဂီၤကွံာ် (ဒုၣ်ဒါအတၢ်တိာ်ဟ်), တြီယာ်ပှၤဂၤအတၢ်မၤနၢၤ

foist *v* လီန့ၢ်မၢဆူၣ်တၢ်, မၢပှၤမၤဆူၣ်တၢ်

fold *n* ၁. တၢ်ကၢ်ချံးတၢ်, တၢ်ချံးထိၣ်တၢ် ၂. သိအဂၢၤ, သိအကရၢ ၃. (ပှၤ) အဖုအကရၢ ၄. တၢ်တြီ

fold *v* ၁. ချံးတၢ် ၂. မၤကၢ်ချံး ၃. သဝံထိၣ် (စု) ၄. ထၢနှာ်ကူၤသိလၢကရၢ်ပူၤ ၅. ဟ်ပတုာ်ကွံာ်, ကးတံာ်ကွံာ်, ဆိကတီၢ်ကွံာ်

folder *n* ၁. လံာ်တြံာ် ၂. စဲးချံးလံာ်

folding *a* လၢတၢ်ချံးအီၤသ့, လၢတၢ်ကၢ်ချံးအီၤသ့

foliage *n* သ့ၣ်လၣ်တဖၣ် (လၢသ့ၣ်အထံးလီၤ)

folic acid *n* ဖိလံးအဲးစ့းထးစီ, တၢ်အစီတကလုာ်လၢတၢ်လိၣ်ဘၣ်အီၤလၢနီၢ်ခိသွံၣ်ဂီၤဖျၢၣ်ကအါထိၣ်အဂီၢ်

folio *n* ၁. လံာ်ဖးဒိၣ်ဖးလဲၢ် ၂. လံာ်ကဘျံးပၤနီၣ်ဂံၢ် ၃. လံာ်ကဘျံးဖးလဲၢ်တကဘျံး

folk *a* ၁. လၢအဘၣ်ဃးဒီးလုၢ်လၢ်ထူသနူတၢ်ရူၢ်တၢ်နှာ် ၂. လၢအဒိးသန့ၤထိၣ်အသးလၢပှၤကလုာ်အလုၢ်အလၢ်ထူသနူအဖိခိၣ်

folk *n* ၁. ပှၤတကလုာ်, ကလုာ်တကလုာ် ၂. ထီရီၤပှၤတဂၤ ၃. ပှၤနူၣ်ဖိထၢဖိ

folk dance *n* လုၢ်လၢ်ထူသနူအတၢ်ဂဲၤကလံၣ်, တၢ်ဂဲၤကလံၣ်လၢပျၢၤ

folk music *n* တၢ်သံကျံလၢမိၢ်ပၢ်ဖံဖုအစီၤ, မိၢ်လုၢ်ပၢ်လၢ်အတၢ်သံကျံ, တၢ်ဒ့တၢ်အူတၢ်သူၣ်ဝံၣ်သးဆၢလၢပျၢၤ

folk song *n* မိၢ်လုၢ်ပၢ်လၢ်အတၢ်သးဝံၣ်, လုၢ်လၢ်ထူသနူအတၢ်သးဝံၣ်, တၢ်သးဝံၣ်လၢပျၢၤ, ထါသးဝံၣ်လၢပျၢၤ

folk tale *n* တၢ်ဃဲၤလၢပျၢၤ, တၢ်လၢပျၢၤ, ပူလၢပျၢၤ, တၢ်စံၣ်ဃဲၤတဲဃဲၤလၢပျၢၤ

folklore *n* တၢ်စံၣ်ဃဲၤတဲဃဲၤ, တၢ်စံၣ်ဃဲၤတဲစီၤလၢပျၢၤ, တၢ်တဲစီၤတဲဒိ

follicle *n* ဆူၣ်အပူၤ, ခိၣ်ဆူၣ်မဲထိၣ်အပူၤ

follow *v* ၁. ပိာ် (အခံ), ပိာ်ထွဲ ၂. ကွၢ်ထွဲအခံ ၃. ပိာ်ထွဲထိၣ်အခံဒီး ၄. မၤပိာ်ထွဲအခံ, မၤထွဲအခံ, လူၤပိာ်မၤထွဲ, မၤဒိးပှၤ ၅. လဲၤပိာ်လီၤ (ထံကျိ) ၆. နၢ်ပၢၢ် (အဒိ, *Do you follow me?*) ၇. ဆိၣ်ထွဲ ၈. သးစဲလၢတၢ်တမံၤမံၤအပူၤ ၉. ဟဲကဲထိၣ်အသး ၁၀. လူၤပိာ်ထွဲအခံလၢတၢ်လီၢ်ခံ

follower *n* အပျဲၢ်အဘိၣ်, ပျဲၢ်ဖိဘိၣ်ဖိ, ပှၤပိာ်အခံ, ပှၤတၢ်မၢဖိ

following *a* ၁. လၢအပိာ်ထွဲထိၣ်အခံတဖၣ် ၂. ဒ်လၢလာ်တဖၣ်အသိး, ဒ်အပိာ်ထွဲထိၣ်အခံအသိး, လၢခံ

following *n* ၁. အပျဲၢ်အဘိၣ်တဖၣ်, ပှၤဆိၣ်ထွဲတၢ်တဖၣ်, ပှၤပိာ်အခံတဖၣ် ၂. တၢ်လၢတၢ်ကဃၢၤထိၣ်အီၤခဲကာ်

following *prep* ဒ်အပိာ်ထွဲထိၣ်အခံအသိး, ဒ်လၢလာ်တဖၣ်အသိး, လၢခံ

follow-through *n* ၁. တၢ်ပိာ်ထွဲထိၣ်အခံ ၂. တၢ်မၤပိာ်ထွဲတၢ်အခံတုၤအဝံၤတစု

follow-up *n* တၢ်ဟံးဂ့ၢ်ဝီပိာ်ထွဲထိၣ်အခံ

folly *n* တၢ်မၤနါစီၤနါပြာ်တၢ်, တၢ်မၤး

foment *v* ၁. မၤတၢထိၣ်တၢလီၤတၢ်, မၤကိၢ်မၤဂီၤထိၣ်တၢ်, မၤသူၣ်ပိၢ်သးဝးထိၣ်တၢ် ၂. စံၢ်ထိး, ဆိၣ်လၢၤဆိၣ်ကိၢ်တၢ်

fomentation *n* ၁. တၢ်မၤတၢထိဉ်တၢလီၤတၢ်, တၢ်မၤကိၢ်မၤဂီၤထိဉ်တၢ်, တၢ်မၤသူဉ်ပိၢ်သးဝးထိဉ်တၢ် ၂. တၢ်စံၢ်ထီးတၢ်, တၢ်ဆိဉ်လၢၤဆိဉ်ကိၢ်တၢ်

fond *a* လၢအဘဉ်အသးဒိဉ်မး, လၢအအိဉ်ဒီးတၢ်သးကညီၤဒီးတၢ်အဲဉ်တၢ်ကွံ

fondle *v* ဖူးလဲးဖူးသူလၢတၢ်အဲဉ်တၢ်ကွံအပူၤ, ဖူးလဲးဖူးသူလၢကဟ်ဖျါထိဉ်တၢ်အဲဉ်, ကဟုကဟဲးတၢ်

fondly *adv* ၁. အိဉ်ဒီးတၢ်မုၢ်လၢ်လၢတၢ်ကူဉ်တၢ်ဆးတအိဉ်အပူၤ, မုၢ်လၢ်တၢ်လၢအဘျုးအဖှိဉ်တအိဉ်အပူၤ, နာ်တၢ်လၢတၢ်ကဲထိဉ်အသ့အပူၤ ၂. အိဉ်ဒီးတၢ်ဟ်ဖျါထိဉ်တၢ်အဲဉ်တၢ်ကွံ, လၢတၢ်အဲဉ်တၢ်ကွံအပူၤ

fondue *n* တၢ်အီဉ်အလိဉ်ဖိတဖဉ်လၢတၢ်ဘျုးလီၤအီဉ်အီၤဒီးခွီးကလဲး မ့တမ့ၢ် တၢ်နၢ်ထံလီၤသကၤလၢတၢ်ဒိပှံၢ်လီၤအီၤ

font *n* လံာ်မဲာ်ဖျာဉ်အကၠၢ်အဂီၤ (လၢစဲကျံးလံာ်အဂီၢ်) အဒိ, G G G

fontanel *n* (ဖိသဉ်အိဉ်ဖျဲဉ်အ) ခိဉ်ထံ

fontanelle *n* (ဖိသဉ်အိဉ်ဖျဲဉ်အ) ခိဉ်ထံ

food *n* တၢ်အီဉ်တၢ်အီ

food chain *n* တၢ်အီဉ်ထးသွဲ

food poisoning *n* တၢ်အီဉ်အစုဉ်

food processor *n* စဲးဂံာ်ဘျုးဃါယုာ်တၢ်အီဉ်

food stamp *n* တၢ်ပှ့ၤတၢ်အီဉ်အခးက့

foodstuff *n* တၢ်အီဉ်တၢ်အီ, တၢ်လၢပအီဉ်သ့

fool *a* မၢး, ဟးဂီၤ, တဂိာ်တသိဉ်, တထံတဆး

fool *n* ပှၤအမၢး, ပှၤဟးဂီၤ, ပှၤတဂိာ်တသိဉ်

fool *v* လီနံၢ်တၢ်, လွဲနံၢ်တၢ်, ကလံာ်နံၢ်တၢ်

foolhardy *a* လၢအတအိဉ်ဒီးတၢ်သးဆး, လၢအဒူဒ်ပှၤသးတထံဘဉ်အသိး

foolish *a* မၢး, ဟးဂီၤ, တဂိာ်တသိဉ်, တထံတဆး

foolproof *a* (တၢ်ရဲဉ်တၢ်ကျဲၤ) လၢအလီၤတံၢ်လီၤဆဲးဒီးကမဉ်တသ့, လၢအဟးဂီၤတသ့

foot *n* ၁. ခိဉ်လဉ် ၂. ခိဉ်ယီၢ် (တၢ်ထိဉ်တၢ်တာ်) ၃. တၢ်လၢအလီၤက်လၢခိဉ်လဉ် ၄. စဲးဆးတၢ်အခိဉ်ယီၢ် ၅. (ထံ)အခံဒး ၆. တၢ်အခိဉ်ထံး

foot *v* ၁. ဟးဒီးခိဉ် ၂. ဂဲၤကလံဉ်

foot the bill *idm:* ဟ့ဉ်က့ၤစ့, ဟ့ဉ်က့ၤတၢ်အပှ့ၤကလံၤ

put one's best foot forward *idm:* ကျဲးစၢးမၤဂ့ၤသးလၢပှၤကထံဉ်ဂ့ၤအီၤ

footage *n* တၢ်ဂီၤမူအကျာ်အခီ, တၢ်ဂီၤမူအကျာ်အခီလၢအဒုးနဲဉ်တၢ်ဂ့ၢ်လီၤဆီတမံၤမံၤ

football *n* ၁. ဖျာဉ်ထူ ၂. ဖျာဉ်ထူတၢ်လိာ်ကွဲ

footbridge *n* ခိဉ်တိၤ, တိၤအံဉ်အံဉ်ဖိလၢတၢ်သူအီၤထဲလၢပှၤဟးဒီးခိဉ်ဓိၤ

footer *n* (လံာ်တၢ်ကွဲးဖးထီ) တၢ်ကွဲးထုးထိဉ်ဟ်ဖျါတၢ်ဂ့ၢ်အရှဒိဉ်လံာ်ကဘျုံးအခိဉ်ထံး

footfall *n* ခိဉ်လိၢ်အသိဉ်, တၢ်ဟးသိဉ်, ခိဉ်ယီၢ်လီၤအသိဉ်

foothill *n* တၢ်လူၢ်လၢကစၢၢ်ခိဉ်ထံး, တၢ်လူၢ်ဖိလၢအအိဉ်လၢကစၢၢ်ခိဉ်ထံး

foothold *n* ခိဉ်တယာ်အပူၤ, ခိဉ်တယာ်အလိၢ်, ခိဉ်ယီၢ်သူ

footing *n* ၁. ခိဉ်တယာ် အဒိ, နီၢ်ဝါအတၢ်ကူဉ်ဘဉ်ကူဉ်သ့ခိဉ်တယာ်ဂ့ၤလံ ၂. တၢ်စိၤတံၢ်တၢ်လၢခိဉ်, တၢ်ကၢၤတံၢ်တၢ်လၢခိဉ်, တၢ်ဟးလၢခိဉ်

footloose *a* ၁. လၢအသဘျ့, လၢအလဲၤဖဲအသးသ့ ၂. လၢအမူဒါတအိဉ်နီတမံၤ

footnote *n* တၢ်ကွဲးနိဉ်လၢလံာ်ကဘျုံးခိဉ်ထံး

footpad *n* တမျာ်, ပှၤဂုာ်ဆူဉ်ပျိဆူဉ်တၢ်လၢကျဲ

footpath *n* ခိဉ်ကျဲ, ကျဲဖိလၢပပိာ်အီၤလၢပခိဉ်

footprint *n* ခိဉ်လိၢ်

footrest *n* တၢ်ဟ်ထိဉ်ခိဉ်အလိၢ်

footsore *n* ခိဉ်ညါသးဆါ

footstep *n* ခိဉ်ခါအသိဉ်, ခိဉ်သိဉ်

footstool *n* ခးတိဉ်ထိဉ်ခိဉ်, လိၢ်ဆ့ဉ်နီၤဟ်ထိဉ်ခိဉ်

footwear *n* ခိဉ်ဖံးခိဉ်ဖှိဉ်

footwork *n* တၢ်သ့ဂဲၤတၢ်လၢခိဉ် အဒိ, အဝဲဂဲၤကလံဉ်ဟ်အခိဉ်ဂ့ၤမးလီၤ. အဝဲထူဖျာဉ်ထူဂဲၤအခိဉ်သ့မးလီၤ.

fop *n* ပိာ်ခွါလၢအအဲဉ်တၢ်ကူတၢ်သိးဒီးတၢ်ကယၢကယဲ

for *conj* မ့ၢ်လၢ, အဃိ, ခီဖျိလၢ

for *prep* အဂီၢ်, အဃိ, လၢ... (အလီၢ်, လၢအခၢဉ်စး), ဘဉ်ဃးဒီး, လၢ----အဂီၢ်, လၢ (တၢ်ဆၢကတီၢ်တကတီၢ်အပူၤ), ဒီ (နံဉ်) ညါ, လၢ (ဒီတနံဉ်) အဂီၢ်, (အဒိ, for one year)

forage *n* ၁. ကသ့ဉ်အဆဉ်, ဂီၤဖံးပနၢ်အဆဉ် ၂. တၢ်ဟးဃုအီဉ်ဃးအီဉ်တၢ်အီဉ်တၢ်အီ

forage *v* ဟးထၢအီဉ်တၢ်အီဉ်တၢ်အီ, ဟးဃုအီဉ်တၢ်အီဉ်တၢ်အီ

foray *n* တၢ်နုာ်လီၤဒုးတၢ်သတူၢ်ကလာ်, တၢ်နုာ်လီၤဂုာ်ဆူဉ်ပျိဆူဉ်တၢ်

forbear *v* ကီၤသူဉ်ကီၤသး, ဝံသးစူၤတၢ်, ပဒ့ဉ်ဟးဆှံး, ပၢၤသူဉ်ပၢၤသး

forbearance *n* တၢ်ကီၤသူဉ်ကီၤသး, တၢ်ပၢၤသူဉ်ပၢၤသး, တၢ်သ့ပဒ့ဉ်ဟးဆှံးတၢ်

forbid *v* တြီ

forbidden *a* ၁. လၢတၢ်တြီအီၤ ၂. လၢတၢ်တဟ့ဉ်အခွဲးဘဉ်, လၢတၢ်တပျဲအခွဲးဘဉ်, လၢတၢ်ဟ့ဉ်အခွဲးတသ့

forbidding *a* လၢအဖျါလီၤပျံၤလီၤဖုး, လၢအတဖျါလီၤရှတံၤရှသကိးဒီးအီၤသ့, လၢအဖျါအၢဖျါသီ

force *n* ၁. သုး (တဖှဉ်), သုးအဖှဉ် ၂. တၢ်အသဟီဉ်, တၢ်အင်္ဂၢ်အဘါ ၃. တၢ်လုၢ်ဘၢစိကမီၤ, တၢ်ဒိဘဉ် ၄. တၢ်စိတၢ်ကမီၤ

force *v* ၁. မၤဆူဉ်, မၤဆူဉ်တၢ်, မၤနၢၤမၤဃဉ် ၂. ဟ့ဉ်ဆူဉ်ထိဉ်တၢ်ဂံၢ်တၢ်ဘါ, မၤန့ၢ်ဆိဉ်ခံ ၃. စူးကါ (တၢ်စိတၢ်ကမီၤ) ၄. စူးကါ (အင်္ဂၢ်အဘါ) ဒီးဆိဉ်တၢ် ၅. (တၢသူတၢသဉ်, ဆဉ်ဖိကိၢ်ဖိ) မၤဒိဉ်ထိဉ်ဆူဉ်တၢ်, ဒုးမဲထိဉ်ဆူဉ်တၢ်

forced *a* လၢတၢ်မၤဆူဉ်အီၤ

force-feed *v* ၁. မၤဆူဉ်လၢကအီဉ်တၢ် ၂. သွီနုာ်ဆူဉ်တၢ်ဆိကမိဉ်ဆိကမး

forceful *a* လၢအအိဉ်ဒီးအစိကမီၤဒီးအသဟီဉ်ဆူဉ်, လၢအင်္ဂၢ်အဘါဆူဉ်

forceps *n* နိဉ်တံာ် (ကသံဉ်သရဉ်အပီးလီ), နိဉ်တံာ်ဘဲ

forcible *a* လၢအမၤတၢ်လၢာ်ဂံၢ်လၢာ်ဘါ

ford *n* ထံဒိဉ်အလီၢ်လၢတၢ်နိဉ်ခီသိလ့ဉ် မ့တမ့ၢ် ခီက်လၢခီဉ်သ့

ford *v* နိဉ်ခီသိလ့ဉ်ဖဲထံဒိဉ်အလီၢ်

fore *a* လၢအမဲာ်ညါ

fore *n* တၢ်တမံၤမံၤအမဲာ်ညါ, တၢ်မဲာ်ညါ

forearm *n* စုဒုဉ်တီၤ, စုတီၤ (စုဒ့ဒီးစုနၢဉ်ခံအဘၢဉ်စၢၤ)

forebears, forbears *n* ပှၤလၢနလီၤစၢၤလီၤသွဲဉ်

forebode *v* ကလၢၢ်ဘဉ်တၢ်လၢကကဲထိဉ်အသး, တဲဖျါဆိတၢ်လၢကမၤအသး

foreboding *a* လၢအကလၢၢ် မ့တမ့ၢ် အတူၢ်ဘဉ်ဝဲလၢတဃံာ်ဘဉ်တၢ်တဂ့ၤတဘဉ်ကအိဉ်ထိဉ်တမံၤမံၤ

forecast *n* တၢ်တဲဖးဆိတၢ်ကမၤအသး, တၢ်ထိဉ်ဒွးဆိပာ်စၢၤတၢ်

forecast *v* တဲဖးဆိတၢ်ကမၤအသး, ထိဉ်ဒွးဆိ, တဲပာ်စၢၤ

foreclose *v* ဟံးန့ၢ်ကွံာ်တၢ်စုလီၢ်ခိဉ်ခိဉ်ခီဖျိဟ့ဉ်ကမၢ်တန့ၢ်အဃိ

foreclosure *n* တၢ်ဟံးန့ၢ်ကွံာ်တၢ်စုလီၢ်ခိဉ်ခိဉ်ခီဖျိဟ့ဉ်ကမၢ်တန့ၢ်အဃိ

forefather *n* မိၢ်ပၢ်ဖံဖုလၢပျၢၤတဖဉ်, မိၢ်ပၢ်ဖံဖုလၢပဟဲလီၤစၢၤလၢအီၤ

forefinger *n* စုမုၢ်ယှာ်, စုယှာ်, စုနဲဉ်

forefront *n* တၢ်မဲာ်ညါကတၢၢ်, တၢ်အရှၤဒိဉ်ကတၢၢ်

foregone *a* လၢအပူၤကွံာ်

foregone conclusion *n* တၢ်အစၢလၢတၢ်ထံဉ်သ့ဉ်ညါပာ်စၢၤအီၤ, တၢ်အစၢလၢအဟဲဖျါထိဉ်ဆိ

foreground *n* ၁. တၢ်ထံဉ်တက္ဂီဉ်အဘူးကတၢၢ်, တၢ်လၢတၢ်ထံဉ်အီၤအဘူးကတၢၢ်လၢတၢ်ဂီၤမူပူၤ ၂. တၢ်အရှၤဒိဉ်လၢပှၤအါဂၤဟ်သူဉ်ဟ်သးအီၤ

foreground *v* ၁. ဟ်အီၤဖဲတၢ်ထံဉ်တက္ဂီဉ်အဘူးကတၢၢ်, ဟ်အီၤဖဲတၢ်လၢတၢ်ထံဉ်အီၤအဘူးကတၢၢ်လၢတၢ်ဂီၤမူပူၤ ၂. အရှၤဒိဉ်လၢပှၤအါဂၤဟ်သူဉ်ဟ်သးအီၤ

forehand *n* တၢ်တဝံၢ်တိၢ် (ဖျာဉ်ပၤ, ဆီဆူဉ်) လၢမဲာ်ညါတကပၤ, တၢ်တိၢ်တၢ်လၢမဲာ်ညါတကပၤ

forehead *n* ခိဉ်တိသဉ်

foreign *a* ၁. လၢကိၢ်အဂၤ, လၢတခီထံတခီကိၢ် ၂. လၢအတညီနှၢ်လိာ်အသး, လၢအတကြၢးဒီး ၃. လၢအဘဉ်ဃးဒီးတခီထံတခီကိၢ်, လၢအဘဉ်ဃးဒီးထံဂုၤကိၢ်ဂၤ

F

foreign exchange *n* တၢ်ဆီတလဲထံဂုၤကိၢ်ဂၤကျိၣ်စ့

foreigner *n* ပှၤတခီဘီမုၢ်ဖိ, ပှၤတခီထံတခီကိၢ်, ပှၤကိၢ်ချၢဖိ

foreknowledge *n* တၢ်သ့ၣ်ညါနၢ်ပၢၢ်ဆိဟ်စၢၤတၢ်

foreleg *n* ဆၣ်ဖိကိၢ်ဖိအစု

foreman *n* တၢ်မၤခိၣ်

foremost *a* လၢအရှ့ဒိၣ်ကတၢၢ်, လၢအမံၤဟူသၣ်ဖျါကတၢၢ်, လၢတၢ်မဲာ်ညါကတၢၢ်, လၢညါကတၢၢ်

forensic *a* လၢအဘၣ်ထွဲဒီးတၢ်မူးတၢ်ရၢ်ဂ့ၢ်ဝီကသံၣ်ပီညါ, လၢအဘၣ်ထွဲဒီးတၢ်သမံသမိးတၢ်မူးတၢ်ရၢ်အကသံၣ်ပီညါ

foreordain *v* စံၣ်ညီၣ်ဟ်ပနီၣ်ဆိဟ်စၢၤ

foreordination *n* တၢ်စံၣ်ညီၣ်ဟ်ပနီၣ်ဆိဟ်စၢၤတၢ်

foreplay *n* တၢ်မၤကတၢထီၣ်လိာ်သး, တၢ်မၤကထၢထီၣ်လိာ်သးတချူးအိၣ်ဒီးမုၣ်ခွါသွံၣ်ထံးတၢ်ရှလိာ်

forerunner *n* ၁. ပှၤလၢအလဲၤဆိလၢညါ, ပှၤလၢအစိာ်ဆိတၢ်ကစီၣ် ၂. တၢ်တမံၤမံၤလၢအကဲထီၣ်ဆိသး

foresee *v* ထံၣ်စိဟ်စၢၤတၢ်, ထံၣ်ဆိတၢ်

foreseeable *a* လၢအထံၣ်ဆိဟ်စၢၤ, လၢတၢ်တယးဆိဟ်စၢၤတၢ်

foreshadow *v* ဟ်ဖျါထီၣ်ဆိတၢ်ပနီၣ်, ဟ်ဖျါဆိဟ်စၢၤတၢ်လၢအကမၤအသးအကဒုကယီၢ်

foresight *n* တၢ်ထံၣ်ဆိတၢ်လၢအကကဲထီၣ်အသးလၢညါခီ, တၢ်ထံၣ်စိဟ်စၢၤတၢ်

foreskin *n* ထ့ၣ်ခိၣ်ထိးဖံးဘ့ၣ်, ပိာ်ခွါက့ၢ်ဂီၤအခိၣ်ထိးဖံးဘ့ၣ်

forest *n* သ့ၣ်ပှၢ်

forestall *v* ဒီသဒၢဆိဟ်စၢၤ, မၤတၢ်တချူးလၢပှၤဂၤမၤဝဲ

forested *a* လၢသ့ၣ်ပှၢ်လုၢ်ဘၢအီၤ

forestry *n* တၢ်ကွၢ်ထွဲကတီၤသ့ၣ်ပှၢ်ပီညါ, သ့ၣ်ပှၢ်တၢ်မၤ

foretaste *n* ၁. တၢ်ကလၢၢ်ကွၢ်ဆိတၢ်, တၢ်လ့ၣ်ကွၢ်ဆိတၢ်အရီၢ်, တၢ်မၤကွၢ်လဲၤခီဖျိကွၢ်ဆိတၢ် ၂. တၢ်အီၣ်ကွၢ်ဆိ (တၢ်အီၣ်)

foretell *v* တဲ မ့တမ့ၢ် ဖးဆိတၢ်ကမၤအသး, ထိၣ်ဒွးဆိ, တဲဟ်စၢၤ

forethought *n* တၢ်ကူၣ်ဟ်စၢၤတၢ်, တၢ်ဆိကမိၣ်ဟ်စၢၤတၢ်, တၢ်ဆိကမိၣ်ကူၣ်ကျဲၤဟ်စၢၤတၢ်လီၤတံၢ်လီၤဆဲး

forever *adv* လီၤထူလီၤယိာ်, အစိၤစိၤအဃၣ်ဃၣ်, တဘိယူၢ်ဃီ

forevermore *adv* စးထိၣ်ခဲအံၤဒီးဆူညါအစိၤစိၤအဃၣ်ဃၣ်, လီၤထူလီၤယိာ်, တဘိယူၢ်ဃီ

forewarn *v* ဒုးပလီၢ်ဆိ, ဒုးပလီၢ်ဟ်စၢၤ

foreword *n* တၢ်ကတိၤဆှၢနှာ်

forfeit *a* လၢဘၣ်တၢ်စံၣ်ညီၣ်အီၣ်လီးအီၤ

forfeit *n* တၢ်အီၣ်လီးတၢ်, တၢ်စံၣ်ညီၣ်ဟံးကွံာ် (တၢ်)

forfeit *v* အီၣ်လီး, စံၣ်ညီၣ်ဟံးကွံာ် (တၢ်)

forfeiture *n* တၢ်အီၣ်လီးတၢ်, တၢ်စံၣ်ညီၣ်ဟံးကွံာ်

forgather *v* အိၣ်ဖှိၣ်ရိဖှိၣ်, ထံၣ်လိာ်အိၣ်ဖှိၣ်

forge *n* ဃီ, တမ့ာ်အဖၣ်ကွာ်, တၢ်ပိာ်တိၢ်ပိာ်ထးအဖၣ်ကွာ်

forge *v* ၁. ထုးဂံၢ်ထုးဘါ, ထဲးဂံၢ်ထဲးဘါမၤတၢ်ဆူၣ်ဆူၣ် ၂. မၤလီတၢ်. အဒိ, ဟုၣ်ဆဲးလီၤပှၤအမံၤ, ယီၤဒိယီၤဘျၣ်တၢ် ၃. ပိာ် (ဃာ်, ဒီ) , ပိာ်တိၢ်ပိာ်ထး

forger *n* ပှၤယီၤဒိယီၤဘျၣ်တၢ်

forgery *n* တၢ်လီတၢ်ပျိၢ်, တၢ်ယီၤဒိယီၤဘျၣ်တၢ်

forget *v* သးပ့ၤနီၣ်

forgetful *a* ညီနုၢ်သးပ့ၤနီၣ်တၢ်, သးပ့ၤနီၣ်တၢ်ဆူၣ်

forgettable *a* လၢတၢ်သးပ့ၤနီၣ်သ့

forgivable *a* လၢတၢ်နၢ်ပၢၢ်အီၤဒီးပျၢ်အတၢ်ကမၣ်သ့, လၢတၢ်ပျၢ်အတၢ်ကမၣ်သ့

forgive *v* ပျၢ် (အတၢ်ကမၣ်) , ပျၢ်ကွံာ် (တၢ်ကမၣ်)

forgiveness *n* တၢ်ပျၢ်တၢ်ကမၣ်

forgiving *a* လၢအပျၢ်ကွံာ်ပှၤဂၤအတၢ်ကမၣ်

forgo *v* ပျဲစုပျဲခီၣ်, ပျၢ်စုပျၢ်ခီၣ်, ဆၢတဲာ်လၢတမၤတၢ်လၢအအဲၣ်ဒိးမၤဝဲလၢၤ

forgotten *a* လၢအဘၣ်တၢ်သးပ့ၤနီၣ်အီၤ

fork *n* ၁. နီၣ်ဆဲး ၂. နီၣ်ဆိုး ၃. ကျဲဖးဒ့ ၄. သ့ၣ်ဖးတြၢ်

fork *v* ၁. နီၤဖးလီၤအီၤဆူအဒ့အတြၢ်, မၤဖးဒ့ဖးတြၢ်, ဖးတြၢ် ၂. ထိၣ်ခွဲးတဘျီအိၣ်ခံခါ (လိာ်ကွဲခွဲး(စ)) ၃. ရူၣ်တၢ်ဒီးနီၣ်တြၢ်

forked *a* လၢအဖးဒ့ (ခံခီ), လၢအဖးတြၢ်

forklift *n* သိလ့ၣ်တရိာ်စိာ်ကဖီထီၣ်တၢ်, သိလ့ၣ်စိာ်ကဖီထီၣ်တၢ်

forlorn *a* ၁. (ပှၤ) လၢအအိၣ်သယုၢ်သတွၤဒီးတသူၣ်ဖှံသးညီ, (တၢ်လီၢ်) လၢတၢ်ညီကွံာ်အီၤဒီးတကွၢ်ထွဲအီၤလၢၤ, လၢတၢ်ဟ်ဒ့လီအီၤ, လၢအဘၣ်တၢ်ညီကွံာ်အီၤ
၂. Forlorn hope,– တၢ်မုၢ်လၢ်လၢာ်, တၢ်မုၢ်လၢ်တအိၣ်လၢၤ

form *n* ၁. တၢ်အကု့ၢ်အဂီၤ ၂. လံာ်အဒိလၢတၢ်ကဘၣ်မၤပှဲၤအီၤ ၃. တၢ်သူၣ်ထီၣ်အကျဲအကပူၤ, တၢ်အကျိၤအကျဲ ၄. တၢ်သ့တၢ်ဘၣ်အပတီၢ် ၅. တၢ်အလုၢ်အလၢ် ၆. တၢ်အဒိ, တၢ်သိဒၢ ၇. အကလုာ်, တၢ်အကလုာ်ကလုာ် ၈. တၢ်အကု့ၢ်အဂီၤလၢပထံၣ်အီၤသ့တဖၣ် ၉. လီၢ်ဆ့ၣ်နီၤဖးထီ, ခးဖးထီ ၁၀. တၢ်အိၣ်အသး

form *v* ၁. မၤအကု့ၢ်အဂီၤ ၂. ဒုးကဲထီၣ်, ကဲထီၣ် ၃. သူၣ်ထီၣ်, ကရၢကရိထီၣ်

formal *a* ၁. ဆဲးဝဲလၤဝဲ, ဆဲးဆဲးလၤလၤ ၂. လၢအဖိးသဲစး, ဒ်အလုၢ်အလၢ်ဟဲဝဲအသိး

formality *n* ၁. တၢ်ဆဲးဝဲလၤဝဲ, တၢ်ဆဲးဆဲးလၤလၤ ၂. တၢ်ဖိးသဲစး, တၢ်မၤအသးဒ်အလုၢ်အလၢ်အိၣ်အသိး

formalize, **formalise** *v* ၁. မၤတၢ်ရဲၣ်တၢ်ကျဲၤ, မၤတၢ်တိာ်ကျဲၤ ၂. မၤအိၣ်ထီၣ်တၢ်သိၣ်တၢ်သိ

format *n* ၁. တၢ်ရဲၣ်တၢ်ကျဲၤ, တၢ်တိာ်ကျဲၤ, တၢ်မၤအကျဲ ၂. လံာ်တဘ့ၣ်, မဲးကစံတဘ့ၣ်အကု့ၢ်အဂီၤအဒိၣ်အလဲၢ်

format *v* ကတဲာ်ကတီၤရဲၣ်ကျဲၤလၢကအိၣ်ဒီးအကု့ၢ်အဂီၤ, ကတဲာ်ကတီၤဟ်ဖှိၣ်ခိၣ်ဖျ့ထၢၣ်အတၢ်ဂ့ၢ်တၢ်ကျိၤ

formation *n* ၁. တၢ်မၤကဲထီၣ်တၢ်တမံၤ, တၢ်ဒုးအိၣ်ထီၣ်အကျိၤအကျဲ ၂. တၢ်တမံၤလၢဘၣ်တၢ်ဒုးအိၣ်ထီၣ်တ့ၢ်အီၤ

formative *a* ၁. လၢအလုာ်ဘၢစိကမီၤ (ပှၤအသကဲာ်ပဝး) ၂. လၢအသိအဘိ (ပှၤအသကဲာ်ပဝး)

former *a* လၢညါတ(ဂၤ), လၢညါ, လၢအလီၢ်လံၤတ(ဂၤ) အဒိ, ယတၢ်မၤခိၣ်လီၢ်လံၤတဂၤ

formerly *adv* လၢညါ, လၢအပူၤကွံာ်

Formica *n* ဖျးစတံးဘ့ၣ်ဘၣ်ဘူလၢအတူၢ်တၢ်ကိၢ်နံ့ၢ်, ဖိမံးခၣ်ဘ့ၣ်ဘၣ်

formidable *a* လၢအလီၤပျံၤလီၤဖုး, လၢအကီကီခဲခဲ, လၢအကီအခဲဒိၣ်ဒိၣ်မုၢ်မုၢ်

formless *a* လၢအတအိၣ်ဒီးအကု့ၢ်အဂီၤ

formula *n* ၁. အကျိၤအကျဲ, အလုၢ်အလၢ် ၂. တၢ်ဘျၢအကျဲလၢပှၤကသူဝဲအဂီၢ် ၃. ဖိသၣ်အတၢ်နုၢ်ထံကမူၣ်

formulate *v* ရဲၣ်ကျဲၤဟ်လီၤတၢ်အကု့ၢ်အဂီၤအကျိၤအကျဲ, ကျဲၤဟ်လီၤ (တၢ်) မူာ်မူာ်နီၢ်နီၢ်

formulation *n* တၢ်ရဲၣ်ကျဲၤဟ်လီၤတၢ်အကု့ၢ်အဂီၤအကျိၤအကျဲ, တၢ်ကျဲၤဟ်လီၤ (တၢ်) မူာ်မူာ်နီၢ်နီၢ်

fornicate *v* ၁. အဲၣ်ဘၢတၢ် ၂. မၤကမၣ်မုၣ်ကမၣ်ခွါ, လီၤကမၣ်တချုးဖျီသး, စုလီၤဖိုးခိၣ်လီၤဖိုးတချုးဖျီသး

fornication *n* ၁. တၢ်အဲၣ်ဘၢတၢ် ၂. တၢ်မၤကမၣ်မုၣ်ကမၣ်ခွါ, တၢ်လီၤကမၣ်တချုးဖျီသး, တၢ်စုလီၤဖိုးခိၣ်လီၤဖိုးတချုးဖျီသး

forsake *v* ၁. စူးကွံာ်ညီကွံာ်, လဲၤသဒၣ်ကွံာ်, ဟးသဒၣ်ကွံာ် ၂. ဟ်လီၤတဲာ်ကွံာ်

forswear *v* ဆိၣ်လီၤအသးလၢတမၤဝဲလၢၤ, ဆိၣ်လီၤထုလီၤအသး

forsythia *a* ဖိစ့သံယၢၣ်, ဖိတပှိာ်ဘိ

fort *n* တိာ်ဓိၤတၢ်ဓိၤ, ဝ့ၢ်ခိၣ်နူ

forte *adv* သိၣ်ဖးဒိၣ်

forte *n* ၁. တၢ်ဂံၢ်ဆူၣ်, တၢ်လၢပှၤတဂၤဂၤမၤအီၤန့ၢ်ဂ့ၤ, တၢ်သ့တၢ်ဘၣ်လီၤဆီ ၂. နိးအပနိၣ်လၢတၢ်သးဝံၣ် မ့တမ့ၢ် ဒ့အီၤသိၣ်ဒိၣ်ဒိၣ်

forth *adv* ဆူခိ, ဆူညါ (ဟဲပၢ်) ထိၣ်

forthcoming *a* ၁. လၢတယံာ်ဘၣ်ကမၤအသး, လၢအအိၣ်ဖျါထီၣ်ဘူးတ့ၢ် ၂. လၢအအိၣ်ကတဲာ်ကတီၤအသး မ့တမ့ၢ် လၢတၢ်မၤန့ၢ်အီၤသ့ဖဲတၢ်လိၣ်ဘၣ်အီၤအခါ

forthright *a* လၢအတဲတၢ်ပျိပျိလိၤကတိၤ, လိၤလိၤ, ပျိပျိဖျါဖျါ

forthwith *adv* တဘျီဃီ, တကီၢ်ခါ

fortieth *a* လွံၢ်ဆံပူတပူ, လွံၢ်ဆံ(ခါ)တ(ခါ)

fortification *n* ၁. တၢ်မၤဂၢၢ်ထီၣ်ကျၢၤထီၣ် (တၢ်) ၂. Fortifications တိာ်ဓိၤတာ်ဓိၤလၢတၢ်ဘိုဝးတရံးန့ၢ်ဓိၤစီၤဓိၤ

fortify *v* ၁. ဘိုထီၣ်တၢ်ဒီသဒၢအတိာ်ဓိၤတာ်ဓိၤ, ဘိုထီၣ်တၢ်ဒီသဒၢအဝ့ၢ်ခိၣ်ဒူ ၂. ဟ့ၣ်ဆူၣ်ထီၣ်ပှၤသးအဂံၢ်အဘါ ၃. မၤဆူၣ်ထီၣ်နီၢ်ခိခိၣ်နူာ်အဂံၢ်အဘါ ၄. ထၢနှာ်ဘံၣ်တၣ်မံၣ်ဒီးမၤအါထီၣ်တၢ်အီၣ်အတၢ်န့ၢ်ဂံၢ်န့ၢ်ဘါ

fortitude *n* တၢ်သ့တူၢ်တၢ်, တၢ်သူၣ်ဒူသးဒူဒီးတၢ်သးစွံကတုၤဒီးသ့ဆၢၣ်မဲာ်တၢ်လၢအအိၣ်ထီၣ်ဖဲတၢ်တူၢ်ဘၣ်တၢ်ဆါဒိၣ်ဒိၣ်မုၢ်မုၢ် မ့တမ့ၢ် ဘၣ်သဂၢၢ်ဒီးတၢ်ကီတၢ်ခဲအခါ, တၢ်တအိၣ်ဒီးသးလၢအတူၢ်ဃၣ်သး

fortnight *n* ခံနွံအကတိၢ်, ခံနွံ

fortnightly *adv* ခံနွံတဘျီ

fortress *n* တိာ်, တိာ်ခၢၣ်သနၢၣ်

fortuitous *a* လၢအကဲထီၣ်အသးဘၣ်ဆၢၣ်ဘၣ်တီၤ

fortuitously *adv* လၢတၢ်ဘၣ်ဆၢၣ်ဘၣ်တီၤအပူၤ, လၢတၢ်ဘၣ်န့ၢ်အတီၤအပူၤ

fortuity *n* တၢ်ကဲထီၣ်အသးဘၣ်ဆၢၣ်ဘၣ်တီၤ, တၢ်ဘၣ်ဖုးဘၣ်ပျိၢ်, တၢ်ကဲထီၣ်သးဘၣ်န့ၢ်အတီၤ

fortunate *a* လၢအဘူၣ်ဂ့ၤတီၢ်ဘၣ်, လၢအဝံဂ့ၤကလၢၤဂ့ၤ

fortunately *adv* လၢတၢ်ဘူၣ်ဂ့ၤတီၢ်ဘၣ်အပူၤ, လၢတၢ်ဝံဂ့ၤကလၢၤဂ့ၤအပူၤ

fortune *n* ၁. တၢ်ဘူၣ်တၢ်တီၢ်, တၢ်ဟဲဝံဟဲစိာ် ၂. စ့အါအါဂိၢ်ဂိၢ်

fortune hunter *n* ပှၤလၢအအဲၣ်ဒိးကဲဒိၣ်ညီကဒၣ်အဃိဖျိသးဒီးပှၤထူးပှၤတီၤ

fortune-teller *n* ပှၤဒွးတၢ်ဖိ, ပှၤလၢအဒွးန့ၢ်ပှၤတၢ်ဘူၣ်တၢ်တီၢ်, ပှၤဒွးစုတီၤ, ပှၤကွၢ်စုတီၤ

forty *n* လွံၢ်ဆံ, ၄၀

forum *n* တၢ်ကူၣ်လိာ်အိၣ်သကိး

forward *a* ၁. လၢအလဲၤဆူညါ, လၢအမဲာ်ညါ ၂. လၢအဘၣ်ထွဲဒီးခါဆူညါ

forward *adv* ၁. ဆူညါ, ဆူအမဲာ်ညါ ၂. လၢညါ, လၢအမဲာ်ညါ, ဟ်စၢၤ ၃. ဆူခိ, ဆူညါ(ဟဲပၢၢ်)ထီၣ်

forward *n* ပှၤလိာ်ကွဲဖျၢၣ်ထူလၢတၢ်မဲာ်ညါ, ပှၤလၢအအိၣ်လၢတၢ်မဲာ်ညါ, ပှၤလၢအဂဲၤလၢတၢ်မဲာ်ညါ, တၢ်လၢအအိၣ်လၢတၢ်မဲာ်ညါ

forward *v* ၁. ဆှၢဆူညါတတီၤ, ဆှၢခီ ၂. မၤစၢၤမၤဂ့ၤထီၣ်, မၤဂ့ၤထီၣ်စၢၤ

forwarding address *n* လီၢ်အိၣ်ဆိးထံးလၢတၢ်ကဆှၢထီၣ်အီၤဆူညါတတီၤ

forward-looking *a* လၢအကွၢ်ဆူမဲာ်ညါ, လၢအလဲၤထီၣ်လဲၤထီ

forwardness *n* တၢ်ကဲၤမဲာ်ကဲၤနါ, တၢ်သးရူတလ့ၢ်လၢအဆူၣ်ဆူၣ်ဆူၣ်ကလဲာ်, တၢ်နာ်န့ၢ်လီၤသးအါလၢ်ကဲၣ်ဆိး, တၢ်ဒူကဝဲၤ

fossil *n* ၁. လၢၢ်လိၣ်ဒိ, သ့ၣ် မ့တမ့ၢ် ဆၣ်ဖိကီၢ်ဖိအက့ၢ်အဂီၤအိၣ်လီၤဘျၢတ့ၢ်လံအနံၣ်လၢအကကွဲၢ်အဃိလိၣ်ထီၣ်က့ၤအသးဒ်လၢၢ် ၂. ပှၤအခိၣ်ကိၤ, ပှၤလၢတအဲၣ်ဒိးတၢ်ဆီတလဲ

fossil fuel *n* န့ဆၢၣ်အမ့ၣ်ဆၣ်, အဒိ, လၢၢ်သွဲၣ်လး, န့ဆၢၣ်ကာ်သဝံ

fossilize, **fossilise** *v* ၁. မၤကဲထီၣ်ဆူလၢၢ်လိၣ်ဒိ ၂. ဆီတလဲတၢ်ဆိကမိၣ်တန့ၢ်

foster *a* လၢအကွၢ်လုၢ်ဒိၣ်ထီၣ် (ပှၤ), လၢအကွၢ်ကဲ (ပှၤ), လၢအဘၣ်တၢ်ကွၢ်လုၢ်ဒိၣ်ထီၣ်အီၤ

foster *v* လုၢ်ဒိၣ်ထီၣ်, ကွၢ်လုၢ်ဒိၣ်ထီၣ်, ကွၢ်ကဲ

foster-mother *n* မိၢ်ကွၢ်ကဲ, မိၢ်လၢအလုၢ်ဖိပှၤအဖိ, မိၢ်လၢအလုၢ်ဒိၣ်ထီၣ်ပှၤအဖိ

foster-parent *n* မိၢ်ပၢ်ကွၢ်ကဲ, မိၢ်ပၢ်လၢအလုၢ်ဒိၣ်ထီၣ်ပှၤအဖိ

foul *a* ၁. လၢအဘၣ်အၢဘၣ်သီဒီးနၢတမှာ်တလၤ ၂. လၢအတမှာ်တလၤ, လၢအအၢဒိၣ်မး ၃. လၢအ (ကတိၤတၢ်) ရၢၢ်ရၢၢ်စၢၢ်စၢၢ်, လၢအတတိတလိၤ ၄. (မူခိၣ်ကလံၤသီၣ်ဂီၤ) လၢအတဂ့ၤ, ကလံၤဆူၣ် ၅. လၢအမၤဆူးမၤဆါဒီးမၤဟးဂီၤတၢ်ဒိၣ်မး

foul *adv* ၁. လၢအဘၣ်အၢဘၣ်သီဒီးနၢတမှာ်တလၤ ၂. လၢအတမှာ်တလၤ, လၢအအၢဒိၣ်မး ၃. လၢအ (ကတိၤတၢ်) ရၢၢ်ရၢၢ်စၢၢ်စၢၢ်, လၢအတတိတလိၤ ၄. (မူခိၣ်ကလံၤသီၣ်ဂီၤ) လၢအတဂ့ၤ, ကလံၤဆူၣ် ၅. လၢအမၤဆူးမၤ

ဆါဒီးမၤဟးဂီၤတၢ်ဒိဉ်မး

fall foul of *idm:* ဘဉ်ဒိဘဉ်ထံးဒီး

foul *n* ၁. တၢ်ဘံဘူစှၢ်ၤသၢ, တၢ်ဘံဘူဆးဃၢ, တၢ်သဘံဉ်ဘှဉ် ၂. တၢ်မၤကမဉ်တၢ်ဂဲၤလိာ်ကွဲအတၢ်သိဉ်တၢ်သီ ၃. တၢ်နိးတၢ်ဘျး

foul *v* (လၢတၢ်လိာ်ကွဲအပူၤ) မၤထီဒါတၢ်သိဉ်တၢ်သီ, ဂဲၤလိာ်ကွဲတၢ်လိာ်ကွဲရၢ်ရၢ်စၢ်စၢ်

F

foul play *n* တၢ်မၤကမဉ်တၢ်သိဉ်တၢ်သီတုၤတၢ်သံတၢ်ပှၢ်အိဉ်ထိဉ်, တၢ်သူဉ်ကု့ဉ်သးကါ

foul-mouthed *a* လၢအကတိၤတၢ်ရၢ်ရၢ်စၢ်စၢ်, လၢအဆိဉ်တၢ်ထုတၢ်

foul-up *n* တၢ်ဂ့ၢ်ကီလၢအအိဉ်ထိဉ်ခီဖျိတၢ်ကမဉ်လၢတၢ်တကြၢးမၤကမဉ်အီၤ

found *v* ၁. သူဉ်ထိဉ် (တၢ်ကရၢကရိ) အခီဉ်ထံးခီဉ်ဘိ, စးထိဉ်သူဉ်ထိဉ် (တၢ်ကရၢကရိ), ဒုးအိဉ်ထိဉ်တၢ် ၂. ကဲထိဉ်ပှၤလၢအသူဉ်ထိဉ် (တၢ်) အဆိကတၢၢ် ၃. သူဉ်ထိဉ်အသး (လၢတၢ်တမံၤမံၤ) အဖီခိဉ်

foundation *n* ၁. ဂၢ်ခၢဉ်သနၢဉ်, တၢ်အဂၢ်ခီဉ်ထံး ၂. တၢ်သိဉ်တၢ်သီအဂၢ်ခီဉ်ထံး ၃. တၢ်ကရၢကရိ, ကရၢလၢအမၤစၢၤတၢ် ၄. တၢ်သူဉ်ထိဉ် (တၢ်) အခီဉ်ထံးခီဉ်ဘိ, တၢ်စးထိဉ်တၢ် ၅. တၢ်ဖှူမဲာ်အဒါ

founder *n* ပှၤလၢအသူဉ်ထိဉ် (တၢ်) အဆိကတၢၢ်, ပှၤလၢအဒုးအိဉ်ထိဉ် (တၢ်) အခီဉ်ထံးခီဉ်ဘိ

founder *v* ၁. ဃဉ်ကွံာ်ခီဖျိတၢ်ကီတၢ်ခဲတမံၤမံၤအဃိ ၂. ထံနှာ်လၢအပူၤဒီးလီၤဘျၢဲ, ပဲုၤဒီးထံအဃိလီၤဘျၢဲ

foundling *n* ဖိသဉ်လၢအမိၢ်အပၢ်ညီကွံာ်အီၤဒီးဘဉ်တၢ်ထံဉ်န့ၢ်ကုၤအီၤ

foundry *n* တၢ်ဝံၤတိၢ်ဒိၤထးဒိၤ မ့တမ့ၢ် ယွၤခဉ်စီးအစဲးဖိကဟဉ်တၢ်မၤလိၢ်

fountain *n* ထံမူ, ထံထိဉ်ပၢၢ်, ထံဖျိးထိဉ်

four *n* လွံၢ်, ၄

four-by-four *n* သိလှဉ်ပဒၢးလၢအခီဉ်ပဉ်ပဃာ်တၢ်လွံၢ်ခီလၢာ်

fourfold *a* လၢအအိဉ်လွံၢ်ပူ, လၢအအါထိဉ်လွံၢ်စး

fourscore *a* လွံၢ်ဂၢ်အါဒီးခံဆံ, ဃိးဆံ

foursome *n* ပှၤလွံၢ်ဂၤတဖုလီၤဆီဒ်န့တၢ်ပဉ်ယှာ်ဒီးပိာ်ခွါခံဂၤဒီးပိာ်မုဉ်ခံဂၤ, ပှၤလွံၢ်ဂၤလၢအလိာ်ကွဲဖျာဉ်ထူ

fourteen *n* တဆံလွံၢ်, ၁၄

fourteenth *a* တဆံလွံၢ်ဘျီတဘျီ, တဆံလွံၢ်ခါတခါ

fourth *a* လွံၢ်ဘျီတဘျီ, လွံၢ်ခါတခါ

four-wheel drive *n* သိလှဉ်လၢအဟ့ဉ်ဂံၢ်သဟီဉ်ဆူအခီဉ်ပဉ်လွံၢ်ပဉ်လၢကပဃာ်တၢ်အဂီၢ် 4WD

fowl *n* ထိဉ်ဖိဆီဖိ, ထိဉ်, ဆီ

fox *n* ထွံဉ်ဟီဉ်ခိဉ်

fox *v* ၁. လံဉ်တၢ်လီတၢ်, လီန့ၢ်ပျံာ်ဝ့ၤတၢ် ၂. မၤသဘံဉ်ဘှဉ်တၢ် ၃. မၤမူၤတၢ် ၄. ဘိုဆးကု့ၤခိဉ်ဖံးအခိဉ်ထိး ၅. စုဉ်ဆံဉ်တၢ်ဒီးဘံဃၢဉ်

foxhole *n* တၢ်အိဉ်သဒၢအပူၤ, တၢ်ပူၤလၢသုးဖိတဖဉ်ဒီသဒၢအသးလၢဒုဉ်ဒါအတၢ်ခးလီၤတၢ် မ့တမ့ၢ် အဝဲသ့ဉ်ခးဆၢတၢ်အလိၢ်

foxy *a* ၁. လၢအလီၤက်ဒီးထွံဉ်ဟီဉ်ခိဉ် ၂. ပိာ်မုဉ်လၢအလံဉ်လီန့ၢ်တၢ်, ပိာ်မုဉ်လၢအထုးန့ၢ်လွဲန့ၢ်ပှၤအသးလၢမုဉ်ခွါသွံဉ်ထံးတကပၤ

foyer *n* ၁. တၢ်သူဉ်ထိဉ်ကျဲစၢၤအလိၢ်, တၢ်တူၢ်တမံၤအလိၢ် ၂. ဟံဉ်မဲာ်ညါဒၢးဖိ, တၢ်တူၢ်တမံၤဒၢးဖိ

fraction *n* ၁. နီဉ်ဂံၢ်အပူ, နီဉ်ဂံၢ်ကူာ် ၂. တၢ်အရှဉ်အဒ့, တၢ်တနီၤ

fractional *a* ၁. လၢအဘဉ်ဃးဒီးနီဉ်ဂံၢ်အပူ မ့တမ့ၢ် နီဉ်ဂံၢ်ကူာ် ၂. လၢအဆံးဒိဉ်မး, လၢအရှတဂ့ဉ်ဘဉ်

fractious *a* လၢအသူဉ်အ့န့သးအ့န့, လၢအကနူးကဒ့ဉ်တၢ်, လၢအသးဒိဉ်ထိဉ်ညီကဒဉ်

fracture *n* ဃံတဲၤ, တၢ်သ့ဉ်ဖး, တၢ်သဘှံး

fracture *v* မၤတဲၤ, မၤသ့ဉ်ဖး, မၤသဘှံး

fragile *a* လၢအသ့ဉ်ဖးညီ, စှိး, ကှိး, စှိးမဲးခဲး, ကဘုးလုး

fragment *n* တၢ်အလှ့ဉ်အဒ့, တၢ်အကု့အခီ, တၢ်အရှဉ်အဒ့

fragment *v* ကၢ်, မၤကၢ်, သ့ဉ်ဖးကွံာ်ဆူအကု့အခီ

fragmentary *a* လၢအအိဉ်ဒီးအကု့အခီ, စဲဘူးလိာ်အသးတလၢပဲှၤ, လၢအအိဉ်ပူၤကု့ပူၤခီ

fragrance *n* တၢ်နၢမူနၢဆို, ထံနၢမူ

fragrant *a* လၢအနၢမူ, လၢအနၢမူနၢဆို

frail *a* ဃံၤ, ဂံၢ်တအိၣ်ဘါတအိၣ်, ဃံၤသံဃံၤကျိ

frailty *n* တၢ်ဂံၢ်စၢ်ဘါစၢ်, တၢ်ဂံၢ်တၢ်ဘါတအိၣ်, တၢ်ဃံၤသံဃံၤကျိ

frame *n* ၁. တၢ်ကျိၤ, တၢ်အတကွီၣ် ၂. ပှၤနီၢ်ခိက့ၢ်ဂီၤအတၢ်ဆီလီၤဟ်လီၤအသး ၃. တၢ်ဆီလီၤဟ်လီၤသးအကျိၤအကျဲ ၄. တၢ်ဂီၤဃံၤအပူၤတၢ်ဂီၤတဘ့ၣ်တဘ့ၣ် ၅. တၢ်ဂီၤတဘ့ၣ်အဂ့ၢ်စ့ာ်စ့ာ်လၢအိၣ်လၢအ့ထၢၣ်နဲးအဖီခိၣ်

frame *v* ၁. အ့ၣ်သးကဘျံးကဘျၣ်ထီဒါပှၤလၢအတၢ်ကမၣ်တအိၣ် ၂. ကွဲၤဃာ် ၃. မၤကဲထီၣ်, ဒုးအိၣ်ထီၣ်

frame of mind *n* တၢ်ဆိကမိၣ်ဆိကမးလၢအမၤအသးလၢတၢ်ဆၢကတီၢ်တကတီၢ်, သးအတၢ်ဆိကမိၣ်လၢတၢ်ဆၢကတီၢ်တကတီၢ်

framework *n* တၢ်မၤအတကွီၣ်, တၢ်အတကွီၣ်

franchise *n* ၁. မ့ၢ်ဝဲၤတၢ်သဘျ့ခွဲးယာ်ဖိးသဲစးလၢပဒိၣ် မ့တမ့ၢ် ခီပန့ာ်ဟ့ၣ်လီၤ ၂. တၢ်ဟ့ၣ်တၢ်ဖးပၢခွဲးယာ်

franchise *v* ဟ့ၣ်အခွဲးဘၣ်ဘျိးဘၣ်ဒါဒီးသဲစးလၢကမၤတၢ်, ဟ့ၣ်အခွဲးဖိးသဲစးလၢကမၤတၢ်

frank *a* လၢအတဟ်ရူသူၣ်တၢ်လၢအတၢ်ကတိၤအပူၤနီတစဲး, လၢအတဲဖျါထီၣ်တၢ်လၢအသးပူၤခဲလၢာ်တီတီ

frank *v* တီၢ်လီၤတၢ်ပနီၣ်လၢလံာ်ဒၢဖီခိၣ်လၢကဒုးနဲၣ်တၢ်ဟ့ၣ်အပ္ၤဝံၤလံ မ့တမ့ၢ် တလိၣ်တၢ်ဟ့ၣ်အပ္ၤ

frankincense *n* လီၢ်ဘၣ်, သ့ၣ်နၢမူအသိတကလုာ်

frankness *n* တၢ်တဲဖျါထီၣ်တၢ်ခဲလၢာ်ပျီပျီဖျါဖျါ, တၢ်ဟ်ဖျါထီၣ်တၢ်လၢအသးပူၤခဲလၢာ်တီတီ

frantic *a* မၤတၢ်ချ့ချ့ကလဲာ်, ပစ့ာ်ပတ့ၤ, ကရီကဒး

frat *n* ကို့ဖိပိာ်ခွါကရၢလၢအမဲရကၤဖှ့ၣ်စိမိၤတဖၣ်အပူၤ

fraternal *a* ဒ်ဒီပုၢ်ဝဲၢ်ခွါတဖၣ်အသိး

fraternity *n* ပှၤကို့ဖိပိာ်ခွါအကရၢတဖု

fraternize, fraternise *v* ရှဒ်ဒီပုၢ်ဝဲၢ်ခွါအသိး

fratricide *n* ၁. တၢ်မၤသံဒီပုၢ်ဒီဝဲၢ်အကွိၢ်မ့ၣ် ၂. ပှၤလၢအမၤသံအဒီပုၢ်ဒီဝဲၢ်

fraud *n* ၁. တၢ်လီတၢ်ဝ့ၤ, တၢ်လီနု့ၢ်ပျံာ်ဝ့ၤ ၂. ပှၤလီတၢ်ဖိ, ပှၤလီနု့ၢ်ပျံာ်ဝ့ၤတၢ်

fraudulence *n* တၢ်လီတၢ်ဝ့ၤ

fraudulent *a* လၢအလီနု့ၢ်ဝ့ၤနု့ၢ်တၢ်

fraught *a* လၢအပှဲၤဒီး (တၢ်တမံၤမံၤ), လၢအပှဲၤဒီးတၢ်ဘၣ်ယိၣ်

fray *n* ၁. တၢ်အ့ၣ်လိာ်ဆီးက့လိာ်သး ၂. တၢ်ကံးညာ်အဆူၣ်ကဖူၣ်ထီၣ်, တၢ်ကံးညာ်ယာ်ဖျ့, တၢ်လီၤဖးဆူအက့အခီတဖၣ်

fray *v* ၁. ယာ်ဖျ့ ၂. ဘၣ်တြူာ်လိာ်သး

frayed *a* ဖျူထီၣ်, ယာ်ဖျ့

frazzled *a* လၢအသူၣ်လီၤဘုံးသးလီၤဘှါ, လၢအလီၤဘုံးလီၤတီၤဒိၣ်မး

freak *a* လၢအလီၤဆီဒိၣ်မး, လၢအတမ့ၢ်ဒ်အညီနု့ၢ်အသိး

freak *n* ၁. ပှၤလၢအသးစၢၢ်ဆၢလၢတၢ်တမံၤမံၤအါတလၢကွဲာ်အခၢးဒီးမၤအသးလီၤဆီနု့ၢ်ပှၤဂၤ, ပှၤလၢအပျူၢ်ဆှါ ၂. တၢ်လၢအလီၤဆီ, တၢ်လၢအတဒ်သိးဒီးပှၤဂၤ

freak *v* မၤကမၢကမၣ်, မၤသူၣ်ပျံၤသးဖုး, မၤသူၣ်ဒိၣ်သးဖျိး

freakish *a* လၢအလီၤဆီဒိၣ်မး, လၢအတမ့ၢ်ဒ်အညီနု့ၢ်အသိး, လၢအတမၤညီနု့ၢ်အသး

freckle *n* မဲၣ်ဂီၤဃဲး, မဲၣ်သူမဲၣ်ဂီၤ

freckly *adv* လၢအပှဲၤဒီးမဲၣ်သူမဲၣ်ဂီၤ, လၢအပှဲၤဒီးမဲၣ်ဂီၤဃဲး

free *a* ၁. လၢအအိၣ်သဘျ့ ၂. လၢအကလီ ၃. ချူး, အိၣ်ကလီ, လၢအချူးအဒး ၄. လၢတၢ်စၢဃာ်တအိၣ်, လၢတၢ်တစၢဃာ်အီၤ ၅. လၢတၢ်ဟ်ပနီၣ်တအိၣ်, လၢတၢ်တဖီၣ်ဃံးအီၤဘၣ် ၆. လၢတၢ်မၤပျံၤမၤဖုးတအိၣ် ၇. လၢအတဲတၢ်ပျီပျီ, လၢအတဟ်တၢ်လၢအသးပူၤ ၈. လၢအဟ့ၣ်တၢ်ညီ, လၢအစုညီ ၉. လၢအဟ့ၣ်တၢ်သဘျ့

free *adv* ၁. အကလီ ၂. လၢအသဘျ့

free *v* ပျဲလီၤ, ပျၢ်ဖျဲး, ပျၢ်ဖျဲးကွံာ်, မၤထူၣ်ဖျဲး

free enterprise *n* မ့ၢ်ကျိၤဝဲၤကွာ်တၢ်ဖံးတၢ်မၤလၢအသဘျ့, မ့ၢ်ကျိၤဝဲၤကွာ်တၢ်ဖံးတၢ်မၤအကျိၤအကျဲလၢတအိၣ်ဒီးပဒိၣ်အတၢ်ဖီၣ်ဃံး

free fall *n* တၢ်လီၤတဲာ်ဆူလာ်ချ့ချ့ကလဲာ်

free liver *n* ပှၤလံၤလူၤကျူၤဆှါ, ပှၤလၢအလူၤတၢ်မှာ်တၢ်ပိၣ်အါတလၢ

free love *n* ပှၤလၢအတဆီဟံၣ်ဆီဃီဒီးလူၤတၢ်မှာ်ဖံးမှာ်ညၣ်သကုၤ

free market *n* မုၢ်ကျိၤဝဲၤကွာ်အဖှါသဘျ့

free spirit *n* ပှၤလၢအအိၣ်မူသဘျ့, ပှၤလၢအတအိၣ်ဒီးတၢ်ဘၣ်ဃိၣ်ဘၣ်ဘီ, ပှၤလၢအတၢ်ကိၢ်တၢ်ဂီၤတအိၣ်

free trade *n* တၢ်ကူၣ်လဲၤမၤကၤသဘျ့

free will *n* တၢ်စံၣ်ညီၣ်ဃုထၢတၢ်လၢအနီၢ်ကစၢ်တၢ်ဘၣ်သး

freebie *n* တၢ်လၢနမၤန့ၢ်ကလီအီၤ

freedom *n* တၢ်သဘျ့

freedom fighter *n* ပှၤပၢၢ်ဆၢတၢ်ဖိလၢအဒုးတၢ်လၢတၢ်သဘျ့အဂီၢ်, ပှၤထီဒၢပဒိၣ်လၢအဒုးတၢ်လၢတၢ်သဘျ့အဂီၢ်

freehand *a* လၢအဘၣ်တၢ်မၤအီၤလၢစု, လၢတၢ်တ့အီၤတအိၣ်ဒီးတၢ်စူးကါနိၣ်ထိၣ်တၢ်ပီးတၢ်လီ

freelance *a* လၢအမၤနီၢ်ကစၢ်တၢ်မၤလၢတၢ်သဘျ့အပူၤ

freelance *v* မၤနီၢ်ကစၢ်တၢ်မၤလၢတၢ်သဘျ့အပူၤ

freeloader *n* ပှၤဟးလူၤအိၣ်ကလီၤပှၤတၢ်

freely *adv* လၢတၢ်သဘျ့အပူၤ, လၢတၢ်အိၣ်ကလီအပူၤ

free-range *a* လၢအဘၣ်ဃးဒီးဆၣ်ဖိကိၢ်ဖိလၢတၢ်ဘုၣ်ပျဲအီၤလၢတၢ်လီၢ်ဖးလဲၢ်အပူၤ

free-standing *a* လၢအအိၣ်ထိၣ်ထူၣ်လၢတၢ်သဘျ့အပူၤ, လၢအအိၣ်ဆၢထၢၣ်လၢတၢ်သဘျ့အပူၤ

freestyle *n* တၢ်ပြၢလၢတအိၣ်ဒီးတၢ်ဖိၣ်ဃံးအီၤလၢတၢ်ကမၤအီၤဒ်အံၤဒ်နၤ

freethinker *n* (တၢ်ဘူၣ်တၢ်ဘါ) ပှၤလၢအိၣ်ဒီးတၢ်ထံၣ်တၢ်ဆိကမိၣ်လၢအသဘျ့, ပှၤလၢအိၣ်ဒီးတၢ်ထံၣ်တၢ်ဆိကမိၣ်လၢအလီၤဆီန့ၢ်ပှၤပတီၢ်မုၢ်

freeware *n* ခီၣ်ဖျူထၢၣ်ဒွဲပူၤစဲးပီးလီ software လၢတၢ်ဟ့ၣ်ကလီအီၤ

freeway *n* ကျဲမုၢ်ခိၣ်ဖးဒိၣ်လၢသိလ့ၣ်လဲၤတၢ်လၢအချ့ဒီးတအိၣ်ဒီးတၢ်ဃ့ဘူးလဲ

freeze *n* ၁. ဒၢးမၤခုၣ်သကၤ, တၢ်မၤခုၣ်မၤလီၤသကၤထံအဒၢ ၂. (တၢ်ဘူးတၢ်လဲ, တၢ်အယူာ်, တၢ်အပ့ၤ) တၢ်ဖိၣ်ဂၢၢ်ဟ်ပနီၣ်ဃာ်တၢ် ၃. တၢ်ခုၣ်လီၤသကၤအကတိၢ်

freeze *v* ၁. လီၤသကၤ, ခုၣ်လီၤသကၤ ၂. မၤလီၤသကၤ ၃. (တၢ်ကိၢ်တၢ်ခုၣ်အဒိၢ်ကရံၣ်) စုၤလီၤ ၄. အိၣ်ပတုာ်, တမၤတၢ်လၢၤ ၅. မၤသးလီၤကတုၤ ၆. သံထိၣ်ဆိုၣ် ၇. (စ့တၢးစရီ, တၢ်စုလိၢ်ခိၣ်ခိၣ်) ဟ့ၣ်လီၤတၢ်ကလုၢ်မၤပတုာ်တၢ် ၈. (တၢ်အပ့ၤ, တၢ်အဘူးအလဲ) ဖိၣ်ဂၢၢ်ဟ်ပနီၣ်ဃာ်တၢ်

freezer *n* ဒၢးမၤခုၣ်သကၤ, တၢ်မၤခုၣ်မၤလီၤသကၤတၢ်အဒၢ မ့တမ့ၢ် အပီးအလီ

freezing point *n* တၢ်ခုၣ်လီၤသကၤအလီၢ်, တၢ်ကိၢ်တၢ်ခုၣ်အနီၣ်ဂံၢ်ဖဲတၢ်ခုၣ်လီၤသကၤအလီၢ်

freight *n* တၢ်ပဒၢး (လၢပှၤဆှၢလၢကဘီ, လ့ၣ်မ့ၣ်အူ), လ့ၣ်မ့ၣ်အူလၢအဆှၢတၢ်ပဒၢး

freight *v* ဆိၥ်တၢ်ဖိတၢ်လံၤလၢကဘီယူၤဒီးကဘီ မ့တမ့ၢ် လ့ၣ်မ့ၣ်အူ, ပဒၢးတၢ်ဖိတၢ်လံၤလၢကဘီယူၤဒီးကဘီ မ့တမ့ၢ် လ့ၣ်မ့ၣ်အူ

freighter *n* ကဘီ မ့တမ့ၢ် ကဘီယူၤလၢအပဒၢးတၢ်ဖိတၢ်လံၤ

French *a* လၢအဘၣ်ဃးဒီးဖြၣ်စ့ၣ်

French *n* ဖြၣ်စ့ၣ်အကျိာ်

French fries *n* အၣ်လူဆဲးသိ

French horn *n* ဖြၣ်စ့ၣ်အပံ, ဖြၣ်စ့ၣ်အပံတကလုာ်

French toast *n* ကိၣ်ပိၣ်မူးလၢတၢ်စုၣ်အီၤလၢဆီဒံၣ်ဒီးတၢ်နၢ်ထံဝံၤဆဲးသိဃ့ထီအီၤ, ဖြၣ်စ့ၣ်ပိၣ်မူးကၣ်

frenzy *n* တၢ်သးထီၣ်တပျုၢ်တပျိၤ, တၢ်သးဒိၣ်နးနးကလဲာ်ဒ်အပျုၢ်အသိး, တၢ်သူၣ်ပိၢ်သးဝး

frequency *n* ၁. တၢ်မၤအသးခဲအံၤခဲအံၤ, တၢ်ကဲထိၣ်သးခဲအံၤခဲအံၤ ၂. တၢ်မၤအသးခဲအံၤခဲအံၤအနီၣ်ဂံၢ်နီၣ်ဒွး, တၢ်ကဲထိၣ်သးခဲအံၤခဲအံၤအနီၣ်ဂံၢ်နီၣ်ဒွး ၃. ကွဲၤလ့လီၤအလပီအထိၣ်အလီၤအယူာ် မ့တမ့ၢ် အဘျီ

frequent *a* ခဲအံၤခဲအံၤ, တလီၢ်လီၢ်, ဒ်ညီနုၢ်အသိး

frequent *v* မၤညီနုၢ်, လဲၤညီနုၢ်, က့ၤညီနုၢ်

frequently *adv* ခဲအံၤခဲအံၤ

fresco *n* တၢ်ဂီၤကျဲးတၢ်နူၣ်ပၤ

fresh *a* ၁. လၢအသီ, လၢအဂ့ၤ ၂. လၢအစံ့, လၢတၢ်တမၤဃ့, လၢတၢ်တမၤဆံၣ်မၤအူအီၤ ၃. လၢအသူၣ်ဆူၣ်သးဂဲၤ, လၢအပှဲၤဒီးဂံၢ်ဘါ ၄. လၢ

အမ့ၢ်ထံဆၢ, လၢအတမ့ၢ်ထံဟီ, (ထံ) လၢအဆၢ, (ထံ) လၢအတဟီ
၅. (ကလံၤ) လၢအဆံ, လၢအကဆို ၆. လၢအဟဲတုၤလီၤသီ, လၢအဟဲတုၤလီၤတယံာ်ဒံးဘၣ် ၇. လၢအတၢ်လဲၤခီဖျိတအိၣ်

fresh *adv* ဖဲတယံာ်ဒံးဘၣ်အတီၢ်ပူၤ, တယံာ်တမီၢ်

freshen *v* ၁. မၤသီထီၣ်, မၤကဆိုထီၣ်, မၤဖုံမၤညီထီၣ်သး ၂. (ကလံၤ) ဟဲအူဆူၣ်ထီၣ်, (ကလံၤ) ဟဲဆူၣ်ထီၣ်ဒီးဟဲခုၣ်ထီၣ်

freshener *n* တၢ်မၤကဆိုအါထီၣ်တၢ်, တၢ်မၤမှာ်မၤခုၣ်အါထီၣ်တၢ်, တၢ်မၤသူၣ်ဖုံသးညီထီၣ်တၢ်

freshet *n* ထံဖိကျိလၢထံဒိၣ်ထီၣ်ဖုး

freshman *n* ကိုဖိလၢအမၤလိတၢ်တၢတနံၣ်လၢဖှၣ်စိမိၤအပူၤ

freshwater *n* ထံဘျါ

fret *n* ၁. တၢ်ဒဲးကံၣ်ဒဲးဝ့ၤလၢအတိၤပျ့ၤတဖၣ်ဘဲဘူခိက်လိာ်သး ၂. ကျိၤဘိလၢအတိၤဃာ်အသးဖဲကထါ မ့တမ့ၢ် တနၢ်ခွဲးစုအစုစၢ်အလိၢ်

fret *v* သးအ့န့, ကဒူးကဒ့ၣ်

friable *a* လၢအလီၤဖှံၣ်လီၤဘျဲးညီ, လၢအလီၤကမှၣ်ညီ

friar *n* ရိမ့ခဲးသလ့းအသီခါ (လီၤဆီဒၣ်တၢ်ဒီမနံးခၢၣ်တၢ်ဘါ, ဖရၣ်စံးစခၢၣ်တၢ်ဘါ), ဖုံထံအသီခါ

friction *n* ၁. တၢ်ဘၣ်တြူၢ်လိာ်အသး, တၢ်ဘၣ်တြူာ်လိာ်အသး, တၢ်ဘၣ်ဂံာ်ဂူာ်လိာ်သး ၂. တၢ်ထီဒါလိာ်သး, တၢ်လၢအတြီတၢ်လဲၤဖဲတၢ်ခံမံၤဘၣ်တြူာ်လိာ်သးအခါ

Friday *n* မုၢ်ဖီဖး

fridge *n* တၢ်ခုၣ်ဒၢ

fried *a* လၢအဘၣ်တၢ်ဆဲးသိအီၤ, လၢတၢ်ဆဲးသိအီၤ

friend *n* ၁. တံၤသကိး, ဂၢၤမိၣ် ၂. ပှၤကရၢဖိ, ပှၤမၤသကိးတၢ်, ပှၤလၢအဆိၣ်ထွဲမၤစၢၤတၢ် ၃. ပှၤတဂၤလၢအအိၣ်ဒီးတၢ်သးစဲဒီးအတၢ်ဆိကမိၣ်လီၤက်ဒီးပှၤ ၄. တၢ်ဟ်ဖှိၣ်ထီၣ်သး, သိၣ်မံၤ

friendless *a* လၢအတံၤတအိၣ်သကိးတအိၣ်, လၢအတံၤသကိးတအိၣ်, လၢဘၣ်တၢ်ဟ်လီၤဖျိၣ်အီၤ

friendliness *n* တၢ်ရှလိာ်မှာ်လိာ်လၢတၢ်သူၣ်အိၣ်သးအိၣ်အပူၤ, လၢအသ့ရှလိာ်တၢ်, လၢအသူၣ်အိၣ်သးအိၣ်တၢ်

friendly *a* ၁. လၢအမၤဘၣ်ပှၤဒ်တံၤသကိးအသိး, လၢအရှတံၤရှသကိးသ့, လၢအသူၣ်ဂ့ၤသးဝါပှဲၤဒီးတၢ်မဲာ်မှာ်နါဆၢ ၂. လၢတမၤဟးဂီၤ, လၢတမၤဘၣ်ဒိတၢ်

friendly *n* တၢ်ရှလိာ်မှာ်လိာ်သးအတၢ်ဂဲၤလိာ်ကွဲ

friendly fire *n* တၢ်သံတၢ်ပှၢ်တၢ်ဘၣ်ဒိဘၣ်ထံးလၢအကစၢ်ဒၣ်ဝဲတၢ်စုကဝဲၤအဃိ

friendship *n* တၢ်ဒီတံၤဒီသကိး

frieze *n* တၢ်ဂီၤဘ့ၣ်ဘၣ်စိးပျၢၤကယၢ

frigate *n* ၁. ချံဒုးသုးချ့လၢ ၁၈ ဒီး ၁၉ ယၤဖိၣ်နံၣ် ၂. ထံသုးကဘီချ့ဖိလၢအဒီသဒၢကဘီဖးဒိၣ်

fright *n* တၢ်မၤပျံၤမၤဖုး

frighten *v* မၤပျံၤမၤဖုး

frightened *a* လၢအသူၣ်ပျံၤသးဖုး, လၢအပျံၤတၢ်

frightening *a* လီၤပျံၤ, လီၤပျံၤလီၤဖုး

frightful *a* လၢအလီၤပျံၤလီၤဖုး, လၢအနးနးကျံၤကျံၤ, လၢအတမှာ်တလၤ

frigid *a* ၁. လၢအခုၣ်ဒိၣ်မး ၂. လၢအတခီဆၢကဒါက့မုၣ်ခွါသွံၣ်ထံးအတၢ်သးဂဲၤ, လၢအသးကတၢထီၣ်တန့ၢ် ၃. လၢအတအိၣ်ဒီးတၢ်မဲာ်မှာ်နါဆၢ, လၢအတဘၢရၢါကနၣ်ဃုာ်တၢ်

frigidity *n* ၁. တၢ်ဂိၢ်တၢ်ခုၣ်ဒိၣ်မး ၂. တၢ်တခီဆၢကဒါက့မုၣ်ခွါသွံၣ်ထံးအတၢ်သးဂဲၤ, တၢ်သးကတၢထီၣ်တန့ၢ် ၃. တၢ်တအိၣ်ဒီးတၢ်မဲာ်မှာ်နါဆၢ, တၢ်တဘၢရၢါကနၣ်ဃုာ်တၢ်

frill *n* တၢ်ဒိၣ်, တၢ်ဆးကံၣ်ဆးဝ့ၤတကလှာ်လၢပိာ်မုၣ်ဆ့ကၤတဖၣ်မ့ၢ်ဂ့ၤတၢ်ကယၢမ့ၢ်ဂ့ၤအဂီၢ်

fringe *n* ၁. တၢ်ဆးလီၤစဲၤတၢ်အနွံလၢဆ့အခိၣ်ထံး, အနွံ ၂. တၢ်လိၢ်အဆၢ

fringe benefit *n* တၢ်ဒိးန့ၢ်အါထီၣ်တၢ်န့ၢ်ဘျုး, တၢ်န့ၢ်ဘျုးလၢတၢ်ဒိးန့ၢ်အါထီၣ်အီၤခီဖျိခိပနံာ်ဟ့ၣ်အပှၤမၤတၢ်ဖိ

Frisbee *n* ဖြံးစဘံလီခီယူၤ

frisk *v* ဖိၣ်ပလၢၢ်ပှၤတဂၤအလီၤချ့သဒံးလၢကဃုကွၢ်တၢ်စုကဝဲၤအဂီၢ်

F

frisky *a* ၁. စံၣ်လိာ်ကွဲ (ဒ်ဆၣ်ဖိကိၢ်ဖိဆံးဆံးဖိတဖၣ်) ၂. လၢအပှဲၤဂံၢ်ပှဲၤဘါ, လၢအသးအိၣ်ဂဲၤလိာ်ခိၣ်လိာ်ကွဲ ၃. လၢအသးအိၣ်မၤမှာ်အသးလၢသ့ံၣ်ထံးတကပၤ

frivolity *n* ၁. တၢ်တအိၣ်ဒီးတၢ်ပညိၣ်ဒီးတၢ်ဟ်လုၢ်ဟ်ပှ့ၤတၢ်လီၤတံၢ်လီၤဆဲး ၂. တၢ်အကတိၢ်လၢတကြၢးဝဲဘၣ်ဝဲအခါ

frivolous *a* ၁. လၢအတအိၣ်ဒီးတၢ်ပညိၣ်ဒီးတၢ်ဟ်လုၢ်ဟ်ပှ့ၤတၢ်လီၤတံၢ်လီၤဆဲး ၂. လၢအနံၤဘၣ်ဖၣ်လဲတၢ်ဖဲအကတိၢ်လၢတကြၢးဝဲဘၣ်ဝဲအခါ

frizz *n* ခိၣ်သူတကံဒံ

frizzy *a* လၢအတကံဒံ

frock *n* ဆ့ကၤဘၢ, ဆ့ကၤဖးထီလၢသီခါဒီးဖုံထံသရၣ်ဒိၣ်တဖၣ်သိးဝဲ

frog *n* ၁. ဒ့ၣ် ၂. ဆ့နုၢ်သၣ်ပျံၤပိၤ ၃. တၢ်လၢအစၢဃံးတၢ် ၄. နီၣ်ဘျုးလီၤစဲၤတၢ်လၢယိၢ်တကီးအလိၤ ၅. တၢ်ဆဲးလီၤဖိအလီၢ်

frogman *n* ပှၤယူၤထံဖိလၢအကူကၤဆ့ကၤယူၤထံဒီးဒီးခိၣ်ဖံးလၢအလီၤက်လၢဒ့ၣ်ဒီးအိၣ်ဒီးတၢ်ကသါဒၢလၢကကသါဝဲအဂီၢ်, ပှၤယူၤထံလာ်ဖိ

frolic *n* ၁. တၢ်သူၣ်ဖုံသးညီဆၢကတိၢ် ၂. တၢ်လိာ်ကွဲလီၤနံၤ ၃. တၢ်တအိၣ်ဒီးတၢ်ဘၣ်ယိၣ်ဘၣ်ဘီ

frolic *v* ဂဲၤလၢတၢ်သူၣ်ဖုံသးညီအပူၤ, စံၣ်တခွ့တခွီ

from *prep* ၁. လၢ, ဟဲလၢ ၂. စးထိၣ်လၢ ၃. ခီဖျိလၢ

front *a* လၢအမဲာ်ညါ, လံာ်မဲာ်ဖျၢၣ်အခိၣ်ထံးတဖျၢၣ်

front *n* ၁. တၢ်အမဲာ်ညါ, အမဲာ်ညါ ၂. ကရၢစိ ၃. ပှၤလၢအအိၣ်လၢတၢ်မဲာ်ညါကတၢၢ် ၄. ပှၤထိၣ်တၢ်ဒုးလၢညါကတၢၢ် ၅. တၢ်အိၣ်ဖျါလၢအမဲာ်ညါ ၆. ပှၤအသးနါပှၢ်

front *v* ၁. ကွၢ်ဆူအမဲာ်ညါ, ဆူအမဲာ်ညါ ၂. ကွၢ်ဆၢၣ်မဲာ်

front desk *n* ၁. စီၢ်နီၤခိၣ်တူၢ်လိာ်တမုံၤ, တၢ်တူၢ်လိာ်တမုံၤအစီၢ်နီၤခိၣ်လၢဟံၣ်ဒွဲ မ့တမ့ၢ် ဝဲၤဒၢးတဖျၢၣ်အကျဲနုာ်လီၤ ၂. တၢ်တူၢ်လိာ်တမုံၤအသနၢၣ်လၢတၢ်ကရၢကရိမ့တမ့ၢ် ဟံၣ်ဒွဲအပူၤ

front line *n* တၢ်မဲာ်ညါ, တၢ်မဲာ်ညါသုးကျိၤလၢအဘူးဒီးဒုၣ်ဒါ

front office *n* တၢ်ပၢတၢ်ဆှၢဝဲၤဒၢး

front tooth *n* မဲဒိ, မဲနံၤ

frontage *n* ၁. တၢ်သူၣ်ထိၣ်အမဲာ်ညါ ၂. ဟီၣ်ခိၣ်ကဝီၤလၢဟံၣ်အမဲာ်ညါတကပၤ ၃. တၢ်လီၢ်ပျီလၢထံကၢါနံၤအကပၤ

frontal *a* ၁. လၢအမဲာ်ညါတကပၤ, လၢအဘၣ်ဃးဒီးအမဲာ်ညါ ၂. လၢအဘၣ်ဃးဒီးခိၣ်တိသၣ်

frontal lobe *n* ခိၣ်နူာ်ကိၣ်လိၣ်လၢအမဲာ်ညါတကပၤ

frontier *n* ထံဆၢကီၢ်ဆၢ, တၢ်လီၢ်လၢပှၤတအိၣ်နီတဘျီ

frontman *n* ၁. ပှၤသးဝံၣ်တၢ်အခိၣ်လၢတၢ်သံကျံအကရၢအပူၤ ၂. ပှၤကဲနူၢ်ခၢၣ်စးဒီးကတိၤတၢ်လၢတၢ်ကရၢကရိတဖုအဂီၢ်

frost *n* ပစီၤထံလီၤသကၤ, ပစီၤဖိ, နါတ်ဖိ

frost *v* ၁. မၤဘၢဒီးနါတ်ဖိ, အိၣ်ဘၢဒီးမူခိၣ်ဖိ ၂. (ကိၣ်ဆီဒံၣ်) ကဃၢကယဲထိၣ်တၢ်ဆၢကမူၣ်ကျူး

frostbite *n* ၁. ပှၤကညီမိၢ်ပှၢ်ယုၢ်ညၣ်တဖၣ်ဘၣ်ဒိခီဖျိဘၣ်လဲၤခီဖျိတၢ်ခုၣ်အါတလၢ. အဒိ, နါဒ့, စုမုၢ် မ့တမ့ၢ် ခီၣ်မုၢ်တဖၣ် ၂. ပစီၤဖိအ့ၣ်, နါတ်ဖိအ့ၣ်

frosted *a* လၢဘၣ်တၢ်ကးဘၢအီၤဒီးနါတ်ဖိ, လၢအအိၣ်ဘၢဒီးမူခိၣ်ဖိ

frosting *n* အံသၣ်ဆၢကမုံဒံလၢတၢ်ဖုံလီၤဘၢအီၤလၢကိၣ်ဆီဒံၣ်ဖီခိၣ်

frosty *a* ၁. လၢအခုၣ်တုၤဒၣ်လဲာ်နါတ်ဖိလီၤ ၂. လၢအတရှတံၤရှသကီးဒီးပှၤဂၤ, လၢအတမၤယုာ်ပှၢအဂၤ ၃. လၢအအိၣ်ဘၢဒီးမူခိၣ်ဖိ

froth *n* ၁. တၢ်သဘှဲ ၂. တၢ်ကတိၤလၢအဘျုးတအိၣ်

froth *v* ၁. သဘှဲထိၣ် ၂. ဒုးအိၣ်ထိၣ်တၢ်သဘှဲ

frothy *a* လၢအအိၣ်ဒီးအသဘှဲ, လၢအသဘှဲထိၣ်

froward *a* လၢအနၢ်က့ၣ်, လၢအဟ်အသးကပၤဒါ

frowardness *n* တၢ်နၢ်က့ၣ်, တၢ်ဟ်သးကပၤဒါ

frown *n* တၢ်ကွၢ်တၢ်လၢမဲာ်တူၢ်ခံ, တၢ်ကွၢ်သံကွၢ်ကျိၣ်, တၢ်ကွၢ်ဟ့, တၢ်ကွၢ်တၢ်လၢမဲာ်ကဒုလာ်

frown *v* ကွၢ်ဟ့, ကွၢ်ကျိၣ်, ကွၢ်လၢမဲာ်ကဒုလာ်

frozen *a* ၁. လၢအမၤခုၣ်မၤလီၤသကၤ, ၂. လၢအဘၣ်တၢ်ကးဘၢဒီးထံခုၣ်ကိၢ်ခိၣ် ၃. လၢအတၢ်တူၢ်ဘၣ်ခီၣ်ဘၣ်တအိၣ်

frugal *a* ၁. လၢအသူတၢ်ဖဲအလိၣ်ဒီး တသူလၢာ်ဂီၤတၢ် ၂. စှၤကိာ်, တလၢာ်ဘူၣ်လၢာ်စ့ၤ

frugality *n* ၁. တၢ်သူတၢ်ဖဲအလိၢ်အိၣ်ဒီး တစူးကါလၢာ်ဂီၤတၢ် ၂. တၢ်စှၤကိာ်လၢတလၢာ်ဘူၣ်လၢာ်စ့ၤ

fruit *n* ၁. တၤသူတၤသၣ် ၂. တၢ်နှၢ်ဘျုး, တၢ်ထိးနါ, တၢ်အသူအသၣ်

fruit *v* ဖိထီၣ်သၣ်ထီၣ်, သူထီၣ်သၣ်ထီၣ်

fruitful *a* ၁. လၢအကဲထီၣ်တၢ်ဘျုးတၢ်ဖှိၣ် ၂. လၢအဟ့ၣ်ထီၣ်တၤသူတၤသၣ်အါမး

fruition *n* တၢ်ကဲထီၣ်လိၣ်ထီၣ်, တၢ်သၣ်ထီၣ်အါထီၣ်

fruitless *a* လၢအဘျုးတအိၣ်, လၢအသူအသၣ်တအိၣ်

frump *n* ပိာ်မုၣ်လၢတလီၤထုးနှၢ်သူၣ်ထုးနှၢ်သး, ပိာ်မုၣ်လၢတလီၤသးစဲ

frustrate *v* ၁. မၤတံာ်တာ်မၤသးတစူၤတၢ်, သးတစူၤ, သးဘၣ်တံာ်တာ် ၂. တြီတံာ်ဃာ်တၢ်ဒ်သိးတၢ်သုတကဲထီၣ်လိၣ်ထီၣ်အဂီၢ်

frustrated *a* ၁. လၢအသူၣ်တမံသးတမှာ် ၂. လၢအသးဘၣ်တံာ်တာ်

frustrating *a* ၁. လၢအဒုးအိၣ်ထီၣ်တၢ်သူၣ်တမံသးတမှာ် ၂. လၢအဒုးအိၣ်ထီၣ်တၢ်သးဘၣ်တံာ်တာ်

frustration *n* ၁. တၢ်တြီမၤတံာ်တာ်တၢ် ၂. တၢ်မၤတံာ်တာ်မၤသးတစူၤတၢ်, တၢ်သးဘၣ်တံာ်တာ်

fry *n* ညၣ်ပြံပြံဖိ, ညၣ်ဆံးဆံးဖိတဖၣ်

fry *v* ဆဲးသိအီၣ်တၢ်

frying pan *n* မိခၣ်

fuck *exclam* ဆိၣ်တၢ်ထုတၢ်ခီဖျိတၢ်သးတံာ်တာ်အဃိ

fuck *n* ၁. (တၢ်ကတိၤတဆဲးတလၤ) တၢ်မံဃုာ်အိၣ်ဃုာ်လိာ်သး, တၢ်အိၣ်ဒီးမုၣ်ခွါသွံၣ်ထံးတၢ်ရှလိာ်မှာ်လိာ် ၂. တၢ်ဆိၣ်ဖုးတၢ်

fuck *v* ၁. မံဃုာ်အိၣ်ဃုာ်, မံဃုာ် ၂. ဟးဂူာ်ဟးဂီၤ

fudge *n* ၁. တၢ်ဆၢကိၣ်လိၣ် ၂. တၢ်လံၣ်တၢ်လီနှၢ်တၢ်

fudge *v* ၁. တဲကမၣ်တၢ်, ဟ့ၣ်ကမၣ်တၢ်ဂ့ၢ်တၢ်ကျိၤ, ဒုးနၢ်ပၢၢ်ကမၣ်တၢ် ၂. ဃီၤဒီဃီၤဘျၣ်တၢ်, မၤလီမၤပျိၤတၢ် ၃. လီနှၢ်ပျံာ်ဝ့ၤတၢ်, လီတၢ်

fuel *n* ၁. မ့ၣ်အူဆၣ် အဒိ, သ့ၣ်မုၣ်, သွၣ် ၂. သိဖွၣ် အဒိ, ကျဲတံး, ဒးဆံၣ်, ဒံၢ်စဲၢ် ၃. မ့ၣ်ဆၣ်

fuel *v* ၁. ထၢနုာ်အါထီၣ်မ့ၣ်အူဆၣ်, မၤဆူၣ်ထီၣ်မ့ၣ်အူ, မၤကပြိုၤထီၣ်မ့ၣ်အူ ၂. မၤဆူၣ်မၤကိၢ်ထီၣ်တၢ်သူၣ်ပိၢ်သးဂဲၤ, မၤဆူၣ်မၤကိၢ်ထီၣ်သးအတၢ်တူၢ်ဘၣ်, မၤဆူၣ်ထီၣ်တၢ်သူၣ်ဒိၣ်သးဖျိး

fugitive *a* လၢအဃ့ၢ်ပူၤဖျဲးအိၣ်ရူသူၣ်အသး, လၢအပဒ့ၣ်အသးဒ်သိးတၢ်တဖိၣ်အီၤ

fugitive *n* ပှၤလၢအဃ့ၢ်ပူၤဖျဲးအသးလၢတၢ်ကမၣ်

fulcrum *n* တၢ်တရူထီၣ်, နိၣ်တရူ

fulfill *v* မၢလၢထီၣ်ပှဲၤထီၣ်

fulfillment *n* တၢ်မၤလၢထီၣ်ပှဲၤထီၣ်

full *a* ၁. လၢအပှဲၤ ၂. လၢအလၢအပှဲၤ, လၢအကူအလၢ ၃. လၢအတဟ်လီၤဟိတၢ်, လၢတၢ်လီၢ်လီၤဟိတအိၣ်နီတစဲး ၄. လၢအီၣ်ကုးအီပှဲၤ ၅. လၢအအိၣ်ပှဲၤဒီးတၢ်တမံၤမံၤ, လၢအလၢအပှဲၤဒီး...., လၢတအိၣ်ဒီးတၢ်လီၤတူာ်လီၤကာ် ၆. လၢအတုၤထီၣ်ထီၣ်ဘး

full *adv* ၁. လီၤလီၤ ၂. (သ့ၣ်ညါတၢ်) ဂ့ၤဂ့ၤ, ဂ့ၤဒိၣ်မး

full marks *n* မးပှဲၤပှဲၤ, မးပတီၢ်အထီကတၢၢ်

full moon *n* လါပှဲၤ

full stop *n* (.)=ဖိးပတုာ်

full time *n* ၁. တၢ်မၤတၢ်ပှဲၤဆၢပှဲၤကတီၢ် ၂. တၢ်ဂဲၤလိာ်ကွဲအဆၢကတီၢ်ပှဲၤပှဲၤလၢာ်ကွံာ်အကတီၢ်

full-blooded *a* နိၢ်နိၢ်, စဲးစဲး, လၢအတဃါဃုာ်ဒီးတၢ်အဂၤ, လၢအသွံၣ်တဃါဃုာ်

full-blown *a* ၁. လၢအဒိၣ်ထီၣ်ထီထီၣ်လၢလၢပှဲၤပှဲၤ ၂. လၢအဖိထီၣ်ဖးထီၣ်ခဲလၢာ်

full-length *a* ၁. (မဲာ်ထံကလၢ) လၢအဖျါဒီတဂၤညါ, လၢအဟ်ဖျါပှၤဒီတဂၤ, လၢအအိၣ်ဖျါ

F

ဒီတဂၤ ၂. လၢတၢ်တမၤဖုၣ်လီၤအီၤဘၣ်, လၢအထီဒ်အညီနုၢ်အသိး

fullness *n* ၁. တၢ်လၢတၢ်ပွဲၤ, တၢ်ကူတၢ်လၢ, တၢ်အီၣ်လၢအီၣ်ပွဲၤ ၂. တၢ်လၢအဒိၣ်ဒိၣ်ကဝီၤကျိၤ ၃. တၢ်အီၣ်ပွဲၤပွဲၤ

full-scale *a* ၁. လၢအလၢပွဲၤတုၥ်, လၢအပွဲၤပွဲၤ ၂. လၢအက့ၢ်အဂီၤထဲသိးဒ်သိးဒီးအဟ်ဖျါထီၣ်ဝဲ, လၢတၢ်ဟ်ဖျါထီၣ်အီၤဒ်အက့ၢ်အဂီၤအနိၢ်ကီၢ်အသိး

full-size *a* လၢအက့ၢ်အဂီၤထဲသိးသိးဒီးအနိၢ်ကီၢ်

full-time *a* လၢအပွဲၤဆၢပွဲၤကတီၢ်

fully *adv* လၢလၢပွဲၤပွဲၤ

fully-fledged *a* ၁. လၢအဆူၣ်ထီၣ်အဒံးထီၣ်ပွဲၤ, ၂. လၢအဒိၣ်ထီၣ်လဲၤထီၣ် မ့တမ့ၢ် လၢအသူၣ်ထီၣ်အသးန့ၢ်လံ

fulsome *a* လၢအစံးထီၣ်ပတြၢၤတၢ်အါတလၢအဃိလီၤက်လၢအတမ့ၢ်တၢ်နီၢ်နီၢ်ဒီးတလၢကွံၥ်အခၢး

fumble *v* ၁. ပလၢၢ်ကွၢ်တၢ်ဆူအံၤဆူဘး, ဃုကလၢၢ်ကမူၣ်ခွဲးခွးတၢ်လၢစု ၂. ဖီၣ်တၢ်တကျၢၤတနူၤ, အစုဃံတအိၣ်

fumbling *a* လၢအပလၢၢ်ကွၢ်တၢ်ဆူအံၤဆူဘး, လၢအဃုကလၢၢ်ကမူၣ်ခွဲးခွးတၢ်လၢစု ၂. လၢအဖီၣ်တၢ်တကျၢၤတနူၤ, လၢအစုဃံတအိၣ်

fume *n* မ့ၣ်အူလုၢ်, တၢ်သဝံ, တၢ်သူၣ်ဒိၣ်သးဖျိး

fume *v* ၁. ထုးထီၣ်မ့ၣ်အူလုၣ်, မၤထီၣ်တၢ်အလုၢ် ၂. သူၣ်ဒိၣ်သးဖျိးထီၣ်တၢ်ဒိၣ်ဒိၣ်ကလဲၥ်

fumigate *v* ဒုးခုၣ်ထီၣ်တၢ်သဝံလၢကမၤသံမၤဟးဂီၤတၢ်ဖိဃၢ်

fumigation *n* တၢ်ဒုးခုၣ်ထီၣ်တၢ်သဝံလၢကမၤသဝံမၤသံတၢ်ဃၢ်

fun *a* လၢအသူၣ်ဖှံသးညီ, လၢအလီၤနံၤလီၤအ့

fun *n* ၁. တၢ်သူၣ်ဖှံသးညီ, တၢ်မၤမှာ်သး ၂. တၢ်မၤလိၥ်ကွဲတၢ်

fun-loving *a* လၢအအဲၣ်တၢ်သူၣ်ဖှံသးညီ

function *n* တၢ်မၤလၢအလီၤဘၣ်တၢ်, တၢ်ဖံးတၢ်မၤ, တၢ်အကျိၤအကျဲ

function *v* မၤမူဒါလၢအလီၤဘၣ်အီၤ, မၤအမူအဒါလၢပွဲၤ

functional *a* ၁. လၢအမၤတၢ်မၤ, လၢတၢ်စူးကါအီၤသ့ ၂. လၢအဘျုးအိၣ်လၢတၢ်မၤအပူၤ ၃. လၢအဘၣ်ဃးဒီးတၢ်ဖံးတၢ်မၤအကျိၤအကျဲ, လၢအဘၣ်ဃးဒီးတၢ်ဖံးတၢ်မၤ

fund *n* စ့ဟ်ဖိုၣ်, စ့မိၢ်ပှၢ်

fund *v* ဟ့ၣ်ကျိၣ်စ့တၢ်မၤစၢၤ

fundamental *a* ဘၣ်ဃးဒီး (တၢ်အခီၣ်ထံး, တၢ်အမိၢ်ပှၢ်)

fundamental *n* ၁. ဂံၢ်ခီၣ်ထံးတၢ်သိၣ်တၢ်သီ ၂. တၢ်ဒ့တၢ်အူအနိးဂံၢ်ခီၣ်ထံး

fundamentalism *n* တၢ်နာ်သံနာ်မံတၢ်, တၢ်နာ်အသံအမံလၢတၢ်တမံၤမံၤအဖီခိၣ်

funding *n* ကျိၣ်စ့တၢ်ဆီၣ်ထွဲမၤစၢၤ

fund-raiser *n* ၁. ပှၤဃုစ့, ပှၤလၢအဃုစ့ဟ်ကီၤ, ပှၤဃုစ့ဆီၣ်ထွဲမၤစၢၤလၢတၢ်ကရၢကရိအဂီၢ် ၂. တၢ်ဃုစ့လၢကဆီၣ်ထွဲမၤစၢၤတၢ်အဂီၢ်

funeral *n* တၢ်ခူၣ်လီၤပှၤသံ

funfair *n* ဖွါ, ဖွါလီၤဆီ, မူးဓိၤပွဲဓိၤ

fungus *n* ၁. ကုၤ ၂. ကုၤလၢအကဲထီၣ်တၢ်ဆါသ့ (လၢပဖံးဘ့ၣ်လီၤ)

funk *v* ပျံၤတၢ်, ဂုၤက့ၤအခံလၢတၢ်ပျံၤအဃိ

funky *a* လၢအပျံၤတၢ်, လၢအဂုၤအခံလၢပျံၤတၢ်အဃိ

funnel *n* ၁. မ့ၣ်လုၢ်ပျိၥ် ၂. တၢ်ခိၣ်လီ, တၢ်အခိၣ်လဲၢ်အခံစူလၢပှၤလူလီၤ (ထံ မ့တမ့ၢ် သိ) အဂီၢ်, တၢၤဝံၥ်

funnel *v* ၁. လူလီၤခီဖျိတၢ်ခိၣ်လီ ၂. မၤပှံၢ်လၢတၢ်ခိၣ်လီ, ဒုးပှံၢ်လီၤခီဖျိတၢ်ခိၣ်လီ ၃. မၤလဲၢ်အခိၣ်မၤစူအခံ, သိအီၤဘိုအီၤဒ်တၢ်ခိၣ်လီအက့ၢ်အဂီၤအသိး, ဟ်အီၤဒ်တၢ်ခိၣ်လီအက့ၢ်အဂီၤအသိး

funny *a* ၁. လၢအလီၤနံၤ ၂. လၢအလီၤဆီ

funny bone *n* စုနၢၣ်ခံ

fur *n* ၁. တၢ်အဆူၣ်ကပုာ်လုာ် ၂. တၢ်ကံးညာ်ကပုာ်လုာ်, ယာ်ကပုာ်လုာ်, အီကံၢ်ခိးကပုာ်လုာ်လၢတၢ်ဘိုအီၤလၢဆၣ်ဖိကီၢ်ဖိအဖံးဒီးအဆူၣ် ၃. ဆၣ်ဖိကီၢ်ဖိအဆူၣ်

furbish *v* မၤသီထီၣ်, ထူးကတြှၣ်ထီၣ်, ထူးကပီၤထီၣ်

furious *a* ၁. သးဖျိး, သူၣ်ဒိၣ်သးဖျိး ၂. လၢအသဟီၣ်ဆူၣ်ဒီးချ့

furl *v* ထူထီဉ်ကၠ, ထူထီဉ်ဃာ်, ထူးတလံး ထီဉ်တၢ်

furlong *n* တၢ်ဒ့ၣ်စၢၤတတၢၣ်, တၢ်ဒ့ၣ်စၢၤ လၢအမ့ၢ်တမံးလၢ်ဃီးပူတပူ, တၢ်ဒ့ၣ်စၢၤလၢ အယံၤတတၢၣ်

furlough *n* မၤန့ၢ်အခွဲးလၢကဟး, မၤန့ၢ်ခွဲး ဃာ်လၢကဟးကသုဉ်ကသီ

furnace *n* ဖဉ်ကပူၤဖးဒိဉ်, စဲးဓိၤဖိဓိၤအဖဉ် ကပူၤ

furnish *v* (မၤန့ၢ်, ဟ့ဉ်) အီၤတၢ်လၢအိဉ်ဝဲ, (မၤန့ၢ်, ဟ့ဉ်) အီၤဟံဉ်ဃီအပီးအလိ

furnishings *n* ဟံဉ်ဃီတၢ်ကယၢပီးလီ

furniture *n* ဟံဉ်ပီးလီ, ဟံဉ်ဃီတၢ်ပီးတၢ်လီ

furor *v* တၢ်သးဒိဉ်တပျုာ်တပျီၤ, တၢ်သးဒိဉ် ထီဉ်နးနးကလဲာ်

furrow *n* အကျိၤ, အဂ့ၢ်, တၢ်သူဉ်လီၤဖျးလီၤ တၢ်အကျိၤ, ထဲဉ်ကျိၤ

furrow *v* ၁. မၤထီဉ်အကျိၤ, အကျိၤထီဉ် ၂. သွံးမဲာ်သွံးနါ, ကံးမဲာ်ကံးနါ

furry *a* ၁. လၢအအိဉ်ဘၢဒီးတၢ်အဆူဉ်တဖဉ် ၂. လၢအလီၤက်တၢ်ဆူဉ်ကပုာ်လုးတဖဉ်

further, farther *a* ယံၤထီဉ်

further, farther *adv* ၁. လၢန့ၣ်အမဲာ်ညါ ၂. အါန့ၢ်အန့ၣ်

further *v* စိာ်ကဖီထီဉ်စၢၤ, မၤဒိဉ်ထီဉ်လဲၢ် ထီဉ်

furtherance *n* တၢ်ဆိဉ်ထွဲမၤစၢၤ, တၢ်စိာ် ကဖီထီဉ်လၢညါ

furthermore *adv* လၢန့ၣ်အမဲာ်ညါ, အါန့ၢ် အန့ၣ်

furthermost, farthermost *adv* အယံၤ ကတၢၢ်

furthest, farthest *a* အယံၤကတၢၢ်

furthest, farthest *adv* အယံၤကတၢၢ်

furtive *a* လၢအမၤခူသူဉ်တၢ်, လၢအခူသူဉ် ခူလံာ်

fury *n* တၢ်သးဒိဉ်တပျုာ်တပျီၤ, တၢ်သးဖျိး

fuse *n* ၁. လီသွဲ ၂. မ့ဉ်ပိါသွဲ

fuse *v* ၁. မၤပံၢ်လီၤ, ပံၢ်လီၤ ၂. ထီထီဉ်လီ သွဲ, ထီထီဉ်မ့ဉ်ပိါသွဲ ၃. မၤပတုာ်တၢ် မ့တမ့ၢ် တ မၤလၢၤတၢ်မ့ၢ်လၢလီသွဲပံၢ်လီၤအဃိ

fuse box *n* လီသွဲဒၢ

fuselage *n* ကဘီယူၤအဟာဖၢ, ကဘီယူၤအ မိၢ်ပှၢ်

fusible *a* လၢတၢ်မၤပံၢ်လီၤသ့

fusillade *v* ခးဖိုဉ်ကျိတဘျီဃီ

fusion *n* ၁. တၢ်ဟ်ဖိုဉ်တၢ်တမံၤဃီ, တၢ်ကျဲဉ် ကျီဃါဃုာ်တၢ်လၢအကဲထီဉ်တၢ်တမံၤဃီသ့ (အ ဒိ, nuclear fusion) ၂. တၢ်ပံၢ်လီၤ, တၢ်မၤပံၢ်လီၤ တၢ်

fuss *n* ၁. တၢ်ကိၢ်တၢ်ဂီၤတၢ်လၢအတလီၤကိၢ် ဂီၤ ၂. တၢ်ဃုထံဉ်တၢ်ကမဉ်လၢအကါတဒိဉ်

fuss *v* ကိၢ်တၢ်ဂီၤတၢ်လၢအတလီၤကိၢ်ဂီၤ, ဃုထံဉ်တၢ်ကမဉ်လၢအကါတဒိဉ်

fussy *a* လၢအအဲဉ်တၢ်လီၤတံၢ်ကဲဉ်ဆိး, လၢအကနူးကဒ့ဉ်တၢ်ဆူဉ်

futile *a* လၢအဘျုးတအိဉ်, လၢအမ့ၢ်တၢ် ကလီကလီ

futon *n* ယပဉ်လိၢ်မံဒါလၢတၢ်မံဒါအီၤဝံၤချံး ထီဉ်ကဒါက့အီၤညီ

future *a* လၢကမၤအသးလၢခါဆူညါ, လၢအ ဘဉ်ဃးဒီးခါဆူညါ

future *n* ၁. ခါဆူညါ ၂. တၢ်ကမၤအသးလၢ ခါဆူညါ ၃. ဝီၢ်လၢအဟ်ဖျါထီဉ်တၢ်ကမၤအသး လၢခါဆူညါ

futuristic *a* ၁. လၢအချူးစိၤ ၂. လၢအဘဉ် ဃးဒီးခါဆူညါ, လၢအဒုးအိဉ်ထီဉ်တၢ်အသိ, တၢ် ဆိကမိဉ်လၢခါဆူညါအဂီၢ်

fuzz *n* ၁. တၢ်ကဖူဉ်လုဉ် ၂. ခိဉ်သူကဖုဉ် လုဉ်, ခိဉ်သူတကံကဖူဉ်လုဉ် ၃. ပၢၤကိၢ် ၄. တၢ်လၢအတဆုံတဖျါ ၅. တၢ်ကလုၢ်သီဉ်ဃဲက အဲ

fuzzy *a* ၁. လၢအအိဉ်ဒီးအဆူဉ်ကပုာ်လုး ၂. လၢအကမံ့ဒံကပုာ်လုး ၃. လၢအသဘံဉ်ဘုဉ်ဒီး တဖျါဆုံဆုံ

G

G

G *n* ၁. အဲကလံးအလဲာ်မိၢ်ပှၢ် (၇) ဖျၢၣ်တဖျၢၣ် ၂. (တၢ်ဒ့တၢ်အူ) C မ့ကျၢၣ်အပူၤနီးယဲၢ်ဖျၢၣ်တဖျၢၣ် ၃. တၢ်လၢအအိၣ်လၢ F အလိၢ်ခံ

gab *n* တၢ်ကတိၤမရဲမသဲတၢ်, တၢ်ကတိၤတၢ်ပုးပးပုးပး, တၢ်ကတိၤလိာ်ခိၣ်လိာ်ကွဲတၢ်

gab *v* ကတိၤမရဲမသဲတၢ်, ကတိၤလိာ်ခိၣ်လိာ်ကွဲတၢ်, ကတိၤတၢ်ပုးပးပုးပး

gabble *v* ကတိၤတၢ်ချ့ချ့, တဲတၢ်ချ့ချ့လၢပှၤတနၢ်ပၢၢ်

gable *n* တၢ်ကမးမုၢ်, တၢ်သၢနၢၣ်လၢအိၣ်လၢဟံၣ်တဒိစိၤအကတၢၢ်ယၢ်ခီယၢ်ခီ, မဲးလိၢ်စိၤနၢ်သၢနၢၣ်လၢဟံၣ်ကပၤယၢ်ခီယၢ်ခီ, ဟံၣ်ကယၢ်

gadget *n* တၢ်ပီးတၢ်လီဆံးဆံးဖိလၢအကဲဘျုး

gadgetry *n* တၢ်ပီးတၢ်လီဆံးဆံးဖိလၢအကဲဘျုး, စဲးဖီကဟၣ်တၢ်ပီးတၢ်လီတဖၣ်

Gaelic *n* ပှၤကဲ(လ)ကလှာ်ဖိလၢအအိၣ်လၢကီၢ်အဲယၣ်လဲ(န)

gaff *n* နီၣ်သက့ၤဘျးညၣ်, ဘီဆဲးညၣ်, တခွဲဖးဒိၣ်

gag *n* ၁. တၢ်သးကလဲၤ ၂. တၢ်ဆွံတၢ်ယာ်ကိာ်ပူၤဒ်သိးကတိၤတၢ်သုတသ့တဂ့ၤ ၃. တၢ်လီၤနံၤ ၄. မဲကသံၣ်သရၣ်ပီးလီလၢအအိးထိၣ်ပှၤကိာ်ပူၤ ၅. တၢ်ကံးညာ်လၢတၢ်ဆွံတ်ာ်ယာ်အီၤလၢပှၤကိာ်ပူၤဒ်သိးမၤသိၣ်အကလုၢ်သုတသ့တဂ့ၤ ၆. တၢ်မၤဃံးထိၣ်တၢ်တဲတၢ်သဘျ့ခွဲးယာ်

gag *v* ၁. သးကလဲၤ ၂. ဆွံတၢ်ယာ်ကိာ်ပူၤဒ်သိးကတိၤတၢ်သုတသ့တဂ့ၤ ၃. မၤဘှၣ်မၤဘိၣ်တၢ် ၄. မၤဃံးထိၣ်တၢ်တဲတၢ်သဘျ့ခွဲးယာ် ၅. မၤလီၤနံၤလီၤအ့တၢ်

gaggle *n* ၁. ပှၤကရူၢ်လၢအတဲတၢ်သိၣ်သထူၣ်ဘးလီ ၂. ထိၣ်တၤတဂီၢ်

gaiety, gayety *n* ၁. တၢ်ဆၢကတီၢ်လၢအပှဲၤဒီးတၢ်သူၣ်ဖှံသးညီ, တၢ်သူၣ်ဖှံသးညီအကတီၢ်, တၢ်မှာ်လၤသးခု ၂. မူးဒိၤပွဲဒိၤ, တၢ်သူၣ်ဖှံသးညီအမူး

gaily *adv* ၁. လၢတၢ်သူၣ်ဖှံသးညီအပူၤ, လၢတၢ်သူၣ်ခုသးခုအပူၤ ၂. လၢအဆိကမိၣ်တၢ်ဖှံဖှံညီညီ, လၢတဆိကမိၣ်တၢ်လၢကဟဲဟ်ထွဲထိၣ်အခံဘၣ် ၃. ကပြုၢ်ကပြီၤဆှၣ်ဆှၣ်ဘှဲၣ်ဘှဲၣ်

gain *n* ၁. တၢ်မၤနၢၤတၢ် ၂. တၢ်စုလီၢ်ခိၣ်ခိၣ်တၢ်ထူးတၢ်တီၤအါထိၣ်, တၢ်မၤန့ၢ်အါထိၣ်တၢ် ၃. လီမ့ၣ်အူဂံၢ်သဟီၣ်အါထိၣ်လၢတၢ်ပီးတၢ်လီအပူၤ

gain *v* ၁. မၤနၢၤ ၂. မၤန့ၢ်အဘျုး ၃. န့ၢ်ဘျုး, န့ၢ်အါထိၣ်တၢ် ၄. (နၣ်ရံၣ်) လဲၤတၢ်ချ့ ၅. တုၤအိၣ်, တုၤထိၣ်ဘး ၆. မၤအါထိၣ်တၢ်အနီၣ်ဂံၢ်နိၣ်ဒွး ၇. မၤအါထိၣ်တၢ်အကံၢ်အစီ

gainful *a* လၢအန့ၢ်ဘျုးန့ၢ်ဖှိၣ်

gait *n* တၢ်ထွဲထိၣ်ထွဲလီၤခိၣ်, တၢ်ဟးထိၣ်ဟးလီၤအကၠၢ်အဂီၤ

gal *n* ပိာ်မုၣ်, ပိာ်မုၣ်ဖိသၣ်

gala *n* ၁. မူးဒိၤပွဲဒိၤ ၂. တၢ်ပိၢ်ပြါထံ

galactic *a* လၢအဘၣ်ထွဲဒီးဆၣ်အကရူၢ်တဖၣ်

galaxy *n* ဆၣ်အကရူၢ်တဖၣ်. အဒိ, ဆၣ်ဘုမုၢ်

gale *n* ကလံၤဆူၣ်

gall *n* ၁. သဒံ ၂. တၢ်လၢအခၣ် ၃. တၢ်မုၢ်တၢ်ဘိ မ့တမ့ၢ် သ့ၣ်အကမိာ် ၄. တၢ်ပူၤလီၢ်လၢကဲထိၣ်လၢတၢ်ဘၣ်တြူၣ်အဃိ ၅. တၢ်သးဒိၣ်ဒီးတၢ်သူၣ်ဟ့သးဟ့

gall bladder *n* သဒံ

gallant *a* ၁. လၢအသးနူ ၂. လၢအလိာ်သးဃံဃံလၤလၤ

gallantly *adv* ပှဲၤဒီးတၢ်သူၣ်နူသးနူ, လူၤပိာ်မုၣ်အသးသ့

gallantry *n* ၁. တၢ်သးနူ, တၢ်သူၣ်နူသးနူ, သးလၢအနူအဃိၤ ၂. ပှၤလၢအလူၤပိာ်မုၣ်အသးသ့, တၢ်ကဟုကယာ်ပိာ်မုၣ်ပိာ်မၢၤသ့.

galleon *n* စပ့ၣ်ကဘီယၢ်ဖးဒိၣ်လၢတၢ်စူးကါအီၤဖဲ ၁၅ – ၁၈ ယၤဖှိၣ်နံၣ်

galleria *n* တၢ်ဒုးနဲၣ်အကျူးဆံးဆံးဖိ, တၢ်သူၣ်ထိၣ်ဖးဒိၣ်လၢတၢ်ပာ်တၢ်ဂီၤတၢ်ဖိၣ်တဖၣ်

gallery *n* ၁. တၢ်သူၣ်ထိၣ်ဖးဒိၣ်လၢတၢ်ပာ်တၢ်ဂီၤတၢ်ဖိၣ်တဖၣ်အလိၢ် ၂. (တၢ်ဘါယွၤကို, ဘျိၣ်) တၢ်ကစီၤထိၣ်, ပျံၢ်စိၤ, လီၢ်ကသုၣ်ဖဲတၢ်သူၣ်ထိၣ်အပူၤ

galley *n* ၁. ချံဖးဒိၣ်လၢအိၣ်ဒီးအယၢ်လၣ်ဒီးနီၣ်ဝ့ၢ်တဖၣ် ၂. ဖၣ်ကပူၤလၢကဘီပူၤ

gallivant *v* ဟးလိာ်ခိၣ်လိာ်ကွဲမှာ်သူၣ်မှာ်သးဆူအံၤဆူပၤ

gallon *n* တကါလဲၣ်, တၢ်ထိၣ်တၢ်ဒွးတၢ် အထံအနိ, တကၢ်လဲၣ်နူၣ်အိၣ် ၄.၅ လံထၢၣ်

gallop *n* ကသ့ၣ်ဃ့ၢ်စံၣ်, ကသ့ၣ်ဃ့ၢ်စံၣ်ကူၤ ကူၤ, ကသ့ၣ်ဃ့ၢ်အချ့ကတၢၢ်

gallop *v* (ကသ့ၣ်) ဃ့ၢ်စံၣ်, ဃ့ၢ်စံၣ်ကူၤကူၤ

gallows *n* တၢ်စၢသံတၢ်အလီၢ်

gallstone *n* လၢၢ်လၢအအိၣ်ထိၣ်လၢသဒံၣ်ပူၤ

Gallup poll *n* ကလၢး(ဖ)တၢ်ဃုသ့ၣ်ညါ ကမျၢၢ်တၢ်ဘၣ်သး, တၢ်ဃုသ့ၣ်ညါကမျၢၢ်တၢ်ဘၣ် သးခီဖျိသမံထံပှၤတဖုတကရၢအတၢ်ဆိကမိၣ်

galore *a* အါအါဂိၢ်ဂိၢ်

galvanize, galvanise *v* ၁. မၤဟူးမၤဂဲၤ ထိၣ်သးလၢကမၤတၢ်တမံၤမံၤအဂီၢ် ၂. မၤ ဘၢတိၢ်, စ့, ထးတခါခါလၢဟ့ၣ်ဝါလၢအကဘုး တကလုာ်ဒ်သိးအသုတထိၣ်အ့ၣ်

gambit *n* ၁. တၢ်စးထိၣ်သုးခွဲး(စ) မ့တမ့ၢ် ခ့လၢကမၤနၢၤတၢ်လၢခံအဂီၢ် ၂. တၢ်ရဲၣ်တၢ်ကျဲၤ ဆိပာ်စၢၤတၢ်လီၤတံၢ်လီၤဆဲး, တၢ်မၤအကျဲကူၣ် တရံး

gamble *n* တၢ်တၤကျိၣ်တၤစ့

gamble *v* တၤကျိၣ်တၤစ့

gambler *n* ပှၤတၤကျိၣ်တၤစ့

gambling *n* တၢ်တၤကျိၣ်တၤစ့, တၢ်လိာ်ကွဲ တၤစ့, တၢ်ပြၢကသ့ၣ်တၤစ့, ထီရီၤတၢ်လိာ်ကွဲလၢ အအိၣ်ဃုာ်ဒီးတၢ်တၤကျိၣ်စ့

gambol *v* စံၣ်ဝ့ၤစံၣ်ဝီၤ, စံၣ်တခွ့တခွီ, စံၣ် ဖဲပီ

game *a* ၁. လၢအအိၣ်ကတဲာ်ကတီၤသး လၢကမၤတၢ်လၢအသိး, အကီတဖၣ်, လၢအဘူၣ် တၢ်လၢကမၤတၢ် ၂. လၢအဘၣ်ဃးဒီးတၢ်မံၤလဲာ်

game *n* တၢ်လိာ်ကွဲ

game plan *n* တၢ်ဂဲၤလိာ်ကွဲအတၢ်ရဲၣ်တၢ် ကျဲၤ

game show *n* ကွဲၤဟူဖျါတၢ်ဒုးနဲၣ်တၢ်ဂဲၤ လိာ်ကွဲအတၢ်ရဲၣ်တၢ်ကျဲၤ

gamin *n* ဖိသၣ်လၢအတၢ်ဒိးသန့ၤသး တအိၣ်, ဖိၣ်ဃဲဆဲခိၣ်လီၤတီၤ

gamut *n* ၁. တၢ်ဒ့အယုၤအကွၢ့ၤဒီတဂ့ၢ် ၂. အစးထိၣ်တုၤလၢအကတၢၢ် ၃. ဒီဂ့ၢ်, ဒီကရူၢ်

gander *n* ထိၣ်တၤဖါ, ထိၣ်ဒ့ၣ်ထီကိာ်ဖါ

gang *n* ပှၤဒီဖု, ပှၤအဖု အဒိ, တမျာ်တဖု

gang *v* ကရၢကရိဟ်ဖိုၣ်ထီၣ်သးလၢကမၤ တၢ်တမံၤမံၤတပူၤဃီ

gangland *n* တၢ်မၤသံမၤဝီလၢအိၣ်လၢတၢ် ရဲၣ်တၢ်ကျဲၤလီၤတံၢ်လီၤဆဲး

gangplank *n* ကဘီတီၤလၢအထိၣ်လီၤ ကဘီဖိခိၣ် မ့တမ့ၢ် ကဘီတခိၣ်ဆူအဂၤတခိၣ် အဖီခိၣ်

gangrene *n* တၢ်ညၣ်အုၣ်သံ, တၢ်ညၣ်ကျၣ် (တၢ်ဆါ)

gangster *n* ပှၤအၢပှၤသီအဖုကရၢ

gangway *n* ၁. တၢ်အကျိုၤဖိလၢအအိၣ် လၢလီၢ်ဆ့ၣ်နီၤတဂ့ၢ်ဘၣ်တဂ့ၢ်အဘၢၣ်စၢၤ ၂. ကဘီတီၤဖးဒိၣ် ၃. တၢ်ကတီၤလၢတၢ်ရူးကါ

ganja *n* ညါဖီ

gantry *n* ထးဘိအတီ, ထးဘိလၢအတီဆိုၣ် ထိၣ်စဲးလၢအထုးထိၣ်ထုးလီၤတၢ်ဃၢ, ထးဘိတီ လၢအမၤစၢၤတၢ်ထုးထိၣ်ထုးလီၤတၢ်ဃၢ

gaol, jail *n* ဃိာ်

gap *n* တၢ်လီၤဃိာ်, တၢ်ပူၤ, တၢ်လီၤဖျိ, ဟိၣ် ခိၣ်တဲၤဖး

gape *v* ၁. ကွၢ်အီရီၢ်တၢ်, ကိာ်ပူၤအီကဘို ၂. အီးထိၣ်အသးဖးလဲၢ်

garage *n* သိလ့ၣ်ကြိၢ်, တၢ်ဟ်သိလ့ၣ်အလီၢ်

garage *v* ဟ်သိလ့ၣ်

garage sale *n* တၢ်အီးထိၣ်သိလ့ၣ်ကြိၢ်ဒီး ဆါဟံၣ်တၢ်ပီးတၢ်လီ, တၢ်ဖိတၢ်လံၤလီၢ်လံၤ လၢတၢ်တသူလၢၤအီၤ

garb *n* တၢ်ကူတၢ်သိး, တၢ်ကူတၢ်သိးတၢ် ကဃၢကဃဲလၢတၢ်ကူသိးအီၤလၢတၢ်ဂ့ၢ်လီၤဆီ

garbage *n* ၁. တၢ်တပိာ်တပှာ်, တဃိၣ် တဃၣ် ၂. တၢ်လၢအတမ့ၢ်တတီ, တကျိုးတကျူး

garbage can *n* တၢ်တဃာ်ဒၢ, တၢ်ကမှံၤဒၢ

garbage man *n* ပှၤထၢတၢ်တပိာ်, ပှၤထၢ တၢ်တဃိၣ်တဃၣ်

garbage truck *n* သိလ့ၣ်ထၢတၢ်တပိာ်, သိ လ့ၣ်ထၢတၢ်တဃိၣ်တဃၣ်

garble *v* ဒုးနၢ်ပၢၢ်ကမၣ်တၢ်ဂ့ၢ်, ဒုးသဘံၣ် သဘုၣ်တၢ်ဂ့ၢ်

garbled *a* (တၢ်ဂ့ၢ်) လၢအမၤသဘံၣ်သဘုၣ် တၢ်, လၢအမၤနၢ်ပၢၢ်ကမၣ်တၢ်

garden *n* ၁. ကမျၢၢ်အဖီကရၢၢ် ၂. တၢ်သူၣ် တၢ်ဖျးအလီၢ်, တၤသၣ်လီၢ်

garden *v* သူဉ်တၢ်ဖျးတၢ်လၢကရၢ်အပူၤ

gardener *n* ပှၤကွၢ်တၢၤသဉ်လီၢ်

garden-variety *a* လၢတညီနှၢ်ဒိးအီၤ, လၢအတလီၤတိၢ်လီၤဆီလၢၤ

gargantuan *a* လၢအဒိဉ်အသွါ, ဒိဉ်ဒိဉ်လဲၢ်လဲၢ်, လၢအဒိဉ်ကဲာ်ဆိး, ဖးဒိဉ်

gargle *n* ၁. တၢ်ထံသ့သပှၢၤကိာ်ပူၤ, တၢ်ထံသပှၢၤကိာ်ပူၤကိာ်ယူၢ် ၂. တၢ်သ့သပှၢၤကိာ်ပူၤ

gargle *v* သ့သပှၢၤကိာ်ယူၢ်

gargoyle *n* ထံမိၢ်ဘိတၢ်ဂီၤစိးပျၤ

garish *a* လၢအကပြုၢ်ကပြီၤ, လၢအဆှူဉ်မဲာ်ကဲၤမဲာ်

garland *n* ဖီကွီၤ

garlic *n* ပသၢဝါ

garment *n* တၢ်ကူတၢ်ကၤတမံၤမံၤ

garnet *n* ၁. လၢၢ်ဂီၤသူ, လၢၢ်ကါနဲးလၢအပှ့ၤဒိဉ်ဖဲအကြၢး ၂. တၢ်အလွှၢ်ဂီၤသူ

garnish *n* တၢ်အိဉ်ကယၢ

garnish *v* ကယၢကယဲဆဲဉ်ဃံဆဲဉ်လၤ

garret *n* ဒၢးအိဉ်လၢတၢ်ဖီခိဉ်ကတၢၢ် တဆီလၢဟံဉ်ခိဉ်နးအဖီလာ်, ဒၢးဖိလၢအိဉ်လၢဟံဉ်ခိဉ်နးအဖီလာ်

garrison *n* သုးခိးတၢ်လၢတိာ်ပူၤ, ဝ့ၢ်ပူၤ

garrison *v* ဆီလီၤသုးခိးတၢ်လၢကအိဉ်ခိးတၢ်လီၢ်တၢ်ကျဲ

garrulity *n* တၢ်ကလုၢ်ကထါအါ, တၢ်ကလုၢ်သ့

garrulous *a* လၢအကလုၢ်ကထါအါ, လၢအကလုၢ်သ့

garter *n* ပျံၤစၢခိဉ်ဖျိဉ်

gas *n* ၁. ဂာ်သဝံ ၂. တၢ်သဝံ ၃. ဂာ်သဝံလၢအအူအိဉ်တၢ် ၄. ကလံၤအိဉ်လၢဟၢဖၢအပူၤ, တၢ်ဟၢဖၢထီဉ် ၅. တၢ်အူကလံၤတဲလိာ်ခိဉ်လိာ်ကွဲတၢ်, ပှၤအူကလံၤတဲလိာ်ခိဉ်လိာ်ကွဲတၢ် ၆. ကျဲတံး, ဒးဆံဉ်, သိလၢအိဉ်ဒီးအသဝံ

gas *v* ၁. ပျဲလီၤ (ဂာ်သဝံ, တၢ်သဝံ) ၂. အူကလံၤကတိၤလိာ်ခိဉ်လိာ်ကွဲတၢ်

gas chamber *n* ဂာ်စုဉ်သဝံဒၢး, ဂာ်စုဉ်သဝံဒၢးလၢတၢ်ကမၤသံဆၣ်ဖိကီၢ်ဖိ မ့တမ့ၢ် ပှၤကညီတဖဉ်

gas mask *n* တၢ်ကးဘၢမဲာ်လၢအဒီသဒၢဂာ်သဝံ

gas station *n* တၢ်ဆါသိလ့ဉ်သိအကျး, ကျးဆါသိလ့ဉ်သိ (also petrol station)

gaseous *a* လၢအမ့ၢ်တၢ်သဝံ

gash *n* တၢ်ပူၤလီၢ်ဖးလဲၢ်ဖးယိာ်, တၢ်ဘဉ်ကူး

gash *v* ဘဉ်ကူး

gasket *n* ကးစကဲးရိဘၢဉ်တၢ်စဲ, ရိဘၢဉ်အက့ဖိ မ့တမ့ၢ် တၢ်ဖိတၢ်လံၤလၢအနုးစဲဘူးတၢ်မဲာ်သဉ်ခံခါလၢစဲးဖီကဟဉ်အပူၤ မ့တမ့ၢ် တၢ်ပီးတၢ်လီအဂၤ

gasohol *n* ကဲး(စ)စိဉ်ဟီ(လ) – ဂာ်သဝံဒီးအဲ(လ)ကိဉ်ဟီဟ်ဖှိဉ်ဃါယှာ်သးလၢတၢ်စူးကါအီၤဒ်သိလ့ဉ်အသိအသိး

gasoline, gasolene *n* ဒးဆံဉ်သိလၢအိဉ်ဒီးအသဝံ, ဒးဆံဉ်သိလၢအိဉ်ဒီးအသဝံဒီးပမ့ၢ်ဒွဲဉ်လၢမ့ဉ်အူဒီးပိၢ်ဖးထီဉ် (also petrol)

gasp *n* တၢ်ဂုာ်ကသါ, တၢ်သါဆဲးဖှိး, တၢ်သါအီခဉ်

gasp *v* သါဆဲးဖှိး, သါအီခဉ်

gastric *a* လၢအဘဉ်ဃးဒီးကဖု

Gastric Ulcer *n* ကဖုတၢ်ဆါ

gate *n* ၁. တြဲၤ ၂. ကရၢ်တြဲၤ ၃. တၢ်ဟးထီဉ်လၢကဘီယူၤသန့ဒီးထီဉ်ဆူကဘီယူၤအပူၤ ၄. တၢ်နုာ်လီၤဟးထီဉ်အလီၢ်, ကျဲစၢၤနုာ်လီၤဟးထီဉ် ၅. (တမၢဉ်) အတြဲၤ

gatecrash *v* နုာ်လီၤဆူမူးဓိၤပွဲဓိၤလၢတအိဉ်ဒီးတၢ်ကွဲမုာ် မ့တမ့ၢ် လံာ်ပျဲက့

gatekeeper *n* ပှၤခိးတြဲၤ, ပှၤပၢၤကျဲစၢၤ

gateman *n* ပှၤခိးတြဲၤ, ပှၤပၢၤကျဲစၢၤ

gatepost *n* ကရၢအတြဲၤထူဉ်, ပဲတြီအထူဉ်

gateway *n* ၁. ကျဲစၢၤနုာ်လီၤဟးထီဉ်, တြဲၤနါဟိ, ကျဲဓိၤကပူၤဓိၤ ၂. ပီးလီလၢအနုးဘျးစဲခိဉ်ဖျူထၢဉ်ခံခါအပှာ်ဘျးစဲ

gather *v* ၁. ဟ်ဖှိဉ် ၂. ထၢဖှိဉ်တဲာ်ဖှိဉ်, ထုးဖှိဉ်တဲာ်ဖှိဉ် ၃. အိဉ်ဖှိဉ်

gathering *n* တၢ်အိဉ်ဖှိဉ်ထီဉ်သး, တၢ်ဟ်ဖှိဉ်ထီဉ်သး, တၢ်ထၢဖှိဉ်ဟ်ဖှိဉ်

gaucho *n* ပှၤကွၢ်ဂီၤဖံး, ပှၤကွၢ်ကျိၢ်

gaudy *a* လၢအကပြုၢ်ကပြီၤ, ဆှူဉ်မဲာ်ကဲၤမဲာ် ဘဉ်ဆဉ်ဖျါလၢအပှ့ၤတအိဉ်

gauge, gage *n* ၁. တၢ်လၢပထိဉ်နီဉ်တဲာ်နီဉ်တၢ်လၢအီၤ, နီဉ်ထိဉ်, နီဉ်ဃီဉ် ၂. တၢ်ဖိတၢ်လံၤ

အနီၣ်ထိၣ် ၃. တၢ်ဒုၣ်စၢၤအယံၤလၤလၢလှၣ်မှၣ်အူကျိၤအဘၢၣ်စၢၤ

gauge, **gage** *v* ထိၣ်နီၣ်တဲာ်နီၣ်, ခံကွၢ်စီၤကွၢ်

gaunt *a* ၁. လၢအဖံၣ်လီၤဃဲၤလီၤ, လီၤဝါ ၂. (တၢ်သူၣ်ထီၣ်) လၢအဖျါတဂ့ၤ

gauntlet, gantlet *n* ၁. စုဖျိၣ်ထး ၂. တၢ်တူၢ်လိာ်တၢ်တၤတၢ်, တၢ်တၤတၢ်

gauze *n* ကီး(စ), တၢ်ကံးညာ်အဟိ, တၢ်ကံးညာ်ဘူဘူဖိ

gavel *n* စံၣ်ညီၣ်ကွိၢ်အနီၣ်ဒိ, ပှၤပၢၤလိၢ်ဆ့ၣ်နီၤအနီၣ်ဒိ, ပှၤဆါတၢ်အနီၣ်ဒိ, နီၣ်စိးပိး

gawk *v* ကွၢ်စူၣ်ကွၢ်ထံ, ကွၢ်ထံတၢ်, ကွၢ်လီၤတံၢ်လီၤဆဲး

gawky *a* လၢအဟ်အသးတသ့တဘၣ်

gay *a* ၁. လၢအသးပှဲၤဆၢၣ်ကလာ်ဒီးတၢ်သူၣ်ဖှံသးညီ ၂. လၢအအဲၣ်ပကၢၤတၢ်

gay *n* ပှၤအဲၣ်ပကၢၤတၢ်, ခွါအဲၣ်ပကၢၤ, ခွါအဲၣ်ခွါ

gayety *n* တၢ်ဆၢကတီၢ်လၢအပှဲၤဒီးတၢ်သူၣ်ဖှံသးညီ, တၢ်မ့ာ်လၤသးခုအဆၢကတီၢ်

gaze *n* တၢ်ကွၢ်စူၣ်တၢ်, တၢ်ကွၢ်ထံကွၢ်ကျိၣ်တၢ်, တၢ်ကွၢ်စူကညျူးတၢ်

gaze *v* ကွၢ်စူၣ်, ကွၢ်ထံကွၢ်ကျိၣ်

gazebo *n* တၢ်သူၣ်ထီၣ်ဆံးဆံးဖိလၢအအိၣ်လၢကရၢၢ်ပူၤလၢနကွၢ်တၢ်ဝးဝးသ့

gazelle *n* တကျာ်ခိၣ်ဆံးဆံးဖိ, ထီခိၣ်ဆံးဆံးတကလုာ်

gazette *n* ပဒိၣ်ပပှၢ်အတၢ်ပရၢပစၢၢ်, ပၢပြး အတၢ်ပရၢပစၢၢ်

GDP *abbre* ထံကီၢ်တဘ့ၣ်အပနံာ်လၢအထုးထီၣ်ဝဲလၢတနံၣ်အဂီၢ်အလုၢ်အပှ့ၤ (ထံကီၢ်တဘ့ၣ်အပနံာ်လၢထုးထီၣ်ဝဲလၢတနံၣ်အဂီၢ်အလုၢ်အပှ့ၤ) (Gross Domestic Product)

gear *n* ၁. ဒိၣ်ကွံၤ ၂. တၢ်အပိးအလီ, နီၢ်ကစၢ်အပိးအလီ ၃. ကသံၣ်မူၤဘိုး

gear *v* ၁. ထီထီၣ်ဒိၣ်ကွံၤ, ထၢနုာ်ဒိၣ်ကွံၤ, ဘိုဒိၣ်ကွံၤ, တ့ထီၣ်ဒိၣ်ကွံၤ ၂. အိၣ်ကတဲာ်ကတီၤဟ်သး

gearbox *n* သိလ့ၣ်စဲးဖီကဟၣ်ပီးလီတလါ

gecko *n* တိတဲာ်

geek *n* ပှၤလၢအဖျါထုတရုၤခီဖျိသးစဲတၢ်ဂ့ၢ်ထဲတမံၤ

geese *n* ထိၣ်တၤတဖၣ်

geezer *n* ပှၤဖုပှၢ်

geisha *n* ကံၣ်ရှၣ် – ပှၤယပၣ်မုၣ်တူၢ်တမံၤလၢအတဲသကိးတၢ်, သးဝံၣ်တၢ်ဒီးတဲသကိးတၢ်ဝံၤဂဲၤကလံၣ်ဝဲနၣ်လီၤ.

gel *n* တၢ်ထံပံာ်လၢတၢ်ထၢနုာ်ဃှာ်ဒီးတၢ်ကယၢကယဲမၤဃံမၤလၤ, ကသံၣ်ထံပံာ်

gel *v* ၁. ဖှူခိၣ်ဒီးတၢ်ထံပံာ်, ဖှူခိၣ်ဒီးကဲ့(လ) ၂. ပံာ်ထီၣ် ၃. မၤတၢ်န့ၢ်ဂ့ၤထီၣ်

gelatin, gelatine *n* ကိၣ်ကလူကလဲ, ကွ့ၣ်လထံ(န), တၢ်အထံပံာ်လၢအရိၢ်တအိၣ်လၢတၢ်မၤန့ၢ်အီၤလၢဆၣ်ဖိကိၢ်ဖိအဃံအကွဲတဖၣ်

geld *v* ဒ့ဒံၣ်, ဒ့ကွံာ်ဆၣ်ဖိကိၢ်ဖိအဒံၣ်

gelding *n* တၢ်ဒ့ဆၣ်ဖိကိၢ်ဖိအဒံၣ်

gem *n* တၢ်လုၢ်ဒိၣ်ပ့ၤဒိၣ်, လၢၢ်လုၢ်ဒိၣ်ပ့ၤဒိၣ်

Gemini *n* တၢ်ဖးဆၣ်အကရူၢ်လၢအအိၣ်ဒီးပှၤတဃာ်ခံဂၤအဂီၤ (မ့းထိၣ်အကတီၢ်)

gemmology *n* တၢ်မၤလိလၢၢ်လ့လုၢ်ပ့ၤဒိၣ်ပီညါ

gemstone *n* လၢၢ်လုၢ်ဒိၣ်ပ့ၤဒိၣ်, လၢၢ်လ့လုၢ်ပ့ၤဒိၣ်

gender *n* ၁. မုၣ်/ခွါ ၂. တၢ်အမိၢ်အဖါ

gene *n* စၢၤသွဲၣ်ဂံၢ်ထံးကဲ့ၢ်ဂီၤဆံးလၢအအိၣ်လၢစဲ(လ)အပူၤ, ကျံ့(န)

gene pool *n* ကျံ့(န)ခဲလၢာ်လၢအအိၣ်လၢတၢ်မူတၢ်မဲအကလုာ်လီၤဆီတကလုာ်အဂီၢ်

genealogical *a* လၢအဘၣ်ဃးဒီးပှၤတဂၤအထူအထံးအတၢ်လီၤစၢၤလီၤသွဲၣ်

genealogy *n* တၢ်ယုသ့ၣ်ညါနၢ်ပၢၢ်ပှၤတဂၤအထူအထံးအတၢ်လီၤစၢၤလီၤသွဲၣ်, ပှၤအထူအထံးအစၢၤအသွဲၣ်ပီညါ

general *a* ထီရီၤ, ညီနှၢ် (မၤအသး), အါဒၣ်တက့ၢ်

general *n* သုးခိၣ်ကျၢၢ်

general election *n* တၢ်ဟ့ၣ်တၢ်ဖးတၢ်ယုထၢအမူး

general knowledge *n* တၢ်သ့ၣ်ညါနၢ်ပၢၢ်ထီရီၤ, တၢ်သ့ၣ်ညါနၢ်ပၢၢ်ဝးဝး

general practice *n* တၢ်မၤတၢ်ဒ်အညီနှၢ်အသိး

general purpose *a* လၢတၢ်စူးကါအီၤသ့ အါကလုာ်, လၢတၢ်သူအီၤသ့လၢကျဲအဘိဘိ

generality *n* ထီရီၤ, အါတက့ၢ်, တၢ်အါတက့ၢ်

generalization, generalisation *n* တၢ်ကွၢ်လၢအတကွိၣ်လဲၢ်, တၢ်ဒိးသန့ၤထိၣ်သး လၢတၢ်အါတက့ၢ်အဖီခိၣ်

generalize, generalise *v* ဟ်ပနီၣ်ထီရီၤတၢ်, ဒိးသန့ၤထိၣ်သးလၢတၢ်အါတက့ၢ်အဖီခိၣ်

generally *adv* အါတက့ၢ်, အါဒၣ်တၢ်တက့ၢ်

generate *v* ဒုးအိၣ်ထီၣ်, မၤကဲထီၣ်လိၣ်ထီၣ်, ဒုးကဲထီၣ်လိၣ်ထီၣ်, ထုးထီၣ်

generation *n* ၁. စိၤ, (one generation) ပှၤတစိၤ ၂. တၢ်ထုးထီၣ်တၢ်, တၢ်ဒုးအိၣ်ထီၣ်တၢ်, တၢ်ဒုးကဲထီၣ်လိၣ်ထီၣ်တၢ်

generation gap *n* စိၤတစိၤဒီးတစိၤအတၢ်လီၤဟိ, စိၤတစိၤဒီးတစိၤအတၢ်လီၤဆီလိာ်သး

generator *n* မ့ၣ်အူစဲး, လီမ့ၣ်အူစဲး

generic *a* ၁. လၢအဘၣ်ထွဲဒီးတၢ်ဒိတဖု, လၢအဘၣ်ထွဲဒီးတၢ်အစၢၤအသွဲၣ်ဒိတခါ ၂. (ကသံၣ်ဖိၣ်ကသီဖိၣ်) လၢအပနံာ်မံၤတအိၣ်

generosity *n* တၢ်သူၣ်ညီသးညီ, တၢ်သူၣ်ဘၣ်သးသ့, တၢ်သူၣ်ဂ့ၤသးဝါ, တၢ်ဟ့ၣ်တၢ်ညီ

generous *a* လၢအဟ့ၣ်တၢ်ညီ, သူၣ်လဲၢ်သးလဲၢ်, သူၣ်ဘၣ်သးသ့, သးညီ

Genesis *n* လံာ် ၁ မိၤရှ့, လံာ်တၢ်ကဲထီၣ်အခီၣ်ထံး

genesis *n* တၢ်စးထီၣ်သးအခီၣ်ထံးခိၣ်ဘိ

genetic *a* လီၤစၢၤ, ဘၣ်ဃးဒီးတၢ်ဟဲလီၤစၢၤလီၤသွဲၣ်, တၢ်ဟဲလီၤစၢၤလီၤသွဲၣ်ပီညါ

genetics *n* တၢ်ယုသ့ၣ်ညါမၤလိတၢ်လီၤစၢၤလီၤသွဲၣ်, တၢ်ဟဲလီၤစၢၤလီၤသွဲၣ်ပီညါ

genial *a* ၁. လၢအရှတံၤရှသကိးသ့, လၢအအိၣ်ဒီးတၢ်မဲာ်မှာ်နါဆၢ ၂. (မူခိၣ်ကလံၤသီၣ်ဂီၤ) ကလၢၤ, လၢၤ

geniality *n* တၢ်ရှတံၤရှသကိးသ့, တၢ်မဲာ်မှာ်နါဆၢ

genie *n* တၢ်ဝံတၢ်ကလၤ, တၢ်မုၢ်ဃၢ်လၢတၢ်ကွဲးအဂ့ၢ်လၢအဒၣ်ရှဘံဃါတၢ်ဃဲၤပူအပူၤ

genital *a* လၢအဘၣ်ဃးဒီးပိာ်မုၣ်ပိာ်မၢၤအက့ၢ်အဂီၤ

genitalia *n* မုၣ် မ့တမ့ၢ် ခွါက့ၢ်ဂီၤ

genitals *n* မုၣ် မ့တမ့ၢ် ခွါက့ၢ်ဂီၤ

genius *n* ၁. ပါရမံလၢအဟဲဟ်စၢၤ ၂. အတၢ်သ့တၢ်ဘၣ်တၢ်ကူၣ်ဘၣ်ကူၣ်သ့ဟဲဒ်ဝဲလၢအမိၢ်ဟၢဖၢပူၤ

genocide *n* တၢ်မၤသံလီၤတူာ်ကလုာ်, တၢ်မၤသံလီၤတူာ်ပှၤဒီတကရၢ်

genre *n* ဒွဲလၤတၢ်သ့တၢ်ဘၣ်အကလုာ်

gent *n* ၁. ပှၤတူၢ်ဒိၣ်ကီၤဒိၣ်ခွါ, ပိာ်ခွါလၢအရှပှၤသညူးသပှၢ်အိၣ်ဒီးတၢ်ဟ်ကဲဒီးတၢ်နာ်နှၢ်အီၤသ့ ၂. တၢ်ကတိၤဆဲးလၤလၢပှၤပိာ်ခွါလၢပတသ့ၣ်ညါအီၤ, တၢ်ပိာ်ခွါတဂၤန့ၣ်

genteel *a* ၁. လၢအဟ်မၤအသးဒ်အဘၣ်ဃးပှၤတူၢ်ဒိၣ်ကီၤဒိၣ်အသိး ၂. ဘၣ်ဃးဒီးပှၤတူၢ်ဒိၣ်ကီၤဒိၣ်

gentile *a* လၢအတမ့ၢ်ယူဒၤဖိဘၣ်

gentile *n* ၁. ပှၤလၢအတမ့ၢ်ပှၤယူဒၤဖိ

gentle *a* ၁. ကပုာ်လုး, ကစုဒ့, ကဖီလီ, ခုၣ်ခုၣ်မုာ်မုာ် ၂. သူၣ်ဂ့ၤသးဝါ, သညူးသပှၢ်

gentleman *n* ပှၤပိာ်ခွါ, ပှၤတူၢ်ဒိၣ်ကီၤဒိၣ်

gentlemanlike *a* အိၣ်ဒီးပှၤတူၢ်ဒိၣ်ကီၤဒိၣ်အက့ၢ်အဂီၤ

gentlemanly *a* အိၣ်ဒီးပှၤတူၢ်ဒိၣ်ကီၤဒိၣ်အက့ၢ်အဂီၤ

gently *adv* ကပုာ်လုးကဖီလီ, ကဖီကဖိ

gentry *n* ပှၤတူၢ်ဒိၣ်ကီၢ်ဒိၣ်, ပှၤပတိၢ်ထီ

genuflect *v* ချံးခီၣ်တီၤလီၤ

genuine *a* လၢအမ့ၢ်အတီ, နီၢ်နီၢ်

genus *n* တၢ်တကရၢ်လၢဘၣ်တၢ်နီၤဖးလီၤဆူကရၢ်ဆံးဖိတဖၣ်

geographer *n* ပှၤမၤလိဟီၣ်ခိၣ်ဂီၤ, ပှၤစဲၣ်နီၤလၢဟီၣ်ခိၣ်ဂီၤ

geographical *a* လၢအဘၣ်ထွဲဒီးဟီၣ်ခိၣ်ဂီၤအက့ၢ်အဂီၤ

geography *n* လံာ်ဟီၣ်ခိၣ်ဂီၤ

geologist *n* ပှၤမၤလိဟီၣ်ဒွဲပီညါ, ပှၤယုသ့ၣ်ညါဟီၣ်ဒွဲပီညါ

geology *n* ဟီၣ်ဒွဲပီညါ, တၢ်မၤလိဘၣ်ဃးဟီၣ်ခိၣ်ဟီၣ်လာ်

geometric *a* ၁. လၢအဘၣ်ဃးဒီးကိၣ်မထြံၣ်, လၢအဘၣ်ဃးဒီးတၢ်ထိၣ်တၢ်တဲာ်တၢ် ၂. လၢအအိၣ်ဒီးပနိဒီးတၢ်အက့ၢ်အဂီၤတဖၣ်

geometry *n* ကိၣ်မထြံၣ်, တၢ်ထိၣ်တၢ်ဒွး

geophysics *n* ဟီၣ်ခိၣ်ဒ့န့ဆၢၣ်တၢ်သးသမူ တအိၣ်ရှၢ်သဲးပီညါ

geopolitical *a* လၢအဘၣ်ဃးဒီးထံရှၢ်ကီၢ် သဲးအတၢ်ဂ့ၢ်လၢအအိၣ်ထီၣ်ခီဖျိထံကီၢ်တဘ့ၣ် အဟီၣ်ခိၣ်ဂီၤအဖီခိၣ်

geothermal *a* လၢအဘၣ်ထွဲဒီးတၢ်ကိၢ် လၢအအိၣ်လၢဟီၣ်ခိၣ်ဖျၢၣ်အသးကံၢ်ပူၤ

geriatric *a* လၢအဘၣ်ဃးဒီးပှၤသ့ၣ်ကဲ့သး ပှၢ်

geriatric *n* တၢ်ကူစါယါဘျါပှၤသ့ၣ်ကဲ့သးပှၢ် တၢ်ဆါပီညါ

germ *n* တၢ်ဆါအဃၢ်, တၢ်အဃၢ်

germ warfare *n* တၢ်ဒုးတၢ်ယၤလၢတၢ်စူး ကါတၢ်ဆါအဃၢ်အကျဲကူးတရံး

German *a* လၢအဘၣ်ဃးဒီးကျၢမနံၣ်

German *n* ပှၤကျၢမနံၣ်ဖိ

germane *a* လၢအဘၣ်ထွဲဘၣ်ဃးလိာ် အသး, လၢအကြၢးလိာ်အသး

germicide *n* ကသံၣ်မၤသံတၢ်ဃူးတၢ်ဃၢ်

germinate *v* (တၢ်ချံ) မဲထီၣ်သီ

gerund *n* (အဲကလံးကျိာ်သန့) ဝီၢ်လၢအ ကတၢၢ်ထၢန့ာ် -ing သ့ဒီးကဲထီၣ်နိၢ်

Gestapo *n* ကျၢမနံၣ်တၢ်မဲာ်ချံအကရၢဖဲနၣ် စံၢ်အစိၤ

gestation *n* ၁. ဟုးသးအိၣ်အကတိၢ်, တၢ် ဒၢဖိအကတိၢ်, ဖိသၣ် မ့တမ့ၢ် ဆ့ၣ်ဖိကီၢ်ဖိအိၣ် လၢအမိၢ်ဒၢလိၢ်ပူၤအကတိၢ် ၂. တၢ်ကဲထီၣ် တဆီဘၣ်တဆီ

gesticulate *v* နဲၣ်စုနဲၣ်ခီၣ်, ကတိၤတၢ်ဒုး နဲၣ်စုဒုးနဲၣ်ခီၣ်

gesture *n* တၢ်နဲၣ်စုနဲၣ်ခီၣ်, နဲၣ်စုနဲၣ်ခီၣ်, တၢ်လၢနမၤဒီးတဲအီၤ

gesture *v* နဲၣ်စုနဲၣ်ခီၣ်

get *v* ၁. မၤန့ၢ်, န့ၢ်ဘၣ်, (ပှၤ) န့ၢ် ၂. တုၤ, တုၤဃီၤ, တုၤလီၤလၢ ၃. ဒီးန့ၢ်, ကဲထီၣ် လိၣ်ထီၣ် ၄. စးထီၣ်မၤတၢ်တမံၤမံၤ ၅. နၢ်ပၢၢ် ၆. ဖိၣ်န့ၢ်လံ (အဒိ, *The police got him*) ၇. ဘၣ် (အဒိ, *I got the flu*) ၈. ဘၣ် (ဃိာ်, တူၢ်တၢ်ကမၣ်) (အဒိ, *He got ten years in prison for his part in the robbery*) ၉. စံးဆၢလီတဲစိ (အဒိ, *Will you get the phone?*)

get about *vp:* ၁. ဟးဝ့ၤဟးဝီၤ ၂. (တၢ်ကစီၣ်) ဟူထီၣ်ဟူလီၤ

get ahead of *vp:* လဲၤဘျီအမဲာ်ညါ, လဲၤလၢတၢ်မဲာ်ညါ

get along *vp:* ၁. အိၣ်သ့, အိၣ်ထွဲဘၣ် ထွဲဘၣ် ၂. တၢ်အိၣ်သးဂ့ၤထီၣ် ၃. ဟးထီၣ်ကွံာ်

get around *vp:* ၁. ဟးဝ့ၤဟးဝီၤ ၂. (တၢ်ကစီၣ်) ဟူထီၣ်ဟူလီၤ

get at *vp:* ၁. ဖိၣ်တုၤ ၂. မၤလိန့ၢ်ဝဲ, ဃုထံၣ်န့ၢ်

get back *vp:* န့ၢ်က့ၤ, ဟ့ၣ်က့ၤ

get into *vp:* ၁. တုၤလီၤ ၂. ဘၣ်တၢ် တူၢ်လိာ်လၢကို ၃. ကၤထီၣ်ဆ့ကၤ ၄. စးထီၣ်တၢ် မၤ ၅. စးထီၣ်ဟ်ဃှာ်မၤသကိးတၢ် ၆. ညီနုၢ်ထီၣ် ၇. တၢ်သးစဲအိၣ်ထီၣ်

get off *vp:* ၁. ဟးထီၣ် ၂. နၢ်တုၤလီၤ ၃. စံၣ်လီၤ (တၢ်မၤ) ၄. ဆိကတိၢ် (ကတိၤတၢ်) ၅. ပူၤဖျဲးထီၣ်ကွံာ် ၆. ထုးကွံာ် (စ့)

get on *vp:* ၁. ရှလိာ်အသးဂ့ၤထီၣ် ၂. အိၣ်ထွဲဘၣ်ထွဲဘၣ် ၃. စဲၤခံတစဲး ၄. သးပှၢ်ထီၣ် ၅. မၤတၢ်ကွ့ၢ်ကွ့ၢ်, လဲၤဆူညါ

get out *vp:* ၁. ဟးထီၣ် ၂. (တၢ် ဂ့ၢ်) ဟဲဖျါထီၣ် ၃. (တၢ်ကတိၤ) ထီၣ်ဖျိးကွံာ် ၃. ပူၤဖျဲးထီၣ်

get out of *vp:* ၁. ပဒ့ၣ် (အတၢ်အၢၣ် လီၤ) ၂. ပူၤဖျဲး

get over *vp:* ၁. ကိညၢ်ထီၣ်, အိၣ်မှာ် ထီၣ် ၂. ခီဖျိကွံာ်, မၤနၢၤကွံာ်

get through *vp:* မၤဝံၤ, မၤကတၢၢ်

get to *vp:* စးထီၣ်

get up *vp:* ၁. ဂဲၤထၢၣ်, ဂဲၤဆၢထၢၣ် ၂. ကတဲာ်ကတီၤထီၣ်

get wind of *idm:* နၢ်ဟူလၢ

getaway *n* ၁. ဃ့ၢ်ဖိုးကွံာ်, စံၣ်ဖိုးကွံာ်, ဃ့ၢ် ပူၤဖျဲးကွံာ်အသး ၂. နံၤသဘျ့

get-together *n* တၢ်ထၢဖှိၣ်တ်ဖှိၣ်, တၢ်အိၣ် ဖှိၣ်ထီၣ်သး, တၢ်ဟ်ဖှိၣ်ထီၣ်သး

geyser *n* မိကိၢ်, ထံမ့ကိၢ်လၢအဖျိးထီၣ် ဆူတၢ်ဖးဖီ

gharry *n* လှ့ၣ်ကဟၣ်

ghastly *a* ၁. လၢအလီၤပျံၤလီၤဖုး ၂. လၢအဖျါလီၤဝါဒိၣ်မးလီၤက်ဒ်ပှၤသံတဂၤ အသိး

G

ghat *n* ယီၢ်သွါလၢအလီၤဆူထံကျါပူၤ
ghee *n* ထီပး, ထီပးလၢပုၤအ့ဒ့ယၢၤ်ဖိတဖၣ်စူးကါဝဲလၢတၢ်ဖီအီၣ်တ့ၤအီၣ်
ghetto *n* ၁. ပုၤဖိုၣ်ဖိယၣ်ဖိအိၣ်တၢ်လိၢ်, တၢ်လိၢ်တကဝီၤလၢပုၤတနၣ်တကရူၢ်အိၣ်သကိးအလိၢ် ၂. (တၢ်စံၣ်စိၤတဲစိၤ) တၢ်လိၢ်လၢပုၤယူၤဒၤဖိအိၣ်အလိၢ်
ghost *n* တၢ်တဃၣ်, တဲပြ့ၢ်, ပီၤတဃၣ်
ghost town *n* ဝ့ၢ်ဒ့လီ, ဝ့ၢ်လၢတဘျီပုၤအိၣ်တ့ၢ်လၢအပူၤဒီးဒိၣ်ထီၣ်လဲၤထိၣ်ဘၣ်ဆၣ်ခဲအံၤပုၤအိၣ်စ့ၤ မ့တမ့ၢ် တအိၣ်လၢၤ
ghostly *a* ၁. လၢအလီၤက်ဒီးတဲပြ့ၢ် မ့တမ့ၢ် တၢ်တဃၣ် ၂. လၢအပှဲၤဒီးတဲပြ့ၢ် မ့တမ့ၢ် တၢ်တဃၣ်
ghostwriter *n* ပုၤကွဲးလံာ်ဖိလၢတၢ်ဒီးလဲအီၤလၢကကွဲးန့ၢ်လံာ်လၢပုၤကွဲးတၢ်ဖိတဂၤအလိၢ်
ghoul *n* ၁. တၢ်ဝံတၢ်နါလၢအအီးထိၣ်တၢ်သွံၣ်ခိၣ်ဒီးအီၣ်ပုၤသံစိၣ်လၢအပူၤ ၂. ပုၤလၢအသးစဲလၢတၢ်တတၢာ်တနါအပူၤ
giant *a* လၢအမိၢ်ပှၢ်ဒိၣ် မ့တမ့ၢ် အဂ်ၢ်ဆူၣ်, လၢအဒိၣ်အမှၢ်
giant *n* ဒီးတကါ
giant-killer *n* ပုၤလၢအမၤနၢၤပုၤလၢအဂ်ၢ်ဆူၣ်န့ၢ်အီၤ မ့တမ့ၢ် ပုၤဂဲၤလိာ်ကွဲဖိတဖု
gibberish *n* တၢ်ကတိၤလၢအခီပညီတအိၣ်ဒီးပန့ၢ်ပၢၢ်အီၤတသ့
gibbet *n* သ့ၣ်ဖျၢၣ်လၢစၢသံပုၤကညီအလိၢ်
gibbon *n* ကယူၤဖၣ်, ကယူၤဖၣ်, ကယူၤပှၢ်
gibe, jibe *n* တၢ်တဲဟးဂီၤပုၤ, တၢ်နံၤဘၣ်ဖၣ်လဲပုၤ
gibe, jibe *v* ကတိၤတရိတပါ, ဒုၣ်ဒွဲၣ်ပယွဲ
giblets *n* ထိၣ်ဆီအပှံာ်အကဖု
giddy *a* ၁. လၢအခိၣ်တယူၤနၢ်တပျ့ၢ်, လၢအမဲာ်ခံးသူ ၂. လၢတၢ်ပလိၢ်ပဒီအသးတအိၣ်ဘၣ်
gift *n* တၢ်ဟ့ၣ်ကနၢၤ, တၢ်ဟ့ၣ်
gifted *a* လၢအတၤလၣ်အိၣ်, လၢအပှဲၤဒီးတၤလၣ်, လၢအပှဲၤဒီးတၢ်သ့တၢ်ဘၣ်, လၢအိၣ်ဒီးန့ဆၢၣ်အတၢ်ဟ့ၣ်သါ
gift-wrap *v* ဘိၣ်တၢ်ဟ့ၣ်ဒီးစးခိဘိၣ်တၢ်ဟ့ၣ်
gig *n* ၁. စိၤတ့ၤတၢ်ဒ့တၢ်အူတကရူၢ်, စိၤတ့ၤတၢ်သံကျံကရူၢ် ၂. လ့ၣ်ကဟၣ်လၢကသ့ၣ်တွံၢ်အီၤ
gigabyte *n* ကွံၣ်ကၢ်ဘဲး, ခီၣ်ဖွူထၢၣ်တၢ်ဂ့ၢ်တၢ်ကျိၤအယူနူးအကကွဲၢ်တကထိ
gigantic *a* လၢအဒိၣ်လီၤဆီ, လၢအဒိၣ်အမှၢ်
giggle *n* ၁. တၢ်နံၤယိနံၤယဲး, တၢ်လၢအလီၤနံၤ ၂. ပုၤလၢအလီၤနံၤ
giggle *v* နံၤယဲးယီး, နံၤခံးခံး
gigolo *n* ပိာ်ခွါလၢဆါလီၤအိၣ်အသးဒီးပိာ်မုၣ်သးပှၢ်
gild *v* ၁. မၤကပီၤလီၤက်ဒီးထူ, မၤဘၢဒီးထူ, ဘျုးလီၤထူကျါ ၂. မၤဟးဂီၤတၢ်တမံၤလၢအဂ့ၤဟ်စၢၤလံ
gilding *n* ၁. တၢ်မၤကပီၤလီၤက်ဒီးထူ, တၢ်မၤဘၢဒီးထူ, တၢ်ဘျုးလီၤထူကျါ ၂. တၢ်မၤဟးဂီၤတၢ်တမံၤလၢအဂ့ၤဟ်စၢၤလံ
gill *n* ၁. ညၣ်အခၣ်သံၣ် ၂. နီၣ်ယီၣ်ထံ ၃. တၢ်တြီအံၣ်အံၣ်ဖိ
gilt *n* ၁. ထူကဘျဉ်ဘူဘူဖိလၢတၢ်ကကျးဘၢတၢ်အဂီၢ် ၂. ထိးမိၢ်သးစၢ်တဒု
gilt-edged *a* ၁. လၢအကျၢၤဘၢအသးဂ့ၤမး ၂. လၢအအိၣ်ဒီးကျိၣ်စ့အဂ်ၢ်အဘါ
gimlet *n* နီၣ်ပျံာ်ဖျိတၢ်
gimmick *n* တၢ်ဖိတၢ်လံၤလၢလံာ်န့ၢ်မၤကဒါမဲာ်လၢကထုးန့ၢ်ပုၤသးအဂီၢ်
gin *n* ၁. သံးတကလုာ် ၂. ထု ၃. စဲးထုးထိၣ်ကွံာ်ဘဲချံ
ginger *a* လၢဘၣ်တၢ်မၤအီၤဒီးတအ့
ginger *n* ၁. သအ့, တအ့, သအ့အဂ်ၢ် ၂. တၢ်အလွဲၢ်ဘီဂီၤစၢ်, သအ့အလွဲၢ်, သယီအလွဲၢ် ၃. တၢ်သးစွံကတုၤ, တၢ်သးရူတလ့ၢ်
gingerbread *n* ကိၣ်ခ့းတအ့ဆၢ
gingerly *adv* လၢတၢ်ပလိၢ်ပဒီသးအပူၤ
gingham *n* တၢ်ကံးညၣ်ဘဲဘ့လၢအိၣ်ဒီးအတိၤကွီၤ
Gipsy *n* (see Gypsy)
giraffe *n* ကသ့ၣ်ထိကိာ်
gird *v* ကၢ်တူာ်ထိၣ်ယီၢ်ဒ့, ကတဲာ်ကတီၤသးလၢကမၤတၢ်တမံၤမံၤ, အိၣ်ကတီၤဟ်သးလၢကမၤတၢ်ကီတၢ်ခဲအဂီၢ်

girder *n* ထးဘိလၢအကျၢၤဒီးထိ, တၢ်တိ

girdle *n* ၁. ယိၢ်တကံး ၂. ပိာ်မုၣ်ဖျိၣ်ခံဖိလၢမၤဘံၣ်ဟၢဖၢ

girdle *v* ကံၢ်တူာ်ထီၣ်ယိၢ်ဒ့, ပးတရံး

girl *n* ပိာ်မုၣ်ဖိ

girlfriend *n* ၁. တၢ်အဲၣ်တီမုၣ် ၂. ပိာ်မုၣ်အသကိးမုၣ်

girlhood *n* ပိာ်မုၣ်ဖိသၣ်အကတိၢ်

girlish *a* လၢအလီၤက်ဒီးပိာ်မုၣ်ဖိ

girth *n* ၁. တၢ်ဝးတရံးတဝီအတၢ်ထိၣ် ၂. ပျံၤလၢအထုးဃံးကသ့ၣ်ဂီၤကၢ်, (ကသ့ၣ်) ဂီၤကၢ်အပျံၤ

gist *n* တၢ်အဂ့ၢ်အမိၢ်ပှၢ်, တၢ်ဂ့ၢ်ခိၣ်သ့ၣ်, တၢ်ဂ့ၢ်လၢအရှ့ဒိၣ်ကတၢၢ်

git *n* ပိာ်ခွါလၢအတကျိုးတကျး, ပိာ်ခွါလၢအတဂိာ်တသိၣ်, ပှၤလၢအမၤတံာ်တာ်ပှၤသး

give *n* တၢ်လၢအက့ၣ်လီၤ မ့တမ့ၢ် တၢ်လၢအဆီတလဲအက့ၢ်အဂီၤဖဲတၢ်ဆီၣ်သန်းအီၤအခါ, တၢ်ယူာ်ထီၣ်ယူာ်လီၤအီၤသ့, တၢ်ဘိးထီၣ်ဘိးလီၤအီၤသ့

give *v* ၁. ဟ့ၣ်, ဟ့ၣ်လီၤ, နီၤဟ့ၣ်လီၤ, အးလီၤ, ဟ့ၣ်လီၤအးလီၤ ၂. က့ၣ်လီၤ ၃. ပတ့ၤထီၣ်သ့, ယူာ်ထီၣ်ယူာ်လီၤအသးသ့
၄. ဘၣ်, ဒုးဘၣ်, ဒုးတူၢ်ဘၣ် (အဒိ, You've giving me a headache)

give and take *idm:* (ကနၣ်လိာ်သး) ယၢ်ခီယၢ်ခီ, (ကဲဘျုး) ယၢ်ခီယၢ်ခီ

give away *vp:* ၁. ဟ့ၣ်လီၤကွံာ် ၂. တဲဖျါထီၣ်ပှၤတဂၤအတၢ်ရူသူၣ်

give birth *idm:* အိၣ်ဖျဲၣ်ထီၣ်, ဆံးစၢ် (အဖိ), ဖံလီၤ (ဆၣ်ဖိကိၢ်ဖိ)

give chase *idm:* လူၤ, ယိၢ်, လူၤထွဲတၢ်အခံ

give ground *idm:* ဟ့ၣ်အလိၢ်, သုးကဒါ, က့ၤအလိၢ်

give in *vp:* ဟ့ၣ်လီၤအသး, ဆီၣ်လီၤအသး, တူၢ်ဃၣ်အသး

give out *vp:* ၁. ဟ့ၣ်လီၤကွံာ် ၂. တမၤတၢ်ဂ့ၤဂ့ၤ ၃. လိၢ်လံၤကွံာ်, လာ်ကွံာ်

give over *vp:* ဆိကတိၢ်ကွံာ်, ဟ်တ့ၢ်ကွံာ်

give rise to *idm:* ဒုးကဲထီၣ်, တၢ်ကဲထီၣ်သး

give up *vp:* ၁. ဟ့ၣ်အဃၣ်, တူၢ်ဃၣ်ကွံာ် ၂. ဆိကတိၢ်, သးဟးဂီၤ, တမုၢ်လၢ်လၢၤဘၣ် ၃. ဟ့ၣ်လီၤသးမၤတၢ်

give way *vp:* ၁. ဟ့ၣ်အလိၢ် ၂. ဂုၤက့ၤအခံ, ဂုၤက့ၤအသး

giveaway *n* ၁. တၢ်တဲဖျါထီၣ်တၢ်လၢတၢ်တပလိၢ်ပဒိသးအပူၤ ၂. တၢ်ဟ့ၣ်ကလီလီၤတၢ်

given *a* ၁. လၢတၢ်ဟ့ၣ်ကလီလီၤအီၤ ၂. လၢအကဲထီၣ်အလှၢ်အလၢ် ၃. လၢတၢ်ဟ်ပနီၣ်ဃာ်အီၤဝံၤလံ, လၢတၢ်ရဲၣ်လီၤကျဲၤလီၤဟ်အီၤဝံၤလံ

given *n* တၢ်လၢအဘၣ်တၢ်သ့ၣ်ညါတ့ၢ်အီၤ, တၢ်လၢအဘၣ်တၢ်တူၢ်လိာ်တ့ၢ်အီၤ

given *prep* မ့ၢ်ဆိကမိၣ်ထံထံဆးဆးန့ၣ်

given name *n* မံၤခိၣ်ထံး (also first name)

giver *n* ပှၤဟ့ၣ်တၢ်, ပှၤဟ့ၣ်မၤစၢၤတၢ်

gizzard *n* ထိၣ်အကထိ, ဆီအကထိ

glacial *a* ၁. လၢအဘၣ်ထွဲဒီးထံလီၤသကၤကျိၤ, လၢအအိၣ်ဒီးထံလီၤသကၤယွၤကျိၤ ၂. လၢအခုၣ်ကဘးတလၢ

glacier *n* ထံသကၤကျိၤ, ထံလီၤသကၤကျိ, ထံသကၤကိၢ်လိၣ်ဖးဒိၣ်

glad *a* သးခု

gladden *v* ဒုးသူၣ်ခုသးခုပှၤ, မၤသူၣ်မှာ်သးမှာ်ပှၤ

glade *n* တၢ်လိၢ်လီၤပျီတတီၤလၢပှၢ်ပူၤ

gladiator *n* ပှၤလၢတၢ်သိၣ်လိအီၤလၢအကကျီလိာ်သးဒီးဆၣ်ဖိကိၢ်ဖိဒီးပှၤကညီတဖၣ်လၢတၢ်ကကွၢ်ကီမၤသူၣ်ဖံသးညီသးအဂီၢ်

gladly *adv* လၢတၢ်သူၣ်ခုသးခုအပူၤ, လၢတၢ်သူၣ်ဖံသးညီအပူၤ

gladness *n* တၢ်သူၣ်ခုသးခု, တၢ်သူၣ်ဖံသးညီ

glamorous *a* ၁. လၢအလီၤထုးန့ၢ်သူၣ်ထုးန့ၢ်သး ၂. လၢအဃံအလၤဒီးရဲၢ်န့ၢ်တၢ်, လၢအထုးန့ၢ်လွဲန့ၢ်တၢ်သ့

glamour, glamor *n* ၁. တၢ်လၢအလီၤထုးန့ၢ်ပှၤသး ၂. တၢ်ဃံတၢ်လၤလၢအရဲၢ်န့ၢ်တၢ်

glance *n* တၢ်ကွၢ်တၢ်တဘျး

G

glance *v* ကွၢ်ကျ့တၢ်, ကွၢ်ကျ့တၢ်တဘျး, ကွၢ်တဘျး

glancing *a* တၢ်ကွၢ်ကျ့တၢ်, တၢ်ကွၢ်ကျ့တၢ်တဘျး, တၢ်ကွၢ်တဘျး

gland *n* တၢ်အချံ (လၢပမိၢ်ပှၢ်)

glandular *a* လၢအဘၣ်ဃးဒီးပှၤကညီအနီၢ်ခိမိၢ်ပှၢ်အချံ

glare *n* ၁. တၢ်ကွၢ်ဟ့ကွၢ်ကျိၣ်တၢ် ၂. တၢ်ကပီၤကပြုၢ်ကပြီၤ ၃. တၢ်မၤန့ၢ်ကမျၢ်အတၢ်ဟ်သူၣ်ဟ်သး

glare *v* ၁. ဆူၣ်ဘၣ်ပမဲာ် ၂. ကွၢ်ကျိၣ်, ကွၢ်ဟ့

glaring *a* ၁. လၢတၢ်ထံၣ်အီၤတြၢၢ်ကလာ် ၂. ကပြုၢ်, လၢအဆူၣ်ဘၣ်ပမဲာ် ၃. လၢအကွၢ်ဟ့ကွၢ်ကျိၣ်တၢ်

glass *n* ၁. မဲာ်ထံကလၤ, မဲာ်ဒီး ၂. လီခီဆုံ, ယွၤခၣ်စိး ၃. မဲာ်ကလၤ

glasses *n* မဲာ်ထံကလၤ, မဲာ်ဒီး

glassful *a* လၢအတြိၢ်ထံတခွး, ထံတခွးပှဲၤပှဲၤ

glasshouse *n* ဟံၣ်လၢပှၤဘိၣ်လၢမဲာ်ထံကလၤ (လၢကသူၣ်တၢ်အဂီၢ်)

glassware *n* လီခီဆုံအပီးအလီ, ယွၤခၣ်စိးအပီးအလီ, မဲာ်ကလၤအပီးအလီ

glasswork *n* ၁. ယွၤခၣ်စိးအတၢ်ဖံးတၢ်မၤ, လီခီဆုံအတၢ်ဖံးတၢ်မၤ
၂. (glassworks) ယွၤခၣ်စိး မ့တမ့ၢ် လီခီဆုံအတၢ်မၤလီၢ်

glassy *a* ၁. လၢအလီၤက်ဒီးလီခီဆုံ မ့တမ့ၢ် ယွၤခၣ်စိး, ဆုံကပီၤ, ဆုံဘျ့ကတြှၣ် ၂. (glassy eyes/stare) လၢအမဲာ်ချံကွၢ်ထုတရုၤတၢ်, လၢအကွၢ်တၢ်လၢအသးတပၣ်ဃုာ်

glaze *n* တၢ်ထံထူးကပီၤထိၣ်တၢ်

glaze *v* ၁. ထွါကပီၤထူးကပီၤထိၣ်တၢ်, ဖှူကပီၤထိၣ်တၢ် ၂. ထီထိၣ်မဲာ်ကလၤဆုံ

glazier *n* ပှၤထီထိၣ်ပဲတြီယွၤခၣ်စိး, ပှၤထီထိၣ်ယွၤခၣ်စိး မ့တမ့ၢ် မဲာ်ကလၤလၢပဲတြီဒီးပဲတြီဖိအတကွီၣ်

gleam *n* ၁. တၢ်ကပီၤကနၠကယီၢ်, တၢ်ကပီၤသံယီၢ်ယၢ် ၂. တၢ်တူၢ်ဘၣ်လၢအဟဲအိၣ်ဖျါထိၣ်တစိၢ်ဖိလၢမဲာ်ချံအပူၤသတူၢ်ကလာ်, မဲာ်ချံကပီၤထိၣ်

gleam *v* ကပီၤလ့ၢ်လ့ၢ်, ဆဲးကပီၤ

glean *v* ၁. ထၢဖှိၣ်တ်ဖှိၣ် ၂. ထၢဖှိၣ်ဘုစဲၤလၢအအိၣ်လီၤတဲာ်တ့ၢ်

glee *n* တၢ်သူၣ်ခုသးခု, တၢ်သူၣ်မှာ်သးမှာ်, တၢ်နံၤတၢ်အ့တၢ်သူၣ်ခုသးခု

glee club *n* ပှၤသးဝံၣ်သကိးတၢ်တဖု

gleeful *a* လၢအသူၣ်ခုသးခု, လၢအသူၣ်မှာ်သးမှာ်, လၢအပှဲၤဒီးတၢ်သူၣ်ခုသးခု

gleefully *adv* လၢတၢ်နံၤတၢ်အ့တၢ်သူၣ်ခုသးခုအပူၤ

glen *n* တၢ်တြီၤဖိ, တၢ်တြီ

glib *a* လၢအကတိၤတၢ်ဘျ့, လၢအကတိၤတၢ်ဖှံသလိး, လၢအဘိးစၢ်အပျူၤ

glide *v* ၁. လဲၤဒၣ်အတၢ်ဘျ့ဘျ့ဆိုဆို, ဘျိၣ် ၂. (ထိၣ်) ဒီးကလံၤ

glider *n* ကဘီယူၤဘျိၣ်

glimmer *n* ၁. တၢ်ကပီၤပံာ်လ့ပံာ်လ့, တၢ်ကပီၤကနၠကယီၢ် ၂. တၢ်ပနိၣ်လၢအဖျါကနၠကယီၢ်

glimmer *v* ကပီၤပံာ်လ့ပံာ်လ့

glimmering *a* ပံာ်လ့ပံာ်လ့

glimpse *n* ၁. တၢ်ကွၢ်တဖျိး, တၢ်ထံၣ်တဖျိးတၢ်, တၢ်ကလၢၢ်တဖျိးဘၣ်တၢ် ၂. တၢ်လဲၤခီဖျိကလၢၢ်တဖျိးဘၣ်တၢ်, တၢ်ခီတဖျိးဘၣ်တၢ်

glimpse *v* ကွၢ်တဖျိး, ထံၣ်တဖျိး

glint *n* ၁. တၢ်ကပီၤမျာ်မျာ်, တၢ်ကပီၤကပြွၢ်ကပြွၢ်, တၢ်ကပီၤဆဲးကပြုၢ်ကပြီၤ, တၢ်ကပီၤပံာ်လ့ပံာ်လ့ ၂. တၢ်တူၢ်ဘၣ် မ့တမ့ၢ် တၢ်ဟ်ဖျါလၢအဟဲအိၣ်ဖျါထိၣ်လၢမဲာ်ချံအပူၤသတူၢ်ကလာ်, မဲာ်ချံကပီၤထိၣ်

glint *v* ၁. ဆဲးကပြွၢ်, ကပီၤလ့ၢ်လ့ၢ် ၂. မဲာ်ချံကပီၤထိၣ်

glisten *v* ဆဲးကတြှၣ်, ဆဲးကပီၤ

glitch *n* ၁. တၢ်ကမၣ်တဆံးတကဲ့ၢ် ၂. တၢ်သးဟးဂီၤတဆံးတကဲ့ၢ်

glitter *n* ၁. တၢ်ကပီၤမျာ်မျာ်, တၢ်ကပီၤကပြွၢ်ကပြွၢ်, တၢ်ကပီၤဆဲးကပြုၢ်ကပြီၤ, တၢ်ကပီၤပံာ်လ့ပံာ်လ့ ၂. တၢ်တူၢ်ဘၣ် မ့တမ့ၢ် တၢ်ဟ်ဖျါလၢအဟဲအိၣ်ဖျါထိၣ်လၢမဲာ်ချံအပူၤသတူၢ်ကလာ်, မဲာ်ချံကပီၤထိၣ်

glitter *v* ၁. ကပီၤမျာ်မျာ်, ကပီၤဆဲးကပြုၢ်ထိၣ်, ကပီၤကပြုၢ်, ကပီၤပံာ်လ့ပံာ်လ့, ကပီၤကပြွၢ် ၂. မဲာ်ချံကပီၤထိၣ်

gloaming *n* တၢ်ကပီၤသံယီၢ်ယာ်, မုၢ်လီၤနုာ်အဆၢကတီၢ်, မုၢ်လီၤကညီၢ်, မုၢ်လီၤယဲၤဘီ

gloat *v* ကျၢၤသူၣ်ကျၢၤသးသူၣ်မှာ်သးမှာ်, သးခုစူသူၣ်

glob *n* ၁. တၢ်လီၤစီၤဆံးဆံးဖိ, တၢ်အထံဖျာၣ်သလၢၣ် ၂. တၢ်ထံပံာ်ပံာ်အလီၤစီၤ (အဒိ, *globs of paint*)

global *a* ဟီၣ်ခိၣ်ဒီဘ့ၣ်, ဘၣ်ဃးဒီးဟီၣ်ခိၣ်ဒီဘ့ၣ်ညါ, ဘၣ်ဃးဒီးနူလၢာ်ခိၣ်

global village *n* ဟီၣ်ခိၣ်အသဝီတဝၢ

global warming *n* ဟီၣ်ခိၣ်ဖျာၣ်ကိၢ်လုးထီၣ်, ဟီၣ်ခိၣ်ကိၢ်သွးထီၣ်

globalization, globalisation *n* တၢ်ထူသိၣ်ဟီၣ်ခိၣ်, တၢ်ဘျးစဲဃါယှာ်ဟီၣ်ခိၣ်တဝၢ

globalize, globalise *v* နးဘၣ်ထွဲဒီးဟီၣ်ခိၣ်ဒီဘ့ၣ်

globe *n* ၁. ဟီၣ်ခိၣ်ဂီၤဖျာၣ် ၂. ဟီၣ်ခိၣ်ဖျာၣ်

globetrot *v* လဲၤလၢထဲကိၢ်တဘျုးဘ့ၣ်လၢဟီၣ်ခိၣ်ဒီဘ့ၣ်ညါ

globetrotter *n* ပှၤဟးဆှၣ်ထံဆှၣ်ကိၢ်, ပှၤဟးဝ့ၤဝီၤဖိ

globetrotting *a* တၢ်ဟးဆှၣ်ထံဆှၣ်ကိၢ်, တၢ်ဟးဝ့ၤဝီၤ

globular *a* လၢအဖျာၣ်သလၢၣ်, ဖျာၣ်သလၢၣ်, ကရံၣ်ဒံၣ်

globule *n* တၢ်ဖျာၣ်သလၢၣ်ဖိ, တၢ်ကရံၣ်ဒံၣ်ကဖျာၣ်လၢၣ်ဖိ

gloom *n* ၁. တၢ်ခံးသူခံးယီၢ်, တၢ်ခံးသူခံးလါ, တၢ်အၢၣ်အုးအၢၣ်အုး ၂. တၢ်မုၢ်လၢ်လၢာ်ကွံာ်, တၢ်သူၣ်ဟးဂီၤသးဟးဂီၤအကတိၢ်

gloomily *adv* ၁. လၢတၢ်ခံးသူခံးယီၢ်အပူၤ, လၢတၢ်အၢၣ်အုးသကျူာ်အပူၤ ၂. လၢတၢ်မုၢ်လၢ်လၢာ်ကွံာ်အပူၤ, လၢတၢ်သူၣ်ဟးဂီၤသးဟးဂီၤအပူၤ

gloomy *a* ၁. လၢအဖျါလီၤသးအုး, လၢအဖျါသူၣ်တဖုံသးတညီ, လၢအဖျါလီၤသအုးသပိၢ်ၤတၢ်မုၢ်လၢ်တအိၣ်လၢၤ ၂. လၢအခံးလီၤ, လၢအကနကယီၢ်, လၢအဘူးတ့ၢ်မးလၢတၢ်ကခံးသူ

glorification *n* တၢ်စံးထီၣ်ပတြၢၤ, တၢ်မၤလၤမၤကပီၤ

glorify *v* စံးထီၣ်ပတြၢၤ, မၤလၤမၤကပီၤ

glorious *a* ၁. လၢအအိၣ်ဒီးအသူးအသ့ၣ်အလၤကပီၤ ၂. လၢအဃံလၤဒီးမှာ်သူၣ်မှာ်သး

glory *n* တၢ်လၤတၢ်ကပီၤ

gloss *n* ၁. တၢ်ဘျ့ကဆှၣ်, တၢ်မၤကပီၤမၤဘျ့ကဆှၣ်ထီၣ်တၢ် ၂. ကသံၣ်ထံဖှူဘျ့ဖှူကပီၤတၢ် ၃. တၢ်တဲနၢ်ပၢၢ်တၢ်ကတိၤလၢအကီ, တၢ်မၤဘျ့မၤညီထီၣ် (တၢ်ကတိၤ) အခီပညီ

gloss *v* ၁. မၤကပီၤထီၣ်, မၤဘျ့ကဆှၣ်ထီၣ် ၂. မၤလီၤဘံၣ်လီၤဘၢ (တၢ်ဂ့ၢ်)

glossary *n* တၢ်ထုးထီၣ်ဝီၢ်ဩ, ဝီၢ်ဩတဖၣ်, တၢ်လၢအဟ်ဖျါထီၣ်တၢ်ကတိၤတဘီဒီးတဘီအခီပညီ

glossy *a* လၢအဘျ့ကဆှၣ်, ဖျါဘျ့ကဆှၣ်

glove *n* စုဖျိၣ်

glove compartment *n* သိလှ့ၣ်မဲာ်ညါတၢ်ကစဲးကစီးအစီၤကျိး

glow *n* တၢ်ကပီၤအဖှု

glow *v* ၁. ကဲၤကပီၤ ၂. ထိၣ်ဂီၤ အဒိ, မဲာ်သၣ်ထိၣ်ဂီၤ, ဘ့ၣ်ထိၣ်ဂီၤကုထိၣ်ဂီၤ

glower *v* ကွၢ်ဟ့ကွၢ်ကိၢ်တၢ်လၢတၢ်သးထီၣ်အပူၤ

glowing *a* ၁. လၢအဟ်ဖျါထီၣ်အတၢ်သူၣ်မံသးမှာ်, လၢအဟ်ဖျါထီၣ်တၢ်စံးထီၣ်ပတြၢၤ ၂. လၢအလွဲၢ်ကပီၤဆူၣ်, လၢအလွဲၢ်ကပြုၢ်ကပြီၤ ၃. လၢအဂ့ၤ ၄. လၢအသူၣ်ဟူးသးဂဲၤ

glow-worm *n* နါပံၣ်လ့, ဒးဘီဃိၣ်

glucose *n* ကလူခိး(စ)

glue *n* တၢ်စဲ

glue *v* ဒုးစဲဘူးလၢကိၣ်, မၤစဲဘူးလၢကိၣ်

glum *a* လၢအသးအုးတကျူာ်, လၢအသးတဖုံ

glut *n* တၢ်အိၣ်အါတလၢ, တၢ်အိၣ်အါန့ၢ်တၢ်လိၣ်ဘၣ်

glut *v* အီၣ်လုာ်ကိလုာ်ကဟ်, တလၢကွံာ်အခၢး, ဟ့ၣ်တၢ်အါတလၢကွံာ်အခၢး

glutinous *a* လၢအစဲဘူးစဲထီ, လၢအဘူးတာ်တာ်

glutton *n* ပှၤအီၣ်လုာ်ကိတၢ်, ပှၤအီၣ်ဆၢ်ဆူၣ်

gluttony *n* တၢ်အီတၢ်အီၣ်လုာ်ကိလုာ်ကဟ်တၢ်

G-man *n* ၁. ကီၢ်အမဲရကၤအတၢ်မဲာ်ချံ, ဖဲၣ်ဒရၢၣ်အပှၤဃိထံသ့ၣ်ညါတၢ်ဖိ ၂. ထံရှၢ်ကီၢ်သဲးအပှၢ်ဆှါ, ထံရှၢ်ကီၢ်သဲးအပှၤဃိထံသ့ၣ်ညါတၢ်

gnarl *n* တၢ်အကမိာ်ကမဲာ်, တၢ်ဘ့ၣ်သွံးခီသွံး, က့ၣ်ကူ

gnarl *v* ၁. ကညီၤတၢ် ၂. ဝံာ်ပကံ, ဘံပကံး

gnarled *a* ၁. လၢအပှဲၤဒီးအကမိာ်အကမဲာ်, လၢအက့ၣ်ဒီးဝံာ်ပကံအသး, လၢအက့ၣ်အကူဒီးတဘျ့ဘၣ် ၂. (ပှၤကညီ) လၢအဖံးဘ့ၣ်သွံး, လၢအတဘျ့တဆို

gnarly *a* ၁. လၢအိၣ်ဒီးအကမဲာ်ကမိာ်, လၢအက့ၣ်အကူဒီးတဘျ့ဘၣ်, လၢအက့ၣ်ဒီးဝံာ်ပကံအသး ၂. (တၢ်ကတိၤမှၢ်ဆ့ၣ်မှၢ်ဂီၤ) လၢအဂ့ၤဒိၣ်မး

gnash *v* အ့ၣ်တဃံးအမဲ

gnat *n* ဃးသူ

gnaw *v* အ့ၣ်ဃ့တၢ်

gnome *n* ၁. တၢ်မှၢ်ဃၢ်ဖိလၢအဖျိၣ်ခိၣ်သလုးစူ, တၢ်ဃဲၤပူအပူၤတၢ်တဃၣ်ဖိလၢအခိးတၢ်ထူးတၢ်တီၤလၢဟီၣ်ခိၣ်လာ် ၂. ခိၣ်သလုးစူဖိအဂီၤစိးပျၤ

gnosis *n* နီၢ်စ့ၣ် – တၢ်သ့ၣ်ညါနၢ်ပၢၢ်ဘၣ်ဃးဒီးနီၢ်သးဂ့ၢ်ဝီအတၢ်ရူသူၣ်အဂ့ၢ်တဖၣ်

gnostic *a* လၢအဘၣ်ဃးဒီးတၢ်သ့ၣ်ညါနၢ်ပၢၢ်ဘၣ်ဃးနီၢ်သးဂ့ၢ်ဝီတၢ်ရူသူၣ်အဂ့ၢ်တဖၣ်

go *n* ၁. တၢ်ဂုာ်ကျဲးစၢး ၂. တဘျီဂီၢ် ၃. တၢ်ဘၣ်အတီၤ, တၢ်ဆၢကတီၢ်တကတီၢ် ၄. တၢ်အိၣ်ဒီးအင်္ဂၢ်သဟီၣ်

go *v* ၁. လဲၤ, လဲၤတုၤ, တုၤ, တုၤဃီၤ ၂. စးထီၣ်အသး, ကဲထီၣ် ၃. လဲၤအသး, မၤအသး ၄. သံ, လွဲၤလံ, ကတၢၢ်ကွံာ် ၅. ဟးထီၣ်ကွံာ်, ဟးထီၣ် ၆. ဆီတလဲ, လဲလိာ် (အဒိ, *Her hairs goes gray*) ၇. တြီၢ် (အဒိ, *I don't think all that will go the suitcase*) ၈. ဟ်လၢအလီၢ် ၉. (ခိၣ်ဆါ) လီၤမၢ်, ဟါမၢ်, ဘျါ

go about *vp:* ၁. စးထီၣ်မၤ ၂. မၤဝ့ၤမၤဝီၤ, လဲၤဝ့ၤလဲၤဝီၤ ၃. လဲၤတရံး

go against *vp:* ထီဒါ

go along with *vp:* ၁. သးလီၤပလိာ်တဖျၢၣ်ဃီ ၂. လဲၤသကိးမၤသကိး

go at *vp:* ၁. မၤဒၢၣ်လိာ်သး ၂. ဂဲၤလိာ်မၤတၢ်လၢာ်သူၣ်လၢာ်သး

go back *vp:* က့ၤ, က့ၤကဒါက့ၤ

go back on *vp:* အကလုၢ်တီ, တမၤလၢပှဲၤအတၢ်အၢၣ်လီၤ

go by *vp:* ၁. လဲၤခီက်ကွံာ်, တလၢကွံာ် ၂. လဲၤဒ်ကျဲသန့အသိး ၃. ဆၢတဲာ်လီၤတၢ်ဆၢတဲာ်တၢ်

go for *vp:* ၁. မၤဒၢၣ်ပှၤ, တဲဆၢပှၤ ၂. ဂဲၤလိာ်မၤနုၢ်တၢ်

go off *vp:* ၁. ပိၢ်ဖးထီၣ် ၂. မၤသီၣ်တၢ်ဖးဒိၣ် ၃. ဟးဂီၤကွံာ်, ဆိကတီၢ်အသး

go out *vp:* ၁. ဟးထီၣ်ဆူတၢ်ချၢ ၂. တွဲလိာ်အသး, တွဲၢ်ထီၣ်လိာ်သး ၃. လီၤပံာ်ကွံာ် ၄. ရၤလီၤအသး အဒိ, တၢ်ကစီၣ်ရၤလီၤအသး ၅. လီၢ်လံၤ, စိၤကတၢၢ်လံ

go over *vp:* ၁. လဲၤဘူးဒီးပှၤကပၤ ၂. သမံသမိးကွၢ်, စဲးကွၢ်, ဃုကွၢ်တၢ်လီၤတံၢ်လီၤဆဲး

go round *vp:* ၁. လၢပှဲၤလၢပှၤကိးဂၤဒဲးအဂီၢ် ၂. (တၢ်ဆါ) လဲၤတရံးအသး, လဲၤတရံး

go through *vp:* ၁. တူၢ်ဘၣ်, လဲၤခီဖျိဘၣ်တၢ်လၢအနး ၂. (သူ) လၢာ်စိဖ့ကလ့ ၃. ဘၣ်တၢ်တူၢ်လိာ်အီၤ ၄. ဖျိထီၣ် – မၤထူၣ်ဖျိထီၣ် ၅. မၤလိကွၢ်တၢ်, ဃုကွၢ်တၢ်လီၤတံၢ်လီၤဆဲး ၆. ဖးလံာ်အခိၣ်ထံးတုၤအကတၢၢ်

goad *n* ၁. ဆၣ်ဖိကီၢ်ဖိအနိၣ်တီၢ်ခိၣ်စူ, ထးဖျးလၢကဆိအဂီၢ်, ကွဲၣ်စိး ၂. တၢ်မၤအ့နုပှၤသးဒီးမၢပှၤမၤတၢ်, တၢ်မၢနုၢ်ဆိၣ်ခံ

goad *v* မၤအ့နုပှၤဒီးမၢနုၢ်ဆိၣ်ခံပှၤ

go-ahead *a* လၢအစူးကါတၢ်ဆိကမိၣ်တၢ်ထံၣ်ဒီးကျဲသန့အသိ

go-ahead *n* တၢ်ဟ့ၣ်အခွဲးလၢကမၤတၢ်

goal *n* ၁. တၢၣ်ဖျိ ၂. တၢ်မှၢ်လၢ်ကွၢ်စိ, တၢ်ပညိၣ်ဖိတၢၣ်

goalie *n* ပှၤခိးတၢၣ်ဖျိ

goalkeeper *n* ပှၤခိးတၢၣ်ဖျိ

goalless *a* လၢ (ပှၤလိာ်ကွဲတၢ်ခံဖုလိာ်) သွီနာ်ဖျၢၣ်ထူဆူတၢၣ်ဖျိပူၤတနုၢ်

goaltender *n* ပှၤခိးတၢၣ်ဖျိ

goat *n* မဲာ်တဲးလဲး

goatee *n* ခၣ်ဆူၣ်လီၤစဲၤ, ခၣ်ဆူၣ်လၢအလီၤက်ဒီးမဲာ်တဲးလဲးခၣ်ဆူၣ်

gob *n* ၁. အဲကလံးကိး "ကိာ်ပူၤ" လၢတၢ်ကတိၤတဆဲးတလၢ ၂. တၢ်အထံပံာ်ပံာ်လၢအဘျိဉ်ဘျ့ဒီးဘုးတၢ်

gobble *v* အီဉ်ယှၢ်, အီဉ်နူကျူၤ, ယှၢ်တကျူၤ

gobbler *n* ဆီကဆီဖါ

go-between *n* ပှၤတၢ်ဘၢဉ်စၢၤဖိ, ပှၤခၢဉ်သးဖိ

goblet *n* ထံခွးစိးလၢအစုဖိဉ်တအိဉ်, ထံခွးကဘုးလၢအစုဖိဉ်တအိဉ်

goblin *n* တၢ်တဃဉ်ဖိလၢအဆဲရဲ, တၢ်မုၢ်ဃၢ်လာ်အၢဖိလၢအမၤအ့နူမၤတံာ်တာ်တၢ်

gobsmacked *a* လၢအဖုးဘဉ်အသးဒိဉ်ဒိဉ်ကလဲာ်, လၢအဖုးတကျူာ်ထုး, လၢအဖုးဘဉ်အသးတုၤတဲတၢ်တထိဉ်ဖျဲး

God *n* ၁. ကစၢ်ယွၤ ၂. သံးခိဉ်မုၢ်ဃါ ၃. ပှၤလၢဘဉ်တၢ်ယူးယီဉ်ဟ်ကဲအီၤဒိဉ်မး, ပှၤလၢအလီၤဟ်ကဲ

godchild *n* ယွၤအဖိအလံၤ

goddam *a* အဲကလံးအတၢ်သးအ့နူတၢ်ဆိဉ်တကလှာ်

goddess *n* ၁. ယွၤအမုဉ်ဃါမုဉ် ၂. ပိာ်မုဉ်လၢအဘဉ်တၢ်အဲဉ်အီၤဒီးဘဉ်သူဉ်ဘဉ်သးအီၤလၢပှၤဂၤ

godfather *n* ၁. ပှၤလၢအအုဉ်သးဒီးကဲန့ၢ်အပၢ်ဖဲတၢ်ဖုံနူၢ်အီၤလၢထံအခါ ၂. ပှၤအၢပှၤသီအခိဉ်လၢအလုၢ်ဘၢစိကမီၤတၢ်

God-fearing *a* လၢအအိဉ်မူအိဉ်တီအိဉ်လိၤအသးဒ်တၢ်ဘူဉ်တၢ်ဘါအတၢ်သိဉ်တၢ်သီတဖဉ်

godforsaken *a* လၢအတလီၤသးစဲ, တလီၤထုးန့ၢ်သူဉ်ထုးန့ၢ်သး, တမှာ်တလၤ

godless *a* လၢအတနာ်ကစၢ်ယွၤ, လၢအသးကျူၤ

godlike *a* လၢအလီၤက်ဒီးယွၤ, လၢအဂ့ၤတုၤအလီၤက်ဒီးယွၤ

godly *a* လၢအအိဉ်မူတီတီလိၤလိၤဒ်တၢ်ဘူဉ်တၢ်ဘါအတၢ်သိဉ်တၢ်သီ

godmother *n* ပှၤလၢအအုဉ်သးဒီးကဲန့ၢ်အမိၢ်ဖဲတၢ်ဖုံနူၢ်အီၤထံအခါ

godown *n* ပနံာ်ဒၢး

godparent *n* မိၢ်ပၢ်လၢအအၢဉ်လီၤအသးလၢယွၤဒီးပှၤကညီမဲာ်ညါလၢကကွၢ်လုၢ်ဒိဉ်ထိဉ်ဖိသဉ်လၢယွၤကလုၢ်ကထါတကပၤ

godsend *n* ပဒိးန့ၢ်ဖုးတၢ်လၢပဆၢမၤန့ၢ်အဃိလီၤက်လၢကစၢ်ယွၤဟ့ဉ်လီၤပှၤ, တၢ်လၢအလီၤက်ဒ်ကစၢ်ယွၤအတၢ်ဆိဉ်ဂ့ၤလီၤဆီ

go-getter *n* ပှၤလၢအဂုာ်ကျဲးစၢးမၤတၢ်လၢအနီၢ်ကစၢ်အတၢ်ဒိဉ်ထိဉ်လဲၤထိဉ်, ပှၤလၢအဘူဉ်တၢ်လၢအတၢ်ဒိဉ်ထိဉ်လဲၤထီအဂီၢ်

goggle *v* ကွၢ်တကျိဉ်တကျ့တၢ်

goggles *n* မဲာ်ထံကလၤလၢတၢ်ဒိးအီၤဒ်သိးကဒီသဒၢမဲာ်ချံအဂီၢ်

goglet *n* ထံသပၢၤစ့ၤကိာ်, သပၢၤထံစ့ၤကိာ်

going *n* ၁. တၢ်ဟးထီဉ်လၢတၢ်လီၢ်တတီၤ ၂. တၢ်အချ့လၢတၢ်တမံၤမၤအသး

goitre, goiter *n* တၢ်ကိာ်ဒိဉ် (တၢ်ဆါ)

gold *n* ၁. ထူ ၂. ထူအလွှၢ်

gold dust *n* ထူကမူဉ်

gold leaf *n* ထူကဘျံး

gold medal *n* တၢ်မၤလၤကပီၤပနီဉ်ထူကဘျဉ်

gold mine *n* ၁. ထူပူၤ, ထူအိဉ်တၢ်အလီၢ် ၂. တၢ်မၤလၢပှၤမၤန့ၢ်တၢ်ထူးတၢ်တီၤအါအါဂိၢ်ဂိၢ်

gold rush *n* တၢ်လူၤဃုထူ, တၢ်ဃ့ၢ်ဃုထူ

gold-digger *n* ပှၤပိာ်မုဉ်လၢအကွဲန့ၢ်လွဲန့ၢ်ပိာ်ခွါ

golden *a* လၢအဘဉ်ဃးဒီးထူ, လၢအဟ်ယှာ်ဒီးထူ, လၢအလီၤက်ဒီးထူ

golden age *n* တၢ်အိဉ်ကုးအီပှဲၤအဆၢကတီၢ်, တၢ်လၤကပီၤဒိဉ်အကတီၢ်

golden goal *n* တၢ်ထူနှာ်ဖျာဉ်ထူအဆိကတၢၢ်တဖျာဉ်ဖဲတၢ်ဟ့ဉ်အါထီဉ်တၢ်ဆၢကတီၢ်ဝံၤအလီၢ်ခံ

golden handshake *n* စ့ဟ့ဉ်လၤကပီၤပှၤခိဉ်ပှၤနၢ်လၢအအိဉ်ဘှံးလၢတၢ်မၤပူၤ, စ့ကနၢၤ (လၢပှၤဟ့ဉ်ပှၤမၤတၢ်ဖိလၢအအိဉ်ဘှံးကွံာ်လၢတၢ်မၤပူၤ)

golden jubilee *n* အနံဉ် ၅၀ ယူဘလံဉ်ထူ

golden rule *n* တၢ်သိဉ်ထူ, တၢ်သိဉ်တၢ်သီလၢအလုၢ်ဒိဉ်ပွၤဒိဉ်

goldfield *n* ထူအိဉ်တၢ်အလီၢ်, ထူဟးထိဉ်အဟီဉ်ကဝီၤ, တၢ်လီၢ်လၢထူဟးထိဉ်

goldfinch *n* ထိဉ်ဘီသလိးအကလှာ်

goldfish *n* ညဉ်ထူ

G

gold-plated *a* လၢတၢ်လူဘၢအီၤဒီးထူထံ, လၢတၢ်စုၣ်အီၤဒီးထူထံ, လၢတၢ်မၤဘၢအီၤဒီးထူထံ

goldsmith *n* ပှၤပိာ်ထူဖိ

golf *n* ဖျာၣ်ဒိ

golf club *n* ဖျာၣ်ဒိအချၢး(ဘ)

golf course *n* ဖျာၣ်ဒိပျီ

golf links *n* ဖျာၣ်ဒိပျီလၢဘူးဒီးပီၣ်လဲၣ်နံၤ

golfer *n* ပှၤဂဲၤလိာ်ကွဲဖျာၣ်ဒိ

gondola *n* ချံဝါလၢအခံဒံးပၢၤ, ချံဖးထီအခံဒံးပၢၤ, အထိးနါထီလၢတၢ်ဝါထီၣ်ဝါလီၤအီၤလၢဝ့ၢ်ဘဲနံၣ်အထံကျိပူၤ

goner *n* ၁. ပှၤလၢအတၢ်အိၣ်မူဟးဂီၤ ၂. ပှၤလၢအလဲၤလံ, ပှၤဘူးကသံလံ.

gong *n* မိၤ

gonorrhoea, gonorrhea *n* ကနိၣ်တၢ်ဆါ, ဃဲသဲတၢ်ဆါ

good *a* ၁. ဂ့ၤ, ဂ့ၤဖံးဒၣ်တၢ်, သူသ့ဖံးဒၣ်တၢ်, လၢအကဲဘျုးဖံးဒၣ်တၢ် ၂. လၢအိၣ်ဒီးအကံၢ်အစီ, လၢအမၤတၢ်သ့ဂ့ၤဂ့ၤဘၣ်ဘၣ် ၃. လၢအသကဲာ်ပဝးဂ့ၤ ၄. လၢအကြၢးအဘၣ် ၅. လၢအသူၣ်မံသးမှာ်, လၢအသူၣ်ဖုံသးညီ, လၢအလီၤထုးန့ၢ်သူၣ်ထုးန့ၢ်သး
၆. လၢတၢ်နာ်န့ၢ်အီၤသ့ဂ့ၤဂ့ၤ ၇. လီၤတံၢ်လီၤဆဲး ၈. လၢအကဲဘျုးကဲဖှိၣ်, လၢအဘျုးဒိၣ်

good *n* ၁. တၢ်ဂ့ၤတၢ်ဝါ ၂. တၢ်န့ၢ်ဘျုးန့ၢ်ဖှိၣ်

good afternoon *exclam* ဟါလၢအဂ့ၤ

good day *exclam* နံၤလၢအဂ့ၤ

good evening *exclam* ဟါလၢအဂ့ၤ

good faith *n* တၢ်ပာ်လီၤသးလၢကအိၣ်မူလၢအလီၤနာ်ဒီးကဲဘျုး

Good Friday *n* မုၢ်ဖီဖးလၢတချူးခရံာ်ဂဲၤဆၢထၢၣ်ကှၤအမုၢ်နံၤ

good guy *n* ပှၤလၢအဂ့ၤ

goodbye *n* လဲၤမှာ်မှာ်

good-for-nothing *n* ပှၤကၢၣ်ပှၤကျူ, ပှၤကၢၣ်လၢအတၢ်ကူၣ်ဘၣ်ကူၣ်သ့တအိၣ်

good-hearted *a* လၢအသူၣ်ဂ့ၤသးဝါ

good-humoured *a* လၢအသူၣ်မှာ်သးမှာ် သူၣ်ဖုံသးညီ

good-humoured *n* သးလၢအသးဖုံ

good-looking *a* လၢအဒိၣ်တၢ်ဂ့ၤ

good-natured *a* လၢအသူၣ်အိၣ်သးအိၣ်တၢ်, လၢအသးကညီၤတၢ်သ့, လၢအသးဂ့ၤ

goodness *exclam* ကစၢ်ကစၢ်, ကစုၢ်ကျိအဒိ, ကစၢ်ကစၢ်, နဒိၣ်ထိၣ်တဘၢးလံမၢၣ်.

goodness *n* ၁. တၢ်ဂ့ၤတၢ်ဝါ ၂. တၢ်လၢအဂ့ၤ

goodnight *exclam* နၤလၢအဂ့ၤ

goods *n* တၢ်ဖိတၢ်လံၤ, ပန်ာ်

good-tempered *a* လၢအသးဂ့ၤ, လၢအတသးအ့န့ညီကဒၣ်ဘၣ်, လၢအပှဲၤဒီးတၢ်သူၣ်ဖုံသးညီ

goodwill *n* သးလၢအသ့ရှလိာ်တၢ်, သးလၢအဲၣ်ဒီးမၤစၢၤတၢ်, တၢ်သူၣ်အိၣ်သးအိၣ်တၢ်

gooey *a* ၁. ကပုာ်ဒီးဘူးတာ်တၢ်, လၢအစဲဘူးစဲထီ, လၢအပံာ်ဒီးဘူးတာ်တၢ် ၂. လၢအသးစဲဘူးတၢ်ဒိၣ်ဒိၣ်ကလဲာ်, လၢအအဲၣ်တၢ်အါတလၢ

goofy *a* လၢအသးတဆး, တထံတဆး, လၢအီရံၢ်အီရီၣ်, ငီငး

google *v* ဃုထံၣ်သ့ၣ်ညါတၢ်လၢအ့ထၢၣ်နဲး အလီၤ, ကွၢ်ဃုတၢ်လၢအ့ထၢၣ်နဲးအဖိခိၣ်

goon *n* ၁. ပှၤခိၣ်နူာ်တပှဲၤ, ပှၤသးတထံတဆး, ပှၤငီငး ၂. ပှၤအၢဖိ, ပှၤအၢလၢတၢ်ဒီးလဲအီၤလၢကမၤအၢတၢ်

goose *n* ထိၣ်တၤ

goose *v* ၁. ဆဲးတိပှၤခံ, ခွဲးပှၤခံ ၂. ဆိၣ်ထွဲပှၤဂၤအခံ, ဟ့ၣ်သဆၣ်ထိၣ်ပှၤ

goose egg *n* "ဝ", တၢ်တအိၣ်နီတမံၤ

goose pimples *n* ဆူၣ်ကကံၣ်ထိၣ်, ဆူၣ်ကပြုထိၣ်

goose step *n* တၢ်ဟးဒ်သုးဖိအသိး, သုးဖိအတၢ်ဟးတကါတကါဃူ, တၢ်ယီၢ်ဒီးထွဲၣ်စ့ၣ်ထွဲစ့ၣ်, သုးကမံၤတၢ်ဂဲၤလိလၢသုးထွၣ်ထိၣ်အခိၣ်ဖးထီ

goosebumps *n* ဆူၣ်တကံၣ်ထိၣ်, ဆူၣ်ကပြုထိၣ်

gooseflesh *n* ဆူၣ်တကံၣ်ထိၣ်, ဆူၣ်ကပြုထိၣ်

gopher *n* ကလံၤစိးအမဲရကၤဃုၢ်ဟီၣ်ခိၣ်တကလှာ်

gore *n* သွံၣ်လီၤသကၤ, သွံၣ်နး, သွံၣ်ကိၢ်လိၣ်

gore *v* ဘျာၣ်တၢ်လၢအနၢၤ

gorge *n* တၢ်ကြိ, တၢ်ကြိၤအံၣ်လၢကစၢၢ်ကဆူး

gorge *v* အီၣ်တုၤလၢအီၣ်ဘျဲတစု, အီၣ်ယှၢ်(နုတကျူ) တၢ်, အီၣ်တၢ်တုၤဟၢဖၢကၢ, အီၣ်လုာ်ကိတၢ်

gorgeous *a* ဃံလၤကယဲၢ်ကယူာ်, အလွဲၢ်ကပြု႞ကပြီၤ

gorilla *n* ကီၤရံလၣ်, တၤအုးဖးဒိၣ်တကလုာ်

gory *a* လၢအဘၣ်အၢဒီးတၢ်သွံၣ်တၢ်စီၤဒိဂၤညါ, လၢအပှဲၤဒီးတၢ်သွံၣ်

gospel *n* လံာ်တၢ်သးခုကစီၣ်, ခရံာ်ဖိလံာ်စီဆှံအသီတကတြူ႞အကျါတဘ့ၣ်လၢအတၢ်ကွဲးဘၣ်ဃးခရံာ်အသးသမူဒီးတၢ်သးခုကစီၣ်

gossamer *a* ကပီၤဆံးဆံးဖိအဃဲၤ, ကပီၤဆံးဆံးဖိအလုၤ

gossamer *n* ၁. ကပီၤအလုၤ, ကပီၤအဃဲၤကပြံၣ်ဖိ ၂. တၢ်လၢအပြံကဒံဘူသလါ

gossip *n* တၢ်ဃဲၤပှၤဂ့ၢ်, တၢ်တဲပှၤဂ့ၢ်, တၢ်သီၣ်ဝံသဲကလၤ

gossip *v* ဃဲၤပှၤဂ့ၢ်, တဲပှၤဂ့ၢ်, သီၣ်ဝံသဲကလၤ

gossip column *n* တၢ်ကွဲးပှၤဂ့ၢ်အသနၢၣ်(လၢလံာ်တၢ်ကစီၣ်အပူၤ)

Gothic *a* ၁. လၢအဘၣ်ဃးဒီးကီးသံၣ်တၢ်သူၣ်ထီၣ်ဘိုထီၣ်အကု႞အဂီၤလၢယူရပၤဖဲယၤဖှိၣ် ၁၂ ဒီး ၁၆ အဘၢၣ်စπ ၂. ဘၣ်ဃးဒီးပှၤကီးသံၣ်ဖိဒီးအကျိာ်လံာ်လဲ႞

gouge *n* ထးပျုလၢအကနၣ်သကπ

gouge *v* ၁. ပျုလီၤသကπတၢ်, ဆူခွဲးထိၣ်တၢ်, ခွဲးတကၢတၢ် ၂. ဃ့တၢ်အပ္ၤအါတလၢ

goulash *n* ကီးလးတၢ်ညၣ်ဟၢကသူ, ဟၣ်ကရံၣ်တၢ်ညၣ်ဟၢကသူလၢအရိၢ်ဟဲတကလုာ်

gourd *n* ထံလူၤသၣ်

gourmand *n* ၁. ပှၤလၢအဟ်ဒိၣ်တၢ်အီၣ်တၢ်အီလၢအဝံၣ်အဆၢ, ပှၤလၢအသးစဲတၢ်အီၣ်တၢ်အီလၢအပတိၢ်ထီဒီးသ့ၣ်ညါဝဲအဂ့ၢ်လီၤတံၢ်လီၤဆဲး ၂. ပှၤအီၣ်လုာ်

gourmandize, gourmandise, gormandize, gormandise *v* အီၣ်ယှၢ်အီၣ်ယှၢ်တၢ်, အီၣ်ယှၢ်တကျိၣ်မဲာ်တကျိၣ်နါတၢ်, အီၣ်ယှၢ်တကျူတၢ်, အီၣ်လုာ်ကိတၢ်

gourmet *n* ၁. ပှၤလၢအဟ်ဒိၣ်တၢ်အီၣ်တၢ်အီလၢအဝံၣ်အဆၢ, ပှၤလၢအသးစဲတၢ်အီၣ်တၢ်အီလၢအပတိၢ်ထီဒီးသ့ၣ်ညါဝဲအဂ့ၢ်လီၤတံၢ်လီၤဆဲး ၂. ပှၤအီၣ်လုာ်ကိတၢ်

gout *n* ခီၣ်မုၢ်အဆၢညိးတၢ်ဆါ

govern *v* ပၢတၢ်ပြးတၢ်

governance *n* တၢ်ပၢတၢ်ပြးတၢ်, တၢ်ပၢတၢ်ဆှၢတၢ်

governess *n* သရၣ်မုၣ်သိၣ်လိဖိသၣ်လၢဟံၣ်, ပှၤလၢတၢ်ဒိးလဲအီၤလၢကသိၣ်လိဖိသၣ်လၢဟံၣ်

governing *a* လၢအကွၢ်ထွဲဒီးပၢဆှၢတၢ်သ့

governing body *n* တၢ်ပၢတၢ်ဆှၢကရၢမိၢ်ပှၢ်

government *n* ကီၢ်ပဒိၣ်

governor *n* ၁. ကီၢ်ရှၣ်ခိၣ် ၂. ဝ့ၢ်ခိၣ် ၃. ပှၤပၢဆှၢတၢ် ၄. ပှၤလၢအိၣ်ဒီးအစိအကမီၤ ၅. နိၣ်ပπစဲးပီးလီ ၆. တၢ်ပၢတၢ်ဆှၢကရၢခိၣ်မ့တမ့ၢ် ကရၢဖိ ၇. တၢ်မၤခိၣ် ၈. (တၢ်ကတိၤမုၢ်ဆ့ၣ်မုၢ်ဂီၤ) ပၢ်

gown *n* ဟိာ်မုၣ်အဆ့ကၤဖးထီ

grab *n* ၁. တၢ်ဖိၣ်ထုးတၢ်, တၢ်ဖိၣ်စိုၤတၢ် ၂. စဲးစိုၤစိာ်ထိၣ်တၢ်ဃπ

grab *v* ဖ့ၣ်ထုးတ်ထုး, စိုၤထုး

grace *n* ၁. တၢ်ဘျုးတၢ်ဖှိၣ် ၂. တၢ်ဘါထုကဖၣ်လၢအီၣ်မ့ၤဆၢကတိၢ် ၃. တၢ်ဟ့ၣ်အါထုးထိထိၣ်တၢ်ဆၢကတိၢ် ၄. သကဲာ်ပဝးဂ့ၤ

grace *v* ၁. ဒုးအါထိၣ်သူးသ့ၣ်လၤကပီၤ, ပှဲၤဒီးသူးသ့ၣ်လၤကပီၤ ၂. မၤဃံမၤလၤ, မၤဆဲးမၤလၤထိၣ်, မၤဂ့ၤမၤဝါထိၣ်

graceful *a* ၁. လၢအပှဲၤဒီးသူးသ့ၣ်လၤကပီၤ, လၢအသညူးသပှၢ် ၂. လၢအဆဲးလၤ, လၢအသံၣ်စူးဆဲးလၤ

gracefully *adv* ၁. ပှဲၤဒီးတၢ်သညူးသပှၢ်အပူၤ, ပှဲၤဒီးသူးသ့ၣ်လၤကပီၤအပူၤ ၂. ဆဲးဆဲးလၤလၤ, သံၣ်စူးဆဲးလၤ

graceless *a* ၁. လၢအတအိၣ်ဒီးသူးသ့ၣ်လၤကပီၤ, လၢအတသံၣ်စူးဆဲးလၤ, လၢအတဆဲးတလၤ ၂. လၢအတဃံတလၤ, လၢအတဂ့ၤလၢပှၤဂၤအဖိခိၣ်

gracious *a* ၁. လၢအပှဲၤဒီးတၢ်အဲၣ်တၢ်သးကညီၤ, လၢအအိၣ်ဒီးတၢ်မဲာ်မှာ်နါဆၢ

၂. လၢအသံၣ်စူးဆဲးလၢ, လၢအဖျါယံဖျါလၤ ၃. လၢအအိၣ်မူမှာ်မှာ်ခုၣ်ခုၣ်ဘီၣ်ဘီၣ်ညီညီ

gradation *n* တၢ်ဆီတလဲသးတစဲးဘၣ်တစဲး ကျ့ၢ်ကျ့ၢ်, တၢ်ဆီတလဲအသးကယီကယီ

grade *n* ၁. မးပတီၢ်, တီၤ ၂. တၢ်ဘံလီၤ

grade *v* ကျဲၤလီၤအတီၤ

gradient *n* ၁. တၢ်လီၤဘံ, ကျဲဘံလီၤ, တၢ်လီၤတစူၤ ၂. တၢ်လီၤတစူၤအနိၣ်ထိၣ် ၃. တၢ်ထိၣ်ကူလီၤယၢၣ်အနိၣ်ထိၣ်နိၣ်ဒွး

gradual *a* ကယီကယီ, တဆီတၢ်တဆီ

gradually *adv* ကယီကယီ

graduate *n* ပှၤဖိျကွိဒိၣ်ကွိထီ

graduate *v* ဖိျကွိဒိၣ်ကွိထီ

graduate school *n* ဖိျကွိတီၤဒိၣ်ကွိ

graduation *n* တၢ်ဖိျထိၣ်ကွိ, တၢ်ဟံးလံာ်အုၣ်သးအမူး, ဖိျကွိအမူး

graffiti *n* တၢ်တ့ကွဲးကွးတၢ်နူၣ်ကပၤလၢကမျၢၢ်တၢ်လိၢ်တၢ်ကျဲတဖၣ်

graft *n* ၁. တၢ်ဘိၣ်သ့ၣ်ဒ့, တၢ်ဘုၣ်စးသ့ၣ်ဒ့ ၂. တၢ်အိၣ်ကျိၣ်အိၣ်စ့, ခိၣ်ဖးလၢ်ဆိုး

graft *v* ဘုၣ်စးသ့ၣ်ဒ့ဝၣ်ဒ့, တၢ်ဘိၣ်အါထိၣ်သ့ၣ်အစၢၤအသွဲၣ်လၢအဒ့အလီၤ

grail *n* ၁. ဘူၣ်လဲၤကဟ်လီခီ မ့တမ့ၢ် သလၢလၢကစၢ်ခရံၢ်စူးကါအီၤဖဲတချူးဘၣ်တၢ်မၤသံအီၤဒီးပှၤနၢ်ဝဲလၢအမ့ၢ်တၢ်စိဆုံဒီးပှၤအါဂၤဘၣ်သးယုထံၣ်န့ၢ်အီၤ, ဘူၣ်လဲၤကဟ်လီခီ မ့တမ့ၢ် သလၢစိဆုံ ၂. တၢ်တမံၤမံၤလၢတၢ်လူၤယုထံၣ်သ့ၣ်ညါန့ၢ်အီၤ

grain *n* ၁. ဘု (ဘုအဖျၢၣ်) ၂. တၢ်အဖျၢၣ်ပြံ ၃. တၢ်အကျိၤပြံလၢသ့ၣ်ဘၣ်အလီၤ ၄. တၢ်အစဲၤ ၅. နိၣ်ထိၣ်အတယၢၢ်လၢအဖုံကတၢၢ်

grained *a* ၁. လၢအအိၣ်ဒီးတၢ်အကျိၤအသကိၤတဖၣ်လၢပထံၣ်အီၤသ့ဒီးညီလၢတၢ်မဲာ်ဖံးခိၣ်လိၤ ၂. လၢအအိၣ်ဒီးတၢ်ထိးဘၣ်ပလၢၢ်ဘၣ် မ့တမ့ၢ် လ့ၣ်ဘၣ်အိၣ်ဒ်လဲၣ်န့ၣ်ဒ်အဘၣ်တၢ်ဟ်ဖျါတ့ၢ်အသိး

gram, **gramme** *n* ကြဲၣ်(မ), အကြဲၣ်(မ) (၁၀၀၀) = (၁) ကံလိကြဲၣ်(မ) (g)

grammar *n* ကြဲၣ်မၢ်, ကျိာ်ဂံၢ်ထံး, ကျိာ်အတၢ်သိၣ်တၢ်သီ

grammarian *n* ကျိာ်ဂံၢ်ထံးပီညါအပှၤစဲၣ်နီၤ, ပှၤစဲၣ်နီၤလၢကျိာ်ဂံၢ်ထံးပီညါ

granary *n* ဘုဖီ, သိၣ်ဓိၤဖီဓိၤ, တၢ်သူၣ်ထိၣ်လၢပှၤထၢနှာ်ဘု

grand *a* ၁. လၢအလီၤဘီလီၤမု၊်, လၢအဒိၣ်အမု၊် ၂. လၢအလီၤကဟုကညီၢ် ၃. လၢအဂ့ၤဒိၣ်မး, လၢအဂ့ၤကတၢၢ် ၄. လၢအရှ့ဒိၣ်ကတၢၢ် ၅. လၢအသူၣ်မှာ်သးမှာ်ဒိၣ်မး ၆. လၢအဘၣ်ထွဲဒီးတၢ်အပတီၢ်ထီ ၇. လၢအဘၣ်ဃးဒီးတၢ်လီၤစၢၤတစိၤခံစိၤ

grand *n* ၁. (အမဲရကၤ) ဒီလၣ်တကထိ, ပီၣ်တကထိ ၂. တနၢ်ပိၢ်စုဖးဒိၣ်

grand jury *n* ပှၤတဖုလၢတၢ်ယုထၢထိၣ်အီၤလၢအကဒိကနၣ်တၢ်စံၣ်ညီၣ်စၢၤတၢ်လၢကွိၢ်ဘျိၣ်အပူၤ

grand master *n* တၢ်ဂဲၤလိာ်ကွဲခွဲးလၢအပတီၢ်ထီ

grand total *n* ခဲလၢာ်ခဲဆ့ဟ်ဖှိၣ်, ဟ်ဖှိၣ်ခဲလၢာ်

grandad *n* ဖု

grandchild *n* လံၤဖိ

granddad *n* ဖု

granddaughter *n* လံၤမုၣ်

grandeur *n* တၢ်လီၤဘီလီၤမု၊်, တၢ်လီၤကဟုကညီၢ်

grandfather *n* ဖု

grandfather clock *n* နၣ်ရံၣ်သ့ၣ်ဖးဒိၣ်, နၣ်ရံၣ်သ့ၣ်ဆီထူၣ်လၢအအိၣ်ဒီးအသၣ်လီၤစဲၤယဲၤယီၤအသး

grandiose *a* ၁. လၢအဖျါလီၤဘီလီၤမု၊်ကဟုကညီၢ်ဘၣ်ဆၣ်ကဲထိၣ်တၢ်နိၢ်နိၢ်တသ့ ၂. လၢအဖျါလီၤကဟုကညီၢ်ထဲလၢခီ မ့တမ့ၢ် ထဲအဖံးဘ့ၣ်ခိၣ်

grandma *n* ဖံ

grandmother *n* ဖံ

grandparent *n* ဖံဖု

grandson *n* လံၤခွါ

grandstand *n* လိၢ်ဆ့ၣ်နီၤလီၤဆီ, လိၢ်ဆ့ၣ်နီၤဂိၢ်မု၊်ဂိၢ်ပၤလၢတၢ်ဆ့ၣ်နီၤကွၢ်ကီတၢ်ဂဲၤပြၢအဂိၢ်

grandstand *v* လူၤယုမၤန့ၢ်ပှၤဂၤအတၢ်သးစဲ

grange *n* ဘုဖီ

granite *n* လၢၢ်ကြဲနၢး, လၢၢ်ဒိၣ်စ့

granny flat *n* ပှၤသးပှၢ်အဒၢး, ပှၤသးပှၢ် အိၣ်အလီၢ်

granola *n* တၢ်အီၣ်ကြၢ်နီလၣ်, တၢ်အီၣ် လၢတၢ်မၤအီၤလၢဘုကျူၣ်သွဲးဒီးတၢ်ချံတၢ်သၣ် ဟၢဃ့တဖၣ်လၢတၢ်အီၣ်ဃုာ်အီၤဒီးတၢ်နှၢ်ထံဒ်ဂီၤ တၢ်အီၣ်အသိး

grant *n* ၁. တၢ်ဟ့ၣ်လီၤ, တၢ်ဟ့ၣ်လီၤတၢ်အ ခွဲး ၂. စ့တိာ်ဟ်, စ့ဟ့ၣ်ယုၤ

grant *v* ၁. ဟ့ၣ်လီၤ, ဟ့ၣ်တၢ်အခွဲး, ပျဲအခွဲး ၂. အၢၣ်လီၤတူၢ်လိာ်

granted *adv* လၢတၢ်အၢၣ်လီၤအီလီၤအပူၤ, အၢၣ်လီၤတူၢ်လိာ်ဝဲလၢမ့ၢ်

take for granted *idm:* ၁. နာ်ဆိဟ် စၢၤတၢ်, နာ်လၢအကမ့ၢ်တၢ် ၂. ဟ်ဟ်စၢၤလၢအ ဘၣ်, တဃာ်ဒွး (ဟ်စၢၤ) တၢ်ရှၤကဲၣ်ဆိး, တ ဃာ်ဟ်စၢၤတၢ်အလုၢ်အပှ့ၤ

granted *conj* မ့ၢ်လၢတၢ်မၤအသးဒ်န့ၣ်အဃိ

granular *a* လၢအလီၤဖှံၣ်, လၢအအိၣ်ဒီး အဖျၢၣ်ဖိပြံကဒံ, လၢအဖျါလီၤက်ဒ်သိးတၢ် အဖျၢၣ်ပြံကဒံဖိတဖၣ်ဟ်ဖှိၣ်အသး

granulate *v* မၤလီၤဖှံၣ်, မၤပြံကဒံ, မၤလီၤ ဘျဲး

granule *n* တၢ်အဖှံၣ်အမူၣ်, တၢ်အဖျၢၣ် ပြံကဒံဖိတဖၣ်

grape *n* စပံးသၣ်

grapefruit *n* သၣ်သွံဆၢသၣ်, သၣ်သွံဆၢဖး ဒိၣ်တကလုာ်

grapevine *n* ၁. စပံးမှၢ် ၂. (တၢ်ဂ့ၢ်) တၢ်ရၤ လီၤတၢ်ကတိၤတဆီဘၣ်တဆီ, တၢ်တဲလိာ်အသး တဆီဘၣ်တဆီ

graph *n* လံာ်တီၤပြံ

graph *v* တ့လံာ်တီၤပြံ

graphic *a* ၁. လၢအဘၣ်ဃးဒီးတၢ်တ့တၢ်ဂီၤ ၂. လၢအအိၣ်ဖျါတြူၢ်ကလာ်လၢတၢ်ထံၣ်အီၤသ့ ၃. လၢဘၣ်တၢ်ဟဲဖျါထီၣ်ဒ်တၢ်ဂီၤအသိး

graphic *n* တၢ်ဒဲးကံၣ်ဒဲးဝ့ၤလံာ်လဲၢ်တၢ်ဂီၤတၢ် ဖီၣ်အတၢ်ဖံးတၢ်မၤ

graphic design *n* တၢ်ဒဲးကံၣ်ဒဲးဝ့ၤလံာ်လဲၢ် တၢ်ဂီၤတၢ်ဖီၣ်အတၢ်သ့တၢ်ဘၣ်

graphics *n* တၢ်ဂီၤ, တၢ်ဒဲးကံၣ်ဒဲးဝ့ၤ

graphite *n* စၢ်သူ, တၢ်သူလၢအစၢ်တက လုာ်

grapple *v* ၁. ကနိလိာ်သး, ဖိးတံၢ်ကနိလိာ် သး ၂. (grapple with) ဂဲၤပျုၢ်ကျဲးစၢးဃုထံၣ်နှၢ် ကျဲလၢကဃ့ၣ်လီၤဘှါလီၤတၢ်ဂ့ၢ်ကီ

grasp *n* ၁. တၢ်ဟံးဃာ်ဖီၣ်ဃာ်တၢ်, တၢ်စိၤ ဃာ်တၢ်, တၢ်ဖီၣ်စိၤဃာ်တၢ် ၂. ပှၤတဂၤအတၢ်နၢ် ပၢၢ် ၃. တၢ်တိၢ်ထံသး

grasp *v* ၁. ဖီၣ်ဃာ်, စိၤဃာ် ၂. တိၢ်ထံ အသး

grasping *a* လၢအသူၣ်လီသးကွံတၢ်အါတ လၢ

grass *n* ၁. တပံၢ်, နီၣ်, နီၣ်ဓိၤမံၤဓိၤ, တပံၢ် တမါ ၂. ပျီ, နီၣ်ပျီ

grass roots *a* လၢအဘၣ်ထွဲဒီးဂံၢ်ခိၣ်ထံး ကမျၢၢ်

grass roots *n* ဂံၢ်ခိၣ်ထံးကမျၢၢ်

grasshopper *n* ဒွဲၣ်

grassland *n* နီၣ်သီထိ

grassy *a* လၢအဘၣ်တၢ်ကျၢၢ်ဘၢအီၤလၢ တပံၢ်တမါ

grate *n* မ့ၣ်အ့ၣ်တဒိ, မ့ၣ်အူအ့ၣ်တဒိ

grate *v* တ်. အဒိ, တ်အီၣ်ဃီၤသၣ်

grateful *a* လၢအသ့စံးဘျုးတၢ်, လၢအသ့ၣ် ညါဆၢတၢ်ဘျုး

grater *n* နီၣ်တ်. အဒိ, နီၣ်တ်ဃီၤသၣ်

gratification *n* တၢ်မၤမံမၤမှာ်ပှၤအသး, တၢ်မၤသူၣ်မံသးမှာ်ပှၤသး

gratify *v* မၤမံသူၣ်မံသးပှၤ, ဒုးမံသူၣ်မံသး ပှၤ

gratifying *a* လၢအလီၤဘၣ်သူၣ်ဘၣ်သး, လၢအမၤမံသူၣ်မံသးပှၤ

gratis *adv* အကလီ, တလိၣ်ဟ့ၣ်အဘူးအ လဲ

gratitude *n* တၢ်သ့ၣ်ညါဆၢတၢ်ဘျုး

gratuitous *a* လၢအကလီကလီ, လၢအဂ့ၢ် အကျိၤတအိၣ်

gratuity *n* တၢ်လၢအပှ့ၤအကလံၤတအိၣ် ဘၣ်

grave *a* လၢအနး, လၢအဒိၣ်အမုၢ် အဒိ, တၢ်ဟးဂီၤအဒိၣ်အမုၢ်

grave *n* တၢ်သွၣ်ခိၣ်

gravedigger *n* ပှၤ (ဒိးလဲ) ခူၣ်တၢ်သွၣ်ခိၣ် အပူၤ

G

gravel *n* လၢ်ဖိပြံ

gravely *adv* ၁. အိၣ်ဒီးတၢ်ဆိကမိၣ်ဆိကမး ၂. လၢတၢ်သူၣ်အုးသးအုးအပူၤ, လၢတၢ်သအုးသပှိၤအပူၤ

graveyard *n* တၢ်သွၣ်ခိၣ်

graveyard shift *n* တၢ်မၤအဆၢကတီၢ်လၢဖးဖိမုၢ်တုၤဂီၤခီ ၈ နၣ်ရံၣ်

gravitate *v* သုးအသးဆူတၢ်ထုးဃၢအိၣ်အလီၢ်, လီၤတဃၢ်ဝဲလၢတၢ်ထုးဃၢအိၣ်တၢ်အလီၢ်

gravitation *n* တၢ်သုးဘူးသးဆူတၢ်ထုးဃၢအိၣ်အလီၢ်, တၢ်လီၤတဃၢ်ဝဲလၢတၢ်ထုးဃၢအိၣ်အလီၢ်

gravity *n* တၢ်ထုးဃၢ

gravy *n* တၢ်ညၣ်ဃ့ၣ်ထံပံာ်ပံာ်, တၢ်ညၣ်စီထံလၢအဟဲထိၣ်ဖဲတၢ်ဖီအီၤအခါဝံၤကျဲၣ်ကျီအီၤလၢတၢ်နၢမူနၢဆို

gray *etc* (see grey)

graze *n* တၢ်ဘၣ်ဒိဘၣ်ထံးတဆံးတကၠၢ်, တၢ်ဘၣ်ထံးဘၣ်ကွးတဆံးတကၠၢ်

graze *v* ၁. (ဆၣ်ဖိကီၢ်ဖိ) အီၣ်တပံၢ်, ၂. ဖိာ်, ဖိာ်ဃ့

grazing *n* တၢ်အီၣ်ဆၣ်လီၢ်လါဟ့

grease *n* သိဃီး, တၢ်အသိ

grease *v* ဖှူလၢသိ, ထၢနုာ်လီၤသိ

greasy *a* ၁. လၢအဘၣ်အၢဒီးတၢ်အသိ, လၢအအိၣ်ဒီးအသိအါ, လၢအဘျ့ဒီးသိ ၂. လၢအမၤအိၣ်အမဲာ်သၣ်

great *a* ၁. လၢအဒိၣ် ၂. လၢအဂ့ၤဒိၣ်မး, လၢအဂ့ၤကကၢ် ၃. လၢအရှ့ဒိၣ် ၄. လၢအိၣ်ဒီးအစိကမီၤ, လၢအိၣ်ဒီးအကဟုကညီၢ် ၅. လၢအဟ့ၣ်တၢ်ညီ, လၢအသူၣ်လဲၢ်သးလဲၢ်, လၢအသူၣ်ဘၣ်သးသ့, လၢအသူၣ်ဂ့ၤသးဝါ ၆. လၢအိၣ်ဒီးအကံၢ်အစီ, လၢအမၤတၢ်သ့ဂ့ၤဂ့ၤဘၣ်ဘၣ် ၇. ဂံၢ်မုၢ်ဂံၢ်ပၤ, ဒိၣ်ဒိၣ်မုၢ်မုၢ်, လီၤဘီလီၤမုၢ်

great *adv* (ဂ့ၤ) ဒိၣ်မး, (ဂ့ၤ) သမိး

great *n* ၁. တၢ်လၢအလီၤဘီလီၤမုၢ်, တၢ်လၢအဂ့ၤဒိၣ်မး ၂. ပှၤလၢအရှ့ဒိၣ်, ပှၤလၢဘၣ်တၢ်သ့ၣ်ညါအီၤအါဒီးမၤတၢ်ကဲထိၣ်လိၣ်ထိၣ်

greatly *adv* ဒိၣ်ဒိၣ်မုၢ်မုၢ်, ဒိၣ်မး

greatness *n* တၢ်ဒိၣ်ဒိၣ်မုၢ်မုၢ်

greed *n* တၢ်သးကွံ

greedy *a* သးကွံတၢ်

Greek *n* ၁. ပှၤဟ့းလ့ၣ်ဖိ, ပှၤကြဲးဖိ, ပှၤလၢအဟဲလၢကီၢ်ကြဲး မ့တမ့ၢ် ကီၢ်ဟ့းလ့ၣ် ၂. ဟ့းလ့ၣ်ကျိာ်, ကြဲးကျိာ်

green *a* ၁. လါဟ့ ၂. သံကစဲာ်, တမံၤဘၣ် ၃. လၢအတၢ်လဲၤခီဖျိတအိၣ် ၄. လၢအမဲာ်သၣ်ဟ့ကလာ် ၅. လၢအမဲာ်လီၤမူာ်လီၤဝါ, လၢအသွံၣ်တဖိထံတဖိ ၆. လၢအဘၣ်ထွဲဒီးတၢ်ကဟုကယာ်န့ဆၢၣ်ခိၣ်ယၢၤ

green *n* ၁. အလွဲၢ်လါ ၂. နီၣ်ပျီလါဟ့, တၢ်အိၣ်ဆၣ်လီၢ်လါဟ့ ၃. တၢ်လၢအလွဲၢ်လါဟ့တဖၣ် ၄. တၢ်ဒီးတၢ်လၣ်လါဟ့သံကစဲာ်တဖၣ်

green *v* ၁. မၤလါထီၣ်, လါဟ့ထီၣ် ၂. မၤဒ်သိးသုတဘၣ်ဒိဘၣ်ထံးန့ဆၢၣ်ခိၣ်ယၢၤ

green card *n* အမဲရကၤအတၢ်ဂီၤလါ

green fingers *n* ပှၤလၢအသူၣ်တၢ်ဂ့ၤ, ပှၤလၢအသူၣ်တၢ်ကဲထိၣ်

green light *n* ၁. မ့ၣ်အ့ူလါ, မ့ၣ်အ့ူလါဟ့ ၂. တၢ်ဟ့ၣ်ခွဲးလၢကစးထိၣ်မၤတၢ်, တၢ်ဟ့ၣ်တၢ်ပျဲခွဲး

green light *v* ၁. ဟ့ၣ်အခွဲးလၢကစးထိၣ်မၤတၢ် ၂. အိၣ်ဒီးအခွဲးလၢကမၤတၢ်

green pepper *n* မိၢ်ဟဲသၣ်သံကစဲာ်

green salad *n* တၢ်ဒီးတၢ်လၣ်သံကစဲာ်စံၢ်ဃါ, သဘၣ်သွံးစံၢ်ဃါ

green tea *n* နီမုၢ်လၣ်အထံ, နီမုၢ်လၣ်ဃ့

green thumb *n* ပှၤလၢအသူၣ်တၢ်ဂ့ၤ, ပှၤလၢအသူၣ်တၢ်ကဲထိၣ်

greenback *n* အမဲရကၤအစ့စးခိ

greenery *n* တၢ်လၢအလၣ်လါ, တၢ်လါဟ့

greengrocer *n* ကျးဆါတၢ်ဒီးတၢ်လၣ်, တၤသူတၤသၣ်, ပှၤလၢအဆါတၢ်ဒီးတၢ်လၣ်တၤသူတၤသၣ်သံကစဲာ်

greenhorn *n* ပှၤလၢအတၢ်လဲၤခီဖျိတအိၣ်, ပှၤလၢအတၢ်လဲၤခီဖျိစုၤ

greenhouse *n* ဟံၣ်လၢပှၤဘိုလၢမဲာ်ထံကလၤ (လၢကသူၣ်တၢ်အဂီၢ်)

greenhouse effect *n* ဟံၣ်မဲာ်ထံကလၤအတၢ်ဒိဘၣ်, တၢ်ကိၢ်ဒၢတအၢအသးလၢဟိၣ်ခိၣ်ဖျာၣ်ကလံၤကထၢအဖီလာ်တကထၢဒ်ဟံၣ်မဲာ်ကလၤအသိး

greenhouse gas *n* ဟံၣ်မဲာ်ကလၤအက်သဝံ

greenish *a* လၢအလွဲၢ်လါဟ့တစဲး

greet *v* ၁. ဟံးစုကွၢ်မဲာ်, တူၢ်လိာ်မုာ် ၂. ကတိၤဒိၣ်ပှၤ

greeting *n* တၢ်ဟံးစုကွၢ်မဲာ်, တၢ်တူၢ်လိာ်ခီၣ်ဆၢ, တၢ်ဆၢဂ့ၤဆၢဝါ

greeting card *n* တၢ်ဆၢဂ့ၤဆၢဝါအခးက့

gregarious *a* ၁. လၢအအိၣ်ညီနၢ်ဒီဖုဒီဂိၢ် ၂. လၢအရှပှၤသ့

gremlin *n* တၢ်တဃၣ်, မုၢ်ဃါအၢဖိလၢအမၤဟးဂီၤစဲးဖီကဟၣ်တဖၣ်

grenade *n* စုမ့ၣ်ပိၢ်

grey, gray *a* ၁. ဝါဃး, အလွဲၢ်ဝါဃး ၂. လၢအ (ခိၣ်ဆူၣ်) ဝါဃးထီၣ် ၃. လၢအပှဲၤဒီးတၢ်အၢၣ်, လၢအအၢၣ်အုး ၄. လၢအလီၤကၢၣ်လီၤကျူ, လၢအတလီၤထုးနှၢ်သူၣ်ထုးနှၢ်သး, လၢတလီၤသးစဲ ၆. လၢအအိၣ်လၢတၢ်ခၢၣ်သး

grey, gray *n* အလွဲၢ်ဝါဃး

grey, gray *v* (ခိၣ်သူ) ဝါဃးထီၣ်, ဝါထီၣ်ခီဖျိသးပှၢ်ထီၣ်အဃိ

grey area *n* တၢ်ဘၢၣ်စၢၤဟီၣ်ကဝီၤ, တၢ်ဘၢၣ်စၢၤဟီၣ်ကဝီၤဖဲပှၤနၤလိာ်သးခံခီယၢ်ဘးတုၤအိၣ်အလိၢ်, ဟီၣ်ကဝီၤလၢတအိၣ်ဒီးတၢ်လီၤတံၢ်လီၤမံ, ဟီၣ်ကဝီၤအဃး

greyhound *n* ထွံၣ်မီၤစဲဖးဒိၣ်လၢအစုထီအခီၣ်ထီဒီးဃၢဝံၤတၢ်စူးကါအီၤလၢတၢ်ယ့ၢ်ပြၢအဂီၢ်, ထွံၣ်ယ့ၢ်ပြၢဖးဒိၣ်

greyish *a* လၢအလွဲၢ်ဝါဃးတစဲး

greyscale, grayscale *n* တၢ်အလွဲၢ်အသူဒီးအဝါ

grid *n* ၁. ပနီလၢတၢ်သူအီၤဖဲတၢ်တ့ဟီၣ်ခိၣ်ဂီၤ ၂. နီၣ်ကၣ်ထုယ့, ထးဘိထုယ့လိာ်သး ၃. ပနီလၢတၢ်တိၤနိၣ်ဃာ်လၢသိလှၣ်ကစးထီၣ်ယ့ၢ်ပြၢအဂီၢ် ၄. အံၣ်လဲးထြီနံးအထုယ့

griddle *n* မီခၣ်ဘံၣ်ကဝီၤကျိၤ

gridlock *n* ၁. ကျဲကတၢ်အဃိသိလှၣ်လဲၤတဖျိက့ၤတဖျိ ၂. တၢ်သးတလီၤပလိာ်အိၣ်အါအဃိတၢ်တကဲထီၣ်နီတမံၤ

grief *n* ၁. တၢ်သူၣ်တမှာ်သးတမှာ်, တၢ်သူၣ်အုးသးအုး, တၢ်ဘၣ်မိၣ်ဘၣ်မး ၂. တၢ်သူၣ်ကိၢ်သးဂီၤ

grievance *n* ၁. တၢ်သူၣ်တမံသးတမံ ၂. တၢ်ဘၣ်ဒိဆါ, တၢ်ကအုကစ္ပါလၢတၢ်မၤတတီတတြၢ်အဃိ

grieve *v* ၁. သူၣ်တမံသးတမံ, ကအုကစ္ပါ ၂. သူၣ်အုးသးအုး, သးဘၣ်ဖှိၣ်

grievous *a* လၢအဘၣ်မိၣ်ဘၣ်မး, လၢအပှဲၤဒီးတၢ်သူၣ်အုးသးအုး

griffin, gryphon, griffon *n* တၢ်တၡလၢအမိၢ်ပှၢ်ဒ်ခဲ့ယၢ်, အခိၣ်ဒီးအဒံးဆ့အိၣ်ဒ်လံာ်ကြီကြၣ်အသိး

grift *n* တၢ်လီနှၢ်တၢ်, တၢ်မၤန့ၢ်ကဘျံးကဘျၣ်တၢ်

grill *n* ၁. နီၣ်ကၣ်တၢ်ညၣ် ၂. တၢ်ညၣ်ကၣ် ၃. တၢ်အိၣ်ကျးလၢအဆါတၢ်ညၣ်ကၣ်

grill *v* ၁. ကၣ်တၢ်ညၣ် ၂. (တၢ်ကတိၤပတြီၢ်မုၢ်) သံကွၢ်, သမံသမိး

grille *n* ဃု (ထးသွဲဃု), ထးအဘိဖိတဖၣ်တၢ်ထုဝဲဒ်ဃုအသိး

grim *a* ဖျါတဂ့ၤ, အသူၣ်အသးဖျါတဂ့ၤ

grimace *n* တၢ်သံးမဲာ်သံးနါ, တၢ်ဝံာ်နိာ်ဝံာ်နါ

grimace *v* သံးမဲာ်သံးနါ, ဟ်ဖျါထီၣ်တၢ်တမှာ်တလၢခီဖျိအမဲာ်, မၤသွံးမဲာ်သွံးနါ

grime *n* တၢ်အဃံၣ်အဃူး, သပ္စၤမုၣ်

grimy *a* လၢအပှဲၤဒီးဖၣ်ကမူၣ်, လၢအဘၣ်အၢဘၣ်သီ, လၢဖၣ်ကမူၣ်ဖၢဘၢအီၤ, လၢအိၣ်ထဲအဃံၣ်အဃူး

grin *n* တၢ်နံၤအ့မဲအ့ခီ, တၢ်နံၤအိခၣ်ဖးလဲၢ်

grin *v* နံၤကမံ

grind *n* ၁. တၢ်ဂံာ်ကမူၣ်တၢ် ၂. တၢ်မၤလၢအဃၢဒီးလီၤကၢၣ်လီၤကျူ

grind *v* ၁. ဂံာ်ကမူၣ်တၢ် ၂. ကျ့အ့ၣ်ထီၣ်တၢ်အမဲ ၃. ဂံာ်တၢ်, အ့ၣ်တဃံး ၄. ဆီၣ်တံၢ်လီၤတၢ် ၅. ဆီၣ်တံၢ်လီၤကယီကယီ ၆. မၤပျံၤမၤဖုးတၢ်, မၤနးမၤဖှိၣ်အီၤနးနးကလဲာ်

grinder *n* ၁. ကဟၣ်ဂံာ်ဘျဲးတၢ်, စဲးဂံာ်တၢ် ၂. မဲခီ, မဲတီ ၃. ပှၤကျ့အ့ၣ်တၢ်ကနၣ်တဖၣ်, ပှၤကျ့ဒီကျ့ဃာ်

grindstone *n* လၢၢ်ကျ့, လၢၢ်သူ, ကဟၣ်ကျ့, ကဟၣ်လၢၢ်သူ

grip *n* ၁. တၢ်ဖီၤတံၢ်တၢ်, တၢ်ဖီၤတံၢ်တၢ်အသဟီၣ် ၂. တၢ်သ့ၣ်ညါနၢ်ပၢၢ်တၢ်ဂ့ၤဂ့ၤ

G

၃. တၢ်ပီးတၢ်လီတမံၤအစုဖီ၌ ၄. တလါစီာ်စု ၅. ပှၤမၤတၢ်ဖိလၢအကတဲာ်ကတီၤစီာ်ဝ့ၤဝီၤတၢ်ပီးတၢ်လီလၢတၢ်ကဒိတၢ်ဂီၤအဂီၢ်

grip *v* ၁. ဒီးၤတၢ် ၂. ထုးန့ၢ်သူ၌ထုးန့ၢ်သး ၃. ဒိဘ၌မၤဟူးဆူ၌ဆူ၌ကလဲာ်

gripe *n* ၁. တၢ်ကနူးကန့၌, တၢ်ကအုကစ္ဂါ ၂. ကဖုဆါ, ကလံၤဆဲး, ကလံၤဆါ ၃. တၢ်ဖိ၌ဃံး

G

gripe *v* အု့စိၢ်အုန့, ကနူးကန့၌

grisly *a* လၢအလီၤပျံၤလီၤဖုးဒိ၌ဒိ၌မုၢ်မုၢ်

grist *n* ဘုအစိး, ဘုခ့လၢတၢ်ကဂံာ်အီၤတဘျီအဂီၢ်

gristle *n* တၢ်ညဉ်အထူ၌

grit *n* ၁. လၢၢ်, မဲးဖိပြံတဖ၌ ၂. တၢ်သးစ္စံကတုၤ

grit *v* အု၌တဃံးအမဲ

grits *n* ဘုခ့ကမူ၌ဃီၤဃၤ, ဘုခ့ကမူ၌ဃီၤဃၤလၢတၢ်ချီအိ၌အီၤလၢတၢ်နၢ်ထံ

gritty *a* လၢအိ၌ဒီးမဲးလၢအပူၤ

grizzly *n* တၤသူဝါဃးတကလှာ်လၢအိ၌လၢကလံၤစီးအမဲရကၤ

groan *n* တၢ်ကအုကစ္ဂါအသီ၌, တၢ်ကအံ၌ကအူးအသီ၌

groan *v* ကအုကစ္ဂါ

grocer *n* ပှၤဆါတၢ်လၢပနံာ်ရိကျး

grocery *n* ပနံာ်ရိကျး

grog *n* ကြီး(ဒ)လၢတၢ်ဃါယှာ်ဒီးထံ

groggy *a* လၢအတဂၢၢ်တကျπ, လၢအဂံၢ်စၢ်ဒီးဟူးဂဲၤတကဲ

groin *n* ကံ၌ကၤထံး

grommet *n* ထးကွီၤဖိ

groom *n* တလးမူးပိာ်ခွါ

groom *v* မၤကဆုဲကဆိုဆ၌ဖိကိၢ်ဖိ, အံးက့ၤကွၢ်က့ၤကသ့၌

groove *n* အပနှာ်, အကျိၤ

groove *v* ၁. မၤဒုးအိ၌ထိ၌တၢ်ပနှာ်, မၤအိ၌ထိ၌တၢ်အကျိၤ ၂. မၤသူ၌ဖုံသးညီ

groovy *a* လၢတၢ်ကွၢ်ကီဂ့ၤ

grope *n* တၢ်ပလၢၢ်တၢ်

grope *v* ၁. ဃုကလၢၢ်ကွၢ်တၢ် ၂. ဖူးလဲးဖူးသွံလၢတၢ်အဲ၌တၢ်ကွံအပူၤ

gross *a* ၁. လၢအရၢၢ်အစၢၢ်ဒိ၌မး ၂. လၢအဘိ၌ဒီးလၢ်အၢ ၃. လၢအတိ၌, ဒိ၌ ၄. ခဲလၢာ်ခဲဆ့ဟ်ဖို၌ ၅. လၢအဖျါစိ၌ဝဲၤကဲၤ

gross *adv* (တၢ်န့ၢ်ဘျူး) ခဲလၢာ်ခဲဆ့ဟ်ဖို၌တချူးတၢ်ထုးကွံာ်ခိသွဲအခါ, လၢတၢ်တထုးကွံာ်နီတမံၤဒံးဘ၌

gross *n* တဆံခံဒါစ့၌, တကဃၤလွံၢ်ဆံလွံၢ် (ခါ)

gross *v* (တၢ်ဟဲနှာ်) ဒီးန့ၢ်ဘ၌တၢ်ခဲလၢာ်ခဲဆ့ဟ်ဖို၌တချူးတၢ်ထုးကွံာ်ခိသွဲအခါ

gross domestic produce *n* ထံကိၢ်တဘ့၌အပနံာ်လၢအထုးထိ၌ဝဲလၢတနံ၌အဂီၢ်အလှၢ်အပှၤ (ထံကိၢ်တဘ့၌အပနံာ်လၢထုးထိ၌ဝဲလၢတနံ၌အဂီၢ်အလှၢ်အပှၤ) (also GDP)

grossly *adv* ကဲ၌ဆိး, တလၢကွံာ်အခၢး

grot *n* ၁. လၢၢ်လှ့ကအိပူၤ ၂. တၢ်လၢအဘ၌အၢဘ၌သီအကံၢ်အစိတအိ၌

grotto *n* လၢၢ်လှ့အကအိပူၤ, ဟိ၌ခိ၌အကအိပူၤ

grotty *a* လၢအတဂ္ၤတဘ၌, လၢအဘ၌အၢဘ၌သီ, လၢအတမှာ်တလၤ

grouch *n* ၁. ပှၤလၢအကနူးကန့၌တၢ်ဆူ၌, ပှၤလၢကအုကစ္ဂါ ၂. တၢ်ကအုကစ္ဂါ, တၢ်ဟ်သးအု၌တပျု၌

grouchy *a* လၢအဟ်သးအု၌တပျု၌, လၢအကနူးကန့၌တၢ်

ground *n* ၁. ဟိ၌ခိ၌ည၌ ၂. ဟိ၌ခိ၌ ၃. တၢ်ရူ၌ထၢနှာ်လီၤလီမ့၌အှုပျံၤဆူဟိ၌ခိ၌လဲာ် (လၢကဒီသဒၢလီဖျးတၢ်သ့၌တဖ၌အဂီၢ်)

ground *v* ၁. (ကဘီ) အိ၌တီလၢသိ၌မဲးဖီခိ၌ ၂. (ကဘီယူၤ) စီၢ်လီၤလၢဟိ၌ခိ၌လိၤ ၃. သိ၌ဃိ၌, သိ၌သိ, စံ၌ညီ၌ ၄. (လီမ့၌အှု) ထုးလီၤလီမ့၌အှုအပျံၤဆူဟိ၌ခိ၌လဲာ်, ရူ၌ထၢနှာ်လီၤလီမ့၌အှုပျံၤဆူဟိ၌ခိ၌လဲာ် (လၢကဒီသဒၢလီဖျးတၢ်သ့၌တဖ၌အဂီၢ်)
၅. အိ၌သူ၌ထိ၌သးလၢတၢ်တမံၤမံၤအဖီခိ၌

ground crew *n* ပှၤပၢဆှၢကွၢ်ထွဲကဘီယူၤဖဲကဘီယူၤပျိ

ground floor *n* တၢ်သူ၌ထိ၌အဖီလာ်တကထၢ, တၢ်သူ၌ထိ၌လၢအိ၌ဃူဒီးဟိ၌ခိ၌တကထၢ

ground rule *n* ဂံၢ်ခိ၌ထံးတၢ်သိ၌တၢ်သီ, တၢ်သိ၌တၢ်သီအဂံၢ်ခိ၌ထံး, တၢ်သိ၌တၢ်သီအဂံၢ်ထံး

ground zero *n* တၢ်လီၢ်လၢနူၢ်ချံယါမ့ၣ်ပိၢ်ပိၢ်ဖးထီၣ်တဖၣ်

groundbreaking *a* လၢအဒုးအိၣ်ထီၣ်တၢ်အသီ, လၢအဆၢနှာ်တၢ်အသီ

grounding *n* ၁. တၢ်ဟ့ၣ်တၢ်အဂံၢ်ခီၣ်ထံး တၢ်သိၣ်လိတဖၣ် ၂. ပှၤလၢဟံးမူဒါလၢတၢ်ဖီလာ် (Space Aircraft) ၃. တၢ်သိၣ်ယီၣ် မ့တမ့ၢ် တၢ်သိၣ်လိသီလိတၢ်

groundless *a* လၢတဒိးသန့ၤထီၣ်အသး လၢတၢ်အဂ့ၢ်အကျိၤအဖီခိၣ်နီတမံၤ, လၢတၢ်ဂ့ၢ်တၢ်ကျိၤတလၢတပှဲၤ

groundnut *n* သဘ့ဟီၣ်လာ်

groundskeeper *n* ပှၤလၢအကွၢ်ထွဲမၤကဆိုတၢ်လိာ်ကွဲပျီ မ့တမ့ၢ် တၢ်သူၣ်ထိၣ်ဖးဒိၣ်တဖၣ်အကရၢ်

groundsman *n* ပှၤလၢအကွၢ်ထွဲမၤကဆိုတၢ်လိာ်ကွဲပျီ မ့တမ့ၢ် တၢ်သူၣ်ထိၣ်ဖးဒိၣ်တဖၣ်အကရၢ်

groundwater *n* ထံဟီၣ်လာ်

groundwork *n* ဂံၢ်ခီၣ်ထံး, ဂံၢ်ခီၣ်ထံးတၢ်မၤ

group *n* ၁. ကရူၢ်, အနူၣ် ၂. (ပှၤပံကွဲၤ) ကရၢဖိတဖၣ် ၃. ဂာ်စီအကရူၢ်တဖၣ် ၄. နီၣ်ဂံၢ်ကရူၢ်တဖၣ် ၅. ကလံၤအသုးဒ့တဖၣ်

group *v* ဟ်ဖိုၣ်, ဟ်ဖိုၣ်ထီၣ်အသး လၢအကရူၢ်, နီၤဖးလီၤတၢ်လၢအကရူၢ်

groupie *n* ပိာ်မုၣ်လၢအလူၤပိာ်, လူၤဃီၢ်ဝဲ ပှၤမံၤဒိၣ်သၣ်ဒိၣ်တဖၣ်

grout *n* တၢ်ကမူၣ်လၢအစဲဟံၣ်ဒါဘ့ၣ်ခီတဖၣ်

grove *n* သ့ၣ်ပှၢ်ဖိ, ပှၢ်ဆံးဆံးဖိ, သ့ၣ်ကရူၢ်ဖိ, ပှၢ်ဖိ, သ့ၣ်ထူၣ်တကရူၢ်

grovel *v* စွါလၢဟီၣ်ခိၣ်လီၤ

grow *v* ၁. ဒိၣ်ထီၣ် ၂. သူၣ်တၢ်

grower *n* ၁. ပှၤတဂၤ, မ့တမ့ၢ် ခီပနံၣ်တခါလၢအသူၣ်တၢ်မုၢ်တၢ်ဘိ, တၢ်သူတၢ်သၣ်ဒီးတၢ်လၣ်လၢကဆါအဂီၢ် ၂. တၢ်မုၢ်တၢ်ဘိလၢအဘၣ်တၢ်သူၣ်အီၤလၢကဆါအဂီၢ်

growl *n* ၁. တၢ်ကညီၤတၢ် ၂. တၢ်ကိးဃါတၢ်

growl *v* ကညီၤ

grown-up *n* ဒိၣ်တုာ်ခီၣ်ပှဲၤ, ပှၤဒိၣ်တုာ်, ပှၤဒိၣ်တုာ်ခီၣ်ပှဲၤ

growth *n* တၢ်ဒိၣ်ထီၣ်

grub *n* ကံာ်

grub *v* ၁. ခူၣ်ထိၣ်ကွံာ် ၂. ဃုကမူၢ်ခွဲးခွးတၢ်, ဃုကွၢ်တၢ်ပစုၢ်ပတ့ၤ ၃. မၤတၢ်မၤလၢအလၢာ်ဂံၢ်လၢာ်ဘါ, မၤတၢ်မၤလၢအကိၢ်အဂီၤ

grubby *a* လၢၣ်ထိၣ်ဘၣ်အၢဘၣ်သီ

grudge *n* တၢ်သးကှ့ၣ်, တၢ်သးကါ

grudge *v* ၁. သးကှ့ၣ်သးကါတၢ် ၂. တဟ့ၣ်တၢ်လၢတၢ်သးအှ့ၣ်တဲာ်အပူၤ

gruel *n* တၢ်ချီဘုကျူၣ်လၢတၢ်နၢ်ထံ မ့တမ့ၢ် ထံဆုံဆုံဖိ

gruelling, grueling *a* လၢအလီၤဘှံးလီၤတီၤနးနးကလဲာ်

gruesome *a* လီၤပျံၤလီၤဖုး, တမှာ်တလၤ

gruff *a* အကလုၢ်ဃး

grumble *n* ၁. တၢ်ကနူးကဒ့ၣ်ဘၣ်ဃးတၢ်တမံၤမံၤမ့ၢ်လၢနသးတမံဘၣ်အဃိ ၂. တၢ်သိၣ်ရှၢ်ရှၢ်ရၢ်ရၢ်လၢအသိၣ်ယိာ်ဒီးယံာ် (ဒ်လီသိၣ်)

grumble *v* ကနူးကဒ့ၣ်

grumpy *a* လၢအသးတဂ့ၤ, လၢအသးတမှာ်တလၤ

grunge *n* ၁. တၢ်ဘၣ်အၢဘၣ်သီ, တၢ်အဃံၣ်အဃူး ၂. ရီး(ခ)တၢ်ဒ့တၢ်အူအကလုၢ်, တၢ်ဒ့တၢ်အူရီး(ခ)အကလုၢ် ၃. တၢ်ကူကၤချုးစိၤလီၤစ့ၣ်လီၤစဲၤယာ်မှာ်ယာ်ဖျ့

grunt *v* (ထိး) မၤသီၣ်အကလုၢ်ကြူၤကြူၤ

guarantee *n* လံာ်အှ့ၣ်ကီၤ

guarantee *v* အှ့ၣ်ကီၤ

guard *n* ၁. ပှၤလၢအပၢၤခိၣ်နၢ်အသးသမူ, ပှၤခိးပှၤသးသမူ ၂. ပှၤပၢၤတၢ်ဖိ ၃. တၢ်လၢအဒီသဒၢနှုံတၢ် ၄. ပှၤပၢၤယိာ်, ယိာ်ဒိၣ် ၅. တၢ်ဒီသဒၢကဟုကယာ်အံးထွဲကွၢ်ထွဲတၢ်အတၢ်ဖံးတၢ်မၤတဖၣ် ၆. လှ့ၣ်မှၣ်အူပှၤပၢၤတၢ်ပှၤဘၣ်မူဘၣ်ဒါ ၇. ပှၤဂဲၤဒီသဒၢတၢ်လၢ (ဖျာ်သ့, အမဲရကၤဖျာ်ထူ) တခီခံဂၤစှာ်စှာ်

guard *v* ပၢၤတၢ်, အိၣ်ခိးဒီတဒၢ

guard rail *n* ထးဘိလၢတၢ်နူၣ်တၢ်ကပၤ, ထးနူၣ်တၢ်

guardian *n* ပှၤကွၢ်ထွဲတၢ်, ပှၤကဟုကယာ်တၢ်

guava *n* နီၣ်ကါသၣ်, သ့ၣ်ဝါလီသၣ်

G

G

guerrilla, guerilla *n* တၢ်ဒုးစဲးပြံး, ပှၤထီဒါတၢ်ဖိ

guess *n* တၢ်ဆိကမိဉ်တယာ်တၢ်, တၢ်တယာ်တၢ်, တၢ်တယာ်ဆိပာ်တၢ်

guess *v* ဆိကမိဉ်တယာ်တၢ်, တယာ်တၢ်, တယာ်ဆိကမိဉ်, တယာ်ဆိပာ်

guest *n* ပှၤတမုံၤ

guest house *n* တမုံၤဟံဉ်

guestbook *n* ၁. ပှၤနုာ်ကွၢ်ကီပှာ်ယဲၤသန့တဖဉ်အတၢ်ဟ့ဉ်ကူဉ်ကွဲးနီဉ် ၂. ပှၤဟဲဟးအိဉ်သကိးအတၢ်ဟ့ဉ်ကူဉ်တၢ်ကွဲးနီဉ်, ပှၤတမုံၤအတၢ်ဟ့ဉ်ကူဉ်တၢ်ကွဲးနီဉ်

guidance *n* တၢ်နဲဉ်ကျဲ, တၢ်ပၢတၢ်ဆှၢ

guide *n* ပှၤဆှၢတၢ်တွၢတၢ်, ပှၤနဲဉ်ကျဲ

guide *v* နဲဉ်ကျဲ, ဟံးစုနဲဉ်ကျဲ, ဆှၢတၢ်တွၢတၢ်

guide dog *n* ထွံဉ်လၢအနဲဉ်ကျဲ, ထွံဉ်လၢအဆှၢပှၤမဲာ်ချံတထံဉ်တၢ်

guidebook *n* လံာ်နဲဉ်ကျဲ

guideline *n* တၢ်နဲဉ်ကျဲ

guild *n* ပှၤအဖုအကရၢလၢအမၤသကိးတၢ်တမံၤဃီအဂီၢ်

guile *n* တၢ်လီတၢ်ဝ့ၤ

guillotine *n* စဲးကျီတဲာ်ကိာ်

guilt *n* တၢ်ကမဉ်

guiltily *adv* လၢတၢ်သရူးကမဉ်အပူၤ

guilty *a* လၢအတၢ်ကမဉ်အိဉ်

guinea pig *n* ၁. ပူ, ကလံၤစီးအမဲရကၤယုၢ်မဲၢ်တှာ်တကလှာ်, ယုၢ်မဲာ်တှာ်တကလှာ်လၢတၢ်သူအီၤလၢတၢ်ကွၢ်ကီ မ့တမ့ၢ် တၢ်သူအီၤလၢတၢ်မၤကွၢ်ဒၢးအပူၤ ၂. ပှၤကညီ မ့တမ့ၢ် တၢ်ဖိတၢ်လံၤတကလှာ်လၢတၢ်စူးကါအီၤလၢတၢ်ကမၤကွၢ်တၢ်အဂီၢ်

guise *n* တၢ်အိဉ်ဖျါလၢခိ, တၢ်အလုၢ်အလၢ်

guitar *n* ကထါ, ပှၤကိၢ်မှၢ်နှာ်အတနၢ်ခွဲးစုတကလှာ်

guitarist *n* ပှၤဒ့ကထါ

gulch *n* တြီၤဖိလၢအအံဉ်ဒီးယိာ်, တၢ်တြီၤယိာ်

gulf *n* ပိဉ်ကျိၤ

gull *n* ၁. ထိဉ်ပိဉ်လဲဉ်တကလှာ် ၂. ပှၤလၢတၢ်လီနှ့ၢ်အီၤညီ

gullet *n* ကိာ်ယူၢ်ဘိ

gullible *a* လၢအဘဉ်တၢ်လီနှ့ၢ်အီၤညီ

gully *n* ထံတြီၤ, ထံကျိၤဘိ, ထံတြီၤဖိ

gulp *n* တၢ်အီဉ်ယူၢ်တကျူၤတၢ်, တၢ်အီဉ်ပစုၢ်ပတှၤတၢ်, တၢ်အီဉ်တၢ်ကျိဉ်မဲာ်ကျိဉ်နါ

gulp *v* ယူၢ်တကျူၤ

gum *n* ၁. မဲကူၤ ၂. သ့ဉ်အထုး ၃. တၢ်စဲ, ကီဉ် ၄. တၢ်ပံာ်ဆၢ

gumshoe *n* ပှၤဃိထံသမံသမိးတၢ်, ပှၤဃိထံသ့ဉ်ညါတၢ်

gun *n* ၁. ကျိ, ကျိဖးဒိဉ်တဖဉ် ၂. ပှၤဒိးလဲခးသံပှၤ ၃. (တၢ်ဂဲၤလိာ်ကွဲပြၢတချူးစးထိဉ်) ပှၤခးထိဉ်ကျိဟ့ဉ်တၢ်ပနီဉ် ၄. ပိးလီလၢလီၤက်ဒ်သိးကျိအကုၢ်အဂီၤ (အဒိ, ပိးလီလၢအစးထိဉ်ကဲး (စ)

gun *v* ၁. ခး (ကျိ) ၂. နီဉ်ချ့ထိဉ်သိလ့ဉ်, နီဉ်ဆူဉ်ထိဉ်သိလ့ဉ်

gun control *n* တၢ်သိဉ်တၢ်သီလၢအတြီတၢ်ဆါတၢ်ပှ့ၤကျိစုကဝဲၤဒီးတၢ်စူးကါကျိစုကဝဲၤတဖဉ်

gunboat *n* ကဘီလၢတၢ်ထီယာ်ကျိတၢ်စုကဝဲၤတဖဉ်, သုးကဘီဖိ, သုးချံ

gunfight *n* တၢ်ခးလိာ်အသးလၢကျိ

gunfire *n* တၢ်ခးကျိ

gunner *n* ပှၤခးကျိဖးဒိဉ်, ကျိဖးဒိဉ်အသုးဖိ

gunpowder *n* ဘျါအ့ဉ်

gunrunner *n* ပှၤဆါဟ့ဉ်ကျိချံမျိာ်သဉ်

gunshot *n* ကျိချံ

gunsmith *n* ပှၤဘိုကျိ

gurgle *n* ၁. တၢ်သ့သပှၢၤတၢ်အသီဉ် ၂. ထံယွၤအသီဉ်, ထံယွၤသီဉ်ကျီးကျီး

gurgle *v* သ့သပှၢၤထးခိဉ်

gurney *n* လ့ဉ်ဆီဉ်ဖိ, လီလ့ဉ်, လီလ့ဉ်တီပှၤဆါ

guru *n* ၁. တၢ်သ့ဉ်ညါနၢ်ပၢၢ် ၂. ပှၤလၢအအိဉ်ဒီးတၢ်ကူဉ်သ့လီၤဆီ

gush *n* ၁. တၢ်ပှာ်ထိဉ်ယွၤလီၤ, တၢ်လီၤသလဉ်လီၤ ၂. တၢ်သူဉ်ဒိဉ်သးဖျိးထိဉ်တၢ်ဒိဉ်ဒိဉ်ကလဲာ်ဒီးကတိၤတၢ်ဆူဉ်ဆူဉ်ကိၢ်ကိၢ်

gush *v* ပှာ်ထိဉ်ယွၤလီၤ, လီၤသလဉ်လီၤ

gust *n* ကလံၤတပျိၤ, ကလံၤဟဲလၢအဆူဉ်သတူၢ်ကလာ်, တၢ်သးဒိဉ်ဖုး

gust *v* သးဒိၣ်ဖုး

gustatory *a* ဘၣ်ဃးဒီးတၢ်လ့ၣ်ကွၢ်အီၣ်ကွၢ်တၢ်

gusto *n* တၢ်သူၣ်စဲသးစဲ, တၢ်ထုးန့ၢ်သူၣ်ထုးန့ၢ်သး, တၢ်သးစၢၢ်ဆၢ

gut *a* လၢအဘူၣ်တၢ်, လၢအတၢ်သးစူၤတအိၣ်, လၢအသးတထီဘၣ်

gut *n* ၁. ပှံာ် ၂. တၢ်သူၣ်နူသးနူ, တၢ်ကိၤသူၣ်ကိၤသး ၃. (တၢ်ဒ့တၢ်အူ) အပျံၤလၢဘၣ်တၢ်မၤကဲထီၣ်အီၤလၢဆၣ်ဖိကိၢ်ဖိအပှံာ်ဖိၤကဖုဖိၤဒီးက့ၢ်ဂီၤဒွဲအလဲပူၤတဖၣ် ၄. တၢ်ဟ်ဖျါတၢ်ဟ်သူၣ်ဟ်သးလၢအတဂ့ၤ ၅. န့ဆၢၣ်တၢ်သ့ၣ်ညါလၢအိၣ်ဟ်စၢၤလၢအပူၤ, တၢ်သ့ၣ်ညါလၢန့ဆၢၣ်ဟ့ၣ်အီၤ

gut *v* ၁. ထုးထီၣ်တၢ်အပှံာ်ကဖု ၂. မၤဟးဂီၤတၢ်ခဲလၢာ်ခဲဆ့လၢအပူၤ

gutsy *a* လၢအအိၣ်ဒီးတၢ်သူၣ်နူသးနူဒီးတၢ်သးသဟီၣ်

gutta-percha *n* မလ့ရှါသ့ၣ်တကလှာ်အထုးအစီတဖၣ်

gutted *a* လၢအသူၣ်အုးသးအုး, လၢတၢ်ဘှံးအသး

gutter *n* ထံမိၢ်ကျိၤ, ထံယွၤလီၤအကျိၤ

gutter *v* ၁. (ပနဲတၢၣ်အတၢ်ကပီၤ) မ့ၣ်အူအိၣ်တဂၢၢ်ဒီးပှံၢ်လီၤတကျိၤတကျိၤ ၂. ထီထီၣ်ထံမိၢ်ကျိၤ, ထီထီၣ်ထံမိၢ်ဘိ, ဒုးယွၤလီၤလၢအကျိၤ

guy *n* ပှၤပိာ်ခွါ

guzzle *v* အီၣ်လုာ်ကိအီၣ်လုာ်ကဟ်

gym *n* တၢ်ဂဲၤလိနီၢ်ခိတၢ်ဟူးဂဲၤအလီၢ်

gymnasium *n* တၢ်ဂဲၤလိနီၢ်ခိတၢ်ဟူးဂဲၤအလီၢ်

gymnastics *n* တၢ်ဂဲၤဂ့ၤက့ၢ်ဂီၤ

gynaecologist, gynecologist *n* ကသံၣ်သရၣ်ဘၣ်ဃးပိာ်မုၣ်ပိာ်မၢၤတၢ်ဆါ

gynaecology, gynecology *n* တၢ်ကူၣ်ဘၣ်ကူၣ်သ့ဘၣ်ဃးပိာ်မုၣ်ပိာ်မၢၤတၢ်ဆါ

gypsum *n* ကၠးစၢၣ်ဟီၣ်လာ်လၢၢ်လၢအလွဲၢ်ဝါ မ့တမ့ၢ် ဃး

Gypsy, Gipsy *n* ပှၤကၠံး(ပ)စံၣ်, ပှၤဟးဝ့ၤဝီၤဖိ, ပှၤဟးဝ့ၤဝီၤအိၣ်ဆိးလၢတၢ်လီၢ်အါတီၤ

gyrate *v* ၁. လဲၤတရံးဝ့ၤဝီၤအသး ၂. (တၢ်အပှၤ) ထီၣ်ထီၣ်လီၤလီၤ, အါထီၣ်စှၤလီၤ, ဆီတလဲသးခဲအံၤခဲအံၤ

gyroscope *n* ကဲ့ၣ်ရိၣ်စကီး(ဖ), တၢ်ကွီၤဂၢၢ်တၢ်

G

H

H *n* အဲကလံးအလဲာ်မိၢ်ပှၢ် (၈) ဖျၢၣ်တဖျၢၣ်

ha *exclam* "ဟါ", တၢ်ကိးဖုးအသီၣ်ဖဲတၢ်ကမၢကမၣ် မ့တမ့ၢ် တၢ်ထံၣ်န့ၢ်တၢ်လီၤဆီတမံၤမံၤ

habeas corpus *n* ကွိၢ်ဘျိၣ်လံာ်တၢ်နဲၣ်လီၤ, တၢ်ဟ့ၣ်လီၤတၢ်ကလုၢ်လၢတၢ်ကမၤပှၤလီၤဘၣ်ဃိၣ်တဂၤဟဲဟ်ဖျါထီၣ်အသးဆူကွိၢ်ဘျိၣ်လၢတၢ်ကသမံသမိးကဒါက့ၤအတၢ်ဂ့ၢ်အဂီၢ်

haberdasher *n* ပှၤဆါဟိာ်ခွါတၢ်ကူတၢ်သိး

habiliment *n* တၢ်ကူတၢ်သိး, တၢ်ကူတၢ်ကၤ

habit *n* ၁. အလုၢ်အလၢ်, လုၢ်လၢ် ၂. တၢ်ဒီသူၣ်ဟ်သး, တၢ်ဟ်သူၣ်ဟ်သး ၃. တၢ်ဘူၣ်တၢ်ဘါအတၢ်ကူတၢ်သိးဖးထီတဖၣ်, တၢ်ကူတၢ်သိးဖးထီတဖၣ်

habitable *a* လၢပှၤအိၣ်ဝဲဆိးဝဲသ့

habitat *n* တၢ်လီၢ်လၢတၢ်မူတၢ်မဲအိၣ်ညီနုၢ်အလီၢ်

habitation *n* တၢ်အိၣ်တၢ်ဆိးအလီၢ်

habit-forming *a* လၢအကဲထီၣ်အလုၢ်အလၢ် မ့တမ့ၢ် လၢအစဲ (ကသံၣ်မူးဘိုး)

habitual *a* ၁. လၢပမၤညီနုၢ် ၂. လၢအကဲထီၣ်တၢ်လုၢ်တၢ်လၢ်

habituate *v* ဒုးကဲထီၣ်တၢ်အလုၢ်အလၢ်

hack *n* ၁. ပှၤကွဲးဒိးလဲတၢ် ၂. ကသ့ၣ်လၢတၢ်ဒိးလဲအီၤ ၃. တၢ်ကျီတဲာ်တၢ်, တၢ်ဖျးတၢ် ၄. ဘီဖျး, ပိးလီရှၣ်စၢၢ်ပူၤထးပူၤတဖၣ် ၅. (ထံရှၢ်ကိၢ်သဲးပၣ်တံၣ်အပူၤ) ပှၤမၤတၢ်ဖိလၢအမၤဝဲဒၢးအတၢ်ဖံးတၢ်မၤလၢအလီၤကၢၣ်လီၤကျူတဖၣ်

hack *v* ၁. ကျီတၢ် ၂. နၥ်လီၤမၤဟးဂီၤပှၤအခီၣ်ဖှူထၢၣ် ၃. ထု မ့တမ့ၢ် ထုတကျဉ်ဆူၣ်ဆူၣ်ကလဲာ်

hacker *n* ပှၤလၢအနၥ်လီၤမၤဟးဂီၤပှၤအခီၣ်ဖှူထၢၣ်

hackle *n* ၁. ဆီဖါအကိာ်ဆူၣ်, တၢ်ဖိတၢ်လံၤအရှ, ကိာ်ဩ ၂. ဆၣ်ဖိကိၢ်ဖိဆဲထီၣ်အရှဖဲအသးထီၣ်အခါ

hackney *n* လ့ၣ်ကဟၣ်လၢတၢ်ဒိးလဲအီၤ, သိလ့ၣ်ဒိးလဲ

hackneyed *a* လၢတၢ်စူးကါအီၤအါတလၢ, လၢပှၤစူးကါညီနုၢ်အီၤ

hacksaw *n* ထးအလွး, လွးတကလုာ်လၢဘူးထးသ့

Hades *n* ပျုၤပူၤ, တၢ်သံဒိၣ်အကီၢ်

haematamesis, hematamesis *n* ဘိုးလီၤလၢသွံၣ်

haematology, hematology *n* တၢ်မၤလိဘၣ်ဃးသွံၣ်ပီညါ

haematoma, hematoma *n* သွံၣ်ဒုး

haemoglobin, hemoglobin *n* ဟံၣ်မိၣ်ကလိၣ်ဘ့ၣ်, ဂ်ာအဂီၤလၢအအိၣ်လၢသွံၣ်အပူၤလၢအစိာ်ဃုာ်ထးစီဒီးအီးစံၣ်ကွၣ်

haemoptysis, hemoptysis *n* ကူးလီၤဒီးအသွံၣ်

haemorrhage, hemorrhage *n* ၁. သွံၣ်ယီၢ် ၂. သွံၣ်လီၤအါ

haemorrhoids, hemorrhoids *n* အ့ၣ်ကိၢ်

haemothorax, hemothorax *n* သွံၣ်ဒၢတအၢလၢသးနါပှၢ်

haft *n* တၢ်အတိၢ်

hag *n* ပိာ်မုၣ်သးပှၢ်လၢအသးအၢဒီးလၢ်အၢ, တၢ်နါမုၣ်ပှၢ်

haggard *a* လၢအမဲာ်လီၤကအိ, လၢအဖျါလီၤဘုံးလီၤတီၤဒီးမဲာ်လီၤကအိ

haggle *v* လိာ်တၢ်အပ့ၤ, ဂ့ၢ်လိာ်ဘိုလိာ်သး

hail *n* သူၣ် (လၢအဟဲလီၤလၢမူခိၣ်ဒူၤထံအကျါ)

hail *v* ၁. သူၣ်ဟဲစူၤလီၤ ၂. ကိးဃီၤပှၤတဂၤဒ်သိးကဟံးစုကွၢ်မဲာ်တၢ် ၃. တၢ်စံးထီၣ်ပတြၢၤအတၢ်ကိး

hailstone *n* သူၣ်

hailstorm *n* သူၣ်ကလံၤမုၢ်ဖးဒိၣ်

hair *n* ၁. ခိၣ်သူ ၂. ခိၣ်ဆူၣ်

hair trigger *n* ကျိအမဲာ်ခွဲးကဖိ, ကျိအမဲာ်ခွဲးလၢတၢ်ဆဲထီၣ်ဃာ်အီၤလၢကခွဲးအီၤကဖီလီအဂီၢ်

hairbrush *n* သံၣ်လုၣ်ခွံ (သံၣ်ခွံခိၣ်တကလုာ်)

hairclip *n* ခိၣ်ဆိုး, နီၣ်တံာ်ခိၣ်

haircurlers *n* နီၣ်မၤတကံခိၣ်ပီးလီ, တၢ်မၤတကံခိၣ်ပီးလီ

haircut *n* တၢ်တံာ်ခိၣ်သူ

H

hairdo *n* ၁. ခိဉ်သူခိဉ်လၢ်အက့ၢ်အဂီၤ, ပိာ်မုာ်ခိဉ်သူဆဲဉ်လၤ ၂. တၢ်တံာ်နၢ်ပှၤခိဉ်သူ
hairdresser *n* ပှၤကယၢခိဉ်သူ
hairdryer *n* တၢ်မၤယ့ထီခိဉ်ဆူဉ်
hairless *a* လၢအခိဉ်သူတအိဉ်
hairline *n* ၁. ခိဉ်သူအခိဉ်ထိး, ခိဉ်ဆူဉ်ဖိ, ခိဉ်သူမဲထိဉ်အလိၢ် ၂. တၢ်လၢအအိဉ်ထဲသိးခိဉ်သူဆူဉ်
hairpiece *n* ခိဉ်ဆူဉ်အယီၢ်, ခိဉ်ဆူဉ်တုး
hairpin *n* ခိဉ်ဆဲး, ခိဉ်ဆိုး
hair-raising *a* လၢအဆူဉ်တကံၢ်ထီဉ်
hair's breadth *n* တၢ်အလဲၢ်ထဲသိးခိဉ်သူတဘိ, တၢ်ထဲသိးခိဉ်သူတဘိ
hair-splitting *n* ခိဉ်ဖးဒ့
hairspray *n* တၢ်ပြံခိဉ်သူအထံ
hairstyle *n* ခိဉ်သူခိဉ်လၢ်အက့ၢ်အဂီၤ, တၢ်ကယၢခိဉ်သူခိဉ်လၢ်အဒိ
hairy *a* လၢအဆူဉ်တိဉ်
hale *a* လၢအအိဉ်ဆူဉ်အိဉ်ချ့ပုံၤဂံၢ်ပုံၤဘါ
hale *v* မိၤဆူဉ်, ထုးဆူဉ်
half *a* တကူာ်, တတ်
half *n* ၁. (½) ခံပူတပူ ၂. တတ်, ဖးဖီ
half blooded *a* လၢအဒီနူဉ်ချၢ, လၢအကးပြါ
half heartedly *adv* လၢတၢ်တသူဉ်ဆူဉ်သးဂဲၤအပူၤ
half mast *n* တၢ်ဟ်လီၤနီဉ်တယၢ်ထူဉ်တတ်လၢတၢ်ကဟ့ဉ်တၢ်ယူးယီဉ်ဆူပှၤလၢအလဲၤပူၤကွံာ်တဖဉ်အခါ
half measures *n* သန္ မ့တမ့ၢ် ဖီလစံဉ်လၢတမံသူဉ်မံသး
half-and-half *a* တခါတတ်တခါတတ်, တမံၤတတ်စှာ်စှာ်
half-arsed *a* လၢအမၤတၢ်လၢတၢ်သူဉ်တတုၤလီၤသးတတုၤလီၤအပူၤ
half-baked *a* ၁. လၢအတတုၤလီၤတံၤလီၤ ၂. လၢတၢ်ဟ့ဉ်ကူဉ်တၢ်ရဲဉ်တၢ်ကျဲၤလၢတၢ်မၤဖျါထိဉ်အမိၢ်လံၤမိၢ်ပှၢ်တသ့
half-breed *n* (တၢ်ကိးဆါပှၤ) ကးပြါ
half-brother *n* ဒီပုၢ်ဝဲၢ်ခွါနူဉ်ချၢ, ဒီပုၢ်ဝဲၢ်ခွါခိဉ်ချၢ
half-caste *n* (တၢ်ကိးဆါပှၤ) ကးပြါ
half-hearted *a* လၢအတအိဉ်ဒီးတၢ်သူဉ်ဆူဉ်သးဂဲၤဒီးတၢ်ထဲးဂံၢ်ထဲးဘါ
half-sister *n* ဒီပုၢ်ဝဲၢ်မုဉ်နူဉ်ချၢ, ဒီပုၢ်ဝဲၢ်မုဉ်ခိဉ်ချၢ
half-time *n* တၢ်အိဉ်ဘုံးအဆၢကတိၢ်တတ်
half-track *n* သုးသိလ့ဉ်လၢအမဲာ်ညါအိဉ်ဒီးအပဉ်ဒီးအလိၢ်ခံအိဉ်ဒီးထးပဉ်ရံး
half-truth *n* တၢ်တဲတၢ်မ့ၢ်တၢ်တီတဖှံဉ်တတ်
halfway *adv* တၢ်လဲၤကျဲတတ်
halfway house *n* ဟံဉ်အိဉ်ကဒု, တစိၢ်တလိၢ်ဟံဉ်အိဉ်ကဒု
halfwit *n* ပှၤလၢအသးတဆး
half-witted *a* လၢအသးတဆး, လၢအသးတလၢ, လၢအခိဉ်နူာ်တပုံၤ
hall *n* ၁. ဘျိဉ် ၂. တၢ်အိဉ်ဖှိဉ်အဘျိဉ် ၃. တၢ်ဒုးနဲဉ်အဘျိဉ် ၄. ဝ့ၢ်အဘျိဉ် ၅. တၢ်သူဉ်ထိဉ်အဘျိဉ် ၆. တၢ်အိဉ်မ့ၤလိၢ်ဖးလဲၢ်, တၢ်အိဉ်မ့ၤအဘျိဉ် ၇. ဟံဉ်ဖးဒိဉ်ဖးလဲၢ်, ဟံဉ်လီၤဘိလီၤမုၢ် ၈. နီ
Hall of Fame *n* ၁. ပှၤလၢအစဲဉ်နီၤ, အဖွဲးအဖုအကရၢ ၂. တၢ်လိၢ်လၢကီၢ်အမဲရကၤဖဲပှၤမၤလိတၢ်ဘဉ်ယးတၢ်ဂဲၤလိာ်ခိဉ်ဂဲၤလိာ်ကွဲဒီးတၢ်ဟူးတၢ်ဂဲၤတဖဉ်
hallelujah *exclam* "ဟါလ့ၤလူယၤ", တၢ်မၤသီဉ်ကလုၢ်လၢကစံးထိဉ်ပတြၢၤယွၤ
hallow *v* ဟ်စီဆုံ
Halloween *n* ပှၤစီဆုံတဖဉ်အမုၢ်နံၤအနၤ
hallucinate *v* ထံဉ်မံတၢ်, တၢ်လၢတအိဉ်ဘဉ်နဉ်ထံဉ်မံဝဲလၢအအိဉ် အဒိ, ပှၤအီသံးဖိဒီးပှၤမူၤကသံဉ်မူၤဘိုးတဖဉ်ထံဉ်မံတၢ်
hallucination *n* တၢ်ထံဉ်မံတၢ်, တၢ်ထံဉ်မံတၢ်လၢအတအိဉ်ဘဉ်
hallucinogen *n* ကသံဉ်မူၤဘိုးတကလှာ်, ဟဲလူဉ်စံဉ်နိကျၢဉ်ကသံဉ်မူၤဘိုး, ကသံဉ်မူၤဘိုးလၢတၢ်အီအီၤဒီးတၢ်ထံဉ်မံတၢ်လၢအတအိဉ်ဘဉ်
hallway *n* ကျဲဖိလၢဒၢးအမဲာ်ညါ
halo *n* တၢ်ကပီၤအကွီၤလၢအဝးတရံးပှၤစီဆုံအခိဉ်, တၢ်ကပီၤအကွီၤလၢအတရံးမုၢ်လါ
halt *n* ၁. တၢ်ဒုးအိဉ်ပတှာ်တၢ်, တၢ်အိဉ်ပတှာ်, တၢ်မၤပတှာ်တၢ်မီကိာ် ၂. လ့ဉ်မ့ဉ်အူသန့ဆံးဆံးဖိ
halt *v* အိဉ်ပတှာ်

H

halter *n* ၁. တၢ်စၢၢ်သံပှၤကညီအပျံၤ ၂. ကသ့ၣ်အပျံၤ

halve *v* နီၤဖးတၢ်ခံခီပှဲၤသိးသိး, နီၤဖးလီၤတၢ်ခံခီ

ham *n* ၁. ထိးကံၣ်ဒုၣ်ဃ့ ၂. (ဆၣ်ဖိကီၢ်ဖိ) အကံၣ်ဒုၣ် ၃. ပှၤလၢအဆှၢလိာ်ကွဲကွဲၤလ့လိၤတၢ်ကစီၣ် ၄. ပှၤလၢအဂဲၤဒိလီၤလူလီၤဖှိး, ပှၤလၢအဂဲၤဒိလူတၢ်, ပှၤဂဲၤဒိတၢ်လၢတဂ့ၤဘၣ်

hamburger *n* ကိၣ်တၢ်ညၣ်

hamlet *n* သဝီဆံဆံးဖိ

hammer *n* ၁. ခံၣ်ရူၣ် ၂. နိၣ်ဒိ, နိၣ်တိၢ် (အဒိ, တနၢ်ပှိၢ်စုအနိၣ်ဒိဖိတဖၣ်) ၃. (တၢ်ဂဲၤလိာ်ကွဲ) ထးဖျာၣ် ၄. ကျိအနိၣ်ဖျး, ကျိအနိၣ်ခးပတ့ၤ, ကျိပိးလီလၢအဒုးပိၢ်ကျိသၣ်

hammer *v* ၁. ဒိတၢ်ဒီးခံၣ်ရူၣ်, ပျုၤတၢ် ၂. ထဲးဂံၢ်ထဲးဘါမၤတၢ် ၃. မၤနၢၤမၤဃၣ်ကွံာ်တၢ်, မၤနၢၤကွံာ်တၢ်လၢာ်လၢာ်ဆ့ဆ့ ၄. ပဲာ်ဖးနီၤဖးဆူၣ်ဆူၣ်ကိၢ်ကိၢ် ၅. စူၤလီၤဒ်သိးမူခိၣ်ကလီၤပှိၢ်အသိး, ဟဲလီၤတဲာ်ဆူၣ်ဆူၣ်ကလဲာ် ၆. (သးဖျာၣ်) စံၣ်ချ့ချ့ကလဲာ်

hammering *n* ၁. တၢ်ဒိတၢ်ဒီးခံၣ်ရူၣ်အသီၣ်, တၢ်ဒိပျုၤတၢ်အသီၣ် ၂. တၢ်မၤနၢၤမ့တမ့ၢ် ကတိၤဒုၣ်ဒွဲၣ်ပှၤတဂၤနးနးကလဲာ်

hammock *n* စုာ်

hamper *n* တီၣ်, သကွီၣ်တြၢၤဖးဒိၣ်လၢအိၣ်ဒီးအခိၣ်ကျၢၢ်, ကု, နာ်, တၢ

hamper *v* တြီဃာ်တၢ်, မၤတံာ်တာ်တၢ်

hamster *n* ယုၢ်တုာ်မဲၢ်

hamstring *n* ခီၣ်ကစၢၢ်လာ်အထူၣ်

hamstring *v* ၁. တြီဃာ်တၢ်လၢကမၤတၢ်တမံၤမံၤ ၂. ကျီတဲာ်အခီၣ်ထူၣ်

Han *n* ၁. တရူးစီၤပၤအစၢၤအသွဲၣ်လၢအပၢတၢ်စးထီၣ်လၢ ချ. ခ. န ၂၀၆ တုၤ ခ. န ၂၂၀ ၂. ဟၣ်ကလုာ်နူၣ်အအါကတၢၢ်လၢကီၢ်စံၣ်အပူၤ

hand *n* ၁. စုလၣ်, စု ၂. နၣ်ရံၣ်အစု ၃. တၢ်အိၣ်ဒီးတၢ်စိကမီၤလၢတၢ်တမံၤမံၤအဖီခိၣ် ၄. ပှၤမၤတၢ်ဖိ, ပှၤမၤတၢ်ဖိလၢမၤတၢ်အဃၢလၢစံာ်ဓိၤပှဲၤဓိၤအပူၤ, စဲးဖိကဟၣ်တၢ်မၤလိၢ်ဒီးကဘီဖိခိၣ် ၅. တၢ်ဒဲနဲ့ၢ်စု, တၢ်ဒဲစုစံးထီၣ်ပတြၢၤ ၆. ဖဲခးက့တစူၣ်လၢတၢ်နီၤလီၤဆူပှၤလိာ်ကွဲတၢ်ဖိအအိၣ်, ဖဲလၢပှၤလိာ်ကွဲတၢ်ဖိအစု ၇. စုလီၢ် ၈. တၢ်ထိၣ်ကသ့ၣ်အနိၣ်ထိၣ်လၢအထီအိၣ်လွံၢ်စုမုၢ်ဒိၣ်

hand *v* ဟ့ၣ်, ဆှၢ, ဟ့ၣ်စိ, ဟ့ၣ်ခီ

at hand *idm:* ဘူးဒီး

hand down *vp:* ဟ့ၣ်လီၤတစိၤဘၣ်တစိၤ

hand in hand *idm:* မၤသကိးတၢ်

hand in glove *idm:* မၤသကိးတၢ်ဒီး, မၤသကိးတၢ်တမံၤမံၤလၢတၢ်ရူသူၣ်

hand on *vp:* ဟ့ၣ်လီၤတစိၤဘၣ်တစိၤ

hand over *vp:* ဟ့ၣ်လီၤကွံာ်တၢ်တမံၤမံၤ, ဟ့ၣ်လီၤကွံာ်မူဒါ

hand to mouth *idm:* မၤဂီၤအီၣ်ဟါ, မၤလၢဂီၤအီၣ်လၢဂီၤ

have a hand in *idm:* မၤဘၣ်ဃးဃုာ်လိာ်သး, မၤစၢၤလိာ်သး

have one's hands full *idm:* အိၣ်ပှဲၤလၢအစုပူၤ

keep one's hand in *idm:* မၤအီၤခဲအံၤခဲအံၤ, မၤတနဲးနဲးဒ်သိးသုတသးပ့ၤနီၣ်တၢ်သ့တၢ်ဘၣ်

off one's hands *idm:* (ဟံး) ထိၣ်ကွံာ်လၢအစုပူၤ

on hand *idm:* အိၣ် (လၢကမၤတၢ်တမံၤဝံၤအဂီၢ်) , ချူး (လၢကမၤတၢ်တမံၤမံၤအဂီၢ်)

on one's hands *idm:* လၢအဘၣ်ဟံးကဲ့ၤမူဒါ, လီၤတီလၢအဖီခိၣ်

out of hand *idm:* တဘျီဃီ

hand baggage *n* တလါတွံၢ်စု

hand grenade *n* စုမ့ၣ်ပိၢ်

handbag *n* ထၢၣ်စိာ်စု

handball *n* ၁. ဖျာၣ်စု – တၢ်ကွံာ်ဂဲၤဖျာၣ်စု ၂. ဖျာၣ်ထူဘၣ်စု–တၢ်ထူဖျာၣ်ထူအခါဖျာၣ်ထူဘၣ်စုဒီးစုနူၣ်

handbill *n* လံာ်ရၤလီၤ, လံာ်ဘိးဘၣ်သ့ၣ်ညါအဆံးဖိတကလှာ်လၢတၢ်ရၤလီၤအီၤလၢစု

handbook *n* လံာ်ဟံးဃာ်, လံာ်လၢအနဲၣ်ကျဲတၢ်ကဘၣ်ရူးကါတၢ်တမံၤမံၤဒ်လဲၣ်

handbrake *n* နီၣ်ဖ့ၣ်စု

handcart *n* လှၣ်ဆီၣ်စု

handcrafted *a* လၢအမ့ၢ်တၢ်စုသ့အတၢ်မၤ

handcuff *v* ဒုးကျိၤထီၣ်ထးကျိၤစု

handcuffs *n* ထးကျိၤစု

handful *n* ၁. တစိၤ, တၢ်အနိၣ်ဂံၢ်လၢအစုၤ ၂. (တၢ်ကတိၤမ့ၢ်ဆ့ၣ်မ့ၢ်ဂၤ) ပှၤလၢနရှဘၣ်အီၤ မ့တမ့ၢ် ပၢၤဘၣ်အီၤကီ

handgun *n* ကျိဖှၣ်ဖိ, ကျိတရံးဖိ

hand-held *a* လၢအဘၣ်တၢ်တ့အီၤဒ်သိးက ဖိၣ်အီၤလၢစု, လၢအိၣ်ဒီးအစုဖိၣ်

handicap *n* ၁. ခိၣ်နူာ် မ့တမ့ၢ် နီၢ်ခိက့ၢ်ဂီၤ တလၢတပှဲၤ ၂. တၢ်တြီမၤတာ်တာ်, တၢ်နိးတၢ်ဘျး ၃. တၢ်မၤပှၤတဂၤဃှၢ်ဆိ မ့တမ့ၢ် ကသ့ၣ်ဘၣ်စိာ် တၢ်ဃၢလၢကဟ့ၣ်တၢ်ခွဲးတၢ်ယာ်ထဲသိးတုၤသိး လၢကမၤနၢၤတၢ်ပြၢအဂီၢ်

handicap *v* မၤစုၤလီၤတၢ်ဘျုးတၢ်ဖှိၣ်, မၤ ကီထိၣ်တၢ်မၤ

handicapped *a* လၢအမိၢ်ပှၢ်ဟးဂီၤ အဒိ, အခိၣ်ဟးဂီၤ

handicraft *n* တၢ်စုသ့တၢ်မၤ

handily *adv* ညီညီ, ညီကဒ့ၣ်

handiwork *n* ၁. စုလိၢ် ၂. တၢ်မၤတမံၤမံၤ လၢနမၤအီၤလၢနစုလိၢ်

handkerchief *n* တၢ်ဝါဖိ, တၢ်စှၢၤဖိ

handle *n* စုဖိၣ်, တၢ်အတိၢ် အဒိ, ဃာ်တိၢ်, ကွါတိၢ်

handle *v* ဟံးတၢ်ဖိၣ်တၢ်

handlebars *n* လှ့ၣ်ယီၢ်အစုဖိၣ်

handler *n* ၁. ပှၤတဂၤဂၤလၢအဟံးမူဒါဖိၣ် တၢ်မၤတမံၤမံၤ ၂. ပှၤသိၣ်လိနဲၣ်လိဒီးကွၢ်ထွဲဆ့ၣ် ဖိကီၢ်ဖိ, ပၢၤကီၢ်လၢအပၢဆှၢကွၢ်ထွဲပၢၤကီၢ်ထွံၣ် ၃. ပှၤကွၢ်ထွဲပၢဆှၢတၢ်, ပှၤနဲၣ်တၢ်

handling *n* ၁. တၢ်ဟံးတၢ်ဖိၣ်တၢ် ၂. တၢ်ကွၢ် ဆၢၣ်မဲာ်ပၢဆှၢရဲၣ်ကျဲၤတၢ်အကတိၢ်, တၢ်ရဲၣ်လီၤ ကျဲၤလီၤ

handmade *a* လၢအဘၣ်တၢ်မၤအီၤလၢစု, လၢအဘၣ်တၢ်မၤကဲထိၣ်အီၤလၢစု

hand-me-down *n* တၢ်ကူတၢ်ကၤ, တၢ် ဖိတၢ်လံၤလိၢ်လံၤလၢတၢ်ကူကၤအီၤဝံၤဟ့ၣ်လီၤ ကွံာ်ဆူပှၤဂၤအအိၣ်

handout *n* ၁. ကျိၣ်စ့ မ့တမ့ၢ် တၢ်မၤစၢၤ တမံၤမံၤလၢတၢ်ဟ့ၣ်လီၤအီၤဆူပှၤလၢအလိၣ်ဘၣ် တၢ် မ့တမ့ၢ် တၢ်ကရၢကရိအအိၣ် ၂. လံာ်ဘိးဘၣ်ရၤလီၤလၢတၢ်ဟ့ၣ်နီၤလီၤ ၃. လံာ်နီၤလီၤ

handover *n* တၢ်ဟ့ၣ်လီၤစိကမီၤ မ့တမ့ၢ် တၢ်တမံၤမံၤဆူပှၤဂၤအစုပူၤ, တၢ်အးလီၤတၢ်ဆူ ပှၤဂၤအစုပူၤ

hand-picked *a* လၢတၢ်ဃုထၢထိၣ်အီၤလီၤ လီၤဆီဆီ, လၢတၢ်ဃုထၢထိၣ်အီၤလီၤတံၢ်လီၤဆဲး

handrail *n* ယီစုဖိၣ်, နီၣ်စုဟံး

handsaw *n* စုလွး, စုနီၣ်ဘုး

handset *n* ၁. လီတဲစိအစုဖိၣ်, လီတဲစိ လၢတၢ်ဖိၣ်ထိၣ်အိၣ်ဒီးတၢ်ဒိကနၣ်ဒီးတၢ်ကတိၤ တၢ်အလီၢ်ဖိ ၂. အံၣ်လဲးထြိနး့တၢ်ပီးတၢ် လီအစုဖိၣ်

hands-free *a* လၢတလိၣ်စူးကါစု အဒိ, လီ တဲစိလၢတၢ်တလိၣ်စိာ်ဒီးစု

handshake *n* ဟံးစုကွၢ်မဲာ်

hands-off *a* လၢအတမၤဘၣ်ဃးသး

handsome *a* လၢအဒိၣ်တၢ်ဂ့ၤ

handstand *n* တခွ့ခံဆၢထၢၣ်လၢစုဖီခိၣ်, ဆၢထၢၣ်ဒ်ပတ့ၢ်ချဲးအသိး

hand-to-hand *a* ဘူးလိာ်အသး, ဒုးလိာ် ယၤလိာ်သးလၢစုဒီးယဲာ်ဖိၤဘိဖိၤ

handwork *n* တၢ်မၤလၢပမၤအီၤလၢပစု

handwriting *n* စုလိၢ်

handwritten *a* လၢအဘၣ်တၢ်ကွဲးအီၤ လၢပစု

handy *a* လၢအဘျုးအိၣ်, လၢအမၤတၢ် စုသ့တၢ်မၤသ့

handyman *n* ပှၤလၢအဘိုကစဲးကစီးန့ၢ်ပှၤ ဟံၣ်ဖိၤယီဖိၤ

hang *v* ၁. ဘျးလီၤ, လီၤစဲၤ ၂. စၢသံ, စၢ်သံ ၃. စၢလီၤစဲၤ, ထိၣ်လီၤစဲၤ ၄. (ခိၣ်ဖှူထၢၣ်) က တာ်ထီ, အိၣ်ကတာ်

get the hang of *idm:* မၤတၢ်သ့ဂ့ၤဂ့ၤ

hang around *vp:* ဟးဃဲၤယီၤအသး, ဟး လိာ်ခိၣ်လိာ်ကွဲဒီးအသကိး (ဟးလိာ်ခိၣ်လိာ်ကွဲဒီး အသကိး)

hang back *vp:* သးဒ့ဒီတၢ်, သးတနၢၤ အါအါဘၣ်

hang on *vp:* ၁. ဖိၣ်စံၤတံာ်ဃာ်ဃံးဃံး ၂. အိၣ်ခိး, ခိးသးစူၤ

hang out *vp:* ဟးလိာ်ကွဲ

hang together *vp:* အိၣ်ဒီးတၢ်သးတဖျၢၣ်

H

ယီ

hang up *vp:* ဟ်လီၤလီတဲစိ

hangar *n* တၢ်ဟ်ကဘီယူၤကြိၢ်

hanger *n* နီၣ်ဘျးဆ့

hang-glider *n* ကဘီယူၤဘျိၣ်လၢတၢ်ဒိးကလံၤအဂီၢ်

hang-gliding *n* တၢ်ဒိးကဘီယူၤဘျိၣ်ကလံၤလၢတအိၣ်ဒီးအစဲး

hanging *n* ၁. တၢ်စၢၢ်သံတၢ် ၂. ယၣ်ဘျးသဒၢလၢအအိၣ်လၢတၢ်ဘၢၣ်စၢၤ, တတုၤခိၣ်တုၤခံ

hangman *n* ပှၤလၢအမူဒါအိၣ်လၢဘၣ်စၢၢ်သံပှၤလၢအလုၢ်သ့ၣ်ခါပတာ်တၢ်သိၣ်တၢ်သီ, ပှၤစၢၢ်သံပှၤ

hangnail *n* တၢ်ဖံးဘ့ၣ်လၢစုမ့ၣ်ဒီးခီၣ်မ့ၣ်အကပိာ်ကပၤ

hang-out *n* တၢ်လီၢ်တတီၤလၢပှၤတဂၤအိၣ်ဆိးဝဲ မ့တမ့ၢ် လဲၤညီနုၢ်အလီၢ်

hangover *n* တၢ်ခိၣ်ဆါဒီးတၢ်တမုာ်တလၤဖဲတၢ်အီသံးအါတလၢဝံၤအလီၢ်ခံတနံၤ

hang-up *n* တၢ်သးဂဲၤလၢအအိၣ်ထိၣ်ဖုးခီဖျိသးအတၢ်တူၢ်ဘၣ်ခီၣ်ဘၣ် မ့တမ့ၢ် တၢ်ကီတၢ်ခဲလၢဘၣ်လဲၤခီဖျိ

hanker *v* သးလီတၢ်ဆူၣ်ဆူၣ်ကလဲာ်, မိၣ်န့ၢ်တၢ်နးနးကလဲာ်

hanky *n* တၢ်ဝါဖိ

Hanukkah *n* ဟါနၣ်ခၣ်အမူး, ပှၤယူဒၤတၢ်ဘါလၢအဒွဲၣ်ပနဲတၢၣ်ဃိးသီဖဲလါဒံၣ်စဲဘၢၣ်အပူၤ

haphazard *n* တၢ်ဘၣ်ဆၢၣ်ဘၣ်တီၤ, တၢ်ဘၣ်နှၢ်အတီၤ

hapless *a* လၢအဘူၣ်အတီၢ်တဂ့ၤ, လၢအဝံကလၤတဂ့ၤ

happen *v* ကဲထီၣ်, ကဲထီၣ်အသး, မၤအသး

happening *n* ၁. တၢ်မၤအသး ၂. တၢ်လၢအကဲထီၣ်

happily *adv* တၢ်သူၣ်ဖှံသးညီအပူၤ, တၢ်သးခုအပူၤ

happiness *n* တၢ်သးခု

happy *a* ၁. သးဖှံ, လၢအသူၣ်ဖှံသးညီ ၂. လၢအသးအိၣ်လၢကမၤစၢၤတၢ်, ဘၣ်သူၣ်ဘၣ်သးလၢကမၤတၢ် ၃. လၢအဟ့ၣ် မ့တမ့ၢ် ဒုးအိၣ်ထိၣ်တၢ်သူၣ်ဖှံသးညီ ၄. လၢအဘူၣ်ဂ့ၤတီၢ်ဘၣ်

happy hour *n* တၢ်ဆါစှၤလီၤသံးအပှ့ၤအဆၢကတီၢ်

happy-go-lucky *a* လၢအတၢ်ကိၢ်တၢ်ဂီၤတၢ်ဘၣ်ယိၣ်ဘၣ်ဘီတအိၣ်လၢခါဆူညါအဂီၢ်

harangue *v* ကတိၤဟ်ဒ့ၣ်ဟ်ကမၣ်တၢ်လၢအကလုၢ်ဖးဒိၣ်အပူၤ

harass *v* မၤအ့နူ, မၤတံာ်တာ်ပှၤထီဘိ

harassed *a* လၢအသူၣ်လီၤဘှံးသးလီၤတီၤမ့ၢ်လၢတၢ်မၤအါအဃိ, လၢအဘၣ်ယိၣ်ဘၣ်ဘီတၢ်အါမ့ၢ်လၢအဘၣ်မၤတၢ်အါအဃိ

harbinger *n* ၁. တၢ်ပနီၣ်လၢအဒုးသ့ၣ်ညါဆိတၢ် ၂. ပှၤဃ့ၢ်လၢညါ ၃. ပှၤစိာ်တၢ်ကစီၣ်

harbour, harbor *n* ၁. တၢ်ဟ်ရူသူၣ်ဒီးဒီတဒၢပှၤ ၂. တၢ်ဟ်တၢ်လၢအသးပူၤ

harbour, harbor *v* ၁. ဟ်ရူသူၣ်ဒီးဒီတဒၢပှၤ ၂. ဟ်တၢ်လၢအသးပူၤ

hard *a* ၁. လၢအကိၢ်လိၣ်, လၢအကျၢၤ, လၢအပံာ်စွံ ၂. လၢအဘၣ်ဂုာ်ကျဲးစၢးမၤတၢ်ကီကီခဲခဲ, လၢအကီ, လၢအခိၣ်ကီၤ ၃. လၢအကီအခဲ ၄. (မူခိၣ်ကလံၤသိၣ်ဂီၤ) လၢအတပျုာ်တပျီၤ, လၢအဆူၣ်အကီၤ ၅. လၢအထုးဂံၢ်ထုးဘါဆူၣ်ဆူၣ်ကိၢ်ကိၢ် ၆. (သံး) လၢအသဟီၣ်ဆူၣ် ၇. (ထံ) လၢအပၣ်ဃုာ်ဒီးဟီၣ်လာ်ပနံာ်

hard and fast *idm:* ဃံးဃံး, ဂၢၢ်ဂၢၢ်ကျၢၤကျၢၤ

hard by *idm:* ဘူးဒိၣ်မး

hard case *n* ပှၤလၢအဂံၢ်ဆူၣ်ဒီးဒုးတၢ်စဲၣ်နီၤ

hard copy *n* တၢ်ဂ့ၢ်တၢ်ကျိၤလၢခီၣ်ဖျူထၢၣ်လၢဘၣ်တၢ်ထၢနုာ်အီၤလၢစးခိအပူၤ, စးခိကွဲးဒိ

hard core *n* ၁. ပှၤဂၢၢ်ကျၢၤလၢတၢ်ကရၢကရိတခါခါအပူၤ ၂. တၢ်ဒ့တၢ်အူတကလုာ်လၢအကလုၢ်သိၣ်ဖးဒိၣ် ၃. လၢၢ်ဒီးတၢ်က့တၢ်ခီဆံးဆံးဖိလၢတၢ်စူးကါအီၤလၢတၢ်ကမၤပှဲၤတၢ်လီၤဟိ မ့တမ့ၢ် တၢ်သူၣ်ထီၣ်အဂံၢ်ခီၣ်ထံး

hard disk *n* ခီၣ်ဖျူထၢၣ်တၢ်ပီးတၢ်လီလၢဟ်ကီၤလီၤစီၤဃာ်တၢ်ဂ့ၢ်တၢ်ကျိၤတဖၣ်

hard drive *n* ခီၣ်ဖျူထၢၣ်တၢ်ပီးတၢ်လီလၢဟ်ကီၤလီၤစီၤဃာ်တၢ်ဂ့ၢ်တၢ်ကျိၤတဖၣ်

hard hat *n* ခိၣ်သလုးအကျၤ (ပှၤကုာ် မ့တမ့ၢ် ဖျိၣ်ဝဲလၢပနံၣ်စဲးဖီကဟၣ်တၢ်မၤလီၢ်)

hard line *n* သန့လၢအဃံး, တၢ်အခိၣ်ကီၤတမၤဘၣ်လိာ်ဖိးဒ့တၢ်

hard of hearing *a* နါ်ဃာ

hard rock *n* တၢ်ဒ့တၢ်အူတၢ်သးဝံၣ်ရီး(ခ)လၢတၢ်ဒ့အီၤလၢာ်ဂၢ်လၢာ်ဘါ

hard sell *n* တၢ်ဆါဆူၣ်ဆါကိၢ်တၢ်အကျိၤအကျဲ, တၢ်ဆါတၢ်အကျိၤအကျဲလၢပှၤဆါတၢ်ဖိတဂၤတဲတၢ်ဆူၣ်ဆူၣ်ကိၢ်ကိၢ်ဒ်သိးပှၤကပှ့ၤတၢ်အဂီၢ်, တၢ်ဘိးဘၣ်ရၤလီၤလၢအဆူၣ်ဆူၣ်ကိၢ်ကိၢ်

hard up *a* လၢအအိၣ်ဒီးကျိၣ်စ့တၢ်ကီတၢ်ခဲ, လၢအိၣ်ဒီးကျိၣ်စ့ထဲတဆံးတက့ၢ်

hard-boiled *a* ၁. (ဆီဒံၣ်) တၢ်လၢချီအီၤတုၤလၢအကိၤ ၂. လၢအတနးနဲၣ်ဖျါအတၢ်သူၣ်ဟူးသးဂဲၤ, လၢအတၢ်သူၣ်ဆူၣ်သးဆူၣ်

hard-core *a* ၁. လၢအအိၣ်ဒီးတၢ်နာ်အဂၢၢ်အကျၢၤ, လၢအသဟီၣ်ဆူၣ်, လၢအခိၣ်ကိၤ ၂. လၢအဖျါလီၤတံၢ်လီၤဆဲး

hardcover *n* လံာ်အကုတီၣ်

harden *v* မၤကိၤထီၣ်, မၤကျၤထီၣ်

hard-earned *a* လၢအမၤန့ၢ်ဘၣ်ဝဲကီကီခဲခဲ

hard-fought *a* လၢအဘၣ်မၤန့ၢ်ဝဲကီကီခဲခဲအပူၤ, လၢအဘၣ်ဒုးန့ၢ်တၢ်ဆူၣ်ဆူၣ်

hard-headed *a* လၢအဟ်လီၤသးကျၢၤမုဆုၢ

hard-hearted *a* လၢအခိၣ်ကိၤ

hard-hitting *a* ပဲာ်ဖးနီၤဖးတၢ်လီၤကတိၤ, ဒုၣ်ဒါစံးအါတၢ်တီတီလီၤလီၤ

hard-won *a* တၢ်ဒီးန့ၢ်အီၤဖဲတၢ်မၤနၢၤတၢ်ဆူၣ်ဆူၣ်ဝံၤအလီၢ်ခံ

hardily *adv* ခဲလၢာ်ဃာ်ဃာ်, ကီကီခဲခဲ, ဘူးကဲထီၣ်တသ့

hard-luck story *n* တၢ်တဲလီၤဃဲၤလီၤပှၤတဂၤဂၤအဂ့ၢ်ဒ်သိးကမၤန့ၢ်တၢ်သူၣ်ကညီၤသးကညီၤဒီးတၢ်ဒိသူၣ်ဒိသး

hardly *adv* ကီကီခဲခဲ, နးနးကျံၤကျံၤ

hardness *n* တၢ်လၢအကိၤ, တၢ်ပံာ်တၢ်ကီ, တၢ်တုၢ်တၢ်ကီတၢ်ခဲတၢ်နးတၢ်ဖှိၣ်န့ၢ်ဝဲ

hard-nosed *a* လၢအသ့တုၢ်လိာ်ဒ်တၢ်မ့ၢ်တၢ်တီအသိးဒီးလၢအကျၢၤမုဆု

hard-pressed *a* ၁. လၢအအိၣ်ဒီးတၢ်ဂ့ၢ်ကီအါမး ၂. လၢအထံၣ်ဘၣ်တၢ်ကီတၢ်ခဲခီဖျိကျိၣ်စ့တကူတလၢအဃိ

hardship *n* တၢ်ကီတၢ်ခဲ

hardware *n* ၁. သုးစုကဝဲၤတၢ်ပီးတၢ်လီလၢအဒိၣ်အသွါတဖၣ် ၂. တၢ်ပီးတၢ်လီလၢခိၣ်ဖှူထၢၣ်ပူၤ ၃. ထးတၢ်ပီးတၢ်လီလၢဘၣ်တၢ်သူအီၤလၢဟံၣ်ပူၤဒီးကရၢ်ပူၤ

hardware shop *n* ကျးပန်ာ်ကျၤ

hardwood *n* သ့ၣ်မး, သ့ၣ်ကိၤ

hard-working *a* လၢအထဲးဂံၢ်ထဲးဘါမၤတၢ်သပှၢ်ပှၢ်, လၢအထဲးဂံၢ်ထဲးဘါမၤတၢ်ဂ့ၤဂ့ၤ

hardy *a* တုၢ်တၢ်န့ၢ်, ကွၢ်ဆၢၣ်မဲာ်တၢ်ကီတၢ်ခဲန့ၢ်, လၢအဂံၢ်ဆူၣ်ဘါဆူၣ်ဒီးတုၢ်တၢ်ကဲ

hare *n* ပဒဲ, ပဒဲအဒိၣ်တကလုာ်

hare-brained *a* လၢအတအိၣ်ဒီးတၢ်ခံကွၢ်စီၤကွၢ်တၢ်, လၢအသးတဆး, လၢတၢ်ပလိၢ်သးတအိၣ်

harelip *n* အိၣ်ဖျဲၣ်ထးခိၣ်ပိာ်, အိၣ်ဖျဲၣ်နိးပိာ်

harem *n* ၁. သံၣ်မါဒီဖုဒီဂီၢ် ၂. ပိာ်မုၣ်ဒၢးလၢမူးစလ့ၣ်ဟံၣ်ပူၤ

hark *exclam* ဒိကနၣ်, မၢပှၤဒိကနၣ်

harkback *v* တဲကဒါက့ၤတၢ်လၢအမၤတ့ၢ်အသးလၢအပူၤကွံာ်

harlot *n* ပိာ်မုၣ်ဆါလီၤအီၣ်သး, ဃဲသဲမုၣ်

harm *n* တၢ်ဘၣ်ဒိဘၣ်ထံး, တၢ်မၤဟးဂူာ်ဟးဂီၤ

harm *v* မၤအၢ, မၤဟးဂီၤ, မၤဘၣ်ဒိ

harmful *a* လၢအမၤဟးဂူာ်ဟးဂီၤတၢ်သ့, လၢအမၤဆါတၢ်သ့

harmless *a* လၢအမၤဟးဂီၤတၢ်တသ့, လၢအမၤဆါတၢ်တသ့

harmonic *a* ၁. လၢအဘၣ်ဃးဒီးတၢ်ဒ့တၢ်အူ, တၢ်သးဝံၣ်အကလုၢ်လၢအဖိးလိာ်အသး ၂. လၢအသိၣ်ဃူဃိၣ်လိာ်အသးဒီးမှာ်ဘၣ်နၢ် ၃. လၢအဃူဃိၣ်ဘၣ်လိာ်အသး

harmonic *n* ၁. တၢ်အကလုၢ်ဃူဃိၣ်လိာ်အသး ၂. နိးတဖျၢၣ်လၢအသိၣ်ထီဒီးကဖီလီန့ၢ်ဒံးနိးအမိၢ်ပှၢ်

harmonica *n* တဃံၤ, တနၢ်အူ

harmonious *a* ၁. လၢတၢ်သးဝံၣ်အီၤဃုၢ်ကွ့ၤဖိးမံ, တၢ်သိၣ်မှာ် ၂. လၢအထွဲဘၣ်ထွဲဘၣ်, တအိၣ်ဒီးတၢ်ဂ့ၢ်လိာ်ဘိုလိာ် ၃. ဖိးမံလိာ်သး, လီၤပလိာ်လိာ်သး

harmonize, **harmonise** *v* ၁. မၤဃူလိာ်ဖိးလိာ်, လီၤပလိာ်လိာ်သး ၂. မၤဘၣ်လိာ်က့ၤ

H

သနူဒီးတၢ်သိၣ်တၢ်သီဒ်ထံကီၢ်အဂၤအသိး ၃. ဒ့ မ့တမ့ၢ် သးဝံၣ်သကိးတၢ်

harmony *n* ၁. တၢ်အိၣ်ပှဲၤဒီးတၢ်အဲၣ်တၢ်ကွံလၢတၢ်မုာ်တၢ်ခုၣ်အပူၤ ၂. တၢ်ဒ့အသီၣ်လၢအယူလိာ်ဖိးလိာ်အသး

harness *n* ၁. ကသ့ၣ်ဂီၤကၢ်ပျံၤ ၂. တၢ်မၤသကိးတၢ်ဒီးပှၤဂၤ ၃. ပျံၤစၢယာ်တၢ်ဒ်သိး သုတလီၤတဲာ်အဂီၢ်

harness *v* ၁. ဂီၤကၢ်ထီၣ်ကသ့ၣ် ၂. စူးကါနူ့ဆၢၣ်ဂံၢ်သဟီၣ် ဒ်အမ့ၢ် ထံကျိ, ထံလီၤဆူတဖၣ်လၢကထုးထီၣ်လီမ့ၣ်အူဂံၢ်သဟီၣ်အဂီၢ်

harp *n* တနၢ်, တနၢ်က့ၣ်ကျိၤ, တနၢ်ကူၤ

harp *v* (harp on) တဲဝံၤတဲက့ၤတၢ်ဂ့ၢ်တမံၤဃီ

harpoon *n* မီတခဲ, တနီၤခးညၣ်, ဘီဆဲးညၣ်, ဘီထးဆဲးဖးဒိၣ်လၢတၢ်ကွံာ်ဆဲးညၣ်ဖးဒိၣ်

harpoon *v* ဆဲးတၢ်လၢမီတခဲ, ကွံာ်လၢတနီၤခးညၣ်, ဆဲးတၢ်လၢဘီဆဲးညၣ်ဖးဒိၣ်

harpsichord *n* တနၢ်ပိၢ်စုလၢပျၢၤ

harrow *n* ကြၢ်, ထဲၣ်တၢ်ပီးတၢ်လီလၢပှၤထူစံာ်ဖိမၤလီၤဖှံၣ်ဟီၣ်ခိၣ်

harrow *v* ၁. ထဲၣ်ဟီၣ်ခိၣ် ၂. မၤဘၣ်ဖိၣ်ပှၤအသး

harrowing *a* ၁. လၢအထဲၣ်ဟီၣ်ခိၣ် ၂. လၢအမၤကိၢ်မၤဂီၤမၤဖိၣ်ပှၤအသး

harry *v* ၁. ဂုာ်ဆူၣ်ပျိဆူၣ်တၢ် ၂. မၤသးအ့နူ့ မၤတံာ်တာ်ပှၤသး

harsh *a* လၢအဆူၣ်အကိၤ, လၢအတမုာ်တလၢ

hart *n* တၤဃီၤအဖါ

harvest *n* တၢ်ဂၢ်ဖိၣ်

harvest *v* ထုးဖိၣ်ဟ်ဖိၣ်, ကူး (ဘု)

has-been *n* ပှၤလၢအမံၤတဟူသၣ်တဖျါဒ်လၢညါအသိး, ပှၤလၢအရှတဒိၣ်ဒံးလၢညါအသိးဘၣ်

hash *n* ၁. တၢ်တမံၤလၢဘၣ်တၢ်မၤဘျဲးအီၤ ၂. တၢ်မၤတၢ်တဂ့ၤတဘၣ်

hash *v* ၁. မၤဘျဲးကျိဘျဲးတၢ် ၂. မၤဟးဂီၤတၢ်

hasp *n* နီၣ်ဘျးယာ်တြဲၤ, နီၣ်ဘျးပဲတြီ

hassle *n* တၢ်တံာ်တာ်

hassle *v* အ့ၣ်လိာ်ဆိးက့, မၤတံာ်တာ်ပှၤ

haste *n* ချ့ချ့, ချ့ဒံးချ့နူး, ချ့သဒံး

haste *v* မၤတၢ်ချ့ဒံးချ့နူး, မၤတၢ်ပစုၢ်ပတ့ၤ

hasten *v* တဲ မ့တမ့ၢ် မၤတၢ်ချ့ဒံးချ့နူး

hastily *adv* ချ့ချ့, ချ့သဒံး, ပစုၢ်ပတ့ၤ

hasty *a* လၢအချ့, လၢအမၤတၢ်ပစုၢ်ပတ့ၤ, လၢအတအိၣ်ဒီးတၢ်ဆိကမိၣ်ထံထံဆးဆး

hat *n* ခိၣ်သလုး, ခိၣ်ဖျိၣ်, ခိၣ်ကုာ်

hatch *n* ကဘီ, ကဘီယူၤအပဲတြီ

hatch *v* ဖးထီၣ် (လၢအဒံၣ်) အဒိ, ဆီဖိ, ထိၣ်ဖိဖးထီၣ်

hatchback *n* သိလ့ၣ်လၢအပဲတြီအိၣ်သၢဘ့ၣ်, သိလ့ၣ်ဖိလၢအပဲတြီအိၣ်လၢအကပၤခံဘ့ၣ်ဒီးအလီၢ်ခံတဘ့ၣ်

hatchery *n* တၢ်ဒုးဖးထီၣ်ထိၣ်ဖိ, ဆီဖိဒီးညၣ်တဖၣ်အလီၢ်

hatchet *n* ကွါဆံးဆံးဖိ

hatchling *n* ဆၣ်ဖိကီၢ်ဖိလၢအဖးထီၣ်သီ

hatchway *n* တၢ်ပူၤဟိလၢပဲတြီ မ့တမ့ၢ် ကဘီယူၤအပူၤ

hate *n* တၢ်သးဟ့, တၢ်တဘၣ်သူၣ်ဘၣ်သး မ့တမ့ၢ် တၢ်တမံၤမံၤဒိၣ်ဒိၣ်ကလဲာ်

hate *v* သးဟ့, သးဆါ

hate crime *n* တၢ်မၤတရီတပါလၢအအိၣ်ထိၣ်ခီဖျိတၢ်သးဟ့တၢ်သးဆါ

hateful *a* လီၤသးဟ့

hatred *n* တၢ်သးဟ့, တၢ်တဘၣ်သူၣ်ဘၣ်သး မ့တမ့ၢ် တၢ်တမံၤမံၤဒိၣ်ဒိၣ်ကလဲာ်

hatter *n* ပှၤဘှီဆါခိၣ်သလုး

hat-trick *n* ပှၤတဂၤသွီနုာ်ဖျာၣ်ထူနှၢ်သၢဖျာၣ်လၢတၢ်ဂဲၤလိာ်ကွဲတဘျီ

haughty *a* လၢအဟ်ဒိၣ်ဟ်ထီသး (သွံၣ်ဒိၣ်)

haul *n* ၁. တၢ်ထံၣ်နှၢ်တၢ်ဖိတၢ်လံၤလၢတဖိးသဲစးအါအါဂိၢ်ဂိၢ် ၂. ညၣ်ဂီၢ်မုၢ်ဂီၢ်ပၤလၢတၢ်ဖိၣ်နှၢ်အီၤလၢတဘျီအဂီၢ် ၃. တၢ်ဒ့ၣ်စၢၤအယံၤလၢတၢ်လဲၤတၢ်က့ၤတတီၤအဂီၢ် ၄. တၢ်တွံၢ်တၢ်, တၢ်ထုးတြူာ်, တၢ်မိၤတြူာ်တၢ် ၅. တၢ်စိာ်ဆှၢတၢ်

haul *v* တွံၢ် (တၢ်လၢအဃၢဒိၣ်ဒိၣ်) အဒိ, ကဆီတွံၢ်သ့ၣ်ဖှူ

haul up တွံၢ်, မိၤ

haunch *n* တၢ်အခံကိၢ်

haunt *n* တၢ်လီၢ်လၢပှၤတဂၤညီနုၢ်လဲၤ, တၢ်လီၢ်လၢပှၤတဂၤလဲၤညီနုၢ်ဝဲအလီၢ်

haunt *v* မၤပျံၤမၤပျိၢ်, မၤပျံၤမၤဖုး

haunted *a* ၁. လၢအအိၣ်ဒီးတၢ်တရဲတၢ်တဃၣ် ၂. လၢအဟ်ဖျါထိၣ်တၢ်သူၣ်ကိၢ်သးဂဲၤ

haunting *a* လၢတၢ်သးပ့ၤနီၣ်အီၤတသ့, လၢ်ဘၢမၤတံာ်တာ်ပှၤသးတလီၢ်လီၢ်

have *v* ၁. အိၣ်ဒီး, အိၣ် ၂. မၤန့ၢ်တၢ် ၃. ကဘၣ်မၤ ၄. အီၣ်တၢ်အီတၢ် ၅. ပၣ်ဒီး, ပၣ်ဃုာ်ဒီး ၆. မၤတၢ်တမံၤမံၤ ၇. ဘၣ် (တၢ်ခ့ၣ်), ဘၣ်ဒိဘၣ်ထံး

have it out *vp:* မၤကတၢၢ်ကွံာ်

have up *vp:* ဆှၢပှၤဆူကွိၢ်ဘျိၣ်အလိၢ်, ဆိကမိၣ်လၢအဂ့ၢ်အကျိၤ

haven *n* ၁. တၢ်အိၣ်တဒၢအလိၢ် ၂. ကဘီသန့

have-nots *n* ပှၤဖိုၣ်ဖိယာ်ဖိ, ပှၤတၢ်တအိၣ်တၢ်တဃၢၤ

haversack *n* ထၢၣ်ဝံချၢ

haves *n* ပှၤလၢအတၢ်အိၣ်တၢ်ယၢၤ

havoc *n* တၢ်ဟးဂူာ်ဟးဂီၤဖးဒိၣ်, တၢ်တံာ်တာ်ဖးဒိၣ်

havoc *v* ဟးဂူာ်ဟးဂီၤဖးဒိၣ်

hawk *n* ၁. လံာ်ဃး (ထိၣ်ကလုာ်), လံာ်မိၢ်ဃး ၂. ပှၤလၢအဲၣ်ဒီးတၢ်အ့ၣ်လိာ်ဆီးက့, ပှၤလၢအဲၣ်ဒီးတၢ်ဒုးတၢ်ယၤ

hawk *v* ၁. ဟးဝ့ၤဝီၤဆါတၢ်တတီၤဘၣ်တတီၤ ၂. ဃာ်ထိၣ်ကွံာ်ကဟး

hawker *n* ပှၤဟးဝ့ၤဝီၤဆါတၢ်တတီၤဘၣ်တတီၤ

hawk-eyed *a* လၢအမဲာ်ချံချ့, လၢအမဲာ်ချံဂ့ၤ, လၢအထံၣ်တၢ်ဂ့ၤ, လၢအကွၢ်ထံကွၢ်ဆးတၢ်

hawkish *a* လၢအအဲၣ်ဒီးစူးကါသုးမှၢ်အသဟီၣ်အါန့ၢ်ဒံးတၢ်ကတိၤသကိးတၢ်ယူတၢ်ဖိးလၢကဃုထံၣ်န့ၢ်တၢ်အစၢလၢတၢ်ဂ့ၢ်ကီခဲအဂီၢ်

hawser *n* ပျံၤဖးဒိၣ်, ပျံၤထးဖးဒိၣ်လၢတၢ်စူးကါအီၤလၢကဘီအပူၤ

hay *n* တပံၢ်ဃ့, လိၢ်ဘိ, နီၣ်ဃ့

hay fever *n* ၁. တၢ်ဆါလၢတၢ်မၤန့ၢ်အီၤခီဖျိသ့ၣ်တဘၣ်လိာ်ဒီးဖီချံကမူၣ် ၂. တပံၢ်ဒီးတၢ်ကမူၣ်ကမိုတဖၣ်အဃိသ့ၣ်တဘၣ်လိာ်, ဖီချံတပံၢ်ချံတၢ်ဆါ

haystack *n* ဘုလိၢ်ပူၣ်ဖးဒိၣ်, လိၢ်ဘိပူၣ်ဖးဒိၣ်

haywire *a* လၢအလဲၤကမၣ်ကွံာ်အသးတမံၤမံၤ, လၢတမၤအသးဒ်အညီနှၢ်အသိး

hazard *n* တၢ်လၢအလီၤဘၣ်ယိၣ်

hazard *v* ၁. ဟ့ၣ်ကူၣ်တယာ်တၢ်တမံၤမံၤလၢနတသ့ၣ်ညါအဂ့ၢ်အကျိၤလီၤတံၢ်လီၤဆဲး ၂. ကွၢ်ဆၢၣ်မဲာ်ဒီးတၢ်ပျံၤတၢ်ဖုး

hazardous *a* လၢအလီၤဘၣ်ယိၣ်, လၢအလီၤပျံၤလီၤဖုး

haze *n* ဘ့ၣ်, ထံသဝံ, ပစီၤထံမ့ၣ်အူလုၢ်အိၣ်တ့ၢ်ကမံ့ကမံ့လၢကလံၤကျါ

hazel *n* ၁. သ့ၣ်အိၣ်သၣ်, သ့ၣ်အိၣ်သၣ်တကလုာ် ၂. တၢ်အလွဲၢ်ဂီၤဃး

hazy *a* ၁. လၢအတဖျါဆုံဘၣ်, ဘ့ၣ်လီၤအဃိဖျါတဆုံဘၣ် ၂. လၢအတလီၤတံၢ်လီၤမံ

he *pro* အဝဲပိာ်ခွါ

head *n* ၁. ခိၣ် ၂. တၢ်အခိၣ်တီ, တၢ်ကစိၣ်အခိၣ်တီ ၃. တၢ်အထီးနါ, တၢ်အစိးနါ ၄. ပှၤအခိၣ်, ပှၤလၢအဆှၢတၢ်, ပှၤလၢအလဲၤလၢည၊, ပှၤကဲခိၣ်ကဲနၢ် ၅. တၢ်အိၣ်လၢအမဲာ်ညါ, တၢ်လၢအဖီခိၣ် ၆. ထံခံကွာ်စိး, ထံစိးခံ, တၢ်အစိးခံ ၇. ခိၣ်နူာ်, တၢ်ကူၣ်တၢ်ဆး ၈. (လိၢ်လၤ) အထီကတၢၢ်, တၢ်လၢအဂ့ၤကတၢၢ်, တၢ်လၢအရှ့ဒိၣ်ကတၢၢ် ၉. တၢ်အနးကတၢၢ် ၁၀. တၢ်အခိၣ်, (ချံၣ်, ပျ့ၢ်, ထး) အခိၣ် ၁၁. တၢ်ဟ့ၣ်ဆိဟ်စၢၤတၢ် ၁၂. တၢ်ဂံၢ်ဒွး (ဆၣ်ဖိကိၢ်ဖိအိၣ်ပှဲၤဒ)

over one's head *idm:* ၁. ကိတလၢတုၤပနၢ်ပၢၢ်တသ့ ၂. လဲၤခီပတာ်ကွံာ်အလိၢ်အလၤအပတိၢ်

head *v* ၁. ကဲထိၣ်အခိၣ် ၂. ပၢဆှၢရဲၣ်ကျဲၤ, ဆှၢတၢ်တွၤတၢ်, လဲၤလၢအမဲာ်ညါ, လဲၤဆူညါ ၃. ထိထိၣ်အခိၣ်တီ ၄. အိၣ်လၢအမဲာ်ညါ, အိၣ်လၢအဖီခိၣ်ကတၢၢ်

head off *vp:* ဘျီအခိၣ်, တြီ

head over heels *idm:* မၤနါစီၤတၢ်, ဝၣ်လ့ၣ်ခိၣ်သၣ်

head towards *vp:* လဲၤအခိၣ်လိၤ

head lice *n* ခိၣ်သူၣ်

head of state *n* ထံကိၢ်ခိၣ်နၢ်, ထံကိၢ်အခိၣ်

head on *adv* အခိၣ်ဘၣ်ထံး, လိၤလိၤ

headache *n* ၁. ခိၣ်ဆါ ၂. တၢ်လၢအမၤဆါခိၣ်

headband *n* ခိၣ်ကျိၤ

H

headbutt *v* ထံးပှၤဒီးခိၣ်
headcase *n* တၢ်တဲဆါပှၤလၢအခိၣ်နူာ်တပှံၤ, ပှၤခိၣ်နူာ်တပှံၤ
headcount *n* တၢ်ဂံၢ်ပှၤနီၣ်ဂံၢ်စရီ
headdress *n* ခိၣ်ဖၢၣ်
header *n* ၁. ခိၣ်လီၤဘျး ၂. တၢ်ညီလီၤခိၣ်, တၢ်လီၤလၢခိၣ် ၃. တၢ်ထံးဖျာၣ်ထူဒီးခိၣ် ၄. တၢ်အခိၣ်တီ, လံာ်ကျိၤလၢအိၣ်လၢလံာ်တကဘျံးစှာ်စှာ်အဖီခိၣ်, လံာ်ကဘျံးအခိၣ်တီ ၅. ထံဒၢဖးဒိၣ်လၢအပၢၤဃာ်တၢ်ဆိၣ်သနံးဖဲတၢ်ထီထိၣ်ပီၤဘိတဖၣ်အခါ
headhunt *v* ၁. ဃုဒိၣ်တဲာ်ဒုၣ်ဒါအခိၣ် ၂. ဃုကွၢ်ပှၤကညီအကြၢးအဘၣ်လၢကဟ့ၣ်မၤတၢ်တမံၤမံၤအဂီၢ်
heading *n* ၁. တၢ်အခိၣ်တီ ၂. တၢ်အခိၣ်လီၤအလီၢ်, တၢ်လီၢ် (မူထံး) ၃. ယၣ်ဘျးသဒၢအခိၣ်ဒ ၄. တၢ်ဟ့ၣ်ကရူၢ်အမံၤ ၅. ကျဲဖီ, တၢ်ကျိၤအကဆူးပှၤကျဲဖီ, ကျဲဖီလၢတၢ်ကတဲာ်ကတီၤဟ်အီၤလၢတၢ်ကစူၣ်ဟီၣ်လဲာ်ပှၤအဂီၢ်
headland *n* ဟီၣ်ခိၣ်အနီၣ်ထိး
headlight *n* တၢ်ကပီၤဖးဒိၣ်လၢတၢ်ဟ်အီၤလၢသိလ့ၣ်မဲာ်ညါ, (သိလ့ၣ်) အမဲာ်ညါမ့ၣ်အူ
headline *n* တၢ်ဂ့ၢ်ခိၣ်တီ
headline *v* ၁. ဟ့ၣ်တၢ်အခိၣ်တီ ၂. ကဲပှၤဒုးနဲၣ်တၢ်ဖိအကါဒိၣ်ကတၢၢ်လၢတၢ်ဒုးနဲၣ်အပူၤ
headlong *adv* ၁. လီၤဆီလၢအခိၣ်တကပၤ ၂. လၢတၢ်ကရီကဒးအပူၤတအိၣ်ဒီးတၢ်ပလိၢ်သူၣ်ပလိၢ်သး, လၢအတအိၣ်ဒီးတၢ်ကွၢ်ခိၣ်ကွၢ်ခံ
headman *n* ပှၤအခိၣ်, သဝီခိၣ်
headmaster *n* သရၣ်ကိုခိၣ်
headmistress *n* သရၣ်မုၣ်ကိုခိၣ်
head-on *a* ၁. လၢအခိၣ်ဘၣ်ထံးလိာ်သးလီၤလီၤ ၂. လၢအကွၢ်ဆၢၣ်မဲာ်လိာ်သးလီၤလီၤ
headphones *n* ကနၣ်ဒၢ
headquarters *n* လီၢ်ခၢၣ်သး
headrest *n* ခိၣ်သန့ၤ, ခိၣ်ကျိၤ
headset *n* နီၣ်ဒိနၢ်, ကနၣ်ဒၢ, တၢ်ဒိနၢ်လၢကကနၣ်တၢ်ဒ်တၢ်အူတၢ်သူၣ်ဝံၣ်သးဆၢအဂီၢ်
headshrinker *n* တၢ်ပျုၢ်ကသံၣ်သရၣ်, ကသံၣ်သရၣ်လၢအယါဘျါခိၣ်နူာ်တၢ်ဆါ
headstone *n* တၢ်သွၣ်ခိၣ်အလၢၢ်ဘ့ၣ်ဘၣ်
headstrong *a* အခိၣ်ကိၤ, လူၤအသး
heads-up *n* တၢ်ဟ့ၣ်ပလိၢ်ဆိ, တၢ်ဟ့ၣ်ပလိၢ်ဟ်စၢၤ
head-to-head *a* လၢအသကၢၢ်လိာ်အသးမဲာ်သကိးမဲာ်
headwaters *n* ထံခံ
headway *n* လဲၤဆူညါ
headwind *n* ကလံၤလၢအဟဲလၢမဲာ်ညါ, ကလံၤလၢအတိဘၣ်မဲာ်သၣ်
headword *n* ဝီၢ်ဩဲဂံၢ်ထံး, လံာ်မဲာ်ဖျာၣ်ခိၣ်သ့ၣ်, ဝီၢ်ဩဲခိၣ်သ့ၣ်
heady *a* လၢအလူၤအသး, လၢအလီၤသူၣ်ပိၢ်သးဝး
heal *v* မၤဘျါက့ၤ, ယါဘျါ
healer *n* ၁. ပှၤကူစါယါဘျါတၢ်လၢတၢ်စူၢ်တၢ်နာ်ဒီးတၢ်ထုကဖၣ်အသဟီၣ်, ပှၤလၢအယါဘျါတၢ် (အဒိ, faith healer) ၂. တၢ်လၢအမၤဘၣ်ဘျိုးဘၣ်ဒါက့ၤတၢ်, တၢ်လၢအမၤကိညၢ်ထိၣ်က့ၤတၢ်, တၢ်လၢအမၤကိညၢ်ထိၣ်တၢ်ကိတၢ်ခဲ, တၢ်တူၢ်ဘၣ်ခိၣ်ဘၣ်
healing *n* တၢ်ကူစါယါဘျါတၢ်အကျိၤအကျဲခီဖျိတၢ်စူၢ်တၢ်နာ်ဒီးတၢ်ထုကဖၣ်အသဟီၣ်
health *n* တၢ်အိၣ်ဆူၣ်အိၣ်ချ့
health care *n* တၢ်အိၣ်ဆူၣ်အိၣ်ချ့တၢ်ကွၢ်ထွဲ
health club *n* တၢ်အိၣ်ဆူၣ်အိၣ်ချ့အချၢး (ဘ), တၢ်အိၣ်ဆူၣ်အိၣ်ချ့အကရၢ
health food *n* နူဆၢၣ်တၢ်အိၣ်လၢအပှဲၤဒီးတၢ်အိၣ်ဆူၣ်အိၣ်ချ့
healthful *a* လၢအပှဲၤဒီးတၢ်အိၣ်ဆူၣ်အိၣ်ချ့
healthy *a* ၁. လၢအအိၣ်ဆူၣ်အိၣ်ချ့, လၢအပှဲၤဒီးတၢ်အိၣ်ဆူၣ်အိၣ်ချ့ ၂. လၢအဂ့ၤ
heap *n* ၁. အပူ, အပူၣ် ၂. တၢ်အါအါဂီၢ်ဂီၢ် ၃. သိလ့ၣ်လၢအလီၢ်လံၤဖီဃးဒီးဟးဂူာ်ဟးဂီၤ
heap *v* ဟ်ပူၣ်, ဟ်ဖိုၣ်တပူၤဃီ
hear *v* နၢ်ဟူ
hearer *n* ပှၤနၢ်ဟူတၢ်တမံၤမံၤ မ့တမ့ၢ် ပှၤလၢအဒိကနၣ်တၢ်
hearing *n* ၁. တၢ်စံၣ်ညီၣ်ဒိကနၣ်တၢ် ၂. ကွီၢ်ဘျိၣ်အတၢ်အိၣ်ဖိုၣ်လၢတၢ်ဃိထံသမံသမိးတၢ်ဂ့ၢ်အဂီၢ် ၃. တၢ်နၢ်ဟူတၢ်
hearing aid *n* တၢ်မၤစၢၤတၢ်နၢ်ဟူတၢ်အပီးအလီ, တၢ်ဆွံနၢ်, နၢ်ဖျိၣ်, တၢ်ဒိနၢ်
hearken *v* ဒိကနၣ်, ကနၣ်

hearsay *n* ၁. တၢ်ကစီၣ်နါစိၤ ၂. တၢ်ဂ့ၢ်လၢပှၤဟးတဲဝဲလၢအလီၤတံၢ်တအိၣ်

hearse *n* သိလ့ၣ်တီပှၤသံအစိၣ်, သိလ့ၣ်တီပှၤသံတလါဖဲတၢ်လဲၤခူၣ်လီၤပှၤသံအခါ

heart *n* ၁. သးဖျၢၣ် ၂. တၢ်အခၢၣ်သး, တၢ်အကံၢ်အလဲ ၃. ပှၤတဂၤအသးအတၢ်တူၢ်ဘၣ် ၄. တၢ်အရှ့ဒိၣ်ကတၢၢ် ၅. သးဖျၢၣ်အဂီၤ, တၢ်လၢအက့ၢ်အဂီၤလီၤက်ဒ်သးဖျၢၣ်အသိး ၆. ဖဲခးက့, သးဖျၢၣ်ဂီၤဖဲခးက့ ၇. တၢ်အဲၣ်တၢ်ကွံအပနိၣ်

by heart *idm:* တိၢ်နီၣ်သံ, တိၢ်ရူးသံ

heart to heart *idm:* ခံခီယၢ်ဘးဟ်ဖျါထီၣ်တၢ်လၢအသးပူၤလၢာ်လၢာ်ဆ့ဆ့

one's heart in one's mouth *idm:* တၢ်ပျံၤတၢ်ကနိးကစုာ်

one's heart in the right place *idm:* တၢ်သးဂ့ၤ, မၤတၢ်လၢအဆိကမိၣ်လၢတၢ်ဂ့ၤ

take heart *idm:* သးဆူၣ်သးနူ, နာ်လီၤအသး, သူၣ်နူသးနူ

take to heart *idm:* ၁. ဟံးန့ၢ်တၢ်သညူးသပှ်, ဘၣ်ဒိအသး, ဟ်တၢ်လၢအသးပူၤ ၂. သးစၢၢ်ဆၢတၢ်

to have at heart *idm:* သးအိၣ်သပှ်ပှ်

heart attack *n* သးစံၣ်အိၣ်ပတှာ်သတူၢ်ကလာ်, သးတၢ်ဆါ

heart failure *n* သးတစံၣ်လၢၤ

heartache *n* တၢ်သးအူးဖးဒိၣ်, တၢ်သူၣ်ကိၢ်သးဂီၤ, တၢ်သးဘၣ်ဒိ

heartbeat *n* တၢ်သးစံၣ်

heartbreak *n* တၢ်သးဘၣ်ဒိ, သးသ့ၣ်ဖး

heartbreaking *a* လၢအသးဘၣ်ဒိ, လၢအသးသ့ၣ်ဖး

heartbroken *a* လၢအသးအူးဒိၣ်ဒိၣ်ကလဲာ်, လၢအသးဘၣ်ဒိ, လၢအသးသ့ၣ်ဖး

heartburn *n* တၢ်သးကိၢ်အူကိၢ်ဃံၣ် – တၢ်အံၤကဲထီၣ်ခီဖျိကဖုဂံာ်တၢ်အိၣ်တဘျဲးဘၣ်အဃိ

hearten *v* မၤဆူၣ်ထီၣ်သးဂံၢ်ဘါ, မၤဖှံထီၣ်သး

heartfelt *a* လၢအသးဒီဖျၢၣ်

hearth *n* ဖၣ်ကွာ်ထံး

heartily *adv* ၁. လၢသးဒီဖျၢၣ်ညါ, လၢာ်သးဒီဖျၢၣ် ၂. ဒိၣ်မး (အဒိ, *I am heartily sick of it*)

heartless *a* လၢအသးကညီၤတၢ်တသ့, လၢအအၢအသိ

heart-rending *a* လၢအဒုးကဲထီၣ်တၢ်သးအူးဒိၣ်ဒိၣ်ကလဲာ်

heart-searching *n* တၢ်သမံသမိးလီၤက့ၤနီၢ်ကစၢ်အတၢ်တူၢ်ဘၣ်ဒီးသးအတၢ်ဆိကမိၣ်တဖၣ်

heart-stopping *a* လၢအပျံၤတၢ်ဒိၣ်ဒိၣ်ကလဲာ်

heart-throb *n* ပိာ်ခွါလၢအထုးန့ၢ်ပိာ်မုၣ်အသး

heart-to-heart *n* ခံခီယၢ်ဘးဟ်ဖျါထီၣ်တၢ်လၢအသးပူၤလၢာ်လၢာ်ဆ့ဆ့

heart-warming *a* လၢအတူၢ်ဘၣ်ဝဲလၢအမှာ်, လၢအဒုးအိၣ်ထီၣ်တၢ်သူၣ်မှာ်သးမှာ်အတၢ်သးကလၢ်ဘၣ်

hearty *a* ၁. လၢအရှတၢ်ပှဲၤဒီးတၢ်သူၣ်အိၣ်သးအိၣ်, လၢတၢ်သးအိၣ်အပူၤ, လၢသးဒီဖျၢၣ်ညါ ၂. လၢအအိၣ်ဆူၣ်အိၣ်ချ့ပှဲၤဂံၢ်ပှဲၤဘါ, လၢအပှဲၤဒီးတၢ်အိၣ်ဆူၣ်အိၣ်ချ့

heat *n* ၁. တၢ်ကိၢ်, တၢ်ကလၢၤ ၂. တၢ်မၤသူၣ်ပိါသးဝးထီၣ်တၢ်, တၢ်သူၣ်ပိါသးဝးဒိၣ်ဒိၣ်ကလဲာ်, တၢ်သူၣ်ဒိၣ်သးဖျိးထီၣ်, တၢ်သူၣ်ဟူးသးဂဲၤဒိၣ်ဒိၣ်ကလဲာ် ၃. တၢ်ကိၢ်အသဟီၣ် ၄. တၢ်ဆီၣ်သနံး ၅. တၢ်မၤကိၢ်ထီၣ်, တၢ်မၤလၢၤထီၣ်, တၢ်ကိၢ်ထီၣ်, တၢ်လၢၤထီၣ်

၆. တၢ်ဃ့ၢ်ပြၢလိဆီသးလၢတၢ်ဃ့ၢ်ပြၢအဂိၢ်

heat *v* မၤကိၢ်ထီၣ်

heated *a* ၁. လၢအသူၣ်ဒိၣ်သးဖျိးထီၣ်တၢ်ဒိၣ်ဒိၣ်ကလဲာ် ၂. လၢအမၤလၢၤထီၣ်တၢ်

heater *n* စဲးမၤကိၢ်ဟံၣ်, စဲးလၢအမၤကိၢ်ကလံၤဒီးမၤလၢၤထီၣ်ထံ

heath *n* ၁. ပျီမုၢ်ဃါဖးလဲၢ်လၢတၢ်တစုးကါအီၤလၢၤ ၂. ပျီဖးလဲၢ်, တၢ်ပၢၤခိၣ်ဖးလဲၢ်လၢဘၣ်တၢ်ကးဘၢအီၤလၢတပံၢ်ဖးထီ

heathen *a* လၢအဘၣ်ထွဲဒီးပှၤလၢတၢ်ဘူၣ်တၢ်ဘါတအိၣ်, တဘါတၢ်ဘါဖးဒိၣ်ဘၣ်ဃးဟိၣ်ခိၣ်ဒီဘ့ၣ်အကျါတမံၤမံၤ မ့တမ့ၢ် ပှၤတဂၤဂၤလၢအတအိၣ်ဒီးတၢ်ကူၣ်ဘၣ်ကူၣ်သ့

heathen *n* ပှၤလၢအတၢ်ဘါတအိၣ်, ပှၤလၢအသူၣ်ခံးအသးခံး

heathendom *n* ပှၤတခီဘီမုၢ်ဖိအထံအကိၢ်

heather *n* သ့ၣ်တပိာ်လၢအအိၣ်ဒီးအဖီတကလှာ်

heating *n* ပီးလီလၢအမၤလၢၤထိၣ်တၢ်, တၢ်ဖံးတၢ်မၤအကျိၤအကျဲလၢအမၤလၢၤထိၣ် (တၢ်သူၣ်ထိၣ်, ဒၢးတဖၣ်)

heat-seeking *a* (မျိၣ်သၣ်) လၢအသုးအသးလၢတၢ်ကိၢ်လိၢ်ဒီးပိာ်ထွဲဝဲအခံလၢကမၤဟးဂီၤဝဲ

heatstroke *n* တၢ်လီၤကိၢ်သးပှၤနီၣ်သးခီဖျိတၢ်ကိၢ်ဆူၣ်အယိ

heatwave *n* တၢ်ကိၢ်ဆူၣ်အကတိၢ်လၢတညီနၢ်မၤအသး

heave *n* ၁. တၢ်စိာ်ထိၣ်, တၢ်စိာ်ကဖီထိၣ်, တၢ်ထုးထိၣ်, တၢ်ထဲးထိၣ် ၂. တၢ်သါသဖိုထိၣ် ၃. တၢ်ပအုၣ်ထိၣ်, တၢ်ပအၣ်ထိၣ် ၄. တၢ်ကွံာ်ဘျုးတၢ်ဃၢတၢ်စံၣ်, တၢ်ကွံာ်ဘျုးလၢဂံၢ်အလၢာ် ၅. (လပီ) ထိၣ်လီၤထိၣ်လီၤအဘီဘၣ်ဘၣ်

heave *v* ၁. စိာ်ထိၣ်, စိာ်ကဖီထိၣ်, ထုးထိၣ်, ထဲးထိၣ် ၂. သါသဖိုထိၣ် ၃. ပအုၣ်ထိၣ်, ပအၣ်ထိၣ် ၄. ကွံာ်ဘျုးတၢ်ဃၢတၢ်စံၣ်, ကွံာ်ဘျုးလၢဂံၢ်အလၢာ် ၅. (လပီ) ထိၣ်လီၤထိၣ်လီၤအဘီဘၣ်ဘၣ်

heaven *n* ၁. မူခိၣ် ၂. မူခိၣ်ဘီမုၢ် ၃. တၢ်လိၢ်အမှာ်ကတၢၢ်, တၢ်မှာ်သူၣ်မှာ်သးအလိၢ်, တၢ်အလိၢ်ထိၣ်ထီကတၢၢ် ၄. ကစၢ်ယွၤ ၅. တၢ်သူၣ်မှာ်သးမှာ်အဒိၣ်ကတၢၢ်

heavenly *a* လၢအဘၣ်ဃးဒီးမူခိၣ်, လၢအဘၣ်ဃးဒီးမူခိၣ်ဘီမုၢ်

heaven-sent *a* ၁. လၢကစၢ်ယွၤဟ့ၣ်လီၤပှၤ ၂. လၢဘၣ်နၢ်အတီၤ, လၢဘၣ်နၢ်အလိၢ်, လၢအကဲထိၣ်သးလၢတၢ်တမုၢ်လၢ်အပူၤ

heavily *adv* ဃၢဃၢစံာ်စံာ်

heavy *a* ၁. ဃၢ ၂. အါအါဂိၢ်ဂိၢ်, ဒိၣ်ဒိၣ်မုၢ်မုၢ် ၃. လၢအလီၤကၢၣ်လီၤကျူ ၄. လၢအဒိၣ်ဒီးအသဟိၣ်ဆူၣ် ၅. လၢအဟ်အသးဃၢရၢဃၢတုၤ ၆. လၢအလီၤတိၢ်ဒီးတၢ်လၢအသဟိၣ်ဆူၣ်ဆူၣ် ၇. လၢအရှ့ဒိၣ်မး, လၢအကီအခဲ, လၢအနး ၈. (လံာ်) လၢအဒိၣ်ဝဲယိာ်ဝဲ, လၢအကီအခဲလၢတၢ်ကနၢ်ပၢၢ်အဂီၢ်
၉. (ရိး(ခ)တၢ်ဒ့) လၢအသိၣ်ဆဲးထုဒီးသိၣ်တထူၣ်ဘးလီ

heavy *n* ၁. ပှၤဂဲၤဒိကဲပှၤအၢဖိလၢတၢ်ဂီၤမူအပူၤ ၂. ဘံဃၢၣ်လၢအခၣ်ဒီးဆူၣ် ၃. ပှၤဒိၣ်ဒိၣ်သွါသွါ, ပှၤဖးဒိၣ်, ပှၤလၢအဒိၣ်ဒီးအဂံၢ်ဆူၣ်

heavy industry *n* စဲးဖီကဟၣ်တၢ်မၤဖးဒိၣ်

heavy metal *n* ၁. ရိး(ခ)တၢ်သူၣ်ဝံၣ်သးဆၢတကလှာ်, ရိး(ခ)တၢ်ဒ့တၢ်အူလၢအသိၣ်ဆဲးထုဒီးသိၣ်သထူၣ်ဘးလီ ၂. စၢၢ်ထးလၢအဃၢအစံာ်, စၢၢ်ထးလၢအတၢ်တံၢ်သးအိၣ်အါ ၃. ကျိဒိၤမျိၣ်ဒိၤ, ကျိဖးဒိၣ်တဖၣ်

heavy-duty *a* လၢအကျၢၤအမးဒီးခၢၣ်ဝဲ, လၢအတဟးဂီၤညီဝဲ

heavy-handed *a* ၁. လၢအတဒုးနဲၣ်တၢ်သးကညီၤတၢ်နၢ်ပၢၢ်ပှၤအတၢ်တူၢ်ဘၣ် ၂. လၢအစူးကါတၢ်စိတၢ်ကမီၤလၢအလီၢ်တအိၣ်ဝဲ ၃. လၢအစူးကါတၢ်တမံၤအါကဲၣ်ဆိးတုၤလၢအဟးဂီၤ

heavy-hearted *a* လၢအသးဃၢ

heavyset *a* လၢအနီၢ်ဒိၣ်ဒိၣ်ထီထီပှဲၤဒီးဂံၢ်ဒီးဘါ

heavyweight *n* ၁. ပှၤတမဲးစုတမဲးခိၣ်လၢအတဃၢၢ်ဃၢကတၢၢ်တဖၣ် ၂. ပှၤလၢအနီၢ်ခိတယၢၢ်အါန့ၢ်ဒံးပှၤပတိၢ်မုၢ် ၃. ပှၤ မ့တမ့ၢ် တၢ်ကရၢကရိလၢအအိၣ်ဒီးတၢ်လှာ်ဘၢစိကမီၤ

Hebrew *n* ၁. (ခရံာ်ဖိအလံာ်စီဆှံအပူၤ) လံာ်ဖ့ၤဘြံၤ ၂. ဖ့ၤဘြံၤအကျိာ်, ပှၤအံၣ်စရ့လးဖိအကျိာ်တကလှာ် ၃. ပှၤဖ့ၤဘြံၤဖိ

heckle *v* သံကွၢ်တံာ်တာ်တၢ်ဖဲပှၤတဲလီၤတၢ်အကတိၢ်, ကတိၤတံာ်တာ်ပှၤကတိၤလီၤတၢ်လၢတၢ်အိၣ်ဖှိၣ်အပူၤ

hectare *n* ဟဲးထၢၣ်, တၢ်ထိၣ်တၢ်ဒွးဟီၣ်ခိၣ်အလဲါလၢမဲးထရ့းအကျဲသန့, (၁ ဟဲးထၢၣ် – ၁၀,၀၀၀ စကွဲယါမံထၢၣ်)

hectic *a* ၁. လၢအတၢ်ဖံးတၢ်မၤအါ, ဘၣ်ဟူးဘၣ်ဂဲၤထီဘိ ၂. (Hetic fever) တၢ်လီၤကိၢ်လၢအမၤလၢာ်ကွံာ်ပဂံၢ်ပဘါကယီကယီ, တၢ်လီၤကိၢ်လၢအပိာ်ထွဲထိၣ်တၢ်ပသိၣ်ဆါအခံ

hedge *n* တပိာ်ဂၢၤ, တပိာ်သူၣ်လီၤအသးလၢတၢ် (အဆၢ)

hedge *v* ၁. သူၣ်လီၤတၢ်ဝးတရံး ၂. ဟးဆုံးတၢ်စံးဆၢတၢ်သံကွၢ်လီၤလီၤ, တြီဃာ်လၢတၢ်သိၣ်တၢ်သီ

hedge fund *n* တၢ်ဘျၢလီၤစ့ဟ်ကီၤမိၢ်ပှၢ်

hedgehog *n* သူၣ်
heed *n* တၢ်ဟ်သူၣ်ဟ်သး, တၢ်ပလိၢ်သူၣ်ပလိၢ်သး, တၢ်ကနၣ်ယုာ်
heed *v* ဟ်သူၣ်ဟ်သး, ပလိၢ်သူၣ်ပလိၢ်သး, ကနၣ်ယုာ်
take heed *idm:* ပလိၢ်သူၣ်ပလိၢ်သး, ဟ်သူၣ်ဟ်သးလၢအဂ့ၢ်, သးစၢ်ဆၢတၢ်
heedful *a* လၢအအိၣ်ဒီးတၢ်ဟ်သူၣ်ဟ်သး, လၢအပလိၢ်ပဒီသး
heedless *a* လၢအတပလိၢ်ပဒီသး, လၢအတလီၤတံၢ်လီၤဆဲး
heel *n* ၁. ခီၣ်နၢၣ်ခံ ၂. တၢ်အနၢၣ်ခံ
take to one's heels *idm:* ယ့ၢ်ကွံာ်, ယ့ၢ်ဖြိုးကွံာ်, စံၣ်ဖြိုးကွံာ်
heel *v* ၁. ဘိုဘၣ်မၤဂ့ၤက့ၤခီၣ်ဖံးအနၢၣ်ခံ ၂. ထူဖျာၣ်ထူဒီးအခီၣ်နၢၣ်ခံ ၃. ယိၢ်လီၤလၢအခီၣ်နၢၣ်ခံဒီးဂဲၤကလံၣ်
hefty *a* ၁. လၢအဒိၣ်ဒီးဃၢဝဲ ၂. အါအါဂိၢ်ဂိၢ်, အါအါကလဲာ် ၃. လၢအဆူၣ်ဆူၣ်ကလဲာ်, လၢအသဟီၣ်ဆူၣ်
heifer *n* ကျိၢ်မိၢ်ကနီဖိ, ဂီၤဖံးမိၢ်ကနီဖိ
height *n* ၁. အထီ, အကစီၤ ၂. နီၢ်အထီ
heighten *v* ၁. မၤထီထိၣ် ၂. မၤဆူၣ်ထိၣ်, မၤအါထိၣ်
heinous *a* လၢအအၢသံတူာ်ကိာ်, လၢအအၢအသိ
heir *n* ပှၤန့ၢ်သါတၢ်
heiress *n* ပိာ်မုၣ်လၢအန့ၢ်သါတၢ်
heirloom *n* စၢၤသွဲၣ်အတၢ်န့ၢ်သါ, ဟံၣ်ဖိဃီဖိအတၢ်န့ၢ်သါတမံၤလၢအဟဲလီၤစၢၤတစိၤဘၣ်တစိၤ
heist *n* တၢ်ဂုာ်ဆူၣ်ပြီဆူၣ်တၢ်, တၢ်ဟုၣ်တၢ်ဘျၣ်တၢ်
helicopter *n* ဟဲၣ်လံၣ်ခီးပတၢၣ်, ကဘီယူၤထီလဲၤကွဲၤ, ကဘီယူၤကွဲၢ်လဲၢ်ဘီ
heliograph *n* ပီးလီဟ့ၣ်တၢ်ပနီၣ်လၢအစူးကါမုၢ်အတၢ်ကပီၤ
helipad *n* တၢ်လိၢ်ကစီၤဖိလၢကဘီယူၤထီလဲၤကွဲၤစိၢ်လီၤအလိၢ်
helium *n* ဟံၣ်လံၣ်ယၣ်က်သဝံ (မ့ၢ်က်လၢအဖုံန့ၢ်ကလံၤ, မ့ၣ်အူအိၣ်တသ့)
hell *n* ၁. လရာ်, ရာ်, လရာ်ပူၤ, ပျုၤပူၤ ၂. တၢ်ကိၢ်တၢ်ဂီၤ, တၢ်ခဲးတၢ်နးတၢ်အၢတၢ်သီအလိၢ် ၃. တၢ်လၢအလီၤပျံၤလီၤဖုး ၄. တၢ်ကတိၤတၢ်ဆူၣ်ဆူၣ်ကိၢ်ကိၢ်, ကလာ်တၢ်ဆူၣ်ဆူၣ်ကလဲာ်ဖဲအသးဘၣ်တံာ်တာ်အခါ ၅. တၢ်မၤတံာ်တာ်မၤလံကျိအသး ၆. တၢ်တၤကျိၣ်တၤစ့အလိၢ်
hell-bent *a* လၢအဖံထိၣ်နၢ်ဒီးမၤတၢ်, လၢအဟ်တအၢဒၢအသးဒီးမၤတၢ်, လၢအဟ်တအၢဒၢအသးဒီးမၤဝဲ
hellhole *n* တၢ်လိၢ်လၢအတမှာ်တလၤဒီးတလီၤအိၣ်လီၤဆိး
hellion *n* ပှၤလၢအလံကျိလံက္ဂာ်ဒီးမၤတံာ်တာ်တၢ်, ပှၤလၢအနၢ်က့ၣ်
hellish *a* ၁. လၢအလီၤက်ဒီးလရာ် ၂. လၢအတမှာ်တလၤဒိၣ်မး
hello *exclam* ဟဲလိၣ်, တၢ်ကတိၤလၢတၢ်စူးကါအီၤဖဲတၢ်ဟံးစုကွၢ်မဲာ်လိာ်သးအခါ, တၢ်ကတိၤလၢတၢ်စူးကါအီၤဖဲတၢ်တဲလီတဲစိအခါ
hellraiser *n* ပှၤလၢအဒုးအိၣ်ထိၣ်တၢ်ကီတၢ်ခဲ, တၢ်တမှာ်တလၤဒီးတၢ်စုဆူၣ်ခီၣ်တကး
helm *n* ကဘီအနီၣ်ဝံာ်, ကဘီအနီၣ်ကၢၤ
helmet *n* ခိၣ်ကုာ်ကျၤ
helmsman *n* ပှၤဖိၣ်ကဘီအနီၣ်ဝံာ်, ကဘီခိၣ်
help *n* ၁. တၢ်မၤစၢၤ, ပှၤတဂၤလၢအမၤစၢၤတၢ် ၂. ပှၤမၤစၢၤတၢ်လၢဟံၣ်ဃီအပူၤ ၃. တၢ်မၤစၢၤမၤဂ့ၤထိၣ်တၢ် ၄. တၢ်ဆီတလဲမၤဂ့ၤထိၣ်တၢ်
help *v* ၁. မၤစၢၤ, တိစၢၤမၤစၢၤ ၂. ဆီတလဲမၤဂ့ၤထိၣ်တၢ် ၃. ဟ့ၣ်တၢ်ဆိၣ်ထွဲမၤစၢၤ ၄. မၤကိညၢ်ထိၣ်, မၤဘျါ ၅. အိၣ်ခိးမၤစၢၤတၢ်
helper *n* ပှၤမၤစၢၤတၢ်
helpful *a* လၢအကဲဘျုးကဲဖှိၣ်, လၢအကဲထိၣ်တၢ်မၤစၢၤ
helping *n* တၢ်အိၣ်တဘျီဂိၢ်, တၢ်အိၣ်တဘျီလၢပှၤတဂၤအဂိၢ်
helpless *a* ၁. လၢတၢ်မၤစၢၤအီၤတအိၣ် ၂. လၢတၢ်မၤစၢၤအီၤတသ့
helpmate *n* ပှၤလၢအမၤစၢၤတၢ် – မါဝၤ, ပှၤလၢအကဲထိၣ်တၢ်မၤစၢၤလီၤဆီ
helpmeet *n* ပှၤလၢအမၤစၢၤတၢ် – မါဝၤ, ပှၤလၢအကဲထိၣ်တၢ်မၤစၢၤလီၤဆီ

H

helter-skelter *a* လၢအချ့ဒံးချ့ဒူး, လၢအဘံဘူယါယုာ်, လၢအတအိၣ်ဒီးတၢ်ရဲၣ်တၢ်ကျဲၤ

helve *n* တၢ်အတိၢ်, အစုဖိၣ်, ခံၣ်ရှူၣ်အတိၢ်, ကွါအတိၢ်

hem *n* တၢ်အကနူၤချံးအသး, ဆ့ထိး

hem *v* ၁. ဆးချံးကနူၤဆ့ ၂. ဝီၤယာ်ဝးတရံး

he-man *n* ပှၤလၢအဒူၣ်ဂ့ၤဒ့ဂ့ၤ, ပှၤလၢအဒူၣ်အဒ့ဒိၣ်သွါ

hemi- *prefix* တတ်

hemisphere *n* ၁. ဟီၣ်ခိ ၂. တၢ်ဖျၢၣ်သလၢၣ်တတ်

hemlock *n* သ့ၣ်တၢ်စုၣ်, စုၣ်, စုၣ်အမုၢ်

hemorrhage *n* သွံၣ်ကျိၤထူၣ်ဖျိ

hemp *n* ၁. ဆိုၣ် ၂. ညါဖိ

hen *n* ဆီမိၢ်, ထိၣ်မိၢ်

hence *adv* လၢတၢ်နူၣ်အယိ, စးထိၣ်ဖဲအံၤ, စးထိၣ်ခဲအံၤ, တုၤအံၤဆူညါ

henceforth *adv* တုၤအံၤဒီးဆူညါ

henchman *n* တၢ်ခ့တၢ်ပှၢ်ခိၣ်ဆၢၣ်, ပျ့ၢ်ခိၣ်ဆၢၣ်

henna *n* သ့ၣ်ဂီၤမုၢ်အကမူၣ်, တၢ်ကမူၣ်ဂီၤယးလၢတၢ်မၤဂီၤခိၣ်ဒီးကယၢကယဲနီၢ်ခိ

henpecked *a* လၢအညီနုၢ်ဘၣ်ပျုၤအမါ, လၢအကလာ်အဝၤဆူၣ်

hepantomegaly *n* သူၣ်ဒိၣ်တလၢ

hepatitis *n* သူၣ်တၢ်ဆါ, သူၣ်ညီးတၢ်ဆါ

hepatitis A *n* သူၣ်တၢ်ဆါ (A), သူၣ်ညီးတၢ်ဆါ (A)

hepatitis B *n* သူၣ်တၢ်ဆါ (B), သူၣ်ညီးတၢ်ဆါ (B)

her *pro* အဝဲပိာ်မုၣ်, အီၤ

herald *n* ၁. တၢ်ပနီၣ်လၢအအိၣ်ထိၣ်ဆိ ၂. ပှၤဃ့ၢ်တၢ်ဖိ, ပှၤစိာ်ဆှၢတၢ်ကစိၣ်

herald *v* ၁. ဟ့ၣ်ဆိတၢ်ပနီၣ်, ဟ်ဖျါဆိတၢ်ပနီၣ် ၂. ဆှၢဆိတၢ်ကစိၣ်

herb *n* ၁. သ့ၣ်ဂံၢ်ဝၣ်စဲ ၂. တၢ်နၢမူနၢဆို, တၢ်နၢမူ

herbal *a* လၢအဘၣ်ယးဒီးသ့ၣ်ဂံၢ်ဝၣ်စဲ

herbalist *n* ပှၤလၢအသူၣ်သ့ၣ်ဂံၢ်ဝၣ်စဲ, ပှၤဖိၣ်သ့ၣ်ဂံၢ်ဝၣ်စဲ

herbicide *n* ကသံၣ်မၤသံနီၣ်

herbivore *n* ဆၣ်ဖိကိၢ်ဖိလၢအအီၣ်တၢ်မဲတၢ်မါ

herd *n* (ဆၣ်ဖိကိၢ်ဖိ) ဒိဖု, ဒိကရူၢ်, အနူၣ်

herd *v* ၁. ဟ်ဖိုၣ်လၢအဖုလၢအကရူၢ် ၂. ကွၢ်ထွဲ (ဂီၤဖံး, ကျိၢ်ပနၢ်ဒီးဆၣ်ဖိကိၢ်ဖိလၢတၢ်ဘုၣ်အီၤလၢဟံၣ်တဖၣ်)

here *adv* ဖဲအံၤ, လၢအပူၤ, အအံၤ

here *prep* ဖဲအံၤ

hereabouts *adv* ဖဲတၢ်ကပိာ်ကပၤ

hereafter *adv* ခဲအံၤဒီးဆူညါ, ခဲကိာ်တယၣ်, တုၤအံၤဆူညါ

hereby *a* လၢတၢ်အံၤအယိ, လၢကျဲဒ်အံၤအယိ

hereditary *a* လၢအဟဲလီၤစၢၤလၢမိၢ်ပၢ်

heredity *n* တၢ်လီၤစၢၤ, တၢ်လီၤစၢၤလီၤသွဲၣ်

herein *adv* လၢတၢ်အံၤအပူၤ

hereof *adv* ဘၣ်ယးတၢ်အံၤ

heresy *n* ၁. တၢ်နာ်လီၤဆီလၢအတလီၤက်ဒီးပှၤဂၤအတၢ်နာ် ၂. တၢ်နာ်လၢအတအၢၣ်လီၤထွဲတၢ်ဘူၣ်တၢ်ဘါအတၢ်သိၣ်တၢ်သီတဖၣ်, တၢ်နာ်လၢအထီဒါတၢ်လၢပှၤညီနုၢ်နာ်ဝဲ

heretic *n* ၁. ပှၤလၢအအိၣ်ဒီးတၢ်နာ်လီၤဆီဒီးပှၤဂၤ ၂. ပှၤလၢအနာ်တၢ်လၢအတအၢၣ်လီၤထွဲတၢ်ဘူၣ်တၢ်ဘါတၢ်သိၣ်တၢ်သီတဖၣ်, ပှၤလၢအအိၣ်ဒီးတၢ်နာ်လၢအထီဒါတၢ်လၢပှၤအါဂၤညီနုၢ်နာ်ဝဲ

heretofore *adv* တုၤခဲကနံၣ်အံၤ

hereupon *adv* ဝံၤဒီး, တုၤနူၤတစု, အနူၣ်ဒီး

herewith *adv* ဃုာ်ဒီး

heritage *n* တၢ်နှၢ်သါ, လုၢ်လၢ်တၢ်ဆဲးတၢ်လၤအတၢ်နှၢ်သါ

hermit *n* အ့သ့း, တလးအ့သ့း

hernia *n* ပံာ်လီၤကျိတၢ်ဆါ

hero *n* ပှၤဒူပှၤယိၤ

heroic *a* ၁. လၢအဒူအယိၤ, လၢအသူၣ်ဒူသးဒူ ၂. လၢအဘၣ်ထွဲဒီးပှၤဒူပှၤယိၤ

heroics *n* ၁. တၢ်ဟ်သူၣ်ဟ်သး မ့တမ့ၢ် တၢ်ကတိၤတၢ်ဒူဒူကလာ် ၂. တၢ်သူၣ်ဒူသးဒူသနူ, ပှၤဒူပှၤယိၤအသနူ, တၢ်သးဒူအသနူ

heroin *n* ပံၤဝါ

heroine *n* ပှၤဒူပှၤယိၤမုၣ်, မုၣ်ဒူမုၣ်ယိၤ

heroism *n* ပှၤနူပှၤဃိၤအသကဲာ်ပဝး, တၢ်သူၣ်နူသးနူ, ပှၤနူပှၤဃိၤအသနူ, တၢ်သးနူအသနူ

heron *n* ထိၣ်လဲၤဝါ

hero-worship *n* ၁. တၢ်ဟ်ဒိၣ်ဟ်ထိပှၤဂၤအါတလၢ ၂. တၢ်ဟ်ဒိၣ်ဟ်ထိပှၤနူပှၤဃိၤအါတလၢ

hero-worship *v* ဟ်ဒိၣ်ဟ်ကဲတၢ်တမံၤအါတလၢ

herpes *n* တၢ်ယှၢ်အှၣ်တၢ်ဆါ

herpetic genitalia *n* မုၣ်ခွါကၠၢ်ဂီၤအလိၤတၢ်ယှၢ်အှၣ်

hers *pro* အဝဲပိာ်မုၣ်အတၢ်

herself *pro* အနီၢ်ကစၢ် (မုၣ်), အဝဲပိာ်မုၣ်အကစၢ်ဒၣ်ဝဲ

hesitancy *n* တၢ်ယှာ်အသး, တၢ်သးဒ့ဒီ

hesitant *a* လၢအယှာ်အသးမ့ၢ်လၢအသူၣ်အသးဒ့ဒီအဃိ

hesitate *v* ယှာ်အသး, မၤယံာ်မၤနီၢ်အသး

hesitation *n* တၢ်ယှာ်အသး, တၢ်မၤယံာ်မၤနီၢ်သး

heterodox *a* လၢအထီဒါလိာ်အသးဒီးတၢ်လၢပှၤအါဂၤနာ်ဝဲ

heterosexual *a* မုၣ်ခွါတၢ်အဲၣ်ပတီၢ်မုၢ်, လၢအသးလီမုၣ်ခွါသွံၣ်ထံးတၢ်ရှလိာ်ဒ်နဆၢၣ်အကျဲအသိး, မုၣ်ဆူခွါ – ခွါဆူမုၣ်အသွံၣ်ထံးတၢ်ရှလိာ်

hew *v* ၁. ဖျး, ဒိၣ်, ကူာ်လီၤ ၂. စိးပျၢ, စိး, ဘၣ်တၢ်

hex *n* ၁. တၢ်ဟိၣ်တၢ်ယီ, တၢ်လိၢ် ၂. တၢ်ဆိၣ်အၢတၢ် ၃. (နီၣ်ဂံၢ်) ယု

hexagon *n* တၢ်ယုနၢၣ်, နၢၣ်ဘၣ်ယုကနူၤ

hey *exclam* ဟ့ – တၢ်ကိးစိပှၤ

heyday *n* မုၢ်နံၤလၢအဂ့ၤကတၢၢ်, မုၢ်နံၤလၢအအိၣ်ဒီးတၢ်ဒိၣ်တှာ်ခိၣ်ပှဲၤ – တၢ်သူၣ်ဖှံသးညီဒီးတၢ်မၤနၢၤ

hiatus *n* တၢ်အဆၢလီၤတူာ်, တၢ်လီၤဖျဲၣ်လီၤဟိ

hibachi *n* ဖၣ်ကွာ်ဒၢ

hibernate *v* (ဆၣ်ဖိကီၢ်ဖိ) အိၣ်ဒုးဖဲတၢ်ဂိၢ်အကတိၢ်, အိၣ်ဒုး

hibernation *n* ဆၣ်ဖိကီၢ်ဖိအိၣ်ဒုးဖဲတၢ်ဂိၢ်ကတိၢ်, ဆၣ်ဖိကီၢ်ဖိအိၣ်ဒုး

hibiscus *n* ဖီဒၢလွဲ

hiccup *n* ၁. တၢ်သါတကုး ၂. တၢ်ဂ့ၢ်ကီတဆံးတကဲ့ၢ်, တၢ်စဲၤခံတစိၢ်တလီၢ်

hiccup *v* သါတကုး

hick *n* ပှၤခိဖိ, ပှၤကစၢါခိၣ်ဖိ

hickey *n* တၢ်ဘှၣ်ထိၣ်ဂီၤတကွီၤဖိတကွီၤဖိခီဖျိလၢပှၤဆူးလိာ်သးအဃိ, ဒီတၢ်အဲၣ်တီအတၢ်အှၣ်လိာ်ကွဲလိာ်သး

hide *n* ၁. ဒဲခိးခးတၢ်, ဒဲဖိစိၢ် ၂. တၢ်ဖံး, ဆၣ်ဖိကီၢ်ဖိအဖံးဘှၣ်လၢတၢ်စူးကါအီၤဒ်တၢ်ဖံးအသိး

hide *v* ဟ်ခူသူၣ်, ဟ်လီၤခူသူၣ်, အိၣ်ခူသူၣ်, ဟ်တဒၢ

hide-and-seek *n* တၢ်ဂဲၤလိာ်ကွဲဃု့ၢ်အိၣ်ခူသူၣ်လိာ်သး, တၢ်လိာ်ကွဲတၢ်ဘံၣ်မဲာ်

hideaway *n* လီၢ်အိၣ်ခူသူၣ်, တၢ်အိၣ်ခူသူၣ်အလီၢ်, တၢ်လီၢ်တတီၤလၢပှၤလဲၤအိၣ်ခူသူၣ်မ့တမ့ၢ် အိၣ်ထဲတဂၤဒိၤ

hidebound *a* လၢအတၢ်ထံၣ်အံၣ်, လၢအတတူၢ်လိာ်တၢ်ဆိတလဲညီညီ

hideous *a* ၁. လၢအလာ်အၢလာ်ပံး, လီၤပျံၤလီၤဖုး ၂. လၢအတမှာ်တလၢဘၣ်ပှၤ

hideout *n* တၢ်အိၣ်ခူသူၣ်အလီၢ်, လီၢ်အိၣ်ခူသူၣ်, တၢ်အိၣ်ဘံၣ်အိၣ်ဘာသးအလီၢ်

hiding *n* ၁. တၢ်အိၣ်ခူသူၣ်အလီၢ်, တၢ်လီၢ်ခူသူၣ် ၂. တၢ်တိၢ်ဆါဆါအါဘျီ

hie *v* လဲၤတၢ်ချ့ချ့, မၤချ့ထိၣ်သး

hierarchy *n* တၢ်ကရၢကရိအတၢ်နဲ့ၢ်ပၢစိကမီၤအတၢ်သူၣ်ထိၣ်ဆီလီၤသးတဆီဘၣ်တဆီဒ်အလီၢ်အလၤအိၣ်ဝဲအသိး

hieroglyphic *a* လၢအတဲ့တၢ်ဂီၤဒီးမၤနီၣ်တၢ်ဒ်တၢ်ကွဲးလံာ်အသိး

hieroglyphic *n* တၢ်တဲ့တၢ်ဂီၤဒီးမၤနီၣ်တၢ်ဒ်တၢ်ကွဲးလံာ်အသိး

high *a* ၁. ထိၣ်ထီ, လၢအဖးထီ, လၢအထီနဲ့ၢ်ထံအမဲာ်ဖံးခိၣ် ၂. လၢအကစီၤထိၣ်ထီကတၢၢ် ၃. လၢအပတိၢ်ထီ ၄. လၢအပှ့ၤဒိၣ်အါမး ၅. လၢအမူၤကသံၣ်မူၤဘိုး

high *adv* ၁. ဖးထီ, ထီ ၂. အပှ့ၤဒိၣ်, အါတလၢ, ဒိၣ်မး ၃. လၢအကလုၢ်သီၣ်ဖှံ, လၢအကလုၢ်သီၣ်စွံ

high *n* ၁. တၢ်အထီကတၢၢ်, တၢ်လီၢ်အထီကတၢၢ် ၂. ကလံၤမုၢ်ဖးဒိၣ်လၢအအူတရံးကဒါချၢအသး ၃. တၢ်သူၣ်ဟူးသးဂဲၤဖဲတၢ်အီကသံၣ်မူၤဘိုးဝံၤအလီၢ်ခံ ၄. တၢ်အပတီၢ်လၢအထီ

high chair *n* ဖိသၣ်လီၢ်ဆ့ၣ်နီၤဖးထီ

high command *n* သုးခိၣ်ကျၢၢ်ဒီးခိၣ်နၢ်လၢအလီၢ်အလၤဒိၣ်ထီတဖၣ်

high court *n* စံၣ်ညီၣ်ကွီၢ်ဘျိၣ်ဒိၣ်, ကွီၢ်ဘျိၣ်ဒိၣ်

high explosive *n* တၢ်လၢအပိါ်ဖးထီၣ်အသဟီၣ်ဆူၣ်, တၢ်လၢအမၤဟးဂီၤတၢ်သ့ဒိၣ်ဒိၣ်မုၢ်မုၢ်

high five *n* ပှၤခံဂၤယှၣ်ထီၣ်အစုလၣ်ဒီးဒဲသကိးဝဲလၢကဟ်ဖျါထီၣ်တၢ်သူၣ်ခုသးခုဒီးတၢ်မၤနၢၤအဂီၢ်

high jinks *n* ၁. သူၣ်ဖုံသးညီ, သူၣ်ပိါ်သးဝး ၂. သူၣ်ဖုံသးညီတြၢကလူပိါ်ကလာ်

high jump *n* တၢ်စံၣ်ဖုတၢ်ကစီၤထီ, တၢ်စံၣ်ဖှိတၢၣ်ကစီၤထီ

high life *n* တၢ်အိၣ်မူလၢအပတီၢ်ထီ

high living *n* တၢ်အိၣ်မူလၢအပတီၢ်ထီ

high point *n* တၢ်လၢအဂ့ၤဒိၣ်ကတၢၢ်, တၢ်အပတီၢ်ထီကတၢၢ်, တၢ်မှာ်သူၣ်မှာ်သးအဒိၣ်ကတၢၢ်

high priced *a* လၢအပ့ၤဒိၣ်

high priest *n* ပှၤလုၢ်တၢ်အဒိၣ်ကတၢၢ်လၢယူဒၤအတၢ်ဘူၣ်တၢ်ဘါအပူၤ

high profile *a* လၢအမံၤဟူသၣ်ဖျါဒီးပှၤစံးသကိးတဲသကိးလၢအဂ့ၢ်

high road *n* ကျဲမုၢ်ဖးဒိၣ်, ကျဲမုၢ်ဒိၣ်

high roller *n* ပှၤတၤကျိၣ်တၤစ့ဖိ

high school *n* တီၤထီကို

high seas *n* ပီၣ်လဲၣ်လီၢ်ကဝီၤလၢတအိၣ်လၢထံကိၢ်နီတဘ့ၣ်အတၢ်ပၢအပူၤ

high season *n* တၢ်ဟးကသ့ၣ်ကသီညီနှၢ်လၢအကတီၢ်ဖဲတၢ်ပ့ၤတၢ်ကလံၤတဖၣ်ဒိၣ်ဝဲ

high spot *n* တၢ်လၢအမှာ်သူၣ်မှာ်သးကတၢၢ်, တၢ်လၢအကါဒိၣ်ကတၢၢ်

high street *n* ကျဲမိၢ်ပှၢ်ဖဲအအိၣ်ဒီးကျးဒီးစ့တၢးဒီးပှၤလဲၤထီၣ်က့ၤလီၤအါအလီၢ်, ကျဲလၢပှၤလဲၤထီၣ်က့ၤလီၤပှ့ၤလိာ်ကွဲတၢ်အလီၢ်

high tide *n* ပီၣ်လဲၣ်အထံထီၣ်အထီကတၢၢ်အဆၢကတီၢ်

high water *n* ပီၣ်လဲၣ်အထံထီၣ်အထီကတၢၢ်အဆၢကတီၢ်

high wire *n* ပျံၤဖးဒိၣ်ဖးထီလၢအဘၣ်တၢ်စၢဃာ်အီၤလၢတၢ်ထီၣ်ထီ

highbrow *a* လၢအဆိကမိၣ်လၢအတၢ်ဆိကမိၣ်အတၢ်ထံၣ်ဖွဲးနှ့ၢ်ပှၤဂၤ, လၢအဆိကမိၣ်ပဲာ်ထံနီၤဖးတၢ်သ့

high-class *a* လၢအပတီၢ်ထီ

higher education *n* တၢ်ကူၣ်ဘၣ်ကူၣ်သ့အပတီၢ်, တၢ်ကူၣ်ဘၣ်ကူၣ်သ့အပတီၢ်လီၤဆီဒၣ်တၢ်လၢခီလ့ၣ်ကို, ဖ့ၣ်စိမ်ၤဒီးတီၤဒိၣ်တုာ်လံာ်အုၣ်သးအပတီၢ်

high-flown *a* လၢအဒိၣ်အမုၢ်ဒီးသဘံၣ်ဘုၣ်လိာ်အသး

high-grade *a* လၢအကံၢ်အစီဂ့ၤဒိၣ်မး

high-handed *a* လၢအဟ်ထီၣ်ထီအသးဒီးအမၤဒၣ်ဖဲအသးလၢတအိၣ်ဒီးတၢ်ဆိကမိၣ်လၢပှၤဂၤအဂီၢ်, မၤနၢၤမၤဃၣ်တၢ်

highland *a* ၁. လၢအဘၣ်ထွဲဒီးတၢ်ကစီၤလီၢ်လၢအဘၣ်ထွဲဒီးကစၢၢ်ကလိဒီးတၢ်လှၢ်ထီၣ်ထီတဖၣ် ၂. လၢအဘၣ်ထွဲဒီးစကီးတလဲၣ်အတၢ်လှၢ်ခိၣ်

highlander *n* ပှၤကစၢၢ်ခိၣ်ဖိ, ပှၤလၢအအိၣ်လၢတၢ်လီၢ်ထီၣ်ထီ

highlands *n* ကစၢၢ်ကျါ

highlight *n* ၁. တၢ်လီၤသးစဲလီၤသူၣ်ပိါ်သးဝးကတၢၢ်တတီၤ, တၢ်ဟ်ဖျါထီၣ်တၢ်လၢအရှဒိၣ် ၂. တၢ်တီၤဖျါထီၣ်တၢ်အလွဲၢ်, တၢ်မၤအိၣ်ထီၣ်အလွဲၢ်

highlight *v* ၁. ဒုးလီၤသးစဲ, ဒုးလီၤသူၣ်ပိါ်သးဝး, ဟ်ဖျါထီၣ်တၢ်လၢအရှဒိၣ် ၂. တီၤဖျါထီၣ်(တၢ်)အလွဲၢ်, တၢ်မၤအိၣ်ထီၣ်ခိၣ်ဆူၣ်အလွဲၢ်

highlighter *n* ထိၣ်ဖံးဘိတီၤဖျါထီၣ်တၢ်, မဲၣ်ထံတီၤဖျါထီၣ်တၢ်

highly *adv* ၁. ဒိၣ်ဒိၣ်အါအါ, ဒိၣ်ဒိၣ်ထီထီ ၂. ဂ့ၤဒိၣ်မး, အိၣ်ဒီးတၢ်စံးထီၣ်ပတြၢၤ

high-minded *a* လၢအဟ်သူၣ်ဟ်သးဂ့ၤဒိၣ်မး

highness *n* ၁. တၢ်ကတီၤလၢတၢ်စူးကါအီၤဖဲတၢ်ကိးပှၤဒိၣ်ပှၤထီ, ပှၤလီၢ်ဒိၣ်လၤထီတဖၣ်

အခါ အဒိ, တၢ်ဒိဉ်ကစၢ်စီၤပၤ ၂. တၢ်လီၢ်ဒိဉ်လၤထီ

high-pitched *a* ၁. လၢအကလုၢ်သီဉ်ဖးထီဃဲကအဲ, လၢအကလုၢ်သီဉ်စွံဖးထီ ၂. လၢအခိဉ်စူဒိဉ်မး

high-powered *a* ၁. လၢအအိဉ်ဒီးအစိအကမီၤဒီးလၢပှဲၤဒီးဂံၢ်ဘါ ၂. လၢအဂံၢ်သဟိဉ်ဂူၤ ၃. လၢအဂံၢ်သဟိဉ်ဆူဉ်မး

high-pressure *a* ၁. လၢဘဉ်တၢ်ဆီဉ်သနံးအီၤအါ ၂. လၢအတူၢ်ဘဉ်တၢ်ကီတၢ်ဂီၤနးနးကျံၤကျံၤ

high-ranking *a* လၢအလီၢ်ဒိဉ်လၤထီ, လၢအလီၢ်အလၤဒိဉ်

high-rise *a* (တၢ်သူဉ်ထိဉ်) လၢအကထၢအါဒီးကစီၤထီ

high-risk *a* လၢအအိဉ်ဒီးတၢ်ဘဉ်ယိဉ်, လၢတၢ်ဘဉ်ယိဉ်ဘဉ်ဘီအါ

high-security *a* လၢအအိဉ်ဒီးတၢ်ဘံဉ်တၢ်ဘၢလၢအဂ့ၤ

high-speed *a* လၢအချ့ဒိဉ်မး, လၢအလဲၤတၢ် မ့တမ့ၢ် ကဲထိဉ်အသးချ့ဒိဉ်မး

high-spirited *a* လၢအပှဲၤဒီးသးသဟိဉ်, လၢအသူဉ်ပိၢ်သးဝးသးဖှံဒီးဟူးဂဲၤ, လၢအဟူးဂဲၤဒီးကီလၢတၢ်ကပၢဆှၢအီၤ

high-strung, highly strung *a* လၢအသးတမှာ်သ့ညီ, လၢအအိဉ်ဒီးတၢ်သးသဒ့ဉ်

hightail *v* လဲၤတၢ်ချ့ဒံးချ့နူး, လဲၤတၢ်ပစုၢ်ပတ့ၤ

high-tech *a* လၢအပဉ်ယှာ်တၢ်မၤတၢ်ဒီးစဲးဖီကဟဉ်လၢအပတိၢ်ထီဒီးချူးစီၤ

highway *n* ကျဲမုၢ်ဖးဒိဉ်, ကျဲမုၢ်ဖးဒိဉ်လၢတၢ်သူအီၤလၢတၢ်လဲၤတၢ်ဒ့ဉ်စၢၤယံၤအဂီၢ်

hijack *v* တမျာ်တၢ်လၢကဘီ မ့တမ့ၢ် ကဘီယူၤအပူၤ

hike *n* ၁. တၢ်ဟးလိာ်ကွဲဖးယံၤဖးစၢၤလၢခီဉ်, တၢ်လဲၤတၢ်လီၢ်ယံၤလၢခီဉ်, တၢ်လဲၤဖးထီလၢကစၢၢ်ကျဲ, တၢ်(ထိဉ်)ကစၢၢ် ၂. တၢ်အပှ့ၤထိဉ်, တၢ်အါထိဉ်ဂိၢ်ထိဉ်

hike *v* ၁. ဟးလိာ်ကွဲဖးယံၤဖးစၢၤလၢခီဉ်, လဲၤတၢ်လီၢ်ယံၤလၢခီဉ်, (ထိဉ်) ကစၢၢ် ၂. သလဲထိဉ်, တလဲထိဉ်, ထဲးထိဉ် (တၢ်ကူတၢ်သိး) ၃. (တၢ်အပှ့ၤ) ထိဉ်ဖးဒိဉ်, အါထိဉ်ဂိၢ်ထိဉ်

hilarious *a* လၢအလီၤနံၤဖးဒိဉ်, လၢအသူဉ်ဖှံသးညီဒိဉ်ဒိဉ်ကလဲာ်

hilarity *n* တၢ်သူဉ်ဖှံသးညီဒိဉ်ဒိဉ်ကလဲာ်, တၢ်လၢအလီၤနံၤလီၤအ့

hill *n* တၢ်လူၢ်

hill station *n* ဝ့ၢ်လၢအအိဉ်လၢတၢ်လူၢ်တဖဉ်အကျါ

hillbilly *n* ပှၤအမဲရကၤခိခိဉ်ဖိလၢအသ့လံာ်သ့လဲၢ်လၢအအိဉ်ဆိးလၢမုၢ်ထိဉ်ကလံၤထံးအမဲရကၤကစၢၢ်ခိဉ်တဖဉ်

hillock *n* တၢ်လူၢ်ဆံးဆံးဖိ

hillside *n* တၢ်လူၢ်ကပၤ, တၢ်ပၤလိၤ

hilltop *n* တၢ်လူၢ်အဒီခိဉ်, တၢ်လူၢ်ခိဉ်

hilly *a* လၢအအိဉ်ဒီးတၢ်လူၢ်တဖဉ်အါမး

hilt *n* နးတိၢ်, ဃဲာ်တိၢ်, ဒီတိၢ်

him *pro* အဝဲပိာ်ခွါ, အီၤ

himself *pro* အနီၢ်ကစၢ် (ခွါ), အနီၢ်ကစၢ်ဒဉ်ဝဲ

hind *a* လၢအလီၢ်ခံ, (ဆဉ်ဖိကိၢ်ဖိအခီဉ်) လၢအလီၢ်ခံခံခီ

hind *n* တၤဟိမိၢ်, သမိဉ်မိၢ်

hinder *v* မၤတာ်တာ်, မၤနိးမၤဘျး

hinder-most *a* လၢခံကတၢၢ်

hindrance *n* တၢ်တြီ, တၢ်မၤတာ်တာ်, တၢ်နိးတၢ်ဘျး

hindsight *n* တၢ်သ့ဉ်ညါနၢ်ပၢၢ်က့ၤတၢ်လၢတၢ်ကဲထိဉ်သးဝံၤအလီၢ်ခံ

Hindu *n* ပှၤဟ့ဉ်နူၢ်ဖိ

Hinduism *n* ဟ့ဉ်နူၢ်တၢ်ဘါသနူ (တၢ်သိဉ်တၢ်သီ)

hinge *n* သံဉ်ကျိၤ, တၢ်သံဉ်ကျိၤ

hinge *v* ၁. ဒုးစဲဘူးဒီးသံဉ်ကျိၤ, ဒုးစဲဘူးလၢပးတဉ် ၂. သန့ၤအသးလၢတၢ်တမံၤအဖီခိဉ်လၢာ်လၢာ်ဆ့ဆ့

hinge on *vp:* ဒိးသန့ၤထိဉ်အသးလၢတၢ်တမံၤမံၤအဖီခိဉ်

hint *n* တၢ်နဲဉ်စိ

hint *v* နဲဉ်စိ

hinterland *n* ခိခိဉ်တၢ်လီၢ်, တၢ်လီၢ်တၢ်ကျဲလၢခိခိဉ်

H

hip *a* လၢအအိၣ်ဒီးတၢ်ကူၣ်တၢ်ဆးလၢအလဲၤထိၣ်လဲၤထီ, လၢအအိၣ်ဒီးတၢ်လဲၤထိၣ်လဲၤထီလၢချူးစိၤတၢ်ကူတၢ်သိးတၢ်ကယၢကယဲ

hip *n* ယီၢ်တဲာ်ခိၣ်

hip hop *n* တၢ်သးဝံၣ်ရှူးအုၣ်ထါ, ဟံးပဟီးတၢ်သူၣ်ဝံၣ်သးဆၢ

hippo *n* တၤဒိၣ်ထံ

hippodrome *n* ၁. ကသ့ၣ်ဃှၢ်ပြၢအပျီ, လ့ၣ်ကသ့ၣ်ဃှၢ်ပြၢအပျီ ၂. တၢ်ဒုးနဲၣ်တၢ်တစ္ခံတစ္ခ့ယီၢ်အလီၢ်

hippopotamus *n* တၤဒိၣ်ထံ

hippy *a* (ပိာ်မုၣ်) လၢအခံကိၢ်လဲၢ်, လၢအခံကိၢ်ဒိၣ်

hippy, hippie *n* ဟ့းပံၣ်, ပှၤသးစၢ်လၢအတတူၢ်လိာ်လုၢ်လၢ်ထူသနူတၢ်ဆဲးတၢ်လၤဒီးကူသိးတၢ်ကူတၢ်ကၤလီၤဆီဒီးဟ်ထီအခိၣ်ဆူၣ်

hire *n* တၢ်ဒိးလဲ, တၢ်ဒိးလဲအပ္ှၤ, တၢ်ဘူးတၢ်လဲ

hire *v* ဒိးလဲ

hired hand *n* ပှၤဒိးလဲမၤတၢ်လၢစံာ်ပျိပူၤ, စရီငါ

hireling *n* ပှၤဒိးလဲအသး

his *pro* အဝဲပိာ်ခွါအတၢ်, အတၢ်

Hispanic *a* လၢအဘၣ်ဃးဒီးစပ့ၣ် မ့တမ့ၢ် ထံကိၢ်လၢအကတိၤစပ့ၣ်ကျိာ်, လၢအဘၣ်ဃးဒီးပှၤအမဲရကၤဖိလၢဂံၢ်ထံးစၢၤသွဲၣ်ဟဲလၢကိၢ်စပ့ၣ် မ့တမ့ၢ် ပှၤစပ့ၣ်ဖိ

Hispanic *n* စပ့ၣ်ထူလံၤဖိ, ပှၤဟံးစပဲန်းဖိ

hiss *n* ၁. တၢ်ကလုၢ်သီၣ်ဃဲကအဲရှူရှူရှူရှူ ၂. ကွဲၤဟူဖျါအကလုၢ်သီၣ်ရှူရှူလၢအမၤတံာ်တံာ်တၢ်အသီၣ်

hiss *v* ရှူၤရှူၤ, မၤသီၣ်အကလုၢ်ရှံၤရှံၤရှူၤရှူၤ, (ဂ့ၢ်သ့ၣ်) သါသဖိုသီၣ်

hist *exclam* ရှူၤ, တၢ်မၤသီၣ်ကလုၢ်လၢကမၤန့ၢ်ပှၤဂၤအတၢ်သးစဲ မ့တမ့ၢ် မၤအိၣ်ဘှိၣ်ပှၤ

historian *n* ပှၤလၢအမၤလိလံာ်တၢ်စံၣ်စိၤတဲစိၤ, ပှၤစဲၣ်နီၤလၢတၢ်စံၣ်စိၤတဲစိၤ

historic *a* ၁. လၢအဘၣ်ဃးဒီးတၢ်စံၣ်စိၤတဲစိၤ ၂. လၢအရှဒိၣ် မ့တမ့ၢ် အမံၤဟူသဉ်ဖျါလၢတၢ်စံၣ်စိၤတဲစိၤအပူၤ, လၢအဘၣ်တၢ်စံၣ်ဃါတဲဃါလၢအဂ့ၢ်

historical *a* ၁. လၢအဘၣ်ထွဲဒီးတၢ်စံၣ်စိၤ, လၢအဘၣ်ထွဲဒီးစိၤပိၢ် ၂. လၢအဘၣ်ထွဲဒီးတၢ်ဆၢကတီၢ်ခါပူၤကွံာ်, လၢအဘၣ်ထွဲဒီးတၢ်မၤတၢ်လၢအပူၤကွံာ်

history *n* ၁. တၢ်စံၣ်စိၤတဲစိၤ ၂. တၢ်မၤလိတၢ်ကဲထိၣ်သးလၢခါပူၤကွံာ် ၃. စိၤပိၢ်တၢ်ကွဲးနီၣ်, တၢ်စံၣ်စိၤတဲစိၤတၢ်ကွဲးနီၣ်

hit *n* ၁. တၢ်ဒိတၢ်တိၢ်, တၢ်ဘၣ်ဒိဘၣ်တိၢ် ၂. တၢ်မၤသံကွံာ်တၢ် ၃. တၢ်ဂီၤမူ မ့တမ့ၢ် တၢ်သးဝံၣ်တဖၣ်လၢအမံၤဟူသဉ်ဖျါဒီးတၢ်ဆါအီၤန့ၢ်အါအါဂိၢ်ဂိၢ် ၄. တၢ်ဃုထံၣ်န့ၢ်တၢ်ဂ့ၢ်တၢ်ကျိၤလၢအ့ထၢၣ်နဲးအဖီခိၣ် ၅. ကသံၣ်မူၤဘိုးနံၣ်ခြိၣ်ထံးတအီ

hit *v* ၁. တိၢ် ၂. ဘၣ်ထံး, ဘၣ်တိၢ်, ဘၣ် ၃. ဘၣ်ဒိ, ဒိဘၣ် ၄. ဟဲတုၤလီၤ, တုၤလီၤ ၅. တိၢ်ဖျိး ၆. နီၤလီၤဖဲခး ၇. (တၢ်ဂဲၤလိာ်ကွဲ) မၤန့ၢ်အမး

hit on *vp:* ၁. ဆိကမိၣ်ထိၣ်န့ၢ်တၢ်သတူၢ်ကလာ် ၂. ကဃုထံၣ်န့ၢ်တၢ်ဒ်တၢ်ခွဲးတၢ်ယာ်အိၣ်အသိး

hit or miss *idm:* တၢ်မၤနါစိၤတၢ်

hit list *n* တၢ်စံၣ်ညီၣ်သံအစရီ, ပှၤလၢကဘၣ်တၢ်မၤသံအစရီ

hit man *n* ပှၤဒိးလဲသးလၢကမၤသံတၢ်

hit squad *n* ပှၤလၢအကူၣ်အၢမၤသံတၢ်တဖု, ပှၤတဖုလၢအကူၣ်သံပှၤဂၤ

hit-and-run *a* ၁. လၢအသိလ့ၣ်ဘၣ်တိၢ်ဘၣ်ထံးဝံၤဃ့ၢ်ကွံာ်လၢအယံၤ ၂. လၢအတိၢ်ဖျၢၣ်ပၤဒီးဃ့ၢ် ၃. လၢအလဲၤနာ်လီၤဒုးပှၤချ့သဒံးဒီးဃ့ၢ်ကွံာ်

hitch *n* တၢ်တြီမၤတံာ်တာ်, တၢ်နိးတၢ်ဘျး, တၢ်ထုးဖုး

hitch *v* ၁. ဟးတူၢ်ကျဲ, ဟးတိးကျဲ ၂. ဘၣ်ကွးဃာ်, ဘၣ်ဘျးဃာ် ၃. ဆၢထၢၣ်လၢကျဲကပၤဒီးဃ့ဒိးပိာ်ပှၤသိလ့ၣ်အခံ

hitchhike *v* ဃ့ဒိးပိာ်ပှၤသိလ့ၣ်အခံ, ဂဲၤဆၢထၢၣ်လၢကျဲကပၤဒီးဃ့ဒိးပိာ်ပှၤသိလ့ၣ်အခံ

hi-tech *a* လၢအစူးကါတၢ်ဖိတၢ်လံၤစဲးဖိကဟၣ်လၢအလူၤထိၣ်စိၤဆၢကတီၢ်, လၢအစူးကါချူးစိၤစဲးဖိကဟၣ်တၢ်သ့တၢ်ဘၣ်ပတီၢ်ထီ

hither *adv* လၢအံၤ, ဆူအံၤတခီ

hitherto *adv* တုၤခဲကနံၣ်အံၤ, တုၤခဲအံၤ

HIV *abbre* တၢ်ဆါအဃၢ်လၢအမၤစၢ်လီၤနီၢ်ခိဂံၢ်တြီဆၢသဟီၣ်, တၢ်ဆါအဃၢ်လၢအဒုး

ကဲထီဉ်တၢ်ဆါအှ*(စ) (Human Immunodeficiency Virus)

hive *n* ၁. ကနဲဒၢ, ကွဲဒၢ ၂. ကွဲ, ကနဲလၢအအိဉ်လၢအဒၢပူၤ ၃. တၢ်လီၢ်လၢပှၤအတၢ်ဖံးတၢ်မၤအါ

hives *n* တၢ်ဖံးဘ့ဉ်ကဖိထီဉ်ထိဉ်ဂီၤဒီးသးက်ာ်ဝဲခီဖျိတၢ်အိဉ်အဃိ, တၢ်ဖံးဘ့ဉ်ကပြုထိဉ်

HIV-positive *a* လၢအဘဉ်ကူဘဉ်က်ဒီး HIV, လၢအိဉ်ဒီး HIV တၢ်ဆါ

Hmong *n* ၁. မိကလုာ်နူဉ် ၂. မိအကျိာ်

hoard *n* တၢ်လၢတၢ်ဟ်ဖိုဉ်ဟ်တံၤဃာ်အီၤအါအါဂိၢ်ဂိၢ် (အဒိ, *The miser hoarded his money*)

hoard *v* ဟ်ဖိုဉ်ဟ်တံၤ

hoarding *n* ၁. တၢ်ဘိးဘဉ်သ့ဉ်ညါဘ့ဉ်ဘဉ်ဖးလဲၢ် ၂. ကရၢၢ် မ့တမ့ၢ် တၢ်နူဉ်ပၤလၢတၢ်ဂၢၢ်ဃာ်အီၤဝးဝးတစိၢ်တလီၢ်ဖဲတၢ်ဘိုတၢ်သူဉ်ထိဉ်တဖဉ်

hoarse *a* ကလုၢ်ဘံး, ကိာ်ယူၢ်ဘိသွး

hoary *a* ၁. သးပှၢ်ခိဉ်ဝါ ၂. လီၢ်လံၤဖိဃး

hoax *n* တၢ်လံဉ်နှၢ်လီနှၢ်တၢ်

hoax *v* လီလိာ်ကွဲတၢ်, လံဉ်လိာ်ကွဲတၢ်

hobble *v* ဟးတကျဲၢ်တကျဲၢ်, ဟးတီၤကျဲၢ်တီၤကျဲၢ်

hobby *n* တၢ်သးစဲ

hobnob *v* အိဉ်ဒီးတၢ်ရှလိာ်ကတိၤသကိးတၢ်ဒီးပှၤကဲဒိဉ် မ့တမ့ၢ် ပှၤမံၤဟူသဉ်ဖျါတဖဉ်

hobo *n* ပှၤလၢအတၢ်ဖံးတၢ်မၤတအိဉ်ဒီးဟးဝ့ၤဝီၤဆူအံၤဆူနၤ

hock *n* ၁. ဆဉ်ဖိကိၢ်ဖိအခီဉ်ကစၢ်လာ် ၂. ကျၢမနံဉ်အစပံးထံဝါတကလုာ်

hock *v* လဲၤဟ်လီၤတၢ်ဖိတၢ်လံၤ (လၢကမၤန့ၢ်စ့အဂီၢ်)

hockey *n* ဟီးကံဉ်တၢ်ဂဲၤလိာ်ကွဲ – ပှၤလိာ်ကွဲခံဖုလၢတခီအပှၤဂဲၤလိာ်ကွဲဖိအိဉ်တဆံဂၤစှာ်စှာ်ဒီးတိၢ်ဝဲဖျာဉ်သဉ်ကိၤကိၤဒီးနိဉ်ကူဖျာဉ်ခိဉ်

hocus-pocus *v* မၤကဒါပှၤမဲာ်, လီနှၢ်မၤကဒါမဲာ်တၢ်

hod *n* တၢ်ပူၤတၢ်တ့ၤလၢတၢ်စိာ်တၢ်ဃၢအဂီၢ်, တၢ်ပူၤတၢ်တ့ၤလၢတၢ်စိာ်လၢၢ်တဖဉ်အဂီၢ်

hodgepodge, hotchpotch *n* တၢ်အိဉ်ကျဲဉ်ကျီအသး

hoe *n* ဘီတြိာ်, ဘီဖျး

hoe *v* ဖျး, ဖျးဒီးဘီဖျး

hoedown *n* တၢ်ဂဲၤကလံဉ်အမူး

hog *n* ၁. ထိး, ထိးဖါဒ့ဒံဉ် ၂. (တၢ်ကတိၤပတိၢ်မုၢ်) ပှၤလၢအသူဉ်လီသးကွံတၢ် ၃. (တၢ်ကတိၤပတိၢ်မုၢ်) သိလ့ဉ်ယီၢ်ဖးဒိဉ်

hog *v* ပၢဂုာ်တၢ်, သးကွံပှၤဂၤအတၢ်, ပၢဂုာ်တၢ်လၢအနီၢ်ကစၢ်အဂီၢ်

hogshead *n* ဘံယၢဉ်ကတံၤဖးဒိဉ်

hogwash *n* ၁. ထိးဆဉ် ၂. တၢ်ကွဲး, တၢ်ကတိၤလၢအခီပညီတအိဉ်

ho-hum *exclam* ဟုၤဒုၤ, တၢ်ကလုၢ်လၢပကိးသိဉ်အီၤဖဲပတၢ်ကၢဉ်ပသး မ့တမ့ၢ် ပသးလၢာ်သးလီၤဘှါအခါ

hoist *n* တၢ်ဖိတၢ်လံၤလၢတၢ်သူအီၤလၢတၢ်ထုးထိဉ်တၢ်

hoist *v* ထုးထိဉ်တၢ်လၢပျံၤ, စိာ်ကဖိထိဉ်

hold *n* ၁. တၢ်ဖိဉ်ဃာ်တၢ်, တၢ်စုၤဃာ်တၢ် ၂. တၢ်ဟ်တၢ်ဖိတၢ်လံၤလီၢ်လၢကဘီဒီးကဘီယူၤအပူၤ ၃. ခိဉ်ယီၢ် အဒိ, ပှၤကညီထိဉ်သဲးနူဉ်ထိဉ်ဝဲဒီးခိဉ်ယီၢ်ဒီးထိဉ်ဘးဝဲလီၤ.

hold *v* ၁. စိာ်ဃာ်, ဟံးဃာ်, စှီၤဃာ် ၂. ဖိဉ်, ဖိဉ်ဃာ်, ဖိဉ်ပှၤ, ဖိဉ်ဃံး ၃. ဖိးဃာ်, ဖိးဟုဃာ် ၄. တြီၢ် (ကဘီဟၢဖါ) ၅. မၤ (တၢ်အိဉ်ဖှိဉ်) ၆. လုၢ်ဘၢစိကမီၤ ၇. အိဉ်ဒီး, ပၢဘဉ် ၈. ဂၢၢ်ဃာ်, ဟ်ဖိုဉ်ဃာ်, ပၢၤဃာ်

hold forth *vp:* တဲဖးထီတၢ်, ကတိၤဖးထီတၢ်

hold in *vp:* ၁. ကီၤအသး, ကီၤသူဉ်ကီၤသး, ပၢၤအသး ၂. တြီဃာ် (တၢ်တမံၤမံၤ)

hold off *vp:* ၁. သုးနံၤသုးသီ, သုးဆၢသုးကတိၢ် ၂. တြီဆၢ ၃. ဆိကတိၢ်, ပတုာ်, ယီၤ, တစူၤလၢၤ, ဩီ ၄. ပဒ့ဉ်ဟးဆုံး

hold on *vp:* ၁. အိဉ်ကတိၢ်, အိဉ်ခိးတစိၢ်ဖိ, အိဉ်ခိးဒ်ကလိာ် ၂. ဖိဉ်ဃာ်ကျၢၤကျၢၤ, ဖိဉ်ဃာ်ဃံးဃံး ၃. ကျဲးစၢးထဲးဂံၢ်ထဲးဘါ

hold out *vp:* တူၢ်ယံာ်ခိဉ်ယံာ်, အိဉ်ဂၢၢ်ဆိးကျၢၤ

hold over *vp:* ၁. မၤယံာ်မၤနီၢ်ထိဉ်, မၤဃၢထိဉ် ၂. စူးကါ (တၢ်တမံၤ) ဒ်တၢ်အဒိအတဲာ်အသိး, နဲဉ်ဖျါထိဉ် ၃. တမျာ်တၢ်

hold together *vp:* ရိဉ်ဖိုဉ်ဃူဖိး, အိဉ်

ဃူလိာ်ဖိးလိာ်သး

hold up *vp:* ၁. မၤယံာ်မၤနီၢ်ထီၣ်, မၤဃၢထီၣ် ၂. စူးကါ (တၢ်တမံၤ) ဒ်တၢ်အဒိအတဲာ်အသိး, နဲၣ်ဖျါထီၣ် ၃. တမျာ်တၢ်

holder *n* ၁. ပှၤလၢအန့ၢ်ပၢဘၣ်တၢ်, ပှၤလၢအန့ၢ်စိန့ၢ်ကမီၤလၢကပၢဘၣ်တၢ်တမံၤမံၤ ၂. တၢ်ဒၢတၢ်ဖီ အဒိ, မိာ်ထူဒၢ

holding company *n* ခီပနံာ်လၢအပၢဘၣ်ခီပနံာ်အဂုၤအဂၤအရှဃါ

hold-up *n* ၁. တၢ်ဟ်ပတုာ်ဃာ် ၂. တၢ်မၤစ့ၤခံတၢ်, တၢ်မၤယံာ်မၤနီၢ်တၢ် ၃. တၢ်တမျာ်တၢ်, တၢ်ဂုာ်ဆူၣ်ပျိဆူၣ်တၢ်

hole *n* တၢ်ပူၤ, တၢ်ထူၣ်ဖျိ, တၢ်အိပူၤ

holiday *n* ၁. နံၤသဘျ့, နံၤအိၣ်သလ့ၤ ၂. နံၤဒိၣ်နံၤထီ, နံၤလၢအရှဒိၣ်တဖၣ်, တၢ်မၤလၤကပီၤနံၤဒိၣ်နံၤထီတဖၣ်အကတီၢ် (အဒိ, "National Day") ၃. တၢ်ဟးကသုၣ်ကသီ, တၢ်ဟးလိာ်ကွဲ ၄. တၢ်ပျၢ်ကသုၣ် (ကို, ဖှၣ်စိမီၤ, ခီလှၣ်ကို)

holiday *v* ဟးကသုၣ်ကသီ, ဟးလိာ်ကွဲ

holidaymaker *n* ပှၤဟးကသုၣ်ကသီ, ပှၤဟးလိာ်ခိၣ်လိာ်ကွဲဖဲနံၤသဘျ့အခါ

holier-than-thou *a* လၢအဟ်တီဟ်လိၤအသး, လၢအပတြၢၤလီၤက့ၤအသး, လၢအဆိကမိၣ်လီၤအသးလၢအဂ့ၤန့ၢ်ပှၤအဂၤ

holiness *n* တၢ်စီတၢ်ဆှံ

holistic *a* ၁. လၢအကွၢ်ဆိကမိၣ်တၢ်ကိးကပၤဒဲး, လၢအကွၢ်ဆိကမိၣ်တၢ်ခဲလၢာ် ၂. တၢ်နာ်ဘၣ်ဃးဒီးတၢ်ကူစါနီၢ်ခိဒီတဂၤညါဒီးတမ့ၢ်ထဲကူစါတၢ်ဆါဘၣ်အီၤတမံၤဓိၤဘၣ်

holler *v* ကိးပသူပသီ, ကိးကလူ, ကိးဃါတၢ်

hollow *a* ၁. လၢအလီၤကအိ, လၢအပူၤအိၣ်, သိၣ်လီၤကအၢၣ် ၂. ကလီကလီ, တၢ်ကလီလီၤ, တၢ်ကြိကြိလီၤ

hollow *n* ၁. တၢ်လီၤဆၢၣ်, တၢ်ကအိပူၤ, တၢ်ကလိာ်ပူၤ ၂. (a hollow of the hills) တၢ်တြီၤလာ်

holly *n* သ့ၣ်ဟိၣ်လံၣ်ထူၣ်, သ့ၣ်တကလုာ်လၢအလၣ်လါဟ့ဒီးစူဒီးအသၣ်န့ၣ်ဂီၤဝဲဒီးဘၣ်တၢ်စူးကါစ့ၢ်ကီးအီၤဒ်တၢ်ကယၢကယဲတခါအသိးဖဲတၢ်မၤခရံာ်အိၣ်ဖျဲၣ်အမူးအကတီၢ်

holocaust *n* ၁. တၢ်မၤသံမၤဝီမၤဟးဂူာ်ဟးဂီၤတၢ်ဒိၣ်ဒိၣ်မုၢ်မုၢ်, တၢ်မၤသံဆူၣ်သံစိး ၂. (the Holocaust) တၢ်ဒွဲၣ်အှူသံဆူၣ်သံစိးပှၤယူဒၤဖိခိဖျိနးစံၣ်ကရူၢ်ဖဲ ၁၉၃၀ ဒီး ၁၉၄၀ နံၣ်တဖၣ်အပူၤ

hologram *n* သၢနၢၣ်ဖျါတၢ်ဂီၤ, သၢနၢၣ်ဖျါ (အဒိၣ်ဃီၤ, အဒိၣ်တူာ်, အလဲၢ်) တၢ်ဂီၤ

holster *n* ကျိဒၢ, ကျိဖှၣ်ဒၢ

holy *a* စီဆှံ, လၢအဘၣ်ဃးဒီးယွၤ

homage *n* တၢ်ယူးယီၣ်ဟ်ကဲ

home *a* ၁. လၢအဘၣ်ထွဲဒီးဟံၣ်ဓိၤဃီဓိၤ ၂. လၢအဘၣ်ထွဲဒီးပှၤတဂၤအထံအကိၢ် မ့တမ့ၢ် ပှၤတဂၤအလီၢ်အိၣ်လီၢ်ဆိး ၃. (တၢ်ဂဲၤလိာ်ကွဲအမူး) လၢအဘၣ်ထွဲဒီးထံကိၢ်လၢအတူၢ်လိာ်မုာ်တၢ်ဂဲၤလိာ်ကွဲအမူး, လၢအဘၣ်ထွဲဒီးထံကိၢ်လၢအကဲဟံၣ်ကစၢ်

at home *idm:* ဟ်ဒ်နဟံၣ်အသိး

home *adv* ၁. လၢနီၢ်ကစၢ်အဟံၣ်အပူၤ, လၢနီၢ်ကစၢ်အထံအကိၢ်ပူၤ ၂. ဆူအလီၢ်ဘၣ်အကျဲဘၣ် ၃. ဘၣ်လီၤလီၤ

home *n* ၁. လီၢ်အိၣ်လီၢ်ဆိး, အိၣ်ဆိးလီၢ်ကျဲ ၂. ဟံၣ်, ဟံၣ်ဃီ ၃. တၢ်ကွၢ်ထွဲပှၤအလီၢ်အကျဲ ၄. တၢ်လီၢ်အဂၢ်ထံးခိၣ်ဘိ, ထူထံး, တၢ်လီၢ် မ့တမ့ၢ် ထံကိၢ်လၢနအိၣ်ဖျဲၣ်ထီၣ် ၅. (တၢ်ဂဲၤလိာ်ကွဲ) တၢ်ကတၢါအလီၢ်, တၢ်ကဘၣ်တုၤအိၣ်အလီၢ် ၆. (ခိၣ်ဖှူထၢၣ်) ပှာ်ယဲၤသန့ကဘျံးဂၢ်ထံး, ပှာ်ယဲၤသန့အခိၣ်ထံးတကဘျံး, ပှာ်ယဲၤကဘျံး ၇. သန့

home economics *n* ဟံၣ်ဃီတၢ်ဖီးတၢ်မၤအတၢ်မၤလိ

home page *n* ပှာ်ယဲၤသန့ကဘျံးဂၢ်ထံး, ပှာ်ယဲၤသန့ကဘျံးပၤမိၢ်ပှၢ်, ပှာ်ယဲၤသန့အခိၣ်ထံးတကဘျံး, သန့

homebody *n* ပှၤလၢအိၣ်မုာ်လၢဟံၣ်လၢဃီ

homeboy *n* ၁. ရှၣ်ဃီ, ပှၤအိၣ်တသဝီဃီတဝ့ၢ်ဃီဒီးနၤ ၂. ပှၤသးစၢ်လၢအမၤတၢထိၣ်တၢလီၤတၢ်

homecoming *n* ၁. တၢ်ဟဲက့ၤဆူဟံၣ် (ဖဲဟးစီၤစုၤဖးယံာ်ဝံၤအလီၢ်ခံ) ၂. ကိုတၢ်ရှလိာ်မှာ်လိာ်တနံၣ်တဘျီ

H

home-grown *a* လၢအဘၣ်တၢ်သူၣ်အီၤလၢဟံၣ်ကရၢ်အပူၤ, လၢအဘၣ်တၢ်သူၣ်အီၤဒီးထုးထီၣ်အီၤလၢထံကိၢ်ဒၣ်ဝဲအပူၤ

homeland *n* ထံကိၢ်လၢပှၤအိၣ်ဖျဲၣ်ထီၣ်

homeless *a* လၢအဟံၣ်တအိၣ်ဃီတအိၣ်

homelike *a* လၢအမှာ်သူၣ်မှာ်သးပှၤ (ဒ်လၢပဟံၣ်အသိး)

homely *a* ၁. လၢအမှာ်သူၣ်မှာ်သးပှၤဒ်လၢပဟံၣ်ဒၣ်ဝဲအသိး ၂. ပတိၢ်မုၢ် ၃. လၢအမဲာ်မှာ်နါဆၢ ၄. လၢအတလီၤထုးန့ၢ်သူၣ်ထုးန့ၢ်သး

home-made *a* လၢအဘၣ်တၢ်မၤအီၤလၢဟံၣ်, လၢတၢ်ထုးထီၣ်မၤအီၤဘိုအီၤလၢဟံၣ်

homemaker *n* ပှၤလၢအမၤတၢ်လၢဟံၣ်, ပှၤလၢအကွၢ်ထွဲဟံၣ်, ပှၤလၢအိၣ်လၢဟံၣ်ဒီးမၤဟံၣ်ဃီတၢ်ဖံးတၢ်မၤ

homeowner *n* ဟံၣ်ကစၢ်

homeroom *n* ကို့အဘျီၣ်ဒိၣ်

homesick *a* သးသယုၢ်ဟံၣ်

homespun *a* ၁. မ့ၢ်တၢ်ပတိၢ်မုၢ်ဖိဒီးတမ့ၢ်တၢ်မၤလိန့ၢ်အီၤလၢလံာ်ပူၤလဲၢ်ပူၤဘၣ် ၂. လၢအဘၣ်တၢ်လှၢ်အီၤထါအီၤလၢဟံၣ်

homestead *n* ဟံၣ်, ဟံၣ်လၢခိခိၣ်, စံာ်ဒဲ

homestead *v* ၁. အိၣ်ဆိးဒီးဖံးအိၣ်မၤအိၣ်တၢ်ဖဲန့ၣ်, အိၣ်ဆိးဒီးမၤအိၣ်မၤအီတၢ်ဖဲန့ၣ် ၂. ဆီလီၤအိၣ်ဆိးဖဲန့ၣ်

hometown *n* နအိၣ်ဖျဲၣ်အလီၢ်, ဒ့ပီၤလီၢ်, တၢ်လီၢ်လၢနအိၣ်ဆိးတ့ၢ်လၢနဖိသၣ်အခါ

homeward *a* ဆူအဟံၣ်အဃီ, ဆူအလီၢ်အိၣ်ဆိးထံး

homework *n* ၁. ဟံၣ်တၢ်မၤ ၂. ကို့ဟံၣ်တၢ်မၤ ၃. တၢ်ကတဲာ်ကတီၤဆိဟ်စၢၤသးလၢဟံၣ်

homey, **homy** *a* ၁. လၢအဒ်သိးအဟံၣ်အဃီ, လၢအလီၤက်ဒ်သိးအဟံၣ်အဃီ ၂. လၢအရှလိာ်အသးမှာ်, လၢအရှလိာ်အသးဘူးဘူးတံၢ်တံၢ်

homicidal *a* လၢအဲၣ်ဒိးမၤသံပှၤ

homicide *n* တၢ်မၤသံပှၤကညီ, တၢ်မၤသံပှၤဂၤ

homiletic *a* လၢအဘၣ်ထွဲဘၣ်ဃးဒီးတၢ်စံၣ်တဲၤတဲလီၤတၢ်

homiletics *n* ၁. တၢ်သ့တၢ်စံၣ်တဲၤတဲလီၤတၢ်ဘူၣ်တၢ်ဘါအဂ့ၢ် ၂. တၢ်ယုသ့ၣ်ညါမၤလိတၢ်စံၣ်တဲၤတဲလီၤတၢ်အဂ့ၢ်

homing *a* ၁. (ထိၣ်ဖိလံၣ်ဖိဆၣ်ဖိကိၢ်ဖိ) လၢအက့ၤကဒါက့ၤဆူအလီၢ်အိၣ်လီၢ်ဆိးလၢတၢ်လီၢ်ဖးယံၤသ့ ၂. (တၢ်စုကဝဲၤ) လၢတၢ်ထီထိၣ်အံၣ်လဲးထြိနံးပိးလီလၢကဃုထံၣ်န့ၢ်တၢ်လၢကတုၤဃီၤဝဲအတၢ်ပညိၣ်

homogeneity *n* အိၣ်ဒီးတၢ်အကံၢ်အစီတမံၤဃီ

homogeneous *a* တကလုာ်ဃီ, တမံၤဃီ

homogenize, **homogenise** *v* ၁. မၤလီၤက်အီၤတမံၤဃီ, မၤကဲထိၣ်အီၤတကလုာ်ဃီ မ့တမ့ၢ် တမံၤဃီ ၂. (တၢ်နုၢ်ထံ) ဝ့ၤခွဲးခွးအီၤဒ်သိးအခိၣ်ကျုးတထိၣ်တဂ့ၤ

homogenized, **homogenised** *a* လၢတၢ်ကျဲၣ်ကျိဃါယှာ်မၤကဲထိၣ်အီၤတကလုာ်ဃီ မ့တမ့ၢ် တမံၤဃီ

homophobia *n* တၢ်ပျံၤတၢ်အဲၣ်ပကၢၤ, တၢ်တဘၣ်သူၣ်ဘၣ်သးတၢ်အဲၣ်ပကၢၤ

homophone *n* တၢ်အသိၣ်ဒ်သိးလိာ်သးဘၣ်ဆၣ်လံာ်ဖျာၣ်ဒီးအခီပညီလီၤဆီလိာ်သး အဒိ, new ဒီး knew

homosexual *a* အဲၣ်ပကၢၤ

homosexuality *n* တၢ်အဲၣ်ပကၢၤ

honcho *n* ပှၤပၢဆှၢတၢ်, ပှၤနဲၣ်တၢ်, ခိၣ်နၢ်, ပှၤအခိၣ်

hone *n* ၁. တၢ်မၤဂ့ၤထိၣ်ပသီထိၣ်တၢ်တမံၤမံၤလီၤဆီဒၣ်တၢ်တၢ်သ့တၢ်ဘၣ်လၢဆၢကတီၢ်တခါအပူၤ ၂. လၢၢ်ကျူ, လၢၢ်သူ

hone *v* ၁. ကျူဒီကျူဃဲာ်, ကျူအ့ၣ်ထိၣ်တၢ်ကနၣ် ၂. မၤဂ့ၤထိၣ်, မၤအါထိၣ် (တၢ်သ့တၢ်ဘၣ်, ကံၢ်စီ) ၃. မၤဘျ့ထိၣ်တၢ်

honest *a* တီလိၤ

honestly *adv* တီတီလိၤလိၤ

honest-to-goodness *a* လၢအမ့ၢ်အတီဒီးနီၢ်နီၢ်

honesty *n* တၢ်တီတၢ်လိၤ

honey *n* ကနဲစီ, ကွဲစီ

honeybee *n* ကွဲ, ကနဲ

honeycomb *n* ကနဲခိၣ်ထံ

honeymoon *n* ၁. ပှၤထိၣ်ပှၢ်သီအတၢ်ဟး လိာ်ကွဲ ၂. တၢ်မ့ာ်တၢ်ပၢၤအကတီၢ်, တၢ်ခဲလၢာ် ဘၣ်ဘျုးဘၣ်ဖါအကတီၢ် (ဖဲတၢ်စးထီၣ်မၤသီသီ တၢ်တမံၤမံၤအကတီၢ်)

honeymoon *v* ထိၣ်ပှၢ်ဝံၤအလိၢ်ခံလဲၤဟး လိာ်ကွဲ, ထိၣ်ပှၢ်ဝံၤအလိၢ်ခံလဲၤဟးကသုၣ်ကသိ

honk *n* ၁. သိလ့ၣ်အကလုၢ် (အဟီ) သီၣ် အဒိ, ပံပံပီပီ ၂. ထိၣ်တၤကိးအသီၣ်

honk *v* မၤသီၣ်သိလ့ၣ်အကလုၢ် (အဟီ), မၤ သီၣ်တၢ်အကလုၢ်

H

honky-tonk *n* ၁. သံးကျးလၢအပှ့ၤဘၣ်ဒီး ပှၤသီၣ်ပှၤသဲအါ, တၢ်ဂဲၤကလံၣ်ဒၢးဖးဒိၣ်တဖၣ် ၂. တၢ်သူၣ်ဝံၣ်သးဆၢတကလုာ်လၢ၁၉၆၀ နံၣ် တဖၣ်အပူၤလၢတၢ်ဒ့ဒီးတနၢ်ပိၢ်စုဒီးသိတူၢ်

honorarium *n* ၁. တၢ်ဟ့ၣ်လၤကပီၤ ၂. စ့ဟ့ၣ်လၤကပီၤ, တၢ်ဟ့ၣ်လၤကပီၤလၢ စ့ခီဖျိမၤဂ့ၤတၢ်တမံၤအဃိ ၃. တၢ်ဟ့ၣ်ကနၤ

honorary *a* ၁. လၢအမ့ာ်သးမၤကလီစၢၤ တၢ်, လၢအမၤတၢ်တအိၣ်ဒီးအဘူးအလဲ ၂. လၢတၢ်ဟ့ၣ်ကနၤအီၤလီၢ်လၤ, လၢအတအိၣ် ဒီးကံၢ်စီတၢ်သ့တၢ်ဘၣ်ဒ်တၢ်ဟ်ပနီၣ်အီၤအသိး ဘၣ်ဆၣ်ဟ့ၣ်လၤဟ့ၣ်ကပီၤဝဲ

honorific *a* လၢအဒုးနဲၣ်ဖျါထိၣ်တၢ်ယူးယီၣ် ဟ်ကဲ

honour, honor *n* ၁. တၢ်လၤကပီၤ ၂. တၢ်မံၤဂ့ၤသဉ်ဂ့ၤ ၃. တၢ်သ့ၣ်ညါဟ်ပနီၣ်တၢ်, တၢ်ဒီးန့ၢ်တၢ်သ့ၣ်ညါဟ်ကဲ ၄. တၢ်အိၣ်ဒီးသူး သ့ၣ်လၤကပီၤ ၅. တၢ်အိၣ်ဒီးတၢ်သကဲာ်ပဝးဒီး တၢ်ဒီသူၣ်ဟ်သးလၢအဂ့ၤ ၆. တၢ်သ့ၣ်ညါဟ်ကဲ တၢ်, တၢ်သ့ၣ်ညါဟ်ကဲလီၤသး

honour, honor *v* ၁. ယူးယီၣ်ဟ်ကဲ ၂. ဟ့ၣ်လၤဟ့ၣ်ကပီၤ ၃. ပၢၤဃာ်တၢ်အၢၣ်လီၤ, တီဒီးတၢ်အၢၣ်လီၤ

honourable, honorable *a* လၢအလီၤယူး ယီၣ်ဟ်ကဲ, လၢအကြၢးဒီးတၢ်ယူးယီၣ်

honour system, honor system *n* တၢ်အကျိၤအကျဲလၢတၢ်ပျဲမၤတၢ်လၢတၢ်နာ်အပူၤ, တၢ်မၤအကျိၤအကျဲလၢအနာ်န့ၢ်တၢ်

hood *n* ၁. ဆ့ကၤအတၢ်ကျၢၢ်ဘၢခိၣ်, တၢ် ကံးညာ်ဖျိၣ်ခိၣ် ၂. နိၣ်ကျၢၢ်ဘၢသိလ့ၣ်, သိလ့ၣ် အခိၣ်နး, သိလ့ၣ်အစဲးခိၣ်ကၢၢ် ၃. ပှၤအၢဖိ, ပှၤ မၤကမၣ်တၢ်သိၣ်တၢ်သီ

hoodlum *n* ပှၤမၤကမၣ်တၢ်သိၣ်တၢ်သီ

hoodwink *v* လီန့ၢ်ပှၤ

hoof *n* ခီၣ်မ့ၣ်, ဆၣ်ဖိကီၢ်ဖိလၢအခီၣ်အိၣ် လွံၢ်ခီအခီၣ်မ့ၣ်

hoof *v* (တၢ်ကတိၤပတီၢ်မုၢ်) ထူဖျိးဖျၢၣ်ထူ ဆူၣ်ဆူၣ်ကလဲာ်

hoof it *idm:* ဟး, ဒုးဟး မ့တမ့ၢ် ဂဲၤ ကလံၣ်

hook *n* ၁. နိၣ်ကွး, ထးကွး, ထးဘျး ၂. တခွဲကနၣ် ၃. ထးဂဲာ် ၄. တၢ်သးဝံၣ်လၢထုးန့ၢ် ပှၤအသးဒီးအိၣ်စဲထီလၢပှၤထးခိၣ်အလီၤ ၅. တၢ် လၢအက့ၣ်အကူ, တၢ်ကျိၤလၢအက့ၣ်က့ၣ်ကူကူ (အဒိ, ဖျၢၣ်တီၢ်အကျိၤ) ၆. တၢ်တမဲးတၢ်ဆူၣ်ဆူၣ် လၢစုနၢၣ်ခံ ၇. ပိၣ်လဲၣ်က့ၣ်ကိာ်, ပိၣ်လဲၣ်ဒၢက့ၣ်

by hook or by crook *idm:* လၢကျဲတဘိ ဂ့ၤတဘိဂ့ၤ

hook *v* ၁. ဘျးလီၤစဲၤ ၂. တခွဲ (ညၣ်) ၃. ဘျးထုးထိၣ်တၢ် ၄. မၤက့ၣ်ကူ, ဘီးက့ၣ် ၅. (ဖျၢၣ်တီၢ်, ဖျၢၣ်ထူ) ထူဒၢက့ၣ်လၢအကပၤ, ထူ ဖျိးလၢအကပၤ, တီၢ်ဒၢက့ၣ်, တီၢ်လၢအကပၤ

hooked *a* ၁. လၢအက့ၣ်အကူ, လၢအဒၢ က့ၣ်, လၢအက့ၣ်အကိာ် ၂. လၢအစဲ (ကသံၣ်မူၤ ဘိး), လၢအသးစဲတၢ်တမံၤမံၤဒီးတမၤဘၣ်အိၣ်တ သ့ ၃. လၢအလီၤက်ဒ်သိးတခွဲကနၣ်, ထးဘျး, ထးဂဲာ်

hooker *n* ၁. ပိာ်မုၣ်ဆါလီၤအီၣ်အနီၢ်ခိ, ပိာ် မုၣ်ဟးဂီၤ, ဃဲသဲမုၣ်, ပှၤဆါလီၤအီၣ်သး ၂. ချံမူဖိဟးတခွဲညၣ်လၢကီၢ်အဲၣ်ရလဲၣ်(န) ၃. သံးတကလုာ်

hook-up *n* တၢ်ဘျးစဲ, လီတဲစိအတၢ်ဘျးစဲ, လီမ့ၣ်အူအတၢ်ဘျးစဲ

hookworm *n* ထိးကလဲာ်တခွဲ

hooligan *n* ပှၤသးစၢ်ဖိလၢအမၤသီၣ်မၤသဲဒီး မၤတၢထိၣ်တၢလီၤတၢ်, ပှၤသးစၢ်လၢအမၤ တၢထိၣ်တၢလီၤတၢ်

hoop *n* ထးကွီၤဃာ်တၢ်

hoop *v* ၁. ကွီၤဃာ်တၢ် ၂. ကိးပသူ

hoot *n* ၁. ဒိကအိကိးအသီၣ် ၂. တၢ်မၤသီၣ် ပီၤအူရူၤ, တၢ်မၤသီၣ်ပံပီၤ ၃. တၢ်အသီၣ်ဟူး, တၢ်နံၤသီၣ်ဖးဒိၣ်ဟူး, တၢ်ကိးပသူထိၣ်ဖးဒိၣ် ဟူး, တၢ်ကိးဃါဖုးတၢ်

hoot *v* ၁. ဒိကအိကိး ၂. မၤသီၣ်ပီၤအ့ရူၤ, မၤသီၣ်ပံပီၤ

hop *n* ၁. တၢ်စံၣ်တကျံၢ်ခီၣ် ၂. တၢ်လဲၤဖှၣ် (လီၤဆီဒၣ်တၢ်လၢကဘီယူၤ) ၃. တၢ်ဂဲၤကလံၣ်တကျံၢ်ခီၣ် ၄. ဟီး(ပ)အဖီ, ဖိအ့လါတကလုာ်လၢအဘိၣ်စူစူလၢတၢ်မၤယ့အီၤဝံၤတၢ်စူးကါအီၤလၢတၢ်ဖိသံးအဂီၢ်

hop *v* စံၣ်, စံၣ်တကျံၢ်

hope *n* တၢ်မုၢ်လၢ်

hope *v* မုၢ်လၢ်

hopeful *a* လၢအပှဲၤဒီးတၢ်မုၢ်လၢ်, လၢအဒုးအိၣ်ထီၣ်တၢ်မုၢ်လၢ်

hopeful *n* ပှၤလၢအမၤနၢၤတၢ်သ့, ပှၤလၢအလၢပှဲၤဒီးတၢ်မုၢ်လၢ်လၢကမၤနၢၤတၢ်

hopeless *a* ၁. လၢတၢ်မုၢ်လၢ်တအိၣ် ၂. လၢတအိၣ်ဒီးတၢ်သ့တၢ်ဘၣ်အလၢအပှဲၤ

hopscotch *n* တၢ်စံၣ်ကဘီယူၤ, ဖိသၣ်အတၢ်စံၣ်လိာ်ကွဲတကလုာ်

horde *n* ပှၤဒီတဖု, ဒီတဂီၢ်

horizon *n* ၁. မူထံး ၂. တၢ်သ့ၣ်ညါနၢ်ပၢၢ်အဆၢ ၃. တၢ်လီၢ်အယံၤကတၢၢ်လၢနထံၣ်သ့, တၢ်မဲာ်ကတၢၢ်နါကတၢၢ်အလီၢ်

horizontal *a* လၢအအိၣ်မံနီၤဘျၢယှၢ်ကလာ်, လၢအမံနီၤ, လၢအဒါလီၤအသး

hormone *n* နီၢ်ခိအထံလၢအဒုးဟူးဂဲၤဒုးဒိၣ်ထိၣ်နီၢ်ခိကဲ့ၢ်ဂီၤအဂၤတဖၣ်, ဟီၣ်မိအသဟီၣ်

horn *n* ၁. တၢ်နၢၤ, ကွဲၤ ၂. ပံပီၤ, ပီၤအ့ရူၤ

horn *v* ဘျၣ်တၢ်ဒီးအနၢၤ

hornbill *n* ထိၣ်ကံး, ထိၣ်ကီၤကူာ်, ထိၣ်သူ, ထိၣ်ခ့

horned *a* လၢအအိၣ်ဒီးအနၢၤ

hornet *n* ထွံၣ်ဖါကျံ, ဖျၢဖးဒိၣ်

horny *a* ၁. (တၢ်ကတိၤပတိၢ်မုၢ်) လၢအသးကတၢထိၣ်, လၢတၢ်မိၣ်မၤအသးမှၣ်ခွါသွံၣ်ထံးတၢ်ရှလိာ် ၂. လၢတၢ်ဘိုအီၤဒီးတၢ်အနၢၤ, ကံၤဒ်တၢ်အနၢၤအသိး

horoscope *n* တၢ်ဖးတၢ်ဒွးပှၤအတၢ်အိၣ်မူခါဆူညါ, တၢ်ကွၢ်မူဖျာၣ်ဒီးဆၣ်တဖၣ်ဖဲပှၤတဂၤအိၣ်ဖျဲၣ်အဆၢကတီၢ်ဒီးဖးနဲ့ၢ်ဒွးနဲ့ၢ်ဝဲအတၢ်အိၣ်မူခါဆူညါ

horrendous *a* ၁. လၢအလီၤပျံၤလီၤဖုးဒိၣ်မး ၂. လၢအတမှာ်သူၣ်မှာ်သးဒိၣ်မးဒီးတူၢ်လိာ်အီၤတသ့

horrible *a* လၢအတမှာ်တလၢ, လၢအလီၤပျံၤလီၤဖုး, လၢအလီၤဖံးတကုၣ်ခီတကုၣ်

horrid *a* လၢအလီၤပျံၤလီၤဖုး, လၢအလီၤဖံးတကုၣ်ခီတကုၣ်

horrific *a* လၢအလီၤပျံၤလီၤဖုး, လၢအလီၤဖံးတကုၣ်ခီတကုၣ်

horrify *v* မၤပျံၤမၤဖုး

horrifying *a* လၢအဒုးအိၣ်ထိၣ်တၢ်သူၣ်ဟးဂီၤသးဟးဂီၤ, လၢအမၤကမၢကမၣ်တၢ်, လၢအမၤပျံၤမၤဖုးတၢ်, လၢအမၤဖုးသံပျိၢ်ဂီၤတၢ်, လၢအမၤတမှာ်တလၢတၢ်

horror *n* ၁. တၢ်လီၤပျံၤလီၤဖုး ၂. (တၢ်ကတိၤပတိၢ်မုၢ်) ဖိသၣ်လံကျိ, ဖိသၣ်လၢအနၢ်ကဲ့ၣ်, ဖိသၣ်လၢအမၤတာ်တာ်တၢ်

hors d'oeuvre *n* တၢ်အီၣ်ကစဲးကစီး, တၢ်အီၣ်ကစဲးကစီးတၢ်တချုးအီၣ်မ့ၤ မ့တမ့ၢ် တချုးအီၣ်တၢ်အီၣ်မိၢ်ပှၢ်

horse *n* ကသ့ၣ်

horse sense *n* သးအတၢ်သ့ၣ်ညါ

horseback *a* လၢအထီၣ်လၢကသ့ၣ်အလီၤ, လၢအထိၣ်ဒီးကသ့ၣ်

horseplay *n* တၢ်ဂဲၤလၢအသိၣ်သဲဒိၣ်မးဒီးဆူၣ်ဝဲဒီးဆိၣ်လိာ်သး, တၢ်တိၢ်လိာ်ကွဲလိာ်သးတဂၤဒီးတဂၤ

horsepower *n* တၢ်လၢအထိၣ်ဒွးစဲးဖိကဟၣ်အဂံၢ်သဟီၣ် အဒိ, ၅၅၀ ခီၣ်ယိၢ် ၁ စဲးကီး

horseradish *n* သဘၣ်တကလုာ်

horseshoe *n* ၁. ကသ့ၣ်ခီၣ်မ့ၣ်အထးကွီၤ, ကသ့ၣ်ခီၣ်ဖံးထး ၂. တၢ်တမံၤမံၤလၢအလီၤက်ဒီးကသ့ၣ်ခီၣ်ဖံး

hortatory *a* လၢအသဆၣ်ထိၣ်ပခံ

horticulture *n* တၢ်သူၣ်ဖိအတၢ်မၤလိ, တၢ်သူၣ်တၢ်ဖျးအတၢ်သ့တၢ်ဘၣ်, တၢ်သူၣ်တၢ်ဖျးအတၢ်ဖံးတၢ်မၤ

hose *n* ၁. ထံဖိုးဘိ ၂. ခီၣ်ဖျိၣ်ဖးထီ

hose *v* ပြီ မ့တမ့ၢ် သ့တၢ်ဒီးထံဖိုးဘိ

hosepipe *n* ထံဖိုးဘိ

hoser *n* ၁. တၢ်ပျၢ်, ပှၤလၢအသးတထံ, ပှၤတပံ ၂. ပှၤလၢအတၢ်ကူၣ်တၢ်ဆးတအိၣ်

H

hosier *n* ပှၤဆါခီဉ်ဖျိဉ်, ပှၤဘှီခီဉ်ဖျိဉ်

hosiery *n* ပိာ်မုဉ်အဖျိဉ်ခံယံးခီဉ်ဖျိဉ်ယံးသ့ဉ်တဖဉ်, ပိာ်မုဉ်အဖျိဉ်ခံယူာ်ဒီးခီဉ်ဖျိဉ်ယူာ်တဖဉ်

hospice *n* တၢ်ဆါဟံဉ်လၢပှၤဘူးကသံသ့ဉ်တဖဉ်အဂီၢ်

hospitable *a* ၁. လၢအဲဉ်တူၢ်တံၤတူၢ်တမံၤ ၂. (နဲ့ဆၢဉ်ခိဉ်ယၢၤ) လၢအမှာ်အခုဉ်, လၢအမှာ်ဒီးဂ့ၤဝဲ

hospital *n* တၢ်ဆါဟံဉ်

hospitality *n* တၢ်တူၢ်တံၤတူၢ်တမံၤ, တၢ်တူၢ်လိာ်ခိဉ်ဆၢတမံၤတပျိၤ

hospitalize, hospitalise *v* ဆှၢဆူတၢ်ဆါဟံဉ်, တိဉ်ထိဉ်ဆူတၢ်ဆါဟံဉ်

host *n* ၁. ဟံဉ်ကစၢ်ပိာ်ခွါ ၂. ပှၤ မ့တမ့ၢ် တၢ်လၢအတူၢ်လိာ်ခိဉ်ဆၢတၢ်, ခွါတူၢ်တံၤတူၢ်တမံၤ ၃. ထံကီၢ် မ့တမ့ၢ် တၢ်ကရၢကရိလၢအတူၢ်လိာ်ခိဉ်ဆၢတၢ် ၄. (ကွဲၤလ့လိၤ, ကွဲၤဟူဖျါ) ပှၤဆှၢတၢ်ရဲဉ်တၢ်ကျဲၤ

host *v* တူၢ်လိာ်

hostage *n* ပှၤဘဉ်ဖိဉ်ကမဲ

hostel *n* ဟံဉ်ဒွဲ, ဟံဉ်ဒီးလဲလၢအပှ့ၤဘဉ်, ပှၤတမံၤမံဟံဉ်လၢအပှ့ၤဘဉ်

hostess *n* ၁. ဟံဉ်ကစၢ်မုဉ် ၂. မုဉ်တူၢ်တံၤတူၢ်တမံၤ

hostile *a* လၢအထီဒုဉ်ထီဒါလိာ်အသး, လၢအယုတၢ်အ့ဉ်လိာ်ဆီးက့

hostility *n* တၢ်ထီဒုဉ်ထီဒါလိာ်သး, တၢ်ဒုးလိာ်ယၤလိာ်သး

hostler *n* ပိာ်ခွါလၢအကွၢ်ထွဲနဲ့ၢ်တမံၤအကသ့ဉ်လၢပှၤတမံၤဟံဉ်

hot *a* ၁. ကိၢ် ၂. လၢအနၢအသဟီဉ်ဆူဉ် ၃. လၢအသူဉ်ကိၢ်သးဂီၤ, လၢအသူဉ်အူသးကဲၤ ၄. လၢအတၢ်သ့တၢ်ဘဉ်အိဉ်လၢလၢပှဲၤပှဲၤ, လၢအဘဉ်ယိဉ်ဘဉ်ဘီတၢ်နးနးကလဲာ် ၅. (တၢ်အိဉ်သး) လၢအဟဲနးထီဉ်, လၢအကီအခဲထီဉ်, လၢအလီၤဘဉ်ယိဉ်ဘဉ်ဘီ

၆. လၢအသးသူဉ်ဂဲၤဖါခု, လၢအသွံဉ်ကိၢ်ဒံးဒဉ်တၢ်လၢကမၤတၢ်တမံၤမံၤ

hot air *n* တၢ်ကတိၤလူတၢ်, တၢ်ကတိၤဒိဉ်ကိာ်, တၢ်ပတြၢၤလူတၢ်

hot dog *n* ကိဉ်လၢတၢ်တ့ၢ်နှာ်ထိးပှံာ်လၢအပူၤ, တၢ်အိဉ်အဘိဖးထီလၢတၢ်တ့ၢ်နှာ်တၢ်ညဉ်မ့တမ့ၢ် တၢ်ဒံဉ်လၢအပူၤ

hot rod *n* သိလ့ဉ်လၢတၢ်မၤဆူဉ်ထီဉ်အဂံၢ်သဟီဉ်ဒီးအတၢ်လဲၤတၢ်ချ့

hot seat *n* ၁. တၢ်အိဉ်မူအိဉ်ဒါလၢလၢပှဲၤပှဲၤအလီၢ်အလၤ ၂. တၢ်စံဉ်ညီဉ်သံပှၤလၢလီသဟီဉ်အလီၢ်ဆ့ဉ်နီၤ, လီသဟီဉ်တၢ်စံဉ်ညီဉ်သံအလီၢ်ဆ့ဉ်နီၤ

hot spot *n* ၁. တၢ်လီၢ်လၢအိဉ်ပှဲၤဒီးတၢ်ပျိၤတၢ်ဖုး မ့တမ့ၢ် တၢ်ဘဉ်ယိဉ်ဘဉ်ဘီအါ, တၢ်လီၢ်လၢအိဉ်ပှဲၤဒီးတၢ်ဒုးတၢ်ယၤ ၂. တၢ်လီၢ်လၢအသိဉ်အသဲဒီးအိဉ်ပှဲၤဒီးတၢ်ဟူးတၢ်ဂဲၤထီဘိ ၃. တၢ်လီၢ်လၢအကိၢ်လုးဒီးကစၢါမ့ဉ်အူညီနု့ၢ်ပိၢ်ဖးထိဉ်အလီၢ် ၄. (ခီဉ်ဖျူထၢဉ်) တၢ်လီၢ်လၢတၢ်စူးကါအ့ထၢဉ်နဲးသ့အလီၢ်, တၢ်လီၢ်လၢအမၤနု့ၢ်အ့ထၢဉ်နဲးအတၢ်ဆဲးကျိးဆဲးကျၢ

hot spring *n* မိကိၢ်, ထံကိၢ်ကွံ

hot tub *n* တၢ်လီၢ်လၢအဘဉ်တၢ်မၤကိၢ်ထိဉ်အီၤလၢထံချိကိၢ်လၢၤဒီးပှၤနုာ်လီၤအိဉ်ကသုဉ်

hotbed *n* ၁. တၢ်လီၢ်လၢတၢ်တမှာ်တလၤတၢ်အၢတၢ်သီကဲထိဉ်ညီနု့ၢ်အသး ၂. ဟီဉ်ခိဉ်ကဝီၤလၢတၢ်ဖှံလီၤတၢ်အုဉ်တၢ်ကျဉ်ဟီဉ်စီလၢတၢ်သူဉ်မဲထိဉ်တၢ်မဲတၢ်မါအဂီၢ်

hot-blooded *a* ၁. လၢအသွံဉ်ကိၢ်ထိဉ်ဆူဉ်ဆူဉ်ကလဲာ်, လၢအသးဂဲၤဆူဉ်ဆူဉ်ကလဲာ် ၂. လၢအသးကတၢဆူဉ်

hotel *n* ဟံဉ်ဒွဲ

hotelier *n* ဟံဉ်ဒွဲကစၢ်, ဟံဉ်ဒွဲမဲနု့ကျၢၢ်

hothead *n* ပှၤလၢအသးချ့ဒီးမၤတၢ်လၢတအိဉ်ဒီးတၢ်ဆိကမိဉ်, ပှၤလၢအသးချ့, ပှၤလၢအသးထိဉ်ညီ

hothouse *n* ၁. ဟံဉ်မဲာ်ထံကလၤ, ဟံဉ်ယွၤခဉ်စိး, ဟံဉ်မဲာ်ထံကလၤလၢတၢ်သူဉ်တၢ်မုၢ်တၢ်ဘိအသးကပုာ်လၢအလိဉ်ဘဉ်တၢ်ကိၢ် ၂. ခိဉ်ယၢၤ တၢ်အိဉ်သးလၢအဒုးဆူဉ်ထိဉ်
မ့တမ့ၢ် မၤလဲၤထိဉ်လဲၤထီတၢ်လၢအချ့

hotline *n* ဂ့ၢ်ဂီၢ်အူလီတဲစိကျိၤလီၤဆီ, ဂ့ၢ်ဂီၢ်အူလီတဲစိ

hotly *adv* လၢအပှဲၤဒီးတၢ်သူဉ်ပိၢ်သးဝးအပူၤ, လၢတၢ်ထဲးဂံၢ်ထဲးဘါသပှၢ်ပှၢ်အပူၤ

hotplate *n* လီဖၣ်ကွ်ာအထးဘှၣ်ဘၣ်ကိၢ်, လီမ့ၤသပၢၤအထးဘှၣ်ဘၣ်ကိၢ်

hot-tempered *a* လၢအသးချ့, လၢအသးဒိၣ်ထီၣ်ညီ, လၢအသးဒိၣ်ထီၣ်တပျ့ၣ်တပျီၤ

hot-water bottle *n* ထံချီဒၢ, ထံကိၢ်ဒၢ

hot-wire *v* ထိးစဲးအလီသွဲပျံၤဒီးနီၣ်ထီစဲး, နီၣ်ထီၣ်စဲးလၢကဘၣ်စူးကါနီၣ်ဝံာ်အလီၢ်န့ၣ်စူးကါဝဲလီသွဲပျံၤ

hound *n* ၁. ထွံၣ်မီၤစဲ, ထွံၣ်တကလုာ်လၢပှၤသူအီၤလၢကလူၤအိၣ်တၢ်မံၤလာ် ၂. ပှၤလၢအလီၤသးဘၣ်အၢ, ပှၤလၢတကြၢးဒီးတၢ်ယူးယီၣ်ပာ်ကဲ

hound *v* မၤတံာ်တာ်, မၤဆူၣ်, လူၤအီၤတအိၣ်ဒီးတၢ်သးကညီၤ

hour *n* ၁. နၣ်ရံၣ် အဒိ, ခံနၣ်ရံၣ်ဘၣ်လံ, တၢ်ဆၢကတီၢ် ၂. တၢ်ဆၢကတီၢ်ဖးယံာ်ညါ, တဘျုးနၣ်ရံၣ်ညါ ၃. တၢ်ဖံးတၢ်မၤတၢ်တမံၤမံၤအကတီၢ်

hourglass *n* မဲးနၣ်ရံၣ်

hourly *a* ၁. တနၣ်ရံၣ်တဘျီ ၂. ကိးနၣ်ရံၣ်ကိးဆၢကတီၢ်

house *n* ၁. ဟံၣ်, ဒၢး ၂. တၢ်အိၣ်တၢ်ဆိးအလီၢ် ၃. တၢ်ကရၢကရိ, ခီပန့ၢ်, တၢ်အိၣ်ကျုး, ချုး(ဘ), တၢ်ကွၢ်ကီတၢ်ဂီၤမူအလီၢ် ၄. ဆၣ်ဖိကိၢ်ဖိအိၣ်ကနအလီၢ် ၅. ပှၤကမျၢ်အိၣ်ဖှိၣ်ရိဖှိၣ်အလီၢ်, တၢ်မၤတၢ်သူၣ်ဖှံသးညီအလီၢ်, တၢ်လီၢ်လၢတၢ်အိၣ်ဖှိၣ်ရိဖှိၣ်ထီၣ်သးလၢတၢ်မၤတၢ်တမံၤမံၤအဂီၢ် ၆. ဘျီၣ်ဒိၣ်လာ်ဘျီၣ်ဒိၣ်ထးအတၢ်သူၣ်ထီၣ်, ထံကိၢ်ပဒိၣ်တၢ်ပၢတၢ်ပြးဖံးတၢ်မၤတၢ်အလီၢ် မ့တမ့ၢ် အတၢ်သူၣ်ထီၣ်

house *v* ဟ့ၣ်တၢ်အိၣ်တၢ်ဆိး, ဟ့ၣ်အိၣ်ဟ့ၣ်ဆိး, ဟ့ၣ်အိၣ်ကန, ဟ့ၣ်တၢ်လီၢ်တၢ်ကျဲ, မၤန့ၢ်တၢ်လီၢ်တၢ်ကျဲ

house arrest *n* ဟံၣ်တၢ်ဒုးယာ်, တၢ်ဖီၣ်ဒုးယာ်လၢဟံၣ်

house plant *n* တၢ်မုၢ်တၢ်ဘိလၢတၢ်သူၣ်အီၤလၢဟံၣ် မ့တမ့ၢ် တၢ်သူၣ်ထီၣ်အပူၤ

houseboat *n* ဟံၣ်ချံ

housebound *a* လၢအဟးဖးဒီးဟံၣ်တသ့, လၢအဟးထီၣ်လၢဟံၣ်တသ့ (လီၤဆီဒ်တၢ်မ့ၢ်လၢအိၣ်တဆူၣ်တချ့ဒီးသူၣ်က့သးပှၢ်အယိ)

housecoat *n* ပိာ်မုၣ်အဆ့ကၤသိးလၢဟံၣ်, ပိာ်မုၣ်အဆ့ကၤဖးထီတဘှၣ်လၢအညီနုၢ်သိးဝဲလၢဟံၣ်

household *a* လၢအဘၣ်ဃးဒီးဟံၣ်ဖိဃီဖိ, လၢအဘၣ်ဃးဒီးဒူၣ်ဖိထၢဖိ

household *n* ဟံၣ်ဖိဃီဖိ, ပှၤဒူၣ်ဖိထၢဖိ, ဟံၣ်ဒူၣ်ဃီထၢ

housekeeper *n* ပှၤကွၢ်ထွဲဟံၣ်ဃီ

housekeeping *n* တၢ်ပၢဆှၢကွၢ်ထွဲဟံၣ်ဃီတၢ်မၤ, တၢ်ကွၢ်ထွဲဟံၣ်ဃီ

housemaid *n* ပှၤဒီးလဲမၤဟံၣ်တၢ်မၤ, ပိာ်မုၣ်လၢအဒီးလဲမၤဟံၣ်တၢ်မၤ

house-sit *v* ခိးဟံၣ်, ခိးကွၢ်ထွဲဟံၣ်

house-to-house *a* တဟံၣ်ဝံၤတဟံၣ်, လၢအဟးဝ့ၤဝီၤအိၣ်သကိးတဟံၣ်ဝံၤတဟံၣ်

house-trained *a* လၢအသိၣ်လိဆၣ်ဖိကိၢ်ဖိလၢကဟးဆ့ၣ်ဟးဆံၣ်လၢတၢ်ချၢ

housewares *n* ဟံၣ်ဃီတၢ်ပီးတၢ်လီ, တၢ်ပီးတၢ်လီလၢဖၣ်ကပူၤ

house-warming *n* တၢ်ထီၣ်ဟံၣ်သီအမူး

housewife *n* ဟံၣ်ကစၢ်မုၣ်, ဟံၣ်ခိၣ်မုၣ်

housework *n* ဟံၣ်ဃီတၢ်မၤ, ဟံၣ်အတၢ်ဖံးတၢ်မၤ

housing *n* ၁. တၢ်ဆီလီၤဟ်လီၤဟံၣ်ဃီ, တၢ်အိၣ်တၢ်ဆိးအလီၢ် ၂. ဟံၣ်ဇိၤဃီဇိၤတဖၣ်, တၢ်သူၣ်ထီၣ်တဖၣ် ၃. တၢ်ဒၢဃာ်တၢ်အလီၢ်, တၢ်ဟ်စဲးဖီကဟၣ်တၢ်ဖိတၢ်လံၤတဖၣ်အလီၢ် ၄. တၢ်အဆၢလီၤဟိလၢတၢ်ကကျးစဲဘူးလီၤတၢ်တမံၤမံၤအလီၢ်

hovel *n* ဒဲဖိစီၢ်, ဟံၣ်ဖိၣ်ဃဲ, ဟံၣ်ဖိစီၢ်

hover *v* ကၢၤကလံၤ, အိၣ်ဂၢၢ်တပၢ်ဒီးကၢၤဃာ်အသးလၢကလံၤကျါ အဒိ, ဟဲၣ်လံၣ်ခီးပတၢၣ်တဘှၣ်ကၢၤကလံၤလၢပဖီခိၣ်

hovercraft *n* ကဟၣ်လၢအလဲၤတၢ်လၢခိခိၣ်ဒီးထံအမဲာ်ဖံးခိၣ်သ့, သိလ့ၣ်လၢအဟးလၢထံလၢခိသ့

how *adv* ဒ်လဲၣ်, (how many, how much) ဆံးအါလဲၣ်. (how big) ဆံးဒိၣ်လဲၣ် (how long) ဆံးယံာ်လဲၣ်

howdah *n* ကဆီဂီၤကၢ်

howdy *exclam* တၢ်ဆၢဂ့ၤဆၢဝါလိာ်သးတကလုာ်

however *adv* သနၢ်က့, မ့ၢ်နၢ်သက့

howl *n* ကလံၤမုၢ်အူတၢ်အသီၣ်, တၢ်အိၣ်ယူၤအသီၣ်, ထွံၣ်အိၣ်ယူၤအသီၣ်, တၢ်ကအူးအသီၣ်, တၢ်ကအုကစ့ၢ်အသီၣ်

howl *v* (ထွံၣ်) အိၣ်ယူၤ, (ကလံၤမုၢ်) ကအူး, ဟီၣ်ကအံၣ်ကအူး

hub *n* ၁. ပၣ်ခိၣ်, လှၣ်ပၣ်အခၢၣ်သးတၢ်ကမီာ်လၢအပူၤအိၣ်ဝဲ ၂. တၢ်အခၢၣ်သး, တၢ်အကၢ်သး, (အဒိ, တၢ်ဟူးတၢ်ဂဲၤအလီၢ်ခၢၣ်သး)

hubbub *n* တၢ်သီၣ်သထူၣ်ဘးလီ

hubby *n* ဝၤ

hubcap *n* လှၣ်အလီးဖျိၣ်, ထးဘ့ၣ်ဘၣ်အကွီၤတခါလၢတၢ်ဖျိၣ်ဃာ်လှၣ်အလီးဖျိၣ်

huckster *n* ပှၤလၢအဟးဆါကစဲးကစီးတၢ်, ပှၤဟးဆါတၢ်ကစဲးကစီး

huddle *n* ၁. (ပှၤ, တၢ်) တၢ်အိၣ်ဖှိၣ်သံးတၢ်လိာ်သး, တၢ်အိၣ်သံးကတံာ်သံးကတူာ်အိၣ်ဖှိၣ်လိာ်သးတကွိၢ်လိၣ် ၂. တၢ်ဖိးလိာ်ခိၣ်တၢၣ်ပီၣ်သကိးတၢ်

huddle *v* ဖိးတၢ် အဒိ, ပလဲၤခီက်တၢ်သွၣ်ခိၣ်အခါနီၢ်ဆံးဆံးဖိးတၢ်ဃာ်ယၤဃံးမးလီၤ

hue *n* တၢ်အလွဲၢ်, အလွဲၢ်

huff *n* တၢ်သးဒိၣ်

huff *v* သါသဖိုထိၣ်

huffy *a* လၢအသးဒိၣ်ထိၣ်ညီ, လၢအသးအ့နူညီ

hug *n* တၢ်ဖိးဟုဃာ်တၢ်

hug *v* ၁. ဖိးဟုဃာ် ၂. လဲၤဘူးဒီးထံနံၤ, တၢ်အသရူၤ

huge *a* ဖးဒိၣ်, ဒိၣ်ဒိၣ်မုၢ်မုၢ်

hugely *adv* ဖးဒိၣ်, (ဒိၣ်) မး, ဒိၣ်ဒိၣ်မုၢ်မုၢ်, ဒိၣ်ဒိၣ်သွါသွါ

hula hoop *n* ကွီၤဖးဒိၣ်လၢတၢ်ဂံာ်ဂူာ်ဂဲၤတရံးအီၤလၢယီၢ်ဒ့, တၢ်ကွီၤဂဲၤယီၢ်ဒ့

hulk *n* ၁. ကဘီဖးဒိၣ်လီၢ်လံၤလၢအမိၢ်ပှၢ်တဂ့ၤလၢၤ ၂. တၢ်တမံၤလၢအဒိၣ်သွါကဲၣ်ဆိး

hull *n* ၁. ကဘီအမိၢ်ပှၢ် ၂. တၢ်အဖံး, တၢ်အကု, (ပထိး) အဘ့ၣ်

hull *v* မၤကွံာ်အဖံးဘ့ၣ်ကု, ဆုၣ်ကွံာ်အဘ့ၣ်, ကုာ်ကွံာ်အဘ့ၣ်

hum *n* ၁. တၢ်သီၣ်ကမၤ ၂. တၢ်သီၣ်ဒ်ကနဲယူၤအသိး

hum *v* ၁. သီၣ်ကမၤ ၂. အကလုၢ်သီၣ်ဒ်ကနဲယူၤ

human *a* လၢအဘၣ်ဃးဒီးပှၤကညီ, လၢအဘၣ်ဃးဒီးပှၤဟီၣ်ခိၣ်ဖိ

human *n* ပှၤ, ပှၤကညီ, ပှၤဟီၣ်ခိၣ်ဖိ, ပှၤကူပှၤကညီ

human being *n* ပှၤဟီၣ်ခိၣ်ဖိ, ပှၤကူပှၤကညီ

human immunodeficiency virus *n* (HIV) ပှၤကညီနီၢ်ခိဂံၢ်ဘါတၢ်ဒီသဒၢစုၤလီၤတၢ်ဆါ

human interest *n* ပှၤကူပှၤကညီအတၢ်သးစဲ, ဟီၣ်ခိၣ်ဖိအတၢ်မိၣ်နှၢ်သးလီ

human race *n* ပှၤဟီၣ်ခိၣ်ဖိအကလုာ်

human resources *n* ပှၤကညီအဂံၢ်အဘါ, ပှၤအဂံၢ်အဘါ

human right *n* ဟီၣ်ခိၣ်ဖိခွဲးယာ်, ပှၤခွဲးယာ်

human rights *n* ဟီၣ်ခိၣ်ဖိခွဲးယာ်, ပှၤခွဲးယာ်

humane *a* လၢအအိၣ်ဒီးပှၤကူပှၤကညီအသး, လၢအအိၣ်ဒီးတၢ်သူၣ်ကညီၤသးကညီၤ

humanitarian *a* လၢအဘၣ်ထွဲဒီးပှၤဂ့ၢ်ဝီအတၢ်လိၣ်ဘၣ်, လၢအဘၣ်ထွဲဒီးတၢ်မၤစၢၤပှၤဂ့ၢ်ဝီအတၢ်အိၣ်မူအိၣ်ဂဲၤဒီးအတၢ်အိၣ်ဘိၣ်အိၣ်ညီ

humanitarian *n* ၁. ပှၤအသးစဲလၢပှၤဂ့ၢ်ဝီတၢ်လိၣ် ၂. ပှၤဂ့ၢ်ဝီဘၣ်ထွဲအတၢ်လိၣ်

humanity *n* ၁. ပှၤကူပှၤကညီအန့ဆၢၣ်, ဟီၣ်ခိၣ်ဖိအန့ဆၢၣ် ၂. တၢ်သးအိၣ်မၤစၢၤတၢ်, တၢ်သးကညီၤတၢ်

humankind *n* ပှၤဟီၣ်ခိၣ်ဖိအကလုာ်

humanly *adv* ဒ်ပှၤကူပှၤကညီအလုၢ်အလၢ်အသိး, ဒ်ဟီၣ်ခိၣ်ဖိအလုၢ်အလၢ်အသိး

humble *a* ၁. လၢအဆီၣ်လီၤအသး ၂. လၢအလီၢ်အလၤဖုၣ်, လၢအပတိၢ်ဖုၣ်

humble *v* ၁. ဆီၣ်လီၤအသး, ဆီၣ်လီၤပှၤ ၂. (ပတိၢ်, လီၢ်လၤ) ဖုၣ်, မၤဖုၣ်လီၤ ၃. မၤနၢၤကွံာ်ဒၣ်ဒါညီကဒေ်, မၤနၢၤကွံာ်ပှၤလၢအဂံၢ်ဆူၣ်နှၢ်အီၤညီကဒေ်

humdrum *a* လၢအလီၤကၢၣ်လီၤကျူၤခီဖျိမၤအသးဒ်အလီၢ်လီၢ်, လၢအလီၤကၢၣ်

humid *a* လၢအဘၣ်စီၣ်ကပျုာ်စဲဘူးစဲထိ

humidify *v* မၤဘၣ်စီၣ်ကပျုာ်စဲဘူးစဲထိတၢ်

humidity *n* တၢ်စုၣ်စီၣ်

humiliate *v* မၤမဲာ်ဆုးတၢ်, မၤဆံးလီၤစှၤလီၤပှၤအလၤကပီၤ

humiliation *n* တၢ်မၤမဲာ်ဆုးတၢ်, တၢ်မၤဆံးလီၤစှၤလီၤပှၤအလၤကပီၤ

humility *n* တၢ်ဆီၣ်လီၤသး

hummingbird *n* ထိၣ်ကနဲဖိ, ထိၣ်ဟါမ့ဖိ

hummock *n* တၢ်လူၢ်ဖိ

humorous *a* လၢအလီၤနံၤ

humour, humor *n* ၁. သးအလှၢ်အလၢ် ၂. တၢ်လီၤနံၤ

humour, humor *v* သးအိၣ်မၤဘၣ်ပှၤအသး, မၤဒ်ပှၤဂၤတၢ်ဘၣ်သးအသိး

hump *n* (ကျိၢ်အ) ကပိာ်, (ကျိၢ်အ) ဘုစိ

hump *v* ၁. စိာ်တၢ်ဃၢ ၂. ဒုးကၣ့်ဒုးကူ, ဘီးကၣ့် ၃. အိၣ်ဒီးမုၣ်ခွါသွံၣ်ထံးတၢ်ရှလိာ်မုာ်လိာ်, မံဃုာ်လိာ်သး ၄. (ကျိၢ်) အိၣ်ဒီးအကပိာ် မ့တမ့ၢ် ဘုစိ

humus *n* ဟီၣ်ကျာ်ချါ

hunch *n* ၁. တၢ်ပျိၢ်ဆိၣ်တကၢငၢထိၣ်သး, တၢ်မၤဒ့ခံဖံဘၣ်ခိၣ် ၂. တၢ်သးကလၢၢ်ဘၣ်ဆိလၢတၢ်ကမၤအသးတမံၤမံၤ, တၢ်တဃာ်သ့ၣ်ညါဆိတၢ်တဘျီဃီ

hunch *v* သကူးလိာ်သး, ဘီးကၣ့်လိာ်သး, သကွံၤလီၤသး

hunchback *n* တၢ်ပျိၢ်ဆိၣ်တကၢငၢထိၣ်သး, တၢ်မၤဒ့ခံဖံဘၣ်ခိၣ်, ပျိၢ်ဆိၣ်တကၢထိၣ်သး

hunched *a* ပျိၢ်သကူး

hundred *n* တပိၢ်, တကယၤ, ၁၀၀

hundredfold *a* အစးတကယၤ, အပူတကယၤ

hundredth *a* တကယၤပူတပူ, ပှဲၤထိၣ်တကယၤခါတခါ (ပူတပူ)

hunger *n* ၁. တၢ်သၣ်ဝံၤသၣ်စှၤ, တၢ်သၣ်ဝံၤသး ၂. တၢ်မိၣ်နၢ့်သးလီတၢ်ဒိၣ်ဒၣ်ကလဲာ်, တၢ်ဆၢနၢ့်တၢ်ဒိၣ်ဒိၣ်ကလဲာ်

hunger *v* ၁. သၣ်ဝံၤသၣ်စှၤ, သၣ်ဝံၤသး ၂. မိၣ်နၢ့်သးလီတၢ်ဒိၣ်ဒိၣ်ကလဲာ်, ဆၢနၢ့်တၢ်ဒိၣ်ဒိၣ်ကလဲာ်

hunger strike *n* တၢ်ဒုၣ်တၢ်အီၣ်တၢ်အီပူထိၣ်ထီဒါတၢ်, တၢ်ဒုၣ်တၢ်အီၣ်တၢ်အီဟ်ဖျါထိၣ်တၢ်တဘၣ်သး

hungry *a* လၢအသၣ်ဝံၤသး, လၢအသၣ်ဝံၤသၣ်စှၤ

hunk *n* တၢ်အကိၢ်လိၣ်ဖးဒိၣ်, တၢ်ဘ့ၣ်ဘၣ်ဖးဒိၣ်

hunt *n* ၁. တၢ်ဟးခးတၢ်, တၢ်ဟးလိာ်ကွဲပှၢ်, တၢ်လူၤဆဲးလူၤခးတၢ် ၂. တၢ်လူၤဃုကွၢ်ပှၤ, တၢ်ဟးဃုကွၢ်ပှၤ

hunt *v* ၁. ဟးခးတၢ်, ဟးလိာ်ကွဲပှၢ်, လူၤဆဲးလူၤခးတၢ်, ဟးပှၢ် ၂. ကွၢ်ဃုကၠၤ (တၢ်လီၤမၢ်)

hunter *n* နၢၤပှၢ်, ပှၤလူၤတၢ်မံၤလဲာ်ဖိ, ပှၤလူၤဆဲးလူၤခးတၢ်

hunting *n* ၁. တၢ်ဟးခးတၢ်, တၢ်ဟးလိာ်ကွဲပှၢ်, တၢ်လူၤဆဲးလူၤခးတၢ် ၂. တၢ်လူၤဃုကွၢ်ပှၤ, တၢ်ဟးဃုကွၢ်ပှၤ

huntsman *n* ၁. နၢၤပှၢ်, နၢၤပှၢ်အခိၣ် ၂. ပှၤလၢအသိၣ်လိထွံၣ်မီၤစဲလၢကလူၤပှၢ်အဂီၢ်

hurdle *n* ၁. တၢၣ်လၢတၢ်စံၣ်ခီစံၣ်ကဟ်ကွံာ်အဂီၢ် ၂. တၢ်ကီတၢ်ခဲတၢ်တြီမၤတံာ်တာ်, တၢ်နိးတၢ်ဘျး

hurdle *v* စံၣ်ဖုကဟ်တၢ်, စံၣ်ခီကဟ်တၢ်, တခွ့ကဟ်တၢ်

hurl *v* ကွံာ်

hurricane *n* ဟၣ်ရံၣ်ကၠကလံၤမုၢ်ဖးဒိၣ်, ကလံၤမုၢ်

hurry *n* တၢ်ပစုၢ်ပတ့ၤ, တၢ်ချ့ဒံးချ့နူး

hurry *v* ကရီ, မၤကရီ, မၤပစုၢ်ပတ့ၤ, မၤချ့ချ့

hurt *n* ၁. တၢ်မၤဆူးမၤဆါတၢ်, တၢ်မၤဆါပှၤ ၂. တၢ်သူၣ်ဘၣ်ဒိသးဘၣ်ဒိ, တၢ်မၤကီမၤခဲတၢ်, တၢ်သူၣ်ဟးဂီၤသးဟးဂီၤ, တၢ်မၤသးအုးပှၤ

hurt *v* ၁. မၤဆါ, မၤဆူးမၤဆါ ၂. မၤသူၣ်ဘၣ်ဒိသးဘၣ်ဒိပှၤသး, မၤကီမၤခဲပှၤ, မၤသူၣ်ဟးဂီၤသးဟးဂီၤပှၤသး, မၤသးအုးပှၤ

hurtful *a* လၢအမၤဆါပှၤသး, လၢအလီၤသးဆါ

hurtle *v* အူဖျိးကွံာ်, ဒံဖျိးကွံာ်, ကွံာ်ဖျိးကွံာ်, အူဒံကွံာ်, ဖျိးကွံာ်, ဆီၣ်ဖျိးကွံာ်

husband *n* ဝၤ

husband *v* စူးကါကတီၤတၢ်, စူးကါတၢ်ဖဲအလီၢ်အိၣ်

husbandry *n* ၁. တၢ်ဘုၣ်ဆၣ်ဖိကီၢ်ဖိဒီးသူၣ်အိၣ်ဖျးအိၣ်တၢ်, တၢ်ဘုၣ်တၢ်ဖိၣ်တၢ်သူၣ်တၢ်ဖျး

အတၢ်ဖံးတၢ်မၤ ၂. တၢ်သ့ကတီၤတၢ်, တၢ်သ့ရူးကါကတီၤတၢ်

hush *n* တၢ်ဘှၣ်တၢ်ဘိၣ်

hush *v* ဒုးအိၣ်ဘှၣ်အိၣ်ဘိၣ်, ဒုးအိၣ်ဂၢ်, မၤဘှၣ်မၤဘိၣ်

hush up *vp:* အိၣ်ဘှၣ်, အိၣ်ယိကလာ်, အိၣ်ယိကဒိ

hush money *n* တၢ်ဟ့ၣ်ဟ်စ့ၢ်စ့ဒ်သိးတၢ်သုတတဲဖျါထီၣ်တၢ်ဂ့ၢ်လၢတၢ်ဟ်ရူသူၣ်အီၤတဂ့ၤအဂီၢ်, စ့ကးတံာ်ကိာ်ပူၤ

husk *n* ဖ့ဘ့ၣ်ပှၢ်

husk *v* (တၢ်အဖံးဘ့ၣ်) အီးကွံာ်, ဘ့ၣ်ကွံာ်, သွဲၣ်ကွံာ်

huskily *adv* လၢအကလုၢ်ဘံးသွၣ်အပူၤ, လၢအကလုၢ်ဃးအပူၤ

husky *a* ၁. လၢအဒိၣ်ဒီးအိၣ်ဒီးဂံၢ်ဘါ, လၢအဒိၣ်ဒိၣ်ထီထီ ၂. ကလုၢ်လီၤ, ကလုၢ်ဃး ၃. လၢအိၣ်ထဲအဖ့

hussy *n* ပိာ်မုၣ်ကမျဲကစဲ, မုၣ်မျဲစဲ, ကမျဲမုၣ်

hustle *n* ၁. တၢ်ဟူးဂဲၤဖံးမၤတၢ်လၢာ်ဂံၢ်လၢာ်ဘါ ၂. တၢ်ဃုစ့လၢတၢ်တတီတလီၤအကျဲ

hustle *v* ကရီပှၤဂၤ အဒိ, နီၢ်ဝါကရီအဝၤလၢကလဲၤဆူဝ့ၢ်ပူၤချ့ချ့အဂီၢ်

hustler *n* ၁. ပှၤဃုစ့လၢတၢ်တတီတလီၤအကျဲ, ပှၤလီနံၢ်ပျံာ်ဝ့ၤတၢ် ၂. ပှၤလၢအဟူးဂဲၤဖံးမၤတၢ်လၢာ်ဂံၢ်လၢာ်ဘါ ၃. ပှၤပိာ်မုၣ်ဆါလီၤအီၣ်အသး

hut *n* ဒဲ, ဟံၣ်ဖိစိၢ်

hutch *n* ဆၣ်ဖိကီၢ်ဖိဆံးဆံးဖိအကြိၢ်, ဆၣ်ဖိကီၢ်ဖိဆံးဆံးဖိအကပိၤ

hyacinth *n* ပိာ်လီမ့ၣ်

hybrid *n* ၁. တၢ်မဲတၢ်မါလၢတၢ်စးအကလုာ်, ဆၣ်ဖိကီၢ်ဖိကးပြါ, ဆၣ်ဖိကီၢ်ဖိလၢတၢ်စးနံၢ်အကလုာ် ၂. တၢ်တမံၤကဲထီၣ်ခီဖျိတၢ်အါမံၤအတၢ်ဃါဃှာ်ကျဲၣ်ကျီဃှာ်လိာ်သး

hydraulic *a* လၢအဘၣ်ဃးဒီးထံအတၢ်လဲၤတရံးတၢ်ဆီၣ်သနံး

hydraulics *n* ၁. စဲးဖီကဟၣ်လၢအမၤတၢ်ဒီးထံအတၢ်လဲၤတရံးတၢ်ဆီၣ်သနံး ၂. ထံအတၢ်လဲၤတရံးတၢ်ဆီၣ်သနံးပီညါ

hydrocephalus *n* ထံနုာ်လၢခိၣ်နူာ်ပူၤ

hydroelectricity *n* လီဂံၢ်ထံ, လီသဟီၣ်လၢတၢ်မၤန့ၢ်အီၤခီဖျိထံအတၢ်ဆီၣ်သနံး

hydrofoil *n* ချံချ့ဖိလၢအဃ့ၢ်လၢထံဖံးခိၣ်, ချံချ့

hydrogen *n* ဟဲၣ်ထြိၣ်ကျ့ၣ်(န), က်သဝံလၢအလွဲၢ် မ့တမ့ၢ် အနၢတအိၣ်ဒီးဖံ့နံ့ၢ်ကလံၤ, ဟဲၣ်ထြိၣ်ကျ့ၣ်(န)က်သဝံ

hydrophobia *n* တၢ်ပျံၤထံတၢ်ဆါ, ထွံၣ်ပျုၢ်တၢ်ဆါ

hydroplane *v* ကဘီယူၤထံ, ချံချ့ဖိ

hydropower *n* ထံဂံၢ်သဟီၣ်, လီသဟီၣ်လၢတၢ်မၤန့ၢ်အီၤခီဖျိထံအတၢ်ဆီၣ်သနံး

hygiene *n* တၢ်ကဆဲ့ကဆို

hymen *n* မုၣ်ကနီၤဖိကံ့ၢ်ဂီၤအသလီဃဲၤ

hymn *n* ထါသးဝံၣ်ကစၢ်ယွၤ

hype *n* တၢ်ဘီးဘၣ်သ့ၣ်ညါလၢကွဲၤဟူဖျါကွဲၤလ့လီၤအပူၤ, တၢ်ဘီးဘၣ်သ့ၣ်ညါဘၣ်ဃးတၢ်ပီးတၢ်လီအဂ့ၢ်လၢကွဲၤဟူဖျါ မ့တမ့ၢ် ကွဲၤလ့လီၤအပူၤ

hype *v* ဘီးသ့ၣ်ညါလီၤတၢ်ဒီးဟ့ၣ်တၢ်ဂ့ၢ်တၢ်ကျိၤအါမး

hyper *a* လၢအသူၣ်ပိၢ်သးဝးတလၢအခၢး, သးဂဲၤတလၢကွံာ်

hyper- *prefix* အါန့ၢ်, တလၢကွံာ်

hyperactive *a* လၢအတအိၣ်ဂၢၢ်, လၢအအိၣ်ဂၢၢ်တကဲ, လၢအအိၣ်ယိအိၣ်ယဲးတကဲ, လၢအဂဲၤဆူၣ်

hyperemesis gravidarum *n* ပှၤဒၢထီၣ်ဖိပှၤဘိုးအါတလၢ

hypermenorehea *n* လုၢ်လါဟဲအါ

hypersensitive *a* ၁. လၢအသးဘၣ်ဒိညီတလၢ, လၢအသးတမှာ်ညီတလၢ ၂. လၢအဘၣ်ဒိညီ ၃. လၢအသ့ၣ်ညါတၢ်အါတလၢ

hypertesion *n* သွံၣ်ဂံၢ်ဆီၣ်အါတၢ်ဆါ

hyphen *n* တီၤတဲာ် (–), နီၣ်တီၤတဲာ်

hyphenate *v* ထၢနုာ်လီၤနီၣ်တီၤတဲာ်လၢတၢ်ကတိၤခံဖျာ်အဘၢၣ်စၢၤ, ဒုးစဲဘူးတၢ်ကတိၤခံဖျာ်ခီဖျိထၢနုာ်လီၤနီၣ်တီၤတဲာ်လၢတၢ်ဘၢၣ်စၢၤ

hypnosis *n* တၢ်မၤသးသပ့ၤပှၤ, တၢ်မၤသးသပ့ၤစိၣ်ဝဲၤကဲၤပှၤ

hypnotherapy *n* တၢ်ယါဘျါလၢတၢ်ရူးကါဒီးတၢ်မၤသးသပ့ၤစိၣ်ဝဲၤကဲၤပှၤ

hypnotic *a* ၁. လၢအမၢမံပှၤ, လၢအမၢသးသပ့ၤပှၤ ၂. လၢအဘၣ်ထွဲဒီးတၢ်မၢသပ့ၤပှၤသး

hypnotic *n* ၁. ကသံၣ်မံ ၂. ပှၤလၢအသးသပ့ၤ

hypnotism *n* တၢ်မၢသပ့ၤပှၤသးအတၢ်သ့တၢ်ဘၣ်အကျိၤအကျဲ

hypnotist *n* ပှၤလၢအမၢသပ့ၤပှၤသး

hypnotize, hypnotise *v* မၢသးသပ့ၤပှၤ

hypo-allergenic *a* လၢအသွံၣ်ဖိးလိာ်အသးဒီးတၢ်ကိးမံၤဒဲးဃၣ်ဃၣ်

hypochondria *n* တၢ်ဆိကမိၣ်ပျံၤလၢအအိၣ်ဒီးတၢ်ဆါ

hypochondriac *n* ပှၤလၢအဆိကမိၣ်ပျံၤတၢ်လၢအအိၣ်ဒီးတၢ်ဆါ

hypocrisy *n* တၢ်ဟ်မၢဂ့ၤအသး, တၢ်ဟ်ဂ့ၤဟ်ဝါသး

hypocrite *n* ပှၤလၢအဟ်မၢဂ့ၤအသး, ပှၤလၢအဟ်ဂ့ၤဟ်ဝါသး

hypodermic *n* ၁. ကသံၣ်ဆဲးပီၤ ၂. တၢ်ဆဲးကသံၣ်, တၢ်ဆဲးနုာ်ကသံၣ်လၢဖံးဘ့ၣ်ညၣ်လာ်အပူၤ

hypoglycemia *n* သွံၣ်ကျိၤတၢ်ဆၢစှၤ

hypothermia *n* တၢ်မၢစှၤလီၤနီၢ်ကစၢ်တၢ်ကိၢ်

hypothesis *n* တၢ်လၢတၢ်တယာ်ဒီးဆိကမိၣ်ဟ်စၢၤလၢအဘၣ်, တၢ်ဆိကမိၣ်တယာ်ဟ်စၢၤတၢ်

hypothetical *a* လၢတၢ်ဟ်ပနီၣ်ဟ်စၢၤအီၤလၢအကဲထီၣ်အသးသ့, လၢတၢ်ဆိကမိၣ်တယာ်ဟ်စၢၤအီၤ

hysterectomy *n* တၢ်ကွဲးထုးထီၣ်ဒၢလီၢ်

hysteria *n* တၢ်နံၤဟီၣ်တၢ်ဆါ, တၢ်သူၣ်ဟူးသးဂဲၤဒီးဟီၣ်နံၤတၢ်ဆါ

hysterical *a* လၢအဘၣ်ဃးဒီးတၢ်နံၤတၢ်ဟီၣ်တၢ်သးတဂၢၢ်အတၢ်ဆါ

hysterics *n* ၁. တၢ်ပၢၤသးတနၢ် ၂. တၢ်ဟီၣ်နံၤဟီၣ်နံၤ

I

ice *n* ထံလီၤသကၢ, ထံခုၣ်ကိၢ်လိၣ်
ice *v* ၁. မၤခုၣ်လီၤ, မၤလီၤသကၢ ၂. မၤဘၢကိၣ်ခ့းဒီးအံသၣ်ဆၢတၢ်နၢ်ထံခိၣ်ကျးတဖၣ်
ice age *n* ထံလီၤသကၢစိၤ
ice cap *n* ဟီၣ်စီးလီၢ်
ice cream *n* ကိၣ်ထံခုၣ်ဖီ
ice cube *n* ထံလီၤသကၢကိၢ်လိၣ်ဖိ
ice hockey *n* တၢ်ဂဲၤလိာ်ကွဲဟီၣ်ကံၣ်လၢထံလီၤသကၢအဖီခိၣ်, ဟီၣ်ကံၣ်တၢ်ဂဲၤလိာ်ကွဲလၢထံလီၤသကၢအဖီခိၣ်
ice pack *n* ထံခုၣ်ကိၢ်လိၣ်အဘိၣ်လၢတၢ်ထိးခုၣ်လီၤတၢ်လီၤကိၢ် မ့တမ့ၢ် တၢ်ညီး, ထံခုၣ်အဒၢ, ထံလီၤသကၢကိၢ်လိၣ်လၢအလီၤထွံလၢပီၣ်လဲၣ်ပူၤ
ice pick *n* နီၣ်ဒိၣ်တဲာ်ထံလီၤသကၢကိၢ်လိၣ်, တၢ်ပီးတၢ်လီလၢအဒိၣ်တဲာ်ထံလီၤသကၢကိၢ်လိၣ်
ice shelf *n* ထံလီၤသကၢဖးလဲၢ်လၢအစဲဘူးဒီးခိသူခိၣ်
ice skate *n* ခီၣ်ဖံးဖျိၣ်ဒိးစကူး, ခီၣ်ဖံးဒိးစကူးလၢထံလီၤသကၢအဖီခိၣ်
ice tea *n* နီမုၢ်ထံခုၣ်, လၣ်ဖးထံဆၢခုၣ်
iceberg *n* ထံလီၤသကၢကိၢ်လိၣ်ဖးဒိၣ်
icebound *a* ဘၣ်တၢ်ကဝီၤဃာ်အီၤလၢထံလီၤသကၢတဖၣ်, လၢထံလီၤသကၢအိၣ်ဝးတရံးအီၤ
icebreaker *n* ၁. ကဘီလၢအခီက်မၤလီၤပိၢ်ထံလီၤသကၢအကျိၤတဖၣ် ၂. တၢ်မၤဖုံမၤညီထီၣ်သးခီဖျိတၢ်ကတိၤဒီးတၢ်ဂဲၤလိာ်ကွဲတဖၣ်
ice-cold *a* ၁. ခုၣ်ဒ်ထံလီၤသကၢအသိး ၂. တဟ်ဖျါထီၣ်သးအတၢ်ဟ့းတၢ်ဂဲၤဘၣ်, အိၣ်ဒၣ်ခုၣ်ခုၣ်
iced tea *n* လၣ်ဖးထံခုၣ်
ice-fish *v* ညၣ်ထံလီၤသကၢ
ice-skate *v* ဒိးစကူးလၢထံလီၤသကၢအဖီခိၣ်, ဒိးစကူး
icicle *n* ထံလီၤသကၢလီၤစဲၤ
icing *n* ၁. အံသၣ်ဆၢတၢ်နၢ်ထံခိၣ်ကျး, တၢ်ကဃၢကိၣ်ဆီဒံၣ် မ့တမ့ၢ် ကိၣ်စိုးဃ့လၢတၢ်မၤအီၤဒီးတၢ်နၢ်ထံ – ထိပး – ဆီဒံၣ်တကီၤဝါတဖၣ် ၂. ထံလီၤသကၢကိၢ်လိၣ်လၢအအိၣ်လၢသိလ့ၣ် မ့တမ့ၢ် စဲးတဖၣ်အလိၤ
icky *a* လီၤသးဘၣ်အၢဒိၣ်ဒိၣ်ကလဲာ်, ဘၣ်အၢဘၣ်သီ, တမုာ်တလၤဒိၣ်ဒိၣ်ကလဲာ်
icon *n* ၁. တၢ်ပနီၣ်အတၢ်ဂီၤဖိလၢခီၣ်ဖျူထၢၣ်အပူၤ ၂. ပှၤတဂၤလၢအမံၤအိၣ်ဒီးပှၤဂၤဟ်ကဲအီၤလီၤဆီခီဖျိအဝဲအတၢ်, ဖံးတၢ်မၤအဃိ, ပှၤမံၤဟူသၣ်ဖျါလၢဘၣ်တၢ်ဟ်ကဲအီၤ
iconic *a* လၢအမံၤဟူသၣ်ဖျါထီၣ်တၢ်သ့ၣ်ညါဟ်ကဲအီၤအါ
iconoclast *n* ၁. ပှၤလၢအထီဒါပှၤအါဂၤတၢ်စူၢ်တၢ်နာ် ၂. ပှၤလၢအထီဒါတၢ်ဘါတၢ်ဂီၤတၢ်ဖိၣ်
ICU *abbre* အဲၣ်စံၣ်ယူၣ် – တၢ်ကွၢ်ထွဲ, ဂ့ၢ်ဂီၢ်အူတၢ်ကွၢ်ထွဲလီၤဆီ (intensive-care unit)
icy *a* ၁. လၢအခုၣ်ဒိၣ်မး, လၢအကျၢၢ်ဘၢဒီးထံလီၤသကၢ ၂. လၢအဟ်ဖျါထီၣ်တၢ်တဘၣ်သးပှၤအါ, လၢတအိၣ်ဒီးတၢ်အဲၣ်တၢ်ကွံ
ID *abbre* ၁. တၢ်ဟ်ဖျါထီၣ်ပှၤတဂၤမ့ၢ်မတၤဒီးအကဲမနုၤ ၂. တၢ်ကွၢ်နီၣ်ကွၢ်ဃါတၢ် (also Identification or identity)
idea *n* ၁. တၢ်ဆိကမိၣ်,တၢ်ထံၣ် ၂. တၢ်ရဲၣ်တၢ်ကျဲၤ ၃. တၢ်ဒိသူၣ်ဟ်သး ၄. သးလၢအနီၤဖးတၢ်ဂ့ၤဒီးတၢ်အၢအဆၢ, သးအတၢ်သ့ၣ်ညါ
ideal *a* အဂ့ၤကတၢၢ် (လၢပှၤတဂၤအဂီၢ်), လၢအထီၣ်ဘး
ideal *n* ၁. တၢ်ဆိကမိၣ်တမံၤ မ့တမ့ၢ် တၢ်လၢအဖျါလၢပုံၤဝဲဒီးကြၢးဝဲဘၣ်ဝဲတုၤလၢတၢ်ကျဲးစၢးမၤတုၤအနူၢ် မ့တမ့ၢ် မၤတုၤအကဲထီၣ် ၂. ပှၤတဂၤ မ့တမ့ၢ် တၢ်တမံၤလၢတၢ်ထံၣ်လၢအလၢပုံၤဝဲ
idealism *n* တၢ်နာ်လၢတၢ်ကီးမံၤဒဲးဘၣ်ဃးထဲလၢသးတကပၤ, သးသနူ
idealist *n* ပှၤလၢအနာ်လၢတၢ်ကီးမံၤဒဲးဘၣ်ဃးထဲလၢသးတကပၤ, ပှၤသးသနူဖိ
idealistic *a* လၢအဟံးဃာ်သးသနူလၢအကျိၤ
idealize, idealise *v* ဟ်လၢအမ့ၢ်တၢ်ဆိကမိၣ် မ့တမ့ၢ် ဒုးနဲၣ်ဖျါထီၣ်
ideally *adv* ၁. လၢလၢပုံၤပုံၤ, လၢအကြၢးဝဲဘၣ်ဝဲ ၂. လၢတၢ်ဆိကမိၣ်ဆိကမးအပူၤ
identical *a* ဒ်သိးသိး, လီၤပလိာ်တီတီ, လီၤက်တမံၤဃီ

identifiable *a* လၢတၢ်ဟ်ဖျါထီၣ်အီၤသ့, လၢတၢ်ဒုးနဲၣ်ဖျါထီၣ်အီၤသ့, လၢတၢ်ကွၢ်နီၣ်အီၤညီ, လၢတၢ်ကွၢ်နီၣ်အီၤဘၣ်

identification *n* ၁. တၢ်ဟ်ဖျါထီၣ်ပှၤတဂၤမ့ၢ်မတၤဒီးအကဲမနုၤ ၂. တၢ်ကွၢ်နီၣ်ကွၢ်ဃါတၢ်

identify *v* ၁. ဒုးနဲၣ်ဖျါထီၣ် ၂. ကွၢ်နီၣ်ဘၣ်, သ့ၣ်ညါဟ်ပနီၣ်, ဟ်ဖျါထီၣ်

identity *n* တၢ်ဟ်ဖျါထီၣ်လၢအမ့ၢ်မတၤအကဲမနုၤ

ideology *n* တၢ်ဆိမိၣ်ဆိမး, သးသနူ

idiocy *n* တၢ်သးတထံတဆး, တၢ်သးတပှၤ, တၢ်အီရံၢ်အီရီၣ်, တၢ်အီပီ

idiom *n* တၢ်ကတိၤခွ့ၣ်, တၢ်ကတိၤဒိလၢပှၤတကလုာ်ဒုးအိၣ်ထီၣ်ဝဲဒီးသူညီနှၢ်ဝဲဘၣ်ဆၣ်အခီပညီလီၤဆီနှၢ်အကစၢ်ဒၣ်ဝဲအခီပညီ

idiomatic *a* ၁. လၢအဟ်ဖျါထီၣ်ပှၤတဂၤအတၢ်ကတိၤ, အကျိာ်အလုၢ်အလၢ် ၂. လၢအဘၣ်တၢ်စူးကါအီၤလၢအအိၣ်ဒီးတၢ်ကတိၤခွ့ၣ်တၢ်ကတိၤဒိတဖၣ်

idiot *n* ပှၤလၢအတၢ်သးဆးတအိၣ်, ပှၤအမၢး

idiotic *a* လၢအသးတဆးဒိၣ်မး

idle *a* အိၣ်ကလီကလီ, အိၣ်ကၢၣ်အိၣ်ကျူ

idle *v* ၁. ကၢၣ်သံကျူသံ, အတၢ်ပညိၣ်တအိၣ်နီတမံၤ ၂. မၤလၢာ်ဆၢလၢာ်ကတိၢ်, ချူးဒး ၃. နိၣ်ထီၣ်ဃာ် (သိလ့ၣ်စဲး) ကဃီကဃီလၢတမၤတၢ်နီတမံၤ

idler *n* ၁. ပှၤကၢၣ်သံကျူသံ, ပှၤလၢအတၢ်ပညိၣ်တအိၣ်နီတမံၤ ၂. ပှၤမၤလၢာ်ဆၢလၢာ်ကတိၢ်

idly *adv* တအိၣ်ဒီးတၢ်ပညိၣ်တအိၣ်နီတမံၤ မ့တမ့ၢ် တၢ်ဂုာ်ကျဲးစၢး, တမၤတၢ်နီတမံၤဒီးမၤလၢာ်ဆၢမၤလၢာ်ကတိၤ

idol *n* တၢ်ဂီၤတၢ်ဖိၣ်, တၢ်ဂီၤတၢ်ဖိၣ်လၢပှၤဘါအီၤ

idolater *n* ပှၤဘါတၢ်ဂီၤတၢ်ဖိၣ်

idolatrous *a* ၁. လၢအဘၣ်ဃးဒီးတၢ်ဘါတၢ်ဂီၤတၢ်ဖိၣ် ၂. လၢအအဲၣ်တၢ်တမံၤမံၤတလၢကွံာ်အခၢး

idolatry *n* ၁. တၢ်ဘါတၢ်ဂီၤတၢ်ဖိၣ်, တၢ်အဲၣ်တၢ်တမံၤမံၤတလၢကွံာ်အခၢး ၂. တၢ်ဘၣ်သူၣ်ဘၣ်သးတၢ်တမံၤမံၤတလၢအခၢး

idolize, **idolise** *v* ၁. ယူးယီၣ်ဟ်ကဲတၢ်တလၢကွံာ်အခၢး ၂. အဲၣ်လုာ်ကီတၢ်, ဘၣ်သူၣ်ဘၣ်သးတၢ်တလၢကွံာ်အခၢး

if *conj* ၁. မ့မ့ၢ်, မ့မ့ၢ်ဒ်န့ၣ်ဒီး ၂. သနာ်က့ ၃. မ့ၢ်ဂ့ၤ ၄. ဓါ, မ့ၢ်ဓါ, မ့ၢ် (ကသ့ဓါ) ၅. မ့ၢ် (မၤဒ်နှၣ်ဒ့)

if *n* တၢ်အိၣ်သးတမံၤအဖိခိၣ်, တၢ်စံးဒၣ်ကလိာ်

iffy *a* လၢအတလီၤတံၢ်လီၤဆဲး

igloo *n* အံးကလူ, ပှၤအဲးစကံမိၣ်ဖိတဖၣ်အဟံၣ်

ignite *v* လၢအစးထီၣ်အူအီၣ်တၢ်, ဒွဲၣ်ထီၣ်, ဆိုကဲၤထီၣ်

ignition *n* တၢ်စးထီၣ်ဒွဲၣ်အူတၢ်, တၢ်ဆိုကဲၤထီၣ်တၢ်

ignoble *a* လၢအတလီၤဟ်ကဲ, လၢအသူးအသ့ၣ်အလၤကပီၤတအိၣ်

ignominious *a* လၢအသူးအသ့ၣ်အလၤကပီၤလီၤ, လၢအတဖျါလီၤယူးယီၣ်ဟ်ကဲ

ignominy *n* တၢ်သူးသ့ၣ်လၤကပီၤဟးဂီၤ, တၢ်မဲာ်ဆုးအလီၢ်

ignoramus *n* ပှၤလၢအတၢ်သ့ၣ်ညါနၢ်ပၢၢ်တအါကဲၣ်ဆိး, ပှၤလၢအတၢ်နၢ်ပၢၢ်တအါကဲၣ်ဆိး

ignorance *n* တၢ်သ့ၣ်ညါနၢ်ပၢၢ်တအိၣ်, တၢ်နူၤပၢၢ်နၢ်ဘှါတအိၣ်ဘၣ်, တၢ်တသ့လံာ်သ့လဲၢ်

ignorant *a* လၢအတသ့ၣ်ညါနၢ်ပၢၢ်တၢ်, လၢအတၢ်နူၤပၢၢ်နၢ်ဘှါတအိၣ်ဘၣ်

ignore *v* တကနၣ်ဃုာ်

iguana *n* တရူး

ileum *n* ပှံာ်အကွီၤ

ill *a* ၁. ဆိးက့, ဆါ ၂.လၢအအၢ

ill *adv* အၢအၢသီသီ, အၢမး, နးနး, တဂ့ၤဘၣ်

ill *n* တၢ်ဆူးတၢ်ဆါ, တၢ်ဆိးက့မံနီၤ, တၢ်တမှာ်တလၤ

ill humour *n* တၢ်သူၣ်တဂ့ၤသးတဝါ, တၢ်သးဘၣ်တံာ်တာ်ညီ, တၢ်သူၣ်အ့န့သးအ့န့ညီ, တၢ်သးထီၣ်ညီ

ill-tempered *a* လၢအသူၣ်ဖှၣ်သးဖှၣ်, လၢအသူၣ်ဒိၣ်သးဖျိး မ့တမ့ၢ် လၢအရၢၢ်အစၢၢ်

ill will *n* ၁. တၢ်အိၣ်ဒီးသးလၢအဃုတၢ်အ့ၣ်လိာ်ဆီးက့ ၂. တၢ်သူၣ်ကညီၤသးကညီၤတအိၣ်

ill-advised *a* လၢအဒုးအိၣ်ထီၣ်တၢ်ကီတၢ်ခဲလၢခါဆူညါသ့ဝဲ, လၢအတအိၣ်ဒီးတၢ်သူၣ်ဆးသးဆး

ill-concealed *a* လၢတၢ်ဟ်တဒၢအီၤတန့ၢ်ဂ့ၤဂ့ၤ, လၢဟ်ရူသူၣ်အီၤတဘံၣ်တဘၢ

ill-conceived *a* လၢအတအိၣ်ဒီးတၢ်ရဲၣ်တၢ်ကျဲၤလီၤတံၢ်လီၤဆဲး, လၢအတအိၣ်ဒီးတၢ်ဆိကမိၣ်ထံဆိကမိၣ်ဆး

ill-disposed *a* ၁. လၢအတရတံၤသကိးဒီးပှၤဂၤဘၣ်, လၢအရှပှၤတသ့, လၢအသးတဂ့ၤ ၂. လၢအဲၣ်ဒိးမၤအၢတၢ်, လၢအဆိကမိၣ်အၢတၢ်, လၢအတဘၣ်လိာ်ဖိးဒ့, လၢအဃုတၢ်အ့ၣ်လိာ်ဆီးက့

illegal *a* လၢအတဖိးသဲစး

illegal *n* ပှၤနာ်လီၤကီၢ်တဖိးသဲစး

illegality *n* ၁. တၢ်လၢအတဖိးသဲစး, တၢ်တဃူလိာ်ဖိးလိာ်ဘၣ်ဒီးတၢ်သိၣ်တၢ်သီ ၂. တၢ်မၤလၢအတဖိးသဲစး

illegible *a* လၢတၢ်ဖးအီၤတသ့, လၢတၢ်ဖးအီၤကီ

illegitimate *a* ၁. လၢအယီၤ ၂. (illegitimate baby) ဒၢဘၢဖိ, ဒၢသမူဖိ ၃. လၢအတဘၣ်လိာ်ဖိးဒ့ဒီးတၢ်သိၣ်တၢ်သီ

ill-equipped *a* လၢအတအိၣ်ဒီးတၢ်သ့တၢ်ဘၣ်အလၢအပှဲၤ, လၢအတအိၣ်ဒီးတၢ်သ့တၢ်ဘၣ်လၢအကြၢးဒီးအီၤတမံၤမံၤ

ill-fated *a* လၢအတၢ်ဟဲဝံအၢ, လၢအဘူၣ်အတီၢ်တဂ့ၤ

ill-gotten *a* လၢအမၤတၢ်တဖိးသဲစး, (စ့) လၢအဒိးန့ၢ်ဘၣ်တၢ်လၢတဖိးသဲစး

illiberal *a* လၢအသူၣ်အံၣ်သးအံၣ်, လၢအတၢ်ထံၣ်အံၣ်, လၢအပံာ်အကီ, လၢအတၢ်ဝံသးစူၤတအိၣ်

illicit *a* လၢအတဖိးသဲစး, လၢအတဘၣ်လိာ်ဒီးတၢ်သိၣ်တၢ်သီ

illiteracy *n* တၢ်တသ့လံာ်သ့လဲၢ်, တၢ်တသ့ကွဲးသ့ဖး

illiterate *a* ဖးလံာ်ကွဲးလံာ်တသ့ဘၣ်, လၢအတသ့ကွဲးသ့ဖး

illiterate *n* ပှၤတသ့လံာ်သ့လဲၢ်, ပှၤလၢအတၢ်ကူၣ်ဘၣ်ကူၣ်သ့တအိၣ်

ill-mannered *a* လၢအတဆဲးတလၤ, လၢအတၢ်ဒိသူၣ်ဟ်သးတဂ့ၤ

ill-natured *a* လၢအသူၣ်တဂ့ၤသးတဝါ, လၢအသူၣ်အၢသးသီ

ill-prepared *a* လၢအတကတဲာ်ကတီၤတၢ်ဂ့ၤဂ့ၤ

illness *n* တၢ်ဆူးတၢ်ဆါ

illogical *a* လၢအတဆိကမိၣ်ထံဆိကမိၣ်ဆးတၢ်ဂ့ၢ်တၢ်ကျိၤ

ill-starred *a* တၢ်ဟဲဝံဟဲစိာ်လၢအတဂ့ၤ, တၢ်ပနိၣ်လၢအတဂ့ၤ

ill-treat *v* မၤနးမၤဖှိၣ်, မၤတရီတပါ

illuminate *v* ၁. မၤကပီၤထီၣ်တၢ် ၂. မၤနၢ်ပၢၢ်ညီထီၣ်တၢ်, ဒုးဖျါထီၣ်တၢ်အခီပညီ

illuminated *a* ၁. လၢအမၤကပီၤထီၣ်တၢ်, လၢအကပီၤထီၣ် ၂. လၢအမၤနၢ်ပၢၢ်ညီထီၣ်တၢ်, လၢအဒုးနဲၣ်ဖျါဂ့ၤထီၣ်တၢ်အခီပညီ ၃. လၢတၢ်ကယၢကယဲထီၣ်ဒီးတၢ်ကပီၤကပြၢ်ကပြီၤတဖၣ်

illuminating *a* ၁. လၢအမၤကပီၤထီၣ်တၢ်, လၢအကပီၤထီၣ် ၂. လၢအမၤနၢ်ပၢၢ်ညီထီၣ်တၢ်, လၢအဒုးနဲၣ်ဖျါဂ့ၤထီၣ်တၢ်အခီပညီ ၃. လၢတၢ်ကယၢကယဲထီၣ်ဒီးတၢ်ကပီၤကပြၢ်ကပြီၤတဖၣ်

illumination *n* ၁. တၢ်ကပီၤအလွဲၢ်အကလုာ်ကလုာ်လၢအကယၢထီၣ်တၢ် ၂. တၢ်ဒုးနၢ်ပၢၢ်ညီထီၣ်တၢ်

illusion *n* တၢ်အိၣ်ဖျါလၢပမဲာ်ညါလၢအလီန့ၢ်ပှၤ, တၢ်လီန့ၢ်ပမဲာ်

illusionist *n* ပှၤမၤကဒါမဲာ်ဖိ

illusory *a* လၢအဒုးထံၣ်ကမၣ်တၢ်, လၢအလီန့ၢ်ပမဲာ်

illustrate *v* ၁. ဒဲးကံၣ်ဒဲးဝ့ၤ, တ့တၢ်ဂီၤ ၂. စူးကါတၢ်ဂီၤတၢ်ဖိၣ်လၢကမၤနၢ်ပၢၢ်တၢ်အခီပညီ ၃. ဒုးနၢ်ပၢၢ်တၢ်ဂ့ၢ်အိၣ်ဒီးအဒိအတဲာ်

illustration *n* တၢ်ဂီၤ, တၢ်ဂီၤလၢအိၣ်လၢလံာ်ပူၤလဲၢ်ပူၤ, တၢ်ဒဲးကံၣ်ဒဲးဝ့ၤ

illustrative *a* ၁. လၢအဒဲးကံၣ်ဒဲးဝ့ၤထီၣ်ဒီးတၢ်ဂီၤ ၂. လၢအပၣ်ဃုာ်ဒီးတၢ်ဂီၤ ၃. လၢအစူးကါတၢ်ဂီၤတၢ်ဖိၣ်လၢကမၤနၢ်ပၢၢ်တၢ်အခီပညီ, လၢအဒုးနၢ်ပၢၢ်တၢ်ဂ့ၢ်အိၣ်ဒီးအဒိအတဲာ်

illustrator *n* ပှၤလၢအတ့အခဲၣ်တၢ်ဂီၤ, ပှၤလၢအတ့ခဲၣ်န့ၢ်တၢ်ဂီၤတၢ်ဖိၣ်လၢလံာ်မဲးကစံဒီး လံာ်လဲၢ်တဖၣ်အဂီၢ်

illustrious *a* လၢအမံၤဟူသၣ်ဖျါ

image *n* ၁. တၢ်ဂီၤတၢ်ဖိၣ် ၂. တၢ်အက့ၢ်အဂီၤတဖၣ်လီၤက်လိာ်သးတမံၤဃီ ၃. တၢ်ဂီၤလၢတၢ်ဆိမိၣ်မှံနၢ်အီၤ, တၢ်ဆိကမိၣ်မှံနၢ်တၢ်အက့ၢ်အဂီၤ ၄. တၢ်အိၣ်ဖျါ ၅. တၢ်အကနဲဖျါ

imagery *n* တၢ်ထံၣ်မှံတၢ်လၢသးပူၤ

imaginable *a* လၢအဆိကမိၣ်မှံတၢ်, လၢအဆိကမိၣ်တယးတၢ်

imaginary *a* လၢအဆိကမိၣ်မှံအီၤ, လၢတၢ်တယာ်ဆိမိၣ်နၢ်အီၤ

imagination *n* တၢ်ဆိကမိၣ်မှံ, တၢ်တယးဆိမိၣ်

imaginative *a* လၢအအိၣ်ဒီးတၢ်ဆိကမိၣ်မှံဒုးအိၣ်ထိၣ်တၢ်အသိ

imagine *v* ဆိကမိၣ်မှံတၢ်, ဆိကမိၣ်တယးတၢ်

imaginings *n* တၢ်ဆိကမိၣ်မှံတၢ်တဖၣ်

imbecile *a* လၢအသ့ၣ်တဆးသးတဆး, လၢအတကျၢတခီ, လၢအတကျိးတကျး

imbecile *n* ၁. ပှၤလၢအတၢ်သးဆးတအိၣ်, ပှၤအမၢး ၂. ပှၤလၢအခိၣ်နူာ်တပှဲၤ

imbibe *v* ၁. အီတၢ်, အီသံးအီက် ၂. မၤနၢ်တၢ်သ့ၣ်ညါနၢ်ပၢၢ်

imbue *v* ဒုးလၢပှဲၤဒီးတၢ်သူၣ်ဆူၣ်သးဂဲၤ, ဒုးဆူၣ်ထိၣ်အသးသဟိၣ်

imitate *v* မၤဒိးတၢ်, မၤလီၤက်တၢ်, မၤဒိးပှၤ, ကဲဒိးတၢ်

imitation *a* လၢအမၤဒိးတၢ်

imitation *n* တၢ်မၤဒိးတၢ်

imitative *a* ၁. လၢအမၤဒိးတၢ်, လၢအမၤလီၤက်တၢ်, လၢအမၤဒိးပှၤ, လၢအကဲဒိတၢ် ၂. လၢအကိးသိၣ်ဒီးကဒါက့ၤအတၢ်ကတိၤဖျၢၣ်အသိၣ်

imitator *n* ပှၤမၤဒိးတၢ်, ပှၤမၤလီၤက်တၢ်, ပှၤမၤဒိးပှၤ, ကဲဒိးတၢ်

immaculate *a* လၢအကဆှိ, လၢအတၢ်ကမၣ်တအိၣ်, လၢအဘၣ်

immanence *n* တၢ်လၢအအိၣ်ဘျၢလီၤဟ်စၢၤအသးဒ်န့ဆၢၣ်အသိး, တၢ်လၢအအိၣ်လၢတၢ်လီၢ်ကိးပူၤဒဲး

immanent *a* လၢအအိၣ်ဘျၢလီၤဟ်စၢၤအသးဒ်န့ဆၢၣ်အသိး, လၢအအိၣ်လၢတၢ်လီၢ်ကိးပူၤဒဲး

immaterial *a* လၢအတအိၣ်ဒီးအမိၢ်လံၤမိၢ်ပှၢ်, လၢအရှတဒိၣ်

immature *a* လၢအတဒိၣ်တုာ်ခိၣ်ပှဲၤဒံးဘၣ်, လၢအဒိၣ်ထိၣ်သိ, လၢအလိၣ်ဘိထိၣ်

immeasurable *a* လၢတၢ်ထိၣ်ဒွးအီၤတန့ၢ်ဘၣ်

immediacy *n* တၢ်လၢတၢ်ကဘၣ်မၤဝံၤအီၤတဘျီဃီလၢတအိၣ်ဒီးတၢ်မၤယံာ်မၤနီၢ်သး, တၢ်တမၤယံာ်မၤနီၢ်သး, တၢ်တသုးဆၢသုးကတိၢ်

immediate *a* ၁. တဘျီဃီ, တကိၢ်ခါ ၂. အဘူးကတၢၢ်

immediately *adv* တကိၢ်ခါ, တဘျီဃီ

immediately *conj* ၁. တဘျီဃီ, ခဲခဲအံၤ, တကတိၢ်ဃီ ၂. လီၤလီၤ, ဘူးဘူးတံၢ်တံၢ်

immense *a* ဖးဒိၣ်, ဒိၣ်ဒိၣ်မုၢ်မုၢ်

immensely *adv* (ဒိၣ်) မး, (ဂ့ၤ) သမိး, ဒိၣ်ဒိၣ်မုၢ်မုၢ်, လီၤဘီလီၤမုၢ်, လီၤကဟုကညီၢ်

immensity *n* တၢ်ဖးဒိၣ်, တၢ်ဒိၣ်ဒိၣ်မုၢ်မုၢ်

immerse *v* စုၣ်လီၤဘျၢလီၤတၢ်

immersion *n* ၁. (ပှၤခရံာ်ဖိအတၢ်ဘူၣ်တၢ်ဘါ) တၢ်ဒိးဘျၢထံ ၂. တၢ်စုၣ်လီၤဘျၢလီၤ, တၢ်စုၣ်လီၤလၢထံကျါ ၃. တၢ်ဟ့ၣ်လီၤတၢ်ဆၢကတိၢ်လၢလၢပှဲၤပှဲၤလၢတၢ်မၤတမံၤမံၤအပူၤ, တၢ်ဘျုးလီၤသးလၢတၢ်မၤတၢ်တမံၤမံၤအပူၤလၢာ်လၢာ်ဆ့ဆ့

immigrant *n* ပှၤနုာ်လီၤကိၢ်

immigrate *v* နုာ်လီၤအိၣ်ဆိးလၢထံဂုၤကိၢ်ဂၤအပူၤ

immigration *n* တၢ်နုာ်လီၤအိၣ်ဆိးလၢထံဂုၤကိၢ်ဂၤအပူၤ

imminence *n* တၢ်ဘူးကကဲထိၣ်အသး, တၢ်ဘူးကမၤအသး

imminent *a* လၢအဘူးကမၤအသး, လၢအဘူးကကဲထိၣ်အသး

immobile *a* ၁. လၢအတဟူးတဂဲၤဘၣ်, ဂၢၢ်တပၢၢ် ၂. လၢအသုးအသးတသ့ဘၣ်

immobilize, immobilise *v* ဖိဉ်ဂၢၢ်ဃာ်, တြီဃာ်, ဖိဉ်တံၢ်ဃာ်, ဒုးအိဉ်ဂၢၢ်တပၢၢ်, တဟူးတဝး

immoderate *a* တလၢကွံာ်အခၢး, တလၢစိ, အါတလၢ

immodest *a* ၁. လၢအဆိကမိဉ်ဒိဉ်လီၤအသး, လၢအထံဉ်ဒိဉ်လီၤအသး, လၢအကတိၤဒိဉ်အကိာ် ၂. လၢအတသံဉ်စူးဆဲးလၢ ၃. လၢအတၢ်မဲာ်ဆုးတအိဉ် ၄. လၢအကနုတလီၤတံၢ်

immolate *v* ၁. ဃိသံပှၤ, မၤသံပှၤလၢမ့ဉ်အူ ၂. လှၢ်ထီဉ်ဟ်ထီဉ်တၢ်

immoral *a* လၢအသကဲာ်ပဝးတဂ့ၤ

immorality *n* တၢ်သကဲာ်ပဝးတဂ့ၤ

immortal *a* လၢအသံတသ့ဘဉ်, လၢအအိဉ်မူလီၤစ့ၤလီၤထီ

immortal *n* ပှၤတဂၤလၢအမံၤဟူသဉ်ဖျါကဘဉ်တၢ်သ့ဉ်နီဉ်အီၤလီၤစ့ၤ, ပှၤ မ့တမ့ၢ် ယွၤ မ့တမ့ၢ် တၢ်အိဉ်မူအိဉ်ဂဲၤအဂၤလၢအအိဉ်မူလီၤစ့ၤလီၤထီ

immortality *n* ၁. တၢ်လၢအသံတသ့ဘဉ် ၂. တၢ်အိဉ်ကၢအိဉ်ခိးလီၤစ့ၤလီၤထီ

immortalize, immortalise *v* ဒုးအိဉ်ကၢအိဉ်ခိးပှၤအမံၤလီၤစ့ၤလီၤထီ, ဒုးအိဉ်ကၢအိဉ်ခိးတၢ်အမံၤလီၤစ့ၤလီၤထီ, ဒုးအိဉ်မူအီၤလီၤစ့ၤ

immovable *a* ၁. လၢတၢ်သုးအီၤတန့ၢ်ဘဉ် ၂. လၢတၢ်ဆီတလဲအီၤ မ့တမ့ၢ် တၢ်မၤန့ၢ်ဆီဉ်ခံအီၤတန့ၢ်ဘဉ်

immune *a* ၁. လၢတၢ်ဆါဘဉ်ကူဘဉ်က်အီၤတန့ၢ်, လၢအပူၤဖျဲးဒီးတၢ်ဆါ ၂. လၢတၢ်ဒိဘဉ်မၤဟူးအီၤတန့ၢ်

immune system *n* နီၢ်ခိဂံၢ်တြီဆၢတၢ်မၤအကျိၤအကျဲ

immunity *n* ဂံၢ်တြီဆၢတၢ်ဆါ

immunization, immunisation *n* တၢ်ဆဲးန့ၢ်ကသံဉ်ဒီသဒၢတၢ်ဆါ, တၢ်ဟံးန့ၢ်ကသံဉ်ဒီသဒၢတၢ်ဆါ

immunize, immunise *v* ဆဲးန့ၢ်ကသံဉ်ဒီသဒၢတၢ်ဆါ, ဒုးအိဉ်ထိဉ်ဂံၢ်တြီဆၢတၢ်ဆါ, ဒုးအိဉ်ထိဉ်ဂံၢ်တြီဆၢ

immutable *a* လၢအလဲလိာ်အသးတသ့ဘဉ်

imp *n* တၢ်နါဖိ, တၢ်မုၢ်ဃၢ်ဖိ

impact *n* ၁. တၢ်ဘဉ်ဒိ ၂. တၢ်ဘဉ်တိၢ်ဘဉ်ထံးလိာ်သးလၢအသဟိဉ်ဆူဉ်ဆူဉ်

impact *v* ၁. ဘဉ်ဒိ, ဘဉ်ထံးလိာ်အသးလၢအသဟိဉ်ဆူဉ်ဆူဉ် ၂. ဆွံနုာ်လီၤ

impacted *a* ၁. လၢအမဲခိဟဲထိဉ်ဒီကထၢလိာ်သး ၂. လၢအဃံကၢ်ဒီကထၢလိာ်သး ၃. လၢအဒုၣ်အိဉ်ကတာ်ထိလၢပှာ်ဖိအပူၤ

impair *v* မၤဟးဂီၤ, မၤစၢ်လီၤ, မၤစုၤလီၤ

impaired *a* လၢဟးဂီၤ, လၢစၢ်လီၤ, လၢအစုၤလီၤ

impairment *n* တၢ်အိဉ်သးဖဲတၢ်ဟးဂီၤ, တၢ်အဂံၢ်သဟိဉ်စၢ်လီၤ မ့တမ့ၢ် စုၤလီၤ

impala *n* အၤဖြံၤကၤတၤဖး

impale *v* ဆဲးဖျိဒီးတၢ်ခိဉ်စူ

impalpable *a* ၁. လၢပထိးအီၤဘဉ်ဆဉ်ပတသ့ဉ်ညါဘဉ်, လၢအသံးအကာ်တအိဉ်ဘဉ် ၂. လၢတၢ်နၢ်ပၢၢ်အီၤတသ့တညီ

impart *v* ၁. နီၤဟ့ဉ်လီၤတၢ်ကစီဉ်, နီၤဟ့ဉ်တၢ်သ့ဉ်ညါနၢ်ပၢၢ်ဆူပှၤဂၤ, ဟ့ဉ်နီၤလီၤ, တဲဘဉ် ၂. ဟ့ဉ်တၢ်အကံၢ်အစီလီၤဆီ

impartial *a* လၢအတကွၢ်မဲာ်တၢ်

impartiality *n* တၢ်တကွၢ်မဲာ်တၢ်, တၢ်တအိဉ်ပိုၤလီၤဆီပှၤ

impasse *n* ကျဲကတၢၢ်, ကျဲတံာ်တၢၤ, တၢ်ဃံးတၢ်စုၤလဲၤဆူမဲာ်ညါတသ့ဆူလီၢ်ခံတသ့, ကျဲကတၢၢ်ဟုသးလၢာ်အကတိၢ်

impassioned *a* ၁. လၢအဟ်ဖျါထိဉ်တၢ်သူဉ်ဟူးသးဂဲၤ ၂. လၢအသူဉ်ဟူးသးဂဲၤ ၃. လၢအသဟိဉ်ဆူဉ်

impassive *a* လၢအတဟ်ဖျါထိဉ်တၢ်သူဉ်ဟူးသးဂဲၤ, လၢအသူဉ်တဟူးသးတဂဲၤ

impatient *a* လၢတၢ်ဝံသးစူၤတအိဉ်ဘဉ်, သးတစူၤ

impeach *v* ၁. ဆိုးထိဉ်လၢပှၤဂၤမၤကမဉ်တၢ် ၂. ဒုးအိဉ်ထိဉ်တၢ်သးဒ့ဒီ

impeccable *a* ၁. လၢအပူၤဖျဲးဒီးတၢ်ကမဉ် ၂. လၢအလၢအပှဲၤဝဲ

impecunious *a* ၁. လၢအဖှိဉ်သံဃာ်ဂီၤ ၂. လၢအကျိဉ်အစ့တအိဉ်

impede *v* ၁. မၤတံာ်တာ်တၢ်, မၤနိးမၤဘျးတၢ် ၂. မၤဃံာ်မၤနီၢ်တၢ်

impediment *n* တၢ်လၢအတြီတၢ်, တၢ်လၢအမၤတံာ်တာ်တၢ်

impel *v* ၁. မၤန့ၢ်ဆိဉ်ခံတၢ် ၂. မၤဆူဉ်

impend *v* ဘူးတုၢ်မးလၢကကဲထိဉ်အသး, ဘူးတုၢ်မးလၢကမၤအသး

impending *a* လၢအဘူးတုၢ်မးလၢကကဲထိဉ်အသး, လၢအဘူးတုၢ်မးလၢကမၤအသး

impenetrability *n* တၢ်တိဖျိ – တၢ်ထံဉ်ဖျိ – တၢ်နာ်ဖျိအီၤတန့ၢ်တသ့ဘဉ်, တၢ်လၢတၢ်နာ်ဖျိအီၤတပၢၢ်

impenetrable *a* ၁. လၢတၢ်တိဖျိ – ထံဉ်ဖျိ – နာ်ဖျိအီၤတန့ၢ်တသ့ဘဉ်, လၢတၢ်နာ်ဖျိအီၤတပၢၢ်ဘဉ် ၂. လၢတၢ်နၢ်ပၢၢ်အီၤတသ့ဘဉ်

impenitence *n* တၢ်တပိၢ်ယၢ်လီၤက့ၤအသးဘဉ်, တၢ်ပိၢ်ယၢ်လီၤက့ၤသးတအိဉ်

impenitent *a* လၢအတပိၢ်ယၢ်လီၤက့ၤအသးဘဉ်, လၢတၢ်ပိၢ်ယၢ်လီၤက့ၤအသးတအိဉ်ဘဉ်

imperative *a* ၁. လၢတၢ်ကဘဉ်မၤအီၤတဘျီယီ, လၢအလီၢ်အိဉ်လၢကဘဉ်မၤဝဲ, လၢအလီၢ်အိဉ်ဝဲဃါမနၤ ၂. (ဝိၢ်) လၢအဟ်ဖျါထိဉ်တၢ်ဟ့ဉ်လီၤတၢ်ကလုၢ်

imperative *n* တၢ်လၢတၢ်ကဘဉ်မၤအီၤတဘျီယီ, တၢ်လၢအလီၢ်အိဉ်လၢကဘဉ်မၤဝဲဃါမနၤ

imperceptibility *n* တၢ်လၢအဆံးကဲဉ်ဆိးဒီးပထံဉ်အီၤ မ့တမ့ၢ် ကလၢၢ်အီၤတသ့

imperceptible *a* လၢအဆံးကဲဉ်ဆိးအဃိပထံဉ်အီၤကလၢၢ်အီၤတသ့

imperfect *a* ၁. လၢအတလၢတပှဲၤ ၂. လၢအအိဉ်ဒီးတၢ်လီၤတူာ်လီၤကာ် ၃. လၢအအိဉ်ဒီးတၢ်ကမဉ်တဖဉ်, လၢအတလီၤတံၢ်ဘဉ်

imperfect *n* ၁. တၢ်လၢအတလၢတပှဲၤ ၂. တၢ်လၢအအိဉ်ဒီးတၢ်လီၤတူာ်လီၤကာ် ၃. တၢ်လၢအအိဉ်ဒီးတၢ်ကမဉ်တဖဉ်, တၢ်လၢအတလီၤတံၢ်ဘဉ်

imperfection *n* တၢ်လၢတၢ်ကဘဉ်မၤအီၤတဘျီယီ, တၢ်လၢအလီၢ်အိဉ်လၢကဘဉ်မၤဝဲဃါမနၤ

imperial *a* ၁. လၢအဘဉ်ထွဲဒီးဘီမုၢ် ၂. လၢအဘဉ်ထွဲဒီးတၢ်မၤလဲၢ်ထိဉ်ဘီမုၢ်

imperialism *n* တၢ်မၤလဲၢ်အိဉ်ဘီမုၢ်အသန့, ဘီမုၢ်စီၤပၤမၤလဲၢ်အိဉ်ကီၢ်သန့

imperialist *n* ပှၤမၤလဲၢ်အိဉ်ဘီမုၢ်, ပှၤမၤလဲၢ်အိဉ်ကီၢ်, စီၤလိၤစီၤပၤလၢအမၤလဲၢ်အိဉ်ကီၢ်

imperil *v* ၁. ဟ်ပှၤလၢတၢ်ဘဉ်ယိဉ်ဘဉ်ဘီအပူၤ ၂. ဒုးအိဉ်ထိဉ်တၢ်ဘဉ်ယိဉ်ဘဉ်ဘီလၢပှၤဂၤအဂိၢ်

imperious *a* လၢအဟံးတၢ်စိတၢ်ကမီၤဒီးဟ့ဉ်တၢ်ကလုၢ်

imperishability *n* ၁. တၢ်အိဉ်စံာ်အိဉ်ကျၢၤလီၤစိၤလီၤထီ ၂. တၢ်လၢအဟးဂီၤတသ့ဘဉ်

imperishable *a* ၁. လၢအအိဉ်စံာ်အိဉ်ကျၢၤလီၤစိၤလီၤထီ ၂. လၢအဟးဂီၤတသ့

impermanence *n* တၢ်လၢအတအိဉ်စံာ်အိဉ်ကျၢၤဘဉ်, တၢ်လၢအတအိဉ်လီၤစိၤဘဉ်, တၢ်တဂၢၢ်တကျၢၤ

impermanent *a* လၢအတအိဉ်စံာ်အိဉ်ကျၢၤဘဉ်, လၢအတအိဉ်လီၤစိၤဘဉ်, လၢအတဂၢၢ်တကျၢၤ

impermeable *a* လၢထံစုံၢ်နာ်တသ့, လၢက်သဝံစုံၢ်နာ်တန့ၢ်

impersonal *a* ၁. လၢအတဘဉ်ထွဲဒီးပှၤနီၢ်တဂၤ ၂. လၢအတအိဉ်ဒီးတၢ်တူၢ်ဘဉ်လၢပှၤဂၤအဖီခိဉ်ဘဉ်

impersonate *v* ၁. မၤဒီးပှၤဂၤလၢကလီန့ၢ်တၢ် ၂. ဖိုာ်သးဒ်ပှၤဂၤအသိး ၃. မၤဒီးပှၤဂၤလၢကမၤလီၤနံၤတၢ်

impersonation *n* ၁. တၢ်မၤဒီးပှၤဂၤလၢကလီန့ၢ်တၢ် ၂. တၢ်ဖိုာ်လဲသးဒ်ပှၤဂၤအသိး ၃. တၢ်မၤဒီးပှၤဂၤလၢကမၤလီၤနံၤတၢ်

impersonator *n* ပှၤလၢအမၤဒီးပှၤ, ပှၤလၢအကဲဒ်ပှၤ (လီၤဆီဒ်တၢ်လၢတၢ်ဖံးအိဉ်မၤအိဉ်အဂီၢ်)

impertinence *n* ၁. တၢ်တအိဉ်ဒီးတၢ်ယူးယီဉ်ဟ်ကဲပှၤသူဉ်က့သးပှၢ် ၂. တၢ်တဆဲးတလၢ

impertinent *a* တဆဲးတလၢ, ရၢၢ်စၢၢ်

imperturbable *a* ၁. လၢအဟ်သးမှာ်မှာ်ခုဉ်ခုဉ် ၂. လၢအသးအိဉ်ဂၢၢ်တပၢၢ်

impervious *a* ၁. လၢထံနာ်က်သဝံနာ်တန့ၢ်ဒီးလဲၤခီဖျိအီၤတန့ၢ်ဘဉ် ၂. လၢတၢ်တမံၤမံၤဒိဘဉ်မၤဟူး မ့တမ့ၢ် လုာ်ဘၢအီၤတန့ၢ်ဘဉ်

impetuous *a* လၢအမၤတၢ်ချ့သဒံးတအိဉ်ဒီးတၢ်ဆိကမိဉ်လီၤတံၢ်လီၤဆဲး

impetus *n* ၁. တၢ်အသဟီဉ် ၂. တၢ်တမံၤလၢအဟ့ဉ်ဆူဉ်ထိဉ်တၢ်

impiety *n* တၢ်တဟ်ကဲထူဟ်ကဲယွၤ, တၢ်ကတိၤထီဒါတၢ်စီတၢ်ဆှံ

impious *a* လၢအတဟ်ကဲထူဟ်ကဲယွၤ, လၢအတပျံၤယွၤ

impish *a* လၢအဂဲၤဆူဉ်ဂဲၤကဲ, လၢအဂဲၤဆူဉ်မၤကလံၤတၢ်ကဲ

implacable *a* လၢအခိဉ်ကိၤ, လၢအနၢ်ဘုစက

implant *v* ၁. သူဉ်လီၤနၢ့်သးအခိဉ်ရှဉ်တၢ်ဆိကမိဉ် ၂. ကူစါတၢ်နှာ်လီၤကၢ်ဂီၤဒိလၢနီၢ်ခိမိၢ်ပှၢ်အပူၤ

implausible *a* ၁. လၢအလီၤနာ်တသ့, လၢပှၤနာ်အီၤတသ့ဘဉ်

implement *n* စုကဝဲၤတၢ်ပီးတၢ်လီ

implement *v* ၁. မၤဖျါထီဉ်တၢ်အသူအသဉ် ၂. ဒုးလိဉ်ထိဉ်ဖးထီဉ်တၢ်

implicate *v* တဲတၢ်လၢပှၤဂၤအိဉ်ဒီးတၢ်ကမဉ်ဒီးတဲဖျါယှာ်ဝဲဒီးအဂ့ၢ်အကျိၤဟ်ဖျါယှာ်ဝဲအဂ့ၢ်အကျိၤ

implication *n* ၁. တၢ်ပိာ်ထွဲထီဉ်အခံတဖဉ် ၂. တၢ်တဲတၢ်လၢပှၤဂၤအိဉ်ဒီးတၢ်ကမဉ်ဒီးတဲဖျါယှာ်ဝဲဒီးအဂ့ၢ်အကျိၤ

implicit *a* ၁. လၢအဒုးအိဉ်ထိဉ်တၢ်ဆိကမိဉ်, လၢအတတဲဖျါဝဲလီၤလီၤ ၂. လၢတၢ်နာ်ပၢၢ်အီၤသ့လီၤတံၢ်လီၤဆဲး

implode *v* ပိၢ်ဖးလၢအလဲပူၤ, ပိၢ်ဖးလၢအသးကံၢ်ပူၤ

implore *v* ကညးဒီးမၢပှၤဆူဉ်ဆူဉ်, ယ့သကွံၢ်ဘါကညး

imply *v* ဟ်ဖျါထီဉ်အခီပညီလၢတအိဉ်ဖျါဘဉ်

impolite *a* လၢတဆဲးတလၤဘဉ်

impolitic *a* လၢအတအိဉ်ဒီးတၢ်ကူဉ်သ့, လၢအမၤတၢ်တကြၢးဝဲဘဉ်ဝဲ

imponderable *a* လၢအကီခဲလၢတၢ်ကထိဉ်ဒွးတယးအီၤ

imponderable *n* တၢ်ဂ့ၢ်လၢအကီခဲလၢတၢ်ကထိဉ်ဒွးတယးအီၤ

import *n* ပန်ာ်ဟဲနှာ်လၢကီၢ်ချၢ

import *v* ဆှၢနှာ်လီၤ (ပန်ာ်) (ဆူကီၢ်ပူၤ)

importance *n* တၢ်အကါဒိဉ်, တၢ်အရှ့ဒိဉ်, တၢ်အိဉ်ဒီးအဂ့ၢ်အကျိၤလၢအဒိဉ်အယိာ်

important *a* လၢအကါဒိဉ်, လၢအရှ့ဒိဉ်

importer *n* ပှၤ မ့တမ့ၢ် ခီပန်ာ်လၢအဆှၢနှာ်လီၤဆါပန်ာ်ဆူကီၢ်ပူၤ

importunate *a* လၢအယ့ဝံၤယ့က့ၤ, လၢအယ့တုၤအကဲထိဉ်တၢ်သးဘဉ်တံာ်တာ်လၢပှၤဂၤအဂီၢ်

importune *v* ယ့ကိၢ်ယ့ဂီၤတၢ်, ယ့တၢ်တုၤအကဲထိဉ်တၢ်သးဘဉ်တံာ်တာ်လၢပှၤဂၤအဂီၢ်

importunity *n* တၢ်ယ့ကိၢ်ယ့ဂီၤတၢ်, တၢ်ယ့တၢ်တုၤအကဲထိဉ်တၢ်သးဘဉ်တံာ်တာ်လၢပှၤဂၤအဂီၢ်

impose *v* ၁. ဆှၢနှာ်ဟ်လီၤတၢ်သိဉ်တၢ်သီလၢတၢ်ကလူၤပိာ်မၤထွဲအီၤအဂီၢ် ၂. မၢနၢ့်ဆိဉ်ခံပှၤလၢအတမှာ်တလၤဘဉ်ပှၤ, မၤတံာ်တာ်မၤဆူဉ်ပှၤ ၃. မၢဆူဉ်ပှၤလၢကနာ်တၢ်တမံၤဃီဒီးပှၤ

imposing *a* လၢအဒိဉ်ဒီးဖျါကဟုကညီၢ်, လၢအအိဉ်ဖျါလီၤဘီလီၤမုၢ်

imposition *n* ၁. တၢ်ဆှၢနှာ်ဟ်လီၤတၢ်သိဉ်တၢ်သီလၢတၢ်ကလူၤပိာ်မၤထွဲအီၤအဂီၢ် ၂. တၢ်မၢနၢ့်ဆိဉ်ခံပှၤလၢအတမှာ်တလၤဘဉ်ပှၤ ၃. တၢ်မၢဆူဉ်ပှၤလၢကနာ်တၢ်တမံၤဃီဒီးပှၤ

impossibility *n* တၢ်ကဲထိဉ်သးတသ့

impossible *a* ကဲထိဉ်တသ့

impost *n* ခိသွဲ, တၢ်ခိတၢ်သွဲ

impostor *n* ပှၤလၢအမၤအသးဒ်သိးပှၤဂၤ, ပှၤလၢအလိာ်ကဲအသးဒ်သိးပှၤဂၤ (ဒ်သိးကလီနၢ့်ပှၤဂၤ)

imposture *n* တၢ်ပျိာ်လဲသးဒ်သိးပှၤဂၤ, တၢ်ပျိာ်လဲလိာ်ကဲထိဉ်သးဒ်ပှၤဂၤအသိး (ဒ်သိးကလီနၢ့်ပှၤဂၤ)

impotence *n* ၁. တၢ်အစိကမီၤတအိဉ်လၢၤ, တၢ်အဂံၢ်အဘါတအိဉ်လၢၤ ၂. တၢ်သးတကတၢလၢၤ

impotent *a* ၁. လၢအစိကမီၤအဂံၢ်အဘါတအိဉ်လၢၤ ၂. လၢအမၤတၢ်တသ့တကဲလၢၤ

impound *v* ဟံးနၢ့်ကွံာ်တၢ်လၢအဘဉ်လိာ်ဒီးတၢ်ဘျၢသဲစး

impoverish *v* ၁. မၤဖှိဉ်လီၤယာ်လီၤ ၂. မၤဆံးလီၤစုၤလီၤ (တၢ်) အအဂံၢ်အဘါ မ့တမ့ၢ် အကံၢ်အစီ

impoverished *a* ၁. လၢအဖိှ်သံယာ်ဂီၤ ၂. လၢအဂံၢ်အဘါ မ့တမ့ၢ် အကံၢ်အစီဆံးလီၤစှၤလီၤ

impracticable *a* ၁. လၢအဒုးဖျါထိဉ်တၢ်အမိၢ်လံၤမိၢ်ပှၢ် ၂. လၢအလိဉ်ထိဉ်ဖးထိဉ်သးတသ့ ၃. လၢအကဲထိဉ်လိဉ်ထိဉ်သးတသ့

impractical *a* ၁. လၢအမၤတၢ်တသ့, လၢအတမၤတၢ်, လၢအဘျုးတအိဉ်, လၢအတကဲထိဉ်လိဉ်ထိဉ် ၂. လၢအမၤလၢအစုတသ့

imprecate *v* ဆိဉ်ယီဉ်တၢ်, ဆိဉ်အၢတၢ်

imprecation *n* တၢ်ဆိဉ်ယီဉ်, တၢ်ဆိဉ်အၢတၢ်ဖဲသးဒိဉ်ထိဉ်ဒိဉ်ဒိဉ်ကလဲာ်အခါ

imprecise *a* လၢအတလီၤတံၢ်လီၤဆဲး, လၢအတဖျါဆှံဘဉ်

impregnable *a* ၁. လၢတၢ်မၤလီၤပိုၢ်အီၤတန့ၢ် ၂. လၢတၢ်ဆီတလဲကွံာ်အီၤ မ့တမ့ၢ် လှာ်ဘၢစိကမီၤအီၤ, လၢတၢ်လဲလိာ်ကွံာ်အီၤတန့ၢ် ၃. လၢအအိဉ်ဂၢၢ်အိဉ်ကျၢၤ

impregnate *v* ၁. ဒုးဒၢထိဉ်ဖိ ၂. ဒုးပှဲၤလှာ်ကွံာ်ပှၤအသးဒီးတၢ်တူၢ်ဘဉ်ခီဉ်ဘဉ်တမံၤမံၤ ၃. မၤပှဲၤလှာ်ကွံာ်

impress *v* ၁. ဒုးမံသူဉ်မံသး ၂. ဒုးကျၢၤသူဉ်ကျၢၤသး ၃. ဒုးတံၤသူဉ်တံၤသး

impression *n* ၁. တၢ်ဆိကမိဉ်လၢသးပှၤ, တၢ်လၢအိဉ်ထိဉ်လၢပှၤတၢ်ဆိကမိဉ်အပူၤ ၂. တၢ်မၤမံသူဉ်မံသး, တၢ်ကျၢၤသူဉ်ကျၢၤသး, တၢ်တံၤသူဉ်တံၤသး ၃. တၢ်မၤဒိးပှၤဒိးမၤလီၤနံၤတၢ်, တၢ်ကဲဒိးပှၤဒိးမၤလီၤနံၤတၢ် ၄. တၢ်လၢအိဉ်စဲထိတ့ၢ်, တၢ်လီၢ်အိဉ်တ့ၢ်, တၢ်စဲပနီဉ် ၅. တၢ်စဲကျံးထုးထိဉ်တၢ်အနီဉ်ဂံၢ် ၆. တၢ်လၢတၢ်စဲကျံးထုးထိဉ်တၢ်အတၢ်ဖံးတၢ်မၤ

impressionable *a* ၁. လၢတၢ်လုၢ်ဘၢစိကမီၤညီ, လၢအတူၢ်လိာ်ပှၤညီ, လၢအတူၢ်လိာ်ပှၤအတၢ်ဆိကမိဉ်ညီ

impressive *a* ဖျါကဟုကညီၢ်, လၢအဒုးအိဉ်ထိဉ်တၢ်သးဂဲၤသ့

imprint *n* တၢ်စဲပနီဉ်

imprint *v* ၁. စဲကျံး, တီၢ်လီၤတၢ်စဲပနီဉ် ၂. အိဉ်စဲဘူးထီလၢပှၤသးကံၢ်ပူၤ

imprison *v* ဒၢနှာ်လီၤဆူယိာ်ပူၤ, ဒုးလီၤယိာ်

improbable *a* ၁. လၢအကဲထိဉ်အသးတသ့ ၂. လၢအတလီၤနှာ်

impromptu *a* လၢတအိဉ်ဒီးတၢ်ကတဲာ်ကတီၤဟ်စၢၤအသး

impromptu *n* တၢ်ဒ့တၢ်အူဆဲတိၢ်လၢတအိဉ်ဒီးတၢ်ကတီၤဆိသး, တၢ်သံကျံဆဲတိၢ်လၢတအိဉ်ဒီးတၢ်ကတဲာ်ကတီၤဆိသး

improper *a* ၁. လၢအတကြၢးတဘဉ် ၂. လၢအတဘဉ်လိာ်ဖိးဒ့လိာ်သးဒီးတၢ်အိဉ်သး ၃. လၢအတဘဉ်, လၢအကမဉ်

impropriety *n* ၁. တၢ်လၢအတကြၢးတဘဉ် ၂. တၢ်လၢအတဘဉ်လိာ်ဖိးဒ့လိာ်သးဒီးတၢ်အိဉ်သး ၃. တၢ်တမ့ၢ်တတီ

improve *v* ၁. ဂ့ၤထိဉ် ၂. မၤဂ့ၤထိဉ်

improvement *n* ၁. တၢ်လဲလိာ်ဂ့ၤထိဉ် ၂. တၢ်ဂ့ၢ်ထိဉ်အါထိဉ်

improvident *a* ၁. လၢတအိဉ်ဒီးတၢ်ထံဉ်စိတၢ်ကွၢ်ဆိကမိဉ်တၢ်လၢခါဆူညါအဂီၢ် ၂. လၢအတကွၢ်ဆိကမိဉ်ဟ်တၢ်လၢဆူညါအဂီၢ်ဘဉ် ၃. လၢအသူကျိဉ်စ့လၢတအိဉ်ဒီးတၢ်ပလိၢ်ပဒီသး

improvisation *n* ၁. တၢ်မၤတၢ်လၢတအိဉ်ဒီးတၢ်ကတဲာ်ကတီၤဆိသး ၂. တၢ်စူးကါတၢ်လၢအအိဉ်ဒီးအီၤဒီးကူဉ်မၤကဲထိဉ်တၢ်, တၢ်မၤကြုးမၤကြီတၢ်

improvise *v* ၁. မၤတၢ်လၢတအိဉ်ဒီးတၢ်ကတဲာ်ကတီၤဆိသး ၂. စူးကါတၢ်လၢအအိဉ်ဒီးအီၤဒီးကူဉ်မၤကဲထိဉ်တၢ်, မၤကြုးမၤကြီတၢ်

imprudence *n* ၁. တၢ်တအိဉ်ဒီးတၢ်ကူဉ်တၢ်ဆး ၂. တၢ်သးတဆး

imprudent *a* ၁. လၢအတအိဉ်ဒီးတၢ်ကူဉ်တၢ်ဆး ၂. လၢအသးတဆး

impudence *n* တၢ်ရၢၢ်တၢ်စၢၢ်, တၢ်ဟ်လှၢ်ဟ်ကါတအိဉ်, တၢ်မဲာ်ကဲၤ

impudent *a* လၢအရၢၢ်အစၢၢ်, လၢအတအိဉ်ဒီးတၢ်ဟ်လှၢ်ဟ်ကါ, လၢအမဲာ်ကဲၤ

impulse *n* ၁. တၢ်သးဂဲၤလၢအဟဲထိဉ်ဖုး, တၢ်သးဂဲၤလၢအဟဲထိဉ်သတူၢ်ကလာ် ၂. တၢ်မၤတၢ်ဒ်တၢ်သးဆှၢအီၤအသိး, တၢ်မၤတၢ်လၢတအိဉ်ဒီးတၢ်ဆိကမိဉ်ထံဆိကမိဉ်ဆးတၢ်

impulsion *n* ၁. တၢ်သးဂဲၤလၢအဟဲထိဉ်ဖုး, တၢ်သးဂဲၤလၢအဟဲထိဉ်သတူၢ်ကလာ် ၂. တၢ်မၤတၢ်ဒ်တၢ်သးဆှၢအီၤအသိး, တၢ်မၤတၢ်လၢတအိဉ်ဒီးတၢ်ဆိကမိဉ်ထံဆိကမိဉ်ဆးတၢ်

I

impulsive *a* ၁. လၢအမၤတၢ်ဒ်အသးဆၢအီၤအသိး ၂. လၢအမၤတၢ်တအိၣ်ဒီးတၢ်ဆိကမိၣ်ထံဆိကမိၣ်ဆးတၢ်

impulsiveness *n* ၁. တၢ်သးဂဲၤလၢအဟဲထိၣ်ဖုး, တၢ်သးဂဲၤလၢအဟဲထိၣ်သတူၢ်ကလာ် ၂. တၢ်မၤတၢ်ဒ်တၢ်သးဆၢအီၤတသိး, တၢ်မၤတၢ်လၢတအိၣ်ဒီးတၢ်ဆိကမိၣ်ထံဆိကမိၣ်ဆးတၢ်

impunity *n* တၢ်ပူၤဖျဲးထီၣ်ကွံာ်လၢတၢ်စံၣ်ညီၣ်

impure *a* ၁. လၢအတကဆွဲကဆို, လၢအဘၣ်အၢဘၣ်သီ, လၢအဃါဃှာ်သးဒီးတၢ်အဂၤ ၂. လၢအသးတကဆို, လၢအတၢ်ဆိကမိၣ်တကဆို

impurity *n* ၁. တၢ်တကဆွဲကဆို, တၢ်ဘၣ်အၢဘၣ်သီ ၂. တၢ်သးတကဆို, တၢ်ဆိကမိၣ်တကဆို

imputation *n* တၢ်ဟ်ဒုၣ်ဟ်ကမဉ်, တၢ်ဟ်တၢ်ကမဉ်လၢပှၤလီၤ

impute *v* ဟ်ဒုၣ်ဟ်ကမဉ်, ဟ်တၢ်ကမဉ်လၢပှၤလီၤ

in *a* ၁. လၢအပူၤတခီ, လၢအအိပူၤတခီ, လၢအပူၤ ၂. လၢပှၤဘၣ်သးအီၤအါလၢတၢ်ဆၢကတီၢ်တကတီၢ်အပူၤ

in *adv* ၁. --- အပူၤ, အအိပူၤ ၂. ဟဲတုၤလီၤ, တုၤလီၤလၢ --- အပူၤ ၃. (ပီၣ်လဲၣ်အထံထိၣ်) အထီကတၢၢ်

in *prep* ၁. အပူၤ, လၢအပူၤ, လၢအကျါ ၂. နာ်လီၤပၣ်ဃှာ်လၢအကျါ, လၢအဟ်ဖျါထီၣ်သးလၢအိၣ်လၢတၢ်တမံၤမံၤအပူၤ
၃. အိၣ်လၢတၢ်ဟူးတၢ်ဂဲၤတမံၤမံၤအပူၤ
၄. အိၣ်လၢတၢ်ဆၢကတီၢ်တကတီၢ်အပူၤ
၅. အိၣ်လၢတၢ်ကဲထိၣ်သးတမံၤမံၤအပူၤ
၆. လၢတၢ်မၤဃာ်မၤသကိးတၢ်အပူၤ ၇. လၢတၢ်ဖံးတၢ်မၤအပူၤ ၈. လၢတၢ်စူးကါကျိာ်ဒိၤကျာ်ဒိၤအပူၤ

in absentia *adv* ဖဲတအိၣ်ဘၣ်အကတီၢ်

in inappreciably *adv* လၢအဆံးတုၤဒ်လဲာ်ပတဲလၢအဂ့ၢ်တသ့ဘၣ်

inability *n* တၢ်လၢပမၤတသ့, တၢ်တသ့တဘၣ်

inaccessibility *n* ၁. တၢ်လဲၤဆူအအိၣ်တတုၤ, တၢ်လဲၤဆူအအိၣ်တညီတဘၣ် ၂. တၢ်မၤနၢ်အီၤတသ့တညီ ၃. တၢ်စူးကါအီၤတသ့တညီ

inaccessible *a* ၁. လၢတၢ်လဲၤဆူအအိၣ်တညီတဘၣ်, လၢတၢ်လဲၤဆူအအိၣ်တတုၤ ၂. လၢအကီခဲလၢတၢ်ကမၤနၢ်အီၤ, လၢတၢ်မၤနၢ်အီၤတသ့တညီ ၃. လၢတၢ်ကစူးကါအီၤတသ့တညီ

inaccuracy *n* တၢ်တလီၤတံၢ်လီၤဆဲး, တၢ်လၢအတဘၣ်တပိုၤ

inaccurate *a* လၢအတလီၤတံၢ်လီၤဆဲး, လၢအတဘၣ်တပိုၤ

inaction *n* တၢ်တမၤတၢ်နီတမံၤ, တၢ်အိၣ်ဂၢၢ်တပၢၢ်, တၢ်တဟူးတဝး, တၢ်အိၣ်ကၢၣ်အိၣ်ကျူၤ, တၢ်အိၣ်ဃိကဒိ

inactive *a* ၁. လၢအတအိၣ်ဒီးတၢ်ဟူးတၢ်ဂဲၤဘၣ် ၂. လၢအတဖံးတမၤတၢ်လၢၤဘၣ်. အဒိ, မ့ၣ်ပီၢ်အံၤတမၤတၢ်လၢၤဘၣ်.

inactivity *n* ၁. တၢ်ဟူးတၢ်ဂဲၤတအိၣ် ၂. တၢ်တဖံးတမၤတၢ်လၢၤဘၣ်

inadequacy *n* ၁. တၢ်တလၢတပှဲၤ ၂. တၢ်တသ့တဘၣ်

inadequate *a* ၁. လၢအတလၢတပှဲၤ ၂. လၢအမၤတၢ်တသ့တဘၣ်

inadequately *adv* ၁. လၢတၢ်တလၢတပှဲၤအပူၤ ၂. လၢတၢ်တသ့တဘၣ်အပူၤ

inadmissible *a* လၢတၢ်ပျဲနှာ်အီၤတသ့, လၢတၢ်တူၢ်လိာ်အီၤတသ့

inadvertence *n* တၢ်ကဲထိၣ်သးလၢတၢ်တဟ်သူၣ်ဟ်သးဘၣ်အပူၤ

inadvertent *a* လၢအတဟ်သူၣ်ဟ်သး, လၢအတပလိၢ်ပဒီအသး

inadvertently *adv* ဘၣ်ဆၢၣ်ဘၣ်တီၤ, ဘၣ်အတီၤ, လၢအကဲထိၣ်လၢတၢ်တဟ်သူၣ်ဟ်သးအပူၤ

inadvisable *a* လၢအတအိၣ်ဒီးတၢ်သးဆး, လၢအတအိၣ်ဒီးတၢ်ကူၣ်သ့, လၢတၢ်တကြၢးမၤ, လၢတၢ်တဂ့ၤမၤ

inalienable *a* လၢတၢ်ထုးထိၣ်ကွံာ်အီၤလၢနအိၣ်တသ့, လၢတၢ်ဟ့ၣ်လီၤကွံာ်အီၤဆူပှၤဂၤတသ့, လၢတၢ်ညီကွံာ်အီၤတသ့, လၢတၢ်ဟံးကွံာ်အီၤလၢနအိၣ်တသ့

inane *a* ၁. လၢအတအိၣ်ဒီးတၢ်သးဆး ၂. လၢအခီပညီတအိၣ်ဘၣ်

inanimate *a* လၢအသးသမူတအိၣ်ဘၣ်

inapplicable *a* လၢတၢ်စူးကါအီၤတသ့, လၢတၢ်ဒုးဘၣ်ထွဲဘၣ်ဃးအီၤဒီးတၢ်အဂၤတသ့

inappreciable *a* လၢအဆံးတုၤဒ်လဲာ်ပသ့ၣ်ညါလၢအဂ့ၢ်တသ့ဘၣ်

inappreciative *a* လၢအတသ့ၣ်ညါတၢ်အလုၢ်အပှ့ၤမှာ်မှာ်နီၢ်နီၢ်, လၢအတသ့ၣ်ညါနၢ်ပၢၢ် (တၢ်တမံၤမံၤ) လၢလၢပှဲၤပှဲၤ

inapproachable *a* ၁. လၢပှၤရှအီၤတမှာ်တညီတဘၣ် ၂. လၢတၢ်သုးဘူးအသးဆူအအိၣ်တသ့တညီ, လၢတၢ်လဲၤဃီၤဆူအဂီၤထံးတသ့ဘၣ်

inappropriate *a* လၢအတကြၢးတဘၣ်, လၢအတဘၣ်လိာ်ဖိးဒ့

inapt *a* လၢတကြၢးတဘၣ် မ့တမ့ၢ် လၢအတဘၣ်သး

inarticulate *a* ၁. လၢအဒုးနဲၣ်ဖျါထီၣ်အတၢ်ဆိကမိၣ်ဆုံဆုံပျီပျီတသ့ဘၣ်, လၢအပာ်ဖျါထီၣ်အတၢ်ဘၣ်သးဖျိဖျိဖျါဖျါတသ့ဘၣ် ၂. လၢအတကတိၤတၢ်ဆုံဆုံပျီပျီဘၣ်

inartistic *a* လၢအတသ့ၣ်ညါဒွလၤတၢ်ဆဲးတၢ်လၤ, လၢအဒွလၤတၢ်ဆဲးတၢ်လၤတအိၣ်လၢအပူၤ

inasmuch *adv* လၢ (တၢ်) အဃိ

inattention *n* တၢ်သးစၢၢ်ဆၢတအိၣ်ဘၣ်, တၢ်တဒိကနၣ်တၢ်ဘၣ်, တၢ်တကနၣ်ယှာ်တၢ်ဘၣ်

inattentive *a* လၢအသးတစၢၢ်ဆၢတၢ်ဘၣ်, လၢအတဒိကနၣ်တၢ်ဘၣ်, လၢအတကနၣ်ယှာ်တၢ်ဘၣ်

inaudible *a* လၢတၢ်နၢ်ဟူအီၤတသ့ဘၣ်, လၢအသီၣ်တဟူဘၣ်

inaugural *a* ၁. လၢအကတိၤလီၤတၢ်ဖဲတၢ်မၤမူးအခါ ၂. လၢအအၢၣ်လီၤအီလီၤအသးဖဲကဟံးထီၣ်မူဒါအသီအခါ

inaugurate *v* ၁. ကတိၤအိးထီၣ်မူးဒီးဒုးသ့ၣ်ညါလီၤကမျၢၢ်အခိၣ်အနၢ် မ့တမ့ၢ် ပှၤပၢတၢ်, အိးထီၣ်တၢ်သူၣ်ထီၣ်သီအမူး, စးထီၣ်တၢ်ကရၢကရိအသီအိၣ်ဒီးမူးလီၤဆီ ၂. စးထီၣ်ဒုးသ့ၣ်ညါတၢ်လဲလိာ်အရှဒိၣ်အသီတခါ

inauguration *n* ၁. တၢ်ဒုးသ့ၣ်ညါလီၤကမျၢၢ်အခိၣ်အနၢ် မ့တမ့ၢ် ပှၤပၢတၢ်အမူး ၂. တၢ်အိးထီၣ်တၢ်သူၣ်ထီၣ်အသီအမူး, တၢ်စးထီၣ်တၢ်ကရၢကရိသီအမူး ၃. တၢ်စးထီၣ်ဒုးသ့ၣ်ညါတၢ်လဲလိာ်လၢအရှဒိၣ်အသီတခါ

inauspicious *a* ၁. လၢအပာ်ဖျါထီၣ်တၢ်ပနီၣ်တဂ့ၤလၢခါဆူညါအဂီၢ် ၂. လၢအဒုးနဲၣ်ဆိတၢ်ပနီၣ်တဂ့ၤလၢခါဆူညါအဂီၢ်

inborn *a* လၢအဟဲပၣ်လၢမိၢ်ဟၢဖၢပူၤ, လၢအဟဲအိၣ်ဖျဲၣ်န့ၢ်ဝဲ

inbound *a* လၢအလဲၤနှာ်လီၤ, လၢအဟဲနှာ်လီၤ

in-box *n* လံာ်ဟဲနှာ်အဒေ

inbred *a* ၁. လၢအဟဲလီၤစၢၤလီၤသွဲၣ်လၢအနူၣ်အထၢဒၣ်ဝဲအကျါ ၂. လၢအဟဲလီၤစၢၤလီၤသွဲၣ်လၢအနူၣ်အထၢဒၣ်ဝဲအကျါ

inbreed *v* ဟံးန့ၢ်အချံအသၣ်လၢအနူၣ်ထၢဒၣ်ဝဲအကျါ, ဒုးလီၤစၢၤလီၤသွဲၣ်လၢအနူၣ်ထၢဒၣ်ဝဲအကျါ

inbreeding *n* တၢ်လၢအဟဲလီၤစၢၤလီၤသွဲၣ်လၢအနူၣ်အထၢဒၣ်ဝဲအကျါ

inbuilt *a* လၢအကံၢ်အစီအိၣ်ဟ်စၢၤလၢအပူၤ, လၢအဟဲပၣ်ဃုာ်လၢမိၢ်ဒၢလီၢ်အပူၤ, လၢအိၣ်ဒ်နှဆၢၣ်အသိး

Inc. *abbre* တၢ်ကွဲးဖုၣ်ခီပနံာ်အကလုာ်, တၢ်ကွဲးဖုၣ်ခီပနံာ်အမံၤ (Incorporated)

incalculable *a* ၁. လၢတၢ်ထိၣ်အီၤဒွးအီၤတသ့, လၢတၢ်ဂံၢ်ဒွးအီၤတသ့ ၂. လၢတၢ်ထိၣ်အီၤတဲာ်အီၤတသ့

incandescent *a* ၁. လၢအဒုးအိၣ်ထီၣ်တၢ်ကပီၤခီဖျိတၢ်မၤကိၢ်ထီၣ်အီၤ, လၢအဟ့ၣ်ထီၣ်တၢ်ကပီၤခီဖျိတၢ်မၤကိၢ်ထီၣ်အီၤ ၂. လၢအကပီၤဆှၣ်ကလာ်

incantation *n* တၢ်သမူပယၢ်, တၢ်အှုတၢ်သမူ

incapable *a* ၁. လၢအမၤဝဲတသ့ဘၣ် ၂. လၢအကံၢ်အစီအတၢ်သ့တၢ်ဘၣ်တလၢပှဲၤ, လၢအမၤဒ်အတၢ်တသ့ဘၣ်

incapacitate *v* ၁. ဒုးကဲ့ကွဲၣ်အီၤ, မၤကဲ့ကွဲၣ်အီၤ ၂. မၤစှၤလီၤပှၤတဂၤအတၢ်သ့ဖံးသ့မၤတၢ်ဒ်အညီနၢ်အသိး

incapacity *n* ၁. တၢ်တသ့ဖံးသ့မၤတၢ်, တၢ်မၤဒၣ်အတၢ်တသ့ ၂. တၢ်တအိၣ်ဒီးကံၢ်စီတၢ်သ့တၢ်ဘၣ်

incarcerate *v* နုးဃာ်, ဖိၣ်နုးဃာ်, နုးလီၤဆူဃိာ်ပူၤ

incarceration *n* တၢ်နုးဃာ်, တၢ်ဖိၣ်နုးဃာ်, တၢ်နုးလီၤပှၤဆူဃိာ်ပူၤ

incarnate *a* ၁. လိၣ်ထိၣ်အသးဒ်ပှၤကညီအသိး ၂. ဟဲလိၣ်ထိၣ်က့ၤအသီတဘျီ

incarnate *v* ၁. မၤဖျါထိၣ်တၢ်အက့ၢ်အဂီၤ, နုးအိၣ်ဖျါထိၣ်တၢ်အက့ၢ်အဂီၤ ၂. (ပှၤကညီ) ဟဲလိၣ်ထိၣ်

incarnation *n* ၁. တၢ်လိၣ်ထိၣ်သးဒ်ပှၤကညီအသိး ၂. တၢ်ဟဲလိၣ်ထိၣ်က့ၤအသီတဘျီ, တၢ်ကတၢထိၣ်အသီတဘျီ

incase *v* ဖၢနုာ်လၢတၢ်ဒၢအပူၤ, ဒၢဃာ်

incautious *a* လၢအတပလိၢ်ပဒီအသးဘၣ်

incendiary *a* ၁. လၢတၢ်ဘိုအီၤဒ်သိးကမၤအူအီၣ်တၢ်အဂီၢ် ၂. လၢအဒုးအိၣ်ထိၣ်တၢ်စုဆူၣ်ခိၣ်တကး, လၢအဒုးအိၣ်ထိၣ်တၢ်တၢထိၣ်တၢလီၤ

incendiary *n* မ့ၣ်အူမ့ၣ်ပိၢ်, မ့ၣ်ပိၢ်လၢအမၤအူအီၣ်တၢ်

incense *n* တၢ်ဆိုးကဲၤနၢမူ, တၢၣ်နၢမူတဖၣ်လၢတၢ်ဒွဲၣ်ထိၣ်အီၤဖဲတၢ်ဘူၣ်ထိၣ်ဘါထိၣ်ဒီးလုၢ်ထိၣ်ဟ်ထိၣ်တၢ်အခါ

incense *v* မၤသူၣ်ဒိၣ်သးဖျိးထိၣ်, မၤသးထိၣ်, နုးသးဒိၣ်ထိၣ်ပှၤဒိၣ်ဒိၣ်ကလဲာ်

incentive *n* တၢ်လၢအဟ့ၣ်ဆူၣ်ထိၣ်ပသး

inception *n* တၢ်စးထိၣ်တၢ်ကရၢကရိ, တၢ်စးထိၣ်ကို, တၢ်စးထိၣ် (တၢ်)

incessant *a* ၁. လၢအတဆိကတိၢ်အသးဘၣ်, လၢအတအိၣ်ပတုာ်ဘၣ် ၂. တပယူာ်ဃီ ၃. ထီဘိတဘိယူၢ်ဃီ

incest *n* ဖံးဘူးညၣ်တံၢ်ကဒဲကဒဲအတၢ်မၤကမၣ်မုၣ်ကမၣ်ခွါ, မုၣ်ခွါသွံၣ်ထံးတၢ်ရှလိာ်လၢဖံးဘူးညၣ်တံၢ်ကဒဲကဒဲအပူၤ

incestuous *a* ၁. လၢအအိၣ်ဒီးဖံးဘူးညၣ်တံၢ်ကဒဲကဒဲအတၢ်မၤကမၣ်မုၣ်ကမၣ်ခွါ, လၢအအိၣ်ဒီးမုၣ်ခွါသွံၣ်ထံးတၢ်ရှလိာ်လၢဖံးဘူးညၣ်တံၢ်ကဒဲကဒဲအပူၤ ၂. လၢအကွၢ်န့ၢ်တၢ်ထဲလၢအနူၣ်ပူၤထၢပူၤအဂီၢ်

inch *n* စုမုၢ်ဒိၣ် (တၢ်ထိၣ်တၢ်တဲာ်)

inch *v* သုးအသးကယီကယီဒီးလီၤတံၢ်လီၤဆဲး

incidence *n* တၢ်ကဲထိၣ်သး, တၢ်ဘၣ်ဒိဘၣ်ထံးလၢအကဲထိၣ်သး

incident *n* ၁. တၢ်ကဲထိၣ်သး, တၢ်ကဲထိၣ်သးလၢတညီနုၢ်မၤအသး ၂. တၢ်ဘၣ်ဂံာ်ဂူာ်, တၢ်သဘံၣ်ဘုၣ်

incidental *a* ၁. လၢအကဲထိၣ်အသးဘၣ်ဆၢၣ်ဘၣ်တီၤ ၂. လၢအကဲထိၣ်အသးဒ်န့ဆၢၣ်အသိး

incinerate *v* ကုၢ်ဃီစီမ့ၣ်, ဒွဲၣ်အူကွံာ်တၢ်စီဖှကလ့

incinerator *n* ဖၣ်ကွာ်ဖးဒိၣ်လၢတၢ်ဒွဲၣ်ဃီကွံာ်တၢ်ဘၣ်အၢဘၣ်သီဒီးတၢ်လၢတၢ်စူးကွံာ်အီၤတဖၣ်

incipience *n* တၢ်ကဲထိၣ်အသးသီသံၣ်ဘှဲ, တၢ်ကဲထိၣ်အသးသီသီ, တၢ်စးထိၣ်ကဲထိၣ်အသး

incipiency *n* တၢ်ကဲထိၣ်အသးသီသံၣ်ဘှဲ, တၢ်ကဲထိၣ်အသးသီသီ, တၢ်စးထိၣ်ကဲထိၣ်အသး

incipient *a* လၢအကဲထိၣ်သီသီ, လၢအကဲထိၣ်သီသံၣ်ဘှဲ

incise *v* ၁. စိးပျၤတၢ် ၂. ကူးကွဲးတၢ်, ကူးကါတၢ် (ကသံၣ်ကသီ)

incision *n* ၁. တၢ်ကူးကွဲးဃါဘျါ ၂. ကူးကွဲး (ကသံၣ်သရၣ်)

incisive *a* ၁. လၢအနုးနဲၣ်ဖျါတၢ်ဆိကမိၣ်ဖျါဆုံဆုံလီၤလီၤ ၂. လၢအဟ့ၣ်ထိၣ်တၢ်ဆိကမိၣ်တဲာ်တဲာ်ဖျုဖျု

incisor *n* မဲနံၤ

incite *v* ထိၣ်ဂဲၤထိၣ်ပှၤသး, သဆၣ်ထိၣ်ပှၤအခံလၢကမၤတၢ်အၢ

incitement *n* တၢ်ထိၣ်ဂဲၤထိၣ်ပှၤသး, တၢ်သဆၣ်ထိၣ်ပှၤအခံလၢကမၤတၢ်အၢ

incivility *n* တၢ်ဟ်သူၣ်ဟ်သးလၢအရၢၢ်အစၢၢ်, တၢ်သကဲာ်ပဝးလၢအရၢၢ်အစၢၢ်

inclemency *n* ၁. မူခိၣ်ကလံၤသိၣ်ဂီၤတဂ့ၤ ၂. တၢ်သးကညီၤတအိၣ်

inclement *a* ၁. (မူခိၣ်ကလံၤသိၣ်ဂီၤ) လၢအတဂ့ၤဒီးတမှာ်တလၤ, (ကလံၤ) ဆူၣ် ၂. လၢအသးကညီၤတၢ်တသ့

inclination *n* ၁. တၢ်သးအိၣ်မၤတၢ်တမံၤမံၤ, တၢ်သူၣ်ဆူၣ်သးငဲၤလၢကမၤတၢ်တမံၤမံၤ ၂. တၢ်လီၤတစ္ၤ, တၢ်ဒ့ခံလီၤ ၃. တၢ်သုးလီၤဆူအဖီလာ်တစဲး

incline *n* တၢ်ဒ့ခံ, တၢ်လီၤတစ္ၤ, တၢ်လီၤဘံ

incline *v* ၁. သးအိၣ်မၤတၢ်တမံၤမံၤ, သးဆူၣ်လၢတၢ်မၤတမံၤမံၤအပူၤ ၂. လီၤတစ္ၤ, ဒ့ခံလီၤ ၃. သုးလီၤဆူအဖီလာ်တစဲး

inclined *a* မၤဒ့ခံ, မၤတစ့

inclose *v* ၁. ကရၢဃာ်, ဝီၤတရံးဃာ်, ကပီၤဃာ် ၂. ဒၢဃာ်, ဒၢနုာ်ဃုာ်

inclosure *n* ၁. တၢ်ကရၢဃာ်, တၢ်ဝီၤတရံးဃာ် ၂. တၢ်ဒၢဃာ်, တၢ်ဒၢနုာ်ဃုာ်

include *v* ပဉ်ဃုာ်, ဒုးပာ်ဃုာ် (အီၤ)

inclusion *n* တၢ်ဒုးပဉ်ဃုာ်ပှၤ, တၢ်ထၢနုာ်ဃုာ်တၢ်ဂ့ၢ်, တၢ်ပဉ်နုာ်ခဲလၢာ်ခဲဆ့

inclusive *a* လၢအပဉ်ဃုာ် (တၢ်) ခဲလၢာ်ခဲဆ့, လၢအအိၣ်ဃုာ်ဒီး

incognito *adv* ၁. လၢအတဟ်ဖျါသးလၢအမဲ့ၢ်မတၤမတၤ ၂. လၢအပိုာ်လီၤဆီအသး

incognito *n* ၁. တၢ်တဟ်ဖျါသးလၢအမဲ့ၢ်မတၤမတၤ ၂. တၢ်ပိုာ်လီၤဆီအသး

incoherence *n* ၁. လၢအဆၢတစဲဘူးလိာ်အသး ၂. တၢ်လၢအတဖျါဆုံဆုံပျီပျီဒီးတၢ်နၢ်ပၢၢ်အီၤကီ

incoherent *a* ၁. လၢအဆၢတစဲဘူးလိာ်အသး ၂. လၢအတဖျါဆုံဆုံပျီပျီဒီးတၢ်နၢ်ပၢၢ်အီၤကီ ၃. လၢအဂ့ၢ်အကျိၤတဖိးမံလိာ်အသး, လၢအဂ့ၢ်တဘၣ်ဘျိးဘၣ်ဒါလိာ်သး

incombustible *a* လၢအဆူအိၣ်တန့ၢ်, လၢအဆူအိၣ်တသ့

income *n* တၢ်ဟဲနုာ်, စ့ဟဲနုာ်

income tax *n* တၢ်ဟဲနုာ်အခိသွဲ

incoming *a* ၁. လၢတၢ်ဃုထၢထိၣ်အီၤတယံာ်ဒံးဘၣ် ၂. လၢအဟဲနုာ်လီၤ, လၢအဟဲတုၤအိၣ်

incommunicable *a* လၢတၢ်တဲဖျါထိၣ်အဂ့ၢ်လီၤတံၢ်လီၤဆဲးတသ့ဘၣ်

incommunicative *a* ၁. လၢအတနါစိၤကတိၤတၢ်ဘၣ် ၂. လၢအတစံးဆၢတၢ်လၢပသံကွၢ်အီၤဘၣ် ၃. လၢအတအဲၣ်ဒီးတဲတၢ်ဒီးပှၤဂၤဘၣ်

incomparable *a* ၁. လၢအဂ့ၤဒိၣ်မးတုၤဒ်လဲာ်တၢ်ထိၣ်သတြိၢအီၤတသ့ဘၣ် ၂. လၢတၢ်ထိၣ်သတြိၢအီၤဒီးတၢ်ဂုၤတၢ်ဂၤတသ့နီတစဲး

incompatible *a* လၢအတဘၣ်လိာ်ဖိးဒ့လိာ်အသးဘၣ်, လၢတၢ်ဟ်ဖိုၣ်ဟ်ဃုာ်အီၤတသ့

incompetence *n* တၢ်တအိၣ်ဒီးတၢ်သ့တၢ်ဘၣ်အလၢအပုံၤ, တၢ်တအိၣ်ဒီးတၢ်နၢ်ပၢၢ်နၢ်ဘှါလၢအကြၢးအဘၣ်

incompetent *a* လၢအတအိၣ်ဒီးတၢ်သ့တၢ်ဘၣ်အလၢအပုံၤ, လၢအတအိၣ်ဒီးတၢ်နၢ်ပၢၢ်နၢ်ဘှါလၢအကြၢးအဘၣ်

incompetent *n* ပှၤလၢအကံၢ်အစီအတၢ်သ့တၢ်ဘၣ်တအိၣ်, ပှၤလၢအကံၢ်အစီတလၢပှဲၤဒ်သိးစးဟ်လီၤအီၤအသိးဘၣ်, ပှၤလၢတအိၣ်ဒီးအစိကမီၤလၢကမၤတၢ်တမံၤမံၤ

incomplete *a* လၢအတလၢတပှဲၤ, လၢအတဝံၤတတာ်, လၢအတလ့ၤတုၤလ့ၤတီၤ

incomprehensible *a* လၢတၢ်နၢ်ပၢၢ်အီၤတသ့ဘၣ်

inconceivable *a* လၢတၢ်ဆိကမိၣ်အီၤတသ့, လၢတၢ်နာ်အီၤတသ့

inconclusive *a* လၢတၢ်တစံၣ်ညီၣ်တဲာ်အီၤဒံးဘၣ်, လၢတၢ်တဆၢတဲာ်အီၤလီၤတံၢ်လီၤဆဲးဒံးဘၣ်

inconsequential *a* လၢအရှတဒိၣ်, လၢအတလီၤဆီ, လၢအတမ့ၢ်တၢ်ဒိၣ်တၢ်မုၢ်

inconsiderate *a* လၢအတဆိကမိၣ်န့ၢ်တၢ်လၢပှၤဂၤအဂီၢ်, လၢအတၢ်ဒိသူၣ်ဒိသးတအိၣ်

inconsistency *n* ၁. တၢ်တဘၣ်လိာ်ဖိးဒ့, တၢ်တဘၣ်လိာ်ဘၣ်စး, တၢ်မၤအသးဖုၣ်ထံၣ်ဖုၣ်ထီ, တၢ်တပိာ်လိာ်အခံ ၂. တၢ်တလဲၤအသးဒ်အဂ့ၢ်အဝီအသိး

inconsistent *a* လၢအတလီၤက်ဒီးဖိးမံလိာ်အသးခဲလၢာ်ခဲဆ့

inconsolable *a* လၢတၢ်မၤမှာ်ကူၤအသးတသ့ဘၣ်

inconspicuous *a* လၢအတအိၣ်ဖျါဂ့ၤဂ့ၤဘၣ်, လၢအတလီၤထုးနဲ့ၢ်သူၣ်ထုးနဲ့ၢ်သး

inconstant *a* ၁. လၢအတကဲထိၣ်သးထီဘိဘၣ် ၂. လၢအတဂၢၢ်တကျၤ, လၢအလဲလိာ်သးခဲအံၤခဲအံၤ, လၢအဆီတလဲသးခဲအံၤခဲအံၤ ၃. လၢအသးတတီဘၣ်

I

incontestable *a* လၢတၢ်ဂ့ၢ်လိာ်ဘှီလိာ်သး လၢအဂ့ၢ်တသ့, လၢတၢ်တဲအလီၢ်တအိၣ်, လၢတၢ်သမၢအီၤအလီၢ်တအိၣ်ဘၣ်

incontinence *n* ၁. တၢ်ကီၤဆံၣ်ကီၤအ့ၣ်တန့ၢ်ဘၣ် ၂. တၢ်ကီၤသးတန့ၢ်ဘၣ်, တၢ်ပၢၤသူၣ်ပၢၤသးတန့ၢ်ဘၣ်

incontinent *a* ၁. လၢအကီၤဆံၣ်ကီၤအ့ၣ်တန့ၢ်ဘၣ် ၂. လၢအကီၤသူၣ်ကီၤသးတန့ၢ်ဘၣ်, လၢအပၢၤသူၣ်ပၢၤသးတန့ၢ်ဘၣ်

incontrovertible *a* လၢတၢ်သမၢအီၤတသ့, လၢတၢ်တအၢၣ်လီၤတူၢ်လိာ်တသ့

inconvenience *n* တၢ်တမ့ာ်တလၤ, တၢ်တညီတဘှါ

inconvenience *v* နးအိၣ်ထီၣ်တၢ်ကီတၢ်ခဲ, နးအိၣ်ထီၣ်တၢ်တံာ်တာ်, တညီတဘှါ, တမ့ာ်တလၤ

inconvenient *a* လၢအနးအိၣ်ထီၣ်တၢ်ကီတၢ်ခဲ, လၢအနးအိၣ်ထီၣ်တၢ်တံာ်တာ်, လၢအတညီတဘှါ, လၢအတမ့ာ်တလၤ

incorporate *v* ၁. နးပဉ်ယှာ် (တၢ်) တပူၤဃီ, ဟ်ဖှိၣ်ထီၣ် (တၢ်) တပူၤဃီ ၂. ပဉ်ဖှိၣ်သူၣ်ထီၣ်တၢ်ကရၢကရိ

incorporated *a* လၢအဟ်ဖှိၣ်သူၣ်ထီၣ်တၢ်ကရၢကရိ မ့တမ့ၢ် ခီပန်ာ်ဖးဒိၣ်လၢအဖိးသဲစး

incorrect *a* လၢအတဘၣ်, လၢအကမဉ်

incorrigible *a* လၢအအိၣ်ဒီးလုၢ်အၢလၢ်သီလၢတၢ်လဲလိာ်မၤဂ့ၤထီၣ်အီၤတသ့, လၢတၢ်လဲလိာ်မၤဂ့ၤထီၣ်အီၤတသ့

increase *n* တၢ်မၤအါထီၣ်

increase *v* ၁. အါထီၣ်, ဒိၣ်ထီၣ် ၂. မၤအါထီၣ်

increasingly *adv* အါထီၣ်ကွ့ၢ်ကွ့ၢ်, ဒိၣ်ထီၣ်ကွ့ၢ်ကွ့ၢ်

incredible *a* လၢပနာ်န့ၢ်အီၤတသ့, လၢအတလီၤနာ်

incredulous *a* လၢအတအဲၣ်ဒီးနာ်တၢ်, လၢအတနာ်တၢ်

increment *n* တၢ်ဟ်ဖှိၣ်အါထီၣ်တၢ်ဘၣ်ဆၢဘၣ်ကတီၢ်တၢ်ဟ်လီၤဟ်စၢၤအီၤအသိး

incriminate *v* မၤဒ်သိးအကဖျါလၢပှၤတဂၤမၤကမဉ်တၢ်, ဟ်တၢ်ကမဉ်လၢပှၤဂၤအလိၤ, နးပဉ်ယှာ်ပဉ်ဂီၢ်ပှၤလၢတၢ်ကမဉ်အပူၤ

incubate *v* ၁. ဟုအဖံၣ်, နးဟုအဖံၣ် ၂. ဘုၣ်န့ၢ်တၢ်ဆါဃၢ်

incubation *n* ၁. တၢ်နးဟုထီၣ်ဖးထီၣ်တၢ်အဖံၣ် ၂. တၢ်ဘုၣ်န့ၢ်တၢ်ဆါဃၢ်

incubator *n* ၁. စဲးဟုတၢ်ဖံၣ် ၂. စဲးဟၢလၢၤထီၣ်ဖိသၣ်အိၣ်ဖျဲၣ်သီ

incubus *n* ၁. မုၣ်ကီၤလံၢ်ဖါလၢအမံဃှာ်ဒိာ်မုၣ်လၢအမံဘၣ်အသးလၢမုၢ်နၤခီ ၂. တၢ်မံမီၢ်ပျိၢ်သီအၢ

inculate *v* (တၢ်ဆိကမိၣ်) သွီနုာ်လီၤတၢ်ထံၣ်တၢ်ဆိကမိၣ်လၢအသးကံၢ်ပူၤတစဲးဘၣ်တစဲး, နးစံၢ်လီၤတၢ်လၢအသးကံၢ်ပူၤတစဲးဘၣ်တစဲး

incumbency *n* ၁. လိၢ်လၤ, မူဒါ, တၢ်အိၣ်ဒီးမူဒါ ၂. တၢ်လၢအလီၤဘၣ်ပှၤ

incumbent *a* ၁. လၢအအိၣ်ဒီးအမူအဒါ ၂. လၢအလီၤဘၣ်ပှၤ

incumbent *n* ၁. ပှၤကဲခိၣ်ကဲနၢ်, ပှၤဘၣ်မူဘၣ်ဒါ ၂. သီခါဖးဒိၣ်, စီၤပၤဖးဒိၣ်

incur *v* ၁. နးအိၣ်ထီၣ်, မၤကဲထီၣ် ၂. မၤသးထီၣ်, ဃုတၢ်အ့ၣ်လိာ် ၃. (စ့)မၤထီၣ်အဒ့ၣ်ကမၢ်

incurable *a* (တၢ်ဆါ) လၢမၤဘျါကူၤတသ့

incursion *n* ၁. တၢ်နုာ်လီၤနးပှၤသတူၢ်ကလာ်, တၢ်ထီၣ်နးတၢ်သတူၢ်ကလာ် ၂. တၢ်အိၣ်ထီၣ်သတူၢ်ကလာ်တမံၤမံၤလၢတၢ်တမုၢ်လၢ်အပူၤ

Incus *n* နၢ်ဃံ

indebted *a* ၁. လၢအိၣ်ဒီးအဒ့ၣ်ကမၢ် ၂. လၢအဘျုးအဖှိၣ်အိၣ်လၢပဖိခိၣ်

indecency *n* ၁. တၢ်ဒီသူၣ်ဟ်သးလၢအတကြၢးတဘၣ်, တၢ်သကဲာ်ပဝးလၢအတဂ့ၤ ၂. တၢ်ဖံးတၢ်မၤလၢအတကြၢးတဘၣ်

indecent *a* (ကတိၤတၢ်, ဟ်သူၣ်ဟ်သး) လၢအတဂ့ၤ, တကြၢးတဘၣ်, တဃံတလၤ

indecipherable *a* လၢတၢ်ဖး မ့တမ့ၢ် တၢ်နၢ်ပၢၢ်အီၤတသ့, လၢအထုးထီၣ်ဟ်ဖျါထီၣ်အခီပညီလၢအလီၤဘၢတသ့

indecision *n* တၢ်ဆၢတဲာ်လီၤအသးတသ့, တၢ်ဆၢတဲာ်တသ့, တၢ်သးဒ့ဒီ

indecisive *a* လၢအစံၣ်ညီၣ်တဲာ်တၢ်တသ့, လၢအသးဒံဝ့ၤဒံဝီၤ, လၢအတဝံၤတကဲလီၤတံၢ်လီၤဆဲး

indecorous *a* လၢအဟ်သူၣ်ဟ်သးတဃံတလၤ, လၢအလုၢ်အလၢ်တဆဲးတလၤ

indeed *adv* နီၢ်နီၢ်, သပှၢ်ကတၢၢ်
indefatigable *a* လၢအတဖှါလီၤဘုံးလီၤတီၤ, လၢအသူၣ်တလီၤဘုံးသးတလီၤတီၤ
indefensible *a* ၁. လၢတၢ်ပျၢ်ကွံာ်အတၢ်ကမၣ်တန့ၢ်, လၢတၢ်ကွၢ်ကဟ်ကွံာ်တသ့ ၂. လၢတၢ်ခီၣ်ဆၢတြီဆၢအီၤတန့ၢ်
indefinable *a* လၢတၢ်ဟ်ဖျါထီၣ်အဂ့ၢ်တသ့ဘၣ်, လၢတၢ်နီၤဖးအဆၢတဘၣ်
indefinite *a* လၢအတလီၤတံၢ်, လၢအတဖျါလီၤတံၢ်
indefinitely *adv* (တၢ်ဆၢကတီၢ်လၢ) တၢ်ဟ်ပနီၣ်အီၤတအိၣ်
indelible *a* လၢတၢ်တြူာ်ကွံာ်မၤဟါမၢ်အီၤတသ့
indelicacy *n* တၢ်တဆဲးတလၤ, တၢ်အလုၢ်အလၢ်လၢအတဃံတလၤ
indelicate *a* လၢအတဆဲးတလၤ, လၢအတဃံတလၤ
indemnification *n* တၢ်ဟ့ၣ်အီၣ်လီးက့ၤတၢ်
indemnity *n* ၁. တၢ်ဒီသဒၢလၢတၢ်လီၤမူၤလီၤမၢ်ဒီးတၢ်ဟးဂူာ်ဟးဂီၤ, တၢ်ဒုးပူၤဖျဲးလၢတၢ်လီၤမူၤလီၤမၢ်ဒီးဟးဂူာ်ဟးဂီၤ ၂. တၢ်ဟ့ၣ်အီၣ်လီး, တၢ်အီၣ်လီးအပှ့ၤ
indemnity *v* ဟ့ၣ်အီၣ်လီးက့ၤတၢ်
indemonstrable *a* လၢတၢ်ဟ်ဖျါထီၣ်အဂ့ၢ်တသ့, လၢတၢ်အုၣ်သးဟ်ဖျါထီၣ်အဂ့ၢ်တသ့
indent *v* မၤလီၤဟိတၢ်န့ၢ်တၢ်အလီၢ် (ဖဲပကွဲးလံာ်), မၤလီၤဆၢၣ်တၢ်
indentation *n* ၁. တၢ်လီၢ်လီၤဟိလၢတၢ်ဟ်တ့ၢ်အီၤတချုးတၢ်ကွဲးလံာ် မ့တမ့ၢ် ဒိလံာ်အခါ ၂. တၢ်ကူးတဲာ်တၢ်လၢတၢ်အမဲာ်ဖံးခိၣ်, တၢ်မၤနီၣ်တၢ်တမံၤမံၤလၢတၢ်အမဲာ်ဖံးခိၣ်
indented *a* လၢအကနူၤတယူ, လၢအကနူၤအ့ၣ်ရဲာ်
indenture *n* တၢ်အၢၣ်လီၤ, တၢ်အၢၣ်လီၤအလံာ်ဃံးဃာ်
independence *n* တၢ်သဘျ့, တၢ်တဒိးသန့ၤထီၣ်အသးလၢပှၤနီတဂၤ
independent *a* လၢအအိၣ်သဘျ့, လၢအတဒိးသန့ၤအသးလၢပှၤအဂၤ
independent *n* ၁. ပှၤလၢအသဘျ့, ပှၤလၢတဒိးသန့ၤထီၣ်အသးလၢပှၤဂၤ ၂. ပှၤလၢအတဘၣ်ထွဲဒီးထံရှ့ၢ်ကီၢ်သဲးပၣ်တံၣ်နီတဖု
in-depth *a* လၢအကျၢါဘၢတၢ်လၢလၢပွဲၤပွဲၤ, လၢအလီၤတံၢ်လီၤဆဲးဒီးလ့ၢ်တုၤလ့ၢ်တီၤ
indescribable *a* လၢတၢ်တဲဖျါဟ်ဖျါထီၣ်အီၤတသ့, လၢတၢ်တဲဖျါထီၣ်အဂ့ၢ်တသ့
indestructible *a* လၢတၢ်မၤဟးဂီၤအီၤတသ့, လၢတၢ်မၤဟးဂီၤအီၤတန့ၢ်
indeterminable *a* လၢတၢ်ဆၢတဲာ်အီၤတသ့, လၢအတလီၤတံၢ်လီၤဆဲး
indeterminate *a* လၢတၢ်ဆၢတဲာ်အီၤတသ့ဘၣ်, လၢတၢ်တသ့ၣ်ညါအဂ့ၢ်လီၤတံၢ်လီၤဆဲး
index *n* လံာ်ရဲၣ်ထံး
index *v* ၁. ထၢနုာ်လီၤလံာ်ရဲၣ်ထံး, ဟ့ၣ်လီၤလံာ်ရဲၣ်ထံး ၂. ထၢနုာ်ထီၣ်သတြီၤဘျးစဲ (တၢ်အပှ့ၤ, တၢ်ဘူးတၢ်လဲ) ဆူတၢ်အပှ့ၤကလံၤနီၣ်ထီၣ်အပူၤ ၃. ဒုးနဲၣ်ဖျါထီၣ်တၢ်
index finger *n* စုမုၢ်ယှာ်, စုနဲၣ်, စုယှာ်
Indian *n* ၁. ပှၤအ့ၣ်ယါဖိ, ပှၤလၢအဟဲလၢကီၢ်အ့ၣ်ယါ ၂. ပှၤအမဲရကၤအ့ၣ်ယါဖိ
indicate *v* ဒုးနဲၣ်တၢ်, နဲၣ်ဖျါတၢ်
indication *n* တၢ်ဒုးနဲၣ်တၢ်, တၢ်နဲၣ်ဖျါတၢ်
indicative *a* ၁. လၢအဒုးနဲၣ်ဖျါထီၣ်တၢ်, လၢအနဲၣ်ဖျါထီၣ်တၢ် ၂. လၢအဟ်ဖျါထီၣ်တၢ်မၤအသးဒီးတၢ်ဂ့ၢ်တမံၤမံၤလၢကျိာ်သန့အပူၤ
indicator *n* ၁. နီၣ်ထီၣ် ၂. ပနီၣ်နဲၣ်
indict *v* လိာ်ကွီၢ်, ဟ်ထီၣ်တၢ်ကမၣ်လၢပှၤဂၤအလိၤ
indictable *a* လၢတၢ်ဟ်ထီၣ်တၢ်ကမၣ်လိာ်ကွီၢ်အီၤသ့
indictment *n* တၢ်လိာ်ဘၢလိာ်ကွီၢ်
indifference *n* ၁. တၢ်သးစဲတအိၣ်လၢၤ, တၢ်တဘၢရၢၢ်ဃုာ်တၢ်လၢၤ, တၢ်တကနၣ်ယှာ်လၢၤတၢ်ဘၣ် ၂. တၢ်လီၤတိၢ်လီၤဆီတအိၣ်လၢၤ, တၢ်အရှတဒိၣ်လၢၤ
indifferent *a* ၁. လၢအတသးစဲဃုာ်တၢ်, လၢအတဘၢရၢၢ်ဃုာ်တၢ်, လၢအတကနၣ်ယှာ်တၢ် ၂. လၢအတလီၤတိၢ်လီၤဆီ, လၢအရှတဒိၣ်လၢၤ
indigenous *a* ထူလံၤ, လၢအအိၣ်ထူအိၣ်လံၤ

I

indigent *a* လၢအဖှိၣ်အယာ်, လၢအဖှိၣ်သံယာ်ဂီၤ

indigestible *a* ၁. လၢကဖုဂံာ်ဘျုးအီၤတန့ၢ် ၂. လၢတၢ်နၢ်ပၢ်ဘၣ်အီၤကီ

indigestion *n* တၢ်ဟၢဖၢဆါ (ခီဖျိကဖုဂံာ်တၢ်အီၣ်တဘျုးအဃိ)

indignant *a* သးဒိၣ်ထီၣ် (လၢအလၤကပီၤဘၣ်ဒိအဃိ)

indignation *n* တၢ်သးဒိၣ်ထီၣ်တၢ်ဒိၣ်ဒိၣ်ကလဲာ်, တၢ်သးပံၢ်ထီၣ်တၢ်ဒိၣ်ဒိၣ်ကလဲာ် (လၢအလၤကပီၤဘၣ်ဒိအဃိ)

indignity *n* ၁. တၢ်သူးသ့ၣ်လၤကပီၤဟးဂီၤ ၂. တၢ်လၢအမၤမဲာ်ဆုးဒီးဒုးလီၤသူးသ့ၣ်လၤကပီၤ

indigo *n* နီၣ်ယီၢ်လွဲၢ် (မဲနဲၣ်)

indirect *a* ၁. လၢအတမ့ၢ်လီၤလီၤ, လၢအက့ၣ်ကူ, လၢအတစၢၢ်ဆၢဘၣ် ၂. လၢအတဲခီဖျိတၢ်

indirectly *adv* တလီၤလီၤဘၣ်, တစၢၢ်ဆၢဘၣ်, က့ၣ်က့ၣ်ကူကူ

indiscernible *a* လၢတၢ်ထံၣ်အီၤတသ့ဆုံဆုံဖျါဖျါ, လၢတၢ်နၢ်ဟူအီၤတသ့ဆုံဆုံဖျါဖျါ

indiscreet *a* ၁. လၢအတပလီၢ်သးလၢအတၢ်စံးတၢ်ကတိၤ, လၢအတပလီၢ်ပဒိသးလၢအတၢ်ဖံးတၢ်မၤအပူၤ ၂. လၢအတအိၣ်ဒီးတၢ်ဆိကမိၣ်ထံဆိကမိၣ်ဆးတၢ်

indiscretion *n* ၁. တၢ်တပလီၢ်သးလၢအတၢ်စံးတၢ်ကတိၤ, တၢ်တပလီၢ်ပဒိသးလၢအတၢ်ဖံးတၢ်မၤအပူၤ ၂. တၢ်ဆိကမိၣ်ထံဆိကမိၣ်ဆးတၢ်တအိၣ်

indiscriminate *a* ၁. လၢအတအိၣ်ဒီးတၢ်ဆိကမိၣ်ပဲာ်ထံနီၤဖးတၢ်, လၢအတအိၣ်ဒီးတၢ်ဆိကမိၣ်လီၤတံၢ်လီၤဆဲး ၂. လၢအတအိၣ်ဒီးတၢ်ပဲာ်ဖးနီၤဖးတၢ်အဆၢ

indispensable *a* လၢအလီၢ်အိၣ်သပှၢ်ကတၢၢ်, လၢအတအိၣ်တသ့

indisposed *a* လၢအသးတအိၣ်တၢ်, လၢတၢ်တမှာ်တလၤဘၣ်အီၤ, လၢအသူၣ်တပၣ်သးတပၣ်

indisposition *n* တၢ်တမှာ်တလၤ, တၢ်သူၣ်တအိၣ်သးတအိၣ်

indisputable *a* လၢတၢ်သမၢကွံာ်အီၤတသ့, လၢတၢ်ဂ့ၢ်လိာ်ဘိုလိာ်အီၤတသ့

indissoluble *a* ၁. လၢအဂၢၢ်အကျၢၤ, လၢတၢ်မၤလီၤဖှၣ်ကွံာ်အီၤတသ့, လၢတၢ်မၤဟးဂီၤကွံာ်အီၤတသ့ ၂. လၢအလီၤပံၢ်ကွံာ်တသ့, လၢအလီၤပြံလီၤပြါကွံာ်တသ့

indissolubly *adv* ဂၢၢ်ဂၢၢ်ကျၢၤကျၢၤ

indistinct *a* လၢအဖျါကဒုကယီၢ်, လၢတၢ်ထံၣ်အီၤဖျါဖျါတဖျါဖျါ, သီၣ်ကဒၢကဒၢ

indistinguishable *a* ၁. လၢတၢ်ပဲာ်ဖးနီၤဖးအဆၢထံထံဆးဆးတသ့ဘၣ် ၂. လၢအဖျါကဒုကယီၢ်, လၢအသီၣ်ကဒၢကဒၢ, လၢတၢ်နၢ်ပၢ်ဘၣ်အီၤကီ ၃. လၢတၢ်နီၤဖးအီၤတသ့, လၢတၢ်နီၤဖးအတၢ်လီၤဆီလိာ်သးတသ့

individual *a* ပှၤတဂၤစှာ်စှာ်

individual *n* ပှၤတဂၤ

individuality *n* ၁. (လှၢ်လၢ်သကဲာ်ပဝး မ့တမ့ၢ် အကံၢ်အစီ) ပှၤတဂၤဒီးတဂၤအတၢ်လီၤဆီ ၂. တၢ်အိၣ်ဒၣ်အတၢ်, တၢ်ဟ်လီၤဆီတၢ်

individualize, **individualise** *v* ၁. မၤလီၤဆီ, ဟ်လီၤဆီ ၂. ဟ်ဖျါလီၤဆီ, ဟ်ဖျါထီၣ်အီၤလီၤတံၢ်လီၤဆဲး

individualized, **individualised** *a* လၢအမၤလီၤဆီ, လၢအဟ်လီၤဆီတၢ်

individually *adv* တဂၤဘၣ်တဂၤစှာ်စှာ်, တဂၤလၢ်လၢ်

indivisible *a* ၁. လၢတၢ်နီၤဖးအီၤတသ့, လၢတၢ်ထုးဖးအီၤတသ့ ၂. လၢတၢ်နီၤဖးအီၤတတဲာ်တဘျီယီ အဒိ, ၅ နီၤဖးဒီး ၄

indoctrinate *v* သူၣ်လီၤန့ၢ်တၢ်နာ်ကျၢၤမုဆူ, သူၣ်လီၤတၢ်တူၢ်ခီၣ်ဟ်သးကျၢၤမုဆူလၢပှၤတဂၤအပူၤ, သူၣ်ထီၣ်န့ၢ်တၢ်ဆိကမိၣ်အဂၢၢ်အကျၢၤ

indolence *n* တၢ်ကၢၣ်တၢ်ကျူ

indolent *a* လၢအကၢၣ်အကျူ

indomitable *a* လၢတအိၣ်ဒီးတၢ်တူၢ်ယၣ်သး, လၢအဂၢၢ်ခၢၣ်သနၢၣ်, လၢတၢ်မၤနၢၤကွံာ်အီၤတသ့

indoor *a* လၢအအိၣ်လၢတၢ်ကဒုဖီလာ်, လၢတၢ်မၤအီၤလၢတၢ်သူၣ်ထီၣ်အပူၤ မ့တမ့ၢ် တၢ်ကဒုဖီလာ်, လၢတၢ်သူၣ်ထီၣ်အပူၤ

indoors *adv* လၢဟံၣ်ပူၤ, လၢတၢ်သူၣ်ထီၣ်အပူၤ

indorse *v* ၁. အၢၣ်လီၤတူၢ်လိာ်ဆဲးလီၤမံၤ, အၢၣ်လီၤမၤဂၢၢ်မၤကျၢၤ ၂. ဆဲးလီၤမံၤလၢခွဲးလံာ် အှၣ်သးအချၢဒီးမၤဖိးသဲစးအီၤ

indrawn *a* ၁. လၢကသါနုာ်လီၤကလံၤ ၂. လၢအမဲာ်ဆှးဒီးတမၤဃုာ်ပှၤဂၤ

indubitable *a* လၢအမ့ၢ်ဝဲတီဝဲဒီးတၢ်သးဒ့ဒီလၢအဂ့ၢ်တသ့, လၢတၢ်ဂ့ၢ်လိာ်သမၢအီၤတသ့

induce *v* ၁. ကွဲန့ၢ်လွဲန့ၢ်ပှၤဂၤ ၂. ဒုးအိၣ်ဖျဲၣ်ဆိတၢ်

induce labor *n* တၢ်ဒုးအိၣ်ဖျဲၣ်ဆိတၢ်

inducement *n* တၢ်မၢန့ၢ်ဆိၣ်ခံပှၤဂၤ (လၢကမၤတၢ်တမံၤမံၤ), တၢ်ကွဲန့ၢ်လွဲန့ၢ်ပှၤဂၤ

induct *v* ၁. ဟ့ၣ်လီၤမူဒါတၢ်မၤလၢအဖိးသဲစး ၂. တူၢ်လိာ်ပှၤတဂၤဂၤလၢကကဲထိၣ်ကရၢဖိလၢကရူၢ်ကရၢအပူၤ ၃. သိၣ်လိနဲၣ်ယှၤ

induction *n* ၁. တၢ်ဟ့ၣ်လီၤမူဒါတၢ်မၤလၢအဖိးသဲစး ၂. တၢ်တူၢ်လိာ်ပှၤတဂၤဂၤလၢကကဲထိၣ်ကရၢဖိလၢကရူၢ်ကရၢအပူၤ ၃. သိၣ်လိနဲၣ်ယှၤ

inductive *a* ၁. လၢအဘၣ်ထွဲဒီးတၢ်သ့ဆိကမိၣ်ကမၤဒီးခံကွၢ်စီၤကွၢ်တၢ် ၂. လၢအဘၣ်ထွဲဒီးတၢ်ထၢနုာ်လီၤလီသဟီၣ် မ့တမ့ၢ် ထးနါသဟီၣ်

indulge *v* ၁. လူၤအသး, တကီၤအသး ၂. လူၤဘၣ်ပှၤအသး

indulgence *n* ၁. တၢ်လူၤဖဲအသးမၤဖဲအသး, တၢ်တကီၤသူၣ်ကီၤသး ၂. တၢ်လူၤဘၣ်ပှၤအသး

indulgent *a* ၁. လၢအလူၤဖဲအသးမၤဖဲအသး ၂. လၢအလူၤဘၣ်ပှၤအသး

industrial *a* လၢအဘၣ်ထွဲဒီးစဲးဖီကဟၣ်တၢ်ဖံးတၢ်မၤ

industrialism *n* စဲးဖီကဟၣ်တၢ်မၤသနူ, မုၢ်ကျိၤဝဲၤကွာ်တၢ်မၤအကျိၤအကျဲလၢအိၣ်ဒီးစဲးဖီကဟၣ်တၢ်မၤသနူလဲၢ်လဲၢ်ဃဲာ်ဃဲာ်

industrialist *n* ပှၤလၢအိၣ်ဒီးစဲးဖီကဟၣ်တၢ်မၤလီၢ်, ပှၤလၢအပၢဆှၢရဲၣ်ကျဲၤစဲးဖီကဟၣ်တၢ်မၤလီၢ်

industrialization, industrialisation *n* တၢ်မၤဒိၣ်ထီၣ်ထီထီၣ်စဲးဖီကဟၣ်

industrialize, industrialise *v* မၤဒိၣ်ထီၣ်လဲၢ်ထီၣ်စဲးဖီကဟၣ်တၢ်မၤလီၢ်

industrious *a* လၢအကျဲးစၢးဖံးတၢ်မၤတၢ်, လၢအခုဖံးခုမၤ, လၢအဖံးတၢ်မၤတၢ်ဆူၣ်, လၢအတၢ်မၤအါ

industry *n* စဲးဖီကဟၣ်တၢ်မၤ

inebriate *a* လၢအမူၤသံးထီဘိ, လၢအအီမူၤအီဘှီးအသးထီဘိ, လၢအမဲာ်ဟံးထီဘိ

inebriate *v* မူၤသံးထီဘိ, အီမူၤအီဘှီးအသး

inedible *a* တဂ့ၤအီၣ်ဘၣ်, လၢပှၤအီၣ်တသ့ဘၣ်

ineffable *a* လၢတၢ်တဲဖျါထီၣ်အဂ့ၢ်လၢာ်တသ့, လၢအဂ့ၤဒိၣ်မးတုၤဒ်သိးလဲာ်တၢ်တဲဖျါထီၣ်လၢအဂ့ၢ်တသ့

ineffective *a* လၢအတတုၤလီၤတံၤလီၤ, လၢအတလ့ၤတုာ်လ့ၤတီၤ, တကဲထီၣ်ကဲထီ

ineffectual *a* လၢအတကဲထီၣ်ကဲထီ, လၢအဘျုးအဖှိၣ်တအိၣ်, လၢအသူအသၣ်တဖျါ

inefficacy *n* တၢ်တဂီာ်တသီၣ်, တၢ်အဘျုးအဖှိၣ်တအိၣ်

inefficiency *n* တၢ်တတုၤလီၤတံၤလီၤ, တၢ်တလ့ၤတုာ်လ့ၤတီၤ, တၢ်တကဲထီၣ်ကဲထီ

inefficient *a* လၢအတတုၤလီၤတံၤလီၤ, လၢအတလ့ၤတုာ်လ့ၤတီၤ, လၢအတကဲထီၣ်ကဲထီ

inelastic *a* လၢအယူာ်ထီၣ်အသးတသ့, လၢအဃဲာ်တသ့

inelegant *a* လၢအတမၤအသးဃံဃံလၢလၢ, လၢအတဃံတလၤ

ineligible *a* လၢအတကြၢးဝဲဘၣ်ဝဲ,လၢ (အကံၢ်အစီ) တတုၤထီၣ်ထီၣ်ဘး, လၢအတတုၤထီၣ်ထီၣ်ဘး

inept *a* လၢအတကြၢးဝဲဘၣ်ဝဲ, လၢအကံၢ်အစီတလၢတပှဲၤ, လၢအတၢ်သ့တၢ်ဘၣ်တအိၣ်

ineptitude *n* ၁. တၢ်အကံၢ်အစီတအိၣ်, တၢ်သ့တၢ်ဘၣ်တလၢပှဲၤ ၂. တၢ်မၤတၢ်လၢအကံၢ်အစီတအိၣ်ဒီးတကြၢးတဘၣ်

inequality *n* တၢ်တထဲသိးတုၤသိး

inequitable *a* လၢအတအိၣ်ဒီးတၢ်ထဲသိးတုၤသိး, လၢအတတီတတြၢ်, လၢတအိၣ်ဒီးတၢ်စံၣ်ညီၣ်တီ

inequity *n* တၢ်တထဲသိးတုၤသိး, တၢ်တတီတတြၢ်

ineradicable *a* လၢတၢ်တြူၥ်ကွံာ်အီၤတန့ၢ်, လၢတၢ်မၤဟးဂီၤကွံာ်အီၤစီဖှကလ့ၤတန့ၢ်, လၢတၢ်မၤဟါမ့ၢ်ကွံာ်အီၤတန့ၢ်

inerrancy *n* တၢ်တမၤကမၣ်တၢ်, တၢ်ပူၤဖျဲးဒီးတၢ်ကမၣ်

inerrant *a* လၢအတမၤကမၣ်တၢ်ဘၣ်, လၢအပူၤဒီးတၢ်ကမၣ်, လၢအတၢ်ကမၣ်တအိၣ်ဘၣ်

inert *a* ၁. လၢအတအိၣ်ဒီးအဂံၢ်သဟီၣ်လၢကသုးအသး ၂. လၢအတလီၤသူၣ်ပိၢ်သးဝးဒီးလီၤသးစဲ, လၢအသူၣ်ဃၢသးဃၢ, လၢအဟူးတမှာ်ဂဲၤတမှာ်

inertia *n* ၁. တၢ်အိၣ်သးဖဲတၢ်ဆီတလဲသးတအိၣ်လၢတၢ်ဆၢကတီၢ်တကတီၢ်အပူၤ ၂. တၢ်သးတအိၣ်လၢကဟူးဂဲၤဖံးမၤတၢ်နီတမံၤ, တၢ်သူၣ်ဃၢသးဃၢ ၃. ဂံၢ်သဟီၣ်တခါလၢအနုးလဲၤတၢ် မ့တမ့ၢ် ပတုာ်တၢ်တမံၤမံၤ

inescapable *a* လၢတၢ်ဟးဆှဲးကွံာ်အီၤတသ့, လၢတၢ်ကွၢ်ကဟ်အီၤတသ့, လၢအတပူၤပှၤ

inestimable *a* ၁. လၢတၢ်ဆၢတဲာ်အလုၢ်အပှ့ၤတန့ၢ် ၂. လၢတၢ်ဂံၢ်အီၤဒွးအီၤတသ့, လၢတၢ်ဂံၢ်ဒွးအီၤတန့ၢ်

inestimably *adv* ဂံၢ်ဒွးအပှ့ၤတလၢာ်, ဂံၢ်ဒွးအပှ့ၤလၢာ်တန့ၢ်

inevitable *a* လၢတၢ်လဲၤကဟ်အီၤတန့ၢ်, လၢတၢ်ဟးဆှဲးအီၤတသ့

inevitably *adv* လၢတၢ်လဲၤကဟ်အီၤတန့ၢ်အပူၤ, လၢကမၤအသးတီနံၤအပူၤ, ဂ့ၢ်တပူၤဘၣ်, ဟးဆှဲးအီၤတသ့

inexact *a* လၢအတလီၤတံၢ်လီၤမံ

inexcusable *a* လၢတၢ်ပျၢ်ကွံာ်အတၢ်ကမၣ်တသ့, လၢတၢ်လဲၤပူၤကွံာ်အီၤတသ့

inexhaustible *a* လၢအလၢာ်ကွံာ်တန့ၢ်, လၢအတလၢာ်ကွံာ်နီတဘျီ

inexorable *a* ၁. လၢတၢ်ဆိကတီၢ်ကွံာ်အီၤတသ့, လၢတၢ်လဲလိာ်ကွံာ်အီၤတသ့ ၂. လၢအတဟ့ၣ်ဃၣ်ကွံာ်အသးဘၣ်

inexpedience *n* ၁. တၢ်တကဲထီၣ်ကဲထီ, တၢ်တနးကဲထီၣ်တၢ်ဘျုးတၢ်ဖှိၣ်နီတမံၤ ၂. တၢ်တကြၢးတဘၣ်

inexpediency *n* ၁. တၢ်တကဲထီၣ်ကဲထီ, တၢ်တနးကဲထီၣ်တၢ်ဘျုးတၢ်ဖှိၣ်နီတမံၤ ၂. တၢ်တကြၢးတဘၣ်

inexpensive *a* အပ္ၤဘၣ်, အပ္ၤတဒိၣ်ဘၣ်

inexperience *n* တၢ်လဲၤခီဖျိတအိၣ်, တၢ်လဲၤခီဖျိစုၤ

inexperienced *a* လၢအတၢ်လဲၤခီဖျိတအိၣ်, လၢအတၢ်လဲၤခီဖျိစုၤ

inexpert *a* လၢအတစဲၣ်နီၤ, လၢအတၢ်သ့တၢ်ဘၣ်တတုၤထီၣ်ထီၣ်ဘး, လၢအမၤဝဲတသ့

inexpiable *a* လၢတၢ်ပျၢ်ကွံာ်အတၢ်ကမၣ်တသ့

inexplicable *a* လၢတၢ်နၢ်ပၢၢ်အီၤတသ့, လၢတၢ်တဲဖျါထီၣ်လၢအဂ့ၢ်တသ့

inexpressible *a* လၢတၢ်တဲဖျါဟ်ဖျါထီၣ်အဂ့ၢ်တန့ၢ်

inextinguishable *a* လၢတၢ်မၤဟါမ့ၢ်ကွံာ်အီၤတသ့, လၢတၢ်မၤဟးဂီၤကွံာ်အီၤတန့ၢ်, လၢတၢ်မၤလီၤပံာ်ကွံာ်အီၤတန့ၢ်

inextricable *a* လၢတၢ်ဃ့ၣ်လီၤဘှါလီၤကွံာ်အီၤတသ့, လၢတၢ်ထုးဖးကွံာ်အီၤတသ့

infallibility *n* ၁. တၢ်ကမူၤကမၣ်တအိၣ် ၂. တၢ်တဃၣ်ကွံာ်နီတဘျီ

infallible *a* ၁. လၢအတၢ်ကမူၤကမၣ်တအိၣ် ၂. လၢအတဃၣ်ကွံာ်နီတဘျီ

infamous *a* ၁. လၢအမံၤဟူထီသါလီၤအၢအၢသီသီ,လၢအမံၤဟးဂီၤ ၂. လၢအလီၤမဲာ်ဆူးဒီးလီၤသးဘၣ်အၢ

infamy *n* တၢ်မံၤဟူထီသါလီၤအၢအၢသီသီ, တၢ်မံၤဟးဂီၤ

infancy *n* ၁. ဖိသၣ်အိၣ်နၢ်အကတီၢ်, ဖိသၣ်ဆံးအကတီၢ်, ဖိသၣ်အိၣ်ဖျဲၣ်ထီၣ်သီအကတီၢ်, ဖိသၣ်ဂီၤကဲ့လ့အကတီၢ် ၂. တၢ်အိၣ်ထီၣ်သီအကတီၢ်, တၢ်သီသံၣ်ဘဲအကတီၢ်

infant *n* ၁. ဖိသၣ်ဆံး, ဖိသၣ်အိၣ်နၢ်, ဖိသၣ်ဂီၤကဲ့လ့ဖိ ၂. ဖိသၣ်အိၣ်ကွိလၢယါနံၣ်ဒီးခွံနံၣ်အဘၢၣ်စၢၤ ၃. တၢ်လၢအအိၣ်လၢဂံၢ်ခိၣ်ထံးအတၢ်ဒိၣ်ထီၣ်လဲၢ်ထီၣ်အပူၤ ၄. ပှၤလၢတဒိၣ်တုာ်ခိၣ်ပှဲၤဒံးဘၣ်, ပှၤလၢအသးအိၣ်တဆံဃိးနံၣ်ဆူအဖီလာ်

infant mortality *n* ဖိသၣ်အသးအိၣ်တနံၣ်ဆူအဖီလာ်အတၢ်သံတၢ်ပှၢ်အယူာ်

infanticide *n* တၢ်မၤသံဖိသၣ်အိၣ်နၢ်ကွံၢ် မ့ၣ်, တၢ်မၤကမၣ်သဲစးဘၣ်ဃးဖိသၣ်အိၣ်နၢ်

infantile *a* ၁. လၢအဘၣ်ဃးဒီးဖိသၣ်ဆံး ၂. လၢအလီၤက်ဖိသၣ်

infantry *n* ခီသုး, ခီၣ်သုး

infatuate *v* အဲၣ်ဘံၣ်မဲာ်တၢ်, အဲၣ်မူသူတၢ်

infatuated *a* လၢအိၣ်ဒီးတၢ်အဲၣ် မ့တမ့ၢ် တၢ်သးစဲတမံၤဒိၣ်ဒိၣ်ကလဲာ်တုၤဒ်လဲာ်ဆိကမိၣ်တၢ်တသ့, လၢအအဲၣ်တၢ် မ့တမ့ၢ် သးစဲတၢ်ဒိၣ်ဒိၣ်ကလဲာ်

infatuation *n* တၢ်အဲၣ် မ့တမ့ၢ် တၢ်သးစဲတၢ်တမံၤဒိၣ်ဒိၣ်ကလဲာ်, တၢ်အဲၣ် မ့တမ့ၢ် တၢ်သးစဲ လၢဆိကမိၣ်အဂ့ၢ်တသ့

infect *v* ဘၣ်ကူဘၣ်က်

infected *a* လၢအဘၣ်ကူဘၣ်က်, လၢအဘၣ်က်ဒီးတၢ်ဆူးတၢ်ဆါ

infection *n* တၢ်ဘၣ်က်, တၢ်ဘၣ်ကူဘၣ်က်

infectious *a* ဘၣ်က်တၢ်သ့, လၢအဘၣ်ကူဘၣ်က်တၢ်သ့

infer *v* ဆိကမိၣ်ဒုးဘၣ်ထွဲတၢ်, ဒုးဘၣ်ထွဲတၢ်ဂ့ၢ်, ကျၢ်တံၢ် (တၢ်) လၢအအိၣ်ဒီးအဂ့ၢ်အကျိၤ

inference *n* တၢ်ဆိကမိၣ်ဒုးဘၣ်ထွဲက့ၤတၢ်, တၢ်ကျၢ်တံၢ် (တၢ်) လၢအအိၣ်ဒီးအဂ့ၢ်အကျိၤ

inferior *a* လၢအတဂ့ၤဒ်တၢ်ဂၤအသိးဘၣ်, (ဖုၣ်, စၢ်) နှၢ်တၢ်အဂၤ

inferior *n* ပှၤတဂၤလၢအတီၤပတီၢ် မ့တမ့ၢ် အလီၢ်အလၤဖုၣ်နှၢ်ပှၤဂၤ, ပှၤလၢအကံၢ်အစီစှၤနှၢ်ပှၤဂၤ, ပှၤလၢအပတီၢ်ဖုၣ်နှၢ်ပှၤဂၤ

inferiority *n* ၁. တၢ်အပတီၢ်ဖုၣ်နှၢ်ပှၤဂၤ, တၢ်အကံၢ်အစီစှၤနှၢ်ပှၤဂၤ ၂. တၢ်အကံၢ်အစီတဂ့ၤ

inferiority complex *n* တၢ်ထံၣ်အံၣ်ထံၣ်ဆံးလီၤက့ၤသး, တၢ်သူၣ်ဆံးသးဆံး, တၢ်ဆိကမိၣ်ဆံးလီၤက့ၤသး

infernal *a* ၁. လၢအဘၣ်ထွဲဒီးလရာ်, လၢအဘၣ်ထွဲဒီးတၢ်တရဲတခး ၂. လၢအလီၤသးဘၣ်အၢ, လၢအတဂ့ၤတဝါ

inferno *n* ၁. လရာ်နိၣ်မ့ၣ်အူ ၂. မ့ၣ်အူအီၣ်တၢ်ဒိၣ်ဒိၣ်ကလဲာ်

infertile *a* ၁. လၢအတဟ့ၣ်ဖိ, လၢအဒီးနှၢ်အဖိတသ့ ၂. လၢတၢ်မဲတၢ်မါမဲထီၣ်တသ့, လၢဟီၣ်ခိၣ်ညၣ်ထ့ၣ်တဂ့ၤ

infest *v* ၁. (ယှၢ်, တၢ်ဖိဃၢ်) လီၤဂီၢ်မုၢ်ဂီၢ်ပၤဒီးမၤဟးဂီၤတၢ် ၂. (လၢအဟဲဂီၢ်မုၢ်ဂီၢ်ပၤအဃိ) မၤတံာ်တာ်ပှၤသး

infidel *n* (တၢ်ကတိၤဆါပှၤ) ပှၤလၢအတၢ်ဘူၣ်တၢ်ဘါတအိၣ်

infidelity *n* တၢ်တမၤတီအကလုၢ်ဘၣ်, တၢ်အဲၣ်ဘၢမါအဲၣ်ဘၢဝၤ

infighting *n* ဒူၣ်ပူၤထၢပူၤတၢ်ဘၣ်ဂံာ်ဂူာ်

infiltrate *v* ပြံာ်နုာ်လီၤသး, ဂဲာ်နုာ်လီၤသး လၢတၢ်ခူသူၣ်အပူၤ

infiltrator *n* တၢ်အမိၢ်ပှၢ် မ့တမ့ၢ် စဲ(လ) လၢအပြံာ်နုာ်လီၤသး, တၢ်အမိၢ်ပှၢ် မ့တမ့ၢ် စဲ(လ)လၢအဂဲာ်နုာ်လီၤသးလၢတၢ်ခူသူၣ်အပူၤ

infinite *a* လၢတအိၣ်ဒီးတၢ်ဟ်ပနီၣ်, လၢအကတၢၢ်တအိၣ်, လၢပှၤထိၣ်အီၤတသ့

infinitely *adv* တအိၣ်ဒီးအဆၢ, တအိၣ်ဒီးတၢ်ဟ်ပနီၣ်, ဒိၣ်ဒိၣ်အါအါ, အါဒိၣ်မး

infinitesimal *a* လၢအဆံးတုၤဒ်လဲာ်တၢ်ထိၣ်အီၤတသ့, လၢအဆံးကဲၣ်ဆီး

infinitive *n* ကျိာ်ဂံၢ်ထံးဝီၢ်တကလုာ်

infinity *n* နိၣ်ဂံၢ်လၢအဒိၣ်နိၢ်မး, တၢ်လၢတၢ်ထိၣ်အီၤတဲာ်အီၤတသ့

infirm *a* ၁. လၢအနီၢ်ခိအဂံၢ်အဘါတအိၣ် ၂. လၢအတဂၢၢ်တကျၢၤ

infirmary *n* တၢ်ဆါဟံၣ်, ကသံၣ်ဒၢးလီၤဆီတဒၢးလၢ (ကၠိ မ့တမ့ၢ် ဃိာ်) အပူၤ

infirmity *n* ၁. နီၢ်ခိဂံၢ်ဘါတအိၣ်, တၢ်ဂံၢ်စၢ်ဘါစၢ် ၂. တၢ်က့တၢ်ကွဲၣ်

inflame *v* ၁. မၤသးဒိၣ်ထီၣ်, ဒုးသူၣ်ပိၢ်သးဝးထီၣ် ၂. (ဖံးဘ့ၣ်) ညီးထီၣ်, ထီၣ်ဂီၤ ၃. ဒွဲၣ်ကဲၤကပီၤထီၣ်မ့ၣ်အူ, မၤကဲၤထီၣ်မ့ၣ်အူလၣ်

inflamed *a* ၁. ကဲၤကပျိၤထီၣ်, မ့ၣ်အူအီၣ်ထီၣ် ၂. သးဒိၣ်ထီၣ်ဒိၣ်ဒိၣ်ကလဲာ် ၃. ညီးဒီးကိၢ်သွး

inflammable *a* ၁. လၢမ့ၣ်အူအီၣ်သ့, လၢအအူအီၣ်တၢ်ညီ ၂. လၢတၢ်မၤသးဒိၣ်ထီၣ်အီၤညီ, လၢအသးဒိၣ်ထီၣ်ညီ

inflammation *n* တၢ်ညီး

inflammatory *a* ၁. လၢအဘၣ်ထွဲဒီးတၢ်ညီးထီၣ်, လၢအထီၣ်ဂီၤဒီးညီးထီၣ် ၂. လၢအသးဒိၣ်ထီၣ်ညီ, လၢတၢ်ထီၣ်ဟူးထီၣ်ဂဲၤအသးညီ

inflatable *a* လၢဘၣ်တၢ်မၤပှဲၤအီၤဒီးကလံၤ မ့တမ့ၢ် ကၢ်သဝံ

inflatable *n* ၁. တၢ်ပီးတၢ်လီလၢတၢ်ဘၣ်သွီနှၢ်လီၤကလံၤ မ့တမ့ၢ် ကၢ်သဝံလၢအပူၤ, ချံမူဖိ, တၢ်အူကဖိ, ကလံၤဒၢ ၂. တၢ်လၢအဒိၣ်အအါ, တၢ်လၢအအိၣ်အါအါဂိၢ်ဂိၢ် ၃. စ့သိၣ်သွံအါထိၣ်

inflate *v* ၁. အူကဖိထိၣ်တၢ်, မၤပှဲၤတၢ်တမံၤမံၤလၢကၢ်သဝံ မ့တမ့ၢ် ကလံၤ ၂. မၤဒိၣ်ထိၣ်အါထိၣ်အါန့ၢ်ဒံးတၢ်အိၣ်သးနီၢ်နီၢ် ၃. မၤဒိၣ်ထိၣ်တၢ်အပ့ၤ, မၤသိၣ်သွံထိၣ်စ့

inflated *a* ၁. လၢအဘၣ်တၢ်မၤပှဲၤအီၤဒီးကလံၤ မ့တမ့ၢ် ကၢ်သဝံ ၂. လၢအအိၣ်ထိၣ်, ညီးထိၣ်, လၢအကဖိထိၣ် ၃. လၢဘၣ်တၢ်မၤဒိၣ်ထိၣ်အီၤ

inflation *n* ၁. စ့သိၣ်သွံ ၂. အူကဖိထိၣ်

inflationary *a* လၢအဘၣ်ထွဲဒီးစ့သိၣ်သွံ, လၢအဘၣ်ထွဲဒီးတၢ်အပ့ၤကလံၤအါထိၣ်ခီဖျိကျိၣ်စ့အလုၢ်အပ့ၤအယိ

inflection, inflexion *n* ၁. (ကျိာ်ဂံၢ်ထံး) တီၢ်အကၠၢ်အဂီၤအတၢ်ဆီတလဲသးအကျိၤအကျဲ ၂. တၢ်မၤဒိၣ်ထိၣ်ဆံးလီၤတၢ်ကလုၢ်, တၢ်ဆီတလဲတၢ်ကလုၢ်အထိၣ်အလီၤ, တၢ်မၤထိၣ်မၤလီၤတၢ်ကလုၢ်

inflexible *a* ၁. လၢအတဆီတလဲအသး, လၢဆီတလဲအသးတသ့ ၂. လၢတၢ်ဘီးကၠၣ်အီၤတန့ၢ်

inflict *v* ဒုးတူၢ် (ဘၣ်) ပှၤတဂၤလၢတၢ်ကီတၢ်ခဲ, တၢ်နးတၢ်ဖှိၣ်

in-flight *a* ၁. လၢအအိၣ်ထိၣ် မ့တမ့ၢ် ကဲထိၣ်အသးဖဲဒီးကဘီယူၤအခါ ၂. လၢဘၣ်တၢ်ဟ့ၣ်အီၤဖဲယူၤဒီးကဘီယူၤအခါ

inflow *n* ၁. တၢ်ယွၤနှာ်လီၤ မ့တမ့ၢ် တၢ်ဟဲနှာ်လီၤ, ကလံၤအူနှာ်, ထံယွၤနှာ်, တၢ်ကစီၣ်ဟဲနှာ်လီၤ ၂. ကျိၣ်စ့ မ့တမ့ၢ် ပှၤကညီ မ့တမ့ၢ် တၢ်ဖိတၢ်လံၤတမံၤမံၤအတၢ်ဟဲနှာ်လီၤအါအါဂိၢ်ဂိၢ်

influence *n* လုၢ်ဘၢစိကမီၤ

influence *v* လုၢ်ဘၢစိကမီၤလၢတၢ်တမံၤမံၤအဖီခိၣ်, အိၣ်ဒီးတၢ်စိကမီၤလၢပှၤတဂၤဂၤအတၢ်ဆိကမိၣ်ဒီးတၢ်ဒိသူၣ်ဟ်သးအဖီခိၣ်

influential *a* လၢအအိၣ်ဒီးတၢ်လုၢ်ဘၢစိကမီၤအဒိၣ်အမုၢ်, လၢအအိၣ်ဒီးတၢ်လုၢ်ဘၢစိကမီၤလၢပှၤဂၤအတၢ်ဆိကမိၣ်ဒီးတၢ်ဒိသူၣ်ဟ်သးအဖီခိၣ်

influenza *n* တၢ်းကွ့တၢ်ဆါ

influx *n* ၁. တၢ်ဟဲနှာ်လီၤအါအါဂိၢ်ဂိၢ် ၂. ထံယွၤနှာ်

info *n* (တၢ်ကိးဖှၣ်) (information) တၢ်ဂ့ၢ်တၢ်ကျိၤ, တၢ်ကစီၣ်

inform *v* ဒုးသ့ၣ်ညါ

informal *a* လၢအတလဲၤအသးဒ်အလုၢ်အလၢ်အိၣ်ဝဲအသိး

informant *n* ပှၤဟ့ၣ်ရူသူၣ်တၢ်ကစီၣ်, ပှၤဆှၢရူသူၣ်တၢ်ကစီၣ်

information *n* တၢ်ကစီၣ်, တၢ်ဂ့ၢ်တၢ်ကျိၤ

informative *a* လၢအဟ့ၣ်တၢ်ကစီၣ်လၢအကဲဘျုး, လၢအအိၣ်ဒီးတၢ်ဂ့ၢ်တၢ်ကျိၤလၢအကဲဘျုး

informed *a* လၢအအိၣ်ဒီးတၢ်သ့ၣ်ညါနၢ်ပၢၢ်အါအါဂိၢ်ဂိၢ်ဘၣ်ဃးတၢ်ဂ့ၢ်တမံၤမံၤ

informer *n* ပှၤဟ့ၣ်ရူသူၣ်တၢ်ကစီၣ်, ပှၤဆှၢရူသူၣ်တၢ်ကစီၣ်

infotainment *n* ကွဲၤဟူဖျါအတၢ်ရဲၣ်တၢ်ကျဲၤလၢအဟ့ၣ်တၢ်သူၣ်ဖုံသးညီဒီးတၢ်သ့ၣ်ညါနၢ်ပၢၢ်

infraction *n* တၢ်လုၢ်သ့ၣ်ခါပတာ်သဲစးတၢ်ဘျၢ, ပှၤလုၢ်သ့ၣ်ခါပတာ်တၢ်သိၣ်တၢ်သီ

infrared *n* တၢ်ကပီၤအလွဲၢ်ဂီၤလၢပှၤကွၢ်အီၤတဖျါ

infrastructure *n* ဂံၢ်ခိၣ်ထံးတၢ်သူၣ်ထိၣ်ဘှီထိၣ်, ဂံၢ်ခိၣ်ထံးတၢ်သူၣ်ထိၣ်ဆီလီၤကၠၢ်ဂီၤ

infrequent *a* လၢအတမၤအသးခဲအံၤခဲအံၤ, မၤအသးတဘျီမးတခီၣ်

infringe *v* မၤတရီတပါတၢ်အၢၣ်လီၤ, နှာ်လီၤဟံးန့ၢ်ပှၤဂၤအတၢ်ခွဲးတၢ်ယာ် မ့တမ့ၢ် တၢ်စိတၢ်ကမီၤ, မၤကမဉ်တၢ်သိၣ်တၢ်သီ

infuriate *v* မၤသးဒိၣ်ထိၣ်တၢ်

infuriating *a* လၢအမၤအ့နမၤသးဒိၣ်ထိၣ်တၢ်

infuse *v* ၁. မၤပှဲၤဒီးတၢ်အကံၢ်အစီတမံၤမံၤ ၂. စုၣ်လီၤတၢ်တမံၤမံၤလၢထံကျါဒ်သိးအထူးအစီကဟဲထိၣ် ၃. လူနှာ်လီၤ, ဘိနှာ်လီၤ ၄. သွီနှာ်လီၤတၢ်အထံလၢသွံၣ်ကျိၤပူၤ

infusion *n* ၁. တၢ်ကျဲထံ, ကသံၣ်ကျဲ, တၢ်ထံလၢတၢ်ကျဲအီၤ ၂. တၢ်ထံလၢတၢ်စုၣ်နှၢ်အီၤ

I

(တၢ်စုၣ်လီၤအီၤကသံၣ်လၢထံကျါ) ၃. တၢ်သ့ိနုာ်လီၤဆူသွံၣ်ကျိၤ, ထံးရှူ

ingenious *a* လၢအကူၣ်တၢ်သ့, လၢအကူၣ်ထိၣ်ဒုးအိၣ်ထိၣ်တၢ်သ့

ingenuity *n* တၢ်သ့ကူၣ်ဒုးကဲထိၣ်တၢ်, တၢ်သ့ဒုးအိၣ်ထိၣ်တၢ်, တၢ်သ့မၤအိၣ်ထိၣ်တၢ်

ingenuous *a* လၢအမၤကမဉ်တၢ်တသ့, လၢအတီအလိၤ, လၢအတၢ်သရူးကမဉ်တအိၣ်, လၢအသူၣ်တီသးလိၤ

ingest *v* ယူၢ်နုာ်လီၤတၢ်အီၣ်, အီၣ်ယူၢ်နုာ်လီၤတၢ်အီၣ်

inglorious *a* လၢအဒုးအိၣ်ထိၣ်တၢ်မဲာ်ဆုး, လၢအမၤလီၤတၢ်သူးသ့ၣ်လၤကပီၤ, လၢအမံၤဟးဂီၤ, လၢအမံၤတဟူသၣ်တဖျါလၢၤ

ingot *n* တိၢ်, စ့ဒီးထးကိၢ်လိၣ်တဖၣ်

ingrain, engrain *v* ၁. ဒုးအိၣ်ထီဃာ်လၢပှၤသးကံၢ်ပူၤ ၂. စုၣ်အိၣ်ထိၣ်လုၣ်အလွှၢ်, စုၣ်အိၣ်ထိၣ်တၢ်အလွှၢ်

ingrained, engrained *a* ၁. (တၢ်သကဲာ်ပဝး, တၢ်အလုၢ်အလၢ်) လၢအအိၣ်စဲထီလၢသးကံၢ်ပူၤ ၂. (ဖၣ်ကမူၣ်) လၢအအိၣ်စဲဘူးစဲထီဃံးဃံး

ingrate *n* ပှၤလၢတသ့ၣ်ညါဆၢက့ၤတၢ်ဘျုးတၢ်ဖှိၣ်

ingratiate *v* မၤအိၣ်အမဲာ်

ingratiating *a* လၢအမၤအိၣ်အမဲာ်, လၢအမၤဒ်သိးပှၤကဘၣ်သးအီၤ

ingratitude *n* တၢ်တသ့ၣ်ညါဆၢက့ၤတၢ်ဘျုးတၢ်ဖှိၣ်

ingredient *n* တၢ်တမံၤလၢအဃါယှာ်အသးဒီးတၢ်အါမံၤဒီးကဲထိၣ်တၢ်တမံၤဃီ

ingress *n* ၁. တၢ်လဲၤနုာ်လီၤဆူတၢ်လီၢ်တတီၤ ၂. တၢ်ခွဲးတၢ်ယာ်လၢကနုာ်လီၤတၢ်လီၢ်တတီၤ

in-group *n* ပှၤတဖုလၢအရှလိာ်သးလီၤဆီဒၣ်တၢ်, ကရူၢ် မ့တမ့ၢ် ပှၤလၢအိၣ်ဒီးတၢ်ဆိကမိၣ်ဒီးတၢ်နာ်လၢဒ်သိးလိာ်သးတမံၤ

inhabit *v* အိၣ်ဆိး, နုာ်လီၤအိၣ်ဆိး

inhabitable *a* (တၢ်လီၢ်) လၢပှၤအိၣ်ဆိးသ့

inhabitant *n* ၁. ပှၤလီၢ်ကဝီၤဖိ, ပှၤလၢအအိၣ်ဆိးဝဲလၢတၢ်လီၢ်ကဝီၤတကဝီၤအပူၤ ၂. ဆၣ်ဖိကိၢ်ဖိလၢအအိၣ်ဆိးလၢတၢ်လီၢ်တတီၤအပူၤ

inhalation *n* တၢ်သါနုာ်, တၢ်ကသါနုာ်ကလံၤ

inhale *v* ကသါနုာ်ကလံၤ, သါနုာ်ကလံၤ

inhaler *n* ကသံၣ်နၢ, ကသံၣ်ထံပြိနါဒ့, တၢ်ပီးတၢ်လီလၢတၢ်ပြီနုာ်လီၤကသံၣ်လၢကလံၤကျိၤအပူၤ

inhaling *n* တၢ်သါနုာ်ကလံၤ

inharmonious *a* လၢအကလုၢ်သီၣ်တယူ, လၢအယုၢ်အကွၢ်တဖိးမံလိာ်သး

inhere *v* ဟဲပၣ်ဃုာ်လၢမိၢ်ဒၢလီၢ်အပူၤ, ဒ်နဲ့ဆၢၣ်အိၣ်ဟ်အသိး, အိၣ်ဒ်နဲ့ဆၢၣ်အသိး

inherent *a* လၢအဟဲပၣ်ဃုာ်လၢအမိၢ်ဒၢလီၢ်အပူၤ, လၢအအိၣ်ဒ်နဲ့ဆၢၣ်အသိး

inherit *v* ဟ့ၣ်တၢ်နှၢ်သါ, ဟ့ၣ်သါတၢ်နှၢ်သါ

inheritance *n* ၁. တၢ်နှၢ်သါ ၂. တၢ်ဒိးနှၢ်တၢ်နှၢ်သါ

inhibit *v* တြီဃာ်တၢ်, ဆိၣ်တံၢ်ဃာ် (ပှၤတဂၤဂၤအတၢ်လဲၤထိၣ်လဲၤထီ)

inhibited *a* ၁. လၢအတူၢ်ဘၣ်တၢ်မၤတံာ်တာ်, တၢ်မၤနိးမၤဘှီး ၂. လၢအထိၣ်ကဆုၣ် မ့တမ့ၢ် တဲဖျါအတၢ်တူၢ်ဘၣ်ဒ်နဲ့ဆၢၣ်အသိးတသ့

inhibition *n* ၁. တၢ်တြီတံၢ်ဃာ်တၢ် (ပှၤအတၢ်လဲၤထိၣ်လဲၤထီ) ၂. တၢ်တူၢ်ဘၣ်လၢအတြီတၢ် (တၢ်လၢနကမၤ)

inhibitor *n* တၢ်အသံးအကာ်လၢအမၤကဒုထိၣ် မ့တမ့ၢ် တြီဃာ်ကၢ်အတၢ်ဒိဘၣ်

inhospitable *a* ၁. လၢအတကြၢးလၢတၢ်ကအိၣ်ကဆိးအဂီၢ်ဘၣ် ၂. လၢအတအဲၣ်တူၢ်တံၤတူၢ်တမုံၤ

inhospitality *n* တၢ်သးတအိၣ်တူၢ်တံၤတူၢ်တမုံၤ, တၢ်တအဲၣ်တူၢ်တံၤတူၢ်တမုံၤ

in-house *a* လၢတၢ်ကရၢကရိအပူၤ

inhuman *a* လၢအတသးကညီၤတၢ်ဒ်ပှၤကညီအသိးဘၣ်, လၢအတၢ်သးကညီၤတအိၣ်

inhumane *a* လၢအတလီၤပှၤကူပှၤကညီ, လၢအတၢ်သးကညီၤတအိၣ်, လၢအအၢအသီဒိၣ်မး

inhumanity *n* တၢ်ဟ်သူၣ်ဟ်သးလၢတလီၤကူလီၤကညး, တၢ်ဟ်သးလၢအရၢ်အစၢ်အအၢအသီ

inimical *a* လၢအဒုးအိၣ်ထိၣ်တၢ်ကီတၢ်ခဲ, လၢအမၤဘၣ်ဒိတၢ်

inimitable *a* လၢအဂ့ၤတုၤဒ်လဲာ်တၢ်မၤဒိး အီၤတသ့, လၢတၢ်မၤဒိးအီၤတသ့ဘဉ်

iniquitous *a* လၢအတတီတလိၤ, လၢအ တတီတတြၢ်

iniquity *n* တၢ်တတီတလိၤ, တၢ်တတီတတြၢ်, တၢ်တဂ့ၤတဘဉ်

initial *a* လၢအကဲထီဉ်သးအဆိကတၢၢ်, လၢအကဲထီဉ်သးအခီဉ်ထံး

initial *n* လံာ်မဲာ်ဖျာဉ်အခီဉ်ထံးတဖျာဉ်လၢ တၢ်ကတိၤတဘီအပူၤ

initial *v* မၤနီဉ် မ့တမ့ၢ် ဆဲးလီၤမံၤလၢလံာ်မဲာ် ဖျာဉ်အခီဉ်ထံးကတၢၢ်တဖျာဉ်

initiate *n* ပှၤလၢအစးထီဉ်မၤတၢ်တမံၤမံၤ, ပှၤလၢအဒုးကဲထီဉ်သီတၢ်

initiate *v* ၁. စးထီဉ်သီ, ဒုးကဲထီဉ်သီ, စး ထီဉ်မၤတၢ်တမံၤမံၤ ၂. သိဉ်လိနဲဉ်လိသီပှၤ (လၢတၢ်ဂ့ၢ်တမံၤမံၤ), တဲဖျါထီဉ်ဆိတၢ်ဂ့ၢ်တမံၤမံၤ

initiation *n* ၁. တၢ်စးထီဉ်သီ, တၢ်ဒုးအိဉ် ထီဉ်သီ, တၢ်စးထီဉ်မၤတၢ်တမံၤမံၤ ၂. တၢ်သိဉ် လိနဲဉ်လိသီပှၤ (လၢတၢ်ဂ့ၢ်တမံၤမံၤ), တၢ် တဲဖျါထီဉ်ဆိတၢ်တမံၤမံၤ

initiative *n* တၢ်အိဉ်ဒီးတၢ်ကူဉ်တၢ်ဆး လၢကစးထီဉ်မၤဒ်အတၢ်ဒဉ်ဝဲ

initiator *n* ၁. ပှၤလၢအစးထီဉ်မၤဆိတၢ်တ မံၤမံၤ, ပှၤလၢအစးထီဉ်ဆိတၢ်တမံၤ, ပှၤအသီ ၂. တၢ်လၢအစးထီဉ်တၢ်အဆိကတၢၢ်

initiatory *a* တၢ်သ့ဒုးအိဉ်ထီဉ်တၢ်အသီ, တၢ် အိဉ်ဒီးကံၢ်စီလၢကဒုးအိဉ်ထီဉ်တၢ်အသီ

inject *v* ဆဲးနာ်, သွီနာ်, ဆဲးကသံဉ်

injection *n* ၁. တၢ်ဆဲးကသံဉ်, တၢ်ဆဲးနာ် ကသံဉ်လၢဖံးဘ့ဉ်ညဉ်လာ်အပူၤ ၂. တၢ်သွီနာ်တၢ် အထံ

injudicious *a* လၢအတအိဉ်ဒီးတၢ်ကူဉ် တၢ်ဆး

injunction *n* ၁. ကွိၢ်ဘျိဉ်အတၢ်ဟ့ဉ်လီၤတၢ် ကလုၢ်တြီပှၤတဂၤလၢကမၤတၢ်တမံၤမံၤ ၂. ပှၤ ဘဉ်မူဘဉ်ဒါအတၢ်ဟ့ဉ်ပလီၢ်

injure *v* ဘဉ်ဒိဘဉ်ထံး, ဘဉ်က့

injured *a* လၢအဘဉ်ဒိဘဉ်ထံး, လၢအဘဉ် တၢ်မၤဆူးမၤဆါ

injurious *a* လၢအမၤဘဉ်ဒိဘဉ်ထံးတၢ်သ့, လၢအမၤဆူးမၤဆါတၢ်သ့, လၢအဒုးကဲထီဉ်တၢ် ဘဉ်ဒိဘဉ်ထံးတၢ်မၤဆူးမၤဆါသ့

injury *n* တၢ်ဘဉ်ဒိဘဉ်ထံး

injustice *n* တၢ်မၤပှၤတတီတလိၤဘဉ်, တၢ် စံဉ်ညီဉ်တတီတလိၤ, တၢ်စံဉ်ညီဉ်တတီတတြၢ်

ink *n* မဲဉ်ထံ, ထိဉ်ဖံးဘိထံ

ink *v* ၁. ကွဲးဒီးမဲဉ်ထံ မ့တမ့ၢ် မၤဘၢဒီးမဲဉ်ထံ ၂. ဆဲးလီၤမံၤလၢလံာ်တီလံာ်မီအပူၤ

inkling *n* တၢ်တဲဖျါတၢ်လၢအကဒုကယီၢ်

inlaid *a* လၢအဘဉ်တၢ်ကယၢကယဲဒဲးကံဉ်ဒဲး ဝ့ၤအီၤ, လၢတၢ်ဒဲးကံဉ်ဒဲးဝ့ၤအီၤခီဖျိမၤပဲ့ၤအမဲာ် ဖံးခိဉ်ဒီးတၢ်အဂၤတဖဉ်

inland *a* လၢအယံၤဒီးပီဉ်လဲဉ်နံၤ, လၢထံလီၢ် ကီၢ်ပူၤ

in-law *n* ၁. ဒိဒိဉ် ၂. တၢ်ဒိဘူးဒိတံၢ်လိာ်သး ခီဖျိတၢ်တ့တၢ်ဖျိအယိ

inlay *n* ၁. တၢ်ဖိတၢ်လံၤလၢအမၤဘၢမဲအပူၤ ဟိ ၂. တၢ်ဘျၢလီၤထူ, စ့, တၢ်ကယၢကယဲဘျၢ လီၤတၢ်လၢတၢ်အမဲာ်ဖံးခိဉ် ၃. တၢ်ကယၢမၤယံမၤ လၤတၢ်ဘ့ဉ်ဘဉ်ခိဉ်

inlay *v* ဒဲးကံဉ်ဒဲးဝ့ၤ, ကယၢကယဲ

inlet *n* ၁. ထံက့ဉ်ကျိၤဖိ ၂. တၢ်ပူၤလၢထံ – က်သဝံဒီးကလံၤနာ်လီၤဟးထီဉ်သ့

inmate *n* ပှၤယိာ်ဖိ, ပှၤအပျုၢ်လၢအအိဉ် လၢတၢ်ပျုၢ်တၢ်ဆါဟံဉ်

inmost *a* လၢအအိဉ်လၢတၢ်အိပူၤအယိာ် ကတၢၢ်, လၢတၢ်တမံၤမံၤအလဲပူၤ

inn *n* ဟံဉ်ဒွဲလၢအဆံးတကလှာ်, ဟံဉ်ဒဲဖိ

innards *n* က့ၢ်ဂီၤဒွဲလၢအအိဉ်လၢဟၢဖၢ အပူၤ, တၢ်အပှံာ်အကဖု

innate *a* လၢအဟဲပဉ်ဃှာ်ဟ်စπၤလၢအအိဉ် ဖျဲဉ်လံၤလံၤ, လၢအဟဲအိဉ်ဖျဲဉ်နှၢ်ဝဲ

inner *a* လၢအအိပူၤ, လၢအပူၤ

inner tube *n* လှဉ်ပဉ်လဲအပီၤဘိ, ကလံၤပီၤ ဘိလၢအအိဉ်လၢလှဉ်ပဉ်အပူၤ

innermost *a* ၁. လၢအယံၤကတၢၢ်ဒီးအ အိပူၤကတၢၢ်, လၢအဘူးကတၢၢ်ဒီးတၢ်အလဲပူၤ ၂. လၢအဒွဲပူၤကတၢၢ်, လၢအသူဉ်ကံၢ်သးလဲအပူၤ

inning *n* ၁. တၢ်ဂဲၤလိာ်ကွဲဖျာဉ်တီၢ်အဘျီ ၂. ဆၢကတီၢ်ဖဲတၢ်ဒိးန့ၢ်တၢ်ခွဲးတၢ်ယာ်လၢကဒုးနဲဉ် ဖျါထီဉ်ကံၢ်စီ

innings *n* ၁. တၢ်ဂဲၤလိာ်ကွဲဖျာ်တီၢ်အဘျိ ၂. ဆၢကတီၢ်ဖဲတၢ်ဒိးန့ၢ်တၢ်ခွဲးတၢ်ယာ်လၢကဒုးနဲ5်ဖျါထီဉ်ကၢ်စီ
innkeeper *n* ဟံဉ်ဒွဲကစၢ်, ပှၤတမံၤအဟံဉ်ကစၢ်
innocence *n* တၢ်သရူးကမဉ်တအိဉ်, တၢ်တသ့ဉ်ညါထွဲတၢ်ကဲထီဉ်အသးအဂ့ၢ်နီတမံၤ
innocency *n* တၢ်သရူးကမဉ်တအိဉ်, တၢ်တသ့ဉ်ညါထွဲတၢ်ကဲထီဉ်အသးအဂ့ၢ်နီတမံၤ
innocent *a* လၢအတၢ်ဒဲးဘးတအိဉ်, လၢအတၢ်သရူးကမဉ်တအိဉ်, လၢအမၤကမဉ်တၢ်တသ့
innocent *n* ပှၤတဂၤလၢအတၢ်ကမဉ်တအိဉ်, ပှၤဖိသဉ်ဆံးဖိလၢအတၢ်သရူးကမဉ်တအိဉ်
innocently *adv* လၢတၢ်သရူးကမဉ်တအိဉ်အပူၤ, လၢတၢ်တသ့ဉ်ညါထွဲတၢ်ကဲထီဉ်အသးအဂ့ၢ်နီတမံၤအပူၤ
innocuous *a* လၢအတမၤဆူးမၤဆါတၢ်, လၢအတလီၤဘဉ်ယိဉ်ဘဉ်ဘီ
innovate *v* ဒုးအိဉ်ထီဉ်တၢ်အသီ
innovation *n* တၢ်ဒုးအိဉ်ထီဉ်တၢ်အသီ, တၢ်လဲလိာ်မၤသီထီဉ်တၢ်
innovative *a* လၢအမၤဂ့ၤထီဉ်မၤသီထီဉ်တၢ်, လၢအဒုးအိဉ်ထီဉ်တၢ်အသီ
innuendo *n* တၢ်တဲဆဲးအဲးတၢ်, တၢ်ကတိၤဆဲးအဲးတၢ်, တၢ်တဲခီဖိျတၢ်
innumerable *a* လၢတၢ်ဂံၢ်အီၤတသ့ဘဉ်, လၢတၢ်ဂံၢ်အီၤဒွးအီၤတန့ၢ်
innumerate *a* လၢအတသ့ဉ်ညါနၢ်ပၢၢ်ဘဉ်ဃးတၢ်ဂံၢ်တၢ်ဒွးအဂံၢ်ထံးခိဉ်ဘိ
inoculate *v* ဆဲးကသံဉ်ဒီသဒၢ
inoculation *n* တၢ်ဆဲးကသံဉ်ဒီသဒၢ
inoffensive *a* လၢအတလီၤဘဉ်ယိဉ်ဘဉ်ဘီ, လၢအတဖျါလၢကမၤဆူးမၤဆါတၢ်ဘဉ်, လၢအတကဲထီဉ်တၢ်ကီတၢ်ခဲတၢ်တြီမၤတံာ်တာ်လၢပှၤဂၤအဂီၢ်ဘဉ်
inoperable *a* ၁. လၢတၢ်ကွဲးကူစါယါဘျိအီၤတန့ၢ် ၂. လၢတၢ်စူးကါအီၤတသ့ ၃. လၢတၢ်မၤလိထံအီၤတသ့
inoperative *a* ၁. လၢအတဖိးသဲစးလၢၤ ၂. လၢအတမၤတၢ်လၢၤ
inopportune *a* လၢအတကြၢးဝဲဘဉ်ဝဲ, လၢတၢ်ခွဲးဂ့ၤယာ်ဘဉ်တအိဉ်ဒံး, လၢအတဖိးမံဒီးတၢ်အိဉ်သး
inordinate *a* လၢအအါတလၢကွာ်အခၢး, လၢအအါန့ၢ်ဒံးတၢ်မုၢ်လၢ်ဟ်စၢၤအီၤ
inorganic *a* ၁. လၢအတအိဉ်ဒီးတၢ်မူလၢအပူၤဘဉ်, လၢအသးသမူတအိဉ်ဘဉ် ၂. လၢတၢ်တသူဉ်အီၤဒ်နဆၢဉ်အကျဲအသိးဘဉ်, လၢတၢ်စူးကါက်ကသံဉ်ဒီးသူဉ်အီၤ
inpatient *n* ပှၤဆါလၢအထိဉ်ကူစါသးလၢတၢ်ဆါဟံဉ်
input *n* ၁. တၢ်ဟ့ဉ်လီၤသးဂဲၤလိာ်မၤတၢ်, တၢ်ဟ့ဉ်လီၤသး (တၢ်ဆၢကတီၢ်, တၢ်ထံဉ်, တၢ်သ့ဉ်ညါနၢ်ပၢၢ်ဒီးအဂၤ) လၢတၢ်မၤအပူၤ ၂. တၢ်ထၢနှာ်လီၤတၢ်ဂ့ၢ်တၢ်ကျိၤဆူခိဉ်ဖွ့ုထၢဉ်အပူၤ, တၢ်ဂ့ၢ်တၢ်ကျိၤလၢတၢ်ထၢနှာ်လီၤအီၤ ၃. လီဂံၢ်ကျိၤဟဲနှာ်
input *v* ၁. ထၢနှာ်တၢ်ဂ့ၢ်တၢ်ကျိၤဆူခိဉ်ဖွ့ုထၢဉ်အပူၤ ၂. ထၢနှာ်လီၤ ၃. (လီဂံၢ်သဟီဉ်)နှာ်လီၤဆူစဲးဖီကဟာ်အပူၤ
inquest *n* ၁. တၢ်ဃိထံသမံသမိးတၢ်သံတၢ်ပှၢ်အဂ့ၢ် ၂. တၢ်ဃိထံသ့ဉ်ညါတၢ်
inquietude *n* တၢ်သးသူဂဲၤ, တၢ်အိဉ်ဃိအိဉ်ဃဲးတကဲ, တၢ်အိဉ်ဂၢၢ်တကဲ
inquire *v* သံကွၢ်တၢ်ကစီဉ်, သံကွၢ်သံဒိး
inquiry *n* တၢ်သံကွၢ်သံဒိး, တၢ်ဃုသ့ဉ်ညါ
inquisition *n* ၁. တၢ်သံကွၢ်တၢ်ကဆူးကတ့ၢ, တၢ်သံကွၢ်သံဒိးတၢ်ဆူဉ် ၂. (the Inquisition) ရိမ့ၤခဲးသလ့းတၢ်အိဉ်ဖှိဉ်လၢပျ့ၢအလုၢ်အလၢ်တၢ်စူၢ်တၢ်နှာ်ဘဉ်ဃးတၢ်ဃုသ့ဉ်ညါပှၤလၢအထီဒါအတၢ်ဘူဉ်တၢ်ဘါဒီးစံဉ်ညီဉ်သံအီၤ
inquisitive *a* သးဃံဃူ, သံကွၢ်တၢ်ကဆူးကတ့ၢ, လၢအသံကွၢ်တၢ်ဆူဉ်
inquisitor *n* ၁. ပှၤလၢအသံကွၢ်သံဒိးတၢ်လၢအကဆူးကတ့ၢ ၂. ပှၤဘဉ်မူဘဉ်ဒါလၢအစူးကါကျဲဆူဉ်ကျဲကိၤလၢကသံကွၢ်သံဒိးတၢ်အဂီၢ်
inroad *n* တၢ်နှာ်လီၤဒုးတပျီၤတၢ်
inrush *n* ထံယွၤသဖှဲးနှာ်ဆူတၢ်အိပူၤ, ထံယွၤသဘိုဉ်ဆူတၢ်အိပူၤ
insane *a* ပျုၢ်, သးတဘဉ်လိာ်ဘဉ်စး, ခိဉ်နှာ်တဘဉ်လိာ်ဘဉ်စး

insanitary *a* လၢအတကဆှဲကဆှိ, ဘၣ်အၢဘၣ်သီ, လၢအတဂ့ၤလၢတၢ်အိၣ်ဆူၣ်အိၣ်ချ့အဂီၢ်

insanity *n* တၢ်ပျုၢ်တၢ်တြီး, တၢ်ခိၣ်နူာ်တပှဲၤ, တၢ်တပံတဆး

insatiable *a* လၢအတၢ်သးမံတအိၣ်နီတဘျီ, လၢအမံသူၣ်မံသးအီၤတသ့နီတဘျီ

insatiate *a* လၢအတၢ်သးမံတအိၣ်နီတဘျီ, လၢအမံသူၣ်မံသးအီၤတသ့နီတဘျီ, တတံၤသူၣ်တံၤသးဘၣ်အီၤနီတဘျီ

inscribe *v* ၁. ဆဲးလီၤမံၤ, ကွဲးလီၤမံၤ ၂. စိးပျၤလံာ်မဲာ်ဖျၢၣ် မ့တမ့ၢ် တၢ်အက့ၢ်အဂီၤ, ဂဲာ်လံာ်မဲာ်ဖျၢၣ်

inscription *n* ၁. တၢ်ဆဲးလီၤမံၤ, တၢ်ကွဲးလီၤမံၤ ၂. တၢ်စိးပျၤလံာ်မဲာ်ဖျၢၣ် မ့တမ့ၢ် တၢ်အက့ၢ်အဂီၤ, တၢ်ဂဲာ်လံာ်မဲာ်ဖျၢၣ်

inscrutable *a* လၢတၢ်နၢ်ပၢၢ်ဘၣ်အီၤကီ, လၢတၢ်ဃုထံၣ်သ့ၣ်ညါအဂ့ၢ်တသ့ဘၣ်, လၢအဒိၣ်အယိာ်တုၤပနၢ်ပၢၢ်လၢအဂ့ၢ်တသ့

insect *n* တၢ်ဖိယၢ်

insecticide *n* ကသံၣ်မၤသံတၢ်ဖိယၢ်

insectivore *n* ဆၣ်ဖိကီၢ်ဖိဒီးတၢ်မုၢ်တၢ်ဘိလၢအဖီၣ်အီၣ်တၢ်ဖိလံၤဖိယၢ်

insecure *a* ၁. လၢအတအိၣ်ဒီးတၢ်ဘံၣ်တၢ်ဘၢ, လၢအတအိၣ်ဒီးတၢ်ကဟုကယာ်, လၢအတပူၤဖျဲး ၂. လၢအတဂၢၢ်တကျၢၤ ၃. လၢအတအိၣ်ဒီးတၢ်နာ်နၢ့်လီၤသး

insecurity *n* ၁. တၢ်ဘံၣ်တၢ်ဘၢတအိၣ်, တၢ်ကဟုကယာ်တအိၣ်, တၢ်ပူၤဖျဲးတအိၣ် ၂. တၢ်ဂၢၢ်တၢ်ကျၢၤတအိၣ် ၃. တၢ်တအိၣ်ဒီးတၢ်နာ်နၢ့်လီၤသး

inseminate *v* မၤချံမၤသၣ်ထီၣ်တၢ်, မၤမိၢ်ဒံၣ်ထီၣ်, ထၢနုာ်လီၤ (ခွါ မ့တမ့ၢ် ဆၣ်ဖိကီၢ်ဖိအဖါ) အဆိုးထံဆူ (ပိာ်မုၣ် မ့တမ့ၢ် ဆၣ်ဖိကီၢ်ဖိအမိၢ်) အဒၢလီၢ်အပူၤလၢကဒုးအိၣ်ထီၣ်အချံအသၣ်

insensibility *n* ၁. တၢ်တအိၣ်ဒီးတၢ်တူၢ်ဘၣ်ခိၣ်ဘၣ် ၂. တၢ်သးသပ့ၤကွံာ်, တၢ်သးပ့ၤနီၣ်ကွံာ်သး ၃. တၢ်သ့ၣ်ညါအစ့ၣ်လီၤမၢ်ကွံာ်, တၢ်တသ့ၣ်ညါသူၣ်သ့ၣ်ညါသး

insensible *a* ၁. လၢအတအိၣ်ဒီးတၢ်တူၢ်ဘၣ်ခိၣ်ဘၣ် ၂. သးသပ့ၤ, သးပ့ၤနီၣ်သး, သးတပၢၢ်ထီၣ်

insensitive *a* ၁. လၢအတအိၣ်ဒီးတၢ်တူၢ်ဘၣ်ခိၣ်ဘၣ် ၂. သးသပ့ၤ, သးပ့ၤနီၣ်သး, သးတပၢၢ်ထီၣ် ၃. လၢအတၢ်ထံၣ်တၢ်သ့ၣ်ညါအစ့ၣ်လီၤမၢ်, လၢအတသ့ၣ်ညါသူၣ်သ့ၣ်ညါသး

inseparable *a* လၢတၢ်မၤလီၤဖးကွံာ်အီၤတသ့, လၢတၢ်ထုးဖးကွံာ်အီၤတန့ၢ်

insert *n* တၢ်တမံၤလၢတၢ်ထၢနုာ်လီၤအီၤ မ့တမ့ၢ် တၢ်မၤအါထီၣ်အီၤ

insert *v* ထၢနုာ်, မၤပှဲၤလီၤလၢအကဆူး, တၢ်လၢအဘၣ်တၢ်ဖၢနုာ်အီၤလၢတၢ်အ (ကျါ) ပူၤ

insertion *n* တၢ်ထၢနုာ်လီၤတၢ်, တၢ်မၤပှဲၤတၢ်လၢတၢ်အကျါ (အပူၤ) , တၢ်ဆွံနုာ်လီၤ (တၢ်) လၢ (တၢ်) အကဆူး

in-service *a* လၢတၢ်ဟ့ၣ်အါထီၣ်ကံၢ်စီတၢ်သ့တၢ်ဘၣ်ဖဲအိၣ်လၢမူဒါပူၤအကတိၢ်, လၢတၢ်ဟ့ၣ်ကံၢ်စီတၢ်သ့တၢ်ဘၣ်တၢ်မၤလိဖဲအိၣ်မူအိၣ်ဒါအကတိၢ်

inset *n* တၢ်ဂီၤဆံးဆံးဖိလၢအဘၣ်တၢ်ထၢနုာ်လီၤအီၤလၢတၢ်ဂီၤဖးဒိၣ်အပူၤ

inset *v* ၁. ထၢနုာ်လီၤ, ဆွံနုာ်လီၤဆူတၢ်အပူၤ ၂. ထၢနုာ်လီၤတၢ်ဂီၤဆံးဆံးဖိလၢတၢ်ဂီၤဖးဒိၣ်အပူၤ

inshore *a* ၁. လၢအဘူးဒီးပီၣ်လဲၣ်ကၢၢ်နံၤ ၂. လၢအအိၣ်လၢပီၣ်လဲၣ်ဒီးဟဲက့ၤဆူထံကၢၢ်နံၤ

inside *a* လၢအပူၤ, လၢအလဲပူၤ

inside *adv* တၢ်အိပူၤ

inside *prep* လၢအပူၤ

inside out *a* ဘျိၣ်ဘျံး, ဘျ့ၣ်ဘျံး, ဘျံးကဒါချ

insider *n* ပှၤလၢခွဲပူၤ, ပှၤလၢ (တၢ်ကရၢကရိ) အထၢပူၤ

insidious *a* လၢအအိၣ်ခူသူၣ်ဒီးမၤအၢမၤသီ, လၢအမၤအၢမၤသီခူသူၣ်တၢ်

insight *n* တၢ်နၢ်ပၢၢ်တၢ်လီၤတံၢ်လီၤဆဲး, တၢ်ထံၣ်တၢ်လၢသးအမဲာ်

insightful *a* လၢအနၢ်ပၢၢ်တၢ်လီၤတံၢ်လီၤဆဲး, လၢအထံၣ်တၢ်လၢသးအမဲာ်

I

insignia *n* လီၢ်လၤတၢ်ပနီၣ်, တၢ်ကရၢကရိအတၢ်ပနီၣ်
insignificant *a* အရှတဒိၣ်ဘၣ်, လၢအတဒိၣ်တမှာ်ဘၣ်, လၢအခီပညီတအိၣ်ဘၣ်, လၢပတကြၢးဟ်ကဲအီၤ
insincere *a* လၢအတတီတလိၤ, လၢအတမ့ၢ်တၢ်နီၢ်နီၢ်ဘၣ်, လၢအတဟ်ဖျါထီၣ်တၢ်လၢအသးဒီဖျာၣ်, ဟ်မၤသး
insincerity *n* တၢ်တတီတလိၤ, တၢ်တမ့ၢ်တၢ်နီၢ်နီၢ်ဘၣ်, တၢ်ဟ်မၤသး
insinuate *v* ၁. တတဲတၢ်လိၤလိၤ ၂. လွဲကဒံလွဲကဒါ ၃. နုာ်လီၤရှလီာ်တၢ်ကစုကစု
insinuation *n* ၁. တၢ်တတဲတၢ်လိၤလိၤ ၂. တၢ်လွဲကဒံလွဲကဒါတၢ် ၃. တၢ်နုာ်လီၤရှလီာ်တၢ်ကစုကစု
insipid *a* အရီၢ်ဘျါ
insist *v* ဘှစဃှ, ဟ်အသးဆၢဆူၣ်ဆၢမနၤ
insistence *n* တၢ်ဟ်သးဆၢဆူၣ်ဆၢမနၤ, တၢ်ဘှစဃှ, တၢ်ဟ်သးစွံကတုၤ, တၢ်ခိၣ်ကိၤ
insistent *a* လၢအဟ်သးစွံကတုၤ, လၢအဟ်သးဆၢဆူၣ်ဆၢမနၤ, လၢအခိၣ်ကိၤ
insobriety *n* တၢ်ကီၤသးတန့ၢ်, တၢ်အီမူၤသး
insolence *n* တၢ်မၤတရီတပါပှၤဂၤ, တၢ်ဟ်ထီၣ်ထီသးလၢပှၤဂၤအဖီခိၣ်
insolent *a* လၢအရၢၢ်အစၢၢ်, လၢအမၤတရီတပါပှၤ
insolubility *n* ၁. တၢ်ဃုထံၣ်န့ၢ်တၢ်အစၢတသ့ ၂. တၢ်လၢအပံၢ်လီၤလၢထံကျါတသ့, တၢ်လၢတၢ်မၤပံၢ်လီၤအီၤတသ့
insoluble *a* လၢအပံၢ်လီၤလၢထံကျါတသ့ဘၣ်
insolvence *n* တၢ်တအိၣ်ဒီးကျိၣ်စ့လၢလၢပှဲၤပှဲၤလၢကလီးကွၤကမၢ်, ဒ့ၣ်ကမၢ်ထီၣ်တုၤလီးကွၤတန့ၢ်
insolvent *a* လၢအဒ့ၣ်ကမၢ်ထီၣ်တုၤလီးကွၤဝဲတန့ၢ်, လၢအတအိၣ်ဒီးကျိၣ်စ့လၢလၢပှဲၤပှဲၤလၢကလီးကွၤကမၢ်
insomnia *n* တၢ်မံတန့ၢ်တၢ်ဆါ
insomniac *n* ပှၤဘၣ်တၢ်မံတန့ၢ်တၢ်ဆါ
insomuch *adv* တုၤဒၣ်လဲာ်
inspect *v* ဃုကွၢ်သမံသမိးတၢ်
inspection *n* သမံထံ, ဃိထံသမံသမိး, စဲးကွၢ်
inspector *n* ပှၤသမံသမိးလံာ်အှၣ်သး
inspiration *n* သးအတၢ်ထိၣ်ဟူးထိၣ်ဂဲၤ, တၢ်စိတၢ်ကမီၤလၢအထိၣ်ဂဲၤပှၤသး
inspirational *a* ၁. လၢအထိၣ်ဟူးထိၣ်ဂဲၤထိၣ်သး, လၢအဟ့ၣ်တၢ်သူၣ်ဟူးသးဂဲၤ ၂. လၢအတၢ်ဆိကမိၣ်အတၢ်ထံၣ်ဟဲအိၣ်ဖျါထီၣ်သတူၢ်ကလာ် ၃. လၢအသါနုာ်လီၤကလံၤ
inspire *v* ဒုးထိၣ်ဟူးထိၣ်ဂဲၤထိၣ်သးသဟီၣ်, ဒုးအိၣ်ထီၣ်တၢ်စိတၢ်ကမီၤလၢအထိၣ်ဂဲၤပှၤသး
inspired *a* ၁. လၢအအိၣ်ဒီးတၢ်အကံၢ်အစီ မ့တမ့ၢ် တၢ်သ့တၢ်ဘၣ်လီၤဆီ ၂. လၢအဘၣ်တၢ်ကသါနုာ်လီၤ
inspiring *a* လၢအထိၣ်ဟူးထိၣ်ဂဲၤပှၤသး, လၢအထိးဘၣ်ပှၤသး
inspirit *v* ထိၣ်ဟူးထိၣ်ဂဲၤ, ဟ့ၣ်ဆူၣ်ထိၣ်ဂံၢ်ဘါ
instability *n* တၢ်တဂၢၢ်တကျၢၤ, တၢ်လဲလိာ်အိၣ်ထိၣ်ခဲအံၤခဲအံၤ
instable *a* လၢအတဂၢၢ်တကျၢၤ, လၢတၢ်လဲလိာ်အိၣ်ထိၣ်ခဲအံၤခဲအံၤ
install, instal *v* ဆီလီၤဟ်လီၤ, ထိထီၣ်
installation *n* ၁. တၢ်ထိထီၣ်တၢ်, တၢ်ဆီလီၤဟ်လီၤ ၂. တၢ်ဟ်ထီၣ်ပှၤလၢအလီၢ်ဒ်အလုၢ်အလၢ်အိၣ်ဝဲအသိး
installment, instalment *n* ၁. တကူာ်တကူာ် ၂. တၢ်လၢတၢ်ဘၣ်ဟ့ၣ်ကွၤအီၤတဘျီတစဲးတုၤလၢတၢ်လိးအီၤတူာ်ကွံာ်တစု, တၢ်လၢတၢ်ဘၣ်ဟ့ၣ်ကွၤတဘျီတစဲး အဒိ, တၢ်ဟ့ၣ်ကွၤဒ့ၣ်ကမၢ်
instance *n* တၢ်အဒိအတဲာ်တမံၤမံၤ, တၢ်အဒိအတဲာ်
instance *v* ဟ့ၣ်တၢ်အဒိအတဲာ်, ဟ့ၣ်ဒိဟ့ၣ်တဲာ်
instant *a* လၢအကဲထီၣ်အသးတဘျီဃီ
instant *n* တစိၢ်ဖိ, မီကိာ်, တဘျးဖိ
instantaneous *a* လၢအကဲထီၣ်အသးချ့သဒံး, တကိၢ်ခါ, တဘျီဃီ
instantly *adv* တဘျီဃီ
instate *v* တီၣ်ထီၣ်အီၤလၢအလီၢ်အလၤအပူၤ, ဟ်ထီၣ်အီၤလၢအလီၢ်အလၤအပူၤ

instead *adv* လၢအလိၢ်

instep *n* ခီဉ်ညါခီဉ်

instigate *v* သဆဉ်ထီဉ်ပှၤခံလၢကမၤအၢတၢ်, ဆှၢပှၤလၢတၢ်အၢအပူၤ

instigation *n* တၢ်သဆဉ်ထီဉ်ပှၤခံလၢကမၤအၢတၢ်, တၢ်ဆှၢပှၤလၢတၢ်အၢအပူၤ

instigator *n* ပှၤလၢအဒုးအိဉ်ထီဉ်တၢ်တမံၤမံၤ, ပှၤလၢအစးထီဉ်ထိဉ်ဟူးထီဉ်ဂဲၤတၢ်

instill, instil *v* ၁. ဒုးစံၢ်နဲာ်တၢ်လၢအသးကံၢ်ပူၤတစဲးဘဉ်တစဲး ၂. ဒုးလီၤစီၤနဲာ်အီၤတစဲးဘဉ်တစဲး

instillation *n* တၢ်ဒုးစံၢ်နဲာ်တၢ်လၢအသးကံၢ်ပူၤတစဲးဘဉ်တစဲး

instinct *n* တၢ်သ့ဉ်ညါလၢန့ဆၢဉ်ဟ့ဉ်အီၤ, တၢ်သ့လၢအဟဲပဉ်လၢမိၢ်ဟၢဖၢပူၤ

instinctive *a* လၢအဘဉ်ဃးဒီးန့ဆၢဉ်တၢ်သ့ဉ်ညါလၢအအိဉ်ဟ်စၢၤလၢအပူၤ, လၢအဘဉ်ဃးဒီးတၢ်သ့ဉ်ညါလၢန့ဆၢဉ်ဟ့ဉ်အီၤ

instinctively *adv* ဒ်န့ဆၢဉ်အတၢ်သ့ဉ်ညါအိဉ်ဟ်စၢၤအသိး

institute *n* တၢ်ကရၢကရိ, ကို, တၢ်သူဉ်ထိဉ်

institute *v* သူဉ်ထိဉ်, ဒုးအိဉ်ထိဉ်, သူဉ်ထိဉ်ဆီလီၤ

institution *n* တၢ်ကရၢကရိ, ဖွဉ်စိမိၤကို, တၢ်သူဉ်ထိဉ်ဆီလီၤတၢ်

institutional *a* လၢအဘဉ်ဃးဒီးတၢ်ကရၢကရိ, လၢအဘဉ်ဃးဒီးကိုဖိၤကိဉ်ဖိၤ, လၢအဘဉ်ဃးဒီးတၢ်သူဉ်ထိဉ်ဆီလီၤတၢ်

institutionalize, institutionalise *v* ၁. ဆှၢဆူတၢ်ပျုၢ်တၢ်ဆါဟံဉ်, ဆှၢဆူဃိာ်ပူၤလၢကတီၢ်ယံာ်ယံာ်ထၢထၢ ၂. ဘဉ်အိဉ်လၢတၢ်လိၢ်တတီၤအပူၤယံာ်ယံာ်ထၢထၢ ၃. ကရၢကရိထိဉ်အီၤဒ်ကရၢတဖုအသိး, ဆီလီၤတၢ်ကရၢကရိဒ်အက့ၢ်အဂီၤအသိး

institutionalized *a* ၁. လၢအဂံၢ်စဲၤလီၤခီဖျိကဲထိဉ်တ့ၢ်သးယံာ်လံ, လၢအသူဉ်လီၤအသးယံာ်ဒီးကဲထိဉ်ဒ်တၢ်အညီနုၢ်အသိး ၂. လၢအဒိးသန္ၤထိဉ်အသးလၢအကစၢ်ဒဉ်ဝဲအဖီခိဉ်တသ့ခီဖျိအိဉ်လၢတၢ်လိၢ်တတီၤယံာ်တလၢအဃိ

instruct *v* နဲဉ်လီၤတၢ်, သိဉ်လိနဲဉ်လိတၢ်

instruction *n* တၢ်နဲဉ်လီၤ, တၢ်သိဉ်လိနဲဉ်လိ

instructional *a* လၢအသိဉ်လိနဲဉ်လိတၢ်, လၢအနဲဉ်လီၤတၢ်လၢအမၤလိာ်တၢ်တမံၤမံၤ

instructive *a* လၢအဟ့ဉ်တၢ်ဂ့ၢ်တၢ်ကျိၤလၢအဘျုးအိဉ်, လၢအဟ့ဉ်ဒုးသ့ဉ်ညါတၢ်

instructor *n* ပှၤနဲဉ်တၢ်

instrument *n* ၁. တၢ်စုကဝဲၤပီးလီ (လၢတၢ်မၤအဂီၢ်) ၂. တၢ်သံကျံအပီးအလီ, တၢ်ဒ့တၢ်အူအပီးအလီ

instrumental *a* ၁. လၢအဘဉ်ဃးဒီးတၢ်သံကျံအပီးအလီ, လၢအဘဉ်ဃးဒီးတၢ်ဒ့တၢ်အူအပီးအလီ ၂. လၢအဘဉ်ဃးဒီးတၢ်စုကဝဲၤပီးလီလၢတၢ်မၤအဂီၢ်, လၢအကဲထိဉ်တၢ်မၤစၢၤ

instrumental *n* တၢ်သံကျံတခါလၢအိဉ်ထဲတၢ်ဒ့တၢ်အူ, တၢ်သူဉ်ဝံဉ်သးဆၢတခါလၢအိဉ်ထဲတၢ်ဒ့တၢ်အူ

instrumentalist *n* ၁. ပှၤတဂၤလၢအဒ့တၢ်အူတၢ်သ့, ပှၤလၢအဒ့တၢ်သံကျံအပီးအလီသ့ ၂. ပှၤလၢအနာ်လၢအစူးကါတၢ်ကီးမံၤဒ်တၢ်ပီးတၢ်လီအသိးသ့ဝဲ

instrumentation *n* ၁. တၢ်ရဲဉ်ကျဲၤတၢ်ဒ့တၢ်အူအယုၢ်အကွၢ် ၂. တၢ်ဒ့တၢ်အူပီးလီလၢတၢ်သးဝံဉ်တယုၢ်အဂီၢ်

insubordinate *a* ၁. လၢအတဒိကနဉ်ပှၤခိဉ်ပှၤနၢ်ဘဉ်, လၢအတယူးယီဉ်ဟ်ကဲတၢ်ခိဉ်တၢ်နၢ်ဘဉ် ၂. လၢအတအဲဉ်ဒိးအိဉ်လၢပှၤအဖီလာ်ဘဉ်, လၢအတအဲဉ်ဒိးကဲပှၤအပျဲၢ်ဘဉ်

insubstantial *a* ၁. လၢအသံးအကာ်တအိဉ်ဘဉ်, လၢအတမ့ၢ်တၢ်နီၢ်နီၢ်ဘဉ် ၂. လၢအတကျၢၤတန္ၤ

insufferable *a* လၢတၢ်တူၢ်အီၤတကဲ, လၢအမၤတံာ်တာ်ပှၤအသး

insufficient *a* လၢအတလၢတပှဲၤ, လၢအတလၢတလိၢ်

insular *a* ၁. လၢအသူဉ်အံဉ်သးအံဉ်, လၢအတၢ်သးစဲတအိဉ် ၂. လၢအဘဉ်ဃးဒီးကီး

insulate *v* ၁. တဒီယာ် (တၢ်ကိၢ်, တၢ်သိဉ်, လီသဟီဉ်ဒီးအဂၤ) လၢအခီက်တၢ် ၂. ကဟုကယာ်ဒီသဒၢပှၤတဂၤ မ့တမ့ၢ် တၢ်တမံၤမံၤလၢတၢ်လဲၤခီဖျိလၢအတမှာ်တလၤ

insulated *a* လၢအဘဉ်တၢ်ဒီသဒၢ မ့တမ့ၢ် တဒီယာ်အီၤလၢ (တၢ်ကိၢ်, တၢ်သိဉ်, လီသဟီဉ်ဒီးအဂၤ) လၢအခီက်တၢ်

insulating *a* လၢအတြီဃာ် မ့တမ့ၢ် ဒီသဒၢဃာ် (တၢ်ကိၢ်, တၢ်သီၣ်, လီသဟီၣ်ဒီးအဂၤ) လၢအခီက်တၢ်

insulation *n* တၢ်ဒီဃာ် (တၢ်ကိၢ်, တၢ်သီၣ်, လီသဟီၣ်ဒီးအဂၤ) လၢအခီက်တၢ်

insulator *n* အ့ၣ်စူၣ်လ့းထၢၣ်, ပီးလီလၢအတဒီဃာ် မ့တမ့ၢ် ဒီသဒၢဃာ် (တၢ်ကိၢ်, တၢ်သီၣ်, လီသဟီၣ်ဒီးအဂၤတဖၣ်)

insult *n* တၢ်ကတိၤတရီတပါတၢ်, တၢ်ကတိၤနုၣ်ဒွဲၣ်တၢ်

insult *v* ကတိၤတရီတပါ, ကတိၤနုၣ်ဒွဲၣ်

insulting *a* လၢအကတိၤတရီတပါ, လၢအကတိၤနုၣ်ဒွဲၣ်တၢ်, လၢအမၤတမုာ်ပှၤအသး

insuperable *a* လၢတၢ်လဲၤခီဖျိအီၤတန့ၢ်, လၢတၢ်မၤနၢၤအီၤတသ့

insupportable *a* လၢတၢ်ကွၢ်ဆၢၣ်မဲာ်အီၤတန့ၢ်, လၢတၢ်တူၢ်အီၤတကဲ

insurance *n* တၢ်အုၣ်ကီၤ

insurance policy *n* တၢ်အုၣ်ကီၤဖီလစံၣ်, တၢ်အုၣ်ကီၤကျဲသနူ

insure *v* ၁. မၤလီၤတံၢ်တၢ် ၂. အုၣ်ကီၤအသး

insured *a* ၁. လၢအအိၣ်ဒီးတၢ်အုၣ်ကီၤ

insurer *n* ပှၤ မ့တမ့ၢ် ခီပနံာ်လၢအဟ့ၣ်တၢ်အုၣ်ကီၤ, ပှၤ မ့တမ့ၢ် ခီပနံာ်လၢအဆါတၢ်အုၣ်ကီၤ

insurgency *n* တၢ်ပူထီၣ်လီထီၣ်တၢ်

insurgent *n* ပှၤပူထီၣ်တၢ်, ပှၤပူထီၣ်လီထီၣ်တၢ်ဖိ

insurmountable *a* ၁. လၢတၢ်ခီပတာ်ကွံာ်အီၤတန့ၢ်, လၢတၢ်မၤနၢၤကွံာ်အီၤတသ့ ၂. လၢတၢ်မၤကဲထီၣ်လိၣ်ထီၣ်အီၤတသ့

insurrection *n* တၢ်ပူထီၣ်လီထီၣ်

insusceptible *a* လၢအနၢ်တီၣ်, လၢအနၢ်စွံကတုၤ

intact *a* လၢအတဟးဂူာ်ဟးဂီၤနီတစဲးဘၣ်, လၢအအိၣ်ဇ်အလီၢ်လီၢ်

intake *n* ၁. တၢ်နုာ်လီၤအနီၣ်ဂံၢ်နီၣ်ဇွးပှဲၤအံၤပှဲၤနုၤ အဒိ, ကို့ဖိသီနုာ်လီၤကို့အနီၣ်ဂံၢ် ၂. ပီၤဘိအပူၤခိၣ်ထိးလၢကလံၤဒီးထံ မ့တမ့ၢ် က်သဝံနုာ်လီၤ, တၢ်ပူၤခိၣ်ထိး ၃. တၢ်ကသါနုာ်လီၤကလံၤ

intangible *a* လၢအမိၢ်လံၤမိၢ်ပှၢ်တအိၣ်, လၢတၢ်ဖိၣ်ကွၢ်အီၤထိးကွၢ်အီၤတသ့

integer *n* နီၣ်ဂံၢ်ပှဲၤ

integral *a* လၢအဘၣ်ဃးဒီးနီၣ်ဂံၢ်ပှဲၤ

integrate *v* ၁. နုာ်လီၤဟ်ဖှိၣ်လိာ်သးတပူၤဃီ ၂. အိၣ်ဆိးဃုာ်, ဟ်ဃုာ်တၢ်တမံၤဃီ

integrated *a* ၁. လၢအဘၣ်တၢ်ဟ်ဖှိၣ်ထိၣ်အီၤတပူၤဃီ ၂. လၢအအိၣ်ဆိးဃုာ်တပူၤဃီ, လၢအပၣ်ဃုာ်တၢ်တမံၤဃီ

integration *n* ၁. တၢ်ဟ်ဖှိၣ်ထိၣ်သးတပူၤဃီ ၂. တၢ်ဟဲဒုးအိၣ်ဆိးဃုာ်တၢ်တပူၤဃီ

integrity *n* တၢ်တီတၢ်လိၤ, တၢ်ဟ်းဃာ်ဂၢၢ်ကျၢၤတၢ်တီတၢ်လိၤ

intellect *n* တၢ်အိၣ်ဒီးတၢ်ကူၣ်သ့ဖးဘၣ်အလၢအပှဲၤ, ပှၤကူၣ်ဘၣ်ကူၣ်သ့, ပှၤကူၣ်သ့ဖးဘၣ်

intellectual *a* လၢအအိၣ်ဒီးတၢ်ကူၣ်သ့ဖးဘၣ်အလၢအပှဲၤ, လၢအအိၣ်ဒီးတၢ်သ့ၣ်ညါနၢ်ပၢၢ်အလၢအပှဲၤ

intellectual *n* ပှၤလၢအိၣ်ဒီးတၢ်ကူၣ်ဘၣ်ကူၣ်သ့လၢအပတိၢ်ထိ

intelligence *n* တၢ်ကူၣ်သ့, တၢ်သူၣ်ပှ့ၢ်သးဆှါ

intelligent *a* လၢအသူၣ်ပှ့ၢ်သးဆှါ, လၢအသ့သ့ၣ်ညါတၢ်

intelligentsia *n* ပှၤကူၣ်ဘၣ်ကူၣ်သ့အတဝၢ, ပှၤကူၣ်သ့ကူၣ်ဘၣ်အတဝၢ

intelligible *a* လၢတၢ်နၢ်ပၢၢ်အီၤသ့

intemperance *n* ၁. တၢ်တသ့ပၢၤသူၣ်ပၢၤသး ၂. တၢ်အီသံးလီၤလူလီၤဘျၢၣ်, တၢ်ကီၤသးလၢတၢ်အီသံးအီက်တန့ၢ်

intemperate *a* လၢတသ့ပၢၤသူၣ်ပၢၤသး မ့တမ့ၢ် လၢအတသ့ကီၤသူၣ်ကီၤသး, လၢအအီသံးအီက်လီၤလူလီၤဘျၢၣ်

intend *v* ဟ်လီၤအသး, တိာ်ဟ်

intended *a* ၁. လၢအအိၣ်ဒီးအတၢ်ပညိၣ်လီၤတံၢ်လီၤဆဲး, လၢဘၣ်တၢ်ရဲၣ်ကျဲၤဟ်အီၤ

intense *a* လၢအသဟိၣ်ဆူၣ်မး, လၢအစိဆူၣ်မး အဒိ, ကသံၣ်ဝဲအံၤအစိဆူၣ်မး

intensification *n* တၢ်ဒုးဆူၣ်ထီၣ်တၢ်, တၢ်မၤဆူၣ်ထီၣ်တၢ်

intensify *v* မၤဆူၣ်ထီၣ်

intensity *n* တၢ်အသဟီဉ်ဆူဉ်ထီဉ်, တၢ်ဘဉ်ဂဲၤလိာ်မၤတၢ်ဆူဉ်ဆူဉ်ကလဲာ်, တၢ်ထဲးဂံၢ်ထဲးဘါလၢာ်အခါး

intensive *a* လၢအဘဉ်ဂဲၤလိာ်မၤတၢ်ဆူဉ်ဆူဉ်ကလဲာ်, လၢအဘဉ်ထဲးဂံၢ်ထဲးဘါလၢာ်အခါး

intensive care *n* တၢ်အံးထွဲကွၢ်ထွဲလူၤတုၢ်လူၤတီၤဒီးလၢတၢ်ပလိၢ်ပဒီသးအပူၤ

intent *a* လၢအအိဉ်ဒီးတၢ်သူဉ်ဆူဉ်သးဂဲၤဒိဉ်ဒိဉ်ကလဲာ်, လၢအဟ်လီၤသးဃါမနၤ

intent *n* တၢ်ပညိဉ်, တၢ်ဟ်လီၤသး (ဃါမနၤ)

intention *n* တၢ်အိဉ်ဒီးတၢ်သူဉ်ဆူဉ်သးဆူဉ်ဒိဉ်ဒိဉ်ကလဲာ်, တၢ်ဟ်လီၤသးဃါမနၤ

intentional *a* ဃါမနၤ, လၢတၢ်ဟ်လီၤသးစဲဃဲၤအပူၤ

intently *adv* လၢတၢ်သူဉ်ဆူဉ်သးဂဲၤအပူၤ

inter *v* ခူဉ်လီၤဘျၢလီၤ, ခူဉ်လီၤဘါဘၢ

interact *v* ဘဉ်ထွဲလိာ်အသးဃၢ်ခီဃၢ်ခီ, ခီဆၢလိာ်အသးဃၢ်ခီဃၢ်ခီ

interaction *n* တၢ်ဘဉ်ထွဲခီဆၢလိာ်အသးဃၢ်ခီဃၢ်ခီ

interactive *a* လၢအဘဉ်ထွဲခီဆၢလိာ်အသးဃၢ်ခီဃၢ်ခီ

interbreed *v* မၤဃါဃှာ်အစၢၤအသွဲဉ်

intercede *v* ဃ့ကညးစၢၤတၢ်လၢပှၤဂၤအဂီၢ်, နှာ်လီၤမၤဃူမၤဖိးတၢ်လၢတၢ်ဘၢဉ်စၢၤ

intercept *v* ဖိဉ်ဘျီဃာ်, ဘျီဃာ်, တြီဃာ်, ဒိဉ်ဖိဉ်

interceptor *n* ၁. ပှၤ မ့တမ့ၢ် တၢ်ဖိတၢ်လံၤလၢအဒိဉ်ဖိဉ်တၢ် ၂. သုးကဘီယူၤချ့လၢအဒိဉ်ဖိဉ်ဒီးတြီတၢ်

intercession *n* တၢ်ဃ့ကညးစၢၤတၢ်လၢပှၤဂၤအဂီၢ်, တၢ်နှာ်လီၤမၤဃူမၤဖိးတၢ်လၢတၢ်ဘၢဉ်စၢၤ

intercessory *a* လၢအဃ့ကညးစၢၤတၢ်လၢပှၤဂၤအဂီၢ်, လၢအနှာ်လီၤမၤဃူမၤဖိးတၢ်လၢတၢ်ဘၢဉ်စၢၤ

interchange *n* ၁. တၢ်လဲလိာ်တၢ်ခံမံၤဃၢ်ခီဃၢ်ခီ ၂. ကျဲက်တဲာ် ၃. သနံဆီတလဲ, သနံဆီတလဲတၢ်လဲၤတၢ်ကူၤအကျဲ

interchange *v* လဲလိာ်တၢ်ခံမံၤဃၢ်ခီဃၢ်ခီ

interchangeable *a* လၢတၢ်လဲလိာ်အီၤဃၢ်ခီဃၢ်ခီသ့

intercom *n* တၢ်ဆဲးကျၢဆဲးကျိးလၢတၢ်သူဉ်ထိဉ် (မ့တမ့ၢ် ဟံဉ်) တဖျၢဉ်အပူၤ, တၢ်ဆဲးကျိးပီးလီလၢတၢ်သူဉ်ထိဉ်ကရၢၢ်တကဝီၤအပူၤ

intercommunication *n* ၁. တၢ်ဆဲးကျိးဆဲးကျၢလိာ်သးဃၢ်ခီဃၢ်ခီ ၂. တၢ်လဲၤခီက်ဒၢးဃၢ်ခီဃၢ်ခီ, တၢ်လဲၤခီက်လၢဒၢးတဖဉ်

interconnect *v* မၤဘဉ်ထွဲဘျးစဲလိာ်သး, ဘျးစဲလိာ်သးဃၢ်ခီဃၢ်ခီ

intercontinental *a* လၢအဘဉ်ဃးဒီးကိၢ်မိၢ်ပှၢ်တဘ့ဉ်ဒီးတဘ့ဉ်အဘၢဉ်စၢၤ

intercourse *n* မိၢ်ဒီးဖါမံဃှာ်လိာ်အသး, တၢ်မံဃှာ်လိာ်သး

interdenominational *a* လၢအဘဉ်ဃးဒီးတၢ်ဘါကရူၢ်အါကလှာ်

interdepartmental *a* လၢအအါနှၢ်ဝဲၤကျိၤဝဲၤဒ့တခါ, လၢဝဲၤကျိၤဝဲၤဒ့တဖဉ်အဘၢဉ်စၢၤ

interdependence *n* တၢ်ဒီးသန့ၤထိဉ်လိာ်သးဃၢ်ခီဃၢ်ခီ

interdependent *a* လၢအဒီးသန့ၤထိဉ်လိာ်သးဃၢ်ခီဃၢ်ခီ

interdict *n* တြီဃာ်တၢ်

interdiction *n* တၢ်တြီဃာ်တၢ်

interdisciplinary *a* လၢအအိဉ်ဒီးတၢ်သ့ဉ်ညါနၢ်ပၢၢ်အလီၢ်ကဝီၤလၢအလီၤဆီလိာ်သး

interest *n* ၁. တၢ်သးစဲ, တၢ်သးဂဲၤ, တၢ်သးအိဉ် ၂. စ့အအ့ဉ်

interest *v* ၁. လီၤသးစဲ, မၤသးစဲပှၤဂၤ ၂. ထုးန့ၢ်သူဉ်ထုးန့ၢ်သး

interest group *n* ပှၤတဖုလၢအတၢ်သးစဲလီၤက်လိာ်အသး

interested *a* လၢအသးစဲတၢ်, လၢအသူဉ်အိဉ်သးအိဉ်တၢ်, လၢအသးဂဲၤ

interest-free *a* လၢတၢ်တဃ့စ့အအ့ဉ်, လၢတအိဉ်ဒီးစ့အအ့ဉ်

interesting *a* လၢအလီၤထုးန့ၢ်သူဉ်ထုးန့ၢ်သး, လၢအလီၤသးစဲ

interface *n* ၁. တၢ်လီၢ်တတီၤဖဲတၢ်ခံမံၤထိးစဲဘူးလိာ်သး, တၢ်ဘျးစဲတၢ်ခံမံၤလၢတၢ်လီၢ်တတီၤအပူၤ ၂. ခီဉ်ဖျူထၢဉ်တၢ်ဘျးစဲအကျိၤအကျဲတကလှာ်

interface *v* ၁. နးဘျးစဲ, နးဘၣ်ထွဲ ၂. ဘျးစဲထိၣ်ခိၣ်ဖှိုထၢၣ်စဲးပီးလီတဖၣ်

interfere *v* မၤတံာ်တာ်, နုာ်လီၤဂ်ာ်စုဂ်ာ်ခီၣ်

interference *n* တၢ်မၤတံာ်တာ်, တၢ်နုာ်လီၤဂ်ာ်စုဂ်ာ်ခီၣ်

interfering *a* လၢအနုာ်လီၤမၤတံာ်တာ်တၢ်, လၢအနုာ်လီၤဂ်ာ်စုဂ်ာ်ခီၣ်တၢ်

intergalactic *a* လၢအအိၣ်လၢဆၣ်အကရူ်တဖၣ်အဘၢၣ်စၢၤ, လၢအဘၣ်ထွဲဒီးဆၣ်ကရူ်တဖၣ်အဘၢၣ်စၢၤ

intergovernmental *a* လၢအဘၣ်ထွဲဒီးပဒိၣ်တဖၣ်အဘၢၣ်စၢၤ, လၢအဘၣ်ထွဲဒီးပဒိၣ်ကဒဲကဒဲအဘၢၣ်စၢၤ

interim *a* လၢတၢ်ဘၢၣ်စၢၤကတိၢ်, လၢအဘၣ်ထွဲဒီးကတိၢ်ဘၢၣ်စၢၤ

interim *n* ကတိၢ်ဘၢၣ်စၢၤ, တၢ်ဘၢၣ်စၢၤကတိၢ်

interior *a* လၢအပူၤ

interior *n* အပူၤ

interior decorator *n* ပှၤကယၢကယဲဟံၣ်ပူၤဃီပူၤ, ပှၤကယၢကယဲတၢ်သူၣ်ထိၣ်အပူၤ

interior design *n* တၢ်ကယၢကယဲတၢ်သူၣ်ထိၣ် မ့တမ့ၢ် ဒၢးအပူၤ

interject *v* ကတိၤဘိုတံာ်တာ်, ကတိၤထိၣ်ဖျဲးဖုးတၢ်

interjection *n* တၢ်ကတိၤထိၣ်ဖျဲးဖုး, တၢ်ကတိၤဘိုတံာ်တာ်တၢ်

interlace *v* ၁. ထ့သံၣ်ထ့ဃ့တၢ်, ထ့သိၣ်တၢ်, ထ့ကးတၢ် ၂. ဘံဘူလိာ်သး

interleave *v* တြဲာ်နုာ်တၢ်

interline *v* ကွဲးတ့ၢ်နုာ်တၢ်လၢလံာ်ကျိၤတဖၣ်အကဆူးအပူၤ

interlock *v* ဘၣ်ဘျးလိာ်အသး, ဘံဘူဆးဃၤလိာ်သး

interlope *v* ဆွံနုာ်ဆူၣ်အသးလၢတၢ်အကျါ, လဲၤနုာ်ဆူတၢ်လီၢ်ဖဲတန့ၢ်အခွဲး, မၤတံာ်တာ်တၢ်

interloper *n* ပှၤစီၢ်, ပှၤလၢအအိၣ်လၢတၢ်လီၢ်တတီၤလၢတဘၣ်ဃးဒီးအီၤ

interlude *n* ၁. တၢ်ဘၢၣ်စၢၤအဆၢကတိၢ်, တၢ်အိၣ်ဘှံးအဆၢကတိၢ် ၂. တၢ်ဒ့တၢ်အူလၢတၢ်ဒ့အီၤဖဲတၢ်ဆီတလဲတၢ်ဂဲၤဒိအဆၢကတိၢ်

intermarry *v* ၁. ထိၣ်ဖိနေ့ၢ်မါဒီးပှၤကလုာ်ဂၤ, ဆီဟံၣ်ဆီဃီဒီးကလုာ်ဂၤ ၂. ထိၣ်ဖိနေ့ၢ်မါလၢဒူၣ်ဖိထၢဖိအကျါ

intermediary *n* ပှၤလၢအကျဲၤဃူကျဲၤဖိးတၢ်, ပှၤကျဲၤဃူကျဲၤဖိးတၢ်လၢတၢ်ဘၢၣ်စၢၤ

intermediate *a* လၢအဘၢၣ်စၢၤ, လၢအအိၣ်လၢတၢ်ခံမံၤအဘၢၣ်စၢၤ

interminable *a* လၢအကတၢၢ်ကတာ်တသ့, လၢအလီၤကၢၣ်လီၤကျူ

intermingle *v* ဃါဃုာ်လိာ်အသး, အိၣ်ကျဲၣ်ကျီဃါဃုာ်လိာ်အသး

intermission *n* တၢ်ဘၢၣ်စၢၤအဆၢကတိၢ်, တၢ်အိၣ်ဘှံးတစိၢ်တလီၢ်, တၢ်ဆိကတိၢ်တစိၢ်တလီၢ်

intermittent *a* လၢအကွၤဝဲ, လၢအကဲထိၣ်အသးတဆိုတ့ၢ်တဆိုတ့ၢ်အိၣ်ဒီးအဆၢလီၤတံာ်တ့ာ် အဒိ, ဘျါဝံၤဆါထိၣ်ကဒါက့ၤဘျါဝံၤဆါထိၣ်ကဒါက့ၤ. တၢ်စူၤကိၢ်စူၤကိၢ်

intermix *v* ဃါဃုာ်တၢ်, ကျဲၣ်ကျီဃုာ်အသး, ကျဲၣ်ကျီဃါဃုာ်အသး

intern *n* ပှၤဖိုထိၣ်ကသံၣ်တၢ်မၤလိသိသိလၢအမၤလိအသးလၢတၢ်မၤ, ပှၤလီၤမၤလိကွၢ်တၢ်မၤ

intern *v* နးဃာ်ပှၤ, ဖီၣ်နးဃာ်

internal *a* လၢအဖွဲပူၤတခီ, လၢအညါပူၤ, လၢအအိပူၤ

internalize, internalise *v* နးကဲထိၣ်တၢ်လၢအဘၣ်ဃးဒီးအီၤ, နးဘၣ်ဃးအသး, နးဘၣ်ဃးဒီးအကစၢ်ဒၣ်ဝဲ

international *a* ဟီၣ်ခိၣ်ဘီမုၢ်, ဟီၣ်ခိၣ်ဒီဘ့ၣ်

international *n* ၁. ဟီၣ်ခိၣ်ဘီမုၢ်အတၢ်ဂဲၤလိာ်ကွဲပြ ၂. ထံကိၢ်အပှၤဂဲၤလိာ်ကွဲတၢ်လၢအပၣ်ဃုာ်လၢဟီၣ်ခိၣ်ဒီဘ့ၣ်အတၢ်ပြၢ

internationalism *n* ၁. တၢ်တဲနေ့ၢ်တၢ်လၢတၢ်ကမၤနေ့ၢ်တၢ်မၤသကိးတၢ်ဒီးတၢ်နၢ်ပၢၢ်လၢထံကိၢ်တဖၣ်အဘၢၣ်စၢၤ ၂. တၢ်ဘၣ်ထွဲဒီးဟီၣ်ခိၣ်ဘီမုၢ် ၃. ဟီၣ်ခိၣ်ဒီဘ့ၣ်အသန္

internationalize, internationalise *v* ၁. နးကဲထိၣ်တၢ်ဘၣ်ထွဲဒီးထံကိၢ်ဒၢါဘ့ၣ် ၂. နးအိၣ်လၢထံကိၢ်ဒၢါဘ့ၣ်အတၢ်ပၢဆှၢ မ့တမ့ၢ် တၢ်ကွၢ်ထွဲအဖီလာ်

Internet *n* အ့ထၢၣ်နဲး

I

interpersonal *a* လၢအဘၣ်ထွဲလိာ်သးဒီး ပှၤတဂၤဒီးတဂၤအတၢ်ရ့လိာ်မုာ်လိာ်သး

interplanetary *a* လၢမူဖျၢၣ်တဖၣ်အဘၢၣ်စၢၤ

interplay *n* တၢ်ဘၣ်ထွဲခီဆၢလိာ်အသးယၢ်ခီယၢ်ခီ, တၢ်ဘၣ်ထွဲဘၣ်ဃးလိာ်သးယၢ်ခီယၢ်ခီ

Interpol *n* ဟီၣ်ခိၣ်ဘီမုၢ်ပၢၤကိၢ်ကရၢ

interpolate *v* ကွဲးနုာ်အါထီၣ်တၢ်ဂ့ၢ်, ထၢနုာ်အါထီၣ်တၢ်ဂ့ၢ်တၢ်ကျိၤလၢတၢ်ကွဲးအပူၤ

interpolation *n* တၢ်ကွဲးနုာ်အါထီၣ်တၢ်ဂ့ၢ်, တၢ်ထၢနုာ်အါထီၣ်တၢ်ဂ့ၢ်တၢ်ကျိၤလၢတၢ်ကွဲးအပူၤ

interpose *v* ၁. နုာ်လီၤတဲတၢ်လၢတၢ်ဘၢၣ်စၢၤ ၂. ကိာ်နုာ်လီၤအသးလၢပှၤအကဆူး

interpret *v* တဲကျိးကူၤ, ကတိၤကျိးတၢ်

interpretation *n* ၁. တၢ်ကတိၤကျိးထံတၢ်, တၢ်တဲကျိးထံတၢ် ၂. တၢ်ထုးထီၣ်တၢ်အခီပညီ

interpretative *a* လၢအဘၣ်ထွဲဒီးတၢ်ကတိၤကျိာ်ထံး, လၢအဘၣ်ထွဲဒီးတၢ်တဲနၢ်ပၢၢ် မ့တမ့ၢ် တၢ်ဒုးသ့ၣ်ညါနၢ်ပၢၢ်အီၤ

interpreter *n* ၁. ပှၤတဲကျိးထံတၢ်, ပှၤကတိၤကျိးထံတၢ် ၂. ခီၣ်ဖျူထၢၣ်တၢ်မၤအကျဲလၢအကျိးထံခီၣ်ဖျူထၢၣ်တၢ်နဲၣ်လီၤ

interracial *a* လၢအဘၣ်ထွဲဒီးကလုာ်နူၣ်လၢအလီၤဆီလိာ်သးအါနူၣ်, လၢအပၣ်ဃုာ်ဒီးကလုာ်အါဖု

interrelate *v* ဘၣ်ထွဲလိာ်အသး မ့တမ့ၢ် ဆဲးကျၢဘူးတၢ်လိာ်သး

interrelation *n* တၢ်ဘၣ်ထွဲလိာ်သးကဒဲကဒဲ, တၢ်ဘၣ်ထွဲလိာ်သးယၢ်ခီယၢ်ဘး

interrelationship *n* တၢ်ဘၣ်ထွဲလိာ်သးယၢ်ခီယၢ်ဘး, တၢ်ဘၣ်ထွဲလိာ်သးခံခီယာ်ခီ

interrogate *v* သမံသမိး

interrogation *n* တၢ်သမံသမိး

interrogative *a* လၢအသမံသမိးတၢ်, လၢအသံကွၢ်သံဒိးတၢ်, လၢအဘၣ်တၢ်စူးကါအီၤလၢတၢ်သံကွၢ်အပူၤ

interrogative *n* တၢ်သံကွၢ်အလံာ်မဲာ်ဖျၢၣ်လၢတၢ်စူးကါအီၤလၢတၢ်သံကွၢ်

interrogatory *a* လၢအသမံသမိးတၢ်, လၢအသံကွၢ်သံဒိးတၢ်, လၢအဘၣ်တၢ်စူးကါအီၤလၢတၢ်သံကွၢ်အပူၤ

interrupt *v* နုာ်လီၤမၤတံာ်တာ်တၢ်လၢတၢ်ဘၢၣ်စၢၤ, မၤတံာ်တာ်တၢ်

interruption *n* တၢ်နုာ်လီၤမၤတံာ်တာ်တၢ်လၢတၢ်ဘၢၣ်စၢၤ, တၢ်မၤတံာ်တာ်တၢ်

intersect *v* လဲၤခီတဲာ်, လဲၤခီတူာ်, ဒိၣ်တူာ်

intersection *n* ၁. ကျဲကၢ်တဲာ် ၂. ပနိကၢ်တဲာ်

intersperse *v* ဖုံလီၤ, ပြၤလီၤ, သလၣ်လီၤ

interstate *a* လၢကီၢ်စဲၣ်တဘ့ၣ်ဒီးတဘ့ၣ်အဘၢၣ်စၢၤ

interstate *n* ကျဲမုၢ်ဖးဒိၣ်, ကျဲမုၢ်ဖးဒိၣ် လၢအမဲရကၤကီၢ်စဲၣ်တဘ့ၣ်ဒီးတဘ့ၣ်အဘၢၣ်စၢၤ

interstellar *a* လၢအဘၣ်ထွဲဒီးဆၣ်လၢမူကပိာ်လီၤတဖၣ်အဘၢၣ်စၢၤ

interstice *n* တၢ်တဲၤဖး, တၢ်လီၢ်လီၤဟိဆံး ကိာ်ဖိလၢတၢ်ကဆူး

intertwine *v* ဘံပကံးလိာ်သး, ဘံပကံးဘျးစဲလိာ်အသး

interval *n* တၢ်ဆၢကတီၢ်အိၣ်ကလီလၢတၢ်ခံမံၤအဘၢၣ်စၢၤ

intervene *v* နုာ်လီၤလၢတၢ်ဘၢၣ်စၢၤဒီးကျဲၤဃူကျဲၤဖိးတၢ်

intervention *n* တၢ်နုာ်လီၤလၢတၢ်ဘၢၣ်စၢၤဒီးကျဲၤဃူကျဲၤဖိးတၢ်

interventionism *n* တၢ်နုာ်လီၤလၢတၢ်ဘၢၣ်စၢၤဒီးကျဲၤဃူကျဲၤဖိးတၢ်အသနူ, ထံကီၢ်ပဒိၣ်အတၢ်နုာ်လီၤလၢတၢ်ဘၢၣ်စၢၤဒီးကျဲၤစၢၤအသနူ

interview *n* တၢ်သံကွၢ်မၤနီၣ်, တၢ်သံကွၢ်စံးဆၢ, တၢ်ထံၣ်လိာ်သံကွၢ်သံဒိး

interview *v* သံကွၢ်မၤနီၣ်, ထံၣ်လိာ်သံကွၢ်သံဒိး

interviewee *n* ပှၤလၢအစံးဆၢတၢ်ထံၣ်လိာ်သံကွၢ်သံဒိး, ပှၤလၢအစံးဆၢတၢ်သံကွၢ်သံဒိး

interviewer *n* ပှၤလၢအထံၣ်လိာ်သံကွၢ်သံဒိးတၢ်, ပှၤလၢအသံကွၢ်တၢ်

interweave *v* ထါဃါဃုာ်တၢ်, ထါကျဲၣ်ကျီတၢ်

intestate *a* လၢအတကွဲးတ့ၢ်ဘၣ်အတၢ်န့ၢ်သါတချုးအသံ

intestinal *n* ဘၣ်ဃးဒီးပှံာ်

intestine *n* ပှံာ်

intial *a* လၢအဘၣ်ဃးဒီးတၢ်အခီၣ်ထံးတမံၤ

intimacy *n* တၢ်အိၣ်ဘူးဘူးတံၢ်တံၢ်ဒီးပှၤတဂၤဂၤ, တၢ်ရှလိာ်သးဘူးဘူးတံၢ်တံၢ်

intimate *a* လၢအညီနှၢ်အိၣ်ဘူး, လၢအညီနှၢ်ရှလိာ်အသး, တံၢ်နီၢ်

intimate *n* တံၤသကိးဘူးဘူးတံၢ်တံၢ်, တံၤသကိးလၢတၢ်ရှအီၤဘူးဘူးတံၢ်တံၢ်

intimate *v* ဒုးသ့ၣ်ညါ, တဲနၢ်ပၢၢ်အခီပညီလၢတအိၣ်ဖျါဘၣ်, ဒုးသ့ၣ်ညါနဲၣ်စိတၢ်

intimidate *v* မၤပျံၤမၤဖုးတၢ်, မၤဖုးမၤပျိၢ်တၢ်

intimidated *a* ၁. လၢအမၤပျံၤမၤဖုးတၢ်, လၢအမၤပျံၤတၢ် ၂. လၢအမၤပျံၤဆူၣ်မၤဆူၣ်တၢ်

intimidating *a* လၢအတဲပျံၤတဲဖုးတၢ်, လၢအမၤပျံၤမၤဖုးမၤစုၤလီၤပှၤဂၤအတၢ်နာ်လီၤသး

intimidatory *a* တၢ်မၤပျံၤမၤဖုးတၢ်, တၢ်မၤဖုးမၤပျိၢ်တၢ်

into *prep* နှာ်လီၤလၢအပူၤ

intolerable *a* လၢအတူၢ်တကဲ

intolerant *a* လၢအတတူၢ်လိာ်ပှၤဂၤအတၢ်လၢအလီၤဆီဒီးအီၤ, လၢအတတူၢ်လိာ်ပှၤဂၤအတၢ်ဆိကမိၣ် မ့တမ့ၢ် အတၢ်ထံၣ်

intonate *v* သးဝံၣ်နိး, အံၣ်အုတၢ်သးဝံၣ်အနိး

intonation *n* ၁. တၢ်ကတိၤအထိၣ်အလီၤ ၂. တၢ်သးဝံၣ်နိးအထိၣ်အလီၤ ၃. တၢ်သးဝံၣ်အယုၢ်အကွၢ်

intone *v* တဲတၢ်အကလုၢ်သီၣ်အထိၣ်အလီၤတအိၣ်, တဲတၢ်လီၤလီၤ, တဲတၢ်တမံၤဃၢဃၢလၢအကလုၢ်အထိၣ်အလီၤတအိၣ်

intoxicant *n* တၢ်မူၤတၢ်ဘိး, တၢ်လၢအဒုးမူၤပှၤသ့

intoxicate *v* ဒုးမူၤပှၤ, မၤမူၤပှၤ

intoxicated *a* လၢအဒုးမူၤပှၤ

intoxicating *a* လၢအဒုးမူၤပှၤ, လၢအဒုးသူၣ်ဖှံသးညီပှၤအါတလၢ

intoxication *n* ၁. တၢ်မူၤတၢ်ဘိး, တၢ်မၤမူၤတၢ် ၂. တၢ်သူၣ်ပိၢ်သးဝး

Intra Dermal *n* ဆဲးကသံၣ်လၢဖံးဘ့ၣ်ပူၤ

intractable *a* လၢတၢ်ရှလိာ်သးတန့ၢ်ညီ, လၢတၢ်ပၢအီၤတန့ၢ်ညီညီ

Intranet *n* အ့ၣ်ထြိၣ်နဲး, ခီၣ်ဖွ့ူထၢၣ်အပှာ်ဘူးစဲလၢအဘၣ်ထွဲဒ်ထဲကရၢဖိ မ့တမ့ၢ် ပှၤမၤတၢ်ဖိလၢတၢ်သူၣ်ထိၣ်အဖျၢၣ်အပူၤ

intransitive *a* (ကျိာ်သန့) လၢတအိၣ်ဒီးဝီၢ်သြဲလၢအတူၢ်ဘၣ်ခီၣ်ဘၣ်တၢ်လီၤလီၤ

Intrathecal *n* ဆဲးကသံၣ်ဆူပျိၢ်ယံကဆူး

intrauterine *n* ဒၢလီၢ်အကိပူၤ

Intravenous injection *n* (I. V.) ဆဲးကသံၣ်လၢသွံၣ်ကျိၤ

intrench *v* ၁. ဟ်ဂၢၢ်ဟ်ကျၢၤတၢ်တမံၤမံၤတုၤလၢတၢ်လဲလိာ်အီၤတန့ၢ် ၂. ခူၣ်ဝးတရံးတၢ်ကျိၤလၢကဘိုထိၣ်တိာ်အဂီၢ်

intrepid *a* လၢအတအိၣ်ဒီးတၢ်ပျံၤတၢ်ဖုး

intricacy *n* တၢ်လၢအအိၣ်ဘံဘူလိာ်အသး, တၢ်လၢအအိၣ်သဘံၣ်သဘုၣ်လိာ်အသး

intricate *a* လၢတၢ်နၢ်ပၢၢ်အီၤကီကီခဲခဲ, လၢအဘံဘူလိာ်သး

intrigue *n* ၁. တၢ်ကူၣ်ရှသူၣ်တၢ်, တၢ်မၤရှသူၣ်တၢ် ၂. တၢ်လၢအမၤလီၤကမၢကမၣ်တၢ်

intrigue *v* ၁. ကူၣ်ကဘျံးကဘျဉ်တၢ်, ကူၣ်ထိၣ်ရှသူၣ်တၢ်လၢကမၤဆါပှၤဂၤ ၂. ဒုးသးစဲပှၤဒိၣ်မးတုၤပအဲၣ်ဒီးသ့ၣ်ညါအါထိၣ်အဂ့ၢ်, တၢ်မိၣ်သ့ၣ်ညါသးတၢ်

intriguing *a* လၢအလီၤသးစဲ, လၢအလီၤကမၢကမၣ်

intrinsic *a* လၢအအိၣ်ဒၣ်ဒ်န့ဆၢၣ်အသိး, နီၢ်ကီၢ်, နီၢ်နီၢ်, လၢအဘၣ်ဃးဒၣ်ဒီးအီၤဒ်န့ဆၢၣ်အသိး

intro *n* ၁. တၢ်ဒ့ဆၢနှာ် ၂. တၢ်ကတိၤလၢညါ

introduce *v* ၁. ဒုးသ့ၣ်ညါပှၤလၢပှၤအဂၤ, ဒုးသ့ၣ်ညါလိာ်သး ၂. ဒုးအိၣ်ထိၣ်တၢ် ၃. ကတိၤဆၢနှာ်တၢ်, ကတိၤဒိၣ်ဆၢနှာ်တၢ်

introduction *n* ၁. တၢ်ကတိၤလၢညါ, တၢ်ကတိၤဆၢနှာ် ၂. တၢ်ဒုးသ့ၣ်ညါလိာ်သး ၃. တၢ်ဒုးအိၣ်ထိၣ်တၢ်

introductory *a* ၁. လၢအဟဲလၢညါ, လၢအဆၢနှာ်တၢ် ၂. လၢအဒုးသ့ၣ်ညါတၢ်ဂ့ၢ်တမံၤလၢပှၤတသ့ၣ်ညါနီတဘျီ

introspect *v* ကွၢ်ဆိကမိၣ်လီၤဒ်ဝဲအသး

introspection *n* တၢ်သမံသမိးထံလီၤက့ၤနီၢ်ကစၢ်အတၢ်ဆိကမိၣ် မ့တမ့ၢ် အတၢ်ထံၣ်

I

introspective *a* လၢအကွၢ်ဆိကမိၣ်လီၤအသးဒၣ်ဝဲ

introvert *n* ပှၤလၢအအိၣ်ဘူၣ်လၢအတၢ်ဆိကမိၣ်ဒၣ်ဝဲဒီးတမၤဃုာ်ဒီးပှၤအဂၤ, ပှၤလၢအဆိကမိၣ်ဒၣ်ထဲအဂ့ၢ်အကျိၤ, ပှၤအိၣ်ကစုဒလၢမၤဃုာ်ပှၤဂၤတကဲ

introverted *a* လၢအအိၣ်ကစုဒဒီးတမၤဃုာ်ပှၤဂၤ, လၢအအိၣ်ဘူၣ်လၢအတၢ်ဆိကမိၣ်ဒၣ်ဝဲ, လၢအတမၤဃုာ်ဒီးပှၤအဂၤ

intrude *v* ၁. ဆွံနုာ်ဆူၣ်အသးလၢတၢ်အကျါ ၂. လဲၤနုာ်ဆူတၢ်လီၢ်ဖဲတန့ၢ်ဘၣ်အခွဲး

intruder *n* ၁. ပှၤတဂၤလၢအနုာ်လီၤဆူတၢ်သူၣ်ထီၣ်ပူၤတဖိးသဲစး ၂. ပှၤတဂၤလၢအလဲၤနုာ်အိၣ်လၢတၢ်လီၢ်လၢပှၤတအဲၣ်ဒိးအီၤ

intrusion *n* ၁. တၢ်ဆွံနုာ်ဆူၣ်သးလၢတၢ်အကျါ ၂. တၢ်လဲၤနုာ်ဆူတၢ်လီၢ်ဖဲတန့ၢ်ဘၣ်အခွဲး, တၢ်လဲၤနုာ်ဆူတၢ်လီၢ်တတီၤအပူၤလၢအတဖိးသဲစး

intrusive *a* ၁. လၢအဆွံနုာ်ဆူၣ်သးလၢတၢ်အကျါ ၂. လၢအလဲၤနုာ်လီၤဆူတၢ်လီၢ်ဖဲတန့ၢ်ဘၣ်အခွဲး

intrust *v* ဟ့ၣ်လီၤတၢ်လၢပှၤစုပူၤခီဖျိနုာ်န့ၢ်ဝဲအဃိ

intuition *n* တၢ်သ့ၣ်ညါဒၣ်အတၢ်, တၢ်ဆိကမိၣ်ကလၢၢ်တၢ်လၢအသး

intuitive *a* လၢအဘၣ်ထွဲဒီးသးအတၢ်ဆိကမိၣ်လၢအသ့ၣ်ညါဒၣ်အတၢ်, လၢအသ့ၣ်ညါဒၣ်အတၢ်

intussuception *n* ပံာ်ကၢ်ချံးနုာ်အသး

inundate *v* လုၣ်ဘၢတၢ်, အါအါဂိၢ်ဂိၢ်

inure *v* ဒုးညီနုၢ်ထီၣ်အီၤလၢတၢ်အိၣ်သးလၢအကီအခဲ, မၤညီနုၢ်ထီၣ်

inutility *n* တၢ်လၢအဘျုးအဖှိၣ်တအိၣ်, တၢ်လၢပှၤစူးကါအီၤသ့

invade *v* နုာ်လီၤဆူၣ်

invader *n* ပှၤလၢအလဲၤနုာ်ဆူပှၤတၢ်လီၢ်တၢ်ကျဲလၢတန့ၢ်အခွဲး, ပှၤလၢအနုာ်လီၤဆူၣ်တၢ်လီၢ်လၢကပၢဘၣ်ပှၤ

invalid *a* လၢအဘျုးတအိၣ်လၢၤ

invalid *n* ပှၤဆါ, ပှၤဆိးက့, ပှၤလၢအက့အကွဲၣ်

invalid *v* မၤတၢ်တသ့ခီဖျိဘၣ်ဒိဘၣ်ထံး မ့တမ့ၢ် ဆူးဆါဝဲအဃိ

invalidate *v* ၁. မၤဟးဂီၤကွံာ်တၢ် ၂. ဒုးဆိကတိၢ်ကွံာ်လံာ်တီလံာ်မီ ၃. တတူၢ်လိာ်ဒ်အဖိးသဲစး, မၤတဖိးသဲစး

invalidity *n* ၁. တၢ်အိၣ်အသးလၢတၢ်ကွၢ်ထွဲလီၤအသးတသ့ ၂. တၢ်ဂ့ၢ်လၢတဖိးသဲစးလၢတၢ်ကတူၢ်လိာ်အီၤ

invaluable *a* လုၢ်ဒိၣ်ပှ့ၤဒိၣ်တုၤလၢပဆၢတဲာ်အလုၢ်အပှ့ၤတန့ၢ်

invariable *a* လၢအဒ်သိးလိာ်သးထီဘိ, လၢအတလဲလိာ်သးနီတဘျီ

invariably *adv* ထီဘိ, လၢတၢ်တဆီတလဲနီတဘျီအပူၤ

invasion *n* တၢ်နုာ်လီၤဒုးတပျိာ်တၢ်, တၢ်ဟဲနုာ်လီၤဂိၢ်မုၢ်ဂိၢ်ပၤ

invasive *a* ၁. လၢအပြါချ့ဒီးကီခဲလၢတၢ်ကဆိကတိၢ်အီၤ, လၢအရၤလီၤသးချ့သဒံး ၂. လၢအကူးကွဲးသွီနုာ်လီၤတၢ်ပီးတၢ်လီဆူနီၢ်ခိပူၤ

invective *n* တၢ်ကတိၤအရၢ်အစၢ်

inveigh *v* ကတိၤဒုၣ်ဒွဲၣ်ပှၤတဂၤဂၤ

inveigle *v* လွဲကဒံလွဲကဒါတၢ်ဒီးမၢအမၤတၢ်

invent *v* ဒုးအိၣ်ထီၣ်, ကူၣ်မၤကဲထီၣ်လိၣ်ထီၣ်တၢ်, မၤအိၣ်ထီၣ်တၢ်အသီ, ဒုးအိၣ်ထီၣ်တၢ်အသီ

invention *n* တၢ်ဒုးအိၣ်ထီၣ်တၢ်, တၢ်ကူၣ်ဒုးအိၣ်ထီၣ်တၢ်, တၢ်ဒုးအိၣ်ထီၣ်တၢ်အသီ, တၢ်မၤကဲထီၣ်လိၣ်ထီၣ်တၢ်

inventive *a* လၢအဒုးကဲထီၣ်လိၣ်ထီၣ်တၢ်သ့, လၢအကူၣ်မၤကဲထီၣ်တၢ်သ့

inventor *n* ပှၤမၤကဲထီၣ်တၢ်, ပှၤလၢအဒုးကဲထီၣ်တၢ်

inventory *n* တၢ်ဖိတၢ်လံၤအစရီလီၤတံၢ်လီၤဆဲး

inverse *a* လၢအအိၣ်ကဒါခိၣ်ခံလိာ်သး, လၢအမၤခိၣ်ခံလိာ်သး

inverse *v* လဲလိာ်ဘိးကဒါကွံာ်တၢ်

inversely *adv* လၢအကဒါခိၣ်ခံသး

inversion *n* တၢ်ဘိးကဒါက့ၤတၢ်, တၢ်ဘိးခိၣ်ခံတၢ်

invert *v* တၢ်ဘိးကဒါတၢ်, ဘိးခိၣ်ခံတၢ်

invertebrate *a* လၢအပျိၢ်ဃံတအိၣ်

invertebrate *n* ဆၣ်ဖိကီၢ်ဖိလၢအပျိၢ်ဃံတအိၣ်

invest *v* ဘျၢလီၤ (စ့မိၢ်ပှၢ်)

investigate *v* သမံသမိးတၢ်, ဃိထံသ့ၣ်ညါတၢ်

investigation *n* တၢ်ဃိထံသ့ၣ်ညါ, တၢ်သမံသမိးတၢ်

investigative *a* လၢအဘၣ်ထွဲဘၣ်ဃးဒီးတၢ်ဃုထံၣ်သ့ၣ်ညါ

investigator *n* ပှၤဃိထံသ့ၣ်ညါတၢ်

investiture *n* တၢ်ဃုထၢဟ်ထီၣ်လီၢ်လၤမ့တမ့ၢ် တၢ်ဟ့ၣ်လီၤအီၤလၢတၢ်စိကမီၤ

investment *n* ၁. တၢ်ဘျၢလီၤစ့မိၢ်ပှၢ်, တၢ်ဘျၢလီၤစ့ ၂. ကျိၣ်စ့လၢတၢ်ဘျၢလီၤအီၤ ၃. တၢ်ဟ့ၣ်လီၤတၢ်ဆၢကတီၢ်, ထဲးဂံၢ်ထဲးဘါလၢတၢ်ဖံးတၢ်မၤလီၤဆီတမံၤအဂီၢ်

investor *n* ၁. ပှၤဘျၢလီၤစ့ ၂. တၢ်ဘျၢလီၤစ့

inveterate *a* လၢအဂံၢ်စဲၤလီၤသးယိာ်, လၢအဂၢါဝဲကျၢၤဝဲ

invidious *a* လၢအနုးအိၣ်ထီၣ်တၢ်သးက့ၣ်သးကါ, လၢအနုးအိၣ်ထီၣ်တၢ်သးတမှာ်တလၤ

invigilate *v* အိၣ်ခိးတၢ်ဒိးစဲး, ပၢၤတၢ်ဒိးစဲး

invigorate *v* မၤဆူၣ်ထီၣ်အဂံၢ်အဘါ

invigorating *a* လၢအမၤဆူၣ်ထီၣ်အဂံၢ်အဘါ

invincible *a* လၢတၢ်မၤနၢၤအီၤတသ့, လၢအဂံၢ်အဘါဆူၣ်ကဲၣ်ဆိးတုၤတၢ်မၤနၢၤအီၤတသ့

inviolability *n* တၢ်မၤဟးဂီၤမၤတရိတပါအီၤတသ့

inviolable *a* လၢအကြၢးယူးယီၣ်ဟ်ကဲ, လၢတကြၢးဒီးတၢ်မၤကမၣ်အီၤ

inviolate *a* လၢတၢ်မၤကမၣ်အီၤတသ့, လၢတၢ်လုၢ်သ့ၣ်ခါပတာ်အီၤတသ့

invisibility *n* တၢ်ထံၣ်အီၤတသ့

invisible *a* လၢတၢ်ထံၣ်အီၤတသ့

invitation *n* တၢ်ကွဲမှာ်

invitational *n* မူးဒိၤပွဲဒိၤလၢတၢ်လဲၤအီၤသ့ထဲပှၤလၢဘၣ်တၢ်ကွဲမှာ်အီၤဒိၤ

invite *n* တၢ်ကွဲမှာ်

invite *v* ၁. ကွဲမှာ် ၂. ဃ့န့ၢ်တၢ်လၢတၢ်ဆဲးတၢ်လၤအပူၤ ၃. ထိၣ်ဂဲၤထီၣ်တၢ်

inviting *a* လၢအကွဲန့ၢ်တၢ်, လၢအကွဲန့ၢ်လွဲန့ၢ်တၢ်, ကွဲကညးတၢ်

invocation *n* တၢ်ဃ့သကွံာ်ကညးတၢ်မၤစၢၤအဂီၢ်, လၢတၢ်ဃ့တၢ်မၤစၢၤလၢကစၢ်ယွၤအအိၣ်, တၢ်အူတၢ်သမူ, တၢ်ကိးဝံကိးကလၤ

invoice *n* စရီလၢပဆှၢသကိးဒီးတၢ်ဖိတၢ်လံၤ

invoice *v* ဆှၢတၢ်ဃ့တၢ်ဘူးတၢ်လဲစရီလၢတၢ်ဖိတၢ်လံၤ မ့တမ့ၢ် တၢ်ဖံးတၢ်မၤလၢတၢ်မၤန့ၢ်အီၤအဂီၢ်

invoke *v* ဃ့ထီၣ်တၢ်, ယၢၤထီၣ်တၢ်, ဃ့သကွံာ်ကညးထီၣ်တၢ်

involuntary *a* လၢတမၤတၢ်လၢပသးဒၣ်ဝဲ, လၢပသးတပၣ်ဘၣ်အပူၤ

involve *v* ပၣ်ဃုာ်ပှၤလၢတၢ်အကျါ

involved *a* ၁. လၢအဟ့ၣ်လီၤသးပၣ်ဃုာ်လၢတၢ်တမံၤမံၤ ၂. လၢတၢ်နၢ်ပၢၢ်အီၤကီကီခဲခဲ, လၢအဘံဘူလိာ်သး

involvement *n* ၁. တၢ်ပၣ်ဃုာ်လၢတၢ်အကျါ ၂. တၢ်ဟ့ၣ်လီၤသးဒီးမၤတၢ် ၃. တၢ်ပၣ်ဃုာ်လၢတၢ်အိၣ်သးအကီအခဲအပူၤ

invulnerability *n* တၢ်လၢတၢ်ထီဒါမၤဆါအီၤတသ့ဘၣ်

invulnerable *a* လၢတၢ်မၤအၢမၤဆါအီၤတသ့

inward *a* လၢအပူၤတခီ, လၢအအိပူၤ

inwardly *adv* လၢအသးကံၢ်ပူၤ, လၢအအိပူၤ, လၢအညါပူၤ

inwrought *a* ၁. ထါထီၣ်အဖီ, တုၢ်ထီၣ်အဖီ, အူထီၣ်အဖီ ၂. တၢ်ထ့ဃုာ်ထါဃုာ်တၢ်ကယၢကယဲ, လၢအမၤဃံ, လၢအခဲၣ်ဃံခဲၣ်လၤတၢ်

iodine *n* အဲအီၤဒံ (န်) , ကသံၣ်ထံတကလှာ်

iota *n* ၁. ကြံးအလံာ်မဲာ်ဖျာၣ်ခွံဖျာၣ်တဖျာၣ် ၂. တၢ်ဆံးကိာ်ဖိ

IOU *n* လံာ်တီလံာ်မီလၢဘၣ်တၢ်ဆဲးလီၤမံၤလၢပှၤဟံးကၠံ

IQ *n* တၢ်သ့သ့ၣ်ညါတၢ်အစၢ (intelligence quotient)

irascible *a* လၢအသးအ့နူညီ, အသးဖုၣ်, သးဒိၣ်ထီၣ်ချ့

irate *a* လၢအသးဒိၣ်ထီၣ်

irenic *a* လၢအနုးအိၣ်ထီၣ်တၢ်ဃူတၢ်ဖိး, လၢအနုးအိၣ်ထီၣ်တၢ်မှာ်တၢ်ခုၣ်

irenical *a* လၢအဒုးအိၣ်ထီၣ်တၢ်ယူတၢ်ဖိး, လၢအဒုးအိၣ်ထီၣ်တၢ်မုာ်တၢ်ခုၣ်

irevocable *a* လၢဘၣ်တၢ်လဲလိာ်အီၤတသ့, လၢဘၣ်တၢ်မၤဟးဂီၤကွံာ်အီၤတသ့

iridescence *n* တၢ်ကွဲၤအလွဲၢ်

iridescent *a* လၢအလွဲၢ်အိၣ်ဖျါဒ်တၢ်ကွဲၤလွဲၢ်

iris *n* မဲာ်ပှၤ

irk *v* မၤတံာ်တာ်ပှၤသး, မၤလီၤဘှံးလီၤတီၤသး

irksome *a* လၢအမၤတံာ်တာ်ပှၤသး, လၢအမၤဘှံးမၤတီၤပှၤသး

iron *a* ၁. ထးကိၢ် ၂. လၢအဆူၣ်ဒီးဟ်လီၤသးကျၢၤမူဆူ

iron *n* ၁. ထးကိၢ် ၂. ထး

iron *v* ထူးထးကိၢ်

Iron Age *n* ထးအစိၤ, စိၤဖဲတၢ်ဘိုတၢ်စုကဝဲၤပီးလီဒီးထး

iron ore *n* ထးဃီၤဃၢၤ, သးတူး

ironic *a* လၢကတိၤဆဲးအဲး, လၢအတဲတၢ်အခီပညီလၢအကၠၣ်, လၢအတတဲတၢ်လီၤလီၤဘျၢဘျၢ, လၢအတဲတၢ်တမှိမၤတမှိ

ironical *a* လၢကတိၤဆဲးအဲး, လၢအတဲတၢ်အခီပညီအကၠၣ်, လၢအတဲတမှိမၤတမှိ

ironing *n* တၢ်ထူးထးကိၢ်

Ironing board *n* ထးကိၢ်စီၢ်

ironmonger *n* ပှၤဆါကစဲးကစီးတၢ်ပီးတၢ်လီဒီးဟံၣ်ဃီအတၢ်သူတၢ်စွဲ

ironwood *n* ဖှ့, သ့ၣ်တကလုာ်

ironworks *n* တၢ်ပိာ်ထးအဂီၢ်

irony *n* တၢ်တဲတၢ်အခီပညီဒၢကၠၣ်, တၢ်ကတိၤဆဲးအဲး

irradiate *v* ဆဲးကပီၤလီၤ, ဒုးနဲၣ်ဖျါထီၣ်မဲာ်ဒီးတၢ်နံၤကမှံ

irrational *a* လၢတအိၣ်ဒီးတၢ်သ့ဆိကမိၣ်ထံဆိကမိၣ်ဆး, လၢအဆိကမိၣ်တၢ်တသ့

irrationality *n* တၢ်ဆိကမိၣ်တၢ်တသ့တဘၣ်, တၢ်လၢအဒုးနဲၣ်ဖျါလၢတအိၣ်ဒီးတၢ်ဆိကမိၣ်

irreconcilable *a* လၢအဘၣ်တၢ်မၤယူမၤဖိးသးတသ့

irrecoverable *a* လၢအဘၣ်တၢ်မၤန့ၢ်ကဒါက့ၤအီၤတသ့ဘၣ်

irredeemable *a* လၢတၢ်အုၣ်က့ၤခီၣ်က့ၤအီၤတသ့, တၢ်ပှ့ၤက့ၤတန့ၢ်, တၢ်အုၣ်က့ၤခီၣ်က့ၤတသ့

irreducible *a* လၢအဘၣ်တၢ်မၤဆံးလီၤအီၤတသ့, လၢအဘၣ်တၢ်မၤဆံးလီၤစုၤလီၤအီၤတသ့

irrefragable *a* လၢတၢ်သမၢအီၤအလီၢ်တအိၣ်ဘၣ်, လၢတၢ်သမၢအီၤတသ့ဘၣ်, လၢတၢ်ဂ့ၢ်လိာ်အီၤတသ့ဘၣ်

irrefutable *a* လၢတၢ်ဂ့ၢ်လိာ်မၤနၢၤအီၤတသ့, လၢတၢ်သမၢအီၤတသ့

irregular *a* လၢအတမ့ၢ်ဒ်အလုၢ်အလၢ်ဟဲအသိး, လၢအတမ့ၢ်ဒ်တၢ်သိၣ်တၢ်သီဟဲအသိး, လၢအတလီၤတဃီၤ, လၢအဒ်သိးလိာ်သး

irregular *n* ၁. ပှၤသုးဖိစဲးပြီး, သိၣ်ဒူစဲးပြီး ၂. တၢ်ဖိတၢ်လံၤလၢတၢ်ဆါစှၤလီၤအပှ့ၤ

irregularity *n* တၢ်တဒ်သိးလိာ်သးဘၣ်, တၢ်တဟဲဒ်အလုၢ်အလၢ်အသိး, တၢ်တဟဲဒ်တၢ်သိၣ်တၢ်သီအိၣ်အသိး

irrelevance *n* တၢ်လၢအတဘၣ်ထွဲဘၣ်ဃးလိာ်သး, တၢ်လၢအတပိာ်ထွဲလိာ်သးအခံ

irrelevancy *n* တၢ်လၢအတဘၣ်ထွဲဘၣ်ဃး

irrelevant *a* လၢအတဘၣ်ထွဲဘၣ်ဃး

irreligion *n* တၢ်ဘူၣ်တၢ်ဘါတအိၣ်, တၢ်တဘၢရၢၢ်ဃုာ်တၢ်ဘူၣ်တၢ်ဘါ

irreligious *a* လၢတအိၣ်ဒီးတၢ်ဘူၣ်တၢ်ဘါ, လၢအတဘါယွၤ

irremediable *a* လၢတၢ်မၤဘျါက့ၤထီၣ်တသ့, လၢတၢ်ဘိုက့ၤအီၤတသ့

irremovable *a* လၢတၢ်သုးကွံာ်အလီၢ်တသ့

irreparable *a* လၢတၢ်ဘိုဘၣ်က့ၤအီၤတသ့, လၢတၢ်မၤန့ၢ်ဘၣ်က့ၤတသ့လၢၤ

irreplaceable *a* လၢတၢ်မၤပှဲၤက့ၤအလီၢ်တန့ၢ်

irrepressible *a* လၢတၢ်ပၢၤဃာ်အီၤတသ့တန့ၢ်

irreproachable *a* လၢတၢ်ဟ်တၢ်ကမၣ်လၢအလီၤတသ့, လၢအပူၤဖျဲးဒီးတၢ်ကမၣ်

irreproachably *adv* တုၤတၢ်ဟ်တၢ်ကမၣ်လၢအဖီခိၣ်တသ့, တၢ်ဟ်တၢ်ကမၣ်လၢအလီၢ်တသ့

irresistible *a* လၢတၢ်တူၢ်ဆၢခီဉ်ဆၢတသ့, လၢတၢ်တြီဆၢကွၢ်သးတန့ၢ်
irresistibly *adv* တုၤလၢတၢ်တူၢ်ဆၢခီဉ်ဆၢအီၤတန့ၢ်ဘၣ်အပူၤ
irresolute *a* လၢအသးတဂၢ်တကျၢၤ, လၢအသးတတုၤလီၤဖိးဃီၤ
irrespective *a* လၢအတဟ်လီၤဆီ, လၢအတကွၢ်လီၤဆီ, လၢအတဟ်သူဉ်ဟ်သးလီၤဆီ
irresponsibility *n* တၢ်တတူၢ်လိာ်မူဒါ, တၢ်တဟံးန့ၢ်မူဒါ
irresponsible *a* လၢတအိဉ်ဒီးတၢ်ဟံးမူဒါ
irresponsive *a* လၢအတအိဉ်ဒီးတၢ်ခီဆၢ
irretrievable *a* လၢတၢ်မၤန့ၢ်ကဒါအီၤတသ့
irretrievably *adv* တုၤလၢတၢ်မၤဂ့ၤထီဉ်အီၤတန့ၢ်
irreverence *n* တၢ်တအိဉ်ဒီးတၢ်ယူးယီဉ်ဟ်ကဲ, တၢ်တဒုးနဲဉ်တၢ်ယူးထီဉ်ဟ်ကဲ
irreverent *a* လၢအတအိဉ်ဒီးတၢ်ယူးယီဉ်ဟ်ကဲ
irreversible *a* လၢတၢ်လဲလိာ်ဘီးကဒါအီၤတသ့, လၢတၢ်ဘိုဘၣ်ကဒါအီၤတသ့
irrevocable *a* လၢတၢ်လဲလိာ်ဆီတလဲ, ထုးကွံာ်အီၤတသ့
irrevocably *adv* တုၤလၢတၢ်လဲလိာ်ဆီတလဲအီၤတသ့, တၢ်ဆီတလဲတသ့ဘၣ်အပူၤ
irrigable *a* လၢတၢ်ဒုးအိဉ်ထီဉ်ထံဘီကျိဒီးဟ့ဉ်ထံသ့
irrigate *v* မၤဘၣ်စီၣ် (ဟီဉ်ခိဉ်) လၢထံဘီကျိၤ, ပျဲနှာ်ထံဆူတၢ်သူဉ်တၢ်ဖျးလီၢ်
irrigation *n* တၢ်ဘိုထီဉ်ထံကျိၤဘိဒီးဟံးန့ၢ်ထံလၢတၢ်သူဉ်တၢ်ဖျးအဂီၢ်
irritability *n* တၢ်သူဉ်အ့န့သးအ့န့ညီ
irritable *a* သးအ့န့ညီ
irritant *n* တၢ်သူဉ်အ့န့သးအ့န့ညီ, တၢ်လၢအမၤအ့န့ပှၤ
irritate *v* မၤအ့န့, သးအ့န့
irritated *a* လၢအသးဘၣ်တံာ်တာ်, လၢအသးအိၣ်
irritation *n* တၢ်သူဉ်အ့န့သးအ့န့
irrupt *v* ၁. နှာ်လီၤဆူဉ်, ဂံာ်နှာ်ဆူဉ်အသး ၂. အသးထူပၢၢ်ထီဉ် (လၢကမၤတၢ်တမံၤမံၤ) ၃. ပိါဖးထီဉ်
irruption *n* ၁. တၢ်နှာ်လီၤဆူဉ်, တၢ်ဂံာ်နှာ်ဆူဉ်အသး ၂. တၢ်သးထူပၢၢ်ထီဉ် (လၢကမၤတၢ်တမံၤမံၤ) ၃. တၢ်ပိါဖးထီဉ်
IRS *abbre* အမဲရကၤထံလီၢ်ကီၢ်ပူၤခိသွဲဝဲၤကျိၤ, အမဲရကၤကီၢ်စၢဖှိဉ်ထံလီၢ်ကီၢ်ပူၤတၢ်ထၢခိသွဲဝဲၤကျိၤ (Internal Revenue Service)
is *v* အိဉ်, အိဉ်ဝဲ, မ့ၢ်ဝဲ
Islam *n* အံးစလၣ်တၢ်ဘါ
island *n* ကီး
islander *n* ပှၤကီးဖိ, ပှၤလၢအအိဉ်လၢကီးအဖီခိဉ်
isle *n* ကီး
islet *n* ကီးဆံးဖိ
ism *n* သနူ
isobar *n* ကလံၤသန်းပှဲၤသိးပနိ (အၣ်စိၣ်ဘါ)
isohyets *n* မူခိဉ်ထံပှဲၤသိးပနိ
isolate *v* ဟ်လီၤဖျိဉ်, ဟ်အိဉ်လီၤဖးဒီးအဂၤ
isolated *a* အိဉ်လီၤဖျိဉ်, အိဉ်လီၤဖးဒီးအဂၤ
isolation *n* တၢ်ဟ်အိဉ်လီၤဖျိဉ်
issue *n* ၁. တၢ်ထုးထိဉ် ၂. တၢ်ဂ့ၢ်တၢ်ကျိၤ ၃. တၢ်ပရၢ, မဲးကစံအကရူၢ်လၢတၢ်ထုးထိဉ်အီၤ
issue *v* ဟ့ဉ်လီၤတၢ်, ဟ့ဉ်နီၤလီၤတၢ်
isthmus *n* ဟီဉ်ခိဉ်ဒိဉ်စူၤ
it *pro* တၢ် (အဝဲန့ဉ်)
Italian *n* ပှၤအံၣ်တလံၣ်ဖိ
italic *n* လၢအတစ္ၤ, လၢဒ့ခံဆူစုထွဲတကပၤ
italicize, italicise *v* ကွဲးတစ္ၤလံာ်မဲာ်ဖျၢဉ်, ကွဲးတစ္ၤ
itch *n* တၢ်သး, တၢ်သးဂံာ်သးကွဲ
itch *v* သးဂံာ်
itchy *a* လၢအသးဂံာ်သးကွဲ, လၢအသးဂံာ်
item *n* တၢ်တမံၤလၢတၢ်အါမံၤအကျါ
itemize, itemise *v* ကွဲးနီဉ်တၢ်, ကွဲးရဲဉ်လီၤတၢ်အစရီ
iterate *v* တၢ်ကဒီးတဘျီဝံၤတဘျီ, ကတိၤတၢ်တဘျီဝံၤတဘျီ
itinerant *a* တၢ်ဟးဝ့ၤဝီၤဆူအံၤဆူဘး
itinerary *a* လၢအဟးဝ့ၤဝီၤတပူၤဘၣ်တပူၤ
itinerary *n* တၢ်လဲၤတၢ်က့ၤအတၢ်တိာ်ကျဲၤလၢအပဉ်ယှာ်ဒီးတၢ်နဲဉ်ကျဲဒီးတၢ်လီၢ်တဖဉ်လၢအလဲၤဟး

I

itinerate *v* ဟးဝ့ၤဝီၤဆူအံၤဆူဘး

its *det* အဝဲအတၢ်, အတၢ်

itself *pro* အကစၢ်ဒၣ်ဝဲ

ivory *a* လၢအဘၣ်တၢ်မၤအီၤလၢကဆီမဲ

ivory *n* ကဆီမဲ

ivy *n* တၢ်မှၢ်ဖိတကလှာ်လၢအစွါလၢတၢ်နူၣ်
ကပၤဒီးဖျါလါဟ့ထီဘိ

J

jab *v* ဆဲးတီၢ်, ဆဲးခွဲး, ဆဲးတနိၣ်

jabber *n* တၢ်ကတိၤတၢ်ချ့ချ့, တၢ်ကတိၤတၢ်ကရီကဒး

jabber *v* ကတိၤတၢ်ချ့ဒံးချ့နူး, ကတိၤတၢ်တပံာ်တကျါ, ကတိၤနါစိၤတၢ်

jacaranda *n* ဖီမိၢ်မုၢ်နံၤ

jack *n* ၁. ချံၣ်ကၢ, ကွဲး, တၢ်ပီးတၢ်လီလၢအသုးထီၣ်သုးလီၤတၢ်အဃၢ ၂. ဖဲခးက့ကွဲး, ဖဲခးက့အလုၢ်အပှ့ၤလၢအထီန့ၢ် ၁၀ ဒီးဖုၣ်န့ၢ်ဖဲခးက့နီၢ်ပၤမုၣ် ၃. လီမ့ၣ်အှူအနီၣ်ဖျိၣ်, (လီမ့ၣ်အှူ) နီၣ်ဖျိၣ်ပူၤ ၄. ထံကိၢ်နီၢ်တဃၢ်ဆံးဆံးဖိလၢကဘီအဖီခိၣ် ၅. (Bowling တၢ်ဂဲၤလိာ်ကွဲ) တၢ်ဖျၢၣ်သလၢၣ်ဝါဝါလၢတၢ်ဂဲၤလိာ်ကွဲအပူၤ ၆. စ့တဆံးတက့ၢ် ၇. တၢ်လၢအဒိၣ်ဃံန့ၢ်တၢ်အဂၤ ၈. ကသ့ၣ်ယီၤအဖါ ၉. ပနွၢ်ထူၣ်, ပနွၢ်သၣ် ၁၀. ပှၤလီန့ၢ်ပျံာ်ဝ့ၤတၢ်

jack *v* စိာ်ထီၣ်တၢ်, စိာ်ကဖီထီၣ်တၢ်

jackal *n* ထွံၣ်ဟီၣ်ခိၣ်ဖးဒိၣ်တကလုာ်

jackass *n* ၁. ကသ့ၣ်ယီၤဖါ ၂. ပှၤအီပီအီရီာ်

jacket *n* ဆ့ဖီခိၣ်, ဆ့ကွဲးကဲး

jackfruit *n* ပနွၢ်သၣ်

jackhammer *n* နီၣ်ပျံာ်

Jack-in-the-box *n* တၢ်ဂီၤဖိလၢအဟဲစံၣ်ဖျိးထီၣ်ခီဖျိချံၣ်ကွီၤခးပတ့ၤအသးဖဲပအိးထီၣ်တၢ်အခိၣ်ပံးအခါ, တၢ်ဂီၤဖိလၢအဒၢပူၤ

jackknife *n* ဒီကၢ်ချံးစိာ်စု, ဒီကၢ်ချံး

jackknife *v* တကူးလီၤအပျိၢ်ဒီးဖိၣ်အခိၣ်မုၢ်ခိၣ်ထိး, တကူးလီၤအသး, ကၢ်ချံးလီၤအသး

Jack-o'-lantern *n* မ့ၣ်အူဒၢလှူၢ်ခ့သၣ်, လှူၢ်ခ့သၣ်လၢတၢ်ဘှိအီၤဒ်မ့ၣ်အူဒၢဒီးတၢ်ကယၢကယဲဟံၣ်ဖဲဟါလဝံ – တၢ်တဃၣ်အနၤ

jackpot *n* စ့အါအါဂိၢ်ဂိၢ်လၢတၢ်မၤန့ၢ်အီၤဖဲတၢ်လိာ်ကွဲအခါ

jackrabbit *n* ပဒဲထီနၢ်ဖးဒိၣ်တကလုာ်

jacuzzi *n* တၢ်လုၢ်ထံလီၢ်ဖးဒိၣ်လၢထံလၢၤလၢၤဖိတဖၣ်ဝံာ်တရံးအသးလၢကစၢ်နီၢ်ခိအဂိၢ်

jade *n* လၢၢ်လါ

jaded *a* လၢအလီၤဘုံးလီၤတီၤ, လၢအသးလၢာ်, လၢအတသူၣ်ပိၢ်သးဝးလၢၤ

jag *v* တံာ်က့ၣ်ကိၣ်တၢ်အကနူၤ, တံာ်အ့ၣ်ရဲာ်တၢ်အကပၤ

jagged *a* ကနူၤအ့ၣ်ရဲာ်အသး, ကနၣ်အ့ၣ်ရဲာ်အသး

jaggery *n* တကၣ်သံ, နီၣ်ဝ့, နီၣ်ကွဲအ့ၣ်

jaguar *n* ခ့ဘ့တကလုာ်လၢတၢ်ထံၣ်န့ၢ်အီၤလၢကလံၤထံးအမဲရကၤ

Jah *n* ယွၤ

jail, gaol *n* ယိာ်

jailbait *n* တခွဲဆၣ်လၢလီၤဘၣ်ယိာ်အဂိၢ်, ပိာ်မုၣ်သးစၢ်လၢအထုးန့ၢ်ပိာ်ခွါလၢမုၣ်ခွါသွံၣ်ထံးတကပၤဘၣ်ဆၣ်လၢသဲစးတကပၤအသးနံၣ်တပှဲၤထီၣ်လၢကမံဃုာ်အိၣ်ဃုာ်အီၤအဂိၢ်

jailbird *n* ပှၤလၢအဘၣ်လီၤယိာ်ခဲအံၤခဲအံၤ

jailbreak *n* တၢ်ယ့ၢ်ကွံာ်လၢယိာ်ပူၤ

jailer *n* ယိာ်ဒိၣ်

jailhouse *n* ယိာ်, ထိ

jailor *n* ယိာ်ခိၣ်, ယိာ်ဒိၣ်

jake *a* လၢအလၢပှဲၤခဲလၢာ်, လၢအလီၤသူၣ်မံသးမံ

jalapeno *n* မိၢ်ဟဲသၣ်ဟဲလၣ်ပ့ၣ်ညိၣ်, မိၢ်ဟဲသၣ်လါဟ့တကလုာ်, မိၢ်ဟဲသၣ်လါဟ့ဖးဒိၣ်တကလုာ်

jalopy *n* သိလ့ၣ်လီၢ်လံၤဖိဃး

jam *n* ၁. တၤသၣ်ဃ့ၣ် ၂. တၢ်ပှဲၤကတံာ် ၃. traffic jam ကျဲကတံာ်

jam *v* မၤကတံာ်, အိၣ်ကတံာ်ဃာ်တၢ်

jamb *n* ပဲတြီ, တြဲၤအထူၣ်လၢတၢ်ကပၤ

jamboree *n* ၁. မူးဖးဒိၣ် ၂. တၢ်ထံၣ်လိာ်အိၣ်ဖှိၣ်အမူးသးဖှံ

jammed *a* ကတံာ်, ဃံး

jammy *a* ၁. လၢအပှဲၤဒီးတၤသၣ်ဃ့ၣ် ၂. လၢအဘူၣ်အတီၢ်ဂ့ၤ

jam-packed *a* လၢအပှဲၤကတံာ်

jangle *v* ၁. စ့တိၢ်သီၣ်ဘၣ်ထံးလိာ်သး ၂. မၤသီၣ်တပျုာ်တပျီၤတၢ်

janitor *n* ပှၤကွၢ်ထွဲတၢ်သူၣ်ထိၣ်, ပှၤကွၢ်ထွဲမၤကဆိုတၢ်သူၣ်ထိၣ်

January *n* လါယနူၤအါရံၣ်, လါအခိၣ်ထံးကတၢၢ်တလါ

Japanese *a* လၢအဘၣ်ထွဲဒီးကီၢ်ယပၣ်

Japanese *n* ပှၤယပၣ်ဖိ

jar *n* ကံ, ကထံၤ, တရံ၊, ဖျး
jar *v* ဒိးန့ၢ်တၢ်မၤဆါသတူၢ်ကလၢ်, ဒုးအိၣ်ထိၣ်တၢ်တမှာ်တလၤ, အ့ၣ်လိာ်အသး, မၤကံာ်နၢ်
jargon *n* တၢ်ကတိၤလၢပှၤတဖုတကရၢသ့ၣ်ဝဲဒိးညီနၢ်ပှၤလၢအဂၤတဖၣ်တနၢ်ပၢၢ်, တၢ်ကတိၤလၢအကီ
jarhead *n* ထံသုးဖိ
jasmine *n* ဖီကဲ့းစမံ, (စပဲၢ်)
jaundice *n* ၁. တၢ်ဆါဘီ ၂. တၢ်သူၣ်ဒိၣ်သးဖျိး, တၢ်သူၣ်တမှာ်သးတမှာ်, တၢ်တူၢ်တန့ၢ်ခိၣ်တကဲ
jaunt *n* တၢ်လဲၤဖှၣ်, တၢ်ဟးလိာ်ကွဲတစိၢ်တလီၢ်
jaunty *a* လၢအဟ်ဖျါတၢ်သူၣ်ဖှံသးညီဒီးအိၣ်ဒီးတၢ်နာ်နှၤ်လိာ်သး
java *n* (တၢ်ကတိၤ) ခီဖံၣ် coffee
javelin *n* ဘီဖံဖိတကလုာ် (တၢ်စူးကါအီၤလၢတၢ်လိာ်ခိၣ်လိာ်ကွဲ မ့တမ့ၢ် ဒ်တၢ်စုကဝဲၤအသိး)
jaw *n* ၁. ခၣ်, ခၣ်ဃံ ၂. (နီၣ်ဝံာ်ပကံး, ထးရံး) အစုစံၢ် မ့တမ့ၢ် အစုစိၢ်တံၢ်တၢ်အလီၢ် ၃. တၢ်အိၣ်သးလၢအလီၤဘၣ်ယိၣ် ၄. တၢ်သံဒိၣ်အကိာ်ပူၤခိၣ်ထိး
jaw *v* ၁. ကတိၤတၢ်အါ, ကတိၤတၢ်ဆူၣ် ၂. လဲၤတၢ်လၢကစၢ်ကဆူး
jawbone *n* ခၣ်လာ်ဃံ, ခၣ်ဃံ
jawline *n* ခၣ်လာ်ကွီၤ
jay *n* ၁. ထိၣ်တဒိဂီၤခံလၢအကလုၢ်သီၣ်တြၢတြး ၂. ပှၤလၢအကလုၢ်သီၣ်ကတၢကတီၣ်
jaywalk *v* ခီက်ကျဲလၢတအိၣ်ဒီးတၢ်ဒိကနၣ်ကျဲအတၢ်သိၣ်တၢ်သီ, ခီက်ကျဲလၢတအိၣ်ဒီးတၢ်ပလိၢ်သး, တပိာ်ကျဲတၢ်သိၣ်တၢ်သီ
jaywalker *n* ပှၤခီက်ကျဲလၢတအိၣ်ဒီးတၢ်ဒိကနၣ်ကျဲအတၢ်သိၣ်တၢ်သီ, ပှၤခီက်ကျဲလၢတအိၣ်ဒီးတၢ်ပလိၢ်သး, ပှၤတပိာ်ကျဲတၢ်သိၣ်တၢ်သီ
jaywalking *n* တၢ်ခီက်ကျဲလၢတအိၣ်ဒီးတၢ်ဒိကနၣ်ကျဲအတၢ်သိၣ်တၢ်သီ, တၢ်ခီက်ကျဲလၢတအိၣ်ဒီးတၢ်ပလိၢ်သး, တၢ်တပိာ်ကျဲတၢ်သိၣ်တၢ်သီ

jazz *n* ကူး(စ)တၢ်ဒ့တၢ်သးဝံၣ်လၢဘၣ်တၢ်စးထိၣ်သးဝံၣ်အီၤလၢအမဲရကၤပှၤသူဖံးဖိတဖၣ်
jazz *v* မၤလီၤသးစဲထိၣ်, မၤမှာ်ထိၣ်, မၤသူၣ်ပိၢ်သးဝးထိၣ်, ဒုးအိၣ်ထိၣ်အသးသမူ, ဒုးဟူးဒုးဂဲၤထိၣ်
jazzy *a* ၁. လၢအဘၣ်ထွဲဒီးကူး(စ)တၢ်ဒ့တၢ်အူတၢ်သူၣ်ဝံၣ်သးဆၢ ၂. လၢအိၣ်ဒီးတၢ်ကယၢကယဲကပြၢ်ကပြီၤဒီးလီၤထုးန့ၢ်သူၣ်ထုးန့ၢ်သး
jealous *a* သူၣ်က့ၣ်သးကါ
jealousy *n* တၢ်သးကါ
jeans *n* ဖျိၣ်ခံကူ်(န)
Jeep *n* သိလ့ၣ်ကူး
jeer *n* တၢ်ကတိၤနၣ်ဒွဲၣ်နံၤဘၣ်ဖၣ်လဲတၢ်
jeer *v* ကတိၤဆါ, နံၤဘၣ်ဖၣ်လဲ
Jehovah *n* ယဟိဝၤ – ယွၤ မ့တမ့ၢ် ကစၢ်ယွၤအမံၤလၢဘၣ်တၢ်စူးကါအီၤလၢလံာ်စီဆှံအလီၢ်လံၤတကတြူၢ်အပူၤ
Jehovah's Witness *n* ယဟိဝၤအပှၤစိာ်တၢ်သးခုကစီၣ်
jello *n* ကိၣ်ကလူကလဲ
jelly *n* ကိၣ်ကလူကလဲ
jelly bean *n* ကိၣ်ကလူကလဲ, ကိၣ်ကလူကလဲကိၢ်လိၣ်
jellyfish *n* ခူၣ်
jemmy *n* နီၣ်ကၢထးဖှၣ်
jemmy *v* တကၢဒီးနီၣ်ကၢထးဖှၣ်
jencol bean *n* တန့သၣ်
jeopard *v* ဘျုးအသးမၤတၢ်လၢတၢ်ဘၣ်ယိၣ်ဘၣ်ဘီအပူၤ
jeopardize, jeopardise *v* မၤတၢ်လၢအလီၤဘၣ်ယိၣ်, ဘျုးအသးမၤတၢ်လၢတၢ်ဘၣ်ယိၣ်ဘၣ်ဘီအပူၤ
jeopardy *n* တၢ်ဘၣ်ယိၣ်ဘၣ်ဘီ, တၢ်လီၤပျံၤလီၤဖုး, တၢ်မၤဘၣ်ဒိဒီးတၢ်သံခ့သံပှၤအလီၢ်
jerk *n* ၁. တၢ်လၢအသုးသးချ့ဒီးပတုာ်ဖုး ၂. ပှၤငီငးအီရိာ်, ပှၤအပျုၢ်ပှၤအမား
jerk *v* ဖုး
jerky *a* လၢအိၣ်ဒီးတၢ်တံာ်တာ်အါ, လၢအလဲၤပတုာ်လဲၤပတုာ်, လၢအလဲၤတစိၢ်အိၣ်ပတုာ်
jerrycan, jerrican *n* ကျဲတံးဒၢ, ရှၣ်နီၣ်သိဒၢ
jersey *n* တၢ်ဂဲၤလိာ်ကွဲဆ့ကၤ, ဆ့ဖျိၣ်လၢၤ

jest *n* တၢ်ကတိၤလီၤနံၤတၢ်, တၢ်ကတိၤလီၤနံၤလီၤအ့

jest *v* မၤလီၤနံၤတၢ်

jester *n* ပှၤမၤလီၤနံၤတၢ်

Jesuit *n* ရိမဲခဲးသလ့းသီခါကရူၢ် – ရိမဲခဲးသလ့းသီခါကရူၢ်လၢဘၣ်တၢ်ဒုးအိၣ်ထီၣ်အီၤလၢပှၤစီဆုံအ့ဒနေးထံယၢး(စ) လိၣ်ရိၣ်လၣ် (St Ignatius Loyola) ဒီးအဂၤတဖၣ်ဖဲ ၁၅၃၄ နံၣ်

Jesus *n* ကစၢ်ယ့ၣ်ရှူး

jet *n* ၁. တၢ်အနိးလၢထံဆဲးဖိုးထီၣ်အသးလၢအပူၤ ၂. ကဘီယူၤကၠဲး ၃. လၢၢ်သွဲၣ်လးအသးလၢအကိၤတကလှာ်

jet *v* လဲၤတၢ်လၢကဘီယူၤကၠဲး

jet engine *n* ကဘီယူၤအစဲး

jet lag *n* မှၢ်နၤမှၢ်ဆါကမၣ်ခီဖျိဒီးကဘီယူၤ, တၢ်လီၤဘုံးလီၤတီၤဒီးမှၢ်နၤမှၢ်ဆါကမၣ်ဖဲတၢ်ဒီးကဘီယူၤခီက်တၢ်ဆၢကတီၢ်ပနိဝံၤအလိၢ်ခံ

jet set *n* ပှၤကဲဒိၣ်လၢအဟးဆှၣ်ထံဂုၤကိၢ်ဂၤ

jet ski *n* စဲးချံချ့, ချံကၠဲးစးကံ

jet stream *n* ၁. မှၢ်နုာ်ကလံၤအကျိၤ ၂. ကဘီယူၤကျိၤ, တၢ်အၢၣ်ကျိၤ

jet-black *a* လၢအသူကတြဲၣ်

jettison *v* ၁. (ကဘီယူၤ, ကဘီ) ကွံာ်ဖှံလီၤတဲာ်တၢ်ပီးတၢ်လီ ၂. တ့ၢ်လီၤကွံာ်, ကွံာ်တ့ၢ်ကွံာ်

jetty *n* ကဘီသန့, ချံသန့

Jew *n* ပှၤယူဒၤဖိ

jewel *n* လၢၢ်လုၢ်ဒိၣ်ပ္ၤဒိၣ်, တၢ်လုၢ်ဒိၣ်ပ္ၤဒိၣ်

jeweller, **jeweler** *n* ပှၤကူၣ်လဲမၤကၤလၢၢ်လ့တၢ်မျၢ်ပလဲ

jewellery, jewelery *n* တၢ်ကယၢလုၢ်ပ္ၤဒိၣ်, လၢၢ်လ့တၢ်မျၢ်ပလဲ

Jew's harp *n* သဃ့ၤ, တဃံၤ

Jezebel *n* ပိာ်မုၣ်လၢအတၢ်မဲာ်ဆုးတအိၣ်ဒီးအသကဲာ်ပဝးတဂ့ၤ

jibe, gibe *n* တၢ်တဲဟးဂီၤပှၤ, တၢ်နံၤဘၣ်ဖၣ်လဲပှၤ

jibe, gibe *v* ကတိၤတရီတပါ, နၣ်ဒွဲၣ်ပယွဲ

jiffy *n* တစိၢ်ဖိ

jig *n* တၢ်ဒ့တၢ်အူလၢအဖှံ, တၢ်ဂဲၤကလံၣ်ဖှံဖှံချ့ချ့

jig *v* ဂဲၤကလံၣ်ပ့ၢ်ပ့ၢ်ဆှါဆှါ, ဂဲၤကလံၣ်ဖှံဖှံချ့ချ့

jiggle *v* သုးတရုၤအသး, သုးဖုးအသးချ့ချ့တဘိတဘိ

jigsaw *n* လွှးဘူးကၠၣ်ကိာ်တၢ်

jigsaw puzzle *n* ကၠံးစိ, တၢ်ဂဲၤလိာ်ကွဲတကလှာ်လၢတၢ်ထီဘၣ်က့ၤတၢ်ဂီၤ မ့တမ့ၢ် လံာ်ဖျၢၣ်တဖၣ်လၢအလိၢ်

jihad *n* မူးစလ့ၣ်တၢ်ဘူၣ်တၢ်ဘါအတၢ်ဒုး, မူးစလ့ၣ်တၢ်ဒုး

jilt *v* ဟ်တ့ၢ်ကွံာ်တၢ်အဲၣ်တီ, လီအတၢ်အဲၣ်တီ

jingle *n* ၁. တၢ်သီၣ်ကြူကြူကြိၣ်ကြိၣ် ၂. (ကွဲၤဟူဖျါ, ကွဲၤလ့လိၤ) အတၢ်ကီးသတြိအတၢ်ဒ့ဆှၢနုာ်ဖှၣ်ကိာ်

jingle *v* မၤသီၣ်ကြူကြူကြိကြိ

jinx *n* ပှၤလၢအဟဲစိာ်နှ့ၢ်တၢ်ဘူၣ်တၢ်တီၢ်အအၢ, တၢ်လၢအဟဲစိာ်နှ့ၢ်တၢ်ဘူၣ်တၢ်တီၢ်လၢအအၢ

jinx *v* ဟဲစိာ်နှ့ၢ်တၢ်ဘူၣ်အၢတီၢ်သီ

jitter *v* သူၣ်ကိၢ်သးဂီၤတၢ်ဒိၣ်ဒိၣ်ကလဲာ်, သူၣ်ပိၢ်သးဝးဒိၣ်ဒိၣ်ကလဲာ်

jitters *n* တၢ်သူၣ်ကိၢ်သးဂီၤတၢ်ဒိၣ်ဒိၣ်ကလဲာ်, တၢ်သူၣ်ပိၢ်သးဝးဒိၣ်ဒိၣ်ကလဲာ်

jive *n* ၁. ကၠဲး(စ)တၢ်ဒ့တၢ်အူတၢ်သံကျံပီးလီလၢတၢ်တရုၤအီၤ, အၤဖြံၤကၤတၢ်ဒ့တၢ်အူဖှံဖှံညီညီ ၂. တၢ်ဂဲၤကလံၣ်ဖှံဖှံ, တၢ်ဂဲၤကလံၣ်ဖှံဖှံလၢအမံၤဟူသၣ်ဖျါတ့ၢ်ဖဲ ၁၉၄၀ –၁၉၅၀ နံၣ်အဘၢၣ်စၢၤ ၃. ပှၤတဲတၢ်လၢအခီပညီတအိၣ်

job *n* တၢ်ဖံးတၢ်မၤ

job description *n* တၢ်ကွဲးဖျါမူဒါတၢ်ဖံးတၢ်မၤ

jobcentre *n* တၢ်ဃုဖံးဃုမၤတၢ်ဒီးတၢ်ဘိးဘၣ်သ့ၣ်ညါတၢ်ဖံးတၢ်မၤအစဲထၢၣ်

jobless *a* လၢအတၢ်ဖံးတၢ်မၤတအိၣ်

jobless *n* ပှၤလၢအတၢ်ဖံးတၢ်မၤတအိၣ်

jockey *n* ပှၤဒိးပြၢကသ့ၣ်, ပှၤဒိးကသ့ၣ်ဖိလၢတၢ်ပြၢကသ့ၣ်အပူၤ

jockey *v* ၁. ထဲးဂံၢ်ထဲးဘါသပှၢ်ပှၢ်, ဂုာ်ကျဲးစၢးမၤတၢ်သပှၢ်ပှၢ် ၂. မၤတၢ်အိၣ်ပှဲၤဒီးတၢ်သ့တၢ်ဘၣ်

jockstrap *n* ဖျိၣ်ခံလိာ်ကွဲဒီသဒၢပိာ်ခွါက့ၢ်ဂီၤ

jocose *a* လၢအမၤသူၣ်ဖှံသးညီတၢ်သ့, လၢအမၤလီၤနံၤလီၤအ့တၢ်သ့

jocular *a* လၢအတဲလီၤနံၤတၢ်သ့

joey *n* တၢဖၢဖိဆံး, တၢဖၢဖိလၢအသးစၢ်

jog *n* ၁. တၢ်ယ့ၢ်ပတီၢကယီကယီ, တၢ်ယ့ၢ်ကဖီကဖီ ၂. တၢ်တနိာ်ပှၤ

jog *v* ၁. တနိာ်ပှၤ ၂. ဟးဆူဉ်ခီဉ်, ယ့ၢ်ကယီကယီ

jogger *n* ပှၤယ့ၢ်ပတီၢကယီကယီ

joggle *v* ဂံၤဂုၤ, ဟူးဝးဆှံးဆိုး

john *n* ၁. တၢ်ဟးလီၢ် ၂. ပှၤလၢအပှ့ၤမံယှာ်ယဲသဲ, ပှၤလၢအပှ့ၤယဲသဲဒီးမံယှာ်ဝဲ

join *v* ၁. ဒုးစဲဘူး, မၤစဲဘူး ၂. နုာ်လီၤမၤယှာ်, ဟ်ယှာ်

joiner *n* ပှၤတ့ဘိတၢ်သူဉ်ထီဉ်

joint *a* ၁. လၢအိဉ်ဒီးပှၤခံဂၤ မ့တမ့ၢ် အါန့ၢ်ခံဂၤ ၂. လၢအမၤသကိးတၢ်တပူၤယီ

joint *n* ၁. တၢ်အဆၢ ၂. တၢ်အကမံာ်, တၢ်အကမိာ်, စုကပံာ်ခီဉ်ကမံာ် ၃. မိာ်ဝါလၢအပဉ်ယှာ်ဒီးညါဖီ

jointly *adv* တပူၤယီ, လၢတၢ်သးတဖျာဉ်ယီအပူၤ

joist *n* ကျူ

joke *n* တၢ်တဲလိာ်ကွဲတၢ်, တၢ်တဲကလိာ်တၢ်

joke *v* တဲလိာ်ကွဲ, တဲကလိာ်တၢ်

joker *n* ၁. ပှၤအ့လံးဖိ ၂. ကွဲဉ်ခဉ်ဖဲခးက့

jokingly *adv* လၢတၢ်လီၤနံၤလီၤအ့အပူၤ, ပှဲၤဒီးတၢ်နံၤတၢ်အ့

jolly *a* သူဉ်ဖံသးညီ

Jolly Roger *n* တမျာ်အနီဉ်တယၢ်သူလၢအအိဉ်ဒီးတၢ်ခိဉ်ကုအဂီၤ

jolt *n* ၁. တၢ်တရုၤတၢ်, တၢ်ဆဲးထုဆဲးပျာ ၂. တၢ်လီၤကမၢကမဉ်, တၢ်ကမၢကမဉ်

jolt *v* တရုၤ, ဆဲးထုဆဲးပျာ

jones *n* ပှၤလၢအစံတၢ်တမံၤမံၤဒိဉ်ဒိဉ်ကလဲာ်

josh *v* ကလိၢ်ကလံးတၢ်, မၤလိာ်လ့တၢ်

joss stick *n* တၢဉ်နၢမူတဖဉ်လၢတၢ်ဒွဲဉ်ထိဉ်အီၤဖဲတၢ်ဘူဉ်ထိဉ်ဘါထိဉ်တၢ်ခါ, တၢ်ဆိုးကဲၤနၢမူ, ပနဲနၢမူ

jostle *v* ဆိဉ်သနံး, ဘဉ်တိဘဉ်ထံး

jot *n* တၢ်ထဲတစဲးဖိ, တၢ်ထဲဆံးကိာ်ဖိ

jot *v* ကွဲးနီဉ်တၢ်လၢအချ့

jounce *v* ဆဲးထုဆဲးပျာ, တကျၢ်တကျာ်

journal *n* ၁. လံာ်တၢ်ကစီဉ်, ကွၢနၢဉ် ၂. တနံၤဘဉ်တနံၤအတၢ်ကွဲး

journalism *n* တၢ်ကစီဉ်တၢ်ဖံးတၢ်မၤ, တၢ်ကစီဉ်ပီညါ

journalist *n* ပှၤကွဲးတၢ်ကစီဉ်ဖိ, ပှၤလၢအထၢဖှိဉ်တၢ်ကစီဉ်

journey *n* တၢ်လဲၤတၢ်က့ၤ

journey *v* လဲၤတၢ်

journeyman *n* ၁. ပှၤလၢအဟံးထိဉ်ဖိဉ်ထိဉ်မူဒါဖဲအမၤလိသ့အသးဒီးတၢ်ဖံးတၢ်မၤဝံၤအလီၢ်ခံ ၂. ပှၤလၢအအိဉ်ဒီးတၢ်ဖံးတၢ်မၤအတၢ်လဲၤခီဖျိ, ပှၤလၢအိဉ်ဒီးတၢ်လဲၤခီဖျိလၢတၢ်ဖံးတၢ်မၤ

joust *v* ၁. ဒီးကသ့ဉ်ဒီးဒုးပြၢလိာ်သးလၢဘီ ၂. ဂ့ၢ်လိာ်ဘိလိာ်, ပြၢလိာ်သး

jovial *a* လၢအမၤသူဉ်ဖံသးညီတၢ်သ့

jowl *n* ခဂ်လာ်, ခဉ်ဘုလီၤစဲၤ, ဘိးပၤလီၤစဲၤ

joy *n* တၢ်သူဉ်ဖံသးညီ

joyful *a* လၢအပှဲၤဒီးတၢ်သူဉ်ခုသးခု, လၢအပှဲၤဒီးတၢ်သူဉ်ဖံသးညီ

joyfulness *n* တၢ်သူဉ်ခုသးခု, တၢ်သူဉ်ဖံသးညီ

joyless *a* လၢအတသူဉ်ဖံသးညီ, လၢအတၢ်သူဉ်ခုသးခုတအိဉ်, လၢအသူဉ်အုးသးအုး

joyous *a* လၢအလီၤသူဉ်ခုသးခု, လၢအသူဉ်မံသးမှာ်

joyously *adv* ပှဲၤဒီးတၢ်သူဉ်ခုသးခု, ပှဲၤဒီးတၢ်သူဉ်မံသးမှာ်, လၢတၢ်သူဉ်ခုသးခုအပူၤ

joyride *n* တၢ်ဟ့ဉ်နီဉ်လိာ်ကွဲသိလ့ဉ်, တၢ်နီဉ်လိာ်ကွဲသိလ့ဉ်လၢအိဉ်ဒီးတၢ်ဘဉ်ယိဉ်ဘဉ်ဘီ

joystick *n* ကဘီယူၤနီဉ်တကၢ, ခီဉ်ဖျ့ထၢဉ်နီဉ်ဖိဉ်, ခီဉ်ဖျ့ထၢဉ်နီဉ်တကၢ

jubilant *a* လၢအသူဉ်ဖံသးညီဒိဉ်ဒိဉ်ကလဲာ်ခီဖျိမၤနၢၤတၢ်အယိ

jubilation *n* တၢ်သူဉ်ခုသးခုဒိဉ်ဒိဉ်ကလဲာ်, တၢ်သူဉ်ခုသးခုဒိဉ်ဒိဉ်ကလဲာ်ဖဲမၤနၢၤတၢ်

jubilee *n* ယူဘလံဉ်, တၢ်မၤလၤကပီၤတၢ်မၤပှဲၤထိဉ် ၂၅ နံဉ်, ၅၀ နံဉ်

Judaism *n* ယူဒၤတၢ်ဘူဉ်တၢ်ဘါ

Judge *n* ပှၤစံဉ်ညီဉ်ကွီၢ်

Judge *v* စံဉ်ညီဉ်တၢ်

judgement, judgment *n* တၢ်စံဉ်ညီဉ်, တၢ်စံဉ်ညီဉ်တဲာ်တၢ်

Judgement Day *n* မုၢ်စံၣ်ညီၣ်အနံၤ, မုၢ်နံၤခံကတၢၢ်အတၢ်စံၣ်ညီၣ်, မုၢ်နံၤလၢကစၢ်ယွၤကစံၣ်ညီၣ်ပှၤဟီၣ်ခိၣ်ဖိ

judgemental *a* ၁. လၢအဘၣ်ထွဲဒီးတၢ်စံၣ်ညီၣ်ဆၢတဲာ်တၢ် ၂. လၢအစံၣ်ညီၣ်တဲာ်တၢ်ချ့သဒံးလၢတအိၣ်ဒီးတၢ်ပာ်ထံနီၤဖးတၢ်

judicable *a* လၢတၢ်စံၣ်ညီၣ်တဲာ်အီၤသ့

judicature *v* ၁. တၢ်စံၣ်ညီၣ်ပီတ့အတၢ်ပၢတၢ်ဆှၢ, တၢ်စံၣ်ညီၣ်ပီတ့ဂ့ၢ်ဝီ ၂. စံၣ်ညီၣ်ကွီၢ်ကရၢ

judicial *a* လၢအဘၣ်ဃးဒီးတၢ်စံၣ်ညီၣ်ပီတ့, လၢအဘၣ်ဃးဒီးတၢ်စံၣ်ညီၣ်ပီတ့ဂ့ၢ်ဝီ

judiciary *n* စံၣ်ညီၣ်ကွီၢ်ကရၢ, စံၣ်ညီၣ်ပီတ့ဂ့ၢ်ဝီ

judicious *a* လၢအအိၣ်ဒီးတၢ်ကူၣ်သ့ဖးဘၣ်ဒီးလၢအလီၤတံၢ်လီၤဆဲး

judo *n* ကျူဒိၣ်, ပှၤယပၣ်ဖိအတၢ်ဂဲၤလိာ်ကွဲဒီသဒၢလီၤသး

jug *n* ထံအီဒၢ

juggernaut *n* ၁. သိလ့ၣ်တီတၢ်ဖိတၢ်လံၤဖးဒိၣ်လၢအလဲၤတၢ်ယံၤ ၂. တၢ်လၢအဒိၣ်ဒီးအိၣ်ဒီးအစိကမီၤလၢအမၤဟးဂီၤတၢ်သ့

juggle *n* တၢ်လီန့ၢ်တၢ်

juggle *v* မၤတၢ်လၢတၢ်စုဖျဲၣ်ခီၣ်ဖျဲၣ်အပူၤ, (ဂဲၤလိာ်ကွဲတၢ်ဖျၢၣ်သလၢၣ်) ဒ်သိးကလီန့ၢ်တၢ်

jugular vein *n* ကိာ်ဘိသွံၣ်ကျ့ၤကျိၤ

juice *n* တၢ်အထံ, တၢ်အစီ

juicer *n* တၢ်ဆံးန့ၢ်တၤသူတၤသၣ်ဒီးတၢ်ဒိးတၢ်လၣ်အထံအပီးအလီ

juicy *a* လၢအထံအိၣ်အါ

jukebox *n* တၢ်သးဝံၣ်ဒၢလၢတၢ်ထၢနှာ်စ့ဒီးကနၣ်အီၤ

July *n* လါယူၤလံ, လါနွံလါတလါ

jumble *n* ၁. တၢ်ဘံဘူဆးဃၤလိာ်သး ၂. တၢ်အိၣ်သဘံၣ်ဘုၣ်ဃါဃုာ်လိာ်သး ၃. တၢ်ဖိတၢ်လံၤတၢ်ပာ်ဖှိၣ်ပူထိၣ်ဃာ်အီၤ (လၢတၢ်ကဆါကွၢ်အဂီၢ်)

jumble *v* မၤဃါဃုာ်သဘံၣ်ဘုၣ်တၢ်, အိၣ်ဃါဃုာ်လိာ်သး

jumbo *a* လၢအဒိၣ်

jumbo *n* ၁. တၢ်ဖးဒိၣ်, တၢ်လၢအဖးဒိၣ်ဖးသံ ၂. ကဘီယူၤဖးဒိၣ်လၢအစိာ်ပှၤလဲၤတၢ်ဖိတဘျုးကယၤ

jump *n* ၁. တၢ်စံၣ်, တၢ်စံၣ်တခွ့, တၢ်စံၣ်ဖု ၂. တၢ် (အပှ့ၤ,တီၤပတီၢ်) ထိၣ်

jump *v* ၁. စံၣ်, တခွ့, ဖု ၂. (တၢ်အပှ့ၤ, တီၤပတီၢ်) ထိၣ်, အါထိၣ်ဖုးသတူၢ်ကလာ် ၃. တအိၣ်ကတိၢ်ဖဲမ့ၣ်အူဂီၤအခါ ၄. တုၢ်လိာ်တၢ်သတူၢ်ကလာ်

jump rope *n* ပျံၤစံၣ်ဖု, ပျံၤဖု

jumper *n* ၁. ဆ့ဖျိၣ်လၢ။ ၂. ပှၤ မ့တမ့ၢ် တၢ်လၢအစံၣ်ဖု

jumper cable, jumper lead *n* ထးသွဲပျံၤလၢကနီၣ်ထိၣ်သိလ့ၣ်စဲး

jump-start *v* ၁. စးထိၣ်သိလ့ၣ် (လၢအဘဲးထရံၣ်တအိၣ်) ဒီးထးသွဲပျံၤ ၂. ထဲးဂံၢ်ထဲးဘါလၢကစးထိၣ်တၢ်မၤချ့သဒံးအဂီၢ်

jumpsuit *n* ဆ့ဖျိၣ်ခံ – ဆ့ကၤဒီးဖျိၣ်ခံဟ်ဖှိၣ်ထိၣ်သးတပူၤဃီ

jumpy *a* ၁. လၢအသူၣ်ကံၢ်သးဂီၤဒီးတမှာ်တလၢဘၣ်အီၤ ၂. လၢအဖုးဒီးအိၣ်ပတှာ်ဖုး

junction *n* ၁. ကျဲဖးဒ့, ကျဲသဂၢ ၂. တၢ်အဆၢ, တၢ်ဆဲးထီမၤစဲဘူးတၢ်, တၢ်ဒုးစဲဘူးတၢ်

junction box *n* လီသွဲဘိဒၢ, လီသွဲပျံၤဒၢ

juncture *n* တၢ်ဟ်ဖှိၣ်ထိၣ်သး, တၢ်လိၢ်ဖဲတၢ်ခံမံၤသၢမံၤဘၣ်သဂၢၢ်ဒီးဟ်ဖှိၣ်ထိၣ်သး

June *n* လါယူၤ, လါဃုလါတလါ

jungle *n* ပှၢ်မုၢ်ကနၢ, ပှၢ်ဒိၣ်ယိာ်

junior *a* သးစၢ်

junior *n* ၁. ပှၤသူၣ်ဘိၣ်သးစၢ်, ပှၤသးစၢ် ၂. ပှၤလၢအသးစၢ်နှၢ်, ပှၤလၢအလိၢ်ဖုၣ်နှၢ် ၃. တီၤထီကို့ဖိ မ့တမ့ၢ် ဖ့ၣ်စိမိၤကို့ဖိလၢကဖျိထိၣ်လိၣ်တ့ၢ်တနံၣ်, ပှၤလၢကဖျိထိၣ်ကို့လိၣ်တ့ၢ်တနံၣ်

junior college *n* သးစၢ်ခီလ့ၣ်ကို့, ခံနံၣ်ခီလ့ၣ်ကို့

junior high school *n* သးစၢ်တီၤထီကို့, တီၤခၢၣ်သးကို့, တီၤထီကို့အခီၣ်ထံးတပတီၢ်

junk *n* ၁. တၢ်လၢအဘျုးတအိၣ်, တၢ်လၢပတလိၣ်ဘၣ် ၂. တရူးချံဃၢ်ဖိ

junk *v* ကွံာ်တ့ၢ်, စူးကွံာ်

junk bond *n* တၢ်ဘျါလီၤကျိၣ်စ့လံာ်ဃံးဃာ်လၢအလီၤဘၣ်ယိၣ်

J

junk food *n* တၢ်အီၣ်လၢအညီဒီးချ့, တၢ်အီၣ်လၢတန့ၢ်ဂံၢ်န့ၢ်ဘါကဲၣ်ဆိး, တၢ်အီၣ်လၢအချ့

junk mail *n* လံာ်ပရၢလၢအဘျုးတအိၣ်, လံာ်ပရၢတယာ်

junkie *n* ပှၤစဲပံၤဝါ, ပှၤစဲကသံၣ်မူၤဘိုး

junkyard *n* တၢ်လီၢ်ဖဲတၢ်ကွံာ်တ့ၢ်တၢ်ဖိတၢ်လံၤဒီးဟံၣ်ဃီပီးလီတဖၣ်, တၢ်ဟ်စဲးလီၢ်လံၤဖီဃးအလီၢ်, သိလ့ၣ်အသွၣ်ခိၣ်

junta *n* သုးပၢတၢ်ကရူၢ်, သုးမိၤစိရိၤ

Jupiter *n* ကျူၣ်ဖံၣ်ထၢၣ်, မူဖျၢၣ်ရူ

Jurassic *a* မံးစိၣ်စိအ့းအစိၤ (Mesozoic era) ခံစိၤတစိၤအကတိၢ်ဖဲအိၣ်ဒီးဒဲၣ်နိၣ်စီဒီးထိၣ်တဖၣ်

jurisdiction *n* တၢ်အိၣ်ဒီးစိကမီၤလၢတၢ်ကစံၣ်ညီၣ်တၢ်, တၢ်စံၣ်ညီၣ်တၢ်သ့အလီၢ်ကဝီၤ

J

juror *n* ကျူရံၣ် – စံၣ်ညီၣ်ကွိၢ်ကရၢဖိ, စံၣ်ညီၣ်ကွိၢ်ကရၢဖိလၢအဒိကနၣ်တၢ်ဂ့ၢ်တၢ်ကျိၤဒီးစံၣ်ညီၣ်စၢၤတၢ်

jury *n* စံၣ်ညီၣ်ကွိၢ်ကရၢ

just *a* တီ, တီတြၢ်, တီတီလိၤလိၤ

just *adv* ထဲ--ဓိၤ အဒိ, ယဟံးန့ၢ်သ့ဒၣ် ထဲတခါဓိၤလီၤ

justice *n* တၢ်တီတၢ်တြၢ် တၢ်တီတၢ်လိၤ

justifiable *a* လၢတၢ်ဟ်တီဟ်လိၤအီၤသ့, လၢဘၣ်တၢ်မၤတီမၤလိၤအီၤသ့

justification *n* တၢ်ဟ်တီဟ်လိၤတၢ်, တၢ်လၢအဟ်တီဟ်လိၤတၢ်

justify *v* မၤတီမၤလိၤက့ၤ, မၤဘၣ်လိာ်က့ၤအီၤ

just-in-time *a* ဘၣ်ဆၢဘၣ်ကတိၢ်

justly *adv* တီတီလိၤလိၤ, နီၢ်နီၢ်

jut *v* ဟဲဖှိုးထိၣ်

jute *n* ဆိုၣ်

juvenile *a* ၁. လၢအမၤအသးဒ်ဖိသၣ်အသိး ၂. လၢအဘၣ်ထွဲဒီးဖိသၣ်, ပှၤလၢတဒိၣ်တုာ်ခိၣ်ပှဲၤ မ့တမ့ၢ် ထိၣ်ဖိလံၣ်ဖိဒီးဆၣ်ဖိကီၢ်ဖိအသးစၢ်တဖၣ်

juvenile *n* ၁. ပှၤတဒိၣ်တုာ်ခိၣ်ပှဲၤ, ပှၤဖိသၣ် ၂. ထိၣ်ဖိလံၣ်ဖိဒီးဆၣ်ဖိကီၢ်ဖိလၢအသးစၢ်ဖၣ်

juvenile court *n* ဖိသၣ်အကွိၢ်ဘျိၣ်, ပှၤတဒိၣ်တုာ်ခိၣ်ပှဲၤအကွိၢ်ဘျိၣ်

K

K *abbre* ၁. တၢ်ကွဲးဖှ်ကံလိမံထၢဉ် ၂. တၢ်ကွဲးဖှ်ခိဉ်ဖျူထၢဉ်ကံလိဘး(ထ)

Kachin *n* ပှၤကချ့ဉ်ဖိ

kaiser *n* ကျၤမနံဉ်အဘီမုၢ်စီၤပၤဖးဒိဉ်

kale *n* သဘဉ်လါဟ့တကလှာ်

kaleidoscope *n* တၢ်လွဲၢ်အပီၤ, တၢ်လၢအဆီတလဲအသးအကလှာ်ကလှာ်

kalong *n* ဘျါဖးဒိဉ်, ဘျါဖးဒိဉ်လၢအအီဉ်သ့ဉ်သူဝဉ်သဉ်တကလှာ်

Kama Sutra *n* လံာ်မုဉ်ခွါသွံဉ်ထံးတၢ်ရ့လိာ်သးအဒိအတဲာ်, လံာ်ကဉ်မဉ်စူဉ်ကြဉ်ဟ့ဉ်နူၢ်မုဉ်ခွါသွံဉ်ထံးတၢ်ရ့လိာ်သးအဒိအတဲာ်

kamikaze *n* ယပဉ်အတၢ်ဒုးအကျဲလၢအမ့ၢ်ပှၤနိဉ်ကဘီယူၤပဒၢးဒီးမ့ဉ်ပိါဝံၤညီလီၤအသးဆူဒုဉ်ဒါအတၢ်ခးပနိဉ်အလီၢ်, တၢ်နိဉ်ကဘီယူၤလၢအပဒၢးဒီးမ့ဉ်ပိါဝံၤယူၤလီၤတူၢ်သံအသး

kangaroo *n* တၤဖၢဖိ

kangaroo court *n* ကွိၢ်ဘျိဉ်လၢအတဖိးသဲစး

kapok *n* ဘဲယိ, ယိ

kappa *n* ကြႏ(စ)အလံာ်မဲာ်ဖျာဉ်တဆံတၢဖျာဉ်တဖျာဉ်

kaput *a* လၢအဟးဂူာ်ဟးဂီၤ

karaoke *n* တၢ်သးဝံဉ်အိးထိဉ်ယှာ်ဒီးတၢ်ဒ့ခဉ်ရဉ်အိဉ်ခ့ဉ်, ခဉ်ရဉ်အိဉ်ခ့ဉ်စဲး

karate *n* ခရဉ်တ့, ယပဉ်တၢ်ဒိသဒၢလီၤသးတၢ်လိာ်ကွဲတကလှာ်

Karen *a* လၢအဘဉ်ဃးဒီးပှၤကညီကလှာ်, လၢအမ့ၢ်ကညီ, လၢအမ့ၢ်ကညီကျိာ်

Karen *n* ၁. ပှၤကညီဖိ, ကညီကလှာ် ၂. ကညီကျိာ်

Karenni *n* ပှၤကရ့ဉ်နံဉ်ဖိ

karma *n* တၢ်ဘူဉ်တၢ်တိၢ်, တၢ်လၢနကဒိးန့ၢ်ဘဉ်ကဒါက့ၤတၢ်လၢနမၤအစၢ

kava *n* မိၢ်ကံာ်ဖိအထံးလၢအအိဉ်လၢဖိဉ်လံန့ရှၢဉ်

kayak *n* ချံဖိတကလှာ်

kazoo *n* ပံဖိတကလှာ်

Kbps *abbre* တစဲးကီးပှဲၤကံလိဉ်ဘံး (kilobits per second)

kebab *n* တၢ်ညဉ်ကဉ်ဒီးတၢ်ဒိးတၢ်လဉ်, တၢ်ညဉ်တ့ၢ်ကဉ်ဒီးတၢ်ဒိးတၢ်လဉ်

keel *n* ကဘီအပျိၢ်ယံ, ချံအပျိၢ်ယံ

keel *v* (keel over) လီၤတကျၢၢ်, လီၤကၢၢ်ခိဉ်လီၤလာ်

keelhaul *v* စံဉ်ညီဉ်စၢတၢ်ပှၤဒီးတွၢ်မူဒ်းအီၤလၢကဘီအဖီလာ်

keen *a* သးစဲ, သးဆူဉ်

keen *v* ဟီဉ်တၢ်ယၢၤတၢ်လၢတၢ်သူဉ်အုးသးအုးအပူၤ

keenly *adv* လၢတၢ်သးဆူဉ်အပူၤ

keep *n* ၁. တၢ်အိဉ်တၢ်အီ, တၢ်ကူတၢ်ကၤဒီးဂံၢ်ခိဉ်ထံးတၢ်လိဉ်ဘဉ်တဖဉ်လၢတၢ်အိဉ်မူအိဉ်ဂဲၤအဂီၢ် ၂. တၢ်ရဲဉ်သဲကတီၤတၢ်, တၢ်အံးကူၤကွၢ်ကူၤတၢ် ၃. တိာ်ခၢဉ်သနၢဉ်အလီၢ်ခၢဉ်သး

keep *v* ၁. ဟ်ဃာ်, ပၢၤဃာ်, ဟံးဃာ်, ဒုးဃာ် ၂. ကတီၤ ၃. ဘှဉ် (ဆဉ်ဖိကိၢ်ဖိ) ၄. မၤကဒီးဆူညါ, မၤဒံးဆူညါ, တဆိတ့ၢ်ဘဉ်, ဆဲးမၤတလီၢ်လီၢ် ၅. အံးထွဲကွၢ်ထွဲ, အံးကူၤကွၢ်ကူၤ ၆. မၤယံာ်မၤနီၢ် ၇. တြီဃာ်, ကဟုကယာ် ၈. ဆီဉ်ထွဲမၤစၢၤ

keep an eye on *idm:* အံးထွဲကွၢ်ထွဲ, ကွၢ်ထွဲ

keep back *vp:* ဟံးဃာ်, တဟ်ဖျါထီဉ်, ပၢၤဃာ်တၢ်

keep company *idm:* မၤသကိး, အိဉ်သကိး, လဲၤသကိး

keep on *vp:* လဲၤဆူညါ, မၤဆူညါ

keep one's eyes open *idm:* အံးထွဲကွၢ်ထွဲ, ကွၢ်ထွဲ

keep pace *idm:* (ချ့) ထဲသိးသိး, တုၤသိးသိး

keep the wolf from the door *idm:* မၤတၢ်ဆူဉ်ဆူဉ်ဒ်သိးစ့တလီၤတူာ်တဂ့ၤအဂီၢ်

keep track *vp:* မၤနိဉ်မၤဃါ, လူၤပိာ်ပှၤအခိဉ်လီၢ်

keep up *vp:* ၁. တဆိကတိၢ်ဘဉ်, မၤကွၢ်ကွၢ် ၂. လူၤချုးန့ၢ်တၢ်အခံ, လူၤထီဉ်စိၤ

keeper *n* ၁. ပှၤခိးတၢ်ဖိ, ပှၤပၢၤတၢ်ဖိ ၂. ပှၤခိးတၢဉ်ဖျိ

K

keepsake *n* တၢ်လၢပှၤဟ်လၢတၢ်သ့ၣ်နီၣ်ထိၣ်အဂီၢ်
keg *n* ထံဒၢဆံးဆံးဖိ
keister *n* ၁. ခံကိၢ် ၂. တလါစိာ်စု
kelp *n* ၁. ထံဃံၣ်ထူၣ်အဃး ၂. ထံဃံၣ်အဒုၣ်
kelpie *n* ၁. ထံတၢ်မုၢ်ဃၢ်, ထံတၢ်နါလၢပှၤစကီးတလဲဖိအတၢ်တဲမုာ်နါအပူၤ ၂. ထွံၣ်အီးစဖြွလံယါတကလုာ်
kennel *n* ထွံၣ်အဟံၣ်
keno *n* ဘူၣ်တိၢ်တၢ်ဂဲၤလိာ်ကွဲလၢတၢ်ကီးအီၤလၢခံနီၣ်
kerb *n* ကျဲစိၢ်ကန္ၤ
kerbside *n* ကျဲသရုၤထံး, ကျဲမုၢ်အဃၢၤထံး
kernel *n* တၢ်အချံ, တၢ်အနီၢ်, တၢ်အသံးအကာ်

K

kerosene *n* ရှ္ၣ်နီၣ်သိ
ketchup *n* တကီၤဆံၣ်သၣ်ဃ့ၣ်
kettle *n* ထံချီသပၢၤ
kettledrum *n* ဒၢဖးဒိၣ်တကလုာ်
key *a* လၢအမ့ၢ်တၢ်အခိၣ်သ့ၣ်, လၢအကါဒိၣ်ကတၢၢ်
key *n* ၁. နီၣ်ဝံာ်ခံ ၂. နီၣ်ဆိၣ်ခံ (အိၣ်လၢစုပိၢ်လီၤအလိၢ်) ၃. နိးအခံ, တၢ်သံကျံအခံ ၄. တၢ်အရှဒိၣ်ကတၢၢ်အလိၢ် ၅. တၢ်စံးဆၢ ၆. ကီးလၢၢ်ဖိတူၢ်ရဲၣ်
key *v* ၁. ဒိနှာ်လီၤတၢ်ဂ့ၢ်တၢ်ကျိၤဆူခီၣ်ဖျူထၢၣ်အပူၤ ၂. မၤဘၣ်လိာ် (တၢ်သးဝံၣ်အနိး, တၢ်သံကျံအခံ) ၃. အီးထိၣ်နီၣ်ဝံာ်ခံ
key ring *n* နီၣ်ဝံာ်ခံအကွီၤ
keyboard *n* စုပိၢ်လီၤအလိၢ် အဒိ, လၢခိၣ်ဖျူထၢၣ် – စဲးကွဲးလံာ် – ဖံၣ်အဲနိၣ်
keyhole *n* နီၣ်ဝံာ်ဒၢပူၤ
keynote *n* ၁. တၢ်အဂ့ၢ်မိၢ်ပှၢ်, တၢ်အဂ့ၢ်ခိၣ်ထံး ၂. နိးအခံ
keypad *n* စုစံၢ်နီၣ်ဂံၢ်ဖျာၣ်ဘ့ၣ်ဘၣ်, တၢ်ဘ့ၣ်ဘၣ်လၢအအိၣ်ဒီးနီၣ်ဂံၢ်ဖျာၣ်တဖၣ်လၢခိၣ်ဖျူထၢၣ်စုပိၢ်လီၤအလိၤ
keystone *n* ဂံၢ်ခိၣ်ထံး, ခိၣ်တဃာ်
keystroke *n* နီၣ်စံၢ်
kg *abbre* ကံလိ (kilogram)
khaki *n* ၁. တၢ်ကံးညာ်အလွဲၢ်ဘီဃး ၂. တၢ်အလွဲၢ်ဘီဃး
Khmer *n* ၁. ပှၤခမၣ်ဖိ, ပှၤထူလံၤဖိလၢအအိၣ်ဆိးလၢကီၢ်ကၣ်ဘီဒံၣ်ယၣ် ၂. ခမၣ်အကျိာ်
kHz *abbre* ကံလိဟား(စ) (kilohertz)
kibbutz *n* စံာ်လီၢ်ပှဲၤလီၢ်လၢကီၢ်အံၣ်စရ့လး မ့တမ့ၢ် စံာ်လီၢ်ပှဲၤလီၢ်လၢကီၢ်အံၣ်စရ့(လ)အပူၤ, တၢ်သူၣ်တၢ်ဖျးအလီၢ်ဖဲပှၤအိၣ်သကိးမၤသကိးအီၤတပူၤဃီ
kick *n* ၁. တၢ်ထူတကျာ်တၢ်, တၢ်ထူတၢ် ၂. တၢ်သူၣ်ပိၢ်သးဝးဒိၣ်ဒိၣ်ကလဲာ် ၃. တၢ်ဂံၢ်တၢ်ဘါ, တၢ်အသဟိၣ် (အဒိ, no kick left – ဂံၢ်ဘါတအိၣ်လၢၤဘၣ်) ၄. ကသံၣ် မ့တမ့ၢ် သံးအသဟိၣ်လၢအဆူၣ် ၅. ကျိထူထိၣ်ကဒါက့ၤ, ကျိဖိုးဘၣ်ကဒါက့ၤ
kick *v* ၁. ထူ, ကျာ်, ထူတကျာ် ၂. သးအ့နူလီၤက့ၤသး ၃. ဒိးနဲ့ၢ်မး (တၢ်ထူနှာ်ဖျာၣ်ထူလၢတၢၣ်ဖိုအပူၤ) ၄. (ကျိ) ထူကဒါက့ၤ, ဖိုးဘၣ်ကဒါက့ၤ, ဟဲဘၣ်ကဒါက့ၤ ၅. ပူထိၣ်, ထီဒါ, ကတိၤထီဒါတၢ်
kick-ass *a* လၢအဆူၣ်ဆူၣ်ကိၤကိၤ, လၢအတဆဲးတလၤ
kickback *n* ၁. တၢ်ဆိၣ်ကဒါက့ၤတၢ်လၢလိၢ်ခံ, တၢ်ဝံၣ်ဆုါကဒါက့ၤ ၂. တၢ်ဟ့ၣ်စ့တဖိးသဲစးလၢတၢ်မၤတဖိးသဲစးတမံၤအဂီၢ်
kickball *n* ဖျာၣ်တိၢ်ဖျာၣ်ထူတၢ်ဂဲၤလိာ်ကွဲ
kick-boxing *n* တၢ်တမဲးစုတမဲးခီၣ်
kicking *a* လၢအလီၤသူၣ်ပိၢ်သးဝး, လၢအလီၤသူၣ်ဟူးသးဂဲၤ
kick-off *n* ၁. တၢ်စးထိၣ်ထူဖျာၣ်ထူလၢပျီသးကံၢ်, တၢ်စးထိၣ်ထူဖျာၣ်ထူလၢဖျာၣ်ထူတၢ်ဂဲၤလိာ်ကွဲအမူး ၂. တၢ်စးထိၣ်တၢ်ဟူးတၢ်ဂဲၤတမံၤမံၤ
kickstand *n* နီၣ်ပၢၢ်လှ့ၣ်ယီၢ်, နီၣ်ပၢၢ်ဂၢၢ်လှ့ၣ်ယီၢ်, နီၣ်ပၢၢ်ဂၢၢ်သိလှ့ၣ်ယီၢ်
kick-start *v* ၁. နီၣ်ထိၣ် (သိလှ့ၣ်ယီၢ်) ၂. စးထိၣ်မၤ, မၤဆူၣ်ထိၣ်တၢ်, မၤမူထိၣ်ဂဲၤထိၣ်
kid *n* ၁. မဲာ်တဲးလဲးဖိ ၂. ဖိသၣ်
kid *v* (မဲာ်တဲးလဲး) ဖံလီၤ
kidnap *v* ဖိၣ်ကမဲတၢ်
kidney *n* ကလု့ၢ်
kidney bean *n* သဘ့ဘ့ၣ်လုး
kidney stone *n* လၢၢ်လၢအအိၣ်လၢကလု့ၢ်အပူၤ

kill *n* ၁. တၢ်မၤသံတၢ် ၂. ဆဉ်ဖိကီၢ်ဖိလၢတၢ်မၤသံအီၤ, တၢ်မံၤလၢ်တနၤလၢတၢ်မၤသံအီၤ

kill *v* ၁. မၤသံ (ပှၤကညီ, မ့ဉ်အူ) ၂. သူဉ်ပိၢ်သးဝးအါတလၢ, မၤသူဉ်ပိၢ်သးဝးအါတလၢ ၃. မၤလၢာ်ဂီၤ (တၢ်ဆၢကတီၢ်, တၢ်ဂံၢ်တၢ်ဘါ) ၄. ဖိဉ်ပတှာ် (ဖျၢဉ်ထူ) ၅. မၤဆါတၢ်, နးတူၢ်ဘဉ်ခိဉ်ဘဉ်တၢ် (အဒိ, *my shoes are killing me*) ၆. ဆိကတီၢ်, တြူာ်သံကွံာ်, ထူးသံကွံာ်, တြူာ်ဟါမၢ်ကွံာ် (အဒိ, to kill the story)

killer *n* ၁. ပှၤမၤသံတၢ်ဖိ, တၢ်လၢအမၤသံတၢ် ၂. ပှၤလၢအလီၤပျံၤလီၤဖုး, တၢ်လၢအလီၤပျံၤလီၤဖုး ၃. တၢ်မၤကလိၢ်ကလံးလီၤနံၤလီၤအ့တၢ်ဒိဉ်ဒိဉ်

killer instinct *n* တၢ်လိဉ်ဘဉ်တၢ်အါတလၢတုၤဒဉ်လဲာ်မၤဆါတၢ်သ့

killer whale *n* ညဉ်လူၤခိဉ်ဖးဒိဉ်လၢအမၤသံအီဉ်တၢ်, ညဉ်လူၤခိဉ်လၢအနူတကလုာ်

killing *a* ၁. လၢအမၤသံတၢ်သ့ ၂. လၢအလီၤဘုံးလီၤတီၤ, လၢအမၤလီၤဘုံးလီၤတီၤတၢ် ၃. လၢအလီၤနံၤဘဉ်ဖဉ်လဲဒိဉ်ဒိဉ်ကလဲာ်

killing *n* ၁. တၢ်မၤသံတၢ် ၂. တၢ်မံၤလၢ်တနၤလၢတၢ်မၤသံအီၤ ၃. တၢ်မၤန့ၢ်တၢ်အထိးနါအါအါကလဲာ်

killjoy *n* ပှၤလၢအမၤဟးဂီၤပှၤအတၢ်သူဉ်ဖှံသးညီ

kiln *n* တၢ်ကုၢ် (သပၢၤဟီဉ်ခိဉ်, ဟီဉ်ကုၢ်ခီ) အဖဉ်ကွာ်ဒၢ

kilo *n* (kilogram) ကံလိ

kilobyte *n* ကံလိဘဲး, ခီဉ်ဖွူထၢဉ်အတၢ်တီၢ်နီဉ်တၢ် မ့တမ့ၢ် တၢ်ဂ့ၢ်တၢ်ကျိၤလၢအထဲသိး ၁,၀၂၄ ဘဲး(ထ) (Kb)

kilogram, **kilogramme** *n* ကံလိကြံၢ်(မ), ကံလိ (kg)

kilohertz *n* ကံလိဟၢး(စ) (kHz)

kilometre, kilometer *n* ကံလိမံထၢဉ် (km)

kilowatt *n* ကံလိဝး

kilt *n* ပှၤစကီးတလဲဖိအတၢ်ကူတၢ်ကၤ

kilter *n* (out of kilter) လၢအလီၤဆီန့ၢ်ဒ်အညီနှၢ်အသိး

kimono *n* ကံဉ်မိဉ်နိဉ်, ယပဉ်လုၢ်လၢ်ထူသနူတၢ်ကူတၢ်ကၤ

kin *a* လၢအဒီဘူးဒီတံၢ်

kin *n* ဟံဉ်ဖိယီဖိဒီးဘူးတံၢ်, ဒီဘူးဒီတံၢ်

kind *a* လၢအသူဉ်ဂ့ၤသးဝါ, လၢအသးကညီၤ, လၢအအဲဉ်တၢ်ကွံတၢ်

kind *n* အကလုာ်

kindergarten *n* တီၤဖိသဉ်

kind-hearted *a* လၢအသူဉ်ဂ့ၤသးဝါ, လၢအဟ့ဉ်တၢ်ညီ

kindle *v* ၁. မၤကဲၤထီဉ်မ့ဉ်အူ, ဒွဲဉ်ထီဉ်မ့ဉ်အူ ၂. ထိဉ်ဂဲၤထီဉ်တၢ်သးစဲ, ထိဉ်ဂဲၤထီဉ်တၢ်သးဂဲၤ

kindliness *n* တၢ်သူဉ်ဂ့ၤသးဝါ, တၢ်သူဉ်အိဉ်သးအိဉ်, တၢ်သူဉ်ကညီၤသးကညီၤ

kindling *n* သ့ဉ်မုဉ်ဒ့, မ့ဉ်အူဆဉ်လၢတၢ်ကမၤကဲၤထီဉ်မ့ဉ်အူအဂီၢ်

kindly *adv* လၢတၢ်သူဉ်ဂ့ၤသးဝါအပူၤ, လၢတၢ်သူဉ်ကညီၤသးကညီၤအပူၤ

kindness *n* တၢ်သူဉ်ဂ့ၤသးဝါ, တၢ်သူဉ်အိဉ်သးအိဉ်, တၢ်သူဉ်ကညီၤသးကညီၤ

kindred *a* လၢအဒီဘူးဒီတံၢ်လိာ်သး, လၢအလီၤက်လိာ်သး, လၢအလီၤပလိာ်လိာ်သး

kindred *n* ဒီဘူးဒီတံၢ်, နူဉ်ဖိထၢဖိ, တၢ်ဒီဘူးဒီတံၢ်လိာ်သး

kindred spirit *n* နူဉ်ဖိထၢဖိအတၢ်သးသဟီဉ်

kinfolk *n* နူဉ်ဖိထၢဖိ, တၢ်ဒီဘူးဒီတံၢ်, တၢ်သွံဉ်ဘူးညဉ်တံၢ်

king *n* ၁. စီၤပၤ ၂. ပှၤလၢအရှဒိဉ်ကတၢၢ်, ပှၤအခိဉ်ဒိဉ်ကတၢၢ်, ပှၤလၢအစိကမီၤဒိဉ်တှာ် ၃. ပှၤမံၤဟူသဉ်ဖျါကတၢၢ် (အဒိ, King of Pop) ၄. ဖဲခးက့စီၤပၤ ၅. (တၢ်ဂဲၤခွဲး) စီၤပၤအဂီၤ ၆. တၢ်အဒိဉ်ကတၢၢ်, တၢ်လၢအဂ့ၤကတၢၢ်

king cobra *n* ဂုၢ်သီ, ဂုၢ်သီအလွဲၢ်ဘီဃးတကလုာ်

kingdom *n* ဘီမုၢ်, ထံကီၢ်ဘီမုၢ်လၢအအိဉ်ဒီးစီၤလိဉ်စီၤပၤ

kingfisher *n* ထိဉ်ဒီဉ်

kingly *a* လၢအဘဉ်ဃးဒီးစီၤပၤ, လၢအလီၤက်ဒီးစီၤပၤ

kingpin *n* ၁. နီဉ်စဲထး, နီဉ်စဲ ၂. ပှၤ မ့တမ့ၢ် တၢ်တမံၤမံၤလၢအရှဒိဉ်ကတၢၢ်လၢတၢ်ကရၢကရိ မ့တမ့ၢ် တၢ်ဖံးတၢ်မၤအပူၤ

K

king-size *a* လၢအဒိၣ်နိၢ်မး, ဖးဒိၣ်
kink *v* ဘံပကံ, ဘံသကံး, မၤက့ၣ်ကိာ်
kinky *a* လၢအဘံသကံအသး
kinship *n* ၁. တၢ်ဒိဘူးဒိတံၢ် ၂. တၢ်လီၤစၢၤလီၤသွဲၣ်အတၢ်ဘၣ်ထွဲ
kinsman *n* ပှၤလၢအဘူးသွဲၣ်ဘူးထံ, ဘူးတံၢ်
kiosk *n* ၁. ကျးဖိဆါတၢ်ကစဲးကစီး ၂. လီတဲစိအဒဲ, တၢ်တဲလီတဲစိအလီၢ်
kip *n* တၢ်မံတစိၢ်တလီၢ်, တၢ်မံတပနာ်ဖိ
kip *v* ၁. မံတစိၢ်ဖိ, မံတဘျးဖိ ၂. ပတှာ်မံဖဲတၢ်လီၢ်တတီၤတီၤ
kipper *n* ညၣ်စံၢ်တိာ်ဃ့, ညၣ်စံၢ်ဆၢဃ့, ညၣ်ကွဲးဃ့, ညၣ်လၢတၢ်စံၢ်တိာ်လိဃ့အီၤလၢတကံၤခိၣ်, ညၣ်လၢတၢ်ကွဲးဃ့လိမံ မ့တမ့ၢ် သၣ်မံအီၤ
kismet *n* တၢ်ဟဲဝံဟဲစိာ်
kiss *n* ၁. တၢ်နၢမှုတၢ်, တၢ်နၢမှု ၂. တၢ်ဆၢ, ကိၣ်ဆၢ, ကိၣ်ဆၢကိၢ်လိၣ်ဆံးဆံးဖိ
kiss *v* နၢမှုတၢ်
kit *n* ၁. တၢ်ပီးတၢ်လီတစူၣ်လၢတၢ်မၤအဂီၢ် ၂. တၢ်ဖိတၢ်လံၤဒီးတၢ်ကူတၢ်ကၤတစူၣ်လၢတၢ်သူအီၤလၢတၢ်ဟူးတၢ်ဂဲၤတမံၤမံၤအဂီၢ်
kitchen *n* တၢ်ဖီအီၣ်မ့ၤလီၢ်
kite *n* ၁. လံာ်ထိၣ် ၂. ထိၣ်လံာ်လ့
kith and kin *n* တံၤသကိးဒီးဘူးတံၢ်
kitten *n* သၣ်မံယီၤဖိ
kitty *n* ၁. စ့လၢတၢ်ဟ်လီၤအီၤဖဲတၢ်ခၢၣ်သးဖဲတၢ်ဂဲၤဖဲအဆၢကတီၢ် ၂. သၣ်မံယီၤဖိ ၃. စ့မိၢ်ပှၢ်လၢတၢ်စူးကါသကိးအီၤ
kiwi *n* ၁. ထိၣ်ကံၣ်ဝံၣ်, ထိၣ်ပဝံလၢနယူစံၣ်လဲတကလှာ် ၂. ပှၤနယူစံၣ်လဲဖိ
kiwi fruit *n* ကံၣ်ဝံၣ်သၣ်
Kleenex *n* ထံးရှူစးခိတကလှာ်
kleptomaniac *n* ပှၤလၢအအိၣ်ဒီးအခိၣ်နူာ်တၢ်ဆါလၢအတဟုၣ်ဘၣ်တၢ်ဒီးအိၣ်ဝဲတကဲဘၣ်
klutz *n* တၢ်တကနၤလီၤတံၢ်, တၢ်မျဲစိၢ်မျဲစဲ, တၢ်ကမျဲကစဲ, တၢ်မၤသးပျူၢ်ဆှါပျူၢ်ဆှါ
km *abbre* ကံလိမံထၢၣ် (kilometre)
knack *n* တၢ်မၤတၢ်သ့သ့ဘၣ်ဘၣ်, တၢ်သ့တၢ်ဘၣ်လီၤဆီ
knapsack *n* ထၢၣ်ဝံချၢ, ပှၤလဲၤတၢ်ဖိအထၢၣ်ဝံချၢ
knave *n* ပှၤလီတၢ်ဝ့ၤတၢ်ဖိ, ပှၤအၢပှၤသီလၢအလီအီၣ်ဝ့ၤအီၣ်တၢ်
knavery *n* တၢ်လီတၢ်ဝ့ၤ
knavish *a* လၢအလီအီၣ်ဝ့ၤအီၣ်တၢ်, လၢအလီၤက်ဒီးပှၤလီတၢ်ဝ့ၤတၢ်ဖိ
knead *v* စံၢ်တၢ်, စံၢ်ပှၤ
knee *n* ခိၣ်လ့ၢ်ခိၣ်
knee *v* တမဲးဒီးခိၣ်လ့ၢ်ခိၣ်, ထံးဒီးခိၣ်လ့ၢ်ခိၣ်
kneecap *n* ခိၣ်လ့ၢ်ခိၣ်မိကဲ, ခိၣ်မိကဲ
kneecap *v* ခးပှၤဖဲခိၣ်လ့ၢ်ခိၣ် မ့တမ့ၢ် ခိၣ်လၢတၢ်စံၣ်ညီၣ်အဂီၢ်
knee-jerk *a* လၢအမၤဆၢခီဆၢက့ၤတၢ်လၢတၢ်တဆိကမိၣ်အပူၤ
knee-jerk *n* ခိၣ်ထူတကျာ်အသးဒ်အတၢ်ဖဲတၢ်ပိးကွံၢ်ဖဲခိၣ်လ့ၢ်ခိၣ်မိကဲအဆၢလာ်တစဲးအခါ
kneel *v* တီၤကီၤလ့ၢ်, ချံးလီၤခိၣ်, ချံးခိၣ်တီၤလီၤ
knell *n* တၢ်သံဒၢလွဲအသီၣ်, တၢ်ဒိဒၢလွဲဖဲတၢ်ခူၣ်လီၤပှၤသံအဆၢကတီၢ်
knickers *n* ပိာ်မုၣ်ဖျိၣ်ခံဖိထီခိၣ်တကလှာ်
knick-knack *n* တၢ်ဖိတၢ်လံၤတၢ်ပီးတၢ်လီဆံးဆံးဖိတဖၣ်
knife *n* ဒီ
knife *v* ၁. ဆဲးသံလၢဒီ, ဆဲးလၢဒီ, ဆိုလၢဒီ ၂. ယိးကဒါဘီ
knight *n* ၁. ပှၤနူပှၤဃီၤလၢပျၢၤ ၂. (တၢ်ဂဲၤခွဲး) ကသ့ၣ်ခိၣ်အဂီၤ ၃. သိၣ်နူ ၄. ကသ့ၣ်သုးဖိ
knight *v* ဟ့ၣ်ပှၤနူပှၤဃီၤအလီၢ်အလၤ
knight-errant *n* ၁. ပှၤနူပှၤဃီၤလၢပျၢၤ ၂. ပှၤနူပှၤဃီၤလၢအဟးဝ့ၤဝီၤဒီးဒုးတၢ်
knighthood *n* ပှၤနူပှၤဃီၤအလီၢ်အလၤလီၤဆီ, ပှၤနူပှၤဃီၤမံၤလၤသၣ်ကပီၤလီၤဆီ
knit *n* ၁. တၢ်ခွဲးတၢ်, တၢ်တှၢ်တၢ် ၂. တၢ်ကူတၢ်သီးလၢတၢ်တှၢ်တၢ်ခွဲးန့ၢ်အီၤ
knit *v* ခွဲးတၢ်, တှၢ်တၢ်
knitted *a* လၢအဘၣ်တၢ်ခွဲးအီၤ, တှၢ်အီၤ
knitter *n* ပှၤခွဲးတၢ်တှၢ်တၢ်
knitting needle *n* ထးခွဲး, ထးတှၢ်တၢ်
knob *n* အကမိာ်, တၢ်ကမိာ်
knock *n* ၁. တၢ်ဒိတကျိာ်တၢ် ၂. တၢ်ဒိတကျိာ်တၢ်အသီၣ် ၃. တၢ်ဟ်ဒ့ၣ်ဟ်ကမဉ်တၢ်, တၢ်

ပဲၤအၢပဲၤသိတၢ်, တၢ်ကတိၤနှၣ်ဒွဲၣ်တၢ် ၄. တၢ်အသိၣ်ဒ်တၢ်ဒိတကျိာ်တၢ်အသိး

knock *v* ၁. ဒိတကျိာ် ၂. ဒိ, တီၢ်, တနး, ထိ, ပိၢ် ၃. တီၢ်ဖျိးတၢ်, တီၢ်ဟိတၢ်အပူၤ ၄. ဘၣ်တီၢ်ဘၣ်ထံးလိာ်အသး ၅. ကတိၤနှၣ်ဒွဲၣ်, ပဲၤအၢပဲၤသိ, ဟ်ဒုၣ်ဟ်ကမၣ် ၆. ထုးထိၣ် (တၢ်ဆိကမိၣ်)

knocker *n* ၁. ပှၤဟးဒိတကျိာ်ပှၤဟံၣ်ဒီးဆါတၢ် ၂. ပှၤလၢအဃုပှၤတၢ်ကမၣ် ၃. ပိာ်မုၣ်အနၢ်

knock-kneed *a* လၢအခီၣ်ခွ့, လၢအခီၣ်လှၢ်ခိၣ်ဘၣ်ထံးလိာ်အသးဖဲအဟးအခါ

knock-off *n* တၢ်အယီၤဒိ

knockout *a* လၢအထိလီၤဃံၤတၢ်

knockout *n* ၁. တၢ်ထိလီၤဃံၤတၢ် ၂. တၢ်လၢအလီၤထုးနှ့ၢ်သူၣ်ထုးနှ့ၢ်သး

knoll *n* တၢ်လူၢ်ဖိ

knot *n* ၁. တၢ်ကမိာ် ၂. သ့ၣ်ကမိာ်

knot *v* ၁. စၢကမိာ် ၂. ဘံဘူတၢ်, ဘိၣ်ထိၣ်ခိၣ်ဆူၣ်

knotty *a* ၁. (တၢ်ကီတၢ်ခဲ) လၢတၢ်ဃ့ၣ်လီၤဘှါဘၣ်အီၤကီ, လၢအသဘံၣ်ဘုၣ်ဒီးတၢ်နၢ်ပၢၢ်ဘၣ်အီၤကီ ၂. လၢအဘံပကံးလိာ်သး, လၢအဘံဘူဆးဃၤလိာ်သး, လၢအကမိာ်အါ

know *v* သ့ၣ်ညါ

know-all, know it all *n* ပှၤသ့တၢ်လၢာ်, ပှၤလၢအဆိကမိၣ်လီၤအသးလၢပှၤသ့တၢ်လၢာ်

know-how *n* တၢ်သ့ၣ်ညါနၢ်ပၢၢ်တၢ်ဂ့ၤဂ့ၤ

knowing *a* လၢအသ့ၣ်ညါတၢ်, လၢအသ့ၣ်ညါနၢ်ပၢၢ်တၢ်ဂ့ၤဂ့ၤ

knowingly *adv* ၁. သ့ၣ်ညါတၢ်မ့ၢ်တၢ်တီဒၣ်လဲာ်, သ့ၣ်ညါဝဲဒၣ်လဲာ်, သ့ၣ်ညါတၢ်ပိာ်ထွဲထိၣ်အစၢကမၤအသးဒ်လဲၣ်ဒၣ်လဲာ် ၂. ဖျါဒ်အသ့ၣ်ညါဝဲအသိး

knowledge *n* တၢ်သ့ၣ်ညါ

knowledgeable *a* လၢအအိၣ်ဒီးတၢ်သ့တၢ်ဘၣ်, လၢအအိၣ်ဒီးတၢ်သ့ၣ်ညါနၢ်ပၢၢ်

knuckle *n* စုကမိာ်

knucklehead *n* ပှၤအီရိာ်အီပီ, ပှၤအီပီသံ, ပှၤတကျၢတကျံ

KO *abbre* ၁. (knockout) (တၢ်ဂ့ၤလိာ်ကွဲပြၢတၢ်တမဲးစုတမဲးခီၣ်) တၢ်ထိလီၤဃံၤတၢ် ၂. ပှၤလၢအလီၤထုးနှ့ၢ်သူၣ်ထုးနှ့ၢ်သး, ပှၤလၢအလီၤသးစဲ

koala *n* ခိၣ်အါလၣ်တၢသူတကလုာ်, တၤသူအမဲၢ်ဖုၣ်တကလုာ်လၢ, ကီၢ်အီးစတြဲလယါအပူၤ

Komodo dragon *n* တရှဖးဒိၣ်တကလုာ်, ခိၣ်မိၣ်ဒိၢ်တရှဖးဒိၣ်

Koran *n* ခိရ့ၢ်(န), မူးစလ့ၣ်အလံာ်စီဆှံ

kosher *a* ၁. လၢအဘၣ်ဃးဒီးတၢ်ကတဲာ်ကတီၤတၢ်အီၣ်တၢ်အီဒ်ယူၤဒၤတၢ်ဘူၣ်တၢ်ဘါအိၣ်အိၣ်အသိး ၂. လၢအတီအလီၤ, လၢအဖိးသဲစး

kowtow *v* ၁. လၢအဟ့ၣ်တၢ်ယူးယီၣ်ဟ်ကဲပှၤအါတလၢ, လၢအဆီၣ်လီၤအသးအါတလၢ ၂. တီၤလီၤကဒံ့ကိာ်ဒ်တရူးတၢ်ဆဲးတၢ်လၢအသိး

kremlin *n* ၁. ခရဲမလ့, စိၣ်ဘံၣ်ယဲးစၢဖိၣ်ကရၢအပဒိၣ် ၂. စိၣ်ဘံၣ်ယဲးအခိၣ်အနၢ်အတၢ်သူၣ်ထိၣ်

krill *n* ချိၣ်ဆံးဆံးဖိ

kriss kringer *n* စဲထၢၣ်ချီး(စ)အမံၤအဂၤတဖျၢၣ်

krona *n* ခြိနၣ်, ကီၢ်စွံးဒ့ၣ်ဒီးကီၢ်အဲးစလဲအစ့

krone *n* ခြိနံၣ်, ကီၢ်ဒဲမးဒီးကီၢ်နီၣ်ဝ့အစ့

Ku Klux Klan *n* ခူၣ်ချးချၤကရၢ, ပှၤဝါဖံးအဲၣ်ကလုာ်ဒိၣ်စိကရၢ

kung fu *n* ခိၣ်ဖူတၢ်လိာ်ကွဲ, တရူးတၢ်ဒီသဒၢတၢ်ဂ့ၤလိာ်ကွဲတကလုာ်

KW *abbre* (kilowatt) ကံလိဝး

kwashiokor *n* ဖြိၣ်ထံ(န)လီၤသထြူးဒီးကဘၢထိၣ်

kyat *n* ကျး, စ့ပယီၤ

kyudo *n* ကျူၣ်ဒိၢ်, ပှၤဃပၣ်ဖိအတၢ်ဒီသဒၢလီၤအသးတၢ်သ့တၢ်ဘၣ်တကလုာ်

K

L

lab *n* ဒၢးမၤကွၢ်, တၢ်မၤကွၢ်ဒၢး, ဒၢးလၢပှၤယုသ့ၣ်ညါမၤကွၢ် တၢ်ဆါယၢ် မ့တမ့ၢ် တၢ်တမံၤမံၤလၢအပူၤ (laboratory)

label *n* ၁. လံာ်မံၤပနီၣ်, စးခိဖိတခီလၢအမၤနီၣ်တၢ်အမံၤအသၣ် ၂. (medical)ကသံၣ်ထံလဲအက့, လံာ်တၢ်ဂ့ၢ်တၢ်ကျိၤကွ့လၢအအိၣ်ယှာ်ဒီးကသံၣ်ဖိၣ်

label *v* ကျးလီၤ, ကျးစဲ

labiatae *n* ကးက့ၣ်ဖီ

laboratory *n* ဒၢးမၤကွၢ်, တၢ်မၤကွၢ်ဒၢး, ဒၢးလၢပှၤယုသ့ၣ်ညါမၤကွၢ် တၢ်ဆါယၢ် မ့တမ့ၢ် တၢ်တမံၤမံၤလၢအပူၤ (lab)

laborious *a* လၢာ်ဂံၢ်လၢာ်ဘါ, လၢအကျဲးစၢးမၤတၢ်, လၢအမၤတၢ်ဆူၣ်, ကီကီခဲခဲ

labour, labor *n* ၁. တၢ်ဖံးတၢ်မၤလၢာ်ဂံၢ်လၢာ်ဘါ, တၢ်မၤအဃၢအစှၢ်, စုတၢ်မၤ ၂. ပှၤမၤတၢ်ဖိ ၃. တၢ်အိၣ်ဖျဲၣ်ဖိ, တၢ်ဟုးဆါ, တၢ်ဆၢကတီၢ်ဖဲဟုးဆါထီၣ်တုၤလၢအိၣ်ဖျဲၣ်တစု

labour, labor *v* ဂဲၤပျုၢ်ကျဲးစၢးမၤတၢ်, ထဲးဂံၢ်ထဲးဘါမၤတၢ်

labour camp, labor camp *n* ဃိာ်တဖျာၣ်ဖဲတၢ်ဆှၢပှၤဃိာ်ဖိတဖၣ်လၢကမၤတၢ်နးနးကျံၤကျံၤ

Labour Day, Labor Day *n* ပှၤမၤတၢ်ဖိအမုၢ်နံၤ

laboured, labored *a* ၁. လၢအလၢာ်ဂံၢ်လၢာ်ဘါ, လၢဃၢအစှၢ်, လၢအဘၣ်ထွဲဒီးတၢ်မၤအဃၢအစှၢ် ၂. လၢအကီကီခဲခဲ

labourer, laborer *n* ပှၤမၤတၢ်မၤအဃၢအစှၢ်, ပှၤမၤကလီ

labour-intensive, labor-intensive *a* လၢအလိၣ်ဘၣ်ပှၤအါအါဂိၢ်ဂိၢ်လၢကမၤတၢ်

Labrador *n* ထွံၣ်မီၤစဲဖးဒိၣ်တကလှာ်, ထွံၣ်နဲၣ်ကျဲဖးဒိၣ်တကလှာ်

labyrinth *n* ၁. ကျဲသဘံၣ်သဘုၣ်ထ့ကးလိာ်သးအလီၢ် ၂. နၢ်အပူၤ

lac *n* ၁. ဃံၤသၣ်, ဃံၤ, ဃံၤသ့ၣ်ဒ့ ၂. အ့ဒယၣ်စ့ရူပံတကလီၢ် (၁၀၀, ၀၀၀)

lace *n* ၁. တၢ်ဆးကံၣ်ဆးဝ့ၤ, တၢ်ကံးညာ်ဟိရ့ဒဲးကံၣ်ဒဲးဝ့ၤ ၂. ခီၣ်ဖံးပျံၤ

lace *v* ၁. စၢထီၣ်, ထီထီၣ် မ့တမ့ၢ် ထုးဃံး (ခီၣ်ဖံးအပျံၤ) ၂. ထၢနှာ်လီၤသံးဆူ (တၢ်အီၣ်တၢ်အီ မ့တမ့ၢ် တၢ်ထံတၢ်နိ) လၢကမၤအိၣ်ထီၣ်အရီၢ် ၃. ဆးကံၣ်ဆးဝ့ၤ

lacerate *v* မၤယာ်, ဖိယာ်, ယာ်ကွံာ်, ဘၣ်ကူးဘၣ်ကါ

laceration *n* တၢ်ဘၣ်ကူးဘၣ်ကါ

lacing *n* တၢ်တုၢ်ယာ်ဘျးယာ်တၢ်

lack *v* တအိၣ်ဘၣ်, တလၢပှဲၤဘၣ်

lackadaisical *a* လၢအဖျါလီၤဘုံးလီၤတီၤ, လၢအဖျါလီၤဘိၣ်လီၤဘဲ, လၢအတၢ်သူၣ်ဟူးသးဂဲၤတအိၣ်, လၢအသူၣ်တပၣ်သးတပၣ်

lackey *n* ၁. တၢ်ခ့တၢ်ပှၤပိာ်ခွါ ၂. ပှၤလၢအမၤအိၣ်မဲာ်

lacking *a* လၢအတလၢတပှဲၤ, လၢအတအိၣ်, လၢအတလၢတလီၣ်

lacklustre, lackluster *a* ၁. လၢအသးတစဲဘၣ်, လၢထုတရူၤ, လၢအသးတပၣ်, လၢအသးတသူဂဲၤ, လၢအတထုးန့ၢ်သး ၂. လၢတကပီၤဆုံ, လၢအတဖျါဆုံ

lacquer *n* သ့ၣ်သူအထုး, ဃံၤထံ

lacquer *v* ဖှူသ့ၣ်သူအထုး, ဖှူဃံၤထံ

lacquerware *n* တၢ်ပီးတၢ်လီလၢတၢ်ဖှူအီၤဒီးဃံၤထံ မ့တမ့ၢ် သ့ၣ်သူအထုး

lacrosse *n* ဖျာၣ်ကွံာ်ဘျာၣ်တၢ်ဂဲၤလိာ်ကွဲ

lactate *v* ဟ့ၣ်ဒုးအီနှၢ်

lactating period *n* ထုးထီၣ်နှၢ်ထံအဆၢကတီၢ်

lactic acid *n* ဂာ်လဲးထ့းအဲးစ့း, ဂာ်လၢအအိၣ်လၢတၢ်နှၢ်ထံဆံၣ်အကျါ, ဂာ်လၢအဟဲပၢၢ်ထီၣ်လၢညၣ်ထူၣ်အပူၤဖဲလၢအအိၣ်ဒီးနီၢ်ခိတၢ်ဟူးတၢ်ဂဲၤဒိၣ်ဒိၣ်မုၢ်မုၢ်အခါ

lacy *a* လၢအလီၤက်ဒီးတၢ်ကံးညာ်ဟိရ့, လၢအဘၣ်တၢ်မၤအီၤလၢတၢ်ကံးညာ်ဟိရ့

lad *n* ပှၤပိာ်ခွါလိၣ်ဘိဖိ

ladder *n* ဃီ

laddie *n* ပိာ်ခွါဖိ, ခွါလိၣ်ဘိ, ပိာ်ခွါသးစၢ်

laden *a* လၢအဝံတၢ်ယီးတၢ်ဃၢ

ladies' man, lady's man *n* ပိာ်ခွါလၢအမဲာ်သၣ်အါ, ပိာ်ခွါလၢအရ့ပိာ်မုၣ်မှာ်

ladies' room *n* ပိာ်မုၣ်တၢ်ဟးလီၢ်

lading *n* ကဘီတၢ်ပဒၢးအစရီ, ပန်ၤလၢကဘီပဒၢးအီၤအစရီ
ladle *n* နီၣ်ဘျၢၣ်, ထံဘျၢၣ်, နီၣ်တၢၤဖးဒိၣ်ဘျၢၣ်ကသူ
lady *n* ၁. ပှၤပိာ်မုၣ် ၂. ပှၤတူၢ်ဒိၣ်ကီၤဒိၣ်မုၣ်
ladybird *n* တၢ်ဖိဃၢ်အလွှၢ်ဂီၤတကလုာ်, စွံၤဂီၤဘ့ၣ်ဖိ
ladybug *n* တၢ်ဖိဃၢ်အလွှၢ်ဂီၤတကလုာ်, စွံၤဂီၤဘ့ၣ်ဖိ
lady-in-waiting *n* နီၢ်ပၤမုၣ်အပျဲၢ်မုၣ်ကနီၤခိၣ်ဆၢၣ်, နီၢ်ပၤမုၣ်ဖိအပျဲၢ်ခိၣ်ထံး
ladykiller *n* ပိာ်ခွါလၢအမါအါ, စီၤအါမါ
lady-like *a* လၢအလီၤက်ဒ်ပိာ်မုၣ်လၢအပုံၤဒီးသူးသ့ၣ်လၤကပီၤတဂၤအသိး
lady's fingers *n* ကျိၢ်နၢၤသၣ်, ဘျိၣ်ဘျ့သၣ်
lady's man *n* ပိာ်ခွါလၢအမဲာ်သၣ်အါ, ပိာ်ခွါလၢအရှ့ပိာ်မုၣ်မှာ်
lag *v* အိၣ်စဲၤခံ, အိၣ်လီၤတဲာ်, အိၣ်တ့ၢ်လၢခံ
lager *n* ဘံယၢၣ်လၢအဆူၣ်တကလုာ်
laggard *a* လၢအအိၣ်လီၤတဲာ်တ့ၢ်လၢတၢ်လိၢ်ခံ, လၢအမၤအသးကၡု, လၢအကၢၣ်အကျူ, လၢအဃၢရူၤတုၤ
laggard *n* ပှၤလၢအအိၣ်လီၤတဲာ်လၢပှၤလိၢ်ခံ, ပှၤလၢအမၤအသးကၡု, ပှၤကၢၣ်ပှၤကျူ, ပှၤဃၢရူၤတုၤ
lagoon *n* ကွံပိၣ်လဲၣ်, ပိၣ်လဲၣ်အကဝီၤဖိလၢကီးအိၣ်ဝးတရံးအီၤ
laid-back *a* လၢတအိၣ်ဒီးတၢ်ကိၢ်တၢ်ဂီၤနီတမံၤ, လၢအအိၣ်ဖှံဖှံညီညီ
lair *n* ဆဲ့ဖိကီၢ်ဖိအလီၢ်မံ, ဆဲ့ဖိကီၢ်ဖိအပူၤ
lake *n* နိၣ်
lakeside *n* နိၣ်အနံၤထံး, နိၣ်အကၢၢ်ခိၣ်
lakh, lac *n* အ့ဃေၣ်စ့ရူပံတကလီၢ် (၁၀၀, ၀၀၀)
lamb *n* သိဖိ
lambaste, lambast *v* ပဲၤအါပဲၤသိပှၤနးနးကလဲာ်, မၤဆါမၤပယွဲပှၤနးနးကလဲာ်, ကတိၤၡၣ်ဖွဲၣ်ပှၤနးနးကလဲာ်
lame *a* ၁. အခီၣ်ဟးဂီၤ, လၢအခီၣ်ကၢ် ၂. (တၢ်ဟ့ၣ်ထီၣ်တၢ်ဂ့ၢ်တၢ်ကျိၤ) လၢအတလီၤသးမံ, လၢအတလၢတပုံၤ, လၢအတလီၤနာ်ဘၣ်
lame duck *n* ပှၤလၢအဘၣ်ဒိးသန့ၤထိၣ်အသးလၢပှၤဂၤ
lamebrain *n* ပှၤတဂိာ်တသီၣ်ဖိ, ပှၤအီရီာ်အီပီဖိ
lament *v* ၁. သူၣ်ဘၣ်ဒိသးဘၣ်ဒိ, သူၣ်အုးသးအုး, မိၣ်တၢ်မးတၢ် ၂. ဟ်ဖျါထီၣ်တၢ်သူၣ်ဟးဂီၤသးဟးဂီၤတၢ်သူၣ်တမှာ်သးတမှာ်
lamentable *a* ၁. လၢအလီၤသူၣ်ဘၣ်ဒိသးဘၣ်ဒိ, လၢအလီၤသူၣ်အုးသးအုး, လီၤမိၣ်လီၤမဲၤ ၂. လၢအဟ်ဖျါထီၣ်တၢ်သူၣ်ဟးဂီၤသးဟးဂီၤတၢ်သူၣ်တမှာ်သးတမှာ်
lamentation *n* ၁. တၢ်သူၣ်ဘၣ်ဒိသးဘၣ်ဒိ, တၢ်သူၣ်အုးသးအုး, တၢ်မိၣ်တၢ်မး ၂. တၢ်ဟ်ဖျါထီၣ်တၢ်သူၣ်ဟးဂီၤသးဟးဂီၤတၢ်သူၣ်တမှာ်သးတမှာ်
lamented *a* လၢအလီၤသယုၢ်သညီ, လၢအဘၣ်မိၣ်ဘၣ်မး
laminate *v* ၁. ကျံးစဲထိ, ကျံးစဲဘူး ၂. ဒီဒိးထိၣ်တၢ်, ဒီကထၢထိၣ်တၢ် ၃. ဘျၣ်လီၤတကဘျံးဘၣ်တကဘျံး, ဘျၣ်လီၤတဘ့ၣ်ဘၣ်တဘ့ၣ် ၄. ကျံးကျူးဘံၣ်လီၤ (တၢ်တမံၤမံၤ)
lamp *n* မ့ၣ်အူဒၢ
lamp post *n* မ့ၣ်အူထူၣ်
lampoon *v* မၤလီၤနံၤဘၣ်ဖဲၣ်လဲတၢ်
lampshade *n* မ့ၣ်ကျၢ်ဒီ
LAN *abbre* လီၢ်ကဝီၤပူၤတၢ်ဘျးစဲခီၣ်ဖျ့ူထၢၣ်အကျိၤအကျဲ (Local Area Network)
lance *n* ဘီဖးထီ
lance *v* ကွဲးထူၣ်ပၢၢ်, ဆဲးထူၣ်ပၢၢ်, ဖှဲး, ဆဲးတၢ်
lancer *n* ပှၤဂဲၤဘီ, သုးဖိလၢအစူးကါဘီ
lancet *n* ဒီကွဲးတၢ်လၢအကနၣ်အ့ၣ်ခံခီလၢာ်, ဒီဆဲးကိာ်ဖိကွဲးတၢ်လၢကသံၣ်သရၣ်စူးကါဝဲ
lancet arch *n* ဝဲတြီခိၣ်ဒီလၢအစူ
land *n* ၁. ဟီၣ်ခိၣ်လိၢ်, ဟီၣ်ခိၣ်ကမ်ာ် ၂. ခိ ၃. ကိၢ်, ထံကိၢ်
land *v* စိၢ်လီၤ, စံၣ်လီၤ, ယီၢ်လီၤဟီၣ်ခိၣ်, တိၢ်ထိၣ်
land mass *n* ဟီၣ်ခိၣ်ကဝီၤဖးလဲၢ်ဖးကွာ်, ဒ်ကိၢ်မိၢ်ပှၢ်အသိး
landfall *n* ၁. တၢ်တုၤထိၣ်ဒီးထံၣ်ဆိခိသူခိၣ်အဆိကတၢၢ်တဘျီ ၂. ဟီၣ်ခိၣ်လီၤလာ်

landfill *n* ၁. တၢ်ခူၣ်လီၤကွံာ်တၢ်တဃံာ် တဃာ်လၢဟီၣ်ခိၣ်ပူၤ ၂. တဃာ်ပူၤ, တၢ်လီၢ်ဖဲတၢ် ခူၣ်လီၤဘျၢလီၤတဃာ် ၃. တဃာ်လၢတၢ်ကခူၣ် လီၤဘျၢလီၤကွံာ်အီၤ

landing *n* ၁. ကဘီယူၤစီၢ်လီၤ, ကဘီ မ့တမ့ၢ် ချံတီၢ်ထီၣ် ၂. တၢ်ယီၢ်လီၤဟီၣ်ခိၣ်

landing gear *n* ကဘီယူၤအပၣ်ဒိၣ်ကွံၤ, ကဘီယူၤစီၢ်လီၤအပၣ်ဒိၣ်ကွံၤ

landlady *n* ဟီၣ်ခိၣ်ကစၢ်မုၣ်, ဟံၣ်ကစၢ်မုၣ်

landline *n* ၁. လီသွဲပျံၤလီတဲစိအတၢ်ဆဲး ကျိးဆဲးကျၢ ၂. ဟံၣ်လီတဲစိ

landlocked *a* လၢဟီၣ်ခိၣ်ကဝီၤတံာ်ဃာ် အီၤ, လၢဟီၣ်ခိၣ်အိၣ်ဝးတရံးအီၤ, လၢအတအိၣ် ဒီးပိၣ်လဲၣ်ကၢၢ်နံၤဘၣ်

landlord *n* ဟီၣ်ခိၣ်ကစၢ်ခွါ, ဟံၣ်ကစၢ်ခွါ

landmark *n* ၁. တၢ်လီၢ်အပနီၣ်, တၢ်လီၢ်တၢ် ကျဲအတၢ်ပနီၣ်လၢပထံၣ်အီၤတြၢၢ်ကလာ် ၂. တၢ် မၤနီၣ်တၢ်လီၢ်တၢ်ကျဲ

landmine *n* မ့ၣ်ပိၢ်ခိ, ဟီၣ်လာ်မ့ၣ်ပိၢ်

landowner *n* ဟီၣ်ခိၣ်လီၢ်အကစၢ်

landscape *n* ဟီၣ်ခိၣ်မဲာ်သဉ်ကှ့ၢ်ဂီၤ, ဟီၣ် ခိၣ်မဲာ်ဖံးခိၣ်ကှ့ၢ်ဂီၤ

landscape *v* မၤဂ့ၤထီၣ်ဟီၣ်ခိၣ်ကှ့ၢ်ဂီၤ, ဘိ ဂ့ၤထီၣ်ဟီၣ်ခိၣ်မခိၣ်

landslide *n* ၁. ဟီၣ်ခိၣ်လီၤလာ်, ကစၢၢ်လီၤ လာ် ၂. တၢ်မၤနၢၤတၢ်ဖးတဲာ်တဲာ်ဖျါဖျါလၢတၢ်ယု ထၢအမူးအပူၤ

lane *n* ကျဲဖိ, တၢ်အကျိၤ, တၢ်အကျိၤလၢတၢ် အကဆူး, (သိလ့ၣ်, ကဘီယူၤ, ကဘီယ့ၢ်) အ ကျိၤ

language *n* ကျိာ်

languid *a* ၁. လၢအလီၤဘုံးလီၤဘှါ, လၢအဂံၢ်ဘါစၢ်, လၢအလီၤဘျးလီၤဘှဲ ၂. လၢအလီၤညွံးလီၤဘီ

languish *v* ၁. လီၤဘှါ, ဖှံၣ်လီၤဃဲၤလီၤ, လီၤသံလီၤဝါ, တၢ်လဲၤထီၣ်လဲၤထီစုၤလီၤ ၂. လီၤ သထြုး, ဘၣ်နးဘၣ်ဖှိၣ်

lank *a* ၁. (ခိၣ်သူ) လၢအဆိုၣ်ဒီးဘျၢ ၂. လၢအဃဲၤဖျ့ညှ့, လၢအဃဲၤသံကျိသံ, ထီဃံ

lanky *a* လၢအဃဲၤဖျ့ညှ့, လၢအဃဲၤသံ ကျိသံ, ထီဃံ

lanolin *n* သိဆူၣ်အသိ

lantern *n* မ့ၣ်အူဒၢစိာ်စု

lap *n* ၁. ကံၣ်နုၣ်ခိၣ် ၂. တၢ်ယ့ၢ်တရံးဝးတဝီ, တၢ်ယ့ၢ်ကဝီၤတၢ်တဝီ

lap *v* ၁. လု့ၣ် (အီၣ်တၢ်) ၂. ထံဒိဘၣ်တၢ် အသိၣ် ၃. ယ့ၢ်တလၢကွံာ်ပှၤအဂၤတဂၤတဝီ

lap dance *n* တၢ်ဂဲၤကလံၣ်ကတၢထီၣ်ပှၤ သး, တၢ်ဂဲၤကလံၣ်ပယွဲတၢ်လၢပှၤကံၣ်နုၣ်ဖီခိၣ်

lapdog *n* ၁. ထွံၣ်ဖိ, ထွံၣ်ဆံးကိာ်ဖိ ၂. ပှၤလၢအအိၣ်လၢပှၤအဂၤတဂၤအတၢ်လုာ် ဘၢစိကမီၤအဖီလာ်လၢလၢပှဲၤပှဲၤဒီးမၤဒ်ပှၤတဲအီၤ ခဲလၢာ်ခဲဆ့

lapel *n* ဆ့ကိာ်လၣ်

lapidary *n* ပှၤကျ့လၢၢ်လုၢ်ဒိၣ်ပ္ၤဒိၣ်, ပှၤစိး ပျၤလၢၢ်ဒီးတၢ်မျၢ်ပလဲ

lapse *n* ၁. တၢ်ဆၢကတီၢ်ဖုၣ်ကိာ်ဖဲတၢ်တပာ် သူၣ်ပာ်သး ၂. တၢ်ဆၢကတီၢ်အိၣ်ကလီဖဲတၢ်ခံမံၤ အဘၢၣ်စၢၤ ၃. တၢ်မၤတၢ်တကဲထီၣ်လိၣ်ထီၣ်

lapse *v* ၁. ဂံၢ်ဘါစၢ်လီၤကယီကယီ ၂. ဆိကတီၢ်တၢ်စူၢ်တၢ်နာ်, စူးကွံာ်အတၢ်ဘူၣ်တၢ် ဘါ

laptop *n* ခီၣ်ဖျူထၢၣ်စိာ်စု

larceny *n* တၢ်ဟုၣ်တၢ်ဘျၣ်တၢ်အမူးအရၢ်

lard *n* ထိးသိ, ထိးအပှိၢ်အသိ

lardass *n* ပှၤဘီၣ်အုၣ်, ပှၤဘီၣ်အုၣ်သံ

larder *n* တၢ်အီၣ်တၢ်အီအစီၤဆီထူၣ်

large *a* ဒိၣ်, ဖးဒိၣ်

at large *idm:* ၁. လၢအိၣ်ဒီးတၢ်သဘျ့, လၢတအိၣ်ဒီးတၢ်ဖိၣ်ဃံး ၂. ဒီတနူၣ်, ဒီတထၢ, ဒီတဝၢ

large intestine *n* ပှံာ်ဖးဒိၣ်

largely *adv* ဒိၣ်ဒိၣ်မုၢ်မုၢ်, အါဒၣ်တၢ်တကု့ၢ်

large-scale *a* လၢအကျၢၢ်ဘၢမၤပှဲၤလုာ်ကွံာ် တၢ်လီၢ်ကဝီၤဖးလဲၢ်ဖးကွာ်, လၢအဖးလဲၢ်ဖးထီ, လၢအဘၣ်ဃးဒီးတၢ်အါမံၤ

lark *n* ၁. ထိၣ်တူၢ်ဂီၤ ၂. တၢ်မာ်လၢသးခုသူၣ် ဖှံသးညီ

larva *n* တၢ်ဖိလံၤဖိဃၢ်ထိရီၤအဒံၣ်မၤအသး ဒ်လၢၣ်အသိးဒီးဟူးဝဲတဖၣ် အဒိ, နိးကံၢ်, ခံၣ် နူာ်, နာ်ကံာ်

laryngitis *n* ကလုၢ်အပိၤညီး

larynx *n* ကိာ်သန့, ကလံၤကျိၤခိၣ်ထိး, ကိာ်ကနံ

lasagne *n* ကိၣ်လၣ်စၣ်ယၣ်, အံၣ်တလံၣ်အကိၣ်ခိနီဘံၣ်

lascivious *a* လၢအသးကတၢၢ်တလၢကွံာ်အခၢး, လၢအအိၣ်ဒီးသးလၢအအဲၣ်ဒိးမံယှာ်တၢ်အါတလၢ

laser *n* လ့စၢၢ်, တၢ်ဖိတၢ်လံၤလၢအထုးထိၣ်တၢ်ကပီၤအယဲၤလၢအဆူၣ်တဖၣ်

lash *n* နီၣ်လဲာ်ဂ့ၢ်, နီၣ်ဖျ့

lash *v* ၁. ဖျ့တၢ် ၂. ဘံတံၢ်ယာ်, စၢတံာ်ယာ် ၃. တဲတၢ်လၢတၢ်ကတိၤအဆူၣ်အကိၢ်

lass *n* မုၣ်ကနီၤဖိ, မုၣ်လိၣ်ဘိဖိ

lassi *n* အ့ၣ်ယေါတၢ်နၢ်ထံဆံၣ်ဆၢတကလှာ်

lassitude *n* တၢ်လီၤဘုံးလီၤဘှါ, တၢ်သူၣ်ဃၢသးဃၢ

lasso *n* ပျံၤကွီၤမူ

last *a* လၢခံကတၢၢ်

last *n* သ့ၣ်ခီၣ်ဖံးဒိ, ထးခီၣ်ဖံးဒိ, ခီၣ်ဖံးအဒိလၢတၢ်ဘိုအီၤလၢသ့ၣ် မ့တမ့ၢ် ထး

last *v* ကျၢၤ, ခၢၣ်, အိၣ်ကၢအိၣ်ခိး, လၢဝဲလီၢ်ဝဲ

last name *n* မံၤလီၤစၢၤ, မံၤကတၢၢ်

last rites *n* (ခရံာ်ဖိတၢ်ဘါ) တၢ်ဘါယွၤလၢခံကတၢၢ်, မူးဖဲတၢ်ဘါန့ၢ်ပှၤလၢအဘူးကသံတ့ၢ်အယွၤ

last-ditch *a* လၢအဘၣ်ဃးဒီးတၢ်မုၢ်လၢ်လၢခံကတၢၢ်, ဘၣ်ဃးဒီးတၢ်ကျဲးစၢးအကတၢၢ်တဘျီဖဲတၢ်မုၢ်လၢ်တအိၣ်လၢၤအခါ

lasting *n* လၢအတူၢ်ယံာ်, လၢအအိၣ်ကၢအိၣ်ခိး, လၢအအိၣ်စံၣ်အိၣ်ကျၢၤ

lastly *adv* ယံာ်ဝဲ, လၢခံကတၢၢ်, အကတၢၢ်န့ၣ်

latch *n* တၢ်ကွးယာ်တၢ်, တၢ်ဘျးယာ်တၢ်, (တြဲၤ) အနီၣ်ဂံာ်, နီၣ်ဒု

latch *v* ကွးတံၢ်ယာ်, ဘျးတံၢ်ယာ်

late *a* ၁. လၢအဖှံး, လၢအစဲၤခံ ၂. ဖဲ (နံၤ–လါ–နံၣ်) ကတၢၢ် ၃. (ပှၤ) လၢအသံဝဲ

lately *adv* စဲၤခံ

latent *a* လၢအအိၣ်ဘၣ်ဆၣ်တဖျါထိၣ်ဒံး, လၢအအိၣ်ဘၣ်ဆၣ်တဟူးတဂဲၤထိၣ်ဒံးဘၣ် အဒိ, တၢ်ဆါအဃၢ်အိၣ်လၢပပူၤဘၣ်ဆၣ်တၢ်မၤကွၢ်အီၤတဖျါဘၣ်

later *adv* လၢလီၢ်ခံ, လၢခံတဘျီ

lateral *a* လၢအကပၤ, လၢအဘၣ်ဃးဒီးတၢ်တမံၤမံၤအကပၤ

lateral *n* ၁. တၢ်အကပၤ, တၢ်လၢအဟဲလၢအကပၤ, တၢ်လၢအမဲထိၣ်လၢတၢ်ကပၤ ၂. တၢ်ကတိၤအသီၣ်လၢအဟဲထိၣ်လၢပျ့ၤကပၤ အဒိ, “လ”အသီၣ် ၃. တၢ်ကွံာ်ဖျၢၣ်ထူလၢအကပၤ

lateral thinking *n* တၢ်ဆိကမိၣ်နှၢ်ကျဲအသီလၢတၢ်ကဃုာ်လီၤတၢ်ဂ့ၢ်ကီအဂီၢ်

laterite *n* လၢၢ်ဘဲ့ၣ်ခိၣ် – လၢၢ်ဂီၤဃဲး

latest *a* လၢခံကတၢၢ်, လၢအသီကတၢၢ်

latest *n* တၢ်ကစိၣ်လၢခံကတၢၢ်, တၢ်ကယၢကယဲလၢအထွးထိၣ်လၢခံကတၢၢ်

latex *n* ရၤးဘၢၣ်အထုး

lathe *n* စဲးသိတၢ်

lather *n* ဆးပ္ၣ်အသဘှဲ, ချါသိအသဘှဲ, တၢ်အသဘှဲ

Latin *n* ၁. လဲးတ့ၣ်အကျိာ်, ပှၤရိမ့ၤဖိလၢပျၢၤအကျိာ် ၂. ပှၤကလုာ်လၢအကျိာ်ဟဲလီၤစၢၤလၢလဲးတ့ၣ်အကျိာ် အဒိ, စပ့ၣ်ကျိာ်, ဖြၣ်စ့ၣ်ကျိာ်, ပီၣ်တူၣ်ကံၣ်ကျိာ်

Latino *n* ပှၤလဲးတ့ၣ်နီၣ်ဖိ, ပှၤလဲးတ့ၣ်အမဲရကၤဖိ

latitude *n* ဟီၣ်ကွီၤဒါ

latrine *n* တၢ်ဟးလီၢ်

latte, caffé latte *n* ခီဖံၣ်လၣ်တ့, တၢ်နှၢ်ထံခီဖံၣ်

latter *a* လၢခံတမံၤ, လၢခံကတၢၢ်တမံၤ

lattice *n* တၢ်ထ့ဃှအကှ့ၢ်အဂီၤ အဒိ, တၢ်ထ့ဃှအကှ့ၢ်အဂီၤလၢလၢၢ်တၢ်မျၢ်ကှ့ၢ်ဂီၤ မ့တမ့ၢ် လွံၢ်နၢၣ်ကှ့ၢ်ဂီၤ

laudable *a* လၢအလီၤပတြၢၤ, လၢအကြၢးဒီးတၢ်ပတြၢၤ

laugh *v* နံၤ

laughable *a* လၢအလီၤနံၤလီၤအ့

laughter *n* တၢ်နံၤ, တၢ်နံၤတၢ်အ့

launch *n* ၁. ကဘီတကလှာ်, စဲးချံ ၂. တၢ်စးထိၣ်မၤတၢ်တမံၤမံၤ

launch *v* ၁. တွံၢ်လီၤ ၂. ခးထိၣ် အဒိ, ရှ့ါခးထိၣ်မူဖျၢၣ်ဒီ ၃. စးထိၣ်မၤတၢ်

launder *v* ၁. ဆူၣ်တၢ်ဒီးထူးထးကိၢ်

L

၂. ဖိုဉ်လဲစ့တတီတလီၤဆူစ့အတီအလီၤ, မၤကဲထိဉ်စ့သူဆူစ့ဝါ

launderette *n* စဲးဆူဉ်ဒီးလဲတၢ်အကျး, တၢ်လီၢ်လၢအအိဉ်ဒီးစဲးဆူဉ်တၢ်ဒီးစဲးမၤဃ့ထီတၢ်လၢပထၢနှာ်စ့ဒီးပစူးကါအီၤသ့

laundromat *n* စဲးဆူဉ်ဒီးလဲတၢ်အကျး, တၢ်လီၢ်လၢအအိဉ်ဒီးစဲးဆူဉ်တၢ်ဒီးစဲးမၤဃ့ထီတၢ်လၢပထၢနှာ်စ့ဒီးပစူးကါအီၤသ့

laundry *n* ၁. တၢ်ဆူဉ် ၂. တၢ်ဆူဉ်အတၢ်မၤလီၢ်, ပှၤဆူဉ်တၢ်အလီၢ်

laureate *n* ပှၤလၢအဒိးန့ၢ်မံၤလၤသဉ်ကပီၤခိဉ်ဖး အဒိ, ပှၤလၢအဒိးန့ၢ်နိဉ်ဘၣ်မံၤလၤသဉ်ကပီၤခိဉ်ဖး

lava *n* လၢၢ်ထံကိၢ်

lave *v* ၁. သ့စီ, ထူးစီကွံာ်, လုဉ်ထံ ၂. (ထံ) ယွၤလီၤစဲးရဲးစဲးရဲး

lavender *n* ဖီလဉ်ဘဲ(န)ဒၢဉ်, ဖီတကလုာ်လၢအလွဲၢ်တကီၤသဉ်အလွဲၢ်စၢ်ဒီးနၢမူဝဲ, တကီၤလွဲၢ်စၢ်

lavish *a* ၁. လၢအဟ့ဉ်တၢ်ညီ, လၢအတလီကီတၢ်ဘၣ် ၂. လၢအဒိဉ်ဒိဉ်မုၢ်မုၢ်, ကဲဒိဉ်

lavish *v* ၁. ဟ့ဉ်တၢ်ညီ, ဟ့ဉ်တၢ်အါအါကိၢ်ကိၢ်, စုညီ, ဟ့ဉ်တၢ်လၢတလီကီကဲ့ၤတၢ် ၂. မၤလၢာ်လုဉ်ကိတၢ်

law *n* သဲစး, တၢ်ဘျၢ

law-abiding *a* လၢအဒိကနဉ်လူၤပိာ်မၤထွဲတၢ်သိဉ်တၢ်သီ

lawful *a* လၢအဖိးမံဒီးတၢ်သိဉ်တၢ်သီ, လၢအဖိးမံဒီးသဲစးတၢ်ဘျၢ

lawless *a* ၁. လၢအတၢ်သိဉ်တၢ်သီတအိဉ် ၂. လၢအတဒိကနဉ်တၢ်သိဉ်တၢ်သီ, လၢအတဟ်ကဲတၢ်သိဉ်တၢ်သီ

lawmaker *n* ပှၤထုးထိဉ်တၢ်သိဉ်တၢ်သီ

lawman *n* ၁. (အမဲရကၤ) ပၢၤကိၢ်ခိဉ် ၂. ကိၢ်ဆဉ်နူသဝိပတိၢ်စကီးတလဲအစံဉ်ညီဉ်ကွိၢ်

lawn *n* တပံၢ်ဂၢၤ, နီဉ်ပျိ

lawnmower *n* စဲးဖဲာ်နီဉ်, စဲးကူးတပံၢ်

lawsuit *n* ဆိုးကွိၢ်

lawyer *n* ပိၢ်ရီ

lax *a* ၁. လၢအကျိ, လၢအမၤအသးဖှံဖှံညီညီ, လၢအတဘၢရၢၢ်ဃုာ်တၢ်, လၢအမၤတၢ်တလီၤတံၢ်လီၤဆဲးဘၣ် ၂. လၢအတယံး, လၢအတဆူဉ်

laxative *n* ကသံဉ်လူ

laxity *n* တၢ်ကျိသလိး, တၢ်မၤသးဖှံဖှံညီညီ, တၢ်တဘၢရၢၢ်ဃုာ်တၢ်, တၢ်မၤတၢ်တလီၤတံၢ်လီၤဆဲး

lay *n* ၁. ဟီဉ်ခိဉ်မဲာ်ဖံးခိဉ်တၢ်အိဉ်သး ၂. ထါသးဝံဉ်, ထါပူ ၃. ပှၤအဆိလၢအမံဃုာ်လိာ်သး

lay *v* ၁. (ဆီ) ဒံဉ်လီၤ ၂. ဟ်လီၤ ၃. ကျဲၤလီၤ (စီၢ်နီၤခိဉ်)

lay about *vp:* တိၢ်တရံးဝ့ၤဝီၤတၢ်

lay by *vp:* ဟ်ကီၤဟ်စၢၤ

lay hands on *vp:* မၤန့ၢ်, ဟ်လီၤစု

lay out *vp:* ၁. ဒါလီၤဖးလဲၢ် ၂. ဟ်လီၤအက့ၢ်အဂီၤ, တ့လီၤအက့ၢ်အဂီၤ ၃. ဟ်လီၤ (စ့) (ပှၤသံ) ၄. မၤဒၢဉ်သံသယုာ်ပှၤ

layabout *n* ပှၤကၢဉ်သံကျူသံ, ပှၤလံၤလူၤကျူဆါ

layaway *n* တၢ်ကွၢ်နီဉ်ဟ့ဉ်ဆိတၢ်အပူၤ

lay-by *n* ကျဲမုၢ်ဃၢၢ, ကျဲမုၢ်ကပၤ

layer *n* အကထၢ

layman *n* ပှၤပတိၢ်မုၢ်

layoff *n* ၁. တၢ်ဟ်ပတုာ်ကွံာ်ပှၤလၢတၢ်မၤ, တၢ်ထုးထိဉ်ကွံာ်ပှၤလၢတၢ်မၤ ၂. တၢ်ဟ့ဉ်တၢ်အိဉ်ဘှံးတစိၢ်တလီၢ်, တၢ်ဒုးအိဉ်ဘှံးပှၤတစိၢ်တလီၢ် (ခီဖျိတၢ်ဆူးတၢ်ဆါဒီးတၢ်ဘၣ်ဒိဘၣ်ထံး)

layover *n* တၢ်အိဉ်ကတိၢ်အိဉ်ဘှံးအိဉ်သါတစိၢ်တလီၢ်, တၢ်အိဉ်ပတုာ်လၢကျဲတစိၢ်တလီၢ် (လၢတၢ်လဲၤတၢ်ကဲ့ၤအပူၤ)

laze *v* အိဉ်ကၢဉ်ကၢဉ်ကျူကျူ, မၤလၢာ်ဂီၤတၢ်ဆၢကတိၢ်လၢတၢ်ကၢဉ်တၢ်ကျူအပူၤ, အိဉ်ဘှံးအိဉ်သါလၢတၢ်ကၢဉ်တၢ်ကျူအပူၤ

lazy *a* ကၢဉ်, အိဉ်ကၢဉ်အိဉ်ကျူ

LCD *abbre* ခိဉ်ဖျူထၢဉ်အမဲာ်သဉ်ကဘျဉ်တကလုာ်, ခိဉ်ဖျူထၢဉ် မ့တမ့ၢ် ကွဲၤဟူဖျါအမဲာ်သဉ်လၢတၢ်မၤအီၤဒီးလၢၢ်ဝါဆုံအထံ (Liquid crystal display)

leach *v* စံၢ်န့ၢ်တၢ်အထံ, ပံၢ်န့ၢ်တၢ်အထံ

lead *n* ဖှာ်, စၢၢ်

lead *v* ၁. ဆှၢ, နဲဉ်ကျဲ, တီခိဉ်ရိဉ်မဲ, လဲၤလၢညါ ၂. ကဲခိဉ်ကဲနၢ်, ပၢဆှၢရဲဉ်ကျဲၤ ၃. တွံၢ်, မိၤ

lead poisoning *n* ပှ်အစုဉ်ထီဉ်, ခဲဉ် (စၢ်) အစုဉ်ထီဉ်

leaden *a* ၁. လၢအလွဲၢ်ဝါဃး, လၢအလွဲၢ်လီၤက်ပှ်, လၢအလွဲၢ်လီၤက်စၢ်ထး ၂. လၢအဃၢဝဲဒ်စၢ်ထးအသိး

leader *n* ပှၤလၢအဆှၢတၢ်, ပှၤလၢအလဲၤလၢညါ, ပှၤကဲခိဉ်ကဲနၢ်, ပှၤအခိဉ်

leadership *n* ၁. တၢ်ကဲခိဉ်ကဲနၢ် ၂. တၢ်ကဲခိဉ်နၢ်အတၢ်သ့တၢ်ဘဉ်

leading *a* လၢအရှ့ဒိဉ်အကါဒိဉ်ကတၢၢ်, လၢအနဲ့ဉ်စိတၢ်, လၢအဆှၢတၢ်တွၤတၢ်

leading lady *n* မုဉ်ဂဲၤဒိလၢအဆှၢပူၤဒီတယှၢ်, မုဉ်ဂဲၤဒိလၢအရှ့ဒိဉ်ကတၢၢ်လၢတၢ်ဂီၤမူအပူၤ

leading man *n* ခွါဂဲၤဒိလၢအဆှၢပူၤဒီတယှၢ်, ခွါဂဲၤဒိလၢအရှ့ဒိဉ်ကတၢၢ်လၢတၢ်ဂီၤမူအပူၤ

lead-up *n* တၢ်ဂ့ၢ်လၢအဒုးအိဉ်ထီဉ်တၢ်ဂ့ၢ်အဂၤတမံၤ

leaf *n* အလဉ်, သ့ဉ်လဉ်

leaflet *n* လံာ်တၢ်ကစီဉ်ကဘျံးဖိ, လံာ်တၢ်ကစီဉ်အက့ဖိ

leafy *a* လၢအဒိးအလဉ်အါ

league *n* ၁. တၢ်မၤသကိးလၢအိဉ်ဒီးတၢ်အာဉ်လီၤအီလီၤ ၂. အဖုအကရၢ အဒိ, တၢ်လိာ်ကွဲကရၢ

leak *n* ၁. တၢ်လီၤစီၤ, တၢ်စံၢ်ထီဉ်အပူၤ ၂. တၢ်ကစီဉ်ခူသူဉ်ဟးထီဉ်, တၢ်ကစီဉ်ခူသူဉ်အိဉ်ဖျါထီဉ်, တၢ်ဘံဉ်တၢ်ဘၢထူဉ်ဖျိ ၃. ဆံဉ်ဆါ

leak *v* ယွၤလီၤ, စံၢ်ထီဉ်, လီၤစီၤ, ထံနှာ် (လၢချံပူၤ)

leakage *n* တၢ်လၢအလီၤလဲာ်ကွံာ်, တၢ်လၢအစံၢ်ထီဉ်ကွံာ်, တၢ်တမံၤမံၤလၢအဟးထီဉ်ကွံာ် အဒိ, ဂ်ာသဝံစံၢ်ထီဉ်ကွံာ်

leaky *a* လၢအထူဉ်ဖျိ, လၢအလီၤစီၤ, လၢအစံၢ်ထီဉ်

lean *a* လၢအသိအပှိၢ်တအိဉ်, ဃဲၤ

lean *v* ၁. သန့ၤ, ပိာ်သန့ၤထီဉ်, ဒ့ခံလီၤ, တစ့လီၤ ၂. (lean towards) သန့ၤထီဉ်အသး, ပိာ်သန့ၤထီဉ်သးလၢတၢ်တမံၤမံၤအဖီခိဉ်

leaning *n* တၢ်စူၢ်တၢ်နာ်ဒ့ခံလီၤ, တၢ်နာ်ပိာ်ထွဲပှၤအခံ

lean-to *n* တၢ်တကိဉ်, တၢ်ဘှီဒိဉ်ထီဉ်ဟံဉ်ကပၤတစဲး

leap *v* ၁. စံဉ်, စံဉ်ထီဉ် ၂. သုးအသးချ့သဒံး ၃. (တၢ်အပူၤ) အါထီဉ်သတူၢ်ကလာ်, အါထီဉ်ဒိဉ်ဒိဉ်မုၢ်မုၢ်

leap frog *v* စံဉ်ကပၤလၢပှၤပျိၢ်ဖီခိဉ်

leap year *n* နံဉ်ဒိဉ်, နံဉ်ဒီပစိာ်

learn *v* မၤလိ

learned *a* လၢအအိဉ်ဒီးတၢ်သ့ဉ်ညါနၢ်ပၢၢ်, လၢအကူဉ်သ့ကူဉ်ဘဉ်

learner *n* ပှၤမၤလိတၢ်ဖိ

learning *n* ၁. တၢ်မၤလိမၤဒိး ၂. တၢ်သ့ဉ်ညါနၢ်ပၢၢ်

learning curve *n* (ပှၤတဝၢ) တၢ်သ့ထီဉ်ဘဉ်ထီဉ်အယှဉ်

lease *n* လံာ်လိၢ်လီၤတၢ်, လံာ်တၢ်အာဉ်လီၤလၢအဘဉ်ဃးဒီးတၢ်ငါလီၤတၢ်တမံၤ

lease *v* ၁. ဟ့ဉ်ဒိးလဲလီၤတၢ်, ဟ့ဉ်လိၢ်လီၤတၢ် ၂. ဟ့ဉ်လံာ်ဃံးဃာ်လၢတၢ်ဒိးလဲတၢ်အဂီၢ်

leash *n* ပျံၤစၢဆဉ်ဖိကီၢ်ဖိ

leash *v* စၢဃာ်, ကၢၤဃာ်

least *a* လၢအစုၤကတၢၢ်

at least *idm:* အစုၤကတၢၢ်န့ၣ်

least *pro* လၢအစုၤကတၢၢ်

leather *n* တၢ်ဖံး

leave *n* တၢ်ဟ့ဉ်ခွဲး, တၢ်ပျဲခွဲး

leave *v* ၁. ဟ်လီၤတဲာ် ၂. ဟးထီဉ် ၃. ဟးဖး ၄. ဟ်တ့ၢ်

leave off *vp:* ဆိကတိၢ်မၤတၢ်, အိဉ်ပတှာ်လၢတၢ်မၤ

leaven *n* ကိဉ်မံဉ်

lech *n* ပှၤပိာ်ခွါလၢအသူဉ်ကတၢသးကတၢအါ

lecher *n* ပှၤပိာ်ခွါလၢအသူဉ်ကတၢသးကတၢအါ

lecherous *a* လၢအဟ်ဖျါထီဉ်တၢ်သူဉ်ကတၢသးကတၢအါတလၢ

lecture *n* တၢ်စံဉ်တဲၤတဲလီၤ, တၢ်ကတိၤသိဉ်လီၤသီလီၤတၢ်, တၢ်သိဉ်လိသီလိ

lecture *v* ၁. သိဉ်လိသီလိတၢ်, ဟ့ဉ်တၢ်သိဉ်လိ ၂. ကတိၤသိဉ်လီၤသီလီၤတၢ်

L

lecturer *n* သရၣ်စံၣ်တဲၤ, သရၣ်ဒိၣ်စိ, ခိလ့ၣ်ကိုသရၣ်

LED *n* (light-emitting diode) လီမ့ၣ်အူဖျၢၣ်ဖိတကလုာ်လၢစဲးဒၢးဖီဒၢးအလိၤ အဒိ, လီမ့ၣ်အူဖျၢၣ်ဖိလၢခိၣ်ဖျူထၢၣ်အလိၤ

ledge *n* တၢ်လီၤပတီၢ်ဖိလၢလ့ကပၤ, တၢ်လီၤပတီၢ်ဖိလၢတၢးဖးထီကပၤ

ledger *n* စ့စရီ, စ့ဟဲနုာ်စ့ဟးထီၣ်အစရီ

lee *a* လၢအတဘၣ်ကလံၤအကျိၤ, လၢကလံၤသဒၢ

leech *n* သူး, တလံၤ

leek *n* ပကျၢဘိ, ပသၢဘိတကလုာ်, ပသၢပကျၢ

leer *n* ၁. တၢ်ကွၢ်တရီတပါတၢ်လၢမုၣ်ခွါသွံၣ်ထံးတကပၤ ၂. တၢ်ကွၢ်ဟ့ကွၢ်ကျိၣ်တၢ်လၢတၢ်တဘၣ်သူၣ်ဘၣ်သးအပူၤ

leer *v* ကွၢ်ဟ့ကွၢ်ကျိၣ်တၢ်, ကွၢ်တကျ့တကျိၣ်တၢ်

leery *a* လၢအအိၣ်လၢတၢ်သးသဒ့ၣ်အပူၤ

leeward *a* လၢကလံၤသဒၢတကပၤ

leeward *adv* တဘၣ်လၢကလံၤကျိၤ

leeway *n* ၁. တၢ်တရံးခိၣ်တရံးခံသ့အတၢ်အိၣ်သး ၂. တၢ်လီၤထွံပိာ်ထွဲကလံၤအခံ. အဒိ, ကဘီဒီးချံ

left *a* ၁. အစ့ၣ်, လၢစုစ့ၣ်တကပၤ ၂. လၢအဘၣ်ထွဲဒီးစုစ့ၣ်သန့ဖိ မ့တမ့ၢ် စုစ့ၣ်ကရူၢ်

left *n* ၁. တၢ်အစ့ၣ်တကပၤ ၂. တၢ်တမဲးတၢ်လၢစုစ့ၣ် ၃. စုစ့ၣ်သန့ဖိ, စုစ့ၣ်သန့ကရူၢ်, စုစ့ၣ်သန့ပၣ်တံၣ်

left wing *n* ၁. စုစ့ၣ်သန့, စုစ့ၣ်ပၣ်တံၣ် ၂. ပှၤဂဲၤလိာ်ကွဲဖျၢၣ်ထူဖိလၢအဂဲၤလိာ်ကွဲလၢပျိအစ့ၣ်တကပၤ, ပှၤဂဲၤဖျၢၣ်ထူလၢအစ့ၣ်တကပၤ

left-hand *a* လၢစုစ့ၣ်တကပၤ, လၢအဘၣ်ဃးဒီးစုစ့ၣ်တကပၤ

left-hand drive *a* လၢပှၤဘၣ်နီၣ်လၢစုစ့ၣ်တကပၤ

left-handed *a* လၢအမၤတၢ်လၢစုစ့ၣ်, တစ့ၣ်စု

leftist *n* ပှၤတဂၤလၢအဆီၣ်ထွဲစုစ့ၣ်သန့

leftover *n* တၢ်အဘျဲၣ်အစဲၢ်, တၢ်လၢအအိၣ်တ့ၢ်

left-wing *a* ၁. လၢအဘၣ်ထွဲဒီးစုစ့ၣ်သန့ မ့တမ့ၢ် စုစ့ၣ်ပၣ်တံၣ် ၂. လၢအဂဲၤလိာ်ကွဲလၢဖျၢၣ်ထူပျိအစ့ၣ်တကပၤ

leg *n* ခီၣ်

leg *v* လဲၤတၢ်လၢခီၣ်, ဟးလၢခီၣ်

legacy *n* တၢ်ဟ့ၣ်သါ

legal *a* ၁. လၢအဖိးသဲစး ၂. လၢအဒိးသန့ၤထီၣ်အသးလၢသဲစးတၢ်သိၣ်တၢ်သီအဖီခိၣ်, လၢအဘၣ်ဃးဒီးသဲစး

legal action *n* တၢ်လိာ်ဘၢလိာ်ကွီၢ်

legal aid *n* သဲစးအတၢ်မၤစၢၤ, တၢ်မၤစၢၤဆီၣ်ထွဲလၢသဲစးတၢ်သိၣ်တၢ်သီတကပၤ

legal seperation *n* တၢ်အိၣ်လီၤဖးဖိးသဲစး, ဒီမါဝၤအတၢ်အိၣ်လီၤဖးဖိးသဲစး

legal tender *n* ကျိၣ်စ့, ကျိၣ်ဓိၤစ့ဓိၤ

legalize, legalise *v* မၤဖိးသဲစး

legato *a* လၢအသးဝံၣ် မ့တမ့ၢ် ဒ့အီၤဘျ့ဘျ့, ကဖီကဖီဒီးကပုာ်လုး

legend *a* လၢပှၤသ့ၣ်ညါအီၤအါ, လၢအမံၤဟူသၣ်ဖျါလၢတၢ်စံၣ်စိၤတဲစိၤအပူၤ

legend *n* ၁. ဟီၣ်ခိၣ်ဂီၤတၢ်ပနီၣ် ၂. တၢ်တဲစိၤ, တၢ်စံၣ်ဃါၤတဲစိၤ, တၢ်စံၣ်ဃါၤတဲဃါၤလၢပျၢၤ

legendary *a* လၢအဒိးသန့ၤထီၣ်အသးလၢတၢ်စံၣ်ဃါၤတဲဃါၤလၢပျၢၤ, လၢအဘၣ်ဃးဒီးပမံၤပပှၢ်အတၢ်စံၣ်ဃါၤတဲဃါၤလၢပျၢၤ

legged *a* လၢအိၣ်ဒီးအခီၣ် (အဒိ, three-legged stool)

leggings *n* ဖျိၣ်ခံယူာ်ဃံး

legible *a* လၢပဖးဘၣ်အီၤညီ, လၢတၢ်ဖးဘၣ်အီၤညီ, စုလီၢ်လၢပဖးဘၣ်အီၤညီ

legion *n* ၁. ရိမ့ၤအသုးမုၢ်ဒိၣ်လၢပျၢၤ ၂. ပှၤအါအါဂိၢ်ဂိၢ်တဖု, ပှၤဂိၢ်မုၢ်ဂိၢ်ပၤတဖု

legionnaire *n* ရိမ့ၤအသုးဖိလၢပျၢၤ

legislate *v* ဒုးအိၣ်ထီၣ်တၢ်သိၣ်တၢ်သီ

legislation *n* တၢ်ဒုးအိၣ်ထီၣ်တၢ်သိၣ်တၢ်သီ, တၢ်ဒုးအိၣ်ထီၣ်တၢ်ဘျၢသဲစး

legislative *a* ၁. လၢအဒုးအိၣ်ထီၣ်တၢ်သိၣ်တၢ်သီ, လၢအိၣ်ဒီးအစိအကမီၤလၢကဒုးအိၣ်ထီၣ်တၢ်သိၣ်တၢ်သီ ၂. လၢအဘၣ်ထွဲဒီးသဲစးတၢ်သိၣ်

တၢ်သိ မ့တမ့ၢ် ပှၤအဖုအကရၢလၢအဒုးအိၣ်ထီၣ်သဲစးတၢ်ဘျၢ

legislator *n* သဲစးတဖုအကရၢဖိ, ပှၤလၢအဒုးအိၣ်ထီၣ်သဲစးတၢ်သိၣ်တၢ်သီအကရူၢ်

legislature *n* ပှၤအဖုအကရၢလၢအဒုးအိၣ်ထီၣ်သဲစးတၢ်ဘျၢ

legitimacy *n* တၢ်ဖိးသဲစး

legitimate *a* ဖိးသဲစး, လၢအဖိးသဲစး

legitimize, legitimise *v* မၤဖိးသဲစး

legless *a* ၁. လၢအခီၣ်တအိၣ် ၂. မူၤသံးလီၤကနူၤကပၤ, မဲာ်ဟံးဒိၣ်ဒိၣ်ကလဲာ်

legroom *n* တၢ်ဟ်ထီၣ်ဟ်လီၤခီၣ်အလီၢ်, တၢ်ဟ်ထီၣ်ခီၣ်လီၢ်

legwork *n* တၢ်မၤလၢဘၣ်ဟးလၢခီၣ်အါ, တၢ်မၤလၢဘၣ်ဟးထီၣ်ဟးလီၤအါ, တၢ်မၤလၢအလီၤဘုံးလီၤတီၤ

leisure *n* တၢ်အိၣ်ဘုံးအိၣ်ကလိ, တၢ်အိၣ်ဘုံးအိၣ်ကသုၣ်

leisurely *a* ကးညာ်ကးညာ်, ကဘဲးကဘဲး, ကယီကယီဒ်အဘၣ်ဒၣ်ဝဲအသးအသိး

lemon *n* ၁. သၣ်သွံဆံၣ်, ပနီကျဲသၣ် ၂. သၣ်သွံဆံၣ်အမှၢ်, ပနီကျဲအမှၢ် ၃. တၢ်အလွဲၢ်ဘီစၢ် ၄. ပှၤလၢအတကျၢတခီ, ပှၤ မ့တမ့ၢ် တၢ်လၢတၢ်သူအီၤတသ့

lemon grass *n* ဟီၣ်ဝီၣ်တပိၢ်, နီၣ်ဝီၤတပိၢ်, ဝဲၢ်ပၢၢ်

lemonade *n* သၣ်သွံဆံၣ်ထံ, ပနီကျဲထံ

lend *v* ဟ့ၣ်လိၢ်

lending library *n* ကမျၢၢ်လံာ်ရိဒၢးလၢတၢ်ယ့လိၢ်လံာ်ဒီးကွၤစိာ်ဖးဆူဟံၣ်သ့

length *n* ၁. အထီ, အယံၤ ၂. တၢ်အယံာ်အထၢ, တၢ်ဆၢကတီၢ်တကတီၢ်ဖဲတၢ်တမံၤမံၤမၤအသး

at length *idm:* ဖးယံာ်ဖးထၢ, ယံာ်ထၢ

lengthen *v* မၤထီထီၣ်, ထီထီၣ်

lengthy *a* ထီ, လၢအထီ, လၢအယံာ်

leniency *n* တၢ်စံၣ်ညီၣ်တၢ်လၢအဘၣ်ဒးကိာ်, တၢ်သးကညီၤတၢ်, တၢ်သးဂ့ၤ

lenient *a* လၢတၢ်သးကညီၤအပူၤ, လၢအတဆူၣ်, လၢအစၢ်, လၢအဘၣ်ဒးဘၣ်ဒး

lens *n* လါနါ

Lent *n* တၢ်ဒုၣ်တၢ်အိၣ်ဟ်စီဆုံသးကတီၢ်, တၢ်ဒုၣ်တၢ်အိၣ်ယ့ဘါထုကဖၣ်အနံၤ ၄၀ အနၤ ၄၀ တချုးခရံာ်ဂဲၤဆၢထၢၣ်သမူထီၣ်ကူၤအမုၢ်နံၤ

lentil *n* သဘ့, ပထိးချံအကလုာ်ကလုာ်

Leo *n* ခ့ကရူၢ်, ခ့ယုၢ်ဂီၤအကရူၢ်လၢအအိၣ်လၢတၢ်ဒွးဆၣ်အကရူၢ်ပိညါအပူၤ, တၢ်ဆၢကတီၢ်ဖဲမုၢ်ဟဲနုာ်လၢလါယူၤလံ ၂၃ သီတုၤလၢအီကူာ် ၂၂ သီအပူၤ

leopard *n* ခ့ဘ့

leotard *n* ဆ့ဖျိၣ်ခံကျးညၣ်, ဆ့ဖျိၣ်ယူာ်ကျးညၣ်

leper *n* ၁. ပှၤဘၣ်တၢ်ဆါအ့ၢ, ပှၤလီၤတဂ့ၤ ၂. ပှၤလၢပှၤပဒ့ၣ်ဟးဆုံးအီၤ, ပှၤလၢတၢ်ဟ်လီၤဖျိၣ်အီၤ

leprechaun *n* တၢ်တဃၣ်ဖိ, တၢ်မုၢ်ဃၢ်ဖိ

leprosy *n* တၢ်ဆါအ့ၢ, တၢ်ဆါလီၤတဂ့ၤ

lesbian *n* မုၣ်အဲၣ်ပကၢၤ, ပှၤအဲၣ်ပကၢၤတၢ်လၢပိာ်မုၣ်ဆူပိာ်မုၣ်

lesion *n* တၢ်ပူၤလီၢ်, တၢ်ပနဲၤလီၢ်, တၢ်အဒိးထိၣ်

less *a* စုၤန့ၢ်

less *adv* စုၤန့ၢ်

less *det* စုၤန့ၢ်

less *prep* ၁. ဘၣ်တၢ်ထုးကွံာ်, တၢ်ထုးကွံာ်တၢ်တမံၤမံၤ မ့တမ့ၢ် တၢ်တခါခါလၢတၢ်တမံၤအပူၤ, တအိၣ် ၂. တၢ်စူးကါအီၤလၢတၢ်ကိၢ်တၢ်ခုၣ်စုၤလီၤလၢဝးအပတီၢ်အဖီလာ်

less *pro* စုၤန့ၢ်

lessee *n* ပှၤဒိးလဲဟံၣ်, ပှၤဒိးလဲတၢ်လီၢ်

lessen *v* မၤစုၤလီၤ, မၤဆံးလီၤ, မၤစၢ်လီၤ

lesson *n* တၢ်မၤလိ

lessor *n* ပှၤဟ့ၣ်ဒိးလဲတၢ်လီၢ်တၢ်ကျဲ

lest *conj* ဒ်သိးအသုတ (မၤ) တဂ့ၤ, ဘၣ်ယိၣ်လၢ

let *n* ၁. တၢ်ဒိးလဲတၢ်အဆၢကတီၢ် ၂. တၢ်ဟ့ၣ်ထီၣ်ဖျၢၣ်ပၤလဲၤဘၣ်စၤအခိၣ်ထိးအဃိဘၣ်မၤကဒီးဝဲတဘျီ

let *v* ၁. ပျဲ ၂. ဒိးငါလီၤ, ဒိးလဲလီၤ

let alone *idm:* ပျဲအိၣ်ဒၣ်အတၢ်တဂၤ, ပျဲတ့ၢ်အီၤထဲတဂၤဓိၤ

let down *vp:* မၤသးဟးဂီၤ, မၤသူၣ်ဃၢသး

L

ယၢပှၤ

let loose *vp:* မၤကျိလီၤ, ပျဲလီၤ

let-down *n* ၁. တၢ်သူၣ်ဟးဂီၤသးဟးဂီၤ, တၢ်သူၣ်လၢ်သးလၢ်ကွံာ်

lethal *a* လၢအမၤသံတၢ်သ့

lethargic *a* လၢအမံခ့တနဲးနဲး, လၢအသွံၣ်ယၢထံယၢ, လၢအသူၣ်ယၢသးယၢ

lethargy *n* တၢ်သွံၣ်ယၢထံယၢ, တၢ်သူၣ်ယၢသးယၢ, တၢ်ဆါလၢပှၤမိၣ်မံအသးတနဲးနဲး

letter *n* ၁. လံာ်ပရၢ ၂. လံာ်မဲာ်ဖျၢၣ်

letter of credit *n* စ့တၢးအလံာ်အုၣ်ကီၤသး, စ့တၢးအလံာ်အုၣ်ကီၤသးလၢပှၤတဂၤအစ့အိၣ်လၢအဟ့ၣ်တၢ်အပှ့ၤကန့ၢ်အဂီၢ်

letterbox *n* လံာ်ပရၢဒၢ (ပှၤဟ်လီၤအီၤလၢဟံၣ်မဲာ်ညါလၢကထၢနှာ်လီၤလံာ်ပရၢအဂီၢ်)

letterhead *n* လံာ်ခိၣ်တီ, လံာ်ပရၢတကဘျုးလၢအခိၣ်တီအိၣ်ဒီးတၢ်ကရၢကရိအမံၤ, လီၢ်ဆိးထံးဒီးတၢ်ဆဲးကျၢဆဲးကျိးအဂ့ၢ်အကျိၤ

lettering *n* တၢ်ကွဲးလံာ်မဲာ်ဖျၢၣ်တဖၣ်လၢတၢ်တမံၤမံၤအလိၤ, တၢ်စိးပျၤလံာ်မဲာ်ဖျၢၣ်, တၢ်ဂဲာ်လံာ်မဲာ်ဖျၢၣ်

lettuce *n* သဘၣ်သွံး

leucocyte *n* သွံၣ်ဝါဖျၢၣ်

leucoderma *n* တၢ်ဝါလီ

leucotomy *n* တၢ်ကွဲးကူစါခိၣ်နူာ်နၢ်အထူၣ်အပျ့ၢ်

leukaemia, leukemia *n* သွံၣ်ခဲစၢၣ်

leukocyte *n* သွံၣ်ဝါဖျၢၣ်

leukoderma *n* တၢ်ဝါလီ

levee *n* ၁. ထံတီ, ထံအတမၢၣ် ၂. သနဲ့ထိၣ်ဖီ, သနဲ့ကၢ် ၃. တၢ်အိၣ်အမူးဖးဒိၣ်လၢထံကီၢ်အပှၤတမံၤတပျီၤအဂီၢ်

level *a* လၢအပၢၤ, ပၢၤ

level *n* တၢ်အပတီၢ်, တၢ်အမဲာ်ဖံးခိၣ်အပတီၢ်

level *v* ၁. မၤပၢၤ, မၤဘျ့မၤယူတၢ် ၂. စူၣ်ကျိ, ပညိၣ်ကျိ ၃. မၤလီၤပိၢ်ကွံာ်တၢ်သူၣ်ထိၣ်

level-headed *a* လၢအသ့ဆိကမိၣ်တၢ်, လၢအကွၢ်ထံဆိကမိၣ်တၢ်လီၤတံၢ်လီၤဆဲး, လၢအခံကွၢ်စိၤကွၢ်တၢ်လီၤတံၢ်လီၤဆဲး

lever *n* နိၣ်တကၢ

leverage *n* ၁. နိၣ်တကၢအင်္ဂါသဟီၣ် ၂. တၢ်လုၢ်ဘၢစိကမီၤ

levity *n* တၢ်မၤနံၤဘၣ်ဖၣ်လဲတၢ်

levy *n* ၁. ခိသွဲ ၂. တၢ်စံၣ်ညီၣ်ဟံးကွံာ်တၢ်စုလီၢ်ခိၣ်ခိၣ် ၃. ပှၤသုးဖိသီ (ဂ့ၢ်ကီၢ်အူသုးဖိအသီ)

levy *v* ထၢခိသွဲ

lewd *a* ၁. (တၢ်ကတိၤ) လၢအတဆဲးတလၤ, လၢအကတိၤဆူဖှိုးဆူပှူၤတၢ် ၂. လၢအသးကတၢ

lexical *a* လၢအဘၣ်ထွဲဒီးကျိာ်တကျိာ်အဝီၢ်ဩဲ

lexicon *n* ၁. ဝီၢ်ဩဲအစရီ ၂. လံာ်ခီယ့ၤ (ကျိာ်လၢပျၤ)

liability *n* ၁. တၢ်အိၣ်ဒီးမူဒါ ၂. တၢ်လၢအဒုးအိၣ်ထီၣ်တၢ်ဝံတၢ်ယိးယၢ ၃. မူဒါလၢကဘၣ်ဟ့ၣ်ကဒါက့ၤတၢ်အပှ့ၤကလံၤ

liable *a* ၁. လၢအမၤအသးသ့, လၢအကကဲထီၣ်, လၢအညီနှၢ်မၤအသး ၂. လၢအအိၣ်ဒီးမူဒါလၢတၢ်တမံၤမံၤအဖီခိၣ်

liaise *v* ၁. ရှလိာ်မၤသကိးတၢ်ဘူးဘူးတံၢ်တံၢ် ၂. ကဲန့ၢ်ပှၤအခၢၣ်သး

liaison *n* ၁. တၢ်ဆဲးကျိးဆဲးကျၢ, တၢ်ရှလိာ်မၤသကိးတၢ်လၢပှၤခံဖု မ့တမ့ၢ် အါဖုအဘၢၣ်စၢၤ ၂. တၢ်မံယှာ်အိၣ်ယှာ်ရူသူၣ်, မုၣ်ခွါသွံၣ်ထံးတၢ်ရှလိာ်မှာ်လိာ်ရူသူၣ် ၃. ပှၤလၢအကဲန့ၢ်ပှၤအခၢၣ်စး, ပှၤလၢအဆဲးကျိးဆဲးကျၢန့ၢ်တၢ်လၢပှၤခံဖု မ့တမ့ၢ် အါဖုဘၢၣ်စၢၤ

liar *n* ပှၤလီတၢ်ဖိ

libel *n* တၢ်မၤလီၤပှၤဂၤအသူးသ့ၣ်လၤကပီၤ

libel *v* မၤလီၤပှၤဂၤအသူးသ့ၣ်လၤကပီၤ, ကွဲးဟးဂီၤပှၤဂၤအသူးသ့ၣ်လၤကပီၤ

liberal *a* ၁. လၢအတၢ်ဟ်သးလဲၢ်, လၢအတၢ်ထံၣ်တၢ်သ့ၣ်ညါထီ ၂. လၢအဘၣ်ယးဒီးလ့းဘရၢၣ်သန့, လၢအအိၣ်ဒီးတၢ်သဘျ့ဒီးတမ့ၢ်တခီတၢၤသန့ ၃. လၢအဟ့ၣ်တၢ်ညီ

liberal *n* ၁. ပှၤလၢအတၢ်ဟ်သးလဲၢ်, ပှၤလၢအတၢ်ထံၣ်တၢ်သ့ၣ်ညါထီ ၂. ပှၤလၢအဆီၣ်ထွဲလ့းဘရၢၣ်သန့, လ့းဘရၢၣ်ပၣ်တံၣ်ကရၢဖိ ၃. ပှၤလၢအဟ့ၣ်တၢ်ညီ

liberal arts *n* တၢ်မၤလိဘၣ်ယးတၢ်စံၣ်စိၤတဲစိၤဒီးကျိာ်

liberalism *n* လ့းဘရၢၣ်သန့, တၢ်သဘျ့ဒီး တမ့ၢ်တခီတၢၤသန့

liberality *n* တၢ်ဟ့ၣ်တၢ်ညီ, တၢ်သူၣ်လဲၢ်သး လဲၢ်, တၢ်သူၣ်အိၣ်သးအိၣ်

liberalize, liberalise *v* မၤစၢ်လီၤတၢ်ဖှ့ၣ် ဆၢ, မၤကျိထီၣ်တၢ်သိၣ်တၢ်သီ

liberate *v* ပျ့ၢ်ကွံာ်, မၤထူၣ်ဖျဲးကွံာ်, ၃း သဘျ့ကွံာ်

liberated *a* လၢအပျ့ၢ်ကွံာ်, လၢအမၤထူၣ်ဖျဲး ကွံာ်, လၢအ၃းသဘျ့ထီၣ်ကွံာ်

liberation *n* တၢ်ထူၣ်ဖျဲး, တၢ်၃းသဘျ့ကွံာ် တၢ်, တၢ်မၤထူၣ်ဖျဲးကွံာ်တၢ်

liberty *n* ၁. တၢ်သဘျ့, တၢ်တြီအီၤတအိၣ် ၂. တၢ်ခွဲးတၢ်ယာ်လၢကမၤတၢ်လၢတၢ်သ ဘျ့အပူၤ ၃. တၢ်မၤတၢ်ဖဲအသးဒၣ်ဝဲ

take the liberty *idm:* ညီကွံာ်အသးဒီးမၤ ဝဲ, ဟံးန့ၢ်ဆူၣ်တၢ်ခွဲးတၢ်ယာ်ဒီးမၤတၢ်

libido *n* တၢ်သူၣ်ကတၢသးကတၢ

Libra *n* ၁. စီၤပီၢ်အကရူ်, စီၤပီၢ်အကရူ်လၢ တၢ်ဒွးဆၣ်အကရူ်ပီညါအပူၤ, တၢ်ဆၢကတီၢ်ဖဲမ့ၢ် ဟဲနှာ်လၢ လါစဲးပတ့ဘၢၣ် ၂၃ သီအကပိာ်ကပၤ

librarian *n* လံာ်ရိဒၢးခိၣ်, ပှၤကွၢ်ထွဲလံာ် ရိဒၢး

library *n* လံာ်ရိဒၢး

lice *n* ခိၣ်သူၣ်

licence, license *n* လံာ်ပျဲ, လံာ်ဟ့ၣ်တၢ် အခွဲး

license, licence *v* ၁. ဟ့ၣ်တၢ်ပျဲ, ဟ့ၣ် တၢ် အခွဲး ၂. မၤန့ၢ်တၢ်ပျဲ

licensee *n* ပှၤလၢအဒိးန့ၢ်ဘၣ်လံာ်ပျဲလၢက ဆါသံးဒိၤက်ဒိၤ

licentiate *n* ပှၤလၢအအိၣ်ဒီးပဒိၣ်အလံာ်ပျဲ လၢကမၤတၢ်ဖံးတၢ်မၤ မ့တမ့ၢ် တၢ်လုၢ်အိၣ်သးသ မူတၢ်ဖံးတၢ်မၤလီၤလီၤဆီဆီတမံၤမံၤ

licentious *a* လၢအအဲၣ်တၢ်ကလုာ်ကလိၤ, လၢအအဲၣ်တၢ်မှာ်ဖံးမှာ်ညၣ်

licit *a* လၢအဖိးမံဒီးတၢ်သိၣ်တၢ်သီ, လၢအဖိး မံဒီးသဲစးတၢ်ဘျၢ

lick *n* ၁. တၢ်လ့ၣ်တၢ် ၂. (လပီ) အတၢ်ဒိဘၣ် တၢ်

lick *v* ၁. လ့ၣ် (အိၣ်တၢ်) ၂. (မ့ၣ်အူ) ပျ့ၢ် ဘၣ်တၢ်

licorice, liquorice *n* သ့ၣ်ဂံၢ်ဆၢ

lid *n* ခိၣ်ကျၢၢ်, ခိၣ်ခွး, ခိၣ်ကၢၢ်, ခိၣ်ကး

lido *n* တၢ်လုၣ်ထံအလိၢ်, တၢ်လုၢ်ထံသန့

lie *n* တၢ်လီတၢ်ဝ့ၤ

lie *v* ၁. လီတၢ် ၂. မံလီၤ, မံနီၤ

lie detector *n* စဲးဖိၣ်တၢ်လီတၢ်ဝ့ၤ

lien *n* တၢ်န့ၢ်ပၢဘၣ်ပှၤကဒွဲတၢ် မ့တမ့ၢ် ပှၤဃ့ လိၢ်တၢ် အတၢ်စုလီၢ်ခီၣ်ခိၣ်တုၤလၢအလိးက့ၤ အကမၢ်တုာ်တစုအခွဲးယာ်

lieutenant *n* ဂံၢ်ဂ့ၢ်, သုးခိၣ်ဂံၢ်ဂ့ၢ်

lieutenant colonel *n* သုးခိၣ်ဒိၣ်ဂံၢ်ဂ့ၢ်

lieutenant general *n* သုးခိၣ်ကျၢၢ်ဂံၢ်ဂ့ၢ်

life *n* သးသမူ, တၢ်မူ, တၢ်အိၣ်မူအိၣ်ဂဲၤ

life cycle *n* တၢ်သးသမူအတၢ်လဲၤတရံးသး

life expectancy *n* ပှၤတဂၤအတၢ်အိၣ်မူ အိၣ်ကၢအိၣ်ခိးအကတိၢ်

life form *n* တၢ်လၢအသးသမူအိၣ်

life insurance *n* သးသမူတၢ်အုၣ်ကီၤ, သး အုၣ်ကီၤ, စ့အုၣ်ကီၤလၢတၢ်ဟ့ၣ်လီၤအီၤဖဲပှၤ တဂၤသံဝံၤအလိၢ်ခံ မ့တမ့ၢ် ဖဲတၢ်ဆၢကတီၢ် လၢတၢ်ဟ်ပနီၣ်အီၤ

life jacket *n* ဆ့မူ

life preserver *n* ဆ့မူ, ဆ့မၤပူၤဖျဲးသးသမူ

life raft *n* ချံမူ

life sentence *n* တၢ်၃းလီၤဃိာ်တစိၤသးတၢ် စံၣ်ညီၣ်

life story *n* သးသမူအဂ့ၢ်အကျိၤ

life support *n* တၢ်မၤစၢၤသးသမူ

lifeblood *n* ၁. သွံၣ်, သးသမူအသွံၣ်ကျိၤ ၂. တၢ်လၢအရှ့ဒိၣ်ကတၢၢ်

lifeboat *n* ချံမူဖိ

lifeguard *n* ပှၤခိးသးသမူ

lifeless *a* ၁. လၢအသံ, လၢအသးသမူ တအိၣ် ၂. လၢအလီၤက်လၢအသးသမူတအိၣ်, လၢအသူၣ်တပိၢ်သးတဝး, လၢအတၢ်သူၣ်ဟူးသး ဂဲၤတအိၣ်

lifelike *a* လၢအလီၤက်လၢအအိၣ်ဒီးအသး သမူ, လၢအလီၤက်ဒီးတၢ်အနိၢ်ကီၢ်

lifeline *n* ၁. ပျံၤမူ, ပျံၤမၤပူၤဖျဲးသးသမူ ၂. တၢ်တမံၤမံၤလၢပှၤတဂၤဒီးသန့ၤထီၣ်အသးလၢာ် လၢာ်ဆ့ဆ့, တၢ်သးသမူအသွံၣ်ကျိၤ ၃. သး

L

သမူစုတီၤ, စုတီၤတဘိလၢအဒုးနဲၣ်ဖျါထီၣ်ပှၤအသးသမူအယူၣ်

lifelong *a* တစိၤသး, လၢတၢ်အိၣ်မူဒီတကတီၢ်

life-size *a* လၢအထဲသိးဒီးပှၤကညီအက့ၢ်အဂီၤ

lifespan *n* တၢ်သးသမူအယူၣ်, တၢ်အိၣ်ကၢအိၣ်ခိးအယူၣ်

lifestyle *n* တၢ်အိၣ်မူအိၣ်ဂဲၤအကျိၤအကျဲ

life-threatening *a* လၢအိၣ်ဒီးတၢ်ဘၣ်ယိၣ်လၢသးသမူအဂီၢ်

lifetime *n* ၁. တၢ်အိၣ်မူအိၣ်ဂဲၤအကတီၢ် ၂. တၢ်ဖးယံာ်ဖးထၢ

lift *n* စဲးစိာ်တၢ်ဃၢ

lift *v* ၁. စိာ်ကဖီထီၣ်, စိာ်ထီၣ် ၂. မိာ်ထီၣ် (ခိၣ်), ကျူ့ထီၣ်မဲာ် ၃. (တၢ်ကလု၊, တီၤ) မၤအါထီၣ်, မၤထီထီၣ်, မၤဒိၣ်ထီၣ်, အါထီၣ်, ထီထီၣ်, ဒိၣ်ထီၣ်

ligament *n* (က့ၢ်ဂီၤဒ္ဒ) တၢ်အထူၣ်, တၢ်ညၣ်ထူၣ်

light *a* ၁. ဖုံ ၂. ကပီၤ ၃. စၢ်, ကပုာ်, လၢအတဆိုၣ်ဘၣ် ၄. လၢအတအါကဲၣ်ဆိး, လၢအတဒိၣ်ကဲၣ်ဆိး, လၢအတဆူၣ်ကဲၣ်ဆိး ၅. (တၢ်မံတၢ်ဂဲၤ) လၢအနၢ်ဒ့ ၆. လၢအဖုံဖုံညီညီ, လၢအပ့ၢ်အချ့, လၢအတအိၣ်ဒီးတၢ်ဘၣ်ယိၣ်ဘၣ်ဒီ

light *n* တၢ်ကပီၤ

in (the) light of *idm:* လၢပနၢ်ပၢၢ်ဒ်အံၤအဃိ

light *v* ၁. ဒွဲၣ်ထီၣ်, မၤကဲၤထီၣ်, မၤကပီၤထီၣ် ၂. ဘၣ်နၢ်အတီၤ

cast light on *idm:* ဟ့ၣ်ကူၣ်ထီၣ်တၢ်, ဟ်ဖျါထီၣ်တၢ်, ဟ့ၣ်ထီၣ်တၢ်ဂ့ၢ်တၢ်ကျိၤလၢတၢ်ကနၢ်ပၢၢ်အါထီၣ်တၢ်

light bulb *n* လီမ့ၣ်အူဖျၢၣ်

light year *n* ၁. တၢ်ကပီၤအနံၣ်, တၢ်ဒ့ၣ်စၢၤလၢတၢ်ကပီၤလဲၤတၢ်လၢတနံၣ်အတီၢ်ပူၤ (တၢ်စူးကါအီၤလၢတၢ်ထိၣ်တၢ်ဒ့ၣ်စၢၤလၢဆၣ်တဖၣ်အဘၢၣ်စၢၤ) ၂. တၢ်ဆၢကတီၢ်ဖးယံာ်

lighten *v* ၁. မၤကပီၤထီၣ် ၂. မၤဖုံထီၣ်

lightening bug *n* နါကိၢ်လံ, နါပံာ်လု့

lightening conductor *n* နိၣ်မၤတပျာ်လီ (ပဃိၤကျိာ်, မိကွဲလွဲ)

lighter *n* မ့ၣ်ဒွံး, လၢၢ်မ့ၣ်

light-headed *a* ၁. လၢအခိၣ်တယူၤ, လၢအခိၣ်မူၤဒီးတယူၤတပျု ၂. လၢအသးတထံဒီးတူယူၤတူပျု

light-hearted *a* လၢအအိၣ်သူၣ်ဖုံသးညီသ့, လၢအသူၣ်ဖုံသးဖုံသ့, လၢအဟ်အသးမုာ်မုာ်ခုၣ်ခုၣ်သ့

lighthouse *n* မ့ၣ်အူထူၣ်

lighting *n* မ့ၣ်အူထူၣ်

lightly *adv* ၁. ကဖီကဖီ, ကဖီလီ ၂. ညီကဒ့ၣ်

lightning *n* တၢ်ရဲၣ်ကျဲၤဟ့ၣ်တၢ်ကပီၤ, လီမ့ၣ်အူအပီးအလီ

lightweight *n* ၁. ပှၤတမဲးတၢ်လၢအတဃၢၢ်ဖုံ, ပှၤတမဲးတၢ်လၢအတဃၢၢ်အိၣ် ၅၉ – ၆၁ ကံလိအဘၢၣ်စၢၤ ၂. ပှၤလၢအရှ့တဒိၣ်, ပှၤလၢအတၢ်လုာ်ဘၢစိကမီၤလၢပှၤဖိခိၣ်တအိၣ် ၃. ပှၤလၢအမူၤသံးညီ

lignite *n* လၢၢ်သွဲၣ်လးဂီၤဃဲး

likable, likeable *a* လၢတၢ်ရှအီၤမှာ်, လၢအလီၤအဲၣ်လီၤကွံ, လၢအဘၣ်သူၣ်ဘၣ်သးပှၤ

like *a* လီၤက်, လၢအလီၤက်လိာ်သး, လၢအဖျါဒ်သိး

like *prep* လီၤက်, ဒ်သိး

like *v* ၁. အဲၣ်, အဲၣ်ဒိး ၂. ဘၣ်အသး

likelihood *n* တၢ်လၢအလီၤက်လၢအကကဲထီၣ်အသးသ့, တၢ်လၢအကဲထီၣ်အသးသ့

likely *a* လၢအမၤအသးသ့, လၢအမ့ၢ်သ့

like-minded *a* လၢအသးအိၣ်တဖျၢၣ်ဃီ, လၢအတၢ်ထံၣ်တၢ်ဟ်သးလီၤပလိာ်ဃုာ်

liken *v* ထိၣ်သတြိၢ, ဟ်သတြိၢ

likeness *n* တၢ်လီၤက်လိာ်သး, တၢ်ဒ်သိးလိာ်အသး

likewise *adv* ဒ်န့ၣ်အသိး, စ့ၢ်ကီး

lilac *n* ၁. ဖီလုလဲၣ်, သ့ၣ်တပိာ်တကလုာ်လၢအဖီဂီၤလုးအဂီၤစၢ်ဒီးအလွဲၢ်ဝါ ၂. တၢ်အလွဲၢ်ဂီၤလုးစၢ်တကလုာ်

lilt *n* တၢ်အယှၢ်အကွၢ်အထိၣ်အလီၤ

lily *n* ဖီလုလ့ၣ်, ဖီဒ့ၣ်ညါ

lily pad *n* တကီဖိအလၣ်

lima bean *n* ၁. ဘီဘၣ်အချံတကလုာ် ၂. ဘီဘၣ်သၣ်တကလုာ်
limb *n* ၁. စုခီၣ် ၂. တၢ်အဒ့အတြၢ်, အဒ့
limber *a* လၢအစၢ်ယွာ်စၢ်ယဲာ်, လၢအစၢ်ယဲာ်စၢ်ယီာ်
limbo *n* ၁. ကွံာ်တ့ၢ် ၂. တၢ်အိၣ်သးတလီၤတံၢ်လီၤဆဲး ၃. ခရံာ်ဘျၢၣ်တၢ်ဂဲၤကလံၣ်တကလုာ်
lime *n* ၁. ပနီကျဲသၣ်, သီဘျီသၣ် ၂. ထူၣ် ၃. တၢ်အလွဲၢ်လါစၢ်
limelight *n* တၢ်ကပီၤလၢအသဟီၣ်ဆူၣ်လၢတၢ်စူးကါအီၤဖဲတၢ်ဒုးနဲၣ်လၢပျဲၢ်စီၤခိၣ်
limerick *n* ထါလီၤနံၤလီၤအ့လၢအအိၣ်ယဲၢ်ကျိၤ
limestone *n* လၢၢ်ထူၣ်
Limey *n* ပှၤဘြံးထံး(ရှ)ဖိ
limit *n* တၢ်ဟ်ပနီၣ်, အဆၢ, တၢ်အယံၤကတၢၢ်
limit *v* ဟ်ပနီၣ်
limitation *n* တၢ်ဟ်ပနီၣ်, တၢ်မၤနီၣ်ဃာ်တၢ်အဆၢ
limited *a* ၁. လၢတၢ်ဟ်ပနီၣ်အီၤ, လၢအအိၣ်ဒီးတၢ်ဟ်ပနီၣ် ၂. လၢအအိၣ်လၢတၢ်ဟ်ပနီၣ်တကွီၣ်အဖီလာ်
limitless *a* ၁. လၢအတအိၣ်ဒီးတၢ်ဟ်ပနီၣ်, လၢတၢ်ဟ်ပနီၣ်တအိၣ် ၂. လၢအကတၢၢ်တအိၣ်
limo *n* သိလ့ၣ်ထီပျိၢ်, သိလ့ၣ်လံးမိၣ်စ့ၣ်
limousine *n* သိလ့ၣ်ထီပျိၢ်, သိလ့ၣ်လံးမိၣ်စ့ၣ်
limp *a* ၁. ကပုာ်လီၤ, တကွံၤလီၤ ၂. လၢတအိၣ်ဒီးအင်္ဂၢ်အဘါ, လၢတၢ်သူၣ်ဆူၣ်သးဂဲၤတအိၣ်
limp *v* ဟးတကျဲၢ်တကျဲၢ်
limpid *a* လၢအဆုံကဲၤ, လၢအိၣ်ဖျါတြၢ်ကလာ်, လၢနၢ်ပၢၢ်ဘၣ်အီၤညီ
linchpin, lynchpin *n* ၁. ပနဲာ်, ထးပနဲာ်, ပနဲာ်စဲ ၂. ပှၤ မ့တမ့ၢ် တၢ်လၢအလီၢ်အိၣ်သပှၢ်ကတၢၢ်, ပှၤ မ့တမ့ၢ် တၢ်လၢအတအိၣ်တသ့
line *n* အကျိၤ, ပနိ
line *v* ၁. တီၤပနိဘျၢ ၂. ဒါလီၤတၢ်, ဒါဘၢတၢ် ၃. ရဲၣ်လီၤတဂ့ၢ်တဂ့ၢ်, ဆီလီၤတဂ့ၢ်တဂ့ၢ်
lineage *n* တၢ်လီၤစၢၤလီၤသွဲၣ်, ပှၤအတၢ်လီၤစၢၤလီၤသွဲၣ်တဆီဘၣ်တဆီ
lineal *a* ၁. လၢအဟဲလီၤစၢၤလီၤသွဲၣ်လီၤလီၤ ၂. လၢအဘၣ်ဃးဒီးပနိအထိအဒိၣ်ဃီၤ
linear *a* ၁. လၢအဟဲဒ်နိၣ်ဂံၢ်ရဲၣ်အသိး, ဒ်နိၣ်ဂံၢ်ရဲၣ်အသိး ၂. လၢအဘၣ်ဃးဒီးပနိဘျၢ, လၢအဘၣ်ဃးဒီးနိၣ်ထိၣ်အဘျၢ
linen *n* တၢ်ကူတၢ်ကၤ, တၢ်ကံးညာ်လၢဘၣ်တၢ်မၤအီၤလၢဆိၣ်
liner *n* ၁. ဝံစိာ်တီဆှၢကဘီဖးဒိၣ် ၂. တၢ်အပျ့ဖိလၢတၢ်ကျးဘၢတၢ်အသရူၤထံး
linesman *n* ၁. (ဖျာ်ထူ) ပှၤပၢၤပနိ ၂. ပှၤလၢအထိဒီးဘိလီတဲစိပျံၤ, လီပျံၤ မ့တမ့ၢ် လီမ့ၣ်အူပျံၤတဖၣ်
line-up *n* ၁. တၢ်ဆီရဲၣ်လီၤဟ်စၢၤသး (လၢတၢ်ဒုးနဲၣ်အဂီၢ်) ၂. တၢ်ဆီရဲၣ်လီၤသး (လၢတၢ်ဃိထံသမံသမိးအဂီၢ်)
linger *v* ၁. မၤယံာ်မၤနီၢ်, မၤယံာ်တၢ်ဆၢကတီၢ်, ထုးတၢ်ဆၢကတီၢ် ၂. ထၢ, အိၣ်ယံာ်အိၣ်ထၢ, ယံာ်ယံာ်ထၢထၢ
lingerie *n* ၁. ပိာ်မုၣ်အဖျိၣ်ခံဖိဆ့ကၤဖိ ၂. ပိာ်မုၣ်အဆ့ကၤမံ
lingo *n* ၁. တခီဘီမုၢ်ဖိအကျိာ်, ပှၤထံဂုၤကိၢ်ဂၤအကျိာ် ၂. တၢ်ကတိၤကျိာ်လၢပှၤတဖုဒိၤသူဝဲ
lingual *a* ၁. လၢအဘၣ်ဃးဒီးပျ့ၤ, လၢအဘူးဒီးပျ့ၤ, (မၤသီၣ်အကလုၢ်) လၢပျ့ၤအထိးနါ ၂. လၢအဘၣ်ဃးဒီးတၢ်ကတိၤကျိာ်
linguist *n* ၁. ပှၤသ့ကျိာ်ပီညါ ၂. ပှၤလၢအမၤလိကျိာ်ပီညါ
linguistic *a* လၢအဘၣ်ထွဲဒီးတၢ်မၤလိကျိာ်ပီညါ, လၢအဘၣ်ဃးဒီးကျိာ်ပီညါ
linguistics *n* ကျိာ်ပီညါ, တၢ်မၤလိလၢအဘၣ်ထွဲဒီးကျိာ်ပီညါ
liniment *n* ကသံၣ်ဖှူ, တၢ်တကံတကးအကသံၣ်ဖှူ
lining *n* တၢ်အကနူၤတိၤ
link *n* ၁. ထးအကွီၤ, ထးသွဲအကွီၤတကွီၤ ၂. တၢ်ဘျးစဲလိာ်သး
link *v* မၤစဲဘူး, မၤဘျးစဲ, ဒုးဘျးစဲ
links *n* ဖျာ်ဒိပျီ
linoleum *n* ဟံၣ်ခိၣ်ယီၢ်ဒါ
linseed *n* ဆိၣ်အချံ

L

lint *n* ဘဲအဘ့ၣ်ဖိ, လုၣ်အယဲၤဖိ

Linux *n* လ့နၢၣ် (ခီၣ်ဖျူထၢၣ်ပီးလီအမံၤ)

lion *n* ခ့ယုၢ်

lion-hearted *a* လၢအနူအယိၤ, လၢအသူၣ်နူသးနူ, လၢအသးနူဒ်ခ့ယုၢ်အသိး

lip *n* ထးခိၣ်ပျူၤ, နီၢ်ဖံး

lip-read *v* ဖးပှၤထးခိၣ်ဖံးအတၢ်ဟူးတၢ်ဂဲၤ, ဖးပှၤနီၢ်ဖံးအတၢ်အီထီၣ်ကျၢၢ်လီၤ

lipstick *n* တၢ်မၤဂီၤပျူၤ, တၢ်မၤဂီၤနီးဖံး

lip-sync, lip-synch *v* မၤဟူးထးခိၣ်ဖံး ဒ်တၢ်သးဝံၣ်သီၣ်အသိး, မၤဟူးထွဲထးခိၣ်ဒ်တၢ်အသီၣ် မ့တမ့ၢ် တၢ်သးဝံၣ်သီၣ်အသိး

liquefy, liquify *v* ဒုးပံၢ်လီၤတၢ်, မၤကဲထီၣ်တၢ်အထံ, ယ့ၣ်ပံၢ်ထီၣ်တၢ်, မၤပံၢ်ထီၣ်

liqueur *n* သံးဆၢနၢမူ, သံးလၢအဆူၣ်တကလုာ်

liquid *a* ၁. လၢအကဲတၢ်အထံ ၂. ဖျါလၢအအိၣ်ဒီးထံ ၃. လၢအလဲလိာ်သးညီ ၄. လၢအကလုၢ်ဆုံဒီးသီၣ်မုာ်

liquid *n* တၢ်အထံအနိ

liquid crystal display *n* ခီၣ်ဖျူထၢၣ်အမဲာ်သၣ်ကဘျၣ်တကလုာ်, ခီၣ်ဖျူထၢၣ် မ့တမ့ၢ် ကွဲၤဟူဖျါအမဲာ်သၣ်လၢတၢ်မၤအီၤဒီးလၢၢ်ဝါဆုံအထံ (LCD)

liquidate *v* ၁. မၤကတၢၢ်တၢ်ဖံးတၢ်မၤဒီးဆါကွံာ်တၢ်ခဲလၢာ်ဒ်သိးကလီးက့ၤဒ့ၣ်ကမၢ်, ဆါကွံာ်တၢ်စုလီၢ်ခီၣ်ခိၣ်လၢကလီးက့ၤဒ့ၣ်ကမၢ်အဂီၢ် ၂. မၤကတၢၢ်ကွံာ်, မၤလီၤမၢ်ကွံာ်, မၤသံ

liquidity *n* တၢ်စုလီၢ်ခီၣ်ခိၣ်လၢတၢ်ဆါလီၤကွံာ်အီၤသ့အိၣ်ဝဲ

liquor *n* သံးလၢအဆူၣ်, သံးစီထံ

liquorice, licorice *n* သ့ၣ်ဂံၢ်ဆၢ

lisp *n* တဲတၢ်တပံာ်တကျါ, ကတိၤတၢ်တပံာ်တကျါ

lisp *v* တၢ်တဲတၢ်တပံာ်တကျါ, တၢ်ကတိၤတၢ်တပံာ်တကျါ

list *n* ၁. စရီက့, စရီ ၂. တၢ်ကံးညာ်အကနူၤ

list *v* ၁. ကွဲးရဲၣ်လီၤ ၂. ဒ့ခံ, ဒ့ခံလီၤတကပၤ

listed *a* လၢတၢ်ထၢနုာ်လီၤအီၤလၢစရီပူၤ, လၢအအိၣ်လၢစရီပူၤ, လၢအပၣ်ယှာ်လၢ (တၢ်ခီလဲလိာ်) ပန်ာ်အစရီပူၤ

listen *v* ကနၣ်, ဒိကနၣ်

listener *n* ပှၤကနၣ်တၢ်, ဒိကနၣ်

listing *n* တၢ်လၢအအိၣ်လၢစရီပူၤ

listless *a* လၢအသးတစၢၢ်ဆၢတၢ်ဘၣ်, လၢအတၢ်သးစၢၢ်ဆၢတအိၣ်

lite *a* (တၢ်အီၣ်တၢ်အီ) လၢအရိၢ်ဖှံ, လၢတၢ်သိဒီးတၢ်ဆၢအတယၢၢ်ဖှံဝဲ

literacy *n* ၁. တၢ်သ့ကွဲးသ့ဖး ၂. တၢ်သ့စူးကါတၢ်တမံၤမံၤ အဒိ, တၢ်သ့ခီၣ်ဖျူထၢၣ်

literal *a* ၁. ဒ်တၢ်ကတိၤအခီပညီဟဲဝဲလီၤလီၤအသိး ၂. လၢတအိၣ်ဒီးတၢ်ဆိမိၣ်မှံ, လၢတအိၣ်ဒီးတၢ်တယးဆိမိၣ်

literally *adv* ၁. လီၤလီၤဒ်အမ့ၢ်တၢ်အသိး, ဒ်တၢ်ကွဲးအသးအိၣ်ဝဲနီၢ်နီၢ်အသိး ၂. လီၤတံၢ်လီၤဆဲး

literary *a* လၢအဘၣ်ယးဒီးလံာ်ဇိၤလဲၢ်ဇိၤ

literate *a* ဖးလံာ်ကွဲးလံာ်သ့, လၢအသ့ကွဲးသ့ဖး

literate *n* ပှၤသ့လံာ်သ့လဲၢ်

literature *n* (ပှၤတကလုာ်) အလံာ်ဇိၤလဲၢ်ဇိၤ, တၢ်သ့လံာ်ဇိၤလဲၢ်ဇိၤ

lithe *a* လၢအစၢ်ယှာ်စၢ်ယဲာ်, လၢအစၢ်ယဲာ်စၢ်ယီာ်

litigate *v* လိာ်ဘၢလိာ်ကွီၢ်

litmus paper *n* လံးတမးစးခိ, စးခိလၢတၢ်စူးကါအီၤလၢတၢ်မၤကွၢ်ကဲာ်တဖၣ်လၢဖဲပထိးဘၣ်အီၤဒီးကဲာ်ဆံၣ်န့ၣ်အလွဲၢ်ဂီၤထီၣ်ဒီးမ့ၢ်ဘၣ်ဒီးတၢ်အဟီနူၣ်အလွဲၢ်လါအဲးထီၣ်ဝဲလီၤ.

litmus test *n* ၁. လံးတမးတၢ်မၤကွၢ် ၂. တၢ်မၤကွၢ်ပှၤတဂၤအတၢ်ပာ်သူၣ်ပာ်သးဒီးအတၢ်မုၢ်လၢ်ကွၢ်စိ

litre, liter *n* လံးထၢၣ် အဒိ, ၁ လံးထၢၣ် = ၁၀၀၀ c. c.

litter *n* ၁. တၢ်ကမုံၤကမိာ် ၂. ဖိတသွံ, ဖိတထၢ (တၢ်လၢအဖးထီၣ်တသွံဃီတထၢဃီ)

litter *v* ၁. မၤလီၤပြံလီၤပြါတၢ် ၂. (ထိး) ဖုံလီၤအဖိ

little *a* ၁. စှၤ, တစဲးဖိ, ဖိနဲကဲၣ် ၂. ဆံး ၃. လၢအရှတဒိၣ်, လၢအဘျုးတအိၣ်အါအါဘၣ် ၄. လၢအကတိၢ်ဖုၣ်, ဘူး

little *adv* စှၤန့ၢ်

little by little *idm:* တစဲးဘၣ်တစဲး

Little Dipper *n* ဆၣ်ဒၢမှၢ်

little finger *n* စုမုၢ်ဆၣ်, စုဆၣ်

Little League *n* အမဲရကၤဖိသၣ်ဖျၢၣ်တၢ်ကရူၢ်, ဖိသၣ် ၈ – ၁၂ နံၣ်ဖျၢၣ်တၢ်ကရူၢ် လၢအမဲရကၤ

little ones *n* ဖိဆံးသးစၢ်တဖၣ်

little toe *n* ခီၣ်မုၢ်ဆၣ်, ခီၣ်ဆၣ်

live *a* ၁. လၢအမူ ၂. လၢအရၤလီၤအသး ဖဲတၢ်ကဲထီၣ်သးအဖၢမုၢ် ၃. လၢအကဲၤကပီၤဒံး, (မ့ၣ်ပိၢ်) လၢအတပိၢ်ဖးဒံးဘၣ် ၄. လၢအဘၣ်ထွဲ ဒီးတၢ်လၢအလီၤသးစဲ မ့တမ့ၢ် အရှဒိၣ်ဒံးအဖၢမုၢ်

live *v* အိၣ်မူ, အိၣ်ဆိး

live wire *n* ၁. ပှၤလၢအဟ်အသးဖျဲၣ်ဖျဲၣ်ဆှါ ဆှါ ၂. လီသွဲပျံၤလၢလီသဟီၣ်ယွၤဝဲအဖၢမုၢ်

liveable, livable *a* လၢအကြၢးဒီးတၢ်က အိၣ်ဆိး, လၢအလီၤအိၣ်လီၤဆိး

livelihood *n* တၢ်လုၢ်အီၣ်သးသမူအကျဲ

lively *a* ၁. လၢအပှဲၤဂံၢ်ပှဲၤဘါ, လၢအပှဲၤဒီး တၢ်သူၣ်ဆူၣ်သးဂဲၤ, လၢအပှဲၤဒီးတၢ်သူၣ်ပိၢ်သး ဝး, လၢအပှဲၤဒီးတၢ်သူၣ်ဖှံသးညီ ၂. လၢအဟူးအဂဲၤ ၃. (အလွဲၢ်) လၢအကပြုၢ်က ပြီၤ

liver *n* သူၣ်

liver spot *n* မဲၣ်သူမဲၣ်ဂီၤ

livestock *n* ဆၣ်ဖိကီၢ်ဖိလၢတၢ်ဘုၣ်အီၣ်အီၤ လၢဟံၣ်, ထိးဖိဆီဖိ

livid *a* ၁. လၢအသးထီၣ်တၢ်ဒိၣ်ဒိၣ်ကလဲာ်, လၢအသးဒိၣ်, အမဲာ်အှၣ်သကျူာ် ၂. လၢအထီၣ်လုးထီၣ်လါ ၃. လၢအလွဲၢ်လုးလါ

living *a* လၢအမူဝဲ

living *n* ၁. တၢ်ဟဲနှာ်လၢတၢ်လုၢ်အီၣ်သး သမူအဂီၢ် ၂. တၢ်အိၣ်မူအိၣ်ဂဲၤ, ပှၤမူ ၃. တၢ်လုၢ် အီၣ်တၢ်အိၣ်ဖှိၣ်သရၣ်

make a living *idm:* လုၢ်အီၣ်အသးသမူ, မၤအီၣ်မၤအီ

living room *n* ဒၢးအိၣ်သကိးတမှံၤ, တမှံၤ ဒၢး

lizard *n* တရူး, တရှ့, ခွံၣ်ဒိ, ခွံၣ်ယဲၤ, ဒီလ့ၢ်

llama *n* ၁. ကီၤလၤအှူးလၤမၣ် ၂. တၢ်ကံး ညာ်လၤမၣ်

load *n* တၢ်ဝံတၢ်ယိး, တၢ်ဃၢ, တၢ်ပဒၢး

load *v* ၁. ပဒၢးထီၣ် ၂. ဆဲထီၣ် (ကျိ) , ဒၢနှာ် (ကျိချံ)

loaded *a* ၁. လၢအပဒၢးတၢ်ပှဲၤပှဲၤ, လၢအပှဲၤ လုာ်ကွံာ် ၂. လၢအကျိၣ်အါစ့အါ, လၢအထူး အတီၤ ၃. လၢအပှဲၤဒီးကျိချံ ၄. လၢအအိၣ်ဒီး အခီပညီရူသူၣ် မ့တမ့ၢ် အခီပညီအဂၤတမံၤ ၅. မူၤသံး, မူၤသံးလီၤလူလီၤဘျၢၣ်

loaf *n* ကိၣ်တဖျၢၣ်

loaf *v* မၤလၢာ်တၢ်ဆၢကတီၢ်, အှူလဲၤအှူလဲၤ

loafer *n* ၁. ပှၤမၤလၢာ်ဂီၤတၢ်ဆၢကတီၢ်, ပှၤ လၢအဟးအှူလဲၤအှူလဲၤ ၂. ခီၣ်ဖံးခီၣ်ဖှိၣ်တၢ်ဘ့ၣ် လၢအအိၣ်ဒီးအပျံၤစၢ

loan *n* ၁. တၢ်ဒုးလိၢ်တၢ်, တၢ်ဟ့ၣ်ကဒွဲတၢ် ၂. စ့လၢတၢ်ဟ့ၣ်လိၢ်လီၤအီၤ

loan *v* ဒုးလိၢ်လီၤတၢ်, ဟ့ၣ်လိၢ်လီၤတၢ်

loan shark *n* ပှၤဒုးလိၢ်လီၤစ့လၢအအီၣ် စ့အှ့ၣ်အါ, ပှၤဟ့ၣ်လိၢ်စ့လၢအဃ့စ့အှ့ၣ်အါ

loath, loth *a* လၢအသးဃၢ, လၢအသးတ ပၣ်ဘၣ်, လၢအယုာ်အသး

loathe *v* သးဘၣ်အၢ, သးဟ့, တဘၣ်သူၣ် ဘၣ်သး, တသးလီ

lob *v* ကွံာ်ထီၣ်တၢ်, ထူကဟ်ကွံာ်တၢ်

lobbiest *n* ပှၤလီၤကရၢကရိတၢ်တဖု, ပှၤ တဖုလၢအဟူးဂဲၤလီၤကရၢကရိတၢ်လၢကမၤန့ၢ်ပှၤ အတၢ်ဆီၣ်ထွဲလၢတၢ်ဒုးအိၣ်ထီၣ်တၢ်လဲလိာ်တမံၤ အဂီၢ်

lobby *n* ၁. တၢ်သူၣ်ထီၣ်ကျဲစၢၤဘျိၣ်, တၢ်တူၢ် လိာ်အိၣ်သကိးသမှံၤအလိၢ် ၂. ပှၤလီၤကရၢကရိ တၢ်တဖု, ပှၤတဖုလၢအဟူးဂဲၤလီၤကရၢကရိတၢ် လၢကမၤန့ၢ်ပှၤအတၢ်ဆီၣ်ထွဲလၢတၢ်ဒုးအိၣ်ထီၣ် တၢ်လဲလိာ်တမံၤအဂီၢ်

lobby *v* ဟူးဂဲၤလီၤကရၢကရိတၢ်လၢကမၤန့ၢ် ပှၤအတၢ်ဆီၣ်ထွဲလၢတၢ်ဒုးအိၣ်ထီၣ်တၢ်လဲလိာ်တ မံၤအဂီၢ်

lobe *n* ၁. တၢ်အစဲၤ (အဒိ, နၢ်စဲၤ) , တၢ် အတိၤ (အဒိ, စူၣ်ဝံၣ်သၣ်တတိၤ, တူၢ်ရှၣ်သၣ် တတိၤ) ၂. ကူ့ၢ်ဂီၤဒွဲအလိၣ်တဖၣ် အဒိ, ခိၣ်နူာ်

lobo *n* အမဲရကၤထွံၣ်ဟီၣ်ခိၣ်တကလုာ်

lobotomy *n* တၢ်ကူးကွဲးဃါဘျါခိၣ်နူာ်အမဲာ် ညါတကပၤ

lobster *n* သဒိၣ်ကိၤ

local *a* ဟီၣ်ကဝီၤပူၤဘၣ်ထွဲ, လိၢ်ကဝီၤ

local anaesthetic *n* ကသံၣ်တိာ်တှၤ

local area network *n* လီၢ်ကဝီၤပူၤတၢ်ဘျး စဲခိဉ်ဖွူထၢဉ်အကျိၤအကျဲ (LAN)

local time *n* လီၢ်ကဝီၤတၢ်ဆၢကတီၢ်, တၢ် ဆၢကတီၢ်အဟိဉ်ကဝီၤ, တၢ်ဆၢကတီၢ်ကဝီၤ

locale *n* ၁. တၢ်ကဲထီဉ်သးအလီၢ်, တၢ်မၤ အသးအလီၢ် ၂. တၢ်လီၢ်တၢ်ကျဲလၢအဖျါလၢပူ မ့တမ့ၢ် တၢ်ကွဲးအပူၤ

locality *n* တၢ်အလီၢ်ကဝီၤ, ဟိဉ်ကဝီၤ တကဝီၤဖိ

localize, localise *v* ၁. ဟ်ပနီဉ်တၢ်အဆၢ, ဟ်ပနီဉ်လၢလီၢ်ကဝီၤတကဝီၤအပူၤ ၂. ယုထံဉ်နှၢ်တၢ်အလီၢ်အကျဲ

locate *v* ၁. ယုထံဉ်တၢ်အိဉ်တၢ်ဆိးအလီၢ် လီၤတံၢ်လီၤဆဲး, ယုထံဉ်နှၢ်တၢ်လီၢ် ၂. ဆီလီၤဟ် လီၤ

located *a* လၢအအိဉ်သူဉ်လီၤအသး, လၢအ အိဉ်ဖဲ

location *n* တၢ်လီၢ်တၢ်ကျဲ

loch *n* ၁. ကမါဖးဒိဉ် ၂. ပီဉ်လဲဉ်အဒ့ဖးထီ

lock *n* ၁. နီဉ်ဝံာ်တံာ်, နီဉ်ဝံာ်ဒၢ ၂. တမၢဉ်အ တြဲၤ ၃. ခိဉ်သူအနွဲ မ့တမ့ၢ် အသဝံး ၄. (ဘဲ) အ ကဘိဉ်

lock *v* ဝံာ်တံာ်, သိးတံၢ်

locker *n* စီၤထးဆီထူဉ်

locket *n* ဖဲသဉ်, ဖဲချံ

locksmith *n* ပှၤဘိုနီဉ်ဝံာ်ဒီးနီဉ်ဝံာ်ခံ

lock-up *n* ယိာ်

loco *a* လၢအပျူၢ်အတြီး

locomotive *n* လှဉ်မ့ဉ်အူအစဲး

locust *n* ဒွဲဉ်ဖးဒိဉ်, ဒွဲဉ်ပိၢ်

lodge *n* ၁. ဟံဉ်, ဟံဉ်သ့ဉ်, သ့ဉ်ဒဲ, တၢ် အိဉ်တၢ်ဆိးအလီၢ် ၂. ဆိုအလီၢ်မံ, ဆဉ်ဖိကိၢ်ဖိအ တၢ်အိဉ်ဒီသဒၢအလီၢ် မ့တမ့ၢ် အပူၤ ၃. အဖှ, အကရၢ, ချး(ဘ)

lodge *v* ၁. ဒီးလဲအိဉ်ဆိး ၂. (ကလံၤ မ့တမ့ၢ် တၢ်စူၤ) မၤလီၤယံၤ, မၤလီၤပၢၤ (တၢ်မုၢ်တၢ်ဘိ) ၃. ဆိုးထီဉ်, ပတံသကွဲၢ်ကညးထီဉ် ၄. ဘျၢလီၤ, သွီနုာ်လီၤ, ထၢနုာ်လီၤ

lodger *n* ပှၤလၢအအိဉ်ဆိးလၢပှၤအဟံဉ်ဒီး ဟ့ဉ်ဟံဉ်လဲ, ပှၤလၢအလဲၤဒီးလဲအိဉ်သကိးဟံဉ် ဒီးဟံဉ်ကစၢ်

lodging *n* တၢ်အိဉ်တၢ်ဆိးလီၢ်, ဒၢးကသ့ဉ်, ဒၢးတူၢ်လိာ်ဒုးအိဉ်မီကိာ်

loft *n* ၁. ဒၢးတဒီလာ်, တပှၢ်ခိဉ် ၂. တၢ်ကစီၤ ထိဉ်တတီၤလၢဒၢးတဒၢးအပူၤ

lofty *a* ၁. လၢအကစီၤထိ, ဖးထိ ၂. လၢ အပတီၢ်ထိအိဉ်ဒီးအလၤကပီၤ ၃. လၢအဟ်ဒိဉ် အသး

log *n* သ့ဉ်ဖှ

log *v* ၁. နုာ်လီၤ, ကွဲးနုာ်လီၤ ၂. ကူာ်လီၤ သ့ဉ်, ကျီလီၤသ့ဉ်

logbook *n* သိလ့ဉ်အတၢ်လဲၤတၢ်က့ၤလံာ်ကွဲး နီဉ်

log cabin *n* ဒဲသ့ဉ်ဖှူ, ဟံဉ်သ့ဉ်ဖှူ

logging *n* တၢ်ကူာ်သ့ဉ်တၢ်မၤ, တၢ်မၤသ့ဉ်

logic *n* တၢ်ကူဉ်သ့ဘဉ်ဃးတၢ်ဆိကမိဉ်တၢ်

logical *a* ၁. လၢအဘဉ်လိာ်ဖိးမံလိာ်သး ၂. လၢအသ့ဆိကမိဉ်ကမးတၢ်, လၢအသ့ခံကွၢ်စီၤ ကွၢ်တၢ်

logistics *n* တၢ်ဆိဉ်ထွဲမၤစၢၤတၢ်ကရၢက ရိအတၢ်မၤရဲဉ်ကျဲၤတဖဉ်

logjam *n* ၁. သ့ဉ်ဖှူလီၤထွံကတာ်ထီ ထံကျိၤ ၂. တၢ်အိဉ်သးဖှဉ်ဆၢကလၢာ်

logo *n* ပနံာ်မံၤပနီဉ်, တၢ်ကရၢကရိအပနံာ် မံၤပနီဉ်

loin *n* ယီၢ်ဒ့

loincloth *n* ယဉ်ဖးချဲ

loins *n* မုဉ်ဒီးခွါအက့ၢ်အဂီၤ, ယီၢ်တဲာ်ခိဉ်ခံ အဖီလာ်

loiter *v* လဲၤဝ့ၤဝီၤကလီကလီ, ဟးယဲၤယီၤ

lollipop *n* တၢ်ဆၢကိၢ်လိဉ်ဘိ

lone *a* လၢအအိဉ်ထဲတဂၤဓိၤ, လၢအအိဉ် သယုၢ်သညီ

lonely *a* ၁. လၢအိဉ်သယုၢ်သတွၢ, လၢအသ ယုၢ်သညီ ၂. လၢပှၤလဲၤတတုၤ, လၢအစီၤစုၤယံၤ, လၢအိဉ်လီၤဖျိဉ်

loner *n* ၁. ပှၤလၢအအိဉ်ထဲတဂၤဓိၤ, ပှၤ လၢအအဲဉ်ဒီးအိဉ်ထဲတဂၤဓိၤ ၂. တၢ်လီၢ်လၢပှၤ လဲၤတတုၤအလီၢ်

lonesome *a* လၢအအိဉ်သယုၢ်သညီ, လၢတၢ်သယုၢ်အသး

long *a* ၁. ယံာ် ၂. ယံၤ ၃. ထိ

L

long *adv* ယံာ်တ့ၢ်မးလံ, ဖးယံာ်, ဒီ (နံၤ, ဆၢကတီၢ်) ညါ

as long as *idm:* ဖဲ–သမ့း

long *v* ဆၢန့ၢ်ဘၣ်, မိၣ်န့ၢ်ဘၣ်

long distance *a* လၢတၢ်ဒ့ၣ်စၢၤယံၤ

long face *n* မဲာ်လီၤမှၤ

long haul *n* ၁. တၢ်ဒ့ၣ်စၢၤယံၤ ၂. တၢ်ကတီၢ်ထီ

long jump *n* စံၣ်ဖုတၢ်အယံၤ

long shot *n* တၢ်အိၣ်ဒီးတၢ်ခွဲးတၢ်ယာ်ဆံး ကိာ်ဖိလၢကမၤနၢၤတၢ်အဂီၢ်

longan *n* ကစဲလၢၢ်သၣ်

longbeans *n* ပထိးဖးထီ

longevity *n* တၢ်သးသမူအထိ

longhand *n* စုလီၢ်, ကွဲးလံာ်စုလီၢ်

longing *n* တၢ်မိၣ်န့ၢ်သးလီ

longitude *n* ဟီၣ်ကွီၤထူၣ်

long-life *a* (တၢ်အိၣ်) လၢတၢ်ရဲၣ်ကျဲၤမၤအီၤ လၢအိၣ်ကတူၢ်ယံာ်ယံာ်အဂီၢ်

long-lived *a* ၁. လၢအအိၣ်စံာ်အိၣ်ကျၢၤ, လၢအတူၢ်ယံာ် ၂. လၢအအိၣ်ကၢအိၣ်ခိး, လၢအသးသမူအိၣ်ကၢအိၣ်ခိး, လၢအသးသမူထိ

long-lost *a* လၢအလီၤမၢ်ဖးယံာ်, လၢတၢ်တထံၣ်ဘၣ်အီၤယံာ်

long-range *a* ၁. လၢအလဲၤတၢ်န့ၢ်ယံၤ ၂. လၢအဘၣ်တၢ်မၤအီၤလၢခါဆူညါကတီၢ်ယံာ်အဂီၢ်

long-run *n* ကတီၢ်ယံာ်, ကတီၢ်ထီ

longshoreman *n* ပှၤမၤတၢ်ဖိလၢကဘီသန့

long-sighted *a* ၁. ထံၣ်တၢ်သ့ထဲအယံၤ ၂. လၢအထံၣ်တၢ်ယံၤ, လၢအတၢ်ထံၣ်ထီ

long-standing *a* လၢအယံာ်အထၢ

long-suffering *a* လၢအတူၢ်တၢ်ကဲ, လၢအဝံသးစူၤတၢ်န့ၢ်

long-term *a* ၁. လၢအကတီၢ်ယံာ် ၂. လၢအယံာ်အထၢ, လၢအအိၣ်ယံာ်တ့ၢ်လံ

long-time *a* ဖးယံာ်, ယံာ်တ့ၢ်မးလံ, ဖးယံာ်ဖးစၢၤ

long-winded *a* လၢအကတိၤတၢ်ယံာ်ယံာ်ထီထီလီၤကၢၣ်လီၤကျူၤ, လၢအတဲတၢ်လီၤကၢၣ်လီၤကျူၤ

longyi *n* ထဲကူ, ယၣ်ကူ

loo *n* တၢ်ဟးလီၢ်

loofah *n* ၁. တကိအလုၤ, တကိအဃဲၤ ၂. တကိမုၢ်, တိကိမုၢ်

look *v* ၁. ကွၢ် ၂. ဖျါ, အိၣ်ဖျါ

look after *vp:* အံးထွဲကွၢ်ထွဲ

look down on *vp:* ကွၢ်တလီၤ, ထံၣ်ဆံး, ဆိကမိၣ်ဆံး

look for *vp:* ၁. ဃုကွၢ်တၢ် ၂. မုၢ်လၢ်တၢ်, ကွၢ်လၢ်တၢ်အကျဲ

look on *vp:* ကွၢ်ကီ

look out *vp:* ပလီၢ်သူၣ်ပလီၢ်သး, ပလီၢ်သး

look up *vp:* ကျ့ထီၣ်မဲာ်

look up to *vp:* လီၤကွၢ်လိ, ဟ်ဒိၣ်ဟ်ကဲ

look *n* ၁. တၢ်ကွၢ်တၢ်တမံၤမံၤ ၂. မဲာ်သၣ်အတၢ်အိၣ်ဖျါ, တၢ်အိၣ်ဖျါလၢမဲာ်သၣ် ၃. ပှၤတဂၤအက့ၢ်အဂီၤအတၢ်အိၣ်ဖျါ

lookalike *n* ပှၤလၢအဒိၣ်တၢ်လီၤက်ဒီးပှၤတဂၤဂၤ, ပှၤလၢအဒိၣ်တၢ်လီၤက်လိာ်အသး, ပှၤလၢအရူာ်လီၤက်လိာ်အသး

looker *n* ပှၤလၢအလီၤထုးန့ၢ်သူၣ်ထုးန့ၢ်သး

looking glass *n* မဲာ်ထံကလၤ

lookout *n* ၁. တၢ်ခိးကွၢ်တၢ်, တၢ်ကွၢ်ဟုၣ်ကွၢ်စူၣ်တၢ် ၂. တၢ်ကွၢ်စိတၢ်အလီၢ်

loom *n* စဲးထါထၣ်, ထၣ်

loom *v* ဟဲဖျါထီၣ်တြၢၢ်ကလာ်

loop *n* တၢ်အကွီၤ, တစိဝံၤတစိ. (အဒိ, ကဘီယူၤယူၤဝၣ်လူခိၣ်တစိဝံၤတစိ, လီသဟီၣ်အတၢ်လဲၤတရံးတစိ)

loop *v* ကွီၤတရံးအသးတစိဝံၤတစိ, လဲၤတရံးအသးတစိဝံၤတစိ

loophole *n* ၁. သဲစးတၢ်ဘျၢအတၢ်လီၤဖျဲၣ်လီၤဟိ ၂. တၢ်တဒိပူၤသးလၢတၢ်သိၣ်တၢ်သီ, တၢ်ဘျုးပူၤသးလၢတၢ်သိၣ်တၢ်သီ

loose *a* ၁. လီၤဃ့ၣ် ၂. ကျိ, ကျိသလိး, လီၤကတြူၢ်, တဃံးဘၣ် ၃. တလီၤတံၢ်လီၤမံ ၄. လၢတအိၣ်လၢအဂ့ၢ်အဝီ ၅. လၢအထးခိၣ်ကျိ ၆. လၢအကျိအညီ, လၢအသကဲာ်ပဝးတဂ့ၤ

loose *v* ၁. ကျိ အဒိ, ထးခိၣ်ကျိ ၂. မၤလီၤဃ့ၣ်, မၤလီၤကဆှၣ်

loose end *n* ၁. တၢ်တကတၢၢ်ကတာ်, တၢ်တဝံၤတတာ်, တၢ်တဝံၤစီၤဖံၣ်စီဒီ, တၢ်တဝံၤလၢလၢပှဲၤပှဲၤ ၂. တၢ်ကျဲကတၢၢ်တၢ်ကူၣ်တၢ်ဆးလၢာ်

L

loose tongue *n* တၢ်တပၢၤထးခိဉ်, ထးခိဉ်ကျိ

loose-knit *a* ၁. လၢအတၢ်ဘဉ်ထွဲလိာ်သးစုၤ, လၢအတၢ်ရှလိာ်ဘဉ်ထွဲအိဉ်ကဖီကယုၤ, လၢအတၢ်ဘျးစဲမၤသကိးတၢ်စုၤ ၂. လၢတၢ်ခွဲးဟ်ဃှ့အီၤကဖီကဖိ

loosen *v* ဃှဉ်လီၤ, မၤလီၤကျိ

loot *n* ၁. တၢ်ဂုာ်ဆူဉ်ပျိန့ၢ်ဆူဉ်ပှၤတၢ်စုလီၢ်ခိဉ်ခိဉ် ၂. ကျိဉ်စ့

loot *v* ဂုာ်န့ၢ်ဆူဉ်တၢ်

lop *v* ကျီၤသ့ဉ်ကျီၤဝဉ်, ကျီၤကွံာ်တၢ်, တၢ်ဖုဉ်လီၤ, တၢ်ဃူ

lope *v* ယ့ၢ်လၢခီဉ်ခါဖးလဲၢ်

lopsided *a* လၢအဒ့ခံလီၤတကပၤ, လၢအတစုလီၤတကပၤ

Lord *n* ကစၢ်

lord *v* ကဲကစၢ်လၢပှၤဂၤအဖီခိဉ်

lore *n* တၢ်သ့ဉ်ညါနၢ်ပၢၢ်လၢအဟဲလီၤစၢၤလၢမိၢ်ပၢ်ဖံဖု

lorry *n* သိလ့ဉ်ပဒၢး

lose *n* ၁. ဃဉ်ကွံာ် (တၢ်လိာ်ကွဲ) ၂. ဟါမၢ်, လီၤမၢ်ကွံာ် ၃. ဟးဖျိကျဲ

lose *v* ၁. လီၤမၢ်, ဟါမၢ် ၂. ဃဉ် (တၢ်လိာ်ကွဲ)

loser *n* တၢ်လီၤမၢ်, ပှၤလၢအဃဉ်, ပှၤလၢအမၤတၢ်တကဲထိဉ်ကဲထိနီတဘျီ

loss *n* ၁. တၢ်လီၤမၢ်, တၢ်သံတၢ်လီၤမၢ် ၂. တၢ်တကဲထိဉ်ကဲထီ ၃. တၢ်ဃဉ်ကွံာ် ၄. တၢ်ဆံးလီၤစုၤလီၤ

lost *a* ၁. လၢအလီၤမၢ်ကွံာ် ၂. ဟးဖျိး, ဟးကမဉ်ကျဲ ၃. လၢအမၤလၢာ်ဂီၤကလီတၢ်ဆၢကတီၢ် ၄. လၢအထၢမံထၢမဉ်, လၢအလီၤထူဉ်

lost cause *n* ၁. တၢ်မှၢ်လၢ်လၢာ်ကွံာ် ၂. ပှၤလၢအတၢ်မှၢ်လၢ်လၢာ်ကွံာ်

lot *n* ၁. တၢ်ဟဲဝံဟဲစိာ် ၂. အါအါဂိၢ်ဂိၢ် ၃. ဟိဉ်ခိဉ်တကဝီၤ ၄. တၢ်ဖး

lotion *n* တၢ်ဖှူဖံးဘ့ဉ်, တၢ်ဖှူလီၤ

lottery *n* ထံဉ်, ဘူဉ်တီၢ်နိဉ်ဂံၢ်

lotus *n* ၁. တကီဖီ ၂. သ့ဉ်သဉ်တကလှာ်လၢအအိဉ်လၢကြီးအတၢ်တဲဃဲၤအပူၤဖဲပှၤမ့ၢ်အိဉ်နူဉ်ပှၤမူၤဒီးသးပှၤနီဉ်ကွံာ်ဟိဉ်ခိဉ်အတၢ်တူၢ်ဘဉ်ခိဉ်ဘဉ်

lotus position *n* တၢ်ဆ့ဉ်နီၤကဝီၤကံဉ်ဒီးကွီးတရါ

loud *a* လၢအသီဉ်ဖိဉ်

loudmouth *n* ပှၤလၢအတဲတၢ်ဆူဉ်တဲတၢ်ကဲ, ပှၤလၢအတၢ်ကတိၤအါ

loudspeaker *n* သီဉ်ဖိဉ်ဒၢ

lounge *n* ၁. တၢ်အိဉ်ကၢဉ်အိဉ်ကျူ ၂. တၢ်အိဉ်ဘှံးအိဉ်သါအလီၢ်ဟးမံနီၤလၢတၢ်ကၢဉ်တၢ်ကျူအဃိ

lounge *v* ၁. အိဉ်ကၢဉ်အိဉ်ကျူ ၂. အိဉ်ဘှံးအိဉ်သါအလီၢ်ဟးမံနီၤလၢတၢ်ကၢဉ်တၢ်ကျူအဃိ

louse *n* ၁. သူဉ်, တၢ်ဖိဃၢ်အိဉ်လၢပှၤအခိဉ်ဆူဉ်ကျါ ၂. ပှၤလၢအတကျၢတခီ

lousy *a* ၁. လၢအသူဉ်အကျါအါ ၂. လၢအတကျၢတခီ, လၢတၢ်သူအီၤတသ့ ၃. လၢအတမှာ်တလၤ, လၢအသအုးသပိၢ

lout *n* ပှၤရၢ်ပှၤစၢ်, ပှၤအၢသံတူာ်ကိာ်

louvre, louver *n* ပဲတြီမဲာ်ထံကလၤကဖိ, ပဲတြီသ့ဉ်ဘဉ်ကဖိ, ပဲတြီမဲာ်ထံကလၤသဒံဉ်ဖိ

love *n* ၁. တၢ်အဲဉ်, တၢ်အဲဉ်တၢ်ကွံ ၂. တၢ်သူဉ်အိဉ်သးအိဉ်ဘဉ်တၢ် မ့တမ့ၢ် တၢ်ဘဉ်သးတၢ်ဒိဉ်ဒိဉ်ကလဲာ် ၃. ပှၤ မ့တမ့ၢ် တၢ်လၢပအဲဉ်အီၤ

fall in love *idm:* အဲဉ်ဘဉ်

love *v* အဲဉ်, အဲဉ်တၢ်ကွံတၢ်ဒိဉ်ဒိဉ်ကလဲာ်

loveable, lovable *a* လၢအလီၤအဲဉ်လီၤကွံ

love affair *n* ၁. တၢ်အဲဉ်ဘၢမါအဲဉ်ဘၢဝၤ, ပိာ်မုဉ်ပိာ်ခွါမၤကမဉ်လိာ်သးတချူးဒီးတ့ဒီးဖျိအသးအခါ ၂. တၢ်သးစဲတၢ်ဒိဉ်ဒိဉ်ကလဲာ်

love bite *n* တၢ်ဘ့ဉ်ထိဉ်ဂီၤတကွီၤဖိတကွီၤဖိခီဖျိလၢပှၤဆူးလိာ်သးအဃိ, ဒီတၢ်အဲဉ်တီအတၢ်အ့ဉ်လိာ်ကွဲလိာ်သး

love life *n* တၢ်အဲဉ်တၢ်ကွံအတၢ်ရှလိာ်မှာ်လိာ်သးတၢ်အိဉ်မူ, နီၢ်ဒီမါဝၤအတၢ်အိဉ်မူ

love nest *n* ပှၤလဲၤအဲဉ်ဘၢတၢ်အလီၢ်

love seat *n* လီၢ်ဆ့ဉ်နီၤကပှာ်လုးဖိလၢပှၤဆ့ဉ်နီၤသ့ခံဂၤ

loveless *a* လၢတၢ်အဲဉ်တအိဉ်လၢအပူၤ

lovelorn *a* လၢအသးဘဉ်ဒိခီဖျိအဲဉ်ပှၤတခီတၢၤအဃိ, လၢအသးဘဉ်ဒိခီဖျိအတၢ်အဲဉ်တီဟ်တ့ၢ်ကွံာ်အီၤအဃိ

lovely *a* ၁. လီၤအဲၣ်, လီၤအဲၣ်လီၤကွံ ၂. လၢအမုာ်အခုၣ်, လၢအမုာ် (အဒိ, lovely day)
love-making *n* မုၣ်ခွါသွံၣ်ထံးတၢ်ရ့လိာ်မုာ်လိာ်
love-match *n* ဂုာ်ဃံ, သးသမူတံၤသကိး
lover *n* ၁. တၢ်အဲၣ်တီ, ပှၤဒီတၢ်အဲၣ်တီ ၂. ပှၤလၢအအဲၣ်တၢ်တမံၤမံၤဒိၣ်ဒိၣ်ကလဲာ်, ပှၤလၢအသးစဲတၢ်တမံၤဒိၣ်ဒိၣ်ကလဲာ်
lovesick *a* လၢအသးဘၣ်ဒိလၢတၢ်အဲၣ်အဃိ, လၢအဘၣ်တၢ်အဲၣ်တၢ်ဆါ
loving *a* လၢအပုံၤဒီးတၢ်အဲၣ်တၢ်ကွံ, လၢအအဲၣ်တၢ်တမံၤမံၤ, လၢအမုာ်လၤသးခုဒီးတၢ်တမံၤမံၤ
low *a* ၁. ဖုၣ်, လၢအဖုၣ် ၂. လၢအစုၤ, စၢ်, ဆံးစုၤ
low *v* သီၣ်အူကြူၣ် အဒိ, ဂီၤဖံးကိးသီၣ်အူကြူၣ်
low-class *a* လၢအပတီၢ်ဖုၣ်, လၢအကံၢ်အစီစုၤ
lower *a* လၢအဖီလာ်တတီၤ, လၢအဖုၣ်န့ၢ်အလီၢ်
lower *v* ၁. မၤဖုၣ်လီၤ, သုးလီၤ, မၤဆံးလီၤစုၤလီၤ ၂. အၢၣ်ခံးယုၢ်ကလာ် ၃. ကွၢ်ဟ့တၢ်, ကွၢ်လၢမဲာ်ကဒုလာ်, ထိၣ်နူထိၣ်အမဲာ်
lowland *n* တၢ်လီၢ်ဖုၣ်
lowly *a* ၁. လၢအလီၢ်လၤဖုၣ်, လၢအကါတဒိၣ် ၂. လၢအဆီၣ်လီၤသး
low-key *a* လၢအသဟီၣ်တဆူၣ်, လၢတၢ်ထဲးဂံၢ်ထဲးဘါတအိၣ်, လၢအကလုၢ်သီၣ်လီၤ
low-paid *a* လၢအဒီးန့ၢ် မ့တမ့ၢ် မၤန့ၢ်ဘူးလဲစုၤ, လၢအဟ့ၣ်ဘူးလဲစုၤ
low-priced *a* လၢအပ္ၤဘၣ်, လၢအပ္ၤတဒိၣ်
low tide *n* ပီၣ်လဲၣ်အထံလီၤအဖုၣ်ကတၢၢ်အဆၢကတိၢ်
loyal *a* သးတီ
loyalty *n* တၢ်သူၣ်တီသးရၤ
lozenge *n* ၁. လွံၢ်နၢၣ်တစွၤ ၂. ကသံၣ်ကမၢၤလိၣ်စၢၣ်
LSD *n* ၁. ကသံၣ်မူၤဘှီးတကလုာ် ၂. တၢ်ပျုၢ်တၢ်ဆါကသံၣ်
lubber *n* ပှၤဒိၣ်တပျိာ်, ပှၤလၢအနီၢ်ဒိၣ်ဒိး အတၢ်သးဆးတအိၣ်
lube *v* ဖှူဘျ့လၢသိ, ဖှူလၢသိ, မၤဘျ့
lubricant *n* သိဖှူဘျ့, တၢ်ဖှူဘျ့တၢ်အသိ
lubricate *v* ဖှူဘျ့လၢသိ, ဖှူလၢသိ, မၤဘျ့
lubrication *n* တၢ်ဖှူဘျ့လၢသိ, တၢ်မၤဘျ့ထီၣ်တၢ်
lucid *a* လၢအပျိပျိဖျါဖျါ, လၢတၢ်နၢ်ပၢၢ်ဘၣ်အီၤညီ, လၢအဆုံ
lucifer *n* ၁. မ့ၣ်ကီၤလံၢ်, တၢ်ပလၢ ၂. ဆၣ်ဝံနၢး (ဆၣ်တူၢ်ဂီၤ)
luck *n* တၢ်ဟဲဝံ, ဘူၣ်တီၢ်
lucky *a* လၢအတၢ်ဟဲဝံဂ့ၤကလၤဂ့ၤ, ဝံဂ့ၤကလၤဘၣ်
lucrative *a* လၢအတၢ်န့ၢ်ဘျုးအိၣ်အါ, လၢအန့ၢ်ကျိၣ်န့ၢ်စ့အါ
ludicrous *a* လၢအလီၤနံၤဘၣ်ဖၣ်လဲ, လၢအခီပညီတအိၣ်, လၢအကဲထိၣ်အသးတသ့
luffa gourd *n* တ့လ့တက့သၣ်, ဒ့ရှၤသၣ်
lug *n* တၢ်အစုဖိၣ်, တၢ်အထိးနါ, တၢ်အနၢ်
lug *v* တွံၢ်တြူာ်, တွံၢ်, ထုးတြူာ်
luggage *n* တၢ်ဘိၣ်တၢ်စုၢ်
luggage rack *n* သိလ့ၣ်ခိၣ်ဒုးသကွီၣ်တြၤ, စီၢ်လၢအဟ်တၢ်ဘိၣ်တၢ်စုၢ်
lukewarm *a* ၁. လၢအလၢၤ, လၢအတကိၢ်တခုၣ်, လၢၤလၢၤ ၂. လၢအတၢ်သူၣ်ဆူၣ်သးဂဲၤတအိၣ်, လၢအသူၣ်တပၣ်သးတပၣ်, လၢအတၢ်သးစဲတအိၣ်
lull *v* မၤမံ
lullaby *n* တၢ်သးဝံၣ်မံဖိသၣ်
lumber *n* ၁. သ့ၣ်ဘၣ်က့ခီ ၂. ဟံၣ်အဃၢၤအဃိၢ်လၢတၢ်တသူအီၤလၢၤ
lumber *v* ၁. လဲၤတၢ်ကယီကယီ, ဃၢဃၢ, ကးကၢကးကၢ ၂. သူၣ်ဃၢသးဃၢ ၃. ဟ့ၣ်ဆူၣ်ဟ့ၣ်ကနၢၤမူဒါလၢပှၤတဂၤတသးအိၣ်မၤဝဲ ၄. ဖး, ကျီ, ဘူးသ့ၣ်
lumber mill *n* သ့ၣ်စဲး
lumber room *n* တၢ်မၤတၢ်လီၢ်လံၤဖိဃး အဒၢး
lumberjack *n* ပှၤမၤသ့ၣ်ဖိ, ပှၤကူာ်သ့ၣ်ဖိ
lumbersome *a* လၢအကုၤရှၤ, လၢအလဲၤတၢ်ကးကၢကးကၢ

luminescence *n* တၢ်အသဟီၣ်လၢအထုးထီၣ်တၢ်ကပီၤ

luminous *a* လၢအကပီၤလၢတၢ်ခံးကျါ, လၢအကဲၤကပီၤဝဲ, လၢအဟ့ၣ်ထီၣ်တၢ်ကပီၤ

lump *n* ၁. တၢ်ညီးထီၣ် ၂. အလိၣ်, တၢ်ကိၢ်လိၣ် ၃. ပှၤကၢၣ်ပှၤကျူ, ပှၤဃၢရုၤဃၢတုၤ

lump *v* ဟ်ဃုာ်တၢ်အါမံၤတပူၤဃီ, တကရူၢ်ဃီ

lumpy *a* ၁. လၢအညီးထီၣ် ၂. လၢအပှဲၤဒီးတၢ်ကိၢ်လိၣ် ၃. လၢအဃၢရုၤဃၢတုၤ, လၢအကၢၣ်ဝဲကျူဝဲ

lunacy *n* ၁. တၢ်ပျူၢ်, တၢ်သးတထံတဆး ၂. တၢ်သးဆးတအိၣ်

lunar *a* လၢအဘၣ်ဃးဒီးလါ

lunar year *n* လါအနံၣ်, တၢ်ဒွးနံၣ်ဒွးလါလၢလါအတၢ်လဲၤတရံးဟီၣ်ခိၣ်အကျဲ

lunatic *n* ပှၤအပျူၢ်

lunch *n* မုၢ်ထူၣ်တၢ်အီၣ်, မုၢ်ဆါခီတၢ်အီၣ်

lunchtime *n* မုၢ်ထူၣ်တၢ်အီၣ်အကတီၢ်, မုၢ်ဆါခီတၢ်အီၣ်အကတီၢ်

lung *n* ပသိၣ်

lung abscess *n* ပသိၣ်ဝ့တၢ်ဆါ

lung infection *n* ပသိၣ်တၢ်ဘၣ်က်

lunge *n* တၢ်သဖိထီၣ်ဆူမဲာ်ညါလၢကမၤဒၢၣ်တၢ်

lunge *v* ထီၣ်သဖိထီၣ်ဆူတၢ်မဲာ်ညါလၢကမၤဒၢၣ်တၢ်

lurch *v* ၁. ဟးကနူၤကပၤ ၂. သူၣ်ကနိးသးကနိး

lure *n* တၢ်လၢအကွဲန့ၢ်လွဲန့ၢ်တၢ်, တၢ်ရဲၢ်သံ

lure *v* ကွဲန့ၢ်လွဲန့ၢ်တၢ်, ကလဲာ်န့ၢ်တၢ်

lurid *a* ၁. လၢအမၤသကုၣ်ဖံးသကုၣ်ခီပှၤ ၂. လၢအလီၤက်ဒ်မုၢ်လီၤနုာ်အလွဲၢ်, လၢအလွဲၢ်ဝါဘီ, ဝါဃး

lurk *v* ခိးရူသူၣ်

luscious *a* ၁. လၢအဝံၣ်အဘဲ, လၢအရိၢ်ဘဲ ၂. လၢအကပုာ်လုးကဖီလီ ၃. (ဖိာ်မုၣ်) လၢအလီၤထုးန့ၢ်သူၣ်ထုးန့ၢ်သး

lush *a* ၁. လၢအမဲထီၣ်လါဟ့ဒီးအကပျိၤဂ့ၤ ၂. လၢအဃံလၤဒီးမှာ်သူၣ်မှာ်သးဘၣ်ပှၤ

lush *n* ပှၤအီသံးဖိ

lust *n* တၢ်သူၣ်ကတၢသးကတၢ, တၢ်သးကွံတၢ်

lust *v* သူၣ်ကတၢသးကတၢ, သးကွံတၢ်

lustful *a* လၢအသူၣ်ကတၢသးကတၢအါ

lustre, luster *n* ၁. တၢ်ကတြှၣ်ကတြိၣ် ၂. တၢ်ကယဲၢ်ကယူာ်, တၢ်လၤကပီၤအိၣ်ဖျါထီၣ်ကပြုၢ်ကပြီၤ

lusty *a* ၁. လၢအပှဲၤဂံၢ်ပှဲၤဘါ ၂. လၢအဂံၢ်ဆူၣ်ဘါဆူၣ်

lute *n* တနၢ်တကလုာ်, တနၢ်လၢပျၢၤတကလုာ်လၢပှၤဒ့အီၤဒ်ကထါအသိး

Lutheran *n* လူၣ်သရဲၣ်တၢ်အိၣ်ဖှိၣ်ဖိ

luxuriant *a* ၁. လၢအကပျိၤထီၣ်, လၢအမဲထီၣ်ဂုၤထီၣ်အါအါဂိၢ်ဂိၢ် ၂. (ခိၣ်သူ) လၢအတိၣ်ဒီးဂ့ၤ

luxurious *a* လၢအမၤမှာ်မၤဖုံအသးဒီးအတၢ်ထူးတၢ်တီၤတၢ်လုၢ်ဒိၣ်ပ္ၤဒိၣ်တဖၣ်, လၢအပှဲၤဒီးတၢ်လုၢ်ဒိၣ်ပ္ၤဒိၣ်ဒီးတၢ်လၢအမၤမှာ်သူၣ်မှာ်သးတၢ်တဖၣ်

luxury *n* တၢ်ပ္ၤဒိၣ်ကလံၤဒိၣ်, တၢ်လၢအမၤမှာ်ပသးလၢအပ္ၤဒိၣ်

lychee *n* သၣ်ကပၢၤသၣ်တကလုာ်, စဲၤဂီၤသၣ်

lye *n* ကသံၣ်မၤကဆိုတၢ်ဘိးကျး, ကသံၣ်မၤကဆိုတၢ်အဃံၣ်အဃူး

lynx *n* ထိးတီၤဖုၣ်မဲၢ်တကလုာ်

lyre *n* တနၢ်လၢပျၢၤတကလုာ်, တနၢ်ဆံးကိာ်ဖိကဲ့ၣ်ကွီၤလၢပှၤကြး(စ)ဖိလၢပျၢၤစူးကါဝဲ

lyric *n* လုၢ်ဖိထါဖိ, တၢ်သးဝံၣ်အဖျာၣ်, ထါအဖျာၣ်

lyrical *a* ၁. လၢအဟ်ဖျါထီၣ် တၢ်သူၣ်ဟူးသးဂဲၤ ၂. လၢအမှာ်သယုၢ်သတွၤ, လၢအပှဲၤဒီးသးအတၢ်ကလၢါဘၣ်လၢလၢပှဲၤပှဲၤ

lyricist *n* ပှၤကွဲးထါအဖျာၣ်, ပှၤကွဲးတၢ်သးဝံၣ်

lyrist *n* ပှၤဒ့တနၢ်သ့

M

M *abbre* ၁. တၢ်ကွဲးဖှၣ်တၢ်တဒိၣ်တဆံး (medium), အဂီၢ်မၢ် ၂. တၢ်ကွဲးဖှၣ်ပိာ်ခွါ (male)

ma *n* မိမိၢ်, မိမိ

ma'am *n* တၢ်ကိးပှၤပိာ်မုၣ်လၢတၢ်သညူးသပှၢ်အပူၤ

macabre *a* လၢအလီၤပျံၤလီၤဖုး, လၢအလီၤဖံးသကုၣ်ခီသကုၣ်

macadamia *n* သ့ၣ်မးခးဒဲမံယၢၣ်, အီးစထြွလံယါအသ့ၣ်တကလုာ်လၢအအိၣ်လၢအီးစထြွလံယါတၢ်စူၤဟီၣ်ကဝီၤသ့ၣ်ပှၢ်အပူၤ

macaroni *n* မးခၣ်ရိၣ်နံၣ်, အံၣ်တလံၣ်အခီနီဘိတကလုာ်

macaroon *n* ကိၣ်မၣ်ခၣ်ရိၣ်, ကိၣ်ဘံးစက့းစိုးယ့လၢတၢ်ထၢနုာ်ယှာ်ဒီးဃီၤသၣ် မ့တမ့ၢ် အဲလမီသၣ်

macaw *n* ထိၣ်ကံၣ်မခီ – ထိၣ်ကံၣ်ဖးဒိၣ်လၢအအိၣ်လၢအမဲရကၤတကလုာ်

mace *n* ၁. နီၣ်လဲာ်ကဖျၢၣ်လၢၣ်လၢအိၣ်ဒီးအဆူၣ်, နီၣ်တီၢ်ထးဆူၣ် ၂. နီၣ်က့လၤကပီၤ

Mace *n* မ့း(စ)ကသံၣ်ပြီ, ကသံၣ်ပြီတကလုာ်လၢတၢ်ပြီအီၤလၢကဒီသဒၢသးအဂီၢ်

macerate *v* စုၣ်ကဘုၣ်လီၤတၢ်, စုၣ်ကဘုၣ်

Mach *n* တၢ်ထိၣ်တၢ်မိၢ်ပှၢ်ဒီးတၢ်သီၣ်အတၢ်လဲၤချ့, တၢ်မိၢ်ပှၢ်သုးထိၣ်သုးလီၤသးအတၢ်လဲၤချ့ဒီးတၢ်သီၣ်အတၢ်လဲၤချ့တဖၣ်အတၢ်ချံးယ့

machete *n* ယဲာ်

machiavellian *a* လၢအကူၣ်တရံးတၢ်လၢကမၤန့ၢ်တၢ်လၢအသးလီဝဲတုၤအန့ၢ်, လၢအစူးကါကျဲထီရီၤတဘိလၢအကမၤန့ၢ်တၢ်လၢအသးလီဝဲ

machinate *v* ကူၣ်အၢကူၣ်သီတၢ်, တၢ်ကူၣ်ထီဒါရူသူၣ်တၢ်

machination *n* တၢ်ကူၣ်အၢကူၣ်သီတၢ်, တၢ်ကူၣ်ထီဒါရူသူၣ်တၢ်

machine *n* စဲး

machine *v* ဘှီ မ့တမ့ၢ် မၤကဲထိၣ်လၢစဲး, ဆးလၢစဲး

machine gun *n* ကျိစဲး

machinery *n* ၁. စဲးဖီကဟၣ်, စဲးပီးလီလၢအိၣ်လၢစဲးဖီကဟၣ်အပူၤ ၂. တၢ်အကျိၤအကျဲလၢတၢ်ရဲၣ်ကျဲၤဆီလီၤဟ်အီၤ, တၢ်မၤရဲၣ်ကျဲၤအကျိၤအကျဲ

machinist *n* ၁. ပှၤနီၣ်စဲး, ပှၤဖီၣ်စဲး ၂. ပှၤဘှီစဲးဖီကဟၣ်ဖိ

macho *a* လၢအဆိကမိၣ်တၢ်လၢအဘၣ်ပိာ်ခွါ, လၢအလီၤက်ဒီးပိာ်ခွါ

mackerel *n* ညၣ်မဲးခရဲၣ်, ပီၣ်လဲၣ်ညၣ်လၢတၢ်ညီနုၢ်မၤညၣ်ဒၢ

macro *n* မဲးခြိၣ် – ခီၣ်ဖွူထၢၣ်အတၢ်နဲၣ်လီၤတဘီလၢအိၣ်ယှာ်ဒီးတၢ်နဲၣ်လီၤဖိအါဘီ

macroeconomics *n* မုၢ်ကျိၤဝဲၤကွာ်ဖးဒိၣ်, မုၢ်ကျိၤဝဲၤကွာ်ဒိၣ်ဒိၣ်မုၢ်မုၢ်

mad *a* ၁. ပျုၢ် ၂. လၢအသးဒိၣ်, လၢအသးအၢ

mad cow disease *n* ကျီၢ်ခိၣ်နူာ်တၢ်ဆါ, ဂီၤဖံးခိၣ်နူာ်တၢ်ဆါ, ကျီၢ်ပျုၢ်တၢ်ဆါ

madam *n* တၢ်ကိးပှၤပိာ်မုၣ်တဖၣ်လၢတၢ်သညူးသပှၢ်အပူၤ

madcap *n* ပှၤလၢအမၤတၢ်ဖဲအခိၣ်တီၤလီၤ, တၢ်မၤတၢ်လၢတအိၣ်ဒီးတၢ်ဆိကမိၣ်ထံဆိကမိၣ်ဆးတၢ်

madden *v* မၤသးဒိၣ်ထီၣ်တၢ်

made to order *a* လၢအမၤဝဲဒ်တၢ်မၢအီၤအသိး

made-up *a* ၁. လၢအဖှူကယၢအမဲာ် ၂. လၢအတဲလံာ်တဲလီတၢ်, လၢအနုးအိၣ်ထီၣ်ဒၣ်ဝဲ

madhouse *n* ၁. တၢ်ပျုၢ်တၢ်ဆါဟံၣ် ၂. တၢ်လီၢ်လၢအသီၣ်သထြူးသထြီ

madly *adv* ၁. လၢအပျုၢ် ၂. လၢအသးဒိၣ်ထီၣ်တပျုၢ်တပျီၢ်ဒ်တၢ်ပျုၢ်အသိး, လၢအသးဒိၣ်ထီၣ်

madman *n* ပှၤပျုၢ်, ပှၤခိၣ်နူာ်တပှဲၤ

madness *n* တၢ်ပျုၢ်

madonna *n* ၁. မုၣ်ကနီၤစီဆုံနီၢ်မၤရံ ၂. နီၢ်မၤရံအတၢ်ဂီၤစိးပျၢ

madrasa *n* ခီလ့ၣ်ကိုလၢအသိၣ်လိအံၣ်စလၣ်တၢ်ဘါ, အံၣ်စလၣ်ခီလ့ၣ်ကို

M

maestro *n* ၁. ပှၤမံၤဟူသၣ်ဖျါလၢတၢ်သူၣ်ဝံၣ်သးဆၢတၢ်ဒ့တၢ်အူတကပၤ ၂. ပှၤမံၤဟူသၣ်ဖျါ

mafia *n* ၁. ပှၤအဖှအကရၢလၢအမၤကမၣ်သဲစးတၢ်သိၣ်တၢ်သီ ၂. ကရၢလၢအမၤရူသူၣ်တၢ် ၃. ပှၤမၤရူသူၣ်တၢ်တဂ့ၤတဘၣ်

magazine *n* ၁. မဲးကစံ, လံာ်မဲးကစံ ၂. ကျိအမဲးကစံ, ကျိချံဒၢ ၃. တၢ်စုကဝဲၤအဒၢး

magenta *a* ဂီၤစၢ်, တၢ်အလွဲၢ်ဂီၤစၢ်

maggot *n* လၢၣ်, လၢၣ်ဖိၤဆုးဖိၤ

magi *n* ပှၤမၢ်ကူးသၢဂၤ, မုၢ်ထိၣ်စီၤပၤသၢဂၤလၢလံာ်စီဆှံအပူၤ

magic *n* တၢ်မၤကဒါမဲာ်

magical *a* ၁. လၢအဘၣ်ထွဲဒီးတၢ်မၤကဒါမဲာ်, လၢအိၣ်ဒီးတၢ်သ့တၢ်ဘၣ်လၢအမၤကဒါမဲာ်, လၢအမၤကဒါမဲာ်သ့ ၂. လၢအလီၤကမၢကမၣ်, လၢအထုးနှၢ်သူၣ်ထုးနှၢ်သးဒိၣ်ဒိၣ်ကလဲာ်

magic carpet *n* ချိၣ်ယူၤကဒါမဲာ်, ချိၣ်ယူၤ

magician *n* ပှၤမၤကဒါမဲာ်

magic mushroom *n* ကုၤလၢအိၣ်ဒီးအစုၣ်ဒီးနုးထံၣ်မှံထံၣ်ပျိၢ်တၢ်သ့

magic wand *n* နီၣ်ထိးဘိမၤကဒါမဲာ်

magisterial *a* ၁. လၢအအိၣ်ဒီးအတၢ်စိကမီၤ ၂. လၢအပှဲၤဒီးအကဟုကညီၢ် ၃. လၢအဘၣ်ထွဲဒီးစံၣ်ညီၣ်ကွိၢ်

magistrate *n* ကွိၢ်မ့ၣ်စံၣ်ညီၣ်ကွိၢ်, ကွိၢ်ဘျိၣ်လာ်ခီစံၣ်ညီၣ်ကွိၢ်

magma *n* လၢၢ်ထံကိၢ်လၢကစၢၢ်မ့ၣ်အူပူၤ

magnanimity *n* တၢ်ဟ်သးလဲၢ်, တၢ်ဆိကမိၣ်တၢ်ထီ, တၢ်သ့သူၣ်ကညီၤသးကညီၤတၢ်

magnanimous *a* လၢအဟ်အသးလဲၢ်, လၢအဆိကမိၣ်တၢ်ထီ, လၢအသူၣ်ကညီၤသးကညီၤတၢ်သ့

magnesium *n* မဲးကနံၣ်စံၣ်ဃၢၣ်, ဂာ်လၢအလွဲၢ်ဝါကပီၤဒ်စ့အသိး

magnet *n* ၁. ထးနါ ၂. ပှၤ မ့တမ့ၢ် တၢ်တမံၤလၢအထူးနှၢ်သူၣ်ထုးနှၢ်သး

magnetic *a* ၁. လၢအိၣ်ဒီးထးနါအသဟိၣ် ၂. လၢအထုးနှၢ်ပှၤအသး, လၢအရဲၢ်နှၢ်တၢ်

magnetic field *n* ထးနါအလီၢ်ကဝီၤ, လီၢ်ကဝီၤလၢအအိၣ်ဒီးထးနါ

magnetism *n* ထးနါအသဟိၣ်

magnetize, magnetise *v* မၤကဲထိၣ်ထးနါ

magneto *n* လီစဲးဖီကဟၣ်ပီးလီဆံးဖိ, လီထးနါလၢအမၤကပြၢ်ထိၣ်မ့ၣ်အူလၢစဲးဖီကဟၣ်အပူၤ

magnification *n* တၢ်မၤလဲၢ်မၤဒိၣ်ထိၣ်တၢ်

magnificence *n* တၢ်လီၤဘီလီၤမုၢ်, တၢ်ကပြုၢ်ကပြီၤ

magnificent *a* လၢလီၤဘီလီၤမုၢ်, လၢအလီၤကမၢကမၣ်, လၢအဖျါကပြုၢ်ကပြီၤ

magnify *v* ၁. မၤဒိၣ်ထိၣ်လဲၢ်ထိၣ် ၂. စံးပတြၢၤတၢ်

magnifying glass *n* မဲာ်ကလၤမၤဒိၣ်ထိၣ်တၢ်, မဲာ်ထံကလၤကွၢ်ဒိၣ်ထိၣ်တၢ်

magnitude *n* ၁. တၢ်အဒိၣ်အထီ, တၢ်အကၢ့ၢ်အဂီၤ ၂. တၢ်အဒိၣ်အလဲၢ် ၃. တၢ်အရှ့ဒိၣ်

magnolia *n* ဖီမဲးကနိလံဃၢၣ် – သ့ၣ်လၢအိၣ်ဒီးအဖီဂီၤစၢ် မ့တမ့ၢ် အဝါ

magnum *n* ၁. စပံးထံပလီဖးဒိၣ် – အိၣ်ဝဲပလီပတီၢ်မုၢ်ခံစး ၂. ကျိလၢတၢ်ခးကျိချံလၢအသဟိၣ်ဆူၣ်နှၢ်အပီၤ

magpie *n* ၁. ထိၣ်စၢၢ်ပျံၤ, ထိၣ်ဂီၤခံပိၣ်လဲၣ် ၂. ပှၤလၢအအဲၣ်ထၢဖိၣ်ဟ်ဖိၣ်တၢ်ဖိတၢ်လံၤ

mah-jong *n* တရူးမၣ်ကျိၣ်တၢ်ဂဲၤ

mahogany *n* နီၣ်ဘီကိာ်, သ့ၣ်တကလုာ်လၢအကျူၤ

mahout *n* ကဆိကွါ

maid *n* ပှၤကွၢ်ထွဲဟံၣ်

maid of honour *n* ပှၤထိၣ်ဆှၢတလးမူးပိာ်မုၣ်

maidan *n* ပျိဖးလဲၢ်လၢအဘူးဒီးဝ့ၢ်

maiden *a* ၁. လၢအမုၣ်ကနီၤ, လၢအမိၢ်ကနီ ၂. လၢအဆိကတၢၢ်တဘျီ ၃. (ကသ့ၣ်)လၢအတမၤနၢၤဒံးတၢ်ပြၢနီတဘျီ

maiden *n* မုၣ်ကနီၤ, ပိာ်မုၣ်သးစၢ်

maiden name *n* ပိာ်မုၣ်အဟံၣ်ဖိဃီဖိအမံၤတချူးထိၣ်ပှၢ်

maidenhood *n* တၢ်အိၣ်မုၣ်ကနီၤအကတီၢ်, မုၣ်ကနီၤအခါ

mail *n* လံာ်ပရၢတဖၣ်, တၢ်ဆှၢလံာ်ဆှၢလဲၢ်

mail *v* ဆှၢတၢ်ပရၢ

mailbox *n* ၁. လံာ်ပရၢတလါ ၂. တၢ်လီၢ်လၢအဟ်ကီၤလံၤပရၢလၢခီဉ်ဖျူထၢဉ်အပူၤ

mailing list *n* ပှၤမံၤစရီလၢတၢ်ကဆှၢလံာ်အဂီၢ်, တၢ်ဆှၢတၢ်ပရၢအလီၢ်ဆိးထံးစရီ

mailman *n* ပှၤဆှၢလံာ်ဖိ

maim *v* မၤဟးဂီၤအက့ၢ်အဂီၤတမံၤမံၤ, မၤက့မၤကွဲဉ်

main *a* လၢအမ့ၢ်တၢ်အကါဒိဉ်, လၢအမ့ၢ်တၢ်အမိၢ်ပှၢ်

mainland *n* ကိၢ်မိၢ်ပှၢ်

mainly *adv* အါတက့ၢ်, အါဒ်တၢ်တက့ၢ်

mainstay *n* တၢ်အရှ့ဒိဉ်ကတၢၢ်, တၢ်အက့ၢ်အဂီၤလၢအကါဒိဉ်, တၢ်အကါဒိဉ်ကတၢၢ်လၢအဆီဉ်ထွဲမၤစၢၤတၢ်

mainstream *n* တၢ်လၢအမၤအသးဒ်အလုၢ်အလၢ်အိဉ်ဝဲအသိး, တၢ်လၢအအိဉ်ဒ်အညီနၢ်အသိး

maintain *v* ၁. အံးက့ၤကွၢ်က့ၤ, ရဲဉ်သဲကတီၤ ၂. ဘိုဘဉ်မၤဂ့ၤ ၃. ဆီဉ်ထွဲမၤစၢၤ ၄. ဟ်ဂၢၢ်ဟ်ကျၢၤ

maintenance *n* ၁. တၢ်အံးက့ၤကွၢ်က့ၤတၢ်, တၢ်ရဲဉ်သဲကတီၤတၢ် ၂. တၢ်ဘိုဘဉ်မၤဂ့ၤတၢ် ၃. တၢ်ဆီဉ်ထွဲမၤစၢၤတၢ် ၄. ဟ်ဂၢၢ်ဟ်ကျၢၤ

maize *n* ဘုခ့သဉ်, ဘုခ့

majestic *a* လၢအလီၤဘီလီၤမုၢ်, လၢအလီၤကဟုကညီၢ်, လၢအစိဒိဉ်ကမီၤထီ

majesty *n* ၁. တၢ်လီၤဘီလီၤမုၢ်, တၢ်ကဟုကညီၢ် ၂. မံၤလၢသဉ်ကပီၤလၢတၢ်စူးကါအီၤဖဲတၢ်ကတိၤဘဉ်ဃးစီၤလိဉ်စီၤပၤ. အဒိ, တၢ်ဒိဉ်ကစၢ်စီၤပၤ

major *a* ၁. လၢအကါဒိဉ်, လၢအရှ့ဒိဉ်, လၢအမ့ၢ်တၢ်အမိၢ်ပှၢ် ၂. လၢအဒိဉ်တက့ၢ်, လၢအအါတက့ၢ် ၃. လၢအဘဉ်ဃးဒီးနိးနီဉ်ထိဉ်လၢအအိဉ်လၢနိးသၢနိးလွံၢ်နိးဃိးအဘၢဉ်စၢၤ. အဒိ, C Major ၄. လၢအဘဉ်ဃးဒီးတၢ်မၤလိမိၢ်ပှၢ်

major *n* ၁. သုးခိဉ်ဒိဉ်ဖိ ၂. လံာ်တၢ်မၤလိမိၢ်ပှၢ်

major *v* မၤလိ(လံာ်မိၢ်ပှၢ်)လၢဖှဉ်စိမိၤ

majority *n* တၢ်အါတက့ၢ်, အါတက့ၢ်

make *n* ပနံာ်တၢ်ကၤအတၢ်ပနိဉ်, ပနံာ်တၢ်ကၤအမံၤပနိဉ်

make *v* မၤ, မၤကဲထီဉ်, ဒုးကဲထီဉ်, ဒုးအိဉ်ထီဉ်

make away with *idm:* စိာ်ကွံာ်ဆူဉ်, ဟုဉ်စိာ်ကွံာ်

make bold *idm:* ဟ်နူအသး

make do *idm:* မၤကြးမၤကြီ, အိဉ်ကြးအိဉ်ကြီ, မၤပတြာ်အီၤတစိၢ်တလိၢ်

make for *vp:* လဲၤလီၤလီၤဆူအအိဉ်

make out *vp:* ၁. ထံဉ်သ့ဉ်ညါ, သ့ဉ်ညါနၢ်ပၢၢ် ၂. ကတဲာ်ကတီၤန့ၢ် (တၢ်)

make up *vp:* ၁. ဟ်ဖိုဉ်ဃုာ်တၢ် ၂. ကူဉ်ဃဲၤသကိးတၢ် ၃. မၤဒုးအိဉ်ထိဉ်တၢ်

make-believe *v* ဟ်မၤအသး

make-do *a* လၢတၢ်မၤပတြာ်အီၤတစိၢ်တလိၢ်, လၢတစိၢ်တလိၢ်အဂီၢ်, လၢအပတြာ်

makeover *n* ၁. တၢ်ကယၢကယဲဂ့ၤထိဉ်ပှၤအက့ၢ်အဂီၤတၢ်အိဉ်ဖျါ, တၢ်မၤဂ့ၤထိဉ်ပှၤတဂၤအတၢ်အိဉ်ဖျါ ၂. တၢ်ကယၢကယဲဂ့ၤထိဉ်တၢ်အက့ၢ်အဂီၤတၢ်အိဉ်ဖျါ

maker *n* ၁. တၢ်ဘဉ်တ့ကစၢ် ၂. ပှၤလၢအဒုးအိဉ်ထိဉ်တၢ်, ပှၤလၢအဘိုထိဉ်တၢ်, တၢ်လၢအဒုးအိဉ်ထိဉ်တၢ်, တၢ်လၢအတ့ထိဉ်ဘိုထိဉ်တၢ်

makeshift *a* လၢတၢ်မၤပတြာ်အီၤတစိၢ်တလိၢ်, လၢတစိၢ်တလိၢ်အဂီၢ်, လၢအပတြာ်

makeshift *n* တၢ်စူးကါပတြာ်တစိၢ်တလိၢ်, တၢ်တစိၢ်တလိၢ်အဂီၢ်, တၢ်ပတြာ်

make-up *n* ၁. တၢ်ကယၢပီးလီ, တၢ်ကယၢမဲာ်ပီးလီ, တၢ်ဆဲဉ်ဃံ ၂. တၢ်ကရၢကရိထိဉ်တၢ် ၃. တၢ်ကယၢကယဲထိဉ်တၢ်, တၢ်ဒဲးကံဉ်ဒဲးဝ့ၤထိဉ်တၢ်, တၢ်ဆဲဉ်ဃံထိဉ်တၢ်

maladjusted *a* လၢအမၤဘဉ်လိာ်ဖိးဒ့လိာ်သးဒီးပှၤဂၤတန့ၢ်, လၢအတဘဉ်လိာ်သးဒီးပှၤဂၤ

maladjustment *n* ၁. တၢ်တဘဉ်လိာ်ဖိးဒ့ဒီးပှၤဂၤ (တၢ်အိဉ်သး) ၂. တၢ်ထိထိဉ်တၢ်တဘဉ်လိာ်ဖိးဒ့. အဒိ, ထိထိဉ်စဲးဖီကဟဉ်တဘဉ်လိာ်ဖိးဒ့

malady *n* ၁. တၢ်သဘံဉ်သဘုဉ်ဒိဉ်ဒိဉ်မုၢ်မုၢ် ၂. တၢ်ဆူးတၢ်ဆါ

malaria *n* တၢ်ညဉ်ဂိၢ် (တၢ်ဆါ)

malcontent *a* လၢအသးတမံတၢ်ဒီးအဲဉ်ဒိး မၤကမၤခဲတၢ်

malcontent *n* ပှၤလၢအသးတမံတၢ်ဒီးအဲၣ်ဒီးမၤကီမၤခဲကဲ့ၤတၢ်

male *a* လၢအဘၣ်ဃးဒီးပိၣ်ခွါ, လၢအဘၣ်ဃးဒီးအဖါ

male *n* တၢ်အဖါ, ပှၤပိၣ်ခွါ

male chauvinism *n* ခွါဒိၣ်စိသနူ, ပိၣ်ခွါဒိၣ်စိသနူ

malediction *n* တၢ်ဆိၣ်အၢ, တၢ်ဆိၣ်အၢဆိၣ်သီ

malefactor *n* ပှၤမၤကမၣ်တၢ်သိၣ်တၢ်သီ, ပှၤအၢဖိ, ပှၤလုၢ်သ့ၣ်ခါပတၢ်တၢ်သိၣ်တၢ်သီ

malevolent *a* လၢအသူၣ်က့ၣ်သးကါတၢ်, လၢအဆၢထံၣ်ပှၤဂၤဘၣ်တၢ်နးတၢ်ဖိၣ်

malformation *n* တၢ်ဒုးအိၣ်ထိၣ်အက့ၢ်အဂီၤတဘၣ်လိာ်ဘၣ်စး, နီၢ်ခိက့ၢ်ဂီၤတဘၣ်လိာ်ဘၣ်စး

malfunction *n* တၢ်မၤတၢ်တဘၣ်လိာ်ဘၣ်စး, တၢ်တမၤတၢ်, တၢ်ဟးဂီၤ

malfunction *v* မၤတၢ်တဘၣ်လိာ်ဘၣ်စး, တမၤတၢ်ဘၣ်, ဟးဂီၤ

malice *n* တၢ်သးက့ၣ်, တၢ်ဆၢအၢဆၢသီပှၤဂၤ, တၢ်အဲၣ်ဒိးမၤအၢမၤသီပှၤဂၤ

malicious *a* လၢအသးက့ၣ်, လၢအဆၢအၢဆၢသီပှၤဂၤ, လၢအအဲၣ်ဒိးမၤအၢမၤသီပှၤဂၤ

malign *a* လၢအမၤဘၣ်ဒိဆါပှၤဂၤအလၤကပီၤ, လၢအမၤဟးဂီၤပှၤဂၤအလၤကပီၤ

malign *v* ကတိၤဆါမၤဟးဂီၤပှၤဂၤအလၤကပီၤ

malignant *a* ၁. လၢတၢ်ကူစါယါဘျါအီၤတန့ၢ်လၢၤ, လၢအမၤသံတၢ်သ့ ၂. လၢအသူၣ်က့ၣ်သးကါတၢ်, လၢအဆၢထံၣ်ပှၤဂၤဘၣ်တၢ်နးတၢ်ဖိၣ်

mall *n* ဖွါဖးဒိၣ်, တၢ်ဆါတၢ်ပှ့ၤအလီၢ်ဖးဒိၣ်

mallet *n* နိၣ်စိးပိး

malnourished *a* လၢအဘၣ်တၢ်အီၣ်လီၤထြူးတၢ်ဆါ, လၢအတၢ်အီၣ်န့ၢ်ဂံၢ်န့ၢ်ဘါတလၢတပှဲၤ

malnutrition *n* တၢ်အီၣ်လီၤထြူးတၢ်ဆါ, တၢ်မၤန့ၢ်တၢ်အီၣ်န့ၢ်ဂံၢ်န့ၢ်ဘါတလၢတပှဲၤ

malpractice *n* ၁. တၢ်မၤမူဒါတလၢပှဲၤ, တၢ်တဟံးမူဒါလၢပှဲၤ ၂. တၢ်မၤကမူၤကမၣ်တၢ်, တၢ်မၤတၢ်လၢတဘၣ်ကျဲဘၣ်ကပူၤ, တၢ်မၤတၢ်လၢတဘၣ်တၢ်သိၣ်တၢ်သီ

malt *n* ဘုမုယီၤအချံ, ဘုကျ့ၣ်တကလုာ်အချံ

maltreat *v* မၤအၢမၤသီ, ပယွဲ, မၤတရီတပါ

mamma *n* မိမိ

mammal *n* ဆၣ်ဖိကိၢ်ဖိလၢအဒုးအီၣ်နၢ်အဖိ

mammary *a* လၢအဘၣ်ဃးဒီးပှၤပိၣ်မုၣ်အနၢ်, လၢအဘၣ်ဃးဒီးဆၣ်ဖိကိၢ်ဖိအမိၢ်အနၢ်

mammoth *a* ဖးဒိၣ်, ဒိၣ်ဒိၣ်မှၢ်မှၢ်

mammoth *n* ကဆီတံၢ်လၢပျ့ၤ, ကဆီလၢပျ့ၤတကလုာ်လၢအဆူၣ်ထီအမဲစွဲၣ်ထီ

man *n* ၁. ပှၤပိၣ်ခွါ ၂. ပှၤဟိၣ်ခိၣ်ဖိ

man *v* ၁. မၤပှဲၤပှၤဂံၢ်ဘါ ၂. မၤဆူၣ်ထီၣ်ပှၤဂံၢ်ဘါ

manacle *n* ၁. စုကျီၤခိၣ်ကျီၤ, ထးသိးဃာ်တၢ် ၂. တၢ်နိးတၢ်ဘျး

manacle *v* ဒုးသိးထီၣ်စုကျီၤခိၣ်ကျီၤ

manage *v* ၁. ရဲၣ်ကျဲၤ, တီခိၣ်ရိၣ်မဲတၢ်မၤ, သုးကျဲၤ, ပၢဆှၢရဲၣ်ကျဲၤ ၂. ဂဲၤလိာ်, ဂဲၤပျုၢ်ဂဲၤဆုး

manageable *a* လၢတၢ်ပၢတၢ်ဆှၢအီၤညီ, လၢတၢ်ပၢဆှၢအီၤန့ၢ်

management *n* တၢ်ပၢဆှၢရဲၣ်ကျဲၤ, တၢ်ပၢတၢ်ဆှၢ

manager *n* တၢ်မၤမူဒါခိၣ်, တၢ်မၤခိၣ်

manatee *n* ပိၣ်လဲၣ်ဆိုဖးဒိၣ်တကလုာ်

mandarin *n* ၁. မဲဒရ့ကျိာ်, တရူးကျိာ် ၂. တရူးခိၣ်နၢ်လၢပျ့ၤ

mandate *n* တၢ်န့ၢ်စိန့ၢ်ကမီၤ, တၢ်န့ၢ်ပၢမၤတၢ်

mandate *v* ၁. ဟ့ၣ်လီၤတၢ်နှၢ်ပၢမၤတၢ်အခွဲး ၂. ဟ့ၣ်စိဟ့ၣ်ကမီၤပှၤတဂၤဂၤလၢကမၤတၢ်အဂီၢ်

mandatory *a* လၢတၢ်ကဘၣ်လူၤပိာ်မၤထွဲအီၤ, လၢပှၤဘၣ်မၤစဲဃဲၤအီၤ

mandolin *n* တနၢ်ခွဲးတကျဲာ်, မဲဒလ့

mane *n* အကိာ်ရှ, အကိာ်ဆူၣ်ကဖှၣ်

maneuver *n / v* (see manoeuvre)

manful *a* လၢအသူၣ်နူသးနူ, လၢအသးကျၤမုဆူ

manfully *adv* လၢတၢ်သူၣ်နူသးနူအပူၤ, လၢတၢ်သးကျၢၤမုဆူအပူၤ
manganese *n* မဲးကနံး
mange *n* တၢ်ဆါဃိ, တၢ်ဆါဃိဃဲး, ဆဉ်ဖိကီၢ်ဖိလီၤသးတၢ်ဆါ
manger *n* ကျီး, ကသ့ဉ်ဒီးကျိၢ်အီဉ်ဆဉ်အကျီး, ကျိၢ်အီဉ်ဆဉ်အလီၢ်, ဂီၤဖံးအကျီး
mangle *v* ၁. မၤလီၤကလဲကွံာ်တၢ်, မၤကၢ်မုၢ်ကၢ်ဘျဲးကွံာ် ၂. တံာ်သံးတၢ်ကးညာ်လၢစဲး
mango *n* တခိးသဉ်
mangosteen *n* မာ်ကူးသဉ်
mangrove *n* ၁. လမူးထူဉ်, တမူးထူဉ် ၂. လမူးပှၢ်, တရါကျါ
mangy *a* ၁. လၢအဃိ, လၢအဃိဃဲး, လၢအဘဉ်ဃးဒီးတၢ်ဆါဃိ ၂. လၢအဘဉ်အၢဘဉ်သီသဘုံးဖုံး
manhandle *v* ၁. ဖံးတၢ်ဖိဉ်တၢ်တပျုာ်တပျီၤ, ဆိဉ်တၢ်ထုးတၢ်တပျုာ်တပျီၤ ၂. မၤတၢ်လၢပှၤကညီဂံၢ်ဘါ
manhole *n* တၢ်ပူၤဟိလၢကျဲမုၢ်လီၤ မ့တမ့ၢ် လၢတၢ်ဒါခိဉ်လၢဘဉ်တၢ်ကးဘၢအခိဉ်ဒ်သိးတၢ်ကကွၢ်လီၤဘဉ်တၢ်လၢအအိဉ်လၢတၢ်ပူၤဒ်အမ့ၢ်ထံဘဉ်အၢဘဉ်သီတဖဉ်အဂီၢ်
manhood *n* ၁. ဖိဉ်သဉ်ခွါအကတိၢ် ၂. တၢ်လီၤပိာ်ခွါ, တၢ်ဘဉ်ပိာ်ခွါ ၃. ပိာ်ခွါအတၢ်, ပိာ်ခွါကၢ်ဂီၤ ၄. ပှၤပိာ်ခွါ
man-hour *n* တၢ်မၤလၢပှၤတဂၤမၤန့ၢ်လၢတနဉ်ရံဉ်အတိၢ်ပူၤ
manhunt *n* တၢ်လူၤဃုပှၤမၤကမဉ်တၢ်, တၢ်လူၤဃုပှၤဃာ်ဖိလၢအထူဉ်ဖျဲး
mania *n* ၁. တၢ်ဆၢန့ၢ်တၢ်ဒိဉ်ဒိဉ်ကလဲာ်, တၢ်သးစဲတၢ်ဒိဉ်ဒိဉ်ကလဲာ် ၂. တၢ်ပျုၢ်, ခိဉ်နူာ်တဘဉ်လိာ်ဘဉ်စးတၢ်ဆါ
maniac *n* ပှၤလၢအပျုၢ်လၢတၢ်တမံၤမံၤအဖီခိဉ်, ပှၤပျုၢ်
maniacal *a* လၢအပျုၢ်လၢတၢ်တမံၤမံၤအဖီခိဉ်, လၢအပျုၢ်
manic *a* ၁. လၢအဖျါသူဉ်ပိၢ်သးဝးဒီးသးခုအါတလၢ ၂. လၢအပျုၢ်
manic depression *n* ခိဉ်နူာ်အတၢ်ဆါလၢပှၤသူဉ်ခုသးခုအါတလၢ မ့တမ့ၢ် သးအုးအါတလၢ, တၢ်နံၤဟိဉ်တၢ်ဆါ
manic-depressive *n* ခိဉ်နူာ်အတၢ်ဆါလၢပှၤသူဉ်ခုသးခုအါတလၢ မ့တမ့ၢ် သးအုးအါတလၢ, တၢ်နံၤဟိဉ်တၢ်ဆါ
manicure *n* တၢ်ကွၢ်ထွဲမၤကဆိုပှၤစုမ့ဉ်ခိဉ်မ့ဉ်
manicure *v* ကွၢ်ထွဲမၤကဆိုပှၤစုမ့ဉ်ခိဉ်မ့ဉ်
manifest *a* ၁. လၢအအိဉ်ဖျါထိဉ်ဖျိဖျိဖျါဖျါဂ့ၤဂ့ၤဘဉ်ဘဉ် ၂. လၢအဒုးနဲဉ်ဖျါထိဉ်တၢ်
manifest *n* တၢ်ဖိတၢ်လံၤစရီ, လံာ်စရီလၢအကွဲးနီဉ်တၢ်ပဒၢးဒီးတၢ်ဖိတၢ်လံၤစရီ
manifestation *n* ၁. တၢ်လၢအအိဉ်ဖျါထိဉ်ဖျိဖျိဖျါဖျါဂ့ၤဂ့ၤဘဉ်ဘဉ် ၂. တၢ်ဒုးနဲဉ်ဖျါထိဉ်တၢ်
manifesto *n* လံာ်ပာ်ဖျါထိဉ်တၢ်ပာ်သူဉ်ပာ်သး
manifold *a* လၢအအိဉ်အါအါဂိၢ်ဂိၢ်, လၢအအိဉ်တဘျုးကလုာ်, အါမံၤအါကလုာ်
manifold *n* ၁. ပီၤဘိမိၢ်ပှၢ်လၢအိဉ်ဒီးပီၤဘိဖိလၢအဟဲဆဲးဖးထိဉ်အသးအါဘိ ၂. ဒၢးလၢအိဉ်ဒီးအပူၤလၢတၢ်ဟးထိဉ်သ့အါပူၤ, တၢ်အမိၢ်ပှၢ်လၢအိဉ်ဒီးအပူၤအါပူၤ ၃. စဲးခိဉ်ဃံအဒွဲပူၤလၢအိဉ်ဒီးအပူၤအါပူၤလၢအဆှၢထိဉ်ဆှၢလီၤက်သဝံဒီးသိတဖဉ်
manikin *n* ၁. ပှၤကညီအမိၢ်ပှၢ်တၢ်ဂီၤဒိလၢကသံဉ်တၢ်မၤလိအဂီၢ် ၂. ပှၤနိၢ်ဖုဉ်ဆံးဆံးဖိ
manipulate *v* မၤတၢ်အိဉ်ဒီးတၢ်ကူဉ်တၢ်ဆး, သ့ဟံးသ့ဖိဉ်တၢ်, မၤတၢ်သ့သ့ဘဉ်ဘဉ်
manipulation *n* တၢ်မၤတၢ်အိဉ်ဒီးတၢ်ကူဉ်တၢ်ဆး, တၢ်သ့ဟံးသ့ဖိဉ်တၢ်, တၢ်မၤတၢ်သ့သ့ဘဉ်ဘဉ်
manipulative *a* လၢအအိဉ်ဒီးတၢ်ကူဉ်တၢ်ဆး, လၢအအိဉ်ဒီးတၢ်နူၤပၢၢ်နၢ်ဘှါ, လၢအသ့ဟံးသ့ဖိဉ်တၢ်, လၢအဖိဉ်ပျံၤမၤတၢ်သ့သ့ဘဉ်ဘဉ်
mankind *n* ၁. ပှၤဟိဉ်ခိဉ်ဖိအကလုာ် ၂. ပှၤပိာ်ခွါ
manky *a* လၢအလီၤသးဘဉ်အၢ, လၢအတဂ့ၤတဘဉ်, လၢအတမ့ာ်တလၢ
manly *a* လၢအအိဉ်ဒီးပိာ်ခွါအကၢ်အစီ, လၢအဘဉ်ပိာ်ခွါ
man-made *a* လၢဘဉ်တၢ်ဒုးအိဉ်ထိဉ်အီၤလၢပှၤကညီ
manna *n* ၁. ကိဉ်မၤနၤ ၂. တၢ်န့ၢ်ဘျုးန့ၢ်ဖှိဉ်လၢတၢ်တတိာ်သူဉ်ပာ်သးအပူၤ ၃. နီၢ်သးတၢ်

အိဉ်, နိၢ်သးအတၢ်အိဉ်တၢ်အီ ၄. တၢ်ဆၢပံာ်လၢတၢ်မၤန့ၢ်အီၤလၢသ့ဉ်မၤန့

mannequin *n* ပှၤကညီမိၢ်ပှၢ်ကဲ့ၢ်ဂီၤဒိ, ပှၤကဲ့ၢ်ဂီၤဒိ

manner *n* ၁. လုၢ်လၢ်လၢအဃံလၤ ၂. အကျဲကပူၤ ၃. လုၢ်လၢ်

mannered *a* လၢအအိဉ်ဒီးအလုၢ်အလၢ်တမံၤမံၤ, လၢအဘဉ်ဃးဒီးတၢ်လုၢ်တၢ်လၢ်တမံၤမံၤ

mannerism *n* တၢ်ပူးဒိပ္ဒးတဲာ်ဖဲကတိၤတၢ်အခါ

manoeuvre, maneuver *n* ၁. တၢ်ဟူးတၢ်ဂဲၤလၢအအိဉ်ဒီးတၢ်ပလိၢ်သူဉ်ပလိၢ်သးဒီးတၢ်နူၤပၢၢ်နၢ်ဘှါ, တၢ်ကူဉ်အကျဲ ၂. တၢ်ဟ်လီၤတၢ်ရဲဉ်တၢ်ကျဲၤလီၤတံၢ်လီၤဆဲး ၃. သုးတၢ်ဂဲၤဒိဖးဒိဉ်, သုးအတၢ်ဟူးတၢ်ဂဲၤ

manoeuvre, maneuver *v* ၁. ဟူးဂဲၤ မ့တမ့ၢ် မၤတၢ်ရဲဉ်တၢ်ကျဲၤလၢတၢ်သ့တၢ်ဘဉ်တၢ်ပလိၢ်သးအပူၤ ၂. ဟ်လီၤတၢ်ရဲဉ်တၢ်ကျဲၤလီၤတံၢ်လီၤဆဲး

manor *n* ဟံဉ်ဖးဒိဉ်လီၤဘီလီၤမုၢ်လၢအိဉ်ဒီးအကရၢၢ်ဖးလဲၢ်

manpower *n* ပှၤအဂံၢ်အဘါ, ပှၤဂံၢ်ဘါ

manse *n* ခရံာ်ဖိတၢ်အိဉ်ဖိုဉ်သရဉ်အဟံဉ်

mansion *n* ဟံဉ်ဒိဉ်ကျိုးသွါ

manslaughter *n* တၢ်မၤသံဘဉ်ပှၤကညီလၢတအိဉ်ဟ်စၢၤဒီးတၢ်ကူဉ်ထိဉ်ဖးလီၤ

mantel *n* တကံၤခိဉ်, တပုၢ်ခိဉ်

mantelpiece *n* တကံၤခိဉ်, တပုၢ်ခိဉ်

mantle *n* ၁. ဆ့ကၤကျၢၢ်ဘၢတၢ်, တၢ်ကံးညာ်လၢအကျၢၢ်ဘၢတၢ် ၂. မူဒါ, တၢ်လုၢ်တၢ်လၢ် ၃. တၢ်ကျၢၢ်ဘၢမ့ဉ်အူခိဉ်

mantle *v* ကျၢၢ်ဘၢ, ကးဘၢတၢ်

mantra *n* မဉ်တရဉ်, ထါစီဆုံလၢတၢ်စူးကါအီၤလၢဟ့ဉ်နူၢ်ဒီးဘူးဒးတၢ်ဘူဉ်တၢ်ဘါအပူၤ

manual *a* လၢပဖံးပမၤလၢပစု

manual *n* လံာ်တၢ်နဲဉ်ကျဲ, လံာ်ဟံးဃာ်

manufacture *v* တ့ထုးထိဉ် (ပန်ာ်), မၤကဲထိဉ်

manufacturer *n* ပှၤလၢအထုးထိဉ် (ပန်ာ်), ပှၤလၢအမၤကဲထိဉ်လိဉ်ထိဉ်တၢ်

manufacturing *n* တၢ်တ့ထုးထိဉ် (ပန်ာ်), တၢ်မၤကဲထိဉ်လိဉ်ထိဉ်

manure *n* တၢ်အ့ဉ်တၢ်ဆံဉ်လၢအမၤဂ့ၤထိဉ်ဟီဉ်ခိဉ်အညဉ်, တၢ်အ့ဉ်ဟီဉ်စိ

manuscript *a* ၁. လၢအဘဉ်တၢ်ကွဲးအီၤဝံၤသိသိ ၂. လၢဘဉ်တၢ်ကွဲးအီၤလၢစု

manuscript *n* လံာ်လၢဘဉ်တၢ်ကွဲးအီၤလၢစု

many *a* အါ, တဘျုး, အါအါဂိၢ်ဂိၢ်, ရး, သဲဉ်

Maoism *n* ခိဉ်မ့ူးနူးသနူလၢဘဉ်တၢ်ကွဲးအီၤလၢမိဉ်စံဉ်တိ, မိဉ်စံဉ်တိသနူ

Maori *n* ပှၤမိဉ်ရံဉ်ဖိ, နယူစံဉ်လဲအပှၤထူလံၤဖိ

map *n* ဟီဉ်ခိဉ်ဂီၤ

map *v* တ့ဟီဉ်ခိဉ်ဂီၤ ၂. မၤနိဉ်မၤဃါလၢဟီဉ်ခိဉ်ဂီၤဖီခိဉ်

maple *n* မ့ဖၢဉ်(လ), သ့ဉ်မ့ဖၢဉ်(လ)

mar *v* မၤဟးဂီၤတၢ်အကဲ့ၢ်အဂီၤ, မၤဟးဂူာ်ဟးဂီၤ

marathon *n* ၁. တၢ်ဃ့ၢ်ပြၢ, တၢ်ဃ့ၢ်ယံၤတၢ်ပြၢ ၂. တၢ်မၤအကီအခဲလၢတၢ်ဆၢကတိၢ်လၢယံာ်ယံာ်ထၢထၢ

maraud *v* ဟးဝ့ၤဝီၤဒီတမျာ်, ဟးဝ့ၤဝီၤတမျာ်တၢ်

marble *n* ၁. လၢၢ်ချံသဉ်, ကီၢ်လ့ဉ်သဉ်, လၢၢ်ဝါကံဉ်ဃ့ ၂. လၢၢ်မါဘၢဉ်

marble *v* မၤကံဉ်ဃ့ထိဉ်ဒ်လၢၢ်ချံသဉ်အသိး, မၤကံၢ်ဃ့ထိဉ်ဒ်လၢၢ်ဝါကံဉ်ဃ့အသိး

March *n* လါမာ်ရှး, လါသၢလါတလါ

march *n* ၁. တၢ်ဟးဒ်သိးသုးဖိ, တၢ်ဟးတကါတကါယူယူ ၂. တၢ်သးဝံဉ်ဟးယူခိဉ်

march *v* ဟးဒ်သိးသုးဖိ, ဟးတကါတကါယူယူ

Mardi Gras *n* ဖှံထံတၢ်ဟ်စီဆုံသးမုၢ်နံၤ, ရိမ့ၤခဲးသလ့းအတၢ်စးထိဉ်ဟ်စီဆုံသးအမုၢ်နံၤ

mare *n* ကသ့ဉ်မိၢ်

margarine *n* တၢ်ဒီးတၢ်လဉ်အထီပး, ထီပးအယီၤ

margarita *n* သံးမဉ်ကရံတဉ်, သံးတကလုာ်

margin *n* ၁. တၢ်ကနူၤ, တၢ်အသရူၤထံး ၂. တၢ်ဟ်ပနီဉ်ကျိဉ်စ့တၢ်ဆၢကတိၢ်ဒီးတၢ်အဂုၤအဂၤလၢတၢ်ဟ်ဟ်စၢၤအီၤ ၃. တၢ်လၢတၢ်တဟ်အီၤလၢကရူၢ်မိၢ်ပှၢ်အပူၤ

margin *v* ကွဲးလၢအသရူၤထံး, ကွဲးလၢအကနူၤလိၤ, မၤအိဉ်ထိဉ်တၢ်အကနူၤ, မၤန့ၢ်အသရူၤ

margin of error *n* တၢ်ဟ်ပနီဉ်တၢ်ကမဉ်လၢတၢ်တူၢ်လိာ်အီၤသ့အခၢ

marginal *a* ၁. လၢတၢ်ကွဲးအီၤလၢအကနူၤလိၤ, လၢအအိဉ်လၢအသရူၤထံး ၂. လၢအဆံးစုၤဒီးအရှ့တဒိဉ်, လၢအတပဉ်ဃုာ်လၢကရူၢ်မိၢ်ပှၢ်လၢအစုၤတလၢလၢကနးအိဉ်ထိဉ်တၢ်လီၤဆီ ၃. လၢအမၤနၢၤတၢ်လၢတၢ်ဖးစုၤကိာ်, လၢအဃဉ်လၢတၢ်ဖးစုၤဘီအပှၤ

marginalize, **marginalise** *v* မၤဆံးလီၤစုၤလီၤ (ပှၤ) အတၢ်စိတၢ်ကမီၤ, ၃းကဲထိဉ် (ပှၤ) လၢအရှ့တဒိဉ်လၢၤ

mariachi *n* မၤရံးယဉ်ခွံဉ်တၢ်ဂဲၤကလံဉ်, မဲးကစံဉ်ကိဉ်အတၢ်ဂဲၤကလံဉ်တကလုာ်

marigold *n* ဖီထူ, ဖီစီၤပၤနွံကထၢ, ဖီဒ့ၤစံဉ်တကလုာ်

marijuana *n* ညါဖီ, ညါသူးဖီ

marinade *n* တၢ်အထံလၢတၢ်ကစံၢ်ဆၢတၢ်အဂီၢ်, တၢ်စံၢ်ဆၢတၢ်အထံ

marinade *v* စံၢ်ဆၢအီဉ်တၢ်

marinate *v* စံၢ်ဆၢအီဉ်တၢ်

marine *a* လၢအဘဉ်ဃးဒီးပီဉ်လဲဉ်

marine *n* ထံသုးဖိ

mariner *n* ပှၤကဘီဖိ, ပှၤချံဖိ

marionette *n* တၢ်ဂီၤဂဲၤကလံဉ်, တၢ်ဂီၤဂဲၤကလံဉ်လၢတၢ်မၤဟူးမၤဂဲၤအီၤဒီးပျံၤ

marital *a* လၢအဘဉ်ဃးဒီးတၢ်တ့တၢ်ဖျီ, လၢအဘဉ်ဃးဒီးတၢ်ဆီဟံဉ်ဆီဃီ

maritime *a* လၢအဘဉ်ဃးဒီးပီဉ်လဲဉ်

mark *n* ၁. တၢ်ပနီဉ် ၂. မးပတိၢ်

mark *v* မၤနီဉ်, တိၢ်နီဉ်

markdown *n* တၢ်မၤစုၤလီၤတၢ်အပှ့ၤ

marked *a* လၢတၢ်ထံဉ်အီၤညီ, လၢတၢ်မၤန့ၢ်အီၤညီ

marked-man *n* ပှၤလၢအလီၤဘဉ်လၢတၢ်ဘဉ်ယိဉ်ဘဉ်ဘီအပှၤ, ပှၤလၢတၢ်မၤနီဉ်ဃာ်အီၤ

marker *n* ၁. တၢ်လိၢ်လၢတၢ်မၤနီဉ်ဃာ် ၂. ထိဉ်ဖံးဘိဖးဒိဉ် ၃. ပှၤဟ့ဉ်တၢ်အမး

market *n* ဖွါ

market *v* ၁. ဘီးဘဉ်သ့ဉ်ညါဆါလီၤတၢ် ၂. ဆါတၢ်, ဆါလီၤတၢ်

market place *n* တၢ်ဆါတၢ်ပွ့ၤအလိၢ်, တၢ်ကူလဲၢ်မၤကၢၤအလိၢ်

market research *n* တၢ်ဃုသ့ဉ်ညါတၢ်ဆါတၢ်ပွ့ၤအတၢ်အိဉ်သး, တၢ်ဃုသ့ဉ်ညါဖွါအတၢ်အိဉ်သး

market share *n* တၢ်ဆါတၢ်ပွ့ၤအပူ, တၢ်ဖံးတၢ်မၤတဖဉ်လၢဘဉ်တၢ်ထိဉ်သတြီၤအီၤဒီးခီပနံာ်အဂၤတဖဉ်

market value *n* တၢ်ကၢပွ့ၤကၢကလံၤလၢတၢ်ဆါတၢ်ပွ့ၤအဂီၢ်, ဖွါပူၤတၢ်အပွ့ၤကလံၤ, တၢ်လၢအကၢပွ့ၤကၢကလံၤ

marketable *a* လၢတၢ်ဆါအီၤန့ၢ်, လၢတၢ်ဆါအီၤသ့

marketing *n* တၢ်ဆါတၢ်ပွ့ၤ

marketplace *n* တၢ်ဆါတၢ်ပွ့ၤအလိၢ်, ဖွါကဝီၤ

marksman *n* ပှၤခးတၢ်စဲဉ်နီၤ, ပှၤခးတၢ်ဖိလၢအစုတိ, ပှၤခးတၢ်ဖိလၢအစုဘျ့

marksmanship *n* တၢ်အိဉ်ဒီးတၢ်သ့တၢ်ဘဉ်လၢတၢ်ခးတၢ်, တၢ်ခးတၢ်တီ, တၢ်ခးတၢ်ဘျ့

markup *n* တၢ်အပွ့ၤလၢတၢ်မၤအါထိဉ်အီၤ, တၢ်မၤအါထိဉ်တၢ်အပွ့ၤ

marlin *n* ညဉ်မဉ်လုဉ်, ပီဉ်လဲဉ်ညဉ်ထိဉ်ဖးဒိဉ်တကလုာ်

marmalade *n* တၤသဉ်ဃ့ဉ်

Marmite *n* မဉ်မဲးတၢ်ဃ့ဉ်, တၢ်ဃ့ဉ်လၢဘဉ်တၢ်ထၢနှာ်ဒီးကိဉ်မံဉ်ဒီးတၢ်ဒီးတၢ်လဉ်တဖဉ်

maroon *n* ၁. တၢ်အလွဲၢ်ဂီၤလုး ၂. မ့ဉ်အူဖီဟ့ဉ်တၢ်ပနီဉ်, မ့ဉ်အူဖီဟ့ဉ်ပလိၢ်တၢ်

maroon *v* ဟ်အိဉ်လီၤဖျိဉ်, ဟ်လီၤတဲာ်, ဟ်တ့ၢ်ကွံာ်

marquee *n* ၁. ယဉ်ဒဲဖးဒိဉ်, တၢ်ဒုးနဲဉ်တၢ်အလိၢ် ၂. ပဲတြီအခိဉ်ဒိ

marriage *n* တၢ်တ့တၢ်ဖျီ, တၢ်ဆီဟံဉ်ဆီဃီ, တၢ်န့ၢ်မါန့ၢ်ဝၤ

marriageable *a* လၢအဂ့ၤဖျီသးလံ, လၢအဘဉ်ဖိဘဉ်မါ, လၢအဘဉ်မုဉ်ဘဉ်မၢၤ, လၢအကြၢးဆီဟံဉ်ဆီဃီ

married *a* လၢအဒိးတ့ဒိးဖျီသး, လၢအဆီဟံဉ်ဆီဃီ

M

marrow *n* (တၢ်ယံအ) နူၣ်ကံၢ်
marry *v* ၁. ဒိးတ့ဒိးဖျီအသး, ဆီဟံၣ်ဆီယီ ၂. ဖျိုယှာ်တၢ်
Mars *n* မါ(စ), မူဖျာၣ်လၢအဘူးကတၢၢ်ဒီး ဟီၣ်ခိၣ်ဖျာၣ်
marsh *n* တၢ်ကပျၢၤပူၤ, တၢ်လီၤဘျၢၣ်အလိၢ်, ကပျၢၤ, ပျၢၤပျုၢ်ပူၤ
marshal *n* ၁. သုးခိၣ်သုးနၢ်လီၢ်ဒိၣ်လၤထီ, ခိၣ်နၢ်ပတီၢ်ထီ, ၂. ပၢၤကီၢ်ခိၣ် ၃. ပှၤမၤပံာ်မ့ၣ်အူခိၣ် ၄. မူးခိၣ်, ခိၣ်နၢ်လၢအပၢဆှၢရဲၣ်ကျဲၤမူးဇိၤပွဲဇိၤ ၅. ပှၤခိၣ်ပှၤနၢ်လၢအမၤလၢပှဲၤကွီၢ်ဘျိၣ်တၢ်ကလုၢ်
marshland *n* တၢ်ကပျၢၤပူၤ, ကပျၢၤ, တၢ်လီၤဘျၢၣ်အလိၢ်, ပျၢၤပျုၢ်ပူၤ
marshmallow *n* ၁. ကိၣ်မးရှမဲလိၣ်, တၢ်ဆၢကိၣ်လိၣ်ကဖီ, ၂. မးရှမဲလိၣ်အထူၣ်
marshy *a* လၢမၤအသးကပျၢၤကပျုၢ်, လၢအလီၤဘျၢၣ်လီၤဆို
marten *n* ဝံၤဇိၤခီဇိၤဖးဒိၣ်တကလှာ်
martial *a* လၢအဘၣ်ဃးဒီးတၢ်ဒုးသုးဒုးသံၣ်, လၢအဘၣ်ထွဲဒီးတၢ်ဒုးတၢ်ယၤ
martial art *n* တၢ်ဒီသဒၢလီၤသးအတၢ်လိာ်ကွဲတဖၣ်
martial law *n* ဂ့ၢ်ကီၢ်အူသုးတၢ်ကလုၢ်
Martian *n* တၢ်လၢအဘၣ်ဃးဒီးမါ(စ)မူဖျာၣ်ဒိ
Martini *n* မၣ်ထံနံၣ်စပံးထံတကလှာ်, သံးဒီးတၤသူတၤသၣ်ဃှၣ်ကျဲၣ်ကျီထံ
martyr *n* မၤထူရၤ, ပှၤနူပှၤဃိၤ, ပှၤလၢအတူၢ်သံအသးလၢအတၢ်နာ်အဃိ
martyrdom *n* ၁. တၢ်တူၢ်သံအသးလၢအတၢ်နာ်အဃိ ၂. တၢ်တူၢ်ဘၣ်ခိၣ်ဘၣ်တၢ်နးနးကျုံၤကျုံၤ
marvel *n* တၢ်ကမၢကမၣ်, တၢ်ပဲ့ၤဒိးတၢ်ကမၢကမၣ်
marvel *v* ကမၢကမၣ်, ပဲ့ၤဒိးတၢ်ကမၢကမၣ်
marvellous, marvelous *a* လၢအလီၤကမၢကမၣ်
Marxism *n* မးခ(စ)အသနူ
Marxist *n* မးခ(စ)သနူဖိ, ပှၤလၢအဖိၣ်ကျၢၤခါ(လ)မးခ(စ)သနူဖိ
mascara *n* တၢ်မၤသူမၤတခွဲၣ်ထိၣ်မဲာ်ဆူၣ်
mascot *n* ပှၤ မ့တမ့ၢ် တၢ်လၢဟဲစိာ်နှၤ်ပှၤတၢ်ဟဲဝံလၢအဂ့ၤ
masculine *a* ဘၣ်ဃးဒီးပှၤပိာ်ခွါ
mash *n* တၢ်မၤဘျဲးမၤဘျီးတၢ်, တၢ်လၢတၢ်မၤကလဲမၤကဘုၣ်အီၤ, ကိစိၣ်
mash *v* မၤဘျဲးတၢ်, တိၢ်ဘျဲး
mask *n* နိၢ်ကျၢ်ဘၢ
mask *v* ၁. ကျၢ်ဘၢအမဲာ် ၂. ဟ်တဒၢဃာ်, ပိုာ်လီၤဆီအသး
masking tape *n* စးခိစဲလၢတၢ်ကဟ်ဘၢဃာ်တၢ်ဖဲပဖှူကသံၣ်အခါ
masochism *n* တၢ်သးမှာ်လၢအဘၣ်တၢ်မၤဆူးမၤဆါအီၤ, တၢ်သးမှာ်လၢအဘၣ်တၢ်မၤဆူးမၤဆါအီၤဖဲမံဃှာ်လိာ်သးအခါ
mason *n* ပှၤသ့မၤတၢ်လၢအီကတဲ, ပှၤမၤအီကတဲဖိ
masonry *n* တၢ်ဘိုတၢ်လၢအီကတဲဒီးက်လၢၢ်ဒါ
masquerade *n* ၁. တၢ်ဟ်မၤအသး ၂. တၢ်ပိုာ်လဲသး ၃. တၢ်ကးဘၢမဲာ်ဒီးဂဲၤကလံၣ်အမူး
masquerade *v* မာ်မၤအသး, ပိုာ်လဲအသး
Mass *n* တၢ်မၤတၢ်သ့ၣ်နီၣ်ဘူၣ်လဲၤကဟ်အမူး, တၢ်မၤတၢ်သ့ၣ်နီၣ်ထိၣ်အမူးလၢကစၢ်ခရံာ်ဒီးအပျဲၢ်အဘီၣ်တဖၣ်အီၣ်တၢ်လၢခံကတၢၢ်အမူး
mass *n* တၢ်ဂိၢ်မုၢ်ဂိၢ်ပၤ, တၢ်အါအါဂိၢ်ဂိၢ်, တၢ်ကိၢ်လိၣ်
mass *v* ၁. ဟ်ဖှိၣ်ထိၣ်သးအါအါဂိၢ်ဂိၢ် ၂. ကၢကိၢ်လိၣ်ထိၣ်သး ၃. ကၢကိၢ်လိၣ်
mass market *n* တၢ်ဆါတၢ်ပှ့ၤအါအါဂိၢ်ဂိၢ်, တၢ်ဆါတၢ်ပှ့ၤဒီကိၣ်လိၣ်, တၢ်ဆါတၢ်ပှ့ၤလၢတၢ်တဆါလီၤဖှံၣ်အီၤဘၣ်
mass media *n* ကမျၢၢ်တၢ်ကစိၣ်အတဝၢ
mass transit *n* ကမျၢၢ်အဝံစိာ်တီဆှၢ
massacre *v* မၤသံပှၤဒီနူၣ်, မၤသံဆူၣ်သံဂီၢ်, မၤသံမၤဝီပှၤအါအါဂိၢ်ဂိၢ်
massage *n* တၢ်စံၢ်, တၢ်စံၢ်တၢ်
massage *v* စံၢ်, စံၢ်တၢ်
massage parlour *n* ၁. တၢ်လဲၤဒိးစံၢ်သးအလိၢ်, တၢ်ဒိးစံၢ်သးအဒၢး
masses *n* ထံဖိကိၢ်ဖိ, ကမျၢၢ်, ပှၤဂိၢ်မုၢ်

masseur *n* ပိာ်ခွါလၢအစံၢ်တၢ်

masseuse *n* ပိာ်မုဥ်လၢအစံၢ်တၢ်

massive *a* လၢအအါအဂၢၢ်, လၢအဒိဥ်အမှၢ်

mass-produce *v* ထုးထီဥ်ပနံာ်အါအါဂိၢ်ဂိၢ်

mast *n* ကဘီယၢ်ထူဥ်

mastectomy *n* တၢ်ယါဘျါကွဲးထုးထီဥ်ကွံာ်နှၢ်

master *a* ၁. လၢအအိဥ်ဒီးတၢ်သ့တၢ်ဘဥ်ဂ့ၤဂ့ၤ, လၢအမၤတၢ်သ့စဲဥ်နီၤ, လၢအမ့ၢ်တၢ်အမိၢ်ပှၢ်

master *n* ၁. တၢ်မၤခိဥ်, ကစၢ်, သရဥ် ၂. တၢ်မၤတၢ်သ့ဂ့ၤဂ့ၤ ၃. လံာ်အခီဥ်ထံးခီဥ်ဘိ

master *v* ၁. မၤတၢ်သ့ဂ့ၤဂ့ၤ ၂. ပၢၤဃာ်တၢ်နှၤ်, မၤနၢၤတၢ်နးတၢ်ဖှိဥ်

master of ceremonies *n* ပှၤကယၢကယဲမူး

masterful *a* ၁. လၢအလၢအပှဲၤဒီးတၢ်သ့တၢ်ဘဥ်, လၢအပၢဆှၢပှၤသ့ ၂. လၢအညီနှၢ်မၤဆူဥ်တၢ် ၃. လၢအလိာ်သရဥ်အသး, လၢအဟ်ဒိဥ်ဟ်ထီဟ်ကဖၢလၢအသး

master key *a* နီဥ်ဝံာ်ခံအမိၢ်ပှၢ်

masterly *a* လၢအဟ်ဖျါထီဥ်တၢ်သ့တၢ်ဘဥ်, လၢအအိဥ်ဒီးအတၢ်သ့တၢ်ဘဥ်

mastermind *n* ပှၤလၢအဖီဥ်ပျံၤတၢ်, ပှၤလၢအရဲဥ်ကျဲၤန့ၢ်တၢ်

mastermind *v* ၁. ရဲဥ်ကျဲၤတၢ်, နဲဥ်လိၤနဲဥ်ဘဥ်တၢ် ၂. ဖီဥ်ပျံၤတၢ်

masterpiece *n* တၢ်စုလီၢ်ခီဥ်လီၢ်လၢအဂ့ၤကတၢၢ် (အဒိ, တၢ်တ့တၢ်ဂီၤ)

master plan *n* တၢ်တိာ်ကျဲၤမိၢ်ပှၢ်, တၢ်ရဲဥ်တၢ်ကျဲၤမိၢ်ပှၢ်

master's degree *n* မးစထၢဥ်ဒံၣ်ကရံဥ်, ဖှဥ်စိမိၤအဒံၢ်ကရံဥ်လၢတၢ်မၤန့ၢ်အီၤ

mastery *n* ၁. တၢ်သ့တၢ်ဘဥ်လၢာ်လၢာ်ဆ့ဆ့လၢတၢ်တမံၤအဖီလာ် ၂. တၢ်မၤနၢၤတၢ်

masticate *v* ဂံာ်ဘျဲးအီဥ်တၢ်

mastication *n* တၢ်ဂံာ်ဘျဲးအီဥ်တၢ်, ဂံာ်ကမှဥ်တၢ်, တၢ်အ့ဥ်ဘျဲးအီဥ်တၢ်

masturbate *v* ဖီဥ်လီၤမုဥ်ခွါကူ့ၢ်ဂီၤဒီးမၤမှာ်ဖံးမှာ်ညဥ်အသး, မၤသူဥ်မံသးမံလီၤသးလၢတၢ်မှာ်ဖံးမှာ်ညဥ်တကပၤ

mat *n* ၁. နီဥ်တြူာ်ခီဥ်, တၢ်ထွါခီဥ် ၂. ချိဥ်

mat *v* ဒါဘၢလၢချိဥ်, ဒါလၢချိဥ်

matador *n* ပှၤလၢအလိာ်ကွဲဒုးလိာ်သးလၢကျိၢ်ဖါမံၤ, ပှၤလၢအလိာ်ကွဲဒုးလိာ်သးဒီးမၤသံလိာ်သးလၢကျိၢ်မံၤ

match *n* ၁. မ့ဥ်ဖွံး ၂. တၢ်လိာ်ကွဲ (လၢပှၤခံဖုပြၢလိာ်သး) ၃. တၢ်ပြၢလိာ်သး ၄. တၢ်တ့တၢ်ဖှိ မ့တမ့ၢ် တၢ်ရဲဥ်တၢ်ကျဲၤန့ၢ်တၢ်ဖှိ ၅. ပှၤလၢတၢ်ဟ်ပနီဥ်အီၤလၢကဖှိအသး

match *v* ဘဥ်လိာ်အသး, ကြားဝဲဒီး, ဂ့ၤဝဲကြားဝဲဒီး

matching *a* လၢအဘဥ်လိာ်အသး, လၢအဂ့ၤဝဲကြားဝဲဒီး

matchless *a* လၢတၢ်ထိဥ်သတြီၤအသးဒီးအီၤတသ့

matchmaker *n* တလိၢ်မိၢ်တလိၢ်ပၢ်, ပှၤလၢအစးန့ၢ်ပှၤလၢကအဲဥ်လိာ်ကွဲလိာ်သးဒ်တၢ်အဲဥ်တိ

matchstick *n* မ့ဥ်ခွဲးဘိ, မ့ဥ်ဖွံးဘိ

mate *n* ၁. တံၤသကိး, ဂၤမီဥ် ၂. ပှၤလၢပရှအီၤ ၃. ပှၤမၤသကိးတၢ်, ပှၤလဲၤသကိးတၢ်

mate *v* ဘဥ်စိ, ဘဥ်လူၤ

material *a* ၁. လၢအဘဥ်ဃးဒီးကျိဥ်စ့တၢ်ထူးတၢ်တီၤ ၂. လၢအဘဥ်ဃးဒီးနီၢ်ခိနီၢ်ခိ ၃. လၢအရှဒိဥ်, အကါဒိဥ်

material *n* ၁. တၢ်ဖိတၢ်လံၤ, တၢ်အပီးအလိ ၂. တၢ်ကံးညာ် ၃. တၢ်ဂ့ၢ်တၢ်ကျိၤ, တၢ်ကစိဥ်, တၢ်ကွဲးနိဥ်

materialism *n* ဟီဥ်ခိဥ်အတၢ်သူဥ်လီသးကွံ, တၢ်ဟ်ဒိဥ်ဟ်ကဲဟီဥ်ခိဥ်အတၢ်ထူးတၢ်တီၤ, တၢ်ဟ်ဒိဥ်တၢ်လၢနီၢ်ခိနီၢ်ခိဂ့ၢ်ဝီတခီပၤ

materialistic *a* လၢအဟ်ဒိဥ်ဟ်ကဲဟီဥ်ခိဥ်တၢ်ထူးတၢ်တီၤ, လၢအသးကွံဟီဥ်ခိဥ်တၢ်ထူးတၢ်တီၤ

materialize, materialise *v* ၁. ကဲထီဥ်, ဒုးအိဥ်ထီဥ်, စးထီဥ်မၤအသး ၂. မၤဖျါထီဥ်တၢ်အက့ၢ်အဂီၤ, ဒုးအိဥ်ဖျါထီဥ်

materially *adv* အါတက့ၢ်, နီၢ်နီၢ်

maternal *a* လၢအဘဥ်ထွဲဘဥ်ဃးဒီးမိၢ်

maternity *n* မိၢ်အတၢ်အိဥ်မူ, တၢ်ကဲမိၢ်

math *n* တၢ်ဂံၢ်တၢ်ဒွး, တၢ်ဒွး

mathematics *n* တၢ်ဂံၢ်တၢ်ဒွး

M

maths *n* တၢ်ဂံၢ်တၢ်ဒွး, တၢ်ဒွး
matinee *n* မူၢ်ဆၢခီဒိအမူး, မူၢ်ဆၢခီဒိအပွဲ, မုၢ်ဃုာ်လီၤအမူး
mating *n* တၢ်ဘၣ်စီ, တၢ်ဘၣ်လူၤ
matriarch *n* ပိာ်မုၣ်လၢအကဲဟံၣ်ခိၣ်, ပိာ်မုၣ်လၢအကဲတၢ်ခိၣ်တၢ်နၢ်
matriculate *v* ဆဲးလီၤမံၤလၢဖ့ၣ်စိမီၤ, နုာ်လီၤဖ့ၣ်စိမီၤ
matrimony *n* တၢ်တ့တၢ်ဖျီ, တၢ်ဒိးတ့ဒိးဖျီ, တၢ်ဆီဟံၣ်ဆီဃီ
matrix *n* ၁. ခိၣ်ဃၢၤလၢအဒုးအိၣ်ထိၣ်တၢ်တမံၤမံၤ ၂. လၢၢ်လၢအပၣ်ဃုာ်ဒီးကဲ ၃. လီယဲၤကျိၤဘျုးစဲလၢခိၣ်ဖှူထၢၣ်အပူၤ ၄. တၢ်ရဲၣ်လီၤနီၣ်ဂံၢ်, တၢ်ရဲၣ်လီၤတၢ်ပနီၣ်
matron *n* ၁. သရၣ်မုၣ်ကွၢ်ပှၤဆါလၢကွိအပူၤ ၂. ပိာ်မုၣ်ခိၣ် ၃. သရၣ်မုၣ်ကွၢ်ပှၤဆါအခိၣ် ၄. ပိာ်မုၣ်လၢအထိၣ်ပှၢ်ဝံၤအိၣ်ဒီးသူးသ့ၣ်လၢကပီၤ
matter *n* ၁. တၢ်အသံးအကာ် ၂. တၢ်ဂ့ၢ်တၢ်ပီၢ်, တၢ်ဂ့ၢ်တၢ်ကျိၤ
  no matter *idm:* အတွးတအိၣ်ဘၣ်
matter *v* ၁. အရှ့ဒိၣ် ၂. အဖံထိၣ်
matter of fact *a* လၢအဟ်ဖျါထိၣ်ထဲတၢ်ဂ့ၢ်တၢ်ကျိၤ, လၢတဟ်ဖျါထိၣ်သးအတၢ်တူၢ်ဘၣ်
mattock *n* ဘီဖျး, နီၣ်ဖျး
mattrarchy *n* ပှၤတဝၢအသနူအကျိၤအကျဲလၢပိာ်မုၣ်ကဲတၢ်အခိၣ်, ပှၤတဝၢလၢပိာ်မုၣ်တီခိၣ်ရိၣ်မဲလီၤတၢ်တစိၤဘၣ်တစိၤ
mattress *n* လီၢ်ဖှ, လီၢ်ရူ
mature *a* ၁. လၢအဟ်အသးသညူးသပှၢ်, လၢအတၢ်ဆိကမိၣ်ထိၣ်ဘး, လၢအဒိၣ်တုာ်ခိၣ်ပုဲၤ ၂. လၢအဆၢကတီၢ်ဘၣ်လၢတၢ်ကအိၣ်အီၤအဂီၢ်
mature *v* ဟ်သးသညူးသပှၢ်, ဒိၣ်တုာ်ခိၣ်ပုဲၤ
maturity *n* ၁. တၢ်ဒိၣ်တုာ်ခိၣ်ပုဲၤ ၂. တၢ်လၢထိၣ်ပှဲၤထိၣ် ၃. တၢ်ဆၢကတီၢ်ဖဲကျိၣ်စ့လၢတၢ်ဘျာလီၤဟ်လီၤအီၤတဖၣ်တၢ်ထုးထိၣ်က့ၤအီၤသ့ဖဲ
maudlin *a* ၁. လၢအဟီၣ်နံၤဟီၣ်နံၤဖဲအီသံးမူၤအခါ ၂. လၢအဟ်ဖျါထိၣ်တၢ်သးဟူးဂဲၤလုၣ်ကီလုၣ်ကဟ်
maul *n* နီၣ်စိးပိး
maul *v* ၁. မၤပိာ်ဃ့, တ်, အ့ၣ်ဖိုတ်ဖိုကွဲာ် ၂. ဖဲာ်ဖးနီၤဖးတၢ်ဆူၣ်ဆူၣ်ကိၤကိၤ ၃. မုၣ်ခွါသွံၣ်ထံးအတၢ်ဖှူးလဲးဖှူးသွံ
mausoleum *n* တၢ်သွၣ်ခိၣ်ဖးဒိၣ်
maverick *n* ပှၤလၢအအိၣ်ဒီးတၢ်ဆိကမိၣ်တၢ်ဟ်သူၣ်ဟ်သးလီၤဆီဒီးပှၤအဂၤ
maxim *n* တၢ်စံးဟ်, ပမံၤပပှၢ်အတၢ်ကတိၤဒိ, တၢ်ကတိၤဒိ
maximize, maximise *v* မၤလဲၢ်ထိၣ်, မၤအါထိၣ်
maximum *a* လၢအအါကတၢၢ်
maximum *n* တၢ်အါကတၢၢ်
May *n* လါမ့ၤ, လါယဲၢ်လါတလါ
may *v* ၁. သ့ ၂. ဘၣ်သ့ၣ်သ့ၣ်, ဘၣ်တဘၣ် ၃. စူးကါအီၤလၢကဟ်ဖျါထိၣ်တၢ်မိၣ်နၢ့်သးလီအဂီၢ်
may be *adv* ဘၣ်သ့ၣ်သ့ၣ်, ဘၣ်တဘၣ်
mayhem *n* တၢ်မၤအိၣ်ထိၣ်တၢ်သဘံၣ်ဘုၣ်, တၢ်မၤတၢထိၣ်တၢလီၤတၢ်
mayonnaise *n* မၢ်ယိၣ်နံး, တၢ်ဒိးတၢ်လၣ်စံၢ်ဃါအထံ
mayor *n* ဝ့ၢ်ဒိၣ်အခိၣ်, ဝ့ၢ်ခိၣ်
maze *n* ၁. ကျဲတဖၣ်လၢအသဘံၣ်ဘုၣ်ထ့ကးလိာ်သး ၂. တၢ်လၢအဘံဘူစှၢၤသၢလိာ်သး ၃. တၢ်လၢတၢ်နၢ်ပၢၢ်အီၤကီ
maze *v* သးသဘံၣ်ဘုၣ်, သးဘၣ်တံာ်တာ်
me *pro* ယၤ
mead *n* သံးကနဲစီ, သံးဆၢတကလုာ်, သံးလၢဘၣ်တၢ်မၤအီၤဒီးကနဲစီ
meadow *n* ပျီမုၢ်လါဟ့, တၢ်အိၣ်ဆၣ်လီၢ်လါဟ့, ပျီလၢအအိၣ်ဒီးတပံၢ်တမါဒီးနီၣ်ဖိမံၤဖိတဖၣ်
meadowlark *n* ထိၣ်မဲဒိၢ်လး, အမဲရကၤထိၣ်တကလုာ်လၢအလွဲၢ်ဃးဒီးအသးနါပှၢ်ဘိ
meagre, meager *a* စှၤ, တလၢတပုဲၤ, အဂံၢ်စၢ်
meal *n* တၢ်အီၣ် (တဘျီ), တၢ်အီၣ်တၢ်အီတၢ်
meal ticket *n* ၁. တၢ်အီၣ်လဲးမး, တၢ်အီၣ်ခးက့ ၂. ပှၤလၢအလုၢ်အိၣ်လုၢ်အီတၢ်ဖိ
mealworm *n* ဃ့, ကံာ်, လၢၣ်
mean *a* သူၣ်တသ့သးတဘၣ်, လၢအသူၣ်က့ၣ်သးကါတၢ်
mean *n* တၢ်ထိၣ်ဃူနီၣ်ဂံၢ်
mean *v* ၁. အခီပညီအိၣ်ဖျါ ၂. ဟ်လီၤအသး, သးအိၣ်မၤ

meander *v* ၁. လဲၤက့ၣ်က့ၣ်ကူကူ, ဒၢက့ၣ်ဒၢကူတရံးဝ့ၤဝီၤ, ဝံာ်တရံး ၂. လဲၤဖဲအခိၣ်တိၤလိၤ, ကွဲးဖဲအခိၣ်တိၤလိၤ, မၤတၢ်ဖဲအခိၣ်တိၤလိၤ

meaning *n* အခီပညီ

meaningful *a* လၢအပှဲၤဒီးအခီပညီ, လၢအအိၣ်ဒီးအခီပညီ

meaningless *a* လၢအခီပညီတအိၣ်, လၢအကါတဒိၣ်

means *n* ၁. ကျဲ, တၢ်အကျိၤအကျဲ ၂. တၢ်ဒိၣ်ကျိၣ်ဒိၣ်စ့, တၢ်စုလီၢ်ခီၣ်ခိၣ်, တၢ်ပီးတၢ်လီ

by all means *idm:* သပှ်ၢ်ကတၢၢ်, ဃါမနၤ

by means of *idm:* လၢတၢ်နဲ့ၣ်အဃိ

by no means *idm:* တမ့ၢ်လ့ၤတက့ၤ

meantime *adv* အကတီၢ်ဖဲန့ၣ်, တၢ်ဆၢကတီၢ်ဖဲန့ၣ်အခါ, ဖဲတကတီၢ်ဃီန့ၣ်

meanwhile *adv* အဖၢမ့ၢ်, ဖဲတကတီၢ်ဃီန့ၣ်

measles *n* သမူးဖိ, တၢ်ဆါဖိ

measurable *a* လၢတၢ်ထိၣ်အီၤတဲာ်အီၤသ့ဝဲ

measure *n* နီၣ်ဃီၣ်, နီၣ်ထိၣ်

measure *v* ထိၣ်တဲာ်, ထိၣ်နီၣ်, ထိၣ်ဃါ

measured *a* လၢအအိၣ်ဒီးတၢ်ကွၢ်ထံဆိကမိၣ်တၢ်ဃၢ်ခီဃၢ်ခီ

measurement *n* တၢ်ထိၣ်တၢ်တဲာ်, တၢ်ထိၣ်နီၣ်တဲာ်နီၣ်

meat *n* တၢ်ညၣ်

meat loaf *n* ကိၣ်တၢ်ညၣ်လိၣ်

meat market *n* ပှၤဆါလီၤအီၣ်သးအလီၢ်

meatball *n* တၢ်ညၣ်ဖျၢၣ်, တၢ်ညၣ်ဖျၢၣ်သလၢၣ်

meathead *n* ပှၤတထံတဆး, ပှၤအီရံၢ်အီရိာ်, ပှၤငီး, ပှၤလၢအတၢ်ဆိကမိၣ်တအိၣ်, ပှၤလၢတအိၣ်ဒီးတၢ်ဆိကမိၣ်ဆိကမး

meaty *a* ၁. လၢအညၣ်အိၣ်အါ, လၢအညၣ်ပၣ်အါ ၂. လၢအလီၤက်ဒီးတၢ်ညၣ် ၃. လၢအနၣ်အဒ့ဂ့ၤ, လၢအဒိၣ်ဒီးဘိၣ်

mechanic *n* ပှၤဘီစဲး

mechanical *a* လၢအဘၣ်ထွဲဒီးစဲးဖီကဟၣ်

mechanical engineering *n* တၢ်ဘီစဲးဖီကဟၣ်ပီညါ, တၢ်ဘီစဲးဖီကဟၣ်တၢ်သ့တၢ်ဘၣ်တၢ်မၤလိ

mechanics *n* စဲးဖီကဟၣ်ပီညါ, တၢ်ကူၣ်ဘၣ်ကူၣ်သ့ဘၣ်ဃးစဲး

mechanism *n* ၁. စဲးဖီကဟၣ်အတၢ်မၤလဲၤတရံးသးအကျိၤအကျဲ ၂. သနူ, တၢ်မၤအကျိၤအကျဲ, တၢ်မၤအကျဲအကပူၤ

medal *n* တၢ်ပနီၣ်, တၢ်မၤလၤကပီၤပနီၣ်

medallion *n* တၢ်လၤကပီၤအတၢ်ကယၢကယဲ

medallist *n* ၁. ပှၤလိာ်ကွဲတၢ်ဖိလၢအမၤန့ၢ်တၢ်လၤကပီၤအပနီၣ် ၂. ပှၤတ့တၢ်လၤကပီၤအပနီၣ်

meddle *v* မၤနီးတၢ်, မၤတံာ်တာ်တၢ်, ဂဲၤတံာ်တာ်တၢ်

meddlesome *a* လၢအမၤနီးတၢ်, လၢအမၤတံာ်တာ်တၢ်, လၢအနုာ်လီၤမၤတံာ်တာ်, လၢအနုာ်လီၤဂံာ်စုဂံာ်ခီၣ်

media *n* ကမျၢၢ်တၢ်ဆဲးကျိးဆဲးကျၢ, ကမျၢၢ်တၢ်ကစီၣ်

mediate *v* နုာ်လီၤလၢတၢ်ဘၢၣ်စπၤဒီးကျိၤဃူကျဲၤဖိးတၢ်, နုာ်လီၤလၢတၢ်ခံမံၤအဘၢၣ်စπၤမၤဘၣ်လိာ်ဖိးမံတၢ်

mediation *n* တၢ်ကျဲၤဘၣ်လိာ်

mediator *n* ပှၤလၢအနုာ်လီၤလၢတၢ်ဘၢၣ်စπၤဒီးကျဲၤဃူကျဲၤဖိးတၢ်, ပှၤကျဲၤဃူကျဲၤဖိးတၢ်လၢ (တၢ်) ခံမံၤအဘၢၣ်စπၤ

medical *a* ဘၣ်ဃးဒီးကသံၣ်ကသီ

medical *n* တၢ်သမံသမိးကွၢ်တၢ်အိၣ်ဆူၣ်အိၣ်ချ့

medicate *v* ဟ့ၣ်ကသံၣ်ကသီ, ဟ့ၣ်အီကသံၣ်ကသီ

medicated *a* ၁. လၢအဟ့ၣ်ကသံၣ်ကသီ, လၢအဟ့ၣ်အီကသံၣ်ကသီ ၂. လၢအပၣ်ဃုာ်ဒီးကသံၣ်ကသီ

medication *n* ကသံၣ်ကသီ, တၢ်ဟ့ၣ်အီကသံၣ်ကသီ, တၢ်ကူစါယါဘျါလၢကသံၣ်ကသီ

medicinal *a* လၢအကဲကသံၣ်ကသီ, လၢအဂ့ၤကသံၣ်ဂ့ၤကသီ

medicine *n* ကသံၣ်ကသီ

medieval, mediaeval *a* လၢအဘၣ်ဃးဒီးစီၤခၢၣ်သး (ခ. န. ၁၁၀၀ – ၁၄၀၀ အဘၢၣ်စπၤ)

mediocre *a* ဘၣ်ဒး, ဖဲအကြၢးအဘၣ်

M

mediocrity *n* တၢ်ဖဲအဘၣ်ဘၣ်, တၢ်ဖဲအကြၢးအဘၣ်
meditate *v* ကွၢ်ထံဆိကမိၣ်တၢ်ကယီကယီ, ဆိကမိၣ်ကွၢ်တၢ်ယၢ်ခီယၢ်ခီ, ဆိကမိၣ်ထံတၢ်
meditation *n* တၢ်ကွၢ်ထံဆိကမိၣ်တၢ်ကယီကယီ, ဆိကမိၣ်ကွၢ်တၢ်ယၢ်ခီယၢ်ခီ, ဆိကမိၣ်ထံတၢ်
Mediterranean *a* လၢအဘၣ်ထွဲဘၣ်ဃးဒီးမဲးဒံၣ်ထၢၣ်ရ့နယၢၣ်ပီၣ်လဲၣ်
medium *a* တဒိၣ်တဆံး, လၢအဘၣ်ဘၣ်, အဂီၢ်မ်ာ်
medium *n* တၢ်အဘၢၣ်စၢၤ, တၢ်လၢအအိၣ်လၢတၢ်ခၢၣ်သး, တၢ်ထိၣ်ဃူ, လၢအညီနုၢ်
medley *n* တၢ်အိၣ်ဖိုၣ်ကျဲၣ်ကျီလိာ်သး, တၢ်ကျဲၣ်ကျီလိာ်သး, တၢ်ဟ်ဖိုၣ်ထီၣ်သးအါနုၢ်တခါ
meed *n* တၢ်ဟ့ၣ်လၤကပီၤ, ခိၣ်ဖး
meek *a* လၢအဆီၣ်လီၤသး, လၢအသးစူၤ, လၢအအၢၣ်လီၤဇိကနဲၣ်တၢ်
meet *n* ၁. တၢ်ထံၣ်လိာ်သကိၢ်လိာ်သး, တၢ်ထံၣ်လိာ်ဟ်ဖိုၣ်ထီၣ်သးလၢတၢ်ကလူၤပှၢ် ၂. တၢ်လိာ်ကွဲပြၢအမူး
meet *v* ထံၣ်လိာ်သး, ဘၣ်သကိၢ်လိာ်သး
meeting *n* တၢ်အိၣ်ဖိုၣ်, တၢ်ထံၣ်လိာ်သး, တၢ်သကိၢ်လိာ်သး
mega *a* ၁. လၢအဖးဒိၣ်, လၢအဒိၣ်ဒိၣ်သွါသွါ ၂. လၢအဂ့ၤဒိၣ်မး
megabyte *n* မံၣ်ကၣ်ဘဲး, ခီၣ်ဖျူထၢၣ်အယူၣ်နံးလၢအပဲ့ၤသိးဒီး ၁, ၀၄၈, ၅၇၆ ဘဲး
megahertz *n* မံၣ်ကၣ်ဟၢး(စ), ကွဲၤလဲ့လီၤအလီကျိၤအဘျီအယူၣ်နူး – လၢအထဲသိးဒီးတကကွဲၢ်ဟၢး(စ) (MHz)
megaphone *n* စဲးမၤသီၣ်ဒိၣ်ထီၣ်တၢ်ကလုၢ်
megawatt *n* မံၣ်ကၣ်ဝး
melancholy *n* တၢ်သူၣ်ဘၣ်ဖိုၣ်သးဘၣ်ဖိုၣ်, တၢ်ဘၣ်မိၣ်ဘၣ်မး, တၢ်သူၣ်အုးသးအုး
melee *n* ပှၤဂိၢ်မုၢ်အတၢ်သဘံၣ်သဘုၣ်, တၢ်ဘၣ်သကိၢ်ဖုးလိာ်သး, တၢ်ဃ့ၢ်ဘၣ်တိၢ်ဘၣ်ထံးလိာ်သး
mellow *a* ၁. လၢအကပုာ်လုး, လၢအကဘုးလုး ၂. လၢအဝံၣ်အဘဲ ၃. လၢအအီသံးမူၤထီၣ်
mellow *v* နုးမံ, နုးကပုာ်, နုးကဘုး, နုးဂၢၢ်ထီၣ်
mellowdrama *n* တၢ်မၤအသးဒ်တၢ်နုးနဲၣ်မူအသိး, တၢ်နုးနဲၣ်တၢ်ဇိတၢ်တဲာ်, တၢ်သူၣ်ဟူးသးဂဲၤလၢအအါတလၢ
mellowdramatic *a* လၢအမၤအသးဒ်တၢ်နုးနဲၣ်တၢ်ဂီၤမူအသိး, လၢအသူၣ်ဟူးသးဂဲၤအါတလၢ
melodious *a* လၢအသီၣ်မှာ်, လၢအမှာ်သယုၢ်
melody *n* တၢ်သီၣ်လၢအမှာ်
melon *n* ဒံမုၣ်သၣ်
melt *v* ပံၢ်လီၤ, နုးပံၢ်လီၤ, မၤပံၢ်လီၤ
meltdown *n* ၁. တၢ်ပံၢ်လီၤ ၂. မှၢ်ကျိၤဝဲၤကွာ်လီၤ ၃. တၢ်ဆါတၢ်ပူၤဖှါလီၤ
melting pot *n* ၁. သပၢၤလၢအမၤပံၢ်ဒီးကျဲၣ်ကျီစၢ်ထး ၂. တၢ်လီၢ်ဖဲပှၤအါဂၤဒီးတၢ်ဆိကမိၣ်ဟ်သးအါမံၤဟ်ဖိုၣ်ဃုာ်သးအလီၢ်
member *n* ကရၢဖိ
membership *n* တၢ်ကဲထီၣ်ကရၢဖိ, တၢ်မ့ၢ်ကရၢဖိတဂၤ, ကရၢဖိတဖၣ်, ကရၢဖိအနီၣ်ဂံၢ်
membrane *n* တၢ်အသလီ, အသလီ
memento *n* တၢ်လၢအနးသ့ၣ်နီၣ်ထီၣ်ကူၤတၢ်
memo *n* တၢ်ကွဲးနီၣ်ကွဲးဃါ, တၢ်ဟ်ဖျါတၢ်ဂ့ၢ်လၢကရၢတဖုအဘၢၣ်စၢၤ, တၢ်ဘီးဘၣ်သ့ၣ်ညါနးသ့ၣ်နီၣ်ထီၣ်ကူၤတၢ်
memoir *n* နီၢ်ကစၢ်အတၢ်ကွဲးနီၣ်ကွဲးဃါ
memorabilia *n* တၢ်ဖိတၢ်လံၤလၢတၢ်ဟ်အီၤလၢတၢ်သ့ၣ်နီၣ်အဂီၢ်
memorable *a* လၢတၢ်သးပှၤနီၣ်အီၤတသ့, လၢတၢ်သ့ၣ်နီၣ်အဂီၢ်, ကြၢးလၢတၢ်သ့ၣ်နီၣ်အီၤ
memorandum *n* တၢ်ကွဲးနီၣ်ကွဲးဃါ, တၢ်ဟ်ဖျါတၢ်ဂ့ၢ်လၢကရၢတဖုအဘၢၣ်စၢၤ, တၢ်ဘီးဘၣ်သ့ၣ်ညါနးသ့ၣ်နီၣ်ထီၣ်ကူၤတၢ်
memorial *a* လၢတၢ်မၤအီၤလၢတၢ်သ့ၣ်နီၣ်ထီၣ်လၢတၢ်တမံၤမံၤအဂီၢ်, လၢအဘၣ်ထွဲဒီးတၢ်သ့ၣ်နီၣ်အပနီၣ်
memorial *n* တၢ်သ့ၣ်နီၣ်အပနီၣ်, တၢ်မၤတၢ်သ့ၣ်နီၣ်ထီၣ်လၢတၢ်တမံၤမံၤအဂီၢ်
memorize, memorise *v* တိၢ်နီၣ်ဖံးဃာ်, သ့ၣ်နီၣ်, မၤနီၣ်

M

memory *n* ၁. တၢ်သ့ၣ်နီၣ်ထီၣ်တၢ်, တၢ်လၢပှၤသ့ၣ်နီၣ် ၂. တၢ်တိၢ်နီၣ်ဖံးယာ် ၃. ခီၣ်ဖျူထၢၣ်ယှူၣ်နုးလၢအပာ်ကီၤတၢ်ဂ့ၢ်တၢ်ကျိၤ

menace *n* တၢ်မၤပျံၤမၤဖုး

menace *v* မၤပျံၤမၤဖုးတၢ်

menagerie *n* တၢ်ဒုးနဲၣ်ဆၣ်ဖိကိၢ်ဖိအလီၢ်

mend *v* ၁. ဘိုဂ့ၤ, ဘိုက့ၤ, ဘိုဂ့ၤထီၣ်, မၤဂ့ၤထီၣ် ၂. ဆးကျး (တၢ်ကူတၢ်ကၤ) ၃. အိၣ်ဆူၣ်ထီၣ်က့ၤ, ကိညၢ်ထီၣ်က့ၤ ၄. ထၢနုာ်မ့ၣ်အှူဆၣ်

mendacious *a* လၢအကလုၢ်တတီ, လၢအတတီတလိၤ, လၢအတမ့ၢ်တတီ, လၢအလီတၢ်ဝ့ၤတၢ်, ကဘျံးကဘျၣ်

mendacity *n* တၢ်ကတိၤကဘျံးကဘျၣ်, တၢ်ကဘျံးကဘျၣ်, တၢ်လီတၢ်ဝ့ၤ

mendicant *n* ၁. ပှၤယ့အီၣ်တၢ် ၂. ပှၤယ့တၢ်မၤဘူၣ်မၤတိၢ်, ပှၤယ့တၢ်မၤစၢၤ

menial *a* လၢတလိၣ်တၢ်စုသ့ခီၣ်ဘၣ်တၢ်သ့တၢ်ဘၣ်အါလၢ်ကဲာ်ဆိး, လၢအကဲတၢ်ခ့တၢ်ပှၤအတၢ်မၤ

menial *n* တၢ်ခ့တၢ်ပှၤ, ပျၢ်

meningitis *n* ခိၣ်နူာ်သလီညိး

menopause *n* ပိာ်မုၣ်လုၢ်လၢ်ပတုာ်

menorah *n* မနိရၣ်, ပနဲထူၣ်စီဆုံလၢတၢ်ကဒ့ၣ်ပနဲန့ံဘိအဂီၢ်

menstrual *a* လၢအဘၣ်ထွဲဒီးပိာ်မုၣ်အလုၢ်အလၢ်ဟဲ, လၢအဘၣ်ထွဲဒီးပိာ်မုၣ်အသွံၣ်ဟဲ

menstrual cycle *n* ပိာ်မုၣ်အလုၢ်အလၢ်ဟဲဆၢက့ၤတဝီ, ပိာ်မုၣ်အသွံၣ်ဟဲအတၢ်လဲၤတရံးအသး

menstruate *v* လုၢ်လၢ်ဟဲ, သွံၣ်ဟဲ

menstruation *n* (ပိာ်မုၣ်) လုၢ်လၢ်ဟဲ, သွံၣ်ဟဲ

mental *a* လၢအဘၣ်ယးဒီးသးအတၢ်ဆိကမိၣ်, ဘၣ်ယးဒီးသး

mental block *n* ခိၣ်နူာ်တမၤတၢ်လၢၤ, ခိၣ်နူာ်တမၤတၢ်, ဆိကမိၣ်တၢ်တထီၣ်

mentality *n* တၢ်ဟ်သူၣ်ဟ်သး

menthol *n* မဲးသိၣ်သံးခိၣ်ထံ, သံးစီဝါဆုံလၢအိၣ်ဒီးကဖီျၣ်အစီဒီးအရိၢ်

mention *v* ယၢၤထီၣ်, စံးဘၣ်တဲဘၣ်, တဲဘၣ်တၢ်

mentor *n* ပှၤဟ့ၣ်ကူၣ်တၢ်, ပှၤနဲၣ်တၢ်, ပှၤကူၣ်လိာ်တၢ်

menu *n* ၁. တၢ်အီၣ်မံၤရဲၣ် (လၢတၢ်အီၣ်ကျး), တၢ်အီၣ်တၢ်အီအမံၤစရီ ၂. ခီၣ်ဖျူၣ်ထၢၣ်တၢ်ယုထၢမၤတၢ်အကျိၤအကွာ်အမံၤစရီ

mercantile *a* လၢအဘၣ်ယးဒီးပနံၣ်တၢ်ကၤ, လၢအဘၣ်ယးဒီးတၢ်ဆါတၢ်ပွ့ၤ

mercenary *a* လၢအမၤတၢ်လၢကျိၣ်စ့အဂီၢ်, လၢအမၤတၢ်ထဲလၢကန့ၢ်စ့အဂီၢ်

mercenary *n* ပှၤသုးဖိဒီးလဲအသး

merchandise *n* ပနံာ်လၢတၢ်ကဆါပွ့ၤအီၤအဂီၢ်

merchant *a* လၢအဘၣ်ထွဲဒီးတၢ်ကူၣ်လဲမၤကၤ

merchant *n* ပှၤကၤတၢ်ဖိ, ပှၤကူၣ်လဲမၤကၤတၢ်

merciful *a* လၢအအိၣ်ဒီးတၢ်သးကညီၤ, လၢအပှဲၤဒီးတၢ်သးကညီၤ

merciless *a* လၢအတအိၣ်ဒီးတၢ်သးကညီၤ, လၢအတသးကညီၤတၢ်

mercury *n* မၢၣ်ခ့ူၣ်ရံၣ်, ပဒါ, တၢ်အထံအနီၢ်အိၣ်လၢသမိမံထၢၣ်အပူၤ

Mercury *n* မၢၣ်ခ့ူၣ်ရံၣ်မူဖျၢၣ်, ပှာ်ယူၤ, ပှာ်လၢအအိၣ်လၢသမိမံထၢၣ်အပူၤ

mercy *n* တၢ်သးကညီၤ

mercy killing *n* တၢ်မၤသံပှၤဂၤလၢတၢ်သးကညီၤအပူၤ အဒိ, တူၢ်ဘၣ်တၢ်ဆါအယိ

mere *a* ထဲဒၣ်

mere *n* ကမါဆံးဆံးဖိ, နိၣ်ဖိ

merely *adv* ထဲ, ထဲဒၣ်, ထဲဒၣ်ဧါ

merge *v* ဟ်ဖှိၣ်

merger *a* လၢအဟ်ဖှိၣ်ထီၣ်သး, လၢအအိၣ်ကျၢၣ်ကျိရူးဖှိၣ်လိာ်သး

merger *n* တၢ်ဟ်ဖှိၣ်ခီပနံၣ်ခံခါ မ့တမ့ၢ် တၢ်ကရၢကရိခံခါဒီးဒုးကဲထီၣ်အီၤဆူတခါယီ, ပနံာ်တၢ်ကၤစၢဖှိၣ်ကရၢ

meridian *a* ဘၣ်ယးဒီးမုၢ်ထူၣ်

meridian *n* မုၢ်ထူၣ်ပနီ

meringue *n* ကိၣ်မရဲ, ကိၣ်စိုးယ့လၢတၢ်ထၢနုာ်ဆီဒံၣ်တကီၤဝါဒီးအံသၣ်ဆၢ

merit *n* ပါရမံ, ဘူၣ်ဖိၤတိၢ်ဖိၤ, တၢ်ဂ့ၤတၢ်ဝါ

merit *v* (တၢ်လၢပ) ကြၢးဒီးန့ၢ်

M

mermaid *n* ပှၤထံလၢ်မုဉ်
merrily *adv* လၢတၢ်သူဉ်ဖှံသးညီအပူၤ, လၢတၢ်သးခုအပူၤ
merry *a* လၢအသူဉ်ဖှံသးညီ
merry-go-round *n* ကဟဉ်တရံးလၢတၢ်ဒိးလိာ်ကွဲအီၤ
mesa *n* တၢ်လှၢ်ခိဉ်လၢအခိဉ်ပၢၤလီၤဘံ, ကစၢၢ်ခိဉ်လၢအခိဉ်ပၢၤဒိးဘံလီၤ
mescaline *n* ကသံဉ်မူၤဘှီးလၢတၢ်မၤန့ၢ်အီၤလၢထိဉ်ဒိဉ်နဲး, မဲးစဲခဲလ့
mesh *n* ၁. စၢၤ, ပှာ် ၂. ပှာ်ယဲၤ
mesh *v* ဘဉ်ဘျးလိာ်အသး, ဘံဘူဆးဃၢလိာ်သး
mesmerism *n* တၢ်မၤသပ့ၤသးလၢမဲးစမၢဉ်အကျဲ
mesmerize, mesmerise *v* မၤလီၤသပ့ၤသး
mess *n* တၢ်ဘဉ်အၢဘဉ်သီ, တၢ်တကဆဲ့ကဆို
mess *v* မၤသဘံဉ်ဘုဉ်, မၤခံဉ်ရှဉ်ဘၢးလီတၢ်, မၤကဆံကဆွဲတၢ်
mess hall *n* ပှၤသုးဖိအီဉ်တၢ်အလီၢ်
mess kit *n* ၁. ပှၤသုးဖိအီဉ်တၢ်အီတၢ်အသဘံဉ်လီခီ ၂. ပှၤသုးဖိအယူန်ဖီလၢတၢ်ကၤအီၤလၢမူးတဘျီဘျီ
message *n* တၢ်ကစီဉ်
messenger *n* ပှၤဆှၢတၢ်ကစီဉ်, ပှၤစိာ်တၢ်မၤလိာ်
Messiah *n* မ့ၤရှံအၢ, တၢ်အုဉ်ခိဉ်ကစၢ်
messy *a* လၢအဘဉ်အၢဘဉ်သီ, လၢအတကဆဲ့ကဆို, လၢအသဘံဉ်ဘုဉ်ထ့ကးလိာ်အသး, လၢအလီၤတပိာ်
metabolism *n* မဲးထၢဉ်ဘီလံးစ်ဉ်, ဂ်ာအတၢ်ဆီတလဲအသးအကျိၤအကျဲလၢနီၢ်ခိပူၤလၢအဆီတလဲတၢ်အီဉ်ဆူတၢ်ဂံၢ်တၢ်ဘါ
metal *n* စၢၢ်ထး
metal *v* မၤအီၤလၢထး
metal detector *n* ပီးလီသမံသမိးကွၢ်စၢၢ်ထး, တၢ်ပီးတၢ်လီလၢအမၤသိဉ်အကလုၢ်ဖဲအထံဉ်လိာ်သးဒီးစၢၢ်ထးအခါ
metallic *a* လၢအဘဉ်ဃးဒီးစၢၢ်ဒီးတိၢ်ထးဒီးစ့, လၢအဟ်ဃှာ်လီၤဂ်ာဒီးစ့ဒီးတိၢ်ထးဒီးသးတူး
metallurgy *n* တိၢ်ထးပီညါ, စ့ဒီးတိၢ်ထးပီညါ
metalwork *n* စၢၢ်ထးအတၢ်မၤ
metamorphosis *n* မဲးထၢဉ်မိဉ်ဖိစ့း, တၢ်လဲလိာ်အက့ၢ်အဂီၤတဆီဘဉ်တဆီ, တၢ်လိဉ်ထိဉ်တဆီဘဉ်တဆီ
metaphor *n* တၢ်ကတိၤဒိကတိၤတဲာ်, တၢ်ကတိၤဒိလၢအနးဘဉ်ထွဲတၢ်ဒီးတၢ်အဂၤ
metaphysics *n* တၢ်ယုသ့ဉ်ညါမၤလိတၢ်လၢအအိဉ်တဖဉ်အတၢ်လိဉ်ထိဉ်ကဲထိဉ်အဂ့ၢ်
mete *v* ဟ့ဉ်တၢ်စံဉ်ညီဉ်
meteor *n* ဆဉ်ယူၤ
meteorite *n* မူဖျာဉ်အက့အခီလၢအလီၤတဲာ်, လၢအဖိုးကွံာ်ဆူမူဖျာဉ်အဂၤတဖျာဉ်အလီၤ, ဆဉ်ယူၤအက့အခီတဖဉ်
meteoroid *n* မူဖျာဉ်အက့အခီလၢအဟဲလီၤတဲာ်ဆူဟီဉ်ခိဉ်, ဆဉ်ယူၤအက့အခီတဖဉ်
meteorology *n* တၢ်ထိဉ်ဒွးမူခိဉ်ကလံၤပီညါ
meter *n* ၁. နီဉ်ထိဉ်, မံထၢဉ်
methane *n* မံးသ့ဂ်ာသဝံ
method *n* တၢ်မၤအကျဲ
methodical *a* လၢအမၤတၢ်ဒ်တၢ်မၤအကျိၤအကျဲဟဲအသိး, လၢအအိဉ်ဒီးတၢ်ရဲဉ်တၢ်ကျဲၤအဂ့ၢ်အဝီလီၤတံၢ်လီၤဆဲး
Methodist *n* မဲးသဒ့းတၢ်အိဉ်ဖှိဉ်ဖိ
methodology *n* တၢ်မၤအကျိၤအကျဲပီညါ, တၢ်မၤအကျဲကပူၤ
meticulous *a* လၢအလီၤတံၢ်လီၤဆဲး, လၢအလၢအပှဲၤလီၤတံၢ်လီၤဆဲး
metre, meter *n* မံထၢဉ်, ၁၀၀၀ မံထၢဉ် = ၁ ကံလိမံထၢဉ်
metric *a* လၢအဒိးသန့ၤထိဉ်အသးလၢမံထၢဉ်, လၢအဘဉ်ထွဲဒီးတၢ်ထိဉ်တၢ်ဒွးလၢမံထၢဉ်ဒ်တၢ်အယူဉ်နံးခိဉ်သ့ဉ်အသိး
metric system *n* တၢ်ထိဉ်တၢ်တဲာ်သန့လၢအစူးကါမံထၢဉ်, ကံလိကြံ(မ), လံးထၢဉ်ဒ်ယူဉ်နံးခိဉ်သ့ဉ်အသိး
metric ton, metric tonne *n* တဉ်, တၢ်ထိဉ်တၢ်အတယၢၢ်လၢအပှဲၤသိးဒီး ၁, ၀၀၀ ကံလိဉ်ကြံၢ်(မ) (၂,၂၀၅ ပီဉ်)

M

metro *n* ဟီၣ်လာ်လ့ၣ်မ့ၣ်အူကျဲအကျိၤ အကျဲလၢကီၢ်ဖြၣ်စ့ၣ်အပူၤ

metropolis *n* ဝ့ၢ်ဖးဒိၣ်, ဝ့ၢ်မိၢ်ပှၢ်လၢအကါဒိၣ်, ဝ့ၢ်ခိၣ်

metropolitan *a* လၢအဘၣ်ယးဒီးရူပူၤဝ့ၢ်ပူၤ, လၢအဘၣ်ယးဒီးဝ့ၢ်ခိၣ်

mettle *n* တၢ်သူၣ်ဆူၣ်သးဆူၣ်, တၢ်သးရူတလ့ၢ်, တၢ်သးစွံကတုၤ

Miao *n* ၁. မိကလုာ်နူၣ် ၂. မိအကျိာ်

mica *n* လၢၢ်မဲးခ့ၣ်, လၢၢ်ဘ့ၣ်ဘၣ်လၢပကွၢ်ဖျိအီၤဒီးမၤအီၤဘူသလါသ့

micro *a* လၢအဆံးတလၢ, လၢပြံကဒံဖိ

microbe *n* တၢ်ဃၢ်ပြံကဒံလၢအနုးအိၣ်ထိၣ်တၢ်ဆါ မ့တမ့ၢ် ဘဲးထံရံယါတၢ်ဆါဃၢ်လၢအနုးအိၣ်ထိၣ်တၢ်ဆူးတၢ်ဆါဃၢ် မ့တမ့ၢ် ကုၤ

microbiology *n* တၢ်ယုသ့ၣ်ညါဘၣ်ယးတၢ်ဃၢ်ပြံကဒံဖိတဖၣ်အဂ့ၢ်

microchip *n* မဲးခြိၣ်ခွံး, တၢ်ဘ့ၣ်ဘူသလါဖိလၢတၢ်ထၢနုာ်လီယွၤဝးတရံးကျိၤ

microcosm *n* တၢ်လၢပှၤကွဲးဒိဆံးလီၤနီၢ်အမိၢ်ပှၢ်, တၢ်အိၣ်မူအတဝၢလၢအဆံးနီၢ်ဒံးတၢ်မူအမိၢ်ပှၢ်

microcredit *n* တၢ်ဟ့ၣ်လိၢ်လီၤစ့စ့ၤကီာ်ဆူမုၢ်ကျိၤဝဲၤကွာ်တၢ်မၤအသိလၢအိၣ်ဒီးအစ့အ့ၣ်စ့ၤကီာ်ဖိ

microfilm *n* မဲးခြိၣ်လီလုၤကွီၤ, လီလုၤကွီၤဆံးဆံးဖိလၢအအိၣ်ဒီးတၢ်ဂီၤဆံးဆံးဖိဒီးတၢ်ကွဲးနီၣ် မ့တမ့ၢ် တၢ်ကစီၣ်တဖၣ်

micrometer *n* ၁. နီၣ်ထိၣ်ဆံးဆံးဖိလၢထိၣ်တၢ်အယံၤ မ့တမ့ၢ် တၢ်အဘူအတီၣ်

micrometre, micrometer *n* မဲးခြိၣ်မံထၢၣ်, ၁ မဲးခြိၣ်မံထၢၣ် = ၀.၀၀၀၀၀၁ မံထၢၣ်

microorganism *n* တၢ်ဃၢ်ပြံကဒံလၢအနုးအိၣ်ထိၣ်တၢ်ဆါ, ဘဲးထံရံယါတၢ်ဆါဃၢ်, တၢ်ဆါဃၢ် မ့တမ့ၢ် ကုၤ

microphone *n* ကလုၢ်ဒၢ

microprocessor *n* တၢ်လၢအပၢၤခိၣ်ဖွူၤထၢၣ်အလီယွၤတရံးအကျိၤအကျဲ

microscope *n* မဲးခြိၣ်စကီး, တၢ်ပီးတၢ်လီလၢအမၤဖျါဒိၣ်ထိၣ်တၢ်ဆံးဆံးဖိ, မဲာ်ကလၤပီၤလၢတၢ်ကွၢ်တၢ်ပြံကဒံဖိ, မဲာ်ကလၤပီၤကွၢ်တၢ်ဆါအဃၢ်

microscopic *a* လၢပထံၣ်အီၤသ့ထဲလၢမဲးခြိၣ်စကီး, လၢပထံၣ်အီၤသ့ထဲလၢမဲာ်ကလၤပီၤလၢတၢ်ကွၢ်တၢ်ပြံကဒံဖိ, လၢအဆံးတလၢ

microsecond *n* တစဲးကးအကကွဲၢ်ဘျီတဘျီ, မဲးခြိၣ်စဲးကီး

microwave *n* ၁. လီသဟီၣ်ထးနါအလၢကျိၤလၢအဖုၣ်နီၢ်ကွဲၤလ့လိၤအလၢကျိၤ, လီသဟီၣ်ယွၤကျိၤ ၂. မဲးခြိၣ်ဝ့းဖၣ်ကွာ်, ဖၣ်ကွာ်ဒၢမၤကိၢ်ထိၣ်တၢ်အိၣ်တၢ်အီလၢတၢ်စူးကါလီမ့ၣ်အူ

microwave *v* ဖီအီၣ် မ့တမ့ၢ် မၤကိၢ်ထိၣ်တၢ်လၢမဲးခြိၣ်ဝ့းဖၣ်ကွာ်အပူၤ

microwave oven *n* မဲးခြိၣ်ဝ့းဖၣ်ကွာ်, ဖၣ်ကွာ်ဒၢမၤကိၢ်ထိၣ်တၢ်အိၣ်တၢ်အီလၢတၢ်စူးကါလီမ့ၣ်အူ

mid *a* လၢအခၢၣ်သး

midday *n* မုၢ်ထူၣ်

middle *n* အခၢၣ်သး, အဖးဖီ, တၢ်ခၢၣ်သး

middle age *n* စီၤခၢၣ်သး

middle class *n* ပှၤခၢၣ်သးတပတိၢ်, ပှၤဂီၤမ်ာ်ပတိၢ်, ပှၤမၤသ့အိၣ်ဘၣ်ဖဲအကြၢး

Middle East *n* မုၢ်ထိၣ်တၢ်ခၢၣ်သးလိၢ်ကဝီၤ, မုၢ်နုာ်ကလံၤထံးအ့ရှၢၣ်ဒီးကလံၤစီးအၢဖြိကၤကပိာ်ကပၤဟီၣ်ကဝီၤ, မဲးဒံၣ်ထၢၣ်ရှနယၢၣ်တုၤဖၣ်ကံးစတၣ်

middle ground *n* ၁. တၢ်လီၤဘၣ်လၢတၢ်ခၢၣ်သးအလိၢ် ၂. တၢ်ခၢၣ်သးအလိၢ်

middle name *n* မံၤခၢၣ်သး

middleman *n* ပှၤလၢတၢ်ဘၢၣ်စၢၤ, ပှၤလၢတၢ်ခၢၣ်သး

middle-of-the-road *n* ဖဲအဘၣ်ဘၣ်, လၢအဘၣ်ဘၣ်, ဘၣ်ဒး

middling *a* ၁. လၢအဘၣ်ဒး, လၢအဘၣ်ဘၣ် ၂. လၢအတအါတစုၤ

midfield *n* ပှၤဂဲၤလိာ်ကွဲလၢတၢ်ခၢၣ်သး, တၢ်လိာ်ကွဲပျီခၢၣ်သး

midget *n* ၁. ပှၤလၢအဖုၣ်အဆံး ၂. တၢ်ဖိတၢ်လံၤအဆံးကတၢၢ်

midlife *n* ပှၤလၢအသးအိၣ် ၄၉ ဒီး ၆၀ အဘၢၣ်စၢၤ, ပှၤလၢအသးတပှၢ်ကဲာ်ဆိးဒံးဘၣ်

midnight *n* ဖးဖီမုၢ်

midriff *n* ဟၢဖၢ

midst *n* လၢအခၢၣ်သး, လၢအသးကံၢ်ပူၤ, လၢအကျါ, ကဒဲကဒဲ

midterm *n* နံၣ်တတ်, တၢ်မၤလိကတီၢ်တတ်

midway *n* ဖးဖီကျဲ, ကျဲဖးဖီ, တၢ်ဘၢၣ်စၢၤ

midweek *n* နွံဖးဖီ, နွံတတ်

midwife *n* ပှၤကွၢ်ပှၤဟုး, ပှၤနုးအိၣ်ဖျဲၣ်စၢၤဖိ

mien *n* ၁. ပှၤမံယၢၣ်ဖိ ၂. ပှၤအတၢ်ပာ်မဲာ်ပာ်နါ, ပှၤအမဲာ်သၣ်အတၢ်အိၣ်ဖျါ, သးအလုၢ်အလၢ်

might *n* တၢ်ဂံၢ်ဆူၣ်ဘါဆူၣ်, တၢ်အတဟီၣ်ဆူၣ်, တၢ်ဖးဒိၣ်ဖးလဲၢ်, တၢ်အါ, တၢ်ဂီၢ်မုၢ်ဂီၢ်ပၤ, တၢ်စိကမီၤဒိၣ်

might *v* ဘၣ်သ့ၣ်သ့ၣ်, ဘၣ်တဘၣ်

mighty *a* လၢအဂံၢ်ဆူၣ်, လၢအတဟီၣ်ဆူၣ်, လၢအဖးဒိၣ်, လၢအအါ, လၢအဂီၢ်မုၢ်ဂီၢ်ပၤ, လၢအစိကမီၤဒိၣ်

mighty *adv* ဂ့ၤဂ့ၤကလဲာ်, ဒိၣ်မး, နိၢ်နိၢ်

migraine *n* ခိၣ်ဆါဆဲး

migrant *n* ၁. ပှၤလၢအဟးထီၣ်ကွံာ်လၢအကီၢ်ဒၣ်ဝဲ, ပှၤလၢအဟးဆူထံဂၤကီၢ်ဂၤလၢကယုတၢ်မၤ ၂. ဆၣ်ဖိကီၢ်ဖိသုးလီၢ်သုးကျဲ

migrate *v* ဟးထီၣ်ကွံာ်လၢအကီၢ်, ဟးဆူထံဂၤကီၢ်ဂၤ

migration *n* တၢ်သုးလီၢ်သုးကျဲဆူတၢ်လီၢ်အဂၤ

mild *a* လၢအကပုာ်, လၢအတဆူၣ်ဘၣ်, လၢအစၢ်

mildew *n* တၢ်ဘိၣ်အိး

mild-mannered *a* လၢအတၢ်ပာ်သးဂၢၢ်တပၢၢ်, လၢအပာ်အသးခုၣ်ခုၣ်, လၢအအိၣ်ဃိကလာ်

mile *n* မံးလာ်

mileage *n* တၢ်ဒ့ၣ်စၢၤမံးလာ်လၢအလဲၤတ့ၢ်ဝဲ

milepost *n* မံးလာ်လၢၢ်ထူၣ်, လၢၢ်ထူၣ်လၢအမၤနိၣ်တၢ်ဒ့ၣ်စၢၤ

milestone *n* ၁. လၢၢ်ထူၣ်လၢအမၤနိၣ်တၢ်ဒ့ၣ်စၢၤ ၂. တၢ်အိၣ်သးအရှဒိၣ်အကတီၢ်

militant *a* လၢအအဲၣ်တၢ်ဒုးတၢ်ယၤ, လၢအအဲၣ်တၢ်အ့ၣ်လိာ်ဆိးက့

militant *n* ပှၤလၢအအဲၣ်တၢ်ဒုးတၢ်ယၤ, ပှၤလၢအယုတၢ်အ့ၣ်လိာ်

militarise *v* ဆီတလဲဒုးကဲထီၣ်ဒ်သုးအက့ၢ်အဂီၤအသိး, ဒုးအိၣ်ထီၣ်ဒ်သုးအက့ၢ်အဂီၤအသိး

militarize, militarise *v* ဆီတလဲဒုးကဲထီၣ်ဒ်သုးအက့ၢ်အဂီၤအသိး, ဒုးအိၣ်ထီၣ်ဒ်သုးအက့ၢ်အဂီၤအသိး

military *a* ဘၣ်ဃးသုး, လၢအဘၣ်ဃးဒီးသုး

military *n* သုး, သုးမုၢ်သံၣ်ဘိ

military attache *n* သုးမီၢ်သီ

military tribunal *n* သုးကွိၢ်ဘျိၣ်

militia *n* ဂၢၤကီၢ်

milk *n* တၢ်နၢ်ထံ

milk *v* ၁. ဆံးတၢ်နၢ်ထံ, စံၢ်တၢ်နၢ်ထံ, စံၢ်ထီၣ်တၢ်အနၢ်ထံ ၂. ယုန့ၢ်တၢ်အဘျုးလၢအဂီၢ်, ဟံးန့ၢ်တၢ်လၢအဂီၢ်

milk shake *n* တၢ်နၢ်ထံကျဲၣ်ကျိ

milky *a* ၁. လၢအအိၣ်ဒီးတၢ်နၢ်ထံအါအါ, လၢအလီၤက်ဒီးတၢ်နၢ်ထံခိၣ်ကျး ၂. ဖံးဘ့ၣ်အလွဲၢ်ဝါဘျ့ကဆှၣ် ၃. လၢတၢ်ကတိၤဆဲးတဖျိဘၣ်

Milky Way *n* ဆၣ်ဘှမုၢ်

mill *n* စဲးဂံာ်

mill *v* ဂံာ်, တီၢ်လီၤတၢ်ဂီၤလၢတဲကါလီၤ

millennium *n* အနံၣ်တကထိ, အနံၣ်တကထိပှဲၤဆၢကတ့ၤအလီၢ်

miller *n* ပှၤအိၣ်ဒီးစဲးဂံာ်ကိၣ်ကမူၣ်, ပှၤမၤတၢ်ဖိလၢအမၤတၢ်လၢတၢ်ဂံာ်ကိၣ်ကမူၣ်အလီၢ်

millet *n* ပှ့ၢ်

milliamp *n* မံလံၣ်အဲး(မ), တၢ်ထိၣ်လီယွၤကျိၤအယူၣ်နူး

millibar *n* မံလံၣ်ဘၤ

milligram, **milligramme** *n* မံလံၣ်ကြံၢ်(မ) ၁၀၀၀ မံလံၣ်ကြံၢ်(မ) = ၁ ကြံၢ်(မ)

millilitre, milliliter *n* မံလံၣ်လံထၢၣ်

millimetre, millimeter *n* မံလံၣ်မံထၢၣ်

millinery *n* ဖိာ်မုၣ်အခိၣ်ဖျိၣ်, ဖိာ်မုၣ်အခိၣ်ဆိး, ဖိာ်မုၣ်အခိၣ်သလုး, ဖိာ်မုၣ်အခိၣ်ကုာ်, တၢ်ကူၣ်လဲမၤကၤဖိာ်မုၣ်အခိၣ်ဖျိၣ်

million *n* တကကွဲၢ်, ၁,၀၀၀,၀၀၀

millionaire *n* သဲထံဖးဒိၣ်, ပှၤထူးပှၤတီၤဖးဒိၣ်

millipede *n* သံဝီၢ်ဒ့

millisecond *n* မံလံၣ်စဲးကီး

millstone *n* ၁. ဆၢၣ်ဂူာ်လၢၢ် ၂. မူဒါ, တၢ်ဝံဃၢ

mime *n* တၢ်နုးနဲၣ်စုနုးနဲၣ်ခီၣ်, တၢ်ပွးစုပွးခီၣ်

mime *v* နုးနဲၣ်စုခီၣ်ဂဲၤဒီတၢ်, ပွးဒီပွးတဲာ်

mimeograph *n* စဲးကွဲးဒိတၢ်လၢပျၢၤ

mimic *v* မၤဒိး (တၢ်), ကဲဒိး (တၢ်)

mimicry *n* တၢ်မၤဒိးတၢ်, တၢ်ကဲဒိးတၢ်

mimosa *n* နီၣ်မံ (ဝါ, ဂီၤ), နီၣ်မံဆှူၣ် (ဝါ, ဂီၤ), နီၣ်မံခ့

minaret *n* မူးစလ့ၣ်တၢ်ဘါလီၢ်တၢ်သူၣ်ထီၣ်ပျိာ်ခိၣ်, မူးစလ့ၣ်တၢ်ဘါလီၢ်ပျိာ်ခိၣ်လၢတၢ်ကဘိးဘၣ်ရၤလီၤလၢတၢ်ထုကဖၣ်တၢ်အဂီၢ်

mince *n* တၢ်ညၣ်ဃဲာ်, တၢ်ဃဲာ်သံ

mince *v* ဃဲာ်တၢ်ညၣ်

mind *n* သး, သးအတၢ်ဆိကမိၣ်

call to mind / bring something to mind
idm: မၤသ့ၣ်နီၣ်ထီၣ်က့ၤ, နုးသ့ၣ်နီၣ်ထီၣ်က့ၤ

mind *v* ၁. ကွၢ်ထွဲ, ဟ်သူၣ်ဟ်သး ၂. သးအုး, ဘၣ်ယိၣ်

mind-boggling *a* လၢအလီၤကမၢကမၣ်, တၢ်တဃဲာ်အီၤတသ့တညီ

minded *a* လၢအအိၣ်ဒီးသးအတၢ်ဆိကမိၣ်တမံၤမံၤ

mindful *a* လၢအသ့ၣ်ညါနၢ်ပၢၢ်တၢ်, လၢတၢ်သးစၢၢ်ဆၢအပူၤ, လၢအဒိကနၣ်တၢ်လီၤတံၢ်လီၤဆဲး

mindless *a* လၢအမၤတၢ်တအိၣ်ဒီးတၢ်ဆိကမိၣ်, လၢတအိၣ်ဒီးတၢ်သးစၢၢ်ဆၢ

mind-reader *n* ပှၤလၢအသ့ၣ်ညါပှၤဂၤအတၢ်ဆိကမိၣ်

mindset *n* တၢ်ဆိကမိၣ်တၢ်ဟ်သူၣ်ဟ်သးအဂံၢ်ထံး, တၢ်ဆိကမိၣ်အကျိၤအကျဲလၢကီလၢတၢ်ကလဲလိာ်အီၤ

mine *n* ၁. တၢ်လီၢ်လၢတၢ်ခူၣ်ဟီၣ်လာ်ပနံာ် ၂. မ့ၣ်ပိၢ်

mine *pro* ယတၢ်, ယဲ

mine *v* ၁. ခူၣ်စၢၢ်ခူၣ်ထး, ခူၣ်ဟီၣ်လာ်တၢ်ထူးတၢ်တီၤ ၂. ဆဲလီၤမ့ၣ်ပိၢ်

minefield *n* ၁. ပျီလၢအိၣ်ဒီးမ့ၣ်ပိၢ်အါအါဂိၢ်ဂိၢ်, မ့ၣ်ပိၢ်ပျီ ၂. တၢ်အိၣ်သးလၢအိၣ်ဒီးတၢ်ဘၣ်ယိၣ်, တၢ်အိၣ်သးလၢအအိၣ်ဒီးတၢ်ကီတၢ်ခဲလၢပှၤအဂီၢ်

miner *n* ပှၤခူၣ်ဟီၣ်လာ်ပနံာ်, ပှၤမၤတၢ်လၢတၢ်ခူၣ်ဟီၣ်လာ်ပနံာ်, ပှၤခူၣ်စၢၢ်ခူၣ်ထး

mineral *n* ဟီၣ်လာ်ပနံာ်, နံ့ဆၢၣ်တၢ်အသံးအကာ်လၢအအိၣ်လၢဟီၣ်ခိၣ်လာ်, တၢ်လၢအဘၣ်တၢ်ထုးထီၣ်အီၤလၢနံ့ဆၢၣ်ဟီၣ်လာ်, ဟီၣ်လာ်ထံ

mineral water *n* ဟီၣ်လာ်ထံ, နံ့ဆၢၣ်အဟီၣ်လာ်ထံ

mineshaft *n* ဟီၣ်လာ်တၢ်ပူၤကျိၤလၢအလဲၤနုာ်ဆူပှၤခူၣ်စၢၢ်ထးအလီၢ်

mingle *v* ကျဲၣ်ကျီဃါဃုာ်

mini *a* လၢအဆံးဆံးဖိ, လၢအဆံးအပြံကဒံဖိ

miniature *a* လၢပှၤကွဲးဒိဝဲဆံးန့ၢ်အမိၢ်ပှၢ်

miniature *n* တၢ်လၢပှၤမၤဒိအီၤလၢအဆံးန့ၢ်အမိၢ်ပှၢ်နီၢ်ကီၢ်

minibar *n* တၢ်ဆါသံးအလီၢ်ဆံးဆံးဖိ, တၢ်အီသံးအလီၢ်ဆံးဆံးဖိ, သံးကျးဆံးကိာ်ဖိ

minibus *n* သိလ့ၣ်ဘၢး(စ) ဆံးဆံးဖိလၢအတြီၢ်ပှၤ ၁၀ တုၤ ၁၅ ဂၤ, ဘၢး(စ)သိလ့ၣ်ဆံးကိာ်ဖိ

minicam *n* တၢ်ဒိတၢ်ဂီၤမူအဒၢဆံးဆံးဖိ

minimal *a* လၢအစှၤကတၢၢ်

minimart *n* ကျးရိဖိုၣ်ဆံးဆံးဖိ

minimize, minimise *v* ၁. မၤဆံးလီၤ, မၤစှၤလီၤ ၂. မၤဆံးလီၤစှၤလီၤအလုၢ်အပှ့ၤ

minimum *a* လၢအဆံးကတၢၢ်, လၢအစှၤကတၢၢ်

minimum *n* တၢ်လၢအစှၤကတၢၢ်, တၢ်အဆံးကတၢၢ်

minimum wage *n* တၢ်ဘူးတၢ်လဲအစှၤကတၢၢ်

mining *n* တၢ်ခူၣ်ဟီၣ်လာ်ပနံာ်

minister *n* ၁. ကိတိာ် ၂. တၢ်အိၣ်ဖိုၣ်သရၣ်

minister *v* ၁. ကွၢ်ထွဲမၤစၢၤတၢ်, ကဟုကယာ်ကွၢ်ထွဲတၢ် ၂. မၤတၢ်ခ့တၢ်ပှၤအတၢ်ဖံးတၢ်မၤ

ministry *n* ၁. ကိတိာ်ဝဲၤကျိၤ ၂. တၢ်ဘူၣ်တၢ်ဘါအတၢ်အိၣ်ဖိုၣ်သရၣ်ကရၢ

minivan *n* သိလ့ၣ်ပဒၢးလၢအဆံး, သိလ့ၣ်ပဒၢးအဆံးဖိလၢအပဒၢးပှၤကညီ

mink *n* ဆိတကလုာ်လၢတၢ်ဘုဉ်အီၤလၢတၢ်ကဟံးန့ၢ်အဆူဉ်, ဆိတကလုာ်လၢအဆူဉ်တီဉ်ကပီၤ

minnow *n* ၁. ညဉ်ပြံကဒံဖိ, ညဉ်ဆံးဆံးဖိ ၂. ခီပနံဉ်ဆံးကိာ်ဖိ, တၢ်ကရၢကရိတဖုဖု လၢအကါတဒိဉ်ကဲာ်ဆိး

minor *a* ၁. လၢအစုၤတက့ၢ် ၂. လၢအကါတဒိဉ်

minor *n* ၁. ပှၤလၢအတဒိဉ်တုာ်ခိဉ်ပှဲၤဒံး, ဖိသဉ် ၂. တၢ်န့အနိဉ်ထိဉ် အဒိ, C Minor

minority *n* ၁. တၢ်လၢအစုၤတက့ၢ် ၂. ကလုာ်ဖုဉ်ဖိ, ကလုာ်ဖုဉ်လၢအနိဉ်ဂံၢ်စုၤ ၃. တၢ်တဒိဉ်တုာ်ခိဉ်ပှဲၤဒံးအဆၢကတိၢ်

minstrel *n* ပှၤသံကျံ, ပှၤသးဝံဉ်တၢ်လၢစိၤခါဉ်သးတတီၤ, ပှၤဟးဝ့ၤဝီၤသူဉ်ဝံဉ်သးဆၢတၢ်

mint *n* ကဖိျဉ်, ဟီဉ်ဝီၤသ့, နိဉ်ဝီၤသ့

mint *v* မၤတိၢ်မၤစ့, ဘိတိၢ်ဘိစ့

minuet *n* တၢ်ဂဲၤဃံဃံလၢလၢလၢ ၁၇ ဒီး ၁၈ ယၢဖိုဉ်နံဉ်အတိၢ်ပူၤ

minus *a* လၢအစုၤလီၤ, လၢအတဂ့ၤ, လၢအစုၤလီၤထဲအံၤထဲနၤ

minus *n* တၢ်ထုးကွံာ်

minus *prep* ၁. ဘဉ်တၢ်ထုးကွံာ်, တၢ်ထုးကွံာ်တၢ်တမံၤမံၤ မ့တမ့ၢ် တၢ်တခါခါလၢတၢ်တမံၤအပူၤ, တအိဉ် ၂. တၢ်စူးကါအီၤလၢတၢ်ကိၢ်တၢ်ခ့ဉ်စုၤလီၤလၢဝးအပတိၢ်အဖီလာ်

minuscule *a* လၢအဆံးတလၢ

minute *a* ပြံကဒံဖိ, ဆံးကိာ်ဖိ, ကမံဒံဖိ

minute *n* မံးနံး

minute *v* ၁. ကွဲးတၢ်အိဉ်ဖှိဉ်အတၢ်ကွဲးနိဉ် ၂. ဆုၢထိဉ်တၢ်အိဉ်ဖှိဉ်အတၢ်ကွဲးနိဉ်

minutely *adv* ၁. တမံးနံးဘဉ်တမံးနံး ၂. လ့ၤတုၢ်လ့ၤတီၤ, လီၤတံၢ်လီၤဆဲး

minutes *n* တၢ်အိဉ်ဖှိဉ်တၢ်ကွဲးနိဉ်

minx *n* ပိာ်မုဉ်ဖိသဉ်လၢအမဲာ်ကဲၤ, ပိာ်မုဉ်ဖိလၢအရၢ်အစၢ်, ပိာ်မုဉ်ဖိမျဲစ်, ပိာ်မုဉ်ဖိလၢအမၤလီၤအဲဉ်အသးဒ်သိးကွဲန့ၢ်လွဲန့ၢ်တၢ်, ပိာ်မုဉ်လၢမၤကလံးကလးအသး

miracle *n* တၢ်လီၤလး

miraculous *a* လၢအလီၤကမၢကမဉ်, လီၤလိၢ်လီၤလး

mirage *n* တၢ်ကနကယီၢ်လၢအိဉ်ဖျါထိဉ် ခီဖျိကလံၤကိၢ်အဃိ

mire *n* ကပျၢၤ, ကပံာ်ပှဲာ်

mirror *n* မဲာ်ထံကလၤ

mirror *v* ၁. ဟ်ဖျါတၢ်အကနကယီၢ် ၂. တၢ်ခီဆၢဟ်ဖျါ

mirth *n* တၢ်သူဉ်ဖံသးညီ, တၢ်မၤမှာ်မၤခုဉ်ပှၤသး, တၢ်မၤဖံပှၤသး

miry *a* လၢအအိဉ်ဒီးကပံာ်ဘးဘီ, လၢအအိဉ်ဒီးတၢ်ကပျၢၤကပျၢ်, လၢအဘဉ်အၢဒီးကပံာ်, လၢအတဖျါ, လၢအသးတဆး

misadventure *n* တၢ်ဟဲဝံအအၢအသီ, တၢ်ဘဉ်န့ၢ်တၢ်တတၢာ်တနါ, တၢ်ဟဲဝံလၢအမၤဖုးမၤပျိၢ်အသး

misanthrope *n* ပှၤလၢအသးဟ့ပှၤကူပှၤကညီ, ပှၤလၢအသးဟ့ပှၤကညီတဝၢ

misapply *v* စူးကါကမဉ်တၢ်, စူးကါတၢ်လၢတဖိးသဲစး

misapprehend *v* နၢ်ပၢၢ်ကမဉ်တၢ်

misapprehension *n* တၢ်နၢ်ပၢၢ်ကမဉ်တၢ်

misappropriate *v* ဟုဉ်စူးကါပှၤဂၤအတၢ်, ဟုဉ်စူးကါပှၤဂၤအတၢ်စုလီၢ်ခီဉ်ခိဉ်

misappropriation *n* တၢ်ဟုဉ်စူးကါပှၤဂၤအတၢ်, တၢ်ဟုဉ်စူးကါပှၤဂၤအတၢ်စုလီၢ်ခီဉ်ခိဉ်

misbehave *n* တၢ်အလုၢ်အလၢ်တဂ့ၤ, တၢ်မၤအသးတကြၢးဘဉ်, တၢ်အလုၢ်အလၢ်လၢအတဃံတလၤ

misbehave *v* ဟ်သူဉ်ဟ်သးတဃံတလၤ, မၤတၢ်တဃံတလၤ, မၤတၢ်တလီၤမၤတၢ်တဘဉ်

misbehaviour, **misbehavior** *n* တၢ်အလုၢ်အလၢ်လၢအတဂ့ၤ, တၢ်သကဲာ်ပဝးလၢအတဂ့ၤ, တၢ်မၤတၢ်တဘဉ်အခါး

miscalculate *v* ဒွးကမဉ်တၢ်, တယးကမဉ်တၢ်

miscarriage *n* ဖိလီၤတဲာ်, ဟုးလီၤတဲာ်, ဟုးလီၤ

miscegenation *n* တၢ်ထိဉ်ဖိန့ၢ်မါလၢပှၤကလုာ်အဂၤ

miscellaneous *a* လၢအအိဉ်အကလုာ်ကလုာ်

mischance *n* တၢ်ဘူဉ်တဂ့ၤတိၢ်တဂ့ၤ, တၢ်ဟဲဝံအၢ

M

mischief *n* တၢ်မၤတၢ်တဂ့ၤတဝါ, တၢ်မၤလံကျိတၢ်

mischievous *a* မၤတံာ်တာ်တၢ်, နၢ်က့ၣ်, လံကျိ

miscommunication *n* တၢ်နၢ်ပၢၢ်ကမၣ်တၢ်, တၢ်ဆဲးကျိးဆဲးကျၢလၢအတဘၣ်လိာ်ဖိးမံလိာ်သး

misconceive *v* ၁. နၢ်ပၢၢ်ကမၣ်တၢ် ၂. ဆၢတဲာ်ကမၣ်တၢ်, ရဲၣ်ကျဲၤကမၣ်တၢ်

misconception *n* တၢ်နၢ်ပၢၢ်ကမၣ်တၢ်, တၢ်ဆိကမိၣ်ကမၣ်တၢ်

misconduct *n* တၢ်မၤတၢ်လၢတဘၣ်အခၢး, တၢ်မၤတၢ်တကြၢးတဘၣ်, လုၢ်လၢ်သကဲာ်ပဝးလၢအတဂ့ၤ

misconstruction *n* တၢ်ထုးထီၣ်ကမၣ်တၢ်အခီပညီ

misconstrue *v* ထုးထီၣ်ကမၣ်တၢ်အခီပညီ

miscount *v* ဂံၢ်ကမၣ်တၢ်, ဒွးကမၣ်တၢ်

miscreant *a* လၢအသကဲာ်ပဝးဟးဂီၤ, လၢအမၤကမၣ်သဲစး

miscreant *n* ပှၤအၢအၢအသီ, ပှၤလၢအသကဲာ်ပဝးဟးဂီၤ, ပှၤလၢအမၤကမၣ်သဲစး

misdeed *n* တၢ်မၤကမၣ်တၢ်, တၢ်မၤအအၢအသီ

misdemeanour, misdemeanor *n* တၢ်မၤကမၣ်တၢ်တဆံးတကဲ့ၢ်, တၢ်သကဲာ်ပဝးတဂ့ၤ

misdirect *v* ၁. ဆှၢကမၣ်ကျဲ, ဒုးနဲၣ်ကမၣ်တၢ် ၂. စူးကါကမၣ်တၢ်

misdirection *n* ၁. တၢ်ဆှၢကမၣ်ကျဲ, တၢ်ဒုးနဲၣ်ကမၣ်တၢ် ၂. တၢ်စူးကါကမၣ်တၢ်

misdoubt *v* တနာ်နှၢ်တၢ်, ဘၣ်ယိၣ်တၢ်

miser *n* ပှၤလၢအပံာ်အကီ, ပှၤပံဒံ, ပှၤစုကီ

miserable *a* လီၤဘၣ်မိၣ်ဘၣ်မး, လီၤသူၣ်အုးသးအုး

miserly *a* ပံာ်, လၢအကီ

misery *n* တၢ်ဘၣ်မိၣ်ဘၣ်မး

misfire *v* ၁. ခးကျိတပိၢ် ၂. တလၢပှဲၤထီၣ်ဒ်တၢ်ပညိၣ်အသိး ၃. နီၣ်ထီၣ်စဲးဖီကဟၣ်တန့ၢ်

misfit *n* ၁. ပှၤလၢအတဘၣ်လိာ်ဖိးဒ့ဒီးပှၤတဝၢ ၂. တၢ်ကူတၢ်ကၤလၢတဘၣ်လိာ်ဖိးဒ့

misfit *v* ထီထီၣ်တၢ်တဘၣ်လိာ်ဖိးဒ့

misfortune *n* တၢ်ဟဲဝံအၢ, တၢ်ဘူၣ်တဂ့ၤတီၢ်တဘၣ်

misgiving *n* တၢ်သးဒ့ဒီ, တၢ်တနာ်နှၢ်တၢ်

misgovern *v* ပၢကမၣ်တၢ်

misguided *a* လၢအဆှၢကမၣ်တၢ်, လၢအနၢ်ပၢၢ်ကမၣ်တၢ်, လၢအဆိကမိၣ်ကမၣ်တၢ်

mishap *n* တၢ်ဟဲဝံတဂ့ၤ, တၢ်တတၢာ်တနါ, တၢ်ဘၣ်ဖုးဘၣ်ပျိၢ်

misinform *v* တဲကမၣ်တၢ်, ဟ့ၣ်ကမၣ်တၢ်ဂ့ၢ်တၢ်ကျိၤ, ဒုးနၢ်ပၢၢ်ကမၣ်တၢ်

misinformed *a* လၢအတဲကမၣ်တၢ်, လၢအဟ့ၣ်ကမၣ်တၢ်ဂ့ၢ်တၢ်ကျိၤ

misinterpret *v* ထုးထီၣ်ကမၣ်တၢ်အခီပညီ

misjudge *v* ဆိကမိၣ်ကမၣ်တၢ်, စံၣ်ညီၣ်ဆၢတဲာ်ကမၣ်တၢ်, နၢ်ပၢၢ်ကမၣ်တၢ်, ဒွးကမၣ်တၢ်

mislay *v* ဟ်ကမၣ်တၢ်အလီၢ်

mislead *v* တဲကမၣ်တၢ်, ဟ့ၣ်ကမၣ်တၢ်ဂ့ၢ်တၢ်ကျိၤ, ဒုးနၢ်ပၢၢ်ကမၣ်တၢ်

misleading *a* လၢအဒုးနၢ်ပၢၢ်ကမၣ်တၢ်, လၢအတဲကမၣ်တၢ်, လၢအဟ့ၣ်ကမၣ်တၢ်ဂ့ၢ်တၢ်ကျိၤ

misnomer *n* တၢ်ကိးကမၣ်တၢ်အမံၤအသဉ်

mispend *v* စူးကါလၢာ်ဂီၤကလီစ့, မၤလၢာ်ဂီၤကလီတၢ်

misplace *v* ဟ်လီၤကမၣ်န့ၢ်တၢ်အလီၢ်, ဟ်ကမၣ်တၢ်အလီၢ်

misprint *n* တၢ်ဒိကမၣ်လံာ်, တၢ်စဲကျံးကမၣ်လံာ်

mispronounce *v* ဖးသီၣ်ကမၣ်တၢ်, ကိးသီၣ်ကမၣ်တၢ်

misquote *v* တဲကမၣ်တၢ်ကတိၤလၢပှၤဂၤတဲ, တဲဒိးကမၣ်ပှၤဂၤအတၢ်ကတိၤ, သူကမၣ်ပှၤအတၢ်ကတိၤ

misread *v* နၢ်ပၢၢ်ကမၣ်တၢ်အခီပညီ, ထုးထီၣ်ကမၣ်တၢ်အခီပညီ, ဆိကမိၣ်ကမၣ်တၢ်

misrepresent *v* တဟ့ၣ်ဒုးသ့ၣ်ညါတၢ်မ့ၢ်တၢ်တီ, တဲဖျါကမၣ်တၢ်

misrepresentation *n* တၢ်တဟ့ၣ်ဒုးသ့ၣ်ညါတၢ်မ့ၢ်တၢ်တီ, တၢ်တဲဖျါကမၣ်တၢ်

misrule *v* ပၢကမၣ်တၢ်

Miss *n* တၢ်ကိးပိာ်မုၣ်လၢအဝၤတအိၣ်ဒံးဘၣ်, နီၢ်

miss *v* ၁. တချူးန့ၢ်, တပျာ်ကွံာ် ၂. သးသယုၢ်

misshapen *a* လၢအက့ၢ်တဘၣ်ဂီၤတဂ့ၤ, လၢအလာ်အၢ, လာ်အၢ

missile *n* ၁. မျိာ်သၣ် ၂. တၢ်စုကဝဲၤလၢတၢ်ကွံာ်အီၤဒီးစုသ့

missing *a* လၢအတအိၣ်ဘၣ်, လၢအတလၢတပှဲၤဘၣ်, လၢအဟါမၢ်

missing link *n* တၢ်ဃံတၢ်ကွဲအက့ၢ်အဂီၤလၢတၢ်ခံကလုာ်အဘၢၣ်စၢၤ အဒိ, ပှၤကညီဒီးယုာ် (တၤအုးဖးဒိၣ်)

mission *n* ပှၤဒိးမၢအသးတဖု, ပှၤမၤတၢ်တဖုလၢတၢ်ဂ့ၢ်အရှ့ဒိၣ်တမံၤအဂီၢ်, တၢ်သးခုကစီၣ်တၢ်မၤလိၢ်

mission statement *n* တၢ်ဖံးတၢ်မၤအတၢ်ဟ်ဖျါ, တၢ်မၤမူဒါအတၢ်ဟ်ဖျါ

missionary *n* ပှၤလၢအဒိးမၢအသး, ပှၤစိာ်တၢ်သးခုကစီၣ်, ပှၤတၢ်မၢဖိ

missive *n* လံာ်ပရၢ

misspell *v* ကဒိးကမၣ်လံာ်ဖျၢၣ်

misspent *a* လၢအသူလၢာ်ဂီၤကလီစ့, လၢအမၤလၢာ်ဂီၤကလီတၢ်

misstate *v* တဲဖျါကမၣ်တၢ်, ဟ်ဖျါကမၣ်တၢ်

mist *n* ဘ့ၣ်, ပစီၤ

mistake *n* တၢ်ကမၣ်

mistake *v* နၢ်ပၢၢ်ကမၣ်တၢ်, ဆိကမိၣ်ကမၣ်, မၤကမၣ်တၢ်

mistaken *a* လၢအနၢ်ပၢၢ်ကမၣ်တၢ်, လၢအဆိကမိၣ်ကမၣ်တၢ်, လၢအကမၣ်

mistaken identity *n* တၢ်ဆိကမိၣ်ကမၣ်ပှၤခီဖျိအက့ၢ်အဂီၤလီၤက်လိာ်သး, တၢ်ဆိကမိၣ်ကမၣ်ခီဖျိအမံာ်သၣ်လီၤက်လိာ်သး

mister *n* မံးစထၢၣ် – တၢ်ကိးပှၤပိာ်ခွါ, စီၤ

mistreat *v* မၤအၢမၤသီ

mistress *n* ၁. ပိာ်မုၣ်လၢအပၢဘၣ်တၢ် ၂. ပိာ်မုၣ်လၢအိၣ်ဒီးအတၢ်သ့တၢ်ဘၣ်, ပိာ်မုၣ်လၢအသိၣ်လိတၢ် ၃. မါဖိသၣ်, သံၣ်မါ

mistrial *n* တၢ်စံၣ်ညီၣ်ကမၣ်တၢ်

mistrust *v* တနာ်န့ၢ်တၢ်

misty *a* ၁. လၢအတဖျါဆုံဘၣ်, ဘ့ၣ်လီၤအဃိဖျါတဂ့ၤဘၣ် ၂. လၢအခီပညီတဖျါ, လၢအတလီၤတံၢ်လီၤမံ

misunderstand *v* နၢ်ပၢၢ်ကမၣ်, ထံၣ်ကမၣ်, နၢ်ပၢၢ်ကမၣ်လိာ်သး

misunderstanding *n* တၢ်နၢ်ပၢၢ်ကမၣ်, တၢ်ထံၣ်ကမၣ်, တၢ်နၢ်ပၢၢ်ကမၣ်လိာ်သး

misuse *v* စူးကါကမၣ်တၢ်, သူကမၣ်တၢ်

mite *n* ၁. တၢ်ဖိဃၢ်ပြံကဒံဒ်အမ့ၢ်သူၣ်, ကျံ, ဃီၤဒီးခံၣ် ၂. ဖိသၣ်ဆံးဆံးဖိ ၃. တိၢ်အကး

mitigate *v* မၤစါလီၤ, မၤကိညၢ်ထီၣ်, မၤဖုံထီၣ်, မၤစုၤလီၤ

mitt *n* ၁. စုဖျိၣ်တၢ်ဖံးလၢတၢ်လိာ်ခိၣ်လိာ်ကွဲအဂီၢ် ၂. စု

mitten *n* စုဖျိၣ်ကပုာ်, တၢ်လိာ်ခိၣ်လိာ်ကွဲအစုဖျိၣ်တၢ်ဖံး, စုဖျိၣ်လၢအဖျိၣ်စုမုၢ်တဘိဒီးစုနၢလွံၢ်ဘိ

mix *n* တၢ်ဃါဃှာ်တၢ်, တၢ်ကျဲၣ်ကျီတၢ်

mix *v* ဃါဃှာ်, ကျဲၣ်ကျီ

mixed blessing *n* တၢ်လၢအအိၣ်ဒီးတၢ်ကဲဘျုးဒီးတၢ်တကဲဘျုးခံမံၤလၢာ်တပူၤဃီ

mixed-up *a* လၢအသဘံၣ်သဘုၣ်, လၢအဘံၣ်ဘူစ့ၢ်သၢ, လၢအဘံၣ်ဘူဃါဃှာ်လိာ်အသး

mixer *n* ၁. စဲးကျဲၣ်ကျီတၢ် ၂. ပှၤလၢအတံၤသကိးအါ, ပှၤလၢအအိၣ်ဒီးပှၤထွဲဘၣ်ထွဲဘၣ်သ့ ၃. စဲးမၤဘၣ်ဂီၢ်တၢ်ကလုၢ် ၄. ပှၤလၢအဖိၣ်တၢ်ကလုၢ်ဒီးမၤဘၣ်လိာ်တၢ်ကလုၢ်
၅. တၤသူတၤသၣ်အထံလၢတၢ်ကျဲၣ်ကျီအီၤဒီးသံးသ့

mixture *n* ၁. တၢ်ကျဲထံ ၂. တၢ်အိၣ်ကျဲၣ်ကျီဃှာ်အသး ၃. ဂာ်ကျိၣ်

mix-up *n* တၢ်ဘံၣ်ဘူဆးဃၤ, တၢ်ဘံၣ်ဘူစ့ၢ်သၢ

moan *v* ၁. ကအုကစွါ ၂. ကနူးကဒ့ၣ်

moat *n* ထံဘီတရံး, ထံကျိၤလၢအလဲၤတရံးတိာ်ဒိၤတာ်ဒိၤ, ထံဘီကျိၤလၢအအိၣ်ဝးတရံးဝ့ၢ်ခိၣ်နူအခိၣ်ထံး

moated *a* လၢထံဘီကျိၤအိၣ်ဝးတရံးအီၤ, လၢထံကျိၤအိၣ်ဝးတရံး

mob *n* ပှၤအိၣ်ဖှိၣ်တၢထီၣ်တၢလီၤဒီးမၤအၢမၤသီတၢ်, ပှၤဂိၢ်မုၢ်လၢအတၢထီၣ်တၢလီၤ

mob *v* အိၣ်ဖှိၣ်မၤတၢထီၣ်တၢလီၤတၢ်, အိၣ်ဖှိၣ်သထူၣ်ဘးလီ, အိၣ်ဖှိၣ်သိၣ်သ
ထြူး

mobile *a* လၢအလဲလိာ်အသးညီကဒ်, လၢအသုးအလီၢ်ညီကဒ်သ့

mobile *n* ၁. တၢ်ကယၢကယဲလီၤရူၣ်လီၤဘဲၤ ၂. လီတဲစိစိာ်စု

mobile phone *n* လီတဲစိစိာ်စု

mobilize, mobilise *v* ကိးဖှိၣ်, ထုးဖှိၣ်ဟ်ဖှိၣ်, ထၢဖှိၣ်ဟ်ဖှိၣ်, ဟ်ဖှိၣ်သးလၢကအိၣ်ကတဲာ်ကတီၤသးလၢတၢ်ဒုးသုးဒုးသံၣ်အဂီၢ်

moccasin *n* ခီၣ်ဖံးတၢ်ဖံး, ခီၣ်ဖံးမိၣ်ခၣ်စ့

mocha *n* ၁. ခီဖံၣ်မိၣ်ခါ, ခီဖံၣ်ခွီးကလဲး ၂. သိဖံး, တၢ်ဖံး

mock *a* အလီအပျိၢ်

mock *v* ဒုၣ်ဒွဲၣ်, နံၤဘၣ်ဖၣ်လဲတၢ်

mockery *n* ၁. တၢ်ဒုၣ်ဒွဲၣ်ပယွဲ, တၢ်နံၤဘၣ်ဖၣ်လဲ, တၢ်ကတိၤနံၤဘၣ်ဖၣ်လဲ ၂. တၢ်အလီအပျိၢ်

mockery *v* ကတိၤနံၤဘၣ်ဖၣ်လဲတၢ်, မၤတရီတပါနံၤဘၣ်ဖၣ်လဲတၢ်, ဒုၣ်ဒွဲၣ်ပယွဲတၢ်

mocking *a* လၢအဒုၣ်ဒွဲၣ်တၢ်, လၢအနံၤဘၣ်ဖၣ်လဲတၢ်

mock-up *n* တၢ်အက့ၢ်အဂီၤဒိ

modal verb *n* ဝီၢ်လၢအဟ်ဖျါထီၣ်တၢ်လိၣ်ဘၣ်ဒီးတၢ်ကဲထီၣ်သး အဒိ, ကဘၣ်, က, (must, shall, will)

mode *n* ၁. အလုၢ်အလၢ် ၂. အကျိၤအကျဲ ၃. အက့ၢ်အဂီၤ ၄. တၢ်ဟ်သူၣ်ဟ်သး, တၢ်အိၣ်ထီၣ်အိၣ်လီၤက့ၢ်ဂီၤ ၅. တၢ်ဒ့တၢ်အူအယုၢ်အကွ့ၤ

model *n* တၢ်အဒိအတဲာ်

model *v* ၁. ကဲန့ၢ်တၢ်အဒိ, ကဲဒိကဲတဲာ်တၢ် ၂. ဒုးကဲထီၣ်တၢ်အက့ၢ်အဂီၤ အဒိ, ဘှီထီၣ်တၢ်အဒိအတဲာ် ၃. စူးကါဒ်တၢ်အဒိအသိး, မၤဒိးပှၤဂၤ, မၤဒိးတၢ်အဂၤ, မၤဒ်အဒိအသိး

modem *n* မိၣ်ဒၢ(မ), ပီးလီလၢအဘျးစဲဒီးခီလဲဒီးဆှၢယီၤခီၣ်ဖွ့ထၢၣ်တၢ်ဂ့ၢ်တၢ်ကျိၤ ခီဖျိလီတဲစိအကျိၤ

moderate *a* ဖဲအဘၣ်ဘၣ်, လၢအဘၣ်ဘၣ်, ဘၣ်ဒး

moderate *v* မၤစၢ်လီၤတၢ်, မၤကိညၢ်ထီၣ်တၢ်, မၤဖဲအဘၣ်ဘၣ်

moderately *adv* ဘၣ်ဒး, ဘၣ်ဒးကိာ်, ဖဲအဘၣ်

moderation *n* တၢ်ကီၤသူၣ်ကီၤသး, တၢ်မၤတၢ်ဖဲအကြၢးအဘၣ်, တၢ်မၤတၢ်ဖဲအဘၣ်ဒးဘၣ်ဒး

moderator *n* ၁. ပှၤလၢအမၤယူမၤဖိးတၢ်လၢပှၤခံခီယၢ်ခီအဘၢၣ်စၢၤ ၂. ပှၤသမံသမိးတၢ်ဒိးစဲးမူဒါခိၣ် ၃. ပှၤကယၢကယဲတီခိၣ်ရိၣ်မဲတၢ်ကတိၤဂ့ၢ်လိာ်အမူး, ပှၤတီခိၣ်ရိၣ်မဲတၢ်တၢၣ်ပီၣ်အမူး ၄. ခရံာ်ဖိတၢ်ဘါခိၣ်နၢ်

modern *a* စိၤတုၤ, ချူးစိၤ, လၢအဘၣ်လိာ်သးဒီးခ့ခါဆၢကတီၢ်, ဘၣ်ဃးဒီးစိၤခဲအံၤ

modernize, **modernise** *v* ဒုးချူးစိၤ, မၤချူးစိၤ, ဒုးဘၣ်လိာ်သးဒီးခ့ခါဆၢကတီၢ်, လူၤထီၣ်စိၤခ့ခါတၢ်ဆၢကတီၢ်

modest *a* ၁. လၢအတလိာ်ဒိၣ်လိာ်ထီအသး ၂. လၢအဘၣ်ဒးဘၣ်ဒး, လၢအတဒိၣ်တဆံးတအါတစှၤ ၃. လၢအကဒုလီၤတံၢ်, လၢအဟ်အသးသညူးသပှၢ်, လၢအသံၣ်စူးဆဲးလၤ, လၢအပၢၤဃာ်အလၤကပီၤ

modesty *n* ၁. တၢ်တလိာ်ဒိၣ်လိာ်ထီအသး, တၢ်တဟ်ဒိၣ်သး ၂. တၢ်သံၣ်စူးဆဲးလၤ, တၢ်ပၢၤဃာ်လၤကပီၤ

modification *n* ၁. တၢ်လဲလိာ်ကူၤတၢ်, တၢ်ဆီတလဲဘှီဘၣ်တၢ် ၂. တၢ်ဘှီဘၣ်မၤဂ့ၤထီၣ်တၢ်, တၢ်လဲလိာ်တၢ်တစဲး

modifier *n* ၁. တၢ်လၢအဘှီဘၣ်မၤဂ့ၤထီၣ်တၢ်, ပှၤဘှီဘၣ်မၤဂ့ၤထီၣ်တၢ် ၂. ဝီၢ်ကယၢ, ဝီၢ်ဩလၢအတဲဂ့ၤတဲအါတၢ်

modify *v* ဘှီကူၤတၢ်, လဲလိာ်ကူၤတၢ်တစဲး

modular *a* လၢအဒိးသန့ၤထီၣ်အသး လၢလံာ်တၢ်မၤလိအယူၣ်နံးတတီၤ, လၢအအိၣ်ဒီးလံာ်တၢ်မၤလိအတကွီၣ်လၢတၢ်နီၤဖးလီၤအီၤတတီၤ

modulate *v* ၁. ကျဲၤဘၣ်လိာ်, မၤဘၣ်လိာ်ဖိးဒ့ ၂. မၤဒိၣ်ထီၣ်ဆံးလီၤတၢ်ကလုၢ် ၃. မၤထီၣ်မၤလီၤတၢ်သံကျံအကလုၢ်, ဆီတလဲတၢ်သးဝံၣ်အထီၣ်အလီၤ

module *n* ၁. လံာ်တၢ်မၤလိတဘ့ၣ်, တၢ်မၤလိယူၣ်နံးတတီၤ, တၢ်မၤလိအတကွီၣ်လၢတၢ်နီၤဖးလီၤအီၤတတီၤ ၂. မူဖျၢၣ်ဒိအကံ့အခီတဖၣ် ၃. တၢ်အကံ့အခီလၢတၢ်တရူၣ်အပူၤအဒိ, စဲးဖီကဟၣ်အကံ့အခီ

M

mogul *n* ပှၤလၢအကါဒိၣ်ဒီးအိၣ်ဒီးအစိကမီၤ, ပှၤကဲဒိၣ်ကဲထီဒီးလုၢ်ဘၢစိကမီၤ
Mohawk *n* ပှၤမိၣ်ဟံၣ်ကၣ်ဖိ, ကလုာ်နူၣ်တဖုလၢအအိၣ်ဆိးဖဲကလံၤစီးအမဲရကၤကိၢ်ပူၤ
moist *a* ဘၣ်စီၣ်
moisten *v* မၤဘၣ်စီၣ်, စုၣ်စီၣ်
moisture *n* တၢ်စုၣ်စီၣ်, တၢ်ဘၣ်စီၣ်တဒိၣ်တဆံး
moisturize, moisturise *v* မၤစုၣ်စီၣ်ထီၣ်ဖံးဘ့ၣ်, ဖျူကသံၣ်ဃဲဖး
mojo *n* တၢ်သမူပယၢ်, တၢ်အူတၢ်သမူ
molar tooth *n* မဲခိ, မဲတိ
molasses *n* နီၣ်ကွဲအ့ၣ်ထံလီၤသကၤ, တၢ်ဆၢထံလီၤသကၤ, တၢ်ဆၢထံလၢအပံာ်
mold *etc* (see mould)
mole *n* ၁. ဝံၤ (ဆၣ်ဖိကိၢ်ဖိတကလုာ်) ၂. မဲၣ်
molecular *a* လၢအဘၣ်ဃးဒီးမီၣ်လံၣ်ခယူ, လၢအဘၣ်ဃးဒီးတၢ်မိၢ်ပှၢ်လၢအဆံးကတၢၢ်တကလုာ်, လၢအဘၣ်ဃးဒီးက်စီ
molecule *n* မီၣ်လံၣ်ခယူ, က်စီလၢအဆံးကတၢၢ်တကလုာ်, တၢ်အမိၢ်ပှၢ်လၢအဆံးကတၢၢ်တကလုာ်
molest *v* မၤအ့နူမၤတံာ်တာ်, မၤအ့နူမၤတံာ်တာ်လၢမုၣ်ခွါသွံၣ်ထံးတကပၤ, ဖိၣ်စဲးဖိၣ်စီးတရီတပါပှၤ
molestation *n* တၢ်မၤအ့နူမၤတံာ်တာ်, တၢ်မၤအ့နူမၤတံာ်တာ်လၢမုၣ်ခွါသွံၣ်ထံးတကပၤ, တၢ်ဖိၣ်စဲးဖိၣ်စီးတရီတပါပှၤ
mollify *v* မၤမုာ်ထီၣ်က့ၤပှၤအသး, မၤစၢ်လီၤတၢ်သူၣ်ဒိၣ်သးဖျိုး, မၤအိၣ်ဘှၣ်ပှၤ
mollusc *n* ချိၣ်အကလုာ်ကလုာ်
Molotov cocktail *n* ပလီလၢတၢ်ထၢနၣ်လီၤသိလၢကဒွဲၣ်အူအီၣ်တၢ်အဂီၢ်
molt *v* (see moult)
molten *a* လၢအဘၣ်တၢ်မၤပံၢ်လီၤအီၤ, လၢအပံၢ်လီၤ
mom *n* မိမိၢ်, မိမိ
moment *n* တကတီၢ်ဖိ, တၢ်အကတီၢ်ဖုၣ်ဖုၣ်, ဖဲတစိၢ်ဖိအတီၢ်ပူၤ, တၢ်မိကိာ်ဖိ
momentarily *adv* တစိၢ်ဖိ, ထဲတစိၢ်ဖိဓိၤ, မိကိာ်ဖိ, တယံာ်တမိၢ်, လၢတဖျးမဲာ်အတီၢ်ပူၤ
momentary *a* တစိၢ်ဖိ, ထဲတစိၢ်ဖိဓိၤ, မိကိာ်ဖိ, တယံာ်တမိၢ်, လၢတဖျးမဲာ်အတီၢ်ပူၤ
momentous *a* လၢအကါဒိၣ်မး, လၢအရှ့ဒိၣ်ဒိၣ်မး, လၢအဒိၣ်အမုၢ်
momentum *n* ၁. တၢ်သုးအသးအသဟိၣ်, တၢ်သးသဟိၣ်လၢအအိၣ်ထိၣ်ခီဖျိတၢ်တမံၤမံၤအတၢ်ဟူးတၢ်ဂဲၤအဃိ ၂. တၢ်အသဟိၣ်, ဂံၢ်သဟိၣ်
Mon *n* ၁. တလၢၤနီၢ်, မိၣ်ကလုာ်နူၣ် ၂. တလၢၤနီၢ်ကျိာ်, မိၣ်ကျိာ်
monarch *n* စီၤလိၣ်စီၤပၤ
monarchy *n* လိၣ်ပၤတၢ်ပၢတၢ်ပြး
monastery *n* သီခါဖ့ၣ်, စီၤသီအဖ့ၣ်
Monday *n* မုၢ်ဆၣ်
monetary *a* လၢအဘၣ်ထွဲဒီးကျိၣ်ဓိၤစ့ဓိၤ
money *n* စ့, တိၢ်, ကျိၣ်ဓိၤစ့ဓိၤ
money order *n* တၢ်နဲၣ်လီၤဆှၢစ့ခီဖျိစ့တားမ့တမ့ၢ် လံာ်တား
mongoose *n* ဃဲမိၢ်ပှၢ်
mongrel *a* လၢအကးပြါ
mongrel *n* ၁. ထွံၣ်လၢတၢ်တသ့ၣ်ညါအကလုာ် ၂. ကးပြါ (တၢ်ကီးဆါပှၤကညီ)
mongrel *v* ဒုးကးပြါအီၤ
monitor *n* ၁. ပှၤကဲခိၣ်ကဲနၢ် ၂. ခိၣ်ဖွူထၢၣ်အမဲာ်သၣ်ဒၢ, ခိၣ်ဖွူထၢၣ်မိနံထၢၣ်
monitor *v* အံးထွဲကွၢ်ထွဲ, ကွၢ်စူၣ်ကယာ်
monitor lizard *n* တရ့
monk *n* စီၤသီ, သီခါ
monkey *n* တၤအုး
monocle *n* မဲာ်ဒီးတခီမဲာ်, မဲာ်ထံကလၤတခီမဲာ်
monogamist *n* ပှၤလၢအအိၣ်ဒီးမါတဂၤဝၤတဂၤ
monogamy *n* တၢ်အိၣ်ဒီးမါဝၤထဲတဂၤဓိၤအသနူ, မါတဂၤဝၤတဂၤအသနူ
monolingual *a* လၢအသ့ထဲကျိာ်တကျိာ်, လၢအကတိၤထဲကျိာ်တကျိာ်
monolith *n* ၁. လၢၢ်ထူၣ်ဖးဒိၣ်, တၢ်ပနီၣ်လၢၢ်ထူၣ် ၂. တၢ်ကရၢကရိဖးဒိၣ်လၢအဃံးဃီၣ်ဒိၣ်
monologue *n* ၁. တၢ်ကတိၤဖးထီတၢ် ၂. တၢ်တဲဖးထီတၢ်ထဲတဂၤ

M

monoplane *n* ကဘီယူၤလၢအဒံၣ်းအိၣ်တကထၢ

monopolize, monopolise *v* ဟံးန့ၢ်ပၢစိရိၤတၢ်ခဲလၢာ်, ဟ့ၣ်တၢ်မၢ်ကျိၤဝဲၤကွာ်တၢ်မၤ, စိၤတံၢ်ဃာ်မၢ်ကျိၤဝဲၤကွာ်တၢ်မၤ

monopoly *n* တၢ်န့ၢ်ပၢစိရိၤမၤတၢ်

monorail *n* လှၣ်မှၣ်ကျဲတဘိ

monosyllabic *a* လၢအသီၣ်ထဲတဘီဖိၤ

monotheism *n* တၢ်နာ်လၢယွၤအိၣ်ထဲတဂၤဖိၤ, တၢ်ဘါယွၤထဲတဂၤဖိၤ

monotone *a* လၢအကတိၤတၢ်အထီၣ်အလီၤတအိၣ်, လၢအကလုၢ်လၢအထီၣ်အလီၤတအိၣ်

monotone *n* တၢ်ကတိၤတၢ်အထီၣ်အလီၤတအိၣ်, တၢ်ကလုၢ်လၢအထီၣ်အလီၤတအိၣ်

monotonous *a* လၢအအိၣ်တလီၢ်လီၢ်အဃိလီၤကၢဉ်လီၤကျူ, လၢအင်္ၢသိးထဲသိးထိဘိ

monotony *n* တၢ်ကလုၢ်သီၣ်လၢအထီၣ်အလီၤတအိၣ်, တၢ်မၤအသးဒ်အလီၢ်လီၢ်တုၤလၢတၢ်ဘုံးပသး, တၢ်လၢအလီၤကၢဉ်လီၤကျူ

monsoon *n* မိၤစူတၢ်ဆၢကတီၢ်

monster *n* တၢ်မုၢ်ဃၢ်

monstrosity *n* ၁. တၢ်လၢအဒိၣ်ဒိၣ်းလာ်အၢလာ်ပံး ၂. ဆၣ်ဖိကိၢ်ဖိလၢအကဲ့ၢ်အဂီၤမ့တမ့ၢ် အသကဲာ်ပဝးအၢနးမး

monstrous *a* ၁. လၢအလာ်အၢလာ်ပံး ၂. လၢအကဲ့ၢ်အဂီၤ မ့တမ့ၢ် အသကဲာ်ပဝးအၢနးမး, လၢအတကြၢးတဘၣ်အါတလၢ ၃. လၢအဒိၣ်တလၢကွံာ်အခၢး

montage *n* တၢ်ဂီၤတဘ့ၣ်လၢအပဉ်ဃှာ်ဒီးတၢ်ဂီၤအါဘ့ၣ်, တၢ်ဂီၤမူလၢအဟ်ဃှာ်ဒီးတၢ်ဂ့ၢ်အါယှၢ်

month *n* လါ

monthly *a* တလါတဘျီ, ကီးလါဒဲး

monument *n* တၢ်သ့ၣ်နီၣ်ထီၣ်အလၢၢ်ထူၣ်

monumental *a* ၁. လၢအအိၣ်စံာ်အိၣ်ကျၢၤ ၂. လၢအဒိၣ်အမှၢ်, လၢအလီၤကဟုကညီၢ်

mood *n* ၁. တၢ်ဟ်သူၣ်ဟ်သး, ပသူၣ်ပသးအိၣ်ဒ်အံၤဒ်နၤ အဒိ, သးဒိၣ်, သးမုာ်, သးဖှံ ၂. တၢ်သူၣ်ဟူးသးဂဲၤ

moody *a* လၢအသးဆီတလဲညီ, လၢအလဲလိာ်တၢ်ဟ်သူၣ်ဟ်သးညီ, လၢအသးချံ

moon *n* လါ

moon *v* ၁. မၤတၢ်လၢတၢ်သးတစၢၢ်ဆၢအပူၤ, သးတစၢၢ်ဆၢ ၂. ဒုးနဲၣ်ခံကိၢ်ဆူကမျၢၢ်အအိၣ်

moonbeam *n* လါအဓ့ၢ်, လါအတၢ်ကပီၤအယဲၤ

moonlight *n* လါကပီၤ

moonlit *a* လၢအကပီၤဒီးလါအတၢ်ကပီၤ

moonshine *n* ၁. သံးအဆူၣ်တကလှာ် ၂. သံးလၢပှၤဖိဟုၣ်အီၤ, သံးလၢတၢ်ဆါရူသူၣ်အီၤ ၃. တၢ်ကတိၤနါစိၤနါပျူၤ, တၢ်ကတိၤလၢအခီပညီတအိၣ်, တၢ်ကတိၤတဂ်ိာ်တသိၣ်

moonstruck *a* လၢအသးတထံတဆး, လၢအပျုၢ်, လၢအတပံ

moor *n* တၢ်လီၤပျီဖးလဲၢ်လၢအအိၣ်ဒီးသ့ၣ်တပိာ်, ပျီလှၤပျီထီ, ပျီပၢၤခိၣ်

moor *v* ၁. စၢချံ, စၢကဘီ ၂. တ့ၢ်လီၤနီၣ်သက့ၤ, ဟ်လီၤနီၣ်သက့ၤ

moose *n* တၤဃီၤဖးဒိၣ်တကလှာ်လၢအနၢၤဖးတြၢ်ဒီးကဘျၣ်

moot *v* ဆၢနှာ်တၢ်ဂ့ၢ်, ဆၢနှာ်တၢ်ဂ့ၢ်လၢတၢ်ကတဲသကိးအီၤအဂီၢ်, ဆၢနှာ်လီၤတၢ်ဂ့ၢ်လၢကကတိၤဂ့ၢ်လိာ်တၢ်အဂီၢ်

mop *n* ၁. နီၣ်တြူ်ာ်, နီၣ်ထူးဟံၣ်အဘိ ၂. ခိၣ်ဆူၣ်တိၣ်ဖှရ

mop *v* ထူးကွံာ်တၢ်, ထွါကွံာ်တၢ်, တြူ်ာ်ကွံာ်တၢ်

mope *v* သူၣ်ဃၢသးဃၢ, သးတဖှံ

moraine *n* လၢၢ်အိၣ်ထီ, လၢၢ်ပူၣ် (လၢအအိၣ်တ့ၢ်ဖဲထံလီၤသကၤကျိယွၤလီၤဝံၤအခါ)

moral *a* လၢအဂ့ၤဝဲကြၢးဝဲ, လၢအသ့ၣ်ညါတၢ်ဂ့ၤဒီးတၢ်အၢ, လၢအဟ်ဖျါထီၣ်တၢ်အဘၣ်ဒီးတၢ်တဘၣ်အဆၢ

moral *n* တၢ်လၢဟ်ဖျါထီၣ်တၢ်ဘၣ်ဒီးတၢ်တဘၣ်အဆၢ, တၢ်မၤလိလၢပဒိးန့ၢ်လၢပှၤဖိၤကနါဖိၤ, တၢ်သိၣ်တၢ်သီလၢသကဲာ်ပဝးကဂ့ၤအဂီၢ်

moral support *n* တၢ်ဟ့ၣ်ဆူၣ်ထီၣ်သးအဂၢၢ်အကျၢ

morale *n* သးသဟီၣ်

morality *n* ၁. တၢ်ဂ့ၤတၢ်ဝါ, တၢ်အလုၢ်အလၢ်အဂ့ၤ ၂. တၢ်အလုၢ်အလၢ်လၢအဂ့ၤအသနိ

moralize, **moralise** *v* သိၣ်တၢ်သီတၢ်, သိၣ်တၢ်

morally *adv* ၁. လၢတၢ်ဂ့ၤဝဲကြၢးဝဲအပူၤ, လၢတၢ်သ့ၣ်ညါတၢ်ဂ့ၤဒီးတၢ်အၢအပူၤ, လၢအဟ်ဖျါထီၣ်တၢ်အဘၣ်ဒီးတၢ်တဘၣ်အဆၢတကပၤ ၂. လၢတၢ်စိတၢ်ဆိုအပူၤ

morals *n* တၢ်လၢဟ်ဖျါထီၣ်တၢ်ဘၣ်ဒီးတၢ်တဘၣ်အဆၢ, တၢ်မၤလိလၢပဒိးန့ၢ်လၢပှၤဒိၤကနါဒိၤ, တၢ်သိၣ်တၢ်သီလၢသကဲာ်ပဝးကဂ့ၤအဂီၢ်

moratorium *n* ၁. တၢ်ဆိကတိၢ်တစိၢ်တလီၢ်, သဲစးအတၢ်အၢၣ်လီၤဆၢတဲာ်လၢကပတှာ်တၢ်ဟူးတၢ်ဂဲၤတမံၤတစိၢ်တလီၢ် ၂. သဲစးတၢ်အၢၣ်လီၤဟ့ၣ်အါထီၣ်တၢ်ဆၢကတီၢ်လၢကလီးက့ၤကမၢ်အဂီၢ်

morbid *a* ၁. လၢအသးစဲထဲတၢ်သအုးသပိၢ်, လၢအသးစဲထဲတၢ်သံတၢ်ပှၢ်အဂ့ၢ် ၂. လၢအဘၣ်ထွဲဒီးတၢ်ဆူးတၢ်ဆါ

more *a* အါန့ၢ်

moreish *a* လၢအသးလီအီၣ်တၢ်အါန့ၢ်အလီၢ်, လၢအသးလီတၢ်အါထီၣ်က္ၤက္ၤ

moreover *adv* လၢန့ၣ်အမဲာ်ညါ, ထဲန့ၣ်တကးဘၣ်, အါန့ၢ်အန့ၣ်

morgue *n* တၢ်ဟ်ပှၤသံစိၣ်အလီၢ်, တၢ်လီၢ်လၢပှၤဟ်ပှၤသံတုၤလၢတၢ်ခူၣ်လီၤဘါဘၢ

Mormon *n* မိမၢၣ်ခရံာ်ဖိကရၢ, ခရံာ်ဖိကရၢလၢဘၣ်တၢ်ဒုးအိၣ်ထီၣ်အီၤလၢကီၢ်အမဲရကၤပှၤဖဲ ၁၈၃၀ နံၣ်ခီဖျိကွဲစးစမံး

morning *n* ဂီၤခီ, မုၢ်ဆ့ၣ်ထီၣ်

morning glory *n* ကီၣ်စ့ဒီး, နိၣ်ဒီး, ကီၢ်စွ့ဒီး

morning sickness *n* တၢ်သးကလဲၤဒီးအဲၣ်ဒီးဘိုးဖဲအဒၢထီၣ်သီအကတီၢ်, တၢ်ခိၣ်မူၤအဲၣ်ဒီးဘိုးဖဲအိၣ်ထီၣ်သီဒီးဟုးသးကတီၢ်

moron *n* ပှၤအသးတဆး, ပှၤငီငး, ပှၤတပံတဆး

morose *a* လၢအဖုန့ပိုၤပိုၢ်, လၢအသးဒိၣ်မဲာ်အုးသပိၤ, လၢအသးအ့ၣ်ကရဲၣ်

morphine *n* မိၣ်ဖ့ကသံၣ်တိာ်တုၤ, ကသံၣ်လၢတၢ်ထုးထီၣ်အီၤလၢပံၤဒ်သိးကမၤကိညၢ်တၢ်ဆါအဂီၢ်

Morse code *n* မိးနိၣ်နဲၣ်ဖျါအတၢ်ပနိၣ်, တၢ်ဆှၢလီပျံၤတၢ်ကစိၣ်ခီဖျိတၢ်စူးကါလံာ်မဲာ်ဖျၢၣ်တၢ်ခူသူၣ်အပနိၣ်

morsel *n* ၁. တၢ်အီၣ်တမီ, တမီ ၂. တၢ်တဆံးတက့ၢ်

mortal *a* ၁. လၢအသံသ့, လၢအအိၣ်မူလီၤစီၤလီၤထီတသ့ ၂. (တၢ်တူၢ်ဘၣ် မ့တမ့ၢ် တၢ်ပျံၤတၢ်ဖုး) လၢအသဟိၣ်ဆူၣ်

mortal *n* ပှၤကူပှၤကညီ, ပှၤအဖံၤတဃၣ်

mortality *n* တၢ်သံတၢ်ပှၢ်အယူာ်, တၢ်သံ, တၢ်သံတၢ်ပှၢ်အနိၣ်ဂံၢ်

mortally *adv* ၁. တုၤအသံန့ၢ်ပှၢ်န့ၢ်အီၤ ၂. (တူၢ်ဘၣ်တၢ် မ့တမ့ၢ် ပျံၤတၢ်ဖုးတၢ်) အသဟိၣ်ဆူၣ်

mortar *n* ၁. ဆၢၣ်တိၢ်, ဆၢၣ်, ဆၢၣ်ယိၢ် ၂. မိထၣ် (မျိာ်တကလုာ်) ၃. ကဲာ်လၢၢ်ကမူၣ်ကျဲၣ်ကျိဒီးမဲးဒီးထံ, အီကတဲ

mortgage *n* တၢ်ပိၣ်လီၤတၢ်အလံာ်ဃံးဃာ်, တၢ်ဟ်ကီၤတၢ်အလံာ်ဃံးဃာ်

mortgage *v* ပိၣ်လီၤတၢ်, ဟ်ကီၤတၢ်

mortification *n* ၁. တၢ်မၤမဲာ်ဆုးပှၤဂၤဒိၣ်ဒိၣ်ကလဲာ် ၂. တၢ်ကီၤသူၣ်ကီၤသး ၃. ဖံးညၣ်အုၣ်ထီၣ်ကျၣ်ထီၣ်

mortify *v* ၁. ဒုးမဲာ်ဆုးတၢ် ၂. ကီၤအသး ၃. မၤအုၣ်သံတၢ်

mortuary *n* တၢ်ဟ်တၢ်သံဒၢး, ဒၢးလၢတၢ်ဟ်တၢ်သံစိၣ်တချုးတၢ်ကုၢ်ဃီ မ့တမ့ၢ် ခူၣ်လီၤအီၤ

mosaic *n* ၁. မိၣ်စ့, တၢ်ဂီၤလၢအဘၣ်တၢ်ကျးဒုးအိၣ်ထီၣ်ဒီးလၢၢ်က့ဖိလၢအလွဲၢ်အိၣ်အကလုာ်ကလုာ် ၂. တၢ်ဂီၤလၢတၢ်ကျးဖိုၣ်ထီၣ်ဒီးတၢ်က့ၢ်တၢ်ဂီၤအါမံၤ ၃. တၢ်အါမံၤဟ်ဖိုၣ်ထီၣ်အသး

mosey *v* ဟးထွၣ်အသးကဃီကဃီ, ဟးလိာ်ကွဲလၢတၢ်မုာ်တၢ်ခုၣ်အပူၤ

mosque *n* မူးစလ့ၣ်သရိာ်, မူးစလ့ၣ်တၢ်ဘါလီၢ်

mosquito *n* ပစိၤ

mosquito net *n* ပှၢ်ပီၤ

moss *n* နိၣ်ဒီးဆုး, ထံဃံၣ်, အံငံး

mossy *a* လၢအအိၣ်ဒီးထံဃံၣ်, လၢအဘၣ်တၢ်ကးဘၢအီၤဒီးနိၣ်ဒီးဆုးတဖၣ်, လၢအအိၣ်ဒီးဆိုးခိၣ်လုၤ မ့တမ့ၢ် ခွးရှၣ်လူၢ်တဖၣ်

M

most *a* ၁. လၢအအါကတၢၢ် ၂. ဒိၣ်မး, အါမး

mostly *adv* အါတက့ၢ်

motel *n* မိၣ်ထဲ(လ), ဟံၣ်ဒွဲဆံးဆံးဖိလၢအိၣ်လၢကျဲကပၤ

moth *n* စီၤကပ့ၤမုၢ်နၤ

mothball *n* ပြူး, တၢ်နၢမူဖျၢၣ်လၢတၢ်ဟ်အီၤလၢဆ့ကူဆ့ကၤကျါ, တၢ်နၢမူဖျၢၣ်လၢတၢ်ဟ်အီၤလၢကမၤဟါမ်ၢ်တၢ်နၢတၢ်န့ါ

mothball *v* ဟ်ဟ်စၢၤလၢတၢ်ကပၤ, တစူးကါအီၤဒီးဟ်ကီၤအီၤ

mother *n* မိၢ်

mother *v* ၁. လုၢ်ဒိၣ်ထိၣ် ၂. အံးထွဲကွၢ်ထွဲဒ်မိၢ်အသိး ၃. အိၣ်ဖျဲၣ်ထိၣ်

Mother Nature *n* ဟီၣ်ခိၣ်ဖိအန့ၣ်ဆၢၣ်

Mother's Day *n* မိၢ်အမုၢ်နံၤ

mother tongue *n* ပှၤတဂၤအနီၢ်ကစၢ်အကျိာ်ဂံၢ်ထံး

motherboard *n* မါသၢဘီး(ဒ), ခီၣ်ဖွူထၢၣ်အစဲးဘ့ၣ်ဘၣ်, ခီၣ်ဖွူထၢၣ်လီယွၤကျိုၤဂံၢ်ထံးပီးလီဘ့ၣ်ဘၣ်

motherhood *n* တၢ်မ့ၢ်ဒ်မိၢ်အသိး, တၢ်ကဲမိၢ်

mother-in-law *n* မံၤပုၢ်ပိာ်မုၣ်

motherland *n* ထံကီၢ်လၢပအိၣ်ဖျဲၣ်ထိၣ်, ကီၢ်လၢပအိၣ်ဖျဲၣ်ထိၣ်လၢအပူၤ

motherly *a* ဒ်မိၢ်အသိး, လၢအအိၣ်ဒီးမိၢ်လၢအဂ့ၤတဂၤအက့ၢ်အဂီၤ

motif *n* ၁. တၢ်ကယၢယဲဒဲးကံၣ်ဒဲးဝ့ၤအက့ၢ်အဂီၤမိၢ်ပှၢ် ၂. ဒွဲလၢအတၢ်ဆိကမိၣ်အတၢ်ဂ့ၢ်မိၢ်ပှၢ်လၢတၢ်ဂ့ၢ်တမံၤဖီခိၣ် ၃. တၢ်ဒ့တၢ်အူတမံၤမံၤလၢအဘၣ်တၢ်ဒ့ကဒါက့ၤအီၤခဲအံၤခဲအံၤလၢကနးနဲၣ်ဖျါထိၣ်တၢ်ဂ့ၢ်တမံၤမံၤ

motion *n* ၁. တၢ်ဟူးတၢ်ဂဲၤ ၂. တၢ်ကတိၤဟ့ၣ်ကူၣ် ၃. တၢ်ကွဲအီၤ, မၤအီၤလၢစ

motion *v* နဲၣ်စုနဲၣ်ခီၣ်

motion picture *n* တၢ်ဂီၤမူ

motionless *a* လၢအအိၣ်ဂၢၢ်တပၢၢ်, လၢအတဟူးတဝး, လၢအအိၣ်ခၢၣ်သနၢၣ်

motivate *v* ဒုးထိၣ်ဟူးထိၣ်ဂဲၤထိၣ်သးသဟီၣ်, ဟ့ၣ်ဂံၢ်ဟ့ၣ်ဘါ, မၤရူတလ့ၢ်ထိၣ်ပှၤအသး, မၤဆူၣ်ထိၣ်အသး, မၤဆူၣ်ထိၣ်သးသဟီၣ်

motivation *n* ၁. တၢ်သးသဟီၣ် ၂. တၢ်ဒုးထိၣ်ဟူးထိၣ်ဂဲၤထိၣ်သးသဟီၣ်, တၢ်ဟ့ၣ်ဂံၢ်ဟ့ၣ်ဘါ, တၢ်မၤရူတလ့ၢ်ထိၣ်ပှၤအသး, တၢ်မၤဆူၣ်ထိၣ်ပှၤအသး

motive *a* လၢအထိၣ်ဂဲၤထိၣ်ပှၤအသး, လၢအမၤန့ၢ်ဆိၣ်ခံတၢ်

motive *n* တၢ်ဂ့ၢ်တၢ်ကျိၤ, တၢ်ဆိကမိၣ်

motley *a* လၢတၢ်အကလုာ်ကလုာ်အိၣ်ကျဲၣ်ကျီအသး, လၢအအိၣ်ဒီးအလွဲၢ်အါကလုာ်

motocross *n* တၢ်နိၣ်ပြၢသိလ့ၣ်ယီၢ်လၢကျဲထိၣ်စိလီၤဆၢၣ်အဖီခိၣ်

motor *n* စဲး, စဲးဖီကဟၣ်

motor car *n* သိလ့ၣ်

motor nerve *n* ထူၣ်ပျ့ၢ်တၢ်ဟူးတၢ်ဂဲၤအနၢၣ်

motor vehicle *n* သိလ့ၣ်

motorbike *n* သိလ့ၣ်ယီၢ်

motorcade *n* သိလ့ၣ်ရဲၣ်လဲၤသကိးတၢ်ဖးထီတပူၤယီ, သိလ့ၣ်တဖၣ်ရဲၣ်လီၤအသးလဲၤသကိးတၢ်တပူၤယီအိၣ်ဒီးတၢ်ဒီသဒၢဒီးတၢ်နဲၣ်န့ၢ်အီၤကျဲ

motorcycle *n* သိလ့ၣ်ယီၢ်

motorhome *n* သိလ့ၣ်ဟံၣ်, သိလ့ၣ်ဖးဒိၣ်လၢတၢ်ဘှီအီၤဒ်သိးပှၤအိၣ်ဆိးလၢအပူၤကသ့

motorist *n* ပှၤနိၣ်သိလ့ၣ်

motorized, motorised *a* ၁. လၢအထိထိၣ်စဲးဖီကဟၣ် ၂. လၢအဟ့ၣ်ဃာ်သိလ့ၣ်လၢကလဲၤထိၣ်က့ၤလီၤအဂီၢ်

motormouth *n* ပှၤလၢအကတိၤတၢ်ချ့ချ့ဒီးတအိၣ်ကတိၢ်နီတဘျီ, ပှၤလၢအတဲတၢ်အဆၢတလီၤတူာ်

motorsport *n* တၢ်နိၣ်ပြၢသိလ့ၣ်

motorway *n* သိလ့ၣ်ကျဲမုၢ်ဖးဒိၣ်

mottled *a* လၢအအိၣ်ဒီးအလွဲၢ်စံၣ်ပိၢ်အကလုာ်ကလုာ်

motto *n* တၢ်တိာ်ထူ, တၢ်ကီးသတြီ, မီထိၣ်

mould, mold *n* ၁. ကုၤထိၣ်, ဘီၣ်အီး, ကုၤဃၢ် ၂. တၢ်လၢအဟဲထိၣ်လၢတၢ်အိၣ်တၢ်အီအနၢဆံၣ်ဘီအဖီခိၣ် ၃. တၢ်သိဒၢ, တၢ်အဒၢလၢပှၤသိတၢ်ပှၤတ့ကိၣ် ၄. တၢ်အက့ၢ်အဂီၤ

mould, mold *v* သိတၢ်ဘှီတၢ်, မၤန့ၢ်တၢ်အက့ၢ်အဂီၤ

moulding, molding *n* တၢ်အက့ၢ်အဂီၤ အဒိ, က့ၢ်ဂီၤဒိ

mouldy, moldy *a* လၢကုၤထီၣ်လၢအလိၤ, လၢအဘီၣ်အိး

moult, molt *n* (ဆဲၣ်ဖိကီၢ်ဖိ) လိာ်ဘ့ၣ်ဘီၣ် သးအကတီၢ်, သလဲာ်လီၤအသဋ်အဆၢကတီၢ်, မၤလီၤဆူကွံာ်အဆူၣ်အကတီၢ်, တၢ်လဲအနၢၤ

moult, molt *v* (ဆဲၣ်ဖိကီၢ်ဖိ) လဲအဆူၣ်, မၤလီၤဆူအဆူၣ်, ဆီတလဲအဖံး, လိာ်ဘ့ၣ်ဘီၣ်, လဲအနၢၤ, ဆီတလဲအသဋ်

mound *n* တၢ်အပူ, ဟီၣ်ခိၣ်ထီၣ်စိ, ဘျၢၣ်

mount *n* ၁. ကစၢၢ်, တၢ်လူၢ် ၂. ကသ့ၣ် လၢပဒိးအီၤသ့ ၃. တၢ်လၢပပာ်ထီၣ်တၢ်လၢအလိၤ ၄. တၢ်သံၣ်ကျိၤ

mount *v* ၁. ထီၣ် (ဆူကသ့ၣ်အလိၤ) ၂. ဒိးထီၣ် ၃. အါထီၣ်ဂိၢ်ထီၣ် ၄. ရဲၣ်ကျဲၤ နးအိၣ်ထီၣ်, သူၣ်ထီၣ် ၅. ထီထီၣ်

mountain *n* ကစၢၢ်

mountain bike *n* လှၣ်ယီၢ်ထီၣ်ကစၢၢ်

mountain lion *n* ခ့တကလုာ်, ခ့ယုၢ် တကလုာ်လၢအမဲရကၤ

mountain pass *n* ကစၢၢ်ဒ့စ့ၤ

mountain range *n* ကစၢၢ်တူၢ်ရဲၣ်

mountaineer *n* ပှၤထီၣ်လိာ်ကွဲကစၢၢ်, ပှၤ ထီၣ်ကစၢၢ်

mountaineering *n* တၢ်လိာ်ကွဲထီၣ်ကစၢၢ်

mountainous *a* ၁. လၢအအိၣ်ဒီးကစၢၢ် ကလိ, လၢကစၢၢ်ကလိအကျါ ၂. လၢအဒိၣ် အသွါ

mourn *v* ဟီၣ်တၢ်ယၢၤတၢ်လၢတၢ်သံအဃိ, သးအုး

mournful *a* လၢအဟီၣ်တၢ်ယၢၤတၢ်, လၢ အလီၤသူၣ်အုးသးအုး, လၢအလီၤမိၣ်လီၤမဲ

mourning *n* ၁. တၢ်သူၣ်ကၢ်သးလီၤ, တၢ် ဟီၣ်တၢ်ယၢၤ, တၢ်ဘဲၣ်မိၣ်ဘဲၣ်မး ၂. တၢ်ကူထီၣ် ကၤထီၣ်တၢ်အလွဲၢ်သူလၢကဟ်ဖျါထီၣ်တၢ်သူၣ် အုးသးအုး

mouse *n* ၁. ယုၢ် ၂. ပှၤလၢအတနၢဘၣ်, ပှၤ လၢအသုၣ် ၃. ခီၣ်ဖျူထၢၣ်အစုဖီၣ်လၢတၢ်ကသုး ဝ့ၤသုးဝီၤတၢ်အဂီၢ်

mouser *n* သဉ်မံယီၤလၢအဖီၣ်ယုၢ်

mousetrap *n* တၢ်ဒိးယုၢ်, ယုၢ်ထု

mousse *n* မူး(စ) , ကိၣ်ဆၢတကလုာ် လၢတၢ်မၤအီၤလၢတၢ်နၢ်ထံခိၣ်ကျုးဒီးဆီဒံၣ်တကီၤ ဝါဒီးတၢ်အဂၤတဖၣ် ၂. တၢ်ဖှူခိၣ်အထံပံာ်

moustache, mustache *n* နိာ်ဆူၣ်, နိး ဆူၣ်

mousy *a* ၁. လၢအခိၣ်သူဂီၤဃဲး, လၢအလွဲၢ် ဂီၤဃဲး ၂. လၢအမဲာ်ဆုးဒီးအိၣ်ဘူ့ၣ်အိၣ်ဘှိၣ်

mouth *n* ၁. ကိာ်ပူၤ, ထးခိၣ် ၂. river mouth ထံထၣ်

mouth *v* မၤဝးအထးခိၣ်, မၤဟူးမၤဝးအနိး ဖံး

mouthful *a* ၁. တမိ (တၢ်အီၣ်), ထံတကွံး, ပှဲၤကိာ်ပူၤ ၂. တမိ, တကွံး

mouthful *n* ၁. လံာ်မဲာ်ဖျၢၣ်လၢတၢ်ကိးဘၣ် အီၤညီ, တၢ်ကတိၤလၢတၢ်ကိးဘၣ်အီၤညီ ၂. တမိ, တကွံး

mouthpiece *n* ၁. ထးခိၣ်အလီၢ် ၂. တၢ် ဒိသဧၢမဲကူၤဖဲတၢ်ဂဲၤလိာ်ကွဲအကတီၢ် ၃. ပှၤနှၤ် ပၢကတိၤတၢ်

mouth-to-mouth *a* လၢအဒူနှာ်ကလံၤ ဆူကိာ်ပူၤလၢတၢ်ကဟ်ကဲ့ၤသးသမူအဂီၢ် (အဒိ, mouth-to-mouth resuscitation)

mouth-to-mouth resuscitation *n* တၢ်လၢအဒူနှာ်ကလံၤဆူကိာ်ပူၤလၢတၢ်ကဟ် ကဲ့ၤသးသမူအဂီၢ်

mouthwash *n* တၢ်သ့ထးခိၣ်, ကသံၣ် ထံသပှာ်ကိာ်ပူၤ

mouth-watering *a* လၢအခဲၣ်ထံယွၤ, လၢအဖျါဝံၣ်ဖျါဘဲဒီးထုးနှၢ်သူၣ်သး

mouthy *a* လၢအတဲတၢ်ဆူၣ်တအိၣ်ဒီးတၢ်မဲာ် တြိၢ်မဲာ်ဆုး, လၢအတဲကြိတၢ်

movable *a* လၢတၢ်သုးထီၣ်သုးလီၤအီၤသ့

move *n* ၁. တၢ်သုးအသး ၂. တၢ်ဆီတလဲတၢ် ဆိကမိၣ် ၃. တၢ်စးထီၣ်သီတၢ်ရဲၣ်တၢ်ကျဲၤ

move *v* ၁. သုးအသး ၂. သုးကစီၤ, သုး အလီၢ်

movement *n* ၁. တၢ်ဟူးတၢ်ဂဲၤ ၂. တၢ်သုး အသးဆူတၢ်လီၢ်တတီၤဆူအဂၤတတီၤ ၃. တၢ်ဒိၣ် ထီၣ်လဲၤထီၣ်တဆီဘၣ်တဆီ, တၢ်ဆီတလဲ ၄. တၢ်ဟၢဖၢလဲၤ

movie *n* တၢ်ဂီၤမူ

mow *v* ဖဲာ်နိၣ်, ကူးတပံၢ်

Mr *n* တၢ်ကွဲးဖှၣ်မံးစထၢၣ်, တၢ်ကွဲးလၢပိၥ်ခွါမံၤအမဲၥ်ညါ

Mr Right *n* ပှၤလၢကကဲထီၣ်ဝၤ, ပှၤလၢကကဲထီၣ်သးသမူတံၤသကိးလၢအဂ့ၤ

Mrs *n* မၢၤ, တၢ်ကွဲးဖှၣ်မံးစံး, တၢ်ကွဲးအီၤလၢပိၥ်မုၣ်လၢအထီၣ်ပှၢ်ဝံၤအမံၤအမဲၥ်ညါ

Ms *n* တၢ်ကွဲးဖှၣ်မံး(စ), တၢ်ကွဲးအီၤလၢပိၥ်မုၣ်မံၤအမဲၥ်ညါ, နိၢ်

much *a* အါ, အါမး, သဲၣ်, ရး

mucilage *n* တၢ်အထံစဲဘူးစဲဘး, သ့ၣ်ထုးတကလုာ်

muck *n* ၁. ကျိၢ်အ့ၣ်ပနၢ်အ့ၣ်, တၢ်အ့ၣ်တၢ်ဆံၣ် ၂. တၢ်လၢအဘၣ်အၢဘၣ်သီ, တၢ်လၢတၢ်ကွၢ်တလီၤအီၤ ၃. ဟီၣ်ခိၣ်ကပံာ်

mucus *n* ၁. နါအ့ၣ် ၂. ကဟး ၃. တၢ်လၢအဘျိၣ်ဘျ့

mud *n* ကပံာ်

mud pie *n* ကပံာ်ဖျာၣ်လၢဖိသၣ်လံာ်လူာ်လိာ်ကွဲ, ကပံာ်လံာ်လူာ်

muddle *n* တၢ်ဘံဘူဆးဃၤ, တၢ်သဘံၣ်ဘုၣ်

muddle *v* ၁. ပြၤတၢ်, မၤဘံဘူဆးဃၤတၢ်, မၤကဆံကဆွဲတၢ် ၂. မၤသဘံၣ်သဘုၣ်, မၤကဒံကဒါပှၤသး ၃. ဘံဘူဆးဃၤ, သဘံၣ်သဘုၣ်

muddy *a* ၁. လၢကပံာ်အါ, လၢအပ့ၤဒီးကပံာ် ၂. လၢအလွဲၢ်ဒု ၃. လၢအဘၣ်အၢဘၣ်သီ, လၢအသဘုံးဒံး ၄. လၢအတဖျါဆုံဘၣ်

mudflap *n* နီၣ်ဒီသဒၢကပံာ်, တၢ်ဘ့ၣ်ဘၣ်လၢတၢ်ထီထီၣ်အီၤလၢသိလ့ၣ်ပၣ်အလိၢ်ခံလၢကဒီသဒၢကပံာ်အဂီၢ်

mudguard *n* ပၣ်ကွီၤဒီသဒၢကပံာ်, သိလ့ၣ်အပၣ်သဒီ, ပၣ်သဒီ

mudslide *n* ကပံာ်လီၤလာ်

mud-slinging *n* တၢ်ကတိၤဟးဂီၤပှၤဂၤအလၤကပီၤ, တၢ်ကတိၤနၣ်ဒွဲၣ်ပှၤဂၤ

muesli *n* ကိၣ်မူးစလံ, ကိၣ်တကလုာ်လၢအပၣ်ဃုာ်ဒီးဘုကျၢၣ်သွဲး, သဘ့ချံ, တၤသၣ်ဃ့လၢတၢ်ကျဲၣ်ကျီအီၤဒီးတၢ်နၢ်ထံ

muffin *n* မးဖ့ကိၣ်ခုးတကလုာ်, ကိၣ်ဆီဖံၣ်တကလုာ်

muffle *v* ၁. မၤဆံးလီၤတၢ်ကလုၢ်သီၣ်, ကျၢၢ်ဘၢဒ်သိးတၢ်ကလုၢ်သီၣ်ကဆံးလီၤအဂီၢ် ၂. ဘိၣ်ဘံကလၢၤထီၣ်

muffler *n* ၁. ကိာ်ဘံ, ကိာ်ပး ၂. တၢ်ပီးတၢ်လီလၢအမၤဆံးလီၤတၢ်ကလုၢ်သီၣ်ဒိၣ်

mug *n* ထံခွးလၢအိၣ်ဒီးအစုဖိၣ်

mug *v* ၁. ဂုာ်ဆူၣ်တၢ်, ဂုာ်ဆူၣ်ပျိဆူၣ်တၢ် ၂. ဆဲၣ်မဲာ်ဆဲၣ်နါ

mugger *n* ပှၤဂုာ်ဆူၣ်ပျိဆူၣ်တၢ်

mugging *n* တၢ်ဂုာ်ဆူၣ်ပျိဆူၣ်တၢ်

muggy *a* လၢအသဝံသဝါ, လၢအသီအူး, လၢအကိၢ်သဝံ

mugshot *n* ပှၤမၤကမဉ်သဲစးအဂီၤလၢပၢၤကီၢ်ဒိန့ၢ်အီၤ, ပှၤမၤကမဉ်တၢ်ဖိအဂီၤ

mulberry *n* မိၢ်ဒီးထူၣ်, တၢ်အလၣ်လၢသတိၢ်အီၣ်

mulch *n* တၢ်မုၢ်တၢ်ဘိ, သ့ၣ်ဒီးဝၣ်လၣ်အအုၣ်အကျဉ်လၢပှၤတ်ဘၢသ့ၣ်ခိၣ်ထံး

mule *n* ၁. ကသ့ၣ်လၢ, ကသ့ၣ်ဒီးကသ့ၣ်ယီၤကးပြါ ၂. ခိၣ်ဖံးလၢပှၤဒီးလၢဟံၣ်ပူၤ, ခိၣ်ဖံးတြံာ်ခိၣ် ၃. ပှၤစိာ်ဟှၣ်ကသံၣ်မူးဘှီး ၄. ပှၤလၢအခိၣ်ကိၤ

mull *v* ၁. ဆိကမိၣ်ထံဆိကမိၣ်ဆးတၢ်, ဆိကမိၣ်တၢ်ဃၢ်ခီဃၢ်ခီ ၂. ထၢနှာ်တၢ်နၢမူနၢဆီဒီးမၤကိၢ်ထီၣ်သံး

multi- *combining* အါန့ၢ်တခါ, အါမံၤအါကလုာ်

multicoloured, multicolored *a* လၢအလွဲၢ်အိၣ်အကလုာ်ကလုာ်

multicultural *a* တၢ်ဆဲးတၢ်လၤအါမံၤအါကလုာ်

multi-ethnic *a* ကလုာ်နူၣ်အါဖု

multifaceted *a* တၢ်ထံၣ်အါမံၤအါကလုာ်, တၢ်ထံၣ်အါကပၤ

multifunctional *a* လၢအကျိၤအကျဲအါ

multilateral *a* လၢအပၣ်ဃုာ်ဒီးကရၢအါဖု, လၢအပၣ်ဃုာ်ဒီးကရၢအါန့ၢ်သၢဖုဆူအဖီခိၣ်

multilateral *n* တၢ်ဘၣ်ဃးဒီးပှၤအါဂၤ, တၢ်ဘၣ်ဃးဒီးပှၤအါဖု

multilingual *a* လၢအစူးကါကျိာ်အါကျိာ်

multimedia *a* လၢအစူးကါတၢ်ရၤလီၤတၢ်ကစီၣ်အကျဲအါဘိ

M

multimillionaire *n* ပှၤထူးပှၤတီၤဖးဒိၣ်, ပှၤလၢအိၣ်ဒီးကျိၣ်စ့အါအါကလာ်, ပှၤလၢအအိၣ်ဒီးကျိၣ်စ့အကကွဲၢ်တဖၣ်အကကွဲၢ်

multinational *a* လၢအဘၣ်ထွဲဒီးထံကိၢ်အါဘ့ၣ်

multinational *n* ခီပနံၣ် မ့တမ့ၢ် ပနံၣ်တၢ်ကၤအကရၢလၢအမၤတၢ်လၢထံကိၢ်အါဘ့ၣ်

multiple *a* တဘျုးခါ, တဘျုးထံၣ်, တဘျုးဘီ

multiple sclerosis *n* ဖံးညၣ်ထံးရှုကျုထိၣ်တၢ်ဆါ

multiple-choice *a* လၢတၢ်ယုထၢအိၣ်အါဘီ, လၢတၢ်ယုထၢအိၣ်အါထံၣ်

multiplex *a* လၢအဒိကထၢ, လၢအဘံဘူလိာ်သး, လၢအပၣ်ဃုာ်ဒီးအမိၢ်လံၤမိၢ်ပှၢ်အါမံၤအါကလုာ်

multiplication *n* ၁. တၢ်ဂံၢ်အါ, တၢ်ဂံၢ်အါထိၣ်တၢ် ၂. တၢ်အါထိၣ်ဂိၢ်ထိၣ်

multiplication table *n* တၢ်ဂ့ၢ်အါတပၢး

multiplier *n* နီၣ်ဂံၢ်လၢတၢ်ဂံၢ်အါတၢ်, တၢ်ဂံၢ်အါတၢ်အနီၣ်ဂံၢ်, တၢ်ဂံၢ်အါဖိ

multiply *v* ၁. ဂံၢ်အါ ၂. မၤအါထိၣ်, အါထိၣ်ဂိၢ်ထိၣ်

multi-purpose *a* လၢတၢ်ပညိၣ်တဘျုးမံၤအဂီၢ်

multitasking *n* တၢ်မၤတၢ်သ့တဘျုးမံၤလၢတကတီၢ်ဃီ

multitude *n* တၢ်ဂိၢ်မုၢ်, ပှၤဂိၢ်မုၢ်, တၢ်ဂိၢ်မုၢ်ဂိၢ်ပၤ, ပှၤဂိၢ်မုၢ်ဂိၢ်ပၤ

mum *a* လၢအအိၣ်ဘိုၣ်ကလာ်, လၢအအိၣ်ဃိကလာ်, အိၣ်ဘှၣ်

mumble *v* ကတိၤတၢ်တဆုံတဖျါ, တဲကသွံတၢ်, ကနူးကနၣ်ကသွံတၢ်

mumbo-jumbo *n* ၁. တၢ်တဂိာ်တသိၣ်, တၢ်အဘျုးအဖှိၣ်တအိၣ်, တၢ်အခီပညီတအိၣ် ၂. တၢ်ကတိၤတၢ်လၢတဂိာ်တသိၣ်, တၢ်သမှုပယၢ်တၢ်နါစိၤ

mummy *n* ၁. တၢ်သံစိၣ်လၢတၢ်စုၣ်အီၤဒီးကသံၣ် ၂. မိမိ

mumps *n* ကိာ်ဘိးတၢ်ဆါ, တၢ်ဒိၣ်ဘိး, ဒ့ၣ်ဘိးတၢ်ဆါ

munch *v* အီၣ်တၢ်သီၣ်ပ္ငးပ္ငး, အ့ၣ်ဘျုးတၢ်အီၣ်

munchies *n* ၁. ကိၣ်ဖိနီဖိ, ကိၣ်အ့ၣ်ဃ့အ့ၣ်ဃီး, တၢ်အီၣ်ကစဲးကစီး ၂. (the munchies) တၢ်အဲၣ်ဒိးအီၣ်တၢ်, တၢ်အဲၣ်ဒိးအ့ၣ်ဃ့အ့ၣ်ဃီးတၢ်

munchkin *n* ဖိသၣ်ပြံကဒံဖိ, ဖိသၣ်နီၢ်ဖိနဲကဲၣ်

mundane *a* ၁. လၢအပတိၢ်မုၢ်, လၢအတလီၤထုးနံၢ်သူၣ်ထုးနံၢ်သး, လၢအတလီၤသူၣ်ပိၢ်သးဝး ၂. လၢအဘၣ်ဃးဒီးဟီၣ်ခိၣ်, လၢအဘၣ်ဃးဒီးအအံၤတဃၣ်

municipal *a* လၢအဘၣ်ဃးဒီးဝ့ၢ်အတၢ်ပၢတၢ်ပြး, မှူၣ်နံၣ်စပဲၣ်

municipality *n* ဝ့ၢ် မ့တမ့ၢ် ကိၢ်စဲၣ်လၢအအိၣ်ဒီးလိၢ်ကဝီၤပဒိၣ်အတၢ်ပၢတၢ်ပြးဒၣ်ဝဲ

munificent *a* လၢအဟ့ၣ်တၢ်ညီ, လၢအသးအိၣ်ဟ့ၣ်တၢ်ညီဒိၣ်မး

munition *n* သုးတၢ်စုကဝဲၤပီးလီ, ကျိချံမှာ်သၣ်, ကျိချံမျိာ်သၣ်

mural *n* တၢ်ဂီၤဖးဒိၣ်လၢတၢ်ခဲၣ်ထိၣ်အီၤလၢဂီၤပၤလိၤ, တၢ်ဒူၣ်လိၤတၢ်ဂီၤခဲၣ်ဖးဒိၣ်

murder *v* မၤသံပှၤကညီ, မၤသံတၢ်

murderer *n* ပှၤမၤသံပှၤကညီ, ပှၤမၤသံတၢ်ဖိ

murky *a* လၢအခံးသူ, လၢအဖျါကနကယီၢ်, လၢအတဖျါဆုံဘၣ်

murmur *v* ကတိၤကသွံတၢ်, ကတိၤတၢ်ကတူၢ်ကတူၢ်

muscle *n* ညၣ်ထူၣ်, ယုၢ်ညၣ်

muscle *v* စူးကါနီၢ်ခိဂံၢ်ဘါ

muscular *a* ၁. အနၣ်အဒ့ဂ့ၤ ၂. လၢအဘၣ်ဃးဒီးညၣ်ထူၣ်

muscular dystrophy *n* ယုၢ်ညၣ်ဂံၢ်စၢ်လီၤတၢ်ဆါ, ညၣ်ထူၣ်ဂံၢ်စၢ်လီၤတၢ်ဆါ

muse *v* ၁. ဆိကမိၣ်တၢ်လီၤထူၣ်, လီၤထွံလၢအတၢ်ဆိကမိၣ်အပူၤ ၂. တဲလီၤကွ့ၤအသး

museum *n* တၢ်ဟ်ကွၢ်ကီလိၢ်, တၢ်ဟ်ကွၢ်ကီဒၢး

mush *n* ၁. တၢ်ကပုာ်လုးဒီးပုံာ်, တၢ်ကဘုဲလဲ ၂. ဘုခ့ကဟိ, တၢ်ကဟိလၢပှၤဖီလၢဘုခ့ ၃. လီၤမိၣ်လီၤမဲၤ, လီၤသယုၢ်သညီ

mushroom *n* ကူၤ

mushroom *v* အါထီၣ်ဂိၢ်ထီၣ်ချ့ချ့ကလဲာ်, ဆံထီၣ်ပွါထီၣ်

music *n* တၢ်သံကျံ

musical *a* ၁. လၢအဘၣ်ဃးဒီးတၢ်ဒ့တၢ်အူတၢ်သူၣ်ဝံၣ်သးဆၢ ၂. လၢအအိၣ်ဒီးတၢ်သံကျံသးဝံၣ်, လၢအမှာ်သယုၢ် ၃. လၢအသးစဲလၢတၢ်သံကျံတကပၤ, လၢအစဲၣ်နီၤလၢတၢ်သံကျံသးဝံၣ်

musical *n* တၢ်ဒိတၢ်တဲာ်လၢအအိၣ်ဒီးတၢ်သးဝံၣ်ဒုးနဲၣ်, တၢ်ဂီၤမူလၢအအိၣ်ဒီးတၢ်သးဝံၣ်ဂဲၤဒိတၢ်

musical instrument *n* တၢ်သံကျံပီးလီ, တၢ်ဒ့တၢ်အူအပီးအလီ

musician *n* ပှၤသံကျံဖိ, ပှၤဒ့တၢ်အူတၢ်ဖိ

musk *n* တၤဟိဖါအသိလၢတၢ်ထုးထီၣ်မၤထံနၢမူ

musket *n* ကျိတံၤလီၤ, ကျိတီၢ်ကပၤ, ကျိဖးထီလၢပျၢၤတကလှာ်လၢသုးစူးကါဝဲ, ကျိတီၢ်ပျိၢ်

musketeer *n* ၁. ပှၤသုးဖိလၢပျၢၤလၢအစူးကါကျိတံၤလီၤ ၂. ဖြၣ်စ့ၣ်စီၤပၤအပှၤသုးဖိလၢတဆံနွံဒီးတဆံဃီးယၤဖှိၣ်နံၣ်

Muslim *n* ပှၤမူးစလ့ၣ်ဖိ

muslin *n* တၢ်ကံးညာ်ဘူသလါဖိ

mussel *n* ချိၣ်တံာ်ပိၣ်လဲၣ်တကလှာ်

must *n* တၢ်တမံၤလၢတကြၢးတၢ်သးပှၤနီၣ်အီၤ

must *v* ကဘၣ် အဒိ, ကဘၣ်လဲၤ, ကဘၣ် မၤ

mustache, moustache *n* နိာ်ဆူၣ်, နိးဆူၣ်

mustang *n* ကသ့ၣ်မံၤဖိတကလှာ်လၢကီၢ်အမဲရကၤ

mustard *n* သဘၣ်

mustard gas *n* ဂာ်စုၣ်တကလှာ်လၢတၢ်စူးကါအီၤဇ်တၢ်စုကဝဲၤအသိး, ဂာ်စုၣ်လၢအမၤအူအိၣ်ဖံးဘ့ၣ်

muster *n* ၁. တၢ်စူးဖှိၣ်ရိဖှိၣ်, တၢ်ထုးဖှိၣ်တံာ်ဖှိၣ်, တၢ်ကိးဖှိၣ်တၢ်, တၢ်ထၢဖှိၣ်တၢ် ၂. ပှၤထိၣ်တၢ်အိၣ်ဖှိၣ်

muster *v* စူးဖှိၣ်ရိဖှိၣ်, ထုးဖှိၣ်တံာ်ဖှိၣ်, ကိးဖှိၣ်, ထၢဖှိၣ်

musty *a* နၢအုး, နၢဟီ, နၢဆံၣ်ဘီ, နၢတမှာ်တယုၢ်ဘၣ်

mutant *a* လၢအက့ၢ်အဂီၤလဲလိာ်ကွံာ်အသး, လၢအက့ၢ်အဂီၤပျိာ်လဲကွံာ်အသးခီဖျိစၢၤသွဲၣ်ဂံၢ်ထံးကွံ(န) အတၢ်ဆီတလဲအဃိ

mutate *v* လဲလိာ်ကွံာ်အက့ၢ်အဂီၤ, ပျိာ်လဲကွံာ်အက့ၢ်အဂီၤခီဖျိစၢၤသွဲၣ်ဂံၢ်ထံးကွံ(န) အတၢ်ဆီတလဲ

mutation *n* တၢ်လဲလိာ်ကွံာ်အက့ၢ်အဂီၤ, တၢ်ပျိာ်လဲကွံာ်အက့ၢ်အဂီၤခီဖျိစၢၤသွဲၣ်ဂံၢ်ထံးကွံ(န) တၢ်ဆီတလဲ

mute *a* ၁. လၢအဘ့ၣ်, လၢအကလုၢ်တအိၣ်ကထါတအိၣ် ၂. လၢအကလုၢ်တသီၣ်, လၢအကလုၢ်တအိၣ်

mute *n* ၁. ပှၤအုးအး ၂. နိးအတၢ်ပနီၣ်လၢအမၤဘ့ၣ်ဒီးမၤကဖီထီၣ်တၢ်သးဝံၣ်အကလုၢ်

mute *v* ၁. မၤဆံးလီၤတၢ်အကလုၢ်, မၤဟါမၢ်တၢ်အသီၣ် ၂. လၢအတဲတၢ်တပၢဘၣ်

mutilate *v* ၁. ဘၣ်ဒိဘၣ်ထံးတုၤဒ်လဲာ်က့ၢ်ဂီၤဟးဂီၤကွံာ် ၂. ကူးတဲာ်ကွံာ်, ဒိၣ်တဲာ်ကွံာ်က့ၢ်ဂီၤ ၃. မၤဟးဂီၤကွံာ်က့ၢ်ဂီၤ

mutinous *a* ၁. ပၢၤဆၢတၢ်, ခိၣ်ဆၢတၢ်, ထီဒါတၢ် ၂. ပူထိၣ်လီထိၣ်တၢ်, ဂဲၤဆၢထၢၣ်ထီဒါတၢ်

mutiny *n* တၢ်ပူထိၣ်လီထိၣ်တၢ်, တၢ်ဂဲၤဆၢထၢၣ်ထီဒါတၢ် အဒိ, လီၤဆီဒၣ်တၢ်ပှၤသုးဖိ မ့တမ့ၢ် ကဘီဖိတဖၣ်ပူထိၣ်ကဒါက့ၤအသုးခိၣ် မ့တမ့ၢ် ကဘီခိၣ်

mutiny *v* ပူထိၣ်လီထိၣ်တၢ်, ဂဲၤဆၢထၢၣ်ထီဒါတၢ်

mutt *n* ၁. ထွံၣ်ကးပြါ ၂. ပှၤအီရိာ်အီပီ, ပှၤငီငး

mutter *v* ကနူးတၢ်ကတူၢ်ကတူၢ်

mutton *n* ၁. သိညၣ်

mutual *a* ကဒဲကဒဲ, သကိးသကိး

muzzle *n* ၁. ဆၣ်ဖိကီၢ်ဖိအနိာ်, ဆၣ်ဖိကီၢ်ဖိအနၢါဒ့ဒီးအကိာ်ပူၤ ၂. တၢ်ဖျိၣ်ထွံၣ်ကိာ်ပူၤ ၃. ကျိပျိၣ်ခိၣ်ထိး

muzzle *v* ဖျိၣ်ဃာ် (တၢ်) အကိာ်ပူၤ

my *pro* ယ (တၢ်)

Myanmar *n* ကီၢ်ပယီၤ

mynabird *n* ထိၣ်ကၠၢဘီနၢ်

myriad *a* လၢတၢ်ဂံၢ်အီၤတသ့, လၢတၢ်ဂံၢ်အီၤ တလၢာ်

myriad *n* တၢ်အါအါဂိၢ်ဂိၢ်လၢတၢ်ဂံၢ်အီၤ တလၢာ်, တၢ်အနိၣ်ဂံၢ်နိၣ်ဒွးလၢတၢ်ဂံၢ်အီၤတသ့

myself *pro* ၁. ယနီၢ်ကစၢ် ၂. ယကစၢ်ဒၣ် ယဲ, ဒၣ်ယဲ

mysterious *a* လၢအလီၤကမၢကမၣ်

mystery *n* တၢ်လီၤကမၢကမၣ်

mystic *n* ပှၤလီၤဝံ, ပှၤလၢတၢ်လီၤပူအီၤ, ပှၤ လၢတၢ်လီၤပူအီၤဒီးမၤနၠၢ်တၢ်ထံၣ်လီၤဆီ

mystical *a* ၁. လၢအဘၣ်ဃးဒီးတၢ်ဝံတၢ် ကလၤ ၂. လၢအဘၣ်ဃးဒီးတၢ်လီၤပူပှၤလီၤ

mystify *v* မၤသဘံၣ်သဘုၣ်တၢ်, မၤတံာ်မုၢ် တံာ်တာ်တၢ်

mystique *n* တၢ်စီတၢ်လီၤကမၢကမၣ်လၢ အအိၣ်ဝးတရံးပှၤတဂၤ မ့တမ့ၢ် တၢ်တမံၤမံၤ

myth *n* ၁. တၢ်စံၣ်ဃၢၤတဲဃၢၤဘၣ်ဃးပှၤ လၢပျၢၤအကစၢ်ယွၤအတၢ်နာ်ဒီးအခီၣ်ထံးခီၣ်ဘိ ၂. တၢ်ဃၢၤမုာ်နၢ်

mythical *a* လၢအမ့ၢ်တၢ်တဲမုာ်နၢ်, လၢအမ့ၢ် တၢ်စံၣ်ဃၢၤတဲဃၢၤလၢပျၢၤ

mythology *n* တၢ်စံၣ်ဃၢၤတဲဃၢၤ, တၢ်ယု သ့ၣ်ညါမၤလိဘၣ်ဃးတၢ်ဃၢၤပူလၢပျၢၤ

myxomatosis *n* ပဒဲတၢ်ဆါ, တၢ်ဆါလၢ အဘၣ်ကူဘၣ်ကာ်ပဒဲ

N

N/A *abbre* (Not Applicable or Not Available) ၁. တဘၣ်ထွဲဘၣ် ၂. တအိၣ်ဘၣ်, တချူးဘၣ်, လၢတၢ်စူးကါအီၤတသ့ဘၣ်

nab *v* ၁. ဖီၣ်ပှၤသတူၢ်ကလာ် ၂. မၤန့ၢ်တၢ်သတူၢ်ကလာ်

nacho *n* ကိၣ်နၣ်ခွိၣ်, မဲးကစံၣ်ကိၣ်အတၢ်အိၣ်တကလုာ်

nag *n* ၁. ကသ့ၣ် ၂. ပှၤလၢအအ့ၣ်လိာ်တၢ်ဆူၣ်

nag *v* မၤအ့န့ပှၤအသး (ခီဖျိမၤဆူၣ်အီၤ), တဲကိၢ်တဲဂီၤတၢ်, ကလာ်တၢ်ဆူၣ်, အ့ၣ်လိာ်တၢ်ခဲအံၤခဲအံၤ

Naga *n* ၁. ပှၤနၢ်ကးဖိ, ကလုာ်နူာ်တကလုာ်လၢကိၢ်ပယီၤပူၤအမံၤ ၂. နၢ်ကးကျိာ်

nail *n* ၁. ထးပနဲာ်ဖိ ၂. စုမ့ၣ်, ခီၣ်မ့ၣ်

hit the nail on the head *idm:* ဖးဖျါထီၣ်ဘၣ်ဘၣ်ပိုၤပိုၤ, တဲဖျါထီၣ်လီၤလီၤဘၣ်ဘၣ်

nail *v* ၁. ပျၤဃာ်, ဒိဃာ်လၢထး ၂. ဖီၣ်ပှၤလၢအမၤကမၣ်တၢ် ၃. (တၢ်ဂဲၤလိာ်ကွဲ) မၤနၢၤတၢ်တဲာ်တဲာ်ဖျူဖျူ

nail clippers *n* တၢ်တဲာ်စုမ့ၣ်

nail file *n* တၢ်ဂူာ်ဘျ့စုမ့ၣ်, တၢ်ကြဲဘျ့စုမ့ၣ်

nail polish *n* တၢ်မၤဂီၤစုမ့ၣ်, တၢ်ခဲၣ်ဘျ့စုမ့ၣ်

nail punch *n* တၢ်ပျၤထး, စဲးပျၤထး

nail varnish *n* တၢ်မၤဂီၤစုမ့ၣ်, တၢ်ခဲၣ်ဘျ့စုမ့ၣ်

nail-biting *a* လၢအသူၣ်ပိၢ်သးဝးဒိၣ်ဒိၣ်ကလဲာ်, လၢအဒုးအိၣ်ထီၣ်တၢ်သူၣ်ပိၢ်သးဝးဆူၣ်ဆူၣ်

naive *a* လၢအခိၣ်ထံဘီၣ်သးနါပှၢ်ဘူ, လၢအခိၣ်နူာ်ဘီၣ်ဖံး, လၢအတၢ်လဲၤခီဖျိစုၤ

naked *a* ၁. အိၣ်ဘ့ၣ်ဆ့ ၂. လၢအတအိၣ်ဒီးတၢ်ဒီသဒၢအီၤ, လၢတၢ်မၤဆါအီၤသ့ညီ, လၢအဘၣ်ဒိညီ

name *a* လၢအမံၤဒိၣ်, လၢအမံၤဟူသၣ်ဖျါ

name *n* ၁. မံၤ ၂. တၢ်မံၤဟူသၣ်ဖျါ, တၢ်မံၤအိၣ် ၃. ပှၤလၢအမံၤဟူသၣ်ဖျါ

name *v* ၁. ယုၢ်နှၤ်တၢ်အမံၤ, ယုၢ်နှၤ်ပှၤအမံၤ ၂. တဲဖျါထီၣ် (တၢ်ဆၢကတီၢ်, တၢ်လီၢ်တၢ်ကျဲ) ၃. ပှၤဘၣ်ပှၤအမံၤအသၣ်, ကိးပှၤအမံၤအသၣ်

name-dropping *n* တၢ်စူးကါပှၤမံၤဟူသၣ်ဖျါအမံၤလၢတၢ်စံးတၢ်ကတိၤအပူၤဒ်သိးတၢ်ကထံၣ်ဒိၣ်အီၤအဂီၢ်

nameless *a* ၁. လၢအမံၤတဖျါဘၣ်, လၢတၢ်ဟ်လီၤဘၢအမံၤ ၂. လၢတၢ်တယၢၤထီၣ်အမံၤအသၣ်, လၢတၢ်တယၢၤမံၤယၢၤသၣ် ၃. လၢအတဟူထီသါလီၤ, လၢအမံၤတဒိၣ်ဘၣ်

namely *adv* တၢ်မ့ၢ်ယၢၤထီၣ်အီၤန့ၣ်, တၢ်မ့ၢ်တဲဖျါထီၣ်အီၤန့ၣ်, တၢ်မ့ၢ်ယၢၤထီၣ်အမံၤန့ၣ်

nameplate *n* မံၤအခးက့

namesake *n* ပှၤလၢအမံၤလီၤက်လိာ်အသးဒီးပှၤဂၤ

nanny *n* ၁. ပှၤပိာ်မုၣ်ကွၢ်ထွဲဖိသၣ် ၂. (တၢ်ကတိၤမုၢ်ဆ့ၣ်မုၢ်ဂီၤ) ဖံ, ဖံဖံ

nanny goat *n* မဲာ်တဲးလဲးမိၢ်

nap *n* ၁. တၢ်မံတယှာ်, တၢ်မံတစိၢ်ဖိ ၂. တၢ်ကံးညာ်သးကလးအဆူၣ်ကဖှ

nap *v* မံတယှာ်ဖိ, မံတစိၢ်ဖိ

napalm *n* ၁. ဒးဆံၣ်သိပံာ်တကလုာ်လၢတၢ်ဘိုမ့ၣ်ပိၢ် ၂. မ့ၣ်ပိၢ်မ့ၣ်အူ

nape *n* ကိာ်စၢၢ်ခံ, ကိာ်ကျၤခံ

napkin *n* တၢ်ထွါစု, တၢ်ထြူာ်စု, စုထွါ

nappy *n* ဖိသၣ်သွံ, ဒါလာ်

narcissism *n* တၢ်အဲၣ်လီၤသးအါတလၢ

narcissist *n* ပှၤလၢအအဲၣ်လီၤသးအါတလၢ

narcissistic *a* လၢအအဲၣ်လီၤအသးအါတလၢ

narcosis *n* တၢ်ခိၣ်မူၤဒီးသူၣ်ဃၢသးဃၢ, တၢ်ခိၣ်တယူၤ, တၢ်မဲာ်ဟံး

narcotic *n* ၁. ကသံၣ်လၢတၢ်စဲအီၤဒ်ကသံၣ်မူၤဘိုးသ့, ကသံၣ်မူၤဘိုးတကလုာ် ၂. ကသံၣ်ဖီၣ်လၢအပၣ်ဃုာ်ဒီးကသံၣ်မူၤဘိုးတကလုာ်

nark *n* ပၢၤကိၢ်အတၢ်မဲာ်ချံ

narrate *v* တဲပူ, တဲတၢ်ဂ့ၢ်တၢ်ကျိၤ

narration *n* တၢ်တဲပူ, တၢ်တဲတၢ်ဂ့ၢ်တၢ်ကျိၤ

narrative *a* လၢတၢ်တဲကဒါက့ၤအီၤ, လၢတၢ်ဃဲၤကဒါက့ၤအီၤ

narrative *n* ၁. တၢ်ဖးဖျါထီဒ်တၢ်ဂ့ၢ်တၢ်ကျိၤ တၢ်သ့တၢ်ဘဉ်, တၢ်စံဉ်ဃဲၤတဲဃဲၤပှ ၂. တၢ်လၢဘဉ်တၢ်တဲကဒါက့ၤအီၤလၢအဂ့ၢ် အကျိၤ

narrator *n* ပှၤလၢအဖးဖျါထီဒ်တၢ်ဂ့ၢ်တၢ် ကျိၤ, ပှၤဖးဖျါထီဒ်တၢ်ဂ့ၢ်

narrow *a* အံဉ်

narrow *v* မၤအံဉ်လီၤ, အံဉ်လီၤ

narrowly *adv* ၁. တပျဉ်ကွဲာ်တစဲးဖိ, ဘူး ကဘဉ် ၂. အံဉ်အံဉ်ဖိ ၃. လီၤတံၢ်လီၤဆဲး, လၢာ် ကဆူးလၢာ်ကတုၤ

narrow-minded *a* လၢအသူဉ်အံဉ်သး အံဉ်, လၢအတၢ်ထံဉ်တၢ်ဆိကမိဉ်အံဉ်

narrows *n* တၢ်ဒ့စ့ၤ, ပီဉ်လဲဉ်ဒ့စ့ၤ, ထံဒ့စ့ၤ, ထံဒိဉ်စ့ၤ, တၢ်ဒ့တၢ်တြီၤ

NASA *abbre* (National Aeronautics and Space Administration) နဉ်စါကရၢ, ကီၢ်အမဲရ ကၤတၢ်ပၢဆှၢကွၢ်ထွဲတၢ်ဖံးတၢ်မၤဘဉ်ဃးတၢ်ဘိ ထိဉ်ဒီးစူးကါကဟဉ်ယူၤဒီးမူပျီကရၢ

nasal *a* လၢအဘဉ်ဃးဒီးနါစ့ၤ, လၢအဘဉ် ဃးဒီးနါဒ့

nasal diphtheria *n* နါစ့ၤညီး, နါဒ့ညီး

nasal flaring *n* နါဒ့ကဖိထီဉ်, နါစ့ၤကဖိ ထီဉ်

Nasogastric Tube Insection *n* တၢ် ထၢနှာ်ရီးဘၢဉ်ပျံၤဘိလၢနါစ့ၤဆူကဖုပူၤ

nasty *a* ၁. တမုာ်တလၢ, တဂ့ၤတဝါ ၂. ဘဉ်အၢဘဉ်သီ ၃. သူဉ်တဂ့ၤသးတဝါ

natal *a* လၢအဘဉ်ဃးဒီးတၢ်အိဉ်ဖျဲဉ်ဖိ, လၢအဘဉ်ထွဲဒီးတၢ်အိဉ်ဖျဲဉ်ဖိ

nation *n* ၁. ထံဖိကီၢ်ဖိ ၂. ထံကီၢ်

national *a* ၁. လၢအဘဉ်ဃးဒီးထံလီၢ်ကီၢ် ပူၤ, လၢအဘဉ်ဃးဒီးထံကီၢ် ၂. လၢအဘဉ်ဃးဒီး ပှၤတကလှာ်, လၢအဘဉ်ဃးဒီးဒီကလှာ်

national *n* ထံဖိကီၢ်ဖိ

national anthem *n* ဒီကလှာ်တၢ်သးဝံဉ်

National Guard *n* ထံကီၢ်အသုးပတြိၢ်

national park *n* ကမျၢ်ဖီကရၢ်

national service *n* တၢ်ကီးသုးဖဲထံကီၢ်အ တၢ်မှာ်တၢ်ခ့ဉ်အကတိၢ်

nationalism *n* ကလှာ်ဂ့ၢ်ဝီသနူ

nationality *n* ထံဖိကီၢ်ဖိ, ထံကီၢ်ပှၤကလှာ်

nationalization, nationalisation *n* တၢ် ဟံးပၢကမျၢ်အတၢ်, တၢ်ဒုးကဲထီဉ်က့ၤလၢထံကီၢ် အတၢ်

nationalize, nationalise *v* ၁. ဒုးကဲထီဉ် က့ၤလၢထံကီၢ်အတၢ် ၂. ဒုးကဲထီဉ်ပှၤလၢထံဖိကီၢ် ဖိ

nationwide *a* ကီၢ်ဒီဘ့ဉ်, လၢထံကီၢ်ဒီတ ဘ့ဉ်

native *a* ၁. လၢအိဉ်ဖျဲဉ်ထီဉ်အလိၢ်, ဘဉ် ဃးဒီးအိဉ်ဖျဲဉ်ထီဉ်အလိၢ် ၂. ထူလံၤ, လၢအအိဉ် ထူအိဉ်လံၤ ၃. လၢအဟဲန့ၢ်လၢမိၢ်ပှၢဖၢပူၤ, လၢအဟဲပဉ်လၢအအိဉ်ဖျဲဉ်လံၤလံၤ

native *n* ၁. ပှၤထူလံၤဖိ ၂. တၢ်မဲတၢ်မါ – ဆဉ်ဖိကီၢ်ဖိလၢ (ကီၢ် – လိၢ်တကဝီၤ) အပူၤ, တၢ် မူတၢ်မဲလၢတၢ်လိၢ်တကဝီၤအပူၤ

Native American *n* အမဲရကၤပှၤထူလံၤဖိ

native speaker *n* ပှၤလၢအတဲအကျိာ်ခိဉ် ထံးတကျိာ်, ပှၤလၢအကတိၤအကစၢ်အကျိာ်ဒ် ဝဲ, ပှၤကတိၤအကျိာ်ဂံၢ်ထံး, (နီၢ်) ကစၢ်အကျိာ်

nativity *n* ၁. ကစၢ်ယ့ဉ်ရှူးခရံာ်အတၢ်အိဉ် ဖျဲဉ်, ခရံာ်အိဉ်ဖျဲဉ် ၂. ခရံာ်အိဉ်ဖျဲဉ်အတၢ်ဂီၤ

NATO *abbre* နူဉ်တိကရၢ, ကလံၤစိးအဉ် တလါတ့းလဲာ်ဃံးဃာ်ကရၢ, ထံကီၢ်လၢအပဉ် ယှာ်လၢကရၢအံၤအပူၤ (North Atlantic Treaty Organization)

natural *a* ၁. ဒ်နဆၢဉ်အသိး, နဆၢဉ် ၂. ပတိၢ်မုၢ်

natural *n* ၁. ပှၤလၢအအိဉ်ဒီးအကစၢ်အန့ ဆၢဉ်အတၢ်သ့တၢ်ဘဉ်, ပှၤလၢအိဉ်ဒီးအတၢလဉ် လၢဟဲအိဉ်ဖျဲဉ်ယှာ်န့ၢ်ဝဲ ၂. နဆၢဉ်တၢ်သံကျံနိးပ နီဉ်, နိးပနီဉ်လၢအသိဉ်ဒ်နဆၢဉ်အကလုၢ်အသိး

natural childbirth *n* တၢ်အိဉ်ဖျဲဉ်ဖိဒ်န့ ဆၢဉ်အသိး, တၢ်ဆံးစၢ်ဖိဒ်နဆၢဉ်အသိး

natural gas *n* နဆၢဉ်ကၢ်သဝံ

natural history *n* ၁. နဆၢဉ်စံဉ်စိၤ, တၢ်မၤ လိဘဉ်ဃးနဆၢဉ်အတၢ်စံဉ်စိၤပီညါ ၂. တၢ်ဆါဟဲနးထီဉ်အပတိၢ်တဖဉ် (လီၤဆီ ဒ်တၢ်ဖဲတဒိးန့ၢ်ဘဉ်တၢ်ကူစါယါဘျါအခါ)

natural resources *n* နဆၢဉ်တၢ်အိဉ်ယၢၤ

natural science *n* နဆၢဉ်စဲအ့ဉ်ပီညါ, စဲ အ့ဉ်အတၢ်ဃုသ့ဉ်ညါဘဉ်ဃးတၢ်အနီၢ်ခိက့ၢ်ဂီၤပီ ညါ

N

natural selection *n* နူ့ဆၢဉ်အတၢ်ယုထၢ, နူ့ဆၢဉ်အတၢ်ယုထၢကျိၤကျဲလၢတၢ်မ့ၢ်တၢ်ဘိ, ဆဉ်ဖိကိၢ်ဖိ, ဒီးဂ့ၤဂၤတဖဉ်အတၢ်သ့မၤဘဉ်လိာ် အသးဒီးခိဉ်ယၢၤဒ်သိးကမူကဲၤ, ကအါထီဉ်ဂိၢ် ထီဉ်အဂိၢ်

natural-born *a* လၢအအိဉ်ဒီးနူ့ဆၢဉ်အတၢ် သ့တၢ်ဘဉ်ဒဉ်ဝဲ, လၢအတၢလဉ်ဟဲနူ့ၢ်လၢအအိဉ် ဖျဲဉ်လံၤလံၤ

naturalist *n* ၁. ပှၤလၢအယုသ့ဉ်ညါမၤ လိနူ့ဆၢဉ်တၢ်ဘဉ်တ့, ပှၤလၢအယုသ့ဉ်ညါနူ့ဆၢဉ် ခိဉ်ယၢၤ ၂. ပှၤကူဉ်ဘဉ်ကူဉ်သ့ဘဉ်ယးဒီးနူ့ဆၢဉ် တၢ်မူတၢ်မဲပီညါ

naturalize, naturalise *v* ၁. ဒုးကဲထိဉ် ထံဖိကိၢ်ဖိ ၂. လုၢ်ဖိတၢ်ကတိၤကျိာ်, လုၢ်ဖိပှၤကျိာ် ၃. လဲၤဟံးသူဉ် (တၢ်မ့ၢ်တၢ်ဘိလၢတၢ်လီၢ်အဂၤ) , လဲၤဟံးဘ့ဉ် (ဆဉ်ဖိကိၢ်ဖိလၢတၢ်လီၢ်အဂၤ)

naturally *adv* ဒ်နူ့ဆၢဉ်အိဉ်ဝဲအသိး, ဒ်အလုၢ်အလၢ်ဟဲဝဲအသိး, ဒ်နူ့ဆၢဉ်အလုၢ်အလၢ် အသိး

nature *n* ၁. နူ့ဆၢဉ် ၂. သးအလုၢ်အလၢ်

naught, nought *n* ၁. တၢ်နီတမံၤ, တၢ် နီတမံၤဘဉ်, တၢ်ကလီကလီ ၂. နီၢ်ဂံၢ် (၀)

naughty *a* ၁. လၢအနၢ်က့ဉ်, လၢအနူၤက့ဉ် နၢ်ယွၤ ၂. လၢအလံကျိၤ, လၢအကမျဲၤကစဲ

nausea *n* အဲဉ်ဒီးဘိုး, သးကလဲၤ

nauseate *v* မၤသးကလဲၤပှၤ, ဒုးသးကလဲၤ တၢ်, မၤသးလီဉ်တၢ်, မၤသးလီဉ်ပှၤ, မၤသး ကလီဉ်ကလဲၤ

nauseous *a* ၁. လၢအသးကလဲၤ ၂. လၢ အမၤသးကလဲၤတၢ်

nautical *a* ၁. လၢအဘဉ်ယးဒီးချံဒီးက ဘီဒီး ၂. လၢအဘဉ်ယးဒီးတၢ်လဲၤတၢ်က့ၤလၢထံ

nautical mile *n* ပိဉ်လဲဉ်တၢ်ဒ့ဉ်စၢၤမံးလာ်

naval *a* ၁. လၢအဘဉ်ယးဒီးထံသုးမှၢ် ၂. ထံကိၢ်တဘ့ဉ်အထံသုးမှၢ်

navel *n* ဒ့, ဒ့ပူၤ

navigable *a* လၢချံကဘီလဲၤထီဉ်လဲၤလီၤသ့

navigate *v* ၁. ဒုးနဲဉ်အကျဲ ၂. ဒုးနဲဉ်က ဘီအကျဲ, ရိဉ်သနူ့

navigation *n* ၁. တၢ်ဒုးနဲဉ်ထံကျိၤတၢ်လဲၤ တၢ်က့ၤအတၢ်သ့တၢ်ဘဉ်, တၢ်ရိဉ်သနူ့ ၂. ကဘီ မ့တမ့ၢ် ကဘီယူၤတၢ်လဲၤတၢ်က့ၤ, တၢ်လဲၤတၢ်က့ၤ လၢထံဒီးကလံၤ ၃. တၢ်ရဲဉ်လီၤနဲဉ်ကျဲ

navigator *n* ပှၤနဲဉ်ကျဲ (ကဘီ – ကဘီယူၤ) , ပှၤရိဉ်သနူ့

navvy *n* ပှၤမၤတၢ်ဃၢတၢ်စံာ်တၢ်မၤ

navy *n* ၁. ထံသုး, ထံသုးမှၢ် ၂. ကဘီသုး

navy blue *a* အလွဲၢ်လါအဲးပှၢ်

nay *n* တမ့ၢ်ဘဉ်, တၢ်ယါယဉ်လီၤ, တၢ် ကြီကြီ

Nazi *n* နဉ်စံဉ်ကရၢဖိ, နဉ်စံဉ်

Neanderthal *n* ၁. ပှၤဟီဉ်ခိဉ်ဖိတကလှာ် လၢအိဉ်လၢယူၤရပၤကိၢ်မိၢ်ပှၢ်ပူၤဖဲလၢၢ်အစိၤ, ပှၤ လၢလၢၢ်အစိၤ ၂. ပှၤရၢၢ်ပှၤစၢၢ်, ပှၤလၢအရၢၢ် အစၢၢ်

near *a* ၁. လၢအဘူး ၂. ဖဲတယံၤတဘူး ၃. လၢအတယံၤတဘူး

near *prep* ဘူး

near *v* သုးဘူးဃီၤသး, ဟဲဘူး, ဘူးထီဉ်

near miss *n* တၢ်တပျာ်ကွံာ်တစဲး, တၢ် တလံာ်ကွံာ်တစဲး

nearby *a* တယံၤတဘူးဒီး, အကပိာ်ကပၤ

nearly *adv* ဘူး, ဃဉ်ဃဉ်

nearsighted *a* မဲာ်ကဒုယံၤ, ကွၢ်တၢ်အယံၤ ဖျါတဆှံဘဉ်, ထံဉ်တၢ်ထဲအဘူး

neat *a* လၢအကဆှဲကဆို, အိဉ်လၢအလီၢ် အကျဲ

nebula *n* ဆဉ်အကရူၢ်, ဂာ်ဒီးတၢ်ကမံၤကမှီၤ လၢအိဉ်လၢမူပျီပူၤဒီးပထံဉ်ဘဉ်လၢအကပြု၊ ကပြီၤထီဉ်လၢမှၢ်နၤခီ

necessarily *adv* ဃါမနၤ, သပှၢ်ကတၢၢ်

necessary *a* လၢအလိဉ်ဝဲ, လၢအလီၢ်အိဉ် ဝဲဃါမနၤ

necessitate *v* ဒုးအိဉ်ထိဉ်တၢ်လိဉ်ဘဉ်

necessity *n* တၢ်အလီၢ်အိဉ်ဝဲ, တၢ်အလိဉ် အိဉ်ဝဲ, တၢ်အလီၢ်အိဉ်ဝဲသပှၢ်ကတၢၢ်

neck *n* ကိာ်, ကိာ်ဘိ

necklace *n* ဖဲ

neckline *n* ပိာ်မှဉ်ဆ့ကၤကိာ်ဘိ, ဆ့ကၤ ကိာ်ဘိ

necktie *n* ကိာ်စၢ

necrophilia *n* တၢ်သးစဲမံယှာ်ဒီးပှၤသံစိဉ်

N

necrophobia *n* တၢ်ပျံၤတၢ်သံဒိဉ်ဒိဉ်မုၢ်မုၢ်, တၢ်ပျံၤတၢ်သံစိဉ်ဒိဉ်ဒိဉ်မုၢ်မုၢ်

nectar *n* ဖီအစီ

nectarine *n* နဲးထြူသဉ်, သ့ဉ်သဉ်တကလုာ် လၢအလီၤက်ဒီးထံမံၤတိၤသဉ်ဖးဒိဉ်

need *n* တၢ်လိဉ်ဘဉ်, တၢ်အလီၢ်အိဉ်

need *v* လိဉ်ဘဉ်

needful *a* လၢအလိဉ်အိဉ်ဝဲ, လၢအလီၢ်အိဉ်ဝဲ, လၢတၢ်လိဉ်ဘဉ်အီၤ

needle *n* ၁. ထး ၂. ထးဆဲး ၃. ထးဆးတၢ်

needle *v* ၁. ဆဲးဒီးထး, ဘဉ်ဆဲးဒီးထး, တုၢ်ဖျိ, ဆဲးဖျိ ၂. ဆဲးတိဆဲးခွဲးတၢ်, ယုတၢ်အ့ဉ်လိာ်, မၤအ့စိၢ်အ့နူပှၤ

needlepoint *n* တၢ်ဆးကံဉ်ဆးဝ့ၤတၢ်, တၢ်တုၢ်ကံဉ်တုၤဝ့ၤတၢ်

needless *a* လၢအလိဉ်တအိဉ်, လၢအလီၢ်တအိဉ်

needlework *n* တၢ်ဆးတၢ်စုသ့ခိဉ်ဘဉ်, တၢ်ဆးတၢ်ခွဲးတၢ်

N

needy *a* လၢအဖိဉ်အယာ်, လၢအတကူတလၢ, လၢအတလၢတလိဉ်, လၢအလိဉ်ဘဉ်တၢ်မၤစၢၤ

neem *n* ကမါခဉ်

nefarious *a* လၢအသူဉ်အၢသးသီ, လၢအအၢဝဲသီဝဲဒိဉ်ဒိဉ်ကလဲာ်

negate *v* ၁. သမၢ, ဂ့ၢ်လိာ် ၂. မၤကတၢၢ်ကွံာ်တၢ်, ဆိကတီၢ်ကွံာ်တၢ်

negative *a* ၁. တ (မ့ၢ်) ဘဉ် ၂. လၢအတအၢဉ်လီၤအီလီၤတၢ်, လၢအသမၢတၢ် ၃. တၢ်ထုးကွံာ်နီဉ်ဂံၢ်လၢအစုၤန့ၢ် နီဉ်ဂံၢ် ၀

negative *n* ၁. တမ့ၢ်ဘဉ်,တအိဉ်ဘဉ်, တၢ်သမၢဂ့ၢ်လိာ်တၢ် ၂. တၢ်ဂီၤအနဲးကထုးလၢတၢ်ဘဉ်သ့အီၤဖဲဒၢးလၢအခံးသူအပူၤလၢကမၤန့ၢ်တၢ်ဂီၤအဂီၢ်

negative *v* ၁. ဟ်ဖျါထိဉ်လၢအတမ့ၢ်ဘဉ်, တတူၢ်လိာ်ဘဉ်, တအၢဉ်လီၤဘဉ်, သမၢ, ဂ့ၢ်လိာ် ၂. မၤစုၤလီၤအသဟိဉ်, မၤစုၤလီၤအတၢ်ဒိဘဉ်, မၤဟးဂီၤအစိအကမီၤ

neglect *v* တကနဉ်ယှာ်, တဘၢရၢၢ်ယှာ်, ဟ်မၢ်ကွံာ်

neglectful *a* လၢအတကနဉ်ယှာ်တၢ်, လၢအတဘၢရၢၢ်ယှာ်တၢ်, လၢအဟ်မၢ်ကွံာ်တၢ်

negligee *n* ပိာ်မုဉ်ဆ့ကၤမံဘူဘူဖိ

negligence *n* တၢ်တကနဉ်ယှာ်တၢ်, တၢ်တဘၢရၢၢ်ယှာ်တၢ်, တၢ်ဟ်မၢ်ကွံာ်တၢ်

negligent *a* လၢအတကနဉ်ယှာ်တၢ်, လၢအတဘၢရၢၢ်ယှာ်တၢ်, လၢအဟ်မၢ်ကွံာ်တၢ်

negligible *a* လၢအဆံး, လၢအရှတဒိဉ်ကဲဉ်ဆိး

negotiable *a* ၁. လၢတၢ်တဲသကိးလၢအဂ့ၢ်သ့, လၢတၢ်တဲကျဲၤတၢဉ်ပီဉ်သကိးလၢအဂ့ၢ်သ့ ၂. လၢတၢ်လှၢ်လီၤလှၢ်ထိဉ်အီၤသ့, လၢတၢ်လဲၤခီက်အီၤသ့ ၃. လၢတၢ်ဆီတလဲအးလီၤအီၤဆူပှၤဂၤအစုပူၤသ့

negotiate *v* ၁. တၢဉ်ပီဉ်တၢ်ဒီးပှၤဂၤလၢကမၤန့ၢ်တၢ်အၢဉ်လီၤအဂီၢ်, တဲကျဲၤ ၂. (တၢ်ကီတၢ်ခဲ မ့တမ့ၢ် ကျဲလၢအကီအခဲ) လဲၤခီက်ကွံာ်, လဲၤခီဖျိ ၃. ဆီတလဲအးလီၤအီၤဆူပှၤဂၤအစုပူၤ

negotiation *n* တၢ်ထံဉ်လိာ်တဲသကိး, တၢ်တၢဉ်ပီဉ်တဲကျဲၤသကိးတၢ်

negotiator *n* ပှၤထံဉ်လိာ်တဲသကိး, ပှၤတၢဉ်ပီဉ်တဲကျဲၤသကိးတၢ်

Negro *n* ပှၤနံၤကြိဉ်ဖိ, ပှၤသူဖံးဖိ

neigh *v* ကဟဲး, ကသ့ဉ်မၤသီဉ်အကလုၢ်

neighbour, neighbor *n* ပှၤလၢပဃၢၤ

neighbourhood, neighborhood *n* တၢ်လီၢ်လၢအဘူးဒီးပှၤ, ခိဉ်ဃၢၤ

neighbouring, neighboring *a* လၢတယံၤတဘူး, လၢအကပိာ်ကပၤ, လၢအအိဉ်ဘူးအိဉ်တံၢ်လိာ်သး

neighbourly, neighborly *a* လၢအဒဲဉ်ပှၤလၢအခိဉ်အဃၢၤ

neither *det* တမ့ၢ် – ဒီးတမ့ၢ် – စ့ၢ်ကီးဘဉ်, တမ့ၢ်နီတခီခီဘဉ်

neither *pro* တမ့ၢ် – ဒီးတမ့ၢ် – စ့ၢ်ကီးဘဉ်, တမ့ၢ်နီတခီခီဘဉ်

neither-nor *conj* တမ့ၢ် – ဒီး – စ့ၢ်ကီးဘဉ်, တမ့ၢ်နီတ (ခီခီ) ဘဉ်, တ – မ့ၢ်ဂ့ၤ–မ့ၢ်ဂ့ၤဘဉ်

Neolithic *a* လၢအဘဉ်ဃးဒီးလၢၢ်စိၤအလီၢ်ခံကတၢၢ်တကတိၢ်

neon *n* နံဉ်ယိဉ်က်သဝံ, က်သဝံလၢအလွဲၢ်တအိဉ်ဒီးကပီၤထိဉ်ဖဲလီသဟိဉ်လဲၤခီဖျိအီၤ

neonatal *a* ဘဉ်ဃးဖိသဉ်အိဉ်ဖျဲဉ်လီၤသီ

neo-Nazi *n* ပှၤအဲၣ်ကလုာ်ဒိၣ်စိ, ပှၤလၢတၢ်အဲၣ်ကလုာ်ဒိၣ်စိတလၢကွံာ်လၢအသးပှၤ
nephew *n* ဖိဒိၣ်ခွါ
nepotism *n* တၢ်တဲလီၤတၢ်လၢအထၢပှၤသန့, တၢ်ယုတၢ်ဘၣ်ဘျုးထဲလၢနၣ်ဖိထၢဖိဒၣ်ဝဲအဂီၢ်
Neptune *n* နဲးပတ္တူၣ်, မူဖျာၣ်အကျါတဖျာၣ်
nerd *n* ၁. ပှၤလၢအပာ်အသးထုတရံ, ပှၤကထု ၂. ပှၤလၢအသးစဲလီၤထူၣ်လၢတၢ်တမံၤဒီးတကနၣ်ယှာ်တၢ်ဂၤလၢၤ
nerve *n* ၁. ထူၣ်ပျ်နၢၥ်, နၢၥ်ဘိ ၂. တၢ်သူၣ်နူသးနူ
get on someone's nerves *idm:* မၤတံာ်တာ်ပှၤ, မၤကိမၤခဲ
nerve *v* ဟ်ဆူၣ်ထီၣ်သး, ဒုးဆူၣ်ထီၣ်သးဂံၢ်ဘါ, သးခူတလှၢ်
nerve gas *n* ကဲာ်စုၣ်မၤဟးဂီၤထူၣ်ပျ်နၢၥ်, ကဲာ်စုၣ်လၢအမၤဟးဂီၤထူၣ်ပျ်နၢၥ်လၢတၢ်စူးကါအီၤဒ်တၢ်စုကဝဲၤအသိးလၢတၢ်ဒုးပှၤ
nerve-racking, nerve-wracking *a* လၢအသူၣ်တတုၤလီၤသးတတုၤလီၤ, ဘၣ်ယိၣ်ဘၣ်ဘီ, သးတဂၢၢ်
nervous *a* ၁. လၢအပျံၤတၢ်သ့, လၢအသးတဂၢၢ် ၂. ဘၣ်ထွဲဒီးထူၣ်ပျ်နၢၥ်
nervous breakdown *n* တၢ်သးဟးဂီၤနးနးကလဲာ်တၢ်ဆါ, နၢၥ်လီၤတီၤသးလီၤဘုံးတၢ်ဆါ
nervous system *n* နၢၥ်အတၢ်ဆီလီၤသးအကျိၤအကျဲ
nervous wreck *n* တၢ်သူၣ်တတုၤလီၤသးတတုၤလီၤ, တၢ်ဘၣ်ယိၣ်ဘၣ်ဘီ, တၢ်သူၣ်တဂၢၢ်သးတဂၢၢ်
nest *n* ၁. ထိၣ်သွံ ၂. တၢ်အထၢ, တၢ်အဒၢ ၃. တၢ်လီၢ်လၢအဘံၣ်အဘၢ, တၢ်လီၢ်လၢအပှၤအဖျဲး
nest *v* မၤအသွံ, ဘိုအသွံ
nest egg *n* ၁. ခါဆူညါအဂီၢ်စ့ဟ်ကီၤ ၂. တၢ်ဖံၣ်လၢသွံပူၤ, တၢ်ဖံၣ်လၢထိၣ်ဒီၤဆီဒီၤအထၢပူၤလၢကဟ့ဖးထိၣ်ဝဲအဂီၢ်
nestle *v* မံနီၤတနူၤအသးမှာ်မှာ်ခုၣ်ခုၣ်, ဒိးဟုဃာ်အသး, အိၣ်သနူၤဒီး, နဲာ်လီၤခွၣ်လီၤအသး
nestling *n* ထိၣ်ဖိဆီဖိလၢအဖးထိၣ်သီ
net *a* ၁. (တၢ်နူၢ်ဘျုး, အမ့း) လၢအအိၣ်လီၤတဲာ် ၂. တၢ်ဖိတၢ်လံၤအတယၢၢ်လၢတပၣ်ယှာ်ဒီးအဒၢ ၃. တၢ်စံးဆၢလၢခံကတၢၢ်, လၢတၢ်ခဲလၢာ်အဖိခိၣ်
net *n* ၁. ပှာ် ၂. စၢ ၃. ပှာ်ဘျုးစဲ ၄. (The Net) အ့ထၢၣ်နဲး
net *v* ၁. ဟုးပှာ်, ဒီးစၢ, ဒီးညၣ်လၢစၢ, တ့ၢ်လီၤစၢဖိၣ်ညၣ် ၂. ထူနုာ်လီၤဖျာၣ်ထူဆူတၢၣ်ဖျိအပူၤ ၃. ကျၢၢ်ဘၢလၢစၢ, ဖျိၣ်ဘၢလၢစၢလှၣ်ဒီးပှၤ်ပီၤကဲ့, ကးဘၢလၢတၢ်ထူယူ
net profit *n* တၢ်အမ့းလၢတၢ်မၤနူၢ်အီၤဖဲတၢ်ထုးကွံာ်တၢ်ပှၤကလံၤခဲလၢာ်ဝံၤအလီၢ်ခံ, တၢ်နူၢ်ဘျုးလၢတၢ်မၤနူၢ်အီၤဖဲတၢ်ထုးကွံာ်တၢ်ပှၤကလံၤခဲလၢာ်
netball *n* ပိာ်မုၣ်ဖျာၣ်သွ့တၢ်ဂဲၤလိာ်ကွဲ, ပိာ်မုၣ်ဖျာၣ်သွ့တၢ်ဂဲၤလိာ်ကွဲလၢတၢ်ဂဲၤအီၤတခီနွံဂၤစှာ်စှာ်
nether *a* လၢလာ်ခီ, လၢအဖီလာ်
nettle *n* လးဆါအမုၢ်
nettle *v* မၤအ့နူပိုၤပိုၢ်ပှၤသး
network *n* ပှာ်ဘျုးစဲ, တၢ်တမံၤလၢအဘၣ်ဘျုးလိာ်အသးဒီးမၤသကိးတၢ်တပူၤဃီ
network *v* ဒုးဘျုးစဲ, ဆဲးကျိးမၤသကိးတၢ်
networking *n* တၢ်ဘျုးစဲမၤယှာ်မၤသကိးတၢ်
neuro- *combining* လၢအဘၣ်ဃးဒီးနၢၥ်တဖၣ်, လၢအဘၣ်ဃးဒီးနၢၥ်အတၢ်ဆီလီၤသးအကျိၤအကျဲ
neurological *a* လၢအဘၣ်ဃးဒီးနၢၥ်အတၢ်ဆီလီၤသးအကျိၤအကျဲ, လၢအဘၣ်ဃးဒီးတၢ်မၤလိနၢၥ်အတၢ်ဆီလီၤသးအကျိၤအကျဲ
neurology *n* တၢ်မၤလိဘၣ်ဃးနၢၥ်အတၢ်ဆီလီၤသးအကျိၤအကျဲ, နၢၥ်ဘိပီညါ
neurosis *n* တၢ်သးတဘၣ်လိာ်ဘၣ်စးတၢ်ဆါ
neurotic *a* လၢအသးတဘၣ်လိာ်ဘၣ်စး
neuter *a* ၁. လၢတမ့ၢ်အမိၢ်တမ့ၢ်အဖါ ၂. လၢအဆၢကတီၢ်တတုၤလၢချံသၣ်စၢၤသွဲၣ်ကအါထိၣ်ဒံးဘၣ်, လၢအအိၣ်ချံအိၣ်စၢၤတသ့ ၃. တူာ်ဖိ
neuter *v* ဒုးဆၣ်ဖိကီၢ်ဖိအဒံၣ်, ဒိၣ်တဲာ်ကွံာ်ဆၣ်ဖိကီၢ်ဖိအချံအသၣ်အကျိၤ
neutral *a* ၁. လၢအဘၢၣ်စၢၤ, လၢအတထီဒါတၢ်နီတခီခီဘၣ်, လၢတကွၢ်မဲာ်တၢ်နီတခီခီဘၣ် ၂.

လၢအလှဲၢ်တအိၣ်ဘၣ် ၃. လၢအတမ့ၢ်က်အဲ(လ) ခလံတမ့ၢ်က်ဆံၣ်ဘၣ်
၄. (လီမ့ၣ်အူ) လၢတမ့ၢ်အမိၢ်တမ့ၢ်အဖါ

neutral *n* ၁. ထံကိၢ် မ့တမ့ၢ် ပှၤလၢအတကွၢ်မဲာ်တၢ်, ထံကိၢ် မ့တမ့ၢ် ပှၤလၢအအိၣ်လၢတၢ်ဘၢၣ်စၢၤ ၂. တၢ်အလှဲၢ်တပှၢ်တစၢ် ၃. ဒိၣ်ကွံၤအလီၢ်လၢအဒုးအိၣ်ပတုာ်သိလ့ၣ်အစဲးလၢကလဲၤတၢ်

neutralize, neutralise *v* ၁. မၤဟးဂီၤအစိအကမီၤ ၂. မၤစှၤလီၤအသဟီၣ်, မၤစှၤလီၤအတၢ်ဒိဘၣ် ၃. ဆိကတိၢ်တၢ်ဟူးတၢ်ဂဲၤ

never *adv* နီတဘျီ

never-ending *a* လၢအကတၢၢ်တအိၣ်

nevermore *adv* နီတဘျီလၢၤဘၣ်, နီတစုလၢၤဘၣ်

nevertheless *adv* မ့ၢ်နာ်သကဲ့ဒ်န့ၣ်ဒီး, သနာ်က့

new *a* အသီ

new moon *n* လါထီၣ်သီ, လါဟဲထီၣ်သီသီ

New Testament *n* လံာ်စီဆုံအသီတကတြူၢ်, လံာ်တၢ်အၢၣ်လီၤအီလီၤအသီ

new year *n* နံၣ်ထီၣ်သီ

New Year's Day *n* နံၣ်ထီၣ်သီ, လါယနူၤအါရံၤ ၁ သီ

New Year's Eve *n* နံၣ်ကျိးအဆၢ, နံၣ်ဆဲးဆၢ

newborn *a* လၢအအိၣ်ဖျဲၣ်သီ, အိၣ်ဖျဲၣ်သီ

newcomer *n* ၁. ပှၤဟဲတုၤလီၤအသီ ၂. ပှၤမဲာ်သီနါသီ

newfangled *a* လၢအဟဲပၢၢ်ထီၣ်သီ, လၢအဟဲလီၤတံၢ်လီၤဆီ

newly-wed *n* ပှၤထီၣ်ပှၢ်သီ, ပှၤဖျီသးဝံၤသီသီ

news *n* တၢ်ကစိၣ်

news conference *n* တၢ်ဟ့ၣ်တၢ်ကစိၣ်အမူး, တၢ်ကွဲပှၤလၢအဟံးတၢ်ကစိၣ်တဖၣ်ဝံၤဟ့ၣ်တၢ်ကစိၣ်

newsflash *n* တၢ်ရၤလီၤဂ့ၢ်ဂီၢ်အူတၢ်ကစိၣ်, ဂ့ၢ်ဂီၢ်အူတၢ်ကစိၣ်လၢတၢ်ရၤလီၤအီၤ

newsletter *n* တၢ်ကစိၣ်လံာ်ရဲၣ်

newspaper *n* တၢ်ပရၢ, လံာ်တၢ်ကစိၣ်

newsroom *n* တၢ်ကစိၣ်ဒၢး

newsworthy *a* လၢတၢ်ရၤလီၤအီၤဒ်တၢ်ကစိၣ်အသိးသ့

newt *n* ပျိၢ်ဝီအဆံးတကလုာ်လၢထံကျါ, ပျိၢ်ဝီထံ, ပျူာ်ဝီထံ

next *a* ဆူညါ (တခါ) , ဆူညါ (တဘျီ) , ခဲကိာ်

next *adv* ဘူးကတၢၢ်, အကပၤ, မၤကဒီး (အဂၤ)

next door *a* ဆူညါတဒၢး, ဆူညါတဟံၣ်, လၢအဘူးကးတံၢ်ဒီးပဒၢး

next door *n* ပှၤလၢပဃၢ, ပှၤအိၣ်ဆိးလၢပဟံၣ်ဃၢ

next of kin *n* ဖံးဘူးညၣ်တံၢ်, ဘူးတံၢ်အဘူးကတၢၢ်ဒီးပှၤ

next to *prep* လၢအကပၤ, လၢအဘူးဒီးအီၤ

NGO *abbre* ကမျၢ်သဘျ့ကရၢ (Non-Governmental Organization)

nib *n* ထိၣ်ဖံးဘိအမဲ, ထိၣ်ဖံးဘိအခိၣ်ထိး

nibble *v* အ့ၣ်ဃ့တၢ်, အ့ၣ်စီၢ်အ့ၣ်ဃ့ကွံာ်တၢ်

niblet *n* တၢ်အိၣ်ဃ့, တၢ်အိၣ်ကစဲးကစီး

nice *a* ၁. ဂ့ၤ, မုာ်, လၢအမုာ်သူၣ်မုာ်သး, လၢအမုာ်လၤသးခု ၂. လၢအလီၤတံၢ်လီၤဆဲး

nice-looking *a* လၢအဒိၣ်တၢ်ဂ့ၤ, လၢအဘၣ်မဲာ်ဘၣ်နါ, လၢအလီၤထုးန့ၢ်သူၣ်ထုးန့ၢ်သး

nicety *n* တၢ်လီၤတံၢ်လီၤဆဲး, တၢ်အဂ့ၢ်အကျိၤလီၤတံၢ်လီၤဆဲး

niche *n* ၁. တၢ်လီၤဆၢၣ်လီၤဟိလၢတၢ်ဒူၣ်ကပၤ ၂. တၢ်ဖံးတၢ်မၤလၢအကြၢးဒီးနၤ, မူဒါတၢ်ဖံးတၢ်မၤလၢအကြၢးလၢတၢ်အိၣ်မူအဂီၢ် ၃. တၢ်ကူၣ်လဲမၤကၤအတၢ်ခွဲးဂ့ၤယာ်ဘၣ် ၄. (ecology) တၢ်မူတၢ်မဲအိၣ်မူအိၣ်ဂဲၤသ့အတၢ်အိၣ်သး

nick *n* ၁. တၢ်ကူးပနိၣ်အလီၢ်, တၢ်ကျီပတိၢ်အလီၢ် ၂. ယိာ်

nick *v* ၁. ကူးပနိၣ်တၢ်, ကျီပတိၢ်တၢ် ၂. ဟုၣ်တၢ်တမံၤမံၤ ၃. ဖိၣ်ဃာ်ပှၤတဂၤဂၤ

nickel *n* ၁. နံးကၢၣ်(လ) ၂. စ့ဒီလၣ်တဘ့ၣ်လၢအလုၢ်အပှ့ၤအိၣ်ယဲၢ်စဲ(ထ)

nickname *n* မံၤလိာ်ကွဲ

nickname *v* ယှၢ်န့ၢ်အမံၤလိာ်ကွဲ

nicotine *n* က်နံၣ်ခိၣ်ထ့ – တၢ်အစုၣ်လၢအအိၣ်လၢညါသူးအကျါ

N

nicotine patch *n* နံၣ်ခိၣ်ထ့ကသံၣ်ကျးဖံးဘ့ၣ်–တၢ်အဘ့ၣ်ဖိလၢတၢ်ကျးအီၤလၢဖံးဘ့ၣ်လိၤလၢပတ့ာ်မိာ်အဂီၢ်

niece *n* ဖိဒိၣ်မုၣ်

nifty *a* ၁. လၢအဃံဝဲလၤဝဲ ၂. လၢအအိၣ်ဒီးတၢ်ကံၢ်တၢ်စီလၢအဂ့ၤ, လၢအဟ်အသးပှ့ၢ်ပှ့ၢ်ဆှါဆှါ

niggard *n* ပှၤပံာ်ပှၤကီ, ပှၤလၢအစုကီ, ပှၤပံဒံ

niggardly *a* လၢအပံာ်အကီ, လၢအစုကီ, လၢအပံဒံ

nigh *a* ဘူး, လၢအဘူး

night *adv* လၢအကဲထိၣ်သးလၢမုၢ်နၤခီ

night *n* မုၢ်နၤခီ

night blindness *n* မဲာ်ခံးဆီ

night light *n* တၢ်ကပီၤလၢမုၢ်နၤခီ

night owl *n* ပှၤမုၢ်နၤဖိ, ပှၤလၢမၤတၢ်လၢမုၢ်နၤခီ, ပှၤမံစဲၤခံ, ပှၤလၢအဟးလိာ်ကွဲမုာ်လၢမုၢ်နၤခီ

night school *n* မုၢ်နၤခီကို, ကိုလၢအသိၣ်လိတၢ်လၢမုၢ်နၤခီ

nightbird *n* ပှၤမုၢ်နၤဖိ, ပှၤလၢမၤတၢ်လၢမုၢ်နၤခီ, ပှၤမံစဲၤခံ, ပှၤလၢအဟးလိာ်ကွဲမုာ်လၢမုၢ်နၤခီ

nightcap *n* တၢ်အီသံးတချူးမံ, တၢ်အီသံးတကွံးတချူးမံ

nightclub *n* မုၢ်နၤခီတၢ်သူၣ်ဖှံသးညီကျး – တၢ်လီၢ်တၢ်ကျဲဖဲတၢ်လဲၤအီတၢ်ဒီးဂဲၤကလံၣ်အလီၢ်, မုၢ်နၤခီချး(ဘ), မုတကဲၣ်သံလါအလီၢ်

nightdress *n* ဆ့မုၢ်နၤ

nightfall *n* တၢ်ခံးလီၤသံဃီၢ်ယာ်, ဟါခီလီၤတၢ်ခံးလီၤအဆၢကတီၢ်

nightgown *n* ဆ့ကၤမံသိး

nightie *n* ဆ့မုၢ်နၤ, ဆ့ကၤမံကၤလၢမုၢ်နၤခီ

nightingale *n* ထိၣ်နဲးတ့ၣ်က့, ထိၣ်မုၢ်နၤတကလုာ်

nightlife *n* တၢ်ဟးမုာ်ဟးလၤလၢမုၢ်နၤခီ, ပှၤတဝၢတၢ်ဟူးတၢ်ဂဲၤဒီးတၢ်သူၣ်ဖှံသးညီလီၢ်လၢမုၢ်နၤခီ

nightly *a* လၢအမၤအသးကိးနၤဒဲး, တနၤဘၣ်တနၤ

nightly *adv* ကိးနၤဒဲး, ကိးမုၢ်နၤဒဲး

nightmare *n* တၢ်မံမိၢ်ပှၢ်သီအၢ, နါထီပှၤ

nightwatchman *n* ပှၤခိးတၢ်လၢမုၢ်နၤခီ

nil *n* တၢ်တအိၣ်နီတမံၤဘၣ်, နီတမံၤ

nimble *a* ဖျဲၣ်, ပှ့ၢ်ချ့

nimbus *n* ၁. တၢ်အၢၣ်ခံးသူဖးဒိၣ်, န့ဘးတၢ်အၢၣ် ၂. တၢ်ကပီၤအကွီၤလၢအဝးတရံးပှၤစီဆှံအခိၣ်, တၢ်ကပီၤအကွီၤလၢအအိၣ်ဝးတရံးမုၢ်ဝးတရံးလါ

nine *n* ခွံ, ၉

ninefold *n* ခွံစး, ခွံချံး, ခွံဘျီ

nineteen *n* တဆံခွံ, ၁၉

nineteenth *a* တဆံခွံခါတခါ, တဆံခွံပူတပူ

ninetieth *a* ခွံဆံခါတခါ, ခွံဆံပူတပူ

nine-to-five *a* လၢအမ့ၢ်ဝဲၤဒၢးတၢ်မၤအဆၢကတီၢ်, ခွံနၣ်ရံၣ်ဆူယဲၢ်နၣ်ရံၣ်

ninety *n* ခွံဆံ, ၉၀

ninja *n* န့ကၠၣ်, ယပၣ်အပှၤကွၢ်ဟုၣ်တၢ်, ပှၤလၢအပိၢ်လဲအသးဒီးအိၣ်ဒီးအတၢ်ဒိသဒၢလီၤသးတၢ်သ့တၢ်ဘၣ်တဖၣ်

ninth *a* ခွံပူတပူ, ခွံခါတခါ

nip *v* ၁. ပံၢ်, စိၢ်, ထဲးတဲာ်ဖြးကနး ၂. မၤဆူးမၤဆါ, မၤကီမၤခဲ ၃. လဲၤတၢ်ချ့ချ့

nipper *n* ၁. ဖိသၣ်, ဖိသၣ်ပိာ်ခွါ ၂. ထးတံာ်, ထးတံာ်ထဲး ၃. ဆွဲၣ်တ့ၤ

nipple *n* ၁. နှၢ်ခိၣ်မိၣ် ၂. တၢ်နှၢ်ခိၣ်မိၣ်

nirvana *n* ၁. (ဘူးဒးအတၢ်စူၢ်တၢ်နာ်) နံးပၣ်, တၢ်မဲအ့ၣ်စဃံးဒီးတၢ်သူၣ်လီသးကွံတအိၣ်အလီၢ်, တၢ်လီၢ်လၢတအိၣ်ဒီးတၢ်အဲၣ်လီၤသးဒီးဟိၣ်ခိၣ်တၢ်တူၢ်ဘၣ် ၂. တၢ်မုာ်တၢ်ခုၣ်ကတၢၢ်အလီၢ်

nite *n* မုၢ်နၤခီ

nit-picking *n* တၢ်လီၤတံၢ်လီၤဆဲးကဲၣ်ဆိး, တၢ်ယုတၢ်ကမၣ်ဆူၣ်, တၢ်ကဒူးကဒ့ၣ်တၢ်ဆူၣ်

nitrates *n* နဲးထြံး

nitrogen *n* နဲးထြိၣ်ကၠၣ်

nitroglycerine, nitroglycerin *n* နဲးထြိၣ်လုးစရံ(န), ဂ်ာလၢတၢ်စူးကါအီၤလၢတၢ်ဒုးအိၣ်ထီၣ်မ့ၣ်ပိါဒီးကသံၣ်ကသီ, တၢ်အထံဘီဘီလၢအပိါဖးသ့

nitty-gritty *n* တၢ်ဂ့ၢ်လၢအရှၤဒိၣ်ကတၢၢ်, ဂံၢ်ခိၣ်ထံးတၢ်ဂ့ၢ်တၢ်ကျိၤလၢအရှၤဒိၣ်ကတၢၢ်

N

nitwit *n* ပှၤနါစီၤနါပျူ, ပှၤလၢအတၢ်ကူၣ်တၢ်ဆးတအိၣ်
no *det* တမ့ၢ်ဘၣ်, တၢ်ကတိၤဂ့ၢ်လိာ်တၢ်, သမၢတၢ်, တ (မ့ၢ်) ဘၣ်, ဟ့ၣ်အခ့, နီ (တဂၤ) , တ
No. *abbre* ၁. ကလံၤစိး ၂. နီၣ်ဂံၢ်
nob *n* ပှၤတူၢ်ဒိၣ်ကီၤဒိၣ်, ပှၤပတီၢ်ထီ
Nobel Prize *n* နိၣ်ဘၢၣ်(လ)ခိၣ်ဖး, နိၣ်ဘၢၣ်(လ)တၢ်ဟ့ၣ်လၤကပီၤ
nobility *n* ၁. တၢ်တူၢ်ဒိၣ်ကီၤဒိၣ်, တၢ်ဟ်သးတူၢ်ဒိၣ်ကီၤဒိၣ် ၂. ပဒိၣ်ပပှၢ်, ပှၤတူၢ်ဒိၣ်ကီၤဒိၣ်
noble *a* ၁. လၢအတူၢ်ဒိၣ်ကီၤဒိၣ် ၂. လၢအဘၣ်ထွဲဒီးစီၤလိၣ်စီၤပၤအဒူၣ်အထၢ
nobleman *n* ပှၤတူၢ်ဒိၣ်ကီၤဒိၣ်, ပှၤဟဲလီၤစၢၤလီၤသွဲၣ်လၢပှၤတူၢ်ဒိၣ်ကီၤဒိၣ်အဒူၣ်အထၢ
nobly *adv* လၢတၢ်တူၢ်ဒိၣ်ကီၤဒိၣ်အပူၤ
nobody *n* ပှၤလၢအကါတဒိၣ်, ပှၤလၢတအိၣ်ဒီးတၢ်စိတၢ်ကမီၤ မ့တမ့ၢ် တၢ်လှၢ်ဘၢစိကမီၤ
nobody *pro* နီတဂၤဘၣ်
no-brainer *n* တၢ်လၢတလိၣ်စူးကါခိၣ်နူာ်အါအါဘၣ်
nocturnal *a* လၢအမၤအသးလၢမုၢ်နၤခီ, လၢအဟူးဂဲၤဖံးမၤလၢမုၢ်နၤခီ, လၢအကဲထိၣ်အသးလၢမုၢ်နၤခီ
nod *v* ကျၢၢ်ကျာ်ခိၣ်, ဖျးလီၤခိၣ်
node *n* ၁. သ့ၣ်အကမိာ်, သ့ၣ်ကမိာ်ဝၣ်ကမဲာ် ၂. တၢ်အချံအကမိာ်, ဃံဆၢကမိာ် ၃. တၢ်လီၢ်ဖဲပနိခံဘိခီက်သးအလီၢ်, တၢ်ကမိာ်
nodule *n* တၢ်ဒီးကမိာ်ထိၣ်, တၢ်ကမိာ်ဆံးကိာ်ဖိ, တၢ်ကိၢ်လိၣ်ဖိ, တၢ်ကပြုထိၣ်
Noel *n* ခရံာ်အိၣ်ဖျဲၣ်အကတီၢ်, တၢ်ကတိၤလၢစူးကါအီၤဖဲခရံာ်အိၣ်ဖျဲၣ်အကတီၢ်
no-fly zone *n* လီၢ်ကဝီၤလၢကဘီယူၤခီက်တသ့, ဟိၣ်ကဝီၤလၢကဘီယူၤခီက်တသ့
noggin *n* ၁. ပှၤကညီအခိၣ် ၂. ခွးဆံးဆံးဖိ, သံးခွးဆံးဆံးဖိ
noise *n* တၢ်သီၣ်တၢ်သဲ
noiseless *a* လၢတၢ်သီၣ်တၢ်သဲတအိၣ်, လၢတသီၣ်တပှၤ, လၢအတသီၣ်, လၢအဘှ့ၣ်ကလာ်
noisy *a* လၢအသီၣ်သထူၣ်ဘးလီ, လၢအသီၣ်အသဲ, လၢအသီၣ်ရှၢ်ရှၢ်, လၢအကံၢ်နၢ်

nom de plume *n* ထိၣ်ဒံးဘိအမံၤ
nomad *n* ပှၤဟးဝ့ၤဝီၤဖိ
nomadic *a* လၢအဟးဝ့ၤဝီၤ, လၢအဟးဝ့ၤဝီၤဃုတၢ်အိၣ်ဆိၣ်အလီၢ်လၢအဂၤဖံးဒီးသိမဲာ်တဲးလဲးအဂိၢ်
no-man's-land *n* ၁. တၢ်သဘံၣ်သဘုၣ်အလီၢ်လၢသုးခံဖုအဘၢၣ်စၢၤ ၂. တၢ်လီၢ်လၢပှၤတပၢအီၤနီတဂၤ
nominal *a* ၁. လၢအမ့ၢ်ထဲအမံၤဓိၤ, လၢအအိၣ်ထဲအမံၤဓိၤ ၂. တစဲးတမဲ့း
nominally *adv* ထဲဒၣ်အမံၤဓိၤ
nominate *v* ၁. ဆှၢနုာ်အမံၤ, ဃုထၢထိၣ် (အမံၤ), ကိးထိၣ်ဆှၢနုာ်အမံၤ ၂. ဆှၢနုာ်နံၤသိတၢ်ဆၢကတီၢ်, ဃုထၢဟ်လီၤတၢ်ဆၢကတီၢ်ဒီးတၢ်လီၢ်
nomination *n* တၢ်ဆှၢနုာ်အမံၤ, တၢ်ဆှၢနုာ်မံၤဆှၢနုာ်သၣ်, တၢ်ဃုထၢထိၣ် (အမံၤ)
nominee *n* ပှၤလၢအဘၣ်တၢ်ဆှၢနုာ်အမံၤ, ပှၤလၢတၢ်တဲဖျါထိၣ်အမံၤ
non- *prefix* တ (မ့ၢ်) ဘၣ်, တ (အိၣ်) ဘၣ်, တ
non-alcoholic *a* လၢတပၣ်ဒီးသံး, လၢအဖျဲးဒီးသံး
nonchalance *n* တၢ်တကိၢ်တဂီၤတၢ်, တၢ်တဘၣ်ယိၣ်တၢ်နီတမံၤဘၣ်, တၢ်တဟ်ကဲတၢ်နီတမံၤဘၣ်
nonchalant *a* လၢအတကိၢ်တဂီၤတၢ်, လၢအတဘၣ်ယိၣ်တၢ်နီတမံၤ, လၢအတဟ်ကဲတၢ်နီတမံၤ
non-combatant *n* ၁. ပှၤလၢအတနးတၢ်ယၤတၢ်, ပှၤလၢတပၣ်ဃုာ်လၢစုကဝဲၤတၢ်နး ၂. တၢ်တပၣ်ဃုာ်လၢတၢ်နးတၢ်ယၤအပူၤ
non-commisioned *a* လၢအမ့ၢ်သုးစကီၤဒီးသုးသရၣ်အပတီၢ်
nonconformist *n* ပှၤလၢအတလူၤပိာ်ထွဲဒီးအိၣ်ထွဲဘၣ်ထွဲဘၣ်ဒီးတၢ်သိၣ်တၢ်သီ, ပှၤတမၤလီၤပလိာ်အသးဒီးပှၤအဂၤ
non-cooperation *n* တၢ်တဖံးသကိးမၤသကိးတၢ်, တၢ်တမၤဃုာ်မၤသကိးတၢ်
nondescript *a* ပတီၢ်မုၢ်, လၢတၢ်တိၢ်နိၣ်ဃာ်အီၤတန့ၢ်, လၢအတလီၤတိၢ်လီၤဆီ, လၢ

N

အတၢ်လီၤဆီတအိၣ်, လၢတၢ်တဲဖျါထီၣ်အီၤလီၤတံၢ်လီၤဆဲးတသ့ဘၣ်

none *pro* နီတ (မံၤ)

non-entity *n* ပှၤလၢအရှတဒိၣ်, ပှၤလၢအတမ့ၢ်တၢ်နီတမံၤအစိကမီၤတအိၣ်

non-essential *a* လၢအလိၢ်တအိၣ်ဘၣ်, လၢအတမ့ၢ်တၢ်လိၣ်သပှၢ်ကတၢၢ်ဘၣ်, လၢအရှတဒိၣ်ဘၣ်

nonetheless *adv* မ့မ့ၢ်နာ်သက့ဒ်န့ၣ်ဒီး

non-existent *a* လၢအတအိၣ်ဘၣ်, လၢအတမ့ၢ်တၢ်နီၢ်နီၢ်ဘၣ်, လၢအတမ့ၢ်တၢ်နီၢ်ကီၢ်ဘၣ်

non-fiction *n* တၢ်ဂ့ၢ်နီၢ်နီၢ်အတၢ်ကွဲး, တၢ်ဂ့ၢ်အမ့ၢ်အတီအတၢ်ကွဲး, တၢ်ကွဲးလၢအတမ့ၢ်တၢ်ဃဲၤမှာ်နၢ်

non-flammable *a* လၢမ့ၣ်အူအိၣ်အီၤတညီ, လၢမ့ၣ်အူအိၣ်တညီဘၣ်, လၢအအူအိၣ်တညီ

non-governmental organisation *n* ကမျၢၢ်သဘျ့ကရၢ (NGO)

non-interference *n* တၢ်တနုာ်လီၤဂံာ်စုဂံာ်ခီၣ်သနူ

non-intervention *n* တၢ်တနုာ်လီၤဂံာ်စုဂံာ်ခီၣ်

non-invasive *a* ၁. လၢအတအိၣ်ဒီးတၢ်ကူးတၢ်ကွဲးတၢ်သွီနုာ်လီၤတၢ်ဆူနီၢ်ခိအပူၤ ၂. လၢအရၤလီၤအသးတချ့ဘၣ်

nonplussed *a* လၢအလီၤထူၣ်, သးလီၤထူၣ်

non-profit *a* လၢအတအိၣ်ဒီးတၢ်ကွၢ်စိလၢကမၤန့ၢ်တၢ်ဘၣ်ဘျုး, လၢတၢ်ဘၣ်ဘျုးဘၣ်ဖှိၣ်တအိၣ်, လၢအတဃုအနီၢ်ကစၢ်တၢ်ဘၣ်ဘျုးဘၣ်

nonsense *n* တၢ်နါစိၤ, တၢ်ကလီကလီ, တၢ်အခီပညီတအိၣ်, တၢ်တဂံာ်တသီၣ်

nonsensical *a* လၢအခီပညီတအိၣ်, လၢအနါစိၤ, လၢအတဂံာ်တသီၣ်

non-smoking *a* လၢတၢ်အီမိာ်တသ့, တဘၣ်အီမိာ်တဂ့ၤ

non-stop *a* လၢအတအိၣ်ပတုာ်, လၢအတဆိကတိၢ်, တပယှာ်ဃီ

non-violence *n* တၢ်တစူးကါတၢ်စုဆူၣ်ခီၣ်တကး, တၢ်တမၤဆူၣ်မၤစိးတၢ်, တၢ်တမၤတပျုာ်တပျိၤတၢ်, တၢ်စူးကါတၢ်မှာ်တၢ်ခုၣ်အကျဲ

noodle *n* ၁. (noodles) ခီနီ, ခီနီဘိ, ခီနီဘံၣ်, ခီနီဝဲာ်ပကံ, ခီနီဘိ ၂. ပှၤအီပီအီရိာ် ၃. ပှၤခိၣ်သၣ်ဃံ

nook *n* ၁. တၢ်အသနၢၣ်ထံး ၂. တၢ်ကဆူးကတ့ၤ, တၢ်အိၣ်တဒၢအလီၢ်, တၢ်လီၢ်ဖဲပှၤတလဲၤထီၣ်က့ၤလီၤညီနုၢ်အလီၢ်

noon *n* မုၢ်ထူၣ်

noose *n* ပျံၤသကွီၤ

nope *exclam* တ (မ့ၢ်) ဘၣ်, ဟၢၣ်အၢ, ဟုၣ်အှ

nor *conj* တမ့ၢ် – စ့ၢ်ကီးဘၣ်.

norm *n* ၁. တၢ်ဟ်ပနီၣ်ဒ်အညီနုၢ်, တၢ်အပတီၢ်ဒ်အညီနုၢ် ၂. တၢ်အလုၢ်အလၢ်, တၢ်လၢအမၤညီနုၢ်အသး

normal *a* ပတိၢ်မုၢ်, ဒ်အညီနုၢ်

normalize, normalise *v* ဒုးကဲထီၣ်က့ၤဒ်အညီနုၢ်အသိး, မၤညီနုၢ်က့ၤတၢ်

north *a* လၢကလံၤစိးတကပၤ, လၢအအိၣ်လၢကလံၤစိးတကပၤ

north *adv* ဆူကလံၤစိး

north *n* ကလံၤစိး

North Pole *n* ကလံၤစိးဟီၣ်စိး

north-east *n* မုၢ်ထီၣ်ကလံၤစိး, ကလံၤစိးမုၢ်ထီၣ်

northeastern *a* လၢမုၢ်ထီၣ်ကလံၤစိးတခီ, လၢအအိၣ်လၢမုၢ်ထီၣ်ကလံၤစိး

northeastward *adv* ဆူမုၢ်ထီၣ်ကလံၤစိးတကပၤ

northerly *adv* ၁. ဆူကလံၤစိးတခီ ၂. လၢကလံၤစိးတကပၤ

northern *a* လၢကလံၤစိးတကပၤ, လၢအဘၣ်ထွဲဒီးကလံၤစိးတကပၤ, လၢအဘၣ်ဃးဒီးကလံၤစိးတကပၤ

northerner *n* ပှၤကလံၤစိးဖိ, ပှၤလၢအအိၣ်လၢကလံၤစိးတကပၤ, ပှၤလၢဟဲလၢကလံၤစိးတကပၤ

northward *adv* ဆူကလံၤစိးတခီ

north-west *n* မုၢ်နုာ်ကလံၤစိး, ကလံၤစိးမုၢ်နုာ်

northwestern *a* လၢမုၢ်နုာ်ကလံၤစိးတခီ, လၢအအိၣ်လၢမုၢ်နုာ်ကလံၤစိး

northwestward *adv* ဆူမုၢ်နုာ်ကလံၤစိး

nose *n* နါစ့ၤ, နါ့

nose *v* ၁. ဟးနၢကွၢ်တၢ်, တနီၣ်တၢ်ဒီးနါ့, သြူးနါ့ ၂. ယုသ့ၣ်ညါတၢ်လၢတဘၣ်ဃးဒီးအီၤ ၃. သုးအသးကယီကယီဆူမဲာ်ညါလၢတၢ်ပလိၢ်ပဒီသးအပူၤ

nosebleed *n* နါ့သွံၣ်

nosedive *n* ၁. ကဘီယူၤညိလီၤအခိၣ်, ကဘီယူၤယူၤလီၤလၢအခိၣ်တပၤ ၂. တၢ်အပှ့ၤကလံၤလီၤပြူၢ်ကလာ်

nosh *n* တၢ်အီၣ်တၢ်အီ

no-show *n* တဟဲဘၣ်, ပှၤလၢအတဟဲဟ်ဖျါထီၣ်သး, ပှၤလၢအကီးဃ့ဟံးဆိဟ်စၢၤတၢ်လီၢ်ဘၣ်ဆၣ်တဟဲဟ်ဖျါထီၣ်အသးဘၣ်

nostalgia *n* ၁. တၢ်သးသယုၢ်ဘၣ်တၢ်လၢအပူၤကွံာ် ၂. တၢ်သယုၢ်ဘၣ်က့ၤဟံၣ်ဃီ

nostril *n* နါစ့ၤပူၤ, နါ့ပူၤ

nosy *a* လၢအအဲၣ်ဒိးသ့ၣ်ညါဘၣ်ဃးပှၤဂ့ၢ်ပှၤကျိၤ

not *adv* တမ့ၢ်ဘၣ်

notable *a* လၢအလီၤဆီတုၤဒၣ်လဲာ်ပှၤဟ်သူၣ်ဟ်သးန့ၢ်အီၤ, လၢတၢ်ဂ့ၤတိၢ်န့ၢ်အီၤ, လၢအမံၤဟူသၣ်ဖျါ

notable *n* ပှၤမံၤဟူသၣ်ဖျါ, ပှၤလၢအရှ့ဒိၣ်, ပှၤလၢအကါဒိၣ်

notarize, notarise *v* (ပီၢ်ရီ) အုၣ်ကီၤဟ်ဂၢၢ်ဟ်ကျၢၤ, အုၣ်ကီၤဟ်ဂၢၢ်ဟ်ကျၢၤန့ၢ်အီၤ

notary *n* လံာ်တီလံာ်မိပီၢ်ရီ, ပီၢ်ရီဟ့ၣ်ကီၤလံာ်အုၣ်သး, ပီၢ်ရီလၢပဒိၣ်ဟ့ၣ်စိဟ့ၣ်ကမီၤအီၤလၢကဟ့ၣ်လံာ်အုၣ်ကီၤ

notch *n* တၢ်ကျီပနီၣ်, တၢ်ကျီပတိၢ်အလီၢ်, တၢ်ပဲာ်ပနီၣ်အလီၢ်, တၢ်ကူးပနီၣ်အလီၢ်, တၢ်သွဲၣ်ပနီၣ်

notch *v* ကျီပနီၣ်, ကျီပတိၢ်တၢ်, ပဲာ်ပနီၣ်တၢ်, ကူးပနီၣ်တၢ်, သွဲၣ်ပနီၣ်တၢ်

note *n* ၁. တၢ်မၤနီၣ်, တၢ်ကွဲးနီၣ်အဖုၣ် ၂. နိး (တၢ်သံကျံအပနီၣ်)

note *v* တိၢ်နီၣ်, မၤနီၣ်, ကွဲးနီၣ်တၢ်, ကွၢ်နီၣ်

notebook *n* လံာ်ကွဲးနီၣ်တၢ်

noted *a* လၢအမံၤဟူသၣ်ဖျါ, လၢဘၣ်တၢ်သ့ၣ်ညါအီၤအါ

notepad *n* ၁. လံာ်ကွဲးနီၣ်တၢ်ကဘျံးဖိ ၂. ခိၣ်ဖှူထၢၣ်ဆံးဆံးကဘျံးဒံးဖိလၢကကွဲးနီၣ်တၢ်အဂီၢ်

noteworthy *a* လၢအလီၤတိၢ်န့ၢ်ဖံးဃာ်, လၢအရှ့ဒိၣ်လၢတၢ်ကဟ်သူၣ်ဟ်သးအီၤ, လၢတၢ်ကြၢးဟ်သူၣ်ဟ်သးလၢအဂ့ၢ်, လၢအလီၤသးစဲတုၤလၢတၢ်ကတိၢ်နီၣ်ဖံးဃာ်အီၤ

nothing *pro* နီတမံၤဘၣ်

notice *n* လံာ်ဘီးဘၣ်သ့ၣ်ညါ, တၢ်မၤနီၣ်

notice *v* ၁. ဟ်သူၣ်ဟ်သး ၂. မၤနီၣ်, တိၢ်နီၣ်

take notice *idm:* ကွၢ်ထံသ့ၣ်ညါ, တိၢ်နီၣ်, မၤနီၣ်

noticeable *a* လၢအဖျါဝဲ, လၢပထံၣ်အီၤသ့ညီ, လၢအဖျါဂ့ၤဂ့ၤ, လၢအဂ့ၤဆိကမိၣ်, ကြၢးလၢတၢ်တိၢ်နီၣ်ဖံးဃာ်အီၤ

noticeboard *n* တၢ်ဘီးဘၣ်ရၤလီၤလၢၢ်ဘ့ၣ်ဘၣ်, တၢ်ဘီးဘၣ်သ့ၣ်ညါဘ့ၣ်ဘၣ်

notification *n* တၢ်ဘီးဘၣ်သ့ၣ်ညါတၢ်, တၢ်ဘီးဘၣ်ရၤလီၤတၢ်, တၢ်ဒုးသ့ၣ်ညါ

notify *v* ဘီးဘၣ်သ့ၣ်ညါတၢ်, ဒုးသ့ၣ်ညါတၢ်

notion *n* တၢ်ဆိကမိၣ်, တၢ်သ့ၣ်ညါနၢ်ပၢၢ်, တၢ်စူၢ်တၢ်နာ်

notoriety *n* တၢ်မံၤဟူသၣ်ဖျါလၢအအၢတကပၤ, တၢ်မံၤဟူလၢအအၢ, တၢ်မံၤကျိၣ်

notorious *a* လၢအမံၤဟူသၣ်ဖျါ (လၢအအၢ) , လၢအမံၤကျိၣ်

notoriously *adv* မံၤဟူသၣ်ဖျါလၢအအၢအပူၤ, ဒ်အမံၤဟူတ့ၢ်လၢအတဂ့ၤဘၣ်အသိး, လၢတၢ်ဟူထီၣ်သါလီၤအၢသီအပူၤ

notwithstanding *adv* မ့ၢ်သနာ်က့ဒ်န့ၣ်ဒီး, သနာ်က့

nought, naught *n* တၢ်တအိၣ်နီတမံၤ, နီၣ်ဂံၢ် (၀)

nourish *v* ၁. ဒုးအိၣ်မူ, ဟ့ၣ်ဂံၢ်ဟ့ၣ်ဘါ, ဒုးဒိၣ်ထီၣ်, ဒုးအီၣ်ဒုးအီ, လုၢ်အီၣ်လုၢ်အီ ၂. ဒုးဒိၣ်ထီၣ်အါထီၣ်, မၤလဲၤထီၣ်လဲၤထီ

nourishment *n* ၁. တၢ်ဒုးအိၣ်မူအိၣ်ဂဲၤ, တၢ်အီၣ်န့ၢ်ဂံၢ်န့ၢ်ဘါ, တၢ်လၢအဟ့ၣ်ပှၤတၢ်ဂံၢ်တၢ်ဘါ, တၢ်လုၢ်အီၣ်လုၢ်အီတၢ် ၂. တၢ်ဒုးဒိၣ်ထီၣ်အါထီၣ်တၢ်

nouveau *a* ၁. လၢအဘၣ်ထွဲဒီးပှၤကဲဒိၣ်ထိၣ်သီ, လၢအကဲဒိၣ်ထိၣ်သီ ၂. စိၤတုၤ, ချုးစိၤ, လၢအဘၣ်လိၣ်အသးဒီးခ့ခါဆၢကတီၢ်, လၢအချုးထိၣ်တၢ်ဆၢကတီၢ်

nova *n* ဆဲၣ်ကပြုၢ်ထိၣ်ဖးဒိၣ်သတူၢ်ကလာ်ဝံၤ လီၤမၢ်ကဒါက့ၤ

novel *a* လၢအသီ, လၢအလီၤဆီဒီးတၢ်လၢအအိၣ်ဟ်စၢၤ, လၢအလီၤတိၢ်လီၤဆီလီၤသးစဲ

novel *n* တၢ်ယဲၤပူ, တၢ်ကွဲးဖးထီ

novelette *n* တၢ်ကွဲးဖုၣ်ဖိ, တၢ်ကွဲးဖုၣ်ဖိလၢအဘၣ်ယးဒီးတၢ်အဲၣ်တၢ်ကွံ

novelist *n* ပှၤကွဲးပူ, ပှၤကွဲးတၢ်ကွဲးဖးထီ

novella *n* တၢ်ကွဲးဖုၣ်, တၢ်ယဲၤဖုၣ်

novelty *n* တၢ်အသီ, တၢ်တညီနုၢ်

November *n* လါနိၣ်ဝ့ဘၢၣ်, လါတဆံတၢတလါ

novice *n* ၁. တပွဲဖိ, တပွဲ ၂. ပှၤမၤသီတၢ်မၤ

now *adv* ခဲအံၤ

now and then *adv* ကူၢ်ဘျီကူၢ်ဘျီ, တဘျီတကူာ်, တဘျီတဘျီ, တစုတစု, တဘျီတခီၣ်

nowadays *adv* ခါခဲအံၤ, မုၢ်မဆါတနံၤအံၤ

nowhere *adv* နီတပူၤဘၣ်, နီတဂၤဘၣ်

nowhere *n* နီတပူၤဘၣ်

nowise *adv* တ (မ့ၢ်) လ့ၤတက့ၤ, လၢကျဲနီတဘိ, နီတစဲး, လ့ၤတက့ၤ

noxious *a* လၢအမၤဆါတၢ်သ့, လၢအမၤဟးဂီၤတၢ်သ့, လၢအနးအိၣ်ထိၣ်တၢ်စုၣ်တၢ်ပျၢ်သ့

nozzle *n* ထံဖိုးနိး, ပီၤဘိခိၣ်ထိး

nuance *n* တၢ်လီၤဆီတစဲးတမံး

nub *n* ၁. တၢ်ဂ့ၢ်အခိၣ်သ့ၣ်, တၢ်ဂ့ၢ်မိၢ်ပှၢ် ၂. တၢ်ကမိာ်ဖိ

nuclear *a* လၢအဘၣ်ယးဒီးနယူချံယါ, လၢအဘၣ်ထွဲဒီးနူကျံာ်

nuclear energy *n* နယူချံယါဂံၢ်သဟီၣ်, နူကျံာ်ဂံၢ်သဟီၣ်

nuclear family *n* ဟံၣ်ဖိယီဖိလၢအိၣ်ဒီးမိၢ်ပၢ်ဒီးဖိ, ဟံၣ်ဖိယီဖိတၢ်နီၢ်တနူၣ်, ဟံၣ်တနူၣ်ဖိ, တနူၣ်မိၢ်ဖိ

nuclear power *n* နယူချံယါဂံၢ်သဟီၣ်, နူကျံာ်ဂံၢ်သဟီၣ်

nuclear waste *n* နယူချံယါတၢ်တဃာ်, နူကျံာ်တၢ်တဃာ်, နူကျံာ်တၢ်ဘၣ်အၢအၣ်သီ

nuclear weapon *n* နယူချံယါစုကဝဲၤ, နူကျံာ်တၢ်စုကဝဲၤ

nucleus *n* နယူချံယၢး(စ), တၢ်မူစဲ(လ) အခိၣ်သ့ၣ်

nude *a* ၁. အိၣ်ဘ့ၣ်ဆ့ ၂. လၢအလွဲၢ်ဘီယး – ဂီၤစ်ၢ်, ဖံးဘ့ၣ်အလွဲၢ်

nudge *v* သနံး, ဆိၣ်ကယီကယီ, တနၢ်ပှၤလၢစုနၢၣ်ခံကဖိလိ

nudist *n* ပှၤဘ့ၣ်ဆ့သနူဖိ, ပှၤလၢအအိၣ်ဘ့ၣ်ဆ့ – ပှၤလၢအအိၣ်ဘ့ၣ်ဆ့တသ့ဖဲအသ့ခီဖျိအနာ်ဝဲလၢမ့ၢ်နဆၢၣ်ဒီးဂူၤလၢတၢ်အိၣ်ဆူၣ်အိၣ်ချ့အဂီၢ်

nugget *n* ၁. ထူကိၢ်လိၣ်စ့ကိၢ်လိၣ်, တၢ်လုၢ်ဒိၣ်ပှ့ၤဒိၣ်အကိၢ်လိၣ် ၂. တၢ်ဂ့ၢ်တၢ်ကျိၤ, တၢ်ကစီၣ်တၢ်ဂ့ၢ်တၢ်ကျိၤ

nuisance *n* တၢ်လီၤသးအ့နူ

nuke *v* ၁. မၤဟးဂီၤဒီးနယူချံယါစုကဝဲၤ, ဒုးဒီးနယူချံယါစုကဝဲၤ ၂. ဖီအိၣ် မ့တမ့ၢ် မၤကိၢ်ထိၣ်တၢ်လၢမဲးခြိၣ်ဝ့းဖၣ်ကွာ်အပူၤ

null *a* ၁. လၢအတဖိးသဲစး ၂. လၢအသဟိၣ်ဟးဂီၤ, လၢအသဟိၣ်လီၤစ်ၢ်, လၢတၢ်စူးကါအီၤတသ့လၢၤ

nullification *n* တၢ်မၤကတၢၢ်ကွံာ်တၢ်လၢသဲစးအကျဲ, တၢ်မၤဟးဂီၤက့ၤတၢ်အစိကမီၤ, တၢ်မၤဟးဂီၤက့ၤတၢ်လၢသဲစးအကျဲ, တၢ်မၤကတၢၢ်က့ၤတၢ်လၢသဲစးအကျဲ

nullify *v* မၤဟးဂီၤကွံာ်တၢ်အစိကမီၤ

numb *a* သံၣ်, ပဝံ, စုသံၣ်ခီၣ်သံၣ်, တိာ်တုၤ

number *n* နိၣ်ဂံၢ်

number *v* ၁. ထိထိၣ်အနိၣ်ဂံၢ်နိၣ်ဒွး ၂. ဂံၢ်တၢ်ဒွးတၢ် ၃. ဒီးဂံၢ်ယှာ်အီၤ

number cruncher *n* ၁. ပှၤလၢအမၤတၢ်ဘၣ်ယးဒီးနိၣ်ဂံၢ်နိၣ်ဒွး ၂. ခီၣ်ဖ့ူထၢၣ်အစဲးဒွးတၢ်, စဲးဒွးတၢ်

numberless *a* လၢအအါတလၢတုၤလၢပဂံၢ်အီၤတကဲလၢၤ, လၢအအါတုၤလၢပဂံၢ်ဒွးအီၤတကဲလၢၤ

numbskull, numskull *n* ပှၤအီရီာ်အီပီ

numerable *a* လၢပဂံၢ်ဒွးအီၤသ့, လၢတၢ်ဂံၢ်ဒွးအီၤသ့

numeral *a* လၢအဘၣ်ယးဒီးနိၣ်ဂံၢ်ဖျၢၣ်

numeral *n* နိၣ်ဂံၢ်ဖျၢၣ်

N

numerical *a* လၢအဟ်ဖျါထီဉ်နီဉ်ဂံၢ်, လၢအဟ်ဖျါထီဉ်နီဉ်ဂံၢ်နီဉ်ဒွး
numerous *a* အါ, တဘျုး
nun *n* ဖံသူ, ဖံဝါ
nunnery *n* ဖံထံခရံာ်ဖိအဖံသူဖံဝါတဝၢ, မိဒိဉ်အတဝၢ
nuptial *a* လၢအဘဉ်ဃးဒီးတၢ်တဲ့တၢ်ဖျိ, လၢအဘဉ်ဃးဒီးတၢ်ဆီဟံဉ်ဆီဃီ
nurse *n* သရဉ် မဲ့တမ့ၢ် သရဉ်မုဉ်ကွၢ်ပှၤဆါ, ကသံဉ်သရဉ်ဖိ, ကသံဉ်သရဉ်မုဉ်ဖိ, ပှၤကွၢ်ထွဲပှၤဆါ
nurse *v* ၁. ကွၢ်ထွဲပှၤဆါ ၂. ဒုးအီနုၢ်ဖိသဉ် ၃. သးဆၢနုၢ်တၢ်
nursery *n* ၁. ကတီၤဆိတီၤဖှဉ်ကို, ကတီၤဆိကို ၂. တၢ်သူဉ်သ့ဉ်ဖိဝဉ်ဖိအလိၢ်
nursery school *n* ကတီၤဆိတီၤဖှဉ်ကို, ကတီၤဆိကို
nursing home *n* တၢ်ကွၢ်ထွဲပှၤသးပှၢ်ဟံဉ်, ပှၤသးပှၢ်တၢ်ဆါဟံဉ်, မံၤတုာ်ပှၢ်တီၤတၢ်ဆါဟံဉ်
nurture *v* ၁. ကဟုကယာ်လုၢ်ဒိဉ်ထီဉ်, လုၢ်ဒိဉ်ထီဉ် ၂. သူဉ်ထီဉ်သးသဟီဉ်
nut *n* ၁. တၢ်ချံတၢ်သဉ်လၢအကုကီၤကနံ, တၤသဉ်ချံ ၂. ထးဝံာ်ခိဉ်
nutcase *n* ပှၤပျုၢ်, ပှၤတဆး, ပှၤတပံတစိဉ်
nutmeg *n* ၁. စဉ်တံးဖိဉ်သဉ်, တၤသဉ်ချံတၢ်နာမူတကလုာ်လၢတၢ်စူးကါအီၤလၢကသူဟိဉ်ဘီဉ်အဂီၢ် ၂. သ့ဉ်စဉ်တံးဖိဉ်
nutrient *n* တၢ်အီဉ်နှၢ်ဂံၢ်နှၢ်ဘါ
nutriment *n* ၁. တၢ်အီဉ်နှၢ်ဂံၢ်နှၢ်ဘါ, တၢ်လၢအဟ့ဉ်ပှၤတၢ်ဂံၢ်တၢ်ဘါ ၂. တၢ်ဒုးဒိဉ်ထီဉ်အါထီဉ်တၢ်
nutrition *n* တၢ်အီဉ်တၢ်အီ, တၢ်အီဉ်နှၢ်ဂံၢ်နှၢ်ဘါ
nutritious *a* လၢအနှၢ်ဂံၢ်နှၢ်ဘါပှၤ
nuts *a* လၢအပျုၢ်, လၢအဟ်အသးအီရီာ်အီပီ
nylon *n* နဲ့ဉ်လိဉ်, နဲ့ဉ်လိဉ်ပျံၤ
nymph *n* ၁. မုၢ်ဃါမုဉ်ဖိလၢအခိးသ့ဉ်ဝဉ်ဒီးတၢ်ဘဉ်တဲ့တဖဉ် ၂. မုဉ်ဃံလၤဖိ ၃. ကံာ် – တၢ်ဖိဃၢ်လၢအဒံးဆဲ့တချုးထီဉ်ဒံးဘဉ်အခါအိဉ်လၢအဒၢပူၤ

O

O *n* အဲကလံးလံာ်မဲာ်ဖျာ်တဆံယဲၢ်ဖျာ်တဖျာ်

oaf *n* ပှၤလၢအသးတဆး, ပှၤငီငး, ပှၤအီရီၡ်အီပီ, ပှၤလၢအတၢ်သ့ၣ်ညါတအိၣ်, ပှၤလၢအယၢရှၤတုၤ

oak *n* သ့ထိးဖၣ်ထံး

oar *n* တငၢ, နီၣ်ဝၢ်လၢအဘိထိ

oar *v* ကၢၢ်ချံ, ဝၢ်ချံ

oasis *n* အိၣ်အ့စ့း, မဲးပျိထံထိၣ်ပၢၢ်လီၢ်, မဲးပျိထံကပျၢၤ

oat *n* ဘုကၠုၣ်တကလုာ်, ဘုကၠုၣ်အသွဲးတကလုာ်

oath *n* တၢ်ဆိၣ်လီၤသး

oatmeal *n* တၢ်အီၣ်လၢတၢ်မၤအီၤလၢဘုကၠုၣ်သွဲးတကလုာ်

oats *n* ဘုကၠုၣ်တကလုာ်, ဘုကၠုၣ်အသွဲးတကလုာ်

obdurate *a* လၢအသးကိၤ, လၢအခိၣ်ကိၤ

obedience *n* တၢ်ဒိကနၣ်တၢ်, တၢ်စူၢ်တၢ်ကလုၢ်

obedient *a* သ့ဒိကနၣ်တၢ်, လၢအနၢ်လိၤ

obeisance *n* တၢ်ချံးခိၣ်တီၤလီၤဟ့ၣ်တၢ်ယူးယီၣ်, တၢ်ဆုးလီၤခိၣ်ဟ့ၣ်တၢ်ယူးယီၣ်

obese *a* ဘီၣ်တလၢ, ဘီၣ်လုၤကုၤ

obesity *n* တၢ်ဘီၣ်လုၤကုၤ, တၢ်ဘီၣ်တလၢ

obey *v* ကနၣ်တၢ်, ဒိကနၣ်တၢ်, စူၢ်တၢ်ကလုၢ်, ဒိကနၣ်လူၤပိာ်မၤထွဲဒ်တၢ်နဲၣ်လီၤအသိး

obfuscate *v* မၤကဒံကဒါတၢ်, မၤသဘံၣ်ဘုၣ်တၢ်, မၤတံာ်တာ်ပှၤသး

obituary *n* တၢ်ကွဲးဖျါထီၣ်ပှၤသံတဂၤအဂ့ၢ်

object *n* ၁. တၢ်လၢပထံၣ်အီၤဖိၣ်အီၤသ့ ၂. (ကျိာ်သနူ) တၢ်လၢအခီၣ်ဘၣ်တၢ် ၃. တၢ်မုၢ်လၢ်ကွၢ်စိ, တၢ်ပညိၣ်ဖီတၢၣ်

object *v* ဂ့ၢ်လိာ်

objection *n* တၢ်ကတိၤထီဒါတၢ်, တၢ်ကတိၤတြီတၢ်, တၢ်ကတိၤဂ့ၢ်လိာ်တၢ်, တၢ်တအၢၣ်လီၤတၢ်

objectionable *a* လၢအတလီၤတူၢ်လိာ်, လၢတၢ်ဂ့ၢ်လိာ်ဘှီလိာ်အလီၢ်အိၣ်ဝဲ, လၢတၢ်တတူၢ်လိာ်အီၤအလီၢ်အိၣ်ဝဲ

objective *a* လၢအတပၣ်ဃုာ်ဒီးနီၢ်ကစၢ်အတၢ်ဆိကမိၣ်, လၢတၢ်အိၣ်သးဒ်အအိၣ်ဟ်တ့ၢ်အသိး

objective *n* တၢ်တိာ်ဟ်, တၢ်တိာ်ဟ်အလီၢ်

oblation *n* တၢ်လုၢ်တၢ်ဟ်တၢ်, တၢ်လၢတၢ်လုၢ်ထီၣ်အီၤ, တၢ်မၤဘူၣ်လီၤတၢ်

obligation *n* တၢ်မၤလၢအလီၤဘၣ်ပှၤ, တၢ်မၤတၢ်လၢအမူအဒါလီၤဘၣ်အဃိ, တၢ်လၢပဘၣ်မၤ

obligatory *a* လၢအလီၤဘၣ်ပှၤ

oblige *v* ၁. မၤတၢ်လၢအလီၤဘၣ်ပှၤ, မၤတၢ်လၢပှၤမၢအီၤ ၂. မၤဘျုးမၤဖှိၣ်ကၠၤတၢ်, မၤစၢၤတၢ်

obliged *a* ၁. လၢအမၤတၢ်လၢအလီၤဘၣ်ပှၤ, လၢအမၤတၢ်လၢပှၤမၢအီၤ ၂. လၢအမၤဘျုးမၤဖှိၣ်ကၠၤတၢ်, လၢအမၤစၢၤတၢ်

obliging *a* လၢအပှဲၤဒီးတၢ်သူၣ်ဆူၣ်သးဆူၣ်, လၢအညီနုၢ်မၤဘျုးမၤဖှိၣ်တၢ်, လၢအမၤဘျုးမၤဖှိၣ်တၢ်

oblique *a* တစ့, လၢအကၠ့ၣ်တကပၤ, လၢအဒ့ခံ, တအိၣ်ဆၢထၢၣ်ဘျၢဘျၢ

obliterate *v* မၤဟါမၢ်ကွံာ်, မၤဟးဂီၤကွံာ်, မၤစီကွံာ်, ထူးသံကွံာ်

oblivion *n* တၢ်သးပ့ၤနီၣ်ကွံာ်တၢ်, တၢ်တသ့ၣ်နီၣ်ထီၣ်လၢၤ

oblivious *a* လၢအသးပ့ၤနီၣ်တၢ်ညီ, လၢအဒုးသးပ့ၤနီၣ်တၢ်

oblong *a* ၁. လၢနၢၣ်ဘၣ်ခံကနူၤယူလိာ်အသး ၂. လၢအထီနူၣ်ထီနူၢ်အလဲၢ်

oblong *n* နၢၣ်ဘၣ်ခံကနူၤယူ, တၢ်အကၠၢ်အဂီၤလၢအထီနူၢ်အလဲၢ်

obloquy *n* တၢ်ပဲာ်ဖးနီၤဖးတၢ်ဆူၣ်ဆူၣ်ကိၢ်ကိၢ်

obnoxious *a* လၢအလီၤသးဘၣ်အၢ, လၢအလီၤသးဟ့, လၢအတမှာ်ဘၣ်ပသးဘၣ်

oboe *n* အိဘိ, ပံအိဘိ, ပံတကလုာ်

obscene *a* ဘၣ်အၢဘၣ်သီ, လၢအလီၤသးဘၣ်အၢ, လၢအထိၣ်ဂဲၤထၢၣ်တၢ်သးတကဆှိ, လၢအကလုာ်ကလိၤ

obscenity *n* ၁. တၢ်လၢအထိဉ်ဂဲၤထိဉ်တၢ်သးတကဆီ, တၢ်လီၤသးဘဉ်အၢ, တၢ်ကလုာ်ကလီၤ ၂. တၢ်ကတိၤဆုဖျိးကိာ်

obscure *a* ၁. လၢအတအိဉ်ဖျါထိဉ်, လၢအအိဉ်သဒၢ, လၢအလီၤဘၢ ၂. လၢအခံး

obscure *v* ၁. ပာ်တဒၢ, ပာ်ခူသူဉ် ၂. မၤသဘံဉ်ဘုဉ်, မၤသးဒ့ဒီ

obscurity *n* ၁. တၢ်တအိဉ်ဖျါထိဉ်, တၢ်အိဉ်သဒံဉ်သဒၢ, တၢ်အိဉ်လီၤဘၢလီၤတဒၢ ၂. တၢ်ခံးတၢ်နၤ

obsequious *a* လၢအမၤတၢ်လၢတၢ်ဆိဉ်လီၤသးအါတလၢကွံာ်အပူၤ, လၢအဆိဉ်လီၤသးဒီးမၤအိဉ်အမဲာ်သဉ်

observable *a* လၢအကြၢးတိၢ်နီဉ်ဖံးဃာ်, လီၤတိၢ်လီၤဆီ

observance *n* တၢ်တိၢ်နီဉ်ဖံးဃာ်တၢ်, တၢ်တိၢ်နီဉ်တိၢ်ဃါတၢ်, တၢ်လုၢ်တၢ်လၢ်, တၢ်လူၤပိာ်မၤထွဲတၢ်သိဉ်တၢ်သီတၢ်ဘျၢ

observant *a* လၢအကွၢ်နီဉ်တၢ်ထံထံဆးဆး, လၢအတိၢ်နီဉ်တၢ်ဒီးမၤဝဲလီၤတံၢ်လီၤဆဲး

observation *n* တၢ်ကွၢ်ထံကွၢ်ဆး, တၢ်ကွၢ်နီဉ်ကွၢ်ဃါ

observatory *n* တၢ်သူဉ်ထိဉ်လၢပှၤစဲအ့ဉ်ဖိတဖဉ်ကကွၢ်စိမူပျီ, မုၢ်လါဒီးဆဉ်တဖဉ်အဂီၢ်

observe *v* ကွၢ်ထံကွၢ်ဆး, ထိဉ်ဒိကနဉ်ဃှာ်

observing *a* လၢအဃုသ့ဉ်ညါမၤလိတၢ်, လၢအကွၢ်ထံကွၢ်ဆးတၢ်, လၢအတိၢ်နီဉ်ဒီးမၤဝဲလီၤတံၢ်လီၤဆဲး

obsess *v* စဲဘူးထီဃာ်လၢအသး, အသးပှဲၤဒီးတၢ်တမံၤမံၤ

obsessed *a* လၢတၢ်စဲဘူးထီဃာ်လၢအသး, လၢအသးပှဲၤဒီး

obsession *n* တၢ်လၢအသးစဲဘူးထီဃာ်အသး, တၢ်ဆိကမိဉ်လၢအဂ့ၢ်အါကဲာ်ဆိး, တၢ်ဆိမိဉ်ကီၢ်ဂီၤလၢအဂ့ၢ်, တၢ်အိဉ်သးအကတိၢ်ဖဲပှၤတဂၤအသးအတၢ်ဆိကမိဉ်ပှဲၤလှာ်ကွံာ်ဒီးတၢ်တမံၤအဃိတၢ်ဆိကမိဉ်အဂၤလဲၤနုာ်တန့ၢ်

obsolete *a* လၢတၢ်တစူးကါအီၤလၢၤ, လၢတဘဉ်တၢ်သူအီၤလၢၤ

obstacle *n* တၢ်နိးတၢ်ဘျး, တၢ်တြီမၤတံာ်တာ်

obstetric *a* လၢအဘဉ်ဃးဒီးတၢ်အိဉ်ဖျဲဉ်ဖိပီညါ

obstetrician *n* ကသံဉ်သရဉ်လၢအကွၢ်ထွဲပှၤမိၢ်ဒၢဒီးတၢ်အိဉ်ဖျဲဉ်ပီညါ

obstinacy *n* တၢ်လၢအခိဉ်ကိၤ, တၢ်နၢ်ဘုစကု, တၢ်နၢ်က့ဉ်နၢ်စွံ, တၢ်လၢအစွံ

obstinate *a* ၁. အခိဉ်ကိၤ, လၢအနၢ်ဘုစကု ၂. လၢအကီခဲလၢကလဲၤခီဖျိဝဲ မ့တမ့ၢ် ကဆီတလဲဝဲ

obstreperous *a* လၢအသိဉ်သထူဉ်ဘးလီ, လၢအသိဉ်တၢကလူပိၢ်ကလာ်ဒီးတၢ်ပၢၤဘဉ်အီၤကီ

obstruct *v* အိဉ်တံာ်တာ်, အိဉ်နိးတၢ်, တြီမၤတံာ်တာ်

obstructionism *n* တၢ်နိးတၢ်ဘျး, တၢ်တြီမၤတံာ်တာ်

obstructive *a* လၢအမၤတံာ်တာ်တၢ်, လၢအမၤနိးမၤဘျးတၢ်, လၢအတြီမၤတံာ်တာ်တၢ်

obtain *v* မၤန့ၢ်

obtainable *a* လၢတၢ်မၤန့ၢ်အီၤသ့

obtrude *v* ၁. သွီနုာ်ဆူဉ်တၢ်, ဟ့ဉ်ကူဉ်ဆူဉ်တၢ်, သဆဉ်ထီဉ်ဆူဉ်ပှၤအခံ, လဲၤနုာ်ဆူဉ်, မၤဆူဉ်တၢ် ၂. အိဉ်ဖျါတြၢ်ကလာ်

obtrusive *a* ၁. လၢအဟ့ဉ်ကူဉ်ဆူဉ်ပှၤ, လၢအသဆဉ်ထီဉ်ဆူဉ်ပှၤအခံ, လၢအမၤဆူဉ်, လၢအလဲၤနုာ်ဆူဉ် ၂. လၢအအိဉ်ဖျါတြၢ်ကလာ်

obtuse *a* ၁. လၢအနၢ်ပၢၢ်တၢ်ကီ, လၢအအီရိာ်အီပီ ၂. (တၢ်အနၢဉ်) အါန့ၢ် ၉၀ ဒီး စုၤန့ၢ် ၁၈၀ ၃. လၢအကနဉ်လူၤ, လၢအခိဉ်တစူ, လၢအခိဉ်ပၢၤ

obverse *n* ၁. တၢ်လၢအအိဉ်ထီဒါလိာ်အသး, တၢ်ကွၢ်ဆၢညါလိာ်အသး ၂. တၢ်မၤလၤကပီၤပနီဉ် မ့တမ့ၢ် တိၢ်အခိဉ်တကပၤ

obviate *v* ၁. သုးကွံာ် ၂. ဟးဆုံးကွံာ်, မၤပူၤဖျဲးကွံာ်အသး

obvious *a* ဖျါတြၢ်ကလာ်, ဖျါပျီပျီ

obviously *adv* ဖျိဖျိဖျါဖျါ, ဖျါတြၢ်ကလာ်, ဖျါဆုံဆုံ, ဖျါစိဉ်ဝဲၤကဲၤ

occasion *n* တၢ်မၤအသးအကတိၢ်

occasion *v* ဒုးအိဉ်ထိဉ်, ဒုးကဲထိဉ်တၢ်တမံၤမံၤ

occasional *a* တဘျီတခီဉ်, ပူၤဘျီပူၤဘျီ, လၢအမၤအသးထဲတဘျီတဘျီဒီၤ, လၢအမၤအသးထဲတၢ်ဂ့ၢ်လီၤဆီအိဉ်တမံၤမံၤအခါ

occasionally *adv* တဘျီတဘျီ, တဘျီတခီဉ်, တဘျီဘျီ

Occident *n* မုၢ်နုာ်တခီ

occidental *a* လၢအဘဉ်ဃးဘဉ်ထွဲဒီးမုၢ်နုာ်တခီ, လၢအဘဉ်ဃးဒီးကိၢ်မုၢ်နုာ်

occult *a* လၢအဟ်ခုသူဉ်, လၢအမ့ၢ်တၢ်ဟ်ဘၢဟ်သဒၢအီၤ, လၢအအိဉ်တဒၢလၢပှၤဟိဉ်ခိဉ်ဖိအတၢ်နၢ်ပၢၢ်

occupancy *n* တၢ်အိဉ်ဆိးလၢ (တၢ်) အပူၤ, တၢ်နုာ်လီၤအိဉ်ဆိးလၢ (တၢ်) အပူၤ, တၢ်ဟံးန့ၢ်ပၢတၢ်

occupant *n* ပှၤအိဉ်ဆိးလၢ (ဟံဉ်, ဒၢး) ပူၤ, ဟံဉ်ဖိဃီဖိလၢအအိဉ်ဆိးလၢ (ဟံဉ်) အပူၤ, ပှၤလၢအဒိးဃုာ်သိလ့ဉ်

occupation *n* ၁. တၢ်ဖံးတၢ်မၤ ၂. တၢ်ဟံးန့ၢ်ပၢတၢ်, တၢ်နုာ်လီၤအိဉ်ဆိးလၢတၢ်လိၢ်တတီၤအပူၤ ၃. တၢ်ထိဉ်ဟံးန့ၢ်တၢ်, တၢ်နုာ်လီၤဒုး, တၢ်နုာ်လီၤပၢတၢ်

occupational hazard *n* တၢ်ဘဉ်ယိဉ်တၢ်ကီတၢ်ခဲလၢအကဲထိဉ်သးလၢတၢ်မၤလိၢ်အပူၤ, တၢ်ဘဉ်ယိဉ်လၢတၢ်မၤလိၢ်အပူၤ

occupational therapy *n* တၢ်မၢမၤတၢ်ဒီးကူစါယါဘျါအီၤ, တၢ်မၢအမၤတၢ်လၢတၢ်ကဲဘျုးကဲဖှိဉ်လၢကဂ့ၤထိဉ်အဂီၢ်

occupied *a* လၢအတအိဉ်ကလီ

occupy *v* ပၢဘဉ်, ဟံးန့ၢ်ပၢဘဉ်တၢ်

occur *v* ၁. ကဲထိဉ်အသး, အိဉ်ထိဉ် ၂. ဟဲပၢၢ်ထိဉ်လၢသးကံၢ်ပူၤ

occurrence *n* တၢ်မၤအသး, တၢ်ကဲထိဉ်သးလၢပသးကံၢ်ပူၤ, တၢ်အိဉ်ထိဉ်, တၢ်မၤဖုးအသး, တၢ်အိဉ်ဖျါထိဉ်

ocean *n* မးသမံး, ပိဉ်လဲဉ်မိၢ်ပှၢ်

Oceania *n* ပစံးဖံးမးသမံးလိၢ်ခၢဉ်သးဒီးကလံၤစိးဟိဉ်ကဝီၤ

oceanic *a* လၢအဘဉ်ထွဲဒီးပိဉ်လဲဉ်မိၢ်ပှၢ်, လၢအဘဉ်ဃးဒီးမးသမံး

oceanographer *n* ပှၤဃုသ့ဉ်ညါဘဉ်ဃးမးသမံးအဂ့ၢ်, ပှၤဃုသ့ဉ်ညါဘဉ်ဃးပိဉ်လဲဉ်မိၢ်ပှၢ်အဂ့ၢ်

oceanography *n* တၢ်ဃုသ့ဉ်ညါဘဉ်ဃးမးသမံးပီညါ, တၢ်ဃုသ့ဉ်ညါဘဉ်ဃးပိဉ်လဲဉ်မိၢ်ပှၢ်အဂ့ၢ်

ocelot *n* ခ့စံဉ်ပိၢ်ဖိတကလုာ်

o'clock *adv* နဉ်ရံဉ်, တၢ်ဒုးနဲဉ်ဖျါထိဉ်တၢ်ဆၢကတီၢ်တကတီၢ်အိဉ်ပှဲၤနဉ်ရံဉ်

octagon *n* နၢဉ်ဘဉ်ဃိးကနူၤ, တၢ်ဃိးနၢဉ်

octane *n* အိးကတ့, က်အိးကတ့လၢအိဉ်လၢရှဉ်နီဉ်သိအကျါ

octave *n* နိးဖျၢဉ်တၢ်သိဉ်လၢအိဉ်ဃိးကရူၢ်တကရူၢ်, နိးဖျၢဉ်တၢ်ဒ့အသိဉ်လၢအကလုၢ်အိဉ်ဃိးကရူၢ်တကရူၢ်, နိးအကလုၢ်ဃိးဖျၢဉ်တကရူၢ်

October *n* လါအီးကထိဘၢဉ်, လါတဆံလါတလါ

octopus *n* ပဝဲၢ်

ocular *a* လၢပထံဉ်အီၤလၢပမဲာ်ချံ, လၢအဘဉ်ထွဲဒီးမဲာ်ချံ

oculist *n* ကသံဉ်သရဉ်ကူစါယါဘျါမဲာ်ချံ, မဲာ်ချံကသံဉ်သရဉ်

odd *a* ၁. လၢအကဲထိဉ်သီ, လၢအလီၤဆီ, လီၤတိၢ်လီၤဆီ ၂. တဘဉ်ဂီၢ်ဖိးဒ့

odd number *n* နီဉ်ဂံၢ်ဆီတကူ

oddball *n* ပှၤထုတရုၤ, တအၢဒၢ

oddity *n* ၁. တၢ်လီၤတိၢ်လီၤဆီ ၂. တၢ်လၢအတညီနုၢ်, တၢ်လၢအတကဲဒ်အညီနုၢ်အသိး, တၢ်တဘဉ်ဂီၢ်ဘဉ်ဖိး

odds *n* ၁. တၢ်အခွဲးအယာ်လၢကကဲထိဉ်အသးသ့ ၂. တၢ်တဃူတဖိး ၃. တၢ်န့ၢ်ဘျုးလၢပှၤဂၤအဖီခိဉ်

at odds *idm:* ၁. လၢတၢ်သဘံဉ်သဘုဉ်အပူၤ ၂. လၢအိဉ်ဒီးတၢ်ထံဉ်လီၤဆီ

ode *n* ထါကမဲၤ

odious *a* လၢအလီၤသးဘဉ်အၢ, လၢအလီၤဟ့

odium *n* တၢ်သးဟ့, တၢ်လၢအလီၤသးဟ့

odogy *n* တၢ်ဃုသ့ဉ်ညါမၤလိဘဉ်ဃးထိဉ်ဖိဆီဖိအဒံဉ်

odometer *n* အိဉ်ဒိမံထၢဉ် – နီဉ်ထိဉ်သိလ့ဉ်ဒီးသိလ့ဉ်ယိၢ်အတၢ်လဲၤအယံၤ

odour, odor *n* တၢ်နၢတၢ်န္ဒါ

O

odyssey *n* တၢ်လဲၤဖးယံၤလၢအပှဲၤဒီးတၢ်ကွၢ်ဆၢဉ်မဲာ်လၢအလီၤသူဉ်ပိၢ်သးဝး, တၢ်လဲၤတၢ်ဖးယံၤဖးစၢၤ

oedema, edema *n* ကဘၢထိဉ်, ကဘုထိဉ်

oesophagus, esophagus *n* ကိာ်ယူၢ်ဘိ, တၢ်အီဉ်ကျိၤ, ကိာ်ယူၢ်

of *prep* အ, လၢ, ဘဉ်ဃးဒီး, လၢအကျါ, လၢအဂ့ၢ်, လၢအဘဉ်ဃးဒီး

off *a* ၁. လၢအတလၢတပှဲၤ, လၢအတနးမံသူဉ်မံသး ၂. (တၢ်အီဉ်) တစုဲ, လိၢ်လံၤ ၃. ယံၤ, လၢအစီၤစုၤယံၤ

off and on *idm:* တဘျီတခီဉ်, တစုတဘျီ, အဆၢကတိၢ်တလီၤတံၢ်ဘဉ်

off *adv* ၁. လၢ, လၢအစီၤစုၤ ၂. လၢ (အဟးထိဉ်) ကွံာ်, (စံဉ်လီၤ) ကွံာ် ၃. (ထုးထိဉ်) ကွံာ် ၄. (ပတုာ်) ကွံာ်, ကးတံာ်ကွံာ် ၅. လၢအလီၤဖးကွံာ်, လၢာ်ကွံာ် ၆. မၤစုၤလီၤကွံာ်အပူၤ ၇. လီၤဘှဉ်, လီၤတအိး

off *prep* ၁. ဆူအယံၤ ဆူလာ်, ဆူထး ၂. ပူၤဖျဲးကွံာ်တစိၢ်တလိၢ်, ပူၤ (လၢမူဒါ)

offal *n* (ဆဉ်ဖိကိၢ်ဖိ) အကဲ့ၢ်ဂီၤဒွဲ, အပှံာ်အကဖု

offence, offense *n* ၁. တၢ်မၤကမဉ်သဲစး, တၢ်မၤတရီတပါတၢ်သိဉ်တၢ်သီ, တၢ်လုၢ်သ့ဉ်ခါပတာ်တၢ်သိဉ်တၢ်သီ ၂. တၢ်ကတိၤနဉ်ဒွဲဉ်ပှၤ, တၢ်မၤဆါပှၤဂၤအသး ၃. တၢ်ထိဉ်ဒုး

offend *v* ၁. မၤဆါ, မၤတမှာ်ပှၤသး ၂. လုၢ်သ့ဉ်ခါပတာ်တၢ်သိဉ်တၢ်သီ, မၤကမဉ်တၢ်

offender *n* ၁. ပှၤမၤဆါတၢ်, ပှၤမၤတမှာ်ပှၤသး ၂. ပှၤလုၢ်သ့ဉ်ခါပတာ်တၢ်သိဉ်တၢ်သီ, ပှၤမၤကမဉ်တၢ်

offensive *a* လၢအမၤသးထိဉ်ပှၤ, လၢအမၤလီၤဆါသးပှၤ

offensive *n* တၢ်ထိဉ်ဒုး, တၢ်မၤဒၢဉ်တၢ်

offer *n* ၁. တၢ်ဒိးမၢလီၤသး ၂. တၢ်ဟ့ဉ်တၢ်အပှ့ၤ, တၢ်ဟ့ဉ်တၢ်လၢတၢ်သးအိဉ်အပူၤ ၃. တၢ်လုၢ်တၢ်ဟ်တၢ်

offer *v* ၁. ဟ့ဉ် (လၢတၢ်သးအိဉ်ပူၤ) ၂. လုၢ်တၢ်ဟ်တၢ် ၃. ဒိးမၢလီၤသး

offering *n* ၁. တၢ်လုၢ်တၢ်ဟ်, တၢ်ဟ့ဉ်မၤဘူဉ်တၢ် ၂. တၢ်ဟ့ဉ်မၤစၢၤတၢ်

offhand *a* လၢအတဆိကမိဉ်ဟ်စၢၤတၢ်နီတမံၤ, လၢအတကိၢ်တဂီၤတၢ်နီတမံၤ

offhand *adv* ၁. တဆိကမိဉ်ဟ်ဝဲလၢအဂ့ၢ်, သတူၢ်ကလာ်, တကိၢ်ခါ ၂. ဖုံဖုံညီညီ

office *n* ဝဲၤဒၢး

office hours *n* ဝဲၤဒၢးအတၢ်ဖံးတၢ်မၤတၢ်အဆၢကတိၢ်

officer *n* ပဒိဉ်

official *a* လၢအဖိးသဲစး

official *n* ပှၤနဲ့ၢ်စိနဲ့ၢ်ကမီၤ

officially *adv* ၁. ဒ်တၢ်ဟ့ဉ်စိဟ့ဉ်ကမီၤအီၤအသိး ၂. ဒ်တၢ်သိဉ်တၢ်သီဒီးတၢ်ဘျၢတဖဉ်အသိး

officiate *v* ၁. မၤတၢ်ဒ်ပှၤဘဉ်မူဘဉ်ဒါအသိး ၂. ဟံးမူဒါမၤတၢ်ဖဲတၢ်ဘူဉ်တၢ်ဘါအပူၤ, ဟံးမူဒါလၢမူးဒိၤပွဲဒိၤအပူၤ

officious *a* လၢအသးအိဉ်အါကဲာ်ဆီးလၢကဟ့ဉ်မၤစၢၤတၢ်, လၢအဆွံနှာ်ဆူဉ်အသး, လၢအဆွံနှာ်အသးဟ့ဉ်တၢ်ကလုၢ်ဒီးအဂၤတဖဉ်

offing *n* မဲာ်ချံအတၢ်ကွၢ်ယံၤကတၢၢ်လၢပိဉ်လဲဉ်ပူၤ

off-duty *a* လၢအမူအဒါတအိဉ်

off-limits *a* လၢတၢ်လဲၤနုာ်ဟးထိဉ်တသ့, လၢတၢ်ဟ်ပနိဉ်အီၤ

off-line *a* လၢအဟးထိဉ်ကွံာ်လၢတၢ်စူးကါအ့ထၢဉ်နဲး, လၢတအိဉ်လၢတၢ်စူးကါတဲသကိးတၢ်လၢအ့ထၢဉ်နဲးဖီခိဉ်, လၢတဘျးစဲလၢအ့ထၢဉ်နဲးအကျိၤ, လၢတဘျးစဲလၢတၢ်ကျိၤဖီခိဉ်, လၢတဘျးစဲအသးလၢၤ, လၢတအိဉ်လၢအကျိၤဖီခိဉ်လၢၤ

offload *v* ၁. ဟ်လီၤတၢ်ပဒၢး, ဟ်လီၤတၢ်ဝံတၢ်ယိး ၂. မၤဟါမ်ၢ်ကွံာ်အတၢ်ဂ့ၢ်ကီ, မၤဖုံထိဉ်အသး

off-road *a* (သိလ့ဉ်, လ့ဉ်ယီၢ်) လၢဘဉ်တၢ်ဘိုကူၤအီၤလၢကစူးကါအီၤလၢကျဲယီၤဃၤအဂီၢ်

offscouring *n* တၢ်အဃံဉ်အမူး, တၢ်လၢပှၤစူးကွံာ်အီၤ

offset *n* ၁. တၢ်ကၢကီဉ်လိာ်ကူၤအသး, တၢ်မၤဘဉ်လိာ်အတယၢၢ် ၂. တၢ်စဲကျံးအတကွီဉ်ဖဲတၢ်ဟ်လီၤမဲဉ်ထံလၢစၢ်ထးဆူရၢးဘၢဉ်အဖီခိဉ်လၢခံကတၢၢ်ဆူစးခိကဘျံးဖီခိဉ်

offset *v* ၁. မၤဘဉ်လိာ်တၢ်အတယၢၢ်, မၤကၢကီဉ်လိာ်ကူၤအသး ၂.စဲကျံးလံာ်အတကွီဉ်ဖဲတၢ်

ဟ်လီၤမဲဉ်ထံလၢစၢ်ထးဆူရၢးဘၢဉ်အဖီခိဉ် လၢခံကတၢၢ်ဆူစးခိကဘျံးဖီခိဉ်

offshoot *n* အဒ့အတြၢ်, အဒံး, အရှဉ်အဒ့

offshore *a* ၁. လၢအိဉ်ယံၤဒီးပီဉ်လဲဉ်ကၢၢ်နံၤခိသူခိဉ်, လၢအအိဉ်လၢပီဉ်လဲဉ်ပူၤ ၂. လၢအမ့ၢ် (ကလံၤ) လၢအိဉ်လၢခိသူခိဉ်ဒီးအူယီၤဆူပီဉ်လဲဉ်ပူၤ ၃. လၢအဘဉ်ထွဲဒီးတၢ်ထုးထိဉ်ဟီဉ်လာ်အသိလၢပီဉ်လဲဉ်ခံဒး ၄. လၢတၢ်ဆဲးလီၤမံၤ, ထုးထိဉ်လၢကီၢ်ချၢ ၅. လၢအဘဉ်ဃးဒီးကီၢ်ချၢ

offside *a* ၁. လၢအိဉ်ယံၤဒီးပီဉ်လဲဉ်ကၢၢ်နံၤခိသူခိဉ်, လၢအအိဉ်လၢပီဉ်လဲဉ်ပူၤ ၂. လၢအမ့ၢ် (ကလံၤ) လၢအိဉ်လၢခိသူခိဉ်ဒီးအူယီၤဆူပီဉ်လဲဉ်ပူၤ ၃. လၢအဘဉ်ထွဲဒီးတၢ်ထုးထိဉ်ဟီဉ်လာ်အသိလၢပီဉ်လဲဉ်ခံဒး ၄. လၢတၢ်ဆဲးလီၤမံၤ, ထုးထိဉ်လၢကီၢ်ချၢ ၅. လၢအဘဉ်ဃးဒီးကီၢ်ချၢ

offspring *n* ၁. အစၢၤအသွဲဉ်, အချံအသဉ် ၂. အဖိအလံၤ

often *adv* ခဲအံၤခဲအံၤ

ogle *v* ကွၢ်တၢ်လၢတၢ်မိဉ်န့ၢ်သးလီလၢမ့ဉ်ခွါသွံဉ်ထံးတကပၤ, ကွၢ်တၢ်လၢတၢ်သးကတၢအပူၤ

ogre *n* ဒီးတကါ, ကဝါကီၤသွါ

ogreish *a* လၢအလီၤက်ဒီးတကါ

oh *exclam* "အိ" – တၢ်တဲသီဉ်ဖုးတၢ်ခီဖျိဖုးဘဉ်သးအဃိ

ohm *n* အိ(မ) – တၢ်တြီဆၢလီမ့ဉ်အူအယူဉ်နူး

oil *n* သိ

oil *v* ဖှူလၢသိ, ဘိလီၤသိ, ထၢနဉ်လီၤသိ, လူလီၤသိ

oil rig *n* တၢ်ခူဉ်ရှဉ်နီဉ်သိအစီၢ် – တၢ်ထုးထိဉ်သိအလီၢ်

oil slick *n* သိအကဝီၤဖိလၢအထိဉ်ဖီလၢထံဖံးခိဉ်

oilfield *n* သိပူၤ, သိဟးထိဉ်အလီၢ်ကဝီၤ – တၢ်လီၢ်လၢသိဟးထိဉ်အလီၢ်ကဝီၤ

oily *a* ၁. လၢအသိအါ, လၢသိအိဉ်လၢအလိၤ ၂. လၢအလီၤက်ဒီးသိ ၃. လၢအဟ်သူဉ်ဟ်သးမၤသးဖ်တၢ်ဖှူဘျ့လၢအသိအသိး, လၢအဂုာ်ကျဲးစားမၤသညူးသပှၢ်အသးတုၤပသးတံာ်တာ်

ointment *n* ကသံဉ်ဖှူ

OK *a* ၁. လၢအသူဉ်မံသးမှာ်, လၢအဂ့ၤဖဲအကြားအဘဉ် ၂. လၢတၢ်ဟ့ဉ်အခွဲးသ့, လၢအကြားန့ၢ်ဘဉ်အခွဲး, လၢအခွဲးအိဉ်

OK *exclam* မ့ၢ်လံ, ဂ့ၤလံ, ဘဉ်လံ, အိဉ်ခ့ဉ်

OK *n* တၢ်အၢဉ်လီၤဟ့ဉ်ခွဲး, တၢ်ဟ့ဉ်တၢ်ပျဲ, တၢ်ဟ့ဉ်အခွဲး

OK *v* အၢဉ်လီၤဟ့ဉ်ခွဲး, ဟ့ဉ်တၢ်ပျဲ, ဟ့ဉ်အခွဲး

okra *n* ဘျိဉ်ဘျ့သဉ်, ကျိၢ်နၢၤသဉ်

old *a* လီၢ်လံၤ, (ပှၤ) သးပှၢ်

old age *n* သးပှၢ်အခါ

old flame *n* တၢ်အဲဉ်တီလီၢ်လံၤ

old hand *n* ပှၤလၢအအိဉ်ဒီးတၢ်လဲၤခီဖျိအါ

old hat *n* ပှၤတချုးစိၤ

old maid *n* ၁. မုဉ်ကနီၤသးပှၢ်, မုဉ်ကနီၤပှၢ် ၂. တၢ်လိာ်ကွဲဖဲခးကွတကလုာ် ၃. ပှၤသးပှၢ်လၢအဟ်သူဉ်ဟ်သးလၢတၢ်ဂ့ၢ်ကီးမံၤဒဲးဒီးအ့နူပိၤပိၤတၢ်

Old Testament *n* လံာ်စီဆှံအလီၢ်လံၤတကတြူၢ်, လံာ်တၢ်အၢဉ်လီၤအီလီၤအလီၢ်လံၤ

older *a* သးပှၢ်နှ့ၢ်

old-fashioned *a* ခါစဲၤခံ, ခ့ခါစဲၤခံ, စိၤတလၢ

oldie *n* ပှၤသးပှၢ်, တၢ်လီၢ်လံၤ, တၢ်သးဝံဉ်မ့တမ့ၢ် တၢ်ဂီၤမူလၢအလီၢ်လံၤဘဉ်ဆဉ်မံၤဟူသဉ်ဖျါဒံးအဖၢမှၢ်

old-timer *n* ၁. ပှၤသးပှၢ် ၂. ပှၤလၢအတၢ်လဲၤခီဖျိအါ မ့တမ့ၢ် မၤတၢ်ယံာ်လံတဂၤ

olfactory *a* လၢအဘဉ်ထွဲဒီးနါနၢတၢ်, လၢအဘဉ်ဃးဒီးစ့ဉ်နၢတၢ်, ဘဉ်ဃးဒီးတၢ်သ့နၢတၢ်

oligarchy *n* ၁. ပှၤစှၤဂၤအတၢ်ပၢတၢ်ပြး ၂. ထံကီၢ်လၢဘဉ်တၢ်ပၢပြးအီၤလၢပှၤစှၤဂၤအပဒိဉ်

oliguria *n* ဆံဉ်သံ

olive *n* ၁. သ့ဉ်စၤယံးသဉ် ၂. သ့ဉ်စၤယံး

olive branch *n* ၁. တၢ်ဃ့ထိဉ်လၢတၢ်ကမၤယူမၤဖိးလိာ်က့ၤတၢ် ၂. သ့ဉ်စၤယံးအဒ့, တၢ်မှာ်တၢ်ခုဉ်ပနိဉ်

Olympic *a* လၢအဘဉ်ဃးဒီးအိဉ်လဉ်ပ့းတၢ်ဂဲၤလိာ်ကွဲမူး

Olympic Games *n* အိဉ်လဉ်ပ့းတၢ်ဂဲၤလိာ်ကွဲမူး

O

Olympics *n* အိၣ်လၣ်ပ့းတၢ်ဂဲၤလိာ်ကွဲမူး

omelette, omelet *n* ဆီဒံၣ်ခွဲၣ်သိ

omen *n* တၢ်ပနီၣ်ဖျါဟ်စၢၤ

ominous *a* လၢအတူၢ်ဘၣ်တၢ်အၢတၢ်သီကမၤသးအပနီၣ်, လၢအဒုးအိၣ်ထီၣ်တၢ်ဆိကမိၣ်လၢတၢ်အၢကမၤအသး

omission *n* တၢ်ဟ်လီၤတဲာ်တၢ်, တၢ်တပၢနာ်လီၤဃုာ်, တၢ်တယၢၤထီၣ်တၢ်, တၢ်တထၢနာ်လီၤ

omit *v* ဟ်လီၤတဲာ်, တထၢနာ်, တယၢၤထီၣ်

omnibus *n* ၁. တၢ်ကွဲးထၢဖှိၣ် ၂. (ကွဲၤလ့လီၤ, တၢ်ဂီၤမူ) အပူဟ်ဖှိၣ် ၃. သိလ့ၣ်ဘၢး(စ)ဖးဒိၣ်, လ့ၣ်ကဟၣ်ဖးဒိၣ်

omnipotence *n* တၢ်သ့တၢ်လၢာ်, တၢ်နၢၤတၢ်ကီး, တၢ်အစိဒိၣ်တှာ်အကမီၤထိ

omnipotent *a* လၢအလၢပှဲၤဒီးတၢ်စိတၢ်ကမီၤ, လၢအသ့တၢ်လၢာ်နၢၤတၢ်ကီး, အစိဒိၣ်ကမီၤတှာ်

omnipresent *a* လၢအအိၣ်လၢတၢ်လီၢ်ကိးပူၤဒဲး, လၢအအိၣ်သကုၤဆးဒး

omniscient *a* လၢအထံၣ်တၢ်တှာ်ကွၢ်တၢ်ဖျါ, လၢအသ့ၣ်ညါတၢ်ခဲလၢာ်

omnivorous *a* ၁. လၢအအီၣ်တၢ်ခဲလၢာ် ၂. လၢအဖးလံာ်အကလုာ်ခဲလၢာ်

on *adv* လၢ, ဖဲ, ဆူညါ

on and on *idm:* ဆူညါကွ့ၢ်ကွ့ၢ်, ကွ့ၢ်ကွ့ၢ်

on *prep* လၢအဖီခိၣ်, လၢအလီၤ, ဘၣ်ဃးဒီး, လၢအသရူၤ

once *adv* ၁. တဘျီ ၂. လၢပျၢၤ

all at once *idm:* တကတီၢ်ဃီ, တကတီၢ်ဃီခဲလၢာ်

at once *idm:* တဘျီဃီ, တကီၢ်ခါ

once and for all *idm:* တၢ်မၤထဲတဘျီဒီးဝံၤလီၤ, တၢ်တမၤကဒီးလၢၤ

once more *idm:* ကဒီးတဘျီ

once *conj* တဘျီဃီ, လၢအဆိအချ့, တကတီၢ်ဃီ, ဖဲ -- အခါ

oncoming *a* လၢတယံာ်ဘၣ်ကမၤအသး, လၢအကအိၣ်ဖျါထီၣ်, လၢအကဟဲဘူးထီၣ်

one *a* တၢ, တ

at one *idm:* လၢသးတဖျၢၣ်ဃီ

one *n* တၢ

one-night stand *n* ၁. တၢ်အိၣ်ဒီးမုၣ်ခွါသွံၣ်ထံးတၢ်ရှလိာ်ထဲတနၤဓိၤ ၂. တၢ်ဒုးနဲၣ်ထဲတဂၤဓိၤ

one-sided *a* လၢအတခီတၢၤ, လၢအကွၢ်ဒိၣ်ဆံးအါစုၤတၢ်, လၢအတတီတလိၤ

one-track mind *n* တၢ်ဆိကမိၣ်ဒၣ်ထဲတၢ်ဂ့ၢ်တမံၤဓိၤ

one-upmanship *n* တၢ်သ့တၢ်ဘၣ်လၢအဟံးတၢ်နှၢ်ဘျုးလၢပှၤဂၤအဖီခိၣ်, တၢ်တူၢ်ဘၣ်လၢအဂ့ၤဒိၣ်နှၢ်ပှၤဂၤ

one-way *a* လၢအလဲၤကျဲထဲတဘိဓိၤ

ongoing *a* လၢအကဲထီၣ်သးကွ့ၢ်ကွ့ၢ်, လၢအဆၢတတဲာ်

onion *n* ပသၢဂီၤ

online *a* လၢအအိၣ်လၢအ့ထၢၣ်နဲးဖီခိၣ်, လၢအဘျးစဲလၢအ့ထၢၣ်နဲးဖီခိၣ်, လၢအအိၣ်ဘျးစဲလၢခိၣ်ဖှူထၢၣ်အကျိၤဖီခိၣ်လီၤလီၤ

onlooker *n* ပှၤကွၢ်ဟုၣ်ကွၢ်စူၣ်တၢ်, ပှၤကွၢ်တၢ်

only *a* ထဲ, ဓိၤ

only *adv* ထဲ, ဓိၤ, ဃီ

onset *n* စးထီၣ်

onshore *n* ၁. ပိၣ်လဲၣ်ကၢၢ်ခိၣ် ၂. ကလံၤလၢအဟဲအူလၢပိၣ်လဲၣ်ပူၤဆူခိသူခိၣ်

onside *a* အိၣ်လၢတၢ်ဟ်ပနီၣ်ဃာ်အလီၢ်ပူၤ, လၢအလီၢ်ဘၣ်ဘၣ်

onslaught *n* ၁. တၢ်ထီၣ်ဒုးသဖှိတၢ်, တၢ်ထီၣ်ဒုးတပျိၤတၢ်ဆူၣ်ဆူၣ် ၂. တၢ်ဟဲသဖှိဃီၤအါအါဂိၢ်ဂိၢ်

onstage *a* လၢပျဲၢ်စီၢ်ဖီခိၣ်, လၢကမျၢ်အမဲာ်ညါ

onto *prep* လၢအဖီခိၣ်

ontogeny *n* တၢ်သးသမူတဖၣ်အတၢ်အိၣ်မူအတၢ်လဲၤတရံးဆူအဒိၣ်တှာ်ခိၣ်ပှဲၤ

ontology *n* တၢ်ဃုသ့ၣ်ညါနဲ့ဆၢၣ်တၢ်သးသမူအတၢ်ကဲထီၣ်လိၣ်ထီၣ်အဂ့ၢ်ပီညါ

onus *n* မူဒါ

onwards *adv* ဆူမဲာ်ညါ, ဆူအမဲာ်ညါ, ဆူညါ

oolong *n* အှူလီတရူးလၣ်ဖးယ့, အှူလီတရူးနီမုၢ်ယ့

oophoritis *n* ဒၢလီၢ်ညီး

oops *exclam* တၢ်မၤသီၣ်ထီၣ်ကလုၢ်ခီဖျိမၤကမၣ်တၢ်ဆံးကံၢ်ဆံးကိာ် မ့တမ့ၢ် တၢ်ဘၣ်ဖုးတၢ်အဃိ

ooze *v* စံၢ်, ထံစံၢ်, ပြံာ်ထီၣ်

opal *n* တၢ်မျၢ်ဂီၤဘီကံၣ်ဃ့

opaque *a* ၁. လၢတၢ်ကပီၤဆဲးတဖျိဘၣ်, လၢတဖျါဆဲးကလၤ, လၢအလွဲၢ်ဒု ၂. လၢတၢ်နၢ်ပၢၢ်အီၤကီခဲ, လၢတၢ်နၢ်ပၢၢ်အီၤတသ့

ope *v* အိးထီၣ် (တၢ်စူးကါအီၤဖဲတၢ်ကွဲးထါအခါ)

OPEC *abbre* ထံကိၢ်လၢထုးထီၣ်ဆါကျဲတံးသိတဖၣ်အတၢ်ကရၢကရိ (အိၣ်ပဲး)
(Organization of the Petroleum Exporting Countries)

open *a* အိးထီၣ်အသး

open *v* အိးထီၣ်, သလၣ်ထီၣ်, အိးသလၣ်ထီၣ်

open house *n* ၁. တၢ်လီၢ် မ့တမ့ၢ် တၢ်ဆၢကတီၢ်ဖဲတၢ်တူၢ်လိာ်ပှၤတမံၤလၢကဟဲကွၢ်ကီတၢ် ၂. တၢ်အိးထီၣ်ဟံၣ်လၢတၢ်ကကွၢ်အီၤလၢတၢ်ကပှ့ၤအီၤအဂီၢ်

open letter *n* လံာ်ဟ့ၣ်ယုၢ်

open marriage *n* တၢ်ဆီဟံၣ်ဆီဃီလၢအိၣ်ဒီးတၢ်ဟ့ၣ်ခွဲးလၢအမါအဝၤမံဃုာ်ဒီးပှၤအဂၤတဖၣ်သ့

open outcry *n* တၢ်ကိးသတြီပှ့ၤစၢၤတၢ်

open prison *n* ယိာ်လၢအတအိၣ်ဒီးတၢ်ဖိၣ်ဃံးအါအါဘၣ်

open question *n* တၢ်သံကွၢ်သဘျှ မ့တမ့ၢ် တၢ်သံကွၢ်လၢတအိၣ်ဒီးအတၢ်စံးဆၢလီၤတံၢ်

open range *n* ဟီၣ်ခိၣ်လီၢ်ကဝီၤလၢအနူၣ်အဆၢ မ့တမ့ၢ် အကရၢၢ်တအိၣ်

open sandwich *n* ကိၣ်တြံာ်လၢတအိၣ်ဒီးပီၣ်မူးလၢအဖီခိၣ်တကထၢ

open season *n* တၢ်ကတီၢ်ဖဲတၢ်ဟ့ၣ်ခွဲးလၢတၢ်ကလူၤခးအိၣ်တၢ်မံၤလာ်တဖၣ်အဂီၢ်, တၢ်ပျဲတၢ်လူၤခးအိၣ်တၢ်မံၤလာ်အကတီၢ်

open secret *n* တၢ်ဂ့ၢ်ခူသူၣ်လၢဘၣ်တၢ်သ့ၣ်ညါအီၤလၢပှၤကိးဂၤ

open shop *n* ကျဲးသဘျှ – ကျဲးတဖၣ်လၢတလိၣ်မၤသကိးဃုာ်တၢ်ဒီးမုၢ်ကျိၤဝဲၤကွာ်ကရၢ

open society *n* ပှၤတဝၢလၢအသဘျှ, တဝၢသဘျှ

open source *a* ခီၣ်ဖွူထၢၣ်အဂံၢ်ထံးပနီၣ်လၢပှၤကိးဂၤဒဲးစူးကါလၢတၢ်သဘျှအပူၤသ့

open-air *a* လၢအအိၣ်လၢတၢ်ချၢ

open-ended *a* လၢတၢ်တယာ်ဆိအီၤတသ့, လၢတအိၣ်ဒီးအတၢ်ဟ်ပနီၣ်

opener *n* ၁. နီၣ်ခွဲးဒၢ အဒိ, တၢ်ဖိတၢ်လံၤလၢပကအိးထီၣ်ညၣ်ဒၢ, တၢ်နၢ်ထံဒၢ ၂. ပှၤလၢအစးထီၣ်မၤတၢ်, တၢ်စးထီၣ်မၤတၢ်တမံၤမံၤ (လီၤဆီဒၣ်တၢ် တၢ်ထူနှာ်လီၤဖျၢၣ်ထူအခီၣ်ထံးတဖျၢၣ်ဆူတၢၣ်ဖျိအပူၤ)

open-handed *a* လၢအဟ့ၣ်တၢ်ညီ

open-hearted *a* လၢအသူၣ်ဂ့ၤသးဝါ, လၢအဒိသူၣ်ဒိသးသ့

opening *n* ၁. တၢ်လီၢ်လီၤဟိ မ့တမ့ၢ် ကျဲလီၤဟိ ၂. တၢ်စးထီၣ်, တၢ်အခီၣ်ထံး ၃. တၢ်အခွဲး, တၢ်အခွဲးဂ့ၤယာ်ဘၣ်

openly *adv* အိၣ်ဖျါထီၣ်ဟိတြၢၢ်ကလာ်, အိၣ်ဖျါထီၣ်စီၣ်ဝဲၤကဲၤ, အိၣ်ဖျါဂ့ၤဂ့ၤ, လီၤကတိၤ, ဖျါဖျါ

open-minded *a* လၢအတၢ်ထံၣ်အတၢ်ဟ်သးလဲၢ်

open-mouthed *a* လၢအကိာ်ပူၤအိကဘိ

open-necked *a* လၢအဆ့ကၤကိာ်လၣ်အိးထီၣ်သး

openness *n* ၁. တၢ်အိးထီၣ်သး ၂. တၢ်ဟ်အသးပျိပျိဖျါဖျါ ၃. တၢ်အိးထီၣ်သးလဲၢ်လဲၢ်, တၢ်သ့အိၣ်တူၢ်လိာ်တၢ်အသီ

open-pit *a* လၢအပူၤဖးလဲၢ်

open-plan *a* လၢအတၢ်နူၣ်ပၤတအိၣ်အါဘၣ်

open-toed *a* လၢအခီၣ်မုၢ်ခိၣ်ထိးအိးထီၣ်သး

open-topped *a* (သိလ့ၣ်) လၢအိၣ်ဒီးအခိၣ်ဒုးလၢအအိးထီၣ်ပံးလီၤသးသ့

openwork *n* တၢ်တုၢ်တၢ်ဆးတၢ်လၢအပူၤအိၣ်ဟိရှဟိရှ

opera *n* အိၣ်ပရၣ်တၢ်ဒုးနဲၣ်, တၢ်အုၣ်ထါဒုးနဲၣ်တၢ်

O

operate *v* ၁. ဖံးတၢ်မၤတၢ် ၂. နီၣ် (စဲးဖီကဟၣ်) , ဖီၣ် (စဲးဖီကဟၣ်) ၃. ကူးကွဲးယါဘျါတၢ် ၄. မၤသုးတၢ်ဟူးတၢ်ဂဲၤ

operation *n* ၁. တၢ်ဖံးတၢ်မၤ, တၢ်မၤ ၂. တၢ်ကူးကွဲးယါဘျါ ၃. တၢ်မၤ (သုးဂ့ၢ်ဝီ) တၢ်ဟူးတၢ်ဂဲၤ ၄. မ့ၢ်ကျိၤဝဲၤကွၢ်တၢ်ဖံးတၢ်မၤ ၅. စဲးဖီကဟၣ်အတၢ်ဟူးတၢ်ဂဲၤ ၆. တၢ်မၤဖျါထီၣ်တၢ်အမိၢ်လံၤမိၢ်ပှၢ်

operative *a* လၢအအိၣ်ကတီၤသးလၢတၢ်ကစူးကါအီၤအဂီၢ်, လၢအဟူးဂဲၤမၤတၢ်, လၢအဒုးအိၣ်ထီၣ်တၢ်ဘျုးသ့

operative *n* ပှၤမၤတၢ်ဖိ, ပှၤလၢအမၤတၢ်

operator *n* ၁. ပှၤလၢအစံးဆၢလီတဲစိ ၂. ပှၤလၢအမၤတၢ်ဒီးစဲးဖီကဟၣ်တမံၤမံၤ ၃. တၢ်မၤကစၢ်

ophthalmic *a* လၢအဘၣ်ထွဲဒီးမဲာ်ချံဒီးအတၢ်ဆူးတၢ်ဆါတဖၣ်

ophthalmologist *n* ကသံၣ်သရၣ်ကူစါယါဘျါမဲာ်ချံ, မဲာ်ချံကသံၣ်သရၣ်

ophthalmology *n* တၢ်ကူစါယါဘျါမဲာ်ချံပီညါ

opiate *n* ကသံၣ်မံ, ကသံၣ်မံလၢအပၣ်ဃုာ်ဒီးပံၤ

opine *v* ဟ့ၣ်ထီၣ်တၢ်ဆိကမိၣ်, ဟ့ၣ်ထီၣ်တၢ်ထံၣ်

opinion *n* တၢ်ဆိကမိၣ်ဆိကမး, တၢ်ထံၣ်

opinionated *a* လၢအဟ်အသးကျၢၤမုဆူလၢအတၢ်ဆိကမိၣ်ဒၣ်ဝဲအဖီခိၣ်, လၢအဟ်အသးဘူစကုလၢအတၢ်ထံၣ်ဒၣ်ဝဲအဖီခိၣ်

opium *n* ပံၤ

opossum *n* အီးဖိၣ်စၢၣ်(မ)ယုၢ်ဖၢဖိတကလုာ်

opponent *a* ၁. လၢအထီဒါတၢ် ၂. လၢအဆၢၣ်မဲာ်တၢ် ၃. လၢအလိာ်ကွဲထီဒါတၢ်

opponent *n* ၁. ပှၤလၢအထီဒါတၢ် ၂. ပှၤလၢအဆၢၣ်မဲာ်တၢ် ၃. ပှၤလၢအလိာ်ကွဲထီဒါတၢ်

opportune *a* လၢအဘၣ်ဆၢဘၣ်ကတီၢ်, လၢအကဲထီၣ်သးဘၣ်ဆၢဘၣ်ကတီၢ်

opportunist *n* ပှၤလၢအဃုနီၢ်ကစၢ်တၢ်ဘၣ်ဘျုး, ပှၤလၢအဟံးတၢ်ခွဲးတၢ်ယာ်, ပှၤလၢအဟံးတၢ်ခွဲးတၢ်ယာ်လၢအနီၢ်ကစၢ်အဂီၢ်

opportunistic *a* ၁. မၤန့ၢ်တၢ်ခွဲးတၢ်ယာ်လၢအဂီၢ်ဒၣ်ဝဲ ၂. (တၢ်ဆါ) လၢအကဲထီၣ်ဖဲနီၢ်ကစၢ်ဂံၢ်တြီဆၢစ့ၤလီၤအခါ

opportunity *n* တၢ်ခွဲးဂ့ၤယာ်ဘၣ်, တၢ်အခွဲးအယာ်

oppose *v* ထီဒါတၢ်, ကွၢ်ဆၢၣ်မဲာ်လိာ်အသး

opposed *a* လၢအထီဒါတၢ်, လၢအကွၢ်ဆၢၣ်မဲာ်လိာ်အသး

opposite *a* ၁. ကွၢ်ဆၢညါလိာ်သး, အိၣ်ကွၢ်ဆၢၣ်မဲာ်လိာ်သး ၂. ဝၢ်ဘးခီ

opposite *n* တၢ်ထီဒါလိာ်သး, တၢ်ကွၢ်ဆၢၣ်မဲာ်လိာ်သး တၢ်လီၤဆီလိာ်သွး

opposition *n* တၢ်ထီဒါတၢ်, တၢ်ကွၢ်ဆၢၣ်မဲာ်လိာ်သး, တၢ်တြီဃာ်တၢ်

oppress *v* မၤနးမၤဖှိၣ်တၢ်, မၤကိၢ်မၤဂီၤ, ဆီၣ်တံၢ်မၤနၢၤ, ဆီၣ်ဘံးဆီၣ်ဘၢ

oppression *n* တၢ်ဆီၣ်တံၢ်မၤနၢၤ, တၢ်မၤနးမၤဖှိၣ်, တၢ်မၤကိၢ်မၤဂီၤ, တၢ်ဆီၣ်ဘံးဆီၣ်ဘၢ

oppressive *a* ၁. လၢအမၤနးမၤဖှိၣ်တၢ်, လၢအမၤကိၢ်မၤဂီၤ, ၂. လၢအဆီၣ်တံၢ်မၤနၢၤ, လၢအဆီၣ်ဘံးဆီၣ်ဘၢ ၃. လၢအကိၢ်သဝံသဝါ, လၢအကိၢ်သီအူး

opprobrium *n* တၢ်ပဲာ်ထံနီၤဖးတၢ်ဆူၣ်ဆူၣ်ကိၢ်ကိၢ်, တၢ်ပဲာ်အၢပဲာ်သီတၢ်ဆူၣ်ဆူၣ်ကိၢ်ကိၢ်

opt *v* ယုထၢ

optic *a* လၢအဘၣ်ယးဒီးမဲာ်ချံ, လၢအဘၣ်ယးဒီးမဲာ်အတၢ်ထံၣ်

optical *a* ဘၣ်ယးဒီးမဲာ်ချံ, လၢအဘၣ်ယးဒီးမဲာ်အတၢ်ထံၣ်

optical illusion *n* တၢ်လီန့ၢ်မဲာ်ချံ, တၢ်လီန့ၢ်မဲာ်အတၢ်ထံၣ်တၢ်, တၢ်လၢအလီန့ၢ်မဲာ်အတၢ်ထံၣ်သ့

optician *n* ၁. ပှၤလၢအမၤကွၢ်မဲာ်ချံဒီးဆါမဲာ်ဒီးတဖၣ် ၂. ပှၤဘှီမဲာ်ဒီးဖိ

optimal *a* လၢအဂ့ၤကတၢၢ်ကြၢးကတၢၢ်

optimism *n* တၢ်ထံၣ်တၢ်လၢအဂ့ၤတကပၤ, တၢ်ထံၣ်တၢ်လၢအဂ့ၤအသနူ

optimist *n* ပှၤလၢအထံၣ်တၢ်ထဲလၢအဂ့ၤတကပၤ, ပှၤလၢအနာ်ဝဲလၢတၢ်ကိးမံၤဒဲးမ့ၢ်လၢတၢ်ဂ့ၤကတၢၢ်အဂီၢ်

optimistic *a* လၢအနာ်ဝဲလၢတၢ်အဂ့ၤကမၤအသးနီၢ်နီၢ်, လၢအနာ်ဝဲလၢတၢ်အဂ့ၤကဟဲဘၣ်ပှၤ

optimize, optimise *v* စူးကါတသ့ဖဲအသ့လၢတၢ်ဂ့ၤကတၢၢ်အဂီၢ်, စူးကါအဂ့ၤကတၢၢ်

optimum *a* လၢအဂ့ၤကတၢၢ်ကြၢးကတၢၢ်

option *n* တၢ်ဃုထၢ

optional *a* လၢတၢ်ဃုထၢအီၤသ့

optometrist *n* ပှၤလၢအမၤကွၢ်မဲာ်ချံဒီးဆါမဲာ်ဒိး

opt-out *n* တၢ်ဃုထၢလၢတပၣ်ဃုာ်, တၢ်ဟးထီၣ်, တၢ်တမၤဃုာ်, တၢ်ဆၢတဲာ်လၢတၢ်တမၤသကိးတၢ်လၢၤ

opulent *a* ၁. လၢအလီၤဘီလီၤမုၢ်, လီၤကဟုကညီၢ် ၂. လၢအအါအဂိၢ် ၃. လၢအထူးအတီၤဒိၣ်ဒိၣ်ကလဲာ်

or *conj* မ့တမ့ၢ်, မ့ၢ်ဂ့ၤ

oracle *n* ၁. တၢ်လီၢ်လၢပှၤလဲၤသံကွၢ်တၢ်ဆူကစၢ်ထူကစၢ်ယွၤသံးခိၣ်မုၢ်ဃါအအိၣ်, သံးခိၣ်မုၢ်ဃါအတၢ်လုၢ်လီၢ် ၂. သံးခိၣ်မုၢ်ဃါအဝံဖိၤမိၣ်ဖိၤ ၃. သံးခိၣ်မုၢ်ဃါအတၢ်စံးဟ်ခီဖျိဝံ, ကစၢ်ထူကစၢ်ယွၤအတၢ်စံးဟ် ၄. တၢ်ဖးတၢ်ဒွးတၢ်အလံာ်

oral *a* လၢတၢ်ကတိၤ, တၢ်လၢအဘၣ်ဃးဒီးထးခိၣ်

oral history *n* တၢ်စံၣ်ဃဲၤတဲစိၤ, တၢ်စံၣ်စိၤလၢတၢ်တဲကၠၤအီၤလၢထးခိၣ်တဆီဘၣ်တဆီ

orange *a* ဘီဂီၤ, စူၢ်ဝံၣ်သၣ်လွဲၢ်

orange *n* စူၢ်ဝံၣ်သၣ်, တဃ့ၣ်သၣ်

orang-utang, orang-utan *n* အူၣ်ရၣ်အူၣ်တၣ်တၤအုးဖးဒိၣ်တကလုာ်, အူၣ်ရၣ်အူၣ်တၣ်တၤယုၢ်ဖးဒိၣ်တကလုာ်

oration *n* တၢ်ကတိၤလီၤတၢ်လၢပှၤဂိၢ်မုၢ်မဲာ်ညါ, တၢ်ကတိၤလီၤတၢ်လၢမူးပူၤ

orator *n* ပှၤကတိၤလီၤတၢ်လၢပှၤဂိၢ်မုၢ်မဲာ်ညါ, ပှၤကတိၤလီၤတၢ်လၢမူးပူၤသ့

oratory *n* တၢ်ဘါထုကဖၣ်အဒၢး, တၢ်တဲလီၤကျဲၤလီၤတၢ်ကမၣ်ဒီးဘါထုကဖၣ်အဒၢး

orb *n* ၁. တၢ်ဖျၢၣ်သလၢၣ်, တၢ်အဒီဖျၢၣ် ၂. မူဖျၢၣ်သလၢၣ် – ဒ်အမ့ၢ်မုၢ်ဖျၢၣ်, လါဖျၢၣ် ၃. တၢ်ဖျၢၣ်သလၢၣ်လၢတၢ်ကဃၢကဃဲအီၤဒီးထူစ့တၢ်မျၢ်ပလဲ

orbit *n* မူဖျၢၣ်အကျိုၤ

orbit *v* (ဆၣ် မ့တမ့ၢ် မူဖျၢၣ်) သုးအသး မ့တမ့ၢ် လဲၤတရံးမူဖျၢၣ်အကျိုၤ, ခးနုာ်လီၤ (မူဖျၢၣ်ဒိ) လၢမူဖျၢၣ်ကျိုၤအပူၤ

orca *n* ညၣ်လူၤခိၣ်ဖးဒိၣ်လၢအမၤသံအီၣ်တၢ်, ညၣ်လူၤခိၣ်လၢအနူတကလုာ်

orchard *n* တၤသၣ်လီၢ်

orchestra *n* ပံကွဲၤသံကျံကရၢ

orchestrate *v* ကွဲးထါလၢပံကွဲၤသံကျံကရၢအဂီၢ်

orchid *n* ဖီသ့ၣ်ခံ

orchidectomy *n* တၢ်ဒ့ဒံၣ်, တၢ်ကူးကွဲးဒ့ကွံာ်ဒံၣ်ချံ

orchitis *n* ဒံၣ်ညိး

ordain *v* ၁. ဒိးဟ်စု, ဟ်စု ၂. ဟ့ၣ်လီၤတၢ်ကလုၢ်, စံၣ်ညီၣ်တဲာ်ဆိတၢ်

ordeal *n* တၢ်အကီအခဲ, တၢ်မၤကွၢ်လၢအကီ

order *n* ၁. တၢ်ရဲၣ်လီၤ, တၢ်ရဲၣ်လီၤကျဲၤလီၤတၢ်တဆီဘၣ်တဆီ, တၢ်ရဲၣ်လီၤကျဲၤလီၤလၢအဂ့ၢ်အဝီလီၤတံၢ်လီၤဆဲးတဆီဘၣ်တဆီ ၂. တၢ်မၢ, တၢ်မၤလိာ်, တၢ်ဟ့ၣ်တၢ်ကလုၢ်

order *v* ၁. ဟ့ၣ်လီၤတၢ်ကလုၢ် ၂. မၤလိာ် ၃. ရဲၣ်ကျဲၤလီၤလၢအဂ့ၢ်အဝီလီၤတံၢ်လီၤဆဲး

orderly *a* အိၣ်ဒီးအဂ့ၢ်အကျိုၤ, လၢအဘၣ်လိာ်ဘၣ်စး, လၢအလီၢ်အလီၢ်ဒၣ်ဝဲ

orderly *n* ၁. ပှၤလၢအမၤကစဲးကစီးတၢ်လၢတၢ်ဆါဟံၣ်, တၢ်ဆါဟံၣ်ထိရီၤအပှၤမၤတၢ်ဖိ ၂. သုးဖိလၢအမၤစၢၤကစဲးကစီးသုးခိၣ်

ordinance *n* ပဒိၣ် မ့တမ့ၢ် ပှၤပၢတၢ်အတၢ်ကလုၢ်, တၢ်သိၣ်တၢ်သီ

ordinary *a* ပတိၢ်မုၢ်, ဒ်အညီနုၢ်အသိး

ordination *n* တၢ်ဒိးဟ်စုအမူး, တၢ်ဟ်စု

ordnance *n* ၁. မျိာ်ဖးဒိၣ်, ကျိဖးဒိၣ် ၂. သုးတၢ်စုကဝဲၤပီးလီတဖၣ်, မျိာ်ဖးဒိၣ်လၢအိၣ်ဒီးအပၣ်

ore *n* ပနံာ်ဃီၤဃၤ, ဟီၣ်လာ်တၢ်ထူးတၢ်တီၤဃီၤဃၤ

oregano *n* အိၣ်ရံၣ်ကါနိၣ် – တၢ်နၢမူဒိးလၢတၢ်ထၢနာ်လီၤအီၤဆူအံၣ်တလံၣ်တၢ်အီၣ်တၢ်အီအပူၤ

organ *n* ၁. တနၢ်ယီၢ်ပိၢ် ၂. က့ၢ်ဂီၤဒွဲ

organic *a* အီဂာ်, ဒ်နဆၢၣ်အသိး

O

organism *n* တၢ်လၢအသးသမူအိၣ်

organization, organisation *n* ၁. တၢ်ကရၢကရိ ၂. တၢ်ရဲၣ်လီၤကျဲၤလီၤတၢ်လၢအလီၢ်ဘၣ်ဘၣ် ၃. တၢ်အိၣ်ရဲၣ်လီၤကျဲၤလီၤအသး

organize, organise *v* သုးကျဲၤ, ရဲၣ်ကျဲၤ, ကရၢကရိထီၣ်

organizer, organiser *n* ပှၤကရၢကရိတၢ်, ပှၤရိဖှိၣ်တၢ်

orgasm *n* တၢ်သးကတၢၢ်အထီကတၢၢ်ဖဲတၢ်မၤမုၣ်ခွါသွံၣ်ထံးတၢ်မံယှာ်လိာ်သးအခါ, မုၣ်ခွါသွံၣ်ထံးတၢ်အိၣ်ယှာ်တၢၤအထီကတၢၢ်ဒီးသူၣ်ပိၢ်သးဝးကတၢၢ်

orgy *n* ၁. မူးဒိၤပွဲဒိၤလၢအိၣ်ဒီးတၢ်အီသံးအီမှၤဒီးတၢ်မံယှာ်အိၣ်ယှာ် ၂. တၢ်သူၣ်ဖုံသးညီတလၢကွံာ်အခၢး ၃. တၢ်တကီၤသူၣ်တကီၤသး, တၢ်လူၤဖဲအသးမၤဖဲအသး

Orient *a* ၁. လၢအဘၣ်ဃးဒီးကီၢ်မုၢ်ထီၣ်, လၢအဟဲလၢကီၢ်မုၢ်ထီၣ် ၂. ကပြၢ်ကပြီၤ

Orient *n* ၁. ကီၢ်မုၢ်ထီၣ် ၂. ချိၣ်ပလဲ, ချိၣ်လှၤတကလုာ်

oriental *a* လၢအဘၣ်ဃးဒီးကီၢ်မုၢ်ထီၣ် (မုၢ်ထီၣ်ဒီးမုၢ်ထီၣ်ကလံၤထံးအ့ရှၢၣ်)

Oriental *n* ပှၤကီၢ်မုၢ်ထီၣ်ဖိ

orientation *n* တၢ်ဒုးသ့ၣ်ညါဆိတၢ်ဂ့ၢ်တၢ်ကျိၤ, တၢ်မၤညီနှၢ်ထီၣ်သးဒီးတၢ်တမံၤ, တၢ်ဟံးစုနဲၣ်ကျဲတဲဆိတၢ်ဂ့ၢ်တၢ်ကျိၤ

orifice *n* တၢ်ပူၤဟိ, တၢ်ပူၤအခိၣ်ထိး, တၢ်အိၣ်ဟိ, တၢ်ပူၤဟိလၢနီၢ်ခိက့ၢ်ဂီၤအပူၤ

origami *n* ယပၣ်အတၢ်ချံးစးခိ

origin *n* တၢ်အခိၣ်ထံး

original *a* အခိၣ်ထံး, ဂံၢ်ခိၣ်ထံး, လၢအကဲထီၣ်ဆိ

original *n* တၢ်အဂံၢ်ခိၣ်ထံး, တၢ်လၢအကဲထီၣ်သိ, တၢ်လၢအခိၣ်ထံး

original sin *n* တၢ်ဒဲးဘးအခိၣ်ထံးခိၣ်ဘိ, တၢ်ဒဲးဘးလၢတၢ်အိၣ်ဖျဲၣ်ယှာ်နှၢ်အီၤ

originally *adv* လၢဂံၢ်လၢနီၢ်, လၢအအိၣ်ဆိးလၢအခိၣ်ထံး, လၢအကဲထီၣ်သိ

originate *v* စးထီၣ်သိတၢ်, ဒုးအိၣ်ထီၣ်သိတၢ်

ornament *n* တၢ်အဃံအလၤ, တၢ်ကယၢကယဲ

ornament *v* ကယၢကယဲထီၣ်, မၤဃံမၤလၤ

ornamental *a* လၢအမၤဃံမၤလၤတၢ်, လၢအဘၣ်ဒီးတၢ်ကယၢကယဲ

ornate *a* လၢအဘၣ်တၢ်ကယၢကယဲအီၤတလၢ, လၢဘၣ်တၢ်ကယၢကယဲအီၤအါအါဂိၢ်ဂိၢ်

orphan *n* ဖိၣ်ဃဲ

orphan *v* ကဲထီၣ်ဖိၣ်ဃဲ

orphanage *n* ဟံၣ်လၢပှၤဟ်အိၣ်ပှၤဖိၣ်ဃဲ, ဖိၣ်ဃဲအဟံၣ်

orthodox *a* ၁. လၢအဟံးနှၢ်တၢ်သိၣ်တၢ်သီဒ်ပှၤအါဂၤတူၢ်လိာ်ဝဲအါတက့ၢ် ၂. လၢအနာ်ဒ်တၢ်အလုၢ်အလၢ်အိၣ်ဟ်စၢၤအသိး ၃. လၢအဘၣ်ထွဲဒီးအီသဒီး (Orthodox) တၢ်အိၣ်ဖှိၣ်

orthopaedics, orthopedics *n* တၢ်ကူစါယါဘျါကူးကွဲးဘိုဘၣ်ဃံဒိၤကွဲဒိၤ မ့တမ့ၢ် ယုၢ်ညၣ်

oscillate *v* ၁. ဝးယဲၤယီၤ, သုးဆူအံၤဆူနုၤ, ဝးယဲၤယီၤဆူအံၤဆူနုၤ ၂. လဲလိာ်သးခဲအံၤခဲအံၤ, သးကဒံကဒါယၢ်ခီယၢ်ခီ ၃. လဲလိာ်သးလၢတၢ်ဂံၢ်တၢ်ဘါတၢ်ပညိၣ်လၢအဆၢကတီၢ်ဘၣ်ဘၣ်

oscillation *n* ၁. တၢ်ဝးယဲၤယီၤ, သုးဆူအံၤဆူနုၤ, ဝးယဲၤယီၤဆူအံၤဆူနုၤ ၂. တၢ်လဲလိာ်သးခဲအံၤခဲအံၤ, သးကဒံကဒါယၢ်ခီယၢ်ခီ

osmosis *n* တၢ်အထံစုၢ်နှာ်ဒီးပြါထီၣ်အသး

osprey *n* လံာ်မိၢ်ဃးတကလုာ်, လံာ်မိၢ်ဃးလၢအအိၣ်ညၣ်တကလုာ်

ossify *v* ၁. တလဲၤထီၣ်လဲၤထိ, တဆီတလဲအသးလၢၤ, အိၣ်ဒ်အလီၢ်လီၢ်, တဂ့ၤထီၣ်ဘၣ် ၂. ဒုးကဲထီၣ်ဆူတၢ်အဃံ, ဒုးမးထီၣ်, ဒုးကိၤထီၣ်

ostensible *a* လၢအဟ့ၣ်ထီၣ်တၢ်ဂ့ၢ်တၢ်ကျိၤအိၣ်ဖျါဒ်တၢ်မ့ၢ်တၢ်တီအသိး, လၢအအိၣ်ဖျါထဲလၢခိ, လၢအိၣ်ဖျါဒ်တၢ်နီၢ်နီၢ်အသိးဘၣ်ဆၣ်တမ့ၢ်ဘၣ်, လၢအဟ်မၤအသး

ostentation *n* တၢ်ဟ်ဒိၣ်ဟ်လၤသး, တၢ်မၤလၤသး, တၢ်ဟ်ဝၣ်အသး, တၢ်ဟ်ကမိာ်အသး, တၢ်ဟ်ကမိာ်တြိာ်အသး, တၢ်အူးလီၤအသး

ostentatious *a* လၢအဟ်ဒိၣ်ဟ်လၤအသး, လၢအမၤလၤအသး, လၢအဟ်ဝၣ်အသး, လၢအဟ်ကမိာ်အသး, လၢအဟ်ကမိာ်တြိာ်အသး

osteomalacia *n* ဃံစါတၢ်ဆါ

ostracise *v* တၢ်ဒုးဟ်ဃှာ်, တြီဃာ်တၢ်, ဟ်ပၤကွံာ်, တကနဉ်ယှာ်, ဟ်ကွံာ်လၢတၢ်ချၢ, တမၤဘူး, တသွီလၢစရီပူၤ

ostracize, ostracise *v* တၢ်ဒုးဟ်ဃှာ်, တြီဃာ်တၢ်, ဟ်ပၤကွံာ်, တကနဉ်ယှာ်, ဟ်ကွံာ်လၢတၢ်ချၢ, တမၤဘူး, တသွီလၢစရီပူၤ

ostrich *n* ထိဉ်ကီၤလၤအူး

other *a* အဂၤ, အဂုၤအဂၤ

otherwise *adv* မ့တမ့ၢ်ဘဉ်နူဉ်, မ့တမ့ၢ် သၢပျၢၤ, မ့တမ့ၢ်ဘဉ်ဒ်နူဉ်ဒီး, မ့တမ့ၢ်ဘဉ်ဒီး

otter *n* ဆို

Ottoman *n* လီၢ်ဆ့ဉ်နီၤဖးထိ, လီၢ်ဆ့ဉ်နီၤဟ် ထိခိဉ်, လီၢ်ဆ့ဉ်နီၤလၢအဒိးသန့ၤတအိဉ်

ouch *exclam* အဉ်လိ, တၢ်ကိးပသူသိဉ် ဖဲဘဉ်ဒိဆါအခါ

ought *v* ကြၢး

ought to *v*

ounce *n* အီဉ်စး, တၢ်စီၤတၢ်အဃၢ (တပိဉ် နူဉ်အိဉ်ဝဲ ၁၆ အီဉ်စး 28.35 gm) ၂. ခ့ဘ့တက လုာ်, ခ့ဘ့မူခိဉ်ဖိ

our *det* ပ (တၢ်)

ours *pro* ပတၢ်

ourself *pro* ပနီၢ်ကစၢ်ဒဉ်ဝဲ, ပဝဲ

ourselves *pro* ပနီၢ်ကစၢ်ဒဉ်ပဝဲ, ပကစၢ် ဒဉ်ပဝဲ

oust *v* ဟိထိဉ်ကွံာ်, နီဉ်ထိဉ်ကွံာ်

out *a* ၁. လၢအချၢ, လၢတၢ်ချၢ ၂. လီၤပံာ်

out *adv* ၁. လၢအချၢ, လၢခိတခီ, ဆူခိ တခီနူဉ်, ဆူအချၢတခီ ၂. ဖျါထိဉ်လၢခိ

out and out *a* လၢာ်လၢာ်ဆ့ဆ့

out at heels *n* ခိဉ်ဖျိဉ်အနၢဉ်ခံ, တၢ်အနၢဉ် ခံ

out of date *a* ၁. လၢအပူၤကွံာ်, လၢအမုၢ် နံၤမုၢ်သီလၢာ်ကွံာ် ၂. လၢပှၤတစူးကါအီၤလၢၤ

outage *n* တၢ်ထိဉ်တဲာ်ကွံာ်, တၢ်တဟဲလၢၤ

outbound *a* လၢအဟးထိဉ်ဆူတၢ်ချၢ, လၢ အလဲၤဆူတၢ်ချၢ

outburst *n* ၁. တၢ်သးဂဲၤဟဲပၢ်ထိဉ်ဖုး, တၢ် ဟဲပၢ်ထိဉ်လၢပသးသတူၢ်ကလာ် – အဒိ, သူဉ် ဒိဉ်သးဖျိး, နံၤပျိၢ်ကဒီထိဉ် ၂. တၢ်ဟူးတၢ်ဂဲၤ တမံၤဟဲအိဉ်ထိဉ်သတူၢ်ကလာ်

outcast *a* လၢအဘဉ်တၢ်ဟိထိဉ်ကွံာ်, လၢအဘဉ်တၢ်ဟ်လီၤဖျိဉ်

outcast *n* ပှၤလၢအဘဉ်တၢ်ဟိထိဉ်, ပှၤ ဘဉ်တၢ်ဟ်လီၤဖျိဉ်

outcaste *n* ပှၤအတီၤပတီၢ်ဖုဉ်ကတၢၢ်လၢ ဟံဉ်နူၢ်တဝၢအပူၤ, ပှၤလၢအဘဉ်တၢ်ဟ်လီၤဖျိဉ် ကွံာ်အီၤလၢဟံဉ်နူၢ်တဝၢအတီၤပတီၢ်လၢကီၢ်အ့ဒ ယါအပူၤ

outclass *v* ဖျိးစိန့ၢ်ဒံး, ဂ့ၤန့ၢ်ဒံး

outcome *n* တၢ်အစၢ, တၢ်ကဲထိဉ်ပိာ်ထွဲ ထိဉ်တၢ်ဂၤအခံ

outcrop *n* လၢၢ်ထိဉ်စိ, လ့ဖးထိ, လၢၢ်ဓိၤ လ့ဓိၤလၢအဟဲဖျိးထိဉ်လၢဟိဉ်ခိဉ်မဲာ်ဖံးခိဉ်

outcry *n* တၢ်ကိးပသူ, တၢ်ကိးသတြီ

outdated *a* ၁. လၢအပူၤကွံာ်, လၢအမုၢ်နံၤ မုၢ်သီလၢာ်ကွံာ် ၂. လၢပှၤတစူးကါအီၤလၢၤ, လၢအတချူးစိၤ

outdistance *v* လဲၤတလၢကွံာ်ပှၤအမဲာ်ညါ

outdo *v* မၤဂ့ၤန့ၢ်ဒံး, မၤအါန့ၢ်ဒံး

outdoor *a* လၢအဘဉ်ဃးဒီးတၢ်ပျီပူၤ, လၢတၢ်ချၢ

outdoors *adv* လၢတၢ်ချၢ, လၢခိ, လၢတၢ် ပျီပူၤ

outdoors *n* တၢ်ပျီပူၤ, တၢ်ချၢဒ်အမ့ၢ်ဝ့ၢ်ချၢ, သဝီချၢဒ်နူဉ်အသိးတဖဉ်

outer *a* လၢခိတခီ, လၢအချၢတခီ, လၢအချၢတကပၤ

outer space *n* မူပျီ

outfit *a* ဂီၤကၢ်ထိဉ်

outfit *n* ၁. တၢ်ကူတၢ်သိးတစူဉ် ၂. ပှၤအ ကရူၢ်ကရၢ, ပှၤအဖုအကရၢ ၃. တၢ်ပီးတၢ်လီ, တၢ်အဃၢၤအဃိၢ်

outflank *v* ၁. ကဝီၤတံၢ်ဃာ် (ဒုဉ်ဒါ), ကဝီၤ ခးတၢ်, ကဝီၤဒုးတၢ် ၂. ကူဉ်တရံးပှၤလၢတၢ်ကူဉ် သ့အပူၤ

outflow *n* တၢ်ဟးထိဉ်ကွံာ်အါအါဂိၢ်ဂိၢ်, တၢ် ပုာ်ထိဉ်ယွၤလီၤအါအါဂိၢ်ဂိၢ်

outfox *v* ကူဉ်မၤန့ၢ်တၢ်န့ၢ်ဘျုးလၢပှၤဂၤ အဖီခိဉ်, ဆူးသ့ံဉ်ပှၤ, ကူဉ်တရံးအီဉ်ပှၤ

outgo *n* တၢ်ဟးထိဉ်, စ့ဟးထိဉ်, တၢ်လၢာ် ဘူဉ်လၢာ်စ့ၤ

outgo *v* လဲၤတၢ်ချ့န့ၢ်ဒံး, မၤတၢ်ဂ့ၤန့ၢ်ဒံး

O

outgoing *a* ၁. လၢအသ့ရှတံၢ်ရှသကိး အဲၣ်မူအဲၣ်သကိး ၂. လၢအဟးထီၣ် အဒိ, လံာ်ဟးထီၣ်, တၢ်ပရၢဟးထီၣ် ၃. လၢအဟးထီၣ်ကွံာ်လၢမူဒါအပူၤ

outgoings *n* တၢ်လၢာ်ဘူၣ်လၢာ်စ့ၤ, စ့ဟးထီၣ်

outgrowth *n* ၁. တၢ်ကမိာ်ကမဲာ်, သ့ၣ်အဖိၣ် ၂. တၢ်အစၢ, တၢ်ကဲထီၣ်ပိာ်ထွဲတၢ်ဂၤအခံ, တၢ်ဟဲလီၤစၢၤလၢတၢ်တမံၤမံၤအပူၤ

outgun *v* အဂံၢ်အါန့ၢ်ဒံး, အသုးဂံၢ်ဘါအါန့ၢ်ဒံး

outgunned *a* လၢအဂံၢ်အါန့ၢ်ဒံး, လၢအသုးဂံၢ်ဘါအါန့ၢ်ဒံး

outhouse *n* ၁. ဟံၣ်ပယီၢ်, တၢ်သူၣ်ထီၣ်လၢတၢ်ဘိုထီၣ်အီၤလၢဟံၣ်အချၢ ၂. ဟံၣ်ဖိ, တၢ်ဟးလီၢ်လၢဟံၣ်အချၢ

outing *n* ၁. တၢ်ဟးကသုၣ်ကသီ, တၢ်ဟးလိာ်ကွဲလၢတၢ်ချၢ ၂. တၢ်ဟ်ဖျါထီၣ်ပှၤတဂၤဂၤလၢအကဲမုၣ်ခွါအဃိလၢပှၤအါဂၤမဲာ်ညါ

outlandish *a* လၢအတညီနှၢ်ညီဘၣ်, လီၤတိၢ်လီၤဆီ, လၢအအိၣ်ဖျါတလီၤတဃီၤ, လၢအမၤအသးတလီၤတဃီၤ

outlaw *n* ပှၤလၢအအိၣ်လၢသဲစးတၢ်ဘျၢအချၢ, ပှၤလၢအဃ့ၢ်ပူၤဖျဲးအိၣ်ခူသူၣ်, ပှၤလၢအဃ့ၢ်ပူၤဖျဲးအသးဒ်သိးတၢ်သုတဖိၣ်အီၤ, ပှၤလၢတၢ်လူၤဖိၣ်အီၤ

outlaw *v* မၤတဖိးသဲစးလၢၤ, ဟ်တၢ်ဒ်တၢ်တဖိးသဲစးအသိး, အိၣ်လၢသဲစးတၢ်ဘျၢအချၢ

outlay *n* ကျိၣ်စ့လၢတၢ်စူးကါအီၤလၢတၢ်ဖံးတၢ်မၤတမံၤအဂီၢ်, စ့လၢတၢ်ဘျၢလီၤအီၤ

outlet *n* ၁. တၢ်ပျဲဟးထီၣ်ထံအပိၤ, ကဲာ်သဝံဟးထီၣ်အပိၤ, တၢ်ဟးထီၣ်အကျိၤ (ထံ, ကဲာ်သဝံ, လီမ့ၣ်အူ) ၂. ထံထၣ် ၃. ကျး, ကျးလၢအဆါထဲတၢ်ဖိတၢ်လံၤလၢတၢ်ဟ်ပနီၣ်အီၤ ၄. တၢ်ဒုးနဲၣ်ဖျါထီၣ်သးအတၢ်တူၢ်ဘၣ်, တၢ်ဟ်ဖျါထီၣ်တၢ်အိၣ်လၢပသးတမံၤမံၤ, တၢ်ဒုးဟးထီၣ်ကွံာ်သးအတၢ်တူၢ်ဘၣ်ခီၣ်ဘၣ်အကျဲ

outline *n* တၢ်ဂ့ၢ်အတကွိၣ်

outline *v* ဟ်လီၤတၢ်ဂ့ၢ်အတကွိၣ်, ရဲၣ်လီၤကျဲၤလီၤတၢ်ဂ့ၢ်တမံၤဘၣ်တမံၤ

outlook *n* ၁. တၢ်ထံၣ်တၢ်ဆိကမိၣ်, တၢ်ဟ်သူၣ်ဟ်သး ၂. တၢ်ကွၢ်စိ, တၢ်ထံၣ်ဆိတၢ်, တၢ်တယာ်ဆိတၢ် ၃. တၢ်ကွၢ်ကီလီၤတၢ်ဆူတၢ်ချၢအလီၢ်, တၢ်ကွၢ်ကီတၢ်အလီၢ်

outlying *a* လၢအယံၤဒီး, အိၣ်လၢတၢ်လီၢ်အယံၤ

outmanoeuvre *v* ကူၣ်မၤန့ၢ်တၢ်ဘျုးလၢပှၤဂၤအဖီခိၣ်, ကူၣ်တရံးအီၣ်ပှၤ, ဆူးသွံၣ်ပှၤ

outmatch *v* မၤဂ့ၤန့ၢ်ဒံး, မၤအါန့ၢ်ဒံး

outmoded *a* လၢတၢ်တစူးကါအီၤလၢၤ, လၢအတကဲဘျုးလၢၤ

outnumber *v* အိၣ်အါန့ၢ်ဒံး

out-of-pocket expenses *n* တၢ်ထုးဆိဟ်စၢၤစ့, တၢ်ပှ့ၤဆိတၢ်ဒီးနစ့, တၢ်ဟ့ၣ်လီၤနီၢ်ကစၢ်ဒၣ်ဝဲအစ့

outpace *v* လဲၤတၢ်ချ့န့ၢ်ဒံး, (ယ့ၢ်) ချ့န့ၢ်ဒံး

outpatient *n* ပှၤဆူးပှၤဆါလၢတၢ်ချၢ, ပှၤဆိးကူလၢအလဲၤဒီးကွၢ်သးလၢအတဘၣ်မံလၢတၢ်ဆါဟံၣ်

outpost *n* ၁. သုးခိးတၢ်အဒဲကဝီၤ ၂. တၢ်လီၢ်လၢပှၤလဲၤတတုၤ, တၢ်လီၢ်လၢအအိၣ်စီၤစုၤယံၤဒီးခူဖိၤဝ့ၢ်ဖိၤ, တၢ်လီၢ်လၢအအိၣ်လီၤဖျိၣ်

outpouring *n* ၁. တၢ်ပုာ်ထီၣ်ယွၤလီၤ, သတူၢ်ကလာ်, တၢ်လူလီၤဂၢ်လီၤတၢ်သတူၢ်ကလာ် ၂. တၢ်သးဂဲၤဟဲထီၣ်ဖုး, တၢ်ဟဲထီၣ်လၢပသးပူၤသတူၢ်ကလာ်

output *n* ၁. ပန်ၢ်ဟးထီၣ်, တၢ်ဖိတၢ်လံၤလၢတၢ်ထုးထီၣ်အီၤ, တၢ်ဟးထီၣ်ပဲ့ၤအံၤပဲ့ၤနၤ ၂. တၢ်မၤတၢ်န့ၢ်ထဲအံၤထဲနၤ, တၢ်အစၢဟးထီၣ် ၃. တၢ်ထုးထီၣ်လီဂံၢ်သဟီၣ်န့ၢ်ထဲအံၤထဲနၤ ၄. တၢ်ဟးထီၣ်အပူၤ – အဒိ, တၢ်ကလုၢ်ဟးထီၣ်အပူၤ, လီဂံၢ်သဟီၣ်ဟးထီၣ်အပူၤ

output *v* ဆှၢဟ့ၣ် မ့တမ့ၢ် ထုးထီၣ် (တၢ်ဂ့ၢ်တၢ်ကျိၤ)

outrage *n* ၁. တၢ်သူၣ်ဒိၣ်သးဖျိး, တၢ်သူၣ်ဆါသးဆါ ၂. တၢ်မၤအၢမၤသီ, တၢ်မၤဆါသူၣ်ဆါသး, တၢ်မၤတရီတပါတၢ်ဒိၣ်ဒိၣ်မုၢ်မုၢ်

outrageous *a* ၁. လၢအအါတလၢကွံာ်အခၢး, လၢတၢ်တူၢ်လိာ်အီၤတသ့ ၂. တကြၢးတဘၣ်, တဘၣ်ကျဲတဘၣ်ကပီၤ, လၢအမၤတရီတပါတၢ်

outreach *n* တၢ်မၤစၢၤတၢ်တုၤလီၢ်တုၤကျဲ, တၢ်လဲၤဆူတၢ်လီၢ်ကီးတီၤဒဲး, တၢ်လီၤမၤတၢ်လၢ

ဖျိပူၤ, တၢ်မၤစၢၤတၢ်ဆူတၢ်လီၢ်ယံၤ, ဆူတၢ်လီၢ်ယံၤ

outright *a* လၢအမၤအသးလၢလၢပှဲၤပှဲၤ, လၢအမၤအသးလၢၥ်လၢၥ်ဆ့ဆ့, လၢလၢပှဲၤပှဲၤ, လၢၥ်လၢၥ်ဆ့ဆ့, လၢအမၤအသးဖျိဖျိဖျါဖျါ, လၢအတဲာ်တဲာ်ဖျူဖျူ

outright *adv* ဖျိဖျိဖျါဖျါ, လီၤကတီၤ, လီၤလီၤဘျါဘျါ, တဘျီဃီ, တကီၢ်ခါ

outset *n* လၢအခီၣ်ထံးလံၤလံၤ, လၢထံးလၢသိ

outside *a* ၁. လၢခိတခီ, လၢတၢ်ချၢ ၂. လၢအအိၣ်လၢကရၢအချၢ, လၢအတဘၣ်ထွဲဘၣ်ဃး ဒီးကရူၢ်ကရၢလီၤလီၤဆီဆီတဖု

outside *adv* လၢခိတခီ, လၢတၢ်ချၢ

outside *n* တၢ်ချၢ, တၢ်အချၢ

outsider *n* ၁. ပှၤလၢတၢ်ချၢ, ပှၤလၢ (တၢ်ကရၢကရိ) အချၢ ၂. ပှၤဂၤပြၢတၢ်ဖိလၢအတၢ်ခွဲးတၢ်ယာ်အိၣ်စှၤလၢကမၤနၢၤတၢ်

outskirts *n* တၢ်လီၢ်ဘူးဒီးဝ့ၢ်, တၢ်လီၢ်လၢဝ့ၢ်အချၢ, ဝ့ၢ်အဃၢၤ, ဝ့ၢ်အကန္ၤ

outsource *v* မၢပှၤလၢတၢ်ကရၢကရိအချၢကမၤဝံၤစၢၤတၢ်, ဒီးလဲပှၤမၤတၢ်ဖိ မ့တမ့ၢ် ခီပနံာ်လၢတၢ်ချၢ

outspoken *a* လၢအကတိၤတၢ်လီၤလီၤ, လၢအတဲတၢ်လီၤကတိၤ, လၢအတဲတၢ်ပျီပျီဖျါဖျါ

outstanding *a* ၁. လၢအဖျိးစိ, လၢအဂ့ၤလီၤဆီ, လၢအဂ့ၤဒိၣ်မး ၂. လၢအဖျါတြၢၢ်ကလာ် ၃. လၢတဟ့ၣ်ဘၣ်အပှ့ၤဒံးဘၣ်, လၢအတဝံၤတတဲာ်ဒံးဘၣ်, လၢတလိးဘၣ်ကမၢ်ဒံးဘၣ်

outvote *v* မၤနၢၤတၢ်ခီဖျိမၤန့ၢ်တၢ်ဖးအါအါဂိၢ်ဂိၢ်

outward *a* လၢအချၢ, လၢခိတကပၤ, လၢအချၢတခီ

outwit *v* ကူၣ်တရံးအီၣ်ပှၤဂၤ, ကူၣ်တရံးတၢ်, ကူၣ်မၤန့ၢ်တၢ်န့ၢ်ဘျုးလၢပှၤဂၤအဖီခိၣ်

oval *a* လၢအပဃွဲၤဒ်ထိၣ်ဒံၣ်ဆီဒံၣ်အသိး

oval *n* ပဃွဲၤ, တၢ်လၢအပဃွဲၤဒ်ထိၣ်ဒံၣ်ဆီဒံၣ်အသိး

ovary *n* (ပိာ်မုၣ်အ) ဒံၣ်လီၢ်

ovation *n* ဒဲစုစံးထီၣ်ပတြၢၤ, ကိးပသူစံးထီၣ်ပတြၢၤ

oven *n* ဖၣ်ကွာ်

over *a* ၁. ဝံၤလံ ၂. အါန့ၢ်, လၢအအါန့ၢ် ၃. တလၢကွံာ်

over *adv* ၁. ဆူလာ်ခီ ၂. လၢတကပၤဆူအဝဲတကပၤ ၃. ခီက်, ခီကဟ် ၄. အါတလၢ, အါန့ၢ် ၅. ဝံၤလံ, ကတၢၢ်

over *prep* အဖီခိၣ်

overactive *a* လၢအဟူးဂဲၤအါတလၢ

overall *a* လၢတၢ်ခဲလၢာ်အဖီခိၣ်, ဟ်ဃုာ်တၢ်ကိးမံၤဒဲး

overall *adv* ပၣ်ဃုာ်ဒီးတၢ်ကိးမံၤ, ကိးမံၤကိးကပၤဒဲး

overambitious *a* လၢအအိၣ်ဒီးတၢ်ကွၢ်စိအါတလၢကွံာ်, လၢအတၢ်သူၣ်ဆူၣ်သးဂဲၤအါတလၢကွံာ်

overbearing *a* လၢအလိာ်သရၣ်အသး, လၢအလိာ်သ့အသးလၢပှၤဂၤအဖီခိၣ်

overbite *n* မဲတရိာ်

overblown *a* ၁. လၢအတဲဒိၣ်တဲထီတၢ်, လၢအတဲလုတဲကါတၢ်, လၢအကတိၤဒိၣ်အါထီၣ်တၢ်, လၢအကတိၤလုၣ်ကီတၢ် ၂. လၢအလီၤပအၣ်ကွံာ်, လၢအလီၤဘဲကွံာ်, လၢအလီၤဘးကွံာ်

overboard *adv* စံၣ်လီၤလၢကဘီအလိၤဆူထံကျါ

overburden *v* မၤတၢ်မၤအါတလၢ, ဟ့ၣ်တၢ်မၤအါတလၢ, အတၢ်ဝံဃၢအါတလၢ

overcast *a* လၢအဖျါအၢၣ်အုး, အုးသကျုာ်, အုးသကျုာ်

overcoat *n* ဆ့ကၤခိး, ဆ့ကၤခိးဖးထီ

overcome *v* ၁. မၤနၢၤတၢ်နးတၢ်ဖှိၣ် ၂. ဆိၣ်လီၤကွံာ်

overcompensate *v* ၁. သူဘၢဟ်မၤအသး, မၤဘံၣ်မၤဘၢတၢ်, ဟ်လီၤဘၢတၢ် ၂. မၤဆၢက့ၤတၢ်အါတလၢ, မၤကဒီးက့ၤတၢ်အါတလၢ, ဟ့ၣ်လိးက့ၤတၢ်အါတလၢ အဒိ, နီၢ်ဖိဝါလီၤယံၤလၢပှၤမဲာ်ညါဒီးအမဲာ်ဆုးဝဲအဃိဟ်ဘၢကွံာ်အတၢ်မဲာ်ဆုးခီဖျိနံၤထိၣ်ဝဲဖးလဲၢ်န့ၣ်လီၤ.

overcook *v* မံတလၢကွံာ်

overcrowded *a* ကတံာ်အါတလၢ, ကတံာ်ကတူးဒိၣ်မး

overdeveloped *a* ၁. လၢအလဲၤထိၣ်လဲၤထီအါတလၢ ၂. လၢအဒိၣ်ထိၣ်အါတလၢကဲာ်ဆိး

O

overdo *v* ၁. မၤတၢ်အါတလၢ, မၤတၢ်လုၣ်ကီလုၣ်ကဟ် ၂. ထၢနုာ်လီၤတၢ်အါတလၢ ၃. ဖီတၢ်အီၣ်မံတလၢကွံာ်

overdose *n* တၢ်ဟ့ၣ်ကသံၣ်အါတလၢ

overdose *v* ဟ့ၣ်ကသံၣ်အါတလၢ, အီကသံၣ်အါတလၢ

overdraft *n* တၢ်ထုးထီၣ်စ့အါန့ၢ်ဒံးစ့လၢအိၣ်လၢစ့တၢးစရီပူၤ

overdraw *v* ထုးထီၣ်စ့အါန့ၢ်ဒံးစ့လၢအိၣ်လၢစ့တၢးစရီပူၤ

overdress *v* ကူကၤတၢ်ဆူၣ်ဘ့ၣ်အါတလၢကွံာ်, ကူကၤတၢ်ဆူၣ်ဆူၣ်ဘ့ၣ်ဘ့ၣ်အါတလၢကွံာ်, ကူကၤတၢ်ဂၤအါတလၢကွံာ်

overdrink *v* အီသံးလုၣ်ကီလုၣ်ကဟ်, အီလုၣ်ကီသံး

overdrive *n* သိလ့ၣ်အဒိၣ်ကွံၤလီၤဆီ

overdrive *v* မၤတၢ်ဆူၣ်ဆူၣ်, နီၣ်တၢ်ဆူၣ်ဆူၣ်

overdue *a* လၢအစဲၤခံတလၢ, လၢအဆၢကတီၢ်ယံာ်တလၢ

overeager *a* လၢအသူၣ်ဆူၣ်သးဂဲၤအါတလၢ

overeasy *a* (ဆီဒံၣ်) လၢဘၣ်တၢ်ဆဲးသိအီၤခံခီလၢာ်ဘၣ်ဆၣ်အတကီၤဘီမံထဲတစဲး

overemotional *v* သူၣ်ဟူးသးဂဲၤအါတလၢ, သးအတၢ်တူၢ်ဘၣ်အါတလၢ

overemphasize, overemphasise *v* ဟ်ဒိၣ်တၢ်တမံၤမံၤအါတလၢ

overestimate *v* ၁. တယာ်ဟ်စၢၤတၢ်အါကဲၣ်ဆိး, ဒွးတယာ်ဟ်စၢၤတၢ်အါကဲၣ်ဆိး ၂. ဟ်ဒိၣ်တၢ်, ဆိကမိၣ်ဒိၣ်တၢ်

overexcited *a* လၢအသူၣ်ပိၢ်သးဝးအါကဲၣ်ဆိး, လၢအသူၣ်ပိၢ်သးဝးအါတလၢကွံာ်အခၢး, လၢအသူၣ်ဟူးသးဂဲၤအါတလၢ

overfeed *v* ဟ့ၣ်ဒုးအီၣ်တၢ်အါတလၢ

overflow *n* ၁. တၢ်အထံလီၤလူလီၤဆံၣ်, တၢ်ပုာ်ထီၣ်ယွၤလီၤ ၂. တၢ်ကတံာ်အါတလၢ, တၢ်ကတံာ်ကတူၢ်ဒိၣ်မး

overflow *v* ပုာ်ထီၣ်ယွၤလီၤ, ပှဲၤလုာ်ကွံာ်

overgenerous *a* လၢအဟ့ၣ်တၢ်ညီအါတလၢ, လၢအသူၣ်လဲၢ်သးလဲၢ်, လၢအသူၣ်ဘၣ်သးသ့, လၢအသးညီ

overgrown *a* ၁. လၢအမဲထီၣ်အါတလၢ, လၢအမဲထီၣ်ဖးထီၣ်အါတလၢ ၂. လၢမၤအသးဒ်ပှၤဒိၣ်တပျိၣ်, လၢအသးတဖးဒံးဘၣ်

overhang *v* အိၣ်လီၤစဲၤ, ဘျးလီၤစဲၤ, အိၣ်လီၤကဒု, လီၤစဲၤလၢတၢ်ဂၤအဖီခိၣ်

overhaul *n* ၁. တၢ်သမံသမိးဘိုဘၣ်မၤဂ့ၤထီၣ်က့ၤတၢ်, တၢ်ကွၢ်ဘိုဂ့ၤက့ၤတၢ်လီၤတံၢ်လီၤဆဲး ၂. တၢ်လဲၤဘျီအမဲာ်ညါ, တၢ်လဲၤတလၢကွံာ်

overhaul *v* ၁. သမံသမိးဘိုဘၣ်မၤဂ့ၤထီၣ်က့ၤတၢ်, ကွၢ်ဘိုဂ့ၤက့ၤတၢ်လီၤတံၢ်လီၤဆဲး ၂. လဲၤဘျီအမဲာ်ညါ, လဲၤတလၢကွံာ်

overhead *a* လၢအအိၣ်လၢပခိၣ်ဖီခိၣ်, လၢတၢ်လၢာ်ဘူၣ်လၢာ်စ့ၤအိၣ်အကလုာ်ကလုာ်

overhead *adv* လၢတၢ်ဖီခိၣ်, လၢတၢ်ဖးဖီ, လၢပဖီခိၣ်, လၢအဒီခိၣ်, စိခိၣ်

overhead *n* တၢ်လၢာ်ဘူၣ်လၢာ်စ့ၤအကလုာ်ကလုာ်, တၢ်သူတၢ်စွဲထီရီၤ

overhear *v* နၢ်ဟူထွဲ

overheat *v* ၁. ကိၢ်တလၢ, မၤကိၢ်ထီၣ်တလၢ, ဟ့ၣ်တၢ်ကိၢ်အါတလၢ ၂. တဂၢၢ်တၢ်ကျၢၤ

overjoy *v* သူၣ်ခုသးခုဒိၣ်ဒိၣ်ကလဲာ်, ပှဲၤလုာ်ကွံာ်ဒီးတၢ်သးခု

overjoyed *a* လၢအပှဲၤလုာ်ကွံာ်ဒီးတၢ်သူၣ်ခုသးခု, လၢအသူၣ်ခုသးခုဒိၣ်ဒိၣ်ကလဲာ်

overkill *n* တၢ်အါတလၢကဲၣ်ဆိး

overlap *v* ဒီပစိာ်လိာ်သး, ဒီကထၢ, ဒီဒိး, ဒီပစိာ်

overlay *n* နီၣ်ကျၢ်ဘၢတံၢ်ယာ်တၢ်, နီၣ်ကျၢ်ဘၢတၢ်

overlay *v* ၁. ကျၢ်ဘၢ, ကးဘၢ ၂. ဒီကထၢလိာ်အသးတဆီဘၣ်တဆီ, ကျံၤယာ်တၢ်, ကျးယာ်တၢ်

overload *v* ၁. ပဒၢးတၢ်အါကဲၣ်ဆိး, တိၣ်တၢ်အါကဲၣ်ဆိး ၂. မၤတၢ်မၤအါတလၢ, ဟ့ၣ်တၢ်မၤအါတလၢ ၃. ဟ့ၣ်ရၤလီၤမ့ၣ်အူဂံၢ်အါတလၢ, တိၣ်ထီၣ်မ့ၣ်အူဂံၢ်အါတလၢ

overlook *v* ၁. ကွၢ်ကဟ်တၢ် ၂. တထံၣ်ချူး, တသ့ၣ်ညါချူး, တဟ်သး ၃. ထံၣ်စိကွၢ်စိဝဲ

overmaster *v* မၤနၢၤမၤယၣ်တၢ်, မၤနၢၤကွံာ်တၢ်

overmatch *v* ၁. မၤနၢၤမၤယၣ် ၂. မၤနၢၤတၢ်ခီဖျိအဂံၢ်ဆူၣ်အယိ

overnice *a* လၢအလီၤတံၢ်ကဲၣ်ဆိး, လၢအပလီၢ်အသးဂ့ၤကဲၣ်ဆိး, လၢအဂ့ၤကဲၣ်ဆိး

overnight *adv* ၁. သီတနၤကျါၤ, ဒီတနၤကျါၤ, တနၤဃီ ၂. သတူၢ်ကလာ်

overpass *n* တိၤကျဲဒီ

overpopulated *a* လၢအပှၤနီၢ်ဂံၢ်အါတလၢ, လၢပှၤအိၣ်အါကဲၣ်ဆိး

overpower *v* ၁. ကျၢၢ်ဘၢ, လၢ်ဘၢတၢ် ၂. မၤနၢၤ, နၢၤတၢ်

overprice *v* ယ့တၢ်အပ့ၤအါတလၢကွံာ်အခၢး, ဟ်လုၢ်ဒိၣ်ပ့ၤဒိၣ်တလၢကွံာ်အခၢး

overprotective *a* လၢအအံးထွဲကွၢ်ထွဲဒီသဒၢတၢ်အါတလၢ, လၢအဒီသဒၢနှၤ်တၢ်အါတလၢ

overrate *v* ဟ်လုၢ်ဟ်ပ့ၤတၢ်အါတလၢ, ဟ်ဒိၣ်ဟ်ထီအီၤအါတလၢကွံာ်

overreach *v* ၁. လဲၤတလၢကွံာ်အါတလၢ, လဲၤတၢ်ယံၤတလၢကွံာ် ၂. (ကသ့ၣ်) ယီၢ်ဘၣ်အစုနၢၣ်ခံ

overreact *v* ခီၣ်ဆၢက့ၤတၢ်အါန့ၢ်အတၢ်တူၢ်ဘၣ်, ခီဆၢက့ၤတၢ်အါတလၢ, မၤဆၢက့ၤတၢ်အါတလၢ

override *v* ၁. စူးကါတၢ်စိကမီၤဒီးသမၢတၢ်, စူးကါတၢ်စိကမီၤဒီးဂ့ၢ်လိာ်တၢ်, တဟ်ကဲပှၤဂၤအတၢ်အဲၣ်ဒိး ၂. ဒိးအါကဲၣ်ဆိး ၃. လၢအရှ့ဒိၣ်

overrule *v* စူးကါတၢ်စိကမီၤဒီးသမၢဝဲတၢ်ဆၢတဲာ်, မၤဟးဂီၤကွံာ်တၢ်သိၣ်တၢ်သီ, ဂ့ၢ်လိာ်သမၢတၢ်စိတၢ်ကမီၤစံၣ်ညီၣ်ထိဒါတၢ်

overrun *v* ၁. ဒုးနှၢ်ပၢ, နုာ်လီၤဒုးမၤနၢၤတၢ် ၂. လၢ်ဘၢ, ကးဘၢတၢ်, အါတလၢ

overseas *a* ဆူ မ့တမ့ၢ် လၢထံဂုၤကိၢ်ဂၤ ၂. လၢအဘၣ်ထွဲဒီးထံဂုၤကိၢ်ဂၤ

overseas *adv* လၢထံဂုၤကိၢ်ဂၤ, လၢကိၢ်ချၢ, တခီထံတခီကိၢ်

oversee *v* ပၢဘၣ်ကွၢ်ထွဲတၢ်, ကွၢ်ထွဲကယာ်တၢ်, ပၢဆှၢအံးကွၢ်တၢ်, ပၢတၢ်ဆှၢတၢ်

overseer *n* (ပှၤ, တၢ်ကရၢကရိ) လၢအပၢဆှၢတၢ်, ပၢဆှၢအံးကွၢ်တၢ်, ကွၢ်ထွဲကယာ်တၢ်

oversensitive *a* လၢအတသ့တူၢ်တၢ်အါတလၢ, လၢအသးညီတလၢ, လၢအမဲာ်ထံညီတလၢ

overshadow *v* ၁. ဒိၣ်စိဒိၣ်ကမီၤလၢအဖိခိၣ် ၂. မၤလီၤကဒုတၢ်, မၤသဒၢတၢ် ၃. လုၢ်ဘၢဒီသဒၢတၢ်

overshoot *v* ၁. လဲၤတလၢကွံာ်တၢ်ပညိၣ်အလိၢ်, တလၢကွံာ်တၢ်ပညိၣ် ၂. သူကျိၣ်စ့အါန့ၢ်ဒံးတၢ်တိာ်ဟ်အသိး

oversight *n* ၁. တၢ်ကွၢ်ထွဲပၢဆှၢတၢ် ၂. တၢ်ကွၢ်ကဟ်တၢ်လၢတၢ်တပလိၢ်သးအပူၤ

oversleep *v* မံအါတလၢ

overstate *v* တဲဒိၣ်တဲသွါတၢ်, ကတိၤလုာ်ကိတၢ်, တဲအါထိၣ်တၢ်

overstay *v* အိၣ်ဆိးဝဲယံာ်န့ၢ်ဒံးအကြၢးအိၣ်ဝဲ

overstep *v* တလၢကွံာ်

overstrung *a* လၢအသူၣ်ပိၢ်သးဝးအါကဲၣ်ဆိး, လၢအသူၣ်ပိၢ်သးဝးညီ

overt *a* လၢအအိၣ်ဖျါစိၣ်ဝဲၤကဲၤ

overtake *v* လဲၤဘျီအမဲာ်ညါ, လဲၤတလၢကွံာ်

over-the-counter *a* ၁. (ကသံၣ်) လၢတလိၣ်တၢ်ပှ့ၤအီၤသ့, လၢတအိၣ်ဒီးကသံၣ်သရၣ်အတၢ်နဲၣ်လီၤကသံၣ်အထံလဲ ၂. လၢတအိၣ်လၢတၢ်ကူၣ်လဲၤမၤကၤဖွါအစရိပူၤ

overthrow *v* ထုးကွံာ်ဆူၣ်တၢ်အလိၢ်အလၤ, သုးဆူၣ်ကွံာ်အလိၢ်အလၤ, ဟ်လီၤဆူၣ်တၢ်အလိၢ်အလၤ

overtime *n* တၢ်မၤတလၢကွံာ်တၢ်မၤညီနုၢ်တၢ်အဆၢကတီၢ်, တၢ်မၤတလၢကွံာ်တၢ်မၤအဆၢကတီၢ်လၢတၢ်ဟ်ပနိၣ်အီၤ, တၢ်ဆၢကတီၢ်အဘျၣ်

overture *n* ၁. တၢ်သးဝံၣ်ဆှၢနုာ်တၢ်, တၢ်ဒ့ဆှၢနုာ်တၢ် ၂. တၢ်ဟ့ၣ်ကူၣ် မ့တမ့ၢ် တၢ်ဟူးတၢ်ဂဲၤလၢတၢ်ကစးထိၣ်မၤတၢ်အဂီၢ်, တၢ်စးထိၣ်ရ့လိာ်မၤသကိးတၢ်

overturn *v* လီၤတကျၢၢ်, ဆိၣ်လီၤတကျၢၢ်, မၤလီၤတကျၢၢ်

overuse *v* စူးကါအါတလၢ, စူးကါအါကဲၣ်ဆိး

overvalue *v* ဟ်လုၢ်ဟ်ပ့ၤအါတလၢ, ဆိကမိၣ်ဒိၣ်တလၢ

overview *n* တၢ်ကွၢ်ကဒါက့ၤ, တၢ်ကွၢ်ထံဆိကမိၣ်က့ၤတၢ်, တၢ်ပဲာ်ထံနီၤဖး

O

overweening *a* လၢအပာ်ဒိၣ်ပာ်ထီအသး အါတလၢကွံာ်, လၢအပာ်ဒိၣ်အသးနးကဲၣ်ဆိး

overweight *a* လၢအဘိၣ်အါတလၢ, လၢ အနီၢ်ခိတဃၢၢ်အါတလၢ, လၢအတဃၢၢ်ဃၢတလၢ

overwhelm *v* ၁. လုၢ်ဘၢ, လုာ်ဘၢ ၂. မၤနၢၤမၤဃဲၣ်တၢ်, မၤနၢၤကွံာ်တၢ် ၃. မၤနးမၤ ဖှိၣ်, မၤသဘုံး

overwork *v* ဖံးတၢ်မၤတၢ်အါတလၢ, ဖံးတၢ် မၤတၢ်အါကဲၣ်ဆိး, မၢတၢ်အါတလၢ

overwrought *a* လၢအသူၣ်ပိၢ်သးဝးအါ တလၢကွံာ်, လၢအသူၣ်ကိၢ်သးဂီၤတၢ်အါတလၢ, လၢအသူၣ်အူသးကဲၤအါတလၢ

overzealous *a* လၢအသူၣ်ဆူၣ်သးဂဲၤအါ တလၢကွံာ်, လၢအသူၣ်ပိၢ်သးဝးအါတလၢကွံာ်

oviduct *n* (ပိာ်မုၣ်) ချံသၣ်အကျိၤ

ovulate *v* (ပိာ်မုၣ်) အချံဟဲအိၣ်ထိၣ်အသး, (တၢ်အမိၢ်) အချံဟဲလီၤ

owe *v* ကမၢ်ထီၣ်, ကမၢ်အိၣ်

owl *n* ဒိကအိ

owlet *n* ဒိကအိဖိ

owlish *n* ပှၤလၢအမဲာ်ကျိၣ်ဒီးဖျါလၢအိၣ်ဒီး တၢ်ကူၣ်ဘၣ်ကူၣ်သ့, ပှၤလၢအလီၤက်ဒ်ဒိကအိ

own *a* အတၢ်ဒၣ်ဝဲ, ဒၣ်ဝဲ

own *pro* ဒၣ်ဝဲ, ဒၣ်ဃဲ

own *v* ပၢဘၣ်, အိၣ်ဒီး

owner *n* အကစၢ်, ပှၤအိၣ်ဒီးအတၢ်, ပှၤ ပၢဘၣ်တၢ်အကစၢ်

ownership *n* တၢ်ပၢဘၣ်တၢ်, တၢ်ကဲဘၣ် တၢ်အကစၢ်

ox *n* ကျိၢ်ဖါ, ဂီၤဖံးဖါ

oxidation *n* တၢ်ထၢနုာ်လီၤအီးစံၣ်ကၠၣ်, တၢ် ထၢနုာ်ဃါယှာ်လီၤအီးစံၣ်ကၠၣ်, ကာ်ဖှိၣ် – အီးစံၣ် ကၠၣ်ဟ်ဖှိၣ်ထိၣ်သးဒီးတၢ်ဖိတၢ်လံၤအဂၤတမံၤ

oxygen *n* အီးစံၣ်ကၠၣ်

oxygenate *v* ထၢနုာ်လီၤအီးစံၣ်ကၠၣ်, တ့ၢ် နုာ်လီၤအီးစံၣ်ကၠၣ်

oxymoron *n* တၢ်ကတိၤတဖျၢၣ်လၢအပၣ် ယှာ်ဒီးဝီၢ်သြဲလၢအခီပညီထီဒၢလိာ်သးခံဖျၢၣ် အဒိ – ဆါဘျါဆါဘျါ

oyster *n* တကံၣ်ကု

ozone *n* အိၣ်စိ, အီးစံၣ်ကၠၣ်က်သဝံတ ကလုာ်

ozone hole *n* အိၣ်စိထူၣ်ဖျိ

ozone layer *n* အိၣ်စိအကထၢ, ကလံၤ ကဟၢလၢအဒီသဒၢမုၢ်အကထၢ

Ozzie *n* (ပသူအီၤထဲလၢတၢ်ကတိၤ) ကီၢ်အီး စတြ့လံယါ မ့တမ့ၢ် ပှၤအီးစတြ့လံယါဖိ

P

P *n* အဲကလံးအလံာ်မဲာ်ဖျၢၢ်တဆံယၤဖျၢၣ်တဖျၢၣ်

p.m. *abbre* ဟါခီ, ဟါ

pace *n* ၁. ခီၣ်ကါတကါ, ခီၣ်ခါတခါ ၂. အတယူာ် အဒိ, စီၤဝါလဲၤတၢ်အတယူာ်န့ၣ်တချ့ကဲာ်ဆီးဘၣ် ၃. တၢ်လဲၤတၢ်အချ့

pace *v* ၁. ဟးတထီထီတလီၤလီၤ ၂. ဟ်လီၤ (တၢ်) အတယူာ်, ခံကွၢ်စီၤကွၢ်တၢ် ၃. ခါကွၢ်တၢ်လၢခီၣ်, ထိၣ်ကွၢ်တၢ်လၢခီၣ်ကါ

pacemaker *n* ၁. ပှၤလၢအနဲၣ်ကျဲဒီးယ့ၢ်လၢတၢ်မဲာ်ညါ, ပှၤလၢအတီခိၣ်ရိၣ်မဲတၢ်ဒီးလဲၤလၢညါ, ကရူၢ်လၢအလဲၤလၢညါ ၂. စဲးတကလုာ်လၢတၢ်ဘျၢနှာ်လီၤဆူသးဖျၢၣ်အကပၤဒ်သိးကဒုးစံၣ်သးဖျၢၣ်လၢအကတီၢ်ဘၣ်ဘၣ်

pacesetter *n* ပှၤလၢအတီခိၣ်ရိၣ်မဲတၢ်ဒီးလဲၤလၢညါ, ကရူၢ်လၢအလဲၤလၢညါဒီးနုးနဲၣ်ကျဲ

pacific *a* ၁. လၢအအိၣ်ယူအိၣ်ဖိး, လၢအအဲၣ်တၢ်မှာ်တၢ်ခုၣ်, အိၣ်ဂၢၢ်တပၢၢ်မှာ်မှာ်ခုၣ်ခုၣ် ၂. လၢအမၤယူမၤဖိးတၢ်, လၢအမၤမှာ်မၤခုၣ်တၢ် ၃. (Pacific) လၢအဘၣ်ဃးဒီးပစံးဖံးမးသမံး

pacification *n* ၁. တၢ်မှာ်တၢ်ခုၣ်ထီၣ်က့ၤ, တၢ်အိၣ်သးဂၢၢ်ထီၣ်က့ၤ ၂. တၢ်မၤယူမၤဖိးတၢ်, တၢ်မၤမှာ်မၤခုၣ်တၢ်, တၢ်မၤမှာ်ထီၣ်က့ၤပှၤသး

pacifism *n* သနူထီဒါတၢ်စုဆူၣ်ခီၣ်တကး, သနူထီဒါတၢ်ဒုးတၢ်ယၤ

pacify *v* ၁. မၤမှာ်ထီၣ်က့ၤ, မၤဂၢၢ်ထီၣ်က့ၤ (ပှၤသး) , ကညးက့ၤပှၤ ၂. မၤယူမၤဖိးက့ၤတၢ်.

pack *n* ၁. တၢ်ဘိၣ်တၢ်စၢၤ ၂. (ဆၣ်ဖိကီၢ်ဖိ) အနၠၣ်

pack *v* ၁. ဘိၣ်ထီၣ်စၢၤထီၣ် ၂. ဆွံကတံာ်တၢ် ၃. ဘိၣ်ဘၢဃာ်တၢ် ၄. စိာ်ရူသူၣ်တၢ်အဒိ, စိာ်ရူသူၣ်တၢ်စုကဝဲၤ

pack animal *n* ဆၣ်ဖိကီၢ်ဖိပဒၢးတၢ်, ဆၣ်ဖိကီၢ်ဖိလၢအတီဆှၢတၢ်ဖိတၢ်လံၤ

pack rat *n* ၁. ပှၤလၢအထၢဖိုၣ်တၢ်ကစဲးကစီးမှာ်, ပှၤလၢအအဲၣ်ဟ်ဖိုၣ်တၢ်ကစဲးကစီး ၂. ယုၢ်တကလုာ်

package *n* ၁. တၢ်ဘိၣ်, တၢ်ဘိၣ်တၢ်စၢၤ ၂. တၢ်တစူၣ်, တၢ်တဖိုၣ်ဃီ

package *v* ဘိၣ်ထီၣ်စၢၤထီၣ်တၢ်, ဆါဟ်ဖိုၣ်ဃှာ်တၢ်တပူၤဃီ

package tour *n* တၢ်ဟးဆှၣ်လိာ်ကွဲတၢ်လီၢ်တၢ်ကျဲတဘျီလၢတၢ်ထၢနှာ်ဒွးဃှာ်တၢ်လၢာ်ဘူၣ်လၢာ်စ့ၤခဲလၢာ်တပူၤဃီ

packed *a* လၢအပွဲၤကတံာ်ကတူာ်, လၢအအိၣ်အါတလၢ, လၢအပွဲၤလုာ်ကွံာ်

packed lunch *n* မုၢ်ဆါတၢ်အီၣ်အဘိၣ်, မုၢ်ထူၣ်တၢ်အီၣ်အဘိၣ်

packet *n* တၢ်ဘိၣ်, တၢ်ဘိၣ်တၢ်စၢၤ

packhorse *n* ကသ့ၣ်တီတၢ်ဘိၣ်တၢ်စၢၤ, ကသ့ၣ်ဝံစိာ်တီဆှၢ

packing *n* ၁. တၢ်ဘိၣ်ထီၣ်စၢၤထီၣ်တၢ် ၂. တၢ်လၢပှၤဘိၣ်ထီၣ်တၢ်

packing case *n* တၢ်ဒၢ, တၢ်ဒၢလၢကဘိၣ်ထီၣ်စၢၤထီၣ်တၢ်အဂီၢ်, တၢ်ဒၢတလါ, တလါဖးဒိၣ်

pact *n* တၢ်မၤသကိးတၢ်အၢၣ်လီၤအီလီၤ, တၢ်သးလီၤပလိာ်

pad *n* ၁. ခိၣ်သခၢၣ်ကပှာ်လုး ၂. တၢ်ကဘျံၣ်တဘ့ၣ်လၢအိၣ်ဒီးလံာ်ကဘျံးကလီတဖၣ် ၃. ဆၣ်ဖိကီၢ်ဖိအစုလၣ်ခီၣ်လၣ်လၢအကပုာ် ၄. ခိၣ်လီၢ်သိၣ်ကဖီလီ

pad *v* ၁. ဟးဟ်လီၤခီၣ်ကဖီလီ, ထွဲထီၣ်အခီၣ်ကဖီလီ ၂. ဆးဘၢဆးကျူးတၢ်, ဒဲးကံၣ်ဒဲးဝှၤဘၢတၢ်, မၤပွဲၤထီၣ်စရီ ၃. ဘိုကဘျံးကဘျံၣ်စရီ, ဒဲးကံၣ်ဒဲးဝှၤထီၣ်စရီ

padding *n* ၁. တၢ်ကံးညာ်သိဆှၣ်လၢတၢ်ဆွံနှာ်ပွဲၤထီၣ်တၢ်, တၢ်လၢအမၤပွဲၤကတံာ်ထီၣ်တၢ်, တၢ်တခၢၣ်ကပှာ်လုး ၂. တဲလုတဲကါထီၣ်တၢ်, တဲတၢ်တဂ်ာ်တသိၣ်

paddle *n* ၁. နီၣ်ဝၢ်, တငၢ ၂. နီၣ်ဒိကွာ် ၃. လ့ၣ်ယီၢ်အခိၣ်ယီၢ်လီၢ်

paddle *v* ၁. ဝၢ်ချံ, ဝၢ်ထံယီၢ်ထံ, ဝၢ် ၂. တီၢ်, ပၤဖိသၣ်လၢနီၣ်က့

paddock *n* ၁. တၢ်လီၢ်ပျိလၢပှၤဟ်ကသ့ၣ်, တၢ်လီၢ်ပျိဖဲတၢ်ဟ်အိၣ်ဘှံးကသ့ၣ်တချူးအပြၢတၢ် ၂. တၢ်လီၢ်ပျိဖဲတၢ်ဟ်အိၣ်ဘှံးသိလ့ၣ်တချူးတၢ်ပြၢသိလ့ၣ်အခါ, တၢ်ဟ်ပတြိာ်သိလ့ၣ်လီၢ်

paddy *n* ၁. ဘု ၂. စံာ်, စံာ်ပျိ ၃. ပှၤကိးပှၤအါရံး(ရှ)ဖိလၢတဆဲးတလၢအပူၤ

paddy field *n* စံာ်, စံာ်ပျိ

paddy wagon *n* ပၢၤကီၢ်သိလ့ၣ်လၢပျၢၤ, သိလ့ၣ်တီပှၤဃိာ်ဖိ, သိလ့ၣ်တီပှၤထိဖိ

padlock *n* နီၣ်ဝံာ်တံာ်, နီၣ်ဝံာ်ဒၢ, နီၣ်ဝံာ်ဒၢလၢပဟံးန့ၢ်စိာ်အီၤသ့

padlock *v* စံာ်တံာ်, သိးတံၢ်တၢ်ဒီးနီၣ်ဝံာ်ဒၢ

padre *n* ၁. တၢ်အိၣ်ဖိုၣ်သရၣ် ၂. သုးတၢ်အိၣ်ဖိုၣ်သရၣ်

paean *n* တၢ်စံးပတြၢၤ, တၢ်သးဝံၣ်စံးထိၣ်ပတြၢၤ, တၢ်သးဝံၣ်လၢသးဝံၣ်ကပီၤတၢ်

paediatrician, pediatrician *n* ဖိသၣ်ကသံၣ်သရၣ်, ကသံၣ်သရၣ်လၢအကူစါယါဘျါဖိသၣ်

paedophile, pedophile *n* ပှၤလၢအဲၣ်ဒိးမၤမုၣ်ခွါသွံၣ်ထံးဒီးဖိသၣ်, ပှၤလၢအဲၣ်ဒိးမံဃှာ်ဒီးဖိသၣ် (တၢ်အံၤမ့ၢ်တၢ်မၤကမၣ်ပှၤဂ့ၢ်ဝီအသဲစးအဒိၣ်အမုၢ်တမံၤလီၤ)

pagan *n* ပှၤလၢအတဘါယွၤ, ပှၤသူခိၣ်ဖိ, ပှၤလၢအတၢ်ဘါတအိၣ်

page *n* ၁. လံာ်ကဘျံးပၤ, ကဘျံးပၤ ၂. ခိၣ်ဖျာထၢၣ်အတၢ်ဂ့ၢ်ထၢဖိုၣ်အလံာ်ကဘျံး ၃. ပှၤဆှၢတၢ်ကစိၣ်, ပှၤဆှၢတၢ်မၤလိာ် ၄. ပိာ်ခွါဖိလၢတၢ်မၢထိၣ်မၢလီၤအီၤ, ပိာ်ခွါဖိလၢတၢ်ကစိာ်စၢၤတလးမူးပိာ်မုၣ်အဆ့ကၤဖးထီ

page *v* ၁. ဆှၢစိတၢ်ကစိၣ်, ကိးစိဃီၤတၢ်လၢသိၣ်ဒိၣ်ဒၢ ၂. ဆှၢစိဃီၤတၢ်ကစိၣ်ခီဖျိပှၤဟ့ၣ်တၢ်ကစိၣ်ဖိ, ဆှၢတၢ်ကစိၣ်လၢပှၤဆှၢတၢ်ကစိၣ်ဖိ

pageant *n* ၁. တၢ်ဒုးနဲၣ်, တၢ်ဒုးနဲၣ်လၢအအိၣ်ဒီးတၢ်ကူတၢ်ကၤ မ့တမ့ၢ် တၢ်ကယၢကယဲဆူၣ်ဆူၣ်ဘှဲၣ်ဘှဲၣ် ၂. တၢ်ဒုးနဲၣ်မုၣ်ဃွလၢ

pageantry *n* တၢ်ဒုးနဲၣ်အိၣ်ဒီးတၢ်ဒိတၢ်တဲာ်

pageboy *n* ၁. ပိာ်ခွါဖိလၢတၢ်မၢထိၣ်မၢလီၤအီၤ, ပိာ်ခွါဖိလၢတၢ်ကစိာ်စၢၤတလးမူးပိာ်မုၣ်အဆ့ကၤဖးထီ ၂. ပိာ်မုၣ်ခိၣ်သူတခွဲၣ်နှာ်ဖဲအဖံဘၣ်ခိၣ်ဒီးအစိးနါက့ၣ်ထိၣ်, ခိၣ်သူတခွဲၣ်နှာ်ဆူအပူၤ

pager *n* စဲးဆှၢတၢ်ကစိၣ်, တၢ်ဆှၢတၢ်ကစိၣ်လၢလီတဲစိအကျိၤအကျဲ

pagoda *n* ဃိၣ်, ဃိၣ်ဖိၤဝၣ်ဖိၤ

paid *a* လၢအဒိးန့ၢ်ကျိၣ်စ့, လၢအမၤန့ၢ်အဘူးအလဲ

pail *n* ထံစဲၤ, (ထံ) အဒၢ, ထံစဲၤ, ထံဒၢ

pain *n* ၁. တၢ်ဆါ, တၢ်ဆါအ့ၣ်စိၢ်အ့ၣ်ထုး ၂. တၢ်ကိတၢ်ခဲတၢ်နးတၢ်ဖိုၣ်, တၢ်တူၢ်ဘၣ်လၢသး, တၢ်သူၣ်တမှာ်သးတမှာ် ၃. တၢ်လၢအလီၤသးဘၣ်တံာ်တာ်

pain *v* မၤဆူးမၤဆါ, မၤသးအုးတၢ်, ဒုးအိၣ်ထိၣ်တၢ်ဆူးတၢ်ဆါ, ဒုးကဲထိၣ်တၢ်ဆူးတၢ်ဆါ

painful *a* လၢအဆါဒိၣ်မး, လၢအအ့ၣ်ထုးအ့ၣ်စိၢ်, ဆူးဝဲဆါဝဲ

painkiller *n* ကသံၣ်မၤကိညၢ်လီၤတၢ်ဆါ

painless *a* ၁. လၢအတမၤဆူးမၤဆါတၢ်ဘၣ်, လၢအတအ့ၣ်ထုးအ့ၣ်စိၢ်ဘၣ် ၂. လၢအညီညီဘှါဘှါ

pains *n* ၁. တၢ်ဂုာ်ကျဲးစၢးဟ့ၣ်လီၤသး, တၢ်ခိၣ်ပဲၣ်ပါသး, တၢ်တူၢ်ဘံးတူၢ်တီၤသးကဲ ၂. တၢ်ကိတၢ်ခဲတၢ်နးတၢ်ဖိုၣ်, တၢ်တူၢ်ဘၣ်လၢသး, တၢ်သူၣ်တမှာ်သးတမှာ် ၃. တၢ်ကျဲးစၢးမၤတၢ်လီၤတံၢ်လီၤဆဲး

painstaking *a* လၢအဂုာ်ကျဲးစၢးဟ့ၣ်လီၤသးမၤတၢ်လီၤတံၢ်လီၤဆဲး

painstakingness *n* တၢ်ဂုာ်ကျဲးစၢးဟ့ၣ်လီၤသးမၤတၢ်လီၤတံၢ်လီၤဆဲး

paint *n* ၁. တၢ်ဂုာ်ကျဲးစၢးဟ့ၣ်လီၤသး, တၢ်ခိၣ်ပဲၣ်ပါသး, တၢ်တူၢ်ဘံးတူၢ်တီၤသးကဲ ၂. တၢ်ကိတၢ်ခဲတၢ်နးတၢ်ဖိုၣ်, တၢ်တူၢ်ဘၣ်လၢသး, တၢ်သူၣ်တမှာ်သးတမှာ် ၃. တၢ်ကျဲးစၢးမၤတၢ်လီၤတံၢ်လီၤဆဲး

paint *v* ၁. ခဲၣ်တၢ်, ခဲၣ်တၢ်ဂီၤ ၂. တဲဖျါထိၣ်တၢ်အက့ၢ်အဂီၤ, ခဲၣ်ဖျါထိၣ်တၢ်အက့ၢ်အဂီၤ ၃. ခဲၣ်ဃံခဲၣ်လၤ, ခဲၣ်တၢ်အလွဲၢ် ၄. တ့ဃံတ့လၢမဲာ်သၣ်

paintball *n* တၢ်ဂဲၤလိာ်ကွဲခးကျိလၢအချံမ့ၢ်ဝဲကသံၣ်ထံအလွဲၢ်ဖျၢၣ်တဖၣ်, တၢ်ဂဲၤလိာ်ကွဲဖုးဘိ (လ), တၢ်ဂဲၤလိာ်ကွဲခးကျိလၢအိၣ်ဒီးအလွဲၢ်တဖၣ်

paintbrush *n* နီၣ်ခဲၣ်ဘိ

painter *n* ၁. ပှၤခဲၣ်တၢ် ၂. ပှၤတ့တၢ်ဂီၤ

painterly *a* လၢအသူတၢ်အလွဲၢ်သ့ဂ့ၤဂ့ၤ လၢအလီၤက်ဒီးပှၤခဲၣ်တၢ်

painting *n* တၢ်ဂီၤခဲၣ်, တၢ်ဂီၤလၢပှၤခဲၣ်အီၤ

paintwork *n* တၢ်လၢဘၣ်တၢ်ဖှူထိၣ်အလွဲၢ်, တၢ်လၢဘၣ်တၢ်ထုးထိၣ်အလွဲၢ်ဝံၤ

pair *n* ၁. တခိၣ်, တစူၣ်, တဆိ ၂. ဒီမါဝၤ, ဒီမိၢ်ဖါ

pair *v* ဟ်လီၤအဆိ, နီၤဖးလီၤလၢအဆိ, ဒုးနီၤဖးလီၤလၢအဆိဒ်ဒဲ

pairing *n* တၢ်ဟ်လီၤအဆိ, တၢ်နီၤဖးလီၤလၢအဆိ

paisley *n* ၁. တၢ်ကံးညၣ်အဖီလၢအဒဲးကံၣ်ဒဲးဝ့ၤလီၤက်ဒ်ထိၣ်ဆူၣ်အသိး, တၢ်ကံးညၣ်အသံၣ်အတီၤလၢအလီၤက်ဒ်ထိၣ်ဆူၣ်အသိး

pajamas *n* (see pyjamas)

pal *n* ဂဲၤမိၣ်, တံၤသကိး

palace *n* ၁. နူၢ်စီၤ, နီ ၂. ဟံၣ်ဒိၣ်ကျိၤသွါ, ဟံၣ်ဖးဒိၣ်

palatable *a* လၢအဝံၣ်အဘဲ, လၢအဘၣ်ပကိၢ်ပူၤဝံၣ်, ဘဲ

palatal *n* တၢ်သီၣ်လၢခၣ်ကဒီးခိၣ်

palate *n* ခၣ်ကဒီးခိၣ်

palatial *a* လၢအလီၤဘီလီၤမုၢ်ဒီးကပြုၢ်ကပြီၤ, လၢအလီၤက်ဒီးနူၢ်ဖီၤစီၤဖီၤ

palaver *n* ၁. ကတိၤတၢ်ထီထီကွ့ၤကွ့ၤ, ကတိၤတၢ်ဖးထီဖးကွ့ၤ, ကတိၤထီတၢ်လၢအခီပညီတအိၣ် ၂. ကတိၤကိၣ်ကးသကိးတၢ်ဖးယံာ်ဖးစၢၤ ၃. တၢ်ကိၢ်တၢ်ဂီၤလၢအတလီၤကိၢ်လီၤဂီၤ

pale *a* လၢအလီၤဝါ, (မဲာ်) လီၤသပှၢ်

pale *n* ၁. ကရၢတၢၣ်ခိၣ်စူ ၂, ကရၢၢ်, တၢ်ဒူၣ်ကရၢ

beyond the pale *idm:* တၢ်သကဲာ်ပဝးလၢတၢ်တူၢ်လိာ်အီၤတသ့, တၢ်သကဲာ်ပဝးလၢအလီၤရၢၢ်လီၤစၢၢ်

pale *v* လီၤဝါ, မၤလီၤဝါ

palette *n* ၁. တၢ်ကျဲၣ်ကျီ, ကသံၣ်ခဲၣ်အလီခီဘ့ၣ်ဘၣ် ၂. တၢ်အလွဲၢ်လၢပှၤခဲၣ်တၢ်ဂီၤဖိစူးကါဒဲ, တၢ်အလွဲၢ်လၢပယုထၢစူးကါအီၤလၢခိၣ်ဖျထၢၣ်အပူၤ

palindrome *n* အဲကလံးအဝီၢ်သြလၢတၢ်ဖးခိၣ်ဖးခံအီၤလၢလီၢ်ခံမဲာ်ညါသ့ (အဒိ = madam, deed)

palisade *n* ၁. ကရၢၢ်ဖးထီလၢတၢ်ဘိုအီၤဒီးသ့ၣ်ခိၣ်စူ, ထးကရၢၢ်ဖးထီ ၂. လ့ကဘျၣ်ဖးထီလၢအအိၣ်လၢပီၣ်လဲၣ်နံၤ

pall *n* ၁. တၢ်ကံးညာ်လၢတၢ်ကးဘၢကျာ်, တၢ်ကံးညာ်လၢအကးဘၢတၢ်သံတလါ ၂. တၢ်အၢၣ်အုး, တၢ်ခံးသူခံးလါ ၃. တၢ်ပျံၤတၢ်ဖုးတၢ်ဘၣ်ယိၣ်လုၢ်ဘၢတၢ်, တၢ်ကျၢၢ်ဘၢဒီးတၢ်သူၣ်အုးသးအုး

pall *v* တလီၤသးစဲလၢၤ, မၤစၢ်လီၤအတၢ်သးစဲ, လီၤကၢၣ်လီၤကျူထိၣ်

pallbearer *n* ပှၤလၢအယီးတၢ်သံတလါ, ပှၤလၢအယီးတၢ်သံကျာ်

pallet *n* တီရူ, တရူ

palliate *v* မၤကိညၢ်လီၤက့ၤတၢ်, မၤလီၤစၢ်က့ၤတၢ်, ကတိၤစၢ်လီၤက့ၤတၢ်

pallid *a* ၁. လၢအလီၤဘီလီၤဝါ, လၢအဂံၢ်အဘါတပှဲၤ ၂. လၢအသးတပၣ်, လၢအသးတစဲ

pallor *n* တၢ်လီၤဘီလီၤဝါ, တၢ်လီၤညွံးလီၤဘီ

palm *n* ၁. စုညါသး ၂. ထီ, ထီထူၣ် (သ့ၣ်ထံး)

palm *v* ၁. စိၤဟ်ခူသူၣ်ဃာ်လၢအစုညါသးပူၤ ၂. လီဆါတၢ်ဖိတၢ်လံၤ

palm oil *n* သိအိၣ်, သိလၢဘၣ်တၢ်မၤန့ၢ်အီၤလၢသိထူၣ်

Palm Sunday *n* ထီလၣ်အမုၢ်နံၤ

palmist *n* ၁. စုညါသး ၂. ထီ, ထီထူၣ် (သ့ၣ်ထံး)

palmistry *n* ပှၤကွၢ်စုတိၤအတၢ်သ့တၢ်ဘၣ်

palmtop *n* ခိၣ်ဖွူထၢၣ်ဆံးဆံးလၢတၢ်ဟ်အီၤလၢစုလၣ်ဖိခိၣ်သ့

palomino *n* ကသ့ၣ်လၢအလွဲၢ်ဘီစၢ်ကပီၤမ့တမ့ၢ် ဃးဝဲဘၣ်ဆၣ်အရူဒီးအမဲၢ်ဆူၣ်တဖၣ်ဝါဝဲ

palpable *a* ၁. လၢအအိၣ်ဖျါတြၢ်ကလာ်, လၢအဖျါပျိပျိ ၂. လၢတၢ်ထိးဘၣ်သ့ၣ်ညါအီၤသ့, လၢတၢ်သ့ၣ်ညါအီၤခီဖျိကလၢၢ်ကွၢ်အီၤအဃိ

palpation *n* တၢ်ဖိၣ်ကွၢ်, ပလၢၢ်ကွၢ်

palpitate *v* ၁. သးကနိး, သးစံၣ်တဘၣ်ဘျိးဘၣ်ဒါ ၂. ကနိးကစုာ်

palpitation *n* တၢ်သးကနိး, တၢ်သးစံၣ်ချ့

palsy *n* သံတခီပၤ, အထူၣ်သံ

palsy *v* သံတခီပၤ, အထူၣ်အပျ်သံ, အထူၣ်အပျ်တထုး

paltry *a* လၢအတဂ်ာ်တသိၣ်, လၢအနါစိၤ

pamper *v* လူၤဘၣ်ပှၤအသး, မၤဒ်သိးပှၤကမှာ်လၤ

pamphleteer *n* ပှၤလၢအကွဲးလံာ်တၢ်ဝဲာ်ဖးနီၤဖးထံရှၢ်ကိၢ်သဲးတၢ်ဆိကမိၣ်လၢလံာ်တၢ်ကစီၣ်တဖၣ်အပူၤ, ပှၤလၢအကွဲးလံာ်တၢ်ကစီၣ်

pamplet *n* လံာ်တၢ်ကစီၣ်လၢအကဘျံးအိၣ်စုၤကဘျံး

pan *n* သပၢၤဘံၣ်သလၣ်

pan *v* ၁. ဒိတ္ဒါတြူာ်တၢ်ဂီၤဆူတၢ်လိၢ်တခီပၤ ၂. ဂုၤတၢ်, ဂုၤထူ ၃. ပဲၤအါပဲၤသိနးနးကလဲာ်

panacea *n* ၁. ကသံၣ်လၢအဂ့ၤလၢတၢ်ဆါကိးမံၤဒ်ႇ ၂. တၢ်လၢတၢ်ဆိကမိၣ်အီၤလၢအဃုၣ်လီၤတၢ်ဂ့ၢ်ကီသ့

panache *n* တၢ်ဖျါအိၣ်ဒီးသူးသ့ၣ်လၤကပီၤ

pancake *n* ကိၣ်ခုးဘံၣ်, ကိၣ်ဆီဒံၣ်ဘံၣ်, ကိၣ်ဖဲခုး

pancreas *n* ကပီၤ, ကပီၤကဝ့ၢ်

panda *n* တၤသူဝါမဲာ် (ပထံၣ်ဘၣ်လၢကီၢ်စံၣ်အပူၤ)

pandemic *n* တၢ်ဆါသတြိာ်, တၢ်ဆါလၢအရၤလီၤသးသကုၤဆးဒး

pander *v* မၤလၢပှဲၤပှၤဂၤအတၢ်လိၣ်ဘၣ်လၢအတကြၢးတဘၣ်

Pandora's box *n* တၢ်မၤအကျိၤအကျဲလၢအဒုးအိၣ်ထီၣ်တၢ်ကီတၢ်ခဲအါအါကလဲာ်

pane *n* မဲာ်ထံကလၤဖိတဘ့ၣ် အဒိ, ပဲတြီဖိအမဲာ်ထံကလၤ

panel *n* ၁. ဂီၤပၤဖိတဘ့ၣ်လၢတၢ်ဒူၣ်အလီၤ ၂. ပှၤကူၣ်ဘၣ်ကူၣ်သ့တဖုလၢဟ့ၣ်ကူၣ်တၢ်ဒီးစံၣ်ညီၣ်တၢ် ၃. တၢ်လဲၤတၢ်က့ၤလၢ (ချံ, ကဘီ) အလဲ

panel *v* မၤဘၢ, ကျးကယၢထိၣ်တၢ်မဲာ်ဖံး ခိၣ်, ကယၢကယဲတၢ်ဖံးဘ့ၣ်ခိၣ်

panel beater *n* ပှၤဘိုမၤဂ့ၤထိၣ်က့ၤသိလ့ၣ်အမိၢ်ပှၢ်

panellist, panelist *n* ပှၤဟ့ၣ်ကူၣ်စံၣ်ညီၣ်တၢ်အကရၢဖိ, တၢ်ပြၢအစံၣ်ညီၣ်ကွိၢ်

pang *n* တၢ်သးဘၣ်ဒိဖုး, တၢ်သူၣ်ကိၢ်သးဂီၤ, တၢ်နးတၢ်ဖှိၣ်, တၢ်သူၣ်အုးသးအုး

pangolin *n* ယိၤဟိၣ်

panhandle *n* ဟိၣ်မဲၢ်ကိ, ကိၢ်စဲၣ် မ့တမ့ၢ်ဟိၣ်ကဝီၤတကဝီၤအတၢ်လိၢ်လၢအတစ့ဒီးအံၣ်လီၤ အဒိ, ထဲး(က)စဲးဟိၣ်မဲၢ်ကိ

panhandle *v* ဃ့အိၣ်တၢ်လၢကျဲမုၢ်ခိၣ်, ဃ့စ့လၢကျဲမုၢ်ခိၣ်

panic *n* တၢ်ပျံၤတၢ်ဖုးအါတလၢ, တၢ်ပျံၤတၢ်လၢအဂ့ၢ်အကျိၤတအိၣ်

panic *v* ပျံၤနါစီၤတၢ်, ပျံၤတၢ်လၢအဂ့ၢ်အကျိၤတအိၣ်

panic-stricken *a* လၢအဘၣ်ယိၣ်ပျံၤဖုးတၢ်ဒိၣ်ဒိၣ်ကလဲာ်

panoply *n* ၁. တၢ်ကူတၢ်ကၤကယၢကယဲ, သုးတၢ်ကယၢကယဲ, ဆ့ကူဆ့ကၤကယၢကယဲလၢမူးတခါခါအဂီၢ် ၂. တၢ်ဂီၢ်မုၢ်ဂီၢ်ပၤ

panorama *n* ၁. တၢ်ထံၣ်အိၣ်ဖျါကတၢၢ်မဲာ်ကတၢၢ်နါ, တၢ်ထံၣ်တၢ်လၢအခိၣ်အဃၢၤဝးဝး, မဲာ်အတၢ်ထံၣ်စိတၢ်ဝးဝး ၂. တၢ်ဃုသ့ၣ်ညါတၢ်ဂ့ၢ်တၢ်ကျိၤ မ့တမ့ၢ် တၢ်ကဲထိၣ်သးလၢလၢပှဲၤပှဲၤ

pansy *n* ၁. ဖီဖဲစံၣ်, ဖီကလုာ်လၢအိၣ်ဒီးအလွဲၢ်လုး ၂. တၢ်ကိးဆါပှၤပိာ်ခွါလၢအသးလီၤပိာ်မုၣ်

pant *v* သါဟီၤဟဲၤ, သါဆဲးဖိုး, သါအီခၣ်

pantaloons *n* ပိာ်မုၣ်ဖျိၣ်ခံအခိၣ်ဖးလဲၢ်လၢတၢ်စၢတစုၤအီၤလၢခီၣ်ဒုၣ်သၣ် မ့တမ့ၢ် ခီၣ်ဒ့, ဖျိၣ်ခံထိခီၣ်ဖးလဲၢ်လၢတၢ်စၢတစုၤအီၤအခီၣ်ထံး

pantheism *n* ၁. တၢ်နာ်လၢန့ဆၢၣ်ဒီးတၢ်ခဲလၢာ်ခဲဆ့န့ၣ်မ့ၢ်ယွၤ ၂. တၢ်တူၢ်လိာ်စူၢ်နာ်ယွၤခဲလၢာ်အသန့

pantheon *n* ၁. ပှၤကလုာ်တကလုာ် မ့တမ့ၢ်တၢ်လီၢ်တတီၤအသံးခိၣ်မုၢ်ဃါကစၢ်တဖၣ် ၂. တၢ်လုၢ်ဟံၣ်လၢသံးခိၣ်မုၢ်ဃါကစၢ်တဖၣ်အဂီၢ် ၃. မၤထူရၢအလၢၢ်ထူၣ် ၄. ပှၤလၢအမံၤဟူသၣ်ဖျါဒီးအရှဒိၣ်အဖုအကရၢ

panther *n* ခ့သူ

panties *n* ပိာ်မုၣ်ဖျိၣ်ခံဖိ

pantomime *n* ၁. တၢ်ဒွးပူၤနုးနဲၣ်စုဒုးနဲၣ်ခီၣ်လၢတအိၣ်ဒီးတၢ်ကတိၤ ၂. တၢ်မၤလီၤနံၤဘၣ်ဖၣ်လဲတၢ်

pantomime *v* ဂဲၤဒိပူၤ, ဒုးနဲၣ်စုဒုးနဲၣ်ခီၣ်လၢတအိၣ်ဒီးတၢ်ကတိၤ

pantry *n* တၢ်အိၣ်တၢ်အီအစိၤဆီထူၣ်, တၢ်အိၣ်တၢ်အီအဒၢး

pants *n* ဖျိၣ်ခံ, ဖျိၣ်ခံဖုၣ်, ဖျိၣ်ခံဖိ

pantyhose *n* ဖျိၣ်ခံခီၣ်ဖျိၣ်ယှာ်

pantywaist *n* ၁. ဖိသၣ်ဆ့ဖျိၣ်ခံ ၂. ပိာ်ခွါလၢအမၤအသးလီၤက်ဒီးအပိာ်မုၣ်

panzer *n* ကၠၢမနံၣ်အသုးသိလ့ၣ်ထး, ကၠၢမနံၣ်အမျိာ်သိလ့ၣ်ထး

Pap test *n* တၢ်သမံသမိးကွၢ်ဒၢလီၢ်ခဲစၢၣ်, တၢ်မၤကွၢ်ဒၢလီၢ်ခဲစၢၣ်
papa *n* ပၢ်, ပါပါ
papacy *n* ၁. ပၤပၤအလီၢ်အလၤဒီးအစိကမီၤ ၂. ပၤပၤပၢတၢ်အစိၤ
papal *a* လၢအဘၣ်ဃးဒီးပၤပၤလၢအမ့ၢ်ရိမ့ခဲးသလ့းသီခါဖးဒိၣ်
paparazzo *n* ပှၤလၢအဟးဒိစ့သ့ၣ်ပှၤမံၤဟူသၣ်ဖျါတဖၣ်အဂီၤ
papaya *n* ကွံစံသၣ်, မ်သၣ်, တကွံသ့ၣ်သၣ်
paper *n* စးခိ
paper *n* ၁. စးခိ ၂. တၢ်ပရၢပစၢ် ၃. လံာ်တီလံာ်မီဖိးသဲစး, လံာ်ဖီလစံၣ် ၄. တၢ်ကွဲးဖုၣ်ကိာ် ၅. တၢ်သံကွၢ်အလံာ်ကဘျံး
paper *v* ကျးကယၢဃံလၢတၢ်နၣ်ကပၤလၢစးခိ
paper boy *n* ဖိာ်ခွါဖိလၢအဆှၢလံာ်တၢ်ကစီၣ်ဒီးတၢ်ပရၢပစၢ်
paper girl *n* ဖိာ်မုၣ်ဖိလၢအဆှၢလံာ်တၢ်ကစီၣ်ဒီးတၢ်ပရၢပစၢ်
paper cutter *n* တၢ်ဒီၣ်စးခိ, နီၣ်ဒီၣ်စးခိ
paper knife *n* ဒီကူးစးခိ
paper money *n* စ့စးခိ
paper tiger *n* ပှၤကညီ မ့တမ့ၢ် တၢ်လၢအအိၣ်ဖျါလီၤပျံၤလီၤဖုးဘၣ်ဆၣ်နီၢ်နီၢ်တမ့ၢ်ဒ်အမ့ၢ်အသိးဘၣ်
paper towel *n* စးခိထံးရှူ, စးခိထွါစု
paper trail *n* စးခိတၢ်မၤနီၣ်မၤဃါ
paperback *n* စးခိတၢ်မၤနီၣ်မၤဃါလံာ်လၢအကုစၢ်, လံာ်လၢအကုတတီၣ်ဘၣ်
paperchase *n* ၁. တၢ်ဘၣ်လဲၤခီဖျိဘျုၣ်ရိၣ်ခြဲးတၢ်မၤအကျိၤအကျဲအပတီၢ်ဒ်သိးကမၤန့ၢ်တၢ်တမံၤမံၤ ၂. တၢ်ဃှ့ၢ်ဖးထီလၢအလူၤပိာ်ကျဲလၢတၢ်မၤနီၣ်အီၤဒီးစးခိကတတီၤဘၣ်တတီၤ
paperclip *n* နီၣ်တံာ်စးခိ
paper-pusher *n* စရ့ မ့တမ့ၢ် ပှၤမၤတၢ်ဖိလၢအမၤတၢ်ဘၣ်ဃးလံာ်လဲၢ်တကပၤလၢဝဲၤဒၢးပူၤ, စရ့ မ့တမ့ၢ် ပှၤမၤတၢ်ဖိလၢမၤတၢ်လံာ်လဲၢ်တကပၤ, ပှၤလၢအမၤကစဲးကစီးတၢ်လၢရှူဒိၤတ့ဒိၤအပူၤ
paperweight *n* တၢ်တီဃၢစးခိ
paperwork *n* တၢ်ကွဲးနီၣ်ကွဲးဃါအတၢ်မၤ, တၢ်မၤတၢ်ဒ်စရ့ မ့တမ့ၢ် ပှၤဖိၣ်တၢ်ကွဲးနီၣ်တဖၣ်အသိး
paprika *n* ပ့ၣ်ဖြဲးကၣ်မိၢ်ဟဲသၣ်ကမူၣ်
papyrus *n* ၁. ဆဲ့စးခိ ၂. ဆဲ့အထူၣ်
par *n* ၁. တၢ်ဟ်ပနီၣ်အနီၣ်ထိၣ် ၂. တၢ်ဂဲၤလိာ်ကွဲဖျာၣ်ဒိအမး
para *a* ၁. လၢအိၣ်တ့ၢ်ဒ်အညီနုၢ်, တလၢကွံာ်အညီနုၢ် ၂. ဘူးကလီၤက် ၃. ဘးခီ, ၄. ဘၣ်ထွဲဒီးတၢ်သ့တၢ်လ့ၤတ့ာ်လ့ၤတီၤ
para *n* ၁. တၢ်ကွဲးဖုၣ်သုးဖိလၢအစံၣ်လီၤသဒၢမုၢ်
parable *n* တၢ်ကတိၤဒိ, တၢ်တဲဒိဖုၣ်
parabola *n* ပနိၣ်ကုၣ်ကွီၤ
paracetamol *n* ကသံၣ်ဖၣ်ရၣ်စံၣ်တမိ(လ), ကသံၣ်မၤစ့ၢလီၤတၢ်လိၤကိၢ်ဒီးတၢ်တကံပဝံ
parachute *n* သဒၢမုၢ် အဒိ, အိၣ်လၢကဘီယူၤဒီးစံၣ်လီၤသဒၢမုၢ်
parachute *v* စံၣ်လီၤသဒၢမုၢ်, တ့ၢ်လီၤသဒၢမုၢ်
parachutist *n* ပှၤစံၣ်လီၤသဒၢမုၢ်
parade *n* သုးတၢ်ဂဲၤလိ
parade *v* ၁. ဟးတၢ်ရဲၣ်လီၤ ၂. လီၤသုးတၢ်ဂဲၤလိ
paradigm *n* တၢ်အဒိအတဲာ်, တၢ်အဒိ, တၢ်ကတိၤအဒိတဖၣ်
paradise *n* တၢ်မှာ်တၢ်ပၢၤအလီၢ်, ပၤရဒ်စူး
paradox *n* တၢ်လၢအဖျါထီဒါလိာ်အသးဘၣ်ဆၣ်မ့ၢ်တၢ်တမံၤဃီ, တၢ်ကတိၤလၢအဖျါတမ့ၢ်တတီဘၣ်ဆၣ်မ့ၢ်တၢ်အမ့ၢ်အတီ
paraffin *n* ရှၣ်နီၣ်သိ, (သ့ၣ် မ့တမ့ၢ် လၢ်သွဲၣ်လး) အစီလၢအလီၤက်ဒီးကနဲဃိး
paraglider *n* ကဘီယူၤဘျိၣ်ဖိတကလှာ်
paragon *n* တၢ်အဒိအတဲာ်လၢအဂ့ၤဒီးအလၢပှဲၤကတၢၢ်, ဂ့ၤသမိးတၢ်တအိၣ်ဒီးတၢ်သရူးကမၣ်, တၢ်လၢအဂ့ၤကတၢၢ်
paragraph *n* လံာ်အဆၢ, လံာ်တဆၢ
parakeet *n* ထိၣ်ကံၣ်ဖိ, ထိၣ်ကံၣ်လၢအဆံးတကလှာ်
paralegal *n* သဲစးဂ့ၢ်ဝီပှၤမၤတၢ်ဖိ, ပိၢ်ရီအပှၤမၤတၢ်ဖိ

P

parallel *a* သဃဲၤလိာ်သး, လဲၤသဃဲၤ

parallel *n* ၁. တၢ်လီၤက်လိာ်သး, တၢ်လီၤပလိာ်သး, တၢ်အက့ၢ်အဂီၤလီၤက်လိာ်သး ၂. တၢ်လဲၤသဃဲၤလိာ်သး, သဃဲၤသဃဲၤ ၃. ပနီသဃဲၤ

parallel *v* ၁. မၤသဃဲၤ, လဲၤသဃဲၤ ၂. မၤဒီး, မၤလီၤက်

parallel bars *n* သ့ၣ်တီၤဘိသဃဲၤလၢအခီၣ်အိၣ်လွံၢ်ခီ, တီၤဘိသဃဲၤလၢအခီၣ်အိၣ်လွံၢ်ခီလၢတၢ်ကဟးလိသးအဂီၢ် မ့တမ့ၢ် တၢ်ကဂဲၤတခွဲခံတခွဲယီၢ်အဂီၢ်

parallelogram *n* နၢၣ်ဘၣ်သဃဲၤ

paralympics *n* ဖၣ်ရၣ်လၣ်ပံး–ဟီၣ်ခိၣ်ဒီဘ့ၣ်လွံၢ်နံၣ်တဘျီပှၤကၠၢ်ဂီၤတဂ့ၤအတၢ်လိာ်ကွဲ

paralyse, paralyze *v* ၁. သံတခီပၤ, လီၤဘျ့, နးသံတၢ်တခီပၤ ၂. ဟူးတန့ၢ်ဂဲၤတန့ၢ်

paralysed, paralyzed *a* ၁. လၢအသံတခီပၤ, လၢအလီၤဘျ့ ၂. လၢအဟူးတန့ၢ်ဂဲၤတန့ၢ်

paralysis *n* တၢ်သံတခီပၤ, တၢ်လီၤဘျ့

paramedic *n* ဆူၣ်ချ့အပှၤမၤစၢၤတၢ်ဖိ, ဂ့ၢ်ဂီၢ်အှုဆူၣ်ချ့ပှၤမၤတၢ်ဖိ

parameter *n* တၢ်ဟ်ပနီၣ်အတကွိၣ်

paramilitary *a* ၁. လၢဘၣ်တၢ်ဒုးအိၣ်ထိၣ်အီၤဒ်သုးမုၢ်ဒိၣ်အကၠၢ်အဂီၤအသိး ၂. (ပှၤဖိၣ်စုကဝဲၤတဖၣ်) လၢအဆီၣ်ထွဲမၤစၢၤသုးမုၢ်ဒိၣ်

paramount *a* ၁. လၢအကါဒိၣ်န့ၢ်တၢ်အဂၤခဲလၢာ်, လၢအဒိၣ်ကတၢၢ်ထိကတၢၢ် ၂. လၢအအိၣ်ဒီးအစိကမီၤဒိၣ်ကတၢၢ်

paramour *n* သံၣ်မါ, သံၣ်ဝၤ, ပှၤလၢအအဲၣ်ဘၢပှၤမါပှၤဝၤ, ပှၤအဲၣ်ကမၣ်ပှၤမါပှၤဝၤ

paranoia *n* တၢ်ပျံၤနါစီၤ, တၢ်ပျံၤတၢ်လၢတအိၣ်ဒီးအဂ့ၢ်အကျိၤ, တၢ်ဆိကမိၣ်ဒီးပျံၤတၢ်လၢပှၤကမၤအၢမၤနးဒီးမၤသံမၤဝီအီၤ, ခိၣ်နူာ်တဘၣ်လိာ်တၢ်ဆါလၢအပျံၤနါစီၤတၢ်

paranoid *a* လၢအဆိကမိၣ်နၢ်တၢ်ဒီးပျံၤဝဲလၢပှၤဂၤကမၤဆါအီၤ

paranoid *a* လၢအအိၣ်ဒီးတၢ်ပျံၤနါစီၤတၢ်, လၢအဆိကမိၣ်ပျံၤဖုးတၢ်လၢပှၤကဟဲမၤအၢမၤနးဒီးမၤသံမၤဝီအီၤ, လၢအအိၣ်ဒီးခိၣ်နူာ်တဘၣ်လိာ်ဘၣ်စး

paranormal *a* ၁. လၢအတမ့ၢ်ဒ်တၢ်ပတိၢ်မုၢ်အသိး, လၢအလီၤတိၢ်လီၤဆီန့ၢ်ဒံးအပတိၢ်မုၢ်အသိး, လၢအဒိၣ်အယိာ်တုၤဒၣ်လဲာ်တၢ်ယုန့ၢ်အစၢလၢစဲအှၣ်အကျိၤတသ့

parapet *n* တၢ်ခိၣ်နူအနူၣ်, တၢ်နူၣ်လၢတၢ်သရှၤထံး, တၢ်အသရှၤထံးအနူၣ်, တိာ် မ့တမ့ၢ် တၢ်နူၣ်

paraphrase *n* တၢ်ကွဲးဖှၣ်ဒီးတဲဖျါထိၣ်အခီပညီ

paraphrase *v* ကွဲးဖှၣ်ဒီးတဲဖျါထိၣ်အခီပညီ

parasail *v* ဒီးသဒၢမုၢ်လၢတၢ်တွံၢ်အီၤလၢကဘီယၢ်

parasite *n* တၢ်လၢအမူလၢတၢ်ဂၤအလိၤ

parasitic *a* လၢအဘၣ်ဃးဒီးတၢ်လၢအမူလၢတၢ်ဂၤအလိၤ, လၢအမူလၢတၢ်ဂၤအလိၤ, လၢအစံးပတြၢၤပှၤဂၤဒ်သိးတၢ်ကမၤဘျုးအီၤ

parasol *n* သဒၢမုၢ်

paratroops *n* သုးလၢအလီၤသဒၢမုၢ်, သဒၢမုၢ်

parboil *v* ချိမံမံတမံမံ

parcel *n* တၢ်ဘိၣ်တၢ်စုၢၤ

parcel *v* ဘိၣ်ထိၣ်စုၢၤထိၣ်တၢ်

parcel bomb *n* မ့ၣ်ပိါလၢတၢ်ဘိၣ်ဆှၢအီၤဒ်တၢ်ဘိၣ်အသိး

parch *v* မၤဃ့ထီ, လိဃ့ထီ, ဖဲာ်ဃ့ထီကၣ်ဃ့ထီ, မၤကိၢ်ဃၢၣ်

parched *a* ၁. လၢအဃ့ထီ, လၢအကိၢ်ဃိၣ် ၂. လၢအထးခိၣ်ဃ့ထီ, လၢအသူအသးလၢထံ

parchment *n* ၁. လံာ်တၢ်ဖံး, သိ မ့တမ့ၢ် မဲာ်တဲးလဲးအဖံးဘ့ၣ် ၂. စးခိလၢအလီၤက်ဒီးလံာ်တၢ်ဖံး ၃. ဒၢ်ဖလိၣ်မၣ် မ့တမ့ၢ် လံာ်တီလံာ်မီအဂၤ

pardon *exclam* ဘၣ်တၢ်စူးကါအီၤဖဲအဲၣ်ဒီးမၤပှၤလၢအကတိၤတၢ်ကတိၤကဒါက့ၤတၢ်ကတိၤလၢအသိတဘျီခီဖျိတန့ၢ်ပၢၢ်ဝဲမ့ၢ်ဂ့ၤ, တန့ၢ်ဟူဝဲမ့ၢ်ဂ့ၤအဃိ

pardon *n* ဝံသးစူၤ အဒိ, ဝံသးစူၤ, ယတန့ၢ်ဟူဘၣ်, ဟၢၣ်, နတဲတၢ်မနုၤလဲၣ်

pardon *v* ၁. ပျၢ်တၢ်ကမၣ် ၂. ပျၢ်ကွံာ်ပျဲကွံာ်အီၤ

pardonable *a* လၢတၢ်ပျၢ်တၢ်ကမၣ်သ့

pare *v* သွဲၣ်ကွံာ်ဘျၣ်ကွံာ်လၢဒီ, သွဲၣ်, ဘၣ်တံာ်တဲာ်တၢ်အကနူၤ

parent *n* ၁. မိၢ်ပၢ်, မိၢ် မ့တမ့ၢ် ပၢ် ၂. တၢ်ကရၢကရိမိၢ်ပှၢ် ၃. ပထူပထံး, ပမုံၤပပှၢ်, ပှၤလၢပဟဲလီၤစၢၤလီၤသွဲၣ်

parentage *n* တၢ်လီၤစၢၤလီၤသွဲၣ်, ထူထံးတၢ်လီၤစၢၤလီၤသွဲၣ်, အထူအထံး

parental *a* လၢအဘၣ်ဃးမိၢ်ပၢ်, လၢအဘၣ်ဃးတၢ်ကဲမိၢ်ပၢ်

parenthesis *n* ၁. () တိၤကွီၤ, တိၤကွီၤဆံး ၂. လံာ်ကျိၤကူာ်လၢဘၣ်ထၢနုာ်အီၤလၢတိၤကွီၤပူၤလၢလံာ်ကျိၤအကဆူး

parenthood *n* တၢ်ကဲမိၢ်ကဲပၢ်, မိၢ်ပၢ်အလီၢ်

parenting *n* တၢ်ကွၢ်လုၢ်ဒိၣ်ထိၣ်ဖိ, တၢ်သ့ကဲမိၢ်ကဲပၢ်

parentrally *n* တၢ်ဆဲးကသံၣ်, တမ့ၢ်လၢကိာ်ပူၤကအိၤအဂီၢ်ဘၣ်

parents *n* မိၢ်ပၢ်

parents-in-law *n* မံၤပှၢ်

parfait *n* ကိၣ်သ့ၣ်သၣ်ဆၢခုၣ်, ကိၣ်ဆၢလၢတၢ်ထၢနုာ်လီၤသ့ၣ်သၣ်, တၢ်ဆၢထံ, ကိၣ်ထံခုၣ်ဖိဒီးတၢ်နၢ်ထံလီၤသကၤ

pariah *n* ပှၤလၢဘၣ်တၢ်ဟ်လီၤဖျိၣ်, ပှၤလၢဘၣ်တၢ်ဟီထိၣ်အီၤ

paring *n* တၢ်သွဲၣ်ကွံာ်တၢ်အဖံး

parish *n* ၁. ခရံာ်ဖိတၢ်အိၣ်ဖှိၣ်တဖုအဟီၣ်ကဝီၤ, ကဝီၤဖိ ၂. လီၢ်ကဝီၤလၢအိၣ်ဒီးတၢ်စံၣ်ညီၣ်ပၢလီၤသးဒ်ၣ်ဝဲ ၃. လီၢ်ကဝီၤ, ဟီၣ်ကဝီၤ

parishioner *n* တၢ်အိၣ်ဖှိၣ်ဖိ, ပှၤလဲၤထိၣ်ဘါသကိးတၢ်, ကမျၢၢ်လၢအလဲၤထိၣ်ဘါသကိးတၢ်

parity *n* ၁. တၢ်ထဲသိးလိာ်သး, တၢ်ထဲသိးတုၤသိး ၂. ကျိၣ်စ့အလုၢ်အပှ့ၤထဲသိးလိာ်သး

park *n* ဖီကရၢ်, ကရၢၢ်

park *v* ၁. ဟ်ပတုာ်သိလ့ၣ်လၢတၢ်ဟ်ပနိၣ်အလီၢ် ၂. ဟ် (တၢ်တမံၤမံၤ) လၢတၢ်လီၢ်တတီၤတီၤ

parka *n* ဆ့ကၤလၢၤဖးဒိၣ်လၢအပၣ်ဃုာ်ဒီးသိဆူၣ်ခိၣ်ဖျိၣ်

parking meter *n* ပတုာ်နီၣ်ထိၣ်

parking ticket *n* တၢ်ပတုာ်သိလ့ၣ်အလံာ်ခးက့, တၢ်ပတုာ်သိလ့ၣ်အလံပျဲက့

Parkinson's disease *n* ကနိးကစုၣ်ခီဖျိနၢာ်အဂံၢ်စၢ်လီၤ, ပၣ်ကဲ့စၣ်တၢ်ဆါ

parkland *n* ပျီလါဟ့လၢအိၣ်ဒီးသ့ၣ်ထူၣ်ဝၣ်ဘိဒီးနီၣ်ဖိမံၤဖိ

parkway *n* ၁. ကျဲမုၢ်ဖးဒိၣ်လၢခံခီဃၢ်ဘးအိၣ်ဒီးသ့ၣ်ထူၣ်ဝၣ်ဘိဒီးပျီမုၢ်လါဟ့ ၂. လ့ၣ်မ့ၣ်အူသန့လၢအိၣ်ဒီးတၢ်ဟ်သိလ့ၣ်လီၢ်တဖၣ်

parlance *n* တၢ်ကတိၤလၢတၢ်စူးကါအီၤလၢကရူၢ်လီၤဆီတဖု, တၢ်ကတိၤလၢပှၤအါဂၤတဲညီနုၢ်

parley *n* တၢ်ကတိၤသကိးကူၤတၢ်လၢတၢ်မှာ်တၢ်ခုၣ်အဂီၢ်, တၢ်ထံၣ်လိာ်တဲသကိးတၢ်လၢတၢ်မှာ်တၢ်ခုၣ်အဂီၢ်

parley *v* တၢၣ်ပိၣ်သကိးကူၤတၢ်လၢကဃ့ၣ်လီၤတၢ်ဂ့ၢ်ကီ, တဲသကိးတၢ်မှာ်တၢ်ခုၣ်အဂ့ၢ်

parliament *n* ဘျိၣ်ဒိၣ်, ဘျိၣ်ဒိၣ်ကရၢဖိ

parliamentarian *n* ဘျိၣ်ဒိၣ်ကရၢဖိ

parliamentary *a* လၢအဘၣ်ထွဲဒီးဘျိၣ်ဒိၣ် မ့တမ့ၢ် ဘျိၣ်ဒိၣ်ကရၢဖိ

parlour, **parlor** *n* ၁. တၢ်တူၢ်လိာ်တမုံၤဒေး ၂. ကျး မ့တမ့ၢ် မုၢ်ကျိၤဝဲၤကွာ်တၢ်မၤလီၢ်ဖိ ၃. ဒေး

parlour game *n* တၢ်လိာ်ကွဲလၢတၢ်ဂဲၤလိာ်ကွဲလၢဟံၣ်ပူၤသ့

parochial *a* ၁. လၢအဘၣ်ထွဲဒီးတၢ်အိၣ်ဖှိၣ်ဟီၣ်ကဝီၤ, လၢအဘၣ်ထွဲဒီးဟီၣ်ကဝီၤတကဝီၤ ၂. လၢအတကွိၣ်အံၣ်, လၢအဘၣ်ဃးဒီးတၢ်ထံၣ်လၢအတကွိၣ်အံၣ်

parodist *n* ပှၤကွဲးလီၤနံၤတၢ်, ပှၤကွဲးဒိးတၢ်လီၤနံၤ

parody *n* ၁. ထါလီၤနံၤလၢအမၤဒိးပှၤဂၤ ၂. တၢ်မၤတၢ်တမှာ်တနီၢ်, တၢ်မၤလီၤနံၤဘၣ်ဖၣ်လဲတၢ်

parody *v* မၤဒိး, ကွဲးဒိး, မၤဒိးတၢ်လၢကကဲထိၣ်တၢ်နံၤဘၣ်ဖၣ်လဲအဂီၢ်

parole *n* တၢ်ပျၢ်ဖျဲးပှၤယိာ်ဖိတစိၢ်တလီၢ် မ့တမ့ၢ် တၢ်ပျၢ်ဆိကွံာ်ပှၤယိာ်ဖိလၢအအိၣ်ဒီးတၢ်အၢၣ်လီၤသး

paroxysm *n* တၢ်သးဂဲၤဟဲပၢၢ်ထိၣ်ဖုး, တၢ်ဟဲပၢၢ်ထိၣ်သတူၢ်ကလာ်, တၢ်အိၣ်ထိၣ်သတူၢ်ကလာ်

parquet *n* သ့ၣ်ဘၣ်က့လၢတၢ်ဒါဟံၣ်

parricide *n* ပှၤလၢအမၤသံမိၢ်ပၢ်ဘူးတၢ်

P

parrot *n* ထိဉ်ကံဉ်

parrot *v* ကတိၤဟ်ထွဲပှၤဂၤအတၢ်ကတိၤ လၢတနၢ်ပၢၢ်အခီပညီ

parry *v* ၁. ဟးဆှဲးတၢ်သံကွၢ်လၢအကီ, ပဒ့ဉ်စံးဆၢတၢ်သံကွၢ်လၢအကီ ၂. ဒီယာ်, ဒီဆၢ, တဒီယာ်, တြီကွဲာ်, ဒီသဒၢလီၤက့ၤသး

parse *v* တဲဖျါထီဉ်ဝီၢ်ဩအကျိာ်သနူ, တဲဖျါထီဉ်ကျိာ်သနူ

Parsee *n* ပှၤဖဉ်ရစံဉ်ဖိ, ကလုာ်နူဉ်တဖု လၢတဘျီအိဉ်လၢကီၢ်ဖၢ(ရ)ရှဉ်ဒီးဟဲယ့ၢ်အိဉ် ဆူကီၢ်အ့ဒယါဖဲယၤဖှိဉ်နံဉ် ၇–၈ အဘၢဉ်စၢၤ

parsimonious *a* လၢအပံာ်အကီ, လၢအပံဒံ, ပံာ်သံကီသံ, လၢအလီကီတၢ်

parsimony *n* တၢ်ပံာ်တၢ်ကီ, တၢ်ပံာ်သံကီသံတၢ်လီကီတၢ်

parsley *n* ကီၤလၢတၢ်နၢမူဒီး

parsnip *n* သဘဉ်ဝါတံၢ်တကလုာ်, သဘဉ်တံၢ်လၢအလွဲၢ်ဘီစါတကလုာ်

parson *n* တၢ်အိဉ်ဖှိဉ်သရ့ဉ်

parsonage *n* တၢ်အိဉ်ဖှိဉ်သရ့ဉ်အဟံဉ်

parson's nose *n* ဆီခံထူး

part *n* အကူ, အကူာ်

take part in *idm:* မၤသကိးတၢ်, နှာ်လီၤပဉ်ယှာ်, နှာ်လီၤမၤသကိး

part *v* ၁. အီးထီဉ်တၢ်ခံခီ ၂. မၤသ့ဉ်ဖး ၃. မၤလီၤမုၢ်လီၤဖး, ဟးသဒဲကွံာ်လိာ်အသး ၄. ခွဲဖးခိဉ်ခံခီ

part of speech *n* တၢ်ကတိၤကလုာ်လၢဘဉ်တၢ်နီၤဖးအီၤဇ်ကျိာ်ဂံၢ်ထံးအသိး, ကျိာ်ဂံၢ်ထံးအတၢ်နီၤဖးလီၤသး

partake *v* ၁. အီဉ်သကိးအီသကိးတၢ် ၂. မၤသကိးတၢ်, တူၢ်သကိးတၢ်

partial *a* ၁. တဖှံဉ်တတာ်, တဝံၤတတာ် ၂. ကွၢ်မဲာ်တၢ်တခီတၢၤ, စံဉ်ညီဉ်ဒိဉ်ဆံးအါစုၤတၢ် ၃. လၢအအဲဉ်ဒီးတၢ်တမံၤမံၤ, လၢအသးစဲတၢ်တမံၤမံၤ အဒိ, သးစဲအီဉ်ဆီညဉ် ၄. လၢအတူၢ်ဘဉ်ဝဲလၢအဘဉ်ဃးဒီးတၢ်တမံၤ

partiality *n* တၢ်လၢအကွၢ်ဒိဉ်ဆံးအါစုၤတၢ်, တၢ်လၢအကွၢ်မဲာ်တၢ်တခီတၢၤ, တၢ်ကွၢ်တၢ်တခီတဂၤ, တၢ်အဲဉ်ဒိဉ်ဆံးတၢ်

partially *adv* တနီၤ, တခဲလၢာ်ခဲဆ့ဘဉ်

partially blind *a* မဲာ်ခံး, မဲာ်ယုာ်

participant *n* ပှၤလၢအနုာ်ပြါတၢ်, ပှၤလၢအနုာ်လီၤမၤသကိးတၢ်

participate *v* နုာ်လီၤမၤသကိးတၢ်, ပဉ်ယှာ်မၤသကိးတၢ်, တူၢ်သကိးတၢ်

participation *n* တၢ်နုာ်လီၤမၤသကိးတၢ်, တၢ်ပဉ်ယှာ်မၤသကိးတၢ်

participle *n* အဲကလံးကျိာ်အဝီၢ်လၢတၢ်စူးကါအီၤဇ်ဝီၢ်ကယၢအသိးလၢအဲကလံးအကျိာ်ဂံၢ်ထံးအပူၤအဒိ – ဝီၢ်လၢတၢ်ထၢနုာ်လီၤ (ing, ed, en)

particle *n* တၢ်ကမံဖိ, တၢ်အဖျာဉ်ပြံ

particular *a* ၁. လၢအလီၤဆီ, ခဲခဲအံၤ ၂. လၢအလီၤဆီဒဉ်တၢ်, လၢအလီၤဆီ ၃. လၢအလီၤတံၢ်ကဲဉ်ဆိး, လၢအဃံဉ်အါဃူးအါကဲဉ်ဆိး

particular *n* တၢ်လီၤတံၢ်လီၤဆဲး, တၢ်လၢာ်ကဆူးလၢာ်ကတ့ၤ

particularity *n* ၁. တၢ်အိဉ်ဒီးကံၢ်စီလီၤလီၤဆီဆီဒဉ်ဝဲ ၂. တၢ်လီၤတံၢ်လီၤဆဲး

particularize, **particularise** *v* ဟ့ဉ်ထီဉ်တၢ်ဂ့ၢ်လီၤတံၢ်လီၤဆဲး, ဟ်ဖျါထီဉ်တၢ်ဂ့ၢ်လီၤတံၢ်လီၤဆဲး

particularly *adv* လီၤဆီဒဉ်တၢ်

parting *a* လၢအဘဉ်ထွဲဒီးတၢ်လီၤဖး

parting *n* ၁. တၢ်လီၤဖး, တၢ်ဟးဖးလိာ်သး ၂. တၢ်ခွဲဖးခိဉ်သူ, တၢ်ခွဲပံၤခိဉ်သူ

parting shot *n* တၢ်တဲဆဲးအဲးတၢ်ဖဲတချုးဟးထီဉ်, တၢ်မၤကတၢၢ်ကွံာ်တၢ်ကတိၤလၢတၢ်တၢ်ကတိၤဆဲးအဲး

partisan *a* ၁. လၢအဆီဉ်ထွဲတၢ်တခီတၢၤ, လၢအကွၢ်မဲာ်တၢ်ထဲတခီတၢၤ, လၢအဆီဉ်ထွဲမူသူတၢ်. ၂. (ပှၤတဖု) လၢအဟ်ဖှိဉ်ထီဉ်သးဒုးစဲပြံးတၢ်, (အဒိ, partisan struggle)

partisan *n* ၁. ပှၤလၢအဆီဉ်ထွဲတၢ်, ပှၤဆီဉ်ထွဲတၢ် ၂. ပှၤလၢအပူထီဉ်ဒုးထီဒါစဲးပြံးတၢ်, ပှၤပၢၢ်ဆၢဒုးစဲးပြံးတၢ်

partition *n* ၁. တၢ်နီၤဖးလီၤတၢ်အနူဉ်အဆၢ ၂. တၢ်နူဉ်, တၢ်သူဉ်ထီဉ်အနူဉ်, ဒၢးအနူဉ်

partition *v* ၁. နီၤဖးလီၤတၢ်အနူဉ်အဆၢ ၂. နူဉ်ထီဉ်တၢ်, နူဉ်ထီဉ်ဒၢး

partly *adv* တနီၤ, တကူတခီ

P

partner *n* ၁. သကိး, ပှၤမၤသကိးတၢ် ၂. ပှၤနီၢ်ဒီမါဝၤ, ပှၤဒီမါဝၤ ၃. ပှၤအဆိ အဒိ, နီၢ်ဝါဟး ဃုအဆိ

partner *v* မၤသကိးတၢ်တပူၤဃီ

partnership *n* ၁. တၢ်မၤဃုာ်မၤသကိးတၢ်, တၢ်ဒီတံၤဒီသကိး ၂. စုလီၤဃုာ်ကရၢ, တၢ်ကရၢကရိလၢအမၤဃုာ်မၤသကိးတၢ်

partridge *n* ထိၣ်ဘၢၣ်

part-time *a* လၢအနၣ်ရံၣ်ခီဖး, လၢ တၢ်ဆၢကတီၢ်ခီဖး

part-timer *n* ပှၤမၤတၢ်လၢအနၣ်ရံၣ်ခီဖး, ပှၤမၤတၢ်လၢတၢ်ဆၢကတီၢ်ခီဖး

party *n* ၁. မူး ၂. ပၣ်တံၣ် ၃. ပှၤ (အဖုတဖၣ်အကျါ) တဖု

party *v* မ့ာ်လၤလၢတၢ်အီၣ်သကိးအီသကိးတၢ်အပူၤ, မ့ာ်လၤသးခုအီတၢ်အီၣ်တၢ်

party political *a* လၢအဘၣ်ထွဲဒီးပၣ်တံၣ်တဖုအထံရှူၢ်ကီၢ်သဲးအဂ့ၢ်အဝီ, လၢအဘၣ်ဃးဒီးထံရှူၢ်ကီၢ်သဲးသန့လၢအမၤတၢ်လၢအပၣ်တံၣ်ဒၣ်ဝဲအဂီၢ်

party politics *n* ထံရှူၢ်ကီၢ်သဲးသန့လၢအမၤတၢ်လၢအပၣ်တံၣ်ဒၣ်ဝဲအဂီၢ်

party spirit *n* ၁. ထံရှူၢ်ကီၢ်သဲးပၣ်တံၣ်အသးသဟီၣ် ၂. တၢ်သးအိၣ်မၤမ့ာ်သးလၢမူးအကတီၢ်

party wall *n* တၢ်အနူၣ်လၢဟံၣ်ခံဖျၢၣ်အကဆူး, တိာ်လၢဟံၣ်ခံဖျၢၣ်အကဆူး

pass *n* ၁. တၢ်ဒ့, ကစၢ်ဒ့စ့ၤ, ကစၢ်ကဆူး ၂. တၢ်ဖျိတၢ်ဒိးစံး ၃. တၢ်ပျဲလဲၤတၢ်, လံာ်ပျဲက့

pass *v* ၁. ဆှၢခီ ၂. ခီဖျိ, လဲၤခီဖျိ, လဲၤခီက် ၃. ဖျိ (တၢ်ဒိးစံး) ၄. ပာ်ဂၢၢ်ပာ်ကျၢၤ (သဲစးတၢ်သိၣ်တၢ်သီ) ၅. ဟ့ၣ်လီၤတၢ်စံၣ်ညီၣ် ၆. ဟးထီၣ်ကွံာ်, ဟဲထီၣ်ကွံာ် ၇. ပျဲပူၤကွံာ်, မၢအလဲၤပူၤကွံာ်

bring to pass *idm:* ဒုးကဲထီၣ်တၢ်, မၤကဲထီၣ်တၢ်

pass by *vp:* လဲၤပူၤကွံာ်

pass key *n* နီၣ်ဝံာ်ခံလၢတၢ်အိးထီၣ်သိးဖျၢၣ်နု့ၢ်ကိးဖျၢၣ်

passable *a* ၁. လၢတၢ်တူၢ်လိာ်အီၤသ့ ၂. လၢတၢ်လဲၤခီက်အီၤသ့, လၢတၢ်ကီတၢ်ခဲတအိၣ်

passably *a* လၢတၢ်တူၢ်လိာ်ဒီးသးမံအီၤသ့အပူၤ

passage *n* ၁. ကျဲ, တၢ်ကျိၤလၢတၢ်အကဆူး ၂. လံာ်ကျိၤဖုၣ်လၢပထုးထီၣ်နု့ၢ်အီၤလၢလံာ်ဒီးထါတဖၣ်အပူၤ

passbook *n* စ့တၢးအလံာ်စ့စရီ, စ့တၢးစရီလံာ်

passenger *n* ပှၤလဲၤတၢ်ဖိ

passeries *n* ကသံၣ်ကဘျၣ်ဖိလၢသံးနှာ်သးဆူပိာ်မုၣ်ကွ့ၢ်ဂီၤပူၤ

passing *a* ၁. လၢအလဲၤတလၢကွံာ် ၂. လၢအလဲၤပူၤကွံာ် ၃. လၢအမ့ၢ်တစိၢ်ဖိ, တဘျီးဖိ

passing *n* ၁. တၢ်လဲၤတလၢကွံာ်, တၢ်လဲၤခီက် ၂. တၢ်လဲၤပူၤကွံာ် ၃. တၢ်စူးကွံာ်သး, တၢ်လီၤမၢ်ကွံာ်

passion *n* တၢ်သးဒိၣ်တပျုာ်တပျီၤ, တၢ်သးကတၢ, တၢ်သူၣ်ပိၢ်သးဝး

passion fruit *n* သးသူသၣ်, ဖြဲရှၤသၣ်, သ့ၣ်သၣ်တကလုာ်လၢအအိၣ်လၢတၢ်ကီၢ်လီၢ်ကဝီၤ

passion play *n* တၢ်ဒုးနဲၣ်ပူဘၣ်ဃးကစၢ်ယ့ၣ်ရှူးခရံာ်အတၢ်တူၢ်တၢ်နးတၢ်ဖှိၣ်အဂ့ၢ်, တၢ်ဒုးနဲၣ်ဘၣ်ဃးကစၢ်ယ့ၣ်ရှူးအတၢ်တူၢ်ဘၣ်ခီၣ်ဘၣ်ဒီးတၢ်သံတၢ်ပှၢ်

passionate *a* လၢအပာ်ဖျါထီၣ်အတၢ်သးဂဲၤ, လၢအသးကတၢထီၣ်, လၢအသးထီၣ်တပျုာ်တပျီၤ, လၢအသူၣ်ပိၢ်သးဝး

passionless *a* လၢအတၢ်သးဂဲၤတအိၣ်လၢၤ, လၢအတၢ်သးကတၢတအိၣ်, လၢအတၢ်သူၣ်ပိၢ်သးဝးတအိၣ်

passive *a* လၢအတတြီဆၢထီဒါတၢ်ဘၣ်

passive *n* ဝီၢ်လၢအပာ်ဖျါထီၣ်ပှၤ မ့တမ့ၢ်တၢ်လၢအတူၢ်ဘၣ်တၢ်အဂ့ၢ်

passive resistance *n* တၢ်ခီၣ်ရီာ်ထီဒါတၢ်လၢတၢ်မ့ာ်တၢ်ခုၣ်အကျဲ, တၢ်ဂဲၤလိာ်တၢ်လၢတၢ်မ့ာ်တၢ်ခုၣ်အကျဲ

passive smoking *n* တၢ်နၢဘၣ်ပှၤဂၤအမိာ်လုၢ်

Passover *n* ဘူၣ်လဲၤကပာ်, ပှၤယူဒၤဖိတၢ်ဘူၣ်တၢ်ဘါအနံၤသဘျ့

passport *n* လံာ်ဟးကီၢ်

password *n* တၢ်ကတိၤရူသူဉ်, လံာ်ဖျာဉ်ရူသူဉ်

past *a* လၢအဘဉ်ဃးဒီးခါလၢအပူၤကွံာ်, တၢ်ပူၤကွံာ်

past *adv* တလၢၤကွံာ်

past *n* ခါပူၤကွံာ်, ခဲခါလၢအပူၤကွံာ်

past master *n* ပှၤစဲဉ်နီၤ, ပှၤလၢသ့တၢ်လီၤတံၢ်လီၤဆဲး

pasta *n* အံဉ်တလံဉ်ခီနီ

paste *n* ၁. တၢ်စဲ (ကီဉ်), တၢ်အထံပံာ်, တၢ်အသံးပံာ် ၂. တၢ်ဖိတၢ်လံၤလၢအလီၤက်ဒီးယွၤခဉ်စီးလၢတၢ်ကမၤတၢ်မျ်ပလဲအပှိာ်

paste *v* ကျးစဲဘူးတၢ်, ကွဲးဒိဟ်လီၤ, ကွဲးဒိစဲလီၤ

pasteboard *n* စးခိတိဉ်ဘ့ဉ်ဘဉ်, စးခိကျၢ

pastel *n* ၁. စၢ်ဘိလၢအိဉ်ဒီးအလွဲၢ် ၂. တၢ်အလွဲၢ်စၢ်

pasteurize, pasteurise *v* ချိသံတၢ်ဃၢ်, ဟၢသံတၢ်ဃၢ်

pastille *n* ကသံဉ်ကမၢၤ

pastime *n* တၢ်တမံၤလၢပမၤအီၤမ့ာ်ဖဲပချူးပဒးခါ, တၢ်သးစဲ

pastor *n* တၢ်အိဉ်ဖှိဉ်သရၣ်, သရၣ်လၢကွၢ်ထွဲခရံာ်ဖိတၢ်အိဉ်ဖှိဉ်

pastoral *a* ၁. လၢအဘဉ်ထွဲဒီးတၢ်အိဉ်ဖှိဉ်သရၣ်အတၢ်ဖံးတၢ်မၤ ၂. လၢအဘဉ်ထွဲဒီးကိုသရၣ်အမူဒါလၢဘဉ်အံးထွဲကွၢ်ထွဲကိုဖိ ၃. လၢအဘဉ်ထွဲဒီးခိခိဉ်နူသဝီအတၢ်အိဉ်မူ ၄. လၢအဘဉ်ထွဲဒီးတၢ်ကွၢ်သိ

pastry *n* ၁. ကိဉ်ကိၢ်လိဉ်လၢတၢ်ကၢဟ်စၢၤအီၤ, ကိဉ်ကမူဉ်လၢတၢ်ဃါဃှာ်အီၤဒီးဘုဒီးဘုကၠူဉ်ကမူဉ်, ထံ, ထိဘး, တၢ်နၢ်ထံလၢတၢ်ကမၤကိဉ်အဂီၢ် ၂. ကိဉ်ဘၢကဖိ, ကိဉ်ဆီဒံဉ်ဘၢကဖိ ၃. ကိဉ်ဖးစထြံဉ်

pasture *n* (ဆဉ်ဖိကိၢ်ဖိ) အီဉ်ဆဉ်လိၢ်, အီဉ်ဆဉ်လိၢ်ပျီလါဟ့, တၢ်ဖံးအီဉ်မၤအီဉ်အလိၢ်ကဝီၤ

pasture *v* ပျ်ဒုးအီဉ်ဆဉ်, ပျ်ဒုးအီဉ်လီၤဆဉ်ဖိကိၢ်ဖိအဆဉ်

pastureland *n* တၢ်အီဉ်ဆဉ်အလိၢ်ပျီလါဟ့

pasty *a* လၢအလီၤသံလီၤဝါ, လၢအတဖျါအိဉ်ဆူဉ်အိဉ်ချ့

pasty *n* ကိဉ်ဖးစထံဉ်, ကိဉ်ဘိဉ်ဘၢ, ကိဉ်လၢတၢ်ညဉ်အိဉ်လၢအပူၤ

pat *a* လၢအကတိၤတၢ်ဖှံဖှံညီညီ, စံးဆၢတၢ်ဖှံဖှံညီညီလၢတဆိကမိဉ်ထံတၢ်

pat *adv* စံးဆၢတၢ်လၢအချ့သဒံးလီၤတံၢ်အပူၤ

pat *n* တၢ်ဒဲတၢ်ကဖီလီ

pat *v* ဒဲတၢ်ကဖီလီ အဒိ, နီၢ်ဖိဒဲဃပျိၢ်လၢအစုညါသး

patch *n* ၁. တၢ်ဆးကျး ၂. ကျိုး, ဟီဉ်ခိဉ်အကဝီၤဖိ

patch *v* ၁. ဆးကျးတၢ်ကူတၢ်သိး, မၤဘၢတၢ်ပူၤဟိ, ဘိုက့ၤတၢ်တလီၤတံၢ်လီၤဆဲး ၂. (patch up) မၤဘဉ်လိာ်ဖိးဒ့လိာ်က့ၤသး, ဒုးအိဉ်ထိဉ်တၢ်ဃူတၢ်ဖိး

patchouli *n* သိနၢမူတကလှာ်, သိနၢမူလၢဘဉ်တၢ်မၤန့ၢ်အီၤလၢတၢ်နၢမူအသ့ဉ်ပဒၢဖိအအိဉ်

patchwork *n* ၁. တၢ်ဆးကျးဒဲးကံဉ်ဒဲးဝ့ၤတၢ် ၂. တၢ်အက့အခီတနီၤလၢဘဉ်တၢ်ဟ်ဖှိဉ်ထိဉ်အီၤတပူၤဃီ

patchy *a* ၁. လၢအအိဉ်ဒီးအကွီၤတဖဉ် ၂. လၢအအိဉ်လၢန့ဉ်တစဲးလီၤဟိလၢအံၤတစဲး ၃. လၢအတလၢတပှဲၤ, လၢအလီၤတူာ်လီၤက်ဆူနူဉ်ဆူအံၤ

pate *n* ခိဉ်ထံ

patella *n* ခီဉ်လှဉ်ခိဉ်မိကဲ, ခိဉ်မိကဲ

patella *n* ထံကိၢ်ပဒိဉ်အလံာ်ပျဲက့ဖိးသဲစးလၢတၢ်ကမၤအိဉ်တၢ်

Paten *n* ဘူဉ်စိဆုံအလီခိ, ခရံာ်ဖိတၢ်အိဉ်ဘူဉ်စပံးထံလီခိ

patent *a* လၢအအိဉ်ဖျါ, လၢအဖျါတြၢ်ကလာ်

patent *n* အိဉ်ဖျါ

patent leather *n* တၢ်ဖံးလၢအကပီၤ, တၢ်ဖံးလၢတၢ်ဘိုထၢဉ်ဒီးခိဉ်ဖံးတဖဉ်

paterfamilias *n* ပၢ်, ပိာ်ခွါလၢအကဲဟံဉ်ခိဉ်ဃီခိဉ်

paternal *a* လၢအဘဉ်ဃးဒီးပၢ်, လၢအအိဉ်ဒီးပၢ်အသူးအသ့ဉ်, လၢအကြၢးအဘဉ်ဒီးပၢ်

paternalism *n* လၢအပၢတၢ်ဆှာတၢ်ဒ်ပၢ်အသိး, သန့လၢအမၤလၢပှဲၤန့ၢ်တၢ်လိဉ်ဘဉ်

တဖၣ်, ဘၣ်ဆၣ်တဟ့ၣ်ဝဲမူဒါဒီးခွဲးယာ်လၢတၢ်ယုထၢဘၣ်

paternity *n* တၢ်ကဲပၢ်, ပှၤလၢအဟဲလီၤစၢၤလၢပၢ်တခီ

paternity leave *n* ပၢ်ဖိဆံးအိၣ်ခွဲး, ပၢ်အခွဲးဖဲတၢ်ဒီးန့ၢ်ဘၣ်အီၤဖဲအဖိအိၣ်ဖျဲၣ်ထီၣ်သီခါ

path *n* ကျဲ, ကျဲဖိ

pathetic *a* ၁. လၢအလီၤသးကညီၤ, လၢအထိၣ်ဂဲၤထီၣ်တၢ်သးအိၣ်, လၢအမၤတံာ်တာ်သးအုးတၢ်

pathfinder *n* ၁. ပှၤနဲၣ်ကျဲဖိ, ပှၤဟးလၢတၢ်မဲာ်ညါဒီးနဲၣ်ကျဲ, ပှၤယုထံၣ်ဒီးနဲၣ်ကျဲ ၂. ပှၤလၢယုထံၣ်န့ၢ်တၢ်ဖံးတၢ်မၤအကျိၤအကျဲအသီ

patho- *combining* လၢအဘၣ်ထွဲဒီးတၢ်ဆါ, လၢအဘၣ်ထွဲဒီးတၢ်ဆူးတၢ်ဆါ

pathogen *n* တၢ်လၢအဒုးအိၣ်ထီၣ်တၢ်ဆူးတၢ်ဆါ

pathological *a* ၁. လၢအဂ့ၢ်အကျိၤတအိၣ်, လၢအအိၣ်ဟ်စၢၤဒ်အကစၢ်ဒၣ်ဝဲအန့ဆၢၣ်အသိး ၂. လၢအအိၣ်ထိၣ်ခီဖျိတၢ်ဆူးတၢ်ဆါ ၃. လၢအဘၣ်ထွဲဒီးတၢ်ဆါပီညါ

pathologist *n* ပှၤလၢအယုသ့ၣ်ညါတၢ်ဆူးတၢ်ဆါပီညါ

pathology *n* တၢ်ဆူးတၢ်ဆါပီညါ

pathos *n* တၢ်သူၣ်ကညီၤသးကညီၤ, တၢ်သူၣ်အိၣ်သးအိၣ်

pathway *n* ကျဲ, ကျဲဖိ, ခိၣ်ကျဲဖိ

patience *n* တၢ်ဝံသးစူၤ

patient *a* သးစူၤ

patient *n* ပှၤဆါ, ပှၤဆူးပှၤဆါ

patina *n* ၁. တိၢ်ဂီၤ, တိၢ်ဘီထိၣ်အ့ၣ် ၂. တၢ်အမဲာ်ဖံးဘျ့ကပီၤလၢသ့ၣ် မ့တမ့ၢ် တၢ်ဖံးလီၤ

patio *n* တၢ်အိၣ်ဘှံးအိၣ်သါအလိၢ်လၢဟံၣ်ကရၢၢ်ပူၤ, တၢ်အိၣ်ကသုၣ်ကသီလိၢ်လၢအိၣ်ဒီးအနူၣ်

patisserie *n* ၁. ကျးဆါကိၣ် (ကိၣ်ဆီဒံၣ်, ကိၣ်ကဖီတဖၣ်) ၂. ပှၤတ့ဆါကိၣ်လိၢ်, ပှၤဘိၣ်ဆါကိၣ်အလိၢ် ၃. ကိၣ်ဆီဒံၣ်

patois *n* လိၢ်ကဝီၤကျိာ်, ကျိာ်လၢအဘၣ်တၢ်ကတိၤအီၤလၢလိၢ်ကဝီၤလီၤဆီတတီၤ

patriarch *n* ၁. ဟံၣ်ခိၣ်ဃိခိၣ် ၂. ကလုာ်ဒူၣ်အခိၣ်နၢ် ၃. ပှၤလၢသူၣ်ထိၣ်တၢ်ကရၢကရိ ၄. သူၣ်ကုသးပှၢ်လၢတၢ်သ့ၣ်ညါဟ်ကဲအီၤ ၅. ဘံရှၢၣ်လိၢ်လၤဒိၣ် (လၢခရံာ်ဖိအတၢ်အိၣ်ဖှိၣ်)

patriarchal *a* လၢဘၣ်ဃးတၢ်ပၢအီၤလၢပိာ်ခွါ, လၢဘၣ်တၢ်ဟ့ၣ်စိကမီၤဒီးတၢ်အကါဒိၣ်ထဲလၢပိာ်ခွါ

patriarchate *n* ၁. ဘံရှၢၣ်ဒိၣ်အလိၢ်လၤ ၂. လိၢ်ကဝီၤလၢအဘၣ်တၢ်ပၢအီၤလၢဘံရှၢၣ်လိၢ်လၤဒိၣ်

patriarchy *n* ပိာ်ခွါလုာ်ဘၢစိကမီၤသနူ, သနူလၢအဟ့ၣ်စိကမီၤဒီးဟ်တၢ်အကါဒိၣ်ထဲပိာ်ခွါ, ပိာ်ခွါကဲပှၤပၢတၢ်သနူ

patrician *a* ၁. လၢအတူၢ်ဒိၣ်ကီၤဒိၣ် ၂. လၢဘၣ်ထွဲဒီးပှၤတူၢ်ဒိၣ်ကီၤဒိၣ်, လၢအလီၤစၢၤလၢပှၤတူၢ်ဒိၣ်ကီၤဒိၣ်

patricide *n* ၁. တၢ်မၤသံနီၢ်ကစၢ်ဒၣ်ဝဲအပၢ် ၂. ပှၤလၢအမၤသံက့ၤအပၢ်

patrimony *n* ၁. ပၢ်အတၢ်ဟ့ၣ်သါ ၂. မိၢ်ပၢ်ဖံဖုလၢပျၢၤအတၢ်ဟ့ၣ်သါ ၃. လုၢ်လၢ်ဆဲးလၢတၢ်န့ၢ်သါ

patriot *n* ပှၤအဲၣ်ကလုာ်

patriotic *a* သးလၢအအဲၣ်အပှၤကလုာ်

patriotism *n* တၢ်အဲၣ်ကလုာ်ဒွဲသနူ, အဲၣ်ကလုာ်သနူ

patrol *n* တၢ်လဲၤတရံးကဝီၤခိးတၢ်

patrol *v* ဟးဝ့ၤဝီၤခိးတၢ်, ဟးဝ့ၤဝီၤလီၤမူဒါ

patrol wagon *n* ပၢၤကိၢ်သိလှ့ၣ်လၢပျၢၤ, သိလှ့ၣ်တီပှၤဃိၣ်ဖိ

patrolman *n* ပၢၤကိၢ်, ပၢၤကိၢ်လၢအလဲၤတရံးကဝီၤခိးတၢ်

patron *n* ၁. ပှၤဆီၣ်ထွဲမၤစၢၤတၢ် ၂. ပှၤမံၤဟူသၣ်ဖျါလၢဆီၣ်ထွဲတၢ်ကရၢကရိဒီးကဲခၢၣ်စး, တၢ်ကရၢကရိအပှၤဒိၣ်ပှၤထီ ၃. ပှၤပွ့ၤစူးကါတၢ်

patron saint *n* ပှၤစီဆုံလၢအကဟုကယာ်တၢ်, ခရံာ်ဖိအပှၤစီဆုံလၢပှၤနာ်လၢအစိးကဟုကယာ်တၢ်လိၢ်တတီၤ မ့တမ့ၢ် ပှၤတဖု

patronage *n* ၁. ကျိၣ်စ့တၢ်ဆီၣ်ထွဲမၤစၢၤ ၂. သနူလၢပှၤအကါဒိၣ်ပှၤခိၣ်ပှၤနၢ်တဖၣ်ဟ့ၣ်မၤစၢၤတၢ်ဒ်သိးကန့ၢ်ဘၣ်တၢ်ဆီၣ်ထွဲမၤစၢၤ ၃. တၢ်ပွ့ၤစူးကါဆီၣ်ထွဲစၢၤတၢ်ထီဘိ

P

patroness *n* ပှၤပိာ်မုာ်လၢဟ့ၣ်ကျိၣ်စ့ဒီး ဆီၣ်ထွဲမၤစၢၤတၢ်

patronize, patronise *v* ၁. ရှလိာ်ပှၤဘၣ်ဆၣ်ဟ်အသးလၢပှၤဖိခိၣ်, ရှလိာ်ပှၤဘၣ်ဆၣ်ဟ်ဆံးပှၤအဂၤ ၂. ကဲထီၣ်ပှၤပှ့ၤစူးကါဆီၣ်ထွဲတၢ်ထီဘိ ၃. ပှၤဆီၣ်ထွဲမၤစၢၤတၢ်

patronizing, patronising *a* လၢအရှလိာ်ပှၤဘၣ်ဆၣ်ဟ်အသးလၢပှၤဖိခိၣ်, လၢအရှလိာ်ပှၤဘၣ်ဆၣ်ဟ်ဆံးပှၤအဂၤ

patsy *n* ပှၤလၢတၢ်လံၣ်တၢ်လီန့ၢ်အီၤညီ, ပှၤအီပီ

patter *v* ၁. စူၤလီၤသီၣ်ပြံၤပြံၤ, ဟးသီၣ်ဖဲးဖဲး ၂. ကတိၤတၢ်အဆၢတလီၤတူာ်

pattern *n* ၁. တၢ်အဒိ ၂. တၢ်ကူတၢ်ကၤအဒိ

pattern *v* ၁. ဒုးကဲထီၣ်တၢ်အဒိ ၂. ဒဲးကံၣ်ဒဲးဝ့ၤတၢ်, ဒဲးကံၣ်ဒဲးဝ့ၤထီၣ်တၢ်

patterned *a* ၁. လၢအအိၣ်ဒီးဒဲးကံၣ်ဒဲးဝ့ၤ, လၢအအိၣ်ဒီးဖိ ၂. ဘၣ်တၢ်ကယၢကယဲအီၤအိၣ်ဒီးဒဲးကံၣ်ဒဲးဝ့ၤ

patterning *n* ၁. တၢ်အက့ၢ်ဂီၤဒိ, တၢ်ကဲဒီးတၢ်, တၢ်မၤဒီးတၢ် ၂. တၢ်ဟံးန့ၢ်မၤဒီးတၢ်အက့ၢ်အဂီၤဒိ

patty *n* တၢ်ညၣ်ယာ်ဘ့ၣ်, တၢ်ညၣ်, ညၣ်ဒီးတၢ်အဂ့ၤဂၤလၢတၢ်ယာ်ဘျဲးအီၤဝံၤဒုးကဲထီၣ်အီၤလၢတၢ်အဘ့ၣ်ဆံးကဝီၤကျိၤ

paucity *n* တၢ်စုၤကိာ်ဖိ, တၢ်တအိၣ်လၢအိၣ်ပှဲၤ, တၢ်ကၤ

paunch *n* ဟၢဖၢဒိၣ်လီၤစဲၤ

pauper *n* ပှၤဖိုၣ်သံယာ်ဂီၤ, ပှၤဖိုၣ်ဖိ

pause *n* ၁. တၢ်ဆိကတိၢ်, ဖီးပတှာ်, တၢ်အိၣ်ပတှာ်တစိၢ်ဖိ, တၢ်ဟ်ပတှာ်တစိၢ်ဖိ ၂. တၢ်ပနီၣ်လၢအအိၣ်လၢနိးအဖီခိၣ်လၢအဟ်ဖျါတၢ်သးဝံၣ်အသိၣ်ကဘၣ်တၢ်ထုးအီၤယံာ်န့ၢ်ဒံးအညီနှၢ်

pause *v* အိၣ်ပတှာ်တစိၢ်ဖိ

pave *v* ဒါလီၤကျဲ, ဘိုကျဲလၢလၢၢ်, ကတဲာ်ကတီၤဟ်စၢၤကျဲ

pavement *n* ကျဲပျ့ၢ်, ကျဲကစီၤ

pavilion *n* ၁. တၢ်သူၣ်ထီၣ်ပတြိာ်, ယၣ်ဒဲ ၂. တၢ်သူၣ်ထီၣ်လၢတၢ်ကယၢကယဲဃံလၤအီၤ ၃. တၢ်သူၣ်ထီၣ်ဆံးဆံးဖိ, ဟံၣ်ဖိစိၢ်

paving *n* ၁. တၢ်ဒါလီၤကျဲအပီးလီ ၂. လၢၢ်ဒါ

paving stone *n* လၢၢ်ဒါ, လၢၢ်ဘ့ၣ်ဘၣ်

paw *n* ဆၣ်ဖိကိၢ်ဖိအစုညါခီၣ်ညါ

paw *v* ၁. ကွးတၢ်လၢအစုမ့ၣ်, တ်တၢ်လၢအစု ၂. ဖိၣ်စဲးဖိၣ်စိးပှၤလၢတဘၣ်ကျဲ

pawn *n* ၁. (လၢတၢ်ဂဲၤခွဲးအပူၤ) ခ့ဖိ, ပှၤသုးဖိ, တၢ်ဂီၤအကျါတဖုလၢအလုၢ်အပှ့ၤဆံးကတၢၢ်လၢတၢ်ဂဲၤခွဲးအပူၤ ၂. ပှၤလၢတၢ်သူအီၣ်အီၤလၢကဲထီၣ်တၢ်ဘၣ်ဘျုးလၢပှၤတဂၤအဂီၢ်

pawn *v* ပီၣ်လီၤတၢ်, ဟ့ၣ်ကီၤတၢ်, ဟ်လီၤတၢ်

pawnbroker *n* ပှၤလၢတၢ်လဲၤပီၣ်လီၤတၢ်ဆူအအိၣ်, ပှၤလၢအဒုးလိၢ်လီၤစ့ဒီးဟံးန့ၢ်ပှၤအတၢ်စုလိၢ်ခီၣ်ခိၣ်တမံၤမံၤလၢစ့အလိၢ်

pawnshop *n* ကျးပီၣ်လီၤတၢ်, တၢ်ပီၣ်လီၤတၢ်အကျး

pawpaw *n* ကွံစံသၣ်, မ်ာသၣ်, တကွံသ့ၣ်သၣ်, ကိစံသၣ်

pay *n* တၢ်အဘူးအလဲ, ဘူးလဲ, စုလဲ

pay *v* ၁. ဟ့ၣ် (တၢ်အပှ့ၤ) , ဟ့ၣ်ကဲ့ၤ (ဒ့ၣ်ကမ်ၢ) ၂. ဟ့ၣ်ဆၢကဲ့ၤတၢ်

pay cheque, pay check *n* ၁. ခွဲးဟ့ၣ်စ့, တၢ်ဟ့ၣ်ဘူးလဲအခွဲး, ခွဲးလံာ်ကဲ့တဘ့ၣ်လၢအဟ့ၣ်တၢ်မၤအဘူးအလဲ ၂. လါလဲထဲအံၤထဲနၤ, တၢ်ဖံးတၢ်မၤအဘူးအလဲ

pay day *n* တၢ်ထုးထီၣ်လါလဲအမုၢ်နံၤ, တၢ်ထုးထီၣ်ဘူးလဲအမုၢ်နံၤ

pay dirt *n* ၁. တၢ်ထံၣ်န့ၢ်တၢ်ထူးတၢ်တီၤတၢ်လုၢ်ဒိၣ်ပှ့ၤဒိၣ် ၂. ဟီၣ်ခိၣ်လၢအအိၣ်ဒီးဟီၣ်လာ်တၢ်ထူးတၢ်တီၤ

pay packet *n* ၁. လါလဲထဲအံၤထဲနၤ, တၢ်ဖံးတၢ်မၤအဘူးအလဲ ၂. လါလဲအလံာ်ဒၢ, ဘူးလဲအလံာ်ဒၢ

payable *a* ၁. (ကဒ့ၢ) လၢတၢ်ကဘၣ်ဟ့ၣ်ကဲ့ၤအီၤ, (ကျိၣ်စ့) လၢတၢ်ကဘၣ်လီးကဲ့ၤအီၤ ၂. (ကျိၣ်စ့) လၢတၢ်ကဘၣ်ဟ့ၣ်လီၤအီၤ အဒိ, စ့ ၁,၀၀၀ ဘးအံၤတၢ်ကဘၣ်ဟ့ၣ်လီၤအီၤဆူနီၢ်ဝါအစုပူၤလီၤ

payback *n* ၁. တၢ်ဘျုးတၢ်ဖှိၣ်လၢတၢ်မၤန့ၢ်ကဒါကဲ့ၤအီၤ, တၢ်ဒိးန့ၢ်ကဲ့ၤတၢ်ဘျုးတၢ်ဖှိၣ် ၂. စ့လၢတၢ်ဒိးန့ၢ်ကဒါကဲ့ၤအီၤလၢစ့မိၢ်ပှၢ်လၢတၢ်

P

ဘျၢလီၤတ့ၢ်အီၤ ၃. တၢ်မၤကၣ်က့ၤတၢ်, တၢ်မၤဆၢက့ၤတၢ်, တၢ်ဟ့ၣ်ကၣ်

payee *n* ပှၤဒိးန့ၢ်စ့, ပှၤဒိးန့ၢ်ခွဲး

payer *n* ပှၤဟ့ၣ်စ့, ပှၤလၢအကဘၣ်ဟ့ၣ်စ့

paying guest *n* ပှၤလၢအအိၣ်ဆိးလၢပှၤအဟံၣ်ဒီးဟ့ၣ်ဟံၣ်လဲ, ပှၤဒိးလဲအိၣ်သကိးဟံၣ်ဒီးဟံၣ်ကစၢ်

payload *n* ၁. (သိလ့ၣ်, ကဘီ) တၢ်အတယၢ်ဃၢလၢတၢ်ပဒၢးအီၤ, တၢ်ဖိတၢ်လံၤအတယၢ်လၢတၢ်ပဒၢးအီၤန့ၢ် ၂. တၢ်စုကဝဲၤပိးလီလၢကဘီယူၤတဘ့ၣ်ပဒၢးအီၤ ၃. မ့ၣ်ပိၢ်အသဟီၣ်လၢအတြီၢ်မျိၢ်သၣ်ယူၤတဖျၢၣ်

paymaster *n* ၁. ပှၤဘၣ်မူဘၣ်ဒါလၢအဟ့ၣ်တၢ်ဘူးတၢ်လဲ ၂. ပှၤလၢအဟ့ၣ်လီၤစ့လၢတၢ်ပညိၣ်တမံၤမံၤအဂီၢ်

payment *n* ၁. တၢ်အဘူးအလဲ, တၢ်အပှ့ၤကလံၤ ၂. တၢ်ဟ့ၣ်ကျိၣ်စ့, တၢ်ဟ့ၣ်တၢ်ဘူးတၢ်လဲ ၃. တၢ်ဟ့ၣ်ကၣ်က့ၤတၢ်, တၢ်ဟ့ၣ်ဆၢက့ၤတၢ်, တၢ်ဟ့ၣ်ဘျုးက့ၤတၢ်

pay-off *n* ၁. တၢ်န့ၢ်ဘျုး, တၢ်ကဲဘျုးကဲဖှိၣ် ၂. တၢ်ဟ့ၣ်စ့ထုးထိၣ်ကွံာ်ပှၤလၢတၢ်မၤ ၃. တၢ်ဟ့ၣ်ခိၣ်ဖးလၢ်ဆိုး

payola *n* ၁. ခိၣ်ဖးလၢ်ဆိုး, ကျိၣ်စ့ကဘျုံးကဘျၣ် ၂. တၢ်အိၣ်ကဘျုံးကဘၣ်ကျိၣ်စ့အတၢ်မၤ

payout *n* တၢ်ဟ့ၣ်လီၤကျိၣ်စ့အါအါဂိၢ်ဂိၢ်, တၢ်ဟ့ၣ်လီၤစ့ဒီကိၢ်လိၣ်

payphone *n* ကမျၢ်အလီတဲစိ, လီတဲစိလၢအအိၣ်လၢကမျၢ်တၢ်လိၢ်တၢ်ကျဲတဖၣ်လၢပှၤဘၣ်ထၢနှာ်လီၤစ့ မ့တမ့ၢ် ခးက့

payroll *n* ၁. ပှၤမၤတၢ်ဖိဒိးန့ၢ်ဘၣ်လါလဲ ၂. စ့ပုံၤအံၤပုံၤနၤလၢတၢ်ကဘၣ်ဟ့ၣ်လီၤဆူပှၤမၤတၢ်ဖိအအိၣ် ၃. တၢ်ပၢတၢ်ဆှၢပှၤမၤတၢ်ဖိအဘူးအလဲ

payslip *n* ဘူးလဲလံာ်က့

pea *n* ဘီဘၣ်သၣ်

pea-brain *n* ပှၤလၢအသးဆံး, ပှၤအီရံၢ်အီရိၢ်, ပှၤငီး, ပှၤခိၣ်နူာ်တအိၣ်

peace *n* ၁. တၢ်မှာ်တၢ်ခုၣ် ၂. တၢ်ဘှ့ၣ်တၢ်ဘှီၣ်

peace offering *n* တၢ်မၤယူမၤဖိးက့ၤတၢ်အတၢ်ဟ့ၣ်, တၢ်မၤမှာ်ပှၤသးအတၢ်ဟ့ၣ်

peace pipe *n* တၢ်ယူတၢ်ဖိးအမိာ်ကျိ, မိာ်ကျိလၢပှၤအမဲရကၤပှၤထူလံၤဖိတဖၣ်အီသကိးလၢအဒုးနဲၣ်ဖျါထိၣ်တၢ်ယူတၢ်ဖိး

peace talks *n* တၢ်တဲကျဲၤတၢ်မှာ်တၢ်ခုၣ်

peaceable *a* လၢတအဲၣ်ဒိးတၢ်ဒုးတၢ်ယၤ, လၢအတအဲၣ်တၢ်စုဆူၣ်ခီၣ်တကး, လၢအဲၣ်ဒိးအိၣ်မှာ်မှာ်ခုၣ်ခုၣ်, လၢအအဲၣ်တၢ်မှာ်တၢ်ခုၣ်

peaceably *adv* မှာ်မှာ်ခုၣ်ခုၣ်, ယူယူဖိးဖိး, လၢတၢ်မှာ်တၢ်ခုၣ်အပူၤ, လၢတၢ်ယူတၢ်ဖိးအပူၤ

peaceful *a* မှာ်မှာ်ခုၣ်ခုၣ်, လၢအမှာ်အခုၣ်

peacekeeping *a* လၢအပၢၤဃာ်တၢ်ယူတၢ်ဖိး, လၢအတြီဃာ်တၢ်ဒုးတၢ်ယၤ

peacemaker *n* ပှၤလၢအနှာ်လီၤလၢတၢ်ဘၣ်စၢၤဒီးကျဲၤယူကျဲၤဖိးတၢ်, ပှၤကျဲၤယူကျဲၤဖိးတၢ်လၢ (တၢ်) ခံမံၤအဘၢၣ်စၢၤ

peacetime *n* တၢ်မှာ်တၢ်ခုၣ်အကတီၢ်, တၢ်ယူတၢ်ဖိးအကတီၢ်, တၢ်အကတီၢ်ဖဲတၢ်ဒုးတၢ်ယၤတအိၣ်အကတီၢ်

peach *n* ၁. ထံမိၤတိၤသၣ်ဖးဒိၣ်, မိၢ်တိၤသၣ်ဖးဒိၣ် ၂. ပှၤလၢအလီၤအဲၣ်လီၤကွံ, တၢ်လၢအလီၤအဲၣ်လီၤကွံ, တၢ်လၢအလီၤထုးန့ၢ်သူၣ်ထုးန့ၢ်သး ၃. တၢ်အလွဲၢ်ဂီၤဘီစၢ်

peachy *a* ၁. လၢအလီၤက်ဒီးမိၢ်တိၤသၣ်, လၢအလီၤက်ဒီးထံမိၤတိၤသၣ် ၂. လၢအလီၤထုးန့ၢ်သူၣ်ထုးန့ၢ်သး, ဂ့ၤဒိၣ်မး, ဂ့ၤဂ့ၤကလဲာ်

peacock *n* ထိၣ်ပှာ်, ထိၣ်ပှာ်ဖါ

pea-green *a* လၢအလွဲၢ်လါဟ့ဒ်ဘီဘၣ်သၣ်အသိး

pea green *n* တၢ်အလွဲၢ်လါဟ့, တၢ်အလွဲၢ်ကပီၤလါဟ့

peahen *n* ထိၣ်ပှာ်မိၢ်

peak *a* လၢအပတီၢ်ထီကတၢၢ် မ့တမ့ၢ် ဆၢကတီၢ်လၢပှၤမၤတၢ်အါအါဂိၢ်ဂိၢ် မ့တမ့ၢ် စူးကါဝဲ

peak *n* တၢ်ခိၣ်စိး, တၢ်ဒီခိၣ်, ကစၢၢ်ဒီခိၣ်, တၢ်စိခိၣ်

peak *v* ၁. တုၤထိၣ်ထိၣ်ဘးအထီကတၢၢ် ၂. လီၤဝါ, ဖုံၣ်လီၤဃဲၤလီၤ

peaked *a* ၁. လၢအစူဖျံ, လၢအခိၣ်စူ ၂. ဃဲၤအီရီၤ, လၢအတဆူၣ်တချ့

peaky *a* လၢအဖျိတဆူၣ်တချ့, လၢအဖျိလီၤဝါ

P

peal *n* ၁. ဒၢလွဲအသီ, တၢ်ဒိဒၢလွဲအသီတူၢ်ရဲၣ်, မိၤအသီ ၂. တၢ်သီၣ်ဖးဒိၣ် ၃. တၢ်ဒုတၢ်အူလၢအသီၣ်ဒ်ဒၢလွဲသီၣ်အသိး

peal *v* ၁. မၤသီၣ်တၢ်ကလုၢ်ဖးဒိၣ် ၂. ဒိ (ဒၢလွဲ)

peanut *n* သဘ့ဟီၣ်လ်ာ

peanut butter *n* ထီပးသဘ့ဟီၣ်လ်ာ

pear *n* သ့ၣ်တီသၣ်, သ့ၣ်တီထူၣ်

pearl *n* ပလဲ, ချိၣ်လ့ၤ

pearly *a* လၢအလီၤက်ဒီးပလဲ, လၢအလီၤက်ဒီးချိၣ်လ့ၤ

Pearly Gates *n* မူခိၣ်ဘီမုၢ်အတြဲ, ပၤရဒံၣ်စူးအတြဲ

pear-shaped *a* လၢအနီၢ်ခိက့ၢ်ဂီၤလီၤက်ဒ်သ့ၣ်တီသၣ်အသိး, လၢအခံဒိၣ်အမိၢ်ပှၢ်ဆံး

peasant *n* ပှၤမၤကလိ, ပှၤမၤဝဲၤဖိ

peasantry *n* ပှၤမၤကလိအတီၤပတီၢ်, ပှၤမၤဝဲၤဖိအတီၤပတီၢ်

peashooter *n* နီၣ်အူပီၤဘိ (ဖိသၣ်တ့ၢ်နှာ်သဘ့ချံလၢပီၤပူၤဒီးအူဝဲဒ်သိးကဘၣ်ပှၤတဂၤဂၤ)

peat *n* သ့ၣ်လၣ်အအုၣ်အကျၣ်ဃ့ထိ

peat moss *n* နီၣ်ဒိးဆူး, ထံဃံၣ်, အံၣ်ငံးတကလုာ်

pebble *n* လၢၢ်ဖိဒံၣ်, လၢၢ်ဖိပြံလၢထံကျိပူၤ

pecan *n* သ့ကုကိၤသၣ်တကလုာ်, သ့ၣ်ကုကိၤသၣ်အချံ

peccadillo *n* တၢ်ကမၣ်ဆံးကဲာ်ဖိ, တၢ်ကမၣ်ဆံးကိာ်ဖိ

peck *n* ၁. (ထိၣ်) ဖျးတၢ်, (ထိၣ်) စိးတၢ် ၂. တၢ်ဟ့ၣ်တၢ်နၢမူချူ့သဒံး ၃. နီၣ်ဃိၣ်တၢ်အိၣ်ဃ့ထိလၢအထဲသိးဒီးနီၣ်ဃိၣ်တၢ်အထံခံကၣ်လၣ်

peck *v* (ထိၣ်) ဖျး, (ထိၣ်) စိးတၢ်

peckish *a* လၢအသၣ်ဝံၤထိၣ်သးတစဲးစဲး, လၢအသၣ်ဝံၤထိၣ်သးကရူကရူ

pectoral *a* လၢအဘၣ်ဃးဒီးသးနါပှၢ်

peculiar *a* လီၤတိၢ်လီၤဆီ, လၢအလီၤဆီ

peculiarity *n* တၢ်လၢအလီၤဆီ, တၢ်လီၤဆီဒီးတၢ်အဂၤ, တၢ်အလုၢ်အလၢ်လီၤဆီ

peculiarly *adv* ၁. လီၤဆီဒၣ်တၢ် ၂. လီၤလီၤဆီဆီ, လၢတညီနုၢ်မၤအသး

pecuniary *a* လၢအဘၣ်ဃးဒီးကျိၣ်စ့

pedagogic *a* လၢအဘၣ်ဒီးတၢ်သိၣ်လိအကျိၤအကျဲ

pedagogue *n* ၁. ကိ့သရၣ် ၂. ကိ့သရၣ်လၢအတၢ်သိၣ်တၢ်သီဃံး

pedagogy *n* တၢ်သိၣ်လိအကျိၤအကျဲအတၢ်သ့တၢ်ဘၣ်, တၢ်သိၣ်လိပီညါ

pedal *n* ၁. ခီၣ်ယီၢ်လၣ်, တၢ်တမံၤလၢအဟူးဝး မ့တမ့ၢ် မၤဟူးဝးတၢ် အဒိ, လ့ၣ်ယီၢ်အယီၢ်လၣ် ၂. ခီၣ်ဖိာ် အဒိ, ထၣ်အခီၣ်ဖိာ်

pedal *v* ယီၢ် (ခီၣ်ယီၢ်လၣ်) အဒိ, ယီၢ်လ့ၣ်ယီၢ်အခီၣ်ယီၢ်လၣ်

pedal bin *n* တၢ်တဃာ်ဒၢလၢအိၣ်ဒီးခီၣ်ယီၢ်လၣ်, တၢ်ကမုံးဒၢလၢအိၣ်ဒီးအခီၣ်ယီၢ်

pedalo *n* ချံယီၢ်ဖိ, ချံယီၢ်ဖိလၢတၢ်ဒီးလိာ်ကွဲအီၤ

pedant *n* ပှၤလၢအမၤဖိာ်ထွဲဝဲဒ်လံာ်တဲဝဲအသိး, ပှၤလၢလိာ်သ့အသးဒ်သိးပှၤကစံးထိၣ်ပတြၤအီၤ

pedantic *a* လၢအမၤဖိာ်ထွဲဒ်လံာ်တဲဝဲအသိး, လၢအဟ်ဖျါအတၢ်သ့ထဲလၢလံာ်ပူၤ, လၢအလိာ်သ့အသးဒ်သိးပှၤဂၤကစံးထိၣ်ပတြၤအီၤ

pedantry *n* တၢ်မၤဖိာ်ထွဲဒ်လံာ်တဲဝဲအသိး, တၢ်ဟ်ဖျါတၢ်သ့တၢ်ဘၣ်ထဲလၢလံာ်ပူၤ, တၢ်လိာ်သ့အသးဒ်သိးပှၤကစံးထိၣ်ပတြၤအီၤ

peddle *v* ၁. ဟးဝ့ၤဝီၤဆါတၢ်ကရဲာ်ကရိာ် ၂. ရၤလီၤတၢ်ထံၣ်တၢ်ဆိကမိၣ်, ဟးလီၤကရၢကရိတၢ် ၃. ဟးဆါဝ့ၤဝီၤကသံၣ်မူးဘိုး

peddler *n* ၁. ပှၤဟးဝ့ၤဝီၤဆါတၢ်ကရဲာ်ကရိာ်, ပှၤဟးတီဆါတၢ် ၂. ပှၤဟးဆါဝ့ၤဝီၤကသံၣ်မူးဘိုး

pedestal *n* လၢၢ်ဒါ, လၢၣ်ဘ့ၣ်ဘၣ်ဒါ, လၢၢ်ထူၣ်ခီၣ်ထံး

pedestrian *a* ၁. လၢလဲၤတၢ်လၢအခီၣ်, လၢအဘၣ်ဃးဒီးတၢ်လဲၤတၢ်လၢခီၣ် ၂. လၢအတလီၤသးစဲ, လၢအလီၤကၢၣ်လီၤကျူ

pedestrian *n* ပှၤဟးလၢခီၣ်

pedestrian crossing *n* ခီၣ်ကျဲခီ

pedestrian precinct *n* သိလ့ၣ်လဲၤတသ့အလီၢ်, တၢ်ဟးလိာ်ကွဲပှ့ၤတၢ်အလီၢ်, သိလ့ၣ်နှာ်လီၤဟးထိၣ်တသ့ဘၣ်အလီၢ်

P

pedestrianize, pedestrianise *v* ဟ်ပနီၣ်လၢသိလ့ၣ်တလဲၤတၢ်အလိၢ်, ဟ်ပနီၣ်တၢ်လိၢ်တၢ်ကျဲလၢသိလ့ၣ်လဲၤနုာ်ဟးထီၣ်တသ့အလိၢ်

pedicure *n* တၢ်ကွၢ်ထွဲမၤကဆှိခီၣ် မ့တမ့ၢ် ခီၣ်မ့ၣ်, တၢ်ကူစါယါဘျါခီၣ် မ့တမ့ၢ် ခီၣ်မ့ၣ်တဖၣ်

pedigree *a* လၢအဟဲလီၤလၢနူၣ်ထၢတကလုာ်ဃီ, လၢအသွံၣ်တကျဲၣ်ကျိဒီးတၢ်အဂၤ

pedigree *n* ၁. တၢ်ကွဲးနီၣ်ကွဲးဃါဆၣ်ဖိကီၢ်ဖိအထူအထံးအစၢၤအသွဲၣ် ၂. ဆၣ်ဖိကီၢ်ဖိအစၢၤအသွဲၣ်, ဆၣ်ဖိကီၢ်ဖိလၢအသွံၣ်တဃါဃုာ်ဒီးတၢ်အဂၤ ၃. တၢ်အထူအထံး, တၢ်စံၣ်စိၤအထူအထံး

pediment *n* တၢ်သၢနၢၣ်လၢတၢ်ကယၢအိၤဖဲပဲတြီအခိၣ်နူး

pedlar *n* ၁. ပှၤဟးဝ့ၤဝီၤဆါတၢ်ကရဲာ်ကရီာ်, ပှၤဟးတီဆါတၢ် ၂. ပှၤဟးဆါဝ့ၤဝီၤကသံၣ်မူၤဘိုး

pedometer *n* နီၣ်ထိၣ်ခီၣ်ခါ

pedophile *n* ပှၤလၢအဲၣ်ဒိးမၤမုၣ်ခွါသွံၣ်ထံးဒီးဖိသၣ်, ပှၤလၢအဲၣ်ဒိးမံဃုာ်ဒီးဖိသၣ် (တၢ်အံၤမ့ၢ်တၢ်မၤကမၣ်ပှၤဂ့ၢ်ဝီအသဲစးအဒိၣ်အမုၢ်တမံၤလီၤ)

pee *v* ဆံၣ်ဆါ, ဟးဆံၣ်, ဟးဖှံ

peek *v* ကွၢ်ဟုၣ်ရှသူၣ်တၢ်

peekaboo *n* တၢ်လိာ်ကွဲတံတူ – ဧၤ, တၢ်လိာ်ကွဲပံလံကူ – ဧၤ

peel *n* တၢ်သၣ်အဖံး, တၤသၣ်အဘ့ၣ်

peel *v* သွဲၣ်ကွံာ်, အုၣ်ကွံာ်အဖံး

peeler *n* ၁. ဒီသွဲၣ်တၢ်သၣ်အဖံး, ဒီဘျၣ်တၢ်အဖံး, ဒီအုၣ်တၢ်အဖံး ၂. ပၢၤကိၢ်

peelings *n* (တၢ်သၣ်) အဖံးဘ့ၣ်လၢတၢ်အိးကွံာ်အီၤ

peep *n* ၁. တၢ်ကွၢ်စူၣ်တၢ်, တၢ်ကွၢ်ဟုၣ်တၢ်, တၢ်ကွၢ်ရှသူၣ်တၢ် ၂. (ထိၣ်ဖိၤလံၣ်ဖိၤ, သိလ့ၣ်) တၢ်ကလုၢ်သီၣ်ပံပံ, တၢ်ကိးသီၣ်စံလံစံလံ, တၢ်ကမဲၤသီၣ်စံၣ်စီၤစံၣ်စီၤ ၃. တၢ်ကတိၤတၢ်သီၣ်ဖိနဲ, တၢ်ကတိၤတၢ်စံၣ်စီၤစံၣ်စီၤ, တၢ်ကလုၢ်သီၣ်နံနူၤနံနူၤ

peep *v* ၁. ကွၢ်ရှသူၣ်တၢ်, ကွၢ်ဟုၣ်ကွၢ်စူၣ်တၢ် ၂. သီၣ်ပံပံပီပီ, သီၣ်စံၣ်စီၤစံၣ်စီၤ, သီၣ်စံလံစံလံ, ကလုၢ်သီၣ်နံနူၤနံနူၤ ၃. အိၣ်ဖျါထဲစံကလံဖိ, အိၣ်ဖျါထီၣ်ထဲတစဲးဖိ

peep-bo *n* တၢ်လိာ်ကွဲတံတူ – ဧၤ, တၢ်လိာ်ကွဲပံလံကူ – ဧၤ

peephole *n* တၢ်ကွၢ်စူၣ်တၢ်အပူၤဟိ

peeping Tom *n* ၁. ပှၤလၢအကွၢ်ဟုၣ်ပှၤအိၣ်ဘ့ၣ်ဆ့မှာ်, ပှၤလၢအလူၤကွၢ်စူၣ်ပှၤမံဃုာ်အိၣ်ဃုာ်လိာ်သး ၂. ပှၤလၢအသးခုဖဲပှၤဂၤဘၣ်ဆူးဘၣ်ဆါအခါ

peer *n* ၁. ပှၤလၢအတီၤပတီၢ်တုၤသိးထဲသိးဒီးနၢ, ပှၤအသးနံၣ်ထဲသိးဒီးနၢ, တံၤသကိး ၂. ပှၤတူၢ်ဒိၣ်ကီၤဒိၣ်, ဘြဲးထံး(ရှ) အပှၤတူၢ်ဒိၣ်ကီၤဒိၣ်

peer *v* ကွၢ်တံၢ်, ကွၢ်ထံ

peer group *n* တံၤသကိးတဖၣ်, ဂိၤမိၣ်သကိး, ပှၤတစိၤဃီဒီးနၢ

peer pressure *n* တံၤသကိးအတၢ်လုာ်ဘၢစိကမီၤ, တံၤသကိးအတၢ်ဆီၣ်သနံး

peerage *n* ၁. (The peerage) ပှၤတူၢ်ဒိၣ်ကီၤဒိၣ်တဖု ၂. ပှၤတူၢ်ဒိၣ်ကီၤဒိၣ်လီၢ်ဒိၣ်လၤထီအပတီၢ်

peeress *n* ပှၤတူၢ်ဒိၣ်ကီၤဒိၣ်မုၣ်

peerless *a* လၢတၢ်ထိၣ်သတြီၤအီၤဒီးတၢ်အဂၤတသ့, လၢအဂ့ၤဒိၣ်န့ၢ်တကု့ၢ်

peeve *n* တၢ်လၢအမၤသးထီၣ်တၢ်, တၢ်လၢအမၤသးအ့န့တၢ်

peeve *v* သးဃိထီၣ်, သးအ့န့, သးတံာ်တာ်

peevish *a* လၢအသးဃိထီၣ်ညီ, လၢအသးအ့န့ညီ, လၢအသးဖုၣ်

peg *n* ၁. နီၣ်ဂိာ်စဲ, နီၣ်စဲ ၂. (clothes peg) နီၣ်တံာ်ဆ့ကၤ, နီၣ်ဘျးလီၤဆ့ကၤ ၃. သ့ၣ်ကူးလာ်လၢတၢ်ရုၣ်လီၤအီၤလၢဟီၣ်ခိၣ်လာ်ဒ်သိးကဖိၣ်တံၢ်ဃာ်ပျံၤအဂီၢ် ၄. (also Tuning peg) တၢ်သံကျံပီးလီအနီၣ်ဝံာ် ၅. (also Currency peg) တၢ်ဟ်ပနီၣ်ကျိၣ်စ့ခံမံၤအလုၢ်အပှ့ၤ

peg *v* ၁. စဲဃာ်တၢ်လၢနီၣ်စဲ, စဲဃံးတၢ်, ဂိာ်စဲတၢ် ၂. (peg the prices) ဟ်ပနီၣ်တၢ်အလုၢ်အပှ့ၤ ၃. (have someone pegged as) ဟ်ပနီၣ်ပှၤ

peg leg *n* ခီၣ်ဒိသ့ၣ်

Pekinese, Pekingese *n* ထွံၣ်ထီဆူၣ်ဖိတဲတကလုာ်, ထွံၣ်ဖံၣ်ကနံၣ်

pelican *n* ထိၣ်ဒိၣ်ဖုၣ်ခိၣ်

P

pellet *n* တၢ်ဖျာဉ်သလၢဉ်ဖိ, နီဉ်ဘျုးသဉ်, ကျိကလံၤအချံ

pell-mell *adv* ကရီကဒး, ပစုၢ်ပတ့ၤ, ချ့ဒံး ချ့နူး

pellucid *a* ဆုံ, ဆုံဆုံဖျိဖျိ

pelmet *n* ယဉ်ဘျုးသဒၢအဘိ

pelt *n* ဆဉ်ဖိကိၢ်ဖိအသံအဖံးဘ့ဉ်, ဆဉ်ဖိကိၢ်ဖိအဖံးဘ့ဉ်ဃီၤဃၤ

pelt *v* ၁. ဈၤလီၤဒိဉ်ဒိဉ်ကလဲာ် ၂. ကွဲာ်တၢ်, ကွဲာ်သဖိုတၢ် ၃. ယ့ၢ်သဖို

pelvis *n* ခံကိၢ်ဃံ, ခံတကွီဉ်ဃံ, ခံကွဉ်ဃံ

pen *n* ၁. ထိဉ်ဒံးဘိ ၂. (ဆဉ်ဖိကိၢ်ဖိ) ကရၢ်, ကပိၤ, ဂၢၤ ၃. (တၢ်ကွဲးဖှဉ် penitentiary) ဃိာ်

pen *v* ၁. ကွဲးတၢ်, ကွဲးဒီးထိဉ်ဒံးဘိ ၂. (be penned in) ထၢနုာ်ဆူကပိၤပူၤ

pen pal *n* ထိဉ်ဒံးဘိတံၤသကိး, တၢ်ကဲတံၤသကိးခီဖျိကွဲးအိဉ်သကိးလိာ်သးလၢလံာ်ပရၢ

penal *a* လၢအဘဉ်ထွဲဒီးတၢ်စံဉ်ညီဉ်, လၢအဘဉ်ဃးဒီးတၢ်ဟ့ဉ်တၢ်ကမဉ်

penal *n* တၢ်စံဉ်ညီဉ်, တၢ်ဟ့ဉ်တၢ်ကမဉ်

penal code *n* တၢ်စံဉ်ညီဉ်အတၢ်သိဉ်တၢ်သီ

penalise *v* စံဉ်ညီဉ်, ဟ့ဉ်တၢ်ကမဉ်

penalize, penalise *v* စံဉ်ညီဉ်, ဟ့ဉ်တၢ်ကမဉ်

penalty *n* ၁. တၢ်ဟ့ဉ်တၢ်ကမဉ်, တၢ်စံဉ်ညီဉ်ဃဉ် ၂. တၢ်ဟ့ဉ်တၢ်ကမဉ်ခီဖျိတၢ်လုၢ်သ့ဉ်ခါပတာ်တၢ်ဂဲၤလိာ်ကွဲအတၢ်ဘျၢ

penalty area *n* တၢ်ဟ့ဉ်တၢ်ကမဉ်ဖျာဉ်ထူအလိၢ်ကဝီၤ, လိၢ်ကဝီၤလၢတၢ်ဟ့ဉ်တၢ်ကမဉ်ဖဲတၢ်မၤကမဉ်တၢ်ထူကမဉ်ဖျာဉ်ထူအတၢ်သိဉ်တၢ်သီအခါ

penalty box *n* (see penalty area)

Penalty clause *n* တၢ်ဟ့ဉ်တၢ်ကမဉ်အလံာ်ကျိၤကူာ်, တၢ်ဟ့ဉ်တၢ်ကမဉ်ဖဲတၢ်မ့ၢ်တလူၤပိာ်မၤထွဲဒ်အတၢ်အၢဉ်လီၤဟ်ဖဲအသိး

penalty point *n* တၢ်နီဉ်သိလ့ဉ်တၢ်ဟ့ဉ်တၢ်ကမဉ်အမး

penalty shoot-out *n* တၢ်စံဉ်ညီဉ်မၤကတၢၢ်ကွဲာ်တၢ်ထူဖျာဉ်ထူအမူး, တၢ်စံဉ်ညီဉ်ထူကတၢၢ်ဖျာဉ်ထူအမူးလၢကမၤန့ၢ်ပှၤလၢအမၤနၢၤတၢ်တဖု

penance *n* ၁. တၢ်စံဉ်ညီဉ်ဃဉ်လီၤက့ၤသး (ခီဖျိမၤကမဉ်တၢ်အဃိ) ၂. တၢ်အၢဉ်လီၤတၢ်ကမဉ်ဒီးတၢ်စံဉ်ညီဉ်, တၢ်တဲကျိၤလီၤတၢ်ဒဲးဘးဒီးတၢ်ကမဉ် ၃. တၢ်လၢပှၤမၤတမ့ာ်ဘဉ်ဆဉ်ဘဉ်မၤ

penchant *n* တၢ်သးအိဉ်တၢ်ဒိဉ်ဒိဉ်မုၢ်မုၢ်, တၢ်သးအိဉ်တၢ်တမံၤဒိဉ်ဒိဉ်အါအါ, တၢ်အဲဉ်ဒီးတၢ်ဒိဉ်ဒိဉ်အါအါ

pencil *n* စၢၢ်ဘိ

pencil *v* ကွဲးဒီးစၢၢ်ဘိ, တ့ဒီးစၢၢ်ဘိ

pencil sharpener *n* တၢ်သွဲဉ်စၢၢ်ဘိ

pencil-pusher *n* စရ့, ဝဲၤဒေးအပှၤကွဲးလံာ်ဒိဉ်, ဝဲၤဒေးအပှၤကွဲးလံာ်ဖိ, ပှၤကွဲးလံာ်အတၢ်မၤလၢအတလီၤသ့ဉ်ပိါသးဝး

pendant *n* ဖဲသဉ်, ဖဲသွဲအသဉ်, တၢ်ကယၢလုၢ်ပှ့ၤဒိဉ်လၢအိဉ်လီၤစဲၤလၢဖဲသွဲအလိၤ

pending *a* (လၢအခိးတၢ်) အဖၢမုၢ်, လၢတၢ်တဆၢတဲာ်အီၤဒံး

pending *prep* အိဉ်ခိးတၢ်အဖၢမုၢ်, တချုးလၢ

pendulous *a* လၢအလီၤစဲၤ

pendulum *n* ၁. နဉ်ရံဉ်အသဉ် ၂. တၢ်လၢအတဂၢါတကျၢၤ, တၢ်လၢအလဲလိာ်သးဆူအံၤဆူနူၤထီဘိ

penetrable *a* လၢတၢ်ဘၢဉ်ဖျိသ့, လၢတၢ်နုာ်ဖျိသ့, လၢတၢ်ဆဲးနုာ်သ့, လၢတၢ်ဆဲးထူဉ်ပၢၢ်သ့

penetrate *v* ၁. နုာ်ဖျိ, ဘၢဉ်ဖျိ ၂. နုာ်လီၤပၢၢ်ဆူတၢ်ကရၢကရိ ၃. ထံဉ်ဖျိ ၄. သ့ဉ်ညါနၢ်ပၢၢ်အီၤသ့ ၅. ဆွံနုာ်, ကိာ်နုာ်

penetration *n* ၁. တၢ်လဲၤနုာ်ဖျိ, တၢ်ဘၢဉ်ဖျိ ၂. တၢ်ထံဉ်ဖျိတၢ် ၃. တၢ်ထံဉ်သ့ဉ်ညါနၢ်ပၢၢ်အီၤသ့ ၄. တၢ်ထၢနုာ်လီၤပိာ်ခွါကဲ့ၢ်ဂီၤဆူပိာ်မုဉ်ကဲ့ၢ်ဂီၤပူၤ

penetrative *a* ၁. လၢတၢ်ဆွံနုာ်လီၤအီၤသ့, လၢတၢ်ကိာ်နုာ်လီၤအီၤသ့, လၢတၢ်ဆဲးနုာ်လီၤအီၤသ့, လၢတၢ်နုာ်ဖျိအီၤသ့, လၢတၢ်ဘၢဉ်ဖျိအီၤသ့ ၂. လၢတၢ်ထံဉ်ဖျိအီၤသ့
၃. လၢတၢ်သ့ဉ်ညါနၢ်ပၢၢ်အီၤသ့ ၄. လၢအဘဉ်ထွဲဒီးတၢ်ကိာ်နုာ်လီၤပိာ်ခွါကဲ့ၢ်ဂီၤဆူပိာ်မုဉ်ကဲ့ၢ်ဂီၤအပူၤ မ့တမ့ၢ် ခံပူၤအပူၤ

penfriend *n* ထိဉ်ဒံးဘိတံၤသကိး, တံၤသကိးခီဖျိတၢ်ကွဲးလံာ်ပရၢ

penguin *n* ထိၣ်ပဲကွ့, ထိၣ်တကလုာ်လၢယူၤတသ့ဘၣ်ဒီးအိၣ်လၢအခ့တၣ်တ့း

penicillin *n* ပဲၣ်နဲၣ်စလ့ၣ်, ကသံၣ်မၤသံတၢ်ဆါယၢ်တကလုာ်လၢတၢ်မၤန့ၢ်အီၤလၢကုၤအပူၤ

penile *a* လၢအဘၣ်ထွဲဒီးတၢ်အထ့ၣ်, လၢအဘၣ်ထွဲဒီးတၢ်အဖါအကု့ၢ်အဂီၤ, လၢအဘၣ်ထွဲဒီးပိာ်ခွါကု့ၢ်ဂီၤ

peninsula *n* ဟီၣ်ကမျိၤ

peninsular *a* လၢအဘၣ်ဃးဒီးဟီၣ်ကမျိၤ

penis *n* ထ့ၣ်ဘိ, ထ့ၣ်

Penis Ulcer *n* ခဲစၢၣ်ပူၤလီၢ်လၢထ့ၣ်အလိၤ

penitence *n* တၢ်သ့ၣ်နီၣ်ပီၢ်ယၢ်လီၤက့ၤပသးလၢပတၢ်ကမၣ်အဃိ

penitent *a* လၢအသ့ၣ်နီၣ်ပီၣ်ယၢ်လီၤက့ၤသး, လၢအဃ့ပျၢ်က့ၤအတၢ်သရူးကမၣ်, လၢအတဲလီၤကျဲၤလီၤအတၢ်ဒဲးဘး

penitent *n* ပှၤလၢအသ့ၣ်နီၣ်ပီၢ်ယၢ်လီၤက့ၤသးလၢအတၢ်ဒဲးဘးအဃိ

penitential *a* လၢအဘၣ်ထွဲဒီးတၢ်သ့ၣ်နီၣ်ပီၢ်ယၢ်လီၤက့ၤသး, လၢအဟ်ဖျါထိၣ်တၢ်သ့ၣ်နီၣ်ပီၢ်ယၢ်လီၤက့ၤသး, လၢအဟ်ဖျါထိၣ်တၢ်ဃ့ပျၢ်တၢ်ကမၣ်

penitentiary *n* ၁. ယိာ် ၂. ရိမ့ၤခဲသလုးသီခါဖးဒိၣ်လၢပှၤလဲၤတဲလီၤကျဲၤလီၤတၢ်ဒဲးဘးဆူအအိၣ်

penknife *n* ဒီချံး, ဒီဆံးဆံးဖိလၢတၢ်ချံးအီၤသ့

penmanship *n* ၁. တၢ်ကွဲးဃံကွဲးလၢစုလီၢ်အဒွဲလၤ ၂. တၢ်ကွဲးကံၣ်ကွဲးဝ့ၤလံာ်ဖျာၣ်လၢစု

pen-name *n* ထိၣ်ဖံးဘိမံၤ

pennant *n* ၁. နီၣ်တယၢ်သၢနၢၣ်, နီၣ်တယၢ်ဒုးနဲၣ်တၢ်ပနီၣ်လၢကဘီအလိၤ ၂. ခိၣ်ဖးနီၣ်တယၢ်သၢနၢၣ်လၢပှၤဟ့ၣ်လီၤအီၤဆူပှၤဂဲၤလိာ်ကွဲဖိလၢအမၤနၢၤတၢ်အအိၣ်

penniless *a* လၢအကျိၣ်အစ့တအိၣ်, လၢအဖှိၣ်ယာ်ဒိၣ်ဒိၣ်ကလာ်, လၢအဖှိၣ်သံယာ်ဂီၤ

penny *n* ဖဲနံၣ်စ့အဘ့ၣ် (လၢကီၢ်အမဲရကၤဒီးကီၢ်အဲကလံး)

penny-farthing *n* လ့ၣ်ယီၢ်တကလုာ်, လ့ၣ်ယီၢ်လၢအပဉ်လဲၢ်အိၣ်လၢအမဲာ်ညါဒီးအပဉ်အံၣ်အိၣ်လၢအလိၢ်ခံ

pennywort *n* နီၣ်ကဝီၤကျိၤဒီး, ကသ့ၣ်ခိၣ်မ့ၣ်ဒီး

pennyworth *n* တၢ်လၢအလုၢ်အပှ့ၤအိၣ်စ့တဖဲနံၣ်, တၢ်လၢအကၢပှ့ၤကၢကလံၤစ့တဖဲနံၣ်

penologist *n* ပှၤပၢဆှၢယိာ်ဒီးဘၢဇိၤကွိၢ်ဇိၤ

penology *n* တၢ်ပၢတၢ်ဆှၢယိာ်ဒီးဘၢဇိၤကွိၢ်ဇိၤအတၢ်သ့တၢ်ဘၣ်

pen-pusher *n* စရ့, ဝဲၤဒၢးအပှၤကွဲးလံာ်ဒိၣ်, ဝဲၤဒၢးအပှၤကွဲးလံာ်ဖိ, ပှၤကွဲးလံာ်ကွဲးလဲၢ်တၢ်မၤလၢအတလီၤသူၣ်ပိၢ်သးဝး

pension *n* ပ့ၣ်စ့ၣ်, မုံၤတ့ာ်ပှၢ်လဲ, တၢ်ဟ့ၣ်မၤစၢၤက့ၤပှၤမၤတၢ်ဖိလၢအအိၣ်ဘှံးအိၣ်သါက့ၤဖဲအသးပှၢ်ထိၣ်အခါ

pension *v* ၁. ဟ့ၣ်ပ့ၣ်စ့ၣ်, ဟ့ၣ်မုံၤတ့ာ်ပှၢ်လဲ ၂. ဆိကတိၢ်ကွံာ်လၢတၢ်မၤ, တၢၤကွံာ်, စူးကွံာ်, တသူလၢၤဘၣ်

pensionable *a* ၁. လၢအကြၢးဒီးပ့ၣ်စ့ၣ်, လၢအကြၢးဒီးမုံၤတ့ာ်ပှၢ်လဲ ၂. လၢအဘၣ်ထွဲဒီးပ့ၣ်စ့ၣ်, လၢအဘၣ်ထွဲဒီးမုံၤတ့ာ်ပှၢ်လဲ

pensioner *n* ပှၤလၢအဒီးန့ၢ်ပ့ၣ်စ့ၣ်, ပှၤလၢအဒီးန့ၢ်မုံၤတ့ာ်ပှၢ်လဲ

pensive *a* လၢအပှဲၤဒီးတၢ်မိၣ်တၢ်မး, လၢအဆိကမိၣ်တၢ်အါ, လၢအဆိကမိၣ်တၢ်ထံထံဆးဆးဒီးဒိၣ်ဒိၣ်ယိာ်ယိာ်

penta- *combining* ယဲၢ်ခါ

pentagon *n* တၢ်ယဲၢ်နၢၣ်, နၢၣ်ဘၣ်ယဲၢ်ကနူၤ

pentagonal *a* လၢအအိၣ်ယဲၢ်နၢၣ်, လၢအအိၣ်ယဲၢ်ကနူၤ

pentagram *n* ဆၣ်အကု့ၢ်အဂီၤ, ဆၣ်ယဲၢ်နၢၣ်အကု့ၢ်အဂီၤ

pentameter *n* ထါယဲၢ်ဖျာၣ်, ထါတကျိၤလၢထါအထိၣ်အလီၤအိၣ်ဒီးတၢ်ကတိၤအသီၣ်ယဲၢ်ဖျာၣ်

pentathlon *n* တၢ်ဂဲၤလိာ်ကွဲယဲၢ်မံၤအတၢ်ပြၢ, တၢ်ပြၢလၢအပဉ်ဃုာ်ဒီးတၢ်ဂဲၤလိာ်ကွဲယဲၢ်မံၤ, ဒ်အမ့ၢ်တၢ်ပီၢ်ထံ, တၢ်ဒီးပြၢ (ကသ့ၣ်), တၢ်ဃ့ၢ်ပြၢ, တၢ်ခးပြၢ (ကျိ), တၢ်အ့ဘီအ့နးအတၢ်လိာ်ကွဲတဖၣ်

pentecost *n* ဘူၣ်ယဲၢ်ဆံမုၢ်နံၤ, ကစၢ်ခရံာ်ဂဲၤဆၢထၢၣ်သမူထိၣ်က့ၤပှဲၤထိၣ်အိၣ်ဘှံးနံၤနွံဘျီတဘျီအဘူၣ်ဖးဒိၣ်

Pentecostal *a* လၢအဘၣ်ထွဲဒီးဘူၣ်ယဲၢ်ဆံမုၢ်နံၤ, လၢအဘၣ်ထွဲဒီးခရံာ်ဖိသးစီဆိုကရၢအတၢ်အိၣ်ဖှိၣ်

penthouse *n* တၢးမ့ာ်ပၢၤအထီကတၢၢ်တကထၢ, တၢ်သူၣ်ထိၣ်အတၢးမ့ာ်ပၢၤအထီကတၢၢ်တကထၢ

penurious *a* ၁. လၢအဖှိၣ်သံယာ်ဂီၤ ၂. လၢအသူကၠိၣ်သူစ့သ့, လၢအသူကတီၤတၢ်

penury *n* တၢ်ဖှိၣ်တၢ်ယာ်

peon *n* ၁. ပှၤမၤတၢ်လၢဂီၤအိၣ်လၢဟါ ၂. ကုၢ်, တၢ်ခ့တၢ်ပှၤ ၃. ပှၤမၤတၢ်ခ့တၢ်ပှၤအတၢ်မၤ

people *n* ပှၤ

people *v* အိၣ်, အိၣ်ဆိး

people carrier *n* သိလ့ၣ်ပဒၢး, သိလ့ၣ်ပဒၢးလၢအတြိၢ်ပှၤကညီဃိးဂၤ

pep pill *n* ကသံၣ်မူၤဘိုး, ကသံၣ်မူၤဘိုးလၢအမၤသူၣ်ပိါသးဝးထီၣ်ဒီးမၤသးဖုံပှၤအသးမိကိာ်ဖိ

pep rally *n* တၢ်ဂဲၤလိာ်ကွဲအမူးကွဲဖိအတၢ်အိၣ်ဖှိၣ်, တၢ်ကီးအိၣ်ဖှိၣ်ပှၤကွဲဖိခဲလၢာ်တချုးတၢ်ဂဲၤလိာ်ကွဲအမူးစးထီၣ်

pep talk *n* တၢ်ကတိၤဟ့ၣ်ဆူၣ်ထိၣ်ပှၤသးသဟီၣ်, တၢ်ကတိၤဟ့ၣ်ဂံၢ်ဟ့ၣ်ဘါဖုၣ်ကိာ်

pepper *n* မိၢ်ဂံာ်ဖိ, မိၢ်ကရံၤ

pepper *v* ၁. ခးတၢ်လီၤကျိလၢအဆၢတလီၤတံာ်တူာ် ၂. ဖုံလီၤဒီးမိၢ်ဂံာ်ဖိကမူၣ်, ကျဲၣ်ကျီဒီးမိၢ်ဂံာ်ဖိကမူၣ်

pepper pot *n* ၁. မိၢ်ဂံာ်ဖိကမူၣ်အဒၢ, မိၢ်ကရံၤကမူၣ်ဒၢ ၂. အ့ဃောၣ်မိၢ်ဂံာ်ဖိတၢ်ညၣ်ကသူ

pepper spray *n* ကသံၣ်ပြံမ်ာ်ချံ, ကသံၣ်ပြံမ်ာ်ချံလၢတၢ်စူးကါအီၤဇ်တၢ်စုကဝဲၤအသိး

peppercorn *n* မိၢ်ဂံာ်ဖိချံ, မိၢ်ကရံၤသၣ်

peppermint *n* ကဖျိၣ်, ဟီၣ်ဝီၤသ့ၦ

peppery *a* ၁. လၢအရိၢ်ဟဲကိၢ်အ့, လၢအဟဲကိၢ်အ့ ၂. လၢအသးချ့, လၢအသးဒိၣ်ထီၣ်ညီ

peptic ulcer *n* ကဖုပူၤလီၢ်ထိၣ်

per *prep* တခါစှာ်စှာ်, တဂၤစှာ်စှာ်

per annum *adv* ကိးနံၣ်ဒ်း

per capita *a* တဂၤန့ၣ်

per se *adv* အတၢ်ဒၣ်ဝဲ, အကစၢ်ဒၣ်ဝဲ

perambulate *v* ဟးထိၣ်ဟးလီၤ, ဟးဝ့ၤဝီၤ

perambulation *n* တၢ်ဟးထိၣ်ဟးလီၤ, တၢ်ဟးဝ့ၤဝီၤ

perceive *v* (ထံၣ်) သ့ၣ်ညါ, (ထိးဘၣ်) သ့ၣ်ညါ, (နၢ်ဟူ) သ့ၣ်ညါ

percent *a* မျးကယၤ

percent *n* မျးကယၤ

percent *v* လၢအမျးကယၤဖိခိၣ်

percentage *n* မျးကယၤ (%)

perceptible *a* လၢတၢ်ကလၢါဘၣ်အီၤသ့, လၢတၢ်ထံၣ်သ့ၣ်ညါအီၤသ့

perception *n* ၁. တၢ်ထံၣ်သ့ၣ်ညါ ၂. တၢ်သ့ၣ်ညါလၢပစ့ၣ်တဖၣ်အဃိ, စ့ၣ်အတၢ်သ့ၣ်ညါ

perceptive *a* လၢအနၢ်ပၢၢ်တၢ်ညီ, လၢအထံၣ်သ့ၣ်ညါနၢ်ပၢၢ်တၢ်ချ့, လၢအထံၣ်သ့ၣ်ညါနၢ်ပၢၢ်တၢ်သ့, လၢအခိၣ်နူာ်ချ့

perch *n* ၁. ထိၣ်စီၢ်လီၤအလိၢ် ၂. တၢ်လိၢ်ထိၣ်ထီ ၃. ညၣ်ကသုၣ်, ညၣ်အိၣ်လၢထံကျိထံကွာ် ၄. တၢ်ဒ့ၣ်စၢၤလၢအထီအိၣ်ဝဲတဆံတပျၢ်

perch *v* ၁. စီၢ်လီၤ, ထိၣ်စီၢ်လီၤ (လၢသ့ၣ်ဒ့လိၤ) , တၢ်လိၢ်ထီထီ ၂. အိၣ်သူၣ်လီၤအသးလၢတၢ်ထိးနါ, ဟ်လၢတၢ်လိၢ်ထိၣ်ထီ, ဟ်လၢတၢ်အထိးနါ ၃. ဆ့ၣ်နီၤလၢတၢ်အထိးနါ

perchance *adv* ဘၣ်တဘၣ်, ဘၣ်သ့ၣ်သ့ၣ်

perched *a* လၢအအိၣ်လၢတၢ်လိၢ်ထိၣ်ထီ

percipient *a* လၢအသ့ၣ်ညါနၢ်ပၢၢ်တၢ်

percolate *v* ၁. ပြံာ်ထိၣ်, စံၢ်ထိၣ်, စ့ၢ်ထိၣ် ၂. ဘၣ်တၢ်သ့ၣ်ညါအီၤကယီကယီ, ဟူထိၣ်သါလီၤကယီကယီ ၃. ကျဲခီဖံၣ်လၢတၢ်ကျဲအီခီဖံၣ်စဲး

percolator *n* တၢ်ကျဲအီခီဖံၣ်စဲး

percussion *n* ၁. တၢ်သံကျံအပီးအလီလၢတၢ်ဘၣ်ဒိသိၣ်ဒိသဲ, ဗိာ်သိၣ်ဗိာ်သဲအီၤ ၂. တၢ်ခံမံၤဘၣ်ထံးလိာ်သးအသိၣ်

percussionist *n* ပှၤဗိာ်ကျိၣ်ဗိာ်မိၤ, ပှၤပိၢ်ဒၢ, ပှၤထံးစှၢ်စံး, ပှၤဒိပီၤကူၤဖိတဖၣ်

percussive *a* လၢအဘၣ်ဃးဒီးတၢ်ဒိ မ့တမ့ၢ် တၢ်ဗိာ်ဒီးတၢ်မၤဘၣ်ထံးတၢ်အသိၣ်, လၢအဘၣ်ဃးဒီးတၢ်ဒ့ မ့တမ့ၢ် တၢ်တိၢ်တၢ်သံကျံပီးလီတဖၣ်အသိၣ်

perdition *n* ၁. တၢ်လီၤဘၣ်ဆူလရာ်

P

၂. တၢ်ဟးဂူာ်ဟးဂီၤဒိဉ်ဒိဉ်မုၢ်မုၢ်

peregrination *n* တၢ်ဟးဆှဉ်ဝ့ၤဝီၤထံကိၢ် တဘ့ဉ်ဘဉ်တဘ့ဉ်, တၢ်ဟးဝ့ၤဝီၤ

peremptory *a* ၁. လၢဂ့ၢ်လိာ်သမၢအလိၢ် တအိဉ်လၢၤ, လၢတအိဉ်ဒီးတၢ်သံကွၢ်လၢၤ, လၢတၢ်ကတိၤအါအလိၢ်တအိဉ်လၢၤ ၂. လၢအကတိၤတၢ်လီၤကတိၤ, လၢအဟံး စိဟံးကမီၤဒီးဟ့ဉ်တၢ်ကလုၢ်

perennial *a* ၁. လၢအတကတၢၢ်နီတဘျီ, လၢအအိဉ်ထီဘိ, လၢအမၤအသးထီဘိတဘိယှၢ် ယီ ၂. လၢအအိဉ်ကၢအါန့ၢ်ခံနံဉ် ၃. လၢအယွၤ လီၤထီဘိ, လၢအထီဉ်ပၢၢ်ထီဘိ

perennial *n* တၢ်မုၢ်တၢ်ဘိလၢအအိဉ်ကၢအါ န့ၢ်ခံနံဉ်

perfect *a* လီၤတံၢ်, လၢပှဲၤ, ပူၤဖျဲးဒီးတၢ် ကမဉ်

perfect *v* မၤအဂ့ၤကတၢၢ်, မၤလၢမၤပှဲၤမၤ ဝံၤ

perfect pitch *n* ၁. တၢ်သ့သ္ဉ်ဝံဉ်သးဆၢ တၢ်လၢတအိဉ်ဒီးတၢ်သံကျံပီးလီ ၂. တၢ်အိဉ်ဒီး တၢ်သ့တၢ်ဘဉ်ကံၢ်စီအဂ့ၤကတၢၢ်လၢတၢ်သ့ဉ်ညါ နိး, တၢ်သ့ကွဲးနိးအဘဉ်ကတၢၢ်

perfection *n* တၢ်အလၢအပှဲၤ, တၢ်အဂ့ၤ ကတၢၢ်, တၢ်လီၤတံၢ်လီၤဆဲး

perfectionist *n* ပှၤလၢအဲဉ်ဒီးတၢ်အဂ့ၤ ကတၢၢ်, ပှၤလၢအအဲဉ်တၢ်လီၤတံၢ်လီၤဆဲး

perfectly *adv* လၢလၢပှဲၤပှဲၤ, လီၤတံၢ်လီၤ ဆဲး, ဘဉ်ဂ့ၤဂ့ၤ

perfidious *a* လၢအလီန့ၢ်ဝ့ၤန့ၢ်တၢ်, လၢ အကလုၢ်တတီဘဉ်, လၢအသးတတီ, လၢတၢ်နာ် န့ၢ်အီၤတသ့

perforate *v* တုၢ်ဖျိ, ဘၢဉ်ဖျိ, ပျံာ်ဖျိ, မၤထူဉ် ဖျိ, မၤဖျိ

perforation *n* ၁. တၢ်မၤထူဉ်ဖျိ, တၢ်ပျံာ် ထူဉ်ဖျိ ၂. တၢ်ထူဉ်ဖျိ, တၢ်ပူၤဟိ

perforce *adv* မ့ၢ်လၢအလိၢ်အိဉ်ဝဲအယိ, မ့ၢ် လၢအဟးဆှံးတသ့အယိ, ဃါမနၤ, သပှၢ်ကတၢၢ်

perform *v* ၁. မၤတၢ်ရဲဉ်တၢ်ကျဲၤ ၂. မၤတၢ် လၢကမျၢၢ်အမဲာ်ညါ

performance *n* တၢ်မၤလၢကမျၢၢ်အမဲာ်ညါ

performer *n* ပှၤလၢအကဲမုဉ်ဂဲၤဒိခွါဂဲၤဒိ, ပှၤလၢအဂဲၤဒိဒုးနဲဉ်တၢ်

perfume *n* ထံနၢမူ, တၢ်နၢမူ

perfume *v* မၤနၢမူ, ဖှံနၢမူ

perfumery *n* ၁. တၢ်ထုးထီဉ်တၢ်နၢမူလီၢ် ၂. ကျိးဆါထံနၢမူ, တၢ်ဖီထံနၢမူအတၢ်ဖံးတၢ်မၤ အကျိၤအကျဲ

perfunctory *a* လၢအမၤတၢ်ဒ်အညီနှၢ်မၤ ဝဲအသိး (တအိဉ်ဒီးတၢ်သးစဲ), လၢအမၤဒ်မူဒါ အိဉ်အသိး, မၤဒ်မူဒါအသိး, မၤဝံၤမၤကဲတၢ် ချ့ချ့, လၢအမၤဝံၤမူဒါလၢတအိဉ်ဒီးတၢ်လီၤတံၢ် လီၤဆဲး

perhaps *a* ဘဉ်တဘဉ်, ဘဉ်သ့ဉ်သ့ဉ်

perhaps *adv* ဘဉ်တဘဉ်, ဘဉ်သ့ဉ်သ့ဉ်

pericardium *n* သးဖျာဉ်အသလီ

peril *n* တၢ်ဘဉ်ယိဉ်ဘဉ်ဘီဖးဒိဉ်, တၢ်ဒုးအိဉ် ထီဉ်တၢ်သံခ့သံပှၤ

peril *v* ဒုးကဲထီဉ်တၢ်လီၤဘဉ်ယိဉ်, ဒုးအိဉ် ထီဉ်တၢ်သံခ့သံပှၤ

perilous *a* လၢအလီၤဘဉ်ယိဉ်ဘဉ်ဘီဖး ဒိဉ်, လၢအလီၤဘဉ်ယိဉ်, လၢအလီၤခ့သံခ့ပှၤ

perimeter *n* ကနူၤဝးဝး

period *adv* အဆၢကတိၢ်

period *n* ၁. တၢ်အဆၢကတိၢ် ၂. တၢ်ဆၢ ကတိၢ်တကတိၢ် ၃. ဖိးပတှာ် ၄. ဟိာ်မုဉ်အလုၢ် အလၢ်ဟဲအဆၢကတိၢ်

periodic *a* လၢအကဲထီဉ်သးဘဉ်ဆၢဘဉ် ကတိၢ်, လၢအကဲထီဉ်သးတဘျီတဘျီ

periodical *a* ဘဉ်ဆၢဘဉ်ကတိၢ်

peripheral *a* ၁. လၢအတဒိဉ်ထဲသိးတၢ် ဆိကမိဉ်အဂံၢ်ထံးခိဉ်ဘိ ၂. လၢအကဲထီဉ်တၢ်မၤ စၢၤ, လၢအဆီဉ်ထွဲမၤစၢၤတၢ်အမိၢ်ပှၢ်, လၢအမၤ လၢပှဲၤထီဉ်တၢ် ၃. လၢအအိဉ်လၢဝ့ၢ်သရှၤထံး အချၢ, လၢအအိဉ်လၢဝ့ၢ်ချၢ

peripheral *n* တၢ်ပီးတၢ်လီထီရီၤတမံၤ လၢတၢ်ဘျးစဲအီၤလၢခီဉ်ဖျူထၢဉ်

periphery *n* ၁. လိၢ်ကဝီၤချၢ, လိၢ်ကဝီၤ သရှၤထံးအချၢ, တၢ်အသရှၤထံးဝးဝး ၂. တၢ်ဘဉ် ထွဲအိဉ်တဆံးတက့ၢ်, တၢ်အကါဒိဉ်တဆံးတက့ၢ်

periscope *n* မဲာ်ထံကလၤစိၤကွီၤဖးထီ လၢကဘီယှၤထံစုးကါဝဲ

perish *v* ၁. ဟးဂူာ်ဟးဂီၤကွံာ်, သံ ၂. ကျဉ်

perishable *a* လၢအနၢဆံၣ်ဘီညီ, လၢအဟးဂီၤညီ
perishables *n* တၢ်အီၣ်တၢ်အီလၢအနၢဆံၣ်ဘီညီတဖၣ်, တၢ်အီၣ်လၢအဟးဂီၤညီတဖၣ်
perished *a* လၢအတၢ်ဂီၢ်ကနိး, လၢအခုၣ်တကံ
Perisher *n* ဖိသၣ်နၢ်ကူၣ်
perishing *a* ၁. လၢအခုၣ်နးနးကလဲာ်, လၢအခုၣ်တကံ ၂. လၢအတၢ်ဂီၢ်ကနိးသး, တၢ်ဂီၢ်သးနးနးကလဲာ် ၃. လၢအကျၢၣ် ၄. လၢအမၤတံာ်တာ်တၢ်, လၢအကဲထီၣ်တၢ်တံာ်တာ်
peritoneum *n* ဟၢဖၢပူၤအသလီ
periwinkle *n* ၁. ဖီယဲၢ်ကဘျံးလၢအလွဲၢ်အိၣ်အကလုာ်ကလုာ် ၂. ချိၣ်ပီၣ်လဲၣ်တဝံးခံ, ချိၣ်တဝံးခံပြံဖိၤ ၃. ချိၣ်လုၤလါအဲးစၢ်, တၢ်အလွဲၢ်လါအဲး
perjure *v* ဆိၣ်လီၤအသးကဘျံးကဘျၣ်, ဆိၣ်ကဘျံးကဘျၣ်, အုၣ်အသးကဘျံးကဘျၣ်, လီတၢ်လၢကွီၢ်ဘျိၣ်
perjury *n* တၢ်မၤကမၣ်သဲစးခီဖျိတၢ်အုၣ်သးကဘျံးကဘျၣ်လၢကွီၢ်ဘျိၣ်အပူၤ
perk *n* ၁. တၢ်နှၢ်ဘျုးလၢတၢ်မၤန့ၢ်အါထီၣ်လၢလါလဲအမဲာ်ညါ ၂. တၢ်ခွဲးတၢ်ယာ်လီၤဆီလၢတၢ်မၤန့ၢ်အီၤလၢလိၢ်လၢအဖီခိၣ်
perk *v* ၁. ဒုးအိၣ်ထီၣ်တၢ်သူၣ်ခုသးခု, ဒုးအိၣ်ထီၣ်တၢ်သူၣ်ဆူၣ်သးဂဲၤ, ဒုးအိၣ်ထီၣ်တၢ်ပှၢ်တၢ်ဆှါ ၂. မၤဂ့ၤမၤဘၣ်, မၤကဆိုထီၣ်ကူၤတၢ်
perky *a* လၢအသးဖုံဒီးပုံၤဂံၢ်ပှဲၤဘါ
perm *n* တၢ်မၤတကံခိၣ်သူ
perm *v* မၤတကံခိၣ်သူ
permafrost *n* ဟီၣ်လာ်အမဲာ်ဖံးခိၣ်လၢထံလီၤသကၤထီဘိ, ဟီၣ်ခိၣ်မဲာ်ဖံးခိၣ်ကထၢလၢအထံလီၤသကၤထီဘိ
permanence *n* တၢ်အိၣ်ဂၢါဆိးကျၢၤ, တၢ်အိၣ်စံာ်အိၣ်ကျၢၤ
permanent *a* အိၣ်စံာ်အိၣ်ကျၢၤ, အိၣ်ဂၢါဆိးကျၢၤ, ထီဘိ
permeability *n* တၢ်စံၢ်နုာ်ဆူအပူၤသ့
permeable *a* လၢတၢ်စံၢ်နုာ်ဆူအပူၤသ့
permeate *v* ၁. စံၢ်နုာ်ပုံၤတၢ်အပူၤ, ဒုးစံၢ်ထီၣ်ကွံာ် ၂. လုၢ်ဘၢကွံာ်, ပှဲၤလုၢ်ကွံာ် (တၢ်ဆိကမိၣ်, တၢ်သးဂဲၤ)
permissible *a* လၢတၢ်ဟ့ၣ်အခွဲးသ့, လၢအကြၢးန့ၢ်ဘၣ်အခွဲး, လၢအခွဲးအိၣ်
permission *n* တၢ်ဟ့ၣ်ခွဲး, တၢ်ပျဲ
permissive *a* လၢအလူၤဘၣ်ပှၤအသး, လၢအတဟ်သ့ၣ်ညါအသး
permit *n* လံာ်တၢ်ပျဲဟ့ၣ်အခွဲး, တၢ်ပျဲဟ့ၣ်အခွဲး
permit *v* ဟ့ၣ်အခွဲး, ပျဲ
permutation *n* တၢ်ဆီတလဲတၢ်လိၢ်သ့, တၢ်ဆီတလဲအတၢ်ရဲၣ်တၢ်ကျဲၤသ့
pernicious *a* လၢအမၤဟူးဟးဂီၤတၢ်, လၢအမၤအၢမၤသီတၢ်, လၢအမၤဆူးမၤဆါတၢ်, လၢအိၣ်ဒီးတၢ်ဒိဘၣ်မၤဟူးတၢ်
peroration *n* တၢ်ကတိၤကျၢၢ်တံၢ်
peroxide *n* ဖၢၣ်(ရ)အီးစဲး, ကဲာ်လၢအလွဲၢ်တအိၣ်တကလုာ်, ကဲာ်လၢဘၣ်တၢ်စူးကါအီၤလၢကမၤသံတၢ်အဃၢ်ဒီးမၤစၢ်လီၤတၢ်အလွဲၢ်
perpendicular *a* ၁. လၢအထီၣ်ထူၣ်ဘျၢယှၢ်ကလာ်, အအိၣ်ထူၣ်ကလာ် ၂. လၢအနၢၣ်အိၣ် ၉၀ ဒံၢ်ကရံၣ်
perpendicular *n* ပနိထီၣ်ထူၣ်, ပနိထီၣ်ထူၣ် ၉၀ ဒံၢ်ကရံၣ်
perpetrate *v* မၤကမၣ်ကွီၢ်မ့ၣ်သဲစး, မၤကမၣ်တၢ်သိၣ်တၢ်သီ, လုၢ်သ့ၣ်ခါပတာ်တၢ်သိၣ်တၢ်သီ, မၤကမၣ်တၢ်
perpetrator *n* ပှၤမၤကမၣ်ကွီၢ်မ့ၣ်သဲစး, ပှၤလၢလုၢ်သ့ၣ်ညါပတာ်တၢ်သိၣ်တၢ်သီ, ပှၤမၤတၢ်အၢတၢ်သီ
perpetual *a* ၁. လၢအကဲထီၣ်တလိၢ်တလိၢ်, လၢအမၤသးခဲအံၤခဲအံၤ ၂. လၢအကတၢၢ်တအိၣ်ဘၣ်ထီဘိ ၃. တစိၤသး, လီၤထူလီၤယိာ်
perpetually *adv* တစိၤသး, လီၤထူလီၤယိာ်, အစိၤစိၤအဃၣ်ဃၣ်, တဘိယှၢ်ယီ
perpetuate *v* ဒုးအိၣ်ထီၣ်အီၤထီဘိ, ဒုးအါထီၣ်ဂီၢ်ထီၣ်, ဒုးအိၣ်ကၢအိၣ်ခိးထီဘိတဘိယှၢ်ယီ, ဒုးအိၣ်စံာ်အိၣ်ကျၢၤ
perpetuity *n* တၢ်အိၣ်ကၢအိၣ်ခိး, တၢ်အိၣ်စံာ်အိၣ်ကျၢၤ, တၢ်လီၤထူလီၤယိာ်
perplex *v* မၤကဒံကဒါပသူၣ်ပသး, မၤသဘံၣ်သဘုၣ်ပသူၣ်ပသး, မၤသူၣ်ကိၢ်သးဂီၤပသူၣ်ပသး, မၤတံာ်တာ်တၢ်

perplexed *a* လၢအမၤကဒံကဒါပသူၣ်ပသး, လၢအမၤသဘံၣ်သဘုၣ်ပသူၣ်ပသး, လၢအဒုးသူၣ်ကိၢ်သးဂီၤပသူၣ်ပသး, လၢတၢ်နၢ်ပၢၢ်ဘၣ်အီၤကီ, လၢတၢ်နၢ်ပၢၢ်အီၤတသ့, လၢအမၤတံာ်တာ်တၢ်

perplexing *adv* မၤတၢ်လၢတၢ်သးဘၣ်တံာ်တာ်အပူၤ, မၤတၢ်လၢတၢ်သူၣ်တပၣ်သးတပၣ်အပူၤ

perplexity *n* ၁. တၢ်သးဘၣ်တံာ်တာ်, တၢ်သးဘၣ်ကိၢ်ဘၣ်ဂီၤ ၂. တၢ်လၢတၢ်နၢ်ပၢၢ်ဘၣ်အီၤကီ, တၢ်လၢတၢ်နၢ်ပၢၢ်အီၤတသ့

perquisite *n* ၁. တၢ်န့ၢ်ဘျုးလၢတၢ်မၤန့ၢ်အါထီၣ်လၢလါလဲအမဲာ်ညါ ၂. တၢ်ခွဲးတၢ်ယာ်လီၤဆီလၢတၢ်မၤန့ၢ်အီၤလၢလါလဲအဖီခိၣ်

perry *n* သ့ၣ်တီသၣ်သံး, သံးလၢတၢ်စုၣ်န့ၢ်အီၤလၢသ့ၣ်တီသၣ်

persecute *v* မၤအၢမၤသီတၢ်, မၤတံာ်တာ်အ့န့တၢ်, မၤကိၢ်မၤဂီၤတၢ်

persecution *n* တၢ်မၤအၢမၤသီ

persecutor *n* ပှၤမၤအၢမၤသီတၢ်, ပှၤအၢပှၤသီ

perseverance *n* တၢ်မၤစူၤသးတၢ်, တၢ်မၤတၢ်အိၣ်ဒီးတၢ်သးစွံကတုၤ, တၢ်ကျဲးစၢးမၤန့ၢ်တၢ်လၢတၢ်ကီတၢ်ခဲအပူၤ

persevere *v* မၤစူၤသးတၢ်, ဝံသးစူၤမၤတၢ်, မၤတၢ်အိၣ်ဒီးတၢ်သးစွံကတုၤ, ကျဲးစၢးမၤန့ၢ်တၢ်လၢတၢ်ကီတၢ်ခဲအပူၤ

persevering *a* လၢအအိၣ်ဒီးတၢ်ဟ်လီၤသးကျၢၤမုဆူလၢအကမၤန့ၢ်, လၢအကျဲးစၢးမၤန့ၢ်တၢ်လၢတၢ်ကီတၢ်ခဲအပူၤ

Persian *n* ၁. ပှၤဖၢရှၣ်ဖိ, ပှၤလၢအအိၣ်ဆိးတ့ၢ်လၢပျၢၤကိၢ်ဖၢရှၣ်အပူၤ ၂. ပှၤအံၣ်ရၣ်ဖိလၢစိၤခဲအံၤ ၃. ဖၢရှၣ်အကျိာ်

Persian carpet *n* ဖၢရှၣ်အတၢ်ဒါ, ဖၢရှၣ်ခိၣ်ယီၢ်ဒါ, ခိၣ်ယီၢ်ဒါဖးလဲၢ်လၢအအိၣ်ဒီးပှၤအံၣ်ရၣ်ဖိအတၢ်ဒဲးကံၣ်ဒဲးဝ့ၤ

Persian cat *n* ဖၢရှၣ်သၣ်မံယီၤ, သၣ်မံယီၤလၢအစုကဖှၣ်ဘျ့ကဆှၣ်ဖိ

persimmon *n* တၤသၣ်ဘီဘီကပုာ်တကလှာ်, တၤသၣ်ဘီကပုာ်လၢအလီၤက်ဒီးထံမိၤတိၤသၣ်

persist *v* မၤဒၣ်ဆူညါ, တပတုာ်ဘၣ်

persistence *n* တၢ်မၤတၢ်ဆူညါလၢတၢ်စွံကတုၤအပူၤ, တၢ်မၤတခီနၢ်တၢ်, တၢ်မၤဒၣ်အတၢ်ဆူညါသပှၢ်ပှၢ်

persistent *a* ၁. လၢအဟ်အသးကျၢၤမုဆူ, လၢအခိၣ်ကိၤ, လၢအဟ်အသးဂၢၢ်ဂၢၢ်ကျၢၤကျၢၤ ၂. လၢအအိၣ်ယံာ်ယံာ်ထၢထၢအဆၢတလီၤတူာ်ဘၣ်

person *n* ပှၤတဂၤ, ပှၤ

personable *a* လၢအကဲ့ၢ်အဂီၤဂ့ၤ, လၢအကဲ့ၢ်ဂ့ၤဂီၤဘၣ်, လၢအထုးန့ၢ်ပှၤသး

personage *a* လၢအကါဒိၣ်, လၢအမံၤဟူသၣ်ဖျါ

personage *n* ပှၤလၢအကါဒိၣ်, ပှၤမံၤဟူသၣ်ဖျါ

personal *a* ၁. လၢအဘၣ်ဃးဒီးပှၤတဂၤ ၂. လၢအဘၣ်ဃးဒီးနီၢ်ကစၢ်တၢ်ဂ့ၢ် ၃. လၢအဘၣ်ဃးဒီးတၢ်မၤလၢပှၤတဂၤမၤဝဲလၢအနီၢ်ကစၢ် ၄. လၢအဘၣ်ဃးဒီးပှၤတဂၤအနီၢ်ခိနီၢ်ကစၢ်

personal assistant *n* နီၢ်ကစၢ်အပှၤမၤစၢၤတၢ်

personality *n* ၁. ပှၤတဂၤအသကဲာ်ပဝးဒီးအလုၢ်အလၢ် ၂. ပှၤမံၤဟူသၣ်ဖျါ ၃. ပှၤလၢအအိၣ်ဒီးအသကဲာ်ပဝးလၢအဂၢၢ်အကျၢၤ

personally *adv* ၁. လၢအကစၢ်ဒၣ်ဝဲ, ယကစၢ်ဒၣ်ယဲ ၂. မၤလၢအကစၢ်ဒၣ်ဝဲ

personate *v* မၤဒိးတၢ်, မၤဒိမၤလီၤက်တၢ်, ပျိာ်အသး

personification *n* ၁. တၢ်ဟ့ၣ်ဒိသကဲာ်ပဝးကံၢ်စီ ၂. တၢ်ကဲန့ၢ်တၢ်တမံၤမံၤအဒိအတဲာ်

personify *v* ၁. ကဲန့ၢ်တၢ်သကဲာ်ပဝးတမံၤမံၤအကံၢ်အစီ ၂. ကဲဒိကဲတဲာ်န့ၢ်တၢ်တမံၤမံၤ

personnel *n* ၁. ပှၤဘၣ်မူဘၣ်ဒါလၢဝဲၤကျိၤဝဲၤကွာ်အပူၤ ၂. ပှၤမၤတၢ်ဖိဂ့ၢ်ဝီဝဲၤကျိၤ – ဝဲၤကျိၤလၢအကွၢ်ထွဲပှၤမၤတၢ်ဖိအဂ့ၢ်ဝီ

person-to-person *a* (တၢ်ရှလိာ်ဘၣ်ထွဲ) လၢအဘၣ်ထွဲလိာ်သးလၢပှၤခံဂၤအဘၢၣ်စၢၤ

perspective *n* ၁. တၢ်ထံၣ်လၢအအိၣ်ဖျါဒ်ပမဲာ်အတၢ်ထံၣ်အသိး ၂. တၢ်ထံၣ် မ့တမ့ၢ်တၢ်ဆိကမိၣ် ၃. တၢ်ကွၢ်စိ, တၢ်ထံၣ်ဆိတၢ်, တၢ်တယာ်ဆိတၢ်

perspicacious *a* လၢအသ့နၢ်ပၢၢ်တၢ်လၢအချ့ဒီးလီၤတံၢ်လီၤဆဲး

perspiration *n* ကပၢၤကဝါ, တၢ်ကပၢၤထိဉ်

perspire *v* ကပၢၤထိဉ်

persuade *v* ကွဲန့ၢ်လွဲန့ၢ်, လွဲန့ၢ်, သဆဉ်ထိဉ်

persuasion *n* ၁. တၢ်ကွဲန့ၢ်လွဲန့ၢ်တၢ်, တၢ်လွဲကညးန့ၢ်တၢ် ၂. တၢ်သဆဉ်ထိဉ်ပှၤခံ, တၢ်မၤန့ၢ်ခိဉ်ခံတၢ် ၃. တၢ်စူၢ်တၢ်နာ်အတၢ်လီၤပလိာ်

persuasive *a* လၢအသ့ကွဲန့ၢ်လွဲန့ၢ်တၢ်, လၢအလွဲကညးန့ၢ်တၢ်, လၢအသဆဉ်ထိဉ်န့ၢ်ပှၤခံ

pert *a* ၁. လၢအတသ့ဟ်ကဲတၢ်, လၢအအိဉ်ဒီးတၢ်နာ်န့ၢ်လီၤသးဒီးတဟ်လှၤ်ဟ်ကဲတၢ် ၂. လၢအဆံးဒီးထုးန့ၢ်သူဉ်ထုးန့ၢ်သး

pertain *v* ဘဉ်ဃးဒီး, ဘဉ်ထွဲဒီး

pertinacious *a* လၢအဟ်လီၤသးကျၢၤမုဆူ, လၢအမၤအသးဘုစကု, လၢအအိဉ်ဒီးတၢ်သူဉ်ဂၢၢ်သးကျၢၤ

pertinacity *n* တၢ်မၤအသးဘုစကု, တၢ်ဟ်ဂၢၢ်ဟ်ကျၢၤအတၢ်ဆိကမိဉ်, တၢ်ဆိကမိဉ်လၢအတၢ်ဒဉ်ဝဲသ့, လၢအသူဉ်ဂၢၢ်သးကျၢၤ

pertinence *n* တၢ်ဘဉ်ဃးဒီး, တၢ်ဘဉ်အခၢး, တၢ်လၢအကြၢးအဘဉ် မ့တမ့ၢ် ဘဉ်ဘိုးဘဉ်ဒါ

pertinent *a* လၢအဘဉ်ဃးဒီး, လၢအဘဉ်အခၢး, လၢအကြၢးအဘဉ်ဒီးတၢ်တမံၤမံၤ

perturb *v* ၁. မၤကိၢ်မၤဂီၤ, မၤတံာ်တၢ်, မၤပျံၤမၤဖုး ၂. မၤသူဉ်အ့နူသးအ့နူ, မၤအ့နူပိုၤပိုၢ်

perturbation *n* ၁. တၢ်မၤကိၢ်မၤဂီၤတၢ်, တၢ်မၤတံာ်တာ်တၢ်, တၢ်မၤပျံၤမၤဖုးတၢ် ၂. တၢ်မၤသူဉ်အ့နူသးအ့နူတၢ်

perusal *n* တၢ်ဖးလံာ်ဒီးဆိကမိဉ်တၢ်

peruse *v* ဖးတၢ်ဒီးဆိကမိဉ်အီၤလီၤတံၢ်လီၤဆဲး, ကွၢ်လီၤတံၢ်လီၤဆဲး, ဖးလံာ်ဒီးဆိကမိဉ်လီၤတံၢ်တၢ်

pervade *v* အိဉ်ပှဲၤသကုၤဆးဒး, နာ်လီၤမၤပှဲၤတၢ်သကုၤဆးဒး

pervasive *a* လၢအအိဉ်ပှဲၤတၢ်ခဲလၢာ်အပူၤ, လၢအမၤပှဲၤတၢ်

perverse *a* လၢအမၤတခံတိၤပၤအသး, လၢအထီဒါတၢ်, လၢအလူၤဘဉ်အသး, လၢအနၢ်က့ၣ်

perversion *n* ၁. တၢ်မၤတခံတိၤပၤအသး, တၢ်လူၤဘဉ်သး ၂. တၢ်လဲလိာ်တၢ်ဂ့ၤဆူတၢ်အၢ, တၢ်ဘီးဃဉ်ကဒါပှၤလၢတၢ်ဂ့ၤဆူတၢ်အၢတၢ်သီတခီ ၃. တၢ်ဒုးနၢ်ပၢၢ်ကမဉ်တၢ်, တၢ်ဘီးကမဉ်တၢ်အခီပညီ

perversity *n* တၢ်မၤတခံတိၤပၤအသး, တၢ်လူၤဘဉ်သး, တၢ်နူၤကၠၣ်နၢ်ယွၤ

pervert *n* ပှၤလၢအတမၤမုဉ်ခွါသွံဉ်ထံးဒ်တၢ်မၤညီနၢ်အီၤအသိး, ပှၤလၢသးအိဉ်မုဉ်ခွါသွံဉ်ထံးအတၢ်ဘဉ်သးလၢအလီၤဆီဒီးတမ့ၢ်ဒ်အညီနၢ်အသိး

pervert *v* ၁. ထုးထိဉ်ကမဉ်တၢ်အခီပညီ, ဘီးကမဉ်တၢ်အခီပညီ, ဘီးကဒါခိဉ်ခံတၢ်အခီပညီ ၂. လဲလိာ်ကွံာ် (တၢ်အကျိၤအကျဲ) ဆူတၢ်ကမဉ်, တမၤမှာ်မၤနိၢ်အသး, လွဲဟးဂီၤပှၤ, ဘီးဃဉ်အသးဆူတၢ်အၢ

perverted *a* ၁. လၢအသးအိဉ်မုဉ်ခွါသွံဉ်ထံးအတၢ်ဘဉ်သးလၢအလီၤဆီဒီးတမ့ၢ်ဒ်အညီနၢ်အသိး ၂. လၢအလဲလိာ်ကွံာ် (တၢ်အကျိၤအကျဲ) ဆူတၢ်ကမဉ်, လၢတမၤမှာ်မၤနိၢ်အသး, လၢတမၤတၢ်ဒ်အညီနၢ်အသိး, လၢအထုးထိဉ်ကမဉ်တၢ်အခီပညီ, လၢအဘီးကမဉ်တၢ်အခီပညီ, လၢအဘီးကဒါခိဉ်ခံတၢ်အခီပညီ

pervious *a* လၢတၢ်လဲၤနုာ်ဖျိအီၤသ့, လၢတၢ်လဲၤနုာ်ဆူအပူၤသ့

peso *n* စ့ဖဲစိဉ် – စ့လၢအဘဉ်တၢ်စူးကါအီၤလၢလဲးတ့ဉ်အမဲရကၤထံကိၢ်တနီၤဒီးကိၢ်ဖံးလံးပံ

pessary *n* ၁. ကသံဉ်ဖျၢဉ် မ့တမ့ၢ် ကသံဉ်ဒီသဒၢဖိလၢတၢ်ဆွံနုာ်လီၤအီၤဆူပိာ်မုဉ်ကၠ့ၢ်ဂီၤပူၤ ၂. တၢ်ပီးတၢ်လီလၢတၢ်ဆွံနုာ်အီၤဆူပိာ်မုဉ်ကၠ့ၢ်ဂီၤပူၤလၢကမၤစၢၤဒၢလိၢ်

pessimism *n* တၢ်ထံဉ်တၢ်လၢအအၢတကပၤ, တၢ်မုၢ်လၢ်လၢာ်, တၢ်တအိဉ်ဒီးတၢ်နာ်, တၢ်မုၢ်လၢ်တၢ်လၢခါဆူညါအဂီၢ်

pessimist *n* ပှၤလၢအထံဉ်ထဲတၢ်အၢတကပၤ, ပှၤလၢအတၢ်မုၢ်လၢ်လၢာ်, ပှၤလၢတအိဉ်ဒီးတၢ်နာ်, တၢ်မုၢ်လၢ်တၢ်လၢခါဆူညါအဂီၢ်

pessimistic *a* လၢအထံဉ်ထဲတၢ်အၢ, လၢအတၢ်မုၢ်လၢ်လၢာ်

pest *n* ၁. တၢ်ဖိလံၤဖိဃၢ်လၢအမၤဟးဂီၤတၢ်, ဆဉ်ဖိကိၢ်ဖိလၢအမၤဟးဂီၤ (တၢ်မုၢ်တၢ်ဘိ, တၢ်ချံတၢ်သဉ်) အဒိ, ယၢ်တဖဉ် ၂. ပှၤမၤအ့နူတၢ်,

P

ပှၤမၤတၢ်တၢ်တၢ်, ပှၤမၤအၢမၤသီတၢ်, ပှၤမၤဟး ကွ်ဟးဂီၤတၢ် ၃. တၢ်ဆါသံသတြိၣ်, တၢ်ဆါချ့

pester *v* မၤအ့နူတၢ်, မၤတၢ်တၢ်

pesticide *n* ကသံၣ်မၤသံတၢ်ဃၢ်, ကသံၣ် မၤသံတၢ်ဖိလံၤဖိဃၢ်

pestilence *n* တၢ်ဆါသံသတြိၣ်, တၢ်ဆါချ့

pestilent *a* ၁. လၢအသံန့ၢ်ပှၢ်န့ၢ်တၢ်သ့ ၂. လၢအမၤအ့နူမၤတၢ်တၢ်တၢ် ၃. လၢအမၤကမၣ် တၢ်သကဲာ်ပဝး, လၢအမၤတၢထိၣ်တၢလီၤတၢ်

pestilential *a* ၁. လၢအဘၣ်ဃးဒီးတၢ်ဆါ သံသတြိၣ်, လၢအဒုးအိၣ်ထိၣ်တၢ်ဆါသံသတြိၣ် ၂. လၢအမၤဟးကွ်ဟးဂီၤတၢ်, လၢအမၤအ့နူမၤ တၢ်တၢ်

pestle *n* ဆၢၣ်တိၢ်ဘိ, ကျံၣ်

pet *a* ၁. လၢအဘၣ်ထွဲဒီးဆၣ်ဖိကီၢ်ဖိဘုၣ်ကွၢ် ကီ, လၢတၢ်ဟ်အီၤဇ်ဆၣ်ဖိကီၢ်ဖိဘုၣ်ကွၢ်ကီ ၂. လီၤလီၤဆီဆီ, လီၤဆီဇ်တၢ်

pet *n* ဆၣ်ဖိကီၢ်ဖိလၢပှၤဘုၣ်ကွၢ်ကီ

pet *v* ဖူးလဲး, ဖူးလဲးဖူးသွံ

pet name *n* မံၤလိာ်ကွဲ, တၢ်ကိးလိာ်ကွဲ (ပှၤ) အမံၤ

pet peeve *n* တၢ်လၢအမၤသးအ့နူတၢ်

petal *n* ဖီကဘျံး

petit *a* လၢအမၤကမၣ်တၢ်ကမၣ်လၢအဆံး, လၢအမၤကမၣ်သဲစးလၢအရှတဒိၣ်

petite *a* လၢအဆံး, လၢအဃဲၤတလဲာ်ဇဲးဖိ

petition *n* ၁. တၢ်ပတံထိၣ်တၢ်, တၢ်ပတံ သကွၢ်ကညးတၢ်, တၢ်ဃ့သကွၢ်ကညးတၢ် ၂. လံာ်ပတံထိၣ်တၢ်

petition *v* ပတံထိၣ်တၢ်, ပတံသကွၢ်ကညး တၢ်, ဃ့သကွၢ်ကညးတၢ်

petitioner *n* ပှၤပတံသကွၢ်ညးထိၣ်တၢ်

petrel *n* ထိၣ်ပိၣ်လဲၣ်, ထိၣ်ပိၣ်လဲၣ်လၢအဒံး ဆ့သူဒီးအမိၢ်ပှၢ်ဝါ

Petri dish *n* ယွၤခ့ၣ်စိးလီခိလၢပှၤဘုၣ်တၢ် ဆူးတၢ်ဆါအဃၢ်, (လၢတၢ်ကမၤကွၢ်အီၤအဂီၢ်), လီခိဆုံလၢပှၤဘုၣ်တၢ်ဆူးတၢ်ဆါအဃၢ်

petrification *n* တၢ်လဲလိာ်သးဆူလၢၢ်, တၢ် လၢအကဲထိၣ်လၢၢ်

petrified *a* ၁. လၢအလဲလိာ်သးဆူလၢၢ်, လၢအကဲထိၣ်လၢၢ် ၂. လၢအပျံၤတၢ်ဖုးဒိၣ်ဒိၣ် ကလဲာ်ဒီးဟူးတန့ၢ်ဂဲၤတန့ၢ်လၢၤ, လၢအသးလီၤ ထူၣ်ကွံာ်, လၢအသးလီၤကတုၤ

petrify *v* ၁. လဲလိာ်အသးဆူလၢၢ်, ကဲထိၣ် လၢၢ် ၂. အပျံၤတၢ်ဒိၣ်ဒိၣ်ကလဲာ်ဒီးဟူးတန့ၢ်ဂဲၤ တန့ၢ်လၢၤ, မၤလီၤကတုၤပှၤအသး, မၤလီၤထူၣ် ပှၤအသး

petrol *n* ဒးဆံၣ်သိလၢအိၣ်ဒီးအသဝံ, ဒး ဆံၣ်သိလၢအိၣ်ဒီးအသဝံဒီးပမ့ၢ်ခွဲၣ်လၢမ့ၣ်အူဒီး ပိၢ်ဖးထိၣ်

petrol station *n* တၢ်ဆါသိလ့ၣ်အသိကျး, ကျးဆါသိလ့ၣ်အသိ, တၢ်ဆါသိလ့ၣ်အသိသန့, တၢ်ဆါက်အသိသန့

petroleum *n* ရှၣ်နီၣ်သံသိ, ကျဲတံးသံသိ, ကျဲတံးသိသံကစဲာ်

petroleum jelly *n* ရှၣ်နီၣ်ကလူကလဲ

petrology *n* လၢၢ်လ့ပီညါ, တၢ်ယုသ့ၣ်ညါ လၢၢ်အဂ့ၢ်အကျိၤ

petticoat *n* ဆ့ဒါ, စကၤးဒါ

pettifogging *a* လၢဘၣ်ယိၣ်တၢ်လၢာ်က ဆူးလၢာ်ကတ့ၤ, လၢအဲၣ်တၢ်လီၤတံၢ်လီၤဆဲးကဲၣ် ဆိး

petting *n* တၢ်ဖူးလဲးဖူးသွံ

petting zoo *n* တၢ်ကွၢ်ကီဆၣ်ဖိကီၢ်ဖိအ ကရၢၢ်ဖဲတၢ်ဖိၣ်ဆၣ်ဖိကီၢ်ဖိဒီးတၢ်ဟ့ၣ်အိၣ်တၢ်အိၣ် သ့အလိၢ်

petty *a* လၢအရှတဒိၣ်ဘၣ်, လၢအတမ့ၢ်တၢ် အဒိၣ်အထီဘၣ်

petty cash *n* စ့သူထိၣ်သူလီၤတဆံးတကၢ့်

petty officer *n* ထံသုးစကီၤဒိၣ် (PO)

petulance *n* တၢ်သးဒိၣ်ထိၣ်ညီ, တၢ်သး အ့နူပို့ၤပိၢ်ညီ

petulant *a* လၢအသးဒိၣ်ထိၣ်ညီ, လၢအသး အ့နူညီ, လၢအသးအ့နူပို့ၤပိၢ်ညီ

petunia *n* ဖီလီၤစဲၤ, ဖီလီၤစဲၤလၢအလွဲၢ်ဂီၤ စၢ်ဒီးလုး

pew *exclam* ပမၤထိၣ်တၢ်အသိၣ်ဖဲပနၢဘၣ် တၢ်တမှာ်အခါ

pew *n* သရိာ်လီၢ်ဆ့ၣ်နီၤဖးထီ

pewter *n* စၢၢ်ထး, တၢ်လၢတၢ်ကျဲၣ်ကျီအီၤဒီး စၢၢ်ဇီၤဟ့ာ်ဇီၤဒီးတိၢ်ဂီၤတဖၣ်

pH *n* ဖံၣ်အ့း(၃)

P

phallus *n* ၁. ဒံၣ်ဘိ, ထု့ၣ်ဘိ, တၢ်အဖါအဒံၣ်ဘိထု့ၣ်ဘိ ၂. ပိာ်ခွါကၠ့ၢ်ဂီၤအဒိ, ပိာ်ခွါထု့ၣ်ဘိအဒိ

phantasm *n* တၢ်ထံၣ်မံတၢ်, တၢ်လီနှ့ၢ်ပမဲာ်

phantasy *n* တၢ်ဆိကမိၣ်နါစိၤတၢ်, တၢ်လၢပှၤထံၣ်အီၤထဲလၢအသးအတၢ်ဆိကမိၣ်ဒၣ်ဝဲ

phantom *a* ၁. လၢအဘၣ်ထွဲဒီးတၢ်ဝံတၢ်ကလၤ, လၢအထံၣ်မံတၢ်ကလၤ ၂. လၢအတမ့ၢ်တၢ်နီတမံၤ, ကလီကလီ (အဒိ – phantom pregnancy – ဒၢကလံၤ)

phantom *n* တၢ်ထံၣ်မံတၢ်, တၢ်ကဒုကလၤ, တၢ်အကလၤ

pharaoh *n* စီၤပၤဖၤရိၤ, ကီၢ်အဲးကူပတူး (ကီၢ်အံကွံး(ပ)) အစီၤပၤလၢပျၤ

Pharisee *n* ၁. ပှၤဖၤရံၤရှဲဖိ, ပှၤယူဒၤဖိလၢပျၤလၢအတိၢ်နှ့ၢ်စီၤမိၤရှ့အတၢ်သိၣ်တၢ်သီလီၤတံၢ်လၤဆဲး ၂. ပှၤလၢအဟ်မၤအသးဒ်ပှၤတီပှၤလိၤပှၤစီပှၤဆှံအသိး

pharmaceutical *a* လၢအဘၣ်ထွဲဒီးတၢ်ဖိၣ်ကသံၣ်ကသီ

pharmaceutical *n* ကသံၣ်ဖိၣ်ကသီဖိၣ်, ကသံၣ်ကသီ

pharmacist *n* ပှၤဖိၣ်ကသံၣ်

pharmacologist *n* ပှၤစဲအှ့ၣ်ဖိလၢအယုသ့ၣ်ညါမၤလိကသံၣ်ကသီပီညါ

pharmacology *n* ကသံၣ်ကသီပီညါ, တၢ်ယုသ့ၣ်ညါမၤလိကသံၣ်ကသီအဂ့ၢ်အကျိၤ

pharmacopoeia, pharmacopeia *n* ၁. ကသံၣ်ခိၣ်အလံာ်, ကသံၣ်ကသီအလံာ်နဲၣ်ကျဲ ၂. တၢ်ဟ်ကသံၣ်ကသီအလီၢ်

pharmacy *n* ကသံၣ်ကျး

pharyngitis *n* ကိာ်ယူၢ်ညီး

pharynx *n* ကိာ်ယူၢ်ဘိခိၣ်ထိး

phase *n* ၁. (လါ) အကု့ၢ်အဂီၤလၢအအိၣ်ဖျါဝဲ ၂. တၢ်ပတီၢ်လၢတၢ်မၤပူၤ, တၢ်မၤအပတီၢ်

phase *v* မၤတၢ်တပတီၢ်ဘၣ်တပတီၢ်

PhD *abbre* သရၣ်ဒိၣ်စိအတၢ်လၤကပီၤ, ဒီးကထၢၣ်ဒိၣ်အတၢ်လၤကပီၤ (Doctor of Philosophy)

pheasant *n* ထိၣ်ဂံာ်

phenom *n* ပှၤလၢအိၣ်ဒီးအတၢ်ဟ့ၣ်သါလီၤတိၢ်လီၤဆီ, ပှၤလီၤတိၢ်လီၤဆီ

phenomenal *a* လၢအဒိၣ်အမှၢ်လီၤဆီ, လၢအဖျါကဟုကညီၢ်, လၢအလီၤတိၢ်လီၤဆီ

phenomenon *n* ၁. တၢ်အဒိၣ်အမှၢ်လီၤဆီ, တၢ်လီၤတိၢ်လီၤဆီ, တၢ်လီၤကဟုကညီၢ် ၂. ပှၤလၢအိၣ်ဒီးအတၢ်ဟ့ၣ်သါလီၤတိၢ်လီၤဆီ, ပှၤလီၤတိၢ်လီၤဆီ

phial *n* ပလီဆံးကိာ်ဖိ, ပလီဖိ

philander *v* လူၤပိာ်မုၣ်အါ, လူၤတၢ်မုာ်ဖံးမုာ်ညၣ်အါ

philanderer *n* ပှၤလၢအလူၤပိာ်မုၣ်အါ, ပှၤလၢအလူၤတၢ်မုာ်ဖံးမုာ်ညၣ်အါ

philanthropic, **philanthropical** *a* လၢအဟ့ၣ်သးကညီၤတၢ်, လၢအသးအိၣ်မၤဘျုးတၢ်, လၢအသးအိၣ်မၤဂ့ၤတၢ်

philanthropist *n* ပှၤဟ့ၣ်သးကညီၤတၢ်, ပှၤလၢအသးအိၣ်မၤဘျုးတၢ်, ပှၤလၢအသးအိၣ်မၤဂ့ၤတၢ်

philanthropy *n* တၢ်ဟ့ၣ်သးကညီၤတၢ်, တၢ်သးအိၣ်မၤဘျုးတၢ်, တၢ်သးအိၣ်မၤဂ့ၤတၢ်

philatelist *n* ပှၤလၢအထၢဖိုၣ်တၢ်ဂီၤခိၣ်, ပှၤဟ်ကီၤတၢ်ဂီၤခိၣ်

philately *n* တၢ်ထၢဖိုၣ်တၢ်ဂီၤခိၣ်, တၢ်ဟ်ကီၤတၢ်ဂီၤခိၣ်

philharmonic *a* လၢအဲၣ်ဒိးဟ့ၣ်လီၤသးလၢတၢ်ဒ့တၢ်အူ

philistine *n* ပှၤလၢအတဟ်ဒိၣ်ဟ်ကဲဒွဲလၢတၢ်ကူၣ်သ့, ပှၤလၢဒွဲလၤပီညါတအိၣ်လၢအသးပူၤ

philologist *n* ပှၤလၢအယုသ့ၣ်ညါကျိာ်, ဝီၢ်သြဲအတၢ်စံၣ်စိၤ, ပှၤလၢအယုသ့ၣ်ညါကျိာ်, ဝီၢ်သြဲအတၢ်ဟဲအိၣ်ထီၣ်သး

philology *n* တၢ်ယုသ့ၣ်ညါမၤလိကျိာ်, ဝီၢ်သြဲပီညါ, ကျိာ် – ဝီၢ်သြဲအတၢ်ဟဲလီၤစၢၤပီညါ, တၢ်ကတိၤဖျၢၣ်ပီညါ

philosopher *n* ပှၤကူၣ်ဘၣ်ကူၣ်သ့လၢအသ့ဆိကမိၣ်တၢ်ဒိၣ်ဒိၣ်ယိာ်ယိာ်

philosophical *a* ၁. လၢအဘၣ်ဃးဒီးတၢ်သ့ဆိကမိၣ်တၢ်ဒိၣ်ဒိၣ်ယိာ်ယိာ် ၂. လၢအဟ်သးဂၢၢ်ဂၢၢ်, လၢအဟ်သးမုာ်မုာ်ခုၣ်ခုၣ်

philosophize, philosophise *v* ကတိၤတၢ်လၢအိၣ်ဒီးတသ့ဆိကမိၣ်တၢ်ဒိၣ်ဒိၣ်ယိာ်ယိာ်

philosophy *n* ၁. တၢ်ယုမၤလိသ့ၣ်ညါ နူဆၢၣ်ဒီးတၢ်အိၣ်မူအတၢ်ကဲထီၣ်လိၣ်ထီၣ်ဝဲအဂ့ၢ်အကျိၤ ၂. တၢ်သ့ဆိကမိၣ်တၢ်ဒိၣ်ဒိၣ်ယိာ်ယိာ် ၃. တၢ်ဆိကမိၣ် မ့တမ့ၢ် တၢ်နာ်လၢအဘၣ်ထွဲဒီး တၢ်တမံၤမံၤအဂ့ၢ်အကျိၤ
၄. တၢ်နဲၣ်ကျဲလၢတၢ်ကဖိၣ်ဃံးတၢ်ဟ်သူၣ်ဟ်သး အဂီၢ်

philtre, philter *n* တၢ်ရဲၢ်သံ, ကသံၣ်ရဲၢ်, တၢ်ဘၣ်မဲာ်

phlegm *n* ကဟး

phlegmatic *a* လၢအတသူၣ်ပိၢ်သးဝး, လၢအတသးစဲဃုာ်တၢ်, လၢအတဘၢရၢ်ဃုာ်တၢ် နီတမံၤ

phobia *n* ပျံၤကမၣ်တၢ်

phoenix *n* ထိၣ်မ့ၣ်အူ (ထိၣ်တလုာ်လၢအၣ်ရး(ဘ) တၢ်တဲမှာ်နၢ်အပူၤ, ဃိသံလီၤအသးလၢ မ့ၣ်အူဝံၤအချါဟဲက့ၤလိၣ်ထီၣ်က့ၤလၢထိၣ်သးစၢ် တဘ့ၣ်)

phone *n* လီတဲစိ

phone *v* တဲလီတဲစိ

phone book *n* လီတဲစိလံာ်နဲၣ်ကျဲ

phone booth *n* ကမျၢ်လီတဲစိအဒၢ, ကမျၢ်လီတဲစိအလီၢ်

phone box *n* ကမျၢ်လီတဲစိအဒၢ, ကမျၢ်လီတဲစိအလီၢ်

phone number *n* လီတဲစိနီၣ်ဂံၢ်

phonecard *n* လီတဲစိခးက့

phonetic *a* လၢအဘၣ်ထွဲဒီးတၢ်ကတိၤ အသီၣ်ပီညါ, လၢအစူးကါဒုးနဲၣ်တၢ်ကတိၤသီၣ် အပနီၣ်, လၢအဘၣ်ထွဲဒီးတၢ်ကတိၤအသီၣ်

phonetics *n* တၢ်ကတိၤအသီၣ်ပီညါ, ကျိာ်ဂံၢ်ထံးပီညါလၢအမၤလိဘၣ်ဃးတၢ်ကတိၤအသီၣ်

phoney, phony *a* လၢအလီအပျိၢ်, လၢ အဃီၤအဘျၣ်, လၢအတမ့ၢ်တတီ

phoney, phony *n* တၢ်အလီအပျိၢ်, တၢ် အဃီၤအဘျၣ်, တၢ်တမ့ၢ်တတီ, ပှၤလီတၢ်ဝ့ၤတၢ် ဖိ, ပှၤအဃီၤအဘျၣ်

phonic *a* လၢအဘၣ်ဃးဒီးတၢ်အသီၣ်, လၢအဘၣ်ထွဲဒီးတၢ်ကတိၤအသီၣ်

phonics *n* တၢ်သိၣ်လိတၢ်ကတိၤအသီၣ်အ ကျဲသနူ, တၢ်သိၣ်လိတၢ်ကတိၤဖျၢၣ်အသီၣ်ဒီးတၢ် ကတိၤဖျၢၣ်အသီၣ်အကဒိးအကျဲသနူ

phonology *n* တၢ်မၤလိဘၣ်ဃးတၢ်ကတိၤ အကျိာ်အသီၣ်လၢကျိာ်တကျိာ်ဒီးတကျိာ်အဘၢၣ် စၢၤ, တၢ်ကတိၤအသီၣ်လၢကျိာ်လီၤဆီတကျိာ် အပူၤ

phosphate *n* ဖီ(စ)ဖ့း, အံသၣ်တကလုာ် လၢအပၣ်ဒီးဂာ်ဖီး(စ)ဖရး(စ)

phosphorescence *n* တၢ်ပီၤသွံဒံ, တၢ်က ပီၤလံတကီၤ

phosphorescent *a* လၢအကပီၤသွံဒံ, လၢအကပီၤလံတကီၤ, လၢအကပီၤလၢအတၢ်ကိၢ် ကသါတအိၣ်ဘၣ်

phosphorus *n* ဂာ်ဖီး(စ)ဖရး(စ) (ဂာ် တကလုာ်လၢအလွဲၢ်ဘီဒီးမ့ၢ်ဘၣ်ဒီးတၢ်ကိၢ်နူၣ် အူအီၣ်ကွံာ်သ့)

photo *n* တၢ်ဂီၤ

photo booth *n* တၢ်ဒိတၢ်ဂီၤအလီၢ်, တၢ်ဒိ တၢ်ဂီၤအဒၢးဖိ

photocopier *n* စဲးကွဲးဒိ

photocopy *n* လံာ်ကွဲးဒိ

photocopy *v* ကွဲးဒိ

photograph *n* တၢ်ဂီၤလၢပှၤဒိန့ၢ်ဝဲ

photograph *v* ဒိတၢ်ဂီၤ

photographer *n* ပှၤဒိတၢ်ဂီၤ

photographic *a* လၢအဘၣ်ဃးဒီးတၢ်ဒိ တၢ်ဂီၤ

photographic memory *n* တၢ်သ့မၤနီၣ် တၢ်ဂ့ၤဂ့ၤ, တၢ်သ့တိၢ်နီၣ်ဃာ်တၢ်ဂ့ၤဂ့ၤ

photography *n* တၢ်ဒိတၢ်ဂီၤ

photojournalism *n* တၢ်ဂီၤတၢ်ကစီၣ်, တၢ် ကစီၣ်တၢ်ဂီၤပီညါ

photon *n* တၢ်ထိၣ်တၢ်ဒွးတၢ်ကပီၤအယူၣ်နံး

photostat *n* တၢ်ဂီၤကွဲးဒိ

phototherapy *n* တၢ်ယါဘျါသးလၢတၢ် ကပီၤ

phrase *n* လံာ်ကျိၤကူာ်, ဝီၢ်ကူာ်

phrase *v* တဲဖျါထီၣ်, ဟ်ဖျါထီၣ်

phrase book *n* တၢ်ကတိၤကျိာ်အလံာ်နဲၣ် ကျဲ

phraseology *n* တၢ်စူးကါလံာ်ကျိၤကူာ် အကျိၤအကျဲ, တၢ်စူးကါဝီၢ်ဩအကျိၤအကျဲ, တၢ် ဃုထၢစူးကါဝီၢ်ဩအကျိၤအကျဲ, တၢ်စူးကါတၢ် ကတိၤဖျၢၣ်အကျိၤအကျဲ

phrasing *n* တၢ်တဲဖျါထီၣ်တၢ်ကတိၤဖျၢၣ် အကျိၤအကျဲ, တၢ်ဟ်ဖျါထီၣ်တၢ်ကတိၤအဖျၢၣ် အကျိၤအကျဲ

phrenology *n* တၢ်ဖးပှၤအတၢ်ဟ်သူၣ်ဟ် သးခီဖျိတၢ်ကွၢ်ပှၤအခိၣ်အက့ၢ်အဂီၤအတၢ်သ့တၢ် ဘၣ်, တၢ်ကွၢ်ပှၤခိၣ်အက့ၢ်အဂီၤဒီးဖးပှၤအတၢ်ဟ် သူၣ်ဟ်သးပီညါ

physic *n* ကသံၣ်ကသီ

physical *a* ဘၣ်ဃးနီၢ်ခိနီၢ်ခိ, ဘၣ်ဃးဒီးက့ၢ် ဂီၤ

physical *n* (physical examination) တၢ်မၤ ကွၢ်နီၢ်ခိအတၢ်အိၣ်ဆူၣ်အိၣ်ချ့

physical education *n* နီၢ်ခိတၢ်ဟူးတၢ်ဂဲၤ အတၢ်မၤလိ

physical science *n* စဲအ့ၣ်ပီညါဘၣ်ဃးဒီး တၢ်လၢအသးသမူတအိၣ် (တၢ်ဃုထံၣ်သ့ၣ်ညါက် ပီညါတဖၣ်) အဒိ – physics ဒီး chemistry ဒီး အဂၤတဖၣ်

Physical Training *n* နီၢ်ခိတၢ်ဟူးတၢ်ဂဲၤ တၢ်သိၣ်လိ (PT)

physically *adv* ဘၣ်ဃးလၢနီၢ်ခိနီၢ်ခိတပၤ

physician *n* ကသံၣ်သရၣ်

physicist *n* ပှၤစဲအ့ၣ်ဖိလၢအဃုသ့ၣ်ညါ န့ဆၢၣ်တၢ်သးသမူတအိၣ်ရှၢ်သဲးပီညါ

physics *n* န့ဆၢၣ်တၢ်သးသမူတအိၣ်ရှၢ်သဲး ပီညါ, တၢ်ကူၣ်သ့ဘၣ်ဃးတၢ်ဃုသ့ၣ်ညါမၤ လိန့ဆၢၣ်လၢအတမ့ၢ်တၢ်မူတၢ်မဲတဖၣ်အဂ့ၢ် အဒိ, တၢ်ကပီၤအဂ့ၢ်, တၢ်ကိၢ်အဂ့ၢ်ဒီးအဂၤတဖၣ်

physiology *n* တၢ်မူရှၢ်သဲးပီညါ

physiotherapist *n* ဟူးဂဲၤယါဘျါသရၣ်

Physiotherapy *n* တၢ်မၤဟူးဂဲၤနီၢ်ခိက့ၢ်ဂီၤ အတၢ်ကူစါယါဘျါ, တၢ်ယါဘျါအကျိၤအ ကျဲလၢတၢ်မၤဟူးမၤဂဲၤနီၢ်ခိက့ၢ်ဂီၤ, တၢ်ယါဘျါ တၢ်ဘၣ်ဒိဘၣ်ထံး, စုဆၢခိၣ်ဆၢဆါ, ထူၣ်ပျ့ၢ်ဆါ ခီဖျိတၢ်မၤဟူးဂဲၤနီၢ်ခိ

pianissimo *adv* (ဒ့, အံၣ်အု) ကဖီကဖီ, ကဖီလီဖိ

pianist *n* ပှၤဒ့တနၢ်ပိၢ်စု

piano *adv* (ဒ့, သးဝံၣ်) ကဖီကဖီ

piano *n* တနၢ်ပိၢ်စု, ဖံၣ်အဲနိၣ်

piano accordion *n* တနၢ်ထုးစု

piazza *n* ၁. တၢ်လီၢ်ပျီလၢဝ့ၢ်ခၢၣ်သး ၂. ဖွါ ၃. ဒၢးအိၣ်ကသုၣ်, ဒၢးအိၣ်ကသုၣ် လၢတအိၣ်ဒီးအခိၣ်နး

piccolo *n* ပံဖိ

pick *n* ၁. တၢ်ဃုထၢ ၂. (တၢ်) လၢဘၣ်တၢ် ဃုထၢထိၣ်အီၤ ၃. pickaxe – ထးဖျးစူ

pick *v* ၁. (pick up) ထၢထိၣ်, ဟံးထိၣ် ၂. ဒဲး ၃. ဃုထၢထိၣ်

pickaxe *n* ထးဖျးစူ

picker *n* ပှၤဒဲး (ဖိ) , ပှၤထၢဖှိၣ် (တၢ်သူတၢ် သၣ်) , စဲးဘ့ (တၢ်သူတၢ်သၣ်) , စဲးထၢဖှိၣ် (ဘ့)

picket *n* ၁. တၢၣ်ခိၣ်စူ ၂. ပှၤဆၢထၢၣ် တြီဃာ်တၢ် ၃. သုးဆၢထၢၣ်ခိးတၢ်

picket *v* ၁. အိၣ်ဆၢထၢၣ်တြီဃာ်တၢ် ၂. ဆီလီၤသုးအိၣ်ခိးတၢ်

picket line *n* ပှၤအိၣ်ဆၢထၢၣ်တြီဃာ်တၢ် တဂ့ၢ်, ပှၤအိၣ်ဆၢထၢၣ်တြီဃာ်တၢ်တကျိၤ

picketing *n* တၢ်အိၣ်ဆၢထၢၣ်တြီဃာ်တၢ်

pickle *n* တၢ်ဒိးဆံၣ်, တၢ်မၤဆံၣ်

pickle *v* ၁. မၤဆံၣ်အိၣ်တၢ်, စုၣ်ဆံၣ်တၢ် ၂. စုၣ်ကဆိုထိၣ်တၢ်လၢက်ဆံၣ်ထံအကျါ

pickpocket *n* ပှၤလၢအဟုၣ်တၢ်လၢပှၤအဂၤ အထၢၣ်ပူၤ

pickup *n* ၁. သိလ့ၣ်ပဒၢး (တၢ်ဖိတၢ်လံၤ) အဆံးဖိ ၂. တၢ်ကိးထိၣ်ပှၤလၢအဃ့ဒီးသိလ့ၣ်, တၢ်ကိးဒီးပှၤသိလ့ၣ်, တၢ်လဲၤအိၣ်ပှၤ ၃. တၢ်ပီး တၢ်လီလၢအဖိၣ်တၢ်ကလုၢ်ဒီးဆှၢထိၣ်ဆှၢလီၤတၢ် အသီၣ်အဒိၣ်အဆံး

picky *a* လၢအအဲၣ်တၢ်လီၤတံၢ်လီၤဆဲးအါ ကဲၣ်ဆိး, လၢအအါအ့ၣ်အါဆံၣ်

picnic *n* ၁. တၢ်ဟးအိၣ်မုာ်, တၢ်ဟးအိၣ်ဝံၣ် မ့ၤ ၂. တၢ်အိၣ်ဘိၣ်လၢတၢ်ဟးစိာ်အိၣ်လၢတၢ်ချၢ

picnic *v* ဟးအိၣ်မုာ်တၢ်, ဟးအိၣ်လိာ်ကွဲ သကိးတၢ်, လဲၤအိၣ်ဝံၣ်မ့ၤ

picnicker *n* ပှၤဟးအိၣ်မုာ်တၢ်, ပှၤဟးအိၣ် လိာ်ကွဲသကိးတၢ်

pictorial *a* လၢအဘၣ်ဃးဒီးတၢ်ဂီၤ, လၢ အအိၣ်ဃှာ်ဒီးတၢ်ဂီၤ, လၢအဒုးနဲၣ်ဟ်ဖျါဃှာ်တၢ် ဂီၤ

picture *n* တၢ်ဂီၤ

picture *v* ၁. ဆိကမိၣ်မံတၢ်, ဆိကမိၣ်တ ယးတၢ် ၂. ဒုးထံၣ်မံ, စူးကါတၢ်ဂီၤလၢကဟ်ဖျါ ထိၣ်တၢ်အခီပညီဆုံဆုံဖျါဖျါ

P

picture book *n* လံာ်တၢ်ဂီၤ (လၢဖိဒံဖိသၣ် တဖၣ်အဂီၢ်)

picture postcard *n* တၢ်ဂီၤဖိး(စ)ခး, တၢ်ဂီၤတၢ်ပရၢခးက့

picture window *n* ပဲတြီဖိလၢတၢ်ဘှီအီၤဒီး မဲာ်ထံကလၤထဲတက့ဖိၤ

picturesque *a* လၢအထုးန့ၢ်သူၣ်ထုးန့ၢ်သး

piddle *v* ဆံၣ်ဆါ, ဟးဆံၣ်ဆါ, ဟးဖံ

piddling *a* လၢအဆံးဒီးအကါတဒိၣ်ကဲၣ်ဆိး

piddly *a* လၢအဆံးဒီးအကါတဒိၣ်ကဲၣ်ဆိး

pie *n* ကိၣ်တကလုာ်လၢတၢ်ထၢနှာ်တၢ်သူတၢ်သၣ် မ့တမ့ၢ် တၢ်ညၣ်လၢအပူၤဒီးဘၢမံအီၤ

piebald *a* လၢအကွီအသူဒီးအဝါ

piece *n* အရှၣ်အဒ့, အကူာ်အကျိ, တၢ်ကူး လံာ်ကူးလာ်, တဖျၢၣ်, တဘ့ၣ်, တဘိ, တခါ, အက့

piecemeal *a* လၢအအိၣ်ဒီးအက့အခီဆံးဆံးဖိ, လၢအက့အခီတခါဘၣ်တခါ

piecework *n* တၢ်မၤလၢတၢ်ဟ့ၣ်အဘူး အလဲတဘျီအဂီၢ်, တၢ်မၤလၢတၢ်ဟ့ၣ်အဘူး အလဲလၢတၢ်မၤအီၤဝံၤထဲလဲၣ်အဖီခိၣ်

pied *a* လၢအအိၣ်ဒီးအလွဲၢ်အါကလုာ်, လၢအိၣ်ဒီးတလွဲၢ်အါန့ၢ်ခံကလုာ်

pier *n* ကဘီတီၤ

pierce *v* ပျံာ်ဖျိ, မၤဖျိ, တ့ၢ်ဖျိ, ဆဲးဖျိ

piercing *a* ၁. လၢအသီၣ်စွံ, လၢအသီၣ်ဃဲ ၂. လၢအခုၣ်ဆဲးဖျိလံတက ၃. လၢတထံၣ်သ့ၣ်ညါန့ၢ်ပၢၢ်တၢ်ချ့ ၄. လၢအစူဖျံ, လၢအနှာ်ဖျိသ့

piety *n* တၢ်အဲၣ်ထူအဲၣ်ယွၤ, တၢ်သ့ယူးယီၣ် ဟ်ကဲတၢ်

piffle *n* တၢ်လၢအခီပညီတအိၣ်, တၢ်တဂ်ာ် တသီၣ်, တၢ်တထံတဆး, တၢ်ကလီကလီ

piffling *a* လၢအခီပညီတအိၣ်, လၢအတဂ်ာ် တသီၣ်, လၢအတထံတဆး, လၢအကလီကလီ

pig *n* ထိး

pig *v* အီၣ်တၢ်ဒ်သိးထိး, အီၣ်တၢ်အါအါဂိၢ်ဂိၢ်, အီၣ်တၢ်လီၤလူလီၤဖိုး

pigeon *n* ထိၣ်ကးက့ၣ်

pigeon-hole *n* ၁. စီၢ်အကဆူးဖိ, တၢ်လီၢ် အကဆူးဖိ ၂. တၢ်နီၤဖးလီၤတၢ်အကဆူး

pigeon-hole *v* နီၤဖးလီၤတၢ်

piggery *n* ထိးကရၢၢ်, ထိးကပိၤ, တၢ်ဘုၣ် ထိးကရၢၢ်

piggish *a* လၢအလီၤက်ဒ်ထိးအသိး, လၢအဘၣ်အၢဘၣ်သီ

piggy bank *n* စ့ဟ်ဖိုၣ်ဒၢထိးအဂီၤဖိ

piglet *n* ထိးဖိ

pigment *n* ၁. ကသံၣ်ခဲၣ်ကမူၣ်, တၢ်ခဲၣ် လွဲၢ်ကမူၣ် ၂. နူဆၢၣ်အလွဲၢ်

pigmented *a* လၢအအိၣ်ဒီးနူဆၢၣ်အလွဲၢ်

pigmy *a* လၢအဆံးန့ၢ်ဒ်တၢ်တကလုာ်ဃီဒီး အီၤ

pigmy *n* ၁. ပုၤဖံးကမံၣ်ဖိ, ကလုာ်ဒူၣ် တဖုလၢအအိၣ်လၢအၤဖြံၤကၤကီၢ်မိၢ်ပှၢ်အခၢၣ်သး ဒီးကီၢ်အ့ရှၢၣ်မုၢ်ထိၣ်ကလံၤထံးအပူၤ ၂. ပုၤလၢအနီၢ်ဖုၣ်ဖုၣ်ဒီးဆံးဆံးဖိ

pigsty *n* ထိးကရၢ, ထိးကပိၤ

pigtail *n* ခိၣ်ပိၤ, ခိၣ်သံၣ်

pike *n* ၁. ညၣ်ဖဲး, ထံဘျါညၣ်ထီမဲစူနိာ်ဖး ဒိၣ်တကလုာ်လၢအအိၣ်လၢကီၢ်ယူရပၤဒီးကလံၤ စိးအမဲရကၤအပူၤ ၂. ဘီ ၃. ကစၢၢ်စူခိၣ်

pilaster *n* လၢၢ်ထူၣ်ကယၢ, ဟံၣ်ထူၣ်ကယၢ

pile *n* ၁. တၢ်အပူၣ် ၂. တၢ်ဂိၢ်မုၢ်ဂိၢ်ပၤ, တၢ် အါအါဂိၢ်ဂိၢ် ၃. တၢ်ထူၣ်လၢတၢ်တိၢ်နှာ်လီၤအီၤ ဆူဟီၣ်ခိၣ်ပူၤလၢကပၢၤဃာ်တၢ်အဂီၢ် ၄. တၢ်ကံး ညာ်အညၣ်ကပုာ်လုး, တၢ်ကံးညာ်သးကလး

pile *v* ပူၣ်ထီၣ်, ဟ်ပူထီၣ်, ဟ်ဖိုၣ်ထီၣ်, ဟ် ဖိုၣ်ထီၣ်သးအါအါဂိၢ်ဂိၢ်

piles *n* အ့ၣ်ကိၢ် (တၢ်ဆါ)

pile-up *n* ၁. သိလ့ၣ်ဘၣ်ထံးဖိုၣ်လိာ်အသး အါအါဂိၢ်ဂိၢ် ၂. တၢ်ဟ်ဖိုၣ်ဟ်တံၤအါထီၣ်တၢ်, တၢ် ဂ်ဖိုၣ်တၢ်အါအါဂိၢ်ဂိၢ်

pilfer *v* ဟုၣ်တၢ်တဆံးတက့ၢ်, ဟုၣ်ကစဲး ကစီးတၢ်

pilgrim *n* ၁. ပုၤလဲၤဘူၣ်ထီၣ်ဘါထီၣ်တၢ်ဖိ, ပုၤလဲၤတၢ်ဖိလၢအလဲၤဆူတၢ်လီၢ်စီဆုံလၢကဘူၣ် ထီၣ်ဘါထီၣ်တၢ်အဂီၢ် ၂. ပုၤလဲၤတၢ်ဖိ ၃. ပုၤ အဲကလံးဖိတဖုလၢအလဲၤဃ့ၢ်နှာ်လီၤဆူကီၢ် အမဲရကၤအပူၤဖဲ ၁၆၂၀ နံၣ်ခီဖျိလၢအလိၣ်ဘၣ် တၢ်ဘူၣ်တၢ်ဘါတၢ်သဘျ့

pilgrimage *n* ၁. တၢ်လဲၤဘူၣ်ထီၣ်ဘါထီၣ် တၢ်, တၢ်လဲၤဘူၣ်ထီၣ်ဘါထီၣ်တၢ်လီၢ်စီဆုံဆူတၢ် လီၢ်အယံၤ

P

pill *n* ကသံဉ်ဖျာဉ်

pill *v* (တၢ်ဆးတၢ်ခွဲးသိဆူဉ်) ခွဲးကဲထီဉ်တၢ်အဖျာဉ်သလၢဉ်ဖိ

pillage *n* တၢ်ဂုာ်န့ၢ်ဆူဉ်တၢ်, တၢ်ဂုာ်ဆူဉ်ပျိဆူဉ်တၢ်, တၢ်တမျာ်တၢ်, တၢ်ဂုာ်ဆူဉ်မၤဟးဂီၤတၢ်

pillage *v* ဂုာ်ဆူဉ်ပျိဆူဉ်တၢ်, ဂုာ်န့ၢ်ဆူဉ်တၢ်, တမျာ်တၢ်, ဂုာ်ဆူဉ်မၤဟးဂီၤတၢ်

pillar *n* တၢ်ထူဉ်, ပၢၢ်, လၢၢ်ထူဉ်

pillar box *n* လံာ်တားဒၢဖးဒိဉ်, လံာ်တားဒၢဖးဒိဉ်လၢတၢ်ဆီလီၤအီၤဖဲကျဲမုၢ်အကပၤ (လၢတၢ်လဲၤကွာ်တ့ၢ်နှာ်လီၤလံာ်ပရၢသ့)

pillbox *n* ၁. ကသံဉ်အဒၢ ၂. ကျိအဒၢ ၃. တၢ်အိဉ်သဒၢအပူၤ

pillbox hat *n* ပိာ်မုဉ်အခိဉ်သလုး

pillion *n* သိလှဉ်ယိၢ်အလိၢ်ဆ့ဉ်နီၤလၢတၢ်လီၢ်ခံ

pillock *n* ပှၤအသးတဖး, ပှၤတထံတဆး, ပှၤအီရံၢ်အီရိာ်, ပှၤငီး

pillory *n* သ့ဉ်ကျိၤစုကျိၤခိဉ်

pillory *v* ၁. ကျိၤတံၢ်ခိဉ်, ကျိၤတံၢ်စုဒီးခိဉ် ၂. မၤလီၤနံၤဘဉ်ဖဉ်လဲပှၤလၢပှၤအါဂၤအမဲာ်ညါ, ကတိၤလီၤနံၤဘဉ်ဖဉ်လဲတၢ်လၢပှၤဂၤအမဲာ်ညါ

pillow *n* ၁. ခိဉ်သခၢဉ်, ခိဉ်တခၢဉ် ၂. တၢ်ကပုာ်

pillow *v* ဟ်ထီဉ်ခိဉ်လၢတၢ်တမံၤမံၤအလီၤ, သခၢဉ်တၢ်တမံၤမံၤ

pillow talk *n* ပှၤနီၢ်ဒီမါဝၤတဲကလံးကလးလိာ်အသးလၢလီၢ်မံခိဉ်, ပှၤအဲဉ်လိာ်သးခံဂၤအတၢ်တဲအ့လံးလိာ်သးလၢလီၢ်မံခိဉ်

pillowcase *n* ခိဉ်သခၢဉ်ဒၢ

pilot *a* လၢအမၤကွၢ်ဆိတၢ်တမံၤမံၤ

pilot *n* ၁. ပှၤဆှၢကဘီ ၂. ပှၤနီဉ်ကဘီယူၤ

pilot *v* ၁. နီဉ်ကဘီယူၤ, ဆှၢကဘီ, နီဉ်ကဘီ ၂. မၤကွၢ်ဆိတၢ် ၃. နဲဉ်ကျဲ, ဟံးစုနဲဉ်ကျဲ, ဆှၢတၢ်တွၤတၢ်, ဆှၢ, လဲၤလၢညါ, တီခိဉ်ရိဉ်မဲ, ပၢဆှၢရဲဉ်ကျဲၤ

pilot light *n* ၁. ဂ်ာသဝံအမ့ဉ်အူလဉ်လၢအကဲၤထီဘိလၢကဒွဲဉ်ထီဉ်ဂ်ာသဝံဒၢအမ့ဉ်အူအဂီၢ် ၂. မ့ဉ်ဖီးပနီဉ်လၢအအိဉ်ဖျါထီဉ်ဖဲတၢ်အီးထီဉ်လီမ့ဉ်အူပီးလီတဖဉ်အခါ

pilot officer *n* ကလံၤသုးဖိလၢအလိၢ်လၤဖုဉ်လၢဘြဲးထံး(ရှ)ကလံၤသုးအပူၤ

pilot whale *n* ညဉ်လူၤခိဉ်လၢအလွဲၢ်သူတကလုာ်

pimento *n* မိၢ်ဟဲဂီၤတကလုာ်

pimp *n* ဃဲသဲခိဉ်, ပိာ်မုဉ်ဟးဂီၤအခိဉ်

pimple *n* တၢ်ဖိဉ်သွံ, မဲာ်ဖျာဉ်သွံ

pin *n* ၁. ထးကမိာ်ခံ, ထးဆဲးကမိာ်ခံ ၂. နီဉ်ဘျးဃာ်တၢ်, ထးဘျး ၃. နီဉ်စဲ, နီဉ်တံာ် ၄. ကျံးဘိ, နီဉ်ကျံးဘိ ၅. တၢဉ်ဘိလၢတၢ်ဂဲၤလိာ်ကွဲဘိလ့ မ့တမ့ၢ် တၢ်တလ့ဉ်တၢ်ဖျာဉ်သလၢဉ် ၆. ထးဘိဖိလၢစုမ့ဉ်ပိၢ်အလီၤ ၇. ထူဉ်ပနီဉ်ဘဉ်တၢ်ဆဲးဃာ်လၢဖျာဉ်ဒိပူၤခိဉ်ထိး

PIN *n* နီၢ်ကစၢ်အတၢ်အှဉ်သးအနီဉ်ဂံၢ်

pin *v* ဆဲးတံၢ်တၢ်, ဆဲးဃာ်ကျၢၤတၢ်လၢထးမိာ်ခံ

pin money *n* စ့လၢတၢ်ဟ့ဉ်စူးကါအီၤတဆံးတက့ၢ်, စ့လၢတၢ်သူထီဉ်သူလီၤအီၤ, စ့ကရဲးကရီး

pin point *a* လၢအလီၤတံၢ်လီၤဆဲး, လၢအထဲသိးခိဉ်စု

pin point *n* ၁. ထးအခိဉ်စူ, တၢ်လီၢ်ကစီၤထဲထးခိဉ်စူ ၂. တၢ်ဆံးကိာ်ဖိ

pin worm *n* ထိးကလာ်လုဉ်ဖျ့

pinafore, pinafore dress *n* ၁. ပိာ်မုဉ်ဆ့ဖျိဉ်, ဆ့ကၤလၢပှၤကၤအီၤလၢတၢ်ဖိခိဉ်တကထၢ ၂. ဆ့တဒီ

pincer *n* ၁. ဆွဲဉ်တ့ၤသဒိဉ်တ့ၤ ၂. ထးတံာ်ထဲး

pinch *n* တၢ်တပံၢ်ဖိ, တၢ်စိၢ်တၢ်

pinch *v* ၁. ပံၢ်, ပံၢ်ပှၤအဖံးလၢအစုစိးနါ, စိၢ်, စိၢ်တၢ်လၢစုမ့ဉ် ၂. ဟုဉ်တၢ် ၃. (ခိဉ်ဖံး) ဃံး, ကတံာ်

pinch and scrape *idm:* စူးကါပံၢ်ဒံးတၢ်, အိဉ်ပံၢ်ဒံးတၢ်

pinched *a* လီၤဝါ, လီၤဘဲ, ဖျါလီၤဘုံးလီၤတီၤ

pincushion *n* တၢ်ကပုာ်လုးဖိလၢပှၤဆဲးဃာ်ထး, တၢ်ဆဲးဃာ်ထး

pine *n* သ့ဉ်ဆို

pine *v* သူဉ်ကၢ်သးလီၤ, သူဉ်ဘဉ်ဒိသးဘဉ်ဒိသယုၢ်သညီ

P

pineapple *n* နဲးသဉ်, နဲဉ်အထံး
ping *n* တၢ်ကလုၢ်သီဉ်စွံ, တၢ်သီဉ်ယဲ
ping *v* သီဉ်စွံကလာ်, သီဉ်ယဲ
ping-pong *n* စီၢ်နီၤခိဉ်ဖျာဉ်ပၤ, တၢ်ဂဲၤပ့ဉ်ပီၤ
pinhole *n* တၢ်ထူဉ်ဖိုအံဉ်ဆံးကိာ်ဖိ, တၢ်ပူၤအံဉ်အံဉ်ဖိ
pinion *v* ၁. ထိဉ်ဒံး ၂. စဲးပဉ်ဖိအိဉ်ဒီးမဲ (ကွၢ် cogwheel)
pink *a* ၁. ဂီၤစၢ်, အလွဲၢ်ဂီၤစၢ် ၂. လၢအဘဉ်ထွဲဒီးပှၤအဲဉ်ပကၢၤတၢ်ဖိ
pink *n* ဂီၤစၢ်, အလွဲၢ်ဂီၤစၢ်
pink *v* ၁. (သီလှဉ်အစဲး) သီဉ်ဖဲတလဲၤတၢ်ဘျှဘျှဆိုဆိုအခါ ၂. ဆးကှဉ်ကိာ်တၢ်, ဆးကယၢကှဉ်ကိာ်တၢ်
pinkie *n* စုဆဉ်, စုမုၢ်ဆဉ်
pinkish *a* လၢအဂီၤစၢ်, လၢအလွဲၢ်ဂီၤစၢ်
pinnacle *n* ၁. တၢ်အခိဉ်စိဉ်, တၢ်စိခိဉ် ၂. တၢ်သူဉ်ထိဉ်အပျိာ် အဒိ, သရိာ်အပျိာ် ၃. (တၢ်အိဉ်မူအပူၤ) တၢ်တုၤထိဉ်ထိဉ်ဘးအထီကတၢၢ်အကတိၢ်, တၢ်လဲၤထိဉ်လဲၤထီအထီကတၢၢ်အကတိၢ်
pinpoint *n* ဖျာဉ်ဆံးဖိ, တၢ်အဖျာဉ်ဆံးကိာ်ဖိ
pinpoint *v* ဃုထံဉ်နှၢ်လီၤတံၢ်လီၤဆဲး
pint *n* ဝဲး, တကဉ်လဉ်ဃီးပူတပူ
pioneer *n* ပှၤလၢအဒုးနဲဉ်ကျဲ, ပှၤလၢအအိဉ်ဆိးလၢတၢ်လီၢ်သီအဆိကတၢၢ်
pioneer *v* ဟံးစုနဲဉ်ကျဲဒုးအိဉ်ထိဉ်တၢ်အဆိကတၢၢ်, ဒုးနဲဉ်ဆိကျဲ, ဃုထံဉ်နှၢ်ဆိကျဲ
pioneering *a* လၢအဒုးနဲဉ်ဆိကျဲ, လၢအဃုထံဉ်နှၢ်ဆိကျဲ, လၢအဒုးအိဉ်ထိဉ်ဆိတၢ်ဆိကမိဉ်အသီ
pious *a* ၁. လၢအအဲဉ်ထူအဲဉ်ယွၤ ၂. လၢအဟ်ဂ့ၤအသး, လၢအလိာ်စီလိာ်ဆုံအသး ၃. (pious hope/wish) လၢအမုၢ်လၢ်တၢ်ကလီကလီ, လၢအမုၢ်လၢ်တၢ်လၢအကဲထိဉ်တသ့ ၄. လၢအသ့ယူးယီဉ်ဟ်ကဲတၢ်
pip *n* ၁. တၢ်အချံ (လၢတၤသူဉ်တၤသဉ်) အဒိ, စူၢ်ဝံဉ်သဉ်အချံ ၂. တၢ်သီဉ်စွံ, တၢ်သီဉ်ယဲ (see beep) ၃. သုးလီၢ်လၤဆဉ်အဖီး ၄. တၢ်အဖီးဖိတဖဉ်
pip *v* ၁. မၤနၢၤတၢ်လၢတၢ်ဆၢကတိၢ်လၢခံကတၢၢ်တစဲးဖိ ၂. တီၢ်ဒီးကျိ မ့တမ့ၢ် ခးဒီးကျိ
pipe *n* ၁. ပီၤဘိ, ကျိဘိ ၂. မိာ်ကျိ, မိာ်သ့ဉ်ခိဉ်
pipe *v* ၁. ဆုၢခီဖျိဒီးပီၤဘိ, ဆုၢခီဖျိလီသွဲပျံၤ ၂. ကတိၤတၢ်သီဉ်စွံ, သးဝံဉ်တၢ်သီဉ်ယဲ ၃. အူပံအူကွဲၤ ၄. ဘံးလီၤ (တၢ်နှၢ်ထံခိဉ်ကျး) လၢကိဉ်ဆီဒ်အလီၤ
pipe dream *n* တၢ်ဆိကမိဉ်မုံကလီကလီတၢ်, တၢ်ဆိကမိဉ်မုံလၢအကဲထိဉ်ကဲထီတသ့
pipe organ *n* ပီၤဘိတနၢ်ယီၢ်ပိၢ်, တနၢ်ယီၢ်ပိၢ်အိဉ်ဒီးပီၤဘိတဖဉ်
pipe-cleaner *n* နီဉ်ကိာ်ကဆိုမိာ်ကျိဘိ, မိာ်ကျိအနီဉ်ပျံာ်, နီဉ်ပျံာ်ကဆိုမိာ်ကျိ
pipeline *n* ပီၤကျိၤ, ပီၤဘိအကျိၤ
piper *n* ပှၤအူပံအူကွဲၤ
pipework *n* ပီၤဘိတဖဉ်, ပီၤအကျိၤတကရူၢ်
piping *a* လၢအကလုၢ်သီဉ်ဆံးဒီးယဲ
piping *n* ၁. ပီၤဘိဖးထီ ၂. တၢ်အူပံအူကွဲၤ ၃. တၢ်ကံးညာ်အနၢဉ်ထံးအကျိၤ, ခးကမှာ်နၢဉ်ထံးတၢ်အကျိၤ
piping hot *a* လၢအကိၢ်ဒိဉ်မး, လၢအကိၢ်သွး
piquancy *n* ၁. တၢ်အရိၢ်ဘဲတုၤလီၤတီၤလီၤ, တၢ်ဝံဉ်လီၤဒး, တၢ်အရိၢ်ဆူဉ် ၂. တၢ်လၢအလီၤသူဉ်ပိၢ်သးဝးသူဉ်ဟူးသးဂဲၤ, တၢ်လၢအထိးဘဉ်ပသူဉ်ပသး
piquant *a* ၁. လၢအရိၢ်ဘဲတုၤလီၤတီၤလီၤ, လၢအဝံဉ်လီၤဒး, လၢအရိၢ်ဆူဉ် ၂. လၢအလီၤသူဉ်ပိၢ်သးဝးသူဉ်ဟူးသးဂဲၤ, လၢအထိးဘဉ်ပသူဉ်ပသး
pique *n* ၁. တၢ်သးတမှာ်, တၢ်သးအ့နူခီဖျိလၢအလၤကပီၤဘဉ်ဒိအယိ ၂. တၢ်ကံးညာ်ဘဲတကလှာ် ၃. တၢ်ကံးညာ်လၢတၢ်ထါထိဉ်ဒီးအကျိၤ
pique *v* ၁. တူၢ်ဘဉ်လၢအသူးအသ့ဉ်ဟးဂီၤ, တူၢ်ဘဉ်လၢအလၤကပီၤဘဉ်ဒိ ၂. မၤတမှာ်ပှၤသး, မၤသးထိဉ်တၢ် ၃. (pique your interest) မၤသူဉ်ပိၢ်သးဝးတၢ်တစိၢ်ဖိ, (ထဲတၢ်ကတိၤဒိၤ) အဃၢ်ကတၢတစိၢ်ဖိ

piracy *n* ၁. တၢ်ဟုဉ်နၢ်ပှၤဂၤအစုလီၢ်ခီဉ်လီၢ်, တၢ်ဟံးနၢ်ရူသူဉ်ပှၤဂၤအတၢ်မၤ အဒိ, တၢ်ဟုဉ်ကွဲးဒိပှၤဂၤအလံာ် ၂. တၢ်တမျာ်တၢ်လၢပီဉ်လဲဉ်ပူၤ, တၢ်ဒိတမျာ်လၢပီဉ်လဲဉ်ပူၤ

pirate *n* ၁. ပီဉ်လဲဉ်တမျာ် ၂. ပီဉ်လဲဉ်တမျာ်အကဘီ ၃. ပှၤလၢအဟုဉ်နၢ်ပှၤဂၤအစုလီၢ်ခီဉ်လီၢ်, ပှၤဟုဉ်ယီၤဒိပှၤတၢ်

pirate *v* ဟုဉ်နၢ်ပှၤဂၤအစုလီၢ်ခီဉ်လီၢ်, ဟုဉ်ယီၤဒိပှၤတၢ်

pirouette *n* တၢ်ဂဲၤကလံဉ်ဝံာ်တရံးသးလၢခီဉ်စိးနါ, တၢ်ဂဲၤကလံဉ်ဘဲလ့လၢခီဉ်စိးနါ

Pisces *n* ၁. ညဉ်ကရူၢ်, ညဉ်ခံဘ့ဉ်အကရူၢ်လၢတၢ်ဒွးဆဉ်အကရူၢ်ပီညါအပူၤ ၂. ပှၤလၢအအိဉ်ဖျဲဉ်ထီဉ်ဖဲလါဖ့ၤဘြူၤအါရံၤ ၂၁ သီဒီးလါမါရှး ၂၀ သီအဘၢဉ်စπၤ

piss *n* တၢ်ဆံဉ်ဆါ, ဆံဉ်ထံ

piss *v* ဆံဉ်ဆါ, ဟးဆံဉ်

pissed *a* ၁. မူၤလီၤဃံၤလီၤယူး, မူၤလီၤဃံၤလီၤကနူၤ, မူၤသံးဒိဉ်ဒိဉ်ကလဲာ်, မဲာ်ဟံး ၂. (pissed off) သးအ့နၤတၢ်, သးဃိတၢ်

pistil *n* ဖီမိၢ်အဘိချံ

pistol *n* ကျိဖှဉ်ဖိ, ကျိတရံးဖိ

piston *v* စဲးအပီးအလီလၢအဆီဉ်ထီဉ်ဆိဉ်လီၤအသးဒ်သိးစဲးကဟူးထီဉ်ဂဲၤထီဉ်အဂီၢ်, ဖံးစထၢဉ်, ထးဖိုးဘိ

pit *n* ၁. ဟီဉ်ခိဉ်အပူၤ, တၢ်ပူၤ ၂. တၢ်ဘိုသိလ့ဉ်ပြၢအလီၢ်ဖဲသိလ့ဉ်ပြၢအကျဲကပၤ

pit *v* ၁. မၤလီၤဆၢဉ်, မၤလီၤယၢဉ် ၂. ထုးထိဉ် (တၢ်) အချံ, အဲးကွံာ် (တၢ်) အချံ ၃. (သိလ့ဉ်ပြၢ) အိဉ်ပတုာ်လၢကထၢနှာ်သိ မ့တမ့ၢ် တၢ်ကဘိုဂ့ၤထိဉ်အီၤ

pit stop *n* ၁. သိလ့ဉ်ပြၢအိဉ်ပတုာ်ထၢနှာ်သိအကတိၢ် ၂. သိဘ့ဉ်အိဉ်ဘှံးပတုာ်အကတိၢ်

pit-a-pat *adv* သိဉ်ဖးဖး, သိဉ်ဆွးဆွး

pitch *n* ၁. တၢ်လိာ်ကွဲပျီ ၂. တၢ်သိဉ်ဒိဉ်သိဉ်ဆံးအပတိၢ် ၃. တၢ်လီၤဘံ, တၢ်လီၤတစူၤထဲအံၤထဲနုၤအနီဉ်ထိဉ် ၄. သ့ဉ်ဆိုအထုး ၅. တၢ်ဆါတၢ်ပှၤအလီၢ်လၢကျဲကပၤ
၆. (baseball) တၢ်ကွံာ်ထိဉ်ဖျာဉ်ပၤ ၇. တၢ်အထိဉ်အလီၤအပတိၢ်

pitch *v* ၁. ကွံာ်ဖျာဉ်ပၤ, ကွံာ်လီၤ ၂. (music) မၤဒိဉ်မၤဆံးတၢ်အကလုၢ်အပတိၢ် ၃. ပညိဉ်ဟ်ပနီဉ်တၢ်အပတိၢ် ၄. လီၤတဲာ်ဆိုခိဉ် ၅. (Business deal) ဆါတၤတၢ်, ပှ့ၤတၤတၢ်, ကျိးစπၤကွဲနၢ်ပှၤလၢကပ္ၤအတၢ် ၆. လီၤဘံလီၤတစူၤ ၇. (ကဘီ, ကဘီယူၤ) လဲၤတၢ်ထိဉ်ထိဉ်လီၤလီၤ ၈. သူဉ်ထိဉ် (ဒဲ)

pitch-black *a* လၢအသူပံ, လၢအခံးသူပံ

pitch-dark *a* လၢအသူပံ, လၢအခံးသူပံ

pitched battle *n* တၢ်ဒုးလၢပှၤခံဖုလၢာ်အိဉ်ကတဲာ်ကတီၤသးလၢကဒုးလိာ်သးအဂီၢ်, တၢ်အ့ဉ်လိာ်ဆိးက့တၢ်, တၢ်ဂ့ၢ်လိာ်ဘိုလိာ်သးလၢတၢ်သးဒိဉ်အပူၤ

pitcher *n* ၁. ထံအီဒၢလၢအိဉ်ဒီးအစုဖိဉ်ဒီးအနိး ၂. ပှၤကွံာ်စိဖျာဉ်တိၢ်လၢတၢ်ဂဲၤလိာ်ကွဲခြွးခဲးအပူၤ

pitchfork *n* နီဉ်ဆဲးဖးတြၢ်, တၢ်ပီးတၢ်လီလၢအလီၤက်ဒီးနီဉ်ဆဲးဖးဒိဉ်အိဉ်ဒီးအစုဖိဉ်ဖးထီ

piteous *a* လၢအလီၤသးကညီၤ

pitfall *n* ၁. တၢ်ဘဉ်ယိဉ်တၢ်ကီတၢ်ခဲလၢပတမ့ၢ်လၢ်ဟ်အီၤ ၂. သလၢဉ်, တလၢဉ်

pith *n* ၁. တၢ်ကတိၤအဂ့ၢ်မိၢ်ပှၢ် ၂. တၢ်အကံၢ်, တၢ်မှၢ်တၢ်ဘိအကံၢ် ၃. တၤသူတၤသဉ်အလုၤဒီးအကံၢ် ၄. တၢ်ဂံၢ်တၢ်ဘါ

pithy *a* (တၢ်ကတိၤ) လၢအအိဉ်ဒီးအကံၢ်အလဲ, လၢအအိဉ်ဒီးအတဟီဉ်, လၢအဘဉ်ဃးဒီးတၢ်ဂ့ၢ်မိၢ်ပှၢ်တုၤလီၤတီၤလီၤ, လၢအဖှဉ်ဒီးအခီပညီဖျါဆုံဆုံ

pitiable *a* လၢအလီၤသးကညီၤ, လၢအကြၢးဒီးတၢ်သးကညီၤ

pitiful *a* ၁. လၢအလီၤသးကညီၤ, လၢအထိဉ်ဂဲၤထိဉ်တၢ်သးအိဉ် ၂. လၢအတလီၤဟ်ကဲ, လၢအတဂ်ာ်တသိဉ်, လၢအမၤတံာ်တာ်မၤသးအုးတၢ်

pitiless *a* လၢအတသးကညီၤတၢ်, လၢအသူဉ်အၢသးသိ, လၢအသူဉ်ကညီၤသးကညီၤတၢ်တသ့

pittance *n* တၢ်အဘူးအလဲစ့ၤကိာ်ဖိ, တၢ်ဘူးတၢ်လဲစ့ၤ, တၢ်တလၢတလီၢ်စ့ၤကိာ်ဖိ

pity *n* ၁. တၢ်သူဉ်ကညီၤသးကညီၤ ၂. တၢ်သူဉ်ဟးဂီၤသးဟးဂီၤ မ့တမ့ၢ် သးတမုာ်လၢတၢ်တမံၤမံၤအဃိ

pity *v* သးကညီၤတၢ်

pivot *n* ၁. တၢ်ခၢၣ်သးအလီၢ်ဖဲတၢ်တမံၤမံၤတရံးအသး မ့တမ့ၢ် အိၣ်ဒီးအတယၢ်ထဲသိးလိာ်သး ၂. တၢ်လီၢ်ခၢၣ်သး, ပှၤလၢအကါဒိၣ်, တၢ်လီၢ်ခၢၣ်သး, ထးအစိးနါလၢတၢ်တရံးသးလၢအလိၤ

pivot *v* ဟ်တၢ်လၢအခၢၣ်သး

pivotal *a* လၢအကါဒိၣ်ကတၢၢ်, လၢတၢ်သန့ၤအသးလၢအီၤ

pixel *n* တၢ်အဖိးကမ့ံဒံဖိ, ဖ့းစၢၣ်(လ)လၢတၢ်ဂီၤအပူၤ

pixelate *v* မၤဖျါကမ့ံတၢ်ဂီၤ, မၤဖျါကမိၢ်ကမှာ်တၢ်, ဖျါကမံကမှါ, ဖျါကနုကယီၢ်

pizza *n* ကိၣ်ဖံစၣ်, ကိၣ်လၢတၢ်ထၢနုာ်လီၤတၢ်ဖံးတၢ်ညၣ်တၢ်ဒီးတၢ်လၣ်ဒီးတကီၤဆံၣ်သၣ်ဃ့ၣ်ထံ

pizzicato *a* လၢအခွဲး (တနၢ်, သိတူၢ်) လၢအစု, လၢအဒ့တၢ်လၢအစုမုၢ်နၢဒီးတစူးကါနီၣ်ဂူာ်ဘိ

placable *a* လၢအမၤမုာ်မၤခုၣ်လီၤက့ၤပှၤသး, လၢအမၤမုာ်ထီၣ်က့ၤပှၤသး, လၢအမၤမံပှၤသး

placard *n* တၢ်ဘိးဘၣ်သ့ၣ်ညါအလံာ်ဘ့ၣ်ဘၣ်, လံာ်ဘိးဘၣ်သ့ၣ်ညါ

placard *v* ကျးလီၤတၢ်ဘိးဘၣ်သ့ၣ်ညါအလံာ်ဘ့ၣ်ဘၣ်

placate *v* မၤမုာ်ထီၣ်က့ၤပှၤသး, မၤမံက့ၤပှၤအသး, မၤဃူမၤဖိးက့ၤတၢ်, မၤခုၣ်လီၤက့ၤပှၤသး, ကညးက့ၤပှၤ

place *n* ၁. တၢ်လီၢ်တၢ်ကျဲ ၂. တၢ်လီၢ်တၢ်ကျဲလီၤဆီတတီၤ, တၢ်လီၢ်တတီၤ ၃. တၢ်အိၣ်တၢ်ဆိးအလီၢ်အကျဲ, ဒၢး, ဟံၣ်, ဟံၣ်ဒၢးဖိၣ်, ဟံၣ်လၢအိၣ်ဒီးအကရၢၢ် ၄. တၢ်လီၢ်, မုၢ်ကျိၤဝဲၤကွာ်တၢ်မၤအလီၢ်အကျဲ ၅. ခူဖိၤဝ့ၢ်ဖိၤ, ဝ့ၢ်ဖးဒိၣ်, ဝ့ၢ် ၆. လီၢ်လၤ, မူဒါ ၇. တၢ်လီၢ်တတီၤလၢလံာ်အပူၤ, တၢ်လီၢ်တတီၤတီၤလၢတၢ်ဂီၤမူအပူၤ ၈. တၢ်မၤန့ၢ်တၢ်လီၢ်တၢ်ကျဲလၢကွဲ မ့တမ့ၢ် ဖွၣ်စိမိၤလၢကမၤလိတၢ်အဂီၢ်
၉. တၢ်ကဲထီၣ်တမံၤမံၤအလီၢ်အကျဲ, တၢ်တမံၤမံၤအိၣ်ထီၣ်အလီၢ်အကျဲ ၁၀. တၢ်အိၣ်သးအပတီၢ်

place *v* ဟ်လီၤအလီၢ်အကျဲ, ဟ်လီၤတၢ်

place name *n* ဝ့ၢ် မ့တမ့ၢ် တၢ်လီၢ်တၢ်ကျဲအမံၤ

placebo *n* ကသံၣ်သးမံ

placement *n* ၁. တၢ်ဟ်လီၤတၢ်လီၢ်တၢ်ကျဲ, တၢ်ဆီလီၤဟ်လီၤတၢ်ဖံးတၢ်မၤလီၢ်ကျဲလၢအကြၢးအဘၣ် ၂. တၢ်လီၢ်တၢ်ကျဲတၢ်ရဲၣ်ကျဲၤဟ်လီၤန့ၢ်တၢ်, တၢ်ရဲၣ်တၢ်ကျဲၤ

placenta *n* ဟံၣ်လီၢ်, က့ၢ်ဂီၤဒွဲလၢအဟဲပၣ်ဃုာ်ဖဲပှၤအိၣ်ဖျဲၣ်ပှၤဖိအခါ

placenta praevia *n* ဟံၣ်လီၢ်လီၤတဲာ်ဆိ, ဒ့လၣ်ဟဲဆိ

placid *a* ၁. လၢအသးဂၢၢ်, လၢအဟ်အသးမုာ်မုာ်ခုၣ်ခုၣ်, လၢအဟဲအသးဂၢၢ်ဂၢၢ်
၂. လၢအဘူၣ်အဘိၣ်, လၢအမုာ်မုာ်ခုၣ်ခုၣ်

placidity *n* တၢ်လၢအအိၣ်ဂၢၢ်တပၢၢ်, တၢ်သူၣ်ဂၢၢ်သးဂၢၢ်, တၢ်ဘူၣ်ယုၢ်ကလာ်, တၢ်မုာ်သူၣ်မုာ်သး

placing *n* တၢ်ဟ်လီၤအလီၢ်, တၢ်ဟ်လီၤအလီၢ်ဒ်အရဲၣ်အကျဲၤဟဲဝဲအသိး

plagiarism *n* တၢ်ကွဲးဒိပှၤဂၤအတၢ်ဆိကမိၣ်ဒ်အတၢ်အသိး, တၢ်ကွဲးဒိမၤဒိတဲဒိပှၤဂၤအတၢ်ဒီးတဲလၢအတၢ်, တၢ်ဟုၣ်ကွဲးဆဲပှၤဂၤအတၢ်ကွဲးဒီးတၢ်ကတိၤဒိတဖၣ်

plagiarize, plagiarise *v* ဟုၣ်ကွဲးဒိကွဲးဆဲပှၤဂၤအတၢ်, ဟံးန့ၢ်ပှၤတၢ်ကွဲး, တၢ်ကတိၤဒီးကွဲးကဲထီၣ်ဒ်အတၢ်

plague *n* ၁. ပလံးတၢ်ဆါ – ယုၢ်အတၢ်ဆါတကလုာ်လၢအဟဲဘၣ်ပှၤကညီ, တၢ်ဆါသံသတြိာ် ၂. တၢ်တတၢာ်တနါ

plague *v* ၁. မၤတံာ်တာ်တၢ်, မၤနးမၤဖိၣ်, မၤကီမၤခဲထီၣ်တၢ်ယံာ်ယံာ်ထၢထၢ
၂. ဒုးအိၣ်ထီၣ်တၢ်ဆူးတၢ်ဆါ, ဒုးအိၣ်ထီၣ်တၢ်ဆါသံသတြိာ် ၃. ဒုးအိၣ်ထီၣ်တၢ်တတၢာ်တနါ

plaid *n* တၢ်ကံးညာ်သိဆူၣ်အတီၤကွ့လၢအထံးအခံဟဲလၢစကီးတလဲ(န), တၢ်ကံးညာ်တီၤကွ့လၢအလွဲၢ်အိၣ်အါကလုာ်

plain *a* ၁. လၢအတအိၣ်ဒီးတၢ်နီတမံၤ, ဃိဃိ ၂. လၢအညီဒီးပနၢ်ပၢၢ်ညီ

plain *adv* ဖျိဖျိဖျါဖျါ, ပတိၢ်မုၢ်, ဃိဃိ, အိၣ်ဒၣ်

plain *n* တၢ်ပၢၤခိၣ်

plain clothes *n* တၢ်ကူတၢ်ကၤဒွဲဒွဲဖိ, တၢ်ကူတၢ်ကၤပတိၢ်မုၢ်, တၢ်ကူတၢ်ကၤလၢတမ့ၢ်ယူၣ်နံၣ်ဖိ

plainchant *n* ထါသးဝံၣ်ကစၢ်ယွၤလၢတၢ်သးဝံၣ်အီၤတအိၣ်ဒီးတၢ်ဒ့တၢ်အူတၢ်သံကျံ

plainly *adv* ဖျိဖျိဖျါဖျါ, လီၤလီၤ, ဖျါဖျါ, ဒွဲဒွဲ, ပတိၢ်မုၢ်

plainsong *n* ထါသးဝံၣ်ကစၢ်ယွၤလၢတၢ်သးဝံၣ်အီၤတအိၣ်ဒီးတၢ်ဒ့တၢ်အူ

plaint *n* ၁. တၢ်ဟီၣ်တၢ်ယၢၤတၢ်, တၢ်မိၣ်တၢ်မးတၢ် ၂. တၢ်ဟ်ဖျါထီၣ်ကနူးကဒ့ၣ်, တၢ်ဟ်ဖျါထီၣ်တၢ်သးတမံ

plaintiff *n* ပှၤလိာ်ကွီၢ်, ပှၤလၢအလိာ်ကွီၢ်ပှၤအဂၤ

plaintive *a* လၢအသီၣ်လီၤမိၣ်လီၤမဲၤ, လၢအပှဲၤဒီးတၢ်မိၣ်တၢ်မး, လၢအပှဲၤဒီးတၢ်သးအုးဒီးတၢ်မိၣ်တၢ်မး

plait *n* ခိၣ်သံၣ်

plait *v* သံၣ် (ခိၣ်သူ, သိဆူၣ်ဒီးတၢ်အကလုာ်ကလုာ်) , ပိၤ (ခိၣ်သူဒီးတၢ်အကလုာ်ကလုာ်)

plan *n* တၢ်တိာ်ကျဲၤ, တၢ်ရဲၣ်တၢ်ကျဲၤ, တၢ်ကူၣ်ထိၣ်ဖးလီၤ

plan *v* တိာ်ကျဲၤ, ကူၣ်ထိၣ်ဖးလီၤ, ရဲၣ်ကျဲၤ

plane *a* လၢအပၢၤ, လၢအဘျ့, လၢတၢ်ထူးဘျ့အီၤဝံၤ

plane *n* ၁. ထးထူးဘျ့, ထးတရိာ်ဘျ့ ၂. ကဘီယူၤ ၃. တၢ်အပတိၢ်, တၢ်ဒိၣ်ထိၣ်လဲၤထိၣ်အပတိၢ် ၄. တၢ်မဲာ်ဖံးခိၣ်လၢအပၢၤ

plane *v* ၁. မၤဘျ့ထိၣ်, မၤပၢၤထိၣ်, ထူးဘျ့ထိၣ်တၢ်, တရိာ်ဘျ့ထိၣ်တၢ် ၂. ယူၤထိၣ်ဆူကလံၤကျါ

plane tree *n* သ့ၣ်လၢအိၣ်ဒီးအဒ့အတြၢ်အါအါဂိၢ်ဂိၢ်, သ့ၣ်လၢအိၣ်ဒီးတၢ်ကဟုအါအါဂိၢ်ဂိၢ်

planer *n* စဲးထူးဘျ့တၢ်, စဲးတရိာ်ဘျ့တၢ်

planet *n* မူဖျၢၣ်

planetarium *n* တၢ်ကွၢ်ကီမူပျိဟိၣ်ကယၢအဒိအလိၢ်, တၢ်ဒုးနဲၣ်မူခိၣ်ဒိအလိၢ်

planetary *a* လၢအဘၣ်ဃးဒီးမူဖျၢၣ်သ့ၣ်တဖၣ်

plank *n* သ့ၣ်ဘၣ်

plank *v* ဒါလီၤသ့ၣ်ဘၣ်

planking *n* သ့ၣ်ဒါခိၣ်

plankton *n* တၢ်မူတၢ်မဲလၢအအိၣ်ထိၣ်ဖိလၢထံဖိခိၣ်

planner *n* ၁. ပှၤလၢအတ့ဘှီရဲၣ်ကျဲၤထိၣ်တၢ်, ပှၤရဲၣ်ကျဲၤတ့ဘှီထိၣ်ဝ့ၢ် ၂. လံာ်တၢ်ရဲၣ်တၢ်ကျဲၤ ၃. ပှၤလၢအရဲၣ်အကျဲၤတၢ်

plant *n* ၁. တၢ်မုၢ်တၢ်ဘိ, တၢ်မဲတၢ်မါ ၂. စဲးဖိကဟၣ်တၢ်မၤလိၢ် ၃. ပှၤလၢတၢ်ဟ်လီၤအီၤဒ်တၢ်မဲာ်ချံ

plant *v* သူၣ်လီၤတၢ်

plant pot *n* ဖီကိဖးဒိၣ်လၢတၢ်သူၣ်သ့ၣ်သူၣ်ဖီအဂီၢ်

plantain *n* ယာ်မံၤ

plantation *n* ကျိး, ကျိး အဒိ, သ့ၣ်ပဟံၣ်ကျိး – ခိဖံၣ်ကျိး, တၢ်သူၣ်တၢ်ဖျးအလိၢ်

planter *n* ၁. ပှၤသူၣ်တၢ် ၂. ပှၤလၢအအိၣ်ဒီးတၢ်သူၣ်တၢ်ဖျးအလိၢ် ၃. စဲးသူၣ်တၢ် ၄. တၢ်ပူၤတၢ်လိၢ်လၢတၢ်ကသူၣ်ဖျးတၢ်အဂီၢ်

planting *n* တၢ်သူၣ်လီၤဖျးလီၤတၢ်

plaque *n* ၁. လၢၢ်ဘ့ၣ်ဘၣ်, ထးဘ့ၣ်ဘၣ်လၢတၢ်ကယၢကယဲ, ထးဘ့ၣ်ဘ့ၣ်လၢတၢ်ကွဲးလီၤတၢ်လၢအလိၤ ၂. မဲအဃံာ်

plasma *n* သွံၣ်ထံဆှံ

plaster *n* ၁. တၢ်ကျးစဲ, တၢ်ကျးမူၤလိၢ် ၂. ကၢ်လၢၢ်ကျဲၣ်ကျီ

plaster *v* ၁. ဖှူဘၢတၢ်လၢဖျးစထၢၣ် ၂. ကျးဘၢတၢ်, လံာ်ဘၢတၢ်, ကျၢၢ်ဘၢတၢ် ၃. ကျးတံၢ်ဒီးဖျးစထၢၣ်, ကျးတံၢ်ဒီးတၢ်ကျးတၢ်ပူၤလိၢ်

plaster cast *n* တၢ်ကျးစဲ

plaster of Paris *n* ကၢ်လၢၢ်ကမူၣ်ဝါ, ကၢ်လၢၢ်ကမူၣ်လၢတၢ်စူးကါအီၤလၢတၢ်ကမၤတၢ်ဘံစုခိၣ်လၢပှၤစုကၢ်ခိၣ်ကၢ်တဖၣ်အဂီၢ်

plasterboard *n* ဖျးစထၢၣ်ဘ့ၣ်တိၣ်

plasterer *n* ပှၤလၢအဖှူဘၢဟံၣ်ဒီးဖျးစထၢၣ်

plasterwork *n* တၢ်ဖှူဘၢဟံၣ်လၢဖျးစထၢၣ်

plastic *a* ၁. လၢဘၣ်တၢ်မၤအီၤလၢဖျးစထၢၣ် ၂. လၢတၢ်သိအီၤဘှီအီၤညီ, လၢတၢ်ဆီတလဲအီၤညီ ၃. လၢတမ့ၢ်နီၢ်ဆၢၣ်, လၢအယီၤအဘျၣ်

plastic *n* ၁. ဖျးစတံး ၂. ကဒွဲခးက့, ခြဲးဒ့းခးက့

plastic bullet *n* ဖျးစတံးကျိချံ, ကျိချံကိၣ်

P

plastic explosive *n* တၢ်အသံးအကာ်လၢအပိၢ်ဖးထီၣ်သ့, တၢ်အသံးအကာ်လၢတၢ်မၤမ့ၣ်ပိၢ်

plastic surgeon *n* ကသံၣ်သရၣ်လၢအကူးကွဲးကယၢနီၢ်ခိက့ၢ်ဂီၤ

plastic surgery *n* တၢ်ကူးကွဲးကယၢနီၢ်ခိက့ၢ်ဂီၤ

plat *n* ၁. ဟီၣ်ခိၣ်အကဝီၤဖိ, ဟီၣ်ခိၣ်လီၢ်တကဝီၤ, ကျိး ၂. ဟီၣ်ခိၣ်အကဝီၤတၢ်ရဲၣ်တၢ်ကျဲၤအဒိ, ဟီၣ်ခိၣ်လီၢ်တၢ်တိာ်ကျဲၤအဒိ

plat *v* ရဲၣ်ကျဲၤလီၤ, ဒုးအိၣ်ထီၣ်တၢ်ရဲၣ်တၢ်ကျဲၤအဟီၣ်ခိၣ်ဂီၤ

plate *n* လီခီ, လီခီကဘျၣ်, တၢ်အကဘျၣ်

plate *v* ကျူးလၢထူထံစ့ထံ, ပီၤလၢထူလၢစ့, ကျူးကျၢၤထီၣ်တၢ်

plate glass *n* ယွၤခၣ်စီးဘ့ၣ်ဘၣ်တီၣ်, မဲာ်ကလၤဘ့ၣ်တီၣ်လၢတၢ်ဘိုပဲတြီးတြဲၤအဂီၢ်

plateau *n* တၢ်ပၢၤခိၣ်ထီၣ်ထိ

platform *n* ၁. ပျံၢ်စီၢ် ၂. ကျဲစီၢ်

platinum *n* ပလဲးထံနၣ်, ထူဝါ, စၢၢ်ထးလုၢ်ဒိၣ်ပှ့ၤဒိၣ်အလွဲၢ်အိၣ်ဒ်စ့အလွဲၢ်ဝါအသိး

platinum blonde *n* ဘီဝါကပီၤ, ခိၣ်သူလွဲၢ်ဘီဝါကပီၤ

platitude *n* တၢ်ကတိၤလၢတၢ်တဲအီၤတလီၢ်လီၢ်, လၢတၢ်တဲညီနုၢ်အီၤတလီၢ်လီၢ်

platoon *n* သုးဆှၣ်

platter *n* လီခီကဘျၣ်လၣ်, လီခီဘံၣ်သလၣ်

plaudit *n* တၢ်ဒဲစုဟ့ၣ်ဂံၢ်ဟ့ၣ်ဘါ, တၢ်ကိးပသူစံးပတြၢၤ

plausible *a* လၢအဖျါလၢအမ့ၢ်အတီ, လၢအဖျါလီၤစံးပတြၢၤ, ဖျါလၢအဂ့ၤကစီဒီ

play *n* ၁. တၢ်ဒုးနဲၣ် ၂. တၢ်ဂဲၤဒိပူ ၃. တၢ်ဂဲၤလိာ်ကွဲ ၄. တၢ်လိာ်ကွဲ ၅. မူဒါတၢ်ဖံးတၢ်မၤတမံၤ ၆. တၢ်ဟူးတၢ်ဂဲၤလၢတၢ်သဘျ့ပူၤသ့အလီၢ်

play *v* ၁. လိာ်ကွဲ ၂. ဒ့, အူ, ပိာ် (တၢ်သံကျံပီးလီ) ၃. လီနှၢ်တၢ်, လံာ်နှၢ်လီနှၢ်တၢ် ၄. ဂဲၤဒိတၢ်

playable *a* ၁. လၢတၢ်ဒ့ မ့တမ့ၢ် အူ မ့တမ့ၢ် ပိာ်အီၤသ့ ၂. လၢတၢ်လိာ်ကွဲအီၤလၢအပူၤသ့ဒံး ၃. လၢတၢ်ဂဲၤလိာ်ကွဲအီၤသ့ ၄. လၢအလံာ်နှၢ်လီနှၢ်အီၤသ့

playback *n* တၢ်ဂဲၤကဒါက့ၤအီၤ, တၢ်အိးထီၣ်ကဒါက့ၤအီၤ

playbill *n* တၢ်ဘိးဘၣ်ရၤလီၤလၢတၢ်ဒုးနဲၣ်အဂီၢ်

playboy *n* ပှၤကဲဒိၣ်ခွါလၢအမၤမုာ်အသးလၢတၢ်မုာ်တၢ်ပှ်ီၣ်လီၤဆီဒၣ်တၢ်လၢပိာ်မုၣ်ပိာ်မၢၤ, ပှၤလံၤလူၤကျူဆှါ

player *n* ၁. ပှၤဂဲၤလိာ်ကွဲဖိ ၂. ပှၤလၢအပၣ်ဃှာ်လၢတၢ်ဟူးတၢ်ဂဲၤတၢ်ဖံးတၢ်မၤအပူၤ ၃. ပှၤဒ့တၢ်အူတၢ်ဖိ, ပှၤလၢအဒ့တၢ်သံကျံပီးလီ ၄. ခွါဂဲၤဒိ

playful *a* ၁. လၢအဂဲၤလိာ်ကွဲမုာ်, လၢအအဲၣ်ဒိးလိာ်ကွဲ, လၢအပှံၤဒီးတၢ်သူၣ်ဖှံသးညီ ၂. လၢအလီၤနံၤလီၤအ့, လၢအပှံၤဒီးတၢ်သူၣ်ဖှံသးညီ

playground *n* တၢ်လိာ်ကွဲပျီ

playgroup *n* ကတီၤဆိကၠိတၢ်ဂဲၤလိာ်ကွဲကရူ၊, ဖိသၣ်လၢအနံၣ်တပှဲၤထီၣ်လၢကထီၣ်ကၠိတဖၣ်လဲၤဂဲၤလိာ်ကွဲဒီးမၤလိသကိးတၢ်ခီဖျိတၢ်လိာ်ခိၣ်လိာ်ကွဲ

playhouse *n* ၁. ဘျိၣ်မုာ်, တၢ်ဒုးနဲၣ်အလီၢ် ၂. တၢ်ဂီၤအဟံၣ်ဖိလၢဖိသၣ်ကလိာ်ကွဲအဂီၢ်, ဟံၣ်လိာ်ကွဲဖိ

playing cards *n* ဖဲ (လၢတၢ်ဂဲၤလိာ်ကွဲအီၤ)

playing field *n* တၢ်ဂဲၤလိာ်ခိၣ်လိာ်ကွဲအပျီ, တၢ်လီၢ်လၢတၢ်ဟ်ပနီၣ်အီၤလၢတၢ်လိာ်ကွဲအဂီၢ်

playlist *n* တၢ်သးဝံၣ်အမံၤရဲၣ်စရီလၢတၢ်ကရၤအီၤလၢကွဲၤလှၤလီၤသနူပူၤအဂီၢ်

playmate *n* ၁. ပှၤလၢအလိာ်ကွဲသကိးတၢ်, ပှၤဒီတံၤဒီသကိး, တံၤသကိးတၢ်တံၢ် ၂. တၢ်အဲၣ်တီ

playpen *n* ဖိသၣ်ဂဲၤလိာ်ကွဲအကရၢၢ်ဖိ, ဖိသၣ်ကပိၤ, ဖိသၣ်ကပိၤဖိလၢတၢ်ပျ့ၢ်လိာ်ကွဲအီၤ

playroom *n* ဖိသၣ်ဂဲၤလိာ်ကွဲဒၢး, တၢ်လိာ်ကွဲဒၢး

plaything *n* ၁. တၢ်လိာ်ကွဲ ၂. ပှၤလၢတၢ်ဟ်အီၤဒ်တၢ်လိာ်ကွဲအသိး

playtime *n* တၢ်ဆၢကတီၢ်လၢတၢ်လိာ်ကွဲအဂီၢ်, တၢ်လိာ်ကွဲအဆၢကတီၢ်, တၢ်အကတိၢ်ဖဲကၠိပျဲဖိသၣ်လိာ်ကွဲ

plaza *n* တၢ်ဆါတၢ်ပှ့ၤတၢ်အလီၢ်, ဖလါစၣ် – တၢ်လီၢ်ကဝီၤလွံၢ်သနၢၣ်လၢတၢ်ဆါတၢ်ပှ့ၤတၢ်အဂီၢ်

P

plea *n* ၁. တၢ်ယ့ကညး, တၢ်ကတိၤယ့ကညး, တၢ်သကွၢ်ကညး ၂. တၢ်ဟ်ဖျါထီဉ်တၢ်ဂ့ၢ်လိာ်သမၢတၢ်

plea-bargaining *n* တၢ်ပတံသကွၢ်ကညး လၢကွိၢ်ဘျိဉ်ပှၤလၢကမၤစှၤလီၤနၢ့်အီၤတၢ်စံဉ်ညီဉ်

plead *v* ယ့ကညး, ကညးတၢ်, သကွၢ်ကညး

pleading *n* ၁. တၢ်ယ့သကွၢ်ကညး ၂. တၢ်ဟ်ဖျါထီဉ်သဲစးအတၢ်ဂ့ၢ်လၢကွိၢ်ဘျိဉ်

pleadingly *adv* ယ့စိာ်တၢ်လၢတၢ်သးအိဉ်ဖးဒိဉ်အပူၤ, အိဉ်ဒီးတၢ်သကွၢ်ကညးဖးဒိဉ်အပူၤ, ဟ်ဖျါထီဉ်အတၢ်သးလီ, တၢ်အဲဉ်ဒိးဒိဉ်ဒိဉ်မုၢ်မုၢ်

pleasant *a* လၢအမှာ်သူဉ်မှာ်သး, လၢအနုးမှာ်သူဉ်မှာ်သး, လၢအနုးသးဖှံပှၤ, လၢအမှာ်, မှာ်

pleasantry *n* တၢ်ကတိၤအမှာ်, တၢ်ကတိၤလၢအမၤသးဖှံထီဉ်တၢ်

please *adv* ယ့ဝံသးစူၤ, ဝံသးစူၤ (ဘဉ်တၢ်စူးကါအီၤလၢတၢ်ယ့ကညးအိဉ်ဒီးတၢ်ဝံသးစူၤတၢ်ယူးယီဉ်အါအပူၤ)

please *v* ၁. မၤမှာ်ပှၤသး, ဘဉ်သူဉ်ဘဉ်သး, အဲဉ်ဒိး ၂. ဝံသးစူၤ, (တၢ်ကတိၤလၢအဟ်ဖျါထီဉ်တၢ်ဆဲးတၢ်လၤ)

pleasing *a* လၢအမၤမှာ်သူဉ်မှာ်သးပှၤ, လၢအမှာ်ပသး

pleasurable *a* လၢအမၤမှာ်သူဉ်မှာ်သး, လၢအမၤဘဉ်သူဉ်ဘဉ်သး

pleasure *n* တၢ်သူဉ်မှာ်သးမှာ်, တၢ်မှာ်လၤ, တၢ်ဘဉ်အသး

pleasure boat *n* ကဘီဒိးမှာ်လၤသး, ကဘီဖိလၢပှၤဟးဒိးလိာ်ခိဉ်လိာ်ကွဲမၤမှာ်မၤလၤပှၤသး

pleat *n* တၢ်ကံးညာ်အချံးကနူၤတိၤ, တၢ်ကံးညာ်ချံးသွံးသးတတိၤဘဉ်တတိၤ, စကၢးအတိၤချံးကထၢသး

plebeian *a* လၢအပတိၢ်ဖုဉ်, လၢအပတိၢ်တအိဉ်

plebeian *n* ၁. ပှၤပတိဉ်ဖုဉ် ၂. ပှၤလၢအလီၢ်အလၤတအိဉ်, ပှၤပတိၢ်ဖုဉ်

plectrum *n* နိဉ်ခွဲးကထါ, တနၢ်ခွဲးစုအနိဉ်ခွဲး

pledge *n* ၁. တၢ်အၢဉ်လီၤအီလီၤ ၂. တၢ်လၢပှၤဟ်ကီၤအီၤ, တၢ်လၢပှၤပီဉ်လီၤအီၤ

pledge *v* ၁. အၢဉ်လီၤအီလီၤ ၂. ဟ်ကီၤတၢ်, ပီဉ်လီၤတၢ်

pledgee *n* ပှၤလၢအဒိးန့ၢ်ဘဉ်တၢ်ဟ်ကီၤတဂၤ, ပှၤလၢအဟံးယာ်တၢ်ဟ်ကီၤ

pledger *n* ပှၤလၢအဟ်ကီၤလီၤတၢ်, ပှၤလၢအပီဉ်လီၤတၢ်

plenary *a* ၁. လၢအပှဲၤဝဲ, လၢတၢ်ဟ်လီၤအဆၢတအိဉ် ၂. လၢတၢ်ကဘဉ်ဟဲထီဉ်ပှဲၤပှဲၤ

plenary *n* တၢ်အိဉ်ဖှိဉ်လၢပှၤဟဲထီဉ်ပှဲၤ, တၢ်အိဉ်ဖှိဉ်တဘျီလၢပှၤဟဲထီဉ်အနီဉ်ဂံၢ်ပှဲၤဒ်တၢ်ဟ်ပနီဉ်အီၤအသိး

plentiful *a* လၢအအိဉ်အါအါဂိၢ်ဂိၢ်, လၢအအါအဂိၢ်

plentifully *adv* အါအါဂိၢ်ဂိၢ်

plenty *n* တၢ်အါအါဂိၢ်ဂိၢ်, အါအါကလဲာ်, အိဉ်လၢအိဉ်ပှဲၤ

plenty *pro* အါအါဂိၢ်ဂိၢ်, အါ, သဲဉ်, ရး

pleura *n* ပသိဉ်အသလီ

pleural effusion *n* ပသိဉ်ကလံၤထၢဉ်ဖိပူၤထံနှာ်လီၤ (အသလီကဆူး)

pliable *a* လၢအစၢ်, လၢအက့ဉ်သ့

pliant *a* ၁. လၢအသးညီ, လၢအသးလီၤချ့ ၂. လၢအစၢ်ယှာ်စၢ်ယဲာ် ၃. လၢအသးအိဉ်တူၢ်လိာ်တၢ်လဲလိာ်, လၢတၢ်လှာ်ဘၢအီၤညီ

pliers *n* ထးတံာ်ထဲး

plight *n* တၢ်အိဉ်သးလၢအတဂ့ၤ

plight *v* အၢဉ်လီၤအီလီၤ

plod *n* တၢ်ဟးဃၢဃၢ, တၢ်ဟးကဘှၢကဘှၢ, တၢ်ခါထီဉ်ခီဉ်ခါဃၢဃၢ

plod *v* ဟးဃၢဃၢ, ခါထီဉ်ခီဉ်ခါဃၢဃၢခီဖျိအလီၤဘှံးလီၤတီၤအဃိ

plodder *n* ပှၤလၢအမၤတၢ်ဃၢဃၢဒီးဂၢါဂၢါ, ပှၤလၢအမၤတၢ်လၢာ်ဂံၢ်လၢာ်ဘါလၢတအိဉ်ဒီးတၢ်တယာ်ဆိကမိဉ်

plonker *n* ပှၤတဂိာ်တသိဉ်, ပှၤလၢအသးတဆး

plot *n* ၁. ဟီဉ်ခိဉ်အကဝီၤဖိ, ကျိး ၂. ပူဒိးတၢ်ဃဲၤအဂ့ၢ်မိၢ်ပှၢ် ၃. တၢ်ကူဉ်ရှသူဉ်, တၢ်မၤရှသူဉ်တၢ်

plot *v* ကူဉ်ရှသူဉ်

P

plotter *n* ၁. ပှၤလၢအကူၣ်ရူသူၣ်တၢ်, ပှၤလၢအမၤရူသူၣ်တၢ် ၂. ခီၣ်ဖျူထၢၣ်အကျိၤအကွာ်လၢဆီတလဲနီၣ်ဂံၢ်တဖၣ်ဆူတၢ်ဂီၤဒိတဖၣ်

plough, plow *n* ထဲၣ်, ထဲၣ်ဖူ

plough, plow *v* ထဲၣ်တၢ်, ထူစံာ်

ploughman, plowman *n* ပှၤထိထဲၣ်ဖိ, ပှၤကွၢ်းထဲၣ်ဖိ, ပှၤထွဲထဲၣ်ဖိ

ploughman's lunch *n* တၢ်အီၣ်လၢအပၣ်ယုာ်ဒီးကိၣ်ပိၣ်မူးတၢ်နုၢ်ထံလီၤသကၤယုာ်ဒီးတၢ်ဒိးဆံၣ်ဒီးတၢ်ဒိးတၢ်လၣ်စံၢ်ဃါ

ploughshare *n* ထဲၣ်အကနၣ်

plow *etc* (see plough)

ploy *n* တၢ်ကူၣ်ရူသူၣ်ရူလံာ်တၢ်

pluck *n* ၁. တၢ်သူၣ်နူသးနူဒီးတၢ်ပာ်လီၤသးကျၢၤမုဆူ, တၢ်သးရူတလှၢ် ၂. ဆၣ်ဖိကီၢ်ဖိအကဖုအသူၣ်အသး

pluck *v* ၁. ထဲးကွံာ်, ထုးထိၣ်ကွံာ် ၂. ထဲးဆီဆူၣ် ၃. ခွဲးတနၢ်, ခွဲးတၢ်ဒ့လၢစုမုၢ်ခိၣ် ၄. ဟံးကွံာ်, ထုးကွံာ်တၢ်တမံၤမံၤလၢပှၤအစု ၅. ဒဲးထိၣ်ကွံာ်

plucky *a* လၢအသးနူဒီးအပာ်လီၤအသးကျၢၤမုဆူ, လၢအသးနူဒီးပာ်အသးရူတလှၢ်

plug *n* ၁. ပီၤခိၣ်ဖျိၣ် ၂. နီၣ်ဆိုး

plug *n* ၁. လီမ့ၣ်အူအနီၣ်ဆိုး ၂. ပီၤခိၣ်ဖျိၣ် ၃. နီၣ်ဆိုး

plug *v* ၁. ဆွံတံာ်ဃာ်တၢ် ၂. မၤပှဲၤတၢ်ပူၤ, မၤပှဲၤထိၣ် ၃. ခးတၢ် ၄. ရၤလီၤဒုးသ့ၣ်ညါတၢ်

plughole *n* လီမ့ၣ်အူနီၣ်ဆိုးအပူၤ

plum *a* လၢအဘၣ်ဟ်အီၤလၢအမ့ၢ်တၢ်အဂ့ၤဒီးကြၢးလၢပှၤကမၤန့ၢ်အီၤ

plum *n* ထံမိၢ်တီၤသၣ်, မီၤတီၢ်သၣ်, ထံမိၤတြီၤသၣ်

plum pudding *n* ခရံးစမၤးကိၣ်ဝ့ၤဟၢ

plumage *n* ထိၣ်အဆူၣ်အဒံး

plumb *adv* လီၤတံၢ်လီၤဆဲး, လၢလၢပှဲၤပှဲၤ, လၢာ်လၢာ်ဆ့ဆ့

plumb *v* ၁. ထိၣ်ထံ, ထိၣ်တၢ်အယိာ် ၂. ဃုထံၣ်သ့ၣ်ညါနၢ်ပၢၢ်တၢ်လီၤတံၢ်လီၤဆဲး

plumb line *n* စၢၢ်သၣ်အနီၣ်ထိၣ်, နီၣ်ထိၣ်ထံယိာ်

plumber *n* ပှၤကျဲၤနၢ့်ထံ

plumbing *n* ၁. တၢ်ဟ့ၣ်ထံအကျိၤအကျဲလၢတၢ်သူၣ်ထိၣ်အပူၤ ၂. တၢ်ကျဲၤန့ၢ်ထံအတၢ်ဖံးတၢ်မၤ, တၢ်ထီထိၣ်ထံကျိၤပီၤဘိအကျိၤအကျဲလၢတၢ်သူၣ်ထိၣ်အပူၤ

plume *n* ထိၣ်ဆူၣ်

plummet *v* ၁. (အပ្ၤ) လီၤသတူၢ်ကလာ်, (အပ្ၤ) လီၤချ့ချ့ကလဲာ် ၂. လီၤတဲာ်ချ့ချ့ကလဲာ်

plump *a* လၢအဘီၣ်ဝဲသိဝဲ, လၢအဘီၣ်ကဖျၢၣ်လၢၣ်ဖိ, ဘီၣ်လုၤကု

plump *v* ၁. ဆ့ၣ်နီၤစ္ာ်လီၤအသး ၂. လီၤတဲာ်ဖျူ, မၤလီၤတဲာ်သတူၢ်ကလာ်

plunder *n* တၢ်ဂုာ်ဆူၣ်ပျိဆူၣ်တၢ်, တၢ်တမျိၤတမျာ်တၢ်

plunder *v* ဂုာ်ဆူၣ်ပျိဆူၣ်တၢ်, တမျိၤတမျာ်တၢ်

plunge *n* ၁. တၢ်လီၤတဲာ်ချ့ချ့ကလဲာ်, တၢ်အပ့ၤလီၤချ့ချ့ကလဲာ် ၂. တၢ်စံၣ်ဖူလီၤ (ဆူထံကျါ) , တၢ်ညီလီၤ (ဆူထံကျါ) , တၢ်ယူၤလီၤထံ ၃. တၢ်ဘျုးနုာ် (ဆူထံကျါ)

plunge *v* ၁. စံၣ်ဖူလီၤ (ဆူထံကျါ) ၂. ဘျုးနုာ် (ဆူထံကျါ)

plural *a* အအါ

plural *n* နီၢ်, ဝီၢ်လၢအဟ်ဖျါတၢ်အနီၣ်ဂံၢ်အါ

pluralism *n* ၁. ကျဲသနူလၢပှၤအါဂၤ, ပှၤအါကလုာ်အါမ္ိအိၣ်ဆိးတပူၤဃီသ့လၢတၢ်မုာ်တၢ်ခုၣ်အပူၤ ၂. တၢ်အိၣ်ဒီးတၢ်ဖံးတၢ်မၤအါန့ၢ်တခါ, တၢ်အိၣ်ဒီးလီၢ်လၤအါန့ၢ်တခါ

pluralist *n* ၁. ပှၤလၢအိၣ်ဒီးတၢ်စူၢ်တၢ်နာ်လၢပှၤအါဂၤ, ပှၤအါကလုာ်အါဂၤအိၣ်ဆိးတပူၤဃီသ့လၢတၢ်မုာ်တၢ်ခုၣ်အပူၤ ၂. ပှၤလၢတတူၢ်လိာ်ကျဲသနူလၢပှၤအါဂၤ, ပှၤအါကလုာ်အါဂၤအိၣ်ဆိးတပူၤဃီသ့လၢတၢ်မုာ်တၢ်ခုာ်အပူၤ, ပှၤလၢအိၣ်ဒီးတၢ်ဖံးတၢ်မၤအါန့ၢ်တခါ, ပှၤလၢအိၣ်ဒီးလီၢ်လၤအါန့ၢ်တခါ

plurality *n* ၁. တၢ်အနီၣ်ဂံၢ်အါ ၂. တၢ်ဃုထၢခိၣ်နၢ်အတၢ်ဖးအနီၣ်ဂံၢ်အါ ၃. (ကျိာ်ဂံၢ်ထံး) တၢ်အိၣ်သးလၢအအါ

plus *a* ၁. လၢဘၣ်တၢ်စူးကါအီၤလၢနီၣ်ဂံၢ်အလီၢ်ခံဒ်သိးကဟ်ဖျါလၢတၢ်တမံၤမံၤအတၢ်အိၣ်သး မ့တမ့ၢ် အနီၣ်ဂံၢ်အါန့ၢ်ဒံးတၢ်ဃၢၤထိၣ်အီၤ ၂. အါန့ၢ် ၃. လၢအဟ်ဖျါထိၣ်တၢ်ထံၣ်လၢအဂ့ၤ

P

၄. သနိဘၣ်ဃးတၢ်အမး, သနိဘၣ်ဃးတၢ်အတီၤပတီၢ်

plus *n* ၁. တၢ်နံၤဘျုး, တၢ်ဘၣ်ဘျုး, တၢ်အါထီၣ် ၂. တၢ်ဟ်ဖိုၣ်အပနီၣ်

plus *prep* [+] ဟ်ဖိုၣ်, ဟ်ဃုာ်ဒီး (တၢ်)

plush *a* လၢအလီၤဘီလီၤမုၢ်, လၢအလုၢ်ဒိၣ်ပှ့ၤဒိၣ်

plush *n* တၢ်ကးညာ်သးကလးအတိၣ်တကလုာ်, သတိၢ်အဆူၣ်ကပုာ်တကလုာ်

Pluto *n* ပလူၣ်တိၣ် (မူဖျၢၣ်လၢအယံၤကတၢၢ်လၢဟီၣ်ခိၣ်)

plutonium *n* က်ပလူၣ်တိၣ်နံယၢၣ် – က်နူကျံာ်လၢအဘၣ်တၢ်စူးကါအီၤလၢနူကျံာ်တၢ်စုကဝဲၤဒီးလၢတၢ်ထုးထိၣ်နူကျံာ်အသဟိၣ်

ply *n* တၢ်အကထၢ, တၢ်ထူတလး

ply *v* ၁. ဆုးလီၤခိၣ်မၤတၢ်, ကျဲးစၢးမၤတၢ်သပှၢ်ပှၢ် ၂. (သိလ့ၣ်, ကဘီ) လဲၢ်ထီၣ်လဲၢ်လီၤ, လဲၤတၢ်တနံးနံး ၃. မၤပနံာ်တၢ်ကၤတၢ်ဆါတၢ်ပှၤတမံၤမံၤ ၄. (ply someone with) သံကွၢ်တထံၣ်ဝံၤတထံၣ် ၅. ထိၣ်ထီးတၢ်

plywood *n* သ့ၣ်ဘၣ်ကဘျၣ်

PM *n* (Prime Minister) ကိတိာ်ခိၣ်ကျၢ်

pneumatic *a* လၢအအိၣ်ဒီးကလံၤ, လၢကလံၤအိၣ်လၢအပူၤ, လၢအမၤတၢ်သ့လၢကလံၤအတၢ်ဆီၣ်သန်းအယိ, လၢမၤတၢ်ခီဖျိကလံၤအတၢ်ဆီၣ်သန်း

pneumonia *n* ပသိၣ်တၢ်ခုၣ်ဘၣ်

pneumonitis *n* ပသိၣ်ညီး

PO *abbre* ၁. လံာ်တား (Post Office) ၂. တၢ်ဆှၢလံာ်ပရၢ မ့တမ့ၢ် စုခီဖျိလံာ်တား (Purchase Order) ၃. ထံသုးစကီၤဒိၣ် (Petty Officer)

PO box *n* လံာ်တားနိၣ်ဂံၢ်, လံာ်တားတလါနိၣ်ဂံၢ် (Post Office Box)

poach *v* ခးအိၣ်ရှသူၣ်ဆၣ်ဖိကီၢ်ဖိ (လၢတဖိးသဲစး)

poacher *n* ပှၤလၢအခးအိၣ်ရှသူၣ်ဆၣ်ဖိကီၢ်ဖိ, ပှၤလၢအခးအိၣ်ဆၣ်ဖိကီၢ်ဖိလၢတအိၣ်ဒီးတၢ်ပျဲခွဲး, ပှၤဖိၣ်အိၣ်ခးအိၣ်တၢ်လၢတဖိးသဲစး

poaching *n* တၢ်ဖိၣ်အိၣ်ခးအိၣ်တၢ်လၢတဖိးသဲစး

pocked *a* လၢအိၣ်ဒီးအပူၤ, လၢအပူၤလီၤဆၢၣ်

pocket *n* ဆ့ကၤထၢၣ်, ဖျိၣ်ခံထၢၣ်

pocket *v* ၁. ဒၢနှာ်လီၤဆူထၢၣ်ပူၤ ၂. ဟံးန့ၢ်ရူသူၣ်တၢ်လၢတမ့ၢ်အတၢ်, ဟုၣ်တၢ်, ဟံးန့ၢ်ကဘျုံးကဘျဲၣ်ပှၤဂၤအတၢ် ၃. (ဘ့လယဲး, စနူးကၢၣ်တၢ်လိာ်ကွဲ) ဒိနှာ်လီၤဖျာၣ်သၣ်ဖိဆူတၢ်ပူၤ

pocket knife *n* ဒီချံး, ဒီဆံးဆံးဖိလၢတၢ်ချံးအီၤသ့

pocket money *n* ကိၣ်ပှၤ, ကျိၣ်စ့စုၤကိာ်လၢတၢ်ကသူထိၣ်သူလီၤတၢ်ကစဲးကရဲးအဂီၢ်

pocketbook *n* ၁. စ့ထၢၣ်, တီၢ်ထၢၣ် ၂. လံာ်ကွဲးနိၣ်တၢ်

pockmark *n* တၢ်ပနဲၤလီၢ်လီၤဆၢၣ်, တၢ်ပူၤလီၢ်အလီၢ်အိၣ်လီၤတဲာ်တ့ၢ်လၢဖံးဘ့ၣ်အလိၤ, ခီမဲၣ်လီၢ်, တၢ်အဒိးဘိၣ်

pod *n* အဖံးအကု, တၢ်ချံအဖံးအကု

podium *n* ၁. ပျံၢ်စိၢ်, တၢ်ဟီသရါအစိၢ်, တၢ်တဲလီၤတၢ်အလီၢ် ၂. တၢ်ဟ်ထိၣ်လံာ်ကူအလီၢ်

poem *n* ထါအဖျၢၣ်, ထါ

poet *n* ပှၤမၤထါ, ပှၤကွဲးထါ

poetess *n* ပှၤကွဲးထါ, ပှၤပိာ်မုၣ်လၢအကွဲးထါ

poetic *a* ၁. လၢအဘၣ်ဃးဒီးထါ, လၢအမ့ၢ်ထါ ၂. လၢအလီၤက်ဒ်ထါအသိး

poetry *n* တၢ်ကွဲးထါ

poignant *a* ၁. ဟဲ, ကိၢ်အူ ၂. လၢအဒုးဆါသူၣ်ဆါသး, လၢအဒုးသူၣ်ပိၢ်သးဝး

poinsettia *n* ဖီခရံးစမၢး, ဖီဇံၣ်စဲဘၢၣ်တကလုာ်, ဖီဖီစဲးထံယါ

point *n* ၁. အခိၣ်ထိး, အထိးနါ ၂. ဖီး ၃. အမး (လၢတၢ်ပြၢအခါ)

point *v* နဲၣ်, ယှာ်, ပညိၣ်တၢ်

point of order *n* တၢ်သံကွၢ်ဘၣ်ဃးတၢ်ဘျၢလၢတၢ်ကအိၣ်ဖိုၣ်ကတိၤသကိးတၢ်, တၢ်သံကွၢ်ဘၣ်ဃးမ့ၢ်တၢ်လူၤပိာ်မၤထွဲဒ်တၢ်အိၣ်ဖိုၣ်အကျိၤအကျဲအသိး

point of view *n* တၢ်ဟ်သူၣ်ဟ်သး, နီၣ်ကစၢ်အတၢ်ထံၣ်, တၢ်ဟ်ဖျါထီၣ်တၢ်ထံၣ်

point-blank *a* ၁. လၢအခးပညိၣ်တၢ်ဘူးဘူး ၂. လီၤလီၤ, တဲာ်တဲာ်ဖျါဖျါ

pointed *a* လၢအခိၣ်စူ, လၢအစူ

P

pointer *n* ၁. နီၣ်ထိၣ်အပနီၣ်, နီၣ်ထိၣ်လၢစီၤပီၢ်လိၤ, နီၣ်က့လၢတၢ်ဒုးနဲၣ်ဟီၣ်ခိၣ်ဂီၤ, ဒီလ့ၢ်ဂီၤအနီၣ်နဲၣ်ဘိ ၂. တၢ်ဟ့ၣ်ကူၣ်တမံၤမံၤ ၃. ထွံၣ်ဖးဒိၣ်တကလုာ်လၢတၢ်စူးကါအီၤလၢကလူၤတၢ်မံၤလာ် ၄. ပျၢ်ဘိလၢအနဲၣ်တၢ်လၢခီၣ်ဖှူထၢၣ်ပူၤ

pointless *a* အဘျုးတအိၣ်, ကလီကလီ

pointless *a* ၁. လၢအခီပညီတအိၣ်, လၢအတၢ်ပညိၣ်တအိၣ် ၂. လၢအလုၢ်အပှ့ၤတအိၣ်, လၢတမၤန့ၢ်အမး

poise *n* တၢ်အိၣ်ဒီးသူးသ့ၣ်လၤကပီၤ, တၢ်ဟ်သးဂၢၢ်ဂၢၢ်ကျၢၤကျၢၤ

poise *v* ၁. ဒုးအိၣ်ဂၢၢ်ဂၢၢ်ကျၢၤကျၢၤ, မၤဂၢၢ်တၢ်, ဟ်အသးဂၢၢ်ဂၢၢ်ကျၢၤကျၢၤ ၂. စီၤတၢ်အဃၢခံမံၤထဲသိးသိး ၃. (be poised to do something) အိၣ်ကတီၤလံသးလၢကမၤတၢ်တမံၤမံၤ

poison *n* တၢ်အစုၣ်, တၢ်စုၣ်တၢ်ပျၢ်

poison *v* ၁. ဘုၣ်တၢ်လၢကသံၣ်ဘုၣ်, ဘုၣ်သံတၢ်, ဟ့ၣ်အိၣ်ကသံၣ်ဘုၣ် ၂. မၤဟးဂီၤတၢ်

poisoner *n* ပှၤလၢအစူးကါတၢ်အစုၣ်, ပှၤလၢအဘုၣ်လီၤတၢ်အစုၣ်, ပှၤလၢအဟ့ၣ်တၢ်အစုၣ်

poisonous *a* လၢအအိၣ်ဒီးအစုၣ်, လၢအစုၣ်အိၣ်

poke *n* ၁. တၢ်ဆဲးတိၢ် ၂. သိလ့ၣ်အဂံၢ်သဟီၣ် ၃. ထၢၣ်ဖိ, ထၢၣ်ဆံးဆံးဖိ

poke *v* ၁. ဆဲးတိၢ်

poke about/around *idm:* ပှာ်ကလၢၢ်တၢ်, ဃုဝ့ၤဃုဝီၤတၢ်

poker *n* ၁. တၢ်ဂဲၤလိာ်ကွဲဖဲ ၂. စၢၢ်ထးဘိလၢပှၤခွဲးကလဲလၢၢ်သွဲၣ်လးမ့ၣ်အူပူၤ

polar *a* လၢအဘၣ်ထွဲဒီးဟီၣ်စီးလီၢ်ကဝီၤ, လၢအဘၣ်ဃးဒီးကလံၤစီးကလံၤထံးဟီၣ်နိာ်ထိး

polar bear *n* တၤသူဝါ

polar cap *n* ဟီၣ်စီးအခိၣ်နူ

polarity *n* ၁. တၢ်အိၣ်သးဖဲတၢ်ထံၣ်တလီၤပလိာ်သး ၂. တၢ်အိၣ်သးဖဲထးနါအစီးခံခါအိၣ်ဒီးအကံၢ်စီလၢအထီဒါလိာ်အသး

polarize, polarise *v* ၁. ဒုးအိၣ်ထိၣ်တၢ်ထီဒါလိာ်သးခံခါ ၂. ဒုးဆီတလဲတၢ်ကပီၤ, တၢ်ကိၢ်အဃဲၤ ၃. မၤကဆီထိၣ်

pole *n* ၁. (ဝၣ် – သ့ၣ်) အဘိ ၂. ဟီၣ်စီး, ဟီၣ်ခိၣ်ဝၣ်ရိအစီးနါ ၃. ထးနါအစီး

pole *v* ထိချံ

Pole Star *n* ဆၣ်ကဆီ, ဆၣ်ကဆီလီၤကလံၤစီးတခီ

pole vault *n* တၢ်စံၣ်ဝၣ်ထီနူ, တၢ်စူးကါဝၣ်မ့တမ့ၢ် သ့ၣ်ဘိဒီးစံၣ်တၢ်ထိၣ်ထီ

poleaxe *n* ကွါဖးဒိၣ်

poleaxe *v* ၁. တိၢ်သံ, မၤသံ, ဖျးသံ ၂. ဖုးဘၣ်အသး

polemic *n* တၢ်ကတိၤဂ့ၢ်လိာ်တၢ်ဆူၣ်ဆူၣ်ကိၤကိၤ

polemical *a* လၢအကတိၤဂ့ၢ်လိာ်တၢ်ဆူၣ်ဆူၣ်ကိၤကိၤ

police *n* ပၢၤကိၢ်

police *v* ကွၢ်ထွဲပၢဆှၢလီၢ်ကဝီၤ

police dog *n* ပၢၤကိၢ်အထွံၣ်

police force *n* ပၢၤကိၢ်အသုး

police officer *n* ပၢၤကိၢ်ခိၣ်

police state *n* ကိၢ်လၢအဘၣ်တၢ်ပၢအီၤလၢပၢၤကိၢ်

police station *n* ပၢၤကိၢ်သန့

policeman *n* ပၢၤကိၢ်ခွါ

policewoman *n* ပၢၤကိၢ်မုၣ်

policy *n* သနူ, ကျဲသနူ

policymaker *n* ပှၤလၢအကွဲးဒုးအိၣ်ထိၣ်ကျဲသနူ, ပှၤလၢအကွဲးဒုးအိၣ်ထိၣ်ဖီလစံၣ်

polio *n* တၢ်ဆါလီၤဘျ့

poliomyelitis *n* ထူၣ်ပျၢ်သံတၢ်ဆါ, ပိၣ်လံၣ်အိၣ်

polish *n* ကသံၣ်ထူးဘျ့ကတြှၣ်တၢ်

polish *v* ထူးဘျ့, ထူးကပီၤ

polite *a* သံၣ်စူး, ဆဲးလၤ

politeness *n* တၢ်သံၣ်စူး, တၢ်ဆဲးလၤ, တၢ်ဒုးနဲၣ်ဖျါထိၣ်တၢ်ယူးယီၣ်ဟ်ကဲ

politic *a* လၢအအိၣ်ဒီးတၢ်သးသဒ့ၣ်, လၢအအိၣ်ဒီးတၢ်ပလိၣ်သူၣ်ပလိၢ်သး, လၢအသူၣ်ဆးသးဆး

political *a* ဘၣ်ဃးဒီးထံဂ့ၢ်ကိၢ်ဂ့ၢ်

political asylum *n* တၢ်ဃ့ထံရှၢ်ကိၢ်သဲးတၢ်အိၣ်ကန

P

political science *n* ထံရှၢ်ကီၢ်သဲးဂ့ၢ်ဝီတၢ်မၤလိ

politically correct *a* လၢအဟ်ဖျါထီၣ်ဝဲလၢအဘၣ်, လၢအဟ်ဖျါဒ်အကြၢးအဘၣ်လၢထံရှၢ်ကီၢ်သဲးဂ့ၢ်ဝီ

politically prisoner *n* ပှၤယိာ်ဖိလၢအလီၤဘၣ်ယိာ်ခီဖျိထံရှၢ်ကီၢ်သဲး

politician *n* ပှၤဂဲၤထံရှၢ်ကီၢ်သဲး

politics *n* ထံရှၢ်ကီၢ်သဲး, ထံရှၢ်ကီၢ်သဲးဂ့ၢ်ဝီ, ထံရှၢ်ကီၢ်သဲးတၢ်မၤလိ

polity *n* ပဒိၣ်အပၢဆှၢတၢ်ကရၢ, တၢ်ပၢတၢ်ဆှၢကရူၢ်

polka *n* ဖိၣ်ခၣ်တၢ်ဂဲၤကလံၣ်, ဘိၣ်ဟ့ၣ်မံယၢၣ်အတၢ်ဂဲၤကလံၣ်

polka dot *n* ဖိၣ်ခၣ်ဖီး, တၢ်အဖီးဖိလၢအရဲၣ်လီၤသး

poll *n* ၁. တၢ်ဟ့ၣ်တၢ်ဖးမူး ၂. တၢ်ယုသ့ၣ်ညါပှၤတၢ်ဘၣ်သး, တၢ်သမံထံ ၃. ဆၣ်ဖိကီၢ်ဖိလၢအနၢၤတအိၣ်

poll *v* ၁. ဟ့ၣ်တၢ်ဖး ၂. ယုသ့ၣ်ညါပှၤတၢ်ဘၣ်သး ၃. ဒိၣ်တဲာ်တၢ်အနၢၤ

pollen *n* ဖီကမူၣ်, ဖီအပြူး

pollinate *v* စိာ်ခီဖီကမူၣ်ဖီအပြူး

pollster *n* ပှၤလၢအယုသ့ၣ်ညါကမျၢ်တၢ်ဘၣ်သး

pollute *v* မၤဘၣ်အၢဘၣ်သီ

pollution *n* တၢ်ဘၣ်အၢဘၣ်သီ, တၢ်တကဆှဲကဆို

polo *n* တၢ်ဂဲၤပိၣ်လိၣ်, တၢ်ဒိးကသ့ၣ်တီၢ်တၢ်ဖျာၣ်သလၢၣ်

poltergeist *n* တဲပြ့ၢ်တၢ်ဝံတၢ်ကလၤ, တၢ်တရဲတခးလၢအမၤတံာ်တာ်ပှၤကူပှၤကညီ

poly- *combining* လၢအအိၣ်အါန့ၢ်တမံၤ, ခါ, ဘိ, ဘ့ၣ်

polyandry *n* ပိာ်မုၣ်လၢအဝၤအိၣ်အါန့ၢ်တဂၤ

polyester *n* တၢ်ကံးညာ်ဖိလံၣ်ယဲးစထၢၣ်

polygamy *n* ၁. တၢ်ဟံးမါဟံးဝၤသ့တကတီၢ်ဃီအါန့ၢ်တဂၤအလုၢ်လၢ်ထူသနူ ၂. တၢ်ဒုးလူၤဆၣ်ဖိကီၢ်ဖိအါန့ၢ်တဒ ၃. တၢ်ဟ်ဖှိၣ်တၢ်မုၢ်တၢ်ဘိကလုာ်အါန့ၢ်တကလုာ်

polygon *n* တၢ်ယဲၢ်နၢၣ်, တၢ်အကနၢ်အဂီၤလၢအအါန့ၢ်တၢ်ယဲၢ်နၢၣ်

polygraph *n* ဖိၣ်လံၣ်ကြး(ဖ) – စဲးဖီကဟၣ်လၢအမၤနီၣ်ပှၤကညီနီၢ်ခိက့ၢ်ဂီၤအတၢ်ဆီတလဲ, – တၢ်ပီးတၢ်လီလၢဘၣ်တၢ်စူးကါအီၤလၢပၢၤကီၢ်လၢအကယုသ့ၣ်ညါတၢ်ကတိၤတၢ်တီတတီ

polyphony *n* တၢ်ကလုၢ်အိၣ်အါကလုာ်, တၢ်ဒ့တၢ်အူလၢတၢ်ကလုၢ်သိၣ်အကလုာ်ကလုာ်

polytheism *n* တၢ်စူၢ်တၢ်နာ်ကစၢ်ယွၤအါန့ၢ်တဂၤ, သနူလၢအနာ်ယွၤအါန့ၢ်တဂၤ

polyurethane *n* ကသံၣ်ထံဖိၣ်လံၣ်ယူရသ့

pomegranate *n* သလဲသၣ်

pomelo *n* သီကအိ, မၣ်အိသၣ်

pommel *n* ၁. ကသ့ၣ်လီၢ်ဖူအထိးနါ ၂. ဒီတိၢ်, နးတိၢ်

pommel *v* တီၢ်တၢ်ဆူၣ်ဆူၣ်

Pommy *n* ပှၤဘြံးထံး(ရှ)ဖိလၢအသူၣ်လီၤသးလၢနယူစံလဲ(န)ဒီးအီးစတြွလံယါ

pomp *n* တၢ်ဒုးနဲၣ်လီၤဘီလီၤမုၢ်ဃံဃံလၤလၤ

pompous *a* လၢအလီၤဘီလီၤမုၢ်, လၢအဃံလၤ

poncho *n* ဆ့ကၤဖျိၣ်ခိၣ်, ဆ့ကၤသဒၢမူခိၣ်ထံဖျိၣ်ခိၣ်

pond *n* ကမါဖိ, နိၣ်ဖိ, ရှၣ်ကိၣ်ဖိ

ponder *v* ကွၢ်ဆိကမိၣ်တၢ်ထံထံဆးဆး, ဆိကမိၣ်တၢ်ယၢ်ခီယၢ်ခီ

ponderous *a* ၁. လၢအဃၢရှၢ်တုၤ, လၢအသုးအသးဃၢဃၢ ၂. လၢအဟ်အသးအုၣ်သပြူး

pong *n* တၢ်နၢလၢအတမှာ်တလၤဒီးအသဟီၣ်ဆူၣ်

poniard *n* ဒီကိး, ဒီဖုၣ်ဖိလၢအခိၣ်စူတကလုာ်

pontiff *n* ၁. ပၤပၤ ၂. တၢ်ဘူၣ်တၢ်ဘါခိၣ်နၢ် (ရိမဲခဲးသလ့း)

pontoon *n* ၁. ချံဖးဒိၣ်ဟၢဖၢကဘျၣ်လာ် ၂. သန့ထိၣ်ဖီ ၃. တၢ်လိာ်ကွဲဖဲဘ့ၣ်လၢဂုာ်ကျဲးစၢးဟ်ဖဲဘ့ၣ်လၢကပှဲၤထိၣ် ၂၁ ဘ့ၣ်, ဖဲ ၂၁ ဖီး

pony *n* ကသ့ၣ်ယီၤ

ponytail *n* တၢ်စၢဖှိၣ်ခိၣ်သူလၢအလီၢ်ခံ, တၢ်ဆူၣ်ခိၣ်သူလၢလီၢ်ခံဒ်ကသ့ၣ်မဲၢ်အသိး

pooch *n* ထွံၣ်

poodle *n* ၁. ထွံၣ်ဖူဒၢၣ်ဖိ, ထွံၣ်ဖိလၢအဆူၣ်အိၣ်တကံဒ် ၂. ပှၤလၢအဆီၣ်လီၤသးတလၢကွံာ်အခၢး

pool *n* ၁. ထံကလိာ်ဖိ, လူ, ကွံ ၂. တၢ်ကလိာ်ဖိ ၃. ကမါ, ထံကမါ, တၢ်ပှိၢ်ထံအလီၢ် ၄. စမိၢ်ပှၢ်လၢအဘၣ်ဃးဒီးပှၤအါဂၤ ၅. စ့လၢတၢ်ထၢဖှိၣ်အီၤတချုးတၢ်ဂဲၤတၢ်တၤကျိၣ်တၤစ့

pool *v* ဟ်ဖှိၣ်ဃှာ်စ့ဟ်ကီၤ, နီၤလီၤသကိးတၢ်နူၢ်ဘျုး

poop *n* ၁. ကဘီအခိၣ်တခီပၤ ၂. တၢ်အ့ၣ်တၢ်ဆံၣ် ၃. ပှၤအီပီအီရိာ်, ပှၤတကျုာ်တကျံ

poop *v* ၁. လပီတီၢ်ဘၣ်ချံခိၣ် ၂. လီၤဘုံးလီၤတီၤ ၃. အ့ၣ်ဆါ, လဲၤဟးဃၢ, လဲၤအုအှၤ

poor *a* ၁. ဖှိၣ် ၂. တဂ့ၤတဘၣ်

poorhouse *n* ပှၤဖှိၣ်ဖိယာ်ဖိအဟံၣ်, တၢ်လီၢ်တၢ်ကျဲလၢပှၤဟ့ၣ်အိၣ်ပှၤဖှိၣ်ဖိယာ်ဖိ

poorly *adv* တဂ့ၤတဘၣ်, ဖှိၣ်ဖှိၣ်ယာ်ယာ်

pop *a* ၁. လၢအဘၣ်ထွဲဒီးစိၤတုၤတၢ်သံကျံ, လၢအဘၣ်ထွဲဒီးဖီးအတၢ်သးဝံၣ် ၂. လၢတၢ်သ့ၣ်ညါပာ်ဒိၣ်အီၤအါ (တၢ်ကွဲးဖုၣ်)

pop *n* ၁. စိၤတုၤတၢ်သံကျံ, ဖီးအတၢ်သးဝံၣ် ၂. တၢ်သီၣ် “ဖီး” ကလာ်, တၢ်ပိၢ်ဖးသီၣ်ဖီးကလာ် ၃. တၢ်ဆၢထံလၢပၣ်ဃှာ်ဒီးဆီၣ်ဒၢ်

pop *v* ၁. မၤပိၢ်ဖးထီၣ်တၢ်သီၣ်ဖီးကလာ် ၂. နုာ်လီၤဟးထီၣ်သတူၢ်ကလာ်ခဲအံၤခဲအံၤ ၃. ဖျိးထီၣ်သတူၢ်ကလာ်

pop. *abbre* ပှၤအနီၣ်ဂံၢ်, ပှၤထံဖိကီၢ်ဖိအနီၣ်ဂံၢ် (Population)

popcorn *n* ဘုခ့ပှ့ၢ်

pope *n* ပၤပၤ

popery *n* ရိမဲခဲးသလုးတၢ်ဘါ, ဖံထံတၢ်ဘါသနူ (တၢ်ကီးဟးဂီၤအီၤ)

pop-eyed *a* လၢအမဲာ်ချံကျိၣ်, လၢအမဲာ်ချံကျိၣ်ကတိၣ်

popgun *n* ဖိသၣ်တၢ်ဂဲၤလိာ်ကွဲကျိ, ကျိဖိလၢဖိသၣ်ထီထီၣ်ဖီးကျိချံဒီးဂဲၤလိာ်ကွဲ

popish *a* တၢ်ကီးဟးဂီၤရိမဲခဲးသလုးဖိ

poplin *n* တၢ်ကံးညၣ်ပီၣ်ပလ့ၣ်, တၢ်ကံးညၣ်ဘဲညၣ်တကလုာ်

poppy *n* ပံၤဖိ

populace *n* ကမျၢ်

popular *a* လၢတၢ်သ့ၣ်ညါအီၤအါ, လၢတၢ်သ့ၣ်ညါပာ်ဒိၣ်အီၤအါ

popularity *n* တၢ်လၢပှၤဘၣ်သးအီၤအါ

popularize, popularise *v* မၤဒိၣ်ထီၣ်အမံၤ, မၤသ့ၣ်ညါအါလိာ်သးဒီးပှၤ

populate *v* ဒုးအိၣ်ဆိး, မၤပှဲၤတၢ်လီၢ်အိၣ်လီၢ်ဆိး

population *n* ပှၤအနီၣ်ဂံၢ်, ပှၤထံဖိကီၢ်ဖိအနီၣ်ဂံၢ်

population explosion *n* ပှၤနီၣ်ဂံၢ်အါတလၢ, ပှၤနီၣ်ဂံၢ်အါထီၣ်တလၢခၢး

populous *a* လၢအပှၤနီၣ်ဂံၢ်အါ, လၢပှၤအိၣ်ဆိးလၢအပူၤအါ

porcelain *n* လီခိဟီၣ်ကဘုး, လီခိကဘုး, သဘံၣ်လီခိဟီၣ်ကဘုး

porch *n* ပဲတြီအခိၣ်ဒိ

porcupine *n* သူၣ် (ဆၣ်ဖိကီၢ်ဖိတကလုာ်)

pore *n* ကပၢၤကဝါအပူၤဖိ, တၢ်ပူၤဆံးဆံးဖိတဖၣ်လၢပဖံးပူၤ

pore *v* ကွၢ်ထံကွၢ်ဆး, မၤလိထံဆးတၢ်

pork *n* ထိးညၣ်

porn *n* တၢ်ဘ့ၣ်ဆ့အဂီၤ, တၢ်ဂီၤ မ့တမ့ၢ် တၢ်ဂီၤမူလၢအဘၣ်အၢဘၣ်သီဒီးဒုးအိၣ်ထီၣ်တၢ်သးကတၢ

pornography *n* တၢ်ဘ့ၣ်ဆ့တၢ်ဂီၤတၢ်ဖီၣ်, တၢ်ဂီၤတၢ်ဖီၣ် မ့တမ့ၢ် လံာ်လဲၢ်လၢအဒုးအိၣ်ထီၣ်တၢ်သးကတၢ

porous *a* လၢအအိၣ်ပှဲၤဒီးတၢ်လီၢ်လီၤဟိဆံးကိာ်ဖိလၢတၢ်ကဆူး, လၢအအိၣ်ပှဲၤဒီးတၢ်ပူၤဟိဖိတဖၣ် (လၢကလံၤ မ့တမ့ၢ် တၢ်ထံတၢ်နိတဖၣ်လဲၤခီဖျိသ့)

porpoise *n* ညၣ်တိၤသ္ဒ, ညၣ်တိသ္ဒ

porridge *n* တၢ်ကပိာ်. အဒိ, မ့ၤချိ

port *n* ၁. ကဘီသန့ ၂. ဝ့ၢ်လၢအိၣ်ဒီးကဘီသန့ ၃. ဖီးတူၣ်ကံၣ်စပံးထံအဆၢတကလုာ် ၄. ကဘီ မ့တမ့ၢ် ကဘီယူၤအစုစ့ၣ်တခီပၤ

portability *n* စဲးကတိၤစိာ်စု

portable *a* လၢတၢ်စိာ်အီၤညီ

portage *n* တၢ်စိာ်ဆှၢတၢ်ဖိတၢ်လံၤအဘူးအလဲ, တၢ်စိာ်ဆှၢတၢ်ဖိတၢ်လံၤလၢထံအကျဲ

portal *n* ၁. ပဲတြီဖးဒိၣ်, တြဲၤဖးဒိၣ်, ကျဲစၢၤဖးလဲၢ် ၂. အ့ထၢၣ်နဲးကျဲစၢၤ, ပှာ်ယဲၤသန့ၤတဖၣ်ကျဲစၢၤ

portend *v* ၃းနဲၣ်တၢ်ပနီၣ်လၢအ၃းနဲၣ်ဖျါထီၣ်တၢ်ကမၢၤအသး

portent *n* တၢ်ပနီၣ်လၢအ၃းနဲၣ်ဖျါထီၣ်တၢ်ကမၢၤအသး

portentous *a* လၢအလီၤကမၢကမၣ်, လၢအ၃းနဲၣ်ဖျါထီၣ်တၢ်ပနီၣ်အါ

porter *n* ပှၤဝံတၢ်ဖိ

portfolio *n* ၁. ထၢၣ်ကဘျံးဒံးဖိလၢတၢ်ကစိာ်လံာ်က့လဲၢ်က့, လံာ်တီလံာ်မီအဂီၢ်, ထၢၣ်ဒၢ ၂. ကိတိာ်အလီၢ်အလၤ, ကိတိာ် ၃. စ့ဘျၢ, တၢ်ဘျၢလီၤစ့

porthole *n* ၁. ပဲတြီဖိ, ချံဒီးကဘီယူၤအပဲတြီဖိ ၂. တၢ်ပူၤဖိ, တၢ်ပူၤလၢကခးမျိာ်အဂီၢ်

portico *n* ဟံၣ်မဲာ်ညါပဲတြီခိၣ်ဒိ

portion *n* တကူာ်, တၢ်တနီၤ

portion *v* နီၤလီၤ, နီၤလီၤလီာ်သး

portly *a* လၢအဘိၣ်, လၢအဘိၣ်ဒီးအနီၢ်ဒိၣ်ထီဝဲ

portrait *a* လၢတၢ်စဲကျံးအီၤလၢအထိထူၣ်တခိ

portrait *n* ပှၤအဂီၤ, ပှၤကညီအဂီၤလၢတၢ်တ့အီၤ

portray *v* ၁. ဂဲၤဒိတၢ်လၢတၢ်ဂီၤမူ, ဂဲၤဒိတၢ်လၢတၢ်ဂီၤသံအပူၤ, တ့ဒိန့ၢ်တၢ်ဂီၤ, စိးပျၤဒိန့ၢ်တၢ်ဂီၤ ၂. ၃းနဲၣ်ပှၤတဂၤ – တၢ်တမံၤလၢတၢ်ဂီၤဒီးတၢ်ကွဲးအပူၤ

portrayal *n* တၢ်တ့တၢ်ဂီၤ, တၢ်ဟ်ဖျါထီၣ်တၢ်တမံၤအဂ့ၢ်

pose *n* ၁. တၢ်ဆၢထၢၣ်ဂဲၤဒိန့ၢ်တၢ်, တၢ်ဟ်မဲာ်ဟ်နါ ၂. တၢ်ဟ်မၤအသး, တၢ်ဟ်မၤအသးလၢပှၤဂၤကနာ်န့ၢ်အီၤ

pose *v* ၁. ဟ်အသးသမှံဒံ, ဟ်မဲာ်ဟ်နါ ၂. ၃းကဲထီၣ်တၢ်ကီတၢ်ခဲ, မၤသဘံၣ်ဘုၣ်ပှၤအသး ၃. ဆၢထၢၣ်ဟ်မဲာ်ဟ်နါလၢ (ကဒိတၢ်ဂီၤ) အဂီၢ် ၄. သံကွၢ်တၢ်လီၤတံၢ်လီၤဆဲး ၅. ဟ်မၤအသးဒ် (ပှၤဂၤ) အသိး

posh *a* လၢအလီၤဘီလီၤမု

position *n* ၁. တၢ်အလီၢ် ၂. အလီၢ်အကျဲ ၃. တၢ်အလီၢ်အလၤ, တၢ်ဖံးတၢ်မၤ ၄. တၢ်အိၣ်သး

position *v* ဟ်လီၤပှၤတဂၤအလီၢ်, ဟ့ၣ်ပှၤအလီၢ်အလၤ

positive *a* လၢအကဲထီၣ်သ့, လၢအလၢထီၣ်ပှဲၤထီၣ်သ့, နီၢ်ကီၢ်

positive *n* ၁. လၢအကံၢ်အစိဂ့ၤဝဲ, တၢ်အသူးအသ့ၣ်လၢအဂ့ၤ ၂. တၢ်ဂီၤလၢအိၣ်ဒီးဂံၢ်ခိၣ်ထံးအလွဲၢ် ၃. လီၤတံၢ်လီၤဆဲး, နီၢ်ကီၢ်

positively *adv* လီၤတံၢ်လီၤဆဲး, နီၢ်ကီၢ်

positivism *n* တၢ်ဃုမၤလိတၢ်အိၣ်မူအတၢ်ကဲထီၣ်လိၣ်ထီၣ်အဂ့ၢ်အကျိၤ, တၢ်ဃုမၤလိတၢ်အိၣ်မူအတၢ်ကဲထီၣ်လိၣ်ထီၣ်အဂ့ၢ်အကျိၤနီၢ်နီၢ်လၢအိၣ်သူၣ်လီၤသးလၢတၢ်လၢပှၤထံၣ်သ့, တၢ်အိၣ်သးလၢအလီၤတံၢ်လီၤဆဲးနီၢ်နီၢ်

posse *n* ပၢၤကီၢ်ကရူၢ်, ပှၤတဖုတကရၢ, ပှၤပိာ်ခွါအဖုအကရၢ

possess *v* ပၢဘၣ်, အိၣ်ဒီး

possession *n* ၁. တၢ်ပၢဘၣ်တၢ်, တၢ်လၢအမ့ၢ်ပတၢ် ၂. တၢ်စုလီၢ်ခီၣ်ခိၣ် ၃. တၢ်ပၢဘၣ်အီၤလၢမုၣ်ကီၤလံၢ်, တၢ်ဝံတၢ်နါစိကမီၤလှာ်ဘၢတၢ်

possessive *a* ၁. လၢအအဲၣ်ဒီးပှၤဂၤအတၢ်ကနၣ်ဃုာ်အီၤ, လၢအသးလီပှၤအတၢ်အဲၣ်လၢာ်လၢာ်ဆ့ဆ့ ၂. လၢအ၃းနဲၣ်လၢအပၢဘၣ်တၢ်, လၢအတၢ်အဲၣ်ဒီးဟ့ၣ်နီၤလီၤတၢ်ဆူပှၤဂၤ ၃. လၢအဟ်ဖျါထီၣ်တၢ်တမံၤမံၤဘၣ်ဃးဒီးပှၤတဂၤဂၤ (လံာ်ဂံၢ်ထံး)

possessiveness *n* ၁. တၢ်အဲၣ်ဒီးပှၤဂၤအတၢ်ကနၣ်ဃုာ်အီၤ, တၢ်သးလီပှၤအတၢ်အဲၣ်လၢာ်လၢာ်ဆ့ဆ့ ၂. တၢ်ဟ်ဖျါထီၣ်တၢ်တအဲၣ်ဒီးဟ့ၣ်နီၤလီၤတၢ်ဆူပှၤဂၤ ၃. တၢ်ဟ်ဖျါထီၣ်တၢ်တမံၤမံၤဘၣ်ဃးဒီးပှၤတဂၤဂၤ (လံာ်ဂံၢ်ထံး)

possessor *n* ပှၤလၢအပၢဘၣ်တၢ်, တၢ်အကစၢ်, တၢ်တမံၤမံၤအကစၢ်

possibility *n* ၁. တၢ်လၢအကဲထီၣ်သ့, တၢ်လၢအမၤသးသ့ ၂. တၢ်လၢပမၤအီၤသ့

possible *a* လၢအမ့ၢ်သ့, လၢအကဲထီၣ်သ့, သ့

possible *n* ၁. ပှၤတဂၤ (မ့တမ့ၢ်) တၢ်တမံၤမံၤလၢအကြၢးဒီးတၢ်မၤ ၂. တၢ်လၢအကဲထီၣ်အသးသ့

possibly *adv* ဘၣ်သ့ၣ်သ့ၣ်, သ့ၣ်သ့ၣ်, ဘၣ်တဘၣ်

possum *n* တၢဖၢဖိဖိးစၢ်, တၢဖၢဖိတက လှာ်လၢအိဉ်လၢအမဲရကၤ
post *n* တၢ်အထူဉ်
post *v* ဆှၢလံာ်ပရၢ
post existence *n* တၢ်အိဉ်မူအိဉ်ဂဲၤဝံၤ အလီၢ်ခံ, ခဲကိာ်တဃဉ်
post horse *n* ကသ့ဉ်ဆှၢတၢ်
post lude *n* တၢ်ဒ့လီၤတဲာ်တနၢ်ဖဲပှၤဘါယွၤ ဝံၤအလီၢ်ခံ
post meridian *n* ၁. မုၢ်ဃှၢ်လီၤအကတိၢ် ၂. မုံၤတုာ်ပှၢ်တီၤအကတိၢ်
post office *n* လံာ်တၢး, လံာ်ဘၢ (PO)
post office box *n* လံာ်တၢးတလါ, လံာ် ဘၢတလါ
postage *n* တၢ်ဆှၢတၢ်ပရၢ မ့တမ့ၢ် လံာ် ပရၢအတၢ်လၢာ်ဘူဉ်လၢာ်စ့ၢ
postage stamp *n* တၢ်ဆှၢလံာ်အတၢ်ဂီၤခိဉ်
postal *a* လၢအဘဉ်ဃးဒီးလံာ်တၢး
postbag *n* လံာ်ပရၢအဒၢ
postbox *n* လံာ်ပရၢတလါ
postcard *n* ဖိးစခး, လံာ်တၢ်ဂီၤက့တီဉ်
postcode *n* လံာ်တၢးကဝီၤနီဉ်ဂံၢ်
postdoctoral *a* လၢအမၤတၢ်ယုထံဉ်သ့ဉ် ညါဖဲတၢ်မၤန့ၢ်ဖ့ဉ်စိမိၤမံၤလၢဒိဉ်စိတ့ာ်ဝံၤအလီၢ်ခံ
poster *n* ၁. လံာ်တဃၢ်, ဖိးစထၢဉ် ၂. ပှၤတဂၤလၢအကျးလီၤတၢ်ဘီးဘဉ်သ့ဉ်ညါ, ပှၤတဂၤလၢအဟ်လီၤတၢ်ဘီးဘဉ်သ့ဉ်ညါ
posterior *a* လၢအဟဲလၢခံ
posterior *n* ခံကိၢ်
posterity *n* ဖိစိၤလံၤစိၤ, ပှၤလၢခံတစိၤ, အစၢၤအသွဲဉ်
postern *n* တၢ်လီၢ်ခံကျဲစၢၤ, တၢ်ကပၤ ကျဲစၢၤ
postgrad *a* လၢအမၤန့ၢ်မံၤလၢဒိဉ်တပတိၢ် ဝံၤအလီၢ်ခံမၤလိအါထိဉ်တၢ်
postgraduate *n* တၢ်မၤလိအါထိဉ်တၢ်ဖဲတၢ် မၤန့ၢ်မံၤလၢဒိဉ်ဝံၤလီၢ်ခံ
post-haste *adv* လၢတမၤယံာ်မၤနီၢ်အသး, လၢတသုးဆၢသုးကတိၢ်, လၢအချ့, လၢအတယှာ် အသး, လၢအခံဖုံ
posthumous *a* လၢအကဲထိဉ်ဖဲအသံဝံၤ အလီၢ်ခံ, လၢအိဉ်ဖျါထိဉ်ဖဲအသံဝံၤအလီၢ်ခံ
postil *n* လံာ်လၢအဟ်ဖျါထိဉ်တၢ်ထံဉ်, တၢ် ကွဲးနီဉ်မၤဖျါထိဉ်တၢ်ထံဉ်အခီပညီ
postlude *n* တၢ်ဒ့လီၤတဲာ်တနၢ်ဖဲပှၤဘါတၢ် ဝံၤအလီၢ်ခံ
postman *n* ပှၤဆှၢလံာ်ဖိ
postmark *n* လံာ်ပရၢတၢးအတၢ်ပနီဉ်
postmaster *n* လံာ်တၢးအခိဉ်, ပှၤပၢ ဆှၢလံာ်တၢး
post-mortem *a* လၢအမၤအသးဖဲအသံဝံၤ အလီၢ်ခံ
post-mortem *n* ၁. တၢ်သမံသမိးကွၢ်ပှၤ သံအစိဉ် ၂. တၢ်သမံသမိးကွၢ်တၢ်တမံၤဖဲအ ကဲထိဉ်ဝံၤအလီၢ်ခံ
post-natal *a* လၢအဘဉ်ဃးဒီးတၢ်အိဉ်ဖျဲဉ် ဝံၤအလီၢ်ခံ
postpone *v* သုးနံၤသုးသီ (လၢတၢ်သ့ဉ်မုၢ် နံၤဖးမုၢ်သီ), သုးတၢ်ဆၢကတိၢ်
postponement *n* တၢ်သုးနံၤသုးသီ, တၢ် သုးတၢ်ဆၢကတိၢ်
postscript *n* ၁. တၢ်ကတိၤလၢတၢ်ကွဲးအါ ထိဉ်ဖဲတၢ်ဆဲးလီၤမံၤဝံၤအလီၢ်ခံ ၂. တၢ်လၢအဟ်ာ် ထွဲထိဉ်တၢ်မၤအသးလၢညါတမံၤအခံ, လံာ်ဟ်ာ်ထွဲ
postulate *n* တၢ်ဟ်ဖျါတမံၤလၢတၢ်တူၢ်လိာ် အီၤဒ်အမ့ၢ်တၢ်အမ့ၢ်အတီသ့ဖဲ
postulate *v* ဟ့ဉ်ကူဉ်ဟ်ဖျါထိဉ်လၢအမ့ၢ် တၢ်မ့ၢ်တၢ်တီသ့, ဟ်ဒ်ကလိာ်လၢအမ့ၢ်တၢ်မ့ၢ်တၢ် တီ
posture *n* တၢ်ဆၢထၢဉ်ဟ်သူဉ်ဟ်သး, တၢ် ဟ်စုဟ်ခီဉ်ဟ်မဲာ်ဟ်နါ
posture *v* ဟ်မၤအသး, တၢ်ဟ်မၤအသး ဒ်အမ့ၢ်တၢ်တမံၤမံၤ
post-war *a* လၢအအိဉ်ထိဉ်ဖဲတၢ်ဒုးဝံၤအ လီၢ်ခံ, လၢအကဲထိဉ်သးဖဲတၢ်ဒုးတၢ်ယၢဝံၤအလီၢ် ခံ, တၢ်ဒုးတၢ်ယၢဝံၤအလီၢ်ခံ
posy *n* ၁. ဖီကဒိဉ်ဆံးဆံးဖိ ၂. လံာ်ကျိၤဖှဉ် ဖိလၢတၢ်ကွဲးနှာ်အီၤလၢပသံးအပူၤ
pot *n* ၁. သပၢၤ ၂. တၢ်ပူၤတၢ်တ့ၢ, ကိ ၃. ကျိဉ်စ့လၢတၢ်ကတၢၤတၢ်အဂီၢ် ၄. ကျိဉ်စ့လၢပှၤ ကမၤသကိးတၢ်တမံၤမံၤအဂီၢ် ၅. တိၢ်နှာ်ဖျၢဉ်တိၢ် လၢထၢဉ်သွ့ဖိအပူၤ

pot *v* ၁. သူၣ်လီၤဖီလၢကိပူၤ ၂. ထၢနုာ်လီၤ ဟ်စၢၤလၢတၢ်ပူၤတၢ်တ့ၤအပူၤ ၃. တီၢ်နုာ်လီၤဖျၢၣ် တီၢ်ဆူတၢ်ပူၤ ၄. ထိးအ့ၣ်ထိးဆံၣ်ဖိသၣ်

potash *n* ဖိၣ်ထဲး(ရှ)

potassium *n* ဖိၣ်ထဲးစံၣ်ယၢၣ်(မ), က်ာ အတၢ်ဖိတၢ်လံၤတကလှာ်

potato *n* အၣ်လူ, နွံၣ်တရူတံၢ်

potato crisps *n* အၣ်လူကဘျံးဆဲးသိ, နွံၣ် တရူကဘျံးဆဲးသိ

pot-bellied *a* လၢအဟၢဖၢဒိၣ်ဒိးဖျိးစိထိၣ်ဝဲ

pot-cover *n* သပၢၤခိၣ်ပံး, သပၢၤအခိၣ် ကၢၢ်, သပၢၢ်ခိၣ်ကျၢၢ်

potency *n* ၁. တၢ်အိၣ်ဒီးတၢ်အစိကမီၤ, တၢ် ဂံၢ်ဆူၣ်ဘါဆူၣ်, တၢ်လုၢ်ဘၢစိကမီၤ ၂. ပိာ်ခွါအတၢ်သးကတၢထိၣ်အဆူၣ်ကတၢၢ်

potent *a* လၢအအိၣ်ဒီးအစိအကမီၤ, လၢအဂံၢ်ဆူၣ်ဘါဆူၣ်

potential *a* လၢပမၤအီၤသ့

potential *n* တၢ်လၢပမၤအီၤန့ၢ်, တၢ်အကံၢ် အစီလၢအအိၣ်လၢပှၤတဂၤအပူၤ

potentiality *n* ၁. တၢ်လၢအကဲထိၣ်သးသ့, တၢ်လၢအမၤအသးသ့, တၢ်အကံၢ်အစီလၢအအိၣ် လၢပပူၤလၢမၤတၢ်တမံၤမံၤသ့ ၂. တၢ်စိကမီၤလၢအအိၣ်ရူသူၣ်လၢပကံၢ်ပဒွဲအပူၤ

potentially *adv* လၢအမၤအသးသ့အပူၤ, လၢအကဲထိၣ်အသးသ့

potently *adv* ဆူၣ်ဆူၣ်ကလဲာ်, အိၣ်ဒီး အစိအကမီၤ

pothole *n* တၢ်လီၤဆၢၣ်လၢကျဲမုၢ်ပူၤ, တၢ် လီၤဆၢၣ်လီၢ်ဟိလၢကျဲမုၢ်ခိၣ်

potion *n* တၢ်ထံလၢအိၣ်ဒီးတၢ်ရဲၢ်သံ (ကသံၣ် ထံလၢတၢ်ကအီအီၤတခွးအဂီၢ်)

pot-pourri *n* သ့ၣ်ဒိးသ့ၣ်လၣ်, ဖီဒီးဖီလၣ် ယ့နၢမူ, တၢ်ကျဲၣ်ကျီဖီဒီးသ့ၣ်လၣ်ယ့နၢမူတဖၣ်

potter *n* ပှၤတ့သပၢၤဟီၣ်ခိၣ်ဖိ, ပှၤကၢ သပၢၤ

potter *v* မၤတၢ်ဆူနူၣ်တစဲးဆူအံၤတစဲး အကတၢၢ်တကဲထိၣ်တၢ်နီတမံၤ

pottery *n* ၁. တၢ်ကၢသပၢၤ ၂. တၢၢ်သပၢၤ

pouch *n* ၁. ထၢၣ်ဆံးဆံးဖိ, ထၢၣ်ဖိ ၂. တၢၤဖၢဖိဝံအဖိအလီၢ် ၃. ထိၣ်ဖိၤဆီဖိၤအကနံ

poulterer *n* ပှၤဆါထိၣ်ဖိၤဆီဖိၤ

poultice *n* တၢ်စံၢ်ထိးကသံၣ်ဘိၣ်, ကသံၣ် ဘိၣ်လၢတၢ်ထၢနုာ်လီၤမ့ၤကိၢ်, သ့ၣ်ဂံၢ်ဝၣ်စဲဒီး အဂၤတဖၣ်လၢကစံၢ်ထိးတၢ်ပူၤလီၢ်တဖၣ်ကကိညၢ် လီၤအဂီၢ်

poultry *n* ထိၣ်ဖိဆီဖိ

poultry yard *n* ထိၣ်ဖိၤဆီဖိၤအကရၢ်, ထိၣ်ဖိၤဆီဖိၤအကပိၤ

pounce *v* စံၣ်ပိၤ

pound *n* ၁. ပီၣ် (တၢ်ထိၣ်တၢ်ဒွးတၢ်အ တယၢၢ်ဃၢအပီၣ်) ၁ ပီၣ် = ၁၆ အီၣ်စး ၂. ကီၢ်ဘြံးတ့ၣ်အစ့ ၁ ပီၣ် = ၁၀၀ ဖဲနံး

pound *v* ၁. တိၢ်, ဆု ၂. ဒိတံၢ်, တိၢ်တံၢ် တၢ်အါဘီ ၃. စံၣ်ဆဲးဖိုး, စံၣ်သိၣ်ထုးထုး

poundage *n* ၁. တၢ်အပ့ၤလီၤလၢအပနီ လၢတၢ်ဟ်ပနီၣ်အီၤလၢတၢ်အတယၢၢ်တပီၣ်စုာ်စုာ် အဖိခိၣ် ၂. တၢ်အတယၢၢ်, တၢ်အဃၢ

pour *v* လူလီၤ, ဂၢ်လီၤ, ဖှိၣ် (ထံ)

pout *v* သးဒိၣ်တၢ်ဒီးထိၣ်စူထိၣ်အနိး, သး ဒိၣ်ထိၣ်ဒီးမၤစူထိၣ်အထးခိၣ်

poverty *n* တၢ်ဖှိၣ်တၢ်ယာ်

poverty line *n* တၢ်ဖှိၣ်တၢ်ယာ်အပနိလၢတၢ် ဟ်ပနီၣ်အီၤ

poverty-stricken *a* လၢအဖှိၣ်သံယာ်ဂီၤ, လၢအဖှိၣ်နးမး, လၢတအိၣ်ဒီးကျိၣ်စ့

POW *abbre* ပှၤလၢဘၣ်တၢ်ဖိၣ်န့ၢ်အီၤဖဲတၢ်ဒုး ဖးဒိၣ်အကတိၢ် (Prisoner of War)

powder *n* တၢ်အကမူၣ်

powder *v* ၁. ဖှူ (မဲာ်) ၂. တိၢ်ကမူၣ်, မၤ ကမူၣ်

powdered sugar *n* အံသၣ်ဆၢကမူၣ်

power *n* တၢ်စိကမီၤ, တၢ်အသဟီၣ်, တၢ် အဂံၢ်အဘါ, ဂံၢ်သဟီၣ်

power *v* ၁. မၤပှဲၤထိၣ်ဂံၢ်ဘါ, မၤပှဲၤထိၣ် (စဲးဖီကဟၣ်) အဂံၢ်အဘါလၢကမၤတၢ်အဂီၢ် ၂. သုးသးချ့ချ့ကလဲာ်

power of attorney *n* ပိၢ်ရီတၢ်စံၣ်ညီၣ် ဆၢတဲာ်တၢ်အခွဲးအယာ်, ပိၢ်ရီအတၢ်နှၢ်ပၢစိကမီၤ လၢအိၣ်ဒီးတၢ်ခွဲးတၢ်ယာ်ဖိးသဲစးလၢကစံၣ်ညီၣ် ဆၢတဲာ်နှၢ်တၢ်လၢပှၤဂၤအခၢၣ်စး

power plant *n* လီမ့ၣ်, လီဂံၢ်သဟီၣ်သန့

power station *n* လီမ့ၣ်, လီဂံၢ်သဟီၣ်သန့

powerful *a* ၁. လၢအအိၣ်ဒီးအစိကမီၤ, လၢအအိၣ်ဒီးအသဟီၣ် ၂. လၢအဂံၢ်ဆူၣ်ဘါဆူၣ်
powerfulness *n* တၢ်စိဒိၣ်ကမီၤတှာ်
powerhouse *n* ၁. လီမ့ၣ်, လီဂံၢ်သဟီၣ်သန့ ၂. (ပှၤ) လၢအိၣ်ဒီးအစိဒိၣ်ကမီၤတှာ်, ပှၤလၢအဂံၢ်ဆူၣ်ဘါဆူၣ် ၃. (ထံကိၢ်, တၢ်ကရၢကရိ) လၢအိၣ်ဒီးတၢ်လှာ်ဘၢစိကမီၤ
powerless *a* လၢအစိကမီၤတအိၣ်, လၢအသဟီၣ်တအိၣ်, လၢအဂံၢ်အဘါတအိၣ်
powwow *n* ၁. ပိၣ်ဂူအမူး, ပှၤအမဲရကၤပှၤထူလံၤဖိလုၢ်လၢ်ထူသနူအမူး ၂. တၢ်ထံၣ်လိာ်အိၣ်သကိးအတၢ်အိၣ်ဖှိၣ်, တၢ်ထံၣ်လိာ်အိၣ်သကိးအမူး
poxy *a* ၁. လၢအကါတဒိၣ်, လၢအရှတဒိၣ် ၂. လၢအတလီၤသးစဲ
pp *abbre* ၁. လံာ်ကဘျံးပၤတဖၣ် ၂. တၢ်ဆဲးလီၤန့ၢ်မံၤလၢပှၤတဂၤဂၤအခၢၣ်စး ၃. (န့, အံၣ်အု) ကဖီကဖီ, ကဖီလီဖိ (pianissimo)
PR *abbre* ၁. တၢ်ဆဲးကျိးဆဲးကျၢရှလိာ်ဒီးပှၤကမျၢ် (Public Relations) ၂. ကီၢ်ဖူၣ်တိၣ်ရံကိၣ် (Puerto Rico)
practicability *n* တၢ်လၢတၢ်မၤအီၤသ့, တၢ်စူးကါအီၤသ့
practicable *a* လၢတၢ်မၤဝံၤအီၤသ့, လၢအကဲထိၣ်လိၣ်ထိၣ်သ့
practical *a* ၁. မၤလၢစုသ့ဝဲ ၂. လၢအမၤတၢ်သ့, လၢအဘျုးအိၣ်
practical *n* ၁. တၢ်မၤလၢစုသ့ ၂. တၢ်လၢအမၤတၢ်သ့ ၃. တၢ်လၢအဘျုးအိၣ်, တၢ်လၢအကဲဘျုးကဲဖှိၣ်
practical joke *n* တၢ်တဲလိာ်ကွဲတၢ်, တၢ်တဲကလိာ်တၢ်
practically *adv* ၁. ဘူးတှ်မး, ဃၣ်ဃၣ် ၂. နီၢ်နီၢ်န့ၣ်
practice *n* ၁. တၢ်ဂဲၤလိထံသး ၂. တၢ်အလုၢ်အလၢ် ၃. တၢ်မၤလိသ့ထိၣ်သး ၄. တၢ်မၤ, တၢ်ဟူးတၢ်ဂဲၤ
practice, practise *v* ၁. ဂဲၤလိထံသး, မၤလိထံသး ၂. မၤတၢ်ဒ်အလုၢ်အလၢ် ၃. မၤ (တၢ်မၤ), မၤ (တၢ်ဟူးတၢ်ဂဲၤ)
practicum *n* တၢ်ဃုထံၣ်သ့ၣ်ညါမၤလိအသနၢ်တသနၢ်
practitioner *n* ကသံၣ်သရၣ်, ပီၢ်ရီ, ပှၤလၢအလုၢ်အိၣ်အသးသမူတၢ်ဖံးတၢ်မၤလီၤဆီဒၣ်တၢ်လၢကသံၣ်ပီညါတကပၤဒီးသဲစးတၢ်သိၣ်တၢ်သီပီညါတကပၤ
pragmatic *a* ၁. လၢအမ့ၢ်တၢ်နီၢ်နီၢ် ၂. လၢအနာ်ဒၣ်ထဲလၢတၢ်လၢအမၤဝဲသ့တကပၤ ၃. လၢအခိၣ်ကိၤ
pragmatism *n* ၁. တၢ်လၢအမ့ၢ်တၢ်နီၢ်နီၢ် ၂. တၢ်သ့ခံကွၢ်စီၤကွၢ်တၢ်, တၢ်အိၣ်ဒီးတၢ်သးဆး ၃. ခိၣ်ကိၤ ၄. တၢ်အိၣ်ဒီးတၢ်နာ်ထဲလၢတၢ်လၢအမၤဝဲသ့တကပၤ
prairie *n* ကလံၤစိးအမဲရကၤအပျိမုၢ်လါဟ့ဖးလဲၢ်, တၢ်ပၢၤခိၣ်
prairie dog *n* လံၣ်ပအီတကလှာ်, လံၣ်ပအီတၢ်ပူၤလၢအအိၣ်ဆိးလၢကလံၤစိးအမဲရကၤပျိမုၢ်လါဟ့ဖးလဲၢ်အပူၤ
praise *n* တၢ်စံးထိၣ်ပတြၢၤ
praise *v* ပတြၢၤ, စံးထိၣ်ပတြၢၤ
praiseworthy *a* လၢအလီၤစံးထိၣ်ပတြၢၤ, လၢအကြၢးဒီးတၢ်စံးထိၣ်ပတြၢၤ
pram *n* ဖိသၣ်အလှ့ၣ်ဆိၣ်စု
prance *v* စံၣ်ခွ့စံၣ်ခွီ, စံၣ်တခွဲးခံတခွဲးယီၢ်
prank *n* တၢ်မၤကလိာ်ကလာ်တၢ်, တၢ်တဲကလိာ်ကလာ်တၢ်, တၢ်မၤအ့စိၢ်အ့န့တၢ်
prank *v* ၁. ကယၢကယဲသးဆူၣ်ဆူၣ်ဘှဲၣ်ဘှဲၣ် ၂. ကတိၤဒိၣ်အကိာ်
prate *v* ကတိၤအါတၢ်, ကတိၤဒိၣ်ကိာ်
prattle *v* ကတိၤအါတၢ်လၢအခီပညီတအိၣ်, ကတိၤအါတၢ်လၢအဂ့ၢ်အပိၢ်တအိၣ်
prawn *n* သဒိၣ်ကိၤ, သဒိၣ်
praxis *n* တၢ်အလုၢ်အလၢ်, တၢ်အသနိ
pray *v* ၁. ဘါထုကဖၣ်, ဃ့ဘါထုကဖၣ် ၂. မုၢ်လၢ်လၢတၢ်တမံၤမံၤကကဲထိၣ်
prayer *n* ၁. တၢ်ဘါထုကဖၣ်, တၢ်ဃ့ဘါထုကဖၣ် ၂. တၢ်မုၢ်လၢ်လၢတၢ်တမံၤမံၤကကဲထိၣ်
prayer book *n* တၢ်ထုကဖၣ်အလံာ်
praying-mantis *n* စိးဘံၣ် (တၢ်ဖိဃၢ်တကလှာ်)
pre- *prefix* လၢညါ, ဟ်စၢၤ, တချုး
preach *v* ၁. စံၣ်တဲၤတဲလီၤတၢ်, ဟီတရါ ၂. သိၣ်လီၤသီလီၤတၢ်
preacher *n* ပှၤလၢအစံၣ်တဲၤတဲလီၤတၢ်

P

preamble *n* တၢ်ကတိၤလၢညါ
prearrange *v* ကတဲာ်ကတီၤဟ်စၢၤ, ရဲၣ်လီၤကျဲၤလီၤဟ်စၢၤ, တိာ်ကျဲၤဟ်စၢၤ
pre-arranged *a* လၢအကတဲာ်ကတီၤဟ်စၢၤ, လၢအရဲၣ်လီၤကျဲၤလီၤဟ်စၢၤလၢအတိာ်ကျဲၤဟ်စၢၤ
precarious *a* ၁. လၢအတလီၤတံၢ်လီၤဆဲး, လၢအတဂၢၢ်တကျၢၤ ၂. လၢအဘၣ်ဒိးသန့ၤထီၣ်သးလၢတၢ်ဘူၣ်တၢ်တီၢ်အဖီခိၣ်
precaution *n* တၢ်ပလီၢ်ပဒီဟ်စၢၤအသး, တၢ်ပလီၢ်ဆီ
precede *v* ဟဲဆိအသး, မၤဆိအသး
precedence *n* တၢ်ဟဲဆိအသး, တၢ်မၤဆိအသး
precedent *n* ၁. တၢ်အဒိအတဲာ်, တၢ်မၤဆိဟ်စၢၤတ့ၢ်လံအသး ၂. တၢ်သိၣ်တၢ်သီလၢတၢ်ကဘၣ်လူၤပိာ်မၤထွဲအီၤလၢတၢ်မၤအသးဒ်န့ၣ်အသိး
precept *n* တၢ်သိၣ်တၢ်သီ
precious *a* ၁. လၢအလုၢ်ဒိၣ်ပှ့ၤဒိၣ် ၂. လၢအဘၣ်တၢ်အဲၣ်အီၤဒိးဟ်လုၢ်ဒိၣ်ပှ့ၤဒိၣ်အီၤဒိၣ်မး
precipice *n* လ့လီၤဆူ, တၢ်လီၤဆူ
precipitate *n* တၢ်အသံးအကိၢ်လိၣ်လၢဘၣ်တၢ်ထုးဖးအီၤလၢတၢ်အထံလၢၢ်အကျိၤအကျဲ, တၢ်ကမံၤအသံးအကာ်လၢအလီၤဒးလၢထံဖီလာ်
precipitate *v* ၁. ကဲထီၣ်သတူၢ်ကလာ်, မၤချ့ဒံးချ့နူး ၂. ဆီၣ်လီၤတဲာ်, ဒုးဆဲခိၣ်လီၤလာ်, (လီၤတဲာ်) ဆဲခိၣ်လီၤလာ် ၃. ဒုးလီၤဒး, မၤလီၤဒး
precipitation *n* တၢ်သဝံလၢအဟဲလီၤဒ်တၢ်စူၤထံ, မူခိၣ်ဖီ, ဘ့ၣ်အသိးတဖၣ်
precipitous *a* လၢအလီၤဆူနးမး, လၢအလီၤဘံနးမး
precise *a* လၢအလီၤတံၢ်လီၤဆဲး
precisely *adv* လီၤတံၢ်လီၤဆဲး, ထံထံဆးဆး
preciseness *n* တၢ်လၢအလီၤတံၢ်လီၤဆဲး
precision *n* တၢ်လီၤတံၢ်လီၤဆဲး
preclude *v* တြီဃာ်ဟ်စၢၤတၢ်, ဒီတဒၢဆိတၢ်, တြီ
precocious *a* လၢအတၢ်သ့ၣ်ညါအိၣ်အါန့ၢ်ဒံးအသးနံၣ်, လၢအသးဖးဆိ
precognition *n* တၢ်သ့ၣ်ညါဆိတၢ်လၢတချုးကဲထီၣ်သး, တၢ်သ့ၣ်ညါဆိတၢ်
preconceive *v* ဆိကမိၣ်ဟ်စၢၤတၢ်, တယာ်ဟ်စၢၤတၢ်
preconceived *a* ဆိကမိၣ်တယာ်ဟ်စၢၤအီၤ
preconception *n* တၢ်ဆိကမိၣ်ဟ်စၢၤတၢ်, တယာ်ဟ်စၢၤတၢ်
preconcerted *a* လၢအဘၣ်တၢ်အၢၣ်လီၤအီလီၤဟ်စၢၤ, လၢအမၤဆိတၢ်အၢၣ်လီၤအကူၣ်ထီၣ်အၢၣ်လီၤဆိဟ်စၢၤ
precondition *n* တၢ်ဟ်လီၤဆိဟ်စၢၤတၢ်သိၣ်တၢ်သီ
precursor *n* ပှၤဟဲဆိဟ်စၢၤ, တၢ်လၢအအိၣ်ဆိဟ်စၢၤ, တၢ်ပနီၣ်ဒုးနဲၣ်ဆိဟ်စၢၤတၢ်
predator *n* ပှၤလၢအဂ့ာ်ဆူၣ်ပျိဆူၣ်တၢ်
predatory *a* လၢအဂ့ာ်ဆူၣ်ပျိဆူၣ်တၢ်
predecessor *n* တၢ်လၢအအိၣ်ထီၣ်ဆိန့ၢ်တၢ်ဂၤ, ပှၤတဂၤလၢပှၤဂၤထီၣ်ဘၣ်အလီၢ်
predestinate *v* စံၣ်ညီၣ်ဆိဟ်စၢၤတၢ်, ဟ်လီၤဆိတၢ်တိာ်ဟ်
predestination *n* တၢ်တိာ်ဟ်စၢၤတၢ်, တၢ်ဟဲဝံဟဲစိာ်ဒီးတၢ်ဘူၣ်တၢ်တီၢ်လၢအအိၣ်ဆိဟ်စၢၤ
predetermine *v* စံၣ်ညီၣ်ဟ်ပနီၣ်ဆိဟ်စၢၤတၢ်, တိာ်ဟ်စၢၤတၢ်
predicament *n* တၢ်ကီတၢ်ခဲ, တၢ်ဘၣ်ကွၢ်ဆၢၣ်မဲာ်တၢ်ဃံးတၢ်စ့ၤ
predicate *n* (ဝီၢ်သနူ) ပှၤဒိးဘၣ်တၢ်
predicate *v* ၁. သူၣ်လီၤတၢ်တမံၤမံၤအဂံၢ်ထံး ၂. ဒုးအိၣ်ဖျါထီၣ်တၢ်လၢအဖျါမ့ၢ်ဝဲတီဝဲ
predict *v* ထံၣ်ဆိဟ်စၢၤ, ဖးဟ်စၢၤတၢ်, တယာ်ဆိဟ်တၢ်, ဟီဟ်စၢၤ
predictable *a* လၢအထံၣ်ဆိဟ်စၢၤ, လၢတၢ်တယာ်ဆိဟ်စၢၤတၢ်
prediction *n* တၢ်တယာ်ဆိဟ်တၢ်, တၢ်ဖးဆိဟ်စၢၤတၢ်, တၢ်ဟီဆိတၢ်
predilection *n* တၢ်ဘၣ်သးလီၤဆီ, တၢ်လိၣ်ဘၣ်လီၤဆီ
predispose *v* သးအိၣ်ဆိဟ်တၢ်, အဲၣ်ဒိးဟ်စၢၤဝဲ

P

predominance *n* တၢ်လၢအအိၣ်အါန့ၢ်တၢ်ဂၤ, တၢ်လုၢ်ဘၢစိကမီၤ
predominant *a* လၢအဒိၣ်စိ, လၢအအိၣ်အါန့ၢ်တၢ်ဂၤ, လၢအဖျါအါန့ၢ်တၢ်ဂၤ, လၢအလုၢ်ဘၢတၢ်
predominate *v* ဒိၣ်စိလၢတဂၤဖီခိၣ်, လုၢ်ဘၢတၢ်ဂၤဖီခိၣ်
pre-eminence *n* တၢ်လၢအဂ့ၤန့ၢ်တၢ်အဂၤ, တၢ်ဒိၣ်စိလၢတၢ်ဂၤဖီခိၣ်
pre-eminent *a* လၢအဂ့ၤန့ၢ်တၢ်အဂၤ, လၢအဒိၣ်စိလၢတၢ်ဂၤဖီခိၣ်
pre-exist *v* အိၣ်ဆိဟ်စၢၤလၢညါ, အိၣ်ဆိဟ်စၢၤလၢပျၢၤ
pre-existence *n* တၢ်အိၣ်ဆိဟ်စၢၤလၢညါ, တၢ်အိၣ်ဆိဟ်စၢၤလၢပျၢၤ
preexistent *a* လၢအအိၣ်ဟ်စၢၤလၢပျၢၤ, လၢအိၣ်ဟ်စၢၤလၢညါ
prefab *n* ဟံၣ်လၢတၢ်ဘိုဆိဟ်စၢၤအီၤဒ်အကူအခီဝံၤထီထီၣ်ကူၤအီၤဖဲတၢ်လိၣ်ဘိုအီၤအခါ
prefabricated *a* လၢအဘၣ်တၢ်ဘိုဆိဟ်စၢၤအီၤလၢအကူအခီ, (အကူၢ်အဂီၤ) လၢဘၣ်တၢ်ဘိုဆိအီၤ
preface *n* တၢ်ကွဲးဆှၢနုာ်, တၢ်ကတိၤလၢညါ
preface *v* ကွဲးဆှၢနုာ်, ကွဲးတၢ်ကတိၤလၢညါ
prefect *n* ၁. ပှၤဒိၣ်ပှၤပှၢ်, ပှၤပၢဆှၢတၢ် ၂. ကို့ဖိအခိၣ်
prefer *v* အဲၣ်ဒိးဒိၣ်န့ၢ်တက့ၢ်, အဲၣ်ဒိးဝဲအါန့ၢ်တက့ၢ်
preferable *a* လၢတၢ်ဘၣ်သးဒိၣ်န့ၢ်တၢ်အဂၤ, လၢအဘၣ်သးဒိၣ်တက့ၢ်, လၢအထုးန့ၢ်ပှၤသးအါန့ၢ်တၢ်အဂၤ
preference *n* တၢ်အဲၣ်ဒိးအါန့ၢ်တၢ်အဂၤ, တၢ်သးစဲအါန့ၢ်တၢ်အဂၤ
preferment *n* တၢ်သုးထီထီၣ်ပှၤဂၤအလီၢ်လၤ, တၢ်ကွၢ်မဲာ်ပှၤဂၤ
prefix *n* တၢ်ကတိၤလၢတၢ်ထီထီၣ်အီၤလၢတၢ်ကတိၤတဖျၢၣ်အမဲာ်ညါလၢဒုးဆီတလဲကွံာ်ဝဲအခီပညီ အဒိ, happy - unhappy
prefix *v* ၁. ဟ်လီၤလၢအမဲာ်ညါကတၢၢ် ၂. မၤအါထီၣ်လံာ်မဲာ်ဖျၢၣ်တဖၣ်လၢလံာ်မဲာ်ဖျၢၣ်တဖျၢၣ်အမဲာ်ညါ, ထၢနုာ်လီၤလံာ်မဲာ်ဖျၢၣ်တဖျၢၣ်လၢလံာ်မဲာ်ဖျၢၣ်အဂၤအမဲာ်ညါဒ်သိး အခီပညီဆီတလဲကွံာ်အသး
pregnancy *n* ဒၢ, တၢ်ဒၢထီၣ်ဖိ, တၢ်အိၣ်ဒီးဟုးဒီးသး
pregnancy tests *n* တၢ်မၤကွၢ်တၢ်အိၣ်ဒီးဟုးသး
pregnant *a* လၢအဒၢဝဲ, လၢအဟုးအသးအိၣ်
prehistoric *a* လၢပျၢၤလၢကစၢၤ, လၢတၢ်တကွဲးဒံးအီၤလၢစိၤပီၢ်ပူၤ, လၢတၢ်တကွဲးဒံးအီၤလၢတၢ်စံၣ်စိၤတဲစိၤအပူၤ
prehistory *n* တၢ်လၢပျၢၤလၢကစၢၤ, တချုးစံၣ်စိၤအကတိၢ်, တၢ်ဆၢကတိၢ်လၢတချုးတၢ်ကွဲးနီၣ်ကွဲးဃါအိၣ်ကတိၢ်
prejudice *n* တၢ်တဘၣ်သူၣ်တဘၣ်သးဆိဟ်စၢၤတၢ်, သးကၠၣ်ဆိဟ်တၢ်လၢအသးတချုးလၢအနၢ်ပၢၢ်တၢ်ဂ့ၢ်ဂ့ၤဂ့ၤအခါ, တၢ်သးကၠၣ်ဟ်စၢၤတခီတၢၤ
prejudice *v* လၢအမၤဘၣ်ဒိမၤဟးဂီၤတၢ်
prelate *n* ပှၤလုၢ်တၢ်အဒိၣ်, တၢ်ဘူၣ်တၢ်ဘါခိၣ်နၢ်ဖးဒိၣ်
preliminary *a* လၢအမၤဆိအသးတချုးတၢ်မၤစးထီၣ်, လၢအဟဲဟ်စၢၤလၢညါ, လၢအကတဲာ်ကတီၤဆိဟ်စၢၤသး
preliminary *n* တၢ်လၢအမၤဆိအသးတချုးတၢ်မၤစးထီၣ်, တၢ်ကတဲာ်ကတီၤမၤဆိတၢ်
prelude *n* တၢ်ဆှၢနုာ်, တၢ်ကဲထီၣ်ဆိတၢ်, တၢ်သးဝံၣ်ဆှၢနုာ်
premarital *a* လၢအမၤအသးတချုးတၢ်ဖျီ, လၢတချုးတၢ်ဖျီ
premature *a* လၢအတုၤဆိ, လၢအကဲထီၣ်ဆိ, လၢတဘၣ်အဆၢကတိၢ်, တချုးအခါဘၣ်
prematureness *n* တၢ်တဘၣ်ဆၢဘၣ်ကတိၢ်, တၢ်မၤအသးတချုးတၢ်ဆၢကတိၢ်ဘၣ်, တၢ်မၤအသးချ့ဒံးချ့ဒုး, တၢ်တချုးအခါဘၣ်
premeditate *v* ဆိကမိၣ်ဆိဟ်စၢၤတၢ်, ကူၣ်ထီၣ်ဆိဟ်စၢၤတၢ်
premeditated *a* လၢအဘၣ်တၢ်ကူၣ်ထီၣ်ဆိဟ်စၢၤအီၤ
premier *a* လၢအကါဒိၣ်ကတၢၢ်, လၢအမံၤဟူကတၢၢ်
premier *n* ကိတိာ်ခိၣ်ကျၢၢ်

P

premier *v* လၢအဂ့ၤကတၢၢ်, လၢအခိၣ်ထံးကတၢၢ်

premise *n* ၁. တၢ်ဟ်လီၤဟ်စၢၤတၢ်ဂ့ၢ်တမံၤ, တၢ်ဟ်သးဆိဟ်စၢၤတၢ် ၂. ဟံၣ်ဒီးတၢ်သူၣ်ထိၣ်တဖၣ် ၃. ဒ်တၢ်စံးဟ်တ့ၢ်လၢထးအသိး

premium *a* လၢအကၢ်အစီဂ့ၤဒိၣ်မး

premium *n* ၁. တၢ်ဟ့ၣ်တၢ်အုၣ်ကီၤအပ္ၢ, တၢ်အုၣ်အသး ၂. ခိၣ်ဖး, တၢ်ဟ့ၣ်အါထိၣ်တၢ်အပ္ၢ, တၢ်ဟ့ၣ်ကနၢၤ

premonition *n* တၢ်ထံၣ်ဆိဟ်စၢၤတၢ်, တၢ်နးပလိၢ်ဆိပှၤ

prenatal *a* တချုးအိၣ်ဖျဲၣ်

preoccupation *n* တၢ်အိၣ်လီၤဘျ့လၢအတၢ်ဆိကမိၣ်အပူၤ

preoccupation *n* တၢ်အိၣ်လီၤဘျ့လၢတၢ်ဆိကမိၣ်အပူၤ, တၢ်ဆိကမိၣ်တၢ်တမံၤမံၤတပယှၣ်ယီ

preoccupied *n* အိၣ်လီၤဘျ့လၢတၢ်ဆိကမိၣ်အပူၤ

preoccupy *v* အိၣ်လီၤဘျ့လၢတၢ်ဆိကမိၣ်အပူၤ

preordain *v* တိာ်ဟ်စၢၤဆိတၢ်, တဲဆိဟ်စၢၤတၢ်, စံးဟ်ဆိတၢ်

prep *v* ကတဲာ်ကတီၤ

preparation *n* တၢ်ကတဲာ်ကတီၤ

preparatory *a* လၢအအိၣ်ကတဲာ်ကတီၤဟ်အသး, လၢအအိၣ်ကတဲာ်ကတီၤဆိဟ်စၢၤတၢ်

prepare *v* ၁. ကတဲာ်ကတီၤ, ကတဲာ်ကတီၤဆိဟ်တၢ် ၂. အိၣ်ကတဲာ်ကတီၤဆိအသး

prepay *v* ဟ့ၣ်ဟ်စၢၤဆိတၢ်အပ္ၢ

preponderance *n* တၢ်လၢအဂ့ၤန့ၢ်တၢ်အဂၤ, တၢ်လၢအဒိၣ်စိတၢ်အဂၤ

preposition *n* (လံာ်ဂံၢ်ထံး) တၢ်ကတိၤလၢနုးစဲဘူးတၢ်ဂ့ၢ်ခံခါ အဒိ, of, by

prepossessing *a* လၢအလီၤအဲၣ်လီၤကွံ, လၢအထုးန့ၢ်သူၣ်ထုးန့ၢ်သး

preposterous *a* လၢအတလီၤနာ်, လၢအခီပညီတအိၣ်, လၢအတလီၤပလိာ်

prepubescent *a* လၢအဒိၣ်တုာ်ခိၣ်ပှဲၤ, လၢအဘၣ်ထွဲဒီးတၢ်ဒိၣ်တုာ်ခိၣ်ပှဲၤထိၣ်

preregister *v* ဆဲးလီၤဆိဟ်မံၤ, ဟ့ၣ်ဆိဟ်မံၤ

prerequisite *a* လၢအလိၣ်ဆိဟ်စၢၤ

prerequisite *n* တၢ်လၢအလိၣ်ဆိဟ်စၢၤ, တၢ်လၢတၢ်ကဘၣ်မၤဆိဟ်စၢၤ, တၢ်လၢကဘၣ်အိၣ်ဆိဟ်စၢၤ, တၢ်လၢကဘၣ်အိၣ်ဆိနီၢ်နီၢ်

prerogative *n* တၢ်အခွဲးအယာ်လီၤဆီဒ်အလီၢ်အလၤအိၣ်အသိး

presage *v* ထံၣ်စိဟ်စၢၤတၢ်, နးနဲၣ်ဖျါဆိဟ်စၢၤတၢ်, ဟီဟ်စၢၤတၢ်

Presbyterian *n* ခရံာ်ဖိတၢ်အိၣ်ဖှိၣ်အဖုအကရၢ, ဖြးဘဲးထံရံယၢၣ်ခရံာ်ဖိ, တၢ်အိၣ်ဖှိၣ်လၢဘၣ်တၢ်ပၢဆှၢအီၤလၢသူၣ်ကဲ့သးပှၢ်လၢအလီၢ်လၤအိၣ်ထဲသိး

presbytery *n* ၁. ပှၤပၢဆှၢတၢ်ကရၢလၢဖြးဘဲးထံရံယၢၣ်ခရံာ်ဖိတၢ်အိၣ်ဖှိၣ်ပူၤ, ဟီၣ်ကဝီၤလၢဘၣ်တၢ်ပၢအီၤလၢသရိာ်ပူၤ, တၢ်ဘူၣ်တၢ်ဘါပၢဆှၢတၢ်ကရၢ ၂. ရိမ့ခဲးသလုးပၤပၢအဟံၣ် ၃. သရိာ်ပူၤတၢ်လိၢ်လၢအိၣ်လၢပှၤသးဝံၣ်ခွါယၢၣ်အလိၢ်ခံ

preschool *n* ကတီၤဆိကို

prescience *n* တၢ်သ့ၣ်ညါဟ်စၢၤတၢ်

prescient *a* လၢအသ့ၣ်ညါဟ်စၢၤတၢ်

prescribe *v* ၁. ဟ်လီၤတၢ်ဘျၢ ၂. နဲၣ်လီၤကသံၣ်လၢပှၤဆါအဂီၢ်

prescription *n* ကသံၣ်အထံလဲ, ကသံၣ်ခိၣ်

presence *n* ၁. တၢ်အိၣ်ဖျါ, တၢ်ဟဲဟ်ဖျါထိၣ်သး ၂. တၢ်အိၣ်ဒီးကၢ်စီလၢအထုးန့ၢ်သး ၃. တၢ်အိၣ်ဝဲ, တၢ်အိၣ်ဝဲဖဲတၢ်လိၢ်လီၤဆီတတီၤ ၄. တၢ်အိၣ်လၢတၢ်မဲာ်ညါ (ပှၤသုးဖိ) ၅. တၢ်တူၢ်ဘၣ်တၢ်ကလၤအိၣ်လၢမဲာ်ညါဘၣ်ဆၣ်ပလၢၢ်အီၤတန့ၢ်

present *a* လၢအအိၣ်ဝဲ, လၢအကဲထိၣ်ခဲအံၤ, တဘျီယီ

present *n* ၁. တၢ်ဟ့ၣ် ၂. ခါခဲအံၤ

present *v* ၁. ဟ့ၣ် ၂. ဟ့ၣ်ခိၣ်ဖး, နးသ့ၣ်ညါပှၤလၢအလီၢ်အလၤအိၣ် ၃. ဟ့ၣ်တၢ်ယူးယိၣ် ၄. နးနဲၣ် ၅. ဟဲအိၣ်ဖျါထိၣ်, ဟ်ဖျါထိၣ်

presentable *a* လၢအကြၢးဟ်ဖျါထိၣ်အသး, လၢအကြၢးဒီးတၢ်နးနဲၣ်အီၤ

presentation *n* တၢ်ဟ်ဖျါထိၣ်တၢ်, တၢ်ဆှၢနုာ်နးသ့ၣ်ညါတၢ်, တၢ်ဟ့ၣ်လီၤတၢ်, တၢ်ဟဲဆှၢတၢ်ဆူအဟံၣ်

P

presentiment *n* တၢ်ထံၣ်ဟ်စၢၤတၢ်, တၢ်လၢပှၤအသးလီၤက်တၢ်တမံၤမံၤ, တၢ်သ့ၣ်ညါဟ်စၢၤတၢ်

presently *adv* တကီၢ်ခါ

preservation *n* တၢ်ကတဲာ်ကတီၤကွၢ်ထွဲတၢ်, တၢ်ပၢၤဃာ်ဒ်သိးသုတဟးဂီၤ, တၢ်ပၢၤဃာ်တၢ်, တၢ်ဟ်ကီၤတၢ်

preservative *a* လၢအပၢၤဃာ်ဒ်သိးသုတဟးဂီၤ, လၢအကတဲာ်ကတီၤကွၢ်ထွဲတၢ်, လၢအဟ်ကီၤတၢ်

preserve *n* ၁. တၢ်အိၣ်လၢတၢ်ကတီၤဟ်အီၤ, တၢ်အိၣ်လၢတၢ်စံၢ်ဆၢဟ်အီၤ ၂. တၢ်တမံၤလၢတၢ်ကတီၤဟ်စၢၤအီၤလၢပှၤတဂၤ မ့တမ့ၢ် ပှၤတဖုအဂီၢ်

preserve *v* ၁. ဟ်ဃာ်, ဟ်ကီၤ ၂. မၤဃူဟ်ဃာ် (တၢ်အိၣ်)

preside *v* ပၢၤလီၢ်ဆ့ၣ်နီၤ

president *n* ကီၢ်ခိၣ်, ကရၢခိၣ်

press *n* ၁. စဲးစဲကျံး (လံာ်) ၂. တၢ်ကစီၣ်အတဝၢ

press *v* ၁. ဆိၣ်တံၢ်, ဆိၣ်သနံး ၂. ဖိးဟုဃာ်တၢ်

press conference *n* တၢ်ဟ့ၣ်တၢ်ကစီၣ်အမူး, တၢ်ကွဲပှၤလၢအဟံးတၢ်ကစီၣ်တဖၣ်ဝံၤဟ့ၣ်တၢ်ကစီၣ်

press forward *v* ဂုာ်လဲၤဆူညါဆူၣ်ဆူၣ်

press-stud *n* ဆ့နၢ်သၣ်ဘံး

pressure *n* တၢ်ဆိၣ်သနံး, တၢ်ဆိၣ်တံၢ်

prestige *a* လၢအမံၤဟူသၣ်ဖျါ, လၢအိၣ်ဒီးတၢ်လုၢ်ဘၢစိကမီၤ

prestige *n* တၢ်စိတၢ်ကမီၤလၢအဟဲလၢတၢ်ယူးယီၣ်ဟ်ကဲအီၤအဃိ, တၢ်စိတၢ်ကမီၤလၢအဟဲလၢတၢ်မံၤဟူသၣ်ဖျါအဃိ

prestigious *a* လၢအမံၤဟူသၣ်ဖျါ, လၢအိၣ်ဒီးတၢ်စိတၢ်ကမီၤ, လၢတၢ်ယူးယီၣ်ဟ်ကဲအီၤ, လၢတၢ်ဟ်ဒိၣ်ဟ်ကဲအီၤ

presto *a* လၢအချ့, တဘျီဃီ

presto *adv* ချ့ချ့, တကီၢ်ခါ

presto *n* နိးပနိၣ်လၢအယုၢ်အကွၢ်အချ့

presume *v* ၁. စံးဒၣ်ကလိာ်လၢအဘၣ် ၂. ဟ်ဒူအသးကျိၣ်ကတိၣ်ဒီးမၤတၢ်

presumption *n* ၁. တၢ်ဆိကမိၣ်စံးဒၣ်ကလိာ်တၢ်, တၢ်စံးဒၣ်ကလိာ်လၢအဘၣ် ၂. တၢ်ဒိသူၣ်ဟ်သးလၢအိၣ်ဒီးတၢ်နာ်နၢ်လီၤသးလၢလၢပှဲၤပှဲၤဒီးတယူးယီၣ်ဟ်ကဲလၢၤပှၤဂၤ, တၢ်ဟ်ဒူသးကျိၣ်ကတိၣ်ဒီးမၤတၢ်

presumptuous *a* လၢအဟ်ဒိၣ်ဟ်ထီအသး, လၢအဟ်ကဖၢလၢအသး

presuppose *v* ဆိကမိၣ်တယာ်ဟ်စၢၤ, စံးဒၣ်ကလိာ်လၢအဘၣ်

presupposition *n* ၁. တၢ်တမံၤလၢတၢ်နာ်လၢအမ့ၢ်ဝဲတီဝဲ ၂. တၢ်ဆိကမိၣ်တယာ်ဟ်စၢၤ, တၢ်စံးဒၣ်ကလိာ်လၢအဘၣ်

pretence, pretense *n* တၢ်ဟ်မၤအသး

pretend *a* လၢအဟ်မၤအသး

pretend *v* ဟ်မၤအသး

pretension *n* ၁. တၢ်စံးလီၤအသးလၢအသ့အဘၣ် ၂. တၢ်ဟ်မၤအသး, တၢ်ဟ်ဒိၣ်ဟ်လၢၤအသး

pretentious *a* လၢအဟ်ဒိၣ်အသး, လၢအဟ်ဒိၣ်ဟ်လၢၤအသး

preterm delivery *n* အိၣ်ဖျဲၣ်ထိၣ်တချူးနံၣ်လါဘၣ်

pretext *n* တၢ်ဟ့ၣ်ထိၣ်တၢ်ဂ့ၢ်တၢ်ကျိၤအိၣ်ဖျါဒ်တၢ်မ့ၢ်တၢ်တီအသိး, တၢ်လၢအအိၣ်ဖျါလၢခိ, တၢ်အိၣ်ဖျါဒ်တၢ်နီၢ်နီၢ်အသိးဘၣ်ဆၣ်တမ့ၢ်ဘၣ်, တၢ်ဟ်မၤအသး

pretty *a* ဃံလၤ, ဒိၣ်တၢ်ဂ့ၤ

pretty *v* ၁. ကယၢကယဲထိၣ်သး, မၤဃံမၤလၤအသး ၂. မၤနၢၤ, မၤနၢၤမၤဃၣ်, သဆၣ်ထိၣ်နၢ်တၢ်အခဲ

prevail *v* လၢအမၤနၢၤတၢ်

prevailing *a* ၁. လၢအိၣ်သကုၤဆးဒး, လၢအိၣ်အါအါဂိၢ်ဂိၢ်, လၢအဘၣ်ဃးဒီးပှၤခဲလၢာ် ၂. လၢအလုာ်ဘၢစိကမီၤတၢ်

prevalent *a* လၢအအိၣ်သကုၤဆးဒး, လၢအမၤညီနၢ်အသး

prevaricate *v* လံၣ်တၢ်လီတၢ်, ကတိၤကဘျံးကဘၣ်တၢ်, ကတိၤဝ့ၤဝီၤတၢ်, တစံးဆၢတၢ်လီၤလိၤ

prevarication *n* တၢ်လံၣ်လီတၢ်, တၢ်ကတိၤကဘျံးကဘၣ်တၢ်, တၢ်ကတိၤဝ့ၤဝီၤတၢ်, တၢ်တစံးဆၢတၢ်လီၤလိၤ

P

prevent *v* သဒၢ, တြီတၢ်

preventable *a* လၢအဒီသဒၢသ့, လၢပတြီအီၤသ့

prevention *n* တၢ်ဒီတဒၢ, တၢ်တြီတၢ်

preventive *a* လၢအဒီသဒၢတၢ်, လၢအတြီတၢ်

preview *n* ၁. တၢ်ကွၢ်ကဒါက့ၤတၢ်ဂီၤမူ, တၢ်ဂဲၤဒိတချုးတၢ်ဒုးနဲၣ်ဟ်ဖျါဆူကမျၢ်အအိၣ် ၂. တၢ်ဟ်ဖျါထီၣ်တၢ်တမံၤမံၤအဂ့ၢ်ဖုၣ်ကိာ်တချုးမၤအသးဒီးကကဲထီၣ်သးလၢခံ ၃. တၢ်တမံၤမံၤလၢအဟ့ၣ်ထီၣ်တၢ်ဆိကမိၣ်လၢခါဆူညါတၢ်ကမၤအသးမနုၤ

preview *v* ၁. ကွၢ်ကဒါက့ၤတၢ် ၂. ဟ့ၣ်ဒုးသ့ၣ်ညါတၢ်ဂ့ၢ်ဖုၣ်ကိာ်တချုးတၢ်မၤအသးဒီးတၢ်လၢကကဲထီၣ်အသးလၢခံ

previous *a* လၢညါတဘျီ, လၢအပူၤကွံာ်

pre-war *a* တချုးတၢ်ဒုး

prey *n* ဆၣ်ဖိကီၢ်ဖိလၢတၢ်ဖိၣ်အီၣ်အီၤ

prey *v* (prey on) ၁. လူၤတၢ်မံၤလာ်, လူၤမၤသံအီၣ်တၢ် ၂. အီၣ်တူာ်အီၣ်ကလီၤ

price *n* ၁. အပ္ၤ, တၢ်အပ္ၤ ၂. တၢ်အဘူးအလဲ ၃. တၢ်အလုၢ်အပ္ၤ

price *v* ၁. ဟ်ပနီၣ်တၢ်အပ္ၤကလံၤ ၂. ဆၢတဲာ်တၢ်အပ္ၤကလံၤ ၃. ကျးလီၤတၢ်အပ္ၤကလံၤ ၄. ထိၣ်သတြီၤတၢ်အပ္ၤကလံၤ

priceless *a* အလုၢ်အပ္ၤဒိၣ်တုၤလၢတၢ်ဟ်ပနီၣ်အပ္ၤတသ့လၢၤ

prick *n* ၁. တၢ်ဆဲးထူၣ်ဖျိတၢ်တမံၤမံၤ ၂. တၢ်အပူၤလၢဘၣ်တၢ်ဆဲးဖျိအီၤ ၃. တၢ်ပူၤလီၢ်ဘၣ်ဆဲး ၄. တၢ်သးဘၣ်ဆဲး ၅. ပိာ်ခွါကံ့ဂီၤ

prick *v* ဆဲး, ဘၣ်ဆဲး

prickle *n* ၁. တၢ်တူၢ်ဘၣ်တၢ်ဘၣ်ဆဲး ၂. တၢ်ဖံးဘ့ၣ်ဆါကီၢ်အူ ၃. တၢ်တူၢ်ဘၣ်တၢ်တမှာ်တလၤ

prickle *v* ၁. တူၢ်ဘၣ်တၢ်ဘၣ်ဆဲး ၂. ဖံးဘ့ၣ်ဆါကီၢ်အူ ၃. တူၢ်ဘၣ်တၢ်တမှာ်တလၤ

prickliness *n* ၁. တၢ်အိၣ်ဒီးအဆူၣ် ၂. တၢ်ဖံးဘ့ၣ်ဆါကီၢ်အူ, လၢအတူၢ်ဘၣ်တၢ်ဘၣ်ဆဲး

prickly *a* အိၣ်ပှဲၤဒီးအဆူၣ်

prickly heat *n* တၢ်ဖိၣ်ဆါ, တၢ်ဖျၢၣ်ဆါ

pride *n* တၢ်ဟ်ကဖၢလၢသး, တၢ်ဟ်ထိၣ်ထီသး

pride *v* ဟ်ကဖၢလၢအသးလၢတၢ်တမံၤမံၤအဃိ

priest *n* ပှၤလုၢ်တၢ်အဒိၣ်

priest craft *n* တၢ်ကဲသိခါအကတိၢ်, တၢ်ကဲသိခါ

priesthood *n* တၢ်ကဲသိခါအကတိၢ်, သိခါတၢ်အိၣ်မူ

prig *n* ပှၤလၢအထံၣ်လီၤသးလၢအဂ့ၤအဝဲအတီအလိၤ

prig *v* ဟးဟုၣ်တၢ်, ဟုၣ်

prim *a* လၢအလီၤတံၢ်

prim *v* ဟ်သူၣ်ဟ်သးလၢအကြၢးအဘၣ်, လၢအဂ့ၤဒိၣ်ဒိၣ်ကလာ်, လၢအထိၣ်ဘး, လၢအသံၣ်စူးဆဲးလၤ, လၢအတဘၣ်သးတၢ်ကလံးကလာ်တၢ်တလီၤတံၢ်လီၤမံ

prima donna *n* ၁. အိၣ်ပရၣ်မုၣ်သးဝံၣ်တၢ်လၢအကါဒိၣ်ကတၢၢ်တဂၤ ၂. ပှၤလၢဆိကမိၣ်လီၤသးလၢကဲပှၤဂ့ၤဒိၣ်ကတၢၢ်, အကါဒိၣ်ကတၢၢ်

primacy *n* တၢ်အဂ့ၤကတၢၢ်, တၢ်လိၢ်ဒိၣ်လၤထိ, တၢ်စိဒိၣ်ကမီၤထိ

primal *a* ၁. လၢဘၣ်ဃးဒီးတၢ်အိၣ်မူအိၣ်ဂဲၤအဆိကတၢၢ် ၂. လၢအမ့ၢ်တၢ်အဂံၢ်ခိၣ်ထံး

primarily *adv* လၢအဘၣ်ဃးဒီးတၢ်အခိၣ်ထံးခိၣ်ဘိ, လၢအကါဒိၣ်, အနီၢ်နီၢ်, နီၢ်နီၢ်န့ၣ်

primary *a* ၁. လၢအကါဒိၣ်ကတၢၢ်, လၢအခိၣ်ကျၢၢ်, လၢအမ့ၢ်တၢ်ဂ့ၢ်မိၢ်ပှၢ် ၂. လၢအကဲထိၣ်သးအဆိကတၢၢ်, လၢအအိၣ်ဆိးလၢအခိၣ်ထံးကတၢၢ် ၃. လၢတဒိးသန့ၤထိၣ်သးဒီးတၢ်နီတမံၤ ၄. လၢဘၣ်ထွဲဒီးတီၤဖုၣ်ကို

primary *n* ၁. တၢ်ဟ့ၣ်တၢ်ဃုထၢဖးဒိၣ်အမူးလၢအခိၣ်ထံးတပတိၢ်, တၢ်ဟ့ၣ်တၢ်ဖးအခိၣ်ထံးတပတိၢ် ၂. တၢ်အကါဒိၣ်ကတၢၢ် ၃. တီၤဖုၣ်ကို ၄. တၢ်လၢအကဲထိၣ်သးအခိၣ်ထံးကတၢၢ်

primary school *n* တီၤဖုၣ်ကို

primate *n* ၁. ဆၣ်ဖိကီၢ်ဖိလၢအဒုးအိၣ်နၢ်အဖိ ၂. ခရံာ်ဖိသိခါလၢလိၢ်လၤဒိၣ်, သိခါလိၢ်လၤဒိၣ်, ဘံရီး

P

prime *a* ၁. လၢအကါဒိၣ်ကတၢၢ် ၂. လၢအကံၢ်အစီဒိၣ်ကတၢၢ် ၃. လၢအကဲခိၣ်ကဲနါဒိၣ်ကတၢၢ် ၄. လၢအမ့ၢ်တၢ်အခီၣ်ထံးကတၢၢ်

prime *n* ၁. တၢ်အဂ့ၤကတၢၢ်ကတီၢ်ခါ ၂. တၢ်အခီၣ်ထံးကတၢၢ်

prime *v* ၁. ကတဲာ်ကတီၤဟ်စၢၤတၢ်, ကတဲာ်ကတီၤတၢ် ၂. ဟ့ၣ်တၢ်ဂ့ၢ်တၢ်ကျိၤ ၃. ခဲၣ်တၢ်

prime minister *n* ကိတိာ်ခိၣ်ကျၢ်

primer *n* ၁. လံာ်ဂံၢ်ခီၣ်ထံး, လံာ်ဂံၢ်ထံး ၂. ကသံၣ်ခဲၣ်အဒၢ ၃. တၢ်ပိၢ်ဖးအကျိဘိ

primaeval, primeval *a* ၁. လၢအဘၣ်ဃးဒီးတၢ်လၢပျၢၤလၢကစၢၤ ၂. လၢအမ့ၢ်တၢ်အခီၣ်ထံး

primitive *a* ၁. လၢအဘၣ်ဃးဒီးတၢ်အခီၣ်ထံးခီၣ်ဘိ, လၢအဘၣ်ဃးဒီးတၢ်လၢပျၢၤလၢကစၢၤ ၂. လၢအတချုးစီၤ, လၢအတလဲၤထီၣ်လဲၤထီ, ပတိၢ်မုၢ် ၃. လၢအမ့ၢ်တၢ်လၢပျၢၤလၢကစၢၤ, လၢအမ့ၢ်တၢ်အခီၣ်ထံး

primitive *n* ပှၤတ့ခဲၣ်တၢ်ဂီၤလၢပျၢၤ, ပှၤတ့ခဲၣ်တၢ်ဂီၤပတိၢ်မုၢ်

primp *v* ကယၢကယဲထီၣ်အသး, မၤဃံမၤလၤထီၣ်အသး

primrose *n* ၁. တၢ်အလွဲၢ်ဘီစၢ် ၂. ဖီဖရံ(မ)ရိး(စ), ဖီအလွဲၢ်ဘီစၢ်တကလုာ်

prince *n* စီၤပၤဖိခွါ

princely *a* ၁. လၢအဘၣ်ဃးဒီးစီၤပၤဖိခွါ, လၢအမၤအသးဒ်စီၤပၤဖိခွါအသိး ၂. လၢအလီၤဘီလီၤမုၢ်

princess *n* နီၢ်ပၤမုၣ်ဖိ, စီၤပၤအဖိမုၣ်

principal *a* လၢအမ့ၢ်တၢ်အကါဒိၣ်, လၢအမ့ၢ်တၢ်ဂ့ၢ်မိၢ်ပှၢ်, လၢအမ့ၢ်တၢ်အမိၢ်ပှၢ်

principal *n* ၁. ကွ်ိခိၣ် ၂. ပှၤအခိၣ်, တၢ်အခိၣ်အနါ ၃. စ့မိၢ်ပှၢ်, စ့လၢပှၤနုးလိၢ်လီၤအီၤဒ်သိးကန့ၢ်စ့အထိးနါလၢအမျုးကယၤဖိခိၣ်

principality *n* ထံကီၢ်လၢစီၤပၤဖိခွါပၢဝဲ

principally *adv* အါတက့ၢ်, အါဒၣ်တၢ်တက့ၢ်

principle *n* ၁. တၢ်သိၣ်တၢ်သီ, တၢ်သိၣ်တၢ်သီမိၢ်ပှၢ် ၂. တၢ်သိၣ်တၢ်သီလၢသကဲာ်ပဝးကဂ့ၤအဂီၢ် ၃. တၢ်အခီၣ်ထံးခီၣ်ဘိ

print *n* တၢ်စဲကျံး (လံာ်)

print *v* စဲကျံး (လံာ်)

printer *n* ၁. စဲးစဲကျံးလံာ် ၂. ပှၤစဲကျံးလံာ်

printing *n* ၁. တၢ်စဲကျံးထုးထီၣ်တၢ် ၂. တၢ်စဲကျံးထုးထီၣ်တၢ်အါအါဂိၢ်ဂိၢ်တကတီၢ်ဃီ ၃. တၢ်ကွဲးအကျိၤအကျဲတကလုာ်, တၢ်ကွဲးတကလုာ်ဖဲလံာ်မဲာ်ဖျၢၣ်တဖၣ်ဘၣ်တၢ်ကွဲးအီၤတအိၣ်စဲဘူးလိာ်အသး

printing press *n* ကဟၣ်စဲကျံးလံာ်, တၢ်ပရၢပစၢၢ်ဒီးဂုၤဂၤ

prior *a* လၢညါခီ, လၢအဂံၢ်ခိၣ်

prior *n* ၁. ရိမ့ၤခဲးသလ့းသီခါအခိၣ်အနါ ၂. ခရံာ်ဖိအသီခါခိၣ်နါ ၃. ပှၤပၢဆှၢတၢ်အခိၣ်လၢရိမ့ၤခဲးသလ့းသီခါကွိအပူၤ

priority *n* တၢ် (အိၣ်) (မၤအသး) (ကဲထီၣ်) ဆိတက့ၢ်, တၢ်မၤဆိအသးလၢညါ

prise *v* ၁. ဟ်လုၢ်ဟ်ပ့ၢ ၂. စူးကါဂံၢ်ဒီးအီးထီၣ်တၢ်

prism *n* တၢ်သၢနၢၣ်အသံးအကာ်, တၢ်ကပီၤကဝီၤလၢအဆီတလဲကွံာ်တၢ်ကပီၤအဝါဆူတၢ်ကွဲၤအလွဲၢ်, တၢ်သၢနၢၣ်အကု့ၢ်အဂီၤလၢတၢ်အလွဲၢ်ဝါဟဲဒ်ဘၣ်အီၤဒီးဆဲးကပီၤထီၣ်ကဒါကူၤဒ်တၢ်ကွဲၤအလွဲၢ်

prison *n* ယိာ်

prison camp *n* ယိာ်ဒဲကဝီၤ, ယိာ်လီၤဆီလၢတၢ်ဖိၣ်နုးဃာ်ပှၤဖဲတၢ်နုးတၢ်ယၤအဆၢကတိၢ်

prisoner *n* ပှၤယိာ်ဖိ

prisoner of war *n* ပှၤသုးဖိလၢဘၣ်တၢ်ဖိၣ်နု့ၢ်အီၤလၢအဒုၣ်ဒါဖဲတၢ်နုးတၢ်ယၤအကတိၢ်ဒီးတၢ်ဖိၣ်နုးဃာ်အီၤတ့ၤလၢတၢ်နုးဝံၤဝဲတစု (POW)

pristine *a* ၁. လၢအမ့ၢ်တၢ်လၢပျၢၤလၢကစၢၤ ၂. ပတိၢ်မုၢ်, လၢအမ့ၢ်တၢ်ဒ်အလိၢ်လိၢ်အသိး, လၢအတလဲလိာ်အသးလၢအကဆဲ့ကဆိုဒီးအသီသံၣ်ဘ့ဲဒံးဒၣ်တၢ်

privacy *n* ၁. တၢ်အိၣ်ထဲတဂၤဇိၤ, တၢ်တရှလိာ်သးဒီးပှၤဂုၤပှၤဂၤ ၂. တၢ်ဟ်ခူသူၣ်တၢ်, တၢ်အိၣ်တဒၢအလိၢ်, တၢ်အိၣ်သဒံၣ်သဒၢသးအလိၢ် ၃. တၢ်ပူၤဖျဲးဒီးပှၤဂၤအတၢ်ကနၣ်ဃုာ်တၢ်

private *a* လၢအဘၣ်ဃးပှၤတဂၤ

private *n* သုးဖိ, သိၣ်ဖှ

private detective *n* ပှၤယိထံသ့ၣ်ညါတၢ်

private enterprise *n* မုၢ်ကျိၤဝဲၤကွာ်သနူကျိၤကျဲသဘျ့, မုၢ်ကျိၤဝဲၤကွာ်သနူလၢပှၤနီၢ်

တဂၤပန့ၢ်တၢ်ကၤတၢ်ဖံးတၢ်မၤတဖၣ်အပူၤလၢတၢ်ဟ့ၣ်အခွဲးလၢတၢ်ကပြၢလိာ်သးတဂၤဒီးတဂၤလၢတၢ်သဘျ့အပူၤဒီးပဒိၣ်တန့ၢ်ပၢစဲးဖီကဟ့ၣ်တၢ်မၤလိၢ်တဖၣ်ဘၣ်

private eye *n* ပှၤဃိထံသ့ၣ်ညါတၢ်

private school *n* ပှၤနီၢ်တဂၤပၢအကို, ကိုလၢတမ့ၢ်ပဒိၣ်အကို

privately *adv* လၢတၢ်ခူသူၣ်ပူၤ

privation *n* ၁. တၢ်လီၤတူာ်လီၤကာ်, တၢ်တကူတလၢ, တၢ်တလၢတပှဲၤ ၂. တၢ်ဟံးနှၢ်ကွံာ်အတၢ်, တၢ်ဘၣ်စူးကွံာ်ညီကွံာ်တၢ်

privative *a* ၁. လၢအတကူတလၢ, လၢအတလၢတပှဲၤ, လၢအလီၤတူာ်လီၤကာ် ၂. လၢအဟံးနှၢ်ကွံာ်တၢ်တမံၤမံၤ

privilege *n* (တၢ်အခွဲး) (သဘျ့) လီၤဆီဒၣ်တၢ်

privilege *v* အိၣ်ဒီးခွဲးယာ်လီၤဆီ, ဒိးနှၢ်ဘၣ်တၢ်ခွဲးတၢ်ယာ်လီၤဆီ

privity *n* တၢ်ခူသူၣ်

privy *a* ၁. လၢအဘၣ်ဃးဒီးပှၤတဂၤ ၂. လၢအဟ်ခူသူၣ်တၢ်

prize *a* လၢအကြၢးဒိးနှၢ်တၢ်လၤကပီၤ, လၢအကြၢးဒိးနှၢ်ခိၣ်ဖး

prize *n* ခိၣ်ဖး

prize *v* ၁. ဟ်လုၢ်ဟ်ပှ့ၤတၢ် ၂. စူးကါဂံၢ်ဒီးအီးထိၣ်တၢ်

prizer *n* ၁. ပှၤဆၢတဲာ်တၢ်အပှ့ၤ ၂. ပှၤလူၤပြၢဟံးနှၢ်ခိၣ်ဖး, ပှၤပြၢတၢ်လၢကနှၢ်ဘၣ်ခိၣ်ဖးအဂီၢ်

prize-winner *n* ပှၤမၤနှၢ်ခိၣ်ဖး

pro *a* လၢအဘၣ်ဃးဒီးတၢ်လုၢ်အိၣ်သးသမူတၢ်ဖံးတၢ်မၤ, လၢတၢ်ဟ့ၣ်အီၤလၢအမၤတၢ်တမံၤမံၤလီၤဆီဒၣ်တၢ်လၢကမၤသူၣ်ဖှံသးညီတၢ်အဂီၢ်

pro *n* ၁. (professional) ပှၤလၢအလုၢ်အိၣ်သးသမူဒ်ပှၤလိာ်ကွဲတၢ်ဖိအသိး, ပှၤစဲၣ်နီၤလၢတၢ်လုၢ်အိၣ်သးသမူတၢ်မၤတမံၤမံၤအပူၤ, ပှၤလၢအိၣ်ဒီးတၢ်လဲၤခီဖျိအါ ၂. တၢ်ဘၣ်ဘျုးဒီးတၢ်တဘၣ်ဘျုး ၃. ဃဲသဲ, ပှၤဆါလီၤအိၣ်သး

pro- *prefix* ၁. လၢအဆိၣ်ထွဲမၤစၢၤတၢ် ၂. လၢအသူၣ်အိၣ်သးအိၣ်တၢ် ၃. လၢအကွၢ်မဲာ်တၢ်

pro bono *a* လၢအမၤတၢ်တအိၣ်ဒီးအဘူးအလဲ (လီၤဆီဒၣ်တၢ်ပီၢ်ရီတၢ်ဖံးတၢ်မၤ)

proactive *a* လၢအနုာ်လီၤပၢဆှၢကွၢ်ထွဲတၢ်အိၣ်သး, လၢအနုာ်လီၤရဲၣ်ကျဲၤမၤသကိးတၢ်

probability *n* တၢ်လၢအလီၤက်ကမၤအသး, တၢ်လၢအဖျါလၢကမၤအသး

probable *a* လၢအမ့ၢ်သ့, လၢအကဲထိၣ်သ့, မၤအသးသ့

probable *n* တၢ်လၢအကဲထိၣ်သ့, တၢ်လၢအမၤအသးသ့

probably *adv* ဘၣ်တဘၣ်, ဘၣ်သ့ၣ်သ့ၣ်

probate *n* သဲစးအတၢ်သိၣ်တၢ်သီအတၢ်အှၣ်သးဟ်ဖျါလၢပှၤတဂၤအံၤအိၣ်ဒီးတၢ်နှၢ်သါ

probation *n* ၁. သဲစးအတၢ်ပျဲပူၤဖျဲးသနိ, သဲစးအတၢ်ပျဲပူၤဖျဲးပှၤလၢအမၤကမၣ်တၢ်အခိၣ်ထံးကတၢၢ်တဘျီလၢအိၣ်ဒီးတၢ်အၢၣ်လီၤသးလၢကအိၣ်မူဂ့ၤဂ့ၤဘၣ်ဘၣ် ၂. တၢ်မၤကွၢ်တၢ်အကတိၢ်

probational *a* လၢအဘၣ်ဃးဒီးတၢ်မၤကွၢ်, လၢအဘၣ်ဃးဒီးတၢ်သမံသမိး

probe *n* နီၣ်ဆဲးဂိာ်တၢ်ပူၤလီၢ်ပူၤကျဲ, နီၣ်ဆဲးဂိာ်တၢ်

probe *v* ၁. မၤကွၢ်, ဃုသ့ၣ်ညါ, သမံသမိးကွၢ်တၢ်လီၤတံၢ်လီၤဆဲး ၂. (တၢ်ပူၤလီၢ်) ဆဲးဂိာ်ကွၢ်

probity *n* တၢ်တီတၢ်လိၤ, တၢ်သူၣ်တီသးလိၤ

problem *a* ၁. လၢဟ်ဖျါထိၣ်တၢ်ဂ့ၢ်ကီ ၂. လၢတၢ်ဘိုဘၣ်အီၤကဲခဲ

problem *n* တၢ်ဂ့ၢ်ကီ

problematic *a* လၢအနုးအိၣ်ထိၣ်တၢ်ကီတၢ်ခဲ, လၢအမၤအိၣ်ထိၣ်တၢ်သဘံၣ်ဘုၣ်

proboscis *n* ၁. ကဆီကမျိၤ ၂. ဆၣ်ဖိကီၢ်ဖိ, တၢ်ဖိလံၤဖိဃၢ်အနီာ် ၃. ထီနါဒ့

procedure *n* တၢ်မၤအကျိၤအကွာ်, တၢ်ဖံးတၢ်မၤအကျဲအကပူၤ

proceed *v* မၤကဒီးတၢ်ဆူညါ, လဲၤဒံးဆူညါ

proceeding *n* ၁. တၢ်မၤကဒီးတၢ်ဆူညါ ၂. တၢ်လိာ်ကွီၢ် ၃. တၢ်အိၣ်ဖှိၣ်အတၢ်ကွဲးနီၣ်ကွဲးဃါ, တၢ်အိၣ်ဖှိၣ်အတၢ်ဟ်ဖျါ

proceeds *n* တၢ်နှၢ်ဘျုး

process *n* တၢ်အကျိၤအကျဲ, ကျဲကပူၤ, တၢ်မၤအကျဲ

process *v* ၁. မၤတၢ်လၢအကျဲဧိၤကပူၤဧိၤ ၂. ဟံးဂ့ၢ်ဝီမၤတၢ် ၃. ကတဲာ်ကတီၤတၢ်အိၣ်လၢစဲးဖီတၢ်အိၣ်

procession *n* ပှၤလဲၤတၢ်တဂ့ၢ်ဖးထီဖဲပှၤမၤမူးအခါ

processional *a* လၢအဘၣ်ထွဲဒီးတၢ်လဲၤတၢ်တဂ့ၢ်ဖးထီဖဲပှၤမၤမူးအခါ, လၢအဘၣ်ထွဲဒီးတၢ်သုးအသးတဂ့ၢ်ဘၣ်တဂ့ၢ်

processor *n* ၁. ခီၣ်ဖျူထၢၣ်အယူၣ်နံး လၢအဟ့ၣ်တၢ်ဂ့ၢ်တၢ်ကျိၤ ၂. ပှၤလၢအရဲၣ်ကျဲၤထုးထီၣ်တၢ်ဖီတၢ်လံၤစဲးဖီကဟၣ်လၢအရဲၣ်ကျဲၤထုးထီၣ်တၢ်ဖီတၢ်လံၤ

pro-choice *a* လၢအဆီၣ်ထွဲမၤစၢၤပိာ်မုၣ်ဂ့ၢ်ဝီခွဲးယာ်လၢအကဆၢတဲာ်လီၤအကစၢ်ဒၣ်ဝဲအသး လၢကမၤလီၤအဟုး မ့တမ့ၢ် တမၤလီၤအဟုး

proclaim *v* ၁. ဘီးဘၣ်ရၤလီၤ, ဘီးဘၣ်သ့ၣ်ညါ ၂. တဲဖျါထီၣ်တၢ်ဖျိဖျိဖျါဖျါ

proclamation *n* တၢ်ဘီးဘၣ်ရၤလီၤတၢ်, တၢ်ဘီးဘၣ်သ့ၣ်ညါလီၤတၢ်, တၢ်တဲဖျါထီၣ်တၢ်

Proconsul *n* ရိမ့ၤအပဒိၣ်တဂၤ, ပဒိၣ်လၢအပၢဆှၢရိမ့ၤအဘီအမုၢ်တဂၤ

procrastinate *v* မၤယံာ်မၤနီၢ်, မၤစဲၤခံတၢ်, သုးနံၤသုးသီ, သုးဆၢသုးကတီၢ်

procrastination *n* တၢ်မၤယံာ်မၤနီၢ်, တၢ်မၤစဲၤခံတၢ်, တၢ်သုးနံၤသုးသီ, တၢ်သုးဆၢသုးကတီၢ်

procreate *v* ဒုးအိၣ်ဖျဲၣ်

proctor *n* ၁. ပှၤအိၣ်ခိးတၢ်ဒိးစဲး, ပှၤပၢၤတၢ်ဒိးစဲး ၂. ခၢၣ်စး, ပှၤလၢဘၣ်တၢ်ဃုထၢဟ်လီၤအီၤလၢ (တၢ်မၤ, မူဒါ, လီၢ်လၤ)

proctor *v* အိၣ်ခိးတၢ်ဒိးစဲး, ပၢၤတၢ်ဒိးစဲး

procurable *a* လၢတၢ်မၤန့ၢ်အီၤသ့

procurator fiscal *n* ပဒိၣ်ပီၢ်ရီ

procure *v* ၁. ဂုာ်ကျဲးစၢးဃုမၤန့ၢ်တၢ် ၂. မၤအိၣ်ထီၣ်, ဒုးအိၣ်ထီၣ် ၃. ဟးလူၤဃုန့ၢ်ဃဲသဲလၢပှၤဂၤအဂီၢ်

procurer *n* ဃဲသဲခိၣ်

procuress *n* ဃဲသဲခိၣ် (မုၣ်)

prod *v* ဆဲးတိၢ်

prodigal *a* လၢအမၤလၢာ်ဂီၤတၢ်, လၢအသူကျိၣ်စ့တလၢကွံာ်အခၢး

prodigality *n* တၢ်မၤလၢာ်ဂီၤတၢ်, တၢ်သူကျိၣ်သူစ့အါတလၢကွံာ်အခၢး

prodigally *adv* လၢအမၤလၢာ်ဂီၤတၢ်, လၢအသူကျိၣ်သူစ့အါတလၢကွံာ်အခၢး

prodigious *a* ၁. ဖးဒိၣ်, ဒိၣ်ဒိၣ်မုၢ်မုၢ် ၂. လၢအလီၤဘီလီၤမုၢ်, လၢအလီၤကဟုကညီၢ်

prodigy *n* ၁. တၢ်လၢအလီၤဘီလီၤမုၢ်, တၢ်လၢအလီၤကမၢကမၣ်, တၢ်လီၤတိၢ်လီၤဆီ ၂. ပှၤလၢအပါရမံဟဲဟ်စၢၤလၢအပူၤ, ပှၤလၢအတၢ်သ့တၢ်ဘၣ်တၢ်ကူၣ်ဘၣ်ကူၣ်သ့ဟဲဒၣ်ဝဲလၢအမိၢ်ဟၢဖၢပူၤ, ပှၤလၢအိၣ်ဒီးတၢ်သ့တၢ်ဘၣ်လီၤဆီ

produce *n* ၁. တၢ်မဲထီၣ်သၣ်ထီၣ်, ပနံာ်ဟးထီၣ် ၂. တၢ်လၢတၢ်မၤကဲထီၣ်အီၤ, တၢ်လၢတၢ်ဒုးအိၣ်ထီၣ်အီၤ

produce *v* ထုးထီၣ်, မၤကဲထီၣ်, ဒုးအိၣ်ထီၣ်

producer *n* ၁. ပှၤမၤကဲထီၣ်တၢ်, ပှၤဒုးအိၣ်ထီၣ်တၢ် ၂. ပှၤလၢအရဲၣ်ကျဲၤထုးထီၣ်တၢ်

product *n* ၁. ပနံာ် ၂. တၢ်ဂံၢ်အါအစၢ, နီၣ်ဂံၢ်နီၣ်ဒွးအစၢလၢတၢ်ဒိးန့ၢ်အီၤလၢတၢ်ဂံၢ်အါအဖီခိၣ်

production *n* တၢ်မၤကဲထီၣ်တၢ်, တၢ်လၢအဘၣ်တၢ်မၤကဲထီၣ်အီၤ, တၢ်ထုးထီၣ်ပနံာ်

productive *a* ၁. လၢအထုးထီၣ်တၢ်န့ၢ်အါအါဂိၢ်ဂိၢ်, လၢအမဲထီၣ်သၣ်ထီၣ်အါအါဂိၢ်ဂိၢ် ၂. လၢအမၤန့ၢ်တၢ်အါအါဂိၢ်ဂိၢ်, လၢအဟ့ၣ်ထီၣ်တၢ်န့ၢ်အါအါဂိၢ်ဂိၢ် ၃. ဒုးကဲထီၣ်တၢ်, မၤကဲထီၣ်တၢ်

productiveness *n* ၁. တၢ်ထုးထီၣ်တၢ်န့ၢ်အါအါဂိၢ်ဂိၢ်, တၢ်မဲထီၣ်သၣ်ထီၣ်အါအါဂိၢ်ဂိၢ် ၂. တၢ်မၤန့ၢ်တၢ်အါအါဂိၢ်ဂိၢ် ၃. တၢ်ဒုးကဲထီၣ်တၢ်, တၢ်မၤကဲထီၣ်တၢ်

productivity *n* တၢ်ထုးထီၣ်ပနံာ်အဂံၢ်သဟီၣ်, တၢ်ထုးထီၣ်ပနံၣ်အယူာ်

Prof. *abbre* ၁. ဖ့ၣ်စိမိၤသရၣ်ဒိၣ်စိ, ဖ့ၣ်စိမိၤသရၣ်လၢအလိၢ်အလၤအထီကတၢၢ်တဂၤ ၂. ဖ့ၣ်စိမိၤသရၣ်, ခီလ့ၣ်ကို့သရၣ် (professor)

profanation *n* ၁. တၢ်မၤတရီတပါယွၤတၢ်ဘူၣ်တၢ်ဘါ, တၢ်ကတိၤတရီတပါယွၤ, တၢ်ဘူၣ်တၢ်ဘါ, တၢ်တယူးယီၣ်ဟ်ကဲ (ယွၤ, တၢ်ဘူၣ်တၢ်ဘါ)

profane *a* လၢအဒုးနဲၣ်ဖျါထီၣ်တၢ်တအိၣ်ဒီးတၢ်ယူးယီၣ်ဟ်ကဲ (ယွၤ, တၢ်ဘူၣ်တၢ်ဘါ) ,

လၢအကတိၤအါကတိၤသီ (ယွၤ, တၢ်ဘူဉ်တၢ်ဘါ)

profane *v* မၤတရီတပါ, ကတိၤအါကတိၤသီ (ယွၤ, တၢ်ဘူဉ်တၢ်ဘါ) , ကတိၤတရီတပါ (ယွၤ, တၢ်ဘူဉ်တၢ်ဘါ)

profanity *n* ၁. တၢ်ကတိၤဒုဉ်ဒ့ဉ်စံးအါစံးသီ (ယွၤ, တၢ်ဘူဉ်တၢ်ဘါ) ၂. တၢ်တအိဉ်ဒီးတၢ်ယူးယီဉ်ဟ်ကဲ (ယွၤ, တၢ်ဘူဉ်တၢ်ဘါ) ၃. တၢ်မၤတရီတပါ (ယွၤ, တၢ်ဘူဉ်တၢ်ဘါ)

profess *v* ၁. အၢဉ်လီၤအီလီၤအသး ၂. ဟ်မၤအသး

profession *n* တၢ်ဖံးတၢ်မၤ, တၢ်ဖံးတၢ်မၤဘဉ်ဃးတၢ်ကူဉ်တၢ်ဆး, တၢ်လုၢ်အီဉ်သးသမူတၢ်မၤ

professional *a* ၁. လၢအဘဉ်ဃးဒီးတၢ်ဖံးအီဉ်မၤအီဉ် ၂. လၢအိဉ်ဒီးကံၢ်စီတၢ်သ့တၢ်ဘဉ်အလၢအပှဲၤ ၃. လၢအမၤဝဲလၢတၢ်လုၢ်အီဉ်သးသမူတၢ်ဖံးတၢ်မၤအဂီၢ်

professional *n* ၁. ပှၤလၢအမၤအီဉ်လါလဲ ၂. ပှၤလၢအိဉ်ဒီးတၢ်ကူဉ်ဘဉ်ကူဉ်သ့လီၤဆီ ၃. ပှၤသ့ပှၤဘဉ်စဲဉ်နီၤလၢတၢ်တမံၤမံၤအဖီခိဉ်

professionally *adv* ၁. သ့သ့ဘဉ်ဘဉ်, လၢပှဲၤဒီးကံၢ်စီတၢ်သ့တၢ်ဘဉ် ၂. စဲဉ်နီၤ ၃. ဒ်အကြားဒီးအတၢ်ဖံးအီဉ်မၤအီဉ်အသိး

professor *n* ၁. ဖွဉ်စိမီၤသရဉ်ဒိဉ်စိ, ဖွဉ်စိမီၤသရဉ်လၢအလိၢ်အလၤအထိကတၢၢ်တဂၤ ၂. ဖွဉ်စိမီၤသရဉ်, ခီလ့ဉ်ကွိသရဉ် (Prof.)

proffer *n* တၢ်ဟ့ဉ်တၢ်

proffer *v* ၁. ဟ့ဉ် (လၢတၢ်သးအိဉ်အပူၤ) ၂. လုၢ်တၢ်ဟ်တၢ်

proficiency *n* တၢ်သ့ဂ့ၤဂ့ၤဘဉ်ဘဉ်

proficient *a* လၢအသ့ဂ့ၤဂ့ၤဘဉ်ဘဉ်

profile *n* ၁. မဲာ်အကပၢ်အဂီၤလၢတၢ်ကွၢ်အီၤလၢအတစွၤ ၂. တၢ်အဂ့ၢ်အကျိၤဖုဉ်ကိာ် ၃. ဘဉ်တၢ်သ့ဉ်ညါအီၤအဂ့ၢ်

profile *v* ကွဲးဖျါထီဉ်ပှၤတဂၤဂၤ, တၢ်တမံၤမံၤအဂ့ၢ်အကျိၤဖုဉ်ကိာ်, ဟ်ဖျါထီဉ်ပှၤတဂၤဂၤ, တၢ်တမံၤမံၤအဂ့ၢ်အကျိၤ

profit *n* အထိးနါ

profit *v* ဒိးန့ၢ်တၢ်အထိးနါ

profit margin *n* တၢ်လီၤဆီလၢတၢ်ထုးထိဉ်ပနံာ်အတၢ်လၢာ်အပှ့ၤဒီးတၢ်ဆါလီၤတၢ်အပှ့ၤအဘၢဉ်စၢၤ

profitable *a* ၁. လၢအဘျုးအိဉ်, လၢအန့ၢ်ဘျုး ၂. လၢအဒိးန့ၢ်ဘဉ်တၢ်အထိးနါ

profitless *a* ၁. လၢအဘျုးအဖှိဉ်တအိဉ်, လၢအတန့ၢ်ဘျုးန့ၢ်ဖှိဉ် ၂. လၢအထိးနါတအိဉ်

profligacy *n* ၁. တၢ်မၤလၢာ်ဂီၤကလီတၢ်, တၢ်သူကျိဉ်သူစ့အါတလၢကွံာ်အခၢး ၂. တၢ်လံၤလူၤကျူဆှါ, တၢ်သကဲာ်ပဝးတဂ့ၤ

profligate *a* ၁. လၢအမၤလၢာ်ဂီၤကလီတၢ်, လၢအသူကျိဉ်သူစ့အါတလၢကွံာ်အခၢး ၂. လၢအလံၤလူၤကျူဆှါ, လၢအသကဲာ်ပဝးတဂ့ၤ

profound *a* လၢအဒိဉ်ဝဲယိာ်ဝဲ, လၢအနၢ်ပၢၢ်တၢ်အဒိဉ်အယိာ်

profuse *a* ၁. လၢအအါအါဂိၢ်ဂိၢ်, လၢ (အိဉ်) အါအါဂိၢ်ဂိၢ် ၂. လၢအမၤလၢာ်ဂီၤတၢ်အါအါဂိၢ်ဂိၢ်

profusion *n* ၁. တၢ်အါအါဂိၢ်ဂိၢ်, တၢ် (အိဉ်) အါအါဂိၢ်ဂိၢ် ၂. တၢ်မၤလၢာ်ဂီၤတၢ်အါအါဂိၢ်ဂိၢ်

progeny *n* ၁. အဖိအလံၤ, ဖိလံၤ ၂. အစၢၤအသွဲဉ်, အချံအသဉ်

prognosis *n* တၢ်ဆိကမိဉ်တယာ်ကွၢ်တၢ်ဆါအတၢ်အိဉ်သး

prognosticate *v* တယာ်ဟ်စၢၤ, စံးဆိဟ်စၢၤ, ဖးဆိဟ်စၢၤ

prognostication *n* တၢ်တယာ်ဆိဟ်စၢၤတၢ်, တၢ်စံးဆိဟ်စၢၤတၢ်, တၢ်ဖးဆိဟ်စၢၤတၢ်

programme, **program** *n* တၢ်ရဲဉ်လီၤကျဲၤလီၤ, တၢ်ရဲဉ်တၢ်ကျဲၤ

programme, **program** *v* ရဲဉ်လီၤကျဲၤလီၤ, ရဲဉ်ကျဲၤတၢ်

progress *n* တၢ်လဲၤထိဉ်လဲၤထီ

progress *v* ဒိဉ်ထီဉ်ထီထီဉ်, ဂ့ၤထီဉ်ပသီထီဉ်

progression *n* ၁. တၢ်လဲၤဆူညါ, တၢ်ဒိဉ်ထီဉ်ထီထီဉ်, တၢ်ဂ့ၤထီဉ်ပသီထီဉ်, တၢ်လဲၤထိဉ်လဲၤထီ ၂. တၢ်သုးဃီၤသးဆူတၢ်မဲာ်ညါ

progressive *a* ၁. လၢအလဲၤဆူညါ, လၢအဒိဉ်ထီဉ်ထီထီဉ်, လၢအဂ့ၤထီဉ်ပသီထီဉ်, လၢအလဲၤထိဉ်လဲၤထီ ၂. လၢအမၤဒိဉ်ထီဉ်

P

ထီထီၣ်တၢ် ၃. (ဝံၢ်) လၢအဒုးနဲၣ်တၢ်လၢကဆဲး မၤအသးဆူညါ

progressive *n* ပုၤလၢအမၤဒိၣ်ထီၣ်လဲၤထီၣ်တၢ်

prohibit *v* တြီဃာ်

prohibition *n* တၢ်တြီဃာ်တၢ်

prohibitive price *a* လၢအပှ့ၤဒိၣ်တုၤဒ်လဲာ်ပှ့ၤတန့ၢ်လၢၤ

prohibitory *a* လၢအတြီဃာ်တၢ်

project *n* တၢ်တိာ်ကျဲၤ

project *v* ၁. တိာ်ဟ်, တိာ်ကျဲၤ ၂. ဟဲဖျိးထီၣ်, ဟဲဆဲးကဲာ်ထီၣ်အသး ၃. ပျၢ်လီၤတၢ်ကပီၤဒီးဒုးဖျါထီၣ်တၢ်ဂီၤလၢတၢ်ဘ့ၣ်ဘၣ်ဖီခိၣ်, ဆဲးကပီၤလီၤတၢ်ကပီၤလၢတၢ်ဘ့ၣ်ဘၣ်အဖီခိၣ်ဒီးဒုးနဲၣ်တၢ်ဂီၤမူ ၄. ဟ်ဖျါထီၣ်, ဒုးအိၣ်ဖျါထီၣ် (တၢ်ထံၣ်တၢ်ဆိကမိၣ်, တၢ်ဂ့ၢ်တၢ်ကျိၤ) ၅. ကွံာ် (တၢ်ချံ) ဆူပျီဖးလဲၢ်ပူၤ, ဆှၢထီၣ် (တၢ်တမံၤမံၤ) ဆူတၢ်ဖီခိၣ်

projectile *a* လၢအလဲၤချ့ချ့ဆူအမဲာ်ညါလီၤလီၤ

projectile *n* (ကျိသၣ်) လၢအဖျိးထီၣ်လၢကျိအပူၤ, မျိာ်သၣ်

projection *n* ၁. တၢ်တိာ်ဟ်, တၢ်တိာ်ကျဲၤ ၂. တၢ်ဟဲဖျိးထီၣ်, တၢ်ဟဲဆဲးကဲာ်ထီၣ်အသး ၃. တၢ်ဒုးနဲၣ်တၢ်ဂီၤမူ ၄. တၢ်ဟ်ဖျါထီၣ်, တၢ်ဒုးအိၣ်ဖျါထီၣ် (တၢ်ထံၣ်တၢ်ဆိကမိၣ်, တၢ်ဂ့ၢ်တၢ်ကျိၤ)

projector *n* စဲးဒုးနဲၣ်တၢ်ဂီၤ

pro-life *a* လၢအတြီတၢ်မၤဟးဂီၤဟုး, လၢအတြီတၢ်မၤလီၤဟုးတၢ်မၤလီၤဖိ

proliferation *n* တၢ်တမံၤမံၤအါထီၣ်ဂိၢ်ထီၣ်သတူၢ်ကလာ်

prolific *a* လၢအမဲထီၣ်သၣ်ထီၣ်အါအါကလဲာ်, လၢအဘိၣ်ထီၣ်ဖးထီၣ်အါအါကလဲာ်, လၢအသၣ်ထီၣ်ဖျိထီၣ်အါအါကလဲာ်

prologue *n* ၁. တၢ်ဆှၢနှာ်, တၢ်ကတိၤဆှၢနှာ် ၂. တၢ်ကဲထီၣ်ဆိသး

prolong *v* မၤယံာ်မၤနီၢ်

prolongate *v* မၤယံာ်ထီၣ်တၢ်, မၤထီထီၣ်တၢ်

prolongation *n* တၢ်မၤယံာ်ထီၣ်တၢ်, တၢ်မၤထီထီၣ်တၢ်

prolonged rupture of membranes *n* ထံချီဒၢသ့ၣ်ဖးယံာ်

prom *n* တီၤထီကိုတၢ်ဂဲၤကလံၣ်အမူး

promenade *n* တၢ်ဟးလိာ်ကွဲ

promenade *v* ဟးလိာ်ကွဲ

prominence *n* တၢ်အမံၤဒိၣ်သၣ်ဒိၣ်, တၢ်အိၣ်ဖျါဒိၣ်ထီၣ်, တၢ်အိၣ်ဖျါလီၤဆီ

prominent *a* ၁. လၢအအိၣ်ဖျါဒိၣ်, လၢအဖျါလီၤဆီ ၂. လၢပထံၣ်အီၤသ့ညီ ၃. လၢတၢ်သ့ၣ်ညါအီၤအါ

promiscuous *a* ၁. လၢအမံဃှာ်လိာ်သးဒီးပုၤအါဒံအါဂၤ ၂. လၢအအိၣ်သဘံၣ်ဘုၣ်လိာ်သး, လၢအကျဲၣ်ကျီလိာ်အသး

promise *n* တၢ်အၢၣ်လီၤ

promise *v* အၢၣ်လီၤအီလီၤ, အၢၣ်လီၤ, ဟ့ၣ်တၢ်အၢၣ်လီၤအီလီၤ

promised land *n* ၁. ကီၢ်တၢ်စံးဟ် ၂. တၢ်မုာ်တၢ်ခုၣ်အလီၢ် – တၢ်လီၢ်လၢတၢ်မုၢ်လၢ်အီၤလၢကတုၤယီၤဆူတၢ်မုာ်တၢ်ခုၣ်အလီၢ်

promising *a* လၢအဒုးအိၣ်ထီၣ်ပတၢ်မုၢ်လၢ်လၢအဂ့ၤ, လၢအဒုးအိၣ်ထီၣ်တၢ်မုၢ်လၢ်

promissory note *n* လံာ်တၢ်အၢၣ်လီၤလၢကဟ့ၣ်လီၤစ့, တၢ်ဟ့ၣ်လီၤစ့အလံာ်တၢ်အၢၣ်လီၤ

promo *n* တၢ်ဒုးကွၢ်ဆိတၢ်ဂီၤမူ

promontory *n* ဟီၣ်စိး, ဟီၣ်ခိၣ်အနိၢ်ထိး

promote *v* ၁. သုးထီထီၣ်ပုၤအလီၢ်အလၤ ၂. ဒုးသ့ၣ်ညါရၤလီၤတၢ်အဂ့ၢ်အကျိၤ

promotion *n* ၁. တၢ်သုးထီထီၣ်အလီၢ်အလၤ, တၢ်မၤထီထီၣ်အပတီၢ် ၂. တၢ်ဟူးတၢ်ဂဲၤလၢအမၤစၢၤတၢ်, တၢ်မၤဂ့ၤထီၣ်တၢ် ၃. တၢ်ဘိးဘၣ်ရၤလီၤတၢ်ဂ့ၢ်

prompt *a* ၁. (အဆၢကတီၢ်) တီတီ ၂. တဘျီယီ

prompt *adv* တီတီ, လီၤတံၢ်လီၤဆဲး

prompt *n* ၁. တၢ်ထိၣ်ဟူးထိၣ်ဂဲၤထီၣ်တၢ်, တၢ်ဒုးသ့ၣ်နီၣ်ထီၣ်တၢ် ၂. တၢ်ဒုးမၤချ့ထီၣ်တၢ်

prompt *v* ၁. ထိၣ်ဟူးထိၣ်ဂဲၤထီၣ်တၢ်, ဒုးသ့ၣ်နီၣ်ထီၣ်တၢ် ၂. ဒုးမၤချ့ထီၣ်တၢ်

promulgate *v* ဒုးဟူထီၣ်သါလီၤတၢ်, ဒုးသ့ၣ်ညါအါထီၣ်တၢ်

P

promulgation *v* တၢ်ဒုးဟူထီဉ်သါလီၤတၢ်, တၢ်ဒုးသ့ဉ်ညါအါထီဉ်တၢ်

prone *a* ၁. လၢအဒုးအိဉ်ထီဉ်တၢ်ဆူးတၢ်ဆါ, လၢအဒုးအိဉ်ထီဉ်တၢ်လၢအအါအသိ ၂. လၢအအိဉ်မံလီၤအီထီလာ်

pronoun *n* နိၢ် (တၢ်အမံၤ) အခၢဉ်စး, နိၢ်ခၢဉ်စး

pronounce *v* ၁. ဖးသိဉ်, ကိးဖျါထီဉ်တၢ်ကတိၤအသိဉ် ၂. စံဉ်ညီဉ်ဆၢတဲာ်, စံးဟ်ဂၢ်ဟ်ကျၢၤ, ဘိးဘဉ်ရၤလီၤဖိးသဲစး

pronouncement *n* တၢ်ဘိးဘဉ်ရၤလီၤတၢ်, တၢ်ရၤလီၤတၢ်ကစီဉ်, တၢ်စံးဟ်ဂၢ်ဟ်ကျၢၤ

pronunciation *n* လံာ်ကဒိးသိဉ်, တၢ်ကဒိးသိဉ်ထီဉ်လံာ်ဖျာဉ်, တၢ်ကိးဖျါထီဉ်တၢ်ကတိၤအသိဉ်

proof *a* လၢအတူၢ်တၢ်, လၢအတူၢ်တၢ်န့ၢ်, လၢတၢ်မၤဟးဂီၤအီၤတသ့

proof *n* တၢ်အုဉ်ထံသး, တၢ်အုဉ်သး

proof *v* တူၢ်တၢ်, တူၢ်တၢ်န့ၢ်

proofread *v* ဖးဘျ့လံာ်, ဖးလံာ်ဒ်သိးကဟ်ဂၢ်ဟ်ကျၢၤတၢ်ကွဲး

prop *n* တၢဉ်ပၢ်, နိဉ်ပၢ်

prop *v* ပၢ်ဃာ်, တိၢ်ဃာ်တၢ်

propaganda *n* တၢ်ရၤလီၤသနူ

propagate *v* ၁. ဒုးအါထီဉ်အချံအသဉ်, ဒုးအါထီဉ်ဂိၢ်ထီဉ်, မၤအါထီဉ် ၂. ဒုးဟူထီဉ်သါလီၤတၢ်, ဒုးရၤလီၤတၢ်ကစီဉ် ၃. ဆံထီဉ်ပွါထီဉ်, ဖံလီၤအါထီဉ်

propagation *n* ၁. တၢ်ဒုးအါထီဉ်ဂိၢ်ထီဉ်တၢ် ၂. တၢ်ဒုးဟူထီဉ်သါလီၤတၢ်, တၢ်ရၤလီၤတၢ်ကစီဉ် ၃. တၢ်ဖံလီၤအါထီဉ်, တၢ်ဆံထီဉ်ပွါထီဉ်

propane *n* က်ဖရိဉ်ဖ့, က်အူအိဉ်တၢ်တကလုာ်လၢအပဉ်ဃှာ်လၢရှဉ်နိဉ်ဒီးနဲ့ဆၢဉ်က်သဝံတဖဉ်အပူၤ

propel *v* ဆီဉ်လဲၤဆူညါ, ဒုးလဲၤဆူညါ

propeller *n* နိဉ်ဝါတရံး

propensity *n* တၢ်သးအိဉ်မၤတၢ်တမံၤ, တၢ်သူဉ်ဆူဉ်သးဂဲၤလၢကမၤတၢ်, တၢ်မိဉ်န့ၢ်သးလီ

proper *a* ဘဉ်ဝဲ, ဘဉ်ဂီၢ်

properly *adv* ကြားကြားဘဉ်ဘဉ်, ကြားဝဲဘဉ်ဝဲ, ကြားဒီးတၢ်အိဉ်သး

property *n* တၢ်စုလိၢ်ခိဉ်ခိဉ်, တၢ်အသူးအသ့ဉ်

prophecy *n* တၢ်စံးဟ်

prophesy *v* ၁. တယာ်ဆိဟ်တၢ်, တဲဆိဟ်စၢၤတၢ် ၂. စံးဟ်တၢ်, ဟီဆိဟ်စၢၤတၢ်, ထံဉ်ဆိဟ်စၢၤတၢ်

prophet *n* ဝံဒိၤမိဉ်ဒိၤ

prophetess *n* ဝံမုဉ်, ဝံမုဉ်လၢအဒွးဆိဟ်တၢ်

prophetic *a* ၁. လၢအတယာ်ဆိဟ်စၢၤတၢ်, လၢအတဲဆိဟ်စၢၤတၢ်, လၢအစံးဟ်တၢ် ၂. လၢအဘဉ်ဃးဒီးဝံ, လၢအဘဉ်ထွဲဒီးဝံၤဒိၤမိဉ်ဒိၤ

prophylactic *a* (ကသံဉ်) လၢအတြီတၢ်ဆါအဂီၢ်

prophylaxis *n* တၢ်ဒီတဒၢဆိတၢ်ဆါ

propitiate *v* မၤခုဉ်လီၤပှၤအသး, မၤစၢ်လီၤပှၤဂၤအတၢ်သးဒိဉ်

propitious *a* လၢအအိဉ်ဒီးတၢ်အိဉ်သးလၢအဂ့ၤ, လၢအကဲထီဉ်တၢ်ဘျုးတၢ်ဖိုဉ်, လၢပမၤန့ၢ်တၢ်ဘျုးတၢ်ဖိုဉ်လၢအဃိ, လၢအဟဲစိာ်န့ၢ်တၢ်ဟဲဝံလၢအဂ့ၤ

proportion *n* (တၢ်) ကၢကိဉ်သဃီၤလိာ်သး, တၢ်ထိဉ်သတြီၤတၢ်အတၢ်ဘဉ်ထွဲ

proportionate *a* လၢအကၢကိဉ်သဃီၤလိာ်သး, လၢအဘဉ်ဘျိးဘဉ်ဒါ

proposal *n* ၁. တၢ်ဟ့ဉ်ကူဉ် မ့တမ့ၢ် တၢ်တိာ်ဟ်, တၢ်ဆှၢနှာ်တၢ် ၂. တၢ်ဃ့ဖျီသး, ဃ့ပိာ်မုဉ်လၢကဖျီသး, တၢ်ထိဉ်တလိၢ်တၢ်

propose *v* ၁. ဟ်ဖျါထီဉ်တၢ်လၢကမၤ ၂. တလိၢ်, သံကွၢ်ပိာ်မုဉ်လၢအကကဲအမါ

proposer *n* ၁. ပှၤဟ့ဉ်ကူဉ်တၢ်, ပှၤဆှၢနှာ်တၢ်ဟ့ဉ်ကူဉ် ၂. ပှၤဃ့ဖျီသး

proposition *n* တၢ်ဟ့ဉ်ကူဉ်ဆှၢနှာ်တၢ်

propound *v* ဟ်ဖျါထီဉ်လၢတၢ်ကဆိကမိဉ်အဂီၢ်, ဟ့ဉ်ကူဉ်ဆှၢနှာ်လီၤ

proprietor *n* ပှၤလၢအပၢဘဉ်တၢ်, တၢ်အကစၢ်

propriety *n* တၢ်လၢအကြားအဘဉ်, တၢ်ကြားဒီးတၢ်လုၢ်တၢ်လၢ်, တၢ်သကဲာ်ပဝး လၢအကြားဒီးအဃံအလၤ

propulsion *n* တၢ်ဒုးလဲၤတၢ်ဆူညါ, တၢ်ဆီဉ်လဲၤတၢ်ဆူညါ, တၢ်နီဉ်လဲၤတၢ်ဆူညါ

P

prosaic *a* လၢအပတီၢ်မုၢ်, လၢအတလီၤထုး နှ့်သူဉ်ထုးနှ့်သး, လၢအတလီၤသူဉ်ပိၢ်သးဝး

prose *n* တၢ်ကွဲးပတီၢ်မုၢ်, တၢ်ကွဲးလၢတမ့ၢ် ဒ်ထါအသိး

prosecute *v* ၁. လိာ်ဘၢလိာ်ကွီၢ်, လိာ်ကွီၢ် ပှၤ ၂. မၤဆူညါ

prosecution *n* ၁. တၢ်လိာ်ဘၢလိာ်ကွီၢ် ၂. တၢ်မၤတၢ်ဆူညါ

prosecutor *n* ပဒိဉ်အပီၢ်ရီ, ပီၢ်ရီလိာ်ကွီၢ်, ပှၤလိာ်ကွီၢ်

proselyte *n* ပှၤလၢအလဲလိာ်အတၢ်ဘူဉ်တၢ် ဘါ, ပှၤလဲလိာ်အတၢ်စူၢ်တၢ်နာ်

prospect *n* ၁. တၢ်ထံဉ်အိဉ်ဖျါလၢပမဲာ်ညါ, တၢ်မုၢ်လၢ်အလီၢ် ၂. ပှၤလၢတၢ်မုၢ်လၢ်အီၤ လၢကကဲထီဉ်ပှၤပှ့ၤစူးကါတၢ် ၃. တၢ်လီၢ်လၢအိဉ် ဒီးစၢၢ်ထးသးထုး

prospect *v* ယုသ့ဉ်ညါတၢ်လီၢ်လၢအအိဉ်ဒီး စၢၢ်ထး, ချဉ်သမံသမိးတၢ်လီၢ်တၢ်ကျဲ

prospective *a* လၢတၢ်မုၢ်လၢ်အိဉ်ဝဲလၢ ကကဲထီဉ်လိဉ်ထီဉ်, လၢအဒုးအိဉ်ထီဉ်တၢ်မုၢ် လၢ်, လၢတၢ်မုၢ်လၢ်အီၤ

prosper *v* ကဲထီဉ်လိဉ်ထီဉ်, ဘီဉ်ထီဉ်ညီ ထီဉ်, ကဲထီဉ်ကဲထီ

prosperity *n* တၢ်ဘီဉ်တၢ်ညီ, တၢ်အိဉ်ကုး အီပှဲၤ, တၢ်ကဲဒိဉ်ကဲထီ

prosperous *a* လၢအဘီဉ်ထီဉ်ညီထီဉ်, လၢအကဲထီဉ်လိဉ်ထီဉ်, လၢအအိဉ်ကုးအီပှဲၤ

prostate *n* ဆိုးထံအချံ, တၢ်အချံလၢအထုး ထီဉ်ပိာ်ခွါအဆိုးထံ

prosthesis *n* က့ၢ်ဂီၤအပျိၢ် အဒိ, စုပျိၢ်, ခီဉ် ပျိၢ်

prostitute *n* ယဲသဲ, ပှၤဆါလီၤအိဉ်အသး

prostitute *v* ၁. ဆါလီၤအိဉ်သး, ခီလဲတၢ် မၤမုဉ်ခွါသွံဉ်ထံးတၢ်မံယှာ်လိာ်သးဒီးကျိဉ်စ့အဘူး အလဲ ၂. ဟ့ဉ်လီၤသးဆူတၢ်အၢပူၤ

prostitution *n* ယဲသဲတၢ်မၤ, တၢ်ဆါလီၤ အိဉ်နီၢ်ခိတၢ်မၤ

prostrate *a* ၁. လၢအအိဉ်လၢကြာ်လီၤ, လၢအမံလီၤအီထီလာ်, လၢအစူဉ်လီၤသးအီ ထီလာ် ၂. လၢအလီၤဘုံးလီၤတီၤ, လၢအဘဉ်တၢ် မၤနၢၤလုၢ်ဘၢအီၤ

prostrate *v* ၁. ကြာ်လီၤ, ကြာ်လီၤအသး လၢအီထီလာ်, ထိဉ်လီၤပိၤအသး, စူဉ်လီၤအသး လၢအီထီလာ် ၂. လီၤဘုံးလီၤတီၤ

prostration *n* ၁. တၢ်ထိဉ်လီၤပိၤသးလၢ ဟီဉ်ခိဉ်လိၤ ၂. တၢ်တီၤလီၤဘူဉ်ထိဉ်ဘါထိဉ် ၃. တၢ်သးသဟီဉ်ဂံၢ်ဘါလၢာ်ကွံာ်

protagonist *n* ၁. မုဉ်ဂဲၤဒိခွါဂဲၤဒိလၢအ ရှ့ဒိဉ်ကတၢၢ် ၂. ပှၤဂဲၤလိာ်ယှာ်တၢ်လၢအကါဒိဉ် တဂၤ ၃. ပှၤဆိဉ်ထွဲမၤစၢၤတၢ်အကါဒိဉ်တဂၤ

protect *v* ၁. ကဟုကယာ်, ဒီသဒၢ ၂. ဒီသ ဒၢမၤစၢၤထံလီၢ်ကီၢ်ပူၤမုၢ်ကျိၤဝဲၤကွာ်ခီဖျိတၢ်ဟ် လီၤတၢ်ဆၢနှာ်ပနံာ်အခိအသွဲလၢထံဂုၤကီၢ်ဂၤပနံာ် အဖိခိဉ်

protection *n* ၁. တၢ်ကဟုကယာ်, တၢ်ဒီ သဒၢ ၂. တၢ်ဒီသဒၢမၤစၢၤထံလီၢ်ကီၢ်ပူၤမုၢ်ကျိၤဝဲၤ ကွာ်ခီဖျိတၢ်ဟ်လီၤတၢ်ဆၢနှာ်ပနံာ်အခိအသွဲလၢ ထံဂုၤကီၢ်ဂၤပနံာ်အဖိခိဉ် ၃. တၢ်တြီယာ်ကွံာ်တၢ် အၢ, တၢ်အိဉ်ပိုၤ

protective *a* လၢဒီသဒၢတၢ်, လၢအက ဟုကယာ်တၢ်

protein *n* ဖရိဉ်ထံ(န), တၢ်အိဉ်အစီတခါ လၢတၢ်ထံဉ်နှ့်အီၤလၢတၢ်ဖံးတၢ်ညဉ်, တၢ်အဒံဉ်, ညဉ်ဒီးပထီးတဖဉ်အကျါ

protest *n* ၁. တၢ်ပူထိဉ်လီထိဉ်တၢ် ၂. တၢ်ကတိၤထီဒါတၢ်

protest *v* ၁. ထီဒါ, ပူထိဉ် ၂. ကတိၤထီဒါ တၢ်

Protestant *n* ဘျၢထံခရံာ်ဖိ

protester *n* ပှၤပူထိဉ်လီထိဉ်တၢ်ဖိ

proto- *combining* ဂၢ်ထံး, တၢ်အခိဉ်ထံးခိဉ် ဘိ

protocol *n* ၁. တၢ်အၢဉ်လီၤအီလီၤလံာ်ဃံး ဃာ်အဂၢ်ထံး ၂. တၢ်သိဉ်တၢ်သီအသနိ, ကျဲလၢပှၤကဘဉ်လူၤပိာ်မၤထွဲအီၤ ၃. (ခီဉ် ဖျူထၢဉ်) တၢ်ဂ့ၢ်တၢ်ကျိၤဘျးစဲသနိ ၄. (တၢ်ကူစါ ယါဘျါ, စဲအ့ဉ်တၢ်မၤကွၢ်) အတၢ်သိဉ်တၢ် သီသနိ, အကျိၤအကျဲ

proton *n* ဖရိဉ်တိဉ်(န), တၢ်အသံးအကာ် ပြံကဒံဖိလၢအအိဉ်ဒီးနူကျံာ်အသဟီဉ်

protract *v* ထုးယံာ်တၢ်ဆၢကတီၢ်, မၤယံာ် ထိဉ်တၢ်ဆၢကတီၢ်, ယံာ်ယံာ်ထၢထၢတလၢ

P

protracted *a* လၢအထုးယံာ်တၢ်ဆၢကတီၢ်, လၢအမၤယံာ်ထီဉ်တၢ်ဆၢကတီၢ်, လၢအယံာ်ယံာ်ထၢထၢ

protrude *v* ဟဲဖှိုးထီဉ်, သရိာ်ထီဉ်, ဒိးကမဲာ်ထီဉ်, ဟဲကဲာ်ထီဉ်အခိဉ်

protuberance *n* တၢ်ညိးထီဉ်, တၢ်ဟဲကဖိထီဉ်, တၢ်ကမိာ်ကမဲာ်

proud *a* ၁. လၢအသးထီဉ်ထီ, လၢအဟ်ထီဉ်ထီသး ၂. လၢအဟ်ကဖၢလၢအသး ၃. လၢအဖျါကဟုကညီၢ်ဒိဉ်ဝဲထီဝဲ

prove *v* အုဉ်သး, နဲဉ်ဖျါတၢ်အမ့ၢ်အတီ

provender *n* ကျိၢ်ပနၢ်အဆဉ်, နီဉ်ဃ့လၢဆဉ်ဖိကီၢ်ဖိကအီဉ်ဝဲအဂီၢ်

proverb *n* တၢ်ကတိၤဒိ

proverbial *a* ၁. လၢအဘဉ်တၢ်သ့ၣ်အီၤဒ်တၢ်ကတိၤဒိအသိး ၂. ဘဉ်ဃးဒီးတၢ်ကတိၤဒိ ၃. လၢတၢ်သ့ဉ်ညါအီၤအါ

provide *v* ၁. မၤန့ၢ်, ဟ့ဉ်နီၤလီၤမၤစၢၤ ၂. ကတဲာ်ကတီၤဟ်စၢၤတၢ်

provided *conj* မ့မ့ၢ်, မ့ၢ် (ဂ့ၤ) နူဉ်

Providence *n* ကစၢ်ယွၤအတၢ်အံးတၢ်ကွၢ်, ယွၤအတၢ်ကဟုကယာ်

provident *a* လၢအကတီၤဟ်ဃာ်တၢ်လၢခါဆူညါအဂီၢ်

providential *a* လၢကစၢ်ယွၤအတၢ်အံးထီဉ်ကွၢ်လီၤအဃိ, လၢအဝံဂ့ၤကလၤဂ့ၤ, လၢမူခိဉ်ကစၢ်အတၢ်သုးတၢ်ကျဲၤအဃိ

provider *n* ပှၤဟ့ဉ်မၤစၢၤတၢ်

province *n* ကီၢ်ရှဉ်

provincial *a* ၁. လၢအဘဉ်ဃးဒီးကီၢ်ရှဉ် ၂. လၢအတၢ်ထံဉ်အံဉ်

provincialism *n* တၢ်သ့ဉ်အံဉ်သးအံဉ်, တၢ်ဟ်သးအံဉ်, တၢ်ထံဉ်တၢ်ဆိကမိဉ်အံဉ်

provision *n* ၁. တၢ်ဟ့ဉ်လီၤမၤစၢၤတၢ် ၂. တၢ်ကတဲာ်ကတီၤဟ်စၢၤတၢ် ၃. တၢ်အီဉ်တၢ်အီဃၢၤဃိၢ်ပီးလီတဖဉ် ၄. (သဲစးတၢ်ဘျၢ) တၢ်အၢဉ်လီၤအီလီၤအထံဉ်အဘိ, တၢ်အၢဉ်လီၤအီလီၤလၢတၢ်ဟ်ပနီဉ်အီၤ

provision *v* ဟ့ဉ်လီၤ (တၢ်ဖိတၢ်လံၤ, တၢ်အီဉ်တၢ်အီဃၢၤဃိၢ်ပီးလီ)

provisional *a* လၢအပတြိာ်, လၢအတမ့ၢ်တၢ်ဂၢါတၢ်ကျၢၤ

proviso *n* တၢ်အၢဉ်လီၤအီလီၤဆိဟ်စၢၤတၢ်

provocation *n* ၁. တၢ်မၤသးဒိဉ်ထီဉ်တၢ်, တၢ်မၤသးအ့နူတၢ် ၂. တၢ်ဃုတၢ်အ့ဉ်လိာ်

provocative *a* ၁. လၢအဒုးသးထီဉ်တၢ်, လၢအမၤသးအ့နူတၢ်, လၢအဃုတၢ်အ့ဉ်လိာ် ၂. လၢအမၤဟူးမၤဂဲၤထီဉ်ပှၤသး, လၢအမၤကတၢပှၤသး

provoke *v* ဒုးသးထီဉ်တၢ်, ဃုတၢ်အ့ဉ်လိာ်

prow *n* ကဘီအခိဉ်တခီ, ချံအခိဉ်တကပၤ

prowess *n* ကံၢ်စီတၢ်သ့တၢ်ဘဉ်စဲဉ်နီၤလၢတၢ်တမံၤမံၤ, တၢ်အိဉ်ဒီးတၢ်သူဉ်နူသးနူ

prowl *v* ၁. ကစီၤတၢ်, ကစီၤခူသူဉ်တၢ်, စွါခူသူဉ် ၂. ဟးတထီထီတလီၤလီၤခီဖျိတၢ်မၤတအိဉ်

prowler *n* ပှၤကစီၤခူသူဉ်တၢ်

proximate *a* အဘူးကတၢၢ်, ဘူးလိာ်အသး

proximity *n* တၢ်အဘူးကတၢၢ်, တၢ်ဘူးလိာ်အသး

proxy *n* ၁. တၢ်ဟ့ဉ်စိဟ့ဉ်ကမီၤပှၤလၢကကဲထီဉ်ခၢဉ်စး, တၢ်ကဲခၢဉ်စး ၂. ပှၤကဲခၢဉ်စး, ပှၤလၢတၢ်ဟ့ဉ်စိစ့ဉ်ကမီၤအီၤလၢကကဲထီဉ်ခၢဉ်စး

prude *n* ပှၤလၢအပၢၤဃာ်အလၤကပီၤအါတလၢ, ပှၤလၢအသံဉ်စူးကနလီၤတံၢ်တလၢ

prudence *n* တၢ်ပလိၢ်ပဒီသး, တၢ်ကနလီၤတံၢ်

prudent *a* လၢအအိဉ်ဒီးတၢ်ပလိၢ်ပဒီသး, လၢအမၤတၢ်ကနလီၤတံၢ်

prudery *n* တၢ်ပၢၤဃာ်လၤကပီၤအါတလၢ, တၢ်သံဉ်စူးကနလီၤတံၢ်တလၢအခါး

prudish *a* လၢအပၢၤဃာ်လၤကပီၤအါအါတလၢ, လၢအသံဉ်စူးကနလီၤတံၢ်တလၢအခါး

prune *n* ထံမိၤတိၤသဉ်ဃ့, မိၤတိၢ်သဉ်ဃ့

prune *v* ၁. ဖဲာ်ဟိကဆှိ, ဖဲာ်ပျိ, ကျီပျိ ၂. (prune down) တိၤသံမၤပျီကွံာ်တၢ်လၢတၢ်တလိဉ်ဘဉ်အီၤ

prunella *n* ၁. သးကလးလၢအကျၢၤဒီးဘျ့တကလုာ်, တၢ်ဘ့ဉ်တကလုာ်လၢတၢ်ဘိုခီဉ်ဖံး ၂. ဖီဖြူဉ်နဲလဉ်, ဖီတကလုာ်

pry *v* ၁. ဃုသ့ဉ်ညါတၢ်လၢတဘဉ်ဃးအီၤ ၂. တကၢထီဉ်, ခွဲးထီဉ်

P

PS *n* ၁. တၢ်ကတိၤလၢတၢ်ကွဲးအါထီၣ်ဖဲတၢ်ဆဲးလီၤမံၤဝံၤအလိၢ်ခံ ၂. တၢ်လၢအပိာ်ထွဲထီၣ်တၢ်မၤအသးလၢညါတမံၤအခံ, လံာ်ပိာ်ထွဲ

psalm *n* ထါစံးထီၣ်ပတြၢၤ

psalmist *n* ပှၤကွဲးထါစံးထီၣ်ပတြၢၤ

psalmody *n* လံာ်စံးထီၣ်ပတြၢၤတၢ်, ထါစီဆှံ

psalter *n* လံာ်ထါစံးထီၣ်ပတြၢၤ, လံာ်စီဆှံလၢစီၤဒၤဝံးကွဲးဝဲ

psaltery *n* သီတူၢ်တကလုာ်

pseudo *a* လၢအတမ့ၢ်တတီ, လၢအယီၤအဘျၣ်, လၢအမ့ၢ်ထဲတၢ်ဟ်မၤသးဇိၤ

pseudologist *n* ပှၤကတိၤကဘျံးကဘျၣ်တၢ်, ပှၤလီတၢ်ဝ့ၤတၢ်

psyche *n* သး, နီၢ်သး

psychedelic *a* (ကသံၣ်မူၤဘှီး) သးတဂၢၢ်တကျၢၤဒီးထံၣ်မှံနါစီၤတၢ်

psychiatrist *n* ၁. ကသံၣ်သရၣ်ယါဘျါသးအတၢ်ဆိကမိၣ်တၢ်ဆါ, သးတၢ်ဆိကမိၣ်တၢ်ဆါအကသံၣ်သရၣ် ၂. ပှၤဃုထံၣ်သ့ၣ်ညါမၤလိသးအတၢ်ဆိကမိၣ်တၢ်ဆါ

psychic *a* ၁. လၢအဘၣ်ဃးဒီးတၢ်ဝံတၢ်ကလၤ, လၢအအိၣ်ဒီးအဝံအကလၤ ၂. လၢအဘၣ်ထွဲဒီးသးအတၢ်ဆိကမိၣ်

psychic *n* ပှၤလၢတၢ်ဝံတၢ်ကလၤလီၤဒီးအီၤ, ပှၤလၢတၢ်ဝံတၢ်ကလၤလီၤပူၤအီၤ

psycho *n* ပှၤလၢအသးတဘၣ်လိာ်ဘၣ်စး, ပှၤပျု၊်ပှၤတြီး

psychological *a* လၢအဘၣ်ထွဲဒီးသးဂ့ၢ်ဝီပီညါ

psychological warfare *n* သးဂ့ၢ်ဝီပီညါတၢ်ဒုး, တၢ်ဒုးတၢ်လၢသးဂ့ၢ်ဝီတကပၤ

psychologist *n* ၁. သးဂ့ၢ်ဝီအကသံၣ်သရၣ် ၂. ပှၤဃုထံၣ်သ့ၣ်ညါမၤလိသးဂ့ၢ်ဝီ

psychology *n* သးဂ့ၢ်ဝီပီညါ, သးပီညါ

psychopath *n* ပှၤပျု၊်ပှၤတြီး, ပှၤလၢအအိၣ်ဒီးခိၣ်နူာ်ဒီးသးတၢ်ဆါ

PT *abbre* နီၢ်ခိတၢ်ဟ့ူးတၢ်ဂဲၤအတၢ်သိၣ်လိ (Physical Training)

PTA *abbre* မိၢ်ပၢ် – ကို သရၣ်ကရၢ (Parent-Teacher Association)

pub *n* ကျးဆါသံး, သံးကျး

puberty *n* တၢ်လိၣ်ဘိထီၣ်

public *a* ၁. လၢကမျၢၢ်အမဲာ်ညါ ၂. လၢကမျၢၢ်အဂီၢ် ၃. လၢအဘၣ်ဃးဒီးပဒိၣ်ပပှၢ်အတၢ်မၤ

public *n* ကမျၢၢ်

public affairs *n* ကမျၢၢ်ဂ့ၢ်ဝီ

public health *n* ကမျၢၢ်တၢ်အိၣ်ဆူၣ်အိၣ်ချ့

public holiday *n* ကမျၢၢ်နံၤသဘျ့

public property *n* ကမျၢၢ်အတၢ်စုလီၢ်ခီၣ်ခိၣ်

public relations *n* တၢ်ဆဲးကျိးဆဲးကျၢရ့လိာ်ဒီးပှၤကမျၢၢ် (PR)

public school *n* ကမျၢၢ်ကို, ပဒိၣ်ကို

public works *n* ကမျၢၢ်အတၢ်သူၣ်ထီၣ်ဘှီထီၣ်

publication *n* တၢ်စဲကျံးထုးထီၣ်ရၤလီၤ

publicity *n* ၁. တၢ်အိၣ်ဖျါထီၣ်လၢကမျၢၢ်အမဲာ်ညါ ၂. တၢ်ဟူထီၣ်သါလီၤ

publicly *adv* လၢကမျၢၢ်အမဲာ်ညါ, ဖျိဖျိဖျါဖျါ

publish *v* ၁. စဲကျံးထုးထီၣ်ရၤလီၤ ၂. ဘီးဘၣ်သ့ၣ်ညါ, ဒုးဟူထီၣ်သါလီၤ, ဘီးဘၣ်ရၤလီၤ

publisher *n* ပှၤစဲကျံးထုးထီၣ်ရၤလီၤလံာ်, ပှၤလၢအရဲၣ်ကျဲၤစဲကျံးထုးထီၣ်ရၤလီၤတၢ်

pucker *n* တၢ်လၢတၢ်မၤသွံးအီၤ, တၢ်ဆံးနူး

pucker *v* ၁. (မဲာ်) သွံး ၂. (တၢ်ကံးညၣ်) မၤသွံး, သွံးဆံးနူး

pudding *n* တၢ်ဝ့ၤဟၢ

puddle *n* ထံကလိာ်, လူပူၤ, တၢ်ကလိာ်ပူၤ

pudgy *a* ဘီၣ်လုာ်ကုၤ, ဘီၣ်ဘီၣ်ဖုၣ်ဖုၣ်

puerile *a* ၁. လၢအလီၤဖိသၣ်, လၢအလီၤက်ဒ်ဖိသၣ်အသိး ၂. လၢတအိၣ်ဒီးတၢ်ကူၣ်တၢ်ဆး ၃. လၢအတၢ်သ့ၣ်ညါတထီၣ်ဘး, လၢအတဒိၣ်တုာ်ခိၣ်ပှဲၤ

puerperium *n* အိၣ်လၢမ့ၣ်အှုထံးဖဲအိၣ်ဖျဲၣ်ဖိအခါ

puff *n* ၁. ကလံၤကသွံ ၂. မ့ၣ်လုၢ်, မိာ်အလုၢ် ၃. တၢ်ဖၢ (မိာ်)

puff *v* ၁. ဖၢ (မိာ်), (ကလံၤ) အူကသွံတၢ် ၂. သါဆဲးဖိုး, သါဟီဟဲး

puffy *a* ကဖိထီၣ်, ညီးထီၣ်, ကဖုးထီၣ်

pugilist *n* ပှၤမဲၤတၢ်ဖိ, ပှၤထိတၢ်ဖိ

P

pugnacious *a* လၢအအဲၣ်ဒိးတၢ်အ့ၣ်လိာ်ဆိးက့လိာ်သး, လၢအဲၣ်ဒိးတဲအါလိာ်သးဒီးပှၤဂၤ

pugnacity *n* တၢ်အဲၣ်ဒိးအ့ၣ်လိာ်ဆိးက့လိာ်သး, တၢ်အဲၣ်ဒိးတဲအါလိာ်သးဒီးပှၤဂၤ

Pulitzer Prize *n* ဖူလံစၢၣ်တၢ်လၢကပီၤ, တၢ်ဟ့ၣ်ခိၣ်ဖးတၢ်လၢကပီၤလၢလံာ်လဲၢ်ပီညါ, တၢ်ပရၢပစၢၤ်ဒီးသံကျံပီညါ

pull *n* ၁. တၢ်ထုးတၢ်, တၢ်ထဲးတၢ် ၂. တၢ်အစုဖီၣ်လၢတၢ်ကထုးတၢ်အဂီၢ်

on the pull *idm:* ကွဲန့ၢ်လွဲန့ၢ်, ထုးန့ၢ်ပှၤသး

pull *v* ၁. ထဲး, ထုး ၂. သုးအလီၢ်အကျဲ ၃. မၤဖှၣ်ဆၢဟးဂီၤညၣ်ထူၣ် ၄. ထုးန့ၢ်ပှၤတဂၤဂၤအသး ၅. ဟံးကွံာ်, ထုးကွံာ် (တၢ်ဘိးဘၣ်ရၤလီၤ)

pullet *n* ဆီမိၢ်ကနီ

pulley *n* ပၣ်ရံးသၣ်, တၢ်အပၣ်လၢပထုးတရံးလၢပျံၤဒီးစိာ်ထီၣ်တၢ်ဃၢ

Pullman *n* ၁. လ့ၣ်မ့ၣ်အူလၢအိၣ်ဒီးဒၢးလၢပှၤမံသ့ ၂. လ့ၣ်မ့ၣ်ဒၢးလီၤဆီလၢလ့ၣ်မ့ၣ်အူအပူၤ

pullover *n* ဆ့ဖျိၣ်လၢၤ

pulp *n* ၁. တၤသူတၤသၣ်အကပီၤ, တၤသၣ်အကပီၤ, တၢ်သၣ်အကံၢ်, တၤသူတၤသၣ်အသး ၂. တၢ်လၢအအိၣ်ကဘိၣ်သိၣ်

pulpit *n* တၢ်ဟီတရါအလီၢ်, စီၢ်နီၤခိၣ်ဟီတရါ

pulsate *v* ဒိၣ်ထီၣ်သွံးလီၤတပယူာ်ဃီဒ်သွံၣ်စံၣ်အသိး, သွံၣ်ဆဲးဖိုး, သွံၣ်စံၣ်

pulse *n* ၁. ပထိးချံတဖၣ်, ပထိးအကလုာ်ကလုာ်အချံ ၂. သွံၣ်စံၣ်

pulse *v* သွံၣ်စံၣ်

pulverize, pulverise *v* မၤလီၤကမူၣ်, လီၤကမူၣ်

puma *n* ခ့ကစၢ်, ဖူမါခ့ကစၢ်

pummel *v* ဒိတီၢ်တပယူာ်ဃီ, ထိတပယူာ်ဃီ, ထိတၢ်တပယူာ်ဃီ

pump *n* စဲးဖိုး, စဲးထုးထီၣ်ထံ

pump *v* ဖိုးနၣ်ကလံၤ, ထုးထီၣ်ထံ

pump up *vp:* ဖိုးနၣ်ကလံၤ

pumpkin *n* လူၢ်ခ့သၣ်

pun *n* (တၢ်ကတိၤ) ကျိၤဆ့, တၢ်ကတိၤလၢအအိၣ်ဒီးအခီပညီခံမံၤ

punch *n* နီၣ်မၤထူၣ်ဖိုတၢ်, စဲး မ့တမ့ၢ် တၢ်ပီးတၢ်လီလၢအမၤထူၣ်ဖိုတၢ်

punch *v* ထိတၢ်, တမဲးတၢ်

punch-up *n* တၢ်အ့ၣ်လိာ်ဆိးက့, တၢ်အ့ၣ်လိာ်ဆိးက့လိာ်သးကလီကလီ

punchy *a* လၢအပှဲၤဒီးတၢ်ဂံၢ်တၢ်ဘါ, လၢအအိၣ်ကျၢၤမုဆု

punctilious *a* လၢအိၣ်ဒီးအလုၢ်အလၢ်လၢအိၣ်ဒီးတၢ်သးစဲဒီးလီၤတံၢ်လီၤဆဲး

punctual *a* လၢအဘၣ်ဆၢဘၣ်ကတီၢ်

punctually *adv* ဘၣ်ဆၢဘၣ်ကတီၢ်

punctuate *v* ထၢနၣ်လီၤလံာ်ပနီၣ်, နၣ်လီၤလၢအကဆူးဒီးမၤအီၤခဲအံၤခဲအံၤ, မၤတံာ်တာ်တၢ်လၢတၢ်ကဆူး

punctuation *n* လံာ်ပနီၣ်, တၢ်ပနီၣ်လၢပသူအီၤလၢတၢ်ကွဲးလံာ် အဒိ– ? ! " . '

puncture *n* တၢ်ထူၣ်ဖိုပူၤ, တၢ်ပူၤလၢတၢ်ဆဲးဖိုအီၤလၢတၢ်ခိၣ်စူ

puncture *v* ဆဲးထူၣ်ဖိုတၢ်, တုၢ်ထူၣ်ဖိုတၢ်, မၤဖိုတၢ်ပူၤ

pundit *n* ပှၤကူၣ်ဘၣ်ကူၣ်သ့, ပှၤကူၣ်သ့ကူၣ်ဘၣ်, ပှၤသ့လံာ်

pungent *a* လၢအနၢဃဲ, လၢအနၢဃါ, လၢအနၢမှဲ

punish *v* စံၣ်ညီၣ်, သိၣ်ယီၣ်

punishment *n* တၢ်စံၣ်ညီၣ်, တၢ်သိၣ်ယီၣ်

punitive *a* လၢအမ့ၢ်တၢ်စံၣ်ညီၣ်, လၢအဘၣ်ဃးဒီးတၢ်သိၣ်ယီၣ်, လၢအသိၣ်ယီၣ်တၢ်

Punjabi *n* ပှၤပၣ်ခၠၣ်ပံၣ်ဖိ, ပၣ်ခၠၣ်ပံၣ်အကျိာ်

punk *n* ၁. ဖး(ခ) တၢ်သူၣ်ဝံၣ်သးဆၢတကလုာ်လၢအလီၤက်ဒ်ရီး(ခ) တၢ်သံကျံတကလုာ်အသိး, တၢ်သံကျံတၢ်ဒ့တၢ်အူလၢအမံၤဒိၣ်ဖဲ ၁၉၇၀ နံၣ်အကဟိာ်ကပၤ ၂. ပှၤလံၤလူၤကျူၤဆို

punt *n* ၁. ချံကဘျၣ် ၂. တၢ်ထူထီၣ်တၢ်ဖျာ်သလၢၣ်လၢအလီၤတဲာ်လၢစုအပူၤ ၃. တၢ်တၤတၢ်

punt *v* ၁. ဟးလၢချံကဘျၣ် ၂. ထူထီၣ်တၢ်ဖျာ်သလၢၣ်လၢအလီၤတဲာ်လၢစုအပူၤ ၃. တၤတၢ်

punter *n* ၁. ပှၤတၤကျိၣ်တၤစ့ ၂. ပှၤပှ့ၤရူးကါတၢ် ၃. ပှၤထူထီၣ်ဖျာ်ထူ

puny *a* လၢအဆံးဒီးအဂံၢ်စၢ်, လၢအဆံး

pupil *n* ၁. မဲာ်ပှၤသူ ၂. ကိုဖိ, ပှၤမၤလိတၢ်ဖိ

P

puppet *n* တၢ်ဂီၤဂဲၤကလံၤ်

puppy *n* ထွံၣ်ဖိ

puppy fat *n* တၢ်ဘီၣ်ဖဲအနီၢ်ဖိဆံးအခါ, ဖိသၣ်ဘီၣ်, ဖိသၣ်ထူၣ်

purblind *a* ၁. လၢအမဲာ်ချံအဂံၢ်စၢ်, လၢအမဲာ်ယုာ် ၂. လၢအခိၣ်နူာ်အတၢ်ဒိၣ်ထိၣ်စဲၤခံ

purchase *n* ၁. တၢ်ပှ့ၤတၢ်, တၢ်လၢတၢ်ပှ့ၤအီၤ ၂. နိၣ်တကၢတၢ်, နိၣ်တရူထိၣ်တၢ်

purchase *v* ပှ့ၤတၢ်

purdah *n* ၁. တၢ်သနူဖဲမုၣ်းစလ့ၣ်ဒီးဟံၣ်နူၢ် တဖၣ်ဘၣ်ကျၢၢ်ဘၢအမဲာ် ၂. နိၣ်ကျၢၢ်ဘၢမဲာ်

pure *a* ကဆို

purely *adv* စီစီဆုံဆုံ, ခဲလၢာ်ခဲဆ့, ထဲဒၣ်တမံၤ

purgative *a* လၢအမၤလဲၤဟၢဖၢ, လၢအမၤလူဟၢဖၢ

purgative *n* ကသံၣ်လူ

purgatory *n* ၁. တၢ်လီၢ်ဖဲတၢ်မၤကဆိုထိၣ်တၢ်ဒဲးဘးဖဲတချုးကဲ့ၤထိၣ်ဆူမူခိၣ်ဘီမုၢ် (ရိမ့ခဲးသလ့းတၢ်ဘါ) ၂. တၢ်သးဘၣ်ကိၢ်ဘၣ်ဂီၤဒိၣ်ဒိၣ်အါအါ

purge *n* တၢ်ထုးထိၣ်ကွံာ်

purge *v* ၁. မၤဟးမၢ်ကွံာ်, ကွံာ်တ့ၢ်ကွံာ်တၢ် ၂. ထုးကွံာ်အလီၢ်, ကွံာ်တ့ၢ် ၃. မၤကဆိုထိၣ်ကွံာ် ၄. ဒုးလဲၤဟၢဖၢ, (ဟၢဖၢ) လူလဲၤ

purification *n* တၢ်မၤကဆိုထိၣ်တၢ်

purify *v* မၤကဆိုထိၣ်တၢ်

puritan *n* ၁. ခရံာ်ဖိစီဆုံကရၢ, ပ္ၚူၣ်ရံၣ်တၢၣ် – မ့ၢ်ခရံာ်ဖိဖရိၣ်ထဲစတဲးကရၢလၢအအိၣ်လၢကီၢ်အဲကလံးလၢအအဲၣ်ဒီးဘူၣ်ထိၣ်ဘါထိၣ်ယွၤယိယိဖိ ၂. ပှၤလၢအအိၣ်ဒီးတၢ်သကဲာ်ပဝးလၢအယံး

purity *n* တၢ်စီတၢ်ဆုံ, တၢ်ကဆဲ့ကဆို

purple *a* ဂီၤလုး, အလွှ်ဂီၤလုး

purple *n* ဂီၤလုး, အလွှ်ဂီၤလုး

purport *n* တၢ်အခီပညီ

purport *v* ဟ်မၤအသး, ဒုးနဲၣ်ဖျါထိၣ်, မိၣ်စံးဘၣ်အသး

purpose *n* တၢ်ပညိၣ်

purpose *v* ဟ်လီၤအသး, ပညိၣ်လီၤသး

purposeful *a* လၢအဟ်လီၤအသးကျၢၤမုဆူ, လၢအအိၣ်ဒီးတၢ်ပညိၣ်

purposely *adv* လၢအသးအိၣ်မၤတီနံၤတၢ်, လၢအသးအိၣ်မၤစဲၤယဲၤတၢ်

purr *v* (သၣ်မံယီၤ) မၤသီၣ်အကလုၢ်ဖဲအသးမုာ်အခါ

purse *n* တီၢ်ထၢၣ်, ထၢၣ်ကယၢ

purse *v* မၤသွံးတၢ်, ချံးသွံးတၢ်

purser *n* ပှၤအခိၣ်လၢအအံးကွၢ်တၢ်အီၣ်အခိၣ်လၢကဘီပူၤ, ပှၤဖိၣ်စရီပတီၢ်ဖးဒိၣ်လၢကဘီပူၤ

pursuant *adv* အဟဲအသိး, ဒ်အအိၣ်ဝဲအသိး

pursue *v* လူၤတၢ်, ယိၢ်တၢ်, လူၤထွဲအခံ

pursuit *n* တၢ်လူၤချူးနှၢ်တၢ်, တၢ်လူၤပိာ်တၢ်အခံ

pus *n* တၢ်အဖံ

push *n* ၁. တၢ်ဆိၣ်ဖျိးတၢ်, တၢ်ဆိၣ်တၢ် ၂. တၢ်သူၣ်ဆူၣ်သးဆူၣ်

push *v* ၁. ဆိၣ်, ဆိၣ်သနံး, တိၢ်ကွံာ် ၂. မၤနှၢ်ဆိၣ်ခံ

pushy *a* လၢအသးဆူၣ်တလၢ, လၢအသူၣ်ဆူၣ်သးဂဲၤ

puss *n* ၁. သၣ်မံယီၤ ၂. ပိာ်မုၣ်သးစၢ်

pussy *n* ၁. သၣ်မံယီၤ ၂. တၢ်ကိးပိာ်မုၣ်ကဲ့ၢ်ဂီၤလၢတၢ်တဆဲးတလၢအပူၤ

put *v* ဟ်, ဟ်လီၤ

put aside for *idm:* ဟ်ဟ်စၢၤ

put forth *idm:* ယှာ်ထိၣ်, ဆုၢထိၣ်

put in effect *idm:* မၤလၢထိၣ်ပှဲၤထိၣ်ပှဲၤထိၣ်, မၤလိၣ်ထိၣ်ဖးထိၣ်

put off *vp:* ဟ်ကွံာ်, သုးယံၤထိၣ်တၢ်ဆၢကတီၢ်

put up *vp:* အိၣ်ဆိး, သူၣ်ထိၣ်

put up with *vp:* တူၢ်တၢ်, ကီၤအုး

putrefaction *n* တၢ်အုၣ်တၢ်ကျၣ်, တၢ်အုၣ်ထိၣ်ကျၣ်ထိၣ်, တၢ်အုၣ်သံကျၣ်သံ

putrid *a* လၢအအုၣ်သံကျၣ်သံ, လၢအနၢအုၣ်နၢပူး

putrify *v* အုၣ်ထိၣ်, ကျၣ်ထိၣ်, အုၣ်သံကျၣ်သံ

putt *v* တီၢ်ဖျၢၣ်တီၢ်ကယီကယီ, တီၢ်ကဖိကဖိဒ်သိးကတလ့ၣ်လီၤကယီကယီဆူတၢ်ပူၤ

putty *n* ကွဲစဲ, ထူၣ်ဝါကွဲစဲ

P

puzzle *n* တၢ်ပိုၤပိုၢ်
puzzle *v* မၤသဘံၣ်သဘုၣ်, ဆိကမိၣ်တၢ်ဒိၣ်ဒိၣ်ယိာ်ယိာ်, မၤလီၤကတုၤသး, ထၢမံထၢမၣ်
Pwo *n* ပိုၢ်, ပှၤကညီအကလုာ်နူၣ်
pyelonephritis *n* ကလ့ၢ်ညီး
pygmy *a* လၢအဆံးဒီးဖုၣ်, လၢအနီၢ်ဖုၣ်
pygmy *n* ပှၤဖုၣ်ခိၣ်နီၢ်ဆံး
pyjamas, pajamas *n* ဆ့ကၤမံ, တၢ်ကူတၢ်ကၤလၢပှၤမံသိးအီၤ, တၢ်ကူတၢ်ကၤလၢပှၤမံကၤအီၤ
pylon *n* မ့ၣ်အူထူၣ်ဖးဒိၣ်
pylorus *n* ကဖုဒီးပှံာ်စဲဘူးလိာ်သးအလိၢ်
pyramid *n* ၁. ပ့းရမံး, အဲၤကူပတူးစီၤပၤအသွၣ်ခိၣ်လၢပျၤ ၂. တၢ်အက့ၢ်အဂီၤလီၤက်ပ့းရမံး
pyre *n* သ့ၣ်မုၣ်တပူၣ်လၢပှၤကကုၢ်ဃိစီမ့ၣ်တၢ်အဂီၢ်, တၢ်ကုၢ်ဃိစီမ့ၣ်အလိၢ်
pyrenean *a* လၢအဘၣ်ထွဲဒီးကစၢၢ်ဖံရနံလၢအိၣ်လၢကီၢ်စပ့ၣ်အပူၤ
Pyrex *n* လီခီစိုးလၢတူၢ်တၢ်ကိၢ်န့ၢ်, လီခီဆုံအကိၢ်တကလုာ်လၢအတူၢ်တၢ်ကိၢ်န့ၢ်
pyrites *n* ဖဲရဲးထံၣ်လၢၢ်, ဟီၣ်လာ်ပနံာ်လၢအလွဲၢ်ဘီဒီးကပီၤ
pyrology *n* တၢ်ဃုသ့ၣ်ညါဘၣ်ဃးမ့ၣ်အူဒီးတၢ်ကိၢ်, မ့ၣ်အူဒီးတၢ်ကိၢ်ပီညါ
pyromaniac *n* တၢ်သးအိၣ်ဒွဲၣ်ဃိတၢ်အါတလၢ
pyrometer *n* နီၣ်ထိၣ်တၢ်ကိၢ်
pyroscope *n* နီၣ်ထိၣ်တၢ်ကိၢ်လၢအထိၣ်တၢ်ကိၢ်အလွဲၢ်လၢအဟဲထီၣ်လၢတၢ်ကိၢ်အပီးအလီအပူၤ
pyrotechnics *n* တၢ်ဒုးနဲၣ်မ့ၣ်အူဖီ, မ့ၣ်အူဖီ
pyrrhonism *n* တၢ်တနာ်တၢ်အါတလၢ
python *n* ဂုၢ်ကလီၤ, ဖုဒိၣ်, ကလီၤ

P

Q

Q *abbre* တၢ်ကွဲးဖှၣ်တၢ်သံကွၢ် (Question)
Q *n* အဲကလံးလံာ်မိၢ်ပှၢ်တဆံနွံဖျာ်တဖျာ်
QC *a* ၁. တၢ်ကွဲးဖှၣ်တၢ်သမံသမိးပၢၤဃာ်တၢ်ကံၢ်တၢ်စီ (quality control) ၂. (လၢ UK) တၢ်ကွဲးဖှၣ် Queen's counsel
quack *n* ၁. ကသံၣ်သရၣ်အဘျၣ် ၂. ထိၣ်ဒ့ၣ်ကိးအသီၣ်, ထိၣ်ဒ့ၣ်ကိးသီၣ်ကၤကၤ
quack *v* (ထိၣ်ဒ့ၣ်) ကိးသီၣ်ကၤကၤ
quad *n* ၁. တၢ်လွံၢ်နၢၣ်, တၢ်လၢအအိၣ်လွံၢ်နၢၣ်ထိရိၤတဖၣ် ၂. တၢ်လီၢ်လၢအက့ၢ်အဂီၤအိၣ်လွံၢ်နၢၣ် ၃. ဖိလွံၢ်ဂၤလၢအအိၣ်ဖျဲၣ်သဃၢ်, ဖိသဃၢ်လွံၢ်ဂၤ ၄. ကွီၤလၢအအိၣ်လွံၢ်ပူတပူ
quadrangle *n* ၁. တၢ်လွံၢ်နၢၣ်, နၢၣ်လၢအအိၣ်လွံၢ်ကနူၤ ၂. တၢ်လီၢ်လၢအကနူၤအိၣ်လွံၢ်ကပၤ, တၢ်လီၢ်လၢအက့ၢ်အဂီၤအိၣ်လွံၢ်နၢၣ်ဒီးလၢတၢ်သူၣ်ထိၣ်အိၣ်ဝးတရံးအီၤ
quadrant *n* ၁. တၢ်ကဝီၤကျီၤလွံၢ်ပူတပူ ၂. ပနိထိၣ်တၢ်အနၢၣ်
quadrennial *a* ၁. လွံၢ်နံၣ်တဘျီ ၂. ယံာ်လွံၢ်နံၣ်
quadrilateral *a* လၢအအိၣ်ဒီးအကနူၤဘျၢလွံၢ်ကနူၤ, လၢအက့ၢ်အဂီၤအိၣ်လွံၢ်နၢၣ်
quadrilateral *n* က့ၢ်ဂီၤလၢအအိၣ်လွံၢ်နၢၣ်, က့ၢ်ဂီၤလွံၢ်ကနူၤဘျၢ, နၢၣ်လွံၢ်နၢၣ်
quadruped *a* ဆၣ်ဖိကီၢ်ဖိလၢအခီၣ်အိၣ်လွံၢ်ခီ, တၢ်ခီၣ်လွံၢ်ခီ
quadruple *a* ၁. လၢအအိၣ်လွံၢ်ခီ, လွံၢ်ဂၤ, လွံၢ်မံၤ, လွံၢ်နၢၣ် ၂. လၢအအိၣ်လွံၢ်စး
quadruple *n* လွံၢ်စး, တၢ်လွံၢ်ဘျီ
quadruple *v* မၤအါထိၣ်လွံၢ်စး, အါထိၣ်လွံၢ်စး, ဒိၣ်ထိၣ်လွံၢ်စး
quadruplet *n* ဖိတဃၢ်လွံၢ်ဂၤ, ဖိလွံၢ်ဂၤလၢအအိၣ်ဖျဲၣ်သဃၢ်
quaff *v* အီၣ်တၢ်ချ့ချ့အါအါကလဲာ်, အီတၢ်ကြူၣ်ကြူၣ်
quagmire *n* ၁. ကပံာ်အကလိာ်, ကပံာ်ဘးဘီအကလိာ် ၂. တၢ်အိၣ်သးကီခဲ, တၢ်အိၣ်သးလၢအသဘံၣ်သဘုၣ်
quail *n* ၁. ထိၣ်ပဝံ, ထိၣ်ဘှၢၣ် ၂. ထိၣ်ပဝံအညၣ်
quail *v* ပျံၤတၢ်ဖုးတၢ်, ပျံၤတၢ်သံးခိၣ်သံးခံ, ပျံၤတၢ်အမဲာ်ဘီး
quaint *a* လၢအလီၤတိၢ်လီၤဆီ, လၢအလီၤထုးနဲၣ်သူၣ်ထုးနဲၣ်သး
quake *v* (ဟီၣ်ခိၣ်) ဟူး, ကနိးကစုာ်, ဟူးဝး
Quaker *n* ခရံာ်ဖိတဝၢအကရၢဖိ
qualification *n* ၁. တၢ်သ့တၢ်ဘၣ်လၢအနးကြၢးအီၤဒီးတၢ်မၤတမံၤမံၤ, တၢ်အကံၢ်အစီ, ကံၢ်စီတၢ်သ့တၢ်ဘၣ် ၂. တၢ်ဖျိတၢ်ဒီးစဲး, တၢ်ဖျိတဲာ်ဖျိတီၤ
qualified *a* လၢအလၢပှဲၤဒီးအကံၢ်အစီ, လၢအကြၢးဝဲဘၣ်ဝဲ, လၢအတုၤထိၣ်ထိၣ်ဘး
qualify *v* ၁. အိၣ်ဒီးတၢ်ခွဲးတၢ်ယာ်, ကြၢးဝဲဘၣ်ဝဲ ၂. ဖျိတၢ်ဒီးစဲး, အပတီၢ်တုၤထိၣ်ထိၣ်ဘး ၃. အိၣ်ဒီးကံၢ်စီလၢအကြၢးဒီးတၢ်မၤတမံၤမံၤ ၄. နးကြၢးနးဘၣ်, နးတုၤထိၣ်ထိၣ်ဘးပှၤ ၅. တဲအါထိၣ်တၢ်ဂ့ၢ်တၢ်ကျိၤ, ဟ်ဖျါအါထိၣ်တၢ်ဂ့ၢ်တၢ်ကျိၤ ၆. (အဲကလံးကျိာ်သန့) ဝီၢ်ဩ မ့တမ့ၢ် လံာ်ကျိၤကူာ်လၢအတဲအါထိၣ်ဝီၢ်ဩဒီးလံာ်ကျိၤကူာ်အဂၤတဖျာ်အခီပညီ
qualitative *a* လၢအဘၣ်ဃးဒီးတၢ်အကံၢ်အစီ
quality *a* ၁. လၢအကံၢ်အစီဂ့ၤဒိၣ်မး, လၢအကံၢ်အစီထိၣ်ဘး ၂. လၢအဂ့ၤဒိၣ်မး
quality *n* ၁. အကံၢ်အစီ ၂. တၢ်အရှူၢ်အသဲး
quality control *n* တၢ်သမံသမိးပၢၤဃာ်တၢ်အကံၢ်အစီ
quality newspaper *n* တၢ်ပရၢပစၢၤလၢပှၤကူၣ်ဘၣ်ကူၣ်သ့ဒီးပှၤသ့လံာ်သ့လဲၢ်တဖၣ်အဂီၢ်
quality time *n* တၢ်ဆၢကတီၢ်လၢအအိၣ်ဒီးအလုၢ်အပှ့ၤ, တၢ်ဟ့ၣ်တၢ်ဆၢကတီၢ်လၢလၢပှဲၤပှဲၤဆူ (ပှၤတဂၤဂၤ) အကတီၢ်
qualm *n* တၢ်သးကဒံကဒါ, တၢ်သးဒ့ဒီ, တၢ်သးဒံဝ့ၤဒံဝီၤ
quandary *n* တၢ်သးဒ့ဒီအကတီၢ်, တၢ်သးဒံဝ့ၤဒံဝီၤအကတီၢ်
quantifier *n* (ကျိာ်သန့) ဝီၢ်ဩလၢအဟ်ဖျါထိၣ်တၢ်အနိၣ်ဂံၢ်နိၣ်ဒွး အဒိ few, some
quantify *v* ထိၣ်တဲာ်အနိၣ်ဂံၢ်နိၣ်ဒွး, ဟ်ဖျါတၢ်အိၣ်ပှဲၤအံၤပှဲၤနုၤ

Q

quantitative *a* လၢအဘၣ်ဃးဒီးတၢ်အနီၣ်ဂံၢ်နီၣ်ဒွး, လၢအဘၣ်ဃးဒီးတၢ်အိၣ်ပှဲၤအံၤပှဲၤနုၤ

quantity *n* တၢ်အနီၣ်ဂံၢ်နီၣ်ဒွး

quantum *n* တၢ်အဂံၢ်သဟီၣ်အယူၣ်နံးလၢန့ကျံာ်အပူၤ

quarantine *n* တၢ်ဟ်လီၤဆီပှၤဆူးပှၤဆါအကတီၢ်, တၢ်ဟ်လီၤဆီ (ပှၤဆူးပှၤဆါ) လၢတၢ်ဒီသဒၢတၢ်ဆါဘၣ်ကၢ်အဂီၢ်

quarantine *v* ဟ်လီၤဆီ (ပှၤဆူးပှၤဆါ)

quarrel *n* တၢ်အ့ၣ်လိာ်ဆီးက့လိာ်, တၢ်ပိၣ်အါတဲအါလိာ်သး

quarrel *v* အ့ၣ်လိာ်အသး, အ့ၣ်လိာ်ဆီးက့လိာ်, တဲအါတၢ်

quarrelsome *a* ၁. လၢအအဲၣ်ဒိးအ့ၣ်လိာ်ဆီးက့လိာ်အသး, လၢအအ့ၣ်လိာ်တၢ်မ့ာ် ၂. လၢအသးချ့

quarry *n* ၁. တၢ်ခူၣ်လၢၢ်အလီၢ် ၂. ပှၤလၢတၢ်လူၤဖီၣ်အီၤ, တၢ်မံၤလာ်လၢတၢ်လူၤခးအီၤ

quarry *v* ခူၣ်လၢၢ်

quart *n* တၢ်ယီၣ်နီၣ်လၢအပှဲၤထံခွးခံဘ့ၣ်, တကၣ်လၣ်လွံၢ်ပူတပူ

quarter *n* ၁. ($\frac{1}{4}$) လွံၢ်ပူတပူ ၂. (တၢ်ဆၢကတီၢ်) တဆံယဲၢ်မံးနံး ၃. (ကျိၣ်စ့) တသံး, ခံဆံယဲၢ်ဘ့ၣ် ၄. (နံၣ်လါ) သၢလါအကတီၢ် ၅. (quarters) ပှၤအိၣ်ဆိးအလီၢ်အကျဲ

quarter *v* ၁. နီၤဖးလီၤလွံၢ်ပူ, နီၤဖးလွံၢ်ခီ, နီၤဖးလွံၢ်က့ ၂. ဟ်လီၤတၢ်လီၢ်တၢ်ကျဲ, ဆီလီၤဟ်လီၤတၢ်အိၣ်တၢ်ဆီးအလီၢ်

quarter day *n* သၢလါတဘျီအခီၣ်ထံးတသီ, မုၢ်နံၤမုၢ်သီဖဲတၢ်ဟ့ၣ်တၢ်အဘူးအလဲလၢသၢလါတဘျီအခီၣ်ထံးတသီ

Quarter Horse *n* ကသ့ၣ်ဃ့ၢ်ပြၢ, ကသ့ၣ်လၢအဃ့ၢ်ပြၢတၢ်ဒ့ၣ်စၢၤလွံၢ်ပူတပူမံၤလာ်

quarterback *n* (အမဲရကၤဖျာၣ်ထူ) ခွါထၢၣ်ဘဲး(ခ), ပှၤလၢအစးထီၣ်ကွံာ်ဖျာၣ်ထူ, ပှၤလိာ်ကွဲဖျာၣ်ထူအခိၣ်လၢအနဲၣ်တၢ်, ပှၤဂဲၤလိာ်ကွဲဖျာၣ်ထူအရှဒိၣ်တဂၤလၢအနဲၣ်ဒီးပၢဆှၢတၢ်ဂဲၤလိာ်ကွဲ

quarterback *v* ၁. (အမဲရကၤဖျာၣ်ထူ) စးထီၣ်ကွံာ်ဖျာၣ်ထူဂဲၤဒ်ခွါထၢၣ်ဘဲး(ခ)အသိး ၂. ပၢဆှၢရဲၣ်ကျဲၤ, နဲၣ်

quarterdeck *n* ၁. ကဘီအခိၣ်ဒီတကထၢ, ကဘီအဖီခိၣ်တကထၢအလီၢ် ၂. ထံသုးအခိၣ်အနၢ်

quarter-final *n* (တၢ်ဂဲၤလိာ်ကွဲပြၢအကတီၢ်) တၢ်ဂဲၤစံၣ်ညီၣ်တဲာ်တ့ၢ်ပှၤဂဲၤလိာ်ကွဲတၢ်ဖိကအိၣ်ထဲလွံၢ်ဖုအပတီၢ်

quarterly *a* သၢလါတဘျီ

quarterly *n* သၢလါတဘျီမဲးကစံ

quartermaster *n* ပၢၤသုးပီးလီခိၣ်, သုးခိၣ်လၢအကွၢ်ထွဲသုးဖိတၢ်အိၣ်တၢ်အီဒီးအဃၢၤအဃိၢ်တဖၣ်

quarterstaff *n* နိၣ်က့ဖးထီ, နိၣ်က့ဖးထီလၢတၢ်သူအီၤဒ်တၢ်စုကဝဲၤအသိးလၢခ့ခါလၢပျၢၤ

quartet *n* ၁. တဃံာ်လွံၢ် ၂. လွံၢ်ဂၤတဖု, လွံၢ်ခါတကရူၢ်

quartette *n* (ဖြၣ်စ့ၣ်ကျိာ်) တဃံာ်လွံၢ်

quarto *n* စးခိတကဘျံးလၢအလဲၢ်အထီအိၣ် (၁၀ X ၈ စုမုၢ်ဒိၣ်)

quartz *n* လၢၢ်ဝါဆုံ, လၢၢ်ဝါဆုံတကလုာ်လၢပှၤဘိုနၣ်ရံၣ်

quasar *n* ဆၣ်ဖးဒိၣ်တကလုာ်, ဆၣ်တကလုာ်လၢအဟ့ၣ်ထီၣ်တၢ်ကပီၤအသဟီၣ်ဒီးရှ့ဒံၢ်ယိၣ်အကျိၤလၢအဆူၣ်

quash *v* ၁. ထုးကွံာ်ကွီၢ်ဘျိၣ်တၢ်စံၣ်ညီၣ် ၂. စူးကါတၢ်စုဆူၣ်ခိၣ်တကးဒီးမၤဘှ့ၣ်မၤဘိၣ်ကွံာ်တၢ်

quasi- *combining* လီၤက်လၢ, ဖျါဒ်သိး, မၤအသးဒ်သိးဒီး

quatrain *n* ထါလွံၢ်ကျိၤ, ထါလၢအအိၣ်လွံၢ်ကျိၤ

quaver *n* ၁. နိးဃိးဖျာၣ် ၂. (တၢ်ကလုၢ်) ကနိး

quaver *v* ကလုၢ်ကနိး

quay *n* ကဘီတိၤ, ကဘီတိၤထီၣ်အလီၢ်

quayside *n* ကဘီတိၤအခိၣ်အဃၢၤ

queasy *a* ၁. သးကလဲၤ, အဲၣ်ဒိးဘိုး ၂. လၢအတူၢ်ဘၣ်တၢ်တမှာ်တလၤ, လၢအသူၣ်တတ့ၤလီၤသးတတ့ၤလီၤ

queen *n* နီၢ်ပၤမုၣ်

queen bee *n* ၁. ကနဲနီၢ်ပၤမုၣ်, ကနဲမိၢ် ၂. ပိာ်မုၣ်လၢအဆိကမိၣ်ဒိၣ်လီၤအသး, ပိာ်မုၣ်လၢအလိာ်သ့အသး

queen mother *n* မိၢ်နီၢ်ပၤမုၣ်
queen-dowager *n* နီၢ်ပၤမုၣ်လၢအမုၣ်ကမဲ
queenly *a* လၢအကြၢးဒီးနီၢ်ပၤမုၣ်, လၢအလီၤက်နီၢ်ပၤမုၣ်
Queen's Counsel *n* နီၢ်ပၤမုၣ်အပှၤကူၣ်လိာ်တၢ်ကီၣ်ကးကရၢ
queen-sized *a* (လီၢ်မံဒၢး) လၢအဒိၣ်ဃီၤအိၣ် ၆၀ စုမ့ၢ်ဒိၣ် x အထီ ၈၀ စုမ့ၢ်ဒိၣ်, (လီၢ်မံဒၢး) လၢအဒိၣ်အလၢ်နူၢ်ဒံးလီၢ်မံဒၢးလၢပှၤမံတြိၢ်ခံဂၤ
queer *a* လီၤဆီ
queer *n* (တၢ်ကတိၤတဆဲးတလၢ) ပှၤအဲၣ်ပကၢၤတၢ်
queerly *adv* ၁. လီၤဆီ, တဲလၢအကၠၢ်တဘၣ် ၂. တမ့ၢ်ဒ်အညီနုၢ်အသိး
quell *v* ၁. စူးကါတၢ်စုဆူၣ်ခီၣ်တကးဒီးမၤဘှ့ၣ်မၤဘိၣ်တၢ်, စူးကါတၢ်စုဆူၣ်ခီၣ်တကးဒီးနးအိၣ်ဂၢၢ်တၢ် ၂. မၤကပှာ်လီၤပှၤအသး, မၤစၢ်လီၤကု့ၤပှၤသး
quench *v* ၁. မၤပၢါမၢ် (တၢ်သူအသးလၢထံ) ၂. မၤသံ (မ့ၣ်အူ), မၤလီၤပံာ်
querulous *a* လၢအညီနုၢ်ဟ်တၢ်ကမၣ်လၢပှၤအလိၤ, လၢအကလာ်တၢ်ဆူၣ်, လၢအကနူးကဒ့ၣ်တၢ်ဆူၣ်
query *n* တၢ်သံကွၢ်လီၤတံၢ်တၢ်
query *v* ၁. သံကွၢ်သံဒိးတၢ် ၂. ဟ်ဖျါထီၣ်တၢ်သးဒ့ဒီ
quest *n* တၢ်ဃုထံၣ်နုၢ်တၢ်, တၢ်လူၤဃုကွၢ်တၢ်
quest *v* ၁. ဃုနုၢ်, ဃုထံၣ်, လူၤဃု, ကွၢ်ဃု ၂. သံကွၢ်သံဒိးတၢ်
question *n* တၢ်သံကွၢ်
question *v* ၁. သံကွၢ်သံဒိးတၢ် ၂. ဟ်ဖျါထီၣ်တၢ်သးဒ့ဒီ, အိၣ်ဒီးတၢ်သးဒ့ဒီ
question mark *n* တၢ်သံကွၢ်အပနီၣ် (?)
question master *n* ပှၤသံကွၢ်သံဒိးတၢ်, ပှၤသံကွၢ်သံဒိးတၢ်လၢကွဲၤဟူဖျါ မ့တမ့ၢ် ကွဲၤလ့လီၤတၢ်လိာ်ကွဲတဖၣ်အပူၤ
questionable *a* ၁. လၢအလီၤသးဒ့ဒီ, လၢအလီၤသံကွၢ် ၂. လၢအဖျါတတီတလိၤ, လၢအဖျါကမူၤကမၣ်
questioner *n* ပှၤသံကွၢ်တၢ်, ပှၤသံကွၢ်သံဒိးတၢ်
questioning *a* ၁. လၢအိၣ်ဒီးတၢ်သးဒ့ဒီ, လၢအဟ်ဖျါထီၣ်တၢ်သးဒ့ဒီ ၂. လၢအဖျါလၢအိၣ်ဒီးတၢ်သံကွၢ်သံဒိး, လၢအဲၣ်ဒိးသံကွၢ်သံဒိးတၢ်, လၢအဖျါလၢအဲၣ်ဒိးသ့ၣ်ညါတၢ်
questioning *n* တၢ်သံကွၢ်သံဒိး
questionnaire *n* တၢ်သံကွၢ်ရဲၣ်
queue *n* ပှၤရဲၣ်လီၤသးအကျိၤ
queue *v* ၁. အိၣ်ရဲၣ်လီၤအသးဒီးခိးတၢ် ၂. ရဲၣ်လီၤဟ်လီၤလၢအဂ့ၢ်အဝီ
quibble *n* ၁. တၢ်ကတိၤပဲၤအါပဲၤသီတၢ်, တၢ်ကတိၤကနူးကဒ့ၣ်တၢ် ၂. တၢ်ကတိၤကျ့ၤဆ့တၢ်
quibble *v* ကတိၤပဲၤအါပဲၤသီတၢ်, ကနူးကဒ့ၣ်တၢ်, ကတိၤတၢ်လၢအကဆူးကတ့ၤ
quiche *n* ကိၣ်တြံာ်ဘၢ, ကိၣ်ခံး(ရှ), ကိၣ်ဘိၣ်ဘၢတကလှာ်လၢတၢ်ထၢနှာ်ဆီဒံၣ်, တၢ်နှၢ်ထံဒီးအဂၤတဖၣ်လၢအပူၤ
quick *a* ချ့, ပ့ၢ်ချ့, ဖျဲၣ်
quick *adv* ချ့ချ့, ပ့ၢ်ပ့ၢ်ချ့ချ့
quick *n* ညၣ်စၢ်လၢအအိၣ်လၢစုမုၢ်ခီၣ်မုၢ်ထိး, ညၣ်စၢ်လၢအိၣ်လၢစုမှ့ၣ်ဖီလာ်
quick fix *n* တၢ်ဘိုဘၣ်မၤလီၤကူၤတၢ်ချ့သဒံး, တၢ်ဘိုဘၣ်တၢ်ချ့သဒံး
quick one *n* တၢ်အီသံးတကွံး, အီတကွံး
quick study *n* ပှၤလၢအမၤလိနှၢ်တၢ်ချ့
quicken *v* ၁. မၤချ့ထီၣ်, ချ့ထီၣ် ၂. ထိၣ်ဟူးထိၣ်ဂဲၤထီၣ်တၢ်
quick-fire *a* ၁. လၢအခိးတၢ်တချူးဒီးချ့သဒံး ၂. လၢအခးကျိအဆၢတလီၤတူာ်
quicklime *n* ထူၣ်ဝါ, ဘၣ်တၢ်စူးကါအီၤလၢတၢ်ဘိုတၢ်သူၣ်ထိၣ်ဒီးကဲဘျုးစ့ၢ်ကီးလၢတၢ်မုၢ်တၢ်ဘိအဂီၢ်
quickly *adv* ချ့ချ့, ပ့ၢ်ပ့ၢ်ချ့ချ့, အဆိအချ့, တစိၢ်ဖိ
quickness *n* တၢ်အဆိအချ့, တၢ်အပ့ၢ်အချ့
quicksand *n* မဲးလီၤဂ်ာ်ခိၣ်, မဲးလီၤဘျၣ်
quicksilver *a* လၢအလဲလိာ်သးချ့, လၢအသုးအသးချ့ချ့ကလဲာ်
quicksilver *n* ၁. မၢၣ်ခွူၣ်ရံၣ်အထံ ၂. တၢ်လၢအဆီတလဲအသးချ့သဒံး
quickstep *n* တၢ်ဂဲၤကလံၣ်ခီၣ်ခါချ့, တၢ်ဒ့တၢ်အူလၢတၢ်ဂဲၤကလံၣ်ခီၣ်ခါချ့အဂီၢ်

Q

quick-tempered *a* လၢအသးဒိၣ်ထီၣ်ချ့, လၢအသးချ့

quick-witted *a* လၢအဆိကမိၣ်တၢ်ချ့, လၢအခိၣ်နူာ်ချ့, လၢအကူၣ်တၢ်ဖးတၢ်သ့ချ့

quid *n* စ့တပီၢ်, စ့တကယၤ

quid pro quo *n* ယၢ်ခီယၢ်ဘး, တၢ်တမံၤလၢတမံၤအဂီၢ်

quiescence *n* တၢ်အိၣ်ဃိကလာ်, တၢ်အိၣ်ဘှီၣ်ကလာ်, တၢ်အိၣ်ဂၢၢ်တပၢၢ်

quiescent *a* လၢအအိၣ်ဘှီၣ်ကလာ်, လၢအအိၣ်ဂၢၢ်တပၢၢ်, လၢအတမူတဂဲၤ

quiet *a* ဘှ့ၣ်ဘှီၣ်, တသီၣ်တသဲ, ကစုၣ်, အိၣ်ဘှ့ၣ်အိၣ်ဘှီၣ်, လၢအသူၣ်မံသးမံ

quiet *n* တၢ်ဘှ့ၣ်တၢ်ဘှီၣ်, တၢ်ဂၢၢ်တပၢၢ်, တၢ်တသီၣ်တသဲ

quiet *v* မၤဘှ့ၣ်ဘှီၣ်, မၤဘှ့ၣ်မၤဘှီၣ်, ၃းအိၣ်ဃိကလာ်

quietude *n* တၢ်အိၣ်ဂၢၢ်တပၢၢ်, တၢ်အိၣ်ဘှ့ၣ်အိၣ်ဘှီၣ်

quill *n* ၁. ထိၣ်ဆူၣ် ၂. ထိၣ်ဒံးဘိထိၣ်ဆူၣ် ၃. သူၣ်အဆူၣ်

quilt *n* ယၣ်လုးဘဲ

quinine *n* ကွဲနံၣ်

quintessence *n* ၁. တၢ်အဒိအတဲတမံၤမံၤ ၂. တၢ်အကံၢ်အလဲ

quintessential *a* လၢအကဲထီၣ်တၢ်အဒိအတဲာ်လၢအဂ့ၤ, လၢအမ့ၢ်တၢ်အဒိအတဲာ်လၢအဂ့ၤကတၢၢ်

quintet *n* ၁. ဃဲာ်ယါ – တၢ်သးဝံၣ်, တၢ်သံကျံလၢပှၤအိၣ်ယါဂၤ ၂. တၢ်သးဝံၣ်ဃဲာ်ယါ

quintuplet *n* ဖိတဃဲာ်ယါဂၤ

quip *n* တၢ်ကတိၤလီၤနံၤလီၤအ့

quip *v* ကတိၤတၢ်အိၣ်ဒီးတၢ်လီၤနံၤ, တဲကလိာ်ကလာ်တၢ်

quirk *n* ၁. တၢ်ဟ်သးလၢအလီၤတိၢ်လီၤဆီ ၂. တၢ်ကဲထီၣ်သးလၢအလီၤတိၢ်လီၤဆီ, တၢ်ကဲထီၣ်သးလၢတၢ်တဟ်သးအပူၤ

quirky *a* လၢအလီၤတိၢ်လီၤဆီ, လၢအတကဲထီၣ်ညီနၢ်အသး

quisling *n* ပှၤဃီးကဒါဘိ, ပှၤလၢအသးတတီဒီးအထံအကိၢ်ဒီးမၤစၢၤအၣ၃ၣ်အဒါ

quit *v* ဆိကတိၢ်, ဟးထီၣ်ကွံာ်, ဟ်လီၤတဲာ်

quite *adv* ၁. ကစီဒီ, ဖဲအဘၣ်, တဒိၣ်တဆံး ၂. ဒိၣ်မး ၃. နီၢ်နီၢ်, လၢာ်လၢာ်ဆ့ဆ့

quitter *n* ပှၤလၢအသးဟးဂီၤညီ

quiver *n* ၁. တၢ်ကနိးကစုာ်, တၢ်ကလုၢ်လၢအသီၣ်ကနိးကစုာ် ၂. ပျၢ်ပီၤ, လၢပီၤ

quiver *v* ကနိး, ကနိးကစုာ်

quixotic *a* လၢအဆိကမိၣ်မုံတၢ်, လၢအအိၣ်ထဲတၢ်ဆိကမိၣ်ဘၣ်ဆၣ်တမၤတၢ်လ့ၤတုာ်လ့ၤတီၤ, လၢအဘိုထီၣ်ဟံၣ်လၢကလံၤကျါ

quiz *n* ၁. တၢ်သံကွၢ်စံးဆၢ ၂. တၢ်သံကွၢ်ပှိၤပှိၢ်, တၢ်ပှိၤပှံပှိၤပှိၢ်

quiz *v* ၁. သံကွၢ်သံဒိးတၢ် ၂. ဒိးစဲး

quizzical *a* လၢအမၤအသးအ့လံးအ့ဘိ

quoit *n* ၁. တၢ်ဂဲၤလိာ်ကွဲကွံာ်တၢ်ကွီၤ, တၢ်ကွံာ်နုာ်တၢ်ကွီၤလၢနိၣ်စဲပူၤ ၂. တၢ်ကွီၤ

quorum *n* ပှၤထိၣ်တၢ်အိၣ်ဖှိၣ်အနီၣ်ဂံၢ်စှၤကတၢၢ်လၢအကြၢးအိၣ်ဝဲဒ်သိးကမၤတၢ်စံၣ်ညီၣ်တဲာ်အဂီၢ်, ပှၤထိၣ်တၢ်အိၣ်ဖှိၣ်အနီၣ်ဂံၢ်စှၤကတၢၢ်လၢတၢ်ဟ်ပနီၣ်ဟ်အီၤ

quota *n* ၁. နီၣ်ဂံၢ်ပှဲၤအံၤပှဲၤနုၤလၢတၢ်နီၤလီၤဟ်ပနီၣ်အီၤ ၂. ခီထၣ်, နီၣ်ဂံၢ်လၢတၢ်ဟ်ပနီၣ်အီၤပှဲၤအံၤပှဲၤနုၤလၢတၢ်ကဘၣ်ဟ့ၣ် မ့တမ့ၢ် တၢ်ကမၤန့ၢ်အီၤ ၃. နီၣ်ဂံၢ်လၢတၢ်ဟ်ပနီၣ်အီၤလၢကမၤတၢ်တမံၤမံၤ

quotable *a* လၢအကြၢးဘၣ်တၢ်ကတိၤဒိးအီၤ, လၢအကြၢးဒီးတၢ်၃းနဲၣ်ကွဲးဖျါထီၣ်အီၤ, လၢအကြၢးလၢတၢ်ကစံးကတိၤလၢအဂ့ၢ်

quotation *n* ၁. တၢ်တဲဒီးပှၤအဂၤအတၢ်ကွဲး, တၢ်တဲဒီးပှၤဂၤအတၢ်ကတိၤဒီ ၂. တၢ်တဲဘၣ်ပှၤတၢ်အပ့ၤ

quotation mark *n* တၢ်ကတိၤအပနီၣ်, တၢ်ပနီၣ်လၢ၃းနဲၣ်ဖျါထီၣ်တၢ်ကွဲးအသး (“–”)

quote *n* တၢ်တဲဒီးပှၤဂၤအတၢ်ကတိၤ, တၢ်တဲဘၣ်တၢ်အပ့ၤ

quote *v* ၁. တဲဒီးပှၤဂၤအတၢ်ကတိၤ ၂. တဲဘၣ်ပှၤတၢ်အပ့ၤ

quoth *v* စံးတၢ်, ကတိၤတၢ်

quotidian *a* ၁. လၢအကဲထီၣ်အသးကိးမုၢ်နံၤဒဲး ၂. လၢအမၤအသးမုၢ်ဆ့ၣ်မုၢ်ဂီၤ, လၢအညီနၢ်အသိး, လၢအပတိၢ်မုၢ်

quotient *n* တၢ်နီၤဖးအစၢ

Qur'an *n* ခီရၣ်(န), မူးစလ့ၣ်အလံာ်စီဆှံ

R

R *abbre* ၁. (တၢ်ကွဲးဖှၣ်) ထံဖိကစၢ်ကီၢ်လၢအဲကလံးကျိာ် "Republican" ၂. (တၢ်ကွဲးဖှၣ်) ထံကျိလၢအဲကလံးကျိာ် "River"

R *n* အဲကလံးလံာ်မဲာ်ဖျာၣ် ၁၈ ဖျာၣ်တဖျာၣ်

rabbi *n* ရၤဘံ, ယူဒၤတၢ်ဘူၣ်တၢ်ဘါအခိၣ်အနၢ်

rabbinical *a* လၢအဘၣ်ထွဲဒီးရၤဘံအတၢ်ဖံးတၢ်မၤဒီးအတၢ်သိၣ်တၢ်သီ

rabbit *n* ပဒဲ, ပဒဲအညၣ်

rabbit *v* ၁. လူၤခးပဒဲ ၂. ကတိၤမရဲမသဲတၢ်, ကတိၤလိာ်ကွဲတၢ်

rabbit warren *n* ၁. တၢ်လီၢ်ဖဲပဒဲအိၣ်ဆိးအလီၢ်, ဟီၣ်ခိၣ်အပူၤလၢပဒဲအိၣ်ဆိးဖဲ ၂. တၢ်သူၣ်ထိၣ်အလီၢ်ကဝီၤဖိဖဲကျဲစၢၤအံၣ်အိၣ်ကှၣ်ကှၣ်ကူကူအါမးအလီၢ်, ဝ့ၢ်အလီၢ်ကဝီၤဖဲအိၣ်ဒီးကျဲစၢၤအံၣ်အံၣ်ဆံးဆံးကှၣ်ကှၣ်ကူကူတဖၣ်အိၣ်အါမးအလီၢ်

rabble *n* ၁. ပှၤပူထိၣ်တၢ်, ပှၤမၤတၢထိၣ်တၢလီၤတၢ် ၂. (တၢ်ကတိၤတဆဲးတလၤ) ပှၤလၢအပတီၢ်ဖှၣ်

rabble-rouser *n* ပှၤလၢအမၤတၢထိၣ်တၢလီၤတၢ်ဒီးမၢန့ၢ်ဆီၣ်ခံတၢ်လၢကမၤတၢ်စုဆူၣ်ခီၣ်တကး

rabid *a* ၁. လၢအသူၣ်ဒိၣ်သးဖျိး ၂. လၢအတလၢစိ ၃. လၢအဆူၣ်အကိၤ ၄. လၢအတူၢ်ဘၣ်ထွံၣ်ပျုၢ်တၢ်ဆါ

rabies *n* တၢ်ဆါထွံၣ်ပျုၢ်

raccoon, racoon *n* ကလံၤစိးအမဲရကၤထိးတိၤအဆူၣ်ကပှာ်လုာ်, ထိးတိၤအဆူၣ်ကပှာ်လုာ်

race *n* ၁. တၢ်ပြၢ, တၢ်ဃ့ၢ်ပြၢ ၂. စၢၤသွဲၣ်, ကလုာ်နူၣ်, တၢ်အကလုာ် ၃. တၢ်မၤတၢ်ချ့ချ့ကလဲာ်

race *v* ၁. ပြၢတၢ်, ဃ့ၢ်ပြၢ ၂. လဲၤတၢ်ချ့ချ့ကလဲာ်, သုးသးချ့ချ့ကလဲာ်, မၤတၢ်ချ့ချ့ကလဲာ် ၃. သးစံၣ်ချ့ချ့ကလဲာ်

race meeting *n* တၢ်ဃ့ၢ်ပြၢကသ့ၣ်

race relations *n* ကလုာ်နူၣ်အတၢ်ရှလိာ်မုာ်လိာ်, တၢ်ရှလိာ်မုာ်လိာ်လၢကလုာ်နူၣ်လီၤဆီတဖၣ်အဘၢၣ်စၢၤ

race riot *n* ကလုာ်နူၣ်အတၢ်တၢထိၣ်တၢလီၤ, ကလုာ်နူၣ်အတၢ်ပြုထိၣ်, ကလုာ်နူၣ်တၢ်သဘံၣ်ဘုၣ်

racecourse *n* ၁. တၢ် (ဃ့ၢ်) ပြၢအပျိ ၂. တၢ်ဃ့ၢ်ပြၢကသ့ၣ်အပျိ

racegoer *n* ပှၤလၢအလဲၤကွၢ်ကီတၢ်ဃ့ၢ်ပြၢကသ့ၣ်

racehorse *n* ကသ့ၣ်ဃ့ၢ်ပြၢ, ကသ့ၣ်ပြၢ

racer *n* ၁. ပှၤ (ဃ့ၢ်) ပြၢတၢ်ဖိ ၂. (ကသ့ၣ်) ပြၢ ၃. (သိလ့ၣ်) ပြၢ, (သိလ့ၣ်) လၢတၢ်ပြၢအဂီၢ်

racetrack *n* ၁. တၢ် (ဃ့ၢ်) ပြၢအပျိ ၂. တၢ်ဃ့ၢ်ပြၢကသ့ၣ်အပျိ

racial *a* ၁. လၢအဘၣ်ဃးဒီးတၢ်ရှလိာ်မုာ်လိာ်လၢကလုာ်နူၣ်တဖၣ်အဘၢၣ်စၢၤ ၂. လၢအဘၣ်ဃးဒီးကလုာ်နူၣ်

racialist *n* ပှၤအဲၣ်ကလုာ်သးသဟိၣ်ဆူၣ်

racing *n* ၁. တၢ်ဂဲၤလိာ်ကွဲဃ့ၢ်ပြၢကသ့ၣ်, ကသ့ၣ်ဃ့ၢ်ပြၢအမူး ၂. တၢ်လိာ်ကွဲ (ဃ့ၢ်) ပြၢတၢ်တမံၤမံၤ

racing car *n* သိလ့ၣ်ပြၢ

racism *n* ၁. အဲၣ်ကလုာ်ဒ့သန့ ၂. ကလုာ်နူၣ်အတၢ်တၢထိၣ်တၢလီၤ, ကလုာ်နူၣ်အတၢ်ပြုထိၣ်, ကလုာ်နူၣ်အတၢ်သဘံၣ်ဘုၣ်

rack *n* ၁. (တၢ်ပရၢ) စီၢ်, သကွီၣ်တြၤ, တၢ်ဟ်လံာ်လီၢ်, တၢ်ဘျးတၢ်ကူတၢ်သိးလီၢ် ၂. ပီးလီစုကဝဲၤလၢအမၤဆူးမၤဆါတၢ်

rack *v* ၁. မၤဆူးမၤဆါ, မၤနးမၤဖှိၣ်, မၤကီၢ်မၤဂီၤ, မၤဆါပယွဲ, မၤအၢမၤနး, မၤကီမၤခဲ ၂. (ညၣ်ထူၣ်) ဖ့ၣ်ဆၢ ၃. ဆူးထုးထိၣ် (ဘံယၢၣ်, စပံးထံ) လၢတၢ်လီၤဒးအကျါလၢတၢ်ဒၢဖးဒိၣ်အပူၤ

racket, racquet *n* ၁. နီၣ်ပၤ, နီၣ်ဒိ (လၢဒိဆီဒံး မ့တမ့ၢ် ဖျာၣ်ပၤအဂီၢ်) ၂. တၢ်လီတၢ်ဝ့ၤ, တၢ်လီန့ၢ်ပျံာ်ဝ့ၤတၢ် ၃. တၢ်ကလုၢ်သီၣ်သထူၣ်ဘးလီ, တၢ်သီၣ်တၢကလူပိၢ်ကလာ်, တၢ်သီၣ်တၢ်သဲ

racketeer *n* ပှၤလီတၢ်ဖိ, ပှၤလီန့ၢ်ပျံာ်ဝ့ၤတၢ်ဖိ

raconteur *n* ပှၤလၢအစံၣ်ဃဲၤတဲဃဲၤတၢ်သ့ဒီးမှာ်, ပှၤလၢအစံၣ်ဃဲၤတဲစီၤဘၣ်ဃးပှၤတဂၤ

R

ဂ၊ မ့တမ့ၢ် တၢ်တမံၤမံၤလၢအကဲထိဉ်သးအနီၢ်ကီၢ်

racy *a* (တၢ်ကွဲး, တၢ်ကတိၤ) လၢအထိဉ်ဟူးထိဉ်ဂဲၤပှၤအသး, (တၢ်ကွဲး, တၢ်ကတိၤ) လၢအမၤမုာ်မၤဖုံပှၤအသး, (တၢ်ကွဲး, တၢ်ကတိၤ) လၢအမၤကတၢပှၤအသး

radar *n* ရှ်ဒၢ်, တၢ်သူအီၤလၢတၢ်ကဃုတၢ်တမံၤမံၤ အဒိ, ကဘီယူၤအိဉ်တၢ်အလိၢ်

radiance *n* ၁. တၢ်ကပီၤ, တၢ်ကဲၤကပီၤ ၂. တၢ်အိဉ်ပှဲၤဒီးတၢ်သူဉ်ခုသးခု

radiant *a* ၁. လၢအပှဲၤဒီးတၢ်သူဉ်ခုသးခု ၂. လၢအကဲၤကပီၤ, လၢအကပီၤကပြုၢ်ကပြီၤ

radiate *v* ဆဲးကပီၤလီၤ, (မ့ၢ်) ကိၢ်လီၤဘှဉ်

radiation *n* ၁. တၢ်ကပီၤဆဲးလီၤ ၂. (နယူချံယါ) အဂံၢ်သဟီဉ်

radiator *n* ၁. ရှ်ဒံၢ်ယ့းထၢဉ်, တၢ်ပီးတၢ်လီလၢအဟ့ဉ်ထိဉ်တၢ်ကိၢ်ဒီးမၤလၤထိဉ်ဒၢး ၂. တၢ်ပီးတၢ်လီလၢအမၤခုဉ်လီၤသိလ့ဉ် မ့တမ့ၢ် ကဘီယူၤအစဲးခိဉ်ဃံ, အစဲးဖီကဟဉ်

radical *a* ၁. ဘဉ်ဃးဒီးတၢ်မိၢ်ပှၢ် ၂. တလၢကွံာ်အခၢး, တၢ်ဆီတလဲလၢာ်လၢာ်ဆ့ဆ့

radical *n* ၁. ပှၤလၢအဲဉ်ဒီးတၢ်ဆီတလဲ, ပှၤလၢအထံဉ်တၢ်တလၢကွံာ်အခၢး, ပှၤလၢအထံဉ်တၢ်တခီတၢၤတလၢကွံာ်အခၢး ၂. (တၢ်ဂံၢ်တၢ်ဒွး) နီဉ်ဂံၢ်ကထၢအခီဉ်ထံး

radical cure *n* တၢ်ယါဘျါအီၤလၢအတဲာ်

radicalism *n* ရဲဉ်ဒံၢ်ခၢဉ်လံးစၢဉ်(မ)သန္, တၢ်အဲဉ်ဒီးတၢ်ဆီတလဲအတၢ်ဟ်သးသန္, တၢ်ထံဉ်တၢ်တခီတၢၤတလၢကွံာ်အခၢးသန္

radicalize, radicalise *v* မၤဒ်သိးပှၤကထံဉ်တၢ်တခီတၢၤတလၢကွံာ်အခၢး, မၤဒ်သိးပှၤကတူၢ်လိာ်တၢ်ထံဉ်တၢ်ဆိကမိဉ်အသီလၢအဲဉ်ဒီးဆီတလဲကွံာ်တၢ်

radio *n* ကွဲၤလ့လိၤ

radio *v* ဆှၢတၢ်ကစိဉ်ခီဖျိကွဲၤလ့လိၤ

radio telescope *n* ရှ်ဒံၢ်ယိဉ်ထဲလံစကိး, ရှ်ဒံၢ်ယိဉ်မဲာ်ထံကလၤကွၢ်မူဒိ

radioactive *a* ၁. လၢအဆှၢရှ်ဒံၢ်ယိဉ်တၢ်ကိၢ်အသဟီဉ်, လၢအထုးထိဉ်ရှ်ဒံၢ်ယိဉ်တၢ်ကိၢ်အသဟီဉ် ၂. လၢအဘဉ်ထွဲဒီးရှ်ဒံၢ်ယိဉ်တၢ်ကိၢ်အသဟီဉ်

radioactivity *n* ရှ်ဒံၢ်ယိဉ်တၢ်ကိၢ်အသဟီဉ်

radio-controlled *a* လၢအဘဉ်တၢ်ပၢဆှၢစိအီၤသ့လၢရှ်ဒံၢ်ယိဉ်

radiographer *n* ပှၤလၢအဒိယဲၤဖျါ, ပှၤလၢအဒိအဲးစရ့

radiography *n* တၢ်ဒိအဲးစရ့, တၢ်ဒိယဲၤဖျါ

radiologist *n* ပှၤသ့ပှၤဘဉ်လၢတၢ်ဒိအဲးစရ့ (တၢ်ဒိယဲၤဖျါ) တၢ်ကူဉ်ဘဉ်ကူဉ်သ့တကပၤ, ပှၤစဲဉ်နီၤလၢတၢ်ဒိအဲးစရ့ (တၢ်ဒိယဲၤဖျါ) တၢ်ကူဉ်သ့ကူဉ်ဘဉ်တကပၤ

radiology *n* ယဲၤဖျါပီညါ, အဲးစရ့ပီညါ

radio-telephone *n* လီတဲစိလၢအစူးကါရှ်ဒံၢ်ယိဉ်တၢ်ဆှၢတၢ်ကစိဉ်, ရှ်ဒံၢ်ယိဉ်လီတဲစိ

radiotherapy *n* တၢ်ကူစါယါဘျါလၢအစူးကါယဲၤဖျါ မ့တမ့ၢ် တၢ်ကပီၤအယဲၤတဖဉ်

radish *n* သဘဉ်ဝါတံၢ်

radium *n* ရှ်ဒံၢ်ယၢဉ်(မ), ရှ်ဒံၢ်ယၢဉ်(မ)တၢ်ကိၢ်အသဟီဉ်တကလှာ်လၢတၢ်ကူစါယါဘျါခဲစၢဉ်တၢ်ဆါ

radius *n* ကွီၤဖးကူာ်

raffle *n* တၢ်ဆါတၢ်ဖိတၢ်လံၤလၢအိဉ်ဃုာ်ဒီးတၢ်ဟ့ဉ်ဖိဉ်တၢ်ဖး

raffle *v* ဆါတၢ်ဖိတၢ်လံၤလၢအိဉ်ဃုာ်ဒီးတၢ်ဟ့ဉ်ဖိဉ်တၢ်ဖး

raft *n* ထိ

rafter *n* ၁. တဒိ, တဒိဘိ ၂. ပှၤဒီးထိ

rafting *n* ကၢ်ဒီးလိာ်ကွဲထိ

rag *n* တၢ်ကံးညာ်လိၢ်လံၤအက့အခီ

rag *v* မၤအ့န္, ကတိၤလိာ်လ့တၢ်, နံၤဘဉ်ဖဉ်လဲတၢ်

raga, rag *n* ဟံဉ်ဒူၢ်လုၢ်လၢ်ထူသန္တၢ်ဒ့တၢ်အူတကလှာ်

rage *n* တၢ်သးထိဉ်ဖးဒိဉ်, သးဖျိး, သးဒိဉ်ထိဉ်တပျုၢ်တပှီၤ

rage *v* ၁. သးဒိဉ်တပျုာ်တပှီၤ, သးဒိဉ်နးနးကလဲာ် ၂. (ကလံၤမုၢ်) အူတၢ်တပျုာ်တပှီၤ, (တၢ်ဒုးတၢ်ယၤ) ဆူဉ် ၃. (တၢ်ဆူးတၢ်ဆါ) ရၤလီၤအသးချ့သဒံး

ragged *a* ၁. လၢအလိၢ်လံၤဖီဃးဒီးယာ်မုၢ်ယာ်ဖျ့, ဖျထိဉ် ၂. လၢအကူအသိးတၢ်လိၢ်လံၤဖီဃးဒီးယာ်မုၢ်ယာ်ပြး ၃. (ခိဉ်ဆူဉ်) တရိးဒီး

၄. (တၢ်အမဲာ်ဖံးခိဉ်) သွဲး, တဘျ့, တယူတဃီဉ်, လၢအသဖှထီဉ် ၅. လၢတမ့ၢ်တၢ်ဒ်အညီနုၢ်အသိး ၆. လၢအလီၤဘုံးလီၤတီၤ, လၢအလီၤဘုံးလီၤဘှါ

raging *a* ၁. လၢအသဟီဉ်ဆူဉ်ဒိဉ်မး ၂. (ခိဉ်ဆါ) လၢအဆါနးဒိဉ်မး

raglan *a* ၁. (အီကံ) လၢအဘၣ်တၢ်ဆးတစူၤလီၤအီၤလၢကိာ်ကျၢခံ ၂. (အီကံ) လၢအဖံဘၣ်ခိဉ်အိဉ်တဆဲးဃီ

ragtag *a* လၢအတကဆဲ့ကဆို, လၢအအိဉ်လၢအလီၢ်အကျဲ, လၢအအိဉ်လၢအရဲဉ်အကျဲၤ

raid *n* ၁. တၢ်ထီဉ်ဒုး, တၢ်နၥ်လီၤဒုးတၢ် ၂. တၢ်ဂုာ်ဆူဉ်ပျိဆူဉ် ၃. တၢ်နၥ်လီၤဖိဉ်တၢ်သတူၢ်ကလာ်

raid *v* ၁. ထီဉ်ဒုး, နၥ်လီၤဒုး ၂. ဂုာ်ဆူဉ်ပျိဆူဉ် ၃. နၥ်လီၤဖိဉ်တၢ်သတူၢ်ကလာ်

raider *n* ပှၤနၥ်လီၤဂုာ်ဆူဉ်ပျိဆူဉ်တၢ်

rail *n* ၁. ထးကျိၤခံဘိလၢထးအပၢ်တဖဉ်လဲၤဝဲ, အဒိ, လှ့ဉ်မ့ဉ်အူကျဲ ၂. ဃီအစုဖိဉ်, စုပှာ်

rail *v* ၁. ကတိၤတၢ်ဆူဉ်ဆူဉ်ကိၢ်ကိၢ်, ကတိၤသရှသရိးတၢ်, ကးဃါတၢ် ၂. ဂၢါဃာ်ဒီးထးကျိၤ

railcard *n* တၢ်ဒိးလှ့ဉ်မ့ဉ်အူခးက့, တၢ်ဒိးလှ့ဉ်မ့ဉ်အူခးက့လၢအမၤစှၤလီၤန့ၢ်တၢ်လဲၤတၢ်က့ၤအပှ့ၤ

railhead *n* တၢ်လီၢ်ဖဲလှ့ဉ်မ့ဉ်အူကျဲကတၢၢ်အလီၢ်

railing *n* တိာ်ထး, ထးအဘိတဖဉ်ဘဉ်တၢ်တ့အီၤဒ်တိာ်လၢပကကရၢၢ်တၢ်အဂီၢ်

railings *n* တိာ်ထး, ထးအဘိတဖဉ်ဘဉ်တၢ်တ့အီၤဒ်တိာ်လၢပကကရၢၢ်တၢ်အဂီၢ်

railroad *n* လှ့ဉ်မ့ဉ်အူကျဲ

railroad *v* ၁. မၤကရီတၢ်, မၤပစ့ာ်ပတ့ၤတၢ် ၂. ဒုးလီၤဆူဃိာ်လၢကျဲတတီတတြၢ်အပူၤ

railway *n* လှ့ဉ်မ့ဉ်အူကျဲ

railwayman *n* လှ့ဉ်မ့ဉ်အူအပှၤမၤတၢ်ဖိ, ပှၤမၤတၢ်ဖိလၢလှ့ဉ်မ့ဉ်အူခီပနံာ်

raiment *n* တၢ်ကူတၢ်သိး

rain *n* တၢ်စူၤ

rain *v* ဟဲစူၤလီၤ

rain check *n* ခူဉ်ပိဉ်ခးက့လၢတၢ်ထုးထိဉ်ဟ့ဉ်လီၤလၢတၢ်ကပ္ၤက့ၤတၢ်လၢခံအဂီၢ်, ခးက့လၢတၢ်စူးကါအီၤသ့လၢခံအဂီၢ်

rain shadow *n* တၢ်လီၢ်လၢကစၢ်အိဉ်သဒၢဒီးမူခိဉ်စူၤတဘဉ်အလီၢ်

rainbow *n* တၢ်ကွဲၤ

raincoat *n* ဆ့ကၤတြီတၢ်စူၤထံ, ဆ့သူထံ, ဆ့ကၤလၢပကၤအီၤဒ်သိးပသုတဘဉ်စီဉ်ဒီးတၢ်စူၤထံ

raindrop *n* မူခိဉ်ထံလီၤစီၤ

rainfall *n* တၢ်စူၤယှာ်

rainforest *n* တၢ်ကိၢ်လီၢ်ကပီၤတၢ်စူၤသ့ဉ်ပှၢ်

rainout *n* (မူးပွဲ) တၢ်ဘဉ်ဟ်ပတှာ်ကွံာ်မူးခီဖျိမူခိဉ်စူၤလီၤအဃိ

rainproof *a* လၢအတြီမူခိဉ်ထံ, လၢအဒီသဒၢမူခိဉ်ထံ

rainstorm *n* တၢ်စူၤဒိဉ်ကလံၤမုၢ်လီၤ

rainwater *n* ထံဃဲ, တၢ်စူၤထံ

rainy *a* လၢတၢ်စူၤလီၤ

raise *v* ၁. စိာ်ကဖီထီဉ်မၤကစီၤထီဉ် ၂. ဝံၢ်ဆၢထၢဉ်, ဘိးဆၢထၢဉ်, သူဉ်ထီဉ် ၃. မၤအါထီဉ် ၄. ဟ်ဖှိဉ်ထီဉ်ကျိဉ်စ့ ၅. လုၢ်ဒိဉ်ထီဉ်

raised *a* လၢအထီဉ်ထီနှ့ၢ်တၢ်အိဉ်ဝးတရံးအီၤ

raisin *n* စပံးသဉ်ဃ့

raising *n* တၢ်ဒိဉ်ထီဉ်ထီထီဉ်, တၢ်အါထီဉ်ဂီၢ်ထီဉ်

raja *n* ရၢ်ကှဉ်, အ့ဒယါဉ်အစီၤပၤ

rake *n* ၁. ကြၢ် ၂. ပှၤလၢအသကဲာ်ပဝးဟးဂီၤ, ပှၤလၢအလူၤတၢ်မှာ်တၢ်ပိုဉ်ဒ်အမ့ၢ်တၢ်အီသံးအီက်ဒီးတၢ်မှာ်ဖံးမှာ်ညဉ် ၃. တၢ်ဒ့ခံလီၤ, တၢ်လီၤတစ့

rake *v* ၁. ကွးလၢကြၢ်, တ်ဖိုဉ်လၢကြၢ် ၂. ဃုကမူၢ်ခွဲးခွးတၢ်လီၤတံၢ်လီၤဆဲး ၃. (ခဲမရၢ်) ခးပညိဉ်ခဲမရၢ်အတၢ်ကပီၤဒီးသုးအီၤကဃီကဃီဆူနူဉ်ဆူအံၤ, လှ့ကပီၤဝ့ၤဝီၤတၢ် ၄. (ကျိ) ခးပညိဉ်ကျိဒီးခးဝ့ၤဝီၤကျိလၢအဆၢတလီၤတူာ်

rake-off *n* တၢ်နီၤလီၤလိာ်သးတၢ်အထိးနါလၢတၢ်ဒိးနှ့ၢ်ဘဉ်အီၤလၢတၢ်တတီတတြၢ်အပူၤ

rakish *a* ၁. လၢအမၤအသးပှ်ပှ်ဆုါဆုါ, လၢအပဲ့ၤဒီးတၢ်နာ်နှ့ၢ်လီၤသး ၂. လၢအသကဲာ်ပဝးဟးဂီၤ

R

rally *n* ၁. တၢ်ဒုးစူးဖိုၣ်ရိၣ်ဖိုၣ်က့ၤပှၤလၢလီၢ်တပူၤဃီလၢတၢ်ကမၤသကိးတၢ်လၢတၢ်ဒိၣ်ထီၣ်ထီထီၣ်အဂီၢ် ၂. တၢ်ဃှၢ်ပြၢသိလ့ၣ်လၢတၢ်ဒ့ၣ်စၢၤအယံၤ ၃. တၢ်ဂ့ၤထီၣ်ဘၣ်ထီၣ်

rally *v* ၁. နှာ်လီၤမၤသကိး (မ့တမ့ၢ်) ဟ်ဖိုၣ်ထီၣ်အသးလၢတၢ်ဒိၣ်ထီၣ်ထီထီၣ်အဂီၢ် ၂. အိၣ်ဆူၣ်ထီၣ်က့ၤ, ဂံၢ်ဘါဆူၣ်ထီၣ်က့ၤ, သးမှာ်ထီၣ်က့ၤ ၃. (ကျိၣ်စ့, ရှဲယါ) အပ္ှၤဟဲက့ၤထီၣ်ကဒါက့ၤ

rally point, rallying point *n* တၢ်ထံၣ်လၢအလီၤပလိာ်သးသ့တပူၤဃီ

rallying cry *n* ၁. တၢ်ကိးဖိုၣ်ပှၤသုးဖိလၢတၢ်ဒုးပျိအပူၤ, တၢ်ဒုးသုးအတၢ်ကိးသတြီ ၂. တၢ်ကိးသတြီထီၣ်လၢကဟ်ဖိုၣ်ထီၣ်ပှၤကညီ

RAM *abbre* ရဲ(မ) (RAM=random-access memory), ခိၣ်ဖှူထၢၣ်အယူၣ်နူးလၢအဟ်ကီၤတၢ်ဂ့ၢ်တၢ်ကျိၤလၢတၢ်ကဃုထံၣ်နှၢ်အီၤ

ram *n* ၁. သိဖါ ၂. စုကဝဲၤဖးဒိၣ်လၢအဆဲးထူဆဲးတိၢ်လီၤပိၢ်တၢ်

ram *v* ဘၣ်ထံးလၢအသဟီၣ်ဆူၣ်ဆူၣ်

Ramadan *n* ပှၤမူးစလ့ၣ်ဖိတၢ်ဒုၣ်တၢ်အီၣ်ပာ်စီဆုံသးအလါ

ramble *n* တၢ်ဟးလိာ်ခိၣ်လိာ်ကွဲ

ramble *v* ၁. ဟးလိာ်ကွဲဆူအံၤဆူနုၤ ၂. ကတိၤတၢ်ဆူအံၤဆူဘး ၃. ဒိးထီၣ်ဒီးဆဲးဖးတြၢ်ထီၣ်

rambler *n* ၁. ပှၤဟးလိာ်ခိၣ်လိာ်ကွဲ ၂. တၢ်မုၢ်တၢ်ဘိ, လီၤဆီဒၣ်တၢ်ဖိတၢၤဆူၣ်လၢအဒိးထီၣ်ဒီးအဒ့ဆဲးဖးတြၢ်ထီၣ်

rambling *a* ၁. (တၢ်သူၣ်ထီၣ်) လၢအဘိုထီၣ်သးတအိၣ်ဒီးအဂ့ၢ်အဝီ ၂. လၢအဟးကတိၤတၢ်ဆူအံၤဆူဘး, လၢအဟးကွဲးတၢ်ဆူအံၤဆူဘး ၃. လၢအဒိးထီၣ်ဒီးအဒ့ဆဲးဖးတြၢ်ထီၣ်

rambling *n* ၁. တၢ်ဟးလိာ်ခိၣ်လိာ်ကွဲ ၂. တၢ်ဟးကတိၤတၢ်ဆူအံၤဆူဘး, တၢ်ဟးကွဲးတၢ်ဆူအံၤဆူဘး

rambutan *n* သၣ်ကပၢၤ

ramification *n* ၁. တၢ်ဖးဒ့ဖးတြၢ်, တၢ်နီၤဖးလီၤအီၤဆူအဒ့ဖိတဖၣ် ၂. တၢ်ကဲထီၣ်ပိာ်ထွဲထီၣ်တၢ်ဂၤအခံ

ramify *v* ၁. ဖးဒ့ဖးတြၢ်, နီၤဖးလီၤအီၤဆူအဒ့ဖိတဖၣ် ၂. လၢအကဲထီၣ်ပိာ်ထွဲထီၣ်တၢ်ဂၤအခံ

ramp *n* ၁. တၢ်လီၤဘံ ၂. ဃီသွါ, ဃီသွါလၢတၢ်စူးကါအီၤလၢတၢ်ထီၣ်လီၤကဘီယူၤအဂီၢ်

rampage *n* တၢ်သးထီၣ်တပျုၢ်တပျိၤ, တၢ်သးဒိၣ်နးနးကလဲာ်ဒ်ပျုၢ်အသိး, တၢ်သးဒိၣ်သူၣ်ဂဲၤဖါရူ, တၢ်သူၣ်ပိၢ်သးဝး

rampage *v* သးဒိၣ်တၢ်တပျုာ်တပျိၤ, သးဒိၣ်သူၣ်ဂဲၤဖါရူ, ဃ့ၢ်ဝ့ၤဝီၤအိၣ်ဒီးတၢ်သးဒိၣ်

rampant *a* ၁. လၢအရၤလီၤအသးတုၤလၢတၢ်ပၢဆှၢက့ၤအီၤတန့ၢ်လၢၤ ၂. လၢအမဲထီၣ်ဒီးထီၣ်အါအါဂိၢ်ဂိၢ်, လၢအမဲထီၣ်အါတလၢ

rampart *n* တိာ်ခၢၣ်သနၢၣ်, တိာ်

ramrod *n* ၁. တၢ်ဆ့ၣ်နီၤ, ဆၢထၢၣ်ဘျၢယှၢ်ကလာ် ၂. နိၣ်က့ဆဲးဖိုးမၤကဆိုညီကျိဘိ, တၢ်မၤကဆှဲကဆိုကျိအဘိ, ကျိအနိၣ်ဆဲးဖိုး

ramshackle *a* လၢအတကျၢၤ, လၢအလီၢ်လံၤဖိဃး, လၢအဘူးကလီၤပိၢ်

ranch *n* တၢ်ဘုၣ်ဆၣ်ဖိကီၢ်ဖိအလီၢ်, ဆၣ်ဖိကီၢ်ဖိအဂၢၤ

ranch house *n* ဟံၣ်ဒဲ, ဒဲဖိစီၢ်, ဟံၣ်ဒဲဖိလၢအအိၣ်ဖဲတၢ်ဘုၣ်ဆၣ်ဖိကီၢ်ဖိအလီၢ်, ဟံၣ်တကထၢဖိလၢအအိၣ်ဖဲဆၣ်ဖိကီၢ်ဖိအဂၢၤ

rancher *n* ပှၤလၢအပၢဆှၢကွၢ်ထွဲတၢ်ဘုၣ်ဆၣ်ဖိကီၢ်ဖိအလီၢ်, ပှၤလၢအပၢဆှၢကွၢ်ထွဲဆၣ်ဖိကီၢ်ဖိအအဂၢၤ

ranching *n* တၢ်ဘုၣ်ဆၣ်ဖိကီၢ်ဖိအတၢ်ဖံးတၢ်မၤ

rancid *a* လၢအနၢဆံၣ်ဘီ, လၢအနၢအုၣ်နၢဃး

rancour, **rancor** *n* တၢ်သူၣ်ဟ့သးဟ့, တၢ်ထီဒုၣ်ထီဒါ, တၢ်သူၣ်က့ၣ်သးကါ

random *a* ကဆံကဆွဲ, လၢအမၤဒၣ်အသးနါစိၤ

randy *a* လၢအသူၣ်ကတၢသးကတၢ, လၢအဘၣ်သးမုၣ်ခွါသွံၣ်ထံးတၢ်ရှလိာ်မုာ်လိာ်

range *n* ၁. ကစၢၢ်တူၢ်ရဲၣ် ၂. တၢ်အီၣ်ဆၣ်အလီၢ် ၃. တၢ်ဖီမ့ၤအလီၢ် ၄. တၢ်ဟ်ပနီၣ်လၢတၢ်ခံမံၤအဘၢၣ်စၢၤ

R

range *n* ကစၢၢ်တူၢ်ရဲၣ်, တၢ်အိၣ်ဆၣ်အလိၢ်, တၢ်ဖိမ့ၢအလိၢ်, တၢ်ဟ်ပနီၣ်လၢတၢ်ခံမံၤအဘၢၣ်စၢၤ

range *v* ၁. ရဲၣ်လီၤတဂ့ၢ်တဂ့ၢ် ၂. ဒုးဘၣ်ဃးအသးဒီးပှၤတဖု ၃. ဟးဝ့ၤဝီၤ

ranger *n* ၁. သ့ၣ်ပှၢ်ခိၣ်, ပှၤခိးသ့ၣ်ပှၢ် ၂. သုးဖိဟးဝ့ၤဝီၤလၢပှၢ်လၢ်ကျါ

rangy *a* လၢအဃဲၤဃဲၤထီထီ

rank *a* ၁. လၢအမဲထိၣ်အါတလၢ, လၢအမဲထိၣ်ဖးထိၣ်အါတလၢ ၂. အၢသံတူာ်ကိာ် ၃. လၢအနၢတမှာ်တလၤ, လၢအနၢဆုံနၢမ့ၣ်

rank *n* ၁. လိၢ်လၤ ၂. အဂ့ၢ်, အကျိၤ ၃. အလိၢ်အကျဲ, တၢ်အတီၤပတိၢ်

rank *v* ၁. ဟ့ၣ်လိၢ်လၤ, ဟ်လီၤလိၢ်လၤ ၂. ဟ်လီၤအတီၤ, ကျဲၤလီၤအတီၤ, ဟ်လီၤအလိၢ်အကျဲ ၃. ရဲၣ်လီၤလၢအဂ့ၢ်

ranking *a* လၢအအိၣ်ဒီးလိၢ်လၤ

ranking *n* ၁. လိၢ်လၤ ၂. တၢ်အတီၤပတိၢ်

rankle *v* ၁. မၤအ့နူၤပှၤအသးတလိၢ်လိၢ်, သးဆါဃဲးဃဲး ၂. ဆါ, ဆါအ့ၣ်စိၢ်အ့ၣ်ထုး

ransack *v* ၁. ဟးဃုတၢ်သကုၤဆးဒး ၂. ဂုာ်န့ၢ်ပျိဆူၣ်

ransom *n* တၢ်ပှ့ၤက့ၤတၢ်, တၢ်ရှထိၣ်က့ၤတၢ် အဒိ, ပှၤကဲဒိၣ်တဂၤဟ့ၣ်စ့တကကွဲၢ်လၢတၢ်ပှ့ၤက့ၤအဖိခွါလၢတမျာ်အစုပူၤ

ransom *v* ပှ့ၤထိၣ်က့ၤတၢ်, ရှထိၣ်က့ၤတၢ်

rant *v* ကတိၤတၢ်ဆူၣ်ဆူၣ်ကိၢ်ကိၢ်, ကတိၤသရုသရိးတၢ်, ကိးဃါတၢ်

rantings *n* တၢ်ကတိၤဆူၣ်ဆူၣ်ကိၢ်ကိၢ်, တၢ်ကတိၤသရုသရိးတၢ်

rap *n* ၁. (တၢ်သံကျံ) တၢ်သးဝံၣ်ရဲး(ပ), တၢ်ကတိၤသးဝံၣ်တၢ်, တၢ်သံကျံတကလုာ်လၢအဆူၣ်, ချ့ဒီးအိၣ်ဒီးတၢ်ကတိၤအဖျၢၣ်လၢပှၤကတိၤအီၤချ့ ၂. တၢ်ဒိတကျိာ် ၃. တၢ်လိာ်ဘၢလိာ်ကွိၢ်, တၢ်စံၣ်ညီၣ်ဟ်ဖျါ, တၢ်ဟ်ဖျါတၢ်စံၣ်ညီၣ် ၄. တၢ်ဟ်ဒ့ၣ်ဟ်ကမဉ်, တၢ်ဝဲၤထံနီၤဖး, တၢ်ဝဲၤအၢဝဲၤသီ ၅. တၢ်ပိၣ်တၢ်တဲ, တၢ်တဲဃဲၤသကိးတၢ်, တၢ်စံၣ်တဲၤသကိးတၢ်

rap *v* ၁. ဒိတကျိာ် ၂. သးဝံၣ်တၢ်သးဝံၣ်ရဲး(ပ), ကတိၤသးဝံၣ်တၢ် ၃. ဟ်ဒ့ၣ်ဟ်ကမဉ်, ဝဲၤထံနီၤဖး, ဝဲၤအၢဝဲၤသီ ၄. ပိၣ်တၢ်တဲတၢ်, တဲဃဲၤသကိးတၢ်, စံၣ်တဲၤသကိးတၢ်

rapacious *a* လၢအသူၣ်လီသးကွံတၢ်

rape *n* ၁. တၢ်မူၤဆူၣ်မူၤစိး, တၢ်ဖိးဆူၣ်မံဃုာ် ၂. သဘၣ်ဒီးတကလုာ်

rape *v* ၁. မူၤဆူၣ်မူၤစိး, ဖိးဆူၣ်မံဃုာ် ၂. (တၢ်လိၢ်) မၤဟးဂူာ်ဟးဂီၤ

rapid *a* ချ့သဒံး

rapid *n* စဲ့ၤ, က့

rapid transit *n* ကမျၢၢ်ဝံစိာ်တီဆှၢအချ့လၢဝ့ၢ်ပူၤ, ကမျၢၢ်တၢ်လဲၤတၢ်က့ၤအချ့လၢဝ့ၢ်ပူၤ

rapid-fire *a* ၁. (သံကွၢ်တၢ်) လၢအချ့သဒံး ၂. (ခးကျိ) လၢအဆၢတလီၤတူာ် ၃. လၢအချ့သဒံး, တပယူာ်ဃီ

rapidity *n* တၢ်အချ့, တၢ်ချ့သဒံး

rapidly *adv* ချ့ချ့

rapids *n* စဲ့ၤဘိလိၤ, က့

rapier *n* နးဖးထီ

rapine *n* တၢ်ဂုာ်ဆူၣ်ပျိဆူၣ်တၢ်, တၢ်တမျာ်တၢ်

rapist *n* ပှၤမူၤဆူၣ်မူၤစိးတၢ်, ပှၤဖိးဆူၣ်မံဃုာ်တၢ်

rapper *n* ပှၤလၢအသးဝံၣ်ရဲး(ပ)တၢ်သးဝံၣ်, ရဲးဖၢၣ်

rapport *n* တၢ်ရှလိာ်သးဘူးဘူးတံၢ်တံၢ်အိၣ်ဒီးတၢ်နၢ်ပၢၢ်လိာ်သး

rapporteur *n* ပှၤလၢအဘၣ်ဟ်ဖျါထိၣ်တၢ်လၢတၢ်အိၣ်ဖိုၣ်အပူၤ

rapprochement *n* တၢ်ဘၣ်လိာ်ဖိးဒ့လိာ်က့ၤသး

rapt *a* လၢအိၣ်ဒီးတၢ်သးစဲဒိၣ်ဒိၣ်ကလဲာ်, လၢအသးစဲတၢ်ဒိၣ်ဒိၣ်ကလဲာ်

rapture *n* တၢ်သူၣ်ခုသးခုဒိၣ်ဒိၣ်ကလဲာ်, တၢ်ပှဲၤလုာ်ကွံာ်ဒီးတၢ်သးခု

rapturous *a* လၢအသူၣ်ခုသးခုဒိၣ်ဒိၣ်ကလဲာ်, လၢအပှဲၤလုာ်ကွံာ်ဒီးတၢ်သးခု

rare *a* ၁. ကၤ, တအိၣ်အါကဲာ်ဆိး ၂. လၢတညီနုၢ်မၤအသး ၃. (တၢ်ညၣ်) လၢဘၣ်တၢ်ဖီအီၤမံမံတမံမံ, မံမံတမံမံ ၄. (ကလံၤ) ကထၢဖံ

rare earth *n* ဂာ်လဲသနဲးအစံရံ, စၢၢ်ထးဂာ်စီအကရူၢ်

rarefied *a* ၁. လၢဘၣ်တၢ်သ့ၣ်ညါအီၤစုၤ, လၢဘၣ်တၢ်သ့ၣ်ညါနၢ်ပၢၢ်အီၤထဲပှၤတဖုတကရူၢ်

R

ဒိၤ ၂. (ကလံၤ) လၢအတၢ်ဆိၣ်သနံးစှၤ, လၢအီး စံၣ်ကျွၣ်အိၣ်စှၤန့ၢ်ဒံးအညီနှၢ်အသိး

rarely *adv* တဘျီတခီၣ်, တအါဘျီ, တညီနှၢ် မၤအသး

raring *a* လၢအသူၣ်ဆူၣ်သးဂဲၤ, လၢအသး ဆူၣ်

rarity *n* ၁. တၢ်လၢအကၤ, တၢ်ကၤ ၂. ကလံၤကထၢဖံ ၃. တၢ်လၢအဂ့ၤလီၤဆီ

rascal *n* ပှၤကဘျံးကဘျၣ်, ပှၤတဂ့ၤတဘၣ်, ပှၤတဂိာ်တသိၣ်, ပှၤနါစိၤနါပြာ်, ပှၤတမှာ်တနီၢ်, ပှၤနူၢ်က့ၣ်နၢ်ယွၤ

rascally *a* လၢအကဘျံးကဘျၣ်, လၢအတဂ့ၤတဘၣ်, လၢအတဂိာ်တသိၣ်, လၢအနါစိၤနါပြာ်, လၢတမှာ်တနီၢ်, လၢအနူၢ်က့ၣ်နၢ်ယွၤ

rash *a* လၢအချ့ဒံးချ့နူး, လၢအချ့သဒံး, လၢအသးချ့, လၢတအိၣ်ဒီးတၢ်ပလိၢ်ပဒီသး, လၢတအိၣ်ဒီးတၢ်ဆိကမိၣ်ဆိကမး

rash *n* ၁. တၢ်ကပြု ၂. တၢ်ပြုထီၣ်တစိၢ်ဖိ (အဒိ, a rash of strikes)

rasher *n* ထိးညၣ်ဃ့ကဘျံး, ထိးညၣ်ကဘျံး

rashly *adv* ချ့ချ့, ချ့ဒံးချ့နူး

rasp *n* ၁. တၢ်ဘၣ်ဂံာ်ဂူာ်အသိၣ်, တၢ်သိၣ်ကြံးကြံး, ထးဂံာ်ဂူာ်အသိၣ်, ထးကြဲအသိၣ်, တၢ်သိၣ်ကံာ်နၢ် ၂. တၢ်ကတိၤဟဲၣ်ကစဲၢ်, တၢ်ကတိၤတမှာ်တလၤ, တၢ်ကတိၤဆါသူၣ်ဆါသး

rasp *v* ၁. ဘၣ်ဂံာ်ဂူာ်, ဂူာ်လၢထးကြဲ, သိၣ်ကြံးကြံး, သိၣ်ကံာ်နၢ်, ဂံာ်ဘျဲး ၂. ကတိၤတၢ်ဟဲၣ်ကစဲၢ်, ကတိၤတၢ်တမှာ်တလၤ, ကတိၤတၢ်ဆါသူၣ်ဆါသး

raspberry *n* ရဲး(စ)ဘဲရံၣ်, ရဲး(စ)ဘဲရံၣ်အသၣ်

raspy *a* လၢအကလုၢ်သိၣ်ဃီၤဃၢၤ, လၢအကလုၢ်သိၣ်ဃဲး, လၢအကလုၢ်ဘံး, ကိာ်ယူၢ်ဘိသွး

rat *n* ၁. ယုၢ် ၂. ပှၤလၢအဃိးကဒါဘီတၢ်, ပှၤလီအီၣ်ဝ့ၤအီၣ်တၢ်, ပှၤလၢအသးတတီ

rat race *n* တၢ်အိၣ်မူလၢအဘၣ်ပြၢလိာ်အသး ဒိၣ်ဒိၣ်မုၢ်မုၢ်

ratbag *n* ပှၤလၢတလီၤဘၢရၢၢ်ဃုာ်, ပှၤလၢအလီၤသးဟ့, ပှၤလၢအလီၤသးဘၣ်အၢ

ratchet *n* စဲးပၣ်အမဲ, လ့ၣ်ပၣ်အမဲ, လ့ၣ်ပၣ်အိၣ်ဒီးအမဲလၢတၢ်ဖိၣ်ကျၢၢ်ဃာ်အီၤဒီးနီၣ်ဖှၣ်, လ့ၣ်ပၣ်လၢတၢ်ဒုးဝံာ်တရံးအီၤထဲတခီပၤ

ratchet *v* ဒုးဝံာ်တရံးတၢ်

rate *n* အယိၣ်, အယူာ်

rate *v* ၁. ဒွးတယာ်, တယာ် ၂. ဟ်ပနီၣ်တၢ်အလုၢ်အပှ့ၤ, ဟ်ပနီၣ်တၢ်အတီၤပတီၢ် ၃. ဟ့ၣ်လီၢ်လၤ, ဟ်လီၤအလီၢ်အကျဲ, ကျဲၤလီၤအတီၤပတီၢ် ၄. ကွၢ်ဆိကမိၣ်ထံဆး ၅. ကလာ်တၢ်, နူပှၤလီၤ, ကတိၤတၢ်ဆူၣ်ဆူၣ်ကိၢ်ကိၢ်

rate cap *n* တၢ်ဟ်ပနီၣ်စ့ယူာ်အထိကတၢၢ်, တၢ်ဟ်ပနီၣ်စ့အ့ၣ်အယူာ်အထိကတၢၢ်

rather *adv* (အါ) နှၢ်ဒံး, (ဒိၣ်) နှၢ်ဒံး – – ဃုထၢတၢ်တမံၤမံၤလၢတၢ်တမံၤမံၤအလီၢ်

rather *exclam* တၢ်ဟ်ဖျါထီၣ်လၢအတူၢ်လိာ်ဝဲ, တၢ်ဟ်ဖျါထီၣ်လၢအဟ်ဂၢၢ်ဟ်ကျၢၤဝဲ

ratification *n* တၢ်အၢၣ်လီၤဟ်ဂၢၢ်ဟ်ကျၢၤတၢ်, တၢ်အၢၣ်လီၤတူၢ်လိာ်ဆဲးလီၤမံၤ

ratify *v* အၢၣ်လီၤဟ်ဂၢၢ်ဟ်ကျၢၤတၢ်, အၢၣ်လီၤတူၢ်လိာ်ဆဲးလီၤမံၤ

rating *n* ၁. တၢ်ဟ်ပနီၣ်တၢ်အလုၢ်အပှ့ၤ, တၢ်ဟ်ပနီၣ်တၢ်အတီၤပတီၢ် ၂. တၢ်အယိၣ်, တၢ်အယူာ် ၃. ထံသုးဖိပတီၢ်မုၢ်, ထံသုးဖိယိယိ

ratio *n* တၢ်ချံးဃ့

ratiocination *n* တၢ်သ့ဆိကမိၣ်ဆိကမးတၢ်အိၣ်ဒီးဂ့ၢ်ဒီးကျိၤ

ration *n* (တၢ်ဖိတၢ်လံၤ) လၢပှၤတဂၤန့ၢ်ဘၣ်လၢတနံၤဒီးတနံၤအဂိၢ်, တၢ်နီၤလီၤ

ration *v* ဟ့ၣ်နီၤလီၤတၢ်

rational *a* လၢအအိၣ်ဒီးတၢ်သ့ၣ်ညါနၢ်ပၢၢ်, လၢအသူၣ်ဆးသးဆး

rationale *n* တၢ်ဂ့ၢ်တၢ်ကျိၤအမိၢ်ပှၢ်

rationalism *n* တၢ်သ့ဆိကမိၣ်တၢ်အိၣ်ဒီးဂ့ၢ်ဒီးကျိၤအသနူ

rationalist *n* ပှၤလၢအသ့ဆိကမိၣ်တၢ်အိၣ်ဒီးဂ့ၢ်ဒီးကျိၤအသနူ, ပှၤလၢအတူၢ်လိာ်တၢ်ကူၣ်တၢ်ဆးဂံၢ်ထံးသနူ

rationalize, rationalise *v* ၁. ဆိကမိၣ်တၢ်လၢအိၣ်ဒီးအဂ့ၢ်အကျိၤ ၂. မၤမုၢ်ကျိၤဝဲၤကွာ်အတၢ်ဆီတလဲခီဖျိတၢ်မၤစှၤလီၤကွံာ်တၢ်လၢအတလိၣ်ဒ်သိးတၢ်မၤကလဲၤအသးဂ့ၤထိၣ်

rationally *adv* ဒ်အကြၢးဝဲဘၣ်ဝဲအသိး, ယူယီၣ်လီၤပလိာ်, အိၣ်ဒီးအဂ့ၢ်အကျိၤ

rationing *n* တၢ်နီၤလီၤတၢ်ဖိတၢ်လံၤဒ်တၢ်ဟ်ပနီၣ်အသိးအသန့

rattan *n* ဂ့ၢ်

rat-tat *n* တၢ်ဒိတကျိာ်တၢ်အသီၣ်

rattle *n* ၁. တၢ်ဒိတကျိာ်သီၣ်အကလုၢ် ၂. တၢ်ကလုၢ်သီၣ်ခြိးခြိးခြီးခြီးဒ်ဖိသၣ်တၢ်ဂဲၤလိာ်ကွဲခြိးခြိးအသိး ၃. တၢ်ကလုၢ်သီၣ်လၢကိာ်ယူၢ်ဘိပူၤ

rattle *v* ၁. တရုၤသီၣ်တၢ်တဲၤတဲၤတြဲးတြဲး ၂. ကတိၤတၢ်အါအါဒီးချူချူ ၃. မၤပျံၤမၤဖုး

rattlesnake *n* ဂ့ၢ်အၢတကလုာ်လၢအမဲၢ်သီၣ်ရဲာ်ရဲာ်ဒ်ဆ့လ့အသိး

rattling *adv* ဂ့ၤမး, ဂ့ၤသမိး, ဂ့ၤဒိၣ်ကတၢၢ်

raucous *a* လၢအကလုၢ်သီၣ်ဘံးတြံာ်ဘံးတြံာ်, လၢအသီၣ်ဆူၣ်မီၤဃီၤ

ravage *v* ဂုာ်ဆူၣ်ပျိဆူၣ်တၢ်, မၤဟးဂူာ်ဟးဂီၤတၢ်

ravages *n* တၢ်မၤဟးဂူာ်ဟးဂီၤတၢ်

rave *n* ၁. တၢ်ကတိၤတၢ်လၢတၢ်သူၣ်ဒိၣ်သးဖိုးအပူၤ, တၢ်တဲမံတဲပျီၢ်တၢ်, တၢ်ကတိၤမံကတိၤပျီၢ်တၢ် ၂. မူးဖးဒိၣ်လၢအအိၣ်ဒီးတၢ်ဂဲၤကလံၣ်ဒီးတၢ်အီမူၤအီဘိုး

rave *v* ၁. ကတိၤမံကတိၤပျီၢ်တၢ် ၂. ကီးပသူကတိၤတၢ်လၢတၢ်သူၣ်ဒိၣ်သးဖိုးအပူၤ ၃. ကတိၤတၢ် မ့တမ့ၢ် ကွဲးတၢ်လၢတၢ်သူၣ်ဆူၣ်သးဂဲၤအပူၤ

rave review *n* တၢ်ကွဲးပဲၤထံနီၤဖးတၢ်ဆူၣ်ဆူၣ်ကိၢ်ကိၢ်လၢတၢ်ပရၢပစၢၢ်အပူၤ

raven *a* သူကတြၢၣ်, လၢအသူကတြၢၣ်

raven *n* စီးဝၣ်ဃးတကလုာ်

ravenous *a* သၣ်ဝံၤဒိၣ်ဒိၣ်ကလဲာ်

raver *n* ၁. ပှၤကတိၤမံကတိၤပျီၢ်တၢ်, ပှၤလၢအကတိၤတၢ်လၢတၢ်သူၣ်ဆူၣ်သးဂဲၤအပူၤ ၂. ပှၤလၢအလူၤတၢ်မှာ်တၢ်ပှိၣ်, ပှၤလၢအဟးမၤမှာ်မၤဖံအသး, ပှၤလၢအလဲၤဆူမူးဖးဒိၣ်လၢအိၣ်ဒီးတၢ်ဂဲၤကလံၣ်ဒီးတၢ်အီမူၤအီဘိုး

ravine *n* တၢ်တြိ

raving *a* လၢအကတိၤမံကတိၤပျီၢ်တၢ်, လၢအဟးကတိၤနါစိၤတၢ်, လၢအကတိၤတၢ်လၢတၢ်သူၣ်ဆူၣ်သးဂဲၤအပူၤ

ravings *n* တၢ်ကတိၤမံကတိၤပျီၢ်တၢ်, တၢ်ဟးကတိၤနါစိၤတၢ်

ravish *v* ၁. ဟံးန့ၢ်ဆူၣ်ကွံာ်တၢ် ၂. ဟ့ၣ်တၢ်သူၣ်ဖုံသးညီ ၃. မူၤဆူၣ်မူၤစိးတၢ်, မံဃုာ်ဆူၣ်တၢ်

ravishing *a* လၢအဃံလၤဒိၣ်မး, လၢအဃံလၤထုးန့ၢ်သူၣ်ထုးန့ၢ်သး

raw *a* ၁. ဃီၤဃၤ, ဃိဃဲး, သွဲး, တဘျ့ဘၣ်, တၢ်တမံၤမံၤလၢတၢ်တမၤဘျ့မၤဂ့ၤဒံးအီၤ ၂. တၢ်လၢတၢ်တဖီမံဒံးအီၤ, အသံကစဲာ်, သံသိ ၃. (တၢ်ပူၤလီၢ်) လၢအတမံဒံးဘၣ်, လၢအတဃုထိဒံးဘၣ်, လၢအဘၣ်စိၣ်ဒံး, သံသိ, သံကစဲာ် ၄. လၢအဆူၣ်မီၤဃီၤဒီးတမှာ်တလၤ ၅. လၢအတၢ်လဲၤခီဖျိစုၤ, လၢအတၢ်လဲၤခီဖျိတအိၣ် ၆. လၢအဂိၢ်ဂိၢ်ဂံာ်ဂံာ်, လၢအဂိၢ်အစုၣ် ၇. (တၢ်ကံးညာ်အက့) လၢအကနူၤခိၣ်ထံးတဆးချံးအသးဘၣ် ၈. (တၢ်ကတိၤပတီၢ်မုၢ်) (ကျိာ်) လၢအတဃံတလၤ, လၢအတကြၢးတဘၣ်, လၢအရှၢ်အစၢၢ်

raw material *n* ပန်ာ်ဃီၤဃၤ

rawhide *n* တၢ်ဖံးဘ့ၣ်ဃီၤဃၤသံကစဲာ်, တၢ်ဖံးဘ့ၣ်ဃီၤဃၤသံသိ

ray *n* တၢ်ကပီၤအယဲၤ

rayon *n* သတိၢ်ယီၤ, ရှယၢၣ်

raze, rase *v* ၁. လူၤကွံာ် (နီးဆူၣ်) ၂. မၤလီၤပိၢ်ကွံာ်စိဖ့ကလ့ၤ

razor *n* ဒီလူၤဆူၣ်

razor blade *n* ဒီလူၤဆူၣ်ကနၣ်

razor wire *n* ထးသွဲပျံၤလၢအိၣ်ဒီးအကနၣ်, ထးသွဲပျံၤဆူၣ်, ထးဆူၣ်

razor-sharp *a* ၁. လၢအအ့ၣ်ဒိၣ်မး, လၢအကနၣ်အ့ၣ်ဒိၣ်မး ၂. လၢအသူၣ်ပှၢ်သးဆှါ, လၢအသ့သ့ၣ်ညါတၢ်

razzle *n* တၢ်ဟးလိာ်ကွဲအီသံး, တၢ်ဟးလိာ်ကွဲလၢမုၢ်နၢခီဒီးမၤမှာ်မၤဖံအသး

re-- *prefix* ကဒီးတဘျီ, ကဒါက့ၤ

reach *n* ၁. စုတုၤဖိၣ်တုၤအလီၢ် ၂. တၢ်လဲၤတုၤသ့အလီၢ်, တၢ်တုၤယီၤအလီၢ် ၃. ထံကျိအဒ့စုၤ

reach *v* တုၤ, (ဖိၣ်) တုၤ, (လဲၤ) တုၤ, ထိၣ်ဘး, ယှာ်ထိၣ်အသး

react *v* ၁. ခီဆၢ, မၤဆၢက့ၤ, ခိၣ်ဆၢ ၂. (က်) အတၢ်ဒိဘၣ်အိၣ်ထိၣ် ၃. (တၢ်အိၣ်, ကသံၣ်ကသီ) ဒိဘၣ်, မၤဘၣ်ဒိတၢ်

R

reaction *n* ၁. တၢ်ခီဆၢ, တၢ်မၤဆၢက့ၤတၢ်, တၢ်ခီဉ်ဆၢတၢ် ၂. က်အတၢ်ဒိဘဉ်အိဉ်ထိဉ် ၃. (တၢ်အီဉ်, ကသံဉ်ကသီ) တၢ်ဒိဘဉ်, အတၢ်မၤဘဉ်ဒိတၢ်

reactionary *a* လၢအခီဉ်ကီၤ, လၢအထီဒါတၢ်ဆီတလဲ

reactionary *n* ပှၤလၢအခီဉ်ကီၤ, ပှၤလၢအထီဒါတၢ်ဆီတလဲ

reactivate *v* မၤဟူးဂဲၤထီဉ်ကဒါက့ၤ, ဒုးဟူးဂဲၤထီဉ်ကဒါက့ၤ

reactive *a* ၁. လၢအခီဉ်ဆၢက့ၤတၢ်, လၢအမၤဆၢက့ၤတၢ် ၂. (က်) လၢအတၢ်ဒိဘဉ်အိဉ်ထိဉ်ညီ, လၢက်အတၢ်ဒိဘဉ်အိဉ်ထိဉ်ညီ

reactor *n* ၁. (nuclear reactor) စဲးထုးထိဉ်နူၢ်ကျံအဂံၢ်သဟိဉ် ၂. တၢ် မ့တမ့ၢ် ပှၤလၢအခီဉ်ဆၢက့ၤတၢ်, တၢ် မ့တမ့ၢ် ပှၤလၢအမၤဆၢက့ၤတၢ်

read *a* လၢအတၢ်သ့ဉ်ညါနၢ်ပၢၢ်အါ, လၢအဖးလံာ်ဖးလဲၢ်အါ

read *n* ၁. တၢ်ဖး (လံာ်), တၢ်ဖး (လံာ်) အဆၢကတီၢ် ၂. တၢ်ဖးအီၤမှာ် မ့တမ့ၢ် တမှာ်

read *v* ဖးလံာ်

readable *a* ၁. (လံာ်) လၢတၢ်ဖးဘဉ်အီၤညီ, လၢအဖျါဆုံဒီးဖးဘဉ်ညီ ၂. (လံာ်) လၢအလီၤဖး, လၢအထုးနဲ့ၢ်ပှၤသးလၢပှၤကဖးအီၤ

reader *n* ၁. ပှၤဖးလံာ်, ပှၤဖးလံာ်ဆူဉ်, ပှၤဖးတၢ်ဖိ ၂. လံာ်ဖး, လံာ်ဖးညီညီဖိ ၃. တီၤဒိဉ်တှာ်သရဉ်, တီၤထီသရဉ်သိဉ်လိတၢ်လၢဖှဉ်စိမိၤအပူၤ

readership *n* ပှၤဖးလံာ်ဖိအနီဉ်ဂံၢ်နီဉ်ဒွး

readily *adv* ၁. ညီကဒဉ်, ချ့သဒံး, တဘျီယီ ၂. လၢတၢ်တဝံခိဉ်ဒိဉ်ခံဃၢဘဉ်အပူၤ, လၢတၢ်သူဉ်အိဉ်သးအိဉ်ဖးဒိဉ်အပူၤ

reading *n* ၁. တၢ်ဖးလံာ်ဖးလဲၢ် ၂. လံာ်ဖး ၃. တၢ်ဖးတၢ်ဒွးတယာ်တၢ်, တၢ်ထိဉ်တၢ်တဲာ်တၢ်

reading age *n* တၢ်သ့ဖးလံာ်ဖးလဲၢ်အပတီၢ်

reading room *n* တၢ်ဖးလံာ်အဒၢး

readjust *v* ၁. မၤညီနှၢ်ထိဉ်က့ၤသး, မၤဘဉ်လိာ်က့ၤသး, ကျဲၤဘဉ်လိာ်က့ၤသး ၂. သုးဘဉ်က့ၤတၢ်, ဘှီဘဉ်က့ၤတၢ်

readjustment *n* ၁. တၢ်မၤညီနှၢ်ထိဉ်က့ၤသး, တၢ်မၤဘဉ်လိာ်က့ၤသး, တၢ်ကျဲၤဘဉ်လိာ်က့ၤအသး ၂. တၢ်သုးဘဉ်က့ၤတၢ်, တၢ်ဘှီဘဉ်က့ၤတၢ်

readmit *v* ၁. ပျဲနုာ်ကဒါက့ၤ, တူၢ်လိာ်ကဒါက့ၤ ၂. ထိဉ်ကဒီးတၢ်ဆါဟံဉ်

ready *a* ၁. အိဉ်ကတီၤသး ၂. လၢတၢ်ကတီၤဟ်အီၤဝံၤလံ

ready *adv* ကတဲာ်ကတီၤဟ်ဝံၤလံ

ready *n* ၁. (at the ready) တၢ်စ့းကါအီၤသ့တဘျီယီ ၂. (The readies) ကျိဉ်စ့လၢတၢ်စူးကါအီၤသ့တဘျီယီ

ready *v* ကတဲာ်ကတီၤတၢ်

make ready *idm:* အိဉ်ကတဲာ်ကတီၤသး

ready cash *n* စ့လီၤဖှံဉ်လၢတၢ်စူးကါအီၤတဘျီယီသ့

ready money *n* စ့လီၤဖှံဉ်လၢတၢ်စူးကါအီၤတဘျီယီသ့

ready-made *a* ၁. လၢဘဉ်ကတဲာ်ကတီၤဟ်စπၤအီၤ ၂. လၢအအိဉ်ဟ်စπၤ, လၢအဘဉ်တၢ်ဒုးအိဉ်ထိဉ်ဟ်စπၤ

ready-to-wear *a* (တၢ်ကူတၢ်ကၤ) လၢပှၤအါဂၤကူသိးအီၤသ့, လၢပှၤအါဂၤကၤအီၤသ့

reaffirm *v* ဟ်ဂၢၢ်ဟ်ကျπၤက့ၤတၢ်, စံးဂၢၢ်စံးကျπၤက့ၤတၢ်, တဲဂၢၢ်တဲကျπၤက့ၤတၢ်

real *a* နီၢ်နီၢ်, နီၢ်ကီၢ်

real *adv* နီၢ်နီၢ်, နီၢ်ကီၢ်, (ဒိဉ်) မး

real estate *n* ၁. ဟံဉ်ဃီတၢ်သူဉ်ထိဉ်ဒီးဟီဉ်ခိဉ်ကပာ် ၂. တၢ်ဆါဟံဉ်ဆါဃီဒီးဆါဟီဉ်ခိဉ်ကပာ်အမုၢ်ကျိၤဝဲၤကွာ်တၢ်မၤ

real time *n* ခိဉ်ဖွူထၢဉ်မၤတၢ်အကတီၢ်, ခိဉ်ဖွူထၢဉ်ရဲဉ်ကျဲၤတၢ်ဂ့ၢ်တၢ်ကျိၤအကတီၢ်

realia *n* တၢ်မၤစπၤတၢ်သိဉ်လိအတၢ်ပီးလီ, တၢ်သိဉ်လိအပီးအလီ

realign *v* ၁. ရဲဉ်သဲကတီၤက့ၤတၢ် ၂. ထိဉ်ဃူထိဉ်ဖိးလိာ်က့ၤသး ၃. ထိဉ်ဃူက့ၤတၢ်, မၤဘဉ်လိာ်ဖိးဒ့က့ၤတၢ်

realism *n* ၁. တၢ်မ့ၢ်တၢ်တီသနူ ၂. တၢ်သ့တူၢ်လိာ်တၢ်မ့ၢ်တၢ်တီ, တၢ်သ့တူၢ်လိာ်တၢ်မၤအသးနီၢ်နီၢ် ၃. (Realism) တၢ်တ့တၢ်ဂီၤလၢအဖျါလၢအိဉ်ဒီးအသးသမူ, တၢ်ကွဲးလံာ်ကွဲးလဲၢ်ဒ်တၢ်မၤအသးနီၢ်နီၢ်အသိး

realist *n* ၁. ပှၤလၢအသ့တူၢ်လိာ်တၢ်မ့ၢ်တၢ်တီ, ပှၤလၢအသ့တူၢ်လိာ်တၢ်မၤအသးနီၢ်နီၢ် ၂. ပှၤကူၤအသး ၂. တၢ်သုးဘဉ်က့ၤတၢ်, တၢ်ဘှီဘဉ်က့ၤတၢ်

R

တ့တၢ်ဂီၤဖိလၢအတ့တၢ်ဂီၤအိၣ်ဒီးအသးသမူ, ပှၤကွဲးလံာ်ဖိလၢအကွဲးလံာ်ဒီးဟ်ဖျါထီၣ်တၢ်ဒ်တၢ်မၤအသးနီၢ်နီၢ်အသိး

realistic *a* ၁. လၢအသ့တူၢ်လိာ်တၢ်မ့ၢ်တၢ်တီ, လၢအသ့တူၢ်လိာ်တၢ်မၤအသးနီၢ်နီၢ် ၂. လၢအဟ်ဖျါထီၣ်တၢ်နီၢ်နီၢ်

realistically *adv* ဒ်တၢ်နီၢ်နီၢ်အသိး, ဒ်တၢ်မ့ၢ်တၢ်တီအသိး

reality *n* တၢ်နီၢ်နီၢ်, တၢ်မ့ၢ်တၢ်တီ, တၢ်နီၢ်ကီၢ်

realizable, realisable *a* ၁. လၢတၢ်ဂဲၤလိာ်မၤန့ၢ်အီၤသ့, လၢတၢ်မၤန့ၢ်အီၤသ့, လၢအကဲထီၣ်သးသ့ ၂. လၢတၢ်ဆီတလဲက့ၤအီၤဆူကျိၣ်စ့သ့

realization, realisation *n* ၁. တၢ်ကွၢ်ထံဆိကမိၣ်လီၤက့ၤသး, တၢ်သ့ၣ်ညါလီၤက့ၤသး ၂. တၢ်ကဲထီၣ်လိၣ်ထီၣ်, တၢ်လၢထီၣ်ပှဲၤထီၣ်

realize, realise *v* ၁. သ့ၣ်ညါဘၣ်, နၢ်ပၢၢ်ဘၣ် ၂. ဆီတလဲက့ၤ (တၢ်စုလီၢ်ခီၣ်ခိၣ်) ဆူကျိၣ်စ့ ၃. မၤကဲထီၣ်လိၣ်ထီၣ်, မၤလၢထီၣ်ပှဲၤထီၣ်, မၤကဲထီၣ်လၢတၢ်နီၢ်နီၢ် ၄. ဒိးန့ၢ်တၢ်အထိးနါ

real-life *a* လၢအမၤအသးနီၢ်နီၢ်လၢတၢ်အိၣ်မူပူၤ

reallocate *v* ရဲၣ်လီၤကျဲၤလီၤက့ၤ, ဆီလီၤဟ်လီၤက့ၤ, နီၤခိၣ်ဒ့ဖးခံက့ၤတၢ်

really *adv* နီၢ်နီၢ်, နီၢ်ကီၢ်

realm *n* ၁. တၢ်အတကွီၣ်, (တၢ်သ့ၣ်ညါ, တၢ်ထံၣ်တၢ်ဆိကမိၣ်) အတကွီၣ် ၂. ဘီမုၢ်

realpolitik *n* တၢ်ဂဲၤထံရှ့ၢ်ကီၢ်သဲးနီၢ်ကီၢ်

realtor *n* တၢ်ဆါတၢ်ပှ့ၤဟံၣ်ဃီတၢ်သူၣ်ထိၣ်ဒီးဟီၣ်ခိၣ်ကပၢ်အခၢၣ်စး, တၢ်ဆါတၢ်ပှ့ၤဟံၣ်ဃီတၢ်စုလီၢ်ခီၣ်ခိၣ်ခၢၣ်စး, ခၢၣ်စးလၢအမၤတၢ်ဆါတၢ်ပှ့ၤဟံၣ်ဃီတၢ်စုလီၢ်ခီၣ်ခိၣ်တၢ်မၤ

ream *n* ၁. တၢ်ကွဲးအါအါဂီၢ်ဂီၢ် ၂. တၢ်ဟ်ပနိၣ်စးခိတဘိၣ်ကဘၣ်အိၣ်ပှဲၤကဘျံး, အဒိ – စးခိ A4 တဘိၣ်နူၣ်အိၣ်အကဘျံး ၅၀၀

reanimate *v* ၁. ဟ့ၣ်တၢ်ဂံၢ်တၢ်ဘါအသိ, ဒုးမူထီၣ်ဂဲၤထီၣ်တၢ်, မၤမူထီၣ်ဂဲၤထီၣ်

reap *v* ၁. ကူး (ဘု) ၂. ကူးဘၣ်က့ၤတၢ်အသူအသၣ်, ဒိးန့ၢ်ဘၣ်က့ၤအဘျုးအဖှိၣ်

reaper *n* ပှၤကူးဘု, စဲးကူးဘု

reappear *v* ဟဲပၢၢ်ထီၣ်ကဒါက့ၤ, အိၣ်ထီၣ်ကဒါက့ၤ

reapply *v* ၁. ဖှ့ကဒီးတဘျီ, ဖှ့ကဒါက့ၤတၢ် ၂. ပတံထီၣ်ကဒါက့ၤတၢ် ၃. စူးကါကဒါက့ၤတၢ်

reappoint *v* ဟ့ၣ်လီၤကဒါက့ၤမူဒါအသိတဘျီ

reappraisal *n* တၢ်ကွၢ်ထံဆိကမိၣ်ကဒါက့ၤတၢ်

reappraise *v* ကွၢ်ထံဆိကမိၣ်ကဒါက့ၤတၢ်

rear *a* လၢအလီၢ်ခံ, အလီၢ်ခံ

rear *n* တၢ်လီၢ်ခံ

rear *v* ၁. ဆၢထၢၣ်တကီၢ်ထီၣ် ၂. ဘုၣ်ဒိၣ်ထီၣ်

rear admiral *n* ထံသုးခိၣ်

rearguard *n* သုးလၢအခိးဒီသဒၢန့ၢ်တၢ်လၢတၢ်လီၢ်ခံ, သုးပၢၤတၢ်လၢတၢ်လီၢ်ခံ

rearing *n* ၁. တၢ်လုၢ်ဒိၣ်ထီၣ်ဖိသၣ် ၂. တၢ်ဘုၣ်ဒိၣ်ထီၣ်ဆၣ်ဖိကီၢ်ဖိ, တၢ်ကွၢ်ဒိၣ်ထီၣ်ဆၣ်ဖိကီၢ်ဖိ

rearm *v* ဂီၤကၢ်ထီၣ်ကဒါက့ၤအသးဒီးတၢ်စုကဝဲၤ, ထီထီၣ်န့ၢ်သုးဖိလၢတၢ်စုကဝဲၤအသိ

rearmost *a* လၢတၢ်လီၢ်ခံကတၢၢ်

rearrange *v* ရဲၣ်ကျဲၤကဒါက့ၤတၢ်

rear-view mirror *n* သိလ့ၣ်မဲာ်ထံကလၤကွၢ်တၢ်လီၢ်ခံ

rearward *a* လၢတၢ်လီၢ်ခံ, လၢတၢ်လီၢ်ခံတကပၤ

reason *n* တၢ်ဂ့ၢ်တၢ်ပီၢ်

reason *v* ကွၢ်ထံဆိကမိၣ်တၢ်, ဂ့ၢ်လိာ်ဘှီလိာ်တၢ်

reasonable *a* လၢအဂ့ၢ်အပီၢ်အိၣ်, လၢအကြၢးဝဲ

reasonably *adv* ၁. လၢအိၣ်ဒီးတၢ်ကွၢ်ထံဆိကမိၣ်အပူၤ ၂. လၢကျဲလၢအကြၢးဝဲဘၣ်ဝဲအပူၤ ၃. လၢတၢ်တူၢ်လိာ်အီၤသ့အပတီၢ်, လၢလီၤသးမံသ့အပတီၢ်, ကြၢးဝဲဘၣ်ဝဲ

reasoned *a* လၢအကွၢ်ထံဆိကမိၣ်တၢ်လီၤတံၢ်လီၤဆဲး, လၢအကွၢ်ထံဆိကမိၣ်တၢ်မူာ်မူာ်နီၢ်နီၢ်

reasoning *n* တၢ်ကွၢ်ထံဆိကမိၣ်တၢ်, တၢ်ဆိကမိၣ်ဃဲာ်ထံနီၤဖးတၢ်အိၣ်ဒီးအဂ့ၢ်အကျိၤ

reassemble *v* ၁. ဟ်ဖှိၣ်ထီၣ်ကဒါက့ၤသး, ရိၣ်ဖှိၣ်ထီၣ်ကဒါက့ၤသး ၂. ထီထီၣ်ကဒါက့ၤတၢ်

reassert *v* ၁. စံးကဒီးတၢ် ၂. ပာ်ဖျါထီဉ်ကဒါက့ၤတၢ်, တဲဖျါထီဉ်ကဒါက့ၤတၢ် ၃. ဃ့ထီဉ်ကဒီးတၢ်, ဃ့ကဒါက့ၤတၢ်
reassess *v* ကွၢ်ထံဆိကမိဉ်ကဒါက့ၤတၢ်
reassign *v* ဟ့ဉ်လီၤကဒါက့ၤမူဒါ, ဟ့ဉ်လီၤကဒီးမူဒါ
reassurance *n* တၢ်တဲဆူဉ်ထီဉ်က့ၤပှၤအသး, တၢ်မၤမှာ်မၤခုဉ်ထီဉ်က့ၤပှၤအသး
reassure *v* တဲဆူဉ်ထီဉ်က့ၤပှၤအသး, မၤမှာ်မၤခုဉ်ထီဉ်က့ၤပှၤအသး
reassuring *a* လၢအတဲဆူဉ်ထီဉ်က့ၤပှၤအသး, လၢအမၤမှာ်မၤခုဉ်ထီဉ်က့ၤပှၤအသး
reawaken *v* ထိဉ်ဟူးထိဉ်ဂဲၤထိဉ်က့ၤ, မၤသ့ဉ်နီဉ်ထီဉ်ကဒါက့ၤ
rebate *n* ၁. ခိသွဲကျိဉ်စ့လၢဘဉ်တၢ်ဟ့ဉ်ကဒါက့ၤအီၤ ၂. တၢ်ထုးစှၤလီၤန့ၢ်တၢ်အပ္ှၤ, တၢ်မၤစှၤလီၤန့ၢ်တၢ်အပ္ှၤ
rebate *v* ၁. ဒီးန့ၢ်ကဒါက့ၤခိသွဲအစ့ ၂. ထုးစှၤလီၤန့ၢ်တၢ်အပ္ှၤ, မၤစှၤလီၤန့ၢ်တၢ်အပ္ှၤ
rebel *n* ပှၤပူထီဉ်တၢ်ဖိ
rebel *v* ပူထီဉ်, ပူထီဉ်လီထီဉ်
rebellion *n* တၢ်ပူထီဉ်, တၢ်ပူထီဉ်လီထီဉ်
rebellious *a* ၁. လၢအပူထီဉ်တၢ်, လၢအပူထီဉ်လီထီဉ်တၢ် ၂. လၢအတဒိကနဉ်ဒီးလူၤပိာ်မၤထွဲတၢ်သိဉ်တၢ်သိ
rebirth *n* ၁. တၢ်အိဉ်မူအသီ, တၢ်ကဲထိဉ်က့ၤပှၤလၢအသီ, တၢ်ဟဲအိဉ်ထီဉ်ကဒါက့ၤ ၂. (တၢ်ဘူဉ်တၢ်ဘါ) တၢ်အိဉ်ဖျဲဉ်ခံစုတစု
reboot *v* စးထိဉ်ကဒါက့ၤခီဉ်ဖျူထၢဉ်အသိတဘျီ, အိးထိဉ်ကဒါက့ၤခီဉ်ဖျူထၢဉ်အသိတဘျီ
reborn *a* ၁. လၢအမူထိဉ်ဂဲၤထိဉ်, လၢအဟဲအိဉ်ထိဉ်ကဒါက့ၤ, လၢအလဲလိာ်ကွံာ်အသူဉ်အသး ၂. (တၢ်ဘူဉ်တၢ်ဘါ) လၢအအိဉ်ဖျဲဉ်ထိဉ်ခံစုတစု
reborn *v* ၁. မူထိဉ်ဂဲၤထိဉ် ၂. အိဉ်ဖျဲဉ်ထိဉ်ခံစုတစု
rebound *n* ၁. တၢ်ဟဲဘဉ်ကဒါက့ၤ, တၢ်ဖျိးဘဉ်ကဒါက့ၤ ၂. တၢ်အပ္ှၤဟဲထိဉ်ကဒါက့ၤ
rebound *v* ၁. ဟဲဘဉ်ကဒါက့ၤတၢ်, ဖျိးဘဉ်ကဒါက့ၤ ၂. အပ္ှၤဟဲထီဉ်ကဒါက့ၤ
rebuff *n* တၢ်သမၢတၢ်ဖှဉ်တံၤကျံး, တၢ်စံးဆၢက့ၤတၢ်လၢတနာ်ပှၤနၢ်ဘဉ်, တၢ်စံးဆၢက့ၤတၢ်တမှာ်တလၤ, တၢ်ဂ့ၢ်လိာ်ခီဆၢက့ၤတၢ်တမှာ်တလၤ, တၢ်ကတိၤဘျီတၢ်တမှာ်တလၤ
rebuff *v* သမၢတၢ်ဖှဉ်တံၤကျံး, စံးဆၢက့ၤတၢ်လၢတနာ်ပှၤနၢ်, စံးဆၢက့ၤတၢ်တမှာ်တလၤ, ဂ့ၢ်လိာ်ခီဆၢက့ၤတၢ်တမှာ်တလၤ, ကတိၤဘျီတၢ်တမှာ်တလၤ
rebuild *v* ဘိုကဒါက့ၤ, တ့ထီဉ်ကဒါက့ၤ, ဘိုထီဉ်က့ၤ
rebuilding *n* တၢ်ဘိုထီဉ်ကဒါက့ၤ, တၢ်တ့ထီဉ်ကဒါက့ၤ
rebuke *v* သိဉ်က့ၤသိက့ၤတၢ်, သိဉ်ဃီဉ်သီဃီဉ်တၢ်
rebut *v* ကတိၤဂ့ၢ်လိာ်က့ၤတၢ်, ဂ့ၢ်လိာ်သမၢတၢ်
rebuttal *n* တၢ်ကတိၤဂ့ၢ်လိာ်က့ၤတၢ်, တၢ်ဂ့ၢ်လိာ်သမၢတၢ်
recalcitrant *a* လၢအတမၤထွဲဒ်ပှၤတဲအီၤအသိး, လၢအတၢ်ဒိကနဉ်တအိဉ်, လၢအတဒီးပၢအသးလၢပှၤဖီလာ်ဘဉ်
recall *n* ၁. တၢ်သ့ဉ်နီဉ်ထီဉ်က့ၤတၢ် ၂. တၢ်ကိးကဒါက့ၤတၢ် ၃. တၢ်မၤဟးဂီၤကွံာ်တၢ်, တၢ်ထုးကွံာ်တၢ်
recall *v* ၁. သ့ဉ်နီဉ်ထီဉ်က့ၤ ၂. ကိးကဒါက့ၤ ၃. မၤဟးဂီၤကွံာ်, ထုးကွံာ်
recant *v* စူးကွံာ်ညိကွံာ်တၢ်စူၢ်တၢ်နာ်, ထုးကွံာ်တၢ်ကတိၤ
recap *v* တဲကျၢၢ်တံၢ်က့ၤတၢ်, ကတိၤကျၢၢ်တံၢ်က့ၤတၢ်
recapitulate *v* တဲကျၢၢ်တံၢ်က့ၤတၢ်, ကတိၤကျၢၢ်တံၢ်က့ၤတၢ်
recapitulation *n* တၢ်တဲကျၢၢ်တံၢ်, တၢ်ကတိၤကျၢၢ်တံၢ်
recapture *v* ၁. ဖီဉ်န့ၢ်က့ၤတၢ်, ဖီဉ်န့ၢ်က့ၤပှၤ ၂. ဒုးန့ၢ်က့ၤတၢ် ၃. ဟဲစိာ်န့ၢ်က့ၤတၢ်
recast *v* ၁. ဘိုကဒါက့ၤအက့ၢ်အဂီၤ, ရဲဉ်ကျဲၤကဒါက့ၤ ၂. လဲလိာ်ပှၤဂဲၤဒိတၢ်, လဲလိာ်တၢ်လိၢ်လၢပှၤကဂဲၤဒိတၢ်အဂိၢ်
recede *v* ၁. ဂုၤခံ, ဂုၤခံဃံၤထိဉ်ဃံၤထိဉ် ၂. ထံ (လီၤ) ၃. သုးက့ၤအသးဆူအလိၢ်ခံ, က့ၤဆူအလိၢ်ခံ ၄. (ခိဉ်သူ) တမဲထိဉ်လၢၤ

receipt *n* လံာ်တူ်လိာ်စ့

receive *v* တူ်လိာ်, ဒိးန့ၢ်, န့ၢ်ဘၣ်

received *a* လၢဘၣ်တၢ်တူ်လိာ်အီၤ

receiver *n* ၁. လီတဲစိအခွး, ကွဲၤဒီနၢ်အခွး, (ကွဲၤလ့လိၤ, ကွဲၤဟူဖျါ) အခွး, အတၢၣ်, ၂. ပှၤလၢအဒိးန့ၢ်တၢ်, ပှၤလၢအပှ့ၤတၢ်ဖိတၢ်လံၤလၢတၢ်ဟုၣ်န့ၢ်အီၤ, ပှၤလၢအတူ်လိာ်တၢ်ဖိတၢ်လံၤလၢတၢ်ဟုၣ်န့ၢ်အီၤ ၃. ပှၤလၢအဘၣ်ဟံးဖိၣ်ထိၣ်ကုၤမူဒါလၢကကွၢ်ထွဲကုၤခီပနံာ်လၢအလီးကုၤအဒ့ၣ်ကမၢ်တန့ၢ်လၢၤတဖျၢၣ်အကျိၣ်စ့ဂ့ၢ်ဝီ ၄. (အမဲရကၤဖျၢၣ်ထူ) ပှၤလၢအဖိၣ်ဖျၢၣ်ကွံာ်

receivership *n* ၁. တၢ်ဒိးန့ၢ်မူဒါလၢကဘၣ်ကွၢ်ထွဲကုၤခီပနံာ်လၢအလီးကုၤအဒ့ၣ်ကမၢ်တန့ၢ်လၢၤတဖျၢၣ်အကျိၣ်စ့ဂ့ၢ်ဝီ ၂. တၢ်ပၢဘၣ်ခီပနံာ်လၢအလီးကုၤဒ့ၣ်ကမၢ်တန့ၢ်လၢၤတဖျၢၣ်အကျိၣ်စ့ဂ့ၢ်ဝီ

recent *a* တယံာ်ဒံးဘၣ်

recently *adv* ဖဲတယံာ်ဒံးဘၣ်နူၣ်, ဖဲတယံာ်ဒံးဘၣ်အတိၢ်ပူၤ, တယံာ်တမီၢ်

receptacle *n* တၢ်အကိ, တၢ်အဒၢ, တၢ်ပူၤတၢ်တ့ၤ

reception *n* တၢ်တူ်လိာ်

reception room *n* တၢ်တူ်လိာ်အဒၢး, ဒၢးတူ်လိာ်ခိၣ်ဆၢ

receptionist *n* ပှၤတူ်လိာ်တၢ်

receptive *a* လၢအသ့တူ်လိာ်တၢ်, လၢအသ့ဒိကနၣ်တၢ်

receptor *n* စ့ၣ်အထူၣ်ပျ့ၢ်နၢာ်, ထူၣ်ပျ့ၢ်နၢာ်လၢအတူ်လိာ်တၢ်ဂ့ၢ်တၢ်ကျိၤဒီးဆှၢခီဖျိဆူခိၣ်နူာ်အပူၤ

recess *n* ၁. တၢ်အိၣ်ဘှံးကသ့ၣ်, တၢ်ပျ့ၢ်ကသ့ၣ်တစိၢ်ဖိ ၂. တၢ်သနၢၣ်လၢဒၢးအပူၤ ၃. တၢ်လီၤသဒၢအလီၢ်, တၢ်လီၢ်သဒၢ

recess *v* ၁. ဟံးန့ၢ်တၢ်အိၣ်ကသ့ၣ်, အိၣ်ဘှံးကသ့ၣ်, ပျ့ၢ်ကသ့ၣ်တစိၢ်ဖိ ၂. ဟ်တၢ်လၢတၢ်အနၢၣ်ထံး, ဟ်လၢတၢ်လီၤသဒၢအလီၢ်

recession *n* ၁. တၢ်ဃံးတၢ်စ့ၤအကတိၢ်, တၢ်ဖိၣ်တၢ်နးအကတိၢ် ၂. တၢ်ဂုၤကုၤဆူလိၢ်ခံ

recessionary *a* လၢအဘၣ်ဃးဒီးတၢ်ဃံးတၢ်စ့ၤအကတိၢ်, လၢအဘၣ်ဃးဒီးတၢ်ဖိၣ်တၢ်နး

recessive *a* ၁. လၢအအဲၣ်ဒိးဂုၤကုၤအခံ, လၢအအဲၣ်ဒိးကုၤကုၤဆူအလိၢ်ခံ ၂. (စၢၤသွဲၣ် ချံသၣ်) လၢအဟ်လီၤဘၢအသး, လၢအအိၣ်သဒၢအသး

recharge *v* ၁. ဒြီလီၤမ့ၣ်အူအဂၢ်, မၤပှဲၤထိၣ်ကုၤလီအသဟိၣ် ၂. မၤပှဲၤထိၣ်ကုၤနီၢ်ခိဂၢ်ဘါ, မၤအိၣ်ထိၣ်ကုၤဂၢ်ဘါ

recipe *n* ထံလဲ (တၢ်ဖီအီၣ်ဖီအီ), တၢ်တ့အိၣ်ကိၣ်အထံလဲ

recipient *n* ပှၤလၢအဒိးန့ၢ်ဘၣ်တၢ်

reciprocal *a* လၢအမၤစၢၤမၤဘျုးလိာ်သးယၢ်ခီယၢ်ဘး, လၢအမၤဒိးမၤကၣ်လိာ်သး

reciprocate *v* မၤဒိးမၤကၣ်, ဟ့ၣ်ဒိးဟ့ၣ်ကၣ်လိာ်သး, ဟ့ၣ်ဆၢလိာ်သးတၢ်

reciprocity *n* တၢ်မၤဒိးမၤကၣ်, တၢ်ဟ့ၣ်ဒိးဟ့ၣ်ကၣ်လိာ်သး, တၢ်ဟ့ၣ်ဆၢလိာ်သးတၢ်

recital *n* ၁. တၢ်တဲဖျါထိၣ်တၢ်ဂ့ၢ်တၢ်ကျိၤတဆီဘၣ်တဆီ ၂. (တၢ်ရူးထါ, တၢ်ရူးလံာ်) အမူး, တၢ်သံကျံအမူး

recitation *n* ၁. တၢ်ရူးထါ, တၢ်ရူးလံာ်, တၢ်တိၢ်ရူးတၢ်, တၢ်ပ္ၣ်ထးခိၣ် ၂. တၢ်တဲဖျါထိၣ်တၢ်ဂ့ၢ်တၢ်ကျိၤတဆီဘၣ်တဆီ

recite *v* ၁. ပ္ၣ်ထးခိၣ်, ရူး, တိၢ်ရူး ၂. တဲဖျါထိၣ်တၢ်ဂ့ၢ်တၢ်ကျိၤတဆီဘၣ်တဆီ

reckless *a* လၢအတၢ်ဟ်ကဲတအိၣ်, လၢအတၢ်ပလိၢ်သူၣ်ပလိၢ်သးတအိၣ်

reckon *v* ၁. ဒွးတၢ် ၂. တယာ်တၢ်

reckoning *n* တၢ်တယာ်ဒွးတၢ်, တၢ်ဒွးတၢ်, တၢ်ထိၣ်တၢ်တဲာ်တၢ်

reclaim *v* ၁. ဃ့ကဒါကုၤ ၂. မၤဂ့ၤထိၣ်ကုၤ, ဘိုဂ့ၤထိၣ်ကုၤ

recline *v* ဒ့ခံလီၤ, မံနီၤ, သန့ၤလီၤ, ဖိာ်သန့ၤ

recliner *n* လီၢ်ဆ့ၣ်နီၤဖိာ်သန့ၤ, ခးသန့ၤ

recluse *n* ပှၤလၢအအဲၣ်ဒိးအိၣ်ထဲတဂၤဇိၤ, ပှၤလၢအတမၤဃှာ်ပှၤနီတဂၤ

recognition *n* ၁. တၢ်သ့ၣ်ညါဟ်ပနီၣ်တၢ် ၂. တၢ်မၤနီၣ်တၢ်, တၢ်ကွၢ်နီၣ်တၢ်

recognizable, recognisable *a* ၁. လၢတၢ်မၤနီၣ်ဘၣ်အီၤညီ, လၢတၢ်ကွၢ်နီၣ်ဘၣ်အီၤညီ ၂. လၢတၢ်ကြၢးသ့ၣ်ညါဟ်ပနီၣ်အီၤ

recognizance, recognisance *n* တၢ်ဟ့ၣ်တၢ်အုၣ်ကီၤသး, လံာ်အုၣ်ကီၤသး, စ့အုၣ်ကီၤသးလၢဘၢဇိၤကွိၢ်ဇိၤအဂီၢ်, စ့အုၣ်ကီၤ

recognize, recognise *v* ၁. မၤနီၣ်ဘၣ်, ကွၢ်နီၣ်ဘၣ် ၂. သ့ၣ်ညါပာ်ပနီၣ်တၢ်

recoil *n* ၁. တၢ်ဟဲဘၣ်ကဒါက့ၤ, တၢ်ဖျိးဘၣ်ကဒါက့ၤ ၂. တၢ်ဂုၤက့ၤခံဆူလိၢ်ခံချ့သဒံး ၃. (ကျိ) ထူတၢ်

recoil *v* ၁. ဟဲဘၣ်ကဒါက့ၤ, ဖျိးဘၣ်ကဒါက့ၤ ၂. ဂုၤက့ၤအခံဆူလိၢ်ခံချ့သဒံး ၃. (ကျိ) ထူကဒါက့ၤတၢ်

recollect *v* သ့ၣ်နီၣ်ထီၣ်က့ၤတၢ်, မၤသ့ၣ်နီၣ်ထီၣ်က့ၤတၢ်

recollection *n* ၁. တၢ်သ့ၣ်နီၣ်ထီၣ်တၢ် ၂. တၢ်လၢတၢ်သ့ၣ်နီၣ်ထီၣ်က့ၤအီၤ

recommence *v* စးထီၣ်ကဒါက့ၤ, စးထီၣ်ကဒီး

recommend *v* ၁. ဆုၣ်အသးလၢတၢ်အဂီၢ် ၂. ဟ့ၣ်ကူၣ်ဟ့ၣ်ဖး

recommendation *n* ၁. တၢ်ဟ့ၣ်ကူၣ်ဟ့ၣ်ဖး ၂. တၢ်ဆုၣ်သးလၢတၢ်အဂီၢ်

recompense *n* ၁. တၢ်ဟ့ၣ်မၤဘျုးက့ၤတၢ်, တၢ်ဟ့ၣ်ဘျုးဟ့ၣ်ဖိုၣ်က့ၤတၢ် ၂. တၢ်ဟ့ၣ်အိၣ်လီးက့ၤတၢ်

recompense *v* ၁. ဟ့ၣ်မၤဘျုးက့ၤတၢ်, ဟ့ၣ်ဘျုးဟ့ၣ်ဖိုၣ်က့ၤတၢ် ၂. ဟ့ၣ်အိၣ်လီးက့ၤတၢ်

reconcile *v* ၁. မၤယူမၤဖိးက့ၤတၢ် ၂. မၤဘၣ်လိာ်ဖိးမံတၢ်

reconciliation *n* ၁. တၢ်မၤယူမၤဖိးက့ၤတၢ် ၂. တၢ်မၤဘၣ်လိာ်ဖိးမံတၢ်

recondition *v* ဘိုဂ့ၤထီၣ်က့ၤတၢ် အဒိ – စဲးဖီကဟၣ်ဒ်သိးကမၤတၢ်ဂ့ၤဂ့ၤအဂီၢ်

reconnaissance *n* တၢ်လီၤယုထံၣ်သ့ၣ်ညါဆိဒုၣ်ဒါဟီၣ်ကဝီၤတၢ်အိၣ်သး

reconnoitre, reconnoiter *v* ၁. ယုထံၣ်သ့ၣ်ညါဆိဟ်စၢၤတၢ်, ကွၢ်ဆိဟ်စၢၤတၢ်လိၢ်တၢ်ကျဲ ၂. ယုထံၣ်သ့ၣ်ညါဆိဒုၣ်ဒါဟီၣ်ကဝီၤတၢ်အိၣ်သး

reconsider *v* ကွၢ်ထံဆိကမိၣ်ကဒါက့ၤတၢ်

reconsideration *n* တၢ်ကွၢ်ထံဆိကမိၣ်ကဒါက့ၤတၢ်

reconstitute *v* ၁. သူၣ်ထီၣ်ဆီလီၤက့ၤတၢ်, သူၣ်ထီၣ်ဘိုထီၣ်က့ၤတၢ်, မၤသီထီၣ်က့ၤတၢ် ၂. (တၢ်အီၣ်တၢ်အီယ့ထီ) မၤကဲထီၣ်က့ၤဒ်အလီၢ်လီၢ်ခီဖျိစုၣ်ဒီးထံ

reconstruct *v* ၁. သူၣ်ထီၣ်ဘိုထီၣ်က့ၤ, ၂. (တၢ်မူးတၢ်ရၢ်) ဃိထံသ့ၣ်ညါဒုးအိၣ်ထီၣ်က့ၤတၢ်, ဒုးအိၣ်ထီၣ်က့ၤတၢ်ကဲထီၣ်သးအဂ့ၢ်ခီဖျိဒုးစဲဘူးတၢ်ဂ့ၢ်တၢ်ကျိၤလၢတၢ်ထၢဖိုၣ်မၤန့ၢ်ဟ်အီၤတဖၣ်

reconstruction *n* ၁. တၢ်သူၣ်ထီၣ်ဘိုထီၣ်က့ၤတၢ် ၂. (တၢ်မူးတၢ်ရၢ်) တၢ်ဃိထံသ့ၣ်ညါဒုးအိၣ်ထီၣ်က့ၤတၢ်, တၢ်ဒုးအိၣ်ထီၣ်က့ၤတၢ်ကဲထီၣ်သးအဂ့ၢ်ခီဖျိဒုးစဲဘူးတၢ်ဂ့ၢ်တၢ်ကျိၤလၢတၢ်ထၢဖိုၣ်မၤန့ၢ်ဟ်အီၤတဖၣ်

reconvene *v* စးထီၣ်ကဒါက့ၤတၢ်အိၣ်ဖိုၣ်

record *n* ၁. တၢ်ကွဲးနီၣ်ကွဲးဃါ, တၢ်မၤနီၣ်မၤဃါ, တၢ်ဟ်ကီၤဃာ်တၢ် ၂. တၢ်ဒၢနုာ်ဃာ်, ဖီၣ်ဃာ် (တၢ်ကလု၊) အဒိ – (တၢ်ဂီၤမူ, တၢ်ဂီၤ)

record *v* ၁. မၤနီၣ်မၤဃါ, ဟ်ကီၤ, ကွဲးနီၣ်ကွဲးဃါ ၂. ဒၢနုာ်ဃာ်, ဖီၣ်ဃာ် (တၢ်ကလု၊), ဒိ (တၢ်ဂီၤမူ, တၢ်ဂီၤ)

record holder *n* ပှၤဂဲၤလိာ်ကွဲဖိလၢအဖျိးစိကတၢၢ်, ပှၤဂဲၤလိာ်ကွဲဖိလၢအဂ့ၤကတၢၢ်, ပှၤဂဲၤလိာ်ကွဲဖိမံၤဟူသၣ်ဖျါအဂ့ၤကတၢၢ်

record player *n* လီလု၊ဒၢ, ကဲးစဲးကွီၤ

record-breaker *n* ပှၤလၢအမၤဟးဂီၤကွံာ်တၢ်ကွဲးနီၣ်ကွဲးဃါလၢအအိၣ်ဟ်စၢၤ, ပှၤလၢအမၤတၢ်ဂ့ၤန့ၢ်ဒံးမၤန့ၢ်ဟ်တ့ၢ်ဝဲလၢအပူၤကွံာ်

recorder *n* ၁. ပီၤအှ ၂. စဲးဖီၣ်တၢ်ကလု၊

recording *n* ၁. တၢ်ဒၢနုာ်, တၢ်ဖီၣ် (တၢ်ကလု၊) ၂. တၢ်ဒၢနုာ် (တၢ်ကလု၊) အတၢ်ဖံးတၢ်မၤ, တၢ်ဖီၣ် (တၢ်ကလု၊) အတၢ်ဖံးတၢ်မၤ ၃. တၢ်မၤနီၣ်မၤဃါဃာ်တၢ်, တၢ်ဟ်ကီၤဃာ်တၢ်

recount *v* စံၣ်ဃါၤတဲစိၤက့ၤတၢ်, စံၣ်ဃါၤတဲဃါၤကဒါက့ၤတၢ်, ဂံၢ်ထီၣ်ကဒါက့ၤတၢ်

recoup *v* န့ၢ်ကဒါက့ၤ

recourse *n* ၁. တၢ်ဟ်ဂၢ်ဟ်ဘါ, တၢ်ဒီး သနၢ့ထီၣ်တၢ် ၂. တၢ်လၢအကဲထီၣ်တၢ်မၤစၢၤ

recover *v* ၁. ဘျါက့ၤ, ကိညၢ်ထီၣ်က့ၤ, အိၣ်ဆူၣ်ထီၣ်က့ၤ (လၢတၢ်ဆါ) ၂. မၤန့ၢ်က့ၤ ၃. ဘၣ်လိၢ်ဘၣ်စးကဒါက့ၤ, ဂ့ၤထီၣ်ဘၣ်ထီၣ်

re-cover *v* ဖျိၣ်လီၤကဒါက့ၤ, ဆီတလဲ (အဒၢ, အခိၣ်ဖျိၣ်)

recovery *n* ၁. တၢ်ဘျါက့ၤ, တၢ်ကိညၢ် (လၢတၢ်ဆါ) ၂. တၢ်မၤန့ၢ်က့ၤတၢ် ၃. တၢ်ဘၣ်လိၢ်ဘၣ်စးက့ၤ, တၢ်ဂ့ၤထီၣ်ဘၣ်ထီၣ်

R

recreant *a* ၁. လၢအသးသုဉ် ၂. လၢအတမၤလၢပှဲၤအတၢ်အၢဉ်လီၤ, လၢအတတီဒီး အကလု>

recreant *n* ၁. ပှၤလၢအသးသုဉ် ၂. ပှၤလၢအတမၤလၢပှဲၤအတၢ်အၢဉ်လီၤ, ပှၤလၢအတတီဒီးအကလု>

recreate *v* မၤအိဉ်ထီဉ်က့ၤ, ဒုးအိဉ်ထီဉ်ကဒါက့ၤ

recreation *n* ၁. တၢ်လိာ်ကွဲ, တၢ်မၤမှာ်ပသး ၂. တၢ်မၤအိဉ်ထီဉ်က့ၤ, တၢ်ဒုးအိဉ်ထီဉ်ကဒါက့ၤ

recrimination *n* တၢ်ဟ်ဒ့ဉ်ဟ်ကမၣ်လိာ်သးယၢ်ခီယၢ်ခီ

recruit *n* သုးဖိအသီ, (ပှၤမၤတၢ်ဖိ) အသီ, တၢ်ထၢသုးဖိအသီ, တၢ်ယုပှၤမၤတၢ်ဖိအသီ

recruit *v* ထၢသုးဖိအသီ, ယုပှၤမၤတၢ်ဖိအသီ

rectangle *n* (▯) နၢဉ်ဘဉ်ခံကနူၤယူ

rectification *n* တၢ်ဘိုဂ့ၤက့ၤတၢ်, တၢ်မၤဘဉ်က့ၤတၢ်

rectify *v* ဘိုဂ့ၤက့ၤတၢ်, မၤဘဉ်က့ၤတၢ်

rectitude *n* ၁. တၢ်မှၢ်တၢ်တီ, တၢ်တီတၢ်လိၤ, တၢ်တီတၢ်တြၢ် ၂. တၢ်အိဉ်ဒီးတၢ်ဟ်သးတီတီလိၤလိၤ

rector *n* ၁. သီခါဖးဒိဉ်, စီၤသီဖးဒိဉ် ၂. ဖ့ဉ်စိမိၤကို်ခိဉ်, ကို်ခိဉ်

rectum *n* အ့ဉ်ကျိၤ

recumbent *a* လၢအစုဉ်လီၤပျို, လၢအမံလီၤ, လၢအပိာ်သန့ၤထီဉ်အသး

recuperate *v* ၁. ဘျါက့ၤ, ကိညၢ်ထီဉ်က့ၤ (လၢတၢ်ဆါ), အိဉ်ဆူဉ်ထီဉ်က့ၤ ၂. မၤန့ၢ်က့ၤ ၃. ဘဉ်လီၢ်ဘဉ်စးကဒါက့ၤ, ဂ့ၤထီဉ်ဘဉ်ထီဉ်

recuperation *n* ၁. တၢ်ဘျါက့ၤ, တၢ်ကိညၢ်ထီဉ်က့ၤ (လၢတၢ်ဆါ) , အိဉ်ဆူဉ်ထီဉ်က့ၤ ၂. တၢ်မၤန့ၢ်က့ၤတၢ် ၃. တၢ်ဘဉ်လီၢ်ဘဉ်စးကဒါက့ၤ, တၢ်ဂ့ၤထီဉ်ဘဉ်ထီဉ်

recuperative *a* လၢအမၤစၢၤနၤဒ်သိးနကဘျါက့ၤ, ကိညၢ်ထီဉ်က့ၤ (လၢတၢ်ဆါ)

recur *v* ၁. ဟဲပၢၢ်ထီဉ်ကဒါက့ၤ, ကဲထီဉ်ကဒါက့ၤ, ကဲထီဉ်ဝံၤကဲထီဉ်က့ၤ ၂. သ့ဉ်နီဉ်ထီဉ်ကဒါက့ၤ ၃. မၤကဒီးသးခဲအံၤခဲအံၤ, မၤက့ၤကဒီးအသး

recurrence *n* ၁. တၢ်ဟဲပၢၢ်ထီဉ်က့ၤ, တၢ်ကဲထီဉ်ကဒါက့ၤ, တၢ်ကဲထီဉ်ဝံၤကဲထီဉ်က့ၤ ၂. တၢ်သ့ဉ်နီဉ်ထီဉ်ကဒါက့ၤ ၃. တၢ်မၤကဒီးသးခဲအံၤခဲအံၤ, တၢ်မၤက့ၤကဒီးအသး

recurrent *a* လၢအကဲထီဉ်ဝံၤကဲထီဉ်က့ၤ, လၢအမၤက့ၤကဒီးအသးခဲအံၤခဲအံၤ

recycle *v* သူကဒါက့ၤ, ဘိုဒီးသူကဒါက့ၤအီၤ

recycling *n* တၢ်သူကဒါက့ၤ, တၢ်ဘိုဒီးသူကဒါက့ၤအီၤ

red *a* ဂီၤ, အလွဲၢ်ဂီၤ

red *n* ဂီၤ, အလွဲၢ်ဂီၤ

red alert *n* ဂ့ၢ်ဂီၢ်အူတၢ်ဟ့ဉ်ပလိၢ်, တၢ်ဟ့ဉ်ပလိၢ်အရှ့ဒိဉ်လၢတၢ်တမံၤမံၤဘူးကကဲထီဉ်အသး

red blood cells *n* သွံဉ်ဂီၤဖျာဉ်

red card *n* ခးက့ဂီၤ

red carpet *n* ခိဉ်ယီၢ်ဒါအလွဲၢ်ဂီၤ, ခိဉ်ယီၢ်ဒါအလွဲၢ်ဂီၤလၢတၢ်ဒါလီၤအီၤဒ်သိးတမံၤတဂ့ၢ်ဒိဉ်ကီၤဒိဉ်ကဟးလၢအဖီခိဉ်အဂီၢ်

red herring *n* ၁. တၢ်လၢအထုးယံၤထီဉ်ပတၢ်သးစၢ်ဆၢ ၂. တၢ်ဂ့ၢ်တၢ်ကျိၤလၢအဒုးနၢ်ပၢၢ်ကမဉ်တၢ် ၃. ညဉ်ဟဲရံဉ်ကဉ်ယ့

red meat *n* တၢ်ညဉ်ဂီၤ

red tape *n* ရူဒိၤတ့ဒိၤအတၢ်သိဉ်တၢ်သီ, ဝဲၤဒၢးအတၢ်သိဉ်တၢ်သီ, ရူဒိၤတ့ဒိၤအတၢ်သိဉ်တၢ်သီအကျိၤအကျဲလၢအခံဉ်ခူဉ်ဘးလီလၢအတြီတၢ်မၤကလဲၤအသးဘျ့ဘျ့ဆိုဆိုအဂီၢ်

red-blooded *a* လၢအပှဲၤဒီးဂၢ်ဘါ

redden *v* ထီဉ်ဂီၤ, မၤဂီၤထီဉ်, ဂီၤထီဉ်

reddish *a* လၢအလွဲၢ်ဂီၤ

redecorate *v* ကယၢကယဲထီဉ်က့ၤတၢ်, ဒဲးကံဉ်ဒဲးဝ့ၤထီဉ်က့ၤတၢ်

redeem *v* ၁. ပ္ၤထီဉ်က့ၤတၢ်, ရ့ထီဉ်က့ၤ ၂. တၢ်မၤအိဉ်ထီဉ်ကဒါက့ၤအမံၤလၤသဉ်ကပီၤ ၃. အုဉ်က့ၤခီဉ်က့ၤ

redeemable *a* ၁. လၢတၢ်ပ္ၤက့ၤအီၤသ့, လၢတၢ်ရ့ထီဉ်က့ၤအီၤသ့ ၂. လၢတၢ်အုဉ်က့ၤခီဉ်က့ၤအီၤသ့

Redeemer *n* တၢ်အုဉ်က့ၤခီဉ်က့ၤအကစၢ်, ကစၢ်ယ့ဉ်ရှူးခရံာ်

redefine *v* လဲလိာ်အခီပညီ, ဒုးနဲဉ်ဖျါထီဉ်က့ၤတၢ်အခီပညီလၢအသီ

R

redemption *n* ၁. တၢ်အုဉ်က့ၤခီဉ်ကၠၤတၢ် ၂. တၢ်ပှ့ၤထီဉ်ကၠၤတၢ်, တၢ်ရှထီဉ်ကၠၤတၢ် ၃. တၢ်လဲလိာ်ကၠၤတၢ်ဆူကျိဉ်စ့

redemptive *a* ၁. လၢဘဉ်တၢ်အုဉ်ကၠၤခီဉ်ကၠၤအီၤ ၂. လၢဘဉ်တၢ်ပှ့ၤထီဉ်ကၠၤအီၤ, လၢဘဉ်တၢ်ရှထီဉ်ကၠၤအီၤ ၃. လၢဘဉ်တၢ်လဲလိာ်ကွံာ်အီၤဆူကျိဉ်စ့

redeploy *v* သုးပှၤဆူတၢ်လိၢ်အသီတတီၤ, သုးတၢ်ဆူတၢ်လိၢ်အသီတတီၤ

red-faced *a* လၢအမဲာ်ထီဉ်ဂီၤ, မဲာ်ထီဉ်ဂီၤ, လၢအမဲာ်သဉ်ဟးဂီၤ

red-handed *a* လၢဘဉ်တၢ်ဖိဉ်န့ၢ်အီၤတဘျီယီဖဲအမၤကမဉ်တၢ်အဖၢမှ်, လၢတၢ်ချူးန့ၢ်အီၤဖဲအမၤကမဉ်တၢ်အခါ

red-hot *a* ၁. ကိၢ်သွးကဖးလး, ကိၢ်သွး ၂. လၢအ (သူဉ်ပိၢ်သးဝး, သးထီဉ်တၢ်) ဒိဉ်ဒိဉ်ကလဲာ် ၃. လၢအသီသံဉ်ဘှဲ, သီ

redirect *v* ၁. ဆီတလဲအကျိၤ, ဆီတလဲတၢ်အကျဲ ၂. နဲဉ်ကဒါကၠၤကျဲ ၃. ဆှၢဆူတၢ်လိၢ်အဂၤ

rediscover *v* ယုထံဉ်န့ၢ်ကဒါကၠၤတၢ်

red-letter day *n* နံၤဒိဉ်နံၤထီ, မုၢ်နံၤလီၤဆီ

red-light district *n* ဃဲသဲအိဉ်အါအဟိဉ်ကဝီၤ, ပှၤဆါလီၤအိဉ်သးအိဉ်အါအဟိဉ်ကဝီၤ

redo *v* မၤကဒါကၠၤ, မၤကဒါကၠၤအသီတဘျီ

redolent *a* ၁. လၢအမၤသ့ဉ်နီဉ်ထီဉ်ကၠၤပှၤ ၂. လၢတၢ်အစိနၢ, လၢအစိနၢဆူဉ်

redouble *v* ၁. မၤအါထီဉ်ခံစး ၂. မၤဆူဉ်ထီဉ် (ဂံၢ်ဘါ)

redoubtable *a* ၁. လၢအလီၤပျံၤလီၤဖုး ၂. လၢအလီၤယူးယီဉ်ဟ်ကဲ

redound *v* ဒုးကဲဘျုးကဲဖှိဉ်, စိာ်ကဖီထီဉ်

redress *n* ၁. တၢ်မၤလီၤမၤဘဉ်ကၠၤတၢ် ၂. တၢ်ဟ့ဉ်လီးကၠၤတၢ် ၃. တၢ်မၤယူမၤဖိးကၠၤတၢ်

redress *v* ၁. မၤလီၤမၤဘဉ်ကၠၤတၢ် ၂. ဟ့ဉ်လီးကၠၤတၢ် ၃. မၤယူမၤဖိးကၠၤတၢ်

reduce *v* မၤစှၤလီၤ, ထုးစှၤလီၤ

reducible *a* ၁. လၢတၢ်မၤစှၤလီၤအီၤသ့, လၢတၢ်ထုးစှၤလီၤအီၤသ့ ၂. လၢတၢ်မၤညီမၤဘှါထီဉ်အီၤသ့

reduction *n* တၢ်မၤဆံးလီၤစှၤလီၤ, တၢ်ထုးစှၤလီၤ

reductionism *n* တၢ်နာ်အသနူလၢတၢ်မၤညီမၤဘှါထီဉ်ကၠၤတၢ်ဂ့ၢ်လၢအကီအခဲသ့, တၢ်နာ်အသနူလၢတၢ်ဂ့ၢ်ကီနဉ်တၢ်ဃုဉ်လီၤဘှါလီၤကၠၤအီၤလၢကျဲလၢအညီသ့

reductive *a* လၢအနာ်ဝဲလၢတၢ်မၤညီမၤဘှါထီဉ်ကၠၤတၢ်ဂ့ၢ်လၢအကီအခဲသ့, လၢအနာ်ဝဲလၢတၢ်ဂ့ၢ်ကီနဉ်တၢ်ဃုဉ်လီၤဘှါလီၤကၠၤအီၤလၢကျဲလၢအညီသ့

redundancy *n* ၁. တၢ်အါတလၢကွံာ်, တၢ်အါကဲဉ်ဆိး ၂. တၢ်လၢတၢ်တလိဉ်အီၤလၢၤမ့ၢ်လၢတၢ်အိဉ်အါကဲဉ်ဆိးအယိ

redundant *a* ၁. လၢအိဉ်အါတလၢကွံာ်, လၢအိဉ်အါကဲဉ်ဆိး, လၢအိဉ်အါန့ၢ်ဒံးတၢ်လိဉ်ဘဉ်အီၤ ၂. လၢတၢ်တလိဉ်ဘဉ်အီၤလၢၤ

reed *n* ၁. တပိၢ်, (ပံ) အပျ့ၤဖိ

re-educate *v* သိဉ်ကၠၤသီကၠၤတၢ်, သိဉ်ယီဉ်သီယီဉ်တၢ်

reedy *a* ၁. လၢအကလုၢ်ဃဲကအဲးဖိ ၂. လၢအပှဲၤဒီးတပိၢ်, လၢတပိၢ်မဲထီဉ်ပှဲၤအပူၤ ၃. လၢအဃဲၤထိပျ့

reef *n* ၁. လၢၢ်တ့ၢ်ရဲဉ်လၢပိဉ်လဲဉ်ပူၤ ၂. ပျံၤအပျ့လၢတၢ်ထူကၠၤယၢ်လဉ်တဖဉ်အဂီၢ်

reef *v* ထူထီဉ်ကၠၤယၢ်လဉ်

reefer *n* ၁. သိဆူဉ်ကူဲးကဲး, သိဆူဉ်ဆ့ကၤတိဉ် ၂. မိာ်ထူညါဖိ

reek *n* တၢ်နၢတမှာ်တလၢ, တၢ်သဝံနၢ, တၢ်နၢတၢ်နွါ

reek *v* နၢတမှာ်တလၢ, တၢ်သဝံနၢ, တၢ်နၢတၢ်နွါ

reel *n* ၁. စီၤကွီၤ, နီဉ်ဘး, လုဉ်ထွံသဉ် ၂. ပှၤစကီးတလဲ(န)ဖိအတၢ်ဂဲၤကလံဉ်တကလုာ်

reel *v* ၁. လဲၤကနူၤကပၤ, ဟးကနူၤကပၤ ၂. ဖုးသံပျိၢ်ဂီၤ, ဖုးသံပျိၢ်သံ ၃. ခိဉ်တရံးနၢ်တရံး ၄. ရုဉ်လုဉ်, ဘးလုဉ်ဘးနဲ, ထွံလုဉ်ထွံနဲ

re-elect *v* ယုထၢထီဉ်ကဒါကၠၤ, ယုထၢထီဉ်ကဒီးတဘျီ

re-enact *v* ဂဲၤဒိကဒါကၠၤတၢ်, ဒုးနဲဉ်ကၠၤတၢ်ဒိတၢ်တဲာ်လၢအမၤတ့ာ်သးလၢအပူၤကွံာ်

reenforce *v* ၁. ဆှၢအါထီဉ်သုးမုၢ်သံဉ်ဘိအဂံၢ်အဘါ ၂. မၤဂၢၢ်မၤကျၢၤထီဉ် (တၢ်သူဉ်ထီဉ်) ၃. မၤဆူဉ်ထီဉ် (သးသဟီဉ်)

R

reenforcement *n* ၁. တၢ်ဆှၢအါထီၣ်သုးမှၢ်သံၣ်ဘိအဂံၢ်အဘါ ၂. တၢ်မၤဂၢၢ်ကျၢၤထီၣ် (တၢ်သူၣ်ထီၣ်) ၃. တၢ်မၤဆူၣ်ထီၣ် (တၢ်သးသဟီၣ်)

re-entry *n* ၁. တၢ်ဟဲက့ၤနုာ်လီၤကဒါက့ၤ, တၢ်ဟဲက့ၤနုာ်ကဒီး, တၢ်နုာ်လီၤကဒါက့ၤ ၂. တၢ်မၤန့ၢ်ကဒါက့ၤ

re-examine *v* သမံသမိးကဒါက့ၤ

refectory *n* တၢ်အီၣ်တၢ်အီအလီၢ်, တၢ်အီၣ်တၢ်အီအဘျီၣ်

refer *v* ၁. မၤန့ၢ်တၢ်အဒိးသန့ၤ ၂. ကွၢ်သဃၤ (လံာ်) အဒိ, ပကွၢ်သဃၤတၢ်အခီပညီအံၤလၢလံာ်ခီယ့ၤအပူၤ

referable *a* လၢတၢ်ဒုးဘၣ်ထွဲကဒါက့ၤအီၤသ့, လၢတၢ်ဒုးဘၣ်ဃးကဒါက့ၤအီၤသ့

referee *n* ၁. ဖုဒိၣ်, ပှၤစံၣ်ညီၣ်တဲာ်တၢ် ၂. ပှၤအုၣ်ကီၤသး

referee *v* ကဲဖုဒိၣ်, စံၣ်ညီၣ်ဆၢတဲာ်တၢ်

reference *n* ၁. တၢ်ကွၢ်သတြၢ, လံာ်ကွၢ်သတြၢ ၂. လံာ်တၢ်အုၣ်ကီၤ ၃. တၢ်ဂ့ၢ်ဒိးသန့ၤ

reference *v* ၁. ဟ်ဖျါထီၣ်တၢ်ဂ့ၢ်ဒိးသန့ၤ, ဟ်ဖျါထီၣ်တၢ်ကွၢ်သတြၢ, ၂. မၤဘၣ်ထွဲတၢ်ဂ့ၢ်, ကွဲးဘၣ်ထွဲတၢ်ဂ့ၢ်

reference book *n* လံာ်ကွၢ်သတြၢ

reference library *n* လံာ်ရိဒၢးလၢတၢ်တဟ့ၣ်ဒိးလဲလီၤလံာ်, လံာ်ရိဒၢးလၢတၢ်ဒိးလဲဟးစိာ်ဖးလံာ်ဆူတၢ်လီၢ်ဂၤတသ့, လံာ်ရိဒၢးလၢတၢ်ဒိးလဲဟးစိာ်ဖးလံာ်ဆူတၢ်လီၢ်ဂၤတန့ၢ်

reference point *n* ၁. တၢ်ဟ်ပနီၣ်တၢ်လၢတၢ်ကကွၢ်သတြၢအီၤအဂီၢ် ၂. နီၣ်ထီၣ်လၢတၢ်ကကွၢ်သတြၢတၢ်အဂီၢ်

referendum *n* တၢ်ဟံးန့ၢ်ကမျၢ်တၢ်ဘၣ်သး

referral *n* တၢ်ဆှၢထီၣ်တၢ်ဆူညါတတီၤ, တၢ်ဆှၢခီတၢ်ဆူညါတတီၤ

refinance *v* ဘှီဘၣ်က့ၤကျိၣ်စ့ဂ့ၢ်ဝီ, မၤသီထီၣ်က့ၤကျိၣ်စ့ဂ့ၢ်ဝီ

refine *v* မၤဆှံထီၣ်, မၤဂ့ၤထီၣ်, မၤကဆှီထီၣ်

refined *a* ၁. လၢဘၣ်တၢ်မၤဆှံထီၣ်အီၤ, လၢဘၣ်တၢ်မၤကဆှီထီၣ်အီၤ ၂. လၢဘၣ်တၢ်မၤဂ့ၤထီၣ်အီၤ ၃. လၢအကဆှီ, လၢအစီဆှံ

refinement *n* ၁. တၢ်မၤဆှံထီၣ်တၢ်, တၢ်မၤကဆှီထီၣ်တၢ် ၂. တၢ်မၤဂ့ၤထီၣ်တၢ်

refinery *n* စဲးဖီကဟၣ်တၢ်မၤလီၢ်လၢအမၤကဆှီထီၣ်တၢ်

refinish *v* မၤဝံၤလီၤတံၢ်က့ၤတၢ်, မၤဝံၤမၤတဲာ်က့ၤတၢ်

refit *v* ဘှီဂ့ၤထီၣ်က့ၤတၢ်

reflect *v* ၁. ကပီၤဆဲးကဒါ ၂. ဆဲးကလၢ, ဖျါကလၢထီၣ် ၃. ခီဆၢကဒါက့ၤတၢ် ၄. ဆိကမိၣ်ထံကဒါက့ၤတၢ်

reflected glory *n* တၢ်လၤကပီၤလၢတၢ်ဒိးန့ၢ်ဘၣ်အီၤခီဖျိပှၤတဂၤ မ့တမ့ၢ် ပှၤတဂၤဂၤအတၢ်မၤအဃိ, တၢ်စံးထီၣ်ပတြၢၤလၢတၢ်ဒိးန့ၢ်ဘၣ်အီၤခီဖျိပှၤတဂၤဂၤ မ့တမ့ၢ် ပှၤတဂၤဂၤအတၢ်မၤအဃိ

reflection *n* ၁. တၢ်ဆဲးကပီၤ, တၢ်အကနဖျါ ၂. တၢ်ဆဲးကလၢ, တၢ်ဖျါကလၢ ၃. တၢ်ခီဆၢကဒါက့ၤတၢ် ၄. တၢ်ဆိကမိၣ်ထံကဒါက့ၤတၢ်

reflective *a* ၁. လၢအဆဲးကပီၤ, လၢအကနဖျါ ၂. လၢအဆဲးကလၢ, လၢအဖျါကလၢ ၃. လၢအခီဆၢကဒါက့ၤတၢ် ၄. လၢအဆိကမိၣ်ထံကဒါက့ၤတၢ်

reflector *n* ၁. တၢ်လၢအဆဲးကပီၤကဒါက့ၤ ၂. တၢ်အမဲာ်ဖံးခိၣ်လၢအဆဲးကလၢ

reflex *n* ၁. နီၢ်ခိအတၢ်ဟူးတၢ်ဂဲၤလၢအကဲထီၣ်ဒၣ်အတၢ် (အဒိ – ကဆဲ, မဲာ်ဘ့ၣ်ဟူး, ဆူၣ်ကပြုထီၣ်) ၂. တၢ်ခီဆၢက့ၤဒၣ်အတၢ်, တၢ်ခီဆၢလၢအကဲထီၣ်ဒၣ်အတၢ်

reforestation *n* တၢ်သူၣ်ကဒါက့ၤသ့ၣ်ပှၢ်

reform *n* ၁. တၢ်မၤဂ့ၤထီၣ်က့ၤတၢ် ၂. တၢ်ဘှီသီထီၣ်က့ၤတၢ်

reform *v* ၁. မၤဂ့ၤထီၣ်က့ၤ ၂. ဘှီသီထီၣ်က့ၤ

reformation *n* ၁. တၢ်မၤဂ့ၤထီၣ်က့ၤတၢ် ၂. တၢ်ဘှီသီထီၣ်က့ၤတၢ်

Reformation *n* တၢ်ဒုးဒိၣ်ထီၣ်ခရံာ်ဖိဘျၢထံတၢ်အိၣ်ဖှိၣ်အစီၤ, ၁၆ ယၤဖိၣ်နံၣ်လၢကီၢ်ယူရပၤပူၤတၢ်သူၣ်ထီၣ်ဘျၢထံခရံာ်ဖိလၢအထုးဖးအသးဒီးရိမ့ၤခဲးသလ့းတၢ်အိၣ်ဖှိၣ်

reformatory *n* တၢ်ဒုးဃာ်ပှၤသးစၢ်အလီၢ်, တၢ်မၤဂ့ၤထီၣ်ပှၤအတၢ်သကဲာ်ပဝးအလီၢ်, တၢ်လီၢ်ဖဲတၢ်ဒုးဃာ်ပှၤသးစၢ်လၢအမၤကမၣ်သဲစးတဖၣ်လၢတၢ်ကမၤဂ့ၤထီၣ်က့ၤအတၢ်သကဲာ်ပဝးတဖၣ်အဂီၢ်

reformer *n* ပှၤလၢအမၤဂ့ၤထီဉ်ကဲ့ၤတၢ်, ပှၤလၢအဘိုသီထီဉ်ကဲ့ၤတၢ်

reformist *a* ၁. လၢအဲဉ်ဒိးမၤဂ့ၤထီဉ်တၢ်, လၢအသးအိဉ်ဂ့ာ်ကျဲးစၢးမၤဂ့ၤထီဉ်ကဲ့ၤတၢ် ၂. လၢအဲဉ်ဒိးဘိုသီထီဉ်ကဲ့ၤတၢ်, လၢအသးအိဉ်ဂ့ာ်ကျဲးစၢးဘိုသီထီဉ်ကဲ့ၤတၢ်

refract *v* မၤတစ္ၤတၢ်ကပီၤအယဲၤ, မၤကဲ့ဉ်လီၤတၢ်ကပီၤအယဲၤ

refractory *a* ၁. လၢအနူၤကဲ့ဉ်နၢ်ယွၤ, လၢတၢ်သိဉ်ဘဉ်အီၤကီ ၂. ပှ်ၢ်လီၤကီ ၃. လၢတၢ်ကူစါယါဘျါဘဉ်အီၤကီ

refrain *n* ၁. တၢ်သးဝံဉ်အခိရၢာ်, တၢ်သးဝံဉ်အဆၢလၢဘဉ်တၢ်သးဝံဉ်ကဒါကဲ့ၤအီၤ ၂. တၢ်ကတိၤလၢတၢ်တဲဝံၤတဲကဒါကဲ့ၤအီၤတလိၢ်လိၢ်, တၢ်ကတိၤ (တၢ်) ထၢသကူဉ်

refrain *v* ပၢၤအသး, တကနဉ်ယှာ်, ကီၤအသး

refresh *v* မၤကဆိုမၤသီထီဉ်, မၤဆူဉ်ထီဉ်ကဲ့ၤင်္ဂါဘါ, မၤသီထီဉ်ကဲ့ၤတၢ်သ့ဉ်နီဉ်, မၤရှဲထီဉ်ကဲ့ၤ (ပှၤ) သး

refresher course *n* တၢ်မၤသီထီဉ်ကံၢ်စီအတၢ်မၤလိ

refreshing *a* လၢအမၤသပှၢထီဉ်မဲာ်, လၢအမၤပှဲၤကဲ့ၤင်္ဂါဘါ, လၢအမၤဖုံထီဉ်ကဲ့ၤ (ပှၤ) သး, လၢအမၤရှဲထီဉ်ကဲ့ၤ (ပှၤ) အသး

refreshment *n* ၁. တၢ်လုၢ်အီဉ်လုၢ်အီ, တၢ်အီဉ်တၢ်အီ ၂. တၢ်လၢအမၤသပှၢထီဉ်မဲာ်, တၢ်လၢအမၤသပှၢထီဉ်ကဲ့ၤ (ပှၤ) သး, တၢ်လၢအမၤပှဲၤထီဉ်င်္ဂါဘါ

refrigerate *v* ဟ်ခုဉ်တၢ်အီဉ်တၢ်အီ, မၤခုဉ်တၢ်အီဉ်တၢ်အီ

refrigerator *n* တၢ်ခုဉ်ဒၢ

refuel *v* ၁. မၤပှဲၤကဲ့ၤ (စဲး) အသိ ၂. မၤကိၢ်ထီဉ်ကဲ့ၤပှၤအသး, မၤဟူးမၤဂဲၤထီဉ်ကဲ့ၤပှၤအသး

refuge *n* လီၢ်အိဉ်ကနု, တၢ်အိဉ်တဒၢအလီၢ်, တၢ်ပူၤဖျဲးအလီၢ်

refugee *n* ပှၤဘဉ်ကီဘဉ်ခဲ

refund *n* ၁. တၢ်ဟ့ဉ်ကဲ့ၤစ့ ၂. စ့လၢဘဉ်တၢ်ဟ့ဉ်ကဒါကဲ့ၤအီၤ

refund *v* ဟ့ဉ်ကဲ့ၤစ့

refurbish *v* မၤကဆဲကဆိုထီဉ်ကဲ့ၤတၢ်, ကယၢကယဲထီဉ်ကဲ့ၤတၢ်, မၤဂ့ၤထီဉ်ကဲ့ၤတၢ်, ဘိုသီထီဉ်ကဲ့ၤတၢ်

refusal *n* တၢ်ဂ့ၢ်လိာ်တၢ်, တၢ်သမၢတၢ်

refuse *a* လၢဘဉ်တၢ်သမၢကွံာ်အီၤ, လၢအတကိာ်တသိဉ်

refuse *n* တၢ်ကမုံၤ, တၢ်တဃာ်

refuse *v* ဂ့ၢ်လိာ်

refute *v* ၁. ဂ့ၢ်လိာ်ဘိုလိာ်တၢ်, ကတိၤထီဒါတၢ် ၂. စံးလၢအတဘဉ်ဘဉ်, စံးလၢအတမ့ၢ်တတီဘဉ်

regain *v* မၤန့ၢ်ကဲ့ၤတၢ်

regal *a* လၢအဘဉ်ဃးဒီးစီၤပၤ, လၢအကြၢးဒီးစီၤပၤ, ဒ်စီၤလိဉ်စီၤပၤအသိး, လၢအဖျါလီၤဘီလီၤမုၢ်, လၢအလီၤကဟုကညီၢ်

regale *v* ၁. တဲမှာ်ထီဉ်ကဲ့ၤပှၤအသး, ကတိၤမှာ်ထီဉ်ကဲ့ၤပှၤအသး, ကတိၤဖုံထီဉ်ကဲ့ၤပှၤအသး ၂. မၤသူဉ်ဖုံသးညီတၢ်ဒီးတၢ်အီဉ်တၢ်အီ, မၤမှာ်လၢသးခုဒီးတၢ်အီဉ်တၢ်အီ

regalia *n* ၁. တၢ်ကူတၢ်ကၤလီၤဆီ (အဒိ – သရဉ်ဒိဉ်အတၢ်လၤကပီၤဆ့ကၤ) ၂. တၢ်စိတၢ်ကမီၤအပနီဉ် ၃. တၢ်ကယၢကယဲပီးလီလီၤဆီ

regard *n* ၁. တၢ်ဟ်ကဲ, တၢ်သ့ဉ်ညါဟ်ကဲ, တၢ်ဟ် (တၢ်) ၂. တၢ်ကွၢ်ထံတၢ်, တၢ်ကွၢ်တၢ်

regard *v* ၁. ဟ်, ဟ်ကဲ, သ့ဉ်ညါဟ်ကဲ ၂. ကွၢ်ထံတၢ်, ကွၢ်တၢ်

regarding *prep* ဘဉ်ဃးဒီး, ဘဉ်ထွဲဒီး

regardless *adv* ၁. လၢတအိဉ်ဒီး (တၢ်ကွၢ်မဲာ်တၢ်), ၂. ဒ်လဲဉ်ဂ့ၤဒဲလဲဉ်ဂ့ၤ

regardless of *prep* မ့ၢ်နာ်သကဲ့, သနာ်ကဲ့

regatta *n* တၢ်ဝါပြၢချံ

regenerate *v* ၁. မၤမူထီဉ်ဂဲၤထီဉ်ကဲ့ၤ, မၤသီထီဉ်ကဲ့ၤ, ဒုးအိဉ်ထီဉ်ကဲ့ၤ, မၤကဲထီဉ်လိဉ်ထီဉ်ကဲ့ၤ, ဒုးကဲထီဉ်လိဉ်ထီဉ်ကဲ့ၤ, ဒုးထုးထီဉ်ကဲ့ၤ ၂. သူဉ်ထီဉ်ဆီလီၤကဲ့ၤ

regent *n* ပှၤပၢန့ၢ်တၢ်လၢစီၤလိဉ်စီၤပၤအလီၢ်, ပှၤပၢန့ၢ်တၢ်လၢစီၤလိဉ်စီၤပၤအခၢဉ်စး

regicide *n* ၁. တၢ်ကူဉ်မၤသံစီၤလိဉ်စီၤပၤ ၂. ပှၤလၢအမၤသံစီၤလိဉ်စီၤပၤ

regime *n* ၁. သုးမီၤစိရိၤ, သုးပဒိဉ်

R

၂. တၢ်အိၣ်တၢ်အီဒီးနီၢ်ခိတၢ်ဟူးတၢ်ဂဲၤအတၢ်သိၣ်တၢ်သီတၢ်ဘျၢလၢတၢ်ကအိၣ်ပှဲၤဒီးတၢ်အိၣ်ဆူၣ်အိၣ်ချ့အဂီၢ် ၃. တၢ်သိၣ်တၢ်သီအကျဲကပူၤ

regimen *n* တၢ်အိၣ်တၢ်အီဒီးနီၢ်ခိတၢ်ဟူးတၢ်ဂဲၤတၢ်မၤလိအတၢ်သိၣ်တၢ်သီတၢ်ဘျၢ, တၢ်အိၣ်တၢ်အီဒီးနီၢ်ခိတၢ်ဟူးတၢ်ဂဲၤတၢ်မၤလိအတၢ်သိၣ်တၢ်သီတၢ်ဘျၢလၢတၢ်ကအိၣ်ပှဲၤဒီးတၢ်အိၣ်ဆူၣ်အိၣ်ချ့အဂီၢ်

regiment *n* ၁. သုးရှၣ် ၂. တၢ်အါအါဂိၢ်ဂိၢ် (အဒိ – တၢၢ်တကရူၢ်)

regimental *a* ၁. လၢအဘၣ်ထွဲဒီးသုးရှၣ် ၂. လၢဘၣ်တၢ်ဖိၣ်ဃံးအီၤဒီးတၢ်သိၣ်တၢ်သီ

regimented *a* လၢဘၣ်တၢ်ဖိၣ်ဃံးအီၤဒီးတၢ်သိၣ်တၢ်သီ

region *n* ဟိၣ်ကဝီၤ, လိၢ်ကဝီၤ

regional *a* လၢအဘၣ်ဃးဒီးဟိၣ်ကဝီၤတကဝီၤ

register *n* ၁. စရီခိၣ်သ့ၣ်, ၂. တၢ်ဆဲးလီၤမံၤ, တၢ်ထၢနှၥ်လီၤမံၤ ၃. တၢ်ပီးတၢ်လီလၢအမၤနိၣ်မၤဃါယှာ်တၢ် ၄. စဲးဂံၢ်စ့ ၅. တၢ်စူးကါတၢ်ကတိၤအကၢ့်အဂီၤ ၆. တၢ်သးဝံၣ်နိးအထိၣ်အလီၤလၢပှၤသးဝံၣ်အီၤန့ၢ် ၇. တၢ်အပူၤဟိလၢတၢ်အိးထိၣ်ကးတံာ်အီၤသ့လၢကပျဲနှာ်ဟးထိၣ်ကလံၤအဂီၢ်

register *v* ၁. ကွဲးလီၤအမံၤ, ဆဲးလီၤမံၤ, ထၢနှာ်လီၤမံၤ ၂. မၤနိၣ်မၤဃါတၢ် ၃. ဆှၢလံာ်ပရၢခီဖျိထၢနှာ်လီၤဆူစရီအပူၤ ၄. တိာ်သူၣ်ဟ်သး, ဟ်သး, နၢ်ပၢၢ်လၢအဂ့ၢ် ၅. သးဝံၣ်နိးအထိၣ်အလီၤထိၣ်ဘး

registered mail *n* တၢ်ဆှၢတၢ်ပရၢပစၢၢ်ခီဖျိထၢနှာ်လီၤဆူစရီပူၤ

registered trademark *n* ပန်ာ်အမံၤပနိၣ်

registrar *n* ၁. ပှၤပၢၤဃာ်ပဒိၣ်အတၢ်မၤနိၣ်မၤဃါတဖၣ် ၂. ပှၤမၤနိၣ်မၤဃါတၢ်, ပှၤထၢစရီ

registration *n* ၁. တၢ်ဆဲးလီၤမံၤ, တၢ်ကွဲးလီၤမံၤ, တၢ်ထၢနှာ်လီၤမံၤ ၂. လံာ်စရီခိၣ်သ့ၣ်

registry *n* ၁. တၢ်ဆဲးလီၤမံၤအလိၢ်, တၢ်ကွဲးလီၤမံၤအလိၢ်, တၢ်ထၢနှာ်လီၤမံၤအလိၢ် ၂. တၢ်ဆဲးလီၤမံၤ, တၢ်ကွဲးလီၤမံၤ, တၢ်ထၢနှာ်လီၤမံၤ

registry office *n* လိၢ်ကဝီၤပဒိၣ်တၢ်မၤနိၣ်မၤဃါထံဖိကိၢ်ဖိဝဲၤဒၢး

regress *v* ဂုၤက့ၤဆူလိၢ်ခံ, ဆံးလီၤစုၤလီၤ

regression *n* တၢ်ဂုၤက့ၤဆူလိၢ်ခံ, တၢ်ဆံးလီၤစုၤလီၤ

regressive *a* လၢအဂုၤက့ၤဆူလိၢ်ခံ, လၢအဆံးလီၤစုၤလီၤ

regret *n* ၁. တၢ်သ့ၣ်နိၣ်ပီၢ်ယၢ်လီၤက့ၤသး ၂. တၢ်သူၣ်အုးသးအုးက့ၤတၢ်, တၢ်သူၣ်တမှာ်သးတမှာ်

regret *v* ၁. သ့ၣ်နိၣ်ပီၢ်ယၢ်လီၤက့ၤသး, လီးကီကဒါက့ၤတၢ် ၂. သးအုး, သးတမှာ်လၢတၢ်ဂံၢ်စၢ်ဘါစၢ်အဖီခိၣ်

regretful *a* ၁. လၢအပှဲၤဒီးတၢ်သ့ၣ်နိၣ်ပီၢ်ယၢ်လီၤက့ၤသး ၂. လၢအပှဲၤဒီးတၢ်သူၣ်အုးသးအုး ၃. လၢအပှဲၤဒီးတၢ်သူၣ်တမှာ်သးတမှာ်

regrettable *a* ၁. လၢအလီးကီကဒါက့ၤတၢ် ၂. လၢအလီၤသူၣ်အုးသးအုး

regroup *v* ကရၢကရိထိၣ်ကဒါက့ၤ, ရိၣ်ဖှိၣ်ကဒါက့ၤ, ဟ်ဖှိၣ်ထိၣ်ကဒါက့ၤသး

regular *a* ၁. လၢအလဲၤအသးတပယူာ်ဃီ, ဘၣ်ဆၢဘၣ်ကတီၢ် ၂. ဒ်အညီနုၢ်အသိး ၃. ပတိၢ်မုၢ် ၄. (တၢ်အက့ၢ်အဂီၤ) လၢအဃူလိာ်သး, ၅. (အဲကလံးကျိာ်ဂံၢ်ထံး) ဝိၢ်ညြလၢအလဲလိာ်သးဒ်သိးသိးထိဘိ အဒိ, ဝိၢ်ညြလၢကတၢၢ်လၢ ed

regular *n* ၁. ပှၤပှ့ၤစူးကါညီနုၢ်တၢ်ဖိ ၂. သုးဖိလၢအမၤတၢ်လၢသုးမုၢ်ဒိၣ်အပူၤထိဘိ

regularity *n* ၁. တၢ်လၢအလဲၤသးတပယူာ်ဃီ, တၢ်ဘၣ်ဆၢဘၣ်ကတီၢ် ၂. တၢ်မၤသးဒ်အညီနုၢ်အသိး ၃. တၢ်ဘၣ်လိၢ်ဘၣ်စး, (အဒိ, မူခိၣ်ကလံၤသိၣ်ဂီၤအတၢ်ဘၣ်လိၢ်ဘၣ်စး)

regulate *v* ၁. ဖိၣ်ဃံးတၢ်ဒီးတၢ်သိၣ်တၢ်သီ, မၤတၢ်ဒ်တၢ်ဘျၢဟဲဝဲအသိး ၂. မၤလီၤမၤဘၣ်က့ၤ, မၤဘၣ်လိာ်ဘၣ်စးက့ၤ, ကျဲၤလီၤကျဲၤဘၣ်က့ၤ, မၤဘၣ်က့ၤ

regulation *a* လၢအဘၣ်လိာ်ဖိးမံဒီးတၢ်သိၣ်တၢ်သီ

regulation *n* ၁. တၢ်သိၣ်တၢ်သီတၢ်ဘျၢ ၂. တၢ်ဖိၣ်ဃံးတၢ်ဒီးတၢ်သိၣ်တၢ်သီတၢ်ဘျၢ, တၢ်မၤတၢ်ဒ်တၢ်ဘျၢဟဲဝဲအသိး

regulator *n* ၁. ပှၤလၢအဖိၣ်ဂၢၢ်တၢ်သိၣ်တၢ်သီ, ပှၤလၢအဖိၣ်ဃံးတၢ်သိၣ်တၢ်သီ ၂. တၢ်ပီးတၢ်လီလၢအကၢၤဃာ်တၢ်, တၢ်ပီးတၢ်လီလၢအကၢၤဃာ်စဲးဖီကဟၣ်အတၢ်ဖံးတၢ်မၤအချ့

R

regulatory *a* လၢအဘၣ်ဃးဒီးတၢ်ဖိၣ်ဂၢၢ်တၢ်သိၣ်တၢ်သီ, လၢအဘၣ်ဃးဒီးတၢ်ဖိၣ်ဃံးတၢ်သိၣ်တၢ်သီ

regurgitate *v* ၁. ပဆှၣ်ထိၣ်က့ၤတၢ်အီၣ် ၂. တဲကဒါက့ၤ, စံးကဒီး, တဲဝ့ၤတဲဝီၤတၢ်

rehab *n* တၢ်ကူစါယါဘျါပှၤစဲကသံၣ်မူးဘိုးအတၢ်မၤ, တၢ်ကူစါယါဘျါပှၤစဲကသံၣ်မူးဘိုးအတၢ်မၤအကျိၤအကွဲ

rehabilitate *v* ၁. မၤဂ့ၤထိၣ်က့ၤဒ်အအိၣ်ပၢ်စၢၤအသိး, မၤဂ့ၤထိၣ်က့ၤ (အမံၤ) ၂. ကူစါယါဘျါပှၤလၢအစဲကသံၣ်မူးဘိုး

rehearsal *n* တၢ်ဂဲၤဒိ, တၢ်ဂဲၤလိ, တၢ်မၤလိထံက့ၤသး, တၢ်ဂဲၤလိထံက့ၤသး

rehearse *v* ဂဲၤဒိ, ဂဲၤလိ, မၤလိထံက့ၤသး, ဂဲၤလိထံက့ၤသး

reign *n* တၢ်ပၢ

reign *v* ပၢ

reign of terror *n* တၢ်ပၢဆူၣ်ပၢစိးတၢ်အကတိၢ်

reimburse *v* ဟ့ၣ်ကဒါက့ၤစ့, လီးကဒါက့ၤစ့

rein *n* ၁. ကသ့ၣ်ထးအ့ၣ်ပျံၤ ၂. တၢ်ဖိၣ်ပျံၤအစိကမီၤ

rein *v* ၁. ဖိၣ်ပျံၤတၢ် ၂. မၤပတှၢ်ကသ့ၣ်, ဒုးအိၣ်ပတှၢ်ကသ့ၣ်, ထုးဃာ်ကသ့ၣ်ပျံၤ

reincarnate *v* ဟဲလိၣ်ထိၣ်ကဒါက့ၤ, လိၣ်ထိၣ်ကဒီးအသး

reincarnation *n* ၁. တၢ်စူၢ်တၢ်နာ်လၢပှၤသံဟဲလိၣ်ထိၣ်ကဒါက့ၤ ၂. တၢ်ဟဲလိၣ်ထိၣ်ကဒါက့ၤ, တၢ်ဟဲလိၣ်ထိၣ်ကဒီးသး ၃. ပှၤဟဲလိၣ်ထိၣ်ကဒါက့ၤ, ပှၤလိၣ်ထိၣ်ကဒီးအသး

reindeer *n* တၤဟီဖးဒိၣ်, တၤယုၢ်ဖးဒိၣ်, သမီၢ်ဖးဒိၣ်

reinforce *v* ၁. ဆှၢအါထိၣ်သုးမှၢ်သံၣ်ဘိအဂၢ်အဘါ ၂. မၤဂၢၢ်မၤကျၢၤထိၣ် (တၢ်သူၣ်ထိၣ်) ၃. မၤဆူၣ်ထိၣ်, တၢ်ဟ့ၣ်ဆူၣ်ထိၣ် (သးသဟီၣ်)

reinforced concrete *n* က်လၢၢ်ဒါလၢဘၣ်တၢ်ဖိၣ်ဂၢၢ်ဃာ်အီၤဒီးထးလၢအပူၤ, က်လၢၢ်ဒါအကျၢၤ

reinforcement *n* ၁. တၢ်ဆှၢအါထိၣ်သုးမှၢ်သံၣ်ဘိအဂၢ်အဘါ ၂. တၢ်မၤဂၢၢ်မၤကျၢၤထိၣ် (တၢ်သူၣ်ထိၣ်) ၃. တၢ်မၤဆူၣ်ထိၣ်, တၢ်ဟ့ၣ်ဆူၣ်ထိၣ် (သးသဟီၣ်)

reins *n* ကလ့ၢ်

reinstate *v* ၁. ဟ့ၣ်ကဒါက့ၤအတၢ်မၤ, ပာ်ထိၣ်ကဒါက့ၤလၢအလီၢ် ၂. ဒုးအိၣ်ထိၣ်က့ၤတၢ်

reintroduce *v* ၁. စးထိၣ်စူးကါကဒါက့ၤတၢ် ၂. ပာ်ကဒါက့ၤဆူအတၢ်လီၢ်တၢ်ကျဲ

reinvent *v* ၁. မၤအိၣ်ထိၣ်က့ၤတၢ်အသီ, ဒုးအိၣ်ထိၣ်က့ၤတၢ်အသီ ၂. မၤဂ့ၤထိၣ်ကဒါက့ၤ, ဘိုဂ့ၤထိၣ်ကဒါက့ၤ

reiterate *v* တဲဝံၤတဲက့ၤတၢ်, စံးဝံၤစံးက့ၤတၢ်, မၤကဒါက့ၤတၢ်ခဲအံၤခဲအံၤ

reiteration *n* တၢ်တဲဝံၤတဲက့ၤတၢ်, တၢ်စံးဝံၤစံးက့ၤတၢ်, တၢ်မၤကဒါက့ၤတၢ်ခဲအံၤခဲအံၤ

reject *v* ၁. စူးကွံာ်, ထုးကွံာ် ၂. တတူၢ်လိာ်ဘၣ်, တအၢၣ်လီၤဘၣ် ၃. တကနၣ်ယုာ်ဘၣ်

rejection *n* ၁. တၢ်စူးကွံာ်တၢ်, တၢ်ထုးကွံာ်တၢ် ၂. တၢ်တတူၢ်လိာ်ဘၣ်, တၢ်တအၢၣ်လီၤဘၣ် ၃. တၢ်တကနၣ်ယုာ်ဘၣ်

rejoice *v* သးခု, သူၣ်ဖုံသးညီ

rejoicing *n* တၢ်သူၣ်ခုသးခု, တၢ်သူၣ်ဖုံသးညီ

rejoin *v* ၁. နုာ်လီၤမၤသကိးက့ၤတၢ်, နုာ်လီၤကဒါက့ၤ ၂. ခီဆၢကဒါက့ၤတၢ်

rejoinder *n* တၢ်ခီဆၢကဒါက့ၤတၢ်, တၢ်ကတိၤဆၢက့ၤတၢ်

rejuvenate *v* ၁. မၤသူၣ်စၢ်သးဘီၣ်လီၤက့ၤအသး, မၤသးစၢ်လီၤက့ၤအသး ၂. မၤဂ့ၤထိၣ်

rekindle *v* ၁. ထိၣ်ဟူးထိၣ်ဂဲၤထိၣ်ကဒါက့ၤတၢ် ၂. မၤကပီၤထိၣ်ကဒါက့ၤတၢ်

relapse *n* တၢ်ဆါထိၣ်ကဒါက့ၤ

relapse *v* ဆါထိၣ်ကဒါက့ၤ, ကဲထိၣ်ကဒါက့ၤဒ်အလီၢ်လီၢ်

relate *v* ၁. ဘၣ်ထွဲလိာ်အသး, ဒုးဘၣ်ထွဲ ၂. တဲဃၤကဒါက့ၤတၢ် ၃. ဒီဘူးဒီတံၢ်

related *a* ၁. လၢအဘၣ်ထွဲလိာ်အသး ၂. လၢအဒီဘူးဒီတံၢ်

relation *n* ၁. တၢ်ရှးထိၣ်တဲထိၣ်ကဒါက့ၤတၢ် ၂. တၢ်ဒီဘူးဒီတံၢ် ၃. တၢ်ရှလိာ်သး, တၢ်ဘၣ်ထွဲလိာ်သး

in / with relation to *idm:* ဘၣ်ထွဲဒီး, ဘၣ်ဃးဒီး

relationship *n* ၁. တၢ်ဘၣ်ထွဲလိာ်သး, တၢ်ဘၣ်ဃးလိာ်သး ၂. တၢ်ဒီဘူးဒီတံၢ်လိာ်သး

relative *a* လၢအဘၣ်ဃးဒီး (တၢ်) တမံၤ, လၢအထိၣ်သတြီၤက့ၤတၢ်

relative *n* ဘူးတံၢ်

relatively *adv* မ့ၢ်ဘၣ်ထိၣ်သတြီၤအီၤန့ၣ်

relativity *n* န့ဆၢၣ်အတၢ်ဘၣ်ထွဲဘၣ်ဃးလိာ်သးအသံၣ်အိၣ်ရံၣ်

relax *v* ၁. ထိၣ်ကဆှၣ်လီၤ (အသး) ၂. အိၣ်ဘှံးအိၣ်သါ, မၤမှာ်မၤခုၣ်လီၤက့ၤအသး ၃. မၤစၢ်လီၤတၢ်

relaxation *n* ၁. တၢ်ထိၣ်ကဆှၣ်လီၤ (အသး) ၂. တၢ်အိၣ်ဘှံးအိၣ်သါ, တၢ်မၤမှာ်မၤခုၣ်လီၤသး ၃. တၢ်မၤစၢ်လီၤတၢ်

relaxed *a* ၁. လၢအသးမှာ်သးခုၣ်, လၢအသူၣ်မှာ်သးခုၣ်, လၢအတၢ်ကိၢ်တၢ်ဂီၤတအိၣ်ဘၣ် ၂. လၢအတဃံးဘၣ်, လၢအတဃၢတစ်ၢ်ဘၣ်

relaxing *a* လၢအမၤမှာ်မၤခုၣ် (ပှၤ) သး, လၢအမၤလီၤမၢ်ကွံာ်တၢ်သူၣ်ကိၢ်သးဂီၤ

relay *n* ၁. (relay race) တၢ်ဃ့ၢ်ဒီဘူၣ်, တၢ်ဃ့ၢ်ထီဘူၣ်ထီပစိာ်, တၢ်ဃ့ၢ်ဆှၢနီၣ်က့, တၢ်ပိၢ်ထံဒီဘူၣ်, တၢ်ပိၢ်ထံထီဘူၣ်ထီပစိာ် ၂. တၢ်ဖိၣ်နှၢ်ဟ့ၣ်ခီတၢ်ကစိၣ်တဆီဘၣ်တဆီ ၃. ပှၤလၢအနုာ်လီၤမၤတၢ်လၢပှၤအလိၢ်, တၢ်တမံၤလၢအနုာ်လီၤမၤတၢ်လၢတၢ်အဂၤတမံၤအခၢၣ်စး ၄. ပီးလီလၢအဖိၣ်နီၣ်နဲၣ်ဖျါတၢ်ကစိၣ်ဒီးဆှၢခီနှၢ်တၢ်ဆူညါ

relay *v* ၁. (relaid relaying), ဒါလီၤကဒါက့ၤတၢ်, ဟ်လီၤကဒီးတၢ် ၂. ဆှၢခီ, ဆှၢခီဆူညါ ၃. ဖိၣ်နှၢ်ဟ့ၣ်ခီတၢ်ကစိၣ်

release *n* ၁. တၢ်ပျ့ၢ်ကွံာ်, တၢ်မၤထူၣ်ဖျဲး, တၢ်ပျဲလီၤ ၂. တၢ်ထုးထိၣ်ရၤလီၤ ၃. တၢ်မၤလီၤကဆှၣ်က့ၤတၢ်, တၢ်မၤကိညၢ်ထိၣ်က့ၤတၢ်

release *v* ၁. ပျ့ၢ်ကွံာ်, မၤထူၣ်ဖျဲး, ပျဲလီၤ ၂. ထုးထိၣ်ရၤလီၤ ၃. မၤလီၤကဆှၣ်, မၤကိညၢ်ထိၣ်,

relegate *v* ၁. သုးလီၤအလိၢ်, သုးလီၤအပတီၢ် ၂. စံၣ်ညီၣ်ဟီဟးထိၣ်ကွံာ်လၢထံလိၢ်ကိၢ်ပူၤ ၃. ဟ့ၣ်လီၤ, အးလီၤ

relent *v* မၤကပုာ်, မၤစၢ်လီၤက့ၤအသး, လဲလိာ်က့ၤအတၢ်ဆိမိၣ်

relentless *a* ၁. လၢအတၢ်သးကညီၤတအိၣ်, လၢအတမၤကပုာ်လီၤအသး, လၢအတမၤစၢ်လီၤအသး, လၢအဆူၣ်အကိၤ ၂. လၢအယံာ်အထၢ, လၢအကတၢၢ်တအိၣ်

relevant *a* လၢအဘၣ်ဃးဒီးတၢ်ဂ့ၢ်ခဲအံၤ, လၢအကြၢး

reliability *n* တၢ်နာ်နှၢ်အီၤသ့, တၢ်ဒိးသန့ၤထိၣ်အသးလၢအီၤသ့, တၢ်ဒိးသန့ၤထိၣ်သးသ့အလိၢ်

reliable *a* လၢနာ်နှၢ် (အီၤ) သ့, လၢပသန့ၤပသး (လၢအီၤ) သ့

reliance *n* တၢ်နာ်နှၢ်တၢ်, တၢ်ဒိးသန့ၤထိၣ်သး

relic *n* ၁. တၢ်အိၣ်လီၤတဲာ်တ့ၢ်လၢပျၢၤ, တၢ်အိၣ်လီၤတဲာ်တ့ၢ်လၢပျၢၤလၢဘၣ်တၢ်ဟ်ကဲအီၤ ၂. တၢ်တမံၤမံၤလၢတၢ်ဟ်အီၤလၢတၢ်သ့ၣ်နီၣ်ထိၣ်က့ၤအဂီၢ်

relief *n* ၁. တၢ်မၤကိညၢ်ထိၣ်, တၢ်မၤစၢ်လီၤ, တၢ်မၤမှာ်ထိၣ်က့ၤ ၂. တၢ်မၤစၢၤ ၃. ပှၤလၢအမၤပှဲၤမူဒါလၢပှၤအလိၢ်

relief map *n* ဟီၣ်ခိၣ်ဂီၤလၢအနုးနဲၣ်ဖျါထိၣ်ဟီၣ်ခိၣ်မဲာ်ဖံးခိၣ်ထိၣ်စိလီၤဆၢၣ်

relieve *v* ၁. မၤကိညၢ်ထိၣ်, မၤစၢ်လီၤ, မၤမှာ်ထိၣ်က့ၤ ၂. မၤစၢၤ ၃. မၤပှဲၤမူဒါလၢပှၤအလိၢ်

relieved *a* လၢအသူၣ်မှာ်သးမှာ်, လၢအသးဖံထိၣ်က့ၤ

religion *n* တၢ်ဘူၣ်တၢ်ဘါ

religious *a* ၁. လၢအဘၣ်ဃးဒီးတၢ်ဘူၣ်တၢ်ဘါ ၂. လၢအအဲၣ်ထူအဲၣ်ယွၤ

religiously *adv* ၁. လီၤတံၢ်လီၤဆဲး ၂. လၢအဘၣ်ထွဲဒီးတၢ်ဘူၣ်တၢ်ဘါ

relinquish *v* စူးကွံာ်ညိကွံာ်

reliquary *n* ၁. ပှၤဃံအကိ ၂. ပှၤစိဆုံအကျူၣ်

relish *n* ၁. တၢ်အီၣ်အထံပံာ်ပံာ်, တၢ်အီၣ်လၢအမၤဝံၣ်မၤဘဲထိၣ်တၢ်အီၣ်, တၢ်အီၣ် ၂. ထးခိၣ်ဝံၣ်, တၢ်အီၣ်တၢ်ဝံၣ်ဘဲ

relish *v* ၁. အီၣ်ဝံၣ်, အီၣ်ဘဲ, အီၣ်တၢ်ဝံၣ်, အီၣ်တၢ်ဘဲ ၂. မှာ်လၤသးခုလၢတၢ်တမံၤမံၤအဃိ

relive *v* လဲၤခီဖျိဘၣ်ကဒီး, တူၢ်ဘၣ်ကဒီး

reload *v* ၁. ထၢနုာ်လီၤကျိချံ ၂. (ခိၣ်ဖျူထၢၣ်) မၤဟူးဂဲၤထိၣ်ကဒါက့ၤ

R

relocate *v* ဆှၢဆူတၢ်လီၢ်အသိ, သုးလီၢ်သုးကွဲ

reluctant *a* လၢတၢ်သးဃၢ, လၢတၢ်သးဆူၣ်တအိၣ်, လၢအယုာ်အသး, လၢအသးတပာ်ဘၣ်

rely *v* ၁. သန့ၤအသး ၂. နာ်နှၤ်

REM sleep *n* (Rapid Eye Movement Sleep) ပှၤမံမီၢ်တၢ်ဒိးမဲာ်ချံတရံးဝ့ၤဝီၤအကတီၢ်

remain *v* အိၣ်တ့ၢ်, အိၣ်လီၤတဲာ်, အိၣ်လီၤတဲာ်တ့ၢ်

remainder *n* တၢ်အိၣ်ဘျဲၣ်, တၢ်အဘျဲၣ်, တၢ်အဘျဲၣ်အစဲၢ်, တၢ်အိၣ်လီၤတဲာ်, တၢ်လၢအအိၣ်လီၤတဲာ်တ့ၢ်

remainder *v* ဆါကွၤလံာ်လၢအပှ့ၤဘၣ်ဘၣ်

remains *n* ၁. တၢ်အိၣ်လီၤတဲာ်တ့ၢ်, တၢ်အိၣ်တ့ၢ်, တၢ်အိၣ်လီၤတဲာ် ၂. (ပှၤကညီ, ဆၣ်ဖိကိၢ်ဖိ) တၢ်ဃံတၢ်ကွဲလၢအအိၣ်လီၤတဲာ်တ့ၢ်

remand *n* တၢ်ဒုးယာ်ပှၤဖဲတၢ်ဃိထံသမံသမိးတၢ်အကတီၢ်

remand *v* ၁. ဒုးယာ်ပှၤဖဲတၢ်ဃိထံသမံသမိးတၢ်အကတီၢ် ၂. ဆှၢထီၣ်တၢ်မူးတၢ်ရၢ်ဆူကွီၢ်ဘျီၣ်အပူၤ

remark *n* တၢ်မၤနီၣ်တၢ်အဂ့ၢ်တမံၤမံၤ, တၢ်မၤနီၣ်ဟ်သူၣ်ဟ်သး

remark *v* ၁. ကွၢ်နီၣ်, မၤနီၣ်, ဟ်သူၣ်ဟ်သး ၂. တဲ, ကတိၤတၢ်ဂ့ၢ်လၢအမၤနီၣ်, ဟ်သူၣ်ဟ်သးဝဲ

remarkable *a* လၢအလီၤတိၢ်လီၤဆီ, လၢပကြၢးတိၢ်နီၣ်ထီဃာ်

remarry *v* ထိၣ်ပှၢ်ကဒီးအသိတဘျီ, ဖျိကဒီးအသးတဘျီ

rematch *n* တၢ်မၤကဒ့ၤတၢ်ပြၢအသိတဘျီ

remediable *a* ၁. လၢတၢ်ယါဘျါအီၤသ့ ၂. လၢတၢ်ဘိုဘၣ်မၤဂ့ၤထိၣ်ကဒ့ၤအီၤသ့

remedial *a* ၁. လၢအကူစါယါဘျါတၢ် ၂. လၢအဘၣ်ဃးဒီးတၢ်ဘိုဘၣ်မၤဂ့ၤထိၣ်တၢ်

remedy *n* ၁. ကသံၣ်ဖိၣ်, တၢ်လၢအမၤဘျါတၢ်ဆါ ၂. တၢ်ဘိုဘၣ်မၤဂ့ၤထိၣ်ကဒ့ၤတၢ်

remedy *v* ၁. ယါဘျါကဒ့ၤတၢ် ၂. ဘိုဘၣ်မၤဂ့ၤထိၣ်ကဒ့ၤတၢ်

remember *v* သ့ၣ်နီၣ်ထီၣ်

remembrance *n* တၢ်သ့ၣ်နီၣ်ထီၣ်တၢ်

remind *v* ဒုးသ့ၣ်နီၣ်ထီၣ်ကဒ့ၤ

reminder *n* တၢ်လၢအဒုးသ့ၣ်နီၣ်ထီၣ်ကဒ့ၤတၢ်

reminisce *v* ဒုးသ့ၣ်နီၣ်ထီၣ်ကဒ့ၤတၢ်လၢအလဲၤပူၤကွံာ်

reminiscence *n* တၢ်သ့ၣ်နီၣ်ထီၣ်ကဒ့ၤတၢ်လၢအလဲၤပူၤကွံာ်

reminiscent *a* လၢအသ့ၣ်နီၣ်ထီၣ်ကဒ့ၤတၢ်လၢအလဲၤပူၤကွံာ်

remiss *a* လၢအတပလိၢ်ပဒီသး, လၢအတမၤတၢ်မှာ်မှာ်နီၢ်နီၢ်, လၢအတမၤတၢ်လီၤတံၢ်လီၤဆဲး

remissible *a* ၁. လၢတၢ်ပျ့ၢ်ကွံာ်အတၢ်ကမၣ်သ့ ၂. လၢတၢ်မၤပူၤဖျဲးကွံာ်အီၤသ့, လၢတၢ်ပျဲပူၤအီၤသ့ ၃. လၢတၢ်မၤကိညၢ်ထိၣ်အီၤသ့

remission *n* ၁. တၢ်ပျ့ၢ်ကွံာ်တၢ်ကမၣ်, တၢ်ပျ့ၢ်ကွံာ်တၢ်ဒဲးဘး ၂. တၢ်ပျဲပူၤဖျဲး, တၢ်မၤပူၤဖျဲး ၃. တၢ်မၤကိညၢ်ထိၣ်ကဒ့ၤသး

remit *n* မူဒါတၢ်ဖံးတၢ်မၤ, တၢ်မၤတၢ်ပၢအဟိၣ်ကဝီၤ

remit *v* ၁. ပျ့ၢ်ကွံာ်တၢ်ကမၣ် ၂. မၤပူၤဖျဲး, ပျဲပူၤဖျဲး ၃. ဟ်ဖျါထီၣ် မ့တမ့ၢ် ဆှၢထီၣ် (တၢ်ဂ့ၢ်လၢတၢ်စံၣ်ညီၣ်တဲာ်) ဆူပှၤန့ၢ်စိန့ၢ်ကမီၤအအိၣ်, အးလီၤကွၤ မ့တမ့ၢ် ဆှၢခီကွၤ (တၢ်မူးတၢ်ရၢ်, တၢ်ဂ့ၢ်) ဆူကွီၢ်ဘျီၣ်လာ်

remittance *n* ၁. စ့လၢတၢ်ဆှၢအီၤ ၂. တၢ်ဆှၢကျိၣ်စ့, တၢ်ဟ့ၣ်တၢ်အဘူးအလဲ

remix *v* မၤသီထိၣ်ကဒ့ၤတၢ်သးဝံၣ်

remnant *n* တၢ်အဘျဲၣ်အစဲၢ်, တၢ်အဘျဲၣ်

remodel *v* လဲလိာ်တၢ်အကု့ၢ်အဂီၤ

remold, remould *v* သိကွၤဘိုကွၤတၢ်

remonstrance *n* တၢ်ကတိၤထီဒါတၢ်, တၢ်ကတိၤဂ့ၢ်လိာ်တၢ်

remonstrate *v* ကတိၤထီဒါ, ကတိၤဂ့ၢ်လိာ်

remorse *n* တၢ်သ့ၣ်နီၣ်ပီၢ်ယၢ်လီၤကွၤသး

remorseful *a* လၢအပွဲၤဒီးတၢ်သ့ၣ်နီၣ်ပီၢ်ယၢ်လီၤကွၤသး

remorseless *a* ၁. လၢအတၢ်သ့ၣ်နီၣ်ပီၢ်ယၢ်လီၤကွၤသးတအိၣ် ၂. လၢအတၢ်သးကညီၤတအိၣ်

remote *a* လၢအယံၤ, စီၤစုၤ, လၢအိၣ်လီၤဖျိၣ်

remote control *n* နိၣ်ကၢၤစိ, စဲးပီးလီလၢအကၢၤယာ်တၢ်လၢတၢ်လီၢ်ယံၤ, တၢ်လၢ

R

အကၢၤဃာ်တၢ်လၢတၢ်လီၢ်ယံၤ အဒိ, ကွဲၤဟူဖျါ အနီၣ်ကၢၤစိ
remote sensing *n* မူဖျၢၣ်ဒိအပီးအလီ လၢအဒိစိလီၤတၢ်လၢမူဒီ
remould, remold *v* သိကူၤဘိုက့ၤတၢ်
remount *v* ၁. ဒိးထိၣ်ကဒါက့ၤ မ့တမ့ၢ် ထိၣ်ကဒါက့ၤ (ဆူကသ့ၣ် မ့တမ့ၢ် သိလ့ၣ်အလိၤ) ၂. ထိထိၣ်ကဒါက့ၤ ၃. ရဲၣ်ကျဲၤနုၤအိၣ်ထိၣ်ကဒါက့ၤ, သူၣ်ထိၣ်ကဒါက့ၤ
removable *a* လၢတၢ်သုးအလီၢ်သ့
removal *n* ၁. တၢ်သုးကွံာ်တၢ်, တၢ်စိာ်ကွံာ်တၢ် ၂. တၢ်နုးဟးထိၣ်ကွံာ်လၢတၢ်မၤ ၃. တၢ် (ထုး, ထဲး, ဘ့ၣ်လီၤ, မၤစီ) ကွံာ်တၢ်
removal van *n* သိလ့ၣ်ပဒၢးဖးဒိၣ်, တၢ်စိာ်ဆှၢဟံၣ်ဃီပီးလီအသိလ့ၣ်ဖးဒိၣ်
remove *n* ၁. တၢ်သုးထိၣ်သုးလီၤတၢ် ၂. တၢ်စီၤစုၤထဲအံၤထဲနၤ
remove *v* ၁. သုးကွံာ်, စိာ်ကွံာ် ၂. နုးဟးထိၣ်ကွံာ်လၢတၢ်မၤ ၃. ထုးကွံာ်, ထဲးကွံာ်, ဘ့ၣ်လီၤ, မၤစီကွံာ်
remover *n* ကသံၣ်မၤစီကွံာ်တၢ်ဘၣ်အၢဘၣ်သီ, တၢ်လၢအမၤစီကွံာ်တၢ်
remunerate *v* ဟ့ၣ်က့ၤတၢ်အဘူးအလဲ, ဟ့ၣ်စုလဲခီၣ်လဲ, ဟ့ၣ်မၤဘျုးက့ၤတၢ်
remuneration *n* တၢ်ဟ့ၣ်က့ၤတၢ်အဘူးအလဲ, တၢ်ဟ့ၣ်စုလဲခီၣ်လဲ, တၢ်ဟ့ၣ်မၤဘျုးက့ၤတၢ်
remunerative *a* လၢအတၢ်ဟဲနှာ်ဂ့ၤ, လၢအကဲဘျုးကဲဖှိၣ်
Renaissance *n* ၁. (ဖဲယၤဖှိၣ်နံၣ် ၁၄ ဒီး ၁၆ အဘၢၣ်စၢၤ) ဒ္ဒလၤလံာ်လဲၢ်ဒီးစဲအ့ၣ်ပီညါမူထိၣ်ဂဲၤထိၣ်အစိၤ ၂. တၢ်မူထိၣ်ဂဲၤထိၣ်က့ၤ, တၢ်ဟဲပၢၢ်ထိၣ်ကဒါက့ၤ
renal *a* လၢအဘၣ်ဃးဒီးကလ့ၢ်
renal stone *n* လၢၢ်အိၣ်ထိၣ်လၢကလ့ၢ်ဒီးဆံၣ်ကျိၤ
rename *v* ယှၢ်က့ၤမံၤ, ယှၢ်က့ၤမံၤလၢအသီ
rend *v* အ့ၣ်ဖှိကွံာ်, မၤယာ်, ဖှိယာ်, မၤသ့ၣ်ဖး
render *v* ၁. ဟဲကဲထိၣ်သး, ဘၣ်ဟဲကဲထိၣ်အသး, နုးကဲထိၣ်တၢ် ၂. ဟ့ၣ်တၢ်, ဟ့ၣ်လီၤက့ၤတၢ်, ဟ့ၣ်ဆၢက့ၤတၢ် ၃. (စရီ) ဟ့ၣ်ထိၣ်, ဆှၢထိၣ် ၄. ကွဲးကျိးထံတၢ် ၅. (ဂာ်လၢၢ်ဒါ) ဒါလီၤ, သလၣ်လီၤ ၆. (တၢ်အသိလီၤသကၢၤ) မၤပှ်ၢ်လီၤ
rendering *n* ၁. တၢ်သူၣ်ဝံၣ်သးဆၢအက့ၢ်အဂီၤ, တၢ်သံကျံအက့ၢ်အဂီၤ, တၢ်နုးနဲၣ်ဂဲၤဒိတၢ်အက့ၢ်အဂီၤ ၂. တၢ်ဟ်ဖျါထိၣ်တၢ်အိၣ်သးအက့ၢ်အဂီၤ ၃. ဂာ်လၢၢ်ကမူၣ်ကျဲၣ်ကျိ, တၢ်ပီးတၢ်လီလၢတၢ်ကကျးဘၢထိၣ်ဂီၤပၤ
rendezvous *n* တၢ်သ့ၣ်ဟ်သဂၢၢ်လိာ်သးအလီၢ်, တၢ်သ့ၣ်ဆၢဖးကတိၢ်လိာ်သးအလီၢ်
rendezvous *v* ထံၣ်လိာ်သး
rendition *n* တၢ်နုးနဲၣ်ဟ်ဖျါထိၣ်တၢ်အိၣ်သးအက့ၢ်အဂီၤ, တၢ်နုးနဲၣ်ဟ်ဖျါထိၣ်တၢ်အက့ၢ်အဂီၤ
renegade *n* ပှၤဃိးကဒါဘီ, ပှၤလၢအဆီတလဲအတၢ်ဘူၣ်တၢ်ဘါ
renege *v* မၤဟးဂီၤအတၢ်အၢၣ်လီၤ
renew *v* မၤသီထိၣ်
renewable *a* ၁. လၢတၢ်မၤသီထိၣ်ကဒါက့ၤအီၤသ့ ၂. လၢအဂံၢ်ဘါ မ့တမ့ၢ် အဂံၢ်သဟီၣ်လၢာ်ကွံာ်တသ့ဖဲတၢ်စူးကါအီၤအခါ
renewal *n* တၢ်မၤသီထိၣ်က့ၤတၢ်
renewed *a* လၢဘၣ်တၢ်မၤသီထိၣ်ကဒါက့ၤအီၤ
renounce *v* ၁. ပျ်ၢစုပျ်ၢခီၣ်, ပျဲစုပျဲခီၣ်, ပျ်ၢကွံာ်, စူးကွံာ်ညိကွံာ် ၂. ထုးကွံာ် (တၢ်ဆှၢနှာ်)
renovate *v* ဘိုသီထိၣ်က့ၤ, ဘိုဂ့ၤထိၣ်က့ၤ
renovation *n* တၢ်ဘိုသီထိၣ်က့ၤ, တၢ်ဘိုဂ့ၤထိၣ်က့ၤ
renown *n* တၢ်မံၤဟူသၣ်ဖျါ, တၢ်မံၤဟူထိၣ်သါလီၤ, တၢ်မံၤဒိၣ်သၣ်ဒိၣ်
renowned *a* လၢအမံၤဟူသၣ်ဖျါ, လၢအမံၤဟူထိၣ်သါလီၤ, လၢအမံၤဒိၣ်သၣ်ဒိၣ်
rent *n* ၁. အလဲ ၂. တၢ်ကံးညာ်ထူၣ်ဖှိ, တၢ်ကံးညာ်ယာ်ပြံးအလီၢ်
rent *v* ဒိးလဲ, ဟံးလဲ, ငါ
rental *n* ၁. ဟံၣ်လဲ, တၢ်ဒိးလဲအပှ့ၤ ၂. တၢ်ဒိးလဲတၢ်
rented *a* လၢတၢ်ဒိးလဲအီၤ
renter *n* ပှၤဒိးလဲလီၤတၢ်
renunciation *n* ၁. တၢ်ပျ်ၢစုပျ်ၢခီၣ်, တၢ်ပျဲစုပျဲခီၣ်, တၢ်ပျ်ၢကွံာ်, တၢ်စူးကွံာ်ညိကွံာ် ၂. တၢ်ထုးကွံာ် (တၢ်ဆှၢနှာ်)

reoccur *v* ဟဲအိၣ်ထီၣ်ကဒါက့ၤ, ဟဲအိၣ်ထီၣ်ဝံၤအိၣ်ထီၣ်က့ၤ, ဟဲပၢၢ်ထီၣ်ကဒါက့ၤ

reopen *v* ၁. အိးထီၣ်ကဒါက့ၤ ၂. စးထီၣ်ကဒါက့ၤ, စးထီၣ်မၤကဒီးတၢ်

reorder *v* မၤလိာ်ကဒီးတၢ်

reorganization, reorganisation *n* တၢ်သုးကျဲၤကဒါက့ၤ, တၢ်ရဲၣ်ကျဲၤကဒါက့ၤ, တၢ်ကရၢကရိထီၣ်ကဒါက့ၤ

reorganize, **reorganise** *v* သုးကျဲၤကဒါက့ၤ, ရဲၣ်ကျဲၤကဒါက့ၤ, ကရၢကရိထီၣ်ကဒါက့ၤ

rep *n* ၁. ခၢၣ်စး, ပှၤခၢၣ်စး ၂. ပှၤန့ၢ်စိန့ၢ်ကမီၤ

repair *n* တၢ်ဘိုက့ၤတၢ်, တၢ်ဘိုဂ့ၤထီၣ်က့ၤတၢ်

repair *v* ဘိုက့ၤ, ဘိုဂ့ၤ, ဘိုဂ့ၤထီၣ်

repairable *a* လၢတၢ်ဘိုက့ၤအီၤသ့

repairman *n* ပှၤဘိုတၢ်ဖိ

reparable *a* လၢတၢ်ဘိုက့ၤအီၤသ့, လၢတၢ်ဟ့ၣ်အိၣ်လီးက့ၤသ့

reparation *n* ၁. တၢ်ဒုးတၢ်ယၤအစ့အိၣ်လီး ၂. တၢ်ဟ့ၣ်အိၣ်လီးက့ၤတၢ်

repartee *n* တၢ်စံးဆၢက့ၤတၢ်တဘျီယီသ့သ့ဘၣ်ဘၣ်, တၢ်စံးဆၢတၢ်တဘျီယီလၢတၢ်ကူၣ်တၢ်ဆးအပူၤလၢအိၣ်ဒီးတၢ်လီၤနံၤလီၤအ့

repast *n* တၢ်အိၣ်တဘျီအဂီၢ်

repatriate *v* ဆှၢကဒါက့ၤပှၤဆူအထံအကိၢ်ဒၣ်ဝဲ

repatriation *n* တၢ်ဆှၢက့ၤပှၤဆူအကိၢ်

repay *v* ၁. က့ၤဟ့ၣ်ကဒါက့ၤ, ဟ့ၣ်ကဒါက့ၤ ၂. ဟ့ၣ်ဆၢက့ၤတၢ်, မၤဘျုးဆၢက့ၤ

repayable *a* လၢတၢ်ကဘၣ်ဟ့ၣ်ကဒါက့ၤအီၤ

repayment *n* ၁. တၢ်လီးက့ၤစ့ ၂. တၢ်ဟ့ၣ်ကဒါက့ၤတၢ်

repeal *v* မၤဟးဂီၤကွံာ်တၢ်သိၣ်တၢ်သီ, ထုးကွံာ်တၢ်သိၣ်တၢ်သီ

repeat *n* ၁. တၢ်မၤကဒီးတဘျီ, တၢ်စံးကဒီးတဘျီ ၂. တၢ် (တဲ, ဖး) ပိာ်ပှၤခံ

repeat *v* ၁. မၤကဒီးတဘျီ, စံးကဒီး ၂. (တဲ, ဖး) ပိာ်ပှၤခံ

repeated *a* (မၤ) ဝံၤ (မၤ) က့ၤတဘျီဝံၤတဘျီ

repeatedly *adv* (မၤ) ဝံၤ (မၤ) က့ၤတဘျီဝံၤတဘျီ

repeater *n* ကျိတကလုာ်, ကျိစဲး

repel *v* ၁. ဒုးဖျိးကွံာ်, နီၣ်ဖျိးကွံာ်, ဟီဖျိးကွံာ်, ဆီၣ်ဖျိးကွံာ် ၂. တြီယာ်တၢ်, ဒုးအိၣ်ထီၣ်တၢ်တဘၣ်သူၣ်ဘၣ်သး, နိၣ်ကဒါက့ၤတၢ် ၃. ဂ့ၢ်လိာ်, သမၢ, တတူၢ်လိာ်ဘၣ်, တအၢၣ်လီၤဘၣ်

repellent, repellant *a* လၢအတြီယာ်တၢ်, လၢအနိၣ်ကဒါက့ၤတၢ်, လၢအဒုးအိၣ်ထီၣ်တၢ်တဘၣ်သူၣ်ဘၣ်သး, လၢအတမှာ်တလၤ

repellent, repellant *n* ကသံၣ် (ပစီၤ), ကသံၣ်လၢတၢ်ဖိယၢ်နၢဘၣ်အီၤတမှာ်

repent *v* ပိၢ်ယၢ်လီၤက့ၤအသး, သ့ၣ်နီၣ်ပိၢ်ယၢ်လီၤက့ၤသး

repentance *n* တၢ်သ့ၣ်နီၣ်ပိၢ်ယၢ်လီၤက့ၤသး, တၢ်ပိၢ်ယၢ်လီၤက့ၤသး

repentant *a* လၢအသ့ၣ်နီၣ်ပိၢ်ယၢ်လီၤက့ၤအသး

repercussion *n* တၢ်ကဲထီၣ်ပိာ်ထွဲတၢ်ဂၤအခံ, တၢ်မၤအသးလၢတၢ်ဂၤအဃိ, တၢ်အတလၢ်

repertoire *n* ၁. တၢ်ကီးမံၤဒဲးလၢပှၤကဘၣ်ဂဲၤဒိအီၤ, ပူ, တၢ်သးဝံၣ်, တၢ်ဒ့တၢ်အူဒီးတၢ်သံကျံခဲလၢာ်လၢပှၤကဘၣ်ဂဲၤဒိအီၤ ၂. တၢ်ခဲလၢာ်လၢပှၤတဂၤမၤဝဲသ့

repertory *n* ၁. တၢ်ဂဲၤဒိတကလုာ်ဒီးအိၣ်ဒီးတၢ်ဂဲၤဒိပူအါကလုာ် ၂. တၢ်ကီးမံၤဒဲးလၢပှၤကဘၣ်ဂဲၤဒိအီၤ, ပူ, တၢ်သးဝံၣ်, တၢ်ဒ့တၢ်အူဒီးတၢ်သံကျံခဲလၢာ်လၢပှၤကဘၣ်ဂဲၤဒိအီၤ ၃. တၢ်ခဲလၢာ်လၢပှၤတဂၤမၤဝဲသ့

repetition *n* တၢ်စံးကဒီးတၢ်, တၢ်မၤကဒီးတၢ်, တၢ်မၤဝံၤမၤက့ၤတၢ်

repetitious *a* ၁. မၤဝံၤမၤက့ၤ, စံးဝံၤစံးက့ၤ ၂. တဘျီဝံၤတဘျီ

repetitive *a* ၁. မၤဝံၤမၤက့ၤ, စံးဝံၤစံးက့ၤ ၂. တဘျီဝံၤတဘျီ

rephrase *v* ကွဲးဖှၣ်ဒီးတဲဖျါဂ့ၤထီၣ်တၢ်အခီပညီ

repine *v* ကနူးကဒ့ၣ်တၢ်, တဲအါပိၣ်အါတၢ်

replace *v* ၁. မၤပှဲၤတၢ်လၢအလီၢ်, ဟ်လီၤတၢ်လၢအလီၢ်, လဲလိာ်အလီၢ် ၂. ဟ်ကဒါက့ၤလၢအလီၢ်

R

replaceable *a* လၢတၢ်လဲလိာ်အလီၢ်န့ၢ်, လၢတၢ်လဲလိာ်အလီၢ်သ့

replacement *n* ၁. တၢ်မၤပှဲၤတၢ်လၢအလီၢ်, တၢ်လဲလိာ်တၢ်အလီၢ်, တၢ်ဟ်လီၤတၢ်လၢအလီၢ် ၂. တၢ်ဟ်ကဒါက့ၤတၢ်လၢအလီၢ်

replay *n* ၁. (တၢ်ဂဲၤလိာ်ကွဲ) တၢ်လိာ်ကွဲကဒီးတဘျီ ၂. (တၢ်ဂီၤမူ) တၢ်ဒုးနဲၣ်ကဒီး, တၢ်အိးထီၣ်ကဒီး

replay *v* ၁. လိာ်ကွဲကဒီး ၂. ဒုးနဲၣ်ကဒီး, အိးထီၣ်ကဒီး

replenish *v* မၤပှဲၤကဒါက့ၤတၢ်

replete *a* ၁. လၢပှဲၤ ၂. ပှဲၤအိၣ်ပှဲၤဟ်, ပှဲၤလုာ်ကွံာ်

replica *n* တၢ်အဒိခိၣ်ထံး, တၢ်ဂီၤလၢတၢ်မၤကဲထီၣ်အီၤဒ်အဒိလၢညါအသိး

reply *n* ၁. တၢ်စံးဆၢ ၂. တၢ်ခီဆၢ, တၢ်ခိၣ်ဆၢ

reply *v* ၁. စံးဆၢက့ၤ ၂. ခီဆၢက့ၤ, ခိၣ်ဆၢက့ၤ

repopulate *v* ၁. အိၣ်ပှဲၤကဒါက့ၤ ၂. ဒုးအိၣ်ဒုးဆိးကဒါက့ၤ, မၤပှဲၤက့ၤအီၤဒီးပှၤကညီ

report *n* ၁. တၢ်ဟ်ဖျါ, လံာ်ဟ်ဖျါ ၂. တၢ်ကစီၣ် ၃. တၢ်အသိၣ်

report *v* ဟ်ဖျါထီၣ်, ဒုးသ့ၣ်ညါက့ၤ

report card *n* ကိုဖိအလံာ်ဟ်ဖျါ, ကိုဖိတၢ်မၤလိမၤဒိးအလံာ်ဟ်ဖျါ

reportage *n* တၢ်ဟ်ဖျါထီၣ်တၢ်ကစီၣ်, တၢ်ကွဲးဟ်ဖျါတၢ်ကစီၣ်အက့ၢ်အဂီၤ

reporter *n* ပှၤကွဲးတၢ်ကစီၣ်

repose *n* ၁. တၢ်အိၣ်ဘှံးအိၣ်သါ, တၢ်မံအိၣ်ဘှံးအိၣ်သါ ၂. တၢ်ဘူၣ်တၢ်ဘှီၣ်

repose *v* ၁. မံအိၣ်ဘှံးအိၣ်သါ, အိၣ်ဘှံးအိၣ်သါ ၂. ပိာ်သန့ၤ ၃. ဒီးသန့ၤထီၣ်အသး ၄. ဒုးမံအိၣ်ဘှံး

reposeful *a* လၢအမှာ်အခုၣ်, လၢအဘူၣ်ဝဲဘှီၣ်ဝဲ, လၢအမှာ်သယုၢ်

repository *n* ၁. ပနံာ်ဟ်ဖိုၣ်, တၢ်ဟ်ဖိုၣ်ဟ်တံၤတၢ်အလီၢ် ၂. ပှၤလၢအအိၣ်ပှဲၤဒီးတၢ်ဂ့ၢ်တၢ်ကျိၤတၢ်ကစီၣ်, လံာ်လၢအလၢပှဲၤဒီးတၢ်ဂ့ၢ်တၢ်ကျိၤ

repossess *v* ဟံးန့ၢ်က့ၤ, ပၢဘၣ်က့ၤ (တၢ်စုလီၢ်ခီၣ်ခိၣ်)

repossession *n* ၁. တၢ်ဟံးက့ၤ, တၢ်ပၢဘၣ်က့ၤ (တၢ်စုလီၢ်ခီၣ်ခိၣ်) ၂. ဟံၣ်ဃီတၢ်စုလီၢ်ခီၣ်ခိၣ်လၢဘၣ်တၢ်ဟံးန့ၢ်က့ၤအီၤ

reprehend *v* ဟ်တၢ်ကမဉ်လၢအလိၤ, သိၣ်ယီၣ်က့ၤ, သိၣ်က့ၤသီက့ၤ

reprehensible *a* လၢအလီၤသိၣ်ယီၣ်, လၢတၢ်ကြၢးသိၣ်က့ၤသီက့ၤ, လၢတၢ်ကြၢးဟ်တၢ်ကမဉ်လၢအလိၤ

represent *v* ၁. ဆၢထၢၣ်ခၢၣ်စး, မၤခၢၣ်စးတၢ်လၢအလီၢ် ၂. ဟ်လီၤတၢ်အဒိ, ဟ့ၣ်တၢ်အဒိ, ကဲအဒိ

re-present *v* ဟ့ၣ်ထီၣ်ကဒါက့ၤ, ဆှၢထီၣ်ကဒါက့ၤ

representation *n* ၁. တၢ်ဆၢထၢၣ်ခၢၣ်စး, တၢ်မၤခၢၣ်စးတၢ်လၢအလီၢ် ၂. တၢ်ဟ်လီၤတၢ်အဒိ, တၢ်ဟ့ၣ်တၢ်အဒိ, တၢ်ကဲန့ၢ်အဒိ

representational *a* လၢအဟ်ဖျါထီၣ်တၢ်အနီၢ်နီၢ်, လၢအဘၣ်ဃးဒီးတၢ်မၤခၢၣ်စးတၢ်လၢအလီၢ်, လၢအဘၣ်ထွဲဒီးတၢ်ကဲခၢၣ်စး

representative *a* ၁. လၢအမၤန့ၢ်ခၢၣ်စးတၢ်လၢအလီၢ်, လၢအကဲန့ၢ်ခၢၣ်စး ၂. လၢအကဲန့ၢ်အဒိ

representative *n* ပှၤခၢၣ်စး

repress *v* ၁. ဆီၣ်တံၢ်မၤနၢၤ ၂. ကီၤသူၣ်ကီၤသး, ပၢၤသူၣ်ပၢၤသး

repressed *a* ၁. လၢအကီၤသူၣ်ကီၤသး, လၢအပၢၤဃာ်အသး ၂. လၢအဆီၣ်တံၢ်မၤနၢၤ

repression *n* ၁. တၢ်ဆီၣ်တံၢ်မၤနၢၤ ၂. တၢ်ကီၤသူၣ်ကီၤသး, တၢ်ပၢၤသူၣ်ပၢၤသး

repressive *a* ၁. လၢအဆီၣ်တံၢ်မၤနၢၤ, လၢအပၢဆူၣ်ပၢစိးတၢ် ၂. လၢအကီၤသူၣ်ကီၤသး, လၢအပၢၤသူၣ်ပၢၤသး

reprieve *n* ၁. တၢ်သုးယံၤထီၣ်တၢ်စံၣ်ညီၣ်အဆၢကတီၢ် ၂. တၢ်ပျၢ်ပူၤဖျဲးကွံာ်ပှၤတစိၢ်တလီၢ်

reprieve *v* ၁. သုးယံၤထီၣ်တၢ်စံၣ်ညီၣ်အဆၢကတီၢ် ၂. ပျၢ်ပူၤဖျဲးကွံာ်ပှၤတစိၢ်တလီၢ်

reprimand *v* ဟ်တၢ်ကမဉ်, သိၣ်က့ၤသီက့ၤ

reprint *n* ၁. တၢ်စဲကျံးကဒါက့ၤလံာ်လဲၢ် ၂. လံာ်လဲၢ်လၢတၢ်စဲကျံးကဒါက့ၤအီၤ

reprint *v* စဲကျံးကဒါက့ၤ, စဲကျံးကဒီး

reprisal *n* တၢ်မၤဆၢက့ၤတၢ်လၢတၢ်အၢ, တၢ်မၤကဉ်ဆၢက့ၤတၢ်

reprise *v* ၁. မၤဆၢက့ၤတၢ်လၢတၢ်အၢ, မၤကၣ်ဆၢက့ၤတၢ် ၂. မၤကဒီးတဘျီ, စံးကဒီး, သးဝံၣ်ကဒါက့ၤ

reproach *n* တၢ်ပဲၤအၢပဲၤသီ, တၢ်ဟ်ဒ့ၣ်ဟ်ကမၣ်တၢ်

reproach *v* ပဲၤအၢပဲၤသီ, ဟ်ဒ့ၣ်ဟ်ကမၣ်

reproachful *a* လၢအပဲၤအၢပဲၤသီတၢ်, လၢအဟ်ဒ့ၣ်ဟ်ကမၣ်တၢ်

reprobate *n* ၁. ပှၤလၢအအၢအသီ, ပှၤလၢအတဂ့ၤတဘၣ် ၂. ပှၤလၢအဘၣ်တၢ်ဆိၣ်အၢ

reprobate *v* ကတိၤအၢကတိၤသီ, ကတိၤနၣ်ဒွဲၣ်စံးအၢ, ဆိၣ်အၢဆိၣ်သီတၢ်

reproduce *v* ၁. မၤထိၣ်က့ၤကဒီးတၢ်, ထုးထိၣ်ကဒီးတၢ် ၂. ဒုးလီၤစၢၤလီၤသွဲၣ်တၢ်, ဒုးအါထိၣ်ဂိၢ်ထိၣ်တၢ်

reproduction *n* ၁. တၢ်မၤထိၣ်က့ၤကဒီးတၢ်, တၢ်ထုးထိၣ်ကဒီးတၢ် ၂. တၢ်ဒုးလီၤစၢၤလီၤသွဲၣ်တၢ်, တၢ်ဒုးအါထိၣ်ဂိၢ်ထိၣ်တၢ်

reproductive *a* လၢအဘၣ်ထွဲဒီးတၢ်ဒုးလီၤစၢၤလီၤသွဲၣ်တၢ်

reproof *n* ၁. တၢ်ဟ်ဒ့ၣ်ဟ်ကမၣ်, တၢ်တဘၣ်သူၣ်ဘၣ်သး ၂. တၢ်သိၣ်က့ၤသီက့ၤတၢ်, တၢ်သိၣ်ယီၣ်သီယီၣ်တၢ်

reprove *v* ၁. ဟ်ဒ့ၣ်ဟ်ကမၣ်, စံးအၢစံးသီ ၂. နူအလိၤ, သိၣ်က့ၤသီက့ၤတၢ်

reptile *n* ဆၣ်ဖိကီၢ်ဖိလၢအစွါဒီးဟုအဒံၣ်အဒီ, တမၣ်, ချံး, ဂုၢ်

republic *n* ထံဖိကစၢ်ကီၢ်, ကီၢ်လၢပှၤထံဖိကီၢ်ဖိယုထၢထိၣ်ပှၤတဂၤလၢကပၢအီၤ

republican *a* လၢအဘၣ်ထွဲဒီးထံဖိကစၢ်ကီၢ်သန့

republican *n* ၁. ပှၤလၢအဆီၣ်ထွဲထံဖိကစၢ်ကီၢ်သန့, ၂. ထံဖိကစၢ်ကီၢ်အကရၢဖိ

repudiate *v* ၁. သမၢ, တတူၢ်လိာ်, ဟ်မၢ်ကွံာ် ၂. တအၢၣ်လီၤအီလီၤလၢအမ့ၢ်တၢ်မ့ၢ်တၢ်တီ, စံးလၢအကမၣ်

repudiation *n* ၁. တၢ်ဂ့ၢ်လိာ်သမၢ, တၢ်တတူၢ်လိာ်ဘၣ်, တၢ်ဟ်မၢ်ကွံာ်တၢ် ၂. တၢ်တအၢၣ်လီၤအီလီၤလၢအမ့ၢ်တၢ်မ့ၢ်တၢ်တီ

repugnance *n* တၢ်တဘၣ်သူၣ်ဘၣ်သးတၢ်, တၢ်သးဘၣ်အၢတၢ်

repugnant *a* ၁. လၢအတဘၣ်သူၣ်ဘၣ်သး, လၢအလီၤသးဘၣ်အၢ ၂. လၢအထီဒုၣ်ထီဒါလိာ်သး, လၢအတဘၣ်လိာ်ဖိးဒ့

repulse *v* ၁. ဒုးဖျိးကွံာ်, နီၣ်ကဒါက့ၤတၢ် ၂. တြီယာ်တၢ်, ဂ့ၢ်လိာ်သမၢတၢ်လၢတၢ်တမ့ာ်တလၤအပူၤ ၃. တဘၣ်သူၣ်ဘၣ်သး, လီၤသးဟ့သးဘၣ်အၢ

repulsion *n* ၁. တၢ်ဒုးဖျိးကွံာ်တၢ် ၂. နီၣ်ကဒါက့ၤတၢ် ၃. တၢ်တြီယာ်တၢ်, တၢ်ဂ့ၢ်လိာ်သမၢတၢ်လၢတၢ်တမ့ာ်တလၤအပူၤ ၄. တၢ်တဘၣ်သူၣ်ဘၣ်သး, တၢ်လီၤသးဘၣ်အၢ

repulsive *a* ၁. လၢအဒုးဖျိးကွံာ်တၢ်, လၢအနီၣ်ကဒါက့ၤတၢ် ၂. လၢအတြီယာ်တၢ်, လၢအဂ့ၢ်လိာ်သမၢတၢ်လၢတၢ်တမ့ာ်တလၤအပူၤ ၃. လၢအတဘၣ်သူၣ်ဘၣ်သး, လၢအလီၤသးဘၣ်အၢ

reputable *a* လၢအလၤကပီၤအိၣ်, လၢအမံၤဂ့ၤသၣ်ဂ့ၤ, လၢအကြၢးဒီးတၢ်ယူးယီၣ်ဟ်ကဲ

reputation *n* တၢ်မံၤဟူထိၣ်သါလီၤ, တၢ်မံၤဂ့ၤသၣ်ဂ့ၤ

repute *n* တၢ်မံၤဟူထိၣ်သါလီၤ, တၢ်မံၤဂ့ၤသၣ်ဂ့ၤ

repute *v* ဟ်ကဲ, နာ်နှၤ်

reputed *a* လၢဘၣ်တၢ်သ့ၣ်ညါဟ်ကဲအီၤ

request *n* တၢ်ယ့ကညးတၢ်, တၢ်ယ့တၢ်, တၢ်ယ့ထိၣ်တၢ်

request *v* ယ့ကညး, ယ့တၢ်, ယ့ထိၣ်တၢ်

requiem *n* ၁. ခရံာ်ဖိတၢ်ဘူၣ်တၢ်ဘါတၢ်သံအမူး ၂. တၢ်သံအတၢ်သးဝံၣ်, တၢ်သးဝံၣ်လၢခရံာ်ဖိတၢ်ဘူၣ်တၢ်ဘါတၢ်သံအမူးအဂီၢ်

require *v* လိၣ်ဘၣ်, သးလီတၢ်

requirement *n* တၢ်လိၣ်ဘၣ်, တၢ်မိၣ်နှၢ်သးလီ

requisite *a* လၢအလီၢ်အိၣ်ဝဲသပှၢ်ကတၢၢ်

requisite *n* တၢ်လၢအလီၢ်အိၣ်ဝဲသပှၢ်ကတၢၢ်

requisition *n* သဲစးအတၢ်ယ့ထိၣ်, တၢ်ယ့ထိၣ်တၢ်လၢအဖိးသဲစး

requisition *v* ၁. ယ့ထိၣ်တၢ်လၢအဖိးသဲစး ၂. လိၣ်ဘၣ်တၢ်, ယ့ထိၣ်တၢ်

requital *n* ၁. တၢ်ဟ့ၣ်ဆၢက့ၤတၢ်, တၢ်ဟ့ၣ်မၤဘျူးက့ၤတၢ် ၂. တၢ်လိးက့ၤတၢ်

requite *v* ၁. ဟ့ၣ်ဆၢက့ၤတၢ်, ဟ့ၣ်မၤဘျူးက့ၤတၢ် ၂. လိးက့ၤတၢ်

rerun *n* ၁. တၢ်ဒုးနဲၣ်ကဒီးတၢ်အသီတဘျီ, တၢ်မၤကဒီးတၢ်အသီတဘျီ ၂. တၢ်ကဲထီၣ်သးတလီၢ်လီၢ်အသီတဘျီ

rerun *v* ၁. ဒုးနဲၣ်ကဒီးအသီတဘျီ, မၤကဒီးအသီတဘျီ ၂. ကဲထီၣ်သးတမံၤဃီအသီတဘျီ

reschedule *v* ရဲၣ်ကျဲၤလီၤအသီတဘျီ, ဆီတလဲတၢ်ဆၢကတီၢ်

rescind *v* ထုးကွံာ်တၢ်သိၣ်တၢ်သီ, မၤဟးဂီၤကွံာ်တၢ်သိၣ်တၢ်သီ

rescue *n* တၢ်မၤပူၤဖျဲး

rescue *v* မၤပူၤဖျဲး

research *n* တၢ်ဃုထံၣ်သ့ၣ်ညါ

research *v* ဃုနၢ်ပၢၢ်, ဃုသ့ၣ်ညါမၤလိ

research and development *n* တၢ်ဃုထံၣ်သ့ၣ်ညါတၢ်ဒီးမၤဂုၤထီၣ်ပသီထီၣ်တၢ်

resemblance *n* တၢ်လီၤက်လိာ်သး

resemble *v* လီၤက်

resent *v* သူၣ်ဒိၣ်သးဖျိုး, သူၣ်တမှာ်သးတမှာ်လၢတၢ်တမံၤအဃိ, တူၢ်တန့ၢ်ခီၣ်တကဲ

resentful *a* လၢအသူၣ်ဒိၣ်သးဖျိုး, လၢအသူၣ်တမှာ်သးတမှာ်, လၢအတူၢ်တန့ၢ်ခီၣ်တကဲလၢၤ

resentment *n* တၢ်သူၣ်ဒိၣ်သးဖျိုး, တၢ်သူၣ်တမှာ်သးတမှာ်, တၢ်တူၢ်တန့ၢ်ခီၣ်တကဲ

reservation *n* ၁. တၢ်ပှ့ၤဆိ, တၢ်မၤလိာ်ဆိ (လဲးမး), တၢ်ရဲၣ်ကျဲၤမၤလိာ်ဆိ (တၢ်လီၢ်တၢ်ကျဲ) ၂. တၢ်သးဒ့ဒီ, တၢ်သးကဒံကဒါ ၃. တၢ်လီၢ်ကဝီၤလၢအဘၣ်တၢ်ဟ်လီၤဆီအီၤ ၄. တၢ်လၢအဘၣ်တၢ်ဟ်ဖိုၣ်ဟ်တံၤဟ်စၢၤအီၤ

reserve *n* ၁. ပှၤလၢတၢ်ဟ်ပလီၢ်အီၤ, တၢ်လၢဘၣ်တၢ်ဟ်ပလီၢ်အီၤ ၂. တၢ်ဟ်ပလီၢ်ဃာ်တၢ် ၃. တၢ်ဟ်ဃာ်တၢ်လၢသးပူၤ, တၢ်ဟ်ရူသူၣ်ဃာ်တၢ်လၢသးပူၤ

reserve *v* ၁. ပှ့ၤဆိ, မၤလိာ်ဆိ (လဲးမး), ရဲၣ်ကျဲၤမၤလိာ်ဆိ (တၢ်လီၢ်တၢ်ကျဲ) ၂. ဟ်ဖိုၣ်ဟ်တံၤဃာ်တၢ်, ဟ်ကီၤဃာ်တၢ်

reserved *a* ၁. လၢအတအဲၣ်ဒိးဟ်ဖျါအတၢ်တူၢ်ဘၣ်, လၢအသံၣ်စူး ၂. လၢအဘၣ်တၢ်ပှ့ၤဆိဟ်စၢၤအီၤ, လၢအဘၣ်တၢ်မၤလိာ်ဟ်စၢၤအီၤ

reservist *n* ကတီၤဆိသုးဖိ, သုးပတြီာ်, သုးဖိလၢဘၣ်တၢ်ကတီၤဟ်စၢၤအီၤ, သုးဖိလၢတၢ်ဟ်ပလီၢ်ဟ်စၢၤအီၤ

reservoir *n* ထံတံာ်ကီၤ, ထံလၢတၢ်တီဃာ်အီၤလၢတမၢၣ်ဖးဒိၣ် – ကမါဖးဒိၣ်အပူၤ

reset *v* ၁. ဝံာ်ဘၣ်က့ၤ, ထိၣ်ဘၣ်က့ၤ (စဲး, နၣ်ရံၣ်) ၂. အိးထိၣ်ကဒါက့ၤ (ခီၣ်ဖှူထၢၣ်) ၃. ဟ်လီၤက့ၤတၢ်လၢအလီၢ်အကျဲ, ကျဲၤလီၤက့ၤတၢ်လၢအလီၢ်အကျဲ

resettle *v* ဆီလီၤဟ်လီၤက့ၤလီၢ်အိၣ်လီၢ်ဆိး

resettlement *n* တၢ်ဆီလီၤဟ်လီၤက့ၤလီၢ်အိၣ်လီၢ်ဆိး

reshuffle *v* ၁. ဆီတလဲသုးကျဲၤက့ၤမူဒါတၢ်ဖံးတၢ်မၤ ၂. ကတဲာ်ကတီၤကဒါက့ၤ, ရဲၣ်ကျဲၤကဒါက့ၤ

reside *v* ၁. အိၣ်ဆိး ၂. အိၣ်လၢ

residence *n* တၢ်အိၣ်တၢ်ဆိးအလီၢ်

residency *n* ၁. တၢ်အိၣ်တၢ်ဆိး ၂. တၢ်အိၣ်ဆိးဖိးသဲစးလၢထံကိၢ်တဘ့ၣ်အပူၤ ၃. ကသံၣ်တၢ်မၤလိလီၤဆီလၢကသံၣ်သရၣ်အဂီၢ်

resident *a* ၁. အိၣ်ဝဲဆိးဝဲ, လၢအိၣ်ဝဲဆိးဝဲလၢတၢ်လီၢ်တတီၤအပူၤ ၂. လၢအအိၣ်လီၤထၢၣ်မၤတၢ်လၢတၢ်လီၢ်တတီၤဃီအပူၤ

resident *n* ၁. ပှၤလၢအအိၣ်ဝဲဆိးဝဲ ၂. ကသံၣ်သရၣ်လၢအထိၣ်တၢ်သိၣ်လိလီၤဆီလၢတၢ်ဆါဟံၣ်

residential *a* လၢအဘၣ်ထွဲဒီးဟံၣ်ဖိၤဃီဖိၤဒီးတၢ်အိၣ်တၢ်ဆိးအလီၢ်

residual *a* လၢအိၣ်လီၤတဲာ်တ့ၢ်, လၢအိၣ်ဘျဲၣ်အိၣ်စဲၢ်

residuary *a* ၁. လၢအဘၣ်ထွဲဒီးတၢ်လၢအအိၣ်လီၤတဲာ်တ့ၢ် ၂. လၢအဘၣ်ထွဲဒီးပှၤသံအကျိၣ်စ့ဒီးတၢ်စုလီၢ်ခီၣ်ခိၣ်လၢအိၣ်လီၤတဲာ်တ့ၢ်ဖဲအဟ့ၣ်အဒ့ၣ်ကမၢ်ဒီးတၢ်ဂုၤတၢ်ဂၤတဖၣ်ဝံၤအလီၢ်ခံ

residue *n* ၁. တၢ်အိၣ်လီၤတဲာ်တ့ၢ်, တၢ်အဘျဲၣ်အစဲၢ် ၂. ပှၤသံအကျိၣ်စ့ဒီးတၢ်စုလီၢ်ခီၣ်ခိၣ်လၢအိၣ်လီၤတဲာ်တ့ၢ်ဖဲအဟ့ၣ်အဒ့ၣ်အကမၢ်ဒီးတၢ်ဂုၤတၢ်ဂၤတဖၣ်ဝံၤအလီၢ်ခံ

resign *v* ၁. ဟးထီၣ်ကွံာ် (လၢအတၢ်ဖံးတၢ်မၤ) ၂. အးလီၤကွံာ်, ဟ့ၣ်လီၤကွံာ်

resignation *n* ၁. တၢ်ဟးထီၣ်ကွံာ် (လၢအတၢ်ဖံးတၢ်မၤ) ၂. တၢ်အးလီၤကွံာ်တၢ်, တၢ်ဟ့ၣ်လီၤကွံာ်တၢ်

resigned *a* ၁. လၢအအၢၣ်လီၤတူၢ်လိာ်ဝဲကစုၫ ၂. လၢအတူၢ်တၢ်ကစုၫ

resilience *n* ၁. တၢ်သးစွံကတုၤ, တၢ်သ့တူၢ်တၢ် ၂. တၢ်အစွံ, တၢ်အပံာ်, တၢ်အဆိုၣ်, တၢ်လၢတၢ်ထုးယဲာ်ထုးယီာ်အီၤသ့

resilient *a* ၁. လၢအသ့တူၢ်တၢ်, လၢအသးစွံကတုၤ ၂. လၢအစွံ, လၢအပံာ်, လၢအဆိုၣ်, လၢတၢ်ထုးယဲာ်ထုးယီာ်အီၤသ့

resin *n* ၁. သ့ၣ်အထုး, သ့ၣ်အထံ ၂. ဖျုးစတံးတကလှာ်

resist *v* ၁. ပၢၢ်ဆၢ, ခီၣ်ဆၢ, ထီဒါ, တြီဆၢ ၂. ပၢၤအသး, တြီလီၤအသး

resistance *n* ၁. တၢ်တြီဆၢ, တၢ်ပၢၢ်ဆၢ, တၢ်ခီၣ်ဆၢ, တၢ်ထီဒါ ၂. တၢ်ပၢၤသူၣ်ပၢၤသး, တၢ်တြီလီၤက့ၤအသး

resistant *a* ၁. လၢအပၢၢ်ဆၢတၢ်, လၢအခီၣ်ဆၢတၢ်, လၢအထီဒါတၢ်, လၢအတြီဆၢတၢ် ၂. လၢအတူၢ်တၢ်န့ၢ်

resistible *a* လၢအခီၣ်ဆၢတၢ်န့ၢ်, လၢအတြီဆၢတၢ်န့ၢ်, လၢအထီဒါတၢ်န့ၢ်, လၢအပၢၢ်ဆၢတၢ်န့ၢ်

resistor *n* လီမ့ၣ်အူပီးလီလၢအကၢၤဃာ်လီယွၤကျိုးအတၢ်လဲၤတရံးအသး

resit *v* ဒိးစံးကဒီးတဘျီ

resolute *a* လၢအပာ်အသးကျၢၤမုဆူ, လၢအသးမး, လၢအပာ်အသးကီၤကနံ, လၢအပာ်အသးကီၤတ့န့

resolution *n* ၁. တၢ်စံၣ်ညီၣ်တဲာ်, တၢ်ဆှၢနှာ်လၢ (တၢ်တူၢ်လိာ်အီၤ) ၂. တၢ်အၢၣ်လီၤပာ်လီၤသး ၃. တၢ်ဂီၤအကံၢ်အစီဆုံ, တဆုံ

resolve *n* တၢ်ပာ်လီၤသးကျၢၤမုဆူ, တၢ်ပာ်လီၤသးဃါမနၤ

resolve *v* ၁. ပာ်လီၤသးကျၢၤကျၢၤ, စံၣ်ညီၣ်တဲာ် ၂. ဃုၣ်လီၤဘှါလီၤတၢ်ဂ့ၢ်ကီ, ဃုထံၣ်န့ၢ် ၃. နီၤဖးဝဲာ်ဖးလီၤတၢ်

resolved *a* လၢအပာ်လီၤသးကျၢၤမုဆူ, လၢအပာ်လီၤအသးဃါမနၤ

resonance *n* ၁. တၢ်သီၣ်သြီ, တၢ်သီၣ်ကအၢ ၂. (တၢ်တူၢ်ဘၣ်) တၢ်အသဟီၣ်လၢအဒိဘၣ်မၤဟူးတၢ်

resonant *a* ၁. လၢအသီၣ်သြီ, လၢအသီၣ်ကအၢ ၂. လၢအဒုးအိၣ်ထီၣ်တၢ်အသဟီၣ်လၢအဒိဘၣ်မၤဟူးတၢ်

resonate *v* ၁. မၤသီၣ်သြီ, မၤသီၣ်ကအၢ ၂. ဒုးအိၣ်ထီၣ်တၢ်အသဟီၣ်လၢအဒိဘၣ်မၤဟူးတၢ်, ဒိဘၣ်မၤဟူးတၢ်

resonator *n* တၢ်လၢအမၤသီၣ်သြီထီၣ်တၢ်သံကျံပီးလီအကလုၢ်

resort *n* ၁. တၢ်လဲၤဟးအိၣ်ကသုၣ်အလီၢ်, လီၢ်မှာ်ပၢၤ ၂. တၢ်မၤစၢၤအလီၢ်

resort *v* ၁. သူတၢ်, စူးကါတၢ်, ဒိးသန့ၤထီၣ်အသး ၂. လဲၤဟးကသုၣ်ကသီ, လဲၤဟးညီနု့ၢ်

resound *v* ၁. မၤသီၣ်သြီ, မၤသီၣ်ကအၢ, သီၣ်သထူၣ်ဘးလီ, တၢကလူပီၢ်ကလာ် ၂. ယၢၤထီၣ်ကဒါက့ၤတလီၢ်လီၢ်

resounding *a* ၁. လၢအသီၣ်သထူၣ်ဘးလီ, လၢအတၢကလူပီၢ်ကလာ်, လၢအသီၣ်သြီ ၂. လၢအမံၤဟူသၣ်ဖျါလီၤဘီလီၤမုၢ်

resource *n* ၁. တၢ်ဟ်ဂၢၢ်ဟ်ဘါ, တၢ်လၢပှၤသူအီၤသ့, တၢ်ကူၣ်တၢ်ဖး ၂. တၢ်စုလီၢ်ခီၣ်ခီၣ်, တၢ်လၢအဒုးကဲထီၣ်တၢ် ၃. တၢ်အိၣ်ယၢၤ

resource *v* ဟ့ၣ်မၤစၢၤလီၤတၢ်, တိစၢၤမၤစၢၤတၢ်

resourceful *a* လၢအပှဲၤဒီးတၢ်ကူၣ်တၢ်ဆး

respect *n* တၢ်ယူးယီၣ်ပာ်ကဲ, တၢ်ပာ်ဒိၣ်ပာ်ထီ, တၢ်ယူးယီၣ်

respect *v* ပာ်ကဲ, ပာ်ဒိၣ်ပာ်ထီ, ယူးယီၣ်

respectability *n* တၢ်လီၤယူးယီၣ်ပာ်ကဲ

respectable *a* ၁. လၢအလီၤယူးယီၣ်ပာ်ကဲ ၂. လၢအကြူးအဘၣ်, ဘၣ်ဒး

respecter *n* ၁. တၢ်လၢအသ့ၣ်ညါပာ်ကဲတၢ် ၂. ပှၤလၢအသ့ၣ်ညါပာ်ကဲတၢ်

respectful *a* လၢအအိၣ်ဒီးတၢ်ယူးယီၣ်ပာ်ကဲ

respecting *prep* ဘၣ်ဃးဒီး, ဘၣ်ထွဲဒီး

respective *a* စှာ်စှာ်

respectively *adv* စှာ်စှာ်

respiration *n* တၢ်သါထီၣ်သါလီၤ

R

respirator *n* တၢ်ကသါဒၢ, တၢ်ပီးတၢ်လီလၢအမၤစၢၤပှၤလၢတၢ်သါထီၣ်သါလီၤအဂီၢ်

respiratory *a* လၢအဘၣ်ဃးဒီးတၢ်သါထီၣ်သါလီၤ

respiratory distress *n* ကသါကီခဲ, တၢ်သါထီၣ်သါလီၤကီခဲ

respire *v* သါထီၣ်သါလီၤ

respite *n* ၁. တၢ်အိၣ်ဘှံးအိၣ်သါတစိၢ်ဖိ ၂. တၢ်အိၣ်သးဂၢၤထီၣ်တစိၢ်ဖိ

resplendent *a* လၢအကတြှၣ်ကတြိၣ်, လၢအကပြုၢ်ကပြီၤ

respond *v* ၁. စံးဆၢ, ကွဲးဆၢ, ခီဆၢ ၂. မၤတၢ်ဒ်တၢ်မၢအီၤအသိး, မၤဆၢ, ဟ့ၣ်ဆၢက့ၤတၢ်အပှ့ၤ

respondent *n* ၁. ပှၤစံးဆၢတၢ် ၂. ပှၤတူၢ်ကွီၢ်, ပှၤလၢအဒီသဒၢလီၤက့ၤအသး

response *n* ၁. တၢ်စံးဆၢ, တၢ်ကွဲးဆၢ, တၢ်ခီဆၢ ၂. တၢ်မၤတၢ်ဒ်တၢ်မၢအီၤအသိး, တၢ်မၤဆၢ, တၢ်ဟ့ၣ်ဆၢက့ၤတၢ်အပှ့ၤ

responsibility *n* မူဒါ, တၢ်လီၤဘၣ်ပှၤ, တၢ်လၢအလီၤတီလၢပဖီခိၣ်

responsible *a* လၢအအိၣ်ဒီးမူဒါ, လၢအမူဒါဘၣ်ထွဲ, လၢတၢ်လီၤတီလၢအဖီခိၣ်

responsive *a* ၁. လၢအခီဆၢက့ၤတၢ် ၂. လၢအသးအိၣ်စံးဆၢက့ၤတၢ်

rest *n* ၁. တၢ်အိၣ်ဘှံးအိၣ်သါ ၂. တၢ်အိၣ်တ့ၢ်, တၢ်အိၣ်လီၤတဲာ်

rest *v* အိၣ်ဘှံး, ဆိကတီၢ်, အိၣ်ဂၢၢ်တပၢၢ်

rest home *n* တၢ်ကွၢ်ထွဲပှၤသးပှၢ်အဟံၣ်, ပှၤသူၣ်က့သးပှၢ်အတၢ်ဆါဟံၣ်, မံၤတုာ်ပှၢ်တီၤတၢ်ဆါဟံၣ်

restate *v* တဲကဒါက့ၤ, တဲဖျါကဒီးတဘျီ

restaurant *n* တၢ်အီၣ်ကျး

restaurateur *n* တၢ်အီၣ်ကျးအကစၢ်

restful *a* လၢအမှာ်အခုၣ်, လၢအဘှ့ၣ်ဝဲဘှိၣ်ဝဲ, လၢအမှာ်အပၢၤ

resting place *n* ၁. တၢ်သွၣ်ခိၣ် ၂. တၢ်အိၣ်ဘှံးအလီၢ်

restitution *n* တၢ်လီးက့ၤတၢ်, တၢ်လိာ်န့ၢ်တၢ်အပှ့ၤ, တၢ်ဟ့ၣ်စ့အိၣ်လီး, တၢ်မၤပှဲၤန့ၢ်တၢ်လၢအလီၢ်

restive *a* ၁. လၢအိၣ်ဂၢၢ်တကဲ, လၢအတူၢ်တၢ်တကဲ ၂. လၢတၢ်ပၢၤအီၤတန့ၢ်, လၢအနၢ်က့ၣ်

restless *a* လၢအိၣ်ဃိကဒိတကဲ, လၢအအိၣ်ဂၢၢ်တမှာ်

restock *v* မၤပှဲၤက့ၤပနံာ်, မၤပှဲၤက့ၤတၢ်ဖိတၢ်လံၤ

restoration *n* ၁. တၢ်ဘှီဘၣ်မၤဂ့ၤထီၣ်က့ၤတၢ် ၂. တၢ်ဒုးအိၣ်ထီၣ်က့ၤ (တၢ်သိၣ်တၢ်သီ, သနံ) ၃. တၢ်ဂ့ၤထီၣ်က့ၤ, တၢ်မၤဘျါက့ၤ, တၢ်အိၣ်ဆူၣ်ထီၣ်ကဒါက့ၤ

restorative *a* လၢအဒုးန့ၢ်ဂံၢ်န့ၢ်ဘါက့ၤ, လၢအဂံၢ်အဘါပှဲၤထီၣ်က့ၤ

restorative *n* တၢ်လၢအမၤပှဲၤက့ၤဂံၢ်ဘါ

restore *v* ၁. ဘှီဘၣ်မၤဂ့ၤထီၣ်က့ၤတၢ် ၂. ဒုးအိၣ်ထီၣ်က့ၤ (တၢ်သိၣ်တၢ်သီ, သနံ) ၃. ဂ့ၤထီၣ်က့ၤ, မၤဘျါက့ၤ, ဒုးအိၣ်ဆူၣ်ထီၣ်ကဒါက့ၤ

restrain *v* ၁. ပတုာ်, တြီတၢ်, ဖီၣ်ဃံး, ထုးဃံး ၂. ကီၤအသး, ပၢၤအသး

restrained *a* ၁. လၢအကီၤအသး, လၢအပၢၤအသး ၂. လၢအတၢ်ကယၢကယဲတအိၣ်အါအါဘၣ်, လၢအတကပီၤကျံာ်ကျူာ်ကဲၣ်ဆိး

restraining order *n* သဲစးအတၢ်ကလုၢ်တြီတၢ်, တၢ်ကလုၢ်တြီတၢ်ဖိးသဲစး

restraint *n* ၁. တၢ်ကီၤသူၣ်ကီၤသး, တၢ်ပၢၤသး ၂. တၢ်တြီ, တၢ်ပတုာ်တၢ်, တၢ်ဖီၣ်ဃံး, တၢ်ထုးဃံးတၢ်

restrict *v* ဖီၣ်ဃံးတၢ်, မၤဃံးထီၣ်တၢ်, တြီဃာ်တၢ်, ဟ်ပနီၣ်တၢ်

restricted *a* ၁. လၢတၢ်ဖီၣ်ဃံးအီၤ, လၢတၢ်တြီဃာ်အီၤ ၂. လၢအဃံးအစုၤ, လၢအဟူးအဂဲၤတသ့အါအါ

restriction *n* တၢ်ဖီၣ်ဃံး, တၢ်မၤဃံးတၢ်, တၢ်တြီဃာ်တၢ်, တၢ်ဟ်ပနီၣ်တၢ်

restrictive *a* လၢအတြီဃာ်တၢ်, လၢအဃံး

restroom *n* ဟံၣ်ဖိ, တၢ်ဟးလီၢ်, တၢ်လီၢ်ခံ

restructure *v* ဘှီသီထီၣ်က့ၤ, ကရၢကရိသီထီၣ်က့ၤ

result *n* ၁. တၢ်အစၢ ၂. တၢ်လၢအကဲထီၣ်အသး

result *v* ဟဲကဲထီၣ်အသး

resultant *a* လၢအဟဲကဲထီၣ်အသး

R

résumé *n* ၁. တၢ်ကွဲးဖှၣ်, တၢ်အဂ့ၢ်လၢတၢ်ကွဲးဖှိၣ်ဒီးမၤဖုၣ်လီၤကူၤအီၤ ၂. ပှၤနီၢ်ကစၢ်အဂ့ၢ်ဖုၣ်ကိာ်

resume *n* ၁. တၢ်စးထီၣ်ကဒါကူၤ ၂. တၢ်ဟံးန့ၢ်ကူၤအလီၢ်အကျဲ

resume *v* ၁. စးထီၣ်ကဒါကူၤ ၂. ဟံးန့ၢ်ကူၤအလီၢ်

resumption *n* ၁. တၢ်စးထီၣ်ကဒါကူၤတၢ် ၂. တၢ်ဟံးန့ၢ်ကူၤအလီၢ်အကျဲ

resurface *v* ၁. ဟဲပၢၢ်ထီၣ်ကဒါကူၤ ၂. ဒါလီၤကူၤ (ကျဲ) ၃. ဟဲဖျါထီၣ်ကူၤလၢထံဖံးခိၣ်

resurgence *n* တၢ်မူထီၣ်ဂဲၤထီၣ်ကူၤ

resurgent *a* လၢအမူထီၣ်ဂဲၤထီၣ်ကူၤ

resurrect *v* ၁. မၤမူထီၣ်ဂဲၤထီၣ်ကူၤ ၂. ဂဲၤဆၢထၢၣ်သမူထီၣ်ကူၤ

resurrection *n* ၁. တၢ်မၤမူထီၣ်ဂဲၤထီၣ်ကူၤ ၂. တၢ်ဂဲၤဆၢထၢၣ်သမူထီၣ်ကူၤ

resuscitate *v* မၤပၢၢ်ထီၣ်ကူၤ, မၤသ့ၣ်နီၣ်ထီၣ်ကူၤ (ပှၤသံတယူာ်)

retail *n* တၢ်ဆါတၢ်ကစဲးကစီး

retail *v* ၁. ဆါတၢ်ကစဲးကစီး ၂. တဲပှၤဂ့ၢ်, ဃဲၤပှၤဂ့ၢ်

retailer *n* ၁. ပှၤဆါတၢ်ကစဲးကစီး ၂. ပန်ာ်တၢ်မၤလၢအဆါကစဲးကစီးတၢ်

retailing *n* တၢ်ဆါကစဲးကစီးတၢ်အတၢ်ဖံးတၢ်မၤ

retain *v* ဟံးဃာ်, ပၢၤဃာ်

retainer *n* ၁. စ့လၢတၢ်ဟ့ၣ်လီၤဆိဟ်စၢၤ (ပှၤ) ၂. ဟံၣ်လဲလၢတၢ်ဟ့ၣ်လီၤဆိဟ်စၢၤ ၃. တၢ်ခ့တၢ်ပှၤ, ပျဲ ၄. မဲကျိၤ

retaining *a* လၢအပၢၤဃာ်တၢ်, လၢအရဲၣ်သဲကတီၤဃာ်တၢ်

retake *n* ၁. တၢ်ဒိကဒါကူၤတၢ်ဂီၤမူ ၂. တၢ်ဒီးစဲးကဒါကူၤ

retake *v* ၁. ဒုးနၢၤမၤန့ၢ်ကဒါကူၤ, ဒုးမၤနၢၤကဒါကူၤ ၂. ဒီးစဲးကဒါကူၤ ၃. ဒိကဒါကူၤတၢ်ဂီၤမူ

retaliate *v* ဟ့ၣ်ကၣ်ကူၤတၢ်, မၤကၣ်ကူၤတၢ်

retaliation *n* တၢ်ဟ့ၣ်ကၣ်, တၢ်မၤကၣ်

retard *n* ပှၤခိၣ်နူာ်တပှဲၤ, ပှၤအီပီသံ

retard *v* မၤဃၢထီၣ်တၢ်, မၤတံာ်တာ်တၢ်, မၤကဘျၢလီၤတၢ်

retarded *a* လၢအခိၣ်နူာ်တထံတဆး, လၢအခိၣ်နူာ်တပှဲၤ

retch *v* သးကလဲၤ, အဲၣ်ဒိးဘိုး

retention *n* ၁. တၢ်ကၢၤဃာ်တၢ်, တၢ်ဟံးဃာ်တၢ်, တၢ်သ့တၢ်နီၣ်ဖံးဃာ်တၢ် ၂. ဟၢဖၢကျၢၤ, ဆံၣ်သံ

retentive *a* ၁. လၢအသ့တၢ်နီၣ်ဖံးဃာ်တၢ် ၂. လၢအဟံးဃာ်တၢ်သ့, လၢအပၢၤဃာ်တၢ်သ့

rethink *v* ကွၢ်ဆိကမိၣ်ကဒါကူၤ

reticence *n* တၢ်ပၢၤထးခိၣ်, တၢ်ပၢၤတၢ်စံးတၢ်ကတိၤ

reticent *a* လၢအပၢၤဃာ်အထးခိၣ်, လၢအပၢၤဃာ်တၢ်စံးတၢ်ကတိၤ

retina *n* မဲာ်ချံအကဘျံၣ်

retinue *n* တၢ်ခ့တၢ်ပှၤ, ပျဲ

retire *v* ၁. အိၣ်ဘှံးလၢမူဒါ, အိၣ်ဘှံးလၢတၢ်မၤ ၂. ဂုၤကူၤအခံ ၃. အိၣ်ဘှံးအိၣ်သါ, နာ်လီၤဆူလီၢ်မံ

retired *a* လၢအအိၣ်ဘှံးလၢမူဒါ, လၢအိၣ်ဘှံးလၢတၢ်မၤ, လၢအအိၣ်ဘှံးအိၣ်သါ

retiree *n* ပှၤလၢအိၣ်ဘှံးလၢမူဒါ, ပှၤလၢအိၣ်ဘှံးလၢတၢ်မၤ

retirement *n* ၁. တၢ်အိၣ်ဘှံးလၢမူဒါ, တၢ်အိၣ်ဘှံးလၢတၢ်မၤ ၂. တၢ်အိၣ်ဘှံးအိၣ်သါ

retiring *a* ၁. လၢအသးတအိၣ်မၤဃုာ်ပှၤဂၤ, လၢအဲၣ်ဒိးအိၣ်ငၣ်အတၢ်, လၢအမဲာ်ဆုးသ့ ၂. လၢတဃံာ်ဘၣ်ကဟးထီၣ်ကွံာ်လၢတၢ်မၤ

retool *v* ၁. လဲလိာ်ကူၤတၢ်ဖိတၢ်လံၤပီးလီလၢအသိ ၂. ဆီတလဲတၢ်လၢအသိ, ကွၢ်ဘိဂ့ၤထီၣ်ကူၤတၢ်

retort *n* ၁. တၢ်ကတိၤဆၢတၢ်, တၢ်တဲဆၢတၢ် ၂. ယွၤခၣ်စိးပလီထိကိာ်, ပလီလၢအကိာ်ဘိအံၣ်ဒီးထိ

retort *v* ကတိၤဆၢတၢ်ချ့သဒံး, တဲဆၢတၢ်ချ့သဒံး

retouch *v* မၤဂ့ၤထီၣ်တၢ်ဂီၤ, မၤဆံ့ထီၣ်တၢ်ဂီၤ

retrace *v* ၁. ဗိာ်ကဒါကူၤကျဲ, ကူၤဗိာ်ကဒါကူၤကျဲ ၂. ဗိာ်ထွဲကူၤတၢ်အကျိၤ, လူၤဗိာ်ကူၤတၢ်အခီၣ်လီၢ် ၃. လူၤဃုထံၣ်သ့ၣ်ညါတၢ်

retract *v* ၁. ထုးကွံာ်တၢ်ကတိၤ ၂. က့ၤအိၣ်ဆူအလိၢ်, က့ၤနုာ်လီၤဆူအဘ့ၣ်ပူၤ, က့ၤနုာ်လီၤဆူအကုပူၤ, ထုးနုာ်က့ၤအသးဆူအမိၢ်ပှၢ်ပူၤ

retractable *a* လၢတၢ်ထုးနုာ်က့ၤအီၤသ့, လၢတၢ်ချံးနုာ်လီၤက့ၤအီၤသ့

retraction *n* ၁. တၢ်ထုးကွံာ်တၢ်ကတိၤ, တၢ်ထုးကွံာ်တၢ်ဆှၢနုာ် ၂. တၢ်ထုးနုာ်တၢ်, တၢ်ချံးနုာ်လီၤတၢ်

retrain *v* သိၣ်လိကဒါက့ၤ, မၤလိကဒါက့ၤ

retread *n* ၁. သိလ့ၣ်အခိၣ်ပၣ်လီၢ်လံၤ လၢတၢ်မၤဂ့ၤထီၣ်က့ၤအီၤ ၂. ပှၤလၢတၢ်သိၣ်လိကဒါက့ၤအီၤလၢကမၤတၢ်မၤအသိတမံၤ

retreat *n* ၁. တၢ်ဂုၤက့ၤအခံ, တၢ်က့ၤကဒါက့ၤ ၂. တၢ်အိၣ်သဒၢအလိၢ်, တၢ်ဘ့ၣ်တၢ်ဘိၣ်အလိၢ်

retreat *v* ဂုၤက့ၤအခံ, က့ၤကဒါက့ၤ

retrench *v* မၤစုၤလီၤတၢ်သူတၢ်စွဲ, မၤစုၤလီၤတၢ်အပှ့ၤကလံၤ

retrenchment *n* တၢ်မၤစုၤလီၤတၢ်သူတၢ်စွဲ, တၢ်မၤစုၤလီၤတၢ်အပှ့ၤကလံၤ

retrial *n* တၢ်ကျဲၤဘၢကျဲၤကွီၢ်ကဒီးတဘျီ, တၢ်ထိၣ်တၢ်မုးတၢ်ရၢ်အသီတဘျီ

retribution *n* ၁. တၢ်စံၣ်ညီၣ်, တၢ်စံၣ်ညီၣ်ယၣ်, တၢ်တူၢ်ဘၣ်က့ၤတၢ်လၢအမၤဝဲ, တၢ်ဒဲးတူၢ်ဒဲးဘး

retributive *a* လၢအဒဲးဘး, လၢအတူၢ်ဘၣ်က့ၤတၢ်လၢအမၤဝဲ, လၢအဘၣ်တၢ်စံၣ်ညီၣ်ယၣ်, လၢအတူၢ်ဘၣ်တၢ်ဟ့ၣ်ကၣ်

retrieval *n* တၢ်ယုမၤန့ၢ်က့ၤတၢ်, တၢ်မၤန့ၢ်ကဒါက့ၤတၢ်, တၢ်ထံၣ်န့ၢ်ကဒါက့ၤတၢ်

retrieve *v* ယုမၤန့ၢ်က့ၤတၢ်, မၤန့ၢ်ကဒါက့ၤတၢ်, ထံၣ်န့ၢ်ကဒါက့ၤတၢ်

retriever *n* ထွံၣ်လူၤပှၢ်

retro *a* လၢအဘၣ်ထွဲဒီးတၢ်လၢအပူၤကွံာ်, လၢအဘၣ်ထွဲဒီးစိၤအပူၤကွံာ်

retro- *combining* ဆူလိၢ်ခံ, ကဒါက့ၤဆူခံ, လၢအပူၤကွံာ်

retroactive *a* လၢတၢ်ဟံးကဒါက့ၤအရှသ့, လၢအဒိးဘၣ်ကဒါက့ၤတၢ်သ့

retrograde *a* ၁. လၢအဂုၤက့ၤဆူအလိၢ်ခံ, လၢအက့ၤကဒါက့ၤဆူလိၢ်ခံ ၂. လၢအဆံးလီၤစုၤလီၤ

retrogressive *a* ၁. လၢအဂုၤက့ၤဆူအလိၢ်ခံ, လၢအက့ၤကဒါက့ၤဆူအလိၢ်ခံ ၂. လၢအဆံးလီၤစုၤလီၤ

retrospect *n* တၢ်ကွၢ်ဆိကမိၣ်ကဒါက့ၤတၢ်, တၢ်ကွၢ်ကဒါက့ၤတၢ်

retrospection *n* တၢ်ကွၢ်ဆိကမိၣ်ကဒါက့ၤတၢ်လၢအပူၤကွံာ်, တၢ်ကွၢ်ကဒါက့ၤတၢ်လၢအပူၤကွံာ်

retrospective *a* လၢအကွၢ်ဆိကမိၣ်ကဒါက့ၤတၢ်လၢအပူၤကွံာ်, လၢအကွၢ်ကဒါက့ၤတၢ်လၢအပူၤကွံာ်

retrospective *n* ဒွဲလၢတၢ်ၡးနဲၣ်လၢအဟ်ဖျါထီၣ် (ပှၤတ့တၢ်ဂီၤ) တဂၤအတၢ်စံၣ်စိၤ, တၢ်ၡးနဲၣ်ပှၤဒွဲလၢဖိတဂၤအသးသမူဒီတကတီၢ်အဂ့ၢ်

retry *v* ၁. ကျဲၤဘၢကျဲၤကွီၢ်အသီတဘျီ, ထိၣ်တၢ်မုးတၢ်ရၢ်အသီတဘျီ ၂. ကျဲးစၢးကဒါက့ၤ, ကျဲးစၢးကဒီး, မၤကဒီး

return *n* ၁. တၢ်ဟဲက့ၤကဒါက့ၤ, တၢ်ဟဲက့ၤ, တၢ်ယၣ်ကဒါက့ၤ ၂. တၢ်ဟ့ၣ်က့ၤ, တၢ်ဆှၢကဒါက့ၤ ၃. တၢ်မၤန့ၢ်က့ၤ (တၢ်န့ၢ်ဘျုး)

return *v* ၁. ဟဲက့ၤကဒါက့ၤ, ဟဲက့ၤ, ယၣ်ကဒါက့ၤ ၂. ဟ့ၣ်က့ၤ, ဆှၢကဒါက့ၤ ၃. မၤန့ၢ်က့ၤ (တၢ်န့ၢ်ဘျုး)

return match *n* တၢ်လိာ်ကွဲပြၢကဒီးအသီတဘျီ

return ticket *n* လံာ်ပျဲအလဲၤအက့ၤတဘျီ, လဲးမးအလဲၤအက့ၤ

return visit *n* တၢ်လဲၤဟးကဒီး, တၢ်ဟဲဟးကဒီး

returnee *n* ပှၤလၢအဟဲက့ၤဆူအကီၢ်

reunify *v* ရိၣ်ဖှိၣ်ယူဖိးက့ၤ

reunion *n* တၢ်ဟ်ဖှိၣ်ထီၣ်က့ၤသး, တၢ်ထံၣ်လိာ်က့ၤသး

reunite *v* ဟ်ဖှိၣ်ထီၣ်က့ၤသး, ထံၣ်လိာ်က့ၤသး

reusable *a* လၢတၢ်စူးကါကဒါက့ၤသ့, လၢတၢ်စူးကါအသီတဘျီသ့

reuse *v* စူးကါကဒါက့ၤ, စူးကါအသီတဘျီ, စူးကါကဒီး

rev *n* (စဲး) အတၢ်လဲၤတရံးသး

rev *v* မၤချ့ထီၣ် (စဲး) အတၢ်လဲၤတရံးသး

R

revalue *v* ၁. ဆၢတဲာ်ကွၤတၢ်အလုၢ်အပှ့ၤ, သမံထံကွၤတၢ်အလုၢ်အပှ့ၤ ၂. မၤအါထိဉ်ထံကိၢ် တဘ့ဉ်အကျိဉ်စ့အလုၢ်အပှ့ၤ

revamp *v* ဘိဂ့ၤထိဉ်ကွၤ, မၤဂ့ၤထိဉ်ကွၤ, ဆးကျးကဒါက့ၤ (တၢ်ကူတၢ်ကၤ)

reveal *v* မၤဖျါထိဉ်, လီဉ်ဖျါထိဉ်, ဒုးနဲဉ်ဖျါထိဉ်

revealing *a* ၁. လၢအမၤဖျါထိဉ်တၢ်, လၢအလီဉ်ဖျါထိဉ်တၢ်, လၢအဒုးနဲဉ်ဟ်ဖျါထိဉ်တၢ် ၂. (တၢ်ကူတၢ်ကၤ) လၢအတဘံဉ်တဘၢ

reveille *n* တၢ်အူကွဲၤကိးပၢၢ်ထိဉ်သုးဖိ, တၢ်အူကွဲၤအကလုၢ်လၢအကိးပၢၢ်ထိဉ်သုးဖိ

revel *n* မူးသးဖှံ, တၢ်သူဉ်ဖှံသးညီအမူး

revel *v* မၤမှာ်မၤဖှံသး, အီဉ်မှာ်လၤသကိး တၢ်, မှာ်လၤသးဖှံအီဉ်သကိးအီသကိးတၢ်

revelation *n* ၁. တၢ်မၤဖျါထိဉ်တၢ်, တၢ်လီဉ်ဖျါထိဉ်တၢ်, တၢ်ဒုးနဲဉ်ဟ်ဖျါထိဉ်တၢ် ၂. လံာ်တၢ်လီဉ်ဖျါ

revelatory *a* လၢအမၤဖျါထိဉ်တၢ်, လၢအလီဉ်ဖျါထိဉ်တၢ်, လၢအဒုးနဲဉ်ဟ်ဖျါထိဉ်တၢ်

reveller *n* ပှၤလၢအလူၤတၢ်မှာ်တၢ်ပိၢ်, ပှၤလၢအအဲဉ်တၢ်မှာ်လၤသးဖှံ

revelry *n* တၢ်မၤမူးသးဖှံ, တၢ်မၤတၢ်သူဉ်ဖှံသးညီအမူး, တၢ်မၤမှာ်လၤသးဖှံဒီးအီဉ်သကိးအီသကိးတၢ်

revenge *n* တၢ်ဟ့ဉ်ကဉ်, တၢ်မၤကဉ်

revenge *v* ဟ့ဉ်ကဉ်, မၤကဉ်, မၤဆၢ

revengeful *a* လၢအသးအိဉ်ဟ့ဉ်ကဉ်တၢ်, လၢအအဲဉ်ဒီးမၤကဉ်တၢ်

revenue *n* ၁. တၢ်ဟဲနှာ် ၂. ခိသွဲစ့, ခိသွဲတၢ်ဟဲနှာ်

reverberate *v* ၁. သီဉ်ကဒါက့ၤ, သီဉ်သထြူး, သီဉ်သထူဉ်ဘးလီ, သီဉ်ကအၢ, သီဉ်ကအိ, သီဉ်ဩီ ၂. ဒိဘဉ်မၤဟူးက့ၤ ၃. ဆဲးကပီၤကဒါက့ၤ

reverberation *n* ၁. တၢ်သီဉ်ကဒါက့ၤ, တၢ်သီဉ်သထြူး, တၢ်သီဉ်သထူဉ်ဘးလီ, တၢ်သီဉ်ကအၢ, တၢ်သီဉ်ကအိ, တၢ်သီဉ်ဩီ ၂. တၢ်ဒိဘဉ်မၤဟူးက့ၤတၢ် ၃. တၢ်ဆဲးကပီၤကဒါက့ၤ

revere *v* သ့ဉ်ညါဟ်ကဲ, ဟ်လၤဟ်ကပီၤ

reverence *n* တၢ်သ့ဉ်ညါဟ်ကဲတၢ်, တၢ်ဟ်လၤဟ်ကပီၤတၢ်

reverend *a* လၢအလီၤယူးယီဉ်ဟ်ကဲ

Reverend *n* သရဉ်ဒိဉ်, သရဉ်ဒိဉ်ဟ်စု

reverent *a* လၢအသ့ဉ်ညါဟ်ကဲတၢ်, လၢအသ့ဟ်လၤဟ်ကပီၤတၢ်

reverential *a* လၢအပဲ့ၤဒီးတၢ်ယူးယီဉ်ဟ်ကဲ

reverie *n* တၢ်ဆိကမိဉ်မုံတၢ်အဒိဉ်အယိာ်, တၢ်လီၤထွံလၢတၢ်ဆိကမိဉ်အပူၤ

reversal *n* တၢ်ဟ်ခိဉ်ခံ, တၢ်ဃဉ်ခိဉ်ခံ, တၢ်ကဒါခိဉ်ခံ, တၢ်ရုံးကဒါတၢ်, တၢ်လၢအချၢတကပၤ, တၢ်လၢအကဒါတကပၤ

reverse *a* လၢအကဒါခိဉ်ခံ, လၢအချၢတကပၤ, လၢအကဒါတကပၤ

reverse *n* တၢ်လၢအချၢတကပၤ, တၢ်လၢအကဒါတကပၤ

reverse *v* ဟ်ခိဉ်ခံ, ဃဉ်ခိဉ်ခံ, ရုံးကဒါ

reversible *a* လၢဟ်ခိဉ်ခံသ့, လၢတၢ်ဃဉ်ခိဉ်ခံသ့, လၢတၢ်ကဒါခိဉ်ခံသ့, လၢတၢ်ရုံးကဒါသ့

reversing light *n* သိလ့ဉ်လီၢ်ခံမ့ဉ်အူ, သိလ့ဉ်အမ့ဉ်အူလီၢ်ခံ

reversion *n* ၁. တၢ်က့ၤကဒါက့ၤ, တၢ်ဘိးကဒါက့ၤတၢ်, တၢ်ကဲထိဉ်က့ၤသးဒ်အလီၢ်လီၢ် ၂. တၢ်ဟ့ဉ်ပၢကဒါက့ၤ, တၢ်အးလီၤက့ၤ, တၢ်ဒိးန့ၢ်ပၢကဒါက့ၤ (တၢ်စုလီၢ်ခိဉ်ခိဉ်)

revert *v* ၁. က့ၤကဒါက့ၤ, ဘိးကဒါက့ၤ, ကဲထိဉ်က့ၤသးဒ်အလီၢ်လီၢ် ၂. (တၢ်ဘျၢသဲစး) ဟ့ဉ်ကဒါက့ၤ, ဒိးန့ၢ်ပၢကဒါက့ၤ, အးလီၤက့ၤ

review *n* တၢ်ပဲာ်ထံနီၤဖး, တၢ်ကွၢ်ကဒါက့ၤ

review *v* ကွၢ်ကဒါက့ၤ, ဘိက့ၤကဒီး

reviewer *n* ပှၤပဲာ်ထံနီၤဖးတၢ်

revile *v* ကတိၤအၢကတိၤသီ, ကတိၤနဉ်ဒွဲဉ်စံးဆၢ

revise *v* ၁. ကွၢ်ကဒါက့ၤ. ကွၢ်ကဒါက့ၤလၢတၢ်ဘိဂ့ၤထိဉ်က့ၤအဂီၢ် ၂. ကွၢ်ကဒါက့ၤလံာ် (တချုးတၢ်ဒိးစဲး)

revision *n* တၢ်ကွၢ်ကဒါက့ၤ, တၢ်ကွၢ်ဘိဘဉ်က့ၤတၢ်

revisionism *n* တၢ်အဲဉ်ဒိးဘိဘဉ်မၤဂ့ၤတၢ်အသနူ

revisit *v* ၁. ဟဲက့ၤဟးလိာ်ကွဲကဒီး

၂. ကွၢ်ထံဆိကမိၣ်ကဒါက့ၤတၢ်

revitalize, revitalise *v* မၤမူထီၣ်ဂဲၤထီၣ်က့ၤ, ဟ့ၣ်ဆူၣ်ထီၣ်က့ၤအင်္ဂါအဘါ

revival *n* တၢ်မၤမူထီၣ်ဂဲၤထီၣ်က့ၤ, တၢ်မူထီၣ်ဂဲၤထီၣ်

revivalism *n* တၢ်မၤမူထီၣ်ဂဲၤထီၣ်က့ၤတၢ်အသနူ

revivalist *n* ပှၤမၤမူထီၣ်ဂဲၤထီၣ်တၢ်

revive *v* ၁. ဒုးသးပၢ်ထီၣ်က့ၤ, ဒုးန့ၢ်က့ၤအင်္ဂါအဘါ ၂. ဒုးမူထီၣ်က့ၤ

revocable *a* လၢတၢ်မၤဟးဂီၤကွံာ်အီၤသ့, လၢတၢ်ထုးကွံာ်အီၤသ့, လၢတၢ်တြူာ်ကွံာ်အီၤသ့

revoke *v* မၤဟးဂီၤကွံာ်, ထုးကွံာ်, တြူာ်ကွံာ် (တၢ်သိၣ်တၢ်သီ)

revolt *n* တၢ်ပူထီၣ်ထီဒါတၢ်, တၢ်ပၢၢ်ဆၢထီဒါတၢ်

revolt *v* ပူထီၣ်, ပူထီၣ်ထီဒါ, ပၢၢ်ဆၢ

revolting *a* လီၤသးဘၣ်အၢ

revolution *n* ၁. တၢ်ပၢၢ်ဆၢ ၂. တၢ်ပူထီၣ်ထီဒါ ၃. တၢ်လဲၤတရံးသးအဝီ

revolutionary *a* ၁. လၢအဘၣ်ဃးဒီးတၢ်ပၢၢ်ဆၢ, ၂. လၢအဲၣ်ဒိးလဲလိာ်ကွံာ်တၢ်, လၢအလဲလိာ်ကွံာ်တၢ်ဒိၣ်ဒိၣ်မုၢ်မုၢ်, လၢအလဲလိာ်ကွံာ်တၢ်စီဖ့ကလ့ၤ

revolutionary *n* ၁. ပှၤပၢၢ်ဆၢတၢ်ဖိ ၂. ပှၤပူထီၣ်ထီဒါတၢ်ဖိ

revolutionize, revolutionise *v* လဲလိာ်ကွံာ်တၢ်စီဖ့ကလ့ၤ, လဲလိာ်ကွံာ်တၢ်ဒိၣ်ဒိၣ်မုၢ်မုၢ်

revolve *v* လဲၤတရံးအသး, တရံးအသး

revolver *n* ကျိတရံး, ကျိတရံးဖိ

revolving *a* လၢအတရံးအသး

revolving door *n* ပဲတြီတရံး

revue *n* တၢ်လီၤနံၤလီၤအ့အတၢ်ဒုးနဲၣ်

revulsion *n* တၢ်သးဘၣ်အၢတၢ်, တၢ်တဘၣ်သးတၢ်ဒိၣ်ဒိၣ်ကလဲာ်

reward *n* တၢ်ဟ့ၣ်လၢကပီၤ, ခိၣ်ဖး

reward *v* ဟ့ၣ်လၢဟ့ၣ်ကပီၤ, ဟ့ၣ်ခိၣ်ဖး

rewarding *a* လၢအမၤသူၣ်မံသးမှာ်ပှၤ

rewind *v* ဝံာ်တရံးက့ၤဆူအလိၢ်ခံ, တရံးက့ၤဆူအလိၢ်ခံ

rewire *v* ထီထီၣ်လီသွဲပျံၤအသီ

rewrite *v* ကွဲးကဒီး, ကွဲးကဒါက့ၤ

rhapsodize, rhapsodise *v* တဲတၢ်လၢတၢ်သူၣ်ဆူၣ်သးဂဲၤအပူၤ

rhapsody *n* ၁. တၢ်သးဝံၣ်သယုၢ်သတွၢ, တၢ်သးဝံၣ်လၢအိၣ်ဒီးတၢ်ဒိဘၣ်ပသး ၂. တၢ်ဟ်ဖျါထီၣ်တၢ်သူၣ်ဆူၣ်သးဂဲၤ

rhetoric *n* ၁. ကွဲးလံာ်ကွဲးလဲၢ် ၂. တၢ်ကလုၢ်သ့ကတိၤဘၣ်, တၢ်သ့ဒုးကံၣ်ဒဲးဝ့ၤတၢ်ကတိၤအကျိၣ်, တၢ်ကူၣ်သ့ဘၣ်ဃးတၢ်ကလုၢ်ကတိၤဒီးတၢ်ကွဲးလံာ်ကွဲးလဲၢ်

rhetorical *a* ၁. လၢအကလုၢ်သ့ကတိၤဘၣ်, လၢအသ့ဒုးကံၣ်ဒဲးဝ့ၤတၢ်ကတိၤအကျိၣ် ၂. (တၢ်သံကွၢ်) လၢအဟ့ၣ်ထီၣ်တၢ်ဆိကမိၣ်

rheumatism *n* ဃံအဆၢညီးတၢ်ဆါတဖၣ်, တၢ်စုဆၢခီၣ်ဆၢဆါ

rheumatoid arthritis *n* ဃံအဆၢညီးတၢ်ဆါတဖၣ်

rhinestone *n* လၢၢ်တၢ်မျၢ်အဃီၤ

rhino *n* တၤဒိၣ်ခိၣ်, သံးဒိၣ်ခိၣ်

rhinoceros *n* တၤဒိၣ်ခိၣ်, သံးဒိၣ်ခိၣ်

rhyme *n* ၁. တၢ်သီၣ်သဃဲၤ ၂. ထါဖှၣ်ဖိ

rhyme *v* သီၣ်သဃဲၤ

rhythm *n* ၁. ထါအသီၣ်, ထါလဲၤ ၂. (တၢ်အိၣ်မူ) အတၢ်လဲၤတရံးသးဘၣ်ဘၣ် ၃. တၢ်ဒ့ရှၣ်သၢၣ်(မ)

rhythmic *a* လၢအသီၣ်ဘၣ်ဘၣ်, လၢအမၤသးလၢအဆၢကတီၢ်ဘၣ်ဘၣ်, လၢအသီၣ်လဲၤသဃဲၤ

rib *n* ဂုာ်ဃံ

rib *v* မၤအ့န့, ကတိၤလိာ်လ့တၢ်

ribald *a* ဘၣ်အၢဘၣ်သီ, ကတိၤဆုဖျိးကိာ်

ribaldry *n* တၢ်ကတိၤဘၣ်အၢဘၣ်သီ, တၢ်ကတိၤဆုဖျိးကိာ်, တၢ်ကတိၤလၢအတကြၢးတဘၣ်

ribbed *a* ဆ့းနူး, သွံး

ribbon *n* ပျံၤပျ့, တၢ်ကံးညာ် မ့တမ့ၢ် သတိၢ်အပျ့ဖးထီ

ribcage *n* သးနါပှၢ်ဂုာ်ဃံတကွီၣ်

rice *n* ဘု, ဟု, မ့ၤ

rich *a* ၁. လၢအကဲဒိၣ်, ထူးတီၤ ၂. လၢအပှၤဒိၣ်, လၢအလုၢ်ဒိၣ်ပှ့ၤဒိၣ် ၃. လၢပှဲၤဒီး ၄. (ဟီၣ်ခိၣ်) လၢအစီဂ့ၤဒိၣ်မး ၅. (တၢ်အလွဲၢ်) ဆှ့ၣ်ဆှ့ၣ်ဘှဲၣ်ဘှဲၣ်, ကပြုၢ်ကပြီၤ

R

riches *n* တၢ်ထူးတၢ်တီၤ, တၢ်ကဲဒိၣ်

richly *adv* ၁. ဆူၣ်ဆူၣ်ဘှဲၣ်ဘှဲၣ်, ကပီၤကျံၣ်ကျူၣ် ၂. လၢလၢပုဲၤပုဲၤ, ထူးထူးတီၤတီၤ

richness *n* တၢ်အိၣ်လၢအိၣ်ပုဲၤ, တၢ်ထူးတၢ်တီၤ

Richter scale *n* နီၣ်ထိၣ်ဟီၣ်ခိၣ်ဟူး, တၢ်ထိၣ်ဟီၣ်ခိၣ်ဟူးအသဟီၣ်

rick *n* လီၢ်ပူ, ဘုလီၢ်ပူၣ်, တပံၢ်ဃ့ပူၣ်

rick *v* ၁. (စုဆၢခီၣ်ဆၢ) တလံာ်, စုချံးခီၣ်ချံး ၂. စၢကဒိၣ်, စၢဖိၣ် (လီၢ်ပူ, ဘုလီၢ်ပူၣ်)

rickets *n* (ဖိသၣ်) ဃံစၢ်ကွဲစၢ်တၢ်ဆါ

rickety *a* ၁. လၢအဃံစၢ်ကွဲစၢ် ၂. လၢအတကျၢၤတနူၤ

rickshaw *n* လ့ၣ်ခံပၣ်

ricochet *n* (လၢၢ်, ကျိသၣ်) တၢ်လၢအဘၣ်ဒိးတၢ်တမံၤမံၤဒိးဖျိးကဒါ

ricochet *v* ဖျိးကဒါ, ဖျိးဃီၤ, ဖျိးကွံာ်

rid *v* ၁. မၤဟးဂီၤ, မၤဟါမၢ်ကွံာ်, မၤလီၤမၢ်ကွံာ် ၂. ပူၤဖျဲးထီၣ်ကွံာ်, သဘျ့ထီၣ်ကွံာ်

riddance *n* တၢ်ပူၤဖျဲးထီၣ်ကွံာ်, တၢ်သဘျ့ထီၣ်ကွံာ်

ridden *a* လၢတၢ်တမံၤမံၤလုၢ်ဘၢအီၤ, လၢအအိၣ်ပုဲၤလုာ်ကွံာ်ဒီး

riddle *n* ၁. တၢ်ပိၤပံ့, တၢ်ပိၤပိၢ်, ၂. တၢ်လၢပနၢ်ပၢၢ်ကီ ၃. ဖ့ဂုၤလၢအပူၤလဲၢ်

riddle *v* ၁. မၤထူၣ်ဖျိတဆူတဆူ, မၤထူၣ်ဖျိတပူၤတပူၤ ၂. ဃုထံၣ်တၢ်အစၢ ၃. ဂုၤ

ride *n* တၢ်ဒိး (ကသ့ၣ်, လ့ၣ်)

ride *v* ဒိး (ကသ့ၣ် – လ့ၣ်)

rider *n* ၁. ပှၤဒိး (ကသ့ၣ်, လ့ၣ်) ၂. တၢ်ဂ့ၢ်တၢ်ကျိၤလၢဘၣ်တၢ်ထၢနုာ်အါထီၣ်အီၤ

ridge *n* ၁. သဒီစိ ၂. ကစၢၢ်ပျိၢ်ခိၣ်, တၢ်လူၢ်ခိၣ်, တၢ်ပျိၢ်ခိၣ်

ridge *v* ထီၣ်စိ, ပျိၢ်ထီၣ်, လူၢ်ထီၣ်အသး, ဒုးလူၢ်ထီၣ်

ridged *a* လၢအထီၣ်စိ, လၢအဟဲပျိၢ်ထီၣ်, လၢအလူၢ်ထီၣ်အသး

ridicule *n* တၢ်ကတိၤလီၤနံၤဘၣ်ဖၣ်လဲတၢ်, တၢ်နံၤဘၣ်ဖၣ်လဲတၢ်

ridicule *v* ကတိၤလီၤနံၤဘၣ်ဖၣ်လဲတၢ်, နံၤဘၣ်ဖၣ်လဲ

ridiculous *a* လၢအလီၤနံၤဘၣ်ဖၣ်လဲ

ridiculousness *n* တၢ်ကတိၤလီၤနံၤဘၣ်ဖၣ်လဲတၢ်, တၢ်နံၤဘၣ်ဖၣ်လဲတၢ်

riding *n* တၢ်ဒိး (ကသ့ၣ်)

riding crop *n* ကသ့ၣ်အနီၣ်ဖျ့

riding habit *n* ပှၤပိာ်မုၣ်ဒိးကသ့ၣ်အကူအသိး

rife *a* လၢအရၤလီၤသးသကုၤဆးဒံး, လၢအအိၣ်ပုဲၤဒိး

rifle *n* ကျိထီပျိာ်, ကျိရဲးဖၢၣ်

rifle *v* ၁. ဂုာ်ဆူၣ်ပျိဆူၣ်, ဟံးန့ၢ်ဆူၣ်တၢ်, ဃုကမှာ်ခွဲးခွဲးတၢ် ၂. ထူ (ဖျၢၣ်ထူ) ဆူၣ်ဆူၣ်ဒိး လဲၤလိၤလိၤ

rifle range *n* တၢ်ခးလိကျိရဲးဖၢၣ်အလီၢ်, တၢ်ခးလိကျိထီပျိာ်အပျီ

rifleman *n* ၁. သုးဖိစိာ်ကျိထီပျိာ်, ရဲးဖၢၣ်အသုး, ထီပျိာ်အသုး ၂. ထိၣ်လါဟ့ဘီဘီဖိတကလုာ်လၢအအိၣ်လၢနယူစလဲၣ်

rift *n* ၁. တၢ်လီၤဖး, တၢ်ထုးဖးကွံာ်သး ၂. တၢ်တဲၤဖး, တၢ်သ့ၣ်ဖး, တၢ်အဲးထီၣ်အသး

rift *v* ၁. လီၤဖး, ထုးဖး ၂. တဲၤဖး, သ့ၣ်ဖး, အဲးထီၣ်အသး

rift valley *n* တၢ်တြီၤ, တၢ်တြိ

rig *n* ၁. တၢ်ခူၣ်ထုးထီၣ်ဟီၣ်လာ်သိအလီၢ် ၂. သိလ့ၣ်ပဒၢးဖးဒိၣ် ၃. တၢ်ထီထီၣ်ကဘီဃၢ်လၣ်အထူၣ်အက့ၢ်အဂီၤ ၄. တၢ်ကူသိးတၢ်အက့ၢ်အဂီၤ

rig *v* ၁. ရဲၣ်ကျဲၤဘှီဘၣ်ရူသူၣ်တၢ်, စူးကါတၢ်တတီတလိၤအကျဲလၢအတၢ်ဘၣ်ဘျုးဒၣ်ဝဲအဂီၢ် ၂. စၢထီၣ်, ထီထီၣ် (ကဘီအဃၢ်လၣ်)

rig out *vp:* ကူထီၣ်သိးထီၣ်, ကဃၢကဃဲထီၣ်သး

rig up/with *vp:* ထီထီၣ်တၢ်လၢတၢ်ချ့ဒံးချ့နူးအပူၤ

rigging *n* ၁. ဃၢ်ထူၣ်ပျံၤ, ဃၢ်လၣ်ပျံၤ ၂. တၢ်ရဲၣ်ကျဲၤဘှီဘၣ်ရူသူၣ်တၢ်, တၢ်စူးကါတၢ်တတီတလိၤအကျဲလၢအတၢ်ဘၣ်ဘျုးဒၣ်ဝဲအဂီၢ်

right *a* ၁. လၢအဘၣ်, လၢအတီအဘၣ်, ကြၢးဝဲဘၣ်ဝဲ ၂. လၢအထွဲတကပၤ

right *adv* ၁. လီၤတံၢ်လီၤဆဲး, လီၤလီၤ ၂. တဘျီဃီ, တကီၢ်ခါ ၃. လၢအထွဲတခီ

right *exclam* ဂ့ၤဂ့ၤ, ဂ့ၤလံ

right *n* ၁. အထွဲ ၂. ခွဲးယာ် ၃. တၢ်လၢအဘၣ်, တၢ်အတီအဘၣ်

right *v* မၤလီၤက့ၤ, မၤဘၣ်က့ၤ, မၤဂ့ၤမၤဘၣ်က့ၤ

right angle *n* နၢၣ်ဘၣ်, နၢၣ်ဘၣ်အိၣ် ၉၀ ဒံၢ်ကရံၣ်

right of way *n* တၢ်စူးကါကျဲအခွဲးအယာ်

right wing *n* ၁. စုထွဲသနူ, စုထွဲပၣ်တံၣ် ၂. ပှၤဂဲၤလိာ်ကွဲဖျာ်ထူဖိလၢအဂဲၤလိာ်ကွဲလၢပျီအထွဲတကပၤ, ပှၤဂဲၤဖျာ်ထူလၢအထွဲတကပၤ

righteous *a* လၢအတီအလိၤအဂ့ၤအဝါ, လၢအတီဝဲလိၤဝဲ

righteousness *n* တၢ်တီတၢ်လိၤ, တၢ်မ့ၢ်တၢ်တီ, တၢ်စီတၢ်ဆှံ

rightful *a* လၢအဘၣ်, လၢအတီအဘၣ်, လၢအမ့ၢ်, လၢအကြၢးဒီးတၢ်တမံၤမံၤ

right-hand *a* လၢစုထွဲတကပၤ, လၢအဘၣ်ဃးဒီးစုထွဲတကပၤ

right-hand drive *a* လၢပှၤဘၣ်နီၣ်လၢစုထွဲတကပၤ

right-hand man *n* ပှၤလၢပှၤဘၣ်ဒိးသန့ၤသးလၢအီၤ

right-handed *a* လၢအမၤတၢ်လၢစုထွဲ, တထွဲစု

rightist *n* ပှၤလၢအဆီၣ်ထွဲစုထွဲသနူ

rightly *adv* ကြၢးဝဲဘၣ်ဝဲ, ဘၣ်ဘၣ်, ဂ့ၤဂ့ၤဘၣ်ဘၣ်, တီတီလိၤလိၤ, လီၤတံၢ်လီၤဆဲး

right-minded *a* လၢအိၣ်ဒီးအတၢ်ထံၣ်တၢ်ဆိကမိၣ်လၢအကြၢးဝဲဘၣ်ဝဲ

right-wing *a* ၁. လၢအဘၣ်ထွဲဒီးစုထွဲသနူ မ့တမ့ၢ် စုထွဲပၣ်တံၣ် ၂. လၢအဂဲၤလိာ်ကွဲလၢဖျာ်ထူပျီအထွဲတကပၤ

rigid *a* ၁. ဆိုၣ်, ကျၢကနၤ, ပံာ်စွံ, ကိၤကနံ, လၢတၢ်ဘိးက့ၣ်အီၤတန့ၢ် ၂. လၢအတၢ်သိၣ်တၢ်သီဃံး, လၢအဃံး, လၢတၢ်လဲလိာ်အီၤတန့ၢ်, လၢအခိၣ်ကိၤ, လၢအတၢ်သးကညီၤတအိၣ်, လၢအလီၤတံၢ်

rigidly *adv* ဆိုၣ်တနိာ်, ကျၢကနၤ, ပံာ်စွံ, ကိၤကနံ, ဃံးဃံး, ဃံးဃီၣ်ဒီၣ်, လီၤတံၢ်လီၤဆဲး

rigmarole *n* ၁. တၢ်လၢအသူအသၣ်တအိၣ်, တၢ်လၢအဘျုးအဖှိၣ်တအိၣ် ၂. တၢ်တဲဖးထီတၢ်, တၢ်ကတိၤတၢ်လၢအဘျုးတအိၣ်

rigor mortis *n* ပှၤသံထိၣ်ဆိုၣ်

rigorous *a* ၁. လၢအလီၤတံၢ်လီၤဆဲး ၂. လၢအဆူၣ်အကိၤ, လၢအဃံး

rigour, rigor *n* ၁. တၢ်သိၣ်တၢ်သီဃံး, တၢ်ဖှ့ၣ်ဆၢ, တၢ်ဃံးတၢ်စ့ၤ, တၢ်ကီတၢ်ခဲဒိၣ်ဒိၣ်မုၢ်မုၢ် ၂. တၢ်မၤတၢ်လီၤတံၢ်လီၤဆဲး

rile *v* မၤသးဒိၣ်သးအ့နူ, မၤသူၣ်အ့နူသးအ့နူ

rim *n* အခိၣ်ဒူ, တၢ်ကနူ, အသရှၤ

rim *v* ကဝီၤ, ဝးတရံး, ကွီၤယာ်

rimless *a* လၢအကနူတအိၣ်ဘၣ်, လၢအကွီၤတအိၣ်ဘၣ်, လၢအခိၣ်ဒူတအိၣ်ဘၣ်

rind *n* ၁. (တၤသူတၤသၣ်) အဖံးဘ့ၣ်တီၣ်, အကုတီၣ် ၂. (တၢ်နၢ်ထံလီၤသကၤ) အခိၣ်ကျး

ring *n* ၁. ပသံး ၂. တၢ်အကွီၤ ၃. ဒၢလွဲအသီၣ်, တၢ်အသီၣ်စီဆုံ ၄. ပှၤအၢဖိအကရၢ

ring *v* ဒိ (ဒၢလွဲ)

ring binder *n* လံာ်တြာ်အထးကွီၤ, ထးကွီၤလံာ်တြာ်

ring finger *n* စုဒဲး, စုမုၢ်ဒဲး

ring pull *n* ထးကွီၤထုး, တၢ်ကထုးအီးထီၣ်တၢ်အီၣ်တၢ်အီအဒၢအထးကွီၤ

ring road *n* ကျဲမုၢ်ကဝီၤ, ကျဲမုၢ်လၢအတရံးဝ့ၢ်

ringing *a* ၁. လၢအသီၣ်ဒိၣ်ဒိးဆုံ ၂. (တၢ်ဟ်ဖျါ) လၢအသဟီၣ်ဆူၣ်

ringing *n* တၢ်ဒိသီၣ် (ဒၢလွဲ)

ringleader *n* ပှၤအၢဖိအခိၣ်

ringlet *n* ခိၣ်ဆူၣ်တကံလီၤစဲၤ

ringmaster *n* ပှၤလၢအကတိၤအီးထီၣ်တၢ်ဒုးနဲၣ်စၢးခၢးအမူး

ringside *n* တၢ်လီၢ်လၢအဘူးဒီးတၢ်ဒုးနဲၣ် (အပျီ, အစီၢ်)

ringtone *n* လီတဲစိအသီၣ်, လီတဲစိအကလုၢ်သီၣ်

ringworm *n* တၢ်ဖှီ

rink *n* တၢ်ဒိးစကံအပျီ, တၢ်ဒိးနီၣ်တလှၣ်အပျီ

rinse *n* ၁. တၢ်သ့သပှၢၤတၢ်, တၢ်လူစီကွံာ် (လၢထံ) ၂. တၢ်သ့သပှၢၤ (ထးခိၣ်) အထံ, တၢ်သ့စီ (မဲာ်) ၃. ကသံၣ်ဖျ့ခိၣ်အလွဲၢ်

rinse *v* သ့သပှၢၤ, လူစီကွံာ်, သ့စီကွံာ် (လၢထံ)

riot *n* တၢ်တၢထီၣ်တၢလီၤ, တၢ်ပြုထီၣ်

riot *v* တၢထီၣ်တၢလီၤ, ပြုထီၣ်

riot gear *n* ပၢၤကီၢ်အတၢ်ဒီသဒၢပီးလီ

R

riot police *n* ပၢၤကီၢ်လၢအကွၢ်ထွဲတၢ်တၢထီဉ်တၢလီၤ

riot shield *n* ပၢၤကီၢ်အကတိၤ

riotous *a* ၁. လၢအမၤတၢထီဉ်တၢလီၤ ၂. လၢအသိဉ်သထူဉ်ဘးလီ

RIP *abbre* တၢ်မံမှာ်လၢခရံာ်အပူၤ, တၢ်မံမှာ်လီၤထူလီၤယိာ် (Rest in Peace)

rip *n* တၢ်ယာ်ဖျ့

rip *v* ဘဉ်ကွးယာ်, ဖိယာ်

ripcord *n* ပျံၤထုးအိးထီဉ်သဒၢမှၢ်

ripe *a* ၁. မံ, မံထီဉ် (တၢ်သူတၢ်သဉ်) ၂. လၢအဒိဉ်တှာ်ခိဉ်ပှဲၤထီဉ်, လၢအသးနံ့ထီဉ် ၃. လၢအဆၢကတီၢ်ဘဉ်လံ (အဒိ, ညဉ်အဆၢကတီၢ်ဘဉ်လၢကဒံဉ်လံ)

ripen *v* မၤမံ, သူဉ်မံ

rip-off *n* ၁. တၢ်တကြၢးပှ့ၤကြၢးကလံၤ, တၢ်တကၢကီဉ်ဒီးအပှ့ၤကလံၤ ၂. တၢ်ယီၤဒိတၢ်, တၢ်ယီၤဒိပှၤအတၢ်

riposte *n* တၢ်စံးဆၢတၢ်သ့သ့ဘဉ်ဘဉ်, တၢ်စံးဆၢတၢ်လၢတၢ်ကူဉ်သ့အပူၤ

ripple *n* လပီဖိ, ထံစံဉ်ပီပု, လပီဖိလၢထံမဲာ်ဖံးခိဉ်ဖဲကလံၤအူတၢ်ကဖီကဖီအခါ မ့တမ့ၢ် ဖဲတၢ်မၤဟူးဝးထီဉ်ထံအခါ ၂. တၢ်အသိဉ်လၢအဒိဉ်ထီဉ်တဘျီဘျီဆံးလီၤတဘျီဘျီ

ripple *v* စံဉ်ပီပုထီဉ်, ဒုးဟူးဝးထီဉ် (ထံဖံးခိဉ်)

ripple effect *n* တၢ်ဒိဘဉ်မၤဟူးတၢ်တဆီဘဉ်တဆီ

rip-roaring *a* ၁. လၢအသိဉ်သထူဉ်ဘးလီ ၂. လၢအလီၤသူဉ်ပိၢ်သးဝးဒိဉ်ဒိဉ်မှၢ်မှၢ် ၃. လၢအကဲထီဉ်ကဲထီဒိဉ်ဒိဉ်မှၢ်မှၢ်

rise *n* ၁. တၢ်အါထီဉ်, တၢ်ဒိဉ်ထီဉ် ၂. တၢ်ထီဉ်ဆူတၢ်ဖီခိဉ် ၃. တၢ်လှၢ်ခိဉ်ဖိ

rise *v* ၁. ဂဲၤထၢဉ် ၂. လဲၤထီဉ်, ယူၤထီဉ် (ဆူကလံၤကျါ), (မှၢ်) ဟဲထီဉ် ၃. (အပှ့ၤ) အါထီဉ်, (စိကမီၤ) ဒိဉ်ထီဉ်, (ကလံၤအူ) ဆူဉ်ထီဉ် ၄. (ကိဉ်) ကဖိထီဉ်, ကဖီထီဉ်

riser *n* ၁. ပှၤလၢအမံပၢၢ်ထီဉ် (ဂီၤဂီၤ) ၂. ယီသွါအသ့ဉ်ဘဉ်ခီလၢအထီထူဉ် ၃. တၢ်ကစီၤထီဉ်

risibility *n* တၢ်မိဉ်နံၤဘဉ်သး, တၢ်အဲဉ်ဒီးနံၤဘဉ်တၢ်

risible *a* မိဉ်သးနံၤ, အဲဉ်ဒီးနံၤ, လီၤနံၤ

rising *n* တၢ်ပူထီဉ်တၢ်, တၢ်ပူထီဉ်ထီဒါတၢ်

rising damp *n* ထံဟဲစုၢ်ထီဉ်လၢဟီဉ်ခိဉ်လာ်ဒီးစုဉ်စီဉ်ထီဉ်တၢ်ဒူဉ်ပၤ

risk *n* တၢ်ဘဉ်ယိဉ်ဘဉ်ဘီ

run the risk *idm:* အိဉ်ကတိၤအသးလၢကကွၢ်ဆၢဉ်မဲာ် (တၢ်ကီတၢ်ခဲ) အဂီၢ်

risk *v* ဘျုးအသး (လၢတၢ်လီၤပျံၤတၢ်ဘဉ်ယိဉ်အလိၢ်), ညီကွံာ်အသးဒီးမၤဝဲ

risk-taking *n* တၢ်မၤလၢအလီၤဘဉ်ယိဉ်, တၢ်ဘဉ်ညီကွံာ်သးဒီးမၤတၢ်

risky *a* လၢအလီၤဘဉ်ယိဉ်ဘဉ်ဘီ

risqué *a* လၢအတကြၢးတဘဉ်, လၢအမၤအသးကလံးကစီဉ်, လၢအတဃံတလၤ, လၢတဘဉ်မဲာ်ဘဉ်နါ

rite *n* မူးလီၤဆီ

rite of passage *n* မူးလီၤဆီလၢပှၤတဂၤအတၢ်အိဉ်မူအိဉ်ဂဲၤအပူၤ (အဒိ, တၢ်တ့တၢ်ဖျိအမူးသးဖှံ)

ritual *a* ၁. လၢအဘဉ်ဃးဒီးမူးလီၤဆီအတၢ်ရဲဉ်တၢ်ကျဲၤ, လၢဘဉ်တၢ်မၤအီၤဒ်မူးအတၢ်ရဲဉ်တၢ်ကျဲၤအသိး ၂. လၢတၢ်မၤဝံၤမၤကဲတၢ်, လၢအမၤဝံၤတၢ်အမံၤ

ritual *n* ၁. မူးလီၤဆီအတၢ်ရဲဉ်တၢ်ကျဲၤ ၂. တၢ်တမံၤမံၤလၢဘဉ်တၢ်မၤဝံၤမၤကဲအီၤ

ritualistic *a* လၢဘဉ်တၢ်မၤအီၤဒ်အလုၢ်အလၢ်အိဉ်ဖဲအသိး, လၢတၢ်မၤညီနုၢ်အီၤထိဘိ

rival *a* လၢအပြၢလိာ်သး

rival *n* ပှၤ မ့တမ့ၢ် တၢ်ပြၢလိာ်သးတၢ်

rival *v* ပြၢလိာ်သး

rivalry *n* တၢ်ပြၢလိာ်သးတၢ်, တၢ်ပြၢလိာ်သး

riven *a* ၁. လၢအလီၤမှၢ်လီၤဖး, လၢအတဘဉ်လိာ်ဖိးဒ့ ၂. သ့ဉ်ဖး

river *n* ထံကိၢ

river bank *n* ထံကိၢကၢၢ်ခိဉ်

river bed *n* ထံကိၢအခံဒး, ထံခံဒး

riverfront *n* ထံကၢၢ်နံၤ

riverside *n* ထံကိၢကၢၢ်ပၤနံၤ

rivet *n* ထးစဲ

rivet *v* ၁. သးစၢၢ်ဆၢ ၂. ဒုးစဲဘူး, မၤစဲထီ ၃. ကွၢ်ထံတၢ်

riveting *a* လၢအလီၤသးစဲ, လၢအလီၤထုး နှၢ်သူၣ်ထုးနှၢ်သး, လၢပကွၢ်အီၤတဘျီ

riviera *n* မဲးဒံၣ်ထၢၣ်ရှနယၢၣ်ပီၣ်လဲၣ်ကၢၢ်နံၤ

rivulet *n* ထံကျိဖိ, ထံဖိကျိ

roach *n* ၁. ညၣ်ကွာ်, ညၣ်ကသ့, ညၣ်ကး ထိး, ညၣ်ကးသဲ, ညၣ်ထံဆၢတကလုာ် ၂. စီလီ ၃. မိာ်ခံထူး

road *n* ကျဲ

road hog *n* ပှၤနီၣ်နါစီၤသိလ့ၣ်

road map *n* ၁. တၢ်ဖံးတၢ်မၤအတၢ်ရဲၣ်တၢ် ကျဲၤ ၂. ဟီၣ်ခိၣ်ဂီၤတၢ်နဲၣ်ကျဲ

road rage *n* တၢ်သးဒိၣ်ဖဲတၢ်နီၣ်သိလ့ၣ် အကတီၢ်

road sign *n* ကျဲအတၢ်ပာ်ပနီၣ်, ကျဲအပနီၣ်

road tax *n* ကျဲအခိသွဲ, ကျဲမုၢ်အခိသွဲ

road test *n* တၢ်နီၣ်ကွၢ်သိလ့ၣ်, တၢ်မၤကွၢ် သိလ့ၣ်ခီဖျိတၢ်နီၣ်ကွၢ်အီၤလၢကျဲမုၢ်ပူၤ

roadblock *n* ၁. တၢ်ဆီလီၤတၢ်သမံသမိး အတြဲၤ ၂. တၢ်တြီမၤတံာ်တာ်ကျဲ, တၢ်လၢအ တြီမၤတံာ်တာ်တၢ်လဲၤထီၣ်လဲၤထီအကျဲ

roadshow *n* တၢ်ဟးဝ့ၤဝီၤဒုးနဲၣ်တၢ်

roadside *n* ကျဲကပၤ, ကျဲကနူၤ

roadworks *n* တၢ်ဘိုကျဲ

roadworthy *a* (သိလ့ၣ်) လၢအဂ့ၤ, လၢအကြၢးဝဲဘၣ်ဝဲ

roam *v* ဟးဝ့ၤဝီၤ

roan *n* ကသ့ၣ်ဝါဃး

roar *n* ၁. ခ့ယုၢ်ကညီၤအသီၣ် ၂. တၢ်သီၣ်ရၢ် ရၢ်, တၢ်အသီၣ်ဖးဒိၣ်

roar *v* ၁. အူကြုာ် ၂. ကညီၤ, ကညီၤရၢ်ရၢ် ၃. ကဲးပသူ, ကီးပသူ

roaring *a* ၁. လၢအသီၣ်အူကြူာ် ၂. လၢ အကညီၤသီၣ်ရၢ်ရၢ်, လၢအသီၣ်ရၢ်ရၢ်

roast *a* လၢအဘၣ်တၢ် (ကၣ်, သၣ်, ကုၢ်, ဘၢ, ဃိ) မံအီၤ

roast *n* ၁. တၢ်ညၣ်ကၣ်, တၢ်ညၣ်သၣ်ဃ့ ၂. တၢ်မၤမူးသးဖှံကၣ်အီၣ်တၢ်ညၣ်

roast *v* ၁. ကၣ်, သၣ်, ကုၢ်, ဃိ, ဘၢ, ဖီတၢ် လၢအီၣ်ဒီးသိလၢအထံလီၤသံးဝံၤသိထီၣ်ဖိ မ့တမ့ၢ် ဃ့ထီၣ်ကွံာ် ၂. ဝဲာ်ဃ့

roasting *a* ၁. လၢအကိၢ်ဒိၣ်မး, လၢအကိၢ် ဃ့ထီဒိၣ်မး ၂. လၢဘၣ်တၢ်စူးကါအီၤလၢတၢ် (ကၣ်အီၣ်) တၢ်ညၣ်အဂီၢ်

roasting *n* တၢ်ဟ်ဒ့ၣ်ဟ်ကမၣ်တၢ်, တၢ်ဟ် တၢ်ကမၣ်လၢပှၤလိၤ

rob *v* ဂုာ်ဆူၣ်ပျိဆူၣ်တၢ်

robber *n* တၢ်ဘျၣ်, တမျာ်, ပှၤဂုာ်ဆူၣ် ပျိဆူၣ်တၢ်

robbery *n* တၢ်ဟုၣ်တၢ်ဘျၣ်, တၢ်ဂုာ်ဆူၣ် ပျိဆူၣ်တၢ်, တၢ်တမျာ်တၢ်

robe *n* ၁. ဆ့ကၤကျၢၢ် အဒိ, ဆ့ကၤဖး ထီဒ်တၢ်အိၣ်ဖှိၣ်သရၣ်ဒီးစံၣ်ညီၣ်ကွီၢ်တဖၣ်ကၤဝဲ ၂. သိခါအတၢ်ဘီ

robe *v* သိးထီၣ်ဆ့ကျၢၢ်ဘၢ, သိးထီၣ်တၢ်ဘီ

robot *n* ၁. ရိဘီး, စဲးတဖျၢၣ်လၢအဖံးတၢ်ဖီၣ် တၢ်ဒ်ပှၤကညီမၤတၢ်သ့အသိး ၂. ပှၤလၢအမၤတၢ် ဒ်သိးစဲး

robotic *a* ၁. လၢအဘၣ်ဃးဒီးရိဘီး ၂. လၢအမၤတၢ်ဒ်သိးစဲး, လၢအမၤတၢ်တအိၣ်ဘှံး အိၣ်သါ

robotics *n* တၢ်ယုသ့ၣ်ညါမၤလိဘၣ်ဃး ရိဘီးအဂ့ၢ်

robust *a* ၁. လၢအဂံၢ်ဆူၣ်အါထီၣ်, လၢ အပှဲၤဂံၢ်ပှဲၤဘါ, လၢအအိၣ်ဆူၣ်အိၣ်ချ့ ၂. လၢအကျၢၤ, လၢအခၢၣ် ၃. လၢအဂၢၢ်အကျၢၤ

rock *n* ၁. လၢၢ်, လ့, လၢၢ်ဓိၤလ့ဓိၤ, လၢၢ်ဖး ဒိၣ် ၂. (Rock) ရီး(ခ)တၢ်သးဝံၣ်, တၢ်သးဝံၣ် လၢအချ့ဒီးဆူၣ်, တၢ်သးဝံၣ်ကီးဖှး ၃. လၢၢ်လုၢ်ဒိၣ်ပှ့ၤဒိၣ်, လၢၢ်တၢ်မျၢ်

rock *v* ထိၣ်ဟူးယီာ်ယုၤယီာ်ယုၤ, ဝးယဲာ်ဝး ယီာ်, ဝးကျံာ်ကျူာ်

rock and roll *n* တၢ်သးဝံၣ်ရီး(ခ) အဲၣ်(န)ရိ(လ)

rock climbing *n* တၢ်ထိၣ်လ့ကပၤ

rock face *n* လ့အမဲာ်သၣ်, လ့အကပၤ

rock solid *a* ၁. လၢအကိၤကနံ ၂. လၢ အဂၢၢ်အကျၢၤ

rock-bottom *n* (တၢ်အပ့ၤကလံၤ) တၢ်အ ခံဒး, တၢ်အပတီၢ်ဖုၣ်ကတၢၢ်

rocker *n* ၁. လီၢ်ဆ့ၣ်နီၤကျံၤဝးယဲာ်ယီာ် ၂. ပှၤလၢအဒိကနၣ်ရီး(ခ)တၢ်သးဝံၣ် ၃. ရီး(ခ)

R

အပှၤန့ၣ်တၢ်, ပှၤသးဝံၣ်တၢ်ဖိ ၄. ပှၤဒိးလိာ် ကွဲသိလ့ၣ်ယိၢ်ဖးဒိၣ်အကရူ

rockery *n* လၢၢ်အဖိကရၢ်, ဖိကရၢ်လၢတၢ် ရဲၣ်ကျဲၤလီၤလၢၢ်ဖးဒိၣ်ဒီးတၢ်သူၣ်လီၤတၢ်မုၢ်တၢ် ဘိလၢအကျါ

rocket *n* ၁. ရီးကဲး, လၢတၢ်သူအီၤဖဲတၢ်လဲၤ တၢ်လၢမူပျီပူၤအဂီၢ် ၂. မျိၣ်သဉ်ယူၤ ၃. တၢ်နၢမူဒိးတကလှာ်

rocket *v* ၁. ထိၣ်ဝး, ထိၣ်ဟူးယိာ်ယုၤယိာ် ယံၤ, ဝးကျံၣ်ကျူၣ် ၂. အါထိၣ်ချ့သ့ဒံး ၃. ချ့သဒံး

rockfall *n* လၢၢ်လီၤတဲာ်

rock-hard *a* လၢအကိၤကနံ, လၢအကျၤ ကနၤ, လၢအကိၤဒိၣ်မး

rocking chair *n* လိၢ်ဆ့ၣ်နီၤကျံၤဝးယဲာ်ယီၤ

rocking horse *n* တၢ်လိာ်ကွဲကသ့ၣ်ဝးယဲာ် ယီၤဖိ, တၢ်လိာ်ကွဲကသ့ၣ်ဂီၤဖိ

rocky *a* ၁. လၢအပှဲၤဒီးလၢၢ်ဖိၤလ့ဖိၤ, လၢအမၤအသးဒ်လၢၢ်ဖိၤလ့ဖိၤအသိး ၂. လၢအတဂၢၢ်တကျၢၤ, လၢအဟူးဝးဆုံးဆိုး

rod *n* ၁. နိၣ်တိၢ် ၂. ထးဘိ, တၢ်အဘိ. အဒိ, တခွဲဘိ ၃. ကျိတရံး, ကျိတရံးဖိ

rodent *n* ယှၢ်ဖိၤခိဖိၤ, ဝံၤဖိၤခိဖိၤ, ဆဉ်ဖိကိၢ် ဖိလၢအမဲအိၣ်လၢအခိၣ်ခံဘ့ၣ်အခၣ်ခံဘ့ၣ် အကလုာ် (အဒိ, ယှၢ်, ပဒဲ)

rodeo *n* ပှၤကွၢ်ကျိၢ်ဖိဒုးနဲၣ်အတၢ်သ့တၢ်ဘၣ် အတၢ်ဂဲၤ

roe *n* ၁. ညၣ်ဒံၣ် ၂. တၤယီၤ, တၤယီၤအဆံး ဖိတကလုာ်

roe deer *n* တၤယီၤ, တၤယီၤအဆံးတ ကလုာ်

roger *exclam* နီၣ်နဲၣ်ဖျါတၢ်ဆဲးကျိးဆဲး ကျၢအတၢ်ကတိၤ (အဒိ, မၤန့ၢ်မၤန့ၢ်)

roger *v* မံယှာ် (တၢ်ကတိၤတဆဲးတလၤ)

rogue *a* ၁. လၢအအိၣ်လီၤဖးဒီးအကရူၢ် ကရၢဒီးအၢဝဲသိဝဲ ၂. လၢအအၢဝဲသိဝဲ

rogue *n* ၁. ပှၤအၢပှၤသီ ၂. ပှၤလီန့ၢ်တၢ် ၃. ကဆီလၢအအိၣ်လီၤဖးဒီးအကရူၢ်ဒီးအၢဝဲ

roguish *a* ၁. လၢအတတီတလိၤ, လၢအ တတီတတြၢ်, လၢအသးတတီ ၂. လၢအလံ ကျိလံကွာ်, လၢအမၤတံာ်တာ်တၢ်

roil *v* ၁. မၤန့တၢ်အထံ ၂. မၤအ့န့ပှၤအသး

roistering *a* လၢအတၢကလူပိၢ်ကလာ်, လၢအသိၣ်သထူၣ်ဘးလီ

role *n* တၢ်ဖံးတၢ်မၤလၢအလီၤဘၣ်ပှၤ, မူဒါ

role model *n* ပှၤလၢအလီၤကွၢ်လိ

role play *n* တၢ်ဂဲၤဒိ, တၢ်သိၣ်လိအတၢ်ဂဲၤဒိ

roll *n* ၁. တၢ်အထူ ၂. (ကိၣ်) တဘိ ၃. တၢ်ထွၣ်တလ့ၣ်လီၤသး ၄. မံၤစရီ ၅. တၢ် အသိၣ်ရှၢ်ရှၢ်

roll *v* ၁. ထူထိၣ် ၂. ကျံးကျူာ်အသး, လံၣ် လှာ် ၃. လီၤတလ့ၣ်, ထွၣ်တလ့ၣ်, တရံးအသး ၄. ခူၣ် (လှၣ်)

roll of honour *n* ပှၤဒိးန့ၢ်တၢ်လၤကပီၤ အမံၤစရီ, တၢ်လၤကပီၤအမံၤစရီ

rollback *n* တၢ်မၤစှၤလီၤတၢ်, တၢ်ထုးစှၤလီၤ တၢ်

roll-call *n* တၢ်ကိးထိၣ်မံၤစရီ

roller *n* ၁. ကျံးဘိ ၂. ကျိဘိ ၃. လပီဖးဒိၣ်

roller coaster *n* ၁. ရိလၢၣ်ခီးစထၢၣ် (တၢ် လိာ်ကွဲ) ၂. တၢ်လၢအလဲလိာ်သးထိဘိ

roller skate *n* ခီၣ်ဖံးရိလၢၣ်စက့း, ခီၣ်ဖံး ပၣ်ရံး

roller-skate *v* ဒိးထိၣ်ခီၣ်ဖံးရိလၢၣ်စက့း, ဒိးထိၣ်ခီၣ်ဖံးပၣ်ရံး

rollicking *a* လၢအတၢကလူပိၢ်ကလာ်, လၢအသိၣ်သထူၣ်ဘးလီ

rollicking, rollocking *n* တၢ်ဟ်ဒ့ၣ်ဟ် ကမဉ်တၢ်, တၢ်ဟ်တၢ်ကမဉ်လၢပှၤလီၤ

rolling *a* ၁. လၢအလီၤဘံ ၂. လၢအလဲၤ တရံးအသးတဝီဝံၤတဝီ

rolling mill *n* စဲးကျံးတံၢ်, စဲးဂံာ်တၢ်

rolling pin *n* ကျံးဘိ

rolling stock *n* လ့ၣ်မှၣ်အူ (အတွဲ) တဖၣ်, လ့ၣ်မှၣ်အူအချ့ၣ်တဖၣ်

roll-on *a* လၢအစူးကါကျံးဖျၢၣ်ဒၢ

roll-on *n* ကျံးဖျၢၣ်ဒၢ (အဒိ, ထံနၢမူကျံးဖျၢၣ် ဒၢ, တၢ်ဖှူတံာ်လာ်ကျံးဖျၢၣ်ဒၢ)

roly-poly *a* လၢအဘီၣ်ဒီးကဖျၢၣ်လၢၣ်, လၢအဘီၣ်ဘီၣ်ဖှၣ်ဖှၣ်

roly-poly *n* ကိၣ်ဆီဒံၣ်တကလုာ်, ကိၣ် ဆီဒံၣ်လၢအပူၤအိၣ်ဒီးတၤသဉ်ယ့ၣ်

ROM *abbre* ရိၣ်(မ), ခီၣ်ဖျူထၢၣ်အပီး အလီတကလုာ်, တၢ်ကွဲးဖှၣ် (Read-Only Memory)

Roman *a* လၢအဘၣ်ဃးဒီးဝ့ၢ်ရိမ့ၤ, လၢအဘၣ်ဃးဒီးရိမ့ၤ
Roman *n* ပှၤရိမ့ၤ, ရိမ့ၤ
Roman numeral *n* ရိမ့ၤအနီၣ်ဂံၢ်ဖျၢၣ်
romance *n* ၁. တၢ်ဃဲၤမုာ်နၢ်, တၢ်ကွဲးလၢတၢ်ဆိကမိၣ်နှၤ်အီၤလၢအဘၣ်ဃးဒီးတၢ်အဲၣ်လၢအလီၤကမၢကမဉ် ၂. တၢ်အဲၣ်တၢ်ကွံ
romance *v* ၁. စံၣ်ဃဲၤတဲဃဲၤတၢ် ၂. ဃ့အဲၣ်ပှၤ
romantic *a* လၢအဟ်ဖျါတၢ်လီၤကမၢကမဉ်ဘၣ်ဃးတၢ်အဲၣ်တၢ်ကွံ
romantic *n* ၁. ပှၤလၢအဟ်ဖျါထိၣ်တၢ်အဲၣ်တၢ်ကွံ ၂. ပှၤကွဲးလံာ်, ပှၤသးဝံၣ်, ပှၤတ့တၢ်ဂီၤ (လၢအဟ်ဖျါထိၣ်တၢ်အဲၣ်တၢ်ကွံ) ၃. ပှၤလၢအဆိမိၣ်မုံနှၤ်တၢ်
romanticism *n* ၁. တၢ်ဆိမိၣ်မုံဒ္ဒလၢအသနူ ၂. တၢ်ဆိကမိၣ်မုံနှၤ်တၢ်, တၢ်ဟ်ဖျါထိၣ်တၢ်အဲၣ်တၢ်ကွံ
romanticize, romanticise *v* ၁. ဒုးဆိမိၣ်မုံနှၤ်တၢ်, ဒုးထံၣ်မုံနှၤ်တၢ် ၂. မၤလီၤသးစဲ, မၤသးစၢၢ်ဆၢ, ဒုးထုးနှၤ်သူၣ်ထုးနှၤ်သး
romp *n* ၁. တၢ်ဂဲၤလိာ်ကွဲတၢကလူပိၢ်ကလာ်, တၢ်ဂဲၤလိာ်ကွဲသီၣ်သထူၣ်ဘးလီ ၂. ပူ, တၢ်ဂီၤမူဘၣ်ဃးပိာ်မုၣ်ပိာ်ခွါတၢ်အဲၣ်တၢ်ကွံအဂ့ၢ် ၃. ဖိသၣ်ပိာ်မုၣ်လၢအဂဲၤဆူၣ်ဂဲၤကဲ ၄. တၢ်မၤနၢၤတၢ်ညီကဒေ (တၢ်လိာ်ကွဲ)
romp *v* ၁. ဂဲၤလိာ်ကွဲတၢကလူပိၢ်ကလာ် ၂. (တၢ်ကတိၤပတိၢ်မုၢ်) (တၢ်ပြၢ, တၢ်လိာ်ကွဲပြၢ) မၤနၢၤကွံာ်တၢ်ညီကဒေ ၃. (တၢ်ကတိၤပတိၢ်မုၢ်) မံဃုာ်အိၣ်ဃုာ်ရူသူၣ်လိာ်သး
roof *n* တၢ်အခိၣ်ဒုး, ဃီးခိၣ်
roof *v* ဒုးထိၣ် (တၢ်အခိၣ်ဒုး)
roof garden *n* တၢ်ဒုးခိၣ်ပၢၤဖီကရၢၢ်, ဖီကရၢၢ်လၢတၢ်သူၣ်အီၤဖဲတၢ်ဒုးခိၣ်ပၢၤအဖီခိၣ်
roof rack *n* သိလှၣ်ခိၣ်ဒုးသကွီၣ်တြၤ
roofing *n* တၢ်ဒုးဟံၣ်ခိၣ်အပီးအလီ
rooftop *n* တၢ်အခိၣ်ဒုးအဖီခိၣ်, ဟံၣ်ခိၣ်ဒုးအဖီခိၣ်
rook *n* စိးဝၣ်ဃးဒိၣ်ခိၣ်, စိးဝၣ်ဃးတကလုာ်
rook *v* လံၣ်နှၤ်လီနှၤ်
rookie *n* ၁. ပှၤနုာ်လီၤသီတၢ်မၤ, ပှၤလၢအတၢ်မၤအတၢ်လဲၤခီဖျိတအိၣ်အါအါဒံးဘၣ် ၂. ပှၤနုာ်လီၤလိာ်ကွဲသီသီ (တၢ်လုၢ်အိၣ်သးသမူတၢ်မၤလၢတၢ်ဂဲၤလိာ်ကွဲ)
room *n* ဒၢး
room *v* အိၣ်ဆိးသကိး
room service *n* ဟံၣ်ဒွဲတၢ်ခ့တၢ်ပှၤအတၢ်မၤ, တၢ်မၤစၢၤနှၤ်ဟံၣ်ဒွဲအပှၤတမံၤတၢ်မၤ
room temperature *n* ဒၢးအတၢ်ကိၢ်တၢ်ခုၣ်အနီၣ်ထိၣ်အပတိၢ်မုၢ်
roomful *a* ပှဲၤပှဲၤဒၢးပူၤ
rooming house *n* ဟံၣ်ဒၢးဖိၣ်
room-mate *n* ပှၤလၢအိၣ်ဆိးတပူၤဃီ
roomy *a* လၢတၢ်လီၢ်အိၣ်ဖးလၢ်, ကျီလ့လၢ, ကလ့ကလၢ
roost *n* ထိၣ်ဖိၤဆီဖိၤမံအလီၢ်, ဆီတိၤဘိ
roost *v* စီၢ်လီၤ, ကူၤထိၣ်မံ
rooster *n* ဆီဖါကိၢ်
root *n* တၢ်အဂံၢ်, ဂံၢ်ခိၣ်ထံး, ဂံၢ်ခိၣ်သ့ၣ်, တၢ်အဂံၢ်ခိၣ်ထံး
root *v* ၁. ကဒွံတၢ်, ကန္ဒံတၢ်, ခူၣ်ကွံာ်ဃုာ်အဂံၢ်, ထဲးထိၣ်ကွံာ်ဃုာ်အဂံၢ် ၂. သူၣ်လီၤတၢ်အဂံၢ်
take root *idm:* အဂံၢ်စဲၤလီၤအသး, အိၣ်စဲထီဃာ်လၢ (အသးကံၢ်ပူၤ)
root beer *n* ဘံယၢဉ်အဆၢ, တၢ်ခုၣ်ထံတကလုာ်
rooted *a* ၁. လၢအဂံၢ်စဲၤလီၤအသးယိာ်, လၢအဂံၢ်စဲထီအသး ၂. လၢအဂၢၢ်ဝဲကျၢၤဝဲ
rootless *a* ၁. လၢအဂံၢ်တအိၣ် ၂. လၢအတဘၣ်ထွဲဒီးပှၤနီတဖုနီတဂၤ
rope *n* ပျံၤ
rope *v* စၢ, ကွး, ဖိၣ် (ဆၣ်ဖိကိၢ်ဖိလၢပျံၤ)
rope ladder *n* ဃီပျံၤ, ဃီလၢဘၣ်တၢ်မၤအီၤဒီးပျံၤ
ropy *a* ၁. လၢအတဂ္ၤ, လၢအဟးဂီၤ ၂. လၢအိၣ်တမုာ်ကဲာ်ဆီး
rosary *n* ဖဲပျံၤ, လၢပှၤမၤနီၣ်အတၢ်ဘါထုကဖၣ်အဘျီ
rose *a* လၢအလွဲၢ်ဂီၤစၢ်
rose *n* ၁. ဖီတၢၤဆူၣ် ၂. တၢ်အလွဲၢ်ဂီၤစၢ်, တၢ်အလွဲၢ်လၢအလီၤက်ဒ်ဖီတၢၤဆူၣ်အသိး ၃. နီၣ်ပြံထံအနိာ်ထိးနါ, နီၣ်ဖှိၣ်ထံအနိးထိးနါ, တၢ်ပြံထံအနိးထိးနါ

rose-coloured *a* ၁. လၢအလွဲၢ်ဂီၤစၢ် ၂. လၢအထံၣ်ထဲလၢတၢ်ဂ့ၤ, လၢအကွၢ်ထဲတၢ်လၢအဂ့ၤ

roselle *n* ဘဲဆံၣ်ဒီး

rosette *n* ၁. တၢ်ကယၢကယဲဖိတၤဆူၣ်အကံ့ၢ်အဂီၤ ၂. ရံးဘၢၣ်ကဝီၤကျိၤ, ရံးဘၢၣ်ကဝီၤကျိၤတၢ်ပနီၣ်လၢဘၣ်တၢ်ထီထီၣ်အီၤဖဲသးနါပှၢ်အလိၤ

roster *n* ၁. ပှၤအမံၤစရီ, ကရၢဖိအမံၤစရီ ၂. မူဒါတၢ်ဖံးတၢ်မၤစရီ

roster *v* ဒၢနှာ်ပှၤအမံၤဆူမူဒါတၢ်ဖံးတၢ်မၤမံၤစရီအပူၤ

rostrum *n* ၁. ပျ့ၢ်စီၢ်ခိၣ်, တၢ်စံၣ်တဲၤတဲလီၤတၢ်အပျ့ၢ်စီၢ် ၂. ထိၣ်ဓိၤဆီဓိၤအနိၣ်စူ

rosy *a* ၁. လၢအလွဲၢ်ဒ်ဖီတၤဆူၣ်အသိး, လၢအလွဲၢ်ဂီၤစၢ် ၂. လၢအကဂ့ၤထီၣ်ဒီးကဲထီၣ်လိၣ်ထီၣ်

rot *n* ၁. တၢ်အုၣ်သံကျၣ်သံ ၂. တၢ်ကတိၤတဂိာ်တသီၣ် ၃. ဆၣ်ဖိကိၢ်ဖိအသူၣ်တၢ်ဆါ ၄. တၢ်ဆံးလီၤစှၤလီၤ

rot *v* ၁. အုၣ်, ကျၣ် ၂. ဂံၢ်ဘါစၢ်လီၤကွံာ်ကွ့ၢ်ကွ့ၢ်

rota *n* မူဒါတၢ်ဖံးတၢ်မၤအစရီ

rotary *a* လၢအလဲၤတရံးအသးတဝီဘၣ်တဝီ

rotate *v* တရံးအသး (လၢဝၣ်ရိအလိၤ), တရံးအသး

rotation *n* ၁. တၢ်လဲၤတရံးသး ၂. တၢ်လဲလိာ်အသးလၢအကတီၢ်တကတီၢ်ဘၣ်တကတီၢ်

rote *n* တၢ်တိၢ်ရူးသံတၢ်

rotor *n* နီၣ်ဝံၢ်, နီၣ်ဝံၢ်တရံး

rotten *a* ၁. လၢအအုၣ်, လၢအကျၣ်, လီၢ်လံၤဖီယး ၂. လၢအဂံၢ်ဘါစၢ်လီၤကွ့ၢ်ကွ့ၢ်

rotund *a* လၢအဘီၣ်အုၣ်ဘီၣ်ဖှ

rotunda *n* တၢ်သူၣ်ထီၣ်လၢအခိၣ်ဒုးကှၣ်ကျိၤ, ဘျိၣ်လၢအခိၣ်ဒုးကဝီၤကျိၤ

rouble, ruble *n* စ့ရူဘၢၣ်, ပှၤရၢရှါဖိအစ့

rouge *n* တၢ်မၤဂီၤဘိးပၤ, တၢ်မၤဂီၤထးခိၣ်ပျူၤ မ့တမ့ၢ် နိာ်ဖံး

rough *a* ၁. သွဲး, တဘျ့ဘၣ်, တဘျ့တဆီ ၂. လၢအတလီၤတံၢ်, ပတြိၢ် ၃. လၢအဃံးအစ့ၤ, လၢအနးအကျံာ် ၄. လၢအဆူၣ်မီၤဃီၤ

rough *adv* နါစီၤ, အဒီ, မံနါစီၤ

rough *n* ၁. ပှၤတဂိာ်တသီၣ်, ပှၤတပျူာ်တပျိၤ, ပှၤနါစီၤနါပျူၤ ၂. တၢ်လၢအသွဲး, တၢ်လၢအတဘျ့ဘၣ် ၃. တၢ်အပတြိၢ်, တၢ်လၢအတလီၤတံၢ် ၄. ဟီၣ်ခိၣ်မဲာ်ဖံးခိၣ်လၢတဃူတဃီၣ်

rough *v* အိၣ်ဆိးဘၣ်တမှာ်တလၤတစိၢ်တလီၢ်

rough and tumble *n* ၁. တၢ်မၤတၢ်တအိၣ်ဒီးတၢ်ရဲၣ်တၢ်ကျဲၤလီၤတံၢ်လီၤဆဲး ၂. တၢ်သိၣ်တၢ်သဲတၢကလူပိၢ်ကလာ်

rough diamond *n* ၁. ပှၤလၢအဖျါအၢသီဘၣ်ဆၣ်မ့ၢ်ပှၤလၢအဂ့ၤ ၂. တၢ်မျၢ်ဃီၤဃၢ, လၢၢ်တၢ်မျၢ်ဃီၤဃၢလၢတၢ်တမၤဘၣ်အီၤနီတမံၤဒံးဘၣ်

rough justice *n* တၢ်ဟံးဂ့ၢ်ဝီဒ်တၢ်သိၣ်တၢ်သီဟဲဝဲအသိး, တၢ်မၤတၢ်ဒ်တၢ်သိၣ်တၢ်သီအိၣ်အသိး

roughage *n* ၁. (တၢ်အီၣ်) တၢ်လၢအတကဲဂံၢ်ကဲဘါ ၂. တၢ်ဖိတၢ်လံၤဃီၤဃၢ

rough-and-ready *a* ၁. လၢအချ့ဒီးတုၤလီၤတီၤလီၤ ၂. လၢအတသံၣ်စူးဆဲးလၤ

roughen *v* မၤသွဲးထီၣ်, သွဲးထီၣ်

rough-hewn *a* ၁. လၢအသွဲး, လၢအတဘျ့ဒံးဘၣ် ၂. လၢအတသံၣ်စူးဆဲးလၤ

roughly *adv* ၁. တလီၤတံၢ်လီၤဆဲး, ချ့ချ့ ၂. ဃၣ်ဃၣ် ၃. တပျူာ်တပျိၤ, ဆူၣ်မီၤဃီၤ, ဆူၣ်ဆူၣ်

roughneck *n* ၁. တၢ်ထုးထီၣ်ရှၣ်နီၣ်သိပှၤအပှၤမၤတၢ်ဖိ ၂. ပှၤအ့စီၢ်အ့န့, ပှၤတဂိာ်တသီၣ်, ပှၤနါစီၤနါပျူၤ

roughshod *adv* လၢတၢ်ဒိသူၣ်ဒိသးတအိၣ်ဘၣ်အပူၤ, လၢအရှလိာ်သးဒီးပှၤဂၤတအိၣ်ဒီးတၢ်ပးလ့ၢ်ဟ်ကါ

roulette *n* တၢ်တၤကျိၣ်တၤစ့တၢ်လိာ်ကွဲတကလုာ်

round *a* ကဝီၤ, ကဝီၤကျိၤ

round *adv* လဲၤတရံး, round about ဃၣ်ဃၣ်

round *n* ၁. တၢ်ကဝီၤကျိၤ ၂. တၢ်လဲၤတရံးတဝီဘၣ်တဝီ

round *prep* ကဝီၤကျိၤ, ဝးဝး, ဝးတရံး

round *v* ၁. လဲၤတရံး ၂. မၤကဝီၤကျီၤ ၃. မဲာ်ကျိာ်

round up *vp:* ကိးဖိုဉ်, စူးဖိုဉ်

round robin *n* ၁. တၢ်ဂဲၤလိာ်ကွဲပြၢတကလှာ် ၂. လံာ်တၢ်ဃ့ထီဉ်လၢပှၤဂိၢ်မုၢ်ဆဲးလီၤမံၤလၢအပူၤ ၃. လံာ်တၢ်ဆၢဂ့ၤဆၢဝါ

round trip *n* တၢ်လဲၤတၢ်ကှၤတဝီ, တၢ်လဲၤတၢ်ကှၤတဘျီ

roundabout *a* ဝ့ၤဝီၤ, လဲၤဝ့ၤလဲၤဝီၤ

roundabout *n* ကျဲသရိၢ်ကိး. တၢ်လီၢ်ကဝီၤကျီၤဖိတခါလၢတၢ်ဘိုအီၤလၢကျဲခၢဉ်သးလၢသိလ့ဉ်အါအလီၢ်ဒ်သိးသိလ့ဉ်လဲၤတရံးကသ့အဂီၢ်

rounded *a* ၁. လၢအအိဉ်ကဝီၤကျီၤ, ဝးဝး ၂. လၢအအိဉ်ဒီးကံၢ်စီအါကလှာ်

round-eyed *a* လၢအမဲာ်ကျိာ်နါကျိာ်

roundly *adv* ဆူဉ်ဆူဉ်ကလဲာ်

round-shouldered *a* ဖံဘဉ်ခိဉ်ကဆုး

round-table *a* လၢအတၢဉ်ပိဉ်တၢဉ်ပိသကိးတၢ်

round-the-clock *a* ကိးဆၢကတီၢ်ဒံး

round-up *n* ၁. တၢ်ကစီဉ်ဖှဉ်, တၢ်ဂ့ၢ်ဖှဉ်ကိာ် ၂. တၢ်ကိးဖိုဉ်, တၢ်ရိဉ်ဖိုဉ်

roundworm *n* ထိးကလဲာ်ကဖျၢဉ်, ထိးကလဲာ်ဖျၢဉ်သလၢဉ်

rouse *v* ထိဉ်ဂဲၤထၢဉ်, ဒုးဖုးသ့ဉ်နိဉ်ထီဉ်

rousing *a* လၢအထိဉ်ဟူးထိဉ်ဂဲၤထိဉ်ပှၤအသး, လၢအဒုးဖုးသ့ဉ်နိဉ်ထီဉ်တၢ်

rout *n* ၁. တၢ်တမၤနၢၤတၢ်, တၢ်ဃဉ်ကွံာ် ၂. ပှၤဂိၢ်မုၢ်လၢအဟ်ဖိုဉ်ထီဉ်သးလၢအကပူထီဉ်တၢ်

rout *v* ၁. မၤနၢၤမၤဃဉ်ကွံာ် ၂. မၤအိဉ်ထိဉ်တၢ်ပနူၤ, ဒုးအိဉ်ထီဉ်တၢ်အကျိၤ ၃. ဟီဟးထိဉ်ကွံာ်လၢအတၢ်လီၢ်တၢ်ကျဲ ၄. ကဒံှတၢ်, ကနံ့တၢ်, ရူဉ်ကွံာ်ဃုာ်အဂံၢ်, ထဲးထိဉ်ကွံာ်ဃုာ်အဂံၢ်

route *n* တၢ်အကျိၤအကျဲ, ကျဲ

route *v* ဆှၢတၢ်

routine *a* လၢပမၤညီနုၢ်, ညီနုၢ်ညီဘှါ

routine *n* တၢ်မၤလၢပမၤညီနုၢ်ကိးဘျီကိးဘျီ

rove *n* တၢ်အဃဲၤ, ဘဲဘိ

rove *v* ၁. ဟးဝ့ၤဝီၤ ၂. ကွၢ်တၢ်ဆူအံၤဆူဘး

rover *n* ၁. ပှၤဟးဝ့ပှၤဟးဝီၤဖိ, ပှၤလံၤလူၤကျူၤဆှါ ၂. ပိဉ်လဲဉ်တမျာ် ၃. သိလ့ဉ်

roving *a* လၢအဟးဝ့ၤဟးဝီၤ

row *n* ၁. တၢ်ဂ့ၢ်လိာ်ဘိုလိာ်, တၢ်အ့ဉ်လိာ်ဆိးက့လိာ် ၂. တၢ်သီဉ်တၢ်သဲ ၃. တၢ်အဂ့ၢ်တဂ့ၢ်, တၢ်အကျိၤတကျိၤ

row *v* ဝၢ် (ချံ)

rowdy *a* လၢအညီနုၢ်အ့ဉ်လိာ်ဆိးက့လိာ်သး

rowing boat *n* ချံဝၢ်ဖိ

royal *a* ၁. ဘဉ်ဃးစီၤလိဉ်စီၤပၤ ၂. လၢအလီၤဘီလီၤမုၢ်, လၢအဒိဉ်အမှၢ်, လၢအဂ့ၤဒိဉ်ဒိဉ်ကလဲာ်

royal *n* စီၤလိဉ်စီၤပၤအနူဉ်ဖိထၢဖိ

royalist *n* ၁. စီၤလိဉ်စီၤပၤအနူဉ်ဖိထၢဖိ, ပှၤလၢအဲဉ်အစီၤလိဉ်စီၤပၤ, ပှၤလၢအနာ်လၢထံကိၢ်နူဉ်တၢ်ကဘဉ်ပၢအီၤလၢစီၤပၤ

royalty *n* ၁. စီၤလိဉ်စီၤပၤအနူဉ်ဖိထၢဖိ ၂. ပှၤကွဲးလံာ်ဖိအလဲ, ပှၤထုးထိဉ်တၢ်သးဝံဉ်ဖိအလဲ

RSVP *abbre* တၢ်ကွဲးဖှဉ် (Repondez Sil Vous Plait) ဝံသးစူၤစံးဆၢကဒါကှၤ

rub *n* ၁. တၢ်ထွါတၢ်, တၢ်ထူးတၢ်, တၢ်တြူာ်တၢ်, တၢ်ထူးသံကွံာ်တၢ် ၂. တၢ်နိးတၢ်ဘျး, တၢ်ကီတၢ်ခဲ

rub *v* ထွါတၢ်, ထူးတၢ်, တြူာ်တၢ်, ထူးသံကွံာ်

rubber *n* ၁. ရၢးဘၢဉ် ၂. ရၢးဘၢဉ်အထံး, ရၢးဘၢဉ်အထုး ၃. တၢ်တြူာ်သံ

rubber band *n* ရၢးဘၢဉ်ကွီၤ

rubber bullet *n* ကျိချံယီၢ်ဖိ, ကျိချံကိဉ်

rubber stamp *n* ၁. နိဉ်ဒိပနိဉ်, ရၢးဘၢဉ်နိဉ်ဒိပနိဉ် ၂. တၢ်အၢဉ်လီၤဘဉ်သးလၢတအိဉ်ဒီးတၢ်ကွၢ်ထံဆိကမိဉ်

rubberized, rubberised *a* လၢဘဉ်တၢ်မၤအီၤဒီးရၢးဘၢဉ်

rubberneck *v* ၁. ကွၢ်ကဒါကှၤတၢ်ခီဖျိအဲဉ်ဒိးသ့ဉ်ညါတၢ်အဃိ, တရံးကွၢ်ကဒါကှၤတၢ်ဖဲအနိဉ်သိလ့ဉ်အခါ ၂. ဟးကွၢ်ကီတၢ်

rubber-stamp *v* ၁. ဒိလီၤရၢးဘၢဉ်နိဉ်ဒိပနိဉ်, ဒိလီၤတၢ်ပနိဉ် ၂. အၢဉ်လီၤပိာ်ထွဲပှၤခံလၢတအိဉ်ဒီးတၢ်ကွၢ်ထံဆိကမိဉ်တၢ်

rubbery *a* ၁. လၢအဖျါလီၤက်ဒီးရၢးဘၢဉ် ၂. လၢအဂံၢ်စၢ်ဘါစၢ်ဒီးစိာ်ကှၤအနိၢ်ကစၢ်တနုၢ်လၢၤဘဉ်

rubbing *n* တၢ်တ့ဒိးတၢ်လၢစးခိဖိခိၣ်ခီဖျိတၢ်ထူးအီၤ, တြူၣ်အီၤလၢစၢၢ်ဘိ မ့တမ့ၢ် ဟီၣ်ခိၣ်ဝါ

rubbing alcohol *n* အဲ(လ)ကိၣ်ဟီ(လ) လၢတၢ်စူးကါအီၤလၢကဖှူလီၤအဂီၢ်, သံးခိၣ်ထံလၢကထူးစီတၢ်အဂီၢ်

rubbish *a* လၢအဘျုးတအိၣ်, လၢအဘျုးအဖှိၣ်တအိၣ်

rubbish *n* တၢ်တဃာ်, တၢ်ကမှံၤ

rubbish *v* ဟ်တၢ်ကမၣ်, ဟ်အီၤဒ်အလုၢ်အပှ့ၤတအိၣ်

rubble *n* လၢၢ်အကု့အခီ, ဟီၣ်ကုၢ်လိၣ်အကု့အခီ

rubric *n* လံာ်အခိၣ်တီ, လံာ်တၢ်သိၣ်တၢ်သီအခိၣ်တီ

ruby *a* ဂီၤလုး

ruby *n* ၁. တၢ်မျၢ်ဂီၤ ၂. တၢ်အလွဲၢ်ဂီၤလုး

rucksack *n* ထၢၣ်ဝံချၢဖးဒိၣ်

ruckus *n* တၢ်တၢထီၣ်တၢလီၤ, တၢ်သဘံၣ်သဘုၣ်

ructus *n* ကလံၤထီၣ်, ကလံၤဆံၣ်ထီၣ်

rudder *n* သန့လၣ်. ချံ – ကဘီအသန့လၣ်လၢအကၢၤတၢ်, နီၣ်ဝံာ်ခံ

rudderless *a* လၢတၢ်ပၢတၢ်ဆှၢတအိၣ်, လၢအတသ့ၣ်ညါတၢ်လၢကဘၣ်မၤဝဲ

ruddy *a* လၢအလွဲၢ်ဂီၤ, မဲာ်သၣ်လၢအဖျါပှဲၤသွံၣ်ပှဲၤထံ

rude *a* ၁. လၢအတၢ်ဟ်ကဲစှၤ, လၢတအိၣ်ဒီးတၢ်ဟ်ကဲ ၂. လၢအရၢၢ်အစၢၢ် ၃. လၢအမၤအသးသတူၢ်ကလာ်, လၢအကဲထီၣ်တၢ်လၢအတမှာ်တလၤ

rudely *adv* ၁. တအိၣ်ဒီးတၢ်ဟ်ကဲ ၂. လၢအမၤအသးသတူၢ်ကလာ်, လၢအကဲထီၣ်တၢ်လၢတမှာ်တလၤ

rudeness *n* တၢ်ရၢၢ်တၢ်စၢၢ်

rudimentary *a* ၁. လၢအဘၣ်ထွဲဒီးတၢ်ခိၣ်ထံးခိၣ်ဘိ ၂. လၢအတဒိၣ်ထီၣ်ဝဲဂ့ၤဂ့ၤဒံးဘၣ်

rudiments *n* ၁. တၢ်အခိၣ်ထံးခိၣ်ဘိ, တၢ်လၢအလီၢ်အိၣ်သပှၢ်ကတၢၢ်လၢတၢ်တမံၤမံၤအဂီၢ် ၂. တၢ်လၢအတဒိၣ်ထီၣ်ဂ့ၤဂ့ၤဒံးဘၣ်

rue *v* သူၣ်အုးသးအုးခီဖျိတၢ်တမံၤမံၤမၤအသးအဃိ, သးဘၣ်ဒိက့ၤ, သးအုးက့ၤ

rueful *a* လၢအဟ်ဖျါထီၣ်အတၢ်သူၣ်အုးသးအုး, ဖျါလၢအသးအုး

ruff *n* ၁. ကိာ်လၣ်သွံးကဖုၣ်, ဆ့ကၤကိာ်လၣ်လၢအသွံးကဖုၣ် ၂. ထိၣ်အကိာ်ဘိဆူၣ်ကဖုၣ်တဖၣ်

ruffian *n* ပှၤအၢပှၤသီ, ပှၤမၤကမၣ်တၢ်ဖိ, ပှၤမၤတၢ်စုဆူၣ်ခီၣ်တကးဖိ

ruffle *n* ၁. တၢ်ကံးညာ်ဖျ့လၢတၢ်ဆးသွံးတံာ်အီၤလၢအကနူၤထံး ၂. တၢ်မၤတံာ်တာ်တၢ်

ruffle *v* ၁. မၤတရုတရီးထီၣ်အခိၣ်ဆူၣ်, ဆဲတရုထီၣ်အဆူၣ် ၂. မၤသူၣ်အ့န့သးအ့န့တၢ်, မၤတမှာ်တလၤတၢ်

ruffled *a* ၁. လၢအဖုတရု, လၢအတရုတရီး, လၢအဘၣ်အၢဘၣ်သီ ၂. (တၢ်ကံးညာ်) လၢတၢ်ဆးသွံးတံာ်အီၤလၢအကနူၤထံး

rug *n* ယၣ်လုး, တၢ်ဒါခိၣ်အတၢ်ဒါ, ခီၣ်ယီၢ်ဒါ

rugby *n* တၢ်လိာ်ကွဲရၢးဘံၣ်, တၢ်လိာ်ကွဲရၢးဘံၣ်ဖျၢၣ်ကွံာ်

rugged *a* ၁. လၢအထိၣ်ကူလီၤယၢၣ်, လၢအမဲာ်သၣ်တဘျ့တဆို ၂. လၢအကီၤဒီးကျၢၤ ၃. လၢအဟ်လီၤအသးကျၢၤမုဆူ ၄. ပိာ်ခွါလၢအဘၣ်ဒုၣ်ဘၣ်ဒ့

ruin *n* ၁. တၢ်ဟးဂူာ်ဟးဂီၤ, တၢ်ဟးဂီၤဒိၣ်ဒိၣ်မုၢ်မုၢ် ၂. တၢ်ထုးကွံာ်လၢလီၢ်လၤ ၃. တၢ်သူၣ်ထိၣ်လီၤပိုၢ်လီၤဟိ, တၢ်လီၤမၢ် (တၢ်စုလီၢ်ခီၣ်ခိၣ်လီၤမၢ်) ၄. တၢ်ဂ့ၢ်လၢအဒုးအိၣ်ထီၣ်တၢ်ဟးဂူာ်ဟးဂီၤ

ruin *v* မၤဟးဂီၤ, ဟးဂီၤ, ဟးဂူာ်ဟးဂီၤကွံာ်

ruined *a* လၢအဟးဂူာ်ဟးဂီၤ, လၢအလီၤပိုၢ်လီၤဟိ, လၢအဟးဂီၤနးနးကလဲာ်

ruinous *a* လၢအမၤဟးဂီၤတၢ်သ့, လၢအဟးဂူာ်ဟးဂီၤ

rule *n* ၁. တၢ်သိၣ်တၢ်သီ, တၢ်ဘျၢ ၂. တၢ်ပၢ ၃. ပနိဘျၢ

rule *v* ၁. ပၢ (ထံကီၢ်), ပၢတၢ်ပြးတၢ် ၂. ထုးပနိ, တိၤလီၤ (ပနိ) ၃. ဒိၣ်စိ

rule book *n* လံာ်တၢ်နဲၣ်ကျဲ, တၢ်သိၣ်တၢ်သီအလံာ်နဲၣ်ကျဲ

ruled *a* လၢအအိၣ်ဒီးပနိ, လၢအပှဲၤဒီးပနိ

ruler *n* ၁. ပနိဘျၢ ၂. ပှၤပၢတၢ်

ruling *a* လၢအပၢအပြးတၢ်, လၢအဒိၣ်စိ

ruling *n* ကွိၢ်ဘျိၣ်တၢ်စံၣ်ညီၣ်တဲာ်

rum *a* လၢအလီၤဆီ
rum *n* ၁. သံးဆူၣ်တကလုာ်, သံးဆူၣ်တကလုာ်လၢတၢ်မၤအီၤဒီးအံသၣ်ဆၢ ၂. သံးတခွး
rumba, rhumba *n* ရၢၣ်ဘၢ်တၢ်ဂဲၤကလံၣ်, ခယူဘါတၢ်ဆဲးတၢ်လၤတၢ်ဂဲၤကလံၣ်
rumble *n* တၢ်အကလုၢ်သီၣ်ရူၢ်ရူၢ်ရၢ်ရၢ် (ဒ်လီသီၣ်)
rumble *v* ၁. သီၣ်ကအၢ, သီၣ်ရူၢ်ရူၢ်, သီၣ်ဒ်လီဖျးအသိး ၂. ဟၢဖၢကီး, ဟၢဖၢကလာ် ၃. ဃုထံၣ်ပှၤအတၢ်ရူသူၣ် ၄. အ့ၣ်လိာ်အသးဒီးပှၤ
rumbling *n* ၁. တၢ်သီၣ်ကအၢ, တၢ်သီၣ်အူကြူ့ာ် ၂. တၢ်ကနူးကဒ့ၣ်တၢ်
ruminant *a* လၢအကလိာ်အီၣ်အဆၣ်
ruminant *n* ဆၣ်ဖိကိၢ်ဖိလၢအကလိာ်အီၣ်အဆၣ်
ruminate *v* ၁. ကလိာ်အီၣ်အဆၣ် ၂. ဆိကမိၣ်ထံတၢ်
rumination *n* ၁. တၢ်ကလိာ်အီၣ်အဆၣ် ၂. တၢ်ဆိကမိၣ်ထံတၢ်
ruminative *a* လၢအလီၤထွံလၢတၢ်ဆိကမိၣ်အပူၤ
rummage *n* ၁. တၢ်ဃုကမူၢ်ခွဲးခွးတၢ် ၂. တၢ်လၢတၢ်ဃုကမူၢ်ခွဲးခွးအီၤ ၃. တၢ်လီၢ်လံၤဖီဃး
rummage *v* ဃုကမူၢ်ခွဲးခွးတၢ်
rumour, rumor *n* တၢ်ကစီၣ်လၢအဟူထီၣ်သါလီၤကလီကလီ
rumour, rumor *v* ဟူထီၣ်သါလီၤကလီကလီ
rumour-monger *n* ပှၤရၤလီၤတၢ်ကစီၣ်တမ့ၢ်တတီ, ပှၤလၢအမၤဟူထီၣ်သါလီၤတၢ်ကယီကယီ
rump *n* ၁. ခံမဲၢ်ပျိၢ် ၂. ခံမဲၢ်ပျိၢ်အညၣ် ၃. (တၢ်ကတိၤတဆဲးတလၢ) ခံကိၢ် ၄. (တၢ်ကရၢကရိ) ကရၢဖိလၢအိၣ်တ့ၢ်စုၤကိာ်
rumple *v* မၤဆံးနူးဆံးပျၤ, မၤဖုတရူ, မၤတရုတရိး, မၤစံၤစွဲၤ
rumpus *n* တၢ်သီၣ်သထူၣ်ဘးလီ, တၢ်တၢထီၣ်တၢလီၤ, တၢ်ကိးပသူကိးပသီ, တၢ်တၢကလူပိၢ်ကလာ်
run *n* ၁. တၢ်ဃ့ၢ်, တၢ်လဲၤ ၂. (runs) တၢ်ဟၢဖၢလဲၤ
run *v* ၁. ဃ့ၢ်, လဲၤ, စံၣ် ၂. သုးကျဲၤနုာ်အိၣ်ထိၣ်, အိးထိၣ် ၃. (ထံ) ယွၤ, ယွၤလီၤ ၄. (စဲး) မၤတၢ်
run across *vp:* ဘၣ်သဂၢၢ်, ဘၣ်ပစိး, တိနိာ်
run after *vp:* လူၤပိာ်အခံ
run against *vp:* ဘၣ်သဂၢၢ်, ဘၣ်ပစိး, တိနိာ်
run along *vp:* ဟးထိၣ်ကွံာ်
run away *vp:* ၁. ဃ့ၢ်ဖိုး, စံၣ်ဖိုး ၂. ဃ့ၢ်စိာ်လိာ်သး ၃. ယွၤလီၤကွံာ်
run down *vp:* ၁. လူၤဃုတၢ်တမံၤမံၤ ၂. (ဂံၢ်သဟိၣ်) စုၤလီၤ ၃. ယွၤလီၤ
run into *vp:* ၁. ဘၣ်သဂၢၢ်, ဘၣ်ပစိး ၂. ဘၣ်ထံးဒီး
run on *vp:* မၤဒံး
run out *vp:* လၢာ်ကွံာ်, ကတၢၢ်ကွံာ်
run over *vp:* ၁. လုာ်ဘၢကွံာ် ၂. လဲၤဟးလိာ်ကွဲချ့ဒံးချ့နူး ၃. (သိလ့ၣ်) ဘျၢၣ်ဘၣ်ပှၤ, ဘၣ်ထံး ၄. ဆၢကတိၢ်တလၢကွံာ် (တၢ်အိၣ်ဖှိၣ်)
run through *vp:* ၁. (မၤ) လၢာ်ကွံာ် ၂. (လံာ်) ဖးလၢအချ့ ၃. မၤကဒီးတဘျီ
run up *vp:* အါထိၣ်, အါထိၣ်ဂိၢ်ထိၣ်
runabout *n* သိလ့ၣ်အဆံးဖိ
runaround *n* တၢ်မၤဝ့ၤမၤဝီၤပှၤ
runaway *a* ၁. လၢအဃ့ၢ်ဖိုးကွံာ်, လၢအစံၣ်ဖိုးကွံာ် ၂. လၢတၢ်ပၢၤကုၤအီၤတန့ၢ်
runaway *n* ဖိသၣ်လၢအစံၣ်ဖိုးကွံာ်လၢအဟံၣ်, ဖိသၣ်လၢအဃ့ၢ်ဖိုးကွံာ်လၢအဟံၣ်
rundown *n* ၁. တၢ်ဆံးလီၤစုၤလီၤ ၂. တၢ်ဃဲၤပှၤအဂ့ၢ်
run-down *a* ၁. လၢအဆံးလီၤစုၤလီၤ ၂. လၢအဟးဂူာ်ဟးဂီၤ ၃. လၢအဂံၢ်အဘါစုၤလီၤကွံာ်, လၢအတအိၣ်ဆူၣ်အိၣ်ချ့
rung *n* ၁. ယီသွါအသွါတသွါ ၂. တၢ်အိၣ်မူအိၣ်ဂဲၤအပတိၢ် ၃. နိၣ်ကဲ့ဖိၣ်ကျၢၤဃာ်တၢ်အခီၣ်
rung *v* ယီသွါ
run-in *n* တၢ်ဂ့ၢ်လိာ်ဘိုလိာ်, တၢ်အ့ၣ်လိာ်ဆိးကဲ့လိာ်သး
runner *n* ၁. ပှၤဃ့ၢ်တၢ်ဖိ ၂. ကသ့ၣ်ဃ့ၢ် ၃. ပှၤလၢအစိာ်ဆါပနံာ်တဖိးသဲစး ၄. ခီၣ်ယီၢ်ဒါ

R

တကလုာ် (လၢပှၤဒါလီၤန့ၢ်ပှၤတၢ်ဒိၣ်ကီၤဒိၣ်, စီၤလီၤစီၤပၤတဖၣ်) ၅. တၢ်မှၢ်တၢ်ဘိအခိၣ်သ့ၣ်

running *a* ၁. လၢအမၤသးတပယူာ်ဃီ, လၢအမၤအသးအဆၢတလီၤတူာ် ၂. လၢအယွၤလီၤတဘိယူၢ်ဃီ

running *n* ၁. တၢ်ယ့ၢ် ၂. တၢ်သုးကျဲၤတၢ်ဖံး တၢ်မၤ

running commentary *n* တၢ်ဘီးဘၣ်ရၤလီၤတၢ်ဂ့ၢ်တၢ်ကျိၤလၢအဆၢတတဲာ် (အဒိ, တၢ်ဂဲၤလိာ်ကွဲပြၢဖျၢၣ်ထူအကတိၢ်)

running mate *n* ပှၤလၢအဒိးဃုထၢပိာ်ထွဲအသးဒီးကီၢ်ခိၣ်ဒ်ကီၢ်ခိၣ်ခံဂၤတဂၤအသိး

running repairs *n* တၢ်ဘိုက့ၤတၢ်တဒိၣ်တဆံးကွ့ၢ်ကွ့ၢ်

running sore *n* ၁. တၢ်ပူၤလီၢ်လၢအဖံယွၤ, တၢ်မူၤလီၢ်လၢအဖံယွၤ ၂. တၢ်ဂ့ၢ်ကီတခါလၢပှၤဃ့ၣ်လီၤဘၣ်အီၤကီဒီးကနးထိၣ်ကွ့ၢ်ကွ့ၢ်

running time *n* တၢ်ဂီၤမူဒုးနဲၣ်သးအတၢ်ဆၢကတီၢ်

runny *a* ၁. လၢအထံယွၤ ၂. လၢအပံၢ်လီၤကွံာ်

run-off *n* ၁. တၢ်ယွၤလီၤကွံာ် ၂. တၢ်စံၣ်ညီၣ်တဲာ်ပှၤမၤနၢၤတၢ်လၢခံကတၢၢ်တဘျီ

runt *n* ၁. ဆၣ်ဖိကီၢ်ဖိအလီၤနိ, ဆၣ်ဖိကီၢ်ဖိလၢအဒိၣ်ဃံ, ဆၣ်ဖိကီၢ်ဖိလၢအဆံးန့ၢ်အသကိး ၂. ပှၤတကိာ်တသီၣ်, တၢ်နိတၢ်စကံၤ

run-through *n* တၢ်ဂဲၤဒိ, တၢ်ဂဲၤလိ, တၢ်မၤလိထံက့ၤသး, တၢ်ဂဲၤလိထံက့ၤသး

run-up *n* ၁. တၢ်မၤအသးအရှ့ဒိၣ်တမံၤဘူးထိၣ်အကတိၢ် ၂. တၢ်ယ့ၢ်ဟံးန့ၢ်ဆိအဂံၢ် (အဒိ, လၢကစံၣ်ဖှတၢ်အကစီၤ, ကထူဖျၢၣ်ထူအဂီၢ်)

runway *n* ကဘီယူၤယ့ၢ်ကျဲ

rupee *n* စ့ရူပံ, ပှၤအ့ၣ်ဒယါဒီးပှၤပၣ်ကံၣ်စတၣ်ဖိအစ့

rupture *n* ၁. တၢ်သ့ၣ်ဖး, တၢ်တဲၤဖး, တၢ်ပိၢ်ဖး, တၢ်ထိၣ်တဲာ် ၂. တၢ်ရှလိာ်သးထိၣ်တဲာ်, တၢ်ရှလိာ်သးဟးဂီၤ ၃. ပံာ်လီၤကျိတၢ်ဆါ, ဒံၣ်လီၤတၢ်ဆါ

rupture *v* ၁. သ့ၣ်ဖး, တဲၤဖး, ပိၢ်ဖး, ထိၣ်တဲာ် ၂. မၤထိၣ်တဲာ်တၢ်ရှလိာ် ၃. ဘၣ်တၢ်ပံာ်လီၤကျိတၢ်ဆါ

rural *a* ၁. ဘၣ်ဃးဒီးခိခိၣ် နူသဝီ ၂. လၢအလီၤက်ဒီးခိခိၣ်နူသဝီ

ruse *n* တၢ်လီတၢ်ဝ့ၤ, တၢ်လံၣ်န့ၢ်လီန့ၢ်တၢ်

rush *a* လၢအကရီကဒး, လၢအပစ့ၢ်ပတ့ၤ, လၢအချ့ဒံးချ့နူး

rush *n* ၁. တၢ်မၤအသးချ့သဒံး ၂. တၢ်ကရီကဒး, တၢ်ပစ့ၢ်ပတ့ၤ

rush *v* ၁. မၤကရီတၢ်, မၤပစ့ၢ်ပတ့ၤ ၂. (ယ့ၢ်) သဖို, (ယ့ၢ်) သဘျိၣ်, (ယ့ၢ်) သဖှဲး

rush hour *n* ၁. တၢ်ပစ့ၢ်ပတ့ၤအကတိၢ်, တၢ်ကရီကဒးအကတိၢ် ၂. တၢ်လဲၤထိၣ်က့ၤလီၤအါအကတိၢ်

rusk *n* ဖိသၣ်အကိာ်စိုး

russet *a* ဂီၤဃဲး, ဂီၤစဃဲး

rust *n* ၁. တၢ်ထိၣ်အ့ၣ်, ထးထိၣ်အ့ၣ် ၂. တၢ်မှၢ်တၢ်ဘိကူၤထိၣ်တၢ်ဆါလၢအမၤဟးဂီၤတၢ်မှၢ်တၢ်ဘိ ၃. တၢ်အလွဲၢ်ဂီၤဃဲး

rust *v* ထးအ့ၣ်ထိၣ်, ထိၣ်အ့ၣ်

rustic *a* ၁. လၢအဘၣ်ဃးဒီးခိခိၣ်ပှၢ်လၢ်ကျါ, လၢအလီၤက်ဒီးပှၤခိခိၣ်ပှၢ်လၢ်ကျါဖိ ၂. လၢဘၣ်တၢ်မၤအီၤလၢသ့ၣ်ဘၣ်တဘျ့တဆို, သွဲးကဖဲး

rustic *n* ပှၤကစၢၢ်ခိၣ်ဖိ, ပှၤခိခိၣ်ပှၢ်လၢ်ကျါဖိ

rusticate *v* ၁. ထုးထိၣ်ကွံာ်လၢခီလ့ၣ်ကို အပူၤတစိၢ်တလီၢ် ၂. လဲၤအိၣ်ဆိးလၢခိခိၣ်ပှၢ်လၢ်ကျါ

rustle *n* တၢ်သီၣ်သွၤသွၤ, တၢ်သီၣ်ရၤရၤ, တၢ်သီၣ်ရှဲၤရှဲၤရှၤရှၤ

rustle *v* သီၣ်သွၤသွၤ, သီၣ်ရၤရၤ, သီၣ်ရှဲၤရှဲၤ ၂. ဟုၣ်ကျိၢ်ပနၢ်လၢစံာ်ပျိပူၤ

rustler *n* ပှၤလၢအဟုၣ်ကျိၢ်ပနၢ်, ပှၤလၢအဟုၣ်ဂီၤဖံးပနၢ်

rustling *n* တၢ်သီၣ်သွၤသွၤ, တၢ်သီၣ်ရၤရၤ, တၢ်သီၣ်ရှဲၤရှဲၤရှၤရှၤ ၂. တၢ်ဟုၣ်န့ၢ်ဆၣ်ဖိကီၢ်ဖိလၢစံာ်ပျိပူၤ

rustproof *a* လၢအထိၣ်အ့ၣ်တသ့, လၢတထိၣ်အ့ၣ်

rusty *a* ၁. လၢအထိၣ်အ့ၣ်ထိၣ်ဃါ, လၢထးအ့ၣ်ထိၣ် ၂. လၢအကံၢ်အစီလီၤမၢ်ကွံာ်, လၢအကံၢ်အစီတထိၣ်ဘးလၢၤ, လၢအမၤဝဲတဘၣ်ဒ်သိးလၢညါလၢၤဘၣ်

rut *n* ၁. လ့ၣ်ကျိၤ, တၢ်အကျိၤလီၤဆၢၣ်. တၢ်အကျိၤလၢသိလ့ၣ်ဒီးလ့ၣ်တဖၣ်လဲၤထိၣ်လဲၤလီၤ

ဝဲ ၂. ဆၣ်ဖိကီၢ်ဖိလူၤမိၢ်လူၤဖါအကတီၢ် ၃. တၢ်လၢအမၤညီနုၢ်အသးတလီၢ်လီၢ်, တၢ်လၢအမၤသးညီနုၢ်တလီၢ်လီၢ်ထီဘိဒီးလီၤကၢၣ်လီၤကျူၤဘၣ်ဆၣ်ကီလၢတၢ်ကဆီတလဲအီၤ

rut *v* လီၤဆၢၣ်, မၤလီၤဆၢၣ်

ruthless *a* လၢတၢ်သးကညီၤတအိၣ်, လၢအသူၣ်အၢသးသီ, လၢအတၢ်ဒိသူၣ်ဒိသးတအိၣ်

rutted *a* လၢအလီၤဆၢၣ်, လၢအကျိၤလီၤဆၢၣ်, လၢအိၣ်ဒီးအကျိၤလီၤဆၢၣ်

RX *n* တၢ်ကွဲးဖှၣ် (Prescription) တၢ်ကွဲးဖှၣ်ကသံၣ်အထံလဲ, တၢ်ကွဲးဖှၣ်ကသံၣ်သရၣ်အတၢ်နဲၣ်ကျဲ

rye *n* ၁. ဘုကျၢၣ်တကလုာ် ၂. သံးဘုဂီၤ

ryegrass *n* တပံၢ်တကလုာ် (လၢဆၣ်ဖိကီၢ်ဖိကအီၣ်အဂီၢ်)

R

S

S *n* ၁. အဲကလံးလံာ်မဲာ်ဖျာ် ၁၉ ဖျာ်တဖျာ် ၂. တၢ်ကွဲးဖှ် "South", တၢ်ကွဲးဖှ် "small", တၢ်ကူတၢ်သိးအက့ၢ်အဂီၤအဒိဉ်အဆံး

sabaean *a* လၢအဘဉ်ဃးဒီးပှၤစဘံယါဖိ, လၢအဘါမုၢ်ဓိၤလါဓိၤ

sabaism *n* တၢ်ဘါမုၢ်ဓိၤလါဓိၤအသန့

sabbatarian *n* ပှၤခရံာ်ဖိလၢအပာ်စိဆုံမုၢ်အိဉ်ဘှံးအနံၤ, ပှၤလၢအပာ်စိဆုံတၢ်ဘူဉ်တၢ်ဘါအမုၢ်နံၤ

sabbatarianism *n* တၢ်ပာ်စိဆုံမုၢ်အိဉ်ဘှံးအနံၤ, တၢ်ပာ်စိဆုံတၢ်ဘူဉ်တၢ်ဘါအမုၢ်နံၤ

sabbath *n* မုၢ်အိဉ်ဘှံးအနံၤ, မုၢ်နံၤဒိဉ်, မုၢ်နံၤလၢတၢ်ဘူဉ်တၢ်ဘါအဂီၢ်

sabbatical *a* လၢအဘဉ်ဃးဒီးမုၢ်အိဉ်ဘှံးနံၤ

sabbatical year *n* ဖှဉ်စိမိၤကိုသရဉ်အတၢ်အိဉ်ဘှံးအနံဉ်

sabian *n* ပှၤဘါမုၢ်ဓိၤလါဓိၤတဖဉ်

sabin *n* ပိဉ်လံဉ်အိဉ်တၢ်ဆါအကသံဉ်ဒီသဒၢ

sable *n* ဝံၤဓိၤခီဓိၤဖးဒိဉ်တကလုာ် ၂. ဝံၤဓိၤခီဓိၤဖးဒိဉ်အဆူဉ်

sabot *n* ခီဉ်ဖံးသ့ဉ်

sabotage *n* တၢ်မၤဟးဂူာ်ဟးဂီၤရူသူဉ်တၢ်, တၢ်ကူဉ်တရံးမၤဟးဂီၤရူသူဉ်တၢ်, တၢ်မၤဟးဂူာ်ဟးဂီၤ (နှဉ်ဒါ) အစုကဝဲၤပီးလီအဃၢၤအဃိၤ

sabotage *v* မၤဟးဂူာ်ဟးဂီၤရူသူဉ်တၢ်, ကူဉ်တရံးမၤဟးဂီၤရူသူဉ်တၢ်

saboteur *n* ပှၤမၤဟးဂီၤရူသူဉ်တၢ်ဖိ, ပှၤကူဉ်တရံးမၤဟးဂီၤရူသူဉ်တၢ်

sabre, saber *n* နးတကလုာ်, နးလၢအကနဉ်အိဉ်တကပၤ

sabre, saber *v* ကျီလၢနး, ဒိဉ်တဲာ်လၢနး

sac *n* တၢ်မုၢ်တၢ်ဘိအထံထၢဉ်ဖိ, ဆဉ်ဖိကိၢ်ဖိအထံထၢဉ်ဖိ, တၢ်အထံထၢဉ်ဖိ

saccharin *n* ထံဆၢဖိ,ကသံဉ်ဆၢဖိ

saccharine *a* ၁. လၢအဆၢဒိဉ်မး (အဒိ, တၢ်ကတိၤ, တၢ်အဲဉ်တၢ်ကွံအပူၤ) ၂. လၢအရိၢ်ဆၢဒ်ထံဆၢဖိအသိး, လၢအရိၢ်ဒ်ကသံဉ်ဆၢဖိအသိး

saccule *n* တၢ်အထၢဉ်ဖိ, ကုၢ်ဂီၤဖွဲအထၢဉ်ဖိ

sachet *n* တၢ်အဘိဉ်ဖိ, (တၢ်အိဉ်တၢ်အီ, တၢ်နၢမူ) အဘိဉ်ဖိ

sack *n* ထုးထိဉ် (အီၤ) လၢတၢ်မၤ

sack *v* ထၢဉ်သ့

sackbut *n* ပံတကလုာ်, ပံဓိၤကွဲၤဓိၤ

sackcloth *n* ထၢဉ်သ့

sacking *n* ထၢဉ်သ့

sackposset *n* တၢ်နၢ်ထံ, စပံးထံဒီးဆီဒံဉ်အကျဲ, တၢ်မၤလီၤသကၤတၢ်နၢ်ထံဃါဃုာ်သးဒီးစပံးထံဒီးဆီဒံဉ်

sacrament *n* ၁. ခရံာ်ဖိလုၢ်လၢ်ထူသနူအမူး (အဒိ, တၢ်ဟ့တၢ်ဖျိ, တၢ်ဒိးဘျၢထံ, တၢ်အီဉ်ဘူဉ်အမူး) ၂. တၢ်အီဉ်ဘူဉ်အကိဉ်အစပံးထံ

sacramental *a* လၢအဘဉ်ဃးဒီးခရံာ်ဖိလုၢ်လၢ်ထူသနူအမူး

sacred *a* ၁. စီဆုံ, ဘဉ်ဃးဒီးတၢ်စီဆုံ ၂. လၢအလုၢ်ဒိဉ်ပှ့ၤဒိဉ်

sacrifice *n* တၢ်လုၢ်တၢ်ဟ်, တၢ်လုၢ်ထိဉ်တၢ်

sacrifice *v* ၁. လုၢ်ထိဉ်အသး, ဟ့ဉ်လီၤအသး ၂. လုၢ်ထိဉ်တၢ်, လုၢ်တၢ်ဟ်တၢ်

sacrificial *a* လၢတၢ်လုၢ်တၢ်ဟ်အဂီၢ်, လၢအဘဉ်ဃးဒီးတၢ်လုၢ်တၢ်ဟ်

sacrilege *n* ၁. တၢ်မၤတရီတပါတၢ်စီတၢ်ဆုံ ၂. တၢ်တဟ်ကဲတၢ်လၢပှၤအါဂၤဟ်ကဲဒီးဟ်လုၢ်ဟ်ပှ့ၤ

sacrilegious *a* လၢအမၤတရီတပါတၢ်စီတၢ်ဆုံ

sacrist *n* ပှၤကွၢ်ထွဲသရိာ်, ပှၤကွၢ်ထွဲတၢ်ဘူဉ်တၢ်ဘါအလီၢ်

sacristan *n* ပှၤကွၢ်ထွဲသရိာ်, ပှၤကွၢ်ထွဲတၢ်ဘူဉ်တၢ်ဘါအလီၢ်

sacristy *n* သရိာ်အတၢ်ကတဲာ်ကတီၤဒၢး

sacrosanct *a* ၁. စီဆုံ, ဘဉ်ဃးဒီးတၢ်စီတၢ်ဆုံ ၂. လၢအလုၢ်ဒိဉ်ပှ့ၤဒိဉ်

sacrum *n* ခံမဲၢ်ကိအယံ

sad *a* သးအုး

sadden *v* မၤသးအုးတၢ်, မၤသးအုး

saddle *n* ဂီၤကၢ်

saddle *v* ဟ်ထိဉ်ဂီၤကၢ်

saddlebag *n* ၁. ဂီၤကၢ်ထၢဉ် ၂. သိလ့ဉ်ယီၢ်မ့တမ့ၢ် လ့ဉ်ယီၢ်အခံဆ့ဉ်နီၤအထၢဉ်

saddlecloth *n* ဂီၤကၢ်ဒါ, တၢ်ကံးညာ်ဂီၤကၢ်ဒါ
saddler *n* ပှၤလၢအဘိုဆါကသ့ၣ်အဂီၤကၢ်ပီးလီတဖၣ်
saddlery *n* ဂီၤကၢ်ဒီးတၢ်ဖံးပနံာ်လၢကသ့ၣ်အဂီ\u103a
saddle-sore *a* လၢအပှၤလီၢ်အိၣ်ထိၣ် (ကသ့ၣ်အပျိၢ်), လၢအဘၣ်တြူၥ်ဒီးဂီၤကၢ်
sadducean *a* ဘၣ်ဃးဒီးပှၤစးဒူၤစံးဖိ
sadducee *n* ပှၤစးဒူၤစံးဖိ
sadhu *n* ၁. ပှၤစီဆုံဆၣ်ဒူၢ်, ဟံၣ်ဒူၢ်အပှၤစီဆုံ ၂. ပှၤကူၣ်ဘၣ်ကူၣ်သ့
sadism *n* တၢ်မ့ာ်ဘၣ်အီၤလၢအမၤဆါဘၣ်ပှၤအဃိ, တၢ်မ့ာ်ဘၣ်အီၤလၢအမၤဆါဘၣ်ပှၤဖဲအိၣ်ဒီးမုၣ်ခွါသွံၣ်ထံးတၢ်ရှလိာ်မ့ာ်လိာ်အခါ
sadist *n* ၁. ပှၤလၢတၢ်မ့ာ်ဘၣ်အီၤလၢအမၤဆါဘၣ်ပှၤအဃိ ၂. ပှၤလၢတၢ်မ့ာ်ဘၣ်အီၤလၢအမၤဆူးမၤဆါဘၣ်ပှၤဖဲအိၣ်ဒီးမုၣ်ခွါသွံၣ်ထံးတၢ်ရှလိာ်မ့ာ်လိာ်အခါ
sadistic *a* ၁. လၢတၢ်မ့ာ်ဘၣ်အီၤလၢအမၤဆါဘၣ်ပှၤအဃိ ၂. လၢတၢ်မ့ာ်ဘၣ်အီၤလၢအမၤဆူးမၤဆါဘၣ်ပှၤဖဲအိၣ်ဒီးမုၣ်ခွါသွံၣ်ထံးတၢ်ရှလိာ်မ့ာ်လိာ်အခါ
sadly *adv* ၁. လၢတၢ်ဟဲဝံအၢအပူၤ ၂. လၢတၢ်သူၣ်အုးသးအုးအပူၤ
sadness *n* တၢ်သူၣ်အုးသးအုး, တၢ်သအုၣ်သပိုၤ
sadomasochism *n* ၁. တၢ်သူၣ်မ့ာ်သးမ့ာ်လၢအမၤဆူးမၤဆါဘၣ်ပှၤမ့ၢ်ဂ့ၤ, ပှၤမၤဆူးမၤဆါအီၤမ့ၢ်ဂ့ၤ, တၢ်သူၣ်မ့ာ်သးမ့ာ်လၢအမၤဆူးမၤဆါဘၣ်ပှၤမ့ၢ်ဂ့ၤ, ပှၤမၤဆူးမၤဆါအီၤမ့ၢ်ဂ့ၤဖဲအိၣ်ဒီးမုၣ်ခွါသွံၣ်ထံးတၢ်ရှလိာ်မ့ာ်လိာ်အခါ
safari *n* တၢ်ဟးလိာ်ကွဲကွၢ်ကီတၢ်, တၢ်ဟးလူၤခးတၢ်မံၤလာ်လၢပှၢ်ပူၤ
safari park *n* တၢ်မံၤလာ်ကရၢ်ဖးလဲၢ်, တၢ်မံၤလာ်ကရၢ်ဖးလဲၢ်လၢအတၢ်ဒုးဃာ်တအိၣ်
safe *a* လၢအပူၤဖျဲး, လၢအပူၤဖျဲးဒီးတၢ်ဘၣ်ယိၣ်
safe *n* စ့ဒၢးခၢၣ်, သလါတ့ၢ်မ့ၣ်, တလါတ့ၢ်မ့ၣ်
safe conduct *n* တၢ်လဲၤတၢ်ကူၤအလံာ်ပျဲ, လံာ်ပျဲခွဲးလၢတၢ်လဲၤခီထီၣ်ကူၤလီၤတၢ်ပူၤပူၤဖျဲးဖျဲးအဂီၢ်, တၢ်လဲၤခီထီၣ်ကူၤလီၤတၢ်ပူၤပူၤဖျဲးဖျဲးအလံာ်ပျဲ
safe haven *n* လီၢ်ပူၤဖျဲး, တၢ်ပူၤဖျဲးအလီၢ်
safe house *n* ဟံၣ်ပူၤဖျဲး, တၢ်အိၣ်ခူသူၣ်အလီၢ်, ဟံၣ်အိၣ်ခူသူၣ်
safe keeping *n* တၢ်ဟ်ခူသူၣ်တၢ်လၢတၢ်ပူၤဖျဲးအလီၢ်, တၢ်အိၣ်လၢတၢ်ပူၤဖျဲးအလီၢ်
safe sex *n* မုၣ်ခွါသွံၣ်ထံးတၢ်ရှလိာ်မ့ာ်လိာ်လၢအပူၤဖျဲး, တၢ်မံဃုာ်အိၣ်ဃုာ်လၢအပူၤဖျဲး
safeguard *n* တၢ်ဒီသဒၢ, တၢ်ဟ့ၣ်တၢ်ဒီသဒၢ
safeguard *v* ဟ့ၣ်တၢ်ဒီသဒၢ, ဒီသဒၢ
safely *adv* ၁. ပူၤပူၤဖျဲးဖျဲး ၂. ဘံၣ်ဘံၣ်ဘၢဘၢ
safety *n* တၢ်ပူၤဖျဲး
safety belt *n* (သိလ့ၣ်, ကဘီယူၤ) လီၢ်ဆ့ၣ်နီၤအယီၢ်တကိ;
safety catch *n* တၢ်လၢအဖိၣ်ကၢၤဃာ်တၢ် (အဒိ, တၢ်လၢအဖိၣ်ကၢၤဃာ်ကျိအမဲၢ်ခွဲး)
safety glass *n* မဲာ်ထံကလၤကျၢၤ, မဲာ်ထံကလၤကိၤ, မဲာ်ထံကလၤလၢတၢ်ကျးစဲဘူးတံၢ်အီၤ
safety net *n* ၁. စၤဒီဘျီတၢ်, စၤပူၤဖျဲး, စၤဖိၣ်ဘျီ ၂. တၢ်ဒီသဒၢအတၢ်ရဲၣ်တၢ်ကျဲၤ
safety pin *n* ထးဘျး
safety valve *n* ၁. နီၣ်တြီ, တၢ်အပျု့ဖိလၢအီးထီၣ်ဒီးတြီဃာ်ထံ, လီဂံၢ်, ကလံၤ ၂. တၢ်ဟ်ဖျါထီၣ်သးအတၢ်တူၢ်ဘၣ်ခီၣ်ဘၣ်, တၢ်တဲဖျါထီၣ်သးအတၢ်တူၢ်ဘၣ်ခီၣ်ဘၣ်
saffron *n* သယီ (see 'turmeric') ၂. တၢ်အလွဲၢ်ဘီ, သယီဘီအလွဲၢ်
sag *v* ၁. လီၤကတြူၢ် ၂. လီၤယၢၣ်, လီၤစဲၤ
saga *n* ၁. ပှၤနူပှၤဃၢၤလၢပျၢၤအတၢ်စံၣ်ဃၤ ၂. တၢ်ဟဲလီၤစၢၤလီၤသွဲၣ်အတၢ်ဃၤဖးထီ, တၢ်ဟဲလီၤစၢၤလီၤသွဲၣ်အတၢ်ကွဲးဖးထီ ၃. တၢ်လဲၤခီဖျိတၢ်မၤအသးလၢအလီၤသူၣ်ပိၢ်သးဝးအဂ့ၢ်
sagacious *a* လၢအကူၣ်သ့ဖးဘၣ်, လၢအကူၣ်တၢ်သ့
sagacity *n* တၢ်ကူၣ်သ့ဖးဘၣ်, တၢ်ကူၣ်သ့
sage *a* လၢအကူၣ်တၢ်သ့, လၢအကူၣ်သ့ဖးဘၣ်
sage *n* ၁. ကဖျိၣ်, ဖီနါထံ ၂. ပှၤကူၣ်တၢ်သ့, ပှၤလၢအကူၣ်သ့ဖးဘၣ်

S

sagebrush *n* ကလံၤစိးအမဲရကၤသ့ၣ်တပှိၣ်တကလုာ်

saggy *a* လၢအလီၤယၢၣ်, လၢအလီၤစဲၤ

Sagittarius *n* ပှၤခးချံၣ်အကရူ်, ပှၤခးချံၣ်အဂီၤလၢအအိၣ်လၢတၢ်ဖွးဆၣ်ပီညါအပူၤ, လါနီၣ်ဝ့ဘၢၣ် ၂၂ – လါဒံၣ်စဲဘၢၣ် ၂၁ သီအဘၢၣ်စၢၤ

sago *n* ကိၣ်ဒ့ၣ်ဖံၣ်, ကိၣ်ဒ့ၣ်ဖံၣ်အထူၣ်

sahib *n* အ့ၣ်ယၢၣ်အစကီၤစဘါ, အ့ၣ်ယၢၣ်အပှၤတူါဒိၣ်ကီၤဒိၣ်

said *v* စံးတ့ၢ်လံ, ကတိၤတ့ၢ်လံ, စံးကတိၤ, တဲ

sail *n* ကဘီယၢ်, ချံယၢ်

sail *v* ၁. နိၣ် – နီကဘီ, နိၣ် – နီချံယၢ်, တိၤ ၂. လဲၤလၢကဘီ ၃. ဒိးကဘီ

sailboat *n* ကဘီယၢ်, ချံယၢ်

sailor *n* ၁. ထံသုးဖိ ၂. ပှၤကဘီဖိ

saint *n* ပှၤစီဆုံ

saintly *a* လၢအစီဆုံ

sake *n* လၢအဃိ, အဂီၢ်

salable *a* လၢတၢ်ဆါဘၣ်အီၤညီ, လၢတၢ်ဆါအီၤန့ၢ်

salad *n* သဘၣ်စံၢ်ဃါ, တၢ်ဒိးတၢ်လၣ်စံၢ်ဃါ, တၢ်သူတၢ်သၣ်စံၢ်ဃါ

salad dressing *n* တၢ်စံၢ်ဃါအထံ

salamander *n* ပျိၢ်ဝီ, ပျဲာ်ဝီ, ပျူာ်ဝီ

salami *n* စလၣ်မံထိးပှံာ်ဘိ, ထိးညၣ်ပှံာ်ဘိတကလုာ်

salary *n* လါလဲ, တၢ်မၤအဘူးအလဲလၢပမၤန့ၢ်ဘၣ်အီၤတလါအဂီၢ်

sale *n* ၁. တၢ်ဆါကွံာ် (တၢ်ဖိတၢ်လံၤ – ပန်ာ်) ၂. တၢ်ဆါကွံာ်တၢ်ဖိတၢ်လံၤလၢအလုၢ်အပှ့ၤတဂ့ၤတဖၣ်, တၢ်ဆါလီၤတၢ်ဖိတၢ်လံၤအပှ့ၤ

sales representative *n* ပှၤဆါတၢ်ဖိအခၢၣ်စး, ပှၤခၢၣ်စးလၢအဟးဝ့ၤဝီၤဆါတၢ်လၢခီပန်ာ်အဂီၢ်

sales tax *n* တၢ်ဆါတၢ်ပှ့ၤအခိ

salesman *n* ပှၤဆါတၢ်ဖိ

salesmanship *n* တၢ်သ့ဆါတၢ်ပှ့ၤတၢ်

salient *a* လၢအဖျါစိၣ်ဝဲၤကဲၤ, လၢအဖျိးစိ, လၢအကနၢ်ကနဲၣ်ထိၣ်

saline *a* လၢအအိၣ်ဒီးအံသၣ်, လၢအပၣ်ဃုာ်ဒီးအံသၣ်

saline *n* လၢအအိၣ်ဃုာ်ဒီးအံသၣ်, လၢအမ့ၢ်အံသၣ်အထံ

salinization, salinisation *n* ဟီၣ်ခိၣ်ဟီ

saliva *n* ထူးပျ့ၤထံ, ထးခိၣ်ထံ

salivate *v* ထူးပျ့ၤထံထိၣ်, ထးခိၣ်ထံထိၣ်, ခၣ်ထံယွၤ

sallow *a* လီၤဝါ, လီၤဘီလီၤဝါ, လီၤညွံးလီၤဘဲ, လီၤသံလီၤဝါ

sallow *n* ၁. ပံၢ်သလီ, ပံၢ်သလီအမုၢ် ၂. စိးကပ့ၤမုၢ်နၤ, စီၤကပ့ၤမုၢ်နၤ

sally *n* ၁. တၢ်ခီဆၢတၢ်သ့သ့ဘၣ်ဘၣ်, တၢ်စံးဆၢတၢ်သ့သ့ဘၣ်ဘၣ် ၂. တၢ်သဖှိၣ်နုးနုၣ်ဒါလၢအကစီၤဃာ်အီၤ ၃. တၢ်ခိၣ်ဆၢနုးနုၣ်ဒါလၢအကစီၤဃာ်အီၤ ၄. တၢ်ဟးဝ့ၤဝီၤဃုသ့ၣ်ညါတၢ်

sally *v* ၁. သဖှိၣ်နုးနုၣ်ဒါလၢအကစီၤဃာ်အီၤ ၂. ဟးဝ့ၤဝီၤဃုသ့ၣ်ညါတၢ်

salmon *n* ညၣ်စဲလမိ, ညၣ်ပိၣ်လဲၣ်တကလုာ်

salmonella *n* ၁. စဲလမိနံလၣ်တၢ်ဆါဃၢ် ၂. စဲလမိနံလၣ်အတၢ်ဆါ, တၢ်ဆါဃၢ်လၢအအိၣ်လၢတၢ်အိၣ်တၢ်အီအကျါလၢပမ့ၢ်အီၣ်ဘၣ်ပမူၤ

salon *n* ၁. တၢ်ကယၢခိၣ်ဆူၣ်အကျး ၂. ဆ့ကၤလုၢ်ဒိၣ်ပှ့ၤဒိၣ်အကျး, တၢ်ဆါတၢ်ကယၢကယဲဃံလၤအကျး ၃. ဘျိၣ်, ဘျိၣ်မုာ် ၄. တၢ်နုးနဲၣ်ဒွဲလၤဘျိၣ်မုာ်

saloon *n* ၁. သံးကျး ၂. ဘျိၣ်မုာ်, ဘျိၣ် ၃. သိလ့ၣ်စလူ, သိလ့ၣ်စံဒါ

salsa *n* ၁. စဲ(လ)စၣ်တၢ်ဃ့ၣ်ထံ, တကီၤဆံၣ်သၣ်, ပသၢဂီၤဒီးမိၢ်ဟဲသၣ်ဖးဒိၣ်အဃ့ၣ်ထံ ၂. လဲးတ့ၣ်အမဲရကၤတၢ်ဂဲၤကလံၣ်တၢ်သံကျံတကလုာ်

salt *n* အံသၣ်

salt marsh *n* ထံဟီကပျၢၤပူၤ, တၢ်လီၢ်လၢထံဟီအိၣ်လုၢ်ဘၢအီၤ

salt mine *n* တၢ်ခူၣ်အံသၣ်လၢၢ်ပူၤ

salt water *n* ထံဟီ

saltpetre, saltpeter *n* ဘျါအ့ၣ်သံသိ, ဘျါအ့ၣ်သံကစဲာ်

salty *a* ၁. လၢအဟီ, လၢအပၣ်ဒီးအံသၣ် ၂. လၢအဆုဖျိးဆုပျၤအကိာ်

S

salutary *a* လၢအကဲဘျုး, လၢအကဲထီဉ်တၢ်ဘျုးတၢ်ဖှိဉ်
salutation *n* ၁. တၢ်ကတိၤဒိဉ်, တၢ်ဆၢဂ့ၤဆၢဝါအတၢ်ကတိၤ ၂. တၢ်ဟ့ဉ်တၢ်ယူးယီဉ်
salute *n* တၢ်ဟ့ဉ်တၢ်ယူးယီဉ်, တၢ်ယူးယီဉ်ထီဉ်
salute *v* ဟ့ဉ်တၢ်ယူးယီဉ်, ယူးယီဉ်ထီဉ်
salvage *n* ၁. တၢ်ဂ့ာ်န့ၢ်က္ၤတၢ်စုလီၢ်ခီဉ်ခိဉ်ဖဲတၢ်တတၢာ်တနါအခါ (အဒိ, မ့ဉ်အူအီဉ်ဟံဉ်) ၂. တၢ်လၢတၢ်မၤန့ၢ်က္ၤအီၤလၢတၢ်ဟးဂူာ်ဟးဂီၤအပူၤ, တၢ်လၢတၢ်မၤန့ၢ်က္ၤအီၤလၢတၢ်တတၢာ်တနါအပူၤ
salvage *v* ၁. ဂ့ာ်န့ၢ်က္ၤတၢ်စုလီၢ်ခီဉ်ခိဉ်ဖဲတၢ်တတၢာ်တနါအခါ ၂. မၤပူၤဖျဲးက္ၤတၢ်လၢကဘီအပူၤ, မၤန့ၢ်က္ၤတၢ်လၢတၢ်ဟးဂူာ်ဟးဂီၤအပူၤ
salvage yard *n* စဲးလီၢ်လံၤဖီယးအကရၢၢ်
salvation *n* တၢ်အှဉ်က့ၤခီဉ်က့ၤ
salve *n* ကသံဉ်ဖှူ
salve *v* မၤကိညၢ်လီၤက္ၤ, မၤမှာ်မၤပၢၤအသး
salvo *n* ၁. တၢ်ခးကျိဟ့ဉ်ထီဉ်တၢ်ယူးယီဉ် ၂. တၢ်ကိးပသူစံးပတြၢၤထီဉ်တၢ်တဘျီယီ
same *a* ဒ်သိးသိး
sampan *n* ချံဖးဒ့မဲၢ်, ချံကွ့ခိဉ်, ချံထိဉ်ဖိ, ချံသီဉ်ပဉ်
sample *n* တၢ်အဒိ
sample *v* ဟံးန့ၢ်တၢ်အဒိ
sanatorium *n* တၢ်ဟ်ပှၤဆူးပှၤဆါအလီၢ်, ပှၤဆူးပှၤဆါယံာ်ယံာ်ထၢထၢအတၢ်ဆါဟံဉ်
sanctification *n* တၢ်ဟ်စီဆုံတၢ်, တၢ်မၤစီဆုံတၢ်
sanctify *v* ဟ်စီဆုံတၢ်, မၤစီဆုံတၢ်
sanctimonious *a* လၢအဟ်စီဟ်ဆုံအသး, လၢအမၤစီမၤဆုံအသး
sanction *n* ၁. တၢ်ဖိဉ်ဃံး ၂. တၢ်ဟ့ဉ်တၢ်ပျဲ
sanction *v* ၁. ဖိဉ်ဃံး ၂. ဟ့ဉ်တၢ်ပျဲ
sanctity *n* ၁. တၢ်စီတၢ်ဆုံ ၂. တၢ်လၢအရှ့ဒိဉ်ဒိးတၢ်မၤဟးဂီၤအီၤတသ့
sanctuary *n* ၁. တၢ်လီၢ်စီဆုံ ၂. တၢ်ပူၤဖျဲးအလီၢ်, တၢ်အိဉ်သဒၢအလီၢ်
sand *n* မဲး
sandal *n* ခီဉ်ဖံးတြံာ်
sandalwood *n* တလီ, တလီဝါ. သ့ဉ်နာမူတကလုာ်
sandbag *n* မဲးထၢဉ်
sandbag *v* ၁. ကရၢၢ်ဃာ်ဒီးမဲးထၢဉ် ၂. ဒီသဒၢဒီးတၢ်တမံၤမံၤ
sandbank *n* မဲးပျီခိဉ်, မဲးပြီခိဉ်
sandbar *n* မဲးပျီဖးထိ, ထံထဉ်မဲးပျီလူၢ်
sandblast *v* မၤစီတၢ်လၢမဲး, ပြိစီဒီးမဲး
sandpaper *n* စးခိမဲး
sandstone *n* လၢၢ်မဲးဃဲး
sandstorm *n* မဲးကလံၤမုၢ်
sandwich *n* ကိဉ်တြံာ်, ကိဉ်အကဘျံးခံကဘျံးအိဉ်ဒီး (တၢ်ဝံဉ်သိ, တၢ်ညဉ်) လၢအကဆူး
sandwich *v* တြံာ်, ဘဉ်တြံာ်
sandy *a* ၁. လၢအိဉ်ပှဲၤဒီးမဲး ၂. တၢ်အလွဲၢ်ဘီဃး
sane *a* အသးထံ, တပျုၢ်ဘဉ်
sanguinary *a* လၢအအဲဉ်တၢ်ဂၢ်သွံဉ်ဂၢ်စီၤ, လၢအဂၢ်လီၤတၢ်သွံဉ်တၢ်စီၤအါအါကလာ်, လၢအသးအိဉ်မၤသံပှၤ
sanguine *a* လၢအပှဲၤဒီးတၢ်နာ်တၢ်မုၢ်လၢ်
sanitarium *n* တၢ်ဟ်ပှၤဆူးပှၤဆါအလီၢ်, ပှၤဆူးပှၤဆါယံာ်ယံာ်ထၢထၢအတၢ်ဆါဟံဉ်
sanitary *a* ၁. လၢအဘဉ်ဃးဒီးတၢ်အိဉ်ဆူဉ်အိဉ်ချ့ ၂. လၢအကဆှဲကဆို, လၢအပှဲၤဒီးတၢ်အိဉ်ဆူဉ်အိဉ်ချ့
sanitary napkin *n* ပိာ်မုဉ်တၢ်ပးခံ
sanitary towel *n* ပိာ်မုဉ်တၢ်ပးခံ
sanitation *n* တၢ်မၤကဆှဲကဆိုတၢ်
sanitize, sanitise *v* ၁. မၤကဆှဲကဆိုတၢ် ၂. (တၢ်ကွဲး) ခွဲသိဉ်ခွဲပျီကွံာ်တၢ်ဂ့ၢ်တၢ်ကျိၤလၢအတကြၢးတဘဉ်တဖဉ်, တြူာ်သံကွံာ်တၢ်ဂ့ၢ်တၢ်ကျိၤလၢအတကြၢးတဘဉ်တဖဉ်
sanity *n* တၢ်သူဉ်ထံသးထံ, တၢ်အိဉ်ဒီးတၢ်ကူဉ်တၢ်ဆး
Santa Claus *n* စဲထၢဉ်ချိး(စ) (also Father Christmas)
sap *n* သ့ဉ်အထုး, သ့ဉ်အထံ
sap *v* မၤလီၤဘံးပှၤ, မၤလီၤဘံးလီၤတီၤတၢ်
sapient *a* လၢအကူဉ်တၢ်သ့, လၢအကူဉ်သ့ဖးဘဉ်

S

sapling *n* သ့ၣ်ဖိ. သ့ၣ်ဖိလၢတချုးကဲထိၣ်သ့ၣ်ဒံးဘၣ်

sapphire *n* ၁. လၢ်တၢ်မျၢ်လါအဲး, လၢ်လါ ၂. တၢ်အလွဲၢ်လါအဲး

sarcasm *n* တၢ်ကတိၤဒၢကၠၣ်လၢအတမ့ၢ်ဘၣ်ပှၤနၢ်, တၢ်ကတိၤဆဲးအဲး, တၢ်ကတိၤခိၣ်ခံ

sarcastic *a* လၢအကတိၤဒၢကၠၣ်တၢ်, လၢအကတိၤဆဲးအဲးတၢ်, လၢအတဲဆဲးအဲးတၢ်

sarcophagus *n* လၢ်ကျၢ်, လၢ်တၢ်သံတလါ, ကျၢ်လၢပှၤမၤအီၤလၢလၢ်

sardine *n* ညၣ်ဒၢညၣ်, ညၣ်စၣ်ဒ့, ဖိၣ်လဲၣ်ညၣ်တကလှာ်

sardonic *a* လၢအနံၤဆဲးအဲး, လၢအနံၤဆဲးခွဲး, လၢအနံၤဘၣ်ဖၣ်လဲ

sari *n* တၢ်ကံးညာ်စၢရံၣ်, အ့ၣ်ယါသတိၢ်တၢ်ကံးညာ်

sarong *n* နံၣ်, ထဲကူ, ယၣ်ကူ

sash *n* ၁. ယီၢ်တကီး, တၢ်ကံးညာ်ယီၢ်ပး, ယီၢ်ပးတၢ်လၤကပီၤ ၂. ပဲတြီသုးထိၣ်သုးလီၤ

sassy *a* ၁. လၢအတၢ်သ့ၣ်ညါဟ်ကဲတအိၣ်, လၢအတဆဲးတလၢ ၂. လၢအနာ်န့ၢ်လီၤသးအါတလၢ

Satan *n* မုၣ်ကီၤလံၢ်, နိၢ်ကပျိၢ်

Satanic *a* ၁. လၢအအၢအသိ, လၢအတဂ့ၤတဘၣ်, လၢအဝံအနါ ၂. လၢအဘၣ်ဃးဒီးမုၣ်ကီၤလံၢ်, လၢအဘါတၢ်ဝံတၢ်နါ

satchel *n* ထၢၣ်တၢ်ဖံး, လံာ်ထၢၣ်

sate *v* အီၣ်လှၣ်ကိလှၣ်ကဟ်တၢ်, အီၣ်တၢ်ဟၢဖၢပှဲၤ, တံၤသူၣ်တံၤသး

sated *a* လၢအဟၢဖၢပှဲၤ, လၢအမံသူၣ်မံသး

satellite *n* မူဖျၢၣ်ဒိ

satellite dish *n* မူဖျၢၣ်ဒိအလီခိ

satiate *v* အီၣ်တၢ်ဟၢဖၢပှဲၤ, အီၣ်လှာ်ကိလှာ်ကဟ်, တံၤသူၣ်တံၤသး

satiety *n* တၢ်အီၣ်တၢ်ဟၢဖၢပှဲၤ, တၢ်အီၣ်လှာ်ကိလှာ်ကဟ်, တၢ်တံၤသူၣ်တံၤသး

satin *n* သတိၢ်

satire *n* တၢ်ကွဲးနံၤဘၣ်ဖၣ်လဲတၢ်, တၢ်မၤနံၤဘၣ်ဖၣ်လဲတၢ်

satirical *a* လၢအကွဲးနံၤဘၣ်ဖၣ်လဲတၢ်, လၢအမၤနံၤဘၣ်ဖၣ်လဲတၢ်

satirize, satirise *v* ကွဲးနံၤဘၣ်ဖၣ်လဲတၢ်, မၤနံၤဘၣ်ဖၣ်လဲတၢ်

satisfaction *n* တၢ်သူၣ်မံသးမံ, တၢ်သူၣ်တံၤသးတံၤ, တၢ်ကျၢၤသူၣ်ကျၢၤသး

satisfactory *a* လီၤသးမံ, လီၤကျၢၤသး, ကျၢၤသး, တံၤသူၣ်တံၤသး

satisfy *v* မံသူၣ်မံသး, မၤသးမံပှၤ, မၤတံၤသူၣ်တံၤသးပှၤ

saturate *v* ၁. ဘၣ်စီၣ်, စုၣ်ဘၣ်စီၣ် ၂. (စဲအ့ၣ်) ထၢနှာ်လီၤတၢ်သံးကတံာ်တုၤလၢအလီၤသကၤ, စူၢ်သံးတၢ်တုၤတၢ်လီၢ်တအိၣ်လၢအပူၤ ၃. ထၢနှာ်လီၤတၢ်ပှဲၤကတံာ်အပူၤ, အိၣ်ပှဲၤကတံာ်

saturation *n* ၁. တၢ်ဘၣ်စီၣ်, တၢ်စုၣ်ဘၣ်စီၣ် ၂. (စဲအ့ၣ်) တၢ်ထၢနှာ်လီၤတၢ်သံးကတံာ်တုၤလၢအလီၤသကၤ, တၢ်စူၢ်သံးတၢ်တုၤတၢ်လီၢ်တအိၣ်လၢအပူၤ ၃. တၢ်ထၢနှာ်လီၤတၢ်ပှဲၤကတံာ်အပူၤ, တၢ်အိၣ်ပှဲၤကတံာ်

saturation point *n* တၢ်ပှဲၤသံးကတံာ်ကတူာ်အပတိၢ်

Saturday *n* မုၢ်ဘူၣ်နံၤ, မုၢ်နံၤဖိ

Saturn *n* စဲးထၢၣ်

sauce *n* တၢ်ဃ့ၣ်ထံ, တၢ်သၣ်အသံးအထံဃါယှာ်ပံာ်ပံာ်

saucepan *n* မီထိစု

saucer *n* လီခိဒါ

saucy *a* ၁. လၢအတဟ်လှၤ်ဟ်ကါတၢ် ၂. လၢအမၤနံၤဘၣ်ဖၣ်လဲတၢ်

sauerkraut *n* သဘၣ်ဒိးစုၣ်ဆံၣ်, သဘၣ်စုၣ်ဆံၣ်

sauna *n* ဒၢးဟၢ, ဒၢးကအၢ, တၢ်ကအၢသးအဒၢး, တၢ်ဟၢထိၣ်ကပၢၤအဒၢး

saunter *v* ဟးကဘှၢကဘှၢ, ဟးလိာ်ကွဲဝ့ၤဝီၤ

sausage *n* ထိးပံာ်ဘိ, ထိးညၣ်လၢပှၤယဲာ်ဘျဲးအီၤဒီးဒၢနှာ်က့ၤအီၤဆူထိးပံာ်ပူၤ

saute *v* မၤကိၢ်ထိၣ်တၢ်အီၣ်ဒီးသိ, ခွဲၣ်သိကိၢ်ထိၣ်တၢ်, ဝဲာ်ကိၢ်ထိၣ်တၢ်

savage *a* လၢအဒူအဟ့, လၢအရၢၢ်အစၢၢ်

savagery *n* တၢ်ဟ်သးဒူဒူဟ့ဟ့, တၢ်ဟ်သးရၢၢ်ရၢၢ်စၢၢ်စၢၢ်

savannah *n* နီၣ်ပျီလါဟ့

S

save *prep* ထဲၣ်, ထဲ---ဒီၤ
save *v* ၁. မၤပူၤဖျဲး ၂. ပာ်ဖိုၣ်ပာ်တံၤ, ပာ်ဃာ်, ပာ်ကီၤ
saving *n* ၁. စ့ပာ်ဖိုၣ်, စ့ပာ်ကီၤ ၂. တၢ်လၢပှၤပာ်ဖိုၣ်ပာ်တံၤအီၤ
saving grace *n* တၢ်အကံၢ်အစီတမံၤလၢအမၤလီၤမၢ်ကွံာ်တၢ်လီၤတူာ်လီၤကာ်, တၢ်အဂ့ၤလၢအိၣ်ဒံးတမံၤ
savior *n* ၁. ကစၢ်ယ့ၣ်ရှူး, တၢ်အုၣ်က့ၤခီၣ်က့ၤအကစၢ် ၂. ပှၤအုၣ်က့ၤခီၣ်က့ၤတၢ်, တၢ်မၤပူၤဖျဲးတၢ်
Saviour *n* ၁. ကစၢ်ယ့ၣ်ရှူး, တၢ်အုၣ်က့ၤခီၣ်က့ၤအကစၢ် ၂. ပှၤအုၣ်က့ၤခီၣ်က့ၤတၢ်, တၢ်မၤပူၤဖျဲးတၢ်
savour, savor *n* ၁. တၢ်နၢတၢ်န္ၢ, တၢ်နၢမူနၢဆို, တၢ်အရီၢ် ၂. တၢ်မုာ်လၢသးခု, တၢ်မုာ်လၢ
savour, savor *v* ၁. မုာ်လၢသးခု, မုာ်လၢတၢ်, အဲၣ်ဒိး, ဘၣ်အသး ၂. နၢမူနၢဆို, နၢန္ၢ
savoury, savory *a* ၁. လၢဝံၣ်သိဝံၣ်ဘဲး, လၢအနၢဝံၣ်နၢဆၢ, လၢအနၢမူနၢဆို ၂. လၢအမုာ်
savoury, savory *n* တၢ်အီၣ်လၢအရီၢ်ဟီတစဲးတမံး
savvy *a* လၢအတၢ်လဲၤခီဖျိအါ, လၢအသ့ၣ်ညါနၢ်ပၢၢ်တၢ်လီၤတံၢ်လီၤဆဲး
saw *n* ဘူး(တၢ်), ဘူးဒီးလွး
saw *v* လွး
sawdust *n* လွးကမူၣ်
sawmill *n* သ့ၣ်စဲး
sawyer *n* ပှၤဘူးလွးဖိ
Saxon *n* ပှၤစဲး(က)စဲၣ်ဖိ, ကျၢမနံၣ်ပှၤထူလံၤဖိ
saxophone *n* ပံတကွဲၢ်
saxophonist *n* ပှၤအူပံတကွဲၢ်
say *v* စံး, တဲ
saying *n* တၢ်ကတိၤဒိ
S-bend *n* တၢ်က့ၣ်ကူဒ် "S" အသိး
scab *n* ၁. (တၢ်ပူၤလိၢ်) အကိၢ်ဃ့ ၂. ဖံးဘ့ၣ်ကိၢ်ဃ့, ဖံးဘ့ၣ်သွဲးကီၤက ၃. တၢ်ကီးဆါသူၣ်ဆါသးပှၤ (အဒိ,ပှၤတဂ်ာ်တသိၣ်), ပှၤမၤတၢ်ဖိလၢအတဘၢရၢ်ယှာ်ပှၤပူထိၣ်လီထိၣ်တၢ်
scabbard *n* ဘီအတြီး, နးအတြီး, ဒီအတြီး
scabby *a* ၁. လၢအဖံးဘ့ၣ်ကိၢ်ဃ့ကိၢ်ဃး ၂. လၢအဘၣ်တၢ်သးဃ့တၢ်ဆါ
scabies *n* တၢ်သးဃ့ (တၢ်ဆါ)
scaffold *n* ၁. တၢ်စံၣ်ညီၣ်စၢၢ်သံပှၤအလိၢ်, တၢ်စံၣ်ညီၣ်သံပှၤအလိၢ် ၂. ဂီၤကၢ်, ဂီၤကၢ်လၢတၢ်ကတဲာ်ကတီၤအီၤဖဲတချူးဘိုထိၣ်တၢ်သူၣ်ထိၣ်အခါ
scaffolding *n* ဂီၤကၢ်. အဒိ, ဂီၤကၢ်လၢတၢ်ကတဲာ်ကတီၤအီၤဖဲတၢ်တချူးဘိုထိၣ်တၢ်သူၣ်ထိၣ်အခါ
scald *n* ဖံးဘ့ၣ်လီၤတလိၤ, ဖံးဘ့ၣ်လီၤဘျူး
scald *v* လီၤတလိၤ, လီၤဘျူးလၢထံချီလူဘၣ်
scale *n* ၁. ညၣ်အသဒံၣ် ၂. စီၤပီၢ်, တၢ်ထိၣ်(စက့)
scale *v* ၁. ဩးကွံာ်ညၣ်အသဒံၣ် ၂. ထိၣ်တၢ်ကပၤ ၃. စူးကါနိၣ်ထိၣ်စက့ဒီးတ့တၢ်ဂီၤ
scales *v* ၁. ညၣ်သဒံၣ်, ညၣ်သဘံ ၂. စီၤပီၢ်, ယွၢ်
scallop *n* ချိၣ်ဆူၣ်
scalp *n* ခိၣ်ဖံး. ခိၣ်ဖံးလၢခိၣ်ဆူၣ်ဒိးထိၣ်လၢအဖီခိၣ်
scalpel *n* တၢ်ကူးကွဲးယါဘျါအဒီ, ကသံၣ်သရၣ်အဒီ
scaly *a* လၢအိၣ်ဒီးအသဒံၣ်, လၢအိၣ်ဒီးအသဘျံး, လၢအဖံးဘ့ၣ်သဘျံး
scam *n* တၢ်ကူၣ်တရံးမၤန့ၢ်ကျိၣ်စ့
scamp *n* ပှၤလံၤလူၤကျူဆို, ပှၤလၢအမၤအ့န့တၢ်ဆူၣ်, ဖိသၣ်လၢအမၤအ့န့တၢ်ဆူၣ်
scamp *v* မၤတၢ်တလီၤတံၢ်လီၤဆဲး, မၤတၢ်ကဒုတလီၤတံၢ်
scamper *v* ယ့ၢ်စိးစိး, ယ့ၢ်ချ့ချ့
scan *v* ၁. ကွၢ် (လံာ်, တၢ်ဂီၤ) ချ့ချ့တပျ်ာ်တပျ်ာ် ၂. ကွၢ်ထံထံဆးဆး, ကွၢ်လီၤတံၢ်လီၤဆဲး ၃. ကွဲးဒိ (တၢ်ဂီၤ)
scandal *n* တၢ်ခဲၣ်သူခဲၣ်ဂီၤပှၤဂၤဒ်သိးအလၢကပီၤကဟးဂီၤ
scandalize, scandalise *v* ခဲၣ်သူခဲၣ်ဂီၤတၢ်, ဒုးဟူထိၣ်သါလီၤမံၤလၢအတဂ့ၤ, မၤကျိၣ်ထိၣ်မံၤဒီးမၤဟးဂီၤပှၤဂၤအလၤကပီၤ
scandalmonger *n* ပှၤခဲၣ်သူခဲၣ်ဂီၤတၢ်, ပှၤသိၣ်ဝံသဲကလၤဒီးမၤဟးဂီၤပှၤဂၤအလၤကပီၤ

S

scandalous *a* လၢအခဲဉ်သူခဲဉ်ဂီၤတၢ်

scanner *n* ၁. စဲးကွဲးဒိလံာ် ၂. စဲးဒိကွၢ်ပှၤနီၢ်ခိ, စဲးသမံသမိးကွၢ် (ပှၤအနီၢ်ခိမိၢ်ပှၢ်)

scant *a* ၁. လၢအဆံးဝဲစှၤဝဲ, လၢအဆံးအစှၤ, လၢအတလၢတပှဲၤ ၂. တဆံးတက့ၢ်, တစိၢ်ဖိ

scant *v* ဆံးဝဲစှၤဝဲ, ဆံးစှၤ, တလၢတပှဲၤ

scantily *adv* တဆံးတက့ၢ်, လၢလၢတလၢလၢ, လၢယှၢ်လၢယှၢ်

scanty *a* ၁. လၢအတလၢတပှဲၤ, လၢအဆံးအစှၤ, လၢအလၢလၢတလၢလၢ, လၢအလၢယှၢ်လၢယှၢ် ၂. (တၢ်ကူတၢ်သိး) လၢဘၢဘၢတဘၢဘၢ

scapegoat *n* ပှၤဘဉ်တူၢ်တၢ်ကမဉ်လၢပှၤဂၤအဂီၢ်

scar *n* ဒီးဘီဉ်, တၢ်စၢၢ်ပျူၤ, တၢ်ပူၤလီၢ်ဘျါက့ၤအလီၢ်

scarce *a* ကၤ, စှၤ, လၢတအိဉ်အါဘဉ်

scarcely *adv* ကီကီခဲခဲ, ကိၢ်ကိၢ်ဂီၤဂီၤ, ယှၢ်ယှၢ်

scarcity *n* တၢ်တကူတလၢ, တၢ်တအိဉ်တယၢၢ, တၢ်ဃံးတၢ်စှၤ

scare *v* မၤပျံၤမၤဖုး

scarecrow *n* နိဉ်တ့ၤတၢ်, တၢ်ဂီၤလၢမၤပျံၤထိဉ်

scaremonger *n* ပှၤလၢအမၤပျံၤမၤဖုးတၢ်, ပှၤလၢအမၤဘဉ်ယိဉ်ဘဉ်ဘီတၢ်

scarf *n* ကိာ်ဘံ

scarlet *a* လၢအလွဲၢ်ဂီၤဆှဉ်ကလာ်

scarlet fever *n* တၢ်လီၤကိၢ်ကပြုထိဉ်တၢ်ဆါ

scary *a* လီၤပျံၤ, လီၤပျံၤလီၤဖုး

scathe *v* ၁. မၤဘဉ်ဒိဘဉ်ထံးတၢ်နးနးကလဲာ် ၂. ပဲၤအါပဲၤသီတၢ်ဆူဉ်ဆူဉ်ကိၢ်ကိၢ်

scathing *a* ၁. လၢအမၤဘဉ်ဒိဘဉ်ထံးတၢ်နးနးကလဲာ်, ၂. လၢအပဲၤအါပဲၤသီတၢ်ဆူဉ်ဆူဉ်ကိၢ်ကိၢ်

scatter *v* ၁. လီၤပြံလီၤပြါ, မၤလီၤပြံလီၤပြါ ၂. ၁. ရၤလီၤသလဉ်လီၤအသး, ပှာ်ထိဉ်ယွၤလီၤသကုၤ

scatter brain *n* ပှၤခိဉ်နူာ်ဃၢ, ပှၤကဒုတလီၤတံၢ်

scattered *a* ၁. လၢအလီၤမုၢ်ပြံပြါ, လၢအရၤလီၤအသးသကုၤဆးဒံး

scatty *a* လၢအခိဉ်နူာ်ဃၢ, လၢအကဒုတလီၤတံၢ်, လၢအမၤနါစိၤတၢ်, လၢအမၤဝဲဖဲအခိဉ်တီၤလီၤ

scavenge *v* ၁. အီဉ်တၢ်ဘဉ်အၢဘဉ်သီ, အီဉ်တၢ်လီၤဆူလီၤပလ့ၤ, အီဉ်တၢ်နၢအုဉ်နၢကျဉ် ၂. ထၢကွံာ်တၢ်တပိာ်

scavenger *n* ၁. ဆဉ်ဖိကီၢ်ဖိလၢအီဉ်တၢ်ဘဉ်အၢဘဉ်သီ, ဆဉ်ဖိကီၢ်ဖိလၢအီဉ်တၢ်လီၤဆူလီၤပလ့ၤ, ဆဉ်ဖိကီၢ်ဖိလၢအီဉ်တၢ်နၢအုဉ်နၢကျဉ် (အဒိ, လီကတ်ာ)

scenario *n* ပူအဂ့ၢ်မိၢ်ပှၢ်, တၢ်ဃဲၤအဂ့ၢ်မိၢ်ပှၢ်

scene *n* ၁. တၢ်မၤအသးအလီၢ်, တၢ်ကဲထိဉ်သးအလီၢ် ၂. တၢ်ဂဲၤဒိအဆၢ, တၢ်ဒုးနဲဉ်တကတိၢ် ၃. တၢ်လၢပထံဉ်

scenery *n* ၁. တၢ်ဂီၤကွၢ်ဒီး ၂. တၢ်ထံဉ်လၢအအိဉ်ဖျါ, န့ဆၢဉ်တၢ်ဃံတၢ်လၤလၢအအိဉ်ဖျါ, တၢ်ကွၢ်ကီအလီၢ်

scenic *a* လၢအအိဉ်ဝးတရံးဒီးန့ဆၢဉ်တၢ်ဘဉ်တ့အဃံအလၤ

scent *n* ၁. အစီထံ, တၢ်နၢမူ, ထံနၢမူ ၂. အစိ (နၢ)

scent *v* ၁. ဟ့ဉ်ထိဉ်တၢ်နၢမူ ၂. နၢဘဉ်တၢ်အစိ, ကလၢၢ်ဘဉ်လၢတၢ်တမံၤမံၤကမၤအသး

scented *a* လၢအနၢမူနၢဆို

sceptic, skeptic *n* ပှၤလၢအသးဒ့ဒီ, ပှၤလၢတနာ်နှၤ်တၢ်

sceptical, skeptical *a* လၢအသးဒ့ဒီ, လၢအတနာ်နှၤ်တၢ်

scepticism, skepticism *n* တၢ်တစူၢ်တနာ်တၢ်သနူ, တၢ်တနာ်တၢ်သနူ, တၢ်အိဉ်ဒီးတၢ်သးဒ့ဒီ

sceptre, scepter *n* စီၤလိဉ်စီၤပၤအနီဉ်ထိးဘိ

schedule *n* တၢ်ရဲဉ်လီၤကျဲၤလီၤအစရီ

schedule *v* ရဲဉ်လီၤကျဲၤလီၤ, ဟ်လီၤ (တၢ်ဆၢကတီၢ်)

scheduled flight *n* ကဘီယူၤတၢ်လဲၤတၢ်က့ၤအတၢ်ရဲဉ်လီၤကျဲၤလီၤအစရီ

schema *n* တၢ်တိာ်ကျဲၤအတၢ်ဂ့ၢ်တကွီဉ်

schematic *a* လၢအဒုးနဲဉ်ဖျါထိဉ်တၢ်ဂ့ၢ်တၢ်ကျိၤအတကွီဉ်

scheme *n* တၢ်ကူဉ်အကျဲ

S

scheme *v* ကူၣ်ထီၣ်ဖးလီၤရူသူၣ်တၢ်လၢအတဂ့ၤ
schemer *n* ပှၤကူၣ်တရံးရူသူၣ်တၢ်, ပှၤလၢအကူၣ်ထီၣ်ဖးလီၤရူသူၣ်တၢ်
scheming *a* လၢအကူၣ်တရံးရူသူၣ်တၢ်, လၢအကူၣ်ထီၣ်ဖးလီၤရူသူၣ်တၢ်
schism *n* ခရံာ်ဖိတၢ်အိၣ်ဖှိၣ်တၢ်လီၤမုၢ်လီၤဖး, တၢ်လီၤမုၢ်လီၤဖးလၢခရံာ်ဖိတၢ်အိၣ်ဖှိၣ်အပူၤ
schist *n* လၢၢ်တကလုာ်, လၢၢ်ဖးဒိၣ်လၢအိၣ်ဒီးအကဘျံး
schizoid *a* ၁. လၢအဘၣ်သွံၣ်ပျုၢ်တၢ်ဆါ ၂. လၢအသူၣ်အသးတဂၢၢ်
schizophrenia *n* သွံၣ်ပျုၢ်တၢ်ဆါ
schizophrenic *n* ပှၤလၢအဘၣ်သွံၣ်ပျုၢ်တၢ်ဆါ
schlock *n* တၢ်အပှ့ၤဘၣ်ဒီးအကံၢ်အစီတဂ့ၤ
schmuck *n* ပှၤအီရီာ်အီပီ, ပှၤငီငး
schnapps *n* သံးလၢအဆူၣ်
scholar *n* ၁. ပှၤကူၣ်သ့ကူၣ်ဘၣ်, ပှၤသ့လံာ် ၂. ပှၤမၤလိတၢ်ဖိလၢအဒိးန့ၢ်ကူၣ်သ့စ့ဆိၣ်ထွဲ
scholarly *a* ၁. လၢအဘၣ်ထွဲဒီးတၢ်ယုထံၣ်သ့ၣ်ညါမၤလိတၢ် ၂. လၢအကူၣ်သ့ကူၣ်ဘၣ်, လၢအသ့လံာ်သ့လဲၢ်
scholarship *n* ကူၣ်သ့စ့ဆိၣ်ထွဲ
scholastic *a* လၢအဘၣ်ထွဲဒီးတၢ်မၤလိမၤဒိး, လၢအဘၣ်ဃးဒီးကိုဖိၤကိၣ်ဖိၤ
school *n* ကို
school *v* သိၣ်လိနဲၣ်လိတၢ်, သိၣ်လိမၤယုၤ, ဒုးသ့ထီၣ်ဘၣ်ထီၣ်
school age *n* တၢ်ထီၣ်ကိုသ့အသးနံၣ်, သးနံၣ်လၢထီၣ်ကိုသ့အကတိၢ်
school days *n* တၢ်ထီၣ်ကိုမၤလိမၤဒိးတၢ်အဆၢကတိၢ်
schooling *n* ကိုအတၢ်ကူၣ်ဘၣ်ကူၣ်သ့, ကိုအတၢ်မၤလိမၤဒိး
schoolmate *n* တံၤသကိးလၢအမၤလိဃှာ်သကိးတၢ်လၢကိုတကိုဃီ
schooner *n* ယၢ်လၣ်ခံဘ့ၣ်အကဘီယၢ်, ကဘီယၢ်လၢအယၢ်လၣ်အိၣ်ခံဘ့ၣ်
schtick *n* ၁. လုၢ်လၢ်လီၤလီၤဆီဆီတမံၤလၢအိၣ်ဒီးပှၤတဂၤဂၤ ၂. တၢ်သ့တၢ်ဘၣ်လီၤဆီ

sciatica *n* ယီၢ်ဒ့ဆါ, ကံၣ်ဒုၣ်လာ်ဆါ, တၢ်ဆါတကံတကး
science *n* စဲအ့ၣ်
science fiction *n* စဲအ့ၣ်အတၢ်ယဲၤ, စဲအ့ၣ်အပူ
scientific *a* ဘၣ်ထွဲဒီးစဲအ့ၣ်
scientist *n* ပှၤစဲအ့ၣ်ဖိ
scientology *n* သးဂ့ၢ်ပီညါ
scimitar *n* နးတကလုာ်, နးက့ၣ်ကွီၤဖးထီ
scintillate *v* မ့ၣ်အူအ့ၣ်ပှ့ၢ်ထီၣ်, ကပီၤပံာ်လ့ပံာ်လ့, ကပီၤမျၢ်မျၢ်, ဆဲးကပြုၢ်ကပြီၤ
scintillating *a* လၢအလီၤထုးန့ၢ်သူၣ်ထုးန့ၢ်သး, လၢအလီၤသူၣ်ပိၢ်သးဝး
scion *n* ၁. ပှၤတူၢ်ဒိၣ်ကီၤဒိၣ်အဖိအလံၤ, ပှၤတူၢ်ဒိၣ်ကီၤဒိၣ်အစၢၤအသွဲၣ် ၂. သ့ၣ်ဒ့တဒ့လၢတၢ်သူၣ်စဲၤလီၤန့ၢ်အဂံၢ်လၢသ့ၣ်အဂၤတထံးအလီၤ, သ့ၣ်ဒ့တဒ့လၢတၢ်စးသူၣ်အီၤလၢသ့ၣ်အဂၤတထံးအလီၤ
scissors *n* ထးတံာ်, ထးရံး
sclerosis *n* ဖံးညၣ်အထံးရှူဟဲကျၤထီၣ်, ဖံးညၣ်ထံးရှူတဖၣ်ဟဲကျၤထီၣ်ခီဖျိတၢ်ဆါအတၢ်အိၣ်သးအယိ
scoff *v* နုၣ်ဒွဲၣ်, နံၤဘၣ်ဖၣ်လဲ
scold *v* ကလာ်တၢ်, ဒုပှၤလီၤ, ကတိၤသိၣ်သီတၢ်ဆူၣ်ဆူၣ်
scone *n* ကိၣ်ဘီမဲာ်, ကိၣ်စကိ, ကိၣ်လၢတၢ်ဘၢအီၤလၢကိၣ်ကမူၣ်ဒီးတၢ်အသိဒီးတၢ်နုၢ်ထံလၢတဆၢကဲၣ်ဆိး
scoop *n* ၁. နီၣ်ဘျၢၣ်, နီၣ်တြဲာ် ၂. တၢ်ကစိၣ်လၢအဟးထီၣ်အဆိကတၢၢ်
scoop *v* ဘျၢၣ် (ဘျၢၣ်တၢ်ဒီးနီၣ်ဘျၢၣ်), ကွးအိၣ်တၢ်, တၢၤအိၣ်တၢ်
scoot *v* ဟးထီၣ်ချ့သဒံး, လဲၤတၢ်ချ့သဒံး
scooter *n* ၁. သိလှၣ်ယီၢ်ဖိ, သိလှၣ်ယီၢ်အဖံဖိ ၂. ဖီသၣ်အသိလှၣ်ယီၢ်တကလုာ်
scope *n* ၁. တၢ်ထံၣ်အတကွီၣ် ၂. တၢ်မၤတၢ်န့ၢ်အတကွီၣ်, တၢ်မၤတၢ်န့ၢ်ပၢခွဲးယာ်
scorch *v* ၁. ကိၢ်သွၣ်, ကိၢ်ဃံၣ်, ကိၢ်ဘီ ၂. (မုၢ်) အီၣ်တၢ်
scorcher *n* ၁. တၢ်ကိၢ်သွၣ်, တၢ်ကိၢ်ဃံၣ်, တၢ်ကိၢ်ဘီ ၂. တၢ်ကိၢ်ဒိၣ်အနံၤ, တၢ်ကိၢ်ဃံၣ်အနံၤ

S

score *n* ၁. တၢ်သ့ီနှာ် (တၢ်မၤနၢၤလၢတၢ်လိာ်ကွဲ), တၢ်မၤန့ၢ်အမး ၂. တၢ်မၤနီၣ်ဃာ်တၢ်, တၢ်မၤနီၣ်မၤဃါ ၃. တၢ်အနီၣ်ဂံၢ်ခံဆံ ၄. တၢ်သးဝံၣ်နိး ၅. တၢ်ဂ့ၢ်တၢ်ကျိၤ

score *v* ၁. သ့ီနှာ် (တၣ်ဖျိ) ၂. န့ၢ်အမး, မၤန့ၢ်အမး ၃. ဟ့ၣ်အမး ၄. မၤနီၣ်ဃာ်လၢပနိ, တိၤနီၣ်ဃာ်လၢပနိ, တိၤလီၤပနိလၢကကွဲးနိး ၅. မၤနၢၤတၢ်

score sheet *n* အမးလံာ်ကဘျံး, တၢ်ဟ့ၣ်အမးလံာ်ကဘျံး

scoreboard *n* အမးဘ့ၣ်ဘၣ်, တၢ်ဟ့ၣ်အမးဘ့ၣ်ဘၣ်

scorer *n* ၁. ပှၤဟ့ၣ်တၢ်အမး ၂. ပှၤလၢအဒိးန့ၢ်တၢ်အမး, ပှၤမၤနၢၤတၢ်ဖိ

scorn *n* တၢ်သးဘၣ်အၢတၢ်, တၢ်တဟ်ကဲတၢ်, တၢ်ထံၣ်ဆံးတၢ်

scorn *v* သးဘၣ်အၢတၢ်, တဟ်ကဲတၢ်, ထံၣ်ဆံးတၢ်

scornful *a* လၢအသးဘၣ်အၢတၢ်, လၢအတဟ်ကဲတၢ်, လၢအထံၣ်ဆံးတၢ်

Scorpio *n* ပတ့ၤချဲးကရူ်, ပတ့ၤချဲးကရူ်လၢအိၣ်လၢတၢ်ဒွးဆၣ်ပီညါအပူၤ, တၢ်ဆၢကတီၢ်လၢမုၢ်ဟဲတုၤဖဲ ၂၃ အီးကထိဘၢ် – ၂၁ နီၣ်ဝ့ဘၢ်အဘၢ်စၢၤ

scorpion *n* ပတ့ၤချဲး

Scot *n* ပှၤစကီးထူလံၤဖိ, ပှၤဟဲလီၤစၢၤလၢစကီးတလဲ(န)

Scotch *n* သံးစကီး, စကီးအသံး

Scotch *n* ပှၤစကီးဖိ, ပှၤစကီးတလဲ (န) ဖိ

Scotch tape *n* တၢ်ကျးစဲ

scot-free *adv* ပူၤဖျဲးထိၣ်ကွံာ်, သဘျ့ထိၣ်ကွံာ်

Scotland Yard *n* ဝ့ၢ်လိဒိၣ်ပၢၤကီၢ်ဝဲၤကျိၤ

Scots *n* စကီးအဲကလံးကျိာ်

Scottish *a* လၢအဘၣ်ဃးဒီးပှၤစကီးတလဲ (န)ဖိ, လၢအဘၣ်ဃးဒီးစကီးတလဲ(န)

Scottish *n* ၁. ပှၤစကီးဖိ, ပှၤစကီးတလဲ(န) ဖိ ၂. ပှၤစကီးဖိအကျိာ်, ပှၤစကီးတလဲ(န)ဖိအကျိာ်

scoundrel *n* ပှၤအၢပှၤသီ, ပှၤဟးဂီၤ

scour *v* ၁. ထူးစီကွံာ်, ထူးစီ (လၢမဲး), မၤကဆိုကွံာ် ၂. အိၣ်လ့ၤကွံာ်တၢ် ၃. လူၤဃုခွဲးခွးတၢ်, လူၤဃုကွၢ်တၢ်လီၤတံၢ်လီၤဆဲး

scourer *n* တၢ်ထူးသဘံၣ်သပၢၤ, တၢ်ထူးသပၢၤအလိၣ်

scourge *n* ၁. နိၣ်ဖျ့, နိၣ်တီၢ်, နိၣ်လဲၢ် ၂. တၢ်လၢအဒုးအိၣ်ထိၣ်တၢ်ကီတၢ်ခဲ, တၢ်ကီတၢ်ခဲဒိၣ်ဒိၣ်မုၢ်မုၢ်

scourge *v* ၁. သိၣ်ယီၣ်, ဖျ့, တီၢ် ၂. မၤသးဘၣ်ဒိ, မၤဘၣ်ဒိဘၣ်ထံး, ဒုးတူၢ်ဘၣ်ခီၣ်ဘၣ်

scout *n* ၁. ပှၤလၢအဟးကွၢ်ဃုသ့ၣ်ညါဆိတၢ်အဂ့ၢ်ဘၣ်ဃးဒီးနၣ်ဒါ, ပှၤကွၢ်ဟုၣ်ကွၢ်စုၣ်တၢ် ၂. တၢ်ကွၢ်ဟုၣ်ကွၢ်စုၣ်တၢ်

scout *v* ကွၢ်ဟုၣ်ကွၢ်စုၣ်တၢ်, ကွၢ်ဃုသ့ၣ်ညါဆိတၢ်, ကွၢ်ဃုတၢ်

scow *n* ချံဖးလဲၢ်, ချံအဟၢဖၢကဘျၣ်လၣ်

scowl *n* တၢ်ထိၣ်နူအမဲာ်, တၢ်ကွၢ်ဟ့တၢ်, တၢ်ကွၢ်တၢ်လၢမဲာ်ကနလာ်

scowl *v* ထိၣ်နူအမဲာ်, ကွၢ်တၢ်လၢအမဲာ်ကနလာ်, ကွၢ်ဟ့တၢ်

scrabble *n* ၁. တၢ်ပဃာ်ထိၣ်တၢ်, တၢ်ပှာ်ထိၣ်တၢ် ၂. တၢ်ဂဲၤပျုၢ်ဂ့ာ်လိာ်တၢ်

Scrabble *n* တၢ်ဂဲၤစခြိၣ်ဘၣ်, တၢ်ဂဲၤရဲၣ်ဝီၢ်သြဲ, တၢ်ကတိၤ, လံာ်ဖျၣ်ဒီးအဂၤတဖၣ်

scrabble *v* ၁. ပဃာ်ထိၣ်တၢ်, ပှာ်ထိၣ်တၢ် ၂. ဂဲၤပျုၢ်ဂ့ာ်လိာ်တၢ်

scraggly *a* လၢအ (ခိၣ်ဆူၣ်ခၣ်ဆူၣ်) တရုတရိး, တရိးဒိး, ဖုတရု

scraggy *a* ဃဲၤသံဃဲၤကျိ

scram *v* ဟးထိၣ်ကွံာ်, ဟးထိၣ်ကွံာ်ချ့သဒံး

scramble *n* ၁. တၢ်ပဃာ်ထိၣ်တၢ်, တၢ်ပှာ်ထိၣ်တၢ် ၂. တၢ်ဂဲၤပျုၢ်ဂ့ာ်လိာ်တ်လိာ်တၢ် ၃. တၢ်ကျဲးစၢးမၤဝဲၤတၢ်ချ့ချ့ ၄. တၢ်နီၣ်ပြၢသိလ့ၣ်ယီၢ်လၢကျဲဃီၤဃၤအဖီခိၣ်

scramble *v* ၁. ပဃာ်ထိၣ်, ပှာ်ထိၣ် ၂. ဂဲၤပျုၢ်ဂ့ာ်လိာ်တၢ်, ဂ့ာ်လိာ်တ်လိာ် ၃. ကျဲၣ်ကျီတၢ် ၄. သုးအသးချ့သဒံး

scrambled egg *n* ဆီဒံၣ်ကျဲၣ်ကျီဖွဲၣ်သိ

scrambler *n* ၁. စဲးအပီးအလီလၢအမၤထိၣ်တဲာ်တၢ်ဆဲးကျိးဆဲးကျၢအကျိၤ ၂. တၢ်မုၢ်တၢ်ဘိလၢအစွါ ၃. ပှၤလၢအပဃာ်ထိၣ်တၢ်, ပှၤပှာ်ထိၣ်တၢ်

scrap *a* လၢအတဂိၢ်တသိၣ်, လၢပသူတသ့

scrap *n* ၁. တၢ်အက့ဖိ, တၢ်အက့အခီ, တၢ်အလ့ၣ်အဒ့ ၂. တၢ်အ့ၣ်လိာ်သးတစိၢ်ဖိ

scrap *v* ၁. စူးကွံာ်, တၢၤကွံာ် ၂. မၤဟးဂီၤကွံာ်, မၤကတၢၢ်ကွံာ် ၃. အ့ၣ်လိာ်သးတစိၢ်ဖိ

scrap heap *n* ထးအလ့ၣ်အဒ့အပူ, ထးအက့အခီအပူ, ထးအပူလၢတၢ်တၢၤကွံာ်အီၤ

scrap paper *n* စးခိက့လၢဘၣ်တၢ်စူးကါအီၤဝံၤလံတကပၤ

scrapbook *n* တၢ်တံာ်ကျးတၢ်ဂီၤ, တၢ်ဂ့ၢ်တၢ်ကျိၤဒီးတၢ်အဂၤတဖၣ်အလံာ်ပာ်ကီၤ

scrape *n* ၁. တၢ်ဘၣ်တြူာ်, ဖံးဘ့ၣ်ဘၣ်တြူာ်လီၤဘျူး ၂. တၢ်လဲၤခီဖျိတၢ်ကီတၢ်ခဲအကတီၢ်, တၢ်အိၣ်သးကီခဲအကတီၢ် ၃. တၢ်ဘၣ်တြူာ်အကတီၢ်

scrape *v* ၁. ကွးကွံာ်, တ်ကွံာ် ၂. ဘၣ်တြူာ်ဒီးလီၤဘျူး ၃. တြူာ်သိၣ်တၢ်

scraper *n* နီၣ်တ်, နီၣ်တြူာ်

scrapie *n* သိအတၢ်ဆါ, တၢ်ဆါလၢအဘၣ်က်သိ

scraping *n* တၢ်အလ့ၣ်အဒ့လၢတၢ်တ်နှၢ်အီၤ, တၢ်အက့အခီလၢတၢ်ကွဲးနှၢ်အီၤ

scrappy *a* ၁. လၢတအိၣ်ဒီးအကံၢ်အစီ, လၢတအိၣ်လၢအလီၢ်အကျဲ ၂. လၢအညီနှၢ်ဂ့ၢ်လိာ်ဘိလိာ်တၢ်, လၢအဲၣ်ဒိးအ့ၣ်လိာ်ဆီးက့လိာ်အသး, လၢအဲၣ်ဒိးပြၢတၢ်

scrapyard *n* တၢ်ဟ်စဲးလီၢ်လံၤဖီဃးအလီၢ်, သိလ့ၣ်အသွၣ်ခိၣ်

scratch *a* ၁. လၢတၢ်မၤကဲထီၣ်ဒီးတၢ်လၢအအိၣ်, လၢအစူးကါတၢ်လၢအအိၣ်တမံၤလၢ်လၢ် ၂. လၢတဟ့ၣ်တၢ်အခွဲးအယာ်လီၤဆီ

scratch *n* ၁. ဖံးဘ့ၣ်လီၤဘျူး ၂. တိၤကွ့, တၢ်ဘၣ်ကွးအလီၢ် ၃. တၢ်တ် ၄. တၢ်ဘၣ်ကွးအသိၣ် ၅. (from scratch) တၢ်စးထီၣ်က့ၤလၢအခီၣ်ထံး

scratch *v* ၁. တ် ၂. ဘၣ်ကွး, ကွး ၃. တြူာ်သံ

scratch pad *n* ၁. လံာ်ကွဲးနီၣ်တၢ်ဖိ ၂. တၢ်ကွဲးနီၣ်တၢ်အလီၢ် (လၢခီၣ်ဖျူထၢၣ်အပူၤ)

scratchy *a* ၁. လၢအသွံးတဖဲးဒီးဘၣ်ပှၤတမှာ်တလၤ ၂. လၢအကလုၢ်ဘံးသွး ၃. လၢအကွဲးလံာ်ဒ်ဆီဝဲးအိၣ်ဆၣ်အသိး, လၢအကွဲးနါစိၤလံာ်

scrawl *n* တၢ်တိၤကွံးကွးတၢ်, တၢ်ကွဲးနါစိၤတၢ်

scrawl *v* တိၤကွံးကွးတၢ်, ကွဲးနါစိၤ

scrawny *a* ဒိၣ်ဃံ, ဃဲၤ, ဃဲၤသံဃဲၤကျိ

scream *n* တၢ်ကိးပသူ, တၢ်ကဲးပသူ, တၢ်ကဲၤကပျိၢ်, တၢ်ကဲးကလး

scream *v* ကိးပသူ, ကဲးပသူ, ကဲးကပျိၢ်, ကဲးကလး

screamingly *adv* ဒိၣ်မး

scree *n* ကစၢၢ်ခီၣ်ထံးလၢၢ်လီၤဖုံၣ်

screech *n* တၢ်သိၣ်ဃဲကအဲ

screech *v* ကိးဃဲကအဲး, ကတိၤဃဲကအဲး, ကဲးပသူဃဲကအဲး

screed *n* ၁. တၢ်ကွဲးဖးထီလၢအလီၤကၢၣ်လီၤကျူ ၂. တၢ်ကတိၤဖးထီလၢအလီၤကၢၣ်လီၤကျူ

screen *n* ၁. ဃု့, နီၣ်ဘျးသဒၢ. တၢ်တမံၤလၢအမၤသဒၢတၢ်လၢတၢ်ထု့ဃု့အီၤလၢဝၣ်မ့ၢ်ဂ့ၤထးသွဲမ့ၢ်ဂ့ၤ ၂. နီၣ်သဒၢ. ခီၣ်ဖျူထၢၣ်, ကွဲၤဟူဖျါအမဲာ်သၣ် အဒိ, ကွဲၤဟူဖျါ မ့တမ့ၢ် တၢ်ဂီၤမူအနီၣ်သဒၢ

screen *v* ဘျးသဒၢတၢ်, (ဒုး) အိၣ်သဒၢ, မၤစီမၤကဆို, ဂုၤကဆို

screen test *n* တၢ်ဂဲၤဒိကွၢ်တၢ်ဂီၤမူ, တၢ်ထံၣ်လိာ်ဂဲၤဒိသမံသမိးကွၢ်ဘၣ်အသးလၢကဂဲၤဒိဘၣ်တၢ်ဂီၤမူအဂီၢ်

screenplay *n* တၢ်ဂဲၤဒိပူတၢ်ဂီၤမူအတၢ်ဂ့ၢ်တၢ်ကျိၤတဃုၢ်, တၢ်ကွဲးပူအတၢ်ဂ့ၢ်တၢ်ကျိၤတဃုၢ်

screenwriter *n* ပှၤကွဲးပူ, ပှၤကွဲးတၢ်ဂီၤမူအပူ

screw *n* ၁. ထးနီၣ်ဝံာ်, ထးပဝံာ် ၂. ဃိာ်အပှၤပၢၤနီၣ်ဝံာ်ခံ

screw *v* ၁. ဝံာ်နုာ်, ဝံာ်ပကံးတၢ် ၂. လီတၢ်, မၤန့ၢ်ကဘျံးကဘျၣ်တၢ်

screwball *n* ပှၤခိၣ်နူာ်တပံ, ပှၤပျုၢ်ဆ့ါ

screwdriver *n* နီၣ်ဝံာ်ထး

screwed-up *a* ၁. လၢအပှဲၤဒီးတၢ်မိၣ်တၢ်မး, လၢအသူၣ်အုးသးအုးဒိၣ်ဒိၣ်ကလဲာ် ၂. (တၢ်ရဲၣ်တၢ်ကျဲၤ) လၢအဟးဂူာ်ဟးဂီၤကွံာ်

screw-top *a* လၢအိၣ်ဒီး (အခိၣ်ပံး) လၢဘၣ်တၢ်ဝံာ်အီၤ

screwy *a* လၢအသးတဘၣ်လိာ်ဘၣ်စး, လၢအခိၣ်နူာ်တထံတဆး, လၢအပျုၢ်

scribble *n* တၢ်တိၤကွဲးကွး, တၢ်ကွဲးနါစိၤ

scribble *v* ၁. ကွဲးနါစိၤလံာ်, ကွဲးလံာ်ဒ်ဆိဝဲး အိၣ်အဆၣ်အသိး, ကွဲးလံာ်ချ့ဒံးချ့နူး ၂. တိၤကွ့ကွီ, တိၤကွံးကွး

scribe *n* ၁. ပှၤဒိးလဲကွဲးလံာ် ၂. ပှၤကွဲးတၢ်ကစီၣ်

scrimmage *n* ၁. တၢ်အ့ၣ်လိာ်ဆိးက့လိာ်သး ၂. တၢ်စးထီၣ်တၢ်ဂဲၤလိာ်ကွဲပြၢ (အဒိ, ဖဲတၢ်စးထီၣ်ဂဲၤဖျၢၣ်သ့ၣ်)

scrimp *v* သူကတိၤစ့, စူးကါကတိၤစ့

script *n* ၁. စုလိၢ် ၂. တၢ်ဂဲၤဒိပူတၢ်ကိၤမူအဂ့ၢ်အကျိၤ ၃. လံာ်မဲာ်ဖျၢၣ်အက့ၢ်အဂီၤ ၄. တၢ်ကွဲးတယုၢ်

script *v* ကွဲးပူ, ကွဲးတၢ်ဂ့ၢ်တၢ်ကျိၤလၢပူတယုၢ်အဂီၢ်

scripture *n* ၁. လံာ်စီဆှံ, လံာ်စီဆှံအဆၢ ၂. တၢ်ဘူၣ်တၢ်ဘါအလံာ်

scriptwriter *n* ပှၤကွဲးပူ, ပှၤကွဲးတၢ်ဃဲၤ

scroll *n* ၁. လံာ်ထူ, စးခိအထူ ၂. လံာ်ထူအဂီၤ

scroll *v* သုးထီၣ်သုးလီၤ, သုးထီၣ်သုးလီၤကွၢ်လံာ်လၢခီၣ်ဖှူထၢၣ်အပူၤ

scroll bar *n* နီၣ်သုးထီၣ်သုးလီၤလံာ်, တၢ်သုးထီၣ်သုးလီၤလံာ်အဘိလၢအအိၣ်လၢခီၣ်ဖှူထၢၣ်မဲာ်သၣ်ကပၤ

scrooge *n* ပှၤပံာ်သံကီသံ

scrotum *n* ဒံၣ်သၣ်

scrounge *v* ၁. ဂ့ာ်နှၢ်ပှၤတၢ် ၂. ဃ့ကလိပှၤတၢ်

scrub *n* ၁. သ့ၣ်တပိာ်ဖိ ၂. တၢ်ထူးကဆို, တၢ်တြူာ်ကဆိုတၢ်

scrub *v* ထူး, တြူာ်

scrubber *n* ၁. (တၢ်ကတိၤတဆဲးတလၤ) ဃဲသဲမုၣ်, တၢ်ကိးတဆဲးတလၤပိာ်မုၣ်လၢအဆါလီၤအိၣ်အသး ၂. တၢ်ထူးလီခီသဘံၣ်သပၢၤ, တၢ်ထူးလီခီသဘံၣ်သပၢၤတလိၣ်

scrubby *a* ၁. လၢအအိၣ်ပှဲၤဒီးသ့ၣ်တပိာ်တဖၣ် ၂. လၢအလီၤညွံးလီၤဘဲဒီးဒိၣ်ထီၣ်တန့ၢ်

scruff *n* ပှၤဘၣ်အၢဘၣ်သီ, ပှၤတကဆွဲကဆို

scruffy *a* လၢအဘၣ်အၢဘၣ်သီ, လၢအတကဆွဲကဆို

scrum *n* ၁. ရၤဘံၣ်အတၢ်ဂဲၤလိာ်ကွဲ ၂. တၢ်ဂ့ာ်လိာ်တ့ာ်လိာ်တၢ်

scrumptious *a* လၢအဝံၣ်အဘဲ

scrumpy *n* သံးဖီသၣ်, ဖီသၣ်အသံး, သံးအဆူၣ်တကလှာ်လၢတၢ်မၤအီၤဒီးဖီသၣ်

scrunch *v* ၁. မၤသီၣ်ခြိးခြိးခြီးခြီး, ဃီၢ်သီၣ်ခြိးခြိး ၂. စိၤကၢကိၢ်လိၣ်, စံၢ်ကၢကိၢ်လိၣ်, မၤစံၤစွဲၤ, မၤစိၤဘုၣ်စိၤစွဲၤ, မၤဆံးနူး

scruple *n* တၢ်ယူာ်အသး, တၢ်မၤယံာ်မၤနိၢ်သး

scrupulous *a* လၢအပလိၢ်ပဒီအသး

scrutineer *n* ပှၤသမံသမိးတၢ်ဖး

scrutinize, scrutinise *v* သမံသမိးတၢ်လီၤတံၢ်လီၤဆဲး, သမံသမိးတၢ်ထံထံဆးဆး

scrutiny *n* တၢ်သမံသမိးတၢ်လီၤတံၢ်လီၤဆဲး, တၢ်သမံသမိးတၢ်ထံထံဆးဆး

scuba-diving *n* တၢ်ယူၤထံအိၣ်ဒီးကလံၤကသါဒၢ, တၢ်ယူၤထံအိၣ်ဒီးအီးစံၣ်ကွၢၣ်အဒၢ

scud *v* အူဒံကွံာ်, ဒံကွံာ်, သုးအသးချ့ချ့

scuff *v* ၁. တၢ်ဟးတွံၢ်တရူာ်ခီၣ်, ဟးကယီကယီ ၂. ကွးနိၣ်တၢ်, တြူာ်နိၣ်တၢ်

scuffle *n* ၁. တၢ်အ့ၣ်လိာ်ကနိလိာ်သး, တၢ်အ့ၣ်လိာ်သးတပျုၢ်တပျိၢ် ၂. တၢ်ဟးတွံၢ်တရူာ်ခီၣ်

scuffle *v* ၁. အ့ၣ်လိာ်ကနိလိာ်သး ၂. ဟးတွံၢ်တြူာ်အခီၣ်

scull *n* ၁. ချံဝၢ်ဖိ, ချံမူဖိ ၂. နီၣ်ဝၢ်

scull *v* သူ (ချံ), ဝၢ် (ချံ), ကၢၢ် (ချံ)

scullery *n* ထံဖိၣ်လိၢ်, တၢ်သ့သဘံၣ်လီခီအဒၢး

scullion *n* ပှၤမၤကစဲးကစီးတၢ်လၢဖၣ်ကပူၤ

sculpt *v* စိးပျၤတၢ်

sculptor *n* ပှၤစိးပျၤတၢ်ဖိ

sculpture *n* တၢ်ဂီၤလၢပှၤစိးပျၤနှၢ်ဝဲ, တၢ်စိးပျၤတၢ်ဂီၤ

sculptured *a* ၁. လၢဘၣ်တၢ်စိးပျၤအီၤ ၂. လၢအဘျ့ဒီးလီၤအဲၣ်လီၤကွံ

scum *n* ၁. ထံသဘဲ, ထံဃံၣ်ထံဃူး ၂. ပှၤတဂိာ်တသိၣ်, ပှၤလီၤသးဘၣ်အၢ, ပှၤဘၣ်အၢဘၣ်သီ

scumbag *n* (တၢ်ကတိၤတဆဲးတလၤ) ပှၤတဂီၢ်တသိဉ်, ပှၤလီၤသးဘၣ်အၢ, ပှၤဘၣ်အၢဘၣ်သီ

scupper *v* ၁. ကွဲးဟးဂီၤတၢ်, မၤဟးဂူာ်ဟးဂီၤ ၂. မၤလီၤဘျၢကဘီ

scurrilous *a* လၢအကွဲးတဲဟးဂီၤတၢ်, လၢအကွဲးနါစီၤနါပြးတၢ်

scurry *v* ဟးကရီ, ဟးချ့ချ့, ဟးပစုၢ်ပတ့ၤ

scurvy *a* လၢအလီၤသးဘၣ်အၢ, လၢအတလီၤပာ်ကဲ

scurvy *n* ဘံဉ်တဉ်မံဉ်လီၤထြူးတၢ်ဆါ, စကဉ်ဘံဉ်တၢ်ဆါ

scuttle *n* ၁. သွံဉ်လးဒၢ ၂. ကဘီအကပၤတၢ်ဟးထီဉ်ဟးလီၤသ့အပူၤ

scuttle *v* ၁. ယ့ၢ်ကွံာ်ချ့ချ့ ၂. မၤဟးဂီၤ (တၢ်အၢဉ်လီၤ) ၃. ဘၢဉ်ဖျိကဘီအခံဒ်သိးကမၤလီၤဘျၢဉ်အီၤ, မၤထူဉ်ဖျိကဘီဒ်သိးကမၤလီၤဘျၢအီၤ

scuttlebutt *n* တၢ်သီဉ်ဝံသဲကလၤ

scythe *n* ယဲာ်က့ဉ်, ထါဂဲာ်ဖးထီ, ကျဉ်

scythe *v* ဂဲာ်, ကူး (ဘု)

sea *n* ပီဉ်လဲဉ်

at sea *idm:* ကွၢ်ထံဆိကမိဉ်တၢ်တဘဉ်လၢၤ

sea air *n* ကလံၤဆှံလၢပီဉ်လဲဉ်နံၤ, ပီဉ်လဲဉ်နံၤအကလံၤဆှံ

sea anemone *n* ပီဉ်လဲဉ်ကုၤလၢၢ်ဖီ

sea breeze *n* ပီဉ်လဲဉ်နံၤကလံၤဖိနဲ, ကလံၤဖိနဲလၢပီဉ်လဲဉ်နံၤ

sea farer *n* ပှၤကဘီဖိ, ပှၤလဲၤတၢ်လၢကဘီ

sea faring *a* လၢအမၤတၢ်လၢကဘီပူၤ, လၢအလဲၤတၢ်လၢပီဉ်လဲဉ်ပူၤ

sea fish *n* ညဉ်ပီဉ်လဲဉ်

sea front *n* ပီဉ်လဲဉ်ကၢၢ်နံၤဝ့ၢ်, ဝ့ၢ်လၢပီဉ်လဲဉ်ကၢၢ်နံၤ

sea horse *n* ကသ့ဉ်ထံ

sea level *n* ပီဉ်လဲဉ်အမဲာ်ဖံးခိဉ်

sea lion *n* ဆိဖးဒိဉ်တကလုာ်

sea power *n* ၁. ထံသုးမုၢ်အဂံၢ်အဘါ ၂. ထံကီၢ်လၢအိဉ်ဒီးထံသုးမုၢ်အဂံၢ်ဘါဆူဉ်

sea side *n* ပီဉ်လဲဉ်ကၢၢ်နံၤဝ့ၢ်, ဝ့ၢ်လၢပီဉ်လဲဉ်ကၢၢ်နံၤ

seabed *n* ပီဉ်လဲဉ်အဒါလာ်, ပီဉ်လဲဉ်အခံဒး

seabird *n* ထိဉ်ပီဉ်လဲဉ်

seaboard *n* ပီဉ်လဲဉ်ကၢၢ်နံၤတၢ်လီၢ်ကဝီၤ

seaborne *a* လၢအဟဲဒီးကဘီ, လၢအဘၣ်တၢ်တီဆှၢအီၤဒီးကဘီ

seafood *n* ပီဉ်လဲဉ်တၢ်အီဉ်

seagoing *a* လၢအလဲၤခီက်ပီဉ်လဲဉ်

seagull *n* ဘျ့ဉ်ဘျီဉ်ဝါ

seal *n* ၁. ပီဉ်လဲဉ်ဆိ ၂. တၢ်စဲပနီဉ်

seal *v* စဲတံာ်, ကျးတံာ်, ကးတံာ်

sealant *n* တၢ်လၢဘၣ်တၢ်ကျးတံာ်ယာ်အီၤ, တၢ်လၢဘၣ်တၢ်ရံးတံာ်ယာ်အီၤ, တၢ်လၢဘၣ်တၢ်လံာ်တံာ်အီၤ

sealer *n* ၁. တၢ်လၢဘၣ်တၢ်ကျးတံာ်ယာ်အီၤ, တၢ်လၢဘၣ်တၢ်ရံးတံာ်ယာ်အီၤ ၂. ပှၤလူၤဆိ

sealing wax *n* ယိးစဲ

seam *n* အကနူၤချံးအသး, တၢ်ဆးတၢ်အတိၤ

seaman *n* ပှၤကဘီဖိ, ပှၤကဘီဖိပိာ်ခွါ

seamed *a* ၁. လၢအိဉ်ဒီးအတိၤ, လၢအဖံးဘ့ဉ်သွံး

seamless *a* ၁. လၢတအိဉ်ဒီးအတိၤ, လၢအဆၢတအိဉ်

seamstress *n* ပှၤဆးတၢ်ဖိအပိာ်မုဉ်, ပှၤပိာ်မုဉ်လၢအဆးတၢ်သ့

seamy *a* လၢအအၢအသိဒိဉ်မး

seance *n* တၢ်ကိးကဲ့ၤပှၤဝံပှၤကလၤအမူး

seaplane *n* ကဘီယူၤလၢအစီၢ်လီၤယူၤထီဉ်လၢထံကျါသ့

seaport *n* ကဘီသန့

sear *v* ၁. မၤကိၢ်ဘီထိဉ်, ယိကိၢ်ဘီ, ကိၢ်သွဉ် ၂. တအိဉ်ဒီးတၢ်တူၢ်ဘၣ်ခီဉ်ဘၣ်လၢၤ, တူၢ်တၢ်နု့ၢ်တုၤအသးတဘၣ်ဒိလၢၤ

search *n* တၢ်ယုထံဉ်တၢ်, တၢ်ယုန့ၢ်တၢ်,တၢ်ကွၢ်ယုတၢ်, တၢ်ယုကမူဉ်ခွဲးခွးတၢ်

search *v* ယုန့ၢ်, ယုထံဉ်, ကွၢ်ယု

search engine *n* အ့ထၢဉ်နဲးအတၢ်ယုကွၢ်တၢ်သန့ခိဉ်သ့ဉ်

search party *n* တၢ်လူၤယုကဲ့ၤပှၤလီၤမၢ်အကရူၢ်, ပှၤအဖုအကရူၢ်လၢအယုကဲ့ၤပှၤလီၤမၢ်

search warrant *n* တၢ်နုာ်လီၤယုကွၢ်တၢ်အလံာ်ပျဲဖိးသဲစး

searcher *n* ပှၤယုထံဉ်ကဲ့ၤတၢ်ဖိ, ပှၤယုထံဉ်သ့ဉ်ညါတၢ်ဖိ

S

searching *a* လၢအယုထံၣ်သ့ၣ်ညါတၢ်လီၤတံၢ်လီၤဆဲး

searchlight *n* မ့ၣ်ရှ့ၢ်

searing *a* ၁. လၢအသဟီၣ်ဆူၣ်ဒိၣ်မး, လၢအဆူၣ်ဒိၣ်မး ၂. လၢ (အပဲၤအၢပဲၤသီ) တၢ်ဆူၣ်ဆူၣ်ကလဲာ်, လၢ (အပဲၤအၢပဲၤသီ) နးနးကလဲာ်

seascape *n* ပီၣ်လဲၣ်အတၢ်ဂီၤ

seashell *n* ချိၣ်ပီၣ်လဲၣ်အကု

seashore *n* ပီၣ်လဲၣ်ကၢၢ်နံၤ

seasick *a* လၢအမူၤပီၣ်လဲၣ်, လၢအမူၤချံမူၤကဘီ

season *n* ခါ, တၢ်အခ့အခါ, တၢ်အကတီၢ်အဒိ, တၢ်ကိၢ်ခါ – တၢ်စူၤခါ

season *v* ၁. ဟ်ဃှထီ (သ့ၣ်), လီသံ (သ့ၣ်) ၂. မၤဆၢမၤဘဲ (တၢ်အီၣ်တၢ်အီ)

seasonable *a* လၢအကဲထိၣ်သးဘၣ်ဆၢဘၣ်ကတီၢ်, လၢအမၤအသးဘၣ်ဆၢဘၣ်ကတီၢ်, လၢအဘၣ်ဆၢဘၣ်ကတီၢ်

seasonal *a* လၢအကဲထိၣ်သးလၢအဆၢကတီၢ်ဒၣ်ဝဲ, လၢအဆီတလဲသးလၢအဆၢကတီၢ်ဒၣ်ဝဲ, လၢအဒိးသန့ၤထိၣ်အသးလၢတၢ်ဆၢကတီၢ်အဖိခိၣ်

seasonality *n* တၢ်ဆီတလဲသးလၢအဆၢကတီၢ်ဒၣ်ဝဲ

seasoned *a* ၁. လၢအတၢ်လဲၤခီဖျိအါ ၂. (တၢ်အီၣ်တၢ်အီ) လၢတၢ်မၤဆၢမၤဘဲအီၤ, ၃. (သ့ၣ်) လၢဘၣ်တၢ်လီဃှထီအီၤ

seasoning *n* တၢ်နၢမူနၢဆို (အကမူၣ်)

season's greeting *n* ခရံာ်အိၣ်ဖျဲၣ်အတၢ်ဆၢဂ့ၤဆၢဝါ

seat *n* ၁. လီၢ်ဆ့ၣ်နီၤ, ခးဆ့ၣ်နီၤ ၂. တၢ်အလီၢ်, အလီၢ်

seat *v* ဒုးဆ့ၣ်နီၤ, ဟ့ၣ်အလီၢ်အလၤ

seat belt *n* လီၢ်ဆ့ၣ်နီၤဃီၢ်တကိး (လၢကဘီယူၤ – သိလ့ၣ်အပူၤ)

seating *n* ၁. တၢ်ဆ့ၣ်နီၤအလီၢ် ၂. တၢ်ရဲၣ်လီၤလီၢ်ဆ့ၣ်နီၤ

seaward *a* ဆူပီၣ်လဲၣ်, လၢအလီၤဆူပီၣ်လဲၣ်တကပၤ

seaweed *n* ပီၣ်လဲၣ်ထံဃံၣ်

seaworthy *a* (ကဘီ) လၢအကြၢးဝဲဘၣ်ဝဲလၢကလဲၤတၢ်လၢပီၣ်လဲၣ်, လၢအကြၢးလဲၤတၢ်လၢပီၣ်လဲၣ်ပူၤ

sebaceous *a* လၢအထုးထိၣ်နီၢ်ခိအသိ, လၢအဘၣ်ထွဲဒီးကှ့ၢ်ဂီၤဒ့ဲလၢအထုးထိၣ်နီၢ်ခိအသိ

secateurs *n* ထးရံး (နီၣ်), ထးတံာ် (နီၣ်), ထးတံာ်ဖးဒိၣ်

secede *v* ထုးဖးကွံာ်အသး, မၤလီၤဖးအသး

secession *n* တၢ်ထုးဖးကွံာ်သး, မၤလီၤဖးအသးဒီးတၢ်ဂၤ

secessionist *a* ၁. ပှၤလၢအဲၣ်ဒိးအထံအကီၢ်ထုးဖးကွံာ်အသးလၢကီၢ်စၢဖိၣ် ၂. ပှၤလၢအဲၣ်ဒိးထုးဖးကွံာ်အသး, ပှၤလၢအဲၣ်ဒိးမၤလီၤဖးအသး

seclude *v* ဟ်သဒၢအသး, ဟ်တဒၢအသး, အိၣ်ယံၤဒီးဟ်လီၤဆီအသးဒီးတၢ်အဂၤ

secluded *a* လၢအဘ့ၣ်ဘိၣ်, လၢအအိၣ်ယံၤဒီးဟ်လီၤဆီအသးဒီးတၢ်အဂၤ

seclusion *n* ၁. တၢ်အိၣ်လီၤဖျိၣ်, တၢ်အိၣ်ယံၤဒီးဟ်လီၤဆီအသးဒီးတၢ်အဂၤ ၂. တၢ်ဟ်သဒၢအသး, တၢ်ဟ်တဒၢအသး, တၢ်အိၣ်သဒၢအသး

second *a* ခံ (ခါ) တ (ခါ)

second *adv* ခံမံၤတမံၤ, ခံခါတခါ, ခံဘျီတဘျီ

second *n* စဲးကံာ်, စဲးကီး

second *v* ၁. မၤစπၤ, ဆိၣ်ထွဲ ၂. ဟ့ၣ်လီၤမူဒါလီၤဆီ

second best *a* လၢအဂ့ၤကတၢၢ်ခံ (မံၤတမံၤ)

second class *a* လၢအဘၣ်ဃးဒီးကၢ်စီခံပတီၢ်တပတီၢ်, လၢတမ့ၢ်အဂ့ၤကတၢၢ်

second class *n* ၁. တၢ်ဆှၢလံာ်ဆှၢလဲၢ်ခံပတီၢ်တပတီၢ် ၂. (တၢ်လဲၤတၢ်က့ၤ) လီၢ်ဆ့ၣ်နီၤခံပတီၢ်တပတီၢ်

Second Coming *n* ကစၢ်ခရံာ်အတၢ်ဟဲခံဘျီတဘျီ

second cousin *n* ခံတခွါ, ဒိတခွါခံဆီတဆီ

second hand *n* နၣ်ရံၣ်စဲးကံာ်ဘိ, နၣ်ရံၣ်စဲးကီးဘိ

second language *n* ကျိာ်ခံကျိာ်တကျိာ်

second nature *n* တၢ်အလုၢ်အလၢ်, ပှၤအန့ၤဆၢဉ်

second wind *n* တၢ်ကသါနၢ်လီၤကလံၤဖဲတၢ်ဘှံးသးအကတီၢ်, တၢ်ကသါနၢ်လီၤကလံၤလၢကမၤကိညၢ်လီၤတၢ်ဘှံးတၢ်တီၤသးအကတီၢ်

secondary *a* ၁. လၢအဘဉ်ဃးဒီးတီၤထီကို ၂. လၢအရှတဒိဉ်ဘဉ်

secondary education *n* တီၤထီတၢ်ကူဉ်ဘဉ်ကူဉ်သ့, တီၤကိုတၢ်မၤလိမၤဒိးခံပတီၢ်တပတီၢ်

second-degree *a* လၢအတအၢကဲဉ်ဆိး, လၢအတနးကဲဉ်ဆိး, လၢအတအၢနွံအအၢကတၢါဘဉ်

seconder *n* ပှၤဆိဉ်ထွဲတၢ်ဆှၢနှာ်, ပှၤမၤစπတၢ်ဆှၢနှာ်

second-guess *v* ၁. ဆိကမိဉ်နှၢ်ဟ်စπတၢ်, ဆိကမိဉ်တၢ်လၢတချုးပှၤဂၤကမၤမနုၤမနုၤ ၂. ပဲာ်ဖးနီၤဖးတၢ်

secondhand *a* ၁. (တၢ်ဖိတၢ်လံၤ) လၢပှၤသူအီၤဝံၤလံတဘျီ, လၢပှၤသူတ့ၢ်အီၤ, လၢတမ့ၢ်တၢ်အသိဘဉ် ၂. (တၢ်ဂ့ၢ်တၢ်ကျိၤ) လၢတၢ်မၤန့ၢ်အီၤလၢပှၤဂၤအအိဉ်တဆီ

second-rate *a* လၢအတဂ့ၤအါအါဘဉ်, လၢအကၢ်အစီတဂ့ၤ

second-sight *n* တၢ်ထံဉ်စိဟ်စπတၢ်, တၢ်သ့ဉ်ညါဆိဟ်စπတၢ်

second-string *a* (ပှၤဂဲၤလိာ်ကွဲဖိ) လၢအကဲပှၤပတြိာ်, လၢအနှာ်လီၤလိာ်ကွဲလၢပှၤအလီၢ်

secrecy *n* တၢ်ဟ်ခူသူဉ်တၢ်, တၢ်သူဘၢတၢ်, တၢ်ခူသူဉ်

secret *a* လၢအမ့ၢ်တၢ်ခူသူဉ်, လၢအခူသူဉ်ခူလံာ်

secret *n* တၢ်ခူသူဉ်

secret agent *n* တၢ်မဲာ်ချံ, ပှၢ်ဆို

secretariat *n* နဲဉ်ရွဲဉ်အဝဲၤကျိၤ, နဲဉ်ရွဲဉ်အဝဲၤဒၢး

secretary *n* ၁. နဲဉ်ရွဲဉ် ၂. တၢ်ကရၢကရိအပှၤကွဲးနီဉ်တၢ်

Secretary General *n* နဲဉ်ရွဲဉ်ခိဉ်ကျၢ်

Secretary of State *n* ၁. ထံဂ့ၤကီၢ်ဂၤကိတိာ်ဝဲၤကျိၤခိဉ် ၂. ကိတိာ်

secrete *v* ၁. ဟ်ခူသူဉ်, ဟံးခူသူဉ် ၂. ထုးထိဉ်တၢ်အထံ (အဒိ, နီၢ်ခိအထံ)

secretion *n* ၁. တၢ်အထံ ၂. တၢ်ထုးထိဉ်တၢ်အထံ (အဒိ, တၢ်မုၢ်တၢ်ဘိအထံ)

secretive *a* လၢအသူဘၢတၢ်, လၢအဟ်ခူသူဉ်တၢ်

secretly *adv* လၢတၢ်ခူသူဉ်အပူၤ

sect *n* ကရူၢ်, ကရၢ, အဒွဉ်, အဖု

sectarian *a* ၁. လၢအဘဉ်ဃးဒီးတၢ်ကဲထိဉ်သးခီဖျိတၢ်ဘူဉ်တၢ်ဘါတၢ်ဘဉ်ဂံာ်ဂူာ် ၂. လၢအဘဉ်ဃးဒီးတၢ်ဘူဉ်တၢ်ဘါထဲတကလှာ်ဓိၤ

section *n* ၁. တၢ်အကရူၢ်, တၢ်နီၤဖး ၂. တဆၢ, တတီၤ, တကူာ် ၃. ကဝီၤဒ့

sectional *a* ၁. လၢအဘဉ်ဃးဒီးပှၤတဖုတကရၢ ၂. လၢအဘဉ်ဃးဒီးတၢ်အကူအကူာ်, လၢအိဉ်ဒီးအကူာ်အကူအါ

sector *n* ၁. တၢ်အသနၢဉ် ၂. တၢ်အလိၢ်ကဝီၤ ၃. ကွီၤအကူာ်အကူ

secular *a* လၢအဘဉ်ဃးဒီးအအံၤတဃဉ်, လၢအတၢ်ဘူဉ်တၢ်ဘါတအိဉ်, လၢအအိဉ်ဆိးလၢပှၤတဘူဉ်ထူဘါယွၤအကျါ

secularism *n* အအံၤတဃဉ်အသန္

secularization, secularisation *n* တၢ်ထုးကွံာ်တၢ်ဘူဉ်တၢ်ဘါအတၢ်လုၢ်ဘၢစိကမီၤ

secularize, secularise *v* ထုးကွံာ်တၢ်ဘူဉ်တၢ်ဘါအတၢ်လုၢ်ဘၢစိကမီၤ

secure *a* ၁. လၢအဂၢၢ်အကျၤ, လၢအခၢဉ်, လၢအဃံးဃီဉ်ဒီဉ် ၂. လၢအပူၤဖျဲးဒီးတၢ်ဘဉ်ယိဉ်မၤန့ၢ် ၃. လၢတၢ်ဒီသဒၢအီၤ, လၢအတူၢ်ဘဉ်လၢအိဉ်ဒီးတၢ်ဘံဉ်တၢ်ဘၢ

secure *v* ၁. မၤန့ၢ် ၂. မၤပူၤဖျဲး, ဒီသဒၢ, အိဉ်ပိၤ, အုဉ်ခီဉ်သးလၢအဂီၢ် ၃. ဒုးဃာ်ဂၢၤဃာ်

securely *adv* ကျπကျπ, ဘံဉ်ဘံဉ်ဘၢဘၢ, ဂၢၢ်ဂၢၢ်ကျπကျπ

security *n* ၁. တၢ်ဘံဉ်တၢ်ဘၢ, တၢ်ပူၤဖျဲးဒီးတၢ်ဘဉ်ယိဉ် ၂. တၢ်အုဉ်ကီၤသး ၃. ဘံဉ်ဘၢဖိ, ပှၤခိးတၢ်ဖိ

security guard *n* ဘံဉ်ဘၢဖိ, ပှၤခိးတၢ်ဖိ

security risk *n* ၁. ပှၤလၢအလီၤဘဉ်ယိဉ် ၂. တၢ်အိဉ်သးလၢအလီၤဘဉ်ယိဉ်

S

security service *n* ထံကီၢ်တၢ်ဘံဉ်တၢ်ဘၢအတၢ်ဖံးတၢ်မၤ, တၢ်ဒီသဒၢကဟုကယာ်တၢ်ဖံးတၢ်မၤ
sedan *n* သိလ့ဉ်စံဒၢဉ်, သိလ့ဉ်ပဒၢးတကလုာ်
sedate *a* လၢအသးအိဉ်ဂၢ်တပၢ်, လၢအသးမှာ်သးခုဉ်ကစုၣ, မၤဂၢ်ပှၤသးခီဖျိတၢ်ဟ့ဉ်ကသံဉ်
sedate *v* ဟ့ဉ်ကသံဉ်မံ
sedation *n* တၢ်ဟ့ဉ်ကသံဉ်မံ မ့တမ့ၢ် ကသံဉ်မၤဂၢ်သး
sedative *n* ကသံဉ်မံ, ကသံဉ်မၤဂၢ်သး
sedentary *a* ၁. လၢအဆ့ဉ်နီၤအါ, လၢအတဟူးတဂဲၤ ၂. လၢအအိဉ်ထၢဉ်လၢတၢ်လိၢ်တတီၤ
Seder *n* ပှၤယူဒၤဖိအတၢ်ခိးသဂၢ်ဘူဉ်လဲၤကဟ်အမူး, တၢ်ခိးသဂၢ်ဘူဉ်လဲၤကဟ်အဟါတၢ်အီဉ်
sedge *n* တပံၢ်, နီဉ်
sediment *n* တၢ်လီၤဒး
sedimentary *a* လၢအလီၤဒး
sedimentation *n* တၢ်လီၤဒးအကျိၤအကျဲ
sedition *n* တၢ်ထိဉ်ဂဲၤထိဉ်တၢ်ပူထိဉ်လီထိဉ်
seditious *a* လၢအထိဉ်ဂဲၤထိဉ်တၢ်ပူထိဉ်လီထိဉ်
seduce *v* ကွဲန့ၢ်လီန့ၢ်, ရဲၢ်န့ၢ်, လွဲန့ၢ်
seducer *n* ပိာ်ခွါလၢအကွဲန့ၢ်လွဲန့ၢ်တၢ်, ပိာ်ခွါလၢအရဲၢ်န့ၢ်တၢ်, ပှၤပိာ်ခွါလၢအလွဲန့ၢ်တၢ်
seduction *n* တၢ်ကွဲန့ၢ်လွဲန့ၢ်တၢ်, တၢ်ရဲၢ်န့ၢ်တၢ်, တၢ်လွဲန့ၢ်တၢ်
seductive *a* လၢအကွဲန့ၢ်လွဲန့ၢ်တၢ်, လၢအရဲၢ်န့ၢ်တၢ်, လၢအလွဲန့ၢ်တၢ်
seductress *n* ပှၤပိာ်မုဉ်လၢအကွဲန့ၢ်လွဲန့ၢ်တၢ်, ပှၤပိာ်မုဉ်လၢအရဲၢ်န့ၢ်တၢ်, ပှၤပိာ်မုဉ်လၢအလွဲန့ၢ်တၢ်
sedulous *a* လၢအိဉ်ဒီးတၢ်သးစွံကတုၤ, လၢအအိဉ်ဒီးတၢ်ဂဲၤပျုၢ်ကျဲးစၢး, လၢအခုအဆှါ
see *n* ဘံရှိးပၢတၢ်အကဝီၤ, ပၤပၤပၢဘဉ်တၢ်အလိၢ်
see *v* ၁. ထံဉ်, ကွၢ် ၂. ထံဉ်လိာ်သး
seed *n* တၢ်အချံ, တၢ်ချံ
seed *v* ၁. အဲးကွံာ်တၢ်အချံ, အိးကွံာ်တၢ်အချံ ၂. ဖံလီၤတၢ်အချံ, ဘျၢလီၤတၢ်အချံ, သူဉ်လီၤတၢ်အချံ, ဟ်ချံထိဉ်တၢ် ၃. (တၢ်လိာ်ကွဲ) ဃုထၢထိဉ်ပှၤစဲဉ်နီၤ

go to seed *idm:* ၁. တကွၢ်ထွဲလီၤက့ၤအသးဘဉ်, တကွၢ်ထွဲလီၤက့ၤအတၢ်အိဉ်ဖျါ ၂. ဘဉ်အၢဘဉ်သီ ၃. ဟ့ဉ်ထိဉ်အချံအသဉ်
seed corn *n* တၢ်ချံတၢ်သဉ်, တၢ်အချံ, တၢ်လၢအကဲထိဉ်တၢ်ဘျုးတၢ်ဖှိဉ်လၢခါဆူညါ
seed money *n* စ့တိာ်ကျဲၤ, စ့တိာ်ပာ်
seed pearl *n* ချိဉ်လ့ၤအချံဖိ, ပလဲအချံဖိ
seedbed *n* ၁. တၢ်ဖံလီၤတၢ်ချံတၢ်သဉ်အလိၢ် ၂. တၢ်အဂံၢ်စဲၤလီၤသးအလိၢ်
seeded *a* ၁. (ပှၤလိာ်ကွဲဖိ) လၢတၢ်ဃုထၢထိဉ်အီၤ ၂. လၢတၢ်အိးကွံာ်အချံ, လၢတၢ်အဲးကွံာ်အချံ
seedless *a* လၢအချံတအိဉ်
seedling *n* တၢ်မုၢ်တၢ်ဘိလၢအစိးပှၢ်ထိဉ်, တၢ်ဖိမဲထိဉ်, တၢ်မုၢ်တၢ်ဘိဖိ
seeds man *n* ပှၤလၢအသူဉ်နှၤ်တၢ်အချံ, ပှၤသူဉ်ဆါတၢ်မုၢ်တၢ်ဘိအချံ
seedy *a* ၁. လၢအိဉ်ပှဲၤဒီးအချံ, လၢအိဉ်ထဲအချံ, လၢအချံအါ ၂. လၢအတဖျါဃံဖျါလၤ, လၢအဘဉ်အၢဘဉ်သီ, လၢအလီၢ်လံၤဖီဃး
Seeing Eye Dog *n* ထွံဉ်လၢအနဲဉ်ကျဲ, ထွံဉ်လၢအဆှၢပှၤမဲာ်ချံတထံဉ်တၢ်
seek *v* ဃုတၢ်, ဃုန့ၢ်, ဃုထံဉ်, ကွၢ်ဃု
seeker *n* ပှၤဃုတၢ်ဖိ, ပှၤဃုကွၢ်တၢ်ဖိ
seem *v* လီၤက်, ဖျါ
seemly *a* လၢအကြၢးဝဲဘဉ်ဝဲ
seep *v* စ့ၢ်ထိဉ်, စံၢ်ထိဉ် (ထံဟဲစံၢ်ထိဉ်)
seer *n* ဝံ, ဝံဇိၤမိၤဇိၤ, ပှၤထံဉ်စိဟ်စၢၤတၢ်, ပှၤထံဉ်တၢ်လၢညါခီ
seersucker *n* တၢ်ကံးညာ်ဘဲအသွံးတကလုာ်, တၢ်ကံးညာ်အသွံးတကလုာ်
see-saw *n* ယဲာ်ယီၤ, စံစီလၢပှၤဖိသဉ်လိာ်ကွဲဝဲ
see-saw *v* ယဲာ်ယီၤအသး
seethe *v* ၁. ကလာ်ထိဉ်, ချီ, ချီထိဉ်, ဒုးကလာ်ထိဉ် ၂. သးဒိဉ်ထိဉ်တၢ်ဒိဉ်ဒိဉ်ကလဲာ်, သးဒိဉ်ထိဉ်တၢ်နးနးကလဲာ် ၃. အိဉ်ပှဲၤကတံာ်ကတူာ်ဒီး
see-through *a* လၢတၢ်ထံဉ်ဖျိအီၤ

S

segment *n* ၁. တၢ်တကူ့, တၢ်တခီ, တၢ်ကူၣ်လၥ်, တၢ်အကူ့အခီ ၂. တၢ်ကဝီၤတခီ, ကွီၤကူၣ် ၃. (တၤသူတၤသၣ်) တတြိၣ်

segment *v* နီၤဖးလီၤဆူအကူ့အခီ

segregate *v* ၁. ပၥ်ဖးနီၤဖး ၂. နီၤဖး

segregation *n* ၁. တၢ်ပၥ်ဖးနီၤဖး ၂. တၢ်နီၤဖး

segregationist *a* လၢအပၥ်ဖးနီၤဖးကလုာ်နူၣ်အဆၢ

segregationist *n* ပှၤလၢအပၥ်ဖးနီၤဖးကလုာ်နူၣ်အဆၢ

segue *v* ၁. ဆီတလဲပိာ်ထွဲထီၣ်အခံဘျ့ဘျ့ဆိုဆို, လဲလိာ်ခီက်သးဘျ့ဘျ့ဆိုဆို ၂. သးဝံၣ်ထးသွဲ

seismic *a* လၢအဘၣ်ဃးဒီးဟီၣ်ခိၣ်ဟူး

seismograph *n* နိၣ်ထိၣ်ဟီၣ်ခိၣ်ဟူး

seismology *n* ဟီၣ်ခိၣ်ဟူးပီညါ

seize *v* ဖိၣ်နၢ့်တၢ်, စိုၤတံၢ်, ဖိၣ်ဃာ်

seizure *n* ၁. တၢ်ထိၣ် (တၢ်ဆူးတၢ်ဆါ) ၂. တၢ်ဖိၣ်နၢ့်တၢ် ၃. တၢ်မၤနၢ့်ပၢတၢ်လၢတၢ်စုဆူၣ်ခိၣ်တကး

seldom *adv* တအါဘျီဘၣ်, တညီနၢ်မၤအသး

select *v* ဃုထၢ

select committee *n* တၢ်သမံသမိးအကမံးတံာ်

selection *n* ၁. တၢ်ဃုထၢ ၂. တၢ်လၢဘၣ်တၢ်ဃုထၢထီၣ်အီၤ

selective *a* ၁. လၢအပလိၢ်ပဒိသးလၢတၢ်ဃုထၢအပူၤ ၂. လၢအဃုထၢတၢ်

selector *n* ၁. ပှၤဃုထၢတၢ်ဖိ ၂. တၢ်ဃုထၢတၢ်အပီးအလီ

self *n* နီၢ်ကစၢ်ဒၣ်ဝဲ, နီၢ်ကစၢ်

self *pron* နီၢ်ကစၢ်ဒၣ်ဝဲ, နီၢ်ကစၢ်

self appraisal *n* တၢ်သမံသမိးလီၤက့ၤနီၢ်ကစၢ်အသးဒၣ်ဝဲ

self awareness *n* တၢ်သ့ၣ်ညါနၢ်ပၢၢ်လီၤက့ၤပနီၢ်ကစၢ်အသး, တၢ်ကွၢ်ထံလီၤက့ၤနီၢ်ကစၢ်အသး

self conscious *a* ၁. လၢအသ့ၣ်ညါလီၤက့ၤအသး, လၢအမဲာ်ဆုးလီၤက့ၤအနီၢ်ကစၢ်အသး, လၢအထံၣ်လီၤက့ၤအသး ၂. လၢအပလိၢ်ပဒိသးအါတလၢ

self esteem *n* တၢ်သ့ၣ်ညါလီၤက့ၤနီၢ်ကစၢ်အလုၢ်အပှ့ၤ, တၢ်သ့ၣ်ညါပဟ်ကဲလီၤက့ၤသး

self-absorbed *a* လၢအကွၢ်ထဲအနီၢ်ကစၢ်အဂီၢ်, လၢအဲၣ်လီၤထဲအသး

self-abuse *v* မၤတရီတပါလီၤက့ၤအသး, မၤဆါလီၤက့ၤအသး

self-access *n* တၢ်မၤလိတၢ်လၢပနီၢ်ကစၢ်ဒၣ်ဝဲအကျဲ

self-adhesive *a* လၢအစဲဘူးဒၣ်အတၢ်, လၢအဘူးတာ်

self-appointed *a* လၢအဃုထၢလီၤက့ၤအသးဒၣ်ဝဲ, လၢအဟ့ၣ်လီၤက့ၤအနီၢ်ကစၢ်အသးလၢတၢ်လီၢ်အလၤ

self-assembly *a* လၢပဘၣ်ထီထီၣ်က့ၤအီၤလၢပနီၢ်ကစၢ်ဒၣ်ဝဲ

self-assertion *n* တၢ်အိၣ်ဒီးတၢ်နာ်နၢ့်လီၤသးလၢလၢပှဲၤပှဲၤ

self-assertive *a* လၢအနာ်နၢ့်လီၤအသးလၢလၢပှဲၤပှဲၤ

self-assessment *n* ၁. တၢ်သမံသမိးလီၤက့ၤနီၢ်ကစၢ်အသးဒၣ်ဝဲ ၂. တၢ်ဒွးလီၤက့ၤအနီၢ်ကစၢ်အခိအသွဲ

self-assurance *n* တၢ်နာ်နၢ့်လီၤနီၢ်ကစၢ်အကံၢ်အစီ, တၢ်နာ်လီၤနၢ့်နီၢ်ကစၢ်အတၢ်သ့တၢ်ဘၣ်

self-assured *a* လၢအနာ်နၢ့်လီၤနီၢ်ကစၢ်အကံၢ်အစီ, လၢအနာ်နၢ့်လီၤအနီၢ်ကစၢ်အတၢ်သ့တၢ်ဘၣ်

self-catering *n* တၢ်ဖီအီၣ်တၢ်လၢနနီၢ်ကစၢ်ဒၣ်ဝဲ (တၢ်ဟးကသုၣ်)

self-centered *a* လၢအဲၣ်လီၤထဲအသး, လၢအတၢ်လီၤဒၣ်ထဲအထၢပူၤ

self-command *n* တၢ်ပၢၤသူၣ်ပၢၤသး, တၢ်ပၢၤလီၤက့ၤနီၢ်ကစၢ်အသး

self-complacency *n* တၢ်သူၣ်မံသးမံလီၤက့ၤအသးဒၣ်အတၢ်

self-complacent *a* လၢအသူၣ်မံသးမံလီၤက့ၤအသးဒၣ်ဝဲ

self-conceit *n* တၢ်ဆိကမိၣ်ဒိၣ်လီၤက့ၤအသးဒၣ်ဝဲ, တၢ်ဆိကမိၣ်ဂ့ၤလီၤက့ၤအသးဒၣ်ဝဲ

S

self-conceited *a* လၢအဆိကမိၣ်ဒိၣ်လီၤအသးဒၣ်ဝဲ, လၢအဆိကမိၣ်ဂ့ၤလီၤအသးဒၣ်ဝဲ

self-confessed *a* လၢအတဲလီၤကျိၤလီၤအတၢ်ဒဲးဘး, လၢအၢၣ်လီၤအီလီၤအသးအတၢ်ဂံၢ်စိၢ်ဒၣ်ဝဲ, လၢအထံၣ်လီၤကွၢ်အတၢ်ဂံၢ်စိၢ်

self-confidence *n* တၢ်နာ်နၢ်လီၤအသး

self-confident *a* လၢအနာ်လီၤအသးဒၣ်ဝဲ

self-congratulation *n* တၢ်ပတြၢၤလီၤကွၢ်အနီၢ်ကစၢ်အသး

self-congratulatory *a* လၢအပတြၢၤလီၤကွၢ်အနီၢ်ကစၢ်အသး

self-conscious *a* ၁. လၢအသ့ၣ်ညါလီၤကွၢ်အသး, လၢအမဲာ်ဆှးလီၤကွၢ်အနီၢ်ကစၢ်အသး, လၢအထံၣ်လီၤကွၢ်အသး ၂. လၢအပလိၢ်ပဒီသးအါတလၢ

self-consciousness *n* ၁. တၢ်သ့ၣ်ညါလီၤကွၢ်နီၢ်ကစၢ်အသး, တၢ်မဲာ်ဆှးလီၤကွၢ်နီၢ်ကစၢ်အသး, တၢ်ထံၣ်လီၤကွၢ်နီၢ်ကစၢ်အသး ၂. တၢ်ပလိၢ်ပဒီသးအါတလၢ

self-consistent *a* လၢအဘၣ်လိာ်ဖိးမံလိာ်သးဒီးအကစၢ်ဒၣ်ဝဲ, လၢအတၢ်တဲကိးဘိဒဲးလီၤပလိာ်လီၤအသးဒၣ်ဝဲ

self-contained *a* ၁. လၢအတလိၣ်ဒိးသန့ၤထီၣ်အသးလၢပှၤဂၤအဖီခိၣ်, လၢအမၤဒၣ်အတၢ်သ့ ၂. (ဒၢး) လၢအပၣ်ဃှာ်တၢ်ခဲလၢာ်

self-contradictory *a* လၢအတၢ်ကတိၤတပိာ်လိာ်အခံ, လၢအတၢ်ကတိၤတဃူဃိၣ်လီၤပလိာ်လိာ်အသး

self-control *n* တၢ်ပၢၤသူၣ်ပၢၤသး

self-criticism *n* တၢ်ဃဲာ်ထံနီၤဖးလီၤကွၢ်သး

self-deception *n* တၢ်လီလီၤကွၢ်သး

self-defence *n* တၢ်ဒီသဒၢလီၤကွၢ်အသး

self-delusion *n* တၢ်လီလီၤကွၢ်သး

self-denial *n* တၢ်သမၢလီၤကွၢ်နီၢ်ကစၢ်အသးဒၣ်ဝဲ

self-denying *a* လၢအသမၢလီၤကွၢ်အနီၢ်ကစၢ်အသးဒၣ်ဝဲ

self-dependent *a* လၢအဒိးသန့ၤလီၤကွၢ်အသးဒၣ်ဝဲ, လၢအဂဲၤဆၢထၢၣ်လၢအခီၣ်ဒၣ်ဝဲ

self-deprecating *a* လၢအကတိၤဟးဂီၤလီၤအသး, လၢအမၤစုၤလီၤအနီၢ်ကစၢ်အလုၢ်အပှၤ

self-derived *a* လၢအကဲထီၣ်ဒၣ်အတၢ်, လၢအိၣ်ထီၣ်ဒၣ်အတၢ်

self-destruct *v* ၁. မၤဟးဂီၤလီၤကွၢ်အသး ၂. ဟးဂီၤဒၣ်အတၢ်

self-destruction *n* ၁. တၢ်မၤဟးဂီၤလီၤကွၢ်အသး ၂. တၢ်ဟးဂီၤဒၣ်အတၢ်

self-determination *n* တၢ်စံၣ်ညီၣ်ပၢလီၤကွၢ်အသးဒၣ်ဝဲ

self-determined *a* လၢအစံၣ်ညီၣ်ပၢလီၤကွၢ်အသးဒၣ်ဝဲ

self-devotion *n* နီၢ်ကစၢ်အတၢ်ဟ့ၣ်လီၤသး, တၢ်ဟ့ၣ်လီၤအသးဒၣ်ဝဲ

self-discipline *n* တၢ်သိၣ်ယီၣ်လီၤကွၢ်အသးဒၣ်ဝဲ, တၢ်သ့သိၣ်ယီၣ်လီၤကွၢ်အသး

self-distrust *n* တၢ်တနာ်နၢ်လီၤကွၢ်အသးဒၣ်ဝဲ

self-doubt *n* တၢ်သးဒ့ဒီ, တၢ်တနာ်နၢ်လီၤသး

self-educated *a* လၢအမၤလိသ့ထီၣ်သးလၢအနီၢ်ကစၢ်ဒၣ်ဝဲ

self-employed *a* လၢအမၤနီၢ်ကစၢ်အတၢ်မၤ

self-evident *a* လၢအအိၣ်ဖျါဒၣ်အတၢ်, လၢအအိၣ်ဖျါစီၣ်ဝဲၤကဲၤဒၣ်အတၢ်

self-examination *n* ၁. တၢ်သမံသမိးလီၤကွၢ်သး, တၢ်ဆိကမိၣ်ထံလီၤကွၢ်သး ၂. တၢ်သမံသမိးကွၢ်ကွၢ်နီၢ်ကစၢ်အတၢ်အိၣ်ဆူၣ်အိၣ်ချ့

self-explaining *a* လၢတလိၣ်တဲနၢ်ပၢၢ်အါထီၣ်လၢၤအဂ့ၢ်, လၢတလိၣ်ရဲပွးအါထီၣ်လၢၤ, လၢတလိၣ်တဲအါထီၣ်လၢအဂ့ၢ်လၢၤဘၣ်

self-explanatory *a* လၢတလိၣ်တဲနၢ်ပၢၢ်အါထီၣ်လၢၤအဂ့ၢ်, လၢတလိၣ်ရဲပွးအါထီၣ်လၢၤ, လၢတလိၣ်တဲအါထီၣ်လၢအဂ့ၢ်လၢၤဘၣ်

self-expression *n* တၢ်ဟ်ဖျါထီၣ်နီၢ်ကစၢ်အတၢ်ထံၣ်တၢ်ဆိကမိၣ်, တၢ်တဲဖျါထီၣ်နီၢ်ကစၢ်အတၢ်ထံၣ်တၢ်ဆိကမိၣ်

self-fulfilment *n* တၢ်မၤလၢပွဲၤနီၢ်ကစၢ်အတၢ်လိၣ်ဘၣ်

self-government *n* တၢ်ပၢလီၤကွၢ်အသး

self-help *n* တၢ်မၤစၢၤလီၤကွၢ်နီၢ်ကစၢ်အသး

self-image *n* တၢ်ထံၣ်လီၤက့ၤနီၤ်ကစၢ်အသး, တၢ်ထံၣ်လီၤက့ၤနီၤ်ကစၢ်အသးလၢမ့ၢ်မတၤ
self-importance *n* တၢ်ထံၣ်ဒိၣ်လီၤက့ၤသး, တၢ်ဟ်ဒိၣ်လီၤက့ၤသး, တၢ်ဆိကမိၣ်လီၤသးလၢအရှ့ဒိၣ်
self-induced *a* လၢအမၤဘၣ်ဒိလီၤက့ၤအသးဒၣ်ဝဲ
self-indulgence *n* တၢ်လၢအလူၤဘၣ်အသးအတၢ်အဲၣ်ဒိးဒၣ်ဝဲ, တၢ်မၤမှာ်လၢအသးဒၣ်ဝဲ
self-indulgent *a* လၢအလူၤဘၣ်အသးအတၢ်အဲၣ်ဒိးဒၣ်ဝဲ
self-inflicted *a* လၢအမၤဘၣ်ဒိဆါလီၤက့ၤအသးဒၣ်ဝဲ
self-interest *n* နီၤ်ကစၢ်အတၢ်ဘၣ်ဘျုး, တၢ်ကွၢ်လီၤက့ၤထဲနီၤ်ကစၢ်အတၢ်ဘၣ်ဘျုး
selfish *a* အဲၣ်လီၤအသး
selfless *a* လၢအကွၢ်ထဲလၢပှၤဂၤအဂီၢ်, လၢအဆိကမိၣ်ထဲလၢပှၤဂၤအဂီၢ်, လၢအတကွၢ်လီၤတၢ်လၢအနီၤ်ကစၢ်အဂီၢ်
self-love *n* တၢ်အဲၣ်လီၤသး
self-made *a* လၢအထုးထိၣ်တီၤထိၣ်ဒၣ်အတၢ်, လၢအမံၤဟူသၣ်ဖျါထီၣ်ဒၣ်အတၢ်
self-pity *n* တၢ်သူၣ်ဆံးသးဆံး, တၢ်သးကညီၤလီၤက့ၤသး
self-portrait *n* နီၤ်ကစၢ်အတၢ်ဂီၤဒၣ်ဝဲ, နီၤ်ကစၢ်အတၢ်ဂီၤလၢနီၤ်ကစၢ်တ့ဝဲ
self-possessed *a* လၢအသးဂၢ်တပၢၢ်, လၢအဟ်သးဂၢ်ဂၢ်
self-possession *n* တၢ်သူၣ်ဂၢ်သးဂၢ်, တၢ်သးဂၢ်တပၢၢ်
self-reliance *n* တၢ်ဒိးသန့ၤလီၤက့ၤအသးဒၣ်ဝဲ, တၢ်ဂဲၤဆၢထၢၣ်လၢအခီၣ်ဒၣ်ဝဲ
self-reliant *a* လၢအဒိးသန့ၤလီၤက့ၤအသးဒၣ်ဝဲ, လၢအဂဲၤဆၢထၢၣ်လၢအခီၣ်ဒၣ်ဝဲ
self-renunciation *n* တၢ်ညီကွံာ်အသးဒၣ်ဝဲ, တၢ်စူးကွံာ်ညီကွံာ်အသးအတၢ်အဲၣ်ဒိးဒၣ်ဝဲဝဲလၢာ်
self-reproach *n* တၢ်သိၣ်ယီၣ်လီၤဒၣ်ဝဲအသး, တၢ်ဟ်က့ၤတၢ်ကမၣ်လၢအလီၤဒၣ်ဝဲ
self-reproachful *a* လၢအသိၣ်ယီၣ်လီၤဒၣ်ဝဲအသး, လၢအဟ်က့ၤတၢ်ကမၣ်လၢအလီၤဒၣ်ဝဲ
self-respect *n* တၢ်ဟ်ကဲလီၤက့ၤနီၤ်ကစၢ်အသး
self-restraint *n* တၢ်ပၢၤသူၣ်ပၢၤသး, တၢ်ကီၤသူၣ်ကီၤသး
self-righteous *a* လၢအဟ်တီဟ်လိၤလီၤအသး
self-righteousness *n* တၢ်ဟ်တီဟ်လိၤလီၤအသး
self-rule *n* တၢ်ပၢလီၤက့ၤအသးဒၣ်ဝဲ
self-sacrifice *n* တၢ်တူၢ်ဆါသးလၢပှၤအါဂၤအဂီၢ်, နီၤ်ကစၢ်တၢ်တူၢ်ဆါသး
selfsame *a* လၢအမ့ၢ်တၢ်တမံၤယီ, တ (နံၤ) ယီ
self-satisfied *a* လၢအသးမံလီၤက့ၤဒၣ်အသး, လၢအသူၣ်မံသးမှာ်လီၤက့ၤအသး
self-seeking *a* လၢအယုနီၤ်ကစၢ်အတၢ်ဘၣ်ဘျုးဒၣ်ဝဲ
self-service *a* လၢအပှ့ၤအီၣ်တၢ်ဒီးမၤအီၣ်ဒၣ်အတၢ်, လၢအပှ့ၤအီၣ်တၢ်ဒီးလာ်လီၤအီၣ်ဒၣ်အတၢ်
self-serving *a* လၢအကွၢ်တၢ်ထဲလၢအဂီၢ်, လၢအယုနီၤ်ကစၢ်တၢ်ဘၣ်ဘျုးဒၣ်ဝဲ
self-starter *n* ၁. ပှၤလၢအစးထိၣ်မၤဒၣ်အကစၢ်အတၢ်သ့ ၂. ပီးလီလၢအစးထိၣ်စဲးလၢကမၤတၢ်, ပီးလီလၢအနီၣ်ထိၣ်စဲးလၢကမၤတၢ်
self-styled *a* လၢအဟ်ပနီၣ်လီၤက့ၤအသးဒၣ်ဝဲ, လၢအကိးလီၤအသးလၢအမ့ၢ်ပှၤဒ်အံၤဒ်နုၤ
self-sufficient *a* လၢအလၢဝဲလီၣ်ဝဲလၢအကစၢ်ဒၣ်ဝဲအဂီၢ်, လၢတလိၣ်ဒိးသန့ၤထိၣ်သးလၢပှၤဂၤ
self-supporting *a* လၢအလုၢ်အီၣ်လီၤဒၣ်ဝဲအသးသ့, လၢအဆၢထၢၣ်လၢအခီၣ်ဒၣ်ဝဲသ့
self-surrender *n* တၢ်ဟ့ၣ်လီၤသးလၢာ်လၢာ်ဆ့ဆ့
self-willed *a* လၢအမၤတၢ်ဖဲအသးဒၣ်ဝဲ, လၢအလူၤဘၣ်အသးမၤဒၣ်အတၢ်, လၢအတအၢဒၢ
sell *v* ဆါ (တၢ်)
sell off *n* ၁. တၢ်ဆါလီၤကွံာ်မု်ကျိၤဝဲၤကွာ်တၢ်မၤလီၢ် ၂. တၢ်ဆါလၢာ်ကွံာ်ပနံာ်

S

sell-by date *n* ၁. တၢ်ဆါတၢ်ဖိတၢ်လံၤသ့အမုၢ်နံၤမုၢ်သီ ၂. မုၢ်နံၤမုၢ်သီလၢအအိၣ်လၢပနံာ်အဖိခိၣ်

seller *n* ပှၤဆါတၢ်ဖိ

seller's market *n* တၢ်ဆါတၢ်အပှ့ၤဂ့ၤအကတိၢ်

selling point *n* တၢ်လၢအထုးန့ၢ်ပှၤပှ့ၤတၢ်ဖိအတၢ်သးစဲ, တၢ်လၢအရဲၢ်န့ၢ်ပှၤပှ့ၤတၢ်ဖိအသး

selling price *n* ပနံာ်တၢ်ဖိတၢ်လံၤအပှ့ၤနီၢ်နီၢ်

Sellotape *n* တၢ်ကျးစဲ

Sellotape *v* ကျးစဲဘူး, ဒုးစဲဘူး

sell-out *n* ၁. တၢ်ဆါလဲးမးလၢာ်, တၢ်ဆါပနံာ်တၢ်ဖိတၢ်လံၤလၢာ် ၂. တၢ်တမၤလၢပှဲၤတၢ်အၢၣ်လီၤ, တၢ်တတီဒီးတၢ်အၢၣ်လီၤ
၃. ပှၤလၢတမၤတီအတၢ်အၢၣ်လီၤ

seltzer *n* စိၣ်ဒၣ်ထံ

selvedge *n* တၢ်ကံးညာ်အကနူၤခိၣ်ထံးဆးချံး

semantic *a* လၢအဘၣ်ဃးဒီးတၢ်ကတိၤအဖျာၣ်အခီပညီတဖၣ်

semantics *n* ၁. တၢ်ဃုထံၣ်သ့ၣ်ညါမၤလိဝီၢ်ဩအခီပညီ ၂. တၢ်ကတိၤဒီးလံာ်မဲာ်ဖျာၣ်အခီပညီ

semaphore *n* ၁. တၢ်ဒုးနဲၣ်နီၣ်တယၢ်ဟ့ၣ်တၢ်ကစီၣ်, တၢ်ဟ့ၣ်တၢ်ကစီၣ်ခီဖျိဒုးနဲၣ်နီၣ်တယၢ်ပနီၣ်

semaphore *v* ၁. ဒုးနဲၣ်နီၣ်တယၢ်ဟ့ၣ်တၢ်ကစီၣ်, ဟ့ၣ်တၢ်ကစီၣ်ခီဖျိဒုးနဲၣ်နီၣ်တယၢ်ပနီၣ်

semblance *n* ၁. တၢ်လီၤက်လိာ်သး
၂. တၢ်အိၣ်ဖျါ

semen *n* ၁. ပိာ်ခွါအချံအသၣ်အထံ, ပိာ်ခွါအဆိုးထံ ၂. တၢ်အဆိုး

semester *n* တၢ်မၤလိနံၣ်အကတိၢ် (ညီနုၢ်အမဲရကၤအခီလ့ၣ်ကို, အတၢ်မၤလိနံၣ်အကတိၢ်)

semi *n* ၁. ဟံၣ်လၢအစဲဘူးလိာ်သးခံဖျာၣ်, ဟံၣ်ခံဖျာၣ်လၢအနူၣ်ပၤစဲဘူးလိာ်သး ၂. တၢ်စံၣ်ညီၣ်တဲာ် (တၢ်, ပှၤ) ဂဲၤလိာ်ကွဲပြၢကရူၢ်အစဲၣ်နီၣ်ကတၢၢ်အမူး ၃. သီလ့ၣ်ဖးဒိၣ်

semi- *prefix* ၁. တခီ, တတ် ၂. တဖုံၣ်တတ်

semi conductor *n* (ခိၣ်ဖျူထၢၣ်) တၢ်ပိးတၢ်လီလၢအပျဲနုာ်လီဂံၢ်သဟီၣ်တနီၤ, တၢ်ပိးတၢ်လီလၢမ့ၣ်အူဂံၢ်သဟီၣ်နုာ်လီၤသ့တနီၤ

semi professional *a* လၢတမ့ၢ်တၢ်လုၢ်အိၣ်သးသမူတၢ်ဖံးတၢ်မၤမိၢ်ပှၢ်

semi quaver *n* နိးတဘှဲ, နိးတဆံဃုပူတပူ

semiannual *a* နံၣ်တတ်

semi-automatic *a* လၢကျိချံနုာ်လီၤဒၣ်အတၢ်လၢကျိချံအလီၢ်ပူၤ

semibreve *n* နိးတဆို, နိးဃိးပူတပူ

semicentennial *a* အနံၣ်ယဲၢ်ဆံတဘျီ

semicircle *n* ကွီၤတခီ, ကွီၤတတ်

semicolon *n* တၢ်ပနီၣ်လၢတၢ်မၤနီၣ်လံာ်ကျိၤအဆၢ " : "

semi-detached *a* လၢအိၣ်စဲဘူးလိာ်သး

semi-final *n* တၢ်စံၣ်ညီၣ်တဲာ် (တၢ်, ပှၤ) ဂဲၤလိာ်ကွဲပြၢကရူၢ်အစဲၣ်နီၤကတၢၢ်အမူး

seminal *a* ၁. လၢအလဲၤထီၣ်လဲၤထီသ့, လၢအဒိၣ်ထီၣ်ထီထီၣ်သ့ ၂. လၢအအိၣ်ဒီးဆိုးထံ

seminar *n* တၢ်အိၣ်ဖှိၣ်ဖးဒိၣ်, တၢ်ထံၣ်လိာ်အိၣ်သကိးတၢ်အိၣ်ဖှိၣ်

seminarian *n* လံာ်စီဆုံကိုဖိ

seminary *n* လံာ်စီဆုံကို, ယွၤဂ့ၢ်ပီညါဖှၣ်စိမိၤ

semiotics *n* တၢ်ဒုးနဲၣ်စုဒုးနဲၣ်ခိၣ်တၢ်မၤလိ

semi-precious *a* လၢအလုၢ်ပှ့ၤဒိၣ်ဖဲအကြၢး

semi-skilled *a* ၁. လၢအသ့အဘၣ်ဖဲအကြၢး ၂. လၢတလိၣ်စူးကါတၢ်သ့တၢ်ဘၣ်အါအါ

semi-skimmed *a* လၢတၢ်ပံၢ်ကွံာ်အသိ

Semitic *a* ၁. လၢအဘၣ်ဃးဒီးပှၤဒ့ၤဘြံဒီးပှၤအၣ်ရးဘံးအကျိာ်ဖိၤကျာ်ဖိၤ, လၢအဘၣ်ထွဲဒီးစံးမံးထံးအကျိာ် ၂. လၢအဘၣ်ဃးဒီးပှၤယူဒၤဖိ

semitone *n* နိးလၢအကလုၢ်ထီၣ်တတ်

semi-tropical *a* လၢအဘူးဒီးတၢ်ကိၢ်ဟီၣ်ကဝီၤ

semivowel *n* အဲကလံးတၢ်သီၣ်မိၢ်ပှၢ်အကလုၢ်ခၢၣ်စး (အဒိ, hour အသီၣ်)

semi-weekly *a* တနွံခံဘျီ

semolina *n* ၁. ဘုကၠုၣ်ကမူၣ်ယီၤယၤ, ဘုကၠုၣ်ကမူၣ်လၢအတဘျဲးမုာ်မုာ်နီၢ်နီၢ်ဘၣ် ၂. ကိၣ်ဘုကၠုၣ်ကမူၣ်

Semtex *n* ညီ, ညီလၢအသဟီၣ်ဆူၣ်တကလုာ်

Sen. *abbre* တၢ်ကွဲးဖုၣ်ဘျိၣ်ဒိၣ်ထး (Senator)

senate *n* ၁. ဘျိၣ်ဒိၣ်ထး ၂. ဖွၣ်စိမိၤပၢဆှၢတၢ်ကရၢ

senator *n* ၁. ဘျိၣ်ဒိၣ်ထးကိတိာ် ၂. ဖွၣ်စိမိၤပၢဆှၢတၢ်ကမံးတံာ်ခိၣ်နၢ်

send *v* ၁. ဆှၢ, ဆှၢဟ့ၣ် ၂. မၢလီၤပှၤ (တဂၤ) လၢကလဲၤမၤတၢ်တမံၤမံၤ

sender *n* ပှၤဆှၢတၢ်ဖိ

sending-off *n* တၢ်ထုးထိၣ်ကွံာ်ပှၤလိာ်ကွဲဖိလၢအမၤကမဉ်တၢ်ဘျၢလၢတၢ်လိာ်ကွဲပျိပူၤ

send-off *n* တၢ်လီၤဖးအတၢ်ဆၢဂ့ၤဆၢဝဲ, တၢ်လီၤဖးတၢ်ဆၢဂ့ၤဆၢဝဲအမူး

send-up *n* တၢ်မၤဒိးတၢ်လၢအလီၤနံၤဘၣ်ဖၣ်လဲ, တၢ်မၤဒိးလီၤနံၤဘၣ်ဖၣ်လဲတၢ်, တၢ်ယီၤဒိမၤလီၤနံၤဘၣ်ဖၣ်လဲတၢ်

senescence *n* တၢ်သးပှၢ်ထိၣ်

senile *a* လီၤဖိသၣ်

senile dementia *n* တၢ်လီၤဖိသၣ်

senior *a* ၁. လၢအဒိၣ်နှၢ်, လၢအလီၢ်ဒိၣ်လီၢ်ထီနှၢ် ၂. လၢအပှၢ်နှၢ်

senior *n* ၁. ပှၤသူၣ်ကဲ့သးပှၢ် ပှၤမုံၤတှာ်ပှၢ်တီၤ ၂. ပှၤလၢအသးပှၢ်နှၢ်, ပှၤလၢအလီၢ်ဒိၣ်လီၢ်ထီနှၢ် ၃. ဖွၣ်စိမိၤကိုဖိ, တီၤထီကိုဖိ

senior citizen *n* ပှၤသူၣ်ကဲ့သးပှၢ်, ပှၤမုံၤတှာ်ပှၢ်တီၤလၢအအိၣ်ဘုံးကွံာ်လၢတၢ်မၤ

senior high school *n* တီၤထီကို

seniority *n* ၁. တၢ်လၢအဒိၣ်နှၢ်, တၢ်လီၢ်ဒိၣ်လီၢ်ထီနှၢ် ၂. တၢ်လၢအပှၢ်နှၢ်

sensation *n* တၢ်ကလၢါဘၣ်တၢ်, တၢ်တူၢ်ဘၣ်ခိၣ်ဘၣ်

sensational *a* လၢအထိၣ်ဟူးထိၣ်ဂဲၤပှၤအသး

sensationalism *n* တၢ်လၢအထိၣ်ဟူးထိၣ်ဂဲၤထိၣ်ပှၤအသး

sensationalize, sensationalise *n* မၤထိၣ်ဟူးထိၣ်ဂဲၤထိၣ်ပှၤအသး, တၢ်စူးကါ (ကျိာ်သနူ, တၢ်ကွဲး) လၢကထိၣ်ဟူးထိၣ်ဂဲၤထိၣ်ပှၤအသး

sense *n* ၁. စ့ၣ်အတၢ်တူၢ်ဘၣ်အကျိၤအကျဲ ၂. စ့ၣ်, (ထံၣ်, ကလၢါ, နၢ်ဟူ, လ့ၣ်, နၢ) ၂. တၢ်သ့ၣ်ညါတၢ်

senseless *a* ၁. လၢအတၢ်ဒိသူၣ်ဒိသးတအိၣ်, လၢအတၢ်တူၢ်ဘၣ်တအိၣ်, လၢအသးတဆး, လၢအတၢ်သ့ၣ်ညါတအိၣ် ၂. လၢအသံတယူာ် ၃. လၢအခီပညီတအိၣ်

sensibility *n* ၁. တၢ်သ့ကလၢါဘၣ်တၢ်, တၢ်သ့သ့ၣ်ညါတၢ်လၢအသး, တၢ်သ့ဆိကမိၣ်တၢ်, တၢ်အိၣ်ဒီးသးအတၢ်သ့ၣ်ညါ ၂. တၢ်သးသဒ့ၣ်ဂ့ၤ

sensible *a* လၢအအိၣ်ဒီးသးတၢ်သ့ၣ်ညါ, လၢအသ့ၣ်ညါတၢ်, လၢအသ့ဆိကမိၣ်တၢ်, လၢအသးဆး

sensitive *a* ၁. လၢအတသ့တူၢ်တၢ်, သးညီ, မဲာ်ထံညီ ၂. လၢအဖံးအညၣ်ပှဲာ်

sensitivity *n* ၁. တၢ်တသ့တူၢ်တၢ်, တၢ်သးညီ, တၢ်မဲာ်ထံညီ, တၢ်သးပှဲာ် ၂. တၢ်အိၣ်ဒီးတၢ်ဒိသူၣ်ဒိသး ၃. တၢ်အိၣ်ဒီးတၢ်ပလီၢ်ပဒီသး

sensitize, sensitise *v* ၁. ဘၣ်လၢတၢ်ကဟ်ပီၤအဃိဆီတလဲအသး, (တၢ်ဂီၤအယဲၤ) ဘၣ်ဒီးတၢ်ကပီၤအဃိဟးဂီၤညီ ၂. ဒုးလဲၤခီဖျိဘၣ်ပှၤလၢတၢ်တမံၤမံၤ

sensor *n* ပီးလီလၢအိၣ်ဒီးစ့ၣ်အတၢ်သ့ၣ်ညါလၢအသ့ၣ်ညါတၢ်တမံၤမံၤမၤအသးဒီးဆၢက့ၤတၢ်တဘျီယီ

sensory *a* လၢအဘၣ်ဃးဒီးစ့ၣ်အတၢ်သ့ၣ်ညါ, လၢအဘၣ်ဃးဒီးနါယဲၢ်နါ

sensual *a* လၢအဘၣ်ဃးဒီးတၢ်မုာ်ဖံးမုာ်ညၣ်, လၢအဘၣ်ဃးဒီးတၢ်ကလုာ်ကလီၤ, လၢအဘၣ်ထွဲဒီးနီၢ်ခိစ့ၣ်အတၢ်သ့ၣ်ညါ

sensuality *n* တၢ်မုာ်ဖံးမုာ်ညၣ်, တၢ်ကလုာ်ကလီၤ, နီၢ်ခိအစ့ၣ်တၢ်မုာ်လၢ

sensuous *a* လၢအဘၣ်ထွဲဒီးနီၢ်ခိအစ့ၣ်တၢ်သ့ၣ်ညါ, လၢအဘၣ်ထွဲဒီးတၢ်မုာ်ဖံးမုာ်ညၣ်, လၢအဘၣ်ထွဲဒီးတၢ်ကလုာ်ကလီၤ

sentence *n* ဝီၢ်ကျိၤ, လံာ်ကျိၤပှဲၤ

sentence *v* စံၣ်ညီၣ်တၢ်

sententious *a* လၢအစူးကါထဲတၢ်ကတီၤလၢအဂ့ၤ, လၢအတဲဂ့ၤတဲလၢအသး

sentient *a* လၢအသ့သ့ၣ်ညါတၢ်ဖဲတၢ်ဘၣ်အီၤအခါ, လၢအဟ်သူၣ်ဟ်သးလၢအဂ့ၢ်, လၢအိၣ်ဒီးတၢ်သးဆးဆ့ၣ်ဒ့ၣ်

S

sentiment *n* ၁. သးအတၢ်တူၢ်ဘဉ် ၂. တၢ်ဒိသူဉ်ဒိသး ၃. တၢ်ထံဉ်တၢ်ဆိကမိဉ်, တၢ်ဟ်သး, တၢ်ဒိသူဉ်ဟ်သး

sentimental *a* ၁. လၢအဘဉ်ထွဲဒီးသးအတၢ်တူၢ်ဘဉ် ၂. လၢအတူၢ်ဘဉ်ခီဉ်ဘဉ်တၢ်အါတလၢ, လၢအဆိကမိဉ်မုံနှၤ်တၢ်, လၢအသးပှဲာ်, လၢအဒုးတူၢ်ဘဉ်ခီဉ်ဘဉ်တၢ်

sentimental value *n* နီၢ်ကစၢ်အတၢ်ဟ်လုၢ်ဟ်ပှၤ, တၢ်ဟ်လုၢ်ဟ်ပှၤတၢ်လၢသးအတၢ်ဂဲၤအဖီခိဉ်

sentimentalist *n* ပှၤလၢအသူဉ်ပှဲာ်သးပှဲာ်, ပှၤလၢအသးညီ, ပှၤလၢအဆိမိဉ်မုံတၢ်

sentimentality *n* တၢ်သူဉ်ပှဲာ်သးပှဲာ်, တၢ်ဆိမိဉ်မုံနှၤ်တၢ်အါတလၢ

sentimentalize, sentimentalise *v* ၁. ဆိကမိဉ်တၢ်လၢအတၢ်သးဂဲၤအဖီခိဉ်, တဲတၢ်လၢအတၢ်သးဂဲၤအဖီခိဉ် ၂. ဒုးထံဉ်မုံနှၤ်တၢ်, ဒုးဆိမိဉ်မုံနှၤ်တၢ်

sentinel *n* ပှၤခိးတၢ်ဖိ, ပှၤပၢၤတၢ်ဖိ

sentry *n* ပှၤခိးတၢ်ဖိ, ပှၤပၢၤတၢ်ဖိ

sentry box *n* တၢ်ခိးတၢ်အဒဲ, တၢ်ပၢၤတၢ်အဒဲ

sepal *n* ဖီအဘ့ဉ်

separable *a* လၢတၢ်မၤလီၤဖးအီၤသ့, လၢတၢ်မၤလီၤဆီအီၤသ့

separate *a* လၢအအိဉ်လီၤဆီ, လၢအိဉ်ကစီၤ, လီၤဖး

separate *v* မၤလီၤဆီ, မၤလီၤဖး

separated *a* လီၤဖး, လီၤဖှဉ်

separately *adv* လီၤဆီ, လီၤလီၤဆီဆီ, တမ့ၢ်တပူၤဃီ, တဒ်သီးသီးဘဉ်

separates *n* တၢ်ကူတၢ်သိးလၢတၢ်ကၤကျဲဉ်ကျီယှာ်အီၤသ့အကလုာ်ကလုာ်

separation *n* ၁. တၢ်အိဉ်လီၤဖး ၂. တၢ်လီၤမ့ၢ်လီၤဖး, တၢ်လီၤဖး, တၢ်လီၤဖှဉ် ၃. တၢ်ထုးဖး, တၢ်မၤလီၤဖး, တၢ်မၤလီၤဖှဉ်

separatist *n* ပှၤလၢအဲဉ်ဒိးထုးလီၤဖးအသး

separator *n* စဲးလၢအထုးဖးတၢ်

sepia *n* ၁. ကသံဉ်ထံအလွဲၢ်ဂီၤဃး ၂. တၢ်အလွဲၢ်ဂီၤဃး

sepsis *n* တၢ်ဝ့ထိဉ်, တၢ်ဖံထိဉ်

September *n* လါစဲးပတ့ဘၢဉ်, လါခွံလါတလါ

septenary *a* ၁. လၢအဘဉ်ထွဲဒီးနွံ ၂. လၢအဘဉ်ထွဲဒီးနွံခါနွံကရူ ၃. နွံနံဉ်တဘျီ

septennial *a* နွံနံဉ်တဘျီ

septet *n* ၁. တဃံာ်နွံ ၂. တဃံာ်နွံအတၢ်သးဝံဉ်, တၢ်သးဝံဉ်တယုၢ်လၢတဃံာ်နွံအဂီၢ်

septic *a* လၢအဘဉ်ကံာ်တၢ်

septic rash *n* တၢ်သးလၢတၢ်ဆါဘဉ်ကံာ်

septic tank *n* တၢ်အ့ဉ်တၢ်ဆံဉ်အပူၤ, တၢ်ဟးလီၢ်အပူၤ

septicaemia *n* သွံဉ်အစုဉ်ထိဉ်

septicaemic shock, septicemic shock *n* သွံဉ်အစုဉ်ထိဉ်ပျိၢ်, သွံဉ်အစုဉ်ကဲထိဉ်ဒီးသးပှၤနိဉ်သး

septuagenarian *n* ပှၤလၢအသးနံဉ်အိဉ်လၢအနံဉ်နွံဆံအတီၢ်ပူၤ, ပှၤလၢအသးနံဉ်အိဉ်လၢ ၇၀ – ၇၉ နံဉ်အဘၢဉ်စၢၤ

sepulchral *a* ၁. လၢအဘဉ်ဃးဒီးတၢ်သွဉ်ခိဉ် ၂. လၢအဟီဉ်တၢ်ယၢၤတၢ်လၢတၢ်ဘဉ်မိဉ်ဘဉ်မးအဃိ ၃. လၢအခံးသူလီၤကဟုကညီၢ်ဒီးလီၤပျံၤလီၤဖုး

sepulchre *n* တၢ်သွဉ်ခိဉ်, တၢ်သွဉ်ခိဉ်လၢဘဉ်တၢ်မၤအီၤဒီးလၢၢ်

sequel *n* ၁. တၢ်ပိာ်ထွဲ, တၢ်ဂ့ၢ်ပိာ်ထွဲ ၂. တၢ်ကဲထိဉ်ပိာ်ထွဲတၢ်ဂၤအခံ, တၢ်မၤအသးလၢတၢ်ဂၤအဃိ

sequence *n* ၁. တၢ်ရဲဉ်လီၤကျဲၤလီၤတၢ်တဆီဘဉ်တဆီ ၂. တၢ်မၤအသးတမံၤဝံၤတမံၤ, တၢ်ပိာ်ထွဲထိဉ်အသးတမံၤဝံၤတမံၤ ၃. တၢ်ပိာ်ထွဲ, တၢ်ဂ့ၢ်ပိာ်ထွဲ

sequence *v* ၁. ရဲဉ်လီၤကျဲၤလီၤတၢ်တဆီဘဉ်တဆီ ၂. မၤအသးတမံၤဝံၤတမံၤ, ပိာ်ထွဲထိဉ်အခံတမံၤဝံၤတမံၤ

sequential *a* လၢအမၤအသးတမံၤဝံၤတမံၤ, လၢအပိာ်ထွဲထိဉ်အခံတမံၤဝံၤတမံၤ

sequester *v* ၁. ထုးဖးပှၤလီၤလီၤဆီဆီ, ဟ်လီၤဖးပှၤလီၤလီၤဆီဆီ ၂. (သဲစး) ဟံးန့ၢ်ကွဲာ်တၢ်ဖိတၢ်လံၤ, တၢ်စုလီၢ်ခီဉ်ခိဉ်

sequestered *a* လၢအဘှ့ဉ်အဘိဉ်, လၢအိဉ်စီၤစုၤယံၤဒီးပှၤ, လၢအိဉ်လီၤဖျိဉ်

S

sequestrate *v* (သဲစး) ဟံးန့ၢ်ကွံာ်တၢ်ဖိတၢ်လံၤ, တၢ်စုလီၢ်ခီဉ်ခိဉ်

sequin *n* တၢ်ကူတၢ်သိးအတၢ်ကယၤကယဲအသဉ်ကပြု၊ကပြီၤဖိတဖဉ်

sequoia *n* သ့ဉ်ဂီၤ, သ့ဉ်ဂီၤဖးဒိဉ်တကလုာ်, သ့ဉ်ဂီၤဖးဒိဉ်တကလုာ်လၢအအိဉ်လၢကိၢ်အမဲရကၤမု၊်နုာ်တကပၤ

seraph *n* စ့ရၤဖး, ကလူးဖးဒိဉ်

seraphic *a* ဒ်မူခိဉ်ကလူးအသိး, လီၤက်ဒ်မူခိဉ်ကလူးအသိး, စီဆှံ, ဒ်စ့ရၤဖးအသိး, လီၤက်ဒ်စ့ရၤဖးအသိး

serenade *n* ၁. တၢ်လဲၤသးဝံဉ်ဆှဉ်မှဉ်ကနီၤဖဲမု၊်နၤခီအကတီၢ် ၂. တၢ်သးဝံဉ်ကဖီလီ

serenade *v* လဲၤသးဝံဉ်ဆှဉ်မှဉ်ကနီၤဖဲမု၊်နၤခီအကတီၢ်

serendipity *n* တၢ်ဘဉ်န့ၢ်အတီၤ, တၢ်ဘဉ်ဆၢဉ်ဘဉ်တီၤ, တၢ်ဘူဉ်ဂ့ၤတီၢ်ဂ့ၤ

serene *a* မှာ်မှာ်ခုဉ်ခုဉ်, လၢအမှာ်အခုဉ်, လၢအကဆှဲကဆှီ, ဘှ့ဉ်ဘှီဉ်, လၢအမှာ်အပၢၤ

serenity *n* တၢ်မှာ်တၢ်ခုဉ်, တၢ်ကဆှဲကဆှီ, တၢ်ဘှ့ဉ်တၢ်ဘှီဉ်, တၢ်မှာ်တၢ်ပၢၤ

serf *n* တၢ်ကု၊်တၢ်ပှၤ, တၢ်ခ့တၢ်ပှၤ

serfdom *n* တၢ်မၤတၢ်ကု၊်တၢ်ပှၤအတၢ်မၤ, တၢ်ကဲကု၊်ကဲပှၤ, တၢ်မၤကု၊်မၤပှၤအသနူ

serge *n* သးကလးတၢ်ကံးညာ်အတီဉ်တကလုာ်

sergeant *n* သုးစကီၤ

sergeant major *n* သုးစကီၤဖးဒိဉ်

serial *a* လၢအပိာ်ထွဲလိာ်အခံ, လၢရဲဉ်လီၤအသးတမံၤဘဉ်တမံၤ

serial *n* တၢ်ဂ့ၢ်တၢ်ကျိၤလၢတၢ်ရၤလီၤအီၤတကူာ်ဘဉ်တကူာ်

serial killer *n* ပှၤတဂၤလၢအမၤသံပှၤတဂၤဝံၤတဂၤလၢကျဲတဘိယီ

serial number *n* နီဉ်ဂံၢ်ရဲဉ်

serialize, serialise *v* ရၤလီၤတၢ်ဂ့ၢ်တၢ်ကျိၤတကူာ်ဘဉ်တကူာ်

series *n* တၢ်လၢအပိာ်ထွဲလိာ်အခံတမံၤဘဉ်တမံၤ, တၢ်ရဲဉ်လီၤအသးတမံၤဘဉ်တမံၤ

serif *n* တၢ်အကျိၤဖိလၢအအိဉ်လၢအဲကလံးလံာ်မဲာ်ဖျာဉ်အဖီခိဉ်ဒီးအခီဉ်ထံး (အဒိ, T, M)

serious *a* ၁. လၢအအိဉ်သပှ၊်ပှ၊်, သမံၤသပှ၊်, သမဲ့ကတီၢ် ၂. လီၤဘဉ်ယိဉ်, နး, နးနးကလဲာ်

seriously *adv* ၁. သပှ၊်ပှ၊်, သပှ၊်ကတၢၢ်, အနီၢ်ကီၢ် ၂. နးနးကျုံၤကျုံၤ

seriousness *n* တၢ်အမ့ၢ်တၢ်သပှ၊်ပှ၊်, တၢ်သမဲ့ကတီၢ်, တၢ်သမံၤသပှ၊်

sermon *n* ၁. တၢ်စံဉ်တဲၤတဲလီၤ, တၢ်ဟီတရါ ၂. တၢ်သိဉ်က့ၤသီက့ၤပှၤ

sermonize, sermonise *v* ၁. စံဉ်တဲၤတဲလီၤတၢ် ၂. ဟီတရါပှၤ, သိဉ်က့ၤသီက့ၤပှၤ

serpent *n* ဂု၊်, ဂု၊်သ့ဉ်, ပယိၤ, ဂု၊်ဖးဒိဉ်, ကလီၤ

serpentine *a* လၢအအိဉ်က့ဉ်ကွီၤဒ်ဂု၊်အသိး

serrated *a* လၢအကနဉ်အ့ဉ်, လၢအကနူၤလီၤက်လွးအကနဉ်, လၢအကနူၤအ့ဉ်ရဲာ်အသး

serried *a* လၢအရဲဉ်လီၤသးတက့ၢ်ဘဉ်တက့ၢ်

serum *n* သွံဉ်ထံဆှံ

servant *n* တၢ်ခ့တၢ်ပှၤ, ပျဲ၊်

serve *n* တၢ်ဆှၢထိဉ် (ဖျာဉ်ပှီၢ်, ဖျာဉ်ပၤ)

serve *v* ၁. စိာ်ဟ့ဉ် (တၢ်အီဉ်), ဟ့ဉ်လီၤတၢ်အီဉ် ၂. ဆှၢထိဉ် (ဖျာဉ်ပှီၢ် – ဖျာဉ်ပၤ) ၃. မၤတၢ်, ဖံးတၢ်မၤတၢ်, မၤစၢၤတၢ်

server *n* ၁. ခီဉ်ဖွူထၢဉ်ခိဉ်ကျၢ်, ခီဉ်ဖွူထၢဉ်အခိဉ်သ့ဉ်တဖျာဉ်လၢအဖီဉ်ဃံးကၢၤဃာ်ခီဉ်ဖွူထၢဉ်အါဖျာဉ်အတၢ်ဘျးစဲ ၂. ပှၤလိာ်ကွဲဖိလၢအဆှၢထိဉ် (ဖျာဉ်ပှီၢ်, ဖျာဉ်ပၤ, ဖျာဉ်ထူ) ၃. နီဉ်ဘျာဉ်, နီဉ်တၢၤနီဉ်ဆိုးဖးဒိဉ် ၄. ပှၤလၢအနီၤလီၤတၢ်အီဉ် ၅. ပှၤမၤစၢၤတၢ်ဖိခရံာ်ဖိတၢ်အိဉ်ဖှိဉ်သရဉ်, ပှၤလၢအမၤစၢၤပှၤလုၢ်တၢ်အဒိဉ်

servery *n* တၢ်အီဉ်တၢ်အီအစီၢ်နီၤခိဉ်, တၢ်ဟ်တၢ်အီဉ်တၢ်အီအလီၢ်လၢတၢ်အီဉ်ကျးအပူၤလၢနလဲၤဟံးန့ၢ်အီဉ်ဒ်နတၢ်

service *n* ၁. တၢ်ခ့တၢ်ပှၤအတၢ်မၤ ၂. တၢ်ဖံးတၢ်မၤ ၃. တၢ်ဘူဉ်ထူဘါယွၤ ၄. လီခီတဖဉ်လၢတၢ်ဟ်လီၤအီၤလၢစီၢ်နီၤခိဉ်လၢတၢ်အီဉ်တၢ်အီတဘျီအဂီၢ် ၅. တၢ်ဆှၢထိဉ်ဖျာဉ်ပှီၢ်

service *v* ၁. (သိလ့ဉ်အစဲး) သမံသမိးဘိုဂ့ၤထိဉ်က့ၤစဲး ၂. ဟ့ဉ်တၢ်မၤစၢၤ ၃. ဟ့ဉ်က့ၤစ့ကၠံအအ့ဉ်, ဟ့ဉ်က့ၤစ့ကၠံအထိးနါ

service area *n* တၢ်အိၣ်ဘှံးအိၣ်သါအလီၢ်, ပှၤလဲၤတၢ်ဖိဟံးန့ၢ်တၢ်အိၣ်ဘှံးအိၣ်သါအလီၢ်, တၢ်အိၣ်ဘှံးအိၣ်သါအလီၢ်ဖဲကျဲမုၢ်ဖးဒိၣ်အကပၤလၢပှၤလဲၤတၢ်ဖိတဖၣ်လဲၤအိၣ်ဘှံးအိၣ်သါ, အီၣ်တၢ်အီတၢ်, ထိၣ်တၢ်ဟးလီၢ်, ဟ်အိၣ်ဘှံးသိလ့ၣ်, ဒၢနၣ်သိဒီးအဂၤတဖၣ်အလီၢ်

service charge *n* တၢ်အဘူးအလဲ, တၢ်အလဲ

service industry *n* တၢ်ရဲၣ်ကျဲၤမၤန့ၢ်တၢ်အလီၢ်, တၢ်ဟ့ၣ်တၢ်တိစၢၤမၤစၢၤအလီၢ်, တၢ်ခ့တၢ်ပှၤအတၢ်မၤလီၢ် (အဒိ, တၢ်ဆါဟံၣ်, စ့တၢးဒီးအဂၤတဖၣ်)

service road *n* ကျဲ, ကျဲဖိ

service station *n* သိသန့, တၢ်အိၣ်ဘှံးဟ်ပတ့ၢ်သိလ့ၣ်, ဘိသိလ့ၣ်ဒီးဒၢနၣ်သိဖဲကျဲမုၢ်ဖးဒိၣ်အကပၤ

serviceable *a* လၢတၢ်စူးကါအီၤသ့, လၢအကဲဘျုး

serviceman *n* ပှၤသုးဖိ

serviette *n* တၢ်ထွါစု, တၢ်တြူၣ်စု, စုထွါ

servile *a* လၢအကြၢးဒီးတၢ်ခ့တၢ်ပှၤ, လၢအဆိၣ်လီၤသးအါတလၢ, လၢအကဲတၢ်ခ့တၢ်ပှၤ, လၢအဘၣ်ဃးဒီးတၢ်ခ့တၢ်ပှၤ

serving *n* တၢ်အိၣ်တဘျီအဂီၢ်, ပှၤတဂၤအတၢ်အိၣ်တဘျီအဂီၢ်

servitude *n* တၢ်ကဲကုၢ်ကဲပှၤ, ကုၢ်အလီၢ်

servo *n* စဲးဖီကဟၣ်အပီးလီလၢအဒုးဆူၣ်ထိၣ်တၢ်အဂၢ်သဟီၣ်

sesame *n* နံၣ်သိ

session *n* ၁. တၢ်ဟူးတၢ်ဂဲၤတမံၤမံၤအကတီၢ်, တၢ်အကတီၢ် ၂. တၢ်အိၣ်ဖှိၣ်, တၢ်ထံၣ်လိာ်အိၣ်သကိးတၢ်အိၣ်ဖှိၣ် ၃. တၢ်မၤလိမၤဒိးအကတီၢ်တကတီၢ် (အဒိ, တၢ်မၤလိလံာ်စဲအ့ၣ်အကတီၢ်)

set *a* တကရူၢ်, တစူၣ်

set *n* ၁. တၢ်တစူၣ်, တစူၣ် ၂. ပှၤအဖုအကရူၢ်

set *v* ၁. ဟ်လီၤ, ကျဲၤလီၤ ၂. ဟ်ကျၤထိၣ်, မၤကျၤထိၣ်

set about *vp:* ၁. စးထိၣ် ၂. မၤဒၣ်

set aside *vp:* ဟ်ပနီၣ်

set out *vp:* ၁. ယူၥ်လီၤအခိၣ်, စးထိၣ်လဲၤ ၂. ဟ်ဖျါထိၣ်တၢ်ဆုံဆုံဖျါဖျါ

set (someone) up *vp:* ကူၣ်အၢပှၤ, ကူၣ်ထိၣ်ခူသူၣ်တၢ်လၢပှၤအလီၤ

set (something) up *vp:* သူၣ်ထိၣ်, ဆီလီၤဟ်လီၤ

set aside *n* တၢ်ကတီၤဟ်ပနီၣ်ဃာ်ဟီၣ်ခိၣ်ကဟ်

set book *n* လံာ်ဖးလၢတၢ်ဒိးစဲးအဂီၢ်

set piece *n* ၁. တၢ်လၢအထုးန့ၢ်ပှၤသးအအါကတၢၢ် ၂. တၢ်ရဲၣ်ကျဲၤဟ်လီၤတၢ်တမံၤမံၤ

set square *n* ပနိသၢနၢၣ်, ပနိသၢနၢၣ်ပီးလီလၢတၢ်တ့ပနိဒီးနၢၣ်သ့ၣ်တဖၣ်အဂီၢ်

setback *n* တၢ်နီးတၢ်ဘျး, တၢ်တြီမၤတာ်တာ်

sett *n* ဖျံအပူၤ, ဖျံအိၣ်အပူၤ

settee *n* ခးဆ့ၣ်နီၤဖးထီ, လီၢ်ဆ့ၣ်နီၤကဟ့ာ်ဖးထီ

setter *n* ထွံၣ်လူၤတၢ်မံၤလာ်, ထွံၣ်လူၤပှၢ်, ထွံၣ်မီၤစဲဖးဒိၣ်

setting *n* ၁. တၢ်လီၢ်တၢ်ကျဲ ၂. တၢ်ဆီလီၤဟ်လီၤ

settle *v* ၁. ထၢၣ်လီၤဝီလီၤ (တၢ်အိၣ်တၢ်ဆိး) ၂. ဘှါဘၣ်ကူၤ (တၢ်ဂ့ၢ်တၢ်ပီၢ်), မၤဘၣ်လိာ်ဘၣ်စးကူၤတၢ်, ဟ်လီၤအသး, ဆီလီၤလီၢ်ကျဲ

settled *a* ၁. လၢအထၢၣ်လီၤဝီလီၤအသးန့ၢ်, လၢအသူၣ်ထိၣ်အတၢ်အိၣ်မူန့ၢ် ၂. လၢတၢ်ဃုၥ်လီၤဘှါဘၣ်ကူၤန့ၢ်, လၢတၢ်မၤဘၣ်လိာ်ဘၣ်စးန့ၢ်

settlement *n* ၁. တၢ်မၤန့ၢ်တၢ်သးလီၤပလိာ်, တၢ်ဃုၥ်လီၤဘှါဘၣ်ကူၤတၢ်န့ၢ် ၂. တၢ်အိၣ်တၢ်ဆိး, လီၢ်အိၣ်လီၢ်ဆိး ၃. တၢ်ဟ့ၣ်ကူၤဒ့ၣ်ကမၢ် ၄. တၢ်ဆီလီၤဟ်လီၤန့ၢ်လီၢ်အိၣ်လီၢ်ဆိး, တၢ်ထၢၣ်လီၤဝီလီၤသးန့ၢ် ၅. တၢ်အးလီၤကွံာ်တၢ်စုလီၢ်ခိၣ်ခိၣ်ဖိးသဲစး, တၢ်စုလီၢ်ခိၣ်ခိၣ်လၢတၢ်အးလီၤကူၤအီၤ

settler *n* ပှၤဆီလီၤအသးဒီးအိၣ်ဆိးလၢတၢ်လီၢ်သီ

set-to *n* တၢ်ဂ့ၢ်လိာ်ဘိလိာ်, တၢ်အ့ၣ်လိာ်ဆိးက့

set-up *n* ၁. တၢ်ဆီလီၤဟ်လီၤတၢ်, တၢ်သူၣ်ထိၣ်ဆီလီၤ ၂. တၢ်ရဲၣ်တၢ်ကျဲၤ ၃. တၢ်လံၣ်တၢ်လီ

seven *n* နွံ, ၇

sevenfold *a* နွံဘျီ, နွံစး

sevenfold *adv* နွံဘျီ, နွံစး

S

seventeen *n* တဆံနွံ, ၁၇

seventeenth *a* တဆံနွံ (ဘျီ) တ (ဘျီ), တဆံနွံပူတပူ

seventh *n* ၁. နွံ(ခါ)တ(ခါ), နွံပူတပူ

seventieth *a* နွံဆံ (ဝီ) တ (ဝီ), နွံဆံပူတပူ

seventy *n* နွံဆံ, ၇၀

sever *v* ၁. ကျီတဲာ်, ဒီာ်တဲာ် ၂. မၤထီဉ်တဲာ်, မၤလီၤဖှဉ်, မၤလီၤဖး (တၢ်ရှလိာ်မှာ်လိာ်)

several *det* အါန့ၢ်ဒံးခံဘဉ်ဆဉ်တအါထဲန့ဉ်တၢဘဉ်, တဘျုး (မံၤ)

severally *adv* စှာ်စှာ်

severance *n* ၁. တၢ်မၤကတၢၢ်ကွံာ်တၢ်ရှလိာ်မှာ်လိာ် ၂. တၢ်မၤကတၢၢ်ကွံာ်တၢ်ဒီးလဲတၢ်ဖံးတၢ်မၤအတၢ်အၢဉ်လီၤအီလီၤ

severe *a* ၁. နးမး ၂. လၢအဃံး (တၢ်သိဉ်တၢ်သီ)

severely *a* အၢအၢသီသီ

severity *n* ၁. တၢ်အၢအၢသီသီ ၂. တၢ်နးနးကျုၤကျုၤ, တၢ်နးတၢ်ဖှိဉ်

sew *v* ဆးတၢ်

sew up *idm:* ၁. ဆးတံာ်ဃာ်, ဆးကျး ၂. မၤဝံၤဝဲလၢတၢ်တံၤသူဉ်တံၤသးအပူၤ, မၤဝံၤဝဲလၢတၢ်သူဉ်မံသးမံအပူၤ

sewage *n* တၢ်အှဉ်တၢ်ဆံဉ်, တၢ်ဘဉ်အၢဘဉ်သီ

sewage plant *n* တၢ်မၤကဆိုကဲ့ၤတၢ်အှဉ်တၢ်ဆံဉ်, တၢ်ဘဉ်အၢဘဉ်သီအလီၢ်

sewage works *n* တၢ်မၤကဆိုကဲ့ၤတၢ်အှဉ်တၢ်ဆံဉ်, တၢ်ဘဉ်အၢဘဉ်သီအတၢ်ဖံးတၢ်မၤ

sewer *n* ထံဘဉ်အၢကျိုၤ, တၢ်နၢအှဉ်နၢကျဉ်အထံကျိုၤ

sewerage *n* ၁. ထံဘဉ်အၢယွၤလီၤအကျိုၤ, တၢ်နၢအှဉ်နၢကျဉ်ယွၤလီၤအကျိုၤ ၂. ထံဘဉ်အၢဘဉ်သီ, တၢ်နၢအှဉ်နၢကျဉ်

sewing *n* တၢ်ဆးတၢ်ခွဲး

sewing machine *n* စဲးဆးတၢ်

sex *n* ၁. တၢ်အမိၢ်အဖါ ၂. to have sex မံယှာ် ၃. သွံဉ်ထံး, မုဉ်–ခွါ

sex *v* ဃုသ့ဉ်ညါဆဉ်ဖိကီၢ်ဖိအမိၢ်အဖါ

sex appeal *n* တၢ်အရှၢ်အသဲးလၢအမၤကတၢပှၤသး, တၢ်အရှၢ်အသဲးလၢအရဲဉ်န့ၢ်ပှၤအသး

sex change *n* တၢ်ကူးကွဲးဆီတလဲမုဉ်ခွါအကုၢ်အဂီၤ, တၢ်ကူးကွဲးဆီတလဲဒုးကဲထိဉ်ပိာ်မုဉ်ဆူပိာ်ခွါ, ပိာ်ခွါဆူပိာ်မုဉ်

sex chromosome *n* မုဉ်ခွါသွံဉ်ထံးအခြိဉ်မိဉ်စိ

sex life *n* သွံဉ်ထံးတၢ်ရှလိာ်အတၢ်အိဉ်မူ

sex maniac *n* ပှၤလၢအသးစဲမုဉ်ခွါသွံဉ်ထံးတၢ်ရှလိာ်မှာ်လိာ်, ပှၤလၢအသးအိဉ်မံယှာ်ဂဲၤယှာ်တၢ်တဘိယ့ၢ်ဃီ, ပှၤပျုၢ်တၢ်မှာ်ဖံးမှာ်ညဉ်

sex object *n* ပှၤလၢဘဉ်တၢ်ဟ်အီၤဇ်တၢ်မှာ်ဖံးမှာ်ညဉ်အတၢ်ဂဲၤလိာ်ကွဲဖိ

sex offender *n* ပှၤမၤတရီတပါပိာ်မုဉ်ပိာ်ခွါ, ပှၤမၤကမဉ်ပိာ်မုဉ်ပိာ်ခွါ

sex symbol *n* ပှၤလၢအမံၤဟူသဉ်ဖျါဒီးလီၤထုးန့ၢ်ထုးန့ၢ်သးလၢမုဉ်ခွါသွံဉ်ထံးတကပၤ

sexism *n* တၢ်ကွၢ်တလီၤပဲာ်ဖးနီၤဖးမုဉ်ခွါအဒူဉ်အဆၢသနူ

sexist *n* ပှၤလၢအကွၢ်တလီၤပဲာ်ဖးနီၤဖးပိာ်မုဉ်ပိာ်ခွါအဆၢ

sexless *a* ၁. လၢတသးစဲမုဉ်ခွါသွံဉ်ထံးတၢ်ရှလိာ်မှာ်လိာ် ၂. လၢတမ့ၢ်ပိာ်မုဉ်တမ့ၢ်ပိာ်ခွါ ၃. လၢအတလီၤထုးန့ၢ်သးနီတစဲး

sexology *n* တၢ်ယုထံဉ်သ့ဉ်ညါမၤလိဘဉ်ဃးဒီးမုဉ်ခွါသွံဉ်ထံးတၢ်ရှလိာ်မှာ်လိာ်ပီညါ, မုဉ်ခွါသွံဉ်ထံးတၢ်ရှလိာ်ပီညါ

sextant *n* နီဉ်ထိဉ်ဆဉ်ဇိၤဖီဇိၤဒီးမု့ၢ်တဖဉ်အဒ့ဉ်စၢၤဒီးအနၢဉ်, တၢ်ဒုးနဲဉ် (ကဘီ) ကျဲအနီဉ်ထိဉ်

sextet *n* ၁. တဃံာ်ဃု, ပှၤသးဝံဉ်ဃုဂၤအကရူၢ် ၂. တၢ်သးဝံဉ်တဃံာ်ဃု

sexton *n* ပှၤကွၢ်ထွဲသရိာ်စီၤမိၤဒီးထုးဒၢလွဲ, ပှၤခိးသရိာ်

sextuplet *n* ၁. ဖိတဃံာ်ဃုဂၤအကျါတဂၤ, ဖိတဃံာ်ဃု ၂. (တၢ်သးဝံဉ်) နိးဃု, တၢ်သးဝံဉ်အယၢ်အသီဉ်အိဉ်ဃုထံဉ် ၃. တကရူၢ်အိဉ်ဃု (မံၤ, ကလုာ် ခါ)

sexual *a* ၁. လၢအဘဉ်ထွဲဒီးသွံဉ်ထံးတၢ်ရှလိာ် ၂. လၢအဘဉ်ထွဲဒီးပိာ်မုဉ်ပိာ်ခွါ ၃. လၢအဘဉ်ဃးဒီးတၢ်အမိၢ်အဖါ

sexual harassment *n* မုဉ်ခွါသွံဉ်ထံးတၢ်မၤအ့နူပယွဲ

S

sexual intercourse *n* တၢ်မံယှာ်အိၣ်ယှာ်လိာ်သး, တၢ်အိၣ်ဒီးမုၣ်ခွါသွံၣ်ထံးတၢ်ရှလိာ်မုာ်လိာ်

sexuality *n* ၁. မုၣ်ခွါအန့ၣ်ဆၢၣ် ၂. တၢ်အမိၢ်အဖါအန့ၣ်ဆၢၣ်

sexually transmitted disease *n* (STD) ဃဲသဲတၢ်ဆါ, တၢ်ဆါလၢဘၣ်က်လိာ်သးခီဖျိပိာ်မုၣ်ပိာ်ခွါမံယှာ်လိာ်သး

sexy *a* ၁. လၢအလီၤထုးန့ၢ်သူၣ်ထုးန့ၢ်သး, လၢအလီၤအဲၣ်လီၤကွံ ၂. လၢအမၤကတၢသူၣ်ကတၢသး, လၢအလီၤသူၣ်ပိၢ်သးဝး

Sgaw *n* စှီၤ, ကညီစှီၤ, ပှၤကညီအကလုာ်နူၣ်

Sgt *abbre* သုးစကီၤ, (Sergeant)

sh *exclam* ရှူ, တၢ်တဲသိၣ်တၢ်ကလုၢ်လၢကအိၣ်ဘှ့ၣ်အိၣ်ဘိုၣ်အဂီၢ်

shabby *a* လၢအတဖျါဂ့ၤဘၣ်, တဖျါဃံဖျါလၤဘၣ်, လီၢ်လံၤဖီဃး

shack *n* ဒဲပစီၢ်, ဒဲဖိစီၢ်, တၢ်သူၣ်ထီၣ်တစိၢ်တလီၢ်လၢတၢ်မၤအီၤချ့ချ့ညီညီ

shack *v* ၁. အိၣ်ယှာ်ဆိးယှာ်တပူၤဃိဒ်နီၢ်ဒီမါဝၤအသိး ၂. အိၣ်ဆိးတစိၢ်တလီၢ်

shackle *n* ၁. စုကျိၤ, ခီၣ်ကျိၤ, ထးကျိၤစု, ထးကျိၤခီၣ် ၂. တၢ်တြီမၤတံာ်တာ်, တၢ်နီးတၢ်ဘျး

shackle *v* ၁. ကျိၤတံၢ်စု, ကျိၤတံၢ်ခီၣ် ၂. တြီမၤတံာ်တာ်, မၤနီးမၤဘျး

shackles *n* ၁. စုကျိၤ, ခီၣ်ကျိၤ, ထးကျိၤစု, ထးကျိၤခီၣ် ၂. တၢ်တြီမၤတံာ်တာ်, တၢ်နီးတၢ်ဘျး

shade *n* တၢ်ကၠ

shade *v* လီၤကၠ, မၤကၠလီၤတၢ်

shading *n* တၢ်ကၠ

shadow *a* ကတီၤဆိ, လၢတၢ်ကတီၤဆိဟ်စၢၤအီၤ အဒိ, shadow cabinet (ကတီၤဆိကိတိာ်ကရၢ)

shadow *n* တၢ်အကၠ

shadow *v* ၁. လူၤကွၢ်ဟုၣ်ကွၢ်စုၣ်ပှၤ, ပိာ်အခံဒီးကွၢ်ရူသူၣ် ၂. မၤလီၤကၠ, မၤခံးလီၤ

shadow box *n* ဖဲာ်ထံကလၤတၢ်ဟ်ကွၢ်ကီအဒၢ

shadow-box *v* ဂဲၤလိတၢ်ထိ, ဂဲၤလိတၢ်တမဲးစုတမဲးခီၣ်, တမဲးလိအသး

shadowy *a* ၁. လၢအလီၤကၠ, လၢအခံးသူ ၂. လၢအရူသူၣ်ရူလံၣ်, လၢတၢ်ရူသူၣ်အပူၤ

shady *a* ၁. လၢအိၣ်လီၤကၠ, လၢအလီၤကၠ ၂. လၢအတတီတလိၤ, လၢအကဘျံးကဘျၣ်

shaft *n* ၁. တၢ်အဘိ ၂. ပျၢ် ၃. စုကဝဲၤအဘိ ၄. ကျဲဖိအအံၣ်လၢအလဲၤနုာ်ဆူတၢ်ပူၤ

shaft *v* မၤပှၤတတီတတြၢ်, လံၣ်အိၣ်လီအိၣ်ပှၤ, အိၣ်ကဘျံးကဘျၣ်

shagged *a* လၢတၢ်ဘုံးအသးဒိၣ်မး, လီၤဘုံးလီၤတီၤဒိၣ်မး

shaggy *a* တရုတရိး, ဖုရု

shaggy-dog story *n* တၢ်တဲလီၤနံၤဖးထီလၢအကတၢၢ်ကဲတၢ်တကြီတမီၢ်, တၢ်တဲလီၤနံၤဖးထီလၢအကတၢၢ်ကြီကြီ, တၢ်တဲလီၤနံၤဖးထီလၢအကတၢၢ်အခီပညီတအိၣ်

shah *n* ရှၣ်အစီၤပၤ, ကီၢ်အါရး (ဘ) အစီၤပၤ

shake *n* ၁. တၢ်ကနိး, တၢ်ဟူးဝးဆဲးဆိး ၂. တၢ်ဂံၤဂုၤ, တၢ်တရုၤတၢ်

shake *v* ၁. ကနိး, ဟူးဝးဆဲးဆိး ၂. ဂံာ်ဂုၤ, တရုၤ

shakedown *n* ၁. တၢ်ဘှိသီထီၣ်ကူၤ, တၢ်ကရၢကရိသီထီၣ်ကူၤ ၂. တၢ်သမံသမိးကွၢ်တၢ်လီၤတံၢ်လီၤဆဲး, တၢ်ဃုကမူၣ်ခွဲးခွးတၢ်လီၢ်တၢ်ကျဲ ၃. တၢ်မၤပျံၤမၤဖုးပှၤဒီးဃ့စ့ ၄. လီၢ်မံပတြိာ်

shaken *n* လၢအပျံၤတၢ်ဖုးတၢ်

shake-out *n* ခီပနံာ်ပူၤတၢ်ဆီတလဲဖးဒိၣ်အိၣ်ထိၣ်အကတိၢ်, တၢ်ဆီတလဲအိၣ်ထိၣ်လၢခီပနံာ်စဲးဖီကဟၣ်တၢ်မၤလီၢ်အပူၤ

shaker *n* ၁. တၢ်တရုၤတၢ်, တၢ်နၢမူနၢဆိုဒၢ (အဒိ, အံသၣ်ဆၢတရုၤဒၢ) ၂. (မူးသးဖှံ, ပၣ်တံၣ်) တၢ်ကျဲတၢ်ထံတၢ်နိအဒၢ ၃. တၢ်တရုၤလွံၢ်ဘီကျိအဒၢ

shake-up *n* (ခီပနံာ်အပူၤ) တၢ်ဆီတလဲဖးဒိၣ်အိၣ်ထိၣ်အကတိၢ်, တၢ်ဆီတလဲအိၣ်ထိၣ်လၢ (ခီပနံာ်စဲးဖီကဟၣ်တၢ်မၤလီၢ် မ့တမ့ၢ် တၢ်ကရၢကရိ) အပူၤ

shaky *a* ၁. လၢအတကျၢၤတနူၤ, လၢအတဂၢၢ်တကျၢၤ, လၢအစၢ် ၂. လၢအဟူးဝးဆဲးဆိး, လၢအကနိးကစုာ်

shale *n* လၢၢ်ကဘုးတကလုာ်

shall *v* က

S

shallot *n* ပသၢဂီၤဖိပြံ
shallow *a* ၁. ဒီဉ်, လၢအဒီဉ် ၂. လၢအတယိာ်ဘဉ်, ကဖီကယုၤ
shallows *n* ထံဒီဉ်, ထံဒီဉ်အလိၢ်
Shalom *exclam* ရှလိဉ်, ဖှၤဘြံအတၢ်ဆၢဂ့ၤဆၢဝဲၤ
shalt *v* က
sham *a* လၢအဟ်မၤအသး
sham *n* ၁. တၢ်ဟ်မၤအသး ၂. ပှၤလၢအဟ်မၤအသး
sham *v* ဟ်မၤအသး
shaman *n* ပှၤလၢအိဉ်ဒီးစိကမီၤလၢအမၤဘျါတၢ်ဆါ
shamble *v* ဟးတွံၢ်တရူာ်အခီဉ်, ဟးကဲကဲတကဲကဲ
shambles *n* ၁. တၢ်ဂၢ်သွံဉ်ဂၢ်စီၤအပျီ ၂. တၢ်ဘဉ်အၢဘဉ်သီသဘံးသဘုးအလိၢ်, တၢ်တကဆဲကဆို
shambolic *a* လၢတအိဉ်ဒီးအရဲဉ်အကျဲၤ, လၢတအိဉ်ဒီးတၢ်ရဲဉ်တၢ်ကျဲၤလီၤတံၢ်လီၤဆဲး, လၢအိဉ်လီၤပြံလီၤပြါ
shame *n* တၢ်မဲာ်ဆူး
shame *v* ဒုးမဲာ်ဆူး, မၤလီၤအလၤကပီၤ
shamefaced *a* လၢအမဲာ်ဆူး
shameful *a* လၢအဒုးမဲာ်ဆူးတၢ်, လီၤမဲာ်ဆူး
shameless *a* လၢအတၢ်မဲာ်ဆူးတအိဉ်, လၢအတမဲာ်ဆူး, လၢအမဲာ်ကဲၤ
shampoo *n* တၢ်ပံၤခိဉ်
shampoo *v* ပံၤခိဉ်
shamrock *n* တၢ်မုၢ်တၢ်ဘိတကလှာ်လၢအမုၢ်တဘိအလီၤအလဉ်ဟဲထိဉ်သၢဘ့ဉ်, ကီၢ်အဉ်ရးလဉ်(ဘ) ထံကီၢ်တၢ်ပနီဉ်အသ့ဉ်လဉ်
Shan *n* ပှၤယိၤဖိ
shandy *n* ဘံယၢဉ်ဒီးတၢ်ဆံဉ်ထံကျဲဉ်ကျီအထံ
shanghai *v* မၢန့ၢ်ဆူဉ်တၢ်, မၢဆူဉ်မၢစိးတၢ်
shank *n* ၁. စုဖိဉ်ဘိ, တၢ်အတိၢ်, အဒီ, ကွါအတိၢ်, တၢ်အဘိ ၂. ခီဉ်လီၤယံၤ, ခီဉ်နဉ်သဉ် ၃. ခီဉ်လီၤယံၤအညဉ်
shanty *n* ၁. ဒဲဖိ, ဟံဉ်ကးပြံးဖိ ၂. ပှၤကဘီဖိအလုၢ်လၢ်တၢ်သးဝံဉ်
shanty town *n* ပှၤဖှိဉ်ဖိယာ်ဖိအိဉ်ဆိးအလိၢ်ကဝီၤ
shape *n* တၢ်အကုၢ်အဂီၤ
shape *v* တ့ (တၢ်အကုၢ်အဂီၤ), စိးပျၤန့ၢ် (တၢ်အကုၢ်အဂီၤ), ကၢန့ၢ်, မ့တမ့ၢ် သိန့ၢ် (တၢ်အကုၢ်အဂီၤ), တ့ဘှီထိဉ်တၢ်အကုၢ်အဂီၤ
shaped *a* လၢအိဉ်ဒီးအကုၢ်အဂီၤလီၤလီၤဆီဆီ
shapeless *a* ၁. လၢအကုၢ်အဂီၤတအိဉ်, လၢအကုၢ်အဂီၤဟးဂီၤ ၂. လၢအတယူၤယီဉ်လိာ်သး, လၢအဆၢတစဲဘူးလိာ်သး
shapely *a* လၢအကုၢ်အဂီၤဘဉ်ဘဉ်
shard *n* တၢ်အက့အခီလၢအကနဉ်အ့ဉ်တဖဉ်, ပလီက့, ထးအလ့ဉ်အဒ့ဒီးအက့အကူာ်တဖဉ်
share *n* ၁. တၢ်အပူ ၂. တၢ်ဘျၢလီၤစ့မၤသကိးပနံာ်တၢ်ကၤအတၢ်မၤ, ရှဲယဉ်
share *v* နီၤဟ့ဉ်, နီၤဖးလီၤ
share holding *n* တၢ်ဟ်ဖှိဉ်မၤသကိးရှဲဉ်ယဉ်အတၢ်ဖံးတၢ်မၤ, တၢ်ဟ်ဖှိဉ်မၤသကိးပနံာ်တၢ်ကၤအတၢ်ဖံးတၢ်မၤ
share index *n* ရှဲဉ်ယဉ်စရီခိဉ်သ့ဉ်, ရှဲဉ်ယဉ်အပှ့ၤကလံၤအထိဉ်အလီၤစရီခိဉ်သ့ဉ်
share out *n* တၢ်ဟ့ဉ်နီၤလိာ်သး, တၢ်နီၤဟ့ဉ်လီၤတၢ်
shareholder *n* ပှၤလၢအမၤသကိးရှဲဉ်ယဉ်, ပှၤလၢအဘျၢလီၤစ့မၤသကိးတၢ်လၢပနံာ်တၢ်ကၤအတၢ်မၤ
shareware *n* ခီဉ်ဖျူထၢဉ်ဒွဲပူၤတၢ်ဖိတၢ်လံၤလၢတၢ်မၤန့ၢ်စူးကါကလီအီၤသ့
sharia *n* မူးစလ့ဉ်လုၢ်လၢ်ထူသနူတၢ်သိဉ်တၢ်သီ
shark *n* ၁. ညဉ်ကမီ ၂. ပှၤလံဉ်အိဉ်လီအိဉ်တၢ်, ပှၤအိဉ်ကဘျံးကဘျဉ်တၢ်
sharp *a* ၁. လၢအအ့ဉ်, လၢအကနဉ်အ့ဉ်, လၢအခိဉ်စူကနဉ်အ့ဉ်, လၢအဃဲ ၂. လၢအသကွ့ၤ, လၢအကဲ့ဉ်နၢဉ် ၃. (တၢ်အပှ့ၤကလံၤ) လၢအလီၤချ့သဒံး ၄. (တၢ်ဆူးတၢ်ဆါ) ဆါနးနးကလာ်, ဆါနးမး ၅. လၢအိဉ်ဖျါတြၢ်ကလာ်, လၢအိဉ်ဖျါဖှိဖှိဖျါဖျါ ၆. လၢအခိဉ်နူာ်ချ့, လၢအသူဉ်ပ့ၢ်သးဆှါ, မဲာ်ဖျဲဉ်သးဆှါ, လၢအမဲာ်ဆး ၇. (တၢ်အရိၢ်) လၢအခဉ်, ခဉ်

S

sharp *adv* ၁. လီၤတံၢ်လီၤဆဲး, တီတီ (တၢ်ဆၢကတီၢ်) ၂. (ကျဲ) ဃၣ်တရံး ၃. (တၢ်သးဝံၣ်) လၢအကလုၢ်ထီၣ်တစဲး

sharp *n* ၁. နိးလၢအကလုၢ်ထီၣ်အပနီၣ်, နိးအပနီၣ် ၂. နီၣ်ဂံၢ်နီၣ်ဒွးအပနီၣ်, တၢ်ပနီၣ်

sharp-eared *a* လၢအနၢ်ဒ့

sharpen *v* ၁. မၤအ့ၣ်ထီၣ်, ကျူ့အ့ၣ်ထီၣ်, သွဲၣ်စူထီၣ် ၂. မၤဆုံထီၣ်, မၤဂ့ၤထီၣ်

sharpener *n* လၢၢ်ကျူ့, စဲးကျူ့အ့ၣ်တၢ်, တၢ်သွဲၣ်စူ

sharper *n* ပှၤလီအီၣ်တၢ်ဖိ, ပှၤလံၣ်အီၣ်လီအီၣ်တၢ်

sharp-eyed *a* လၢအမဲာ်ဆး

sharpish *adv* ချ့ချ့, ချ့ဒံးချ့နူး, တကီၢ်ခါ, တဘျီဃီ

sharply *adv* ၁. (ကလုၢ်) ဆူၣ်ဆူၣ်ကိၤကိၤ, တမ့ာ်တလၤ ၂. သတူၢ်ကလာ်အါအါဂိၢ်ဂိၢ် ၃. ချ့သဒံး, ချ့ဒံးချ့နူး

sharpshooter *n* ပှၤလၢအစုဘျ့, ပှၤလၢအစုတီ, ပှၤခးကျိစုဘျ့

sharp-tongued *a* လၢအကလုၢ်ဆူၣ်ဆူၣ်ကိၤကိၤ, လၢအကလုၢ်သီၣ်တမ့ာ်တလၤ, လၢအကလုၢ်တဆၢ

sharp-witted *a* လၢအခိၣ်နူာ်ချ့, လၢအသ့ၣ်ညါပှၤအရံး

shatter *v* မၤလီၤသဘုံး, မၤသ့ၣ်ဖးလီၤကလဲ

shatter proof *a* လၢအသ့ၣ်ဖးလီၤကလဲတသ့, လၢအသ့ၣ်ဖးကွံာ်ဆူအက့အခီတသ့

shattered *a* ၁. လၢအသးတမ့ာ်ဒိၣ်ဒိၣ်ကလာ် ၂. လၢအလီၤဘုံးလီၤတီၤနးမး, လၢအသူၣ်လီၤဘုံးသးလီၤဘှါဒိၣ်မး

shattering *a* ၁. လၢအပှဲၤဒီးတၢ်လီၤဘုံးလီၤတီၤဒိၣ်မး, လၢအသူၣ်လီၤဘုံးသးလီၤဘှါဒိၣ်မး ၂. လၢအဒုးဘၣ်မိၣ်ဘၣ်မးတၢ်, လၢအလီၤသူၣ်အုးသးအုးဒိၣ်မး

shave *n* ၁. တၢ်လူၤ (ခဲၣ်) ဆူၣ်

a close shave *idm:* တၢ်ပူၤဖျဲးကွံာ်ယူၢ်ယူၢ်

shave *v* ၁. လူၤကွံာ် (ဆူၣ်) ၂. ဆီလီၤဘူသလါ, ဆီလီၤတကဘျံးဖိတကဘျံးဖိ ၃. မၤစှၤလီၤတစဲးဘၣ်တစဲး ၄. မၤစှၤလီၤတၢ်အပှ့ၤတစဲး

shaven *a* လၢတၢ်လူၤကွံာ်အဆူၣ်

shaver *n* ၁. တၢ်လူၤ (ခိၣ်) ဆူၣ်, တၢ်ပီးတၢ်လီလၢပှၤလူၤခိၣ်ဆူၣ်ခဲၣ်ဆူၣ် ၂. ပှၤလူၤခိၣ်ဆူၣ်ခဲၣ်ဆူၣ် ၃. ပိာ်ခွါဖိ, တၢ်ကိးလိာ်ကွဲပိာ်ခွါဖိသၣ် ၄. ပှၤလိာ်တၢ်အပှ့ၤမ့ာ်

shaving cream *n* တၢ်လူၤခိၣ်ဆူၣ်ခဲၣ်ဆူၣ်အသဘှဲ

shaving foam *n* တၢ်လူၤခိၣ်ဆူၣ်ခဲၣ်ဆူၣ်အသဘှဲ

shavings *n* သ့ၣ်ကဘိၣ်

shawl *n* ဃၣ်ကၤဖိ, ဃၣ်ဒ့ဖိ, ဃၣ်လုးဘၢဖိ

shawl *v* လုးဘၢ, ဖၢၣ်ထီၣ်, ကၤထီၣ်

she *n* ၁. ပှၤပိာ်မုၣ် ၂. တၢ်အမိၢ်

she *pro* အဝဲ (ပိာ်မုၣ်)

she bang *n* တၢ်ခဲလၢာ်, တၢ်ကိးမံၤဒဲး

sheaf *n* ၁. တဘိၣ် ၂. တၢ်အကဒိၣ် (အဒိ, ဘုကဒိၣ်)

shear *v* ၁. တံာ်သိဆူၣ် ၂. တံာ်ခိၣ်ဆူၣ်ခဲၣ်ဆူၣ်

shears *n* ထးရံးဖးဒိၣ်, ထးတံာ်ဖးဒိၣ်

sheath *n* ၁. (ဒီ) အတြီး, (ဃဲာ်) အတြီး ၂. ပိာ်ခွါတၢ်ဖျိၣ် ၃. ပီၤဖျၢၣ်ဒီသဒၢတၢ် ၄. ဆ့ကၤဖျိၣ်

sheath *v* ၁. ဂိာ်နှာ်, ဒၢနှာ်ဆူအတြီးပူၤ ၂. မၤတဒီဃာ်, ဖျိၣ်နှာ်, ကးဘၢ, ကျၢၢ်ဘၢ

sheathe *v* ၁. ဂိာ်နှာ်, ဒၢနှာ်ဆူအတြီးပူၤ ၂. မၤတဒီဃာ်, ဖျိၣ်နှာ်, ကးဘၢ, ကျၢၢ်ဘၢ

shebeen *n* တၢ်ဆါဟ့ၣ်သံးအလီၢ်

shed *n* ၁. ဒဲဖိ, တဲကူ (တၢ်သူၣ်ထီၣ်အါတကၠ့ၢ်အိၣ်ထဲအခိၣ်ဒုး)

shed *v* ၁. ဟ့ၣ်လီၤကွံာ်, ညိကွံာ်, ကွံာ်တ့ၢ် ၂. ဂၢ်လီၤ, ယွၤလီၤ ၃. လီၤဆူ, လီၤထဲး, လီၤသဘျုး

sheen *n* တၢ်ဘျ့ကတြှၣ်, တၢ်ကတြှၣ်ကတြိၣ်, တၢ်ဘျ့ကပီၤ, တၢ်ဘျ့ကဆှၣ်

sheep *n* သိ (ဆၣ်ဖိကီၢ်ဖိတကလှာ်), သိဆူၣ်

sheep dip *n* ကသံၣ်မၤသံသိကျံ, ကသံၣ်မၤသံသိကျံအဒၢ

sheepdog *n* ထွံၣ်လၢအကွၢ်သိ, ထွံၣ်ကွၢ်သိ

shee-pen *n* သိကရၢၢ်, သိအဂၢၤ

sheepfold *n* သိကရၢၢ်, သိအဂၢၤ

sheepherder *n* ပှၤကွၢ်သိ

sheepish *a* လၢအမဲာ်ဆုးသ့, လၢအမၤအသးဒ်သိအသိး, လၢအပျံၤတၢ်သ့
sheepskin *n* သိအဘ့ၣ်
sheer *a* ၁. လၢအအိၣ်ထူၣ်ကလာ် ၂. ဘူသလါ
sheer *v* လဲၤကဟ်ကွံာ်
sheet *n* ၁. လီၢ်မံဒါ, လီၢ်ဖူဒါ, ယၣ်ဒါ ၂. အကဘျံးအဒိ, စးခိကဘျံး
sheet lightning *n* လီဝါဒံးကပီၤဆဲးကပြုၢ်
sheet metal *n* စၢ်ထးဘ့ၣ်ဘၣ်
sheet music *n* တၢ်သးဝံၣ်အလံာ်ကဘျံး, တၢ်သံကျံအလံာ်ကဘျံး
sheeting *n* ၁. တၢ်အကဘျၣ် ၂. လီၢ်မံဒါတၢ်ကံးညာ်
sheikh, shaykh, sheik *n* ရှံၣ်ယး(ခ), အၣ်ရး(ဘ) ကီၢ်ခိၣ်, အၣ်ရး(ဘ) စီၤပၤဖိခွါ ၂. မူးစလ့ၣ်တၢ်ဘူၣ်တၢ်ဘါအခိၣ်အနၢ်, မူးစလ့ၣ်တၢ်ဘူၣ်တၢ်ဘါအသရၣ်သမါ
sheikhdom *n* အၣ်ရး(ဘ) စီၤပၤဖိခွါအဘီအမုၢ်
sheila *n* (အီးစထြ့လံယါအကျိာ်) ပှၤပိာ်မုၣ်
shekel *n* ၁. ရှဲခါၣ်, ပှၤအံၣ်စရ့လးဖိအစ့ ၂. စ့, စ့ညၣ်
shelf *n* စီၤပိာ်ခိၣ်, တပှ့ၢ်ခိၣ်
shelf life *n* တၢ်ဟ်ကီၤပနံာ်တ့ၢ်အကတီၢ်
shell *n* ၁. မိၣ်သၣ် ၂. အကု, ချံၣ်အကု ၃. တၢ်ချံတၢ်သၣ်အကု
shell *v* ၁. ခးကျိ, ခးမိၣ် ၂. အီးကွံာ်တၢ်အဘ့ၣ်, အီးကွံာ်တၢ်အကု
shell shock *n* တၢ်ပျံၤကျိချံမိၣ်သၣ်သီၣ်တၢ်ဆါ, တၢ်ပျံၤတၢ်ဖုးလၢအဟဲအိၣ်ထိၣ်ခီဖျိတၢ်နၢ်ဘၣ်ဟူဘၣ်ကျိချံမိၣ်သၣ်အသီၣ်ဒီးတၢ်ဒုးတၢ်ယၤအဃိ
shell shocked *a* လၢအဘၣ်တၢ်ပျံၤကျိချံမိၣ်သၣ်သီၣ်တၢ်ဆါ, လၢအပျံၤတၢ်ခီဖျိလဲၤခီဖျိဘၣ်တၢ်တတၢာ်တနါတၢ်ဒုးတၢ်ယၤ
shell suit *n* တၢ်ဂဲၤလိာ်ကွဲအကူသီးဘျ့ကတြှၣ်
shellac *n* ကသံၣ်ထံဆုံဖှူဘျ့တၢ်မဲာ်ဖံးခိၣ်
shellfire *n* တၢ်ခးလီၤကျိဖးဒိၣ်, ကျိဖးဒိၣ်လီၤတဲာ်
shellfish *n* ချိၣ်, ချိၣ်ဇိၤဆွဲၣ်ဇိၤတဖၣ်, ထံဆၣ်ဖိကိၢ်ဖိလၢအဖံးဘ့ၣ်ကုကျၤ
shelling *n* တၢ်ခးမိၣ်, တၢ်ခးကျိဖးဒိၣ်
shellproof *a* လၢမ့ၣ်ပိၢ်ပိၢ်ဖးတန့ၢ်, လၢမ့ၣ်ပိၢ်ပိၢ်ဖးမၤဟးဂီၤအီၤတန့ၢ်
shelter *n* တၢ်အိၣ်ကန, တၢ်ခိၣ်နးကန, တၢ်အိၣ်သဒၢအလီၢ်, တၢ်ဒီသဒၢအလီၢ်
shelter *v* ကဟုကယာ်, မၤကန, ဒီသဒၢ, ဒီယာ်တၢ်
sheltered *a* ၁. လၢအိၣ်လၢတၢ်သဒၢအလီၢ်, လၢအိၣ်ဒီးတၢ်ဒီသဒၢလၢလၢပုံၤပုံၤ ၂. လၢအိၣ်ဘၣ်မုာ်မုာ်ခုၣ်ခုၣ်
shelve *v* ၁. ဟ်ထီၣ်လၢစီၤပိၤခိၣ်, ဟ်ထီၣ်လၢစီၤပီၤခိၣ်, ဟ်ထီၣ်လၢတပှ့ၢ်ခိၣ်, ဟ်ထီၣ်လၢရံခိၣ် ၂. ဘံလီၤ ၃. ဟ်ပတှာ်ဟ်စၢၤ, ဟ်ဃာ်ဟ်စၢၤ
shelving *n* စီၤပိၤခိၣ်တဖၣ်, တပှ့ၢ်ခိၣ်တဖၣ်, ရံခိၣ်တဖၣ်
shenanigans *n* တၢ်ဟ်သးတတီတလိၤကဘျံးကဘျၣ်, တၢ်ဟ်သးတဂ္ၤတဝါ
shepherd *n* ပှၤကွၢ်သိ
shepherd *v* နဲၣ်ပှၤ, ဆှၢပှၤ
shepherdess *n* ပှၤကွၢ်သိ, ပှၤကွၢ်သိအပိာ်မုၣ်
shepherd's pie *n* အၣ်လူတၢ်ညၣ်ဘၢ
sherbet *n* ၁. ရှၢၣ်ဘဲး, တၤသူတၤသၣ်ထံခုၣ်ဖီ ၂. တၢ်ဆၢကမူၣ်, တၢ်ကျဲထံအတၢ်ဆၢကမူၣ်
sheriff *n* ၁. ပၢၤကီၢ်ခိၣ် ၂. ပိါရီ ၃. စကီၤဒိၣ်
sheriff court *n* စံၣ်ညီၣ်ကွိၢ်အဘျိၣ်
Sherpa *n* ပှၤဟံၣ်မါလယၢၣ်ဖိလၢအနဲၣ်ကျဲဆူကစၢ်ဟံၣ်မါလယၢၣ်, ပှၤဟံၣ်မါလယၢၣ်ဖိလၢအဆှၢပှၤဆူကစၢ်ဟံၣ်မါလယၢၣ်
sherry *n* ရှဲၣ်ရံၣ်သံး, စပ့ၣ်အရှဲၣ်ရံးသံး
Shetland pony *n* ကသ့ၣ်ယီၤဖိ
Shia *n* ပှၤရှံယၣ်ဖိ, မူးစလ့ၣ်အကရူၢ်ကရၢတဖု
shibboleth *n* လုၢ်လၢ်ထူသနူလၢအတချုးစီၤလၢၤ
shield *n* ၁. ကတီၤ (ကတီၤလၢပှၤသုးဖိလၢပျၢၤတဖၣ်စိာ်ဝဲ) ၂. တၢ်မၤနၢၤတၢ်လိာ်ကွဲ

S

အခိၣ်ဖးကဘျၣ် ၃. ပၢၤကီၢ်အတၢ်ပနိၣ်ကဘျၣ် ၄. ပှၤ မ့တမ့ၢ် တၢ်လၢအဟ့ၣ်တၢ်ဒီသဒၢ

shield *v* ဒီသဒၢ

shift *n* ၁. တၢ်ဖံးတၢ်မၤအကတီၢ် ၂. တၢ်ဆီတလဲ ၃. ပိာ်မုၣ်ဆ့ကၤဖျိၣ်, ပိာ်မုၣ်ဆ့ကၤဖိ ၄. (ခီၣ်ဖျူထၢၣ်) တၢ်ဆီတလဲလံာ်မဲာ်ဖျၢၣ်အဒိၣ်အဆံးအနီၣ်ဆိၣ်ခံ

shift *v* သုးကစီၤ, ဆီတလဲ, လဲလိာ်

shiftiness *n* တၢ်လံၣ်နံ့ၢ်လီနံ့ၢ်တၢ်, တၢ်ကူၣ်လီနံ့ၢ်တၢ်, တၢ်လီနံ့ၢ်ပျံာ်ဝ့ၤတၢ်, တၢ်မၤရူသူၣ်တၢ်, တၢ်ကူၣ်တရံး

shifting cultivation *n* ခုး, ယုး

shiftless *a* လၢအတၢ်ကူၣ်တၢ်ဆးတအိၣ်, လၢအတၢ်သ့တၢ်ဘၣ်တအိၣ်, လၢအကၢၣ်အကျူ, လၢတအိၣ်ဒီးတၢ်သူၣ်ဆူၣ်သးဂဲၤ

shifty *a* လၢအလံၣ်နံ့ၢ်လီနံ့ၢ်တၢ်, လၢအလီနံ့ၢ်ပျံာ်ဝ့ၤတၢ်, လၢအကူၣ်တရံးရူသူၣ်တၢ်

Shiite *n* ရှံၣ်အဲး, မူးစလ့ၣ်တၢ်ဘါအကရူၢ်ကရၢတဖု

shilling *n* ရှံၣ်လ့ၣ်, ဘြံးထံး(ရှ)အစ့, အဲကလံးစ့အဘ့ၣ်

shilly-shally *v* သးဒ့ဒီ, ယှာ်အသး

shim *n* နိၣ်ကျးစဲ

shimmer *n* တၢ်ဆဲးကပြှၣ်ဖြးဖြး, တၢ်ကပီၤပံၣ်လ့ပံၣ်လ့

shimmer *v* ဆဲးကပြှၣ်ဖြးဖြး, ကပီၤပံၣ်လ့ပံၣ်လ့

shimmy *v* ဂဲၤကလံၣ်တရုၤယီၢ်ဒ့, ဂဲၤကလံၣ်ရှံမံၣ်တၢ်ဂဲၤကလံၣ်

shin *n* ခီၣ်လ့ၢ်မိ, ခီၣ်လိၤမိၢ်

shin *v* ပဃာ်ထိၣ်တၢ်ချ့ချ့

shin bone *n* ခီၣ်လ့ၢ်မိအယံ, ခီၣ်လိၤမိၢ်အယံ

shin guard *n* တၢ်လၢအဒီသဒၢခီၣ်လ့ၢ်မိ, တၢ်လၢအဒီသဒၢခီၣ်လိၤမိၢ်

shindig *n* ၁. တၢ်မၤမူးသးဖှံတၢ်ဂဲၤကလံၣ်အမူး ၂. တၢ်အ့ၣ်လိာ်ဆီးက့လိာ်သးသိၣ်သထူၣ်ဘးလီ

shine *n* ၁. တၢ်ဆဲးကပီၤ, တၢ်ကပီၤ ၂. တၢ်ကပြုၢ်ကပြီၤ, တၢ်ထူးဘျ့ကပီၤ

shine *v* ၁. ဆဲးကပီၤ, ဆဲးလီၤ ၂. ဖျါကပြုၢ်ကပြီၤ, ဖျါကပီၤ

shiner *n* ၁. ပှၤလၢအထူးဘျ့ကပီၤထိၣ်တၢ်, တၢ်လၢအမၤကပီၤထိၣ်တၢ် ၂. တၢ်လၢအကပြုၢ်ကပြီၤ ၃. ညၣ်ကပီၤတကလုာ်လၢအအိၣ်လၢကလံၤစီးအမဲရကၤ

shingle *n* ၁. သ့ၣ်ဘၣ်လၢတၢ်ကဒုးဟံၣ်ခိၣ်ဒုး မ့တမ့ၢ် တၢ်ဒူၣ်ကပၤအဂီၢ် သ့ၣ်ဘၣ်ဒုးဟံၣ်ခိၣ်, သ့ၣ်ဘၣ်ဖိလၢဟံၣ်ဒုးခိၣ်အဂီၢ် ၂. ပိာ်မုၣ်တံာ်ဖုၣ်အခိၣ်သူတုၤအကိာ်ကျၤထံး ၃. တၢ်ဘိးဘၣ်သ့ၣ်ညါဘ့ၣ်လၢဝဲၤဒၢးအချၢ

shingle *v* ၁. ဒုးထိၣ်ဟံၣ်ခိၣ်လၢသ့ၣ်ဘၣ် ၂. တံာ်ဖုၣ်ခိၣ်ဆူၣ်

shingles *n* တၢ်ယုၢ်အ့ၣ်

shiny *a* လၢအကပြုၢ်ကပြီၤ

ship *n* ကဘီ

ship *v* ဝံစိာ်တီဆှၢ, ဆှၢထိၣ်ဆှၢလီၤတၢ်, ဆှၢထိၣ်ဆှၢလီၤတၢ်လၢ (ကဘီ)

shipboard *a* လၢကဘီဖီခိၣ်

shipbuilder *n* ပှၤလၢအဘိုကဘီ

shipload *n* ကဘီအတၢ်ပဒၢး

shipmate *n* ပှၤကဘီဖိ

shipment *n* ၁. တၢ်ဆှၢထိၣ်ဆှၢလီၤတၢ်ဖိတၢ်လံၤအကျိၤအကျဲအတၢ်ရဲၣ်တၢ်ကျဲၤတၢ်ဖံးတၢ်မၤ ၂. တၢ်ဖိတၢ်လံၤလၢတၢ်ဆှၢထိၣ်ဆှၢလီၤအီၤ

shipowner *n* ကဘီကစၢ်

shipper *n* တၢ်ဆှၢထိၣ်ဆှၢလီၤတၢ်အခီပနံာ်, ခီပနံာ်လၢအဆှၢထိၣ်ဆှၢလီၤတၢ်

shipping *n* ၁. ကဘီလၢအလဲၤသကိးယှာ်တၢ်, ကဘီကရူၢ် ၂. တၢ်ဆှၢထိၣ်ဆှၢလီၤပနံာ်လၢထံကျဲ

shipshape *a* လၢအကဆဲ့ကဆို, လၢအိၣ်လၢအလီၢ်အကျဲ

ship-to-shore *a* လၢကဘီဆူခိခိၣ်

shipwreck *n* ကဘီဟးဂီၤ

shipwreck *v* ပၣ်ဃုာ်လၢကဘီဟးဂီၤအပူၤ

shipyard *n* တၢ်ဘိုကဘီအလီၢ်, ကဘီကွံ

shire *n* ဟီၣ်ကဝီၤ, ကီၢ်ရှၣ်ဟီၣ်ကဝီၤ

shire horse *n* ရှါယါကသ့ၣ်ဖးဒိၣ်, ကသ့ၣ်ဖးဒိၣ်လၢအဂံၢ်ဆူၣ်

shirk *v* ပဒ့ၣ်ပူၤဖျဲးအသး, ဃ့ၢ်ပူၤဖျဲး, ဟးဆှဲးမူဒါ

shirt *n* ဆ့ကၤရှၢး, ဆ့ကၤလၢပှၤပိာ်ခွါကၤဝဲ

shirt front *n* ဆ့ကၤရှၢးအမဲာ်ညါတကပၤ

S

shirt sleeve *n* ဆ့ကၤရှၢ်းအစု

shirt tail *n* ဆ့ကၤရှၢ်းအခီၣ်ထံးလၢအိၣ်လီၤဖဲၤ

shirty *a* လၢအသ့ၣ်ဒိၣ်သးဖှိၤ, လၢအသးဖှ့ၣ်

shit *a* နးမး, ဒိၣ်ဒိၣ်ကလဲာ်

shit *exclam* တၢ်ဆိၣ်တၢ်ထုတၢ်, တၢ်အ့ၣ်

shit *n* ၁. တၢ်အ့ၣ်တၢ်ဆံၣ် ၂. ပှၤတဂ့ၢ်တသိၣ် ၃. တၢ်လၢအဘျုးတအိၣ် ၄. ညါဖိ, ကသံၣ်မူၤဘိုး

shit *v* ၁. အ့ၣ်ဆါ, အ့ၣ်ပြံး ၂. ပျံၤတၢ်ဒိၣ်ဒိၣ်ကလဲာ်

shit list *n* ပှၤလၢအအိၣ်လၢတၢ်သးဟ့အစရီ, တၢ်သးဟ့အစရီ

shit scared *a* လၢအပျံၤတၢ်ဒိၣ်ဒိၣ်ကလဲာ်

shite *n* ၁. တၢ်အ့ၣ်တၢ်ဆံၣ် ၂. ပှၤတဂ့ၢ်တသိၣ် ၃. တၢ်လၢအဘျုးတအိၣ် ၄. ညါဖိ, ကသံၣ်မူၤဘိုး

shit-faced *a* မူၤဘိုး, လၢအမူၤ

shitty *a* လၢအအၢအသီ, လၢအတမ့ၢ်တလၤ, လၢအတဂ့ၤတဘၣ်

shiver *n* တၢ်ကနိးကစုာ်, တၢ်ကနိး, တၢ်ဖံးဘ့ၣ်သကုၣ်, တၢ်ဆူၣ်ကပြုထိၣ်

shiver *v* ကနိးကစုာ်, ကနိး

shivery *a* လၢအကနိးကစုာ်, လၢအကနိး, လၢအဖံးဘ့ၣ်သကုၤ, လၢအဆူၣ်ကပြုထိၣ်

shoal *a* လၢအဒီၣ်, လၢထံဒီၣ်အလီၢ်

shoal *n* ညၣ်တဖုတဂီၢ်, ညၣ်တနူၣ်

shock *n* ၁. တၢ်ကနိးတရုၤအသးဒိၣ်ဒိၣ်ကလဲာ်, တၢ်ဟူးဝးတရုၤအသး ၂. လီမ့ၣ်အတၢ်ထုးတရုၤ ၃. တၢ်ဖုးသ့ၢ်ဖုးထံ, တၢ်ဖုးသံပျိၢ်ဂီၤ ၄. တၢ်ကမၢကမၣ် ၅. တၢ်ပှၣ်ထိၣ်ဘုကဒိၣ် ၆. ခိၣ်သူဖုတရု

shock *v* ၁. ကမၢကမၣ် ၂. ဖုး, ပျိၢ်, ဖုးသံပျိၢ်ဂီၤ ၃. ဘၣ်ဖုးဒီးလီမ့ၣ်အူ

shock absorber *n* ပီးလီလၢအမၤစှၤလီၤတၢ်ဘၣ်တိၢ်ဘၣ်ထံးအသဟီၣ်လၢတၢ်ထိထိၣ်အီၤလၢသိလှ့ၣ်ပၣ်အလီၤလၢကမၤစှၤလီၤတၢ်ဘၣ်တိၢ်ဘၣ်ထံးအသဟီၣ်

shock tactics *n* တၢ်မၤဖုးမၤပျိၢ်ကျဲၣ်တရံးတၢ်, တၢ်ကျဲၣ်တရံးမၤဖုးမၤပျိၢ်တၢ်

shock therapy *n* တၢ်မၤဖုးတၢ်ကူစါယါဘျါအကျိၤအကျဲလၢပှၤခိၣ်နူာ်တဘၣ်လိာ်ဘၣ်စးတဖၣ်အဂီၢ်

shock troops *n* သုးမုၢ်နးတပျိၤတၢ်, ပှၤသုးဖိလၢတၢ်ဟ့ၣ်တၢ်သိၣ်လိလၢကနးတပျိၤတၢ်

shock wave *n* ကလံၤအတၢ်ဆီၣ်သနံးအကျိၤဆူၣ်, ကလံၤအတၢ်ဆီၣ်သနံးကျိၤအဆူၣ်လၢအကဲထိၣ်ခီဖျိတၢ်ပိါဖး, ဟီၣ်ခိၣ်ဟူး

shocker *n* တၢ်လၢအမၤဖုးသံပျိၢ်သံတၢ်, ပှၤလၢအမၤဖုးသံပျိၢ်သံတၢ်

shocking *a* ၁. လၢအဖုးသံပျိၢ်ဂီၤဒိၣ်ဒိၣ်မုၢ်မုၢ် ၂. လၢအပျံၤတၢ်ဖုးတၢ်ဒိၣ်ဒိၣ်ကလဲာ် ၃. လၢအအၢဒိၣ်မး, လၢအတဘၣ်သးဒိၣ်ဒိၣ်ကလဲာ် ၄. လၢအတမ့ၢ်တလၤ, လၢအလီၤပျံၤလီၤဖုး, လၢအဖံးတကုၣ်ခီတကုၣ်

shocking pink *a* လၢအလွဲၢ်အဂီၤစၢ်လၢအဆှၣ်

shocking pink *n* တၢ်အလွဲၢ်ဂီၤစၢ်ဆူၣ်ဆူၣ်

shod *a* လၢအိၣ်နှၢ်လၢပှၤဂၤအလိၢ်

shoddy *a* ၁. လၢအကံၢ်အစီတဂ့ၤ, လၢအကံၢ်အစီတထိၣ်ဘး ၂. လၢအဆိကမိၣ်ထဲတၢ်အၢတၢ်သီ, လၢအအၢအသီနးမး

shoddy *n* ၁. တၢ်ကံးညာ်လၢအကံၢ်အစီတဂ့ၤ, တၢ်ကံးညာ်လၢဘၣ်တၢ်မၤကဲထိၣ်လၢလုၣ်အလီၢ်လံၤ ၂. တၢ်အယိၢ်အဘျၣ်

shoe *n* ၁. ခီၣ်ဖံး ၂. ကသ့ၣ်ခီၣ်မ့ၣ်အထးကွီၤ ၃. နီၣ်ဖှ့ၣ်လၢလှ့ၣ်ပၣ်အဖီခိၣ်

shoe *v* ထီထိၣ်ကသ့ၣ်အခီၣ်မ့ၣ်ဒီးထးကွီၤ

shoe string *a* လၢအစုးကါစ့စုၤကိာ်ဖိ, လၢအစုၤကိာ်

shoe string *n* ၁. ခီၣ်ဖံးအပျံၤ ၂. စ့စုၤကိာ်ဖိ

shoehorn *n* ပီးလီလၢအဆွံနုာ်စၢၤခီၣ်ဆူခီၣ်ဖံးအပူၤ, နီၣ်ဂိာ်စၢၤခီၣ်

shoehorn *v* ဆွံနုာ်ဆူၣ်တၢ်

shoelace *n* ခီၣ်ဖံးပျံၤ

shoemaker *n* ပှၤတ့ခီၣ်ဖံးဖိ, ပှၤဘိခီၣ်ဖံးဖိ

shoeshine *n* တၢ်ထူးဘျ့မၤကပီၤထိၣ်ခီၣ်ဖံး

shogun *n* ယပၣ်အသုးခိၣ်

shoo *exclam* "ရှူ", တၢ်မၤသိၣ်အကလုၢ် "ရှူ", တၢ်နီၣ်ဟးထိၣ်ကွံာ်တၢ်

S

shoo *v* နိဉ်ဟးထိဉ်ကွံာ်, ဟီဟးထိဉ်ကွံာ်, မၤသိဉ်အကလုာ်ရှူရှူဒီးဟီဟးထိဉ်ကွံာ်တၢ်

shoo-in *n* ပှၤလၢအကမၤနၢၤတၢ်တီနံၤ, ပှၤလၢအကမၤနၢၤတၢ်ဃါမနၤ

shoot *exclam* ဆိဉ်တၢ်ထုတၢ်

shoot *n* ၁. တၢ်အပျိဉ်ဖိ, (သ့ဉ်) ပျိဉ်, (ဝဉ်) ဘိဉ် ၂. တၢ်လူၤခးအိဉ်ပှၢ်, တၢ်လူၤလိာ်ကွဲပှၢ် ၃. တၢ်ဟးဒိတၢ်ဂီၤ, တၢ်ဒိတၢ်ဂီၤ ၄. က့

shoot *v* ၁. ခးတၢ် ၂. သုးသးချ့သဒံး ၃. (ဖျာဉ်ထူ) ထူနှာ် ၄. ဟဲထိဉ်, ဖိုးထိဉ်, ပျိဉ်ထိဉ် ၅. ဆွံနှာ်လီၤတၢ်

shoot out *n* ၁. တၢ်ခးသံလိာ်သး, တၢ်စံဉ်ညီဉ်တဲာ်ခီဖျိလၢတၢ်ခးသံလိာ်သး ၂. တၢ်ထူကတၢၢ်ကွံာ်ဖျာဉ်ထူဖဲတၢ်ဂဲၤလိာ်ကွဲပြၢအခါ

shoot-'em-up *n* ၁. တၢ်ဂီၤမူလၢအဒုးနဲဉ်တၢ်အိဉ်ဒီးတၢ်ခးလိာ်သးအါအါဂိၢ်ဂိၢ် ၂. ခိဉ်ဖျူထၢဉ်တၢ်ဂဲၤလိာ်ကွဲခးကျိအါအါဂိၢ်ဂိၢ်

shooter *n* ၁. ကျိ ၂. ပှၤလၢအခးကျိ ၃. ပှၤလၢအထူနှာ်ဖျာဉ်ထူ ၄. သံးတအီ

shooting *n* ၁. တၢ်ခးတၢ် ၂. တၢ်လူၤခးအိဉ်ပှၢ်, တၢ်လူၤလိာ်ကွဲပှၢ် ၃. တၢ်ဂဲၤလိာ်ကွဲခးကျိအါအါဂိၢ်ဂိၢ်

shooting gallery *n* ၁. တၢ်လဲၤခးလိာ်ကွဲတၢ်အလိၢ်လၢမူးဒိၤပွဲဒိၤအပူၤ ၂. တၢ်ဆဲးကသံဉ်မူၤဘိုးအလိၢ်

shooting match *n* တၢ်ခးလိာ်သးလၢကျိ, တၢ်ခးပြၢလိာ်သးဒီးကျိ

shooting star *n* ဆဉ်ယူၤ

shooting stick *n* နိဉ်က့လၢတၢ်ကတိဉ်ထိဉ်ခးကျိအဂီၢ်

shop *n* ကျး, တၢ်ဆါတၢ်ပ္ၤတၢ်အလိၢ်

shop *v* ၁. ပ္ၤတၢ် ၂. တၢဉ်ဘဉ်တၢ်

shop assistant *n* ကျးအပှၤမၤစၢၤတၢ်, ပှၤမၤစၢၤတၢ်လၢကျး

shop bought *a* လၢတၢ်ပ္ၤအီၤလၢကျး

shop floor *n* ၁. တၢ်ထုးထိဉ်ပနံာ်အလိၢ် ၂. ပှၤမၤတၢ်ဖိပတိၢ်မု္

shop front *n* ကျးအမဲာ်ညါ

shop steward *n* ပှၤမၤတၢ်ဖိအခၢဉ်စး

shopkeeper *n* ပှၤဆါတၢ်ဖိ

shoplifting *n* တၢ်ဟုဉ်တၢ်လၢကျး

shopper *n* ပှၤပ္ၤတၢ်ဖိ

shopping *n* ၁. တၢ်လဲၤပ္ၤတၢ် ၂. တၢ်ဖိတၢ်လံၤလၢတၢ်လဲၤပ္ၤအီၤ

shopping centre *n* ကျးရိလိၢ်

shopping list *n* တၢ်ဖိတၢ်လံၤလၢတၢ်ကလဲၤပ္ၤအီၤအစရီ

shopping mall *n* ကျးရိဖှိဉ်, ကျးရိလိၢ်

shop-soiled *a* (ကျးအတၢ်ဖိတၢ်လံၤ) လၢအဘဉ်အၢထိဉ်ဒီးတဂ့ၤလၢၤခီဖျိတၢ်ပျ့ၢ်အီၤဖိဉ်အီၤအါတလၢ

shopworn *a* (ကျးအတၢ်ဖိတၢ်လံၤ) လၢအဘဉ်အၢထိဉ်ဒီးတဂ့ၤလၢၤခီဖျိတၢ်ပျ့ၢ်အီၤဖိဉ်အီၤအါတလၢ

shore *n* ပိဉ်လဲဉ်နံၤ, ထံကၢၢ်နံၤ, ထံနံၤ

shoreline *n* ပိဉ်လဲဉ်အထံကၢၢ်နံၤ, ထံကၢၢ်နံၤ

short *a* ၁. ဖုဉ် ၂. မိကိာ်ဖိ, တယံာ်ဘဉ် (တၢ်ဆၢကတိၢ်) ၃. တလၢတလိဉ်, စုၤန့ၢ်ဒံး ၄. လၢအတဲတၢ်ဖုဉ်ဖုဉ်, မ့ၢ်ဘဉ်တဲလၢအဖုဉ် ၅. လၢအစိုး, လၢအကၢ်ညီ ၆. (တၢ်ကတိၤ) လၢအသိဉ်ဖုဉ်

short *adv* ၁. သတူၢ်ကလာ် ၂. စုၤဒံးဒဉ်တၢ် ၃. ဘူးကလၢာ်လံ

short *n* ၁. ဖျိဉ်ခံဖုဉ်ခိဉ် ၂. တၢ်မ့ၢ်ဘဉ်တဲလၢအဖုဉ်နူဉ် ၃. လီယွၤကျိၤတဘဉ်အလိၢ်, လီမ့ဉ်အူဘဉ်ပျ့ၤလိာ်အသး

short *v* (လီမ့ဉ်အူ) ဘဉ်ပျ့ၤလိာ်သး

short back and sides *n* တၢ်တံာ်ဖုဉ်ခိဉ်သူလၢအလိၢ်ခံဒီးအကပၤ

short circuit *n* လီယွၤကျိၤတဘဉ်အလိၢ်, လီမ့ဉ်အူဘဉ်ပျ့ၤလိာ်အသး

short cut *n* ကျဲဘျိ

short fall *n* တၢ်လီၤတူာ်, စ့လီၤတူာ်, စ့တလၢတလိဉ်

short haul *n* ၁. တၢ်ဒ့ဉ်စၢၤဘူး ၂. တၢ်ဆၢကတိၢ်ဖုဉ်

short list *n* ပှၤလၢတၢ်ဃုထၢထိဉ်အီၤလၢခံကတၢၢ်အစရီ

short staffed *a* လၢအပှၤမၤတၢ်ဖိတလၢတပှဲၤ

short stay *a* လၢအအိဉ်တစိၢ်တလိၢ်

short story *n* တၢ်တဲဖုဉ်ကိာ်, တၢ်ယဲၤဖုဉ်ကိာ်

short temper *n* တၢ်သးဒိဉ်ထီဉ်ညီ, တၢ်သးဒိဉ်ထီဉ်ချ့

short term *a* လၢအကတိၢ်ဖုဉ်

short time *n* တၢ်မၤတၢ်အဆၢကတိၢ်ဖုဉ်

short wave *n* ကွဲၤလ့လိၤအလပီယွၤအကျိၤ

shortage *n* တၢ်တလၢတပှဲၤ, တၢ်တအါ

shortbread *n* ကိဉ်စိုးဃ့, ကိဉ်စိုးဃ့လၢတၢ်မၤအီၤဒီးထီပးဒီးကိဉ်ကမူဉ်ဒီးအံသဉ်ဆၢ

shortcake *n* ၁. ကိဉ်စိုးဃ့, ကိဉ်စိုးဃ့လၢတၢ်မၤအီၤဒီးထီပး, ကိဉ်ကမူဉ်ဒီးအံသဉ်ဆၢ ၂. ကိဉ်ဆီဖံဉ်စိုးဃ့, ကိဉ်ဆီဖံဉ်လၢတၢ်ထၢနာ်တၢ်သူတၢ်သဉ်ဒီးတၢ်နၢ်ထံအခိဉ်ကျးလၢအဖီခိဉ်

short-change *v* ၁. ဟ့ဉ်က့ၤစ့တပှဲၤ ၂. မၤပှၤတတီတတြၢ်ခီဖျိဟံးဃာ်တၢ်အလုၢ်အပှ့ၤတခါခါ

short-circuit *v* ၁. ဘဉ်ပျ့ၤဒီးလီမ့ဉ်အူ, ဘဉ်ပျ့ၢ်ဒီးလီမ့ဉ်အူ ၂. မၤဝံၤတၢ်ဖုဉ်ဖုဉ်ဒီးလီၤလီၤ

shortcoming *n* တၢ်လီၤတူာ်လီၤကာ်

shortcrust pastry *n* ကိဉ်ဖးစထြိဉ်တကလုာ်, ကိဉ်ဖးစထြိဉ်တကလုာ်လၢဘဉ်တၢ်မၤအီၤဒီးကိဉ်ကမူဉ်ထီပးဒီးထံ

shorten *v* မၤဖုဉ်လီၤ

shortening *n* ထီပးလၢတၢ်စူးကါအီၤဖဲတၢ်မၤကိဉ်ဖးစထြိဉ်

shorthand *n* ၁. တၢ်ကွဲးဖုဉ်လံာ် ၂. တၢ်တဲတၢ်ဖုဉ်ဖုဉ်

short-haul *a* လၢအဆှၢထီဉ်ဆှၢလီၤတၢ်လၢတၢ်ဒ့ဉ်စၢၤအဖုဉ်

shortlist *v* ဃုထၢထီဉ်ပှၤလၢခံကတၢၢ်

short-lived *a* လၢတအိဉ်စံာ်အိဉ်ကျၢၤ, လၢအတူၢ်တယံာ်, လၢအအိဉ်ထဲတစိၢ်တလီၢ်ဧိၤ

shortly *adv* တယံာ်တမီၢ်, ချ့ချ့, တစိၢ်ဖိ, မိကိာ်ဖိ, လၢကတိၢ်တၢ်ဖုဉ်

short-order cook *n* ပှၤဖီတၢ်အိဉ်လၢအချ့, ပှၤလၢအဖီဒီးကတဲာ်ကတီၤတၢ်အိဉ်လၢအချ့

short-range *a* ၁. လၢအလဲၤတၢ်နှၢ်ဘူးဘူး, လၢအလဲၤတၢ်နှၢ်တယံၤဘဉ် ၂. လၢအဘဉ်တၢ်မၤအီၤလၢခါဆူညါကတိၢ်ဖုဉ်အဂီၢ်

short-range *n* ၁. (စုကဝဲၤ) လၢတၢ်စူးကါအီၤသ့ဒ့ဉ်ထဲတၢ်ဒ့ဉ်စၢၤဘူးဘူးအဂီၢ် ၂. အကတိၢ်ဖုဉ်

short-run *n* ကတိၢ်ဖုဉ်

shorts *n* ဖြိဉ်ခံဖုဉ်

short-sighted *a* ၁. မဲာ်ကနယံၤ, ကွၢ်တၢ်အယံၤဖျါတဆုံဘဉ်, ထံဉ်တၢ်ထဲအဘူး ၂. လၢအတၢ်ထံဉ်တထီ, လၢအတၢ်ထံဉ်ဖုဉ်, လၢအတထံဉ်စိတၢ်လၢအယံၤဘဉ်

short-termism *n* တၢ်ကွၢ်ထဲတၢ်ဆၢကတိၢ်ဖုဉ်ဖုဉ်အဂီၢ်, တၢ်ကွၢ်တၢ်မဲာ်ဆူဉ်ကတၢၢ်

short-winded *a* လၢတၢ်ဘှံးအသးချ့, လၢအကသါတလၢသါ

shot *a* ၁. လၢအထါဘံဘူဃါဃုာ်အီၤဒီးတၢ်အလွဲၢ်အါကလုာ် ၂. လၢအဘဉ်ဒိဘဉ်ထံး, လၢအဟးဂူာ်ဟးဂီၤ

shot *n* ၁. တၢ်ခးကျိ, တၢ်ခးမျိာ်သဉ်, တၢ်ခးမူဖျၢဉ်ဒီ ၂. တၢ်ထူဖျာဉ်ထူတဘီ ၃. ကျိချံမျိာ်သဉ် ၄. တၢ်ဒိတၢ်ဂီၤ ၅. သံးတအီ ၆. တၢ်ဆဲးကသံဉ် ၇. တၢ်လီၢ်ဖဲပှၤခးတုၤဃီၤအလီၢ် ၈. တၢ်ဂဲၤလိာ်ကွဲကွံာ်ထးဖျာဉ်

shotgun *n* ကျိဘီးကၢ်ဆဲးဖိုး

shotgun wedding *n* တၢ်ဖျိဘဉ်က့ၤ, တၢ်ဖျိဆိကွံာ်သးချ့ချ့မ့ၢ်လၢပိာ်မုဉ်အိဉ်ထီဉ်ဒီးဟုးသးအဃိ

shot-put *n* တၢ်ကွံာ်ထးဖျာဉ်တၢ်ဂဲၤလိာ်ကွဲ

should *v* ကြၢး

shoulder *n* ဖံဘဉ်ခိဉ်

shoulder *v* ၁. ယိးတၢ် ၂. ဝံတၢ်ယိးတၢ် ၃. တနိဉ်လၢအဖံထံခိဉ်

shoulder bag *n* ထၢဉ်, ထၢဉ်ဘျးပျိၢ် (အဒိ, ထၢဉ်ကညီ)

shoulder blade *n* ဆဲမိၢ်ယံ

shoulder pad *n* တၢ်ကံးညာ်ကပုာ်လုာ်လၢတၢ်ဒီဃာ်လၢဖံထံခိဉ်

shoulder strap *n* ထၢဉ်အပျံၤ, ထၢဉ်အပျံၤလၢပဝံအီၤလၢပဖံဘဉ်ခိဉ်အဂီၢ်

shoulder-high *a* လၢအထီတုၤဖံဘဉ်ခိဉ်

shoulder-length *a* (ခိဉ်သူ) ထီတုၤဖံဘဉ်ခိဉ်

shout *n* တၢ်ကိးပသူကိးပသီ, တၢ်ကိးဃါတၢ်

shout *v* ကိးပသူ, ကိးဃါ ကဲးပသူ

S

shouting *n* တၢ်ကိးပသူကိးပသီ

shouting match *n* တၢ်ကိးပသူကိးပသီအ့ၣ်လိာ်တ်လိာ်သး

shove *n* တၢ်ဆိၣ်ကွံာ်ပှၤဆူၣ်ဆူၣ်, တၢ်တနံးကွံာ်ပှၤလၢတၢ်သူၣ်ဒိၣ်သးဖျိးအပူၤ

shove *v* ဆိၣ်, ထွၣ်ကွံာ်, တနံးကွံာ်

shovel *n* ဘီတရိာ်, ဘီတြိာ်

shovel *v* တရိာ်, တြိာ်

shovelful *n* ဘီတရိာ်ပှဲၤပှဲၤတဘ့ၣ်, ဘီတြိာ်ပှဲၤပှဲၤတဘ့ၣ်

show *n* ၁. တၢ်ဒုးနဲၣ်ဖျါထီၣ်, တၢ်ဂဲၤဖျါလၢကမျၢ်အမဲာ်ညါ ၂. တၢ်ဂဲၤဒိ, တၢ်ဒုးနဲၣ်

show *v* ၁. ဒုးနဲၣ်, ဒုးနဲၣ်ဖျါ ၂. ဟ်ဖျါထီၣ် ၃. ဟ်လၢတၢ်ကွၢ်ကီအလိၢ်, ပျဲလၢပှၤကထံၣ်

show business *n* တၢ်ဒုးနဲၣ်တၢ်အမှၢ်ကျိၤဝဲၤကွာ်, တၢ်ဂဲၤတၢ်ဂီၤမူတၢ်ဒုးနဲၣ်အမှၢ်ဝဲၤတၢ်မၤ

show house *n* ဟံၣ်လၢတၢ်ဒုးနဲၣ်အီၤ

show jumping *n* တၢ်ဒုးနဲၣ်တၢ်ဒိးကသ့ၣ်စံၣ်ခီကဟ်တၢ်

show stopper *n* တၢ်ဒုးနဲၣ်လၢဒိးန့ၢ်ဘၣ်တၢ်ဒဲစုစံးထီၣ်ပတြၢၤအီၤ

show trial *n* တၢ်ဟ်လိာ်ဘၢလိာ်ကွိၢ်အသးတၢ်, တၢ်ဟ်စံၣ်ညီၣ်အသးတၢ်

showcase *n* ၁. မဲာ်ထံကလၤတၢ်ဒုးနဲၣ်အဒၢ ၂. တၢ်ဒုးနဲၣ်တၢ်အလိၢ်

showdown *n* တၢ်ဒုးနဲၣ်ဖျါထီၣ်တၢ်ကံၢ်တၢ်စိ, တၢ်လၢအိၣ်ဒီးပှၤပျီပျီဖျါဖျါ

shower *n* ၁. တၢ်လုၣ်ထံလီၢ်လၢထံဆဲးတဖှံၣ်လၢတၢ်ဖီခိၣ် ၂. တၢ်ဟဲစူၤလီၤဖှံၣ်

shower *v* to have a shower လုၣ်ထံလၢတၢ်လုၣ်ထံလီၢ်လၢထံဆဲးတဖှံၣ်လီၤလၢတၢ်ဖီခိၣ်

showery *a* လၢအဆဲးတဖှံၣ်

showgirl *n* ပိာ်မုၣ်လၢအဂဲၤကလံၣ်သူၣ်ဝံၣ်သးဆၢဒုးနဲၣ်တၢ်

showground *n* တၢ်မၤတၢ်သူၣ်ဖှံသးညီအပျီဖးလဲၢ်, မူးသးဖှံအပျီ

showily *adv* ကဃၢကဃဲကပြုၢ်ကပြိၤ

showing *n* ၁. တၢ်ဒုးနဲၣ်တၢ်ဂီၤမူ ၂. တၢ်ဟဲအိၣ်ဖျါထီၣ်

showman *n* ၁. ပှၤလၢအတီခိၣ်ရိၣ်မဲတၢ်ဒုးနဲၣ်အမူး, တၢ်ရဲၣ်ကျဲၤတၢ်ဒုးနဲၣ်မူးအခိၣ် ၂. ပှၤလၢအဂဲၤကလံၣ်သူၣ်ဝံၣ်သးဆၢဒုးနဲၣ်တၢ်

showmanship *n* တၢ်ဒုးနဲၣ်တၢ်လၢအထုးန့ၢ်ပှၤသူၣ်ပှၤသးသ့, တၢ်ဒုးနဲၣ်တၢ်အိၣ်ဒီးတၢ်သ့တၢ်ဘၣ်လၢအထုးန့ၢ်ပှၤသူၣ်ပှၤသး

show-off *n* တၢ်ဟ်ဂ့ၤဟ်ဝါသး, တၢ်ဟ်ကဖၢလၢသး

showpiece *n* တၢ်လၢပှၤကကွၢ်ကီအဂီၢ်

showplace *n* တၢ်ဒုးနဲၣ်ကွၢ်ကီတၢ်အလိၢ်, ကမျၢ်တၢ်ကွၢ်ကီအလိၢ်

showroom *n* တၢ်ဒုးနဲၣ်တၢ်ဖိတၢ်လံၤအဒၢး, ဒၢးလၢတၢ်ဒုးနဲၣ်တၢ်ဖိတၢ်လံၤဒီးသိလ့ၣ်

showtime *n* တၢ်ဒုးနဲၣ်တၢ်ဂီၤမူအဆၢကတီၢ်

showy *a* လၢအိၣ်ဒီးတၢ်ကဃၢကဃဲကပြုၢ်ကပြိၤ

shrapnel *n* မ့ၣ်ပိၢ်ပိၢ်ဖးအကှ့အခီ

shred *n* တၢ်အကှ့အခီဖိ အဒိ, စးခိအကှ့အခီ

shred *v* ဖိယာ်တပျ့တပျ့

shredder *n* စဲးဖိတၢ်, စဲးဖိယာ်တၢ်

shrew *n* ၁. ယုၢ်စူနိာ်, ဃဲစူနါဒ့ ၂. ပိာ်မုၣ်လၢအ့ၣ်လိာ်တၢ်ဆူၣ်, ဃဲစူနါမုၣ်

shrewd *a* ၁. လၢအိၣ်ဒီးတၢ်ကူၣ်တၢ်ဆး, လၢအကူၣ်တၢ်သ့ ၂. လၢအခုၣ်နးနးကလဲာ်

shrewdly *adv* သ့သ့ဘၣ်ဘၣ်, လၢတၢ်သူၣ်ဆးသးဆးအပူၤ

shriek *n* တၢ်ကိးပသူဃဲကအဲ, တၢ်ကလုၢ်သီၣ်စွံ, တၢ်ကဲးကဒံကပျိၢ်

shriek *v* ကိးပသူဃဲကအဲ, ကဲးကဒံကပျိၢ်, ကဲးပသူဃဲကအဲ

shrike *n* ထိၣ်ဒီးတကါ, ထိၣ်ဘလူ

shrill *a* လၢအသီၣ်ဃဲ, လၢအသီၣ်စွံ

shrill *v* တဲတၢ်လၢအကလုၢ်စွံဒီးဃဲကအဲ

shrilly *adv* ဃဲဃဲ

shrimp *n* သဒိၣ်ဖိ

shrine *n* တၢ်လီၢ်စီဆှံ

shrink *n* ကသံၣ်သရၣ်ဃါဘျါသးအတၢ်ဆိကမိၣ်တၢ်ဆါ

shrink *v* ၁. သံးလီၤ, သွံးလီၤ, ဆံးလီၤစှၤလီၤ ၂. ဂုၤက့ၤအခံ, သံးကတူၢ်က့ၤအသး

shrinkage *n* ၁. တၢ်သံးလီၤ, တၢ်သွံးလီၤ, တၢ်ဆံးလီၤစှၤလီၤ ၂. တၢ်လီၤဆူလီၤပလ့ၤ, တၢ်သံးကတူၢ်က့ၤအသး

S

shrink-wrapped *a* လၢတၢ်ဘိဉ်တံၢ်ဃာ်အီၤဃံးဃံးဒီးဖျးစတံး

shrivel *v* သွံးလီၤ, သွံးကွံာ်, ဃုသွံး

shroud *n* ၁. တၢ်ကံးညာ်ဘိဉ်ဘံတၢ်သံစိဉ် ၂. တၢ်လၢအကးဘၢတၢ် ၃. ကဘီယၢ်ထူဉ်အပျံၤ

shroud *v* ၁. ဘိဉ်ဘံတံၢ်ဃာ်ဒီးဖျးစတံး ၂. ကျၢ်ဘၢ, ဘိဉ်ဘၢ

Shrove Tuesday *n* မုၢ်နံၤတချုးတၢ်နဉ်တၢ်အီဉ်အနံၤလွံၢ်ဆံအနၤလွံၢ်ဆံ

shrub *n* တပိုာ်, သ့ဉ်တပိုာ်

shrubbery *n* ၁. တပိုာ်, သ့ဉ်တပိုာ်တဖဉ် ၂. တၢ်သူဉ်တပိုာ်, သ့ဉ်တပိုာ်တဖဉ်အလိၢ်

shrug *v* သံးထိဉ်ဖံဘဉ်ခိဉ်, မၤဝးအဖံဘဉ်ခိဉ်မ့ၢ်လၢတသ့ဉ်ညါတၢ်, တၢ်တကနဉ်ဃုာ်တၢ်

shrunken *a* လၢအသွံးလီၤ, လၢအလီၤသံး, လၢအဆံးလီၤစုၤလီၤ

shtick *n* ၁. လုၢ်လၢ်လီၤလီၤဆီဆီတမံၤလၢအီဉ်ဒီးပှၤတဂၤဂၤ ၂. တၢ်သ့တၢ်ဘဉ်လီၤဆီ

shuck *n* တၢ်အဖံးဘ့ဉ်, တၢ်အဘ့ဉ်ပှၢ်, တၢ်အကု

shuck *v* အီးကွံာ်

shucks *exclam* "ရှး", တၢ်ကီးပသူထိဉ်ဖဲတၢ်သးတမှာ်အခါ အဒိ, "ဟူ"

shudder *n* တၢ်ကနိးကစုာ်

shudder *v* ကနိးကစုာ်. ဒီဖျိတၢ်ပျံၤ မ့တမ့ၢ်တၢ်ခုဉ်တၢ်ကဘးအဃိ

shuffle *n* ၁. တၢ်ဟးတွံၢ်တရူာ်ခီဉ် ၂. တၢ်မၤဃါဃုာ်သဘံဉ်ဘုဉ်တၢ်, တၢ်ကျိဉ်ကျဲဃါဃုာ်ဖဲအဘ့ဉ် ၃. တၢ်ဆီတလဲတၢ်အလိၢ်အကျဲ

shuffle *v* ၁. ဟးတွံၢ်တရူာ်အခီဉ် ၂. ဃါဃုာ်သဘံဉ်ဘုဉ်တၢ် ၃. ဆီတလဲတၢ်အလိၢ်အကျဲ

shun *v* ဟးဆှံး, ပဒ့ဉ်, ပဒ့ဉ်ဟးဆှံး

shunt *n* ၁. တၢ်ဆီတလဲကွံာ်တၢ်အလိၢ် ၂. စဲးပီးလီလၢအဟ့ဉ်နီၤလီၤမ့ဉ်အှ ၃. တၢ်ကူးကွဲးမၤအါထိဉ်ကျိဘိအသီတဘိလၢသွံဉ်,တၢ်အထံအနိကလဲၤနာ်လီၤအဂီၢ်

shunt *v* ၁. (လ့ဉ်မ့ဉ်အှ) ဆီတလဲန့ၢ်အကျိၤ, ဆီတလဲအကျဲ ၂. လဲလိာ်ကွံာ်တၢ်, ဆီတလဲပှၤအလိၢ်

shush *v* "ရှူ", တဲလၢပှၤကအိဉ်ဘူဉ်အိဉ်ဘိုဉ်အဂီၢ်, ဒုးနဲဉ်လၢပှၤကဘူဉ်ဘိုဉ်အဂီၢ် ၂. တၢ်သီဉ်ရှူရှူရှဲရှဲ

shut *a* လၢအကးတံာ်ဃာ်အသး, လၢအသိးတံၢ်ဃာ်အသး

shut *v* ကးတံာ်, ဒုးဃာ်, အိဉ်ကးတံာ်အသး, ဆွံကးတံာ်ဃာ်

shut in *vp:* ဒုးဃာ်, ဒုးဃာ်ပှၤလၢဟံဉ်ပူၤ

shut out *vp:* တပျဲ, တြီဃာ်

shutdown *n* တၢ်ပာ်ပတုာ်ကွံာ်, တၢ်ကးတံာ်ကွံာ်

shut-eye *n* တၢ်ဘံဉ်မဲာ်ချံ, တၢ်မံ

shut-in *n* ပှၤလၢဟးတသ့လဲၤတသ့

shut-out *n* ပှၤလိာ်ကွဲဖိတဖုတြီဃာ်ပှၤလိာ်ကွဲဖိအဂၤတဖုဒ်သိးသုတမၤနၢၤတၢ်

shutter *n* ၁. ပဲတြီဖိသြုး ၂. နိဉ်ကးဘၢ ၃. တၢ်ဒိတၢ်ဂီၤဒၢအနိဉ်ကးဘၢ

shutter *v* ကးဘၢ

shuttered *a* လၢအထီဃာ်နိဉ်ကးဘၢ, လၢအထီဃာ်ပဲတြီဖိသြုး, လၢအိဉ်ဒီးပဲတြီဖိသြုး

shuttle *n* ၁. တၢ်လဲၤထိဉ်က့ၤလီၤတၢ်ဒ့ဉ်စၢၤဘူးဘူး, တၢ်ဆှၢထိဉ်ဆှၢလီၤတၢ်ဒ့ဉ်စၢၤဘူးဘူး ၂. လုဉ်ထွံ ၃. တဲးတ့

shuttle *v* လဲၤထိဉ်က့ၤလီၤတၢ်ဒ့ဉ်စၢၤဘူးဘူး, ဆှၢထိဉ်ဆှၢလီၤတၢ်ဒ့ဉ်စၢၤဘူးဘူး

shuttle diplomacy *n* ပှၤတဲကျဲၤန့ၢ်တၢ်လၢပှၤခံဖုသၢဖုအဘၢဉ်စၢၤ

shuttlecock *n* ဆီဒံး

shy *a* မဲာ်ဆှး

shy *v* (ကသ့ဉ်) ဖုးဒီးဃ့ၢ်

shyly *adv* လၢတၢ်မဲာ်ဆှးအပူၤ

shyness *n* တၢ်မဲာ်ဆှး

shyster *n* ပှၤလၢအတတီတလိၤလီၤဆီဒ်တၢ်ပိၢ်ရိ

SI *abbre* ဟီဉ်ခိဉ်ဘီမုၢ်တၢ်ထိဉ်တၢ်တဲာ်သန့ (System International)

Siamese cat *n* သဉ်မံယီၤ, သဉ်မံယီၤလၢအမဲာ်ချံလါအဲး, အဆူဉ်ဘီဃးဒီးအမဲာ်သူ

Siamese twin *n* တဃံာ်စဲဘူး, ဖိတဃံာ်လၢအိဉ်ဖျဲဉ်ထိဉ်အမိၢ်ပှၢ်စဲဘူး

sibilant *a* လၢအပဉ်ဃုာ်ဒီး "စ" မ့တမ့ၢ် "ရှ" အသီဉ်

sibilant *n* "စ", "ရှ" အသီဉ် (အဲကလံး "s", "sh" အသီဉ်)

sibling *n* ဒီပုၢ်ဝဲၢ်

sibyl *n* ဝံမှဉ်

S

sic *adv* ကွဲးဒ်အအိၣ်ဟ်စၢၤအသိး, ဒ်န္ဍ်အသိး, ဒ်အိၣ်ဟ်စၢၤအသိး

sic *v* ၁. မၤထွံၣ်လၢကအ့ၣ်ပှၤ, မၤထွံၣ်အ့ၣ်ပှၤ ၂. တၢၣ်ဘၣ်တၢ်

sick *a* လၢအဆိးက့, လၢအတဆူၣ်တချ့

sick *n* ၁. ပှၤဆါ ၂. တၢ်ဘိုး

sick *v* to be sick ဘိုး

sick leave *n* တၢ်အိၣ်တဆူၣ်တချ့အခွဲး

sick pay *n* တၢ်ဟ့ၣ်မၤစၢၤပှၤမၤတၢ်ဖိလၢအိၣ်တဆူၣ်တချ့အဂီၢ်

sickbay *n* ပှၤအိၣ်တဆူၣ်အဒၢး, ပှၤဆါအဒၢး (လီၤဆီဒၣ်တၢ်လၢကဘီအပူၤ)

sickbed *n* ပှၤဆါအလီၢ်မံခိၣ်,ပှၤဆူးပှၤဆါအလီၢ်မံခး

sicken *v* ၁. ဆါထိၣ်, ဆိးက့ထိၣ် ၂. မၤဆါသူၣ်ဆါသး, မၤသးထိၣ်, တဘၣ်သူၣ်ဘၣ်သး

sickening *a* လၢအလီၤသးဘၣ်အၢ, လၢအလီၤဆါသူၣ်ဆါသး

sickie *n* တၢ်လီဆါသးယ့တၢ်အိၣ်တဆူၣ်တချ့အခွဲး, တၢ်လီဆါသး

sickish *a* ၁. လၢအဲၣ်ဒိးအိၣ်တဆူၣ် ၂. လၢအတမှာ်တလၢ

sickle *n* ထးဂဲာ်

sickly *a* ၁. လၢအဆါဆူၣ်ဆါကဲ ၂. လၢအတမှာ်တလၢ, လၢအမၤတမှာ်တလၢ

sickness *n* တၢ်ဆူးတၢ်ဆါ

sickness benefit *n* စ့တၢ်မၤစၢၤဖဲတၢ်ဆူးတၢ်ဆါအကတီၢ်, တၢ်ဆူးတၢ်ဆါကတီၢ်အတၢ်န့ၢ်ဘျုး

sicko *n* ပှၤပျု၊်ပှၤတြီး, တၢ်ပျု၊်

sick-out *n* တၢ်ဟံးန့ၢ်တၢ်အိၣ်တဆူၣ်ခွဲးဒီးဟ်ဖျါထိၣ်တၢ်တဘၣ်သး, ပှၤမၤတၢ်ဖိခဲလၢာ်ဟံးန့ၢ်တၢ်အိၣ်တဆူၣ်အခွဲးဒီးဟ်ဖျါထိၣ်တၢ်တဘၣ်သး

sickroom *n* ပှၤဆါအဒၢး, ပှၤအိၣ်တဆူၣ်အဒၢး

side *n* ၁. အကပၤ, အသရ့ၤ, အဃၢၤ ၂. ခီပၤ ၃. (ဟံၣ်ဖိဃီဖိ) တကပၤ (အဒိ – အဝဲမ့ၢ်ယတခွါလၢယမိၢ်တကပၤ) ၄. ကွဲၤဟူဖျါလီကျိၤ ၅. တၢ်အိၣ်ပိာ်ထွဲ, တၢ်အိၣ်ဃိၣ်အိၣ်ဃၢၤ, တၢ်အိၣ်ဆံးကိာ်ဆံးကဲာ်, တၢ်အိၣ်ဃိအိၣ်ဃဲး ၆. တၢ်အရ့တဒိၣ်

side dish *n* တၢ်အိၣ်ပိာ်ထွဲ, တၢ်အိၣ်ဃိၣ်အိၣ်ဃၢၤ, တၢ်အိၣ်ဆံးကိာ်ဆံးကဲာ်, တၢ်အိၣ်ဃိအိၣ်ဃဲး

side effect *n* ကသံၣ်ထိၣ်, ကသံၣ်အတၢ်ဒိဘၣ်, တၢ်လၢအကဲထိၣ်ပိာ်ထွဲအခံလၢကသံၣ်အဃိ

side issue *n* တၢ်ဂ့ၢ်ဆိၣ်ထွဲ, တၢ်ဂ့ၢ်လၢအပိာ်ထွဲထိၣ်တၢ်ဂ့ၢ်အဂၤတဖၣ်အခံ

side order *n* တၢ်မၤလိာ်အါထိၣ်တၢ်အိၣ်, တၢ်အိၣ်ပိာ်ထွဲ

side road *n* ကျဲဖိကျဲဆၣ်

side show *n* ၁. တၢ်ဒုးနဲၣ်အဆံးလၢတၢ်ကပိာ်ကပၤ, တၢ်ဒုးနဲၣ်ဖုၣ်ဖုၣ်ဖိ ၂. တၢ်ဂ့ၢ်ဆံးကိာ်ဖိ

side street *n* ကျဲဖိကျဲဆၣ်

sideboard *n* စီၤစီၢ်နူၣ်ပၤ. လၢတၢ်ဟ်အီၤလၢဖၣ်ကပူၤဒ်သိးကထၢနှာ်လီခီတဖၣ်အဂီၢ်

sidecar *n* သိလ့ၣ်ယီၢ်သၢပၣ်, လ့ၣ်ယီၢ်သၢပၣ်

sidekick *n* ပှၤတီစၢၤမၤစၢၤတၢ်

sidelight *n* ၁. သိလ့ၣ်အခိၣ်အကပၤမ့ၣ်အူ ၂. မဲာ်ထံကလၤလၢတၢ်တိၣ်ထိၣ်လၢဝဲတြီအဖီခိၣ် ၃. တၢ်ဂ့ၢ်လၢအမၤဖျါဂ့ၤထိၣ်တၢ်ဂ့ၢ်အဂၤတမံၤ

sideline *n* ၁. တၢ်မၤလၢအကပိာ်ကပၤ, တၢ်မၤလၢတမ့ၢ်တၢ်မၤအမိၢ်ပှၢ် ၂. ပနိဟ်ပနီၣ်ခံဘိလၢတၢ်လိာ်ကွဲပျီအကပၤ

sideline *v* ထုးထိၣ်ကွံာ်ပှၤဂဲၤလိာ်ကွဲဖိလၢတၢ်လိာ်ကွဲအပူၤ, ဟ်ပတြီာ်ဟ်စၢၤလၢတၢ်ကပၤ

sidelong *a* လၢအကပၤတခီ, ဆူအကပၤတခီ, လၢအတစ့

side-on *adv* လၢအကပၤတခီ

sidereal *a* လၢအဘၣ်ဃးဒီးဆၣ်ဖိၤဖီဖိၤ, လၢအဘၣ်ဃးဒီးတၢ်ထိၣ်တၢ်ဒွးဆၣ်ဖိၤဖီဖိၤ

side-saddle *adv* (တၢ်ဒိးကသ့ၣ်) ဆ့ၣ်နီၤဒိးလၢအကပၤတခီ

side-saddle *n* တၢ်ဒိးကသ့ၣ်လၢအကပၤတခီ

sidestep *v* ၁. ခါထိၣ်ခီၣ်ကါဆူအကပၤတခီ, သုးကွံာ်အသးလၢတၢ်ကပၤချ့ချ့ ၂. ဟးဆှဲးလၢကတဲသကိးတၢ်, ဟးဆှဲးတၢ်ကီတၢ်ခဲ, ဟးဆှဲးတၢ်တမှာ်တလၢ

S

sideswipe *n* တၢ်ပဲာ်ဖးနီၤဖးယှာ်ဒီးပှၤအဂၤဖဲကတိၤတၢ်အခါ, တၢ်ပဲာ်ဖးနီၤဖးယှာ်ဒီးတၢ်အဂၤဖဲကတိၤတၢ်အခါ

sidetrack *n* လှဉ်မှဉ်အူကျဲဖးဒ့

sidetrack *v* ဆီတလဲကွဲာ်တၢ်ဂ့ၢ်မိၢ်ပှၢ်

sideways *adv* ဆူအကပၤတခီ, လၢအကပၤတခီ

sidewise *adv* ဆူအကပၤတခီ, လၢအကပၤတခီ

siding *n* ၁. လှဉ်မှဉ်အူကျဲဖးဒ့အဖှဉ် ၂. သ့ဉ်ဘ့ဉ်ဘဉ်ဖးထီလၢတၢ်နူဉ်ဘၢတၢ်သူဉ်ထိဉ်, ဖျးစတံးဘ့ဉ်ဘဉ်ဖးထီလၢတၢ်နူဉ်ဘၢတၢ်သူဉ်ထိဉ်

sidle *v* သုးယီၤအသးကယီကယီ

SIDS *abbre* ဖိသဉ်သံသတူၢ်ကလာ်တၢ်ဆါ (Sudden Infant Death Syndrome)

siege *n* တၢ်ဂၢၤတံၢ်, တၢ်ဝီၤယာ်တၢ် (တၢ်ဒုးအပူၤ)

siege mentality *n* တၢ်နာ်တၢ်ဆိကမိဉ်လၢဘဉ်တၢ်ဆိဉ်တံၢ်မၤနၢၤအီၤထီဘိ, တၢ်နာ်တၢ်ဆိကမိဉ်လၢတၢ်ဘဉ်တူၢ်တၢ်ဆိဉ်တံၢ်မၤနၢၤအီၤထီဘိ

sienna *n* တၢ်အလွဲၢ်ဘီဂီၤဘီဃး

sierra *n* ကစၢၢ်တူၢ်ရဲဉ်စူခိဉ်, ကစၢၢ်တူၢ်ရဲဉ်ဖးထီလၢအအိဉ်ဒီးတၢ်လူၢ်ခိဉ်စိရိၤတဖဉ်

siesta *n* တၢ်မံလၢမုၢ်ဆါခီတစိၢ်ဖိ, တၢ်မံလၢမုၢ်ထူဉ်တစိၢ်ဖိ

sieve *n* ဖ့ဂုၤ

sieve *v* ဂုၤတၢ်

sift *v* ၁. ဂုၤလီၤ ၂. ကွၢ် (ထံကွၢ်ဆး) (ဆိကမိဉ်) လီၤတံၢ်လီၤဆဲး

sifter *n* ဖ့ဂုၤ, နီဉ်ဂုၤ, တၢ်ပီးတၢ်လီလၢအဂုၤတၢ်

sigh *n* တၢ်သါသဖို, တၢ်သါသဖိုထိဉ်

sigh *v* သါသဖို (လၢတၢ်သးဟးဂီၤဒီးတၢ်လီၤဘှံး)

sight *n* ၁. တၢ်ထံဉ်, မဲာ်ချံအတၢ်ထံဉ် ၂. တၢ်လၢပထံဉ်ဘဉ်အီၤ, တၢ်အိဉ်ဖျါ

sight *v* ၁. ထံဉ်စိဃီၤ ၂. ပညိဉ်တၢ်

sighted *a* လၢအထံဉ်တၢ်

sighting *n* တၢ်ပညိဉ်တၢ်, တၢ်ပညိဉ်ထိဉ်ကွၢ်တၢ်

sightless *a* လၢအမဲာ်တထံဉ်တၢ်, လၢအမဲာ်ဘျီဉ်, လၢအတထံဉ်တၢ်

sightly *a* လၢပကွၢ်အီၤဂ့ၤ, လၢအဖျါဂ့ၤဘဉ်လၢပမဲာ်

sight-read *v* တၢ်သးဝံဉ်တၢ်သတူၢ်ကလာ်လၢတအိဉ်ဒီးတၢ်ကတဲာ်ကတီၤဆိဟ်သး

sightseeing *n* တၢ်ဟးကွၢ်ကီတၢ်

sign *n* တၢ်ပနီဉ်, ဆဲးစုပနီဉ်

sign *v* ဆဲးလီၤမံၤ

signal *a* လၢအရှဒိဉ်, လၢတၢ်ကြၢးဟ်သူဉ်ဟ်သးအီၤ, လၢအမံၤဟူသဉ်ဖျါ

signal *n* တၢ်ဟ့ဉ်ပလီၢ်, မ့ဉ်ပနီဉ်

signal *n* ၁. တၢ်ဟ်ဖျါပနီဉ် ၂. signal message လီပျံၤ

signal *v* ၁. ဆှၢလီပျံၤ, ဆှၢနီဉ်နဲဉ်ဖျါ ၂. ဟ့ဉ်တၢ်ပနီဉ်, ဟ့ဉ်တၢ်ပလီၢ်, ဒုးနဲဉ်တၢ်ပနီဉ်

signal box *n* တၢ်သူဉ်ထိဉ်ဒုးနဲဉ်လှဉ်မှဉ်အူတၢ်ပနီဉ်, တၢ်သူဉ်ထိဉ်ဖိလၢအပၢဆှၢလှဉ်မှဉ်အူအတၢ်လဲၤတၢ်ကၠၤဖဲလှဉ်မှဉ်အူကျဲကပၤ

signaller *n* ၁. ပှၤဟ့ဉ်လှဉ်မှဉ်အူအတၢ်ပနီဉ်, ပှၤဟ့ဉ်နီဉ်နဲဉ်ဖျါပနီဉ် ၂. သုးဖိလၢအဟ့ဉ်တၢ်ပနီဉ်, နီဉ်နဲဉ်ဖျါသုးဖိ

signatory *n* ပှၤဆဲးလီၤမံၤ, တၢ်ကရၢကရိလၢအဆဲးလီၤမံၤ

signature *n* တၢ်ဆဲးလီၤမံၤ, တၢ်ဆဲးစုမံၤ

signature tune *n* (ကွဲၤဟူဖျါ, ကွဲၤလ့လိၤ) အတၢ်ရဲဉ်တၢ်ကျဲၤအတၢ်သးဝံဉ်ဆှၢနှာ်ဒီးကျၢၢ်တံၢ်, (ကွဲၤဟူဖျါ, ကွဲၤလ့လိၤ) အတၢ်ရဲဉ်တၢ်ကျဲၤအတၢ်သးဝံဉ်အိးထိဉ်ဒီးတၢ်သးဝံဉ်ကျၢၢ်တံၢ်

signboard *n* တၢ်ဘိးဘဉ်သ့ဉ်ညါသ့ဉ်ဘ့ဉ်ဘဉ်

signet *n* ၁. နီၢ်ကစၢ်တၢ်စဲပနီဉ် ၂. စီၤလိၤစီၤပၤအတၢ်စဲပနီဉ်

signet ring *n* ပသံးအိဉ်ဒီးနီၢ်ကစၢ်တၢ်စဲပနီဉ်

significance *n* ၁. တၢ်ဟ်ဖျါထိဉ်တၢ်အခီပညီ, တၢ်အခီပညီအိဉ်လီၤလီၤဆီဆီ ၂. တၢ်ဒိဉ်ဒိဉ်မုၢ်မုၢ်လၢအလုၢ်ဘၢတၢ်အါမံၤ, တၢ်အရှဒိဉ်

significant *a* လၢအခီပညီအိဉ်လီၤဆီ, လၢအဒိဉ်အမုၢ်, လၢအဟ်ဖျါထိဉ်တၢ်တမံၤမံၤ

significant other *n* ပှၤအဆိ, မါ – ဝၤ

S

significantly *adv* ၁. ဖျိဖျိဖျါဖျါ ၂. ဒိဉ်ဒိဉ်မုၢ်မုၢ် ၃. လီၤလီၤဆီဆီ

signification *n* ၁. တၢ်ဟ်ဖျါထီဉ်တၢ်အခီပညီ, တၢ်နးနဲဉ်ဖျါထီဉ်တၢ်အခီပညီ ၂. တၢ်အခီပညီ

signify *v* ၁. ဟ်ဖျါထီဉ်အခီပညီ ၂. အခီပညီဟဲဝဲလၢ ၃. အဲဉ်ဒိးစံးဝဲလၢ, မိဉ်စံးဘဉ်အသးလၢ

signing *n* ၁. ပှၤဆဲးလီၤမံၤလၢကမၤတၢ်တမံၤမံၤ ၂. ပှၤကွဲးလံာ်ဖိဆဲးလီၤမံၤလၢအလံာ်ကွဲးအဖီခိဉ်အမူး ၃. တၢ်နဲဉ်စုနဲဉ်ခီဉ်အကျိာ် (လၢပှၤနၢ်တဟူ, ပှၤအုးအးတဖဉ်အဂီၢ်)

signpost *n* တၢ်ပနီဉ်အတၢဉ်

signpost *v* သူဉ်လီၤတၢ်ပနီဉ်အတၢဉ်

Sikh *n* စ့း(ခ), ပှၤလၢအစူၢ်အနာ်စ့း(ခ) အတၢ်ဘူဉ်တၢ်ဘါ

silage *n* တပံၢ်တမါလၢတၢ်ဟ်ကတီၤဃာ်အီၤ, တပံၢ်ဒီးတၢ်မုၢ်တၢ်ဘိလါဟ့လၢတၢ်ဟ်ကတီၤဃာ်အီၤလၢတၢ်ကနးအီဉ်ဆဉ်ဖိကီၢ်ဖိလၢတၢ်ဂိၢ်ခါကတီၢ်

silence *exclam* တၢ်အိဉ်ဘှ့ဉ်ယုၢ်ကလာ်

silence *n* တၢ်ဘှ့ဉ်တၢ်ဘိုဉ်

silence *v* နးအိဉ်ဘှ့ဉ်အိဉ်ဘိုဉ်, မၤဘှ့ဉ်မၤဘိုဉ်

silencer *n* ပီးလီလၢအမၤဘှ့ဉ်တၢ်ကလုၢ်

silent *a* ဘှ့ဉ်ဘိုဉ်

silent majority *n* ပှၤကမျၢ်အါဂၤလၢအိဉ်ဘှ့ဉ်အိဉ်ဘိုဉ်လၢအတဟ်ဖျါထီဉ်အတၢ်ဟ်သူဉ်ဟ်သး

silently *adv* ဘှ့ဉ်ဘှ့ဉ်ဘိုဉ်ဘိုဉ်

silhouette *n* ၁. တၢ်အကနအက့ၢ်အဂီၤ ၂. တၢ်အကနသူသူ

silhouette *v* မၤဖျါထီဉ်တၢ်အကန, နးနဲဉ်ဖျါထီဉ်တၢ်အကန

silica *n* ၁. စံလံခီဒၢ်အီစဲး ၂. က်သွဲးစီပဉ်ဃာ်ဒီးလၢၢ်ဒီးမဲးတဖဉ်

silicate *n* ၁. က်အံသဉ်လၢအပဉ်ဃာ်ဒီးစံလံခီဒီးအီးစံဉ်ကွ့ဉ် ၂. ဟီဉ်လာ်ပနံာ်လၢအပဉ်ဃာ်ဒီးစံလံခဉ်

silicon *n* စံလံခီ, က်တၢ်ဖိတၢ်လံၤ atomic နီဉ်ဂံၢ် ၁၄

silicon chip *n* တၢ်ဘ့ဉ်ဘဉ်ဘူသလါဖိလၢတၢ်ထၢနှာ်လီယွၤဝးတရံးကျိၤ, မဲးဖြိဉ်ခွံး

silicone *n* စံလံခိ, က်တၢ်ဖိတၢ်လံၤလၢတၢ်ကိၢ်တၢ်ခုဉ်ဆီတလဲအီၤတသ့, ထံယွၤဖျိတန့ၢ်ဒီးတၢ်စူးကါအီၤလၢတၢ်မၤနီၢ်ခိက့ၢ်ဂီၤအဃိၢ်, ကသံဉ်ခဲဉ်ဒီးရိဘၢဉ်တဖဉ်

silk *n* သတိၢ်

silk mill *n* သတိၢ်ကဟာဉ်

silk screen *n* ၁. တၢ်စဲကျံးတၢ်လၢတၢ်ကံးညာ်အလိၤ ၂. တၢ်ဖိတၢ်လံၤလၢတၢ်စဲကျံးအီၤအကျိၤအကျဲဒ်နှ့ဉ်သိးတဖဉ်

silken *a* လၢအလီၤက်ဒီးသတိၢ်, လၢဘဉ်တၢ်မၤကဲထီဉ်အီၤလၢသတိၢ်

silkworm *n* သတိၢ်အမိၢ်ပှၢ်

silky *a* ၁. လၢဘဉ်ထွဲဘဉ်ဃးဒီးသတိၢ် ၂. လၢအကလုၢ်မှာ်ဘဉ်သးပှၤ, လၢအကလုၢ်ကပုာ်

sill *n* ပဲတြီဖိအခိဉ်ထံး, ကျဲစၢၤအခိဉ်ထံး, ပဲတြီဖးဒိဉ်အခိဉ်ထံး

silly *a* မၢး, ဟးဂီၤ, နါစီၤ

silly *n* ပှၤအမၢး, ပှၤဟးဂီၤ, ပှၤနါစီၤ

silly season *n* တၢ်ဆၢကတိၢ်ဖဲလံာ်ပရၢတၢၤတဖဉ်တအိဉ်ဒီးတၢ်ကစီဉ်လၢကကွဲးဝဲအါအါ, တၢ်ဆၢကတိၢ်ဖဲတၢ်ပရၢပစၢၢ်တဖဉ်တကွဲးတၢ်ကစီဉ်လၢအရှုဒိဉ်

silo *n* ဖီ, ဘုဖီ

silt *n* ကိတံး

silver *a* ၁. လၢအလွဲၢ်အိဉ်ဒ်စ့အသိး, လၢအဝါကပီၤဒ်စ့အသိး ၂. လၢအဘဉ်တၢ်မၤအီၤလၢစ့

silver *n* ၁. စ့, စ့ဘ့ဉ် ၂. စ့တၢ်ပီးတၢ်လီ, တၢ်ပီးတၢ်လီလၢဘဉ်တၢ်မၤအီၤဒီးစ့ ၃. စ့အလွဲၢ် ၄. စ့တၢ်လၤကပီၤဘ့ဉ်ဘဉ် ၅. စ့ညဉ်

silver *v* ၁. မၤဘၢတၢ်တမံၤမံၤအမဲာ်ဖံးခိဉ်ဒီးစ့, လူဘၢတၢ်တမံၤမံၤအမဲာ်ဖံးခိဉ်ဒီးစ့ ၂. မၤကပီၤတၢ်တမံၤမံၤအမဲာ်ဖံးခိဉ်ဒ်စ့အသိး

silver anniversary *n* နံဉ်ဆဲးဆၢစ့, တၢ်မၤမူးခံဆံယဲၢ်ဝီတဝီ, တၢ်ဆၢက့ၤအလိၢ် ၂၅ နံဉ်တနံဉ်

silver birch *n* သ့ဉ်လၢအဖံးဝါလီ

silver fish *n* ၁. တၢ်ဖိဃၢ်လၢအဝါကပီၤဒ်စ့အသိး ၂. ညဉ်စ့

silver Jubilee *n* ခံဆံယဲၢ်နံၣ်ယူဘလံၣ်, တၢ်မၤမူး ၂၅ ဝီတဝီ, နံၣ်ဆဲးဆၢ ၂၅ ဝီတဝီ, တၢ်ဆၢကတီၢ်အလီၢ် ၂၅ နံၣ်တနံၣ်

silver medal *n* စ့ကဘျၣ်, တၢ်လၤကပီၤစ့ကဘျၣ်

silver paper *n* စးခိဝါကတြၢၣ်, စ့ဘ့ၣ်ဘၣ်

silver plate *n* ၁. စ့ကဘျံး, စ့ဘ့ၣ်ဘၣ် ၂. လီခီစ့

silver screen *n* တၢ်ဂီၤမူ, တၢ်ဂီၤမူအတၢ်ဖံး တၢ်မၤ

silver wedding *n* တၢ်ဖျိစ့, တၢ်ဖျိဆၢကတီၢ်အလီၢ် ၂၅ ဝီတဝီ

silversmith *n* ပှၤပိာ်စ့

silverware *n* ၁. သဘံၣ်စ့လီခီစ့, သဘံၣ်လီခီနီၣ်ဆဲးနီၣ်တၢၤလၢတၢ်မၤအီၤဒီးစ့ ၂. စ့ကဘျၣ်, လီခီစ့လၢတၢ်မၤန့ၢ်အီၤလၢတၢ်လိာ်ကွဲပှၤ

silvery *a* ၁. လၢအလီၤက်ဒီးစ့, လၢအကးဘၢအသးဒီးစ့ ၂. လၢအသီၣ်မှာ်

simian *a* လၢအလီၤက်ဒီးတၤအုးဖးဒိၣ်တကလှာ်, လၢအဘၣ်ထွဲဒီးတၤအုးဖးဒိၣ်တကလှာ်

similar *a* လီၤက်, လီၤပလိာ်

similarity *n* တၢ်လီၤက်, တၢ်ဒ်သိးလိာ်သး

similarly *adv* လီၤက်လိာ်သး, ဒ်သိးလိာ်သး

simile *n* တၢ်ကတိၤလီၤတၢ်ဒီးပှၤဂၤ

similitude *n* ၁. တၢ်လီၤက်လိာ်အသး ၂. တၢ်ကတိၤဒိလီၤတၢ်ဒီးတၢ်အဂၤ ၃. တၢ်ထိၣ်သတြီၤဟ့ၣ်တၢ်အဒိအတဲာ်

simmer *n* ထံစံၣ်ပိလိထိၣ်ဖဲထံချိကလာ်ထိၣ်အခါ

simmer *v* ၁. (ထံ) စံၣ်ပိလိထိၣ်ဖဲထံချိကလာ်ထိၣ်အခါ ၂. သူၣ်ပိါသးဝးထိၣ် မ့တမ့ၢ် သးဒိၣ်ထိၣ်

simper *v* နံၤကမံ့ကမဲၣ်ကမၣ်, နံၤကမံ့လၢတအိၣ်ဒီးအခီပညီ

simple *a* ၁. ပတီၢ်မုၢ် ၂. ညီ ၃. ယိယိ

simple fracture *n* ယံတဲၤယိယိ, ယံသ့ၣ်ဖးယိယိ

simple hearted *a* လၢအဟ်အသးယိယိ, လၢအဟ်အသးပတီၢ်မုၢ်ဖိ, လၢအအိၣ်ဒီးတၢ်သူၣ်တီသးလိၤ

simple interest *n* စ့အအ့ၣ်ပတီၢ်မုၢ်

simple-minded *a* လၢအဆိကမိၣ်တၢ်ယိယိဖိ, လၢအတၢ်သ့ၣ်ညါစုၤ, လၢအတၢ်ကူၣ်တၢ်ဆးတအိၣ်

simpleton *n* ပှၤလၢအတၢ်ကူၣ်တၢ်ဆးတအိၣ်, ပှၤလၢအတၢ်သ့ၣ်ညါစုၤ, ပှၤငီငးဖိ, ပှၤဟးဂီၤဖိ

simplicity *n* တၢ်ယိယိဖိ, တၢ်လၢတအိၣ်ဒီးတၢ်သဘံၣ်သဘုၣ်

simplification *n* တၢ်မၤညီထိၣ်တၢ်, တၢ်မၤညီထိၣ်ကၢ့တၢ်

simplify *v* မၤညီကၢ့တၢ်, မၤယိထိၣ်ကၢ့တၢ်

simplistic *a* လၢအမၤညီထိၣ်ကဒါက့ၤ (တၢ်ကီတၢ်ခဲ) အတၢ်အိၣ်သး, လၢအတၢ်အိၣ်သးညီထိၣ်န့ၢ်ဒံးအလီၢ်

simply *adv* ထဲဒၣ်, အိၣ်ဒၣ်

simulacrum *n* တၢ်လၢအဖျါလီၤက်ဒီးတၢ်ဂၤတမံၤမံၤ

simulate *v* မၤဒီးတၢ်, ဟ်မၤအသး, မၤလီၤက်အသးဒီးတၢ်အဂၤ

simulated *a* လၢအဘၣ်တၢ်မၤဒီး, လၢမၤလီၤက်အီၤဒ်တၢ်တမံၤမံၤအသိး

simulation *n* တၢ်မၤဒီးတၢ်, တၢ်ဟ်မၤအသး, တၢ်မၤလီၤက်လိာ်အသးဒီးတၢ်အဂၤ

simulator *n* စဲးဖီကဟာ်လၢအမၤဒီးသိလ့ၣ်ဒီးအတၢ်မၤအကျိၤအကျဲနီၢ်ကီၢ်လၢတၢ်ကစူးကါအီၤလၢတၢ်မၤလိသး မ့တမ့ၢ် တၢ်သမံသမိးကွၢ်တၢ်အဂီၢ်

simulcast *v* ၁. ရၤလီၤတၢ်ကစီၣ် ၂. ရၤလီၤတၢ်ကလုၢ်လၢအကဲထိၣ်သးတကီၢ်ခါ, အဒိ, ရၤလီၤဖျၢၣ်ထူအမူး

simultaneous *a* လၢအကဲထိၣ်သးတဘျီယီ, လၢအမၤအသးတဘျီယီ, တဘျီယီ

sin *abbre* တၢ်ဂံၢ်တၢ်ဒွး (sine)

sin *n* တၢ်ဒဲးဘး, တၢ်သရူးကမၣ် (တၢ်) လုၢ်သ့ၣ်ခါပတာ်ယွၤအတၢ်မၤလိာ်

sin *v* မၤကမၣ်တၢ်, မၤတၢ်ဒဲးဘး, လုၢ်သ့ၣ်ခါပတာ်တၢ်မၤလိာ်

sin bin *n* တၢ်လီၢ်ဖဲတၢ်ဒုးဆ့ၣ်နီၤပှၤဂဲၤဟီးကံၣ်ဖိလၢအလုၢ်သ့ၣ်ခါပတာ်တၢ်ဂဲၤလိာ်ကွဲအတၢ်သိၣ်တၢ်သိ

since *adv* ၁. (လၢန့ၣ်) လံၤလံၤ ၂. လၢအပူၤကွံာ်

S

since *prep* မ့ၢ်လၢ, အဃိ
sincere *a* လၢအသးတီဒီး, လၢသးဒိဖျၢၣ်
sincerely *adv* ပှဲၤဒီးတၢ်သူၣ်တီသးရၤ, ပှဲၤဒီးတၢ်သူၣ်တီသးလီၤ
sincerity *n* တၢ်ဟ်သးတီတီလီၤလီၤ, တၢ်တဟ်မၤအသး, တၢ်သူၣ်တီသးလီၤ, တၢ်သူၣ်တီသးရၤ
sine *n* စဲ, ထြံၣ်ကိၣ်နီမထြံၣ်အကျိုးအကျဲလၢအထဲသိးဒီးတၢ်သနၢၣ်လၢတၢ်ဟ့ၣ်ဟ်အီၤတကပၤအတၢ်ချံးဃှ
sine qua non *n* တၢ်လၢအလိၢ်အိၣ်သပှၢ်ကတၢၢ်
sinecure *n* တၢ်မၤလၢအဘိၣ်အညီ, တၢ်မၤတအိၣ်အါဘၣ်ဆၣ်အဘူးအလဲအါ
sinew *n* တၢ်အထူၣ်အပျ့ၢ်
sinewy *a* လၢအစုအခီၣ်အဂံၢ်ဆူၣ်, လၢအဂံၢ်ဆူၣ်ဘါဆူၣ်
sinful *a* လၢအပှဲၤဒီးတၢ်ဒ်းဘး
sing *v* ၁. သးဝံၣ် ၂. (ထိၣ်)ကမဲၤစံၣ်စိ ၃. မၤသီၣ်အကလုၢ်ဃဲကအဲ ၄. ကဲန့ၢ်ပၢၤကီၢ်အတၢ်မဲာ်ချံ ၅. ဖးကဒါက့ၤထါ
sing along *n* တၢ်သးဝံၣ်ပိာ်ထွဲသကိးတၢ်
singe *v* ၁. (မ့ၣ်အူ) ပျ့ၢ်အိၣ် အဒိ, မ့ၣ်အူပျ့ၢ်အိၣ်ယခိၣ်သူ ၂. လဲးကွံာ် (တၢ်အဆူၣ်) အဒိ, လဲးကွံာ်ထိၣ်အဆူၣ်လၢမ့ၣ်အူ
singer *n* ပှၤသးဝံၣ်တၢ်ဖိ
singing *n* တၢ်သူၣ်ဝံၣ်သးဆၢတၢ်
single *a* ၁. တဂၤဇိၤ, တမံၤဇိၤ, တဖျၢၣ်ဇိၤ ၂. (မုၣ်) သဘျ့, (ခွါ) သဘျ့
single *n* ၁. ပှၤနီၢ်တဂၤ, တၢ်တမံၤ ၂. တၢ်ဖိၣ်ဃာ်တၢ်ကလုၢ်လၢတၢ်သးဝံၣ်အိၣ်ထဲတယှၢ်
single *v* (single someone/thing out) ဃုထၢထိၣ်လၢတၢ်အါမံၤအကျါ, ဃုထၢ, ရှလီၤဆီ, ဃုထၢရှ
single breasted *a* လၢအအိၣ်ဒီးဆ့ကၤသၣ်တကျိုၤလၢအမဲာ်ညါ, လၢတၢ်ထီဘၢအီၤလၢဆ့ကၤသၣ်တကျိုၤလၢအမဲာ်ညါ
single combat *n* ပှၤခံဂၤအတၢ်အ့ၣ်လိာ်ဆိးက့လိာ်သး
single figures *n* နီၣ်ဂံၢ်လၢအစုၤန့ၢ် (၁၀), နီၣ်ဂံၢ်တဖျၢၣ်
single parent *n* မိၢ်ပၢ်လၢအကွၢ်ထွဲအဖိထဲတဂၤ
single-decker *n* သိလ့ၣ်ဘၢး(စ) လၢအဒါအိၣ်ထဲတပတီၢ်, သိလ့ၣ်ဒီးလဲဖးဒိၣ်လၢအအိၣ်တကထြၢ
single-handed *adv* ၁. မၤတၢ်ထဲတဂၤဇိၤ ၂. လၢတၢ်စူးကါအီၤထဲစုတခီ
single-market *n* ထံကီၢ် မ့တမ့ၢ် တၢ်ကရၢကရိလၢအမၤသကိးမုၢ်ကျိုၤဝဲၤကွာ်လၢတအိၣ်ဒီးတၢ်ဟ်ပနိၣ်, တၢ်မၤမုၢ်ကျိုၤဝဲၤကွာ်လၢတအိၣ်ဒီးတၢ်ဖိၣ်ဃံး
single-minded *a* လၢအအိၣ်ဒီးတၢ်ပညိၣ်လၢတၢ်တမံၤအဖီခိၣ်
singleness *n* တၢ်တမံၤဇိၤ, တၢ်တဂၤဇိၤ
singlet *n* ၁. ဆ့ကၤယူၣ် ၂. ဂံၢ်သဟီၣ်အပတီၢ်လၢအနီၣ်ကျံၣ်ဘိမ့ၢ် "၀"
singly *adv* တ (ဂၤ) ဘၣ်တဂၤ, တ (ဂၤ) တ (ဂၤ)
sing-song *a* လၢအသးဝံၣ်တၢ်
sing-song *n* တၢ်ကလုၢ်သီၣ်လၢအထီၣ်အလီၤတအိၣ်
singular *a* ၁. ထဲတ (ဂၤ) ဇိၤ, ထဲတ (မံၤ) ဇိၤ ၂. လၢအဂ့ၤလီၤဆီ, လၢအဂ့ၤန့ၢ်တၢ်အဂၤ
singular *n* လံာ်ဂံၢ်ထံးလၢအဟ်ဖျါ (လံာ်ဖျၢၣ်လၢအအိၣ်ထဲတၢ်တမံၤ, တၢ်တခါအဂီၢ်)
singularity *n* တၢ်လၢအလီၤဆီ, တၢ်လီၤဆီ
singularly *adv* လီၤတိၢ်လီၤဆီ, တညီနှၢ်မၤအသး
Sinhalese *n* ပှၤစ့ဟၣ်လံဖိ
sinister *a* လၢအလီၤပျံၤလီၤဖုး, လီၤဘၣ်ယိၣ်
sink *n* ၁. တၢ်သ့စုပျ့ၢ်မဲာ်လီခီ ၂. ထံစူၢ်သံးအလိၢ် ၃. တၢ်လီၤဆၢၣ်တပူၤ ၄. တၢ်လိၢ်ဖဲအအိၣ်လၢတၢ်ဘၣ်အၢဘၣ်သီဒီးတၢ်မၤကမၣ်ကွိၢ်မ့ၣ်တဖၣ်အလိၢ်
sink *v* ၁. လီၤဘျ့, လီၤဘျၢၣ် ၂. လီၤနှာ် ၃. လီၤတစူၤ, ဒ့ခံလီၤ ၄. ဟးဂီၤနးဒိၣ်ထိၣ်, လီၤထွံလီၤယွၤ
sinker *n* တခွဲသၣ်, တခွဲသၣ်ဃၢ
sink-hole *n* ဟီၣ်လာ်လၢၢ်ထူၣ်ယွၤကျိ
sinless *a* လၢအတၢ်ကမၣ်တအိၣ်
sinner *n* ပှၤတၢ်ဒ်းဘးဖိ

S

Sino- *combining* လၢအဘၣ်ဃးဒီးတရူးကိၢ်, လၢအဘၣ်ဃးဒီးကိၢ်စိၣ်

sinuous *a* လၢအကနဲ့ၣ်အကူ, လၢအတရံးတရံး, လၢအကနဲ့ၣ်ပဝံၣ်

sinus *n* တၢ်လီၢ်လၢဃံလီၤကအိအလီၢ်, နါဒ့လီၤကအိအလီၢ်

sinusitis *n* နါတနၢ

sip *n* တၢ်ဆူးသဝံးအီထံ, တၢ်အီသြူးထံတစဲးဖိတစဲးဖိ

sip *v* အီသြူး, အီဆူးသဝံး

siphon, syphon *n* ၁. ကျိဘိလၢအဆူးထိၣ်ထံလၢတၢ်ဒၢပူၤဒီးထၢနၣ်ကဲ့ၤဝဲဆူတၢ်ဒၢအဂၤတဖျၢၣ်အပူၤ ၂. ဆၣ်ဖိကိၢ်ဖိလၢအအိၣ်ဒီးကျိဘိလၢအဆူးနၣ်ထံဒီးပြံထိၣ်ထံတဖၣ်

siphon, syphon *v* ၁. ထုးထိၣ်ထံလၢကျိဘိ ၂. ထုးထိၣ်ကွံၣ်စ့တစဲးဘၣ်တစဲး

sir *n* ပှၤပိၣ်ခွါလၢတၢ်ဟ်ဒိၣ်ဟ်ကဲအီၤ

sire *n* ဆၣ်ဖိကိၢ်ဖိအဖါနူ, ဆၣ်ဖိကိၢ်ဖိအဖါ

sire *v* ၁. မၤန့ၢ်အစၢၤအသွဲၣ်, ဒုးလီၤစၢၤလီၤသွဲၣ် ၂. ဖုံလီၤ, ဖးထိၣ်အဖိ

siren *n* ပီၤအူရူၤ, မ့ၣ်ပလီၢ်

sirloin *n* ကျီၢ်အပျိၢ်ဃံအညၣ်, ဂီၤဖံးပျိၢ်ဃံအညၣ်

sirup *n* အံသၣ်ဆၢအထံ, တၢ်သၣ်အထံဖီဃါဃုာ်ဝဲဒီးအံသၣ်ဆၢ

sisal *n* လုၣ်အဃဲၤတကလုာ်, လုၣ်အဃဲၤတကလုာ်လၢဘၣ်တၢ်မၤအီၤလၢသ့ၣ်စုးစ့(လ) အလၣ်

sissy *n* ပှၤလၢအသးလီၤပိာ်မုၣ်

sister *n* ဒီပုၢ်ဝဲၢ်မုၣ်

sister hood *n* ၁. ဒီပုၢ်ဝဲၢ်အတၢ်ရှလိာ်မုာ်လိာ် ၂. မိၢ်ဒိၣ်အကရူၢ် ၃. ပှၤကရူၢ်ကရၢတဖုလၢအတၢ်သးစဲဒ်သိးလိာ်အသး, ပှၤတဝၢတဖုလၢအတၢ်သးစဲဒ်သိးလိာ်အသး

sister-in-law *n* မါ မ့တမ့ၢ် ဝၤအဒီပုၢ်ဝဲၢ်မုၣ်, ဒီပုၢ်ဝဲၢ်ခွါအမါ

sisterly *a* ဒ်ဒီပုၢ်ဝဲၢ်မုၣ်အသိး

sit *v* ဆ့ၣ်နီၤ

sit up *n* တၢ်မံနီၤဝံၤ်ဆၢထၢၣ်ဆ့ၣ်နီၤသး

sitar *n* အ့ၣ်ယါအကထါ, ကထါတကလုာ်

sitcom *n* တၢ်လီၤနံၤ, တၢ်ပူးဒိပှးတဲာ်မၤလီၤနံၤတၢ် (ကွဲၤဟူဖျါအတၢ်ရဲၣ်တၢ်ကျဲၤ)

sit-down *n* တၢ်ဆ့ၣ်နီၤဒုၣ်ချာထီဒါတၢ်, တၢ်ဆ့ၣ်နီၤဟ်ဖျါထိၣ်တၢ်တဘၣ်သး, တၢ်ဆ့ၣ်နီၤခိၣ်ရီၢ်တၢ်

site *n* တၢ်အလီၢ်

site *v* ၁. ဟ် ၂. သူၣ်ထိၣ်ဆီလီၤ

sit-in *n* တၢ်ဆ့ၣ်နီၤလၢလီၢ်ဒီးဒုၣ်ချာထီဒါတၢ်လၢ (တၢ်သူၣ်ထိၣ်, တၢ်မၤလီၢ်, ကို) အပူၤ, တၢ်ဆ့ၣ်နီၤခိၣ်ရီၢ်တၢ်, တၢ်ဆ့ၣ်နီၤဟ်ဖျါထိၣ်တၢ်တဘၣ်သး

sitter *n* ၁. ပှၤကွၢ်ထွဲဖိသၣ် ၂. ပှၤဆ့ၣ်နီၤဒီးတ့အဂီၤ, ပှၤဆ့ၣ်နီၤဒီးဒိအဂီၤ

sitting *a* လၢအဆ့ၣ်နီၤ, အိၣ်ဆ့ၣ်နီၤ

sitting *n* ၁. တၢ်ဆ့ၣ်နီၤ ၂. တၢ်ဆ့ၣ်နီၤဒီးတ့အဂီၤ, တၢ်ဆ့ၣ်နီၤဒီးဒိအဂီၤ ၃. တၢ်ဆ့ၣ်နီၤအိၣ်တၢ် ၄. ဘျိၣ်ဒိၣ်အတၢ်အိၣ်ဖှိၣ်

sitting duck *n* ပှၤလၢတအိၣ်ဒီးတၢ်ဒီသဒၢ, တၢ်လၢတအိၣ်ဒီးတၢ်ဒီသဒၢ

sitting tenant *n* ပှၤဒီးလဲအိၣ်ဟံၣ်ဖိးသဲစး

situate *v* ၁. အိၣ်သူၣ်လီၤအသး ၂. ဒုးဘၣ်ထွဲဃုာ် ၃. တ့ထိၣ်ဘှီထိၣ်, သူၣ်ထိၣ်

situated *a* လၢအအိၣ်သူၣ်လီၤအသး, လၢအအိၣ်လၢ

situation *n* ၁. တၢ်အခၢး ၂. တၢ်အိၣ်အသး ၃. တၢ်အိၣ်တၢ်ဆိးအလီၢ်, တၢ်လီၢ်တၢ်ကျဲ

six *a* နိၣ်ဂၢ်ဃု

six *n* ဃု, ၆

six pence *n* စ့ဖဲနံၣ်ဃုဘ့ၣ်

six-figure *a* လၢအအိၣ်ဒီးနိၣ်ဂၢ်ဃုဖျၢၣ်, လၢအမ့ၢ်နိၣ်ဂၢ်ဃုဖျၢၣ်

sixfold *a* ဃုဘျီ, ဃုစး

sixfold *adv* ဃုဘျီ, ဃုစး

six-pack *n* ၁. တဒၢနူၣ်အိၣ် (၆) ဖျၢၣ်, တဘိၣ်အိၣ် (၆) ဒၢ ၂. ဟၢဖၢအညၣ်ထူၣ်အိၣ်ဃုတြိၣ်, ဟၢဖၢဃၢ်ညၣ်ဃုဘ့ၣ်

sixscore *a* တကယၤခံဆံ, ဃုအဘျီခံဆံ

six-shooter *n* ကျိတရံး, ကျိတရံးလၢအချံအိၣ်ဃုဖျၢၣ်

sixteen *n* တဆံဃု, ၁၆

sixteenth *a* တဆံဃု (ခါ) တ (ခါ), တဆံဃု (ပူ) တ (ပူ)

sixth *a* ဃု (ခါ) တ (ခါ), ဃု (ဘျီ) တ (ဘျီ)

S

sixth form *n* တီၤထီကို်တၢ်မၤလိအပတိၢ်ထီကတၢၢ်, တီၤထီကို်တၢ်မၤလိအကတၢၢ်ခံနံၣ်လၢပှၤကို်ဖိလၢအသးအိၣ် (၁၆ – ၁၈) နံၣ်အဘၢၣ်စၢၤတဖၣ်အိၣ်ကတဲာ်ကတီၤအသးလၢကနုာ်လီၤခီလ့ၣ်ကို်အတၢ်ဒိးစဲး

sixth form college *n* ကတီၤဆိခီလ့ၣ်ကို်, ခံနံၣ်ခီလ့ၣ်ကို်

sixth former *n* ကတီၤဆိခီလ့ၣ်ကို်ဖိ, ခံနံၣ်ခီလ့ၣ်ကို်ဖိ

sixth sense *n* စ့ၣ်လီၤဆီ, စ့ၣ်ဃုမံၤတမံၤ

sixtieth *a* ဃုဆံ (ခါ) တ (ခါ), ဃုဆံ (ဘျီ) တ (ဘျီ)

sixty *n* ဃုဆံ, ၆၀

sizable *a* လၢအဒိၣ်ဖဲအကြၢး

size *n* အဒိၣ်အလဲၢ်, အကၠၢ်အဂီၤ

size *v* ၁. ဟ်ပနီၣ်တၢ်အဒိၣ်အလဲၢ်, ဟ်ပနီၣ်တၢ်အကၠၢ်အဂီၤ ၂. ဟ်အီၤဒ်အကၠၢ်အဂီၤအဒိၣ်အလဲၢ်ဒ်ၣ်ဝဲအသိး

sizzle *v* သီၣ်ရှဲၤရှဲၤ, မၤသီၣ်တၢ်ရှဲၤရှဲၤ

sizzling *a* ၁. လၢအကိၢ်နးမး ၂. လၢအလီၤသူၣ်ပိၢ်သးဝးဒိၣ်မး

ska *n* စကၤးတၢ်သံကျံၤ, ကွ့မ့ခၣ်အတၢ်သံကျံတကလုာ်

skate *n* ခီၣ်ဖံးပၣ်ရုံး, ခီၣ်ဖံးတလူၣ်

skate *v* ဒိးစကု့း, ဒိးနီၣ်တလူၣ်

skateboard *n* နီၣ်တလူၣ်ဘ့ၣ်ဘၣ်

skater *n* ပှၤဒိးစကု့း, ပှၤဒိးနီၣ်တလူၣ်

skating *n* တၢ်ဒိးစကု့း, တၢ်ဒိးနီၣ်တလူၣ်

skating rink *n* တၢ်ဒိးစကု့းအပျီ, တၢ်ဒိးနီၣ်တလူၣ်အပျီ

skedaddle *v* ဟးထီၣ်ချ့သဒံး

skeet shooting *n* တၢ်ခးလိာ်ကွဲတၢ်, တၢ်ကွံာ်ထီၣ်ဟီၣ်ကဘုးဆူမူဖးဖိဒီးခးလိာ်ကွဲတၢ်

skein *n* လုၣ်ပဲၣ်

skeletal *a* ၁. လၢအဘၣ်ဃးဒီးတၢ်ဃံတၢ်ကွဲ ၂. လၢအဒိၣ်ဃံ

skeleton *n* ဃံတကွီၣ်

skeleton key *n* နီၣ်ဝံာ်ခံလၢတၢ်အိးထီၣ်နီၣ်ဝံာ်ဒၢအါဖျၢၣ်သ့

skeptic *etc* (see sceptic)

sketch *n* တၢ်ဂီၤတကွီၣ်

sketch *v* တ့တၢ်ဂီၤတကွီၣ်

sketchbook *n* လံာ်ခဲၣ်တၢ်ဂီၤ, လံာ်တ့တၢ်ဂီၤ, တၢ်ခဲၣ်တၢ်ဂီၤအလံာ်

sketchy *a* လၢအတဝံၤတတဲာ်, လၢအတဝံၤတကဲ, လၢအတလၢတပှဲၤ

skew *v* တလီၤတဃီၤ, မၤဒ့ခံဒိၣ်ဃီၤ, မၤကု့ၣ်မၤကူ

skew whiff *a* လၢအတလီၤတဃီၤ, လၢအဒ့ခံဒိၣ်ဃီၤ, လၢအကု့ၣ်အကူ

skewed *a* လၢအတလီၤတဃီၤ, လၢအဒ့ခံဒိၣ်ဃီၤ, လၢအကု့ၣ်အကူ

skewer *n* နီၣ်တုၢ်, နီၣ်ကၣ်

skewer *v* ဆဲး, တုၢ်

ski *n* နီၣ်တလူၣ်, စကံ, သ့ၣ်ဘၣ်ခီဖးထီတက့လၢတၢ်သူအီၤလၢတၢ်လိာ်ကွဲလၢမူခိၣ်ဖီအဖီခိၣ်

ski *v* ဒိးနီၣ်တလူၣ်, ဒိးစကံ

ski jump *n* တၢ်စံၣ်ဖုဒိးနီၣ်တလူၣ်, တၢ်စံၣ်ဖုဒိးစကံ

ski lift *n* စဲးစိာ်ထီၣ်ပှၤဒိးစကံ, စဲးစိာ်ထီၣ်ပှၤဒိးစကံလၢတၢ်လူၢ်ဒိခိၣ်

ski run *n* တၢ်ဒိးစကံအကျဲ, တၢ်ဒိးနီၣ်တလူၣ်အကျိၤ

skid *n* ၁. သ့ၣ်ဘၣ်လၢတၢ်ဆီၣ်တလံာ်လီၤတၢ်လၢအလိၤ ၂. သိလ့ၣ်လီၤတလံာ်, (ကဘီယူၤ, ဟဲၣ်လံခီးပထၢၣ်) အခီၣ်ဘ့ၣ်ဘၣ်လၢတၢ်စူးကါအီၤလၢကစိၢ်လီၤအဂိၢ်

skid *v* လီၤတလံာ်, တပျံာ်တပျာ်

skid pan *n* တၢ်နီၣ်လိသိလ့ၣ်အပျီ

skid row *n* ၁. ပှၤဖှိၣ်ဖိယာ်ဖိအိၣ်တၢ်အလိၢ် ၂. တၢ်အီသံးအိက်တုၤလၢတၢ်ဖံးတၢ်မၤဟံၣ်ဖိၤဃီဖိၤတအိၣ်လၢၤ

skier *n* ပှၤဒိးစကံ, ပှၤဒိးနီၣ်တလူၣ်

skiff *n* ချံမူဖိ, ချံဖိ

skiffle *n* ပှၤလၢပျၢၤအတၢ်သံကျံတကလုာ်, တၢ်သံကျံလၢအမံၤဟူသၣ်ဖျါဖဲ ၁၉၅၀ နံၣ်အပူၤတကလုာ်

skiing *n* နီၣ်တလူၣ်တၢ်ဂဲၤလိာ်ကွဲ

skilful *a* လၢအလၢပှဲၤဒီးအကံၢ်အစီ, လၢအလၢပှဲၤဒီးတၢ်သ့တၢ်ဘၣ်, လၢအမၤတၢ်သ့ဂ့ၤဂ့ၤဘၣ်ဘၣ်

skill *n* တၢ်သ့ဖံးသ့မၤ, တၢ်စုသ့ခီၣ်ဘၣ်, တၢ်နၢ်ပၢၢ်နၢ်ဘှါ

skilled *a* ၁. လၢအသ့ဖံးသ့မၤ, လၢအိၣ်ဒီး အကံၢ်အစီအတၢ်သ့တၢ်ဘၣ်, လၢအစုသ့ခိၣ်ဘၣ် ၂. လၢအလိၣ်ဘၣ်ကံၢ်စီတၢ်သ့တၢ်ဘၣ်

skillful *a* လၢအလၢပှဲၤဒီးအကံၢ်အစီ, လၢအ လၢပှဲၤဒီးတၢ်သ့တၢ်ဘၣ်, လၢအမၤတၢ်သ့ဂ့ၤဂ့ၤ ဘၣ်ဘၣ်

skillfully *adv* သ့သ့ဘၣ်ဘၣ်, လၢတၢ်ကူၣ် ဘၣ်ကူၣ်သ့အပူၤ, သ့မှ့ၣ်မှ့ၣ်နီၢ်နီၢ်

skim *v* ၁. ဘျၢၣ်ကွံာ်တၢ်အသိထံ, ဘျၢၣ်ကွံာ် တၢ်အခိၣ်ကျး, ကွးကွံာ်တၢ်အခိၣ်ကျး ၂. ဖးကွၢ် ချ့ချ့ ၃. ယူၤခီက်ထံဖီခိၣ်, လဲၤတရူာ်လၢထံဖံး ခိၣ် ၄. (လၢၢ်ဖိပြံ) ကွံာ်ခီလၢၢ်လၢထံမဲာ်ဖံးခိၣ်

skimmed milk *n* တၢ်နှၢ်ထံလၢအသိတ အိၣ်, တၢ်နှၢ်ထံလၢတၢ်တၢၤကွံာ်အသိ, တၢ်နှၢ်ထံ လၢတၢ်တၢၤကွံာ်အခိၣ်ကျး

skimp *v* (ကျိၣ်စ့, တၢ်ဆၢကတီၢ်) သူတၢ်စုၤ ကဲၣ်ဆိး, စူးကါတၢ်စုၤကဲၣ်ဆိး

skimpy *a* ၁. လၢအဆံးဝဲစုၤဝဲ ၂. လၢအပံာ် အကီ, လၢအသူတၢ်စုၤကဲၣ်ဆိး ၃. (တၢ်ကူတၢ် သိး) လၢအဖုၣ်တလၢ, လၢတၢ်ဆးအီၤဃံးဃံးဖိ

skin *n* အဖံး, အဘ့ၣ်, အဖံးဘ့ၣ်

skin *v* အုၣ်ကွံာ်, ကုၣ်ကွံာ်, သဘျူးကွံာ်, ကွးကွံာ်

skin deep *a* ၁. လၢအဖံးဘ့ၣ်ခိၣ် ၂. လၢအ မ့ၢ်တၢ်တစိၢ်တလီၢ်, လၢတအိၣ်ဂၢၢ်အိၣ်ကျၢၤ

skin diving *n* တၢ်ယူၤထံအိၣ်ဃုာ်ဒီးတၢ်က သါအဒၢ, တၢ်ယူၤထံအိၣ်ဒီးတၢ်ကသါအပီးအလီ

skin flint *n* ပှၤပံာ်သံကီသံ, ပှၤအပံာ်အကီ

skin graft *n* တၢ်ကူးကွဲးဟံးန့ၢ်ထီပှဲၤဖံးဘ့ၣ်, တၢ်ကူးကွဲးဟံးန့ၢ်ဖံးဘ့ၣ်လၢအဂ့ၤဒီးထီပှဲၤကူၤ လၢဖံးဘ့ၣ်ဟးဂီၤအလီၢ်

skinful *n* တၢ်အီသံးလုၣ်ကီလုၣ်ကဟ်

skinhead *n* ပှၤပိာ်ခွါသးစၢ်လံၤလူၤကျူဆ့ၢ် လၢအလူၤကျီအခိၣ်, ပှၤအခိၣ်ကီၤဖိ

skinned *a* ၁. လၢအအိၣ်ဒီးအဖံးဘ့ၣ် ၂. လၢအုၣ်ကွံာ်တၢ်အဖံးဘ့ၣ်

skinny *a* လၢအဃဲၤ, လၢအအိၣ်ထဲအဃံဒီး အဖံး, ဃဲၤသံကျိသံ

skinny dipping *n* တၢ်ပိၢ်ထံလၢအဘ့ၣ်ဆ့

skint *a* လၢအစ့လၢာ်ကွံာ်

skintight *a* လၢအဃံးဃံး, လၢအစံာ်

skip *n* ၁. တၢ်စံၣ် (ပျံၤ) ၂. တၢ်လဲၤပတ်, တၢ်ကွၢ်ကဟ်, တၢ်ခီပတ်ကွံာ်, တၢ်လဲၤကဟ် ကွံာ်

skip *v* ၁. စံၣ် (ပျံၤ) ၂. လဲၤပတ်, ကွၢ်ကဟ် , ခီပတ်, လဲၤကဟ်ကွံာ်

skipper *n* ၁. ကဘီခိၣ် ၂. ပှၤလိာ်ကွဲဖိအက ရူၢ်ခိၣ်

skipper *v* ၁. ကဲကဘီခိၣ် ၂. ဂဲၤပှၤလိာ်ကွဲဖိ အကရူၢ်ခိၣ်

skipping rope *n* ပျံၤစံၣ်, ပျံၤစံၣ်ပှ

skirmish *n* ၁. တၢ်ဒုးတပျိၤတၢ် ၂. တၢ်ဂ့ၢ် လိာ်သးတၢ်တစိၢ်တလီၢ်, တၢ်တဲအါတဲစုၤတၢ်မီကံာ် မီကိာ်

skirmish *v* ၁. ဒုးတပျိၢ် ၂. တဲအါတဲစုၤတၢ်မီ ကံာ်မီကိာ်, ဂ့ၢ်လိာ်ထီဒါလိာ်သးတစိၢ်တလီၢ်

skirt *n* စကၢး, တၢ်ကူတၢ်ကၤတကလုာ်လၢ ပိာ်မုၣ်တဖၣ်ကူအီၤလၢယီၢ်ဒ့ဒ်နံၣ်

skirt *v* ၁. အိၣ်ဝးတရံး, အိၣ်လၢအသရှၤ, လဲၤတရူာ်အကနူၤ ၂. ပၵ့ၣ်ဟးဆှဲးတၢ်ကတိၤ, ဟးဆှဲးတၢ်ကတိၤ, ဟးတဲဝ့ၤတဲဝီၤတၢ်

skirting board *n* သ့ၣ်ဘၣ်ဖးထီလၢတၢ်ဒူၣ် ဝးတရံးအီၤလၢတၢ်နူၣ်ပၤအခိၣ်ထံး

skit *n* ၁. တၢ်မၤလီၤနံၤတၢ်ဖှၣ်ကိာ်ဖိ ၂. တၢ်လီၤနံၤဖှၣ်ကိာ်ဖိ

skitter *v* ယ့ၢ်ချ့သဒံး

skittish *a* ၁. (ကသ့ၣ်) လၢအဆ့ၢ် ၂. လၢအသးဆီတလဲညီ, လၢအလဲလိာ်ညီ, လၢ အတချံတချဲၣ်, လၢအလံကျိလံကွာ် ၃. လၢအသးတဂၢၢ်

skittle *n* ၁. တၢ်ဂဲၤလိာ်ကွဲကွံာ်လီၤတီၤသ့ၣ် ကူာ်ကျိၣ်, တၢ်လိာ်ကွဲစခံးထၢၣ်(လ) ၂. သ့ၣ်ကူၣ်ကျိၣ်အဘိ, စခံးထၢၣ်(လ)

skive *v* ယ့ၢ် (တၢ်မၤ, ကို)

skivvy *n* ဟံၣ်ဃီအပှၤမၤတၢ်ဖိ

skivvy *v* မၤဟံၣ်ဃီတၢ်မၤခဲလၢာ်, မၤကစဲး ကစီးတၢ်ခဲလၢာ်

skua *n* ဘျ့ၣ်ဘျိၣ်ဃး

skulduggery *n* တၢ်မၤတၢ်လၢအတတီတ လီၤ, တၢ်လံၣ်တၢ်လီတၢ်, တၢ်လီန့ၢ်ပျံာ်ဝ့ၤတၢ်

skulk *v* အိၣ်ခူသူၣ်, ဟးထိၣ်ခူသူၣ်, ယ့ၢ်ခူ သူၣ်, တမၤဖျါအသးဘၣ်

skull *n* ခိၣ်ကု

S

skull and crossbones *n* ၁. တၢ်ခိဉ်ကုဒီး တၢ်ယံခံဘိအပနိဉ် ၂. တၢ်သံအပနိဉ်

skull cap *n* ၁. ပှၤယူဒၤဖိပိာ်ခွါအခိဉ်သလုး, ပၤပၤအခိဉ်သလုး, ပၤပၤအခိဉ်ဖျိဉ် ၂. ခိဉ်သလုးဒီသဒၢခိဉ် ၃. ခိဉ်သဒးပှၢ်

skunk *n* ဝံၤဖိၤခီဖိၤ, ကလံၤစိးအမဲရကၤအဝံၤဖိၤခီဖိၤလၢအမၤနၢအုဉ်ထိဉ်အသးသ့တကလှာ်

sky *n* မူကပိာ်လိၤ

sky cap *n* ကဘီယူၤဖျိအပှၤမၤတၢ်ဖိလၢအစိာ်ဆှၢန့ၢ်ပှၤတၢ်ဘိဉ်တၢ်စုၢ

sky-blue *a* မူခိဉ်အလွဲၢ်

skydiving *n* တၢ်စံဉ်ဖုလီၤဒီးကလံၤလၢမူကပိာ်လိၤ

sky-high *a* လၢအကစီၤထိဉ်ထီဒိဉ်မး

skylark *n* ထိဉ်ကမဲၤ, ထိဉ်ဖံုးဖိတကလှာ်

skylight *n* ဝဲတြီဖိလၢဟံဉ်ဒုးခိဉ်, တၢ်ကပီၤအပူၤဖိလၢဟံဉ်ဒုးခိဉ်, ဟံဉ်ခိဉ်ဒုးအဝဲတြီဖိ, ဟံဉ်ခိဉ်ဒုးအဝဲတြီဖိလၢကမၤန့ၢ်တၢ်ကပီၤအဂီၢ်

skyline *n* မူထံး

skyrocket *v* (တၢ်အပှ့ၤထိဉ်) ချ့သဒံး

skyscraper *n* တၢးဖးထိ

skywards *adv* ဆူမူဒီ, ဆူမူဖးဖိ

slab *n* တၢ်ဒီဘ့ဉ်, (သ့ဉ်) (လၢၢ်) ဘ့ဉ်ဘဉ်, တၢ်ဘ့ဉ်ဘဉ်လၢအကံၤအဒိ, လၢၢ်ဘ့ဉ်ဘဉ်

slack *a* ၁. လၢတမၤတၢ်လီၤတံၢ်လီၤဆဲးဘဉ်, လၢအတမၤတၢ်မူာ်မူာ်နီၢ်နီၢ်, လၢအအိဉ်ဖုံဖုံညီညီ ၂. လၢအကျိၤ အဒိ, အခိဉ်ဖံးကျိလၢအခိဉ်အဃိပှ့ၤကဒိးဝဲလၢအဆံးတခိဉ်

slack *n* ၁. ပျံၤလၢတၢ်စၢဃာ်အီၤကျိသလိး ၂. ဖျိဉ်ခံကျိ ၃. တၢ်မၤတၢ်ဖုံဖုံညီညီ, တၢ်တမၤတၢ်လီၤတံၢ်လီၤဆဲး ၄. တၢ်ပျဲပှၤမၤတၢ်လၢတၢ်သဘျ့အပူၤ

slack *v* ၁. တမၤတၢ်လီၤတံၢ်လီၤဆဲး, မၤတၢ်ဖုံဖုံညီညီ, မၤတၢ်တအိဉ်ဒီးတၢ်ဂ့ာ်ကျဲးစၢး, မၤတၢ်တအိဉ်ဒီးတၢ်ထဲးဂံၢ်ထဲးဘါ ၂. မၤကျိလီၤ, မၤလီၤကျိ

slacken *v* မၤကျိလီၤ, မၤစၢ်လီၤ, မၤဃၢလီၤ

slacker *n* ၁. ပှၤကၢဉ်ပှၤကျူ, ပှၤအိဉ်ဖုံဖုံညီညီ ၂. ပှၤသးစၢ်လၢအတၢ်မ့ၢ်လၢ်ကွၢ်စိတအိဉ်

slackly *adv* ၁. တမၤတၢ်မူာ်မူာ်နီၢ်နီၢ်, တလီၤတံၢ်လီၤဆဲး ၂. ကျိကျိ, စၢ်ယဲၤစၢ်ယီၤ

slacks *n* ဖျိဉ်ခံကျိ

slag *n* ၁. ထးအ့ၣ် ၂. ပိာ်မုဉ်လၢအမံဃှာ်ဒီးပှၤအါဂၤ

slag *v* ဝဲၤအၢဝဲၤသီပှၤ, ကတိၤအိဉ်ပှၤအဂ့ၢ်လၢပှၤအလီၢ်ခံ

slag heap *n* စၢၢ်ဖိၤထးဖိၤဘဉ်အၢဘဉ်သီအပူ, လၢၢ်အ့ၣ်ထးအ့ၣ်အပူ, စၢၢ်အ့ၣ်ထးအ့ၣ်အပူ

slake *v* ၁. မၤဟါမ်ၢ်ကွံာ်တၢ်သူအသးလၢထံ ၂. ဃါဃှာ်က်တမၤဒီးထံဒီးဒ်သိးကဒုးအိဉ်ထိဉ်ဟဲဉ်ဖြိဉ်စဲး, ဖီဖးထိဉ်ထူဉ်

slalom *n* ၁. တၢ်ဒီးပြၢနိဉ်တလူဉ်လၢကျဲကှ့ဉ်ကူလၢတၢ်ဟ်ပနိဉ်အီၤအဖီခိဉ် ၂. တၢ်ဝၢ်ပြၢချံကှ့ဉ်ကှ့ဉ်ကူကူလၢကျဲလၢတၢ်ဟ်ပနိဉ်အီၤအဖီခိဉ်

slam *n* တၢ်ကးတံာ် (တၢ်) ဆူဉ်ဆူဉ်အသဟိဉ်, တၢ်ဆိဉ်တပျီၢ်တၢ်အသိဉ်

slam *v* ၁. ကးတံၢ် (တၢ်) ဆူဉ်ဆူဉ်, ဆိဉ်တပျီၢ် (တၢ်) ၂. ဝဲၤအၢဝဲၤသီပှၤဆူဉ်ဆူဉ်ကလဲာ်

slam-dunk *v* ၁. စံဉ်ဖုထိဉ်ဒီးထၢနှာ်လီၤဖျာဉ်သွ့ဆူသွ့ကွီၤအပူၤ

slammer *n* ၁. တၢ်စံဉ်ဖုထိဉ်ဒီးထၢနှာ်လီၤဖျာဉ်သွ့ဆူသွ့ကွီၤအကတီၢ် ၂. တၢ်ကဲထိဉ်လိဉ်ထိဉ်နီၢ်နီၢ်, တၢ်မၤနၢၤတၢ်တီနံ

slander *n* တၢ်ခဲဉ်သူခဲဉ်ဂီၤတၢ်, တၢ်သီဉ်ဝံသဲကလၤတၢ်

slander *v* ခဲဉ်သူခဲဉ်ဂီၤ, သီဉ်ဝံသဲကလၤ

slanderous *a* လၢအခဲဉ်သူခဲဉ်ဂီၤတၢ်, လၢအသီဉ်ဝံသဲကလၤ

slang *n* တၢ်ကတိၤလၢအတဘဉ်လီၤတံၢ်လီၤဆဲးဒီးတဃံတလၤဘဉ်

slanging match *n* တၢ်တဲဆါလိာ်သးယၢ်ခီယၢ်ဘး, တၢ်ဂ့ၢ်လိာ်ဘိုလိာ်သးယၢ်ခီယၢ်ဘး

slant *a* လၢအလီၤဘံ, လၢအဒ့ခံ, လၢအလီၤတစ္ၤ

slant *n* ၁. တၢ်လီၤဘံ, တၢ်ဒ့ခံလီၤ, တၢ်လီၤတစ္ၤ ၂. တၢ်ထံဉ်တၢ်ဆိကမိဉ်

slant *v* ၁. မၤလီၤဘံ, မၤဒ့ခံလီၤ, မၤလီၤတစ္ၤ ၂. ဟ့ဉ်ထိဉ်တၢ်ထံဉ်တၢ်ဆိကမိဉ်

slanted *a* ၁. လၢအိဉ်ပိၤတၢ်တခီတၢၤ, လၢအထံဉ်တၢ်တခီတၢၤ, လၢအကွၢ်မဲာ်တၢ် ၂. လၢအဒ့ခံလီၤ ၃. လၢအလီၤဘံ

slanting *a* ၁. လၢအဒ့ခံ ၂. လၢအလီၤဘံ

slap *adv* ဆူဉ်ဆူဉ်, လီၤလီၤ, (အံဉ်) တီတီ

S

slap *n* ၁. တၢ်ဒိတၢ်, တၢ်လၤတၢ် ၂. တၢ်ပှိၢ်ချၢဃံ

slap *v* ဒိတၢ်, လၤတၢ်

slap stick *n* တၢ်မၤလီၤနံၤ, တၢ်ဒဲလိာ်ကွံာ်လိာ်သးလၢတၢ်ဖိတၢ်လံၤ

slapdash *a* လၢအမၤဝံၤတၢ်ပစုၢ်ပတ့ၤ, လၢအမၤဝံၤတၢ်ချ့ဒံးချ့နူး

slap-happy *a* လၢအမၤနါစီၤနါပျာ်တၢ်, လၢတအိၣ်ဒီးတၢ်ဟ်လၢ်ဟ်ကါ

slapper *n* ပှၤပိာ်မုၣ်လၢအမံဃုာ်ဒီးပိာ်ခွါအါဂၤ, တၢ်ကိးဆါပိာ်မုၣ်

slap-up *n* တၢ်အိၣ်အဝံၣ်အဘဲကတၢၢ်

slash *n* ၁. တၢ်ပူၤလိၢ်, တၢ်ဘၣ်ကူးဘၣ်ကါ ၂. တၢ်တိၤတစ္ၤ ၃. တၢ်ကပီၤအကျိၤ ၄. တၢ်ဟးဆံၣ်, တၢ်ဆံၣ်ဆါ

slash *v* ၁. (တၢ်) ဖျ့, တိၢ်, ကျီနါစီၤတၢ် ၂. မၤစုၤလီၤတၢ်အပှ့ၤသတူၢ်ကလာ်

slat *n* သ့ၣ်ဘၣ်ကု, သ့ၣ်ဘၣ်ကုဘူသလါဖိ, သ့ၣ်အဘိ, ထးဘိ

slate *n* ၁. လၢၢ်သ့ၣ်ဘၣ် ၂. ဟံၣ်ခိၣ်နးအဟိၣ်ကုၢ်ခီ, ဟံၣ်ခိၣ်နးလၢၢ်သ့ၣ်ဘၣ်ခီ

slate *v* ၁. ရဲၣ်လီၤကျဲၤလီၤတၢ်, တိာ်ကျဲၤတၢ် ၂. ဟ်အါဟ်သီတၢ်လၢတၢ်ပရၢပစၢၢ်အပူၤ, ဟ်ထံနီၤဖးတၢ်ဆူၣ်ဆူၣ်ကိၢ်ကိၢ်လၢတၢ်ပရၢပစၢၢ်အပူၤ ၃. နးဒိၣ်ထိၣ်ဟံၣ်ခိၣ်နးဒီးဟိၣ်ကုၢ်ခီ

slate grey *a* လၢၢ်သ့ၣ်ဘၣ်အလွဲၢ်, အလွဲၢ်သူဃး

slated *a* လၢအဘၣ်တၢ်မၤအီၤဒီးထးဘ့ၣ်ဘၣ်ခီ

slattern *n* ပိာ်မုၣ်လၢအအိၣ်ဘၣ်အၢဘၣ်သီ, ပိာ်မုၣ်လၢအိၣ်သဘံးကဒံး

slatternly *a* လၢအအိၣ်ဘၣ်အၢဘၣ်သီ, လၢအအိၣ်သဘံးကဒံး

slaughter *n* ၁. တၢ်ဒိသံအိၣ်ဆၣ်ဖိကီၢ်ဖိ ၂. တၢ်မၤသံတၢ်ဆူၣ်မဲာ်ကဲၤမဲာ်

slaughter *v* ၁. မၤသံတၢ်အါအါ ၂. မၤသံဆၣ်ဖိကီၢ်ဖိ (လၢတၢ်အိၣ်အဂီၢ်)

slaughterhouse *n* တၢ်ဒိသံဆၣ်ဖိကီၢ်ဖိအတၢ်သူၣ်ထိၣ်, တၢ်ဒိသံဆၣ်ဖိကီၢ်ဖိအလိၢ်

slave *n* ကုၢ်

slave *v* မၤသံမၤပှၢ်အသး, မၤတၢ်ဒ်ကုၢ်အသိး, ဖံးတၢ်မၤတၢ်ဆူၣ်တုၤအိၣ်ဘှံးအိၣ်သါတချုး

slave labour *n* ၁. ကုၢ်အတၢ်မၤ ၂. တၢ်မၤလၢအကိၢ်အဂီၤဒီးအလဲစုၤ

slave trade *n* တၢ်ဆိာ်ဆါမၢကဲကုၢ်

slave-driver *n* ပှၤလၢအမၢကဲကုၢ်တၢ်, ပှၤလၢအမၢအီၣ်ပှၤဒ်ကုၢ်အသိး

slavery *n* ၁. တၢ်ကဲကုၢ်ကဲပှၤ ၂. တၢ်မၢကဲကုၢ်

slavish *a* ဒ်ကုၢ်အသိး

slay *v* ၁. မၤသံတၢ် ၂. မၤမှာ်လၤသးခုတၢ်

slayer *n* ပှၤမၤသံတၢ်

sleazy *a* ၁. (တၢ်လိၢ်) လၢအလိၢ်လံၤဖီဃး, လၢအဘၣ်အၢဘၣ်သီဒီးတမှာ်တလၤ ၂. လၢအသးတတိ, လၢအတတီတလိၤ

sled *n* လ့ၣ်ကဟၣ်, မူခိၣ်ဖီလ့ၣ်ကဟၣ်, လ့ၣ်ကဟၣ်ဖိလၢပှၤဒိးလၢမူခိၣ်ဖီအကျါ

sledge *n* လ့ၣ်ကဟၣ်, မူခိၣ်ဖီလ့ၣ်ကဟၣ်, လ့ၣ်ကဟၣ်ဖိလၢပှၤဒိးလၢမူခိၣ်ဖီအကျါ

sledge *v* ဒိးမူခိၣ်ဖီအလ့ၣ်ကဟၣ်

sledgehammer *n* ခံၣ်ခူၣ်ဖးဒိၣ်

sleek *a* ၁. လၢအဘျ့ကဆှၣ်, လၢအဘျ့ကတြှၣ် ၂. လၢအကူသိးတၢ်ဆူၣ်ဆူၣ်ဘှဲၣ်ဘှဲၣ်, လၢအကၠၢ်အဂီၤဖျါဃံဖျါလၤ

sleep *n* ၁. တၢ်မံတၢ်ဂဲၤ ၂. တၢ်မံတၢ်ဂဲၤအဆၢကတိၢ် ၃. မဲာ်ဘုံး

sleep *v* မံ

sleeper *n* ၁. ပှၤမံ ၂. လ့ၣ်မ့ၣ်အူကျဲအကျူဒါ, လ့ၣ်မ့ၣ်အူကျဲအဒါ

sleepily *adv* ၁. မံခ့, မိၣ်မံသး ၂. ဘှ့ၣ်ဘှ့ၣ်ဘှိၣ်ဘှိၣ်, တသိၣ်တသဲ

sleeping bag *n* လီၢ်မံထၢၣ်

sleeping car *n* လ့ၣ်မ့ၣ်အူအချ့လၢအိၣ်ဒီးလီၢ်မံ, လ့ၣ်မ့ၣ်အူအတွဲလၢအိၣ်ဒီးလီၢ်မံ

sleeping pill *n* ကသံၣ်မံ

sleeping sickness *n* တၢ်မံခ့တၢ်ဆါ, တၢ်မိၣ်မံသးထိဘိတၢ်ဆါ, တၢ်ဆါဘၣ်က်အနးတကလှာ်လၢအကဲထိၣ်ခီဖျိသၣ်ဘုလါစံၣ်စံၣ် (tsetse) တကလှာ်

sleepless *a* လၢအမံတန့ၢ်ဘၣ်

sleepwalk *v* ဒိၣ်ပျ့ၢ်, မံမိၢ်ပျိၢ်သီတၢ်ဒီးဟးမံ

sleepwalker *n* ပှၤမံမိၢ်ပျိၢ်သီတၢ်ဒီးဟးမံဖဲအမံအခါ

sleepwalking *n* ပှၤမံမိၢ်ပှိၢ်သီတၢ်ဒီးဟးမံ့ဖဲ အမံအခါ

sleepy *a* ၁. မံခ့, မိၣ်မံသး, အဲၣ်ဒိးမံ ၂. ဘှ့ၣ်ဘှ့ၣ်ဘိုၣ်ဘိုၣ်, တသီၣ်တသဲ

sleet *n* သူၣ်

sleet *v* (သူၣ်) လီၤ, သူၣ်လီၤ

sleeve *n* ၁. ဆ့ကၤစု, ဆ့ကၤစုနၣ် ၂. လံာ်ကုခိၣ်, လံာ်ကုတီၣ် ၃. ပီၤဘိစၢ်လၢတၢ် ဖျိၣ်ဒီတဒၢယာ်တၢ်

sleigh *n* မူခိၣ်ဖီလ့ၣ်ကဟၣ်

sleight *n* ၁. တၢ်ပ့ၢ်တၢ်ချ့, တၢ်စုဖျဲၣ်ခီၣ်ဖျဲၣ် တၢ်သ့စုအတၢ်သ့တၢ်ဘၣ် ၂. တၢ်မၤကဒါမဲာ်အ တၢ်သ့တၢ်ဘၣ်

slender *a* ဃဲၤ, တလဲာ်ဒ့း

sleuth *n* ပှၤဃိထံတၢ်, ပှၤဃိထံသ့ၣ်ညါတၢ်

slew *n* တၢ်ဂိၢ်မုၢ်ဂိၢ်ပၤ, တၢ်အါအါဂိၢ်ဂိၢ်

slew *v* ၁. လီၤတလံာ် ၂. လီၤသဖှူး, ခီၣ်တ လံာ်

slice *n* ၁. တကဘျံး အဒိ, ကိၣ်တကဘျံး ၂. တၢ်အပူ, တၢ်အကူာ် ၃. တၢ်ထူတလံာ်ဖျၢၣ်ထူ, တၢ်ဒိတလံာ်ဖျၢၣ်ပၤ

slice *v* ၁. သွဲၣ်ကဘျံးလီၤ, ဆိုလီၤ ၂. ပၤတ ရံးဖျၢၣ်ပၤ, ထူတရံးဖျၢၣ်ထူ ၃. မၤစှၤလီၤ

slick *a* ၁. လၢအဘျ့, လၢအဘျ့ကဆှၣ်, ဘျ့ ဘျ့ဆိုဆို, လၢအဘျ့သလံး ၂. လၢအထးခိၣ်သ့, လၢအတဲတၢ်သ့, လၢအမဲအ့ၣ်ပျ့ၤသွဲး

slick *n* သိယွၤလီၤလၢထံမဲာ်ဖံးခိၣ်, သိထိၣ်ဖိ လၢထံဖံးခိၣ် (oil slick)

slick *v* ဖှူဘျ့ခိၣ်ဒီးသိ

slicker *n* ၁. ဆ့ကၤတြီတၢ်စူၤထံ, ဆ့ကၤဒီမူ ခိၣ်ထံ ၂. ပှၤလၢအတဲတၢ်သ့, ပှၤလၢအသ့စံးသ့ ကတိၤ, ပှၤလၢအမဲအ့ၣ်ပျ့ၤသွဲး (city slicker)

slide *n* ၁. နိၣ်တလူၣ်. ဖိသၣ်ဂဲၤလိာ်ကွဲ တလူၣ်လီၤအသးလၢတၢ်ဂဲၤလိာ်ကွဲပျိပူၤ ၂. တၢ်ဂီၤဃဲၤဘ့ၣ် ၃. တၢ်မၤစှၤလီၤတၢ်အပှ့ၤ, တၢ်အပှ့ၤလီၤ ၄. (ဟီၣ်ခိၣ်) လီၤလာ် ၅. မဲာ်ထံက လၤအက့ဖိလၢတၢ်ကကွၢ်မဲးခြိၣ်စကီး ၆. တၢ်အ က့ဖိလၢပှၤဂံာ်ဂူာ်တၢ်ဒ့အပျံၤ, တၢ်သံကျံအပီးအ လီလၢပှၤဂံာ်ဂူာ်သုးထိၣ်သုးလီၤအီၤဖဲတၢ်ဒ့အီၤ မ့ တမ့ၢ် တၢ်အူအီၤအခါ

slide *v* ၁. လီၤတလံာ်, လီၤသဖှူး, ခီၣ် တလံာ် ၂. အပှ့ၤလီၤ, ဆံးလီၤစှၤလီၤ ၃. လီၤ လာ်, ထိၣ်သဖှူးလီၤအသး ၄. လီၤသထြူး

slide rule *n* (တၢ်ဂံၢ်တၢ်ဒွး) တၢ်ထိၣ်တၢ်ဒွးပ နီဘျ၊

sliding door *n* ပဲတြီသုး, ပဲတြီသြူး

sliding scale *n* တၢ်ဟ့ၣ်တၢ်အဘူးအလဲအ နိၣ်ထိၣ်, နိၣ်ထိၣ်လၢအဂံၢ်နူၢ်စ့လၢနကဘၣ်ဟ့ၣ် တၢ်အဘူးအလဲ (အဒိ, တၢ်ဟ့ၣ်ခိသွဲ), တၢ်ဂံၢ်ဒွးစ့ အကျိၤအကျဲ

slight *a* ၁. လၢအဆံးအစှၤ, တစဲးဖိ, တဆံး တက့ၢ် ၂. လၢအတလဲာ်ဒ့းဖိ

slight *n* တၢ်တဲဆါတၢ်, တၢ်တဲဟးဂီၤပှၤဂၤ

slight *v* တဲဆါတၢ်, တဲဟးဂီၤပှၤဂၤ

slightingly *adv* လၢတၢ်တဟ်လှ့ၢ်ဟ်ကါအ ပူၤ

slightly *adv* တစဲးစဲး, ဘၣ်ဘၣ်ဖိ, စၢ်စၢ်, ကဖီကဖီ, ဆံးကိာ်ဖိ, စှၤစှၤ

slim *a* ဃဲၤ, တလဲာ်ဒ့း

slim *v* မၤဃဲၤလီၤအသး

slime *n* တၢ်အဃံၣ်အမူး, တၢ်အဘုံး, တၢ် ဘျိၣ်ဘျ့, တၢ်ဘိၣ်ဘျ့, တၢ်စဲဘူးစဲဃၤ

slimming *n* တၢ်မၤဃဲၤလီၤသး

slimness *n* တၢ်တလဲာ်ဒ့း, တၢ်ဃဲၤ

slimy *a* ၁. လၢအစဲဘူးစဲဃၤ ၂. လၢအတတိ တလိၤ, လၢအသးတဘျ၊

sling *n* ၁. ယၣ်ဆ့စု. တၢ်ကံးညာ်ပျံၤဘျးလီၤ စဲၤအသးလၢကိာ်ဘိဒ်သိးကဝံစုလၢအဘၣ်ဒိအဂိၢ် ၂. နိၣ်ဘျူး

sling *v* ၁. ဘျးလီၤစဲၤလၢကိာ်ဘိလီၤ ၂. ကွံာ်တၢ်လၢဂံၢ်အလၢာ် (နိၣ်) ဘျူး ၃. နိၣ်ဟး ထိၣ်, နိၣ်လဲၤနှာ်, နိၣ်ဟးထိၣ်, ဟီဟးထိၣ် (ဆၣ်ဖိကီၢ်ဖိ)

slingshot *n* နိၣ်ဘျူး, နိၣ်ဘျူးဖးတြၢ

slink *v* ဟးထိၣ်ခူသူၣ်, နှာ်လီၤခူသူၣ်, မၤခူ သူၣ်, ကစီၤခူသူၣ်

slip *n* ၁. စးခိပျ့ ၂. တၢ်တဲကမၣ်တၢ်လၢတၢ် တဟ်သူၣ်ဟ်သးအပူၤ ၃. ဆ့ကၤဒါ ၄. ကဘီယူၤပၣ်တလံၣ် ၅. ပှၤဂဲၤလိာ်ကွဲစးလံး (ဖ) လၢခြးခဲးတၢ်ဂဲၤလိာ်ကွဲအပူၤ

slip *v* ၁. ခီၣ်တလံာ်, လီၤတလံာ် ၂. နှာ်လီၤခူ သူၣ်, ဟးထိၣ်ခူသူၣ် ၃. မၤကမၣ်တၢ်တစဲးဖိ ၄.

လီၤသဖှူး, ထိဉ်သဖှူးလီၤသး ၅. ကူထီဉ်သိး ထိဉ် ၆. (တၢ်အိဉ်သး) နးထိဉ်

slipknot *n* ၁. ပျံၤလၢတၢ်စၢမူအီၤ, တၢ်စၢ ကွီၤလၢတၢ်စၢမူအီၤ ၂. ပျံၤသကွီၤလၢအသဖှူးအ သးသ့, တၢ်စၢသကွီၤလၢအသဖှူးအသးသ့

slip-on *n* ခီဉ်ဖံးဖျိဉ်, ခီဉ်ဖံးဖျိဉ်လၢအပျံၤစၢ တအိဉ်

slipper *n* ခီဉ်ဖံး (လၢပှၤညီနှၢ်ဒိးလၢဟံဉ်)

slipperiness *n* ၁. တၢ်လၢအဘျ့, တၢ်လၢ အဘျိဉ်ဘျ့, တၢ်လၢအဘိဉ်ဘျ့ ၂. တၢ်ဖှူဘျ့ထး ခိဉ်, တၢ်တဲတၢ်ဘျ့ဘျ့ဆိုဆိုလၢတၢ်နာ်နှၢ်အီၤတ သ့

slippery *a* ၁. ဘျ့, ဘျိဉ်ဘျ့, ဘိဉ်ဘျ့ ၂. လၢအဖှူဘျ့ထးခိဉ်, လၢအတဲတၢ်လၢတၢ်နာ်နှၢ် အီၤတသ့ ၃. လၢအခီပညီတလီၤတံၢ်လီၤဆဲး

slipshod *a* လၢအမၤတၢ်ချ့ဒီးတၢ်လီၤတံၢ် လီၤဆဲးတအိဉ်, လၢအမၤတၢ်ချ့ဒီးတတုၤလီၤတီၤ လီၤ

slipstream *n* ကလံၤအူတၢ်အကျိၤလၢသိ လှဉ်လဲၤတၢ်အလိၢ်ခံ

slip-up *n* တၢ်ကမဉ်ခီဖျိတၢ်တပလိၢ်ပဒိသး, တၢ်ကမူၤကမဉ်အိဉ်ထိဉ်လၢတၢ်တပလိၢ်ပဒိသးအ ပူၤ

slit *n* တၢ်ကျိၤအံဉ်အံဉ်ဖိ

slit *v* ဖဲ့းသ့ဉ်ဖး, ဂ့ာ်ထီဉ်တဲာ်, ဂ့ာ်သ့ဉ်ဖး, က့သ့ဉ်ဖး

slither *v* ၁. စွါ, ဘျိဉ် ၂. တလှဉ်လီၤအသး

sliver *n* တၢ်အက့အခီ, တၢ်အပျ့

sliver *v* က့သ့ဉ်ဖး, တိသ့ဉ်ဖး

slob *n* ပှၤလၢအကၢဉ်အကျူ, ပှၤလၢအဘဉ် အၢဘဉ်သီ, ပှၤလၢအတကဆဲ့ကဆို

slob *v* ကၢဉ်ကျူ, တဖံးတၢ်မၤတၢ်နီတမံၤ

slobber *v* ခဉ်ထံလီၤ, ခဉ်ထံယွၤ, ထးခိဉ်ထံ လီၤ, ထးခိဉ်ထံယွၤ

slog *n* ၁. တၢ်မၤလၢအလီၤကၢဉ်လီၤကျူဒီး လၢာ်ဆၢလၢာ်ကတိၢ် ၂. တၢ်ဟးဖးယံာ်ဖးစၢၤဒီး လီၤဘုံးလီၤဘှါ

slog *v* ၁. ဖံးတၢ်မၤတၢ်တုၤအိဉ်ဘုံးအိဉ်သါတ ချုး ၂. ဟးဖးယံာ်ဖးစၢၤဒီးလီၤဘုံးလီၤဘှါ

slogan *n* တၢ်ကိးသတြီ

sloop *n* ကဘီယၢ်ဖိ, ကဘီယၢ်ဖိလၢအယၢ် ထူဉ်အိဉ်တဘ့ဉ်

slop *n* ၁. ထံးဆဉ်ထံ ၂. ထံဘဉ်အၢဘဉ်သီ

slop *v* မၤလီၤလူလီၤဆံဉ်, မၤလီၤလဲာ်, လီၤ လဲာ်, လီၤလူလီၤဆံဉ်

slope *n* တၢ်လီၤဘံ, တၢ်လီၤတစ္ၤ

slope *v* လီၤဘံ, မၤလီၤဘံ, မၤလီၤတစ္ၤ, လီၤတစ္ၤ

sloppy *a* ၁. လၢအတမၤတၢ်လီၤတံၢ်လီၤဆဲး, လၢအမၤတၢ်တအိဉ်ဒီးတၢ်ပလိၢ်သူဉ်ပလိၢ်သး ၂. ပှာ်, လၢအပှာ်ဇ်ကပံာ်ပှာ်အသိး ၃. လၢအကူကၤ တၢ်ကျိကျိ

slosh *v* ၁. စံဉ်ပီပု, ဝးပဲပီ ၂. ဟးသိဉ်လၢထံ ကျါကပံာ်ကျါ

slot *n* ၁. တၢ်ကျိၤအံဉ်အံဉ်ဖိ, တၢ်တဲၤဖးဒီး တၢ်သ့ဉ်ဖးအကျိၤ ၂. တၢ်ထူဉ်ဖျိ

slot *v* ၁. ဆွံနှာ်ဆူတၢ်ကျိၤအံဉ်အံဉ်ဖိအပူၤ ၂. ပြာ်နှာ်အသး, ဆွံနှာ်အသး, နှာ်လီၤ ၃. အိဉ် ယှာ်ဆိးယှာ်သကိးသ့, ဘဉ်ဂိာ်လိာ်သး

slot machine *n* ၁. တၢ်ဂဲၤလိာ်ကွဲအစဲးလၢ ပှၤဘဉ်ထၢနှာ်စ့ ၂. စဲးလၢပှၤဘဉ်ထၢနှာ်လီၤစ့လၢ ကပှၤအိဉ်ပှၤအီတၢ် ၃. တၢ်ဂဲၤတၤကျိဉ်တၤစ့အစဲး

sloth *n* ၁. တၢ်ကၢဉ်တၢ်ကျူ ၂. တဆ့

slothful *a* လၢအကၢဉ်အကျူ, လၢအထုတ ရုၤ

slotted *a* ၁. လၢအအိဉ်ဒီးတၢ်ကျိၤအံဉ်အံဉ် ဖိ, လၢအအိဉ်ဒီးတၢ်ထူဉ်ဖျိ ၂. လၢအဆွံနှာ်လီၤ အသးသ့, လၢတၢ်ပြာ်နှာ်လီၤသ့ ၃. လၢအိဉ်ယှာ်ဆိးယှာ်သကိးသ့, လၢအဘဉ်ဂိာ် လိာ်အသး

slouch *n* တၢ်ဆ့ဉ်နီၤအိဉ်တကူာ်တြူဉ်, တၢ် ဆၢထၢဉ်ဆ့ဉ်နီၤလီၤစှာ်လီၤစဲၤ, တၢ်အိဉ်လီၤဘျး

slouch *v* အိဉ်လီၤဘျး, ဆၢထၢဉ်ဆ့ဉ်နီၤလီၤ စှာ်လီၤစဲၤ

slouchily *adv* လီၤဘျိဉ်လီၤဘျး

slouchy *a* လီၤဘျိဉ်လီၤဘျး, လီၤစှာ်လီၤစဲၤ, လၢအဆၢထၢဉ်ဆ့ဉ်နီၤလီၤစှာ်လီၤစဲၤ

slough *n* ၁. တၢ်ကပျၢၤကပျၢ်, ကပျၢၤ, တၢ်လီၤဘျၢဉ်လီၤဆိုအလိၢ် ၂. တၢ်သူဉ်ဟးဂီၤသး ဟးဂီၤ ၃. (ဂ့ၢ်, သိရ့ၤ) တၢ်အသလီ, တၢ်အသ ဖံဉ်, တၢ်အလီၤဘှဉ်ဘီဉ်, တၢ်အသဘျံး

slough *v* အုဉ်လီၤ (အသဘျံး)

slovenly *a* ၁. လၢအိၣ်တကဆဲှကဆိုဘၣ် အါဘၣ်သီ, လၢအိၣ်သဘံးကဒံး ၂. လၢအတလီၤ တံၢ်လီၤဆဲး, လၢအိၣ်ကၢၣ်အိၣ်ကျူ

slow *a* ၁. တချ့ဘၣ်, လၢအတဖျဲၣ်ဘၣ်, လၢ အကုၤရုၤ, လၢအမၤတၢ်ယၢ ၂. (နၣ်ရံၣ်) စဲၤခံ, လၢအစဲၤခံ

slow *v* မၤကဘုၢလီၤ, မၤယၢထီၣ်, မၤကုၤရုၤ ကုၤရုၤ, မၤကယီကယီ, မၤယၢယၢ

slow lane *n* ကျဲမုၢ်လၢပှၤနီၣ်သိလ့ၣ်က ဘုၢဘုၢ မ့တမ့ၢ် ကယီကယီ

slow motion *n* တၢ်ဂီၤမူတၢ်ဟူးတၢ်ဂဲၤအ ယၢ်ကယီကယီ, ကွဲၤဟူဖျါတၢ်ဟူးတၢ်ဂဲၤအယၢ် ယၢယၢ

slow witted *a* လၢအခိၣ်နူာ်တချ့, လၢအမၤ လိန့ၢ်တၢ်ယၢ, လၢအနၢ်ကီ

slowcoach *n* ပှၤကုၤရုၤ, ပှၤယၢရုၤယၢတုၤ, ပှၤလၢအမၤတၢ်ယၢ

slowdown *n* ၁. တၢ်မၤယၢထီၣ်တၢ်မၤ ၂. မုၢ်ကျိၤဝဲၤကွာ်အတၢ်ဟူးတၢ်ဂဲၤတၢ်ဖံးတၢ်မၤစုၤအ ကတိၢ်

slowly *adv* ကယီကယီ, ကဒုကဒု, ယၢယၢ, ကုၤရုၤကုၤရုၤ

sludge *n* ၁. ကပံာ် ၂. တၢ်ဘၣ်အါဘၣ်သီ, တၢ်သဘံးသဘး

slug *n* ၁. ချိၣ်ပလ့ၤ ၂. သံးတအီ, သံးတကွံး ၃. ကျိချံကျိသၣ်, ကျိချံမြိာ်သၣ်

slug *v* ၁. ထိပှၤ, တမဲးပှၤ ၂. (တၢ်လိာ်ကွဲ ဖျာၣ်ပၤ) ပၤဖျာၣ်ပၤဆူၣ်ဆူၣ်, တိၢ်ဖျာၣ်ပၤဆူၣ် ဆူၣ်

sluggard *n* ပှၤကၢၣ်ပှၤကျူ, ပှၤကၢၣ်ဖိ

sluggish *a* ၁. လၢအကၢၣ်အကျူ ၂. လၢအယၢရုၤယၢတုၤ, လၢအကုၤရုၤ ၃. (ထံကျိ) ယွၤလီၤယၢယၢ, ယွၤလီၤကယီကယီ

sluice *n* တၢ်ပျဲလီၤထံအပဲတြီ, တမၢၣ်အပဲ တြီ, တမၢၣ်အတြၢ

sluice *v* ၁. ပျဲလီၤထံ, ပျ်လီၤထံ ၂. ပြီစီတၢ် လၢထံ, ပျ်လီၤထံဒီးသ့စီတၢ် ၃. ယွၤလီၤ

slum *n* လီၢ်ဖှိၣ်လီၢ်ယာ်, လီၢ်အိၣ်လီၢ်ဆိး လၢအဖှိၣ်

slum *v* အိၣ်ဖှိၣ်အိၣ်ယာ်

slumber *n* တၢ်မံ, တၢ်မံသပှၤ

slumber *v* မံ, မံသပှၤ

slump *n* တၢ်အပှ့ၤကလံၤလီၤ, တၢ်လီၤ သထြူး, တၢ်ဆံးလီၤစုၤလီၤ

slump *v* ၁. အပှ့ၤလီၤ, လီၤသထြူး, ဆံး လီၤစုၤလီၤ ၂. ဆ့ၣ်နီၤစုးလီၤအသး, လီၤယံၤပြုၤ ကလာ်, ဆ့ၣ်နီၤပြုၤကလာ်

slur *n* ၁. တၢ်ကတိၤဟးဂီၤတၢ်, တၢ်ပဲၤအၢပဲၤ သီမၤဟးဂီၤပှၤအလၤကပီၤ, တၢ်ဂ့ၢ်တၢ်ကျိၤတတိ တလိၤ ၂. တၢ်ကတိၤတၢ်တဆုံ, တၢ်ပိၣ်တၢ်တဲတ ဆုံ ၃. နိးအတၢ်ပနီၣ်, နိးအတၢ်ပနီၣ်လၢအဒုးနဲၣ် ဝဲဒၣ်တၢ်လၢနကဘၣ်သးဝံၣ်အီၤတပယူာ်ဃီ

slur *v* ၁. လဲၤကဟ်, တကနၣ်ဃုာ်, တဘၢ ရၢၢ်ဃုာ် ၂. သးဝံၣ်တပယူာ်ဃီ, ဒ့တပယူာ်ဃီ ၃. ကတိၤတၢ်တကျါ, ကတိၤတၢ်ဒ်အပျူ့ၤဆိၣ်အသိး

slurp *v* အီသြူးတၢ်အထံအနိသိၣ်, အီယူး တၢ်အထံအနိအသိၣ်

slush *n* ၁. မူခိၣ်ဖီလီၤသကၤ ၂. ကပံာ်ပုံာ် ၃. (တၢ်အဲၣ်တၢ်ကွံအပူ) တၢ်အခီပညီတအိၣ်, တၢ်နါစီၤ ၄. ဖိသၣ်တၢ်ခုၣ်ထံဆၢ

slush fund *n* ကျိၣ်စ့ဟ်ကီၤလၢတၢ်ဖံးတၢ်မၤ တတီတလိၤဘၣ်အဂီၢ်, ကျိၣ်စ့တတီတလိၤ

slut *n* ပှၤပိာ်မုၣ်လၢအမံဃုာ်ဒီးပိာ်ခွါအါဂၤ

sly *a* ၁. လၢအကမျဲၢ်ကစီၣ်, ကူၣ်သ့လၢ ကလီအိၣ်တၢ်အဂီၢ် ၂. (နံၤထိၣ်, ဟ်မဲာ်ဟ်နါ) လၢအသ့ၣ်ညါပှၤတၢ်ရူသူၣ် ၃. လၢတၢ်ရူသူၣ်ရူ လံၣ်အပူၤ

smack *adv* ၁. လီၤပိုၢ်ပြုၤကလာ် ၂. ဘၣ်ထံးတီတီ

smack *n* ၁. တၢ်ဒဲတၢ်, တၢ်လၤတၢ် ၂. တၢ်ဘၣ်ထံးအသိၣ်, တၢ်ဘၣ်လၤတၢ်အသိၣ်, တၢ်ဒဲတၢ်အသိၣ် ၃. ပံၤဝါ ၄. တၢ်နၢမူတၢ်ဆွးက နး ၅. ညၣ်ချံ, ချံမၤညၣ်

smack *v* ၁. ဒဲတၢ်, လၤ ၂. ဖဲလီၤတၢ်, စုး လီၤတၢ် ၃. ပတဲၤအထးခိၣ်

smacking *n* တၢ်ဒဲတၢ်, တၢ်လၤတၢ်

small *a* ၁. ဆံး ၂. လၢဆံးကိာ်ဆံးကဲၣ်ဖိ ၃. လၢအတဒိၣ်ထိၣ်ဂ့ၤဂ့ၤဒ်ဘၣ်, စၢ် ၄. လၢအရှတ ဒိၣ်, လၢအကါတဒိၣ် ၅. လၢအပတိၢ်ဖုၣ်, လၢအ တမ့ၢ်တၢ်နိတမံၤ

small *adv* ဆံးကိာ်ဖိ, ဆံးဆံးဖိ

small *n* ၁. ယိၢ်ဒ့အဆၢ ၂. ဖျိၣ်ခံဖိ

small arms *n* ကျိဖိ, တၢ်စုကဝဲၤအဆံးဖိ

small change *n* စ့လီၤဖှံၣ်

small fortune *n* စ့အါအါဂိၢ်ဂိၢ်, ကျိၣ်စ့အါအါဂိၢ်ဂိၢ်

small fry *n* တၢ်လၢပှၤဟ်အီၤလၢအကါတဒိၣ်, ပှၤလၢဘၣ်တၢ်ဟ်အီၤလၢပှၤအရှတဒိၣ်

small print *n* လံာ်ဃံးဃာ်အတၢ်သိၣ်တၢ်သီတၢ်ဘျၢသဲစးအဂ့ၢ်အကျိၤအရှတဒိၣ်တဖၣ်လၢတၢ်ကွဲးအီၤဒီးလံာ်မဲာ်ဖျၢၣ်အဆံး

small talk *n* တၢ်ပိၣ်တၢ်တဲသကိးတၢ်, တၢ်အူသကိးကလံၤ

smallish *n* ဘၣ်ဒေးကိာ်ဖိ, ဆံးကိာ်ဖိ

small-minded *a* လၢအတၢ်ထံၣ်တၢ်ဆိကမိၣ်အံၣ်

smallpox *n* တၢ်ဆါလၢၢ်ထံ, တၢ်ထီၣ်ထါ, မရိၢ်

small-scale *a* (တၢ်ကရၢကရိ, တၢ်မၤလိမၤဒိး) လၢအတကွိၣ်အံၣ်, လၢအနီၣ်ဂံၢ်နီၣ်ဒွးစှၤ

small-time *a* လၢအကါတဒိၣ်ကဲၣ်ဆိး, လၢအမံၤတဟူသၣ်တဖျါကဲၣ်ဆိး

smart *a* ၁. ကွၢ်ဂ့ၤ, ဒိၣ်တၢ်ဂ့ၤ ၂. လၢအဖွဲး, လၢအပ့ၢ်ဆှါ, ဖျဲၣ်ဆှါ

smart *v* ၁. ဆါ (အဒိ, ယိၢ်ဒ့ဆါ) ၂. သးဘၣ်ဒိ, သူၣ်တမှာ်သးတမှာ်

smart alec *n* ပှၤလၢအသ့အဘၣ်, ပှၤလၢအဆိကမိၣ်လီၤအသးလၢအသ့အဘၣ်

smart card *n* အံၣ်လဲးထြိန်းခးက့, ခးက့လၢအသိၣ်ဃာ်တၢ်ဂ့ၢ်တၢ်ကျိၤ, ခးက့လၢအပၢၤဃာ်တၢ်ဂ့ၢ်တၢ်ကျိၤ

smarten *v* ၁. မၤဂ့ၤထီၣ်က့ၤအသး, ကျဲၤလီၤကျဲၤဘၣ်ထီၣ်က့ၤအသး ၂. ကျဲၤလီၤကျဲၤဘၣ်က့ၤတၢ်

smash *n* ၁. တၢ်ဘၣ်ထံးသတူၢ်ကလာ်, တၢ်သဘုံး, တၢ်လီၤပိၢ်ပြူၤကလာ် (ခိဖျိဘၣ်တိၢ်ဘၣ်ထံးလိာ်အသး) ၂. တၢ်ခံမံၤဘၣ်ထံးလိာ်အသး (သိလ့ၣ်ဘၣ်ထံး) ၃. တၢ်ဘၣ်ထံးအသိၣ်, တၢ်လီၤတဲာ်အသိၣ် ၄. တၢ်ပၤလီၤဖျၢၣ်ပၤလၢလၢာ်ဂံၢ်

smash *v* မၤဟးဂီၤ, မၤလီၤပိၢ်, မၤလီၤကလဲ

smash-and-grab *a* လၢအဘၣ်ဃးဒီးတၢ်ဘျၣ်ဘၢၣ်ဖိုတၢ်, လၢအဘၣ်ဃးဒီးတၢ်ဘျၣ်နှာ်လီၤဘၢၣ်ဖိုတၢ်

smashing *a* လၢအဂ့ၤဒိၣ်မး, လၢအဂ့ၤလီၤဆီ

smattering *n* ၁. တၢ်ပှဲၤအံၤပှဲၤနူၤ, တၢ်ထဲအံၤထဲနူၤ, တၢ်တဆံးတက့ၢ် ၂. (တၢ်သ့ၣ်ညါနၢ်ပၢၢ်) တၢ်တစဲးတမဲ့း, တၢ်တဆံးတက့ၢ်

smear *n* ၁. တၢ်ဒွါဘၣ်အၢ, ကသံၣ်ထံဘၣ်အၢ ၂. တၢ်ပဲၤအၢပဲၤသီမၤဟးဂီၤပှၤအလၤကပီၤ, တၢ်ဂ့ၢ်တၢ်ကျိၤတတီတလိၤ

smear *v* ၁. ဖှူဘၣ်အၢတၢ်, ဒွါဘၣ်အၢတၢ် ၂. တဲပဲၤအၢပဲၤသီတၢ်, တဲဟးဂီၤပှၤအလၤကပီၤ

smear test *n* တၢ်မၤကွၢ်ပိာ်မုၣ်ဒၢလီၢ်ခဲစၢၣ်တၢ်ဆါ

smell *n* ၁. တၢ်နၢတၢ်နွါ ၂. တၢ်နၢတမှာ်တလၤ

smell *v* နၢဘၣ်, နၢကွၢ်, အနၢ, အစိ

smelly *a* လၢအနၢတမှာ်တလၤ

smelt *v* ၁. ဒုးပုံၢ်လီၤ, မၤပုံၢ်လီၤ, ဃ့ၣ်ပုံၢ်လီၤ

smile *n* တၢ်နံၤကမုံ

smile *v* နံၤကမုံ

smilingly *adv* လၢတၢ်နံၤကမုံအပူၤ

smirk *v* နံၤဆဲးအဲး, နံၤသရိၣ်တၢ်

smite *v* ၁. ဒိ, တိၢ် ၂. သိၣ်ဃီၣ်, မၤနၢၤမၤဃၣ်, မၤဆူးမၤဆါ, မၤဟးဂူာ်ဟးဂီၤ

smith *n* တမာ်သူ, ပှၤပိာ်ဃဲာ်ပိာ်ထး, ပှၤပိာ်တၢ်ဖိ

smithy *n* တၢ်ပိာ်ထးပိာ်ဃဲာ်အလီၢ်

smitten *a* ၁. အဲၣ်ဘၣ်ပှၤဒိၣ်ဒိၣ်ကလဲာ် ၂. လၢအတူၢ်ဘၣ်တၢ်ဆူးတၢ်ဆါ

smock *n* ၁. ဆ့ကၤကလ့ကလၢ ၂. ဆ့ကၤဖးထိ

smog *n* ကလံၤဘၣ်အၢဘၣ်သီ, ကလံၤသဝံသဝါဘၣ်အၢဘၣ်သီ

smoke *n* မ့ၣ်အှူလှၢ်

smoke *v* အီ (မိာ်)

smoke bomb *n* မ့ၣ်အှူလှၢ်မ့ၣ်ပိၢ်

smoke screen *n* ၁. တၢ်သူဘၢဃာ်တၢ် ၂. မ့ၣ်အှူလှၢ်ဒီသဒၢတၢ်

smoke-free *a* လၢတၢ်အီမိာ်တသ့, လၢတၢ်တဟ့ၣ်ခွဲးအီမိာ်

smokeless *a* လၢအလှၢ်တအိၣ်

smokeless tobacco *n* ညါသူးကမၢၤ

smoker *n* ပှၤအီမိာ်ဖိ

smokestack *n* မ့ၣ်လှၢ်ပျိာ်

smoking *n* တၢ်အီမိာ်အီခွး

S

smoky *a* ၁. လၢအပှဲၤဒီးမ့ၣ်အူလုၢ်, လၢအပှဲၤဒီးမ့ၣ်အူခုၣ် ၂. လၢအနၢဒီးမ့ၣ်အူလုၢ်

smooth *a* ၁. ဘျ့, ဘျ့ကဆှၣ် ၂. လၢအနီၤအဘျးတအိၣ်, လၢအထိၣ်ကူလီၤယၢၣ်တအိၣ် ၃. လၢတအိၣ်ဒီးတၢ်ကီတၢ်ခဲ, လၢတအိၣ်ဒီးတၢ်တြီမၤတံာ်တာ်

smooth *v* ၁. ထူးဘျ့, မၤဘျ့, ဖှူဘျ့ ၂. ကျဲၤလီၤကျဲၤဘၣ်က့တၢ်, ရှဲလဲက့ၤ

smooth-talking *a* လၢအတဲဘျ့တၢ်သ့, လၢအတဲတၢ်သ့, လၢအဖှူဘျ့အထးခိၣ်သ့

smother *v* ၁. ပအၢဘၢသံတၢ်, မၤအုးသံတၢ်, ပအၢ (ထးခိၣ်) ၂. သူဘၢတၢ်, ဟ်ခူသူၣ်တၢ် ၃. အဲၣ်ဖူးလဲးဖူးသွံတၢ်, ကွၢ်ထွဲဖိၣ်ယံးတၢ်, အဲၣ်ဖိၣ်ယံးတၢ်

smoulder, smolder *v* ၁. မ့ၣ်အူအီၣ်တၢ်ကယီကယီ, အိၣ်ထဲမ့ၣ်အူလုၢ် ၂. ဟ်ဘၢဃာ်အတၢ်သူၣ်ဒိၣ်သးဖိုး, တဟ်ဖျါအတၢ်သူၣ်ဒိၣ်သးဖိုး

smudge *n* တၢ်ဘၣ်အၢ (လၢကသံၣ်ထံ), တၢ်ဖှူဘၣ်အၢတၢ်, တၢ်ဒွါဘၣ်အၢတၢ်

smudge *v* ဘၣ်အၢ (လၢကသံၣ်ထံ), ဖှူဘၣ်အၢတၢ်, ဒွါဘၣ်အၢတၢ်

smug *a* ၁. လၢအသူၣ်မံသးမံဒၣ်အတၢ် ၂. လၢအဲၣ်ဒိးအီၣ်ကဆှဲကဆိုကူသိးဂ့ၤဂ့ၤဘၣ်ဘၣ်

smuggle *v* စိာ်ဆါခူသူၣ်တၢ်, ဆါဟုၣ်တၢ်

smuggling *n* တၢ်စိာ်ဆါခူသူၣ်တၢ်, တၢ်ဆါဟုၣ်တၢ်

smugly *adv* လၢတၢ်သူၣ်မံသးမံဒၣ်တၢ်အပူၤ

smut *n* ၁. တၢ်ဘၣ်အၢလၢတပှၤမူၣ် မ့တမ့ၢ် တၢ်ကမူၣ်ကဖ့ ၂. တၢ်ကတိၤဘၣ်အၢဘၣ်သီ, တၢ်ဆူဖိုးဆူပျုၤကိာ်

smutty *a* ၁. လၢအဘၣ်အၢဘၣ်သီ မ့တမ့ၢ် လၢအအိၣ်ဒီးတၢ်ကမူၣ်ကဖ့ ၂. လၢအကတိၤတၢ်ဘၣ်အၢဘၣ်သီ, လၢအဆုဖိုးဆုပျုၤကိာ်

snack *n* တၢ်အီၣ်ကျၢၤသး. တၢ်အီၣ်လၢပှၤအီၣ်အီၤလၢတချူးအီၣ်တၢ်အီၣ်မိၢ်ပှၢ်အဘၢၣ်စၢၤ

snack *v* အီၣ်ကျၢၤသးတၢ်, အီၣ်ကစဲးကစီးတၢ်

snack bar *n* ကျးဆါတၢ်အီၣ်ကစဲးကစီး, ကျးဆါတၢ်အီၣ်ကျၢၤသး

snag *n* သ့ၣ်ဒ့, သ့ၣ်ခိၣ်ဆၢၣ်လၢထံဖီလာ် (လၢအမ့ၢ်တၢ်ပျံၤတၢ်ဖုးလၢကဘီဒီးချံအဂီၢ်)

snag *v* ၁. ဘၣ်ဘျး, ဘၣ်ကွး ၂. ပျ့ၢ်ထုးန့ၢ်, ဖိၣ်ထုးန့ၢ်, စိၤန့ၢ်, ဖိၣ်စိၤန့ၢ်

snail *n* ချိၣ်ပလ့ၤ, ချိၣ်သဝံး

snake *n* ဂုၢ်

snake charmer *n* ဂုၢ်အသရၣ်

snake gourd *n* တကိဂုၢ်

snap *a* လၢ (အမၤတၢ်) ချ့သဒံး, လၢအချ့ဒံးချ့နူး

snap *exclam* တၢ်ကီးပသူထိၣ် "စနဲး(ပ)" ဖဲတၢ်ဂဲၤလိာ်ကွဲဖဲခးက့, တၢ်ကီးပသူထိၣ် "စနဲး(ပ)" ဖဲတၢ်ခံမံၤလီၤက်လိာ်အသး

snap *n* ၁. တၢ်ကၢ်ကွံာ်အသီၣ်, တၢ်ကးတံာ်တၢ်အသီၣ် ၂. တၢ်ဒိတၢ်ဂီၤချ့ချ့ ၃. တၢ်ဂဲၤလိာ်ကွဲဖဲ "စနဲး(ပ)"

snap *v* ဘီးကၢ်ကွံာ်, ကၢ်ချဲးကနာ်, မၤထိၣ်တံာ်ကွံာ်

snappy *a* ၁. (တၢ်ကတိၤ) လၢအဖှၣ်ဖှၣ်ဒီးလီၤနံၤလီၤအ့ ၂. လၢအကူအသိးကဆှဲကဆို, လၢအကူအသိးဂ့ၤဂ့ၤဘၣ်ဘၣ် ၃. လၢအအ့နူမှိၤမှိၤ, လၢအ့စိၢ်အ့နူ

snapshot *n* ၁. တၢ်ဂီၤလၢပှၤဒိန့ၢ်အီၤချ့ချ့, တၢ်ဂီၤလၢပှၤဒိန့ၢ်အီၤချ့သဒံး (လၢတအိၣ်ဒီးတၢ်ကတဲာ်ကတီၤဟ်စၢၤသးအပူၤ) ၂. တၢ်အိၣ်သးအဂ့ၢ်အကျိၤလၢပထံၣ်မံအီၤန့ၢ်

snare *n* ထု, ဒံး, ထုဖိၤဒံးဖိၤ, တ့ၤခိၣ်

snare *v* ဆဲထု, ဒီးထု, ဆဲပျံၤ, ဒီးပျံၤ

snarl *n* ၁. တၢ်ကညီၤတၢ် ၂. တၢ်ကတိၤတၢ်လၢတၢ်သူၣ်ဒိၣ်သးဖိုး, တၢ်ကတိၤတၢ်ရၢၢ်ရၢၢ်စၢၢ်စၢၢ် ၃. တၢ်သဘံၣ်ဘုၣ်

snarl *v* ၁. ကညီၤ ၂. ကတိၤတၢ်ရၢၢ်ရၢၢ်စၢၢ်စၢၢ်လၢတၢ်သူၣ်ဒိၣ်သးဖိုးအပူၤ ၃. မၤသဘံၣ်ဘုၣ်ထ့ကးတၢ်

snatch *n* ၁. တၢ်နၢ်ဟူတၢ်အသီၣ်တပျံာ်တပျာ် ၂. တၢ်ဖိၣ်ထုးန့ၢ်တၢ်, တၢ်ထုးဖုးတၢ်, တၢ်ထဲးထိၣ်တံာ်တၢ်ဖြဲးကနး ၃. တၢ်ဆၢကတီၢ်တစိၢ်ဖိ

snatch *v* ဖိၣ်ထုးန့ၢ်, ထုးဖုးတၢ်, ထဲးထိၣ်တၢ်ဖြဲးကနာ်

sneak *a* လၢအမၤခူသူၣ်ခူလံာ်တၢ်ချ့သဒံး

sneak *n* ၁. ဖိသၣ်လၢအတၢၣ်ဘၣ်တၢ်ဆူၣ် ၂. ပှၤတဂၤလၢပှၤနာ်န့ၢ်အီၤတသ့

sneak *v* နာ်လီၤခူသူၣ်, မၤခူသူၣ်တၢ်, လဲၤကစီၤ (ခူသူၣ်)

sneak preview *n* တၢ်ဒုးနဲၣ်ဆီတၢ်ဂီၤမူအဒိ တချုးလၢတၢ်ဒုးနဲၣ်ကမျၢၢ်

sneak thief *n* တၢ်ဘျၣ်ဟုၣ်ရူသူၣ်တၢ်လၢအ တမၤဟးဂီၤတၢ်နီတမံၤ, ပှၤဟုၣ်ရူသူၣ်တၢ်, ပှၤ ဘူးရူသူၣ်တၢ်

sneaking *a* ၁. လၢအမၤရူသူၣ်ရူလံၣ်တၢ် ၂. လၢအဟ်ရူသူၣ်တၢ်လၢအသးပူၤ, လၢအတဟ် ဖျါအတၢ်တူၢ်ဘၣ်

sneaky *a* ၁. လၢအမၤရူသူၣ်ရူလံၣ်တၢ် ၂. လၢအဟ်ရူသူၣ်တၢ်လၢအသးပူၤ, လၢအတဟ်ဖျါ အတၢ်တူၢ်ဘၣ်

sneer *n* တၢ်ကွၢ်တကျ့တကျိၣ်တၢ်, တၢ်ဝံာ်နိး ဝံာ်နါ

sneer *v* ဝံာ်နိးဝံာ်နါ, ကတိၤဆဲးအဲးတၢ်, (ကတိၤ) သရိၣ်သမဲၣ်တၢ်

sneeze *n* တၢ်ကဆဲ, တၢ်ဆဲ, တၢ်ကဆဲအ သိၣ်

sneeze *v* ကဆဲ, ဆဲ (ပှၤတဂၤဆါဖဲတၢ်ခုၣ် ဘၣ်အခါ)

snicker *v* နံၤအ့ၣ်တၢ်ခိၣ်အ့ၣ်တၢ်ခၣ်, နံၤ ကံးကံး

snide *a* လၢအတဲခီဖျိတၢ်

sniff *n* ၁. တၢ်သြူးနါဒ့, တၢ်သြူးနါဒ့အ သိၣ် ၂. တၢ်နၢကွၢ်တၢ်

sniff *v* နၢတၢ်, သြူး (အနါဒ့)

sniffle *n* တၢ်သြူးနါဒ့, တၢ်သြံးနါဒ့

sniffle *v* သြူးနါဒ့, သြံးနါဒ့

snigger *n* တၢ်နံၤအ့ၣ်တၢ်ခိၣ်အ့ၣ်တၢ်ခၣ်, တၢ်နံၤကံးကံး, တၢ်နံၤမိၣ်မ့ံမိၣ်မ့ံ

snigger *v* နံၤအ့ၣ်တၢ်ခိၣ်အ့ၣ်တၢ်ခၣ်, နံၤကံး ကံး, နံၤမိၣ်မ့ံမိၣ်မ့ံ

snip *n* ၁. တၢ်တံာ်တဲာ်တၢ်တစဲးဖိ, တၢ်တံာ် တဲာ်တၢ်လၢထးရံးဖြးကနာ် ၂. တၢ်အပ္ၤဘၣ်ဘၣ် ဖိ

snip *v* တံာ်ကွံာ်တၢ်တစဲးဖိ

snipe *n* ထိၣ်ဖြူၣ်ခွဲး

snipe *v* ၁. အိၣ်ရူသူၣ်ခးပှၤ, ခးရူသူၣ်ပှၤ ၂. ဝဲၤအၢဝဲၤသီတၢ်ရၢၢ်ရၢၢ်စၢၢ်စၢၢ်

sniper *n* ၁. ပှၤအိၣ်ရူသူၣ်ခးပှၤ, ပှၤခးရူသူၣ် ပှၤ ၂. စ့ဘျၢသုးဖိ

snippet *n* တၢ်ဂ့ၢ်တၢ်ကျိၤဖုၣ်ကိာ်ဖိ, တၢ်က စိၣ်ဖုၣ်ကိာ်ဖိ

snitch *n* ပှၤလၢအတၢၣ်ဘၣ်တၢ်ဆူၣ်

snitch *v* ၁. တၢၣ်ဘၣ်တၢ် ၂. ဟုၣ်တၢ်, ဟုၣ် နါစိၤတၢ်

snivel *v* ဟီၣ်ကအံၣ်ကအု, ဟီၣ်ကအံၣ်က အုဒီးတဲတၢ်ရုၤရုၤ

snob *n* ၁. ပှၤလၢအဟ်ဒိၣ်ဟ်ကဲထဲဒၣ်ပှၤဒိၣ် ပှၤပှၢ်ဒီးပှၤကဲဒိၣ်ကဲပှၢ် ၂. ပှၤလၢအဆိကမိၣ်ဒိၣ် လီၤအသး, ပှၤလၢအလူၤရှထဲပှၤပတိၢ်အိၣ်

snobbery *n* ၁. တၢ်ထံၣ်ဒိၣ်လီၤသး ၂. တၢ်ဟ်ဒိၣ်ဟ်ကဲထဲဒၣ်ပှၤဒိၣ်ပှၤပှၢ်ဒီးပှၤကဲဒိၣ် ကဲပှၢ်, တၢ်ဆိကမိၣ်ဒိၣ်လီၤသး

snobbish *a* ၁. လၢအဟ်ဒိၣ်ဟ်ကဲထဲဒၣ်ပှၤ ဒိၣ်ပှၤပှၢ်ဒီးပှၤကဲဒိၣ်ကဲပှၢ် ၂. လၢအဆိကမိၣ်ဒိၣ် လီၤအသး, လၢအလူၤရှထဲပှၤပတိၢ်အိၣ်, လၢအ ထံၣ်ဒိၣ်လီၤအသး, လၢအဟ်ဒိၣ်လီၤအသး

snobby *a* ၁. လၢအဟ်ဒိၣ်ဟ်ကဲထဲဒၣ်ပှၤ ဒိၣ်ပှၤပှၢ်ဒီးပှၤကဲဒိၣ်ကဲပှၢ် ၂. လၢအဆိကမိၣ်ဒိၣ် လီၤအသး, လၢအလူၤရှထဲပှၤပတိၢ်အိၣ်, လၢအ ထံၣ်ဒိၣ်လီၤအသး, လၢအဟ်ဒိၣ်လီၤအသး

snooker *n* တၢ်ဂဲၤလိာ်ကွဲစနူးခၢၣ်, တၢ်ဆဲး တိၢ်ဖျာၣ်သၣ်လၢစီၢ်နီၤခိၣ်အဖီခိၣ်အတၢ်ဂဲၤလိာ်ကွဲ

snooker *v* မၤကီမၤခဲတၢ်, မၤတံာ်တာ်တၢ်

snoop *n* ၁. ပှၤကွၢ်ဟုၣ်ကွၢ်စုးတၢ်, ပှၤကွၢ် ဟုၣ်ရူသူၣ်ရူလံၣ်တၢ် ၂. တၢ်ကွၢ်ဟုၣ်ကွၢ်စုးတၢ်, တၢ်ကွၢ်ဟုၣ်ရူသူၣ်ရူလံၣ်တၢ်

snoop *v* ကွၢ်ဟုၣ်ကွၢ်စုးတၢ်, ကွၢ်ဟုၣ်ရူသူၣ် ရူလံၣ်တၢ်

snooze *v* မံမီကံၢ်မီကိာ်, မံတယှာ်, မံတရ့

snore *n* တၢ်မံကသါသိၣ်

snore *v* မံကသါသိၣ်

snorkel *n* ပီၤကသါထံလာ်, ပီၤဘိလၢတၢ် ယူၤထံအဂီၢ်

snorkelling, snorkeling *n* တၢ်ယူၤလိာ် ကွဲထံဒီးစူးကါတၢ်ယူၤထံတၢ်ကသါပီၤဘိ

snort *n* ၁. တၢ်သါသဖိုထိၣ် ၂. ကသံၣ်မူၤ ဘိုးတသြူး

snort *v* ၁. သါသဖို ၂. သြူးနာ်ကသံၣ်မူၤ ဘိုးအသဝံ, ကသံၣ်မူၤဘိုးအနၢ

snot *n* ၁. နါအ့ၣ်, နါဒ့အ့ၣ် ၂. ပှၤလၢအဟ် ဒိၣ်အသး, ပှၤလၢအသွံၣ်ဒိၣ်

snotty *a* ၁. နါဒ့အ့ၣ်ထံယွၤ ၂. လၢအဟ်ဒိၣ် အသး, လၢအသွံၣ်ဒိၣ်

S

snout *n* ၁. ထိးအနါဒ့ ၂. ပှၤတၢ်ဘၣ်တၢ်, ပှၤဆှၢတၢ်ကစိၢ်

snow *n* မူခိၣ်ဖီ

snow *v* ၁. (မူခိၣ်ဖီ) လီၤ ၂. မၤဘၢဒီးမူခိၣ်ဖီ ၃. လံၣ်နှၤ်လီနှၤ်, ကွဲနှၤ်လွဲနှၤ်

snow blindness *n* ၁. မဲာ်ချံခံးသူဒီးထံၣ်တၢ်တဆံ (ခီဖျိလၢကွၢ်မူခိၣ်ဖီလၢမုၢ်ဆဲးလီၤဘၣ်အဃိ)

snow board *n* မူခိၣ်ဖီနီၣ်တလူၣ်

snow bound *a* လၢအဘၣ်တၢ်တြီတံာ်ဃာ်အီၤလၢမူခိၣ်ဖီ, လၢမူခိၣ်ဖီအိၣ်နိးဃာ်အသး

snow chains *n* မူခိၣ်ဖီအပျံၤထး, ပျံၤထးလၢတၢ်ဘံဃာ်အီၤလၢသိလ့ၣ်အပၣ်လၢကလဲၤတၢ်လၢမူခိၣ်ဖီအကျါအဂီၢ်

snow job *n* တၢ်လံၣ်အီၣ်လီအီၣ်တၢ်, တၢ်လီနှၤ်ဝ့ၤနှၤ်တၢ်

snow line *n* မူခိၣ်ဖီအကျိၤ, မူခိၣ်ဖီအကျိၤလၢအအိၣ်လၢကစၢ်ဒိခိၣ်လၢအတပံၢ်လီၤနီတဘျီဘၣ်

snow mobile *n* မူခိၣ်ဖီလ့ၣ်ကဟၣ်, မူခိၣ်ဖီသိလ့ၣ်ဃီၢ်, သိလ့ၣ်ဃီၢ်လၢတၢ်ကဒိးအီၤလၢမူခိၣ်ဖီအကျါ

snowball *n* မူခိၣ်ဖီအဖျၢၣ်

snowball *v* ဒိၣ်ထီၣ်အါထီၣ်

snowbird *n* ပှၤသးပှၢ်လၢအသုးလီၢ်သုးကျဲဆူတၢ်ကိၢ်ဟီၣ်ကဝီၤဖဲမူခိၣ်ဖီလီၤအကတီၢ်

snow-blind *a* လၢအဘၣ်မဲာ်ချံဆူၣ်တၢ်ဆါခီဖျိမူခိၣ်ဖီအတၢ်ဆဲးကပီၤအဃိ

snow-capped *a* လၢမူခိၣ်ဖီလီၤလၢအခိၣ်စိး, လၢမူခိၣ်ဖီလီၤဆူအဒိခိၣ်

snow-covered *a* လၢမူခိၣ်ဖီအိၣ်ဘၢအီၤ, လၢမူခိၣ်ဖီကးဘၢအီၤ, လၢဘၣ်တၢ်ကျၢၢ်ဘၢအီၤဒီးမူခိၣ်ဖီ

snowdrift *n* မူခိၣ်ဖီအပူၣ်, မူခိၣ်ဖီအဖှိၣ်အပူ

snowfall *n* မူခိၣ်ဖီလီၤအကတီၢ်

snowflake *n* မူခိၣ်ဖီအကဘျံး, မူခိၣ်ဖီအကထၢ

snowman *n* တၢ်ကၢနှၤ်ပှၤကညီအဂီၤလၢမူခိၣ်ဖီ, မူခိၣ်ဖီပှၤကညီအဂီၤ

snowplough, snowplow *n* သိလ့ၣ်ကွးပျိမူခိၣ်ဖီ

snowplough, snowplow *v* ပတ့ာ်နီၣ်တလူၣ်ခီဖျိထိးဖှိၣ်နီၣ်တလူၣ်အခိၣ်, ထိးဖှိၣ်နီၣ်တလူၣ်အခိၣ်လၢကအိၣ်ပတ့ာ်အဂီၢ်

snowshoe *n* ခီၣ်ဖံးမူခိၣ်ဖီ

snowstorm *n* မူခိၣ်ဖီကလံၤမုၢ်

snowy *a* ၁. လၢအိၣ်ဘၢအသးဒီးမူခိၣ်ဖီ ၂. လၢမူခိၣ်ဖီလီၤဝဲအါအါကလဲာ် ၃. ဝါဒ်မူခိၣ်ဖီအသိး, ဝါကဖီလီ

snub *a* (နါဒ့) ဖုၣ်, (နါဒ့) ဘံၣ်

snub *n* တၢ်ထံၣ်ဆံးတၢ်, တၢ်သးဘၣ်အၢပှၤ, တၢ်ကွၢ်တလီၤပှၤ, တၢ်ကတိၤဆဲးပှၤ

snub *v* ထံၣ်ဆံးပှၤ, ကွၢ်တလီၤပှၤ, သးဘၣ်အၢပှၤ, ကတိၤဆဲးအဲးပှၤ

snub - nosed *a* လၢအနါဒ့ဖုၣ်, လၢအနါဒ့ဘံၣ်

snuff *n* ကသံၣ်နၢအကမှၣ်

up to snuff *idm:* သ့ၣ်ညါပှၤအရံး

snuff *v* ၁. သြူးနှာ်, သြံးနှာ်, နၢတၢ် ၂. မၤလီၤပံာ် (ပနၢ, မ့ၣ်အူ)

snuff out *vp:* ၁. မၤလီၤပံာ်ပနဲ ၂. ဆိကတီၢ်တၢ်သတူၢ်ကလာ် ၃. ကတၢၢ်လံ, လၢာ်လံ, ဝံၤလံ

snuffle *v* ဟီၣ်သါတကုး, သါသီၣ်ဖြံာ်ဖြံာ်ဖြံာ်ဖြံာ်

snug *a* ၁. လၢအလၢၤဒီးမှာ်, လၢအိၣ်ဘံၣ်ဘံၣ်ဘၢဘၢ ၂. လၢအမှာ်အပၢၤ, လၢအကဆဲကဆို ၃. (တၢ်ကူတၢ်သီး) လၢဘၣ်ဂ့ၤဂ့ၤ, လၢအဂ့ၤအခါး

snug *n* သံးကျးအဒေးတဒေး

snuggle *v* မံထိးတံၢ်လိာ်အသး, သုးဘူးတံၢ်အသးဒ်သိးကလၢၤဝဲအဂီၢ်, ဖိးဟုလၢၤ

so *a* အဃိ, လၢတၢ်န့ၣ်အဃိ

so *adv* ဒ်န့ၣ်အသိး, လၢတၢ်န့ၣ်အဃိ, မ်ဒ်န့ၣ်ဒီး, သတးဒီး

so *conj* လၢတၢ်န့ၣ်အဃိ, အဃိ, မၤသးဒ်န့ၣ်ဒီး

so much *idm:* ပှဲၤအံၤပှဲၤနၤ, တဘၢးညါ

soak *n* ၁. တၢ်စုၣ်လီၤသးလၢ (ထံ) ကျါ ၂. တၢ်စုၣ်ဘၣ်စီၣ်တၢ်လၢထံကျါ, တၢ်စုၣ်ကဘုၣ်တၢ် ၃. ပှၤစဲသံးဖိ, ပှၤအီသံးဖိ

soak *v* ၁. စုၣ်လီၤလၢထံကျါ ၂. မၤဘၣ်စီၣ်လၢထံ

S

soaking *a* ဘၣ်စိၣ်ဘၣ်သ့

soap *n* ဆးပ္ှၣ်

soap *v* ထူးဆးပ္ှၣ်, ထူးလိၤဒီးဆးပ္ှၣ်, သ့ဒီးဆးပ္ှၣ်

soap box *n* တၢ်ကတိၤလီၤတၢ်အစီၢ်, တၢ်ဟီသရၢ်, ထံရှၢ်ကီၢ်သဲးအစီၢ် (လၢဖီကရၢ်, ကျဲတဖၣ်အပူၤ)

soap dish *n* ဆးပ္ှၣ်ဒၢ

soap opera *n* (ကွဲၤလ့လိၤ, ကွဲၤဟူဖျါ) ပှၤတဝၢမုၢ်ဆ့ၣ်မုၢ်ဂီၤတၢ်အိၣ်မူအိၣ်ဂဲၤအတၢ်ဒုးနဲၣ်, ပှၤတဝၢမုၢ်ဆ့ၣ်မုၢ်ဂီၤအတၢ်အိၣ်မူအိၣ်ဂဲၤအပူ

soap powder *n* ဆးပ္ှၣ်ကမူၣ်

soap stone *n* လၢ်ဆးပ္ှၣ်, လၢ်အဘျ့

soapy *a* လၢအိၣ်ဒီးဆးပ္ှၣ်, လၢအလီၤက်ဒီးဆးပ္ှၣ်

soar *v* ဘျိၣ်ထိၣ် (ဆူထးခိ), ယူၤထိၣ်ဆူထး, ယူၤလၢမူဒီ

sob *n* ၁. တၢ်ဟီၣ်သါတကုး ၂. တၢ်ဟီၣ်သါတကုးအသီၣ်

sob *v* ဟီၣ်သါတကုး

sober *a* ၁. လၢအတမူၤသံးဘၣ် ၂. လၢအသညူးသပှၢ် ၃. ယိယိဖိ, (အလွဲၢ်) ခုၣ်ခုၣ်

sober *v* ၁. မဲာ်ဟံးဘျါ, မၤဘျါက့ၤတၢ်မူၤသံး ၂. မၤသညူးသပှၢ်ထီၣ်, ဒုးသညူးသပှၢ်ထီၣ်

sobering *a* လၢအဒုးဆိကမိၣ်နၤတၢ်လီၤတံၢ်လီၤဆဲး, လၢအဟ့ၣ်ထီၣ်ပှၤတၢ်ဆိကမိၣ်အဒိၣ်အယိာ်

sobriety *n* ၁. တၢ်တမူၤသံး, တၢ်တမူၤသံးအကတိၢ် ၂. တၢ်သညူးသပှၢ်

so-called *a* လၢအဘၣ်တၢ်ကိးညီနုၢ်အီၤ

soccer *n* ဖျာ်ထူ

sociable *a* လၢပှၤရှအီၤမှာ်, လၢအရှပှၤမှာ်, လၢအရှပှၤသ့

social *a* ၁. ဘၣ်ဃးတၢ်ရှလိာ်မၤသကိးတၢ်, လၢအရှပှၤမှာ်, လၢအရှလိာ်အသး, လၢတၢ်ရှအီၤမှာ် ၂. လၢအဘၣ်ထွဲဒီးပှၤတဝၢ၃. လၢအဘၣ်ထွဲဒီးတၢ်ရှလိာ်မှာ်လိာ်အမှာ်

social *n* ၁. တၢ်ရှလိာ်အိၣ်သကိးအမူး, တၢ်ရှလိာ်မှာ်လိာ်အမူး ၂. တၢ်ကိးဖှၣ်

social climber *n* ပှၤလၢအဂုာ်ကျဲးစၢးမၤထီထီၣ်အပတိၢ်, ပှၤလၢအလူၤရှထဲပှၤအပတိၢ်ထီ

social conscience *n* တၢ်သ့ၣ်ညါနၢ်ပၢၢ်ပှၤဂ့ၢ်ဝီအဂံၢ်ထံး, တၢ်သ့ၣ်ညါနၢ်ပၢၢ်ပှၤဂ့ၢ်ဝီအသးခိၣ်ရှၣ်

social democracy *n* ၁. ပှၤဂ့ၢ်ဝီဒံၢ်မိၣ်ခြွၣ်စံၣ်သနူ, ဆိၣ်ရှဲၣ်ဒံၢ်မိၣ်ခြွၣ်စံၣ်သနူ ၂. ဆိၣ်ရှဲၣ်ဒံၢ်မိၣ်ခြွၣ်စံၣ်အထံအကိၢ်

social engeneering *n* တၢ်စူးကါပှၤတဝၢ, ပှၤဂ့ၢ်ဝီအတၢ်သိၣ်တၢ်သီအကျဲသနူလၢကဘိုဘၣ်မၤဂ့ၤထီၣ်ပှၤတဝၢ

social science *n* ပှၤဂ့ၢ်ဝီစဲအ့ၣ်ပီညါ

social security *n* ၁. ပှၤဂ့ၢ်ဝီတၢ်ဘံၣ်တၢ်ဘၢ ၂. ပှၤဂ့ၢ်ဝီတၢ်အံးထွဲကွၢ်ထွဲ

social services *n* ၁. ပှၤဂ့ၢ်ဝီတၢ်တိစၢၤမၤစၢၤ ၂. ပှၤဂ့ၢ်ဝီတၢ်တိစၢၤမၤစၢၤတၢ်ဖံးတၢ်မၤ

social worker *n* ပှၤဂ့ၢ်ဝီအပှၤမၤတၢ်ဖိ, ပှၤဂ့ၢ်ဝီတၢ်တိစၢၤမၤစၢၤအပှၤမၤတၢ်ဖိ

socialism *n* ဆိၣ်ရှဲၣ်လ့းသနူ

socialist *n* ၁. ပှၤဆိၣ်ရှဲၣ်လ့းဖိ ၂. ပှၤလၢအဆိၣ်ထွဲဆိၣ်ရှဲၣ်လ့းသနူ

socialistic *a* လၢအဘၣ်ဃးဒီးဆိၣ်ရှဲၣ်လ့းသနူ

socialite *n* ပှၤမံၤဟူသၣ်ဖျါလၢပှၤပတိၢ်ထီအတဝၢအကျါ

socialize, socialise *v* ၁. ရှလိာ်မှာ်လိာ်သး ၂. သိၣ်လိနဲၣ်လိပှၤဒ်သိးအိၣ်ဆိးဒီးပှၤတဝၢထွဲဘၣ်ထွဲဘၣ်ကသ့

socially *adv* လၢတၢ်ရှလိာ်မှာ်လိာ်သးအပူၤ

society *n* ၁. ပှၤတၢ်ကရၢကရိ ၂. တၢ်မုၢ်တၢ်ဘိ မ့တမ့ၢ် ဆၣ်ဖိကိၢ်ဖိအကရၢ ၃. တၢ်ကရၢကရိလၢတၢ်သူၣ်ထိၣ်အီၤလၢတၢ်တမံၤမံၤအဂီၢ်

sociologist *n* ပှၤလၢအဃုသ့ၣ်ညါပှၤတၢ်ကရၢကရိအဂ့ၢ်ပီညါ

sociology *n* စဲအ့ၣ်တၢ်ဃုထံၣ်သ့ၣ်ညါပှၤတၢ်ကရၢကရိအဂ့ၢ်ပီညါ

sociopath *n* ပှၤအသးတဘၣ်လိာ်ဘၣ်စးလၢအသးဟ့ပှၤတဝၢအတၢ်ရှလိာ်မှာ်လိာ်တဖၣ်

sock *n* ခီၣ်ဖျိၣ်

sock *v* ၁. ထိပှၤဆါဆါကလဲာ် ၂. မၤဘၣ်ဒိဘၣ်ထံးပှၤ

socket *n* နီၣ်ဖျိၣ်. ပလးစတံးအဘ့ၣ်လၢအအိၣ်ဒီးအပူၤဟိတဖၣ်လၢတၢ်သူအီၤလၢလီမ့ၣ်အူအဂီၢ်

S

sod *n* ၁. ဟီၣ်ခိၣ်ကထၢလၢအိၣ်ဒီးတပံၢ် ၂. ပှၤလၢအလီၤသးဘၣ်အၢ

sod *v* ၁. အိၣ်ကျၢၢ်ဘၢအသးဒီးဟီၣ်ခိၣ်ကထၢလၢအိၣ်ဒီးတပံၢ် ၂. ဆိၣ်တၢ်

soda *n* စိၣ်ဒၢ်

sodden *a* ၁. လၢအသးသဟီၣ်လီၤစၢ် ၂. ဘၣ်စီၣ်, စုၣ်စီၣ် ၃. (ကိၣ်ပိၣ်မူး) လၢတမံဂ့ၤဂ့ၤ, လၢအမံသံသိ

sodium *n* အံသၣ်, တၢ်အဟီ

sodomize, sodomise *v* အဲၣ်ပကၢၤ

sodomy *n* ပိာ်ခွါအဲၣ်ပကၢၤ

sofa *n* ခးကပုာ်, လီၢ်ဆ့ၣ်နီၤကပုာ်

soft *a* ၁. ကပုာ်လုး ၂. (အယှၢ်အကွ့ၤ) ကဖီလီ, (အသီၣ်) ကဖီလီ ၃. စၢ်, ပုံာ်, လၢအပုံာ်

soft copy *n* တၢ်ဂ့ၢ်တၢ်ကျိၤလၢဘၣ်တၢ်ထၢနုာ်ဟ်အီၤဖဲခိၣ်ဖှူထၢၣ်အပူၤ, ခိၣ်ဖှူထၢၣ်ပူၤကွဲးဒိ

soft drink *n* တၢ်ခုၣ်ထံ

soft porn *n* (တၢ်ဂီၤမူ, လံာ်, တၢ်ဂီၤ) တၢ်ဒုးနဲၣ်တၢ်ဘ့ၣ်ဆ့အတၢ်ဟူးတၢ်ဂဲၤလၢအစၢ်, တၢ်ဒုးနဲၣ်မုၣ်ခွါသွံၣ်ထံးတၢ်ဟူးတၢ်ဂဲၤလၢအိၣ်ဖျါဖဲအကြား

soft sell *n* တၢ်ဆါတၢ်အကျိၤအကျဲလၢအကပုာ်, တၢ်ဆါတၢ်အကျိၤအကျဲလၢပှၤဆါတၢ်ဖိတဂၤတဲတၢ်မုာ်မုာ်ဒ်သိးပှၤကပှၤတၢ်အဂီၢ်, တၢ်ဘီးဘၣ်ရၤလီၤလၢအကပုာ်

soft-boiled *a* (ဆီဒံၣ်) ချီမံမံတမံမံ

soft-core *n* ၁. လၢအသဟီၣ်စၢ်, လၢအခိၣ်တကီၤ ၂. လၢအတဖျါလီၤတံၢ်လီၤဆဲး

soft-cover *n* စးခိတၢ်မၤနိၣ်မၤဃါလံာ်လၢအကုစၢ်, လံာ်လၢအကုတတိၣ်ဘၣ်

soften *v* မၤကပုာ်လီၤ, မၤစၢ်လီၤ

soft-hearted *a* လၢအသးကညီၤတၢ်သ့, လၢအသးပုံာ်

softly *adv* ကပုာ်ကပုာ်, ကဖီကဖီ, စၢ်စၢ်

soft-pedal *v* ၁. ယီၢ်တနၢ်ပိၢ်စုအခီၣ်ယီၢ်ဒ်သိးအကလုၢ်ကဖီထီၣ် ၂. မၤလီၤကဃးတၢ်, မၤစၢ်လီၤ

soft-soap *v* တဲတၢ်မုာ်မုာ်လၢပှၤကမၤန့ၢ်အတၢ်, တဲဂ့ၤပှၤဒ်သိးပှၤကမၤန့ၢ်အတၢ်

soft-spoken *a* လၢကလုၢ်ကပုာ်လုး, လၢအကလုၢ်ကဖီကဖီ

software *n* ခိၣ်ဖှူထၢၣ်အဒွဲပူၤတၢ်ဖံးတၢ်မၤတၢ်ရဲၣ်တၢ်ကျဲၤတဖၣ်, ခိၣ်ဖှူထၢၣ်အတၢ်ရဲၣ်တၢ်ကျဲၤ

Software Engineer *n* ပှၤလၢအကွဲးခိၣ်ဖှူထၢၣ်တၢ်ရဲၣ်တၢ်ကျဲၤ

soggy *a* ဘၣ်စီၣ်လၢထံ, ဘၣ်စီၣ်တပျုၣ်, စုၣ်စီၣ်

soil *n* ၁. ဟီၣ်ခိၣ်, ဟီၣ်ခိၣ်ညၣ်ထ့ၣ် ၂. ဟီၣ်ကဝီၤ, ထံကိၢ်, ဘီမုၢ်

soil *v* ၁. မၤဘၣ်အၢတၢ် ၂. မၤတၢ်တတီတလီၤ

sojourn *n* တၢ်အိၣ်စီၤစုၤဒီးဟံၣ်တစိၢ်တလီၢ်, တၢ်လဲၤဟးအိၣ်ဆိးတစိၢ်တလီၢ်

sojourn *v* လဲၤဟးအိၣ်ဆိးတစိၢ်တလီၢ်, အိၣ်စီၤစုၤဒီးဟံၣ်တစိၢ်တလီၢ်

solace *v* မၤမုာ်ထီၣ်ကဒ့ၤပှၤအသး

solar *a* လၢအဘၣ်ဃးဒီးမုၢ်

solar cell *n* ပီးလီလၢအထုးန့ၢ်မုၢ်အသဟီၣ်ဒီးဒုးကဲထီၣ်ကဒ့ၤဝဲဆူလီမ့ၣ်အူအသဟီၣ်, စိၣ်လၣ်စဲ(လ)

solar panel *n* ပီးလီလၢအထုးန့ၢ်မုၢ်အသဟီၣ်ဒီးဒုးကဲထီၣ်ကဒ့ၤဝဲဆူလီမ့ၣ်အူအသဟီၣ်, စိၣ်လၣ်ဘ့ၣ်ဘၣ်

solar system *n* မုၢ်အကရူၢ်

solarium *n* ၁. တၢ်ဆူးမုၢ်မဲာ်ကလၤအဒၢး ၂. ပှၤကၣ်ဟၢသးအလီၢ်, ပှၤကၣ်သးဒီးမုၢ်အတၢ်ကိၢ်အလီၢ်

sold *v* ဆါ (တၢ်)

sold out *a* ဆါလၢာ်ကွံာ်, လၢဘၣ်တၢ်ဆါလၢာ်ကွံာ်အီၤ

solder *n* စၢၢ်ပှာ်ဝါ, စၢၢ်ဒီးပှာ်ဝါအကျဲၣ်ကျိ

solder *v* ဃံၤဃာ်လၢစၢၢ်ပှာ်ဝါအထံ, စဲထိဘူးဒီးစၢၢ်ပှာ်ဝါအထံ

soldier *n* သုးဖိ

sole *a* ၁. ထဲ--ဓိၤ ၂. လၢလၢပှဲၤပှဲၤ

sole *n* ၁. ခီၣ်ညါသး ၂. ခီၣ်ဖံးဒါ, ခီၣ်ဖံးဒါလာ်

sole *v* ၁. ထိထိၣ်ခီၣ်ဖံးဒါ, ထိထိၣ်ခီၣ်ဖံးဒါလာ်, ဆီတလဲခီၣ်ဖံးဒါ ၂. ညၣ်တခီပၤ, ညၣ်ထွံၣ်ပျ့ၤ

S

solecism *n* ၁. တၢ်စူးကါကမဉ်ကျိာ်အသနူ ၂. တၢ်ဒိသူဉ်ဟ်သးလၢအတဃံးတလၤ
solely *adv* ထဲ, ဓိၤ
solemn *a* သမံၤသပှၢ်, သညူးသပှၢ်
solemnity *n* တၢ်သမံၤသပှၢ်, တၢ်သညူးသပှၢ်
solemnize, solemnise *v* ၁. (တၢ်တ့တၢ်ဖျီ) ဒီးတ့ဒီးဖျီသးဒ်တၢ်ဘူဉ်တၢ်ဘါအလုၢ်အလၢ်ဟဲဝဲအသိး, မၤတၢ်ဒ်အလုၢ်အလၢ်ဟဲဝဲအသိး ၂. မၤအီၤမုာ်မုာ်နီၢ်နီၢ်လီၤတံၢ်လီၤဆဲး
solicit *v* ၁. ဃ့တၢ်, ဃ့ (တၢ်ဆီဉ်ထွဲ, ကျိဉ်စ့) ၂. ဆါလီၤအီဉ်အသး ၃. လဲၤစိာ်ဆါတၢ်ဆူပှၤဟံဉ်ပှၤဃီ, ဟးစိာ်ဆါတၢ်
solicitious *a* ၁. လၢအသူဉ်ကိၢ်သးဂီၤတၢ်အါတလၢ, လၢအဘဉ်ယိဉ်ဘဉ်ဘီတၢ်အါတလၢ ၂. လၢအသူဉ်ဆူဉ်သးဂဲၤဒိဉ်မး
solicitor *n* ၁. ပီၢ်ရီ, ပီၢ်ရီလၢအတဲနွံၢ်ခဲးတၢ်လၢဘျီဉ်ဒိဉ်လဉ် ၂. ပှၤဟးဝ့ၤဝီၤဃ့မၤနၢ်တၢ်အၢဉ်လီၤ (အဒိ, လၢတၢ်ထၢတၢ်ဖးအဂီၢ်) ၃. ပှၤဟးစိာ်ဆါတၢ်ဖိ
solicitude *n* ၁. တၢ်သူဉ်ကိၢ်သးဂီၤနွံၢ်တၢ်, တၢ်ဘဉ်ယိဉ်ဘဉ်ဘီနွံၢ်တၢ် ၂. တၢ်သူဉ်ဆူဉ်သးဂဲၤဒိဉ်မးလၢကမၤနွံၢ်တၢ်
solid *a* ၁. လၢအအိဉ်ဒီးအသံးအကာ်, လၢအကျၢ, လၢအကိၤ ၂. နီၢ်နီၢ်, (အဒိ, ပသံးတဘိအံၤဘဉ်တၢ်မၤအီၤဒီးစ့နီၢ်နီၢ်လီၤ.)
solid *n* တၢ်ကိဉ်လိဉ်, တၢ်အကျၢ, တၢ်အကိၤ, တၢ်လၢအအိဉ်ဒီးအသံးအကာ်
solidarity *n* တၢ်ရိဉ်ဖိုဉ်ဃူဖိး
solidify *v* ၁. (မၤ) ကိၢ်လိဉ်ထီဉ်, ကိၤထီဉ်, ကျၢထီဉ် ၂. မၤဂၢ်ကျၢၤထီဉ်
solidity *n* ၁. တၢ်အမး, တၢ်အကိၤ, တၢ်အကျၢ, တၢ်အကျၢၤ ၂. တၢ်အဂၢ်ခၢဉ်သနၢဉ်, တၢ်ဂၢ်ကျၢၤ
solidly *adv* ၁. ကျၢ, ကိၤ, မး, ကျၢၤ ၂. ဂၢ်ဂၢ်ကျၢၤကျၢၤ
soliloquy *n* ၁. တၢ်တဲတၢ်ထဲတဂၤဓိၤ, တၢ်ကတိၤတၢ်ထဲတဂၤဓိၤ ၂. တၢ်ဂဲၤဒိကတိၤလီၤတၢ်ထဲတဂၤဓိၤ
solitary *a* လၢအအိဉ်ထဲတဂၤ, ၂. အိဉ်လီၤဖျိဉ်
solitary *n* ၁. ပှၤလၢအိဉ်ထဲတဂၤ ၂. တၢ်အိဉ်လီၤဖျိဉ်
solitary confinement *n* တၢ်စံဉ်ညီဉ်ဟ်ပှၤဃိာ်ဖိလၢတၢ်ဒၢးဃာ်အပူၤထဲတဂၤဓိၤ
solitude *n* တၢ်အိဉ်ထဲတဂၤဓိၤ, တၢ်အိဉ်သယုၢ်သညိ, တၢ်အိဉ်လီၤဖျိဉ်
solo *a* ထဲတဂၤဓိၤ, လၢအဘဉ်တၢ်မၤအီၤလၢပှၤတဂၤဓိၤ
solo *n* ၁. တၢ်သးဝံဉ်ဆဲတိဉ်, တၢ်သးဝံဉ်တၢ်ထဲတဂၤ ၂. ပှၤနီဉ်ကဘီယူၤထဲတဂၤ
soloist *n* ပှၤသးဝံဉ်ဆဲတိဉ်, ပှၤ (ဒ့) တၢ်ထဲတဂၤဓိၤ, ပှၤ (ဒ့) ဆဲတိဉ်တၢ်
solstice *n* တၢ်အကတိၢ်ဖဲမုၢ်အိဉ်ယံၤကတၢၢ်ဒီးဟီဉ်ကွီၤမုၢ်
soluble *a* ၁. လၢအပံၢ်လီၤကွံာ်လၢထံကျါသ့, လၢအပံၢ်လီၤကွံာ်သ့ ၂. လၢတၢ်ဃ့ဉ်လီၤဘှါဘဉ်ကူၤအီၤသ့
solution *n* ၁. တၢ်အစၢ, တၢ်စံးဆၢ ၂. တၢ်ဘှါဘဉ်, တၢ်ဃ့ဉ်လီၤဘှါဘဉ် (တၢ်ကီတၢ်ခဲ) ၃. တၢ်ကျဲထံ
solve *v* ၁. ဃ့ဉ်လီၤ, ဘှါဘဉ်, ဒွးတၢ်, ၂. ဃုမၤနၢ်တၢ်အစၢ
solvency *n* တၢ်လီးတူာ်ကူၤကမၢ်နွံၢ်, ဒ့ဉ်ကမၢ်တအိဉ်ဘဉ်အကတိၢ်
solvent *a* ၁. လၢအလီးတူာ်ကူၤကမၢ်နွံၢ်, လၢအဒ့ဉ်ကမၢ်တအိဉ် ၂. လၢအပံၢ်လီၤသ့
solvent *n* တၢ်အထံလၢအမၤပံၢ်လီၤတၢ်
sombre, somber *a* ၁. လၢအဟ်အမဲာ်သအုဉ်သပိၢ, လၢအဘဉ်မိဉ်ဘဉ်မး, လၢအသူဉ်အုးသးအုး ၂. လၢအတကပြုၢ်ကပြီၤ, ဃးအၢဉ်ရၢၢ်, လၢအခံးသူ, လၢအအၢဉ်အုး
some *a* ၁. တနီၤ ၂. တစဲးဖိ, တအါတစုၤ
some *adv* ၁. တစဲးဖိ ၂. ဃဉ်ဃဉ်
some *det* ၁. တနီၤ ၂. တစဲးဖိ, တအါတစုၤ ၃. ထဲအံၤထဲနုၤ
some *pro* တနီၤ
some day *adv* မုၢ်ကအိဉ်ဝဲတနံၤန့ဉ်
somebody *n* ပှၤတဂၤဂၤ
somebody *pro* ပှၤတဂၤဂၤ
somehow *adv* လၢကျဲတဘိဘိ
someone *pro* ၁. ပှၤတဂၤဂၤ ၂. ပှၤအကါဒိဉ်တဂၤ

S

someplace *pro* တၢ်လီၢ်တပူၤပူၤ, တၢ်လီၢ်တတီၤတီၤ

somersault *n* တၢ်ဝၣ်လ့ၣ်ခိၣ်သၣ်, တၢ်ကွံၥ်ဘျုံးကဒါ, တၢ်ဝၣ်လူခိၣ်

somersault *v* ဝၣ်လ့ၣ်ခိၣ်သၣ်, ကွံၥ်ဘျုံးကဒါ, ဝၣ်လူခိၣ်

something *adv* ၁. တစဲး ၂. အါတစဲး

something *n* တၢ်တမံၤမံၤ

something *pro* တၢ်တမံၤမံၤ

sometime *a* ၁. လၢအပူၤကွံၥ်, လၢတဘျီအခါ, တဘျီ

sometime *adv* (လၢညါ) တဘျီတဘျီ, လၢခံလၢလၥ်, လၢခံတဘျီဘျီ

sometimes *adv* တဘျီတဘျီ, တဘျီတခီၣ်, တဘျီဘျီ

someway *adv* လၢကျဲတဘိဘိ

somewhat *adv* တစဲးစဲး, တဒိၣ်တဆံး

somewhere *adv* ၁. တပူၤပူၤ ၂. အကပိၥ်ကပၤ

somnambulate *v* ဟးမံ့, ဟးမံ့ဖဲမံအခါ

somnambulist *n* ပှၤလၢဟးမံ့, ပှၤလၢဟးမံ့ဖဲမံအခါ

somnolent *a* ၁. လၢအမံအနၢ်ဘူးကတုၤလီၤ ၂. လၢအအဲၣ်ဒိးမံ, လၢအမံခ့

son *n* ဖိခွါ

sonar *n* စဲးဃုတၢ်လၢထံဖီလာ်, စဲးဃုတၢ်လၢထံဖီလာ်ခီဖျိတၢ်အသိၣ်ယွၤအကျိၤ

song *n* တၢ်သးဝံၣ်

sonic boom *n* တၢ်ကလုၢ်ဖးဒိၣ်လၢအသိၣ်ပိၥ်ထွဲကဘီယူၤအခံ, တၢ်အသိၣ်ဖးဒိၣ်ဖဲကဘီယူၤန့ၣ်လဲၤတၢ်ချ့န့ၢ်ဒံးတၢ်အသိၣ်လၢအိၣ်တ့ၢ်လၢအလီၢ်ခံ

son-in-law *n* မၥ်

sonorous *a* လၢအသိၣ်လီၤကအဲ, လၢအကလုၢ်န့ၢ်

soon *adv* တယံၥ်တမီၢ်, တစိၢ်ဖိ, မီကိၥ်

sooner *a* ဆိတက့ၢ်, ဆိန့ၢ်ဒံး

soot *n* သပ္ၤမ့ၣ်, ပ္ၤကမ့ၣ်

soothe *v* မၤမှာ်မၤခုၣ်အသး

soothsayer *n* ပှၤလၢအဒွးဆိဟ်စၢၤတၢ်

sooty *a* လၢအသူၣ်သပ္ၤမ့ၣ်အသိး, လၢအဘၣ်အၢဒီးသပ္ၤမ့ၣ်, သူကမ့ၣ်

sop *n* ၁. တၢ်ဟ့ၣ်မံသး ၂. တၢ်ဟ့ၣ်ခိၣ်ဖးလာ်ဆိုး ၃. တၢ်စုၣ်အီၣ် (ကိၣ်ပိၣ်မူး)

sop *v* ၁. စူၢ်သံးကွံၥ်, မၤသံးကွံၥ်, ဆူးသံးကွံၥ်ထံ ၂. စုၣ်လီၤလၢထံကျါ

sophisticated *a* ၁. လၢအတၢ်လဲၤခီဖျိအါ, လၢအတၢ်သ့ၣ်ညါနၢ်ပၢၢ်အါ ၂. လၢအသ့ၣ်ညါတၢ်တမံၤမံၤအဂ့ၢ်အကျိၤလီၤတံၢ်လီၤဆဲး ၃. လၢအလူၤထိၣ်စိၤ, လၢအကီအခဲဒီးဘံဘူဆးဃၤလိာ်အသး, လၢအချူးစိၤ

sophistication *n* ၁. တၢ်လဲၤခီဖျိအါ, တၢ်သ့ၣ်ညါနၢ်ပၢၢ်အါ ၂. တၢ်သ့ၣ်ညါတၢ်တမံၤမံၤအဂ့ၢ်အကျိၤလီၤတံၢ်လီၤဆဲး ၃. တၢ်လူၤထိၣ်စိၤခ့ခါဆၢကတီၢ်, တၢ်ဘံဘူဆးဃၤလိာ်သး

sophistry *n* တၢ်ဟ့ၣ်တၢ်ဂ့ၢ်တၢ်ကျိၤတမ့ၢ်တတီ

soporific *a* လၢအမၤမံခ့တၢ်

soprano *a* (တၢ်သးဝံၣ်, နီး) လၢအကလုၢ်အတီကတၢၢ်

soprano *n* စိၣ်ဖြနိၣ်

sorcerer *n* ပှၤသမူပဃၢ်တၢ်, ပှၤအ့ၣ်တၢ်သမူတၢ်

sorceress *n* တၢ်နါမုၣ်ပှၢ်, ပှၤအ့ၣ်တၢ်သမူတၢ်အမုၣ်ပှၢ်, ပှၤအ့ၣ်ပဃၢ်တၢ်အမုၣ်ပှၢ်

sorcery *n* တၢ်အ့ၣ်တၢ်သမူ, တၢ်သမူပဃၢ်တၢ်

sordid *a* ၁. လၢအဘၣ်အၢဘၣ်သီ ၂. လၢအတတီတလိၤ, လၢအအၢအသီ

sore *a* ၁. ဆါ, လၢအဆါနးမး ၂. လၢအသူၣ်အုးသးအုး, လၢအဘၣ်မိၣ်ဘၣ်မး ၃. လၢအသးဒိၣ်ထိၣ်

sore *adv* နးမး

sore *n* တၢ်ပူၤလီၢ်

sorely *adv* နးနးကလဲာ်, ဒိၣ်မး

sorrow *n* တၢ်သူၣ်အုးသးအုး, တၢ်ဘၣ်မိၣ်ဘၣ်မး

sorrow *v* သူၣ်အုးသးအုး, ဘၣ်မိၣ်ဘၣ်မး

sorrowful *a* လၢအပှဲၤဒီးတၢ်သူၣ်အုးသးအုး, လၢအပှဲၤဒီးတၢ်ဘၣ်မိၣ်ဘၣ်မး

sorrowfully *adv* လၢတၢ်ဘၣ်မိၣ်ဘၣ်မးအပူၤ, လၢတၢ်သူၣ်အုးသးအုးအပူၤ

sorry *a* လီၤသးအုး

sorry *exclam* ဝံသးစူၤ

sort *n* အကလုာ်

S

sort *v* ၁. ရဲၣ်ကျဲၤလီၤဒ်အကလှာ်ဒၣ်ဝဲ, ရဲၣ်ကျဲၤလီၤလၢအလီၢ်အကျဲဒၣ်ဝဲ ၂. ကျဲၤဘၣ်ကူၤတၢ်

sortie *n* ၁. ကဘီယူၤနုာ်လီၤဒုးဖုးတၢ်သတူၢ်ကလာ် ၂. တၢ်ဒုးတပျီၢ်တၢ် ၃. တၢ်လဲၤဖှၣ်ကိာ်ဖိ ၄. တၢ်ဂဲၤလိာ်မၤတၢ်

sort-out *n* တၢ်သုးကျဲၤဟ်ကူၤတၢ်လၢအလီၢ်အကျဲဒၣ်ဝဲ

so-so *a* ဖဲအကြၢး, ဘၣ်ဒးကိာ်ဖိ, တအၢဘၣ်

sot *n* ပှၤအီသံးဖိ, ပှၤစဲသံး

sough *n* ၁. ကလံၤအူတၢ်သီၣ်ဂူၢ်ဂူၢ် ၂. တၢ်သါသဖိုအသီၣ်

sough *v* သါသဖိုထီၣ်, ကလံၤအူသီၣ်

sought after *a* လၢအဂၢၤ, လၢတၢ်ဃုဘၣ်အီၤတညီ

soul *n* ၁. နီၢ်သး, သး, သးသမူ ၂. သူၣ်ဂ့ၢ်သးကျိၤ

soul food *n* ပှၤအမဲရကၤဖိလုၢ်လၢ်ထူသနူအတၢ်အီၣ်တၢ်အီ

soul mate *n* သးသမူတံၤသကိး

soul searching *n* တၢ်ကွၢ်ထံသမံသမိးလီၤက့ၤအနီၢ်ကစၢ်အသး

soul-destroying *a* လၢအလီၤကၢၣ်လီၤကျူ, လၢအတလီၤသးစဲ, လၢအမၤဟးဂီၤနသးသဟီၣ်

soulful *a* လၢအဟ်ဖျါထီၣ်တၢ်သူၣ်တမှာ်သးတမှာ်, လၢအဟ်ဖျါထီၣ်တၢ်သူၣ်အုးသးအုး

soulless *a* လၢအတထုးန့ၢ်သူၣ်ထုးန့ၢ်သး, လၢအတလီၤသူၣ်ပိၢ်သးဝး

sound *a* ၁. လၢအိၣ်ဆူၣ်အိၣ်ချ့, လၢအပူၤဖျဲးဒီးတၢ်ဆါ ၂. လၢအိၣ်ဒီးအဂ့ၢ်အကျိၤမှာ်မှာ်နီၢ်နီၢ်, လၢအဂ့ၤဒီးလီၤတံၢ် ၃. လၢတၢ်နာ်န့ၢ်အီၤသ့ ၄. လၢအတဟးဂီၤဘၣ်, လၢအကျၢၤ ၅. ဘျဲးဘျဲးဘျိုးဘျိုး ၆. လၢအမံအနၢ်တုၤလီၤယိာ်

sound *adv* လၢအမံနၢ်တုၤလီၤယိာ်အပူၤ

sound *n* ၁. တၢ်သီၣ်, တၢ်အကလုၢ် ၂. ထံဒိၣ်စ့ၤ, ထံဒ့စ့ၤ ၃. တၢ်ဒ့တၢ်အူအသီၣ် ၄. တၢ်ထံၣ်တၢ်ဆိကမိၣ်လၢတၢ်တဲဖျါထီၣ်အီၤ

sound *v* ၁. မၤသီၣ်တၢ်ကလုၢ်, မၤသီၣ်မၤသဲတၢ်, ဒုးဟူထီၣ်သါလီၤ ၂. သီၣ် ၃. လီၤက်, ဖျါလၢ, ဟ်ဖျါထီၣ် ၄. ထိၣ်ကွၢ် (ထံအတၢ်ယိာ်) ၅. (ကနၣ်တၢ်ကလုၢ်) သမံသမိးကွၢ်တၢ်, မၤကွၢ်တၢ် (အဒိ, ကသံၣ်သရၣ်ကနၣ်တၢ်ကလုၢ်ဒီးသမံသမိးကွၢ်သးဖျၢၣ်)

sound barrier *n* တၢ်ကလုၢ်ဖးဒိၣ်လၢအသီၣ်ပိာ်ထွဲကဘီယူၤအခံ, တၢ်အသီၣ်ဖးဒိၣ်ဖဲကဘီယူၤန့ၣ်လဲၤတၢ်ချ့န့ၢ်ဒံးတၢ်အသီၣ်လၢအိၣ်တ့ၢ်လၢအလီၢ်ခံ

sound card *n* တၢ်ကလုၢ်ခးက့ (ခီၣ်ဖွ့ထၢၣ်)

sound effect *n* တၢ်အသီၣ်လၢတၢ်ဂဲၤဒိတၢ်အလီၢ်ခံ, တၢ်သီၣ်အဒိ, (လၢတၢ်မၤအိၣ်ထီၣ်န့ၢ်အီၤလၢတၢ်ဂီၤမူ မ့တမ့ၢ် တၢ်ဂဲၤဒိအပူၤ

sound engineer *n* ပှၤဖိၣ်တၢ်ကလုၢ်ကလုၢ်အ့ၣ်ကူ့နံယၢၣ်

sound system *n* တၢ်ကလုၢ်အပီးအလီ

sound track *n* ၁. တၢ်ဒ့ဆိၣ်ထွဲ, ၂. တၢ်ကလုၢ်အကျိၤ

sound wave *n* တၢ်ကလုၢ်အယွၤကျိၤ

sounding board *n* ၁. ပှၤလၢအဒိကနၣ်ဟ့ၣ်ကူၣ်ဟ့ၣ်ဖးပတၢ်ထံၣ်တၢ်ဆိကမိၣ် ၂. သီၣ်ဒိၣ်ဒၢ

soundings *n* ၁. ပှၤအါဂၤအတၢ်ထံၣ်တၢ်ဆိကမိၣ် ၂. တၢ်ထိၣ်ထံအတၢ်ယိာ် (ခီဖျိတၢ်ကနၣ်တၢ်ကလုၢ်) ၃. တၢ်ကနၣ်သမံသမိးကွၢ်တၢ် (အဒိ, ကသံၣ်သရၣ်ကနၣ်သမံသမိးကွၢ်ယသးဖျၢၣ်ဒီးစတဲးသိၣ်စကိး)

soundless *a* လၢအကလုၢ်တအိၣ်, လၢအဘှ့ၣ်အဘိၣ်

soundproof *a* လၢတၢ်ကလုၢ်နုာ်တန့ၢ်

soup *n* တၢ်ချိထံ, ကသူထံ

soup kitchen *n* တၢ်ဟ့ၣ်နီၤလီၤကလီတၢ်အီၣ်တၢ်အီအလီၢ် (လၢပှၤဖိုၣ်ဖိယာ်ဖိတဖၣ်လဲၤဟံးန့ၢ်အီၣ်ဝဲ)

sour *a* ၁. ဆံၣ်, လၢအဆံၣ်ဒိၣ်မး ၂. လၢအနၢဆံၣ်ဘီ, လၢအဆံၣ်ဘီ ၃. လၢအသူၣ်ဒိၣ်သးဒိၣ်

sour *v* ၁. (တၢ်ရှလိာ်မှာ်လိာ်, တၢ်ဟ်သူၣ်ဟ်သး) ဆီတလဲကွံာ်, တမှာ်တလၤလၢၤ ၂. (တၢ်နၢ်ထံ) ဆံၣ်ဘီဒီးအရီၢ်ဆူၣ်, ဆံၣ်ဘီဒီးအနၢဆူၣ်

source *n* ၁. တၢ်အခီၣ်ထံး တၢ်အဂံၢ်ခီၣ်ထံး ၂. (ထံစီး) ခံ ထံခံ

source *v* ၁. ဘဉ်တၢ်မၤန့ၢ်အီၤလၢ ၂. ယုထံဉ်န့ၢ်
south *a* လၢ မ့တမ့ၢ် ဆူကလံၤထံးတကပၤ
south *adv* ဆူကလံၤထံးတခီ
south *n* ကလံၤထံး
south bound *a* လီၤဆူကလံၤထံးတကပၤ, လဲၤဆူကလံၤထံးတကပၤ
south eastern *a* လၢမုၢ်ထီဉ်ကလံၤထံးတကပၤ
South Pole *n* ကလံၤထံးဟီဉ်စိး
south-east *n* မုၢ်ထီဉ်ကလံၤထံး
south-easterly *a* လၢ မ့တမ့ၢ် ဆူမုၢ်ထီဉ်ကလံၤထံးတခီ
southeastward *adv* လီၤဆူမုၢ်ထီဉ်ကလံၤထံးတကပၤ, လဲၤဆူမုၢ်ထီဉ်ကလံၤထံးတကပၤ
southerly *a* ဆူကလံၤထံး, လၢကလံၤထံး
southern *a* ၁. ဆူကလံၤထံး, လၢကလံၤထံး ၂. လာ်ခီ
southerner *n* ပှၤလာ်ခီ, ပှၤလၢအအိဉ်လၢကလံၤထံးတကပၤ
southernmost *a* ဆူကလံၤထံးအကတၢၢ်, လၢကလံၤထံးအကတၢၢ်
southpaw *n* ပှၤလၢအမၤတၢ်လၢစုစ့ဉ်, ပှၤလၢအထိတၢ်လၢစုစ့ဉ်တကပၤ, ပှၤဂဲၤတၢ်တမဲၢ်စုလၢစုစ့ဉ်တကပၤ
southward *adv* လီၤဆူကလံၤထံးတကပၤ, လဲၤဆူကလံၤထံးတကပၤ
south-west *n* မုၢ်နုာ်ကလံၤထံး
south-westerly *a* ဆူမုၢ်နုာ်ကလံၤထံးတခီ, လၢမုၢ်နုာ်ကလံၤထံးတကပၤ
southwestern *a* လၢမုၢ်နုာ်ကလံၤထံးတကပၤ
southwestward *adv* လီၤဆူမုၢ်နုာ်ကလံၤထံးတကပၤ, ဆူမုၢ်နုာ်ကလံၤထံးတကပၤ
souvenir *n* တၢ်သ့ဉ်နီဉ်အပနီဉ်
sovereign *a* ၁. လၢအစိကမီၤထီကတၢၢ်, လၢအလီၢ်အလၤထီကတၢၢ် ၂. လၢအသဘျ့, လၢအစံဉ်ညီဉ်ပၢလီၤအသးဒဉ်ဝဲ
sovereign *n* ၁. စီၤလိၤစီၤပၤ ၂. တီကါထူတဘ့ဉ်
sovereignty *n* တၢ်စိကမီၤပှဲၤတုာ်
sow *n* ထိးမိၢ်
sow *v* ဖုံလီၤ (တၢ်ချံ), ဘှဲဉ်လီၤ (တၢ်ချံ)
sower *n* စဲးဖုံလီၤ (တၢ်ချံ), ပှၤဖုံလီၤ (တၢ်ချံ), ပှၤဘှဲဉ်လီၤ (တၢ်ချံ)
soy sauce *n* ထိနီာ်ယ့ဉ်အထံ
soya bean *n* ထိနီာ်ချံ, ပထိးဘီ
space *n* ၁. မူပျီ ၂. တၢ်လီၢ်လီၤဟိ, တၢ်လီၤပျီ ၃. တၢ်မၤတၢ်န့ၢ်ပၢခွဲးယာ်အတကွီဉ်
space *v* ၁. ဟ်အနူဉ်အဆၢထဲသိးသိး, ၂. (space-out) မံစိၢ်မဲာ်
space age *n* တၢ်စးထီဉ်ယုထံဉ်သ့ဉ်ညါတၢ်လၢမူပျီပူၤအစိၤ
space bar *n* (ခီဉ်ဖျူထၢဉ်) နီဉ်ဆိဉ်ခံဆိဉ်လံာ်မဲာ်ဖျာဉ်အဘၢဉ်စၢၤ
space shuttle *n* မူပျီကဘီယူၤ
space station *n* မူပျီသန့
space-age *a* လၢအဘဉ်ထွဲဒီးပှၤလဲၤထီဉ်ယုထံဉ်သ့ဉ်ညါတၢ်လၢမူပျီပူၤအစိၤ
spacecraft *n* မူပျီဖျာဉ်ယူၤ
spaced out *a* လၢအ (မူၤ) တ့ၤအတနီဉ်သူဉ်နီဉ်သးလၢၤ
spaceship *n* မူပျီဖျာဉ်ယူၤ
spacesuit *n* မူပျီကူကၤ
spacing *n* တၢ်ဒ့ဉ်စၢၤ, တၢ်အဆၢ, တၢ်စီၤစုၤလိာ်သး
spacious *a* လၢအကလ့ကလၢ, လၢအဖးလဲၢ်ဖးယဲာ်, လၢတၢ်လီၢ်အိဉ်အါ
spade *n* ဘီတရိာ်, ဘီတြိာ်
spadework *n* တၢ်စးထီဉ်မၤတၢ်ထဲးဂံၢ်ထဲးဘါလၢခါဆူညါတၢ်လဲၤထီဉ်လဲၤထီအဂီၢ်
spaghetti *n* စပဉ်ကှ့ဉ်တံဉ်, အံဉ်တလံဉ်ခီနီဘီ, စပဉ်ကှ့ဉ်တံဉ်ခီနီဘီ
spam *n* ၁. စပဲ(မ) ၂. တၢ်ပရၢလၢပတလိဉ်အီၤလၢအဟဲနုာ်လၢပလီပရၢအပူၤအါအါဂိၢ်ဂိၢ်, တၢ်ပရၢလၢတၢ်ဆှၢအီၤအါ
span *n* ၁. တၢ်ဆၢကတီၢ်အယူာ် ၂. တၢ်အထီ, တၢ်အဒ့ဉ်စၢၤ ၃. စုထါတထါ
span *v* ၁. ယံာ်, တူၢ် (တၢ်ဆၢကတီၢ်) ခၢဉ်, ကျၢၤ ၂. ထါတၢ်, ထိဉ်တၢ် ၃. ခီက်, က်တဲာ် ၄. ကျၢၢ်ဘၢ, လဲၢ်ထီဉ်
spangle *n* တၢ်ကယၢကယဲကပြု့ၢ်ကပြီၤ, တၢ်ကယၢကယဲကတြှဉ်ကတြိဉ်

S

spangle *v* ဒဲးကံဉ်ဒဲးဝ့ၤထီဉ်တၢ်လၢတၢ်က ယၢကယဲကပြု၊ကပြီၤ

spank *v* ဒဲ, လၢ

spanking *adv* ၁. (တၢ်ကစီဉ်) သီသံဉ်ဘဲ့ ၂. ကဆှဲကဆှီ

spanking *n* တၢ်ဒဲတၢ်, တၢ်လၢတၢ်

spanner *n* ၁. စပဉ်နၢဉ် (အဒိ, throw a spanner in the works) တၢ်လၢအမၤဟးဂီၤတၢ်ဖံး တၢ်မၤအတၢ်ရဲဉ်တၢ်ကျဲၤ), ထးအီခဉ်. ထးအဘ့ဉ် လၢအခဉ်အီအသးလၢတၢ်အီးထီဉ်မ့တမ့ၢ်ဖိဉ်ဃံး ထးပတ်အခိဉ်

spar *n* ယၢ်ထူဉ်

spar *v* ၁. ဂဲၤလိတၢ်တမဲးစုတမဲးခီဉ် ၂. ကတိၤဂ့ၢ်လိာ်အသး, တဲအါလိာ်အသး

spare *a* ၁. ဘျဲဉ်, လၢအဘဉ်တၢ်ဟ်ဘျဲဉ်အီၤ ၂. (တၢ်ဆၢကတီၢ်) ချူးဒး, လၢအသဘျ့ ၃. (စ့) လီၤဖှံဉ် ၄. ဃဲၤထီပျ့

spare *n* တၢ်အဘျဲဉ်အစဲၢ်

spare *v* ၁. ဟ့ဉ်လီၢ်, ဒုးလီၢ် ၂. ပျၢ်ဖျဲး, ပျဲဖျဲး

spare part *n* တၢ်အက့အခီ, တၢ်အဘျဲဉ်အစဲၢ်

spare tyre *n* ၁. သိလ့ဉ်ပဉ်အဘျဲဉ် ၂. ဟၢဖၢအသိကဘျဉ်

sparing *a* လၢအစူးကါကတီၤတၢ်, လၢအသူကတီၤတၢ်

sparing partner *n* ၁. ပှၤလၢပကတိၤဂ့ၢ်လိာ်တၢ်ဒီးအီၤ ၂. ပှၤလၢပဂဲၤလိတၢ်တမဲၢ်စုတမဲၢ်ခီဉ်ဒီးအီၤ

spark *n* မ့ဉ်အူအပ့ၢ်, မ့ဉ်အူအဖီ

spark *v* ၁. ထိဉ်ဂဲၤထီဉ်တၢ်, ဒုးထိဉ်ဟူးထိဉ်ဂဲၤထီဉ်တၢ် ၂. ဒုးကဲၤထီဉ်တၢ်, မၤကဲၤထီဉ်တၢ်, မၤမူထီဉ် (စဲး)

spark plug *n* တၢ်နီဉ်ထိဉ် (သိလ့ဉ်) အနီဉ်ဆိဉ်

sparkle *n* ၁. တၢ်ကပီၤမျာ်မျာ်, တၢ်ကပီၤကပြုၢ်ကပြုၢ်, တၢ်ကပီၤကတြှဉ်ကတြိဉ် ၂. တၢ်အိဉ်လၢပှဲၤဒီးအလၤကပီၤ

sparkle *v* ဆဲးကပြု၊ကပြု၊, ကပီၤပံဉ်လ့ပံဉ်လ့, ကပီၤမျာ်မျာ်, ကတြှဉ်ကတြိဉ်

sparkling *a* ၁. လၢအကပီၤမျာ်မျာ်, လၢအဆဲးကပြု၊ကပြီၤ, လၢအဘျ့ကပီၤ ၂. လၢအဃဲ (တၢ်ဆၢထံ, စပံးထံ) ၃. လၢအပှဲၤဒီးအလၤကပီၤ

sparrow *n* ထိဉ်ဖုံးဖိ

sparse *a* ၁. လၢအိဉ်ပြံစံပြါစါ, လၢတၢ်ဖှံလီၤအီၤဘူတလါ ၂. (ခိဉ်ဆူဉ်) ဘူ, တအါကဲဉ်ဆိး

spasm *n* ၁. တၢ်ယှၢ်ထိဉ် ၂. တၢ်သူဉ်ဆူဉ်သးဂဲၤမိကိာ်ဖိ

spasmodic *a* ၁. လၢအမၤအသးကွၢ်ဘျီကွၢ်ဘျီ ၂. လၢအဘဉ်ဃးဒီးတၢ်ယှၢ်ထိဉ်တၢ်ဆါ, လၢအဘဉ်ဃးဒီးတၢ်ထိဉ်တၢ်ဂီၤ

spastic *a* ၁. လၢအထူဉ်အပျၢ်သံတၢ်ဆါ ၂. လၢအပှဲာ်သံ, လၢအစုဃံခီဉ်ဃံတဆိုဉ်

spat *n* ၁. တၢ်ဂ့ၢ်လိာ်ဘိုလိာ်အသး, တၢ်တဲအါလိာ်သး ၂. ခီဉ်ဖံးဖျိဉ်အဘ့ဉ် ၃. ကဘီယှၤအခီဉ်ပဉ်ဒၢ

spate *n* တၢ်တမ့ာ်တလၤမၤအသးသတူၢ်ကလာ်ဂိၢ်မုၢ်ဂိၢ်ပၤ

spatial *a* လၢအဘဉ်ထွဲဒီးမူဟိဉ်ကယၢ (တၢ်အက့ၢ်အဂီၤ, တၢ်အဒိဉ်အထီဒီးတၢ်အိဉ်အလီၢ်အကျဲ)

spatter *n* တၢ်အထံလီၤစီၤ, တၢ်ဝဲးဘဉ်စိဉ်တၢ်, တၢ်ဖှံဘဉ်စိဉ်တၢ်

spatter *v* ၁. (ထံ) လီၤစီၤ, မၤလီၤစီၤထံ ၂. ဖှံဘဉ်စိဉ်, မၤဘဉ်စိဉ်

spawn *n* ညဉ်ဒံဉ်, ဒ့ဉ်ဒံဉ်

spay *v* ဒ့ကွံာ်ဆဉ်ဖိကီၢ်ဖိအဒံဉ်, ဒိဉ်တဲာ်ကွံာ်ဆဉ်ဖိကီၢ်ဖိအချံအသဉ်အကျိၤ

speak *v* ကတိၤတၢ်, တဲတၢ်

speaker *n* ၁. ပှၤကတိၤလီၤတၢ် ၂. ပှၤတဲတၢ်ဖိ ၃. သီဉ်ဒိဉ်ဒၢ

spear *n* ၁. ဘီ (ဘိ), မိခဲ ၂. တၢ်မုၢ်တၢ်ဘိလၢအလဉ်စူဖျံ (အဒိ, ပသၢဘိ)

spear *v* ၁. ကွံာ်တၢ်လၢ (ဘီ), ဆဲးလၢ (ဘီ) ၂. ဆဲးအိဉ်လၢနီဉ်ဆဲး

spearhead *n* ၁. (တၢ်, ပှၤ) လၢအလဲၤလၢမဲာ်ညါ, ပှၤလၢအကဲခိဉ်ကဲနၢ်, ပှၤတီခိဉ်ရိဉ်မဲတၢ်, ခိဉ်နၢ် ၂. ဘီခိဉ်စူ

spearhead *v* ဆှၢတၢ်တွၤတၢ်, တီခိဉ်ရိဉ်မဲတၢ်

special *a* ၁. လၢအလီၤဆီ ၂. လၢအတမ့ၢ်ပတီၢ်မုၢ် ၃. လၢအရှဒိဉ် ၄. လၢအဂ့ၤဒိဉ်နှၢ်

special *n* ၁. တၢ်လီၤဆီ ၂. တၢ်လၢအတမ့ၢ်ပတီၢ်မုၢ် ၃. တၢ်လၢအရှဒိဉ်

S

special agent *n* ဖဲဉ်ဒရဲဉ်တၢ်ယိထံသ့ဉ်ညါဝဲၤကျိၤ (FBI) အပှၤမၤတၢ်ဖိ

special delivery *n* တၢ်ဆှၢတၢ်အချ့, တၢ်ဆှၢ (လံာ်ပရၢ) လၢအချ့

special education *n* တၢ်ကူဉ်ဘဉ်ကူဉ်သ့လီၤဆီ, ပှၤနီၢ်ခိက့ၢ်ဂီၤက့ကွဲဉ် (အကွီ, အတၢ်ကူဉ်ဘဉ်ကူဉ်သ့)

special effects *n* တၢ်အသိဉ်လီၤဆီ, တၢ်အက့ၢ်အဂီၤလီၤဆီ (လၢတၢ်ဂဲၤဒိ, တၢ်ဂီၤမူအပူၤ)

special licence *n* တၢ်ဖျိလံာ်အုဉ်သးလီၤဆီ

special needs *n* တၢ်လိဉ်ဘဉ်လီၤဆီ

special offer *n* တၢ်အပှ့ၤလီၤဆီ, တၢ်ဟ့ဉ်လီၤဆီ

specialist *n* ၁. ပှၤသ့တၢ်တမံၤမံၤလီၤလီၤဆီဆီ, ပှၤစဲဉ်နီၤ, ပှၤသ့ပှၤဘဉ် ၂. ကသံဉ်သရဉ် (ကူစါယါဘျါတၢ်ဆါ) လီၤဆီ, ကသံဉ်သရဉ်လီၤဆီ

speciality *n* ၁. တၢ်အိဉ်လီၤဆီ, တၢ်အိဉ်လၢအမံၤဒိဉ်လီၤဆီ ၂. တၢ်ဖံးတၢ်မၤလီၤဆီ

specialize, specialise *v* ဟ့ဉ်လီၤဆီတၢ်ဆၢကတီၢ်လၢတၢ်တမံၤမံၤအဂီၢ်, ယုသ့ဉ်ညါတၢ်ထဲတမံၤဇိၤလီၤလီၤဆီဆီ

specialized, specialised *a* လၢအလီၤဆီ, လီၤလီၤဆီဆီ

specially *adv* လီၤဆီဒဉ်တၢ်, လီၤလီၤဆီဆီ

species *n* စၢၤ, ကစၢၤ, စၢၤသွဲဉ်

specific *a* ၁. လီၤတံၢ်လီၤဆဲး, လီၤလီၤဆီဆီ

specific *n* ၁. ကသံဉ်ဖိဉ်လၢအဘဉ်လိာ်ဒီးတၢ်ဆါတကလှာ် ၂. တၢ်ဂ့ၢ်တၢ်ကျိၤလီၤဆီ

specifically *adv* လီၤဆီဒဉ်တၢ်, လီၤလီၤဆီဆီ, လီၤတံၢ်လီၤဆဲး

specification *n* ၁. တၢ်နဲဉ်လီၤလီၤတံၢ်လီၤဆဲး, တၢ်နဲဉ်ကျဲလီၤတံၢ်လီၤဆဲး

specificity *n* ၁. တၢ်အိဉ်ဒီးကံၢ်စီလီၤလီၤဆီဆီ, တၢ်အိဉ်ဒီးကံၢ်စီလီၤလီၤဆီဆီဒဉ်ဝဲ ၂. တၢ်လီၤတံၢ်လီၤဆဲး

specifics *n* တၢ်ဂ့ၢ်တၢ်ကျိၤလီၤတံၢ်လီၤဆဲး

specify *v* တဲဖျါလီၤတံၢ်လီၤဆဲး, ဟ်ဖျါလီၤတံၢ်လီၤဆဲး

specimen *n* တၢ်တမံၤမံၤလၢတၢ်ကကွၢ်ဒိအဂီၢ်, တၢ်အဒိ

specious *a* ဖျါလၢအဘဉ်, လီၤက်လၢအဘဉ်, (ဘဉ်ဆဉ်တဘဉ်ဘဉ်) ဘူးကဘဉ်, ဘူးကမ့ၢ်

speck *n* တၢ်ကမံုၤအဖျၢဉ်ဖိ, တၢ်ဘဉ်အၢဆံးဆံးဖိ

speck *v* မၤထိဉ်အဖီး, အဖီးထိဉ်, မၤစံဉ်ပိဉ်ထိဉ်

speckle *n* တၢ်စံဉ်ပိဉ်ဖိ, တၢ်အဖီးဖိ

speckle *v* ၃းအိဉ်ထိဉ်အစံဉ်ပိဉ်, မၤထိဉ်အစံဉ်ပိဉ်

spectacle *n* ၁. တၢ်၃းနဲဉ်လၢအလီၤဘဉ်သူဉ်ဘဉ်သး ၂. တၢ်လၢအဘဉ်သူဉ်ဘဉ်သးပှၤ ၃. မဲာ်ဒီး, မဲာ်ထံကလၢ, မဲာ်ကး

spectacles *n* မဲာ်ထံကလၢ, မဲာ်ဒီး

spectacular *a* လၢအ၃းနဲဉ်ဝဲဒ်သိးကလီၤကမၢကမဉ်, လၢအဘဉ်ဃးဒီးတၢ် (၃းနဲဉ်တၢ်) ထံဉ်

spectacular *n* တၢ်၃းနဲဉ်လၢအလီၤဘဉ်သူဉ်ဘဉ်သး, တၢ်၃းနဲဉ်လၢအလီၤထုးန့ၢ်သူဉ်ထုးန့ၢ်သး, တၢ်လၢအလီၤဘဉ်သူဉ်ဘဉ်သး, တၢ်လၢအလီၤထုးန့ၢ်သူဉ်ထုးန့ၢ်သး

spectator *n* ပှၤကွၢ်ကီတၢ်ဖိ

spectator sport *n* တၢ်လိာ်ကွဲလၢပှၤလဲၤကွၢ်ကီအီၤ, တၢ်လိာ်ကွဲလၢပှၤအါဂၤဘဉ်သူဉ်ဘဉ်သး

spectra *n* ၁. တၢၢ်ကွဲၤအလွဲၢ်, တၢ်ကပီၤအလွဲၢ်အယဲၤ ၂. တၢ်လၢတၢ်အါမံၤအါကလှာ်ဟ်ဖှိဉ်ထိဉ်အသး, တၢ်ဂ့ၢ်လၢတၢ်ထံဉ်တၢ်ဆိကမိဉ်အါမံၤအါကလှာ်ပဉ်ယှာ်ဘဉ်ထွဲလိာ်အသး ၃. (လီမှဉ်အူ, တၢ်ကလုၢ်, တၢ်သိဉ်) အယွၤကျိၤ

spectral *a* ၁. လၢအလီၤက်ဒီးတဲပြၢ်, လၢအလီၤက်ဒီးတၢ်တဃဉ်, လၢအဘဉ်ဃးဒီးတၢ်တဃဉ် ၂. လၢအဘဉ်ဃးဒီးတၢၢ်ကွဲၤအလွဲၢ်, တၢၢ်ကွဲၤအလွဲၢ်

spectre, specter *n* ၁. တၢ်တဃဉ်, တဲပြၢ်, ၂. တၢ်လၢပှၤဆိမိဉ်ပျံၤဟ်စၢၤအီၤ

spectrometer *n* တၢ်ထိဉ်တၢ်ကပီၤအလွဲၢ်, စဲဉ်ထြိဉ်မံထၢဉ်

spectroscope *n* မဲာ်ကလၢပီၤကွၢ်တၢ်ကပီၤအယဲၤ, စဲဉ်ထြိဉ်စကိး

spectroscopy *n* တၢ်ယုထံၣ်သ့ၣ်ညါမၤလိတၢ်ကပီၤအယဲၤ

spectrum *n* တၢါကွဲၢ်အလွဲၢ်, တၢ်ကပီၤအလွဲၢ်အယဲၤ ၂. တၢ်လၢတၢ်အါမံၤအါကလုာ်ဟ်ဖှိၣ်ထိၣ်အသး, တၢ်ဂ့ၢ်လၢတၢ်ထံၣ်တၢ်ဆိကမိၣ်အါမံၤအါကလုာ်ပၣ်ဃုာ်ဘၣ်ထွဲလိာ်အသး ၃. (လီမ့ၣ်အူ, တၢ်ကလုၢ်, တၢ်သီၣ်) အယွၤကျိၤ

speculate *v* ၁. ဆိကမိၣ်တၢ်, ဆိကမိၣ်တယာ်တၢ် ၂. ဆါတၢ်ပှ့ၤတၢ်ဒ်သိးကန့ၢ်ဘၣ်ဝဲအထိးနါအါအါကလာ်

speculation *n* ၁. တၢ်ဆိကမိၣ်တၢ်, တၢ်ဆိကမိၣ်တယာ်တၢ် ၂. တၢ်ဆါတၢ်ပှ့ၤတၢ်ဒ်သိးကန့ၢ်ဘၣ်ဝဲအထိးနါအါအါကလာ်

speculative *a* ၁. လၢအဒိးသန့ထိၣ်အသးလၢတၢ်ဆိကမိၣ်တယာ်တၢ်, လၢအဆိကမိၣ်တယာ်တၢ် ၂. လၢအဂဲၤတၢ်ဆါတၢ်ပှ့ၤ, လၢအဂဲၤဖွါ (လၢအမုၢ်လၢ်ဝဲလၢအမၤန့ၢ်တၢ်အထိးနါအါအါကလာ်)

speculator *n* ပှၤဂဲၤတၢ်ဆါတၢ်ပှ့ၤ, ပှၤဂဲၤဖွါ, ပှၤပှ့ၤတၢ်ဆါတၢ်ဖိလၢအမုၢ်လၢ်ဝဲလၢအမၤန့ၢ်တၢ်အထိးနါအါအါကလာ်

speculum *n* ထိၣ်ဒ့ၣ်နိာ်

speech *n* ၁. တၢ်ကတိၤတၢ် ၂. တၢ်ကတိၤ

speech bubble *n* တၢ်ဂီၤမံ့အတၢ်ကတိၤ, တၢ်ဂီၤမံ့တဲတၢ်

speech therapy *n* တၢ်ကူစါယါဘျါတၢ်ကတိၤတၢ်အုးထုးအးထး, တၢ်ကူစါယါဘျါတၢ်ကတိၤတၢ်လီၤကတာ်

speechless *a* ၁. လၢအကတိၤတၢ်လီၤကတာ်, လၢအတဲကဒုးတၢ်တထိၣ်ဖျဲးလၢၤဘၣ် ၂. လၢအအုးအး, လၢအကတိၤတၢ်တသ့

speed *n* တၢ်အချ့

speed *v* ၁. လဲၤချ့ချ့, သုးအသးချ့ချ့ ၂. စိာ်ဆှၢတၢ်ချ့ချ့ ၃. မၤချ့ထိၣ်တၢ်

speed hump *n* တၢ်ထိၣ်ကူကျိၤ, ကျဲထိၣ်စိအကျိၤ (လၢတၢ်ကနိၣ်ကဒုလီၤသိလ့ၣ်အဂီၢ်)

speed limit *n* တၢ်ဟ်ပနိၣ်သိလ့ၣ်လဲၤတၢ်အချ့

speed trap *n* တၢ်ဖိၣ်ရူသူၣ်တၢ်နိၣ်သိလ့ၣ်လဲၤတၢ်အချ့အလီၢ်

speedboat *n* စဲးချံအချ့

speedily *adv* ချ့ချ့

speeding *n* တၢ်နိၣ်သိလ့ၣ်ချ့တလၢ, တၢ်နိၣ်သိလ့ၣ်ချ့န့ၢ်ဒံးတၢ်ဟ်ပနိၣ်ဃာ်အီၤ

speedometer *n* တၢ်ထိၣ်သိလ့ၣ်လဲၤတၢ်ချ့မံထၢၣ်, စပံးဒိၢ်မံထၢၣ်

speedway *n* ၁. တၢ်နိၣ်ပြၢသိလ့ၣ်, တၢ်နိၣ်ပြၢသိလ့ၣ်ဃိၢ် ၂. တၢ်နိၣ်ပြၢ (သိလ့ၣ်, သိလ့ၣ်ဃိၢ်) အကျဲ

speedy *a* ၁. လၢအချ့ ၂. လၢအလဲၤတၢ်ချ့ ၃. ဖျဲၣ်, ပ့ၢ်

spell *n* ၁. တၢ်ကဒိး (လံာ်) ၂. တၢ်အူတၢ်သမူ, တၢ်သမူပယၢ်

spell *v* ၁. ကဒိး (လံာ်) ၂. ဟဲစိာ်န့ၢ်တၢ်ကီတၢ်ခဲ ၃. မၤစၢၤတၢ် ၄. အူတၢ်သမူတၢ်

spellbinding *a* လၢအလီၤသးစဲ, လၢအထုးန့ၢ်သူၣ်ထုးန့ၢ်သး, လၢပကွၢ်အီၤတဘျဲ

spellbound *a* ၁. လၢ (တၢ်ကနၣ်) (ကွၢ်) ဝဲမုာ်တဘိယ့ၢ်ဃီ ၂. လၢအထုးန့ၢ်သူၣ်ထုးန့ၢ်သး

spelling *n* လံာ်ကဒိး

spend *n* တၢ်သူကျိၣ်သူစ့

spend *v* ၁. သူ (ကျိၣ်စ့) ၂. သူ (တၢ်ဆၢကတီၢ်)

spending *n* တၢ်သူကျိၣ်သူစ့

spending money *n* ကျိၣ်စ့လၢတၢ်သူအီၤ

spendthrift *n* ပှၤမၤလၢာ်ဂီၤစ့

spent *a* ၁. လၢတၢ်သူအီၤဝံၤ, လၢတၢ်စူးကါတ့ၢ်အီၤ ၂. လၢအလီၤဘုံးလီၤတီၤဒိၣ်ဒိၣ်ကလာ်, လၢအဂံၢ်တအိၣ်လၢၤ

sperm *n* ပိာ်ခွါအချံအသၣ်

sperm bank *n* တၢ်ဟ်ကီၤပိာ်ခွါဆိုးထံအလီၢ်

spew *v* ၁. ဘိုး, သးကလဲၤ ၂. ယွၤထိၣ်ဆူခိချ့ချ့ (ထံ), (မ့ၣ်အူလုၢ်) ထိၣ်အါအါဂိၢ်ဂိၢ်, ဖျိးထိၣ် ၃. တဲတၢ်လၢအတဂ့ၤတဝါ

sphere *n* တၢ်ဖျၢၣ်သလၢၣ်

spherical *a* လၢအဖျၢၣ်သလၢၣ်

spheroid *n* တၢ်အက့ၢ်အဂီၤလၢဘူးကလီၤက်ဃၣ်ဃၣ်ဒီးတၢ်အဖျၢၣ်သလၢၣ်

sphinx *n* ၁. ပှၤကညီအခိၣ်ဒီးခ့ယၢ်အနိၢ်ကစၢ်လၢပျ့ၤအစိးပျ့ၤ (အိၣ်လၢကီၢ်အဲၤကူပတူး မ့တမ့ၢ် ကီၢ်အံၣ်ကွး(ပ) ၂. ပှၤလၢတၢ်နၢ်ပၢၢ်ဘၣ်အီၤကီ, ပှၤလၢအဟ်ခူသူၣ်တၢ်

spice *n* တၢ်နၢမူ (တၢ်နၢမူလၢတၢ်ဖီကသူဂီၢ်)

S

spice *v* ၁. ထၢနုာ်တၢ်နၢမူ, မၤနၢမူနၢဆိုထိဉ် ၂. မၤအါထိဉ်တၢ်သးဂဲၤ, မၤအါထိဉ်တၢ်သးစဲ

spicy *a* ၁. ဟဲ (ကသူလၢတၢ်ဖိအီၤနၢမူနၢဆိုဒီးအရီၢ်ဟဲ) ၂. လၢအလီၤသူဉ်ပိၢ်သးဝး

spider *n* ကပီၤ

spidery *a* ၁. လၢအဘဉ်ဃးဒီးကပီၤ, လၢအလီၤက်ဒီးကပီၤလၢ ၂. လၢအဃံၤတဖျ့ဒ်ကပီၤအစုအခီဉ်အသိး

spigot *n* ထံပီၤနိး, ထံပီၤနိာ်

spike *n* ၁. တၢ်ခိဉ်စူ, ထးခိဉ်စူ ၂. ဘုစဲၤ ၃. ခီဉ်ဖံးစူဖျံ, ခီဉ်ဖံးထိခံ ၄. တၢ်အပူၤထိဉ်သတူၢ်ကလာ်

spike *v* ၁. ထၢနုာ်ရူသူဉ်ကသံဉ်မူၤဘိုးဆူပူၤအတၢ်အီ မ့တမ့ၢ် တၢ်အီဉ်တၢ်အီအပူၤ ၂. ထိဉ်သတူၢ်ကလာ်, အါထိဉ်ဂိၢ်ထိဉ်သတူၢ်ကလာ် ၃. ဆဲး (ပူၤ) ဒီး (ထး) ခိဉ်စူ, ဆဲးတၢ် ၄. မၤဟးဂီၤပူၤအတၢ်ရဲဉ်တၢ်ကျဲၤတၢ်ဖံးတၢ်မၤ

spiky *a* ၁. လၢအိဉ်ဒီးထးခိဉ်စူ, လၢအခိဉ်စူ ၂. (ခိဉ်သူ) လၢအဆိုဉ်, လၢအတရီး ၃. လၢအသးချ့

spill *n* ၁. တၢ်လီၤလဲာ်, တၢ်မၤလီၤလဲာ်, တၢ်မၤလီၤလူလီၤဆံဉ်, တၢ်မၤလီၤဂၢ်တၢ် ၂. တၢ်မၤလီၤတဲာ်

spill *v* လီၤလဲာ်, မၤလီၤလဲာ်, လီၤလူလီၤဆံဉ်

spillage *n* ၁. တၢ်လီၤလဲာ်, တၢ်လီၤလူလီၤဆံဉ်, တၢ်လီၤဂၢ် ၂. တၢ်လီၤတဲာ်, တၢ် (လီၤတဲာ်) ပှဲၤအံၤပှဲၤနၤ

spin *n* ၁. တၢ်ဒုးတရံးတၢ်, တၢ်မၤတရံးတၢ် ၂. တၢ်နီဉ်လိာ်ကွဲ (သိလ့ဉ်), တၢ်ဒိးလိာ်ကွဲသိလ့ဉ်

spin *v* ၁. ဒုးတရံး, မၤတရံး ၂. လှ့ၢ် (လှဉ်) ၃. (မီထိဉ်) လဲၤတၢ်ချ့ချ့

spin doctor *n* ပှၤန့ၢ်ပၢကတိၤတၢ်, (တၢ်ကရၢကရိ)ပှၤလၢအတဲတၢ်ပၢ

spin dryer *n* စဲးဝံာ်သံးတၢ်, စဲးဝံာ်သံးတၢ်ကူတၢ်ကၤအထံ

spinach *n* မ့ၤတလီဒီး

spinal column *n* ပျိၢ်ဃံဖးဒိဉ်, ပျိၢ်ဃံ

spinal needles *n* ထးဖိလၢအဆဲးယီၢ်ဒ့အဆၢအဃံတဖဉ်

spinalcord *n* ပျိၢ်ဃံအနၢဉ်, နၢဉ်ဘိလၢအိဉ်လၢပျိၢ်ဃံအကဆူး, နၢဉ်ဘိမိၢ်ပှၢ်

spindle *n* ၁. လှဉ်ချ့ဉ်သဉ်, လှဉ်ထွံ ၂. ဝဉ်ရိ

spindly *a* လၢအဃံၤဖးထိတဖျ့ညှ့, လၢအဃံၤဖးထိတကျၢၤတနူၤ

spine *n* ၁. ပျိၢ်ဃံ ၂. အဆူဉ်. အဒိ, သူဉ်အဆူဉ်

spine-chilling *a* လၢအလီၤပျုံၤလီၤဖုးတုၤလၢယီၢ်ဒ့တကံ, လၢအလီၤပျုံၤလီၤဖုးတုၤဘ့ဉ်သကုဉ်ခီသကုဉ် (တၢ်ဂီၤမူ)

spineless *a* ၁. လၢအပျိၢ်ဃံတအိဉ် (အဒိ, ထိးကလဲာ်) ၂. လၢအသးပှဲာ်, လၢအသးသုဉ်, လၢအသးတနူ

spinet *n* တနၢ်ပိၢ်စုအဆံးတကလုာ်

spine-tingling *a* လၢအလီၤသူဉ်ဟူးသးဂဲၤဒိဉ်ဒိဉ်ကလဲာ်

spinner *n* ပှၤလှ့ၢ် (ဘဲ) ဖိ, ပှၤပၤတရံးဖျာဉ်သဉ် (ခြံးခဲးတၢ်ဂဲၤလိာ်ကွဲ)

spinning wheel *n* ကဟဉ်

spin-off *n* ၁. တၢ်ဂ့ၤတၢ်ဝါတမံၤလၢအိဉ်ထိဉ်လၢတၢ်တဟ်သူဉ်ဟ်သးဘဉ်အခါ ၂. တၢ်ဟဲလီၤစၢၤလၢတၢ်တမံၤမံၤအဃိ, တၢ်လၢအအိဉ်ထိဉ်ခီဖျိတၢ်တမံၤမံၤအဃိ

spinster *n* မုဉ်ကနီၤ, မုဉ်ကနီၤပှၢ်. ဗိာ်မုဉ်လၢတဖျီအသးဒံးဘဉ်

spiny *a* ၁. လၢအအိဉ်ဒီးအဆူဉ် ၂. လၢအကီအခဲ, လၢအိဉ်ဒီးတၢ်နိးတၢ်ဘျး, လၢအိဉ်ဒီးတၢဆူဉ်တၢမဲ

spiral *a* လၢအကွီၤသဝံးအသးတဝီဘဉ်တဝီ, လၢအတရံးအသးတဝီဘဉ်တဝီ

spiral *n* ၁. တိၤကွီၤသဝံး, ကွီၤသဝံး ၂. တၢ်လဲၤတရံးအသးတဝီဝံၤတဝီ

spiral *v* ၁. လဲၤတရံးအသးတဝီဝံၤတဝီ, ကွီၤတရံးအသးတဝီဝံၤတဝီ ၂. (အါထိဉ်, နးထိဉ်) ကွ့ၢ်ကွ့ၢ်

spirally *adv* လၢအလဲၤတရံးအသးတဝီဝံၤတဝီ

spire *n* တၢ်အပျိာ်ဖးထိ, (တၢ်သူဉ်ထိဉ်) အပျိာ်

spirit *n* ၁. သံး, သံးသဝံ ၂. သး(နီၢ်သး) ၃. တၢ်တဃဉ်, တဲပြၢ်, တၢ်မုၢ်ဃၢ်, တၢ်ဝံတၢ်ကလၤ

S

၄. တၢ်ပာ်သူၣ်ပာ်သး, သးသဟီၣ်, တၢ်သူၣ်ဆူၣ်သးဂဲၤ

spirit *v* ဃ့ၢ်စိာ်ရူသူၣ်တၢ်, ဃ့ၢ်စိာ်ရူသူၣ်ကွံာ်ပှၤ

spirit level *n* နီၣ်ထိၣ်ထံ

spirited *a* လၢအသူၣ်ဆူၣ်သးဂဲၤ, လၢအိၣ်ဒီးတၢ်သးရူတလ့ၢ်

spiritless *a* ၁. လၢအတသူၣ်ဆူၣ်သးဂဲၤ, လၢတအိၣ်ဒီးတၢ်သးရူတလ့ၢ် ၂. လၢအသးတဖံ

spiritual *a* လၢအဘၣ်ဃးဒီးနီၢ်သး, လၢအဘၣ်ဃးဒီးသူၣ်ဂ့ၢ်သးကျိၤ

spiritual *n* နီၢ်သးဂ့ၢ်ဝီတၢ်သးဝံၣ်, သူၣ်ဂ့ၢ်သးကျိၤတၢ်သးဝံၣ်, တၢ်ဘူၣ်တၢ်ဘါတၢ်သးဝံၣ်

spiritualist *n* ပှၤလၢအနာ်လၢတၢ်ဝံတၢ်ကလၤအိၣ်ဝဲ

spirituality *n* တၢ်ဘၣ်ဃးဒီးသူၣ်ဂ့ၢ်သးကျိၤ, တၢ်အိၣ်ဒီးတၢ်သးရူတလ့ၢ်, တၢ်အိၣ်ဒီးတၢ်သူၣ်မုာ်သးခု

spiritualize, spiritualise *v* ပာ်စီဆုံအသး, မၤစီဆုံထိၣ်အသး

spiritually *adv* လၢသူၣ်ဂ့ၢ်သးကျိၤတကပၤ, လၢသူၣ်လၢသးတကပၤ

spit *n* ၁. ထးခိၣ်ထံ, ထူးပျ့ၤထံ ၂. တၢ်ထူးပှဲာ်ကွံာ်တၢ် ၃. ဟီၣ်ကမျိၤ, သိၣ်ခိၣ်, မဲးပြီခိၣ် ၄. နီၣ်တ့ၢ်နီၣ်ကၣ်

spit *v* ၁. ထူးပှဲာ် ၂. (မူခိၣ်) စူၤတဖံ့ၣ်, စူၤတဖံ ၃. တဲထိၣ်တၢ် ၄. (သိ) ပိၢ်ထိၣ်

spite *n* တၢ်သးအိၣ်ဟ့ၣ်ကၣ်ဆၢတၢ်အၢ, တၢ်သးကါတၢ်, တၢ်သးကှ့ၣ်တၢ်

in spite of *idm:* သနာ်က့

spite *v* ဟ့ၣ်ကၣ်ဆၢတၢ်အၢ, မၤဆၢက့ၤတၢ်လၢတၢ်အၢ

spiteful *a* လၢအသူၣ်ကှ့ၣ်သးကါတၢ်, လၢအသးအၢ, လၢအသူၣ်တဂ့ၤသးတဝါ

spittle *n* ထးခိၣ်ထံ, ထူးပျ့ၤထံ

spittoon *n* ထးခိၣ်ထံဒၢ, ထူးပျ့ၤထံဒၢ

splash *n* ၁. ထံလီၤလူအသီၣ် ၂. တၢ်ပဲဘၣ်အၢဒီးထံ, ထံဘၣ်အၢတပဲ ၃. (တၢ်အထံ) တဘျၢၣ်, တနီၣ်တၢၤ

splash *v* ၁. ဖျိးထိၣ် ၂. ပဲဘၣ်အၢဒီးထံ, ပဲးဘၣ်အၢဒီးထံ ၃. ဟးလၢထံကျါသီၣ်ပျူၤပျူၤ

splashy *a* လၢအလွဲၢ်ကပီၤ, လၢအလွဲၢ်ကပြု့ၢ်ကပြီၤ, လၢအလီၤသးစၢၢ်ဆၢဒိၣ်ဒိၣ်ကလဲာ်

splatter *v* မၤလီၤဆံၣ်, (သိ) ဖျိးဘၣ်အၢ

splay *v* မၤလဲၢ်ထိၣ်, အီးဖှၣ်, ကါကါကံၢ်, အီးသလၣ်ထိၣ်

spleen *n* ၁. ကမိ ၂. တၢ်သူၣ်ဒိၣ်သးဖျိး (လၢအဂ့ၢ်အကျိၤတအိၣ်)

spleenic rupture *n* ကမိသ့ၣ်ဖး

splendid *a* ၁. လၢအမုာ်သူၣ်မုာ်သး ၂. ဖျါဃံဖျါလၤ, လီၤဘီလီၤမု

splendour, splendor *n* တၢ်လီၤဘီလီၤမုၢ်, တၢ်ဆူၣ်ဆူၣ်ဘှဲၣ်ဘှဲၣ်

splenomegaly *n* ကမိလီၤ, ကမိဒိၣ်

splice *n* ၁. တၢ်ဒုးစဲဘူးတၢ်, တၢ်ထီစဲဘူးတၢ် ၂. တၢ်ထီစဲဘူးတၢ်အလီၢ်

splice *v* ထီစဲဘူး, ဒုးစဲဘူး, ပိၤစဲဘူး

splint *n* တၢ်ဖိၣ်ဆိၣ်, တၢ်ဖိၣ်ကျၢၤ (သ့ၣ်ခိ ဝ့ၣ်ခိ, တၢ်လၢအဖိၣ်ကျၢၤစုကၢ်ခီၣ်ကၢ်ဖဲတၢ်ဃါဘျါအီၤခါ)

splinter *n* တၢ်အရှၣ်အဒ့ကမံၣ်, သ့ၣ်အရှၣ်, ဝ့ၣ်အရှၣ်, တၢ်အရှၣ်အဒ့ပြံကဒံဖိ, တၢ်အက့အခီ

splinter *v* ၁. တိသ့ၣ်ဖး, မၤသ့ၣ်ဖး, သ့ၣ်ဖး ၂. လီၤဖး, ထုးဖးအသး

split *v* ၁. မၤလီၤဖး, နီၤဖး, အိၣ်လီၤဖး ၂. တိသ့ၣ်ဖး, ကျီသ့ၣ်ဖး ၃. လီၤဖး, ထုးဖးကွံာ်အသး ၄. ဟးထိၣ်

split second *n* တၢ်တဖျးမဲာ်အတိၢ်ပူၤ, တၢ်ဆၢကတိၢ်ဖှၣ်ကိာ်ဖိအတိၢ်ပူၤ

split-level *a* (ဒၢး) လၢအဆီအါ, လၢအကထၢအါ, လၢအပတိၢ်အါ

splutter *n* ၁. တၢ်ကွာ်ကသါတဲတၢ်, တၢ်ကသါဟီၣ်ဟဲဒီးတဲတၢ်ချ့ချ့ ၂. တၢ်သီၣ်ကတာ်ဖြူၣ်ဖြူၣ်ဖြါဖြါ (အဒိ, တၢ်နီၣ်ထိၣ်သိလ့ၣ်တနၢ်ဂ့ၤဂ့ၤအသီၣ်)

splutter *v* ၁. ကသါဟီၣ်ဟဲဒီးတဲတၢ်ချ့ချ့, ကွာ်ကသါတဲတၢ် ၂. သီၣ်ကတာ်ဖြူၣ်ဖြူၣ်ဖြါဖြါ

spoil *n* ၁. တၢ်လၢတၢ်ကွာ်နှၢ်အီၤ ၂. တၢ်ဖိတၢ်လံၤလၢတၢ်ဘျၣ်ဟ့ၣ်နှၢ် ၃. တၢ်ကဲဘျုးကဲဖှိၣ်, တၢ်အထိးနါ ၄. တၢ်လၢအဟဲထိၣ်ဖဲပှၤရှၣ်တၢ်ပူၤအခါ (ဟီၣ်ခိၣ်ကပံာ်, လၢၢ်ဖိၤလ့ဖိၤ)

S

spoil *v* ၁. မၤဟးဂီၤ ၂. အုၣ်, ဟးဂီၤ, ဆံၣ်ဘီ
spoil sport *n* ပှၤလၢအမၤဟးဂီၤပှၤအတၢ်ရဲၣ်တၢ်ကျဲၤ
spoilt *a* ၁. (ဖိသၣ်) လၢအရၢၢ်စၢၢ်, လၢအသကဲာ်ပဝးဟးဂီၤ (မ့ၢ်လၢတၢ်လူၤဘၣ်အသးအါတလၢအဃိ) ၂. (တၢ်အီၣ်တၢ်အီ) လၢအဆံၣ်ဘီ, လၢအအုၣ်သံ, လၢအဟးဂီၤ
spoke *n* ပၣ်ဒ့. အဒိ, လှဲၣ်ယီၢ်အပၣ်ဒ့
spoke *v* ကတိၤတၢ်, တဲတၢ်
spoken word *n* တၢ်လၢပှၤတဲ
spokes person *n* ပှၤန့ၢ်ပၢကတိၤတၢ်, ပှၤလၢအတဲတၢ်ပၢ
spokesman *n* ပှၤန့ၢ်ပၢကတိၤတၢ်, ပှၤလၢအတဲတၢ်ပၢ
spoliation *n* တၢ်မၤဟးဂီၤတၢ်, တၢ်ဂုာ်န့ၢ်တၢ်
sponge *n* ကုၤပီၣ်လဲၣ်
sponge *v* ၁. ထူးစိ မ့တမ့ၢ် သ့စီဒီးကုၤပီၣ်လဲၣ် ၂. ဟံးန့ၢ် မ့တမ့ၢ် မၤန့ၢ်ကလီ(ကျိၣ်စ့ ဒီးတၢ်အီၣ်တၢ်အီ) ၃. စူးကါကုၤပီၣ်လဲၣ်ဒီးတ့ကယၢတၢ်ဒူၣ်ကပၤ
sponger *n* ပှၤလၢအဃ့ကလီပှၤတၢ်ဆူၣ်
spongy *a* လၢအလီၤက်ဒီးကုၤပီၣ်လဲၣ်, လၢအကပှာ်ဒ်ကုၤပီၣ်လဲၣ်အသိး
sponsor *n* ပှၤလၢအဟ့ၣ်မၤစၢၤတၢ်, ပှၤဟ့ၣ်မၤဘူၣ်တၢ်
sponsor *v* ၁. ဟ့ၣ်မၤစၢၤတၢ်, ဟ့ၣ်မၤဘူၣ်တၢ် ၂. ဆီၣ်ထွဲမၤစၢၤ, မၤစၢၤ (တၢ်ဆှၢနုာ်) ၃. ဟံးမူဒါ
sponsorship *n* တၢ်ဟ့ၣ်မၤဘူၣ်ကျိၣ်စ့, ကျိၣ်စ့တၢ်ဆီၣ်ထွဲမၤစၢၤ, တၢ်ဆီၣ်ထွဲမၤစၢၤပှၤတဂၤလၢကျိၣ်စ့
spontaneity *n* တၢ်ကဲထီၣ်ဒၣ်ဝဲ, တၢ်ကဲထီၣ်ဒၣ်အတၢ်
spontaneous *a* လၢအကဲထီၣ်ဒၣ်အတၢ်
spook *n* ၁. တၢ်တဃၣ်, တၢ်ဝံတၢ်ကလၤ, တဲပြၢ် ၂. တၢ်မဲာ်ချံ, ပှၤကွၢ်ဟုၣ်တၢ်
spook *v* ၁. မၤပျံၤမၤဖုးတၢ် ၂. ပျံၤတၢ်ဖုးတၢ်
spooky *a* လၢအလီၤပျံၤ, လၢအလီၤဖံးဘ့ၣ်သကုၣ်
spool *n* လုၣ်ရှၣ်သၣ်, လုၣ်ရှၣ်အလဲ
spool *v* ၁. ရှၣ် (လုၣ်) ၂. (ခီၣ်ဖျူထၢၣ်) ဒုးအိၣ်ပတှာ်ခီၣ်ဖျူထၢၣ်အတၢ်ဖံးတၢ်မၤ
spoon *n* နီၣ်တၢၤ
spoon-feed *v* ၁. တၢၤဒုးအီၣ် ၂. မၤစၢၤန့ၢ်ပှၤတၢ်အါတလၢ, မၤညီနှၢ်န့ၢ်တၢ်အါတလၢ
spoonful *n* နီၣ်တၢၤတတၢၤပှဲၤပှဲၤ
spoor *n* တၢ်မံၤလာ်အခီၣ်လီၢ်, တၢ်မံၤလာ်အစိ (နၢ)
sporadic *a* လၢအမၤအသးတဘျီတခီၣ်, လၢအမၤအသးကူၢ်ဘျီကူၢ်ဘျီ, လၢအမၤအသးယံာ်ယံာ်တဘျီ
spore *n* တၢ်ချံပြံကဒံ (အဒိ, ကုၤအချံ)
sport *n* ၁. တၢ်လိာ်ခီၣ်လိာ်ကွဲ ၂. တၢ်လူၤခးအီၣ်ပှၢ်, တၢ်လူၤပှၢ်
sport *v* ၁. လိာ်ခီၣ်လိာ်ကွဲ ၂. ဟ်ဂ့ၤဟ်ဝါအသး, ဟ်ကဖၢလၢအသး
sporting *a* ၁. လၢအဘၣ်ဃးဒီးတၢ်လိာ်ခီၣ်လိာ်ကွဲ ၂. လၢအိၣ်ဒီးပှၤလိာ်ကွဲဖိအသး, လၢအအဲၣ်တၢ်လိာ်ခီၣ်လိာ်ကွဲနီၢ်နီၢ်
sports centre *n* တၢ်လိာ်ခီၣ်လိာ်ကွဲအဘျီၣ်, တၢ်လိာ်ခီၣ်လိာ်ကွဲအစဲထၢၣ်
sports shirt *n* စပိးရှၢး, ပိာ်ခွါဆ့ကၤရှၢး, ပိာ်ခွါဆ့ကၤမှၢ်ဆ့ၣ်မုၢ်ဂီၤ
sportscaster *n* ပှၤလၢအဘီးဘၣ်ရၤလီၤတၢ်ဖဲပှၤဂဲၤလိာ်ကွဲအခါ
sportsman *n* ၁. ပှၤဂဲၤလိာ်ကွဲဖိ, ပှၤဂဲၤလိာ်ကွဲဖိစဲၣ်နီၤ, ပှၤလၢအိၣ်ဒီးပှၤဂဲၤလိာ်ကွဲဖိအသး ၂. ပှၤလူၤခးအီၣ်ပှၢ်, ပှၤလူၤအီၣ်ပှၢ်
sportsmanlike *a* လၢအအိၣ်ဒီးပှၤလိာ်ကွဲဖိအသးစဲၣ်နီၤ, လၢအသးဘျၢလၢတၢ်လိာ်ကွဲအပူၤ
sportsmanship *n* တၢ်အိၣ်ဒီးပှၤလိာ်ကွဲဖိအသးစဲၣ်နီၤ, တၢ်အိၣ်ဒီးတၢ်သူၣ်လီၤသးဘျၢလၢတၢ်လိာ်ကွဲအပူၤ
sportsperson *n* ပှၤဂဲၤလိာ်ကွဲဖိ, ပှၤဂဲၤလိာ်ကွဲဖိစဲၣ်နီၤ
sportswear *n* ၁. တၢ်လိာ်ခီၣ်လိာ်ကွဲအတၢ်ကူတၢ်သိး ၂. ပိာ်ခွါဆ့ကၤပတီၢ်မုၢ်
spot *n* ၁. တၢ်အဖီးဖိ ၂. တၢ်လီၢ်, ဟီၣ်ခိၣ်လီၢ် ၃. တၢ်အဖျၢၣ်ဖိ. အဒိ, တၢ်ဆါသမူးဖိအဖျၢၣ်ဖိ
spot *v* ၁. မၤနီၣ်မၤဃါ, မၤနီၣ်ယာ် ၂. အိၣ်ဒီးအဖီးဖိ, အဖီးထိၣ်

spot check *n* တၢ်နာ်လီၤသမံသမိးတၢ်သတူၢ်ကလာ်, တၢ်သမံသမိးတၢ်သတူၢ်ကလာ်

spot on *a* လၢအဘၣ်လီၤတံၢ်လီၤဆဲး

spotless *a* ၁. လၢအဖီးတအိၣ်နီတစဲး, လၢအမဲၣ်သူမဲၣ်ဂီၤတအိၣ်နီတစဲး, လၢအကဆို, လၢအတဘၣ်အၢနီတစဲး ၂. လၢတၢ်ဟ်တၢ်ကမၣ်လၢအလီၤအလိၢ်တအိၣ်, လၢအတၢ်သံၣ်သူမိၤကျးတအိၣ်, လၢအတၢ်ကမၣ်တအိၣ်

spotlight *n* ၁. မ့ၣ်ဖျၢ် ၂. တၢ်မၤကပီၤထီၣ်တၢ်ဒီးမ့ၣ်ဖျၢ်, တၢ်လ့ကပီၤထီၣ်တၢ်ဒီးမ့ၣ်ဖျၢ်

spotted *a* စံၣ်ပိၣ်, ကံၣ်ဃ့ကံၣ်ဃာ်, ကံၣ်ဃ့ကံၣ်မ့ာ်

spotter *n* ၁. ပှၤကွၢ်နိၣ်ကွၢ်ဃါတၢ်, ပှၤဟးလိာ်ကွဲကွၢ်ကီတၢ်, ပှၤလၢအဃုထံၣ်သ့ၣ်ညါတၢ် ၂. ကဘီယူၤလၢအဃုထံၣ်သ့ၣ်ညါနၣ်ဒါအိၣ်တၢ်အလိၢ်

spouse *n* ဒီမါဝၤ

spout *n* ၁. အနိးထိးနါ, (ထံချိဒၢ) အနိာ်ထိးနါ

spout *v* ၁. (ထံ) ပြိထီၣ်, ဖျိးထီၣ် ၂. ပြိထီၣ်ထံ (ညၣ်လူၤခိၣ်) ၃. ကတိၤဒိၣ်အကိာ်

sprain *n* စုချံးခီၣ်ချံး, ထူၣ်တလာ်

sprain *v* (ခီၣ်) ချံး, (စု) ချံး, ထူၣ်တလာ်

sprawl *n* ၁. တၢ်မံနီၤစူၣ်စုစူၣ်ခီၣ်, တၢ်စူၣ်လီၤဘါလီၤအသး ၂. တၢ်ရၤလီၤအသးသကုၤဆးဒး, တၢ်အိၣ်သကုၤဆးဒး

sprawl *v* ၁. စူၣ်လီၤ (ပျိၢ်), (မံနီၤ) စူၣ်စုစူၣ်ခီၣ် ၂. ရၤလီၤအသးသကုၤဆးဒး, အိၣ်သကုၤဆးဒး

spray *n* ၁. ကသံၣ်ပြိအထံ, ကသံၣ်ပြိအဒၢ ၂. တၢ်ဖှိၣ် (ထံ), တၢ်ပြိ (ထံ), ထံဖှိၣ်ထီၣ်အသး, ထံပြိထီၣ်အသး

spray *v* ဖှိၣ် (ထံ), ပြိ (ထံ), ဖှံဘၣ်စီၣ်

spray gun *n* ကသံၣ်ပြိဒၢအခိၣ်

spray paint *n* ကသံၣ်ထံပြိတၢ်အလွှၢ်

spread *n* ၁. တၢ်ရၤလီၤအသး, တၢ်သလၣ်လီၤအသး, တၢ်ဒုးဟူထီၣ်သါလီၤ ၂. တၢ်အိၣ်တၢ်အီလၢတၢ်ဒွါအိၣ်လၢကိၣ်ပီၣ်မူး မ့တမ့ၢ် ဘံၣ်စကုးတဖၣ်အလီၤ (အဒိ, ထီပး, တၢ်နၢ်ထံလီၤသကၤ), (ကိၣ်ပီၣ်မူး) အဆၣ် ၃. တၢ်ရဲၣ်လီၤတၢ်တဂ့ၢ်ဘၣ်တဂ့ၢ် ၄. လိၢ်ဖူဒါ, လိၢ်မံဒါ ၅. တၢ်အိၣ်အမူး ၆. (တၢ်ဂ့ၢ်, တၢ်ကွဲး, တၢ်ဘီးဘၣ်သ့ၣ်ညါ) အိၣ်ပှဲၤကဘျံးပၤ ၇. တၢ်အဒ့ၣ်စၢၤ (လၢတၢ်ခံမံၤအဘၢၣ်စၢၤ)

spread *v* ၁. သလၣ်လီၤ, ဒါလီၤ, ဒုးဟူထီၣ်သါလီၤ ၂. မၤအါထီၣ် (တၢ်ဆၢကတိၢ်, တၢ်ထဲအံၤထဲနုၤ) ၃. အိၣ်ရၤလီၤအသး ၄. မၤလဲၢ်ထီၣ် (ဟီၣ်ကဝီၤ)

spread eagled *a* ၁. လၢအမံနီၤစူၣ်စုစူၣ်ခီၣ်, လၢအစူၣ်လီၤဘါလီၤအသး ၂. လၢအရၤလီၤသးသကုၤဆးဒး, လၢအိၣ်သကုၤဆးဒး

spread sheet *n* (ခီၣ်ဖျူထၢၣ်) တၢ်ဒွးစရီပတိၢ်အလၢ်တိၤဖျါ, စရီပတိၢ်

spree *n* တၢ်အီသံး, အိၣ်တၢ်အီတၢ်ဒီးတၢ်မၤသူၣ်ဖှံသးညီသး, တၢ်မၤသူၣ်ဖှံသးညီ, အီသံးအီက်ဒီးအိၣ်တၢ်, တၢ်မၤမ့ာ်မၤလၤအသး

sprig *n* သ့ၣ်ဒ့ဖိ, သ့ၣ်ဒ့ဝဉ်ဒ့

sprightly *a* လၢအပ့ၢ်အချ့, လၢအသူၣ်ဖှံသးညီ

spring *n* တၢ်ကိၢ်ထီၣ်သီကတိၢ် (တၢ်ဂိၢ်ခါဒီးတၢ်ကိၢ်ခါအဘၢၣ်စၢၤ) ၂. ထံမူ, မီ, ထံထီၣ်ပၢၢ် ၃. ချံၣ်ကွီၤ, ထးပထါကွီၤ, ထးပတ့ၤ

spring *v* ၁. စံၣ်သဖို, ခးပတ့ၤ, ပထါထီၣ်ပထါလီၤအသး, ယူာ်ထီၣ်ယူာ်လီၤသ့, ယဲာ်ထီၣ်သ့ ၂. ဟဲအိၣ်ဖျါထီၣ်, ဟဲကဲထီၣ်အသး, ဟဲဖျိထီၣ်

spring onion *n* ပကျၢ

springboard *n* ၁. စိၢ်ညီ, သ့ၣ်ဘၣ်လၢပှၤညီလီၤသးဆူထံကျါတဖၣ်ဆၢထၢၣ်လၢအလီၤ ၂. တၢ်လၢအမၤလဲၤထီၣ်လဲၤထီတၢ်

spring-clean *v* မၤကဆဲ့ကဆိုဟံၣ်ဖိၤဃီဖိၤဖဲတၢ်ကိၢ်လီၤသီအကတိၢ်

springy *a* ၁. လၢအပထါထီၣ်ပထါလီၤအသး, လၢအခးပတ့ၤအသး, လၢအယူာ်ထီၣ်ယူာ်လီၤဒီးသံးကတူၢ်လီၤအသးသ့, လၢအယူာ်ထီၣ်သ့, လၢအယဲာ်ထီၣ်သ့ ၂. လၢအပှဲၤဒီးဂံၢ်ဒီးဘါဒီးပ့ၢ်ချ့

sprinkle *n* ၁. တၢ်ကမူၣ် ၂. တၢ်စူၤလီၤတဖှံၣ်, တၢ်လီၤတဖှံၣ် ၃. တၢ်တဆံးတကဲ့ၢ်, စုၤကိာ်

sprinkle *v* ၁. ဖှံဘၣ်စီၣ်, ဖှံထံ ၂. ဖှံလီၤ (အံသၣ်ကမူၣ်) ၃. စူၤလီၤတဖှံၣ်, လီၤတဖှံၣ်

sprinkler *n* တၢ်ပြိထံ, နီၣ်ပြိထံ, နီၣ်ဖှိၣ်ထံ

sprinkling *n* တၢ်တဆံးတကဲ့ၢ်, တၢ်စုၤကိာ်, တၢ်တစဲးတမဲ့း

sprint *n* ၁. တၢ်ယ့ၢ်ချ့ချ့, တၢ်ယ့ၢ်ပြၢ

S

၂. တၢ်လဲၤတၢ်ချ့ချ့, တၢ်မၤတၢ်ချ့ချ့
sprint *v* ၁. ယ့ၢ်လၢာ်သး, ယ့ၢ်သဖှံး, ယ့ၢ်ချ့ချ့ ၂. ဝံၢ်ချ့ချ့, ဝံၢ်လၢာ်သး
sprite *n* တၢ်ဝံတၢ်နါဖိ, တၢ်တယၣ်ဖိ, တၢ်မုၢ်ယၢ်ဖိ, မုၢ်ယါဖိ
sprocket *n* ပၣ်ဒိၣ်ကွံၤ, ဒိၣ်ကွံၤ
sprout *n* တၢ်စိးပှၢ်ထီၣ်, တၢ်မဲထီၣ်သီ
sprout *v* (တဘ့) စိးပှၢ်ထီၣ်, မဲထီၣ်သီ, ဟဲမဲထီၣ်သီ
spry *a* လၢအိၣ်ဆူၣ်အိၣ်ချ့ဒီးပှဲၤဒီးဂံၢ်ဒီးဘါ, လၢအပှ့ၢ်အချ့
spume *n* တၢ်အသဘ့ဲ, ထံသဘ့ဲ
spumy *a* လၢအသဘ့ဲထီၣ်
spunk *n* ၁. တၢ်သးနူ, တၢ်သးခုတလ့ၢ် ၂. (ပိာ်ခွါ) ဆိုးထံ, အထံ
spunky *a* လၢအသူၣ်နူသးနူ, လၢအိၣ်ဒီးတၢ်သးခုတလ့ၢ်
spur *n* ၁. ကစၢ်အယွံၢ် ၂. ထိၣ်ဖိၤဆီဖိၤအခီၣ်ကဆု, ထိၣ်ဖိၤဆီဖိၤအခီၣ်ဆူၣ် ၃. တၢ်လၢအထိၣ်ဂဲၤထိၣ်ပှၤသး, တၢ်လၢအသဆၣ်ထိၣ်ပှၤအသး ၄. တၢ်ဖးဒ့ဖးတြၢ် (အဒိ, လ့ၣ်မ့ၣ်အူကျဲဖးဒ့, မ့ၣ်အူပျံၤဖးဒ့)
spur *v* ၁. ထိၣ်ဂဲၤထိၣ်ပှၤအသး, သဆၣ်ထိၣ်ပှၤအသး ၂. တကျာ်ကသ့ၣ် (လၢကသ့ၣ်ကယ့ၢ်အဂိၢ်)
spurious *a* လၢအယိၢ်အဘျၣ်, လၢအတမ့ၢ်တတီ
spurn *v* ၁. သမၢတၢ်, ဂ့ၢ်လိာ်တၢ် ၂. စူးကွံာ်ညီကွံာ်, ဟ်မၢ်ကွံာ်, ဟ်တ့ၢ်ကွံာ်
spurt *n* ၁. ထံဟဲဖှိုးထီၣ်, ထံဟဲပြိထီၣ် ၂. တၢ်ဒိၣ်တပျိၢ် ၃. တၢ်သူၣ်ဒိၣ်သးဖှိုး ၄. တၢ်သူၣ်ဆူၣ်သးဂဲၤတစိၢ်ဖိ
spurt *v* ၁. (ထံ) ဟဲဖှိုးထီၣ်, ထံဟဲပြိထီၣ်, သွံၣ်ပြိထီၣ်ဖဲတၢ်ဘၣ်ကူးဘၣ်ကျီအခါ ၂. ဖှိုးထီၣ်အသး, သဖှိထီၣ်
sputter *v* ၁. ကသါဟီၣ်ဟဲဒီးတဲတၢ်ချ့ချ့, ဂုာ်ကသါတဲတၢ် ၂. သီၣ်ကတာ်ခြူၣ်ခြူၣ်ခြါခြါ
sputum *n* ကဟး
spy *n* တၢ်မဲာ်ချံ, ပှၤကွၢ်ဟုၣ်တၢ်လၢအကစၢ်အဘျုးအဂိၢ်, ပှၤကွၢ်ဟုၣ်ကွၢ်စုးတၢ်
spy *v* ကွၢ်ဟုၣ်ကွၢ်စုးတၢ်

squab *a* လၢအဘီၣ်ဒီးဖုၣ်, လၢအဘီၣ်ပအုးနုး, လၢအဘီၣ်လုၤကုၤ
squab *n* ထိၣ်ကးကုၣ်, ထိၣ်လွံၢ်
squabble *v* ဂ့ၢ်လိာ်ဘိုလိာ်, တဲအါတၢ်
squad car *n* ပၢၤကိၢ်အသိလ့ၣ်လၢဟးဆှၣ်ကွၢ်တၢ်
squadron *n* သုးတဖု, ကဘီဒုးသုးတဖု
squalid *a* ၁. လၢအဘၣ်အၢဘၣ်သီ, လၢအသဘုံးကဒံး, လၢအိၣ်ထဲအဃံၣ်အဃူး ၂. လၢအသကဲာ်ပဝးတဂ္ၤ
squall *n* ၁. ကလံၤအူတပျုာ်တပျိုၤတၢ် ၂. တၢ်တပျုာ်တပျိုၤ
squall *v* ဟီၣ်ကိးပသူ, ဟီၣ်သီၣ်ဖးဒိၣ်, ဟီၣ်သီၣ်ရှၢ်ရှၢ်
squalor *n* တၢ်ဘၣ်အၢဘၣ်သီ, တၢ်သဘုံးကဒံး, တၢ်အိၣ်ထဲအဃံၣ်အဃူး
squander *v* မၤလၢာ်ဂီၤတၢ်, မၤလၢာ်ဂီၤ (ကျိၣ်စ့, တၢ်ဆၢကတိၢ်)
square *a* ၁. လၢအမ့ၢ်နၢၣ်ဘၣ်လွံၢ်ကနူၤယူ, လၢအိၣ်ဒီးနၢၣ် ၉၀ ဒံၢ်ကရံၣ်တီတီ, လၢအအိၣ်လွံၢ်ကနူၤယူ ၂. စကွဲယါ (အဒိ, ၁၀၀ စကွဲယါမံထၢၣ်) ၃. လၢအကနူၤထဲသိးလိာ်သး, လၢအကနူၤယူလိာ်အသး ၄. လၢအပှဲၤသိးသိး, လၢအတီအဘၣ် ၅. လၢအလဲၢ်ဒီးဖျါတီၣ်တုာ် ၆. လၢအတလီၤသးစဲ
square *adv* လီၤလီၤ, တီတီ
square *n* ၁. (□) စကွဲ, နၢၣ်ဘၣ်လွံၢ်ကနူၤယူ ၂. ကထၢ ၃. တၢ်လိၢ်ကဝီၤတကဝီၤ
square *v* ၁. (နိၣ်ဂံၢ်နိၣ်ဒွး) ဂံၢ်အါကထၢနိၣ်ဂံၢ်, ဂံၢ်ကထၢနိၣ်ဂံၢ် ၂. မၤယူလိာ်တၢ်, မၤလီၤမၤဘျါတၢ်
square root *n* ခံကထၢထံး [√]
squarely *adv* တီတီ, လီၤလီၤ
squash *n* ၁. လူၢ်ဖိၤဒးဖိၤ ၂. တၢ်သူတၢ်သၣ်အထံ ၃. တၢ်ဂဲၤလိာ်ကွဲတၢ်တိၢ်ဖျာၣ်ပၤတကလုာ် ၄. တၢ်ကတံာ်ကတူး
squash *v* ၁. မၤသဘုံး, ဆိၣ်သဘုံး ၂. သံးနုာ်လီၤ, ဆိၣ်နုာ်လီၤ, တြံာ်နုာ်လီၤ
squat *a* ၁. လၢအဖုၣ်ဒီးလဲၢ် ၂. လၢအဘီၣ်ဒီးဖုၣ်
squat *n* ၁. တၢ်သူၣ်ထိၣ်လၢပှၤလဲၤနုာ်လီၤအိၣ်ဆိးဆူၣ်လၢအပူၤ ၂. တၢ်ဆ့ၣ်နီၤတစီၤခီၣ်

S

squat *v* ဆ့ၣ်နီၤတစိၤခိၣ်

squatter *n* ပှၤလၢအလဲၤနုာ်လီၤအိၣ်ဆိးဆူၣ် (လၢဟံၣ်, ဟီၣ်ခိၣ်, တၢ်သူၣ်ထီၣ်လၢတၢ်တဟ့ၣ်ခွဲးအပူၤ)

squaw *n* (တၢ်ကိးတဆဲးတလၤ) ပှၤအမဲရကၤအ့ဒယါမုၣ်, မ့တမ့ၢ် မါ

squawk *v* ၁. မၤသီၣ်အကလုၢ်ဃဲကအဲး, ၂. (ဆီမိၢ်) ဃီ

squeak *n* တၢ်သီၣ်စွံးစွံး, တၢ်သီၣ်ဃဲကအဲး

squeak *v* သီၣ်စွံးစွံး, သီၣ်ဃဲကအဲး

squeaky *a* လၢအသီၣ်စွံးစွံး, လၢအသီၣ်ဃဲကအဲး

squeaky clean *a* ၁. လၢအသးကဆို ၂. လၢအကဆိုဒိ

squeal *n* တၢ်သီၣ်ကွ့ကွ့, တၢ်သီၣ်ကွံကွံ, တၢ်သီၣ်ကအံၣ်ကအူး

squeal *v* ၁. သီၣ်ကွ့ကွ့, သီၣ်ကွံကွံ ၂. ဟ်ဖှ့ၣ်ဟ်ကမဉ်, ကအံၣ်ကအူး, ကအုကစွါ

squeamish *a* ၁. လၢအသးဘၣ်အၢတၢ်သ့, လၢအဖံးဘ့ၣ်သကုၣ်ခီသကုၣ် ၂. လၢအသးကလဲၤ, လၢအဲၣ်ဒိးဘိုး

squeeze *n* ၁. တၢ်ဘံးတံၢ်တၢ်, တၢ်စိၤတံၢ်တၢ်, တၢ်စံၢ်တံၢ်တၢ် ၂. တၢ်တစဲးဖိ ၃. တၢ်ဆွံကတံာ်နုာ်လီၤသး ၄. တၢ်မၤစှၤလီၤတၢ် (ခီပနံာ်ပှၤမၤတၢ်ဖိ) ၅. တၢ်အဲၣ်တီ

squeeze *v* ၁. ဘံး, စိၤတံၢ်, ဘံးတံၢ်, စံၢ်တံၢ် ၂. ဆီၣ်နုာ်လီၤ, သံးနုာ်လီၤ, တြံာ်နုာ်လီၤ ၃. မၤစှၤလီၤတၢ်, မၤစှၤလီၤ (ကျိၣ်စ့, ပှၤမၤတၢ်ဖိ)

squelch *v* ၁. သီၣ်ဘွံးဘွးဘွံးဘွး (ယီၢ်ကပံာ်အသီၣ်), သီၣ်ပြံာ်ပြံာ်ပြးပြး ၂. ဆီၣ်တံၢ်လီၤ, စံၢ်တံၢ်တၢ် ၃. ပတှာ်ကွံာ်တၢ်

squib *n* ၁. မ့ၣ်အူဖီ, မ့ၣ်အူပိၢ်, မ့ၣ်အူပ့ၢ် ၂. တၢ်ကွဲးလီၤနံၤတၢ်

squid *n* က့မိၣ်

squint *n* ၁. မဲာ်တကျ့, တၢ်မဲာ်ချံတကျ့ ၂. တၢ်ကွၢ်တၢ်တဘျီး, တၢ်ကွၢ်တဖျးမဲာ်တၢ်

squint *v* ၁. ဘံၣ်ဆံးအမဲာ် ၂. ဘၣ်တၢ်မဲာ်ချံတကျ့တၢ်ဆါ

squirm *v* ၁. ပလံာ်ကံးကူးအသး, တလ့ၣ်ကံးကူးအသး, ဘျိၣ်အသး ၂. မဲာ်ဆုးသံးခိၣ်သံးခံ

squirrel *n* လံၣ်ပအီ

squirrel *v* ဟ်ကီၤဃာ်စ့

squirt *n* ၁. နိၣ်ဖိုးထံ, တၢ်ခးဖိုးထီၣ်ထံ ၂. ထံလၢအဖိုးထီၣ် ၃. ပှၤဖုၣ်တံးလံးကွံး

squirt *v* ၁. ဆဲးဖိုးထီၣ်အသး ၂. ဖိုး (ထံ)

stab *n* ၁. တၢ်သးဘၣ်ဆဲး ၂. တၢ်ဆါနးနးကလဲာ် ၃. တၢ်ဆဲးတၢ် (လၢဒီ), တၢ်ဆဲးဘၣ် (လၢဒီ), တၢ်ဘၣ်ဆဲးအလီၢ် ၄. တၢ်ဂုာ်ကျဲးစၢးမၤန့ၢ်တၢ်

stab *v* ၁. ဆဲး (လၢဒီ), (ကလံၤ) ဆဲး, ဘၣ်ဆဲးပှၤအသး (အဒိ, (His words stabbed her to the heart) နတၢ်ကတိၤန့ၣ်ဘၣ်ဆဲးယသးနးမး)

stabbing *a* လၢအဆါအ့ၣ်ထုး, လၢအဆါနးနးကလဲာ်

stabbing *n* တၢ်ဆဲးပှၤလၢဒီ

stability *n* တၢ်အဂၢၢ်အကျၢၤ, တၢ်အိၣ်ဂၢၢ်တပၢၢ်

stabilize, stabilise *v* ဒုးအိၣ်ဂၢၢ်တပၢၢ်, ဂၢၢ်ထီၣ်, မၤဂၢၢ်ထီၣ် (တၢ်အိၣ်သး)

stable *a* လၢအဂၢၢ်အကျၢၤ, လၢအအိၣ်ဂၢၢ်တပၢၢ်

stable *n* ကသ့ၣ်အဟံၣ်, ကသ့ၣ်အဒဲ

stable *v* ဟ်ကသ့ၣ်လၢ (ဒဲပူၤ), ဒုးဃာ်ကသ့ၣ်လၢ (ကသံၣ်အကပီၤပူၤ)

stack *n* တၢ်တပူၣ် (အဒိ, ဘ့လီၢ်တပူၣ်)

stack *v* ပူၣ်ထီၣ်

stadium *n* တၢ်ကွၢ်ကီအပျီ

staff *n* ၁. ပှၤမၤတၢ်ဖိ ၂. နိၣ်ထိးဘိ ၃. နိး, ပနိဃါၢ်ဘိလၢအိၣ်လၢနိးအိၣ်လၢအလိၤ

staff *v* ၁. ကဲထီၣ်ပှၤမၤတၢ်ဖိ ၂. ဟ့ၣ်လီၤပှၤမၤတၢ်ဖိ, ဆှၢလီၤပှၤမၤတၢ်ဖိ

staff nurse *n* ကသံၣ်သရၣ်, သရၣ်မုၣ်ကွၢ်ပှၤဆါ

stag *n* တၤဃီၤဖါတံၢ်

stage *n* ၁. ပျဲၢ်စီၢ်, ပျဲၢ်စီၢ်ခိၣ် ၂. တၢ်အပတီၢ်

stage fright *n* တၢ်ပျံၤတၢ်ထီၣ်ပျဲၢ်စီၢ်ခိၣ်, တၢ်ပျံၤတၢ်ထီၣ်တဲတၢ်လၢကမျၢ်အမဲာ်ညါ

stage name *n* ပှၤဂဲၤဒိတၢ်အမံၤဃီၤ, မံၤဃီၤ

stage whisper *n* ၁. တၢ်ဂဲၤဒိတဲကသွံတၢ်လၢပျဲၢ်စီၢ်ခိၣ် ၂. တၢ်တဲကသွံတၢ်လၢပှၤကိးဂၤဒဲးနၢ်ဟူ

stagecoach *n* ကသ့ၣ်အလှ့ၣ်, လှ့ၣ်ကသ့ၣ်

stagehand *n* ပျဲၢ်စီၢ်အပှၤမၤတၢ်ဖိ

stage-struck *a* ၁. လၢအသးစဲကွၢ်တၢ်ဂဲၤဒိ, လၢအသးစဲတၢ်ဂဲၤဒိဒုးနဲၣ်, လၢအကွၢ်တၢ်ဂဲၤဒိမုာ် ၂. လၢအဲၣ်ဒိးကဲထိၣ်ပှၤဂဲၤဒိတၢ်ဖိ

stagger *v* ၁. ဟးကန္ၤကပၤ, ဟးဒ့ခံဒ့ကပၤ ၂. မၤဖုးပှၤ, မၤကမၢကမဉ်ပှၤ ၃. သုးကျဲၤတၢ်ဖံးတၢ်မၤအဆၢကတီၢ်

staggering *a* ဒိဉ်ဒိဉ်မှၢ်မှၢ်, လၢအလီၤဘီလီၤမုၢ်, လၢအလီၤကမၢကမဉ်

staging *n* ၁. တၢ်ဂဲၤဒိတၢ်လၢပျဲၢ်စီၢ်ဖီခိဉ်အကတီၢ် ၂. ပျဲၢ်စီၢ်ပတြၢ်

stagnant *a* ၁. လၢအတယွၤလီၤ, လၢအအိဉ်ဂၢါ, အဒိ, ထံလၢအအိဉ်ဂၢါန့ၣ်တကဆိဘဉ်, ထံလၢအအိဉ်တၢဉ်တအၢဉ် ၂. လၢအတဟူးတဂဲၤ, လၢတၢ်လဲၤထိဉ်လဲၤထီတအိဉ်

stagnate *v* အိဉ်ဂၢါတပၢၢ်, တဟူးတဂဲၤ, တလဲၤထိဉ်လဲၤထီ

stagnation *n* တၢ်အိဉ်ဂၢါတပၢၢ်, တၢ်တဟူးတဂဲၤ, တၢ်တလဲၤထိဉ်လဲၤထီ

staid *a* သညူးသပှၢ်, သမုံၤသပှၢ်

stain *n* တၢ်ဘဉ်အၢ, တၢ်ဘီးကျး, တၢ်သံဉ်သူမီၤကျာ် ၂. ကသံဉ်ထံစုဉ်တၢ်အလွဲၢ်

stain *v* ၁. ဘီးကျး, ဘဉ်အၢ, မၤဘီးကျး, မၤဘဉ်အၢ ၂. စုဉ်တၢ်အလွဲၢ်, ထုးတၢ်အလွဲၢ် ၃. မၤဟးဂီၤပှၤအမံၤ, မၤဟးဂီၤပှၤအလၤကပီၤ

stainless steel *n* ထးဝါလၢတထိဉ်အ့ဉ်

stair *n* ယီသွါ

staircase *n* ယီ, ယီလၢအိဉ်ဒီးစုဖိဉ်

stairs *n* ယီ

stairway *n* ယီ, ယီလၢအိဉ်ဒီးစုဖိဉ်

stake *n* ၁. တၢဉ် ၂. တၢ်ဘျၢလီၤစ့ ၃. တၢ်တၢကျိဉ်တၢစ့, တၢ်တၢကသ့ဉ်ဃ့ၢ်ပြၢ

stake *v* ၁. ဆဲးပနီဉ်လၢတၢဉ် ၂. တၢတၢ်

stakeholder *n* ၁. ပှၤဘျၢလီၤဃုာ်စ့ ၂. ပှၤကဲဖုဒိဉ် ၃. ပှၤလၢအဘဉ်ထွဲမၤဃုာ်သကိးတၢ်, ပှၤလၢအဘဉ်ထွဲဃုာ် (လၢတၢ်မၤမံၤဃီအဂီၢ်)

stakeholding *n* တၢ်ဘျၢလီၤဃုာ်သကိးစ့, တၢ်ဘဉ်ထွဲဃုာ်သကိး, တၢ်ဘဉ်ထွဲမၤဃုာ်သကိးတၢ်

stake-out *n* ပၢၤကီၢ်ခိးကွၢ်ရူသူဉ်တၢ်အကတီၢ်

stalactite *n* လ့ပျိဉ်စဲၤ

stalagmite *n* လ့ပျိဉ်ထူဉ်

stale *a* ၁. လၢအတကဆို, နၢဆံဉ်ဘီ, ထိဉ်အုး, ထိဉ်ဃး ၂. လၢအတလီၤသူဉ်ပိါသးဝးလၢၤ

stalemate *n* ၁. စုကတၢၢ်ခီဉ်ကတၢၢ်အကတီၢ်, ကျဲကတၢၢ်ဟ့သးလၢာ်အကတီၢ် ၂. (တၢ်ဂဲၤလိာ်ကွဲခွဲး(စ)) တၢ်သုးဆူမဲာ်ညါတသ့သုးကု.ဆူအလီၢ်ခံတသ့အကတီၢ်

stalk *n* အထူဉ်, တၢ်အနုဉ်, တၢ်အဘိ, တၢ်အမုၢ်အဘိ

stalk *v* ၁. ကစီၤကွၢ်တၢ်, ကစီၤကွၢ်ရူသူဉ်တၢ် ၂. ဟးသအီးသအီး, ဟးတဆဲဉ်တဆဲဉ် ၃. မၤပျံၤမၤဖုးတၢ်

stalker *n* ပှၤလၢအကစီၤကွၢ်တၢ်, ပှၤလၢအကစီၤကွၢ်ရူသူဉ်တၢ်

stall *n* ၁. ကျးကသုဉ်. တၢ်ဆါတၢ်တစီၢ်တလီၢ် ၂. ကပီၤ, ကရၢၢ်, ကရၢ ၃. လီၢ်ဆ့ဉ်နီၤတဂ့ၢ် ၄. ဒၢးဖိ (အဒိ, တၢ်လုၢ်ထံဒၢး) ၅. (ကဘီယူၤ) အစဲးသံအကတီၢ်

stall *v* ၁. နီဉ်နုာ်ဆဉ်ဖိကီၢ်ဖိဆူအကရၢၢ်ပူၤ ၂. (စဲး) သံ, ပတုာ်, တမၤတၢ်လၢၤ ၃. (တၢ်ရဲဉ်တၢ်ကျဲၤ) တလဲၤထိဉ်လဲၤထီလၢၤ, ဆိကတီၢ် ၄. မၤယံာ်မၤနီၢ်, ထုးတၢ်ဆၢကတီၢ်

stallholder *n* ပှၤဒီးလဲကျးကသုဉ်

stallion *n* ကသ့ဉ်ဖါတံၢ်

stalwart *a* ၁. လၢအနူ ၂. လၢအဂံၢ်ဆူဉ်ဘါဆူဉ်, လၢအသူဉ်ဆူဉ်သးဂဲၤ ၃. လၢအိဉ်ဒီးတၢ်သးရူတလ့ၢ်

stalwart *n* ပှၤလၢအသူဉ်တီသးရၤ

stamen *n* ဖီအဖါအချံ, ဖီအဖါအချံလၢအထုးထိဉ်တၢ်အချံ

stamina *n* တၢ်သူဉ်ဆူဉ်သးဂဲၤလၢနီၢ်ခိဒိးသူဉ်လၢသး, တၢ်သးစွံကတုၤ, တၢ်တူၢ်တၢ်န့ၢ်

stammer *n* တၢ်ကတိၤတၢ်အုးထုးအးထး, တၢ်ကတိၤတၢ်အုးအးကတာ်ပျ့ၤ

stammer *v* ကတိၤတၢ်အုးအးကတာ်ပျ့ၤ

stamp *n* ၁. တၢ်ဂီၤခိဉ် ၂. တၢ်စဲပနီဉ် ၃. တၢ်ဆဲးထူခီဉ်

stamp *v* ၁. ဆဲးထူအခီဉ်, ဆ့ဉ်အခီဉ် ၂. စဲပနီဉ်တၢ် ၃. ဒုးအိဉ်စဲထီ, အိဉ်စဲထီ (လၢသးပူၤ) ၄. ကျးထိဉ်တၢ်ဂီၤခိဉ်

stamp collecting *n* တၢ်ထၢဟ်ကီၤတၢ်ဂီၤခိဉ်

stampede *n* ၁. တၢ်ဃ့ၢ်ကွံာ်သတူၢ်ကလာ်လၢတၢ်ပျံၤတၢ်ဖုးအပူၤ ၂. တၢ်ဂုာ်မၤန့ၢ်တၢ်တမံၤဃီလၢတၢ်ဆၢကတီၢ်တကတီၢ်ဃီအပူၤ

stampede *v* ၁. ဖုးဒီးဃ့ၢ်ကွံာ်သတူၢ်ကလာ်လၢတၢ်ပျံၤတၢ်ဖုးအပူၤ ၂. မၤကရီကဒးတၢ်, မၤတၢ်ချ့ဒံးချ့နူး

stance *n* ၁. တၢ်အိဉ်ဆၢထၢဉ်, တၢ်တူၢ်ခိဉ်ဟ်သး, တၢ်ထံဉ်တၢ်ဟ်သး ၂. တၢ်အိဉ်ဆၢထၢဉ်အက့ၢ်အဂီၤ (ဖဲတၢ်ဂဲၤလိာ်ကွဲအကတီၢ်)

stanch *a* လၢအသးတီ, လၢအိဉ်ဂၢၤဆၢထၢဉ်ခၢဉ်သနၢဉ်, လၢအတကဒံကဒါ

stanch *v* (အသွံဉ်) တုာ်, ဒုးတုာ်ကွံာ်အသွံဉ်

stand *n* ၁. တၢ်အိဉ်ဆၢထၢဉ်, တၢ်တူၢ်ခိဉ်ဟ်သး, တၢ်ထံဉ်တၢ်ဟ်သး ၂. စီၢ်နီၤခိဉ်, စီၢ် (တၢ်ဆါတၢ်ပှ့ၤအစီၢ်) ၃. တၢ်အခီဉ် (အဒိ, ခဲမရၢ်အခီဉ်), တၢ်ဟ်ထီဉ်တၢ်အလီၢ် ၄. ပျဲၢ်စီၢ်, ပျဲၢ်စီၢ်ခိဉ်, တၢ်ဆၢထၢဉ်အလီၢ်

stand *v* ၁. ဆၢထၢဉ် ၂. အိဉ်ဆၢထၢဉ် ၃. တူၢ်, ခီဉ်, ဒီးဘဉ်တၢ် ၄. အိဉ်ဂၢၢ်တပၢၢ် ၅. ပှ့ၤဟ့ဉ်, ဟ့ဉ်န့ၢ်အပှ့ၤ

stand by *vp:* ၁. အိဉ်ဒ့ဉ်အတၢ် ၂. အိဉ်ဆၢထၢဉ်လၢ ၃. မၤစၢၤဆီဉ်ထွဲ ၄. အိဉ်ကတဲာ်ကတီၤသး

stand on *vp:* အိဉ်ဆၢထၢဉ်လၢ

stand up for *vp:* ၁. မၤစၢၤဆီဉ်ထွဲ, ဆၢထၢဉ်လၢတၢ်တမံၤမံၤအဂီၢ် ၂. ဒီသဒၢ

standard *a* ၁. လၢအမ့ၢ်တၢ်ဒ်အညီနှၢ်အသိး, လၢအညီနှၢ်, ပတီၢ်မုၢ်, ဒ်တၢ်မၤညီနှၢ်အီၤအသိး ၂. လၢပှၤညီနှၢ်စူးကါဝဲ ၃. လၢဘဉ်တၢ်ဟ်ပနီဉ်ဃာ်အီၤဒ်အညီနှၢ်အသိး

standard *n* ၁. အပတီၢ် ၂. အတီၤ ၃. တၢ်ဟ်ပနီဉ် ၄. နီဉ်တယၢ်ဖီ (လၢပှၤစိာ်အီၤ)

standard of living *n* တၢ်အိဉ်မူအတီၤပတီၢ်

standard time *n* ထံကီၢ်အတၢ်ဟ်ပနီဉ်တၢ်ဆၢကတီၢ်

standard-bearer *n* ၁. ပှၤစိာ်နီဉ်တယၢ် ၂. ခိဉ်နၢ်လၢအမံၤဟူသဉ်ဖျါ

standardize, standardise *v* ဟ်ပနီဉ်တၢ်အတီၤပတီၢ်

standby *a* ၁. လၢဘဉ်အိဉ်ကတဲာ်ကတီၤဟ်ဃာ်အသး ၂. (ကဘီယူၤလံာ်ပျဲက့) လၢဘဉ်အိဉ်ကတဲာ်ကတီၤဟ်ဃာ်အသးလၢကမၤန့ၢ်ကဘီယူၤလံာ်ပျဲက့လဲးမးဖဲတၢ်လီၢ်လီၤဟိအိဉ်အခါ

standby *n* ၁. တၢ်အိဉ်ကတဲာ်ကတီၤဟ်သးထီဘိ (ဖဲတၢ်လိဉ်ဘဉ်အီၤအခါ) ၂. တၢ်အိဉ်ကတဲာ်ကတီၤသးအိဉ်ခိးတၢ်လီၢ်လီၤဟိ ၃. တၢ်လၢတၢ်ဟ်ပတြိာ်ဃာ်အီၤ

stand-in *n* ပှၤလၢအနုာ်လီၤမၤပှဲၤတၢ်လၢပှၤဂၤအလီၢ်

standing *a* ၁. ထီဘိ, တဘီယူၢ်ဃီ ၂. လၢအအိဉ်ထူဉ်ကလာ်, လၢအိဉ်ဂၢၢ်တပၢၢ် ၃. လၢအမၤညီနှၢ်အသး

standing *n* ၁. တၢ်အိဉ်ဆၢထၢဉ်, တၢ်အပတီၢ် ၂. တၢ်အယံာ်အထၢ, တၢ်ဆၢကတီၢ်ဖဲတၢ်တမံၤအိဉ်ဝဲ

standing order *n* တၢ်နဲဉ်လီၤစ့တၢးလၢကဟ့ဉ်လီၤစ့ထဲအံၤထဲနုၤ (တလါဂီၢ်တလါဂီၢ်) ဆူနစ့စရီအပူၤအတၢ်ရဲဉ်တၢ်ကျဲၤ

standing room *n* တၢ်ဆၢထၢဉ်ကွၢ် (တၢ်ဒုးနဲဉ်) အလီၢ်, တၢ်ဆၢထၢဉ်ကွၢ်တၢ်အလီၢ်

stand-off *n* တၢ်အိဉ်သးဖဲပှၤပြၢတၢ်ခံဖုတမၤနၢၤတၢ်နီတဖုဘဉ်အကတီၢ်

standoffish *a* လၢအတအဲဉ်ဒီးရှတံၤရှသကိးဒီးပှၤ, လၢအတမၤဃုာ်ပှၤ

standout *n* ပှၤလၢအဖျိးစိ, တၢ်လၢအဖျိးစိ

standpoint *n* တၢ်အိဉ်ဆၢထၢဉ်, တၢ်ထံဉ်တၢ်ဆိကမိဉ်, တၢ်တူၢ်ခိဉ်ဟ်သး

stanza *n* ထါအဆၢ, ထါအဆၢဖိ

staple *a* ၁. လၢအရှဒိဉ်ကတၢၢ်, လၢအမ့ၢ်တၢ်အဒိဉ်ကတၢၢ် ၂. လၢအမ့ၢ်တၢ်အမိၢ်ပှၢ် ၃. လၢဘဉ်တၢ်သူအီၤထီဘိ, လၢဘဉ်တၢ်စူးကါအီၤထီဘိ

staple *n* ၁. နီဉ်ဆးလံာ်အမဲ ၂. တၢ်အီဉ်မိၢ်ပှၢ် ၃. တၢ်အကါဒိဉ်ကတၢၢ် (ပနံာ်) ၄. (လုဉ်) အယဲၤ

staple *v* ဆးစဲဘူးစးခိ

staple diet *n* တၢ်အီဉ်မိၢ်ပှၢ်

stapler *n* နီဉ်ဆးလံာ်

star *n* ၁. ဆဉ် ၂. ပှၤလၢအမံၤဟူသဉ်ဖျါ, ပှၤလၢအဖျိးစိ

star *v* ၁. ကဲပှၤဂဲၤဒိလၢအရှဒိဉ် ၂. ထိထိဉ်ဆဉ်, မၤနီဉ်ဒီးဆဉ်အပနီဉ်

S

starboard *n* ကဘီယူၤအထွဲတကပၤ, ကဘီအထွဲတကပၤ

starch *n* ၁. တၢ်အီၣ်အထူးအစီ (ခဲၣ်ဘိၣ်ဟဲးဖြုးတၢ်အီၣ်အထူးအစီ) ၂. ကိၣ် (လၢစုၣ်ဆိုၣ်ထီၣ်ဆ့ကၤ)

starch *v* စုၣ်ဆိုၣ်ထီၣ်ဆ့ကၤ

stardom *n* တၢ်မံၤဟူသၣ်ဖျါ, တၢ်ကဲထီၣ်ပှၤမံၤဟူသၣ်ဖျါ

stare *n* တၢ်ကွၢ်အီရီၢ်တၢ်, တၢ်ကွၢ်ကျိၣ်တၢ်, တၢ်ကွၢ်ထံတၢ်

stare *v* ကွၢ်အီရီၢ်, ကွၢ်ကျိၣ်, ကွၢ်ထံ

starfish *n* ညၣ်ဆၣ်

starfruit *n* သၣ်ခံၣ်ရှၢ်

stark *a* ၁. လၢအိၣ်ဖျါလ့ၤကဒိ, လၢအတမ့ၢ်တလၤ ၂. လီၤကတိၤ, ပျိပျိ ၃. လၢာ်လၢာ်ဆ့ဆ့ ၄. ဘ့ၣ်ဆ့ ၅. ဆိုၣ်, ကျၤကနၤ, ပံာ်စွံ ၆. လၢအဆူၣ်အကိၤ

stark *adv* လ့ၤကဒိ

starry-eyed *a* လၢအိၣ်လၢပှဲၤဒီးတၢ်မုၢ်လၢ်, လၢအဆိကမိၣ်မုံတၢ်

start *n* ၁. တၢ်စးထီၣ်, တၢ်အခီၣ်ထံးခီၣ်ဘိ ၂. တၢ်စးထီၣ် (တၢ်လဲၤတၢ်က့ၤ) ၃. တၢ်ဖုးပျိၢ်

start *v* ၁. စးထီၣ်, စးထီၣ် (တၢ်လဲၤတၢ်က့ၤ) ၂. ဖုးပျိၢ် ၃. နီၣ်ထီၣ် (စဲး)

starter *n* ၁. ပှၤလၢအဒုးနဲၣ်တၢ်ပနီၣ်ပျဲလီၤပှၤဃ့ၢ်ပြၢတၢ်ဖိ, ပှၤဘၣ်မူဘၣ်ဒါလၢအစးထီၣ်နှၢ်တၢ်ဃ့ၢ်ပြၢ ၂. ပှၤဃ့ၢ်ပြၢတၢ်ဖိ, ကသ့ၣ်လၢအဃ့ၢ်ပြၢတၢ် ၃. ပီးလီနီၣ်ထီၣ်စဲး ၄. တၢ်အီၣ်ကစဲးကစီး (တချူးအီၣ်တၢ်အီၣ်မိၢ်ပှၢ်)

starting blocks *n* တၢ်စးထီၣ်ဃ့ၢ်ပြၢခီၣ်တဃာ်အလီၢ်, ခီၣ်ယီၢ်ပဃာ်အလီၢ် (တၢ်စးထီၣ်ဃ့ၢ်ပြၢ)

starting gate *n* (ကသ့ၣ်, ထွံၣ်) စးထီၣ်ဃ့ၢ်ပြၢတၢ်အတြဲၤ

starting point *n* ၁. တၢ်ထံၣ်တၢ်ဆိကမိၣ်စးထီၣ်သးအလီၢ်, တၢ်တဲသကိးစးထီၣ်သးအလီၢ် ၂. တၢ်လီၢ်ဖဲတၢ်စးထီၣ်တၢ်လဲၤ

starting price *n* ၁. တၢ်အပ့ၤလၢတၢ်စးထီၣ်ဟ်ပနီၣ်အီၤ, တၢ်စးထီၣ်ဟ်ပနီၣ်နှၢ်တၢ်အပ့ၤ ၂. တၢ်အပ့ၤစးထီၣ်

startle *v* ဖုးဘၣ်အသး, ဖုးသံပျိၢ်သံ

starvation *n* တၢ်လီၤဒိသံ, တၢ်ဝံၤသံလီၤဒိ, တၢ်သၣ်ဝံၤလီၤဒိ

starve *a* ၁. လၢအလီၤဒိ, လၢအဝံၤသံလီၤဒိ, လၢအသၣ်ဝံၤလီၤဒိ ၂. လၢအမၤဝံၤသံလီၤဒိ, လၢအမၤလီၤဒိ ၃. လၢအသၣ်ဝံၤအသး

starve *n*

starve *v* ၁. လီၤဒိ, ဝံၤသံလီၤဒိ, သၣ်ဝံၤလီၤဒိ ၂. ဟ်လီၤဒိ, မၤလီၤဒိ

stash *n* ၁. တၢ်ဟ်ဖိုၣ်ခူသူၣ်ဃာ်တၢ်အလီၢ် ၂. တၢ်လၢတၢ်ဟ်ဖိုၣ်ခူသူၣ်ဃာ်အီၤ

stash *v* ဟ်ဖိုၣ်ခူသူၣ်တၢ်

stat *adv* ခဲအံၤတဘျီယီ

state *a* လၢအဘၣ်ဃးဒီးထံဖိကီၢ်ဖိ, လၢအဘၣ်ဃးဒီးထံကီၢ်, လၢအဘၣ်ဃးဒီးပဒိၣ်

state *n* ၁. ထံကီၢ် ၂. ကီၢ်စဲၣ် ၃. တၢ်အိၣ်အသး ၄. ထံကီၢ်ပဒိၣ်

state *v* တဲဖျါထီၣ်, ဟ်ဖျါထီၣ်

state of the art *a* လၢအချူးစိၤ, လၢအလူၤထီၣ်ခ့ခါတၢ်ဆၢကတီၢ်

statecraft *n* တၢ်သ့ပၢထံပၢကီၢ်, တၢ်သ့ပၢတၢ်ပြးတၢ်

statehood *n* ၁. တၢ်ကဲထံကီၢ်သဘျ့ ၂. တၢ်ကဲကီၢ်စဲၣ်

stateless *a* လၢအထံအကီၢ်တအိၣ်

stately *a* ၁. လၢအလီၤဘီလီၤမုၢ်, လၢအဒိၣ်အမုၢ် ၂. လၢအလီၤကဟုကညီၢ်, လၢအပှဲၤဒီးအသူးအသ့ၣ်

statement *n* ၁. လံာ်ဟ်ဖျါ, တၢ်ဟ်ဖျါ ၂. လံာ်ရၤလီၤ

statement *v* မၤစၢၤဖိသၣ်လၢအအိၣ်ဒီးတၢ်မၤလိမၤဒိးတၢ်လိၣ်ဘၣ်လီၤဆီ

stateroom *n* ၁. ကဘီပူၤလီၢ်မံဒၢး ၂. ထံကီၢ်ခိၣ်နၢ်အဘျိၣ်ဒိၣ်, နူၢ်ဓိၤစိၢ်ဓိၤအပူၤဒၢးဖးဒိၣ်

statesman *n* ထံကီၢ်ခိၣ်နၢ်လၢအတီအတြၢ်, ထံကီၢ်ခိၣ်နၢ်လၢပှၤဟ်ဒိၣ်ဟ်ကဲအီၤ

statesman like *a* လၢအိၣ်ဒီးတၢ်ကဲထံကီၢ်ခိၣ်နၢ်အကံၢ်အစီ, လၢအသ့ပၢတၢ်

statesmanship *n* တၢ်အိၣ်ဒီးတၢ်သ့ကဲခိၣ်ကဲနၢ်အကံၢ်အစီ

static *a* လၢအအိၣ်ဂၢၢ်တပၢၢ်

static *n* ၁. တၢ်အသီၣ်လၢကလံၤကျါ, တၢ်အသီၣ်လၢမၤတံာ်တာ်ကွဲၤဟူဖျါ, ကွဲၤလ့လီၤအကျိၤ

S

၂. လီမ့ၣ်အူအသဟီၣ်လၢအတယွၤ ၃. တၢ်ကတိၤထီဒါအတၢ်ရဲၣ်တၢ်ကျဲၤ

statics *n* စဲအ့ၣ်တၢ်ဃုထံၣ်သ့ၣ်ညါတၢ်အိၣ်ဂၢ်တပၢၢ်, စဲအ့ၣ်တၢ်ဃုထံၣ်သ့ၣ်ညါတၢ်အိၣ်ဂၢ်တပၢၢ်ပီညါ

station *n* ၁. သန့, (လ့ၣ်မ့ၣ်အူ) သန့ ၂. တၢ်အိၣ်အလီၢ် ၃. တၢ်အတီၤပတီၢ် ၄. သိကရၢ်, သိဖိၤကျိၢ်ဖိၤအကရၢ်

station *v* ၁. ဟ်လီၤန့ၢ်အလီၢ်အကျဲ ၂. အိၣ်, အိၣ်ဆိး (ဖဲဒံ)

stationary *a* လၢအဂၢ်, လၢအိၣ်ဂၢ်တပၢၢ် , လၢအတဟူးတဝး

stationery *n* လံာ်ကွဲးပီးလီ

stationmaster *n* ပှၤပၢၤလ့ၣ်မ့ၣ်အူသန့, ပှၤပၢဆှၢသုးကျဲၤလ့ၣ်မ့ၣ်အူသန့

statistic *n* စရီ

statistician *n* ၁. ပှၤမၤလိနီၣ်ဂံၢ်စရီ ၂. ပှၤလၢအမၤတၢ်ဘၣ်ဃးဒီးနီၣ်ဂံၢ်စရီ

statistics *n* နီၣ်ဂံၢ်စရီ, နီၣ်ဂံၢ်စရီတၢ်မၤလိ

stats *n* နီၣ်ဂံၢ်စရီ, နီၣ်ဂံၢ်စရီတၢ်မၤလိ (statistics)

statuary *n* တၢ်ဂီၤစိးပျၤ

statue *n* တၢ်ဂီၤစိးပျၤ

statuesque *a* လၢအလီၤက်ဒီးတၢ်ဂီၤစိးပျၤ, လၢအဃံလၤဒ်တၢ်ဂီၤစိးပျၤ

statuette *n* တၢ်ဂီၤစိးပျၤအဆံး

stature *n* ၁. ပှၤအနီၢ်ဒိၣ်နီၢ်ထီ ၂. တၢ်သ့ၣ်ညါပာ်ပနီၣ်ပှၤတဂၤအကံၢ်အစီအပတီၢ်

status *n* ၁. တၢ်အိၣ်သး ၂. တၢ်အတီၤပတီၢ်

status quo *n* တၢ်အိၣ်သးလၢခဲအံၤအကတီၢ်, တၢ်အိၣ်သးကတီၢ်ခဲအံၤ

status symbol *n* တၢ်အတီၤပတီၢ်ပနီၣ်, တၢ်အိၣ်တၢ်ယၢၤအပတီၢ်အပနီၣ်

statute *n* ၁. သဲစးတၢ်သိၣ်တၢ်သီ ၂. (ထံကီၢ်) အတၢ်သိၣ်တၢ်သီ

statutory offence *n* တၢ်မၤထီဒါသဲစးအတၢ်သိၣ်တၢ်သီ

staunch *a* လၢအသူၣ်တီသးတီ, လၢတၢ်နာ်န့ၢ်အီၤသ့

staunch *v* မၤပတှာ်သွံၣ်, မၤတှာ်တၢ်သွံၣ်

stave *n* ၁. ထံဒၢဖးဒိၣ်အသ့ၣ်ဘၣ်ခိ, သ့ၣ်ဘၣ်ခိလၢပှၤတ့ထံဒၢဖးဒိၣ် ၂. ပနိယဲၢ်ဘိလၢနိးအိၣ်လၢအလိၤ

stave *v* (stave off) ဒီသဒၢ, တြီ

stay *n* ၁. တၢ်အိၣ်ဆိးတစိၢ်တလီၢ်, တၢ်အိၣ်ဆိးအကတီၢ် ၂. တၢ်သုးယံၤထီၣ်တၢ်, တၢ်ဟ်ပတှာ်ဃာ်တၢ် ၃. ယၢ်ထူၣ်အပျံၤ, ပိာ်မုၣ်ဆ့ကၤအပျံၤ, ပျံၤ မ့တမ့ၢ် ထးသွဲလၢအထုးကျၢၤတၢ်

stay *v* ၁. အိၣ်ဆိး, အိၣ်တ့ၢ် ၂. သုးယံၤထီၣ်တၢ်, ဟ်ပတှာ်ဃာ်တၢ်

staying power *n* တၢ်သူၣ်ဆူၣ်သးဂဲၤလၢနီၢ်ခိဒီးသူၣ်လၢသး, တၢ်သးစွံကတုၤ, တၢ်တူၢ်တၢ်န့ၢ်

STD *n* (Sexually Transmitted Disease) ဃဲသဲတၢ်ဆါ, တၢ်ဆါလၢဘၣ်က်လိာ်သးခီဖျိပိာ်မုၣ်ပိာ်ခွါမံဃှာ်လိာ်သး

stead *n* ၁. ခၢၣ်စး, တၢ်နှာ်လီၤမၤန့ၢ်တၢ်လၢပှၤဂၤအလီၢ် ၂. တၢ်ဘၣ်ဘျုး

steadfast *a* ၁. လၢအသးတီ ၂. လၢအဂၢ်အကျၤ, လၢအတကဒံကဒါ

steadily *adv* ဂၢ်ဂၢ်, တဟူးတဝး

steady *a* ၁. တကဒံကဒါ, ဂၢ် ၂. ကွ့ၢ်ကွ့ၢ်

steady *adv* ဂၢ်ဂၢ်, ဂၢ်တပၢၢ်

steady *exclam* အိၣ်ဂၢ်

steady *v* ၁. ဒုးအိၣ်ဂၢ်, ဖီၣ်ဂၢ်ဃာ် ၂. မၤဂၢ်ထီၣ်အသး, မၤဘၣ်လိာ်ဘၣ်စး (အသး)

steak *n* တၢ်ညၣ်ကဘျၣ်

steal *n* ၁. တၢ်လၢအပ္ၤဘၣ် ၂. (baseball) တၢ်ဟုၣ်ဘိ(လ)

steal *v* ၁. ဟုၣ်တၢ် ၂. လဲၤခူသူၣ်, က့ၤခူသူၣ်, ဟးထီၣ်ခူသူၣ်

stealth *a* (ကဘီယူၤ) လၢတၢ်ဘိုအီၤဒ်သိးရ့ဒၢ်ဃုထံၣ်အီၤတဘၣ် မ့တမ့ၢ် ဃုဖိၣ်အီၤတန့ၢ်

stealth *n* တၢ်မၤခူသူၣ်ခူလံာ်တၢ်

stealthily *adv* လၢတၢ်ခူသူၣ်အပူၤ, လၢတၢ်ခူသူၣ်ခူလံာ်အပူၤ

stealthy *a* လၢအမၤခူသူၣ်ခူလံာ်တၢ်, ခူသူၣ်ခူလံာ်

steam *n* ၁. ထံချီသဝံ ၂. ထံသဝံဂံၢ်သဟီၣ် ၃. တၢ်ဟ့ၣ်ဆူၣ်ထီၣ်တၢ်အတဟီၣ်, တၢ်သးသဟီၣ်လၢအအိၣ်ထီၣ်ခီဖျိတၢ်တမံၤမံၤအတၢ်ဟူးတၢ်ဂဲၤအဃိ

steam *v* ၁. (ထံချီ) အသဝံထီၣ် ၂. ချီကလာ်ထီၣ် ၃. စူးကါထံသဝံအဂံၢ်သဟီၣ် ၄. ကိၢ်သွးထီၣ် (သူၣ်ဒိၣ်သးဖျိး)

steam engine *n* စဲးလၢအလဲၤတၢ်လၢထံချီသဝံၢ်သဟီၣ်

steam roller *n* ၁. စဲးကျံးကျဲ (သိလ့ၣ်) ၂. ပှၤလၢအစူးကါအစိကမီၤဒီးဆီၣ်သနံးမၤနၢၤတၢ်

steamboat *n* ကဘီထံသဝံ, ကဘီမ့ၣ်, ကဘီလၢအစူးကါထံသဝံဒီးလဲၤတၢ်

steamer *n* ၁. ကဘီမ့ၣ်, ကဘီထံသဝံ ၂. သပၢၤဟၢ, ပီၤဟၢ

steamroller *v* ဆီၣ်သနံးမၤနၢၤတၢ်

steamship *n* ကဘီမ့ၣ်, ကဘီထံသဝံ

steamy *a* ၁. လၢအပှဲၤဒီးထံသဝံ ၂. လၢအကိၢ်သဝံ ၃. လၢအသးဂဲၤ

steed *n* ကသ့ၣ်

steel *n* ထးလဲ

steel *v* အိၣ်ကတဲာ်ကတီၤအသးလၢကကွၢ်ဆၢၣ်မဲာ်တၢ်တမှာ်တလၤအဂီၢ်

steel wool *n* တၢ်ထူးသပၢၤ, ထးလုၤ (ထူးဝါသပၢၤ)

steelworks *n* တၢ်ထုးထိၣ်ထးလဲပန့ာ်တၢ်ဖံးတၢ်မၤအလီၢ်, တၢ်ထုးထိၣ်ထးလဲစဲးဖိကဟၣ်တၢ်မၤလီၢ်

steely *a* ၁. လၢအလီၤက်ဒီးထးလဲ, လၢအလွဲၢ်လီၤက်ဒ်ထးလဲအသိး ၂. လၢအသးကိၤဒ်ထးလဲအသိး, လၢအဟ်အသးဂၢၢ်ဂၢၢ်ကျၢၤကျၢၤဒ်ထးလဲအသိး

steep *a* ၁. လီၤဘံ, ဘံ ၂. (အပ့ၤ) လၢအါထိၣ်သတူၢ်ကလာ် မ့တမ့ၢ် စုၤလီၤသတူၢ်ကလာ်

steep *n* တၢ်လီၤဘံ, တၢ်လီၤတစွၤ

steepen *v* ဘံလီၤ, မၤဘံလီၤ, မၤလီၤဘံ

steeple *n* သရိာ်အပျိာ်, တၢ်အပျိာ်

steer *n* ကျိၢ်ဖါဒ့ဒံၣ်

steer *v* ၁. ကၢၤဃာ် ၂. ဆှၢ (ကဘီ), ရိာ်သန့

steerage *n* ၁. တၢ်လီၢ်လၢအပ့ၤဘၣ်ကတၢၢ်လၢကဘီအပူၤ ၂. တၢ်ရိာ်သန့, တၢ်ကၢၤတၢ် ၃. တၢ်ဆှၢ (ကဘီ)

steering column *n* (သိလ့ၣ်) အပၣ်ကၢၤဘိ

steering committee *n* တၢ်ရဲၣ်တၢ်ကျဲၤအကမံးတံာ်

steering group *n* တၢ်ရဲၣ်တၢ်ကျဲၤအကမံးတံာ်

steering wheel *n* ပၣ်ကၢၤ

stellar *a* ၁. လၢအဘၣ်ဃးဒီးဆၣ်ဖိၤဖီဖိၤ ၂. ဂ့ၤဒိၣ်မး ၃. လၢအမံၤဟူသၣ်ဖျါ

stem *n* ၁. အထူၣ်မိၢ်ပှၢ် ၂. (မိာ်ကျိၢ်) အဘိ ၃. လံာ်မဲာ်ဖျၢၣ်အဂံၢ်ထံး (အဒိ, work+ing = working)

stem *v* ဒီသဒၢဃာ်, တြီတံာ်ဃာ် (ထံယွၤ)

stench *n* ၁. တၢ်နၢအှၣ်နၢဖ့, တၢ်နၢသုၣ်နၢဟီ ၂. တၢ်ကလၢၢ်ဘၣ်လၢတၢ်အၢတၢ်သီကမၤအသးတမံၤမံၤ

stencil *n* ၁. စးခိကွဲးဒိ, စတဲစၢၣ်စးခိ ၂. တၢ်ဒဲးကံၣ်ဒဲးဝ့ၤလၢစတဲစၢၣ်စးခိအလီၤ

stencil *v* ကွဲးတၢ်လၢစတဲစၢၣ်စးခိအလီၤ, ကွဲးတၢ်လၢစးခိကွဲးဒိအလီၤ

stenographer *n* စရ့ကွဲးနိၣ်တၢ်, ပှၤကွဲးဖှၣ်လံာ်

stenography *n* တၢ်ကွဲးဖှၣ်လံာ်

stenosis *n* အပူၤအံၣ်, အကျိၤအံၣ်

step *n* ၁. ဃီတသွါ ၂. ခီၣ်ကါ, ခီၣ်ခါ ၃. တၢ်အပတိၢ် ၄. တၢ်ထွဲထိၣ်ထွဲလီၤခီၣ် (ဖဲတၢ်ဂဲၤကလံၣ်အခါ) ၅. ခီၣ်ယီၢ်လီၢ်ဖဲတၢ်ထိၣ်တၢ်လီၤတၢ်အဂီၢ်

step *v* ကါထိၣ်, ယီၢ်လီၤ

stepbrother *n* ဒီပုၢ်ဝဲၢ်ခွါနူၣ်ချၢ, ဒီပုၢ်ဝဲၢ်ခွါခိၣ်ချၢ

stepchild *n* ဖိယၢ်

stepdaughter *n* ဖိမုၣ်ယၢ်

stepfather *n* ပၢ်ယၢ်

stepladder *n* ဃီ, ဃီဖးထိ

stepmother *n* မိၢ်ယၢ်

step-parents *n* မိၢ်ယၢ်ပၢ်ယၢ်

steppe *n* စတဲးနီၣ်ပျိ (တၢ်ထံၣ်န့ၢ်အီၤလၢကီၢ်ရၢရှၣ်)

stepping stone *n* ၁. ခီၣ်တဃာ် ၂. ခီၣ်ယီၢ်လၢၢ်, လၢၢ်လၢပှၤစူးကါအီၤလၢပှၤကယီၢ်ခီတၢ်အဂီၢ်

steps *n* ၁. (ဃီ) အသွါ ၂. ခီၣ်ကါ

stepsister *n* ဒီပုၢ်ဝဲၢ်မုၣ်နူၣ်ချၢ, ဒီပုၢ်ဝဲၢ်မုၣ်ခိၣ်ချၢ

stepson *n* ဖိခွါယၢ်

stereo *n* လိလုၤဒၢ

stereotype *n* တၢ်ထံၣ်သံတၢ်, တၢ်နာ်သံတၢ်

stereotype *v* ထံၣ်သံတၢ်, နာ်သံတၢ်

stereotyped *a* လၢဘဉ်တၢ်ထံဉ်သံအီၤ, လၢဘဉ်တၢ်နာ်သံအီၤ

sterile *a* ၁. လၢအတအိဉ်ဒီးအချံအသဉ်ဘဉ်, လၢအတဟ့ဉ်ထီဉ်တၤသူတၤသဉ်ဘဉ် ၂. တၠာ်ဖိ ၃. လၢအတအိဉ်ဒီးအဃူးအဃၢ်ဘဉ် ၄. (တၢ်ဂ့ၢ်လိာ်တၢ်) လၢအဘျုးအဖှိဉ်တအိဉ်, လၢအကလီကလီ, လၢအတကဲဘျုးကဲဖှိဉ်

sterile gloves *n* စုဖျိဉ်ကဆှိလၢတၢ်မၤသံအဃၢ်

sterilize, sterilise *v* ၁. မၤသံတၢ်အဃူးအဃၢ် ၂. ဒိဉ်တဲာ်ချံသဉ်အကျိၤ, (ပှၤကညီ) တဲာ်တဲာ်ချံသဉ်အကျိၤ, စၢတံၢ်ချံသဉ်အကျိၤ, (ဆဉ်ဖိကီၢ်ဖိ) ဒ့ကွံာ်အဒံဉ်

sterling *a* လၢအဂ့ၤဒိဉ်မး, လၢ (အကံၢ်အစီ) ဂ့ၤဒိဉ်မး

sterling *n* ကီၢ်အဲကလံးအစ့, စ့စတဲဉ်လ့ဉ်

sterling silver *n* စ့ညဉ်နီၢ်နီၢ်

stern *a* ၁. လၢအ (တၢ်သိဉ်တၢ်သီ) ဃံး, နးမး ၂. လၢအဆိုဉ်အမး, လၢအဂံၢ်ဆူဉ်ဘါဆူဉ်, လၢအနူ

stern *n* ချံ – ကဘီအခံ

sternly *adv* ၁. ဃံးဃံး ၂. နူနူဟ့ဟ့

sternum *n* သးနါပှၢ်အဃံ

steroid *n* ၁. ကဲာ်စတ်းရွဲး, ပှၤအနီၢ်ခိပှၤဂဲာ်တကလုာ် ၂. ကသံဉ်စတ်းရွဲး, ကသံဉ်ဂံၢ်ဆူဉ်

stethoscope *n* စတဲဉ်သိဉ်စကီး (တၢ်ပီးတၢ်လီလၢကသံဉ်သရဉ်သူဝဲဖဲသိးကကနဉ်ပှၤဆါအသးဖျၢဉ်စံဉ်ဒီးသါထီဉ်သါလီၤအဂီၢ်)

stevedore *n* ပှၤဝံတၢ်ဃီးတၢ်ဖိလၢကဘီသန့

stew *n* တၢ်ညဉ်အကသူ

stew *v* ၁. ဃ့ဉ်ကသူ ၂. တၢ်ကိၢ်တၢ်ဂီၤအကတိၢ်

steward *n* ၁. ပှၤပိာ်ခွါလၢအအံးက့ၤကွၢ်က့ၤတၢ်အိဉ်လၢ (ကဘီ, ကဘီယူၤအပူၤ), ပှၤစိာ်တၢ်အိဉ် ၂. ပှၤရဲဉ်ကျဲၤ (တၢ်အိဉ်ဖှိဉ်, မူး) ၃. ပှၤပၢၤကျး

stewardess *n* ပှၤပိာ်မုဉ်လၢအအံးက့ၤကွၢ်က့ၤတၢ်အိဉ်လၢ (ကဘီ, ကဘီယူၤအပူၤ), ပှၤပိာ်မုဉ်စိာ်တၢ်အိဉ်

stewardship *n* တၢ်အံးထွဲကွၢ်ထွဲတၢ်, တၢ်ပၢဆှၢရဲဉ်ကျဲၤတၢ်

stick *n* ၁. နီဉ်က့ ၂. နီဉ်ထိးဘိ

stick *v* ၁. ကျးစဲဘူး ၂. ဆဲးဖျိ, ဆဲးဖျိနှာ် ၃. ဂိာ်နှာ်, ဆွံနှာ် ၄. စဲထီ, ကတာ်ထီ

stick figure *n* တၢ်ဂီၤနီဉ်က့

stick insect *n* ၁. ထွံဉ်ဖါညီၤညီၤ ၂. စီးဘံဉ်

stick out *a* ဖှိုးထီဉ်, ဖျါထီဉ် (အဒိ, ဃဲၤတၢ့အဂ့ာ်ဃံဖျါထီဉ်), ကဖိထီဉ်, ကဖၢထီဉ်, ကမိာ်ထီဉ်, မိာ်ကူၤထီဉ်

stick up *v* တမျာ်တၢ်, ဂ့ာ်ဆူဉ်ပျိဆူဉ်တၢ်, ပညိဉ်လၢကျိဒီးမၢပှၤယှာ်ထီဉ်စု

sticker *n* စးခိကျးစဲ, လံာ်က့ကျးစဲ

sticking plaster *n* တၢ်ကျးတၢ်ပှူလိၢ်, ကသံဉ်ကျးမှူလိၢ်, တၢ်ကျးတၢ်မှူလိၢ်

stick-in-the-mud *n* ပှၤလၢအခိဉ်ကိၤ, ပှၤလၢအဂ့ၢ်လိာ်တၢ်ဆီတလဲအသီ

stickler *n* ပှၤလၢအတၢ်သိဉ်တၢ်သီဃံး, ပှၤလၢအဲဉ်တၢ်လီၤတံၢ်လီၤဆဲး

stick-on *a* လၢအချၢစဲဘူး, လၢအချၢတကပၤအိဉ်ဒီးကိဉ်

stick-up *n* တၢ်တမျာ်တၢ်, တၢ်ဂ့ာ်ဆူဉ်ပျိဆူဉ်တၢ်, တၢ်ပညိဉ်လၢကျိဒီးမၢပှၤယှာ်ထီဉ်စု

sticky *a* လၢအစဲဘူး, လၢအပံာ်

sticky rice *n* ပဒံ

stiff *a* ၁. ဆိုဉ်, ဖ့ဉ်ဆၢ ၂. ကျုၤကနၤ, ပံာ်စွံ ၃. ဆူဉ်ဆူဉ်ကိၤကိၤ ၄. လၢအဃံး

stiff *adv* (ဆိုဉ်) နးမး, (တၢ်ဂိၢ်) နးမး

stiff *n* ပှၤသံစိဉ်, တၢ်သံထီဉ်ဆိုဉ်တကျိဉ်

stiff *v* တဟ့ဉ်လီၤစ့လၢအကြားဟ့ဉ်ဝဲ, ဟ့ဉ်တၢ်ကီ

stiff neck *n* ကိာ်ဖ့ဉ်ဆၢ, ကိာ်ဘိဆိုဉ်

stiffen *v* ၁. မၤကိၤထီဉ်, မၤဆိုဉ်ထီဉ်, ထီဉ်ဆိုဉ်, ဆိုဉ်ထီဉ် ၂. မၤဆူဉ်ထီဉ်, မၤဃံးထီဉ်

stiff-necked *a* လၢအခိဉ်ကိၤ

stifle *v* ၁. မၤလီၤတထြးတၢ်, တြီဃာ်တၢ် ၂. ကီၤပဒုး, ပၢၤဃာ်အသး ၃. ကသါတပၢၢ်, ကသါဃံး

stigma *n* ၁. ဖီအမိၢ်ဘိအချံ ၂. တၢ်လၤကပီၤဟးဂီၤအပနီဉ်

stigmatize, stigmatise *v* မၤမဲာ်ဆုးပှၤ, မၤဟးဂီၤပှၤအလၤကပီၤ, ကွၢ်တလီၤ

stile *n* ဃီ, ဃီလၢအခိက်ကရၢၢ်အဂီၢ်

S

stiletto *n* ၁. ဒီဖိ ၂. ပိဉ်မုဉ်ခီဉ်ဖံးစူခံ

still *a* ၁. လၢအတဟူးတဂဲၤ, လၢအတဟူးတဝး, ဂၢ်, လၢအီဉ်ဂၢ်တပၢ် ၂. လၢအအိဉ်ဘိုဉ်ကလာ် ၃. (ထံ) လၢတအိဉ်ဒီးအစံဉ်ပိလိဘဉ်

still *adv* ၁. (မၤ, အိဉ်) ဒံး, ဒံးဒဉ်တၢ် ၂. ဘဉ်ဆဉ်သနာ်က့, တကးဒံးဘဉ်

still *conj* ဘဉ်ဆဉ်သနာ်က့

still *n* ၁. တၢ်ဂီၤ, တၢ်ဂီၤလၢပမၤန့ၢ်အီၤလၢတၢ်ဂီၤမူအပူၤ ၂. တၢ်ဖီသံးအပီးအလီ

still *v* ၁. ဒုးအိဉ်ဂၢ်တပၢ်, အိဉ်ဂၢ်တပၢ်, ဒုးအိဉ်ဘိုဉ်, မၤဘှ့ဉ် ၂. မၤလီၤကဆုဉ်

stillbirth *n* တၢ်အိဉ်ဖျဲဉ်ဖိအသံ, ဖိသဉ်သံလၢဒၢလိၢ်ပူၤ

stillborn *a* (ဖိသဉ်) အိဉ်ဖျဲဉ်လီၤလၢအသံ, (ဖိသဉ်) သံလၢဒၢလိၢ်ပူၤ

stillness *n* တၢ်အိဉ်ဂၢ်တပၢ်, တၢ်ဘှ့ဉ်တၢ်ဘိုဉ်

stilt *n* ၁. ခီဉ်ဆဲးထီခိဉ်, ခီဉ်ဆဲးခိဉ် ၂. (ဟံဉ်, ဒဲ) အထူဉ်

stilted *a* (တၢ်ကတိၤအကျိဉ်, တၢ်ကွဲး) လၢအတမ့ၢ်ဒ်န့ဆၢဉ်အသိး, လၢတမ့ၢ်ဒ်ညီနၢ်အသိး, လၢအကတိၤတၢ်ဒ်လံာ်အကျိာ်အသိး

stimulant *a* လၢအထိဉ်ဟူးထိဉ်ဂဲၤထိဉ်ပှၤအသး, လၢအမၤသပ္ၢထိဉ်ပမဲာ်, လၢအမၤဖှံထိဉ်ပသး

stimulant *n* ၁. တၢ်အိဉ်တၢ်အီဒီးတၢ်ထံတၢ်နိလၢအမၤသပ္ၢထိဉ်မဲာ် (အဒိ, ခီဖံဉ်, လဉ်ဖးထံ) ၂. တၢ်လၢအထိဉ်ဟူးထိဉ်ဂဲၤထိဉ်ပှၤ

stimulate *v* ၁. ဟ့ဉ်သဆဉ်ထိဉ်, ဟ့ဉ်ဂံၢ်ဟ့ဉ်ဘါ, ဒုးထိဉ်ဟူးထိဉ်ဂဲၤထိဉ်ပှၤအသး ၂. (စဲအ့ဉ်) မၤစၢၤ, ဟ့ဉ်တၢ်ဂံၢ်တၢ်ဘါ (မ့ၢ်တၢ်ကပီၤမၤစၢၤတၢ်မ့ၢ်တၢ်ဘိလၢကဒိဉ်ထိဉ်)

stimulating *a* ၁. လၢအလီၤသူဉ်ပိၢ်သးဝး, လၢအလီၤသးစဲ ၂. လၢအမၤဖှံထိဉ်ပှၤအသး, လၢအမၤသပ္ၢထိဉ်မဲာ်, လၢအထိဉ်ဟူးထိဉ်ဂဲၤထိဉ်ပှၤအသး

stimulatire *a* လၢအဟ့ဉ်သဆဉ်ထိဉ်, လၢအဟ့ဉ်ဂံၢ်ဟ့ဉ်ဘါ, လၢအထိဉ်ဟူးထိဉ်ဂဲၤထိဉ်ပှၤအသး

stimulus *n* တၢ်လၢအထိဉ်ဟူးထိဉ်ဂဲၤထိဉ်တၢ်

sting *n* ၁. (ကနဲ) အထ့ဉ် ၂. တၢ်ဆါကိၢ်အှု ၃. ကနဲဆဲးတၢ် ၄. (ပၢၤကိၢ်) အတၢ်ကူဉ်တရံးဖိဉ်န့ၢ်ပှၤမၤကမဉ်သဲစး

sting *v* ၁. (ကနဲ) ပျာ်, (ကနဲ) ဆဲး, (ပတ့ၤချံး) ဆဲး, ဘဉ်ဆဲး ၂. ဆါအ့ဉ်ထုး, ကိၢ်အှု ၃. (တၢ်ကတိၤ) မၤဘဉ်ဆဲးပှၤအသး

stingily *adv* ၁. လၢတၢ်ပံာ်သံကီသံအပူၤ, (ဟ့ဉ်တၢ်) လၢတၢ်သူဉ်တအိဉ်သးတအိဉ်အပူၤ ၂. ဆံးကိာ်ဆံးကဲဉ်ဖိ

stingy *a* ၁. လၢအပံာ်သံကီသံ, လၢအပံာ်အကီ, လၢအစုတညီ, လၢအလိးကီတၢ် ၂. လၢအဆံးဝဲစုၤဝဲ

stink *n* တၢ်နၢတမှာ်တလၤ, တၢ်နၢအုဉ်နၢဃး, တၢ်နၢဆံဉ်ဘီ

stink *v* ၁. နၢအုဉ်, နၢဆံဉ်ဘီ, နၢတမှာ်တလၤ ၂. ဟးဂူာ်ဟးဂီၤ

stink bomb *n* တၢ်နၢအုဉ်အဒၢ, တၢ်နၢအုဉ်အဘိဉ်

stint *n* ၁. တၢ်ဆၢကတီၢ်, တၢ်အကတီၢ်တကတီၢ် ၂. မူဒါတၢ်ဖံးတၢ်မၤ

stint *v* သူကတီၤတၢ်, သူကတီၤအိဉ်ကတီၤ, ဟ့ဉ်တၢ်ပံာ်သံကီသံ, ဟ့ဉ်တၢ်တစဲးဖိ, ဟ့ဉ်တၢ်ကီ

stipend *n* ကျိဉ်စ့အတၢ်ဟ့ဉ်မၤစၢၤ

stipulate *v* ၁. နဲဉ်လီၤ, ဟ်ပနီဉ် ၂. မၤတၢ်အၢဉ်လီၤအီလီၤ

stir *n* ၁. တၢ်ထိဉ်ဟူးထိဉ်ဂဲၤထိဉ် (တၢ်, ပှၤအသး) ၂. တၢ်ခွဲးခွး (ကသူထံ), တၢ်ကျဲဉ်ကျီတၢ်

stir *v* ၁. ခွဲးခွး, ကျဲဉ်ကျီ ၂. ဟူးဂဲၤ, ဝးယဲၤယီၤ ၃. ထိဉ်ဟူးထိဉ်ဂဲၤထိဉ်, မၤဟူးမၤဂဲၤ

stir-fry *n* (တၢ်ညဉ်, တၢ်ဒိးတၢ်လဉ်) ခွဲဉ်သိ, တၢ်ဒိးခွဲဉ်သိ

stir-fry *v* ခွဲဉ်သိအီဉ်တၢ်, ဝဲာ်ခွဲးခွးတၢ်

stirring *a* လၢအထိဉ်ဟူးထိဉ်ဂဲၤထိဉ်တၢ်, လၢအမၤသူဉ်ပိၢ်သးဝးထိဉ်တၢ်, လၢအမၤဟူးမၤဂဲၤထိဉ်တၢ်

stirring *n* တၢ်ထိဉ်ဟူးထိဉ်ဂဲၤထိဉ်တၢ်, တၢ်မၤဟူးမၤဂဲၤထိဉ်တၢ်

stirrup *n* ခီဉ်ယီၢ်အလိၢ် (လၢကသ့ဉ်ဂီၤကၢ်အလိၤ)

stitch *n* တၢ်ဆးကျိၤ, လုဉ်အတိၤ, တၢ်ဆးအတိၤ

stitch *v* ဆးတၢ်, ဆး (နံဉ်) အတိၤ

S

stitching *n* တၢ်ဆးအတိၤ, လုၣ်အတိၤ
stock *n* ၁. ပနံၣ်ပာ်ဖိုၣ်, ပနံၣ်လၢတၢ်ကဆါအီၤ ၂. ခီပနံၣ်အစ့မံၢ်ပှၢ် ၃. တၢ်ပာ်ဖိုၣ်ပာ်တံၤ (တၢ်ဖိတၢ်လံၤ) ၄. ကသူဆၢအခိၣ်ထံ, တၢ်ဃံတၢ်ကွဲအဆၢထံ (အဒိ, ဆီဃံအခိၣ်ထံ) ၅. ကျိအဟံၣ်, (ထး) အတိၢ် ၆. တၢ်ဟဲလီၤစၢၤလီၤသွဲၣ်, တၢ်အထံးအခံ ၇. ဆၣ်ဖိကိၢ်ဖိအဒၢတဂီၢ် (live stock) ၈. သ့ၣ် (အဂံၢ်ခိၣ်ဆၢၣ်, ကူာ်လာ်, အဂံၢ်ခိၣ်လၢၢ်)
၉. သိးဖိၤကျိးဖိၤ ၁၀. ပှၤအီရီၢ်ငီး ၁၁. တၢ်မံၤလၤသၣ်ကပီၤ, တၢ်မံၤဂ့ၤသၣ်ဂ့ၤ
stock *v* ပာ်ဖိုၣ်ပာ်တံၤ
stock exchange *n* ၁. တၢ်ကူၣ်လဲၤမၤကၢၤအတၢ်ဖံးတၢ်မၤ ၂. တၢ်ကူၣ်လဲၤမၤကၢၤအဖွဲ
stock market *n* ၁. တၢ်ကူၣ်လဲၤမၤကၢၤအတၢ်ဖံးတၢ်မၤ ၂. တၢ်ကူၣ်လဲၤမၤကၢၤအဖွဲ
stockade *n* တိာ်သ့ၣ်, ကရၢၢ်အသ့ၣ်
stockbroker *n* ၁. ပှၤကူၣ်လဲၤမၤကၢၤတၢ်အခၢၣ်စး, ပှၤပူ့ၤဆါရှဲယါအခၢၣ်စး ၂. တၢ်ကူၣ်လဲၤမၤကၢၤခၢၣ်စးကရၢ, တၢ်ဆါတၢ်ပူ့ၤရှဲယါခၢၣ်စးကရၢ
stockholder *n* ပှၤလၢအမၤသကိးရှဲယါ, ပှၤလၢအဘျၢလီၤစ့မၤသကိးတၢ်လၢပနံၣ်တၢ်ကၢၤအတၢ်မၤ
stockings *n* ခိၣ်ဖျိၣ်ဖးထိ
stock-in-trade *n* ၁. တၢ်စံးတၢ်ကတိၤတၢ်ဖံးတၢ်မၤအလုၢ်အလၢ်လၢအိၣ်ဒီးပှၤတဂၤ
၂. ပနံၣ်တၢ်ဖိတၢ်လံၤလၢကဘၣ်အိၣ်တ့ၢ်လၢစုပူၤ
stockpile *n* တၢ်လၢတၢ်ပာ်ဖိုၣ်ပာ်တံၤဃာ်အီၤ
stockpile *v* ပာ်ဖိုၣ်ပာ်တံၤဃာ်တၢ်, ပာ်ကီၤဃာ်တၢ်
stock-still *adv* လၢအတဟူးတဂဲၤ, လၢအအိၣ်ဂၢၢ်တပၢၢ်, ဂၢၢ်တပၢၢ်
stocktaking *n* တၢ်သမံသမိးကွ့ၤတၢ်ဖိတၢ်လံၤအစရီ, တၢ်ထၢဒီးသမံသမိးတၢ်ဖိတၢ်လံၤအစရီ
stocky *a* ဘီၣ်ဖျၢၣ်ကလာ်, ဖုၣ်ဖုၣ်ဘီၣ်ဘီၣ်
stockyard *n* ဆၣ်ဖိကိၢ်ဖိအကရၢၢ်
stoic *a* လၢအိၣ်ဒီးတၢ်သးခူတလ့ၢ်, လၢအသးကျၢၤမုဆူ
stoic *n* ပှၤလၢအိၣ်ဒီးတၢ်သးခူတလ့ၢ်, ပှၤလၢအိၣ်ဒီးတၢ်သးကျၢၤမုဆူ
stoicism *n* တၢ်သးခူတလ့ၢ်, တၢ်သးကျၢၤမုဆူ
stoke *v* ၁. ဆိုကဲၤထီၣ်မ့ၣ်အူကွ့ၢ်ကွ့ၢ်, ဒၢနုာ်အါထီၣ်မ့ၣ်အူဆၣ် ၂. မၤဆူၣ်ထီၣ်, မၤအါထီၣ်, မၤဒိၣ်ထီၣ်
stole *n* ပိာ်မုၣ်ကိာ်ပး, ပိာ်မုၣ်ယၣ်လုးဖိ, ပိာ်မုၣ်အယၣ်ကၤဖိ
stolid *a* လၢအတသူၣ်ပိၢ်သးဝးဃုာ်ဒီးပှၤအဂၤ
stomach *n* ကဖု
stomach ache *n* ဟၢဖၢဆါ, တၢ်ဆါလၢပကဖုအကပိာ်ကပၤ
stomach pump *n* (ကသံၣ်သရၣ်အတၢ်ကူစါယါဘျါအပီးအလီ) စဲးဆူးထီၣ်တၢ်အီၣ်လၢကဖုပူၤ
stomach ulcer *n* ကဖုပူၤလီၢ်
stomp *v* ၁. ဆဲးထူခီၣ် ၂. ဂဲၤကလံၣ်ဆဲးထူခီၣ်
stone *n* လၢၢ်
stone *v* ၁. ကွံာ်လၢလၢၢ် ၂. ထုးထီၣ်ကွံာ်လၢၢ်
stone blind *a* လၢအတထံၣ်တၢ်နီတစဲး, လၢအမဲာ်ဘျိၣ်
stone deaf *a* လၢအတနၢ်ဟူတၢ်နီတစဲး, လၢအနၢ်တအၢ
stoned *a* ၁. လၢအမူၤကသံၣ်မူၤဘှီး ၂. လၢအမူၤသံးနးမး
stonemason *n* ပှၤဒိၣ်လၢၢ်ဖိ
stoneware *n* သဘံၣ်လီခိ, သဘံၣ်လီခိလၢပှၤတ့အီၤလၢဟီၣ်ခိၣ်ကပံာ်အကျၢ
stonework *n* ၁. တၢ်သူၣ်ထီၣ်လၢတၢ်ဘှီအီၤဒီးလၢၢ် ၂. တၢ်ဒိၣ်လၢၢ်အတၢ်ဖံးတၢ်မၤ
stonily *adv* လၢတၢ်သးကညီၤတအိၣ်ဘၣ်အပူၤ
stony *a* ၁. လၢအပှဲၤဒီးလၢၢ်, လၢအလီၤက်ဒီးလၢၢ်, လၢအကိၤဒ်လၢၢ်အသိး ၂. လၢတအိၣ်ဒီးတၢ်သးကညီၤ
stony-faced *a* လၢအမဲာ်တမုာ်နါတဆၢ
stooge *n* ၁. ပှၤလၢအတိစၢၤမၤစၢၤတၢ်, ပျဲၢ် ၂. ပှၤမၤအ့လံးအ့ဘီတၢ်, ပှၤလၢအမၤလီၤနံၤတၢ်
stool *n* ၁. ခးတူ (လီၢ်ဆ့ၣ်နီၤလၢအချၢသနူၤတအိၣ်) ၂. တၢ်အ့ၣ်

stool pigeon *n* (ပှၤမၤကမၣ်သဲစးတဂၤ) လၢပၢၤကီၢ်စူးကါအီၤဒ်သိးကဖိၣ်ပှၤမၤကမၣ်တၢ်ဖိအဂုၤအဂၤအဂီၢ်, ပှၤဟ့ၣ်ရူသူၣ်တၢ်ကစီၣ်, ပှၤဆှၢရူသူၣ်တၢ်ကစီၣ်, တၢ်မဲာ်ချံ

stoop *n* ၁. တၢ်တကူးလီၤပျိၢ်, တၢ်တကူးလီၤသး ၂. ဃီလီၤဆဲးအလီၢ်, ဃီခိၣ်ထံးအလီၢ်

stoop *v* ၁. တကူးလီၤ ၂. မၤဆံးလီၤစှၤလီၤအလၤကပီၤ, ဆိၣ်လီၤအသးအါတလၢ

stop *n* ၁. တၢ်ပတုာ်အလီၢ်, (သိလ့ၣ်, လ့ၣ်မ့ၣ်အ့ူ) ပတုာ်အလီၢ် ၂. တၢ်ဟ်ပတုာ်တၢ်, တၢ်ဆိကတီၢ်တၢ် ၃. တၢ်ထုးတနၢ်ထုးစုအလီၢ်, တနၢ်ထုးစုအစုဖိၣ်

stop *v* အိၣ်ပတုာ်, ပတုာ်, ဆိကတီၢ်, ဆိတ့ၢ်

stop light *n* မ့ၣ်ဖီး

stop press *n* ဂ့ၢ်ဂီၢ်အ့ူတၢ်ကစီၣ်အသနၢၣ်, ဂ့ၢ်ဂီၢ်အ့ူတၢ်ကစီၣ်အကဘျံး

stopgap *n* တၢ်အပတြိာ်, တၢ်လၢအမၤပှဲၤန့ၢ်တၢ်လီၢ်လီၤဟိ

stopover *n* တၢ်ပတုာ်အိၣ်ဘှံးအိၣ်သါ, တၢ်အိၣ်ပတုာ်တၢ်လဲၤတစိၢ်တလီၢ်

stoppage *n* ၁. တၢ်ခိၣ်ရီၢ်တၢ် ၂. တၢ်ဆိကတီၢ်တၢ်, တၢ်ဟ်ပတုာ်တၢ် ၃. တၢ်လၢအတြီဃာ်တၢ်, တၢ်လၢအမၤတံာ်တၢၤဃာ်တၢ်

stopper *n* တၢ်အခိၣ်ကး, နီၣ်ဆွံတံာ်ဃာ်တၢ်, တၢ်အခိၣ်ဖျိၣ်

stopwatch *n* နၣ်ရံၣ်ဖိၣ်တၢ်ဆၢကတီၢ်

storage *n* ၁. တၢ်ဟ်ဖိုၣ်ဟ်တံၤဃာ်တၢ်, တၢ်ဟ်ကီၤတၢ် ၂. ခိၣ်ဖျူထၢၣ်အတၢ်ဟ်ဖိုၣ်ဟ်တံၤဃာ်တၢ်အလီၢ်, တၢ်ဟ်ဖိုၣ်ဟ်တံၤတၢ်အလီၢ်, တၢ်ဟ်ကီၤဃာ်တၢ်အလီၢ်

store *n* ၁. ပန်ာ်ဟ်ဖိုၣ် ၂. ကျး

store *v* ဟ်ဃာ်, ဟ်ဖိုၣ်ဟ်တံၤ

storehouse *n* ပန်ာ်ဒၢး, တၢ်ဟ်တၢ်ဖိတၢ်လံၤအဒၢး

storekeeper *n* ၁. ပှၤကွၢ်ထွဲပန်ာ်ဒၢး ၂. ကျးကစၢ်, ပှၤခိးကျး

storey, story *n* (ဟံၣ်)

stork *n* ထိၣ်ထီကိာ်, ထိၣ်ထီခိၣ်

storm *n* ၁. ကလံၤမုၢ် ၂. တၢ်နုာ်လီၤဒုးတပျီၢ်တၢ်, တၢ်နုာ်လီၤဖိၣ်တၢ် ၃. တၢ်ကိးကလူ, တၢ်ကိးဃါတၢ်

storm *v* ၁. နုာ်လီၤဒုးတပျီၢ်တၢ်, နုာ်လီၤဖိၣ်တၢ် ၂. ကိးပသူကိးပသီလၢတၢ်သူၣ်ဒိၣ်သးဖျိးအပူၤ, ကိးကလူ, ကိးဃါတၢ်

storm cloud *n* ၁. တၢ်လၢအတဂ့ၤတဝါ, တၢ်အၢတၢ်သီ ၂. တၢ်အၢၣ်ခံးသူယုၢ်ကလာ်

storm-tossed *a* လၢအဟးဂီၤလၢကလံၤမုၢ်အဃိ

stormy *a* ၁. လၢတၢ်စူၤလီၤကလံၤအ့ူတပျုာ်တပျီၤတၢ် ၂. လၢအသူၣ်ဒိၣ်သးဖျိးဒိၣ်ဒိၣ်ကလဲာ်, လၢအသးဒိၣ်တပျုာ်တပျီၤ

story *n* တၢ်ဃဲၤပူ, တၢ်တဲမုၢ်နၢ်, တၢ်စံၣ်ဃဲၤတဲဃဲၤ

story, storey *n* (ဟံၣ်) အကထၢ

stout *a* ၁. ဆိုၣ်, ဆူၣ် ၂. လၢအဂံၢ်ဆူၣ်, ဖှၣ်ဒီးဒိၣ် ၃. လၢအသးကျၢၤမုဆူ, လၢအိၣ်ဒီးတၢ်သးခူတလ့ၢ်

stout *n* ဘံယၢၣ်အသူဒီးအသဟီၣ်ဆူၣ်တကလုာ်

stoutly *adv* လၢတၢ်သးခူတလ့ၢ်အပူၤ, လၢတၢ်သးကျၢၤမုဆူအပူၤ, ဆူၣ်ဆူၣ်ကလဲာ်, နူနူ

stove *n* လၢၢ်ဆီ

stow *v* ဟ်ဖိုၣ်ဟ်တံၤတၢ်, ဟ်

stowage *n* ပန်ာ်အဒၢး, တၢ်ဟ်တၢ်ဖိတၢ်လံၤအဒၢး, တၢ်ဟ်တၢ်ဘိၣ်တၢ်စှၢၤအဒၢး

stowaway *n* ပှၤလၢအဒိးခူသူၣ်ကဘီ, ပှၤလၢအဒိးခူသူၣ်ကဘီယူၤ

straddle *v* ၁. ကါကါကံၣ်, တကါအကံၣ်, ဆဲးဖးတြၢ် ၂. အိၣ်လၢတၢ်အဘၢၣ်စၢၤ, အိၣ်လၢတၢ်အဆၢ ၃. ထၢနုာ်ဃုာ်တၢ်အကလုာ်ကလုာ်

strafe *v* ခးလီၤတၢ်လၢကဘီပူၤ, ဒုးတပျီၤတၢ်လၢကဘီပူၤ

straggle *v* ၁. ဟးအခိၣ်တီၤလိၤ ၂. ဟးဖျိး, ဟးအိၣ်လီၤတဲာ် ၃. (မဲထိၣ်) သကုၤဆးဒး

straggler *n* ၁. ပှၤလၢအဟးအခိၣ်တီၤလိၤ ၂. ပှၤလၢအဟးဖျိး, ပှၤလၢအဟးအိၣ်လီၤတဲာ်တ့ၢ် ၃. (တၢ်မုၢ်တၢ်ဘိ) ဟးမဲထိၣ်သကုၤဆးဒး

straight *a* ၁. ဘျၢ, လိၤလိၤ, လၢအတကူ့ၣ်တကူ ၂. လၢအတီအလိၤ, လၢအသူၣ်တီသးရၤ, လၢအသူၣ်လိၤသးဘျၢ ၃. လၢအမ့ၢ်တၢ်အနီၢ်နီၢ် ၄. တဘျီယီ, တကီၢ်ခါ ၅. လၢအတဟ်ရူသူၣ်တၢ်လၢအတၢ်ကတိၤအပူၤနီတစဲး, လၢအတဲဖျါထိၣ်တၢ်လၢအသးပူၤခဲလၢာ်တီတီ, လၢအတဲတၢ်ပျီပျီ

straight *adv* ၁. လီၤလီၤဘျာဘျာ, လၢအသူၣ်လီၤသးဘျာအပူၤ ၂. တီတီလီၤလီၤ ၃. တကီၢ်ခါ, တဘျီယီ

straight *n* ၁. ပှၤပတီၢ်မုၢ်ဖိ, ပှၤယိယိဖိ ၂. ပှၤလၢအအဲၣ်မုၣ်ခွါသွံၣ်ထံးပတီၢ်မုၢ်

straight away *adv* တဘျီယီ, တကီၢ်ခါ

straight away *n* ကျဲဘျာ, တၢ်ယၠၢ်ပြၢအကျဲဘျာ

straighten *v* မၤလီၤက့ၤ, မၤဘျာက့ၤ, စူၣ်ဘျာ, စူၣ်လီၤ

straight-faced *a* လၢတအိၣ်ဒီးတၢ်နံၤကမံ, လၢတအိၣ်ဒီးတၢ်နံၤတၢ်အ့

straightforward *a* ၁. လီၤလီၤဘျာဘျာ ၂. တီတီလီၤလီၤ, လၢအသူၣ်ဘျာသးဘျာ ၃. လၢတၢ်နၢ်ပၢၢ်ဘၣ်အီၤညီ

strain *n* ၁. တၢ်ကီတၢ်ခဲ, တၢ်ကိၢ်တၢ်ဂီၤ ၂. တၢ်ဃၢတၢ်စံာ်, တၢ်ဖ့ၣ်ဆၢ, တၢ်ထုးဃံး ၃. တၢ်အစၢၤအသွဲၣ်, တၢ်အကလုာ်, တၢ်အဒူၣ်အထၢ (ဆၣ်ဖိကီၢ်ဖိ, တၢ်ဖိဃၢ်, တၢ်မဲတၢ်မါ, တၢ်ယူးတၢ်ဃၢ်) ၄. တၢ်ဒ့တၢ်အူတကလုာ်, တၢ်သိၣ်လၢအမ့ၢ်သယုၢ်သတွၢ

strain *v* ၁. ထဲးဂံၢ်ထဲးဘါ, မၤလၢာ်သး ၂. (ညၣ်ထူၣ်) ဖ့ၣ်ဆၢ ၃. ပှံၢ် (ထံ)

strait *a* ၁. လၢအအံၣ်, အံၣ် ၂. လၢအဃံး, ဃံး

strait *n* ပိၣ်လဲၣ်ထံအကျိၤ, ပိၣ်လဲၣ်ဒ့စုၤ

straitened *a* ၁. လၢအဃံးထိၣ်, ဃံးထိၣ် ၂. လၢအအံၣ်လီၤ, အံၣ်လီၤ

straitjacket, **straightjacker** *n* ၁. ဆ့ကၤစၢဃံး, ဆ့ကၤလၢအိၣ်ဒီးအစုဒုၣ်ဖးထီလၢတၢ်စူးကါအီၤလၢတၢ်ကဒုးကၤဒီးစၢဃံးပှၤဃိာ်ဖိလၢအအိၣ်ဒီးတၢ်စုဆူၣ်ခိၣ်တကး မ့တမ့ၢ် ပှၤဆါလၢအိၣ်ဒီးခိၣ်နူာ်တၢ်ဆါ ၂. တၢ်မၤဃံးထိၣ်တၢ်

strait-laced *a* လၢအအိၣ်ဒီးတၢ်ဟ်သူၣ်ဟ်သးလၢအဃံးဃိၣ်ဒိၣ်, လၢအဟ်အသးလၢအဃံးဃိၣ်ဒိၣ်

strand *n* ပျံၤဖးထီလၢပျံၤလၢတၢ်ပိၤဃာ်အီၤအကျါတဘိ, ခိၣ်ဆူၣ်အဘိဖိတဘိလၢခိၣ်ဆူၣ်အဂၤတဖၣ်အကျါ

strand *v* ၁. ဟ်ပတုာ်ကဘီလၢခိခိၣ် ၂. ဟ်အီၤလၢတၢ်လီၢ်ဖဲအဟူးဝးတသ့

strange *a* လၢအလီၤဆီ

stranger *n* ပှၤစိစၣ်, ပှၤလီၤဆီ

strangle *v* ၁. စံၢ်သံ, စၢသံ, ပအၢ ၂. တြီတၢ်ဒိၣ်ထိၣ်လဲၤထိၣ်

stranglehold *n* ၁. တၢ်စံၢ်တံၢ်ကိာ် ၂. တၢ်ဖိၣ်ဃံး, တၢ်မၤနၢၤမၤဃၣ်တၢ်

strangulated *a* လၢအစံၢ်တံၢ်, လၢအပအၢတံၢ်

strangulation *n* ၁. တၢ်စၢတံၢ်, တၢ်ပအၢတံၢ်ကိာ်ဘိ ၂. တၢ်စၢတံၢ်သွံၣ်ကျိၤ

strap *n* ပျံၤ, ပျံၤဖိ အဒိ, ဆ့ကၤဖိအပျံၤ – နၣ်ရံၣ်အပျံၤ

strap *v* ၁. တိၢ်တၢ်လၢပျံၤတၢ်ဖံး, ဖျ့တၢ်လၢပျံၤတၢ်ဖံး ၂. စၢတံၢ်, စၢဃံးတံၢ်ဒီးပျံၤ

strapped *a* လၢအကျိၣ်အစ့ဃံး, လၢအစ့တလၢတလိၣ်

strapping *a* လၢအဂံၢ်ဆူၣ်ဘါဆူၣ်

stratagem *n* ၁. တၢ်မၤရဲၣ်ကျဲၤ, တၢ်တိာ်ကျဲၤ ၂. တၢ်လံၣ်နၠၢ်လီနၠၢ်တၢ်လၢအိၣ်ဒီးတၢ်ကူၣ်တၢ်ဆး

strategic *a* ၁. လၢအအိၣ်ဒီးတၢ်မၤရဲၣ်ကျဲၤခိၣ်သ့ၣ် ၂. လၢအိၣ်ဒီးတၢ်ကူၣ်သ့အဂ့ၤလၢသုးမုၢ်သံၣ်ဘိတကပၤ

strategist *n* ပှၤလၢအအိၣ်ဒီးတၢ်မၤရဲၣ်ကျဲၤခိၣ်သ့ၣ်လၢအဂၤ, ပှၤလၢအရဲၣ်ကျဲၤတၢ်သ့

strategy *n* ၁. တၢ်မၤရဲၣ်ကျဲၤခိၣ်သ့ၣ် ၂. တၢ်ကူၣ်သ့လၢတၢ်ရဲၣ်ကျဲၤတၢ်ဒုးတၢ်ယၤ, တၢ်ကူၣ်သ့လၢတၢ်ရဲၣ်တၢ်ကျဲၤလၢသုးမုၢ်သံၣ်ဘိတကပၤ

stratification *n* ၁. တၢ်နီၤဖးတၢ်အတီၤပတိၢ် ၂. လၢၢ်အကထၢတဖၣ်

stratosphere *n* ကလံၤလၢအအိၣ်ကစီၤယံၤဒီးဟီၣ်ခိၣ်မဲာ်ဖံးခိၣ်နူံမံၤလာ်

stratum *n* ၁. ဟီၣ်ခိၣ်အကထၢ, ဟီၣ်ခိၣ်အကဘျံး ၂. တၢ်အကထၢလၢတၢ်သူၣ်ထိၣ်တဖျၢၣ်အပူၤ ၃. ပှၤတဝၢအတီၤပတိၢ် (plural strata)

straw *n* ၁. ဘုလိၢ်, လိၢ်ဘိ ၂. တၢ်ဘိလၢပအီထံခုၣ်

stray *a* ၁. လၢအတလီၤယှာ်ဒီးတၢ်အဂၤဘၣ် ၂. တပိာ်ကျဲ, ဟးဖျိးကျဲ, ဟးဝ့ၤဝီၤ

stray *n* တၢ်လၢအဟးဖျိး, ပှၤလၢအဟးဖျိး

stray *v* ဟးဖျိး, တပိာ်ကျဲလၢအဘၣ်, ဟးဝ့ၤဝီၤ

S

streak *n* အလွဲၢ်တတီၤ, တၢ်ကပီၤအဃၢၤတဘိ

streak *v* ၁. မၤတီၤပျ့ ၂. သုးအသးချ့သဒံး

streaky *a* လၢအိၣ်ဒီးအတီၤပျ့, လၢအတီၤကွ့တီၤကွီသးအိၣ်အါကလုာ်

stream *n* ထံကျိဖိ

stream *v* ၁. ယွၤလီၤဒ်ထံဖိကျိအသိး ၂. ယွၤလီၤ, အဒိ, မဲာ်ထံ, ကပၢၤဒီးထံယွၤလီၤ ၃. စူၣ်လဲာ်အသးထီပယွဲၤဒီးဒံဝှၤဒံဝီၤလၢကလံၤကျါ

streamer *n* ၁. တၢ်ကံးညာ်အပျ့ဖးထီလၢအဒံဝှၤဒံဝီၤလၢကလံၤကျါ, နီၣ်တယၢ် ၂. လံာ်တၢ်ပရၢအခိၣ်တီဖးထီ

streaming *n* တၢ်ဆှၢခီတၢ်ဂ့ၢ်တၢ်ကျိၤလၢခိၣ်ဖျၢထၢၣ်အပူၤ

streamline *a* လၢတၢ်နိးတၢ်ဘျးတအိၣ်, လၢအမၤတၢ်ဘျ့ဘျ့ဆိုဆို

street *n* ကျဲ, ကျဲမုၢ်

street value *a* စ့အလုၢ်အပှ့ၤလၢတၢ်မၤန့ၢ်အီၤခီဖျိတၢ်ဆါကသံၣ်မူၤဘိုးလၢတဖိးသဲစး, တၢ်အပှ့ၤကလံၤလၢတၢ်မၤန့ၢ်အီၤတဖိးသဲစး

streetwalker *n* ပှၤလၢအဆါလီၤအီၣ်သးလၢကျဲမုၢ်ခိၣ်, ဃဲသဲမုၣ်

streetwise *a* လၢအသ့ၣ်ညါကဘၣ်ကွၢ်ဆၢၣ်မဲာ်တၢ်လီၤပျံၤလီၤဘၣ်ယိၣ်လၢရူပူၤဝ့ၢ်ပူၤ, လၢအသ့ၣ်ညါအိၣ်ဆိးဝဲလၢ

strength *n* တၢ်ဂံၢ်တၢ်ဘါ

strengthen *v* မၤဆူၣ်ထီၣ်အဂံၢ်အဘါ, မၤဂၢၢ်မၤကျၢၤထီၣ်

strenuous *a* လၢာ်ဂံၢ်လၢာ်ဘါ, ထဲးဂံၢ်ထဲးဘါ

stress *n* ၁. တၢ်ကီတၢ်ခဲ, တၢ်ဃၢတၢ်စံာ်, တၢ်ဒိၣ်တၢ်မုၢ် ၂. တၢ်ဆီလီၤဟ်လီၤ

stress *v* မၤဆူၣ်ထီၣ်တၢ်ကတိၤအသိၣ်, ကတိၤတၢ်အဂ့ၢ်တမံၤဆူၣ်ဆူၣ်

stressful *a* လၢအနုးအိၣ်ထီၣ်တၢ်သးဃၢ, လၢအနုးအိၣ်ထီၣ်တၢ်သူၣ်ဃၢသးဃၢ

stretch *n* ၁. တၢ်မၤယူာ်ထီၣ်တၢ်, တၢ်ထဲးယူာ်ထီၣ်တၢ်, တၢ်ထုးယူာ်ထီၣ်တၢ်, တၢ်သလၣ်ထီၣ်တၢ် ၂. တၢ်စူၣ်ထီၣ်သး, တၢ်စူၣ်လဲာ်သး ၃. တၢ်ဆၢကတီၢ်လၢတၢ်ဒိၣ်ထီၣ်လဲၤထီၣ် ၄. သီလ့ၣ်မ့တမ့ၢ် လ့ၣ်မ့ၣ်အှူလၢတၢ်မၤထီထီၣ်အလီၢ်ဆ့ၣ်နီၤ ၅. တၢ်ဖံးတၢ်မၤလၢအကီအခဲ

stretch *v* ၁. ယူာ်ထီၣ်အသး ၂. ထဲးယူာ်ထီၣ်, ထုးဖှၣ်ဆၢ, သလၣ်ထီၣ်,စူၣ်လဲၣ်ထီၣ်

stretcher *n* စုာ်စိာ်ပှၤဆါ

stretcher *v* စိာ်အီၤလၢစုာ်စိာ်ပှၤဆါ

strew *v* လီၤပြံလီၤပြါ, မၤလီၤပြံလီၤပြါ, ဘှဲၣ်လီၤ

stricken *a* လၢအသးဘၣ်ဒိက့ၤ, လၢအဘၣ်ဒိဘၣ်ထံး

strict *a* လၢအတၢ်သိၣ်တၢ်သီဃံး, လၢအလီၤတံၢ်, လီၤတံၢ်မး

strictly *adv* လီၤတံၢ်လီၤဆဲး, ဃံးဃံး

stricture *n* ၁. တၢ်ကတိၤသိၣ်ဃီၣ်တၢ်, တၢ်သိၣ်လီၤသီလီၤတၢ် ၂. တၢ်အကျိၤအံၣ်လီၤ, တၢ်သံးကတူၢ်အသး

stride *n* ၁. ခီၣ်ခါဖးလဲၢ်, တၢ်ခါထီၣ်ခီၣ်ကါဖးလဲၢ် ၂. တၢ်ခါထီၣ်ခီၣ်ဆူတၢ်ပညိၣ်အဂီၢ် ၃. ဖျိၣ်ခံ

stride *v* ဟးကျိၣ်ကျိၣ်, ဆဲးကါတြါခီၣ်, ကါခီၣ်လဲၢ်လဲၢ်

strident *a* လၢအသိၣ်ဒိၣ်ဒီးဃဲကအဲး, လၢအသိၣ်ကံၢ်နၢ်

strife *n* ၁. တၢ်သးထီၣ်, တၢ်ထီဒါလိာ်သး, တၢ်အ့ၣ်လိာ်ဆိးက့လိာ်သး ၂. တၢ်ကီတၢ်ခဲ, တၢ်ဂဲၤပျုၢ်ဂဲၤဆှး

strike *n* ၁. တၢ်ဟ်ဖျါတၢ်တဘၣ်သး ၂. တၢ်နုာ်လီၤဒုးသတူၢ်ကလာ် ၃. တၢ်ဃုထံၣ်န့ၢ်ဟီၣ်လာ်တၢ်ထူးတၢ်တီၤ

strike *v* ၁. တီၢ်, ဒိ ၂. ဒွံး (မ့ၣ်ဒွံး) ၃. ဟ်ဖျါတၢ်တဘၣ်သး

strike off *vp:* တီၤသံကွံာ်, တြူာ်သံကွံာ်

strike out *vp:* ၁. စးထီၣ်မၤတၢ်ဟူးတၢ်ဂဲၤ ၂. မၤတၢ်ပှဲၤဒီးတၢ်သူၣ်ဆူၣ်သးဂဲၤ

strike force *n* သုးလၢအနုာ်လီၤဒုးတၢ်သတူၢ်ကလာ်

strike-bound *a* လၢအဘၣ်တၢ်ဆိကတီၢ်ကွံာ်အီၤခီဖျိတၢ်ဟ်ဖျါထီၣ်တၢ်ဘၣ်သး

strike-breaker *n* ပှၤမၤဟးဂီၤတၢ်ဟ်ဖျါထီၣ်တၢ်ဘၣ်သး, ပှၤမၤဟးဂီၤတၢ်ပူထီၣ်တၢ်ခီဖျိမၤတၢ်ဖဲပှၤအဂၤပတုာ်တၢ်မၤအခါ မ့တမ့ၢ် ဟံးန့ၢ်မၤကွံာ်ပှၤလၢတမၤတၢ်တဂၤအလီၢ်

striker *n* ပှၤလၢအဟ်ဖျါထီဉ်တၢ်ဘဉ်သး

striking *a* လၢအလီၤကီဉ်လီၤစီး, လၢအဘဉ်ဒိပသး

string *a* လၢအဘဉ်တၢ်မၤအီၤလၢပျံၤ, လၢအလီၤက်ဒီးပျံၤ, လၢအအိဉ်ဒီးပျံၤ

string *n* ၁. ပျံၤ ၂. တၢ်ဒီဖုဒီကရူၢ်, တၢ်ပိာ်ထွဲထီဉ်အခံ, တၢ်တွံၢ်တြူာ်လိာ်သး ၃. တၢ်စၢဃာ်

string *v* ၁. တုၢ်ပျံၤဖးထီ, တုၢ်ဖဲဘိ, တုၢ်ဖဲပျံၤ ၂. စၢဉ်လီၤတၢ် ၃. ရဲဉ်လီၤအသး, စၢၢ်ပထိ ၄. ထီထီဉ်တၢ်ဒ့ပျံၤ

stringed instrument *n* တၢ်သံကျံပီးလီလၢအိဉ်ဒီးအပျံၤ, တၢ်ဒ့တၢ်အူပီးလီလၢအိဉ်ဒီးအပျံၤ

stringency *n* ၁. တၢ်ဃံးတၢ်စုၤ, ကျိဉ်ကၢၤစုကၢၤ ၂. ဃံးဃံး, လီၤတံၢ်လီၤဆဲး ၃. တၢ်ပၢတၢ်ဃံးဃံး

stringent *a* ၁. လၢအဃံးအစုၤ ၂. လၢအလီၤတံၢ်လီၤဆဲး ၃. လၢအတၢ်သိဉ်တၢ်သီဃံး

stringy *a* ၁. လၢအဃဲၤအါ, လၢအလုၤအါ ၂. လၢအဃဲၤတလဲာ်ဒဲး ၃. လၢအလီၤက်ဒီးပျံၤ

strip *n* ၁. အပျ့ဖးထီ ၂. တၢ်ဘ့ဉ်လီၤမ့တမ့ၢ် တၢ်ရၢ်လီၤ (တၢ်ကူတၢ်သိး, တၢ်သူဉ်ထီဉ်)

strip *v* ၁. အုဉ်ကွံာ်, အိးကွံာ်, အဲးကွံာ် (တၢ်အဖံး) ၂. ဟံးန့ၢ်ဆူဉ်ကွံာ်, ဂုာ်ဆူဉ်ပျိဆူဉ် ၃. ဘ့ဉ်လီၤကွံာ်, ရၢ်လီၤကွံာ် (တၢ်ကူတၢ်သိး, တၢ်သူဉ်ထီဉ်)

strip search *n* တၢ်ဃုကွၢ်တၢ်လၢလီၤ, တၢ်ဃုကွၢ်တၢ်လၢနီၢ်ခိမိၢ်ပှၢ်အလီၤ, တၢ်မၢဘ့ဉ်လီၤကွံာ်ကူကၢၤလၢကဃုကွၢ်တၢ်အဂီၢ်

stripe *n* ၁. အတိၤပျ့, အကွီ ၂. (လီၢ်လၤ) အပျ့

striped *a* လၢအိဉ်ဒီးအတိၤပျ့တိၤကွီ, လၢအတိၤပျ့တိၤကွီ

strive *v* ဂဲၤပျုၢ်ဂဲၤဆှး, ထဲးဂံၢ်ထဲးဘါ, ဂုာ်ကျဲးစၢးမၤတၢ်

strobe *n* မ့ဉ်အူကပြုၢ်မျာ်မျာ်

stroke *n* ၁. သံတခ့ါပၤလီၤဘျ့, ကလံၤဖွး ၂. တၢ်ကဲထီဉ်သးလၢတၢ်တဟ်သူဉ်ဟ်သးအပူၤ ၃. တၢ်ထူဖျာဉ်ထူ, တၢ်ပၤဖျာဉ်ပၤ ၄. နဉ်ရံဉ်ဘဉ်အကတိၢ် ၅. တိၤတစ္ၤ (အဒိ "၉" ၃") ၆. တၢ်ဒိတၢ်အသိဉ် ၇. (တၢ်ခဲဉ်အလွဲၢ်, မဲဉ်ထံ) အကျိၤ

stroke *v* ၁. ဖူးလဲး ၂. (ပၤဖိုး, ထူဖိုး) ကယီကယီ

stroll *n* ၁. တၢ်ဟးလိာ်ကွဲ, တၢ်ဟးကသုဉ်ကသီ ၂. တၢ်မၤနၢၤတၢ်ညီကဒဉ်

stroll *v* ဟးဝ့ၤဝီၤဆူအံၤဆူနုၤ, ဟးဝ့ၤဝီၤလိာ်ကွဲ

stroller *n* ၁. ပှၤဟးလိာ်ကွဲ, ပှၤဟးကသုဉ်ကသီ ၂. ဖိသဉ်အလှဉ်ဆိဉ်

strong *a* ဂံၢ်ဆူဉ်, ဆူဉ်, ကျၢၤ, ဂၢၢ်ကျၢၤ, ခၢဉ်သနၢဉ်

strong-arm *a* လၢအစူးကါတၢ်စုဆူဉ်ခီဉ်တကး, လၢအစူးကါတၢ်မၤပျံၤမၤဖုး

strongbox *n* စ့ဒၢးခၢဉ်, တလါတူၢ်မ့ဉ်

stronghold *n* တၢ်လီၢ်ခၢဉ်သနၢဉ်, တိာ်ဓိၤတာ်ဓိၤ

strongly *adv* ၁. ဂၢၢ်ဂၢၢ်ကျၢၤကျၢၤ, ဆူဉ်ဆူဉ် ၂. နီၢ်နီၢ်, နူနူ (အဒိ, ယထီဒါယဲနူနူလီၤ.)

strongman *n* ၁. မီၤစီရီၤ, ခိဉ်နၢ်လၢအပၢဆူဉ်ပၢစိးတၢ် ၂. ပိာ်ခွါလၢအဂံၢ်ဆူဉ်

strong-minded *a* လၢအသးကျၢၤမုဆူ, လၢတၢ်ဆီတလဲအသးအတၢ်ဆိကမိဉ်တန့ၢ်

strongroom *n* စ့ဒၢးခၢဉ်, စ့ဒၢးခၢဉ်တူၢ်မ့ဉ်

strong-willed *a* လၢအသးကျၢၤမုဆူ, လၢတၢ်ဆီတလဲအသးအတၢ်ဆိကမိဉ်တန့ၢ်

strop *n* တၢ်ကျ့ (ဒီ) တၢ်ဖံး, တၢ်ဖံးကျ့ဒီ, တၢ်ဖံးလၢတၢ်ကျ့ဒီအဂီၢ်

strop *v* ကျ့အ့ဉ် (ဒီ) လၢတၢ်ဖံး

structural *a* ၁. လၢအဘဉ်ဃးဒီးတၢ်သူဉ်ထီဉ်ဆီလီၤဟ်လီၤတၢ်အကျဲကပူၤ ၂. လၢအဘဉ်ထွဲဒီးတၢ်သူဉ်ထီဉ်ဘိုထီဉ် ၃. လၢတၢ်သူဉ်ထီဉ်ဘိုထီဉ်အဂီၢ်

structure *n* ၁. တၢ်သူဉ်ထီဉ်အကျဲကပူၤ ၂. တၢး, ဟံဉ်, တၢ်လၢအဘဉ်တၢ်သူဉ်ထီဉ် ၃. တၢ်ဟ်ဖိုဉ်ဆီလီၤဟ်လီၤအီၤ

structure *v* ဆီလီၤဟ်လီၤ, ရဲဉ်လီၤကျဲၤလီၤ

structured *a* လၢအဆၢစဲဘူးလိာ်အသး, လၢအလဲၤသးလၢအဂ့ၢ်အဝီ

struggle *n* တၢ်ဂဲၤလိာ်, တၢ်ဂုာ်ကျဲးစၢးမၤတၢ်သပှၢ်ပှၢ်, တၢ်ဂဲၤပျုၢ်ဂဲၤဆှး

struggle *v* ဂဲၤလိာ်, ဂုာ်ကျဲးစၢးသပှၢ်ပှၢ်

strum *v* ခွဲးလိာ်ကွဲ (ကထါ)

strung out *a* ၁. လၢကသံၣ်မူၤဘိုးလုၢ်ဘၢအီၤ, လၢအစဲကသံၣ်မူၤဘိုးလံ ၂. လၢတၢ်ကီၢ်တၢ်ဂီၤလုၢ်ဘၢ

strung up *a* လၢအသူၣ်ပိၢ်သးဝး, လၢအသူၣ်ဟူးသးဂဲၤ, လၢအိၣ်အခိၣ်တတုၤလီၤခံတတုၤလီၤလၢၤ

strut *n* ၁. နီၣ်ပၢၤ ၂. တၢ်ဟးဟ်ဒိၣ်ဟ်လၤအသး, တၢ်ဟးလၢတၢ်ဟ်ထီၣ်ထီသးအပူၤ, တၢ်ဟးလိာ်သးကဖိကဖိ, တၢ်ဟးတကွၢ်လီၤဟီၣ်ခိၣ်ဘၣ်

strut *v* ဟးဟ်ဒိၣ်ဟ်လၤအသး, ဟးလၢတၢ်ဟ်ထီၣ်ထီသးအပူၤ, ဟးလိာ်အသးကဖိကဖိ, ဟးတကွၢ်လီၤဟီၣ်ခိၣ်ဘၣ်

stub *n* ၁. တၢ်အကူာ်လာ်, တၢ်အခံထူး (အဒိ, မိာ်အခံထူး), တၢ်အကူာ်အကျိ ၂. လံာ်ဖိုတဲာ်

stub *v* ဘၣ်တိၢ် (အဒိ, ခီၣ်ဘၣ်တိၢ်)

stubble *n* ၁. ဘုလီၢ်အခိၣ်ဆၢၣ်, လီၢ်ခိၣ်ဆၢၣ် ၂. ခၣ်ဆူၣ်အခိၣ်ဆၢၣ်

stubborn *a* လၢအခိၣ်ကိၤ, လၢအနၢ်ကၠၣ်နၢ်စွံ

stubby *a* လၢအဖုၣ်တလံးကွံး

stuck *a* ၁. အိၣ်ကတာ်ထီ, ဘၣ်ဘျးထီ

stuck-up *a* လၢအဟ်ဒိၣ်အသး, လၢအဟ်ထီၣ်ထီအသး, လၢအဟ်ကဖၢလၢအသး

stud *n* ၁. ကသ့ၣ်တံၢ်, ကသ့ၣ်မိၢ်ကနီလၢတၢ်ဘ့ၣ်အါထီၣ်အစၢၤအသွဲၣ် ၂. ဆ့ကၤနၢ်သၣ် ၃. နီၣ်ပၢၢ် ၄. ထးကမိာ်ခံ

stud *v* ၁. ကယၢကယဲထီၣ်ဒီးတၢ်အကမိာ်ဖိတဖၣ် ၂. အိၣ်ပှဲၤဒီးတၢ်တမံၤမံၤ

studded *a* ၁. လၢတၢ်ကယၢကယဲထီၣ်အီၤဒီးတၢ်လုၢ်ဒိၣ်ပှၤဒိၣ်အနၢ်ချံတဖၣ် ၂. လၢအိၣ်ပှဲၤဒီးတၢ်တမံၤမံၤ

student *n* ကိုဖိ, ပျဲၢ်

studio *n* ဒၢးဖိၣ်တၢ်ကလုၢ်, တၢ်ဒိတၢ်ဂီၤဒၢး, တၢ်မၤတၢ်ဂီၤစိးပျၢအလီၢ်

studious *a* လၢအဂုာ်ကျဲးစၢးမၤလိတၢ်, လၢအအဲၣ်တၢ်မၤလိမၤဒိး

studiously *adv* လၢတၢ်ဂုာ်ကျဲးစၢးမၤလိတၢ်နီၢ်နီၢ်အပူၤ

study *n* ၁. တၢ်ယုထံၣ်သ့ၣ်ညါ ၂. တၢ်မၤလိမၤဒိး ၃. နီၢ်ကစၢ်တၢ်မၤလိအဒၢး ၄. တၢ်ဂီၤလၢတၢ်တ့ပတြိာ်အီၤ

study *v* ၁. ကွၢ်လံာ်ကွၢ်လဲၢ်, ဖးလံာ်, မၤလိတၢ်, မၤလိနၢ်ပၢၢ်အသး ၂. ကွၢ်ဆိဖးဆိလီၤတံၢ်လီၤဆဲး, ကွၢ်လီၤတံၢ်လီၤဆဲး

stuff *n* ၁. တၢ်ဖိတၢ်လံၤ ၂. တၢ်အါမံၤအါကလုာ်

stuff *v* ဆွံနုာ်, သွီနုာ်

stuffed animal *n* ၁. ဆၣ်ဖိကိၢ်ဖိအသံတဒုလၢတၢ်မၤန့ၢ်အဖံးဘ့ၣ်ဒီးတၢ်သွီနုာ်ပှဲၤအပူၤလၢတၢ်ကပုာ်ဒီးနုးကဲထီၣ်အီၤဒ်အနီၢ်ကိၢ်အသိး ၂. ဆၣ်ဖိကိၢ်ဖိအဂီၤလိာ်ကွဲ

stuffing *n* ၁. တၢ်အဆၣ် (အဒိ, ကိၣ်ကုၢ်လိၣ်အဆၣ်) တၢ်အဆၣ်လၢတၢ်ဆွံနုာ်လီၤအီၤဆူကိၣ်အပူၤ ၂. တၢ်လၢတၢ်ဆွံနုာ်, သွီနုာ်လီၤအီၤဆူ (ခိၣ်သခၢၣ်, လီၢ်ဆ့ၣ်နီၤ) အပူၤ (အဒိ, ဘဲ, ဘဲဃိ, ဖီး, တၢ်ကံးညာ်)

stuffy *a* ၁. လၢကလံၤတန့ၢ်ဘၣ်, လၢကလံၤတနုာ်ဘၣ် ၂. လၢအနါဒ့တံၢ်ဘံး

stumble *v* ၁. (ခီၣ်) ဘၣ်တိၢ်ဒီးလီၤဃံၤ ၂. (ဟးကန္ၤကပၤ) ဘူးကလီၤဃံၤ ၃. တဲကမၣ်တၢ်, မၤကမၣ်တၢ်

stumbling block *n* တၢ်တြီမၤတံာ်တာ်, တၢ်နိးတၢ်ဘျး

stump *n* ၁. သ့ၣ်ခိၣ်ဆၢၣ် ၂. တၢ်အခိၣ်ဆၢၣ် ၃. တၢ်အကူာ်လာ် ၄. ဖျၢၣ်တိၢ်တၢ်ဂဲၤလိာ်ကွဲအတၢၣ် ၅. တၢ်ဟးဝ့ၤဝီၤလီၤကရၢကရိတၢ်

stump *v* ၁. မၤသဘံၣ်ဘုၣ်တၢ်, မၤတံာ်တာ်တၢ်, မၤကီမၤခဲတၢ် ၂. ဟးဆဲးထူခီၣ် ၃. ဟးဝ့ၤဝီၤလီၤကရၢကရိတၢ်

stun *v* ၁. မၤတယူၤအခိၣ် ၂. နုးသးလီၤကတုၤအီၤ, မၤဖုးမၤပျိၢ်အီၤ

stun gun *n* ကျိလီမ့ၣ်အူ

stunner *n* ၁. ပှၤလၢအလီၤထုးန့ၢ်သူၣ်ထုးန့ၢ်သး, ပှၤလၢအဒိၣ်တၢ်ဂ့ၤ ၂. တၢ်လၢအမၤဖုးမၤပျိၢ်တၢ်, တၢ်လၢအနုးလီၤသးကတုၤတၢ်

stunt *n* ၁. တၢ်မၤတၢ်လၢအလီၤဘၣ်ယိၣ် ၂. တၢ်လၢအနုးသူၣ်ပိၢ်သးဝးတၢ် ၃. တၢ်နုးနဲၣ်တၢ်ဟူးတၢ်ဂဲၤလၢအလီၤပျံၤလီၤဖုး

stunt *v* တြီဃာ်တၢ်လဲၤထီၣ်လဲၤထီ, မၤတံာ်တာ်တၢ်လဲၤထီၣ်လဲၤထီ

stunted *a* လၢအဒိၣ်ဃံ, ကွဲၣ်နံၣ်ကွဲၣ်နၢ, လၢအဒိၣ်တန့ၢ်, လၢအသးတၢ်သ့ၣ်ညါနၢ်ပၢၢ်တထီၣ်ဘးဒံးဘၣ်

stuntman *n* ပှၤဒုးနဲၣ်တၢ်ဟူးတၢ်ဂဲၤလၢအလီၤပျံၤလီၤဖုး, ပှၤလၢအဂဲၤဒိတၢ်ဟူးတၢ်ဂဲၤလၢအလီၤပျံၤလီၤဖုး

stupefaction *n* ၁. တၢ်သးတယူၤတပျၢ, တၢ်လၢအမၤတယူၤတပျၢ ၂. တၢ်သးလီၤကတုၤ, တၢ်ကမၢကမဉ်ဒိဉ်ဒိဉ်ကလဲာ်

stupefy *v* ၁. မၤတယူၤတပျၢ ၂. ဒုးသးလီၤကတုၤ, မၤကမၢကမဉ်ဒိဉ်ဒိဉ်ကလဲာ်

stupendous *a* လၢအလီၤဘီလီၤမှၢ်

stupid *a* လၢအသးတဆး, တထံတဆး, အီရၢ်အီရီာ်, ငီး

stupid *n* ပှၤလၢအသးတဆး, ပှၤတထံတဆး, ပှၤအီရၢ်အီရီာ်, ပှၤငီး

stupidity *n* ၁. တၢ်သးတဆး, တၢ်တထံတဆး, တၢ်အီရၢ်အီရီာ်, တၢ်ငီး ၂. တၢ်တဂီာ်တသိဉ်, တၢ်အခီပညီတအိဉ်

stupor *n* တၢ်တသ့ဉ်ညါသူဉ်သ့ဉ်ညါသး, တၢ်သူဉ်သပ့ၤသးသပ့ၤ

sturdy *a* ၁. လၢအကျၢၤ, လၢအဆိုဉ်အမး ၂. ဂံၢ်ဆူဉ်ဘါဆူဉ် ၃. လၢတၢ်ဆီတလဲအတၢ်ဆိကမိဉ်တန့ၢ်, လၢအသးကျၢၤမုဆူ

stutter *n* တၢ်ကတိၤတၢ်ဘုးတာ်, တၢ်ကတိၤတၢ်အုးထုးအးထး

stutter *v* ၁. ကတိၤတၢ်ဘုးတာ်, ကတိၤတၢ်အုးထုးအးထး ၂. (စဲး) မၤတၢ်တဂ့ၤ

stutterer *n* ပှၤကတိၤတၢ်ဘုးတာ်, ပှၤကတိၤတၢ်အုးထုးအးထး

sty *n* ၁. မဲာ်ထိးလ့, မဲာ်ဝ့ ၂. ထိးကပိၤ

style *n* ၁. အလုၢ်အလၢ် ၂. တၢ်အဒိအတဲာ် ၃. တၢ်ဒုးအိဉ်ထိဉ်တၢ်အဒိအတဲာ်

style *v* တ့တၢ်အက့ၢ်အဂီၤ, ဒုးအိဉ်ထိဉ်တၢ်အက့ၢ်အဂီၤ

styling *n* ၁. တၢ်တ့တၢ်အက့ၢ်အဂီၤ, တၢ်ဒုးအိဉ်ထိဉ်တၢ်အက့ၢ်အဂီၤ ၂. တၢ်အက့ၢ်အဂီၤ

stylish *a* ၁. လၢအဒိဉ်တၢ်ဂ့ၤ, လၢအကယၢအသးသ့ ၂. လၢတၢ်ကယၢအီၤဂ့ၤဂ့ၤဘဉ်ဘဉ်, လၢတၢ်ကယၢအီၤဃံဃံလၤလၤ

stylist *n* ၁. ပှၤကယၢခိဉ်သူ, ပှၤကယၢခိဉ်ဆူဉ် ၂. ပှၤဒဲးကံဉ်ဒဲးဝ့ၤလံာ် ၃. ပှၤသံကျံ, ပှၤဒုးတၢ်အူတၢ်ဖိလၢအအိဉ်ဒီးအကစၢ်ဒ်ဝဲအက့ၢ်အဂီၤ

stylistics *n* တၢ်ယုထံဉ်သ့ဉ်ညါမၤလိကျိာ်, လံာ်လဲၢ်ပီညါအက့ၢ်အဂီၤ

stylized, stylised *a* လၢအဒုးနဲဉ်ပာ်ဖျါထိဉ်တၢ်အက့ၢ်အဂီၤ, လၢအဒုးအိဉ်ထိဉ်တၢ်အက့ၢ်အဂီၤ

suave *a* လၢအဘဉ်ပနၢ်, လၢအမှာ်သူဉ်မှာ်သး, လၢအဆဲးအလၤ

suavity *n* တၢ်လၢအဘဉ်ပနၢ်, တၢ်လၢအမှာ်သူဉ်မှာ်သး, တၢ်လၢအဆဲးအလၤ

sub *n* ၁. တၢ်ကွဲးဖုဉ် "substitute" ပှၤလၢအမၤပှဲၤန့ၢ်ပှၤအလီၢ် ၂. တၢ်ကွဲးဖုဉ် "submarine", ကဘီယူၤထံ ၃. တၢ်ကွဲးဖုဉ် "subscription" တၢ်ဟ့ဉ်တၢ်အဘူးအလဲ ၄. တၢ်ကွဲးဖုဉ်, "sub-editor", ပှၤပဲာ်ထံလံာ်အစၢၤ, အဲးဒံထၢဉ်စၢၤ

sub- *prefix* ၁. အစၢၤ, ခံဂၤတဂၤ ၂. (ကမံးတဲာ်) ဖီ, (ကမံးတဲာ်) လၢလာ်တဆီ ၃. တၢ်အသနၢဉ် ၄. တၢ်အိဉ်လၢတၢ်အဘၢဉ်စၢၤ

subconscious *a* လၢအဟဲအိဉ်ထိဉ်ဒဉ်အတၢ်, လၢပတဟ်သူဉ်ဟ်သးလၢအဂ့ၢ်, လၢအဟဲကဲထိဉ်ဒဉ်အတၢ်လၢပတသ့ဉ်ညါအဂ့ၢ်အကျိၤ

subconscious *n* တၢ်လၢအဟဲအိဉ်ထိဉ်ဒဉ်အတၢ်, တၢ်လၢပတဟ်သူဉ်ဟ်သးလၢအဂ့ၢ်, တၢ်လၢအဟဲကဲထိဉ်ဒဉ်အတၢ်လၢပတသ့ဉ်ညါအဂ့ၢ်အကျိၤ

subcontinent *n* ကီၢ်မိၢ်ပှၢ်ဖိ

subcontract *n* တၢ်မၤတၢ်ဖံးတၢ်မၤတၢ်အၢဉ်လီၤအီလီၤကဒီးလၢအဖီလာ်တဆီ

subcontract *v* မၤတၢ်ဖံးတၢ်မၤတၢ်အၢဉ်လီၤအီလီၤကဒီးလၢအဖီလာ်တဆီ

subculture *n* ပှၤတဖုတကရူၢ်လၢအလုၢ်အလၢ်အတၢ်ဟ်သူဉ်ဟ်သးလီၤဆီဒီးပှၤအဂၤအလုၢ်အလၢ်အတၢ်ဟ်သူဉ်ဟ်သး (အဒိ, ပှၤဘဉ်သးရိး (ခ) အတၢ်သးဝံဉ်တဖု)

subdivide *v* နီၤဖးလီၤကဒီးတဆီ

subdivision *n* ၁. တၢ်နီၤဖးလီၤကဒီးတဆီ ၂. ဟီဉ်ကဝီၤဖိ, လိၢ်ကဝီၤဖိ

subdue *v* ၁. ဆိဉ်တံၢ်မၤနၢၤ, မၤနၢၤမၤဃဉ် ၂. ဖိဉ်တံၢ်ဃာ်, မၤပတှာ်, ဆီကတီၢ်, မၤဘှဉ်မၤဘိုဉ်ကွဲာ် ၃. ပၢၤဃာ်

subeditor *n* ပှၤပဲာ်ထံလံာ်ခံဂၤတဂၤ, ပှၤပဲာ်ထံလံာ်အစၢၤ, အဲးဒံထၢဉ်စၢၤ

sub-heading *n* အခိဉ်တီဖိ

subhuman *a* ၁. လၢအလီၤက်ဒီးဆ့ဖိကီၢ်ဖိ ၂. လၢအတလီၤက်ဒီးပှၤကူပှၤကညီ

subject *a* ၁. လၢအအိၣ်လၢပှၤဂၤအတၢ်ပၢဖိလာ် ၂. လၢအအိၣ်ဒီးမူဒါလၢတၢ်တမံၤမံၤအဖီခိၣ် ၃. လၢအမၤအသးသ့, လၢအကဲထီၣ်အသးသ့

subject *n* ၁. လံာ်အကလုာ်, တၢ်မၤလိလံာ် ၂. တၢ်ဂ့ၢ် ၃. ထံဖိကီၢ်ဖိလၢတၢ်ပၢအီၤ

subject *v* ၁. မၤနးမၤဖှိၣ်, မၤနၢၤအီၣ်ဃိၣ်တၢ် ၂. ဆီၣ်တံၢ်လီၤ

subject matter *n* တၢ်ဂ့ၢ်မိၢ်ပှၢ်

subjective *a* ၁. လၢအဒိးသန့ၤထီၣ်အသးလၢပတၢ်ဆိကမိၣ်အဖီခိၣ်ဒၣ်ဝဲ ၂. လၢအအိၣ်လၢပသးပူၤ ၃. လၢအဘၣ်ထွဲဒီးတၢ်လၢအမၤတၢ် (အဲကလံးကျိာ်ဂံၢ်ထံး)

subjugate *v* မၤနၢၤမၤဃဉ်, ဆီၣ်တံၢ်မၤနၢၤ

sublet *v* ဒိးလဲလီၤကဒီးတဆီ

sublimate *v* ၁. မၤသဝံထီၣ် ၂. ဆီတလဲတၢ်ဟ်သူၣ်ဟ်သးလၢပှၤအါဂၤတူၢ်လိာ်အီၤသ့, မၤဂ့ၤထီၣ်အသး

sublime *a* ၁. လၢအမုာ်သဃုၢ် ၂. ဂ့ၤဂ့ၤကလဲာ်, လၢအဂ့ၤဒိၣ်မး, လၢအဂ့ၤဒိၣ်ဒိၣ်မုၢ်မုၢ်

sublime *n* တၢ်ဂ့ၤဂ့ၤကလဲာ်, တၢ်လၢအဂ့ၤဒိၣ်မး

sublime *v* ၁. မၤသဝံထီၣ် ၂. ဆီတလဲတၢ်ဟ်သူၣ်ဟ်သးလၢပှၤအါဂၤတူၢ်လိာ်အီၤသ့, မၤဂ့ၤထီၣ်အသး

subliminal *a* ဘူးကသ့ၣ်ညါ, သ့ၣ်ညါညါတသ့ၣ်ညါညါ

sublin gually *n* ကမၢၤဃာ်အီၤလၢပျ့ၤဖီလာ်

submarine *a* လၢအအိၣ်လၢထံဖီလာ်

submarine *n* ကဘီယူၢ်ထံ

submerge *v* ၁. (မၤ) လီၤဘျၢလၢထံဖီလာ်, ဘျၢလီၤလၢထံကျါ, မၤလီၤဘၢ, သူဘၢ ၂. ဟ်ရူသူၣ်အတၢ်တူၢ်ဘၣ်

submersible *a* (စဲး) လၢအမၤတၢ်လၢထံလာ်သ့, လၢအဘၣ်တၢ်စူးကါအီၤလၢထံလာ်သ့

submersible *n* ကဘီယူၢ်ထံဖိ

submission *n* ၁. တၢ်အာၣ်လီၤဒိကနၣ်တၢ် ၂. တၢ်ဟ့ၣ်ထီၣ်တၢ်, တၢ်ဆှၢထီၣ်တၢ်, တၢ်ဟ်ဖျါထီၣ်တၢ်, တၢ်တီၣ်ဖျါထီၣ်တၢ် ၃. တၢ်ဟ့ၣ်ထီၣ်လၢတၢ်ကကွၢ်ထံဆိကမိၣ်ဒီးစံၣ်ညီၣ်ပဲာ်ဖးနီၤဖးဝဲအဂီၢ်

submissive *a* လၢအာၣ်လီၤဒိကနၣ်တၢ်, လၢအဆီၣ်လီၤအသးဒိကနၣ်တၢ်

submit *v* အာၣ်လီၤဒိကနၣ်တၢ်, ဟ့ၣ်ထီၣ်လၢတၢ်ကကွၢ်ဆိကမိၣ်ဒီးစံၣ်ညီၣ်နီၤဖးဝဲအဂီၢ်

subordinate *a* လၢအတီၤပတီၢ်ဖုၣ်, လၢအလီၢ်အလၢဖုၣ်

subordinate *n* ပှၤလၢအမၤတၢ်လၢပှၤဂၤအဖီလာ်, ပှၤလၢအလီၢ်အလၢဖုၣ်

subordinate *v* ဟ်လီၤအလီၢ်အလၢ, သုးလီၤအပတီၢ်

suborn *v* ၁. ဟ့ၣ်ခိၣ်ဖးလာ်ဆိုးလၢကအုၣ်အသးကဘျံးကဘျဉ်လၢအဂီၢ် ၂. ကွဲန့ၢ်လွဲန့ၢ်ပှၤလၢကမၤတၢ်အာ, မၤန့ၢ်ဆီၣ်ခံပှၤလၢကမၤတၢ်အာ

subpoena *n* ကွိၢ်ဘျိၣ်ဟ့ၣ်လီၤတၢ်ကလုၢ်လၢပှၤကဘၣ်ဟဲဆူကွိၢ်ဘျိၣ်, ကွိၢ်ဘျိၣ်အတၢ်ကိး

subpoena *v* (ကွိၢ်ဘျိၣ်) ဟ့ၣ်လီၤတၢ်ကလုၢ်လၢပှၤကဘၣ်ဟဲဆူကွိၢ်ဘျိၣ်, ကိးဆူကွိၢ်ဘျိၣ်

subscribe *v* ၁. ဆဲးလီၤအမံၤ (လၢကမၤစၢၤတၢ်, လၢကမၤဘူၣ်တၢ်) ၂. ဟ့ၣ်တၢ်မၤစၢၤလၢတနံ့ မ့တမ့ၢ် တလါဂီၢ် (ပှ့ၤဖးတၢ်ပရၢ) ၃. အာၣ်လီၤတူၢ်လိာ်

subscription *n* ၁. တၢ်ဆဲးလီၤအမံၤ (လၢကမၤစၢၤတၢ်, လၢကမၤဘူၣ်တၢ်) ၂. တၢ်ဟ့ၣ်တၢ်မၤစၢၤလၢတနံ့ မ့တမ့ၢ် တလါဂီၢ် (ပှ့ၤဖးတၢ်ပရၢ) ၃. တၢ်အာၣ်လီၤတူၢ်လိာ်

subsequent *a* လၢအပိာ်ထွဲထီၣ်အခံ

subservient *a* ၁. လၢအဆီၣ်လီၤအသးဒ်ကုၢ်အသိး ၂. လၢအတီၤပတီၢ်ဖုၣ်, လၢအလီၢ်အလၢဖုၣ်, လၢအရှတဒိၣ်

subside *v* (ထံ) လီၤ, (တၢ်ကိၢ်ထီၣ်, တၢ်လီၤကိၢ်) လီၤကဃး, လီၤဒး

subsidiary *a* လၢအဘၣ်ထွဲလိာ်အသး, လၢအဘျးစဲဒီး

subsidiary *n* ခီပနံာ်အဒ့

subsidize, subsidise *v* ဟ့ၣ်မၤပှဲၤစၢၤန့ၢ်တၢ်, မၤလၢပှဲၤန့ၢ်တၢ်

subsidy *n* စ့ဆီၣ်ထွဲ

subsist *v* တသံဒံးဘၣ်, အိၣ်မူသ့ဒံးကစီဒီ

subsistence *n* ၁. တၢ်တသံဒံးဘၣ်, တၢ်အိၣ်မူသ့ဒံးကစီဒီ ၂. တၢ်လၢအိၣ်ဒီးပှၤပှဲၤအိၣ်မူ

S

သ့ယူၢ်, တၢ်အိၣ်လၢယူၢ်ဒီးပှၤလၢကအိၣ်မူဒံးအဂီၢ် ၃. သဲစး, တၢ်သိၣ်တၢ်သီလၢတၢ်သူအီၤသ့ဒံးဒၣ်တၢ်

substance *n* ၁. တၢ်အသံးအကာ်, တၢ်အမိၢ်ပှၢ် ၂. တၢ်လၢအပၣ်ဃှာ်လၢတၢ်တမံၤမံၤအပူၤ ၃. တၢ်စုလီၢ်ခီၣ်ခိၣ်, ကျိၣ်စ့ ၄. ကသံၣ်မူးဘိး ၅. တၢ်လၢအရှၤဒိၣ်ကတၢၢ် ၆. တၢ်မ့ၢ်တၢ်တီ, တၢ်အနီၢ်နီၢ်

sub-standard *a* လၢတဂ့ၤထဲသိးတၢ်ဟ်ပနီၣ်အီၤ, လၢပတိၢ်ဖုၣ်

substantial *a* ၁. လၢအဂၢၢ်အကျၢၤ ၂. လၢအမ့ၢ်တၢ်အနီၢ်နီၢ်, လၢအိၣ်ဒီးအသံးအကာ် ၃. လၢအဒိၣ်ဒိၣ်မှၢ်မှၢ်, အါအါဂိၢ်ဂိၢ် ၄. လၢအကါဒိၣ်, လၢအရှၤဒိၣ် ၅. လၢအလီၢ်အိၣ်ဝဲသပှၢ်ကတၢၢ်, လၢအလိၣ်အိၣ်ဝဲသပှၢ်ကတၢၢ် ၆. လၢအထူးအတီၤ

substantially *adv* ၁. အါအါဂိၢ်ဂိၢ်, ဒိၣ်မး ၂. ဂၢၢ်ဂၢၢ်ကျၢၤကျၢၤ

substantiate *v* အုၣ်အသး

substantive *a* လၢအမ့ၢ်တၢ်အနီၢ်နီၢ်, လၢအရှၤဒိၣ်, လၢအလီၢ်အိၣ်ဝဲသပှၢ်ကတၢၢ်

substitute *n* ၁. ခၢၣ်စး, ပှၤလၢအမၤပှဲၤန့ၢ်ပှၤဂၤအလီၢ် ၂. တၢ်ဟ်တၢ်လၢတၢ်ဂၤအဂီၢ်, တၢ်လဲလိာ်, တၢ်ဟ်ခၢၣ်စးတၢ်လၢတၢ်ဂၤအလီၢ်

substitute *v* ဟ်တၢ်လၢတၢ်ဂၤအဂီၢ်, လဲလိာ် , ဟ်ခၢၣ်စးတၢ်လၢတၢ်ဂၤအလီၢ်

substitution *n* ၁. တၢ်ဟ်တၢ်လၢတၢ်ဂၤအလီၢ်, တၢ်လဲလိာ်တၢ် ၂. တၢ်ဟ်ခၢၣ်စးတၢ်လၢတၢ်ဂၤအလီၢ်

subterfuge *n* တၢ်လီတၢ်ဝ့ၤ, တၢ်ကဘျံးကဘျၣ်

subterranean *a* ၁. လၢအအိၣ်လၢဟီၣ်ခိၣ်အဖီလာ် ၂. လၢအမ့ၢ်တၢ်ခူသူၣ်, လၢအခူသူၣ်ခူလံာ်

subtitle *n* ၁. တၢ်ဂီၤမူတၢ်ကတိၤအကျိၤ, လံာ်ကျိၤလၢတၢ်ဂီၤမူအခိၣ်ထံး ၂. တၢ်ဂ့ၢ်ခိၣ်တီ, တၢ်ဂ့ၢ်ခိၣ်တီဖိ

subtitle *v* ထိထိၣ်တၢ်ဂ့ၢ်ခိၣ်တီဖိ, ထၢနှာ်လီၤတၢ်ဂီၤမူအတၢ်ကတိၤအကျိၤ

subtle *a* ၁. လၢအဒိၣ်ဝဲယိာ်ဝဲ, လၢတၢ်နၢ်ပၢၢ်ဘၣ်အီၤကီ, လၢအလီၤဆီလိာ်အသးဆံးကိာ်ဖိ ၂. လၢအသူၣ်ဆးသးဆး, လၢအဘူ, လၢအနၢ်ပၢၢ်တၢ်ညီ, လၢအခိၣ်နူာ်ချ့ ၃. လၢအကူၣ်သ့လၢအကလီတၢ်အဂီၢ်

subtlety *n* ၁. တၢ်လၢအဒိၣ်ဝဲယိာ်ဝဲ, တၢ်လၢတၢ်နၢ်ပၢၢ်ဘၣ်အီၤကီ ၂. တၢ်သူၣ်ဆးသးဆး, ဘူ, တၢ်နၢ်ပၢၢ်တၢ်ညီ, ခိၣ်နူာ်ချ့ ၃. တၢ်ကူၣ်သ့လၢအကလီတၢ်အဂီၢ်

subtly *adv* ၁. ဂ့ၤဂ့ၤကလာ် ၂. လၢတၢ်လီတၢ်ဝ့ၤအပူၤ, လၢအကူၣ်သ့လၢကလီန့ၢ်တၢ်အပူၤ

subtract *v* ထုးကွံာ်

subtraction *n* တၢ်ထုးကွံာ်

subtropical *a* လၢအဘူးဒီးတၢ်ကိၢ်လီၢ်ကဝီၤ

suburb *n* တၢ်လီၢ်ဘူးဒီးဝ့ၢ်, တၢ်လီၢ်လၢဝ့ၢ်အချၢ, ဝ့ၢ်အဃၢၤ, ဝ့ၢ်အကနူၤ

suburban *a* လၢအိၣ်လၢဝ့ၢ်အဃၢၤ, လၢအိၣ်ဘူးဒီးဝ့ၢ်, လၢအဘၣ်ထွဲဒီးဝ့ၢ်

suburbanite *n* ပှၤလၢအိၣ်လၢဝ့ၢ်အဃၢၤ, ပှၤလၢအိၣ်ဘူးဒီးဝ့ၢ်

suburbia *n* တၢ်အိၣ်မူလၢဝ့ၢ်အဃၢၤ

subversive *a* ၁. လၢအဒုးထီဒါပဒိၣ် ၂. လၢအမၤဟးဂီၤပှၤအတၢ်နာ်န့ၢ်တၢ်

subvert *v* ၁. ဒုးထီဒါပဒိၣ်, ဒုးထီဒါကျဲသန့ ၂. မၤဟးဂီၤပှၤအတၢ်နာ်န့ၢ်တၢ်, မၤဟးဂီၤပှၤအတၢ်သူၣ်တီသးရၢ

subway *n* ဟီၣ်ခိၣ်လာ်လှၣ်မှၣ်အူကျဲ

sub-zero *a* (တၢ်ကိၢ်တၢ်ခုၣ်) လၢအလီၤတုၤလၢ "ဝ" ဒံၢ်ကရံၣ်အဖီလာ်, လၢအအိၣ်လၢ "ဝ" ဒံၢ်ကရံၣ်အဖီလာ်

succeed *v* ၁. မၤန့ၢ်, ထိၣ်ဘး, မၤလၢပှဲၤ, မၤကဲထိၣ် ၂. ပိာ်ထွဲ

success *n* တၢ်လၢထိၣ်ပှဲၤထိၣ်, တၢ်ကဲထိၣ်လိၣ်ထိၣ်, တၢ်တုၤထိၣ်ထိၣ်ဘး, တၢ်မၤနၢၤ

successful *a* လၢအလၢထိၣ်ပှဲၤထိၣ်, လၢအကဲထိၣ်လိၣ်ထိၣ်, လၢအတုၤထိၣ်ထိၣ်ဘး, လၢအမၤနၢၤတၢ်

succession *n* ၁. တၢ်ထိၣ်လၢပှၤဂၤအလီၢ် ၂. တၢ်ပိာ်ထွဲထိၣ်အခံတ (ဂၤ) ဝံၤတ (ဂၤ)

successive *a* လၢအပိာ်ထွဲထိၣ်အခံတ (ဂၤ) ဝံၤတ (ဂၤ)

successor *n* ပှၤလၢအထိၣ်ဘၣ် (ပှၤ) အလီၢ်

succinct *a* (တၢ်ကတိၤ) လၢအဖုၣ်ဒီးလၢပှဲၤ

succour, succor *v* မၤစၢၤတၢ်

S

succulent *a* လၢအပှဲၤဒီးအထံအနီ, လၢအိၣ်ဒီးအသိအစီ

succulent *n* တၢ်မုၢ်တၢ်ဘိလၢအပှဲၤဒီးအထံအနီ, တၢ်မုၢ်တၢ်ဘိလၢအပှဲၤဒီးအသိအစီ

succumb *v* ၁. တူၢ်ဃၣ်, ဟ့ၣ်ဃၣ် ၂. သံ, စူးကွံၣ်သး, လဲၤပူၤကွံၣ်ဟီၣ်ခိၣ်

such *a* ဒ်န့ၣ်အသိး, ဒ်န့ၣ်, ဒ်အံၤ

such *det* ထဲအံၤ, ဒ်သိးအံၤ

suck *v* စူၢ်, ဆူး

suckle *v* ဒုးအီနုၢ်, အီနုၢ်

suckling *n* ၁. ဖိသၣ်အီနုၢ် ၂. ဆၣ်ဖိကၢ်ဖိလၢအအီနုၢ်

suction *n* တၢ်စူၢ်တၢ်, တၢ်ဆူးတၢ်, တၢ်ဆူးသဝံးတၢ်

sudden *a* လၢအမၤအသးသတူၢ်ကလာ်, လၢအမၤဖုးအသး

suddenly *adv* သတူၢ်ကလာ်

suds *n* ၁. ဆးပှ့ၣ်သဘ့ ၂. (တၢ်ကတိၤပတိၢ်မုၢ်) ဘံယၢၣ်

sue *v* လိာ်ဘၢလိာ်ကွီၢ်

suede *n* တၢ်ဖံးကပုာ်

suet *n* ဆၣ်ဖိကၢ်ဖိအကလ့ၢ်ဒီးအယီၢ်တဲာ်ခိၣ်အသိ

suffer *v* တူၢ်ဘၣ်ခီၣ်ဘၣ်

sufferance *n* တၢ်ဟ့ၣ်အခွဲးလၢတၢ်သူၣ်တအိၣ်သးတအိၣ်အပူၤ

sufferer *n* ပှၤတူၢ်ဘၣ်ခီၣ်ဘၣ်တၢ်, ပှၤတူၢ်ဘၣ်တၢ်

suffering *n* ၁. တၢ်ဆူးတၢ်ဆါ ၂. တၢ်တူၢ်ဘၣ်ခီၣ်ဘၣ်, တၢ်နးတၢ်ဖှိၣ်, တၢ်သူၣ်ကိၢ်သးဂီၤ

suffice *v* ၁. လၢလၢလီၣ်လီၣ်, လၢပှဲၤ ၂. ဒုးသူၣ်မံသးမံ

sufficiency *n* တၢ်လၢဝဲလီၣ်ဝဲ, တၢ်လၢတၢ်ပှဲၤ

sufficient *a* လၢအလၢဝဲလီၣ်ဝဲ

suffix *n* တၢ်ကတိၤဖျၢၣ်ဟဲပိာ်ထီၣ်အသးလၢအလီၢ်ခံတဖၣ်ဒ်သိးကဆီတလဲတၢ်ကတိၤတဖျၢၣ်အခီပညီ အဒိ, careful - careless

suffocate *v* ၁. စံၢ်သံ, ပအၢသံ ၂. ကသါတပၢၢ်, ကသါတဖျိ ၃. မၤတာ်တာ်

suffocation *n* ၁. တၢ်စံၢ်သံ, တၢ်ပအၢသံ ၂. တၢ်ကသါတပၢၢ်, တၢ်ကသါတဖျိ ၃. တၢ်မၤတာ်တာ်

suffrage *n* တၢ်ဟ့ၣ်တၢ်ဖးအခွဲးအယာ်

suffuse *v* ၁. မဲာ်ထီၣ်ဂီၤနါထီၣ်ဂီၤ ၂. စှၢ်ထီၣ်, စှၢ်နုာ်, မဲာ်ထံထီၣ်ပှဲၤအမဲာ်ချံ, လုာ်ဘၢကွံာ်, ပှဲၤလုာ်ကွံာ် (ဒီးတၢ်သူၣ်ခုသးခု)

sugar *exclam* ဆၢ, တၢ်ကီးပှၤလၢနအဲၣ်အီၤ

sugar *n* အံသၣ်ဆၢ, တၢ်ဆၢ

sugar *v* ထၢနုာ်လီၤတၢ်ဆၢ, ဒၢနုာ်လီၤအံသၣ်ဆၢ

sugarcane *n* ထံပိာ်, ကထံ

sugar-coated *a* ၁. လၢအကျၢၢ်ဘၢအသးဒီးအံသၣ်ဆၢ ၂. လၢအဖျါဂ့ၤထဲလၢအဘ့ၣ်ခိၣ်, လၢအဆၢထဲလၢအဘ့ၣ်ခိၣ်

sugary *a* ၁. လၢအိၣ်ဒီးအံသၣ်ဆၢ, လၢအပၣ်ဃုာ်ဒီးတၢ်ဆၢ, လၢအဆၢ ၂. လၢအဆၢဘၣ်ပနၢ်

suggest *v* ဟ့ၣ်ကူၣ်, ဒုးအိၣ်ထီၣ်တၢ်ဆိကမိၣ်

suggestible *a* လၢတၢ်ဟ့ၣ်ကူၣ်ဟ့ၣ်ဖးဘၣ်အီၤညီ

suggestion *n* တၢ်ဟ့ၣ်ကူၣ်ဟ့ၣ်ဖး, တၢ်ထံၣ်တၢ်ဆိကမိၣ်

suggestive *a* ၁. လၢအဒုးဆိကမိၣ်ပှၤတၢ် ၂. (တၢ်ဆူးတၢ်ဆါ) လၢအပနီၣ်ဖျါထီၣ် ၃. လၢအဆိကမိၣ်ထဲတၢ်မံဃုာ်အိၣ်ဃုာ်

suicidal *a* ၁. လၢအကမၤသံလီၤအသး ၂. လၢအလီၤဘၣ်ယိၣ်, လၢအကဲထီၣ်တၢ်သံတၢ်ပှၢ်

suicide *n* တၢ်မၤသံလီၤသး

suit *n* ၁. ဆ့ကူစူး, ကူသိးစူၣ် ၂. ကွီၢ်, တၢ်မူးတၢ်ရၢ်

suit *v* ဘၣ်လိာ်အသးဒီး, ကြၢးဝဲဒီး, ကၢကီၣ်

suitable *a* လၢအကြၢးဝဲ, လၢအဘၣ်လိာ်အသးဒီး, လၢအကၢကီၣ်သဃီၤလိာ်အသး

suitcase *n* တလါစိာ်စု

suite *n* ၁. ဒၢးတဖှိၣ်, ဒၢးတကရူၢ် ၂. တၢ်တဖှိၣ်, တၢ်တစူၣ်

suited *a* လၢအကြၢးအဘၣ်ဒီးပှၤ, လၢအကၢကီၣ်သဃီၤလိာ်အသး

suitor *n* ၁. ပှၤပိာ်ခွါလၢအဲၣ်ဒီးထီၣ်ပှၢ်, ပိာ်ခွါလၢအဲၣ်ဒီးဆီဟံၣ်ဆီယီ ၂. ခီပနံာ်တဖုလၢအဲၣ်ဒီးပှ့ၤခီပနံာ်အဂၤတဖု

sulk *n* မဲာ်အုၣ်နါအုၣ်, မဲာ်သအုၣ်သပိုၤ

S

sulk *v* ဟ်အမဲာ်အုၣ်သပို, ဟ်အမဲာ်အုၣ်နါအုၣ်
sulky *a* လၢအဟ်အမဲာ်သအုၣ်သပို, လၢအဟ်အမဲာ်အုၣ်နါအုၣ်
sullen *a* ၁. လၢအမဲာ်သအုၣ်သပို, လၢအမဲာ်အုၣ်နါအုၣ် ၂. လၢအအၢၣ်ခံးသူယှၢ်ကလာ်
sulphur, sulfur *n* ကးကမှၣ်
sultan *n* မူးစလ့ၣ်ထံကီၢ်ခိၣ်နၢ်
sultry *a* ၁. လၢအကိၢ်သဝံသဝါ, လၢအကိၢ်သိအူး ၂. လၢအရဲၣ်နၢ့်ပိာ်ခွါ
sum *n* ၁. တၢ်ဟ်ဖှိၣ်, တၢ်ဂံၢ်တၢ်ဒွး ၂. စ့ထဲအံၤထဲနၤ
sum *v* ၁. ဟ်ဖှိၣ်, ဂံၢ်ဒွးတၢ် ၂. တဲကျၢၢ်တံၢ်ကူၤ
sum total *n* ခဲလၢာ်ဟ်ဖှိၣ်
summarily *adv* မၤဖုၣ်ဖုၣ်, မၤညီတၢ်
summarize, summarise *v* (တဲ) ကျၢၢ်တံၢ်, (ကွဲး) ကျၢၢ်တံၢ်
summary *a* လၢအမၤဖုၣ်လီၤတၢ်, လၢအ (တဲ) ကျၢၢ်တံၢ်ကူၤတၢ်
summary *n* တၢ်ဂ့ၢ်ကျၢၢ်တံၢ်, တၢ်ကတိၤကျၢၢ်တံၢ်, တၢ်အဂ့ၢ်လၢတၢ်ကွဲးဖှိၣ်ဒီးမၤဖုၣ်လီၤကူၤအီၤ, လၢအဖုၣ်ဒီးအခီပညီဖျါဂ့ၤ
summation *n* ၁. တၢ်ကွဲးဖှိၣ်ဖုၣ်, တၢ်ကွဲးဖုၣ် ၂. (သဲစး) တၢ်ကတိၤကျၢၢ်တံၢ် ၃. တၢ်ဟ်ဖှိၣ်ခဲလၢာ်
summer *n* တၢ်ကိၢ်ခါ, တၢ်ယီၤခါ
summing-up *n* (သဲစး) တၢ်ကတိၤကျၢၢ်တံၢ်
summit *n* ၁. တၢ်အစိခိၣ်, တၢ်အဒိခိၣ်, တၢ်ထိကတၢၢ် ၂. ခိၣ်နၢ်ဒိၣ်စိရိၤတၢ်အိၣ်ဖှိၣ်
summon *v* ၁. ကိးပှၤဒ်သိးကဟဲဆူရှ ၂. ကိးပှၤအိၣ်ဒီးတၢ်စိတၢ်ကမီၤဒ်သိးကဟဲဆူအမဲာ်ညါ, ကိးထီၣ်ပှၤတၢ်မူးတၢ်ရၢ်, ဟ့ၣ်လီၤတၢ်ကလုၢ်လၢပှၤကဘၣ်ဟဲဆူကွီၢ်ဘျိၣ်, ကိးဆူကွီၢ်ဘျိၣ် ၃. ဟ်ဆူၣ်သးဒီးတံးတဟီၣ် ၄. ကိးတၢ်အိၣ်ဖှိၣ်
summons *n* တၢ်ဟ့ၣ်လီၤတၢ်ကလုၢ်လၢတၢ်ကဘၣ်ထီၣ်ကွီၢ်ဘျိၣ် (တၢ်မူးတၢ်ရၢ်), ကွီၢ်ဘျိၣ်အတၢ်ကိး
sumptuous *a* လၢအလီၤဘီလီၤမုၢ်
sun *n* မုၢ်
sun *v* ဆူးမုၢ်, လီလီၤသးလၢမုၢ်
sun lounge *n* ဒၢးဆူးမုၢ်, ဒၢးလၢအတၢ်ဒုးခိၣ်မုၢ်မဲာ်ထံကလၤ
sun-baked *a* လၢအကိၢ်ဃ့ထီ
sunbath *n* တၢ်ဆူးမုၢ်, တၢ်လီလီၤသးလၢမုၢ်
sunbathe *v* ဆူးမုၢ်, လီလီၤသးလၢမုၢ်
sunbeam *n* မုၢ်အဃဲၤ, မုၢ်အဓူၢ်
sunblock *n* ကသံၣ်ဖှူဘ့ၣ်ဒီသဒၢမုၢ်
sunburn *v* မုၢ်အီၣ်ဖံး
sundae *n* ကိၣ်ထံခုၣ်ဖီ, ကိၣ်ထံခုၣ်ဖီလၢအပၣ်ဒီးတၢ်သူတၢ်သၣ်ဒီးတၢ်အဂုၤအဂၤတဖၣ်
Sunday *n* မုၢ်ဒဲး, မုၢ်ခိၣ်ထံးနံၤ, မုၢ်အိၣ်ဘှံးနံၤ
Sunday school *n* အိၣ်ဘှံးနံၤတၢ်မၤလိ
sundial *n* မုၢ်နၣ်ရံၣ်
sundown *n* မုၢ်လီၤနုာ်
sun-drenched *a* လၢမုၢ်ဆဲးလီၤတဘိယှၢ်ဃီ, လၢမုၢ်တၢ်ကပီၤလီၤဘၣ်အီၤတီတီ
sunflower *n* ဖီဒီမုၢ်
sunglasses *n* မဲာ်ထံကလၤဒီးခုၣ်မဲာ်, မဲာ်ဒီးခုၣ်မဲာ်
sunken *a* ၁. လီၤဘျၢ, လီၤဒး ၂. လီၤကအိ ၃. လၢအကစီၤဖုၣ်
sunlamp *n* လီမ့ၣ်အူဒၢလၢအထုးထီၣ်မုၢ်အတၢ်ကိၢ်အသဟိၣ်
sunlit *a* လၢအဒီးနၢ့်မုၢ်အတၢ်ကပီၤ
sunny *a* ၁. မှခိၣ်ကဆို ၂. လၢအိၣ်ဒီးတၢ်မုၢ်လၢ်ဖးဒိၣ်
sunrise *a* မုၢ်ဆ့ၣ်ဝါ, မုၢ်ဓူၢ်ထီၣ်, မုၢ်ဟဲထီၣ်
sunrise *n* မုၢ်ဟဲထီၣ်
sunroof *n* ၁. သိလ့ၣ်အခိၣ်ဒုးထံၣ်ဖျိမုၢ်တၢ်ကပီၤ, သိလ့ၣ်ခိၣ်ဒုးဆုံ ၂. ဟံၣ်ခိၣ်ဒုးထံၣ်ဖျိမုၢ်တၢ်ကပီၤ, ဟံၣ်ခိၣ်ဒုးဆုံ
sunscreen *n* ကသံၣ်ဖှူဘ့ၣ်ဒီသဒၢမုၢ်
sunset *n* မုၢ်လီၤနုာ်
sunshade *n* သဒၢမုၢ်, တၢ်ဒီသဒၢမုၢ်
sunshine *n* ၁. မုၢ်အတၢ်ကပီၤ ၂. တၢ်ပှဲၤဒီးတၢ်သူၣ်ဖုံသးညီ
sunspot *n* တၢ်အဖီးသူဖိလၢအဖျါထီၣ်လၢမုၢ်အလိၤ
sunstroke *n* တၢ်လီၤကိၢ်သးပှၤနီၣ်သးခီဖျိတၢ်ကိၢ်ဆူၣ်အဃိ

S

suntan *n* ဖံးဘ့ၣ်ဘီပှၢ်ထီၣ်ဖဲတၢ်ဆူးမှၢ်ဝံၤအလီၢ်ခံ

sun-up *n* မုၢ်ဟဲထီၣ်, မုၢ်ဆ့ၣ်ဝဲထီၣ်

sup *v* အီၣ်ဟါတၢ်အီၣ်, ဆူးအီ

super *a* ဒိၣ်ဒိၣ်ကလဲာ်, ဒိၣ်မး

super *adv* ဒိၣ်ဒိၣ်ကလဲာ်, ဒိၣ်မး

super *n* ၁. ပၢၤကီၢ်ခိၣ်, တၢ်ကီးဖှၣ် "superintendent" ၂. ပှၤအံးထွဲကွၢ်ထွဲတၢ်, ပှၤဆှၢတၢ်တွၤတၢ်

super- *combining* လၢတၢ်အဖီခိၣ်, လၢအအိၣ်ထိၣ်ထီလၢတၢ်ဂၤအဖီခိၣ်

superannuated *a* ၁. လၢအလီၢ်လံၤဖီယး, လၢအမုၢ်နံၤမုၢ်သီလၢာ်ကွံာ်, လၢပှၤတစူးကါလၢာ် ၂. လၢအိၣ်ဘုံးကွံာ်လၢမူဒါ, လၢအိၣ်ဘုံးကွံာ်လၢတၢ်မၤ

superb *a* ဂ့ၤဂ့ၤကလဲာ်, လၢအဂ့ၤဒိၣ်တုာ်

supercharged *a* (စဲး) လၢအဂံၢ်သဟိၣ်ဆူၣ်

supercilious *a* လၢအထံၣ်ဒိၣ်လီၤအသး, လၢအထံၣ်ဂ့ၤလီၤအသး

supercomputer *n* ခိၣ်ဖ့ူထၢၣ်လၢအဂ့ၤကတၢၢ်

superconductivity *n* လီမ့ၣ်အူအသဟိၣ်လၢအဂံၢ်ဆူၣ်

superego *n* သးအတၢ်သ့ၣ်ညါ, သးအခိၣ်ရှၣ်အတၢ်သ့ၣ်ညါတၢ်ဂ့ၤဒီးတၢ်အၢအဆၢ

superficial *a* ၁. ထဲအမဲာ်ဖံးခိၣ်, လၢအဘ့ၣ်ခိၣ်ဖိၤ ၂. လၢအဒိၣ်, လၢအတယိာ်ဘၣ် (တၢ်သ့ၣ်ညါနၢ်ပၢၢ်)

superfluous *a* လၢအါန့ၢ်ဒံးပလိၣ်, လၢအအါန့ၢ်ဒံးပအဲၣ်ဒီးအီၤ

superglue *n* တၢ်စဲလၢအသဟိၣ်ဆူၣ်, တၢ်စဲလၢအဂ့ၤ

superhero *n* ပှၤနူပှၤဃိၤလၢအိၣ်ဒီးအစိအကမီၤ, ပှၤနူပှၤဃိၤလၢအိၣ်ဒီးအတၢ်ပိၤ

superhighway *n* ကျဲမုၢ်ဖးဒိၣ်, ကျဲမုၢ်ဖးဒိၣ်လၢတၢ်စူးကါအီၤလၢတၢ်ဒ့ၣ်စၢၤယံၤအဂီၢ်

superhuman *a* လၢအစိဒိၣ်ကမီၤထိန့ၢ်ဒံးပတိၢ်မုၢ်, လၢအသ့လီၤဆီန့ၢ်ဒံးပှၤပတိၢ်မုၢ်

superimpose *v* (ဟ်) ဒီကထၢ, (ကျး) ဒီကထၢ

superintend *v* တီခိၣ်ရိၣ်မဲ, ပၢဆှၢရဲၣ်ကျဲၤ, သုးကျဲၤရဲၣ်ကျဲၤ

superintendent *n* ၁. ပၢၤကီၢ်ခိၣ် ၂. ပှၤသုးကျဲၤပၢဆှၢတၢ်, ပှၤအခိၣ် ၃. ပှၤအံးထွဲကွၢ်ထွဲတၢ်, ပှၤလၢအဆှၢတၢ်တွၤတၢ်

superior *a* လၢအလီၢ်ထီတက့ၢ်, လၢအဂ့ၤတက့ၢ်, လၢအဘၣ်တၢ်ကီတၢ်ခဲသနာ်က့အိၣ်ဂၢၢ်အိၣ်ကျၢၤသ့

superior *n* ၁. ခိၣ်နၢ် ၂. ပှၤလၢအလီၢ်ဒိၣ်လၤထီ

superiority *n* ၁. တၢ်အကံၢ်အစိဂ့ၤန့ၢ်ပှၤအဂၤ ၂. တၢ်ဟ်ဒိၣ်ဟ်ထီအသး, တၢ်ဆိကမိၣ်ဒိၣ်လီၤအသး

superlative *a* ၁. လၢအ (ဂ့ၤ, ဒိၣ်, ထီ, လာ်အၢ) ကတၢၢ်, (ဝီၢ်ကဃၢ) လၢအဟ်ဖျါထီၣ်တၢ်အကတၢၢ် ၂. အအါကတၢၢ်, ဂ့ၤဒိၣ်မး, ဂ့ၤဂ့ၤကလဲာ်

superlative *n* ၁. တၢ်အဂ့ၤကတၢၢ် ၂. အဲကလံးဝီၢ်ကဃၢလၢအဟ်ဖျါထီၣ်တၢ်အကတၢၢ်

supermarket *n* ပန်ာ်ရိကျး

supernatural *a* လၢအသူအပိၤ, လၢအဒိၣ်အထီန့ၢ်ဟိၣ်ခိၣ်အတၢ်သ့တၢ်ဘၣ်, လၢအဒိၣ်အထီန့ၢ်နူဆၢၣ်, လၢအလီၤလိၤလီၤလး, လၢတဲလၢအဂ့ၢ်တသ့

supernatural *n* တၢ်သူတၢ်ပိၤ, တၢ်လၢအဒိၣ်အထီန့ၢ်နူဆၢၣ်, တၢ်လီၤလိၤလီၤလး, တၢ်လၢတဲလၢအဂ့ၢ်တသ့

supernova *n* ဆၣ်လၢအကပြုၢ်ထီၣ်ဖးဒိၣ်သတူၢ်ကလာ်

superpower *n* စိကမီၤကျၢၢ်မုၢ်ထံကီၢ်

supersede *v* မၤပှဲၤတၢ်လၢအလီၢ်, နှာ်လီၤလၢတၢ်ဂၤအလီၢ်, ဆီတလဲအလီၢ်, ဟ်ကဒါက့ၤလၢအလီၢ်

supersensitive *a* လၢအတူၢ်ဘၣ်တၢ်ညီကဲၣ်ဆိး, လၢအသးဘၣ်ဒိဆါညီကဲၣ်ဆိး

supersonic *a* လၢအချ့န့ၢ်ဒံးတၢ်သီၣ်အယူာ်

superstar *n* ပှၤမံၤဟူသၣ်ဖျါ, (ပှၤဂဲၤဒိ) လၢအမံၤဟူသၣ်ဖျါ

superstition *n* တၢ်ဒုၣ်တၢ်ထုအတၢ်နာ်, တၢ်စူၢ်ကမၣ်နာ်ကမၣ်တၢ်, တၢ်စူၢ်တၢ်နာ်လၢအတဒိးသနူၤထိၣ်အသးလၢစဲအ့ၣ်ကျဲကပူၤ

S

superstitious *a* လၢအဓိၣ်ဒီးတၢ်ဒုၣ်တၢ်ထုအတၢ်နာ်, လၢအစူၢ်ကမၣ်နာ်ကမၣ်တၢ်

superstructure *n* တၢ်လၢတၢ်သူၣ်ထီၣ်အီၤလၢတၢ်ဂၤအဖီခိၣ်

supervene *v* ကဲထီၣ်သးလၢတၢ်တဟ်သူၣ်ဟ်သးအပူၤ

supervise *v* အံးထွဲကွၢ်ထွဲ, ပၢဆှၢရဲၣ်ကျဲၤ, ပၢဆှၢအံးထွဲကွၢ်ထွဲတၢ်

supervisor *n* ပၢဆှၢတၢ်မူဒါခိၣ်, ပှၤလၢအအံးထွဲကွၢ်ထွဲတၢ်, ပှၤလၢအပၢဆှၢအံးထွဲကွၢ်ထွဲတၢ်

supine *a* ၁. လၢအမံအီထိခိၣ်, လၢအမံလီၤလၢအချၢ ၂. လၢအတၢ်ဟူးတၢ်ဂဲၤတၢ်သူၣ်ပိၢ်သးဝးတအိၣ်

supper *n* ဟါတၢ်အီၣ်

supplant *v* ၁. မၤပှဲၤတၢ်အလီၢ်, နုာ်လီၤလၢပှၤဂၤအလီၢ်, ဆီတလဲအလီၢ် ၂. ဟံးန့ၢ်ကွံာ်ပှၤဂၤအလီၢ်

supple *a* ၁. လၢအစၢ်ယှာ်စၢ်ယဲာ်, လၢအဘီးက့ၣ်ဘီးကူအသးသ့ ၂. လၢအဆီတလဲအသးညီ

supplement *n* ၁. တၢ်မၤလၢပှဲၤထီၣ်တၢ် ၂. တၢ်ပၣ်ဃုာ်အါထီၣ်, တၢ်ဟ်ဖှိၣ်အါထီၣ် (တၢ်ဂ့ၢ်တၢ်ကျိၤ, ကျိၣ်စ့)

supplement *v* မၤလၢပှဲၤထီၣ်တၢ်, ပၣ်ဃုာ်အါထီၣ်, ဟ်ဖှိၣ်အါထီၣ် (တၢ်ဂ့ၢ်တၢ်ကျိၤ, ကျိၣ်စ့)

supplementary *a* လၢအမၤလၢမၤပှဲၤထီၣ်တၢ်, လၢအပၣ်ဃုာ်အါထီၣ်, လၢအဟ်ဖှိၣ်အါထီၣ် (တၢ်ဂ့ၢ်တၢ်ကျိၤ, ကျိၣ်စ့)

supplicant *n* ပှၤဃ့သကွံၢ်ကညးတၢ်, တၢ်ဃ့ထီၣ်တၢ်, တၢ်ဃ့ဘါထုကဖၣ်တၢ်

supplicate *v* ဃ့သကွံၢ်ကညးတၢ်, ဃ့ထီၣ်တၢ်, ဃ့ဘါထုကဖၣ်တၢ်

supplication *n* တၢ်ဃ့သကွံၢ်ကညးတၢ်, တၢ်ဃ့ထီၣ်တၢ်, တၢ်ဃ့ဘါထုကဖၣ်တၢ်

supply *n* ၁. တၢ်ဆှၢဟ့ၣ်, တၢ်ဟ့ၣ်, တၢ်လှၢ်အိၣ်လှၢ်အီ ၂. တၢ်လၢအလိၣ်, တၢ်လိၣ်တၢ်လဲး, တၢ်လၢပှၤသူအီၤတဖၣ်

supply *v* ဆှၢဟ့ၣ်ပနံာ်, ဆှၢဟ့ၣ်တၢ်, ဟ့ၣ်

support *n* ၁. တၢ်လၢအပၢၢ်ဃာ်တၢ်, တၢ်လၢအကၢၤဃာ်တၢ် ၂. တၢ်ဆီၣ်ထွဲမၤစၢၤ ၃. တၢ်တိစၢၤမၤစၢၤ

support *v* ၁. ပၢၢ်ဃာ် ၂. ဆီၣ်ထွဲမၤစၢၤ ၃. တိစၢၤမၤစၢၤ

support group *n* ကရူၢ်လၢအဆီၣ်ထွဲမၤစၢၤတၢ်, တၢ်တိစၢၤမၤစၢၤတၢ်အကရူၢ်

supporter *n* ပှၤဆီၣ်ထွဲမၤစၢၤတၢ်

supportive *a* လၢအသးအိၣ်မၤစၢၤတၢ်, လၢအကဲထီၣ်တၢ်မၤစၢၤ

suppose *v* တယာ်ဆိကမိၣ်, တယာ်ဆိဟ်, စံးဒၣ်ကလိာ်

supposedly *adv* လၢအလီၤက်လၢ, အိၣ်ဖျါလၢ, ဖျါလၢ

supposition *n* တၢ်တယာ်ဆိကမိၣ်, တၢ်ဆိကမိၣ်တယာ်တၢ်, တၢ်တယာ်ဆိဟ်တၢ်, တၢ်စံးဒၣ်ကလိာ်

suppository *n* ကသံၣ်ဆွံဒၢလီၢ်ကျိၤ, ကသံၣ်ဆွံအှၣ်ကျိၤ

suppress *v* ဆီၣ်သနံး, ဆီၣ်ဘံၣ်ဆီၣ်ဘၢ, မၤနၢၤမၤဃၣ်

suppressant *n* ကသံၣ်မၤကိညၢ်လီၤတၢ်ဆါ, ကသံၣ်မၤကဃးလီၤက့ၤတၢ်ဆါ (အဒိ, cough suppressant ကသံၣ်ကူး)

suppression *n* တၢ်ဆီၣ်သနံး, တၢ်ဆီၣ်ဘံၣ်ဆီၣ်ဘၢ, တၢ်မၤနၢၤမၤဃၣ်

suppressor *n* ၁. ပှၤလၢအဆီၣ်သနံးတၢ်, ပှၤဆီၣ်ဘံၣ်ဆီၣ်ဘၢတၢ်, ပှၤမၤနၢၤနၤဃၣ်တၢ် ၂. တၢ်လၢအဆီၣ်သနံးတၢ်, တၢ်လၢအဆီၣ်ဘံၣ်ဆီၣ်ဘၢတၢ်, တၢ်မၤနၢၤနၤဃၣ်တၢ်, တၢ်ဆီၣ်လီၤကွံာ်တၢ်

suppurate *v* (တၢ်ပူၤလီၢ်) အဖံထီၣ်, အဖံယွၤ

suppurtive otitis media *n* နၢ်အဖံယွၤ

supremacist *n* ပှၤကလုာ်ဒိၣ်စိ, ပှၤလၢအအိၣ်ဒီးကလုာ်ဒိၣ်စိအသး

supremacy *n* တၢ်လီၢ်ဒိၣ်လၤထီကတၢၢ်, တၢ်လၢအစိကမီၤဒိၣ်ကတၢၢ်, တၢ်လၢအဒိၣ်အထီကတၢၢ်

supreme *a* လၢအလီၢ်ဒိၣ်လၤထီကတၢၢ်, လၢအစိကမီၤဒိၣ်ကတၢၢ်, လၢအဒိၣ်အထီကတၢၢ်

Supreme Being *n* တၢ်ဘၣ်တဲ့ခဲလၢာ်အကစၢ်, တၢ်ဒိၣ်ကတၢၢ်ထီကတၢၢ်အကစၢ်

supremely *adv* အဒိၣ်ကတၢၢ်ထီကတၢၢ်

surcease *n* တၢ်ဆိကတိၢ်တၢ်, တၢ်ပတှာ်တၢ်

surcharge *n* ၁. တၢ်အပ္ၤကလံၤလၢတၢ်ဃ့အါထီၣ်အီၤ ၂. တၢ်ဃ့အါထီၣ်တၢ်

surcharge *v* ဃ့အါထီၣ်တၢ်

sure *a* လၢအလီၤတံၢ်, လၢအသ့ၣ်ညါတၢ်သပှၢ်တ့ၢ်, နာ်လၢအလီၤတံၢ်

make sure *idm:* မၤလီၤတံၢ်

sure *adv* လီၤတံၢ်, နီၢ်နီၢ်, သပှၢ်ကတၢၢ်, နီၢ်ကီၢ်, ဃါမနၤ

sure-footed *a* ၁. လၢအခီၣ်တယာ်ကျၢၤ, လၢအနာ်တၢ်ဂၢၢ်ကျၢၤ ၂. လၢအနာ်လီၤအသးကျၢၤမုဆူ, လၢအနာ်လီၤသးဃါမနၤ

surely *adv* လီၤတံၢ်, နီၢ်နီၢ်, သပှၢ်ကတၢၢ်, နီၢ်ကီၢ်, ဃါမနၤ

sureness *n* တၢ်လီၤတံၢ်လီၤဆဲး, တၢ်နီၢ်နီၢ်, တၢ်သပှၢ်ကတၢၢ်, တၢ်အနီၢ်ကီၢ်, တၢ်ဃါမနၤ

surety *n* ၁. တၢ်ဟ့ၣ်တၢ်အုၣ်ကီၤ, စ့အုၣ်ခီၣ်, စ့အုၣ်ကီၤ ၂. ပှၤအုၣ်ခီၣ်အသး, ပှၤလၢအုၣ်ခီၣ်အသးလၢပှၤတဂၤဂၤအဂီၢ်

surf *n* တၢ်ဒီးလပီ

surf *v* ၁. ဒီးလပီ ၂. (အ့ထၢၣ်နဲး) ဟးကွၢ်တၢ်လၢန့ၣ်လၢအံၤ, ဃုကွၢ်တၢ်လၢန့ၣ်လၢအံၤ

surface *n* ၁. တၢ်အမဲာ်ဖံးခိၣ် ၂. တၢ်အချၢ

surface *v* ၁. အိၣ်ဖျါထီၣ်, ဟဲဖျါထီၣ်, ပၢၢ်ထီၣ် ၂. ဒါလီၤ, ကျံးဘၢ (ကျဲ)

surface mail *n* တၢ်ဆှၢ (တၢ်) လၢထံဒီးခိကျဲ

surfboard *n* နီၣ်တလူၣ်ဒီးလပီ

surfeit *n* တၢ်အါတလၢကွဲာ်အခၢး

surfeit *v* အီၣ်တုၤလၢအီၣ်ဘျဲတစု, အီၣ်ယူၢ်တကျူၤတၢ်, အီၣ်တၢ်အါတလၢ, အီၣ်လှာ်ကီလှာ်ကဟ်

surfer *n* ၁. ပှၤဒီးလပီ ၂. ပှၤထိၣ်ကွၢ်အ့ထၢၣ်နဲး

surfing *n* ၁. တၢ်ဒီးလပီ ၂. တၢ်ထိၣ်ကွၢ်အ့ထၢၣ်နဲး

surge *n* လပီမုၢ်ဒိၣ်, တၢ်ဟဲထီၣ်ဂီၢ်မုၢ်ဂီၢ်ပၤ, တၢ်ဂီၢ်မုၢ်ဂီၢ်ပၤ

surge *v* ထွၣ်တလ့ၣ်အသးဒ်လပီအသိး, ထိၣ်လီၤဒ်လပီအသိး

surgeon *n* ကူးကွဲးသရၣ်, ကသံၣ်သရၣ်လၢအကူးကွဲးပှၤဆါ

surgery *n* ၁. ကူးကွဲးဃါဘျါ ၂. ကူးကွဲးဃါဘျါအဒၢး

surgical *a* လၢအဘၣ်ဃးဒီးတၢ်ကူးကွဲးဃါဘျါ

surly *a* လၢအသးတဂ့ၤဘၣ်, လၢအသးအၢ, လၢအသးဒိၣ်ထိၣ်ချ့, လၢအရၢၢ်အစၢၢ်

surmise *v* တယာ်တၢ်, ဆိကမိၣ်တယာ်တၢ်, တယာ်ဆိကမိၣ်ကွၢ်တၢ်

surmount *v* ၁. မၤနၢၤတၢ် ၂. ဆိၣ်လီၤကွံာ် ၃. အိၣ်လၢတၢ်အဖီခိၣ်

surname *n* မံၤလီၤစၢၤ (မိၢ်ပၢ်ဖံဖုနူၣ်ဖိထၢဖိအမံၤလီၤစၢၤ)

surpass *v* ၁. လဲၤတလၢကွံာ်, လဲၤလၢတၢ်ဂၤအမဲာ်ညါ ၂. ဂ့ၤန့ၢ်ဒံး, အါန့ၢ်ဒံး, ဒိၣ်န့ၢ်ဒံး

surpassingly *adv* (လဲၤတလၢကွံာ်) စၢၢ်တလၢၢ်, (ဂ့ၤန့ၢ်) စၢၢ်တလၢၢ်

surplus *a* လၢအိၣ်ဘျဲၣ်, လၢအအိၣ်အါန့ၢ်တၢ်လိၣ်ဘၣ်အီၤ

surplus *n* တၢ်အိၣ်ဘျဲၣ်, တၢ်လၢအအါန့ၢ်တၢ်လိၣ်ဘၣ်အီၤ, တၢ်အိၣ်လီၤတဲာ်လၢပသူအီၤဝံၤအလီၢ်ခံ

surprise *n* ၁. တၢ်ကမၢကမဉ် ၂. တၢ်ဖုးသံပျိၢ်ဂိၤ

surprise *v* ၁. ကမၢကမဉ်, မၤကမၢကမဉ် ၂. မၤဖုးမၤပျိၢ်

surreal *a* လၢအလီၤတိၢ်လီၤဆီ

surrender *n* ၁. တၢ်ဟ့ၣ်လီၤသး, တၢ်တူၢ်ဃဉ်သး, တၢ်ဟ့ၣ်လီၤကွံာ်သး ၂. တၢ်ဟ်လီၤစုကဝဲၤ

surrender *v* ၁. တူၢ်ဃဉ်သး, ဟ့ၣ်လီၤသး, ဟ့ၣ်လီၤကွံာ်သး ၂. ဟ်လီၤစုကဝဲၤ

surreptitious *a* လၢအမၤခူသူၣ်တၢ်

surround *n* တၢ်အိၣ်ကဝီၤဃာ်, တၢ်အိၣ်ဝးတရံး

surround *v* ကဝီၤဃာ်, အိၣ်ဝးတရံး

surroundings *n* တၢ်လၢအိၣ်ဝးတရံးပှၤ, တၢ်ခိၣ်တၢ်ဃၢၤ

surveillance *n* ၁. တၢ်ကွၢ်ဟုၣ်ကွၢ်စုးတၢ် ၂. တၢ်အံးထွဲကွၢ်ထွဲတၢ်အခံ

survey *n* ၁. တၢ်ထိၣ်တၢ်, တၢ်ထိၣ်ဟီၣ်ခိၣ် ၂. တၢ်ဟးဆှၣ်ကွၢ်တၢ်လီၢ်တၢ်ကျဲ ၃. တၢ်ကွၢ်

ထံဆိကမိဉ်တၢ်အဂ့ၢ် ၄. တၢ်လီၤဃုထံဉ်သ့ဉ်ညါတၢ်

survey *v* ၁. ထိဉ်ဟီဉ်ခိဉ်, ထိဉ်တၢ်တဲာ်တၢ် ၂. ဟးဆှဉ်ကွၢ်တၢ်လိၢ်တၢ်ကျဲ ၃. ကွၢ်ထံဆိကမိဉ်တၢ်အဂ့ၢ် ၄. လီၤဃုထံဉ်သ့ဉ်ညါတၢ်

surveyor *n* ၁. ပှၤထိဉ်ဟီဉ်ခိဉ်, ပှၤထိဉ်တၢ်လိၢ်တၢ်ကျဲ ၂. ပှၤဟးဆှဉ်ကွၢ်တၢ်လိၢ်တၢ်ကျဲ ၃. ပှၤလီၤဃုထံဉ်သ့ဉ်ညါတၢ်

survival *n* တၢ်ပူၤဖျဲးလၢတၢ်သံ, တၢ်အိဉ်မူတ့ၢ်ဒံး

survive *v* ပူၤဖျဲးလၢတၢ်သံ, အိဉ်မူတ့ၢ်ဒံး, (ပှၤဂၤသံသနာ်က့) အိဉ်မူလီၤတဲာ်ဒံး

survivor *n* ပှၤလၢအပူၤဖျဲးလၢတၢ်သံ, ပှၤလၢအိဉ်မူတ့ၢ်ဒံး, ပှၤဂၤသံသနာ်က့အိဉ်မူလီၤတဲာ်ဒံး

susceptibility *n* ၁. တၢ်ဘဉ်ကူဘဉ်က်ညီ ၂. တၢ်တူၢ်ဘဉ်တၢ်ညီ, တၢ်သးဘဉ်ဒိညီ, တၢ်လုၢ်ဘၢစိကမီၤအီၤညီ

susceptible *a* ၁. လၢအဘဉ်ကူဘဉ်က်ညီ ၂. လၢအတူၢ်ဘဉ်တၢ်ညီ, လၢအသးဘဉ်ဒိညီ, လၢတၢ်လုၢ်ဘၢစိကမီၤအီၤညီ

suspect *a* လၢအသးဒ့ဒီ, တနာ်နှ့ၢ်တၢ်

suspect *n* ပှၤလၢပတနာ်နှ့ၢ်အီၤ, ပှၤလၢပတယာ်လၢအတၢ်ကမဉ်အိဉ်, ပှၤလၢပသးဒ့ဒီလၢအဖီခိဉ်

suspect *v* ဆိကမိဉ်တယာ်, တနာ်နှ့ၢ် (အီၤ), သးဒ့ဒီ

suspend *v* ၁. ထိဉ်လီၤစဲၤ, ဘျးလီၤစဲၤ ၂. တြီဃာ်ဟ်မီကိာ်, ဟ်ဆိကတီၢ်ခဉ်ကလိာ်, ဟ်ပတှာ်တၢ်မီကိာ်

suspended sentence *n* တၢ်ထုးယံၤထိဉ်ကွိၢ်ဘျိဉ်အတၢ်စံဉ်ညီဉ်တၢ်အကတိၢ်

suspense *n* တၢ်အိဉ်ဆူလၢ်ဟူ, တၢ်တသ့ဉ်ညါတၢ်လီၤတံၢ်လီၤဆဲး

suspension *n* ၁. တၢ်ထိဉ်လီၤစဲၤတၢ်, တၢ်ဘျးလီၤစဲၤတၢ် ၂. တၢ်တြီဃာ်ဟ်မီကိာ်, တၢ်ဟ်ဆိကတီၢ်ခဉ်ကလိာ်, တၢ်ဟ်ပတှာ်တၢ်မီကိာ်

suspension bridge *n* တီၤပျံၤ, ပျံၤတီၤ

suspicion *n* တၢ်သးဒ့ဒီ, တၢ်တနာ်နှ့ၢ်တၢ်

suspicious *a* လၢအသးဒ့ဒီသ့, လီၤသးဒ့ဒီ

sustain *v* ၁. ဒုးမူဒုးဂဲၤထိဉ်, ဒုးအိဉ်ကၢအိဉ်ခိး, စိာ်မူစိာ်ဂဲၤ, ပၢၤဃာ် ၂. တူၢ်, ခီဉ်, ခၢဉ် ၃. ဟ်ဂၢၢ်ဟ်ကျၢၤ, အၢဉ်လီၤအီလီၤ ၄. မၤကွ့ၢ်ကွ့ၢ်

sustainable *a* ၁. လၢတၢ်စိာ်မူစိာ်ဂဲၤအီၤန့ၢ်, လၢတၢ်ပၢၤဃာ်အီၤန့ၢ်, လၢအိဉ်ကၢအိဉ်ခိး ၂. လၢအတူၢ်တၢ်န့ၢ်, လၢအခီဉ်, လၢအခၢဉ်

sustenance *n* ၁. တၢ်အီဉ်တၢ်အီ ၂. တၢ်မၤစၢၤလီၤက့ၤနီၢ်ကစၢ်အသး, တၢ်ဆၢထၢဉ်လၢနီၢ်ကစၢ်အခီဉ်ခဉ်ဖဲ

suture *n* တၢ်ဘဉ်ဆး

swab *n* ၁. တၢ်ထွါ (တၢ်ပူၤလိၢ်), ဘဲထွါတၢ်ပူၤလိၢ် ၂. တၢ်ဟံးန့ၢ်ပနီၢ်ခိက့ၢ်ဂီၤအဒိလၢကမၤကွၢ်တၢ်အဂီၢ်

swab *v* ၁. သ့ (တၢ်ပူၤလိၢ်), ထွါ (တၢ်ပူၤလိၢ်) ၂. သ့စီတၢ်, ထွါစီတၢ်

swagger *n* တၢ်ဟးဟ်ဒိဉ်ဟ်လၤအသး, တၢ်ဟးဟ်အသးကဖိကဖိ, တၢ်ဟးအိဉ်ဒီးတၢ်ဟ်ထိဉ်ထီသး, တၢ်ဟးတကွၢ်လီၤဟီဉ်ခိဉ်ဘဉ်

swagger *v* ဟးဟ်ဒိဉ်ဟ်လၤအသး, ဟးဟ်အသးကဖိကဖိ, ဟးအိဉ်ဒီးတၢ်ဟ်ထိဉ်ထီသး, ဟးတကွၢ်လီၤဟီဉ်ခိဉ်ဘဉ်

swallow *n* ၁. ထိဉ်ဘျ့ဉ်ဘျိဉ် ၂. တၢ်ယူၢ်လီၤ, တၢ်ယူၢ်နုာ်တၢ်

swallow *v* ၁. ယူၢ်လီၤ, ယူၢ်နုာ် ၂. နာ်ဘံဉ်မဲာ်, နာ်တၢ်ညီကဒဉ်

swamp *n* ကပျ့ၤ

swamp *v* ၁. ထံဒိဉ်, ဘဉ်စိဉ်ဘဉ်သ့ ၂. လုာ်ဘၢတၢ်, အါအါဂိၢ်ဂိၢ်

swampy *a* လၢအမၤအသးကပျ့ၤကပျ့ၢ်, လီၤဘျၢဉ်

swan *n* ထိဉ်တၤမံၤ

swap, swop *n* တၢ်ခီလဲလိာ်

swap, swop *v* ခီလဲလိာ်

swarm *n* ၁. တၢ်ဖိဃၢ်အဖုအဂိၢ် ၂. ပှၤဒိဖုဒိဂိၢ်

swarm *v* လဲၤတၢ်ဒိဖုဒိဂိၢ်, သုးအသးဒိဖုဒိဂိၢ်, အိဉ်ဖှိဉ်ဂိၢ်မုၢ်ဂိၢ်ပၤ

swarthy *a* လၢအထိဉ်သူထိဉ်ကု့ၢ်, လၢအဖံးအညဉ်ထိဉ်သူ

swash *v* ၁. စံဉ်ပိပုသီဉ်, (ထံ) စံဉ်ပိပုသီဉ် ၂. ဝံၢ်ထိဉ်ဝံၢ်လီၤဒီအသီဉ်

swat *v* ဒဲ, လၢ

S

swath, swathe *n* ကျဲဒီတကျိၤ, တကျိၤ
sway *n* ၁. တၢ်ဝးယဲာ်ယီၤ, တၢ်ထိဉ်ဝးယဲာ်ယီၤ, တၢ်ဝးယီာ်ယုၤ ၂. တၢ်လုၢ်ဘၢစိကမီၤ
sway *v* ၁. ဝးယဲာ်ယီၤ, ထိဉ်ဝးယဲာ်ယီၤ, ဝးယီာ်ယုၤ ၂. အစိကမီၤလုၢ်ဘၢ
swear *v* ၁. ဆိဉ်လီၤအသး, အၢဉ်လီၤအသး ၂. ဆိဉ်တၢ်ထုတၢ်
swear word *n* တၢ်ဆိဉ်
sweat *n* ၁. ကပၢၤ ၂. (တၢ်ကတိၤပတိၢ်မုၢ်) တၢ်မၤလၢာ်ဂံၢ်လၢာ်ဘါ, တၢ်မၤနးနးကျံာ်ကျံာ်
sweat *v* ၁. ကပၢၤထိဉ် ၂. (တၢ်ကတိၤပတိၢ်မုၢ်) မၤတၢ်လၢာ်ဂံၢ်လၢာ်ဘါ, မၤတၢ်နးနးကျံာ်ကျံာ်
sweated labour *n* ပှၤလၢအဘဉ်မၤတၢ်မၤဆူဉ်ဆူဉ်ကိၢ်ကိၢ်, ပှၤလၢအဘဉ်မၤတၢ်ကပၢၤကဝါလီၤ
sweater *n* ဆ့ဖျိဉ်လၢၤ
sweatshirt *n* ဆ့ကၤရှၢးဖျိဉ်လၢၤ, ဆ့ကၤရှၢးဖျိဉ်လၢၤလၢအစုဒူဉ်ဖးထီ
sweatshop *n* တၢ်မၤလီၢ်လၢပှၤဘဉ်မၤတၢ်ဆူဉ်ဆူဉ်ဘဉ်ဆဉ်အဘူးအလဲစှၤ, တၢ်မၤလီၢ်ဖဲပှၤဘဉ်မၤတၢ်ဆူဉ်ဆူဉ်, တၢ်မၤအတၢ်အိဉ်သးတဂ့ၤဒီးဟ့ဉ်တၢ်ဘူးတၢ်လဲစှၤ
sweatsuit *n* ဆ့ကၤစုထီဒီးဖျိဉ်ခံထီခိဉ်လၢၤ, ဆ့ကၤဖျိဉ်ခံဖျိဉ်လၢၤအစူဉ်
sweaty *a* ၁. လၢအအိဉ်ဒီးကပၢၤကဝါ, လၢအဘဉ်စိဉ်ဒီးအကပၢၤ ၂. လၢအလၢာ်ကပၢၤကဝါ
sweep *n* ၁. တၢ်ခွဲသိဉ်ခွဲပျိတၢ် ၂. တၢ်ဝံၢ်တဖျ့ ၃. တၢ်ဒိဉ်ဒိဉ်မုၢ်မုၢ် ၄. တၢ်မၤပျီမၤကဆိုတၢ်
sweep *v* ၁. ခွဲသိဉ်ခွဲပျိ, ခွဲ ၂. သုးအသးချ့ချ့, လဲၤခီက် ၃. အိဉ်သလဉ်လီၤအသး ၄. မၤနၢၤကွံာ်စီဖှကလ့ၤ
sweep away *idm:* (ထံ) စိာ်ကွံာ်တၢ်, စိာ်ကွံာ်တၢ်စီဖှကလ့ၤ
sweet *a* ၁. ဆၢ ၂. (လၢအယုၢ်) မှာ် ၃. လီၤအဲဉ်လီၤကွံ
sweet *n* တၢ်ဆၢကိဉ်လိဉ်, တၢ်ဆၢကိၢ်လိဉ်
sweet potato *n* နွဲဉ်စိၤပၤတၢ်, ဟူဉ်ကလာ်တၢ်, မိၢ်ယၢာ်တၢ်
sweeten *v* ၁. (မၤ) ဆၢထိဉ် ၂. မၤမှာ်ထိဉ်ပှၤအသး
sweetheart *n* တၢ်အဲဉ်တီ, သးခိဉ်မ့
sweetly *adv* မှာ်သူဉ်မှာ်သး, ဘဉ်သူဉ်ဘဉ်သး, မှာ်မှာ်ကလဲာ်, ဆၢဆၢကလဲာ်
sweetness *n* ၁. တၢ်ဆၢနၢမူနၢဆို, တၢ်ဆၢ ၂. တၢ်မှာ်သူဉ်မှာ်သး
swell *a* ၁. လၢအဂ့ၤဒိဉ်မး ၂. လၢအချူးထိဉ်စိၤ
swell *n* ၁. လၢ, လပီ, လၢလပီ ၂. တၢ်ဒိဉ်အါထိဉ်တစဲးဘဉ်တစဲး (တၢ်ကလုၢ်, တၢ်တူၢ်ဘဉ်ခိဉ်ဘဉ်) ၃. ပှၤလၢအရှဒိဉ်
swell *v* ၁. ညီးထိဉ်, ကဖိထိဉ် ၂. ဒိဉ်ထိဉ်အါထိဉ်, အါထိဉ်ဂိၢ်ထိဉ်
swelling *n* တၢ်ညီးထိဉ်, (ဖံးဘ့ဉ်) ကဖိထိဉ်
swelter *v* သဝံသဝါထိဉ်, ကိၢ်သဝံ, ကိၢ်သီအူး, ကပၢၤထိဉ်
sweltering *a* လၢအကိၢ်သဝံသဝါ, လၢအကိၢ်သီအူး
swerve *v* ဃဉ်ဖုး အဒိ, ဖဲဃဘဉ်သဂၢါသ့ဉ်ခိဉ်ဆၢဉ်နူဉ်ဃဃဉ်ဖုးယသိလ့ဉ်အဃိပတဘဉ်တိၢ်ဒီးသ့ဉ်ခိဉ်ဆၢဉ်ဘဉ်
swift *a* လၢအမၤအသးချ့သဒံး, ချ့ချ့
swift *n* ထိဉ်ဘျ့ဉ်ဘျိဉ်
swiftly *adv* ချ့ချ့, ချ့သဒံး
swiftness *n* တၢ်မၤအသးချ့ချ့, တၢ်မၤအသးချ့သဒံး
swill *n* ၁. ထိးဆဉ် ၂. တၢ်သ့ (စု, လီခီ) အထံအနိ, ထံဘဉ်အၢဘဉ်သိ
swill *v* ၁. သ့စီကွံာ်တၢ်လၢထံအါအါ ၂. အီတၢ်အါအါဂိၢ်ဂိၢ်, အီလုာ်ကိတၢ် ၃. သ့သပှၢၤတၢ်ဒီးထံ
swim *n* တၢ်လဲၤပိၢ်ထံ
swim *v* ၁. ပိၢ်ထံ ၂. ထိဉ်ဖိလၢထံကျါ ၃. ခိဉ်မူၤ, ခိဉ်တယူၤ
swimmer *n* ပှၤပိၢ်ထံဖိ
swimming *n* တၢ်ပိၢ်ထံ
swimming pool *n* တၢ်ပိၢ်ထံကမါ
swimming trunks, swim trunks *n* ဖိဉ်ခွါဆ့ကၤပိၢ်ထံ, ဆ့ကၤပိၢ်ထံ
swimmingly *adv* လၢတၢ်နိးတၢ်ဘျးတအိဉ်, လၢအမၤသးဘျ့ဘျ့ဆိုဆို, လၢအလဲၤသးဘျ့ဘျ့ဆိုဆို, ဘျ့ဘျ့ဆိုဆို, လၢအကဲထိဉ်လိဉ်ထိဉ်

S

swimsuit *n* ဆ့ကၤပိၢ်ထံ, ပိာ်မုၣ်ဆ့ကၤပိၢ်ထံ

swimwear *n* တၢ်ပိၢ်ထံအကူအသိး

swindle *n* တၢ်မၤန့ၢ်ကဘျံးကဘျၣ်တၢ်, တၢ်လီန့ၢ်ပျံာ်ဝ့ၤတၢ်

swindle *v* မၤန့ၢ်ကဘျံးကဘျၣ်တၢ်, လီန့ၢ်ပျံာ်ဝ့ၤတၢ်

swine *n* ၁. ထိး ၂. ပှၤရၢ်ပှၤစၢ်ဖိ

swing *n* ၁. စုာ်ပၣ်, စုာ်, သၣ်ကံၣ်တြီၤ ၂. တၢ်ဝံၢ်တဖျ့စု ၃. တၢ်ထိၣ်ဝးယဲာ်ယီၤသး, တၢ်ထိၣ်ဝး (စုာ်, စုာ်ပၣ်) ၄. တၢ်ဆီတလဲတၢ်ထံၣ်တၢ်ဆိကမိၣ်ဒီးတၢ်ဟ်သူၣ်ဟ်သး, တၢ်ဃၣ်တရံးသးဆူတၢ်ပညိၣ်အဂၤတခါချ့သဒံး (အဒိ, a swing to conservatism)

swing *v* ၁. ထိၣ်ဝးအသး, ဝးယဲာ်ယီၤ, ဝးယီာ်ယုၤ ၂. ထိတၢ်, ဝံၢ်တဖျ့စု ၃. ဆီတလဲသးယၢ်ခီယၢ်ခီ, ဆီတလဲအတၢ်ထံၣ်တၢ်ဆိကမိၣ်ဒီးတၢ်ဟ်သူၣ်ဟ်သး, ဃၣ်တရံးတၢ်အခိၣ်

swinish *a* ၁. ဒ်ထိးအသိး, လီၤက်ဒီးထိး ၂. လၢအတကြၢးတဘၣ်, ဘၣ်အၢဘၣ်သီ

swipe *n* ၁. တၢ်ဝံၢ်တဖျ့ (ဒဲ, တိၢ်) တၢ် ၂. တၢ်ဖဲာ်အၢဖဲာ်သီပှၤ

swipe *v* ၁. ဟုၣ်ထုးတၢ် ၂. ဝံၢ်တဖျ့ (ဒဲ, တိၢ်) တၢ် ၂. တြူၥ်ခးက့ (အဒိ, တြူၥ်ကဒွဲခးက့လၢစဲးအပူၤ)

swipe card *n* အံၣ်လဲးထြီနံးခးက့, ဖျးစတ့းခးက့လၢတၢ်ဂ့ၢ်တၢ်ကျိၤ, တၢ်မၤနီၣ်မၤဃါတဖၣ်အိၣ်လၢအပူၤ

swirl *n* တၢ်လဲၤတရံးအသး, တၢ်သဝံး

swirl *v* တရံး, သဝံး

swish *a* လၢအပတိၢ်ထီ, ဆူၣ်ဆူၣ်ဘှဲၣ်ဘှဲၣ်, လၢအချူးစီၤ

swish *n* တၢ်သီၣ်ရှဲရှဲ, တၢ်သီၣ်ရှဝံးရှဝံး ၂. တၢ်ဝံၢ်ဝၢ်သီၣ်တၢ်အကလုၢ်

swish *v* ၁. သုးအသး, တရံးသး, သဝံး (သီၣ်ရှဲရှဲ, သီၣ်ရှဝံးရှဝံး) ၂. ဝံၢ်ဝၢ်

switch *n* ၁. ပၷ့. အဒိ, မ့ၣ်ပၷ့ ၂. တၢ်ဆီတလဲ, တၢ်ခီလဲလိာ် ၃. လ့ၣ်မ့ၣ်အူကျဲအဆၢလၢတၢ်ဆီတလဲကျဲအဂီၢ် ၄. နိၣ်က့ဖိ

switch *v* ၁. လဲလိာ်အသး ၂. switch off မၤပံာ် ၃. switch on အိးထီၣ်

switchboard *n* လီတဲစိပၷ့

switchman *n* ပှၤပၢၤလ့ၣ်မ့ၣ်အူကျဲ (အပၷ့) အဆၢ

swivel *n* ဆၢၣ်ရံး (အဒိ, ဆၢၣ်ရံးလီၢ်ဆ့ၣ်နီၤ)

swivel *v* တရံး, ဃၣ်တရံး

swollen *a* ညီးထီၣ်, ကဖိထီၣ်

swoon *n* ၁. တၢ်ထီၣ်, တၢ်သးသပ့ၤ ၂. တၢ်သူၣ်ဟူးသးဂဲၤဒိၣ်ဒိၣ်ကလဲာ်

swoon *v* သံတယူာ်

swoop *n* ၁. တၢ်ယူၤလီၤစိုၤန့ၢ်, တၢ်လီၤဖိၣ်န့ၢ်, တၢ်ညီလီၤဖိၣ်န့ၢ်တၢ်, တၢ်ထိလီၤဖိၣ်န့ၢ်တၢ် ၂. တၢ်ထိလီၤ, တၢ်ညီလီၤ ၃. တၢ်နုာ်လီၤထီၣ်တၢ်သတူၢ်ကလာ်

swoop *v* ၁. ယူၤလီၤစိုၤန့ၢ်, လီၤဖိၣ်န့ၢ်, ညီလီၤဖိၣ်န့ၢ်တၢ်, ထိလီၤဖိၣ်န့ၢ်တၢ် ၂. နုာ်လီၤဖိၣ်တၢ်သတူၢ်ကလာ်

sword *n* နး

swordfish *n* ပိၣ်လဲၣ်ညၣ်ထိၣ်, ညၣ်ထိၣ်ပိၣ်လဲၣ်

swordplay *n* တၢ်အ့ဘိအ့နး

swordsman *n* ပှၤအ့ဘိအ့နး

sworn *a* ၁. ဆိၣ်လီၤအသး ၂. လၢအသးဟ့လိာ်အသးထီဘိ (အဒိ, sworn enemies)

sycophant *n* ပှၤလၢအမၤအိၣ်အမဲာ်

syllable *n* တၢ်ကတိၤအသီၣ်, ဝီၢ်သြဲအသီၣ်ပှဲၤဘိပှဲၤဘိလၢတၢ်ကတိၤတဖျၢၣ်အပူၤ, တၢ်ကတိၤတဖျၢၣ်အသီၣ်အါဘိအကျါတဘိ

syllabus *n* တၢ်မၤလိမိၢ်ပှၢ်အရဲၣ်အကျဲၤ

sylvan *a* လၢအဘၣ်ထွဲဒီးပှၢ်မုၢ်ကနၢ

symbol *n* တၢ်အဒိ, တၢ်ပနီၣ်, တၢ်ဒိတၢ်တဲာ်, တၢ်တမံၤမံၤလၢအကဲတၢ်ဂၤအတၢ်ပနီၣ်မ့ၢ်ဂ့ၤ, အဒိအတဲာ်မ့ၢ်ဂ့ၤ

symbolic *a* လၢအမ့ၢ်တၢ်အဒိ, လၢအကဲတၢ်အဒိ

symbolism *n* တၢ်စူးကါတၢ်အဒိအတဲာ်

symbolize, **symbolise** *v* ၁. ဒုးကဲထီၣ်အီၤလၢတၢ်အဒိ, ကဲတၢ်အဒိ ၂. ဟ်တၢ်ဒ်တၢ်အဒိအတဲာ်အသိး

symmetrical *a* လၢအဃူလိာ်အသးကိးကပၤဒဲး, လၢအဘၣ်ဘျိးဘၣ်ဒါလိာ်အသးကိးကပၤဒဲး

symmetry *n* တၢ်ဃူလိၣ်သးကီးကပၤဒဲး, တၢ်ဘၣ်ဘျီးဘၣ်ဒါလိၣ်အသးကီးကပၤဒဲး

sympathetic *a* လၢအသးကညီၤတၢ်ညီ, လၢအဒိသူၣ်ဒိသး

sympathize, sympathise *v* ဒိသူၣ်ဒိသးတၢ်, သးကညီၤတၢ်

sympathy *n* တၢ်ဒိသူၣ်ဒိသး, တၢ်သူၣ်ကညီၤသးကညီၤ

symphony *n* ၁. ပံကွဲၤသံကျံကရၢ ၂. တၢ်သးဝံၣ်တဃုၢ်

symposium *n* ၁. တၢ်ကွဲးဖိၣ် ၂. တၢ်အိၣ်ဖိၣ်ဖးဒိၣ်

symptom *n* တၢ်ပနီၣ်, တၢ်ဆါအပနီၣ်, တၢ်ဆါအပနီၣ်လၢအအိၣ်ဖျါထီၣ်ဖဲအိၣ်တဆူၣ်အခါ

symptomatic *a* လၢအတၢ်ပနီၣ်ဟဲဖျါထီၣ်, လၢအကၠၢ်ပနီၣ်ဟဲဖျါထီၣ်

symptomize, symptomise *v* (တၢ်ဆါအကၠၢ်ပနီၣ်) ဟဲဖျါထီၣ်

syn- *prefix* တဖိၣ်ဃီ, တပူၤဃီ

synagogue *n* ဘူၣ်ဘျိၣ်

synchronism *n* ၁. တၢ်ကဲထီၣ်သးလၢဆၢကတီၢ်တကတီၢ်ဃီ, တၢ်အိၣ်ထိၣ်အသးလၢတၢ်ဆၢကတီၢ်တကတီၢ်ဃီ ၂. တၢ်ကဲထီၣ်ဘၣ်ဆၢဘၣ်ကတီၢ်

synchronize, synchronise *v* ၁. (ကဲထီၣ်) သးလၢတၢ်ဆၢကတီၢ်တကတီၢ်ဃီ ၂. ကဲထီၣ်ဘၣ်ဆၢဘၣ်ကတီၢ်

syncretism *n*

syndicate *n* ၁. ပှၤမၤသကိးတၢ်အဖုအကရၢ ၂. တၢ်ဆါ (တၢ်ကစီၣ်, တၢ်ဂီၤ, တၢ်ကွဲး, ဒီးအဂၤတဖၣ်) အတၢ်ဖံးတၢ်မၤ

syndicate *v* ဆါတၢ်ကစီၣ်, ဆါတၢ်ဂီၤ, ဆါကွဲၤဟူဖျါအတၢ်ရဲၣ်တၢ်ကျဲၤ

syndrome *n* (တၢ်ဆါအ) တၢ်ပနီၣ်ဟ်ဖိုၣ်

synergy *n* တၢ်ဟ်ဖိုၣ်ထီၣ်ဂံၢ်ဘါ, ဂံၢ်ဘါသဟီၣ်ဟ်ဖိုၣ်

synonym *n* လံာ်မဲာ်ဖျၢၣ်လၢအခီပညီဘူးလိာ်အသး, ဝီၢ်ဩလၢအခီပညီဘူးလိာ်အသး, တၢ်ကတိၤဖျၢၣ်လၢအခီပညီဘူးလိာ်အသး

synonymous *a* ၁. လၢအခီပညီဘူးလိာ်အသး ၂. လၢအတၢ်ဘၣ်ထွဲဘူးလိာ်အသး

synonymy *n* တၢ်လၢအခီပညီဘူးလိာ်အသး

synopsis *n* တၢ်ကွဲးဖိၣ်ဖုၣ်, တၢ်ကွဲးဖုၣ်, တၢ်ဂ့ၢ်ကျိၢ်တၢ်ဖုၣ်ကိာ်

syntax *n* ၁. လံာ်ပှဲၤကျိၤအတၢ်ဘျၢ, လံာ်ပှဲၤကျိၤအတၢ်ရဲၣ်လီၤအသး ၂. ခိၣ်ဖွူထၢၣ်အတၢ်ကွဲးအကျိၤအကျဲ, ခိၣ်ဖွူထၢၣ်အကျိာ်သ့ၣ်တဖၣ်

synthesis *n* ၁. တၢ်ဟ်ဖိုၣ်ဃုာ်တၢ်ဒ်သိးကကဲထီၣ်တၢ်တမံၤ ၂. က်ဖိုၣ်လၢဘၣ်တၢ်ထုးထိၣ်အီၤလၢတၢ်မိၢ်ပှၢ်ပတိၢ်မုၢ်တဖၣ်

synthesizer, synthesiser *n* စဲးပၢၤတၢ်ကလုၢ်

synthetic *a* ၁. လၢတၢ်အါမံၤဟ်ဖိုၣ်ဃုာ်အသးဒီးကဲထီၣ် ၂. လၢအမ့ၢ်တၢ်အယီၤဒိ, လၢတမ့ၢ်ဇ်နူဆၢၣ်အသိး

synthetic *n* တၢ်လၢအကဲထီၣ်ခီဖျိတၢ်အါမံၤဟ်ဖိုၣ်ဃုာ်အသး ၂. တၢ်အယီၤဒိ, တၢ်လၢတမ့ၢ်နူဆၢၣ်

syntocinon *n* ကသံၣ်သးဆူ

syphilis *n* ဆ့းဖလ့းတၢ်ဆါ, ဃဲသဲတၢ်ဆါ

syringe *n* ကသံၣ်ဆဲးပီၤ

syringe *v* မၤကဆှဲကဆိုတၢ်, စူးကါကသံၣ်ဆဲးပီၤဒီးမၤကဆှဲကဆိုတၢ်

syrup *n* တၢ်ဆၢထံလၢအပံာ်

system *n* ၁. တၢ်ရဲၣ်တၢ်ကျဲၤအတၢ်မၤကျဲတၢ်ဖံးတၢ်မၤတၢ်အကျဲဇိၤကပူၤဇိၤ ၂. တၢ်လၢအအိၣ်ဒ်သိးဒီးဘၣ်ထွဲလိာ်သး

systematic *a* လၢအိၣ်ဒီးအကျိၤအကျဲလီၤတံၢ်လီၤဆဲး, လၢအိၣ်ဒီးအတၢ်ဖံးတၢ်မၤအကျဲဇိၤကပူၤဇိၤ

systematize, systematise *v* ဒုးအိၣ်ထိၣ်အတၢ်ရဲၣ်တၢ်ကျဲၤ, ဒုးအိၣ်ထိၣ်အကျိၤအကျဲ, ဒုးအိၣ်ထိၣ်အကျဲသနူ

systems analyst *n* ပှၤလၢအသမံသမိးတၢ်ကရၢကရိအခိၣ်ဖွူထၢၣ်

S

T

T *n* ၁. အဲကလံးလံာ်မိၢ်ပှၢ်၂၀ ဖျၢၣ်တဖျၢၣ် ၂. တၢ်ဘၣ်တီတီ, တၢ်ဘၣ်ပူးကလာ် (အဒိ, တၢ်ညၣ်လၢအအိၣ်လၢတၢ်ဃံအလိၤတီတီ, (T-bone steak)

TA *abbre* ၁. တၢ်ကွဲးဖှၣ် (Territorial Army) , ဟီၣ်ကဝီၤသုးမုၢ်ဒိၣ် ၂. တၢ်ကွဲးဖှၣ် (Teaching Assistant) ကိုသရၣ်စၢၤ, ပှၤသိၣ်လိစၢၤတၢ်

tab *n* ၁. တၢ်မဲၢ်ခံ, တၢ်ထိးခံ, တၢ်အခီဖိ, တၢ်အက့အဖီ အဒိ, စးခိခီဖိ, ပျံၤထိးခံ ၂. ခီၣ်ဖျူထၢၣ်အနီၣ်ဆီၣ်ခံ – tab key

tab *v* ဆီၣ်ခီၣ်ဖျူထၢၣ်အနီၣ်ဆီၣ်ခံ – tab key ၂. မၤနီၣ်ဃာ်ဒီးတၢ်အက့အခီဖိ (အဒိ, မၤနီၣ်ဃာ်လံာ်အဆၢဒီးစးခိခီဖိ)

keep tabs on *idm:* ၁. ကွၢ်အခီၣ်ခါ, ကွၢ်နီၣ်ကွၢ်ဃါဃာ်, ကွၢ်စူၣ်ကဃာ်တၢ် ၂. ကွဲးနီၣ်ကွဲးဃါဃာ်, မၤနီၣ်မၤဃါဃာ်

tabby *n* သၣ်မံယီၤကံၣ်, သၣ်မံယီၤမိၢ်ကံၣ်ဖါကံၣ်

tabernacle *n* ၁. တၢ်လုၢ်ဟံၣ်, ခရံာ်ဖိတၢ်ဘါယွၤအလီၢ်, သရိာ်စိမိၤ ၂. ဘူၣ်စီဆုံအတလါ ၃. ဒဲစီဆုံ, ဒဲ, ရှၢ်, ပှၤအံၣ်စရ့လးဖိအဒဲစီဆုံ

tabla *n* တပုၢ်ဖိ, ဒၢပိၢ်စုဖိ

table *n* ၁. စီၢ်နီၤခိၣ် ၂. တၢ်တပၢး

table *v* ၁. ဟ့ၣ်ထီၣ်တၢ်ဆှၢနုာ်, ဟ်လီၤတၢ်ထံၣ် (လၢတၢ်အိၣ်ဖှိၣ်အပူၤ) ၂. ဟ် (တၢ်) လၢ (တၢ်အိၣ်ဖှိၣ်) အတၢ်ရဲၣ်လီၤကျဲၤလီၤအပူၤ ၃. သုးကွံာ် (တၢ်) အဆၢကတီၢ်, စိာ်ခီ ၄. ဟ်လီၤအကွဲး, တ့လီၤလံာ်တီၤဖျါ, ဟ်လီၤတၢ်တပၢး

table d'hôte *n* တၢ်အီၣ်တၢ်အီလၢတၢ်ဟ်ပနီၣ်အီၤတဘျီဂီၢ်

table linen *n* စီၢ်နီၤခိၣ်ဒါအပီးအလီတဖၣ် အဒိ, စီၢ်နီၤခိၣ်အဒါ, တၢ်ကံးညာ်ထွါစု

table manners *n* တၢ်အီၣ်အတၢ်ဆဲးတၢ်လၤ, တၢ်ဆဲးတၢ်လၤလၢတၢ်အီၣ်တၢ်အီတၢ်အကတိၢ်

table mat *n* သဘံၣ်လီခီအဒါ

table napkin *n* တၢ်ထွါစု, စုထွါ

table tennis *n* ဖျၢၣ်ချံးဒံၣ်

tableau *n* ၁. တၢ်ဂဲၤဒိတၢ်တဟူးတဂဲၤတသိၣ်တသဲ, တၢ်ကဲဒိတၢ်လၢတၢ်တဟူးတဂဲၤတသိၣ်တသဲအပူၤ ၂. တၢ်ဂီၤလၢပတိၢ်နီၣ်ဃာ်အီၤလၢပသးပူၤ ၃. တၢ်ဂီၤစိးပျၤလၢအဖျါဒ်သိးအိၣ်ဒီးအသးသမူ

tablecloth *n* စီၢ်နီၤခိၣ်ဒါ

tablespoon *n* နီၣ်တၢၤစီၢ်နီၤခိၣ်, နီၣ်တၢၤဖးဒိၣ်, ကသူနီၣ်တၢၤ

tablet *n* ကသံၣ်ဘ့ၣ်ဖိ, ကသံၣ်ဖျၢၣ်

tableware *n* သဘံၣ်လီခီ, တၢ်အီၣ်တၢ်အီအပီးအလီ

tabloid *n* လံာ်တၢ်ကစီၣ်ဖိ

taboo, tabu *a* ၁. လၢအနၣ်တၢ်ထုတၢ် ၂. လၢအတကြၢးတဘၣ်

taboo, tabu *n* ၁. တၢ်နၣ်တၢ်ထု ၂. တၢ်လၢအတကြၢးတဘၣ်

taboo, tabu *v* တြီတၢ်, နၣ်တၢ်ထုတၢ်

taboo word, tabu word *n* တၢ်ကတိၤတဆဲးတလၤ, တၢ်ကတိၤတကြၢးတဘၣ်

tabular *a* လၢအအိၣ်လၢအတပၢး, အိၣ်ဒ်လံာ်တီၤဖျါအသိး, လၢတၢ်ကွဲးဖှိၣ်အီၤတဂ့ၢ်ဘၣ်တဂ့ၢ်

tachograph *n* နီၣ်ထိၣ်ပီးလီလၢအမၤနီၣ်သိလ့ၣ်လဲၤတၢ်ချ့ဒီးစီၤစုၤဃံၤ

tachycardia *n* သးစံၣ်ချ့, သးကနိး

tacit *a* ၁. လၢအအိၣ်ဘှၣ်ကလာ်, လၢအ (အၢၣ်လီၤဝဲ) ကစုၡ ၂. တကတိၤဖျါထီၣ်ဝဲဘၣ် (ဘၣ်ဆၣ်အၢၣ်လီၤဝဲ), လၢအအၢၣ်လီၤဝဲသနာ်က့တတဲဖျါဝဲဘၣ်

taciturn *a* လၢအကလုၢ်ကထါတအိၣ်, လၢအအိၣ်ကမှၢဒၢ, လၢအကလုၢ်ကထါစှၤ

tack *n* ၁. ထးပနဲာ်ဒိၣ်ခံ ၂. တၢ်အကျိၤအကျဲ (အဒိ, ကဘီယၢ်လဲၤတၢ်အကျိၤ, တၢ်ဖံးတၢ်မၤအကျိၤအကျဲ) ၃. တၢ်ဆးလှၣ်အကျိၤ (လၢတၢ်ကံးညာ်အလိၤ) ၄. ကသ့ၣ်အဂီၤကၢ်

tack *v* ၁. စဲဃာ်, ဆဲးဃာ် (လၢထးပနဲာ်ဒိၣ်ခံ) ၂. ဆီတလဲကဘီယၢ်လဲၤတၢ်အကျိၤ ၃. ဆးကၢကဲးတၢ်, တုၢ်ပတြိာ်တၢ်ကံးညာ်တချူးတၢ်ဆးအီၤ

tackle *n* ၁. တၢ်ဘျိတံၢ်ဃာ်ဖျၢၣ်ထူ, တၢ်ဂုာ်မၤန့ၢ်ဖျၢၣ်ထူ, တၢ်မၤလီၤဃံၤပှၤဒီးဂုာ်မၤန့ၢ်ဖျၢၣ်ထူ ၂. ပၣ်ရံးသၣ်ဒီးအပျံၤ, ပၣ်ရံးသၣ်ဒီးအပျံၤလၢအထုးထီၣ်ထုးလီၤတၢ်ဃၢ ၃. (ဖျၢၣ်ထူ) တၢ်ထီၣ်တၢ်မဲာ်ညါ, တၢ်ဂဲၤလၢတၢ်မဲာ်ညါ

tackle *v* ၁. ဘျီတၢ်ယၢ်ဖျၢၣ်ထူ, ၵ့ၢ်မၤန့ၢ်ဖျၢၣ်ထူ, မၤလီၤယံၤပှၤလၢတၢ်လိာ်ကွဲအပူၤ ၂. မၤလီၤကဆှၣ်တၢ်ဂ့ၢ်ကီ, မၤလီၤပံာ် (မ့ၣ်အှုအိၣ်တၢ်), ဖိၣ်ဂၢၢ်ယာ်တၢ်ဒ်သိးတၢ်ဂ့ၢ်ကီကလီၤကဆှၣ်အဂီၢ် ၃. တဲကျဲၤဘၣ်လိာ်တၢ်ဂ့ၢ်ကီဒီးပှၤ ၄. ကနိဒီးမၤဒၢၣ်လိာ်အသးဒီး (ပှၤအၢဖိ)

tackler *n* ၁. ပှၤလိာ်ကွဲဖျၢၣ်ထူလၢအထိၣ်ဂဲၤလၢတၢ်မဲာ်ညါ, ပှၤၵ့ၢ်မၤန့ၢ်ဖျၢၣ်ထူ, ပှၤဘျီတၢ်ယာ်ဖျၢၣ်ထူ ၂. ပှၤလၢအကနိဒီး (ပှၤအၢဖိ), ပှၤလၢအမၤဒၢၣ်လိာ်သးဒီး (ပှၤအၢဖိ)

tacky *a* ၁. လၢအဖျါတဂ့ၤဘၣ်, လီၢ်လံၤဖိယး, လၢအတဖျါယံဖျါလၤဘၣ် ၂. ဘုးတာ်တစဲးစဲး, စဲဘူးတစဲးစဲး

tact *n* တၢ်သ့ဒီအသး, တၢ်မၤဘၣ်ပှၤအသး, တၢ်တဲတၢ်လၢပှၤကနၣ်မှာ်, တၢ်ကတိၤတၢ်မၤတၢ်လၢတၢ်ကူၣ်သ့

tactful *a* လၢအသ့ဒီအသး, လၢအမၤဘၣ်ပှၤအသး, လၢအတဲတၢ်လၢပှၤကနၣ်မှာ်, လၢအကတိၤတၢ်မၤတၢ်လၢတၢ်ကူၣ်သ့

tactic *n* ကျဲကူၣ်တရံး, တၢ်ကူၣ်တရံး

tactical *a* ၁. လၢအဘၣ်ယးဒီးကျဲကူၣ်တရံး, လၢအဘၣ်ယးဒီးတၢ်ကူၣ်တရံး ၂. tactical weapon/missile) မျိာ်သၣ်ယူၤလၢတၢ်ခးစိယီၤတၢ်လီၢ်လၢအဘူးလၢတၢ်နးပျိပူၤ

tactician *n* ပှၤလၢအအိၣ်ဒီးတၢ်သ့တၢ်ဘၣ်လၢတၢ်ကူၣ်တရံးအကျဲ, နးယၤဂ့ၢ်ဝီတၢ်ကူၣ်တရံးအပှၤသ့ပှၤဘၣ်

tactics *n* တၢ်ကူၣ်တရံး

tactile *a* ၁. လၢအဘၣ်ယးဒီးနါဖိၣ်, လၢအဘၣ်ယးဒီးတၢ်ထိးဘၣ်တၢ် ၂. လၢအဖိၣ်စဲးဖိၣ်စီးပှၤမှာ်, လၢအအဲၣ်ဒီးဖိၣ်စဲးဖိၣ်စီးဆဲးတိဆဲးခွဲးတၢ်အဒိ, စီၤဝါတဂၤဖဲအတဲတၢ်ဒီးပှၤအခါဖိၣ်စဲးဖိၣ်စီးပှၤမှာ်ဒိၣ်မးလီၤ.

tactless *a* လၢအတသ့ဒီအသး, လၢအကတိၤတၢ်တသ့ဒီးမၤဘၣ်ဒီဆါပှၤအသး, လၢအတဲတၢ်လၢအဘၣ်ပှၤနၢ်တသ့

tad *n* တစဲးဖိ, အဒိ, "နကအီခီဖံၣ်စ့ၢ်ဓါ." "မ့ၢ်, တစဲးဖိ" နထၢၣ်တဖျၢၣ်အံၤနပှၤဘၣ်အီၤအပှၤဒိၣ်တစဲးဖိ

tadpole *n* ဘၢၣ်, ဘၢၣ်ဘီ, ဘၢၣ်ခၣ်

tae kwon do *n* တၢ်ဂဲၤထဲၣ်ခွၣ်ဒီၢ်, ထဲၣ်ခွၣ်ဒီၢ်တၢ်တမဲးစု

taffy *n* တၢ်ဆၢကိၢ်လိၣ်ကပှာ်တကလှာ်

tag *n* ၁. တၢ်သံကွၢ်ဘျးစဲအဖုၣ် ၂. စးခိတခီလၢပှၤကွဲးနိၣ်လီၤတၢ်ယှာ်ဒီးလံာ်ဘျးစဲ ၃. (electronic tag) အံၣ်လဲးထြိန်းစဲးဖိလၢတၢ်သွီနှာ်အီၤဆူပှၤလၢအဟးထိၣ်လၢယိာ်အပူၤဒ်သိးတၢ်ကသ့ၣ်ညါလၢအအိၣ်ဖဲလဲၣ်လဲၤဖဲလဲၣ်အဂီၢ်

tag *v* ၁. ဟ်လီၤစးခိတခီလၢကွဲးနိၣ်တၢ်ယှာ်ဒီးလံာ်ဘျးစဲ ၂. သံကွၢ်တၢ်သံကွၢ်ဘျးစဲအဖုၣ်

tail *n* မဲၢ်ကိ, အမဲၢ်

tail *v* လူၤကွၢ်ဟုၣ်ကွၢ်စူၣ်ရူသူၣ်ပှၤ, လူၤဟိာ်ရူသူၣ်ပှၤဒီးကွၢ်ဟုၣ်ပှၤအခီၣ်ခါ

tail end *n* တၢ်အကတၢၢ်

tail light *n* သိလ့ၣ်အလီၢ်ခံမ့ၣ်အူအလွဲၢ်ဂီၤ

tailback *n* ၁. ကျဲမုၢ်ဖးဒိၣ်အကျိၤဖဲသိလ့ၣ်လဲၤတၢ်ကယီကယီ, ကျဲဖဲသိလ့ၣ်အိၣ်ကတံာ်ဖးထီတဂ့ၢ် ၂. ပှၤထူဖျၢၣ်ထူဖိလၢအခိးတၢ်လၢတၢ်လီၢ်ခံ

tailbone *n* ခံမဲၢ်ပျိၢ်, ခံမဲၢ်ကိ, ခံမဲၢ်တၢၢ်ခံမဲၢ်ပျိၢ်, ခံမဲၢ်ပျ့

tailgate *n* ၁. သိလ့ၣ်အလီၢ်ခံပဲတြိ ၂. (tailgate party) သိလ့ၣ်လီၢ်ခံတၢ်အီၣ်တၢ်အီအမူး, တၢ်အီၣ်တၢ်အီအမူးဖဲတၢ်လိာ်ကွဲပျီတၢ်ပတှာ်သိလ့ၣ်အလီၢ်တချုးတၢ်စးထိၣ်တၢ်ဂဲၤလိာ်ကွဲ

tailgate *v* နီၣ်သိလ့ၣ်ဘူးကးတံၢ်ဒီးသိလ့ၣ်လၢတၢ်မဲာ်ညါတခိၣ်

tailor *n* ပှၤဆးတၢ်ဖိ

tailor *v* ၁. ဆးတၢ် ၂. ဒုးအိၣ်ထိၣ်တၢ် (လၢတၢ်ပညိၣ်လီၤဆီတမံၤအဂီၢ်), မၤဘၣ်လိာ်တၢ်

tailored *a* ၁. လၢတၢ်ဆးကဲထိၣ်အီၤမှာ်မှာ်နီၢ်နီၢ်, လၢအဘၣ်တၢ်ဆးအီၤမှာ်မှာ်နီၢ်နီၢ် ၂. လၢတၢ်ဒုးအိၣ်ထိၣ်အီၤ (လၢတၢ်ပညိၣ်လီၤဆီတမံၤအဂီၢ်), လၢတၢ်မၤဘၣ်လိာ်အီၤဒီး

tailoring *n* ၁. တၢ်ဆးတၢ် ၂. တၢ်ဆးတၢ်ကူတၢ်သိးအက့ၢ်အဂီၤ

tailpiece *n* တၢ်ဂ့ၢ်ဘျးစဲလၢလံာ်အကတၢၢ်, တၢ်လၢတၢ်ဘျးစဲအီၤလၢတၢ်အကတၢၢ်

tailpipe *n* သိလ့ၣ်မ့ၣ်လုၢ်ပျိ, သိလ့ၣ်အပျိ

taint *n* တၢ်ဘၣ်အၢဆံးကိာ်, တၢ်သကဲာ်ပဝးဘၣ်အၢတစဲး

taint *v* ၁. မၤဘၣ်အၢတၢ်, မၤဘၣ်အၢအသကဲာ်ပဝး ၂. မၤဆူၣ်မၤကျၣ်ထိၣ်တၢ်

T

take *n* ၁. တၢ်လၢတၢ်ဟံးန့ၢ်အီၤ, တၢ်လၢတၢ်မၤန့ၢ်အီၤ ၂. တၢ်ဟံးန့ၢ်တၢ်, တၢ်မၤန့ၢ်တၢ် ၃. ပှၤအတၢ်ဟံးန့ၢ် (တၢ်) အခီပညီ, (ပှၤအ) တၢ်ထံဉ်တၢ်ဆိကမိဉ် ၄. တၢ်ဒိတၢ်ဂီၤမူလၢတကတီၢ်ဃီ, တၢ်ဖိဉ်တၢ်ကလုၢ်တကတီၢ်ဃီ

take *v* ၁. ဟံးန့ၢ်, ဟံးထီဉ်ကွံာ်, တူၢ်လိာ် ၂. ဟံးန့ၢ်စိာ်, စိာ်ကွံာ် ၃. (take a photograph) ဒိတၢ်ဂီၤ ၄. (take it / him / her) ဆှၢ, ဆှၢဟ့ဉ် ၅. အီဉ်တၢ် ၆. ကွဲးနီဉ်လီၤ, မၤနီဉ်လီၤ (take a note) ၇. ဒိး (သိလ့ဉ်, ကဘီ – အဒိ, (take a bus) ၈. ဘဉ်, ဒိးန့ၢ် (တၢ်ဆါ) (အဒိ, take a flu)

take after *vp:* လီၤက်ဒီး, လူၤပိာ်အခံ

take back *vp:* ၁. အၢဉ်လီၤတူၢ်လိာ်အတၢ်ကမဉ် ၂. ထုးက့ၤ, က့ၤဆှၢက့ၤ ၃. သ့ဉ်နီဉ်ထီဉ်ကဒါက့ၤ, မၤသ့ဉ်နီဉ်ထီဉ်က့ၤ

take down *vp:* ၁. ဂ့ၤလီၤကွံာ်, ရှ့ၢ်လီၤကွံာ်, ဃိလီၤကွံာ် ၂. သုးလီၤ (အလီၢ်), မၤလီၤပှၤ (လၢတၢ်နးပူၤ) ၃. (သးသဟီဉ်)လီၤစၢ်, လီၤ ၄. ကွဲးနီဉ်လီၤ

take (someone) in *vp:* ၁. တူၢ်လိာ်, ပျဲဟဲနုာ် ၂. လီန့ၢ်, လီအီဉ်ပှၤ

take (something) in *vp:* ၁. ပဉ်ဃှာ်, ထၢနုာ်ဃှာ်, နးပဉ်ဃှာ် ၂. (တၢ်ဂ့ၢ်တၢ်ကျိၤ) နုာ်လၢအနၢ်ပူၤ, မၤနီဉ်ဝဲ, တိၢ်နီဉ်ဃာ်ဝဲ, တူၢ်လိာ်ဝဲ ၃. မၤတၢ်, မၤစၢၤတၢ် ၄. ကွၢ်ကီလိာ်ကွဲ, အဒိ, ပဆ့ဉ်နီၤလၢထံကျိနံၤဒီးကွၢ်ကီလိာ်ကွဲနဆၢဉ်တၢ်ဘဉ်တ့

take off *vp:* ၁. ဘ့ဉ်လီၤ, ဘိဉ်လီၤ ၂. တံာ်တဲာ်ကွံာ် ၃. မၤစုၤလီၤ (အပှ့ၤ) ၄. ဆိကတိၢ် (တၢ်မၤ), တမၤတၢ် ၅. ဟးထီဉ်ဆူကလံၤကျါ, ယူၤထီဉ် ၆. ပျဲလီၤ အဒိ, ပျဲလီၤသိလ့ဉ်အနီဉ်ဖှဉ်

take on *vp:* ၁. ကီးပှၤမၤတၢ်ဖိ, ဒိးလဲပှၤ ၂. ကဲထီဉ်, နးအိဉ်ထီဉ် ၃. တူၢ်လိာ် (မူဒါ, တၢ်ဖံးတၢ်မၤ) ၄. ပြၢတၢ် ၅. (also take upon) မၤတၢ်လၢအသးဒဉ်ဝဲ, ဆၢတဲာ်လၢအကစၢ်ဒဉ်ဝဲ ၆. သးအုး, သးတမှာ်ဘဉ်

take out *vp:* ၁. ထုးထီဉ် ၂. ဟးယုၤပှၤလၢတၢ်ချ့, လဲၤကီးဟးလိာ်ကွဲပှၤလၢတၢ်ချ့ ၃. မၤဟးဂီၤ ၄. မၤလီၤကျိ အဒိ, မၤလီၤကျိဆ့ကၤဒ်သိးပသိးအီၤကဘဉ်အဂိၢ်

take place *idm:* မၤအသး, ကဲထီဉ်အသး

take to *vp:* ၁. နုာ်လၢတၢ်အပူၤ (အကျါ), လဲၤနုာ်ဆူ ၂. ညီနုၢ်ထီဉ်, မၤညီနုၢ်ထီဉ်သး ၃. သန့ၤလိာ်အသး, အဲဉ်လိာ်အသး

take up with *vp:* ရှလိာ်သီအသးဒီး, မှာ်လိာ်အသးဒီး, အိဉ်ဆိးဒီး

take charge *idiom* ဟံးမူဒါ, ဖိဉ်ထီဉ်မူဒါ

takeaway *n* ၁. တၢ်အီဉ်အဒၢ, တၢ်အီဉ်လၢတၢ်ကတီၤဟ်အီၤလၢအပူၤ ၂. ကျးဆါတၢ်အီဉ်လၢတၢ်ကတီၤဟ်အီၤလၢအဒၢပူၤ, ကျးဆါတၢ်အီဉ်အဒၢ

take-home pay *n* ကျိဉ်စ့လၢတၢ်မၤန့ၢ်အီၤဖဲတၢ်ထုးကွံာ်ခိသွဲဝံၤအလီၢ်ခံ, ကျိဉ်စ့လၢတၢ်က့ၤစိာ်ဘဉ်အီၤဆူဟံဉ်

take-off *n* ၁. ကဘီယူၤစးထီဉ်ယူၤထီဉ်, ကဘီယူၤစးထီဉ်လဲၤထီဉ်ဆူကလံၤကျါ ၂. တၢ်မၤဒိးလီၤနံၤတၢ်, တၢ်ကဲဒိးလီၤနံၤတၢ် ၃. တၢ်စံဉ်ထီဉ်, တၢ်ဖုထီဉ်အလီၢ်

takeover *n* ၁. တၢ်ဟံးက့ၤမူဒါ, တၢ်မၤန့ၢ်ပၢဘဉ်က့ၤတၢ်, တၢ်ပၢဘဉ်က့ၤ (ခီပနံာ်) ၂. တၢ်ထီဉ်မၤန့ၢ်ပၢတၢ်, တၢ်ထီဉ်ပၢတၢ်, တၢ်ထီဉ်ဟံးန့ၢ်တၢ်စိတၢ်ကမီၤ, တၢ်ဟံးန့ၢ်ကွံာ်တၢ်

taker *n* ၁. ပှၤဟံးန့ၢ်တၢ်, ပှၤစူးကါတၢ် ၂. ပှၤလၢအပၢဂ့ာ်တၢ်, ပှၤတ်လီၤတၢ်ထဲလၢအထၢပူၤ, ပှၤပံဒံလၢအအဲဉ်ဒီးဟံးန့ၢ်ထဲပှၤဂၤအတၢ်

take-up *n* ပှၤလၢအတူၢ်လိာ်ဟံးန့ၢ်တၢ်, ပှၤတူၢ်လိာ်စူးကါတၢ်

takings *n* တၢ်ဆါတၢ်န့ၢ်အစ့, စ့လၢတၢ်ဆါတၢ်န့ၢ်

talcum powder *n* ဖီဒၢဉ်

tale *n* တၢ်ဃဲၤ

talent *n* တၤလဉ်, တၢ်သ့တၢ်ဘဉ်

talented *a* လၢအတၤလဉ်အိဉ်, လၢအပုဲၤဒီးတၤလဉ်, လၢအပုဲၤဒီးတၢ်သ့တၢ်ဘဉ်

Taliban *n* ထဉ်လံဉ်ဘဉ်ကရၢ, ထဉ်လံဉ်ဘဉ်တၢ်ဂဲၤလိာ် (ဘဉ်ထွဲဒီးမူးစလ့ဉ်)

talisman *n* လဉ်ဖွဲလၢအဟဲစိာ်ဃှာ်တၢ်ဘူဉ်ဂ့ၤတီၢ်ဘဉ်, တၢ်ရဲၢ်, ပစီၢ်

talk *n* ၁. တၢ်တဲသကိးတၢ်, တၢ်တၢဉ်ပီဉ်သကိးတၢ် ၂. တၢ်ကတိၤတၢ်

talk *v* ၁. ကတိၤတၢ်, တဲတၢ် ၂. တဲသကိးတၢ်, တၢဉ်ပီဉ်သကိးတၢ်

talk show *n* ကွဲၤဟူဖျါအတၢ်တဲသကိးတၢ်, ပှၤမံၤဟူသဉ်ဖျါအတၢ်တၢဉ်ပိဉ်သကိးတၢ် (လၢကွဲၤဟူဖျါ)

talkative *a* လၢအတဲတၢ်ဆူဉ်, လၢအတဲတၢ်အါ, လၢအတၢ်ကတိၤအါ, လၢအကလုၢ်အါကထါအါ

talker *n* ပှၤသ့စံးသ့ကတိၤ, ပှၤကတိၤတၢ်

talkie *n* တၢ်ဂီၤမူလၢအကလုၢ်သီဉ်

talking point *n* တၢ်ဂ့ၢ်လၢပှၤအါဂၤအဲဉ်ဒိးတဲသကိးအီၤ

talking-to *n* တၢ်ကလာ်လီၤတၢ်, တၢ်ဒုတၢ်, တၢ်ကတိၤလီၤတၢ်လၢတၢ်သးဒိဉ်အပူၤ

tall *a* ထီ, ဖးထီ

tall story *n* တၢ်ဂ့ၢ်လၢတၢ်နာ်လၢအဂ့ၢ်တသ့, တၢ်လၢပနာ်လၢအဂ့ၢ်တသ့

tallboy *n* စီၤဆီထူဉ်တကလုာ်

tallow *n* ဆဉ်ဖိကိၢ်ဖိလၢအသိလီၤသကၤ, တၢ်အသိကိၢ်လိဉ်

tally *n* ၁. တၢ်ကွဲးနီဉ်ကွဲးဃါတၢ်အနီဉ်ဂံၢ်, တၢ်မၤနီဉ်နီဉ်ဂံၢ်နီဉ်ဒွး ၂. တၢ်ကွဲးနီဉ်ခံမံၤလၢအဒ်သိးသိး ၃. နီဉ်က့ဂံၢ်တၢ်ဒွးတၢ်

tally *v* ၁. ဘဉ်လိာ်အသး, ဒ်သိးလိာ်အသး, ဃူဃိဉ်လိာ်အသး ၂. ဂံၢ်ဒွးတၢ်, ဟ်ဖိုဉ်တၢ်အနီဉ်ဂံၢ်

Talmud *n* ပှၤယူဒၤဖိအလံာ်တၢ်သိဉ်တၢ်သိလၢပျၤ

talon *n* လံာ်ဒီၤတြဲၤဒီၤအခီဉ်မှဉ်, လီကတၢ်အခီဉ်မှဉ်

tamarind *n* မီၤကျိၢ်သဉ်, သဉ်မီၤကျူၤသဉ်

tambourine *n* ပှၤသဉ်ဘိ

tame *a* ၁. ဘှါ ၂. တလီၤသူဉ်ပိၢ်သးဝး, လီၤကၢဉ်လီၤကျူ

tame *v* မၤဘှါ

tamer *n* ပှၤဘှဉ်ဘှါတၢ်မံၤလာ်

tamp *v* ဆဲးဖိုးလီၤတံၤတၢ်, ဒိလီၤတံၤတၢ် ဆဲးထူလီၤတံၤတၢ်, ဆဲးတံၤလီၤ

tamper *v* ၁. မၤတံာ်တာ်တၢ်, ဂဲၤလိာ်ကွဲပှၤဂၤအတၢ်, မၤတံာ်တာ်မၤဟးဂီၤတၢ် ၂. ဟ့ဉ်ခူသူဉ်ခိဉ်ဖး, မၤခူသူဉ်တၢ်တတီတလီၤ

tampon *n* ပိာ်မုဉ်အဘဲတြံာ်, ဘဲအကျိဉ်ဖိလၢပိာ်မုဉ်စူးကါအီၤဖဲလုၢ်လၢ်ဟဲအကတိၢ်

tan *a* ၁. လၢအလွဲၢ်ဘီပှၢ်, အဘီပှၢ်, လၢအလွဲၢ်ဘီဃးစၢ် ၂. လၢအညဉ်ထိဉ်သူ, လၢမုၢ်ဆဲးဘဉ်အီၤအညဉ်ထိဉ်သူ

tan *n* ၁. တၢ်အလွဲၢ်ဘီပှၢ်, တၢ်အလွဲၢ်ဘီဃးစၢ် ၂. ညဉ်ထိဉ်သူအလွဲၢ်, ဖံးဘ့ဉ်အလွဲၢ်ဘီပှၢ်ခီဖျိမုၢ်အတၢ်ကိၢ်ဆဲးဘဉ်အဃိ

tan *v* ၁. မၤထိဉ်သူပညဉ်, ညဉ်ထိဉ်သူ ၂. သွဉ်တၢ်ဖံးလၢသ့ဉ်ဖံး

tandem *adv* ပိာ်လိာ်အခံတဖုဘဉ်တဖု, အွဉ်မဲၢ်လိာ်အသး, ပိာ်ထိဉ်လိာ်အခံ

tandem *n* ၁. လှဉ်ယိၢ်သဃံာ်, လှဉ်ယိၢ်လၢပှၤယိၢ်အီၤသ့ခံဂၤ ၂. (in tandem) တၢ်ပိာ်လိာ်အခံလၢတကတိၢ်ဃီအပူၤတပူၤဃီ

tang *n* ၁. တၢ်အစိ, တၢ်အရိၢ် ၂. (ဃဲာ်ဒီၤကျဉ်ဒီၤ) အထ့ဉ်

tang *v* ၁. မၤနၢထိဉ်အစိ, အစိနၢထိဉ် ၂. မၤသီဉ် မ့တမ့ၢ် ဒိသီဉ်တၢ်ကလုၢ်ကြွကြွကြိဉ်ကြိဉ်

tangent *n* ၁. (go off a tangent) တၢ်တဲတပျံာ်တပျာ်တၢ်, တၢ်တဲတၢ်တဘဉ်ဃးဒီးတၢ်ဂ့ၢ်မိၢ်ပှၢ် ၂. (တၢ်ဂံၢ်တၢ်ဒွး) ပနိလၢအဘဉ်ထံးလိာ်အသးဒီးတၢ်အနၢဉ်ဘဉ်ဆဉ်တကၢ်တဲာ်ဝဲဘဉ်

tangerine *n* တဃ့ဉ်သဉ်ဖိ, စူၢ်ဝံဉ်သဉ်ဖိ, တဃ့ဉ်သဉ်အဆံးတကလုာ်

tangible *a* ၁. လၢတၢ်ကလၢၢ်ဘဉ်အီၤသ့, လၢတၢ်ထိးဘဉ်သ့ဉ်ညါအီၤသ့ ၂. လၢအဖျါမူာ်မူာ်နီၢ်နီၢ်

tangle *n* တၢ်ဘံဘူစှၢၤသၢ, တၢ်ဘံဘူဆးဃၤ, တၢ်သဘံဉ်ဘုဉ်, တၢ်ခံဉ်ရှဉ်ဘးလီ

tangle *v* ၁. (tangle up) ဘံဘူ, မၤဘံဘူဆးဃၤ ၂. (tangle with) အွဉ်လိာ်သးဒီးပှၤဂၤ, ပိဉ်အါတဲအါတၢ်

tangled *a* လၢအခံဉ်ရှဉ်ဘးလီ, ဘံဘူ, ဘံဘူဆးဃၤ, သဘံဉ်ဘုဉ်

tango *n* ၁. ထဲဉ်ကိတၢ်ဂဲၤကလံဉ်, ကလံၤထံးအမဲရကၤအတၢ်ဂဲၤကလံဉ်တကလုာ် ၂. ထဲဉ်ကိတၢ်သံကျံ, ထဲဉ်ကိတၢ်သးဝံဉ်

tango *v* ဂဲၤကလံဉ်ထဲဉ်ကိတၢ်ဂဲၤကလံဉ်

tangy *a* လၢအရိၢ်ဆူဉ်ဒီးဃဲ, လၢအနၢဆူဉ်ဒီးနၢဃဲ (အဒိ, အဆံဉ်ဃဲ, ဆၢဃဲ)

tank *n* ၁. ထံဒၢထးဖးဒိဉ် ၂. သိလှဉ်ထး

tank top *n* ဆ့ဖျိဉ်လၢၤတူာ်စု, ဆ့ကၤတူာ်စု

T

tankard *n* ထံခွးဖးဒိၣ်လၢအအိၣ်ဒီးစုဖိၣ်, ခွးဖးဒိၣ်

tanker *n* ၁. ကဘီပဒၢးတၢ် (လၢအဆှၢသိလၢအဟၢဖၢအပူၤ), ကဘီပဒၢးသိ ၂. သိလှၣ်ပဒၢး (လၢအဆှၢကျဲတံး မ့တမ့ၢ် တၢ်အထံအနိအကလုာ်ကလုာ်)

tanned *a* လၢအညၣ်ထိၣ်သူ, လၢအဘၣ်မုၢ်အတၢ်ကိၢ်အါတလၢအဃိအညၣ်ထိၣ်သူ

tanner *n* ပှၤသွၣ်တၢ်ဖံးဖိ, ပှၤမၤတၢ်ဖံး

tannery *n* တၢ်သွၣ်တၢ်ဖံးအလိၢ်, တၢ်မၤတၢ်ဖံးအလိၢ်

tannin *n* အဲးစုးတကလုာ်လၢတၢ်မၤန့ၢ်အီၤလၢသ့ၣ်ဘှၣ်, လီၤဆီၣ်တၢ်သ့ထိးဖၣ်ထံး

tannoy *n* တၢ်စူးကါသီၣ်ဒိၣ်ဒၢဒီးရၤလီၤတၢ်ကလုၢ်, တၢ်မၤသီၣ်ဒိၣ်ထိၣ်တၢ်ကလုၢ်အကျိၤအကျဲ

tantalize, tantalise *v* မၤကလံာ်ပဃွဲန့ၢ်တၢ်, လိာ်လ့တၢ်လၢအဒုးနဲၣ်တၢ်တမံၤမံၤလၢနမၤန့ၢ်အီၤတသ့, မၤအ့န့သး

tantamount *a* လၢအခီပညီတုၤလီၤ, လၢအခီပညီအိၣ်လၢ

tantrum *n* တၢ်သူၣ်ဒိၣ်သးဖျိး

tap *n* ၁. ထံပီၤနိး, ကျိဘိပီၤဖိခိၣ်ထိး ၂. တၢ်ပိၢ်သီၣ်, တၢ်ဒဲသီၣ်ကဖီကဖီ

tap *v* ၁. ဒိသီၣ်တၢ်, ဒဲသီၣ်တၢ်ကဖီလီ, ပိၢ်ကဖီလီ ၂. ထီထိၣ်ထံပီၤနိး ၃. ထုးထိၣ် (တၢ်ထံတၢ်နိ) ၄. ဖိၣ်ဘျိဟ့ၣ်ဒိကနၣ်မၤန့ၢ်ရှသူၣ်တၢ်ကစိၣ်လၢတၢ်ဘၣ်စၢၤ, ထီထိၣ်ရှသူၣ်တၢ်ဆဲးကျိးဆဲးကျၢအပီးအလီ (လၢလီတဲစိအလိၤ) ၆. သိးကန့ၢ်ဘၣ်တၢ်ကစိၣ်အဂီၢ် ၅. ယုထၢဟ်လီၤ, ယုထၢထိၣ်လၢမူဒါ, ဟ့ၣ်လီၤမူဒါ

tap dance *n* တၢ်ဂဲၤကလံၣ်ဒိသီၣ်ခီၣ်ထဲးထဲး

tap water *n* ထံလၢအဟဲလၢထံပီၤနိး

tape *n* ၁. စးခိစဲ ၂. ကဲးစဲးကွီၤအပျံၤ, ဘံၢ်ဒံၢ်အိၣ်ကွီၤအပျံၤ ၃. တၢ်ကံးညာ်ဖးထီတပျ့ ၄. နီၣ်ထိၣ်ပျံၤ

tape *v* ၁. စဲတၢ်လၢစးခိစဲ ၂. သွီတၢ်ကလုၢ်လၢကဲးစဲးကွီၤ

tape measure *n* နီၣ်ထိၣ်ပျံၤ

tape recorder *n* ကဲးစဲးကွီၤအပျံၤ

tape recording *n* တၢ်သွီကဲးစဲးတၢ်ကလုၢ်

taper *a* လၢအတစူၢ်ပဃွဲၤလီၤ

taper *n* ပနဲတၢၣ်ဖိ, ပနဲဆၣ်

taper *v* တစူၢ်လီၤ, မၤတစူၢ်လီၤ

tape-record *v* သွီတၢ်ကလုၢ်

tapestry *n* ၁. တၢ်ကံးညာ်အတီၣ်လၢတၢ်ထါအီၤအိၣ်ဒီးအသံၣ်အဖီ ၂. တၢ်အကလုာ်ကလုာ်

tapeworm *n* ထီးကလဲာ်ကဘျၣ်

tapioca *n* နွဲၣ်သ့ၣ်

tapir *n* တၤကွီ

taproot *n* တၢ်အဂံၢ်မိၢ်ပှၢ်, ဂံၢ်မိၢ်ပှၢ်, ဂံၢ်ဖးဒိၣ်

tar *n* ကျဲတံးအ့ၣ်

tar *v* ဖှူလၢကျဲတံးအ့ၣ်

tardy *a* စဲၤခံ, လၢအစဲၤခံ, သုးဆၢသုးကတိၢ်

target *n* တၢ်ခးပနီၣ်

target *v* ခးပနီၣ်

tariff *n* တၢ်အခိအသွဲစရီ

tarmac *n* ကွဲစ့နၣ်, ကျဲတံးအ့ၣ်

tarnish *n* ၁. တၢ်လၢအမၤဟးဂီၤတၢ်အလွဲၢ် ၂. တၢ်လၢအမၤဟးဂီၤလၤကပီၤ

tarnish *v* ၁. မၤဟးဂီၤတၢ်အလွဲၢ် ၂. မၤဟးဂီၤအလၤကပီၤ

tarot *n* ဖဲခးက့လၢတၢ်စူးကါအီၤလၢတၢ်ဒွးတၢ်ဖးတၢ်အဂီၢ်, ထၣ်ရိဖဲခးက့

tarpaulin *n* ဖျးစတံးတီၣ်လၢထံစံၢ်နုာ်ဆူအပူၤတဖျိ

tarry *a* ၁. မၤဃံာ်မၤနီၢ်အသး ၂. လၢအကျၢ်ဘၢဒီးကျဲတံး

tart *a* ၁. လၢအဆံၣ် ၂. လၢအမၤဆါသး, လၢအမၤဆါပှၤသး

tart *n* ၁. ကိၣ်ထၣ်, ကိၣ်တကလုာ်လၢတၢ်ဘၢမံအီၤဝံၤထၢနုာ်တၢ်ဆၢလၢအပူၤ

tartar *n* ၁. မဲစကီးပှၢ်, မဲသဃီးပှၢ်, မဲအပြူး ၂. ပှၤလၢအသးပြီ, ပှၤလၢအသးထိၣ်ညီ

task *n* တၢ်မၤလၢတၢ်ကဘၣ်မၤဝံၤအီၤ, တၢ်မၤ

take to task *idm:* သိၣ်ဃိၣ်, နူတၢ်ကလာ်တၢ်

task *v* ဟ့ၣ်လီၤမူဒါတၢ်ဖံးတၢ်မၤ, ဟ့ၣ်လီၤတၢ်မၤ

task force *n* ၁. ကရူၢ်တဖုလၢတၢ်ဟ့ၣ်လီၤမူဒါလၢကမၤတၢ်တမံၤမံၤ, ပှၤမၤတၢ်ကရူၢ် ၂. ပှၤသုးဖိတဖုလၢတၢ်ဆှၢထိၣ်အီၤလၢကမၤတၢ်တမံၤအဂီၢ်

T

taskmaster *n* ပှၤလၢအမၢဆူၣ်ပှၤလၢကမၤတၢ်ဆူၣ်ဆူၣ်, ပှၤလၢအမၢဆူၣ်မၢကီၢ်ပှၤ, ပှၤလၢအမၤတၢ်ကိၢ်ကိၢ်ဂီၤဂီၤ

tassel *n* အန့ံ. အဒိ, ယၣ်အန့ံ, ထၢၣ်အန့ံ

tasselled, tasseled *v* အိၣ်ထိၣ်ဒီးအန့ံအန့ၢ်

taste *n* ၁. အရီၢ်, တၢ်အရီၢ် ၂. တၢ်လဲၤခီဖျိ, တၢ်မၤကွၢ်တၢ်

taste *v* ၁. လ့ၣ်ကွၢ် ၂. လဲၤခီဖျိကွၢ်, မၤကွၢ်

taste bud *n* ပျ့ၤအရီၢ်ဖျၢၣ်ဖိ, ပျ့ၤအမဲာ်ဖံးခိၣ်လၢအသ့ၣ်ညါတၢ်အဖျၢၣ်ဖိ

tasteful *a* ၁. လၢအဖျါလီၤအိၣ်လီၤအီ ၂. လၢအရီၢ်ဘဲ, ဘဲ

tasteless *a* ၁. လၢအရီၢ်တအိၣ်, ဘျါကတၢ ၂. လၢအတလီၤထုးနါ့သူၣ်ထုးနါ့သး, လၢအလီၤကၢၣ်လီၤကျူ

taster *n* ၁. ပှၤအိၣ်ကွၢ်တၢ်အရီၢ် ၂. တၢ်လဲၤခီဖျိကွၢ်ဖှၣ်ကဲာ်

tasting *n* တၢ်အိၣ်တၢ်အီအမူး, မူးလၢကအိၣ်ကွၢ်တၢ်အိၣ်တၢ်အီအဂီၢ်

tasty *a* ၁. ဘဲ, ဝံၣ်, လၢအဝံၣ်အဘဲ ၂. လၢအလီၤထုးနါ့သူၣ်ထုးနါ့သး

ta-ta *exclam* လဲၤမ့ာ်မ့ာ်, ဘၣ်တၢ်တဲအီၤဖဲပှၤဟးဖးလီာ်အသးအခါ

tatter *n* တၢ်ယာ်မုၢ်ယာ်ပြံး, တၢ်ယာ်မုၢ်ယာ်ဖျ့, တၢ်ယာ်ဘုၣ်ယာ်ပြံး

tatter *v* မၤယာ်မုၢ်ယာ်ဖျ့တၢ်, မၤယာ်မုၢ်ယာ်ပြံးတၢ်, မၤယာ်ဘုၣ်ယာ်ပြံးတၢ်

tattered *a* လၢအယာ်မုၢ်ယာ်ဖျ့, လၢအယာ်မုၢ်ယာ်ပြံး, လၢအယာ်ဘုၣ်ယာ်ပြံး

tatters *n* တၢ်ကံးညာ်လၢအယာ်မုၢ်ယာ်ဖျ့, တၢ်ကံးယာ်လၢအယာ်ဘုၣ်ယာ်ပြံး, စးခိလၢအယာ်မုၢ်ယာ်ဖျ့

tattle *v* ဃဲၤပှၤဂ့ၢ်, တဲပှၤဂ့ၢ်, တဲသီၣ်ဝံသဲကလၤ

tattoo *n* တၢ်ဆဲးကံၣ်ဆဲးကွီသး, တၢ်ဆဲးယိၢ်

tattoo *v* ဆဲးကံၣ်ဆဲးကွီအသး, ဆဲးယိၢ်

tatty *a* လၢအတဖျါဂ့ၤ, တဖျါဃံလၤ, လီၢ်လံၤဖီဃး

taunt *n* တၢ်ကတိၤဆဲးအဲး, တၢ်ကတိၤနၣ်ဖွဲၣ်

taunt *v* ကတိၤနၣ်ဖွဲၣ်, ကတိၤဆါ, ကတိၤဆဲးအဲး

taut *a* ၁. ဖှၣ်ဆၢ ၂. လၢအတဲာ်တဲာ်ဖျူဖျူ, လၢအဖှၣ်ဖှၣ်လီၤလီၤ ၃. ကျူၤကျူၤ

tauten *v* ၁. မၤဖှၣ်ဆၢ, ဖှၣ်ဆၢထိၣ် ၂. ကျူၤ, ကျူၤထိၣ်

tautology *n* တၢ်တဲဝံၤတဲက့ၤတၢ်ကတိၤဖျၢၣ်လၢအခီပညီအိၣ်တမံၤဃီခဲအံၤခဲအံၤ, တၢ်တဲတၢ်ကတိၤဖျၢၣ်အါဖျၢၣ်လၢအခီပညီအိၣ်တမံၤဃီ

tavern *n* ကျးဆါသံး, ကျးလၢအဆါသံးဒီးတၢ်အိၣ်တၢ်အီ

tawdry *a* ၁. လၢအဖျါလၢအလုၢ်အပှ့ၤတအိၣ်, လၢအကံၢ်အစီတဂ့ၤဒီးအပှ့ၤဘၣ် ၂. လၢအဟ်သးအပတီၢ်ဖှၣ်

tawny *a* လၢအလွဲၢ်ဘီဃး, အဘီဃး, အဘီပှၢ်

tax *n* ခိသွဲ

tax *v* ၁. ဃ့ခိသွဲ ၂. ဟ့ၣ်တၢ်ခိတၢ်သွဲ ၃. ဟ်ထိၣ်တၢ်ဝံတၢ်ယိးလၢပှၤဂၤအလီၤ

tax break *n* တၢ်ထုးစှၤလီၤဆီန့ၢ်ခိသွဲ

tax collector *n* ပှၤဃ့သွဲဖိ, ပှၤထၢခိသွဲဖိ

tax dodge *n* တၢ်ဟ့ၣ်တၢ်ခိတၢ်သွဲစှၤ, တၢ်ဟ့ၣ်စှၤခိသွဲဖိးသဲစး

tax evasion *n* တၢ်ဟးဆှဲးတၢ်ဟ့ၣ်တၢ်ခိတၢ်သွဲ, တၢ်ဟးဆှဲးခိသွဲ

tax exile *n* ပှၤဃ့ၢ်တၢ်ခိတၢ်သွဲ, ပှၤလၢအဃ့ၢ်ဆူကီၢ်ချၢလၢကဟးဆှဲးထံကီၢ်အတၢ်ခိတၢ်သွဲ, ပှၤဃ့ၢ်အိၣ်ကနဆူထံဂုၤကီၢ်ဂၤလၢကဟးဆှဲးခိသွဲအဂီၢ်

tax inspector *n* ပှၤသမံသမိးတၢ်ခိတၢ်သွဲ

tax relief *n* တၢ်မၤလီၤကဆုၣ်တၢ်ဟ့ၣ်ခိသွဲ

tax return *n* တၢ်ဟ့ၣ်တၢ်ခိတၢ်သွဲအလံာ်တကွီၣ်ဒိ, တၢ်ဒွးခိသွဲအလံာ်တကွီၣ်ဒိ

tax shelter *n* တၢ်ဟးဆှဲးတၢ်ဟ့ၣ်ခိသွဲအကျဲလၢအဖိးသဲစး

taxable *a* လၢတၢ်ဘၣ်ဟ့ၣ်ခိသွဲ, လၢအိၣ်ဒီးအခိအသွဲ

taxation *n* ၁. တၢ်ဟ့ၣ်တၢ်ခိတၢ်သွဲ, တၢ်ဃ့တၢ်ခိတၢ်သွဲ ၂. ခိသွဲစ့, တၢ်ခိတၢ်သွဲ

tax-deductible *a* (စ့) လၢတၢ်ထုးစှၤလီၤအီၤတချူးတၢ်ဟ့ၣ်ခိသွဲ, လၢတၢ်ထုးစှၤလီၤအီၤသ့

tax-exempt *a* လၢတၢ်ပျဲပူၤအီၤလၢခိသွဲ, လၢအတဘၣ်ဟ့ၣ်ခိသွဲ

tax-free *a* လၢအပူၤဖျဲးဒီးခိသွဲ, တလိၣ်ဟ့ၣ်ခိသွဲ
taxi *n* သိလ့ၣ်ဒီးလဲ
taxi *v* (ကဘီယူၤ) ဃ့ၢ်လၢအကျဲဖီခိၣ်လၢကယူၤထီၣ်, (ကဘီယူၤ) စံၢ်လီၤဃ့ၢ်လၢအကျဲဖီခိၣ်ကပတုာ်အဂီၢ်
taxi rank, taxi stand *n* သိလ့ၣ်ဒီးလဲအသန့, သိလ့ၣ်ဒီးလဲခိးတၢ်အလိၢ်
taxicab *n* သိလ့ၣ်ဒီးလဲဖိ
taxidermist *n* ပှၤဆးဒီၣ်ကု့ၤတၢ်အဖံး, ပှၤဆးဒီၣ်ကု့ၤဆၣ်ဖိကီၢ်ဖိအဖံး
taxidermy *n* တၢ်ဆးဒီၣ်ကု့ၤဆၣ်ဖိကီၢ်ဖိအဖံး, တၢ်ဆးဒီၣ်ကု့ၤတၢ်အဖံးဒီးထၢနုာ်အပူၤလၢတၢ်တမံၤမံၤ
taxing *a* လၢအလိၣ်တၢ်ဟ့ၣ်လီၤသး, လၢတၢ်ဘၣ်ထဲးဂံၢ်ထဲးဘါဒီးမၤအီၤ
taxiway *n* ကဘီယူၤအကျဲမုၢ်ဒိၣ်
taxman *n* ၁. ပဒိၣ်ခိသွဲဝဲၤကျိၤ ၂. ပှၤဃ့သွဲ, ပှၤထၢတၢ်ခိတၢ်သွဲ
taxpayer *n* ပှၤဟ့ၣ်တၢ်ခိတၢ်သွဲ
TB *n* တၢ်ကွဲးဖုၣ် "tuberculosis", တၢ်ပသိၣ်ဆါ, ထံၣ်ဘံၣ်တၢ်ဆါ
TB Arthritis *n* ဃံအဆၢညီးထံၣ်ဘံၣ်
TB eye *n* မဲာ်ချံထံၣ်ဘံၣ်
TB Hip *n* ခံကိၢ်ဃံထံၣ်ဘံၣ်
TB Spine *n* (Pott's Spine) ပျိၢ်ဃံထံၣ်ဘံၣ်
TB Ulcer *n* ထံၣ်ဘံၣ်အပူၤလိၢ်
tea *n* ၁. နီမုၢ်, လၣ်ဖး ၂. လၣ်ဖးထံ
tea bag *n* လၣ်ဖးဃ့ဘိၣ်ဖိ, နီမုၢ်လၣ်ဃ့ဘိၣ်ဖိ
tea break *n* တၢ်အိၣ်ဘှံးအိၣ်သါအီလၣ်ဖးထံတစိၢ်ဖိ
tea cosy *n* လၣ်ဖးထံသပၢၤအခိၣ်ကျၢ်
tea leaves *n* လၣ်ဖးဃ့, နီမုၢ်လၣ်ဃ့
tea party *n* ၁. မုၢ်ဃ့ၢ်လီၤတၢ်အိၣ်ကိၣ်အီလၣ်ဖးထံအမူး ၂. (be no tea party) ကီလၢတၢ်ကမၤအီၤ, မၤအီၤတမှာ်တလၤဘၣ်
tea room *n* လၣ်ဖးထံကျး, နီမုၢ်ထံကျး
tea set *n* လၣ်ဖးထံခွးတစူၣ်
tea shop *n* လၣ်ဖးထံကျး, နီမုၢ်ထံကျး
tea towel *n* သဘံၣ်လီခီအတၢ်ကံးညာ်, သဘံၣ်လီခီအတၢ်ကံးယာ်, တၢ်ကံးညာ်ထွါစီသဘံၣ်လီခီ
tea trolley *n* လၣ်ဖးထံအလှ့ၣ်ဆီၣ်ဖိ, လှ့ၣ်ဖိလၢတၢ်ဆီၣ်ဆှၢနုးအိၣ်နုးအီပှၤလၣ်ဖးထံဒီးကိၣ်
teach *v* သိၣ်လိ, သိၣ်လိသီလိ, သိၣ်လိမၤယုၤ, သိၣ်လိနဲၣ်လိ
teachable *a* လၢတၢ်သိၣ်လိအီၤသ့, လၢတၢ်သိၣ်လိအီၤန့ၢ်ညီ, လၢအသးအိၣ်ဒီးသိၣ်လိအသး
teacher *n* သရၣ်သိၣ်လိတၢ်, ကိုသရၣ်, သရၣ်
teacher training *n* ကိုသရၣ်တၢ်မၤလိ
teaching *n* ၁. တၢ်သိၣ်လိ, တၢ်သိၣ်လိနဲၣ်လိ, တၢ်သိၣ်လိတၢ်လၢကို ၂. တၢ်သိၣ်လိသီလိ, တၢ်သိၣ်တၢ်သီ
teaching assistant *n* ကိုသရၣ်စၢၤ (TA)
teaching hospital *n* တၢ်ဆါဟံၣ်လၢအတူၢ်လိာ်ကသံၣ်ကသီဖှၣ်စိမိၤကိုဖိလၢကနုာ်လီၤမၤလိသ့အသး
teacup *n* လၣ်ဖးထံခွး, နီမုၢ်ထံခွး
teak *a* လၢအဘၣ်တၢ်မၤကဲထီၣ်အီၤလၢသ့ၣ်ပဟံၣ်
teak *n* သ့ၣ်ပဟံၣ်
teal *n* ၁. ထိၣ်ဒ့ၣ်မံၤ ၂. တၢ်အလွဲၢ်လါပှၢ်
team *n* အကရူၢ်, ကရၢ, အဖု, (ပှၤ) အဖု
team *v* ဟ်ဖှိၣ်, ပၣ်ဃုာ်တပူၤဃီ
team up *vp:* ၢ် ဟ်ဖှိၣ်ထီၣ်သးဒီး
team player *n* ပှၤသးအိၣ်မၤသကိးတၢ်လၢကရူၢ်ပူၤ, ကရူၢ်အပှၤမၤသကိးတၢ်
team spirit *n* ကရူၢ်အသးသဟီၣ်, တၢ်သးအိၣ်မၤသကိးတၢ်လၢကရူၢ်
teammate *n* ကရူၢ်ဖိ, ပှၤတကရူၢ်ဃီဒီးနၤ
teamster *n* ၁. ပှၤနီၣ်သိလ့ၣ်ပဒၢး ၂. ပှၤလၢအပၢဆှၢကရူၢ်တဖု ၃. ပှၤဆှၢတွၤဆၣ်ဖိကီၢ်ဖိအဖုအကရၢ
teamwork *n* ကရူၢ်အတၢ်မၤသကိး
teapot *n* နီမုၢ်ထံသပၢၤ, လၣ်ဖးထံသပၢၤ
tear *n* ၁. မဲာ်ထံ ၂. တၢ်ယာ်ပြဲး, တၢ်ဖိုညာ်, တၢ်ဖိုယာ်, တၢ်မၤယာ်, တၢ်ထူၣ်ဖျိအပူၤ
tear *v* ၁. ဖိုယာ်, ယာ်, မၤယာ်, ဖိုညာ် ၂. ဟးထီၣ်ချ့သဒံး, သုးအသးချ့ချ့ ၃. (tear something from) ပျ့ၢ်ထုးန့ၢ်

၄. (tear something apart) ထုးဖး, လီၤဖး, မၤလီၤဖး

tear gas *n* ကဟ်သဝံလၢအမၤဘၣ်ဒိမဲာ်ချံ, မဲာ်ထံက်သဝံ

teardrop *n* မဲာ်ထံတလီၤစီၤ

tearful *a* ၁. ပှဲၤဒီးမဲာ်ထံမဲာ်နိ, လၢအမဲာ်ထံထိၣ်တအၢၣ် ၂. သးအုး

tear-jerker *n* တၢ်ဂ့ၢ်လၢအလီၤမိၣ်လီၤမဲၤ, တၢ်ဂ့ၢ်လၢအလီၤသူၣ်ဘၣ်ဒိသးဘၣ်ဒိ

tease *n* ၁. ပှၤလိာ်လ့တၢ်, ပှၤမၤအ့နတၢ်ဖိ ၂. တၢ်လိာ်လ့တၢ်, တၢ်မၤအ့နတၢ်, တၢ်တဲလိာ်ကွဲတၢ် ၃. ပှၤလၢအမၤကတၢလိာ်ကွဲပှၤအသး

tease *v* ၁. မၤအ့န, ကတိၤလိာ်လ့တၢ်, တဲလိာ်ကွဲတၢ် ၂. မၤလိာ်ကွဲကတၢပှၤသး

teasel, teazle, teazel *n* လှၣ်ခွံသၣ်, တၢ်အမုၢ်လၢအအိၣ်ဒီးအဖီဖးဒိၣ်ဒီးအဆူၣ်

teaser *n* ၁. တၢ်သံကွၢ်လၢအကီ, တၢ်ကျ့ခိၣ်နူာ်အတၢ်သံကွၢ် ၂. ပှၤလၢအမၤအ့နတၢ်ဆူၣ်, ပှၤလၢအလိာ်လ့တၢ်ဆူၣ်

teaspoon *n* နီၣ်တၢၤဖိ, လၣ်ဖးထံနီၣ်တၢၤ

teat *n* ၁. နုၢ်ခိၣ်မိၣ် ၂. တၢ်နုၢ်ခိၣ်မိၣ်

teatime *n* ဟါလီၤခီတၢ်အီၣ်အကတိၢ်, ဟါခီတၢ်အီၣ်အကတိၢ်

technical *a* လၢအဘၣ်ဃးဒီးတၢ်သ့တၢ်ဘၣ်တကလှာ်ဖိၤ, လၢအဘၣ်ဃးဒီးတၢ်သ့တၢ်ဘၣ်တမံၤမံၤ

technical college *n* စဲးဖီကဟၣ်ဂ့ၢ်ဝီခီလ့ၣ်ကို

technical hitch *n* စဲးဖီကဟၣ်အတၢ်ဂ့ၢ်ကီတစိၢ်တလိၢ်

technicality *n* ၁. တၢ်လၢအဘၣ်ဃးဒီးတၢ်သ့တၢ်ဘၣ်ထဲတမံၤဖိၤ ၂. တၢ်လၢတၢ်နၢ်ပၢၢ်ဘၣ်အီၤထဲပှၤသ့ပှၤဘၣ်အပတိၢ်

technically *adv* မ့ၢ်ကွၢ်လၢအကျိၤအကျဲဒၣ်ဝဲန့ၣ်, ဒ်အကျိၤအကျဲအိၣ်ဝဲအသိး

technician *n* ၁. ပှၤဘိစဲးဖီကဟၣ် ၂. ပှၤသ့ပှၤဘၣ်လၢတၢ်တမံၤမံၤ, ပှၤစဲၣ်နီၤလၢတၢ်တမံၤမံၤ

Technicolor, technicolour *n* (ပနံာ်အမံၤ) တၢ်ထုးထိၣ်တၢ်ဂီၤမူလၢအိၣ်ဒီးအလွဲၢ်, တၢ်အလွဲၢ်ကပြုၢ်ကပြီၤ

technique *n* ၁. တၢ်မၤအကျိၤအကွာ်, တၢ်မၤအကျိၤအကျဲ ၂. တၢ်အိၣ်ဒီးကံၢ်စီလီၤလီၤဆီဆီ

techno *n* ချုးစံၤတၢ်ဂဲၤကလံၣ်တၢ်သးဝံၣ်, ထဲးနိၣ်တၢ်ဂဲၤကလံၣ်, ထဲးနိၣ်တၢ်သံကျံ, ထဲးနိၣ်တၢ်သးဝံၣ်

techno- *combining* စဲးဖီကဟၣ်ပီညါ

technocracy *n* ထဲး(က)နိၣ်ခြ့ၣ်စံၣ်, တၢ်ပၢတၢ်ပြးအသနူလၢပှၤစဲအ့ၣ်ဖိဒီးပှၤသ့ပှၤဘၣ်တဖၣ်ပၢအီၤ

technocrat *n* ပှၤစဲအ့ၣ်ဖိ, ချုးစံၤပှၤသ့ပှၤဘၣ်

technologist *n* ပှၤသ့ပှၤဘၣ်လၢတၢ်တမံၤမံၤ, ပှၤစဲၣ်နီၤလၢတၢ်တမံၤမံၤ

technology *n* စဲးဖီကဟၣ်ပီညါ

techometer *n* နီၣ်ထိၣ်ဒုးနဲၣ်စဲးလဲၤတၢ်သ့, စဲးလဲၤတၢ်ချ့အနီၣ်ထိၣ်, ထဲးခိၣ်မံထၢၣ်

teddy bear *n* တၤသူဖိအဂီၤ

tedious *a* လၢအမၤဘုံးပသးလၢအယံာ်ဝဲအယိ, လၢအယံာ်အထၢဒီးလီၤကၢၣ်လီၤကျူ

tedium *n* တၢ်လၢအမၤဘုံးပသးလၢအယံာ်ဝဲအယိ, တၢ်လၢအယံာ်အထၢဒီးလီၤကၢၣ်လီၤကျူ

tee *n* ၁. မဲးပူၣ်လၢတၢ်တိၣ်ထိၣ်ဖျာၣ်ဒိအလိၢ်, ဖျာၣ်ဒိအမဲးပူၣ် ၂. တၢ်ပညိၣ်တၢ်အလိၢ်

tee *v* ၁. ဒိဖျာၣ်ဒိ ၂. (tee-off) စးထိၣ်တၢ်ဟူးတၢ်ဂဲၤ ၃. (tee-up) ဟ်ထိၣ်ဖျာၣ်ဒိလၢမဲးပူၣ်အလိၤ

teem *v* ၁. (မူခိၣ်) စူၤဖးဒိၣ် ၂. (teem with) အိၣ်ပှဲၤဒီး

teeming *a* ၁. အိၣ်ပှဲၤဒီး ၂. (မူခိၣ်) စူၤဖးဒိၣ်

teenage, teenaged *a* ၁. လၢအလိၣ်ဘိထိၣ်, လၢအသးနံၣ်အိၣ်ဖဲ ၁၃ – ၁၉ နံၣ်အဘၢၣ်စၢၤ ၂. လၢအဘၣ်ထွဲဒီးပှၤလိၣ်ဘိ, လၢအဘၣ်ထွဲဒီးပှၤလၢအသးအိၣ် ၁၃ – ၁၉ နံၣ်အဘၢၣ်စၢၤ

teenager *n* ပှၤလိၣ်ဘိ. ပှၤ (၁၃) နံၣ်တုၤလၢ (၁၉) နံၣ်အကတၢၢ်

teens *n* ပှၤလိၣ်ဘိအကတိၢ်, ပှၤအသးနံၣ်အိၣ် ၁၃ – ၁၉ နံၣ်အကတိၢ်

teeny *a* ဆံးကိာ်ဖိ, ပြံကဒံ, ဆံးဆံးဖိ

teeter *v* ၁. ဟးကနူၤကပၤ, ဟးဒ့ခံဒ့ကပၤ ၂. တဂၢၢ်တကျၢၤ, ကဒံကဒါ

T

teeter-totter *n* ယဲာ်ယီၤ, ထံထၢၣ်ထီးထၢၣ်လၢပှၤဖိသၣ်ဂဲၤလိာ်ကွဲဝဲ

teeth *n* မဲ, မဲတဖၣ်

teethe *v* မဲထီၣ်

teething troubles, teething problems *n* ၁. ဖိသၣ်မဲထီၣ်လိၤကိၢ်တၢ်ဆါ ၂. တၢ်ကီတၢ်ခဲတဖၣ်လၢတၢ်ဘၣ်ကွၢ်ဆၢၣ်မဲာ်အီၤဖဲတၢ်စးထီၣ်သီတၢ်ဖံးတၢ်မၤအကတီၢ်

teetotal *a* လၢအနၣ်သံးဒိၤက်ဒိၤ, လၢအဟးဆှံးတၢ်အီသံးအီက်, လၢအတအီသံးအီက်ဘၣ်

teetotaller *n* ပှၤလၢအနၣ်သံးဒိၤက်ဒိၤ, ပှၤလၢအဟးဆှံးတၢ်အီသံးအီက်, ပှၤလၢအတအီသံးအီက်ဘၣ်

tel. *abbre* လီတဲစိ (Telephone)

tele- *combining* တၢ်ဒ့ၣ်စၢၤအယံၤ, တၢ်အယံၤ

telecast *n* ကွဲၤဟူဖျါအတၢ်ရၤလီၤတၢ်ကစီၣ်, တၢ်ရၤလီၤတၢ်ကစီၣ်ခီဖျိကွဲၤဟူဖျါ

telecommunications *n* လီအတၢ်ဆဲးကျိးဆဲးကျၢ, တၢ်ဆဲးကျိးဆဲးကျၢခီဖျိလီတဲစိ, လီပရၢ, ကွဲၤလုလီၤ, ကွဲၤဟူဖျါတဖၣ်

teleconference *n* တၢ်အိၣ်ဖှိၣ်စိလၢအယံၤ, တၢ်ထံၣ်လိာ်အိၣ်သကိးစိလၢအယံၤ, တၢ်ထံၣ်လိာ်အိၣ်သကိးခီဖျိတၢ်စူးကါလီအတၢ်ပီးတၢ်လီ, တၢ်အိၣ်ဖှိၣ်ခီဖျိတၢ်စူးကါလီအတၢ်ပီးတၢ်လီ (အဒိ, လီတဲစိ, ဘံၣ်ဒၢ်အိၣ်ခဲမရၢ်လၢအဲ့ထၢၣ်နဲးအဖီခိၣ်)

telegenic *a* လၢအဖျါဂ္ၤလၢကွဲၤဟူဖျါအပူၤ

telegram *n* လီပျံၤ

telegraph *n* လီပျံၤ

telegraph *v* ဒိလီပျံၤ, ဆှၢတၢ်ကစီၣ်ခီဖျိလီပျံၤ, ဆှၢတၢ်လၢလီပျံၤ

telegraph pole *n* လီပျံၤအတၢၣ်

telegraphic *a* လၢအဘၣ်ဃးဒီးလီပျံၤ, လၢတၢ်ဆှၢအီၤဒီးလီပျံၤ

telegraphy *n* တၢ်ဆှၢလီပျံၤအတၢ်သ့တၢ်ဘၣ်, တၢ်ဒိလီပျံၤအတၢ်သ့တၢ်ဘၣ်

telepathic *a* လၢအသ့ၣ်ညါနၢ်ပၢၢ်စိပှၤတဂၤအတၢ်ဟ်သူၣ်ဟ်သး, လၢအသ့ၣ်ညါနၢ်ပၢၢ်စိပှၤအတၢ်ထံၣ်တၢ်ဆိကမိၣ်, လၢအဖိၣ်စိပှၤအတၢ်ထံၣ်တၢ်ဆိကမိၣ်ဘၣ်, လၢအဖးပှၤသးဘၣ်

telepathy *n* တၢ်ထံၣ်သ့ၣ်ညါနၢ်ပၢၢ်စိပှၤအတၢ်ထံၣ်တၢ်ဟ်သး, တၢ်သ့ၣ်ညါနၢ်ပၢၢ်စိပှၤအတၢ်ထံၣ်တၢ်ဆိကမိၣ်, တၢ်ဖးပှၤသးဘၣ်, တၢ်ဖိၣ်စိပှၤအတၢ်ထံၣ်တၢ်ဆိကမိၣ်ဘၣ်

telephone *n* လီတဲစိ

telephone *v* ဆဲးကျၢ (လၢလီတဲစိ), ဆဲးကျိး (လၢလီတဲစိ)

telephone directory *n* လီတဲစိလံာ်နဲၣ်ကျဲ

telephone exchange *n* လီတဲစိတၢ်ဆဲးကျိးအဝဲၤလီၢ်ခိၣ်သ့ၣ်

telephone tapping *n* တၢ်ဘျိဟုၣ်ဒိကနၣ်လီတဲစိလၢတၢ်ဘၢၣ်စၢၤ

telephoto lens *n* တၢ်ဒိတၢ်ဂီၤဒၢအလါနါ, ခဲမရၢ်အလါနါ

teleprinter *n* စဲးဆှၢလံာ်တကလှာ်

teleprompter *n* စဲးဒုးနဲၣ်လံာ်လၢပှၤဖးတၢ်ကစီၣ်ဖိအဂီၢ်

telesales *n* ပှၤဆါတၢ်လၢလီတဲစိ, ပှၤဆါတၢ်ခီဖျိလီတဲစိ, တၢ်ဆါတၢ်ခီဖျိလီတဲစိ

telescope *n* မဲာ်ထံကလၤယံၤ, ထဲလံစကိး, မဲာ်ကလၤကွၢ်မူဒိ, မဲာ်ထံကလၤလၢပှၤကွၢ်မူဒိ

telescope *v* ၁. မၤဆံးလီၤ, မၤစုၤလီၤ, မၤအံၣ်လီၤ ၂. မၤဖုၣ်လီၤ, မၤထီထီၣ်

telescopic *a* ၁. လၢအဘၣ်ဃးဒီးမဲာ်ထံကလၤယံၤ, လၢအဘၣ်ဃးဒီးထဲလံစကိး ၂. လၢပထံၣ်အီၤသ့ထဲလၢမဲာ်ထံကလၤယံၤ, လၢတၢ်ထံၣ်စိအီၤသ့လၢတၢ်အယံၤ, လၢပထံၣ်အီၤသ့ထဲဒ့ၣ်ဒီးထဲလံစကိး ၃. လၢတၢ်ထီထီၣ်အီၤဒီးမဲာ်ထံကလၤယံၤ, လၢအိၣ်ဒီးမဲာ်ထံကလၤယံၤ, လၢအိၣ်ဒီးထဲလံစကိး

televise *v* ရၤလီၤတၢ်ကစီၣ်ခီဖျိကွဲၤဟူဖျါ, ရၤလီၤတၢ်လၢကွဲၤဟူဖျါ

television *n* ကွဲၤဟူဖျါ

telex *n* ၁. တၢ်ဆှၢလံာ်ခီဖျိစဲးဆှၢလံာ်, တၢ်ဆှၢလံာ်လၢစဲးဆှၢလံာ် ၂. တၢ်ပရၢလၢတၢ်မၤန့ၢ်အီၤလၢစဲးဆှၢလံာ်, စဲးဆှၢလံာ်အတၢ်ပရၢ

telex *v* ဆှၢလံာ်ခီဖျိစဲးဆှၢလံာ်, ဆှၢလံာ်လၢစဲးဆှၢလံာ်

tell *v* တဲတၢ်, တဲဖျါ, စံးဘၣ်တဲဘၣ်

teller *n* စ့တၢးအပှၤတူၢ်လိာ်စ့, စ့တၢးအပှၤဖိၣ်စ့စရီ

telling *a* ၁. လၢအတုၤလီၤတီၤလီၤ

T

၂. လၢအဒုးနဲၣ်ဖျါထီၣ်တၢ်အိၣ်သးအမ့ၢ်အတီ

telling-off *n* တၢ်ကလာ်လီၤတၢ်, တၢ်နူတၢ်

telltale *a* လၢအပနီၣ်ဖျါထီၣ်လၢအကဲထီၣ်အသး (အိၣ်ဝဲ) နီၢ်နီၢ်

telltale *n* ပှၤလၢအတၢၣ်ဘၣ်တၢ်ဆူၣ်, ဖိသၣ်လၢအတၢၣ်တၢ်ဆူၣ်

telly *n* ကွဲၤဟူဖျါ

temerity *n* တၢ်နူကဲၤမဲာ်, တၢ်မဲာ်ဆှးတအိၣ်, တၢ်ဟ်နူကဲၤမဲာ်သး

temp *abbre* တၢ်ကိၢ်တၢ်ခုၣ် (temperature)

temp *n* ဝဲၤဒၢးအပှၤမၤတၢ်ဖိတစိၢ်တလီၢ် (temporary Office worker)

temp *v* မၤတၢ်ဒ်ဝဲၤဒၢးအပှၤမၤတၢ်ဖိအသိးတစိၢ်တလီၢ်, ကဲပှၤမၤတၢ်ဖိတစိၢ်တလီၢ်လၢဝဲၤဒၢးအပူၤ

temper *n* ၁. တၢ်ဟ်သး, သးအလုၢ်အလၢ် ၂. တၢ်သးဒိၣ်, တၢ်သးထီၣ်, တၢ်သူၣ်ဒိၣ်သးဖြိုး

temper *v* ၁. မၤဘၣ်ဘျီးဘၣ်ဒါ, ဃါဃုာ်ဘၣ်ဘျီးဘၣ်ဒါ, မၤလီၤကဆှၣ်က့ၤ ၂. မၤကိၤထီၣ်ထး, မၤကျၤထီၣ် (ထး)

tempera *n* တၢ်တ့တၢ်ဂီၤလၢကသံၣ်ထံလၢတၢ်ကျဲၣ်ကျီအီၤဒီးဆီဖံၣ်

temperament *n* ၁. တၢ်ဟ်သူၣ်ဟ်သး, သးအလုၢ်အလၢ် ၂. တၢ်သးဂဲၤညီ, တၢ်သးဘၣ်ဒိညီ, တၢ်သးဒိၣ်ညီ

temperamental *a* ၁. လၢအဘၣ်ဃးဒီးတၢ်ဟ်သူၣ်ဟ်သး, လၢအဘၣ်ဃးဒီးသးအလုၢ်အလၢ် ၂. လၢအသးဂဲၤညီ, လၢအသးဘၣ်ဒိညီ, လၢအသးဒိၣ်ညီ

temperance *n* ၁. တၢ်ဒုၣ်တၢ်မူၤတၢ်ဘိုး ၂. တၢ် (မၤတၢ်) ဘၣ်ဒးဘၣ်ဒး, တၢ် (မၤတၢ်) ဖဲအကြၢးအဘၣ်, တၢ်အီၣ်တၢ်အီတၢ်ဘၣ်ဒးဘၣ်ဒး

temperate *a* ၁. လၢတၢ်တကိၢ်တခုၣ်ကဲၣ်ဆိး, လၢအကိၢ်ဖဲအဘၣ်ခုၣ်ဖဲအဘၣ် ၂. လၢအ (မၤတၢ်) ဖဲအဘၣ်အဘၣ်, ဘၣ်ဒးဘၣ်ဒး

temperately *adv* ဖဲအကြၢးအဘၣ်, ဘၣ်ဒးကဲာ်

temperature *n* တၢ်ကိၢ်တၢ်ခုၣ် (အနီၣ်ဂံၢ်)

tempest *n* ၁. ကလံၤမုၢ်ဖးဒိၣ် ၂. တၢ်တၢထီၣ်တၢလီၤ

tempestuous *a* ၁. လၢအတပျုာ်တပိုၤ ၂. လၢအပှဲၤဒီးတၢ်သူၣ်ဟူးသးဂဲၤဒိၣ်ဒိၣ်ကလဲာ်, လၢအပှဲၤဒီးတၢ်သူၣ်ပိၢ်သးဝးဒိၣ်ဒိၣ်ကလဲာ်

template, templet *n* ၁. တၢ်ကဘျၣ်အဒိ ၂. တၢ်အကုၢ်အဂီၤအဒိ, တၢ်အဒိ

temple *n* ၁. နၢ်သကုၤထံး ၂. တၢ်လုၢ်ဟံၣ်

tempo *n* ၁. တၢ်သူၣ်ဝံၣ်သးဆၢတၢ်ဒ့တၢ်အူအထီၣ်အလီၤအယူာ် ၂. တၢ်ဟူးတၢ်ဂဲၤ မ့တမ့ၢ် တၢ်ဖံးတၢ်မၤအကျိုၤအကျဲအချ့အဃၢအယူာ်

temporal *a* ၁. လၢအဘၣ်ဃးဒီးတၢ်အကတိၢ် ၂. လၢအဘၣ်ဃးဒီးအအံၤတဃၣ်, လၢအဘၣ်ဃးဒီးဟီၣ်ခိၣ်, လၢအဘၣ်ဃးဒီးတၢ်ဖံးတၢ်ညၣ် ၃. လၢအဘူးဒီးနၢ်သကုၤထံး

temporary *a* တစိၢ်တလီၢ်, မီကံၢ်မီကဲာ်

temporize, temporise *v* ၁. ထုးယံာ်တၢ်ဆၢကတိၢ်, မၤယံာ်မၤနီၢ်အသး ၂. မၤဘၣ်လိာ်ဃူဃိၣ်လိာ်က့ၤအသးဒီးပှၤအဂၤ

tempt *v* လွ့ပစီ, ကွဲန့ၢ်လွဲန့ၢ်, ကလံာ်န့ၢ်

temptation *n* တၢ်လွ့ပစီ, တၢ်ကွဲန့ၢ်လွဲန့ၢ်, တၢ်ကလံာ်န့ၢ်

tempter *n* မုၣ်ကီၤလံၢ်, ပှၤလၢအလွ့ပစီတၢ်, ပှၤလၢအကလံာ်န့ၢ်တၢ်, ပှၤလၢအကွဲန့ၢ်လွဲန့ၢ်တၢ်

tempting *a* လၢအလွ့ပစီတၢ်, လၢအကွဲန့ၢ်လွဲန့ၢ်တၢ်, လၢအကလံာ်န့ၢ်တၢ်, လၢအရဲၢ်န့ၢ်တၢ်

temptress *n* ပိာ်မုၣ်လၢအလွ့ပစီန့ၢ်ပိာ်ခွါ, ပိာ်မုၣ်လၢအကလံာ်န့ၢ်ပိာ်ခွါ, ပိာ်မုၣ်လၢအရဲၢ်န့ၢ်ပိာ်ခွါ, ပိာ်မုၣ်လၢအကွဲန့ၢ်လွဲန့ၢ်ပိာ်ခွါ, မုၣ်ကီၤလံၢ်မိၢ်

ten *n* တဆံ, ၁၀

tenable *a* လၢတၢ်ဟံးဃာ်အီၤဂၢၢ်ဂၢၢ်ကျၢၤကျၢၤသ့, လၢအဂၢၢ်အကျၢၤ

tenacious *a* ၁. လၢအအိၣ်ဒီးတၢ်သးစွံကတုၤ, လၢအကျၢၤမုဆှူ, လၢအစွံကတုၤ ၂. လၢအနၢ်စွံ

tenaciously *adv* ဂၢၢ်ဂၢၢ်ကျၢၤကျၢၤ, ကျၢၤမုဆှူ, စွံကတုၤ

tenacity *n* ၁. တၢ်သးစွံကတုၤ, တၢ်ဂၢၢ်ဂၢၢ်ကျၢၤကျၢၤ, တၢ်သးကျၢၤမုဆှူ ၂. နၢ်စွံ

tenancy *n* တၢ်အိၣ်လဲဟံၣ်, တၢ်ဒိးလဲဟံၣ်, တၢ်ငါအိၣ်ဟံၣ်

tenant *n* ပှၤအိၣ်လဲဟံၣ်, ပှၤလၢအငါဟံၣ်

tenant *v* အိၣ်လဲဟံၣ်, ဒိးလဲဟံၣ်, ငါအိၣ်ဟံၣ်

tend *v* ၁. အံးထွဲကွၢ်ထွဲ, အံးက့ၤကွၢ်က့ၤ ၂. လၢအကဲထီၣ်အသးသ့, အခိၣ်လီၤဆူ

tendency *n* တၢ်လၢအမိၣ်ကဲထိၣ်သး, တၢ်လၢအကဲထိၣ်အသးသ့

tendentious *a* လၢအထံၣ်တၢ်တခီတၢၢ, လၢအကွၢ်တၢ်တခီတၢၢ

tender *a* ၁. လၢအကဘုး, လၢအကပုာ် ၂. လၢအသ့ၣ်ညါတၢ်ဆါ, လၢအဖံးအညၣ်ပုာ် ၃. လၢအအဲၣ်တၢ်သ့, လၢအသးကညီၤတၢ်

tender *n* ၁. တၢ်ဟ်ဖျါထိၣ်တၢ်အပှ့ၤကလံၤ ၂. ကျိၣ်စ့ ၃. ချံဖိ, ကဘီဖိ (လၢအဆှၢထိၣ်ဆှၢလီၤတၢ်ဖိတၢ်လံၤ, တၢ်ပီးတၢ်လီ ပှၤကညီ), လ့ၣ်မ့ၣ်အူအချ့ၣ်လၢအတီထံဒီးလၢၢ်သွဲၣ်လး

tender *v* ၁. ဟ့ၣ်လီၤ, ဟ့ၣ် ၂. ဟ်ဖျါထိၣ်တၢ်အပှ့ၤကလံၤ ၃. မၤစၢ်လီၤ, မၤကဘုးလီၤ, မၤပုာ်လီၤ

tenderfoot *n* ၁. ပှၤလၢအတၢ်လဲၤခီဖျိတအိၣ် ၂. ပှၤလၢအပုာ်သံ, ပှၤလၢအသးကပုာ်

tender-hearted *a* လၢအသူၣ်ဂ့ၤသးဝါ, လၢအသူၣ်ကညီၤသးကညီၤတၢ်, လၢအသးပုာ်, လၢအသးညီ, လၢအသးကပုာ်

tenderize, tenderise *v* မၤကဘုး, မၤပုာ်, မၤကပုာ်

tenderloin *n* ထိးအပျိၢ်ဃံအညၣ်ကပုာ်, ကျိၢ်အပျိၢ်ဃံအညၣ်ကပုာ်, ဂီၤဖံးအပျိၢ်ဃံအညၣ်ကပုာ်

tenderly *adv* ကဘုးလုး, ကပုာ်လုး, ပုာ်, ကဖီလီ, စၢ်စၢ်ဒွဲဒွဲ, လၢအပှဲၤဒီးတၢ်သူၣ်ကညီၤသးကညီၤ

tendinitis, tendonitis *n* ထူၣ်ပျၢ်ညီးတၢ်ဆါ

tendon *n* ထူၣ်ပျၢ်

tendonitis *n* ထူၣ်ပျၢ်ညီးတၢ်ဆါ

tendril *n* ၁. (တၢ်မုၢ်တၢ်ဘိ) အကမျိၤ ၂. ခိၣ်ဆူၣ်တကံတဘိ

tenement *n* ဟံၣ်ဒီးလဲ, ဟံၣ်ဒၢးဖှိၣ်လဲ, ဒၢးဒီးလဲ

tenet *n* တၢ်နာ်, တၢ်စူၢ်တၢ်နာ်

tenfold *a* အဘျီတဆံ, အစးတဆံ, အချံးတဆံ, အကထၢတဆံ

tenfold *adv* အဘျီတဆံ, အစးတဆံ, အချံးတဆံ, အကထၢတဆံ

tennis *n* ဖျာ၁်ပၢ

tennis racket *n* နိၣ်ပၤ

tennis shoe *n* ခီၣ်ဖံးဒိဖျာၣ်ပၤ

tenon *n* သ့ၣ်အထ့ၣ်, သ့ၣ်အထိးနါလၢတၢ်သိဃာ်အီၤလၢတၢ်ကဂိာ်နုာ်လီၤအီၤဆူသ့ၣ်လၢတၢ်ဘၢၣ်ဖိုဟ်အီၤအပူၤ

tenor *a* ၁. (တၢ်သးဝံၣ်, တၢ်ဒ့တၢ်အူ) လၢအအိၣ်ဒီးနိးထီကတၢၢ်, လၢအကလုၢ်ထီကတၢၢ်, လၢအကလုၢ်ဃဲကတၢၢ်

tenor *n* ၁. ထဲနၣ်, (တၢ်သးဝံၣ်, တၢ်ဒ့တၢ်အူ) နိးအထီကတၢၢ် ၂. ပှၤသးဝံၣ်ထဲနၣ် ၃. ထဲနၣ်တၢ်ဒ့တၢ်အူအကလုာ် ၄. တၢ်ဂ့ၢ်မိၢ်ပှၢ်

tenpin *n* (တၢ်ဂဲၤလိာ်ကွဲ) တၢ်ကွံာ်ဘိလ့အသ့ၣ်အကျိၣ်ဖိ, ဘိလ့အသ့ၣ်ကျိၣ်

tense *a* ၁. လၢအဖ့ၣ်ဆၢ, ဆိုၣ် ၂. လၢအပျုံတၢ်သ့, လၢအသးတဂၢၢ်, လၢအသူၣ်ကနိးသးကနိး

tense *n* (အဲကလံးကျိာ်ဂံၢ်ထံး) ဝီၢ်လၢဘၣ်တၢ်စူးကါအီၤဖဲတၢ်ဟ်ဖျါထိၣ်တၢ်မၤအသးအကတီၢ်, ဝီၢ်လၢအဟ်ဖျါထိၣ်တၢ်ကဲထိၣ်သးအဆၢကတီၢ်

tense *v* (tense up) မၤဖ့ၣ်ဆၢ, ထုးဃံး, မၤဆိုၣ်ထိၣ်, ဖ့ၣ်ဆၢထိၣ်, ဃံး, ဆိုၣ်ထိၣ်

tension *n* ၁. တၢ်ဖ့ၣ်ဆၢ ၂. တၢ်ထုးဃံး, တၢ်ဃၢတၢ်စံာ် ၃. တၢ်သူၣ်ကနိးသးကနိး, တၢ်ပျုံတၢ်သ့, တၢ်သူၣ်ကိၢ်သးဂီၤ

tensity *n* တၢ်ဟ်လီၤသးကျπၤမုဆူ, တၢ်ဟ်လီၤသးဃါမနၤ, တၢ်တတူၢ်ဃဉ်အသးဘၣ်

tent *n* ဒဲ, ယၣ်ဒဲ

tentacle *n* (ပဝဲၢ်, က့မိၣ်) အစုဟံး

tentative *a* ၁. လၢတၢ်မၤကွၢ်အဂီၢ် ၂. လၢအတလီၤတံၢ်လီၤဆဲး

tenterhooks *n* တၢ်အိၣ်အခံတတုၤလီၤလၢၤ, တၢ်သူၣ်ကိၢ်သးဂီၤတၢ်ဒိၣ်ဒိၣ်ကလဲာ်

tenth *a* ဆံဆဲၣ် (ဂၤ) တ (ဂၤ), ဆံဆဲၣ် (ပူ) တ (ပူ)

tenth *n* တဆံပူတပူ, တဆံခါတခါ, တဆံဘျီတဘျီ

tenuous *a* ၁. လၢအတကျπၤတနူၤ, လၢအတဂၢၢ်တကျπၤ, လၢအဂံၢ်ဘါစၢ် ၂. တဖျ့ညွ့, ဘူ, စၢ်, ဘူတလါ ၃. လၢအဟးဂီၤညီ

tenure *n* ၁. တၢ်ပၢဘၣ် (တၢ်စုလိၢ်ခိၣ်ခိၣ်, ဟံၣ်ဓိၤဃီဓိၤ) အကတီၢ်, တၢ်ပၢဘၣ်တၢ်အကတီၢ် ၂. တၢ်ဟံးန့ၢ်မူဒါတၢ်ဖံးတၢ်မၤအကတီၢ်

T

tepee, teepee, tipi *n* ဒဲတၢ်ဖံး, ဒဲဖိစီၢ်တၢ်ဖံး, ဒဲဖိလၢပှၤအမဲရကၤပှၤအ့ဃါထူလံၤတဖၣ်အိၣ်ဆိးဝဲ

tepid *a* ၁. လၢၤ ၂. လၢအတသူၣ်ပိၢ်သးဝး, လၢအတၢ်သူၣ်ဟူးသးဂဲၤတအိၣ်

terabyte *n* ထဲရၣ်ဘဲး, ခီၣ်ဖျူထၢၣ်တၢ်ဂ့ၢ်တၢ်ကျိၤအယူၣ်နံးအကကွဲၢ်တကကွဲၢ်

tercentenary *n* ယၤဖိုၣ်နံၣ်သၢဝီတဝီ, စီၤသၢကယၤ, အနံၣ်သၢကယၤပှဲၤထိၣ်

term *n* ၁. (ကို်တၢ်မၤလိ) ကတိၢ်, တၢ်မၤလိတဆၢကတိၢ် ၂. တၢ်ကီး, တၢ်ကတိၤ (အဒိ, စဲအှၣ်အတၢ်ကီး) ၃. (လံာ်တၢ်အၢၣ်လီၤအီလီၤ, လံာ်ဃံးဃာ်) အတၢ်သိၣ်တၢ်သိ တၢ်ဘျၢ (လၢပှၤခံဂၤ, ပှၤခံကရူၢ်အဘၢၣ်စၢၤ) ၄. (in terms of) တၢ်ဘၣ်ထွဲဒီး, အခီပညီဖျါဒ်အံၤ, တၢ်မ့ၢ်ကွၢ်လၢ (ထံရှူၢ်ကီၢ်သဲး) တကပၤန့ၣ်

term *v* ၁. ဟ့ၣ်န့ၢ်အမံၤ, ကီးန့ၢ်အမံၤ ၂. ဟ်ပနီၣ်တၢ်အကတိၢ်

term paper *n* ခီလ့ၣ်ကို်ဖိအတၢ်ကွဲး, ဖွၣ်စိမီၤကို်ဖိအတၢ်ကွဲး, ကို်ဖိအတၢ်ကွဲး, ကို်အဟံၣ်တၢ်မၤအတၢ်ကွဲးလၢတၢ်မၤလိအဆၢကတိၢ်တကတိၢ်အပူၤ

terminal *a* ၁. (တၢ်ဆူးတၢ်ဆါ) လၢတၢ်ကူစါအီၤတန့ၢ်လၢၤ, (ပှၤဆါ) လၢအတၢ်မုၢ်လၢ်တအိၣ်လၢၤ ၂. လၢအကတၢၢ်, လၢအကျဲကတၢၢ်, လၢအဘၣ်ဃးဒီးတၢ်အကတၢၢ်
၃. လၢအမၤသံတၢ်သ့

terminal *n* ၁. သန့, အဒိ, ကဘီယူၤသန့ ၂. လီသွဲပျံၤအပူၤခိၣ်ထိး, ထးသွဲပျံၤအပူၤခိၣ်ထိး (အဒိ, USB အပူၤခိၣ်ထိး)

T

terminally *adv* လၢအကတၢၢ်န့ၣ်, အထိးနါ, အကတၢၢ်

terminate *v* (ဒုး) ဆိကတိၢ်, (မၤ) ကတၢၢ်ဝဲ, (မၤ) ပတှာ်

termination *n* တၢ် (ဒုး) ဆိကတိၢ်, တၢ်မၤကတၢၢ်ကွံာ်တၢ်, တၢ်ဟ်ပတှာ်ကွံာ်, တၢ်ဆိတ့ၢ်

terminology *n* တၢ်သ့တၢ်ဘၣ်တကလုာ်အဝိၢ်သြဲ, ပီညါအဝိၢ်သြဲ, ပီညါတမံၤအကျိာ်, ပီညါတမံၤအတၢ်ကီး (အဒိ, စဲအှၣ်ပီညါအဝိၢ်သြဲ, စဲအှၣ်အကျိာ်, စဲအှၣ်အတၢ်ကီး), တၢ်ကတိၤ, ဝိၢ်သြဲ, ကျိာ်, လၢတၢ်စူးကါအီၤထဲလၢတၢ်သ့တၢ်ဘၣ်တကလုာ်ဒီၤအဂီၢ်

terminus *n* တၢ်လဲၤအကတၢၢ်

termite *n* ပအူး

terms *n* ၁. (in terms of) တၢ်ဘၣ်ထွဲဒီး, အခီပညီဖျါဒ်အံၤ, တၢ်မ့ၢ်ကွၢ်လၢ (ထံရှူၢ်ကီၢ်သဲး) တကပၤန့ၣ် ၂. (လံာ်တၢ်အၢၣ်လီၤအီလီၤ, လံာ်ဃံးဃာ်) အတၢ်သိၣ်တၢ်သိ တၢ်ဘျၢ (လၢပှၤခံဂၤ, ပှၤခံကရူၢ်အဘၢၣ်စၢၤ)

terms of reference *n* တၢ်ကွၢ်သတြဲၤ, တၢ်နဲၣ်ကျဲ

term-time *n* တၢ်မၤလိအကတိၢ်

terrace *n* ၁. တၢ်ပၢၤခိၣ်လီၤပတိၢ်တဆီတဆီလၢကစၢၢ်ကပၤ ၂. စံာ်ဃီသွါ ၃. ဟံၣ်အချၢ

terraced house *n* ဟံၣ်တူၢ်ရဲၣ်အကျါတဖျၢၣ်, ဟံၣ်စဲဘူးလိာ်အသးအကျါတဖျၢၣ်

terracing *n* စံာ်ဃီသွါတၢ်သူၣ်တၢ်ဖျး

terrain *n* ဟီၣ်ခိၣ်မဲာ်ဖံးခိၣ်လီၤဆီလိၢ်ကဝီၤ

terrapin *n* ချံးဖိ

terrestrial *a* ၁. လၢအဘၣ်ဃးဒီးဟီၣ်ခိၣ် ၂. လၢအအိၣ်လၢဟီၣ်ခိၣ်အဖီခိၣ်, လၢအမဲထိၣ်လၢဟီၣ်ခိၣ်အဖီခိၣ်

terrible *a* ၁. လၢအလီၤပျံၤလီၤဖုး ၂. လၢအတမှာ်တလၤ, လၢအအၢဒိၣ်မး, လၢအနးဒိၣ်မး

terribly *adv* ၁. ဒိၣ်မး, ဒိၣ်ဒိၣ်ကလဲာ် ၂. (ကမၣ်) ဖးဒိၣ်, (တဂ့ၤ) နီတစဲး

terrier *n* ထွံၣ်လူၤပှၢ်ဖိတကလုာ်, ထွံၣ်လူၤပှၢ်ဖိ

terrific *a* ၁. လၢအလီၤပျံၤလီၤဖုး, လၢအလီၤသူၣ်ပိၢ်သးဝး ၂. ဂ့ၤဂ့ၤကလဲာ် ၃. လီၤဘီလီၤမုၢ်, ဒိၣ်ဒိၣ်မုၢ်မုၢ်

terrifically *adv* ဒိၣ်မး

terrify *v* မၤပျံၤမၤဖုး

terrine *n* တၢ်ဖံးတၢ်ညၣ်ယဲာ်ဘျဲးအကိၢ်လိၣ်

territorial *a* ၁. လၢအဘၣ်ဃးဒီးလိၢ်ကဝီၤတကဝီၤ, လၢအဘၣ်ဃးဒီးဟီၣ်ကဝီၤတကဝီၤ, လၢအဘၣ်ဃးဒီးဘီမုၢ်တကဝီၤ
၂. လၢအအဲၣ်အတၢ်လိၢ်, လၢအဒီသဒၢအတၢ်လိၢ်တၢ်ကျဲ

Territorial Army *n* ထံကီၢ်အသုးမုၢ် (TA)

territorial waters *n* (ထံကီၢ်) အပိၣ်လဲၣ်ထံဟီၣ်ကဝီၤတၢ်ပၢ, ထံဟီၣ်ကဝီၤတၢ်ပၢ

territory *n* ၁. (ထံကီၢ်) အလဲၢ် ၂. ဟီၣ်ခိၣ်အလဲၢ်လၢပှၤတဂၤပၢဝဲ

terror *n* တၢ်ပျံၤတၢ်ဖုး
terrorism *n* တၢ်သူတၢ်စုဆူၣ်ခိၣ်တကး, တၢ်စူးကါတၢ်စုဆူၣ်ခိၣ်တကး, တၢ်သူတၢ်စုဆူၣ်ခိၣ်တကးသနူ, တၢ်စူးကါတၢ်စုဆူၣ်ခိၣ်တကးသနူ, တၢ်မၤတပျုာ်တပျီၤတၢ်
terrorist *n* ပှၤမၤတၢ်စုဆူၣ်ခိၣ်တကး
terrorize, terrorise *v* မၤပျံၤမၤဖုး, မၤဆူၣ်တၢ်လၢတၢ်မၤပျံၤမၤဖုး
terror-stricken *a* လၢအပျံၤအဖုးတၢ်, လၢအပျံၤတၢ်ဖုးတၢ်အကတီၢ်
terry *n* တၢ်ကံးညာ်အဆူၣ်ကဖူၣ်, တၢ်ကံးယာ်အဆူၣ်ကဖူၣ် အဒိ, ဒ်တၢ်ထွါလိၤ, ယၣ်ကဖုအဆူၣ်
terse *a* လၢအတဲတၢ်ဖုၣ်ဖုၣ်, လၢအကတိၤတၢ်ဖုၣ်တံးကျုံး
tertiary *a* လၢအမ့ၢ်သၢခါတခါ, သၢဘျီတဘျီ
test *n* တၢ်မၤကွၢ်, တၢ်ဒိးစဲး
test *v* မၤကွၢ်, ဒိးစဲး
test ban *n* တၢ်မၤတၢ်အၢၣ်လီၤဘၣ်ထွဲတၢ်တြီတၢ်မၤကွၢ်နယူချံယါ, တၢ်တြီတၢ်မၤကွၢ်နယူချံယါ, တၢ်တြီတၢ်မၤကွၢ်နူကျံာ်
test case *n* တၢ်မူးတၢ်ရၢ်လၢတၢ်စံၣ်ညီၣ်ကွၢ်အီၤ, တၢ်မူးတၢ်ရၢ်လၢတၢ်မၤကွၢ်အီၤဝံၤစူးကါအီၤဒ်တၢ်အတီၤပတီၢ်အသိး
test drive *n* တၢ်နီၣ်ကွၢ်သိလ့ၣ်, တၢ်သမံသမိးနီၣ်ကွၢ်သိလ့ၣ်
test pilot *n* ပှၤနီၣ်ကွၢ်ကဘီယူၤ, ပှၤနီၣ်ဆိကွၢ်ကဘီယူၤ
test tube *n* ကျိဘီ, ကျိဘီလၢကမၤကွၢ်တၢ်လၢတၢ်ဆါဒၢးအဂီၢ်
test tube baby *n* ဖိသၣ်လၢတၢ်ဒုးအိၣ်ဖျဲၣ်ထီၣ်အီၤလၢကျိဘီအပူၤ
testable *a* လၢတၢ်သမံသမိးကွၢ်အီၤသ့, လၢတၢ်မၤကွၢ်အီၤသ့
testament *n* ၁. တၢ်အုၣ်ကီၤသး ၂. တၢ်အၢၣ်လီၤအီလီၤ ၃. လံာ်တၢ်ကွဲးဟ်တ့ၢ်တၢ်နူ့ၢ်သါ, တၢ်ကွဲးဟ်တ့ၢ်တၢ်နူ့ၢ်သါအလံာ်
testamentary *a* လၢအဘၣ်ထွဲဒီးလံာ်တၢ်ကွဲးဟ်တ့ၢ်တၢ်နူ့ၢ်သါ
tester *n* ၁. ပှၤသမံသမိးတၢ် ၂. တၢ်သမံသမိးတၢ်
testicle *n* ဒံၣ်ချံ
testify *v* အုၣ်အသး, စံးတၢ်အိၣ်ဒီးတၢ်ဆိၣ်လီၤသး
testimonial *n* တၢ်အုၣ်သးလၢတၢ်ဂ့ၢ်တၢ်ကျိၤ, လံာ်အုၣ်သးဘၣ်ဃးတၢ်ဂ့ၢ်တၢ်ကျိၤ
testimony *n* တၢ်အုၣ်သး, တၢ်ကတိၤတၢ်အိၣ်ဒီးတၢ်ဆိၣ်လီၤသး
testing *a* လၢအမၤကွၢ်တၢ်
testing *n* တၢ်မၤကွၢ်တၢ်, တၢ်သမံသမိးကွၢ်တၢ်
testing ground *n* လီၢ်ကဝီၤလၢကမၤကွၢ်တၢ်ပီးတၢ်လီ, လီၢ်ကဝီၤလၢတၢ်သမံသမိးကွၢ်ပနံာ်အသီ
testy *a* လၢအသးအ့နူချ့, လၢအသးဒိၣ်ထီၣ်ချ့
tetanus *n* ခၣ်အ့ၣ်တံၢ် (တၢ်ဆါ)
tetanus neonatorum *n* ဖိသၣ်အိၣ်ဖျဲၣ်သီခၣ်အ့ၣ်တံၢ်တၢ်ဆါ
tetchy *a* လၢအသးအ့နူညီ, လၢအသးဒိၣ်ထီၣ်ညီ
tete-a-tete *n* တၢ်ကတိၤခူသူၣ်လၢပှၤခံဂၤအဘၢၣ်စၢၤ
tether *n* ပျံၤစၢဆၣ်ဖိကီၢ်ဖိ
tether *v* စၢလၣ် (ဂီၤဖံး), စၢဒုးအိၣ်ဆၣ်ဖိကီၢ်ဖိအဆၣ်
tetra-- *combining* လၢအအိၣ်လွံၢ်ခါ
text *n* ၁. လံာ်တၢ်ဂ့ၢ်မိၢ်ပှၢ် ၂. တၢ်ကွဲး ၃. တၢ်ကွဲးဆှၢလံာ်
textbook *a* လၢအမၤလီၤတံၢ်ဒ်တၢ်ဟ်ပနီၣ်လၢအအိၣ်ဟ်စၢၤ
textbook *n* ကို်လံာ်ဖး
textile *n* တၢ်ကံးညာ်
textual *a* လၢအဘၣ်ဃးဒီးတၢ်ကွဲး, လၢအဘၣ်ဃးဒီးတၢ်ဂ့ၢ်တၢ်ကျိၤလၢလံာ်အပူၤ
textural *a* လၢအမဲာ်ဖံးခိၣ်သွဲး, လၢအမဲာ်ဖံးခိၣ်အိၣ်ဒီးအဒဲးကံၣ်ဒဲးဝ့ၤ
texture *n* ၁. တၢ်ကံးညာ်အညၣ်အဒိ, တၢ်အဖံးဘ့ၣ်အဘျ့, အကဆုၣ်, အကပှာ်, အကျၤတဖၣ် ၂. တၢ်အိၣ်အ (ကပှာ်, အသွဲး, အဘျ့)
Thailand *n* ကီၢ်ကို်တဲၣ်
thalasemia *n* စဲ(လ)ကဝီၤကျိၤသွံၣ်ဂံၢ်စၢ်တၢ်ဆါ
than *conj* (အါ – ဆံး – ဒိၣ်) နူ့ၢ်

T

than *prep* (အါ – ဆံး – ဒိၣ်) နှၢ်ဒံး

thank *n* တၢ်စံးဘျုးစံးဖှိၣ်

thank *v* စံးဘျုး

thank you *n* တၢ်ဘျုး

thankful *a* စံးဘျုးတၢ်, သ့ၣ်ညါစံးဘျုးတၢ်

thankfully *adv* ပှဲၤဒီးတၢ်စံးဘျုးစံးဖှိၣ်

thankless *a* ၁. လၢအတသ့ၣ်ညါတၢ်ဘျုးတၢ်ဖှိၣ် ၂. လၢအဘျုးအဖှိၣ်တအိၣ်, လၢအတကဲဘျုးကဲဖှိၣ်

thanks *exclam* တၢ်ဘျုး

thanks *n* တၢ်စံးဘျုးစံးဖှိၣ်, တၢ်ဘျုးတၢ်ဖှိၣ်

thanksgiving *n* တၢ်စံးဘျုးယွၤ

Thanksgiving Day *n* တၢ်စံးဘျုးစံးဖှိၣ်အမုၢ်နံၤ

that *a* ထဲန့ၣ်, (တထီ) ထဲန့ၣ်ညါဘၣ်, တၢ်န့ၣ်

that *adv* ထဲန့ၣ်, (တထီ) ထဲန့ၣ်ညါဘၣ်, တၢ်န့ၣ်

that *conj* လၢ, အဃိန့ၣ်, ဒ်သိး

that *det* တၢ်န့ၣ်

that *pro* (တၢ်) အဝဲန့ၣ်, တၢ်န့ၣ်

thatch *n* ၁. ကဟံ ၂. ခိၣ်ဆူၣ်တိၣ်ဒီးဖုရ

thatch *v* ဒုးထီၣ်လၢကဟံလၣ်

thatcher *n* ပှၤသံၣ်ကဟံလၣ်

thaw *n* ၁. ထံလီၤသကၤကွံာ် ၂. တၢ်ကိၢ်ထီၣ်သီအကတိၢ် ၃. တၢ်ရှလိာ်ဂ့ၤထီၣ်လၢတၢ်ခံမံၤအဘၣ်စၢၤ, တၢ်ရှလိာ်ဂ့ၤထီၣ်လၢထံကိၢ်ခံဘ့ၣ်အဘၣ်စၢၤ

thaw *v* ၁. ပံၢ်လီၤ, မၤပံၤလီၤ ၂. (တၢ်ဆၢကတိၢ်) ဟဲကိၢ်ထီၣ် ၃. ရှလိာ်သးဂ့ၤထီၣ်

the *det* တၢ်ဖိတၢ်လံၤတမံၤ, န့ၣ်

theatre, theater *n* ဘျိၣ်မုာ်

theatrical *a* ၁. လၢအဘၣ်ထွဲဒီးတၢ်ဒုးနဲၣ်, လၢအဘၣ်ထွဲဒီးတၢ်ဂဲၤဒိ ၂. လၢအဟ်မၤအသး, လၢအတမ့ၢ်တၢ်နီၢ်ကီၢ်

theatricals *n* ၁. တၢ်ဂဲၤဒိပူ, တၢ်ဒုးနဲၣ် ၂. တၢ်ဟ်မၤအသး, တၢ်တမ့ၢ်တၢ်အနီၢ်ကီၢ်

thee *pro* နၤ

theft *n* တၢ်ဟုၣ်တၢ်ဘျၣ်

their *det* အဝဲသ့ၣ်အ

their *pro* အဝဲသ့ၣ်အ

theirs *pro* အဝဲသ့ၣ်အတၢ်

theism *n* တၢ်နာ်လၢယွၤအိၣ်အသနူ

theist *n* ပှၤလၢအနာ်လၢယွၤအိၣ်

them *pro* အဝဲသ့ၣ်

thematic *a* လၢအဘၣ်ထွဲဒီးတၢ်ဂ့ၢ်မိၢ်ပှၢ်

theme *n* ၁. တၢ်ဂ့ၢ်မိၢ်ပှၢ် (လၢပကတိၤတၢ်လၢအဂ့ၢ်) ၂. တၢ်ဂ့ၢ်ခိၣ်တီ, တၢ်ဂ့ၢ်

theme music *n* တၢ်ဂီၤမူအတၢ်သးဝံၣ်, တၢ်သးဝံၣ်တယှၢ်လၢတၢ်ကွဲးအီၤလၢတၢ်ဂီၤမူအဂ့ၢ်တယှၢ်အဂီၢ်

theme park *n* တၢ်ဟးလိာ်ကွဲကရၢ်, တၢ်သူၣ်ဖှံသးညီအကရၢ်ဖးလဲၢ်, တၢ်ဒုးနဲၣ်တၢ်ဂ့ၢ်မိၢ်ပှၢ်တမံၤအကရၢ် (အဒိ, Disneyland)

themed *a* လၢတၢ်ဆီလီၤဟ်လီၤအီၤဒ်တၢ်အိၣ်သးတမံၤအသိး

themselves *pro* အဝဲသ့ၣ်အကစၢ်ဒၣ်ဝဲ

then *a* ၁. ဝံၤဒီး, မၤကဒီး, လၢခံကူၤ ၂. အခါဖဲန့ၣ်, မ့မ့ၢ်ဒ်န့ၣ်ဒီး, တုၤနုၤတစု

then *adv* ၁. ဝံၤဒီး ၂. အခါဖဲန့ၣ်

thence *adv* လၢန့ၣ်လံၤလံၤ, စးထီၣ်ဖဲန့ၣ်, စးထီၣ်လၢန့ၣ်

thenceforth *adv* တုၤအံၤဆူညါ, စးထီၣ်လၢန့ၣ်လံၤလံၤ

theocracy *n* တၢ်ဘူၣ်တၢ်ဘါဒိၣ်စိသနူ, သံၣ်အိၣ်ခြိၣ်စံၣ်သနူ

theocratic *a* လၢအဘၣ်ဃးဒီးတၢ်ဘူၣ်တၢ်ဘါဒိၣ်စိ, လၢအဘၣ်ဃးဒီးသံၣ်အိၣ်ခြိၣ်စံၣ်

theodolite *n* နီၣ်ထိၣ်ဟီၣ်ခိၣ်, နီၣ်ထိၣ်ဟီၣ်ခိၣ်အပီးအလီ

theologian *n* ပှၤမၤလိယွၤဂ့ၢ်ပီညါ

theology *n* ယွၤဂ့ၢ်ပီညါ, တၢ်ယုသ့ၣ်ညါမၤလိယွၤဒီးတၢ်ဘူၣ်တၢ်ဘါအဂ့ၢ်

theorem *n* တၢ်ဂံၢ်တၢ်ဒွးအကျဲသနူ, တၢ်ဂံၢ်တၢ်ဒွးအတၢ်ဘျၢ

theoretical *a* ၁. လၢအဒိးသန့ၤထီၣ်အသးလၢတၢ်ဆိကမိၣ်ဒီးတၢ်ထံၣ်တၢ်နာ်အဖီခိၣ် ၂. လၢအဘၣ်ဃးထဲလၢတၢ်ဘျၢမိၢ်ပှၢ်

theorist *n* ပှၤလၢအထုးထီၣ်တၢ်ဘျၢမိၢ်ပှၢ် (အဒိ, ပှၤထုးထီၣ်မုၢ်ကျိၤဝဲၤကွာ်တၢ်ဘျၢမိၢ်ပှၢ်)

theorize, theorise *v* ဟ်လီၤတၢ်ထံၣ်တၢ်ဆိကမိၣ်ဒီးတၢ်နာ်, ဒုးအိၣ်ထီၣ်တၢ်ထံၣ်တၢ်ဆိကမိၣ်ဒီးတၢ်နာ်, ဟ်လီၤတၢ်ဘျၢမိၢ်ပှၢ်ဘၣ်ဃးတၢ်ဂ့ၢ်တမံၤမံၤ

theory *n* တၢ်ဆိကမိဉ်ဒီးတၢ်နာ်လၢတၢ်ကြၢးမၤတၢ်ဒ်လဲဉ်ဒ်လဲဉ်တၢ်ဘျၢ, တၢ်ဘျၢမိၢ်ပှၢ်

theosophy *n* တၢ်သ့ဆိကမိဉ်ယွၤအဂ့ၢ်ပီညါဒိဉ်ဒိဉ်ယိာ်ယိာ်, တၢ်ယုသ့ဉ်ညါမၤလိထူကလုၢ်ယွၤကထါအဂ့ၢ်ဒိဉ်ဒိဉ်ယိာ်ယိာ်

therapeutic *a* ၁. လၢအဘဉ်ဃးဒီးတၢ်ကူစါယါဘျါ ၂. လၢအမၤလီၤကဟ်တၢ်, လၢအမၤကိညၢ်လီၤတၢ်

therapeutics *n* တၢ်ယုသ့ဉ်ညါမၤလိတၢ်ကူစါယါဘျါတၢ်ဆူးတၢ်ဆါအကျိၤအကျဲအဂ့ၢ်, တၢ်ကူစါယါဘျါတၢ်ဆူးတၢ်ဆါအဂ့ၢ်ပီညါ

therapist *n* ပှၤကူစါယါဘျါတၢ်

therapy *n* တၢ်ကူစါယါဘျါတၢ်ဆူးတၢ်ဆါ

there *adv* ဖဲန့ၣ်, ဆူန့ၣ်, လၢန့ၣ်

thereabouts *adv* အိဉ်ဘူးဒီး, ဃဉ်ဃဉ်, ဘူးန့ၢ်ဒီး

thereafter *adv* တၢ်န့ၣ်ဝံၤအလိၢ်ခံ, ဝံၤအလိၢ်ခံ

thereat *adv* ဖဲန့ၣ်

thereby *adv* လၢတၢ်န့ၣ်အဃိ, သတးဒီး, အဃိန့ၣ်

therefore *adv* အဃိန့ၣ်, လၢတၢ်န့ၣ်အဃိ

therefrom *adv* လၢန့ၣ်လံၤလံၤ, စးထိဉ်ဖဲန့ၣ်အလိၢ်ခံ

therein *adv* လၢတၢ်န့ၣ်အပူၤ

thereof *adv* တၢ်အဝဲန့ၣ်

thereon *adv* ဒ်တၢ်ဃၢၤထိဉ်တ့ၢ်လံအီၤအသိး, ဒ်တၢ်ဟ်ဖျါထိဉ်တ့ၢ်လံအီၤအသိး

thereto *adv* ဘဉ်ထွဲဒီး

theretofore *adv* တုၤခဲကနံဉ်အံၤ

thereupon *adv* ဝံၤဒီး, တဘျီယီ, တၢ်န့ၣ်ဝံၤအလိၢ်ခံတဘျီယီ, လၢတၢ်န့ၣ်အဃိ

therewith *adv* ၁. ဘဉ်ထွဲယှာ်ဒီး ၂. တဘျီယီ

therm *n* တၢ်ထိဉ်တၢ်ကိၢ်အသဟိဉ်အယူဉ်နံး

thermal *a* ၁. လၢအဘဉ်ထွဲဒီးတၢ်ကိၢ်အသဟိဉ် ၂. လၢအလၢၤ

thermal *n* ၁. ကလံၤကလၢၤ ၂. တၢ်ကူတၢ်သိးအကလၢၤ

thermo- *combining* လၢအဘဉ်ထွဲဒီးတၢ်ကိၢ်အသဟိဉ်

thermodynamics *n* တၢ်ယုသ့ဉ်ညါတၢ်ကိၢ်ဒီးတၢ်အသဟိဉ်အတၢ်ဘဉ်ထွဲလိာ်သးအဂ့ၢ်, တၢ်ကိၢ်ဒီးတၢ်အသဟိဉ်အဂ့ၢ်ပီညါ

thermometer *n* သမိမံထၢဉ်, နီဉ်ထိဉ်တၢ်ကိၢ်တၢ်ခုဉ်, နီဉ်ထိဉ်တၢ်ကိၢ်, တၢ်ဖိတၢ်လံၤလၢပှၤသူအီၤလၢကထိဉ်တၢ်ကိၢ်အဂိၢ်

thermonuclear *a* နယူချံယါတၢ်ကိၢ်အသဟိဉ်

Thermos *n* ထံကိၢ်ဒၢ

thermostat *n* ပီးလီပၢၤတၢ်ကိၢ်တၢ်ခုဉ်

thesaurus *n* လံာ်သံးစီရူး, (လံာ်ဖျာဉ်, တၢ်ကတိၤ) အခီပညီတဖဉ်

these *a* တၢ်သ့ဉ်တဖဉ်အံၤ, တၢ်တဖဉ်အံၤ

thesis *n* ၁. တၢ်ဂ့ၢ်တမံၤအတၢ်ကွဲးဖးထီ, တၢ်ဟ်ဖျါ ၂. တၢ်ဂ့ၢ်မိၢ်ပှၢ်, တၢ်ဂ့ၢ်ခိဉ်သ့ဉ်

thespian *n* ပှၤဂဲၤဒိ

they *pro* အဝဲသ့ဉ်

thick *a* ၁. တိဉ် ၂. ပံာ်

thick *adv* တိဉ်တိဉ်, ပံာ်ပံာ်, နးနး, အါအါဂိၢ်ဂိၢ်, တံၢ်တံၢ်

thick *n* တၢ်အတိဉ်

thicken *v* မၤတိဉ်ထိဉ်, မၤတံၢ်ထိဉ်, မၤပံာ်ထိဉ်, မၤလီၤသကၤ, တိဉ်ထိဉ်, တံၢ်ထိဉ်, ပံာ်ထိဉ်, လီၤသကၤ

thicket *n* သ့ဉ်တပိာ်တိဉ်အလိၢ်

thickly *adv* တိဉ်တိဉ်, ပံာ်ပံာ်, နးနး, အါအါဂိၢ်ဂိၢ်, တံၢ်တံၢ်

thickness *n* အတိဉ်, တၢ်အတိဉ်

thickset *a* ဖုဉ်ဒီးတိဉ်, ဖုဉ်ဒီးဒိဉ်, လၢအိဉ်ဒီးနှဉ်ဒီးဒ့

thick-skinned *a* လၢအဖံးတိဉ်, လၢအသးဘဉ်ဒိတညီ

thief *n* တၢ်ဘျဉ်, တမျာ်, ပှၤဟ့ာ်ဆူဉ်ပျိဆူဉ်တၢ်

thieving *n* တၢ်ဟုဉ်တၢ်ဘျဉ်တၢ်

thievish *a* လၢအလီၤက်ဒီးတၢ်ဟုဉ်တၢ်ဘျဉ်, လၢအဟုဉ်တၢ်ဆူဉ်, လၢအစုကဒ့ဉ်

thigh *n* ကံဉ်ဒုဉ်

thigh bone *n* ကံဉ်ဒုဉ်အယံ

thimble *n* စုပုၢ်စုနၢအဖျိဉ်, စုဖျိဉ်လၢပဆးတၢ်အဂိၢ်

thin *a* ၁. ဃဲၤ ၂. ဘူ ၃. ဆှံ, တပံာ်ဘဉ် ၄. စှၤ, ဟိ, စီၤစှၤလိာ်သး

thin *adv* ဘူဘူ, စှၤစှၤ, ဘူသလါ, ဘူတလါ

thin *v* ၁. မၤဆှံထီဉ် (တၢ်နၢ်ထံ) ၂. (ခိဉ်ဆူဉ်) လီၤ ၃. မၤဘူလီၤ, မၤစှၤလီၤ

thine *det* န, နတၢ်

thine *pro* န, နတၢ်

thing *n* တၢ် (တမံၤ)

think *v* ဆိကမိဉ်

think about *vp:* ကွၢ်ထံဆိကမိဉ်

think back *vp:* ဆိကမိဉ်ကဒါက့ၤ

think of *vp:* ၁. သ့ဉ်နီဉ်ထီဉ် ၂. ဆိကမိဉ်

think out *vp:* ထုးထီဉ်တၢ်ဆိကမိဉ်

think over *vp:* ဆိကမိဉ်က့ၤထံထံဆးဆး

think the better of *idm:* ၁. ဟ်ဒိဉ်ဟ်ကဲ, ဟ်ဒိဉ်ဟ်ထီ ၂. ဆၢတဲာ်လၢတမၤလၢၤ

think through *vp:* ထုးထီဉ်တၢ်ဆိကမိဉ်

think up *vp:* ဟ့ဉ်ထီဉ်တၢ်ထံဉ်တၢ်ဆိကမိဉ်

think tank *n* ပှၤစဲဉ်နီၤတဖု, ပှၤသ့လီၤဆီတဖု, ပှၤလၢအိဉ်ဒီးတၢ်ထံဉ်တၢ်ဆိကမိဉ်တဖု, ပှၤသ့ပှၤဘဉ်တဖု

thinkable *a* လၢအကဲထီဉ်သ့, လၢပကွၢ်ထံဆိကမိဉ်လၢအဂ့ၢ်သ့

thinker *n* ပှၤဆိကမိဉ်တၢ်

thinking *a* လၢအကွၢ်ထံဆိကမိဉ်တၢ်သ့

thinking *n* ၁. တၢ်ထံဉ်တၢ်ဆိကမိဉ် ၂. တၢ်ဆိကမိဉ်တၢ်

thinly *adv* ဘူဘူ, စှၤစှၤ, ဘူသလါ, ဘူတလါ

thinner *n* တၢ်အထံလၢအမၤဆှံထီဉ်ကသံဉ်ထံ

thin-skinned *a* လၢအသးဘဉ်ဒိညီ, လၢအတူၢ်တၢ်တန့ၢ်, လၢအဖံးဘူညဉ်ဘူ

third *a* သၢမံၤတမံၤ, သၢခါတခါ, သၢဘျီတဘျီ

third *n* သၢမံၤတမံၤ, သၢခါတခါ, သၢဘျီတဘျီ

third class *n* သၢပတီၢ်တပတီၢ်

third degree *n* တၢ်သံကွၢ်သံဒိးတၢ်အါအါဂိၢ်ဂိၢ်လၢာ်ကဆူးလၢာ်ကတ့ၤ, တၢ်သံကွၢ်သမံသမိးတၢ်ဆူဉ်ဆူဉ်ကိၢ်ကိၢ်ဒီးမၤဒၢဉ်တၢ်

third party *n* ပှၤသၢဖုတဖု, ပှၤအဂၤတဂၤ, ပှၤအဂၤတဖု

third party insurance *n* တၢ်ဟ့ဉ်စ့အိဉ်လီးအစ့အုဉ်ကီၤ, တၢ်ဟ့ဉ်အိဉ်လီးစ့အုဉ်ကီၤ

third person *n* ၁. (အဲကလံးကျိာ်သန့) အဝဲ (ပိာ်ခွါ, ပိာ်မုဉ်), တၢ်နဲ့ဉ်, အဝဲသ့ဉ် ၂. ပှၤသၢဂၤတဂၤ

Third World *n* ထံကီၢ်လၢအဖှိဉ်အယာ်

third-class *a* လၢအပတီၢ်သၢပတီၢ်တပတီၢ်, လၢအပှ့ၤဘဉ်ကတၢၢ်အပတီၢ်

third-degree *a* ၁. လၢမ့ဉ်အူအီဉ်တၢ်နးနးကလဲာ်, လၢမ့ဉ်အူအီဉ်တုၤလၢဖံးဘ့ဉ်ညဉ်လာ် ၂. (သဲစးအတၢ်ဟ်ပနီဉ်) လၢအမၤကမဉ်ကွီၢ်မ့ဉ်အစၢ်ကတၢၢ်တပတီၢ် (အဒိ, တၢ်မၤသံဘဉ်တၢ်လၢတၢ်တဟ်သူဉ်ဟ်သးအပူၤ)

thirdly *adv* သၢမံၤတမံၤန့ဉ်

third-rate *a* လၢအကံၢ်အစီတဂ့ၤ, လၢအပတီၢ်ဖုဉ်ကတၢၢ်

thirst *n* ၁. တၢ်သူသးလၢထံ ၂. (thirst for) တၢ်ဆၢန့ၢ်ဒိဉ်ဒိဉ်ကလဲာ်, တၢ်မိဉ်နၢ့်သးလီတၢ်ဒိဉ်ဒိဉ်ကလဲာ်

thirst *v* ၁. အဲဉ်ဒိးအီထံ, သူသးလၢထံ, မိဉ်အီအသးလၢထံ ၂. (thirst for) ဆၢန့ၢ်ဒိဉ်ဒိဉ်ကလဲာ်, မိဉ်နၢ့်သးလီတၢ်ဒိဉ်ဒိဉ်ကလဲာ်

thirsty *a* သးသူထံ

thirteen *n* တဆံသၢ, ၁၃

thirteenth *a* တဆံသၢ (ခါ) တ (ခါ), တဆံသၢ (ပူ) တ (ပူ), တဆံသၢ (ဂၤ) တ (ဂၤ)

thirtieth *a* သၢဆံ (ခါ) တ (ခါ), သၢဆံ (ပူ) တ (ပူ), သၢဆံ (ဂၤ) တ (ဂၤ)

thirty *n* သၢဆံ, ၃၀

this *a* အဝဲအံၤ, တၢ်အံၤ

this *adv* ထဲအံၤညါ

this *det* အဝဲအံၤ, တၢ်အံၤ

this *pro* အဝဲအံၤ, တၢ်အံၤ

thistle *n* ဖီတကလုာ်လၢအိဉ်ဒီးအဆူဉ်, ကီၢ်စကီးတလဲဉ်ထံကီၢ်အတၢ်ပနီဉ်

thither *adv* ဆူနဲ့ဉ်, ဖဲနဲ့ဉ်, လၢဘးနဲ့ဉ်, ဆူဘးနဲ့ဉ်

thong *n* ၁. ဖျိဉ်ခံဖိအဒါ, ဖျိဉ်ခံဒါ ၂. ပျုံတၢ်ဖံး ၃. ခီဉ်ဖံးတြံာ်, ခီဉ်ဖံးတံာ်

thorax *n* သးနါပှၢ်

T

thorn *n* ၁. အဆှဉ်, တၢ်ဆှဉ် ၂. သ့ဉ်တၤဆှဉ်

thorny *a* ၁. လၢအိဉ်ဒီးအဆှဉ်အမဲ, လၢအဆှဉ်အါ ၂. လၢအတၢ်ကီတၢ်ခဲအါ, လၢအကမဲာ်အါ, လၢအဒုးအိဉ်ထီဉ်တၢ်ကီတၢ်ခဲ

thorough *a* လ့ၤတ့ၢ်လ့ၤတီၤ, လၢအလၢပှဲၤ, လၢအလီၤတံၢ်လီၤဆဲး

thoroughbred *a* (ကသ့ဉ်) လၢအဂ့ၤနီၢ်နီၢ်, လၢအစၢၤဂ့ၤ, လၢအလၢအပှဲၤ, လၢအကံၢ်အစီဂ့ၤဒိဉ်မး

thoroughbred *n* ၁. ကသ့ဉ်လၢအစၢၤအသွဲဉ်ဂ့ၤ ၂. တၢ်လၢအဂ့ၤဒိဉ်မး ၃. ပှၤလၢအဂ့ၤဒိဉ်မး, ပှၤလၢအလၢပှဲၤ, ပှၤလၢအလၢပှဲၤဒီးကံၢ်စီ, တၢ်သ့တၢ်ဘဉ်ဒီးကဒုလီၤတံၢ်

thoroughfare *n* ကျဲမုၢ်ဖးဒိဉ်လၢပှၤလဲၤထီဉ်က့ၤလီၤအခွဲးအိဉ်

thoroughgoing *a* လၢပှဲၤ, လီၤတံၢ်လီၤဆဲး

thoroughly *adv* လၢလၢပှဲၤပှဲၤ, လၢ်လၢ်ဆ့ဆ့, လီၤတံၢ်လီၤဆဲး

those *det* အဝဲသ့ဉ်တဖဉ်နူ့ဉ်, တၢ်သ့ဉ်တဖဉ်နူ့ဉ်

thou *n* တၢ်ကွဲးဖှဉ် "thousand", တကထီ

thou *pro* န

though *adv* သနာ်က့

though *conj* သနာ်က့

thought *n* တၢ်ဆိကမိဉ်

thoughtful *a* ပှဲၤဒီးတၢ်ဆိကမိဉ်

thoughtless *a* လၢအတအိဉ်ဒီးတၢ်ဆိကမိဉ်

thought-provoking *a* လၢအဒုးဆိကမိဉ်ပှၤ, လၢအဒုးအိဉ်ထီဉ်တၢ်ဆိကမိဉ်

thousand *n* တကထီ, ၁၀၀၀

thousandfold *a* အစးတကထီ, အဘျီတကထီ

thousandth *n* ၁. တကထီ (ဖျာဉ်) တ (ဖျာဉ်), တကထီ (ဂၤ) တ (ဂၤ) ၂. တကထီ (ပူ) တ (ပူ)

thrall *n* ၁. ကုၢ် ၂. တၢ်ကဲကုၢ်ကဲပှၢ်

thrash *n* ၁. တၢ်ဖျ့, တၢ်တိၢ်, တၢ်လဲာ် ၂. တၢ်သထူဉ်ဘးလီ, တၢ်တၢကလူပိၢ်ကလၢ် ၃. တၢ်သးဝံဉ်ရိး(ခ)တကလှာ်

thrash *v* ၁. ဖျ့(တၢ်) ၂. ပိာ်ဘှ, ဖျ့ဘှ ၃. မၤဃဉ်ကွံာ်, မၤနၢၤကွံာ်

thrashing *n* ၁. တၢ်ဖျ့တၢ်, တၢ်တိၢ်တၢ်, တၢ်လဲာ်တၢ် ၂. တၢ်မၤနၢၤကွံာ်, တၢ်မၤဃဉ်ကွံာ်

thread *n* လုဉ်

thread *v* တ့ၢ်ထးမဲၢ်ခံ

threadbare *a* ၁. လ့ၤကွံာ်, သကျ့ၤလၢာ်, လၢအဆှဉ်လီၤထဲးကွံာ် ၂. လၢအတလီၤသးစဲလၢၤ, လၢအတထုးနှၢ်ပှၤအသးလၢၤ, လၢတၢ်တကနဉ်ယှာ်လၢၤ

threadworm *n* ထိးကလဲာ်ဖိပြံ

threat *n* တၢ်မၤပျံၤမၤဖုး

threaten *v* မၤပျံၤမၤဖုး

threatening *a* လၢအလီၤပျံၤလီၤဖုး, လၢအမၤပျံၤမၤဖုးတၢ်

three *n* သၢ, ၃

three fourths *n* လွံၢ်ပူသၢပူ 3/4

three quarters *n* လွံၢ်ပူသၢပူ 3/4

Three Wise Men *n* ပှၤမၢ်ကူးသၢဂၤ, မုၢ်ထိဉ်စီၤပၤသၢဂၤလၢအလဲၤမၤဘူဉ်ဖိသဉ်ယ့ၣ်ရှူး

three-cornered *a* ၁. လၢအနၢဉ်အိဉ်သၢနၢဉ် ၂. လၢအပဉ်ယှာ်ဒီးပှၤသၢဂၤ, လၢအပဉ်ယှာ်ဒီးပှၤသၢဖု

three-D *n* သၢကပၤဖျါ

three-dimensional *a* လၢအဖျါသၢကပၤ, လၢအအိဉ်သၢကပၤ (အကစီၤထီ, အဒိဉ်ဃီၤဒီးအလဲၢ်)

threefold *a* သၢပူ, သၢစး, သၢဘျီ, သၢချံး

threefold *adv* သၢပူ, သၢစး, သၢဘျီ, သၢချံး

three-legged race *n* တၢ်စံဉ်သၢခီခိဉ်, သၢခီခိဉ်တၢ်ယ့ၢ်ပြၢ

three-piece *a* လၢအကူာ်အိဉ်သၢကူာ်, လၢအက့အိဉ်သၢက့, လၢအအိဉ်သၢဘ့ဉ်, လၢအအိဉ်သၢခါ

three-ply *a* (သ့ဉ်) လၢအကထၢအိဉ်သၢကထၢ, (တၢ်ကံးညာ်) လၢအလုဉ်အိဉ်သၢဘိ

three-point turn *n* တၢ်တရံးသၢထံဉ်, တၢ်တရံးနိဉ်သိလှဉ်သၢထံဉ်အကျဲ (နိဉ်ဆူအမဲာ်ညါတထံဉ်, ဂ့ၤဆူအလိၢ်ခံတထံဉ်ဒီးဃဉ်တရံးသိလှဉ်အခိဉ်ဒီးနိဉ်ဆူအမဲာ်ညါ)

three-quarter *a* ၁. လၢအအိၣ်လွံၢ်ပူသၢပူ ၂. လၢအအိၣ်လွံၢ်ဆံယဲၢ်မံးနံး

threesome *n* သၢဂၤတဆီ, သၢဂၤတဖု, သၢဂၤတကရူၢ်

three-way *a* လၢအကဲထီၣ်အသးလၢကျဲသၢဘိ, လၢအမၤအသးလၢကျဲသၢဘိ, လၢအကဲထီၣ်သးလၢပှၤသၢဂၤအဘၢၣ်စၢၤ

thresh *v* ပိာ်ဘု, ယီၢ်ဘု

threshold *n* ၁. ယီလီၤဆဲး, ကျဲစၢၤ, ပဲတြီအကျဲစၢၤ ၂. တၢ်အခီၣ်ထံး, တၢ်စးထီၣ်သးအခီၣ်ထံး

thrice *adv* သၢဘျီ

thrift *n* တၢ်သူကတီၤစ့, တၢ်စူးကါကတီၤစ့, တၢ်သူကျိၣ်သူစ့သ့, တၢ်စူးကါကျိၣ်စ့သ့

thrift shop, thrift store *n* တၢ်ယုစ့မၤဘှၣ်အကျး, ကျးယုစ့မၤဘှၣ်, ကျးလၢအဆါတၢ်ဖိတၢ်လံၤလၢတၢ်စူးကါအီၤဝံၤတ့ၢ်လံတဘျီလၢအယုဟ်ကီၤစ့မၤဘှၣ်

thriftless *a* လၢအစူးကါလၢာ်ဂီၤစ့, လၢအသူလၢာ်ဂီၤတၢ်, လၢအစူးကါလၢာ်ဂီၤတၢ်, လၢအမၤလၢာ်ဂီၤစ့, လၢအမၤလၢာ်ဂီၤတၢ်

thrifty *a* လၢအသူကျိၣ်သူစ့သ့, လၢအစူးကါကျိၣ်စ့သ့, လၢအသူကတီၤစ့, လၢအစူးကါကတီၤစ့

thrill *n* ၁. တၢ်သူၣ်ပိၢ်သးဝး, တၢ်ဖံးတကုၣ်ခီတကုၣ် ၂. တၢ်ကနိးကစုာ်, တၢ်သူၣ်ကနိးသးကနိး

thrill *v* မၤသူၣ်ပိၢ်သးဝး, ဖံးတကုၣ်ခီတကုၣ်, သူၣ်ကနိးသးကနိး

thrilled *a* လၢအသူၣ်ပိၢ်သးဝး, လၢအသူၣ်ကနိးသးကနိး, လၢအဖံးတကုၣ်ခီတကုၣ်

thriller *n* တၢ်ဂီၤမူလၢအလီၤသူၣ်ပိၢ်သးဝး, လံာ်တၢ်ကွဲးပူလၢအလီၤသူၣ်ပိၢ်သးဝး

thrilling *a* လၢအသူၣ်ပိၢ်သးဝး, လၢအကနိးသူၣ်ကနိးသး, လၢအလီၤဖံးတကုၣ်ခီတကုၣ်

thrive *v* ဘီၣ်ထီၣ်ညီထီၣ်, အါထီၣ်ဂိၢ်ထီၣ်, ဒိၣ်ထီၣ်ထီထီၣ်, ဂုၤထီၣ်ပသီထီၣ်

throat *n* ကိာ်ယူၢ်

throaty *a* လၢအကတိၤတၢ်လၢအကိာ်ယူၢ်ကဒၢလာ်

throb *n* ၁. တၢ်အ့ၣ်ထုးအ့ၣ်စူၢ်, တၢ်ဆါဆဲးဖိုး ၂. တၢ်သီၣ်ထုးထုး (စဲး) ၃. သွံၣ်စံၣ်, သးစံၣ်

throb *v* ၁. ဆဲးဖိုး, စံၣ် (သွံၣ်စံၣ်) ၂. စူၢ် (တၢ်ပူၤလိၢ်) ၃. စံၣ်သီၣ်ထုးထုး (စဲး)

throe *n* ၁. တၢ်အ့ၣ်စူၢ်အ့ၣ်ထုးဖုး, တၢ်ဆိးကဲး, တၢ်ဆါဆဲး ၂. တၢ်ဂဲၤပျုၢ်ဂဲၤဆှးနးနးကလဲာ်, တၢ်ဘၣ်မၤတၢ်ကိၢ်ကိၢ်ဂီၤဂီၤ

throes *n* တၢ်ဂဲၤပျုၢ်ဂဲၤဆှးနးနးကလဲာ်, တၢ်ဘၣ်မၤတၢ်ကိၢ်ကိၢ်ဂီၤဂီၤ, တၢ်ကိၢ်တၢ်ဂီၤ, တၢ်ဘၣ်တူၢ်တၢ်နးနးကလဲာ်

thrombophlebitis *n* သွံၣ်ကျိၤတဖၣ်ညီး

thrombosis *n* သွံၣ်ကျိၤတံာ်တၢၤကွံာ်

throne *n* လီၢ်ပစိာ်, စီၤပၤလီၢ်ပစိာ်

throne *v* ထိၣ်နီ, ဒုးထိၣ်နီ, ဟ်ထိၣ်နီ, ဒုးကဲအီၤလၢစီၤလိၤစီၤပၤ

throng *n* ပှၤဂိၢ်မုၢ်ဂိၢ်ပၤ

throng *v* (ဟဲ) ဂိၢ်မုၢ်ဂိၢ်ပၤ, အိၣ်ဂိၢ်မုၢ်ဂိၢ်ပၤ, လဲၤဂိၢ်မုၢ်ဂိၢ်ပၤ, အိၣ်ဆွံကတံာ်ကတူာ်အသး, အိၣ်ဆွံဖှိၣ်အသး

throttle *n* ၁. နီၣ်ကၢၤစဲးအသိ, တၢ်အပျူၤဖိလၢအတြီယာ်စဲးအသိအထီၣ်အလီၤ ၂. ကိာ်ယူၢ်ဒိ, ကိာ်ဘိ (စဲအ့ၣ်အတၢ်ကိး)

throttle *v* ၁. စၢတံၢ်ယာ်ကိာ်ဘိ (ကိာ်ယူၢ်ဒိ), စံၢ်သံ ၂. မၤတံာ်တၢၤတၢ်, မၤကတာ်တၢ်, မၤနိးမၤဘျးတၢ် ၃. (throttle back/down) မၤလီၤစၢ်ကွံာ်တၢ်အချ့, ကၢၤယာ်တၢ်လဲၤအချ့

through *a* ဖျိ, ဖျိသဂၢ်, (လဲၤ) ခီက်, (လဲၤ) ခီဖျိ

through *adv* ဖျိ, ဖျိသဂၢ်, (လဲၤ) ခီက်, (လဲၤ) ခီဖျိ

through *prep* ဖျိ, ဖျိသဂၢ်, (လဲၤ) ခီက်, (လဲၤ) ခီဖျိ

throughout *adv* ၁. ဒီ (နံၤ – လါ – ဘိ) ၂. သကုၤဆးဒး

throughout *prep* ၁. လၢလီၢ်ကိးပူၤဒဲး, သကုၤဆးဒး ၂. ဒီတကတိၢ်ညါ, ဒီ (နံၤ – လါ – ဘိ) ညါ

throughput *n* တၢ်မၤန့ၢ်တၢ်ပှဲၤအံၤပှဲၤနၤလၢတၢ်ဆၢကတိၢ်တကတိၢ်အပူၤ

throw *n* ၁. တၢ်တလ့ၣ်လီၤတၢ်, တၢ်ကွံာ်တၢ် ၂. လီၢ်ဆ့ၣ်နီၤအဒၢ, လီၢ်ဆ့ၣ်နီၤအဒၢ

throw *v* ကွံာ်, တၢၤကွံာ်

throw back *vp:* ယၣ်က့ၤဆူအလီၢ်ခံ, တရံးအသးဆူအလီၢ်ခံ

throw down *vp:* ၁. တၢၤကွံာ် ၂. (ဟ်လီၤ) စုကဲၤ

throw in *vp:* ၁. ဆိကတိၢ် ၂. ဟ့ၣ်လီၤ, သးဟးဂီၤ ၃. ကွံာ်နှာ်လီၤ ၄. တဲဖျါထီၣ် ၅. ထၢနှာ်အါထီၣ်

throw off *vp:* ၁. ဘှၣ်လီၤကူသိးပစုၢ်ပတ့ၤ ၂. မၤပူၤဖျဲး, ပူၤဖျဲးလၢ (တၢ်ဆူးတၢ်ဆါ) ၃. ပျ့လီၤ (တၢ်သဝံ)

throw on *vp:* ကူသိးထီၣ်ပစုၢ်ပတ့ၤ

throw out *vp:* ၁. တၢၤကွံာ် ၂. နီၣ်ဟးထီၣ်ကွံာ်, ထုးထီၣ်ကွံာ် ၃. တဲဖျါထီၣ်

throw over *vp:* ၁. စူးကွံာ် ၂. တတူၢ်လိာ် ၃.ဟ့ၣ်ဃၣ်

throw up *vp:* ဘိုး, သးကလဲၤ

throwaway *a* ၁. တၢၤကွံာ် ၂. မၤလၢာ်ဂီၤကလီ ၃. ညီကွံာ် (တၢ်ခွဲးဂ့ၤယာ်ဘၣ်)

throwback *n* ၁. ပှၤလၢအလီၤက်ဒီးပှၤလၢအပူၤကွံာ် ၂. တၢ်လၢအလီၤက်ဒီးတၢ်လၢအအိၣ်တ့ၢ်လၢစိၤအပူၤကွံာ်

thrower *n* ပှၤကွံာ်တၢ်ဖိ

throw-in *n* တၢ်ကွံာ်နှာ်က့ၤဖျာၣ်ထူဆူပျီပူၤ

thrust *n* တၢ်ဆဲးဖိုး, တၢ်ဆဲးဂိာ်

thrust *v* ၁. ဆဲးဖိုး, ဆဲးဂိာ်, ဆဲး, ဆဲးဖျိ ၂. ဆွံနှာ်, ဆီၣ်ကွံာ်

thruway *n* ကျဲမုၢ်ဖးဒိၣ်လၢသိလှၣ်ဃ့ၢ်ချ့အဂီၢ်

thud *n* တၢ်သီၣ်တူာ်တူာ်

thud *v* ၁. လီၤတဲာ်သီၣ်တူာ်, ဒိဘၣ်သီၣ်တူာ် ၂. စံၣ်သီၣ်တူာ်တူာ်

thug *n* ပိာ်ခွါလၢအအၢအသီ, ပှၤအၢပှၤသီ, ဖါသူၣ်ဂဲၤ

thumb *n* စုမုၢ်ဒိၣ်, စုမုၢ်ကျၢၢ်

thumb *v* ၁. အိးထီၣ်လံာ်ကဘျံးပၤဒီးစုမုၢ် ၂. ယှာ်ထီၣ်စုမုၢ်ကီးပတှာ်သိလှၣ်

thumb index *n* လံာ်ကဘျံးပၤအတၢ်ပနီၣ်, လံာ်မဲာ်ဖျာၣ်တၢ်ပနီၣ်တဖၣ်လၢအရဲၣ်လီၤအသးဖဲလံာ်ကဘျံးပၤအသရၤထံးဒ်သိးပဃုလံာ်အဆၢလၢပအဲၣ်ဒိးကွၢ်အီၤကညီအဂီၢ်

thumbnail *n* စုမ့ၣ် (စုမုၢ်ဒိၣ်), တၢ်ဂီၤအံၣ်အံၣ်ဖိ (ခီၣ်ဖွူထၢၣ်အပူၤ)

thumbnail sketch *n* တၢ်ဂ့ၢ်မိၢ်ပှၢ်ဖုၣ်ကိာ်ဖိ

thumbscrew *n* ၁. ထးပဝံာ်သဘုံးစုမုၢ်ကျၢၢ် (တၢ်အပီးအလီလၢတၢ်စံၣ်ညီၣ်မၤဆူးမၤဆါပှၤလၢပျၢၤ) ၂. ထးပဝံာ်ဖိ, ထးပဝံာ်လၢပှၤဝံာ်တံာ်လၢစုမုၢ်သ့

thumbtack *n* ထးပနဲာ်အခံ, ထးကမိာ်ခံ, ထးဆဲးနီၣ်တၢ်

thump *n* ၁. တၢ်အသီၣ်တူာ်တူာ် ၂. တၢ်ထိတၢ်, တၢ်တိၢ်တၢ်

thump *v* ၁. ထၢၣ်တၢ်, တိၢ်တၢ်, ထိတၢ် (လၢစုခိၣ်) ၂. သးစံၣ်သီၣ် ၃. (ခီၣ်သၣ်ဃံ) ဆါဆဲးဖိုး ၄. စုးလီၤတၢ်, ဒိဘၣ်တၢ်အသီၣ်, ဘၣ်ထံးအသီၣ် ၅. ဟးဆဲးထူခီၣ်အသီၣ်

thumping *a* ဒိၣ်မး, နးမး

thunder *n* ၁. လီသီၣ်, လီသီၣ်လီသဲ ၂. တၢ်အသီၣ်ရှ့ၢ်ရှ့ၢ်

face like thunder *idm:* ပှၤမဲာ်သၣ်လီၤက်ဒ်တၢ်အၢၣ်အုးလီသီၣ်လီဖျးအသိး

thunder *v* ၁. (လီ) ဖျးတၢ် ၂. သီၣ်ဂူၢ်ဂူၢ်, သီၣ်ရှ့ၢ်ရှ့ၢ် ၃. ကိးဃါတၢ်

thunderbolt *n* ၁. လီဖျးတၢ် ၂. တၢ်ကစီၣ်တမှာ်, တၢ်ကစီၣ်အၢ

thunderclap *n* လီသီၣ်လီသဲ, လီဖျးတၢ်အသီၣ်

thundercloud *n* တၢ်အၢၣ်ခံးသူ

thunderous *a* ၁. လၢအသီၣ်တၢကလုပိၢ်ကလာ် ၂. လီၤက်လၢအသးထီၣ်ဒိၣ်မး, ဖျါလၢအသူၣ်ဒိၣ်သးဖိုးဒိၣ်ဒိၣ်ကလဲာ်

thunderstorm *n* လီကလံၤမုၢ်

thunderstruck *a* လၢအသးလီၤကတုၤ, လၢအကမၢကမဉ်ဒိၣ်ဒိၣ်ကလဲာ်

thundery *a* လၢအပှဲၤဒီးလီသီၣ်လီသဲ, လၢအိၣ်ဒီးလီသီၣ်လီသဲ

Thursday *n* မုၢ်လ့ၤဒိၤ, မုၢ်လွံၢ်နံၤ

thus *adv* ဒ်အံၤအသိး, လၢတၢ်အံၤအဃိ

thwack *v* ဒိတိၢ်တၢ်အသီၣ်

thwart *a* လၢအတြီမၤတံာ်တာ်, လၢအမၤနိးမၤဘျး

thwart *n* ချံဝၢ်အလီၢ်ဆ့ၣ်နီၤ

thwart *v* တြီမၤတံာ်တာ်, မၤနိးမၤဘျးတၢ်

thy *pro* နတၢ်, နဝဲ, ထဲနဝဲဒၣ်

thyroid *n* ကိာ်ယူၢ်ဘိချံဒိၣ်

thyself *pro* နကစၢ်ဒၣ်နဲ

tiara *n* ခိဉ်သလုး, တၢ်လၤကပီၤအခိဉ်သလုး

tibia *n* ခီဉ်လှၢ်မိအယံ, ခီဉ်လီၤမိၢ်အယံ

tic *n* ထူဉ်ထုးဃံး, ထူဉ်ဟူးပျၢ်ဟူး, (မဲာ်) တထုး

tick *n* ၁. တၢ်တီၤနီဉ် (✓) ၂. ခံဉ် ၃. တၢ်သီဉ်တဲးတဲး

tick *v* ၁. (နဉ်ရံဉ်) သီဉ်တဲးတဲး ၂. တီၤနီဉ်

ticker *n* ၁. တၢ်တမံၤမံၤလၢအသီဉ်တဲးတဲး, နဉ်ရံဉ်သီဉ်တဲးတဲး ၂. စဲးစဲကျံးလံာ်တကလုာ် ၃. ပှၤအသးဖျာဉ်

ticker tape *n* စဲးစဲကျံးလံာ်အလံာ်ထူတလံးဖိ

ticket *n* လံာ်ပျဲက့

ticket *v* ၁. ထုးထီဉ်ဆါလံာ်ပျဲက့ ၂. ဟ့ဉ်လီၤ (တၢ်မၤကမဉ်တၢ်နီဉ်သိလှဉ်အတၢ်သိဉ်တၢ်သီ) အလံာ်ပျဲက့ ၃. ကျးလီၤလံာ်ပျဲက့, ကျးလီၤ (တၢ်အပှ့ၤကလံၤ) အလံာ်က့

ticketing *n* တၢ်ဆါလံာ်ပျဲက့အတၢ်ဖံးတၢ်မၤ

ticking off *n* တၢ်ဒုတၢ်ကလာ်တၢ်, တၢ်ကလာ်တၢ်

tickle *n* ၁. တၢ်ဆဲးကိၢ်ကွံ ၂. ကိာ်ယူၢ်ပူၤကိၢ်ကွံ, ကိာ်ယူၢ်ဒိသးဂဲာ်

tickle *v* ၁. ဆဲးကိၢ်ကွံ ၂. သးဂဲာ်သးကွဲ ၃. မၤမှာ်မၤဖုံပှၤသး

ticklish *a* ၁. လၢအကိၢ်ကွံသ့ ၂. လၢအကီအခဲဒီးဘဉ်မၤအီၤလီၤတံၢ်လီၤဆဲး ၃. လၢအသးဂဲာ်သးကွဲ (တၢ်ကူး)

ticky-tacky *n* တၢ်ဖိတၢ်လံၤလၢအပှ့ၤဘဉ်ဒီးအကၢ်အစီတဂ့ၤ

tic-tac-toe *n* တၢ်တီၤဂာ်တဲာ် – ဝးကဝီၤတၢ်ဂဲၤလိာ်ကွဲ

tidal *a* လၢအဘဉ်ဃးဒီးထံထီဉ်ထံလီၤ

tidal wave *n* ပီဉ်လဲဉ်လပီဖးဒိဉ်, ထံထီဉ်ထံလီၤလပီဖးဒိဉ်လၢအကဲထီဉ်ခီဖျိဟီဉ်ခိဉ်ဟူးလၢပီဉ်လဲဉ်ဖီလာ်

tiddler *n* ညဉ်ဖိပြံ

tide *n* (ပီဉ်လဲဉ်အ) ထံထီဉ်ထံလီၤ

tide *v* ဟ့ဉ်မၤစၢၤပှၤတၢ်ဖဲပှၤအိဉ်လၢတၢ်နးတၢ်ဖှိဉ်အကတိၢ်

tide pool *n* ထံကလိာ်ဖိလၢပီဉ်လဲဉ်နံၤ, ထံကလိာ်ဖိလၢအိဉ်လီၤတဲာ်တ့ၢ်ဖဲပီဉ်လဲဉ်ထံထီဉ်ထံလီၤဝံၤအလိၢ်ခံ

tidemark *n* ထံထီဉ်အထီကတၢၢ်အကျိုၤဖဲပီဉ်လဲဉ်နံၤ, ပီဉ်လဲဉ်နံၤထံထီဉ်အထီကတၢၢ်အကျိုၤ, ထံထီဉ်အထီကတၢၢ်အကျိုၤလၢအိဉ်လီၤတဲာ်တ့ၢ်လၢပီဉ်လဲဉ်နံၤ

tideover *v* ဟ့ဉ်မၤစၢၤပှၤတၢ်ဖဲပှၤအိဉ်လၢတၢ်နးတၢ်ဖှိဉ်အကတိၢ်

tidewater *n* ၁. ပီဉ်လဲဉ်အထံထီဉ်ထံလီၤ ၂. ပီဉ်လဲဉ်ကၢၢ်နံၤတၢ်လီၢ်တဖဉ်

tidings *n* တၢ်ကစီဉ်

tidy *a* ၁. လၢအကဆှဲကဆို, အိဉ်လၢအလီၢ်အကျဲ ၂. အါအါဂိၢ်ဂိၢ် ၃. လၢအလီၤတံၢ်လီၤဆဲး

tidy *n* ၁. တၢ်ကစဲးကစီးအဒေၢ, တၢ်ပူၤတၢ်တ့ၤ ၂. လီၢ်ဆ့ဉ်နီၤအဒေၢ

tidy *v* ဟ်တၢ်လၢအလီၢ်အကျဲ, မၤကဆှဲကဆို

tie *n* ၁. ကိာ်စၢ ၂. တၢ်ဘဉ်ထွဲလိာ်သး ၃. တၢ်စၢဃာ်

tie *v* ၁. စၢဃာ်, ဘံဃာ်, ယ့ဃာ် ၂. မၤန့ၢ်အမးပှဲၤသိးသိး, တနၢၤနီတခီ

tiebreak *n* (တၢ်လိာ်ကွဲပြၢ) တၢ်ဟ့ဉ်တၢ်ဆၢကတိၢ်အဘျဲဉ်လၢတၢ်ကစံဉ်ညီဉ်တဲာ်ပှၤမၤနၢၤတၢ်အဂီၢ်

tiebreaker *n* (တၢ်လိာ်ကွဲပြၢ) တၢ်ဟ့ဉ်တၢ်ဆၢကတိၢ်အဘျဲဉ်လၢတၢ်ကစံဉ်ညီဉ်တဲာ်ပှၤမၤနၢၤတၢ်အဂီၢ်

tied *a* ၁. (တၢ်မၤကစၢ်အဟံဉ်) လၢအဒိးလဲလီၤဝဲဆူပှၤမၤတၢ်ဖိအအိဉ်ဖဲအမၤတၢ်လၢအအိဉ်အကတိၢ် ၂. (ကျး) လၢအဆါသံးထဲတကလုာ်ဧိၤ

tied house *n* ၁. တၢ်မၤကစၢ်အဟံဉ်ဒိးလဲ, ဟံဉ်လဲတၢ်မၤကစၢ်ဒိးလဲလီၤဝဲဆူအပှၤမၤတၢ်ဖိအအိဉ်ဖဲအမၤတၢ်လၢအအိဉ်အကတိၢ် ၂. ကျးလၢအဆါသံးထဲတကလုာ်ဧိၤ

tie-dye *v* စၢကမိာ်ဃာ်တၢ်ကံးညာ်ဒီးစုဉ်တၢ်အလွဲၢ်, မၤထိဉ်တၢ်အဒိလၢတၢ်ကံးညာ်အလီၤဝံၤစၢကမိာ်ဝဲဒီးစုဉ်တၢ်အလွဲၢ်

tie-in *n* တၢ်ဖိတၢ်လံၤပီးလီလၢအဘဉ်ထွဲဒီးတၢ်ဂီၤမူတယု (အဒိ, စ့ဉ်ဒရဲလဉ်အဂီၤ, စ့ဉ်ဒရဲလဉ်အလံာ်တၢ်တဲပူ)

tiepin *n* ထးဘျး, ထးဘျးကိာ်စၢ

tier *n* တၢ်အဂ့ၢ်, တၢ်အကထၢ, တၢ်အပတိၢ်တဆီ

T

tiered *a* လၢတၢ်ရဲၣ်လီၤအီၤတက့ၢ်ဘၣ်တက့ၢ်, လၢတၢ်ရဲၣ်လီၤအီၤတပတီၢ်ဘၣ်တပတီၢ်, လၢတၢ်ရဲၣ်လီၤအီၤတဆီဘၣ်တဆီ

tie-up *n* ၁. လံာ်ဃံးဃာ်, တၢ်အၢၣ်လီၤအီလီၤ ၂. တၢ်စၢဃာ်, တၢ်ဘၣ်ထွဲ ၃. တၢ်ဟူးတနၢ်ဂဲၤတနၢ်အကတိၢ်

tiff *n* တၢ်ပိၣ်အါတဲအါလိာ်သး, တၢ်ဂ့ၢ်လိာ်ဘိလိာ်လိာ်သးတဆံးတကိ့ၢ်

tiffin *n* မ့ၢ်ထူၣ်တၢ်အီၣ်တဆံးတကိ့ၢ်, တၢ်အီၣ်ကစဲးကစီး

tiffin carrier *n* မ့ၤဒၢ, တၢ်အီၣ်အဒၢ

tig *n* တၢ်ဂဲၤလိာ်ကွဲဃ့ၢ်လူၤဖိၣ်လိာ်သး

tiger *n* ဘီၣ်သိၣ်

tight *a* ၁. ဃံး ၂. ဖ့ၣ်ဆၢ ၃. ကတံာ်ကတူာ် ၄. (လၢအဘၣ်ထွဲလိာ်အသး) ဘူးဘူးတံၢ်တံၢ်

tight *adv* ကျၢၤကျၢၤ, ဃံးဃံး, ဘူးဘူးတံၢ်တံၢ်, ဆၢတံၢ်ကလာ်

tighten *v* ၁. ဝံာ်ဃံး, ထုးဃံး, မၤဃံးထီၣ် ၂. မၤဖ့ၣ်ဆၢ, ဖ့ၣ်ဆၢထီၣ်

tight-fisted *a* လၢအပံာ်အကီ, လၢအစုတညီ, လၢအဟ့ၣ်တၢ်တညီ

tight-fitting *a* လၢအဃံးဃံးဖိ, လၢအဃံး

tight-knit *a* ၁. လၢအသ့ၣ်ညါလိာ်အသးမူာ်မူာ်နီၢ်နီၢ်, လၢအသ့ၣ်ညါလိာ်အသးဂ့ၤဂ့ၤ ၂. မူာ်မူာ်နီၢ်နီၢ်, လီၤတံၢ်လီၤဆဲး

tight-lipped *a* ၁. လၢအကးတံၢ်ဃာ်အထးခိၣ်, လၢအတတဲထိၣ်တၢ်နီတစဲး ၂. လၢအဒုၣ်တံၢ်ဃာ်အထးခိၣ် (ခီဖျိအသးဒိၣ်ထီၣ်တၢ်ဒိၣ်ဒိၣ်ကလာ်)

tightly *adv* ကျၢၤကျၢၤ, ဃံးဃံး, ဘူးဘူး, တံၢ်တံၢ်, ဆၢပံာ်ကလာ်

tightrope *n* ပျံၤစၢၢ်ဆၢ, ပျံၤဖ့ၣ်ဆၢ, စၢးခၢးအပျံၤ, တၢ်တစ္ၤခံတစ္ၤယီၢ်အပျံၤ

tightrope walker *n* ပှၤဟးလၢပျံၤအလီၤ, ပှၤဂဲၤတစ္ၤခံတစ္ၤယီၢ်, ပှၤဂဲၤစၢးခၢး

tights *n* ၁. ဖျိၣ်ခံယှာ် ၂. ပှၤဂဲၤကလံၣ်လိာ်ကွဲအတၢ်ကူတၢ်သိးအယှာ် (အဒိ, စၢးခၢးတၢ်ဂဲၤလိာ်ကွဲအကူအသိး)

tightwad *n* ပှၤပံာ်သံကီသံ, ပှၤပံာ်ပှၤကီ

tigress *n* ဘီၣ်သိၣ်မိၢ်

tile *n* ဟီၣ်ကုၢ်လ့ၣ်, ဟီၣ်ခိၣ်ကုၢ်မံအသးလၢဟံၣ်ခိၣ်ဒုး မ့တမ့ၢ် အဒါအဂီၢ်

tile *v* ဒါဒီးဟီၣ်ကုၢ်လ့ၣ်, ဒုးဟံၣ်ခိၣ်ဒီးဟီၣ်ကုၢ်လ့ၣ်

tiling *n* တၢ်လီၢ်လၢတၢ်ဒါဒီးဟီၣ်ကုၢ်လ့ၣ်

till *conj* တုၤလၢ

till *n* စ့အစီၤကျိး

till *prep* တုၤလၢ, တုၤ (လီၤ) လၢ, ပၢ်တုၤလၢ

till *v* ထူစံာ်ထူပှဲၤ, ဖဲးခုးဖဲးသံၣ်, ထဲၣ်လီၤကွးလီၤ, သူၣ်တၢ်ဖျးတၢ်

tillage *n* တၢ်ထူစံာ်ထူပှဲၤ, တၢ်ဖဲးခုးဖဲးသံၣ်, တၢ်ထဲၣ်လီၤကွးလီၤ, တၢ်သူၣ်လီၤဖျးလီၤတၢ်

tiller *n* ၁. ပှၤထူစံာ်ဖိ, ပှၤမၤစံာ်မၤဝဲၤဖိ, ပှၤဖဲးခုးဖဲးသံၣ်ဖိ ၂. တၢ်မုၢ်တၢ်ဘိအပျိာ်, တၢ်မုၢ်တၢ်ဘိအစိးပှ်ၢ ၃. နီၣ်ကၢၤချံ, တငၢအစုဖိၣ်, နီၣ်ကၢၤချံအစုဖိၣ်

tilt *n* ၁. တၢ်ဘီးဒ့ခံ, တၢ်ဟ်ဒ့ခံ, တၢ်အိၣ်ဒ့ခံ, တၢ်ဟ်တစ္ၤ ၂. တၢ်ဒ့ခံလီၤ ၃. တၢ်ကတိၤနၣ်ဖွဲၣ်, တၢ်ဝဲၤအၢဝဲၤသီ ၄. တၢ်ဂ့ာ်ကျဲးစၢးမၤနၢၤတၢ်

tilt *v* (ဘီး) ဒ့ခံ, (ဟ်) ဒ့ခံ, အိၣ်ဒ့ခံ, ဟ်တစ္ၤ

timber *n* သ့ၣ်ဘၣ်

timbered *a* လၢတၢ်ဘိုအီၤဒီးသ့ၣ်ဘၣ်, လၢတၢ်နူၣ်အီၤဒီးသ့ၣ်ဘၣ်

timberline *n* ဟီၣ်ကွီၤဒါလီၢ်ကဝီၤလၢသ့ၣ်တမဲထိၣ်လၢၤဘၣ်

timbre *n* ၁. တၢ်ဒ့တၢ်အူအကလုၢ် ၂. တၢ်ဟ်ကလုၢ်အထိၣ်အလီၤ

time *n* ၁. တၢ်ဆၢကတိၢ် ၂. (ပှဲၤ) နၣ်ရံၣ်

for the time being *idm:* ၢ် ခဲခဲအံၤ

high time *idm:* အဆၢကတိၢ်ဘၣ်လံ, ဘူးကစဲၤခံလံ

take one's time *idm:* ဟံးတၢ်ဆၢကတိၢ်

take time *idm:* လာ်ဆၢလာ်ကတိၢ်, လာ်တၢ်ဆၢကတိၢ်

time *v* ၁. ရဲၣ်ကျဲၤဟ်လီၤတၢ်ဆၢကတိၢ် ၂. ဟ်ပနီၣ်တၢ်ဆၢကတိၢ် ၃. ဂံၢ်တၢ်ဆၢကတိၢ်, ဂံၢ်တၢ်

time bomb *n* ၁. နၣ်ရံၣ်မ့ၣ်ပိၢ် ၂. တၢ်လၢအကဒုးကဲထိၣ်တၢ်ဂ့ၢ်ကီလၢခါဆူညါသ့

time capsule *n* တၢ်ကွဲးနီၣ်တၢ်စံၣ်စိၤအတလါခၢၣ်, တၢ်ဟ်ကီၤဃာ်တၢ်စံၣ်စိၤအတလါခၢၣ်, တၢ်မၤနီၣ်တၢ်စံၣ်စိၤအတလါခၢၣ်

T

time card *n* တၢ်ဆၢကတီၢ်အခးက့, တၢ်မၤနီၣ်တၢ်ဖံးတၢ်မၤတၢ်အဆၢကတီၢ်ခးက့

time clock *n* စဲးနၣ်ရံၣ်လၢအမၤနီၣ်တၢ်မၤအဆၢကတီၢ်

time frame *n* တၢ်ဟ်လီၤတၢ်ဆၢကတီၢ်အတကွီၣ်

time lag *n* တၢ်ဘၢၣ်စၢၤအဆၢကတီၢ်, တၢ်ဘၢၣ်စၢၤအဆၢကတီၢ်လၢဘၣ်အိၣ်ခိးတၢ်

time limit *n* တၢ်ဆၢကတီၢ်လၢတၢ်ဟ်ပနီၣ်အီၤ

time machine *n* တၢ်ဆၢကတီၢ်အစဲး, စဲးပီးလီလၢအဆှၢပှၤဆူခါလၢအပူၤကွံာ်ဒီးခါဆူညါသ့ညီနၢ်တၢ်ထံၣ်အီၤလၢစံဖ့ၣ်အတၢ်ကွဲးမုာ်နၢ်အပူၤ

time sheet *n* တၢ်ကွဲးနီၣ်တၢ်မၤအဆၢကတီၢ်အလံာ်က့

time signature *n* တၢ်မၤနီၣ်ထါလဲၤတၢ်အသီၣ်ပှဲၤထံၣ်

time span *n* တၢ်ဆၢကတီၢ်တကတီၢ်

time switch *n* တၢ်ဆၢကတီၢ်ပဒ့, ပဒ့လၢအအိးထီၣ်ဒၣ်အတၢ်ဖဲတၢ်ဆၢကတီၢ်လၢတၢ်ဟ်ပနီၣ်နှၢ်အီၤတုၤယီၤအခါ

time warp *n* တၢ်ဆၢကတီၢ်ဝ့ၤဝီၤ, တၢ်ဆၢကတီၢ်လၢနလဲၤလဲၤက့ၤက့ၤခါပူၤကွံာ်ဒီးခါဆူညါတယၣ်

time zone *n* တၢ်ဆၢကတီၢ်အဟီၣ်ကဝီၤ, တၢ်ဆၢကတီၢ်ကဝီၤ

time-and-motion study *n* တၢ်သမံသမိးကွၢ်ခီပနံာ်အတၢ်မၤအကျိၤအကျဲ, တၢ်သမံထံခီပနံာ်အတၢ်မၤအကျိၤအကျဲ

time-consuming *a* လၢတၢ်ဆၢကတီၢ်လၢာ်အါတလၢ

time-honoured *a* လၢအဘၣ်တၢ်ဟ်ကဲဟံးယာ်ဂၢၢ်ကျၢၤအီၤလံၤလံၤ, လၢအအိၣ်လီၤစၢၤလီၤသွဲၣ်လၢပျၢၤလံၤလံၤ

timekeeper *n* ၁. ပှၤလၢအကွၢ်နီၣ်တၢ်ဆၢကတီၢ်, ပှၤလၢအမၤနီၣ်တၢ်ဆၢကတီၢ် ၂. ပှၤလၢအဘၣ်ဆၢဘၣ်ကတီၢ် ၃. နၣ်ရံၣ်

timekeeping *n* ၁. တၢ်ကွၢ်နီၣ်တၢ်ဆၢကတီၢ် ၂. တၢ်ဘၣ်ဆၢဘၣ်ကတီၢ်

timeless *a* ၁. လၢအအိၣ်လီၤစိၤလီၤထီ ၂. လၢအတပှၢ်နီတဘျီ ၃. လၢအတဘၣ်ဆၢဘၣ်ကတီၢ်

timeline *n* တၢ်ဆၢကတီၢ်အပနီ, တၢ်ဆၢကတီၢ်လၢတၢ်တယာ်နှၢ်အီၤ

timely *a* လၢအဘၣ်ဆၢဘၣ်ကတီၢ်, လၢအချူးဆၢချူးကတီၢ်

timeout *n* ၁. တၢ်အိၣ်ကတီၢ်တစိၢ်ဖိ ၂. တၢ်အိၣ်ဘှံးအိၣ်သါလၢတၢ်လိာ်ကွဲပြၢတၢ်အပူၤတစိၢ်တလိၢ်

timepiece *n* နၣ်ရံၣ်, တၢ်ပီးတၢ်လီလၢအထိၣ်တၢ်ဆၢကတီၢ်

timer *n* ၁. ပှၤလၢအကွၢ်နီၣ်တၢ်ဆၢကတီၢ် ၂. နၣ်ရံၣ်, တၢ်ပီးတၢ်လီလၢအထိၣ်တၢ်ဆၢကတီၢ်

times *prep* တၢ်ဂံၢ်အါ (မ့ၢ်) (အဒိ, ၁ မ့ၢ် ၁)

at times *idm:* ၢ် တဘျီဘျီ

times table *n* တၢ်ဂံၢ်အါအလံာ်တီၤဖျါ

time-saving *a* လၢအမၤစှၤလီၤတၢ်ဆၢကတီၢ်

timescale *n* တၢ်ဆၢကတီၢ်အနီၣ်ထိၣ်

time-server *n* ပှၤလၢအထုးယံာ်တၢ်ဆၢကတီၢ်လၢတၢ်မၤအပူၤ, ပှၤဟံးနှၢ်တၢ်ခွဲးတၢ်ယာ်, ပှၤလၢအမၤတၢ်ထဲတစဲးခီဖျိကဟးထိၣ်ကွံာ်လၢတၢ်မၤလိၢ် မ့တမ့ၢ် ယုတၢ်မၤအသီအဃိ

timeserving *a* လၢအဟံးနှၢ်တၢ်နှၢ်ဘျုး, လၢအဟံးနှၢ်တၢ်ခွဲးတၢ်ယာ်လၢပှၤဂၤအဖီခိၣ်

timeshare *n* တၢ်ပှ့ၤနီၤအိၣ်သကိးလိာ်သးဟံၣ်, တၢ်ပှ့ၤသကိးဟံၣ်လၢကအိၣ်ကသ့ၣ်ကသီအဂီၢ်ဝံၤနီၤလိာ်သးတၢ်ဆၢကတီၢ်လၢကအိၣ်ဆိးဝဲအဂီၢ်

timetable *n* တၢ်ဆၢကတီၢ်တီၤဖျါ, တၢ်ရဲၣ်လီၤကျဲၤလီၤဘၣ်ဃးတၢ်ဆၢကတီၢ်

timetable *v* ၁. ကွဲးဒုးအိၣ်ထိၣ်တၢ်ဆၢကတီၢ်လံာ်တီၤဖျါ ၂. ထၢနှာ်လီၤဆူတၢ်ဆၢကတီၢ်လံာ်တီၤဖျါအပူၤ

time-worn *a* လၢအလီၢ်လံၤဖီဃး, လၢအဟးဂီၤခီဖျိအနံၣ်ယံာ်လါယံာ်အဃိ

timid *a* လၢအတဒူဘၣ်, သုၣ်

timidity *n* တၢ်လၢအပျံၤတၢ်သ့, တၢ်သုၣ်, တၢ်မဲာ်ဆုးသ့, တၢ်သးတဒူ

timing *n* တၢ်ဆၢကတီၢ်ဘၣ်ဘၣ်

timorous *a* လၢအတဒူ, လၢအပျံၤတၢ်သ့, လၢအဆုါ

timpani, typani *n* ဒၢဖးဒိၣ်တစူၣ်, ဒၢတိၢ်ဂီၤဖးဒိၣ်

T

tin *a* လၢအဘၣ်တၢ်မၤအီၤလၢထးဝါ

tin *n* ၁. ထးဝါ ၂. ထးဝါဒၢ

tin opener *n* နီၣ်ခွဲးဒၢ. အဒိ, တၢ်ဖိတၢ်လံၤလၢပကအိးထီၣ်ညၣ်ဒၢ, တၢ်နၢ်ထံဒၢ

tin whistle *n* ပံထးပီၤ

tinder *n* တၢ်လၢမ့ၣ်အူအီၣ်ညီ, တၢ်လၢကဲထီၣ်မ့ၣ်အူဆၣ်ညီ

tinderbox *n* မ့ၣ်အူဆၣ်အတလါဒၢ, တလါဒၢဖိလၢတၢ်ထၢနၥ်မ့ၣ်အူဆၣ်

tine *n* ၁. တၤဟိ, တၤဃီၤနၢၤ ၂. နီၣ်ဆဲးဖးတြၢ်အမဲ

tinfoil *n* ထးဝါကဘျံး, ထးဝါကဘျံးလၢပကျၢၢ်ဘၢတၢ်အီၣ်တၢ်အီအဂီၢ်

tinge *n* ၁. တၢ်တစဲးဖိ ၂. တၢ်အကနၣ်ကယီၢ်

tinge *v* ၁. မၤထီၣ်တၢ်အလွဲၢ်တစဲးဖိ, ကျဲလီၤဝဲတစဲးဖိ ၂. မၤဖျါထီၣ်တၢ်အကနၣ်ကယီၢ်

tingle *n* ၁. ဖံးဘ့ၣ်ပံၢ်စွးစွး, တၢ်အ့ၣ်ထုးအ့ၣ်စိၢ် ၂. ဖံးဘ့ၣ်ကဆုၣ်ထီၣ်, တၢ်ဆူၣ်ကံၢ်ထီၣ်, တၢ်ဖံးတကုၣ်ခီတကုၣ်

tingle *v* ၁. ပံၢ်စွးစွး, အ့ၣ်ထုးအ့ၣ်စိၢ် ၂. ဖံးဘ့ၣ်ကဆုၣ်ထီၣ်, ဖံးဘ့ၣ်တကုၣ်ခီတကုၣ်

tinker *n* ၁. ပှၤဟးဝ့ၤဝီၤဘိဂ့ၤကူၤသပၢၤထူၣ်ဖျိ ၂. ဖိသၣ်နၢ်က့ၣ်

tinker *v* ဘိဂ့ၤထီၣ်ကူၤတၢ်

tinkle *n* တၢ်သီၣ်ရှရှ, သီၣ်ရှရိၣ်

tinkle *v* ၁. သီၣ်ရှရှရိၣ်ရိၣ်, မၤသီၣ်တၢ်ခြွခြွ ခြီခြီ ၂. လဲၤရှၢၢ်ရှၢၢ်, လဲၤဟးဆံၣ်

tinned *a* လၢအအိၣ်လၢထးဝါဒၢအပူၤ

tinnitus *n* နၢ်ကလံၤထီၣ်, နၢ်ကလံၤသီၣ်, ကလံၤထီၣ်လၢနၢ်ပူၤ, ကလံၤသီၣ်လၢနၢ်ပူၤ

tinny *a* ၁. လၢအကလုၢ်သီၣ်ဃဲကအဲ ၂. လၢအပှ့ၤဘၣ်ဒီးအကံၢ်အစီတဂ့ၤ

tinplate *n* ထးဝါဘ့ၣ်ဘၣ်, ထးဝါကဘျၣ်, ထးဝါက့

tinpot *a* လၢအဆိကမိၣ်ဒိၣ်လီၤအသး, လၢအထံၣ်ဒိၣ်လီၤအသး

tinsel *n* ၁. စးခိကတြှၣ်ကတြိၣ် ၂. တၢ်လၢအဖျါကတြှၣ်ထဲလၢအဖံးဘ့ၣ်ခိၣ်ဓိၤ

tinsmith *n* ပှၤပိာ်ပှာ်ဝါ, ပှၤပိာ်စၢ်ဓိၤပှာ်ဓိၤ, ပှၤပိာ်တိၢ်ဓိၤထးဓိၤ

tinsnips *n* ထးရံးထးဝါ, နီၣ်တံာ်ထးဝါ

tint *n* တၢ်အိၣ်ဖျါကနၣ်ကယီၢ်, တၢ် (အလွဲၢ်) ဘူဘူဖိ, တၢ်တစဲးဖိ

tint *v* ၁. ဆီတလဲခိၣ်ဆူၣ်အလွဲၢ် ၂. မၤထီၣ်တၢ်အလွဲၢ်တစဲးဖိ, တိၣ်ထီၣ်တၢ်အလွဲၢ်တစဲးဖိ

tiny *a* ဆံးဆံးဖိ, ပြံကဒံ, ဆံးကိာ်ဖိ

tip *n* ၁. စ့ဟ့ၣ်မှာ်, စ့ဖံ ၂. တၢ်အထိးနါ, တၢ်အစိးနါ ၃. တၢ်ကမံၤတၢ်တဃာ်အလီၢ်

tip *v* ၁. မၤလီၤဂၢ်, မၤလီၤလူ, မၤလီၤတဲာ်, လီၤတကျၢၢ် ၂. လူလီၤ, ဘိလီၤ ၃. ဟ့ၣ်စ့ဖံ, ဟ့ၣ်စ့အဘျဲၣ်အစဲ ၄. ဒဲတဖျံး, တိၢ်တဖျံး, ဘၣ်တဖျံး ၅. ဘိးက့ၣ်လီၤအသး

tip-off *n* ၁. တၢ်ဟ့ၣ်ဆိတၢ်ကစီၣ်, တၢ်ဟ့ၣ်ရူသူၣ်တၢ်ကစီၣ် ၂. တၢ်ကွဲာ်ထီၣ်ဖျၢၣ်သ့ၣ်ဒီးစးထီၣ်ဂဲၤလိာ်ကွဲတၢ်အကတိၢ်

tip-off *v* ဟ့ၣ်ဆိတၢ်ကစီၣ်, ဟ့ၣ်ရူသူၣ်တၢ်ကစီၣ်

tippex *v* တြူၥ်သံလံာ်လၢတၢ်တြူၥ်သံလံာ်အထံ

Tipp-Ex *n* ထံး(ပ)ဖဲး, တၢ်တြူၥ်သံလံာ်အထံ

tipple *n* သံး

tipple *v* အီသံး, အီသံးညီနၢ်

tippler *n* ပှၤအီသံးဖိ

tipster *n* ပှၤဟ့ၣ်တၢ်ကစီၣ်ဘၣ်ဃးဒီးကသ့ၣ်ဖဲလဲၣ်တဒုကမၤနၢၤတၢ်ပြၢ

tipsy *a* လၢအမူၤထီၣ်သံးတစဲးစဲး, လၢအမူၤမူၤတမူၤမူၤ

tiptoe *n* တၢ်ဟးလၢခီၣ်ထိးနါ, တၢ်ဟးတကျိၤခီၣ်

tiptoe *v* ဟးလၢခီၣ်ထိးနါ

tiptop *n* တၢ်အထီကတၢၢ်, တၢ်အဂ့ၤကတၢၢ်

tip-top *a* လၢအဂ့ၤကတၢၢ်

tirade *n* တၢ်ဟ်ဒ့ၣ်ဟ်ကမဉ်ကလာ်ဖးထီတၢ်

tire, tyre *n* ပဉ်ဖံး, (သိလ့ၣ်) ပဉ်ဖံး, ထါယၢဉ်

tire *v* မၤလီၤဘုံးတၢ်, လီၤဘုံးလီၤဘှါ, မၤဘုံးအသး, လီၤဘုံးလီၤတီၤ

tire iron *n* ထးအပိးအလီလၢအဘ့ၣ်လီၤသိလ့ၣ်ပဉ်ဖံး

tired *a* တၢ်ဘုံးအသး, လၢအလီၤဘုံး

tireless *a* လၢအမၤတၢ်အိၣ်ဘုံးအိၣ်သါတချုး, လၢတၢ်တဘုံးအသးဘၣ်

tiresome *a* လၢအမၤလီၤဘုံးလီၤတီၤပှၤ, လၢအလီၤဘုံးလီၤတီၤ, လၢအလီၤကၢဉ်လီၤကျူ
tiring *a* လၢတၢ်ဘုံးအသး, လီၤဘုံးလီၤတီၤ
tiro, tyro *n* ပှၤမၤလိသီတၢ်ဖိ
tis *v* တၢ်ကွဲးဖှဉ် "it is", တၢ်အံၤ (လီၤဆီဒ်ဉ် တၢ်တၢ်စူးကါအီၤလၢအဲကလံးအထါအပူၤ)
tissue *n* ထံးရှူတဖဉ် (တၢ်အညဉ်)
tissue paper *n* ၁. စးခိကပုာ်
tit *n* ၁. ပိာ်မုဉ်အနၢ်, ပိာ်မုဉ်အနၢ်ခိဉ်မိဉ်, ပှၤအနၢ် (တၢ်ကတိၤ) ၂. ထိဉ်ဖုံးဖိ ၃. ပှၤအသးတထံတဆး, ပှၤအီရီၢ်ငီငး
tit for tat *n* တၢ်မၤကဉ်ကုၤတၢ်, တၢ်မၤအၢကုၤတၢ်
Titan *n* ၁. ပှၤနိၢ်ဒိဉ်နိၢ်သွါ ၂. တၢ်ဖးဒိဉ်
titanic *a* ၁. လၢအဒိဉ်အမှၢ်, လၢအဒိဉ်အသွါ ၂. လၢအစိဒိဉ်ကမီၤတှာ်
titanium *n* ထံးထၢနယၢဉ်(မ), ထးဝါအဖုံဒီးကျုၤတကလုာ်
titbit *n* ၁. တၢ်အီဉ်တဆံးတကုၢ်, တၢ်ကစီဉ်တစဲး ၂. တၢ်ကစီဉ် (တခါ, တမံၤ), တၢ်ဂ့ၢ်တၢ်ကျိၤ (တခါ, တမံၤ)
titch *n* ပှၤနိၢ်ဆံး
titchy *a* ဆံးကဲဉ်ဆံးကိာ်, ဆံးကိာ်ဖိ
tithe *n* ၁. တၢ်ဆံဆဲဉ်ပူတပူ ၂. တၢ်ဟ့ဉ်တၢ်ဆံဆဲဉ်ပူတပူ
titillate *v* ၁. မၤသူဉ်ပိၢ်သးဝးထိဉ်တၢ် ၂. ဆဲးကိၢ်ကွဲ
title *n* ၁. လံာ်အမံၤ, တၢ်ဂ့ၢ်ခိဉ်တီ (တၢ်ဂဲၤဒိပူ, တၢ်ဂီၤမူ) ၂. မံၤလၤသဉ်ကပီၤ ၃. တၢ်ပၢနၢ်သါတၢ်, တၢ်ပၢနၢ်သါတၢ်အခွဲးအယာ်
title *v* ဟ့ဉ်တၢ်အမံၤ, ယုၢ်နၢ်တၢ်အမံၤ
title deed *n* တၢ်နၢ်သါအလံာ်အှဉ်သး
title page *n* လံာ်အခိဉ်တီအကဘျံးပၤ, လံာ်အမံၤအကဘျံးပၤ
titled *a* လၢအဒိးနၢ်ဘဉ်မံၤလၤသဉ်ကပီၤဒိဉ်
title-holder *n* ၁. ပှၤလၢအဒိးနၢ်တၢ်နၢ်သါအလံာ်အှဉ်သး ၂. ပှၤမၤနၢၤတၢ်လၢတၢ်ဂဲၤလိာ်ကွဲပြၢ
titter *v* နံၤကံးကံးကးကး
titular *a* လၢအိဉ်ဒ်ဉ်ထဲအမံၤ, လၢအစိအကမီၤတအိဉ်
tizzy *n* တၢ်သးကဒံကဒါ, တၢ်သူဉ်တဂၢ်သးတကျၢၤ
T-junction *n* ကျဲဖးဒ့, ကျဲဖးဒ့ဒ် "T" အကုၢ်အဂီၤအသိး
TM *abbre* ပနံာ်အမံၤပနီဉ် (Trade Mark)
TM *n* တၢ်ကွဲးဖှဉ်, "trade mark", ပနံာ်အမံၤပနီဉ်, ပနံာ်အတၢ်စဲပနီဉ်
TNT *n* ဘျါအ့ဉ်လၢအသဟီဉ်ဆူဉ်တကလုာ်
to *adv* ဆူ, ပၢါလၢ
to *prep* ဆူ, ပၢါလၢ, တုၤလၢ
toad *n* ၁. ဒ့ဉ်သုဉ် ၂. ပှၤလၢအလီၤသးဘဉ်အၢ, ပှၤလၢအလီၤသးဟ့
toad-in-the-hole *n* ကိဉ်ထိးပှံာ်ဘၢ, ကီးထိးပှံာ်ဟၢ
toadstool *n* ကုၤလၢအစုဉ်အိဉ်တကလုာ်, ကုၤဖိ
toady *n* ပှၤလၢအမၤအိဉ်အမဲာ်
toady *v* မၤအိဉ်အမဲာ်
toast *n* ၁. ကိဉ်ကဉ်ဃ့ ၂. တၢ်အီတၢ်လၢတၢ်ဆၢဂ့ၤဆၢဝါပှၤအဂီၢ်
toast *v* ၁. သဉ်, ကဉ်တၢ် ၂. အီတၢ်လၢတၢ်ဆၢဂ့ၤဆၢဝါအဂီၢ်
toaster *n* တၢ်ကဉ်ကိဉ်ကဉ်ဃ့
toastie *n* ကိဉ်တြာ်ကဉ်ဃ့, ကိဉ်တြာ်သဉ်ဃ့
toastmaster *n* ပှၤလၢအတဲလီၤတၢ်တချုးတၢ်အီဉ်တၢ်အီအမူးစးထိဉ်
toasty *a* လၢအမှာ်အပၢၤ
tobacco *n* ညါသူး
tobacconist *n* ၁. ပှၤဆါညါသူး, ပှၤဆါမိာ်ထူ ၂. မိာ်ကျး, ကျးဆါမိာ်
toboggan *n* နိဉ်တလူဉ်ဘ့ဉ်ဘဉ်, နိဉ်တလူဉ်ကဘျဉ်, နိဉ်တလူဉ်ဘ့ဉ်လၢပှၤဒိးနၢ်တဘျုးဂၤ
toboggan *v* ဒိးနိဉ်တလူဉ်ဘ့ဉ်ဘဉ်, ဒိးနိဉ်တလူဉ်ကဘျဉ်
toccata *n* နိးထိဉ်ခဉ်ထဉ်, နိးတယုၢ်လၢပှၤဒ့တနၢ်ပီၢ်စု, တနၢ်ကဟ်ဖျါထိဉ်အကံၢ်အစိအတၢ်သ့တၢ်ဘဉ်အဂီၢ်, တၢ်ဟ်ဖျါထိဉ်တၢ်သံကျံအတၢ်သ့တၢ်ဘဉ်အနိးတယုၢ်
today *adv* တနံၤအံၤ, ဆၢကတီၢ်ခဲအံၤ, မုၢ်မဆါအံၤ, မုၢ်မဆါတနံၤအံၤ
today *n* တနံၤအံၤ
toddle *v* ဟးလိသိ, ဟးတဲးတီးတဲးတီး

T

toddler *n* ဖိသဉ်လၢအဟးလိသိ, ဖိသဉ်လၢဟးတဲၤတီၤတဲၤတီၤ

toddy *n* ထီထံ, တါထံ, တနံးထံ

toddy fruit *n* ထီသဉ်, တါသဉ်, တနံးသဉ်

toddy wine *n* ထီထံ

toe *n* ခီဉ်မုၢ်

toe *v* ထိးဒီးအခီဉ်မုၢ်

toecap *n* ၁. ခီဉ်မုၢ်အဖျိဉ် ၂. ခီဉ်ဖံးအခိဉ်ထိးအဖျိဉ်

TOEFL *abbre* အဲကလံးကျိာ်တၢ်ဒိးစဲး (Test of English as a Foreign Language)

toehold *n* ၁. တၢ်လီၤပတိၢ်ဖိလၢလ့ကပၤ ၂. ခီဉ်တယာ်, ခီဉ်တယာ်လၢတၢ်လဲၤထီဉ်လဲၤထီအဂီၢ် ၃. တၢ်ကနိထုးတၢ်လိာ်သးခီဉ်

toenail *n* ခီဉ်မ့ဉ်

toerag *n* (တၢ်ကတိၤတဆဲးတလၤ) ခီဉ်ထွါ, ပှၤဘဉ်အါဘဉ်သီဖိ (အဒိ, စီၤထူထူတဂၤကဲနၠၢ်မှဉ်ကနီၤအခီဉ်ထွါ)

toff *n* ပှၤတူၢ်ဒိဉ်ကီၤဒိဉ်, ပှၤလၢအပတိၢ်ထိ

toffee *n* ထီဖံဉ် (တၢ်ဆၢကိၢ်လိဉ်ပှၤမၤအီၤလၢတၢ်ဆၢဒီးတၢ်အသိ)

toffee apple *n* ဖီသဉ်တၢ်ဆၢကိၢ်လိဉ်, ဖီသဉ်ထီဖံဉ်

toffee-nosed *a* လၢအဆိကမိဉ်ဒိဉ်လီၤအသး, လၢအထံဉ်ဒိဉ်လီၤအသး

tofu *n* ထိနီာ်ကိၢ်လိဉ်, ထိနီာ်ဘ့ဉ်

tog *n* ၁. တၢ်ကူတၢ်သိး ၂. တၢ်ထိဉ်ယဉ်လုးတဘ့ဉ်လဲၢ်ထဲလဲဉ်အယှဉ်နံး (အဒိ, 12 - tog duvet)

tog *v* ၁. ကူထိဉ်ကၤထိဉ် ၂. လုးထိဉ်, ကျၢၢ်ဘၢသး

together *a* လၢအလီၤတံၢ်လီၤဆဲး, လၢအအိဉ်ပှ့ၢ်ပှ့ၢ်ဆုါဆုါဒီးလီၤတံၢ်လီၤဆဲး

together *adv* ၁. သကိး ၂. တပူၤဃီ

togetherness *n* တၢ်ရှလိာ်မှာ်လိာ်သးဘူးဘူးတံၢ်တံၢ်

toggle *n* တၢ်ထုးဃံးပျုၤအသဉ်ဖိ, တၢ်အသဉ်ဖိလၢတၢ်ကူတၢ်ကၤအလီၤလၢတၢ်ကထုးဃံးတၢ်ကူတၢ်ကၤအဂီၢ်

toggle *v* ထုးဃံးပျုၤဒီးတၢ်ထုးဃံးပျုၤအသဉ်ဖိ

toggle switch *n* လီမ့ဉ်ပဒ့

toil *n* ၁. တၢ်ဖံးတၢ်မၤလၢအလၢာ်နီၢ်ခိဂၢ်ဘါ, တၢ်ဖံးတၢ်မၤကိၢ်ကိၢ်ဂီၤဂီၤ ၂. ပျံၤသက္ဂီၤ, ပျံၤသက္ဂီၤလၢကဖီဉ်နၠၢ်တၢ်အဂီၢ်

toil *v* ၁. မၤတၢ်မၤကိၢ်ကိၢ်ဂီၤဂီၤ ၂. လဲၤတၢ်ထုးဂံၢ်ထုးဘါ

toilet, toilette *n* ၁. တၢ်ဟးလီၢ် ၂. တၢ်လုဉ်ထံသံဉ်ခွဲဉ်ကတီၤထီဉ်သး

toilet bag *n* တၢ်လုဉ်ထံလုဉ်နိပီးလီအထၢဉ်ဖိ

toilet paper *n* တၢ်ဟးလီၢ်အစးခိဘူသလါ, တၢ်ဟးလီၢ်စးခိဘူတလါ

toilet roll *n* တၢ်ဟးလီၢ်အစးခိဘူသလါအထူ, တၢ်ဟးလီၢ်စးခိဘူတလါအထူ

toilet soap *n* ဆးပှ့ဉ်နၢမူ, ချံသိနၢမူ, ဆးပှ့ဉ်ကိၢ်လိဉ်

toilet water *n* ထံနၢမူဖှုဖံးဘ့ဉ်, တၢ်ဖှုဘ့ဉ်အထံနၢမူ

toiletries *n* တၢ်လုဉ်ထံလုဉ်နိအပီးအလီတဖဉ်

toilet-train *v* သိဉ်လိတၢ်ထိဉ်တၢ်ဟးလီၢ်, သိဉ်လိဖိသဉ်ဆံးလၢကထိဉ်တၢ်ဟးလီၢ်

toils *n* တၢ်အိဉ်သးကီခဲလၢတၢ်ဟးဆှံးအီၤတနၠၢ်, တၢ်အိဉ်သးတမှာ်တလၤလၢအချုးနၠၢ်ပှၤ

toilsome *a* လၢအလၢာ်ဂံၢ်လၢာ်ဘါ, လၢအမၤလီၤဘုံးလီၤတီၤပှၤ

toing *n* (toing and froing) ၁. တၢ်လဲၤဝ့ၤလဲၤဝီၤ, (အဒိ, တၢ်မၤအံၤကပဉ်ဃှာ်ဒီးတၢ်လဲၤဝ့ၤလဲၤဝီၤလၢဝ့ၢ်တကူဉ်ဒီးမါတလ့အဘၢဉ်စπၤလီၤ.) ၂. တၢ်တဲဝ့ၤတဲဝီၤတၢ်မၤလၢာ်တၢ်ဆၢကတိၢ်, တၢ်လဲၤဆူမဲာ်ညါတက့ၢ်က့ၢ်က့ၤဆူလီၢ်ခံတက့ၢ်က့ၢ်

toke *n* တၢ်ဖၢမိာ်

token *a* ၁. လၢတၢ်သူအီၤဒ်တၢ်ပနီဉ်အသိး, လၢတၢ်သူအီၤလၢတၢ်ဂၤအလီၢ် ၂. လၢအဟ်ဖျါထီဉ်တၢ်ပနီဉ်တစဲးဖိ

token *n* တၢ်ပနီဉ်, တၢ်ပနီဉ်လၢတၢ်သူအီၤလၢစ့အလီၢ်

tokenism *n* တၢ်မၤဖျါထီဉ်တၢ်အပနီဉ်တစဲးဖိဒ်သိးကမၤနၠၢ်ပှၤအါဂၤအတၢ်နာ်နၠၢ်အဂီၢ်

tolerable *a* ၁. လၢအဂ့ၤဖဲအကြၢး, ဂ့ၤဖဲအကြၢး ၂. လၢပတူၢ်နၠၢ်ခီဉ်ကဲ, လၢပကီၤဒုးအီၤနၠၢ်

T

tolerance *n* ၁. တၢ်ဝံသးစူၤတၢ်, တၢ်ကီၤပအုးတၢ် ၂. တၢ်သ့တူၢ်လိာ်တၢ်

tolerant *a* ၁. လၢအဝံသးစူၤတၢ်, လၢအတူၢ်တၢ်ကဲ, လၢအကီၤပအုးတၢ် ၂. လၢအသ့တူၢ်လိာ်တၢ်

tolerate *v* ၁. ဝံသးစူၤ, ကီၤအုး ၂. တူၢ်

toleration *n* ၁. တၢ်ဝံသးစူၤတၢ်, တၢ်ကီၤပအုး ၂. တၢ်တူၢ်နၢ်

toll *n* ၁. (ကျဲ, တိၤ) အခိအသွဲ ၂. ဒၢလွဲဖးဒိၣ်အသိၣ်

toll *v* ဒိဒၢလွဲဖးဒိၣ်

toll bridge *n* တိၤလၢတၢ်ဘၣ်ဟ့ၣ်တၢ်အခိအသွဲ

toll gate *n* (ကျဲ, တိၤ) ခိသွဲအတြဲၤ, တၢ်ခိတၢ်သွဲအတြဲၤ

tollbooth, tolbooth *n* (ကျဲ, တိၤ) ခိသွဲအဒဲ, တၢ်ဟ့ၣ်ကျဲခိသွဲအဒဲ

toll-free *a* ကီးကလီ, ကီးလီတဲစိလၢအပှ့ၤကလံၤတလၢာ်

tom *n* ၁. သၣ်မံယီၤဖါဘီ, သၣ်မံညီၤဖါဘီ ၂. ပိာ်မုၣ်ဆါလီၤအီၣ်အသး, ဃဲသဲမုၣ်

Tom *n* တၢ်ကီးဆါပှၤလၢအစူၢ်ပှၤကလုၢ်အါတလၢ

tom cat *n* ၁. သၣ်မံယီၤဖါဘီ, သၣ်မံညီၤဖါဘီ ၂. ပိာ်ခွါလၢအမံဃုာ်ပိာ်မုၣ်အါဂၤ

tom foolery *n* ၁. တၢ်သူၣ်တဆးသးတဆး, တၢ်သကဲာ်ပဝးလၢအတကြၢးတဘၣ် ၂. တၢ်တဂ်ာ်တသိၣ်

tomahawk *n* ကွၢ်ဒုးသုးလၢပျၤ, ကွၢ်လၢအမဲရကၤထူလံၤဖိစူးကါဝဲလၢတၢ်ဒုးအပူၤ

tomato *n* တကီၤဆံၣ်သၣ်, စံၢ်ပိၢ်ပြး

tomb *n* တၢ်သွၣ်ခိၣ်

tombola *n* ထီၣ်ဘိၣ်လၣ်တၢ်ဂဲၤလိာ်ကွဲ, ထံၣ်တကလှာ် (ဘ့ၣ်တီၢ်နီၣ်ဂံၢ်တကလှာ်)

tomboy *n* ဖိသၣ်ပိာ်မုၣ်လၢအသးလီၤပိာ်ခွါ, ဖိသၣ်မုၣ်ဖိလၢအအဲၣ်ဒိးဂဲၤလိာ်ကွဲဒ်ပိာ်ခွါအသိး

tombstone *n* တၢ်သွၣ်ခိၣ်အလၢၢ်ဘ့ၣ်ဘၣ်

tome *n* လံာ်ဖးဒိၣ်, လံာ်လၢအဒိၣ်ဒိးဃၢ

tommy gun *n* ကျိစဲး

tomorrow *adv* လၢခဲမုၢ်ဆ့ၣ်, လၢခဲဂီၤ

tomorrow *n* ခဲမုၢ်ဆ့ၣ်

tom-tom *n* ဒၢပှိၢ်စု

ton, tonne *n* ၁. တၣ်, တၢ်ထိၣ်တၢ်အတယၢၢ်လၢအပှဲၤသိးဒိး ၂,၀၀၀ ပီၣ် (၉၀၇.၁၉ ကံလိၣ်ကြဲၢ်(မ)) ၂. တၢ်ကီးဖုၣ်မဲးထရံးတၣ်

tonal *a* ၁. လၢအဘၣ်ဃးဒီးတၢ်ကလုၢ်အသိၣ်အထိၣ်အလီၤ ၂. လၢအဘၣ်ဃးဒီးတၢ်အလွဲၢ်အစၢ်အဆူၣ်

tonality *n* ၁. တၢ်သံကျံအယုၢ်အကွ့ၤအကၠၢ်အဂီၤ ၂. တၢ်တ့တၢ်ဂီၤအလွဲၢ်အကၠၢ်အဂီၤ

tone *n* ၁. တၢ်ကလုၢ်အသိၣ် ၂. တၢ်အလွဲၢ်အခံးဆူအကပီၤ, တၢ်ခဲၣ်တၢ်အခံးအကပီၤ ၃. တၢ်ဟ်သူၣ်ဟ်သးအကၠၢ်အဂီၤ

tone *v* ၁. မၤဖိးထီၣ်က့ၤတၢ်အလွဲၢ် ၂. မၤဃံးထီၣ်အဖံးအညၣ် (တၢ်ဂဲၤနီၢ်ခိတၢ်ဂဲၤလိာ်ကွဲ)

tone down *vp:* ၁. မၤစၢ်လီၤ, မၤကပုာ်လီၤ ၂. လဲလိာ်က့ၤအတၢ်ကတိၤလၢအကမှာ်ဘၣ်ပှၤနၢ်အဂီၢ်

tone-deaf *a* လၢအနီၤဖးတၢ်အကလုၢ်တသ့, လၢအတနၢ်ဟူနိးအကလုၢ်အထိၣ်အလီၤ, လၢအနၢ်ဟူတၢ်အကလုၢ်လီၤဆီတသ့

toneless *a* ၁. (တၢ်ကလုၢ်) လၢအလီၤကၢၣ်လီၤကျူ, လၢအတအိၣ်ဒီးတၢ်သူၣ်ပိၢ်သးဝး ၂. (တၢ်အလွဲၢ်) လၢအလွဲၢ်အခံးအကပီၤတအိၣ်

toner *n* ၁. ကသံၣ်ထံ, စဲးစဲကျံးလံာ်အကသံၣ်ထံတကလှာ် ၂. တၢ်ဖှူမဲာ်အထံ, တၢ်ဖှူမဲာ်အထံလၢတၢ်မၤကဆိုမဲာ်သၣ်အသိအချ့အဂီၢ်

tongs *n* နီၣ်တံာ်

tongue *n* ပျ့ၤ

tongue *v* လ့ၣ်တၢ်

tongue-in-cheek *a* လၢအလိာ်လ့တၢ်, လၢအမၤအ့နူတၢ်, လၢအမၤလိာ်ကွဲတၢ်

tongueless *a* ၁. လၢအပျ့ၤတအိၣ်ဘၣ် ၂. လၢအအုးအးကတာ်ပျ့ၤ ၃. လၢအတတဲတၢ်အိၣ်ဘှ့ၣ်ယုၢ်ကလာ်

tongue-tied *a* လၢအအိၣ်တအုၣ်, လၢအကတိၤတၢ်တထိၣ်, လၢအကတိၤတၢ်တသ့, လၢအပျ့ၤကတာ်

tongue-twister *n* တၢ်ကတိၤဘျးပျ့ၤ, တၢ်ကတိၤလၢပပျ့ၤကတာ်

tonic *n* ၁. ကသံၣ်ဂံၢ် ၂. ထံခၣ်, ထံခၣ်လၢတၢ်ထၢနှာ်ကျဲၣ်ကျီအီၤလၢသံးဖိၤက်ဖိၤအပူၤ ၃. တၢ်လၢအဒုးဆူၣ်ထီၣ်ပသးဂံၢ်ဘါ

၄. သိဖှူခိဉ် ၅. နီးဃီးအခီဉ်ထံးကတၢၢ်တဖျၢဉ် (တၢ်သံကျိ)

tonight *adv* တနၤအံၤ

tonight *n* တနၤအံၤ

tonnage *n* ၁. ကဘီတခိဉ်တီဉ်တၢ်တြီၢ်အတဉ်နှၢ်ထဲအံၤထဲနၤ ၂. တၢ်အတယၢၢ်ဃၢအတဉ်ဆံးအါ

tonne, ton *n* တဉ်, တၢ်ထိဉ်တၢ်အတယၢၢ် လၢအပှဲၤသိးဒီး ၁,၀၀၀ ကံလိဉ်ကြၢ်(မ) (၂,၂၀၅ ပီဉ်)

tonsil *n* ခဉ်ချံ

tonsillitis *n* ခဉ်ချံညီး

tonsils *n* ခဉ်ယဲၤထံး

tonsure *n* ၁. တၢ်လူၤခိဉ်ဆူဉ်ကဲသိခါ, တၢ်လူၤခိဉ်ဆူဉ်ကဲစီၤသိ, တၢ်လူၤကျိခိဉ်ကဲသိခါ, တၢ်လူၤကျိခိဉ်ကဲစီၤသိ ၂. ခိဉ်လၢတၢ်လူၤကျိအီၤဝံၤ, ခိဉ်လှၤ, ခိဉ်ကျိ ၃. တၢ်လူၤခိဉ်ဆူဉ်, တၢ်တံာ်ခိဉ်သူ

tony *a* လၢအလီၤဘီလီၤမှၢ်, လၢအပှ့ၤဒိဉ်

too *adv* ၁. စ့ၢ်ကီး ၂. (အါ) ကဲဉ်ဆိး

tool *n* ၁. တၢ်ပီးတၢ်လီ ၂. တၢ်စုကဝဲၤပီးလီ ၃. ပှၤလၢပှၤသူအီဉ်အီၤ ၄. ထ့ဉ်ဘိ

tool *v* နီဉ်ဝ့ၤဝီၤလိာ်ကွဲသိလ့ဉ်

toolbar *n* (ခီဉ်ဖျူထၢဉ်) ပီးလီအလိၢ်

toolbox *n* ပီးလီတလါ

toolkit *n* တၢ်ပီးတၢ်လီ

toot *n* တၢ်စံၢ်သီဉ်သိလ့ဉ်အကလုၢ်, တၢ်အူသီဉ်တၢ်, တၢ်သီဉ်ဖူဖူ

toot *v* စံၢ်သီဉ်သိလ့ဉ်အကလုၢ်, အူသီဉ်တၢ်, မၤသီဉ်တၢ်ဖူဖူ

tooth *n* ၁. မဲ. (မဲဒိ – မဲခိ – မဲထွံဉ်) ၂. တၢ်အမဲ (လွးအမဲ, သံဉ်အမဲ)

toothache *n* မဲဆါ

toothbrush *n* တၢ်ထူးမဲဘိ

toothed *a* လၢအိဉ်ဒီးအမဲ, လၢအမဲအိဉ်

toothless *a* လၢအမဲတအိဉ်

toothpaste *n* ကသံဉ်ထူးမဲ

toothpick *n* နီဉ်ဆဲးကဲးမဲ, နီဉ်ခဲးမဲ

toothsome *a* ၁. လၢအဝံဉ်အဘဲ, လၢအရိၢ်ဘဲ ၂. လၢအဃံလၤ, လၢအထုးနှၢ်ပှၤသူဉ်ပှၤသး

toothy *a* လၢအဟ်ဖျါထိဉ်အမဲ

tootle *v* ၁. လဲၤတၢ်ဒီးသိလ့ဉ် ၂. အူသီဉ်တၢ် ကယီယီ

top *a* လၢအခိဉ်စိး, လၢအဂ့ၤကတၢၢ်, လၢအထီကတၢၢ်

top *n* ၁. တၢ်အခိဉ်စိး, တၢ်အဂ့ၤကတၢၢ်, တၢ်အထီကတၢၢ် ၂. ဖိသဉ်တၢ်ဂဲၤလိာ်ကွဲလၢအထုးအူတရံးဝဲ (ကွ့ဉ်)

top *v* ဂ့ၤနှၢ်တက့ၢ်, လဲၤလၢတၢ်ဂၤအမဲာ်ညါ

top brass *n* ပှၤခိဉ်ပှၤနၢ်, ပှၤဘဉ်မူဘဉ်ဒါ

top dog *n* ပှၤအခိဉ်, ပှၤလၢအသ့အဘဉ်ကတၢၢ်

top drawer *a* လၢအလီၤဘီလီၤမှၢ်

top drawer *n* ပှၤပတီၢ်ထီ, ပှၤတဝၢလၢအပတီၢ်ထီတဖဉ်

top gear *n* ဒိဉ်ကွံၤအထီကတၢၢ်လၢသိလ့ဉ်အပူၤ

top hat *n* ခိဉ်သလုးဖးထီ

top secret *a* ၁. လၢအပဉ်ဃုာ်ဒီးတၢ်ကစီဉ်လၢအရှ့ဒိဉ် ၂. လၢအဘဉ်တၢ်ဟ်အီၤဒ်တၢ်ခူသူဉ်အသိး

top table *n* စီၢ်နီၤခိဉ်လၢပှၤအရှ့ဒိဉ်တဖဉ်ကဆ့ဉ်နီၤအီဉ်တၢ်အဂီၢ်, တၢ်အီဉ်အစီၢ်နီၤခိဉ်လၢပှၤအရှ့ဒိဉ်တဖဉ်အဂီၢ်

top ten *n* အဂ့ၤကတၢၢ်တဆံ (ဂၤ, ခါ)

topaz *n* လၢၢ်ဘီဆှံ

top-class *a* လၢအပတီၢ်ထီကတၢၢ်, လၢအကံၢ်အစီဂ့ၤကတၢၢ်

topcoat *n* ၁. တၢ်ဖှူဘၢကူၤကသံဉ်ထံအလိၢ်ခံကတၢၢ်တကထၢ ၂. ဆ့ကၤခိးဖးထီ

top-down *a* ၁. (တၢ်နဲဉ်လီၤ) လၢအဖီခိဉ်ဆူအဖီလာ် ၂. (တၢ်ဂ့ၢ်) ထီရီၤဆူအလီၤတံၢ်လီၤဆဲး

top-flight *a* လၢအပှဲၤဒီးအကံၢ်အစီ

top-grossing *a* လၢအမၤနှၢ်ကျိဉ်စ့အါ, လၢအဆါဝဲနှၢ်အါနှၢ်ဒံးတၢ်ဂုၤတၢ်ဂၤ

top-heavy *a* လၢအခိဉ်ဃၢကဲဉ်ဆိး, လၢအဖီခိဉ်ဃၢ

topi, topee *n* ခိဉ်ဖျိဉ်ကျူ, ခိဉ်သလုးဆှိဉ်, ခိဉ်သလုးတကလှာ်

topiary *n* ၁. တၢ်တံာ်ဒဲးကံဉ်ဒဲးဝ့ၤသ့ဉ်တပိာ်, သ့ဉ်မုၢ်ဝဉ်ဘိ (အဒိ, တၢ်တံာ်သ့ဉ်တပိာ်ဒ်ကဆီ, ထိဉ်အက့ၢ်အဂီၤအသိး) ၂. တၢ်တံာ်ဒဲးကံဉ်ဒဲးဝ့ၤသ့ဉ်တပိာ်, သ့ဉ်မုၢ်ဝဉ်ဘိဒ်လၤအတၢ်သ့တၢ်ဘဉ်

T

topic *n* တၢ်ဂ့ၢ်, တၢ်ဂ့ၢ်ခိၣ်တီ

topical *a* လၢအဘၣ်ထွဲဒီးတၢ်အဂ့ၢ်တမံၤ, လၢအဘၣ်ဃးဒီးတကဝီၤတကဝီၤ

topknot *n* ၁. ခိၣ်ဘိၣ်, ခိၣ်ဘိလၢခိၣ်ထံသၣ်အလိၤ ၂. (ဆၣ်ဖိကိၢ်ဖိ) ခိၣ်သွံၣ်

topless *a* လၢအတကၤတၢ်နီတမံၤလၢအမိၢ်ပှၢ်ဖီခိၣ်တကူာ်, လၢအဖီခိၣ်တကူာ်အိၣ်ဘ့ၣ်ဆ့

top-level *a* လၢအရှ့ဒိၣ်ကတၢၢ်တပတီၢ်

topmost *a* လၢအထီကတၢၢ်, လၢအကစီၤထီကတၢၢ်

top-notch *a* လၢအကါအစီဂ့ၤကတၢၢ်

top-of-the-range *a* လၢအကါအစီဂ့ၤကတၢၢ်, လၢအဂ့ၤကတၢၢ်

topographic *a* လၢအဟ်ဖျါထီၣ်ဟီၣ်ခိၣ်မဲာ်ဖံးခိၣ်အက့ၢ်အဂီၤအတၢ်အိၣ်သး, လၢအဘၣ်ဃးဒီးတၢ်ဟ်ဖျါထီၣ်တၢ်လီၢ်တတီၤအဟီၣ်ခိၣ်မဲာ်ဖံးခိၣ်တၢ်အိၣ်သး

topography *n* ၁. တၢ်ဟ်ဖျါထီၣ်တၢ်လီၢ်တတီၤအဟီၣ်ခိၣ်မဲာ်ဖံးခိၣ်တၢ်အိၣ်သး ၂. ဟီၣ်ခိၣ်မဲာ်ဖံးပီညါ

topple *v* ၁. လီၤဃံၤ, (မၤ) လီၤဃံၤ, မၤလီၤတကူၢ် ၂. ဟံးကွံာ်တၢ်စိတၢ်ကမီၤလၢပဒိၣ်အအိၣ်

top-ranking *a* လၢအလီၢ်အလၤထီကတၢၢ်, လၢအစိအကမီၤဒိၣ်ကတၢၢ်

top-rated *a* လၢပှၤသ့ၣ်ညါအီၤအါ, လၢအမံၤဟူသၣ်ဖျါ

topsoil *n* ဟီၣ်ခိၣ်ညၣ်ထ့ၣ်လၢအဖီခိၣ်တကထၢ

topsy-turvy *a* ၁. လၢအိၣ်ကဒါခိၣ်ခံသး ၂. လၢအသဘံၣ်ဘုၣ်

top-up *n* တၢ်မၤပှဲၤကဲ့ၤတၢ် (စ့, ထံဒိၤနီဒိၤ)

tor *n* လၢၢ်တၢ်လူၢ်ဒီခိၣ်

Torah *n* ၁. ယူဒၤအတၢ်သိၣ်တၢ်သီ ၂. လံာ်တၢမိၤရှ့တုၤလၢယဲၢ်မိၤရှ့, လံာ်အခိၣ်ထံးယဲၢ်ဘ့ၣ်လၢလံာ်စီဆှံအပူၤ

torch *n* လီဆို, လီဆို, မ့ၣ်ဘံး

torch *v* ဆိုကဲၤထီၣ်, မၤကဲၤထီၣ်

torchlight *n* လီဆိုအတၢ်ကပီၤ, လီဆိုအတၢ်ကပီၤ, မ့ၣ်ဘံးအတၢ်ကပီၤ

toreador *n* (စပ့ၣ်အတၢ်ဂဲၤလိာ်ကွဲ) ပှၤလၢအဒိးကသ့ၣ်ဒီးနုးပြါလိာ်အသးဒီးပနၢ်မံၤ

torment *n* ၁. တၢ်နးတၢ်ဖှိၣ်, တၢ်သူၣ်ကိၢ်သးဂီၤ ၂. တၢ်လၢအဒုးအိၣ်ထီၣ်တၢ်သူၣ်ကိၢ်သးဂီၤ, ပှၤလၢအဒုးအိၣ်ထီၣ်တၢ်နးတၢ်ဖှိၣ်

torment *v* မၤနးမၤဖှိၣ်

tormentor *n* ပှၤလၢအမၤနးမၤဖှိၣ်တၢ်, ပှၤလၢအမၤကိၢ်မၤဂီၤတၢ်

tornado *n* ကလံၤမုၢ်တဝံး, ထီၣ်နါဒိၣ်ကလံၤမုၢ်

torpedo *n* ထီၣ်ပံဒိၢ်, မျိာ်သၣ်ယူၤထံ. မျိာ်သၣ်လၢတၢ်ခးအီၤလၢထံကျါ

torpedo *v* ၁. ခးလီၤဘျၢကဘီလၢမျိာ်သၣ်ယူၤထံ, ခးဒီးမျိာ်သၣ်ယူၤထံ ၂. မၤဟးဂီၤတၢ်ရဲၣ်တၢ်ကျဲၤ

torpid *a* လၢအသူၣ်ဃၢသးဃၢ, လၢအဝံတီၣ်တုၤ

torpor *n* တၢ်သူၣ်ဃၢသးဃၢ, တၢ်ပဝံသးကၢၣ်, တၢ်ပဝံတီၣ်တုၤ

torque *n* တၢ်တရံးအသဟီၣ်, တၢ်သဝံးအသဟီၣ်

torrent *n* ၁. ထံဟဲဒိၣ်ထီၣ်ဂိၢ်မုၢ်ဂိၢ်ပၤ, ထံယွၤဆူၣ် (အကျိ – အကျိၤ) ၂. မူခိၣ်သီၣ်ဂီၤလီၤ ၃. တၢ်ကတီၤတၢ်ကရါကတါချ့ဒံးချ့နူး ၄. တၢ်အါအါဂိၢ်ဂိၢ်

torrential *a* အါအါဂိၢ်ဂိၢ်, ဒိၣ်ဒိၣ်မုၢ်မုၢ်, ချ့ဒံးချ့နူး

torrid *a* ၁. လၢအသးဂဲၤဆူၣ်, လၢအသးကတၢဒိၣ်ဒိၣ်ကလဲာ် ၂. လၢအကိၢ်ဃ့ထီ ၃. လၢအကီအခဲ

torsion *n* တၢ်ဝံာ်ပကံး, တၢ်ဝံာ်ပကံ, တၢ်ဝံာ်ပကံးတၢ်

torso *n* ၁. (ပှၤကညီ) အမိၢ်ပှၢ် ၂. တၢ်ဂီၤလၢၢ်ထူၣ်လၢအခိၣ်ဒီးအစုအခီၣ်တအိၣ်ဘၣ်, ပှၤကညီမိၢ်ပှၢ်အဂီၤစိးပျၤ

tortoise *n* ချံး

tortoiseshell *n* ၁. ချံးကု ၂. သၣ်မံယီၤကွီ, သၣ်မံယီၤဘီကံၣ်ဃ့ ၃. စီးကပ့ၤအဃးဒီးအဘီ, စီၤကပ့ၤအဃးဒီးအဘီ

tortuous *a* ၁. ကူၣ်ကိာ်, ကံးကူး, ကူၣ်ကူၣ်ကူကူ ၂. လၢ (အတဲ) ဝ့ၤဝီၤတၢ်, လၢအသဘံၣ်ဘုၣ်ဒီးကီခဲ

torture *n* ၁. တၢ်မၤဆါပယွဲ, တၢ်မၤကိၢ်မၤဂီၤ, တၢ်မၤဆူးမၤဆါ ၂. တၢ်တူၢ်ဘၣ်ခီၣ်ဘၣ်

torture *v* မၤဆါပယွဲ, မၤကိၢ်မၤဂီၤ, မၤဆူးမၤဆါ

tortured *a* လၢအမၤဆါပယွဲ, လၢအမၤကိၢ်မၤဂီၤ, လၢအမၤဆူးမၤဆါနးနးကလဲာ်

torturous *a* ၁. လၢအတမ့ာ်တလၢ ၂. လၢအဆါနးနးကလဲာ်

Tory *n* ပှၤလၢအဟံးဃာ်ဂၢ်ကျၢၤလုၢ်လၢ်ထူသနူအကရၢဖိ, ထိရံၣ်ပၣ်တံၣ်အကရၢဖိ, အဲကလံးခီၣ်စၢပတ့းပၣ်တံၣ်အကရၢဖိ

toss *n* ၁. တၢ်ကွံာ်ထီၣ်တၢ်, တၢ်ကွံာ်ထီၣ်ဆူဖးဖိ ၂. တၢ်ဃၣ်ဃီၤမဲာ်လၢလီၢ်ခံ, တၢ်မိာ်ထီၣ်ခိၣ်သတူၢ်ကလာ်

toss *v* ၁. ကွံာ်ထီၣ်, ကွံာ်ထီၣ်ဆူတၢ်ဖးဖိ ၂. ဃၣ်တရံး, မိာ်ထီၣ်အခိၣ်သတူၢ်ကလာ်

toss together *vp:* ကတဲာ်ကတီၤ (အသး) ပစုၢ်ပတ့ၤ

tosser *n* ပှၤအီရိာ်အီပီ, ပှၤအီရိာ်ငီငး

toss-up *n* ၁. တၢ်အိၣ်သးလၢပဆၢတဲာ်နီၤဖးဘၣ်အီၤကီ ၂. တၢ်ကွံာ်ထီၣ်စ့အဘ့ၣ် (လၢတၢ်ဖိၣ်တၢ်ဖးအဂိၢ်)

tot *n* ၁. ဖိသၣ်ဆံး ၂. သံးတဘ့ၣ်, သံးတစဲးဖိ ၃. ခဲလၢာ်ဟ်ဖှိၣ်

tot *v* ဟ်ဖှိၣ်ခဲလၢာ်

total *a* ခဲလၢာ်, ခဲလၢာ်ခဲဆ့

total *n* ခဲလၢာ်ဟ်ဖှိၣ်

total *v* ၁. ထီၣ်ဘးထဲအံၤထဲနူၤ, ထီၣ်ဘးတုၤလၢ ၂. မၤဟးဂီၤသိလ့ၣ်လၢာ်လၢာ်ဆ့ဆ့

totalitarian *a* (ထံကိၢ်, ပဒိၣ်) လၢအဒိၣ်စိပၢတၢ်ဖဲအသး

totalitarianism *n* တၢ်ဒိၣ်စိပၢတၢ်ထဲတဂၤဧိၤဖဲအသး, တၢ်စိဒိၣ်ကမီၤတဲာ်သနူ

totality *n* တၢ်ခဲလၢာ်ခဲဆ့

totalizator, totalisator *n* တၢ်ဃ့ၢ်ပြၢကသ့ၣ်တၢ်တၤကျိၣ်တၤစ့အစဲး

tote *n* တၢ်ဃ့ၢ်ပြၢကသ့ၣ်တၢ်တၤကျိၣ်တၤစ့အကျိၤအကျဲ

tote *v* ယိး, စိာ်, ဝံ, တီ

totem *n* ကလံၤစိးအမဲရကၤပှၤအ့ဒယါထူလံၤဖိအမိၢ်လုၢ်ပၢ်လၢ်လုၢ်လၢ်ထူသနူအတၢ်ဂီၤတၢ်ဖိၣ်

totem pole *n* ကလံၤစိးအမဲရကၤပှၤအ့ဒယါထူလံၤဖိအကူထိဘိ, ကလံၤစိးအမဲရကၤပှၤအ့ဒယါထူလံၤဖိအတရူၣ်တၢၣ်

totter *n* တၢ် (ဟး, ဆၢထၢၣ်) ကနူၤကပၤ, တၢ် (ဟး, ဆၢထၢၣ်) တကျၢၤတနီၤ, တၢ် (ဟး, ဆၢထၢၣ်) တကျၢၤတနူၤ, တၢ်(ဟး, ဆၢထၢၣ်) ဟးဒ့ခံဒ့ကပၤ

totter *v* (ဟး, ဆၢထၢၣ်) ကနူၤကပၤ, (ဟး, ဆၢထၢၣ်) တကျၢၤတနီၤ, (ဟး, ဆၢထၢၣ်) တကျၢၤတနူၤ, (ဟး, ဆၢထၢၣ်) ဟးဒ့ခံဒ့ကပၤ

toucan *n* ထိၣ်ခ့, ထိၣ်သူ

touch *n* ၁. တၢ်ထိးဘၣ်တၢ် ၂. တၢ်တစဲး

touch *v* ၁. ထိးဘူး, ထိးလၢစုနၢ, ထိးဘၣ် ၂. ဘၣ်ဒိ

touch up *vp:* ၢ် (တၢ်ကွဲး, တၢ်ဂီၤ) မၤဂ့ၤထီၣ်, ဘှီဂ့ၤထီၣ်, တ့ဂ့ၤထီၣ်

touch-and-go *a* လီၤသးဒ့ဒီ, တလီၤတံၢ်လီၤမံ

touchdown *n* ၁. ကဘီယူၢ်စီၢ်လီၤ ၂. (တၢ်ဂဲၤလိာ်ကွဲရၢးဘံၣ်ဖျာၣ်ကွံာ်) တၢ်ကွံာ်လီၤဖျာၣ်ကွံာ်လီၤတဲာ်ဆူပှၤပြၢတၢ်အဂၤတဖၤအတၢၣ်ဖျိအကျိၤအပူၤ

touched *a* ၁. လၢအသူၣ်မ့ာ်သးမ့ာ်, လၢအထိးဘၣ်ပသး ၂. ပျုၢ်ပျုၢ်တပျုၢ်ပျုၢ်

touching *a* လၢအလီၤသးကညီၤ, လၢအလီၤဒိသူၣ်ဒိသး, လၢအလီၤသးဘၣ်ဒိ

touchline *n* ဖျာၣ်ထူပျီအပနိကျိၤ, တၢ်လိာ်ကွဲပျီအပနိကျိၤ

touchstone *n* ၁. တၢ်အဒိလၢတၢ်မၤကွၢ်တၢ်အဂိၢ် ၂. လၢၢ်သူတကလုာ်, လၢၢ်သူ, လၢၢ်အနီၢ်နီၢ်တကလုာ်လၢတၢ်စူးကါအီၤလၢတၢ်မၤကွၢ်ထူဓိၤစ့ဓိၤမ့ၢ်တၢ်အနီၢ်နီၢ်တမ့ၢ်တၢ်အနီၢ်နီၢ်

touch-tone *a* လၢအသိၣ်ဖဲပထိးဘၣ်အီၤအခါ, လၢအသိၣ်ဖဲပစံၢ်ဘၣ်အီၤအခါ

touch-type *v* ဒိလံာ်လၢတကွၢ်လီၤနီၣ်ဆီၣ်ခံ

touchy *a* ၁. လၢအသးချ့, လၢအသးဒိၣ်ထီၣ်ညီ, လၢအသးဖုၣ် ၂. လၢအသးဂဲၤထီၣ်ညီ ၃. လၢအအ့အိၣ်ညီ

touchy-feely *a* ၁. (တၢ်ဂီၤမူ) လၢအဟ်ဖျါထီၣ်သးအတၢ်တူၢ်ဘၣ်ခီၣ်ဘၣ်အါတလၢ ၂. လၢအဖိၣ်စဲးဖိၣ်စီးတၢ်မ့ာ်, လၢအဲၣ်ဒိးတၢ်ထိးဘၣ်အီၤ, လၢအသူၣ်မ့ာ်သးမ့ာ်ဖဲတၢ်ထိးဘၣ်အီၤအခါ,

T

လၢအစၢ်ဘျုးစၢ်ဘိုး, လၢအထိးဘၣ်တၢ်မ့ာ်, လၢအဖိၣ်တၢ်မ့ာ်

tough *a* ပံာ်, စွံ, ဆိုၣ်, တကပှာ်ဘၣ်, တစၢ်ဘၣ်

tough *n* ပှၤအၢပှၤသိ

tough *v* ကွၢ်ဆၢၣ်မဲာ်တၢ်ကီတၢ်ခဲတုၤအမၤနၢၤဝဲ, မၤနၢၤတၢ်ကီတၢ်ခဲ

toughen *v* မၤကိၤထိၣ်, မၤပံာ်ထိၣ်, ပံာ်စွံ, ဟဲကျၤထိၣ်, ကိၤထိၣ်, တစိးဘၣ်

toupee *n* ခိၣ်သူအယီၤ, ခိၣ်သူလၣ်, ခိၣ်သူလီ, ခိၣ်သူပျိၢ်, ခိၣ်သူပစီၤ

tour *n* တၢ်ဟးဝ့ၤဝီၤ

tour *v* ဟးဝ့ၤဝီၤ, ဟးဆှၣ်တရံး, လဲၤတရံးအိၣ်ဂီၤ

tourism *n* တၢ်ဟးဆှၣ်ကီၢ်

tourist *n* ပှၤဟးဝ့ၤဝီၤ, ပှၤဟးဆှၣ်ကီၢ်, ပှၤဟးလိာ်ကွဲဖိ

tourist attraction *n* တၢ်လၢအထုးန့ၢ်ပှၤဟးလိာ်ကွဲဖိအသး

tourist class *n* (ကဘီယူၤ, ကဘီ, ဟံၣ်ဒွံ) လီၢ်ဆ့ၣ်နီၤအပ္ၤဘၣ်ကတၢၢ်, တၢ်လီၢ်လၢအပ္ၤဘၣ်ကတၢၢ်

tourist trap *n* ပှၤဟးလိာ်ကွဲဖိလဲၤဟးအါအလီၢ်, တၢ်လီၢ်အပ္ၤဒိၣ်လၢအထုးန့ၢ်ပှၤဟးလိာ်ကွဲဖိတဖၣ်အသးအါ

touristy *a* ၁. လၢအပှဲၤဒီးပှၤဟးလိာ်ကွဲဖိ, လၢအပှဲၤဒီးပှၤဟးဝ့ၤဝီၤဖိ ၂. လၢအဘၣ်ထွဲဒီးပှၤဟးလိာ်ကွဲဖိ, လၢအဘၣ်ထွဲဒီးပှၤဟးဝ့ၤဝီၤဖိ

tournament *n* ပှၤတဖုဒီးတဖုအတၢ်ပြၢလိာ်အသး, တၢ်ပြၢ

tourniquet *n* ပျံၤတြီသွံၣ်

tousle *v* မၤဖုရှခိၣ်, မၤဖုရှခိၣ်ဖုရှနၢ်, မၤတရုတရီးအခိၣ်

tout *n* ပှၤပ္ၤဆါလဲးမး, ပှၤပ္ၤဆါလံာ်ပျဲက့

tout *v* ၁. ကွဲန့ၢ်လွဲန့ၢ်တၢ်, ကွဲန့ၢ်လွဲန့ၢ်ပှၤလၢကပ္ၤအတၢ် ၂. တဲဂ့ၤတဲလၢပှၤ ၃. ဟ့ၣ်တၢ်ဂ့ၢ်တၢ်ကျိၤလၢ

tow *n* ၁. တၢ်ထုးတၢ်ဒီးပျံၤ, မိၤ (တၢ်လၢပျံၤ), တၢ်တွံၢ်တၢ် ၂. တၢ်လှၤဟိာ်ပှၤခံဘူးဘူး

tow *v* ထုးတၢ်ဒီးပျံၤ, မိၤ(တၢ်လၢပျံၤ), တွံၢ်

tow bar *n* ထးကျိၣ်, ထးကျိၣ်လၢတၢ်တွံၢ်သိလ့ၣ်, ထးကျိၣ်လၢတၢ်ထုးသိလ့ၣ်

tow rope *n* ပျံၤလၢတၢ်မိၤသိလ့ၣ်, ပျံၤလၢတၢ်တွံၢ်တၢ်

tow truck *n* သိလ့ၣ်တွံၢ်တၢ်, သိလ့ၣ်တွံၢ်သိလ့ၣ်ဟးဂီၤ

toward *prep* ဆူအအိၣ်, လိၤဆူ

towards *prep* ဆူအအိၣ်, လိၤဆူ

towel *n* ယၣ်ကဖု. တၢ်ကံးညာ်လၢပထွါသူပသး, ခိၣ်ဖၢၣ်တၢ်ကၤ

towel *v* ထွါသူလိၤ, ထွါသူတၢ်, ထွါယ့ထိလိၤ

towel rail *n* တၢ်ဘျးတၢ်ကံးညာ်အတိၤဘိ, (ယၣ်ကဖု, ခိၣ်ဖၢၣ်တၢ်ကၤ) အတိၤဘိ

towelling, toweling *n* တၢ်ကံးညာ်ယၣ်ကဖု, တၢ်ကံးညာ်ခိၣ်ဖၢၣ်တၢ်ကၤ

tower *n* ၁. (တၢ်ထိ) အပျိာ်, အပျိာ် ၂. တၢ်ထိၣ်ထီလၢပှၤကွၢ်စိကွၢ်တွၤတၢ်

tower *v* ၁. အနိၢ်ထိန့ၢ်ဒံး, အကစီၤထိန့ၢ်ဒံး ၂. ဂ့ၤန့ၢ်ဒံး

tower block *n* တၢးဖးထီ

towering *a* ၁. ဖးထီ, လၢအထိဒိၣ်မး ၂. ဖျိးစိ

town *n* ဝ့ၢ်, ဝ့ၢ်ဖိ

town centre, town center *n* ဝ့ၢ်ခၢၣ်သး

town crier *n* ပှၤဟးဝ့ၤဝီၤဘိးဘၣ်ရၤလီၤတၢ်ကစိၣ်

town hall *n* ဝ့ၢ်မုၢ်ဘျိၣ်ဒိၣ်

town house *n* ဟံၣ်တဲ့ၢ်ရဲၣ်, ဟံၣ်ဖးထီ

town planner *n* ပှၤပၢဆှၢရဲၣ်ကျဲၤဝ့ၢ်

town planning *n* ၁. တၢ်ပၢဆှၢရဲၣ်ကျဲၤဝ့ၢ် ၂. တၢ်ပၢဆှၢရဲၣ်ကျဲၤဝ့ၢ်ပီညါ

townie *n* ပှၤဝ့ၢ်ဖိ

townscape *n* ဝ့ၢ်အဂီၤ

township *n* ကီၢ်ဆၣ်

townspeople, townsfolk *n* ပှၤဝ့ၢ်ဖိ, ပှၤခူဖိဝ့ၢ်ဖိ

towpath *n* ကျဲဖိလၢထံကၢၢ်နံၤ

toxaemia, toxemia *n* သွံၣ်စုၣ်ထိၣ်

toxic *a* လၢအအိၣ်ဒီးအစုၣ်, လၢအမူၤတၢ်သ့

toxic shock syndrome *n* ဘဲးထံရံယါသွံၣ်ကျိၤတၢ်ဘၣ်က်, ဘဲးထံရံယါအစုၣ်ထိၣ်ဝံၤနှာ်လီၤဆူသွံၣ်ကျိၤတၢ်ဘၣ်က် (ညီနှၢ်ကဲထိၣ်ဒီး

ပိာ်မုၣ်လၢအစူးကါပိာ်မုၣ်အဘဲတြံာ်အကျိၤအကျဲ တဘၣ်တဖၣ်)

toxicity *n* တၢ်စုၣ်တၢ်ပျၢ်

toxicology *n* တၢ်ဃုထံၣ်သ့ၣ်ညါမၤလိဘၣ်ဃးတၢ်စုၣ်တၢ်ပျၢ်, တၢ်စုၣ်တၢ်ပျၢ်အပီညါ

toxin *n* ဘဲးထံရံယါအစုၣ်ထီၣ်, တၢ်အစုၣ်တကလုာ်လၢဘဲးထံရံယါတၢ်ဆါဃၢ်ထုးထီၣ်ဝဲ

toy *a* လၢအမ့ၢ်တၢ်ဂီၤဖိ, လၢအမ့ၢ်တၢ်လိာ်ကွဲဖိ

toy *n* ဖိဒံဖိသၣ်တၢ်လိာ်ကွဲ, တၢ်လိာ်ကွဲဖိ

toy *v* ၁. ဆိမိၣ်မံ့တၢ် ၂. ဂဲၤလိာ်ကွဲတၢ်ဖဲအတဲတၢ်အခါ (အဒိ, ဖိသၣ်တအိၣ်မ့ၤဘၣ်ဒီးဂဲၤလိာ်ကွဲမ့ၤ) ၃. ဂဲၤလိာ်ကွဲတၢ်အဲၣ်, အဲၣ်လိာ်ကွဲတၢ်

toyboy *n* ပိာ်ခွါဖိလၢအတၢ်အဲၣ်တီအသးပှၢ်န့ၢ်အီၤ, နီပှၢ်အတၢ်အဲၣ်တီ

trace *n* တီၤကျိၤ. တၢ်အကျိၤလၢအဖျါလီၤတဲာ်တ့ၢ်, တၢ်အကျိၤ, တၢ်အခီၣ်လီၢ်

trace *v* ၁. ဃုတၢ်ဒီးလူၤပိာ်အခီၣ်လီၢ် ၂. ဃုထံၣ်က့ၤတၢ်တမံၤမံၤအခီၣ်ထံးခီၣ်ဘိ, ဃုထံၣ်က့ၤတၢ်လၢပျၤ ၃. တ့ထွဲ, တီၤပိာ်ထွဲ (တၢ်ဂီၤ), တ့ပိာ်ထွဲတၢ်အကျိၤလီၤတံၢ်လီၤဆဲး

trace element *n* ကၢ်အတၢ်ဖိတၢ်လံၤလၢဘၣ်တၢ်ထံၣ်န့ၢ်အီၤတဆံးတက့ၢ်

traceable *a* ၁. လၢတၢ်ဃုထံၣ်က့ၤအီၤသ့, လၢတၢ်ဃုထံၣ်က့ၤအကျိၤညီ ၂. လၢတၢ်တ့ပိာ်ထွဲအီၤညီ

tracer *n* ၁. ပှၤလၢအဃုထံၣ်တၢ်, ပှၤလၢအလူၤပိာ်တၢ်အကျိၤ, ပှၤလၢအလူၤပိာ်တၢ်အခီၣ်လီၢ် ၂. တၢ်လၢတၢ်ဃုထံၣ်က့ၤအီၤ ၃. ကျိချံမျိာ်သၣ်အမ့ၣ်အူလုၢ်အကျိၤအိၣ်တ့ၢ်ဖဲတၢ်ခးအီၤဝံၤအလီၢ်ခံ

tracery *n* ၁. သရိာ်အပဲတြီဖိအတၢ်ဒဲးကံၣ်ဒဲးဝ့ၤ ၂. တၢ်အကျိၤဒဲးကံၣ်ဒဲးဝ့ၤ

trachea *n* ကလံၤကျိၤ

tracheitis *n* ကလံၤကျိၤမိၢ်ပှၢ်ညီး

tracheotomy, tracheostomy *n* တၢ်ကူးကွဲးမၤထူၣ်ဖျိကလံၤကျိၤ (ကိာ်ဘိ)

trachoma *n* မဲာ်ချံတၢ်ဘၣ်ကၢ်တၢ်ဆါ

tracing *n* တၢ်ဂီၤလၢတၢ်တ့ဒိအီၤ, တၢ်ဂီၤတ့ဒိ, တၢ်ဂီၤကွဲးဒိ

tracing paper *n* တၢ်ကွဲးဒိ (တၢ်ဂီၤ) အလံာ်ကဘျံးဘူဘူဖိ

track *n* ၁. လှၣ်မ့ၣ်အူကျဲ ၂. ကျဲဖိဆံး, ကျဲအကျိၤ ၃. တၢ်အခီၣ်လီၢ်, တၢ်အကျိၤလၢအိၣ်လီၤတဲာ်

track *v* ၁. လူၤပိာ်အခီၣ်လီၢ်, လူၤပိာ်အကျိၤ ၂. အကျိၤအိၣ်လီၤတဲာ်တ့ၢ်, အခီၣ်လီၢ်အိၣ်လီၤတဲာ်တ့ၢ်

track event *n* တၢ်ယ့ၢ်ပြၢအမူး

track record *n* တၢ်ဖံးတၢ်မၤအတၢ်စံၣ်စိၤတဲစိၤ, တၢ်ဖံးတၢ်မၤအတၢ်မၤနီၣ်မၤဃါ

tracker *n* ၁. ပှၤလၢအလူၤပိာ်တၢ်အခီၣ်လီၢ်, ပှၤလၢအလူၤပိာ်တၢ်အကျိၤ (အဒိ, နၢၤပှၢ်) ၂. ဆၣ်ဖိကိၢ်ဖိလၢအလူၤပိာ်တၢ်အခီၣ်လီၢ်, ဆၣ်ဖိကိၢ်ဖိလၢအလူၤပိာ်တၢ်အကျိၤ

tracker dog *n* ထွံၣ်လၢအလူၤနၢတၢ်အခီၣ်လီၢ်

tracking station *n* မူပျိၢ်အတၢ်ဆဲးကျိးဆဲးကျၢအသန့

tracksuit *n* ပှၤဂဲၤလိာ်ကွဲဖိအကူအသိးကလ့ကလၢ

tract *n* ၁. က့ၢ်ဂီၤဒွဲအကရူၢ် ၂. တၢ်လီၢ်ဖးလဲၢ်တကဝီၤ ၃. လံာ်ဖိလဲၢ်ဖိ

tractable *a* ၁. လၢတၢ်ကတိၤဘၣ်အီၤညီ ၂. လၢတၢ်သိၣ်အီၤသီအီၤညီ

traction *n* ၁. တၢ်တွံၢ်တြူာ်တၢ် ၂. တၢ်အသဟီၣ်လၢကတွံၢ်တြူာ်တၢ် ၃. တၢ်ဖီၣ်ဂၢၢ်ဃာ်တၢ်, တၢ်စူးကါတၢ်ပီးတၢ်လီလၢကဖီၣ်ဂၢၢ်ဃာ်ပှၤစုကၢ်ခီၣ်ကၢ်အဂီၢ် (တၢ်ကူစါယါဘျါအကျဲ)

traction engine *n* စဲးတွံၢ်တၢ်ဃၢ

tractor *n* စဲးမၤစံာ်, စဲးထူစံာ်

tractor-trailer *n* သိလှၣ်တွံၢ်ပဒၢးဖးဒိၣ်, သိလှၣ်ဖးဒိၣ်, သိလှၣ်ပဒၢးဖးဒိၣ်

trad *n* ထြဲး, ထြဲးတၢ်သံကျံအကလုာ်

tradable *a* လၢတၢ်ဆါအီၤပ့ၤအီၤသ့, လၢတၢ်ကူလဲၢ်မၤကၤအီၤသ့, လၢတၢ်ကူၣ်လဲၤမၤကၤအီၤသ့

trade *n* ပန့ာ်ကၤတၢ်မၤ, တၢ်ကူလဲၢ်မၤကၤ, တၢ်ဆါတၢ်ပ့ၤ

trade *v* ကူလဲၢ်မၤကၤ, ကူၣ်လဲၤမၤကၤ, ပ့ၤတၢ်ဆါတၢ်

trade balance *n* ပန့ာ်အတၢ်ဟဲနုာ်ဟးထီၣ်အလုၢ်အပ့ၤအတၢ်လီၤဆီ

T

trade deficit, trade gap *n* မုၢ်ကျိၤဝဲၤကွာ်အတၢ်လီၤတူာ်လီၤကာ်, ပန်ာ်တၢ်ကၤတၢ်အတၢ်လီၤတူာ်လီၤကာ်, တၢ်မၤမုၢ်ကျိၤဝဲၤကွာ်တၢ်မၤအတၢ်လီၤတူာ်လီၤကာ်ဖဲပန်ာ်ဟဲနုာ်အါန့ၢ်ဒံးပန်ာ်ဟးထီဉ်အကတိၢ်

trade fair *n* ပန်ာ်တၢ်ကၤအမူး, တၢ်ဆါတၢ်ပ့ၤအမူး, တၢ်ကူလဲၢ်မၤကၤအမူး, တၢ်ကူဉ်လဲၤမၤကၤအမူး

trade gap *n* (see trade deficit)

trade mark *n* ၁. ပန်ာ်အမံၤပနီဉ်, ပန်ာ်အတၢ်စဲပနီဉ် ၂. ပှၤတဂၤအတၢ်ဟူးတၢ်ဂဲၤတၢ်ဟ်သး, ပှၤတဂၤအတၢ်အိဉ်ထီဉ်အိဉ်လီၤ (TM)

trade name *n* ပန်ာ်အမံၤ

trade route *n* မုၢ်ကျိၤဝဲၤကွာ်အကျိၤအကျဲ, ပန်ာ်တၢ်ကၤအကျိၤအကျဲ, တၢ်ကူလဲၢ်မၤကၤအကျိၤအကျဲ, တၢ်ကူဉ်လဲၤမၤကၤအကျိၤအကျဲ

trade school *n* ပန်ာ်တၢ်ကၤအကၠိ, တၢ်ကူလဲၢ်မၤကၤအကၠိ, တၢ်ကူဉ်လဲၤမၤကၤအကၠိ

trade secret *n* ၁. ပန်ာ်တၢ်ကၤအတၢ်ခူသူဉ် ၂. တၢ်ကူလဲၢ်မၤကၤအကၠိ, တၢ်ကူဉ်လဲၤမၤကၤအကၠိ ၃. တၢ်ခူသူဉ်, တၢ်ဟ်ခူသူဉ်စုလီၢ်

trade show *n* ပန်ာ်တၢ်ကၤအတၢ်နှ့ၢ်ဘျုး, တၢ်ကူလဲၢ်မၤကၤအတၢ်နှ့ၢ်ဘျုး, တၢ်ကူဉ်လဲၤမၤကၤအတၢ်နှ့ၢ်ဘျုး, တၢ်ဖံးမၤမုၢ်ကျိၤဝဲၤကွာ်အတၢ်နှ့ၢ်ဘျုးဖဲပန်ာ်ဟးထီဉ်အါန့ၢ်ဒံးပန်ာ်ဟဲနုာ်

trade surplus *n* ပန်ာ်တၢ်ကၤအတၢ်နှ့ၢ်ဘျုး, တၢ်ကူလဲၢ်မၤကၤအတၢ်နှ့ၢ်ဘျုး, တၢ်ကူဉ်လဲၤမၤကၤအတၢ်နှ့ၢ်ဘျုး, တၢ်ဖံးမၤမုၢ်ကျိၤဝဲၤကွာ်အတၢ်နှ့ၢ်ဘျုးဖဲပန်ာ်ဟးထီဉ်အါန့ၢ်ဒံးပန်ာ်ဟဲနုာ်

trade union, trades union *n* ပှၤမၤတၢ်ဖိစၢဖှိဉ်ကရၢ

trade unionist *n* ပှၤလၢအဆီဉ်ထွဲပှၤမၤတၢ်ဖိစၢဖှိဉ်ကရၢ, ပှၤမၤတၢ်ဖိစၢဖှိဉ်ကရၢအကရၢဖိ

trade wind *n* ကလံၤကၤတၢ်

trade-in *n* ၁. တၢ်ခီလဲဆါတၢ်ပ့ၤတၢ်, တၢ်ခီလဲပန်ာ်ဒီးဆါတၢ်ပ့ၤတၢ် ၂. ပန်ာ်လၢတၢ်ခီလဲဆါအီၤပ့ၤအီၤ

trade-off *n* တၢ်ဟ့ဉ်ခီလဲလိာ်သးယၢ်ခီယၢ်ခီ, တၢ်ဘဉ်ဟ့ဉ်လီၤကွံာ်တၢ်တမံၤလၢကမၤန့ၢ်တၢ်တမံၤအဂီၢ်

trader *n* ပှၤကၤတၢ်ဖိ

trades man *n* ၁. ပှၤဟးဆါတၢ်ဖိ, ပှၤမၤကၤတၢ်ဖိ ၂. ကျးကစၢ်

trades people *n* ၁. ပှၤဟးဆါတၢ်ဖိတဖၣ်, ပှၤမၤကၤတၢ်ဖိတဖၣ် ၂. ကျးကစၢ်တဖၣ်

trading *n* တၢ်ဆါတၢ်ပ့ၤတၢ်, တၢ်ကူလဲၢ်မၤကၤတၢ်, တၢ်ကူဉ်လဲၤမၤကၤတၢ်, ပန်ာ်တၢ်ကၤအတၢ်ဖံးတၢ်မၤ

trading estate *n* တၢ်ဆါတၢ်ပ့ၤတၢ်အလီၢ်ကဝီၤ, ပန်ာ်တၢ်ကၤအလီၢ်ကဝီၤ, တၢ်ကူလဲၢ်မၤကၤအလီၢ်ကဝီၤ, တၢ်ကူဉ်လဲၤမၤကၤအကဝီၤ

trading post *n* တၢ်ဆါတၢ်ပ့ၤအလီၢ်ကဝီၤဖိတကဝီၤ

tradition *n* မီၢ်လုၢ်ပၢ်လၢ်, လုၢ်လၢ်ထူသနူ

traditional *a* လၢအဟဲလီၤစၢၤလၢမီၢ်ပၢ်ဖံဖုလၢပျၢၤ, လၢမီၢ်ပၢ်ဖံဖုစံဉ်ဃဲၤတဲဃဲၤဝဲ

traditionalism *n* မီၢ်လုၢ်ပၢ်လၢ်အတၢ်နာ်သနူ, လုၢ်လၢ်ထူသနူအတၢ်နာ်

traditionalist *n* ပှၤဟံးဃာ်ဂၢၢ်ကျၢၤမီၢ်လုၢ်ပၢ်လၢ်, ပှၤဟံးဃာ်ကျၢၤလုၢ်လၢ်ထူသနူ

traduce *v* ကတိၤဟးဂီၤပှၤ, ကတိၤအၢကတိၤသီပှၤ, ခဲဉ်သူခဲဉ်ဂီၤပှၤ

traffic *n* သိလ့ဉ်ကိးမံၤအတၢ်လဲၤတၢ်က့ၤ

traffic *v* ကူလဲၢ်မၤကၤတၢ်လၢတဖိးသဲစး, ကူဉ်လဲၤမၤကၤတၢ်လၢတဖိးသဲစး, စိာ်ဆါခူသူဉ်တၢ်, ဆါတၢ်ပ့ၤတၢ်တဖိးသဲစး

traffic calming *n* တၢ်မၤကဃီလီၤတၢ်နီဉ်သိလ့ဉ်အချ့အကျိၤအကျဲ, တၢ်တြီသိလ့ဉ်လဲၤတၢ်အချ့အကျိၤအကျဲ (အဒိ, တၢ်ဘိုကစီၤကျဲ, တၢ်ဘိုသရူထိဉ်ကျဲ)

traffic circle *n* ကျဲအါဘိထံဉ်လိာ်သးအလီၢ်ကဝီၤ

traffic cone *n* ကျဲဖျၢဉ်စူခိဉ်, တၢ်စူခိဉ်ဘီဘီဂီၤဂီၤလၢပှၤဆီလီၤဖဲကျဲမုၢ်ဖီခိဉ်, ကျဲခၢဉ်သး

traffic cop *n* ကျဲပၢၤကိၢ်

traffic island *n* ကျဲမုၢ်ခၢဉ်သးကီး

traffic jam *n* ကျဲကတံာ်

traffic light, traffic lights, traffic signal *n* မ့ဉ်ဖီး

traffic policeman *n* ကျဲပၢၤကိၢ်

traffic warden *n* ကျဲပၢၤကိၢ်

tragedian *n* ၁. ပှၤဂဲၤဒိပူလၢအလီၤသူၣ်အုးသးအုး, အလီၤဘၣ်မိၣ်ဘၣ်မး ၂. ပှၤကွဲးပူလၢအလီၤသူၣ်အုးသးအုး, အလီၤဘၣ်မိၣ်ဘၣ်မး

tragedy *n* တၢ်ဘၣ်မိၣ်ဘၣ်မး, တၢ်သူၣ်အုးသးအုး

tragic *a* ၁. လၢအလီၤဘၣ်မိၣ်ဘၣ်မး, လၢအလီၤသူၣ်အုးသးအုး ၂. လၢအဘၣ်ထွဲဒီးတၢ်ဂဲၤဒိပူလၢအလီၤသူၣ်အုးသးအုး

tragical *a* လၢအဘၣ်မိၣ်ဘၣ်မးတၢ်, လၢအသူၣ်အုးသးအုးဒိၣ်ဒိၣ်ကလဲာ်

tragicomedy *n* ပူလၢအလီၤသူၣ်အုးသးအုး, လီၤဘၣ်မိၣ်ဘၣ်မးလၢအပၣ်ယှာ်ဒီးတၢ်လီၤနံၤလီၤအ့

trail *n* ၁. ကျဲဖိဆံး ၂. ကျဲအကျိၤ ၃. တၢ်အကျိၤ, တၢ်အခီၣ်လီၢ်

trail *v* ၁. တွၢ်တြူၣ် ၂. အကျိၤအိၣ်လီၤတဲာ်တ့ၢ်, အလီၢ်အိၣ်လီၤတဲာ်တ့ၢ် ၃. လူၤပိာ်အကျိၤ, လူၤပိာ်အခီၣ်လီၢ်

trailblazer *n* ၁. ပှၤစးထိၣ်တၢ်အဆိကတၢၢ်, ပှၤဒုးအိၣ်ထိၣ်တၢ်အဆိကတၢၢ်, ပှၤဒုးအိၣ်ထိၣ်တၢ်အသီ ၂. ပှၤဃဲာ်ဟိကျဲ, ပှၤတ့ကျဲ

trailer *n* ၁. သိလ့ၣ်အတွံၢ် ၂. ဟံၣ်သိလ့ၣ် ၃. တၢ်ဂီၤမူအဒိဖှၣ်ကိာ်

train *n* ၁. လှၣ်မ့ၣ်အူ ၂. (line) တၢ်ရဲၣ်လီၤသးတဂ့ၢ်, တၢ်အဂ့ၢ်တဂ့ၢ်, တၢ်လၢအပိာ်ထွဲလိာ်အခံတဖု ၃. (ဆ့) အမဲၢ်

train *v* ၁. သိၣ်လိ, နဲၣ်လိ, မၤယုၢ ၂. ဂဲၤလိတၢ်, မၤသ့ထိၣ်အသး

train set *n* လှၣ်မ့ၣ်အူတၢ်ဂဲၤလိာ်ကွဲ

trainee *n* ပှၤမၤလိတၢ်ဖိ

trainer *n* ၁. ပှၤသိၣ်လိတၢ်ဖိ ၂. တၢ်ဂဲၤလိာ်ကွဲခီၣ်ဖံး

training *a* လၢအဘၣ်ဃးဒီးတၢ်သိၣ်လိ, လၢတၢ်သိၣ်လိအဂီၢ်

training *n* တၢ်သိၣ်လိ

training college *n* တၢ်မၤလိခီလ့ၣ်ကို (အဒိ, ကိုသရၣ်တၢ်မၤလိခီလ့ၣ်ကို), တၢ်လုၢ်အီၣ်သးသမူခီလ့ၣ်ကို

training wheels *n* ဖိသၣ်လှၣ်ယီၢ်အပၣ်ဖိ, လှၣ်ယီၢ်အပၣ်ဖိလၢတၢ်ထီထီၣ်အီၤလၢဖိသၣ်အလှၣ်ယီၢ်ပၣ်အလီၢ်ခံ

trainman *n* လှၣ်မ့ၣ်အူအပှၤမၤတၢ်ဖိ

trainspotter *n* ၁. ပှၤလၢအကွၢ်ကီလ့ၣ်မ့ၣ်အူဟးထီၣ်ဟးလီၤဒီးကွဲးနီၣ်ဝဲလှၣ်မ့ၣ်အူဟဲနာ်ဟးထီၣ်ပှဲၤခိၣ် ၂. ပှၤလၢအသးစဲဒီးတၢ်လၢအရှတဒိၣ်

traipse *v* ဟးဝ့ၤဝီၤ, ဟးလိာ်ကွဲ

trait *n* ၁. လုၢ်လၢ်သကဲာ်ပဝးလီၤဆီ ၂. တၢ်ထိးဘၣ်တၢ်

traitor *n* ပှၤလၢအဆါလီၤအီၣ်ကွံာ်ပှၤဂၤ, ပှၤလၢအသးတတီဒီးအတံၤသကိး, ပှၤလၢအယိးကဒါဘီ

traitorous *a* လၢအသးတတီဘၣ်, လၢအယိးကဒါဘီ

trajectory *n* ၁. ကျိသၣ်အကျိၤ, ကျိချံမျိာ်သၣ်အကျိၤ

tram, tramcar *n* လီလှၣ်

tramlines *n* ၁. လီလှၣ်အကျဲ ၂. ဖျာၣ်ပၤတၢ်လိာ်ကွဲပျီအပနိကျိၤ

trammel *v* တြီယာ်တၢ်, မၤနိးမၤဘျးတၢ်, မၤကီထိၣ်တၢ်, မၤတံာ်တာ်တၢ်

tramp *n* ၁. ပှၤဟးဝ့ၤဝီၤဖိလၢအဃ့အီၣ်တၢ်, ပှၤဟံၣ်တအိၣ်ဃီတအိၣ် ၂. တၢ်ဟးဆဲးထူခီၣ်အသီၣ် ၃. ပှၤပိာ်မုၣ်လၢအဟးမံယှာ်ဒီးပှၤပိာ်ခွါအါဂၤ ၄. တၢ်လဲၤတၢ်အယံၤဒီးခီၣ်

tramp *v* ၁. ဆဲးထူခီၣ်, ဆ့ၣ်ထိၣ် ၂. ဟးကဘုၤကဘုၤ, လဲၤတၢ်လၢအခီၣ်

trample *v* ယီၢ်တံၢ်, ယီၢ်ဘျ့ၣ်တၢ်

trampoline *n* တၢ်ခးပတ့ၤတၢ်ကံးညာ်ဘ့ၣ်ဘၣ်ကပှာ်, တၢ်ခးပတ့ၤတၢ်ကံးယာ်ဘ့ၣ်ဘၣ်ကပှာ်

trampoline *v* စံၣ်ဂဲၤလိာ်ကွဲလၢတၢ်ခးပတ့ၤတၢ်ကံးညာ်ဘ့ၣ်ဘၣ်ကပှာ်အလိၤ

tramway *n* လီလှၣ်အကျဲ

trance *n* ၁. တၢ်မၤသးသပ့ၤပှၤသး ၂. သးလီၤထူၣ်, တၢ်လီၤထွံလၢတၢ်ဆိကမိၣ်အပူၤ ၃. တၢ်နါထီ, တၢ်ပျိၢ်သီတၢ် ၄. တၢ်ဂဲၤကလံၣ်ချ့အတၢ်သံကျံတကလှာ်

tranquil *a* လၢအအိၣ်ဘှ့ၣ်အိၣ်ဘှီၣ်, လၢအအိၣ်ယိကလာ်

tranquility, tranquillity *n* တၢ်အိၣ်ဘှ့ၣ်အိၣ်ဘှီၣ်, တၢ်အိၣ်ဘှ့ၣ်ယုၢ်ကလာ်, တၢ်အိၣ်ဂၢၢ်တပၢၢ်

T

tranquillize, tranquillise, tranquilize *v* ဟ့ၣ်ကသံၣ်မၤဂၢါပှၤသး, ဟ့ၣ်ကသံၣ်မံ
tranquillizer *n* ကသံၣ်မၤဂၢါပှၤသး, ကသံၣ်မံ
trans- *prefix* ၁. ခီက် ၂. ဆီတလဲတၢ်, ခီလဲ ၃. တၢ်အဘၢၣ်စၢၤ
transact *v* ဖံးတၢ်မၤတၢ်, မၤဝံၤအတၢ်မၤ
transaction *n* ၁. တၢ်ဆါတၢ်ပှ့ၤတၢ် ၂. တၢ်ဖံးတၢ်မၤ, တၢ်ဖံးတၢ်မၤတၢ် ၃. တၢ်အိၣ်ဖှိၣ်အတၢ်ကွဲးနီၣ်
transatlantic *a* ၁. လၢအလဲၤခီက်အဲးတလဲးတ့းမးသမံး ၂. လၢအဘၣ်ထွဲဒီးထံကီၢ်တဖၣ်လၢအအိၣ်လၢမးသမံးအကပၢ်ကပၤ ၃. တၢ်အိၣ်ဖှိၣ်အတၢ်ကွဲးနီၣ်
transceiver *n* ရှ့ၢ်ယိၣ်လၢအဆှၢဒီးတူၢ်လိာ်တၢ်ကစီၣ်, စဲးလၢအဆှၢဒီးတူၢ်လိာ်တၢ်ကစီၣ်
transcend *v* ၁. ဂ့ၤန့ၢ် –, သ့န့ၢ် –, ထီန့ၢ် – အါန့ၢ် –, ဒိၣ်န့ၢ် – ၂. လဲၤတလၢက္ၢ်လၢအမဲာ်ညါ
transcendent *a* ၁. လၢအဂ့ၤန့ၢ် –, လၢအသ့န့ၢ် –, လၢအထီန့ၢ် –, လၢအအါန့ၢ် – လၢအဒိၣ်န့ၢ် ၂. လၢအလဲၤတလၢက္ၢ်လၢအမဲာ်ညါ
transcendental *a* ၁. လၢအဘၣ်ထွဲဒီးနီၢ်သးဂ့ၢ်ဝီ, လၢအတဘၣ်ထွဲဒီးအဓိၤတဃၣ် ၂. လၢတၢ်ထံၣ်တတ့ာ်ကွၢ်တဖျါ, လၢအဒိၣ်ဝဲယိာ်ဝဲ ၃. လၢအဂ့ၤန့ၢ် –, လၢအသ့န့ၢ် –, လၢအထီန့ၢ် –, လၢအအါန့ၢ်, လၢအဒိၣ်န့ၢ် –
transcendental meditation *n* တၢ်ဆ့ၣ်နီၤမၤဂၢါထိၣ်သး
transcontinental *a* လၢအလဲၤခီက်ကီၢ်မိၢ်ပှၢ်
transcribe *v* ကွဲးဒိလံာ်, ကွဲးဆဲလံာ်, ကွဲးကူလံာ်, ကွဲး
transcript *n* ၁. လံာ်ကွဲးနီၣ်, တၢ်ကွဲးနီၣ်လၢအလီၤတံၢ်လီၤဆဲး ၂. ကို, ခီလ့ၣ်ကိုအလံာ်ဟ်ဖျါလံာ်လၢတၢ်မၤလိအီၤဒီးအမးစရီတဖၣ်, ကိုဖိအတၢ်ဟ်ဖျါ
transcription *n* ၁. တၢ်ကွဲးနီၣ်တၢ် ၂. တၢ်ကွဲး (အဒိ, တၢ်ကွဲးနီး, တၢ်ကွဲးတၢ်သံကွၢ်စံးဆၢ)
transfer *n* ၁. တၢ်ဆှၢခီတၢ်, တၢ်စိာ်ခီတၢ်, တၢ်ဆီတလဲ, တၢ်လဲလိာ် ၂. တၢ်လၢတၢ်ဆှၢခီအီၤ, တၢ်လၢတၢ်စိာ်ခီအီၤ ၃. တၢ်ဆီတလဲဒိး (သိလ့ၣ်) အလဲးမး ၄. တၢ်ဂီၤကျံးဒိ, တၢ်ဂီၤကွဲးဒိ
transfer *v* ၁. ဆှၢခီ, ဆှၢလဲ, စိာ်ခီ, ဆီတလဲ, လဲလိာ်, ဆှၢထီၣ်, ဆှၢလီၤ, ဆှၢအီၤဆူတၢ်လီၢ်အဂၤတတီၤ ၂. ဆှၢ (စ့) ၃. ကွဲးဒိတၢ်, ကျံးဒိတၢ်
transferable *a* လၢတၢ်ဆှၢခီအီၤသ့, လၢတၢ်စိာ်ခီအီၤသ့
transference *n* ၁. တၢ်ဆှၢထီၣ်တၢ်, တၢ်ဆှၢခီတၢ်, တၢ်ဆှၢဆူတၢ်လီၢ်အဂၤတတီၤ ၂. တၢ်ဆီတလဲကွံာ်သးအတၢ်တူၢ်ဘၣ် (တၢ်ကူစါယါဘျါအကျိၤအကျဲ)
transfiguration *n* ၁. တၢ်လဲလိာ်တၢ်အက့ၢ်အဂီၤ ၂. (လံာ်စီဆှံ) ကစၢ်ယ့ၣ်ရှူးအက့ၢ်အဂီၤပိၢ်လဲအသးဆူပှၤမူခိၣ်ဖိ
transfigure *v* လဲလိာ်အက့ၢ်အဂီၤ
transfix *v* ၁. အိၣ်လီၤထူၣ်, သးလီၤထူၣ် ၂. ဆဲးဖျိ, (လၢဘီ, တၢ်ခိၣ်စူ)
transform *v* ဆီတလဲကွံာ် (အက့ၢ်အဂီၤ, တၢ်ဟ်သူၣ်ဟ်သး)
transform *v* ပိၢ်လဲ, ဆီတလဲက့ၤ, လိၣ်ထိၣ်အသး
transformation *n* ၁. တၢ်လဲလိာ်တၢ်အက့ၢ်အဂီၤ, တၢ်လဲလိာ်အက့ၢ်အဂီၤ, တၢ်ပိၢ်လဲသး, တၢ်လိၣ်ထိၣ်အသး
transformer *n* ပီးလီလၢအဆီတလဲလီမ့ၣ်အူအဂံၢ်သဟီၣ်
transfuse *v* သွီနှာ်တၢ်, သွီသွံၣ်
transfusion *n* ၁. တၢ်သွီတၢ်သွံၣ်, တၢ်ယါသွီသွံၣ် ၂. တၢ်ဘျၢလီၤ (စ့)
transgender *n* ပှၤပိာ်ခွါလၢအသးလီၤဗိာ်မုၣ်, ပှၤပိာ်မုၣ်လၢအသးလီၤဗိာ်ခွါ
transgenic *a* လၢအစၢၤအသွဲၣ်ချံအကလုာ်အါ, လၢအကးပြါ, လၢတၢ်ဆီတလဲကျဲၣ်ကျိအစၢၤအသွဲၣ်
transgress *v* ၁. လုၣ်သ့ၣ်ခါပတာ်တၢ်သိၣ်တၢ်သီ ၂. မၤကမၣ်တၢ်
transgression *n* ၁. တၢ်လုၣ်သ့ၣ်ခါပတာ်တၢ်သိၣ်တၢ်သီ ၂. တၢ်မၤကမၣ်တၢ်
transgressor *n* ၁. ပှၤလၢအလုၣ်သ့ၣ်ခါပတာ်တၢ်သိၣ်တၢ်သီ ၂. ပှၤမၤကမၣ်တၢ်ဖိ

T

transient *a* မိကိာ်ဖိ, တစိၢ်ဖိ, လၢအမ့ၢ်တၢ် တစိၢ်တလီၢ်

transient *n* ၁. ပှၤလၢအဟဲအိဉ်တစိၢ်တလီၢ်, ပှၤတမုံၤလၢဟဲအိဉ်ဆိးတစိၢ်တလီၢ် ၂. တၢ်လၢအတဂၢၢ်တကျၢၤလီၤဆီ

transistor *n* ၁. လီမ့ဉ်အူပီးလီလၢအဖိဉ်ဂၢၢ် လီယွၤကျိၤ ၂. ကွဲၤလ့လီၤစိာ်စု

transit *n* ၁. တၢ်လဲၤခီက်တၢ်လီၢ်တတီၤ ၂. တၢ်လဲၤထီဉ်က့ၤလီၤ, ကမျၢၢ်ဝံစိာ်တီဆှၢ

transit camp *n* လီၢ်အိဉ်ကဒုတစိၢ်တလီၢ်, တၢ်လီၢ်လၢပှၤဘဉ်ကီဘဉ်ခဲအိဉ်ခိးတၢ်လၢကလဲၤ ကီၢ်ချၢအဂိၢ်

transition *n* တၢ်လဲလိာ်အကတီၢ်, တၢ်ဆီတ လဲအကတီၢ်, တၢ်လဲလိာ်ခီက်လိာ်သး

transitive *a* (ဝီၢ်) လၢ "direct object" (တၢ် လၢအတူၢ်ဘဉ်တၢ်) ဟ်ထွဲထီဉ်အခံ အဒိ, စီၤဝါ တီၢ်ထွံဉ်, တီၢ်နူဉ်မ့ၢ်ဝဲ "transitive" ဒီး ထွံဉ်နူဉ် မ့ၢ်ဝဲ "Direct object" လီၤ.

transitory *a* လၢအမ့ၢ်တၢ်တစိၢ်တလီၢ်, မိ ကိာ်ဖိ, လၢအလဲၤပူၤကွံာ်ချ့ႉမး

translate *v* ကွဲးကျိာ်က့ၤ

translation *n* ၁. တၢ်ကွဲးကျိာ်ထံက့ၤတၢ်, တၢ်ကွဲးကျိးထံတၢ် ၂. တၢ်လၢပှၤကွဲးကျိာ်ထံအီၤ ၃. တၢ်ဆီတလဲတၢ်က့ၢ်တၢ်ဂီၤတမံၤဆူတၢ်အဂၤတ မံၤ

translator *n* ပှၤကွဲးကျိာ်ထံတၢ်, ပှၤကျိာ်ထံ တၢ်, ပှၤကျိးထံတၢ်

transliterate *v* ကွဲးသီဉ်ထွဲကျိာ်အဂၤအခံ, ကွဲးထီဉ်ခိကျိာ်

translucent *a* လၢတၢ်ကပီၤဆဲးဖျိအီၤန့ၢ် ဘဉ်ဆဉ်တၢ်တထံဉ်ဖျိအီၤဘဉ်

transmigrate *v* သံဝံၤလိဉ်ထီဉ်က့ၤ, သံ လိဉ်ထီဉ်က့ၤခဲကိာ်တဃဉ်

transmigration *n* တၢ်သံဝံၤလိဉ်ထီဉ်က့ၤ, တၢ်သံဝံၤလိဉ်ထီဉ်က့ၤခဲကိာ်တဃဉ်

transmissible *a* လၢအဘဉ်ကူဘဉ်က်တၢ် သ့, လၢအစိာ်ခီက်တၢ်သ့, လၢတၢ်စိာ်ခီက်တၢ်သ့, လၢတၢ်အးလီၤလၢပှၤဂၤအစုပူၤသ့

transmission *n* ၁. တၢ်ဘဉ်ကူဘဉ်က် ၂. တၢ်ဆှၢတၢ်ကစီဉ်, တၢ်စိာ်ခီက်တၢ် ၃. တၢ် လၢအဘဉ်ဃးဒီးသိလ့ဉ်အဒိဉ်ကွဲၤတဖဉ်

transmit *v* ၁. ဘဉ်ကူဘဉ်က်, ရၤလီၤအသး ၂. ဆှၢတၢ်ကစီဉ်, ဆှၢတၢ် ၃. လဲၤခီဖျိ, လဲၤခီက်

transmitter *n* ၁. တၢ်ရၤလီၤတၢ်ကစီဉ်အပီး အလီ ၂. ပှၤလၢအရၤလီၤတၢ်ဆူးတၢ်ဆါ, တၢ်လၢ အရၤလီၤတၢ်ဆူးတၢ်ဆါ (အဒိ, ပစီၤရၤလီၤတၢ် ညဉ်ဂိၢ်တၢ်ဆါ)

transmutable *a* လၢတၢ်ဆီတလဲအီၤသ့, လၢတၢ်လဲလိာ်အီၤသ့

transmutation *n* တၢ်ဆီတလဲတၢ်, တၢ်လဲ လိာ်တၢ်

transmute *v* ဆီတလဲတၢ်, လဲလိာ်တၢ်

transnational *a* လၢအအိဉ်လၢထံကီၢ်အါ ဘ့ဉ်အပူၤ

transoceanic *a* ၁. လၢမးသမံးအဝၢ်ဘးခီ, လၢပီဉ်လဲဉ်ဒိဉ်အဝၢ်ဘးခီ ၂. လၢအလဲၤခီက်ပီဉ် လဲဉ်မိၢ်ပှၢ်, မးသမံး

transom *n* ၁. ပဲတြီဖိလၢပဲတြီအခိဉ်ဒီ, ပဲ တြီဖိ ၂. (ပဲတြီ) တိၤဘိ, တၢ်တိၤဘိ ၃. ချံအလီၢ် ခံသ့ဉ်ဘဉ်ခီ

transparency *n* ၁. တၢ်ဖျါဆဲးဖျိ, တၢ်ကွၢ် ဖျိတၢ်သ့ ၂. တၢ်ဖျါဆုံဆုံ, တၢ်ဖျိဖျိဖျါဖျါ

transparent *a* ၁. ဖျါဆဲးဖျိ, ကွၢ်ဖျိအီၤသ့ ၂. လၢအဖျါဆုံ, လၢနၢ်ပၢၢ်ဘဉ်အီၤညီ ၃. လၢအ လီတၢ်တဘံဉ်ဘဉ်, လၢအိဉ်ဖျါ တြၢၢ်ကလာ်

transpire *v* ၁. ဟဲဖျါထီဉ် ၂. ကဲထီဉ်အသး, မၤအသး ၃. (တၢ်မုၢ်တၢ်ဘိ) အသဝံထီဉ်

transplant *n* ၁. တၢ်ထဲးသူဉ်တၢ်, တၢ်လၢ တၢ်ထဲးသူဉ်အီၤ ၂. တၢ်ကူးကွဲးဟံးန့ၢ်မၤပှဲၤနီၢ်ခိ က့ၢ်ဂီၤ, တၢ်ကူစါတ့ၢ်နှာ်မၤပှဲၤက့ၤက့ၢ်ဂီၤဒိလၢနီၢ်ခိ မိၢ်ပှၢ်အပူၤ

transplant *v* ၁. ထဲးသူဉ် ၂. ကူးကွဲးဟံးန့ၢ် မၤပှဲၤနီၢ်ခိက့ၢ်ဂီၤ, ကူစါတ့ၢ်နှာ်မၤပှဲၤက့ၢ်ဂီၤဒိဆူနီၢ် ခိမိၢ်ပှၢ်အပူၤ ၃. ဆီတလဲလီၢ်အိဉ်ဆိး, သုးလီၢ်သုး ကျဲ

transplantation *n* ၁. တၢ်ထဲးသူဉ်တၢ် ၂. တၢ်ကူးကွဲးဟံးန့ၢ်မၤပှဲၤနီၢ်ခိက့ၢ်ဂီၤ, တၢ်ကူစါတ့ၢ် နှာ်မၤပှဲၤက့ၤက့ၢ်ဂီၤဒိလၢနီၢ်ခိမိၢ်ပှၢ်အပူၤ ၃. တၢ် ဆီတလဲလီၢ်အိဉ်လီၢ်ဆိး, တၢ်သုးလီၢ်သုးကျဲ

transport *n* ၁. ဝံစိာ်တီဆှၢ ၂. တၢ်ဆှၢထီဉ် ဆှၢလီၤ, တၢ်စိာ်ဆှၢတၢ်

transport *v* ဆှၢထီဉ်ဆှၢလီၤတၢ်

T

transportable *a* ၁. လၢတၢ်ဆှၢထီဉ်ဆှၢလီၤအီၤသ့, လၢတၢ်စိာ်ဆှၢအီၤသ့ ၂. (ကျဲ, တၢ်လဲၤတၢ်ကူၤ) ဖျိ, ကျဲဖျိ

transportation *n* ၁. ဝံစိာ်တီဆှၢတၢ်မၤ ၂. (တၢ်မၤကမဉ်သဲစး) တၢ်စိာ်ဆှၢဖိုးပှၤ

transporter *n* တၢ်လၢအစိာ်ဆှၢတၢ်

transpose *v* ၁. ဟ်လဲလိာ်အလီၢ်, ဟ်လဲလိာ်တၢ် ၂. ဆီတလဲတၢ်သးဝံဉ်အနိး

transposition *n* ၁. တၢ်ဟ်လဲလိာ်တၢ်အလီၢ် ၂. တၢ်ဆီတလဲတၢ်သးဝံဉ်အနိး

transsexual, transexual *n* ပှၤလၢအသးလီၤဟိာ်မုဉ်, ပှၤလၢအသးလီၤဟိာ်ခွါလၢအကူးကွဲးကါဆီတလဲအမုဉ်ခွါကဲ့ၢ်ဂီၤ

trans-ship *v* စိာ်ခီဆူ –

trans-shipment *n* တၢ်စိာ်ခီတၢ်ဆူ (တၢ်လီၢ်) အဂၤတတီၤ, တၢ်စိာ်ဆှၢတၢ်ဆူ (တၢ်လီၢ်) အဂၤတတီၤ

transverse *a* လၢအအိဉ်ခီက်, လၢအအိဉ်ဒီဉ်တူာ်

transvestite *n* ပှၤဟိာ်ခွါလၢအအဲဉ်ကယၢကယဲအသးဒ်ဟိာ်မုဉ်အသိး

trap *n* ထု

trap *v* ဆဲလူၤ, ဆဲဝဉ်ခီ, ဒိးလီၤထု

trapdoor *n* ယီအတြဲၤ, တြဲၤကျၢ်ဘၢယီ

trapeze *n* စုဉ်ပဉ်ထီဉ်ထီ

trapper *n* ပှၤဆဲထု

trappings *n* တၢ်ကယၢကယဲလုၢ်ဒိဉ်ပှ္ၤဒိဉ်

trash *n* ၁. (တၢ်, ပှၤ) လၢအဘျုးတအိဉ်, ပှၤတကျၢတခီ ၂. တၢ်ကမှံၤဒၢ, တၢ်တဃဉ်အဒၢ ၃. တၢ်ကမှံၤကမိာ်, တၢ်တဃိာ်တဃာ်

trash *v* ၁. မၤဟးဂူာ်ဟးဂီၤတၢ် ၂. ပဲၤအၢပဲၤသီပှၤ ၃. စူးကွဲာ်ညိကွဲာ်တၢ်

trash can *n* တၢ်ကမှံၤဒၢ, တၢ်တဃာ်အဒၢ, တပိာ်ဒၢ

trashy *a* ၁. လၢအဘျုးတအိဉ်, လၢအတဂိာ်တသိဉ်, လၢပသူအီၤတသ့ ၂. လၢအမၤအသးကလုာ်ကလီၤ

trauma *n* တၢ်ပျံၤတိၢ်တၢ်တၢ်ဆါ, တၢ်ဆါလၢသူဉ်လၢသး မ့တမ့ၢ် နီၢ်ခိလၢတၢ်မၤန့ၢ်အီၤလၢတၢ်ဘဉ်ဒိဘဉ်ထံးအယိ

traumatic *a* ၁. လၢအပျံၤတိၢ်တၢ်, လၢအပျံၤတိၢ်တၢ်မ့ၢ်လၢအလဲၤခီဖျိဘဉ်တၢ်တတၢာ်တနါအယိ ၂. လၢအသူဉ်ဘဉ်ဒိသးဘဉ်ဒိနးနးကလာ်, လၢအဘဉ်မိဉ်ဘဉ်မး

traumatize, traumatise *v* ၁. မၤဘဉ်ဒိ, ဘဉ်ဒိ ၂. အသးတဘဉ်လိာ်ဘဉ်စးလၢၤ

travel *n* တၢ်လဲၤတၢ်ကူၤ

travel *v* ၁. လဲၤတၢ်ကူၤတၢ် ၂. ရၤလီၤအသး, လဲၤတုၤ ၃. လဲၤဝ့ၤလဲၤဝီၤ

travel agency, travel bureau *n* တၢ်လဲၤတၢ်ကူၤခၢဉ်စးကရၢ

travel agent *n* ပှၤရဲဉ်ကျဲၤတၢ်လဲၤတၢ်ကူၤ, တၢ်လဲၤတၢ်ကူၤခၢဉ်စးကရၢအပှၤမၤတၢ်ဖိ

travelled, traveled *a* လၢအလဲၤတုၤကူၤတုၤ, လၢအလဲၤဖျိကူၤဖျိ, လၢအဖျိထံဖျိကီၢ်

traveller, traveler *n* ပှၤလဲၤတၢ်ဖိ

traveller's cheque *n* တၢ်လဲၤတၢ်ကူၤအခွဲး

travelling, traveling *a* ၁. လၢအဘဉ်ဃးဒီးတၢ်လဲၤတၢ်ကူၤ ၂. လၢအလဲၤတၢ်ကူၤတၢ်, လၢအလဲၤတုၤကူၤတုၤ, လၢအလဲၤဖျိကူၤဖျိ, လၢအဖျိထံဖျိကီၢ်

travelling, traveling *n* တၢ်လဲၤတၢ်ကူၤ

travelling salesman *n* ပှၤဟးဆါတၢ်

travelogue, travelog *n* တၢ်လဲၤတၢ်ကူၤအတၢ်ကွဲး, တၢ်လဲၤတၢ်ကူၤအတၢ်မၤနီဉ်မၤဃါ

traverse *n* ၁. တၢ်လဲၤခီက်, တၢ်အိဉ်ဒီဉ်တဲာ်တူာ် ၂. တၢ်သမၢတၢ်, တၢ်တြီဃာ်တၢ်

traverse *v* ၁. ခီက်, လဲၤခီက်, ဒီဉ်တဲာ်တူာ် ၂. သမၢတၢ်, တြီဃာ်တၢ်

travesty *n* တၢ်ကဲဒိးလီၤနံၤတၢ်, တၢ်ကွဲးလီၤနံၤဘဉ်ဖဉ်လဲတၢ်, တၢ်မၤဒိးကလိာ်ကလာ်တၢ်, တၢ်မၤကလိာ်ကလာ်တၢ်, တၢ်ဟ်မၤသးတၢ်

trawl *n* ၁. တၢ်ယုက္ဂၢ်တၢ် ၂. ပျံၤဖးထီလၢအိဉ်ဒီးတခွဲကနဉ် ၃. စၢဖးဒိဉ်

trawl *v* ၁. ယုက္ဂၢ်တၢ် ၂. ဟ်လီၤစၢ, တ့ၢ်လီၤစၢ

trawler *n* ညဉ်ချံ

tray *n* သဘံဉ်, သီတ့ၤ

treacherous *a* ၁. လၢအသူဉ်တဘျၢသးတဘျၢ, လၢအဃိးကဒါဘီ, လၢအတတီဒီးအကလုၢ်, ဖျါဂ့ၤထဲလၢခိဓိၤ ၂. လၢတၢ်နာ်န့ၢ်အီၤတသ့, လၢပသနူၤသးလၢအီၤတသ့ ၃. လၢအပှဲၤဒီးတၢ်ဘဉ်ယိဉ်

treachery *n* ၁. တၢ်သူဉ်တဘျၢသးတဘျၢ, တၢ်ဖျါဂ့ၤထဲလၢခိဖီၤ ၂. တၢ်ယိးကဒါဘိ, တၢ်တတီဒီးတၢ်အၢဉ်လီၤ

tread *n* ၁. တၢ်ယီၢ်လီၤတၢ်အသီဉ်, ခီဉ်သီဉ် ၂. သိလ့ဉ်ပဉ်အခီဉ်တဃာ်, ခီဉ်ဖံးအညါသး ၃. သိလ့ဉ်အခီဉ်လီၢ်, ခီဉ်လီၢ် ၄. ဃီသွါ, ဃီသွါလၢပှၤယီၢ်လီၤခီဉ်အလီၢ်

tread *v* ၁. ယီၢ်. ယီၢ်လီၤအခီဉ် ၂. ယီၢ်တံၢ်လီၤ, ယီၢ်သဘုံး

treadmill *n* ၁. တၢ်ဃ့ၢ်လိာ်ကွဲအစဲး ၂. စဲးဃ့ၢ်လိာ်ကွဲ ၃. တၢ်ဖံးတၢ်မၤလၢအလီၤကၢဉ်လီၤကျူ ၄. ကဟဉ်ယီၢ်ခီဉ်လၢပျၢၤ

treason *n* တၢ်ကူဉ်ဟးဂီၤထံကီၢ်ဒဉ်ဝဲ, တၢ်မၤဟးဂီၤအထံအကီၢ်ဒဉ်ဝဲ, တၢ်ကူဉ်ဟးဂီၤထံကီၢ်ပဒိဉ်

treasure *n* တၢ်ထူးတၢ်တီၤ, တၢ်လုၢ်ဒိဉ်ပ့ၤဒိဉ်

treasure *v* ဟ်ကီၤဃာ်တၢ်, ဟ်လုၢ်ဟ်ပ့ၤတၢ်

treasure hunt *n* တၢ်ဃုက့ၤတၢ်စုလီၢ်ခီဉ်ခိဉ်တၢ်ဂဲၤလိာ်ကွဲ

treasure trove *n* ၁. တၢ်လုၢ်ဒိဉ်ပ့ၤဒိဉ်လၢတၢ်ဟ်ကီၤအီၤ ၂. တၢ်လုၢ်ဒိဉ်ပ့ၤဒိဉ်လၢတၢ်ထံဉ်န့ၢ်အီၤလၢဟီဉ်ခိဉ်လာ်

treasurer *n* ပှၤပၢၤစ့

treasury *n* ၁. ခိသွဲကျိဉ်စ့ဝဲၤကျိၤ ၂. တၢ်လုၢ်ဒိဉ်ပ့ၤဒိဉ်

treat *n* တၢ်ဆၢမၤဂ့ၤ, တၢ်ရှလိာ်မၤဘဉ်

treat *v* ၁. ကူစါယါဘျါတၢ် ၂. ဟ့ဉ်ဘျုးက့ၤတၢ် ၃. ဟ်အီၤဇ်တၢ်တမံၤမံၤအသိး, မၤအီၤဇ်အံၤဇ်နၢ, ရှလိာ်မၤဘဉ် ၄. ဟ်ဖျါထီဉ်တၢ်ဂ့ၢ်တၢ်ကျိၤ ၅. အမနအေျသာ်နသညနအသ ပ့ၤဒုးအီဉ်ဒုးအီ, တူၢ်လၢာ်န့ၢ်တၢ်လၢပှၤဂၤအဂီ

treatise *n* လံာ်တဘ့ဉ်, တၢ်ကွဲးတဃုၢ်

treatment *n* ၁. တၢ်ယါဘျါအကျဲ ၂. တၢ်မၤဘဉ်ပှၤဂၤ, တၢ်ဟ့ဉ်ဘျုးက့ၤတၢ်, တၢ်ရှလိာ်မၤဘဉ်ပှၤဂၤ ၃. ကျဲဇိၤကပူၤဇိၤလၢတၢ်မၤကဆို (တၢ်) ၄. တၢ်ဟ်ဖျါထီဉ်တၢ်ဂ့ၢ်တၢ်ကျိၤ

treaty *n* လံာ်ဃံးဃာ်, တၢ်အၢဉ်လီၤအီလီၤ

treble *a* ၁. သၢစး, သၢဘျီ ၂. လၢအကလုၢ်ထီကတၢၢ်

treble *det* အါန့ၢ်သၢဘျီ, အါထီဉ်သၢစး

treble *n* ၁. တၢ်ကလုၢ်အထီကတၢၢ် ၂. ပှၤသးဝံဉ်တၢ်လၢအကလုၢ်ထီကတၢၢ်

treble *v* အါထီဉ်သၢဘျီ, ဒိဉ်ထီဉ်သၢစး

tree *n* သ့ဉ်

tree frog, tree toad *n* ဒ့ဉ်ဖံးန့ၢ်

tree house *n* ဟံဉ်သ့ဉ်ခံ, ဟံဉ်လၢတၢ်ဘိုအီၤလၢသ့ဉ်ခံ

tree surgeon *n* ပှၤလၢအကူစါသ့ဉ်တၢ်ဆါ

tree-hugger *n* ပှၤလၢအဲဉ်ဒီသဒၢန့ဆၢဉ်ခိဉ်ဃၢၤ, ပှၤအဲဉ်သ့ဉ်ဖိဝဉ်ဖိ

treeless *a* လၢသ့ဉ်ဖိဝဉ်ဖိတအိဉ်

treeline *n* သ့ဉ်တဂ့ၢ်

treetop *n* သ့ဉ်အစီးခံ

trek *n* တၢ်လဲၤတၢ်ယံၤလၢခီဉ်, တၢ်လဲၤဖးယံၤ

trek *v* လဲၤတၢ်ယံၤလၢခီဉ်

trellis *n* တပိၤ, အဝၤ. အဒိ, ပထိးအဝၤ, ဝဉ်ခံက့လၢတၢ်ဘိုအီၤဇ်သိးတၢ်မုၢ်တၢ်ဘိကစွါထီဉ်လၢအလိၤအဂီၢ်

tremble *n* ၁. တၢ်ကနိးကစုာ် ၂. တၢ်ဟူးဝးဆုံးဆိုး

tremble *v* ကနိးကစုာ်, ဟူးဝးဆုံးဆိုး

tremendous *a* လၢအဒိဉ်ဝဲမုၢ်ဝဲ, လၢအလီၤဘီလီၤမုၢ်

tremor *n* ၁. ဟီဉ်ခိဉ်ဟူးတစဲးဖိ ၂. ဖံးဘ့ဉ်ကနိး

tremulous *a* လၢအကနိးကစုာ်

trench *n* တၢ်ကြိၤဖးထီ, တၢ်ပူၤလၢတၢ်အိဉ်ကနအဂီၢ်

trench coat *n* ဆ့ကၤဖးထီတြီတၢ်စူၤထံ, ဆ့သူထံဖးထီ

trenchant *a* လၢအတဲတၢ်ပျီပျီ, လၢအတဲတၢ်တဲာ်တဲာ်ဖျဖျ

trend *n* တၢ်လၢအမိဉ်ကဲထီဉ်အသး

trend *v* အခီဉ်လီၤဆူ

trendsetter *n* ပှၤလၢအဒုးအိဉ်ထီဉ်တၢ်ကယၢကယဲအက့ၢ်အဂီၤအသိ

trendy *a* လၢအလူၤစိၤ, လၢအချူးစိၤ

trepidation *n* တၢ်ပျံၤတၢ်ဖုးတၢ်, တၢ်ပျံၤတၢ်ဘ့ဉ်ကဆှဉ်

trespass *n* ၁. တၢ်လဲၤနုာ်လီၤဆူပှၤဂၤအကရၢ်ပူၤလၢတအိဉ်ဒီးတၢ်ပျဲခွဲး ၂. တၢ်သရူးတၢ်ကမဉ်, တၢ်လုၢ်သ့ဉ်ခါပတာ်

T

trespass *v* ၁. ခီပတာ်, လုၢ်သ့ၣ်ခီပတာ် ၂. မၤကမၣ်တၢ် ၃. လဲၤနုာ်လီၤဆူပှၤဂၤအကရၢ်ပူၤလၢတအိၣ်ဒီးတၢ်ပျဲခွဲး

trespasser *n* ၁. ပှၤလၢအလဲၤနုာ်လီၤဆူပှၤဂၤအကရၢ်ပူၤလၢတအိၣ်ဒီးတၢ်ပျဲခွဲး ၂. ပှၤမၤကမၣ်တၢ်, ပှၤမၤတၢ်ဒဲးဘး

trestle *n* နီၣ်ပၢၢ်ဖးတြၢ်

trial *n* ၁. တၢ်ကျဲၤဘၢကျဲၤကွီၢ် ၂. တၢ်မၤကွၢ်

trial *v* မၤကွၢ်

trial balance *n* တၢ်ထိၣ်ကွၢ်စ့ဟဲနုာ် – ဟးထီၣ်အတၢ်ဘၣ်လိာ်ဘၣ်စးအစရီ

trial run *n* တၢ်မၤကွၢ်တၢ်ဖံးတၢ်မၤအကျိၤအကျဲအသိ

triangle *n* တၢ်သၢနၢၣ်

triangular *a* ၁. လၢအနၢၣ်အိၣ်သၢနၢၣ်, လၢအလီၤက်ဒီးတၢ်သၢနၢၣ် ၂. လၢအပၣ်ယှာ်ဒီးပှၤသၢဂၤ, လၢအပၣ်ယှာ်ဒီးပှၤသၢဖု, လၢအအိၣ်သၢခီသၢကပၤ

triangulation *n* ၁. တၢ်ဒွးတၢ်သၢနၢၣ်လၢကယုထံၣ်က့ၤတၢ်တမံၤမံၤအိၣ်အလီၢ်အကျဲ ၂. တၢ်ထိၣ်တၢ်ဒွးတၢ်ဒီးသန့ၤထီၣ်အသးလၢတၢ်သၢခီသၢကပၤ ၃. တၢ်ယုထံၣ်သ့ၣ်ညါတၢ်ဒီးသန့ၤထီၣ်အသးလၢတၢ်သၢခီသၢကပၤ

triathlon *n* တၢ်လိာ်ကွဲပြၢတၢ်ဂဲၤလိာ်ကွဲသၢကလုာ်တပြၢဃီ (အဒိ, တၢ်ဃ့ၢ်, တၢ်ပီၢ်ထံဒီးတၢ်ဒီးလ့ၣ်ယီၢ်အတၢ်ဂဲၤလိာ်ကွဲပြၢ)

tribal *a* လၢအဘၣ်ဃးဒီးကလုာ်အစၢၤအသွဲၣ်, လၢအဘၣ်ဃးဒီးအစၢၤအသွဲၣ်, လၢအဘၣ်ဃးဒီးအနူၣ်အထၢ

tribalism *n* ကလုာ်နူၣ်ထၢသနူ

tribe *n* ၁. (ပှၤ) အကလုာ်နူၣ် ၂. ပှၤတဖုလၢအတၢ်သးစဲလီၤက်လိာ်အသး ၃. အစၢၤအသွဲၣ်, အနူၣ်အထၢ, တၢ်အကလုာ်

tribesman *n* ကလုာ်နူၣ်ခွါ

tribulation *n* တၢ်ကီၢ်တၢ်ဂီၤ, တၢ်နးတၢ်ဖှိၣ်

tribunal *n* ၁. စံၣ်ညီၣ်ကွီၢ်အလီၢ်ပစိာ်, စံၣ်ညီၣ်ကွီၢ်အလီၢ်ဆ့ၣ်နီၤ ၂. စံၣ်ညီၣ်ကွီၢ်အဘျီၣ်, တၢ်ကျဲၤဘၢကျဲၤကွီၢ်အရူ ၃. တၢ်စံၣ်ညီၣ်ပီတ့အရူ

tribune *n* ၁. ထံဖိကီၢ်ဖိအခၢၣ်စးလၢအဒီသဒၢန့ၢ်ကမျၢ်အခွဲးအယာ်လၢရိမ့ၤအစိၤ ၂. (သရိာ်) တၢ်စံၣ်တဲၤတဲလီၤတၢ်အလီၢ်

tributary *n* ထံကျိအဒ့

tribute *n* ၁. တၢ်ဟ့ၣ်တၢ်ယူးယီၣ်, တၢ်ဟ့ၣ်တၢ်လၤကပီၤ ၂. တၢ်ဟ့ၣ်ကျိၣ်စ့, တၢ်ဖိတၢ်လံၤဆူထံကီၢ်အဂၤတဘ့ၣ် (လၢကဟ့ၣ်အီၤတၢ်ဒီသဒၢအဂီၢ်), တၢ်ဟ့ၣ်ကျိၣ်စ့ဆူပှၤလၢအလီၢ်ဒိၣ်လၤထီန့ၢ်အီၤ ၃. တၢ်ဟ့ၣ်ခိၣ်ဖးလာ်ဆိုး

trice *n* ချ့သဒံး, ခဲခဲအံၤ, သတူၢ်ကလာ်

triceps *n* စုနူၣ်အညၣ်ထူၣ်

trick *n* တၢ်ကူၣ်တရုံး

trick *v* ကူၣ်တရုံး

trickery *n* တၢ်လံၣ်န့ၢ်လီန့ၢ်တၢ်, တၢ်လံၣ်အိၣ်တၢ်

trickle *n* ၁. တၢ်ယွၤလီၤစဲးရဲးစဲးရဲး, တၢ်လီၤစီၤစိာ်စိာ် ၂. တၢ်သုးအသးကယီကယီ

trickle *v* ၁. ယွၤလီၤစဲးရဲးစဲးရဲး, လီၤစီၤစိာ်စိာ် ၂. ဟဲနုာ်လီၤ – ဟးထီၣ် ၃. တလ့ၣ်လီၤသးကယီကယီ

trickster *n* ပှၤလၢအလီန့ၢ်ပျံာ်ဝ့ၤတၢ်, ပှၤလၢအလံၣ်န့ၢ်လီန့ၢ်တၢ်

tricky *a* ၁. လၢအလီအိၣ်တၢ်ဆူၣ်, လၢအလံၣ်န့ၢ်လီန့ၢ်တၢ်, လၢအလီန့ၢ်ပျံာ်ဝ့ၤတၢ် ၂. လၢအလိၣ်ဘၣ်တၢ်သ့တၢ်ဘၣ်ဒီးတၢ်ပလီၢ်သးလၢကကွၢ်ဆၢၣ်မဲာ်ဝဲအဂီၢ်, လၢအဘၣ်ကူၣ်တရုံး

tricolour, tricolor *a* (နီၣ်တယၢ်) လၢအလွဲၢ်အိၣ်သၢကလုာ်, လၢအလွဲၢ်အိၣ်သၢပျ့

tricolour, tricolor *n* နီၣ်တယၢ်လၢအလွဲၢ်အိၣ်သၢပျ့

tricycle *n* လ့ၣ်ယီၢ်သၢပၣ်

triennial *a* သၢနံၣ်တဘျီ, လၢအမၤအသးသၢနံၣ်တဘျီ

trifle *n* ၁. တၢ်ဆံးကဲၣ်ဆံးကိာ် ၂. တၢ်လၢအရှတဒိၣ်ကဲၣ်ဆိး ၃. ကိၣ်ဆီဒံၣ်တၤသၣ်ဃ့ၣ်ဆၢ, ကိၣ်ထြံးဖၢၣ်, ကိၣ်တကလုာ်လၢပှၤမၤအီၤဒီးကိၣ်ခုး, တၢ်နုၢ်ထံခိၣ်ကျုး, ကိၣ်ကလူကလဲ, တၤသူတၤသၣ်ဒီးတၢ်ဒိကထၢထီၣ်အီၤတကထၢဘၣ်တကထၢ

trifle *v* ၁. မၤပှၤကလိာ်ကလာ်, တဟ်ကဲပှၤ, ကတိၤတၢ်နါစိၤ ၂. မၤတၢ်ကလိာ်ကလာ်, တမၤတၢ်မူာ်မူာ်နီၢ်နီၢ်, မၤနါစိၤတၢ်

trifling *a* လၢအဆံးကဲၣ်ဆံးကိာ်, လၢအရှတဒိၣ်, လၢအလုၢ်အပှ့ၤတဒိၣ်

trigger *n* မဲာ်ခွဲး. အဒိ, ကျိမဲာ်ခွဲး

trigger *v* ၁. မၤတၢ်ချ့သဒံး ၂. မၤဟူးမၤဂဲၤထီဉ်တၢ်သတူၢ်ကလာ် ၃. ခွဲးကျိအမဲၢ်ခွဲးလၢကခးကျိအဂီၢ်

trigger-happy *a* လၢအဟးခးနါစီၤတၢ်မ့ာ်

trigonometry *n* ထြံးကိဉ်နီမထြံဉ်, တၢ်ထိဉ်တၢ်ဒွးတၢ်အနၢဉ်တဖဉ်

trilingual *a* လၢအတဲဘဉ်ကျိာ်သၢကျိာ်, လၢအကွဲးဘဉ်ကျိာ်သၢကျိာ်, လၢအပၣ်ဃုာ်ဒီးကျိာ်သၢကျိာ်

trill *v* ၁. (ထိဉ်) မၤကနိးအကလုၢ် ၂. တဲတၢ်လၢတၢ်သူဉ်ပိါသးဝးအပူၤ, တဲတၢ်အကလုၢ်ကနိး

trillion *n* ၁,၀၀၀,၀၀၀,၀၀၀,၀၀၀, အကကွဲၢ်တကကွဲၢ်, ထြလယၢဉ်

trilogy *n* (လံာ်) တယုၢ်နူ့ဉ်အိဉ်သၢကတြူၢ်, (တၢ်ဂီၤမူ) တယုၢ်အိဉ်သၢဘ့ဉ်

trim *a* ၁. လၢအဃါတလာ်ဒဲး, လၢအကၠၢ်ဂ့ၤအဂီၤဘဉ် ၂.လၢအကဆဲ့ကဆို

trim *n* ၁. တၢ်တံာ်ဃူတၢ် ၂. တၢ်ပဲာ်ဟိကဆိုတၢ် ၃. တၢ်ဒဲးကံဉ်ဒဲးဝ့ၤတၢ်

trim *v* ၁. တံာ်ဃူတၢ် ၂. ပဲာ်ဟိကဆို ၃. မၤလီၤစုၢ ၄. ကယၢကယဲထီဉ်တၢ် ၅. (ကဘီယူၤ) မၤဃူမၤဃီဉ်ကၠၤအတယၢၢ်, မၤလီၤအတယၢၢ် (ကဘီယၢ်) ကျဲၤလီၤကျဲၤဘဉ်, မၤလီၤအခိဉ်

trimester *n* ၁. အခိဉ်ထံးသၢလါ ၂. (ကသံဉ်ကသီ) ပှၤပိာ်မုဉ်ဒၢပှဲၤထီဉ်သၢလါ

trimmer *n* ၁. စဲးတံာ်ဃူတၢ်, စဲးတံာ်ဃူခိဉ်ဆူဉ်ခဉ်ဆူဉ်, စဲးတံာ်ဃူနီဉ် ၂. ပှၤလၢအတဲဘျ့တၢ်သ့

trimming *n* ၁. တၢ်အိဉ်တၢ်အီအတၢ်ဒဲးကံဉ်ဒဲးဝ့ၤ ၂. တၢ်ကၠာ်လာ်ဖးဖိဖိတဖဉ် ၃. တၢ်ကယၢကယဲတၢ်ကူတၢ်သိးအပိးအလီ

Trinity *n* ၁. ယွၤသၢဂၤတဂၤဃီ, ပၢ်ကစၢ်, ဖိကစၢ်, သးစီဆုံကစၢ်ယွၤသၢဂၤတဂၤဃီ ၂. တကရူၢ်အိဉ်သၢဂၤ, တကရူၢ်အိဉ်သၢမံၤ

trinket *n* တၢ်ကယၢကယဲဖိလၢအလုၢ်အပှ့ၤတဒိဉ်ကဲဉ်ဆိး

trio *n* ၁. တဃံာ်သၢ, သၢခါတကရူၢ်, သၢဂၤတကရူၢ် ၂. တၢ်သးဝံဉ်တဃံာ်သၢ

trip *n* တၢ်လဲၤတစိၢ်, တၢ်လဲၤအဖှဉ်

trip *v* ၁. (ခီဉ်) ဘဉ်တိၢ်, ဒုးဘဉ်တိၢ် ၂. ဆိဉ်ဘဉ် (မ့ဉ်ပဒ့) ၃. ဟးတခီခီဂဲၤကလံဉ်တခီခီ

triple *a* ၁. လၢအကဲထိဉ်သၢ (ဘျီ), လၢအအိဉ်သၢ (ဖျာဉ်) ၂. လၢအအါထိဉ်သၢ (ဘျီ)

triple *v* မၤအါထိဉ်သၢစး, သၢဘျီ

triplet *n* ဖိတဃံာ်သၢဂၤအကျါတဂၤ

triplets *n* ဖိတဃံာ်သၢဂၤ

triplicate *a* လၢတၢ်မၤအါထိဉ်အီၤသၢ (ဘ့ဉ်), လၢတၢ်ကွဲးအါထိဉ်အီၤသၢ (မံၤ, ဘျီ, ခါ)

triplicate *n* တၢ်လၢတၢ်မၤအါထိဉ်အီၤသၢ (မံၤ, ဘျီ, ခါ)

tripod *n* သၢခီခိဉ်, တၢ်လၢအခီဉ်အိဉ်သၢခီ

tripper *n* ပှၤဟးလိာ်ကွဲကသ့ဉ်ကသီ

tripwire *n* ထုပျံၤ

trite *a* လၢအလီၤကၢဉ်လီၤကျူ

triumph *n* တၢ်သူဉ်မံသးမှာ်, တၢ်ကျၢၤသူဉ်ကျၢၤသးလၢတၢ်မၤနၢၤတၢ်အဃိ မ့တမ့ၢ် လၢတၢ်မၤတၢ်ကဲထိဉ်လိဉ်ထိဉ်အဃိ

triumph *v* မၤနၢၤတၢ်အဃိသူဉ်မံသးမှာ်ဒီးသူဉ်ခုသးခု, မၤတၢ်ကဲထိဉ်လိဉ်ထိဉ်အဃိသူဉ်မံသးမှာ်ဒီးသူဉ်ခုသးခု

triumphal *a* လၢအဒုးနဲဉ်ဖျါထိဉ်တၢ်မၤနၢၤတၢ်

triumphant *a* လၢအမၤနၢၤတၢ်, လၢအသူဉ်ခုသးခုလၢအမၤနၢၤတၢ်အဃိ

trivia *n* ၁. တၢ်ဂ့ၢ်တၢ်ကျိၤ ၂. တၢ်ဂ့ၢ်တၢ်ကျိၤလၢအကါတဒိဉ်

trivial *a* လၢအဘျုးတအိဉ်အါအါဘဉ်, တဒိဉ်တမှၢ်ဘဉ်

triviality *n* တၢ်လၢအရှတဒိဉ်

trivialize, trivialise *v* မၤလီၤတိၢ်တၢ်

Trojan horse *n* ၁. ခီဉ်ဖွူထၢဉ်အဃၢ်တကလုာ်, ခီဉ်ဖွူထၢဉ်အဃၢ်လၢတၢ်ဒုးအိဉ်ထိဉ်အီၤလၢကလဲၤမၤဟးဂီၤတၢ်ဂ့ၢ်တၢ်ကျိၤလၢခီဉ်ဖွူထၢဉ်အပူၤ ၂. ပှၤလၢအနုာ်လီၤလၢပထၢအပူၤဒီးမၤဟးဂီၤတၢ်

troll *n* ၁. ဒီးတကါ ၂. ပှၤလာ်အၢ

trolley *n* ၁. လှဉ်ဆိဉ်ဖိ ၂. လီလှဉ်

trolley bus *n* လီလှဉ်

trombone *n* ပံစံၢ်, ပံကွဲၤတကလုာ်

troop *n* ၁. သုးတဖု, သုးမုၢ်သံဉ်ဘိ ၂. (ပှၤ, တၢ်) တဖု, တကီၢ်

T

troop *v* လဲၤဒီဖု, ဟးဒီဖု, လဲၤဖှိၣ်ဆူ (ကွိ) အပူၤ

trooper *n* ပှၤသုးဖိ

troopship *n* ကဘီစိာ်ဆှၢသုးမုၢ်သံၣ်ဘိ, သုးကဘီ

trophy *n* ၁. တၢ်မၤနၢၤတၢ်အတၢ်ပနီၣ် ၂. တၢ်မၤနၢၤတၢ်အခိၣ်ဖး

tropic *n* ၁. တၢ်ကိၢ်လိၢ်ကဝီၤ ၂. တၢ်ကိၢ်ကျိၤတူၢ်

tropical *a* ဘၣ်ထွဲတၢ်ကိၢ်လိၢ်ကဝီၤ

tropics *n* တၢ်ကိၢ်လိၢ်ကဝီၤ

trot *n* ၁. တၢ်ယ့ၢ်ပတိၤ, တၢ်ယ့ၢ်ခီၣ်ခါဒုးဒုး, (ပှၤကညီ) ယ့ၢ်ကယီကယီ ၂. (တၢ်တဲဆါ) ပှၤလၢအစူၢ်နာ်စုစ့ၣ်သနူ

trot *v* ၁. (ကသ့ၣ်) ယ့ၢ်ပတိၤ, ယ့ၢ်အခီၣ်ခါဒုးဒုး ၂. ဟးအခီၣ်ခါဒုးဒုး

troth *n* တၢ်အၢၣ်လီၤအီလီၤလၢကဖျိအသး

trots *n* တၢ်ဟၢဖၢလူတၢ်ဆါ

trotter *n* ၁. ထိးအခီၣ် ၂. ကသ့ၣ်လၢအဘၣ်ဒ့ၣ်ဘၣ်ဒ့တဒ့

troubadour *n* ပှၤကွဲးထါဖိလၢအဟးဝ့ၤဝီၤ

trouble *n* တၢ်ကီတၢ်ခဲ, တၢ်နးတၢ်ဖှိၣ်

trouble *v* မၤတံာ်တာ်တၢ်, မၤကိၢ်မၤဂီၤတၢ်, ဒုးအိၣ်ထိၣ်တၢ်ကီတၢ်ခဲ

trouble spot *n* တၢ်ကီတၢ်ခဲအိၣ်အလိၢ်, တၢ်ဒုးတၢ်ယၤအဟိၣ်ကဝီၤ, တၢ်နးတၢ်ဖှိၣ်အဟိၣ်ကဝီၤ

troubled *a* ၁. ဘၣ်ကိၢ်ဘၣ်ဂီၤ, ဘၣ်နးဘၣ်ဖှိၣ်, လၢအသူၣ်ကိၢ်သးဂီၤ ၂. လၢအပှဲၤဒီးတၢ်ကီတၢ်ခဲ, လၢအပှဲၤဒီးတၢ်နးတၢ်ဖှိၣ်

troublemaker *n* ပှၤလၢအဃုတၢ်အ့ၣ်လိာ်ဆီးက့, ပှၤလၢအမၤတံာ်တာ်တၢ်

troubleshoot *v* ၁. ကျဲၤလိၤကျဲၤဘၣ်တၢ်, ဃုၣ်လီၤတၢ်ကီတၢ်ခဲ ၂. ဘိုဘၣ်မၤဂ့ၤထိၣ် (ခီၣ်ဖျူထၢၣ်) အကျိၤအကျဲ

troubleshooter *n* ၁. ပှၤလၢအကျဲၤလိၤကျဲၤဘၣ်တၢ်, ပှၤလၢအဃုၣ်လီၤတၢ်ကီတၢ်ခဲ ၂. တၢ်ဘိုဘၣ်မၤဂ့ၤထိၣ် (ခီၣ်ဖျူထၢၣ်) အကျိၤအကျဲ

troublesome *a* လၢအမၤတံာ်တာ်တၢ်, လၢအမၤကိၢ်မၤဂီၤတၢ်, လၢအမၤအ့န့ပှၤအသး

trough *n* ၁. (ဆၣ်ဖိကီၢ်ဖိ) တၢ်အီၣ်ဆၣ်ကျိး ၂. လပီအကဆူး ၃. ထံမိၢ်တိၤ, ထံမိၤကျိ, ထံမိၤကျိၤ

trounce *v* ၁. မၤနၢၤတၢ်ညီကဒဉ်, မၤနၢၤကွံာ်လၢာ်လၢာ်ဆ့ဆ့ ၂. သိၣ်ယီၣ်သီယီၣ်အီၤနးနးကလဲာ်

troupe *n* ပှၤဂဲၤဒိတၢ်တဖု, ပှၤဒုးနဲၣ်တၢ်ဒိတၢ်တဲာ်တဖု

trouper *n* ၁. ပှၤဂဲၤဒိတၢ်ဖိ ၂. ပှၤလၢအသးတိ

trouser suit *n* (ပိာ်မုၣ်အကူအကၤ) ဖြိၣ်ခံထိခိၣ်ဒီးဆ့ကၤတစူၣ်

trousers *n* ဖြိၣ်ခံထိခိၣ်

trousseau *n* ပိာ်မုၣ်အတၢ်တ့တၢ်ဖျိ, အတၢ်ကူတၢ်သိးတၢ်ကယၢကယဲ

trove *n* တၢ်အါအါဂိၢ်ဂိၢ်, တၢ်ဂိၢ်မုၢ်ဂိၢ်ပၤ

trowel *n* ၁. တပှ့ာ်မၤဘျ့တၢ် ၂. နီၣ်တြိာ်မၤဘျ့က်လၢၢ်ဒါ ၃. ဘီကဆု

truancy *n* တၢ်ယ့ၢ်ကွိ, တၢ်ပဒ့ၣ်ကွိ

truant *a* ၁. လၢအဟးဝ့ၤဟးဝီၤ, လၢအဟးဖဲအခိၣ်တိၤလိၤ ၂. လၢအကၢၣ်အကျူ, လၢအတဖံးတမၤတၢ်

truant *n* ပှၤယ့ၢ်ကွိ, ပှၤပဒ့ၣ်ကွိ

truant *v* ယ့ၢ်ကွိ, ပဒ့ၣ်ကွိ

truce *n* တၢ်အၢၣ်လီၤလၢတၢ်အိၣ်ကတိၢ်လၢတၢ်ဒုးတစိၢ်ဖိ, တၢ်အၢၣ်လီၤပတုာ်တၢ်ဒုးတစိၢ်ဖိ

truck *n* ၁. သိလ့ၣ်ပဒၢး ၂. တၢ်လဲလိာ်ဆါတၢ်

truck *v* ၁. စိာ်ဆှၢတၢ်လၢသိလ့ၣ်ပဒၢး, တီတၢ်လၢသိလ့ၣ်ပဒၢး ၂. နီၣ်သိလ့ၣ်ပဒၢး ၃. လဲၤတၢ်က့ၤတၢ်ကဘျၢကဘျၢ ၄. လဲလိာ်ပနံာ်, လဲလိာ်ဆါတၢ်

truck farm *n* တၢ်သူၣ်တၢ်ဖျးအကျိး, တၢ်သူၣ်တၢ်ဖျးအကရၢ်

trucker *n* ပှၤနီၣ်သိလ့ၣ်ပဒၢး

truckload *n* ၁. တၢ်ထဲအံၤထဲနၤလၢအတြိၢ်သိလ့ၣ်ပဒၢး ၂. တၢ်အါအါဂိၢ်ဂိၢ်, တၢ်ဂိၢ်မုၢ်ဂိၢ်ပၤ

truculent *a* လၢအဃုတၢ်အ့ၣ်လိာ်ဆီးက့ထိဘိ, လၢအရၢ်စၢ်

trudge *n* တၢ်ဟးကဘျၢကဘျၢ, တၢ်ဟးလၢတၢ်လီၤဘုံးလီၤတီၤအပူၤ

trudge *v* ဟးကဘှါကဘှါ, ဟးလၢတၢ်လီၤဘှံးလီၤတီၤအပူၤ
true hearted *a* လၢအသးတီ
true love *a* လၢအတီဒိးအတၢ်အဲၣ်
true love *n* တၢ်အဲၣ်တီ, တၢ်ပဒိ
true north *n* ကလံၤစိးတီတီ, ဒ်အဖျါလၢဟီၣ်ခိၣ်ဂီၤအသိး
true-blue *a* လၢအသးတီနံ
true-life *a* လၢအဒိးသန့ၤထီၣ်အသးလၢပှၤအတၢ်အိၣ်မူနီၢ်နီၢ်
truism *n* တၢ်မ့ၢ်တၢ်တီ, တၢ်မ့ၢ်နီၢ်နီၢ်
truly *adv* လီၤတံၢ်လီၤဆဲး, နီၢ်နီၢ်, တီတီလီၤလီၤ, နီၢ်ကီၢ်, သပှၢ်ကတၢၢ်
trump *n* (ဖဲခးက့) ဖဲအဖီးလၢအမၤနၢၤတၢ်
trump *v* ၁. မၤနၢၤတၢ် ၂. မၤနၢၤတၢ်ဂဲၤလိာ်ကွဲပြၢ
trump card *n* ဖဲခးက့လၢအမၤနၢၤတၢ်
trumpet *n* ပံစံၢ်. ပံကွဲၤတကလုာ်
blow one's own trumpet *idm:* ကတိၤဂ့ၤကတိၤလၤအသး
truncate *v* မၤဖုၣ်လီၤတၢ်
truncheon *n* ပၢၤကိၢ်နိၣ်လဲာ်
trundle *v* တလ့ၣ်အသးကယီကယီ
trunk *n* ၁. (သ့ၣ်) အထံးမိၢ်ပှၢ်, (သ့ၣ်) အထူၣ်မိၢ်ပှၢ် ၂. တလါဖးဒိၣ် ၃. (ကဆီ) တမျိၤ
trunk road *n* ကျဲမ့ၢ်ဖးဒိၣ်
truss *n* ၁. နိၣ်ပၢၢ် ၂. ဒံၣ်ချံလီၤတၢ်ဆါအယိၢ်တကီး ၃. တၢ်အကဒိၣ် (အဒိ, ဘုကဒိၣ်)
truss *v* ၁. စၢတံၢ်တၢ် ၂. ယ့ကဒိၣ်တၢ် ၃. ပၢၢ်ယာ်တၢ်
trust *n* ၁. တၢ်နာ်, တၢ်နာ်န့ၢ်တၢ် ၂. တၢ်လၢတၢ်နာ်န့ၢ်အီၤ ၃. မူဒါလၢအလီၤဘၣ်ပှၤ ၄. စ့ပာ်ကီၤ
trust *v* နာ်န့ၢ်တၢ်, နာ်တၢ်
trust fund *n* စ့ပာ်ကီၤ
trust territory *n* ထံကီၢ်တဘ့ၣ်လၢအဘၣ်တၢ်ပၢဆှၢအီၤလၢထံကီၢ်အဂၤတဘ့ၣ်လၢဘီမုၢ်စၢဖှိၣ်ကရၢအတၢ်ကွၢ်ထွဲအဖီလာ်
trustee *n* ပှၤလၢတၢ်နာ်န့ၢ်အီၤ, ပှၤပၢၤယာ်တၢ်စုလီၢ်ခီၣ်ခိၣ်
trusteeship *n* ၁. ပှၤပၢၤတၢ်စုလီၢ်ခီၣ်ခိၣ်အတၢ်ဖံးတၢ်မၤ ၂. ထံကီၢ်တဘ့ၣ်လၢအဘၣ်တၢ်ပၢဆှၢအီၤလၢထံကီၢ်အဂၤတဘ့ၣ်လၢဘီမုၢ်စၢဖှိၣ်ကရၢအတၢ်ကွၢ်ထွဲဖီလာ်
trustful *a* ၁. လၢအနာ်န့ၢ်တၢ် ၂. လၢအိၣ်ဒီးတၢ်နာ်န့ၢ်လီၤသး
trusting *a* ၁. လၢအနာ်န့ၢ်တၢ် ၂. လၢအိၣ်ဒီးတၢ်နာ်န့ၢ်လီၤသး
trustworthy *a* လၢတၢ်နာ်န့ၢ်အီၤသ့, လၢတၢ်ဒီးသန့ၤသးလၢအီၤသ့
trusty *a* လၢအနာ်န့ၢ်ဝဲ, လၢတၢ်နာ်န့ၢ်အီၤသ့
trusty *n* ပှၤယိာ်ဖိလၢတၢ်နာ်န့ၢ်အီၤဒီးတၢ်ဟ့ၣ်လီၤအီၤမူဒါ
truth *n* တၢ်မ့ၢ်တၢ်တီ, တၢ်သးတီ, တၢ်တီတၢ်လီၤ
truthful *a* လၢအကလုၢ်တီ, လၢအတီအလီၤ, လၢအမ့ၢ်အတီ
try *n* ၁. တၢ်ဂုာ်ကျဲးစၢး ၂. တၢ်မၤကွၢ်တၢ် ၃. (ရၢးဘံၣ်ဖျာၣ်ကွံာ်တၢ်ဂဲၤလိာ်ကွဲ) တၢ်မၤန့ၢ်အမးခိဖှိတၢ်ကွံာ်နှာ်ဖျာၣ်ကွံာ်ဆူတၢၣ်ဖှိအဟိၣ်ကဝီၤအပူၤ
try *v* ၁. ကျဲးစၢး ၂. မၤကွၢ် ၃. အိၣ်ကွၢ်အီကွၢ်
trying *a* လၢအကဲထီၣ်တၢ်တံာ်တာ်
try-out *n* တၢ်မၤကွၢ်တၢ်
tryst *n* ပှၤဒီတၢ်အဲၣ်တီသ့ၣ်ရူသူၣ်လိာ်အသး
tryst *v* (ပှၤဒီတၢ်အဲၣ်တီ) သ့ၣ်ရူသူၣ်လိာ်သး, ထံၣ်ရူသူၣ်လိာ်သး
T-shirt, tee shirt *n* အီကံၤရှၢးဖုၣ်စု, ဆ့ကၤရှၢးဖုၣ်စု
tsunami *n* စူၣ်နၣ်မံး, လပီဖးဒိၣ်
tub *n* တရာ်, တၢ်ပူၤတၢ်လီၢ်တကလုာ်
tubberose *n* ဖီပစီၤ
tubby *a* ၁. ဘီၣ်ဘီၣ်ဖုၣ်ဖုၣ် ၂. (တၢ်ကလုၢ်) လၢအသီၣ်တဆး, လၢအသီၣ်တထံတဆး
tube *n* ကျိဘိ, ပီၤဘိ
tuber *n* သ့ၣ်အကမိာ်ကမဲာ်
tuberculin test *n* ကသံၣ်ဆဲးလၢပှၤမၤကွၢ်ထံၣ်ဘံၣ်
tuberculosis *n* တၢ်ပသိၣ်ဆါ
tubular *a* လၢအက့ၢ်အဂီၤလီၤက်ဒ်ပီၤဘိ မ့တမ့ၢ် ကျိဘိအသိး, လၢဘၣ်တၢ်မၤအီၤလၢပီၤဘိ မ့တမ့ၢ် ကျိဘိ
TUC *abbre* အဲကလံးပနံာ်တၢ်ကၤစၢဖှိၣ်ကရၢ, အဲကလံးပနံာ်မုၢ်ကျိၤဝဲၤကွာ်စၢဖှိၣ်ကရၢ (Trades Union Congress)

T

tuck *n* ၁. တၢ်ကံးညာ်ဆးချံးအသး ၂. တၢ်ကူးကွဲးကယၢဖံးဘ့ၣ် (အဒိ, တၢ်ဆူးထိၣ်ကွံာ်ဟၢဖၢအသိ) ၃. တၢ်ဆၢကိၢ်လိၣ်

tuck *v* ၁. ဆွံနုာ် ၂. ဆးချံး ၃. (tuck someone in) ဘိၣ်ဘံဃာ်ဂ့ၤဂ့ၤ

tuck something away *vp:* ၁. အိၣ်ဆွံနုာ်အိၣ်ဆွံနုာ်, အိၣ်သါတထံၣ်သါတထိၣ် ၂. ဟ်ရူသူၣ်ဃာ် မ့တမ့ၢ် ဟ်တဒၢဃာ်တၢ်ဘံၣ်ဘံၣ်ဘၢဘၢ

tucker *n* ၁. တၢ်အီၣ်တၢ်အီ ၂. တၢ်ကံးယာ်ဟိရှအပျ့ ၃. ပှၤလၢအလဲၤတြံာ်နုာ်လီၤအသးလၢတၢ်ကဆူး

Tuesday *n* မုၢ်ယူာ်

tuft *n* (ခိၣ်ဆူၣ်) တစိၤ, ခိၣ်သွံၣ်, ခိၣ်သံၣ်, ခိၣ်ဘိၣ်တဘိၣ်

tufted *a* လၢအိၣ်ဒီးအခိၣ်သံၣ်, လၢအိၣ်ဒီးအခိၣ်သွံၣ်, လၢအိၣ်ဒီးအခိၣ်ဘိၣ်

tug *n* ၁. ချံထုးတၢ် ၂. တၢ်ထဲးတၢ်, တၢ်ဖ့ၣ်ထဲးတၢ် ၃. တၢ်တူၢ်ဘၣ်ဖုးတၢ်သတူၢ်ကလာ်တစိၢ်ဖိ

tug *v* ထဲး, ဖ့ၣ်ထဲး

tug of war *n* ၁. တၢ်ထုးပြၢပျံၤ, တၢ်လိာ်ကွဲထုးပျံၤ ၂. တၢ်ပြၢလိာ်သးလၢပှၤခံဖုအဘၢၣ်စၢၤ

tuition *n* ၁. တၢ်သိၣ်လိ, တၢ်သိၣ်လိလီၤဆီ ၂. တၢ်သိၣ်လိအလဲ

tulip *n* ဖီထူလ့ၣ်

tumble *n* ၁. တၢ်အလုၢ်အပှ့ၤလီၤသတူၢ်လာ် ၂. တၢ်လီၤဃံၤ, တၢ်လီၤတဲာ်, တၢ်လီၤတလ့ၣ်, တၢ်လီၤတဲာ်ဝၣ်လ့ၣ်ခိၣ်

tumble *v* ခိၣ်တလံာ်, လီၤတဲာ်, လီၤတလ့ၣ် , ဝၣ်လ့ၣ်ခိၣ်, လီၤတဲာ်ဝၣ်လ့ၣ်ခိၣ်သၣ်

tumbledown *a* လၢအလီၢ်လံၤဖီဃးဒီးဘူး ကလီၤပိၢ်လံ

tumbler *n* ၁. ခွးကဘုး ၂. တၢ်အထံလၢအတြီၢ်ခွးကဘုးပှဲၤအံၤပှဲၤနုၤ ၃. ပှၤတခွ့ခံတခွ့ယီၢ်

tummy *n* ဟၢဖၢ

tumour, tumor *n* တၢ်ကိၣ်လိၣ်

tumult *n* တၢ်သီၣ်သထူၣ်ဘးလီ, တၢ်သီၣ်တထူၣ်, တၢ်တၢထီၣ်တၢလီၤ

tumultuous *a* လၢအတၢထီၣ်တၢလီၤ, လၢအသီၣ်သထူၣ်ဘးလီ, လၢအသီၣ်တထူၣ်ဘးလီ

tuna *n* ညၣ်ထူၣ်နါ, ညၣ်ဒၢညၣ်, ပီၣ်လဲၣ်ညၣ်တကလုာ်

tune *n* ထါအသီၣ်, ထါသးဝံၣ်အသီၣ်

tune *v* ၁. ဝံာ်ဘၣ်တၢ်ဒ့အကလုၢ်, ဝံာ်ဘၣ်တၢ်အသီၣ် ၂. ဝံာ်ဃံးထိၣ်, ဝံာ်လီၤထိၣ် ၃. မၤဘၣ်လိာ်, ကျဲၤလီၤကျဲၤဘၣ်, မၤတၢ်ဒ်သိးကဘၣ်ဘျိးဘၣ်ဒါက့ၤ

tuned in *idm:* ၁. နၢ်ပၢၢ်ပှၤအတၢ်ဆိကမိၣ်, တယာ်ပှၤအတၢ်ဆိကမိၣ်ဘၣ် ၂. ကွၢ်ကွဲၤဟူဖျါ, ကနၣ်ကွဲၤလ့လီၤ

tuneful *a* လၢကနၣ်မုာ်, လၢအမုာ်သယုၢ်

tuneless *a* လၢကနၣ်တမုာ်, လၢတအိၣ်ဒီးအယုၢ်အကွ့ၤ

tuner *n* ၁. ပီးလီဝံာ်ဘၣ်ကွဲၤလ့လီၤအကျိၤ ၂. ပှၤလၢအမၤလီၤတနၢ်ပိၢ်စုအကလုၢ်, ပှၤလၢအဝံာ်လီၤတနၢ်ပိၢ်စုအကလုၢ် ၃. စဲးဝံာ်ဘၣ်ကထါအသီၣ်

tungsten *n* ထဲစတဲ, ထးဝါတကလုာ်

tunic *n* ၁. ပိာ်မုၣ်ဆ့ကၤကျီသလိး ၂. သုးအီကံကွဲးကဲးတုာ်စု, သုးဆ့ကၤဖီခိၣ်တုာ်စု

tunnel *n* ဟီၣ်လာ်ကျဲ, ဟီၣ်လာ်တၢ်ကျိၤ

tunnel *v* ၁. ခူၣ်တၢ်အကျိၤ ၂. ခူၣ်တၢ်ပူၤ, ခူၣ်ဟီၣ်ခိၣ်ပူၤ

tunnel vision *n* ၁. တၢ်ထံၣ်တၢ်ဆိကမိၣ်အိၣ်ထဲတကျိၤ ၂. မဲာ်ချံဟးဂီၤဒီးထံၣ်တၢ်ထဲအိၣ်ဖဲအမဲာ်ညါဓိၤ

turban *n* ခိၣ်ဖၢၣ်

turbid *a* ၁. လၢအဒ့, လၢအဘၣ်အၢဘၣ်သီ, လၢအတဆုံ ၂. လၢအသဘံၣ်ဘုၣ်

turbine *n* စဲးခိၣ်လၢၢ်

turbojet *n* ၁. စဲးလၢအလဲၤတၢ်ဒီးတၢ်ကိၢ်အသဟီၣ် ၂. ကဘီယူၤထဲၣ်ဘိၣ်, ထဲၣ်ဘိၣ်ကွဲး

turbulence *n* ၁. တၢ်တၢထီၣ်တၢလီၤ, တၢ်ဘံဘူဆးဃၤအကတိၢ် ၂. ကလံၤအူတၢ်တပျ့ာ်တပျိၤ, ထံယွၤတပျ့ာ်တပျိၤ

turbulent *a* ၁. လၢအတၢထီၣ်တၢလီၤ, လၢအဘံဘူဆးဃၤ ၂. လၢအအူတၢ်တပျ့ာ်တပျိၤ, လၢအယွၤလီၤတပျ့ာ်တပျိၤ

turf *n* ၁. ဟီၣ်ခိၣ်ကထၢလၢအိၣ်ဒီးတပံၢ်အဂံၢ်, ဟီၣ်ခိၣ်ကထၢလၢတပံၢ်တမါမဲထိၣ် ၂. ကသ့ၣ်တၢ်ဃ့ၢ်ပြၢ, တၢ်ဃ့ၢ်ပြၢကသ့ၣ် ၃. တၢ်ဂဲၤလိာ်ကွဲပျီလၢအိၣ်ဒီးတပံၢ် ၄. မ့ၣ်ဆၣ်အသ့ၣ်ကျၣ်ကျိၣ် ၅. တၢ်လီၢ်တတီၤလၢအမ့ၢ်ပတၢ်

turf *v* ဒါလီၤတပံၢ်

turf war *n* တၢ်ဂ့ာ်လိာ်သးဒီးဟီၣ်ခိၣ်ကပၢ်

turkey *n* ၁. ဆီကဆီ ၂. ဆီကဆီအညဉ် ၃. တၢ်ဂီၤမူဒိတယၢ်လၢအတကဲထိဉ်လိဉ်ထိဉ်

Turkish bath *n* တၢ်လုၢ်ထံချီသဝံ, ထဲးကံဉ် တၢ်မၤထိဉ်ကပၢၤဝံၤတၢ်လုၢ်ထံအလိၢ်

turmeric *n* သယီ

turmoil *n* တၢ်တၢထိဉ်တၢလီၤ

turn *n* ၁. အတီၤအဝီ (အဒိ, ခဲမုၢ်ဆ့ဉ် ယကဘဉ်ဖိမ့ၢအဝီ) ၂. တၢ်အကူဉ်အကူ, တၢ်ကူဉ်ကျိၤ, တၢ်ကူဉ်ပတ်ာ် (အဒိ, ကျဲကူဉ်, ပီဉ် လဲဉ်ကူဉ်ကျိၤ)

in turn *idm:* မၤတဂၤတဝီ, တဂၤလၢအ ကတိၢ်ဒ်ဉ်ဝဲ

turn *v* ဃဉ်တရံး, ဃဉ်ကဒါ, တရံးအသး

turn about *vp:* ဃဉ်ကူၤကဒါက့ၤ, ဃဉ်တ ရံး

turn against *vp:* ထီဒါက့ၤတၢ်

turn around (or round) *vp:* ၁. ဃဉ်တရံး အသး ၂. (တၢ်ဖံးတၢ်မၤ) လဲၤတရံးအသးန့ၢ်လံ

turn away *vp:* ၁. တပျဲဟဲနုာ်ဘဉ် ၂. သမၢ တၢ်

turn down *vp:* ၁. မၤပံာ်ကွံာ်, ဝံာ်လီၤ ၂. တတူၢ်လိာ်, သမၢ, ဂ့ၢ်လိာ်

turn in *vp:* ၁. ဟ့ဉ်လီၤကဒါက့ၤ ၂. က့ၤ နုာ်ဆူလီၢ်မံ

turn on *vp:* ဃုတၢ်အ့ဉ်လိာ်, တဲဆၢက့ၤ တၢ်, တဲဆဲးအဲးတၢ်

turn one's back on *idm:* ၁. တယုးယိဉ် ဟ်ကဲတၢ်, သမၢတၢ် ၂. ဃဉ်တရံးလၢအလီၢ်ခံ, ဃဉ်ပှၤလၢအလီၢ်ခံ

turn one's stomach *idm:* အဲဉ်ဒိးဘိုး, သး ကလဲၤ

turn out *vp:* ၁. ကဲထိဉ်အသး, ဖျါထိဉ်လၢ ၂. မၤပံာ်ကွံာ် (မ့ဉ်အူ) ၃. နီဉ်ဟးထိဉ်ကွံာ်, ဟီ ဟးထိဉ်

turn over *vp:* ၁. ဃဉ်ကဒါ ၂. လီၤတ ကျၢၢ်, မၤလီၤတကျၢၢ်, ကျၢၢ်ကဒါ, ဘိးကဒါ, ဘိး ခီဉ်ခံ ၃. ဟ့ဉ်လီၤအးလီၤ

turn tail *idm:* ယံၤတၢ်ဃ့ၢ်ကွံာ်

turn the/a corner *idm:* ဟဲဂ့ၤထိဉ်ကဒါက့ၤ

turn to *vp:* ၁. ဃုတၢ်မၤစၢၤ ၂. ဒိးသန့ၤ ထိဉ်အသးလၢ ၃. ကဲထိဉ်, ဒုးကဲထိဉ်

၄. ကွၢ်ဆူ--(ကဘျံးပၤ)

turn up *vp:* ၁. အိးထိဉ် ၂. ထံဉ်ကဒါက့ၤ ၃. လဲၤတုၤ, ဟဲတုၤ ၄. ဟဲပၢၢ်ထိဉ်, ဟဲဖျါထိဉ်, ဟဲဟ်ဖျါထိဉ်အသး ၅. ဆးချံးဖှဉ်လီၤ (ဖျိဉ်ခံအ ခီဉ်)

turnabout *n* ၁. တၢ်ဆီတလဲတၢ်သတူၢ်က လာ် ၂. တၢ်မၤကဉ်ကဒါက့ၤတၢ်

turncoat *n* ၁. ပှၤလၢအညီကွံာ်အတၢ်နာ် ၂. ပှၤလၢအညီကွံာ်အတၢ်ကရၢကရိ, ပှၤလၢအညီ ကွံာ်အပဉ်တံဉ်ဒီးလဲၤနုာ်လီၤဆူပဉ်တံဉ်အဂၤတဖု အပူၤ

turning *n* ကျဲဒၢက့ဉ်, ကျဲက့ဉ်

turning point *n* တၢ်ဆီတလဲအိဉ်ထိဉ်အ ဆၢကတီၢ်, တၢ်လဲလိာ်အိဉ်ထိဉ်အကတီၢ်

turnkey *a* လၢတၢ်စူးကါအီၤသ့တဘျီယီ

turnkey *n* ပှၤပၢၤဃာ်အနီဉ်ဝံာ်ခံ

turn-off *n* ၁. ကျဲဖးဒ့, ကျဲသဂၢၢ် ၂. တၢ်လၢ အမၤဟးဂီၤပတၢ်သးစဲ ၃. တၢ်ကၢဉ်တၢ်ကျူ, အ ဃၢ်သံ

turn-on *n* တၢ်သူဉ်ပိၢ်သးဝး, (တၢ်ကတိၤအ ကျိာ်) တၢ်အဃၢ်ကတၢ, တၢ်လၢအမၤကတၢထိဉ် ပဃၢ်

turnout *n* ၁. ပှၤဃုထၢတၢ်ဖးအနီဉ်ဂံၢ် ၂. ပှၤ ကမျၢၢ်အနီဉ်ဂံၢ်နီဉ်ဒွးလၢအထိဉ်မူး ၃. တၢ်လီၢ်သနၢဉ်လၢကျဲမုၢ်ကပၤ

turnover *n* ၁. မုၢ်ကျိၤဝဲၤကွာ်ပနံာ်ထွးထိဉ် ထဲအံၤထဲနၤ ၂. တၢ်ဆါတၢ်န့ၢ်ထဲအံၤထဲနၤ ၃. (ပှၤမၤတၢ်ဖိ) တၢ်လဲလိာ်အကတီၢ်, တၢ်ဆီတလဲ တၢ်အကတီၢ်

turnpike *n* ကျဲမုၢ်ဖးဒိဉ်လၢတၢ်ဘဉ်ဟ့ဉ်တၢ် အခိ

turnstile *n* တြဲၤတရံး

turntable *n* ၁. လီယဲၤဘ့ဉ်အလီၢ်, လီယဲၤ ဘ့ဉ်အဒၢ ၂. လှဉ်မ့ဉ်အူစဲးခိဉ်လၢၢ်အစီၢ်တရံး

turn-up *n* ဖျိဉ်ခံခီဉ်ဆးချံး

turpentine *n* တၢ်သ့ကသံဉ်ခဲဉ်အသိ, တၢ် ကျဲဆုံထိဉ်ကသံဉ်ခဲဉ်အသိ

turpitude *n* တၢ်သကဲာ်ပဝးလၢအတဂ့ၤ

turquoise *n* လၢၢ်တၢ်မျၢ်လါဟ့, လၢၢ်လါ

turret *n* ၁. စဲးကျိတရံး ၂. (တၢ်သူဉ်ထိဉ်) အပျိဉ်

turtle *n* ချံးစၢ်, ပီဉ်လဲဉ်ချံး

T

turtleneck *n* ဆ့ကၤကိာ်ဘိထီ, ဆ့ဖျိၣ်ကိာ်ဘိထီ

tusk *n* ၁. မဲထိ ၂. ကဆီမဲ, ဆိုကဆီမဲ, ထိးမံၤအမဲထိ

tussle *n* ၁. တၢ်ကနိလိာ်သး ၂. တၢ်ဂ့ၢ်လိာ်ဘိုလိာ်သး, တၢ်ဂဲၤလိာ်မၤနၢၤလိာ်သး

tussle *v* ၁. ကနိလိာ်သး ၂. ဂဲၤလိာ်မၤနၢၤတၢ်, ဂ့ၢ်လိာ်ဘိုလိာ်သး

tutelage *n* ၁. တၢ်သိၣ်လိမၤယုၤ, တၢ်အံးထွဲကွၢ်ထွဲ ၂. (မိၢ်ပၢ်) အမူအဒါ

tutor *n* ၁. သရၣ်လၢအကွၢ်ထွဲဒီးသိၣ်လိဖိသၣ်လၢဟံၣ်, သရၣ်လၢပုၤဒီးလဲအီၤလၢသိၣ်လိလီၤဆီလံာ်, တၢ်သိၣ်လိလီၤဆီအသရၣ် ၂. တၢ်သိၣ်လိလီၤဆီအတၢ်ဖံးတၢ်မၤ

tutor *v* ဒီးလဲသိၣ်လိလီၤဆီလံာ်, ကွၢ်ထွဲသိၣ်လိဖိသၣ်လၢဟံၣ်, သိၣ်လိတၢ်မၤလိလီၤဆီ

tutorial *a* လၢအဘၣ်ထွဲဒီးတၢ်သိၣ်လိလီၤဆီ, လၢအဘၣ်ထွဲဒီးတၢ်သိၣ်လိလီၤဆီအသရၣ်

tutorial *n* ၁. တၢ်သိၣ်လိလီၤဆီ ၂. ခီၣ်ဖွူထၢၣ်အတၢ်သိၣ်လိ

tux *n* ဆ့ကၤပိာ်ခ္ါ, ဆ့ကၤထဲးစံၣ်ဒိၢ်, ပိာ်ခ္ါဆ့ကူစူး, ပိာ်ခ္ါကူသိးစူၣ်

tuxedo *n* ဆ့ကၤပိာ်ခ္ါ, ဆ့ကၤထဲးစံၣ်ဒိၢ်, ပိာ်ခ္ါဆ့ကူစူး, ပိာ်ခ္ါကူသိးစူၣ်

twang *n* ၁. တနၢ်ပျံၤအသီၣ်ဖဲပခွဲးအီၤအခါ ၂. တၢ်ကတိၤတၢ်အကလုၢ်အဂီၤ, တၢ်ကတိၤတၢ်သီၣ်နါဒ့အသီၣ်

twang *v* ခွဲးသီၣ်တၢ်ဒ့အပျံၤ, ဒ့သီၣ်တၢ်ဒ့အပျံၤ

tweak *n* ၁. တၢ်စိၢ်ပံၢ်တၢ်, တၢ်ထဲးတၢ်, တၢ်ဝံာ်ထုးတၢ်, တၢ်ဝံာ်ပကံတၢ်, တၢ်ဝံာ်ပကံးတၢ် ၂. တၢ်ဆီတလဲမၤဂ့ၤထီၣ်စဲး

tweak *v* ၁. စိၢ်ပံၢ်, ထဲး, ဝံာ်ထုး, ဝံာ်ပကံ, ဝံာ်ပကံး ၂. ဆီတလဲမၤဂ့ၤထီၣ်စဲး

tweed *n* ၁. တၢ်ကံးညာ်သိဆူၣ် ၂. တၢ်ကူတၢ်သိးလၢတၢ်မၤအီၤဒီးတၢ်ကံးညာ်သိဆူၣ်

tweet *n* ထိၣ်ကမဲၤစံၣ်စိ

tweezers *n* နိၣ်တံာ်ဖိ

twelfth *a* တဆံခံ (ဖျၢၣ်) တ (ဖျၢၣ်), တဆံခံ (ပူ) တ (ပူ)

twelve *n* တဆံခံ, ၁၂

twentieth *a* ခံဆံ (ဖျၢၣ်) တ (ဖျၢၣ်), ခံဆံ (ပူ) တ (ပူ)

twenty *n* ခံဆံ, ၂၀

twenty-twenty hindsight *n* ယမ့ၢ်သ့ၣ်ညါန့ၣ်--

twenty-twenty vision *n* တၢ်ထံၣ်တၢ်ဆုံ

twice *adv* ခံဘျီ, ခံစး

twiddle *n* ၁. တၢ်ဘီးလိာ်ကွဲစု, တၢ်မၤလိာ်ကွဲတၢ် ၂. (twiddle one's thumb) တၢ်အိၣ်ကၢၣ်အိၣ်ကျူ, တၢ်တမၤတၢ်နီတမံၤ

twiddle *v* ဘီးလိာ်ကွဲစု, မၤလိာ်ကွဲတၢ်

twig *n* သ့ၣ်ဒ့ဖိပြံ

twig *v* ဟ်သူၣ်ဟ်သးဒီးတၢ်တမံၤမံၤ, သ့ၣ်ညါဘၣ်, နၢ်ပၢၢ်ဘၣ်, တယာ်ဘၣ်

twilight *a* လၢအဖျါကနကယီၢ်, လၢအကပီၤသံယီၢ်သံယာ်

twilight *n* ၁. တၢ်ကပီၤသံယီၢ်ယာ်, မု၊်လီၤနာ်အဆၢကတိၢ်, မုၢ်လီၤယဲၤဘီအကတိၢ် ၂. အစိၤဘူးကတၢၢ်လံ

twilight world *n* ဟိၣ်ခိၣ်လၢအပှဲၤထဲတၢ်ဒဲးဘး

twin *a* ၁. တဃံာ် ၂. လၢအအိၣ်ခံ (ခါ) တမံၤဃီ, လၢအပၣ်ခံခါ

twin *n* ၁. တဃံာ်, သဃံာ် ၂. တၢ်လၢအဒ်သိးလိာ်သးခံ (ခါ, မံၤ)

twin *v* ဒုးဘၣ်ထွဲတၢ်ခံမံၤ

twin bed *n* လီၢ်မံခံဖျၢၣ်

twine *n* ပျံၤပီၤ

twine *v* ၁. ပီၤပျံၤ, ပီၤတၢ် ၂. ဘံပကံးတၢ် ၃. ဖိးဟုတၢ်

twinge *n* ၁. တၢ်ဆ့ၣ်ထုးဆ့ၣ်စိၢ် ၂. (သးအုး) တစဲးဖိ

twinkle *n* ၁. တၢ်ကပီၤပံာ်လ့ပံာ်လ့, တၢ်ဆဲးကပြု၊ ၂. မဲာ်ချံကပီၤ

twinkle *v* ၁. ကပီၤပံာ်လ့ပံာ်လ့ ၂. ဖျးအမဲာ်, ဖျးဆံးအမဲာ်

twinkling *n* တၢ်တဖျးမဲာ်

twins *n* သဃံာ်, တဃံာ်

twirl *n* တၢ်ထိၣ်တရံးတၢ်, တၢ်တရံးအသးချ့ချ့

twirl *v* ထိၣ်တရံးတၢ်, တရံးအသးချ့ချ့

twist *n* ၁. တၢ်ဝံာ်တရံးအသး, တၢ်ဃၣ်တရံးသး ၂. ထံဒၢကၠၣ်, ကျဲဒၢကၠၣ်, တၢ်ဒၢကၠၣ်ဒၢကူ ၃. တၢ်မၤဝ့ၤမၤဝီၤတၢ် ၄. (The twist) တၢ်ဂဲၤကလံၣ်စံၣ်ဝ့ၤစံၣ်ဝီၤ

twist *v* ၁. ဝံာ်ပကံ ၂. ပျံာ် ၃. ပီၤပျံၤ, ဘံပကံး ၄. မၤကၠၣ်မၤကူ ၅. တရံး, ဃၣ်တရံး

twisted *a* ၁. လၢအဝံာ်ပကံးအသး ၂. လၢအကၠၣ်အကူ ၃. (တၢ်ဟ်သူၣ်ဟ်သး) လၢအတမ့ၢ်ဒ်အညီနုၢ်အသိး

twister *n* ၁. ပှၤလၢအလံၣ်န့ၢ်လီနှုၢ်တၢ်, ပှၤလၢအလီနှုၢ်ပျံာ်ဝ့ၤတၢ်, ပှၤလၢအတတီတလိၤ ၂. ထိၣ်နါဒိၢ်ကလံၤမုၢ်, ကလံၤမုၢ်တဝံး, ကလံၤကဆီကမျိၤ

twit *n* ပှၤအီပီငီး, ပှၤတထံတဆး, ပှၤပျူ၊

twit *v* ကတိၤဆါတၢ်, တဲဆဲးအဲးတၢ်

twitch *n* ၁. ထူၣ်ထုးပျ့ၢ်ထုး, စုတထုး, ခီၣ်တထုး, မဲာ်တထုး ၂. တၢ်ထုးဖုးတၢ်

twitch *v* (ထူၣ်ပျ့ၢ်, စု, မဲာ်) တထုး ၂. ထုးဖုးတၢ်

twitter *n* ၁. ထိၣ်ဖိပှ့ၤအသီၣ်, ထိၣ်ဖိကမဲၤစံၣ်စိအသီၣ် ၂. တၢ်တဲတၢ်ပစုၢ်ပတ့ၤ, တၢ်တဲတၢ်ကနိးကစုာ်ချ့ချ့, တၢ်တဲတၢ်ချ့ချ့လၢတၢ်သူၣ်ကနိးသးကနိးအပူၤ

twitter *v* ၁. (ထိၣ်ဖိ) ပှ့ၤ, ကမဲၤစံၣ်စိ ၂. တဲတၢ်ပစုၢ်ပတ့ၤ, တဲတၢ်ကနိးကစုာ်ချ့ချ့, တဲတၢ်ချ့ချ့လၢတၢ်သူၣ်ကနိးသးကနိးအပူၤ

two *n* ခံ, ၂

two-dimensional *a* ၁. လၢအမဲာ်သၣ်ဖျါခံကပၤ ၂. လၢအဘံၣ်သလၣ်, လၢအပၢၤ

two-edged *a* ၁. လၢအကနၣ်အ့ၣ်ခံခီလၢာ် ၂. လၢပနၢ်ပၢၢ်အီၤသ့ခံမံၤခံကပၤလၢာ်, လၢအခီပညီဖျါခံခီခံကပၤလၢာ်

two-faced *a* လၢအသးတတီဘၣ်, လၢအသးတဘျၢဘၣ်, လၢအဃိးကဒါဘီ

twofold *a* ၁. ခံစး, ခံကထၢ, ခံဘျီ, ခံပူ, ခံချံး ၂. လၢအအိၣ်ခံခီ

two-handed *a* လၢစုခံကပၤလၢာ်, လၢစုခံခီလၢာ်

two-piece *a* လၢအဖျိၣ်ခံဒီးအဆ့ကၤဒ်သိးလိာ်အသး, လၢအအိၣ်တစူၣ်

two-piece *n* ပိာ်မုၣ်ဆ့ကၤတစူၣ်, ပိာ်မုၣ်ကူသိးတစူၣ်

two-ply *a* ၁. လၢတၢ်ထါအီၤလၢလုၣ်ခံဘိ, လၢတၢ်မၤအီၤလၢလုၣ်ခံဘိ ၂. လၢအိၣ်ခံကထၢ

two-seater *n* ၁. လီၢ်ဆ့ၣ်နီၤလၢပှၤဆ့ၣ်နီၤတြီၢ်ခံဂၤ ၂. (သိလ့ၣ်, ကဘီယူၤ) လီၢ်ဆ့ၣ်နီၤခံဖျာၣ်

twosome *n* ပှၤခံဂၤ, တၢ်ခံမံၤခံခါ

two-time *v* အဲၣ်ဘၢမါအဲၣ်ဘၢဝၤ, အဲၣ်ဘၢတၢ်

two-tone *a* ၁. လၢအလွဲၢ်အိၣ်ခံခါ, လၢအလွဲၢ်အိၣ်ခံကလုာ် ၂. လၢအကလုၢ်အိၣ်ခံကလုာ်, လၢအသီၣ်အိၣ်ခံကလုာ်

two-way mirror *n* မဲာ်ထံကလၤလၢပကွၢ်တၢ်သ့ခံမံၤ

tycoon *n* သ့ၣ်ခိၣ်, သဲထံ, ပှၤထူးပှၤတီၤလၢအိၣ်ဒီးလုၢ်ဘၢစိကမီၤ, ပှၤကဲဒိၣ်ကဲပှၢ်လၢအိၣ်ဒီးလုၢ်ဘၢစိကမီၤ

tyke, tike *n* ဖိသၣ်နၢ်ကၠၣ်

type *n* ၁. အကလုာ် ၂. လံာ်မဲာ်ဖျာၣ်လၢပှၤဒိလီၤအီၤ

type *v* ၁. ဒိစဲးကွဲးလံာ်, ဒိလံာ် ၂. ဃုသ့ၣ်ညါ (တၢ်ဆါ) အကလုာ်

typecast *v* ၁. မၢပှၤလၢကဂဲၤဒိတၢ်တမံၤဃီတလီၢ်လီၢ် ၂. ဟ့ၣ်လီၤတၢ်ဖံးတၢ်မၤလၢအကြၢးဒီးအကံၢ်အစီအတၢ်သ့တၢ်ဘၣ်

typeface *n* လံာ်မဲာ်ဖျာၣ်အက့ၢ်အဂီၤ

typescript *n* လံာ်လၢပှၤဒိလီၤအီၤဝံၤ

typeset *v* ရဲၣ်လံာ်

typesetter *n* ပှၤရဲၣ်လံာ်, စဲးရဲၣ်လံာ်

typewriter *n* စဲးကွဲးလံာ်, စဲးဒိလံာ်

typewritten *a* လၢအဘၣ်တၢ်ဒိအီၤလၢစဲးကွဲးလံာ်, လၢအဘၣ်တၢ်ဒိအီၤလၢစဲးဒိလံာ်, လၢအဘၣ်တၢ်ဒိအီၤလၢခီၣ်ဖျူထၢၣ်

typhoid, typhoid fever *n* တၢ်လိၤကိၢ်ပှံာ်ညီး

typhoon *n* တဲၣ်ဖိကလံၤမုၢ်, ကလံၤမုၢ်ဖးဒိၣ်

typical *a* လၢအလီၤပလိာ်ဒီးအဂီၤမိၣ်, ဒ်တၢ်မၤညီနုၢ်အီၤ

typify *v* ၁. ကဲဒိကဲတဲာ် ၂. ဟ်ဖျါတၢ်အက့ၢ်ပနိၣ်

typing *n* တၢ်ဒိလံာ်ဒိလဲၢ်

typist *n* ပှၤဒိလံာ်ဖိ, ပှၤပီၢ်လံာ်ဖိ

typo *n* တၢ်ဒိလံာ်ဒိလဲၢ်တဖၣ်

typographer *n* ပှၤသ့ဒိလံာ်ဒိလဲၢ်, ပှၤဒိလံာ်ဖိ, ပှၤပီၢ်လံာ်ဖိ

typography *n* ၁. တၢ်သ့ဒိလံာ်ဒိလဲၢ် ၂. တၢ်ဒဲးကံၣ်ဒဲးဝ့ၤလံာ်မဲာ်ဖျာၣ်အကု့ၢ်အဂီၤ

typology *n* တၢ်ယုသ့ၣ်ညါမၤလိတၢ်နီၤဖး လီၤတၢ်ဆူအကရူၢ်

tyrannical *a* လၢအပၢဆူၣ်ပၢစီးတၢ်

tyrannize, tyrannise *v* ပၢဆူၣ်ပၢစီးတၢ်

tyrannosaurus *n* ဒဲၢ်နိၣ်စီခံခီခိၣ်, ဒဲၢ်နိၣ်စီ တကလုာ်လၢအီၣ်သံကစဲၣ်တၢ်

tyranny *n* ၁. ပဒိၣ်လၢအပၢဆူၣ်ပၢစီးတၢ် ၂. တၢ်ပၢဆူၣ်ပၢစီးတၢ်

tyrant *n* ပှၤလၢအပၢတၢ်ဖဲဒၣ်အသး, ပှၤလၢ အပၢဆူၣ်ပၢစီးတၢ်

tyre, tire *n* ပၣ်ဖံး, (သိလ့ၣ်) ပၣ်ဖံး, ထါယၢၣ်

tyro, tiro *n* ပှၤမၤလိသီတၢ်ဖိ

tzar, tsar *n* စၢ်စီၤပၤ, စံစၢ်စီၤပၤ, ရၢရှါအစီၤ ပၤ

tzarina, tsarina *n* စၢ်နီၢ်ပၤမုၣ်, စံစၢ်နီၢ်ပၤ မုၣ်, ရၢရှါအနီၢ်ပၤမုၣ်

tzarism *n* စၢ်အသနူ, စံစၢ်အသနူ

tzarist *n* ရၢရှါစီၤပၤဖးဒိၣ်

T

U

U *n* ၁. အဲကလံးအလံာ်မဲၢ်ပှၢ် ၂၁ ဖျၢၣ်တဖျၢၣ် ၂. တၢ်အက့ၢ်ပနီၣ်လၢအလီၤက်ဒ် 'U' အသိး, ၃. တၢ်ကွဲးဖှၣ် 'you' , န

ubiquitous *a* လၢအအိၣ်လၢတၢ်လီၢ်ကိးပူၤဒဲး, အိၣ်လၢတၢ်လီၢ်အါပူၤတဘျီယီ, အိၣ်လၢတၢ်လီၢ်သကုၤဆးဒး

ubiquity *n* တၢ်အိၣ်လၢတၢ်လီၢ်ကိးပူၤဒဲး, တၢ်အိၣ်လၢတၢ်လီၢ်အါပူၤတဘျီယီ, တၢ်အိၣ်လၢတၢ်လီၢ်သကုၤဆးဒး

U-boat *n* ကဘၤမနံၣ်အကဘီယူၤထံလာ်ဖဲဟီၣ်ခိၣ်တၢ်ဒုးခံဘျီတဘျီအဆၢကတီၢ်

udder *n* ဆၣ်ဖိကီၢ်ဖိအနၢ်

UFO *n* တၢ်ကွဲးဖှၣ်, **'Unidentified Flying Object'** , ဝဲစဲဒိၣ်ယူၤ, တၢ်အယူၤတမံၤလၢမတၤမးသ့ၣ်ညါအီၤတသ့။

ugh *exclam* အၢၣ်အၢ, အၢအၢ, မ့ၢ်ပကွၢ်တၢ်တဘၣ်ပမဲာ်ဘၣ်ဒီးပစံးလၢ "အၢၣ်အၢ" လီၤ.

ugliness *n* ၁. တၢ်လာ်အၢလာ်ဃး ၂. တၢ်လၢအတဂ့ၤတဘၣ်

ugly *a* ၁. လာ်အၢ ၂. လၢအတဂ့ၤတဘၣ်

UK *abbre* ကီၢ်အဲကလံး (United Kingdom)

ulcer *n* ကဖုပူၤလီၢ်, တၢ်ပူၤလီၢ်

ulcerate *v* ဝ့ထိၣ်ကျူၤထိၣ်, ဒၢဖံထိၣ်, ကဲထိၣ်တၢ်ပူၤလီၢ်, အပူၤလီၢ်ထိၣ်

ulceration *n* တၢ်ဝ့ထိၣ်, တၢ်ကဲထိၣ်တၢ်ပူၤလီၢ်

ulna *n* စုဃံလၢအမဲာ်ညါတဘိ

ulterior *a* ၁. အိၣ်လီၤသဒၢ, လၢအအိၣ်သဒံၣ်သဒၢ, တဖျါဆှံဘၣ် ၂. လၢတၢ်တမှာ်လဲၤတမှာ်ကူၤ, လၢအဃံၤဒီးပှၤအတၢ်သးစဲ ၃. လၢအကဲထိၣ်အသးလၢခံ

ultimate *a* ၁. လၢခံကတၢၢ် ၂. လၢအ (ဂ့ၤ, အၢ, နး, ယံၤ) ကတၢၢ်

ultimate *n* တၢ်လၢအဂ့ၤကတၢၢ်

ultimately *adv* ၁. လၢခံကတၢၢ်နူၣ် ၂. အခီၣ်ထံးခီၣ်ဘိမ့ၢ်ဝဲ

ultimatum *n* တၢ်ကလုၢ်လၢခံကတၢၢ်လၢတၢ်ဟးဆှဲးအီၤတသ့, တၢ်မၤပျံၤမၤဖုးဒီးဟ့ၣ်လီၤတၢ်ကလုၢ်လၢခံကတၢၢ်လၢပှၤတမၤအိၣ်တသ့

ultra- *prefix* ၁. တလၢစိ, တလၢကွဲာ်အခၢး, တလၢကဲၣ်ဆီး ၂. လၢအချ့

ultrasonic *a* (တၢ်ကလုၢ်သီၣ်) လၢပှၤနၢ်ဟူအီၤတသ့ဘၣ်

ultrasound *n* တၢ်ဒိကွၢ်နီၢ်ခိအကု့ၢ်ဂီၤဒ္ဒ

umbilical cord *n* ဒ့ပျုၤ, ဒ့ပီၤ, ဒ့မုၢ်

umbilicus *n* ဒ့, ဒ့ပူၤ

umbrage *n* ၁. တၢ်သူၣ်ဆါသးဆါ, တၢ်သးဟဲထိၣ်တၢ် ၂. တၢ်ဟ့ၣ်တၢ်ကဒု

umbrella *n* သဒၢမုၢ်, သဒၢ

umpire *n* စံၣ်ညီၣ်ကွီၢ်, ဖုဒိၣ်

umpire *v* ကဲစံၣ်ညီၣ်ကွီၢ်, ကဲဖုဒိၣ်

un- *prefix* တ, ဝီၢ်လၢအဆီတလဲတၢ်ကတိၤအခီပညီ, (အဒိ, တ (သ့) ဘၣ်, တ (မံ) ဘၣ်, တ (အိၣ်) ဘၣ်, တ (ညီ) ဘၣ်, တ (လဲၤ) ဘၣ်)

U.N. *abbre* တၢ်ကွဲးဖှၣ်, ဘီမုၢ်စၢဖှိၣ်ကရၢ **(United Nations)**

unabashed *a* လၢအတၢ်မဲာ်ဆုးတအိၣ်

unabated *a* လၢအတလီၤကယးဒံးဘၣ်, လၢအတလီၤစၢ်ဒံးဘၣ်, လၢအဆူၣ်ဒံးအဖၢမုၢ်

unable *a* တသ့ဘၣ်, တကဲဘၣ်, တညီတဘှါ

unabridged *a* (တၢ်ဂီၤမူ, တၢ်ဃဲၤပူ) လၢတလိၣ်တၢ်ဖဲာ်ထံနီၤဖးအီၤလၢၤဘၣ်, လၢတလိၣ်တၢ်ဘိုဘၣ်မၤဂ့ၤထိၣ်လၢၤဘၣ်, လၢအလၢအပှဲၤ

unacceptable *a* လၢတၢ်တူၢ်လိာ်အီၤတသ့, လၢအတကြၢးတဘၣ်

unaccompanied *a* ၁. လၢပှၤလဲၤသကိးတၢ်ဒီးအီၤတအိၣ်, လၢတအိၣ်ဒီးပှၤလဲၤသကိးတၢ် ၂. လၢအသးဝံၣ်တၢ်ထဲတဂၤဒီၤတအိၣ်ဒီးတၢ်ဒ့ပိာ်ထွဲနီတမံၤ

unaccomplished *a* လၢအတကဲထိၣ်လိၣ်ထိၣ်, လၢအတကဲထိၣ်ကဲထီ, လၢအတလၢထိၣ်ပှဲၤထိၣ်,

unaccountable *a* ၁. လၢတၢ်တဲဖျါထိၣ်အဂ့ၢ်တသ့, လၢပတဲနၢ်ပၢၢ်လၢအဂ့ၢ်တသ့, လၢတလိၣ်တၢ်တဲနၢ်ပၢၢ်လၢအဂ့ၢ် ၂. လၢအတဟံးမူဒါ

unaccountably *adv* လၢပနၢ်ပၢၢ်အီၤကီဒိၣ်မး

unaccustomed *a* ၁. လၢတမ့ၢ်ဒ်အလုၢ်အလၢ်အသိး, လၢတမ့ၢ်ဒ်အညီနုၢ်အသိး ၂. လၢအတညီနုၢ်

U

unachievable *a* လၢအတတုၤထီၣ်ထီၣ်ဘး

unacknowledged *a* လၢတၢ်တသ့ၣ်ညါပာ်သူၣ်ပာ်သးလၢအဂ့ၢ်, လၢတၢ်တပာ်သူၣ်ပာ်သးလၢအဂ့ၢ်

un-acquainted *a* လၢအတသ့ၣ်ညါဝဲ, လၢအတထံၣ်ညီနုၢ်ဝဲ

unadorned *a* ယိယိ, ပတိၢ်မုၢ်, လၢတအိၣ်ဒီးတၢ်ကယၢကယဲ, လၢအတအိၣ်ဒီးတၢ်နိတမံၤ, လၢအတလီၤထုးန့ၢ်သူၣ်ထုးန့ၢ်သး

unadulterated *a* ၁. လၢအကဆို, လၢအတဘၣ်အၢဒီးတၢ်နိတမံၤ ၂. လၢပှဲၤ

unaffected *a* ၁. လၢအတဘၣ်ဒိ, လၢအတဒိဘၣ်မၤဟူး, လၢအသးတဘၣ်ဒိ, လၢအသးတဟူးတဂဲၤဘၣ် ၂. လၢအပာ်အသးယိယိ, လၢတပာ်မၤအသးဘၣ်

unaffiliated *a* ၁. လၢအတရှလိာ်မၤသကိးတၢ်, လၢအတဘၣ်ထွဲဘၣ်ဃးလိာ်သး, လၢအတဘျးစဲလိာ်သး ၂. လၢတၢ်တရှအီၤ, လၢတၢ်တကနၣ်ယှာ်အီၤ

unafraid *a* လၢအတပျုၤတၢ်ဘၣ်, လၢအနူ

unaided *a* လၢတအိၣ်ဒီးတၢ်မၤစၢၤ, လၢအတလိၣ်ဘၣ်တၢ်မၤစၢၤ

unalienable *a* လၢတၢ်ဟံးကွံာ်အီၤလၢနအိၣ်တသ့, လၢတၢ်ထုးထီၣ်ကွံာ်အီၤလၢနအိၣ်တသ့, လၢတၢ်ဟ့ၣ်လီၤကွံာ်အီၤဆူပှၤဂၤတသ့, လၢတၢ်ညိကွံာ်အီၤတသ့

unalloyed *a* ၁. လၢအမ့ၢ်တၢ်နီၢ်နီၢ်, လၢအမ့ၢ်အတီ, လၢပှဲၤ ၂. (စၢ်ထး) လၢအတဃါယှာ်အသးဒီးတၢ်နိတမံၤ

unalterable *a* လၢတၢ်ဆီတလဲအီၤတသ့, လၢတၢ်လဲလိာ်အီၤတသ့

unaltered *a* လၢအတဆီတလဲအသး, လၢအတလဲလိာ်အသး, လၢအက့ၢ်အဂီၤတဆီတလဲ, အိၣ်ဒ်အလီၢ်လီၢ်

unambiguous *a* လၢအခီပညီလီၤတံၢ်လီၤဆဲး

unambitious *a* လၢအတၢ်မုၢ်လၢ်ကွၢ်စိတအိၣ်, လၢအတၢ်သူၣ်ဟူးသးဂဲၤတအိၣ်, လၢအတၢ်ဂ့ာ်ကျုံးစၢးတအိၣ်

unamiable *a* လၢအတလီၤအဲၣ်လီၤကွံဘၣ်, လၢအသးတဂ့ၤဘၣ်, လၢအလီၤသးဟ့

unanimity *n* တၢ်သးတဖျၢၣ်ဃီ, တၢ်ပာ်သးတဖျၢၣ်ဃီ

unanimous *a* လၢအပာ်အသးတဖျၢၣ်ဃီ

unannounced *a* လၢတၢ်တဘိးဘၣ်သ့ၣ်ညါအီၤ, လၢတၢ်တဘိးဘၣ်ရၤလီၤအီၤ, လၢတၢ်တဒုးသ့ၣ်ညါအီၤ

unanswerable *a* ၁. လၢတၢ်စံးဆၢအီၤတသ့ ၂. လၢတၢ်ခီဆၢက့ၤအီၤတသ့

unanswered *a* လၢတၢ်တစံးဆၢအီၤဘၣ်, လၢတၢ်ဃုအစၢတဘၣ်ဘၣ်

unanticipated *a* လၢတၢ်တဆိကမိၣ်ဆိပာ်စၢၤ, လၢတၢ်တထံၣ်ဆိပာ်စၢၤ, လၢတၢ်တတယာ်ဆိပာ်စၢၤ

unapologetic *a* လၢအတဃ့ကညးတၢ်, လၢအတသကွံာ်ကညးတၢ်, လၢအတအၢၣ်လီၤအီလီၤအတၢ်ကမၣ်ဘၣ်

unappalled *a* လၢအတပျုၤတၢ်ဘၣ်, လၢအနူ

unappealing *a* လၢအတလီၤထုးန့ၢ်သူၣ်ထုးန့ၢ်သး

unappealing *a* လၢအတမၤမုာ်သူၣ်မုာ်သးပှၤ, လၢအတထုးန့ၢ်ပှၤသး

unappeasable *a* လၢတၢ်မၤမံသူၣ်မံသးအီၤတသ့, လၢတၢ်မၤခုၣ်လီၤအသးတန့ၢ်

unappreciated *a* လၢတၢ်တဘၣ်သူၣ်ဘၣ်သးအီၤ, လၢတၢ်တပာ်လုၢ်ပာ်ပှ့ၤအီၤ

unappreciative *a* လၢအတသ့ၣ်ညါတၢ်ဘျုးတၢ်ဖှိၣ်ဘၣ်, လၢအတသ့ပာ်လုၢ်ပာ်ပှ့ၤတၢ်

unapprehensive *a* လၢအတဘၣ်ယိၣ်တၢ်, လၢအတပျုၤတၢ်ဘၣ်

unapproachable *a* လၢတၢ်မၤဘူးအီၤတန့ၢ်, ကီလၢတၢ်ကမၤတံၤမၤသကိးဒီးအီၤ

unappropriated *a* လၢအတကြၢးတဘၣ်

unapt *a* ၁. လၢအတကြၢးဝဲဘၣ်ဝဲ ၂. လၢအနၢ်တပၢၢ်တၢ်ညီညီ ၃. လၢအကဲထီၣ်အသးတသ့

unarguably *adv* လၢတၢ်တဲအါအလီၢ်တအိၣ်ဘၣ်အပူၤ

unarmed *a* တအိၣ်ဒီးအစုကဝဲၤဘၣ်

unashamed *a* လၢအတၢ်မဲာ်ဆ့းတအိၣ်, လၢအမဲာ်ဆ့းတသ့

unasked *a* ၁. လၢတၢ်တသံကွၢ်အီၤလၢၤဘၣ် ၂. လၢတၢ်တကွဲမုာ်အီၤဘၣ် ၃. လၢတၢ်တဃ့အီၤဘၣ်, လၢတၢ်တမၤအီၤဘၣ်

unaspirated *a* (တၢ်ကတိၤ) လၢ **'h'** အသိၣ်တအိၣ်

unaspiring *a* ၁. လၢအသးတအိၣ်မၤ န့ၢ်တၢ်နီတမံၤ, လၢအတဆၢန့ၢ်တၢ်နီတမံၤ, လၢအတမိၣ်န့ၢ်သးလီတၢ်နီတမံၤ ၂. လၢအ တဆၢမၤနၢၤတၢ်လၢအတၢ်အိၣ်မူအပူၤ

unassailable *a* လၢတၢ်ထိဒါအီၤတသ့, လၢတၢ်မၤဟးဂီၤအီၤတသ့

unassailed *a* လၢတၢ်တထိဒါအီၤဘၣ်, လၢတၢ်တမၤဟးဂီၤအီၤဘၣ်

unassimilable *a* (တၢ်အီၣ်) လၢအဒုးကဲထိၣ်နီၢ်ခိဂံၢ်ဘါတသ့

unassociated *a* လၢတအိၣ်ဃုာ်ဒီးတၢ်အဂၤဘၣ်, လၢတပၣ်ဃုာ်ဒီးတၢ်အဂၤ, လၢအတပၣ်ဃုာ်လၢပှၤအကျါ

unassuming *a* လၢအတဟ်ထိၣ်ထီအသး, လၢအဆီၣ်လီၤအသး, လၢအဟ်သးသညူးသပှၢ်, လၢအသံၣ်စူးဆဲးလၢ

unassured *a* လၢအလီၤသးဒ့ဒီ, လၢအတလီၤတံၢ်လီၤဆဲး

unatoned *a* လၢတၢ်မၤပူၤဖျဲးကွံာ်အီၤလၢတၢ်ဒဲးဘးတသ့ဘၣ်

unattached *a* ၁. လၢပှၤအဲၣ်တီအီၤတအိၣ်ဒံးဘၣ်, လၢအတၢ်အဲၣ်တီတအိၣ်ဒံးဘၣ် ၂. လၢအတစဲဘူးဒီးတၢ်အဂၤဘၣ်, လၢအတဘျးစဲလိာ်အသးဘၣ်

unattainable *a* လၢတၢ်မၤန့ၢ်အီၤတသ့, လၢတၢ်မၤတုၤထိၣ်ထိၣ်ဘးအီၤတန့ၢ်

unattained *a* လၢတၢ်တမၤန့ၢ်အီၤ, လၢအတတုၤထိၣ်ထိၣ်ဘး

unattempted *a* လၢတၢ်တမၤကွၢ်အီၤဒံးဘၣ်

unattended *a* ၁. လၢအတံၢ်အသကိးတအိၣ် ၂. လၢအတလီၤအဲၣ်လီၤကွံ, လၢအတလီၤထုးန့ၢ်သူၣ်ထုးန့ၢ်သး

unattractive *a* ၁. လၢအလၢ်အါ, လၢအတလီၤအဲၣ်လီၤကွံ ၂. လၢအတထုးန့ၢ်သူၣ်ထုးန့ၢ်သး

unauthentic *a* လၢအတမ့ၢ်တတီဘၣ်, လၢအတမ့ၢ်တၢ်နီၢ်နီၢ်, လၢအဃီၤအဘျၣ်

unauthenticated *a* လၢအတဒုးနဲၣ်ဖျါထိၣ်တၢ်လၢအမ့ၢ်အတီ, လၢအတအုၣ်အသးလၢအမ့ၢ်အတီ

unauthorized, **unauthorised** *a* လၢအခွဲးတအိၣ်, လၢတၢ်တဟ့ၣ်စိဟ့ၣ်ကမီၤအီၤဘၣ်

unavailable *a* ၁. တအိၣ်ဘၣ်, လၢတၢ်မၤန့ၢ်အီၤတသ့ ၂. လၢတၢ်သူအီၤတသ့ ၃. တချူးတဒး

unavailing *a* ၁. လၢတၢ်သူအီၤတသ့, လၢတၢ်စူးကါအီၤတသ့ ၂. လၢအတကဲဘျုးကဲဖှိၣ်, လၢအဘျုးတအိၣ်

unavenged *a* လၢတမၤကၣ်ကူၤတၢ်ဘၣ်, လၢတမၤဆၢကူၤတၢ်အါဘၣ်

unavoidable *a* လၢတၢ်ပဒ့ၣ်ဟးဆှဲးအီၤတသ့ဘၣ်, လၢတၢ်လဲၤကဟ်ကွံာ်အီၤတသ့ဘၣ်

unawakened *a* ၁. လၢတၢ်တထိၣ်ဟူးထိၣ်ဂဲၤထိၣ်အီၤဘၣ်, လၢတၢ်တမၤဖုးသံနိၣ်ထိၣ်အီၤဘၣ်

unaware *a* လၢအတသ့ၣ်ညါတၢ်ဘၣ်, လၢအတသ့ၣ်ညါန့ၢ်ပၢၢ်တၢ်ဘၣ်, လၢအတဟ်သူၣ်ဟ်သးဝဲဘၣ်

unbacked *a* ၁. လၢတၢ်တဆီၣ်ထွဲမၤစၢၤအီၤဘၣ်, လၢတၢ်တတီစၢၤမၤစၢၤအီၤဘၣ် ၂. (ကသ့ၣ်ဃ့ၢ်ပြၢတၢ်) လၢတၢ်တဒိးအီၤနီတဘျီဒံးဘၣ်

unbalanced *a* ၁. လၢအသးတဘၣ်လိာ်ဘၣ်စးဘၣ်, လၢအသးတထံဘၣ် ၂. လၢအတထဲသိးတုၤသိး ၃. လၢအထံၣ်တၢ်တခီတၢၤ, လၢအအိၣ်ပိုၤတၢ်တခီတၢၤ ၄. ကဒံကဒါ, တဂၢၢ်တကျၢၤဘၣ်

unbaptized, unbaptised *a* လၢအတဒိးဘျၢအသးဒံးဘၣ်, လၢတဒိးဘျၢထံဒံးဘၣ်

unbathed *a* လၢအတလုၢ်ထံဘၣ်

unbeatable *a* ၁. လၢတၢ်မၤအီၤတနၢၤဘၣ်, လၢတၢ်မၤဃဉ်ကွံာ်အီၤတန့ၢ် ၂. လၢတၢ်ထိၣ်သတြီၤအီၤတသ့

unbeaten *a* လၢအတဃၣ်ဒံးနီတဘျီ, လၢအနၢၤထီဘိ

unbecoming *a* ၁. (ဆ့ကၤ) လၢအတဖိးမံလိာ်သး ၂. တဂ့ၤ, လၢအတကြၢးဒီး

unbefitting *a* ၁. (ဆ့ကၤ) လၢအတဖိးမံလိာ်သး ၂. တဂ့ၤ, လၢအတကြၢးဒီး
unbelief *n* တၢ်တစူၢ်တနာ် (ယွၤ)
unbelievable *a* ၁. လၢအတလီၤနာ်ဘဉ် ၂. လၢအလီၤဆီ, လၢအလီၤကမၢကမဉ်
unbeliever *n* ပှၤလၢအတၢ်ဘူဉ်တၢ်ဘါတအိဉ်, ပှၤလၢတနာ်ယွၤ
unbelieving *a* လၢအတစူၢ်တနာ်တၢ်
unbend *v* ၁. စၢ်လီၤ, မၤစၢ်လီၤ, မၤကပုာ်လီၤ, မၤလီၤကဆုဉ် ၂. ဘျၢထိဉ်, မၤဘျၢထိဉ် ၃. ထိဉ်ကဆုဉ်လီၤ (အသး) ၄. အိဉ်ဘုံးအိဉ်သါ, မၤမုာ်မၤခုဉ်လီၤက့ၤအသး
unbending *a* ၁.လၢအတတ့ၢ်စၢ်လီၤအဂံၢ်အဘါဘဉ်, လၢအသးကိၤ, လၢအသးကျၢၤမုဆူ ၂. လၢတၢ်ဘိး (က့ဉ်) အီၤတန့ၢ်, လၢအတစၢ်ယဲာ်စၢ်ယီၤဘဉ်
unbenign *a* ၁. လၢအတသ့ဉ်ညါတၢ်လၢပှၤဂၤအဂီၢ်ဘဉ်, လၢအတၢ်ဒိသူဉ်ဒိသးတအိဉ်, လၢအတသးကညီၤတၢ်, လၢအတၢ်သးကညီၤတအိဉ်, လၢအသူဉ်တဂ့ၤသးတဝါ ၂. (ဘဉ်ယးဒီးတၢ်ဆူးတၢ်ဆါ) လၢအမၤဆူးမၤဆါတၢ်, လၢအမၤသံမၤပှၢ်တၢ်
unberable *a* လၢတူၢ်တၢ်တန့ၢ်, လၢတူၢ်တန့ၢ်ခီဉ်တကဲ
unbiased, unbiassed *a* လၢအတကွၢ်ဒိဉ်ဆံးအါစုၤတၢ်ဘဉ်, လၢတအိဉ်ပိၤတၢ်တခီတၢၤဘဉ်
unbidden *a* လၢတၢ်တကွဲမုာ်အီၤဘဉ်
unblemished *a* လၢတအိဉ်ဒီးအမဲဉ်သူမဲဉ်ဂီၤ, လၢအကဆို, လၢတၢ်ဟ်တၢ်ကမဉ်လၢအလီၤတသ့ဘဉ်
unblessed *a* လၢအတဘဉ်တၢ်ဆိဉ်ဂ့ၤဘဉ်
unblock *v* တအိဉ်ဒီးတၢ်တြီမၤတံာ်တာ်, ပျ့ၢ်လီၤ, ပျဲလီၤ
unboiled *a* လၢတၢ်တချိဘဉ်အီၤဒံးဘဉ်
unbolt *v* အိးထိဉ်
unborn *a* လၢအတအိဉ်ဖျဲဉ်ဒံးဘဉ်
unbosom *v* ၁. တဲဖျါထိဉ်, တဲလီၤကျဲၤလီၤ ၂. ဟ်ဖျါထိဉ် (တၢ်ဆိကမိဉ်)
unbothered *a* လၢအတကနဉ်ယှာ်တၢ်, လၢအတမၤတံာ်တာ်တၢ်
unbound *a* လၢတအိဉ်ဒီးအနူဉ်အဆၢ
unbounded *a* လၢအကတၢၢ်တအိဉ်ဘဉ်, လၢတအိဉ်ဒီးတၢ်တြီ
unbreakable *a* လၢတၢ်မၤဟးဂီၤအီၤတန့ၢ်
unbridled *a* လၢအတကီၤသူဉ်ကီၤသး, လၢအတပၢၤအသး
unbroken *a* ၁. လၢအလဲၤအသးဘျ့ဘျ့ဆိုဆို, ကွ့ၢ်ကွ့ၢ်, လၢအဆၢတလီၤတူာ် ၂. လၢအတဟးဂီၤ, လၢအတကၢ်ဘဉ်
unbruised *a* လၢအတဘဉ်ဒိဘဉ်, လၢအတထိဉ်လုးထိဉ်လါဘဉ်
unbrushed *a* လၢတၢ်တခွဲသိဉ်ခွဲပျိအီၤဘဉ်, လၢအတဘဉ်တၢ်ခွံစီအီၤဒံးဘဉ်
unbuckle *v* ဘ့ဉ်လီၤ, ယ့ဉ်လီၤ
unbuilt *a* လၢတၢ်တဘိုဘဉ်အီၤဒံးဘဉ်
unbundle *v* ယ့ဉ်လီၤ, ဘုါလီၤ, ဘ့ဉ်လီၤ, ဘှိဉ်လီၤ
unburden *v* ဟ်လီၤကွံာ်တၢ်ဝံတၢ်ယိး
unburned, unburnt *a* လၢမ့ဉ်အူတအိဉ်ဘဉ်, လၢတအူအီဉ်ဘဉ်
unbusinesslike *a* လၢအတမၤတၢ်တုၤလီၤတီၤလီၤ, လၢအမၤတၢ်တအိဉ်ဒီးအကျိၤအကျဲလီၤတံၢ်လီၤဆဲး
unbutton *v* ဘ့ဉ်လီၤဆ့နၢ်သဉ်, ဘှိဉ်လီၤဆ့ကၤသဉ်
uncalculated *a* လၢပှၤတဆိကမိဉ်ဟ်စၢၤလၢအဂ့ၢ်, လၢပှၤတကွၢ်လၢ်အကျဲ, လၢတၢ်တဂံၢ်ဒွးယှာ်အီၤဘဉ်
uncalled *a* လၢတၢ်တကိးအီၤဘဉ်, လၢတၢ်တကွဲမုာ်အီၤဘဉ်
uncancelled *a* လၢတၢ်တမၤဟးဂီၤအီၤဒံးဘဉ်
uncanny *a* လီၤတိၢ်လီၤဆီ, လီၤဆီ
uncanonical *a* လၢအတဘဉ်လိာ်ဖိးဒ့ဒီး (ခရံာ်ဖိတၢ်အိဉ်ဖှိဉ်) အတၢ်သိဉ်တၢ်သီ
uncaring *a* ၁. လၢတအိဉ်ဒီးတၢ်ဒိသူဉ်ဒိသး ၂. လၢအတကနဉ်ယှာ်တၢ်, လၢတအိဉ်ဒီးသးလၢအဲဉ်ဒီးကဟုကယာ်တၢ်
unceasing *a* လၢအဆၢတတဲာ်, လၢအတအိဉ်ပတုာ်ဘဉ်, တဘိယူၢ်ယီၤ, ထိဘိ
uncelebrated *a* လၢအမံၤတဟူသဉ်တဖျါ, လၢအမံၤတဒိဉ်ဘဉ်, လၢတၢ်တသ့ဉ်ညါအီၤဘဉ်

U

unceremonious *a* လၢအတမ့ၢ်ဒ်အလုၢ်အလၢ်အသိးဘၣ်

uncertain *a* ၁. လၢအတလီၤတံၢ်ဘၣ် ၂. လၢအသးဒ့ဒီ

uncertainty *n* ၁. တၢ်တလီၤတံၢ်လီၤဆဲး ၂. တၢ်သးဒ့ဒီ

uncertified *a* လၢတၢ်တအုၣ်ကီၤအီၤဘၣ်, လၢတၢ်တအုၣ်သးလၢအဂ့ၢ်, လၢတအိၣ်ဒီးတၢ်အုၣ်သး

unchain *v* ယ့ၣ်လီၤပျံၤထး, ဘိၣ်လီၤပျံၤထး

unchangeable *a* လၢအလဲလိာ်သးတသ့, လၢတၢ်ဆီတလဲအီၤတသ့

unchanged *a* လၢအတဆီတလဲ, လၢအတလဲလိာ်, ဒ်အလီၢ်လီၢ်

unchanging *a* လၢအတဆီတလဲ, လၢအတလဲလိာ်, ဒ်အလီၢ်လီၢ်

uncharitable *a* ၁. လၢအစုတညီ, လၢအဟ့ၣ်တၢ်တညီ ၂. လၢအတၢ်သးကညီၤတအိၣ်, လၢအတၢ်ဒိသူၣ်ဒိသးတအိၣ်, လၢတအိၣ်ဒီးတၢ်အဲၣ်တၢ်ကွံ ၃. လၢအယုပှၤတၢ်ကမၣ်ဆူၣ်

uncharted *a* လၢတၢ်တမၤနိၣ်မၤဃါအီၤလၢဟီၣ်ခိၣ်အပူၤဒံးဘၣ်, လၢတဖျါလၢဟီၣ်ခိၣ်ဂီၤအပူၤဒံးဘၣ်, လၢတၢ်တသ့ၣ်ညါအီၤဒံးဘၣ်

unchaste *a* လၢအိၣ်ဒီးတၢ်သးကလုာ်ကလီၤ, လၢအ (သး) တကဆှီဘၣ်

unchastened *a* လၢတၢ်တသိၣ်ယီၣ်သီယီၣ်အီၤ (ဒံး) ဘၣ်

unchecked *a* လၢတၢ်တမၤကွၢ်ဘၣ်အီၤဒံးဘၣ်, လၢတၢ်တသမံသမိးဘၣ်အီၤဒံးဘၣ်

uncherished *a* ၁. လၢတၢ်တသ့ၣ်နိၣ်အီၤဘၣ် ၂. လၢတၢ်တအံးထွဲကွၢ်ထွဲအီၤဘၣ်, လၢတၢ်တကဟုကယာ်အီၤဘၣ်

unchristian *a* လၢတဘၣ်ထွဲဒီးပှၤခရံာ်ဖိဘၣ်

unchristened *a* (ခဲသလ့းတၢ်ဘူၣ်တၢ်ဘါ) လၢတၢ်တယုၢ်န့ၢ်ဘၣ်အမံၤဒံးဘၣ်, လၢအတဖံဘၣ်ထံဒံးဘၣ်

unchurch *v* ဟီဟးထိၣ်ကွံာ်, ထုးထိၣ်ကွံာ် (လၢတၢ်အိၣ်ဖှိၣ်အပူၤ, လၢတၢ်ဘူၣ်တၢ်ဘါအပူၤ)

unchurched *a* လၢဘၣ်တၢ်ဟီဟးထိၣ်ကွံာ်အီၤ, လၢတၢ်ထုးထိၣ်ကွံာ်အီၤ (လၢတၢ်အိၣ်ဖှိၣ်အပူၤ, တၢ်အိၣ်ဖှိၣ်အပူၤ)

uncircumcised *a* ၁. လၢအတဘၣ်တၢ်ကူးတရံးအီၤဘၣ်, လၢတဒိးတၢ်ကူးတရံးဘၣ် ၂. လၢတၢ်တပဲာ်ပျီဘၣ်အီၤ (ဒံး) ဘၣ်

uncivil *a* လၢအရၢ်အစၢ်, လၢအတဆဲးတလၤ, လၢအတယူးယီၣ်ဟ်ကဲတၢ်

uncivilized, uncivilised *a* ၁. လၢအရၢ်အစၢ်, လၢအတဆဲးတလၤ, လၢအတယူးယီၣ်ဟ်ကဲတၢ် ၂. လၢအမ့ၢ်ပှၤမံၤစကုၤဖိ ၃. လၢအတလဲၤထီၣ်လဲၤထီ, လၢအတဒိၣ်ထီၣ်ထီထီၣ်

unclad *a* လၢအိၣ်ဘ့ၣ်ဆ့ၣ်, လၢအိၣ်လဲတကဲ, လၢအတကူတကၤတၢ်နီတမံၤဘၣ်

unclaimed *a* လၢတၢ်တယ့ကွၤအီၤဘၣ်, လၢအကစၢ်တအိၣ်ဘၣ်

unclarified *a* လၢတၢ်တမၤဆုံမၤဖျါဂ့ၤထိၣ်အီၤဘၣ်, လၢတၢ်တတဲနၢ်ပၢၢ်အီၤဘၣ်

unclasp *a* ၁. ပျ့ၢ်လီၤ, မၤလီၤကဆှၣ်အသး ၂. ဘ့ၣ်လီၤ, ယ့ၣ်လီၤ

unclasped *a* လၢတၢ်ပျ့ၢ်လီၤကွံာ်အီၤ, လၢတၢ်တစိၤတံၢ်ယာ်အီၤဘၣ်

unclassified *a* ၁. လၢတၢ်တပဲာ်ဖးနီၤဖးလီၤအီၤဘၣ်, လၢတၢ်တနီၤဖးလီၤအီၤလၢအကလုာ်ဘၣ် ၂. လၢတမ့ၢ်တၢ်ခူသူၣ်လၢၤဘၣ်

uncle *n* ဖါတံၢ်

unclean *a* ဘၣ်အၢ, တကဆှီဘၣ်

unclear *a* လၢအတဖျါဆုံဘၣ်, လၢတၢ်နၢ်ပၢၢ်ဘၣ်အီၤကီ

unclench *v* သလၣ်ထိၣ်, ပျ့ၢ်လီၤ (အစု) , တစိၤယာ် (အစုခိၣ်သၣ်) လၢၤဘၣ်

unclinch *v* သလၣ်ထိၣ်, အိးထိၣ်

unclothe *v* ဘ့ၣ်လီၤကွံာ်, ဘိၣ်လီၤ

unclothed *a* အိၣ်ဘ့ၣ်ဆ့, လၢအတကူတသိးတၢ်ဘၣ်

unclouded *a* ၁. လၢတၢ်တအၢၣ်အုးဘၣ်, လၢအကဆှဲကဆှီ ၂. လၢအသးတအုးဘၣ်, လၢအသူၣ်ဖုံသးညီ

uncoagulated *a* လၢအတကိၢ်လိၣ်ထိၣ်ဘၣ်, လၢအတလီၤသကၤဘၣ်

uncock *v* ဆဲလီၤ, ဝံၢ်လီၤကွ့ၤ (ကျိ)

uncoil *v* ထိၣ်လီၤကဆှၣ်, မၤလီၤကဆှၣ်

uncoloured, uncolored *a* လၢအလွဲၢ်တအိၣ်ဘၣ်

U

uncombed *a* လၢအခိဉ်ဖုတရု, လၢတခွံအခိဉ်သူဘဉ်

uncombined *a* လၢတၢ်တဟ်ဖှိဉ်ဃုာ်အီၤတပူၤဃီဘဉ်

uncomfortable *a* လၢအတမှာ်တလၤ, လၢအတညီတဘှါ

uncommended *a* လၢတၢ်တစံးထီဉ်ပတြၢၤအီၤဘဉ်

uncommon *a* လၢအကၤ, ကၤ

uncommonly *adv* တမ့ၢ်ဒ်အညီနှၢ်အသိး, တလၢကွံာ်အခၢးဒိဉ်မး, လီၤဆီ

uncommunicable *a* လၢအတဲဒုးသ့ဉ်ညါပှၤဂၤတသ့, လၢတၢ်ဆဲးကျိးဆဲးကျၢဒီးအီၤတသ့ဘဉ်.

uncommunicative *a* လၢအတအဲဉ်ဒိးတဲတၢ်ဘဉ်, လၢအဲဉ်ဒိးအိဉ်ဒဉ်အတၢ်ဃိကဒိ

uncompanionable *a* လၢပှၤရှအီၤတမှာ်ဘဉ်, လၢအရှပှၤတမှာ်ဘဉ်, လၢတအဲဉ်ဒိးမၤတံၤမၤသကိးဒီးပှၤဂၤ

uncompassionate *a* လၢအတသးကညီၤတၢ်ဘဉ်, လၢအတသးအိဉ်မၤစၢၤတၢ်

uncompensated *a* ၁. လၢအတဒိးန့ၢ်ဘဉ်က့ၤတၢ်အဘူးအလဲ, လၢတၢ်တဟ့ဉ်အိဉ်လိးက့ၤအီၤ ၂. လၢတၢ်တမၤဘျုးဆၢက့ၤအီၤဘဉ်

uncomplaining *a* လၢအတကအုကစ့ါ, လၢအတကနူးကဒ့ဉ်တၢ်ဘဉ်

uncompleted *a* လၢအတဝံၤတတဲာ်ဒံးဘဉ်, လၢအတလၢတပှဲၤဒံးဘဉ်

uncompliant *a* လၢအတလူၤဘဉ်ပှၤအသး, လၢအတဒိကနဉ်တၢ်ဘဉ်, လၢအတစူၢ်ပှၤအကလုၢ်ဘဉ်

uncomplicated *a* လၢအတဘံဘူဆးဃၤ, လၢအတအိဉ်သဘံဉ်ဘုဉ်လိာ်အသးဘဉ်, လၢအညီအဘှါ

uncomplimentary *a* လၢအတစံးဂ့ၤစံးဝါပှၤ, လၢအတဲအၢတဲသီပှၤ, လၢအတဲဟးဂီၤပှၤ

uncomposed *a* (ထါ) လၢတၢ်တဒုးအိဉ်ထီဉ်အီၤလၢထါဘဉ်

uncompounded *a* လၢတအိဉ်ကျဲဉ်ကျီအသးဒီးတၢ်အဂၤ

uncomprehending *a* လၢတၢ်နၢ်ပၢၢ်ဘဉ်အီၤကီ

uncompromising *a* လၢအတဆီဉ်လီၤအသးဘဉ်, လၢတၢ်မၤဃူမၤဖိးအီၤတန့ၢ်ဘဉ်, လၢတၢ်ဃ့ဉ်လီၤဘှါဘဉ်အီၤတန့ၢ်ဘဉ်

unconceivable *a* လၢပတထံဉ်တှာ်ကွၢ်တဖျါ, လၢအဒိဉ်ဝဲယိာ်ဝဲ

unconcern *n* တၢ်တဘဉ်ဃးဒီးအီၤ, တၢ်ဘဉ်ယိဉ်ဘဉ်ဘီတအိဉ်, တၢ်သူဉ်ကိၢ်သးဂီၤတအိဉ်, တၢ်တဘၢရၢ်ဃုာ်တၢ်

unconcerned *a* ၁. လၢအတဘဉ်ဃးဒီးအီၤ, လၢအတဘၢရၢ်ဃုာ်တၢ်, လၢအအိဉ်ဒ်သိးဒီးတၢ်တဘဉ်ဃးဒီးအီၤ ၂. လၢအတဘဉ်ယိဉ်ဘဉ်ဘီတၢ်ဘဉ်, လၢတအိဉ်ဒီးတၢ်သူဉ်ကိၢ်သးဂီၤ

unconciliating *a* လၢအတမၤမှာ်မၤခုဉ်ပှၤအသး, လၢအတမၤဘဉ်လိာ်ဖိးလိာ်တၢ်ဘဉ်

unconciliatory *a* လၢအတမၤမှာ်မၤခုဉ်ပှၤအသး, လၢအတမၤဘဉ်လိာ်ဖိးလိာ်တၢ်ဘဉ်, လၢအတမၤဃူမၤဖိးတၢ်, လၢအတမၤစၢၤတၢ်အိဉ်ဃူလိာ်ဖိးလိာ်က့ၤအသးဘဉ်

uncondemned *a* လၢအပူၤဖျဲးဒီးတၢ်ကမဉ်, လၢတၢ်တစံဉ်ညီဉ်ဃဉ်အီၤဘဉ်, လၢတဒီးဘဉ်တၢ်စံဉ်ညီဉ်ဘဉ်

unconditional *a* လၢတၢ်နိးတၢ်ဘျးတအိဉ်ဘဉ်, လၢအဆၢတအိဉ်လီၤတဲာ်တူာ်ဘဉ်, လၢတၢ်ဟ်ပနီဉ်တအိဉ်ဘဉ်

unconditionally *adv* လၢတၢ်နိးတၢ်ဘျးတအိဉ်ဘဉ်အပူၤ, လၢတၢ်ဟ်ပနီဉ်တအိဉ်ဘဉ်အပူၤ

unconfirmed *a* လၢတၢ်တဟ်ဂၢါဟ်ကျၢၤအီၤဒံးဘဉ်

unconformable *a* လၢအတလီၤပလိာ်ဒီး, လၢအတဒ်သိးလိာ်အသး, လၢအတလူၤဘဉ်ပှၤအသးဘဉ်, လၢအတစူၢ်ပှၤအကလုၢ်ဘဉ်

unconfused *a* လၢအတသဘံဉ်ဘုဉ်ဘဉ်, လၢတဘံဘူဆးဃၤလိာ်အသးဘဉ်

unconfutable *a* လၢတၢ်တဲနၢၤအီၤတန့ၢ်, လၢတၢ်ဂ့ၢ်လိာ်အီၤတနၢၤ

uncongealed *a* လၢအတလီၤသကၤ (ဒံး) ဘဉ်

uncongenial *a* ၁. လၢတၢ်သးစဲတလီၤက်လိာ်အသး ၂. လၢအတဘဉ်လိာ်ဖိးဒ့လိာ်အသး, လၢအတဘဉ်လိာ်အသး, လၢအတမှာ်

U

unconjugal *a* လၢအတဘၣ်ဃးဒီးတၢ်တ့တၢ်ဖျီ, လၢအတမ့ၢ်ဒ်တၢ်တ့တၢ်ဖျီလုၢ်လၢ်အသိးဘၣ်
unconnected *a* လၢအတဘျးစဲလိၵ်အသးဘၣ်, လၢအတဘၣ်ထွဲဘၣ်ဃးလိၵ်အသးဘၣ်
unconquerable *a* လၢတၢ်မၤနၢၤအီၤတသ့ဘၣ်
unconquered *a* လၢတၢ်တမၤနၢၤအီၤဘၣ်
unconscionable *a* ၁. လၢအတလၢကွၢ်တၢ်လၢပတူၢ်လိၵ်အီၤသ့ ၂. လၢအသးခိၣ်ရှၣ်တဆှၢအီၤဘၣ်, လၢအသးတၢ်သ့ၣ်ညါတအိၣ်ဘၣ်
unconscious *a* သးသပ့ၤ, လၢအတနီၣ်သ့ၣ်နီၣ်သး, လၢအတသ့ၣ်ညါလီၤအသးဘၣ်
unconscious *n* တၢ်သးသပ့ၤ, တၢ်တနီၣ်သ့ၣ်နီၣ်သး, တၢ်တသ့ၣ်ညါလီၤအသး
unconsciousness *n* တၢ်သးသပ့ၤ, တၢ်တနီၣ်သ့ၣ်နီၣ်သး, တၢ်တသ့ၣ်ညါလီၤအသး
unconsecrated *a* လၢတၢ်တဟ်စီဆုံအီၤ
unconsidered *a* ၁. လၢအတအိၣ်ဒီးတၢ်ဆိကမိၣ်ဆိကမး ၂. လၢတၢ်တဆိကမိၣ်လၢအဂ့ၢ်
unconsolidated *a* ၁. လၢတၢ်တပၣ်ဃှာ်အီၤတပူၤဃီဘၣ်, လၢတၢ်တကၢၤဖိုၣ်ဃှာ်အီၤဘၣ်, လၢအတစဲဘူးလိၵ်အသးဘၣ်
၂. လၢတၢ်တမၤကိၢ်လိၣ်ထီၣ်အီၤဘၣ်, လၢတၢ်တမၤလီၤသကၤအီၤဘၣ်
unconstitutional *a* လၢအတလီၤပလိၵ်ဒီးသဲစးတၢ်ဘျၢခိၣ်သ့ၣ်
unconstrained *a* လၢအတဃံးဘၣ်, လၢအညီအဘှါ
unconsumed *a* လၢတၢ်တအီၣ်အီၤဘၣ်, လၢတၢ်တစူးကါအီၤဘၣ်, လၢတၢ်တမၤလၢာ်ဂီၤအီၤဘၣ်
uncontaminated *a* လၢအတဘၣ်အၢဘၣ်သီဘၣ်, လၢအတသံၣ်သူမိၤကျၢ်, လၢအကဆဲ့ကဆို
uncontested *a* လၢတၢ်တထီဒါအီၤဘၣ်, လၢတၢ်တပြၢဒီးအီၤဘၣ်
uncontrite *a* လၢအတသးအုးပိၢ်ယၢ်လီၤက့ၤအသးဘၣ်, လၢအတသ့ၣ်ညါပိၢ်ယၢ်လီၤက့ၤအသး
uncontrollable *a* လၢတၢ်ကၢၤဃာ်အီၤတန့ၢ်ဘၣ်, လၢတၢ်ပၢၤဃာ်အီၤတန့ၢ်ဘၣ်
uncontroverted *a* လၢတၢ်တကတိၤထီဒါအီၤဘၣ်, လၢတၢ်တဂ့ၢ်လိၵ်ဘိုလိၵ်ဒီးအီၤဘၣ်.
unconventional *a* လၢအတမၤထွဲဒ်အလုၢ်အလၢ်အိၣ်အသိး
unconverted *a* လၢတဘၣ်တၢ်ဃၣ်လီၤက့ၤအီၤ (ဒ်း) ဘၣ်, လၢအတလဲလိၵ်အသး, လၢအတဆီတလဲအသး (ဒ်း) ဘၣ်
unconvinced *a* လၢအတလီၤတံၢ်, လၢအတလီၤနၢ်
unconvincing *a* လၢအတလီၤနၢ်ဘၣ်ပှၤဘၣ်, လၢအတလီၤနၢ်ဘၣ်
uncooked *a* လၢအတမံဒံးဘၣ်, လၢတၢ်တဖီမံအီၤဒံးဘၣ်
uncooperative *a* လၢအတအဲၣ်ဒီးမၤဃှာ်မၤသကိးတၢ်ဘၣ်, လၢအမၤသကိးတၢ်တသ့ဘၣ်
uncord *v* ဃ့ၣ်လီၤကွံာ်
uncork *v* အိးထီၣ်တၢ်အခိၣ်ဖျိၣ်, အိးထီၣ်တၢ်အခိၣ်ကး
uncorrected *a* လၢတၢ်တဘိုဘၣ်က့ၤအီၤဘၣ်, လၢတၢ်တမၤဘၣ်က့ၤအီၤဘၣ်
uncorrupted *a* လၢအတအီၣ်ခိၣ်ဖးလၢ်ဆိုးဘၣ်
uncountable *a* လၢတၢ်ဂံၢ်အီၤတသ့
uncountable noun *n* နိၣ်လၢပဂံၢ်အီၤတသ့ (အဒိ, ထံ)
uncouple *v* ထုးဖးတၢ်, မၤလီၤဖး, လီၤဖး
uncourteous *a* လၢအတဟ်ကဲတၢ်
uncourtliness *n* တၢ်တသ့ၣ်ညါဟ်ကဲတၢ်, တၢ်တဟ်လုၢ်ဟ်ကါတၢ်
uncouth *a* လၢအရၢ်အစၢ်, လၢအအၢအသီ
uncovenanted *a* လၢတအိၣ်ဒီးတၢ်သးလီၤပလိၵ်, လၢတအိၣ်ဒီးတၢ်အၢၣ်လီၤအီလီၤ
uncover *v* ၁. အိးထီၣ် ၂. မၤဖျါထီၣ်က့ၤတၢ်, ယုထံၣ်န့ၢ်က့ၤတၢ်
uncreated *a* ၁. လၢတဘၣ်တၢ်ဒုးအိၣ်ထီၣ်အီၤ, လၢအတကဲထီၣ်လိၣ်ထီၣ် ၂. လၢတၢ်တတ့အီၤ (ဒ်း) ဘၣ်
uncrook *v* စူၣ်ဘျၢထီၣ်, မၤဘျၢထီၣ်
uncropped *a* လၢတၢ်တကူးဘၣ်အီၤ (ဒ်း) ဘၣ်, လၢတၢ် (တတံာ်တဲာ်, ကူးတဲာ်, ဒီၣ်တဲာ်) ဘၣ်အီၤ (ဒ်း) ဘၣ်

U

uncrossed *a* ၁. လၢတၢ်တလဲၤခီက်အီၤဘၣ် ၂. လၢတၢ်တတိၤတဲာ်အီၤ
uncrowded *a* လၢတအိၣ်ကတံာ်ကတူၤဘၣ်, လၢအဟိ
uncrown *v* ၁. ဟ်လီၤကွံာ်လၢစီၤလိၤစီၤပၤအလိၢ် ၂. တကုာ်ဘၣ်စီၤလိၤစီၤပၤအခိၣ်သလုး (ဒ်း) ဘၣ်
uncrowned *a* လၢအတကုာ်ဘၣ်စီၤလိၤစီၤပၤအခိၣ်သလုး (ဒ်း) ဘၣ်
unction *n* တၢ်ဖှူပှၤဘူးကသံအလိၤဒီးသိအမူး (ခဲသလ့းတၢ်ဘူၣ်တၢ်ဘါအလုၢ်အလၢ်)
unctuous *a* ၁. လၢအဟ်မၤအသး, လၢအဖျါဂ့ၤထဲလၢအဖံးဘ့ၣ်ခိၣ်ဒိၤ ၂. လၢအသိယွၤ
unculled *a* (ဆၣ်ဖိကိၢ်ဖိ) လၢအတဘၣ်တၢ်ယုထၢထုးထိၣ်အီၤ, လၢအဒုးဆံထိၣ်အါထိၣ်
uncultivated *a* ၁. လၢတၢ်တသူၣ်လီၤဖျးလီၤတၢ်လၢအပူၤဒ်းဘၣ်, လၢတၢ်တထဲၣ်ဘၣ်အီၤဒ်းဘၣ် ၂. လၢအတၢ်လဲၤခီဖျိတအိၣ် (ဒ်း) ဘၣ်
uncurb *v* တပၢၤဃာ်တၢ်, ထိၣ်ဃှ့ၣ်လီၤ
uncurbed *a* လၢတအိၣ်ဒီးတၢ်ပၢၤဃာ်, လၢအအိၣ်ဒီးတၢ်သဘျ့
uncurl *v* ထုးသလၣ်ထိၣ်, ထုးဘျၢထိၣ်, မၤဘျၢထိၣ်
uncut *a* လၢတၢ် (တကူးတဲာ်, ကျီတဲာ်) ဘၣ်အီၤ (ဒ်း) ဘၣ်
undamaged *a* လၢတၢ်တမၤဟးဂီၤအီၤ, လၢအတဟးဂူာ်ဟးဂီၤ
undated *a* လၢတၢ်တကွဲးလီၤဟ်အမုၢ်နံၤမုၢ်သီဘၣ်, လၢအမုၢ်နံၤမုၢ်သီတအိၣ်
undaunted *a* လၢအတပျံၤတၢ်ဘၣ်, လၢအနှ, လၢအတသုၣ်ဘၣ်
undazzled *a* လၢအမဲာ်တဆှၣ်ဘၣ်
undebatable *a* လၢတၢ်ကတိၤထီဒါအီၤအလိၢ်တအိၣ်ဘၣ်, လၢတၢ်ဂ့ၢ်လိာ်ဘိုလိာ်အီၤတသ့ဘၣ်
undecagon *n* တၢ်လၢအအိၣ်တဆံတာနာ့ၣ်
undecayed *a* လၢအတအုၣ်တကျၣ်, လၢအတဟးဂူာ်ဟးဂီၤကွံာ်ဘၣ်
undeceive *v* ပှၤဖျဲးဒီးတၢ်လီတၢ်ဝ့ၤ
undecided *a* ၁. တလီၤတံၢ်ဘၣ် ၂. လၢအတဆၢတဲာ်ဝဲဘၣ်
undecipherable *a* လၢတၢ်ဖးအီၤတသ့, လၢတဖျါဆုံဘၣ်, လၢအခီပညီတဆုံဘၣ်
undeck *v* ဘ့ၣ်လီၤကွံာ်တၢ်ကယၢကယဲ
undecked *a* ၁. လၢအတအိၣ်ဒီးတၢ်ကယၢကယဲဘၣ်, လၢတၢ်တကယၢကယဲဘၣ်အီၤဒ်းဘၣ် ၂. (ချံ, ကဘီ) လၢတၢ်တဒၢလီၤဘၣ်အဒၢဒ်းဘၣ်, လၢအဒၢတအိၣ်ဒ်းဘၣ်
undeclared *a* လၢတၢ်တထုးထိၣ်ရၤလီၤဘၣ်အီၤဖိးသဲစး (ဒ်း) ဘၣ်
undefaced *a* လၢတၢ်တမၤဟးဂီၤကွံာ်အက့ၢ်အဂီၤဘၣ်, လၢတၢ်တတြူာ်ဘၣ်အၢအီၤဘၣ်, လၢတၢ်တမၤဟးဂီၤအမဲာ်သၣ်ဘၣ်
undefeated *a* လၢတၢ်မၤအီၤတနၢၤ, လၢအတဃၣ်ကွံာ်ဘၣ်
undefined *a* လၢတၢ်တမၤဖျါထိၣ်အီၤဘၣ်, လၢတၢ်တမၤဖျါထိၣ် (အခီပညီ) ဘၣ်
undeformed *a* လၢအက့ၢ်အဂီၤတဟးဂီၤဘၣ်
undemocratic *a* ၁. လၢအထီဒါဒံၣ်မိၣ်ခြွၣ်စံၣ်သန္, လၢအတဆီၣ်ထွဲဒံၣ်မိၣ်ခြွၣ်စံၣ်သန္ ၂. လၢအတကဲခၢၣ်စးလၢထံဖိကိၢ်ဖိအဂီၢ်ဘၣ်
undemolished *a* လၢအတလီၤပိၢ်ကွံာ်ဘၣ်, လၢတၢ်တမၤလီၤပိၢ်ကွံာ်အီၤဘၣ်, လၢတၢ်တမၤဟးဂီၤကွံာ်အီၤဘၣ်
undemonstrable *a* လၢတၢ်ဒုးနဲၣ်ဖျါထိၣ်လၢအဂ့ၢ်တသ့, လၢအုၣ်သးလၢအဂ့ၢ်တသ့
undemonstrative *a* လၢအတဒုးနဲၣ်ဖျါထိၣ်အတၢ်သူၣ်ဆူၣ်သးဂဲၤဘၣ်
undeniable *a* လၢတၢ်သမၢအီၤတသ့, လၢတၢ်သမၢအီၤတန့ၢ်, လၢအမ့ၢ်ဝဲတီဝဲ, လၢတၢ်သံကွၢ်အလိၢ်တအိၣ်
undenominational *a* လၢအတဘၣ်ဃးဒီးတၢ်ဘူၣ်တၢ်ဘါအကရူၢ်ကရၢဘၣ်
undependable *a* လၢတၢ်ဒီးသန့ၤသးလၢအီၤတသ့
undepraved *a* လၢအအိၣ်ဒီးသကဲာ်ပဝးလၢအဂ့ၤ, တအၢတသီဘၣ်
undeprived *a* လၢအအိၣ်ကူးအီပွဲၤ, အိၣ်ကူအိၣ်လၢ, လၢအတတူၢ်ဘၣ်တၢ်ဖှိၣ်တၢ်ယာ်, လၢအတဖှိၣ်တယာ်
under *a* လၢလာ်, လၢအဖီလာ်
under *adv* ဆူအဖီလာ်, လၢအဖီလာ်

U

under *prep* လၢအဖီလာ်

under- *prefix* ၁. လၢလာ်, လၢအဖီလာ်, လၢအ (လီၢ်အလၢ), ဖုဉ် ၂. လၢအတလၢတပှဲၤ, တပှဲၤထီဉ်ပှဲၤထီ

underage *a* လၢအသးနံဉ်တပှဲၤဒံးဘဉ်, လၢအသးနံဉ်တတုၤထီဉ်ဒံးဘဉ်, လၢအသးနံဉ်တထီဉ်ဘးဒံးဘဉ်

underarm *a* ၁. လၢတံာ်လာ်ပူၤ, လၢအဘဉ်ထွဲဒီးတံာ်လာ် ၂. (တၢ်လိာ်ကွဲ) ကွံာ်တၢ်ဖျာဉ်သလၢဉ်ဖဲစုအဖီလာ်

underarm *adv* လၢတံာ်လာ်အပူၤ, ကွံာ်တၢ်လၢအစုဖီလာ်

underbid *v* လိာ်တၢ်အပှ့ၤစုၤကဲဉ်ဆိး, ယ့တၢ်အပှ့ၤစုၤတလၢ

underbrush *n* သ့ဉ်တပိာ်ဖိ

underclothes *n* ဆ့ကၤဖိ, ဆ့ကၤဖီလာ်

undercook *v* ဖီအီဉ်တၢ်တမံဂ့ၤဂ့ၤ

undercover *a* လၢအမၤရူသူဉ်တၢ်

undercurrent, undertow *n* ၁. ထံယွၤကျိၤလၢထံအမဲာ်ဖံးခိဉ်အဖီလာ်, ထံယွၤကျိၤလၢပိဉ်လဲဉ်အမဲာ်ဖံးခိဉ်အဖီလာ် ၂. တၢ်ဟ်ရူသူဉ်တၢ်လၢသးပူၤ, တၢ်တူၢ်ဘဉ်တၢ်လၢသးအပူၤ, တၢ်တူၢ်ဘဉ်တၢ်လၢအအိဉ်လီၤဘၢ

undercut *v* ၁. ဆါဘဉ်လီၤတၢ်အပှ့ၤ ၂. မၤစုၤလီၤရူသူဉ်တၢ်, မၤဘဉ်ဒိရူသူဉ်တၢ်, မၤစုၤလီၤရူသူဉ်အင်္ဂါအဘါ

underdeveloped *a* ၁. လၢအတလဲၤထီဉ်လဲၤထီ ၂. လၢအတဒိဉ်ထီဉ်ဘဉ်

underdo *v* ဖီတၢ်တစိၢ်ဖိ, မၤမံတၢ်အီဉ်တစဲးဖိ, ဖီမံမံတမံမံ

underdog *n* ပှၤလၢတၢ်မၤနၢၤအီဉ်ယီဉ်အီၤ, ပှၤလၢအတမၤနၢၤတၢ်နီတဘျီ

underdone *a* လၢအမံမံတမံမံ, လၢအမံသံသိ, လၢအတမံတဝ့ၢ်ဒံးဘဉ်

underdress *v* ကူကၤတၢ်ယိယိဖိ, ကူကၤတၢ်ပတိၢ်မုၢ်

underestimate *n* ၁. တၢ်တယာ် (ဟ်စၢၤ, ဒွး) တၢ်စုၤကဲဉ်ဆိး, တၢ်ဟ်တၢ်အပှ့ၤစုၤကဲဉ်ဆိး, တၢ်ဟ်လုၢ်ဟ်ပှ့ၤတၢ်စုၤကဲဉ်ဆိး ၂. တၢ်ဟ်ဆံးတၢ်, တၢ်ဆိကမိဉ်ဆံးတၢ်

underestimate *v* ၁. တယာ်ဟ်စၢၤတၢ်စုၤကဲဉ်ဆိး, ဒွးတယာ်ဟ်စၢၤတၢ်စုၤကဲဉ်ဆိး ၂. ဟ်ဆံးတၢ်, ဆိကမိဉ်ဆံးတၢ်

underfoot *adv* လၢခီဉ်အဖီလာ်

undergarment *n* ဆ့ကၤဖိဖျိဉ်ခံဖိ

undergo *v* ဘဉ်သဂၢၢ်, ထံဉ်ဘဉ်တူၢ်ဘဉ်, လဲၤခီဖျိဘဉ်

undergraduate *a* လၢအတဖျိဒံးဘဉ်, လၢအမၤလိဖွဉ်စိမိၤအဖၢမုၢ်, လၢအတမၤန့ၢ်မံၤလၤသဉ်ကပီၤလၢဖွဉ်စိမိၤဒံးဘဉ်

undergraduate *n* ဖွဉ်စိမိၤကိုဖိ, ခီလ့ဉ်ကိုဖိ, ပှၤကိုဖိလၢအတမၤန့ၢ်မံၤလၤသဉ်ကပီၤလၢဖွဉ်စိမိၤဒံးဘဉ်

underground *a* ၁. လၢဟီဉ်ခိဉ်ဖီလာ် ၂. လၢအမၤရူသူဉ်တၢ်

underground *adv* ၁. လၢဟီဉ်ခိဉ်အဖီလာ် ၂. (အိဉ်) ရူသူဉ်ရူလံာ်

underground *n* ၁. ဟီဉ်လာ်လ့ဉ်မ့ဉ်အူကျဲ ၂. ဟီဉ်လာ်အတၢ်ဟူးတၢ်ဂဲၤ (တၢ်ထီဒါပဒိဉ်)

undergrowth *n* သ့ဉ်တပိာ်ဖိ

underhand, underhanded *a* ၁. လၢအမၤရူသူဉ်ရူလံာ်တၢ် ၂. (တၢ်လိာ်ကွဲ) လၢအကွံာ်တၢ်လၢအစုအဖီလာ်

underhand *adv* ၁. (တၢ်လိာ်ကွဲ) ကွံာ်တၢ်လၢအစုဖီလာ် ၂. ရူသူဉ်ရူလံာ်

underived *a* ၁. လၢအတဟဲလီၤစၢၤလၢတၢ်နီတမံၤ ၂. လၢအမ့ၢ်ဂံၢ်ခီဉ်ထံး

underlay *n* ခိဉ်ယီၢ်ဒါဖီလာ်အဒါ

underlie *v* ကဲထီဉ်တၢ်အဂံၢ်ခီဉ်ထံး, မ့ၢ်တၢ်အဂံၢ်ခီဉ်ထံး

underline *v* တိၤလာ်. တိၤန့ၢ်လံာ်ဖျာဉ်, တိၤလံာ်ကျိၤအဖီလာ်

underling *n* (တၢ်တဲဆဲးအဲးတၢ်) ပှၤပတိၢ်ဖုဉ်

undermine *v* ၁. အိဉ်လီၤကလီၤတၢ် ၂. မၤစုၤလီၤရူသူဉ် (ဂံၢ်ဘါ), မၤစုၤလီၤအလၤကပီၤ, မၤဟးဂီၤရူသူဉ်တၢ်

undermost *a* လၢတၢ်ဖီလာ်ကတၢၢ်

underneath *adv* လၢအဖီလာ်, ဆူအဖီလာ်

underneath *n* တၢ်အဖီလာ်

underneath *prep* လၢအဖီလာ်

undernourished *a* (တၢ်အီဉ်) လီၤသ

U

ထြူး, လၢအဖှံၣ်လီၤဃဲၤလီၤ, လၢအိၣ်ဒီးအဂံၢ်အဘါ

underpants *n* ဖျိၣ်ခံဖိ (ပိာ်ခွါ)

underpass *n* တိၤကျဲလာ်

underpinning *n* ၁. တၢ်မၤစၢၤဆီၣ်ထွဲ, တၢ်ဟ့ၣ်လီၤဂံၢ်ဘါတိစၢၤမၤစၢၤတၢ် ၂. တၢ်ထူၣ်လၢအတိၢ်ကျၢၤထီၣ်တၢ်, ပၢၢ်

underprice *v* ဃ့တၢ်အပ့ၢ်စုၤတလၢကွံာ်အခၢး, ဆါစုၤန့ၢ်တၢ်ဖိတၢ်လံၤအလုၢ်အပ့ၢ်

underprivileged *a* လၢအဖိုၣ်သံယာ်ဂီၤ

underproduction *n* တၢ်ထုးထီၣ်တၢ်စုၤန့ၢ်ဒံးအညီနှၢ်, တၢ်ဟ့ၣ်ထီၣ်တၢ်စုၤန့ၢ်ဒံးအညီနှၢ်

underprop *v* ပၢၢ်ဃာ်, တိၢ်ဃာ်လၢအဖီလာ်

underproportioned *a* လၢအတယူယီၣ်လိာ်အသး, လၢအတကၢကီၣ်လိာ်အသး

underrate *v* တဃာ်ဟ်စၢၤတၢ်စုၤကဲၣ်ဆိး, ဒွးတဃာ်ဟ်စၢၤတၢ်စုၤကဲၣ်ဆိး

underscore *v* တိၤလာ်, '_'

undersecretary *n* နဲၣ်ရှဲၣ်စၢၤ

undersell *v* ၁. ဆါတၢ်အပ့ၢ်စုၤန့ၢ်ပှၤအဂၤ ၂. မၤတၢ်ဒ်သိးပှၤကဆိကမိၣ်ဆံးအီၤ

undershirt *n* ဆ့ကၤဖီလာ်, ဆ့ကၤယှာ်

undershoot *v* ၁. (ကဘီယူၤ) စီၢ်လီၤ (ချ့, ဆိ) တလၢ, ယူၢ်လီၤဖုၣ်တလၢ ၂. လၢအခဲးတၢ်လီၤတိၢ်

undershot *a* ၁. (ကဘီယူၤ) လၢအစီၢ်လီၤ (ချ့, ဆိ) တလၢ, လၢအယူၢ်လီၤဖုၣ်တလၢ ၂. လၢအခဲးတၢ်လီၤတိၢ်

undersigned *n* ပှၤလၢအဆဲးလီၤတ့ၢ်အမံၤဖဲလာ်

undersized, undersize *a* လၢအဆံးတလၢ

understand *v* နၢ်ပၢၢ်

understandable *a* လၢတၢ်နၢ်ပၢၢ်အီၤသ့

understanding *a* လၢအသ့သ့ၣ်ညါနၢ်ပၢၢ်တၢ်, လၢအသ့ဒ်သူၣ်ဒ်သး

understanding *n* တၢ်သ့ၣ်ညါနၢ်ပၢၢ်, တၢ်နၢ်ပၢၢ်

understate *v* တဲလီၤတိၢ်တၢ်, ဟ်ဖျါလီၤတိၢ်တၢ်

understatement *n* တၢ်ကတိၤလီၤတိၢ်တၢ်, တၢ်တဲလီၤတိၢ်တၢ်, တၢ်ဟ်ဖျါလီၤတိၢ်တၢ်

understrapper *n* ပှၤအပတိၢ်ဖုၣ်, ပှၤလၢအလီၢ်အလၤဖုၣ်

understudy *n* ပှၤပတြိာ်, ပှၤလၢတၢ်ဟ်ပလီၢ်ဟ်အီၤ, ခၢဉ်စး, ပှၤလၢအမၤပှဲၤန့ၢ်ပှၤဂၤအလီၢ်

understudy *v* ဂဲၤဒိတၢ်လၢတၢ်ဂၤအဂီၢ်, မၤတၢ်လၢပှၤဂၤအလီၢ်, ကဲခၢဉ်စးလၢပှၤဂၤအလီၢ်

undertake *v* ၁. ဟံးမူဒါ ၂. အၢၣ်လီၤတူၢ်လိာ်လၢကမၤ ၃. စးထီၣ်မၤတၢ်

undertaker *n* ပှၤလၢအကတဲာ်ကတီၤတၢ်ခူၣ်လီၤဘါလီၤတၢ်သံအမူး, ပှၤလၢအရဲၣ်ကျဲၤတၢ်ခူၣ်လီၤဘါလီၤပှၤသံ

undertaking *n* ၁. တၢ်ဟံးမူဒါမၤတၢ် ၂. တၢ်ခူၣ်လီၤဘါလီၤပှၤသံအတၢ်ဖံးတၢ်မၤ

undertenant *n* ပှၤဒိးလဲအိၣ်ဟံၣ်ခံဆီတဆီ, ပှၤလၢအဒိးလဲအိၣ်ဟံၣ်ကဒီးလၢပှၤဒိးလဲဟံၣ်အဂၤတဂၤအအိၣ်

undertone *n* ၁. တၢ်ကလၢၢ်ဘၣ်တၢ်, တၢ်လၢအဖျါကနကယီၢ် ၂. တၢ်သီၣ်ကသွံဒံ

undertow, undercurrent *n* ၁. ထံယွၤကျိၤလၢထံအမဲာ်ဖံးခိၣ်အဖီလာ်, ထံယွၤကျိၤလၢပိၣ်လဲၣ်အမဲာ်ဖံးခိၣ်အဖီလာ် ၂. တၢ်ဟ်ခူသူၣ်တၢ်လၢသးပူၤ, တၢ်တူၢ်ဘၣ်တၢ်လၢသးအပူၤ, တၢ်တူၢ်ဘၣ်တၢ်လၢအအိၣ်လီၤဘၢ

undervalue *v* ဟ်ဆံး, ထံၣ်ဆံး, ဆိကမိၣ်ဆံး

underway *a* ၁. လၢအကဲထီၣ်သးအဖၢမုၢ်, လၢအကဲထီၣ်သးတကီၢ်ခါ ၂. လဲၤတၢ်ရှၢ်ရှၢ်

underwear *n* ဆ့ကၤဖိဖျိၣ်ခံဖိ

underweight *a* လၢအတယၢၢ်စုၤ, လၢအကံလီတပှဲၤ

underwork *v* မၤတၢ်စုၤ, ဒိးလဲပှၤမၤတၢ်ဖိစုၤ

underworld *n* ၁. ပှၤအၢပှၤသီအကရူၢ်ကရၢ ၂. ပျုၤကီၢ်

underwrite *v* အၢၣ်လီၤလၢအကဟ့ၣ်မၤပှဲၤက့တၢ်

underwriter *n* ပှၤလၢအအၢၣ်လီၤအုၣ်ကီၤလၢကဟ့ၣ်မၤပှဲၤက့တၢ်

U

undescribed *a* လၢတၢ်တမၤဖျါထီၣ်အီၤဘၣ်, လၢတၢ်တဟ်ဖျါထီၣ် (အခီပညီ) ဘၣ်

undeserved *a* ၁. လၢအတတီတတြၢ် ၂. လၢအတကြၢးဝဲဘၣ်ဝဲ, လၢအတကၢကီၣ်ဒီးအီၤ

undesigned *a* ၁. လၢတၢ်တတိာ်ဟ်ဆိဟ်စၢၤအီၤ ၂. လၢတၢ်တဒုးအိၣ်ထီၣ်အီၤ (ဒံး) ဘၣ်

undesigning *a* လၢအမ့ၢ်တၢ်နီၢ်နီၢ်, လၢအမ့ၢ်အတီ, လၢအတမ့ၢ်တၢ်လၢတၢ်ဒုးအိၣ်ထီၣ်အီၤဘၣ်

undesirable *a* လၢတၢ်တမိၣ်န့ၢ်သးလီအီၤ, လၢတၢ်တအဲၣ်ဒိးရ့အီၤဘၣ်

undesirable *n* ပှၤလၢပှၤရ့အီၤတမှာ်, ပှၤလၢပတလိၣ်အီၤ

undestroyed *a* လၢအတဟးဂီၤဘၣ်, လၢတၢ်တမၤဟးဂီၤအီၤဘၣ်

undetectable *a* လၢပထံၣ်အီၤတဖျါဘၣ်, လၢပထံၣ်အီၤတသ့ဘၣ်

undetermined *a* လၢအတဟ်လီၤအသးဃါမနၤ, လၢတၢ်တဟ်အီၤလီၤတံၢ်လီၤဆဲးဘၣ်

undeterred *a* လၢအသးတဟးဂီၤဘၣ်, လၢအတတ့ၢ်စၢ်လီၤအဂံၢ်ဘါ, လၢတၢ်တြီအီၤတန့ၢ်, လၢတၢ်တြီတအိၣ်

undeveloped *a* ၁. (ထံကိၢ်) လၢအတလဲၤထီၣ်လဲၤထီဘၣ်, လၢအဖှိၣ် ၂. လၢတၢ်တဘိုဘၣ်မၤဂ့ၤထီၣ်အီၤဒံးဘၣ် ၃. လၢအဒိၣ်ဃံ, လၢအတဒိၣ်ထီၣ်လၢလၢပှဲၤပှဲၤ

undeviating *a* လၢအတကဒံကဒါ, လၢအိၣ်ဂၢၢ်တပၢၢ်

undevout *a* လၢအတၢ်နာ်တဂၢၢ်တကျၢၤဘၣ်

undies *n* ပိာ်မုၣ်အဆ့ကၤဖိဖျိၣ်ခံဖိ

undigested *a* ၁. လၢတၢ်တဂံာ်ဘျံးအီၤဘၣ် ၂. လၢအတဘျံးဘၣ် ၃. လၢအတနၢ်ပၢၢ်ဝဲဘျံးဘျံးဘျီးဘျီးဘၣ်

undignified *a* လၢအကဟုကညီၢ်တအိၣ်ဘၣ်

undiminished *a* လၢအတဆံးလီၤစှၤလီၤ (ဒံး) ဘၣ်, လၢအအိၣ်ဒ်အလိၢ်လိၢ်, လၢတၢ်တမၤစှၤလီၤအီၤဒံးဘၣ်

undimmed *a* ၁. (တၢ်ကပီၤ) လၢအကပီၤဒံးဒၣ်တၢ်, (မဲာ်ချံ) လၢအမဲာ်တဃုာ်ဘၣ် ၂. လၢအတဆံးလီၤစှၤလီၤဘၣ်, လၢအတလီၤမၢ်ဒံးဘၣ်

undirected *a* ၁. လၢတၢ်တဟံးစုနဲၣ်ကျဲအီၤဘၣ် ၂. (တၢ်ဆှၢလံာ်ဆှၢလဲၢ်) လၢတၢ်တသ့ၣ်ညါလၢတၢ်ကဘၣ်ဆှၢအီၤဖဲလဲၣ်ဘၣ်

undiscerned *a* လၢတၢ်တထံၣ်သ့ၣ်ညါဘၣ်, လၢတၢ်တဟ်သူၣ်ဟ်သးလၢအဂ့ၢ်ဘၣ်

undiscernible *a* လၢတၢ်ထံၣ်သ့ၣ်ညါအီၤတသ့ဘၣ်, လၢတၢ်ဟ်သူၣ်ဟ်သးလၢအဂ့ၢ်တသ့ဘၣ်

undiscerning *a* လၢအနီၤဖးတၢ်အဆၢတသ့ဘၣ်, လၢအကူၣ်တၢ်တသ့ဘၣ်, လၢအခိၣ်နူာ်တဂ့ၤဘၣ်, လၢအတၢ်ထံၣ်စိတအိၣ်ဘၣ်

undisciplined *a* လၢတၢ်တသိၣ်အီၤဘၣ်, လၢတၢ်တသိၣ်ဃီၣ်သိဃီၣ်အီၤဘၣ်

undisclosed *a* လၢတၢ်တဟ်ဖျါအီၤဘၣ်, လၢတၢ်တရၤလီၤဒုးသ့ၣ်ညါအီၤဘၣ်

undiscovered *a* လၢတၢ်တထံၣ်နှၢ်အီၤဘၣ်, လၢတၢ်တဟ်သူၣ်ဟ်သးအီၤဘၣ်

undiscriminating *a* လၢအတပဲာ်ဖးနီၤဖးတၢ်

undisguised *a* လၢအတဟ်မၤအသး, လၢအတဟ်ရူသူၣ်အသးတၢ်တူၢ်ဘၣ်, လၢအတဟ်ရူသူၣ်အတၢ်သးကလၢၢ်ဘၣ်တၢ်ဘၣ်

undismayed *a* လၢအတၢ်ကိၢ်တၢ်ဂီၤတအိၣ်, လၢအတသူၣ်ကိၢ်သးဂီၤတၢ်

undispensed *a* လၢအတဘၣ်တၢ်စူးကါအီၤဒံးဘၣ်, လၢတၢ်တသူအီၤဒံးဘၣ်

undisputed *a* လၢတၢ်တဂ့ၢ်လိာ်ထီဒါအီၤဘၣ်, လၢတၢ်တူၢ်လိာ်အီၤ

undistinguished *a* လၢအမံၤတဟူသၣ်တဖျါ, လၢအတဂ့ၤလီၤဆီဘၣ်

undistributed *a* လၢတၢ်တနီၤလီၤဒံးဘၣ်, လၢတၢ်တနီၤခိၣ်ဒ့ဖးလီၤအီၤဒံးဘၣ်

undisturbed *a* ၁. လၢအတဘၣ်တၢ်မၤဟူးမၤဝးအီၤဘၣ်, လၢတၢ်တထိးဘူးအီၤဘၣ် ၂. လၢတၢ်တမၤတံာ်တာ်အီၤဘၣ်

undivided *a* လၢအတလီၤဖးဘၣ်, လၢတၢ်တနီၤဖးအီၤဘၣ်, လၢတၢ်တထုးဖးအီၤဘၣ်

undo *v* ၁. ဃ့ၣ်လီၤ ၂. ဘ့ၣ်လီၤ ၃. မၤကဒါက့ၤဒ်အအိၣ်ဟ်စၢၤအသိး, ဒုးအိၣ်ကဒါက့ၤလၢအလိၢ်

undocumented *a* လၢတၢ်တမၤနီၣ်မၤဃါအီၤ, လၢတၢ်တကွဲးနီၣ်ကွဲးဃါအီၤ

undoing *n* **(be sb's undoing)** တၢ်ဆံးလီၤစှၤလီၤ, တၢ်တကဲထိဉ်ကဲထိ

undone *a* ၁. တဝံၤတတဲာ် ၂. လၢတၢ်တကးတံာ်အီၤဘဉ်, လၢတၢ်တစၢယံးအခိဉ်ဘဉ် ၃. လၢတၢ်မၤနၢၤကွဲာ်အီၤလၢာ်လၢာ်ဆ့ဆ့, လၢတၢ်မၤဟးဂီၤကွဲာ်အီၤစီဖုကလ့

undoubted *a* လၢတၢ်သးဒ့ဒီအလီၢ်တအိဉ်ဘဉ်, လၢတၢ်တသးဒ့ဒီလၢအဂ့ၢ်ဘဉ်

undoubtedly *adv* သးဒ့ဒီအလီၢ်တအိဉ်ဘဉ်

undreamed-of *a* လၢတၢ်ဆိကမိဉ်လၢအဂ့ၢ်တလၢာ်ဘဉ်

undress *n* တၢ်တကူတသိးတၢ်, တၢ်အိဉ်ဘ့ဉ်ဆ့, တၢ်အိဉ်လဲတကဲ

undress *v* ဘ့ဉ်လီၤကွဲာ်တၢ်ကူတၢ်ကၤ, ဘ့ဉ်လီၤ

undressed *a* လၢအအိဉ်ဘ့ဉ်ဆ့, လၢအတကူတသိးတၢ်

undrilled *a* လၢတၢ်တသိဉ်လိအီၤဒံးဘဉ်

undue *a* ၁. အါကဲဉ်ဆိး, တလၢကွဲာ်အခၢး ၂. လၢအဆၢကတီၢ်တဘဉ်ဒံးဘဉ်

undulate *v* ဟူးဝးဒ်လပီအသိး, ထိဉ်ထိဉ်လီၤလီၤ

undulation *n* တၢ်ဟူးဝးဒ်လပီအသိး, တၢ်ထိဉ်ထိဉ်လီၤလီၤ

undutiful *a* လၢအမူအဒါတလၢပှဲၤဘဉ်, လၢအတမၤတၢ်ဒ်တၢ်လီၤဘဉ်အီၤအသိးဘဉ်

undying *a* လၢအကတၢၢ်တသ့ဘဉ်, လၢအတသံဘဉ်, လၢအဟးဂီၤတသ့ဘဉ်

unearned *a* လၢအန့ၢ်ဘဉ်ဖဲကလီကလီ, လၢတလၢာ်ကပၢၤကဝါဒီးန့ၢ်ဘဉ်ဖဲ

unearth *v* ၁. ခူဉ်ထိဉ်ကူၤ ၂. ဟ်ဖျါထိဉ်တၢ်ခူသူဉ်

unearthly *a* ၁. လၢအလီၤပျံၤလီၤဖုး ၂. လီၤလိဉ်လီၤလး, လီၤတိၢ်လီၤဆီ, တလီၤက်ဒ်နဆၢဉ်အသိးဘဉ် ၃. လၢတဘဉ်ထွဲဘဉ်ဃးဒီးအအံၤတဃဉ်, လၢတဘဉ်ထွဲဘဉ်ဃးဒီးဟီဉ်ခိဉ်

uneasy *a* လၢအသူဉ်ကိၢ်သးဂီၤ, သူဉ်ပိၢ်သးဝး, တမှာ်တလၢ

uneatable *a* လၢတၢ်အီဉ်အီၤတသ့ဘဉ်, လၢတၢ်တကြၢးအီဉ်အီၤဘဉ်

uneaten *a* လၢတၢ်တအီဉ်အီၤဘဉ်, လၢတၢ်တအီဉ်အီၤဒံးဘဉ်

uneconomic *a* လၢအကဲထိဉ်ကဲထိတသ့, လၢတၢ်မၤန့ၢ်တၢ်ကဲဘျုးကဲဖှိဉ်တသ့

uneducated *a* လၢအတမၤလိမၤဒိးဘဉ်တၢ်, လၢအတၢ်ကူဉ်ဘဉ်ကူဉ်သ့တအိဉ်

unemotional *a* လၢအသူဉ်တဟူးသးတဂဲၤဘဉ်, လၢအသူဉ်တပိၢ်သးတဝး, လၢအသးကလၢၢ်ဘဉ်တၢ်တအိဉ်, လၢအတၢ်တူၢ်ဘဉ်တအိဉ်

unemployed *a* လၢအတၢ်ဖံးတၢ်မၤတအိဉ်

unemployment *n* ၁. တၢ်ဟ့ဉ်တၢ်ဖံးတၢ်မၤတန့ၢ်, တၢ်ဖံးတၢ်မၤတအိဉ် ၂. ပှၤလၢအတၢ်ဖံးတၢ်မၤတအိဉ်အနီဉ်ဂံၢ်နီဉ်ဒွး

unenclosed *a* လၢတၢ်တကးတံာ်အီၤဘဉ်, လၢတၢ်တဒၢနှာ်ဃှာ်အီၤဘဉ်, လၢတၢ်တကရၢၢ်ဃာ်အီၤဘဉ်

unencumbered *a* လၢအတၢ်ဝံတၢ်ယိးတအိဉ်, လၢတၢ်မၤတံာ်တာ်အီၤတအိဉ်နီတမံၤ

unending *a* လၢအကတၢၢ်တအိဉ်ဘဉ်, လၢအတကတၢၢ်ကတဲာ်

unengaged *a* ၁. လၢအတမၤဘဉ်ထွဲအသးဒီးတၢ်နီတမံၤ ၂. လၢအတအိဉ်ဃံးအိဉ်ဃိဉ်ဒံးဘဉ်, လၢအတၢ်စၢဃာ်တအိဉ်ဒံးဘဉ် ၃. လၢအချူး, ချူး

unenlightened *a* ၁. လၢတၢ်တတဲနါပၢၢ်အီၤဂ့ၤဂ့ၤဘဉ်, လၢအနါပၢၢ်ကမဉ်တၢ် ၂. လၢအသူဉ်တဆးသးတဆး, လၢအသးတကပီၤထိဉ်ဒံးဘဉ် ၃. လၢအတသ့လံာ်သ့လဲၢ်

unenlightening *a* ၁. လၢတၢ်တတဲနါပၢၢ်အီၤဒံးဘဉ်, လၢအတမၤနါပၢၢ်တၢ်ဂ့ၤဂ့ၤဘဉ် ၂. လၢတၢ်မၤကပီၤထိဉ်အသးအမဲာ်တန့ၢ်, လၢအနါပၢၢ်တၢ်တညီဘဉ်

unenriched *a* ၁. လၢတၢ်တမၤဂ့ၤထိဉ်အကံၢ်အစီ, လၢတၢ်တမၤဂ့ၤထိဉ်အလုၢ်အပှ့ၤ ၂. လၢတၢ်တမၤထူးတီၤအီၤဒံးဘဉ်

unentangled *a* ၁. လၢအထုဉ်ဖျဲးကွဲာ်, လၢအတလီၤဘဉ်လၢပျံၤသကွိၤအပူၤဘဉ် ၂. လၢအတဘံဘူလိာ်အသးဘဉ်, လၢအလီၤကဆှဉ်ကွဲာ်

unenterprising *a* လၢအတနှၤဘဉ်, လၢအသးတဆှဉ်လၢကဂဲၤလိာ်မၤန့ၢ်တၢ်ဘဉ်

unentertaining *a* ၁. လၢအတလီၤသးစဲဘဉ်, လၢအတမှာ်လၢဘဉ်ပှၤဘဉ် ၂. လၢအတလီၤသူဉ်ဖှံသးညီဘဉ်

U

unenthusiastic *a* လၢအသးတဆူဉ်ဘဉ်, လၢအတၢ်သူဉ်ဆူဉ်သးဂဲၤတအိဉ်

unenumerated *a* လၢတၢ်တယၢၢ်ထီဉ်အီၤတမံၤဘဉ်တမံၤဘဉ်

unenviable *a* လၢအတနးအိဉ်ထီဉ်တၢ်သးက့ဉ်ဘဉ်, လၢအတလီၤသူဉ်က့ဉ်သးကါဘဉ်

unequal *a* လၢအတဒ်သိးဘဉ်, လၢအတတုၤသိးဘဉ်, လၢအတပှဲၤသိးဘဉ်, လၢအတလၢတပှဲၤဘဉ်

unequalled, unequaled *a* လၢတၢ်ဒ်သိးဒီးအီၤတအိဉ်ဘဉ်, လၢတၢ်ထဲသိးဒီးအီၤတအိဉ်ဘဉ်

unequivocal *a* လၢအတလီၤသးဒ့ဒီဘဉ်, လၢအအိဉ်ဖျါဂ့ၤမး

unerring *a* လၢအဘဉ်ဝဲထီဘိ, လၢအတကမဉ်ဘဉ်

unescapable *a* လၢအဃ့ၢ်ပူၤဖျဲးသးတသ့, လၢတၢ်ဃ့ၢ်ပူၤဖျဲးသးတညီ

UNESCO *abbre* ဘီမုၢ်စၢဖှိဉ်တၢ်ကူဉ်ဘဉ်ကူဉ်သ့, စဲအ့ဉ်ဒီးတၢ်ဆဲးတၢ်လၢအကရၢ (United Nations Educational, Scientific, and Cultural Organization)

unescorted *a* လၢပှၤလဲၤဒီးအီၤတအိဉ်, လၢပှၤတလဲၤပိာ်အခံ

unethical *a* လၢအတကြၢးတဘဉ်, လၢပှၤတဂ့ၤမၤအီၤ

unevangelized, unevangelised *a* လၢတၢ်သးခုကစိဉ်တတုၤအိဉ်အီၤ, လၢတၢ်တတဲဘဉ်အီၤလၢတၢ်သးခုကစိဉ်အဂ့ၢ်ဖဲးဘဉ်

uneven *a* တယူဘဉ်, တပၢၢဘဉ်

uneventful *a* လၢတၢ်လီၤတိၢ်လီၤဆီတမၤအသးနီတမံၤ, လၢတၢ်လီၤတိၢ်လီၤဆီတအိဉ်နီတမံၤ

unexampled *a* လၢအဒိတအိဉ်ဘဉ်, လၢတၢ်ထိဉ်သတြိၢဒီးအီၤတသ့, လၢတၢ်ထိဉ်သတြိၢဒီးအီၤတန့ၢ်

unexcavated *a* လၢတၢ်တခူဉ်ထီဉ်အီၤဖဲးဘဉ်

unexcelled *a* လၢတၢ်ဂ့ၤန့ၢ်အီၤတအိဉ်ဘဉ်

unexceptionable *a* လၢတၢ်ဟ်တၢ်ကမဉ်လၢအလီၤအလီၢ်တအိဉ်ဘဉ်, လၢအလီၤသးမံ, လၢအပူၤဒီးတၢ်ကမဉ်, လၢအဖျဲးဒီးတၢ်ကမဉ်

unexceptional *a* လၢအတဂ့ၤလီၤဆီ, လၢအတလီၤတိၢ်လီၤဆီ

unexciting *a* လၢအတလီၤသူဉ်ပိၢ်သးဝး, လၢအလီၤကၢဉ်လီၤကျူ

unexecuted *a* ၁. လၢတၢ်တသုးကျဲၤအီၤဖဲးဘဉ် ၂. လၢတၢ်တစံဉ်ညီဉ်သံအီၤဖဲးဘဉ် ၃. လၢတၢ်တမၤဝံၤမၤတဲာ်အီၤဘဉ်

unexhausted *a* ၁. လၢအတလီၤဘှံးလီၤတီၤဘဉ် ၂. လၢတၢ်တမၤဝံၤအီၤဖဲးဘဉ် ၃. လၢတၢ်တသူလၢာ်ဂီၤအီၤဘဉ်

unexpanded *a* လၢအတယှာ်ထီဉ်ဘဉ်, လၢအတလဲၢ်ထီဉ်ဘဉ်, လၢအတဒိဉ်ထီဉ်ဘဉ်

unexpected *a* လၢတၢ်တမုၢ်လၢ်ဘဉ်, လၢတၢ်တကွၢ်လၢ်ဘဉ်

unexplained *a* လၢပတဲလၢအဂ့ၢ်တဘဉ်

unexplored *a* ၁. လၢတၢ်လဲၤဆှဉ်အီၤတတုၤ, လၢတၢ်လဲၤဟးတတုၤ ၂. လၢတၢ်တဆိကမိဉ်လၢအဂ့ၢ်နီတဘျီ

unexpressed *a* လၢတၢ်တတဲဖျါထီဉ်အီၤဖဲးဘဉ်, လၢတၢ်တဟ်ဖျါထီဉ်အီၤဘဉ်

unfaded *a* လၢအလွဲၢ်တဖျါဃး, လၢအတလီၤညှံးလီၤဘဲ, လၢအလွဲၢ်တလီၤကဒု

unfading *a* လၢအတလီၤညှံးလီၤဘဲ, လၢအတဖျါဃး, လၢ (အလွဲၢ်) တလီၤကဒု

unfailing *a* ၁. လၢအတလီၤတိၢ်နီတဘျီ, လၢအဆၢတလီၤတဲာ်တူာ်နီတဘျီ ၂. လၢတၢ်နာ်နှၢ်အီၤသ့

unfair *a* လၢအတတီတတြၢ်ဘဉ်

unfaithful *a* လၢအသးတတီဘဉ်

unfaltering *a* လၢအတကဒံကဒါ, လၢအသးတဒံဝ့ၤဒံဝီၤ, လၢအသးကျၢၤမုဆူ

unfamiliar *a* ၁. လၢအတညီနှၢ်ညီဘၢ် ၂. လၢအတသ့ဉ်ညါ, လၢအတၢ်လဲၤခီဖျိတအိဉ်

unfashionable *a* လၢတၢ်တသ့ဉ်ညါအီၤအါအါဘဉ်, လၢအမံၤတဟူသဉ်တဖျါ

unfashioned *a* လၢတၢ်တသိအီၤဘဉ်, လၢတၢ်တမၤကဲထီဉ်အီၤလၢစုဘဉ်

unfasten *v* ဘ့ဉ်လီၤ, ဃ့ဉ်လီၤ, လီၤကျိ

unfathomable *a* လၢတၢ်နၢ်ပၢၢ်လၢအဂ့ၢ်တသ့, လၢတၢ်တဲနၢ်ပၢၢ်လၢအဂ့ၢ်တသ့

unfavourable, unfavorable *a* ၁. လၢအတဘဉ်လိာ်ဒီး (ပှၤ) ၂. လၢအတကဲဘျုးကဲဖှိဉ်, လၢအတမၤဘျုးမၤဖှိဉ်ပှၤ

unfeasible *a* လၢပှၤမၤအီၤတသ့, လၢအဘျုးတအိၣ်, လၢအတကြၢးဝဲဘၣ်ဝဲ, လၢပမၤအီၤတညီ
unfeeling *a* ၁. လၢအတၢ်တူၢ်ဘၣ်ခီၣ်ဘၣ်တအိၣ်ဘၣ် ၂. လၢအတၢ်ဒိသူၣ်ဒိသးတအိၣ်ဘၣ်
unfeigned *a* လၢအမ့ၢ်အတီ, လၢအမ့ၢ်တၢ်အနီၢ်နီၢ်, လၢအတဟ်မၤအသး
unfeignedly *adv* တီတီလိၤလိၤ, နီၢ်နီၢ်
unfenced *a* လၢတၢ်တကရၢၢ်ဃာ်အီၤဘၣ်, လၢအကရၢၢ်တအိၣ်ဘၣ်
unfertilized, unfertilised *a* (ဟီၣ်ခိၣ်) လၢတၢ်တမၤဂ့ၤထီၣ်ဘၣ်ဟီၣ်စီၢ်ဒံးဘၣ်
unfettered *a* လၢတၢ်တဖိၣ်ဃံးအီၤဘၣ်, လၢအထူၣ်ဖျဲးထီၣ်ကွံာ်
unfilial *a* လၢအတမၤလၢပှဲၤဖိအမူအဒါဘၣ်
unfilled *a* လၢတၢ်တမၤပှဲၤအီၤဘၣ်, လၢအလီၤဟိ, လၢအအိၣ်ကလီ
unfiltered *a* ၁. လၢတၢ်တပံၢ်အီၤဘၣ် ၂. လၢအတအိၣ်ဒီးနီၣ်ပံၢ်ဘၣ်
unfinished *a* တဝံၤတတဲာ်, တဝံၤဒံးဘၣ်
unfired *a* ၁. လၢတၢ်တကုၢ်ဘၣ်အီၤဒံးဘၣ် ၂. လၢတၢ်တခးအီၤဒံးဘၣ်
unfit *a* ၁. လၢအတကၢကီၣ်လိာ်အသး, လၢအတကၢကီၣ်သဃီၤလိာ်သး, လၢအတကြၢးဘၣ် ၂. လၢအတၢ်အိၣ်ဆူၣ်အိၣ်ချ့တဂ့ၤ
unfitted *a* ၁. လၢတကၢကီၣ်လိာ်အသးဘၣ်, လၢအတကြၢးလိာ်အသးဘၣ် ၂. (ဟံၣ်ဃီပီးလီ) လၢအတဘၣ်လိာ်အသးဘၣ်
unfix *v* လီၤကျိ, မၤလီၤကျိ, ဘီၣ်လီၤ
unfixed *a* ၁. လၢအကျိ, လၢတၢ်မၤလီၤကျိအီၤ, လၢတၢ်ဘီၣ်လီၤအီၤ ၂. လၢအတဂၢၢ်တကျၢၤဘၣ်, လၢအကဒံကဒါ
unflagging *a* ၁. လၢတၢ်ဘှံးအသးတသ့, လၢအမၤတၢ်ဆူၣ် ၂. လၢအတၢ်သးဆူၣ်တလီၤစၢ်ဘၣ်
unflappable *a* လၢအသးဂၢၢ်
unflattering *a* လၢအတပတြၢၤခိၣ်ခံတၢ်ဘၣ်, လၢအတပတြၢၤလုတၢ်ဘၣ်
unflavoured, unflavored *a* လၢတၢ်တထၢနှာ်တၢ်နၢမူနၢဆိုဘၣ်, လၢတပဉ်ဃှာ်ဒီးတၢ်နၢမူနၢဆိုဘၣ်

unfledged *a* ၁. လၢအဃူၤတသ့ဒံးဘၣ် ၂. လၢအခိၣ်ထံဘိၣ်သးနါပှၢ်ဘူ, လၢအသးစၢ်အတၢ်လဲၤခီဖျိတအိၣ်
unflinching *a* လၢအသးတသုၣ်ဘၣ်, လၢအတဂုၤကဲ့အသးဘၣ်
unfocused, unfocussed *a* လၢအတၢ်ပညိၣ်ကွၢ်စိတအိၣ်, လၢအတၢ်ပညိၣ်ဖိတၢၣ်တအိၣ်
unfoiled *a* လၢတၢ်တတြီအီၤဘၣ်, လၢတၢ်တတြီတၢ်ကမၤအသးဘၣ်
unfold *v* ၁. အီးထီၣ်, သလၣ်ထီၣ်, အီးသလၣ်ထီၣ် ၂. ဒုးနဲၣ်ဖျါထီၣ်တၢ်လၢအသနံၣ်သနၢၣ်
unforced *a* လၢတၢ်တမၤဆူၣ်အီၤဘၣ်, လၢအကဲထီၣ်လၢအသးဒၣ်ဝဲ
unforeseeable *a* လၢတၢ်ထံၣ်စိဟ်စၢၤအီၤတသ့, လၢတၢ်သ့ၣ်ညါဆိအီၤတသ့
unforeseen *a* လၢတၢ်တထံၣ်စိဟ်စၢၤလၢအဂ့ၢ်ဘၣ်, လၢတၢ်တသ့ၣ်ညါဆိဟ်စၢၤဘၣ်
unforgettable *a* လၢတၢ်သးပ္ၤနီၣ်တသ့ဘၣ်
unforgivable *a* လၢတၢ်ပျၢ်အတၢ်ကမၣ်တသ့
unforgiven *a* လၢတၢ်တပျၢ်အတၢ်ကမၣ်ဘၣ်
unforgiving *a* လၢအတသးအိၣ်ပျၢ်ပှၤဂၤအတၢ်ကမၣ်ဘၣ် ၂. လၢအတမှာ်တလၤ
unforgotten *a* လၢတၢ်တသးပ္ၤနီၣ်အီၤဘၣ်
unformed *a* လၢအက့ၢ်အဂီၤတကဲထီၣ်ဒံးဘၣ်
unformulated *a* လၢတၢ်တမၤနၢ့်အီၤတၢ်ဘျါအကျဲဒံးဘၣ်
unforthcoming *a* ၁. လၢအတအဲၣ်ဒိးဟ်ဖျါထီၣ်တၢ်ဂ့ၢ်တၢ်ကျိၤ ၂. ဖဲတၢ်လိၣ်ဘၣ်အီၤအခါတအိၣ်ဘၣ်
unfortified *a* ၁. လၢအတအိၣ်ဒီးတိာ်ဒိၤတာ်ဒိၤဘၣ် ၂. (သံး) လၢတၢ်တထၢနှာ်လီၤသံးခိၣ်ထံဘၣ်
unfortunate *a* လၢအတၢ်ဟဲဝံအၢ, လၢအဘူၣ်တဂ့ၤတီၢ်တဘၣ်
unfortunate *n* ပှၤလၢအတၢ်ဟဲဝံအၢ, ပှၤအဘူၣ်အတီၢ်တဂ့ၤ

unfounded *a* (တၢ်ကစီၣ်) လၢအဂ့ၢ်တအိၣ်ကိုၤတအိၣ်, လၢအခီၣ်ထံးခိၣ်ဘိတအိၣ်

unfractured *a* လၢအတဘၣ်ဒိဘၣ်, လၢအတဟးဂီၤဘၣ်, လၢအတတဲၤဖးဘၣ်

unframed *a* လၢအတကွီၣ်တအိၣ်ဘၣ်

unfraternal *a* ၁. လၢအတၢ်အဲၣ်ပှၢ်အဲၣ်ဝဲၢ်တအိၣ်ဘၣ် ၂. လၢအတၢ်ရှလိာ်မှာ်လိာ်တအိၣ်

unfrequented *a* (တၢ်လိၢ်) လၢအအိၣ်သယုၢ်, လၢပှၤတနါစိၤလဲၤ

unfriendly *a* ၁. လၢအတရှတံၤရှသကိးဒီးပှၤဂၤဘၣ်, လၢအရှပှၤတသ့, လၢအသးတဂ့ၤ ၂. လၢအတဘၣ်လိာ်ဖိးဒ့လိာ်သး

unfruitful *a* လၢအသူအသၣ်တအိၣ်ဘၣ်, လၢအတကဲထိၣ်ကဲထီဘၣ်

unfulfilled *a* လၢအသူၣ်မံသးမံတသ့

unfurl *v* သလၣ်လီၤအသး, အိးထိၣ်

unfurnished *a* လၢအဟံၣ်ဃီပီးလီတအိၣ်ဘၣ်, လၢတအိၣ်ဒီးဟံၣ်ဃီအပီးအလီ မ့တမ့ၢ် အဃၢၤအဃိၢ်

ungainly *a* ၁. လၢအတဆဲးတလၤ, လၢအတဃံတလၤ, လၢတဘၣ်မဲာ်ဘၣ်နါ ၂. လၢတၢ်စူးကါဘၣ်အီၤကီ, လၢအဃၢသံစုာ်သံ

ungallant *a* လၢအတအဲၣ်ဒီးမၤစၢၤပှၤပိာ်မုၣ်ပိာ်မၢၤဘၣ်

ungathered *a* လၢတၢ်တထၢဖိၣ်ဝ်ဖိၣ်အီၤဘၣ်, လၢတၢ်တဟ်ဖိုၣ်အီၤဘၣ်

ungenerous *a* ၁. လၢအစုကီ, လၢအပံာ်သံကီသံ, လၢအဟ့ၣ်တၢ်တညီ ၂. လၢအတၢ်ဒိသူၣ်ဒိသးတအိၣ်, လၢအတၢ်သးကညီၤတအိၣ်

ungenial *a* လၢအတအိၣ်ဒီးတၢ်မဲာ်မှာ်နါဆၢဘၣ်

ungenteel *a* လၢအတသံၣ်စူးဆဲးလၤဘၣ်, လၢအလုၢ်အလၢ်တဒ်သိးဒီးပှၤတူၢ်ဒိၣ်ကီၤဒိၣ်ဘၣ်

ungentle *a* ၁. လၢအသူၣ်တဂ့ၤသးတဝါ, လၢအတလီၤအဲၣ်လီၤကွံဘၣ် ၂. လၢအမၤတပျ့ာ်တပျိၤတၢ်, လၢအရှုတပျ့ာ်တပျိၤ, လၢအမၤတၢ်တပျ့ာ်တပျိၤ

ungentlemanly *a* လၢအလုၢ်အလၢ်တဃံတလၤဘၣ်, လၢအတၢ်ဟ်သူၣ်ဟ်သးတဃံတလၤဘၣ်

ungifted *a* လၢအတၢလၣ်တအိၣ်ဘၣ်, လၢအတၢ်သ့တၢ်ဘၣ်လီၤလီၤဆီဆီတအိၣ်ဘၣ်

ungilded *a* လၢတၢ်တကျူးအီၤဒီးထူထံဘၣ်, လၢတၢ်တဖှူဘၢအီၤဒီးထူထံဘၣ်

ungird *v* ယှၣ်လီၤယိၢ်တကိး, ယှၣ်လီၤယိၢ်ဒိၣ်ပျိၤ

unglazed *a* ၁. (ပဲတြီ, တြဲၤ) လၢတၢ်တထီမဲာ်ထံကလၤဘၣ်, လၢမဲာ်ထံကလၤတအိၣ်ဘၣ် ၂. (စီၢ်နီၤခိၣ်အမဲာ်ဖံးခိၣ်) လၢတၢ်တဖှူဘျ့ကဆုၣ်အီၤဖံးဘၣ် ၃. (မဲာ်ချံ) လၢအတဟ်ဖျါထိၣ်အတၢ်တူၢ်ဘၣ်ခီၣ်ဘၣ်

unglued *a* ၁. လၢအလီၤတအိးကွံာ် ၂. လၢအတလဲၤသးလၢအဂ့ၢ်အဝီလၢၤဘၣ်

ungodly *a* ၁. လၢအအၢအသီ ၂. လၢအတလူၤပိာ်မၤထွဲယွၤအကလုၢ်ကထါဘၣ်, လၢအတဒိကနၣ်ယွၤအကလုၢ်ဘၣ် ၃. လၢအဂ့ၢ်အခၢးတအိၣ်, လၢအတကြၢးတဘၣ်

ungovernable *a* ၁. လၢတၢ်ပၢအီၤတန့ၢ် ၂. လၢတၢ်ပၢၤဃာ်အီၤတန့ၢ်ဘၣ်

ungoverned *a* လၢတၢ်တပၢအီၤ, လၢတၢ်တလုၢ်ဘၢစိကမီၤအီၤဘၣ်

ungowned *a* (ဆ့ကၤ) ဘ့ၣ်လီၤကွံာ်, ရှၢ်လီၤကွံာ်

ungraced *a* ၁. လၢအတဟ်သးသညူးသပှၢ်ဘၣ်, လၢအတအိၣ်ဒီးသူးသ့ၣ်လၤကပီၤ, လၢအတဃံတလၤ

ungraceful *a* လၢအတသံၣ်စူးဆဲးလၤဘၣ်, လၢအတဖျါဃံဖျါလၤဘၣ်

ungracious *a* ၁. လၢအရၢၢ်အစၢၢ်, လၢအတသ့ၣ်ညါတၢ်ဘျုးတၢ်ဖိၣ် ၂. လၢအတအိၣ်ဒီးတၢ်မဲာ်မှာ်နါဆၢ, လၢအတၢ်ရှလိာ်မှာ်လိာ်တအိၣ်

ungraded *a* ၁. (ကျဲ) လၢတၢ်တ (မၤပၢၤ, ထဲၣ်ပၢၤ) အီၤဘၣ် ၂. လၢတအိၣ်နီၤဖးလီၤအသးလၢအတီၤပတီၢ်ဘၣ်

ungrammatical *a* လၢအတပိာ်ထွဲကျိာ်သနူ, လၢအစူးကါကမၣ်ကျိာ်သနူ

ungrasped *a* ၁. လၢတၢ်တစိၤဃာ်အီၤဘၣ် ၂. လၢအတနၢ်ပၢၢ်တၢ်အခီပညီဖံးဘၣ်, လၢအဖိၣ်တၢ်အခီပညီတဘၣ်

ungrateful *a* လၢအတသ့ၣ်ညါဆၢကၢ့တၢ်အဘျုးအဖိၣ်ဘၣ်

ungratified *a* လၢတၢ်တမၤမံသူၣ်မံသးအီၤဖံးဘၣ်

U

ungrounded *a* ၁. လၢအခီဉ်တဃာ်တအိဉ်ဘဉ် ၂. (electricity) လၢတၢ်တဘျၢလီၤအီၤဆူဟီဉ်ခိဉ်လာ်ဒံးဘဉ်

ungrudging *a* လၢအသးတကၠဉ်, လၢအသးအ့ဉ်တဲာ်

unguarded *a* ၁. လၢတၢ်တကဟုကယာ်အီၤဘဉ်, လၢတၢ်ဒီသဒၢအီၤတအိဉ်ဘဉ် ၂. လၢတၢ်တပၢၤဃာ်အီၤဘဉ်

unhallowed *a* ၁. လၢတဘဉ်တၢ်ဟ်စီဆုံအီၤဘဉ် ၂. လၢအအၢအသီ

unhampered *a* လၢအပူၤဖျဲးဒီးတၢ်ကီတၢ်ခဲ, လၢအသဘျ့ထီဉ်ကွံာ်လၢမူဒါတၢ်ဖံးတၢ်မၤ

unhand *v* ပျၢ်ကွံာ်, ပျၢ်ကွံာ်အစု

unhandily *a* ၁. လၢအတအိဉ်ညီ ၂. လၢအတအိဉ်လၢပဖိဉ်အီၤတုၤအလိၢ်, လၢအတအိဉ်လၢပဖိဉ်အီၤထုးအလိၢ်

unhandsome *a* ၁. လၢဒိဉ်တၢ်တဂ့ၤ ၂. လၢအရၢ်အစၢၢ်, လၢအတဆဲးတလၤ

unhandy *a* ၁. လၢအတအိဉ်ညီ, လၢပဟံးဘဉ်ဖိဉ်ဘဉ်အီၤကီ ၂. လၢအတသ့ဖံးတၢ်မၤတၢ်

unhappy *a* တသးဖုံဘဉ်

unharmed *a* လၢအတဘဉ်ဒိဘဉ်, လၢအတဟးဂီၤဘဉ်

unharness *v* ဘိဉ်လီၤကွံာ်ကသ့ဉ်ဂီၤကၢ်, ဘ့ဉ်လီၤကွံာ်ကသ့ဉ်ဂီၤကၢ်

unhatched *a* (ထိဉ်ဖိဆီဖိ) လၢအတဖးထိဉ်ဒံးဘဉ်

unhealed *a* လၢအတဘျါဒံးဘဉ်, လၢအတကတၢၢ်ဒံးဘဉ်

unhealthful *a* လၢအဒုးအိဉ်ထီဉ်တၢ်ဆူးတၢ်ဆါ

unhealthy *a* ၁. လၢအတအိဉ်ဆူဉ်အိဉ်ချ့, လၢအတၢ်အိဉ်ဆူဉ်အိဉ်ချ့တဂ့ၤ ၂. လၢအတဂ့ၤဘဉ်

unheard *a* ၁. လၢတၢ်တနၢ်ဟူအီၤဘဉ် ၂. လၢတၢ်ဟ်မၢ်ကွံာ်အီၤ, လၢတၢ်တကနဉ်ယှာ်အီၤဘဉ်

unheard of *a* ၁. လၢအတကဲထီဉ်တ့ၢ်အသးနီတဘျီဘဉ်, လၢအတအိဉ်ထီဉ်တ့ၢ်လၢညါနီတဘျီဘဉ် ၂. လၢတၢ်တနၢ်ဟူဘဉ်အီၤနီတဘျီဘဉ်

unheated *a* လၢတၢ်တမၤကိၢ်သွးထီဉ်ဘဉ်အီၤဘဉ်, လၢတၢ်တမၤလၢၤထီဉ်ဘဉ်အီၤဘဉ်

unheeded *a* လၢတၢ်ဟ်မၢ်ကွံာ်အီၤ, လၢတၢ်တကနဉ်ယှာ်အီၤ

unheedful *a* လၢအတကနဉ်ယှာ်ဝဲဘဉ်, လၢအတဘၢရၢ်ယှာ်ဝဲဘဉ်

unheeding *a* လၢအတကနဉ်ယှာ်ဝဲဘဉ်, လၢအတဘၢရၢ်ယှာ်ဝဲဘဉ်

unhelpful *a* လၢအတကဲထီဉ်တၢ်မၤစၢၤ, လၢအတသးအိဉ်မၤစၢၤတၢ်

unhesitating *a* လၢအဖျဲဉ်အချ့, လၢအတယံာ်အသးဘဉ်, လၢအတဝံခိဉ်ဒိဉ်ခံဃၢဘဉ်

unhidden *a* လၢတၢ်တဟ်ခူသူဉ်အီၤဘဉ်, လၢအတအိဉ်သဒၢဘဉ်

unhinge *v* မၤတဘဉ်လိာ်ဘဉ်စးပှၤအသး, မၤကဒံကဒါပှၤအသး

unhistorical *a* လၢအတဘဉ်ထွဲဒီးတၢ်စံဉ်စိၤတဲစိၤ

unhitch *v* ဘိဉ်လီၤကွံာ်, ထုးကွံာ်

unholy *a* ၁. လၢအတစီတဆုံ ၂. လၢအအၢအသီ

unhonoured, unhonored *a* လၢတၢ်တမၤလၤကပီၤအီၤဘဉ်

unhook *v* ၁. ဘ့ဉ်လီၤတခွဲကနဉ်, ဘ့ဉ်လီၤထးဘျး ၂. ထုးကွံာ် (မ့ဉ်အူပျံၤ)

unhooked *a* လၢတၢ်ဘိဉ်လီၤကွံာ်အီၤ, လၢတၢ်ဘ့ဉ်လီၤကွံာ်အီၤ, လၢတၢ်ထုးကွံာ်အီၤ

unhoped for *a* လၢတၢ်တမုၢ်လၢ်ကွၢ်စိအီၤ, လၢတၢ်တကွၢ်လၢ်အကျဲ

unhorse *v* မၤလီၤတဲာ်လၢကသ့ဉ်အလီၤ

unhostile *a* လၢအတထီဒုဉ်ဒါလိာ်အသးဘဉ်, လၢအတဃုတၢ်အ့ဉ်လိာ်ဆိးကၠဘဉ်, လၢအတကဲထီဉ်တၢ်ကီတၢ်ခဲဘဉ်

unhouse *v* ဟီဟးထီဉ်ကွံာ်လၢဟံဉ်

unhurried *a* လၢတၢ်ပလိၢ်ပဒီသးအပူၤ, လၢတၢ်သးသဒ့ဉ်အပူၤ, လၢအတချ့ဒံးချ့ဒူး

unhurt *a* လၢအတဘဉ်ဒိဘဉ်ထံးဘဉ်, လၢအတဆါဘဉ်

unhurtful *a* လၢအတမၤဘဉ်ဒိဘဉ်ထံးတၢ်ဘဉ်, လၢအတမၤဆါတၢ်ဘဉ်

unhygienic *a* လၢအတကဆဲ့ကဆို, လၢအဒုးအိဉ်ထီဉ်တၢ်ဆူးတၢ်ဆါသ့

uni *n* တၢ်ကွဲးဖှ်, **'University'**, ဖှ်စိမိၤ

uni- *combining* (ဝီၢ်ကယၢ) တၢ, တ (ဘျိ, ဂၤ ခါ) ဒိၤ

UNICEF *abbre* ဟီၣ်ခိၣ်ဘီမုၢ်စၢဖှိၣ်ကရၢတၢ်ကွၢ်ထွဲဖိသၣ်ဂ့ၢ်ဂီၢ်အူစ့ဟ်ကီၤ, ယူၣ်နံၣ်စဲး(ဖ) (United Nations International Children's Emergency Fund)

unicorn *n* (ပူ, တၢ်တဲမှာ်နၢ်အပူၤ) ကသ့ၣ်ဝါလၢအိၣ်ဒီးအနၢၤဖးထီဘိတဘိဖဲအခိၣ်တိသၣ်လိၤ, ကသ့ၣ်ယူၤ, ကသ့ၣ်ယူၣ်နံၣ်ခီ(န)

unicycle *n* လှၣ်ယီၢ်လၢအပၣ်အိၣ်တခီ

unified *a* ၁. လၢဘၣ်တၢ်မၤကဲထိၣ်အီၤဆူတၢ်တမံၤဃီ, လၢတၢ်သးအိၣ်တဖျၣ်ဃီ

uniform *a* လၢအဒ်သိးသိး

uniform *n* ယူနံဖိ, တၢ်ကူတၢ်ကၤလၢအဒ်သိးသိး, အဒိ, ကို်ဖိအတၢ်ကူတၢ်ကၤ

uniformity *n* တၢ်ဒ်သိးသိးလိာ်သး

unify *v* မၤဒ်သိးလိာ်သး, မၤကဲထိၣ်တၢ်တမံၤဃီ

unilateral *a* တခီပၤ

unimaginable *a* လၢတၢ်ဆိကမိၣ်လၢအဂ့ၢ်တသ့, လၢတၢ်နၢ်ပၢၢ်အီၤတသ့ဂ့ၤဂ့ၤ

unimaginative *a* လၢအတအိၣ်ဒီးတၢ်ဆိကမိၣ်မံ့လၢကဒုးအိၣ်ထိၣ်တၢ်အသိ, လၢတအိၣ်ဒီးတၢ်ဆိကမိၣ်မံ့

unimagined *a* လၢအတဆိကမိၣ်မံ့ဝဲ, လၢတထံၣ်မံ့ဝဲ

unimpaired *a* လၢအတဟးဂူာ်ဟးဂီၤ, လၢအတစၢ်လီၤ, လၢအတဆံးလီၤစုၤလီၤ

unimpassioned *a* လၢအတအိၣ်ဒီးတၢ်သူၣ်ဟူးသးဂဲၤ, လၢအတအိၣ်ဒီးတၢ်သးဂဲၤ

unimpeachable *a* လၢအတပူၤဖျဲးဒီးတၢ်ကမၣ်, လၢအတလၢတပှဲၤ

unimpeded *a* လၢတၢ်တမၤတံာ်တာ်အီၤ, လၢတၢ်နီးတၢ်ဘျးတအိၣ်, လၢတၢ်တြီဃာ်တအိၣ်

unimportant *a* လၢအရှ့တဒိၣ်, လၢအတဒိၣ်တမှၢ်ဘၣ်

unimpressed *a* လၢအတမံသူၣ်မံသး, လၢအတဒုးတံၤသူၣ်တံၤသး, တကျၢၤသူၣ်ကျၢၤသး

unimpressive *a* လၢအတဖျါကဟုကညီၢ်, လၢအတဒုးအိၣ်ထိၣ်တၢ်သးဂဲၤ

unimproved *a* လၢတၢ်တမၤဂ့ၤထိၣ်အီၤဘၣ်

unincreased *a* လၢတၢ်တမၤအါထိၣ်အီၤဘၣ်

uninformed *a* လၢအတသ့ၣ်ညါ, လၢတၢ်တဒုးသ့ၣ်ညါအီၤဒံးဘၣ်

uninhabitable *a* (တၢ်လီၢ်) လၢပှၤအိၣ်ဆိးတသ့

uninhabited *a* လၢတၢ်တအိၣ်ဆိးလၢအပူၤ

uninjured *a* လၢအတဘၣ်ဒိဘၣ်ထံး, လၢအတဟးဂီၤ

uninspired *a* ၁. လၢတဆိကမိၣ်ထိၣ်တၢ်အသိ ၂. လၢအတအိၣ်ဒီးတၢ်သူၣ်ပိါ်သးဝး

uninspiring *a* လၢအတလီၤသူၣ်ပိါ်သးဝး, လၢအတလီၤသးစဲ, လၢအလီၤကၢၣ်လီၤကျူ

uninstall, uninstal *v* ထုးကွံာ်

uninstructed *a* လၢတၢ်တသိၣ်လိနဲၣ်လိအီၤ, လၢတၢ်တဒုးသ့ၣ်ညါအီၤ

unintelligent *a* လၢအသူၣ်တပှ်အသးတဆှါ, လၢအတအိၣ်ဒီးတၢ်ကူၣ်တၢ်ဆး

unintelligible *a* လၢတၢ်သ့ၣ်ညါနၢ်ပၢၢ်အီၤတသ့

unintended *a* လၢတၢ်တမှၢ်လၢ်အပူၤ, လၢတၢ်တတိာ်သူၣ်ဟ်သးအပူၤ

unintentional *a* လၢတၢ်တမှာ်လၢ်ဘၣ်အပူၤ, လၢတၢ်တတိာ်သူၣ်ဟ်သးအပူၤ

uninterested *a* လၢအသးတစဲ

uninteresting *a* လၢအတထုးန့ၢ်ပှၤသး, လၢအလီၤကၢၣ်

uninterrupted *a* လၢအတမၤတံာ်တာ်တၢ်, လၢအတမၤနိးမၤဘျးတၢ်

uninvited *a* လၢတၢ်တကွဲမှာ်အီၤဘၣ်

uninviting *a* လၢအတဖျါဃံဖျါလၤ, လၢအတထုးန့ၢ်သူၣ်ထုးန့ၢ်သး

union *n* ၁. တၢ်စၢဖှိၣ်, စၢဖှိၣ် (တၢ်ကရၢကရိ – ကီၢ်) အဒိ, အမဲရကၤကီၢ်စၢဖှိၣ် ၂. ပှၤမၤတၢ်ဖိကရၢ

unionist *n* ပှၤမၤတၢ်ဖိအကရၢဖိ

unique *a* ၁. ထဲတ (မံၤ) ဒိၤ, ထဲတခါဒိၤ ၂. လီၤဆီ, လၢအတမ့ၢ်ပတီၢ်မုၢ်

unisex *a* ၁. လၢအကြၢးဒီးမုၣ်ခွါခဲလၢာ်အဂီၢ် ၂. လၢမုၣ်ခွါခံမံၤလၢာ်အဂီၢ်

U

unison *n* ၁. တၢ်ကဲထိၣ်အသးတပူၤဃီ ၂. တၢ်ဘၣ်လိာ်ဃူဃီၣ်လိာ်အသး

unit *n* ၁. ယူန့ံး. အဒိ, လံးထၢၣ်, မံးလာ်, ဒံၢ်ကရံၣ် ၂. နီၣ်ဂံၢ် (၁) – (၉) နီၣ်ဂံၢ် လၢတဆံအဖီလာ် ၃. ပှၤတဂၤ, တၢ်တမံၤ, တၢ်တခါ

Unitarian *n* ပှၤလၢအနာ်ထဲယွၤတဂၤဃီ (တမ့ၢ်ယွၤသၢဂၤတဂၤဃီ)

unite *v* ဟ်ဖှိၣ်သကိး, ဟ်ဖှိၣ်ထိၣ်, ဟ်ဖှိၣ်သး

united *a* ၁. လၢအဘၣ်တၢ်ဟ်ဖှိၣ်အီၤတမံၤဃီ ၂. လၢအအိၣ်ထိၣ်လၢတၢ်တမံၤဃီအပူၤ ၃. လၢအဘၣ်တၢ်ဒုးစဲဘူးဃုာ်

United Kingdom *n* ယူၣ်နဲးတဲးခ့ဒဲ(မ), ကီၢ်အဲကလံး

United Nations *n* ဘီမုၢ်စၢဖှိၣ်ကရၢ

United States *n* အမဲရကၤကီၢ်စၢဖှိၣ် (US or USA)

unity *n* တၢ်ဃူတၢ်ဖိး, တၢ်တမံၤဃီ

Univ. *abbre* ဖ့ၣ်စိမီၤ (University)

universal *a* ၁. ဘၣ်ဃးကီၢ်ကိးဘ့ၣ်ဒဲး ၂. ဘၣ်ဃးဒီးတၢ်ကိးမံၤဒဲး

universalism *n* ၁. တၢ်နာ်လၢပှၤကိးဂၤဒဲး ကတုၤလၢတၢ်အုၣ်က့ၤခီၣ်က့ၤ ၂. တၢ်နၢ်ပၢၢ်ဟိၣ်ခိၣ်ဒီဘ့ၣ်

universalist *n* ပှၤလၢအနာ်လၢပှၤကိးဂၤဒဲး ကတုၤလၢတၢ်အုၣ်က့ၤခီၣ်က့ၤ

universally *adv* ဒ်သိးသိးကိးတီၤဒဲး

universe *n* မူဟီၣ်ကယၢ, မုၢ်, လါ, ဆဉ်တဖၣ်ဒီးမူဖျၢၣ်တဖၣ်ခဲလၢာ်

university *n* ဖ့ၣ်စိမီၤ

unjust *a* တတီတလိၤဘၣ်, တတီတတြၢ်ဘၣ်

unjustifiable *a* လၢတၢ်ဟ်တီဟ်လိၤအီၤတသ့, လၢတၢ်ဒုးနဲၣ်ဖျါအီၤလၢအမ့ၢ်အတီတသ့

unjustified *a* လၢအတမၤတီမၤလိၤ, လၢတၢ်တမၤဘၣ်ဘျိးဘၣ်ဒါအီၤ

unkempt *a* လၢအတဘျ့တဆို, လၢအဖုတရိ

unkept *a* လၢတၢ်တကွၢ်ထွဲအီၤဘၣ်, လၢတၢ်တဟ်အီၤကဆွဲကဆို

unkind *a* လၢတၢ်သးကညီၤတအိၣ်

unknowing *a* လၢအတသ့ၣ်ညါ, လၢအတဟ်သူၣ်ဟ်သး

unknown *a* လၢတၢ်တသ့ၣ်ညါအီၤ, လၢအတညီနုၢ်ညီဘှါ

unknown *n* ၁. ပှၤလၢပတသ့ၣ်ညါအီၤ ၂. တၢ်လၢပတသ့ၣ်ညါအီၤ

unlabored *a* လၢအတလၢာ်ဂံၢ်လၢာ်ဘါ

unlace *v* ယ့ၣ်လီၤ, ဘ့ၣ်လီၤ

unladen *a* လၢအတပဒၢးတၢ်နီတမံၤဘၣ်, လၢအတတီတၢ်နီတမံၤဘၣ်

unladylike *a* လၢအလုၢ်အလါတဖျါဃံဖျါလၤဘၣ်, လၢအတအိၣ်ဒီးပိာ်မုၣ်အသူးသ့ၣ်လၤကပီၤ, လၢအတလီၤက်ဒီးပိာ်မုၣ်လၢအိၣ်ဒီးသူးသ့ၣ်လၤကပီၤ

unlamented *a* လၢအတလီၤသယုၢ်သညီ, လၢအတလီၤမိၣ်လီၤမး

unlatch *v* ဘိၣ်လီၤနီၣ်ကိာ်, ထုးကွံာ်နီၣ်ကိာ်, ထုးကွံာ်နီၣ်ဘျူး

unlawful *a* လၢအတဖိးမံဒီးတၢ်သိၣ်တၢ်သီ, လၢအတဖိးမံဒီးသဲစးတၢ်ဘျၢ

unlawfully *a* လၢအတဖိးမံဒီးတၢ်သိၣ်တၢ်သီ, လၢအတဖိးမံဒီးသဲစးတၢ်ဘျၢ

unlearn *v* မၤဟါမၢ်ကွံာ်လုၢ်လါလၢတဂ့ၤ, မၤလီၤမၢ်ကွံာ်လုၢ်လါလၢအတဂ့ၤ

unlearned, **unlearnt** *a* လၢအတသ့လံာ်သ့လဲ, လၢအတၢ်ကူၣ်ဘၣ်ကူၣ်သ့တအိၣ်

unleavened *a* (ကိၣ်ကုၢ်လိၣ်) လၢတအိၣ်ဒီးကိၣ်မံၣ်

unless *conj* မ့တမ့ၢ်ဘၣ်လၢ

unlettered *a* လၢအကွဲးလံာ်ဖးလံာ်တသ့, လၢအတသ့ကွဲးသ့ဖး

unlicensed *a* လၢအလံာ်ပျဲတအိၣ်, လၢတအိၣ်ဒီးလံာ်ပျဲ

unlighted *a* လၢတဟ့ၣ်ထိၣ်တၢ်ကပီၤ, လၢတအိၣ်ဒီးတၢ်ကပီၤ

unlike *a* တဒ်သိးဘၣ်, လီၤဆီ

unlike *prep* တဒ်သိး, လီၤဆီ

unlikeable, unlikable *a* လၢအတလီၤအဲၣ်လီၤကွံ, လၢအတလီၤဘၣ်သူၣ်ဘၣ်သး

unlikely *adv* ၁. လီၤက်လၢ, ပျ်လဲၣ် ၂. လၢအမၤအသးတသ့, လၢအကဲထိၣ်အသးတသ့

unlimited *a* ၁. လၢတၢ်တဟ်ပနီၣ်အီၤ, လၢတအိၣ်ဒီးတၢ်ဟ်ပနီၣ် ၂. လၢတအိၣ်လၢတၢ်ဟ်ပနီၣ်တကွီၣ်အဖီလာ်, လၢအကတၢၢ်တအိၣ်

unlink *v* ၁. တမၤစဲဘူး, တဒုးဘျးစဲ, တမၤဘျးစဲ ၂. မၤလီၤဖးကွံာ်, ထုးလီၤဖှၣ်ကွံာ်, မၤလီၤဖျဲၣ်ကွံာ်

unlinked *a* ၁. လၢတၢ်တဒုးဘျးစဲဃုာ်အီၤဒီးတၢ်အဂၤဘၣ် ၂. လၢအအိၣ်လီၤဆီ, လၢအအိၣ်လီၤဖး ၃. လၢအတဘၣ်ထွဲဘၣ်ဃးလိာ်သး ၄. (တၢ်ကတိၤ, တၢ်ကွဲး) လၢအတလီၤပလိာ်ပိာ်ထွဲလိာ်အသး

unlisted *a* လၢအတပဉ်ဃုာ်လၢစရီအပူၤ, လၢတၢ်တထၢနုာ်လီၤအီၤလၢစရီအပူၤ, လၢအတအိၣ်လၢစရီအပူၤ, လၢတၢ်တကွဲးနီၣ်လီၤအီၤဘၣ်, လၢတၢ်တမၤနီၣ်မၤဃါအီၤဘၣ်

unlivable *a* လၢအတကြၢးဒီးတၢ်အိၣ်တၢ်ဆိး, လၢပအိၣ်ဆိးလၢအပူၤတသ့

unload *v* ၁. ဟ်လီၤ (တၢ်ပဒၢး), စိာ်လီၤ (တၢ်ပဒၢး) ၂. ထုးထိၣ်ကွံာ် (ကျိချံ)

unlock *v* ၁. ဝံာ်အိးထိၣ်, အိးထိၣ် ၂. မၤဖျါထိၣ်,ဒုးအိၣ်ဖျါထိၣ် ၃. ပူၤဖျဲးထိၣ်, မၤထူၣ်ဖျဲးထိၣ်

unlocked *a* လၢတၢ်တသိးတၢ်ဃာ်အီၤဘၣ်, လၢတၢ်တဝံာ်တံာ်ဃာ်အီၤဘၣ်, လၢတၢ်ဘၣ်ဝံာ်အိးထိၣ်အီၤ

unlooked-for *a* လၢတၢ်တမုၢ်လၢ်ကွၢ်စိဟ်အီၤဘၣ်, လၢတၢ်တကွၢ်လၢ်အီၤဘၣ်

unloose *v* ၁. ဃ့ၣ်လီၤ, ဘိၣ်လီၤ, ထိၣ်ဃ့ၣ်လီၤ, ဘ့ၣ်လီၤ ၂. မၤကျီလီၤ, မၤလီၤကတြူၢ်, မၤလီၤကဆှၣ်

unloveable, unlovable *a* လၢအတလီၤအဲၣ်လီၤကွံ, လၢအတလီၤထုးန့ၢ်သူၣ်ထုးန့ၢ်သး

unloved *a* လၢတၢ်တအဲၣ်အီၤကွံအီၤ, လၢတၢ်တဘၣ်သူၣ်ဘၣ်သးအီၤ

unloveliness *n* တၢ်လၢအတလီၤအဲၣ်လီၤကွံ, တၢ်လၢအတထုးန့ၢ်သူၣ်ထုးန့ၢ်သး

unlovely *a* လၢအတလီၤအဲၣ်လီၤကွံ, လၢအတလီၤထုးန့ၢ်သူၣ်ထုးန့ၢ်သး

unloving *a* လၢအတအဲၣ်တၢ်ကွံတၢ်

unlucky *a* လၢအဘူၣ်အတီၢ်တဂ္ၤ, လၢအတၢ်ဟဲဝံဟဲစိာ်တဂ္ၤ, လၢအတၢ်ဟဲဝံကလၤတဂ္ၤ

unmade *a* ၁. (လီၢ်မံ) လၢတၢ်တဒါလီၤဟ်စၢၤအီၤဘၣ် ၂. (ကျဲ) လၢတၢ်တဘိဘၣ်အီၤဒံးဘၣ်

unmalleable *a* ၁. (စၢ်ထး) လၢတၢ်သိအီၤဘိုအီၤတညီ ၂. လၢတၢ်လုၢ်ဘၢစိကမီၤအီၤတညီ, လၢတၢ်သိၣ်အီၤသီအီၤတညီ

unmanageable *a* လၢတၢ်ပၢတၢ်ဆှၢအီၤတညီ, လၢတၢ်ပၢဆှၢအီၤတန့ၢ်

unmanly *a* လၢပိာ်ခွါအကံၢ်အစီတအိၣ်, လၢတဘၣ်ပိာ်ခွါ, လၢအလီၤပိာ်မုၣ်

unmanned *a* (စဲး) လၢတလိၣ်ပှၤက ညီ, လၢတအိၣ်ဒီးပှၤကညီ
(အဒိ, unmanned aircraft)

unmannered *a* လၢအတဆဲးတလၤ, လၢအတယူးယီၣ်ဟ်ကဲတၢ်, လၢအရၢၢ်အစၢၢ်

unmannerly *a* လၢအတဆဲးတလၤ, လၢအတယူးယီၣ်ဟ်ကဲတၢ်, လၢအရၢၢ်အစၢၢ်

unmarked *a* ၁. လၢတအိၣ်ဒီးတၢ်ပနီၣ် ၂. လၢတၢ်တကွၢ်နီၣ်အီၤဘၣ်, လၢတၢ်မၤနီၣ်မၤဃါတအိၣ်ဘၣ် ၃. လၢတၢ်တသ့ၣ်ညါအီၤဘၣ်

unmarriageable *a* လၢအဖျိအသးတသ့ဒံးဘၣ်, လၢအထိၣ်ဖိန့ၢ်မါန့ၢ်ဝၤတသ့ဒံးဘၣ်, လၢအတကြၢးဆီဟံၣ်ဆီဃီဒံးဘၣ်, လၢအတကြၢးဖျိအသးဒံးဘၣ်

unmarried *a* လၢအတဖျိအသးဒံးဘၣ်, လၢအတဆီဟံၣ်ဆီဃီဒံးဘၣ်, လၢအတထိၣ်ပှၢ်ဒံးဘၣ်, လၢအတထိၣ်ဖိန့ၢ်မါန့ၢ်ဝၤဒံးဘၣ်

unmask *v* ၁. အိးထိၣ်နီၣ်ကျၢ၊်ဘၢမဲာ်, ထုးကွံာ်နီၣ်ကျၢၢ်ဘၢမဲာ် ၂. မၤဖျါထိၣ်အသး, ဟ်ဖျါထိၣ်အသး

unmastered *a* ၁. လၢတနၢ်ပၢၢ်အီၤလၢလၢပုံၤပုံၤ ၂. လၢတဘၣ်တၢ်ပၢဆှၢအီၤ, လၢတဘၣ်တၢ်မၤနၢၤအီၤ

unmatched *a* လၢတၢ်ပြၢအီၤတန့ၢ်, လၢတၢ်ထိၣ်သတြီၤအီၤတန့ၢ်, လၢတၢ်မၤနၢၤအီၤတန့ၢ်, လၢအဂ့ၤလီၤဆီကတၢၢ်

unmeaning *a* လၢအခီပညီတအိၣ်

unmemorable *a* လၢတၢ်သ့ၣ်နီၣ်အီၤအလီၢ်တအိၣ်ဘၣ်, ပတိၢ်မုၢ်

unmentionable *a* လၢတၢ်တဲဖျါထိၣ်အီၤတသ့, လၢတၢ်ယၢၤထိၣ်အီၤတသ့

U

unmentioned *a* လၢတၢ်တယၢၤထိဉ်အီၤဘဉ်, လၢတၢ်တတဲဖျါထိဉ်အီၤဘဉ်, လၢတၢ်တဟ်ဖျါထိဉ်အီၤဘဉ်
unmerciful *a* လၢတၢ်သူဉ်ကညီၤသးကညီၤတအိဉ်, လၢအတသးကညီၤတၢ်
unmerited *a* လၢအတကၢကီဉ်ဒီးအီၤဘဉ်, လၢအတကြၢးဒီးန့ၢ်ဝဲဘဉ်
unmet *a* လၢတၢ်တမၤလၢပှဲၤအီၤဘဉ်, လၢတၢ်တမၤသးမံအီၤဘဉ်
unmindful *a* လၢအတသ့ဉ်ညါနၢ်ပၢၢ်တၢ်, လၢအတဟ်ကဲတၢ်, လၢအတဒိကနဉ်တၢ်လီၤတံၢ်လီၤဆဲး
unmissable *a* လၢတၢ်လဲၤကဟ်ကွံာ်အီၤတသ့
unmistakable, unmistakeable *a* လၢအကမဉ်တန့ၢ်, လၢအကမဉ်တသ့
unmitigated *a* ၁. လၢအတလီၤစၢ်, လၢအတကိညၢ်ထိဉ်ဘဉ် ၂. လၢာ်လၢာ်ဆ့ဆ့
unmixed *a* လၢတၢ်တကျဲဉ်ကျီအီၤဘဉ်, လၢတၢ်တဃါယှာ်အီၤဘဉ်
unmodifiable *a* လၢတၢ်လဲလိာ်အီၤတသ့, လၢတၢ်ဆီတလဲအီၤတသ့
unmodified *a* လၢတၢ်တဆီတလဲအီၤ, လၢတၢ်တလဲလိာ်အီၤ
unmoistened *a* လၢအတစုဉ်စီဉ်ဘဉ်
unmolested *a* လၢတၢ်တမၤတံာ်တာ်အီၤဘဉ်
unmoulded, unmolded *a* လၢတၢ်တသိန့ၢ်အီၤဘဉ်
unmoved *a* လၢအသးတထိဉ်ဂဲၤထိဉ်ဘဉ်, လၢအိဉ်ဒ်အတၢ်, လၢအသးအိဉ်ဂၢၢ်တပၢၢ်, လၢအတသုးသး
unmoving *a* လၢအတဟူးတဂဲၤ, လၢအအိဉ်ဂၢၢ်တပၢၢ်
unmuffled *a* လၢတၢ်တကျၢၢ်ဘၢအီၤဒ်သိးအကလုၢ်ကဆံးလီၤဘဉ်, လၢတမၤဆံးလီၤတၢ်ကလုၢ်အသီဉ်
unmusical *a* ၁. လၢတအိဉ်ဒီးတၢ်ဒ့တၢ်အူတၢ်သူဉ်ဝံဉ်သးဆၢဘဉ်, လၢအတမ့ာ်ဘဉ် ၂. လၢအတသးစဲတၢ်ဒ့တၢ်အူတၢ်သူဉ်ဝံဉ်သးဆၢ
unmuzzle *v* ၁. တဖျိဉ်ဃာ်တၢ်အနိး, တဖျိဉ်ဃာ်တၢ်အကိာ်ပူၤ ၂. ပူၤဖျဲးထိဉ်လၢတၢ်ဖိဉ်ဃံး, သဘျ့ထိဉ်လၢတၢ်ဖိဉ်ဃံး
unnamed *a* လၢတၢ်တယၢၤထိဉ်အမံၤ, လၢအမံၤတဖျါ
unnatural *a* လၢအတမ့ၢ်ဒ်နဆၢဉ်အသိး, လၢတကဲထိဉ်ဒဉ်အတၢ်
unnavigable *a* လၢချံကဘီလဲၤတၢ်တသ့
unnecessary *a* လၢအတလိဉ်ဘဉ်, လၢအလီၢ်တအိဉ်ဘဉ်
unneighbourly, unneighborly *a* လၢအတအဲဉ်ပှၤလၢအခိဉ်အဃၢၤ, လၢအတရှလိာ်သးဒီးပှၤလၢအခိဉ်အဃၢၤ
unnerve *v* မၤစုၤလီၤပှၤအတၢ်နာ်န့ၢ်လီၤသး, မၤလီၤပှၤအသးဂံၢ်ဘါ, မၤဟးဂီၤပှၤအတၢ်သးရူတလှၢ်
unnoted *a* လၢတၢ်တမၤနီဉ်လီၤအီၤဘဉ်, လၢတၢ်တကွဲးနီဉ်လီၤအီၤဘဉ်
unnoticeable *a* ၁. လၢတၢ်ထံဉ်အီၤတသ့တညီ ၂. လၢတၢ်ကွၢ်အီၤတဖျါ ၃. လၢတၢ်တိၢ်နီဉ်ဖံးဃာ်အီၤတန့ၢ်, လၢတၢ်တိၢ်နီဉ်ဖံးဃာ်အီၤတသ့
unnoticed *a* လၢတၢ်တဟ်သူဉ်ဟ်သးအီၤဘဉ်, လၢတၢ်တထံဉ်ချူးအီၤဘဉ်, လၢတၢ်တသ့ဉ်ညါချူးဘဉ်
unnumbered *a* ၁. လၢတၢ်တထိထိဉ်အနီဉ်ဂံၢ်ဘဉ်, လၢအနီဉ်ဂံၢ်တအိဉ် ၂. လၢတၢ်ဂံၢ်အီၤတသ့
unobjectionable *a* လၢတၢ်သမၢအီၤတသ့, လၢတၢ်ဂ့ၢ်လိာ်ထီဒါအီၤအလီၢ်တအိဉ်ဘဉ်
unobliging *a* လၢအသးတအိဉ်မၤစၢၤတၢ်ဘဉ်
unobservant *a* ၁. လၢအတကွၢ်နီဉ်တၢ်ထံထံဆးဆးဘဉ် ၂. လၢအတတိၢ်နီဉ်ဖံးဃါမၤထွဲတၢ်လီၤတံၢ်လီၤဆဲး
unobserved *a* လၢတၢ်တထံဉ်အီၤ, လၢတၢ်တဟ်သူဉ်ဟ်သးအီၤ
unobstructed *a* လၢတၢ်တြီမၤတံာ်တာ်တအိဉ်, လၢတၢ်နိးတၢ်ဘျးတအိဉ်
unobtainable *a* ၁. လၢတၢ်မၤအီၤတန့ၢ်, လၢတၢ်မၤန့ၢ်အီၤတသ့ ၂. (လီတဲစိ) လၢပှၤကိးတဟူဘဉ်

unobtrusive *a* လၢအတဟ့ၣ်ကူၣ်ဆူၣ်ပှၤ, လၢအတသ္ဒိနၣ်ဆူၣ်တၢ်, လၢအတမၢဆူၣ်တၢ်, လၢအတလဲၤနၣ်ဆူၣ်ဘၣ်

unoccupied *a* ၁. လၢအအိၣ်ကလီ, လၢအအိၣ်သဘှ့, လၢတၢ်တလဲၤအိၣ်လၢအပူၤဒံး ဘၣ် ၂. လၢတၢ်တပၢအီၤဘၣ်

unoffending *a* ၁. လၢအတဒုးအိၣ်ထီၣ်တၢ် တြီမၤတံၢ်တၢ်, လၢအတဒုးအိၣ်ထီၣ်တၢ်နိးတၢ် ဘျုး ၂. လၢအတဒုးအိၣ်ထီၣ်တၢ်သူၣ်ထီၣ်သးဟ့, တၢ်ထီဒုၣ်ဒါလိာ်သးဘၣ်

unofficial *a* လၢအတဖိးသဲစး

unopposed *a* လၢတၢ်ထီဒါအီၤတအိၣ်ဘၣ်

unordained *a* လၢအတဒိးဟ်စုဒံးဘၣ်

unorganized, **unorganised** *a* ၁. လၢ တအိၣ်လၢအလီၢ်အကျဲ, လၢတအိၣ်ဒီးတၢ်ရဲၣ်တၢ် ကျဲၤ ၂. လၢတၢ်ကရၢကရိပၢဆှၢအီၤတအိၣ်ဘၣ်

unoriginated *a* ၁. လၢအခီၣ်ထံးခီၣ်ဘိတ အိၣ်ဘၣ် ၂. လၢတၢ်တစးထီၣ်အီၤဒံးဘၣ်, လၢ တၢ်တဒုးအိၣ်ထီၣ်အီၤဒံးဘၣ်

unorthodox *a* လၢအတဟံးန့ၢ်တၢ်သိၣ်တၢ် သီဒ်ပှၤအါဂၤတူၢ်လိာ်အါတက့ၢ်, လၢအတလူၤပိာ် မၤထွဲတၢ်သိၣ်တၢ်သီဒ်ပှၤအါဂၤတူၢ်လိာ်ဝဲအါတ က့ၢ်, လၢအတစူၢ်နာ်တၢ်ဒ်တၢ်အလုၢ်အလၢ်အိၣ်ဟ် စၢၤဝဲအသိး

unpack *v* ၁. ဃ့ၣ်လီၤ, ဘီၣ်လီၤ, ဘ့ၣ်လီၤ, အီးထီၣ် ၂. မၤညီထီၣ်, တဲညီထီၣ်

unpaid *a* ၁. လၢတဒိးန့ၢ်တၢ်ဘူးတၢ်လဲ, လၢ တမၤန့ၢ်တၢ်ဘူးတၢ်လဲ ၂. လၢတၢ်တဟ့ၣ်ဘၣ်အ ပှ့ၤဒံးဘၣ်

unpalatable *a* ၁. လၢပဆိကမိၣ်အီၤတမှာ် ဘၣ် ၂. လၢပအိၣ်တဘဲဘၣ်, လၢတဘၣ်ထးခိၣ် ဘၣ်

unparallel *a* လၢတၢ်ပြၢအီၤတန့ၢ်, လၢတၢ် ထိၣ်သတြီၤအီၤတန့ၢ်, လၢတၢ်မၤနၢၤအီၤတန့ၢ်, လၢအဂ့ၤလီၤဆီကတၢၢ်

unpardonable *a* လၢတၢ်ပျဲပူၤအီၤတသ့, လၢတၢ်ပျ့ၢ်အတၢ်ကမၣ်တန့ၢ်

unparliamentary *a* လၢအထီဒါဘျိၣ်ဒိၣ် အတၢ်သိၣ်တၢ်သီ, လၢအတလူၤပိာ်မၤထွဲဘျိၣ်ဒိၣ် အတၢ်သိၣ်တၢ်သီ

unpaved *a* လၢတၢ်တဒါလီၤက်လၢၢ်ဒါဒံး ဘၣ်, လၢတၢ်တဒါလီၤကျဲဒံးဘၣ်

unpeeled *a* လၢတၢ်တအီးကွံာ်အဖံးဘ့ၣ်ဒံး ဘၣ်, လၢတၢ်တအုၣ်ကွံာ်အဖံးဒံးဘၣ်, လၢတၢ်တ ဘျၣ်ကွံာ်အဖံးဒံးဘၣ်

unperceived *a* လၢတၢ်တထံၣ်သ့ၣ်ညါနၢ် ပၢၢ်အီၤဘၣ်

unpersuasive *a* လၢတၢ်ကွဲန့ၢ်လွဲန့ၢ်အီၤတ န့ၢ်, လၢတၢ်မၤန့ၢ်ဆိၣ်ခံအီၤတန့ၢ်

unperturbed *a* လၢအသးတဘၣ်တံာ်တၢ် ဘၣ်, လၢအသးတဘၣ်ကိၢ်ဘၣ်ဂီၤဘၣ်

unpleasant *a* လၢအတမှာ်ဘၣ်ပှၤဘၣ်, လၢအတမှာ်တလၢ

unplenished *a* လၢတၢ်တမၤပှဲၤထီၣ်က့ၤ အီၤဒံးဘၣ်

unplug *v* တဒုးဘျးစဲလၢၤ, ထုးကွံာ် (မ့ၣ်အူ ပျံၤ)

unpolished *a* လၢအတဘျ့ကဆှၣ်ဒံးဘၣ်, လၢတၢ်တမၤဘျ့ကဆှၣ်အီၤဒံးဘၣ်

unpopular *a* လၢအမံၤတဟူသၣ်တဖျါ, လၢအမံၤတဒိၣ်ဘၣ်

unprecedented *a* လၢတမၤတ့ၢ်သးလၢအ ပူၤကွံာ်နီတဘျီ

unpredictable *a* လၢတၢ်ထံၣ်ဆိဟ်စၢၤအီၤ တသ့, လၢတၢ်တဃာ်ဆိဟ်စၢၤအီၤတသ့

unprejudiced *a* ၁. လၢအသူၣ်တက့ၣ်သး တကါ, လၢအပူၤဖျဲးဒီးတၢ်သူၣ်က့ၣ်သးကါ ၂. လၢအတမၤဟးဂူာ်ဟးဂီၤတၢ်, လၢအတမၤဘၣ်ဒိ မၤဟးဂီၤတၢ်

unpremeditated *a* လၢတၢ်တကူၣ်ထီၣ်ဖး လီၤဆိဟ်စၢၤအီၤ

unprepared *a* လၢတအိၣ်ကတဲာ်ကတီၤအ သးဒံးဘၣ်, လၢတၢ်တကတဲာ်ကတီၤဟ်အီၤဘၣ်

unpretentious *a* လၢအတဟ်ဒိၣ်ဟ်လၤအ သးဘၣ်

unprincipled *a* လၢအသးတဆးဘၣ်

unproductive *a* ၁. လၢအသူအသၣ်တ ထိၣ်ဘၣ် ၂. လၢအတသၣ်ထိၣ်ဖီထိၣ်ဘၣ်, လၢ အတဒုးမဲထိၣ်သၣ်ထိၣ်တၢ်

unprofessional *a* ၁. လၢအမၤတၢ်တဘၣ် ကျဲဘၣ်, လၢအတဒ်သိးဒီးတၢ်ဖံးတၢ်မၤအလုၢ်အ လၢ်ဘၣ် ၂. လၢအတစဲၣ်နီၤ, လၢအတၢ်သ့တၢ် ဘၣ်တတုၤထိၣ်ထိၣ်ဘး, လၢအမၤတၢ်တသ့

U

unprofitable *a* လၢအတကဲဘျုးကဲဖှိၣ်ဘၣ်, လၢအဘျုးတအိၣ်ဘၣ်, လၢအတၢ်ဘၣ်ဘျုးတအိၣ်ဘၣ်, လၢအတၢ်နှၢ်ဘျုးတအိၣ်ဘၣ်

unpromising *a* လၢအတနးအိၣ်ထိၣ်တၢ်မှၢ်လၢ်ဘၣ်, လၢအတဟ့ၣ်တၢ်မှၢ်လၢ်ဘၣ်, လၢပမှၢ်လၢ်တၢ်လၢအီၤအလီၢ်တအိၣ်ဘၣ်

unprotected *a* ၁. လၢတၢ်တကဟုဘံၣ်ကယာ်ဘၢအီၤဘၣ်, လၢတၢ်တဒီသဒၢအီၤဘၣ် ၂. လၢတအိၣ်ဒီးတၢ်ဒီသဒၢ

unprovoked *a* လၢတၢ်တမၤသးထီၣ်အီၤဘၣ်, လၢတၢ်တဃုအီၤတၢ်အ့ၣ်လိာ်ဘၣ် လၢအသးထီၣ်ဒၣ်အတၢ်

unpublished *a* လၢတၢ်တထုးထီၣ်ရၤလီၤအီၤဖံးဘၣ်, လၢတၢ်တရၤလီၤဒုးသ့ၣ်ညါအီၤဖံးဘၣ်

unpunished *a* လၢတၢ်တစံၣ်ညီၣ်အီၤဘၣ်

unqualified *a* ၁. လၢအကံၢ်အစီတတုၤထိၣ်ထိၣ်ဘးဘၣ် ၂. လၢအတကြၢးဝဲဘၣ်ဝဲ

unquenchable *a* လၢတၢ်မၤသးမံအီၤတသ့, လၢတၢ်မၤသးမံအီၤတန့ၢ်

unquestionable *a* လၢတၢ်သံကွၢ်အီၤအလီၢ်တအိၣ်ဘၣ်

unquestioned *a* ၁. လၢတၢ်တသံကွၢ်လၢၤအီၤနီတမံၤ ၂. လၢတၢ်တအၢၣ်လီၤတူၢ်လိာ်အီၤနီတမံၤ

unquiet *a* လၢအအိၣ်ဂၢၢ်တကဲ, လၢအမၤသးသူဂဲၤတၢ်

unratified *a* လၢတၢ်တဟ်ဂၢၢ်ဟ်ကျၢၤအီၤဖံးဘၣ်, လၢတၢ်တမၤဂၢၢ်မၤကျၢၤအီၤဖံးဘၣ်

unravel *v* ၁. ဆိကမိၣ်ကွၢ်ထံကွၢ်ဆးတၢ် ၂. ဃ့ၣ်လီၤကွံာ်, ဘှါလီၤကွံာ် ၃. ဟးဂီၤကွံာ်ကယီကယီ, လီၤပအၣ်ကွံာ်

unread *a* လၢတၢ်တဖးဘၣ်အီၤဖံးဘၣ်

unreadable *a* လၢတၢ်ဖးအီၤတသ့, လၢတဖျါဆှံဘၣ်, လၢအခ်ီပညီတဆှံဘၣ်

unready *a* လၢအတအိၣ်ကတဲာ်ကတီၤအသးဖံးဘၣ်

unreal *a* လၢအတမ့ၢ်တၢ်နီၢ်နီၢ်, လၢအတမ့ၢ်တၢ်နီၢ်ကီၢ်ဘၣ်

unrealistic *a* လၢအကဲထီၣ်သးနီၢ်နီၢ်တသ့, လၢအတဟ်ဖျါထိၣ်တၢ်အနီၢ်နီၢ်

unrealized, unrealised *a* ၁. လၢအတကဲထီၣ်လိၣ်ထိၣ် ၂. လၢအတသ့ၣ်ညါနၢ်ပၢၢ်ဝဲ ၃. လၢတၢ်ဆီတလဲကူၤ (တၢ်စုလီၢ်ခီၣ်ခိၣ်) ဆူကျိၣ်စ့တသ့

unreasonable *a* ၁. လၢအဂ့ၢ်အပီၢ်တအိၣ် ၂. လၢအတကြၢးဝဲဘၣ်ဝဲ

unreasoning *a* လၢအတအိၣ်ဒီးတၢ်ဆိကမိၣ်ထံဆိကမိၣ်ဆးတၢ်, လၢအတဆိကမိၣ်ထံဆိကမိၣ်ဆးတၢ်

unrebuked *a* လၢတၢ်တသိၣ်ကူၤသီကူၤအီၤ, လၢတၢ်တသိၣ်ဃီၣ်သီဃီၣ်အီၤဘၣ်

unreclaimed *a* ၁. လၢတၢ်တဃုကူၤအီၤဘၣ် ၂. လၢတၢ်တဘိုဘၣ်မၤဂ့ၤထိၣ်အီၤဘၣ်

unrecognizable, unrecognisable *a* ၁. လၢတၢ်ကွၢ်နီၣ်ဘၣ်အီၤကီ, လၢတၢ်ကွၢ်နီၣ်အီၤတဘၣ် ၂. လၢတၢ်တကြၢးသ့ၣ်ညါဟ်ပနီၣ်အီၤဘၣ်

unrecognized, unrecognised *a* ၁. လၢတၢ်ကွၢ်နီၣ်အီၤတဘၣ်, လၢတၢ်မၤနီၣ်အီၤတဘၣ် ၂. လၢတဘၣ်တၢ်သ့ၣ်ညါဟ်ပနီၣ်အီၤဘၣ်

unrecompensed *a* ၁. လၢအတဟ့ၣ်မၤဘျုးကူၤတၢ်, လၢအတဟ့ၣ်ဘျုးဟ့ၣ်ဖှိၣ်ကူၤတၢ် ၂. လၢတၢ်တဟ့ၣ်အိၣ်လီးကူၤတၢ်

unrecorded *a* လၢတၢ်တကွဲးနီၣ်ကွဲးဃါလီၤအီၤဘၣ်, လၢတၢ်တမၤနီၣ်မၤဃါအီၤဘၣ်

unrectified *a* လၢတၢ်တဘိုဘၣ်ကူၤအီၤဖံးဘၣ်, လၢတၢ်တမၤဘၣ်ကူၤအီၤဖံးဘၣ်

unrecurring *a* လၢအတကဲထီၣ်ကူၤအသး, လၢအတမၤကဒီးအသး

unredeemable *a* ၁. လၢတၢ်ပှ့ၤကူၤအီၤတသ့, လၢတၢ်ရှထိၣ်ကူၤအီၤတသ့ ၂. လၢတၢ်အုၣ်ကူၤခီၣ်ကူၤအီၤတသ့

unredeemed *a* ၁. လၢတၢ်တပှ့ၤကူၤအီၤ, လၢတၢ်တရှထိၣ်ကူၤအီၤ ၂. လၢတၢ်တအုၣ်ကူၤခီၣ်ကူၤအီၤ

unrefined *a* ၁. လၢတၢ်တမၤဆှံထိၣ်အီၤ, လၢတဘၣ်တၢ်မၤကဆိုထိၣ်အီၤ ၂. လၢတဘၣ်တၢ်မၤဂ့ၤထိၣ်ကူၤအီၤ ၃. လၢအတကဆို, လၢအတစီဆှံ ၄. လၢအတသံၣ်စူးဆဲးလၢ, လၢအရၢၢ်အစၢၢ်

U

unreformed *a* ၁. လၢတၢ်တမၤဂ့ၤထီဉ်က့ၤအီၤဒံးဘဉ်, လၢတၢ်တဘိုသီထီဉ်က့ၤအီၤဒံးဘဉ် ၂. လၢအတမၤဂ့ၤထီဉ်က့ၤအသးဒံးဘဉ်

unrefuted *a* ၁. လၢတၢ်တဂ့ၢ်လိာ်ဘိုလိာ်အီၤဘဉ်, လၢတၢ်တသမၢထီဒါအီၤဘဉ် ၂. လၢအစံးလၢအဘဉ်, လၢအဒုးနဲဉ်ဖျါထီဉ်လၢအဘဉ်, လၢအဒုးနဲဉ်ဖျါထီဉ်လၢတကမဉ်ဘဉ်

unregarded *a* ၁. လၢအတကနဉ်ယှာ်ဝဲ, လၢအတဟ်ကဲဝဲ, လၢအတသ့ဉ်ညါဟ်ကဲဝဲ ၂. လၢအတဆိကမိဉ်ဝဲလၢအဂ့ၢ်

unregenerate *a* ၁. လၢတၢ်တမၤမူထီဉ်ဂဲၤထီဉ်အီၤဘဉ်, လၢအတဒိးန့ၢ်သူဉ်သီသးသီဒံးဘဉ် ၂. လၢတၢ်တမၤသီထီဉ်က့ၤအီၤဘဉ်, လၢတၢ်တဒုးအိဉ်ထီဉ်က့ၤအီၤဘဉ်, လၢတၢ်တမၤကဲထီဉ်လိဉ်ထီဉ်က့ၤအီၤဘဉ်, လၢတၢ်တဒုးကဲထီဉ်လိဉ်ထီဉ်က့ၤအီၤဘဉ်, လၢတၢ်တထုးထီဉ်ကဒါက့ၤအီၤဘဉ်

unregenerated *a* လၢအတဆီတလဲအသူဉ်အသးဘဉ်, လၢအတအဲဉ်ဒိးဆီတလဲအသးဘဉ်, လၢအတန့ၢ်သူဉ်သီသးသီဒံးဘဉ်

unregistered *a* လၢအတပဉ်ယှာ်လၢစရီအပူၤ, လၢတၢ်တထၢနှာ်လီၤအီၤလၢစရီအပူၤ, လၢအတအိဉ်လၢစရီအပူၤ, လၢတၢ်တကွဲးနီဉ်လီၤအီၤဘဉ်, လၢတၢ်တမၤနီဉ်မၤဃါအီၤဘဉ်

unregretted *a* ၁. လၢအတသ့ဉ်နီဉ်ပီၢ်ယၢ်လီၤက့ၤအသး, လၢအတလီးကီကဒါက့ၤတၢ် ၂. လၢအတသးအုးဘဉ်

unrehearsed *a* ၁. လၢအတဂဲၤလိထံက့ၤအသး, လၢအတမၤလိထံက့ၤအသး ၂. လၢအတအိဉ်ကတဲာ်ကတီၤအသး

unrelated *a* ၁. လၢအတဘဉ်ထွဲလိာ်အသး, လၢအတဘဉ်ဃးလိာ်အသး ၂. လၢအတဒီဘူးဒီတံၢ်လိာ်အသး, လၢအတဟဲလီၤစၢၤတနူဉ်ဃီတထၢဃီဘဉ်

unrelenting *a* ၁. လၢအတၢ်သးကညီၤတအိဉ်, လၢအတမၤကပုာ်လီၤအသး, လၢအတမၤစၢ်လီၤအသး, လၢအဆူဉ်အကိၢ် ၂. လၢအယံာ်အထၢ, လၢအကတၢၢ်တအိဉ်

unreliable *a* ၁. လၢတၢ်နာ်န့ၢ်အီၤတသ့ ၂. လၢပဒိးသန့ၤထီဉ်ပသးတသ့, လၢတၢ်ဒိးသန့ၤထီဉ်သးလၢအီၤတသ့

unrelieved *a* ၁. လၢအတဆီတလဲအသးဘဉ်, လၢအတကိညၢ်ထီဉ်ဘဉ်, လၢအတမှာ်တပၢၤဘဉ် ၂. လၢအတမၤစၢၤတၢ်ဘဉ်

unremediable *a* ၁. လၢတၢ်ယါဘျါအီၤတသ့ ၂. လၢတၢ်ဘိုဘဉ်မၤဂ့ၤထီဉ်က့ၤအီၤတသ့

unremitting *a* လၢအကဲထီဉ်အသးတပယူာ်ဃီ, လၢအမၤအသးတပယူာ်ဃီ

unrented *a* လၢအတဘဉ်တၢ်ဒိးလဲလီၤအီၤဘဉ်

unrepaired *a* လၢတၢ်တဘိုက့ၤအီၤဘဉ်, လၢတၢ်တဘိုဘဉ်မၤဂ့ၤက့ၤအီၤဘဉ်

unrepealed *a* (တၢ်သိဉ်တၢ်သီ) လၢတၢ်တမၤဟးဂီၤအီၤဒံးဘဉ်, လၢတၢ်တထုးကွံာ်အီၤဒံးဘဉ်

unrepentant *a* လၢအတသ့ဉ်နီဉ်ပီၢ်ယၢ်က့ၤအသးဘဉ်, လၢအတပီၢ်ယၢ်လီၤက့ၤအသးဘဉ်

unrepented *a* လၢအတသ့ဉ်နီဉ်ပီၢ်ယၢ်က့ၤအသးဘဉ်, လၢအတပီၢ်ယၢ်လီၤက့ၤအသးဘဉ်

unrepenting *a* လၢအတသ့ဉ်နီဉ်ပီၢ်ယၢ်က့ၤအသးဘဉ်, လၢအတပီၢ်ယၢ်လီၤက့ၤအသးဘဉ်

unreplenished *a* လၢတၢ်တမၤပွဲၤက့ၤအီၤဘဉ်

unreported *a* လၢတၢ်တဟ်ဖျါထီဉ်အီၤဘဉ်, လၢတၢ်တဒုးသ့ဉ်ညါအီၤဘဉ်

unreproved *a* ၁. လၢတၢ်တစံးအၢစံးသီအီၤဘဉ်, လၢတၢ်တဟ်ဒ့ဉ်ဟ်ကမဉ်အီၤဘဉ် ၂. လၢတၢ်တဒူအလီၤဘဉ်, လၢတဘဉ်တၢ်သိဉ်က့ၤသီက့ၤအီၤဘဉ်

unrequited *a* ၁. လၢအတဟ့ဉ်ဆၢက့ၤတၢ်, လၢအတဟ့ဉ်မၤဘျုးဆၢက့ၤတၢ် ၂. လၢအတဟ့ဉ်လီးက့ၤတၢ်

unreserved *a* ၁. လၢအတပၢၤအသးဘဉ်, လၢအတဟ်ခူသူဉ်တၢ်လၢအသးပူၤဘဉ် ၂. လၢတၢ်တပ့ၢ်ဆိဟ်စၢၤအီၤဘဉ်, လၢတၢ်တမၤလိာ်ဟ်စၢၤအီၤဘဉ်

unresisted *a* လၢတၢ်တပၢၢ်ဆၢထီဒါအီၤဘဉ်, လၢတၢ်တခီဉ်ဆၢအီၤဘဉ်, လၢတၢ်တထီဒါအီၤဘဉ်, လၢတၢ်တတြီမၤတံာ်တာ်အီၤဘဉ်

unresolved *a* ၁. လၢအတဟ်လီၤအသးဃါမနၤ, လၢအတဟ်လီၤအသးကျၢၤမုဆူဘဉ် ၂. လၢတၢ်တဃ့ဉ်လီၤဘ့ါဘဉ်အီၤ (ဒံး) ဘဉ်, လၢ

U

တၢ်တဃုထံဉ်န့ၢ်အစၢ (ဒ်း) ဘဉ် ၃. လၢတၢ်တပဲာ်ဖးနီၤဖးလီၤအီၤဘဉ်

unresponsive *a* လၢတၢ်တစီဆၢကၢ့အီၤဘဉ်, လၢတၢ်တစံးဆၢကၢ့အီၤဘဉ်

unrest *n* ၁. တၢ်တဂၢၢ်တကျၢၤ ၂. တၢ်ပူထိဉ်ဘးလီ ၃. တၢ်တအိဉ်ဂၢၢ်တပၢၢ်, တၢ်တအိဉ်ဘံ့းအိဉ်သါ

unrestrained *a* ၁. လၢအတကီၤအသး, လၢအတပၢၤသူဉ်ပၢၤသး ၂. လၢတၢ်တတြီအီၤဘဉ်, လၢတၢ်တြီတအိဉ်, လၢတၢ်တဖီဉ်ဃံးအီၤဘဉ်, (ပျံၤ) လၢတၢ်တထုးဃံးအီၤဘဉ်

unrestricted *a* လၢတၢ်တဖီဉ်ဃံးအီၤဘဉ်, လၢတၢ်တတြီအီၤဘဉ်, လၢတၢ်တမၤဃံးအီၤဘဉ်, လၢအမၤဒဉ်ဖဲအသး, လၢတအိဉ်ဒီးတၢ်ဟ်ပနီဉ်ဘဉ်

unrewarded *a* ၁. လၢတၢ်တမၤဘျုးဆၢကၢ့အီၤဘဉ် ၂. လၢတၢ်တဟ့ဉ်လၢဟ့ဉ်ကပီၤအီၤဘဉ်

unrewarding *a* လၢအတမၤမံသူဉ်မံသးတၢ်, လၢအတလီၤသးမံ

unripe *a* ၁. (တၤသူတၤသဉ်) လၢအတမံဒံးဘဉ်, လၢအဆၢကတီၢ်တဘဉ်ဒံးဘဉ် ၂. (ပှၤကညီ) လၢအတဒိဉ်တုာ်ခိဉ်ပုံၤဒံးဘဉ်, လၢအတဒိဉ်တုာ်ဒံးဘဉ်

unrivalled, unrivaled *a* လၢတၢ်ပြၢအီၤတန့ၢ်, လၢတၢ်ထိဉ်သတြီၤအီၤတန့ၢ်, လၢတၢ်မၤနၢၤအီၤတန့ၢ်, လၢအဂ့ၤလီၤဆီကတၢၢ်

unroll *v* သလဉ်လီၤ

unruffled *a* ၁. လၢအအိဉ်ဂၢၢ်တပၢၢ် ၂. လၢအသးတအ့နူဘဉ်

unruly *a* နၢ်က့ဉ်, လၢအတဒိးပၢသးဘဉ်

unsaddle *v* ၁. ထုးလီၤကသ့ဉ်ဂီၤကၢ် ၂. မၤလီၤတဲာ်လၢကသ့ဉ်အလီၤ

unsafe *a* လၢအတပူၤဖျဲးဘဉ်, လၢတၢ်ဘံဉ်တၢ်ဘၢတအိဉ်ဘဉ်, လၢတပူၤဖျဲးဒီးတၢ်ဘဉ်ယိဉ်ဘဉ်

unsaid *a* လၢအတတဲဝဲဘဉ်, လၢအတစံးဝဲဘဉ်, လၢအတတဲထိဉ်ဖျဲးတၢ်ဘဉ်

unsaleable, unsalable *a* လၢတၢ်ဆါကွံာ်အီၤတန့ၢ်, လၢတၢ်ဆါကွံာ်အီၤတသ့

unsanitary *a* လၢအတကဆှဲကဆို, လၢအတဂ့ၤလၢတၢ်အိဉ်ဆူဉ်အိဉ်ချ့အဂီၢ်ဘဉ်

unsatisfactory *a* လၢအတဒုးမံသူဉ်မံသးပှၤ, လၢအတကျၢၤသူဉ်ကျၢၤသး, လၢအတမၤတံၤသူဉ်တံၤသးပှၤ

unsatisfied *a* လၢအတလီၤသးမံ, လၢအတမၤမံသူဉ်မံသးပှၤ, လၢအတမၤတံၤသူဉ်တံၤသးပှၤ

unsavoury, unsavory *a* ၁. လၢအတဝံဉ်တဘဲ, လၢအတဝံဉ်တဆၢဘဉ်, လၢအတနၢမူနၢဆိုဘဉ် ၂. လၢအတမှာ်တလၤ

unscathed *a* ၁. လၢအတမၤဘဉ်ဒိဆါတၢ်, လၢအတမၤဘဉ်ဒိဘဉ်ထံးတၢ် ၂. လၢအတပဲၤအၢပဲၤသီတၢ်နးနးကလဲာ်ဘဉ်

unscratched *a* လၢအတဘဉ်ဒိဘဉ်ထံးဘဉ်, လၢအတီၤကွ့တီၤကွီတအိဉ်ဘဉ်

unscrew *v* ဃ့ဉ်လီၤ, ဘီဉ်လီၤ, ဘ့ဉ်လီၤ, တံာ်အီးထိဉ်, တံာ်ထုးထိဉ်

unscrupulous *a* ၁. လၢအတပလိၢ်ပဒီအသးဘဉ်, လၢအတၢ်ပလိၢ်ပဒီသးတအိဉ်ဘဉ် ၂. လၢအသကဲာ်ပဝးတဂ့ၤ, လၢအတတီတလိၤ, လၢအတသ့ဉ်ညါပဲာ်ဖးနီၤဖးတၢ်ဂ့ၤဒီးတၢ်အၢအဆၢ

unseasonable *a* လၢအတဘဉ်ဆၢဘဉ်ကတီၢ်, လၢအကဲထိဉ်သးတဘဉ်ဆၢဘဉ်ကတီၢ်, လၢအမၤအသးတဘဉ်ဆၢဘဉ်ကတီၢ်

unseat *v* ၁. ဒုးဟးထိဉ်ကွံာ်လၢလိၢ်ဆ့ဉ်နီၤ, ထုးကွံာ်လၢအလိၢ်အလၤ ၂. လီၤတဲာ်လၢကသ့ဉ်အလီၤ, မၤလီၤတဲာ်လၢလ့ဉ်ယိၢ်အဖီခိဉ်

unsecured *a* ၁. လၢအတဂၢၢ်တကျၢၤ, လၢအတခၢဉ်, လၢအတဃံးဃီဉ်ဒီဉ်ဘဉ် ၂. လၢအတပူၤဖျဲးဒီးတၢ်ဘဉ်ယိဉ်, လၢအိဉ်ဒီးတၢ်ဘဉ်ယိဉ် ၃. လၢတၢ်ဒီသဒၢအီၤတအိဉ်ဘဉ်, လၢတၢ်ဘံဉ်တၢ်ဘၢတအိဉ်ဘဉ်

unseemly *a* လၢအတကြၢးဝဲဘဉ်ဝဲဒီး, လၢအတကြၢးဒီး

unseen *a* ၁. လၢတၢ်တထံဉ်န့ၢ်ဒံးအီၤ ၂. လၢတၢ်တဟ်သူဉ်ဟ်သးအီၤဘဉ်, လၢတၢ်တသ့ဉ်ညါအီၤနီတဘျီဒံးဘဉ်

unselfish *a* လၢအတဃုထဲအဘျုးဒၣ်ဝဲဘဉ်, လၢအတအဲဉ်လီၤထဲအသးဒၣ်ဝဲဘဉ်

unseparable *a* လၢတၢ်မၤလီၤဖးအီၤတသ့, လၢတၢ်မၤလီၤဆီအီၤတသ့

unserviceable *a* လၢတၢ်စူးကါအီၤတသ့, လၢအတကဲဘျုး

unsettle *v* မၤသးဒ့ဒီ, မၤကိၢ်မၤဂီၤ, တလီၤတံၢ်လီၤဆဲးဘၣ်

unsettled *a* ၁. လၢတၢ်ဃ့ၣ်လီၤဘှါဘၣ်က့ၤအီၤတန့ၢ်ဒံးဘၣ်, လၢတၢ်တမၤဘၣ်လိာ်ဘၣ်စးအီၤဒံးဘၣ် ၂. လၢအထၢၣ်လီၤ၀ီလီၤအသးတန့ၢ်ဒံးဘၣ်, လၢအသူၣ်ထိၣ်အတၢ်အိၣ်မူတန့ၢ်ဒံးဘၣ် ၃. လၢအမၤသးဒ့ဒီတၢ်, လၢအမၤကိၢ်မၤဂီၤတၢ်, လၢအတဂၢၢ်တကျၢၤဘၣ်, လၢအတလီၤတံၢ်လီၤဆဲးဘၣ်

unshaken *a* လၢအတဟူးတ၀းဘၣ်, လၢအအိၣ်ဘှ့ၣ်အိၣ်ဘှီၣ်, လၢအိၣ်ဃိကလာ်, လၢအအိၣ်ဂၢၢ်တပၢၢ်

unshamed *a* လၢအတမဲာ်ဆုးဘၣ်, လၢအတၢ်မဲာ်ဆုးတအိၣ်ဘၣ်

unshaven *a* လၢအတလူၤကွံာ်အဆူၣ်ဘၣ်, လၢအတလူၤ (အခိၣ်ဆူၣ်ခၣ်ဆူၣ်) ဒံးဘၣ်

unsightly *a* လၢပကွၢ်အီၤတဂ့ၤ, လၢပကွၢ်အီၤတမှာ်ဘၣ်, လၢအလာ်အၢ, လၢအတဃံတလၤ

unsigned *a* လၢအတဆဲးလီၤဘၣ်အမံၤဒံးဘၣ်, လၢအတမၤဘၣ်တၢ်အၢၣ်လီၤဒံးဘၣ်, လၢအတမၤလၢ်ဃံးဃာ်ဒံးဘၣ်

unsinkable *a* လၢအလီၤဘျၢတသ့, လၢအလီၤဒးတန့ၢ်

unskilled *a* လၢတအိၣ်ဒီးအကံၢ်အစီတၢ်သ့တၢ်ဘၣ်, လၢအတသ့ဖံးသ့မၤ, လၢအတၢ်စုသ့ခီၣ်ဘၣ်တအိၣ်

unsociable *a* လၢပှၤရှအီၤတမှာ်, လၢအရှပှၤတမှာ်, လၢအရှပှၤတသ့

unsocial *a* ၁. လၢအတၢ်မၤအဆၢကတိၢ်တဘၣ်လိာ်ဒီးပှၤဂၤ ၂. လၢအတၢ်ရှလိာ်မှာ်လိာ်တအိၣ်, လၢအရှပှၤတမှာ်, လၢပှၤရှအီၤတမှာ်

unsold *a* လၢတၢ်တဆါဘၣ်အီၤဘၣ်, လၢတၢ်တပှ့ၤအီၤဘၣ်

unsolicited *a* လၢတၢ်တဃ့အီၤဘၣ်, လၢတၢ်တသးလီအီၤဘၣ်, လၢတၢ်တဃ့ကညးအီၤဘၣ်, လၢတၢ်တမၤန့ၢ်ဆိၣ်ခံအီၤဘၣ်

unsolved *a* ၁. လၢတၢ်တဃ့ၣ်လီၤဘှါဘၣ်အီၤဘၣ် ၂. လၢတၢ်တထံၣ်န့ၢ်အီၤဘၣ်, လၢဃုထံၣ်အစၢတန့ၢ်, လၢတၢ်တထံၣ်န့ၢ်အစၢဘၣ်

unsophisticated *a* ၁. လၢအတၢ်လဲၤခီဖျိစှၤ, လၢအတၢ်သ့ၣ်ညါနၢ်ပၢၢ်စှၤ ၂. လၢအတချူးစိၤ, လၢအတလူၤထိၣ်စိၤခ့ခါဆၢကတိၢ် ၃. ပတိၢ်မုၢ်, ယိယိ

unsound *a* ၁. လၢတအိၣ်ဆူၣ်အိၣ်ချ့, လၢအတပှၤဖျဲးဒီးတၢ်ဆါ ၂. လၢအဂ့ၢ်အကျိၤတအိၣ်လီၤတံၢ်လီၤဆဲး ၃. လၢတၢ်နာ်န့ၢ်အီၤတသ့, လၢတၢ်တူၢ်လိာ်အီၤတသ့ ၄. လၢအဟးဂူာ်ဟးဂီၤ, လၢအတကျၢၤ, လၢအဘူးကလီၤပှိၢ်

unsparing *a* ၁. လၢအတသူကတီၤတၢ်, လၢအတစူးကါကတီၤတၢ်, လၢအဟ့ၣ်တၢ်ညီ ၂. လၢအတၢ်ဟ်သးလဲၢ်, လၢအတၢ်ထံၣ်သ့ၣ်ညါထိ ၂. လၢအတအိၣ်ဒီးတၢ်သးကညီၤ

unspeakable *a* ၁. လၢအတဲတၢ်တထိၣ်ဖျဲး, လၢတဲလၢအဂ့ၢ်တလၢာ်တသ့, လၢတၢ်တဲဖျါထိၣ်အီၤတသ့ ၂. လၢအအၢဒိၣ်မး

unspecified *a* လၢတၢ်တဃၢၤထိၣ်အီၤလီၤလီၤဆီဆီဘၣ်, လၢတၢ်တတဲဖျါထိၣ်အီၤလီၤတံၢ်လီၤဆဲးဘၣ်, လၢတၢ်တဟ်ဖျါထိၣ်အီၤလီၤလီၤဆီဆီဘၣ်

unspoiled, unspoilt *a* လၢတၢ်တမၤဟးဂူာ်ဟးဂီၤအီၤဘၣ်, လၢအတဟးဂူာ်ဟးဂီၤဘၣ်

unspoken *a* လၢအတတဲဝဲဘၣ်, လၢအတစံးဝဲဘၣ်, လၢအတတဲထိၣ်ဖျဲးတၢ်ဘၣ်

unsportsmanlike *a* လၢတအိၣ်ဒီးပှၤဂဲၤလိာ်ကွဲဖိအသးဘၣ်, လၢအသးတဘျၢလၢတၢ်ဂဲၤလိာ်ကွဲအပူၤဘၣ်

unstable *a* လၢအတဂၢၢ်တကျၢၤဘၣ်, ကဒံကဒါ

unsteady *a* လၢအတဂၢၢ်တကျၢၤဘၣ်, ကဒံကဒါ

unstinting *a* လၢအတပံာ်သံကီသံဘၣ်, လၢအဟ့ၣ်တၢ်ညီ, လၢအစုညီ, လၢအတကတီၤတၢ်ဘၣ်

unstoppable *a* လၢတၢ်ပတုာ်အီၤတန့ၢ်, လၢတၢ်ဆိကတိၢ်အီၤတသ့

unsubstantial *a* ၁. လၢအတဂၢၢ်တကျၢၤ, လၢအတကျၢၤတနူၤ ၂. လၢအတမ့ၢ်တၢ်နီၢ်နီၢ်, လၢအသံးအကာ်တအိၣ်, လၢအမိၢ်လံမိၢ်ပှၢ်တအိၣ်, လၢအမ့ၢ်ထဲလၢတၢ်ဆိကမိၣ်ဒိၤ ၃. လၢအရှတဒိၣ်, လၢအကါတဒိၣ်

unsuccessful *a* လၢအတကဲထိၣ်လိၣ်ထိၣ်, လၢအတကဲထိၣ်ကဲထီ, လၢအတလၢထိၣ်

U

ပှဲၤထိဉ်, လၢအတတုၤထိဉ်ထိဉ်ဘး, လၢအတမၤနၢၤတၢ်

unsuitable *a* လၢအတကၢကီဉ်လိာ်အသး, လၢအတကၢကီဉ်သဃီၤလိာ်သး, လၢအတကြၢးဘဉ်

unsullied *a* လၢတၢ်တမၤဟးဂူာ်ဟးဂီၤအီၤဘဉ်, လၢအတဟးဂူာ်ဟးဂီၤဘဉ်

unsung *a* ၁. လၢတၢ်တမၤလၤကပီၤအီၤ, လၢတၢ်တစံးထိဉ်ပတြၢၤအီၤ ၂. လၢအမံၤတဟူသဉ်တဖျါ ၃. (တၢ်သးဝံဉ်) လၢတၢ်တသးဝံဉ်အီၤဘဉ်

unsupported *a* လၢတၢ်တဆီဉ်ထွဲမၤစၢၤအီၤ, လၢတၢ်တတိစၢၤမၤစၢၤအီၤ

unsure *a* ၁. လၢအတလီၤတံၢ်ဘဉ်, လၢအတဂၢ်တကျၢၤ, ကဒံကဒါ ၂. လၢတအိဉ်ဒီးတၢ်နာ်နှၢ်လီၤသး

unsurmountable *a* ၁. လၢတၢ်မၤနၢၤအီၤတသ့ ၂. လၢတၢ်အိဉ်လၢအဖီခိဉ်တသ့

unsurpassed *a* လၢတၢ်ဂ့ၤန့ၢ်ဒိဉ်န့ၢ်အီၤတအိဉ်ဘဉ်

unsuspected *a* လၢအတသ့ဉ်ညါဆိဟ်စၢၤဝဲ, လၢတၢ်တသ့ဉ်ညါဆိဟ်စၢၤအီၤ

unsuspecting *a* လၢအသးတဒ့ဒီဘဉ်, လၢတအိဉ်ဒီးတၢ်သးဒ့ဒီဘဉ်, လၢအနာ်နှၢ်တၢ်

unsustainable *a* ၁. လၢတၢ်စိာ်မူစိာ်ဂဲၤအီၤတန့ၢ်, လၢတၢ်ပၢၤဃာ်အီၤတန့ၢ်, လၢအတအိဉ်ကၢအိဉ်စိး ၂. လၢအတူ၊်တၢ်တန့ၢ်, လၢအတခီဉ်, လၢအတခၢဉ်

unswayed *a* လၢတၢ်တလှၢ်ဘၢစိကမီၤအီၤဘဉ်, လၢတၢ်တဒိဘဉ်မၤဟူးအီၤဘဉ်

unswerving *a* လၢအဂံၢ်တစၢ်လီၤဘဉ်, လၢအတဆီတလဲဘဉ်, ဂၢ်ကျၢၤ

unsystematic *a* လၢတအိဉ်ဒီးအကျိၤအကျဲလီၤတံၢ်လီၤဆဲး, လၢတအိဉ်ဒီးတၢ်ဖံးတၢ်မၤအကျဲဒိၤကပူၤဒိၤ

untainted *a* ၁. လၢတၢ်တမၤဟးဂီၤအီၤဘဉ်, လၢအတဟးဂီၤဘဉ် ၂. လၢအသကဲာ်ပဝးတဟးဂီၤဘဉ်, လၢတၢ်တမၤဟးဂီၤအသကဲာ်ပဝးဘဉ်

untamed *a* ၁. (ဆဉ်ဖိကိၢ်ဖိ) လၢအတဘှါဘဉ်, လီၤမံၤ ၂. (တၢ်အိဉ်သး) လၢအတလဲလိာ်ဒံးဘဉ်

untangle *v* ၁. ဃ့ဉ်လီၤဘှါဘဉ်တၢ်ကီတၢ်ခဲ ၂. (တၢ်ဘံဘူဆးဃၤ) ဃ့ဉ်လီၤကွံာ်, ဘှါလီၤကွံာ်

untarnished *a* ၁. လၢအတဟးဂီၤဘဉ်, လၢတၢ်တမၤဟးဂီၤအီၤဘဉ် ၂. လၢအတမၤဟးဂီၤတၢ်အလွှၢ်, (ထး) လၢအတထိဉ်အ့ဉ်, လၢအလွှၢ်တဟးဂီၤဘဉ်

untenable *a* လၢတၢ်ဟံးဃာ်ဂၢ်ကျၢၤအီၤတသ့, လၢအတဂၢ်တကျၢၤ, လၢတၢ်ကၢၤဃာ်အီၤတသ့

untested *a* လၢတၢ်တမၤကွၢ်အီၤဘဉ်, လၢတၢ်တသမံသမိးကွၢ်အီၤဘဉ်

unthinkable *a* လၢပကွၢ်ထံဆိကမိဉ်လၢအဂ့ၢ်တသ့, လၢအကဲထိဉ်တသ့

unthinking *a* လၢအတအိဉ်ဒီးတၢ်ဆိကမိဉ်ဆိကမး, လၢအတအိဉ်ဒီးတၢ်ကွၢ်ထံဆိကမိဉ်တၢ်

unthread *v* ၁. ထုးကွံာ်လှဉ်လၢထးမဲၢ်ခံ ၂. ဃ့ဉ်လီၤကွံာ်, ဘှါလီၤ

unthrifty *a* လၢအမၤလၢာ်ဂီၤတၢ်, လၢအသူကျိဉ်စ့တလၢကွံာ်အခၢး

untidy *a* တကဆဲကဆို, တအိဉ်လၢအလီၢ်အကျဲ

untie *v* ဘ့ဉ်လီၤ, ဃ့ဉ်လီၤ, ဘီဉ်လီၤ

until *prep* တုၤ (လီၤ) လၢ, ပၢ်လၢ

untile *v* (ဟံဉ်ခိဉ်) ရှာ်လီၤ, (ဟီဉ်ကု၊်လ့ဉ်) အီးကွံာ်, ထုးကွံာ်

untilled *a* (ဟီဉ်ခိဉ်) လၢတၢ်တမၤအီၤနီတမံၤဒံးဘဉ်, လၢတၢ်တသူဉ်လီၤဖျးလီၤတၢ်နီတမံၤဘဉ်

untimely *a* လၢအတဘဉ်ဆၢဘဉ်ကတီၢ်, လၢအတချူးဆၢချူးကတီၢ်

untinged *a* (အလွှၢ်) လၢတဃါဃှာ်အသးဒီးတၢ်အဂၤနီတမံၤဘဉ်, လၢတၢ်တဃါဃှာ်အီၤဒီးတၢ်အဂၤနီတမံၤဘဉ်, လၢတၢ်တကျဲဉ်ကျီဃှာ်အီၤဒီးတၢ်အဂၤနီတမံၤဘဉ်

untiring *a* လၢအမၤတၢ်အိဉ်ဘုံးအိဉ်သါတချုး, လၢအဂုာ်ကျဲးစားမၤတၢ်လၢာ်ဂံၢ်လၢာ်ဘါ, လၢတၢ်တဘုံးအသးဘဉ်

untitled *a* ၁. လၢအတဒိးန့ၢ်ဘဉ်မံၤလၤသဉ်ကပီၤဒိဉ်ဘဉ်, လၢတအိဉ်ဒီးမံၤလၤသဉ်ကပီၤဒိဉ်ဘဉ် ၂. (တၢ်ကွဲး, တၢ်တဲပူ) လၢအခိဉ်တီတအိဉ်,

U

လၢတၢ်တထီထိဉ်အတၢ်ဂ့ၢ်ခိဉ်တီဘဉ်, လၢအမံၤတအိဉ်, လၢအတမၤဖျါအမံၤဘဉ်

unto *prep* ဆူ, ပၢ်လၢ, တုၤလၢ, ဆူအအိဉ်, လီၤဆူ

untold *a* ၁. လၢအအါတုၤဒ်လဲာ်တၢ်ဂံၢ်အီၤတသ့, လၢတၢ်ဂံၢ်အီၤတသ့, ဂိၢ်မုၢ်ဂိၢ်ပၤ ၂. လၢတၢ်တတဲဖျါထိဉ်အီၤဘဉ်, လၢတၢ်တဟ်ဖျါထိဉ်အီၤဘဉ်

untouchable *a* ၁. လၢတၢ်ထိးဘူးအီၤတသ့, လၢတၢ်ထိးဘူးအီၤတန့ၢ်, လၢတၢ်ဖိဉ်တၢ်ထိးကွၢ်အီၤတသ့ ၂. လၢတၢ်ကတိၤဒုဉ်ဒွဉ်အီၤတန့ၢ်, လၢအပူၤဖျဲးဒီးတၢ်ဟ်ဒ့ဉ်ဟ်ကမဉ် ၃. လၢတၢ်တုၤဃီၤသဃဲၤအီၤတန့ၢ် ၄. လၢအပတီၢ်ဖုဉ်

untouchable *n* (ဟံဉ်ဒူၣ်) ပှၤပတီၢ်ဖုဉ်

untouched *a* ၁. လၢတၢ်တထိးဘူးဘဉ်အီၤဒံးဘဉ်, လၢတၢ်တဖိဉ်ဘဉ်ပျ့ၤဘဉ်အီၤဒံးဘဉ် ၂. လၢတၢ်တအိဉ်ဘဉ်အီဘဉ်တၢ်ဒံးဘဉ် ၃. လၢအတဘဉ်ဒိ, လၢအတဒိဘဉ်မၤဟူးအီၤဘဉ်

untoward *a* ၁. လၢအတကဲဘျုးကဲဖှိဉ်, လၢအတမၤဘျုးမၤဖှိဉ်ပှၤ ၂. လၢအမၤတံာ်တံာ်တၢ်, လၢအတမှာ်တလၢ ၃. လၢအတဘဉ်လိာ်ဒီး --, လၢအတကြၢးတဘဉ် ၄. လၢတၢ်ပၢဆှၢအီၤတန့ၢ်, လၢအတဒိကနဉ်တၢ်, လၢအနၢ်က့ဉ်

untraceable *a* ၁. လၢတၢ်ဃုထံဉ်က့ၤအီၤတသ့, လၢတၢ်ဃုထံဉ်က့ၤအကျိၤတညီ ၂. လၢတၢ်တ့ပိာ်ထွဲအီၤတညီ

untrained *a* လၢတၢ်တသိဉ်လိနဲ့ဉ်လိအီၤ, လၢတၢ်တနဲဉ်လိမၤဃုၤအီၤ

untranslated *a* လၢတၢ်တကွဲးကျိးထံဘဉ်ဒံးအီၤ, လၢတၢ်တထုးထိဉ်ဘဉ်အခီပညီဒံးဘဉ်

untransparent *a* ၁. လၢတဖျါဆဲးဖှိဘဉ်, လၢတၢ်ကွၢ်ဖှိအီၤတသ့ ၂. လၢအတဖျါဆုံ, လၢအတဖျါဖှိဖှိဖျါဖျါ, လၢတၢ်နၢ်ပၢ်ဘဉ်အီၤကီ

untreated *a* ၁. လၢအတဒိးတၢ်ကူစါယါဘျါဘဉ် ၂. (တၢ်အိဉ်တၢ်အီ) သံသိ, လၢတၢ်တမၤအီၤလၢအကျိၤအကျဲဘဉ်

untried *a* ၁. လၢအတမၤကွၢ်ဘဉ်ဝဲဒံးဘဉ်, လၢအတသမံသမိးကွၢ်ဝဲဒံးဘဉ် ၂. လၢအတလဲၤခီဖျိဘဉ်ဝဲဒံးဘဉ်, လၢအတၢ်လဲၤခီဖျိတအိဉ်ဒံးဘဉ်

untrodden *a* လၢတၢ်တယီၢ်အီၤဘဉ်, လၢတၢ်လဲၤယီၢ်လီၤတသ့, လၢတၢ်တလဲၤထိဉ်က့ၤလီၤလၢအလီၤဘဉ်

untroubled *a* လၢအဘဉ်မှာ်ဘဉ်ခုဉ်, လၢအတဘဉ်ကိၢ်ဘဉ်ဂီၤ, လၢအတဘဉ်နးဘဉ်ဖှိဉ်, လၢတအိဉ်ဒီးတၢ်ကီတၢ်ခဲဘဉ်, လၢအမှာ်အခုဉ်

untrue *a* ၁. လၢအတတီတလိၤ, ကဘျံးကဘျဉ် ၂. လၢအတမ့ၢ်တတီ, လၢအတလိၤတဘဉ်

untrustworthy *a* လၢတၢ်နာ်နှၢ်အီၤတသ့, လၢတၢ်ဒိးသန့ၤသးလၢအီၤတသ့, လၢအတလီၤနာ်

untruth *n* တၢ်လီတၢ်ဝ့ၤ, တၢ်တမ့ၢ်တၢ်တီ, တၢ်ကဘျံးကဘျဉ်, တၢ်တတီတလိၤ

untruthful *a* လၢအကလုၢ်တတီ, လၢအတတီတလိၤ, လၢအတမ့ၢ်တတီ, လၢအလီတၢ်ဝ့ၤတၢ်, ကဘျံးကဘျဉ်

unturned *a* လၢတၢ်တဃဉ်ကဒါအီၤဘဉ်, လၢတၢ်တဃဉ်တရံးအီၤဘဉ်, လၢတဃဉ်ကဒါက့ၤအသးဘဉ်

untutored *a* လၢတၢ်တသိဉ်လိနဲ့ဉ်ယုၤအီၤဘဉ် ၂. လၢအတၢ်ကူဉ်တၢ်ဆးတအိဉ်, လၢအတၢ်သ့ဉ်ညါတအိဉ်, လၢအသးတဆးဘဉ်

unused *a* ၁. လၢတၢ်တစူးကါအီၤဘဉ်, လၢတၢ်တသူအီၤဘဉ် ၂. လၢတညီနှၢ်မၤအသး, လၢတညီနှၢ်ကဲထိဉ်အသး

unuseful *a* လၢတၢ်စူးကါအီၤတသ့, လၢတၢ်သူအီၤတသ့, လၢအဘျုးတအိဉ်, လၢအတကိာ်တသိဉ်

unusual *a* လၢအတညီနှၢ်, လၢအလီၤဆီ, လၢတညီနှၢ်မၤအသး

unutterable *a* ၁. လၢအတဲတၢ်တသ့ ၂. လၢတဲဖျါထိဉ်အီၤတသ့, လၢတၢ်ဒုးနဲဉ်ဟ်ဖျါထိဉ်အီၤတသ့

unvarnished *a* ၁. လၢတၢ်တဖှူဘျှအီၤလၢသိဘဉ် ၂. လၢအတမၤရူသူဉ်ရူလံာ်တၢ်, လၢအတမၤကဒ့ဉ်မၤကူအသးဘဉ်, လၢအတဲတၢ်လီၤလီၤ, ပျီပျီ, လီၤကတိၤ

unvarying *a* လၢအတဆီတလဲ, လၢအတလဲလိာ်, လၢအတဒံဝ့ၤဒံဝီၤ, လၢအဂၢၢ်တပၢၢ်

unveil *v* ၁. မၤဖျါထိဉ်တၢ်, ဟ်ဖျါထိဉ်တၢ်, ဒုးနဲဉ်ဖျါထိဉ်တၢ် ၂. အီးထိဉ် (နီဉ်ကျၢၢ်ဘၢမဲာ်, ယဉ်ဘျးသဒၢ)

U

unveiling *a* ၁. လၢအမၤဖျါထီၣ်တၢ်, လၢအဟ်ဖျါထီၣ်တၢ်, လၢအဒုးနဲၣ်ဖျါထီၣ်တၢ် ၂. လၢအအိးထီၣ်တၢ်

unverifiable *a* လၢတၢ်ဒုးနဲၣ်ဟ်ဖျါထီၣ်လၢအဘၣ်တသ့, လၢတၢ်ဒုးနဲၣ်ဖျါထီၣ်လၢအမ့ၢ်ဝဲတီဝဲတသ့

unvoiced *a* ၁. လၢအတတဲဖျါထီၣ်ဝဲဘၣ်, တဟ်ဖျါထီၣ်ဘၣ် ၂. လၢအကလု့ၢ်တသီၣ်ဘၣ်, လၢအကလု့ၢ်တအိၣ်ဘၣ်

unwarranted *a* လၢအတအၢၣ်လီၤအုၣ်ကီၤဘၣ်, လၢအတအုၣ်ကီၤဘၣ်

unwary *a* လၢအတပလိၢ်ပဒီအသးဘၣ်, လၢအကနတလီၤတံၢ်ဘၣ်, လၢအတမၤတၢ်လီၤတံၢ်လီၤဆဲးဘၣ်

unwashed *a* လၢတၢ်တသ့စီအီၤဖံးဘၣ်, လၢအဘၣ်အၢဘၣ်သီ

unwavering *a* လၢအသးတကဒံကဒါ, လၢအခၢၣ်သနၢၣ်, လၢအဂၢၢ်အကျၢၤ

unwelcome *a* ၁. လၢတၢ်တကွဲမုာ်အီၤဘၣ်, လၢတၢ်တတူၢ်လိာ်မုာ်အီၤဘၣ် ၂. လၢတၢ်တသးလီအီၤဘၣ်, လၢတၢ်တလိၣ်ဘၣ်အီၤဘၣ်

unwell *a* လၢတအိၣ်ဆူၣ်အိၣ်ချ့ဘၣ်, ဆိးက့

unwholesome *a* ၁. လၢအတအိၣ်ဆူၣ်အိၣ်ချ့, လၢအတၢ်အိၣ်ဆူၣ်အိၣ်ချ့တဂ့ၤ ၂. လၢအတဂ့ၤဘၣ်, လၢအတမုာ်တလၤဘၣ်

unwieldy *a* ၁. လၢတၢ်ဘိုဘၣ်က့ၤအီၤကီ ၂. လၢတၢ်ကရၢကရိထီၣ်ဘၣ်အီၤကီ, လၢတၢ်ကရၢကရိထီၣ်အီၤတန့ၢ်, လၢတၢ်ကရၢကရိထီၣ်အီၤတသ့ ၃. လၢတၢ်စိာ်ထီၣ်စိာ်လီၤအီၤကီ, လၢတၢ်သုးထီၣ်သုးလီၤအီၤတညီ

unwilling *a* လၢအသးတအိၣ်ဘၣ်, လၢအသူၣ်အသးတပၣ်ဘၣ်, လၢအသးတစၢ်ဆၢဘၣ်, လၢအသးတဆူၣ်ဘၣ်

unwind *v* ၁. ဘ့ၣ်လီၤ, ဃ့ၣ်လီၤ, ဘီၣ်လီၤ ၂. ထိၣ်ကဆုၣ်လီၤ (အသး), မၤစၢ်လီၤအသး ၃. အိၣ်ဘုံးအိၣ်သါ, မၤမုာ်မၤခုၣ်ထီၣ်က့ၤအသး

unwise *a* လၢအတၢ်ကူၣ်တၢ်ဆးတအိၣ်, လၢအကူၣ်တၢ်တသ့ဘၣ်, လၢအတကူၣ်သ့ကူၣ်ဘၣ်

unwitting *a* ၁. လၢအတဟ်သူၣ်ဟ်သး, လၢအတပလိၢ်ပဒီအသး ၂. လၢအတအိၣ်ဒီးတၢ်ကူၣ်တၢ်ဆး, လၢအသးတဆး

unwittingly *adv* လၢအတအိၣ်ဒီးတၢ်ကူၣ်တၢ်ဆး, လၢအသးတဆး

unwomanly *a* လၢအတလီၤက်ဒီးပိာ်မုၣ်, လၢအတမၤအသးဒ်ပိာ်မုၣ်အသိး

unwonted *a* လၢအတညီနုၢ်မၤအသး, လၢအမၤအသးတသ့ဘၣ်, လၢတၢ်တမု့ၢ်လၢ်ဆိပာ်စၢၤအီၤလၢကမၤအသး

unwordly *a* လၢအတလီၤစံးလီၤကတိၤ, လၢတၢ်တကြၢးတဲအီၤဘၣ်, လၢတကြၢးစံးကြၢးကတိၤဘၣ်

unworkable *a* ၁. လၢအမၤတၢ်လၢအစုတသ့ ၂. လၢအမၤတၢ်တသ့, လၢအဘျုးတအိၣ်

unworldly *a* ၁. လၢအသးတစဲဒီးဟီၣ်ခိၣ်တၢ်သူၣ်လီသးကွံ, လၢအတသးစဲဒီးဟီၣ်ခိၣ်တၢ်ထူးတၢ်တီၤဘၣ် ၂. လၢအဘၣ်ထွဲဘၣ်ဃးဒီးအအံၤတဃၣ်, လၢအတဘၣ်ထွဲဘၣ်ဃးဒီးဟီၣ်ခိၣ်ဘၣ်

unworn *a* လၢအတဟးဂူာ်ဟးဂီၤဘၣ်, လၢတၢ်စူးကါအီၤသ့ဖံးဒၣ်တၢ်, လၢအသီဖံးဒၣ်တၢ်

unworshipped *a* လၢတၢ်တဘူၣ်ထီၣ်ဘါထီၣ်အီၤဘၣ်

unworthy *a* ၁. (ဆ့ကၤ) လၢအတဖိးမံလိာ်သး, လၢအတကြၢးဒီး, လၢအတကြၢးဝဲဘၣ်ဝဲ, လၢအတကၢကီၣ်ဒီးအီၤ ၂. တဂ့ၤ, လၢအလုၢ်အပှ့ၤတအိၣ်, လၢအကံၢ်အစီတဂ့ၤ

unwrap *v* ဃ့ၣ်လီၤ (တၢ်ဘိၣ်), ဘ့ၣ်လီၤ (တၢ်ဘိၣ်)

unwritten *a* လၢတၢ်တကွဲးလီၤဟ်အီၤ

unwrought *a* လၢတၢ်တမၤန့ၢ်အက့ၢ်အဂီၤဘၣ်, လၢတၢ်တဒုးအိၣ်ထီၣ်အီၤဖံးဘၣ်, လၢတၢ်တမၤဘၣ်အီၤဖံးဘၣ်

unyielding *a* ၁. လၢအတဟ့ၣ်ထီၣ်အသူအသၣ်ဘၣ်, လၢအသူအသၣ်တအိၣ်, လၢအတမၤဘျုးမၤဖှိၣ်တၢ်, တူာ်ဖိ ၂. လၢအတစၢ်ဃါစၢ်ယိာ်ဘၣ် ၃. လၢတၢ်ဆီတလဲအီၤတန့ၢ်, လၢတၢ်လဲလိာ်အတၢ်ဟ်သူၣ်ဟ်သးတသ့ညီညီ, လၢတၢ်ဘိးအီၤတန့ၢ်ညီညီ, လၢအခိၣ်ကိၤ

unyoke *v* ၁. မၤလီၤဖး ၂. ပျ်လီၤ, ပျဲလီၤ ၃. ထုးကွံာ်နီၣ်ယိးဘိ

U

up *a* ၁. လၢအဒိၣ်အါထီၣ်, အါထီၣ် ၂. ဆူတၢ်ဖီခိၣ်, လၢတၢ်ဖီခိၣ်, လၢထး

up *adv* ဆူတၢ်ဖီခိၣ်, (ဆူ) (လၢ) ထး, (လၢကျဲ) ဒီဘိ, ပိာ်ထွဲ

up *n* တၢ်အါထီၣ်, တၢ်ဒိၣ်ထီၣ်အါထီၣ်

up *prep* ဆူတၢ်ဖီခိၣ်, (ဆူ) (လၢ) ထး

up *v* ၁. မၤအါထီၣ်, မၤဂ့ၤထီၣ်, လဲၤထီၣ် ၂. ထီၣ်ဆူထး, ထီၣ်

up and coming *a* (တၢ်ဖံးတၢ်မၤ) လၢအကကဲထီၣ်လိၣ်ထီၣ်, လၢအကကဲထီၣ်ကဲထီ, လၢအကလဲၤထီၣ်, လၢအကဒိၣ်ထီၣ်ထီထီၣ်

up and down *a* ထီၣ်လီၤထီၣ်လီၤ

up to date *a* စိၤတ့ၤ, ချုးစိၤ, လၢအဘၣ်လိာ်အသးဒီးခ့ခါဆၢကတီၢ်, လၢအချုးထီၣ်တၢ်ဆၢကတီၢ် ၂. လၢအဘၣ်ဃးဒီးစိၤခ့ခါခဲအံၤ

up to date, up-to-date *a* စိၤတ့ၤ, ချုးစိၤ, ခ့ခါကတီၢ်ခဲအံၤ

upbear *v* ၁. သးတဟးဂီၤဘၣ်, သးကျၢၤ, ကီၤသူၣ်ကီၤသး ၂. စိာ်ထီၣ်, စိာ်ကဖီထီၣ်, ဆူလိၢ်ထီၣ်ထီ, ထီၣ်ဆူတၢ်ဖီခိၣ် ၃. ဆီၣ်ထွဲမၤစၢၤ, တိစၢၤမၤစၢၤ

upbeat *a* လၢအပှဲၤဒီးတၢ်သူၣ်ဖုံသးညီ, လၢအပှဲၤဒီးတၢ်မုၢ်လၢ်

upbeat *n* ၁. (တၢ်ဒ့တၢ်အူ, တၢ်သးဝံၣ်) အထီၣ်, အဖုံ

upbraid *v* ဟ်တၢ်ကမၣ်လၢပှၤအလိၤဆူၣ်ဆူၣ်, ကလာ်တၢ်, နူပှၤလိၤ, အ့ၣ်လိာ်တၢ်, ကတိၤသိၣ်သီတၢ်ဆူၣ်ဆူၣ်ကိၢ်ကိၢ်

upbringing *n* တၢ်ကွၢ်ထွဲလုၢ်ဒိၣ်ထီၣ်တၢ်

upcast *a* လၢအထီၣ်ဆူတၢ်ဖီခိၣ်, လၢဘၣ်တၢ်ကွံာ်ထီၣ်အီၤဆူတၢ်ဖီခိၣ်

update *v* မၤဂ့ၤထီၣ်မၤထီထီၣ်ဒ်သိးကလူၤထီၣ်ခ့ခါဆၢကတီၢ်

upend *v* ဃၣ်ကဒါခိၣ်ခံတၢ်, ဆီခိၣ်လီၤလာ်တၢ်, ဘိးကဒါခိၣ်ခံတၢ်

upfront *a* ၁. ဟ့ၣ်ဆိ (တၢ်အပ္ၤ) ၂. တဲတၢ်လီၤလီၤ, လီၤလီၤဘျါဘျါ, တီတီလီၤလီၤ

upfront *adv* ၁. ဟ့ၣ်ဆိ (တၢ်အပ္ၤ) ၂. လီၤလီၤဘျါဘျါ, တီတီလီၤလီၤ ၃. (တၢ်လိာ်ကွဲ) ထီၣ်တၢ်မဲာ်ညါ

upgrade *n* တၢ်မၤဂ့ၤထီၣ်မၤထီထီၣ်အပတီၢ်

upgrade *v* မၤဂ့ၤထီၣ်, မၤထီထီၣ်ပတီၢ် မ့တမ့ၢ် အကၢ်အစီ

upheaval *n* တၢ်ဆီတလဲဒိၣ်ဒိၣ်မုၢ်မုၢ်လၢအနးအိၣ်ထီၣ်တၢ်ကီတၢ်ခဲ, တၢ်ဆီတလဲဒိၣ်ဒိၣ်မုၢ်မုၢ်

uphill *a* ၁. (ဆူတၢ်ဖးဖီ, ဆူတၢ်ဒီခိၣ်) လဲၤထီၣ်, ထီၣ် ၂. လၢအကီအခဲ, လၢာ်ဂံၢ်လၢာ်ဘါ, လၢအကျဲးစၢးမၤတၢ်, လၢအမၤတၢ်ဆူၣ်

uphill *adv* ဆူတၢ်ဖီခိၣ်, ဆူတၢ်ဒီခိၣ်, ဆူတၢ်ဖးဖီ

uphold *v* ဆီၣ်ထွဲမၤစၢၤ, စိာ်ထီၣ်, လူၤပိာ်မၤထွဲ

upholster *v* (လီၢ်ဆ့ၣ်နီၤ, ဟံၣ်ဃီပီးလီ) ကးဘၢလၢတၢ်ကပုာ်, ဒါဘၢလၢတၢ်ကပုာ်

upholsterer *n* ပှၤလၢအဘိုဒီးထီထီၣ်တၢ်အနွၣ်အဒါလၢတၢ်ကပုာ်တဖၣ်

upholstery *n* ၁. (ဟံၣ်ဃီပီးလီ, တၢ်အနွၣ်အဒါ) အဒၢ, အဖျိၣ်လၢအကပုာ်တဖၣ် ၂. တၢ်ကပုာ်လၢတၢ်ဒါဘၢ, ကးဘၢ (ဟံၣ်ဃီပီးလီ, တၢ်အနွၣ်အဒါ), တၢ်ကပုာ် ၃. တၢ်ဒါဘၢ, ကးဘၢ (ဟံၣ်ဃီပီးလီ, တၢ်အနွၣ်အဒါ) အတၢ်ဖံးတၢ်မၤ

upkeep *n* ၁. တၢ်အံးက့ၤကွၢ်က့ၤတၢ်, တၢ်ရဲၣ်သဲကတီၤတၢ် ၂. တၢ်ဘိုဘၣ်မၤဂ့ၤတၢ်, တၢ်ဆီၣ်ထွဲမၤစၢၤတၢ်

upland, uplands *n* တၢ်လိၢ်ထီၣ်ထီ, တၢ်လိၢ်လၢကစၢ်ခိၣ်ကလိကျါ

uplift *n* ၁. တၢ်စိာ်ကဖီထီၣ်တၢ်, တၢ်သုးထီထီၣ်တၢ်, တၢ်မၤထီထီၣ်တၢ် ၂. တၢ်မၤဂ့ၤဒိၣ်ထီၣ်တၢ်

uplift *v* ၁. မၤသးဖုံထီၣ်အသး ၂. သုးထီထီၣ်တၢ်, မၤထီထီၣ်တၢ် ၃. မၤဂ့ၤထီၣ်ဒိၣ်ထီၣ်တၢ်

uplifting *a* လၢအမၤသးဖုံထီၣ်အသး, လၢအမၤအိၣ်ထီၣ်တၢ်မုၢ်လၢ်

upload *v* (ခီၣ်ဖျူထၢၣ်) တီၣ်ထီၣ် (တၢ်ဂီၤ, တၢ်ကစီၣ်, တၢ်ဂ့ၢ်တၢ်ကျိၤ) ဆူအဒ့ထၢၣ်နဲးအဖီခိၣ်

upon *prep* အဖီခိၣ်

upper *a* ၁. လၢအဖီခိၣ်တကထၢ, လၢထး, လၢအဖီခိၣ်တဆီ ၂. လၢအထိန့ၢ်ဒံး-- ၃. လၢအအိၣ်ဃံၤဒီး (ပိၣ်လဲၣ်နံၤ) ၄. ဆူကလံၤစိးတခီ

upper *n* ၁. ခီၣ်ဖံးအဖီခိၣ်တကပၤ ၂. ကသံၣ်ပျုၤ

upper class *n* ပှၤပတီၢ်ထီအပတီၢ်, ပှၤတူၢ်ဒိၣ်ကီၤဒိၣ်အပတီၢ်

upper hand *n* တၢ်န့ၢ်ဘျုး, တၢ်ဒိးန့ၢ်ဘၣ်တၢ်ခွဲးက့ၤယၢ်ဘၣ်လၢအဂ့ၤန့ၢ်ဒံးပှၤဂၤ

uppermost *a* လၢအဖီခိၣ်ကတၢၢ်

uppermost *adv* အကတၢၢ်, (အထီ, အယိာ်) ကတၢၢ်, (အဂ့ၤ) ကတၢၢ်

upright *a* ၁. ထူၣ်ကလာ်, လၢအထီၣ်ထူၣ်ဘျာယှၢ်ကလာ် ၂. လီၤလီၤဘျာဘျာ, လၢအသူၣ်ဘျာသးဘျာ, လၢအတီအလိၤ

upright *n* ၁. တၢ်လၢအိၣ်ထီၣ်ထူၣ်ကလာ် ၂. တၢၣ်ထီၣ်ထူၣ်

upright piano *n* တနၢ်ပိာ်စုထီၣ်ထူၣ်

uprising *n* တၢ်တၢထီၣ်တၢလီၤ, တၢ်ပူထီၣ်လီထီၣ်

uproar *n* တၢ်သီၣ်သထူၣ်ဘးလီ, တၢ်တၢထီၣ်တၢလီၤ, တၢ်လုာ်လုာ်တၢတၢ

uproarious *a* လၢအသီၣ်သထူၣ်ဘးလီ, လၢအတၢထီၣ်တၢလီၤ, လၢအသီၣ်လုာ်လုာ်တၢတၢ

uproot *v* ၁. ထဲးကွံာ်အဂံၢ် ၂. ဒုးဟးထီၣ်ကွံာ် ၃. မၤဟးဂီၤကွံာ်စီဖုကလုၤ

upset *a* ၁. လၢအသးတမုာ် ၂. (ဟၢဖၢ) တမုာ်

upset *n* ၁. တၢ်သူၣ်တမုာ်သးတမုာ်, တၢ်တမုာ်တလၤ ၂. (ဟၢဖၢ) တမုာ်

upset *v* ၁. မၤလီၤယံၤ, မၤလီၤတကျၢၢ်, မၤလီၤတကူာ်, မၤလီၤဆံၣ်(လီၤလဲာ်) ၂. မၤအုန့, မၤဟးဂီၤ, မၤသးတမုာ်(ပှၤအသး)

upshot *n* တၢ်အစၢလၢခံကတၢၢ်, တၢ်အကတၢၢ်

upside *n* ၁. တၢ်လၢအဖီခိၣ်တခီ, တၢ်လၢအဖီခိၣ်တကပၤ ၂. တၢ်လၢအဂ့ၤတကပၤ

upside down *adv* ၁. ဆဲခိၣ်လီၤလာ်, ကၢၢ်ခိၣ်လီၤလာ် ၂. ကဆံကဆွဲ, တအိၣ်လၢအလိၢ်အကျဲ

upstairs *adv* လၢထးခိတဆီ, လၢဒၢးဖီခိၣ်, လၢအဖီခိၣ်တကထၢ

upstairs *n* ဟံၣ်အကထၢအဖီခိၣ်တခီ, ဟံၣ်အဖီခိၣ်အကထၢ

upstanding *a* ၁. လၢအသူၣ်ဘျာသးဘျာ, လၢအတီအလိၤ ၂. အိၣ်ထီၣ်ထူၣ်, အိၣ်ဆၢထၢၣ်

upstart *a* လၢအလဲၤထီၣ်လဲၤထီချ့သဒံး, လၢအကဲထီၣ်လိၣ်ထီၣ်ချ့သဒံး

upstart *n* ပှၤလၢအလိာ်ဒိၣ်အသး, ပှၤလၢအဟ်ကဖၢလၢအသး

upstream *a* လၢထံကျိအဆဲခိၣ်တခီ

upstream *adv* လၢထံခံကွာ်စိးတကပၤ

upsurge *n* ၁. တၢ်အါထီၣ်သတူၢ်ကလာ် ၂. တၢ်သးဂဲၤဖုးသတူၢ်ကလာ်, တၢ်တူၢ်ဘၣ်တၢ်သတူၢ်ကလာ်

up-to-date *a* လၢအချူးထီၣ်တၢ်ဆၢကတီၢ်, လၢအချူးထီၣ်စိၤ

upturn *n* တၢ်အါထီၣ်ဂိၢ်ထီၣ်

upturn *v* အီထိခိၣ်

upturned *a* ၁. လဲၤထီၣ်, ဒိၣ်ထီၣ် ၂. လၢအီထီလာ်တကပၤ, လၢအအိၣ်လၢအီထီလာ်တကပၤ

upward *a* ၁. ဆူတၢ်ဖီခိၣ်, ထီၣ်, ဆူထး ၂. အါန့ၢ်ဒံး

upwards *a* ဆူတၢ်ဖီခိၣ်, ဆူထး, (လဲၤ)ထီၣ်

upwind *a* လၢကလံၤတအူဃီၤဘၣ်တခီ

Uranography *n* တၢ်ကွၢ်မုၢ်, လါ, ဆဉ်

Uranology *n* တၢ်ကွၢ်မုၢ်, လါ, ဆဉ်ပီညါ

Uranus *n* ယူၣ်ရှနး(စ)မူဖျၢၣ်

urban *a* ဘၣ်ဃးဒီးဝ့ပူၤဝ့ၢ်ပူၤ

urbane *a* လၢအသံၣ်စူးဆဲးလၤ, သညူးသပှၢ်

urbanization, urbanisation *n* တၢ်ဒုးကဲထီၣ်ဆူဝ့ၢ်ပတိၢ်

urchin *n* ဖိသၣ်လၢအဖိုၣ်

Urdu *n* အူရၣ်ူကျိာ်, ပၣ်ကံၣ်စတဲၣ်အကျိာ်

ureter *n* ကလုၢ်ဆူဆံၣ်ဒၢအကျိၤ

ureteric stone *n* လၢၢ်အိၣ်ထီၣ်လၢကလုၢ်ဒီးဆံၣ်ကျိၤ

urethra *n* ဆံၣ်ကျိၤ

urge *n* တၢ်သးဆူၣ်. တၢ်မိၣ်နၢ်သးလီတၢ်ဆူၣ်ဆူၣ်

urge *v* သဆၣ်ထီၣ်အခံ, မၢနၢ်ဆိၣ်ခံ

urgency *n* တၢ်သတူၢ်ကလာ်, တၢ်လၢဘၣ်ကဲထီၣ်ချ့ချ့, တၢ်လၢဘၣ်မၤချ့ချ့

urgent *a* ဘၣ်ကဲထီၣ်ချ့ချ့, လၢဘၣ်မၤချ့ချ့

urinal *n* ပိာ်ခွါတၢ်ဆံၣ်ဆါအခွး

urinary *a* လၢအဘၣ်ဃးဒီးဆံၣ်, လၢအဘၣ်ဃးဒီးဆံၣ်ကျိၤ

urinary tract *n* ဆံၣ်ကျိၤ

Urinary Tract Infection *n* (UTI) ဆံဉ်ကျိၤတၢ်ဘဉ်က်တၢ်ဆါ, ဆံဉ်ကျိၤတၢ်ဃၢ်နုာ်လီၤ
urinate *v* ဆံဉ်ဆါ
urine *n* ဆံဉ်, (ပှၤကညီ, ဆဉ်ဖိကိၢ်ဖိ) အဆံ
URL *abbre* ယူဉ်အဉ်(ရ)အဲ(လ) (**URL - uniform resource locator**) အဒ့ထၢဉ်နဲးအလိၢ်ဆိးထံး
urn *n* ၁. ပှၤသံအချါသပၢၤ ၂. (ခီဖံဉ်, လဉ်ဖးထံ) သပၢၤ
ursine *a* လၢအဘဉ်ထွဲဒီးတၤသူ, လၢအဘဉ်ဃးဒီးတၤသူ
US *abbre* ကိၢ်အမဲရကၤ (The United States) ၂. နဲဉ်ရွဲဉ်စၢၤ (undersecretary)
us *pro* ပှၤ
USA *abbre* ၁. အမဲရကၤကိၢ်စၢဖှိဉ် (The United States of America) ၂. အမဲရကၤကိၢ်စၢဖှိဉ်သုးမှၢ်ဒိဉ် (United States Army)
USAF *abbre* အမဲရကၤကိၢ်စၢဖှိဉ်ကလံၤသုးမှၢ် (The United States Air Force)
usage *n* ၁. တၢ်စူးကါတၢ်အကျိၤအကျဲ ၂. တၢ်စူးကါကျိာ်အကျဲ ၃. တၢ်အလုၢ်အလၢ်, လုၢ်လၢ်
use *n* ၁. တၢ်စူးကါတၢ်, တၢ်သူတၢ် ၂. တၢ်လၢတၢ်စူးကါအီၤသ့, တၢ်လၢတၢ်သူအီၤသ့
use *v* သူ, စူးကါ
make use of ***idm:*** စူးကါတၢ်, သူတၢ်လၢတၢ်ကဲဘျုးအဂီၢ်
useable *a* လၢတၢ်စူးကါအီၤသ့, လၢတၢ်သူအီၤသ့
useful *a* ၁. လၢအဘျုးအိဉ်, လၢအကဲဘျုး ၂. လၢပသူသ့, လၢပစူးကါအီၤသ့
usefulness *n* တၢ်လၢအဘျုးအိဉ်, တၢ်လၢအကဲဘျုး
useless *a* ၁. လၢအဘျုးတအိဉ်ဘဉ်, လၢအတကဲဘျုး ၂. လၢပသူတသ့, လၢပစူးကါတသ့
usher *n* ၁. ပှၤဆှၢနုာ်တမုံၤ, ပှၤတူၢ်လိာ်တမုံၤ ၂. ပှၤလၢပျဲနုာ်ပှၤဆူစံဉ်ညီဉ်ကွိၢ်ဘျီဉ်ပူၤ
usher *v* ၁. ဆှၢနုာ်တမုံၤ, တူၢ်လိာ်တမုံၤ ၂. စးထိဉ်တၢ်မၤအသီတမံၤ
USSR *abbre* စိဉ်ဘံယားဆိဉ်ရှဉ်လ့းထံဖိကစၢ်ကိၢ်စၢဖှိဉ်ကရၢ (Union of Soviet Social Republics)
usual *a* ဒ်အညီနှၢ်အသိး
usually *adv* ညီနှၢ်
usurer *n* ပှၤဒုးလိၢ်လီၤစ့လၢအဟံးနှၢ်စ့အ့ဉ်အါ
usurious *a* (စ့အ့ဉ်) လၢအအါတလၢ, လၢအဟံးနှၢ်စ့အ့ဉ်အါတလၢ
usurp *v* ဟံးနှၢ်ဆူဉ်ပှၤအလိၢ်, ဂုာ်နှၢ်ဆူဉ်ပှၤအလိၢ်
usurpation *n* တၢ်ဟံးနှၢ်ဆူဉ်ပှၤအလိၢ်, တၢ်ဂုာ်နှၢ်ဆူဉ်ပှၤအလိၢ်
usury *n* တၢ်ဒုးလိၢ်လီၤစ့လၢအဟံးနှၢ်စ့အ့ဉ်အါအါ
utensil *n* သဘံဉ်လီခီ, ဖဉ်ကပူၤပီးလီ
uterus *n* ဒၢလိၢ်
utilitarian *a* လၢတၢ်ဒုးအိဉ်ထိဉ်အီၤလၢတၢ်ကဲဘျုးကဲဖှိဉ်အဂီၢ်, လၢအဘဉ်ထွဲဒီးတၢ်ကဲဘျုးလၢပှၤအါအဂီၢ်သန့
utilitarianism *n* တၢ်လၢအကဲဘျုးလၢပှၤအါဂၤအဂီၢ်အသန့
utility *a* လၢအကဲဘျုးလၢတၢ်အါမံၤအဂီၢ်
utility *n* ၁. ဂာ်သဝံ, လီမ့ဉ်အှ, ထံအလဲ ၂. ခိဉ်ဖှူထၢဉ်အကျိၤအကျဲ, ခိဉ်ဖှူထၢဉ်အကျိၤအကျဲလၢတၢ်သူအီၤလၢတၢ်ထၢဖှိဉ်တၢ်ဂ့ၢ်တၢ်ကျိၤအဂီၢ် ၃. တၢ်လၢအကဲဘျုးကဲဖှိဉ်, တၢ်လၢအဘျုးအိဉ်
utilize, utilise *v* သူလၢအဘျုးအိဉ်, စူးကါလၢအဘျုးအိဉ်, စူးကါအီၤသ့သ့, သူအီၤသ့သ့
utmost *a* အကတၢၢ်, ထီကတၢၢ်, အါကတၢၢ်
utmost *n* တၢ်အကတၢၢ်, တၢ်အထီကတၢၢ်, တၢ်အအါကတၢၢ်
Utopia, Eutopia *n* တၢ်လိၢ်အမုာ်ကတၢၢ်လၢပှၤထံဉ်မှံနှၢ်ဝဲ
utter *a* လၢာ်လၢာ်ဆ့ဆ့, စီဖုကလ့ၤ
utter *v* ကတိၤ, စံး, အဲးထိဉ်အထးခိဉ်
utterable *a* လၢတၢ်တဲအီၤသ့, လၢတၢ်စံးအီၤသ့
utterance *n* ၁. တၢ်စံးတၢ်ကတိၤတၢ် ၂. တၢ်လၢနတဲဝဲ, တၢ်လၢနစံးဝဲ
utterly *adv* လၢာ်လၢာ်ဆ့ဆ့, စီဖုကလ့ၤ

U

uttermost *a* အကတၢၢ်, ထီကတၢၢ်, အါကတၢၢ်

uttermost *n* တၢ်အကတၢၢ်, တၢ်အထီကတၢၢ်, တၢ်အအါကတၢၢ်

uvula *n* ပျ့ၤဖိ

uxorious *a* လၢအအဲၣ်အမါအါတလၢ

uxoriousness *n* တၢ်အဲၣ်မါအါတလၢ

U

V

V *n* ၁. အဲကလံးအလံာ်မိၢ်ပှၢ် ၂၂ ဖျာ်တဖျာ် ၂. တၢ်အကၠၢ်ပနီၣ်လၢအလီၤက်ဒ် 'V' အသိး

vacancy *n* ၁. (တၢ်ဖံးတၢ်မၤ, ဒၢး) တၢ်လီၢ်လီၤဟိ, တၢ်လီၢ်အိၣ်ကလီ, လၢအလီၤဖျိၣ်လီၤဟိ ၂. တၢ်တအိၣ်နီတမံၤဘၣ်

vacant *a* ၁. လၢအလီၤဟိ, လၢအိၣ်လီၤဟိ, လၢအလီၤဖျိၣ်လီၤဟိ ၂. လၢ (တၢ်ဆိကမိၣ်) တအိၣ်နီတမံၤ

vacate *v* ၁. ဟးထီၣ်ကွံာ် (လၢတၢ်မၤ, လီၢ်လၤ) ၂. (ဒၢး, လီၢ်ဆ့ၣ်နီၤ) လီၤဟိ, မၤလီၤဟိ, အိၣ်လီၤဟိ, အိၣ်ကလီ

vacation *n* ၁. နံၤသဘျ့ ၂. တၢ်ဟးကသုၣ်ကသီ, တၢ်ဟးလိာ်ကွဲ ၃. တၢ်ပျၢ်ကသုၣ် (ကို, ဖွၣ်စိမိၤ, ခိလ့ၣ်ကို) အကတိၢ်

vacation *v* ဟးကသုၣ်ကသီ, ဟးလိာ်ကွဲ

vaccinate *v* ဆဲးကသံၣ်ဒီသဒၢ, ဆဲးကသံၣ်ဒီတဒၢ, ဆဲးလၢၢ်

vaccination *n* တၢ်ဆဲးလၢၢ်. တၢ်ဆဲးကသံၣ်ဒီတဒၢ, တၢ်ဆဲးကသံၣ်ဒီသဒၢ

vaccine *a* လၢအဘၣ်ဃးဒီးကသံၣ်ဒီသဒၢ, လၢအဘၣ်ဃးဒီးတၢ်ဆဲးကသံၣ်ဒီသဒၢ

vaccine *n* ကသံၣ်ဒီသဒၢ, ကသံၣ်ဒီတဒၢ

vacillant *a* လၢအဒံဝ့ၤဒံဝီၤ, လၢအဝးယဲၤဝး ယီၤ, လၢအဟးကနူၤကပၤ

vacillate *v* ဆိကမိၣ်တၢ်ဒံဝ့ၤဒံဝီၤ, ဆိတလဲအတၢ်ဆိကမိၣ်တနဲးနဲး

vacuity *n* ၁. တၢ်တဆိကမိၣ်တၢ်တုၤလီၤတီၤလီၤ, တၢ်တဆိကမိၣ်တၢ်လီၤတံၢ်လီၤဆဲး, တၢ်တဆိကမိၣ်တၢ်ထံထံဆးဆး ၂. လီၢ်လီၤဟိ

vacuum *n* ၁. တၢ်လီၢ်လီၤဟိလၢတၢ်တအိၣ်နီတမံၤဒီးကလံၤဒ်လဲာ်တအိၣ် ၂. သးလီၤဟိ, တၢ်လီၤဖျိၣ်လီၤဟိ ၃. စဲးနီၣ်ခွဲ

vacuum *v* ခွဲပျီမၤကဆိုတၢ်ဒီးစဲးနီၣ်ခွဲ

vacuum cleaner *n* စဲးနီၣ်ခွဲ

vacuum flask *n* ထံချီဒၢ, ထံကိၢ်ဒၢ, ထံခုၣ်ဒၢ, တၢ်လၢအကၢၤဃာ်တၢ်ကိၢ်တၢ်ခုၣ်နၢ်ဂ့ၤ

vagabond *n* ၁. ပှၤဟးဝ့ၤဝီၤဖိ ၂. ပှၤဟံၣ်တအိၣ်ဃီတအိၣ် ၃. ပှၤလၢအလီၢ်ဂၢၢ်လီၢ်ကျၢၤတအိၣ်

vagary *n* တၢ်မၤအသးတလီၤတံၢ်လီၤမံ, တၢ်အိၣ်အသးလၢတၢ်ဒွးတဃာ်အီၤတဘၣ်

vagina *n* လံၢ်, ပိာ်မုၣ်ကဲ့ၢ်ဂီၤ

vagrancy *n* ၁. တၢ်ဟးဝ့ၤဝီၤဃ့အီၣ်တၢ်, တၢ်ဟးလံၤလူၤကျူၤဆှါ, တၢ်တအိၣ်ဒီးဟံၣ်ဒီးဃီ ၂. ကွိၢ်မုၣ်ဘၣ်ဃးဒီးတၢ်ဟးဝ့ၤဝီၤဃ့အီၣ်တၢ်လၢကျဲ

vagrant *a* လၢအဟးဝ့ၤဝီၤဃ့အီၣ်တၢ်, လၢအဟးလံၤလူၤကျူၤဆှါ, လၢအဟံၣ်တအိၣ်ဃီတအိၣ်

vagrant *n* ပှၤဟးဝ့ၤဝီၤဃ့အီၣ်တၢ်, ပှၤလံၤလူၤကျူၤဆှါ, ပှၤအဟံၣ်တအိၣ်ဃီတအိၣ်, ပှၤလၢအလီၢ်ဂၢၢ်လီၢ်ကျၢၤတအိၣ်

vague *a* ၁. လၢအတလီၤတံၢ်လီၤဆဲးဘၣ် ၂. လၢအတဖျါဂ့ၤဂ့ၤဘၣ်

vaguely *adv* လၢတၢ်တလီၤတံၢ်လီၤဆဲးဘၣ်အပူၤ, တလီၤတံၢ်လီၤဆဲး

vain *a* ၁. လၢအသးထီၣ်ထီ, လၢအဟ်ထီၣ်ထီသး ၂. ညလညေ လၢအဘျုးတအိၣ်, ကလီကလီ

vainglorious *a* လၢအဟ်ကဖၢလၢအသးအါတလၢ, လၢအပတြၢၤလီၤအသးအါတလၢ

vale *n* တၢ်တြီၤ, တြီၤလာ်, ကစၢၢ်ကဆူး

valediction *n* "မ်နဘၣ်အမှာ်တက့ၢ်", တၢ်ဆၢဂ့ၤဆၢဝါဖဲတၢ်လီၤမုၢ်လီၤဖးလိာ်သးအခါ, တၢ်ဆၢဂ့ၤဆၢဝါအတၢ်လီၤမုၢ်လီၤဖး

valedictorian *n* ပှၤကိုဖိဖျိးစိလၢအတဲလီၤတၢ်ဖဲတၢ်ဟံးဖျိကိုလံာ်အှၣ်သးအမူးအကတိၢ်

valedictory *a* တၢ်ကတိၤဆၢဂ့ၤဆၢဝါလီၤတၢ်ဖဲတၢ်လီၤမုၢ်လီၤဖးအကတိၢ်

valentine *n* ၁. တၢ်ဆၢဂ့ၤဆၢဝါဘလဲထဲ(န)ခးက့ ၂. ပှၤလၢနအဲၣ်အီၤကွံအီၤ, ပှၤလၢအကဲနဘလဲထဲ(န)

Valentine's Day *n* ဘလဲထဲ(န)အမုၢ်နံၤ, တၢ်အဲၣ်အမုၢ်နံၤ

valet *n* ၁. ပျဲၢ်ခွါ, တၢ်ခ့တၢ်ပှၤခွါ ၂. ပှၤဟ်ပတ့ာ်နီၢ်ပှၤသိလ့ၣ်, ပှၤမၤတၢ်ဖိလၢအအံးထွဲကွၢ်ထွဲဟ်ပတ့ာ်နီၢ်တမံၤတပျိၤအသိလ့ၣ်ဖဲတၢ်အီၣ်ကျး, ဟံၣ်ဒွဲ

valet *v* ၁. မၤကဆိုနီၢ်ပှၤအသိလ့ၣ် ၂. မၤတၢ်ခ့တၢ်ပှၤအတၢ်မၤ

V

valiant *a* လၢအနူအဃိၤ, လၢအိဉ်ဒီးတၢ်သူဉ်နူသးနူ, လၢအိဉ်ဒီးတၢ်သးရှုတလှ်
valid *a* ၁. လၢအအိဉ်ဒီးအင့ၢ်အကျိၤ ၂. လၢအဖိးလိာ်သးဒီးသဲစး
validate *v* ၁. ဟ်ဂၢ်ဟ်ကျၢၤ, မၤဂၢ်မၤကျၢၤ, မၤလီၤတံၢ် ၂. မၤဖိးသဲစး, ဒုးဖိးသဲစး
validity *n* ၁. တၢ်ဟ်ဂၢ်ဟ်ကျၢၤ, တၢ်မၤဂၢ်မၤကျၢၤ, တၢ်မၤလီၤတံၢ်တၢ် ၂. တၢ်ဒုးဖိးသဲစး, တၢ်မၤဖိးသဲစး
valise *n* ထၢဉ်, ထၢဉ်တၢ်ဖံး
valley *n* တၢ်တြီၤ
valorous *a* လၢအသူဉ်နူသးနူ, လၢအသးရှုတလှ်
valour, valor *n* တၢ်သူဉ်နူသးနူ, တၢ်သးရှုတလှ်
valuable *a* ၁. လၢအလုၢ်ဒိဉ်ပှ့ၤဒိဉ် ၂. လၢအကဲဘျုးကဲဖှိဉ် ၃. လၢအရှဒိဉ်, လၢအကါဒိဉ်
valuable *n* တၢ်လုၢ်ဒိဉ်ပှ့ၤဒိဉ်, တၢ်ကၢပှ့ၤကၢကလံၤ, တၢ်ကယၢကယဲလုၢ်ဒိဉ်ပှ့ၤဒိဉ်တဖဉ်
valuation *n* ၁. တၢ်ဟ်တၢ်အလုၢ်အပှ့ၤ, တၢ်ဟ်လုၢ်ဟ်ပှ့ၤတၢ် ၂. တၢ်ဆၢတဲာ်ဟ်ပနီဉ်တၢ်အလုၢ်အပှ့ၤ, တၢ်ဆၢတဲာ်တၢ်အပှ့ၤကလံၤ
value *n* ၁. တၢ်အပှ့ၤ, တၢ်ကၢပှ့ၤကၢကလံၤ ၂. တၢ်ကဲဘျုးကဲဖှိဉ်, တၢ်အဘျုးအိဉ် ၃. တၢ်လၢအရှဒိဉ်, တၢ်လၢအကါဒိဉ် ၄. တၢ်ဟ်ပှ့ၤဟ်ကလံၤ, တၢ်ဟ်လုၢ်ဟ်ပှ့ၤ
value *v* ဟ်ပနီဉ်, ဟ်ပှ့ၤဟ်ကလံၤ, ဟ်ပနီဉ်တၢ်အလုၢ်အပှ့ၤ မ့တမ့ၢ် တၢ်အပှ့ၤအကလံၤ
value added tax *n* တၢ်ဟ်ဖှိဉ်အါထိဉ်တၢ်အလုၢ်အပှ့ၤအခိသွဲ, တၢ်အခိလၢတၢ်ဘဉ်ဟ့ဉ်အါထိဉ်အီၤလၢတၢ်ဖိတၢ်လံၤအပှ့ၤအဖီခိဉ် **(VAT)**
valueless *a* ၁. လၢအလုၢ်အပှ့ၤတအိဉ်, လၢတအိဉ်ဒီးအလုၢ်အပှ့ၤ ၂. လၢအတကဲဘျုးကဲဖှိဉ်, လၢအဘျုးတအိဉ် ၃. လၢအရှတဒိဉ်, လၢအကါတဒိဉ်
valuer *n* ပှၤလၢအဆၢတဲာ်ဟ်ပနီဉ်နှၤ်တၢ်အလုၢ်အပှ့ၤ, ပှၤဆၢတဲာ်တၢ်အပှ့ၤကလံၤ
valve *n* နိဉ်တြီ, တၢ်အပျ့ၤလၢအအိးထိဉ်ဒီးတြီထံ မ့တမ့ၢ် ကလံၤ မ့တမ့ၢ် လီဂံၢ်
vamp *n* ၁. ခီဉ်ဖံးအဖီခိဉ်, ခီဉ်ဖံးအဖီခိဉ်တကပၤ ၂. ပိာ်မုဉ်လၢအဆူးသွံဉ်အိဉ်ညဉ်ပှၤပိာ်ခွါ, ပိာ်မုဉ်လၢအကွဲနှၤ်လွဲနှၤ်ပိာ်ခွါ ၃. တၢ်ဒ့ဆၢနှာ်ဖှဉ်ကိာ်ဖိလၢတၢ်ဒ့ဝံၤဒ့ကှၤအီၤ
vampire *n* ၁. တၢ်နါ, တၢ်နါလၢအဆူးအိဉ်ပှၤသွံဉ် ၂. ပှၤဟံးနှၤ်တၢ်ဘဉ်ဘျုးလၢပှၤဂၤအဖီခိဉ်, ပှၤလၢအဆူးသွံဉ်အိဉ်ညဉ်ပှၤဂၤ ၃. ဘျါ, ဘျါလၢအဆူးအိဉ်တၢ်သွံဉ်
vampire bat *n* ဘျါ, ဘျါလၢအဆူးအိဉ်တၢ်သွံဉ်
van *n* သိလ့ဉ်ဖးဒိဉ်လၢပှၤကပဒားတၢ်လၢအပူၤ
vandal *n* ပှၤလၢအမၤဟးဂီၤ (နဲ့ဆၢဉ်အတၢ်ဃံတၢ်လၤ, ဒ့ဲလၤကူဉ်သ့ဒီးကမျၢ်တၢ်ဖိတၢ်လံၤတဖဉ်)
vandalism *n* တၢ်မၤဟးဂီၤထံကီၢ်အတၢ်ဖိတၢ်လံၤ
vandalize, vandalise *v* မၤဟးဂီၤထံကီၢ်အတၢ်ဖိတၢ်လံၤ
vane *n* ၁. တၢ်ပီးတၢ်လီဒုးနဲဉ်ကလံၤဆူတၢ်အကျိၤ ၂. ကဟဉ်အဒံး (ကလံၤကဟဉ်အဒံး, ထံကဟဉ်အဒံး) ၃. ပျ့ၢ်အဒံး
vanguard *n* ၁. သုးမုၢ်လၢအထိဉ်တၢ်မဲာ်ညါ, တၢ်မဲာ်ညါသုး ၂. ပှၤလၢအဒုးအိဉ်ထိဉ်တၢ်ထံဉ်တၢ်ဆိကမိဉ်အသီ ၃. တၢ်တီခိဉ်ရိဉ်မဲလဲၤတၢ်လၢတၢ်မဲာ်ညါ
vanilla *a* ၁. လၢအအိဉ်ဒီးဘနံလဉ်အရိၢ် ၂. လၢအတလီၤသးစဲ, လၢအတလီၤထုးနှၤ်သူဉ်ထုးနှၤ်သး
vanilla *n* ဖီဘနံလဉ်အစီ
vanish *v* ၁. ဟါမ်ၢ်ကွံာ်, လီၤမ်ၢ်ကွံာ် ၂. တအိဉ်လၢၤဘဉ်, တဖျါလၢၤဘဉ်
vanity *n* ၁. တၢ်ဟ်ထိဉ်ထီသး, တၢ်ဟ်ဒိဉ်လီၤသး, တၢ်ပတြၢၤလီၤသး ၂. ပိာ်မုဉ်အထၢဉ်စိာ်စုဖိ ၃. တၢ်လၢအတကဲဘျုး, တၢ်လၢအဘျုးအဖှိဉ်တအိဉ်, တၢ်ကလီကလီ
vanquish *v* မၤနၢၤမၤဃဉ်
vantage *n* တၢ်ဘဉ်ဘျုး, တၢ်ခွဲးဂ့ၤဃာ်ဘဉ်
vantage point *n* တၢ်အိဉ်လၢတၢ်ဖီခိဉ်အလိၢ်, တၢ်လိၢ်ဖဲပဆၢထၢဉ်ကွၢ်တၢ်ဒီးထံဉ်တၢ်ဝးဝး
vantage-ground *n* ၁. တၢ်အိဉ်လၢတၢ်ခွဲးတၢ်ယာ်လီၤဆီအလိၢ်, တၢ်ဒီးနှၤ်ဘဉ်တၢ်ခွဲးတၢ်ယာ်လီၤဆီ ၂. တၢ်လိၢ်လၢအရှဒိဉ်

V

vapid *a* ၁. လၢအတလီၤသးစဲ, လၢအတလီၤသူၣ်ပိၢ်သးဝး, လၢအလီၤကၢၣ်လီၤကျူ ၂. ဘျါကတါ, လၢအရိၢ်တအိၣ်

vapour-bath, vapor-bath *n* တၢ်ဒုးထီၣ်ကပၢၤ, တၢ်ပအၢထီၣ်သး, တၢ်သအၢထီၣ်သး

vapourer, vaporer *n* ပှၤလၢအပတြၢၤလီၤအသး, ပှၤလၢအတဲကဲၤလီၤအသး, ပှၤလၢအအှးလီၤအသး

vaporize, vaporise *v* ဒုးကဲထီၣ်ဆူအသဝံ, ဒုးသဝံထီၣ်

vaporous *a* ၁. လၢအသဝံထီၣ်, လၢအပှဲၤဒီးထံသဝံ, လၢအအိၣ်ဒီးထံသဝံ ၂. လၢအရှၤတဒိၣ်, လၢအကါတဒိၣ်

vapour, vapor *n* တၢ်အသဝံ, ထံသဝံတၢ်ထံၣ်မှံတၢ်, တၢ်ထံၣ်တၢ်

vapour trail *n* ကဘီယူၤအလုၣ်အကျိၤ, မ့ၣ်အူလုၣ်အကျိၤ

variable *a* ၁. လၢအလဲလိာ်အသးသ့, လၢအလီၤဆီသ့, ကဲၤကဒါ, တဂၢၢ်တကျၢၤ ၂. လၢအတဖိးမံလိာ်အသးဘၣ်

variable *n* တၢ်မၤအသးအကလုာ်ကလုာ်, တၢ်မၤအသးလၢတၢ်တယာ်အီၤတဘၣ်, တၢ်အိၣ်သးလၢလဲလိာ်အသးသ့ထီဘိ

variance *n* ၁. တၢ်လီၤဆီ, တၢ်တၤသိးလိာ်သး ၂. တၢ်အခွဲးလီၤဆီ, တၢ်ခွဲးတၢ်ယာ်လီၤဆီ

variant *a* လၢအလီၤဆီန့ၢ်တၢ်အဂၤ, လၢအလီၤဆီလိာ်အသး, လီၤဆီ, လၢအိၣ်အကလုာ်ကလုာ်

variant *n* ၁. တၢ်လၢအလီၤဆီန့ၢ်တၢ်အဂၤတမံၤ, ပှၤလၢအလီၤဆီနီၢ်ပှၤအဂၤ, တၢ်တမံၤမံၤလၢအလီၤဆီဒီးပှၤအဂၤ ၂. တၢ်လၢအလီၤဆီလိာ်အသး, တၢ်လီၤဆီ, တၢ်အကလုာ်ကလုာ်

variation *n* ၁. တၢ်ဆီတလဲ, တၢ်လဲလိာ် ၂. တၢ်လီၤဆီ, တၢ်လီၤဆီလိာ်အသးဒီးတၢ်အဂၤတမံၤ ၃. တၢ်အကလုာ်ကလုာ်

varicose vein *n* ခိၣ်သွံၣ်ကျိၤညီး, သွံၣ်ကျိၤညီးတၢ်ဆါ

varied *a* လီၤဆီ, လီၤဆီလိာ်သး, လၢအိၣ်အကလုာ်ကလုာ်

variegate *v* ဒုးအိၣ်ထီၣ်တၢ်အလွဲၢ်အကလုာ်ကလုာ်

variegated *a* ၁. လၢအလွဲၢ်အိၣ်အကလုာ်ကလုာ် ၂. လၢအအိၣ်အကလုာ်ကလုာ်

variegation *n* တၢ်ဒုးအိၣ်ထီၣ်တၢ်အလွဲၢ်အကလုာ်ကလုာ်

variety *n* ၁. တၢ်အကလုာ်ကလုာ် ၂. တၢ်လီၤဆီ

various *a* လၢအအိၣ်အကလုာ်ကလုာ်, တဘျုးမံၤတဘျုးကလုာ်

variously *adv* ၁. လၢကျဲအါဘိအပူၤ ၂. အကလုာ်ကလုာ်

varnish *n* ၁. ကသံၣ်ထူးဘျှကတြှၣ်တၢ်, ကသံၣ်ဖှူဘျှကတြှၣ်တၢ်, တၢ်လၢအဘျှကတြှၣ် ၂. တၢ်အိၣ်ဖျါလၢအဖံးဘ့ၣ်ခိၣ်

varnish *v* ဖှူလၢကသံၣ်ထံ, ထူးဘျှလၢကသံၣ်ထံ

varsity *n* ၁. ကိုအပှၤဂံၤလိာ်ကွဲဖိ ၂. ဖ့ၣ်စိမိၤ

vary *v* ၁. မၤလီၤဆီ, မၤအီၤအကလုာ်ကလုာ် ၂. လဲလိာ်

vascular *a* လၢအဘၣ်ထွဲဒီးသွံၣ်ကျိၤ, လၢအဘၣ်ဃးဒီးသွံၣ်ကျိၤ

vase *n* ဖီကီ

Vaseline *n* ကသံၣ်ဘးစလ့, ကသံၣ်ဖှူဘျှဖံးဘ့ၣ်

vassal *n* ၁. ကုၢ်, တၢ်ကုၢ်တၢ်ပှၤ, တၢ်ခ့တၢ်ပှၤ ၂. ထံကီၢ်လၢအဘၣ်ဒီးသန့ၤထီၣ်အသးလၢထံကီၢ်အဂၤတဘ့ၣ်အဖီခိၣ်, ပှၤလၢအဘၣ်ဒီးသန့ၤထီၣ်အသးလၢထံကီၢ်အဂၤတဘ့ၣ်အဖီခိၣ်

vast *a* ဖးလဲၢ်, ဖးဒိၣ်, ဖးဒိၣ်ဖးသံ, ဒိၣ်ဝဲမှၢ်ဝဲ

vastly *adv* အါအါဂိၢ်ဂိၢ်, ဒိၣ်ဒိၣ်မှၢ်မှၢ်, ဖးလဲၢ်ဖးကွာ်, ဖးဒိၣ်ဖးသံ

vat *n* သပၢၤဖးဒိၣ်, တၢ်ဒၢဖးဒိၣ်, ထးဝါဒၢဖးဒိၣ်

VAT *n* တၢ်ကွဲးဖုၣ် 'Value Added Tax', တၢ်ဟ်ဖိုၣ်အါထီၣ်တၢ်အလၢ်အပှ့ၤအခိသွဲ, တၢ်အခိလၢတၢ်ဘၣ်ဟ့ၣ်အါထီၣ်အီၤလၢတၢ်ဖိတၢ်လံၤအပှ့ၤအဖီခိၣ်

Vatican *n* ဝ့ၢ်ဘဲးထံၣ်ကၣ်, ဘဲးထံၣ်ကၣ်အပဒိၣ်

vault *n* ၁. ဒၢးခိၣ်ဒုးကူၣ်ကွီၤ, ဒၢးခိၣ်ဒုးကူၣ်ကျိၤ, တၢ်ခိၣ်ဒုးလၢအအိၣ်ကူၣ်ကွီၤအသး, တၢ်ခိၣ်ဒုးလၢအအိၣ်ကူၣ်ကျိၤအသး

၂. ဒၢးတူ်မှ (လၢစ့တၢးတဖၣ်အပူၤ), တၢ်စုလိၢ် ခိၣ်ခိၣ်အဒၢးခၢၣ် ၃. တၢ်စံၣ်ခီပတာ် ၄. ဟီၣ်လာ်တၢ်သွၣ်ခိၣ်

vault *v* စံၣ်ခီပတာ်, စံၣ်ဖှ

vaulted *a* လၢအကှၣ်ကွီၤ, လၢအကှၣ်ကျီၤ

vaulting *n* တၢ်အိၣ်ကှၣ်ကွီၤအကှၢ်အဂီၤ, တၢ်အိၣ်ကှၣ်ကျီၤအကှၢ်အဂီၤ

vaulting horse *n* တၢ်စံၣ်ခီပတာ်လိသးအ ပီးအလီ

vaunt *v* ကတိၤဒိၣ်ကိာ်, ပတြၢၤလီၤအသး, အူးလီၤအသး

VC *n* ၁. တၢ်ကွဲးဖှၣ်, 'Victoria Cross', အဲက လံးသုးဖိအတၢ်လၤကပီၤကဘျၣ် ၂. ပှၤသုးဖိလၢ အမၤန့ၢ် 'Victoria Cross' တၢ်လၤကပီၤက ဘျၣ် ၃. (vice-chairman) ကရၢခိၣ်ခံဂၤတဂၤ, ကရၢခိၣ်စၢၤ

veal *n* (ဂီၤဖံးဖိ, ကျိၢ်ဖိ) အညၣ်

veer *v* လဲလိာ်အကျဲ, ဆီတလဲအကျိၤ

vegan *n* ပှၤအိၣ်တၢ်ဒီးတၢ်လၣ်, ပှၤတအီၣ် တၢ်ဖံးတၢ်ညၣ်, ပှၤလၢတအီၣ်တၢ်အသးသမူ

vegetable *n* တၢ်ဒီးတၢ်လၣ်

vegetarian *n* ပှၤလၢတအီၣ်တၢ်ဖံးတၢ်ညၣ်, ပှၤလၢတအီၣ်တၢ်သးသမူ

vegetate *v* ၁. အိၣ်ကၢၣ်အိၣ်ကျူၤ, တမၤတၢ် နီတမံၤ, အိၣ်ဒၣ်အတၢ်, တသးစဲတၢ်နီတမံၤ ၂. ဒိၣ်ထီၣ်ဒ်တၢ်မုၢ်တၢ်ဘိအသိး

vegetation *n* ၁. တၢ်ဒိၣ်ထီၣ်ဒ်တၢ်မဲတၢ်မါ အသိး ၂. တၢ်မဲတၢ်မါ

vegetative *a* ၁. လၢအဘၣ်ထွဲဒီးတၢ်မုၢ်တၢ် ဘိ, တၢ်မဲတၢ်မါ ၂. လၢအအိၣ်ကၢၣ်အိၣ်ကျူၤ, လၢအတမၤတၢ်နီတမံၤ, လၢအသးတစဲတၢ်နီတ မံၤ, လၢအအိၣ်ဒၣ်အတၢ် ၃. (ပှၤ) လၢအဒိၣ်ထီၣ် ဒ်တၢ်မုၢ်တၢ်ဘိအသိး, လၢအလီၤက်ဒ်တၢ်မုၢ်တၢ် ဘိအသိး, လၢအအိၣ်မူဒ်တၢ်မုၢ်တၢ်ဘိအသိး, လၢ အအိၣ်မူဘၣ်ဆၣ်အခိၣ်နူာ်တမၤတၢ်

veggie *a* လၢအဘၣ်တၢ်မၤအီၤဒီးတၢ်ဒီးတၢ် လၣ်, လၢအဘၣ်ဃးဒီးတၢ်ဒီးတၢ်လၣ်

veggie *n* ၁. ပှၤလၢတအီၣ်တၢ်ဖံးတၢ်ညၣ်, ပှၤလၢတအီၣ်တၢ်သးသမူ ၂. တၢ်ဒီးတၢ်လၣ်

vehemence *n* တၢ်သူၣ်ဟူးသးဂဲၤဒိၣ်ဒိၣ်က လဲာ်, တၢ်သူၣ်ဆူၣ်သးဆူၣ်ဒိၣ်ဒိၣ်ကလဲာ်

vehement *a* လၢအသူၣ်ဟူးသးဂဲၤဒိၣ်ဒိၣ်က လဲာ်, လၢအသူၣ်ဆူၣ်သးဂဲၤဒိၣ်ဒိၣ်ကလဲာ်

vehicle *n* ၁. လှၣ်ဧိၤလီၤဧိၤ. အဒိ, သိလှၣ် မှတမ့ၢ် လှၣ်အကလုာ်ကလုာ်လၢတၢ်သူအီၤ လၢဝံစိာ်တီဆှၢအဂီၢ် ၂. ကျဲ, တၢ်အကျိၤအကျဲ, တၢ်အကျိၤအကျဲလၢတၢ်စူးကါအီၤလၢတၢ်ဟ်ဖျါ ထီၣ်တၢ်ထံၣ်တၢ်ဆိကမိၣ်ဒီးတၢ်ဒိသူၣ်ဟ်သး

veil *n* ၁. နိၣ်ကျၢ်ဘၢမဲာ် ၂. တၢ်မၤလီၤကဒုပ တၢ်ထံၣ်တၢ်အိၣ်ဖျါ, တၢ်မၤလၢအမၤလီၤကဒုတၢ်, တၢ်လၢအဟ်သဒၢတၢ်

veil *v* ၁. ကျၢ်ဘၢဒီးနိၣ်ကျၢ်ဘၢမဲာ် ၂. ဟ်ဘၢ, မၤသဒၢ, ဟ်ရှသူၣ်, မၤလီၤဘၢ

veiled *a* ၁. လၢအကျၢ်ဘၢမဲာ်ဒီးနိၣ်ကျၢ်ဘၢ မဲာ် ၂. လၢအဒုးအိၣ်သဒၢတၢ်, လၢအမၤလီၤသဒၢ တၢ်

vein *n* ၁. သွံၣ်ကှၤကျိၤ ၂. ထူကျိၤစ့ကျိၤ, ဟီၣ်လာ်တၢ်ထူးတၢ်တီၤအကျိၤ ၃. တၢ်အကျိၤ (လၢသှၣ်လၣ်အလိၤ, တၢ်ဖိဃၢ်အဒံးဆှလိၤ)

vellum *n* ၁. လံာ်တၢ်ဖံး ၂. စးခိအလွဲၢ်လၢအ လီၤက်ဒီးလၣ်ဖးထံအလွဲၢ်

velocity *n* တၢ်အချ့

velodrome *n* တၢ်ယိၢ်ပြၢလှၣ်ယိၢ်အပျိ

velour, velor *n* တၢ်ကံးညာ်သးကလးတက လုာ်

velvet *n* တၢ်ကံးညာ်သးကလး

velveteen *n* တၢ်ကံးညာ်သးကလးတကလုာ်

venal *a* လၢအအိၣ်ကျိၣ်အိၣ်စ့, လၢအအိၣ် ခိၣ်ဖးလာ်ဆိုး

vend *v* ဆါတၢ်, ဆါလီၤတၢ်, ဆါကွံာ်

vending machine *n* စဲးဆါတၢ်

vendor, vender *n* ပှၤဆါတၢ်ဖိ, ပှၤဟး တီဆါတၢ်

veneer *n* ၁. သှၣ်ဘၣ်အကဘျံး ၂. တၢ်သ ကဲာ်ပဝးတကလုာ်လၢအဟ်ရှသူၣ်ပှၤတဂၤအတၢ် ဟ်သးနီၢ်နီၢ်, တၢ်အိၣ်ဖျါအကှၢ်အဂီၤလၢအဟ်ဘၢ ဃာ်ပှၤအတၢ်ဟ်သူၣ်ဟ်သးနီၢ်နီၢ်

veneer *v* ကျးလီၤသှၣ်ဘၣ်အကဘျံး

venerable *a* ၁. လၢအကြၢးဒီးတၢ်ယူးယီၣ် ဟ်ကဲ ၂. လၢဘၣ်တၢ်ဟ်စိဆုံအီၤ

venerate *v* ယူးယီၣ်ဟ်ကဲ

veneration *n* တၢ်ယူးယီၣ်ဟ်ကဲတၢ်

V

venereal *a* လၢအဘၣ်ဃးဒီးဃဲသဲတၢ်ဆါ, လၢအဘၣ်ဃးဒီးတၢ်ဆါဘၣ်က်ခီဖျိတၢ်မံယှာ်အိၣ်ယှာ်

venereal disease *n* ဃဲသဲတၢ်ဆါ

venetian blind *n* တၢ်နဲဘျးသဒၢ

vengeance *n* တၢ်မၤကၣ်တၢ်, တၢ်မၤကၣ်တၢ်အၢဆူတၢ်အၢ

vengeful *a* လၢအအဲၣ်ဒိးမၤကၣ်ဆၢက့ၤတၢ်, လၢအအဲၣ်ဒိးမၤကၣ်တၢ်အၢဆူတၢ်အၢ

venial *a* လၢတၢ်ပျၢ်ဖျဲးကွံာ်အီၤသ့, လၢတၢ်ပျၢ် (အတၢ်ကမၣ်သ့)

venison *n* တၤဟိညၣ်, တၤယှၢ်ညၣ်, တၤဃီၤညၣ်, သမီၣ်ညၣ်, တခံ (တကျၣ်ခိၣ်) ညၣ်

venom *n* ဂုၢ်အခၣ်ထံလၢအအိၣ်ဒီးအစုၣ်, စုၣ်ထံ

venomous *a* ၁. လၢအိၣ်ဒီးအစုၣ်, လၢအစုၣ်အၢ ၂. လၢအပှဲၤဒီးတၢ်သူၣ်ဒိၣ်သးဟ့, လၢအအၢအသီ

venous *a* ၁. လၢအဘၣ်ဃးဒီးသွံၣ်ကှၤကျိၤ ၂. လၢအပၣ်ဒီးသွံၣ်ကျိၤ

vent *n* တၢ်ပူၤဟိဖိလၢတၢ်အသဝံဟဲနုာ်ဟးထိၣ်သ့

vent *v* ၁. ဟ်ဖျါထိၣ်အတၢ်တူၢ်ဘၣ်, တဲဖျါထိၣ်အတၢ်တူၢ်ဘၣ် ၂. ပျဲဟးထိၣ်ကွံာ် (ကလံၤ, တၢ်နၢတၢ်နွါ, က်သဝံ)

ventilate *v* ၁. ပျဲနုာ်လီၤကလံၤ, သွီနုာ်လီၤကလံၤ, အူနုာ်လီၤကလံၤ ၂. တဲဖျါထိၣ်တၢ်ဂ့ၢ်ကီ, ဟ်ဖျါထိၣ်တၢ်ကီတၢ်ခဲ

ventilation *n* ၁. တၢ်ပျဲနုာ်လီၤကလံၤ (ဆူဒၢး, တၢ်သူၣ်ထီၣ်အပူၤ) ၂. တၢ်သွီနုာ်လီၤကလံၤ, တၢ်အူနုာ်လီၤကလံၤ (ဆူပသိၣ်အပူၤ)

ventilator *n* ၁. ကလံၤဟဲနုာ်ဟးထိၣ်အပူၤ ၂. စဲးပီးလီလၢအပျဲနုာ်လီၤဟးထိၣ်ကလံၤ

ventricle *n* ၁. သးဒၢးကအိလ်, သးအဒၢးကအိလ်ခံဖျၢၣ်လၢအဖီလ်တကပၤ ၂. ခိၣ်နူာ်အဒၢးကအိ

ventriloquism *n* တၢ်ကတိၤဒဲးကံၣ်ဒဲးဝ့ၤသိၣ်ကလုၢ်, တၢ်ဒဲးကံၣ်ဒဲးဝ့ၤသိၣ်ကလုၢ်ဒ်လၢတၢ်သ့တၢ်ဘၣ်, တၢ်ဂဲၤကလုၢ်အတၢ်သ့တၢ်ဘၣ် (အဒိ, ဟိာ်ခွါတဂၤမၤသိၣ်အကလုၢ်ဒ်ဟိာ်မုၣ်အသိးသ့)

venture *n* တၢ်ဟ်နူသးဒီးမၤတၢ်, တၢ်မၤတၢ်လၢအအိၣ်ဒီးတၢ်ဘၣ်ယိၣ်အလီၢ်

venture *v* ဘံၣ်မဲာ်တဲာ်နၢ်မၤတၢ်, မၤတၢ်လၢတၢ်သးနူအပူၤ, မၤတၢ်လၢအအိၣ်ဒီးတၢ်ဘၣ်ယိၣ်

venturesome *a* ၁. လၢအဘူၣ်တၢ်, လၢအမၤတၢ်ဘူၣ်, လၢအပှဲၤဒီးတၢ်သူၣ်နူသးနူ, လၢအတပျံၤတၢ် ၂. လၢအိၣ်ဒီးတၢ်ဘၣ်ယိၣ်, လၢအပှဲၤဒီးတၢ်ဘၣ်ယိၣ်

venue *n* တၢ်ထံၣ်လိာ်အိၣ်သကိးသးအလီၢ်, တၢ်မၤမူးအလီၢ်

Venus *n* ၁. ဝံနၤး(စ), တူၢ်ဂီၤတူၢ်ဟါ ၂. (လၢရိမ့ၤအပူပူၤ) တၢ်အဲၣ်တၢ်ကွံဒီးတၢ်ဃံတၢ်လၤအမုၢ်ယါ

veracious *a* လၢအမ့ၢ်အတီ, လၢအတီအလိၤ, တီတီလိၤလိၤ

veracity *n* တၢ်မ့ၢ်တၢ်တီ, တၢ်တီတၢ်လိၤ, တၢ်တီတီလိၤလိၤ

veranda, verandah *n* ဒၢးအိၣ်ကသုၣ်, ဃီစၢၤလီၢ်, ဃီလိၤဆဲး

verb *n* ဝိၢ်

verbal *a* ၁. လၢအဟ်ဖျါခီဖျိတၢ်ကတိၤအဖျၢၣ်, လၢတၢ်ကတိၤအီၤ, လၢထးခိၣ် ၂. လၢအဘၣ်ဃးဒီးဝိၢ်

verbalize, verbalise *v* ၁. ဟ်ဖျါထိၣ်လၢတၢ်ကတိၤအဖျၢၣ်, စံးကတိၤတၢ် ၂. စူးကါအီၤဒ်ဝိၢ်အသိး

verbally *adv* ၁. လၢတၢ်ကတိၤ ၂. စူးကါအီၤဒ်ဝိၢ်အသိး

verbatim *a* ကိးထံၣ်ကိးဘီဒဲး, ခီဖျၢၣ်ဖျၢၣ်, ခီဘီဘီ

verbatim *adv* ကိးထံၣ်ကိးဘီဒဲး, ခီဖျၢၣ်ဖျၢၣ်, ခီဘီဘီ

verbiage *n* တၢ်ကတိၤဒဲးကံၣ်ဒဲးဝ့ၤ, တၢ်ကတိၤဖးထီဖးယွဲၤလၢတအိၣ်ဒီးအသံးအကာ်

verbose *a* လၢအဒဲးကံၣ်ဒဲးဝ့ၤတၢ်ကတိၤအါတလၢ, လၢအစူးကါတၢ်ကတိၤအဖျၢၣ်အါတလၢ, လၢအတၢ်ကတိၤအသံးအကာ်တအိၣ်, လၢအိၣ်ထဲတၢ်ကတိၤအဖျၢၣ်, လၢအပှဲၤဒီးတၢ်ကတိၤအဖျၢၣ်

verbosity *n* တၢ်ကတိၤတၢ်ထီပယွဲၤ, (တၢ်ကွဲး) လၢအပှဲၤဒီးတၢ်ကတိၤ, (တၢ်ကွဲး) လၢအိၣ်ထဲတၢ်ကတိၤအဖျၢၣ်

verdant *a* ၁. လၢအလါဟ့, လၢအမဲထိၣ်လါဟ့ဒီးကပြုၤဂ့ၤ ၂. လၢအတၢ်လဲၤခီဖျိတအိၣ်, လၢအတၢ်လဲၤခီဖျိစုၤ

verdict *n* တၢ်စံၣ်ညီၣ်

verdure *n* တၢ်လါဟ့, (တၢ်လီၢ်) လါဟ့, (တၢ်မဲတၢ်မါ) လါဟ့

verge *n* ၁. တၢ်ကနူၤ, တၢ်အနါစ့ၤ, တၢ်အသရူၤ, တၢ်အခိၣ်ၦ ၂. တၢ်အခီၣ်ထံး, တၢ်စးထိၣ်သးအခီၣ်ထံး

verge *v* ၁. တစ့လီၤ, ဒ့ခံလီၤ ၂. ဘူးထိၣ်, ဘူးထိၣ်ဒီး

verge on *vp:* ဘူးတ့ၢ်မးလၢ, ဘူး

verger *n* ၁. ပှၤကွၢ်ထွဲသရိာ်ဒီးတၢ်လိာ်တမံၤ, ပှၤခိးသရိာ် ၂. ပှၤဖိၣ်နီၣ်ထိးဘိလၢအလဲၤတၢ်လၢပှၤလ့ၢ်တၢ်အဓိၣ်အမဲာ်ညါ, ပှၤဖိၣ်နီၣ်ထိးဘိလၢအဆှၢထိၣ်ပှၤလ့ၢ်တၢ်အဓိၣ်

verifiable *a* လၢတၢ်ဒုးနဲၣ်ဟ်ဖျါထိၣ်လၢအဘၣ်သ့, လၢတၢ်ဒုးနဲၣ်ဖျါထိၣ်လၢအမ့ၢ်ဝဲတီဝဲ

verification *n* တၢ်ဒုးနဲၣ်ဟ်ဖျါထိၣ်တၢ်မ့ၢ်တၢ်တီ, တၢ်ဟ်ဂၢၢ်ဟ်ကျၢၤတၢ်

verify *v* မၤကွၢ်မ့ၢ်အတီတတီ, ဒုးနဲၣ်ဖျါလၢအဘၣ်, ဒုးနဲၣ်ဖျါလၢအမ့ၢ်အတီ, ဟ်ဂၢၢ်ဟ်ကျၢၤတၢ်

verily *adv* မ့ၢ်ဝဲတီဝဲ, တီတီလီၤလီၤ, နီၢ်နီၢ်, နီၢ်ကီၢ်, သပှၢ်ကတၢၢ်

verisimilitude *n* တၢ်ဖျါလၢအမ့ၢ်တၢ်နီၢ်ကီၢ်, တၢ်ဖျါလၢအမ့ၢ်ဝဲတီဝဲ, တၢ်မ့ၢ်တၢ်တီ, တၢ်နီၢ်ကီၢ်

veritable *a* နီၢ်နီၢ်, လၢအမ့ၢ်အတီ, လၢအဘၣ်

verity *n* တၢ်မ့ၢ်တၢ်တီ, တၢ်တီတၢ်လီၤ, တၢ်တီတီလီၤလီၤ, တၢ်နီၢ်ကီၢ်, တၢ်နီၢ်နီၢ်

vermilion *a* တၢ်အလွဲၢ်ဂီၤဆှၣ်

vermin *n* ၁. ဆၣ်ဖိကီၢ်ဖိ, ထိၣ်ဖိလံၣ်ဖိ, တၢ်ဖိဃၢ်လၢအဟ့ၣ်တၢ်ကီတၢ်ခဲဒီးမၤဟးဂီၤတၢ် (အဒိ, ယှၢ်, ထိၣ်ဖံး) ၂. ဆၣ်ဖိကီၢ်ဖိလၢအလူၤအိၣ်တၢ်မံၤလာ် ၃. ပှၤလံၤလူၤကျူၤဆှါ

verminous *a* ၁. လၢအအိၣ်ပှဲၤဒီးတၢ်ဖိဃၢ်လၢအမၤဟးဂီၤမၤတံာ်တာ်တၢ် ၂. (တၢ်ဆါ) လၢအဘၣ်ကူဘၣ်က်ခီဖျိတၢ်ဖိဃၢ်

vermouth *n* သံးစပံးထံနၢမူတကလုာ်, စပံးထံအဂီၤစပံးထံအဝါလၢအနၢမူတကလုာ်

vernacular *a* လၢအဘၣ်ဃးဒီးဟီၣ်ကဝီၤတကဝီၤ, လၢအဘၣ်ထွဲဒီးလီၢ်ကဝီၤတကဝီၤ

vernacular *n* ၁. ဟီၣ်ကဝီၤအကျိာ်, လီၢ်ကဝီၤအကျိာ် ၂. တၢ်လၢအဘၣ်ထွဲဒီးလီၢ်ကဝီၤတကဝီၤ, တၢ်လၢအဘၣ်ဃးဒီးလီၢ်ကဝီၤတကဝီၤ

vernal *a* ၁. လၢအဘၣ်ဃးဒီးတၢ်ယီၤထိၣ်သီအဆၢကတီၢ် ၂. လၢအလိၣ်ဘီဘိထိၣ်အဆၢကတီၢ်, လၢအဘၣ်ဃးဒီးသးစၢ်လိၣ်ဘီဘိထိၣ်အဆၢကတီၢ်

versatile *a* ၁. လၢအမၤတၢ်သ့ဂ့ၤဂ့ၤဘၣ်ဘၣ်, လၢအမၤတၢ်သ့အါမံၤ, လၢအလၢပှဲၤဒီးအကံၢ်အစီ, လၢအလၢပှဲၤဒီးတၢ်သ့တၢ်ဘၣ် ၂. လၢအလဲလိာ်အသးသ့, လၢအဆီတလဲသ့ ၃. (တၢ်ဖိဃၢ်) လၢအဃၣ်တရံးအသးဆူအံၤဆူနူၣ်သ့, လၢအသုးထိၣ်သုးလီၤအသးသ့ ၄ (တၢ်အိၣ်တၢ်အီ, တၢ်သူၣ်ထိၣ်) လၢတၢ်စူးကါအီၤသ့အါမံၤအါမ့ိ

versatility *n* ၁. တၢ်မၤတၢ်သ့ဂ့ၤဂ့ၤဘၣ်ဘၣ်, တၢ်မၤတၢ်သ့အါမံၤ ၂. တၢ်လၢအလဲလိာ်အသးသ့, တၢ်လၢအဆီတလဲသ့ ၃. (တၢ်ဖိဃၢ်) လၢအဃၣ်တရံးအသးဆူအံၤဆူဘးသ့, လၢအသုးထိၣ်သုးလီၤအသးသ့ ၄. တၢ်လၢအဘျုးအိၣ်, တၢ်လၢအကဲဘျုးလၢကျဲအါမံၤ

verse *n* အဆၢဖိ, ထါ (အဆၢ)

versed *a* လၢအသ့အဘၣ်, လၢအစဲၣ်နီၤ

version *n* ၁. အဘ့ၣ် ၂. (ပှၤတဂၤ) အတၢ်တဲ, အတၢ်ထံၣ်တၢ်ဆိကမိၣ် ၃. တၢ်ဃၣ်လီၤဖိသၣ်အခိၣ်လၢဒၢလီၢ်အပူၤ

versus *prep* ၁. ထီဒါလိာ်သး ၂. ပြၢလိာ်သးဒီး---

vertebra *n* ပျိၢ်ဃံအဆၢ

vertebrate *a* လၢအပျိၢ်ဃံအိၣ်, လၢအိၣ်ဒီးအပျိၢ်ဃံ

vertebrate *n* တၢ်သးသမူလၢအိၣ်ဒီးအပျိၢ်ဃံ

vertex *n* ၁. တၢ်အခိၣ်စိး, တၢ်အထိးနါ, တၢ်အစိခိၣ်, တၢ်အဒီခိၣ်, တၢ်ထီကတၢၢ် ၂. တၢ်အခိၣ်စိးခံခါထံၣ်လိာ်သးအလီၢ်, တၢ်အထိးနါခံခါထံၣ်လိာ်သးအလီၢ် ၃. ခိၣ်ထံ

vertical *a* ၁. ထူၣ်ကလာ်, လၢအထိၣ်ထူၣ်ဘျၢယှၢ်ကလာ် ၂. လၢအဘၣ်ဃးဒီးခိၣ်ထံ ၃. လၢအဘၣ်ထွဲဒီးတၢ်ဖံးတၢ်မၤတပတီၢ်ဘၣ်တပတီၢ် (စးထိၣ်လၢတၢ်ထုးထိၣ်ပနံာ်တုၤလၢတၢ်ဆါလီၤ

V

တစု) ၄. လၢအပတီၢ်လီၤဆီလိာ်အသးတပတီၢ်ဘဉ်တပတီၢ်

vertical *n* တၢ်ထိဉ်ထူဉ်ကလာ်, တၢ်ထိဉ်ထူဉ်ဘျၢယုၢ်ကလာ်

vertigo *n* မဲာ်မူၤ, မဲာ်ခံးသူ, မဲာ်မူၤနၢ်မူၤ

verve *n* တၢ်သူဉ်ဆူဉ်သးဂဲၤ, တၢ်သူဉ်ဆူဉ်သးဆူဉ်, တၢ်သးဂဲၤ

very *a* (ဒိဉ်) မး, (နး) မး

very *adv* (ဒိဉ်) မး, (နး) မး

vespers *n* ဟါခီတၢ်ဘါ, တၢ်ဘူဉ်တၢ်ဘါလၢဟါခီအကတိၢ်

vessel *n* ၁. ကဘီ, ချံဖးဒိဉ် ၂. တၢ်ပူၤတၢ်လီၢ်လၢတၢ်ဒၢထံသ့, ၃. သွံဉ်ကျိၤ

vest *n* ၁. ဆ့ကၤယူာ် ၂. ဆ့ကၤတုာ်စု, အီကံတုာ်စု

vest *v* ဟ့ဉ်စိဟ့ဉ်ကမီၤ, ဟ့ဉ်လီၤကဒါက့ၤတၢ်စိတၢ်ကမီၤ, အးလီၤက့ၤတၢ်စိတၢ်ကမီၤဆူပှၤဂၤအစုပူၤ

vestibule *n* ၁. ဟံဉ်အမဲာ်ညါဒၢးဖိ ၂. (နၢ်ခိမိၢ်ပှၢ်) အဒၢးကအိဖိတဖဉ် ၃. ဒၢးဖိလၢလှဉ်မှဉ်အူခံချ့ဉ်အဘၢဉ်စၢၤ

vestige *n* (တၢ်ပနီဉ်) (တၢ်အခီဉ်လီၢ်) လၢအိဉ်လီၤတဲာ်တ့ၢ်တစဲးဖိ, (တၢ်အကျိၤ) အိဉ်လီၤတဲာ်တ့ၢ်တစဲးဖိ, တၢ်အိဉ်လီၤတဲာ်တ့ၢ်တစဲးဖိ

vestment *n* (တၢ်ပနီဉ်) (ပှၤလုၢ်တၢ်အဒိဉ်အဆ့ကၤ, သရဉ်ဒိဉ်အတၢ်ကူတၢ်ကၤ, (သရဉ်ဒိဉ်, သီခါ, ပၤပၤ) အတၢ်ကူတၢ်သိး, ဆ့ကျၢၢ်ဘၢဖးထီ, ဆ့ကၤကျၢၢ်ဘၢတၢ်အခီဉ်လီၢ်) လၢအိဉ်လီၤတဲာ်တ့ၢ်တစဲးဖိ, (တၢ်အကျိၤ) အိဉ်လီၤတဲာ်တ့ၢ်တစဲးဖိ, တၢ်အိဉ်လီၤတဲာ်တ့ၢ်တစဲးဖိ

vestry *n* သရိာ်တၢ်ကတဲာ်ကတီၤဒၢး, တၢ်ကတဲာ်ကတီၤဒၢးဖဲသရိာ်အပူၤ

vet *n* ဆဉ်ဖိကီၢ်ဖိကသံဉ်သရဉ်

vet *v* မၤလီၤတံၢ်, သမံသမိးကွၢ်တၢ်လီၤတံၢ်လီၤဆဲး

vetch *n* သဘ့ပထိးတကလုာ်လၢတၢ်ဒုးအီဉ်ဆဉ်ဖိကီၢ်ဖိ, သဘ့ပထိးမုၢ်အလွဲၢ်ဂီၤစၢ်လၢတၢ်ဟ့ဉ်ဒုးအီဉ်ဆဉ်ဖိကီၢ်ဖိ

veteran *n* ၁. သုးလီၢ်လံၤ ၂. ပှၤသးပှၢ်လၢအတၢ်လဲၤခီဖျိအါ

veteran car *n* သိလ့ဉ်လၢပျၢၤ, သိလ့ဉ်လၢဘဉ်တၢ်ဘိုထိဉ်အီၤလၢ ၁၉၀၅ နံဉ်

Veterans Day *n* သုးလီၢ်လံၤအမုၢ်နံၤ, တၢ်မၤလၤကပီၤသုးလီၢ်လံၤအမုၢ်နံၤ

veterinarian *n* ကသံဉ်သရဉ်လၢအယါဘျါဆဉ်ဖိကီၢ်ဖိ (also vet)

veterinary *a* လၢအဘဉ်ထွဲဒီးတၢ်ကူစါယါဘျါဆဉ်ဖိကီၢ်ဖိ

veterinary surgeon *n* ကသံဉ်သရဉ်ကူးကွဲးယါဘျါဆဉ်ဖိကီၢ်ဖိ, ဆဉ်ဖိကီၢ်ဖိအကသံဉ်သရဉ်

veto *n* ဘံဉ်တိဉ်စိကမီၤ

veto *v* ၁. တြီဆၢ, တြီဃာ် ၂. သမၢ, ဂ့ၢ်လိာ်, တတူၢ်လိာ် (တၢ်ဆၢနှာ်)

vex *v* မၤတံာ်တာ်, မၤသးအ့န့, မၤကိၢ်မၤဂီၤ

vexation *n* တၢ်မၤတံာ်တာ်တၢ်, တၢ်မၤသးအ့န့, တၢ်သူဉ်ကိၢ်သးဂီၤ, တၢ်နးတၢ်ဖှိဉ်

vexatious *a* လၢအမၤတံာ်တာ်, လၢအမၤအ့န့တၢ်, လၢအမၤကိၢ်မၤဂီၤတၢ်, လၢအမၤနးမၤဖှိဉ်တၢ်

via *prep* ခီဖျိ, တဆီ

viable *a* ၁. လၢပှၤမၤဝံၤအီၤသ့, လၢပှၤစူးကါအီၤသ့, လၢပမၤအီၤညီ, လၢတၢ်မၤအီၤသ့ ၂. လၢအမူသ့, လၢအကဲထိဉ်လိဉ်ထိဉ်သ့,

viaduct *n* လှဉ်မှဉ်အူတိၤလၢကစၢၢ်ကဆူး

vial *n* ပလီဖိ, ကသံဉ်ထံပလီဖိ

viands *n* တၢ်အီဉ်တၢ်အီ

vibrant *a* ၁. လၢအပှဲၤဒီးတၢ်ဟူးတၢ်ဂဲၤ, လၢအပှဲၤဒီးတၢ်ဂံၢ်တၢ်ဘါ ၂. လၢအကနိးကစုာ်, သထြူၢ်

vibraphone *n* ပီၤကူၤထးဘိ, ပီၤကူၤထး

vibrate *v* ဟူးဝး, တရုၤအသး, ကနိးကစုာ်, သထြူၢ်

vibration *n* တၢ်ကနိးကစုာ်, တၢ်တရုၤ, တၢ်ဟူးဝး, တၢ်သထြူၢ်

vibrio cholerae *n* တၢ်ဃၢ်လၢအဒုးကဲထိဉ်တၢ်လူဘိုး

vicar *n* (အဲကလံးကၢဉ်) ဖုံထံသရဉ်ကွၢ်တၢ်အိဉ်ဖှိဉ်

vicarage *n* (အဲကလံးကၢဉ်) ဖုံထံသရဉ်ကွၢ်တၢ်အိဉ်ဖှိဉ်အဟံဉ်

vicarious *a* လၢအအိဉ်ကွၢ်လၢပှၤအလီၢ်

vice *n* ၁. တၢ်လုၢ်အၢလၢ်သီ ၂. အခၢဉ်စး

vice, vise *n* စဲးဖိဉ်ဃံးတၢ်

vice *prep* အခၢၣ်စး, လၢအလီၢ်, လၢအဖီလာ်တဆီ

vice- *combining* ၁. ခၢၣ်စး ၂. ခံဂၤတဂၤ (အဒိ, vice chairman, ပှၤပၢၤလီၢ်ဆ့ၣ်နီၤခံဂၤတဂၤ)

vice-president *n* ၁. ကီၢ်ခိၣ်ကျၢ်ခံဂၤတဂၤ, ကီၢ်ခိၣ်စၢၤ ၂. ကရၢခိၣ်ခံဂၤတဂၤ, ကရၢခိၣ်စၢၤ

viceroy *n* ပှၤပၢတၢ်လၢစီၤလိၤစီၤပၤအခၢၣ်စး

vicinity *n* ပှၤပၢတၢ်လၢစီၤလိၤစီၤပၤအခၢၣ်စး, တၢ်လီၢ်လၢအခိၣ်အဃၢၤလၢအိၣ်ဘူးအိၣ်တံၢ်

vicious *a* ၁. အၢသီ, သးအၢ, လၢအအၢအသီ ၂. လၢအလုၢ်အလၢ်သကဲာ်ပဝးတဂ့ၤ

victim *n* ပှၤတူၢ်ဘၣ်တၢ်, ပှၤတူၢ်တၢ်

victimize, victimise *v* နုးတူၢ်ဘၣ်တၢ်, နုးကဲထီၣ်ပှၤလၢပှၤတူၢ်ဘၣ်တၢ်

victimology *n* တၢ်ယုသ့ၣ်ညါမၤလိဘၣ်ဃးဒီးပှၤတူၢ်ဘၣ်တၢ်လၢတၢ်မူးတၢ်ရၢ်အပူၤဒီးအဝဲသ့ၣ်အသးအတၢ်တူၢ်ဘၣ်, ပှၤတူၢ်ဘၣ်တၢ်လၢတၢ်မူးတၢ်ရၢ်အပူၤဒီးအသးအတၢ်တူၢ်ဘၣ်ပီညါ

victor *n* ပှၤလၢအမၤနၢၤတၢ်, ပှၤမၤနၢၤတၢ်

victorious *a* လၢအမၤနၢၤတၢ်

victory *n* တၢ်မၤနၢၤ

victuals *n* တၢ်အီၣ်တၢ်အီ, တၢ်အီၣ်တၢ်အီလၢတၢ်မၤန့ၢ်ဟ်စၢၤအီၤတဖၣ်, တၢ်အီၣ်တၢ်အီလၢတၢ်ကတဲာ်ကတီၤဟ်ဃာ်အီၤတဖၣ်

video *n* ဘံၢ်ဒံၢ်အိၣ်, ဘံၢ်ဒံၢ်အိၣ်လီလုၤကွီၤတၢ်ဂီၤမူ

video *v* ဒိဘံၢ်ဒံၢ်အိၣ်, ဒိကွဲၤဟူဖျါတၢ်ရဲၣ်တၢ်ကျဲၤ

video camera *n* ဘံၢ်ဒံၢ်အိၣ်တၢ်ဒိတၢ်ဂီၤဒေး

video cassette *n* ဘံၢ်ဒံၢ်အိၣ်ကဲးစး

video game *n* ဘံၢ်ဒံၢ်အိၣ်တၢ်လိာ်ကွဲ

video tape *n* ဘံၢ်ဒံၢ်အိၣ်ကွီၤ

videoconferencing *n* ဘံၢ်ဒံၢ်အိၣ်ခီဖရဲး, ဘံၢ်ဒံၢ်အိၣ်တၢ်အိၣ်ဖှိၣ်, တၢ်အိၣ်ဖှိၣ်တဲသကိးစိတၢ်ခီဖျိဘံၣ်ဒံၢ်အိၣ်

vie *v* ပြၢတၢ်, ပြၢလိာ်သး

view *n* ၁. တၢ်ကွၢ်ကီ ၂. တၢ်ထံၣ်စိ, တၢ်ထံၣ်, တၢ်ထံၣ်တၢ်ဆိကမိၣ်

view *v* ၁. ကွၢ်ကီတၢ် ၂. ကွၢ်ဆိကမိၣ်ထံထံ, ဆိကမိၣ်ကွၢ်တၢ်ထံထံဆးဆး

viewer *n* ၁. ပှၤကွၢ်တၢ်, ပှၤကွၢ်ကီတၢ် ၂. တၢ်အပီးအလီလၢတၢ်ကကွၢ်ကီတၢ်အဂီၢ်

viewfinder *n* ခဲမရၢ်အတၢ်ကွၢ်တၢ်အလီၢ်

viewpoint *n* ၁. တၢ်ကွၢ်ကီတၢ်အလီၢ် ၂. တၢ်ထံၣ်, တၢ်ထံၣ်တၢ်ဆိကမိၣ်

vigil *n* တၢ်ဆီးသီတၢ်, တၢ်ဆီးသီအိၣ်ခိးဘါထုကဖၣ်တၢ်တချူးတၢ်ဘူၣ်တၢ်ဘါအမုၢ်နံၤသဘျ့

vigilance *n* တၢ်အိၣ်ဒီးတၢ်သူၣ်ဆူၣ်သးဂဲၤ, တၢ်အိၣ်ဒီးတၢ်သးသဒ့ၣ်, တၢ်ဆီးသီတၢ်, တၢ်ဆီးသီတၢ်အိၣ်ဒီးတၢ်သးသဒ့ၣ်, တၢ်တအိၣ်ဒီးတၢ်မံခ့မံသပှၤ

vigilant *a* လၢအအိၣ်ဒီးတၢ်သူၣ်ဆူၣ်သးဂဲၤ, လၢအိၣ်ဒီးတၢ်သးသဒ့ၣ်, လၢတမံခ့မံသပှၤဘၣ်, လၢအဆီးသီတၢ်, လၢအဆီးသီတၢ်အိၣ်ဒီးတၢ်သးသဒ့ၣ်

vignette *n* ၁. တၢ်ကွဲးဖှၣ်တၢ်ဂ့ၢ် ၂. တၢ်ဂီၤလၢအဖျါကနကယီၢ်ထီၣ်တစဲးဘၣ်တစဲး ၃. တၢ်ဂီၤဆံးဆံးဖိလၢအဒဲးကံၣ်ဒဲးဝ့ၤတၢ်, တၢ်ဂီၤလၢတၢ်ဒဲးကံၣ်ဒဲးဝ့ၤ, မၤဆုံ, မၤကနကယီၢ်, မၤကပီၤထီၣ်အီၤလၢတၢ်ကပီာ်ကပၤ

vigorous *a* လၢအဂံၢ်ဆူၣ်ဘါဆူၣ်, လၢအသးဆူၣ်, လၢအပဲ့ၤဒီးတၢ်သူၣ်ဆူၣ်သးဂဲၤ

vigour, vigor *n* တၢ်ဂံၢ်ဆူၣ်ဘါဆူၣ်, တၢ်သးဆူၣ်, တၢ်သူၣ်ဆူၣ်သးဂဲၤ

vile *a* ၁. လၢအတဂ့ၤနိတစဲး, လၢအတမှာ်တလၤ ၂. လၢအအၢအသီ, လၢအလီၤပျံၤလီၤဖုး ၃. လၢအလုၢ်အပှ့ၤတအိၣ်အါအါဘၣ်

vile *n* ၁. တၢ်တဂ့ၤတဘၣ်, တၢ်တမှာ်တလၤ ၂. တၢ်အၢတၢ်သီ, တၢ်လီၤပျံၤလီၤဖုး ၃. တၢ်အလုၢ်အပှ့ၤတအိၣ်

vilification *n* တၢ်ကတိၤဟးဂီၤပှၤအလၤကပီၤ, တၢ်ခဲၣ်သူခဲၣ်ဂီၤပှၤ, တၢ်ပဲၤအၢပဲၤသီတၢ်, တၢ်သီၣ်ဝံသဲကလၤတၢ်

vilify *v* ကတိၤဟးဂီၤပှၤအလၤကပီၤ, ခဲၣ်သူခဲၣ်ဂီၤတၢ်, သီၣ်ဝံသဲကလၤတၢ်, ပဲၤအၢပဲၤသီတၢ်

villa *n* ဟံၣ်ဒိၣ်ကျိၤသွါ, ဟံၣ်ဖးဒိၣ်လၢအိၣ်ဒီးအကရၢ်

village *n* သဝီ, ဒူသဝီ

villager *n* ပှၤသဝီဖိ, ပှၤဒူသဝီဖိ

villain *n* ပှၤတဂ့ၤတဘၣ်, ပှၤတမှာ်တနီၢ်, ပှၤအၢသံတူာ်ကိာ်, ပှၤအၢပှၤသီ

villainous *a* လၢအတဂ့ၤတဘၣ်, လၢအတမ့ၢ်တနီၢ်, လၢအအၢသံတူၢ်ကိ>, လၢအအၢအသီ

villainy *n* တၢ်တဂ့ၤတဘၣ်, တၢ်တမ့ၢ်တနီၢ်, တၢ်အၢသံတူၢ်ကိၢ်, တၢ်အၢတၢ်သီ

villein *n* တၢ်ခ့တၢ်ပှၤ

vim *n* တၢ်ဂံၢ်တၢ်ဘါ, တၢ်သူၣ်ဆူၣ်သးဂဲၤ, တၢ်သးဆူၣ်

vinaigrette *n* ၁. တၢ်စံၢ်ဃါအထံ ၂. တၢ်နၢမူအပလီဖိ

vindicate *v* ဒုးနဲၣ်ဖျါလၢအတၢ်ကမၣ်တအိၣ်, ဒုးနဲၣ်ဖျါလၢအဘၣ်, အုၣ်အသးလၢအတၢ်ကမၣ်တအိၣ်, မၤတီမၤလိၤ, မၤလိၤမၤဘၣ်တၢ်

vindication *n* တၢ်ဒုးနဲၣ်ဖျါလၢအတၢ်ကမၣ်တအိၣ်, တၢ်ဒုးနဲၣ်ဖျါလၢအဘၣ်, တၢ်အုၣ်အသးလၢအတၢ်ကမၣ်တအိၣ်, တၢ်မၤတီမၤလိၤတၢ်, တၢ်မၤလိၤမၤဘၣ်တၢ်

vindictive *a* လၢအညီနုၢ်မၤကၣ်ဆၢက့ၤတၢ်, လၢအသးအိၣ်မၤကၣ်ဆၢက့ၤတၢ်

vine *n* ၁. ပျံၤမုၢ်, သ့ၣ်ဃံၢ်မုၢ် ၂. စပံးသၣ်မုၢ် ၃. တၢ်မုၢ်တၢ်ဘိလၢအဘံဘူဆးဃၤတၢ်

vinegar *n* ၁. တၤဆံၣ်ထံ ၂. တၢ်ဟ်သူၣ်ဟ်သးတဂ့ၤတဝါ, တၢ်သးအ့နၤညီ

vinegary *a* ၁. လၢအဆံၣ်, လၢအရီၢ်ဆံၣ် ၂. လၢအသူၣ်အ့နၤသးအ့နၤ

vineyard *n* စပံးလီၢ်, စပံးမုၢ်ကရၢၢ်

vino *n* စပံးထံ, စပံးထံအပှၤဘၣ်တကလှာ်

vintage *a* ၁. လၢအဘၣ်ဃးဒီးတၢ်ထုးထိၣ်စပံးထံလၢအဂ့ၤကတၢၢ် ၂. (စပံးထံ) လၢအလီၢ်လံၤဒီးအကံၢ်အစီဂ့ၤ, လၢအနံၣ်ယံာ်ဒီးအကံၢ်အစီဂ့ၤ, (သိလ့ၣ်) လၢအဘၣ်တၢ်ထုးထိၣ်အီၤလၢပျၢၤဒီးအကံၢ်အစီဂ့ၤ

vintage *n* ၁. တၢ်ဖီစပံးထံအဂ့ၤကတၢၢ်အကတီၢ်, တၢ်ထုးထိၣ်စပံးထံအဂ့ၤကတၢၢ်အနံၣ်ဒီးအလီၢ်အကျဲ ၂. တၢ်ထၢဖိုၣ်တ်ဖိုၣ်က့ၤစပံးသၣ်အဆၢကတီၢ် ၃. တၢ်ဆၢကတီၢ်လၢတၢ်ထုးထိၣ်တၢ်တမံၤမံၤ

vintner *n* ၁. ပှၤကူၣ်လဲၤမၤကၤစပံးထံ ၂. ပှၤဖီစပံးထံ

vinyl *n* ဘၢ်နၢၣ်ဖျးစတံး, ဖျးစတံးကပီၤတကလှာ်

viol *n* သိတူၢ်တကလှာ်လၢအပျံၤအိၣ်ဃုဘိ, သိတူၢ်တကလှာ်လၢတၢ်ဒုထိၣ်ထူၣ်အီၤ, သိတူၢ်တကလှာ်လၢတၢ်ဒုဆၢထၢၣ်အီၤ

viola *n* ၁. သိတူၢ်ဖးဒိၣ်တကလှာ်လၢအပျံၤအိၣ်လွံၢ်ဘိ ၂. ဖီဘဲၣ်အီလၣ်, ဖီဝဲၤအီလၣ်

violate *v* ၁. လုၣ်သ့ၣ်ခါပတာ်, မၤကမၣ်တၢ်, မၤဟးဂီၤ ၂. တဟ်လုၢ်ဟ်ကါတၢ် ၃. မၤတရီတပါ, မၤအၢမၤသီ

violation *n* ၁. တၢ်လုၣ်သ့ၣ်ခါပတာ်တၢ်, တၢ်မၤကမၣ်တၢ်, တၢ်မၤဟးဂီၤတၢ် ၂. တၢ်တဟ်လုၢ်ဟ်ကါတၢ် ၃. တၢ်မၤတရီတပါတၢ်, တၢ်မၤအၢမၤသီ

violence *n* ၁. တၢ်စုဆူၣ်ခီၣ်တကး, တၢ်မၤတၢ်အၢအၢသီသီ, တၢ်မၤတပျုာ်တပျီၤတၢ်, တၢ်မၤဆူၣ်မၤစိးတၢ် ၂. (ကလံၤမုၢ်) တၢ်တပျုာ်တပျီၤ,

violent *a* ၁. လၢအဆူၣ်အကိၤ, လၢအမၤတၢ်လၢတၢ်စုဆူၣ်ခီၣ်တကး, လၢအမၤတၢ်အၢအၢသီသီ ၂. (ကလံၤမုၢ်အူ) တပျုာ်တပျီၤ, ဆူၣ်

violently *adv* တပျုာ်တပျီၤ, ဆူၣ်ဆူၣ်ကိၢ်ကိၢ် အၢအၢသီသီ, လၢအသဟိၣ်ဆူၣ်ဒိၣ်မး

violet *n* ၁. အလုး, တၢ်အလွဲၢ်လုး ၂. ဖီလွဲၢ်လုး

violin *n* သိတူၢ်

violin-cello *n* သိတူၢ်ဖးဒိၣ်

violinist *n* ပှၤဂူာ်သိတူၢ်

VIP *n* တၢ်ကွဲးဖုၣ် 'Very Important Person', ပှၤအကါဒိၣ်, ပှၤတူၢ်ဒိၣ်ကီၤဒိၣ်

viper *n* ၁. ဂုၢ်ပွ့, ဂုၢ်ဖှီ, ဂုၢ်ဘီၣ်အီး, ဂုၢ်ဘၣ်အၢ ၂. ပှၤအၢပှၤသီ

virago *n* ပှၤပိာ်မုၣ်လၢကလာ်တၢ်ဆူၣ်, ပှၤပိာ်မုၣ်လၢအ့ၣ်လိာ်တၢ်ဆူၣ်

viral hepatitis *n* သူၣ်ညီးဖံးဘီတၢ်ဆါ

virgin *a* ၁. လၢအဘၣ်ဃးဒီးမုၣ်ကနီၤ ၂. လၢတၢ်တသူဘၣ်ဖံးအီၤနီတဘျီ, လၢအသီသံၣ်ဘဲ

virgin *n* ၁. မုၣ်ကနီၤစိထံ, ပိာ်မုၣ်လၢတမံယှာ်ဒီးပိာ်ခွါဖံးဘၣ် ၂. မုၣ်ကနီၤစိဆုံနီၢ်မၤရံ

virgin olive oil *n* သ့ၣ်စၤဃံးသိအဂ့ၤကတၢၢ်

virginal *a* လၢအစိဆုံ, လၢအဘၣ်ဃးဒီးတၢ်တစူးကါဘၣ်ဖံးအီၤနီတဘျီ

V

Virginia creeper *n* ဘၢၣ်ကံၣ်နယါသ့ၣ်ဃံၣ်မ့ၢ်ဂီၤ

virginity *n* ၁. တၢ်ကဲမုၣ်ကနီၤစီထံ, တၢ်ကဲပှၤပိာ်ခွါစီထံ ၂. တၢ်တအိၣ်ဒီးတၢ်လဲၤခီဖျိ

Virgo *n* မုၣ်ကနီၤစီဆုံအကရူၢ်, မုၣ်ကနီၤစီဆုံအကရူၢ်လၢအအိၣ်လၢတၢ်ဒွးဆၣ်ကရူၢ်ပီညါအပူၤ, ပှၤအိၣ်ဖျဲၣ်ဖဲလါအီကၢး ၂၃ သီဒီးလါစဲးပတ့ဘၢၣ် ၂၂ သီအဘၢၣ်စπၤ

virile *a* ၁. လၢအဘၣ်ဇၣ်ဘၣ်ဇ့, လၢအဘၣ်ပိာ်ခွါ ၂. လၢအအိၣ်ဒီးအင်္ဂါအဘါ, လၢအင်္ဂါဆူၣ်ဘါဆူၣ်, လၢအပှဲၤဒီးင်္ဂါဘါ

virology *n* တၢ်ကူၣ်သ့ဘၣ်ဃးဘဲရါး(စ)

virtual *a* လၢအမၤအသးဒ်တၢ်နီၢ်နီၢ်အသိး, လၢအလီၤက်ဒ် ---- အသိး

virtual reality *n* တၢ်လၢအမၤအသးဒ်တၢ်နီၢ်နီၢ်အသိး, တၢ်ကွၢ်ဒီးတူၢ်ဘၣ်လၢအလီၤက်ဒ်တၢ်အနီၢ်နီၢ်အသိး, တၢ်လီၤက်ဒ်တၢ်နီၢ်နီၢ်အသိး (အဒိ, ခီၣ်ဖျူထၢၣ်တၢ်ဂဲၤလိာ်ကွဲ)

virtue *n* ၁. တၢ်ဂ့ၤတၢ်ဝါ, တၢ်တီတၢ်လိၤ, ပါရမံ ၂. တၢ်အလှၢ်အလၢ်လၢအဂ့ၤ

virtuoso *a* ၁. လၢအသ့ဂ့ၤဂ့ၤဘၣ်ဘၣ်, လၢအလၢပှဲၤဒီးအကံၢ်အစီ, လၢအလၢပှဲၤဒီးတၢ်သ့တၢ်ဘၣ် ၂. လၢအဘၣ်ထွဲဒီးပှၤစဲၣ်နီၤလၢဒ္ဓလၤဒီးတၢ်ဒ့တၢ်အူတကပၤ

virtuoso *n* ပှၤစဲၣ်နီၤလၢဒ္ဓလၤဒီးတၢ်ဒ့တၢ်အူ, ပှၤဖျိးစိလၢဒ္ဓလၤဒီးတၢ်ဒ့တၢ်အူ

virtuous *a* လၢအတီအလိၤ, လၢအစီဆုံ, လၢအဂ့ၤအဝါ, လၢအိၣ်စီအိၣ်ဆုံအသး

virulence *n* တၢ်တူၢ်ဘၣ်လၢအတမှာ်တလၤ, တၢ်တူၢ်ဘၣ်လၢအဆါသူၣ်ဆါသးဒိၣ်မး

virulent *a* ၁. လၢအစုၣ်အၢဒိၣ်မး ၂. လၢအဘၣ်ကူဘၣ်က်တၢ်ညီဒိၣ်မး ၃. လၢအသူၣ်ကၣ်သးကါတၢ်ဒိၣ်ဒိၣ်ကလာ်, လၢအသးဟ့တၢ်ဒိၣ်ဒိၣ်ကလာ်

virus *n* ၁. ဘဲရါး(စ), တၢ်ဆါဃၢ် ၂. တၢ်တမံၤလၢတၢ်ထၢနှာ်ရူသူၣ်အီၤလၢခီၣ်ဖျူထၢၣ်ပူၤဒ်သိးကမၤဟးဂီၤတၢ်

visa *n* ဘံၣ်စၣ်, လံာ်ခီက်ၢ်

visage *n* မဲာ်သၣ်, ပှၤမဲာ်သၣ်

vis-a-vis *adv* တပူၤဃီ, သကိး

vis-a-vis *prep* ၁. ကွၢ်ဆၢၣ်မဲာ်လိာ်သး ၂. ထိၣ်သတြီၤကွၢ်ဒီး-- ၃. ဘၣ်ထွဲလိာ်သးဒီး--

viscera *n* ကပ့ၢ်ဂီၤဒ္ဓဲ, ပှံာ်ဖိၤကဖုဖိၤ

visceral *a* ၁. လၢအဘၣ်ထွဲဒီးကပ့ၢ်ဂီၤဒ္ဓဲ, လၢအဘၣ်ထွဲဒီးပှံာ်ဖိၤကဖုဖိၤ ၂. လၢအဘၣ်ဃးဒီးနဆၢၣ်တၢ်သ့ၣ်ညါလၢအိၣ်ဟ်စπၤလၢအပူၤ, လၢအဘၣ်ဃးဒီးတၢ်သ့ၣ်ညါလၢနဆၢၣ်ဟ့ၣ်အီၤ

viscose *n* တၢ်ကံးညာ်ဘျ့သလံး, တၢ်ကံးညာ်ဘျ့သလံးတကလှာ်လၢဘၣ်တၢ်မၤအီၤဒီးလုၣ်အဃိၤ

viscosity *n* တၢ်အပံာ်, (တၢ်မိၢ်လံၤမိၢ်ပှၢ်တမံၤ) အတၢ်ပံာ်

viscount *n* စကီၤ, ပှၤတူၢ်ဒိၣ်ကီၤဒိၣ်, ပဒိၣ်, ပှၤကူၣ်လိာ်တၢ်အမံၤလၢသၣ်ကပီၤ

viscountess *n* စကီၤအမπၤ

viscounty, viscountcy *n* ပဒိၣ်ပပှၢ်အလီၢ်အလၤ, စကီၤအလီၢ်အလၤ

viscous *a* လၢအပံာ်, လၢအစဲဘူး

vise *n* စဲးဖိၣ်ဃံးတၢ်

visibility *n* တၢ်လၢတၢ်ထံၣ်အီၤသ့, တၢ်လၢအအိၣ်ဖျါ

visible *a* လၢအဘၣ်တၢ်ထံၣ်အီၤသ့, လၢအဖျါ

vision *n* ၁. တၢ်ထံၣ်လၢညါ, တၢ်ထံၣ်စိတၢ် ၂. တၢ်ထံၣ်

visionary *a* ၁. လၢအိၣ်ဒီးအတၢ်ထံၣ်စိ ၂. လၢအိၣ်ဒီးတၢ်ထံၣ်လၢညါခီ, လၢအဘၣ်ထွဲဒီးတၢ်ထံၣ်လၢညါခီ ၃. လၢအဆိကမိၣ်မှံတၢ်, လၢအအိၣ်ထဲတၢ်ဆိကမိၣ်မှံဖိၤ

visionary *n* ၁. ပှၤလၢအိၣ်ဒီးတၢ်ထံၣ်စိ ၂. ပှၤလၢအထံၣ်တၢ်လၢညါခီ ၃. ပှၤလၢအဆိကမိၣ်မှံတၢ်, ပှၤလၢအိၣ်ထဲတၢ်ဆိကမိၣ်မှံဖိၤ

visit *n* ၁. တၢ်လဲၤအိၣ်သကိး, တၢ်လဲၤဟးအိၣ်သကိးလိာ်သး ၂. တၢ်လဲၤထံၣ်လိာ်အိၣ်သကိး, တၢ်ပိၣ်တၢ်တဲသကိးတၢ်

visit *v* ၁. လဲၤအိၣ်သကိး, လဲၤဟးအိၣ်သကိး ၂. လဲၤထံၣ်လိာ်အိၣ်သကိး, လဲၤထံၣ်လိာ်သး ၃. လဲၤထိၣ်ကွၢ် (ပှာ်ဃဲၤသန့)

visitation *n* ၁. (ကစၢ်ယွၤ) အတၢ်ဟဲကဲ့ၤ ၂. တၢ်လဲၤဟးအိၣ်သကိး, တၢ်လဲၤထံၣ်လိာ်အိၣ်သကိး ၃. တၢ်လဲၤထံၣ်လိာ်သး, တၢ်လဲၤသမံသမိးကွၢ်သး (ဒီးကသံၣ်သရၣ်)

visiting *a* လၢအလဲၤဟးအိၣ်သကိးသမံသမိးကွၢ်တၢ်

V

visitor *n* ပှၤလၢအဟဲအိၣ်သကိးတၢ်, ပှၤတမုံၤ

visitor's book *n* တမုံၤအလံာ်

visor, vizor *n* ၁. ခိၣ်ဖြိၣ်အနိၣ်ကျၢ်ဘၢမဲာ်, ခိၣ်ကုာ်ကျူအနီၣ်ဒီမဲာ် ၂. တၢ်ဒီသဒၢမဲာ်လၢတၢ်ကပီၤ, တၢ်ဒိးခုၣ်မဲာ်အက့

vista *n* ၁. တၢ်ထံၣ်စိ ၂. တၢ်ကွၢ်ကီတၢ်ဆူတၢ်လိၢ်ယံၤ

visual *a* ၁. လၢအဘၣ်ဃးဒီးတၢ်ထံၣ်, လၢအဘၣ်ဃးဒီးတၢ်အိၣ်ဖျါ ၂. လၢတၢ်ထံၣ်အီၤသ့

visual *n* တၢ်လၢပကွၢ်အီၤ (အဒိ, ဟီၣ်ခိၣ်ဂီၤ, တၢ်ဂီၤ, တၢ်ဂီၤမူ)

visual aid *n* တၢ်ဂီၤ, ဟီၣ်ခိၣ်ဂီၤ, တၢ်ဂီၤအပီးအလီလၢတၢ်စူးကါအီၤလၢ (တၢ်သိၣ်လိ, တၢ်ကတိၤလီၤတၢ်, တၢ်ဟ်ဖျါ) အပူၤ, တၢ်ဂီၤတၢ်ဖိၣ်လၢအဆီၣ်ထွဲမၤစၢၤ (တၢ်သိၣ်လိ, တၢ်ဟ်ဖျါ)

visualization, visualisation *n* တၢ်ထံၣ်မံတၢ်, တၢ်ထံၣ်တၢ်

visualize, visualise *v* ထံၣ်မံတၢ်, ၒးထံၣ်တၢ်

vital *a* ဘၣ်ဃးဒီးတၢ်မူ, လၢအလီၢ်အိၣ်ဝဲ, လၢအမ့ၢ်တၢ်အမိၢ်ပှၢ်, လၢအမ့ၢ်တၢ်အဒိၣ်အမှၢ်

vital signs *n* နီၢ်ခိက့ၢ်ဂီၤမိၢ်ပှၢ်အကါဒိၣ်အက့ၢ်ပနီၣ်တဖၣ် (အဒိ, သးဖျၢၣ်စံၣ်အယူာ်, သွံၣ်တၢ်ဆီၣ်သန်းအယူာ်)

vitality *n* ၁. တၢ်အိၣ်မူအိၣ်ဂဲၤ, တၢ်မူထိၣ်ဂဲၤထိၣ် ၂. တၢ်ဂံၢ်တၢ်ဘါ, တၢ်ဂံၢ်ဆူၣ်ဘါဆူၣ်, တၢ်သူၣ်ဆူၣ်သးဂဲၤ ၃. တၢ်သ့တူၢ်တၢ်

vitalize, vitalise *v* မၤမူထိၣ်ဂဲၤထိၣ်, ၒးမူထိၣ်ဂဲၤထိၣ်, ၒးဆူၣ်ထိၣ်အဂံၢ်အဘါ, ထိၣ်ဟူးထိၣ်ဂဲၤထိၣ်

vitals *n* နီၢ်ခိက့ၢ်ဂီၤမိၢ်ပှၢ်အကါဒိၣ်တဖၣ်

vitamin *n* ဘံၣ်တၣ်မံၣ်. တၢ်လၢအအိၣ်လၢတၢ်အီၣ်အကျါဒီးန့ၢ်ဂံၢ်န့ၢ်ဘါဒီးဂ့ၤလၢတၢ်အိၣ်ဆူၣ်အိၣ်ချ့အဂီၢ်

vitiate *v* မၤဟးဂီၤတၢ်, မၤဆံးလီၤစုၤလီၤတၢ်

vitreous *a* ၁. လၢအလီၤက်ဒီးလီခီဆုံ, လၢအလီၤက်ဒီးယွၤခၣ်စိး ၂. လၢဘၣ်တၢ်မၤအီၤဒီးလီခီဆုံ, လၢဘၣ်တၢ်မၤအီၤဒီးယွၤခၣ်စိး

vitriol *n* ၁. လၢ်ဆံၣ်တကလုာ်, လၢ်ဆံၣ်ၡူးထၣ် ၂. တၢ်ပဲာ်အၢပၢသီပှၤနးနးကလဲာ်

vituperation *n* တၢ်ပဲာ်အၢပဲာ်သီနးနးကလဲာ်, တၢ်ကတိၤဆါပှၤနးနးကလဲာ်, တၢ်စံးအၢစံးသီတၢ်, တၢ်ကတိၤၒၣ်ဒွဲၣ်တၢ်ဆူၣ်ဆူၣ်ကိၢ်ကိၢ်

viva voce *n* လၢတၢ်ကတိၤ, လၢထးခိၣ်

vivacious *a* လၢအသူၣ်ဖုံသးညီ, လၢအသူၣ်ပိၢ်သးဝး, လၢအပှဲၤဒီးတၢ်ဂံၢ်တၢ်ဘါ, လၢအပှ့ၢ်ပှ့ၢ်ဆါဆါ, လၢအဖျဲၣ်ခိၣ်ဖျဲၣ်ခံ

vivacity *n* တၢ်ပှ့ၢ်တၢ်ချ့, တၢ်ပှ့ၢ်ပှ့ၢ်ဆါဆါ, တၢ်ပှဲၤဒီးဂံၢ်ဒီးဘါ

vivid *a* ၁. လၢအအိၣ်ဖျါဂ့ၤမး, လၢအအိၣ်ဖျါတြၢၢ်ကလာ် ၂. လၢအကပီၤကျံာ်ကျၣ်, လၢအကပီၤကတြှၣ်ကတြိၣ် ၃. လၢအိၣ်ဒီးတၢ်သူၣ်ဆူၣ်သးဆူၣ်, လၢအပှဲၤဒီးတၢ်သူၣ်ဆူၣ်သးဂဲၤ

vivisect *v* ကူးကါမူဒံးဆၣ်ဖိကီၢ်ဖိ

vivisection *n* တၢ်ကွဲးကူးကါမူဒံးဆၣ်ဖိကီၢ်ဖိ

vixen *n* ၁. ထွံၣ်ဟီၣ်ခိၣ်အမိၢ် ၂. ပှၤပိာ်မုၣ်လၢအကလာ်တၢ်ဆူၣ်, ပှၤပိာ်မုၣ်လၢအဒ့ၣ်လိာ်တၢ်ဆူၣ်

viz. *adv* တၢ်ကွဲးဖုၣ် 'videlicet' တၢ်မ့ၢ်ယါၤထိၣ်အီၤန့ၣ်, တၢ်မ့ၢ်တဲဖျါထိၣ်အီၤန့ၣ်, တၢ်မ့ၢ်ယါၤထိၣ်အမံၤန့ၣ်

vizier *n* မူးစလ့ၣ်ပဒိၣ်ပပှၢ်အမံၤအသၣ်တဖၣ်

vizor *n* ၁. ခိၣ်ဖြိၣ်အနိၣ်ကျၢ်ဘၢမဲာ်, ခိၣ်ကုာ်ကျူအနီၣ်ဒီမဲာ် ၂. တၢ်ဒီသဒၢမဲာ်လၢတၢ်ကပီၤ, တၢ်ဒိးခုၣ်မဲာ်အက့

vocabulary *n* ဝီၢ်ဩ

vocal *a* ၁. ကလုၢ် ၂. လၢအဘၣ်ဃးဒီးကလုၢ်

vocal *n* တၢ်သူၣ်ဝံၣ်သးဆၢ

vocal cords, vocal folds *n* ကလုၢ်အဘိ, ကလုၢ်အထူၣ်

vocalist *n* ပှၤသးဝံၣ်တၢ်ဖိ

vocalization, vocalisation *n* ၁. တၢ်အဲးထိၣ်ထးခိၣ်ဒီးကတိၤတၢ် ၂. တၢ်ဆီတလဲ "လံာ်မဲာ်ဖျၢၣ်မိၢ်ပှၢ်" ဆူ "တၢ်သိၣ်မိၢ်ပှၢ်"တၢ်ထံၣ်မံတၢ်, တၢ်ထံၣ်တၢ်

vocalize, vocalise *v* ၁. ကတိၤထိၣ်တၢ်, မၤသီၣ်ထိၣ်အကလုၢ် ၂. သးဝံၣ်တၢ်

vocation *n* ၁. တၢ်လုၢ်အိၣ်သးသမူတၢ်ဖံးတၢ်မၤ, တၢ်ဖံးတၢ်မၤလၢအကြၢးဒီးပှၤ, တၢ်ဖံးအိၣ်မၤ

V

အိၣ်တၢ်, တၢ်ဖံးတၢ်မၤ ၂. တၢ်ကီးပုၤလၢပကမၢတၢ်

vocational *a* လၢအဘၣ်ဃးဒီးတၢ်လုၢ်အိၣ်သးသမူ, လၢအဘၣ်ဃးဒီးတၢ်ဖံးအိၣ်မၤအိၣ်တၢ်, လၢအဘၣ်ဃးဒီးတၢ်ဖံးတၢ်မၤ

vocative *a* (ကျိာ်ဂံၢ်ထံး) လၢအဘၣ်ထွဲဒီးနိၣ်, နိၣ်ခၢၣ်စး

vocative *n* (ကျိာ်ဂံၢ်ထံး) တၢ်ကတိၤဖျၢၣ်လၢအနဲၣ်ဖျါနိၣ်, နိၣ်ခၢၣ်စး

vociferate *v* ကိးပသူဖးဒိၣ်, ကဲးပသူကဲးပသိ, လၢအသိၣ်သထူၣ်ဘးလီ

vociferous *a* လၢအကိးပသူဖးဒိၣ်, လၢအကိးပသူကဲးပသိ, လၢအသိၣ်သထူၣ်ဘးလီ

vodka *n* ၁. သံးဘိၢ်ကၢ်, ရၢရှါသံးအဆှၣ်တကလှာ် ၂. သံးတခွး

vogue *n* တၢ်လၢအမံၤဟူသၣ်ဖျါလၢစိၤတစိၤအတိၢ်ပူၤ, တၢ်ကဃၢကယဲလၢအကျၢ်ဘၢစိၤတစိၤ, စိၤတစိၤတၢ်ကဃၢလၢအမံၤဟူသၣ်ဖျါ

voice *n* ၁. တၢ်ကတိၤ, တၢ်ကလုၢ်, တၢ်အသိၣ် ၂. တၢ်ဟ့ၣ်ထိၣ်တၢ်ထံၣ်တၢ်ဆိကမိၣ် ၃. တၢ်သးဝံၣ်အကလုၢ် (အဒိ, ထဲနဉ်, အဲလထိၣ်ဒ်နူၣ်အသိးတဖၣ်) ၄. (ကျိာ်ဂံၢ်ထံး) ဝိၢ်လၢအဟ်ဖျါထိၣ် (တၢ်) (ပုၤ) လၢအဘၣ်ထွဲဒီးတၢ်ဟူးတၢ်ဂဲၤအဂ့ၢ်

voice *v* တဲဖျါထိၣ်, ဟ်ဖျါထိၣ်, ဒုးနဲၣ်ဖျါထိၣ်

voice box *n* ကလုၢ်ဒၢ

voicemail *n* တၢ်ဖိၣ်ဟ်တ့ၢ်ကလုၢ် (လၢလီတဲစိအပူၤ)

void *a* ၁. လၢတၢ်တအိၣ်နီတမံၤ, လၢအအိၣ်လီၤဟိ (ကလီ) ၂. လၢအတကဲထိၣ်ကဲထိ, လၢအဘျုးအဖှိၣ်တအိၣ်, လၢအသူအသၣ်တဖျါ ၃. လၢအတဖိးသဲစး, လၢအဟးဂီၤကွံာ်, လၢတၢ်စူးကါအီၤတသ့လၢၤ

void *n* တၢ်လီၤဟိ, တၢ်လီၤဖျဲၣ်လီၤဟိ

void *v* ၁. မၤလီၤဟိ, ဟ်လီၤဟိ ၂. လၢအဆီတလဲညီ, လၢအလဲလိာ်သးညီ ၃. (နိၣ်ဖျ့ထၢၣ်) လၢအတိၢ်နိၣ်ဃာ်တၢ်ဂ့ၢ်တစိၢ်တလီၢ်ဖဲမ့ၣ်အှၣ်တချုးလီၤပံာ်အခါ

voile *n* တၢ်ကံးညာ်ဘူသလါ

volatile *a* ၁. လၢအသဝံထိၣ်ညီ ၂. လၢအဆီတလဲညီ, လၢအလဲလိာ်သးညီ ၃. (နိၣ်ဖျ့ထၢၣ်) လၢအတိၢ်နိၣ်ဃာ်တၢ်ဂ့ၢ်တစိၢ်တလီၢ်ဖဲမ့ၣ်အှၣ်တချုးလီၤပံာ်အခါ

volcanic *a* ၁. လၢအဘၣ်ထွဲဒီးကစၢ်မ့ၣ်အှၣ် ၂. လၢအကဲထိၣ်လၢကစၢ်မ့ၣ်အှၣ်, လၢဘၣ်တၢ်မၤန့ၢ်အီၤလၢကစၢ်မ့ၣ်အှၣ် ၃. လၢအပိၢ်ဖးထိၣ်, လၢအသးဟဲထိၣ်ဖုး, လၢအသးဒိၣ်တၢ်တပျူာ်တပျီၤ

volcanic eruption *n* ကစၢ်မ့ၣ်အှၣ်ပိၢ်ဖး

volcano *n* ကစၢ်မ့ၣ်အှၣ်

volition *n* ၁. တၢ်မၤနီၢ်ကစၢ်တၢ်ဆၢတဲာ် ၂. နီၢ်ကစၢ်အတၢ်ဆၢတဲာ်, နီၢ်ကစၢ်အတၢ်ဃုထၢ

volley *n* ၁. တၢ်ခးဖှိၣ်တံၢ်တၢ် ၂. တၢ်သံကွၢ်တၢ်လၢအဆၢတလီၤတဲာ်တူာ်, တၢ်ကလာ်တၢ်အဆၢတလီၤတဲာ်တူာ် ၃. (တၢ်လိာ်ကွဲဖျၢၣ်ထူ, ဖျၢၣ်ဒိ) တၢ်ပၤဘျီဖျၢၣ်ဒိတချုးလီၤတဲာ်ဆူဟီၣ်ခိၣ်အလိၤ, တၢ်ထူဘျီဖျၢၣ်ထူတချုးဖျၢၣ်ထူလီၤတဲာ်ဆူဟီၣ်ခိၣ်အလိၤ

volley *v* ၁. ထူဘျီ, ကျၣ်ဘျီ, ပၤဘျီ, ဒိဘျီ ၂. ခးဖှိၣ်ကျိတပြၢဃီ

volleyball *n* ဖျၢၣ်ပှိၢ်

volt *n* ၁. လီမ့ၣ်အှၣ်အဂံၢ်သဟီၣ်ယူၣ်နံး, ဘိး (ထ) ၂. (တၢ်အ့ဘီအ့နး) တၢ်ပဒ့ၣ်ကွံာ်သးလၢတၢ်ကပၤ

voltage *n* လီမ့ၣ်အှၣ်သဟီၣ်

voltmeter *n* နိၣ်ထိၣ်လီမ့ၣ်အှၣ်သဟီၣ်

volubility *n* တၢ်တဲတၢ်ပ့ၢ်ပ့ၢ်ချ့ချ့, တၢ် (တဲတၢ်, ကတိၤတၢ်) သ့ချ့ချ့ဒီးဘျ့ဘျ့ဆှိဆှိ, တၢ်ကတိၤတၢ်ယွၤထံ, လၢအကတိၤတၢ်ချ့ချ့ဘျ့ဘျ့သ့ဒ်ထံယွၤအသိး

voluble *a* လၢအတဲတၢ်ပ့ၢ်ပ့ၢ်ချ့ချ့, လၢအ (တဲတၢ်, ကတိၤတၢ်) သ့ချ့ချ့ဒီးဘျ့ဘျ့ဆှိဆှိ, လၢအကတိၤတၢ်ချ့ချ့ဘျ့ဘျ့သ့ဒ်ထံယွၤအသိး,

volume *n* ၁. (လံာ်) ကတြူၢ် ၂. တၢ်အသိၣ်ဒိၣ်သိၣ်ဆံး ၃. တၢ်အတြိၢ်, တၢ်အသံးအကာ်

voluminous *a* ၁. ဒိၣ်ဒိၣ်မုၢ်မုၢ်, ဒိၣ် ၂. (တၢ်ကွဲး, တၢ်ဂ့ၢ်တၢ်ကျိၤ) ဖးထီဖးယွဲၤ ၃. (ဆ့ကၤ) ဖးဒိၣ်, ဖးထီ, ဖးလဲၢ်

voluntary *a* ၁. လၢအသးအိၣ်တၢ်, လၢအဟ့ၣ်လီၤသးမၤတၢ်လၢတအိၣ်ဒီးအဘူးအလဲ, လၢအသးအိၣ်မၤဒၣ်အတၢ်, လၢအမ့ာ်သးမၤကလီတၢ် ၂. (နီၢ်ခိမိၢ်ပှၢ်) လၢအဟူးဂဲၤဒၣ်အတၢ်, လၢအမၤဒၣ်အတၢ်ဒၣ်ဝဲ

V

voluntary *n* တၢ်ဒ့ဆၢနာ်ဖုဉ်ကိာ်ဖိ, တၢ်ဒ့ဖုဉ်ကိာ်ဖိလၢတၢ်ဒ့အီၤတချူးဖဲတၢ်ဘါထီဉ်အကတိၢ်

volunteer *n* ၁. ပှၤဟ့ဉ်လီၤအသးလၢတၢ်မၤ, ပှၤဟ့ဉ်လီၤအသးဒဉ်ဝဲ ၂. ပှၤမၤကလီတၢ်ဖိ

volunteer *v* ၁. မၤလၢတၢ်သးအိဉ်, ဟ့ဉ်လီၤအသးမၤဒဉ်အတၢ်လၢတအိဉ်ဒီးတၢ်အဘူးအလဲ ၂. မှာ်သးမၤကလီတၢ်

voluptuous *a* ၁. လၢအဘိဘဉ်, လၢအဘိဂ့ၤ, လၢအလီၤထုးန့ၢ်သူဉ်ထုးန့ၢ်သး ၂. လၢအအဲဉ်တၢ်မှာ်ဖံးမှာ်ညဉ်, လၢအအဲဉ်တၢ်ကလုာ်ကလီၤ ၃. (ဖီတၤဆူဉ်အတၢ်နၢမူ) လၢအမၤမှာ်ပသး, လၢအမှာ်အလၤဘဉ်ပှၤ

vomit *n* တၢ်ဘိုး, တၢ်ပအုဉ်ထိဉ်

vomit *v* ဘိုး, ပအုဉ်ထိဉ်

vomitus *n* တၢ်လၢပဘိုးထိဉ်, တၢ်လၢပပအုဉ်ထိဉ်

voodoo *n* ၁. ဘူဒူတၢ်စူၢ်တၢ်နာ် ၂. တၢ်အူတၢ်သမူ, တၢ်ဟိဉ်တၢ်ယီ ၃. ဘူဒူအသရဉ်သမါ

voracious *a* လၢအအိဉ်အဆဉ်ဆူဉ်, လၢအိဉ်ယူၢ်တကျူၤအဆဉ်

vortex *n* ၁. ထံသဝံး, ကလံၤသဝံး ၂. တၢ်လၢအထုးနုာ်တၢ်ကိးမံၤဒဲးဆူအပူၤ

vortical *a* လၢအသဝံးအသး, လၢအတရံးဝ့ၤတရံးဝီၤအသး, လၢအသဝံးနုာ်တၢ်ကိးမံၤဒဲးဆူအပူၤ

vote *n* ၁. တၢ်ဖး ၂. တၢ်ဟ့ဉ်တၢ်ဖးယုထၢတၢ် ၃. တၢ်ဖးအစၢ

vote *v* ဟ့ဉ်တၢ်ဖး

voter *n* ပှၤဟ့ဉ်တၢ်ဖး

voting *n* တၢ်ဟ့ဉ်တၢ်ဖး

votive *a* လၢအဆိဉ်လီၤအသး, လၢအအၢဉ်လီၤအီလီၤအသး, လၢအဟ့ဉ်တၢ်အၢဉ်လီၤအီလီၤ

vouch *v* ဆိဉ်လီၤအသး, အုဉ်ကီၤအသး, အုဉ်အသး, အုဉ်ကီၤအသးလၢတၢ်တမံၤမံၤအဂီၢ်

voucher *n* လံာ်က့ဖိုတဲာ်. လံာ်ဖိုတဲာ်လၢတၢ်ပှ့ၤတၢ်ကလံၤအဂီၢ်

vouchsafe *v* ၁. ဟ့ဉ်လီၤ, အးလီၤ ၂. အၢဉ်လီၤအသး, သးလီၤပလိာ်

vow *n* တၢ်ဆိဉ်လီၤအသး, တၢ်အၢဉ်လီၤအီလီၤအသး

vow *v* ဆိဉ်လီၤအသး, အၢဉ်လီၤအီလီၤအသး

vowel *n* တၢ်သီဉ်မိၢ်ပှၢ်. (–ါ, –ံ, –ၢ, –ု, –ူ, –့, –ဲ, –ိ, –ီ)

voyage *n* တၢ်လဲၤတၢ်က့ၤလၢထံကျါ, ထံတၢ်လဲၤ

voyage *v* လဲၤတၢ်လၢချံဖိၤကဘီဖိၤ, လ့ၢ်ထိဉ်လ့ၢ်လီၤလၢချံဖိၤကဘီဖိၤ, လဲၤတၢ်က့ၤတၢ်လၢထံအကျါ

voyager *n* ပှၤလဲၤတၢ်က့ၤတၢ်လၢထံအကျါ, ပှၤလဲၤတၢ်လၢချံဖိၤကဘီဖိၤ

VP *abbre* ၁. ကိၢ်ခိဉ်ခံ, ကိၢ်ခိဉ်စၢၤ, ကရၢခိဉ်ခံဂၤတဂၤ, ကရၢခိဉ်ခံ, ကရၢခိဉ်စၢၤ (Vice President) ၂. ဝိၢ်ကျာ် (Verb Phrase)

V-sign *n* ၁. 'V' အပနီဉ်, တၢ်ယှာ်ထီဉ်စုမုၢ်ဒ် 'V' အပနီဉ်အသိး ၂. တၢ်မၤနၢၤအပနီဉ်, 'V' အပနီဉ်လၢစုညါသးယဉ်ဒူဉ်ချၢအသးလၢပအိဉ်နဉ်မ့ၢ်တၢ်မၤနၢၤအပနီဉ် ၃. တၢ်မၤဆူဉ်မၤစိး မ့တမ့ၢ်တၢ်ရၢၢ်တၢ်စၢၢ်အပနီဉ် 'V' အပနီဉ်လၢစုညါသးယဉ်ယီၤအသးဆူပအိဉ်နဉ်မ့ၢ်တၢ်ရၢၢ်တၢ်စၢၢ်အပနီဉ်

vulgar *a* ၁. လၢတကြၢးတဘဉ်, တဃံတလၤ, တဂ့ၤ, လၢအရၢၢ်အစၢၢ်, လီၤရၢၢ်လီၤစၢၤ ၂. လၢအပတိၢ်တအိဉ်, ပတိၢ်မုၢ်, မုၢ်ဆ့ဉ်မုၢ်ဂီၤ

vulgar *n* ၁. ပှၤပတိၢ်မုၢ်, ပှၤမုၢ်ဆ့ဉ်မုၢ်ဂီၤ ၂. ပှၤလၢတသ့လံာ်သ့လဲၢ်, ပှၤလၢတသ့ကွဲးသ့ဖး

vulgar fraction *n* နီဉ်ဂံၢ်တစ့ၤကဲ့ၢ်ဂီၤ, (အဒိ, ၃/၄) နီဉ်ဂံၢ်ကူာ်, နီဉ်ဂံၢ်အပူ

vulgarity *n* တၢ်ရၢၢ်တၢ်စၢၢ်, တၢ်တကြၢးတဘဉ်, တၢ်တဆဲးတလၤ, တၢ်တဂ့ၤတဝါ

vulgarize, vulgarise *v* မၤဆံးလီၤစှၤလီၤတၢ်, မၤညီတၢ်, မၤလီၤအလုၢ်အပှ့ၤ

vulgate *n* ရိမ့ခဲသလ့းအလံာ်စီဆှံလၢတၢ်ကွဲးအီၤလၢလဲးတ့ဉ်ကျိာ်

vulnerable *a* လၢအတအိဉ်ဒီးတၢ်ဒီတဒၢအီၤ, လၢတၢ်မၤဆါအီၤသ့ညီ, လၢအဘဉ်ဒိညီ

vulpine *a* ၁. လၢအလီၤက်ဒ်ထွံဉ်ဟီဉ်ခိဉ်အသိး, လၢအကဲထွံဉ်ဟီဉ်ခိဉ် ၂. လၢအသူဉ်က့ဉ်သးကါတၢ်, လၢအသးက့ဉ်

vulture *n* ၁. လီတာ်, လီကတာ် ၂. ပှၤအိဉ်တူာ်အိဉ်ကလီၤတၢ်, ပှၤလၢအလီၤသးဘဉ်အၢ

vulva *n* လံၢ်ဘိး

W

W *abbre* ၁. လီသဟီၣ်အယူၣ်နံး (Watt) ၂. မုၢ်နုာ်တခီ (West) ၃. ဆူမုၢ်နုာ်တခီ (Western) ၄. နွံ (week) ၅. တၢ်အဃၢ (weight) ၆. တၢ်အလဲၢ် (wide / width) ၇. တၢ်မၤနၢၤတၢ် (win) ၈. ယှာ်ဒီး (with) ၉. မါ (wife)

W *n* အဲကလံးလံာ်မဲာ်ပှၢ်အလံာ်မဲာ်ဖျၢၣ် ၂၃ ဖျၢၣ်တဖျၢၣ်

WA *n* ၁. တၢ်ကွဲးဖုၣ် 'Washington State', ဝၣ်ရှၣ်တၢၣ်ကိၢ်စဲၣ် ၂. တၢ်ကွဲးဖုၣ် 'Western Australian', မုၢ်နုာ်အီးစထြ့လံယါ

Wa *n* ပှၤဝးဖိ

wabble *v* ၁. ဝးယဲာ်ယီၤ, မၤဝးယဲာ်ယီၤ, ဝးယဲာ်ယုၤ, ဝးဆဲးဆိုး ၂. ဟးကနူၤကပၤ, ဟးဒ့ခံဒ့ကပၤ, ကနိးကစုာ်

wacky, whacky *a* လၢအမၤပျုၢ်အသး, လၢအမၤလီၤနံၤလီၤအ့အသး, လၢအမၤအသးတထံတဆး

wad *n* ၁. တၢ်ကံးညာ်အကိၢ်လိၣ်ဖိ, တၢ်ကံးညာ်ကပှာ်ထူတလံးအကိၢ်လိၣ်လၢတၢ်ကဆွံကဂ်ာ်တံၢ်တၢ်အဂီၢ် ၂. တၢ်အကိၢ်လိၣ်ဖိ (အဒိ, တၢ်ဆၢကိၢ်လိၣ်) ၃. တၢ်အပူၣ်ဖးဒိၣ်, တၢ်အပူဖးဒိၣ် (အဒိ, စ့အပူဖးဒိၣ်)

wad *v* ၁. ဆိၣ်တံၢ်, ဆိၣ်သံးတံၢ်, ဆွံနုာ်တံၢ်ယာ်, ကိာ်တံၢ်ယာ်ဒီးတၢ်ကံးညာ်အကိၢ်လိၣ် ၂. ထူတလံးထိၣ် ၃. ဆးဘၢဆးကျးတၢ်

wadding *n* ၁. တၢ်ကံးညာ်ကပှာ်ကိၢ်လိၣ်, ဘဲအကိၢ်လိၣ် ၂. စ့ဘိၣ်, စ့ဘိၣ်လၢတၢ်ထူတလံးယာ်အီၤ

waddle *v* ဟးကးကၢကးကၢ, လဲၤတၢ်ကးကၢကးကၢ

wade *v* ခီထံ, ဟးလၢအခိၣ်လၢထံကျါ

wader *n* ၁. ထိၣ်ထီခီၣ်အီၣ်ညၣ် ၂. (waders) ရၤးဘၢၣ်ခီၣ်ဖံးဘူးဖိုၣ်

wading pool *n* ဖိသၣ်ပိၢ်လိာ်ကွဲထံအလီၢ်, ဖျးစတံးကမါဖိ

wafer *n* ၁. ကိၣ်စိုးယ့ကဘျံးဖံး ၂. ဘူၣ်အကိၣ်, တၢ်အီၣ်ဘူၣ်အကိၣ်

wafer-thin *a* လၢအဘူသလါဖိ, ဘူဘူ

waffle *n* ၁. ကိၣ်ဆီဒံၣ်ကဘျံး, ကိၣ်ဆီဒံၣ်ကနဲဒၢ, ကိၣ်ဆီဒံၣ်ကဘျံးဘူသလါဖိလၢအိၣ်ဒီးတၢ်လွံၢ်နၢၣ်အပူၤဖိတဖၣ်လၢအလီၤခံကပၤလၢာ် ၂. တၢ်တဲကလူကလီတၢ်, တၢ်တဲတၢ်ဖးထီဖးယွၤလၢတအိၣ်ဒီးအသံးအကာ်

waffle *v* တဲကလူကလီတၢ်, တဲတၢ်ဖးထီဖးယွၤလၢတအိၣ်ဒီးအသံးအကာ်

waft *n* ၁. နီၣ်တယၢ်ပနီၣ် ၂. ကလံၤကသွံ ၃. ကလံၤဖိနဲ, ကလံၤဟဲအူကဖီကဖီ ၄. တၢ်အစိ

waft *v* ၁. (အူ) ဒံကွံာ်, (လပီ) စိာ်ဆူကၢၢ်နံၤ, လီၤထွံ ၂. (တၢ်အစိ) ဟဲနၢဃီၤ, (တၢ်ကလုၢ်) ဟဲသီၣ်စိဃီၤ, သီၣ်ကဒၢကဒၢ

wag *n* ၁. (ထွံၣ်) ဝံးဝးအမဲၢ် ၂. တၢ်ဂံၤဂုၤ, တၢ်ကျၢ်ကျာ် (ခိၣ်) ၃. ပှၤလၢအမၤလီၤနံၤလီၤအ့တၢ်

wag *v* ဝံးဝး (အမဲၢ်), ဂံၤဂုၤ, ဖျ့ဖျိ

wage *n* ဘူးလဲ, တၢ်မၤအဘူးအလဲ

wage *v* ၁. စးထီၣ်ဒုးတၢ် ၂. မၤဟးဂီၤကွံာ်, ဒုးဟးမၢ်ကွံာ်

waged *a* လၢအမၤန့ၢ်တၢ်အဘူးအလဲ

wager *n* ၁. တၢ်တၤတၢ် ၂. စ့လၢပတၤအီၤ

wager *v* တၤတၢ်, တၤကျိၣ်တၤစ့

wages *n* တၢ်အဘူးအလဲ

waggish *a* ၁. လၢအမၤတံာ်တာ်တၢ် ၂. လၢအမၤလီၤနံၤလီၤအ့တၢ်, လၢအတဲလီၤနံၤလီၤအ့တၢ်

waggle *v* ဝံးဝး, မၤဝံးဝး (အမဲၢ်) ဂံၤဂုၤ, မၤဂံၤဂုၤ (အခိၣ်), ဖျ့ဖျိ, မၤဖျ့ဖျိအသး

wagon, waggon *n* လှၣ်လၢအအိၣ်ဒီးအပၣ်လွံၢ်ပၣ်လၢတၢ်ပဒားတၢ်ဃၢအဂီၢ်, (ကသ့ၣ်) လှၣ်ပဒၢး, လှၣ်မ့ၣ်အူအဒၢး

wagon train *n* တၢ်ပဒၢးအလှၣ်လၢပိာ်လိာ်အခံတတွၢ်ဖးထီ (အဒိ, ကသ့ၣ်လှၣ်ရဲၣ်ဖးထီ)

Wagoner *n* ပှၤနီၣ်ကသ့ၣ်လှၣ်, ပှၤနီၣ်လှၣ်မ့ၣ်အူပဒၢးပန်ာ်

wagoner, waggoner *n* ပှၤနီၣ်ကသ့ၣ်လှၣ်

wah-wah, wa-wa *n* ၁. တၢ်သီၣ်သ ထူၣ်, တၢ်သီၣ်သထြူး ၂. တၢ်ဒ့တၢ်အူအ သီၣ်

waif *n* ၁. ဖိသၣ်လၢအဟံၣ်တအိၣ်ဃီတအိၣ်, ဖိသၣ်လၢပှၤအံးထွဲကွၢ်ထွဲတအိၣ်

W

၂. တၢ်ဖိတၢ်လံၤ, ဆၣ်ဖိကီၢ်ဖိလၢအကစၢ်တအိၣ်

wail *n* တၢ်ဟီၣ်တၢ်ယၢၤတၢ်, တၢ်ဟီၣ်သံယၢၤဂီၤ, တၢ်ဟီၣ်ကဒူးကဒ့ၣ်, တၢ်ဟီၣ်ကအံၣ်ကအူး

wail *v* ဟီၣ်တၢ်ယၢၤတၢ်, ဟီၣ်သံယၢၤဂီၤ, ဟီၣ်ကဒူးကဒ့ၣ်, ဟီၣ်ကအံၣ်ကအူး

wailful *a* လၢအပှဲၤဒီးတၢ်သူၣ်အုးသးအုး, လၢအပှဲၤဒီးတၢ်လီၤမိၣ်လီၤမဲၤ

wain *n* ၁. လှၣ်ပဒေးဖးဒိၣ် ၂. ဆၣ်ဘုမုၢ်

wainscot *n* သ့ၣ်ဘၣ်အဒူၣ်, သ့ၣ်ဘၣ်အဒူၣ်လၢတၢ်ဒူၣ်ဝးတရံးအီၤဖဲဒေးအခိၣ်ထံး

waist *n* ယီၢ်ဒ့

waistband *n* ယီၢ်ကံၢ်တူာ်, တၢ်ကံးညာ်ကံၢ်တူာ်ယီၢ်ဒ့

waistcoat *n* ဆ့ကၤတူာ်စု, အီကံတူာ်စု, ဆ့ကၤယူာ်

waist-deep *a* လၢ (အပိုာ်) တုၤလၢယီၢ်ဒ့, လၢအတုၤလၢယီၢ်ဒ့

waist-high *a* လၢအထီတုၤယီၢ်ဒ့

wait *n* တၢ်အိၣ်ခိး, တၢ်အိၣ်ခိးဆူလၢ်ဟူ

wait *v* အိၣ်ခိး, အိၣ်ဆူလၢ်ဟူ

waiter *n* ၁. ပှၤကွၢ်တၢ်အိၣ်ခွါ, ပှၤပိာ်ခွါဟ်လီၤတၢ်အိၣ်လၢတၢ်အိၣ်ကျး ၂. သိတ့ၤဖိ

waiting game *n* တၢ်ကူၣ်ထုးယံာ်တၢ်ဆၢကတီၢ်, တၢ်ထုးယံာ်တၢ်ဆၢကတီၢ်ဒီးအိၣ်ခိးတၢ်ဒ်သိးကမၤန့ၢ်တၢ်တမံၤမံၤအဂီၢ်

waiting list *n* ပှၤအိၣ်ခိးတၢ်အမံၤစရီ

waiting room *n* တၢ်အိၣ်ခိးတၢ်အဒေး

waiting-maid *n* တၢ်ခ့တၢ်ပှၤမုၣ်

waitress *n* ပှၤပိာ်မုၣ်ကွၢ်တၢ်အိၣ်, ပှၤပိာ်မုၣ်ဟဲဟ်လီၤတၢ်အိၣ်လၢတၢ်အိၣ်ကျး

waive *v* ဟ့ၣ်လီၤကွံာ်, စူးကွံာ်ညိကွံာ်

waiver *n* ၁. တၢ်စူးကွံာ်ညိကွံာ်တၢ်ခွဲးတၢ်ယာ်, တၢ်ဟ့ၣ်လီၤကွံာ်တၢ်ခွဲးတၢ်ယာ် ၂. တၢ်စူးကွံာ်ညိကွံာ် (တၢ်ခွဲးတၢ်ယာ်) အလံာ်တီလံာ်မီ, တၢ်ဟ့ၣ်လီၤကွံာ် (တၢ်ခွဲးတၢ်ယာ်) အလံာ်တီလံာ်မီ

wake *n* ၁. တၢ်ဆီးသီတၢ် ၂. တၢ်အိၣ်ဒီးတၢ်သးသဒ့ၣ်, တၢ်တမံခ့မံသပှၤဘၣ် ၃. ကဘီလဲၤတၢ်အကျိၤ, ထံကျိၤ, လပီအကျိၤ (လၢအအိၣ်တ့ၢ်ဖဲကဘီလဲၤတၢ်အလီၢ်ခံ)

wake *v* မၤပၢ်ထိၣ်, ပၢ်ထိၣ်, ထိၣ်ဂဲၤ, ဖုးသံနိၣ်, အိၣ်ဒီးတၢ်သးသဒ့ၣ်, တမံခ့မံသပှၤဘၣ်

wakeful *a* လၢအတမံဘၣ်, လၢအမံတန့ၢ်ဂဲၤတန့ၢ်, လၢအမဲာ်သပှၤ

waken *v* ပၢ်ထိၣ်, မၤပၢ်ထိၣ်, ကိးဂဲၤထၢၣ်, ထိၣ်ဂဲၤထၢၣ်, ဂဲၤထၢၣ်, ဖုးသံနိၣ်, မၤဖုးသံနိၣ်ထိၣ်

wakey-wakey *exclam* ၁. ကိးပၢ်ထိၣ်တၢ်, ကိးပၢ်ထိၣ်ဖိသၣ် ၂. ထိၣ်ဂဲၤထၢၣ်ထိၣ်ပှၤ, "ပၢ်ထိၣ် – ပၢ်ထိၣ်"

waking *a* လၢအဖုးသံနိၣ်ထိၣ်, လၢအမဲာ်သပှၤ, လၢအစိၣ်မဲာ်စိၣ်နါ

walk *n* ၁. တၢ်လဲၤတၢ်က့ၤအဖုၣ်, တၢ်ဒ့ၣ်စၢၤအဘူး ၂. တၢ်ဟးစၢၤတၢ်, တၢ်လဲၤစၢၤတၢ် ၃. ပှၤတဂၤဟးထိၣ်ဟးလီၤအက့ၢ်အဂီၤ ၄. တၢ်ဟးလိာ်ကွဲ, တၢ်ဟးလၢခိၣ် ၅. ကျဲ, ကျဲပျ့ၢ်စီၢ်, တၢ်ဟးလိာ်ခိၣ်လိာ်ကွဲအကျဲ, ခိၣ်ကျဲ ၆. (Walk of life) တၢ်အိၣ်မူအတီၤပတီၢ် ၇. တၢ်ဟ်ဖျၢၣ်တီၢ်အလီၢ်

walk *v* ၁. ဟး, ဒုးဟး ၂. ဟးစၢၤ, လဲၤစၢၤ ၃. သုးတၢ်, သုး (တၢ်ဖိတၢ်လံၤ) ၄. လီၤမၢ်, လီၤမၢ်ကွံာ် ၅. ဟးထိၣ်ကွံာ် ၆. မၤန့ၢ်တၢ်ညီညီ, မၤနၢၤတၢ်ညီညီ

walk away *vp:* ဟးထိၣ်ကွံာ်, ဟးသဒ့ၣ်ကွံာ်

walk into *vp:* ၁. ဘၣ်တိၢ်, ဘၣ်ထံး ၂. မၤတၢ်သ့တဘျီယီ

walk off *vp:* ၁. ဟးထိၣ်ကွံာ်သတူၢ်ကလာ် ၂. ဟးထိၣ်ကွံာ်လၢတၢ်ချ့, လဲၤမၤဆုံထိၣ်အခိၣ်နူာ်

walk on *vp:* ဆဲးလဲၤ, လဲၤဆူညါ, လဲၤဆူညါရှ့ၢ်ရှ့ၢ်

walk into *prep* လဲၤနုာ်လီၤလီၤလီၤဆူ

walker *n* ၁. ပှၤဟးလိာ်ကွဲ ၂. ပှၤဟးလၢခိၣ်, ပှၤလဲၤတၢ်လၢခိၣ်

walkie-talkie *n* စဲးကတိၤတၢ် (လီကျိၤ)

walk-in *a* လၢနလဲၤနုာ်လီၤလၢအပူၤသ့

walking *a* လၢအိၣ်ဒီးအသးသမူ

walking *n* ၁. တၢ်ဟးသ့, တၢ်ဟးလၢခိၣ်သ့ ၂. ပှၤလၢအအိၣ်ဒီးကံၢ်စီတၢ်သ့တၢ်ဘၣ်လၢတၢ်တမံၤမံၤအဖီခိၣ် ၃. ပှၤလဲၤစၢၤဟးစၢၤ (ထွံၣ်)

walking stick *n* နီၣ်ထိးဘိ

walking-leaf *n* နီၢ်စီၤဘံၣ်

walking-wounded *n* တၢ်ဟးသ့လၢၤသ့ဒံး, တၢ်ဟးကဲဒံး

walkout *n* ၁. တၢ်ထီဒါတၢ်, တၢ်ပူထီၣ်ထီဒါတၢ် ၂. တၢ်ဟးထီၣ်ကွံာ်လၢ (တၢ်အိၣ်ဖှိၣ်) ပာ်ဖျါထီၣ်တၢ်တဘၣ်သူၣ်ဘၣ်သး, တၢ်ဆိကတီၢ် (တၢ်ဖံးတၢ်မၤ) ပာ်ဖျါထီၣ်တၢ်တဘၣ်သူၣ်ဘၣ်သး

walkover *n* ၁. တၢ်မၤနၢၤတၢ်ညီကဒၣ် ၂. တၢ်တပာ်လ့ၢ်ပာ်ကါတၢ်

walkway *n* ခိၣ်ကျဲ

wall *n* ၁. တၢ်နူၣ်ပၤ, ဂီၤပၤ ၂. တၢ်လၢအလီၤက်ဒီးတၢ်နူၣ်ပၤ, တၢ်လၢအလီၤက်ဂီၤပၤ ၃. တၢ်အနူၣ်အထၢ ၄. နီၢ်ခိမိၢ်ပှၢ်အချၢ

wall *v* ၁. နူၣ်ဃာ် ၂. ဒုးအိၣ်ထီၣ်တၢ်အနူၣ်အဆၢ ၃. မၤတံၢ်ဃာ်, ကးတံာ်ဃာ်, စဲဃာ်

wall board *n* တၢ်နူၣ်, တၢ်နူၣ်ပၤဘ့ၣ်ဘၣ်

wall eye *n* ၁. မဲာ်ကျိၣ် ၂. မဲာ်ချံလၢမဲာ်ဖိဝါအါ, မဲာ်ချံလၢမဲာ်ပှာ်ဖိအါ

wall fruit *n* တၤသူတၤသၣ်လၢအသၣ်ထီၣ်လၢတၢ်နူၣ်ပၤအလိၤ, တၤသူတၤသၣ်လၢအသၣ်ထီၣ်လၢတၢ်မုၢ်တၢ်ဘိလၢအစွါထီၣ်လၢတၢ်နူၣ်ပၤအလိၤ

wall hanging *n* တၢ်ကယၢကယဲဘျးလီၤစဲၤ

wall painting *n* ဂီၤပၤတၢ်ဂီၤခဲၣ်, တၢ်နူၣ်ပၤတၢ်ဂီၤခဲၣ်, တၢ်ဂီၤလၢတၢ်နူၣ်ပၤအလိၤ

Wall Street *n* ၁. ဝီ (လ) စထြံး ၂. ကျိၣ်စ့ဂ့ၢ်ဝီတၢ်ကရၢကရိအတၢ်သူၣ်ထီၣ်တဖၣ်အိၣ်သူၣ်လီၤသးအလိၢ်, ကီၢ်အမဲရကၤကျိၣ်စ့ဂ့ၢ်ဝီအလိၢ်ခၢၣ်သး

wall unit *n* တၢ်နူၣ်ပၤစီၤဆီထူၣ်

wallaby *n* တၤဖၢဖိဆံးဆံးဖိ

wallchart *n* တၢ်နူၣ်ကပၤလံာ်တီၤဖျါ, လံာ်တီၤဖျါဖဲတၢ်နူၣ်ကပၤ, တၢ်မၤစၢၤတၢ်သိၣ်လိတၢ်ကစီၣ်အလံာ်ပာ်ဖျါ

wallet *n* တိၢ်ထၢၣ်

wall-eyed *a* လၢအမဲာ်ဖိဝါအါ, လၢအမဲာ်ပှာ်ဖိအါ

wallflower *n* ၁. သ့ၣ်ဂံၢ်ဝၣ်စဲအဖီ ၂. ပှၤလၢအတၢ်ရှလိာ်မုာ်လိာ်တအိၣ်, ပှၤလၢတမၤဃုာ်မၤသကိးတၢ်လၢပှၤတဝၢတၢ်ဟူးတၢ်ဂဲၤအပူၤ ၃. မုၢ်ကျိၤဝဲၤကွာ်, တၢ်မၤလိၢ်, ခိပနံာ်လၢပှၤဘျၢလီၤစ့တအဲၣ်ဒီးကနၣ်ဃုာ်

walling *n* တၢ်ဖိတၢ်လံၤလၢတၢ်နူၣ်ပၤအဂီၢ်, တၢ်နူၣ်ပၤအတၢ်ပီးတၢ်လီ

wallop *n* ၁. တၢ်ဒိတၢ်တိၢ်တၢ်ဆူၣ်ဆူၣ်ကလဲာ် ၂. တၢ်မၤနၢၤတၢ်ညီကဒၣ်

wallop *v* ၁. ဒိတၢ်တိၢ်တၢ်ဆူၣ်ဆူၣ်ကလဲာ်, ဒိသိၣ်တၢ်ဆူၣ်ဆူၣ်ကလဲာ် ၂. မၤနၢၤတၢ်ညီကဒၣ်

walloping *a* ဒိၣ်ဒိၣ်မုၢ်မုၢ်

walloping *n* တၢ်မၤနၢၤတၢ်လၢာ်လၢာ်ဆ့ဆ့

wallow *n* တၢ်ကလိာ်, ထံကလိာ်

wallow *v* ၁. လံာ်လူာ်, ကလိာ်အသး, ကလိာ်လူ ၂. မ့ာ်လၤသးခုလၢတၢ်တမံၤမံၤအပူၤ, လီၤဘျါလၢတၢ်တမံၤမံၤအပူၤ

wallpaper *n* စးခိကျးဘၢတၢ်နူၣ်ပၤ, တၢ်နူၣ်စးခိ

wallpaper *v* ကျးဘၢဒီးတၢ်နူၣ်စးခိ, ကျးဘၢဒီးစးခိကျးဘၢတၢ်နူၣ်ပၤ

wall-to-wall *a* ၁. လၢအပှဲၤဒီတဒၢး ၂. လၢအိၣ်လၢတၢ်လိၢ်ကိးပူၤဖဲး, လၢအပှဲၤထီဘိ

wally *n* ပှၤအမၢး, ပှၤဟးဂီၤ, ပှၤနါစီၤ

walnut *n* သ့ထိးဖၣ်, တၢ်ချံတၢ်သၣ်လၢအကုကီၤကနံတကလှာ်

walrus *n* ဆိုကဆိ

waltz *n* ၁. တၢ်ဂဲၤကလံၣ်လၢအစူးကါထါအသိၣ်သၢထံၣ်, ထါအသိၣ်သၢထံၣ်, ဝီလ(စ) ၂. တၢ်သးဝံၣ်လၢတၢ်ဂဲၤကလံၣ်ဝီလ(စ)အဂီၢ် ၃. တၢ်လၢတၢ်မၤအီၤသ့ညီကဒၣ်, တၢ်လၢတၢ်မၤနၢၤအီၤညီကဒၣ်

waltz *v* ၁. ဂဲၤကလံၣ်ဝီလ(စ)တၢ်ဂဲၤကလံၣ် ၂. တရံးအသးတဝီဘၣ်တဝီချူချူ ၃. မၤနၢၤတၢ်ညီကဒၣ်, မၤအီၤသ့ညီကဒၣ်

wan *a* ၁. လၢအလီၤဘီလီၤဝါ, လၢအဂံၢ်အဘါတပှဲၤ, လၢအလီၤဝါ, လၢအလီၤဘှံးလီၤဘှါ ၂. ကဒု, ခံးလီၤ, ဖျါကဒု ၃. လီၤညွံးလီၤဘဲ, လီၤညွံးလီၤဘီ

wand *n* ၁. နီၣ်ထိးလၤကပီၤ, စီၤလီၤစီၤပၤအနီၣ်ထိးဘိ ၂. နီၣ်ယူာ်နီၣ်ပိာ်, နီၣ်ယူၣ်နီၣ်ယါ, နီၣ်ယူာ်တၢ်မၤကဒါမဲာ် ၃. စဲးပီးလီလၢတၢ်ဖိတၢ်လံၤအနီၣ်ဂံၢ်

wander *n* တၢ်ဟးဝ့ၤဝီၤ, တၢ်ဟးဖဲခိၣ်တီၤလိၤ

wander *v* ၁. ဟးဝ့ၤဝီၤ, ဟးဖဲအခိၣ်တီၤလိၤ ၂. ဟးဖျိး, တပိာ်ကျဲလၢအဘၣ် ၃. သးဒံဝ့ၤဒံဝီၤ

၄. ကွ်ါတၢ်နံၢ်နံၢ်, ကွ်ါတၢ်ဆူအံၤဆူဘး ၅. ကတိၤတၢ်ဆူအံၤဆူဘး, ကတိၤဝ့ၤကတိၤဝီၤတၢ်, ကတိၤတၢ်ဖဲအခိဉ်တိၤလိၤ ၆. ကှဉ်ကှဉ်ကူကူ

wanderer *n* ပှၤဟးဝ့ၤဝီၤဖိ, ပှၤလၢအဟးဖဲအခိဉ်တိၤလိၤ

wanderlust *n* တၢ်အဲဉ်ဒိးဟးဝ့ၤဝီၤ

wane *n* တၢ်ဆံးလီၤစှၤလီၤ

wane *v* ၁. ဆံးလီၤစှၤလီၤ, စၢ်လီၤ ၂. လါလီၤ, လါပှဲၤတ့ၢ်လီၤ

wangle *v* ကူဉ်မၤန့ၢ်တၢ်, ကူဉ်တရံးမၤန့ၢ်တၢ်, လံဉ်န့ၢ်လီန့ၢ်တၢ်

wank *v* ဖိဉ်လီၤအမုဉ်ခွါကှ့ၢ်ဂီၤဒီးမၤမုာ်ဖံးမုာ်ညဉ်အသး, မၤသူဉ်မံသးမံလီၤဝဲဉ်အသးလၢတၢ်မုာ်ဖံးမုာ်ညဉ်တကပၤ

wanker *n* ၁. ပှၤလၢအတတုၤထိဉ်ထိဉ်ဘး, ပှၤလၢအတမၤနၢၤတၢ်လၢအတၢ်အိဉ်မူပူၤ ၂. ပှၤလီၤသးဘဉ်အၢ, ပှၤလၢအလီၤသးဟ့, ပှၤလၢတလီၤယူးယီဉ်ဟ်ကဲ, ပှၤတဂ်ာ်တသိဉ်, ပှၤအသးတဆး

wannabe *n* ပှၤလၢအဲဉ်ဒိးလီၤက်ဒ်ပှၤမံၤဟူသဉ်ဖျါအသိး (အဒိ, စီၤဝါအဲဉ်ဒိးလီၤက်ဒ်ရီဘ့ဉ်ဟူးအသိး)

want *n* ၁. တၢ်ဖှိဉ်တၢ်ယာ်, တၢ်တလၢတပှဲၤ ၂. တၢ်မိဉ်န့ၢ်သးလီ, တၢ်အဲဉ်ဒိး, တၢ်လိဉ်ဘဉ်

want *v* အဲဉ်ဒိး, သးလီ, မိဉ်န့ၢ်သးလီ

want ad *n* တၢ်လိဉ်ဘဉ်ပှၤမၤတၢ်ဖိတၢ်ဘိးဘဉ်ရၤလီၤဖုဉ်ကိာ်, တၢ်ဆါတၢ်ဖိတၢ်လံၤတၢ်ဘိးဘဉ်သ့ဉ်ညါဖုဉ်ကိာ်

wanted *a* (ပှၤမၤကမဉ်သဲစး) လၢပၢၤကိၢ်သးလီအီၤ, လၢတၢ်လူၤယုဖိဉ်အီၤ

wanting *a* လၢအလိဉ်, လၢအတလၢတပှဲၤ, လၢအတတုၤထိဉ်ထိဉ်ဘးဒ်တၢ်ဟ်ပနီဉ်အီၤအသိးဘဉ်

wanting *prep* တအိဉ်, တလၢတပှဲၤ, လီၤတုာ်လီၤက်, လီၤတိၢ်

wanton *a* ၁. လၢအတိာ်ဟ်လၢကမၤဟးဂူာ်ဟးဂီၤတၢ်, လၢအအဲဉ်ဒိးမၤဆူးမၤဆါတၢ် ၂. လၢအကလုာ်ကလိၤ, လၢအလုၢ်အလါအသကဲာ်ပဝးတဂ့ၤ, လၢအအဲဉ်တၢ်မုာ်ဖံးမုာ်ညဉ် ၃. လၢအဂဲၤလိာ်ကွဲဆူဉ်, လၢအဲဉ်ဒိးလိာ်ကွဲ

wapiti *n* တၤဟိတၤဃီၤဖးဒိဉ်တကလုာ်, ဝဉ်ဖံဉ်ထံဉ်တၤဟိတၤဃီၤဖးဒိဉ်လၢအအိဉ်လၢကလံၤစိးအမဲရကၤ

war *n* တၢ်ဒုးတၢ်ယၤ

war beaten *n* တၢ်ဟးဂူာ်ဟးဂီၤလၢတၢ်ဒုးတၢ်ယၤအယိ

war chest *n* တၢ်ဒုးတၢ်ယၤအစ့ဟ်ကီၤ

war council *n* တၢ်ဒုးတၢ်ယၤကိဉ်ကးကရၢ

war dance *n* တၢ်ဂဲၤကလံဉ်တချုးတၢ်ဒုးယၤတၢ်, တၢ်ဂဲၤကလံဉ်တချုးတၢ်ဒုးတၢ်ယၤ, တၢ်ဂဲၤကလံဉ်ဖဲတၢ်ဒုးတၢ်ယၤဝံၤအလီၢ်ခံ

war game *n* တၢ်ဒုးလိကွ်ၢ်တၢ်, တၢ်ဂဲၤလိတၢ်ဒုး, တၢ်မၤလိဒုးလိာ်သး, တၢ်မၤလိဘဉ်ဃးတၢ်ဒုးတၢ်ယၤ

warble *v* ၁. ကမဲၤစံဉ်စိ, အံဉ်အှ ၂. သးဝံဉ်ထုးအကလုၢ်, သးဝံဉ်တၢ်ဒီးမၤကနိးကလုၢ်

warbler *n* ၁. ထိဉ်ကမဲၤ, ထိဉ်ဆံးဆံးဖိတကလုာ်လၢအယူၤဒီးကမဲၤစံဉ်စိ ၂. ပှၤသးဝံဉ်တၢ်ဒီးမၤကနိးအကလုၢ်

war-bride *n* ပှၤပိာ်မုဉ်လၢအဖျီအသးဒီးပှၤသုးဖိလၢအလဲၤဒုးတၢ်လၢတၢ်မဲာ်ညါ

war-crime *n* တၢ်ဒုးတၢ်ယၤအကမ်ၢ်မှဉ်

ward *n* ၁. ပှၤဆါဒၢး, ပှၤဃိာ်ဖိအဒၢး ၂. ဖိသဉ်လၢအအိဉ်လၢပှၤသူဉ်ကှသးပှၢ်တဂၤအတၢ်အံးထွဲကွ်ါထွဲအဖီလာ်

ward *v* ဒီယာ်, တဒီယာ်, ဒီသဒၢ, ကဟုကယာ်

warden *n* ၁. ပှၤကွ်ါထွဲတၢ်ဖိ ၂. ကိုခိဉ်, ပှၤပၢဆှၢတၢ် ၃. ပှၤခိးတၢ်ဖိ, ဃိာ်ခိဉ်

warder *n* ပှၤခိးဃိာ်ဖိ

wardrobe *n* ၁. တၢ်အဒၢလၢပှၤဘျးလီၤတၢ်ကူတၢ်သိး, စီၤဆီထူဉ် ၂. တၢ်ကူတၢ်သိးလၢပှၤဟ်ဖှိဉ်အီၤလၢစီၤဆီထူဉ်အပူၤ ၃. (စီၤလိၤစီၤပၤအနၢ်အစီၤပူၤ) ပှၤလၢအကွ်ါထွဲဆ့ကူဆ့ကၤ, တၢ်ကူတၢ်သိး

wardroom *n* သုးကဘီဖိခိဉ်သုးခိဉ်သုးနၢ်အတၢ်အိဉ်ကသှဉ်ကသီဒီးတၢ်အိဉ်တၢ်အီအလီၢ်

wardship *n* တၢ်ပၢဆှၢကွ်ါထွဲတၢ်

ware *n* ၁. ပနံာ် ၂. ပနံာ်, တၢ်ဖိတၢ်လံၤလၢတၢ်ကဆါအီၤ

ware *v* ပလိၢ်သူဉ်ပလိၢ်သး

warehouse *n* ပနံာ်ဒၢး

W

warfare *n* ၁. စုကဝဲၤတၢ်ဘၣ်ဂံၢ်ဂူာ်, တၢ်ဒုးတၢ်ယၤ ၂. တၢ်ထီဒုၣ်ဒါလိာ်သး

warhead *n* ကျိဖးဒိၣ်အခိၣ်ထိး, မျိာ်အခိၣ်ထိး

warhorse *n* ၁. ကသ့ၣ်ဒုးသုး, ကသ့ၣ်လၢတၢ်စူးကါအီၤလၢတၢ်ဒုးအပူၤ ၂. သုးလီၢ်လံၤ, သုးလၢအိၣ်ဒီးတၢ်လဲၤခီဖျိအါ

warlike *a* ၁. လၢအအဲၣ်တၢ်ဒုးတၢ်ယၤ ၂. လၢအဘၣ်ဃးဒီးတၢ်ဒုးတၢ်ယၤ

warlock *n* ၁. ပှၤအူသမူပယ်ၢ်တၢ်, ပှၤဟိၣ်တၢ်ယီတၢ် ၂. တၢ်နါ

warlord *n* တၢ်ဖိၣ်တၢ်စုကဝဲၤလၢအတီခိၣ်ရိၣ်မဲထံဖိကိၢ်ဖိဖဲတၢ်လီၢ်တတီၤတီၤလၢတၢ်ဒုးတၢ်ယၤအဆၢကတိၢ်

warm *a* ၁. လၢၤ, ကလၢၤ ၂. လၢအသူၣ်ဂ့ၤသးဝါ, လၢအိၣ်ဒီးတၢ်မဲာ်မှာ်နါဆၢ, လၢအသ့ရှတံၤရှသကိး, လၢအတူၢ်လိာ်ခိၣ်ဆၢတၢ်, လၢအဟ်ဖျါထီၣ်တၢ်သူၣ်အိၣ်သးအိၣ်, လၢအပှဲၤဒီးတၢ်အဲၣ်တၢ်ကွဲ ၃. လၢအသူၣ်ဆူၣ်သးဂဲၤ ၄. (အလွဲၢ်အဂီၤအဘီ) အလွဲၢ်ဆူၣ်, အလွဲၢ်ကိၢ် ၅. ဘူးထီၣ်လံ, ဘူးကဘၣ်လံ

warm *adv* လၢၤလၢၤ,ကလၢၤ

warm *n* ၁. တၢ်လီၢ်ကလၢၤ, တၢ်လၢၤဟိၣ်ကဝီၤ ၂. တၢ်မၤလၢၤထီၣ်တၢ်

warm *v* ၁. မၤလၢၤထီၣ်, လၢၤထီၣ် ၂. မၤကိၢ်ထီၣ်, ကိၢ်ထီၣ် ၃. ကတဲာ်ကတီၤထီၣ်သး ၄. မၤသူၣ်ပိၢ်သးဝး, သူၣ်ပိၢ်သးဝးထီၣ်

warm-blooded *a* (ဆၣ်ဖိကိၢ်ဖိ) လၢအသွံၣ်ကလၢၤ, လၢအသွံၣ်လၢၤ

warm-hearted *a* လၢအသူၣ်ဂ့ၤသးဝါ, လၢအမဲာ်မှာ်နါဆၢ, လၢအိၣ်ဒီးတၢ်အဲၣ်တၢ်ကွဲတၢ်သးကညီၤ, လၢအဒိသူၣ်ဒိသး

warming *n* တၢ်မၤကိၢ်ထီၣ်တၢ်, တၢ်မၤလၢၤထီၣ်တၢ်

warming-pan *n* သပၢၤလၢၢ်ဆီ, သပၢၤလၢၢ်ဆီလၢပျ့ၤလၢအစုဖိၣ်အိၣ်ဖးထီလၢအမၤလၢၤထီၣ်လီၢ်မံ

warmonger *n* ပှၤလၢအဲၣ်ဒီးတၢ်ဒုးတၢ်ယၤ

warmth *n* ၁. တၢ်လၢၤ, တၢ်အိၣ်လၢၤလၢၤဖိ ၂. တၢ်သူၣ်ဟူးသးဂဲၤ, တၢ်သူၣ်ပိၢ်သးဝး, တၢ်တူၢ်ဘၣ်တၢ်သးမှာ်

warm-up *n* ၁. တၢ်မၤကိၢ်ထီၣ်သွံၣ် ၂. တၢ်သးသပှာ်အိၣ်ထီၣ် ၃. တၢ်မၤသူၣ်ပိၢ်သးဝးထီၣ်ကၠၤတၢ်

warn *v* ၁. တဲပလိၢ်, ဟ့ၣ်ပလိၢ် ၂. ဟ့ၣ်ဒုးသ့ၣ်ညါဆိ, ဒုးပလိၢ်ဆိ

warning *n* ၁. တၢ်တဲပလိၢ်, တၢ်ဟ့ၣ်ပလိၢ် ၂. တၢ်ဟ့ၣ်ဒုးသ့ၣ်ညါဆိ, တၢ်ဒုးပလိၢ်ဆိ

warp *n* ၁. တၢ်လၢအကၠၣ်ကၠၣ်ကူကူ, တၢ်တကံပတံာ်, တၢ်အကၠၣ်အကူ ၂. လုၣ်ထၢထၣ်, ထၣ်အထၢၣ်

warp *v* ၁. မၤဟးဂီၤတၢ်အကၠၢ်အဂီၤ, မၤကၠၣ်မၤကူတၢ်, မၤတကံပတံာ်တၢ် ၂. တဲနၢ်ပၢၢ်ကမၣ်တၢ်, ဘီးကမၣ်တၢ်, မၤတဘၣ်လိာ်ဘၣ်စး, ဘီးဃၣ်အသးဆူတၢ်အၢ, လဲလိာ်ကွံာ် (တၢ်ဂ့ၢ်တၢ်ကျိၤဒီးတၢ်ဆိကမိၣ်)

warpath *n* ၁. တၢ်လၢအဒုးကဲထီၣ်တၢ်ဒုးတၢ်ယၤ, တၢ်လၢအဒုးအိၣ်ထီၣ်တၢ်စုဆူၣ်ခီၣ်တကး ၂. တၢ်သူၣ်ဒိၣ်သးဖျိုးအကတိၢ်

warped *a* ၁. လၢအကၠၣ်အကူ, လၢအဟးဂီၤကွံာ်, လၢအတကံပတံာ် ၂. လၢအတဘၣ်လိာ်ဘၣ်စး, လၢအတတီတတြၢ်

warrant *n* ၁. တၢ်နဲ့ၢ်ပၢမၤတၢ်အခွဲး, တၢ်ဟ့ၣ်စိဟ့ၣ်ကမီၤ ၂. ကွိၢ်ဘျိၣ်အတၢ်ဟ့ၣ်စိဟ့ၣ်ကမီၤအလံာ်အုၣ်သး (လၢကဖိၣ်ပှၤ, ကဃုကွၢ်ပှၤအဂီၢ်) ၃. တၢ်အုၣ်ကီၤဟ့ၣ်ခွဲးအလံာ်အုၣ်သး, တၢ်အုၣ်ခီၣ်

warrant *v* ၁. (ကွိၢ်ဘျိၣ်) ဟ့ၣ်ပၢၤကိၢ်အခွဲးလၢကဖိၣ်တၢ်, ဟ့ၣ်ပၢၤကိၢ်အခွဲးလၢကဃုကွၢ်တၢ် ၂. အုၣ်ခီၣ်, အုၣ်ကီၤ ၃. ဟ့ၣ်စိဟ့ၣ်ကမီၤ

warrant officer *n* သုးစကီၤ

warrantable *a* ၁. လၢဟ့ၣ်အခွဲးသ့, လၢတၢ်ဟ့ၣ်တၢ်ပျဲမၤတၢ်အခွဲးသ့ ၂. (တၤဟီတၤဃီၤ) လၢအသးနံၣ်တုၤဃီၤလၢတၢ်လူၤခးအီၣ်အီၤသ့

warrantee *n* ပှၤလၢအနဲ့ၢ်ပၢမၤတၢ်, ပှၤလၢတၢ်ဟ့ၣ်စိဟ့ၣ်ကမီၤအီၤလၢကမၤတၢ်တမံၤမံၤအဂီၢ်

warranter *n* ၁. ပှၤလၢအဟ့ၣ်တၢ်နဲ့ၢ်ပၢမၤတၢ်အခွဲး, ပှၤလၢအဟ့ၣ်စိဟ့ၣ်ကမီၤတၢ် ၂. ပှၤအုၣ်ကီၤသး, ပှၤအုၣ်ခီၣ်သး, ပှၤဟ့ၣ်တၢ်အုၣ်ကီၤ

warranty *n* ၁. တၢ်အုၣ်ကီၤ, တၢ်အုၣ်ခီၣ် ၂. လံာ်အုၣ်ကီၤ, လံာ်အုၣ်ခီၣ်

W

warren *n* ၁. ပဒဲအဝံ, ပဒဲကပိၤ ၂. ရူ၀့ၢ်ပူၤပှၤအိၣ်အါအလီၢ် ၃. တၢ်လီၢ်လၢပှၤလူၤပဒဲ

warrior *n* ပှၤသုးဖိ, သိၣ်နူ

warship *n* ကဘီဒုးသုး, သုးကဘီ

wart *n* ၁. ထူး. တၢ်ကမိာ်လၢပစုပခီၣ်ပမိၢ်ပှၢ်အလိၤ ၂. သ့ၣ်ထူးဝဉ်ထူး ၃. ပှၤလီၤသးဘၣ်အၢ

wartime *n* တၢ်ဒုးတၢ်ယၤအကတီၢ်

war-torn *a* တၢ်ဟးဂူာ်ဟးဂီၤလၢတၢ်ဒုးတၢ်ယၤအဃိ

warty *a* ၁. လၢအပှဲၤဒီးထူး ၂. လၢအပှဲၤဒီးအကမိာ်

wary *a* လၢအပလီၢ်ပဒီသး, လၢအအိၣ်ဒီးတၢ်သးသဒ့ၣ်

wash *n* ၁. တၢ်ဆူၣ်တၢ်, တၢ်သ့စီကွံာ်တၢ် ၂. တၢ်ဆူၣ် ၃. တၢ်ဆူၣ်တၢ်အလီၢ် ၄. လပီဒီတၢ်ထံပီပုအကျိၤ, လပီထီၣ်အကျိၤ ၅. ကသံၣ်ဖှူ ၆. ကသံၣ်သ့ကဆိုမဲာ်ချံ

wash *v* ဆူၣ်တၢ်, လုၣ်ထံ, သ့, (ပျ့ၢ်မဲာ်)

wash away *vp:* ယွၤစိာ်ကွံာ်, မၤလီၤမၢ်ကွံာ်, ပူၤဖျဲးထီၣ်ကွံာ်

wash down *vp:* ၁. အီလီၤ ၂. သ့စီကွံာ်စးထီၣ်လၢအခိၣ်တုၤလၢအခံ

wash off *vp:* သ့စီကွံာ်

wash out *vp:* ၁. သ့စီကွံာ် ၂. အလွဲၢ်လီၤ ၃. တကဲထီၣ်လိၣ်ထီၣ်

wash up *vp:* ၁. သ့သဘံၣ်လီခီ, သ့စုပျ့ၢ်မဲာ် ၂. (လပီ, ထံ) ဒိစိာ်ထီၣ်တၢ် ၃. အိၣ်အိၣ်လဲၤတုၤဆူတၢ်လီၢ်တတီၤလၢတၢ်တပာ်သးအပူၤ

wash out *n* ၁. တၢ်ဆံးလီၤစုၤလီၤ, တၢ်တကဲထီၣ်လိၣ်ထီၣ် ၂. ကျဲကပၤတၢ်လီၢ်လၢထံအိၣ်လီၤကလီၤကွံာ်အီၤ ၃. ထံအိၣ်တၢ် ၄. တၢ်သ့စီကွံာ်တၢ် ၅. တၢ်အလွဲၢ်လီၤကွံာ်

washable *a* ၁. လၢတၢ်မၤကဆိုကွံာ်အီၤန့ၢ် ၂. လၢတၢ်ဆူၣ်အီၤသ့

washbasin *n* သလၢသ့စုပျ့ၢ်မဲာ်, တြာ်သ့စုပျ့ၢ်မဲာ်

washboard *n* ၁. သ့ၣ်ဘၣ်ဆူၣ်တၢ် ၂. တၢ်ဘ့ၣ်ဘၣ်အိၣ်လၢချံ မ့တမ့ၢ် ကဘီအကပၤခီပၤပၤ, တၢ်ဘ့ၣ်ဘၣ်လၢတၢ်ထီဃာ်အီၤလၢ ချံ မ့တမ့ၢ် ကဘီအကပၤခီပၤပၤလၢထံသုတနာ်လီၤအဂီၢ်

washcloth *n* တၢ်ကံးညာ်ထွါသူလီၤ, တၢ်ကံးညာ်ထွါသူမဲာ်

washed out *a* ၁. လၢအလွဲၢ်လီၤကွံာ်, လၢအလွဲၢ်ဖံလီၤ, အလွဲၢ်လီၤဝါ ၂. လၢအလီၤဘုံးလီၤတီၤ, လၢအဖျါတဆူၣ်တချ့, လၢအဟးဂီၤကွံာ်

washed-up *a* ၁. လၢအတကဲထီၣ်လိၣ်ထီၣ်လၢၤ, လၢအတမၤနၢၤတၢ်လၢၤ ၂. လၢအမံၤတဟူသၣ်တဖျါလၢၤ

washer *n* ၁. စဲးဆူၣ်တၢ် ၂. ပှၤဆူၣ်တၢ်ဖိ ၃. တၢ်ကံးညာ်ထွါမဲာ် ၄. ဝၣ်ရှၣ်, တၢ်အပျ့ၤဖိလၢတၢ်ပာ်အီၤလၢထးပဝံာ်ခံခါအဘၢၣ်စπၤ

washer man *n* ပှၤဆူၣ်တၢ်, ပှၤဒိးလဲဆူၣ်တၢ်

washer-drier *n* စဲးဆူၣ်တၢ်လၢအိၣ်ဒီးတၢ်မၤဃ့ထီတၢ်

washer-dryer *n* စဲးဆူၣ်တၢ်လၢအိၣ်ဒီးတၢ်မၤဃ့ထီတၢ်

washerwoman *n* ပှၤဆူၣ်တၢ်, ပှၤဒိးလဲဆူၣ်တၢ်

washing *n* တၢ်ဆူၣ်တၢ်

washing line *n* တၢ်လိလီၤတၢ်ဆူၣ်အပျံၤ, ပျံၤလိလီၤတၢ်

washing liquid *n* ဆးပှ့ၣ်ထံ

washing machine *n* စဲးဆူၣ်တၢ်

washing powder *n* ဆးပှ့ၣ်ကမူၣ်

washing soda *n* ဆးပှ့ၣ်စိၣ်ဒၢ်ကမူၣ်, စိၣ်ဒၢ်ကမူၣ်လၢတၢ်ဆူၣ်စီမၤကဆိုတၢ်အဂီၢ်

washing up *n* တၢ်လၢတၢ်ကဘၣ်သ့စီအီၤ (အဒိ, သဘံၣ်လီခီ, ဒီဓိၤဖးဓိၤလၢအဘၣ်အၢဘၣ်သီတဖၣ်)

washing up liquid *n* တၢ်သ့လီခီအထံ

washroom *n* တၢ်ဟးလီၢ်, တၢ်သ့စုသ့ခီၣ်အလီၢ်

washtub *n* သလၢဆူၣ်တၢ်, တြာ်ဆူၣ်တၢ်, တၢ်ဆူၣ်တၢ်အသလၢ

Wasp *n* တၢ်ကွဲးဖုၣ် 'White Anglo Saxon Protestant', အမဲရကၤပှၤဝါဖံးအပတီၢ်ထီ

wasp *n* ဖျၢ

waspish *a* လၢအသးအ့နူပိၢ်ပိၢ်, လၢအထးခိၣ်အ့ၣ်

wassail *n* တၢ်အီသံးဒီးဆၢဂ့ၤဆၢဝါလိာ်သးအမူးဓိၤပွဲဓိၤ

wassail *v* မၤမူးဓိၤပွဲဓိၤဒိးအီသံးဆၢဂ့ၤဆၢ၀ါလိာ်အသး, အီသံးဓိၤကၢ်ဓိၤဒိးနံၤကစဲၢ်ပျိၢ်ကဒီ

wastage *n* တၢ်လၢအဟးဂူာ်ဟးဂီၤ, တၢ်လီၤဆူလီၤပလ့ၤ, တၢ်လီၤမူာ်လီၤပိာ်

waste *a* ၁. (ဟီၣ်ခိၣ်) လၢတအိၣ်ဒီးအထုးအစီ, လၢတၢ်သူၣ်တၢ်မဲတၢ်မါတကဲထီၣ် ၂. လၢအလ့ၤပျီ, လၢအလူၤခိၣ်, လၢအချံအသၣ်တကဲထီၣ်လိၣ်ထီၣ် ၃. လၢအဘျုးတအိၣ်လၢၤ, လၢဘၣ်တၢ်တၢၤကွံာ်အီၤ, လၢအလီၤဆူလီၤပလ့ၤ, လၢအဟးဂူာ်ဟးဂီၤ

waste *n* ၁. တၢ်တဃာ် ၂. တၢ်မၤလၢာ်ဂီၤကလီတၢ်, တၢ်မၤဟးဂူာ်ဟးဂီၤတၢ်, တၢ်စူးကါတၢ်လၢအခီပညီတအိၣ် ၃. တၢ်လိၢ်လ့ၤပျီ, တၢ်လိၢ်လူၤခိၣ်, မဲးမုၢ်ခိၣ်, ဟီၣ်ခိၣ်လၢအထုးအစီတအိၣ်, ဟီၣ်ခိၣ်လၢတၢ်သူၣ်တၢ်မုၢ်တၢ်ဘိတၢ်မဲတၢ်မါတကဲထီၣ်လိၣ်ထီၣ်အလိၢ် ၄. တၢ်လီၤမုၢ်လီၤပိၢ်, တၢ်လၢအဘျုးတအိၣ်, တၢ်ဟးဂူာ်ဟးဂီၤ ၅. တၢ်အ့ၣ်တၢ်ဆံၣ်

waste *v* ၁. မၤလၢာ်ဂီၤတၢ် ၂. ဖုံၣ်လီၤဃၢၤလီၤ, ဃၢၤသံဃီသံ, ဂံၢ်ဘါစၢ်လီၤ ၃. လီၤဆံးလီၤစှၤ, လီၤကဃး

waste paper *n* စးခိလၢတၢ်စူးကါ၀ံၤတၢ်တၢၤကွံာ်အီၤ

waste paper basket *n* တဃၣ်ဒၢဖိ

waste product *n* ၁. တၢ်အ့ၣ်တၢ်ဆံၣ် ၂. တၢ်လီၤဆူလီၤပလ့ၤ, တၢ်စူးကွံာ်, တၢ်တဃၣ်

wastebasket *n* တဃၣ်ဒၢဖိ

wasted *a* ၁. လၢအမၤလၢာ်ဂီၤကလီတၢ်, လၢအတစူးကါတၢ်ဘၣ်ဘျိးဘၣ်ဒါ ၂. လၢအဃၢၤသံဃီသံ, လၢအဂံၢ်ဘါစၢ်, လၢအဂံၢ်တအိၣ်ဘါတအိၣ်, လၢအီသံးလုၣ်ကီလုၣ်ကပၤ ၃. လၢအဟးဂူာ်ဟးဂီၤ ၄. လၢအလဲၤပူၤကွံာ်လံ

wasteful *a* လၢအမၤလၢာ်ဂီၤကလီတၢ်, လၢအစူးကါလၢာ်ဂီၤတၢ်

waster *n* ၁. ပှၤလၢအတကျၢတခီ, ပှၤလၢအဘျုးတအိၣ် ၂. တၢ်လၢတၢ်စူးကါတသ့, တၢ်လၢအဘျုးတအိၣ်လၢၤ, တၢ်လၢတကဲဘျုး

watch *n* ၁. နၣ်ရံၣ်, နၣ်ရံၣ်ကျိၤစု ၂. တၢ်ခိးကွၢ်တၢ်, တၢ်ကွၢ်တၢ် ၃. မူဒါလီၤအကတိၢ်, တၢ်ဆိးသီခိးကွၢ်တၢ်

watch *v* ကွၢ်ဟုၣ်တၢ်, ပၢၤဃာ်, အံးကွၢ်, ကွၢ်အပူၤ

watch out *vp:* ခိးကွၢ်တၢ်လၢတၢ်သးသဒ့ၣ်

watch over *vp:* အံးထွဲကွၢ်ထွဲ, ကွၢ်ထွဲ

watch guard *n* ထးပျံၤဖှၣ်, ရံးဘၢၣ်လၢတၢ်စၢဃာ်အီၤလၢထၢၣ်ဒိးယီၢ်ဒ့

watch house *n* ပှၤခိးကွၢ်တၢ်အဒဲ, ဒဲခိးကွၢ်တၢ်

watch strap *n* နၣ်ရံၣ်ပျံၤ

watchband *n* နၣ်ရံၣ်ပျံၤ

watch-bird *n* တၢ်အိၣ်ဆိးသီတၢ်လၢတၢ်ပလိၢ်ပဒီသးအပူၤ

watchdog *n* ၁. ပှၤခိးကွၢ်သမံသမိးတၢ်ဖံးတၢ်မၤ, ကရၢ်ခိးကွၢ်သမံသမိးတၢ်မၤ ၂. ထွံၣ်ခိးဟံၣ် ၃. ပှၤခိးကွၢ်တၢ်ဖိ

watcher *n* ပှၤကွၢ်စူၣ်ကွၢ်ကုၤတၢ်

watchful *a* ၁. လၢအခိးကွၢ်တၢ်လၢတၢ်ပလိၢ်ပဒီသးအပူၤ, လၢအစိၣ်မဲာ်စိၣ်နါ, လၢအအိၣ်သပ္ၤမဲာ် ၂. လၢအိၣ်ဒီးတၢ်သူၣ်ဆူၣ်သးဂဲၤ, လၢအိၣ်ဒီးတၢ်သးသဒ့ၣ်

watchmaker *n* ပှၤဘှီနၣ်ရံၣ်

watchman *n* ပှၤပၢၤတၢ်ဖိ, ပှၤခိးတၢ်ဖိ

watchtower *n* တၢ်သူၣ်ထီၣ်လၢတၢ်ကွၢ်စိကွၢ်တွၤတၢ်အဂီၢ်, တၢးထီခၢၣ်သနၢၣ်ခိးကွၢ်တၢ်

watchword *n* ၁. တၢ်တိာ်ထူ, တၢ်ကတိၤလၢအဟ်ဖျါတၢ်ဂ့ၢ်မိၢ်ပှၢ် ၂. တၢ်ကတိၤရူသူၣ်

water *n* ၁. ထံ ၂. တၢ်အထံအနိ ၃. လၢၢ်တၢ်မျၢ်အတၢ်ဆုံ

water *v* ၁. လူဘၣ်စိၣ်ဒီးထံ, မၤဘၣ်စိၣ်ထံ, ဖုံဘၣ်စိၣ်ထံ ၂. ဟ့ၣ်ဒုးအီထံ ၃. မဲာ်ထံလီၤ, ခၣ်ထံယွၤ ၄. ကျဲဃုာ်ဒီးထံ, ကျဲၣ်ကျိထံ (ဒ်သိးအသဟီၣ်ကစၢ်လီၤ)

water battle *n* ထံအီဒၢ

water bomber *n* ကဘီယူၤမၤပံာ်မ့ၣ်

water buffalo *n* ပနၢ်ထံ, ပနၢ်သူဖးဒိၣ်

water butt *n* ထံဒၢသ့ၣ်ဖးဒိၣ်, ထံဒၢဖးဒိၣ်

water cannon *n* နိၣ်ဖိုးထံဖးဒိၣ်, နိၣ်ဖိုးထံဖးဒိၣ်လၢပၢၤကီၢ်စူးကါဝဲလၢကမၤလီၤပြံပြါကွံာ်တၢ်အဂီၢ်

water chestnut *n* တကီဆၢတံၢ်

water closet *n* တၢ်ဟးလိၢ်, တၢ်ဟးလိၢ်ဖှိၣ်ထံ, ဟံၣ်ဖိ

water cooler *n* တၢ်ဟ်ခုၣ်ထံအဒၢ, ထံခုၣ်ဒၢ

W

water craft *n* ချံ, စဲးချံဖိ
water crane *n* နိၣ်ထုးဆူးထံ
water fountain *n* ထံထိၣ်ပၢၢ်, ထံထိၣ်ပၢၢ်လၢတၢ်ဘိုန့ၢ်အီၤ
water gun *n* ကျိတၢ်ဂဲၤလိာ်ကွဲခးထံ
water jump *n* တၢ်စံၣ်ခီထံဒီးကသ့ၣ်အတၢ်ဂဲၤလိာ်ကွဲ
water level *n* ထံမဲာ်ဖံးခိၣ်
water lily *n* ဖီဒ့ၣ်ညါထံ
water main *n* ထံမိၤဘိမိၢ်ပှၢ်
water meadow *n* ထံအိၣ်တၢၣ်ပျီလါဟ့, ထံတၢၣ်ပျီ, ပျီဖးလဲၢ်လၢအဘူးဒီးထံကျိလၢထံလုၢ်ဘၢညီနၢ်အီၤ
water polo *n* တၢ်ဂဲၤလိာ်ကွဲပိၣ်လိၣ်လၢထံကျါ, ဖျာၣ်ပိၢ်ထံတၢ်ဂဲၤလိာ်ကွဲ
water pot *n* သပၢၤထံ
water rat *n* ယုၢ်ထံ, ယုၢ်လၢအအိၣ်လၢထံကျါ
water skipper *n* တဃံၢ်, တၢ်ဖိဃၢ်လၢအစံၣ်စွးစွး, ပစိၤခီၣ်ဖးထီတကလုာ်, ဒီးတကါလံၢ်ဆူၣ်
water softener *n* တၢ်ပှံၢ်ထံ, နိၣ်ပှံၢ်ကဆိုထံ
water soluble *a* လၢအပှံၢ်လီၤဆူထံကျါ
water sports *n* တၢ်ဂဲၤလိာ်ကွဲလၢတၢ်လိာ်ကွဲအီၤလၢထံကျါ, ထံတၢ်ဂဲၤလိာ်ကွဲ
water supply *n* တၢ်ဟ့ၣ်ကမျၢၢ်ထံအလီၢ်, တၢ်ဟ့ၣ်ကမျၢၢ်ထံဝဲၤကျိုၤ
water table *n* ဟီၣ်လာ်ထံမဲာ်ဖံးခိၣ်
water tower *n* ထံတိာ်, တၢ်အထံအတိာ်
water wheel *n* ထံပၣ်ရံး
water-bag *n* ထံဒၢ, ထံထၢၣ်, ထၢၣ်လၢတၢ်စိာ်အီၤထံ
water-based *a* ၁. လၢအိၣ်ဒီးထံအါအါ ၂. လၢဘၣ်တၢ်ဂဲၤအီၤလၢထံကျါ
waterbed *n* ထံလီၢ်ဖှူ, လီၢ်ဖှူဒါလၢတၢ်ထၢနှာ်လီၤထံလၢအပူၤ
water-bird *n* ထိၣ်လဲၤထံ
waterborne *a* လၢအဆံထိၣ်အါထိၣ်လၢထံကျါ, လၢတၢ်စိာ်ထိၣ်စိာ်လီၤအီၤလၢထံ
watercolour, watercolor *n* ၁. ကသံၣ်ခဲၣ်လွဲၢ်အထံ ၂. တၢ်ဂီၤလၢဘၣ်တၢ်ခဲၣ်အီၤဒီးကသံၣ်အထံ
watercourse *n* ထံကျိုၤဖိ, ထံကျိုၤဘိ, ထံကျိထံကွာ်ဖိ
watercress *n* ထံမုၢ်ဖိအဒိး, တၢ်ဒိးအလၣ်ကဝီၤကျီၤဖိလၢအမဲထိၣ်လၢထံကျါတကလုာ်
water-cure *n* တၢ်ယါဘျါလၢထံ
waterfall *n* ထံလီၤဆူ
waterfowl *n* ထိၣ်ဒ့ၣ်ထံ, ထိၣ်ဒ့ၣ်ထိၣ်တၤ
waterfront *n* ထံကၢၢ်ခိၣ်, ထံကၢၢ်နံၤ
waterhole *n* ထံကလိာ်, နိၣ်, ဆၣ်ဖိကီၢ်ဖိလီၤအီထံအလီၢ်
watering can *n* ထံဖှိၣ်ဒၢ, နိၣ်ဖှိၣ်ထံအဒၢ
watering hole *n* ၁. ထံကလိာ်, နိၣ်, ဆၣ်ဖိကီၢ်ဖိလီၤအီထံအလီၢ် ၂. တၢ်အီသံးအကျး
watering place *n* ၁. ဆၣ်ဖိကီၢ်ဖိလီၤအီထံအလီၢ် ၂. တၢ်လဲၤဟးအိၣ်ကသုၣ်အလီၢ်, လီၢ်မှာ်ပၢၤလၢအိၣ်ဒီးထံမူထိၣ်ပၢၢ်အလီၢ်, လီၢ်မှာ်ပၢၤလၢအဘူးဒီးထံ, ထံမူထိၣ်ပၢၢ်တဖၣ်
waterish *a* ၁. လၢအပုံၤဒီးထံ ၂. လၢအထံအိၣ်အါ, လၢဘၣ်တၢ်ဃါယှာ်အီၤလၢထံ, လၢအထံဆုံ ၃. လၢအဘၣ်စီၣ်ဘၣ်သ့
waterline *n* ၁. ထံအကျိုၤဖဲချံ မ့တမ့ၢ် ကဘီအကပၤ, ထံကျိုၤအပနိၣ် ၂. ထံထိၣ်ထံလီၤအကျိုၤအိၣ်တ့ၢ်ဖဲပီၣ်လဲၣ်နံၤ
waterlogged *a* လၢအပုံၤဒီးထံ, လၢထံပုံၤအပူၤ, လၢအဘၣ်စီၣ်ဘၣ်သ့, လၢအစုၣ်စီၣ်
waterman *n* ပုၤကၢၢ်ချံ, ပုၤဝၢ်ချံ
watermark *n* ၁. တၢ်ပနိၣ်ကဒုကယီၢ်လၢစးခိအဖီခိၣ် ၂. ထံထိၣ်ထံလီၤအပနိၣ်
watermelon *n* တဲာ်တီသၣ်
water-meter *n* နိၣ်ထိၣ်ထံ
watermill *n* စဲးလၢအကံာ်တၢ်လၢထံအဂံၢ်အဘါ
waterproof *a* လၢအဒီဃာ်ထံ, လၢအတူၢ်ထံ, လၢထံနှာ်တပၢၢ်, (နၣ်ရံၣ်) တူၢ်ထံ
waterproof *n* တၢ်လၢအဒီဃာ်ထံ, တၢ်လၢအတူၢ်ထံ, တၢ်လၢထံနှာ်တပၢၢ်, (နၣ်ရံၣ်) တူၢ်ထံ
waterproof *v* ဒီသဒၢထံ, တြီထံ, တူၢ်ထံ

W

water-resistance *n* တၢ်လၢအတူၢ်ထံန့ၢ်, တၢ်လၢထံနုာ်တန့ၢ်ညီညီ

water-resistant *a* လၢအတူၢ်ထံန့ၢ်, လၢထံနုာ်တန့ၢ်ညီညီ

watershed *n* ၁. တၢ်လူၢ်ခိဉ်လၢအနီၤဖး ထံဆၢ ၂. တၢ်ဆီတလဲအိဉ်ထီဉ်အကတိၢ်, တၢ်လဲလိာ်အိဉ်ထီဉ်အကတိၢ်

waterside *n* ထံကၢၢ်နံၤ, ထံကျိအသရၢၤထံး

waterski *n* ထံနီဉ်တလူဉ်, ထံစကံ, နီဉ်တလူဉ်ဘ့ဉ်ဘဉ်လၢတၢ်ဒိးအီၤလၢထံကျါ

waterski *v* လိာ်ကွဲနီဉ်တလူဉ်ထံ, ဒိးနီဉ်တလူဉ်ထံ, စကံလၢထံအဖီခိဉ်

waterslide *n* တၢ်လီၢ်ဘျ့လၢတၢ်ကတလူဉ်လီၤသးလၢထံကျါအဂီၢ်

water-snake *n* ဂုၢ်ထံ

waterspout *n* ၁. ကလံၤသဝံးကဆိကမိျၤ, ကလံၤသဝံး, ထံသဝံးလၢအကဲထီဉ်လၢထံအမဲာ်ဖံးခိဉ် ၂. ထံပီၤဘိ, ထံမိၢ်ဘိ

watertight *a* ၁. လၢထံနုာ်တန့ၢ်, လၢထံနုာ်တဖျိ, လၢအတြီတံာ်ဃာ်ထံ ၂. လၢပှၤဃုအတၢ်ကမဉ်တဘဉ်, လၢအတၢ်လီၤတူာ်လီၤကာ်တအိဉ်, လၢအဟ့ဉ်ထီဉ်တၢ်ဂ့ၢ်တၢ်ကျိၤဂ့ၤတုၤဒဉ်လဲာ်တၢ်ဃုထံဉ်အတၢ်ကမဉ်တဘဉ်

waterway *n* ထံယွၤကျိၤ

waterwheel *n* ထံပဉ်ရံး

waterworks *n* ၁. တၢ်ရဲဉ်ကျဲၤထံအတၢ်ဖံးတၢ်မၤ, တၢ်ဟ့ဉ်ထံအတၢ်ဖံးတၢ်မၤအကျိၤအကျဲ ၂. မဲာ်ထံလီၤ ၃. ဆံဉ်ကျိၤ

watery *a* ၁. လၢအဘဉ်ဃးဒီးထံ, လၢအလီၤက်ဒီးထံ ၂. လၢအထံဆံ့, လၢအထံအနိအါ, လၢအဘဉ်စီဉ်ဘဉ်သ့, လၢအပှဲၤဒီးထံ, လၢအထံအိဉ်အါ ၃. လၢအကန့ကယီၢ်

watt *n* လီမ့ဉ်အူအယူဉ်နံး, ဝး(ဒ)

wattle *n* ၁. ပတိၢ်, ဃ့ဘဉ်, သ့ဉ်ထူဉ်အဘိဒီးဃ့ဘဉ်တဖဉ်, တၢ်ထ့ဃ့ဘ့ဉ်ဘဉ်, နီဉ်ထ့ဃ့ကဘျဉ်, နီဉ်ထ့ဃ့ဘ့ဉ်ဘဉ် ၂. (ဆီ) အခဉ်ပှာ်, အခဉ်ဘု

wattle *v* ထ့တၢ်, ထ့ဃ့တၢ်

waul *v* ဟီဉ်ဃဲကအဲ, ဟီဉ်ကအံဉ်ကအူး

wave *n* ၁. လပီ, လၢလပီ ၂. တၢ်စံဉ်ပီပု, တၢ်ဟဲထီဉ်တလူာ်လူာ်ဒ်လပီအသိး ၃. တၢ်ဝံၢ်ဝၢ်စု ၄. တၢ်သးဟဲဒိဉ်ထီဉ်ဖုး ၅. (ကွဲၤလ့လိၤ, တၢ်ကလုၢ်) အလပီ

wave *v* ၁. ဝံၢ်ဝၢ်, ဝၢ်အစု ၂. ဝးဃဲၤဃီၤဃၢ်ခီဃၢ်ခီ, ထီဉ်ဝံၢ်ဝၢ်အသး ၃. မၤတကံခိဉ် ၄. ထီဉ်တလူာ်လူာ်ဒ်လပီအသိး

wave offering *n* တၢ်ယူာ်ထီဉ်စုစံးထီဉ်ပတြၢၤယွၤ, တၢ်ယူာ်ထီဉ်စုဒီးဝံၢ်ဝၢ်ဒီးစံးထီဉ်ပတြၢၤယွၤ

waveband *n* ကွဲၤလ့လိၤလပီအကျိၤအတၢ်ဒ့ဉ်စၢၤ, တၢ်ဒ့ဉ်စၢၤလၢကွဲၤလ့လိၤလပီကျိၤခံခါအဘၢဉ်စၢၤ

wavelength *n* ကွဲၤလ့လိၤလပီအကျိၤအတၢ်ဒ့ဉ်စၢၤ, တၢ်ဒ့ဉ်စၢၤလၢကွဲၤလ့လိၤလပီကျိၤခံခါအဘၢဉ်စၢၤ

wavelet *n* လပီဆံးဆံးဖိတဖဉ်

waver *v* ၁. သးကဒံကဒါ, သးဒံဝ့ၤဒံဝီၤ ၂. ဝးဃဲၤဝးဃီၤ ၃. တဂၢၢ်တကျၢၤ, လီၤပိုၢ်

wavy *a* ၁. (ခိဉ်သူ) တကံ ၂. လၢအစံဉ်ပီပုဒ်လပီအသိး, လၢအထီဉ်အလီၤဒ်လပီအသိး

wax *n* ၁. (ကနဲ) ဃိး, (ကွဲ) ဃိး ၂. **earwax** နၢ်အ့ဉ်သူ

wax *v* ၁. ထူးကပီၤဒီးကနဲဃိး ၂. (လါ) ထီဉ် ၃. မၤအသးကွ့ၢ်ကွ့ၢ်, ဒိဉ်ထီဉ်အါထီဉ်, ကဲထီဉ်

wax bean *n* ပထိးဘီဘဉ်

wax candle *n* ကနဲဃိးပနဲ

wax chandler *n* ပှၤမၤပနဲ, ပှၤဘှီဆါပနဲ

wax flower *n* ၁. ဖီဃဲၢ်ကဘျံးအိဉ်ဒီးအလွဲၢ်အဝါ, အဂီၤစၢ်တဖဉ်, ဖီကပုာ်အလွဲၢ်ဘီဂီၤတဖဉ်, ဖီကနဲဃိးဂီၤစၢ်

wax paper, waxed paper *n* စးခိကနဲဃိး

waxed end *n* လုဉ်ကနဲဃိး, လုဉ်လၢတၢ်ဆးခိဉ်ဖံးတၢ်ဖံးတဖဉ်

waxen *a* ၁. လၢအဘဉ်တၢ်မၤအီၤလၢကနဲဃိး ၂. လၢအလီၤဝါ, လၢအဖျါတဆူဉ်တချ့

waxwork *n* ၁. ကနဲဃိးက့ၢ်ဂီၤဒိ, ပှၤကညီက့ၢ်ဂီၤဒိလၢဘဉ်တၢ်မၤကဲထီဉ်အီၤလၢကနဲဃိး ၂. ကနဲဃိးက့ၢ်ဂီၤဒိ, တၢ်ဒုးနဲဉ်ကနဲဃိးတၢ်ဖံးတၢ်မၤ

waxy *a* ၁. လၢအဘျ့ဒီးကပီၤ, လၢအလီၤက်ဒီးကနဲဃိး ၂. လၢတၢ်မၤအီၤဒီးကနဲဃိး ၃. လၢအသူဉ်ဒိဉ်သးဖျိး

W

way *adv* ၁. ယံၤဒိၣ်မး, အါအါဂိၢ်ဂိၢ် ၂. (ဒိၣ်) မး, (နး) မး

way *n* ၁. ကျဲ, တၢ်အကျိၤအကျဲ, ကျိၤကျဲ ၂. တၢ်ထံၣ်တၢ်ဆိကမိၣ်, တၢ်ဟ်သူၣ်ဟ်သး ၃. တၢ်နဲၣ်ကျဲ ၄. တၢ်အိၣ်သး

by the way *idm:* ဘၣ်ဆၢၣ်ဘၣ်တီၢ်အဃိ

one way or another *idm:* ကျဲတဘိဂ့ၤ အဂၤတဘိဂ့ၤ, ဒ်လဲၣ်ဂ့ၤဒ်လဲၣ်ဂ့ၤ

way mark *n* ၁. ကျဲအပနီၣ်, တၢ်မၤနီၣ်ဃာ်ကျဲ, ကျဲအတၢ်ပနီၣ် ၂. တၢ်ပနီၣ်ဒုးနဲၣ်ကျဲ, တၢ်နဲၣ်ကျဲအပနီၣ်

way station *n* ၁. သန့ဘၢၣ်စπၢၤလၢအိၣ်လၢတၢ်လဲၤကျဲပူၤ ၂. လှၣ်မ့ၣ်အူသန့ဖိလၢအအိၣ်လၢသန့ဖးဒိၣ်အဘၢၣ်စπၢၤ ၃. တၢ်ဘၢၣ်စπၢၤပတီၢ်အိၣ်လၢတၢ်မၤကျဲဒီတဘိအပူၤ

wayfarer *n* ပှၤဟးလၢခီၣ်, ပှၤလဲၤတၢ်ဖိလၢအဟးလၢအခီၣ်

way-faring *a* လၢအလဲၤတၢ်ကွၤတၢ်လီၤဆီဒၣ်တၢ်လၢခီၣ်

way-faring *n* တၢ်လဲၤတၢ်ကွၤလၢခီၣ်

waylay *v* ၁. တြီဃာ်ကျဲ, ဘျိပှၤအခိၣ်, ဘျိဃာ်ဒီးသံကွၢ်သံဒိးတၢ် ၂. ဘျိအခိၣ်လၢကမၤဒၢၣ်ပှၤအဂီၢ်

ways *suffix* ဆူ --- အကပၤ, ဆူ ---တခီ

wayside *n* ကျဲသရ့ၤ, ကျဲကပၤ

wayward *a* လၢမၤဒၣ်တၢ်ဖဲအသး, လၢတၢ်ပၢဆှၢဘၣ်အီၤကီ, လၢအတဒိကနၣ်တၢ်, လၢအလူၤအသး

WC *a* ၁. တၢ်ကွဲးဖှၣ် (watercloset), ဟံၣ်ဖိ, တၢ်ဟးလီၢ်

we *pro* ပ

weak *a* ၁. လၢအင်္ဂၢ်စၢ်, လၢအင်္ဂၢ်တအိၣ် ၂. လၢတၢ်ကွဲန့ၢ်လွဲန့ၢ်အီၤညီ ၃. လၢအကံၢ်အစီတဂ့ၤ ၄. လၢအဘူးကလီၤပိုၢ်, လၢအဘူးလၢကဟးဂီၤ ၅. လၢအထံဆုံ, (ခီဖံၣ်) အထံဆုံ ၆. (ကျိာ်အင်္ဂၢ်ထံး) ဝီၢ်လၢအဟ်ဖျါထီၣ်ကတီၢ်ပူၤကွံာ်ခီဖျိတၢ်မၤအါထီၣ်လံာ်မဲာ်ဖျာၣ်, -d, - ed, -t, walk, walked

weaken *v* မၤစၢ်လီၤ, မၤလီၤစၢ်

weak-headed *a* ၁. လၢအခိၣ်မူၤညီ, လၢအသးပှဲာ် ၂. လၢအတၢ်ကူၣ်သ့ဖးဘၣ်စှၤ

weak-hearted *a* လၢအသးပှဲာ်, လၢအသးသုၣ်, လၢအသးတဒူဘၣ်, လၢအတဆိုၣ်ဘၣ်

weak-kneed *a* ၁. လၢအကံၢ်အစီတအိၣ် ၂. လၢအသးပှဲာ်

weakling *n* ၁. ပှၤင်္ဂၢ်စၢ်,ပှၤလၢအင်္ဂၢ်စၢ်, ပှၤလၢအင်္ဂၢ်အဘါတအိၣ် ၂. ပှၤလၢအဆါဆူၣ်, ပှၤလၢအတၢ်အိၣ်ဆူၣ်အိၣ်ချ့တဂ့ၤ

weakly *adv* ၁. လၢတၢ်င်္ဂၢ်စၢ်ဘါစၢ်အပူၤ, စၢ်စၢ်

weakness *n* ၁. တၢ်င်္ဂၢ်စၢ်ဘါစၢ် ၂. တၢ်င်္ဂၢ်စၢ်, တၢ်ကမူၤကမၣ်, တၢ်လီၤတူာ်လီၤကာ်

weal *n* ၁. တၢ်ပန္နူၤထိၣ် ၂. တၢ်အိၣ်ဘိၣ်အိၣ်ညီ, တၢ်အိၣ်မုာ်အိၣ်ပπၤ

weald *n* ၁. သ့ၣ်ပှၢ် ၂. တၢ်လီၢ်လီၤပျိဖးလဲၢ်လၢတၢ်တသူၣ်အိၣ်ဖျးအိၣ်တၢ်လၢအပူၤ

wealth *n* ၁. တၢ်ထူးတၢ်တီၤ, တၢ်ကဲဒိၣ်ကဲပှၢ် ၂. တၢ်စုလီၢ်ခီၣ်ခိၣ်အိၣ်အါအါဂိၢ်ဂိၢ် ၃. တၢ်အိၣ်တၢ်ယπၤ

wealthy *a* ၁. လၢအထူးအတီၤ, လၢအကဲဒိၣ် ၂. လၢအတၢ်အိၣ်တၢ်ယπၤ, လၢအတၢ်စုလီၢ်ခီၣ်ခိၣ်အိၣ်အါအါဂိၢ်ဂိၢ်

wealthy *n* ပှၤကဲဒိၣ်ကဲပှၢ်, ပှၤထူးပှၤတီၤ, ပှၤအတၢ်အိၣ်တၢ်ယπၤ

wean *v* ၁. ဖှၣ်အနုၢ်, ဖှါအနုၢ် ၂. ပတှာ်လုၢ်လၢ်လၢတၢ်မၤညီနုၢ်အီၤ, ပတှာ်လုၢ်လၢ်လၢအအπၢ

weapon *n* ၁. တၢ်စုကဝဲၤ ၂. တၢ်လၢတၢ်စူးကါအီၤဒ်တၢ်စုကဝဲၤအသိး

weaponry *n* တၢ်စုကဝဲၤပီးလီတဖၣ်, တၢ်စုကဝဲၤတဖၣ်

wear *n* ၁. တၢ်ကူတၢ်သီးတၢ် ၂. တၢ်ကူတၢ်ကၤ ၃. တၢ်လီၢ်လံၤဖီဃး, တၢ်ဟးဂူာ်ဟးဂီၤ

wear *v* ၁. ကူထီၣ်သိးထီၣ်, ကူထီၣ်ကၤထီၣ်, ကူသိး ၂. ဒိး (ခိၣ်ဖံး) ဖျိၣ်ထီၣ် (ခိၣ်ဖျိၣ်, ခိၣ်ဖျိၣ်), ကπၢ်ထီၣ်, ကုၢ်ထီၣ်, ဆိုးထီၣ်, ကျီၤထီၣ် ၃. ဟ်ဖျါထီၣ်အတၢ်တူၢ်ဘၣ်ခီဖျိအမဲာ်အနါ

wear away *vp:* ၁. ဟးဂီၤကွံာ်, မၤဟးဂီၤ (အဒိ, နီၣ်ဟးဂီၤကွံာ်ခီဖျိသိလ့ၣ်အဃိလီၤ.) ၂. ဆံးလီၤစှၤလီၤ, လီၤသံး, လီၤကဃး, လီၤတူာ် ၃. ဘူလီၤ, ဟးဂီၤ, အိၣ်လီၤကလီၤကွံာ်

wear down *vp:* ၁. ဘူလီၤ ၂. မၤစၢ်လီၤ, ဒုးစၢ်လီၤ, မၤလၢာ်ပှၤင်္ဂၢ်ဘါ, မၤလီၤဘှံးလီၤဘှါ, ဒုးလီၤဘှံးလီၤတီၤ

wear off *vp:* လီၤကယး, လီၤမၢ်ကွံာ်, ကိညါလီၤ, (အသဟီဉ်) စှၤလီၤ, စၢ်လီၤ

wear on *vp:* ၁. မၤလီၤဘုံး ၂. ယံာ်ယံာ်ထၢထၢ, လီၤကၢဉ်လီၤကျူ

wear out *vp:* ၁. မၤလီၤဘုံး, လီၤဘုံး ၂. လီၢ်လံၤကွံာ်, တကဲဘျုးလၢၤ, စူးကါအီၤတသ့လၢၤ

wearable *a* လၢတၢ်ကူအီၤကၤအီၤသ့, လၢအကြၢးအဘဉ်လၢတၢ်ကကူအီၤသိးအီၤ

wearer *n* ပှၤလၢကူသိးတၢ်တမံၤမံၤ

wearing *a* လၢအမၤလီၤဘုံး, လၢအလီၤဘုံးလီၤတီၤ, လီၤဘုံးလီၤတီၤ

wearisome *a* ၁. လၢအမၤလီၤဘုံးလီၤဘှါပှၤ, လၢအမၤလီၤဘုံးလီၤတီၤပှၤ ၂. လၢအလီၤကၢဉ်လီၤကျူ

weary *a* ၁. လီၤဘုံး, လီၤဘုံးလီၤတီၤ ၂. လၢအမၤလီၤဘုံးလီၤဘှါပှၤ

weary *v* မၤလီၤဘုံးလီၤဘှါပှၤ, မၤလီၤဘုံးလီၤတီၤပှၤ

weasand *n* ကလံၤကျိၤ, ကိာ်ယူၢ်ဘိ

weasel *n* ၁. ခီယိလး, ဝံၤဓိၤခီဓိၤ, ဆဉ်ဖိကီၢ်ဖိတကလုာ်လၢအနီၢ်ထီအမဲၢ်ထီအခီဉ်ဖှဉ်အဆူဉ်ဘီယးဒီးဖဲတၢ်ဂိၢ်ခါန့ဉ်အလွဲၢ်ဆီတလဲဆူအဝါ ၂. ပှၤလၢအမၤခူသူဉ်ခူလံာ်တၢ်, ပှၤလၢအသူဉ်တဘျၢသးတဘျၢ,

weasel *v* ၁. စူးကါတၢ်ကတိၤလၢအခီပ ညီတဖျါ ၂. (weasel out) ပဒ့ဉ်ဟးဆှဲး

weasel word *n* ၁. တၢ်စူးကါတၢ်ကတိၤလၢအခီပညီတဖျါ, တၢ်ကတိၤလၢအခီပညီတဖျါ ၂. တၢ်ကတိၤတရံး

weasel-faced *a* လၢအမဲာ်လီၤက်ဒ်ခီယိလး

weather *n* မူခိဉ်ကလံၤသီဉ်ဂီၤ

weather *v* ၁. မၤနၢၤတၢ်, မၤနၢၤကွံာ်, လဲၤခီဖိုကွံာ် ၂. (အကူ်အဂီၤ) ဆီတလဲကွံာ်, မၤဟးဂီၤ, အိဉ်လီၤကလီၤကွံာ်

weather centre, weather center *n* မူခိဉ်ကလံၤသီဉ်ဂီၤအစဲထၢဉ်

weather chart *n* မူခိဉ်ကလံၤသီဉ်ဂီၤအတၢ်အိဉ်သးဟီဉ်ကဝီၤ, ဟီဉ်ခိဉ်ဂီၤလၢအဟ်ဖျါမူခိဉ်ကလံၤသီဉ်ဂီၤတၢ်အိဉ်သး

weather forecast *n* မူခိဉ်ကလံၤသီဉ်ဂီၤတၢ်ဟ်ဖျါ, တၢ်ထိဉ်ဒွးဆိမူခိဉ်ကလံၤသီဉ်ဂီၤ

weather map *n* မူခိဉ်ကလံၤသီဉ်ဂီၤအတၢ်အိဉ်သးဟီဉ်ကဝီၤ, ဟီဉ်ခိဉ်ဂီၤလၢအဟ်ဖျါမူခိဉ်ကလံၤသီဉ်ဂီၤတၢ်အိဉ်သး

weather slass *n* နီဉ်ထိဉ်ကလံၤအတၢ်ဆိဉ်သန်း

weather station *n* တၢ်ထိဉ်ဒွးမူခိဉ်ကလံၤသီဉ်ဂီၤသန့

weather strips *n* တၢ်အပျ့ဖိလၢတၢ်ကျးတံာ်ဝဲတြီ မ့တမ့ၢ် ဝဲတြီဖိအခီဉ်ထံးလၢကဒီသဒၢမူခိဉ်ကလံၤသီဉ်ဂီၤအဂီၢ်

weather worn *a* လၢအဟးဂူာ်ဟးဂီၤကွံာ်ခီဖှိမူခိဉ်ကလံၤသီဉ်ဂီၤအဃိ

weather-beaten *a* လၢအဘဉ်တၢ်မၤဟးဂီၤအီၤခီဖှိမူခိဉ်ကလံၤသီဉ်ဂီၤ

weatherboard *n* တၢ်ဒီသဒၢမူခိဉ်ကလံၤသီဉ်ဂီၤအဘ့ဉ်ဘဉ်

weatherbound *a* လၢအလဲၤတၢ်ဆူညါတသ့ (ခီဖှိမူခိဉ်ကလံၤသီဉ်ဂီၤတဂ့ၤအဃိ)

weathercock *n* တၢ်ပီးတၢ်လီလၢအဒုးနဲဉ်ကလံၤအူတၢ်အကျိၤ, ပျ်နဲဉ်ကလံၤကျိၤ, နီဉ်နဲဉ်ကလံၤကျိၤလၢတၢ်ဘိုအီၤဒ်ဆီဖါကီၢ်အဂီၤ

weather-driven *a* လၢကလံၤမုၢ်အူဖိုးကွံာ်အီၤ, လၢဘဉ်တၢ်အူဖိုးကွံာ်အီၤလၢကလံၤမုၢ်

weatherproof *a* လၢအဒီသဒၢမူခိဉ်ကလံၤသီဉ်ဂီၤန့ၢ်, လၢအတြီဆၢမူခိဉ်ကလံၤသီဉ်ဂီၤ

weatherproof *v* ဒီသဒၢမူခိဉ်ကလံၤသီဉ်ဂီၤန့ၢ်, တြီဆၢမူခိဉ်ကလံၤသီဉ်ဂီၤ, တူၢ်မူခိဉ်ကလံၤသီဉ်ဂီၤန့ၢ်

weatherstrips *v* ထိထိဉ်တၢ်အပျ့ဖိလၢအဒီသဒၢမူခိဉ်ကလံၤသီဉ်ဂီၤ

weathervane *n* တၢ်ပီးတၢ်လီလၢအဒုးနဲဉ်ကလံၤအူတၢ်အကျိၤ, ပျ်နဲဉ်ကလံၤကျိၤ, နီဉ်နဲဉ်ကလံၤကျိၤလၢတၢ်ဘိုအီၤဒ်ဆီဖါကီၢ်အဂီၤ

weather-wise *a* လၢအသ့ဉ်ညါနၢ်ပၢၢ်မူခိဉ်ကလံၤသီဉ်ဂီၤအဂ့ၢ်

weave *n* တၢ်ထုတၢ်ထါတၢ်အကျိၤအကျဲ, လုဉ်အကူ်အဂီၤအဒိ

weave *v* ၁. ထါတၢ်, ထုတၢ်, ထုသံဉ်ထုဃ့တၢ်, ထုသိဉ်တၢ်, ထုကးတၢ်, သံဉ်တၢ် ၂. ပဉ်ယှာ်တၢ်ဂ့ၢ်အါမံၤဒီးဒုးကဲထိဉ်တၢ်ဂ့ၢ်တမံၤဃီ ၃. ဘံဘူလိာ်သး

W

weaver *n* ပှၤထါတၢ်, ပှၤထ့သံၣ်ထ့ဃ့တၢ်, ပှၤထ့တၢ်

weazen *a* ၁. လၢအလီၤဘှူ, ဃ့ထီ, လၢအလီၤညှံးလီၤဘဲ ၂. လၢအလီၤဘှံးလီၤတီၤ, ဃဲၤလီၤဖှံၣ်လီၤ

web *n* ၁. ကပီၤလုၤ ၂. ပှာ်ဘျုးစဲ, တၢ်အကျိၤအကျဲလၢအဘျးစဲလိာ်သးကဒဲကဒဲ ၃. ဆၣ်ဖိကိၢ်ဖိလၢအခီၣ်လၣ်ဖံးဘ့ၣ်စဲဘူး အဒိ, ထိၣ်ဒ့ၣ်ခီၣ်လၣ်, ဒ့ၣ်အခီၣ်လၣ်

web page *n* ပှာ်ယဲၤကဘျံး

webbed *a* လၢအဖံးဘ့ၣ်အခီၣ်လၣ်စဲဘူးလိာ်သး, လၢအိၣ်ဒီးအဖံးဘ့ၣ်လၢအခီၣ်မုၢ်အဘၢၣ်စၢၤ

webbing *n* တၢ်ကံးညာ်ပျံၤကဘျၣ်လၢတၢ်မၤယီၢ်တကီး, တၢ်ကံးညာ်ပျံၤကဘျၣ်လၢတၢ်ကစၢဃံးဃာ်တၢ်အဂီၢ်

webcam *n* ပှာ်ယဲၤခဲမရၢ်, ခဲမရၢ်လၢဘၣ်တၢ်ဒုးဘျးစဲအီၤလၢခီၣ်ဖျူထၢၣ်လၢအဒုးဘျးစဲလိာ်သးဒီးအ့ထၢၣ်နဲး

webmaster *n* ပှၤရဲၣ်ကျဲၤပၢဆှၢပှာ်ယဲၤသန့, ပှၤကွၢ်ထွဲပှာ်ယဲၤသန့

website *n* ပှာ်ယဲၤသန့, ပှာ်ယဲၤဘျးစဲ

wed *v* ဒိးတ့ဒိးဖျီသး, ဖျီဃုာ်သး

wedded *a* ၁. လၢအဒိးတ့ဒိးဖျီသး ၂. လၢအဘၣ်ဃးဒီးတၢ်ဒိးတ့ဒိးဖျီ ၃. လၢအဟ့ၣ်လီၤအသးလၢာ်လၢာ်ဆ့ဆ့

wedding *n* ၁. တၢ်ဖျီ, တၢ်တ့တၢ်ဖျီ ၂. တၢ်တ့တၢ်ဖျီအမူး

wedding band *n* (see wedding ring)

wedding breakfast *n* တၢ်တ့တၢ်ဖျီတၢ်တူၢ်လိာ်တၢ်အီၣ်အမူး

wedding cake *n* ၁. တၢ်ဖျီအကိၣ်ခ့း ၂. တၢ်သူၣ်ထီၣ်လၢအပှဲၤဒီးတၢ်ကယၢကယဲတၢ်ဒဲးကံၣ်ဒဲးဝ့ၤတဖၣ်

wedding day *n* တၢ်တ့တၢ်ဖျီအမုၢ်နံၤ

wedding ring *n* တၢ်ဖျီပသံး, ပသံးတၢ်ဖျီ

wedge *n* ၁. ကျဲး, နီၣ်စဲ. တၢ်လၢပတိၢ်နုာ်အီၤလၢသ့ၣ်ဒီးမၤသ့ၣ်ဖးတၢ်ခံခီ ၂. တၢ်အက့ၢ်အဂီၤလၢလီၤက်ဒ်ကျဲးအသိး ၃. ဖျာၣ်တိၢ်ဘိအနီၣ်ပၤ

wedge *v* ၁. ထၢနုာ်လီၤကျဲး ၂. ဆွံနုာ်တၢ်, ဆွံတံၢ်လီၤတၢ်

wedlock *n* တၢ်တ့တၢ်ဖျီ

Wednesday *n* မုၢ်ပျဲၤ, မုၢ်လွံၢ်နံၤ

wee *a* ၁. ဆံးကိာ်ဖိ, ဆံးဆံးဖိ ၂. (တၢ်ဆၢကတိၢ်) တစဲးဖိ ၃. ရှူရှူ, ဆံၣ်ဆါ

wee *n* ၁. တၢ်ဆံးကိာ်ဆံးကဲၣ်ဖိ ၂. တၢ်ဆၢကတိၢ်မီကံၢ်မီကိာ်, တၢ်ဆၢကတိၢ်တစိၢ်ဖိ

wee *v* ရှူရှူ, ဆံၣ်ဆါ

weed *n* ၁. နီၣ်ဇိၤမံၤဇိၤ, ထံဃံၣ် ၂. ညါဖိ ၃. ပှၤဃဲၤသံကျိသံလၢအဂံၢ်အဘါတအိၣ် ၄. တၢ်ကံးညာ်အလွဲၢ်သူလၢအပာ်ဖျါတၢ်သူၣ်အုးသးအုး

weed *v* ပဲာ်ပျီတၢ်, ပဲာ်ဟိကဆိုကွံာ်တၢ်, ဆဲးသံနီၣ်လၢကသံၣ်

weed out *idm:* ထုးကွံာ်ပှၤ, ထုးကွံာ်တၢ်

weedkiller *n* ကသံၣ်မၤသံနီၣ်

weeds *n* တၢ်ကူတၢ်သိးလၢအပာ်ဖျါထီၣ်တၢ်သူၣ်အုးသးအုး

weedy *a* ၁. လၢအဃဲၤသံကျိသံ, လၢအဂံၢ်အဘါတအိၣ် ၂. လၢအခဲ, လၢအပှဲၤဒီးနီၣ်ဇိၤမံၤဇိၤ

week *n* တနွံ. အဒိ, တနွံန့ၣ်အိၣ်ဝဲနွံသီ

weekday *n* နံၤသီလၢတနွံအတိၢ်ပူၤ အဒိ, မုၢ်ဆၣ်တုၤမုၢ်ဖိဖး

weekend *n* နွံအကတၢၢ်

weekend *v* ဟံးန့ၢ်တၢ်အိၣ်ဘှံးအိၣ်သါဖဲနွံကတၢၢ်

weekender *n* ပှၤလၢဟဲအိၣ်လၢအလိၢ်အိၣ်လိၢ်ဆိးဖဲနွံကတၢၢ်

week-long *a* ဒီတနွံညါ, လၢအယံာ်ဒီတနွံညါ

weekly *a* ၁. တနွံတဘျီ ၂. လၢအဘၣ်ဃးတနွံတဘျီ, လၢအမၤအသးတနွံတဘျီ

weekly *n* တနွံတဘျီတၢ်ကစီၣ်

weeknight *n* မုၢ်နၤလၢတနွံအတိၢ်ပူၤ, မုၢ်ဆၣ်တုၤမုၢ်ဖိဖး, မုၢ်တနံၤတုၤမုၢ်ယဲၢ်နံၤ, မုၢ်နၤလၢတနွံအတိၢ်ပူၤလၢတပၣ်ဃုာ်ဒီးမုၢ်ဘူၣ်ဒီးမုၢ်ဒဲးဘၣ်, မုၢ်နၤလၢတနွံအတိၢ်ပူၤလၢတပၣ်ဃုာ်ဒီးမုၢ်ဃုနံၤဒီးမုၢ်နံၤဒိၣ်ဘၣ်

weep *n* တၢ်ဟီၣ်တၢ်ယၢၤ

weep *v* ၁. ဟီၣ်ကသွံဒံ, ဟီၣ် ၂. (တၢ်ပူၤလီၢ်, မဲာ်ထံ) စံၢ်ထီၣ်, ပြံးထီၣ်

weepies *n* တၢ်ဃဲၤပူ, တၢ်ဂီၤမူလၢအဒုးတူၢ်ဘၣ်ခီၣ်ဘၣ်တၢ်, တၢ်တဲပူ, တၢ်ဃဲၤပူလၢအလီၤ

W

သးဘၣ်ဒိ, တၢ်ဃဲၤပူတၢ်ဂီၤမူလၢအလီၤသူၣ်အုးသးအုး

weeping *a* ၁. လၢအဟီၣ်တၢ်ယၢၤတၢ်, လၢအလီၤသူၣ်အုးသးအုး, လၢအလီၤမိၣ်လီၤမဲၤ ၂. တၢ်စူၤလီၤ, (မဲာ်ထံ, ထံ) လၢအပုာ်ထီၣ်ယွၤလီၤ, လၢအစံၢ်ထီၣ်, လၢအပြံးထီၣ်, လၢအပှဲၤဒီးမဲာ်ထံမဲာ်နိ ၃. (သ့ၣ်ထူၣ်) လၢအဒ့အတြၢ်လီၤစဲၤလီၤတယၢ်

weepy *a* ၁. လၢအဟီၣ်ညီ, လၢအသးပှဲာ် ၂. လၢအပှဲၤဒီးမဲာ်ထံမဲာ်နိ ၃. လၢအလီၤသူၣ်အုးသးအုး, လၢအလီၤသးဘၣ်ဒိ, လၢအဒုးတူၢ်ဘၣ်ခီၣ်ဘၣ်တၢ်

weepy *n* တၢ်ဃဲၤပူ, တၢ်ဂီၤမူလၢအဒုးတူၢ်ဘၣ်ခီၣ်ဘၣ်တၢ်, တၢ်တဲပူ, တၢ်ဃဲၤပူလၢအလီၤသးဘၣ်ဒိ, တၢ်ဃဲၤပူတၢ်ဂီၤမူလၢအလီၤသူၣ်အုးသးအုး

weevil *n* သ့ၣ်ဃၢ်ဝၣ်ဃၢ်, ဟုသးအဃၢ်, တၢ်ဖိဃၢ်လၢအမၤဟးဂီၤဘုဟုဒီးတၤသူတၤသၣ်တဖၣ်, ဖွံၤ, ကျူး, ဃဲဃၢ်အဒူၣ်အထၢ

weft *n* လုၣ်ဆွံ

weigh *v* ၁. စီၤတၢ် ၂. ထိၣ်ကွၢ်ဒွးကွၢ်တၢ်, ခံကွၢ်စီၤကွၢ် ၃. ဒုးဒိဘၣ်မၤဟူး, လုၢ်ဘၢစိကမီၤ

weighing machine *n* စဲးစီၤတၢ်ဃၢ

weight *n* ၁. တၢ်အဃၢ, တၢ်အတယၢၢ် ၂. စီၤပီၢ်သၣ် ၃. တၢ်လုၢ်ဘၢစိကမီၤ ၄. တၢ်ဝံတၢ်ယိး, တၢ်ဝံဃၢ

weight *v* မၤဃၢထီၣ် (တၢ်အတယၢၢ်, တၢ်စိတၢ်ကမီၤ)

weightless *a* ဖှံ, လၢအတဃၢတစဲာ်, လၢအတယၢၢ်တအိၣ်

weightlifting *n* တၢ်စိာ်တၢ်ဃၢတၢ်ဂဲၤလိာ်ကွဲ

weighty *a* ၁. (တၢ်ဂ့ၢ်) လၢအရှ့ဒိၣ်, လၢအနး ၂. လၢအဃၢဒိၣ်မး

weir *n* ၁. ထံတမၢၣ်, ဃီတမၢၣ်, တမၢၣ်လၢအပၢၤထံအတဟီၣ် ၂. သွ့

weird *a* ၁. လၢအလီၤဆီ, လၢတညီနှၢ်မၤအသး ၂. လၢအတဘၣ်ထွဲဒီးတၢ်ဟဲဝံဟဲစိာ်, တၢ်ဘူၣ်တၢ်တီၤ ၃. လၢတဘၣ်ဃးဒီးဟီၣ်ခိၣ်, လၢတဘၣ်ဃးဒီးအအံၤတဃၣ်

welch, welsh *v* ၁. ဃ့ၢ်အဒ့ၣ်ကမၢ်, တဟ့ၣ်အဒ့ၣ်ကမၢ် ၂. မၤဟးဂီၤအတၢ်အၢၣ်လီၤ, တတီဒီးအတၢ်အၢၣ်လီၤ

welcome *a* ၁. လၢအတူၢ်လိာ်မုာ်ပှၤပှဲၤဒီးတၢ်မဲာ်မုာ်နါဆၢ, လၢအပှဲၤဒီးတၢ်မဲာ်မုာ်နါဆၢ ၂. လၢအမၤမုာ်သူၣ်မုာ်သးပှၤ

welcome *exclam* ပတူၢ်လိာ်မုာ်ဘၣ်နၤလီၤ.

welcome *n* တၢ်တူၢ်လိာ်မုာ်, တၢ်တူၢ်လိာ်ခိၣ်ဆၢ

welcome *v* တူၢ်လိာ်မုာ်, တူၢ်လိာ်ခိၣ်ဆၢ

weld *n* တၢ်တီၢ်စဲဘူးထးခံဘိအဆၢဖဲအကိၢ်အခါတုၤအကဲထီၣ်တၢ်တမံၤဃီ, တၢ်ဆဲးတၢ်အဆၢ, တၢ်ပိာ်စိးတၢ်အဆၢ

weld *v* တီၢ်စဲဘူးထးခံဘိအဆၢဖဲအကိၢ်အခါတုၤအကဲထီၣ်တၢ်တမံၤဃီ, ဆဲးတၢ်အဆၢ, ပိာ်စိးတၢ်အဆၢ

weldable *a* လၢတၢ်ပိာ်စိးအီၤသ့, လၢတၢ်ဆဲးအဆၢသ့, လၢတၢ်မၤစဲဘူးအဆၢသ့

welder *n* ပှၤပိာ်စိးတၢ်အဆၢ, ပှၤဆဲးတၢ်အဆၢ

welfare *n* ၁. တၢ်အိၣ်ဆူၣ်အိၣ်ချ့, တၢ်ဘၣ်အိၣ်မုာ်အိၣ်ပၢၤ, တၢ်ဘီၣ်တၢ်ညီ ၂. တၢ်ကွၢ်ထွဲမၤစၢၤကမျၢ်ထံဖိကိၢ်ဖိ, ပဒိၣ်အတၢ်ဆီၣ်ထွဲမၤစၢၤကမျၢ်ထံဖိကိၢ်ဖိအတၢ်အိၣ်မုာ်အိၣ်ပၢၤ

welfare state *n* ၁. ထံကိၢ်အတၢ်မၤစၢၤဆီၣ်ထွဲကျိၤကျဲလၢကမျၢ်ထံဖိကိၢ်ဖိအဂံၢ်ခိၣ်ထံးတၢ်လိၣ်ဘၣ်လၢတၢ်အိၣ်မုာ်အိၣ်ပၢၤ, တၢ်အိၣ်ဆူၣ်အိၣ်ချ့ဒီးတၢ်ဘၣ်ဘီၣ်ဘၣ်ညီအဂီၢ်, ထံကိၢ်လၢအမၤစၢၤဆီၣ်ထွဲကမျၢ်ထံဖိကိၢ်ဖိအတၢ်အိၣ်မုာ်ဆိးပၢၤ, တၢ်အိၣ်ဆူၣ်အိၣ်ချ့, တၢ်ဘၣ်ဘီၣ်ဘၣ်ညီ

welkin *n* မူခိၣ်, မူကပိာ်လိာ်

well *a* ၁. လၢအဘီၣ်အညီ, လၢအိၣ်ကုးအိၣ်ပှဲၤ, လၢအကဲထီၣ်လိၣ်ထီၣ် ၂. လၢအလီၤသူၣ်မံသးမံ, လၢအမုာ်သူၣ်မုာ်သး ၃. လၢအပှဲၤဒီးတၢ်အိၣ်ဆူၣ်အိၣ်ချ့ ၄. လၢအဂ့ၤဒီးကြၢးဝဲဘၣ်ဝဲ ၅. လၢအဘူၣ်ဂ့ၤတီၢ်ဘၣ်, လၢအဝံဂ့ၤကလၤဂ့ၤ

as well / as well as *idm:* စ့ၢ်ကီး

well *adv* ၁. ဂ့ၤဂ့ၤ, ဂ့ၤကစီဒီ ၂. ဒိၣ်မး ၃. မူာ်မူာ်နီၢ်နီၢ်, ဂ့ၤဂ့ၤဘၣ်ဘၣ်

well *exclam* ဂ့ၤလံ, တၢ်စံးတၢ်ကတိၤ

well *n* ၁. ထံပူၤ, တၢ်ပူၤ, (ရှၣ်နိၣ်, သိ) အပူၤ ၂. ထံမူထီၣ်ပၢၤ

well *v* ၁. (တၢ်အထံအနိ) စံၢ်ထီၣ်, ပုာ်ထီၣ်ယွၤလီၤ, ပြိထီၣ် ၂. (တၢ်တူၢ်ဘၣ်) သးပှၢ်ထီၣ်, သးဟဲထီၣ်

well adjusted *a* လၢအသူၣ်ဂၢ်သးဂၢ်, လၢအသးဂၢ်တပၢ်

well advised *a* လၢအသ့ဆိကမိၣ်ဆိကမးတၢ်, လၢအကူၣ်သ့ဖးဘၣ်, လၢအသးဆး

well appointed *a* လၢအိၣ်ဒီးဟံၣ်ဃီအတၢ်ပီးတၢ်လီလၢလၢပှဲၤပှဲၤ, လၢအိၣ်လၢအိၣ်ပှဲၤဒီး

---

well attended *a* ၁. လၢပှၤဟဲထိၣ် (တၢ်အိၣ်ဖှိၣ်) အါအါဂိၢ်ဂိၢ် ၂. လၢတၢ်အံးထွဲကွၢ်ထွဲအီၤဂ့ၤဂ့ၤဘၣ်ဘၣ်

well balanced *a* ၁. (တၢ်အိၣ်တၢ်အီ) လၢအအိၣ်ဖဲအကြၢးအဘၣ် ၂. လၢတၢ်ဟ့ၣ်နီၤလီၤအီၤပှဲၤသိးသိး, လၢတၢ်နီၤလီၤက့ၤအီၤဂ့ၤဂ့ၤ ၃. လၢအသ့ဆိကမိၣ်ဆိကမးတၢ်, လၢအကူၣ်သ့ဖးဘၣ်, လၢအသးဆး

well behaved *a* လၢအိၣ်ဒီးတၢ်ဒီသူၣ်ဟ်သးလၢအဂ့ၤ, လၢအိၣ်ဒီးတၢ်သကဲာ်ပဝးလၢအဂ့ၤ, လၢအဟ်သူၣ်ဟ်သးသ့သ့ဘၣ်ဘၣ်

well born *a* လၢအဟဲအိၣ်ဖျဲၣ်ထိၣ်လၢပှၤပတီၢ်ထီအစၢၤအသွဲၣ်, လၢအဟဲလီၤစၢၤလီၤသွဲၣ်လၢပှၤကဲဒိၣ်ထူးတီၤအစၢၤအသွဲၣ်, လၢအဟဲလီၤစၢၤလၢမိၢ်ဂ့ၤပၢ်ဝါအနူၣ်အထၢ

well bred *a* ၁. လၢအသံၣ်စူးဆဲးလၤ, လၢအိၣ်ဒီးလုၢ်လၢ်သကဲာ်ပဝးလၢအဂ့ၤ, လၢအဒိးန့ၢ်တၢ်သိၣ်လိနဲၣ်လိလၢအဂ့ၤ ၂. လၢအစၢၤအသွဲၣ်ဂ့ၤ, လၢအချံအသၣ်ဂ့ၤ

well built *a* ၁. လၢအဘၣ်ဒုၣ်ဘၣ်ဒ့, လၢအဘိဂ့ၤ ၂. လၢအခၢၣ်, လၢအတူ်

well connected *a* ၁. လၢအသ့ၣ်ညါပှၤတူ်ဒိၣ်ကီၤဒိၣ်အါ, လၢအသ့ၣ်ညါပှၤပတီၢ်ထီအါ ၂. လၢအဟဲလီၤစၢၤလၢပှၤတူ်ဒိၣ်ကီၤဒိၣ်, လၢအဟဲလီၤစၢၤလၢပှၤပတီၢ်ထီအစၢၤအသွဲၣ်, လၢအဟဲလီၤစၢၤလၢပှၤကဲဒိၣ်ထူးတီၤ

well cut *a* (တၢ်ကူတၢ်သိး) လၢအပှ့ၤဒိၣ်, လၢတၢ်ဆးအီၤဂ့ၤဂ့ၤ

well defined *a* လၢတၢ်နီၤဖးလီၤအနူၣ်အဆၢဂ့ၤဂ့ၤ, လၢတၢ်ဒုးနဲၣ်ဟ်ဖျါထိၣ်အီၤဂ့ၤဂ့ၤ

well developed *a* လၢအဒိၣ်ထိၣ်ထီထိၣ်ဂ့ၤဂ့ၤကလဲာ်, လၢအလဲၤထိၣ်လဲၤထီဒိၣ်ဒိၣ်ကလဲာ်

well disposed *a* ၁. လၢအသးကညီၤတၢ်, လၢအသးအိၣ်တၢ်, လၢအဒိသူၣ်ဒိသး ၂. လၢအိၣ်ဒီးတၢ်ထံၣ်လၢအဂ့ၤ, လၢအလီၤဘၣ်သူၣ်ဘၣ်သး

well doing *n* ၁. တၢ်ဘူၣ်ဂ့ၤတီၢ်ဘၣ် ၂. တၢ်မၤတၢ်ဂ့ၤ

well done *a* ၁. မံမံ, လၢအဘၣ်တၢ်ဖီမံအီၤဂ့ၤဂ့ၤ ၂. ဂ့ၤဒိၣ်မး

well dressed *a* ၁. လၢအကူသိးတၢ်ဂ့ၤဂ့ၤဘၣ်ဘၣ် ၂. လၢအကူသိးတၢ်အပှ့ၤဒိၣ်ဒီးချုးစိ

well earned *a* လၢအကြၢးဒီးအီၤ, ဒ်အကြၢးဒီးန့ၢ်ဝဲအသိး

well endowed *a* ၁. လၢအကျိၣ်အစ့အိၣ်အါအါဂိၢ်ဂိၢ်, လၢအထူးအတီၤဒိၣ်ဒိၣ်မုၢ်မုၢ်, လၢအတၢ်စုလီၢ်ခီၣ်ခိၣ်အိၣ်အါအါဂိၢ်ဂိၢ် ၂. (ပိာ်မုၣ်) လၢအသးနါပှၢ်ဒိၣ်, လၢအနုၢ်ဒိၣ် ၃. (ပိာ်ခွါ) လၢအပိာ်ခွါက့ၢ်ဂီၤဒိၣ်

well fed *a* လၢအအိၣ်ကုးအီပှဲၤ

well fixed *a* လၢအထူးအတီၤ, လၢအကဲဒိၣ်ကဲပှၢ်

well formed *a* ၁. လၢအက့ၢ်အဂီၤဘၣ်ဘၣ် ၂. (ကျိာ်ဂံၢ်ထံး) လၢအလူၤပိာ်ထွဲကျိာ်အတၢ်ရဲၣ်လီၤဒီးအကျဲသနူလီၤတံၢ်လီၤဆဲး

well founded *a* ၁. လၢအဂံၢ်ကျၢၤ, လၢအခၢၣ်သနၢၣ် ၂. လၢအိၣ်ဒီးအဂ့ၢ်အကျိုလၢအဂ့ၤဒီးလီၤတံၢ်လီၤဆဲး

well grounded *a* ၁. လၢအသ့ၣ်ညါနၢ်ပၢၢ်ဘၣ်ဃးတၢ်ဂ့ၢ်တမံၤမံၤလီၤတံၢ်လီၤဆဲး ၂. လၢအိၣ်ဒီးအဂ့ၢ်အကျိုလၢအဂ့ၤဒီးလီၤတံၢ်လီၤဆဲး

well heeled *a* လၢအထူးအတီၤ, လၢအကဲဒိၣ်ကဲပှၢ်, လၢအကျိၣ်အစ့အါ

well informed *a* ၁. လၢအသ့ၣ်ညါနၢ်ပၢၢ်ဘၣ်ဃးတၢ်ဂ့ၢ်တမံၤမံၤလီၤတံၢ်လီၤဆဲး, လၢအသ့ၣ်ညါတၢ်အါ, လၢအိၣ်ဒီးအတၢ်သ့ၣ်ညါနၢ်ပၢၢ်အါမံၤ ၂. လၢအိၣ်ဒီးအဂ့ၢ်အကျိုလၢအဂ့ၤဒီးလီၤတံၢ်လီၤဆဲး

well intentioned *a* လၢအိၣ်ဒီးတၢ်ဟ်သးလၢအဂ့ၤ, လၢအိၣ်ဒီးတၢ်ပညိၣ်ကွၢ်စိလၢအဂ့ၤ, လၢအမၤတၢ်ဒီးတၢ်သူၣ်အိၣ်သးအိၣ်

well kept *a* ၁. လၢတၢ်အံးထွဲကွၢ်ထွဲအီၤဂ့ၤဂ့ၤ, လၢတၢ်ကဟုကယာ်အီၤဂ့ၤဂ့ၤ

W

၂. (တၢ်ရူသူဉ်) လၢအဟ်ရူသူဉ်တၢ်ဂ့ၤဂ့ၤ, လၢအဘံဉ်အဘၢဒိဉ်မး, လၢအဟ်ရူသူဉ်တၢ်ဘံဉ်ဘံဉ်ဘၢဘၢ

well known *a* လၢပှၤသ့ဉ်ညါအီၤအါ, လၢအမံၤဟူသဉ်ဖျါ

well mannered *a* လၢအိဉ်ဒီးတၢ်ဒီသူဉ်ဟ်သးလၢအဂ့ၤ, လၢအိဉ်ဒီးလုၢ်လါသကဲာ်ပဝးလၢအဂ့ၤ

well matched *a* ၁. လၢအကြၢးအဘဉ်လိာ်အသး ၂. လၢအယူယီၤလီၤပလိာ်လိာ်အသး

well meaning, well meant *a* လၢအိဉ်ဒီးတၢ်ဟ်သးလၢအဂ့ၤ, လၢအိဉ်ဒီးတၢ်ပညိဉ်ကွၢ်စိလၢအဂ့ၤ, လၢအမၤတၢ်ဒီးတၢ်သူဉ်အိဉ်သးအိဉ်, လၢအမၤဝဲအဂ့ၤကတၢၢ်

well meant *a* လၢအိဉ်ဒီးတၢ်ဟ်သးလၢအဂ့ၤ, လၢအိဉ်ဒီးတၢ်ပညိဉ်ကွၢ်စိလၢအဂ့ၤ, လၢအမၤတၢ်ဒီးတၢ်သူဉ်အိဉ်သးအိဉ်, လၢအမၤဝဲအဂ့ၤကတၢၢ်

well off *a* လၢအထူးအတီၤ, လၢအကဲဒိဉ်, လၢအမၤန့ၢ်အိဉ်ကဲ, လၢအကျိဉ်အစ့အါ

well oiled *a* လၢအလဲၤအသးဂ့ၤဂ့ၤဘဉ်ဘဉ်, လၢအလဲၤအသးဘဉ်ဘျိးဘဉ်ဒါ, လၢအလဲၤအသးဘျ့ဘျ့ဆိုဆို

well paid *a* လၢအလါလဲန့ၢ်ဂ့ၤ, လၢအမၤန့ၢ်အဘူးအလဲဂ့ၤ

well preserved *a* လၢအကတီၤလီၤအသးဂ့ၤဂ့ၤ, လၢတၢ်ပၢၤယာ်အီၤဂ့ၤဂ့ၤ

well read *a* လၢအဖးလံာ်ဖးလါအါ, လၢအသ့ဉ်ညါတၢ်အါမံၤ, လၢအိဉ်ဒီးအတၢ်သ့ဉ်ညါနၢ်ပၢၢ်အါမံၤ

well received *a* လၢဘဉ်တၢ်တူၢ်လိာ်အီၤဂ့ၤဂ့ၤ

well regarded *a* လၢအဘဉ်တၢ်ဟ်ဒိဉ်ဟ်ကဲအီၤ, လၢအဘဉ်တၢ်ယူးယီဉ်ဟ်ကဲအီၤ

well respect *a* လၢအဘဉ်တၢ်ဟ်ဒိဉ်ဟ်ကဲအီၤ, လၢအဘဉ်တၢ်ယူးယီဉ်ဟ်ကဲအီၤ

well rounded *a* ၁. လၢအတၢ်သ့ဉ်ညါနၢ်ပၢၢ်ထိဉ်ဘး, လၢအတၢ်သ့ဉ်ညါနၢ်ပၢၢ်အိဉ်ဝးဝး, လၢအတၢ်သ့တၢ်ဘဉ်အိဉ်အါမံၤ ၂. လၢအဘိဂ့ၤ, လၢအဘိဘဉ်

well run *a* လၢအလဲၤအသးဂ့ၤဂ့ၤဘဉ်ဘဉ်, လၢအလဲၤအသးဘဉ်ဘျိးဘဉ်ဒါ, လၢအလဲၤအသးဘျ့ဘျ့ဆိုဆို

well spent *a* လၢအစူးကါစ့လၢအိဉ်ဒီးအဘျုးအဖှိဉ်, လၢအစူးကါတၢ်ဆၢကတီၢ်လၢအိဉ်ဒီးအဘျုးအဖှိဉ်, လၢအလၢာ်ကွံာ်လၢအဘျုးအိဉ်

well spoken *a* လၢအသ့စံးသ့ကတိၤတၢ်, လၢအသ့စံးသ့ကတိၤတၢ်ဆဲးဆဲးလၤလၤ

well stacked *a* လၢအနၢ်ဒိဉ်, လၢအသးနါပှၢ်ဒိဉ်

well thought of *a* လၢအဘဉ်တၢ်သ့ဉ်ညါဟ်ကဲအီၤ, လၢအဘဉ်တၢ်ဟ်ဒိဉ်ဟ်ကဲအီၤ, လၢတၢ်ဘဉ်သူဉ်ဘဉ်သးအီၤ

well timed *a* လၢအဘဉ်ဆၢဘဉ်ကတီၢ်, လၢအချူးဆၢချူးကတီၢ်

well travelled *a* ၁. လၢအလဲၤဖျိကူၤဖျိလၢတၢ်လီၢ်အါတီၤ ၂. (တၢ်လီၢ်) လၢပှၤလဲၤအီၤအါ

well tried *a* လၢတၢ်မၤကွၢ်အီၤဂ့ၤဂ့ၤဘဉ်ဘဉ်, လၢတၢ်စူးကါကွၢ်အီၤဂ့ၤဂ့ၤဘဉ်ဘဉ်

well trodden *a* လၢတၢ်လှၢ်ထိဉ်လှၢ်လီၤအီၤအါ, လၢတၢ်စူးကါအီၤကါ

well turned *a* ၁. လၢအဘိဘဉ်, လၢအကူၢ်အဂီၤဘဉ်ဘဉ် ၂. (တၢ်ကတိၤ) လၢတၢ်ကွဲးအီၤဃံဃံလၤလၤ, လၢတၢ်ကတိၤအီၤဃံဃံလၤလၤ

well turned out *a* လၢအကူအသိးဆှူဉ်ဆှူဉ်ဘှဲဉ်ဘှဲဉ်ဒီးဂ့ၤဂ့ၤ, လၢအကူအသိးတၢ်လၢအပှၤဒိဉ်ဒိဉ်ဂ့ၤ

well- worn *a* ၁. လၢအဖျါလီၢ်လံၤ, လၢဘဉ်တၢ်ကူအီၤခဲအံၤခဲအံၤ ၂. လၢတၢ်စူးကါအီၤအါကဲဉ်ဆိးဒီးဟးဂီၤကွံာ်

well-being *n* တၢ်အိဉ်ဘီဉ်အိဉ်ညီ, တၢ်အိဉ်မှာ်အိဉ်ပၢၤ

well-beloved *a* လၢဘဉ်တၢ်အဲဉ်အီၤအါ, လၢတၢ်အဲဉ်အီၤကွံအီၤ

well-groomed *a* လၢအမၤအသးကဆဲ့ကဆို, လၢအကူအသိးတၢ်ဂ့ၤဂ့ၤဒီးကဆဲ့ကဆို

wellingtons, wellington boots *n* ခိဉ်ဖံးဘူးဖးထီလၢအတုၤလၢခီဉ်လှ့ဉ်ခိဉ်

wellness *n* တၢ်အိဉ်ဆူဉ်အိဉ်ချ့

well-nigh *adv* ဆူက, ဃဉ်ဃဉ်, ဘူးတ့ၢ်မးလၢ

W

wellspring *n* ၁. ထံစိး, ထံခံ, ထံခံကွ်စိး, ထံမူထိၣ်ပၢၢ် ၂. တၢ်အဂံၢ်ခိၣ်ထံး, တၢ်အခိၣ်ထံးခိၣ်ဘိ

well-to-do *a* လၢအထူးအတီၤ, လၢအကဲၣ်ဒိၣ်, လၢအမၤန့ၢ်အိၣ်ကဲ, လၢအကျိၣ်အစ့အါ

well-versed *a* လၢအသ့ၣ်ညါနၢ်ပၢၢ်တၢ်လီၤတံၢ်လီၤဆဲး, လၢအသ့အဘၣ်စဲၣ်နီၤ

well-wisher *n* ပှၤလၢအသးအိၣ်မၤစၢၤတၢ်, ပှၤလၢအဆိၣ်ထွဲမၤစၢၤတၢ်,

welsh *a* ၁. လၢအဘၣ်ဃးဒီးပှၤဝ့(လ)ဖိ, လၢအဘၣ်ဃးဒီးဝ့(လ)အကျိာ် ၂. လၢအဟဲလၢဝ့(လ)

Welsh *n* ၁. ဝ့(လ)အကျိာ် ၂. ပှၤဝ့(လ)ဖိ

welsh, welch *v* ၁. ဃ့ၢ်အဒ့ၣ်ကမၢ်, တဟ့ၣ်အဒ့ၣ်ကမၢ် ၂. မၤဟးဂီၤအတၢ်အၢၣ်လီၤ, တတိဒိးအတၢ်အၢၣ်လီၤ

welt *n* ၁. (တၢ်အဖံးဘ့ၣ်) အခိၣ်ဒူ, အကနူၤ, အသရှၤ ၂. တၢ်ပနူၤထိၣ်, တၢ်ဒိတိၢ်တၢ်အလိၢ်အိၣ်တ့ၢ်, တၢ်ဖျ့အလိၢ်

welt *v* ၁. ဒုးအိၣ်ထိၣ်အလိၢ်, ပနူၤထိၣ် ၂. ဖျ့တၢ်တိၢ်တၢ်

welter *n* ၁. တၢ်တၢထိၣ်တၢလီၤ, တၢ်သဘံၣ်ဘုၣ် ၂. တၢ်ဘံဘူဆးဃၤ, တၢ်ဘံဘူစ့ၢၤသၢ, တၢ်တကဆဲ့ကဆိဒီးတၢ်လီၤတပိာ်အိၣ်ပြံစံပြါစါ

welter *v* ၁. ကလိာ်လူအသး, လူ, ကန္ဒံအသး ၂. စ္ဒါအှူလဲာ်, ကျံးကျူးလံၣ်လူအသး, တလှၣ်အသး ၃. မၤတၢထိၣ်တၢလီၤတၢ်

welterweight *n* ပှၤတမဲးတၢ်လၢအတဃၢၢ်ဃၢထိၣ်တစဲး, ပှၤတမဲးတၢ်လၢအတဃၢၢ်အိၣ် ၁၃၅ ပီၣ်ဒီး ၁၄၇ အဘၢၣ်စၢၤ

wen, wyn *n* ၁. တၢ်ကဖိထံ, ဖံးဘ့ၣ်ကဖိထိၣ်ညီထိၣ် ၂. တၢ်လိၢ်လၢရူပူၤဝ့ၢ်ပူၤလၢပှၤအိၣ်အါအလိၢ် ၃. လံာ်ပရၢလၢပျၢၤ

wench *n* ၁. တၢ်ခ့တၢ်ပှၤမုၣ်ဖိ, ပျ့ၢ်မုၣ်ဖိ ၂. ဃဲသဲမုၣ်, ပှၤပိာ်မုၣ်ကလုာ်ကလီၤ, ပှၤပိာ်မုၣ်ဆါလီၤအိၣ်အသး

wencher *n* ပှၤလူၤပိာ်မုၣ်

wend *v* လဲၤတၢ်

Wendy house *n* ၁. ဘျိၣ်မုာ်, တၢ်ဒုးနဲၣ်လိၢ် ၂. ဖိသၣ်တၢ်ဂဲၤလိာ်ကွဲအဟံၣ်လၢနုာ်ဂဲၤဝဲလၢအပူၤသ့, ဟံၣ်လိာ်ကွဲဖိ, တၢ်ဂီၤအဟံၣ်ဖိလၢဖိသၣ်ကလိာ်ကွဲအဂီၢ်

werewolf *n* (တၢ်တဲအပူၤ) ပှၤတဂၤလၢတဘျီဘျီပိၣ်လဲအသးဆူထွံၣ်မံၤ, လီၤဆီဒၣ်တၢ်ဖဲလါပှဲၤအဆၢကတိၢ်

west *a* ၁. ဆူမုၢ်နုာ်တကပၤ, လၢမုၢ်နုာ်တကပၤ ၂. ကလံၤလၢအဟဲလၢမုၢ်နုာ်တကပၤ

west *adv* ဆူမုၢ်နုာ်တခီ, လီၤလီၤဆူမုၢ်နုာ်တကပၤ

west *n* မုၢ်နုာ်

westbound *a* ဆူမုၢ်နုာ်တခီ, လၢအလဲၤတၢ်ဆူမုၢ်နုာ်တကပၤ

westerly *a* ၁. လၢအဘၣ်ဃးဒီးမုၢ်နုာ်တကပၤ ၂. လၢမုၢ်နုာ်တကပၤ, ဆူမုၢ်နုာ်တခီ ၃. လၢအဟဲအူလၢမုၢ်နုာ်တခီ

westerly *n* ကလံၤလၢအဟဲလၢမုၢ်နုာ်တကပၤ, ကလံၤလၢမုၢ်နုာ်

western *a* ၁. လၢအဘၣ်ဃးဒီးမုၢ်နုာ်တကပၤ ၂. လၢမုၢ်နုာ်တကပၤ, ဆူမုၢ်နုာ်တခီ ၃. လၢအဟဲအူလၢမုၢ်နုာ်တခီ

western *n* ၁. တၢ်ဂီၤမူ, တၢ်ကွဲးလၢအဟဲလၢမုၢ်နုာ်တကပၤ ၂. ပှၤအတၢ်အိၣ်မူလၢမုၢ်နုာ်အမဲရကၤအဂ့ၢ်

westerner *n* ၁. ပှၤကိၢ်မုၢ်နုာ်ဖိ ၂. ပှၤလၢအဟဲလၢကိၢ်မုၢ်နုာ်တကပၤ

westernize, westernise *v* ဟဲစိာ်နုာ်လီၤကိၢ်မုၢ်နုာ် (အတၢ်ဆဲးလၤ, တၢ်ဆိကမိၣ်), ဆီတလဲကွံာ်တၢ်ဆူကိၢ်မုၢ်နုာ်အတၢ်ဆဲးတၢ်လၤ

westernmost *a* လၢမုၢ်နုာ်အကတၢၢ်, ဆူမုၢ်နုာ်အကတၢၢ်

westward *adv* လၢမုၢ်နုာ်တခီ, လီၤဆူမုၢ်နုာ်တခီ

westwards *adv* လၢမုၢ်နုာ်တခီ, လီၤဆူမုၢ်နုာ်တခီ

wet *a* ၁. ဘၣ်စီၣ်, ဘၣ်စီၣ်ဘၣ်သ့ ၂. စုၣ်စီၣ်, လၢအတဃ့ထီ ၃. လၢအဂံၢ်စါဘါစါ ၄. လၢတၢ်ဟ့ၣ်ဆါသံးဖိၤက်ဖိၤ, လၢတၢ်ဟ့ၣ်အခွဲးလၢကဆါသံးဖိၤက်ဖိၤလၢတလိၣ်ဟ့ၣ်တၢ်အခိ

wet *n* ၁. တၢ်စူၤ, တၢ်စူၤတၢ်စီၣ် ၂. တၢ်စုၣ်စီၣ်, တၢ်ဘၣ်စီၣ်, တၢ်ဘၣ်စီၣ်ဘၣ်သ့ ၃. ပှၤလၢအဂံၢ်စါဘါစါ ၄. ကသံၣ်ထံစုၣ်စီၣ် ၅. ပှၤလၢအဆိၣ်ထွဲပှၤကဆါသံးဖိၤက်ဖိၤလၢတလိၣ်ဟ့ၣ်တၢ်အခိ

wet *v* ၁. မၤဘၣ်စီၣ်, မၤဘၣ်စီၣ်ဘၣ်သ့ ၂. ဆံၣ်ဆါဒီးအသး

wet blanket *n* ပှၤလၢအတဲဟးဂီၤပှၤအသး, ပှၤလၢအမၤလီၤမၢ်ပှၤအတၢ်ဟူးတၢ်ဂဲၤ, ပှၤလၢအတဟ့ၣ်ဂံၢ်ဟ့ၣ်ဘါပှၤအသး

wet dream *n* တၢ်သးကတၢၢအတၢ်မံမီၢ်, တၢ်မံမီၢ်တၢ်လၢအသးကတၢၢဒီးအဆိုးထံထီၣ်, တၢ်မံမီၢ်ဘၣ်စီၣ်

wet nurse *n* ပှၤပိာ်မုၣ်လၢအဒိးလဲဟ့ၣ်နုၤအီပှၤဂၤအဖိဒီးအနှၢ်ထံ, ပှၤပိာ်မုၣ်လၢအဒိးလဲမၤတၢ်လၢကကွၢ်ထွဲဖိသၣ်ဒီးဟ့ၣ်ဒီးအီအနှၢ်ထံ

wet suit *n* တၢ်ယူၤထံအကူအသိး

wetland, wetlands *n* ဟီၣ်ကဝီၤစုၣ်စီၣ်

wetware *n* ပှၤကညီအခိၣ်နူာ်အနၢ်အကျိၤအကျဲလၢဘၣ်တၢ်ကွၢ်အီၤဒ်ခီၣ်ဖွူထၢၣ်အကျိၤအကျဲအသိး

whack *n* ၁. တၢ်တိၢ်တၢ်ဆူၣ်ဆူၣ်အသီၣ်, တၢ်ဝံၢ်ဖျ့တၢ်သီၣ်ဝံကနး ၂. တၢ်မၤသံတၢ် ၃. တၢ်အပူ, တၢ်ဘျၢလီၤစ့မၤသကိးပနံာ်တၢ်ကၤအတၢ်မၤ, ရဲယၣ်

whack *v* ၁. ဖျ့တၢ်, တိၢ်တၢ်ဆါဆါကလာ် ၂. မၤသံတၢ်

whacked, wacked *a* လီၤဘုံးလီၤဘှါ, လီၤဘုံးလီၤတီၤ

whacking *a* ဖးဒိၣ်, ဒိၣ်ဒိၣ်မုၢ်မုၢ်

whacking *n* တၢ်ဖျ့တၢ်, တၢ်ဒိတၢ်တိၢ်တၢ်ဆါဆါကလာ်

whale *n* ညၣ်လူၤခိၣ်

whale *v* ၁. ဖိၣ်ညၣ်လူၤခိၣ် ၂. ဖျ့တၢ်တိၢ်တၢ်ဆူၣ်ဆူၣ်ကလာ် ၃. တဲဟ်အါဟ်သီနးနးကလာ်

whale shark *n* ညၣ်ကမီလူၤခိၣ်ဖးဒိၣ်, ညၣ်လၢအဒိၣ်ကတၢၢ်လၢဟီၣ်ခိၣ်ချၢ

whaleboat *n* ချံလၢအဖိၣ်ညၣ်လူၤခိၣ်

whalebone *n* ညၣ်လူၤခိၣ်အယံ

whaler *n* ၁. ပှၤဖိၣ်ညၣ်လူၤခိၣ်, ပှၤကဘီဖိလၢအဖိၣ်ညၣ်လူၤခိၣ် ၂. ချံလၢအဖိၣ်ညၣ်လူၤခိၣ်

wharf *n* ကဘီကွံ, ကဘီသန့, ကဘီပတုာ်အလိၢ်

wharfage *n* တၢ်ပတုာ်ကဘီအလဲ, တၢ်ပတုာ်ကဘီအပှ့ၤ

what *det* တၢ်လၢ

what *pro* မနုၤလဲၣ်

what about *idiom* (တၢ်ကတိၤ) "အဝဲန့ၣ်ခဲမိၣ်", ဘၣ်တၢ်စူးကါအီၤဖဲတၢ်သံကွၢ်တၢ်ဂ့ၢ်တၢ်ကျိၤ, တၢ်ဆိကမိၣ်အခါ

whatever *a* ဒ်လဲၣ်ဒ်လဲၣ်ဂ့ၤ, ထိရိၤတမံၤမံၤ, တၢ်တမံၤဂ့ၤတမံၤဂ့ၤ, ကယဲၢ်တၢ်တမံၤလၢ်လၢ်

whatever *adv* ဒ်လဲၣ်ဒ်လဲၣ်ဂ့ၤ, တမံၤဂ့ၤတမ့ၢ်ဂ့ၤ, ထိရိၤတမံၤမံၤ, တၢ်တမံၤဂ့ၤတမံၤဂ့ၤ

whatever *pro* တၢ်တမံၤဂ့ၤတမံၤဂ့ၤ, ထိရိၤတမံၤမံၤ, ကယဲၢ်တၢ်တမံၤမံၤ

whatnot *n* တၢ်ဒ်န့ၣ်သိးသ့ၣ်တဖၣ်

wheat *a* လၢအဘၣ်တၢ်မၤကဲထီၣ်လၢဘုကျ့ၣ်

wheat *n* ဘုကျ့ၣ်

wheaten *a* လၢအဘၣ်တၢ်မၤကဲထီၣ်လၢဘုကျ့ၣ်

wheedle *v* စံးပတြၢၤလွဲန့ၢ်ပှၤအသး, ကတိၤကညးတၢ်ကပုာ်လုးဒီးဃ့တၢ်, ကတိၤကညးတၢ်ကပုာ်လုးဒီးဃ့တၢ်လၢအဲၣ်ဒိးသးလီဝဲ

wheel *n* ၁. ပၣ်, ပၣ်ရံး ၂. တၢ်လၢအကဝီၤကျိၤ ၃. သိလ့ၣ် ၄. တၢ်လဲၤတရံးအသး, တၢ်လဲလိာ်သးအကတိၢ်တကတိၢ်

wheel *v* ၁. ထုးတၢ်ဒီးလ့ၣ်, ဆိၣ်ဒီးလ့ၣ်, စိာ်ဆှၢဒီးလ့ၣ် ၂. လဲၤတရံးအသး, တရံး

wheel and deal *idm:* ကူၣ်ထီၣ်ကူၣ်လီၤတၢ်

wheel around *idm:* ဃၣ်တရံးအသးချ့သဒံး

wheelbarrow *n* လ့ၣ်ဆိၣ်

wheelchair *n* လိၢ်ဆ့ၣ်နီၤပၣ်, ခးလ့ၣ်

wheelhouse *n* တၢ်ကၢၤချံ, ကဘီအဒၢး, ပှၤကၢၤချံအဒၢး, ပှၤနိၣ်ကဘီအဒၢး

wheels *n* တၢ်ဂံၢ်သဟိၣ်လၢအနးအိၣ်ထီၣ်တၢ်ဂံၢ်တၢ်ဘါ, တၢ်ဟူးတၢ်ဂဲၤ

wheelwright *n* ပှၤလၢအဘိၣ်လ့ၣ်ပၣ်

wheeze *n* ၁. တၢ်သါသီၣ်ကြိာ်ကြိာ်ကြာ်ကြာ်, တၢ်သါသီၣ်ဃံဃံ (ဒ်ပှၤဘၣ်တၢ်သါအံးအသိး) တၢ်သါဃံးအသီၣ်, တၢ်သါဆဲးဖိုးအသီၣ် ၂. တၢ်မၤလီၤနံၤလီၤအ့တၢ်လၢပျ့ၤ

wheeze *v* သါကြိာ်ကြာ်ကြိာ်ကြာ် (ဒ်ပှၤဘၣ်တၢ်သါအံးအသိး), သါဆဲးဖိုး, သါအီခၣ်

W

whelk *n* ချိဉ်ဖိၤသနိဉ်ဖိၤ, ချိဉ်မ့ၤတီၤတက လှဉ်

whelm *v* ၁. လှဉ်ဘၢ, လှၢ်ဘၢ ၂. မၤနၢၤမၤ ဃဉ်တၢ်, မၤနၢၤကွဲဉ်တၢ် ၃. မၤနးမၤဖှိဉ်, မၤသ ဘှံး

whelp *n* ၁. ဆဉ်ဖိကီၢ်ဖိအနုအဃိၤအဖိဆံးဖိ တဖဉ် (ထံအမ့ၢ်, ထွံဉ်ဖိ, ခ့ယုၢ်ဖိ, ဘီဉ်သိဉ်ဖိ) ၂. တၢ်ကိးဆါပှၤဖိသဉ်ပိာ်ခွါဖိ

whelp *v* (ဆဉ်ဖိကီၢ်ဖိ) ဖုံလီၤ

when *adv* အခါဖဲလဲဉ်

when *conj* ဖဲ–အခါ

when *pro* အခါဖဲလဲဉ်

whence *adv* ဟဲဖဲလဲဉ်, ဖဲလဲဉ်, လၢလဲဉ်

whenever *adv* တဘျီလၢ်လၢ်, တဘျီဂ့ၤ တဘျီဂ့ၤ

whenever *conj* တဘျီလၢ်လၢ်, တဘျီဂ့ၤတ ဘျီဂ့ၤ

where *adv* ဖဲလဲဉ်

where *conj* ၁. ဖဲလဲဉ် ၂. ဖဲ–––

where ever *adv* တပူၤလၢ်လၢ်

where so ever *adv* တပူၤလၢ်လၢ်, တပူၤဂ့ၤ ဂ့ၤ

whereabouts *adv* အိဉ်ဖဲလဲဉ်, ဖဲလဲဉ်

whereabouts *n* တၢ်လီၢ်လၢတၢ်တမံၤမံၤ အိဉ်ဝဲ, တၢ်အိဉ်သူဉ်လီၤသးအလီၢ်

whereas *conj* ၁. သနာ်က့, ဘဉ်ဆဉ်သနာ် က့, ဘဉ်ဆဉ်နီၢ်နီၢ်တခီန့ဉ် ၂. မ့ၢ်လၢတၢ်န့ဉ်အ ဃိ, တၢ်မၤသးဒ်န့ဉ်အဃိ,

whereat *adv* မ့ၢ်လၢတၢ်န့ဉ်အဃိ, လၢတၢ် န့ဉ်အဃိ, လၢအဘဉ်ဃးဒီးတၢ်ဂ့ၢ်အံၤအဃိ

whereby *adv* လၢကျဲအံၤ

wherefore *adv* လၢတၢ်န့ဉ်အဃိ, မၤသးဒ် န့ဉ်ဒီး, လၢမနုၤအဃိလဲဉ်

wherein *adv* အိဉ်ဖဲလဲဉ်, ဒ်လဲဉ်, လၢကျဲဒ် လဲဉ်

whereof *conj* တၢ်မနုၤလဲဉ်, အိဉ်ဖဲလဲဉ်

wheresoever *adv* တပူၤဂ့ၤတပူၤဂ့ၤ, တ ပူၤလၢ်လၢ်

whereupon *adv* ဝံၤဒီး, လၢတၢ်န့ဉ်အဃိ, တၢ်န့ဉ်အလီၢ်ခံ

whereupon *conj* ဝံၤဒီး, လၢတၢ်န့ဉ်အဃိ, တၢ်န့ဉ်အလီၢ်ခံ

wherever *adv* တပူၤလၢ်လၢ်, လၢတၢ်လီၢ်ကိး ပူၤဒဲး

wherever *conj* တပူၤလၢ်လၢ်, လၢတၢ်လီၢ် ကိးပူၤဒဲး

whet *v* ၁. ကျူ့အ့ဉ်ထိဉ်တၢ်, မၤစူထိဉ် ၂. ဒုး ထိဉ်ဟူးထိဉ်ဂဲၤထိဉ်ပှၤအသးလၢကအဲဉ်ဒိးတၢ်တ မံၤမံၤ, ဟ့ဉ်သဆဉ်ထိဉ်ပှၤအသးလၢမိဉ်နၢ်သးလီ တၢ်တမံၤမံၤ

whether *conj* မ့ၢ်ဂ့ၤ, ––ဓါ

whetstone *n* လၢၢ်ကျူ့, လၢၢ်သူ

whey *n* တၢ်နၢ်ထံအထံဆှံ

wheyey *a* (တၢ်နၢ်ထံ) လၢအထံဆှံ, လၢအဘဉ်ဃးဒီးတၢ်နၢ်ထံဆံဉ်အထံဆှံ

which *pro* ဖဲလဲဉ်တ (မံၤ – ဂၤ – ခါ)

whichever *pro* တခါဂ့ၤတခါဂ့ၤ, တခါခါ

whiff *n* ၁. တၢ်အစိ, တၢ်အနၢအန္ဒါ ၂. တၢ်သါနုာ်လီၤ (ကလံၤ), တၢ်ဖၢ (မိာ်), တၢ်မၤ ထိဉ်ကလံၤ, တၢ်သြူးနုာ်လီၤကလံၤ ၃. တၢ်ကမၤ အသးတမံၤမံၤအပနီဉ် ၄. ကလံၤတပျိၤ

whiff *v* ၁. ဟဲနၢစိ, နၢ ၂. ဖၢ (မိာ်), မၤထိဉ် ကလံၤလၢအတဂ့ၤတဝါ, အူသူဉ်တၢ် ၃. (ကလံၤ) အူသဖှိ, အူတပျိၤ, ကသါနုာ်လီၤ, သြူးနုာ်လီၤ (ကလံၤ) ၄. စးထိဉ်မၤတၢ်ဟူးတၢ် ဂဲၤ

whiffle *v* ၁. ကဒံကဒါ, တဂၢၢ်တကျၢၤ ၂. (ကလံၤ) အူကဖီကဖီ

while *adv* ၁. အဖၢမုၢ် ၂. ဖဲ––အခါ ၃. သနာ်က့

while *conj* ၁. အဖၢမုၢ်, ဖဲ–အခါ ၂. သနာ် က့ ၃. လၢအဝဲတကပၤန့ဉ်, အဂၤတမံၤန့ဉ်

while *n* တၢ်အကတီၢ်တကတီၢ်

while *v* မၤလာ်ကွံာ်

whim *n* တၢ်ဆိကမိဉ်လၢအပၢၢ်ထိဉ်ဖုး, တၢ် ဟးဆိကမိဉ်တၢ်ကြီကြီ, တၢ်ဆိကမိဉ်လၢအဂ့ၢ်အ ကျိၤတအိဉ်, တၢ်ဆိကမိဉ်တၢ်နါစီၤ

whimper *n* တၢ်ဟီဉ်ကအံဉ်ကအူး, တၢ်က အုကစွါအသိဉ်

whimper *v* ကအံဉ်ကအူး, ကအုကစွါ

whimsical *a* လီၤဆီ, လၢအလီၤတိၢ်လီၤဆီ, လၢအမၤအသးလီၤတိၢ်လီၤဆီ, လၢတမ့ၢ်ဒ်အညီ နၢ်အသိး

W

whimsy, whimsey *n* တၢ်မၤသးလၢတမ့ၢ်ဒ်အညီနုၢ်အသိး, တၢ်ဟ်သးလၢအလီၤတိၢ်လီၤဆီ

whine *n* တၢ်ဟီၣ်ကအံၣ်ကအူး, တၢ်ဟီၣ်ကီးပသူ, တၢ်ကအုကစွါ, တၢ်ဟီၣ်တခီခီကနူးကဒ့ၣ်တၢ်တခီခီ

whine *v* ကအံၣ်ကအူး, ဟီၣ်တခီခီကနူးကဒ့ၣ်တၢ်တခီတခီ

whinge *v* ကနူးကဒ့ၣ်တၢ်, ကအုကစွါ

whinny *v* (ကသ့ၣ်) ကဟဲး

whip *n* ၁. နီၣ်ဖျ့ ၂. ပှၤကွၢ်ထွဲဖိၣ်ဃံးထံရှၢ်ကိၢ်သဲးကရၢဖိတဖၣ်, ပှၤလၢဘၣ်တၢ်ဃုထၢထီၣ်အီၤလၢကဘၣ်ကွၢ်ထွဲဖိၣ်ဃံးထံရှၢ်ကိၢ်သဲးကရၢဖိတဖၣ်

whip *v* ၁. ဖျ့တၢ်လၢနီၣ်ဖျ့, ဟ့ၣ်တၢ်စံၣ်ညီၣ် ၂. တိၢ်သဘှဲထိၣ် ၃. သုးအသးချ့သဒံး, ဖိၣ်ဃံးတၢ်, မၤနၢၤအိၣ်ဃိၣ်တၢ်, မၤဆူၣ်တၢ် ၄. ဟုၣ်တၢ်

whip into shape *idm:* ဖိၣ်ဃံးတၢ်, မၤနၢၤအိၣ်ဃိၣ်တၢ်, မၤဆူၣ်တၢ်

whip stick *n* နီၣ်ဖျ့, နီၣ်လဲာ်

whiplash *n* ၁. တၢ်ဖျ့တၢ်, တၢ်လဲၣ်တၢ်ဒီးနီၣ်လဲာ် ၂. တၢ်ဘၣ်တိၢ်ဖုးဖဲကိာ်စၢၢ်ထံး

whiplash injury *n* တၢ်ဘၣ်ဒိဘၣ်ထံးနးနးကလဲာ်ဖဲကိာ်စၢၢ်ထံး, တၢ်ဘၣ်တိၢ်ဖုးဖဲကိာ်စၢၢ်ထံးနးနးကလဲာ် (လီၤဆီဒ်တၢ်ဖဲသိလ့ၣ်ဘၣ်ထံး)

whippersnapper *n* ပှၤသူၣ်စၢ်သးဘိၣ်လၢအနဉ်နုၢ်လီၤအသးအါတလၢ, ပှၤသးစၢ်လၢအထံၣ်ဒိၣ်လီၤအသး

whippet *n* ထွံၣ်ဃဲၤဃဲၤထီထီဆံးဆံးဖိတကလုာ်, ထွံၣ်သမီၤ, ထွံၣ်လၢအဃ့ၢ်ပြၢ

whipping *n* တၢ်ဟ့ၣ်တၢ်စံၣ်ညီၣ်လၢနီၣ်ဖျ့

whipping boy *n* ပှၤဖိသၣ်လၢအဘၣ်တူၢ်တၢ်လၢပှၤဂၤအလိၢ်, ပှၤဖိသၣ်လၢအဘၣ်တိၢ်လၢပှၤဂၤအဃိ

whipping post *n* သ့ၣ်တဘိလၢပှၤစၢပှၤလၢပှၤကတိၢ်ပှၤအဂိၢ်

whir, whirr *v* (ထိၣ်ယူၤ) သိၣ်ဖှၢ်ဖှၢ်, သိၣ်ဟူၣ်ဟူၣ်

whirl *n* ၁. တၢ်တရံးအသး, တၢ်လဲၤတရံးအသးတဝီဘၣ်တဝီ, တၢ်မၤအသးချ့သဒံး ၂. တၢ်ပစုၢ်ပတ့ၤ, တၢ်ကရီကဒး ၃. တၢ်သိၣ်သထူၣ်ဘးလီ, တၢ်တၢထိၣ်တၢလီၤ, တၢ်သဘံၣ်ဘုၣ် ၄. ခိၣ်တယူၤနၢ်တပျၢ်, ခိၣ်မူၤနၢ်မူၤ

whirl *v* ၁. မၤတရံး, ဒုးတရံး, တရံးအသးချ့သဒံး ၂. ပစုၢ်ပတ့ၤ, ကရီကဒး

whirligig *n* ၁. တၢ်ဂဲၤလိာ်ကွဲလၢအတရံး (အဒိ, ကွ့ၣ်, ကလံၤပၣ်ရံး) ၂. ကဟၣ်တရံး, ကဟၣ်တရံးတၢ်ဂဲၤလိာ်ကွဲ ၃. တၢ်ဟူးတၢ်ဂဲၤထီဘိ, တၢ်ဖံးတၢ်မၤအါထီဘိ

whirlpool *n* ထံသဝံး, ထံဝိၢ်ဝံး

whirlwind *n* ကလံၤသဝံး

whirr *n* တၢ်သိၣ်ဖှၢ်ဖှၢ်, တၢ်သိၣ်ဟူၣ်ဟူၣ်

whirr *v* (ထိၣ်ယူၤ) သိၣ်ဖှၢ်ဖှၢ်, သိၣ်ဟူၣ်ဟူၣ်

whisk *n* ၁. နီၣ်တိၢ်သဘှဲ (ဆီဒံၣ်) အပိးအလီတဖၣ် ၂. နီၣ်ခွဲသိၣ်ဖိ, နီၣ်ပှာ် ၃. တၢ်ဟူးတၢ်ဂဲၤချ့သဒံး, တၢ်ပှၢ်ပှၢ်ချ့ချ့

whisk *v* ၁. ပှာ်ကွံာ်တၢ်, ပှာ်ကွံာ်တၢ်ဖးဖး ၂. ပှၢ်ပှၢ်ချ့ချ့, ဟူးဂဲၤချ့သဒံး ၃. တိၢ်သဘှဲဆီဒံၣ်

whisker *n* ၁. ပှၤကညီအဟၢ, ဘိးပၤအဆူၣ်, ခၣ်ဆူၣ် ၂. (ဆဉ်ဖိကိၢ်ဖိ) အနိးဆူၣ်

whiskered *a* လၢအိၣ်ဒီးအဘိးပၤဆူၣ်အခၣ်ဆူၣ်, လၢအိၣ်ဒီးအဟၢ, လၢအိၣ်ဒီးအနိးဆူၣ်

whiskers *n* ၁. ပှၤကညီအဟၢ, ဘိးပၤအဆူၣ်, ခၣ်ဆူၣ် ၂. (ဆဉ်ဖိကိၢ်ဖိ) အနိးဆူၣ်

whisky *n* ဝံၣ်စကံာ်, သံးတကလုာ်

whisper *n* ၁. တၢ်တဲကသွံတၢ် ၂. တၢ်သိၣ်ဝံသဲကလၤ, တၢ်ဟူထီၣ်သါလီၤ, တၢ်ပစိာ်ပစ့

whisper *v* ၁. ကတိၤကသွံတၢ်, တဲကသွံတၢ် ၂. သိၣ်ဝံသဲကလၤ

whisperer *n* ပှၤလၢအတဲကသွံတၢ်, ပှၤလၢအသိၣ်ဝံသဲကလၤ

whist *n* တၢ်ဂဲၤလိာ်ကွဲဖဲခးက့တကလုာ်, တၢ်ဂဲၤလိာ်ကွဲဖဲခးက့ခီဂၤဂၤ

whistle *n* ၁. မီကိလံ ၂. တၢ်ကွ့ကလံၤ, တၢ်ညိၣ်ကလံၤ ၃. ကလံၤအူသိၣ်ရှဝံရှဝံ ၄. တၢ်သါသဖိုထိၣ်အသိၣ်

whistle *v* ၁. ညိၣ်ကလံၤ, ကွ့ကလံၤ ၂. (ကလံၤ) အူသိၣ်ရှဝံရှဝံ

whistle-blower *n* ပှၤလၢအဟ့ၣ်ရူသူၣ်တၢ်ကစိၣ်, ပှၤလၢအဆှၢရူသူၣ်တၢ်ကစိၣ်

Whit *a* လၢအဘၣ်ဃးဒီးဘူၣ်ယဲၢ်ဆံအမုၢ်နံၤ, လၢအဘၣ်ဃးဒီးကစၢ်ခရံာ်ဂဲၤဆၢထၢၣ်သမူထိၣ်က့ၤပှဲၤထိၣ်အိၣ်ဘှံးနံၤနွံဘျီတဘျီအဘူၣ်ဖးဒိၣ်

whit *n* တၢ်ဆံးကိာ်ဖိ, တၢ်တစဲးဖိ

W

Whit Sunday *n* ဘူၣ်ယဲၢ်ဆံအမုၢ်နံၤ, ကစၢ်ခရံာ်ဂဲၤဆၢထၢၣ်သမူထီၣ်က့ၤပှဲၤထီၣ်အိၣ်ဘှံးနံၤနွံဘျီတဘျီအဘူၣ်ဖးဒိၣ်

white *a* ၁. ဝါ, အလွှၢ်ဝါ ၂. လီၤဝါ ၃. လၢအညၣ်ဝါ ၄. (စပံးထံ) လၢအဝါ ၅. လၢအသူၣ်တီသးရၤ, လၢအသးကဆို, လၢအကဆို

white *n* ၁. ဝါ, အလွှၢ်ဝါ ၂. စပံးထံအဝါ ၃. (ဆီဒံၣ်) အတကီၤဝါ, တၢ်အတကီၤဝါ ၄. ပှၤလၢအညၣ်ဝါ ၅. ပှၤဝါဖံးဖိ

white bait *n* ညၣ်ဆံးဆံးဖိ

white bear *n* တၤသူဝါ

white blood cells *n* သွံၣ်ဝါဖျၢၣ်

white caps *n* လပီအသဘှဲ, လပီဝါခိၣ်

white chocolate *n* ခွီကလဲးအဝါ

white elephant *n* ၁. ကဆီဝါ ၂. တၢ်ပီးတၢ်လီလၢအကၤဒီးအပ့ၤဒိၣ်လၢတၢ်ဘၣ်ကွၢ်ထွဲအီၤလၢာ်ဘူၣ်လၢာ်စ့ၤ, တၢ်လၢအပ့ၤဒိၣ်ဒီးတၢ်စူးကါအီၤတသ့

white feather *n* တၢ်ပျံၤတၢ်ဖုးအပနီၣ်, တၢ်သးသုၣ်အပနီၣ်

white flag *n* ၁. နီၣ်တယၢ်ဝါ, တၢ်ကံးညာ်ဝါ, တၢ်တူၢ်ယဲာ်သးအပနီၣ်, တၢ်ဟ်လီၤစုကဝဲၤတၢ်တူၢ်ယဲာ်သးအပနီၣ်, တၢ်ပတှာ်တၢ်ခးအပနီၣ် ၂. တၢ်မၤတၢ်ယူတၢ်ဖိးအပနီၣ်

white heat *n* ၁. တၢ်ကိၢ်အသဟီၣ်ဆူၣ်ပၢၢ်တုၤလၢစၢၢ်ထးအဂီၤကဲထီၣ်လၢအဝါ, တၢ်ကိၢ်အသဟီၣ်ဆူၣ်ဒိၣ်ဒိၣ်ကလဲာ် ၂. တၢ်သူၣ်ဟူးသးဂဲၤဒိၣ်ဒိၣ်ကလဲာ်, တၢ်သးထီၣ်ပၢၢ်တုၤလၢခိၣ်ထံ

white horse *n* လပီအသဘှဲထီၣ်ဝါဖးဒိၣ်, လပီဝါခိၣ်

White House *n* တိာ်ဟံၣ်ဝါ, အမဲရကၤကိၢ်ခိၣ်ကျၢ်အဟံၣ်ဝါဖးဒိၣ်, အမဲရကၤကိၢ်ခိၣ်ကျၢ်အဝဲၤဒၢး

white lie *n* တၢ်လီမှာ်ပှၤသး, တၢ်တဲလီမှာ်ပှၤသး, တၢ်တဲလီတၢ်လၢတၢ်ဟးဆှံးတၢ်မၤသးတမှာ်ပှၤအသး

white light *n* မုၢ်ဆါအတၢ်ကပီၤ, မုၢ်အတၢ်ကပီၤလၢတအိၣ်ဒီးအလွှၢ်

white magic *n* တၢ်မၤကဒါမဲာ်လၢအဂ့ၤ, တၢ်မၤကဒါမဲာ်လၢတၢ်စူးကါအီၤလၢတၢ်ဂ့ၤအဂီၢ်တဖၣ်

white matter *n* နၢာ်ထံးရှူးဝါတဖၣ်, ခိၣ်နူာ်ဒီးပျိၢ်ယံအနၢာ်ထံးရှူးဝါတဖၣ်

white meat *n* တၢ်ဖံးတၢ်ညၣ်အလွှၢ်ဂီၤစၢ်, တၢ်ဖံးတၢ်ညၣ်လၢအညၣ်တဂီၤအါအါဘၣ် (အဒိ, ထိၣ်ဖိၤဆီဖိၤအညၣ်, ပဒဲအညၣ်ဒ်န့ၣ်သိးတဖၣ်)

white metal *n* စၢၢ်ထးအယိၢ်

White Paper *n* ထံကိၢ်ပဒိၣ်အလံာ်ပာ်ဖျါ, ထံကိၢ်ပဒိၣ်အလံာ်တီလံာ်မီ, ထံကိၢ်ပဒိၣ်အလံာ်ကွဲးနိၣ်ကွဲးယါ

white shark *n* ညၣ်ကမီအဝါ

white slave *n* ပိာ်မုၣ်လၢတၢ်လံၣ်န့ၢ်လီန့ၢ်ဒီးမၤဆူၣ်အီၤလၢကဆါလီၤအီၣ်အသး

white slavery *n* တၢ်လံၣ်န့ၢ်လီန့ၢ်ဒီးမၤဆူၣ်ပိာ်မုၣ်လၢကဆါလီၤအီၣ်အသး

white tie *n* ကိာ်စၢရံးဘၢၣ်ဝါ

white wall *n* သိလ့ၣ်အပၣ်ရံးထးဝါဘ့ၣ်ဘၣ်

white water *n* ထံအသဘှဲဝါ

white wedding *n* တလးမူးပိာ်မုၣ်အဆ့ဝါဖးထီ

white wine *n* စပံးထံအဝါ

whiteboard *n* လၢၢ်သ့ၣ်ဘၣ်အဝါ

white-collar *a* လၢအမၤတၢ်လၢရှူဖိၤတ့ဖိၤ, လၢအမၤတၢ်လၢတလိၣ်စူးကါအဂံၢ်အဘါ

white-collar *n* ပှၤမၤတၢ်ဖိလၢရှူဖိၤတ့ဖိၤ, ပှၤမၤတၢ်ဖိလၢတလိၣ်စူးကါအဂံၢ်အဘါ

white-collar crime *n* ပှၤမၤတၢ်လၢရှူဖိၤတ့ဖိၤအကွိၢ်မ့ၣ်, ကွိၢ်မ့ၣ်လၢတၢ်မၤကမၣ်အီၤလၢရှူဖိၤတ့ဖိၤ, ဝဲၤဒၢးပှၤမၤတၢ်ဖိတဖၣ် (အဒိ, တၢ်ဟုၣ်ဆဲးလီၤတၢ်မၤခိၣ်အမံၤ)

white-lead *n* ပှာ်ဝါ, စၢၢ်ထးအဝါ

whiten *v* မၤဝါထီၣ်

whitesmith *n* ပှၤပိာ်ထးဝါ, တမာ်ထးဝါ, တမာ်ဝါ

whitewash *n* ၁. ထူၣ်ထံဆုံ, ထူၣ်ဝါထံ, ထူၣ်ဝါထံလၢဖှူတၢ်သူၣ်ထီၣ်အဂီၢ် ၂. တၢ်မၤလီၤဘၢတၢ်, တၢ်တဲလီၤဘၢတၢ်, တၢ်သုဘၢတၢ် ၃. (တၢ်ကတိၤပတီၢ်မုၢ်) တၢ်မၤနၢၤတၢ်တဲာ်တဲာ်ဖျါဖျါ, တၢ်မၤနၢၤတၢ်လၢာ်လၢာ်ဆ့ဆ့

whitewash *v* ၁. (တၢ်ကမၣ်) မၤလီၤဘၢတၢ်, တဲလီၤဘၢတၢ်, သုဘၢတၢ် ၂. ဖှူဘၢလၢထူၣ်ဝါထံ ၃. (တၢ်ကတိၤပတီၢ်မုၢ်) မၤနၢၤတၢ်တဲာ်တဲာ်ဖျါဖျါ, မၤနၢၤတၢ်လၢာ်လၢာ်ဆ့ဆ့

whither *adv* ၁. ဖဲလဲၣ်, ဆူလဲၣ် ၂. တပူၤလၢ်လၢ်

whitish *a* လၢအလွံၢ်မၤအသးဝါဝါ

whitsun *a* လၢအဘၣ်ဃးဒီးဘူၣ်ယဲၢ်ဆံအမုၢ်နံၤ, လၢအဘၣ်ဃးဒီးကစၢ်ခရံာ်ဂဲၤဆၢထၢၣ်သမူထိၣ်က့ၤပှဲၤထိၣ်အိၣ်ဘှံးနံၤနွံဘျီတဘျီအဘူၣ်ဖးဒိၣ်

Whitsun *n* ဘူၣ်ယဲၢ်ဆံအမုၢ်နံၤ, ကစၢ်ခရံာ်ဂဲၤဆၢထၢၣ်သမူထိၣ်က့ၤပှဲၤထိၣ်အိၣ်ဘှံးနံၤနွံဘျီတဘျီအဘူၣ်ဖးဒိၣ်

whittle *v* သွဲၣ်ကွံာ်, ဩးကွံာ် (ဝၣ်ဆှူၣ်) ဘျၣ်

whiz, whizz *n* တၢ်သိၣ်ဇ့ၢ်ဇ့ၢ်, တၢ်သိၣ်ဟူၣ်ဟူၣ်, တၢ်သိၣ်ဝံဝံ, တၢ်သိၣ်ရှဝံရှဝံ

whiz *v* သိၣ်ဝံဝံ, သိၣ်ဟူၣ်ဟူၣ်, သိၣ်ဇ့ၢ်ဇ့ၢ်, သိၣ်ရှဝံရှဝံ

whizz *n* တၢ်သိၣ်ဇ့ၢ်ဇ့ၢ်, တၢ်သိၣ်ဟူၣ်ဟူၣ်,တၢ်သိၣ်ဝံဝံ, တၢ်သိၣ်ရှဝံရှဝံ

whizz *v* သိၣ်ဝံဝံ, သိၣ်ဟူၣ်ဟူၣ်, သိၣ်ဇ့ၢ်ဇ့ၢ်, သိၣ်ရှဝံရှဝံ

WHO *abbre* ဟိၣ်ခိၣ်ဒီဘၣ်တၢ်အိၣ်ဆူၣ်အိၣ်ချ့ကရၢ (World Health Organization)

who *pro* မတၤလဲၣ်, မတၤတဂၤလဲၣ်

whoever *pro* ပှၤတဂၤလၢ်လၢ်

whole *a* ၁. ဒီခါ, ဒီ (ဖျၢၣ်) ညါ ၂. ခဲလၢာ်ခဲဆ့ ၃. လၢအတဟးဂူာ်ဟးဂီၤဘၣ်, လၢအတက့တကွဲၣ်ဘၣ် ၄. လၢအအိၣ်ဆူၣ်အိၣ်ချ့ဂ့ၤဂ့ၤ

whole *n* ၁. တၢ်ဒီတခါညါ ၂. တၢ်လၢတၢ်ပှဲၤ, တၢ်ခဲလၢာ်ခဲဆ့, ခဲလၢာ် ၃. တၢ်အါကလုာ်ဟ်ဖှိၣ်ထိၣ်အသးလၢတၢ်တမံၤဃီအပူၤ

whole note *n* နိးတဆို, နိးဃီးပူတပူ, နိးလၢတၢ်ဂံၢ်အီၤလွံၢ်ဘီ

whole number *n* နီၣ်ဂံၢ်ပှဲၤ

whole souled *a* လၢသးဒီဖျၢၣ်ညါ, လၢအတၢ်ထံၣ်ထိ, လၢအသူၣ်လဲၢ်သးလဲၢ်

whole step *n* နိးအသိၣ်ဒီတဖျၢၣ်, နိးအသိၣ်ပှဲၤပှဲၤ

wholehearted *a* လၢသးဒီဖျၢၣ်ညါ

wholemeal *n* ဖ့ဘ့ၣ်ပှၢ်

wholesale, wholescale *a* ၁. လၢအဆါလီၤတၢ်အါအါဂိၢ်ဂိၢ်တဘျီယီ ၂. လၢတအိၣ်ဒီးတၢ်ဟ်ဖးနီၤဖးတၢ်ခဲလၢာ်ခဲဆ့

wholesale, wholescale *v* ဆါလီၤတၢ်အါအါဂိၢ်ဂိၢ်တဘျီယီ

wholesaling *n* တၢ်ဆါလီၤတၢ်အါအါဂိၢ်ဂိၢ်တဘျီယီ

wholesome *a* ၁. လၢအဂ့ၤလၢတၢ်အိၣ်ဆူၣ်အိၣ်ချ့အဂီၢ်, လၢအဂ့ၤလၢနီၢ်ခိနီၢ်သးအဂီၢ် ၂. လၢအအိၣ်ဆူၣ်အိၣ်ချ့ပှဲၤဂံၢ်ပှဲၤဘါ, လၢအပှဲၤဒီးတၢ်အိၣ်ဆူၣ်အိၣ်ချ့

wholewheat *n* ဖ့ဘ့ၣ်ပှၢ်

wholly *adv* ခဲလၢာ်ခဲဆ့, လၢာ်လၢာ်ဆ့ဆ့, စီဖှကလ့ၤ

whom *pro* မတၤလဲၣ်

whoop *n* တၢ်ကိးပသူကိးပသီဖးဒိၣ်, တၢ်ကိးသတြီဖးဒိၣ်

whoop *v* ကိးပသူထိၣ်, ကိးသတြီထိၣ်, ကိးပသူဖးဒိၣ်လၢတၢ်သူၣ်ပိၢ်သးဝးအပူၤ

whooping cough *n* တၢ်ကူးဖးထီ

whopper *n* ၁. တၢ်လၢအဒိၣ်အမှၢ် ၂. တၢ်လီဘံၣ်မဲာ်တၢ်, တၢ်လီကဲၤမဲာ်တၢ်

whopping *a* ဒိၣ်ဒိၣ်မှၢ်မှၢ်

whore *n* တၢ်ကိးဆါပှၤပိာ်မုၣ်လၢအဆါလီၤအီၣ်အသး, ဃဲသဲမုၣ်

whorehouse *n* တၢ်ဆါလီၤအီၣ်သးအဟံၣ်, ဃဲသဲအဟံၣ်, ဆီမိၢ်အဟံၣ်

whoremaster *n* ဃဲသဲခွါ, ဃဲသဲခိၣ်

whorl *n* ၁. တီၤကွီၤသဝံး, ကွီၤသဝံး ၂. တၢ်လဲၤတရံးအသးတဝီဝံၤတဝီ ၃. ချိၣ်အသဝံး, သ့ၣ်လၣ်အသဝံး

whose *det* မတၤအ

whose *pro* မတၤအ

whosesoever *pro* ပှၤတဂၤဂ့ၤတဂၤဂ့ၤ, ပှၤတဂၤလၢ်လၢ်

why *adv* ဘၣ်မနုၤလဲၣ်, လၢမနုၤအဃိလဲၣ်

why *exclam* ဘၣ်မနုၤလဲၣ်, ဘၣ်မနုၤအဃိလဲၣ်

why *n* တၢ်ဂ့ၢ်တၢ်ကျိၤ, တၢ်သံကွၢ်မနုၤမနုၤ

wick *n* မ့ၣ်ပှာ်, မ့ၣ်အူဒၢအပှာ်, ပနဲအပှာ်

wicked *a* ၁. လၢအသူၣ်အၢသးသီ ၂. လၢအသူၣ်က့ၣ်သးကါ, လၢအမၤဆူးမၤဆါတၢ်, လၢအသူၣ်တဂ့ၤသးတဝါ ၂. လၢအလံကျိလံကွာ်, လၢအမၤတာ်တာ်တာ်, လၢအန့ၢ်က့ၣ်နၢ်ယွၤ ၃. လၢအတတီတလိၤ, လၢအတတီတတြၢ်,

W

လၢအသးတတီ ၄. (တၢ်ကတိၤ) ဂ့ၤဒိဉ်မး, ဂ့ၤကတၢၢ်
wicked *n*
wickedly *adv* အါအါသိသိ
wickedness *n* တၢ်သူဉ်က့ဉ်သးကါ, တၢ်သူဉ်အၢသးသီ, တၢ်သူဉ်တဂ့ၤသးတဝါ
wicker *a* လၢဘဉ်တၢ်ထ့အီၤ
wicker *n* ၁. သ့ဉ်ထူဉ်ဖိလၢတၢ်ထ့တၢ်အဂီၢ် ၂. တၢ်ပီးတၢ်လီလၢတၢ်ထ့အီၤ ၃. တၢ်ထ့တၢ်အတၢ်ဖံးတၢ်မၤ
wicket *n* ၁. တၢ်ဂဲၤလိာ်ကွဲခြိးခဲးအတၢဉ်ဖျိပူၤ ၂. ပဲတြီဆံးဆံးဖိ (ဖဲတၢ်ဆါလဲၤမးအလိၢ်) ၃. ခြိဉ်ခ့အတၢဉ်ဖျိကွီၤ
wicket gate *n* ပဲတြီဖိ, တြဲၤဖိ, ပဲတြီဆံးဆံးဖိလၢတြဲၤဖးဒိဉ် (အကပၤ), တြဲၤဆံးဆံးဖိလၢပဲတြီဖးဒိဉ် (အကပၤ)
wide *a* ၁. လဲၢ်, ဖးလဲၢ်ဖးကွာ် ၂. အါအါဂိၢ်ဂိၢ်
wide *adv* ၁. လဲၢ်လဲၢ်, ဖးလဲၢ်, ဖးလဲၢ်ဖးကွာ် ၂. သကုၤဆးဒး, ခဲလၢာ်ခဲဆ့, ဝးဝး ၃. ဒိဉ်ဒိဉ်မုၢ်မုၢ် ဒိဉ်မး
wide *n* (တၢ်ဂဲၤလိာ်ကွဲခြိးခဲး) ခြိးခဲးဖျာဉ်လၢတၢ်ကွံာ်အီၤစီၤစုၤယံၤဒီးတၢဉ်ဖျိပူၤလၢတၢ်လူၤဒိအီၤတချုး
wide-eyed *a* ၁. လၢအမဲာ်တကျိဉ်ထိဉ်ဖးဒိဉ် ၂. လၢအခိဉ်ထံဘီဉ်အသးနါပၢ်ဘူ, လၢအတၢ်လဲၤခီဖျိစုၤ
widely *adv* ၁. လဲၢ်လဲၢ်, ဖးလဲၢ်, ဖးလဲၢ်ဖးကွာ် ၂. သကုၤဆးဒး, ခဲလၢာ်ခဲဆ့, ဝးဝး ၃. ဒိဉ်ဒိဉ်မုၢ်မုၢ် ဒိဉ်မး
widen *v* မၤလဲၢ်ထီဉ်
widespread *a*
widow *n* မုဉ်ကမဲ
widower *n* ခွါကမဲ
width *n* ၁. အလဲၢ် ၂. အခၢဉ်
wield *v* ၁. ဖီဉ်ဃာ်, ဟံးဃာ်, ပၢၤဃာ် (တၢ်စိတၢ်ကမီၤ) ၂. ဝံၢ်ထီဉ်ဝံၢ်လီၤတၢ်
wiener, weenie, wienie *n* ၁. ထိးပှံာ်ဘိတကလုာ်, ထိးပှံာ်ဘိ ၂. ပှၤတကျၢတခီ, ပှၤတဂိာ်တသိဉ် ၃. တၢ်ကိးလိာ်ကွဲပိာ်ခွါအက့ၢ်အဂီၤ မ့တမ့ၢ် ပိာ်ခွါအထ့ဉ်
wife *n* မါ
wifely *a* လၢအကြၢးဒ်မါတဂၤအသိး, လၢအလၢပှဲၤဒီးမါအကံၢ်အစီ
Wi-Fi *abbre* ဝဲၤဖဲဉ်, တၢ်ဆှၢတၢ်ကစိဉ်အကျိၤအကျဲလၢတအိဉ်ဒီးလီသွဲပျံၤ, လီပျံၤ (Wireless Fidelity)
wig *n* ခိဉ်သူလဉ်, ခိဉ်သူလီ, ခိဉ်သူပျိၢ်, ခိဉ်သူပစီၤ
wiggle *n* တၢ်ဝးယဲာ်ယီၤဆူအံၤဆူဘး, တၢ်မၤဟူးမၤဝးသးဆူနူဉ်ဆူအံၤ, တၢ်ဝဲာ်ပကံးဝဲာ်ပကးသး, တၢ်ဃဉ်ဝ့ၤဃဉ်ဝီၤသး
wiggle *v* ဝးယဲာ်ယီၤဆူအံၤဆူဘး, မၤဟူးမၤဝးသးဆူနူဉ်ဆူအံၤ, ဝဲာ်ပကံးဝဲာ်ပကးသး, ဃဉ်ဝ့ၤဃဉ်ဝီၤသး
wigwam *n* အမဲရကၤပှၤထူလံၤဖိအဒဲစူခိဉ်
wild *a* ၁. (ဆဉ်ဖိကီၢ်ဖိ) အမံၤ, လၢအရၢ်အစၢ်, လၢအတဘှါဘဉ်, လၢတၢ်ပၢဆှၢအီၤတန့ၢ်ဘဉ် ၂. (တၢ်မုၢ်တၢ်ဘိ) လၢအမဲထိဉ်သဉ်ထိဉ်ဒဉ်အတၢ် ၃. (တၢ်လီၢ်တၢ်ကျဲ) လၢတၢ်တသူဉ်လီၤဖျးလီၤတၢ်လၢအပူၤနီတမံၤဒံးဘဉ်, လၢအိဉ်ဒံးဒဉ်တၢ်ဒ်နဆၢဉ်အသိး ၄. လၢအပှဲၤဒီးတၢ်သူဉ်ဆူဉ်သးဂဲၤ ၅. လၢအသးဒိဉ်ထိဉ်တၢ်တပျာ်တပျိၤ, လၢအပၢၤအသးတန့ၢ် ၆. လၢတၢ်သုးတၢ်ကျဲၤတအိဉ်လီၤတံၢ်လီၤဆဲး ၇. (မူခိဉ်ကလံၤသိဉ်ဂီၤ, ကလံၤမုၢ်) လၢအဆူတပျာ်တပျိၤ, လၢအဆူဆူဉ်
wild *n* ပှၢ်မုၢ်ကနၢ, ပှၢ်ဒိဉ်ယိာ်
wild boar *n* ထိးမံၤဖါတၢ်, ထိးဖါနု
wild card *n* ၁. ဖဲခးက့လၢတၢ်တသ့ဉ်ညါအလုၢ်အပှ့ၤ ၂. ပှၤကညီ မ့တမ့ၢ် တၢ်ဖိတၢ်လံၤလၢတၢ်တသ့ဉ်ညါလီၤတံၢ်အကံၢ်အစီ ၃. ခီဉ်ဖျူထၢဉ်အက့ၢ်ပနီဉ်လၢတၢ်စူးကါအီၤလၢလံာ်မဲာ်ဖျာဉ်တဖဉ်အခၢဉ်စး ၄. တၢ်ဂ့ၢ်လၢတၢ်ထံဉ်စိကွၢ်ဖျါအီၤတသ့
wildcat *a* ၁. လၢအမၤဘဉ်ဒိဆါတၢ်သတူၢ်ကလာ် ၂. (တၢ်မၤ) လၢအပှဲၤဒီးတၢ်ဘဉ်ယိဉ်ဘဉ်ဘီ
wildcat *n* ၁. ထိးတၢ် ၂. ပှၤနူစဃဲး, ပှၤလၢအသးထိဉ်ဆူဉ် ၃. တၢ်ဃုသိအပူၤ ၄. တၢ်ဖံးတၢ်မၤလၢအအိဉ်ပှဲၤဒီးတၢ်ဘဉ်ယိဉ်ဘဉ်ဘီ
wildcat *v* ၁. ဃုခူဉ်သိအပူၤ ၂. ဟ်ဖျါထိဉ်အတၢ်ဘဉ်သးလၢတအိဉ်ဒီးတၢ်စိတၢ်ကမီၤ
wilderness *n* ၁. တၢ်လီၢ်လ့ၤပျီ, တၢ်လီၢ်လ့ၤကဒိ, တၢ်လီၢ်ဒ့လီ, တၢ်လီၢ်လၢပှၤတအိဉ်တဆိးဒီးပှၤတသူဉ်လီၤဖျးလီၤတၢ်နီတမံၤ, ပှၢ်မုၢ်က

W

နၢ ၂. တၢ်တမၤနၢၤတၢ်အကတိၢ်, တၢ်တကဲထိၣ်လိၣ်ထိၣ်အကတိၢ်

wildfire *n* ၁. မ့ၣ်အူလၢအူအိၣ်ရၤလီၤအသး ချ့သဒံး, မ့ၣ်အူအူအိၣ်တၢ်ဖးဒိၣ် ၂. တၢ်ဂ့ၢ်တၢ်ကျိၤလၢအဟူထိၣ်သါလီၤချ့သဒံး (spread like wildfire) ၃. လီဝ်ါဒံးလၢအကလုၢ်တသီၣ်

wildfowl *n* ထိၣ်မံၤဆီမံၤ, ထိၣ်ဒ့ၣ်မံၤလၢထံကျါ

wild-goose chase *n* တၢ်လၢပမၤန့ၢ်အီၤတသ့, တၢ်ကလီကလီ, တၢ်မၤတၢ်တမံၤမံၤလၢအဘျုးအဖှိၣ်တအိၣ်

wild-honey *n* ကနဲစီ, ကနဲမံၤအစီ

wildlife *n* တၢ်မံၤလဲာ်

wildly *adv* ၁. ချ့ဒံးချ့ဒူး, ပစုၢ်ပတ့ၤ, ချ့ချ့ ၂. ဒိၣ်မး, ကဲၣ်ဆိး ၃. လၢတၢ်ပၢၤသးတအိၣ်ဘၣ်အပူၤ

wile *n* တၢ်လီတၢ်ဝ့ၤ, တၢ်လီန့ၢ်ပျံၣ်ဝ့ၤတၢ်

wilful, willful *a* ၁. လၢအဟ်လီၤအသးသပှၢ်ပှၢ်ဒီးမၤဝဲ, လၢအဟ်လီၤအသးကျၢၤမုဆူ, လၢအဟ်လီၤအသးဃါမနၤ ၂. လၢအခိၣ်ကိၤ, လၢအလူၤဖဲဒၣ်အသး

will *modal verb* ၁. ဟ်ဖျါထိၣ်တၢ်ကမၤအသးခါဆူညါ, ဟ်ဖျါထိၣ်တၢ်ကမၤအသးစဲဃဲၤတမံၤမံၤလၢခါဆူညါ ၂. ဟ်ဖျါထိၣ်တၢ်လၢတၢ်လဲၤကဟ်အီၤ, ဟးဆုံးအီၤတသ့ ၃. ဟ်ဖျါထိၣ်တၢ်ဃ့ထိၣ်တၢ် ၄. ဟ်ဖျါထိၣ်ဘၣ်ဃးတၢ်အကံၢ်အစီဒီးတၢ်လၢအမၤဝဲသ့ ၅. ဟ်ဖျါထိၣ်တၢ်လၢကမၤအသးခါဆူညါ ၆. ဟ်ဖျါထိၣ်တၢ်လၢပမုၢ်လၢ်ကွၢ်စိအီၤ

will *n* ၁. တၢ်ကွဲးဟ်တၢ်န့ၢ်သါ. တၢ်ကွဲးလၢပှၤသံဟ်လီၤတဲာ်လၢတၢ်န့ၢ်သါအဂိၢ် ၂. တၢ်မုၢ်လၢ်ကွၢ်စိ, တၢ်ပညိၣ်ကွၢ်စိ ၃. တၢ်သးအိၣ်မၤတၢ်, တၢ်သးသဟိၣ်လၢကမၤတၢ်

will *v* ၁. ဟ်ဖျါထိၣ်တၢ်ကမၤအသးခါဆူညါ, ဟ်ဖျါထိၣ်တၢ်ကမၤအသးစဲဃဲၤတမံၤမံၤလၢခါဆူညါ ၂. ဟ်ဖျါထိၣ်တၢ်လၢတၢ်လဲၤကဟ်အီၤ မ့တမ့ၢ် ဟးဆုံးအီၤတသ့ ၃. ဟ်ဖျါထိၣ်တၢ်ဃ့ထိၣ်တၢ် ၄. ဟ်ဖျါထိၣ်ဘၣ်ဃးတၢ်အကံၢ်အစီဒီးတၢ်လၢအမၤဝဲသ့ ၅. ဟ်ဖျါထိၣ်တၢ်လၢကမၤအသးခါဆူညါ ၆. ဟ်ဖျါထိၣ်တၢ်လၢပမုၢ်လၢ်ကွၢ်စိအီၤ

will power *n* တၢ်သးသဟိၣ်လၢကမၤတၢ်, တၢ်သးသဟိၣ်ဂံၢ်ဘါလၢကမၤတၢ်

willing *a* ၁. လၢအသးဆူၣ်, လၢအသးအိၣ် ၂. သးနၢၤ

willow *n* ပံၢ်သလီ (သ့ၣ်ထံး)

wilt *v* လီၤညွံးလီၤဘဲ, လီၤဘီ

wily *a* လၢအကူၣ်တရံးလီန့ၢ်တၢ်, လၢအလံၣ်အိၣ်လီအိၣ်တၢ်ဆူၣ်, လၢအလီန့ၢ်ပျံၣ်ဝ့ၤတၢ်ဆူၣ်

wimple *n* ဖံသူဖံဝါအနီၣ်ကျၢၢ်ဘၢမဲာ်, ဖံသူဖံဝါအခိၣ်ဖၢၣ်

win *n* တၢ်မၤနၢၤ, တၢ်မၤနၢၤတၢ်

win *v* ၁. မၤနၢၤ, မၤနၢၤ (တၢ်လိာ်ကွဲ) ၂. မၤန့ၢ်တၢ် ၃. ကွဲန့ၢ်လွဲန့ၢ်, လွဲန့ၢ်တၢ်လၢကမၤန့ၢ်တၢ်တမံၤမံၤအဂိၢ်

win back *vp:* မၤန့ၢ်ကဒါက့ၤတၢ်

win out *vp:* မၤနၢၤတၢ်လၢခံကတၢၢ်

win over *vp:* ကွဲန့ၢ်လွဲန့ၢ်တၢ်လၢကမၤန့ၢ်တၢ်တမံၤမံၤအဂိၢ်

win through *vp:* မၤနၢၤတၢ်လၢခံကတၢၢ်

wince *v* ၁. သံးအသး, သံးကတူာ်အသး ၂. ဂုၤက့ၤအခံ, ဂုၤက့ၤအသး

winch *n* စဲးထုးတၢ်ဃၢ, စဲးစိာ်တၢ်ဃၢ

winch *v* ထုးဒီးစဲးထုးတၢ်ဃၢ, စိာ်ကဖီထိၣ်ဒီးစဲးစိာ်တၢ်ဃၢ

wind *n* ၁. ကလံၤ ၂. ကလံၤအိၣ်လၢဟၢဖၢပူၤ, ဟၢဖၢထိၣ်

wind *v* ၁. ဘိၣ်ဘံတရံး, ဘံတရံး ၂. ကွီၤထိၣ် (ပျံၤ), ချုၣ် (လုၣ်), ဝံာ်, ဝံာ်တရံး (နၣ်ရံၣ်) ၄. အူ (ကွဲၤ)

wind breaker, wind cheater *n* ဆ့ကၤဒီသဒၢကလံၤ

wind down *n* တၢ်အသဟိၣ်စၢ်လီၤကွံၢ်ကွံၢ်

wind farm *n* တၢ်လိၢ်လၢတၢ်ဟံးန့ၢ်ကလံၤအဂံၢ်သဟိၣ်အလိၢ်

wind instrument *n* ပံၢ်ဒိၤကွဲၤဒိၤ, တၢ်သံကျံပီးလီလၢတၢ်ဘၣ်အူအီၤ

wind turbines *n* စဲးဖှိၣ်လၢၢ်, စဲးပီးလီလၢအဝံာ်တရံးအသးတကလုာ်, စဲးဖီကဟၣ်လၢအဒီးန့ၢ်အသဟိၣ်လၢအပၣ်တရံးအသး, စဲးဖှိၣ်လၢၢ်လၢအမၤန့ၢ်အဂံၢ်သဟိၣ်လၢတၢ်ပၣ်တရံးအသး

windbag *n* ပှၤအူကလံၤဆူၣ်, ပှၤလၢအတဲတၢ်ဆူၣ်, ကလံၤပီၤ

wind-blown *a* လၢအဖဲဒီးကလံၤ, လၢကလံၤအူဒံကွံာ်အီၤ

W

wind-break *n* တၢ်လၢအဒီသဒၢကလံၤ (အဒိ, သ့ဉ်အကျိၤ, ကရၢ်)

windburn *n* ကလံၤအီဉ်ဖံးဘ့ဉ်ထိဉ်ဂီၤ

windchill *n* ကလံၤအူခုဉ်တုၤလၢညဉ်လၢ်အပူၤ

wind-chimes *n* တၢ်ကယၢကယဲဘျးလီၤစဲၤ

wind-down *v* ၁. ထိဉ်ကဆုဉ်လီၤ (အသး), မၤစၢ်လီၤ (အသဟီဉ်) ၂. အိဉ်ဘှါအိဉ်သါ, မၤမ့ာ်မၤခုဉ်ထိဉ်က့ၤအသး

winded *a* လၢအကသါတန့ၢ်ဘဉ်, လၢအကသါတပၢၢ်ဘဉ်, လၢအကသါဟီဟဲဟီဟဲ

winder *n* နီဉ်ရူဉ်လုဉ်, စဲးရူဉ်လုဉ်

windfall *n* ၁. တၢ်လၢကလံၤအူလီၤတဲာ် ၂. တၢ်လၢပန့ၢ်ဘဉ်အီၤကလီကလီ, တၢ်ဒိးန့ၢ်ကျိဉ်စ့အါအါဂိၢ်ဂိၢ်လၢတၢ်တမုၢ်လၢ်ကွၢ်စိအီၤဘဉ်

winding *a* ၁. လၢအဝံာ်တရံးအသး, လၢအကွီၤသဝံးအသးတစီဘဉ်တစီ ၂. လၢအက့ဉ်က့ဉ်ကူကူ

winding *n* ၁. တၢ်ဝံာ်တရံး, တၢ်ကွီၤသဝံး ၂. တၢ်က့ဉ်က့ဉ်ကူကူ

winding sheet *n* တၢ်ကံးညာ်ဘိဉ်ဘံတၢ်သံစိဉ်

windlass *n* နီဉ်ပဉ်ရံး, စဲးပဉ်ရံး, နီဉ်ပဉ်ရံးလၢပထုးတရံးပျံၤဒီးစိာ်ထိဉ်တၢ်ဃၢ

windless *a* လၢကလံၤတအိဉ်, လၢကလံၤတအူဘဉ်

windmill *n* ကလံၤပဉ်ကဉ်, ကလံၤကဟဉ်

window *n* ၁. ဝဲတြီဖိ ၂. လံာ်ပရၢအလီၢ်လီၤဟီလၢတၢ်ကးဘၢအီၤဒီးဖျးစတံးဝါဆုံလၢအဟ်ဖျါလီၢ်အိဉ်ဆိးထံး ၃. ခီဉ်ဖျူထၢဉ်အမဲာ်သဉ် (ခီဉ်ဖျူထၢဉ်အမဲာ်သဉ်လၢအနုးနဲဉ်တၢ်ဂ့ၢ်တၢ်ကျိၤ) ၄. ကျဲလၢအီးဟိထိဉ်အသး

window box *n* တၢ်သူဉ်ဖီအလီၢ်ဖဲဝဲတြီဖိအခိဉ်ထံး, ဖီကိထိထိလၢတၢ်ဘျးလီၤစဲၤအီၤဖဲဝဲတြီအခိဉ်ထံး

window-shop *v* ဟးလိာ်ကွဲကွၢ်ကီတၢ်လၢကျးရိမ့ဉ်

window-shopping *n* တၢ်ဟးလိာ်ကွဲကွၢ်ကီတၢ်လၢကျးရိမ့ဉ်

windowsill *n* ဝဲတြီဖိအနၢဉ်ထံး, ဝဲတြီဖိအခိဉ်ထံး

windpipe *n* ကလံၤကျိၤ

windshield, windscreen *n* သိလ့ဉ်မဲာ်ထံကလၢမဲာ်ညါ

windshield wiper, windscreen wiper *n* နီဉ်တြူဉ်မူခိဉ်ထံ, သိလ့ဉ်အနီဉ်တြူဉ်မူခိဉ်ထံ

wind-up *n* ၁. တၢ်ကျၢါတံၢ်တၢ်, တၢ်မၤဝံၤမၤကတၢၢ်တၢ် ၂. တၢ်ဟ်ပတှာ်ကွံာ်, တၢ်ဆိကတိၢ်ကွံာ်, တၢ်ကးတံာ်ကွံာ် (တၢ်ဖံးတၢ်မၤ, တၢ်ကရၢကရိ) ၃. တၢ်တဲလိာ်လ့တၢ်

wind-up *v* ၁. တဲကျၢါတံၢ်တၢ်, မၤဝံၤမၤကတၢၢ်တၢ် ၂. ဆိကတိၢ်, ဟ်ပတှာ်, ကးတံာ်ကွံာ်တၢ်

windward *a* လၢအလဲၤလီၤလီၤဆူကလံၤအိဉ်တၢ်အလီၢ်

windward *adv* ဘဉ်လၢကလံၤကျိၤ

windy *a* ၁. ကလံၤဆူဉ် ၂. လၢအဘဉ်ကလံၤကျိၤ, လၢအန့ၢ်ကလံၤအါ ၃. လၢအိဉ်ဒ်ထဲအတၢ်တဲ, လၢအကလံၤပီၤဒိဉ်, လၢအိဉ်ဒ်ထဲအကလံၤ ၄. (ဟၢဖၢ) ထိဉ်, (တၢ်အိဉ်) လၢကလံၤဒိဉ်

wine *n* စပံးထံ

wine bar *n* တၢ်ဆါသံးစပံးထံအလီၢ်

wine cellar *n* တၢ်ဟ်စပံးထံအလီၢ်, တၢ်ဟ်ဖိဉ်ဟ်တံၤစပံးထံအလီၢ်, တၢ်ဟ်ကီၤစပံးထံဟီဉ်လာ်ဒၢး

wine cooler *n* ၁. တၢ်ဟ်ခုဉ်စပံးထံအဒၢ ၂. သံး, သံးလၢတၢ်ကျဲဉ်ကျီဃါယှာ်အီၤဒီးစပံးထံ, တၤသူတၤသဉ်အထံ, စိဉ်ဒၢ်ထံ

wine glass *n* စပံးထံအခွး

wine vinegar *n* စပံးထံတၤဆံဉ်ထံ, စပံးထံဘနံကၢ်

winery *n* တၢ်ဖီစပံးထံအလီၢ်

wing *n* ၁. အဒံး, အဒံးဆ့, တၢ်အဒံးဆ့, ထိဉ်ဖိၤဆီဖိၤအဒံးဆ့, ကဘီယူၤအဒံးဆ့, တၢ်ဖိဃၢ်အဒံးဆ့ ၂. တၢ်သူဉ်ထိဉ်အဒံးဆ့, တၢ်သူဉ်ထိဉ်ခီပၤပၤ ၃. သိလ့ဉ်အပဉ်ရံးအကု ၄. တၢ်ဂဲၤလိာ်ကွဲပှိၤအစုစ့ဉ်စုထွဲ, စုစ့ဉ်ဒံး, စုထွဲဒံး ၅. ပှၤကညီအစုနူဉ် ၆. (ဘျိဉ်ဒိဉ်, တၢ်ဂီၤမူ) ပျဲၢ်စီၢ်အစုစ့ဉ်စုထွဲ ၇. (တၢ်ကရၢကရိ) အဒ့အတြၢ်

wing *v* ယူၤ, (ဒုး) ယူၤ, ယူၤစိာ်ဆှၢလၢအချ့

winged *a* ၁. လၢအိဉ်ဒီးအဒံးဆ့ ၂. လၢသုးအသးချ့သဒံး

wink *n* တၢ်ဖျးတဆံးမဲာ်, တၢ်ဖျးဆံးမဲာ်

wink *v* ဖျးတဆံးမဲာ်, ဖျးဆံးအမဲာ်

W

winkle *n* ချိၣ်ပိၣ်လဲၣ်တဝံးခံ, ချိၣ်တဝံးခံပြံ ဖိၤ

winkle *v* ၁. ခဲးထိၣ်, ထုးထိၣ်, ခွဲးထုးထိၣ်, ယုခွဲးခွးမၤန့ၢ် (တၢ်ဂ့ၢ်တၢ်ကျိၤ) ၂. (winkle out) ဒုးဟးထိၣ်ကွံာ်, ဟီဟးထိၣ်ကွံာ်

winner *n* ၁. ပှၤလၢအမၤနၢၤတၢ်, ပှၤမၤနၢၤတၢ် ၂. တၢ်မၤန့ၢ်တၢ်အမး, မးပတီၢ် ၃. တၢ်လၢအကဲထိၣ်လိၣ်ထိၣ် ၄. ပှၤလၢအကဲထိၣ်ကဲထီ

winning *a* ၁. လၢအမၤနၢၤတၢ်, လၢအကဲထိၣ်လိၣ်ထိၣ် ၂. လၢအထုးန့ၢ်သူၣ်ထုးန့ၢ်သး

winning *n* ၁. တၢ်မၤနၢၤတၢ် ၂. စ့လၢတၢ်မၤန့ၢ်အီၤလၢတၢ်တၤကျိၣ်တၤစ့အပူၤ

winning post *n* တၢ်မၤနၢၤအဖီတၢၣ်

winnow *v* ၁. ယၤဘု, ဝံၢ်ဘု ၂. နီၤဖးလီၤဒ်အကလုာ်ဒၣ်ဝဲ

winnowing tray *n* ကီၢ်လဲၢ်

winsome *a* လၢအမၤမုာ်ပသး, လၢအပှဲၤဒီးတၢ်သးဖှံ, လၢအထုးန့ၢ်ပသး

winter *a* လၢတၢ်ထုးဖှိၣ်တ်ဖှိၣ်က့ၤတၢ်သူတၢ်သၣ်, တၢ်မုၢ်တၢ်ဘိဖဲတၢ်ဂိၢ်ထိၣ်သီအကတီၢ်, လၢအကူးက့ၤဘုဖိၤဟုဖိၤဖဲတၢ်ဂိၢ်ထိၣ်သီအကတီၢ်

winter *n* ၁. တၢ်ဂိၢ်ခါ ၂. တၢ်ဘၣ်မိၣ်ဘၣ်မး, တၢ်ကီတၢ်ခဲ, တၢ်နးတၢ်ဖှိၣ်, တၢ်သံတၢ်ပှၢ်အကတီၢ် ၃. တၢ်ခဲတၢ်ခါတခဲထိၣ်အကတီၢ်

winter *v* ၁. အိၣ်လၢတၢ်ဂိၢ်ခါအကတီၢ် ၂. ဒုးအိၣ်တၢ်လၢတၢ်ဂိၢ်ခါအကတီၢ်, ဟ်ကီၤတၢ်လၢတၢ်ဂိၢ်ခါအကတီၢ်

win-win *a* လၢအကဲဘျုးလၢခံခီခံကပၤအဂီၢ်

wipe *n* ၁. တၢ်ထွါကွံာ်တၢ်, တၢ်ထူးကွံာ်တၢ် ၂. တၢ်ထွါ, တၢ်ကံးညာ်ထွါတၢ်

wipe *v* ၁. ထွါကွံာ်, ထွါစီ, ထူးစီ, တြူ၊်စီကွံာ် ၂. ထုးကွံာ်, တြူာ်သံကွံာ် (တၢ်ကစီၣ်) ၃. မၤလီၤမၢ်ကွံာ် (တၢ်ဆိကမိၣ်), မၤလီၤပိုၢ်ကွံာ် (တၢ်သူၣ်ထိၣ်) ၄. ဒုးဖျိးကွံာ်, မၤနၢၤကွံာ် (ဒုၣ်ဒါ)

wipeout *n* ၁. တၢ်မၤနၢၤမၤယဉ်ကွံာ်တၢ်, တၢ်ဒုးဖျိးကွံာ်တၢ်, တၢ်ဒုးလီၤပိုၢ်မၤဟးဂီၤကွံာ်တၢ်, တၢ်မၤဟးဂူာ်ဟးဂီၤကွံာ်တၢ်စီဖ့ကလ့ၤ ၂. တၢ်လီၤတဲာ်လၢမူခိၣ်ဖီနီၣ်တလူၣ်အဖီခိၣ်, တၢ်လီၤတဲာ်လၢနီၣ်တလူၣ်ဒီးလပီအဖီခိၣ်

wire *a*

wire *n* ၁. ပျံၤထး, ထးသွဲပြံ, လီပျံၤ ၂. တၢ်ဆှၢတၢ်ကစီၣ်လၢလီပျံၤ, တၢ်ဆှၢလီပျံၤ ၃. တၢ်လၢဘၣ်တၢ်မၤကဲထိၣ်အီၤလၢပျံၤ ၄. တၢ်လၢအလီၤက်ဒီးပျံၤ ၅. တၢ်ဟ်ရူသူၣ်ယာ်ကလုၢ်ဒၢလၢတၢ်သူၣ်ထိၣ်အပူၤ, တၢ်ထီထိၣ်ရူသူၣ်ယာ်ကလုၢ်ဒၢလၢပှၤကညီအလီၤ

wire *v* ၁. ထီထိၣ်လီပျံၤ, ထီထိၣ်အှ့ထၢၣ်နဲး ၂. စၢယံး, မၤယံးဒီးပျံၤထး ၃. ဆှၢလီပျံၤ, ဒိလီပျံၤ ၄. ထီထိၣ်ရူသူၣ်ကလုၢ်ဒၢလၢတၢ်သူၣ်ထိၣ် မ့တမ့ၢ် ပှၤကညီအလီၤ

wire brush *n* လုၣ်ခွံ, နိၣ်ခွံ

wire-cutters *n* နိၣ်ခွံထးသွဲပြံ, လုၣ်ခွံထးသွဲပြံ, နိၣ်ခွံလုၣ်ခွံလၢတၢ်မၤအီၤဒီးထးသွဲပြံ

wired *a* ၁. လၢဘၣ်တၢ်မၤကဲထိၣ်အီၤလၢပျံၤထး ၂. လၢအဘျးစဲဒီးအှ့ထၢၣ်နဲး ၃. လၢအသူၣ်ပိၢ်သးဝးဒိၣ်ဒိၣ်ကလဲာ်, လၢအသူၣ်ဟူးသးဂဲၤဒိၣ်ဒိၣ်ကလဲာ်

wireless *a* လၢပျံၤထံးတအိၣ်

wireless *n* ၁. လီတၢ်ဆဲးကျိးဆဲးကျၢလၢတအိၣ်ဒီးပျံၤ ၂. ကွဲၤလ့လိၤ

wiry *a* ၁. လၢအယဲၤဒီးအဂံၢ်ဆူၣ်ဘါဆူၣ် ၂. လၢအလီၤက်ဒီးပျံၤထး, လၢဘၣ်တၢ်မၤအီၤလၢပျံၤထး ၃. ဆိုၣ်, ကီၤ, ကျၤ, ပံာ်, ကျၢၤ, လၢအတူၢ်တၢ်န့ၢ်

wisdom *n* ၁. တၢ်ကူၣ်သ့, တၢ်ကူၣ်တၢ်ဆး ၂. တၢ်သ့ဆိကမိၣ်ဒီးစံၣ်ညီၣ်ပဲာ်ဖးတၢ်, တၢ်ထံၣ်သ့ၣ်ညါနၢ်ပၢၢ်တၢ်

wise *a* ၁. ကူၣ်သ့, လၢအကူၣ်သ့, လၢအိၣ်ဒီးတၢ်ကူၣ်တၢ်ဆး ၂. လၢအိၣ်ဒီးတၢ်ထံၣ်တၢ်သ့ၣ်ညါနၢ်ပၢၢ်တၢ်, လၢအသ့ဆိကမိၣ်ဒီးစံၣ်ညီၣ်ပဲာ်ဖးတၢ်

wise *n* လုၢ်လၢ်, တၢ်အကျဲအကပူၤ

wise *v* တဲသ့ၣ်ညါနၢ်ပၢၢ်တၢ်, ဒုးနၢ်ပၢၢ်ဂ့ၤထိၣ်တၢ်, ဟ့ၣ်တၢ်သ့ၣ်ညါနၢ်ပၢၢ်, မၤမဲာ်စိၣ်နါစိၣ်ထိၣ်တၢ်, မၤကပီၤထိၣ်အမဲာ်

wisecrack *n* တၢ်မၤအ့နူကလိာ်ကလာ်တၢ်, တၢ်ကတိၤခီဆၢက့ၤတၢ်ကလိာ်ကလာ်, လီၤနံၤလီၤအ့

wisecrack *v* ကတိၤခီဆၢမၤအ့နူတၢ်ကလိာ်ကလာ်

wisely *adv* လၢတၢ်ကူၣ်သ့အပူၤ, လၢတၢ်သူၣ်ဆးသးဆးအပူၤ, သ့သ့ဘၣ်ဘၣ်

wish *n* ၁. တၢ်မိၣ်နှ့ၢ်သးလီၤဘၣ်တၢ်, တၢ်ဆၢဒိးနှ့ၢ်ဘၣ်တၢ် ၂. တၢ်လၢပမိၣ်နှ့ၢ်သးလီၤဘၣ်အီၤ, တၢ်လၢပဆၢဒိးနှ့ၢ်ဘၣ်အီၤ

wish *v* ဆၢနှ့ၢ်တၢ်, ဆၢဂ့ၤတၢ်, မိၣ်နှ့ၢ်

wishbone *n* ၁. ဆီဃံလၢတၢ်ဘိးဆီဃံအဂီၢ်, ဆီဃံလၢအအိၣ်ဖးတြၢ်အသးခံခီ ၂. တၢ်ဖးတြၢ်လၢတၢ်တိၣ်ထိၣ်အီၤလၢသိလ့ၣ်, ကဘီယူၤအပၣ်ရုံးအကပၤ ၃. တၢၣ်ဖးတြၢ်ဖးထီ, တၢၣ်ဖးတြၢ်ဖးထီလၢတၢ်စၢဃာ်အီၤလၢကဘီယၢ်လၣ်အဖီခိၣ်

wisp *n* ၁. တၢ်တစိၤဖိ, တၢ်တစံၢ်ဖိ, တၢ်ဆံးကိာ်ဆံးကဲာ်ဖိ ၂. ပှၤဃဲၤအ့နူ, ပှၤဃဲၤဃဲၤပြံပြံဖိ

wistful *a* ၁. လၢအပှဲၤဒီးတၢ်မိၣ်တၢ်မး ၂. လၢအဆၢနှ့ၢ်တၢ်, လၢအမိၣ်နှ့ၢ်သးလီတၢ်

wit *n* တၢ်ကူၣ်တၢ်ဆး, တၢ်သူၣ်ပှၢ်သးဆှါ, တၢ်ကူၣ်သ့

witch *n* တၢ်နါမုၣ်ပှၢ်

witch *v* ၁. ရဲၣ်နှ့ၢ်တၢ်, မၤမှာ်ပှၤသးတုၤပှၤသးပၣ်ထွဲဃုာ် ၂. အှုသမူပယၢ်တၢ်, ဆိၣ်အၢတၢ်

witch doctor *n* ဝံ, ဝံလၢအသမူပယၢ်ဒီးဃါဘျါတၢ်

witchcraft *n* တၢ်သမူပယၢ်တၢ်, တၢ်အှုတၢ်သမူ, တၢ်ဟိၣ်တၢ်ယီတၢ်

with *prep* ဒီး, ဃုာ်ဒီး

withdraw *v* ၁. ဟးထိၣ်ကွံာ်, အိၣ်ဘုံးကွံာ် (လၢတၢ်မၤ), တနာ်လီၤပၣ်ဃုာ်မၤသကိးတၢ်လၢၤ ၂. ထုးထိၣ် (စ့) ၃. ဆိကတိၢ်, ထုးကွံာ်, ဟ်ပတုာ် (တၢ်မၤစၢၤ) ၄. ထုးကွံာ်, ဂုၤကူၤအခံ (သုးမုၢ်) ၅. ထုးကွံာ် (တၢ်ကတိၤ) ၆. တကနၣ်ဃုာ်လၢၤတၢ်နီတမံၤ, ဟ်မၢ်ကွံာ်, အဲၣ်ဒီးအိၣ်ထဲတဂၤဇိၤ

withdrawal *n* ၁. တၢ်ဆိကတိၢ်ကွံာ်တၢ်, တၢ်ဟ်ပတုာ်ကွံာ်တၢ် ၂. တၢ်ထုးထိၣ်စ့လၢစ့တၢးအပူၤ ၃. တၢ်ထုးကွံာ် (တၢ်ကတိၤလၢတၢ်စံးတ့ၢ်ဟ်စၢၤအီၤ) ၄. တၢ်ဆိကတိၢ်တၢ်အီမူၤအီဘိး, အီသံးအီကီအကတိၢ် ၅. တၢ်တမၤဃုာ်လၢၤတၢ်နီတမံၤ, တၢ်အဲၣ်ဒီးအိၣ်ထဲတဂၤဇိၤ

withe, withy *n* ဆှါ, ပျိၣ်, သ့ၣ်ဃံၣ်မုၢ်အဒ့လၢတၢ်ကစၢကဒိၣ်တၢ်အဂီၢ်

withe *v* စၢကဒိၣ်တၢ်ဒီးသ့ၣ်ဃံၣ်အမုၢ်အဒ့တဖၣ်

wither *v* ၁. လီၤညွံးလီၤဘဲ, လီၤညွံးလီၤဘီ, ဃ့ထီ ၂. မၤဆံးလီၤစှၤလီၤပှၤအလၤကပီၤ, ဟ်အၢဟ်သီပှၤနးနးကလဲာ်, မၤမဲာ်ဆုးပှၤ

withersoever *adv* တပူၤဂ့ၤတပူၤဂ့ၤ, တပူၤလၢ်လၢ်

withhold *v* ၁. ဟံးဃာ်, ပၢၤဃာ်, တြီဃာ်, တဟ့ၣ်အခွဲးဘၣ် ၂. ဂ့ၢ်လိာ်သမၢ

within *adv* လၢ--အပူၤ, လၢ--အတိၢ်ပူၤ

within *prep* လၢ--အပူၤ, လၢ--အတိၢ်ပူၤ

without *adv* လၢ--အချၢ, လၢခိတခီ, တအိၣ်ဒီး, တပၣ်ဃုာ်ဒီး

without *prep* တအိၣ်ဘၣ်, တအိၣ်ဒီး, တပၣ်ဃုာ်ဘၣ်

withstand *v* ၁. တြီဆၢ, ခိၣ်ဆၢ, ဒီသဒၢ ၂. တူၢ်, ခိၣ်, ဒီးဘၣ်တၢ်, အိၣ်ဂၢၢ်အိၣ်ကျၢၤ, အိၣ်စံာ်အိၣ်ကျၢၤ

witness *n* ပှၤအုၣ်အသး, ပှၤထံၣ်တၢ်လၢအမဲာ်, ပှၤလၢအထံၣ်တၢ်မၤအသးတမံၤမံၤ

witness *v* ၁. အုၣ်အသး ၂. ကွၢ်, ထံၣ်, ထံၣ်တၢ်လၢအမဲာ်, ထံၣ်တၢ်မၤအသးတမံၤမံၤ

witticism *n* တၢ်ကတိၤလီၤနံၤလီၤအ့တၢ်, တၢ်ကတိၤတၢ်သ့, တၢ်ကတိၤကလိာ်ကလာ်တၢ်

witty *a* လၢအမၤနံၤမၤအ့တၢ်သ့, လၢအမၤကလိာ်တၢ်သ့

wizard *n* ၁. ပှၤအှုသမူတၢ်, ပှၤသမူပယၢ်တၢ်, ပှၤဟိၣ်တၢ်ယီတၢ် ၂. ပှၤလၢအိၣ်ဒီးတၢ်သ့တၢ်ဘၣ်လီၤလီၤဆီဆီ, ပှၤလၢအသ့တၢ်တမံၤမံၤလီၤလီၤဆီဆီ

wobble *v* ၁. ဝးယဲာ်ယီၤ, (ဟး) ကနူၤကပၤ, (ဆၢထၢၣ်) တကျၢၤတနူၤ ၂. တဂၢၢ်တကျၢၤ, ကဒံကဒါ

wobbly *a* ၁. လၢအတဂၢၢ်တကျၢၤ, တလီၤတံၢ်, ကဒံကဒါ ၂. လၢအဝးယဲာ်ယီၤ, လၢအဟူးယဲာ်ယီၤ

woe *n* တၢ်သူၣ်အုးသးအုး, တၢ်ဘၣ်မိၣ်ဘၣ်မး, တၢ်သူၣ်ကိၢ်သးဂီၤ, တၢ်သူၣ်တမှာ်သးတမှာ်, တၢ်နးတၢ်ဖှိၣ်, တၢ်တတၢာ်တနါ

woeful *a* လၢအသူၣ်အုးသးအုး, လၢအဘၣ်မိၣ်ဘၣ်မး, လၢအသူၣ်ကိၢ်သးဂီၤ, လၢအသူၣ်တမှာ်သးတမှာ်, လၢအဘၣ်နးဘၣ်ဖှိၣ်

wok *n* မီခၣ်ဆဲးသိဖးဒိၣ်

wolf *n* ၁. ထွံၣ်မံၤ ၂. တၢ်ဝံၤတၢ်ကာ်

W

၃. ပှၤလၢအသးတဘျ့, ပှၤလၢအသူၣ်က့ၣ်သးကါ ၄. ပှၤပိာ်ခွါလၢအကွဲန့ၢ်လွဲန့ၢ်ပှၤပိာ်မုၣ်ဒီးမၤဟးဂီၤဝဲ

wolf *v* အီၣ်ယှၢ်တကျူၤတၢ်, အီၣ်တၢ်ပစှၢ်ပတှၤလၢတၢ်သူၣ်ဝံၤသးစှၤအပူၤ

wolfish *a* ၁. လၢအလီၤက်ဒ်ထွံၣ်ဟီၣ်ခိၣ်အသိး ၂. လၢအဲၣ်ဒိးမၤဆါတၢ်, လၢအသးတဘျ့, လၢအသူၣ်က့ၣ်သးကါတၢ်

woman *n* ပှၤပိာ်မုၣ်

womanhood *n* တၢ်ကဲပိာ်မုၣ်

womanish *a* လၢအလီၤက်ဒ်ပိာ်မုၣ်အသိး, လၢအမၤအသးဒ်ပိာ်မုၣ်အသိး, လၢအလီၤပိာ်မုၣ်

womanize, womanise *v* လူၤပိာ်မုၣ်, မံယှာ်ဒီးပိာ်မုၣ်အါဂၤ

womanizer, womaniser *n* ပှၤလၢအလူၤပိာ်မုၣ်, ပှၤလၢအမံယှာ်ဒီးပိာ်မုၣ်အါဂၤ

womankind *n* ပိာ်မုၣ်, ပှၤပိာ်မုၣ်ပိာ်မၢၤ

womanlike *a* ၁. လၢအလီၤက်ဒီးပိာ်မုၣ် ၂. လၢအကြၢးဒီးပိာ်မုၣ်

womanly *adv* လၢအလီၤက်ဒ်ပိာ်မုၣ်အသိး, လၢအမၤအသးဒ်ပိာ်မုၣ်အသိး, လၢအလီၤပိာ်မုၣ်

womb *n* ဒၢလီၢ်

women's liberation *n* ပိာ်မုၣ်ပိာ်မၢၤအတၢ်သဘျ့ခွဲးယာ်, တၢ်ဂဲၤပျ့ၢ်ကျဲးစၢးလၢပိာ်မုၣ်တဖၣ်ကမၤန့ၢ်တၢ်ခွဲးတၢ်ယာ်ဒ်သိးသိးဒီးပိာ်ခွါတဖၣ်

wonder *n* တၢ်လီၤကမၢကမၣ်, တၢ်လီၤတိၢ်လီၤဆီ

wonder *v* ၁. ကမၢကမၣ် ၂. သးဒ့ဒီ ၃. အဲၣ်ဒိးသ့ၣ်ညါတၢ်

wonderful *a* လၢအလီၤကမၢကမၣ်, လီၤလီၤလီၤလး, လီၤတိၢ်လီၤဆီ

wondrous *a* လၢအလီၤကမၢကမၣ်, လီၤလီၤလီၤလး, လီၤတိၢ်လီၤဆီ

wonk *n* ပှၤလၢအဂ့ာ်ကျဲးစၢးတၢ်နးနးကလဲာ်, ပှၤလၢအမၤတၢ်ဆူၣ်

wont *a* လၢအညီနုၢ်ဒီး, ဒ်အညီနုၢ်မၤဝဲအသိး, လၢအဒုးကဲထီၣ်လၢအလုၢ်အလၢ်

wont *n* တၢ်အလုၢ်အလၢ်, လုၢ်လၢ်

wont *v* မၤညီနုၢ်အသး, ဒုးကဲထီၣ်လၢအလုၢ်အလၢ်

wonted *a* လၢအညီနုၢ်, ပတိၢ်မုၢ်

woo *v* ၁. ဃ့ပိာ်မုၣ်အတၢ်အဲၣ်, ကညးန့ၢ်ပိာ်မုၣ်အတၢ်အဲၣ်, ဂ့ာ်ကျဲးစၢးဒ်သိးကမၤန့ၢ်ပိာ်မုၣ်အတၢ်အဲၣ် ၂. ဃုန့ၢ်တၢ်ဆီၣ်ထွဲမၤစၢၤ

wood *n* ၁. သ့ၣ်ညၣ် ၂. ပှၢ်ဖိ, တၢ်လၢပှၤမၤအီၤဒီးသ့ၣ်

wood pigeon *n* ထိၣ်ကးက့ၣ်မံၤ

woodchuck *n* ဝံၤဓိၤခီဓိၤ, ဝံၤဓိၤခီဓိၤတကလှာ်

woodcutter *n* ပှၤကျီသ့ၣ်ဖိ, ပှၤကူာ်သ့ၣ်ဖိ

wooden *a* ၁. လၢတၢ်မၤအီၤလၢသ့ၣ် ၂. (မုၣ်ဂဲၤဒိခွါဂဲၤဒိ) လၢအတဂဲၤဒိဟ်ဖျါထီၣ်အတၢ်တူၢ်ဘၣ်လၢလၢပှဲၤပှဲၤ, လၢအတဖျါဒ်န့ဆၢၣ်အသိး, လၢအဂဲၤဒိတၢ်လီၤက်ဒ်သ့ၣ်ကူာ်ကျိၣ်အသိး

woodpecker *n* ထိၣ်တလ့, ထိၣ်ဒ့ဂ့ၤ

woods *n* ပှၢ်ဖိ

woodwind *n* ၁. တၢ်ဒ့တၢ်အူအပီးအလီလၢတၢ်မၤအီၤဒီးသ့ၣ်လီၤဆီဒၣ်တၢ်ပံဓိၤကွဲၤဓိၤ, ပံဓိၤကွဲၤဓိၤလၢတၢ်မၤအီၤဒီးသ့ၣ် ၂. ပှၤလၢအူပံဓိၤကွဲၤဓိၤ

woodwork *n* တၢ်တ့တၢ်ဘိလၢသ့ၣ်

woodworm *n* ဂၢၢ်, တၢ်ဖိဃၢ်လၢအအီၣ်ဟးဂီၤသ့ၣ်ဝၣ်

woody *a* ၁. လၢအကျၤဒ်သ့ၣ်အသိး ၂. လၢအပှဲၤဒီးသ့ၣ်မုၢ်ဝၣ်ဘိ, လၢသ့ၣ်မုၢ်ဝၣ်ဘိလှၢ်ဘၢအီၤ ၃. လၢအလီၤက်ဒီးသ့ၣ်

woof *n* ၁. သိဆူၣ် ၂. တၢ်ကူတၢ်သိးလၢတၢ်မၤအီၤဒီးသိဆူၣ်

wool *n* သိဆူၣ်

woollen, woolen *a* လၢတၢ်မၤအီၤဒီးသိဆူၣ်

woolly *a* လၢအလီၤက်ဒီးသိဆူၣ်, လၢတၢ်မၤအီၤဒီးသိဆူၣ်

word *n* ၁. တၢ်ကတိၤ, တၢ်စံးတၢ်ကတိၤ ၂. လံာ်မဲာ်ဖျၢၣ် ၃. တၢ်ဒုးသ့ၣ်ညါ, တၢ်ဟ်ဖျါထီၣ်, တၢ်တဲဖျါထီၣ် (တၢ်ကစီၣ်, တၢ်ဂ့ၢ်တၢ်ကျိၤ) ၄. တၢ်အၢၣ်လီၤ, တၢ်အုၣ်ကီၤ ၅. တၢ်ဂဲၤဒိအတၢ်စံးတၢ်ကတိၤ

word *v* ၁. တဲဖျါထီၣ်, ဟ်ဖျါထီၣ် ၂. (word up) ဒိကနၣ်

word processing *n* တၢ်ဒိလံာ်ဒိလဲၢ်အတၢ်သ့တၢ်ဘၣ်လၢခီၣ်ဖျူထၢၣ်အကျိၤအကျဲ, တၢ်ဒိ

W

လံာ်ဒိလဲၢ်အတၢ်ဖံးတၢ်မၤလၢခီဉ်ဖျူထၢဉ်အကျိၤအကျဲ

word processor *n* ၁. ခီဉ်ဖျူထၢဉ်အကျိၤအကျဲလၢတၢ်ဒိလံာ်ဒိလဲၢ်အဂီၢ် ၂. ပှၤလၢအစူးကါခီဉ်ဖျူထၢဉ်လၢကဒိလံာ်ဒိလဲၢ်အဂီၢ်

wording *n* တၢ်စူးကါတၢ်ကတိၤအကၠါအဂီၤ, တၢ်စူးကါလံာ်မဲာ်ဖျာဉ်အကျိၤအကျဲ

wordless *a* လၢတအိဉ်ဒီးတၢ်ကတိၤ, လၢတဟ်ဖျါထီဉ်သးဒီးတၢ်ကတိၤ, လၢအတကတိၤတၢ်, လၢအိဉ်ဘှ့ဉ်အိဉ်ဘိုဉ်

wordplay *n* တၢ်ဂဲၤတၢ်ကတိၤအဖျာဉ်

wordy *a* ၁. လၢအစူးကါတၢ်ကတိၤအဖျာဉ်အါအါဂိၢ်ဂိၢ်, လၢအစူးကါတၢ်ကတိၤအါတလၢ ၂. လၢအတၢ်ကတိၤအါ ၃. လၢအဘဉ်ဃးဒီးတၢ်ကတိၤ

work *n* ၁. တၢ်ဖံးတၢ်မၤ, တၢ်မၤ ၂. တၢ်မၤအဆၢကတိၢ်လၢတနံၤအတိၢ်ပူၤ, မုၢ်တနံၤအတၢ်မၤ ၃. တၢ်မၤလိၢ် ၄. တၢ်လၢတၢ်လိဉ်ဘဉ်အီၤလၢတၢ်ဖံးတၢ်မၤတၢ်အဂီၢ် ၅. တၢ်ဆးကံဉ်ဆးဝ့ၤတၢ်

work *v* ၁. မၤတၢ်မၤ, ဟူးဂဲၤဖံးမၤ, ဖံးတၢ်မၤတၢ် ၂. အိဉ်ဒီးတၢ်ဖံးတၢ်မၤ ၃. ကဲခၢဉ်စးမၤတၢ်မၤ ၄. ဆးကံဉ်ဆးဝ့ၤတၢ် ၅. ဂံၢ်ဒွးတၢ် ၆. ခူဉ် (ဟိဉ်ခိဉ်) ၇. ကတဲာ်ကတိၤဟိဉ်ခိဉ်လၢကသူဉ်လီၤဖှးလီၤတၢ်အဂီၢ်

work at *idm:* ဂုာ်ကျုံးစားမၤတၢ်သပှၢ်ပှၢ်လၢတၢ်ဖံးတၢ်မၤကကဲထီဉ်လိဉ်ထီဉ်အဂီၢ်

work in *vp:* ၁. မၤဃုာ်မၤသကိးတၢ် ၂. ထၢနုာ်ဃုာ်, ပဉ်ဃုာ်

work into *vp:* ၁. မၤဃုာ်မၤသကိးတၢ် ၂. ထၢနုာ်ဃုာ်, ပဉ်ဃုာ်

work off *vp:* ၁. မၤလီးကဲ့ၤဒ့ဉ်ကမၢ်, မၤနၢ့ပှၤအတၢ်လၢကလီးကဲ့ၤဒ့ဉ်ကမၢ်အဂီၢ် ၂. မၤလီၤမၢ်ကွံာ်, မၤဟါမၢ်ကွံာ် (တၢ်သးဘဉ်တံာ်တာ်) (အဒိ, ဃမၤလီၤမၢ်ကွံာ်ဃတၢ်သးဘဉ်တံာ်တာ်ဒီးတၢ်ဃ့ၢ်လိာ်ကွဲ)

work on *vp:* ၁. မၤတၢ်တမံၤမံၤ, ဂုာ်ကျုံးစားမၤတၢ်တမံၤမံၤ ၂. တဲစၢၤမၤစၢၤတၢ်လၢတၢ်တမံၤမံၤကကဲထီဉ်လိဉ်ထီဉ်အဂီၢ်, ကျုံးစားကွဲနၢ့တၢ်

work out *vp:* ၁. မၤကဲထီဉ်လိဉ်ထီဉ်တၢ်, မၤဂ့ၤထီဉ်တၢ် ၂. ဃုဉ်လီၤဘှါဘဉ်, ဒွးတၢ်, ဃုမၤနၢ့တၢ်အစၢ

work of art *n* ၁. ဒ့လၤအတၢ်ဖံးတၢ်မၤ ၂. တၢ်စုလိၢ်ခီဉ်လိၢ်လၢအဂ့ၤကတၢၢ်

work permit *n* တၢ်မၤအလံာ်ပျဲကၠ့

workaholic *n* ပှၤလၢအမၤတၢ်ဆူဉ်အါတလၢ

workbook *n* ၁. ကွိဖိအလံာ်တၢ်မၤလိ, ကွိဖိအလံာ်ကွဲးလိဒွးလိ ကွိဖိအလံာ်ကွဲးနီဉ် ၂. လံာ်ကွဲးနီဉ်တၢ် ၃. လံာ်တၢ်နဲဉ်ကျဲ, လံာ်ဟံးဃာ်

worker *n* ၁. ပှၤမၤတၢ်ဖိ ၂. ကနဲမိၢ်လၢအမၤတၢ်, ကနဲမိၢ်လၢအဃုဖီအစီ

workhouse *n* ပှၤမၤတၢ်ဖိအဟံဉ်, ပှၤဖှိဉ်ဖိဃာ်ဖိအိဉ်ဆိးမၤတၢ်အလိၢ်

working *a* ၁. လၢအမၤတၢ်, လၢအဖံးတၢ်မၤတၢ် ၂. လၢအဘဉ်ဃးဒီးတၢ်မၤ ၃. လၢအမၤတၢ်သ့ဒံး, လၢအမၤတၢ်ဂ့ၤဒံး, လၢတၢ်စူးကါအီၤသ့ဒံး ၄. လၢအိဉ်ဒီးတၢ်သ့တၢ်ဘဉ်, လၢအသ့ဖံးသ့မၤတၢ်

working *n* ၁. စၢ်ပူၤထးပူၤ ၂. စဲးဖီကဟဉ်အကျိၤအကျဲ ၃. တၢ်ကရၢကရိအတၢ်ဖံးတၢ်မၤအတၢ်ရဲဉ်တၢ်ကျိၤ

working class *n* ပှၤမၤတၢ်ဖိအပတိၢ်, ပှၤမုၢ်ဆ့ဉ်မုၢ်ဂီၤအပတိၢ်, ပှၤပတိၢ်မုၢ်အပတိၢ်

working girl *n* ၁. ပှၤပိာ်မုဉ်ဖိလၢအမၤတၢ် ၂. ပှၤပိာ်မုဉ်ဖိလၢအဆါလီၤအီဉ်အသး

working group *n* ကရူၢ်မၤသကိးတၢ်

working life *n* တၢ်ဖံးတၢ်မၤတၢ်အကတိၢ်, တၢ်ဖံးတၢ်မၤတၢ်အိဉ်ပှဲၤနံဉ်အကတိၢ်

working order *a* လၢအမၤတၢ်လဲၤအသးဘျ့ဘျ့ဆိုဆို

working paper *n* တၢ်ကွဲးဟ်ဖျါတၢ်ဖံးတၢ်မၤအကျိၤအကျဲအပတြိာ်

working papers *n* တၢ်ဟ့ဉ်ဖံးဟ့ဉ်မၤတၢ်အလံာ်တီလံာ်မီ, တၢ်ပျဲတၢ်ဖံးတၢ်မၤတၢ်အလံာ်တီလံာ်မီ, တၢ်ဟ့ဉ်ခွဲးမၤတၢ်အလံာ်ပျဲ

working party *n* ကရူၢ်မၤသကိးတၢ်

working stiff *n* ပှၤလၢအမၤတၢ်လၢဂီၤအိဉ်လၢဟါ, ပှၤမၤတၢ်ဖိပတိၢ်မုၢ်လၢအမၤနၢ့ဘူးလဲစှၤ

working week *n* တနွံအတိၢ်ပူၤတၢ်မၤတၢ်အဆၢကတိၢ်

workload *n* တၢ်မၤတၢ်ထဲအံၤထဲနှၤ, တၢ်မၤလၢတၢ်ဘဉ်မၤအီၤ

workman *n* ပှၤမၤတၢ်ဖိ

workmanlike *a* လၢအကဲပှၤမၤတၢ်ဖိလၢအဂ့ၤ, လၢအမ့ၢ်ပှၤမၤတၢ်ဖိလၢအစဲၣ်နီၤ
workmanship *n* ၁. ပှၤမၤတၢ်ဖိအစုလီၢ် ၂. စုလီၢ်အကံၢ်အစီ
workmate *n* ပှၤမၤသကိးတၢ်ဖိ
workout *n* တၢ်မၤနီၢ်ခိတၢ်ဟူးတၢ်ဂဲၤဆူၣ်ဆူၣ်ကလဲာ်
workroom *n* တၢ်ဖံးတၢ်မၤတၢ်အဒၢး, တၢ်မၤဒၢး
worksheet *n* ကွဲးဖိတၢ်မၤအလံာ်က့
workshop *n* ၁. တၢ်မၤလီၢ် ၂. တၢ်အိၣ်ဖှိၣ်တဲသကိးတၢ်
world *n* ၁. ဟီၣ်ခိၣ် ၂. တၢ်အအံၤတဃၣ် ၃. မူဟီၣ်ကယၢ ၄. ပှၤဟီၣ်ခိၣ်ဖိ ၅. တၢ်ဂီၢ်မုၢ်ဂီၢ်ပၤ ၆. ဘီမုၢ်
world bank *n* ဟီၣ်ခိၣ်ဒီဘ့ၣ်စ့တား
world beater *n* (ပှၤ) စဲၣ်နီၤ, (ပှၤ) အဖှိးကတၢၢ်လၢ (ဟီၣ်ခိၣ်ချၢ)
world beating *a* လၢအစဲၣ်နီၤကတၢၢ်, လၢအဖှိးကတၢၢ် (လၢဟီၣ်ခိၣ်ချၢ)
world class *a* လၢဟီၣ်ခိၣ်ဘီမုၢ်အပတီၢ်
world cup *n* ဟီၣ်ခိၣ်ဒီဘ့ၣ်တၢ်ဂဲၤပြၢဖျာၣ်ထူအမူး
world famous *a* လၢအမံၤဟူသၣ်ဖျါလၢဟီၣ်ခိၣ်ဒီဘ့ၣ်
World Health Organization *n* ဟီၣ်ခိၣ်ဒီဘ့ၣ်တၢ်အိၣ်ဆူၣ်အိၣ်ချ့ကရၢ
World Heritage Site *n* ဟီၣ်ခိၣ်ဒီဘ့ၣ်တၢ်စုလီၢ်ခီၣ်ခိၣ်အလီၢ်ပနိၣ်
world music *n* လ့ၢ်လၢ်ထူသနူတၢ်ဒ့တၢ်အူလၢဟီၣ်ခိၣ်ဒီဘ့ၣ်
world pleasure *n* ဟီၣ်ခိၣ်တၢ်ထူးတၢ်တီၤ, ဟီၣ်ခိၣ်တၢ်စုလီၢ်ခီၣ်ခိၣ်
world power *n* ထံကီၢ်လၢအလုၢ်ဘၢစိကမီၤဟီၣ်ခိၣ်ဒီဘ့ၣ် (အဒိ, ကီၢ်အမဲရကၤ, တရူးကီၢ်)
World Record *n* ဟီၣ်ခိၣ်ဒီဘ့ၣ်အတၢ်ကွဲးနီၣ်ကွဲးဃါ, ဟီၣ်ခိၣ်ဒီဘ့ၣ်တၢ်မၤနၢၤမၤဃါ
World Trade Organization *n* ဟီၣ်ခိၣ်ဒီဘ့ၣ်တၢ်ကူၣ်လဲၤမၤကၤကရၢ
world war *n* ဟီၣ်ခိၣ်တၢ်ဒုး
world weary *a* လၢအသးလၢာ်ဟီၣ်ခိၣ်
world wide *a* လၢဟီၣ်ခိၣ်ဒီဘ့ၣ်ညါ, လၢအကဲထီၣ်သးလၢဟီၣ်ခိၣ်ဒီဘ့ၣ်, လၢအမၤအသးလၢဟီၣ်ခိၣ်ဒီဘ့ၣ်
World Wide Web *n* ဟီၣ်ခိၣ်ဒီဘ့ၣ်ပှာ်ယဲၤအကျိၤအကျဲခိၣ်သ့ၣ်
worldly *a* လၢအဘၣ်ဃးဒီးဟီၣ်ခိၣ်, လၢအဘၣ်ဃးဒီးအအံၤတဃၣ်
worldly *n* ၁. ပှၤလၢအသးစဲဘူးဒီးဟီၣ်ခိၣ်တကပၤ, ပှၤလၢအသးစဲဘူးဒီးအအံၤတဃၣ် ၂. ပှၤလၢအတၢ်လဲၤခီဖျိလၢဟီၣ်ခိၣ်အါ
worm *n* ၁. ထိးကလဲာ် ၂. ပှၤလီၤသးဘၣ်အၢ, ပှၤလၢအလံၤလူၤကျူဆို, ပှၤလၢအဘျုးတအိၣ် ၃. ထးပဝ်အကွီၤသဝံး ၄. ခိၣ်ဖ့ူထၢၣ်အယၢ်, ခိၣ်ဖ့ူထၢၣ်အဘဲရှး(စ)
worm *v* ၁. ဒုးအီဆၣ်ဖိကီၢ်ဖိဒီးကသံၣ်ထိးကလဲာ် ၂. (worm your way into something) ဂုာ်မၤလီၤနုာ်အသး, ဂုာ်မၤနှၤ်ပှၤအတၢ်နုာ်, ဆှၢနုာ်လီၤသးကယီကယီ, ဂုာ်မၤနှၤ်ပှၤအသး ၃. မၤရူသူၣ်တၢ်ကယီကယီ, နုာ်လီၤရှလိာ်တၢ်ကစုကစုလၢကမၤန့ၢ်တၢ်တမံၤမံၤ
worm infection *n* ထိးကလဲာ်တၢ်ဆါတဖၣ်
worm-eaten *a* လၢအဃၢ်အိၣ်, လၢတၢ်ဖိဃၢ်အိၣ်ကွဲာ်
wormhole *n* တၢ်ဖိဃၢ်အိၣ်အပူၤလီၤဟိ, တၢ်အပူၤလၢတၢ်ဖိဃၢ်အိၣ်
wormy *a* လၢအိၣ်ဒီးအဃၢ်, လၢထိးကလဲာ်အိၣ်
worn *a* ၁. လၢအလီၢ်လံၤဒီးဘူလီၤ ၂. လၢအဖျါလီၤဘုံးလီၤတီၤ, လၢအဖျါသးပှၢ်
worn out *a* ၁. လီၤဘုံးလီၤတီၤ, လၢတၢ်ဘုံးတၢ်တီၤအသး ၂. လၢအလီၢ်လံၤဖိဃးဒီးဟးဂူာ်ဟးဂီၤကွဲာ်
worrisome *a* လၢအမၤအ့နူပှၤ, လၢအမၤတာ်တာ်ပှၤ, လၢအမၤသူၣ်ကိၢ်သးဂီၤပှၤ
worry *n* တၢ်သူၣ်အ့နူသးအ့နူ, တၢ်သူၣ်ကိၢ်သးဂီၤ, တၢ်သးဘၣ်တာ်တာ်
worry *v* ၁. သးအ့နူ, သးဘၣ်တာ်တာ်, သးကိၢ် ၂. မၤသးအ့နူ, မၤသးဘၣ်တာ်တာ်, မၤသူၣ်ကိၢ်သးဂီၤ ၃. (ထွံၣ် မ့တမ့ၢ် ဆၣ်ဖိကီၢ်ဖိလၢအိၣ်တၢ်ညၣ်) အ့ၣ်ဖိၣ်, အ့ၣ်တရၢ, အ့ၣ်ထဲးတရၢဝဲဒီးအမဲ, လူၤအ့ၣ်ဆၣ်ဖိကီၢ်ဖိ
worse *a* အၢနှၤ်, နးနှၤ်တက့ၢ်

worse *adv* နးနးကလဲာ်, နးနးကျံာ်ကျံာ်

worse *n* (တၢ်ဆူးတၢ်ဆါ, တၢ်ဘၣ်ဂံာ်ဂူာ်) တၢ်အိၣ်သးနးဒိၣ်ထီၣ်

worsen *v* မၤနးန့ၢ်အလီၢ်, နးထီၣ်န့ၢ်အလီၢ်, အၢန့ၢ်အလီၢ်, ဟးဂီၤနးန့ၢ်အလီၢ်

worship *n* ၁. တၢ်ဘူၣ်ထီၣ်ဘါထီၣ်ယွၤ ၂. တၢ်ယူးယီၣ်ဟ်ကဲ (ယွၤ)

worship *v* ၁. ဘူၣ်ယွၤဘါယွၤ ၂. ယူးယီၣ်ဟ်ကဲ (ယွၤ)

worshipful *a* လၢအလီၤယူးယီၣ်ဟ်ကဲ, လၢအကြၢးဒီးတၢ်ယူးယီၣ်ဟ်ကဲ

worshipper *n* ၁. ပှၤလၢအဘူၣ်ထီၣ်ဘါထီၣ်ယွၤ ၂. ပှၤလၢအအဲၣ်တၢ်အါတလၢ

worst *a* နးကတၢၢ်, အၢကတၢၢ်

worst *adv* နးနးကလဲာ်, နးနးကျံာ်ကျံာ်, အၢအၢသီသီ, ကီကီခဲခဲ, ဖှိၣ်ဖှိၣ်ယာ်ယာ်

worst *n* တၢ်လၢအအၢကတၢၢ်, တၢ်အနးကတၢၢ်, (တၢ်ဖှိၣ်တၢ်ယာ်) ကတၢၢ်

worst *v* မၤနၢၤမၤဃၣ်ကွံာ်လၢာ်လၢာ်ဆ့ဆ့

worth *a* ၁. ကြၢးအပ့ၤ, ကြၢးဒီး, လၢအကြၢးဒီးတၢ်ဟ်လုၢ်ဟ်ပ့ၢ ၂. လၢအကၢကီၣ်ဒီး, ကြၢးဒီးန့ၢ်, ကြၢးဝဲဒီး ၃. လၢအိၣ်ဒီးအစုလီၢ်ခိၣ်ခိၣ်လၢအကြၢးဒီးစ့---

worth *n* ၁. တၢ်အလုၢ်အပ့ၤ ၂. တၢ်ကၢပ့ၤကၢကလံၤ, တၢ်အပ့ၤကလံၤ

worthless *a* ၁. လၢအလုၢ်အပ့ၤတအိၣ်, လၢအတကြၢးဝဲဘၣ်ဝဲဒီး ၂. လၢအတဂ်ာ်တသီၣ်, လၢအတကဲဘျုးကဲဖှိၣ်, လၢတၢ်စူးကါအီၤတသ့

worthwhile *a* လၢအကြၢး, လၢအကၢကီၣ်လိာ်အသး

worthy *a* ၁. လၢအကြၢးဝဲဘၣ်ဝဲ ၂. လၢအလီၤယူးယီၣ်ဟ်ကဲ, လၢအကြၢးဒီးတၢ်ယူးယီၣ်ဟ်ကဲအီၤ

worthy *n* ပှၤလၢအလီၤယူးယီၣ်ဟ်ကဲ, ပှၤလၢတၢ်ကြၢးယူးယီၣ်ဟ်ကဲအီၤ, ပှၤလုၢ်ဒိၣ်ပ့ၤဒိၣ်

would *v* ၁. က ၂. အဲၣ်ဒီး, ဆၢန့ၢ်ဘၣ်, မိၣ်န့ၢ်သးလီ

wound *n* တၢ်ပူၤလီၢ်, တၢ်မၤဘၣ်ဒိဆါတၢ်

wound *v* ဘၣ်ဒိ, ဘၣ်က့, မၤဘၣ်ဒိဆါ

wounded *a* ၁. လၢအဘၣ်ဒိဘၣ်ထံးနးနးကလဲာ် ၂. လၢအတူၢ်ဘၣ်တၢ်

WRAC *abbre* ပိာ်မုၣ်ခိသုးမှၢ်ဒိၣ် (Women's Royal Army Corps)

WRAF *abbre* ပိာ်မုၣ်ကလံၤသုးမှၢ်ဒိၣ် (Women's Royal Army Force)

wraith *n* တၢ်တဃၣ်, တဲပြ့ၢ်

wrangle *n* တၢ်အ့ၣ်လိာ်တဲအါလိာ်သး, တၢ်ဂ့ၢ်လိာ်ဘိုလိာ်သး

wrangle *v* အ့ၣ်လိာ်တဲအါလိာ်သး, ဂ့ၢ်လိာ်ဘိုလိာ်သး

wrap *n* ၁. ယၣ်ကၤဖိ, ယၣ်လုးဘၢဖိ ၂. ဖျးစတံးဘိၣ်ဘၢတၢ်, စးခိလၢအဘိၣ်ဘၢတၢ်

wrap *v* ၁. ဘိၣ်ထီၣ်, ဘိၣ်ဘံ, လုးဘၢ, ကၤဘၢ ၂. မၤကတၢၢ်

wrapper *n* ၁. စးခိဘိၣ်တၢ်, တၢ်လၢပဘိၣ်ဘံတၢ်အဂီၢ် ၂. ဆ့ကၤဘူသလါ, ဆ့ကၤကလ့ကလၢ

wrath *n* တၢ်သူၣ်ဒိၣ်သးဖျိးဒိၣ်ဒိၣ်ကလဲာ်, တၢ်သးဒိၣ်ပုံၤဆၢၣ်ကလာ်

wrathful *a* လၢအသူၣ်ဒိၣ်သးဖျိးဒိၣ်ဒိၣ်ကလဲာ်, လၢအသးဒိၣ်ပုံၤဆၢၣ်ကလာ်

wreak *v* မၤကၣ်က့တၢ်, မၤအၢဆၢက့တၢ်

wreath *n* ၁. ဖီကွီၤ ၂. တၢ်အက့ၢ်အဂီၤကွီၤကျိၤ

wreathe *v* ဘံဖီကွီၤ, သံၣ်ဖီကွီၤ, ဘံပကံး, ဘံ

wreck *n* ၁. ကဘီလၢအလီၤဘျၢဟးဂီၤကွံာ်လၢထံဖီလာ်, ကဘီဟးဂီၤ ၂. တၢ်လၢအဟးဂူာ်ဟးဂီၤနးနးကလဲာ် (အဒိ, သိလ့ၣ်, ကဘီယူၤ, လ့ၣ်မှၣ်အူဟးဂီၤကွံာ်လၢတၢ်ဘၣ်ဒိဘၣ်ထံးအပူၤ) ၃. ပှၤလၢအဖျါတဆူၣ်တချ့, ပှၤလၢအဖျါတဆူၣ်တချ့ဒီးလီၤဘုံးလီၤတီၤ

wreck *v* ၁. မၤဟးဂီၤ, မၤဟးဂီၤကွံာ်စီဖုကလ့ၤ ၂. မၤလီၤဘျၢဒီးမၤဟးဂီၤကွံာ်ကဘီ

wreckage *n* တၢ်ဟးဂူာ်ဟးဂီၤအလ့ၢ်အက့တဖၣ်

wren *n* ထိၣ်ဆိဆ့ဖိ

wrench *n* တမၣ်မဲ

wrench *v* ၁. ဝံာ်ပကံးထုးထီၣ်ဒီးတမၣ်မဲ ၂. စုချံးခီၣ်ချံး ၃. သးဘၣ်ဒိဒိၣ်ဒိၣ်ကလဲာ်, သူၣ်ကၢ်သးလီၤ ၄. ယၣ်တရံး, တရံး, ဘီးယၣ်ကဒါ

wrest *v* ဂုာ်ဆူၣ်န့ၢ်တၢ်, ဂုာ်ဆူၣ်ပျိဆူၣ်တၢ်

wrestle *v* ၁. ကနိ ၂. ဖီၣ်တံၢ်ယာ်, စီၤတံၢ်ယာ် ၃. ထဲးန့ၢ်တၢ်

wrestling *n* တၢ်ဂဲၤလိာ်ကွဲကနိလိာ်သး

W

wretch *n* ၁. ပှၤလၢအဘၣ်တူၢ်တၢ်နးတၢ်ဖိုၣ် ဒိၣ်ဒိၣ်ကလဲာ်, ပှၤလၢအဖှိၣ်သံယာ်ဂီၤ ၂. ပှၤအၢ ပှၤသီ, ပှၤလီၤသးဘၣ်အၢ

wretched *a* ၁. လၢအဘၣ်တူၢ်တၢ်နးတၢ်ဖိုၣ် ဒိၣ်ဒိၣ်ကလဲာ်, လၢအတမ့ၢ်တလၢ ၂. လၢအလီၤသးဘၣ်အၢ, လၢအဘၣ်အၢဘၣ်သီ

wriggle *n* တၢ်ဝံာ်ပကံးသး, တၢ်ဘျိၣ်သး

wriggle *v* ဘျိၣ်, ပကံးအသး

wring *v* ဝံာ်သံးအထံ, ဝံာ်တၢ်

wrinkle *n* ၁. ဖံးသွံး, ဖံးသွံးထိၣ် ၂. ဆ့းနူး, မၤဆံးနူး

wrinkled *a* ၁. လၢအဖံးအခီသွံး, လၢအဆ့း နူး

wrinkly *a* ၁. လၢအဖံးအခီသွံး, လၢအဆ့း နူး

wrist *n* စုဒ့ကံာ်

wristwatch *n* နၣ်ရံၣ်ကျိၤစု

writ *n* လံာ်ဟ့ၣ်လီၤတၢ်ကလုၢ်, တၢ်ဟ့ၣ်လီၤ တၢ်ကလုၢ်အလံာ်, လံာ်ဟ့ၣ်လီၤတၢ်ကလုၢ်ဖီးသဲစး လၢအမၢပှၤတဂၤဂၤလၢကမၤတၢ်တမံၤမံၤ

write *v* ၁. ကွဲး, ကွဲးတၢ်ပရၢ, ကွဲးတၢ်ဟ်ဖျါ, ကွဲးတၢ်တဲပူ ၂. ဒိနုာ်လီၤလံာ်လၢခီၣ်ဖွူထၢၣ်အပူၤ ၃. အၢၣ်လီၤလၢကဟ့ၣ်မၤပှဲၤတၢ် (အဒိ, ကွဲးခွဲး, ဆဲးလီၤအှၣ်သးတၢ်အှၣ်ကီၤ)

write off *vp:* ၁. ပျဲကွံာ်, ပျ့ၢ်ကွံာ်, တကနၣ် ယှာ်လၢ ၂. ထုးထိၣ်ကွံာ်လၢစရီပူၤ, ကွဲးလီၤ "ဝ" လၢစရီပူၤ ၃. (သိလ့ၣ်) ဟးဂီၤတုၤတၢ်ဘိုအီၤတသ့လၢ

write-off *n* ၁. တၢ်ပျဲကွံာ်, တၢ်ပျ့ၢ်ကွံာ်, တၢ်တ ကနၣ်ယှာ်လၢ ၂. တၢ်ထုးထိၣ်ကွံာ်လၢစရီပူၤ, တၢ် ကွဲးလီၤ "ဝ" လၢစရီပူၤ ၃. တၢ်လၢအဘျုးအဖှိၣ် တအိၣ် ၄. သိလ့ၣ်ဟးဂီၤ

writer *n* ၁. ပှၤကွဲးလံာ်ဖိ ၂. ခီၣ်ဖွူထၢၣ်တၢ် ပီးတၢ်လီလၢအကွဲးလီၤတၢ်ဆူတၢ်ဟ်ကီၤတၢ်အ လီၢ်

writhe *v* စွါအူလဲာ်, ဝံာ်ပကံးအသး

writing *n* ၁. တၢ်ကွဲးလံာ်ကွဲးလဲၢ်, တၢ်ကွဲး ၂. စုလီၢ်, ထိၣ်ဒံးဘီလီၢ် ၃. ပှၤကွဲးလံာ်ဖိ ၄. တၢ် ကွဲးလံာ်ကွဲးလဲၢ်အတၢ်ဖံးတၢ်မၤ

wrong *a* ၁. ကမၣ်, တဘၣ် ၂. လၢအတတီ တတြၢ်, လၢအတတီတလိၤ ၃. လၢအတကြၢးဝဲ ဘၣ်ဝဲ

wrong *adv* ကမှၤကမၣ်

wrong *n* ၁. တၢ်ကမၣ်, တၢ်ကမှၤကမၣ် ၂. တၢ်တတီတလိၤ, တၢ်တတီတတြၢ် ၃. တၢ်တကြၢး တဘၣ်

wrong *v* ၁. မၤကမၣ်ပှၤ ၂. စံၣ်ညီၣ်တၢ်တ တီတတြၢ်, စံၣ်ညီၣ်တၢ်တတီတလိၤ

wrongdoing *n* တၢ်မၤတၢ်လၢတဖီးသဲစး, တၢ်မၤတၢ်တဂ့ၤတဘၣ်

wrong-foot *v* ၁. ဒုးလီၤဘၣ်ပှၤဆူတၢ်ကီ တၢ်ခဲ, မၤတံာ်တာ်ပှၤ, မၤမဲာ်ဆုးပှၤလၢတၢ်တဟ် သူၣ်ဟ်သးအပူၤ ၂. (တၢ်ဂဲၤလိာ်ကွဲ) ဂဲၤလိာ်ကွဲ မၤကဒါပှၤအမဲာ်, ဂဲၤသးဒ့ဒီပှၤအသး

wrongful *a* လၢအတဖီးသဲစး, လၢအတတီ တတြၢ်, လၢအတထဲသိးတုၤသိး

wrongfully *adv* ပှဲၤဒီးတၢ်ကမၣ်, မၤတၢ် လၢတဖီးသဲစးအပူၤ, မၤတၢ်လၢတၢ်တတီတတြၢ် အပူၤ

wroth *a* သးထိၣ်, သးဒိၣ်ထိၣ်

wrought *a* ၁. လၢတၢ်မၤန့ၢ်အက့ၢ်အဂီၤ, လၢတၢ်ဘိုကဲထိၣ်တၢ်အက့ၢ်အဂီၤ ၂. လၢတၢ်က ယၢကယဲဒ်းကံၣ်ဒ်းဝ့ၤထိၣ်

wrought *v* မၤ, မၤတၢ်

wry *a* ၁. လၢအနံၤဘၣ်ဖၣ်လဲတၢ်, လၢအဝံာ် နီးဝံာ်နါ ၂. လၢအဝံာ်ပကံးအသး, လၢအက့ၣ်အ ကူ

WTO *abbre* တၢ်ကွဲးဖုၣ် 'World Trade Organization', ဟီၣ်ခိၣ်ဒီဘ့ၣ်တၢ်ကူၣ်လဲၤမၤကၤ ကရၢ

WWW *abbre* ဟီၣ်ခိၣ်ဒီဘ့ၣ်ပှာ်ယဲၤအကျိၤအ ကျဲခိၣ်သ့ၣ် **(World Wide Web)**

W

X

X *n* ၁. အဲကလံးလံာ်မိၢ်ပှၢ်အလံာ်မဲာ်ဖျၢၣ် ၂၄ ဖျၢၣ်တဖျၢၣ် ၂. ရိမ့ၤနီၣ်ဂံၢ် ၁၀, 'X'

X *symbol* ၁. တၢ်စူးကါအီၤဖဲတၢ်ဟ်ဖျါထီၣ်တၢ်တမံၤမံၤလၢတၢ်တသ့ၣ်ညါတၢ်အခါ, တၢ်စူးကါအီၤဖဲတၢ်ဟ်နဲၣ်တၢ်တမံၤမံၤအလီၢ် ၂. တၢ်တိၤက်အပနီၣ်, တၢ်စူးကါအီၤလၢကဒုးနဲၣ်တၢ်လီၢ်တၢ်ကျဲလၢဟီၣ်ခိၣ်ဂီၤအဖီခိၣ် ၃. တၢ်ဟ်ဖျါထီၣ်တၢ်ကမၣ်အပနီၣ် ၄. တၢ်ဟ်ဖျါထီၣ်တၢ်ဟ့ၣ်တၢ်ဖး

X chromosome *n* အဲးက(စ)ခြိၣ်မိၣ်စိ, စၢၤသွဲၣ်ဂံၢ်ထံးခြိၣ်မိၣ်စိ, စၢၤသွဲၣ်ဂံၢ်ထံးခြိၣ်မိၣ်စိလၢပိာ်မုၣ်တဖၣ်အပူၤ, ခြိၣ်မိၣ်စိအံၤအိၣ်ခံခါဒီး ပိာ်ခွါအပူၤတခါခြိၣ်မိၣ်စိအံၤအိၣ်တခါ (xy)

xantheine *n* စဲ(န)သံ, လၢၢ်ဝါဆုံကလၤကမူၣ်လၢအအိၣ်လၢနယူချံယါအဲးစ့းအပူၤ

xenon *n* စံၢ်နၢၣ်က်သဝံ, က်သဝံလၢအလွဲၢ်တအိၣ်အနၢတအိၣ်လၢတၢ်စူးကါအီၤလၢတၢ်မၤကဲၤထီၣ်မ့ၣ်အူအဂီၢ်

xenophobia *n* တၢ်ပျံၤပှၤတခီဘီမုၢ်ဖိ

xerophthalmy *n* မဲာ်ချံယ့ထိ (ခီဖျိဘံၣ်တၣ်မံၣ်လီၤသြူးတၢ်ဆါ)

Xerox *n* စဲးကွဲးဆဲလံာ်

xerox *v* ကွဲးဆဲလံာ်ဒီးစဲး

Xhosa *n* ၁. ပှၤစိစၢ်ဖိ, ပှၤအိၣ်ဆိးလၢကလံၤထံးအၢၤဖြံၤကၤကီၢ်မိၢ်ပှၢ်အပူၤ ၂. စိစၢ်အကျိာ်

XL *abbre* (ဆ့ကၤအဒိၣ်အဆံး) ဒိၣ်လီၤဆီ (ဆ့ကၤအဒိၣ်အဆံး) (Extra Large)

Xmas *abbre* ခရံာ်အိၣ်ဖျဲၣ်အမူး (Christmas)

XML *n* ခိၣ်ဖှူထၢၣ်အကျိာ်, ခိၣ်ဖှူထၢၣ်အကျိာ်လၢတၢ်စူးကါအီၤလၢတၢ်ဒုးအိၣ်ထီၣ်ပှာ်ယဲၤသနူတဖၣ်

X-rated *a* ၁. လၢအဘၣ်တၢ်ဟ်ပနီၣ်အီၤဒ် 'X' အပတီၢ် ၂. (လံာ်လဲၢ်, တၢ်ဂီၤမူ) လၢအဘၣ်ယးဒီးတၢ်ဘ့ၣ်ဆ့ဒီးမုၣ်ခွါသွံၣ်ထံးတၢ်ရှလိာ်သး

X-ray *n* ယဲၤဖျါ, အဲးစရ့

X-ray *v* ဒိယဲၤဖျါ, ဒိအဲးစရ့

xylographer *n* ပှၤစိးပျၤသ့ၣ်

xylography *n* တၢ်စိးပျၤသ့ၣ်, တၢ်စိးပျၤဒီးခဲၣ်သ့ၣ်အလွဲၢ်

xylophone *n* ပီၤကူၤ

Y

Y *abbre* နံၣ် (year)

Y *n* ၁. အဲကလံးအလံာ်မိၢ်ပှၢ်အလံာ်မဲာ်ဖျၢၣ် ၂၅ ဖျၢၣ်တဖျၢၣ် ၂. တၢ်အက့ၢ်ပနီၣ်လၢအလီၤက်ဒ် 'y' အသိး ၃. တၢ်စူးကါအီၤဒ်တၢ်ကဟ်ပနီၣ်တၢ်တမံၤမံၤလၢတၢ်တသ့ၣ်ညါတၢ်အလှၢ်အပှၤ, တၢ်အလှၢ်အပှၤခံမံၤတမံၤလၢတၢ်ကဟ်ပနီၣ်စူးကါအီၤလၢတၢ်တမံၤအလိၢ်

y *suffix* ၁. (နီၣ်ကယၢ) လၢအပှဲၤဒီး ၂. လံာ်မဲာ်ဖျၢၣ်လၢတၢ်ထၢန့ာ်အီၤလၢလံာ်မဲာ်ဖျၢၣ်အဂၤတဖျၢၣ်အလိၢ်ခံလၢကဟ်ဖျါထီၣ်တၢ်အကံၢ်အစီ, တၢ်ကမၤအသး, တၢ်မၤစၢ်လီၤတၢ်ကတိၤအဂီၢ် (အဒိ, runny, sticky, doggy, daddy, dusty တၢ်ကတိၤဖျၢၣ်ဒ်နူၣ်သိးတဖၣ်)

yacht *n* ကဘီယၢ်ဖိ

Yahweh, Yahveh *n* ယွၤ, ယဟိဝၤ

yam *n* နွံၣ်ခိၣ်

yank *n* တၢ်ထုးဖုးတၢ်

yank *v* ထုးဖုးတၢ်

Yankee *n* ၁. တၢ်ကီးဆါပှၤအမဲရကၤဖိ ၂. ပှၤအမဲရကၤဖိလၢအအိၣ်လၢနယူအ့ကလဲၣ်(န) ဒီးကလံၤထံးအမဲရကၤအပူၤ

yard *n* ၁. ကရၢၢ် ၂. နီၣ်ထိၣ်ခံပျၢ် ၃. ယၢ်ထူၣ်အပၢၢ် ၄. ဒီလၣ်တကယၤ

yard sale *n* တၢ်ဆါလီၤကွံာ်ဟံၣ်ယီတၢ်ဖိတၢ်လံၤလၢအပူၤဘၣ်ဘၣ်

yardage *n* တၢ်ကံးညာ်အပျၢ်တဖၣ်အပျၢ်

yardarm *n* ကဘီကွဲခိပၤပၤတၢ်လိၢ်

yardbird *n* ၁. ပှၤယိာ်ဖိ ၂. ပှၤသုးဖိလၢအိၣ်လၢတၢ်ဒုးယာ်အလိၢ်, ပှၤသုးဖိလၢအဘၣ်တၢ်ကမၣ်ဒီးဘၣ်အိၣ်လၢတၢ်လိၢ်ကဝီၤတတီၤလၢတၢ်ဟ်ပနီၣ်နှၤ်အီၤအပူၤဒီးမၤတၢ်

yardman *n* ပှၤကွၢ်ထွဲကရၢၢ်

yardmaster *n* ပှၤကွၢ်ထွဲလှၣ်မ့ၣ်အူအကရၢၢ်ဝးဝး

yardstick *n* ၁. နီၣ်ထိၣ်ခံပျၢ်ဘိ ၂. တၢ်အတီၤပတီၢ်အနီၣ်ထိၣ်, နီၣ်ထိၣ်လၢကကွၢ်သတြၢၤတၢ်

yardwand *n* နီၣ်ထိၣ်

yarn *n* ၁. လုၣ် ၂. တၢ်ဃဲၤမုာ်နၢ်, တၢ်ဃဲၤကးကိၣ်

yarn *v* တဲလိာ်ကွဲတၢ်, ကတိၤလိာ်ကွဲတၢ်, စံၣ်ဃဲၤပူ

yawn *n* ၁. တၢ်သကိထိၣ်, တၢ်တကိထိၣ် ၂. တၢ်လီၤကၢၣ်လီၤကျူ

yawn *v* သကိ, တကိ

ye *det* နူၣ်, တၢ်ဖိတၢ်လံၤတမံၤ

ye *pro* န, နၤ, သု, သုဝဲ

yea *adv* မ့ၢ်

yea *n* ပှၤလၢကဟ့ၣ်တၢ်ဖး

year *n* ၁. နံၣ် ၂. ပှၤအသးနံၣ်, သးနံၣ် (တၢ်မၤလိ) အနံၣ် ၂. တၢ်ဆၢကတီၢ်တဆံခံလါ (လါယနူၤအါရံၣ်တုၤလါဒံၣ်စဲဘၢၣ်) ၃. ဟီၣ်ခိၣ်အတၢ်လဲၤတရံးမ့ၢ်အဆၢကတီၢ်

year-around *a* ဒီတနံၣ်, ဒီတနံၣ်ညါ

yearbook *n* တနံၣ်တဘျီအလံာ်, တနံၣ်တဘျီအလံာ်ဟ်ဖျါ

year-end *n* နံၣ်ကတၢၢ်

yearling *a* လၢအသးအိၣ်တနံၣ်

yearling *n* တနံၣ်ဖိ, ဆၣ်ဖိကီၢ်ဖိလၢအသးအိၣ်တနံၣ်, တနံၣ်ဘျဲၣ်ဘျဲၣ်ဖိ

year-long *a* ဒီတနံၣ်ညါ, လၢအယံာ်ဒီတနံၣ်

yearly *a* တနံၣ်တဘျီ, ကိးနံၣ်ဒဲး

yearn *v* ဆၢန့ၢ်ဒိၣ်ဒိၣ်ကလာ်

year-round *a* ဒီတနံၣ်ညါအတီၢ်ပူၤ

years *n* ၁. နံၣ်လါတဖၣ် ၂. ပှၤအသးနံၣ်, သးနံၣ် ၃. တၢ်ဖးယံာ်ဖးစၢၤ, တၢ်ယံာ်တ့ၢ်မးလံ ၄. တၢ်ဆၢကတီၢ်လၢအပူၤကွံာ်

yeast *n* ကိၣ်မံၣ်

yeasty *a* ၁. လၢအပၣ်ဒီးကိၣ်မံၣ် ၂. လၢအလီၤက်ဒီးကိၣ်မံၣ်အသိး ၃. လၢအသဘဲ့ထိၣ်

yell *n* တၢ်ကိးပသူကိးပသီ, တၢ်ကိးဃါတၢ်

yell *v* ကိးပသူပသီ, ကိးဃါ

yellow *a* ၁. ဘီ, အလွဲၢ်ဘီ ၂. လၢအသးသုၣ်, လၢအသးတနူဘၣ် ၃. လၢအဘၣ်ဃးဒီးပှၤအ့ရှၢၣ်ကီၢ်မ့ၢ်ထီၣ်ဖိတဖၣ်

yellow *n* ၁. တၢ်အဘီ, အလွဲၢ်ဘီ ၂. ထိၣ်ဒံၤဆီဒံၤအဒံၣ်တကီၤဘီ

yellow *v* ဘီထိၣ်, မၤဘီထိၣ်

yellow card *n* (တၢ်လိာ်ကွဲဖျၢၣ်ထူ) ခးက့ဘီ, ခးက့ဘီလၢတၢ်ဟ့ၣ်ပလိၢ်ပှၤထူဖျၢၣ်ထူဒ်သိး

ကပလီၢ်အသးလၢအသုတမၤကမၣ်ကဒီးတၢ်တဘျီလၢတၢ်ဂဲၤလိာ်ကွဲပှၤအဂီၢ်

yellow fever *n* တၢ်ညၣ်ဂီၢ်ဘီမဲာ်

yellow line *n* ပနိကျိၤအဘီ, တၢ်ဟ့ၣ်ပလီၢ်ပနိအဘီ

Yellow Pages *n* လီတဲစိအလံာ်နဲၣ်

yellow pine *n* သ့ၣ်ဆိုတကလုာ်, သ့ၣ်ဆိုလၢအသ့ၣ်ညၣ်ဘီဒီးကျိၤတကလုာ်လၢအအိၣ်လၢကီၢ်အမဲရကၤပှၤ

yellow ribbon *n* ရံးဘၢၣ်အဘီ, တၢ်သ့ၣ်နီၣ်ထီၣ်အပနီၣ်

yellow-bellied *a* လၢအသးသုၣ်, လၢအပျံၤတၢ်, လၢအသးတဒူ

yellowish *a* ဘီဆှူၣ်, လၢအလွဲၢ်ဘီဆှူၣ်ကလာ်

yelp *n* ၁. တၢ်ကိးပသူကဲးပသူ ၂. တၢ်ကိးကြ့ကြ့, ထွံၣ်မီၤကိးပသူ

yelp *v* ၁. ကိးပသူ, ကဲးပသူ ၂. (ထွံၣ်) ကိးကြ့ကြ့, မီၤကိးပသူ

yen *n* ၁. တၢ်ဆၢန့ၢ်တၢ်ဒိၣ်ဒိၣ်ကလဲာ် ၂. ယဲ(န), ယပၣ်အစ့

yeoman *n* ၁. ပှၤထူစံာ်ဖိလၢအိၣ်ဒီးအဟီၣ်ခိၣ်ဒၣ်ဝဲ ၂. သုးခိၣ်သုးနၢ်အဆံးဖိ ၃. ပှၤပတိၢ်မုၣ်, ပှၤမုၢ်ဆ့ၣ်မုၢ်ဂီၤ

yes *adv* မ့ၢ်

yes *exclam* ၁. မ့ၢ်, မ့ၢ်လီၤ, မ့ၢ်ယၢာ်, မ့ၢ်လံ, အၢၣ်လီၤတူၢ်လိာ်တၢ်, ခီဆၢဟ်ဂၢၢ်ဟ်ကျၢၤတၢ် ၂. တၢ်ဟ်ဖျါထီၣ်တၢ်သူၣ်ဖုံသးညီ ၃. တၢ်သံကွၢ်ကဒါက့ၤတၢ်

yes *n* မ့ၢ်, အၢၣ်

yes-man *n* ပှၤလၢအၢၣ်လီၤတူၢ်လိာ်ထွဲတၢ်, ပှၤလၢအၤမ့ၣ်ထွဲပှၤအခံထီဘိ

yester *a* လၢအဘၣ်ဃးဒီးမဟါကၢာ်, မဟါတနံၤ, လၢအဘၣ်ဃးဒီးတၢ်လၢအပူၤကွံာ်

yesterday *adv* ဖဲမဟါကၢာ်, မဟါတနံၤ

yesterday *n* ၁. မဟါကၢာ်, မဟါတနံၤ ၂. တၢ်ဆၢကတီၢ်လၢအပူၤကွံာ်

yesterweek *a* လၢမဟါတနွံ, လၢအပူၤကွံာ်တနွံ

yesterweek *n* မဟါတနွံ, အပူၤကွံာ်တနွံ

yesteryear *n* မငါတနံၣ်, မဟိတနံၣ်, အပူၤကွံာ်တနံၣ်, ဖဲအပူၤကွံာ်တယံာ်ဒံးဘၣ်

yet *adv* ၁. ဒံး, သနာ်က့, လၢန့ၣ်အမဲာ်ညါ ၂. ခဲအံၤ, တုၤခဲအံၤ, စးထီၣ်ခဲအံၤတုၤလၢ

as yet *idm:* တုၤခဲအံၤ

yet *conj* မ့ၢ်နာ်သနာ်က့ဒ်န့ၣ်ဒီး, သနာ်က့

yew *n* သ့ၣ်ဆိုတကလုာ်, သ့ၣ်ဆိုတကလုာ်လၢအိၣ်ဒီးအသၣ်ဂီၤဂီၤဖိလၢအိၣ်ဒီးအစုၣ်

yield *n* ၁. တၢ်ဟ့ၣ်ထီၣ်တၢ်အသူအသၣ် ၂. စ့တၢ်န့ၢ်ဘျုးလၢတၢ်မၤန့ၢ်အီၤ

yield *v* ၁. ဟ့ၣ်လီၤအသး, ဆီၣ်လီၤအသး ၂. မၤန့ၢ်က့ၤတၢ်အဘျုးအဖှိၣ်, ဟ့ၣ်ထီၣ်တၢ်အသူအသၣ် ၃. (တၢ်လဲၤတၢ်က့ၤ) ဟ့ၣ်လဲၤသိလ့ၣ်အဂၤတခီၣ်လၢအမဲာ်ညါ
၄. က့ၣ်, ကၢ်

yielding *a* ၁. လၢအဟ့ၣ်ဃၣ်အသး, လၢအဆီၣ်လီၤအသး ၂. လၢအဟ့ၣ်ထီၣ်တၢ်အသူအသၣ် ၃. လၢအစၢ်ယဲၢ်စၢ်ယိာ်, လၢတၢ်ဘိးအီၤန့ၢ်ယၢ်ခီယၢ်ခီ

YMCA *abbre* ပှၤခရံာ်ဖိပိာ်ခွါသးစၢ်ကရၢ (Young Men's Christian Association)

yob *n* ပှၤသးစၢ်လၢအသူၣ်ဂဲၤဖါခုဒီးဃုတၢ်အ့ၣ်လိာ်

yoga *n* ယိကၣ်, ဟံၣ်ဒူၢ်အတၢ်ဘူၣ်တၢ်ဘါ, တၢ်ကွၢ်ထံဆိကမိၣ်ဒီးပၢၤလီၤက့ၤနီၢ်ကစၢ်အတၢ်သါထီၣ်သါလီၤလၢအအိၣ်ဒီးတၢ်ဟ်နီၢ်ခိက့ၢ်ဂီၤအကလုာ်ကလုာ်, နီၢ်ခိတၢ်ဟူးတၢ်ဂဲၤလၢကမၤဂၢၢ်နီၢ်ခိဒီးသးအတၢ်ဆိကမိၣ်

yoghurt, yogurt, yoghourt *n* တၢ်နှၢ်ထံဆံၣ်

yogi *n* ၁. ပှၤစဲၣ်နီၤလၢယိကၣ်, ပှၤလၢအဂဲၤနီၢ်ခိအတၢ်ဟူးတၢ်ဂဲၤလၢကမၤဂၢၢ်သးဒီးနီၢ်ခိအတၢ်ဆိကမိၣ်အဂီၢ် ၂. ပှၤလၢအမၤလိဟံၣ်ဒူၢ်အတၢ်ဘူၣ်တၢ်ဘါ

yoke *n* ၁. နီၣ်ယီးဘိ, ကျိၢ်ပနၢ်အနီၣ်ယီးဘိ ၂. တၢ်ဝံဃၢ, တၢ်ဝံတၢ်ယိး ၃. တၢ်စၢဃာ် ၄. အီကံအဖံထံခိၣ်

yoke *v* ယီးထီၣ်နီၣ်ယီးဘိ

yolk *n* ဆီဒံၣ်အသကီၤဘိ, ဆီဒံၣ်အတကီၤဘိ

Yom Kippur *n* ယူဒၤတၢ်ဘါ, တၢ်ဒုၣ်တၢ်အီၣ်ဃ့ထုကဖၣ်တၢ်အမုၢ်နံၤ

yonder *adv* လၢဘးန့ၣ်, ဆူဘးန့ၣ်

yonder *det* တၢ်န့ၣ်, တၢ်သ့ၣ်တဖၣ်န့ၣ်

yonks *n* တၢ်ဆၢကတီၢ်ဖးယံာ်ဖးစၢၤ

yoof *a* လၢအဘၣ်ယးဒီးပှၤသ့ၣ်စၢ်သးဘိၣ်

yoof *n* ပှၤသးစၢ်, ပှၤသ့ၣ်စၢ်သးဘိၣ်

yoo-hoo *exclam* ယူဟူ, တၢ်ကိးစိယီၤပှၤကညီ

yore *adv* လၢပျ႑ၤလၢကစၢၤ

yore *n* တၢ်ဆၢကတီၢ်လၢပျ႑ၤလၢကစၢၤ, ခ့ခါလၢအပူၤကွံာ်

you *pro* န, သု

young *a* ၁. စၢ်, သးစၢ်, အညါဘိၣ်, အညါစၢ် ၂. လၢအစးထိၣ်သီ

young *n* ၁. ဆၣ်ဖိကီၢ်ဖိအဖိဆံးတဖၣ် ၂. ပှၤဖိသၣ်သ့ၣ်စၢ်သးဘိၣ် (the young)

young boy *n* ပှၤပိာ်ခွါဖိ, ပှၤပိာ်ခွါသးစၢ်

young brother *n* ပုၢ်ပိာ်ခွါ

young girl *n* ပှၤပိာ်မုၣ်သးစၢ်, ပှၤပိာ်မုၣ်ဖိ

young lady *n* ပှၤပိာ်မုၣ်သးစၢ်

young man *n* ပှၤပိာ်ခွါသးစၢ်

young sister *n* ပုၢ်ပိာ်မုၣ်

young woman *n* ပှၤပိာ်မုၣ်သးစၢ်

younger *a* လၢအသးစၢ်န့ၢ်

youngish *a* လၢအသးစၢ်ဒံး, လၢအညါစၢ်ဒံး, လၢအညါဘိၣ်ဒံး

youngster *n* ၁. ပှၤသးစၢ်, ပှၤလိၣ်ဘိဘိ, ပှၤဖိသၣ် ၂. ဆၣ်ဖိကီၢ်ဖိအသးစၢ်ဖိတဖၣ်

your *det* ၁. န (တၢ်), သု (တၢ်) ၂. လၢအဘၣ်ထွဲဒီးပှၤတဂၤ ၃. တၢ်စူးကါအီၤဖဲတၢ်ကီးပှၤလၢအိၣ်ဒီးအလီၢ်အလၤ

you're *contraction* တၢ်ကွဲးဖှၣ် 'you are', နမ့ၢ်, သုမ့ၢ်

yours *pro* နတၢ်, သုတၢ်

yourself *pro* နနီၢ်ကစၢ်ဒၣ်နဲ

yourselves *pro* သုနီၢ်ကစၢ်ဒၣ်ဝဲ

youth *n* ပှၤသးစၢ်, ပှၤသ့ၣ်ဘိၣ်သးစၢ်

youth club, youth centre, youth center *n* ပှၤသးစၢ်အရျၢး(ဘ), တၢ်လီၢ်လၢပှၤသးစၢ်တဖၣ်လဲၤမၤတၢ်ဟူးတၢ်ဂဲၤလၢကမှာ်လၢသးဖှံဝဲအဂီၢ်

youth culture *n* ပှၤသးစၢ်အတၢ်ရှလိာ်မှာ်လိာ်တၢ်ဟူးတၢ်ဂဲၤတဖၣ်

youth custody *n* တၢ်ဒုးယာ်လၢသးစၢ်အဂီၢ်, သးစၢ်အယိာ်, သးစၢ်အတၢ်ဒုးယာ်အလီၢ်

youth hostel *n* ဟံၣ်ဒီးလဲလၢအပှ့ၤဘၣ်, တမံၤဟံၣ်လၢအဆါတၢ်အိၣ်တၢ်အီဒီးတၢ်လီၢ်တၢ်ကျဲအပှ့ၤဘၣ်ဘၣ်လၢပှၤကို့ဖိဒီးပှၤမၤတၢ်ဖိတဖၣ်အဂီၢ်

youthful *a* လၢအသးစၢ်, လၢအဖျါသးစၢ်, လၢအိၣ်ဒီးသးစၢ်အက့ၢ်အဂီၤ

yo-yo *n* ယိၣ်ယိတၢ်ဂဲၤလိာ်ကွဲ, တၢ်ဂဲၤလိာ်ကွဲလၢတၢ်ထၢနှာ်ပျံၤလၢတၢ်အဘ့ၣ်ခံဘ့ၣ်အကဆူးဝံၤတၢ်ကွံာ်ဂဲၤလိာ်ကွဲအီၤ

yo-yo *v* တၢ်ထိၣ်ထိၣ်လီၤလီၤ

yr *abbre* နံၣ် (year) , နတၢ် (your) , သးစၢ်န့ၢ် (younger)

yrs *abbre* နံၣ်တဖၣ် (years) နတၢ်, သုတၢ် (yours)

yuan *n* တရူးအစ့, ယူဝၣ်(န)

Yuletide, Yule *n* ခရံာ်အိၣ်ဖျဲၣ်အမူး, တၢ်မၤလၤကပီၤခရံာ်အိၣ်ဖျဲၣ်

yuppie, yuppy *n* ပှၤသးစၢ်လၢအမၤတၢ်လၢဝ့ၢ်ပူၤဒီးအိၣ်ဒီးတၢ်မၤလၢအလါလဲန့ၢ်ဂ့ၤ

YWCA *abbre* ပှၤခရံာ်ဖိပိာ်မုၣ်သးစၢ်ကရၢ **(Young Women's Christian Association)**

Y

Z

Z *n* ၁. အဲကလံးလံာ်မိၢ်ပှၢ်အလံာ်မဲာ်ဖျၢၣ် ၂၆ ဖျၢၣ်တဖျၢၣ် ၂. တၢ်အနီၣ်ဂံၢ်သၢခါတခါလၢတၢ်တသ့ၣ်ညါအီၤဖဲတၢ်ဒွးအဲ(လ)ကျံၣ် ဘြၣ်အပူၤ ၃. တၢ်မံဘၣ်သးဒီးတၢ်ကသါသီၣ်အတၢ်ပနီၣ်

Zambo *n* အၤဖြံၤကၤဒီးအမဲရကၤအ့ၣ်ယါကးပြါ

zany *a* လၢအပျုၢ်ဆိုဒီးလီၤနံၤလီၤအ့

zap *n* ဂံၢ်သဟီၣ်, တၢ်သးသဟီၣ်, တၢ်ဂံၢ်တၢ်ဘါ

zap *v* ၁. ဒိ, တိၢ်, မၤအၢမၤနးမၤဆူးမၤဆါတၢ်, မၤဘၣ်ဒိဘၣ်ထံး, မၤဟးဂူာ်ဟးဂီၤ ၂. ဖီအီၣ်တၢ်လၢမဲးခြိၣ်ဝ့းဖၣ်ကွာ် ၃. ဆီတလဲကျဲၤဟူဖျါတၢ်ရဲၣ်တၢ်ကျဲၤ ၄. ဆှၢချ့သဒံး, ယူၤထီၣ်ချ့သဒံး

zeal *n* တၢ်သူၣ်ဆူၣ်သးဂဲၤ, တၢ်သးဆူၣ်

zealot *n* ပှၤလၢအသူၣ်ဆူၣ်သးဂဲၤအါတလၢ

zealous *n* လၢအပှဲၤဒီးတၢ်ဂံၢ်တၢ်ဘါ, လၢအအိၣ်ဒီးတၢ်သူၣ်ဆူၣ်သးဂဲၤ, လၢအသးဆူၣ်, လၢအဟ်ဖျါထီၣ်တၢ်သးဆူၣ်

zebra *n* ကသ့ၣ်ကွီ

zebra crossing *n* တၢ်ခီက်ကျဲပနီတီၤကွီအပနီၣ်, တၢ်လီၢ်လၢတၢ်ဟ်ပနီၣ်လၢတၢ်ကခီက်ကျဲ, ကျဲလၢတၢ်တီၤဟ်အီၤလၢကသံၣ်ထံဝါအသူတပျ့တပျ့လၢပှၤကခီကျဲအဂီၢ်

Zen *n* စဲၣ်တၢ်စူၢ်တၢ်နာ်, စဲၣ်တၢ်ဘူၣ်တၢ်ဘါလၢအဒိးသန့ၤထီၣ်အသးလၢဘူးဒၤတၢ်ဘူၣ်တၢ်ဘါအဖီခိၣ်

zenith *n* ၁. တၢ်လီၢ်လၢမူကပိာ်လီၤဖဲအဘၣ်ပခိၣ်ဒီတီတီ ၂. တၢ်လီၢ်အထီကတၢၢ်လၢမူခိၣ်, တၢ်လီၢ်ကစီၤအထီကတၢၢ် ၃. တၢ်အိၣ်သးအဂ့ၤကတၢၢ်, တၢ်စိကမီၤအဒိၣ်ကတၢၢ်အဆၢကတိၢ်

zephyr *a* ၁. ကလံၤခုၣ်, ကလံၤခုၣ်ကဖီလီ ၂. တၢ်ကံးညာ်ကပှာ်လုာ်ဘူဘူဖိ ၃. တၢ်လၢကလံၤအူဖျိ

zeppelin *n* ကလံၤဖျၢၣ်ယူၤလၢပျၢၤ

zero *a* ၁. လၢအဘၣ်ထွဲဒီးနီၣ်ဂံၢ် ၀ ၂. လၢတၢ်တအိၣ်နီတမံၤ, လၢအလုၢ်အပှ့ၤတအိၣ်နီတမံၤ

zero *n* နီၣ်ဂံၢ် (၀), ၀

zero *v* ၁. မၤဘၣ်လိာ်ဆူနီၣ်ဂံၢ် ၀ ၂. ပညိၣ်ကျိလၢကခးတၢ်အဂီၢ်

zero hour *n* တၢ်ဆၢကတိၢ်လၢအကါဒိၣ်, တၢ်ဆၢကတိၢ်လၢကစးထိၣ်သုးဂ့ၢ်ဝီတၢ်ဟူးတၢ်ဂဲၤ

zero-rated *a* (ပန်ာ်) လၢတအိၣ်ဒီးတၢ်ဟ်ဖိုၣ်အခါထိၣ်တၢ်အလုၢ်အပှ့ၤအခိသွဲ

zest *n* ၁. တၢ်သူၣ်ပိၢ်သးဝးဒီးလၢပှဲၤဒီးဂံၢ်ဘါ ၂. စူၢ်ဝံာ်သဉ်အဖံးဘ့ၣ်, ပနီကျဲအဖံးဘ့ၣ်လၢကမၤနၢမူမၤဘဲထီၣ်တၢ်

zigzag *a* လၢအလဲၤတၢ်က့ၣ်ကိာ်, လၢအမၤက့ၣ်ကံၢ်က့ၣ်ကိာ်တၢ်

zigzag *v* က့ၣ်ကံၢ်က့ၣ်ကိာ်

zilch *n* တၢ်တအိၣ်နီတမံၤ

zillion *a* (ပှၤကညီ, ဆၣ်ဖိကိၢ်ဖိအနီၣ်ဂံၢ်) လၢအဂီၢ်မုၢ်ဂီၢ်ပၤ, အါအါဂီၢ်ဂီၢ်

zinc *n* ပှာ်ဝါလၢအကဘုးတကလှာ်

Zionism *n* တၢ်မၤဒိၣ်ထီၣ်ထီထီၣ်ဒီးဒီသဒၢပှၤယူဒၤဖိလၢကိၢ်အံၣ်စရှလးအပူၤ, စံယိၣ်သနူ

zip *n* ၁. စံး(ပ) ၂. တၢ်ဂံၢ်တၢ်ဘါ, တၢ်သးသဟီၣ် ၃. တၢ်ချ့သဒံး ၄. စံး(ပ)နီၣ်ဂံၢ်, တၢ်ဆှၢလံာ်ပရၢအတၢ်လီၢ်ဟီၣ်ကဝီၤနီၣ်ဂံၢ်

zip *v* ၁. ထီထီၣ်စံး(ပ)နီၣ်ဂံၢ်, ထီထီၣ်တၢ်ဆှၢလံာ်ပရၢတၢ်လီၢ်ဟီၣ်ကဝီၤနီၣ်ဂံၢ် ၂. ဟူးဂဲၤဖံးမၤတၢ်လၢတၢ်ဂံၢ်တၢ်ဘါချ့သဒံးအပူၤ ၃. ဟ်ဖိုၣ်လံာ်တြာ်ဒ်သိးဟံးန့ၢ်တၢ်လီၢ်ကစုၤလၢခီၣ်ဖ္ဖူထၢၣ်အပူၤ

zip code *n* ၁. စံး(ပ)နီၣ်ဂံၢ်, တၢ်ဆှၢလံာ်ပရၢတၢ်လီၢ်ဟီၣ်ကဝီၤနီၣ်ဂံၢ်, တၢ်ရၤလီၤလံာ်အနီၣ်ဂံၢ်လၢလီၢ်ကဝီၤတဘ့ၣ်စှာ်စှာ်အဂီၢ်

zipper *n* စံး(ပ) (လၢတၢ်ထီထီၣ်အီၤလၢတၢ်ကူတၢ်ကၤအလိၤ)

zodiac *n* မူဟီၣ်ကယၢကဝီၤ, မူဟီၣ်ကယၢကဝီၤလၢအဒုးနဲၣ်မှၢ်, လါဒီးမူခိၣ်ဖျၢၣ်အကျိၤတဖၣ်

zombie *n* ၁. ပှၤသံစိၣ်လၢဘၣ်တၢ်ဟီၣ်တၢ်ယီအီၤဝံၤမၤဟူးမၤဂဲၤထီၣ်က့ၤအီၤ ၂. ပှၤလၢအမၤအသးဒ်အသးသမူတအိၣ် ၃. တၢ်တကနၣ်ယှာ်တၢ်

zonal *a* လၢအဘၣ်ဃးဒီးဟီၣ်ကဝီၤဒိၣ်တဖၣ်, လၢတၢ်နီၤဖးလီၤအီၤဆူအဟီၣ်ကဝီၤဒ်ၣ်ဝဲအပူၤ

Z

zone *n* ၁. ဟီၣ်ကဝီၤဒိၣ် ၂. တၢ်အလွဲၢ်အဘ့ၣ်လၢကဝီၤဃာ်တၢ် ၃. ယီၢ်တကီး
zone *v* နီၤလီၤဆူဟီၣ်ကဝီၤဒိၣ်, ဟ့ၣ်လီၤမူဒါဆူအဟီၣ်ကဝီၤဒၣ်ဝဲ
zonk *v* မၤလီၤဘှံးလီၤဘှါ, မၤလီၤဘှံးလီၤတီၤ,
zonked *a* လၢအလီၤဘှံးလီၤတီၤဒိၣ်ဒိၣ်ကလဲာ်, လၢအဂံၢ်အဘါလၢာ်
zoo *n* ဆၣ်ဖိကီၢ်ဖိကရၢ်
zookeeper *n* ပှၤကွၢ်ထွဲဆၣ်ဖိကီၢ်ဖိကရၢ်, ပှၤမၤတၢ်လၢဆၣ်ဖိကီၢ်ဖိကရၢ်
zoologist *n* ပှၤယုသ့ၣ်ညါမၤလိဘၣ်ဃးဆၣ်ဖိကီၢ်ဖိအဂ့ၢ်အကျိၤ, ပှၤမၤလိဆၣ်ဖိကီၢ်ဖိပီညါ
zoology *n* တၢ်ကူၣ်ဘၣ်ကူၣ်သ့ဘၣ်ဃးဆၣ်ဖိကီၢ်ဖိ, ဆၣ်ဖိကီၢ်ဖိပီညါ
zoom *n* ၁. တၢ်ဟူးဂဲၤမၤတၢ်ချ့သဒံး ၂. တၢ်ထုးယံၤထုးဘူးခဲမရၢ်အလါနါ, တၢ်မၤယံၤမၤဘူးခဲမရၢ်အလါနါ ၃. တၢ်ထိၣ်ဆူထးချ့သဒံး, ကဘီယူၤယူၤထိၣ်ဆူထးချ့သဒံး
zoom *v* ၁. ဟူးဂဲၤမၤတၢ်ချ့သဒံး ၂. ထုးယံၤထုးဘူးခဲမရၢ်အလါနါ, မၤယံၤမၤဘူးခဲမရၢ်အလါနါ ၃. ထိၣ်ဆူထးချ့သဒံး, ယူၤထိၣ်ဆူထးချ့သဒံး
Zoroastrianism *n* စီၤရိၣ်အဲးစထြဲယါတၢ်ဘါသနူ, ပှၤပိာ်ဝံစီၤရိၣ်အဲးစတၢၣ်အခံ
Zulu *n* ၁. ပှၤစူလူဖိ, ပှၤကလုာ်နၣ်လၢအအိၣ်လၢကလံၤစိးအၤဖြံၤကၤတကလုာ် ၂. စူလူအဘၢ်တူးအကျိာ်, စူလူကျိာ်ဒီးအလံာ်ဓိၤလဲၢ်ဓိၤ

Z